I0033015

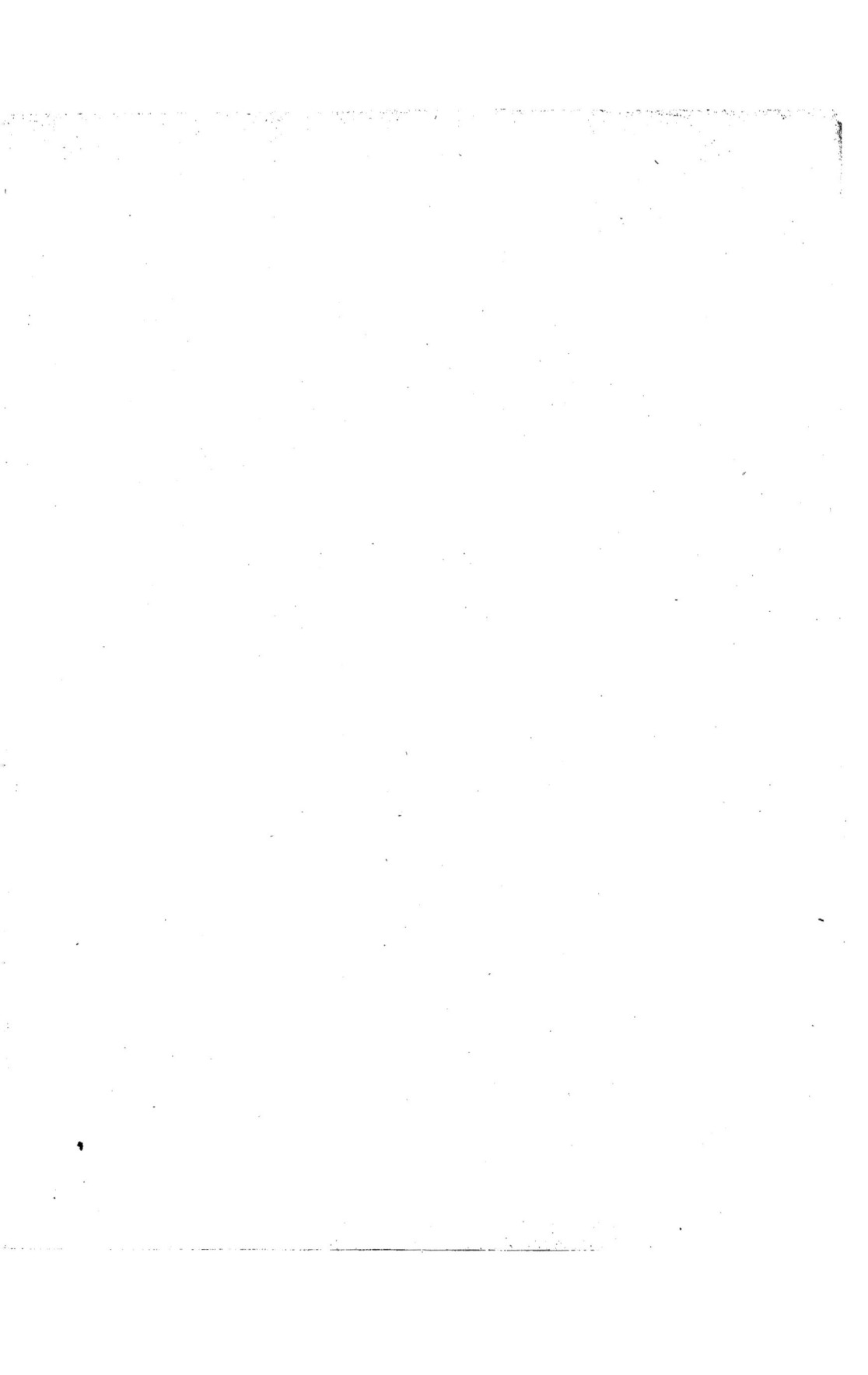

RÉPERTOIRE

GÉNÉRAL ET RAISONNÉ

DE L'ENREGISTREMENT

DES DOMAINES ET DES HYPOTHÈQUES

LA LOI CIVILE ET LA LOI DE L'ENREGISTREMENT COMPARÉES
— DOCTRINE ET JURISPRUDENCE —

NOUVEAU TRAITÉ EN FORME DE DICTIONNAIRE

DES

DROITS D'ENREGISTREMENT, DE TIMBRE ET D'HYPOTHÈQUES

ET DES CONTRAVENTIONS DONT LA RÉPRESSION EST CONFIÉE A L'ADMINISTRATION DE L'ENREGISTREMENT

Par M. GARNIER

Conseiller-Maître honoraire à la Cour des Comptes, ancien Député,
Ancien Employé supérieur de l'Enregistrement et des Domaines.

SEPTIÈME ÉDITION, REVUE, CORRIGÉE ET AUGMENTÉE
EN TOUTES SES PARTIES

Tome Septième

DEUXIÈME SUPPLÉMENT

RÉDACTION ET ADMINISTRATION : 86, AVENUE DE WAGRAM, PARIS, 17e

Toutes les demandes doivent être adressées à M. Le Bertre-Garnier

Mai 1908

RÉPERTOIRE

GÉNÉRAL ET RAISONNÉ

DE L'ENREGISTREMENT

DES DOMAINES ET DES HYPOTHÈQUES

LA LOI CIVILE ET LA LOI DE L'ENREGISTREMENT COMPARÉES
— DOCTRINE ET JURISPRUDENCE —

SEPTIÈME ÉDITION

TOME VII

(Deuxième Supplément)

TYPOGRAPHIE FIRMIN-DIDOT ET Cie. — MESNIL (EURE).

RÉPERTOIRE

GÉNÉRAL ET RAISONNÉ

DE L'ENREGISTREMENT

DES DOMAINES ET DES HYPOTHÈQUES

LA LOI CIVILE ET LA LOI DE L'ENREGISTREMENT COMPARÉES
— DOCTRINE ET JURISPRUDENCE —

NOUVEAU TRAITÉ EN FORME DE DICTIONNAIRE

DES

DROITS D'ENREGISTREMENT, DE TIMBRE ET D'HYPOTHÈQUES

ET DES CONTRAVENTIONS DONT LA RÉPRESSION EST CONFIÉE A L'ADMINISTRATION DE L'ENREGISTREMENT

Par M. GARNIER

Conseiller-Maître honoraire à la Cour des Comptes, ancien Député,
Ancien Employé supérieur de l'Enregistrement et des Domaines

SEPTIÈME ÉDITION, REVUE, CORRIGÉE ET AUGMENTÉE
EN TOUTES SES PARTIES

Tome Septième

DEUXIÈME SUPPLÉMENT

RÉDACTION ET ADMINISTRATION : 86, AVENUE DE WAGRAM, PARIS, 17e

Toutes les demandes doivent être adressées à M. Le Bertre-Garnier

—

Mai 1908

AVANT-PROPOS

En présentant notre *premier* Supplément à nos lecteurs au mois de mai 1903, nous nous exprimions ainsi en des termes qui conservent toute leur valeur :

« Depuis la publication de notre *Septième Édition* en mai 1892, des Lois nombreuses ont profondément modifié les bases de l'impôt.

« D'autre part, la doctrine et la jurisprudence ont subi d'importantes évolutions.

« Nous avons porté, successivement, ces transformations à la connaissance de nos lecteurs du *Répertoire périodique* en y insérant le Texte et le Commentaire des Lois nouvelles et en publiant les documents d'ordre administratif ou judiciaire intéressants.

« Mais ce travail d'information échelonnée sur dix années est insuffisant : il importait de le condenser pour la facilité des recherches.

« Tel est l'objet de ce *Supplément* qui comprend, sous chaque mot, les modifications introduites par la législation, la doctrine et la jurisprudence.

« En outre, il convenait d'intercaler plusieurs matières nouvelles dont les principales sont « Accidents du travail, Assistance médicale et Taxe des opérations de bourse », de refondre complètement le mot « Jugement » comprenant désormais la « Taxe des frais de justice » et de commenter les Lois des 25 février 1901, mars 1902 et 31 mars 1903.

« L'étude de la Loi du 25 février 1901, la plus importante de celles édictées en ces temps derniers, est répartie au présent *Supplément* dans les matières ci-après : « Expertise, Succession et Usufruit » ; à ces deux dernières ont été ouverts des *Titres* nouveaux avec Tables spéciales.

« Aux pages 580 à 590, le lecteur trouvera notre *Barême.*

« Ce Tome VII doit être utilisé de la manière suivante :

« Lorsque nos lecteurs auront une difficulté à examiner, ils devront tout d'abord faire les recherches dans la *Septième Édition*, puis *les continuer* au *mot* et aux *numéros* exactement *correspondants* du *Supplément actuel.*

« Si, à ce *mot* et à ce *numéro*, ils ne trouvent rien dans ce *Supplément*, c'est que le *Répertoire général* représente *toujours* le *dernier état de la question* ».

Le principal objectif du praticien — en affaires — étant la rapidité, il nous a paru nécessaire — après cinq années écoulées — de publier un nouveau *Supplément* mettant notre *Septième Édition* complètement au courant au 1er janvier 1908.

Nous avons imaginé un dispositif que nous croyons un progrès en librairie et qui, en tout cas, sera vivement apprécié par notre clientèle.

En regard de notre texte de 1903, nous avons fait figurer la documentation nouvelle, en sorte que le volume ayant une envergure double (1.500 pages au lieu de 750), le lecteur puisse disposer d'espaces blancs largement suffisants pour ses annotations manuscrites subséquentes.

Notre dispositif l'incitera du reste, vraisemblablement, à ne pas négliger de continuer ce que nous avons fait nous-même. A défaut de sa propre main, il a celle d'un secrétaire, d'un clerc ou d'un commis. Nous l'engageons à tenir compte de notre conseil, car nous ne publierons plus de *Supplément*.

ABANDONNEMENT.

13-6. Si les abandonnements de biens, soit volontaires, soit forcés, pour être vendus en direction, ne sont passibles que du droit fixe, les cessions ayant le caractère de dation en payement rentrent dans la catégorie des actes translatifs et sont assujetties comme telles au droit proportionnel (Seine, 3 juillet 1896, Cass. civ. 8 déc. 1902, 10368 R. P.).

Constitue, non pas un abandonnement de biens dans le sens de l'art. 68, § 4, n° 1, L. frim., mais une vente ou dation en payement passible des droits proportionnels de mutation, la cession de biens exclusive de toute vente ultérieure en direction, qui est consentie à un créancier unique auquel elle confère un droit de propriété absolue sur les biens cédés avec faculté d'en disposer à sa volonté (Montluçon, 23 mars 1905, 10993 R. P.).

ABONNEMENT.

7. Société pour le recouvrement d'une participation. Parts divisées en fractions égales. — Les titres représentatifs de ces parts sont passibles de la taxe d'abonnement (Seine, 1er août 1902, 10505 R. P.).

17-4. Point de départ de la taxe. — Les actions d'apports qui, d'après la loi du 1er août 1893, restent à la souche et ne peuvent être négociées pendant deux ans, ne sont pas soumises, pendant la période d'indisponibilité, au payement de la taxe d'abonnement au timbre, comme ne rentrant pas dans la catégorie des titres visés par la loi du 5 juin 1850 (Lille, 6 juillet 1905, 11072 R. P.).

L'Administration a autorisé l'exécution de ce jugement par une solution du 10 avril 1906, 11414 R. P.).

SUPPLÉMENT

A LA

SEPTIÈME ÉDITION

DU

RÉPERTOIRE GÉNÉRAL DE L'ENREGISTREMENT,

DES DOMAINES ET DES HYPOTHÈQUES

ABANDON DE MITOYENNETÉ.

1. Droit d'abandonnement. — Dans la première partie du *Rép. Gén.*, au lieu de : C'est par suite du peu de développement que comporte l'abandon du droit de mitoyenneté, au point de vue fiscal, que nous en parlons ici à la suite de l'abandon de servitude », il convient de lire : « que nous en parlons ici *avant* l'abandon de servitude ».

ABONNEMENT.

15-1. Déclaration d'émission. Contrôle. — L'Administration est fondée à contrôler, à l'aide des bilans annuels d'une société, les déclarations d'émission qui lui ont été fournies en vue de la liquidation du droit d'abonnement. (Marseille, 6 juillet 1888, 7138 R. P.).

17-4. Point de départ de la taxe. — Émission. — Défaut d'indications précises. — Émission nouvelle. — Actions d'apports. — La taxe d'abonnement est due à partir de la création des titres, c'est-à-dire, comme nous l'avons enseigné au *Rép. Gén.*, à compter du jour où ils ont été émis et attribués aux souscripteurs. Mais il n'est pas toujours aisé de fixer cette époque. C'est une question de fait qui ne peut être tranchée que d'après les circonstances. En général, les titres doivent être considérés comme créés, dès lors qu'ils ont été remplis, datés et signés. Mais il arrive qu'aucun fait ne permette de déterminer la date de l'émission. Le tribunal de la Seine a jugé, le 13 mai 1899, que, à défaut d'indications précises, c'est la date de l'apposition matérielle du timbre qui fixe le point de départ d'exigibilité de la taxe (9634 R. P.).

Cette règle n'est applicable toutefois que dans le cas où les titres ont été souscrits ou attribués avant l'opération de timbrage. S'ils avaient été timbrés avant toute l'émission, il n'y aurait pas lieu de la suivre, attendu que l'impôt n'est exigible que sur des titres qui ont acquis une existence réelle et effective. Il en est ainsi spécialement pour les titres timbrés lors d'une première émission, mais non attribués, et qui font l'objet d'une émission postérieure (*Jug. préc.*). Dans cette hypothèse, le tribunal a décidé que, si aucun document ne permet de préciser l'époque de la création des titres, le droit d'abonnement est dû à partir du jour où la souscription du nouveau capital et le versement du premier quart ont été régulièrement constatés.

Actions d'apports. — Certificats. — De même que les actions que les administrateurs sont obligés de laisser à la société en garantie de leur gestion, les actions d'apports, qui, en exécution de l'art. 2 L. 1er août 1893, restent à la souche et ne peuvent être négociées que deux ans après la date de la constitution de la société, doivent la taxe d'abonnement à partir du jour où elles ont été matériellement créées, c'est-à-dire remplies et signées. Bien qu'elles soient frappées d'une indisponibilité temporaire au point de vue de leur cession par les voies commerciales, elles n'en sont pas moins, en définitive, de nature à être négociées dans le sens de la loi du 5 juin 1850 (Sol. 4 septembre 1895, 8771 R. P.; — 6 novembre 1895, 24754 J. E.).

Quant aux certificats, qu'une Société délivre aux apporteurs pour leur permettre de justifier de la propriété des actions qui leur ont été attribuées, ils ne rentrent pas dans le catégorie des titres visés par la loi de 1850. Destinés à servir provisoirement de preuve des engagements de la Société, ils sont assujettis au timbre de dimension par application de l'art. 12, L. 13 brum. an VII (Sol. 26 octobre 1895, 8772 R. P. 24952 J. E.).

Le droit de timbre de dimension est également seul applicable aux certificats nominatifs d'actions, délivrés aux apporteurs, pendant le période d'indisponibilité, dans le but de leur permettre de toucher le revenu de leurs actions et de justifier de leur propriété. De tels certificats ne sont pas, en effet, négociables par les formes commerciales; ils ne peuvent être cédés que par les voies civiles : ils ne jouissent donc pas des avantages que la loi de 1850 a entendu tarifer (Seine, 22 décembre 1899, 25923 J. E.)

18. Émission — Titres anéantis. — Le droit de timbre établi par la loi de 5 juin 1850 sur les actions des sociétés est dû sur les titres émis en représentation d'un capital supplémentaire, alors même qu'ils auraient été anéantis au moment où se produit la réclamation (Seine, 19 novembre 1892, 8012 R. P. 23992 J. E.) Il est vrai qu'en principe, la Régie est tenue de représenter les écrits en contravention pour poursuivre le recouvrement de droits de timbre; la raison en est que, ces écrits pouvant avoir été rédigés sur papier timbré dès le début ou revêtus de timbres mobiles, le payement des droits, en ce qui les concerne, n'est pas nécessairement constaté sur les registres de formalités. Mais il n'en est pas ainsi pour les titres d'actions ou d'obligations assujettis au droit spécial créé par la loi de 1850. L'impôt exigible est versé au receveur qui en délivre quittance et en fait recette sur ses registres; l'Administration est donc en situation d'établir, en l'absence d'une recette constatée aux registres, qu'il n'a pas été acquitté.

20-1. Actions. — Irrévocabilité de l'abonnement. — Prorogation de la Société. — L'abonnement une fois souscrit est irrévocable; il doit être servi pendant toute la durée de la Société. La Société, qui se proroge, est tenue de continuer à l'acquitter. (Seine, 22 janvier 1892, 7783 R. P.; — Cass. req. 24 janvier 1893, 8021 R. P., 24010 J. E.; 2842-2 I. G.)

20-2. Réduction du capital social. — Augmentation ultérieure. — Une société est tenue de servir, pendant toute son existence, l'abonnement qu'elle a contracté pour le payement des droits de timbre de ses actions, alors même qu'une partie des actions aurait été annulée pour cause de réduction du capital social. (Lyon, 20 novembre 1895, 8835 R. P.)

Par suite, lorsqu'une société, après avoir réduit son capital, l'augmente ultérieurement, les titres faisant l'objet de la nouvelle émission sont passibles d'un droit de timbre particulier, indépendant de celui acquitté pour les actions anciennes et annulées, avec lesquelles ils ne sauraient se confondre, du moment où ils représentent des droits différents de ceux conférés par les actions primitives. (Seine prée. 22 janvier 1892; — 19 novembre 1892, 8011 et 8012 R. P.; — Cass. préc. 24 janv. 1893; — Seine 10 mars 1893, 8150 R. P.; — Cass. req. 10 décembre 1894, 8466 R. P.; 24511 J. E.; 2863-1 I. G.; — Cass. civ. 17 juillet 1895, 8599 R. P.; 24701 J. E.; 2900-5 I. G.)

20-6. Réduction ou augmentation du capital. — Modifications statutaires. — Toutefois, la taxe ne serait plus exigible sur la totalité des actions émises, si la réduction du capital social coïncidait avec la reconstitution de la société, la création d'un être moral nouveau : dans ce cas, l'engagement souscrit par l'ancienne société ne pourrait être opposé à la nouvelle, qui ne saurait être tenue des obligations contractées par la première. Pour apprécier si une société, qui réduit son capital, doit continuer à servir l'abonnement dans les termes de l'engagement primitif, il est donc nécessaire d'examiner si elle ne se trouve pas dissoute et remplacée par une société nouvelle absolument indépendante.

Ainsi que nous l'avons enseigné au *Rép. Gén.* la simple réduction du capital social n'a pas pour effet d'entraîner la dissolution de la société et de donner naissance à un nouvel être moral. Il en est ainsi, non seulement lorsqu'elle a été prévue par les statuts, mais aussi quand les statuts ne l'interdisent pas. La jurisprudence décide, en effet, que, à moins d'une prohibition expresse insérée dans les statuts, les assemblées générales d'actionnaires peuvent prononcer la réduction du capital social, sans porter atteinte aux bases essentielles de la société. (C. Paris, 18 mars 1884, D. P. 85-2-14; — Cass. 30 mai 1892, D. P. 93-1-105; — 31 octobre 1893 et 29 janvier 1894, D. P. 94-1-313 et 320.)

En matière fiscale, il a été jugé que la société anonyme, constituée antérieurement à la loi du 24 juillet 1867, qui se transforme en société anonyme libre dans les termes de cette loi, et, conformément à ses statuts, proroge sa durée avec réduction du capital social, ne saurait être considérée comme dissoute et qu'elle doit continuer le service de l'abonnement souscrit sans pouvoir être admise à contracter un autre abonnement sur le chiffre actuel de son capital. (Seine préc. 22 janvier 1892; Cass. préc. 24 janvier 1893; Seine préc. 10 mars 1893; Lyon, 20 novembre 1895, 8835 R. P.; — *Contra* Saint-Jean-de-Maurienne, 23 janvier 1891, 7613 R. P., 23602 J. E.)

20-8. Habitations à bon marché : Sociétés de construction et de crédit. — Les sociétés visées par les lois du 30 novembre 1894 et 31 mars 1896 sur les habitations à bon marché restent soumises, pour leurs titres d'actions et d'obligations, aux droits de timbre, qu'elles peuvent payer au comptant ou par abonnement (L. 1894, art. 11). Toutefois, d'après l'art. 12, « l'abonnement au timbre souscrit pour leurs actions par ces sociétés ne subira aucune réduction, quelle que soit la diminution du capital social; mais, en cas d'émissions nouvelles, les droits de timbre resteront les mêmes tant que le capital social précédemment soumis à l'abonnement ne sera pas dépassé ».

La dispense des droits de timbre, résultant de cette disposition, n'implique pas la dispense de la formalité. Par conséquent, les sociétés se trouvent tenues, en cas d'émissions nouvelles, de souscrire une déclaration d'abonnement, bien que le capital primitif ne soit pas dépassé.

L'application de l'art. 12 est d'ailleurs restreinte au cas où la société acquitte le droit d'abonnement. La société qui aurait payé les droits au comptant, ne serait pas admise à bénéficier de l'immunité qu'il accorde (2901 I. G.).

25. Amortissement par un tiers des obligations émises par une compagnie. — Pour que la taxe cesse d'être exigible sur des obligations, il n'est pas nécessaire que les titres soient matériellement détruits; il suffit que la créance soit éteinte, ou, en d'autres termes, que la société se trouve libérée de la créance dont les titres sont la représentation. Aussi, quand, par suite de conventions intervenues avec un tiers, la Société se décharge du service de l'emprunt, la question se pose-t-elle de savoir si l'opération a eu pour résultat de substituer à la dette originaire une dette nouvelle entièrement distincte de la première, en un mot, de nover la créance par changement de débiteur. Il a été décidé que, si, par un traité auquel les obligataires n'interviennent pas, une société cède à un tiers une partie de l'actif social, à la charge d'amortir les obli

20-2. Réduction et augmentation simultanées du capital social. — Lorsqu'une société réduit son capital primitif, puis l'augmente en même temps au moyen de l'émission d'actions nouvelles, elle est tenue d'acquitter, pour ces derniers titres, un droit de timbre particulier, indépendant de celui acquitté pour les actions anciennes (Lille, 16 mars 1906, 11241 R. P.).

De même, la société anonyme qui, à la suite d'un concordat judiciaire, a réduit son capital, doit, nonobstant cette réduction, continuer, pendant toute sa durée, le service de l'abonnement contracté pour le payement des droits de timbre de ses actions sur la totalité des titres émis (Seine, 15 avril [illegible], 11007 R. P.).

20-3. Parts de fondateur. Amortissement. Durée de l'abonnement. — L'abonnement contracté pour le payement du droit de timbre de parts de fondateur qui présentent le caractère d'actions, doit, en cas de rachat des titres et nonobstant leur annulation, continuer d'être servi pendant toute la durée de la société (Seine, 16 mai 1902, 10467 R. P.; — Cass. req., 10 novembre 1904, 10866 R. P.).

26. Titres d'obligations déposés à un créancier avec mandat de les émettre. — La question a été définitivement tranchée dans le sens de l'exigibilité du droit de timbre proportionnel (Cass. ch. réunies, 16 mars 1901, [illegible] R. P.).

33-2. Titres n'ayant pas le caractère d'actions. — En cas d'émission de nouvelles actions, le droit de timbre établi par la loi du 5 juin 1850 n'est pas applicable aux titres remis aux souscripteurs qui, ne contenant ni les numéros des actions, ni les signatures sociales et n'étant point négociables, ne peuvent être considérés que comme de simples récépissés de versement (Lille, 18 mars 1906, [illegible] R. P.).

34. Sociétés d'habitation à bon marché. Actions et obligations. Dispense du droit de timbre. — L'art. 11 de la loi du 12 avril 1906 dispose que « ces sociétés sont exemptées des droits de timbre sur leurs titres d'actions et d'obligations ». Toutefois, elles restent soumises au droit de timbre quittance établi par l'art. 18 L. 23 août 1871 (11382 R. P.).

46. Actions : Capital nominal. — C'est sur le taux de remboursement des actions, fixé par les statuts, et qui représente la valeur nominale des titres, que le droit de timbre doit être liquidé (Seine, 18 mai 1901, 10295 R. P.; — Cass. req., 22 février 1904, 10703 R. P.).

gations qu'elle a émises jusqu'à concurrence du prix de la cession, la convention ne présente pas le caractère d'une délégation et qu'elle ne renferme qu'une simple indication de payement qui, aux termes de l'art. 1277 C. C., n'opère point novation; d'où la conséquence que les obligations restant soumises à la taxe d'abonnement, la société demeure responsable vis-à-vis du Trésor. (Marseille, 6 juillet 1888, 7138 R. P.; Cass. req. 19 janvier 1892, 7709 R. P., 23738 J. E., 2820-3 I. G.)

C'est avec raison qu'on a refusé de considérer le traité comme une délégation, car ce contrat implique le concours de trois personnes : le délégant, le délégataire et le délégué. (*Rép. Gén.* V° *Délégation* n° 6.) Il n'y a donc pas délégation, quand le créancier n'intervient pas. (Naquet, *Traité d'enregistrement*, t. III, n° 564.) Le fait que les obligataires auraient accepté des payements effectués au moyen de fonds fournis par le débiteur délégué ne saurait avoir pour conséquence d'entraîner la libération de la société : pour qu'il en fût ainsi, il faudrait, en effet, d'après l'art. 1275 C. C., une déclaration formelle des créanciers délégataires (Cass. préc.). « A défaut d'une pareille déclaration, enseignent MM. Aubry et Rau, le créancier est censé n'avoir agréé le délégué pour débiteur que comme moyen de toucher plus facilement ce qui lui est dû, et non dans l'intention de libérer le délégant. » (T. IV, § 324, n° 40.)

26. Titres d'obligations déposés à un créancier avec mandat de les émettre. — Il y a lieu de considérer comme donnant lieu à la perception de la taxe les titres d'obligations qu'une société dépose en garantie entre les mains d'un bailleur de fonds avec mandat de les émettre et d'en appliquer le produit, au fur et à mesure de leur émission, au remboursement des avances préalablement faites. (Cass. civ. 6 avril 1897, 8963 R. P., 25098 J. E., 2965-2 I. G.; *Contra* Seine, 22 juillet 1893, 8152 R. P., 24265 J. E.)

Cette décision ne paraît pas justifiée. La loi du 5 juin 1850 n'atteint que les titres souscrits, c'est-à-dire émis; or, une obligation n'est émise qu'autant qu'elle a été attribuée à un créancier : le dépôt en garantie entre les mains d'un bailleur de fonds, auquel elles ne sont pas directement attribuées, ne saurait être considéré comme une émission véritable. C'est ce qui résulte d'ailleurs d'un arrêt de la Cour de Cassation, du 6 mars 1895, cité *infra*, d'après lequel « la souscription suppose nécessairement un engagement envers un tiers déterminé qui est investi d'un droit propre sur le titre à lui remis ». Dans l'espèce, le dépôt fait au banquier ne lui confère aucun droit propre sur les titres d'obligations; ces titres ne correspondent donc pas à des engagements actuels de la société et, tant qu'ils n'ont pas été émis par le dépositaire, ils doivent être réputés inexistants.

28. Obligations affectées aux services spéciaux de la société. — Lorsqu'une société affecte ses propres obligations à des services d'ordre intérieur n'ayant pas d'existence propre indépendante, comme les caisses de retraites et de prévoyance de ses employés, les titres ainsi affectés échappent à la perception de la taxe. (Cass. 6 mars 1895, 8505 R. P., 24596 J. E.; — *Contra* Seine, 18 juillet 1890, 8505 R. P.) L'Administration avait admis antérieurement que l'impôt n'est pas exigible sur les obligations, émises par une société, qui figurent au compte des services spéciaux dont les intérêts se confondent avec ceux de la société.

Les règles de perception, tracées par la Solution du 30 juin 1886 (6755 R. P.) et reproduites au *Rép. Gén.*, ne doivent donc plus être suivies (*Rapp.* n° 150.)

33-2. Certificats provisoires ou nominatifs d'actions remis aux souscripteurs. — L'art. 14, L. 5 juin 1850 embrasse, par la généralité de ses termes, tous les titres d'actions des sociétés, par cela seul qu'ils sont négociables, et quelle que soit la qualification qui leur a été donnée. Spécialement, il atteint les certificats nominatifs d'inscriptions d'actions qui indiquent le nombre, les numéros des actions souscrites et fixent définitivement les droits des actionnaires. (Seine, 18 mars 1893, 8304 R. P., 24256 J. E.; — 10 mars 1893, 8150 R. P., 24177 J. E.; — Cass. 10 décembre 1894, 8408 R. P.; 24511 J. E.; 2886-3 I. G.)

Sont également soumis au timbre proportionnel les titres qu'une société délivre à ses actionnaires, avant la libération définitive, sous la dénomination de certificats provisoires. (Seine, 6 janvier 1893, 8034 R. P., 24081 J. E.; — 13 mai 1899, 9634 R. P.)

35-3. Emprunt communal. — Titres faux. — Remboursement par la commune. — Si des titres d'obligations communales ont été créés et émis par un receveur infidèle, ils ne tombent pas sous le coup de la loi du 5 juin 1850, alors même que la commune les aurait remboursés comme civilement responsable. Ils ne sont passibles que du droit de timbre proportionnel de 0.05 p. 100, comme constituant des effets privés. (Sol. 30 juin 1893, 24130 J. E.)

35-7. Emprunt communal. — Obligations émises par voie d'appel au public. — Mode de cession non déterminé. — Les obligations nominatives, uniformes et d'égale valeur, amortissables par voie de tirage au sort et offrant à tous les prêteurs les mêmes conditions d'intérêts et de remboursement, qu'une commune émet en représentation d'un emprunt, présentent le caractère de valeurs publiques, assujetties au droit de timbre de 1 p. 100, bien que les habitants de la commune aient été seuls admis à prendre part à la souscription. (Bar-sur-Aube, 21 novembre 1895, 8787 R. P., 24744 J. E.)

38. Actions primitives timbrées par abonnement. — Nouvelle émission. — La société qui a contracté un abonnement pour le timbre des actions faisant l'objet d'une première émission, n'est pas tenue obligatoirement de souscrire un abonnement pour les titres qu'elle émet dans la suite; il lui est loisible de faire timbrer ces titres au comptant. (Seine, 19 novembre 1892, 8012 R. P., 23562 J. E.)

46. Actions : capital nominal. — Obligations : montant du titre. — Le tribunal de la Seine a jugé, le 2 février 1894, que, le droit d'abonnement constituant un impôt sur le capital des sociétés appelées à le faire fructifier, le capital d'une action est représenté par le quotient obtenu en divisant le capital-action par le nombre des titres émis, et, par suite, que la taxe doit être liquidée sur ce quotient, quand bien même, d'après les mentions figurant sur les titres, l'actionnaire aurait droit à une prime de remboursement déterminée. (8387 R. P. 24340 J. E.) Cette décision est contraire à un arrêt de la Cour de Cassation, du 10 juin 1871, cité au *Rép. Gén.* : elle appelle les plus expresses réserves.

En ce qui concerne les obligations, le droit doit être liquidé sur le taux du remboursement, indiqué au titre, sans qu'il y ait lieu de distinguer entre les divers éléments (capital, prime de remboursement, etc.), qui le composent (Seine, 16 juin 1894, 8404 R. P., 24477 J. E.).

53. Parts de fondateur. — Les parts de fondateur constituent de véritables actions de jouissance et doivent être traitées comme telles pour la perception : elles tombent donc sous l'application de la loi du 5 juin 1850 qui atteint les actions en général, et, par conséquent, non seulement celles qui donnent droit à la propriété du fonds social, mais aussi celles qui donnent droit à une simple jouissance (Seine, 16 mars 1894, 8371 R. P., 24374 J. E.).

63. Actions de jouissance. — Lorsque, après amortissement du capital social, des actions de jouissance sont délivrées aux associés, il y a renouvellement dans le sens de l'art. 17, L. 5 juin 1850. Les titres doivent donc être timbrés gratuitement, et la société n'a pas à supporter d'autre droit que la taxe qu'elle s'est engagée à verser lors de l'émission des actions de capital (Sol. 11 juillet 1895, 8622 R. P., 24907 J. E.).

Mais la situation est différente, quand les actions de jouissance ne sont pas substituées purement et simplement aux actions de capital. Il y a, en effet, renouvellement, non pas quand il est remis des titres nouveaux ayant la même valeur que les anciens, pouvant donner aux actionnaires des droits égaux, mais seulement lorsque le titre, délivré en remplacement du titre primitif, est la représentation exacte de celui auquel il est substitué. Dès lors, si en remplacement d'une action de capital, il est délivré une autre action de capital, de même valeur nominale et une action de jouissance coexistant avec la première, pouvant être négociée séparément et partageant avec elle les bénéfices sociaux au delà de l'intérêt réservé au capital, cette action de jouissance ne peut être considérée comme le renouvellement de l'ancienne action de capital : elle est passible d'un droit de timbre particulier et indépendant (Nice, 28 juillet 1897, 9240 R. P., 25232 J. E.; — Cass. req. 24 octobre 1898, 9491 R. P., 25513 J. E., 2988-2 I. G.).

De même, si des actions de jouissance, délivrées après amortissement du capital social, sont reconstituées en actions de capital comme parts de propriété, les nouveaux titres qui correspondent à un capital nouveau, distinct du capital primitif, sont assujettis à un droit de timbre spécial : ils ne constituent pas de simples renouvellements. Dans ce cas, du reste, la taxe est exigible à la fois sur l'ancien capital amorti et sur la valeur nominale des nouveaux titres (Seine, 18 mai 1901, 10245 R. P.).

67. Renouvellement. — Extension du capital social. — L'exemption d'impôt accordée par l'art. 17 L. 5 juin 1850 n'étant applicable que dans le cas où le titre délivré par suite de transfert ou de renouvellement est la représentation exacte et la continuation matérielle et juridique du titre primitif, les titres qui font l'objet d'une nouvelle émission sont passibles d'un droit de timbre particulier : il en est ainsi, alors même que, par suite des modifications nécessaires subies par le capital social, le capital primitif ne se trouve pas augmenté (Seine, 19 novembre 1892, 8011 R. P., 23992 J. E.; 10 mars 1893, 8150 R. P.; — Cass. req. 10 décembre 1894, 8466 R. P., 24511 J. E., 2880-3 I. G.; — Cass. civ. 17 juillet 1895, 8509 R. P., 24694 J. E., 2900-5 I. G.)

68. Renouvellement. — Société en commandite par actions transformée en société anonyme. — La transformation, non prévue par les statuts, d'une société en commandite par actions en société anonyme entraîne la dissolution de l'ancienne société et donne naissance à un nouvel être moral, alors même que le but, le siège, la durée de la société ne se trouveraient pas modifiés. Les titres qui doivent être remis aux actionnaires en échange des anciens, timbrés par abonnement, ne peuvent dès lors être timbrés gratis par application de l'art. 17 L. 5 juin 1850. (Sol. 15 septembre 1890, 7518 R. P., 23654 J. E.) Cette Solution parait fondée. Il importe cependant de remarquer qu'elle ne s'applique pas au cas où la transformation de la Société aurait été prévue par les statuts. Dans cette hypothèse, la Société ne perdrait pas, à notre avis, sa personnalité, à moins, bien entendu, que le pacte social primitif n'ait subi des modifications suffisamment radicales.

71. Société infructueuse. — Dispense du droit. — Obligations. — Une société, qui ne distribue ni intérêts ni dividendes, est tenue de continuer à acquitter la taxe d'abonnement sur ses obligations, l'exception de l'art. 24 L. 5 juin 1850 ne s'appliquant pas à ces titres (Cass. req. 19 janvier 1892, 7709 R. P., 23738 J. E., 2820-3 I. G.).

80. Années d'épreuves. — Droits acquis au Trésor. — Le droit acquitté pendant les deux années d'épreuve appartient définitivement à l'État et n'est pas restituable. (Seine, 13 août 1896, 8949 R. P., 25086 J. E.)

82. Société infructueuse. — Plusieurs émissions d'actions. — De nombreuses décisions ont admis que, si une société improductive émet une nouvelle série d'actions, pour laquelle elle souscrit une déclaration d'abonnement, le délai d'épreuve court, pour les dernières actions comme pour les anciennes, à partir de la même date. D'après cette doctrine, lorsque, au moment de l'émission, les actions primitives se trouvent dispensées du droit, les secondes sont également affranchies; et elles doivent être timbrées gratuitement. Mais, quand l'émission a lieu pendant le délai d'épreuve, la taxe afférente aux nouvelles actions n'est plus exigible à compter de l'expiration de ce délai (Sol. 23 avril et 30 décembre 1878).

L'Administration est revenue récemment sur cette interprétation, qu'elle avait longtemps appliquée. Par une Solution du 27 février 1902, qui constitue un véritable revirement de doctrine, elle a décidé que, si une société a contracté successivement plusieurs abonnements pour des séries distinctes d'actions, la dispense d'impôt résultant de l'art. 24 L. 5 juin 1850 n'est acquise à chacune de ces séries qu'après un délai d'épreuve de deux ans compté du jour de l'abonnement qui la concerne respectivement. « Lorsqu'une société, porte la Solution, a fait plusieurs émissions d'actions et a souscrit pour chacune de ces émis-

53. Parts de fondateur. Société pour la reconstitution de capitaux. — Constitue une véritable société l'association ayant pour objet la reconstitution de capitaux, qui a été constituée dans les formes prescrites par la loi du 24 juillet 1867 et le décret du 22 janvier 1868. Par suite, les parts de fondateur, créées par le pacte social, doivent être considérées comme de véritables parts d'intérêt, assujetties au droit de timbre établi par la loi du 5 juin 1850 (Lyon, 21 novembre 1905, 11217 R. P.).

63. Actions de jouissance. Transformation en actions de capital. — Il n'y a renouvellement de titres, dans le sens de l'art. 17 L. 5 juin 1850, qu'autant que le titre, délivré en remplacement du titre primitif, est la représentation exacte et la continuation matérielle et juridique de ce dernier. Par conséquent, les actions créées à la suite de la reconstitution d'un nouveau capital social et substituées à des actions de jouissance ne sauraient être considérées comme des renouvellements : elles doivent, dès lors, acquitter un droit de timbre spécial (Cass. req. 12 février 1906, 10709 R. P.).

82. Société infructueuse. Plusieurs séries d'actions. Délai d'épreuve. Point de départ. — La nouvelle doctrine de l'Administration a été consacrée par un jugement de Lyon du 17 juillet 1903. Le tribunal a décidé, en effet, que l'abonnement souscrit pour le payement du droit de timbre exigible sur les actions d'une société a le caractère d'un contrat, lequel ne peut s'appliquer qu'aux titres pour lesquels il a été souscrit. Par conséquent, s'il a été conclu successivement plusieurs abonnements pour des séries distinctes d'actions, l'exemption d'impôt résultant de l'art. 24 L. 5 juin 1850 ne saurait être acquise à chacune de ces séries qu'après un délai d'épreuve de deux ans compté du jour de l'abonnement qui les concerne respectivement, et non pas de la date de l'abonnement initial (10680 R. P.).

94. Bilans frauduleux. Fictivité des dividendes. — Par un jugement du 12 décembre 1905 (11218 R. P.), le tribunal de Dijon a décidé, au contraire, qu'il importe peu, au point de vue de la restitution du droit pour la période courue après les deux années d'épreuve, que la répartition fictive n'ait pas été annulée juridiquement et que les actionnaires aient conservé les dividendes distribués, dès l'instant qu'il est constant, en fait, que les dividendes ne représentent qu'une faible partie du capital versé.

sions une déclaration spéciale d'abonnement, il y a entre la société et l'État autant de contrats distincts d'abonnement qu'il y a d'émissions et chacun de ces contrats est susceptible de produire ses effets, abstraction faite des autres. L'art. 24 précité, sous le nom d'abonnement, vise évidemment tous les contrats et il doit être interprété en ce sens que, pour les titres compris dans chaque abonnement, la suspension de payement ne peut avoir lieu qu'après un délai de deux ans. » (3080-29 I. G.)

84. Années d'épreuve. — Point de départ. — Lorsqu'une Société fait timbrer ses actions postérieurement à la déclaration d'abonnement, le délai d'épreuve, pendant lequel le droit demeure acquis au Trésor, court du jour où la taxe devient exigible par la création matérielle et juridique des titres, et non pas de la date de la déclaration (Seine, 17 novembre 1900, 10024 R. P., 26007 J. E.).

Il ne serait conforme ni au texte ni à l'esprit de la loi de 1850 de considérer les sociétés infructueuses qui n'émettent leurs titres d'actions que plusieurs mois ou même quelques années après la déclaration d'abonnement, comme dispensées du payement du droit annuel à l'expiration de la deuxième année qui suit immédiatement la déclaration. Ainsi que nous l'avons enseigné au *Rép. Gén.* (vº *Abonnement*, nº 70), le législateur a fixé à deux années la période pendant laquelle l'abonnement serait servi, quelles que fussent les chances défavorables des opérations; pendant ces deux années, la Société ne peut donc obtenir la remise du droit; en d'autres termes, l'impôt est dû pour deux années entières. C'est en ce sens que s'est prononcée la Cour de cassation dans un arrêt du 27 décembre 1857 : « Attendu que les deux années accordées par l'art. 24, loin de constituer un terme pendant lequel la perception serait suspendue, assignent un temps d'épreuve *pendant lequel le droit est perçu...* » (955 R. P.). En décidant que, par les mots « postérieurement à leur abonnement », la loi de 1850 a entendu se reporter, non pas à la date de la déclaration d'abonnement, mais à l'époque où commence le service de l'abonnement par la création matérielle et juridique des titres, le tribunal de la Seine nous paraît donc avoir exactement résolu la difficulté.

90. Société infructueuse. — Parts de fondateurs. — Intérêts servis aux actionnaires. — Lorsque les actionnaires d'une Société ont reçu des répartitions pour payement des intérêts statutaires, les parts de fondateurs qui, au regard de la loi du 5 juin 1850, sont assimilables à de véritables actions de jouissance, doivent subir les conséquences juridiques de ces répartitions. Elles ne peuvent dès lors être admises à bénéficier de la dispense d'impôt accordée aux sociétés infructueuses, bien qu'elles n'aient participé elles mêmes à aucune distribution (Seine, 16 mars 1894, 8371 R. P., 24874 J. E.).

91. Bénéfices employés à l'amortissement du capital. — La dispense d'impôt est subordonnée, non pas à l'absence de bénéfices, mais à l'absence de distributions d'intérêts et de dividendes. Elle profite à la société qui, en conformité de ses statuts, a employé exclusivement ses bénéfices à l'amortissement du capital social, cet amortissement ne pouvant à aucun point de vue être assimilé à une distribution d'intérêts ou de dividendes (Seine, 9 nov. 1895, 8797 R. P., 24875 J. E.; — Sol. 17 mars 1896, 24875 J. E.; — *Contra* Bordeaux, 23 mars 1892, 24673 J. E.).

92. Distribution indirecte. — Réduction faite aux actionnaires sur les primes de leurs assurances. — Répartition sous forme de bons négociables. — La Cour de cassation a cassé le jugement de Bordeaux, du 11 mai 1887, cité au *Rép. Gén.* et décidé que les remises de 5 p. 100, faites, en vertu des statuts, par une société d'assurances, à ceux de ses actionnaires qui sont en même temps ses assurés, sur le montant de leurs primes, ne peuvent être considérées comme des dividendes ou bénéfices réalisés par la compagnie et distribués ensuite entre ses membres, parce qu'ils ne constituent qu'un sacrifice consenti par elle pour faciliter le placement de ses actions et s'attirer des affaires. Elles ne sauraient, par suite, mettre obstacle à ce que la société qui, depuis plus de deux ans, n'a payé ni intérêts ni dividendes, soit réputée infructueuse. (Cass. civ. 13 mai 1889, 7270 R. P. 23213 J. E.)

Mais si une société remet à ses actionnaires, en payement d'intérêts échus, des bons différés, négociables, productifs d'intérêts et remboursables par voie de tirage au sort, elle ne saurait être réputée improductive (Seine, 26 février 1898, 9128 R. P., 25497 J. E.; — Cass. req. 24 juillet 1899, 9616 R. P., 25704 J. E., 3004-8 I. G.).

On ne peut considérer comme une distribution indirecte de bénéfices le payement des droits de transmission fait par une société pour le compte de ses actionnaires, si elle s'est réservé d'exercer son recours contre eux. Si donc la société est en état d'improductivité, elle n'est pas tenue de reprendre le service de l'abonnement (Vassy, 23 avril 1891, 7678 R. P.).

94. Bilans frauduleux. — Fictivité des dividendes. — Lorsqu'une société est, en réalité, infructueuse et que, cependant, des dividendes sont distribués frauduleusement aux actionnaires, elle n'en doit pas moins être réputée improductive, et les droits d'abonnement, acquittés à tort, sont sujets à restitution. L'Administration a toutefois soutenu que, pour qu'il en soit ainsi, le caractère frauduleux de la répartition doit être établi par un jugement civil ou correctionnel, attendu qu'elle n'a pas à rechercher l'origine des dividendes distribués. Mais cette thèse a été condamnée par la jurisprudence. Il a été jugé, en effet, que si, en principe, la Régie n'a pas à se préoccuper de l'origine des fonds distribués, il appartient à la société et, en cas d'instance, au tribunal de rechercher l'origine des deniers répartis et d'établir que les gérants ont distribué, au moyen de bilans frauduleux, des dividendes fictifs (Senlis, 12 juin 1889, 7290 R. P.).

Mais si une décision judiciaire, tout en reconnaissant que les comptes et bilans produits par le conseil d'administration d'une société présentent un caractère frauduleux, n'annule pas la répartition des dividendes distribués, cette répartition doit être considérée comme subsistant juridiquement; d'où la conséquence que la société ne peut être réputée improductive et que la taxe ne saurait être restituée comme indûment perçue (Seine, 13 mai 1899, 9631 R. P., 25781 J. E.).

95. Société fructueuse. — Bénéfices employés à

des acquisitions. — Tout fait impliquant l'appropriation aux actionnaires des bénéfices acquis a le caractère d'une répartition, alors même qu'il n'y aurait pas eu de versement direct entre leurs mains. On ne peut, par suite, considérer comme improductive et comme dispensée, à ce titre, du service de l'abonnement, la société qui réalise des bénéfices qu'elle emploie à augmenter le fonds social par voie d'acquisitions (Cass. civ. 22 novembre 1899, 9711 R. P., 25769 J. E.).

Cette décision consacre une interprétation de l'art. 24 L. 5 juin 1850 absolument contraire à celle qui avait fini par prévaloir en pratique. Par une application extensive d'un arrêt du 13 juillet 1870 (3184 R. P.), les tribunaux secondaires ont admis que, pour la perception du droit d'abonnement, une société doit être considérée comme infructueuse, dès qu'elle ne paie plus ni dividendes ni intérêts. Après avoir cherché à contester cette théorie (5906 R. P.), la Régie avait cru pouvoir l'accepter. Aujourd'hui, la Chambre civile limite et précise la portée de son précédent arrêt. Suivant elle, une société ne saurait être admise à invoquer le bénéfice de l'art. 24 de la loi de 1850 par cela seul qu'elle ne verse point directement de bénéfices entre les mains des actionnaires; il est nécessaire, en outre, que les bénéfices qu'elle a réalisés n'aient pas été employés dans leur intérêt. C'est la thèse que nous avons constamment soutenue, nonobstant les décisions intervenues en sens contraire.

98. Société infructueuse. — Mise en liquidation. — Concordat. — Années d'épreuve. — Point de départ. — La société qui, après avoir, au cours d'un exercice, distribué un dividende, est mise en liquidation judiciaire et qui, quelques mois après, a obtenu son concordat, doit être considérée comme improductive à partir du jour de la dernière distribution, et c'est à compter de ce jour que court le délai d'épreuve de deux ans exigé pour la dispense du droit de timbre par abonnement. Elle est, en outre, affranchie du payement du droit afférent à la période de liquidation (Seine, 29 mai 1897, 9171 R. P., 25383 J. E.).

Cette décision est très contestable. En fait, la société avait distribué un dividende à ses actionnaires le 1er avril 1892; elle avait été mise en état de liquidation judiciaire le 2 novembre 1892, puis elle avait obtenu son concordat le 6 mars 1893. D'après l'art. 24 L. 5 juin 1850, pour qu'une société soit considérée comme improductive, il est absolument nécessaire qu'elle ne distribue ni dividendes ni intérêts; elle ne saurait être réputée infructueuse par cela qu'elle n'aurait réparti qu'un faible dividende; l'importance des sommes distribuées demeure, en effet, sans aucune influence (*Rép. Gén.*, v° *Abonnement*, n° 93). Or, puisque la société avait distribué le 1er avril 1892 un dividende à ses actionnaires, elle ne saurait être admise à bénéficier de la disposition précédente en ce qui concerne la taxe afférente à l'année 1892. Ce n'est qu'à partir du 1er janvier 1893 que courait le délai d'épreuve de deux ans exigé pour qu'elle fût en situation de profiter de l'exemption d'impôt. Par conséquent, si elle n'avait pas été mise en liquidation, elle aurait dû acquitter les taxes d'abonnement pour les années 1892, 1893 et 1894. Sa mise en liquidation a eu pour résultat de la dispenser du payement de la portion des taxes applicables à la période de liquidation, conformément aux prescriptions du § 1 de l'art. 24 précité; mais elle n'a pas eu et ne pouvait avoir pour effet de modifier le point de départ des deux années d'épreuve. En décidant le contraire, le Tribunal de la Seine s'est certainement mépris sur le sens et la portée des textes qu'il avait à interpréter. Les termes de la loi sont généraux et absolus et ne permettent pas de reporter à une date antérieure l'époque qu'il y a lieu de considérer pour le calcul du délai d'épreuve; il est de jurisprudence, en effet, qu'une répartition faite au cours d'un exercice rend exigible le droit entier de l'exercice et non pas seulement la fraction de ce droit correspondant à la date du payement (Cass. 20 fév. 1876, 4316 R. P.). En définitive, les années 1893 et 1894 constituaient les années d'épreuve; toutefois, comme la société a été en liquidation du 2 novembre 1892 au 6 mars 1893, elle se trouvait dispensée du droit pour cette période, mais elle n'en était pas moins tenue au payement des taxes courues du 1er avril au 2 novembre 1892 et du 6 mars 1893 au 31 décembre 1894.

99. Société fructueuse. Absence de distribution prévue par les statuts. — Si une société, formée dans un but de bienfaisance, ne doit distribuer, d'après ses statuts, ni intérêts ni dividendes, le défaut de payement de dividendes ou d'intérêts ne constitue pas un indice de mauvaise fortune : une telle association ne serait dispensée de l'impôt que si elle était en mesure de justifier qu'elle n'a fait aucun bénéfice. Pour apprécier si un exercice a donné un bénéfice, il faut déterminer la valeur de l'actif existant à la fin de chaque année sociale, en déduire le passif et comparer la différence avec l'actif net de la dernière année : il y aurait bénéfice, pour chaque exercice, si l'actif net était supérieur à la fois à celui constaté à la fin de l'exercice précédent et au capital social (Sol. 23 mars 1896, 25.017 J. E.).

1. Association religieuse. — Il a été jugé cependant qu'une association religieuse, constituée par actions, qui ne distribue pas de dividendes, doit, comme toute autre société, bénéficier de la dispense d'impôt : « attendu que le législateur, en prenant le défaut de distribution de dividende comme principe de la dispense du paiement de la taxe, tend à saisir un fait matériel facile à prouver et écarte ainsi les difficultés sur les opérations intérieures de la société » (Seine, 19 mai 1900, 26008 J. E.).

100. Augmentation de capital. — V. *Supra* n° 82.

113-1. Sociétés étrangères. — Liquidation du droit. — *Actions créées sans expression de capital.* — Le droit doit être liquidé sur la valeur de l'action au jour de la création de la société, c'est-à-dire, à défaut de capital nominal, sur le capital réel. L'assiette de l'impôt est déterminée d'une manière fixe et invariable. Il s'ensuit que, si l'estimation des actions est suffisante eu égard à la valeur du fonds social au moment de la constitution de la société, l'Administration ne saurait être admise à exiger que le droit doit être ultérieurement perçu sur un capital plus élevé dans le cas où la valeur de ce fonds social se serait accrue (Sol. 25 août 1897).

La loi déclarant formellement que le droit se calcule

95. Société fructueuse. Bénéfices employés à l'augmentation du fonds social. — De même, ne saurait être considérée comme improductive et comme dispensée, à ce titre, du service de l'abonnement au timbre, la société qui réalise des bénéfices qu'elle emploie à augmenter le fonds social par voie de constructions nouvelles (Hazebrouck, 28 janvier 1905; — Cass. req., 21 février 1906, 11157 R. P.; — *Rouen*. Nantes, 8 août 1905, 14039 R. P.).

96. Société civile par actions. Absence de bénéfices. — La société civile par actions qui ne distribue pas de dividendes et ne réalise pas de bénéfices, est affranchie du payement des droits de timbre d'abonnement après les deux années d'épreuve (Saint-Omer, 11 août 1905, 16025 R. P.).

99. Société fructueuse. Absence de distribution prévue par les statuts. — La doctrine de l'Administration tend à prévaloir en jurisprudence. Le tribunal d'Aix a jugé, en effet, que si les bénéfices d'une société ne doivent pas être répartis aux actionnaires, le criterium de sa productivité ne saurait être, pour l'application de l'art. 24 L. 5 juin 1850, que l'augmentation du fonds social et celle du capital, comparée avec celle de l'année précédente (20 juillet 1903, [illegible] R. P.). Dans le même sens : Cambrai, 8 juillet 1905, 14982 R. P.

100. Augmentation de capital. — V. *Supra*, n° 82.

110. Société étrangère. Représentant responsable. Responsabilité. — V. *Étranger*, n° 121.

147. Faillite ou liquidation judiciaire. Recouvrement. Créance sur la masse. — La taxe annuelle de timbre, échue postérieurement à la mise en faillite ou en liquidation judiciaire d'une société, constitue une créance sur la masse remboursable avant toute distribution et non pas seulement une créance dans la masse, soumise à la règle commune de la contribution et payable au marc le franc (Sol. 30 mars 1905, Instr. 3167, § 16, 11030 R. P. — Contrà, Seine, 19 janv. 1907, 11462 R. P.).

sur le capital réel, il n'y a pas lieu pour la perception de tenir compte du taux d'émissions des titres (même Sol.).

Actions de jouissance substituées à des actions de capital. — Si, après amortissement des apports, des actions de jouissance ont remplacé des actions de capital, l'impôt est dû d'après le capital nominal des actions originairement émises (Sol. 8 mars 1893).

Capital exprimé en monnaie étrangère. — Cours du change. — Lorsque le capital des titres est exprimé en monnaie étrangère, il est évalué, pour la perception, d'après le cours du change à la date à laquelle l'impôt devient exigible ; et la valeur ainsi fixée demeure invariable, quelles que soient les fluctuations que le change pourrait subir (Sol. 8 mars 1893).

118. Sociétés étrangères. — Bénéfices conservés. — Les sociétés étrangères qui réalisent des bénéfices quelconques ne sauraient être considérées comme infructueuses et prétendre, par suite, à la dispense de la taxe d'abonnement au timbre, alors même que les bénéfices seraient trop peu importants pour permettre une distribution (Sol. 28 juillet 1899, 9861 R. P. 25779 J. E.).

Pour être dispensées du payement de la taxe, les sociétés étrangères sont tenues de prouver, non seulement qu'elles n'ont distribué ni dividendes ni intérêts aux actionnaires, mais en outre qu'elles n'ont pu en distribuer. Toutefois, s'il résulte des bilans et écritures sociales qu'une société étrangère n'a pas réalisé de bénéfices, elle doit être considérée comme improductive, dans le sens du décret du 28 mars 1868, alors même que, d'après les délibérations des assemblées générales, diverses sommes devaient être appliquées à la caisse de prévoyance pour le personnel et le solde du bénéfice net de l'exercice gardé en réserve (Seine, 25 octobre 1901, 10200 R. P.) Si, dans la réalité, le solde du bénéfice net avait été mis en réserve, la société ne pourrait être réputée infructueuse. Mais, quand les chiffres des bilans et autres écritures sociales ne concordent pas avec ceux des délibérations des assemblées générales, il serait difficile de refuser à une société le droit de prouver que les exercices écoulés n'ont pas, en fait, produit de bénéfices.

135. Émission en France. — Droits de timbre payés au comptant. — Imputation. — Les droits de timbre au comptant, régulièrement acquittés par les porteurs des titres avant que la société étrangère ait fait agréer un représentant responsable, sont définitivement acquis au Trésor ; mais les titres timbrés dans ces conditions peuvent être déduits du nombre de ceux qui doivent acquitter la taxe d'abonnement (D. m. f. 18 avril 1883. — Sol. 17 novembre 1883). L'imputation doit avoir lieu *titres pour titres*, et non pas droits pour droits. (Sol. 31 janvier 1885.) Quant aux titres qui auraient été timbrés au comptant après l'agrément du représentant responsable, les droits auxquels ils ont donné ouverture sont sujets à restitution (Déc. min. préc.).

Les titres, émis en France par une société étrangère, sont passibles des trois taxes. S'ils ont été frappés du droit de timbre au comptant à la demande de cette société, il y a lieu d'imputer le montant de ce droit sur la taxe d'abonnement exigible (Sol. 3 août 1896, 9770 R. P., 25540 J. E.).

142. Sociétés infructueuses. — Actions non cotées. Aux termes du décret du 28 mars 1868, les sociétés étrangères dont les titres sont cotés aux Bourses françaises ont été admises à profiter de la dispense d'impôt accordée par l'art. 24 L. 5 juin 1850. Mais cette règle ne s'appliquait pas aux sociétés dont les actions acquittent la taxe d'abonnement, sans être cotées à la Bourse.

Un décret du 25 janvier 1890 (9501 R. P.) a fait cesser cette anomalie. Il porte :

« Art. 1. — A partir du 1er janvier 1890, les sociétés, compagnies et entreprises étrangères dont les titres, bien que non cotés aux Bourses françaises, sont passibles du droit de timbre par abonnement, sont admises à jouir du bénéfice de l'article 24 L. 5 juin 1850, en justifiant que, pendant les deux dernières années, elles n'ont pu payer ni dividendes ni intérêts ; elles devront, à cet effet, produire à l'Administration de l'Enregistrement les procès-verbaux et délibérations des assemblées générales, les inventaires, balances et tous autres documents de comptabilité, vérifiés et certifiés par les agents diplomatiques ou consulaires français. »

Le décret ne vise expressément que le cas d'improductivité des sociétés. Mais il n'est pas douteux que l'impôt cesse également d'être exigible au cas de mise en liquidation. C'est en ce sens qu'a été entendu le décret du 28 mars 1868 relatif aux titres cotés (*Instr.* n° 2373) et le décret nouveau, qui en reproduit purement et simplement les termes, doit recevoir la même interprétation.

Les dispositions nouvelles ne s'appliquent qu'à la taxe d'abonnement au timbre sur les *actions*. Il n'est rien innové notamment en ce qui concerne le droit de même nature qui est dû sur les *obligations* circulant en France des sociétés et autres collectivités étrangères (2970 J. G.).

143. Sociétés étrangères et États étrangers. — V. le mot *Étranger*.

146. Débiteur de la taxe. — Actions. — La taxe d'abonnement constitue, non une charge imposée à l'actionnaire, mais une dette de la société ayant pour gage privilégié le mobilier de celle-ci, en quelque lieu qu'il se trouve (Seine, 6 décembre 1890, 7606 R. P.).

149. Privilège. — Étendue et limites. — Pour le recouvrement de la taxe d'abonnement, la Régie jouit, aux termes de l'art. 76 L. 28 avril 1816, du privilège des contributions directes qui, d'après la loi du 12 novembre 1808, s'étend sur les meubles et effets mobiliers appartenant aux redevables (Seine, 6 décembre 1890, 7606 R. P.).

Mais les privilèges, devant être interprétés restrictivement, ne peuvent être étendus au delà des limites fixées par le texte même des lois qui les établissent. Par suite, le privilège pour le recouvrement des droits d'abonnement ne s'applique que dans les limites où s'applique le privilège même des contributions directes, c'est-à-dire seulement aux droits dus pour l'année échue et l'année courante (Seine, 19 mars 1897, 9071 R. P., 25203 J. E. ; — 20 janvier 1900, 25925 J. E. ; — Cass. req. 9 mai 1900, 9853 R. P., 25906 J. E., 3037-4 J. C.).

166. Prescription. — L'impôt auquel sont soumis les titres visés par la loi du 5 juin 1850, même quand il est acquitté par abonnement, est un droit de timbre qui ne participe pas de la nature du droit d'enregistrement. L'action en recouvrement ne saurait dès lors être éteinte par la prescription biennale de l'art. 61 L. 22 frim. an VII; elle est soumise à la prescription trentenaire qui régit la prescription des droits de timbre en général. (Seine, 10 nov. 1892 (2 jug.), 8011 et 8012 R. P., 23992 J. E.; — Cass. civ. 17 juillet 1895, 8590 R. P., 24694 J. E., 2900-5 I. G.)

La même prescription est applicable au recouvrement d'un supplément de droit résultant d'une insuffisance de perception, provenant du fait de l'Administration (Nantes, 7 déc. 1895, 8832 R. P.).

167. Prescription biennale. — Évaluation insuffisante. — Lorsque, les actions n'ayant pas de valeur déterminée, l'impôt est assis sur le capital réel déclaré conformément à l'art. 66 L. 22 frim. an VII, l'Administration doit, par suite de la référence de l'art. 14 L. 5 juin 1850 à la loi sur l'enregistrement, établir, dans les deux ans de la perception, l'insuffisance de l'évaluation et réclamer les suppléments de droits exigibles. (Seine, 10 novembre 1892, 8011 R. P.; — Cass. préc. 17 juillet 1893.)

2. PÉNALITÉS. — Nous avons indiqué, au *Rép. Gén.*, que l'insuffisance constatée dans l'évaluation du capital réel est punie d'un droit en sus. Cette erreur a été rectifiée V° *Société*, n° 384 2, où nous avons enseigné que, à défaut d'une disposition spéciale contenue dans la loi de 1850, il ne pouvait être exigé aucune pénalité pour les insuffisances de l'espèce.

168. Prescription quinquennale. — L'abonnement constituant un mode de payement par annuités du droit au comptant, il n'y a pas lieu de lui appliquer la prescription quinquennale résultant de l'art. 2277 C. C. (Seine préc., 10 novembre 1892, 8011 R. P.).

169. Taxe indûment perçue. — Déchéance. — Compensation avec les termes des trimestres suivants. — La déchéance quinquennale de l'art. 9 L. 29 janv. 1831, applicable aux droits de timbre par abonnement qui auraient été indûment perçus, présente tous les caractères d'une véritable prescription libératoire. Elle court à partir de l'ouverture de l'exercice dans lequel la créance contre le Trésor a pris naissance, c'est-à-dire pendant lequel les versements ont été effectués. Il en est ainsi spécialement en ce qui concerne l'action en restitution de droits payés indûment par suite de distribution de dividendes fictifs, quelles que soient les difficultés de fait que peuvent rencontrer les associés à prouver l'existence des fraudes ou erreurs commises. Les jugements ne faisant que constater les droits et ne les créant pas, on ne saurait admettre, en effet, que le droit au remboursement n'existe que du jour où des décisions judiciaires ont reconnu la fictivité des dividendes distribués. (Coulommiers, 24 avril 1896, 8940 R. P., 24808 J. E.; — Seine, 13 août 1896, 8940 R. P., 25086 J. E.)

La règle ainsi posée ne paraît pas contestable. Le jugement qui annule une distribution de dividendes ne crée pas le droit de la société au remboursement : il ne fait qu'en constater l'existence. « Les décisions de justice, porte un arrêt de la Cour de Cassation, sont déclaratives et non attributives de droits. » (Cass. 25 août 1868, D. P. 68-1-397). Une société se trouve donc fondée à réclamer la restitution dès le jour où les taxes ont été versées; elle est tenue sans doute de prouver la fraude commise, mais cette obligation qui lui incombe ne saurait être considérée juridiquement comme un obstacle à son action contre le Trésor.

Quel est le point de départ de la déchéance, lorsqu'une société, qui a acquitté des droits exigés à tort, a payé les taxes dues pour les trimestres suivants? Le tribunal de la Seine a jugé, le 18 mars 1893, que la déchéance quinquennale court seulement à compter des derniers versements, par les motifs suivants. Pour le payement de la taxe d'abonnement, il y a, entre la Régie et les abonnés, un véritable compte courant, dans lequel les perceptions fractionnées se fractionnent en une balance générale. Le caractère de liquidité ne pouvant être contesté à une dette qui résulte de la loi, la taxe indûment perçue constitue une dette liquide et exigible à l'instant même où le versement a lieu. Dès lors, la compensation s'opère de plein droit entre le montant de cette taxe et le terme du trimestre suivant; et, s'il n'en a pas été tenu compte, la somme payée en trop à l'échéance de ce trimestre donne naissance, au profit de la société, à une nouvelle créance qui se compense elle-même de plein droit avec la taxe du deuxième trimestre : la compensation s'établit ainsi, à chaque échéance trimestrielle, entre la créance de la société et celle de l'Administration (8304 R. P. 24256 J. E.).

Cette décision ne paraît pas justifiée et de nature à prévaloir définitivement.

L'État est soumis, en ce qui concerne la compensation, à des règles particulières. « La compensation légale ne s'opère, en ce qui concerne les créances de l'État, enseignent MM. Aubry et Rau, qu'autant que l'État se trouve, en sa double qualité de créancier et de débiteur, représenté par la même Régie, et que d'ailleurs cette compensation ne porte pas atteinte aux règles de la comptabilité financière. » (*Droit civil*, t. IV, § 327.) Ainsi la compensation peut être admise en matière fiscale, mais à la condition qu'elle ne soit pas de nature à contrarier les règles de la comptabilité publique et par conséquent à troubler l'économie des budgets (*Rép. Gén.*, V° *Compensation*, n°s 74 et 93). Aussi la jurisprudence décide-t-elle notamment que l'on ne peut compenser des droits de mutation par décès dus au Trésor avec des revenus de prix de vente à restituer aux héritiers à l'occasion d'une gestion de biens séquestrés (Cass. 22 vend. an IX et 28 vend. an XIV), ni les droits dus sur un acte notarié avec ceux d'une succession (Cass. 13 fév. 1878, 4893 R. P.), ni la taxe du revenu relative à l'intérêt des obligations d'une Société avec celle applicable aux actions (Cass. 24 juill. 1883, 6222 R. P.). Cela étant, il est permis de se demander si les raisons qui s'opposent à la compensation dans les cas qui précèdent, ne mettent pas obstacle à la compensation entre des créances appartenant à des exercices différents. Les lois de finances sont annuelles; elles autorisent et prévoient, pour une année, les recettes et les dépenses. Les droits payés pendant un exercice sont définitivement acquis à cet exercice; et si postérieurement il est constaté que certaines sommes ont été acquittées mal à propos, c'est au

166. Prescription. — Dans le même sens : Nantes, 8 août 1904, 11034 R. P.; — Seine, 15 avril 1905, 11097 R. P.

169. Taxe indûment perçue. Déchéance. Compensation avec les termes des trimestres suivants. — Le pourvoi formé contre le jugement de la Seine du 19 mai 1899 (9633 R. P.) rappelé à l'article ci-contre, *in fine*, a été rejeté par un arrêt de la Chambre civile du 5 décembre 1904 (10858 R. P.). Lors donc qu'elle a réclamé la restitution de taxes de timbre acquittées indûment et que sa demande a été rejetée par des décisions ayant acquis l'autorité de la chose jugée comme s'appliquant à des droits éteints par la déchéance quinquennale édictée par l'art. 9 L. 29 janvier 1831, une société n'est pas fondée à se faire rembourser les excès de perception par voie d'imputation sur les taxes de même nature à échoir ultérieurement.

171. **Amendes. Titres présentés au timbrage. Prescription.** — Si des actions nouvelles, présentées au timbrage, ont été timbrées gratuitement par erreur, l'amende encourue pour défaut de payement des droits est prescriptible par deux ans à partir du jour où la formalité a été remplie (Lille, 10 mars 1906, 11261 R. P.).

193 *bis*. **Sociétés de crédit maritime. L. 23 avril 1906. Régime fiscal.** — Les titres de ces sociétés ne sont pas soumis au droit de timbre proportionnel fixé par l'art. 14 L. 5 juin 1850, mais sont passibles du timbre de dimension dans les conditions prévues par la décision du Min. des finances du 20 juillet 1905 (Instr. 3174, § 16, — 11294 R. P.

moyen des crédits mis à la disposition de l'Administration pour le remboursement des droits indûment perçus qu'il y a lieu de désintéresser les créanciers du Trésor. En opérant autrement, on ne peut que troubler l'économie du budget et fausser les résultats d'un exercice. Il est vrai que, dans la pratique, les taxes d'abonnement payées en trop sont parfois imputées sur les termes des exercices ultérieurs; mais ce mode de procéder, qui a pour effet de simplifier les écritures, semble vicieux, et si, en général, il ne présente pas de sérieux inconvénients, il n'en paraît pas moins contraire aux règles de la comptabilité financière. Mais, bien que la compensation légale s'opère par la seule force de la loi, les parties peuvent valablement y renoncer, soit expressément, soit tacitement, après qu'elle s'est accomplie. Aussi doit-on considérer comme ayant renoncé, tout au moins tacitement, à la compensation dont elle était fondée à se prévaloir, la société qui a réclamé directement le remboursement de taxes qu'elle pouvait imputer sur les premiers termes à échoir et qu'une décision régulière a refusé de restituer comme atteintes par la prescription quinquennale (Seine, 19 mai 1899, 9632 R. P., 25747 J. E.).

170. **Abonnement souscrit. — Titres délivrés postérieurement sans être timbrés.** — L'amende de 12 p. 100 édictée par l'art. 18 L. 5 juin 1850 contre toute société convaincue d'avoir émis des actions sans le payement préalable du droit de timbre, s'applique seulement au cas où le défaut de timbre est le résultat du défaut de payement, soit au comptant, soit par abonnement. Si la société délivre ses actions après avoir souscrit l'abonnement, mais sans que le timbre constatant cette formalité ait été apposé sur les titres, elle n'encourt que l'amende de 50 fr. prononcée par l'art. 23 pour contravention aux prescriptions réglementaires de l'art. 5 Décr. 27 juillet 1850 (Sol. 10 novembre 1888, 7254 R. P.).

177. **Insuffisance. — Pénalité.** — C'est par erreur que nous avons émis l'avis au *Rép. Gén.* que l'insuffisance dans l'évaluation du capital réel rend une pénalité exigible (V. *suprà*, n° 167-2).

189. **Crédit foncier. — Obligations rachetées.** — Les obligations et lettres de gage, émises par le Crédit foncier et qu'il rachète, cessent d'être soumises à la taxe d'abonnement, cette taxe n'étant pas due sur les titres qui n'ont plus d'existence juridique. La loi du 8 juillet 1852, art. 29, dispose d'ailleurs que le droit de timbre ne sera perçu que sur le total des lettres de gage en circulation; or, la circulation dont il est question, c'est la circulation pratique et effective et non la possibilité d'une remise en circulation. L'impôt ne saurait donc être exigé sur les obligations et lettres de gage tant qu'elles n'ont pas été remises en circulation (Seine, 17 nov. 1893, 24427 J. E., — *Rapp.* n° 28).

189 *bis*. **Sociétés de Panama.** — D'après l'art. 12 L. 1er juillet 1893, « il est fait remise à la Compagnie universelle du canal interocéanique de Panama, à la société civile d'amortissement des obligations du canal de Panama (émission de mars 1888) et à la société civile pour l'amortissement des obligations à lots du canal de Panama, de tous les droits de timbre et de transmission échus ou à échoir sur tous les titres d'actions et d'obligations desdites sociétés » (2844 I. G.).

ABSENCE.

65. **Prise de possession. — Acte la révélant. — Transaction. — Droit de m. p. d. — Exigibilité.** — Les héritiers qui ont appréhendé les biens d'un absent sont tenus d'acquitter les droits de mutation par décès dans le délai de six mois à compter de cette prise de possession, alors même qu'ils n'ont pas fait déclarer l'absence. L'Administration peut établir la prise de possession de fait, au moyen d'actes ou de transactions parvenues légalement à sa connaissance (Périgueux, 4 juin 1898, 9561 R. P.).

73. V. *infra*, n° 83.

83. **Envoi en possession. — Héritier de l'héritier présomptif. — Biens à déclarer.** — Dès que l'envoi en possession des biens d'un absent est obtenu par un successeur non immédiat de l'héritier présomptif au jour des dernières nouvelles, les biens de l'absent sont réputés n'arriver entre les mains de ce successeur que par l'effet de transmissions successives dont le nombre est déterminé par le nombre même des décès de l'héritier présomptif, de ses propres héritiers et des héritiers de ces derniers, et ainsi de suite jusqu'au successeur envoyé en possession. Il en résulte qu'un droit de mutation par décès est dû pour chacune des transmissions, dont la première remonte, à défaut d'envoi en possession, au jour du décès de l'héritier présomptif de l'absent, et dont les autres sont censées s'opérer à la mort de chacun des héritiers ultérieurs. Quant au successeur définitif, le délai qui lui est imparti pour souscrire la déclaration de l'absent court du jour de l'envoi en possession prononcé à son profit. Enfin, les biens à déclarer pour chaque transmission sont ceux qui existaient au jour où cette transmission s'est effectuée (Sol. 3 octobre 1895, 8696 R. P.).

85. V. *suprà*, n° 83.

92. **Droit de m. p. d. — Liquidation. — Dettes.** — Nous indiquons V° *Succession* les modifications introduites par la L. 25 février 1901, dans le régime fiscal des successions. Ces modifications portent non seulement sur le taux des droits de m. p. d., mais encore sur le mode de liquidation et de paiement de ces droits. Dans son ensemble, la loi autorise la déduction du passif héréditaire; elle établit un droit progressif sur la part nette recueillie par chaque héritier ou légataire; elle organise de nouvelles règles au sujet de la forme des déclarations de successions; elle édicte des mesures spéciales destinées à assurer le contrôle de la matière imposable; enfin, elle détermine une assiette nouvelle pour la valeur de l'usufruit et de la nue propriété transmis par décès.

Les règles nouvelles établies par la loi précitée s'appliquent en matière d'absence. Nous ne pouvons donc que renvoyer aux explications données V° *Succession*.

Il est cependant un point que nous devons retenir ici : C'est celui de savoir si la déduction du passif doit être admise pour liquider le droit de m. p. d. dû en cas d'absence.

L'affirmative ne nous semble pas douteuse. Bien que la L. 25 février 1901 ne parle que des dettes dues par « *le défunt* », lors de son décès, et que l'absence d'une personne n'autorise pas à considérer sa succession comme ouverte (*Rappr.* 130 et 132 C. civ.), les règles relatives à la déduction du passif doivent être étendues, par identité de motifs, aux dettes grevant les biens d'un absent, la loi fiscale assimilant à un décès l'envoi en possession provisoire des biens d'un absent, au double point de vue du tarif des droits à percevoir et du point de départ du délai accordé pour le paiement de l'impôt.

Par les mêmes raisons, la situation active et passive qui doit servir de base à la liquidation des droits est celle du jour du jugement d'envoi en possession provisoire, et non celle du jour de la disparition ou des dernières nouvelles, quoique la loi civile se soit arrêtée à cette dernière date pour régler la dévolution de la succession de l'absent (C. C. art. 120).

Enfin, comme dans ce cas le droit n'est ouvert que par le jugement d'envoi en possession provisoire, les dispositions de la L. 25 fév. 1901 régissent toutes les successions présumées d'absents qui auront fait l'objet d'un jugement de cette nature à partir du jour où la loi est devenue exécutoire.

Les mêmes règles sont évidemment applicables au cas où les héritiers présomptifs, au lieu de demander l'envoi en possession, ont pris possession de l'hérédité, sans une autorisation de justice.

93. V. *suprà*, n° 92.

110. Retour de l'absent. — Restitution des droits. — Jouissance des héritiers. — Mode d'évaluation. — Sous l'empire de la L. frim., il a été décidé, en cas de retour d'un absent, que la jouissance des héritiers présomptifs, sur laquelle il y a lieu de conserver le droit de m. p. d., originairement perçu, doit être évaluée, pour les meubles, à la moitié de la propriété, et, pour les immeubles, au capital au denier 10 ou 12,50 du revenu des biens, sous déduction du montant des fruits remboursés par application de l'art. 127 C. Civ. (Sol. 5 août 1893, 8109 R. P.).

Ce mode d'évaluation ne doit plus être suivi, depuis la mise en vigueur de la L. 25 février 1901, qui a modifié les règles applicables à l'estimation de la valeur imposable de l'usufruit et de la nue propriété. (V. v° *Usufruit*.) La jouissance des héritiers présomptifs doit être, en effet, assimilée à un usufruit temporaire. Or, d'après l'art. 13, n° 2 L. 25 février 1901, l'usufruit constitué pour une durée fixe est estimé aux 2/10 de la propriété entière, pour chaque période de dix ans de la durée de l'usufruit, sans fraction et sans égard à l'âge de l'usufruitier. Mais l'Administration a reconnu, elle-même, (3067-3 I. G.) que cette valeur attribuée à l'usufruit temporaire constitue uniquement une valeur *maxima*, et qu'elle ne doit servir de base à la liquidation de l'impôt que si elle est inférieure à celle de l'usufruit viager. C'est, conformément à ces principes, qu'il convient actuellement d'évaluer la jouissance des héritiers présomptifs, sur laquelle doit, en cas de retour de l'absent, être conservé le droit de m. p. d.

ACCEPTATION.

8-3. Acceptation expresse de communauté, succession ou legs. — Droit de greffe. — Les actes d'acceptation de communauté, de succession ou de legs passés au greffe ne sont plus assujettis aujourd'hui au droit de greffe de 1 fr. 25, indépendamment du droit d'enregistrement de 4 fr. 50, les droits de greffe ayant été supprimés par la loi du 26 janvier 1892 (art. 4).

9. Acceptation tacite. — La demande en partage d'une succession formée par les héritiers emporte de leur part acceptation tacite de la succession, sans qu'il y ait lieu d'avoir égard au peu d'importance des objets qui en dépendent. En conséquence, la succession ne peut être acceptée postérieurement sous bénéfice d'inventaire (Cass. civ. 26 mars 1902, 10358 R. P.).

10. Acceptations faites au greffe. — Pluralité supprimée. — L'art. 68 L. frim. voulait qu'il fût perçu un droit particulier *pour chaque acceptant et pour chaque succession acceptée*.

Cette règle a été modifiée, en ce qui concerne les actes d'acceptation *passés au greffe*, par l'art. 25 L. 28 avril 1893, ainsi conçu : « Il ne sera perçu qu'un seul droit fixe d'enregistrement pour chaque acte distinct d'acceptation de succession ou de renonciation à succession passé au greffe, quel que soit le nombre des acceptants ou des renonçants et celui des successions acceptées ou répudiées. »

Deux conditions sont nécessaires pour l'application de cette disposition : il faut, d'une part, qu'il s'agisse d'une acceptation ou d'une renonciation *par acte au greffe*, ce qui exclut les acceptations ou renonciations *notariées* ou *s. s. p.*; d'autre part, que l'acceptation ou la renonciation ait pour objet une *communauté* ou une *succession*, c'est-à-dire émane, non pas d'un simple légataire particulier, mais d'un successeur universel ou à titre universel (2838 I. G., p. 5).

Mais la loi de 1893, supposant une certaine communauté de but entre les parties, le bénéfice n'en saurait être invoqué par des personnes étrangères les unes aux autres qui se réuniraient pour accepter ou répudier des successions dans lesquelles leurs droits ne seraient confondus ni en totalité ni en partie (2838 I. G., p. 6).

2. Communauté et succession. — Acceptation ou répudiation. — L'acte de greffe portant à la fin acceptation ou répudiation de communautés et de successions par des parties qui ont, dans les unes comme dans les autres, des intérêts communs, n'est passible que d'un seul droit fixe (Sol. 20 juin 1893, 8271 R. P.).

5. Droit de rédaction. — Les droits de greffe ont été complètement supprimés par l'art. 4 L. 26 janvier 1892.

22. Subrogation. — V. *Subrogation* n° 104 de la première partie du *Rép. Gén.*

ACCEPTILATION.

34. Acceptilation totale. — Intention non exprimée. — Libération. — La remise volontaire d'une dette

ACCEPTILATION.

15. Clause d'imputation. — [illegible] pour remise de dette, à l'exclusion du droit de donation, la disposition d'un acte de liquidation-partage de communauté suivant laquelle l'un des enfants, doté par ses père et mère [illegible] déclare renoncer à tout recours contre le survivant, dès lors qu'il n'est pas établi que cette renonciation procède d'une intention de libéralité de la part de l'enfant doté [illegible] (Cass. 11 avril 1906, 11336 R. P.).

40. Dation en payement ayant pour objet des titres de valeurs mobilières remis en nantissement. Dette supérieure à la valeur des titres; extinction totale. Droit de remise de dette non exigible. — V. *Dation en payement*, n° 55.

1. L. 12 avril 1906. — Extension à toutes les exploitations commerciales des dispositions de la loi du 9 avril 1898 sur les accidents du travail (11189 R. P.).

2. Constatation de l'accident. Enquête ordonnée par le juge de paix. Pouvoir souverain de ce magistrat. — En matière d'accidents du travail, le juge de paix est souverain appréciateur de l'opportunité qu'il y a ou non à procéder aux enquêtes prescrites par la loi (Saint-Étienne, 7 août 1905, 11188 R. P.).

par le créancier au débiteur ne procède pas d'une libéralité, quand il est établi que la créance était fictive et avait, d'ailleurs, été souscrite par un insolvable. — Gourdon, 2 novembre 1897, 9277 R. P.

40. Quittance. — Remise du reliquat d'une créance. — Énonciations ne formant pas titre libératoire pour le surplus. — Liquidation du droit de 0.50 0/0. — L'acte s. s. par lequel un créancier, reconnaissant que son débiteur a réalisé toute sa fortune et lui en a versé le montant, fait remise à ce débiteur de toutes les sommes que celui-ci peut rester lui devoir, constitue un titre libératoire soumis au droit de quittance de 0,50 0/0; mais ce droit ne doit être liquidé que sur la somme dont il est fait remise par le contrat, et non pas sur l'intégralité des sommes qui pouvaient être dues originairement au créancier. — Saint-Brieuc, 5 mars 1902, 10203 R. P.

54. Reprises. — Renonciation. — La renonciation faite par la veuve à ses reprises en argent ne saurait être assujettie au droit proportionnel, lorsqu'il n'y a pas intention de libéralité de la part de la renonçante, attendu que le paiement lui-même des reprises ne comporte pas un droit de cette nature. Le droit fixe de 3 fr. est seul exigible sur une renonciation de cette nature (Sol. 13 janvier 1894, 635 R. E.).

ACCIDENTS DU TRAVAIL.

TITRE Ier. — DROIT CIVIL, 1-9.

TITRE II. — DROIT FISCAL, 10-39.

CHAPITRE Ier. — EXEMPTION DU TIMBRE ET DE L'ENREGISTREMENT. 10-18.

CHAPITRE II. — ASSISTANCE JUDICIAIRE. 19-39.

DIVISION

A

Accident (Mode de constatation des), 2.
Actes d'exécution, 21-2.
Action en fixation de l'indemnité, 2, 3.
— en modification de l'indemnité, 6.
Action en revision de l'indemnité, 6.
Appel (Appel, 12bis, 22bis.
Appel, 4, 22.
Assistance judiciaire. Actes d'exécution, 21-2.
Assistance judiciaire. Avances du Trésor, 26, 27, 28, 29, 30, 31, 33, 38.
Assistance judiciaire. Chef d'entreprise, 24.
Assistance judiciaire. Conciliation, 27, 28, 35, 36.
Assistance judiciaire. Cour d'appel, 22.
Assistance judiciaire. Cour de cassation, 23.
Assistance judiciaire. Enquête, 21-1.
Assistance judiciaire. Étendue, 21.
Assistance judiciaire. Formalités, 20.
Assistance judiciaire. Frais de transport, 29, 32.
Assistance judiciaire. Greffiers, 25, 26, 28, 29, 32, 33.
Assistance judiciaire. Instruction, 21 et suiv.
Assistance judiciaire. Principe, 19.
Assistance judiciaire. Recouvrement des dépens, 36, 37.
Avances du Trésor. Bureau compétent, 39.
Avertissements (Bulletins d'), 13, 25.

B

Bulletins d'avertissements, 13, 25.
Bureau compétent. Avances du Trésor, 39.

C

Caisse des Dépôts et Consignations, 17.
Cassation, 4, 23.
Certificats, 7.
Chefs d'entreprise, 24.
Compétence, 3.
Conciliation, 27, 35.
Constatation des accidents, 2.

D

Déchéance, 34.
Déclarations d'accidents, 2.
Dépens. Recouvrement, 36, 37.
Dispense du timbre et de l'enregistrement. — V. *Exemption*.

E

Enquête, 2.
— Assistance judiciaire, 21.
Exemption d'enregistrement. Actes passés en exécution de la loi, 16.
Exemption d'enregistrement. Bulletins d'avertissements, 13.
Exemption d'enregistrement. Certificats, 10.
Exemption d'enregistrement. Conditions, 11.
Exemption d'enregistrement. Conventions avec des sociétés de secours mutuels, 16.
Exemption d'enregistrement. Étendue, 12.
Exemption d'enregistrement. Polices d'assurances, 14, 15.
Exemption d'enregistrement. Procurations, 12.
Exemption d'enregistrement. Quittances, 17, 18.
Exemption d'enregistrement. Sociétés de secours mutuels, 16.
Exemption d'enregistrement, Syndicats de garantie, 16.

F

Frais de transport, 29, 32.
— Déchéance, 34.

G

Greffiers de paix. Bulletins d'avertissements, 25.
— Déboursés, 28, 32.
— Émoluments, 25, 28.
— Enquête, 26.
— Frais de transport, 29, 32.
Guerre (Administration de la), 33.

I

Indemnité. Garantie de payement, 7.
— Modification dans la forme, 6.
— Principe, 1.
— Revision, 6.

J

Juges de paix, 21.
Juridictions compétentes, 3.

L

Législation, 1, 8.
Lettres recommandées, 27.

M

Mise en vigueur de la loi de 1898, 9.

O

Opposition, 4.

P

Polices d'assurances, 14, 15.
Pourvoi en cassation, 4, 23.

Q

Quittances. Dépenses, 18.
— Primes d'assurances ou d'indemnités, 17.

R

Recours (voies et délais de), 4.
Recouvrement des dépens, 36, 37.
Recouvrement de frais, 39.
Revision de l'indemnité, 6.
Risque professionnel, 1.

S

Sociétés de secours mutuels, 16.
Syndicats de garantie, 16.

T

Taxes à témoins, 31.
Timbre. — V. *Exemption*.
Transport (frais de), 29, 32.
— Déchéance, 34.

V

Vacations, 31.

TITRE Ier. — DROIT CIVIL.

(1-9)

1. LL. 9 avril 1898 et 22 mars 1902. — Principe du risque professionnel. — La loi du 9 avril 1898, concernant les responsabilités des accidents dont les ouvriers sont victimes dans leur travail, pose en principe que les ouvriers et employés désignés dans l'art. 1er, ou leurs représentants, ont droit, en cas d'accident survenu par le fait du travail ou à l'occasion du travail, à une indemnité, temporaire ou viagère, à la charge du chef d'entreprise, lequel doit supporter, en outre, les frais médicaux et pharmaceutiques, ainsi que les frais funéraires, le cas échéant (art. 3 et 4).

Cette loi a été modifiée sur certains points par une loi postérieure du 22 mars 1902.

2. Mode de constatation des accidents. — Tout accident ayant occasionné une incapacité de travail doit être déclaré dans les 48 heures par le chef de l'entreprise ou ses préposés, au maire de la commune qui en dresse procès-verbal. Il est joint à cette déclaration un certificat du médecin indiquant l'état de la victime, les suites probables de l'accident et l'époque à laquelle il sera possible d'en connaître le résultat définitif (V. art. 11, LL. 1898 et 1902).

Lorsque, d'après le certificat médical, la blessure paraît devoir entraîner la mort ou une incapacité permanente, absolue ou partielle de travail, le maire transmet immédiatement copie de la déclaration et le certificat médical au juge de paix du canton où l'accident s'est produit. Dans les 24 heures de cet avis, le juge de paix procède à une enquête qui a lieu contradictoirement dans les formes prescrites par les art. 35, 36, 37, 38 et 39 C. proc. civ., en présence des parties intéressées ou celles-ci convoquées d'urgence par lettre recommandée. Il se transporte, s'il y a lieu, auprès de la victime de l'accident; il peut commettre un expert pour l'assister à l'enquête, et désigner un médecin pour examiner le blessé, si le certificat médical lui paraît insuffisant.

Une fois l'enquête terminée, il avertit par lettre recommandée les parties de sa clôture; il les informe en même temps du dépôt de la minute au greffe, où elles pourront, pendant un délai de cinq jours, en prendre connaissance et s'en faire délivrer une expédition affranchie du timbre et de l'enregistrement.

A l'expiration de ce délai, le dossier est transmis au président du tribunal civil de l'arrondissement (V. art. 12 et 13, LL. 1898 et 1902).

3. Juridictions compétentes. — Le titre III L. 9 avril 1898 détermine les juridictions compétentes pour statuer sur les contestations entre les victimes d'accidents et les chefs d'entreprise.

Les différends relatifs aux frais funéraires, aux frais de maladie ou aux indemnités temporaires sont jugés en dernier ressort par le juge de paix du canton où l'accident s'est produit, quel que soit le chiffre de la demande (art. 15).

Pour les autres indemnités prévues par la loi, le président du tribunal de l'arrondissement convoque, sur le vu du dossier transmis par le juge de paix, la victime ou ses ayants droit et le chef d'entreprise, qui peut se faire représenter. Si les intéressés se mettent d'accord, l'indemnité est définitivement fixée par une ordonnance du président, qui donne acte de l'accord intervenu. Si l'accord n'a pas lieu, l'affaire est renvoyée devant le tribunal qui statue comme en matière sommaire (art. 16).

4. Voies et délais de recours. — Les jugements rendus en vertu des dispositions précédentes sont susceptibles d'appel suivant les règles du droit commun.

L'art. 17 L. 1902 porte de 15 à 30 jours, à compter de la date du jugement, le délai accordé aux parties pour faire appel d'un jugement contradictoire. Il réserve d'ailleurs l'application de l'art. 449 C. pr. civ. qui porte ce qui suit :

« Aucun appel d'un jugement non exécutoire par provision ne pourra être interjeté dans la huitaine à dater du jour du jugement; les appels interjetés dans ce délai seront déclarés non recevables, sauf à l'appelant à les réitérer, s'il est encore dans le délai ».

En cas de jugement par défaut contre partie, l'opposition n'est recevable que dans les 15 jours qui suivent la signification de ce jugement à personne. Les parties peuvent se pourvoir en cassation.

5. Revision de l'indemnité. — Une action en revision de l'indemnité est ouverte en cas, soit d'aggravation ou d'atténuation de l'infirmité de l'ouvrier, soit de décès de celui-ci par suite des conséquences de l'accident, pendant trois ans à dater de l'accord intervenu entre les parties ou de la décision définitive (art. 19, L. 1898).

6. Modifications dans la forme de l'indemnité. — Après détermination du chiffre de l'indemnité, les parties peuvent convenir que le service de la pension sera suspendu et remplacé tant que l'accord subsistera par un autre mode de réparation (art. 21, L. 1898).

7. Mesures destinées à garantir le payement de l'indemnité. — Les mesures destinées à garantir aux ayants droit le payement de leurs indemnités font l'objet du titre IV L. 1898.

8. Décrets rendus pour l'application de la loi de 1898.

1. Décrets du 28 février 1899. — Trois décrets, portant la date du 28 février 1899, ont été publiés au *J. Off.* du 1er mars 1899.

Le premier, rendu pour l'exécution de l'art. 26 de la loi, détermine les conditions dans lesquelles les victimes d'accidents ou leurs ayants droit sont admis à réclamer le payement de leurs indemnités à la Caisse nationale des retraites pour la vieillesse (*titre Ier*), réglemente le recours que cette Caisse exercera contre le débiteur des indemnités pour le recouvrement de ses avances et pour l'encaissement des capitaux exigibles (*titre II*) et organise enfin le fonds de garantie pour lequel un compte spécial est ouvert dans les écritures de la Caisse des dépôts et consignations (*titre III*).

Le second décret, relatif à l'exécution de l'art. 27, a trait aux cautionnements et aux réserves que les sociétés d'assurances mutuelles ou à primes fixes contre le risque des accidents de travail sont tenues de constituer ainsi qu'aux mesures de surveillance et de contrôle auxquelles ces sociétés sont soumises (*titre I*). Il détermine, en outre, les conditions de la création et du fonctionnement des syndicats de garantie (*titre II*).

Le troisième décret, rendu pour l'exécution de l'art. 28, précise enfin les conditions auxquelles les chefs d'entreprise, qui cessent leur industrie, peuvent être exonérés du versement à la Caisse nationale des retraites du capital représentatif des pensions à leur charge.

2. Décret du 5 mars 1899. — Un quatrième décret a été rendu le 5 mars 1899, et publié au *J. Off.* du 7; il fixe, en conformité de l'art. 29 de la loi, les émoluments alloués aux greffiers des justices de paix, pour l'assistance aux actes de notoriété, aux enquêtes, à l'ensemble des opérations prévues par le règlement d'administration publique rendu en exécution de l'art. 26 de la loi, pour les envois par lettre recommandée, le dépôt des rapports d'expert ou autres pièces, la transmission de l'enquête au président du tribunal, la mention au répertoire, ainsi que les frais

8-4. Décret du 18 février 1907. — Ce décret a été rendu pour l'exécution de l'art. 5 de la loi du 12 avril 1906 qui étend à toutes les exploitations commerciales les dispositions de la loi du 9 avril 1898 sur les accidents du travail (11569 B. D.).

9 bis. Convention avec la Belgique. Décret du 12 juin 1906. — Cette convention assure aux nationaux des deux pays le bénéfice réciproque de la législation en vigueur sur la réparation des dommages résultant des accidents du travail (11266 R. P.).

9 ter. Convention avec le Grand-duché de Luxembourg. Décret du 10 nov. 1906. — Cette convention est identique à celle passée avec la Belgique, n° 9 bis ci-dessus (11290 R. P.).

10. Frais médicaux et pharmaceutiques. Frais d'hospitalisation. Frais funéraires. Instances engagées directement par les médecins, pharmaciens et établissements hospitaliers contre le chef d'entreprise. Immunités fiscales. — D'après la loi du 31 mars 1905, qui a modifié divers articles de la loi du 9 avril 1898 sur les accidents du travail, les médecins et pharmaciens ou les établissements hospitaliers peuvent actionner directement le chef d'entreprise pour le payement des frais médicaux et pharmaceutiques ainsi que des frais d'hospitalisation et des frais funéraires. — Les instances engagées dans ces conditions étant intentées aux lieu et place de la victime, les significations, jugements et autres actes relatifs à ces instances doivent être considérés comme faits en vertu et pour l'exécution de la loi du 9 avril 1898 et bénéficient, par conséquent, de la gratuité du visa pour timbre et de l'enregistrement, conformément aux dispositions de l'art. 29 de cette loi (Instr. 3180; — 11023 R. P.).

12. Étendue de l'immunité. — L'exemption du droit de timbre prononcée par l'art. 29 L. 9 avril 1898 sur les accidents du travail, en faveur des actes et écrits faits en vertu et pour l'exécution de cette loi, s'applique notamment : 1° aux certificats de vie rédigés par les maires ou les notaires et produits à l'appui des payements effectués à des ouvriers victimes d'accidents (Sol. 21 mars 1901); — 2° aux extraits d'actes de l'état civil délivrés à une Compagnie d'assurances et concernant le bénéficiaire d'une rente à servir par la Caisse des retraites pour la vieillesse (D. m. f. 17 nov. 1902); — 3° aux quittances de frais d'hospitalisation d'ouvriers victimes d'accidents payés par les receveurs des hospices à des Compagnies d'assurances (Sol. 18 juin 1902); — 4° aux quittances d'honoraires de médecin pour soins donnés à la victime d'un accident, dès lors que ces pièces ont pour objet d'assurer l'exécution de la loi spéciale (D. m. f. 6 janvier 1903). — Les écrits affranchis de l'impôt du timbre ne sont soumis au visa gratis qu'autant qu'ils sont obligatoirement assujettis par leur nature à la formalité de l'enregistrement (Sol. 21 mars 1901). — Instr. 3118-1; — 10671 R. P.

L'immunité s'étend également aux actes de la procédure dans les instances relatives au recouvrement des dépens par l'Administration en matière d'accidents du travail (Saint-Étienne, 7 août 1905, 11188 R. P.).

14. Polices d'assurances. — Pour qu'une police d'assurance contre les accidents du travail bénéficie de l'immunité de timbre et d'enregistrement prévue par l'art. 29 L. 9 avril 1898, il faut : 1° que l'assuré appartienne à l'une des professions ou industries visées dans l'art. 1er de cette loi complété par la loi du 30 juin 1899 concernant les exploitations agricoles; 2° que le risque assuré consiste dans une incapacité permanente ou dans la mort; 3° que la Compagnie ou la société d'assurances mutuelles ou à primes fixes qui a souscrit la police figure dans la liste arrêtée annuellement par le Ministre du Commerce et publiée au *Journal officiel*; 4° enfin, que la police soit rédigée conformément à l'art. 11 du deuxième décret du 28 février 1899 et contienne toutes les clauses et énonciations prévues par cette disposition. — (Instr. 3163; — 10456 R. P.).

Toutefois, il a été jugé que l'exemption s'applique aux polices d'assurances, qu'elles garantissent soit des risques de mort et d'incapacité permanente, soit des risques d'incapacité temporaire (Seine, 5 nov. 1903; 11187 R. P.). L'Administration s'est ralliée à la doctrine de ce jugement (Instr. 3190, § 1); — 11388 R. P.).

de transport auxquels ils ont droit, lorsque le lieu du transport est à plus de deux kilomètres du chef-lieu de canton.

3. Arrêté du 16 mai 1899. — Un arrêté du Président du Conseil, Ministre de l'intérieur et des cultes, en date du 16 mai 1899, est relatif à l'exécution de l'art. 5 de la loi qui autorise les chefs d'entreprise à se décharger, dans certaines conditions, sur des sociétés de secours mutuels, de l'obligation de payer aux victimes les frais de maladie et l'indemnité temporaire ou une partie seulement de cette indemnité.

9. Date de la mise à exécution de la loi de 1898. — Les décrets d'administration publique réglant l'exécution L. 9 avril 1898 ayant été publiés le 1er mars 1899, cette loi devait, aux termes de l'art. 33, entrer en vigueur trois mois après, c'est-à-dire le 1er juin. Mais la mise à exécution s'est trouvée reportée au 1er juillet 1899 par la loi du 24 mai précédent qui étend les opérations de la Caisse nationale d'assurances en cas d'accidents, créée L. 11 juillet 1868, aux risques prévus par L. 9 avril 1898, pour les accidents ayant entraîné la mort ou une incapacité permanente absolue ou partielle, et qui dispose que cette loi ne sera appliquée qu'un mois après le jour où la Caisse des accidents aura publié ses tarifs au *J. Off.* et admis les industriels à contracter des polices, et où ces tarifs auront été approuvés par décret. Or ce décret a été inséré au *J. Off.* du 27 mai 1899, qui fait connaître que les demandes des chefs d'entreprise voulant contracter une assurance seront reçues à partir du 1er juin suivant.

TITRE II. — DROIT FISCAL.

[10-39]

CHAPITRE Ier. — EXEMPTION DU TIMBRE ET DE L'ENREGISTREMENT.

[10-18]

10. Immunité. — Aux termes de l'art. 29 L. 1898, « les procès-verbaux, certificats, actes de notoriété, significations, jugements et autres actes faits ou rendus en vertu et pour l'exécution de lad. loi, sont délivrés gratuitement, visés pour timbre et enregistrés gratis lorsqu'il y a lieu à la formalité de l'enregistrement ».

11. Conditions de l'immunité. — L'immunité édictée par cet article est subordonnée à la condition unique que les actes, jugements ou pièces soient relatifs à l'exécution de la loi du 9 avril 1898.

Les agents doivent donc s'assurer, d'après les énonciations des actes et écrits qui sont présentés à la formalité, que les pièces, pour lesquelles la gratuité du visa pour timbre et de l'enregistrement est réclamée, remplissent effectivement cette condition (2988 I. G., p. 6).

12. Étendue de l'immunité. — L'art. 29 L. 1898, conçu dans les termes les plus larges, vise par l'expression « jugements » toutes les décisions judiciaires, de quelque autorité qu'elles émanent, et embrasse sous la dénomination d'« actes », notamment, toutes les pièces relatives à la constatation de l'accident (*art. 11 et suivants*), — le pouvoir donné par le chef de l'entreprise en vue de se faire représenter en conciliation devant le président du tribunal (*art. 16*), les procurations données, soit par les ouvriers, soit par les patrons, en vue de se faire représenter en justice de paix (D. M. F. 8 avril 1902, 3089, § 3, I. G.; 10266 R. P.), la convention constatant la transformation de la pension en un autre mode de réparation dans les termes de l'art. 21 de la loi, — enfin les expéditions des actes de toute nature et des décisions judiciaires. L'art. 13 confirmant, d'ailleurs, en cela, la législation en vigueur, dispense de tout droit l'expédition que les parties peuvent se faire délivrer de l'enquête dressée par le juge de paix (2988 I. G.).

L'immunité s'étend aussi aux actes, procès-verbaux, quittances et pièces de toute nature rédigés en exécution des décrets du 28 fév. 1899 et de l'arrêté du 16 mai suivant, ainsi qu'aux instances relatives au recours exercé contre le débiteur de l'indemnité par la Caisse des dépôts et consignations, chargée de la gestion de la Caisse nationale des retraites (2988 I. G.).

12 bis. Amende d'appel. — Mais cette immunité ne s'applique qu'aux droits de timbre et d'enregistrement, et ne saurait être étendue à l'amende d'appel. Si, en effet, l'amende de fol appel peut être considérée comme une perception fiscale (Pand. franç., V° *Appel civil*, nos 4502 et 4505), il est certain qu'elle n'offre les caractères ni de l'un ni de l'autre de ces deux impôts.

Le chef d'industrie, qui interjette appel d'un jugement de première instance, est donc tenu de consigner l'amende.

La victime de l'accident n'en est elle-même dispensée que si elle a obtenu l'assistance judiciaire par une décision spéciale du bureau placé près de la Cour (Sol. 13 mai 1902, 3090, § 2, I. G. 10263 R. P.). — Comp. *Rép. gén.*, 7e éd., V° *Consignation (amende de)*, n° 39, et *Expropriation pour cause d'utilité publique*, n° 30.

13. Bulletins d'avertissement. — En raison de l'immunité prononcée en termes généraux par l'art. 29 L. 1898, les bulletins d'avertissement, soit qu'ils émanent de la victime de l'accident ou de ses ayants droit, soit qu'ils aient été adressés à la requête du chef d'entreprise, doivent être considérés comme dispensés du timbre. Par dérogation à la circulaire du Garde des sceaux du 27 oct. 1888 (*Circ. Enreg.* 16 nov. 1888), les greffiers de justice de paix peuvent donc, lorsqu'il s'agit d'accidents du travail, rédiger les bulletins d'avertissement sur des feuilles spéciales non extraites des registres à souche qui leur sont fournis par l'Administration. Ils restent tenus néanmoins de soumettre ces bulletins au visa pour timbre, car l'art. 29 précité, s'il édicte la gratuité de l'impôt, ne contient aucune dispense en ce qui concerne la formalité elle-même (3013 I. G.).

14. Polices d'assurances contractées en vue des risques prévus par la loi de 1898. — Les assurances contractées en vue des risques prévus par la loi du 9 avril 1898 sont exemptées du double impôt du timbre et de l'enregistrement en vertu de l'art. 29 (3073, § 1er, I. G.).

15. Polices d'assurances contre les accidents causés par les machines agricoles (L. 30 juin 1899). —

La L. 30 juin 1899 (*J. Off. 1er juillet*), concernant les accidents causés dans les exploitations agricoles par l'emploi de machines mues par des moteurs inanimés, ne reproduit pas les dispositions de l'art. 29 L. 9 avril 1898. Mais il est à noter que cette dernière loi comprenait déjà dans sa généralité les responsabilités encourues à l'occasion d'accidents survenus par le fait de travaux agricoles. La L. 30 juin 1899 n'a eu pour objet que de dissiper l'incertitude qui régnait sur la détermination des cas dans lesquels la L. 9 avril 1898 devait être appliquée à l'agriculture et sur la personne qui devait être considérée comme responsable de l'accident.

Toutes les dispositions de la L. 9 avril 1898 et des décrets réglementaires rendus pour l'exécution de cette loi qui n'ont rien de contraire à la L. 30 juin 1899, notamment celles qui ont eu pour objet de réglementer les contrats d'assurances, ou qui ont accordé des immunités d'impôt, sont, par conséquent, applicables à la matière des accidents du travail agricole (3073, § 1er, I. G.).

16. Syndicats de garantie et sociétés de secours mutuels. — L'immunité du timbre et de l'enregistrement s'applique également :

1° Aux contrats ayant pour objet la création et le fonctionnement des syndicats de garantie prévus à l'art. 27 L. 9 avril 1898 et aux art. 21 à 26 Déc. 28 février 1899 ;

2° Aux contrats passés entre les sociétés de secours mutuels et les chefs d'entreprise conformément à l'art. 5 L. 9 avril 1898 et à l'arrêté du Ministre de l'intérieur du 16 mai 1899 (*J. Off.* 17 *mai* 1899).

Dès l'instant que ces contrats ont été, comme les conventions d'assurances mutuelles ou à primes fixes, conclus en vue des accidents pouvant entraîner la mort ou une incapacité permanente de travail et réglementés par le législateur de 1898, ils sont appelés à bénéficier également de l'immunité d'impôt prononcée par l'art. 29. Cette immunité résultait déjà, du reste, en ce qui concerne les conventions conclues entre les chefs d'entreprise et les sociétés de secours mutuels approuvées, des art. 11 du décret du 26 mars 1852 et 10 L. 1er avril 1898 (D. M. F. 20 nov. 1900, 3073, § 1er I. G.).

17. Quittances de primes d'assurances ou d'indemnités. — Les quittances de primes d'assurances ou d'indemnités de sinistres se rattachant aux opérations de la L. 1898 sont affranchies du droit de timbre, en vertu de l'immunité générale d'impôt prononcée par l'art. 29 de cette loi (D. M. F. 8 mai 1901, 3073, § 1er, I. G.).

18. Exécutoires de dépens. — Procédure de recouvrement. — Quittances. — Les actes de la procédure en recouvrement du montant des exécutoires de dépens délivrés à la suite des instances en matière d'accidents du travail doivent être visés pour timbre et enregistrés gratis.

Sont également affranchies de tout droit de timbre les quittances délivrées par les receveurs lors du recouvrement des exécutoires (D. M. F. 9 janvier 1902) et celles souscrites par les officiers ministériels lors du payement de la part leur revenant dans les frais recouvrés (Sol. 19 février 1902, 3080, § 1er, I. G.).

CHAPITRE II. — ASSISTANCE JUDICIAIRE

[19-39]

19. Principe général. — Indépendamment de la dispense générale des droits de timbre et d'enregistrement inscrite dans l'art. 29 L. 1898 et dont les chefs d'entreprise sont appelés à profiter aussi bien que les ouvriers victimes d'accidents, la loi a accordé à ces derniers une faveur particulière.

Aux termes de l'article 22 L. 1898, modifié par la loi du 22 mars 1902, la victime de l'accident ou ses ayants cause, quelle que soit leur nationalité ou leur situation de fortune, jouissent, de plein droit, de l'assistance judiciaire en première instance dans les contestations relatives aux frais funéraires, aux frais de maladie ou aux indemnités temporaires et autres.

Cet article est ainsi conçu : « Le bénéfice de l'assistance judiciaire est accordé de plein droit, sur le visa du procureur de la République, à la victime de l'accident ou à ses ayants droit devant le président du tribunal civil et devant le tribunal. — Le procureur de la République procède comme il est prescrit à l'article 13 (§§ 2 et suiv.) de la loi du 22 janvier 1851, modifiée par la loi du 10 juillet 1901. — Le bénéfice de l'assistance judiciaire s'applique de plein droit à l'acte d'appel. Le premier président de la cour, sur la demande qui lui sera adressée à cet effet, désignera l'avoué près la cour dont la constitution figurera dans l'acte d'appel et commettra un huissier pour le signifier. — Si la victime de l'accident se pourvoit devant le bureau d'assistance judiciaire pour en obtenir le bénéfice en vue de toute la procédure d'appel, elle sera dispensée de fournir les pièces justificatives de son indigence. — Le bénéfice de l'assistance judiciaire s'étend de plein droit aux instances devant le juge de paix, à tous les actes d'exécution mobilière et immobilière et à toute contestation incidente à l'exécution des décisions judiciaires. — L'assisté devra faire déterminer par le bureau d'assistance judiciaire de son domicile la nature des actes et procédure d'exécution auxquels l'assistance s'appliquera. »

20. Formalités. — Pour les affaires de la compétence du juge de paix (art. 15), cette faveur n'est soumise à aucune formalité préalable. Toutefois, le juge de paix doit faire parvenir au receveur de l'enregistrement, conformément à une circulaire du Garde des sceaux du 10 juin 1899, un avis destiné à suppléer à l'envoi d'un extrait de la décision du bureau, prescrit, en matière ordinaire, par l'art. 13 L. 22 janvier 1851, dernier alinéa.

Pour les affaires de la compétence des tribunaux d'arrondissement (art. 16), l'assistance est subordonnée au visa du procureur de la République. Ce magistrat est chargé d'informer le receveur de l'enregistrement de son visa et de faire désigner les officiers ministériels qui prêteront leur ministère à l'assisté.

21. Étendue de l'assistance. — L'assistance s'applique à toutes les demandes soumises au tribunal et qui ont pour objet, soit le règlement des indemnités (art. 16), soit leur revision (art. 19), soit l'attribution en espèces à la

16. Syndicats de garantie. Exemption des droits d'enregistrement et de timbre. — La disposition de la loi du 9 avril 1898 sur les accidents du travail, qui prononce l'exemption des droits de timbre et d'enregistrement pour les actes faits en vertu et pour l'exécution de cette loi (art. 29), est applicable aux actes relatifs à la création et au fonctionnement des syndicats de garantie dont les statuts ont été régulièrement approuvés (Décret 28 fév. 1899, art. 23). L'immunité fiscale n'est soumise à aucune autre condition que cette approbation, et elle ne saurait dépendre de la publication au *Journal officiel*, qui n'est, d'ailleurs, prescrite en cette matière que pour les sociétés et compagnies d'assurances (Même décret, art. 18). — Sol. 2 avril 1903, instr. 3130, § 1er ; — 10887 R. P.).

21. Étendue de l'assistance. Conventions et ordonnances contraires aux lois des 9 avril 1898 et 31 mars 1905. Nullité. Instances. — En maintenant que toute convention contraire à la loi du 9 avril 1898 est nulle de plein droit, l'art. 30 de la loi du 31 mars 1905 dispose que tout intéressé peut se prévaloir de cette nullité et de celle des ordonnances du président du tribunal qui ne satisfont pas aux prescriptions des art. 16 (2e al.) et 19 (2e al.) ; mais que, dans ces hypothèses, l'assistance judiciaire n'est accordée qu'aux conditions du droit commun. Il s'ensuit que la victime et ses ayants droit ne bénéficient pas d'office de l'assistance judiciaire soit pour intenter une action en nullité d'une ordonnance ou d'une convention dans les termes des art. 16, 19 et 30 modifiés, soit pour y défendre. Ils ne peuvent obtenir le bénéfice de cette assistance qu'en se conformant à la procédure de droit commun organisée par la loi du 10 juillet 1901. — (Instr. 3109 ; — 11025 R. P.).

22. Signification du désistement de l'appel. — La loi de finances du 17 avril 1906 dispose (art. 39) que « le bénéfice de l'assistance judiciaire s'applique de plein droit à l'acte d'appel et, le cas échéant, à l'acte par lequel est signifié le désistement de l'appel » (1117 P. P.).

victime du quart au plus du capital nécessaire à l'établissement de la rente qui lui est allouée (art. 9, § 1er), soit enfin la constitution d'une rente réversible sur la tête du conjoint (art. 9, § 2).

1. ENQUÊTE. — Elle s'étend à l'enquête faite par le juge de paix saisi d'une déclaration d'accident. « Cette solution, porte à cet égard la circulaire ministérielle du 10 juin 1899 précitée, est certainement conforme, sinon à la lettre, du moins à l'esprit de la loi de 1898. Alors, en effet, que dans les autres matières l'instruction nécessaire pour l'évaluation des litiges se fait, en général, après l'introduction de l'instance, cette instruction précède l'instance dans le cas qui nous occupe; mais, en toute hypothèse, elle s'y rattache de la façon la plus intime, et on ne peut concevoir que le bénéfice de l'assistance judiciaire ne s'applique pas à la fois à l'une et à l'autre.

« J'ajoute que, l'enquête étant faite d'office par l'autorité judiciaire, les frais qu'elle nécessite doivent être nécessairement avancés par le Trésor. Il ne saurait en être autrement sous peine d'aboutir à une impossibilité d'exécution.

L'art. 14, § 8, L. du 22 janvier 1851, relatif aux frais avancés par le Trésor, et applicable à l'enquête du juge de paix, pour les raisons que je viens d'exposer, vise les frais de transport des juges, des officiers ministériels et des experts, les honoraires de ces derniers et les taxes des témoins. Or l'enquête du juge de paix entraînera d'autres dépenses pour la convocation des témoins et l'envoi de lettres recommandées aux parties intéressées. Par extension des dispositions de l'art. 14 prérappelé, ces dépenses seront également supportées par le Trésor, sauf son recours en cas de condamnation prononcée contre l'adversaire de l'assisté.

« Ce recours, qui s'exercera conformément aux dispositions des art. 17 et 18 L. 1851, comprendra également les émoluments dus aux officiers ministériels. A cet effet, les frais de l'enquête entreront dans les dépens de l'instance en règlement d'indemnité suivie devant le tribunal. » (2988 I. G., p. 7.)

2. ACTES D'EXÉCUTION. — L'art. 22 L. 1902 a apporté à la loi de 1898 une restriction spéciale en ce qui concerne l'application de l'assistance judiciaire aux actes et procédure d'exécution. Il spécifie que l'assisté devra faire déterminer par le bureau d'assistance de son domicile les actes et procédure de cette nature auxquels l'assistance s'appliquera. Le législateur a étendu ainsi à la matière des accidents du travail une règle générale établie par l'art. 4 L. 10 juillet 1901 pour les autres cas d'assistance. V. *Assistance judiciaire*.

22. Appel. — D'après l'art. 22 L. 1902, le bénéfice de l'assistance judiciaire s'applique de plein droit à l'acte d'appel signifié à la requête de la victime de l'accident ou de ses ayants droit. Le premier président de la Cour, sur la demande qui lui en est adressée par les intéressés, désigne l'avoué près la Cour, dont la constitution figurera dans l'acte d'appel, et commet l'huissier qui devra procéder à sa signification.

Pour la suite de l'instance, la victime de l'accident ou ses ayants droit ne peuvent bénéficier de l'assistance qu'en vertu d'une décision spéciale du bureau établi près la Cour. Mais la loi nouvelle déroge cependant ici encore au droit commun en matière d'assistance judiciaire en dispensant les intéressés de l'obligation de justifier de leur indigence. Le bureau, saisi de la demande d'assistance, n'a donc à examiner qu'un seul point, celui de savoir si l'instance nouvelle ne constitue pas une mesure purement vexatoire à l'encontre de la partie adverse (3084 I. G.).

22 *bis*. Amende d'appel. — V. *suprà*, nº 12 *bis*.

23. Cour de cassation. — Devant la Cour de cassation, l'assistance judiciaire n'est accordée de plein droit à la victime de l'accident que dans les cas prévus par les trois premiers alinéas de l'art. 9 L. 22 janv. 1851. Par conséquent, lorsque la victime de l'accident veut former un pourvoi, elle ne peut le faire avec le bénéfice de l'assistance judiciaire qu'autant qu'elle a demandé ce bénéfice et qu'elle l'a obtenu dans les formes tracées par la L. 22 janv. 1851 (2988 I. G., p. 9).

24. Chefs d'entreprise. — Les chefs d'entreprise ne bénéficient de plein droit de l'assistance judiciaire en aucun cas, fût-ce devant le tribunal de première instance ou devant le juge de paix; ils ne peuvent l'obtenir que dans les conditions spécifiées par la loi de 1851. (*V. rapport de M. Thévenet, au nom de la commission du Sénat; annexe à la séance du 25 janv.* 1898, nº 15. *J. off. Doc. parlem.*, p. 55.)

25. Délivrances d'actes visées dans l'art. 29 L. 9 avril 1898. Émoluments des greffiers et autres officiers ministériels. — L'art. 31 L. 13 avril 1900 (3012 I. G.) a modifié sur quelques points les dispositions de la L. 9 avril 1898.

Le premier § abroge partiellement l'art. 29 de ladite loi, d'après lequel les procès-verbaux, certificats, actes de notoriété, significations, jugements et autres actes faits ou rendus en vertu et pour l'exécution de cette loi *sont délivrés gratuitement*, visés pour timbre et enregistrés gratis lorsqu'il y a lieu à la formalité de l'enregistrement. Il porte que les greffiers et les officiers ministériels auront droit à des émoluments pour les délivrances d'actes dont il s'agit.

Par suite de la nouvelle disposition, les expéditions comme les minutes des actes et jugements faits en vertu et pour l'exécution de la loi du 9 avril 1898 échappent désormais, en ce qui concerne les émoluments des greffiers et des autres officiers ministériels, à la règle générale de gratuité inscrite dans l'art. 29 précité.

26. Allocations aux greffiers de justice de paix pour transmission de l'enquête au président du tribunal et pour inscription au répertoire. — Aux termes du décret du 5 mars 1899, il est alloué aux greffiers de justice de paix : « Pour transmission de l'enquête au président du tribunal, tous frais de port compris, 4 francs; — « pour toute mention au répertoire, 10 centimes ».

La question s'est élevée de savoir si ces allocations font partie de celles dont le Trésor doit faire l'avance, en exécution du dernier alinéa de l'art. 14 L. 22 janv. 1851, sur les crédits ouverts au Département de la Justice pour frais de justice criminelle, ou si elles rentrent dans la catégorie des émoluments que l'Administration ne peut payer aux ayants droit qu'après les avoir recouvrés, conformément à l'art. 18 de la loi précitée du 22 janv. 1851, sur la partie condamnée.

En ce qui concerne l'allocation de 4 francs pour transmission de l'enquête, il a paru qu'il convenait de faire une distinction.

Cette allocation est destinée, pour partie, à indemniser les greffiers des frais d'affranchissement qu'ils ont payés pour l'envoi du dossier. Elle représente donc, à concurrence du montant de ces frais, de simples déboursés que le Trésor doit payer, à titre d'avance, sur le crédit des frais de justice criminelle.

Pour le surplus, au contraire, elle a le caractère d'une rémunération accordée aux greffiers, et elle fait partie des frais ordinaires de l'instance dont le greffier ne peut se faire payer qu'en les comprenant dans l'exécutoire à délivrer au profit de l'Administration contre le chef d'entreprise, soit au vu de l'ordonnance de conciliation (art. 31 L. 13 avril 1900), soit au vu du jugement de condamnation (art. 17 et 19 L. 22 janv. 1851).

Quant à la somme de 0 fr. 10 à laquelle les greffiers ont droit pour inscription au répertoire, elle constitue, comme la dernière partie de l'allocation pour transmission de l'enquête, un simple émolument, et elle ne peut être payée, par suite, qu'après avoir été recouvrée en vertu des exécutoires, dans lesquels elle doit être également comprise (Décis. garde des Sceaux des 3 août 1900 et 8 janv. 1901, 3052, § 1er, I. G.).

27. Conciliation devant le président du tribunal. Frais d'envoi des lettres recommandées. — La convocation des parties devant le tribunal de première instance en vue de la tentative de conciliation visée dans l'art. 16 L. du 9 avril 1898 peut avoir lieu notamment par lettres recommandées (Circ. Garde des sceaux, 10 juin 1899).

Les frais d'envoi de ces lettres doivent être compris dans les avances à faire par le Trésor, conformément au § 8 de l'art. 14 L. 22 janv. 1851 sur l'assistance judiciaire. Ces frais, qui sont payés aux greffiers des tribunaux civils à titre de *frais de justice*, doivent être compris dans les exécutoires délivrés, soit contre le chef d'entreprise, en cas d'accord des parties devant le président du tribunal (art. 31 L. 13 avril 1900), soit contre la partie condamnée, si l'affaire a été portée devant le tribunal (art. 17 et 19 L. 22 janv. 1851, 3013 I. G.).

28. Greffiers de Justice de paix. Déboursés et émoluments. Avances à faire par le Trésor. Distinction. — Les greffiers de justice de paix assistent le juge de paix dans certaines procédures ou instances prévues par la loi du 9 avril 1898 et pour lesquelles l'assistance judiciaire est accordée à la victime de l'accident ou à ses ayants droit (art. 12, 13 et 15).

Certains de ces officiers ministériels ont prétendu que le Trésor avait à leur faire l'avance, conformément à l'art. 14, § 8, L. 22 janv. 1851, de toutes les sommes auxquelles ils peuvent avoir droit dans ces procédures et instances, non seulement de celles qui leur reviennent comme déboursés ou frais de transport, mais encore de celles qui leur sont allouées à titre d'honoraires ou d'émoluments.

Ils ont invoqué par analogie les art. 13 et 14 du décret rendu le 28 février 1899 pour l'exécution de l'art. 26 L. 9 avril 1898, lesquels obligent le directeur de la Caisse des dépôts et consignations à payer aux greffiers des justices de paix le montant de leurs *déboursés* et *émoluments*, lorsque la victime de l'accident ou ses ayants droit réclament à ladite Caisse l'indemnité qui leur est due par le chef d'entreprise.

L'examen de cette prétention par les Départements ministériels intéressés a permis de reconnaître qu'elle n'était pas justifiée.

Les art. 13 et 14 du décret réglementaire du 28 février 1899 visent exclusivement les procédures prévues par les articles 8 à 12 de ce décret. Ils sont sans application aux procédures ou instances visées par les art. 12, 13 et 15 L. 9 avril 1898 qui, à défaut de dispositions spéciales, restent soumises aux règles générales de la loi du 22 janvier 1851 sur l'assistance judiciaire. Seuls, par conséquent, les frais de transport des greffiers et leurs déboursés doivent être avancés par le Trésor (*art. 14, § 8, de la loi du 22 janvier* 1851, 3013, III, I. G.).

29. Frais de transport et indemnités des juges de paix et des greffiers. Mode de payement. Recouvrement. — Aux termes de l'article 12, *in fine*, L. 22 mars 1902, les allocations tarifées pour le juge de paix et son greffier en exécution de l'art. 29 L. 9 avril 1898 et de l'art. 31 L. 13 avril 1900 doivent être avancées par le Trésor. Les allocations dont il est question dans cette disposition consistent en frais de transport et en indemnités aux juges de paix et aux greffiers pour leur assistance à l'enquête et aux divers actes qu'elle peut occasionner. Elles ont été déterminées dans deux décrets des 5 mars 1899 et 31 mai 1900. Le payement de ces frais doit être fait, en conséquence, conformément à l'art. 14, § 9, L. 10 juillet 1901 sur l'assistance judiciaire, et leur recouvrement avoir lieu, soit contre le chef d'entreprise en cas d'accord des parties devant le président du tribunal (art. 31 L. 13 avril 1900), soit contre la partie condamnée, si l'affaire a été portée devant le tribunal lui-même (art. 17 et 19 L. 10 juill. 1901 ; 3084 I. G.).

30. Avances à faire par le Trésor. Bureau compétent. — D'après l'art. 154 du décret du 18 juin 1811 (*Instr.* nº 531), dont les dispositions s'appliquent aux avances à faire par le Trésor conformément à l'art. 14, § 8, L. 22 janv. 1851, les mandats et exécutoires de frais de justice sont payables par les receveurs établis près le tribunal duquel ils émanent.

Il suit de là que les frais de transport et déboursés auxquels les greffiers de justice de paix peuvent avoir droit, à raison de leur participation à des procédures ou instances faites en vertu de la loi du 9 avril 1898, avec le bénéfice de l'assistance judiciaire, sont payables, savoir :

1º S'il s'agit d'instances relatives aux frais funéraires, aux frais de maladie ou aux indemnités temporaires dont le jugement appartient aux juges de paix (art. 15), par le receveur de l'Enregistrement établi près la justice de paix du canton ;

2° S'il s'agit d'enquêtes (art. 12 et 13), par le receveur de l'Enregistrement des actes judiciaires près le tribunal de première instance de l'arrondissement. L'enquête, en effet, bien que faite par les soins du juge de paix, doit servir de base, soit à l'ordonnance de conciliation du président du tribunal, soit au jugement du tribunal lui-même, et il semble que c'est au président de ce tribunal ou à son délégué, à l'exclusion du juge de paix, qu'il appartient de taxer l'état et de le revêtir de son exécutoire.

Les receveurs des bureaux de canton sont autorisés, néanmoins, à payer, à titre de virement, pour le compte de leur collègue du chef-lieu de l'arrondissement, les états ou mémoires présentés dans ces dernières procédures.

Quant aux déboursés des greffiers des tribunaux de première instance dans les procédures de conciliation et dans les instances de la compétence de ces tribunaux, ils sont évidemment payables, comme ceux de l'enquête, sur la caisse du receveur des actes judiciaires de l'arrondissement (3013 I. G.).

31. Taxes à témoins. Virements. — Les receveurs des bureaux de canton peuvent payer, à titre de virement, pour le compte de leur collègue du chef-lieu de l'arrondissement, les taxes délivrées aux témoins entendus par les juges de paix dans les enquêtes auxquelles ces magistrats procèdent, en vertu des art. 12 et 13 L. 9 avril 1898 sur les accidents du travail, pour l'instruction des affaires autres que celles qu'ils doivent eux-mêmes juger (Sol. 31 déc. 1901, 3090 § 40 I. G.).

32. Remboursement des déboursés et frais de transport. Mémoires. Forme. Timbre. — Les greffiers des justices de paix de Paris ont exprimé le désir que les états de frais (frais de transport et déboursés) qu'ils ont à présenter à raison de leur participation aux procédures et instances prévues par la loi du 9 avril 1898 soient payés sur la simple taxe du juge de paix, sans être visés par le Parquet général et sans être revêtus du réquisitoire et de l'exécutoire des magistrats compétents.

Ils ont demandé, en même temps, que ces états fussent dispensés du droit de timbre, même lorsqu'ils comprendraient des sommes supérieures à 10 francs.

Il n'a pas été possible d'accueillir ces vœux.

Sur le premier point, le Ministre de la justice, dans les attributions duquel rentrait la solution de la question, a décidé qu'il ne lui était pas possible d'admettre une dérogation aux règles établies pour le payement des dépenses de l'espèce tant par l'ordonnance du 28 nov. 1838 (art. 2) que par la circulaire de sa Chancellerie du 23 fév. 1887 (Circ. de l'Enreg. 15 mars 1888, p. 9).

Sur le second point, le Ministre des finances a reconnu que l'un des exemplaires de chaque état de frais supérieur à 10 francs devait être dressé sur papier timbré, conformément à l'art. 146 du décret du 18 juin 1811 concernant le payement des frais de justice criminelle.

En notifiant cette dernière décision aux greffiers intéressés, M. le Garde des sceaux leur a rappelé qu'il leur était loisible, d'après les règlements en vigueur, de réunir, dans un même état ou mémoire, les frais de transport et les déboursés qui peuvent leur être dus pour une période déterminée, alors même que ces frais ou déboursés s'appliqueraient à des affaires distinctes. Les comptables de l'Enregistrement doivent, par conséquent, acquitter les mémoires collectifs qui leur seraient présentés, sans pouvoir exiger un état séparé pour chaque affaire.

Ce dernier point appelle cependant une observation. Pour que des frais afférents à plusieurs affaires puissent être compris dans le même état ou mémoire, il est indispensable que le payement de ces frais incombe à une caisse unique. Les greffiers de justice de paix ne pourraient notamment réunir les sommes qui leur seraient dues pour leur assistance à l'enquête et celles qui leur reviendraient pour leur participation aux instances de la compétence des juges de paix. Comme la dépense, dans cette hypothèse, incomberait à deux caisses différentes, (*V. suprà n°* 30) la rédaction d'un double mémoire serait nécessaire pour permettre à chacun des comptables intéressés de justifier de sa dépense (3013 I. G. ; — V. 9907 R. P.)

33. Recouvrement des dépens incombant à l'Administration de la Guerre. Certificat. — Pour le recouvrement des dépens que l'Administration de la Guerre se trouve tenue de payer à la suite d'instances suivies en matière d'accidents du travail et terminées par une ordonnance de conciliation, les receveurs doivent délivrer à ce service un certificat susceptible d'être joint au mandat de payement comme pièce justificative et conforme à un modèle spécial adopté après entente entre les Ministres des finances et de la Guerre (3081 I. G.).

34. Frais de transport des officiers ministériels et autres avances. Déchéance. — V. *Assistance judiciaire*, n° 48.

35. Instances devant le juge de paix. — Préliminaire de conciliation. — Frais d'envoi des bulletins d'avertissement. — Le bénéfice de l'assistance judiciaire s'applique à la tentative de conciliation qui, d'après la règle générale inscrite dans l'art. 17 L. 25 mai 1838, modifié par la loi du 2 mai 1855, doit précéder les demandes relatives aux frais funéraires, aux frais de maladie et aux indemnités temporaires qui sont de la compétence des juges de paix (art. 15 L. 9 avril 1898).

Il en résulte que le Trésor a à faire aussi l'avance des frais d'envoi des bulletins d'avertissement adressés à la requête de la victime de l'accident ou de ses ayants droit, sauf son recours contre la partie condamnée aux dépens (art. 17, 18 et 19 L. 22 janv. 1851).

Ces avances ne seraient pas toutefois susceptibles de recouvrement si les parties se conciliaient devant le juge de paix. A défaut d'une disposition analogue à celle inscrite dans le 2e § de l'art. 21 L. 13 avril 1900, on ne pourrait qu'appliquer à l'espèce la règle tracée par l'instruction n° 1971 pour le cas où les parties ont transigé avant jugement.

Indépendamment de leurs déboursés pour frais d'envoi, les greffiers ont droit à un émolument de 0 fr. 15 pour la préparation des bulletins d'avertissement. Cette dernière somme ne rentre pas dans la catégorie de celles dont le Trésor doit faire l'avance en vertu de l'art. 14, § 8, L. 22 janvier 1851. Elle fait partie des dépens ordinaires de l'instance dont l'Administration est seulement chargée d'assurer le recouvrement, lorsque la condamnation aux dépens est prononcée contre l'adversaire de l'assisté (art. 17 et 18 L. 21 janvier 1851. 3013 I. G., 9905 R. P.)

36. Recouvrement des dépens. — Affaire terminée par une ordonnance de conciliation. — Aux termes de l'art. 31 L. 13 avril 1900, « En cas de conciliation et sur le vu de l'ordonnance du président du tribunal, le greffier délivre à l'Administration de l'Enregistrement contre l'adversaire de l'assisté, sur état taxé par le président du tribunal, un exécutoire de dépens qui comprend les avances faites par le Trésor, ainsi que les droits, frais et émoluments dus aux greffiers et aux officiers ministériels à l'occasion de l'enquête préalable et de la conciliation ».

L'assistance judiciaire accordée par l'art. 22 L. 9 avril 1898 à la victime de l'accident ou à ses ayants droit devant le tribunal civil s'étend à l'enquête du juge de paix et à la procédure de conciliation devant le président du tribunal. Or, sous l'empire de la loi du 9 avril 1898, ni les frais dont le Trésor peut avoir à faire l'avance dans ces procédures, ni les émoluments des greffiers de la justice de paix et des autres officiers ministériels qui ont prêté leur concours à l'assisté n'étaient susceptibles de recouvrement si les parties se conciliaient devant le président du tribunal, puisque, dans cette hypothèse, il n'intervenait aucun jugement pouvant servir de base à la délivrance d'un exécutoire au profit de l'Administration. (*Comp.* Instr. n° 1371, p. 2.)

Par suite de la disposition ci-dessus transcrite, l'ordonnance du président constatant l'accord des parties rend désormais le chef d'entreprise débiteur de plein droit des dépens afférents aux procédures dont il s'agit, et elle autorise l'Administration substituée à l'assisté à se faire délivrer un exécutoire comprenant tant les avances du Trésor que les émoluments des officiers ministériels (3013 I. G.).

L'accord des parties peut d'ailleurs résulter de l'abandon pur et simple des prétentions de la victime, aussi bien que de l'acquiescement du patron à tout ou partie de la réclamation. Il en est ainsi surtout lorsqu'il est constant en fait que le patron a servi à l'ouvrier une indemnité temporaire et que ce dernier se réserve la faculté de revision pour le cas d'aggravation des suites de l'accident (Sol. 27 mars 1902, 3089, § 1, I. G., 10364 R. P.)

37. Recouvrement des dépens. — Instance terminée par jugement. — Si la condamnation aux dépens est prononcée contre l'assisté, les frais avancés par le Trésor sont seuls susceptibles d'être recouvrés contre lui ; les honoraires des officiers ministériels tombent en non valeur (L. 22 janv. 1851-10 juill. 1901, art. 19.)

Si c'est la partie adverse qui succombe, l'exécutoire délivré contre elle doit comprendre, non seulement les frais avancés par le Trésor, mais encore les honoraires revenant aux officiers ministériels qui ont prêté leur concours à l'assisté. (L. 22 janv. 1851-10 juill. 1901, art. 17.)

38. Abandon complet des droits de timbre et d'enregistrement. — Si l'on combine les dispositions des art. 22 et 29 L. 1898, on constate que, en toute hypothèse et devant toutes les juridictions, le Trésor fait l'abandon complet et définitif des droits de timbre et d'enregistrement auxquels peuvent donner ouverture les actes visés par le second de ces articles.

La double formalité du timbre et de l'enregistrement doit donc être donnée à ces actes gratuitement, et non en débet, bien que l'une des parties ou toutes les deux jouissent du bénéfice de l'assistance judiciaire, soit d'office, soit dans les conditions prévues par la loi du 22 janv. 1851.

Par suite, aucun droit de timbre et d'enregistrement ne doit figurer du chef de ces actes sur l'exécutoire délivré à l'Administration pour le recouvrement des dépens de l'instance.

Les actes d'exécution signifiés à la requête de la victime de l'accident, aussi bien que les oppositions qui y seraient faites par le chef d'entreprise, doivent bénéficier de la dispense des droits de timbre et d'enregistrement inscrite dans l'art. 29. Quant aux honoraires et émoluments dus à leur occasion aux officiers ministériels, ils sont recouvrés et versés aux ayants droit par l'Administration dans les conditions déterminées par la loi du 22 janv. 1851 (2988 I. G., p. 9 et 10).

39. Reversement de frais indûment alloués. — Par une décision du 16 janv. 1901, concertée entre les Départements de la Justice et des Finances, il a été entendu que les frais de justice qui auraient été indûment avancés par le Trésor dans les instances concernant les accidents du travail seraient remboursés par les parties prenantes, conformément aux règles tracées par les circulaires du Garde des Sceaux du 8 oct. 1898 (Annexe à l'Instruction n° 2969, § 2) et de la Comptabilité publique du 2 janv. 1899 (Circ. de l'Enregistrement du 8 fév. 1899) pour les reversements en matière d'assistance judiciaire (3052, § 2, I. G.).

ACCROISSEMENT.

63. Immeuble. — Acquisition conjointe. — Indivision. — L'acte par lequel plusieurs personnes achètent un immeuble en commun, avec stipulation que la part des acquéreurs décédés appartiendra aux survivants, donne ouverture, lors de chaque décès, au droit de mutation à titre onéreux au taux de 5 fr. 50 p. 0/0 sur la valeur de la part du coacquéreur décédé, et non au droit de cession d'actions à 50 cent. p. 0/0 (Autun, 29 déc. 1891, 7857 R. P. ; Toulon, 8 juin 1897, 9201 R. P.).

70. Usufruit. — Acquisition conjointe. — Il en est ainsi bien que l'accroissement porte sur un usufruit. — (Autun, 29 déc. 1891, 7857 R. P.)

Si l'accroissement se produit sous l'empire de la L. 25 fév. 1901 qui, ainsi que nous le verrons V° *Usufruit*, a modifié la valeur imposable de l'usufruit et de la nue propriété, la base légale de la perception ne doit pas être fournie d'après les données de l'art. 13 Loi précitée, puisque ces données sont uniquement applicables en cas de transmission à titre gratuit et d'échange. Il appartient aux parties de fixer cette base dans une déclaration estimative

36. Recouvrement des dépens. Accord amiable. Déclaration de l'ouvrier qu'il ne réclame aucune indemnité permanente. — En matière d'accidents du travail, les frais judiciaires dont le Trésor a fait l'avance incombent au chef d'entreprise et doivent être recouvrés contre lui, dès lors qu'un procès-verbal dressé par le président du tribunal constate l'accord des parties, quand bien même cet accord résulterait de la déclaration faite par l'ouvrier qu'il n'est atteint d'aucune incapacité permanente de travail et qu'il ne réclame, par suite, aucune indemnité permanente (Briey, 16 février 1905, 10[illegible] R. P. ; — Castres, 14 juin 1905, 11057 R. P.).

Il n'y a, du reste, aucune distinction à faire sur le point de savoir si l'ouvrier a ou non été atteint d'une incapacité permanente de travail, s'il a obtenu une rente ou simplement l'allocation de son demi-salaire pendant une période plus ou moins longue. Du moment où un procès-verbal dressé par le président du tribunal constate l'accord des parties, les frais doivent être recouvrés contre le chef de l'entreprise. D'ailleurs, depuis la loi du 31 mars 1905, il est indispensable qu'un procès-verbal de conciliation soit dressé, quand bien même l'ouvrier ne paraîtrait atteint à ce moment d'aucune incapacité permanente de travail (Saint-Étienne, 7 août 1905, 11168 R. P.).

Enfin, si, dans les instances en matière d'accidents du travail, la procédure relative à la fixation de l'indemnité due à l'ouvrier ou à ses ayants droit doit être suivie contre le chef d'entreprise, c'est à l'assureur qu'incombe, en définitive, la charge de cette indemnité. Par suite, rien ne s'oppose, en droit, à ce que l'assureur intervienne au procès-verbal de conciliation pour prendre des engagements personnels envers l'ouvrier ou ses ayants droit en ce qui concerne le payement, et cette intervention justifie la délivrance à l'Administration d'un exécutoire de dépens contre lui (Seine, 23 mars 1905, 11073 R. P.).

37. Recouvrement des dépens. Appel. Commandement signifié par l'Administration postérieurement à l'appel et avant le désistement. Nullité des poursuites. — Les poursuites en recouvrement des dépens exercées par l'Administration contre un chef d'entreprise condamné en première instance, en matière d'accidents du travail, sont nulles quand elles ont eu lieu après que le chef d'entreprise avait interjeté appel et avant qu'il se fût désisté de cet appel (Boulogne, 13 décembre 1905, 11161 R. P.).

Condamnation du chef d'entreprise assuré à une Compagnie tombée en faillite. Appel en garantie de la Caisse nationale des retraites pour la vieillesse. Irrecevabilité. — En faisant supporter par la Caisse nationale des retraites pour la vieillesse, sur les ressources du fonds spécial de garantie, les conséquences de l'insolvabilité des Compagnies d'assurances contre les risques des accidents du travail, la loi du 9 avril 1898 n'a eu pour but que d'assurer aux ouvriers l'intégralité des indemnités qui peuvent leur être dues. Il en résulte que les frais d'assistance judiciaire mis, dans une instance en matière d'accidents du travail, à la charge du chef d'entreprise assuré à une Compagnie tombée en faillite ne doivent pas être prélevés sur le fonds de garantie, et que, par suite, ce chef d'entreprise n'est pas fondé à faire intervenir en cause la Caisse nationale des retraites pour la vieillesse lorsque l'Administration poursuit contre lui le recouvrement des dépens (Nancy, 22 février 1906, 10755 R. P. ; — Valenciennes, 26 octobre 1905, 11199 R. P.).

C'est, du reste, contre le chef d'entreprise condamné aux dépens que l'Administration doit poursuivre le recouvrement des frais, à l'exclusion soit de la Compagnie à laquelle il pouvait être assuré, soit de la Caisse des retraites pour la vieillesse en cas de faillite de la compagnie d'assurances (Alais, 19 juillet 1905, 10855 R. P.).

Dépens liquidés en dehors du jugement. Absence de nullité. — Si, en matière d'accidents du travail, la liquidation des dépens doit être faite comme en matière sommaire, c'est-à-dire par le tribunal entier, et insérée dans le jugement, la loi n'a cependant édicté aucune nullité pour l'inobservation de cette prescription ; il en résulte qu'il n'y a pas lieu de déclarer nulle la liquidation des dépens faite par un seul juge (Reims, 18 août 1906, 11325 R. P.).

ACCROISSEMENT.

20. 56. Legs d'usufruit successif ou d'usufruit conjoint. Interprétation. — Doit être considérée comme un legs d'usufruit successif, et non comme un legs d'usufruit conjoint, la disposition d'un testament par laquelle le testateur a légué l'usufruit de tous ses biens à une femme mariée et, après elle, à son mari, si ce dernier lui survivait, alors surtout qu'il a été spécifié par le testateur que l'usufruit ainsi légué à la femme lui était personnel et ne tomberait pas dans la communauté, et que, par ailleurs, les parties ont elles-mêmes interprété et exécuté la clause du testament comme constituant un legs d'usufruit actuel au profit de la femme et un legs d'usufruit éventuel au profit du mari (Versailles, 20 février 1903, 10513 R. P.).

ACOMPTE.

1. Les acomptes versés sur le montant des droits simples et en sus d'un jugement non enregistré doivent s'imputer en premier lieu sur les droits simples (Saint-Étienne, 10 août 1904, 10736 R. P.).

ACQUISITION.

3. Algérie. Colonies. — L'art. 70, § 2, n° 1, L. frim., qui admet à l'enregistrement gratis les acquisitions et échanges faits par la République, les partages de biens entre elle et les particuliers, est applicable aux actes de même nature passés par l'Algérie et les autres colonies (D. m. f. 23 mars et 17 août 1903, Instr. 3143 ; 10715 R. P.).

ACTES ADMINISTRATIFS.

9. Loi du 13 juillet 1906 sur le repos hebdomadaire. Ampliations d'arrêtés préfectoraux autorisant des dérogations à la loi. Exemption de timbre. — Les ampliations des arrêtés préfectoraux pris en exécution des art. 2 et 8 L. 13 juillet 1906 sur le repos hebdomadaire et autorisant des dérogations à la loi sont exemptes de timbre (D. m. f. 18 nov. 1906, Instr. 3210, § 9 ; — 11513 R. P.).

15 *bis*. Marché administratif. Colonies et pays de protectorat. Loi du 13 mars 1903. — Cette loi a soumis les marchés administratifs passés en France pour le compte des colonies ou des pays de protectorat et dont le prix est payable sur les budgets locaux au même régime fiscal que les marchés administratifs intéressant la métropole, tant en ce qui concerne l'obligation de l'enregistrement que la quotité du droit exigible.

Elle a, en outre, étendu le tarif de 0.20 p. 100 aux actes de même nature passés par les autorités administratives hors de France en cas de présentation volontaire à la formalité (10467 R. P.).

17. Enfants assistés. — Les contrats passés entre l'inspecteur des enfants assistés et des particuliers pour le placement, comme domestiques de ferme, des pupilles de l'Assistance publique, ne constituent pas des actes administratifs. Considérés comme des actes s. s. p., ils sont soumis au timbre, mais leur enregistrement ne devient obligatoire qu'en cas d'usage en justice, par acte public ou devant une autorité constituée. On ne saurait, d'ailleurs, assimiler à l'usage devant une autorité constituée la présentation de ces contrats à l'approbation préfectorale (Sol. 4 juillet 1903, Instr. 3129, § 3 ; — 10681 R. P.).

faite conformément à l'art. 16 L. frim. et soumise au contrôle de l'Administration.

Droit en sus. — Lorsque le droit de mutation à titre onéreux dû sur la réversion d'un usufruit immobilier acquis en commun par deux époux n'a pas été acquitté dans le délai légal, les héritiers du prémourant n'encourent aucune pénalité. Le droit en sus à la charge du survivant est seul exigible (Sol. du 8 août 1893, 8238 R. P.). — V. *Donation*.

ACQUIESCEMENT.

4-1. Acte judiciaire. — Les actes d'acquiescement passés au greffe ne sont plus assujettis aujourd'hui au droit de greffe de 1 fr. 25, indépendamment du droit d'enregistrement de 4 fr. 50, les droits de greffe ayant été supprimés par la loi du 26 janv. 1892 (art. 4).

ACQUISITION.

4. État. — Enregistrement gratis. — Timbre au comptant. — Si les actes d'acquisition par l'État doivent être enregistrés gratis en vertu de la disposition expresse de l'art. 70, § 2, n° 10, L. frim., ils doivent, au contraire, être rédigés sur papier timbré, conformément à l'art. 29 L. 13 brum. an VII, qui met à la charge des particuliers le timbre des actes passés entre la République et les citoyens (Sol. 12 déc. 1898, 9164 R. P.).

Exceptionnellement, les actes rédigés pour préparer ou constater les acquisitions effectuées, même à l'amiable, par l'Administration des Eaux et Forêts, en exécution de la L. 4 avr. 1882, relative à la restauration et à la conservation des terrains en montagne, sont exempts du timbre. Mais cette exception est spéciale aux actes destinés à préparer ou à réaliser les acquisitions ; elle ne saurait être étendue aux actes afférents à la procédure de purge, qui jouissent seulement de la gratuité des droits d'enregistrement (Déc. min. fin. 27 mars 1899, 3000 I. G.).

14. Établissements de l'État. — Université. — Académie. — Les facultés et universités jouissent, pour leurs acquisitions à titre onéreux ou à titre gratuit, des mêmes immunités que celles dont jouit l'État ; les libéralités entre vifs ou testamentaires qu'elles recueillent sont, notamment, affranchies des droits de mutation (Déc. min. fin. 2 avr. 1895, 24607 J. E.).

Il en est de même pour l'Institut de France et pour les cinq Académies considérées isolément (Perpignan, 22 avr. 1896, 8940 R. P. ; Céret, 12 mai 1897, 9137 R. P.).

18. Lycée. — Même solution pour les lycées (Déc. min. fin. 1er déc. 1894, 24607 J. E.).

ACTES ADMINISTRATIFS.

CHAPITRE PREMIER. — NOTIONS GÉNÉRALES.

7. Interprétation. — Compétence des tribunaux civils. — Les tribunaux civils sont compétents, soit pour régler les droits d'enregistrement exigibles sur les actes administratifs, soit pour déduire de ces actes l'application de l'impôt auquel ils ont donné naissance (Cass. 9 mai 1899, 9601 R. P., 3004, § 3, I. G. ; 24 oct. 1899, 9725 R. P.).

CHAPITRE II. — LÉGISLATION.

13. Loi du 15 mai 1818. — Le régime fiscal des actes administratifs rédigés en minute et susceptibles d'être délivrés en expédition est réglé par les art. 78 et 80 L. 15 mai 1818.

1. Caractère contractuel. — Actes de la puissance publique. — Le premier de ces articles ne s'applique toutefois qu'à ceux des actes administratifs y désignés qui ont un caractère consensuel, c'est-à-dire dans lesquels les autorités administratives agissent comme parties contractantes.

S'il s'agit d'actes de la puissance publique, alors même qu'ils emporteraient transmission de propriété, d'usufruit ou de jouissance, ils sont exempts du timbre et de l'enregistrement en vertu des dispositions combinées des art. 70 § 3, n° 1, L. 22 frim. an VII, 16 ... 1er ; L. 13 brum. an VII et 80 L. 15 mai 1818.

Dans cet ordre d'idées, il y a lieu de reconnaître que les concessions gratuites ou à prix réduit d'immeubles domaniaux consenties aux communes d'Algérie, en exécution du décret du 28 décembre 1900, ne donnent ouverture ni à l'impôt du timbre ni à des droits d'enregistrement, puisqu'elles constituent des actes de la puissance publique emportant par eux-mêmes aliénation de biens domaniaux en dehors de toute intervention consensuelle des communes concessionnaires.

La même solution est applicable aux actes constatant la remise gracieuse à des indigènes algériens d'immeubles séquestrés pour faits d'insoumission.

2. Caractère mixte. — Lorsque l'acte administratif participe à la fois de l'acte de la puissance publique et du contrat commutatif, il rentre, à raison de ce caractère commutatif, dans la catégorie des actes contractuels et doit être envisagé comme tel au point de vue de la perception (3065 I. G., pp. 3 et 4.)

CHAPITRE III. — CONDITIONS REQUISES POUR L'APPLICATION DE L'ARTICLE 78 DE LA LOI DU 15 MAI 1818.

17. Autorités administratives. — Définition. — Ainsi que nous l'avons enseigné au *Répertoire général*, on doit entendre par *autorités administratives*, au sens de l'art. 78 de la loi du 15 mai 1818, les représentants légaux de l'État, des départements, des arrondissements et des communes.

Corps de troupe. — Dans la doctrine de l'Administration, les conseils d'administration des corps de troupe n'ont pas la qualité d'autorités administratives, parce qu'ils agissent, non comme délégués du Ministre, mais en vertu de pouvoirs spéciaux qui leur ont été conférés par un ensemble de dispositions législatives et réglementaires. Il a été décidé, en conséquence, que les marchés qu'ils conchent directement avec des entrepreneurs doivent être considérés comme des actes sous seings privés si la perfection juridique de ces contrats n'est pas subordonnée à l'approbation du Ministre ou de son délégué (D. M. F. 21 novembre 1890 et 10 août 1893, 8407 R. P.), et même que ces marchés ne perdent pas le caractère d'actes sous seings privés par le seul fait qu'ils sont revêtus de l'approbation du sous-intendant militaire, si la validité du contrat n'a pas été subordonnée à cette formalité (Sol. 9 juillet 1898, 9373 R. P.).

Mais constitue, au contraire, un véritable acte administratif tombant sous l'application de l'article 78 de la loi du 15 mai 1818 le procès-verbal d'adjudication dressé par les membres du conseil d'administration d'un régiment et accepté, au nom de l'Administration de la Guerre, par le sous-intendant militaire, lorsque l'approbation de ce dernier est nécessaire pour rendre l'adjudication définitive. Ce procès verbal doit, dès lors, être enregistré dans le délai de vingt jours, sous peine d'un droit en sus, alors même que, d'après le cahier des charges, le marché ne doit être soumis à l'enregistrement qu'en cas de contestation judiciaire (Vienne, 19 février 1897, 9184 R. P.)

A notre avis, il est difficile de comprendre pourquoi les conseils d'administration des corps de troupe ne sont pas considérés comme des autorités administratives dans le sens de la loi de 1818. Ce sont, en effet, les représentants légaux des corps; ils ont des pouvoirs nettement définis et jouent un rôle officiel et nécessaire dans les actes de la vie civile des régiments.

Nous pensons par conséquent que, subordonnés ou non à l'approbation du ministre ou de son délégué, tous leurs actes sont, non pas des actes sous seings privés, mais bien des actes administratifs.

19. Établissements publics. — L'art. 78 de la loi du 15 mai 1818 vise seulement les actes des établissements publics, à l'exclusion des actes passés par les établissements d'utilité publique qui restent ainsi sous l'empire du droit commun. (V. *Rép. gén.*, V° *Établis. publics*, n° 14.)

Associations syndicales. — Les associations syndicales ne constituant pas des établissements publics, même lorsqu'elles sont autorisées (Cass. 1er décembre 1886, D. P. 87, 1,183), les actes passés par leurs représentants ne sont pas régis par l'art. 78 de la loi du 15 mai 1818 (Sol. 28 mai 1889, 2817-15 I. G., 7974-16 R. P.).

Il a été décidé, en conséquence, que l'adjudication de travaux passée dans une salle du ministère de l'Agriculture, au nom d'une association syndicale autorisée, par les soins d'une commission munie de la délégation de l'association, n'a pas le caractère d'un marché administratif, bien qu'à raison de la participation du Trésor aux dépenses de l'adjudication et de la tutelle exercée par l'État sur les travaux du syndicat, l'adjudication ait été subordonnée à l'homologation du ministre de l'Agriculture (Seine, 20 mai 1893, 8164 R. P.).

Même solution pour une adjudication concernant une association syndicale passée, non par le directeur de cette association, mais par le préfet en conseil de préfecture (Sol. 24 août 1900, 10,025 R. P.)

Caisses d'épargne. — Les marchés intéressant les caisses d'épargne, qui sont des établissements d'utilité publique, et non des établissements publics, ne sont pas non plus soumis au régime des marchés administratifs.

21. Acte accompli par une autorité administrative en dehors de ses fonctions. — Les art. 78 et 80 de la loi de 1818 ne régissent que les actes accomplis par les autorités administratives et les représentants des établissements publics dans les limites de leurs attributions.

C'est ainsi qu'il a été décidé que l'homologation par le Ministre de l'Agriculture d'un marché concernant un syndicat ne saurait conférer au contrat le caractère d'acte administratif (Seine, 20 mai 1893, 8164 R. P.) : « Attendu, porte ce jugement, que l'homologation et le contrôle stipulés au cahier des charges en faveur du Ministre de l'Agriculture ne peuvent faire considérer ce fonctionnaire comme partie au contrat, mais sont la conséquence nécessaire de la tutelle générale que l'État s'est toujours attribuée sur tout ce qui concerne les travaux touchant aux intérêts généraux du pays ».

De même encore, le préfet ne peut être considéré comme une autorité administrative lorsque, sur la demande des syndicats intéressés, ou par une interprétation erronée des règlements en vigueur, il s'est substitué aux directeurs d'associations syndicales pour procéder à la passation de procès-verbaux d'adjudication (Sol. 24 nov. 1900, 10025 R. P.)

Constituent également de simples actes sous seings privés, et non des actes administratifs, les traités conclus pour la gérance des débits de tabacs entre le titulaire et le gérant, alors même qu'ils renferment un certain nombre de clauses à l'exécution desquelles l'Administration des Contributions indirectes se trouve intéressée, que la validité de la cession est subordonnée à l'approbation de cette administration, et que l'un des doubles de l'acte doit rester déposé à la Direction départementale des Contributions indirectes. D'une part, l'Administration n'y concourt pas en qualité de partie contractante; d'autre part, l'approbation de l'autorité administrative n'étant exigée, pour ces contrats, ni par une loi, ni par un décret, ne peut avoir pour effet de leur enlever le caractère d'actes sous seings privés (Sol. 21 novembre 1895, 8976 R. P.)

22. Actes rédigés dans la forme des actes s. s. p. — La circonstance qu'un contrat passé par une autorité administrative est dressé en plusieurs originaux dont chacun est signé de tous les intéressés, ne saurait avoir pour effet d'imprimer à ce contrat le caractère d'un acte s. s. p. (Cass. 28 janv. 1868, 2366, § 4 I. G., 2901 R. P.)

La présence d'un fonctionnaire de l'ordre administratif, agissant comme partie contractante, et dans la sphère de ses attributions, suffit à donner à l'acte l'authenticité qui le fait rentrer dans le cercle des actes administratifs visés par les art. 78 et 80 L. 15 mai 1818 (Sol. 31 mai 1897, 9559 R. P.)

23. Actes résultant de la combinaison de plusieurs écrits. — En matière d'actes administratifs, il n'est pas nécessaire, au point de vue fiscal, que les conventions fassent l'objet de contrats synallagmatiques en forme; elles peuvent résulter de la combinaison de diverses pièces dont la réunion forme un titre complet. Il suffit,

19. Associations syndicales. — Le tribunal des conflits et le Conseil d'État ayant reconnu aux associations syndicales autorisées le caractère d'établissements publics, les actes passés en la forme administrative devant les représentants de ces associations doivent désormais être considérés, au point de vue de la perception des droits d'enregistrement, comme des actes administratifs auxquels s'appliquent les dispositions des art. 78 et 80 de la loi du 15 mai 1818; les marchés doivent, par conséquent, être enregistrés obligatoirement dans le délai de 20 jours, tandis que les actes d'emprunt se trouvent exemptés de la formalité. Mais les actes qui seraient rédigés par un notaire, et dans lesquels les représentants des associations syndicales interviendraient comme parties, demeurent soumis aux règles instituées par la loi de frimaire (Sol. 1er mai 1905, Instr. 3176, § 12; — 11056 R. P.).

pour l'exigibilité de l'impôt, que les engagements réciproques des contractants soient constatés par écrit. — V. au *Rép. gén.*, v° *Marché*, n° 126 et suiv.

Dans ce sens, un arrêt de la Cour de cassation a reconnu que les lettres et arrêtés émanant de deux préfets, pour l'entretien d'aliénés indigents, constituent par leur réunion un marché administratif (Cass. Req. 21 nov. 1892, 7976 R. P.).

De même, les permissions de voirie et autres concessions sur le domaine public constatées par des arrêtés rédigés en minute et susceptibles d'être délivrés en expédition, qui, rapprochés des soumissions des permissionnaires, constituent de véritables actes synallagmatiques, sont soumises au timbre et doivent être enregistrées dans les vingt jours par application de l'art. 78 L. 15 mai 1818 (2865 I. G.).

CHAPITRE IV. — DES ACTES ASSUJETTIS AU TIMBRE ET À L'ENREGISTREMENT.

27. Définition. — L'enregistrement est obligatoire dès l'instant que l'on se trouve en présence de l'un des contrats prévus par l'art. 78 L. 1818 sans qu'il y ait à rechercher si ce contrat donne ou non ouverture au droit proportionnel.

27 *bis*. Actes de complément passés dans la forme administrative. — L'article précité doit, en conséquence, être appliqué à tous les actes emportant mutation de propriété, d'usufruit ou de jouissance, qu'il s'agisse de l'acte initial constituant le titre de la mutation ou bien des actes complémentaires qui en précisent la portée, les uns et les autres participent de la nature du contrat principal et, à ce titre, ils sont passibles de la double formalité du timbre et de l'enregistrement.

Dans ce sens, il a été reconnu que les parties doivent, à peine d'un droit en sus, présenter à la formalité, dans le délai de vingt jours, les actes administratifs suivants :

1° Les cessions de marchés ou substitutions d'entrepreneurs, lorsque, étant faites sans prix, elles ne sont pas sujettes au droit proportionnel (2817-14 I. G.);

2° Les marchés passés par le Ministère de la Guerre et réalisables seulement en cas de mobilisation (D.-M. F. 3 janvier 1884, 25 et 28 nov. 1889, 31 oct. 1891, *Rép. gén.*, 7e édit., v° *Marché*, n° 171);

3° Les traités modifiant dans le détail le devis des travaux qu'un entrepreneur s'était engagé à exécuter (Sol. 22 janv. 1895);

4° L'acte contenant addition aux clauses d'un bail antérieur, sans augmentation du prix de la location (Sol. 2 janvier 1899, 9784 R. P.);

5° Les conventions qui interviennent pour régler les détails d'exécution de travaux prévus dans des marchés antérieurs (Lyon, 23 nov. 1900).

28. Baux à nourriture. — Les baux à nourriture rentrent dans la catégorie des actes administratifs portant transmission que l'art. 78 de la loi du 15 mai 1818 a spécialement désignés comme demeurant assujettis au timbre et à l'enregistrement. C'est dans ce sens que nous nous sommes prononcé au *Répertoire général*.

Aliénés indigents. — Nous avons aussi émis l'avis que lorsque le préfet d'un département ne possédant pas d'hospice d'aliénés traite, soit avec le préfet d'un autre département, soit avec le directeur d'un établissement, l'acte qui a pour objet de pourvoir à l'entretien et au traitement des aliénés présente le caractère d'un bail à nourriture soumis comme tel aux obligations imposées par l'art. 78 de la loi de 1818.

Cette interprétation a été consacrée par un arrêt de la Cour de Cassation du 21 novembre 1892 (7976 R. P.), qui a rejeté le pourvoi formé contre un jugement du tribunal de Limoges du 4 décembre 1890 (7609 R. P.).

Dans l'espèce qui a donné lieu à cet arrêt, le préfet de la Seine avait traité avec le préfet de la Haute-Vienne pour l'entretien de 50 femmes aliénées de son département dont le placement serait ordonné, conformément à l'art. 18, § 1, de la loi du 30 juin 1838.

D'après la thèse soutenue devant la Cour par le Préfet de la Seine, le placement et l'entretien des aliénés indigents seraient des mesures d'ordre et d'assistance publics, incombant à l'État et accomplies, en son nom, par les départements : les secours aux aliénés figurent parmi les dépenses ordinaires des départements auxquelles il est pourvu à l'aide de centimes votés par la loi de finances, et ils ont été élevés par la loi du 30 juin 1838 au rang des dépenses générales de l'État. Dans ces conditions, les mesures arrêtées entre plusieurs départements pour le placement de leurs aliénés ne seraient que des modes d'exécution d'un devoir légal et préexistant. Le préfet de la Seine en tirait cette conséquence que l'acte litigieux était affranchi de tout droit, en vertu du principe que l'impôt de l'enregistrement frappe les obligations civiles à l'exclusion de celles dont le titre est dans la loi.

C'est avec raison que la Cour a écarté ce système.

D'après la loi du 30 juin 1838, la charge de placer et d'entretenir les aliénés indigents dans des asiles publics et privés incombe aux départements. Or, la législation actuellement en vigueur reconnaît aux départements une personnalité civile parfaitement distincte de celle de l'État (Décret du 16 déc. 1811; — LL. 10 mai 1838, 18 juil. 1866 et 10 août 1871). Par suite, lorsqu'ils passent des contrats, c'est bien en leur nom qu'ils agissent et non pas au nom de l'État. Au point de vue fiscal, les départements se trouvent actuellement dans la même situation que les communes et les établissements publics et leurs actes rentrent dans les prévisions des art. 78 et 80 L. 15 mai 1818.

Il était également inexact de soutenir que la convention litigieuse était un acte de pure gestion administrative ayant pour seul but d'assurer l'exécution d'une obligation légale.

Aux termes de l'art. 1er L. 30 juin 1838, chaque département est tenu d'avoir un établissement public spécialement destiné à recevoir et à soigner les aliénés, ou de traiter, à cet effet, avec un établissement public ou privé, soit de ce département, soit d'un autre département. Il résulte bien de ce texte que le département de la Seine accomplissait une obligation légale en traitant pour l'entretien des aliénés indigents; mais on ne peut en dire autant du département de la Haute-Vienne, qui n'était nullement tenu de recevoir les aliénés de la Seine, et qui a contracté, dans un intérêt purement privé, l'engagement de recevoir dans son établissement les sujets désignés par le préfet de la Seine. Le traité présentait donc, à cet égard, un caractère nettement contractuel qui s'opposait à l'exonération de l'impôt.

C'est également dans ce sens que se sont prononcés les tribunaux de Beauvais (31 déc. 1897, 7023 R. P.) et de Nancy (19 février 1902, 10266 R. P.).

Enfants assistés. — Présente également le caractère d'un bail à nourriture l'acte par lequel une congrégation religieuse s'engage à assurer le service de l'annexe d'un hôpital destiné à recevoir les enfants abandonnés et infirmes, moyennant certains avantages en nature et en argent. Par suite, si un tel acte est passé dans la forme administrative, il rentre dans la catégorie des contrats translatifs assujettis à l'enregistrement dans le délai de 20 jours. Si aucune durée n'a été assignée à la convention, le tarif à percevoir est celui de 0,20 p. 100 et le droit doit être liquidé au vu d'une déclaration estimative de la durée, sauf à l'Administration à exercer son droit de contrôle pour assurer le recouvrement des suppléments de droits, si la durée prévue vient à être dépassée (Sol. 22 nov. 1898, 9783 R. P.).

Hospices. — *Admission de pensionnaires.* — Nous avons examiné au *Répertoire général* quel est le régime applicable aux délibérations et autres actes administratifs qui ont pour objet de constater l'admission des pensionnaires dans les hospices, et nous avons proposé la distinction suivante :

Si la commission administrative admet un pensionnaire qui ne rentre évidemment pas dans la catégorie des personnes auxquelles les hospices sont ouverts et si le pensionnaire s'engage à rémunérer l'établissement dans des conditions sortant des conditions ordinaires, une telle convention peut être regardée comme étrangère à l'administration de la bienfaisance hospitalière ; elle rentre dans la définition du contrat commutatif tel qu'il est déterminé par l'art. 1104 C. civ. et tombe, au point de vue fiscal, sous l'application de l'art. 78.

Si, au contraire, l'admission du pensionnaire s'opère en exécution des règles établies pour la distribution des secours au public, la délibération qui règle cette admission conserve son caractère d'acte de la bienfaisance hospitalière et doit, comme tel, échapper aux obligations imposées par l'art. 78.

Cette distinction a été adoptée par l'Administration dans une Solution du 2 octobre 1894 (8526 R. P.). Aux termes de cette Solution, la destination des hospices étant de recevoir les malades ou les vieillards indigents, il y a lieu de reconnaître le caractère d'actes d'assistance aux actes qui admettent gratuitement des personnes dépourvues de toutes ressources. Il en est de même, lorsque les personnes admises possèdent des ressources qui, employées isolément, seraient insuffisantes pour assurer leur entretien, et lorsqu'elles s'engagent à remettre à l'hospice les ressources qu'elles possèdent encore ou à lui fournir leur travail. Mais si, pour augmenter leurs revenus, les hospices admettent des pensionnaires payants qui ne se trouvent pas dans les conditions voulues pour recevoir leur assistance, le contrat qui intervient revêt le caractère d'un acte commutatif et s'analyse en un bail à nourriture.

28 *bis*. Baux d'immeubles. — Les actes administratifs portant transmission de jouissance sont expressément visés par l'art. 78.

Actes de complément d'un bail. Passé en la forme administrative. — L'acte passé dans la forme administrative et portant complément d'un bail passé dans la même forme, est assujetti à l'enregistrement dans le délai de vingt jours ; bien qu'à titre d'acte de complément il échappe à la perception du droit proportionnel, il n'en conserve pas moins le caractère translatif qui le fait rentrer dans la catégorie des actes visés par l'art. 78. (Sol. 5 janv. 1899, 9784 R. P.)

Baux et concessions sur le domaine privé des communes. — Les villes et communes ont sur leur domaine privé les mêmes droits de propriété que les simples particuliers sur les biens qui composent leur patrimoine. Elles peuvent consentir notamment, sur les immeubles dépendant de ce domaine, des locations et concessions d'emplacement. Lorsque ces locations et concessions sont constatées par écrit, elles sont assujetties à l'enregistrement dans le délai de vingt jours (3065 I. G.)

28 *ter*. Cessions de créances. — Les actes administratifs constatant des emprunts sont exempts du timbre et de l'enregistrement (*Rép. gén.*, v° *Actes administratifs*, n° 68).

Mais il n'en est pas de même des transports et cessions de créances qui, opérant la transmission de la propriété des créances cédées au profit des cessionnaires, ont un caractère translatif, et, par suite, tombent sous l'application de l'art. 78 L. 1818 lorsqu'elles font l'objet d'actes passés en la forme administrative (Sol. 31 mai 1897, 9559 R. P.).

30 *bis*. Permissions de voirie et autres concessions sur le domaine public. — V. *Concession*, et *infrà*, n° 90.

31. Résiliation de bail. — V. *Rép. gén.*, v° *Bail*, n° 284.

CHAPITRE V. — DES ACTES EXEMPTS DU TIMBRE ET DE L'ENREGISTREMENT.

40. Usage d'un acte exempt. — V. au *Rép. gén.*, v° *Acte passé en conséquence d'un autre*, n° 205 et suiv.

55. Communes. — Acquisitions et ventes. — Actes complémentaires. — Procès-verbaux de mensuration et de livraison. — Plan non daté ni signé. — Les procès-verbaux de mensuration et de livraison de terrains vendus à la mesure par une commune à un particulier sont des actes administratifs, quand ils sont dressés par des fonctionnaires de la voirie municipale. L'Administration a décidé, par une Solution du 20 oct. 1893 (8379 R. P.), qu'ils ne sont pas assujettis à l'enregistrement, mais qu'ils sont soumis au timbre comme formant des actes de complément de la vente.

Lorsque ces deux procès-verbaux sont clôturés à des dates distinctes, ils constituent des écrits séparés qui ne peuvent, sans contravention, être rédigés l'un à la suite de l'autre sur une même feuille de papier timbré (Même solution).

30. Fondation de lits dans un hospice stipulée accessoirement à un contrat à titre onéreux. Acceptation par une délibération de la commission administrative. Libéralité. Enregistrement obligatoire. — Lorsque, dans un contrat à titre onéreux passé entre une ville et un particulier, ce dernier a stipulé accessoirement la donation d'une somme destinée à la fondation de lits dans l'hospice communal, la délibération ultérieure par laquelle la commission administrative de cet hospice déclare accepter la donation et s'engage à en exécuter les charges, constitue un acte translatif de propriété de biens meubles soumis obligatoirement à l'enregistrement dans le délai de 20 jours en vertu de l'art. 78 L. 15 mai 1818 et présentant les caractères juridiques d'une acceptation de libéralité passible du droit de 5 p. 100 (Louviers, 11 déc. 1902, 10397 R. P.).

Le plan non daté ni signé auquel se réfèrent les procès-verbaux de mensuration et de livraison n'est pas susceptible d'être enregistré, mais il est passible du droit de timbre comme faisant corps avec ces actes. (Même Solution.)

Cette Solution ne nous paraît pas exacte en ce qui concerne l'exemption du droit d'enregistrement sur les procès-verbaux de mensuration et de livraison, du moins lorsqu'ils sont revêtus de l'acceptation de l'adjudicataire. Elle est, d'ailleurs, en opposition formelle avec la doctrine suivie par l'Administration elle-même en matière d'actes de complément passés dans la forme administrative. Nous nous référons à cet égard aux observations présentées *suprà* n° 27 *bis*.

66. Contributions directes. — V. au *Rép. gén.*, v° *Contributions directes*, n°s 16 et 22-2.

67. Écoles et collèges communaux. — Traité avec un Directeur. — V. au *Rép. gén.*, v° *Marché*, n° 238.

68. Fabrique d'église. — Constitution de rente viagère. — Fondation de services religieux. — L'acte par lequel une fabrique s'engage, moyennant le versement d'un capital, à servir une rente viagère à un particulier, contient uniquement une obligation de somme, et, comme tel, est exempt d'enregistrement. Mais si le même acte renferme, en outre, une fondation de services religieux, cette dernière disposition donne ouverture au droit de 1 %, qui n'est, d'ailleurs, exigible, qu'après approbation de l'acte par l'autorité compétente (Sol. 11 juin 1902, 3095, § 2, I. G., 10449 R. P.).

69 *bis*. Fonds de concours. — Les actes par lesquels des communes ou des particuliers s'engagent à contribuer à des entreprises ou à des opérations d'utilité publique ou privée s'analysent généralement en simples obligations de sommes ou promesses de payer.

Ont été, en conséquence, reconnues exemptes du timbre et de l'enregistrement, par application de l'art. 80 L. 1818, quand elles sont passées dans la forme administrative :

1° La convention par laquelle une ville s'engage à avancer à l'État, à titre de fonds de concours, les sommes nécessaires pour l'exécution des travaux d'installation d'un réseau téléphonique sur son territoire et doit être remboursée de ses avances par la délégation du droit d'encaisser à son profit, jusqu'à concurrence du montant des fonds avancés, les sommes dues par les abonnés (2842, § 11, I. G.);

2° La convention par laquelle, d'une part, un hospice s'engage vis-à-vis d'une ville à exécuter lui-même sur des terrains qui lui appartiennent des travaux dont il doit rester propriétaire, et d'autre part, la ville s'oblige à reconstituer dans un délai déterminé les capitaux employés par l'hospice pour faire face à la dépense (Sol. 19 avril 1898, 9200 R. P.).

70. Hospice. — Service intérieur. — Traité avec une congrégation religieuse. — V. au *Rép. gén.*, V° *Marché*, n° 242.

71. Indemnité. — Administration des Postes. — Sont exempts de timbre et d'enregistrement, par application de l'art. 80, L. 15 mai 1818, les actes passés dans la forme administrative, aux termes desquels l'Administration des Postes s'oblige à payer une somme déterminée à un particulier pour réparer les dommages causés à ce dernier par suite d'un accident engageant sa responsabilité. (Sol. 17 oct. 1898, 9425 R. P.)

Théâtre municipal. — V. *Rép. gén.*, v° *Marché*, n° 246.

76 *bis*. Notifications. — Il règne une certaine confusion dans les règles de perception tracées par l'Administration en matière de notifications faites par la voie administrative.

Ainsi, d'après les Instructions, sont exemptes de timbre et d'enregistrement :

1° Les significations, faites par la voie administrative, des mémoires et plans dressés par les agents du génie militaire en exécution du décret du 10 août 1853, sur le classement des places de guerre et sur les servitudes imposées à la propriété autour des fortifications (1994, p. 9, 3e al., I. G.);

2° Les notifications de procès-verbaux et les citations qui doivent avoir lieu par la voie administrative, en exécution de la loi du 30 mai 1851, sur la police du roulage (1906, p. 347, I. G.).

Au contraire, l'Administration prescrit d'enregistrer, dans le délai de quatre jours, comme *actes extrajudiciaires*, les notifications des arrêts des préfets en matière de délimitation des bois de l'État et des communes (1265, § 1, — 1294, § 5, — 1478, § 1, — 1960, § 6, I. G.).

Dans le même ordre d'idées, il a été reconnu que les procès-verbaux de bornage d'immeubles affectés au service de la marine doivent être timbrés, ce qui implique nécessairement que les notifications de ces actes ne seraient pas régies par l'art. 80 L. 1818 (D. M. F. 26 avril 1889, *Rép. gén.*, v° *Actes administratifs*, n° 48-2).

Cette dernière décision est motivée, ainsi que les instructions relatives aux bornages forestiers, sur ce que le bornage devant être fait à frais communs (646 C. civ.), les riverains sont tenus de supporter la moitié des frais, et notamment la moitié des droits de timbre. Aussi contient-elle cette restriction : « Il n'en saurait être autrement que si, en raison des circonstances particulières dans lesquelles le bornage intervient, l'État ne peut invoquer la disposition de l'art. 646 C. civ. et doit seul supporter tous les frais concernant la délimitation. Les droits de timbre devant avoir le même sort que les autres frais exposés, le Trésor n'a, dans cette hypothèse, aucun intérêt à ce que le procès-verbal soit présenté à la formalité. »

Il a été décidé, en conséquence, que les procès-verbaux dressés par les maires, les commissaires de police ou les gardes champêtres, en vue de constater la notification aux intéressés d'un décret fixant les limites de la mer, sont affranchis des formalités du timbre et de l'enregistrement, et que les récépissés de ces notifications données par les propriétaires riverains ne sont pas passibles du droit de timbre spécial à 0 fr. 10 (Sol. 23 janv. 1893, 8173 R. P.).

D'une part, la délimitation ayant pour but principal de déterminer les espaces nécessaires au libre écoulement des eaux et à l'exercice de la navigation, est une opération d'intérêt public.

D'autre part, les frais en incombent exclusivement, soit au budget de la marine, soit au budget des départements ministériels dont relèvent les membres des commissions (Circ. 1884, art. 16 et 17). C'est donc le Trésor qui les supporte.

Mais, comme nous l'avons fait remarquer dans notre *Répertoire général (loc. cit.)*, la difficulté nous paraît devoir être résolue par d'autres considérations.

Les procès-verbaux de notification ne sont pas au nombre des actes administratifs visés par l'art. 78 L. 1818, puisqu'ils ne portent ni transmission, ni marché, ni cautionnement relatif à ces deux catégories de conventions. Ils sont, dès lors, exempts du timbre et de l'enregistrement en vertu de l'art. 80 de la même loi.

Cette conclusion nous semble d'autant plus exacte que la notification des actes administratifs est, au premier chef, un acte d'administration publique. La Cour de Dijon l'a formellement reconnu par un arrêt du 30 mars 1892 : « Attendu que le maire d'une commune est investi de fonctions multiples; qu'il a le double caractère d'agent de l'État et d'agent de la commune; que, en sa qualité d'agent de l'État, organe du pouvoir central, il est chargé, au point de vue de l'intérêt général, de faire exécuter les lois, règlements et décisions de l'autorité supérieure dont il est le délégué; qu'il relève exclusivement, à raison de l'exécution de ces actes, du pouvoir central; que ces actes ne concernent aucunement l'intérêt communal, et que la commune ne saurait, en conséquence, être rendue responsable des fautes commises dans leur exécution; qu'en la cause, le maire de Tuloup a agi comme agent de l'État; qu'il a été délégué en cette qualité par le Conseil de préfecture de Saône-et-Loire pour notifier à Bailly, en la forme administrative, une ordonnance en date du 27 oct. 1888, mettant ledit Bailly en demeure de prendre communication d'une délibération du Conseil municipal de la commune de Céron et d'un rapport du service vicinal... » (D. P. 92. 2. 424).

D'après ces motifs, il faudrait abandonner les distinctions arbitraires tracées par les instructions et admettre que tous les actes de notification dans la forme administrative sont des actes d'administration publique exempts du timbre et de l'enregistrement, en vertu, soit de l'art. 80 L. 15 mai 1818, soit de l'art. 70, § 3, 90, L. 22 frim. an VII qui vise « tous les actes et procès-verbaux et jugements concernant la police générale et de sûreté, et la vindicte publique ».

84. Souscription. — V. nº 80 bis *suprà*, et *Donation*, nº 434.

88-2. Traitements et allocations. — *Au Rép. gén. in fine, ajoutez : V. Marché, nº 238, où est relatée la doctrine administrative actuellement suivie.*

90. Voirie. — Les droits de voirie, que le législateur n'a définis nulle part, ont pour objet, d'après un arrêt de la Cour de cassation du 10 février 1873 (D. P. 73. 1. 273), le prix des permissions préalables nécessaires pour opérer toutes constructions ou réparations au bord des voies publiques, pour établir des saillies en dehors de la ligne d'aplomb des édifices, ou pour occuper le sol des rues à titre permanent ou temporaire.

Ces autorisations, lorsqu'elles ont pour objet des occupations de la voie publique, sont soumises, au point de vue fiscal, au même régime que les permissions de voirie et autres locations sur le domaine public (V. *Concession*).

Il en est différemment de celles qui ne contiennent aucune attribution privative de jouissance au profit des permissionnaires. Les redevances à payer dans cette dernière hypothèse doivent être considérées comme de simples indemnités, et les contrats administratifs qui sont dressés pour les constater sont dispensés de l'enregistrement en vertu de l'art. 80 L. 1818 (3065 I. G.).

CHAPITRE VI. — DÉLAIS POUR L'ENREGISTREMENT.

93. Point de départ du délai.

2. ACTES SUJETS A APPROBATION. — Pour les actes subordonnés à l'approbation de l'autorité supérieure, le délai d'enregistrement court seulement à partir de la date de la réception de l'approbation requise, d'après l'attestation inscrite par le fonctionnaire rédacteur de l'acte en marge de la minute.

L'inexactitude de cette date ne résulte pas d'ailleurs de la circonstance que, dans une lettre adressée au directeur de l'enregistrement à une date antérieure, le fonctionnaire détenteur de la minute a relaté l'approbation donnée au contrat; car il a pu avoir connaissance de cette approbation avant qu'elle lui ait été officiellement notifiée (Dijon, 27 mars 1895, 25446 J. E.; — Beaune, 19 janvier 1900).

101. Communes.

2. ALIÉNATION DE BIENS COMMUNAUX. — Aucune loi ne subordonne l'exécution des actes de vente régulièrement passés par les communes à l'approbation préfectorale, et il en est ainsi alors même que le préfet, en autorisant la vente, se serait réservé le droit d'approbation ultérieure, cette réserve étant sans valeur légale puisque les règles de la tutelle administrative sont d'ordre public et qu'il ne peut y être dérogé, même du consentement des parties (art. 6, C. civ.), par l'autorité qui en est investie.

En conséquence, le délai de vingt jours pour l'enregistrement des actes de l'espèce régulièrement dressés après l'accomplissement des formalités légales, court à partir de la date même de l'acte d'aliénation, nonobstant toute réserve d'approbation ultérieure insérée dans l'arrêté préfectoral d'autorisation (D. M. F. 8 déc. 1890 et 7 février 1891, 24448 J. E.).

4. ACQUISITION D'IMMEUBLES. — Les délibérations du conseil municipal concernant les acquisitions d'immeubles ne sont exécutoires qu'après avoir été approuvées par l'autorité supérieure quand la dépense totalisée avec les dépenses de même nature pendant l'exercice courant dépasse les limites de ressources ordinaires et extraordinaires que les communes peuvent se créer sans autorisation spéciale; mais cette approbation rend la convention définitive. Lorsqu'en conséquence le conseil municipal a autorisé le maire à offrir à un particulier une certaine

93. Points de départ du délai. Dons. — Les donations faites aux personnes morales et qui ne sont soumises à autorisation que dans le cas de réclamation des familles doivent, lorsqu'elles sont acceptées, être enregistrées au droit proportionnel dans le délai ordinaire prévu par la loi pour l'enregistrement des actes et mutations. — Pour les donations soumises à autorisation, le droit proportionnel devient exigible soit immédiatement après cette autorisation, si la donation a fait l'objet d'une acceptation provisoire, soit, dans le cas contraire, après l'acceptation qui est nécessaire pour parfaire le contrat (Instr. [illegible]; [illegible] R. P.).

101.10. Dons. — V. *Supra*, n° [illegible].

102 et 103. Dons. — V. *Supra*, n° [illegible].

103-1. Acte passé sans autorisation et exécuté avant d'avoir été approuvé. — Les polices d'abonnement aux eaux et à l'éclairage passées entre une commune et un particulier, en vertu de délibérations réglementaires du conseil municipal qui n'ont pas été soumises à l'approbation préfectorale, ne présentent pas le caractère d'actes administratifs et constituent de simples actes s. s. p.; elles doivent, en conséquence, être rédigées sur papier timbré de dimension, mais elles ne sont obligatoirement assujetties à l'enregistrement qu'en cas d'usage en justice ou par acte public (Château-Chinon, 21 novembre 1903, 10726 R. P.).

135. Enregistrement requis et effectué à un bureau incompétent. Droit en sus. — Quand l'adjudicataire a fait enregistrer, dans le délai légal, un marché administratif à un bureau incompétent, il ne saurait être passible de la pénalité du droit en sus, attendu qu'il ne peut être rendu responsable des fautes commises, — l'une, par le fonctionnaire administratif qui aurait dû lui-même présenter l'acte au bureau compétent pour donner la formalité et ne pas se décharger de ce soin sur la partie, — l'autre par le receveur qui n'aurait pas dû enregistrer un acte pour lequel il était incompétent (Lons-le-Saulnier, 21 décembre 1895, [illegible] R. P.).

somme pour l'acquisition d'un immeuble, que l'offre a été acceptée, que le particulier a souscrit une promesse de vente à laquelle le conseil municipal a adhéré ou autorisant le maire à passer l'acte de vente aussitôt après l'approbation du préfet, et que cette dernière délibération a été approuvée, le contrat est parfait, et le vendeur est en droit d'exiger du maire la passation de l'acte de vente (Cass. civ., 11 avril 1902, 10359 R. P.).

10. Dons et legs. — La loi du 5 avril 1884 avait établi les distinctions suivantes : si les libéralités étaient faites sans charges ni conditions, le conseil municipal les acceptait définitivement (art. 68-8°); s'il y avait des charges ou des conditions, l'autorisation d'accepter était donnée par le préfet en conseil de préfecture (art. 111); s'il y avait réclamation des prétendants droit à la succession, l'autorisation était donnée par un décret en Conseil d'État.

Cette distinction entre les dons et legs purs et simples et les libéralités faites avec charges ou conditions a été supprimée par la loi du 4 février 1901 (10.001 R. P.); les uns comme les autres peuvent être acceptés maintenant par le conseil municipal sans autorisation (art. 3).

Mais s'il y a des réclamations des familles, l'autorisation de les accepter continue à ne pouvoir être accordée que par un décret en Conseil d'État (art. 7).

102 et 103. — Établissements publics.

Dons et legs. — Jusqu'ici les établissements publics ne pouvaient, dans tous les cas, accepter ou refuser les libéralités consenties en leur faveur qu'en vertu d'un décret ou d'un arrêté du préfet ou du sous-préfet.

D'après l'art. 4 de la loi du 4 février 1901, et abstraction faite de l'hypothèse où il y a réclamation (art. 7), « les établissements publics acceptent et refusent, sans autorisation de l'administration supérieure, les dons et legs qui leur sont faits sans charges, conditions, ni affectation immobilière.

« Lorsque ces dons ou legs sont grevés de charges, conditions ou d'affectation immobilière, l'acceptation ou le refus est autorisé par arrêté du préfet, si l'établissement bénéficiaire a le caractère communal ou départemental, et par décret en conseil d'État, s'il a le caractère national.

« Toutefois, les conseils municipaux continueront à donner leur avis sur les dons et legs faits aux hospices et bureaux de bienfaisance qui auront le caractère communal, et, en cas de désaccord entre la commune et l'hospice ou bureau de bienfaisance sur l'acceptation ou le refus des libéralités, le préfet statuera définitivement par arrêté motivé ».

L'avis du conseil municipal est nécessaire aussi pour les libéralités faites aux bureaux d'assistance, qui, aux termes de l'art. 11, dernier paragraphe, de la loi du 15 juillet 1893, sont soumis aux règles régissant l'administration des hospices. Mais il est inutile en ce qui concerne les autres établissements publics communaux, les caisses des écoles par exemple (C. d'État, 17 mai 1900), et à plus forte raison les établissements publics départementaux ayant une personnalité distincte de celle du département (Instruction Min. Int. 10 juin 1901).

104. Fabriques.

3 *bis*. Dépenses extraordinaires et emprunts. — Une fabrique d'église ne peut ni emprunter ni faire une dépense extraordinaire qu'avec l'approbation de l'autorité supérieure et notamment après avis du conseil municipal, de l'évêque et du préfet. Cette disposition, étant d'ordre public, peut être invoquée en tout état de cause et pour la première fois devant la Cour de cassation (Cass. civ. 6 juin 1893, 8186 R. P.).

3 *ter*. Fondation de services religieux. — Pour les actes passés, dans la forme administrative, entre les fabriques et les particuliers, en vue de la fondation de services religieux, le délai d'enregistrement ne commence à courir qu'à compter de la réception du décret d'approbation à la mairie (D. M. F. 9 sept. 1882 et 10 oct. 1890, 7514 et 7974-36 R. P.).

6. Dons et legs. — L'article 6 de la loi du 4 fév. 1901 a maintenu les dispositions en vigueur sur l'autorisation des dons et legs faits aux fabriques.

Mais l'art. 8 de la même loi permet aux fabriques, comme d'ailleurs à tous les établissements, d'accepter provisoirement, sans autorisation préalable, ou à titre conservatoire, les dons et legs qui leur sont faits.

7. Constitution de rente viagère. — Fondation de services religieux. — V. n° 68 *suprà*.

T. VII.

CHAPITRE VII. — PAYEMENT DES DROITS.

118. Actes administratifs en projet. — Liquidation officieuse des droits. — Les receveurs peuvent faire connaître aux autorités administratives, avant l'enregistrement des actes, et *au vu des minutes*, le montant des droits exigibles; mais ils doivent s'abstenir d'indiquer le montant des droits auxquels pourraient donner ouverture des traités simplement *en projet*. Ils risqueraient, en effet, de fournir, au vu de pièces le plus souvent incomplètes, des renseignements qui seraient de nature à induire les intéressés en erreur (3080, § 2, I. G.).

123. Actes dont les droits n'ont pas été consignés. — Le montant des droits d'enregistrement d'un acte d'adjudication passé en séance publique doit être consigné entre les mains du fonctionnaire qui l'a reçu; ni le texte de la loi ni son esprit ne permettent d'assimiler à cette consignation le payement irrégulier fait à un bureau incompétent (Cass. civ. 13 nov. 1900, 10003 R. P.).

125. Marché administratif. — Solidarité des communes et des entrepreneurs. — Les communes sont tenues solidairement avec les entrepreneurs du paiement des droits et des suppléments de droits exigibles sur les marchés qu'elles passent dans la forme administrative (Corbeil, 6 avril 1887, 6806 R. P.; — Saint-Étienne, 29 déc. 1892, 8124 R. P.).

CHAPITRE VIII. — DES PÉNALITÉS.

135. Enregistrement à un bureau incompétent. — Formalité inopérante. — L'enregistrement d'un acte à un bureau incompétent équivaut à l'inaccomplissement de la formalité : par suite, lorsqu'un acte administratif a été enregistré à un bureau autre que celui de la résidence du fonctionnaire qui l'a reçu, le paiement des droits effectué à ce bureau n'est ni libératoire, ni de nature à prévenir l'application des peines édictées par la loi pour défaut d'enregistrement dans le délai légal (Cass. civ. 13 nov. 1900, 10003 R. P.).

140. Bail hors délai. — Le bail administratif hors délai, bien que passé sous forme d'écrit s. s. p. est passible seulement, en cas de retard apporté à l'enregistrement, d'un droit en sus égal au droit simple (Sol. 12 juin 1891. 2817-9 I. C., 7074-40 R. P.).

148. Don manuel. — V. *Don manuel*, n° 161.

CHAPITRE IX. — BUREAUX OU LES ACTES DOIVENT ÊTRE ENREGISTRÉS.

147. Bureau compétent. — Le seul bureau compétent pour l'enregistrement des actes administratifs est celui dans le ressort duquel se trouve le siège de l'autorité qui les a reçus (Cass. civ. 13 nov. 1900, 10003 R. P.; — D. M. F. 7 déc. 1886, 2817-4 I. C., 7074-35 R. P.).

CHAPITRE XII. — DES ACTES ADMINISTRATIFS NON RÉGIS PAR LA LOI DE 1818.

178. Actes en brevet. — Les règles spéciales édictées par les art. 78 et 80 L. 15 mai 1818, relativement aux actes administratifs dressés en minute, ne s'étendent pas aux actes de la même catégorie délivrés en brevet, et ces derniers sont soumis au régime des actes sous signature privée.

Décidé en conséquence :

1° Que les *certificats* délivrés par les préposés de la Caisse des Dépôts et Consignations et joints aux procès-verbaux d'ordre, en vue d'établir le montant des intérêts du capital consigné échus au moment de la distribution, constituent des *actes administratifs innomés* dans la loi de 1818 et qu'ils tombent, dès lors, sous l'application du droit commun en matière de timbre et d'enregistrement (Sol. 15 nov. 1890, 9781 R. P.); qu'il en est de même des *récépissés* de la Caisse des Dépôts et Consignations (Sol. 1er mai 1880), ainsi que des *états* délivrés par la même caisse au sujet des *oppositions* et des *réclamations* dont les sommes consignées se trouvent grevées (Sol. 28 avril 1899);

2° Que les *actes de consentement à mariage* reçus par les officiers de l'état civil en exécution de la loi du 20 juin 1896 devant être établis en brevet et présentant le caractère d'actes administratifs, se trouvent, à raison de cette double circonstance, assimilés à des actes sous seings privés : ils donnent, dès lors, ouverture au droit de timbre par le fait même de leur rédaction, et l'enregistrement en est obligatoire avant tout usage, spécialement avant leur production devant l'officier de l'état civil chargé de procéder à la célébration du mariage. Lorsqu'il s'agit d'indigents, la formalité doit également être accomplie, mais sans payement de droits (Sol. 10 mai 1898, 9335 R. P.).

3° Que les *mémoires d'entrepreneurs* dressés après l'exécution des travaux et fournitures, *approuvés par l'autorité compétente*, et produits à l'appui de la comptabilité communale, ne constituent pas des actes administratifs rédigés en minute et restent soumis au droit commun, tel qu'il est réglé par les art. 22 et 23 L. 22 frim. an VII (D. M. F. 14 janv. 1890, 7573 et 7074-43 R. P., 2817-12 I. G., 24 déc. 1891, 7951 R. P.; — Sol. 8 juillet 1892, 7942 R. P.).

179. Rôles. — Les rôles exécutoires dressés par les maires pour le recouvrement du prix de la vente verbale de menus produits communaux ne constituent pas des actes administratifs assujettis à l'enregistrement dans un délai déterminé (D. M. F. 22 juin 1893, 8477 R. P.).

ACTE AUTHENTIQUE.

7. Acte notarié. — Foi due. — Déclarations des parties. — Preuve contraire. — Si l'acte authentique fait pleine foi, jusqu'à inscription de faux, des constatations qu'il renferme, ce n'est que relativement aux faits qui y sont énoncés par l'officier public, comme s'étant passés en sa présence; mais la sincérité ou la vérité intrinsèque des déclarations des parties peut toujours être combattue par la preuve contraire, alors surtout que l'acte attaqué est comme frauduleux ou comme entaché d'un vice de consentement. — Cass. (req.), 25 mai 1898, 9659, R. P.

ACTES D'AVOUÉ. — V. *Avoué*.

ACTES CONTENANT PLUSIEURS DISPOSITIONS.

3. Droit fixe. — Pluralité.

1. JUGEMENTS ET ARRÊTS. L. 26 JANV. 1892. — D'après l'art. 11 L. frim., il doit être perçu un droit particulier sur chaque disposition indépendante contenue dans un même acte. L'art. 11 L. 26 janv. 1892 a apporté une dérogation à cette règle, en affranchissant de la pluralité, dans les jugements et arrêts, les dispositions indépendantes et non sujettes au droit proportionnel; de plus, il a érigé en principe qu'aucun droit fixe ne pourra jamais être perçu sur un jugement ou arrêt renfermant une ou plusieurs dispositions passibles du droit proportionnel. — V. *Jugement* n° 24 et suiv.

2. DROIT LE PLUS FORT. — Au Sénat (séance du 10 décembre 1891), un amendement avait été proposé pour stipuler qu'en cas de pluralité de droits fixes, le droit le plus élevé serait perçu. Le paragraphe additionnel proposé dans ce but a été rejeté comme inutile, puisque c'est le principe constant de l'Administration (V. Sol. 17 avril 1897, 9253 R. P.).

10. Théorie du plus fort droit. — V. *suprà*, n° 3-2.

ACTES DE L'ÉTAT CIVIL.

Sommaire. — Page 202 du *Rép. gén.*, 2e col., à la suite de la rubrique « *Expédition. Enregistrement. Reconnaissance d'enfant naturel* » au lieu de 42-2, lire 41-2.

Même page, 3e colonne, ajouter la rubrique suivante : « *Ministre des cultes*, 20-2, 34, 50 et 70 ».

153-19. Associations. Déclarations d'existence et documents à l'appui. Récépissés. Expédition. Timbre. — V. *Déclaration. Expédition et Récépissé*.

ACTE AUTHENTIQUE.

7-2. Foi due aux actes authentiques. — V. *Communauté*, n° 178, et *Succession*, n° 1530.

ACTE CONTENANT PLUSIEURS DISPOSITIONS.

1. Convention complexe. Dispositions indépendantes. — V. *Marché*, n° 88.

3. Mandat. Faillite de la Caisse des familles. — Les procurations données dans le même acte par plusieurs créanciers de la faillite de la Caisse des familles à un même mandataire ne sont passibles que d'un seul droit d'enregistrement (L. 2 juillet 1900, Instr. 2133; — 10798 R. P.).

ACTES DE L'ÉTAT CIVIL.

CHAPITRE Ier. — DISPOSITIONS GÉNÉRALES.

10. Forme. — Témoins. — Femmes. — L'art. 37 C. civ. a été modifié ainsi qu'il suit par la loi du 7 décembre 1897 :

« Les témoins produits aux actes de l'état civil devront être âgés de vingt et un ans au moins, parents ou autres sans distinction de sexe; ils seront choisis par les personnes intéressées. Toutefois, le mari et la femme ne pourront être témoins, ensemble, dans un même acte. »

CHAPITRE II. — PRINCIPES GÉNÉRAUX.

14. — Enregistrement. — V. *Divorce* et *Enfant naturel*.

2. LE DROIT N'EST DU QUE SUR LA PREMIÈRE EXPÉDITION. — Décidé que le droit fixe de 7 fr. 50 ou celui de 3 francs n'est pas dû sur l'expédition d'un acte de naissance qui est seulement émargé de la mention de la reconnaissance ou de la légitimation (Sol. 8 mai 1891, 24349 J. E.).

15. Annexe. — Consentement à mariage. — L. 20 juin 1896. — Les actes de consentement à mariage reçus par les officiers de l'état civil en exécution de la loi du 20 juin 1896 (2908 I. G.) sont soumis au même régime fiscal que les actes s. s. p. (V. *suprà*, v° *Actes administratifs*, n° 178). Leur production à l'officier de l'état civil chargé de procéder à la célébration du mariage constitue l'usage prévu par l'art. 23 L. 22 frim. an VII et rend, par conséquent, obligatoire l'enregistrement de ces actes (Sol. 16 mai 1898, 9336 R. P.).

CHAPITRE III. — REGISTRES DE L'ÉTAT CIVIL.

20. Consentements à mariage. — Registre spécial des mairies. — Est exempt du timbre comme document d'ordre et d'administration générale le registre spécial sur lequel sont mentionnés les actes de consentement à mariage reçus par les officiers de l'état civil en exécution de la Loi du 20 juin 1896, et dont la tenue est prescrite dans chaque mairie par une Circulaire de la Chancellerie du 23 juillet suivant (D. M. F. 21 janv. 1897, 8938 R. P., 2932, § 4, I. G.).

26-3. — Reconstitution de registres. — Restitution des droits de timbre. — V. au *Rép. gén.*, v° *Pétition*, n° 36, et *Restitution*, n° 9 et suiv.

CHAPITRE V. — EXPÉDITIONS, EXTRAITS OU COPIES DES ACTES DE L'ÉTAT CIVIL.

§ 1. — *Enregistrement.*

41. Actes assujettis à l'enregistrement. — V. *Divorce* et *Enfant naturel*.

§ 2. — *Timbre.*

49. Expéditions. — Demandes de débits de tabacs. — Les expéditions d'actes de l'état civil, joints à l'appui des demandes de débits de tabac par les postulants, doivent être établies sur papier timbré. Il en est ainsi, alors même que les expéditions seraient réclamées directement par le service des Contributions indirectes, attendu que l'exemption prononcée par l'art. 16 L. 13 brum. an VII, au profit des extraits, copies et expéditions qui se délivrent par une administration ou un fonctionnaire public à une autre administration publique ou à un fonctionnaire public, lorsqu'il y est fait mention de leur destination, doit être restreinte aux expéditions qui sont délivrées dans un *intérêt général et administratif* et qu'elle cesse d'être applicable si les expéditions sont demandées par une administration à un fonctionnaire public dans un intérêt particulier et individuel (Sol. 25 avril 1893, 8133 R. P.).

50. Indigents.

1. CERTIFICATS ET EXTRAITS DE PUBLICATIONS. — L'art. 4 L. 10 déc. 1850, relative au mariage des indigents, modifié par la L. 20 juin 1896 (2908 I. G.), dispose que « les actes de publication » seront visés pour timbre gratis. Cette disposition s'applique aux *certificats de publications* et de *non opposition* délivrés aux indigents qui se marient dans une commune autre que celle où le projet de mariage a été publié (D. M. F. 10 juin 1899, 3038, § 3, I. G.).

La formalité du visa ne peut, d'ailleurs, être donnée que sur la production au receveur des pièces justificatives de l'indigence des intéressés (L. 10 déc. 1850, art. 8).

Quant aux *extraits* des actes de publication affichés à la porte de la mairie, par application de l'art. 64 C. civ., et relatifs au mariage sur place d'indigents, ils sont dispensés du droit et de la formalité du timbre en vertu de l'art. 4, dernier alinéa, L. 10 déc. 1850, qui dispose que l'obligation du visa pour timbre n'est pas applicable aux publications civiles (D. M. F. 21 sept. 1899, 9905 R. P., 3038, § 3, I. G.).

5. ÉTRANGER. — Le bénéfice de la loi du 10 déc. 1850 est applicable au mariage entre Français et étrangers (art. 9).

Suivant l'art. 7 de la même loi, les actes et expéditions nécessaires au mariage des indigents ne peuvent être visés pour timbre et enregistrés gratis qu'à la condition de mentionner leur destination. En subordonnant la gratuité à cette dernière condition, l'art. 7 L. 18 déc. 1850 n'a pu avoir en vue que les actes délivrés en France; mais il a omis de s'expliquer sur les actes venant de l'étranger. L'Administration a admis, par une Solution du 19 mai 1893 (8132 R. P.), que les parties satisfont, dans la mesure du possible, au vœu de la loi, en justifiant de leur indigence au moyen d'un certificat délivré par le Maire de leur résidence en France.

D'après l'économie générale de la loi, les époux devraient justifier de leur indigence avant la célébration du mariage; mais la législation ne les ayant frappés d'aucune déchéance lorsqu'ils ont omis de le faire, l'Administration estime que rien ne lui interdit d'admettre des justifications ultérieures (même Solution).

6. DROITS PERÇUS AU COMPTANT. — RESTITUTION PROHIBÉE. — Lorsque les droits de timbre et d'enregistrement ont été perçus au comptant, sur les pièces concernant les mariages d'indigents, la loi du 10 décembre 1850 ne permet pas d'en effectuer ultérieurement la restitution sur la production d'un certificat d'indigence (D. M. F. 11 janv. 1899, 9782 R. P.).

57. Mariage à l'étranger. — V. au *Rép. gén.*, v° *Indigent*, n° 14.

67. Divorce. — Jugement rendu à l'étranger. — Transcription. — Acte de mariage. — Délivrance d'expédition. — Lorsque l'acte de l'état civil constatant la célébration d'un mariage a été émargé de la transcription d'un jugement de divorce rendu à l'étranger et non enregistré en France, la première expédition de l'acte de mariage ainsi émargé qui est délivrée par l'officier de l'état civil est passible : 1° d'une somme arbitrée d'office pour tenir lieu des droits exigibles sur le jugement de divorce rendu à l'étranger, si ce jugement n'est pas représenté; 2° du droit fixe de 150 francs (Sol. 10 août 1893, 8200 R. P.).

69. Militaires et marins.

Expéditions délivrées par les maires à l'autorité militaire. — Exemption de timbre. — Sont exemptes du timbre les expéditions des actes de divorce qui sont délivrées directement par les officiers de l'état civil à l'autorité militaire pour régulariser ou compléter les états de service des officiers divorcés, à la condition que la destination de ces pièces y soit expressément mentionnée (D. M. F. 11 fév. 1893, 8101 et 8194-31 R. P., 2842, § 13, I. G.).

Cette décision, qui, sous le régime antérieur à la loi du 25 fév. 1901 (3050 I. G.), s'étendait également au droit d'enregistrement, doit être appliquée limitativement; elle est motivée, en effet, sur une disposition exceptionnelle de la loi fiscale qui exempte de l'impôt les expéditions délivrées par une administration ou un fonctionnaire à une autre administration ou à un fonctionnaire public. La situation serait toute différente si, au lieu d'être destinée à l'autorité militaire, l'expédition de l'acte de divorce était remise à l'officier divorcé personnellement : dans cette hypothèse, le droit de timbre serait exigible, sans aucun doute, à défaut de texte législatif prononçant l'exemption.

Caisse de prévoyance des marins. — Les actes de l'état civil relatifs à l'exécution de la loi du 21 avril 1898 sur la Caisse de prévoyance des marins sont, aux termes de l'art. 27 de cette loi, dispensés des droits de timbre et d'enregistrement, mais non de la formalité de l'enregistrement qui doit être donnée gratuitement lorsqu'elle est nécessaire (2947 I. G., 9294 R. P.).

CHAPITRE VI. — ACTES DIVERS SE RAPPORTANT AUX ACTES DE L'ÉTAT CIVIL. ENREGISTREMENT ET TIMBRE.

77 *bis*. Certificat de domicile. — Ne tombe pas sous l'application des art. 23 et 47 L. frim. et ne rend pas exigible le droit fixe de 3 francs la production d'un certificat de domicile, délivré par un concierge, faite à un officier de l'état civil en vue des publications à effectuer conformément aux art. 74 et 76 C. civ. : un tel certificat, en effet, est exigé dans un intérêt purement administratif, c'est-à-dire dans le but de dispenser le maire de se renseigner directement sur le domicile de la partie qui demande à contracter mariage et la production qui en est faite tient lieu de formalités auxquelles doivent demeurer étrangers les futurs époux qu'aucune disposition légale n'oblige à fournir des justifications de cette nature (Sol. 17 juin 1899, 25956 J. E.).

80 *bis*. Consentement à mariage. — Loi du 20 juin 1896. — Les actes de consentement à mariage reçus par les officiers de l'état civil en exécution de la loi du 20 juin 1896 devant être établis en brevet et présentant le caractère d'actes administratifs, se trouvent, à raison de cette double circonstance, assimilés à des actes sous seings privés; ils donnent, dès lors, ouverture au droit de timbre par le fait même de leur rédaction, et l'enregistrement en est obligatoire avant tout usage, spécialement avant leur production devant l'officier de l'état civil chargé de procéder à la célébration du mariage. Ils peuvent d'ailleurs être présentés à la formalité à tous les bureaux compétents pour recevoir les actes s. s. p. (art. 26, § 4, L. frim.).

Lorsqu'il s'agit d'indigents, la formalité doit également être accomplie, mais sans payement de droits (Sol. 16 mai 1896, 9336 R. P.).

CHAPITRE VIII. RECTIFICATION ET REMPLACEMENT D'ACTES OU REGISTRES DE L'ÉTAT CIVIL.

99 et 102. Rectification. — Jugement. — Enregistrement gratis. — La formalité du timbre et de l'enregistrement doit être donnée gratis, et non en débet : 1° Aux jugements ordonnant des rectifications à des actes de l'état civil, lorsque l'indigence des parties est mentionnée dans des requêtes du ministère public; — 2° A ceux qui prescrivent des rectifications portant sur le sexe des enfants et présentant, à ce titre, le caractère de rectifications d'ordre public (Sol. 16 juil. 1900, 10026 R. P.).

104. Pluralité. — V. au *Rép. gén.*, v° *Jugement*, n° 1072.

ACTES DE NOTORIÉTÉ.

19. Caisse de prévoyance des marins. — Les actes de notoriété délivrés pour l'exécution de la L. 21 avr. 1898, relative à la caisse de prévoyance des marins, sont dispensés des droits de timbre et d'enregistrement (art. 27 de la Loi, 9294 R. P.).

22-4. Caisse des Invalides de la marine. — Sont exempts de la formalité de l'enregistrement, les certificats de propriété et les actes de notoriété produits aux agents de la Caisse des Invalides de la Marine par des héritiers, à l'effet d'obtenir le payement du prorata de traitement dû à leur auteur (D. M. F. 12 avril 1893, 8230 R. P.).

23. Sociétés de secours mutuels. — Les actes de notoriété dressés pour les sociétés de secours mutuels sont exempts des droits de timbre et d'enregistrement (L. 1er avr. 1898, 9295 R. P.).

28 *bis*. Accidents de travail. — Les actes de notoriété dressés en exécution de la L. 9 avr. 1898 sur les accidents

61. Accidents du travail. Extraits d'actes de l'état civil. — L'exemption du droit de timbre prononcée par l'art. 29 L. 9 avril 1898 sur les accidents du travail, en faveur des actes et écrits faits en vertu et pour l'exécution de cette loi, s'applique aux extraits d'actes de l'état civil délivrés à une Compagnie d'assurances et concernant le bénéficiaire d'une rente à servir par la Caisse des retraites pour la vieillesse (D. m. f. 17 novembre 1902, instr. 3115-1; — 10071 R. P.).

ACTES DE NOTORIÉTÉ.

ACTE DE PRODUCTION OU DE PRODUIT.

ACTE ÉCRIT A LA SUITE D'UN AUTRE.

du travail, sont visés pour timbre et enregistrés gratis (art. 29 de la loi : 9293 R. P.).

ACTE DE PRODUCTION OU DE PRODUIT.

9. Exemption des droits de timbre et d'enregistrement. — L. 26 janv. 1892. — Aux termes des art. 96, 97 et 102 du Code de procédure, les actes de produit, dans les affaires instruites par écrit, doivent être signifiés à avoué. Ils ont donc le caractère d'actes d'avoué à avoué et bénéficient, en conséquence, de l'exemption des droits de timbre et d'enregistrement en vertu de l'art. 5 L. 26 janv. 1892.

11. Tarif. — L. 26 janv. 1892. — L'art. 754 C. Proc., au titre de l'ordre judiciaire, porte que dans les quarante-cinq jours de la sommation faite aux créanciers inscrits de produire leurs titres pour parvenir à l'ordre judiciaire, tout créancier est tenu de produire ses titres avec acte de produit signé de son avoué et contenant demande en collocation. L'art. 660 contient une disposition analogue en matière de contribution judiciaire.

Ces actes de produit comportaient le droit fixe d'enregistrement de 1 fr. 50, auquel sont soumis les actes judiciaires non spécialement tarifés (620 I. G.). L'art. 9 L. 26 janvier 1892 a réduit le droit à 0 fr. 50. — V. *Ordre*, nº 100.

13. Mention de remise des titres. — V. au *Rép. gén.*, vº *Ordre*, nº 150.

17. Pluralité. — L'art. 11 de la loi du 22 frim. an VII est applicable aux actes de produit. Il est donc dû un droit par chaque produisant excepté pour les copropriétaires et cohéritiers, les parents réunis, les cointéressés, les débiteurs ou créanciers associés ou solidaires (L. 22 frimaire an VII, art. 68, § I, nº 30).

La même règle doit être suivie sous l'empire de la loi du 26 janv. 1892. L'art. 11 de cette loi n'affranchit, en effet, de la pluralité des droits que les jugements et arrêts, mais non les actes judiciaires auxquels ce caractère n'appartient pas. — V. *Jugement*, nº 28.

17 *bis*. Droit de greffe. — Les droits de greffe ayant été supprimés par l'art. 4, L. 26 janv. 1892, aucun droit de cette nature ne peut plus être réclamé aujourd'hui pour les actes de produit.

21. Instruction par écrit. — L. 26 janv. 1892. — V. *suprà*, nº 9.

ACTE ÉCRIT A LA SUITE D'UN AUTRE.

8-2. Timbre augmenté. — Codicille. — V. *infrà*, nº 239.

15-4. Testament et codicilles. — Les codicilles uniquement révocatoires peuvent être écrits, sans contravention, à la suite des testaments et sur la même feuille de papier timbré (Sol. 23 nov. 1886, 7670 R. P., 23772 J. E.).

Il en est de même des codicilles simplement confirmatifs du testament qui les précède, lesquels constituent des ratifications pures et simples et rentrent, à ce titre, dans l'exception admise par l'art. 23 L. 13 brum. (Sol. 13 février 1888, *loc. cit.*).

Mais les codicilles doivent être rédigés sur des feuilles de papier timbré distinctes, s'ils ne se bornent pas à révoquer ou confirmer le testament, mais contiennent, en outre, de nouvelles dispositions de dernière volonté (mêmes Sol.). Il est indifférent, pour l'exigibilité du droit et de l'amende de timbre, qu'ils ne soient pas datés (Sol. 25 oct. 1893, 8300 R. P., 24371 J. E.).

61-2. Inventaire. — Clôture. — Procès-verbal de protestation. — Lorsqu'un inventaire a été clos, un procès-verbal, destiné à constater les protestations de l'un des intéressés contre certaines énonciations qu'il renferme, ne peut, sans contravention, être rédigé à la suite ; on ne saurait, dans ce cas, prétendre qu'il fait partie intégrante de l'inventaire (Chambéry, 10 août 1895, 24783 J. E.).

75. Jugement de paix. — Expédition affranchie du timbre. — Exploit écrit à la suite. — L'exploit doit être timbré (V. *Taxe des frais de justice*).

96-1. Testaments et codicilles. — Révocation ou confirmation. — V. *suprà*, nº 15-4.

109. Ordre. — Expert. — Prestation de serment à la suite de l'ordonnance. — Rapport d'expertise. — Acte de dépôt à la suite du procès-verbal d'ordre. Un greffier ne commet pas de contravention en rédigeant à la suite de l'ordonnance du juge commissaire à un ordre qui nomme un expert à l'effet de procéder à la ventilation de plusieurs immeubles vendus collectivement, le procès-verbal de prestation de serment de cet expert.

Mais il est passible d'une amende de 20 fr. s'il inscrit sur le cahier de l'ordre l'acte de dépôt du rapport d'expertise au lieu de le rédiger sur le registre spécial des dépôts du greffe. Cet acte constituant un acte public, l'expert qui l'a signé n'encourt personnellement aucune pénalité (Sol. 9 déc. 1896, 4278 Rev. prat.).

115-3. Greffe. — Serment. — Acte de prestation. — Timbre. — Les greffiers ne peuvent, sans contravention à la loi sur le timbre, rédiger à la suite les uns des autres, sur un registre spécial timbré, les procès-verbaux des prestations de serment reçues en dehors de l'audience (Sol. 18 sept. 1896, 4277 Rev. prat. ; — 22 juill. 1898, 9443 R. P., 4483 Rev. prat., 25524 J. E.).

Mais ils n'encourent aucune amende fiscale, en inscrivant sur le même registre les procès-verbaux des serments reçus à l'audience (Sol. préc. 22 juill. 1898).

118-4. Taxe. — États de frais. — Notaires. — Avoués. — Greffiers de paix. — L'avis donné par le Président de la Chambre des notaires, en exécution de l'art. 51 L. 25 ventôse an XI, sur le montant des frais et honoraires à allouer à un notaire peut être écrit, sans contravention, à la suite de l'état de frais et sur la même feuille de papier timbré, comme présentant le caractère d'un acte de complément (Sol. 20 déc. 1894, 24667 J. E., 3024 Rev. prat.).

Mais un avoué ne peut rédiger à la suite l'un de l'autre sur la même feuille de papier timbré deux états de frais signés séparément et s'appliquant à des créances distinctes (Sol. 7 août 1891, 3283 Rev. prat.).

L'état des frais dû à un greffier de justice de paix, qui, d'après l'art. 1er Ord. 17 juillet 1825, doivent être inscrits au pied des expéditions qu'ils délivrent, peut, sans contravention, être rédigé à la suite des expéditions affranchies du timbre (Sol. 12 avril 1901).

132. Acte rédigé à la suite d'un billet. — V. *infrà* n° 239-2.

188-1. Contributions directes. — Procuration et pétition. — Les mandats, même en forme de lettres, donnés à un défenseur officieux à l'effet de présenter des réclamations en matière de contributions directes, sont passibles de l'impôt du timbre. Par suite, les pétitions ou réclamations rédigées par le mandataire ne peuvent être écrites sans contravention à la suite et sur la même feuille de papier timbré que ces mandats, si elles se réfèrent à une cote supérieure à 30 fr. (Bourg, 9 juin 1898, 9470 R. P.).

207-2. Déclaration de succession. — État de mobilier et pouvoir. — La procuration peut être donnée dans le même contexte que l'état de mobilier. Il n'y aurait pas contravention, si elle était inscrite en marge de l'état au moyen d'un renvoi non daté (Sol. 29 sept. 1892).

216. Vente volontaire. — Procès-verbal de tentative d'adjudication. — Cahier des charges modificatif. — On ne peut, à la suite et sur une même feuille que le procès-verbal de tentative d'adjudication ne portant pas de mention de renvoi, rédiger un cahier des charges modificatif (Sol. 6 mars 1888).

Mais il n'y a pas contravention à écrire dans un même contexte, à la suite d'un cahier des charges régulièrement signé, un procès-verbal de tentative d'adjudication et une vente volontaire (Sol. 1er août 1888).

218. Notaire. — Expédition d'acte de Société. — Mentions marginales constatant l'accomplissement des formalités de publication. — Les certificats privés délivrés par les notaires ne peuvent être inscrits à la suite des expéditions d'actes déposés dans leurs études. D'autre part, les extraits ou expéditions partielles que délivrent ces officiers publics ne sauraient être transcrits à la suite d'une première expédition que si les deux actes ont été, sans contravention, rédigés sur la même feuille, ou si l'un d'eux est annexé à la minute de l'autre et en forme ainsi le complément nécessaire. Spécialement, il y a contravention à mentionner, en marge de l'extrait d'un acte de société, le dépôt, fait en l'étude d'un notaire, des pièces constatant la publication de cet acte (Sol. 28 mars 1899, 9923 R. P., 25670 J. E.).

Cette décision paraît contestable. Il est vrai que, rigoureusement interprété, l'art. 23 L. 13 brum. devrait être entendu en ce sens que deux actes, qui ne peuvent régulièrement être écrits l'un à la suite de l'autre, ne sauraient sans contravention, être expédiés sur la même feuille de papier. Cependant la Régie n'a jamais cru devoir l'appliquer d'une manière aussi restrictive. Elle a toujours admis qu'il est conforme à l'esprit de la loi d'autoriser l'expédition, sur la même feuille, de tous les actes nécessaires à l'intelligence l'un de l'autre et formant, par leur ensemble, la justification complète d'un seul fait (D. m. f. 11 oct. 1808, Inst. n° 403. — *Rép. gén.*, v° *Acte à la suite*, n° 218). Sans doute la plupart des décisions rendues en ce sens sont intervenues dans des cas où il s'agissait d'actes annexés ; la raison en est que, en général, les actes relatifs à un même fait sont annexés l'un à l'autre. Mais il n'en est pas moins vrai que ce n'est pas le fait de l'annexe qui justifie l'exception. Pour que des actes puissent être expédiés sur la même feuille, il faut et il suffit, comme le porte la Solution du 19 sept. 1864 (*Rép. pér.* n° 1971-7), qu'ils aient entre eux une relation tellement intime que la validité de l'un soit indispensable à la validité de l'autre. Dans cet ordre d'idées, des Solutions des 29 juin et 9 déc. 1864 et 8 janvier 1866 ont reconnu qu'il est permis d'expédier sur la même feuille de timbre le transport d'une créance et l'acte d'acceptation du débiteur cédé, sans spécifier qu'il était nécessaire que ces actes fussent annexés l'un à l'autre (*Rép. gén., eod. verbo*, n° 236).

Les pièces constatant l'accomplissement des formalités de publication d'un acte constitutif de société font certainement corps avec cet acte ; elles en forment le complément indispensable ; elles sont nécessaires à sa validité. Lorsqu'elles sont déposées dans l'étude du notaire qui a reçu l'acte, cet officier public est incontestablement fondé, à notre avis, par application de la règle tracée par l'Administration elle-même, à délivrer, sur la même feuille de papier, les extraits de ces pièces ou les mentions qui en tiennent lieu et l'expédition de l'acte.

226-2. Formalités hypothécaires. — Mainlevée. — Certificat ou extrait relatif au régime matrimonial. — Un notaire ne peut, sans contravention, inscrire, à la suite de l'expédition d'un acte de mainlevée à remettre au bureau des hypothèques, un certificat constatant que les contractants sont mariés sans contrat ou une déclaration analysant les principales dispositions de leur contrat de mariage déposé en son étude : Le certificat est passible d'un droit de timbre calculé d'après la dimension du papier employé ; quant à la déclaration, elle constitue une véritable expédition assujettie au droit minimum de 1.80 (Sol. 5 avril 1897, 25433 J. E.).

238. Contravention. — Avoué. — Amende. — L'avoué, qui rédige sur la même feuille de papier timbré deux états de frais distincts, encourt une amende de 20 francs (Sol. 7 août 1891, 3283 Rev. prat.).

239. Acte écrit en contravention sur la même feuille de papier timbré. — Quotité de l'amende. — Timbre augmenté. — L'acte sous seings privés, écrit en contravention à la suite d'un autre rédigé sur papier timbré (spécialement, un codicille écrit irrégulièrement à la suite d'un testament timbré) est passible d'une amende de 5 francs, outre le droit de timbre, l'art. 22 L. 2 juillet 1862 ne s'appliquant qu'aux actes faits sur papier non timbré (Sol. 23 nov. 1886, et 13 fév. 1888, 7070 R. P., 23772 J. E. ; Sol. 25 oct. 1893, 8300 R. P. 24371 J. E.).

216 bis. Quittance du prix rédigée à la suite de l'acte de vente et sur la même feuille de papier non timbré. L. 22 avril 1905. Exemption non applicable. — L'art. 6 L. 22 avril 1905 ayant affranchi de tout droit de timbre les minutes, originaux et procès-verbaux de vente, la disposition de l'art. 23 L. 13 brum. an VII, qui permettait de rédiger la quittance du prix d'une vente à la suite de la vente et sur la même feuille de papier timbré, est devenue inapplicable, puisqu'il n'existe plus de feuille de papier timbré sur laquelle la quittance puisse être inscrite. — Dès lors, un notaire qui rédige sur papier libre, à la suite d'un procès-verbal d'adjudication, la quittance du prix, encourt une amende de 20 fr. en principal (L. 16 juin 1824, art. 10) et devient débiteur des droits de timbre. — Belley, 10 juillet 1905, 11570 R. P.).

218. Expéditions d'actes devant être obligatoirement annexés à la minute d'actes exempts de timbre. Procurations. Jugements de publication de cahier des charges. Élections de command. Actes de surenchère. Jugements sur incidents. Quittances des frais de poursuite. — Les expéditions de ces différents actes peuvent être établies sur papier non timbré, comme faisant partie intégrante du procès-verbal d'adjudication (L. 22 avril 1905, 11238 R. P.).

221-2. Plans. Copies ou expéditions. — Les expéditions ou copies des plans annexés aux contrats de vente, licitation ou échange d'immeubles, peuvent être expédiées à la suite de ces contrats, sur la même feuille de papier non timbré sans qu'il y ait à rechercher si les originaux de ces plans, formant ou non un titre complet, étaient ou non assujettis au timbre (L. 22 avril 1905, 11158 R. P.).

230. Procuration. — Pièces annexées. — V. *Suprà*, n° 21.

ACTE OU BREVET.

ACTE IMPARFAIT.

ACTE JUDICIAIRE.

14. Livres de commerce. Procès-verbaux de cote et paraphe. — V. *Cote et paraphe*, n° 3.

23-1. Jugement non enregistré. Droit en sus. Calcul. — Le droit en sus, exigible pour défaut d'enregistrement d'un jugement dans le délai légal, doit être calculé sur la totalité des droits d'acte auxquels le dispositif du jugement donne directement ouverture, et non pas seulement sur le droit proportionnel de condamnation (Senlis, 28 juin 1905, 11033 R. P.).

25. Obligation des parties. Droit en sus. — Il importe peu, du reste, que des offres aient été faites si elles ne correspondent pas à la liquidation établie par le receveur (Senlis, 28 juin 1905, 11033 R. P.; Seine, 23 décembre 1905, 11127 R. P.). En cette matière, le fait seul de défaut d'enregistrement dans le délai imparti suffit à justifier la demande du double droit (Seine, 23 décembre 1905, 11292 R. P.).

35. Jugement non enregistré. Partie débitrice des droits. Indivisibilité de la formalité. — La partie qui profite de certaines dispositions d'un jugement est tenue, à ce titre, de le faire enregistrer et, par suite, d'acquitter l'intégralité des droits auxquels ce jugement

La même règle est applicable au cas où le droit de timbre de la feuille employée à la rédaction du premier acte aurait été postérieurement augmenté ou modifié (Sol. préc. 13 fév. 1888).

2. EFFET RÉDIGÉ SUR TIMBRE PROPORTIONNEL. — ACTE SUJET AU TIMBRE DE DIMENSION ÉCRIT À LA SUITE EN CONTRAVENTION. — De la combinaison des art. 23 et 26 nos 3 et 6 L. 13 brum., il résulte que le premier de ces articles vise les actes écrits, à la suite d'autres actes rédigés sur papier timbré proportionnel comme ceux qui sont écrits à la suite d'actes faits sur papier timbré de dimension et que l'amende proportionnelle n'est due que si le second acte est sujet lui-même au timbre proportionnel. Dès lors, l'acte passible du timbre de dimension, spécialement un testament, qui est écrit à la suite d'une reconnaissance de dette faite sur un coupon du timbre proportionnel prescrit, ne donne lieu qu'à une amende de 5 francs (Sol. 1er fév. 1899, 25665 J. E., 4618 Rev. prat.).

243 *bis*. Effet négociable écrit à la suite d'un acte rédigé sur papier timbré de dimension. — Il est dû une amende de 6 p. 100 (Sol. 27 juin 1889).

250-1. Testaments et codicilles identiques. — Papier timbré. — Pluralité d'amendes. — Lorsque deux testaments olographes identiques ont été rédigés sur des feuilles de papier timbré distinctes et que chacun d'eux se trouve suivi d'un codicille, également conçu en termes identiques, qui n'est pas purement révocatoire ou confirmatif, il est dû, par chaque codicille, une amende de 5 fr., indépendamment d'un droit de timbre de dimension particulier (Sol. 25 oct. 1893, 8300 R. P., 24371 J. E.).

ACTE EN BREVET.

3-1. Caisse nationale des retraites pour la vieillesse. — Certificat de propriété. — Délai d'enregistrement. — V. *Caisse des retraites pour la vieillesse*, n° 23.

ACTE IMPARFAIT.

5. Acte notarié. — Signatures données. — Absence de date. — Est obligatoirement assujetti à l'enregistrement, en tant qu'acte notarié, l'acte trouvé dans une étude, lors de la levée des scellés qui y ont été apposés, quand cet acte est revêtu de toutes les signatures nécessaires à sa perfection, et que la date seule est omise. Si le notaire rédacteur est insolvable, le recouvrement des droits doit être poursuivi contre les parties (Sol. 4 sept. 1894, 24552 J. E.).

6. Acte notarié. — Simple projet. — Acte inachevé. — Défaut de signature d'une des parties. — Les projets d'actes inachevés, trouvés dans l'étude d'un notaire, lors de la levée des scellés apposés sur cette étude, ne sont pas assujettis à l'enregistrement (Sol. 6 avr. 1892, 24552 J. E.).

Lorsque l'une des parties, qui ont concouru à un acte notarié, refuse de le signer, cet acte reste incomplet, et le notaire n'est pas tenu de le signer ni de le faire signer par les témoins instrumentaires (C. Rennes, 20 oct. 1896, 1282 R. E.).

13. Acte notarié. — Défaut de signature du notaire et des témoins. — Les actes qui ne sont pas revêtus de la signature du notaire et des témoins valent comme actes s. s. p. s'ils portent la signature des parties contractantes. En conséquence, ils ne sont obligatoirement assujettis à l'enregistrement que s'ils constatent des conventions soumises, par leur nature, à l'enregistrement, dans un délai déterminé (Sol. 4 sept. 1894, 24552 J. E.).

62. Acte s. s. p. translatif d'immeuble. — Dépôt chez un notaire décédé. — Quand, à la suite de la levée des scellés apposés sur l'étude d'un notaire décédé, l'Administration prend communication d'un acte s. s. p. contenant vente d'immeuble, elle ne peut réclamer les droits de mutation sur cet acte, s'il ne figure ni au rang des minutes ni au répertoire du notaire, et s'il renferme des lacunes telles qu'il ne saurait être considéré que comme un acte inachevé et imparfait. — Il en est surtout ainsi lorsque l'Administration ne prouve même pas un commencement de mise à exécution de convention de la part d'aucune des parties (Blois, 12 déc. 1895, 8730 R. P.).

ACTE JUDICIAIRE.

Sommaire. — Au *Répertoire général*, page 282, 2e colonne du sommaire, à la rubrique « *Chemins de fer* », au lieu de 66-4, lire 67-4, et à la rubrique « *Chemins vicinaux* », au lieu de 66-5, lire 67-5. — Lettre P, 8e ligne, lisez : *Pêche*, 67-18, 76-5, 81, au lieu de 66-17, 76-5, 81.

23. Reconnaissance judiciaire de don manuel. — Calcul du droit en sus. — Le droit dû pour la reconnaissance judiciaire d'un don manuel étant un droit de jugement, il en résulte que si le jugement qui contient cette reconnaissance n'a pas été enregistré dans le délai légal, ce jugement est passible d'un droit en sus égal au droit de donation.

26. Obligation des parties. — Droit en sus. — Le contribuable qui n'a pas déposé, en temps utile, les droits dus pour l'enregistrement d'un jugement, ne peut se soustraire au droit en sus, en prétendant que son retard provient de l'exagération apportée par l'Administration dans la liquidation des droits, alors même que cette exagération serait judiciairement reconnue (Seine, 16 mars 1894, 8283 R. P.).

35 et 36. Jugement non enregistré. — Partie débitrice des droits. — Indivisibilité de la formalité. — Nous avons complètement analysé sous le n° 35, v° *Acte judiciaire*, de la 2e édition du *Répertoire général* la controverse qui s'est produite sur le point de savoir si l'Administration doit réclamer les droits exigibles sur les jugements *non enregistrés* à toutes les parties indistinctement ou seulement à celles qui profitent du jugement.

PREMIER SYSTÈME. — *Solidarité des parties.* — Nous avons indiqué que le système d'après lequel le demandeur et le défendeur sont tenus solidairement au payement de l'impôt nous paraît le seul logique comme le seul conforme au texte et à l'esprit de la loi. Aux décisions citées dans ce sons au *Rép. gén.*, on peut encore ajouter deux jugements du tribunal de Lyon des 24 juillet 1890 (7473 R. P.) et 20 mai 1891 (7897 R. P.).

DEUXIÈME SYSTÈME. — *Partie profitant du jugement.* — Mais l'opinion inverse, qui limite l'action du Trésor à la partie profitant du jugement, a définitivement prévalu, en dernier lieu, devant la Cour de cassation (Arrêts des 3 fév. 1879, 5162 R. P., S. 79. 1. 130, D. P. 79. 1. 393; — 4 nov. 1891, 7739 R. P., S. 92. 1. 164, D. P. 92. 1. 588; — 10 oct. 1896, 8882 R. P., D. P. 97. 1. 213, 2930, § 7, I. G.; — 20 nov. 1901, 10085 R. P.; — 17 déc. 1901, 10097 R. P.), et les tribunaux secondaires s'y sont aujourd'hui ralliés (Seine, 11 juillet 1890, 7438 R. P.; — 26 fév. 1892, 7821 R. P.; — Valenciennes, 15 janv. 1896, 9105 R. P.; — Poitiers, 7 mars 1898, 9375 R. P. — Angers, 22 mars 1902, 10348 R. P.)

Ce système a, du reste, trouvé un point d'appui dans la discussion qui a précédé le vote de la loi du 26 janv. 1892.

En vue de mettre fin aux controverses existant sur la question de savoir à qui incombe le payement des droits sur les jugements, le Gouvernement avait inséré dans le projet un article ainsi conçu :

« Art. 20. — Les droits exigibles sur les jugements ou arrêts, en vertu de la présente loi ou des lois en vigueur, seront payés solidairement par les parties.

« Toutefois, le demandeur sera seul débiteur de l'impôt vis-à-vis du Trésor si le jugement le déboute de sa demande ou s'il a été rendu par défaut, faute de comparaître ou de constituer avoué. »

A la deuxième séance du 14 déc. 1891, M. Royer, député de l'Aube, échangea avec le Gouvernement les explications suivantes :

« Cet article, dit-il, innove dans notre droit, en établissant une solidarité non seulement entre le demandeur et le défendeur, — ce à quoi je ne verrais aucune difficulté, quand il n'existe qu'une partie demanderesse et une partie défenderesse, parce que, si la seconde est condamnée aux dépens, il importe peu qu'elle soit tenue seule envers le Trésor ou qu'elle le soit avec le demandeur, — mais c'est une disposition beaucoup plus grave que d'établir une solidarité entre les défendeurs eux-mêmes. En effet, si l'instance est dirigée contre quatre ou cinq personnes, qu'elles ne soient pas tenues solidairement de l'obligation principale, néanmoins, en vertu de la disposition qu'on vous demande de voter, elles seront solidaires, envers le Trésor, des droits de justice.

« Je répète que c'est absolument illogique et injuste. En effet, comment est-il possible d'admettre, en droit, que ceux qui ne sont pas tenus solidairement pour l'obligation principale puissent l'être pour les frais, qui n'en sont que l'accessoire? Cela constitue une véritable contradiction. Et voyez à quoi aboutirait ce système! Voici une personne qui, dans une dette, n'est tenue que pour une fraction infime, pour un dixième ou un vingtième. Elle fait même des offres et elle se trouvera, comme partie au procès, non seulement tenue des frais auxquels elle était exposée vis-à-vis de son avoué, mais aussi des droits dus par les autres parties au Trésor, autrement dit des droits dus par l'ensemble, c'est-à-dire de tous les droits de l'instance. C'est ce qui me paraît absolument inadmissible.

« D'ailleurs, la jurisprudence s'est prononcée sur ce point, et, si elle a reconnu que si, quand il s'agissait d'un engagement écrit, les parties étaient solidaires des droits auxquels l'écrit donnait lieu, il n'en est pas de même des frais d'instance; la Cour de cassation, en effet, dans deux arrêts récents des 3 fév. 1879 et 20 nov. 1889, a décidé qu'il n'y avait pas de solidarité vis-à-vis du Trésor au sujet des droits qui lui sont dus. C'est ce que reconnaît M. Brisson dans son rapport.

« Pour les jugements, au contraire, la jurisprudence est extrêmement divergente... » — Il ne me semble pas, cependant, qu'il puisse y avoir divergence en la matière — « ... et les derniers arrêts de la Cour de cassation sur cette matière (3 fév. 1879 et 20 nov. 1889) se prononcent contre la solidarité des parties mises en cause dans une même instance ».

« En sorte que ce qu'on vous demande, messieurs, c'est d'aggraver la situation des plaideurs; c'est de faire qu'une personne, qui n'est tenue qu'à une fraction de la dette, soit tenue de la totalité des droits.

« Je demande à la Chambre de ne pas accepter cette décision et, par suite, de repousser l'article. » (*Très bien!*)

M. LE COMMISSAIRE DU GOUVERNEMENT. — La loi du 22 frim. renfermait une lacune et manquait de netteté. Il y a eu des divergences dans la jurisprudence, et la Cour de cassation a paru, en effet, dans certaines circonstances, ne pas admettre la solidarité.

« Quant aux tribunaux, ils sont divisés sur la question. Nous avons voulu la trancher par un texte formel et prévenir, ainsi, des instances.

M. ROYER (Aube). — Cela importe peu; ce qui importe, c'est la jurisprudence de la Cour de Cassation. Aujourd'hui vous aggravez la situation des plaideurs! »

Malgré cette insistance, l'art. 20 fut voté par la Chambre. Mais le Sénat refusa de s'associer à ce vote pour des motifs qui sont consignés dans le rapport fait par M. Trarieux, au nom de la Commission des finances. « Cet article (*l'art. 20*), lit-on dans ce rapport, prononçait la solidarité entre toutes les parties instanciées dans un procès pour toutes perceptions de droits exigibles à un titre quelconque.

« C'était consacrer une prétention de l'Enregistrement qui, toutes les fois qu'elle s'est manifestée, n'a pas manqué d'être repoussée par les tribunaux.

« Nous n'avons pas pensé qu'il fût possible de nous prêter à cette réaction contre une jurisprudence qui nous semble des plus légitimes. Il suffit, pour condamner une pareille disposition, de faire remarquer qu'elle pourrait, en certains cas, assujettir à des droits centuples de leur intérêt en cause des plaideurs absolument étrangers aux actes sur lesquels ces droits pourraient être perçus. Avant tout, la loi doit reposer sur une idée de justice, et toutes les considérations fiscales ne sauraient justifier la possibilité de résultats aussi criants.

« Nous avons donc supprimé le principe de la solidarité. »

A la séance du 18 janvier 1892, l'honorable rapporteur a encore insisté sur ce point : « Il y avait enfin, dans le projet, a-t-il dit, une proposition qui, en dehors de votre commission, a provoqué l'attention de tous les journaux judiciaires. C'était cette disposition par laquelle on tendait à créer une solidarité de droit entre les divers plaideurs ayant figuré dans la même instance, pour la perception de

donne ouverture, le payement des droits étant indivisible comme la formalité elle-même (Rouen, 20 mai 1902, 10728 R. P.).

Quant à la partie qui profite du jugement, elle est tenue du payement des droits, alors surtout qu'elle a provoqué la décision judiciaire (Senlis, 26 juin 1905, 11053 R. P.); il importerait peu, du reste, qu'elle eût fait l'abandon de ses biens à ses créanciers : la cession de biens volontaire n'est pas opposable à l'Administration lorsque celle-ci n'y a pas consenti (Saint-Etienne, 16 août 1903, 10736 R. P.).

Partie profitant du jugement. — *Conf.* Lyon, 17 janv. 1904, 11360 R. P.

tous les droits pouvant être dus sur un jugement aux termes des lois en vigueur. Cette solidarité, nous ne l'ignorons pas, a été réclamée depuis longtemps par l'Administration; mais, toujours s'est élevée contre elle la protestation des tribunaux. C'est une sorte de retour sur la jurisprudence qui était ainsi tentée, retour que nous avons arrêté au passage par un *non possumus*. Non, il n'est pas possible d'admettre la solidarité en pareille matière..

« Ce n'est pas une loi de fiscalité que la Chambre et le Sénat peuvent entendre faire; c'est, avant tout, une loi de justice et d'équité. La justice n'a rien à voir dans la solidarité qu'on nous demande d'admettre, et c'est sans hésitation que nous l'avons repoussée. »

Ces déclarations nous paraissent extrêmement importantes, en ce qu'elles tranchent définitivement, pour l'application de la loi de 1892, une controverse rendue presque insoluble par les contradictions de la Cour de cassation elle-même.

Il est impossible, en effet, de ne pas tenir compte du sentiment que le Parlement a manifesté en refusant d'inscrire dans le texte le principe de la solidarité et de réagir contre la jurisprudence de la Cour de cassation. Nous savons bien que, dans la rigueur du droit, les déclarations faites au cours des débats parlementaires ne peuvent pas peser d'un poids décisif sur l'interprétation des lois. Mais il convient de remarquer que la situation qui se présente ici est toute particulière. L'Administration reconnaissait que la loi du 22 frim. renfermait une lacune et manquait de netteté; elle demandait au législateur de lui accorder le bénéfice de la solidarité pour l'armer efficacement contre toutes les parties litigantes. Ce bénéfice lui a été formellement refusé. Qu'en conclure, sinon que le législateur s'est associé à la jurisprudence de la Cour régulatrice?

Ajoutons que les parties qui profitent d'un jugement sont, abstraction faite de toute idée d'augmentation de patrimoine, celles en faveur de qui les condamnations sont prononcées; une partie profite de la décision dès que le tribunal fait droit à ses prétentions et lui adjuge ses conclusions ou la décharge de l'action dirigée contre elle (Cass. 24 ventôse an X, B. C., nº 84; — 24 août 1808, B. C., nº 107; — 23 février 1824, B. C., nº 23, 1132, § 7, I. G.; — 19 oct. 1896, 8862 R. P.; D. P. 97.1.213, 2930, § 7, I. G.).

L'arrêt du 24 ventôse an X porte : « Attendu que c'est le défendeur qui a poursuivi la condamnation qui a donné lieu à la contrainte et l'a obtenue à son profit; d'où il résulte que c'était à lui à acquitter les droits du jugement qui a prononcé cette condamnation ».

Celui du 24 août 1808 renferme le considérant suivant : « Attendu que de la combinaison des articles 31 et 37 il résulte que les droits d'enregistrement dus à raison d'un jugement par défaut ou suspendu par l'appel ne doivent pas être acquittés par les parties condamnées, mais par celle *qui a obtenu l'adjudication de ses conclusions* ».

Enfin, on lit dans l'arrêt du 19 oct. 1896 : « Attendu qu'une partie profite d'un jugement, non seulement lorsqu'elle obtient une condamnation contre son adversaire, mais encore *lorsqu'elle obtient la décharge d'une obligation dont le paiement était demandé contre elle* ».

Nouveau système. — Partie ayant mis la justice en action. — La jurisprudence admise par la Cour de cassation laisserait, dans un certain nombre de cas, le Trésor dépourvu de toute action, lorsque, par exemple, le demandeur est débouté et condamné aux dépens. Il est impossible de dire à qui profite le jugement. Ce n'est pas au demandeur qui a succombé; ce n'est pas davantage au défendeur qui, en réalité, ne retire aucun bénéfice d'une décision qui se borne à maintenir l'intégrité de ses droits antérieurs. Il est bien évident cependant que le Trésor a un débiteur. Mais quel est-il?

Avec l'expérience et la compétence particulières que lui donne la multiplicité des affaires d'enregistrement soumises à son examen, le tribunal de la Seine s'est préoccupé de rechercher la solution de cette question.

Il s'est rallié à un système intermédiaire, suivant lequel le paiement des droits d'un jugement non enregistré peut être poursuivi, non seulement contre les parties qui profitent de ce jugement, mais encore contre toutes celles qui ont mis la justice en action.

Cette théorie a été formulée pour la première fois dans les motifs d'un jugement du 11 juillet 1890, qui contient le considérant suivant : « Attendu que si l'on peut admettre que le demandeur est dans tous les cas, qu'il gagne ou perde son procès, responsable des droits afférents au jugement intervenu sur son action, par cela seul qu'il a provoqué la décision judiciaire, il ne saurait en être ainsi du défendeur, appelé contre son gré devant la justice » (7438 R. P.).

Depuis lors, le tribunal de la Seine l'a formellement confirmée à diverses reprises et décidé qu'en tout état de cause le demandeur est débiteur de l'impôt comme ayant mis la justice en action, sans qu'il y ait d'ailleurs à distinguer entre le demandeur principal et le demandeur reconventionnel (10 déc. 1892, 2 jugements, 8099 et 8100 R. P.; — 25 février 1893, 2 jugements, 8130 et 8152 R. P.; — 16 mars 1894, 8383 R. P.; — 13 avril 1894, 8401 R. P.; — 15 janv. 1897, 9104 R. P.; — 10 avril 1897, 9131 R. P.).

L'Administration a justifié cette thèse d'une façon remarquable dans une affaire qui a donné lieu à un arrêt de la Cour de cassation du 20 nov. 1901 (V. 10,065 R. P.). Mais dans son arrêt, la Cour a évité de se prononcer sur la question; elle s'est bornée à déclarer que, du moment où, dans l'affaire qui lui était soumise, la partie bénéficiait de quelques-unes des dispositions du jugement, cette partie était, par là même, débitrice de l'intégralité des droits dont ce jugement est passible. Ce seul motif suffisait, en effet, pour justifier sa décision. Mais est-ce à dire qu'elle eût refusé de consacrer la théorie de l'Administration sur l'obligation du demandeur au payement des droits d'enregistrement du jugement rendu à sa requête, si elle s'était trouvée dans l'absolue nécessité de faire connaître son sentiment à cet égard? Il serait téméraire de l'affirmer. La question reste donc entière devant la Cour suprême.

Indivisibilité de la formalité. — L'obligation de soumettre les actes ou jugements à l'enregistrement dans les délais que la loi du 22 frim. détermine (art. 20), entraîne avec elle l'obligation d'acquitter intégralement tous les droits auxquels l'acte ou le jugement donne ouverture. Cette règle est la conséquence de l'art. 28 de ladite loi, aux termes duquel les droits doivent être versés au Trésor avant toute formalité et sans que les parties puissent en différer le payement sous prétexte de contestation sur la quotité ni pour quelque motif que ce soit. La jurisprudence en a conclu que l'obligation du payement des droits est une obligation indivisible, non susceptible d'exécution partielle. Toute partie qui, à un titre quelconque, est tenue de faire enregistrer un acte ou un jugement, est obligée par cela même d'en acquitter tous les droits, sauf son recours contre les divers intéressés (art. 1232 C. civ.)

« Attendu, porte un arrêt du 19 nov. 1834, que le taux et le mode de payement des droits d'enregistrement de tous actes, et des droits de mutation en particulier, sont l'objet d'une législation toute spéciale qui les règle exclusivement; *que le payement du droit ne peut être morcelé*, mais doit être fait avant l'enregistrement pour la quotité entière dudit droit; que la quittance du droit entier d'enregistrement doit être mise sur l'acte enregistré aussitôt que le droit est payé, et que la quittance doit exprimer la date de l'enregistrement, le folio du registre, le numéro et la somme des droits payés et perçus, ce qui exclut toute idée de payements partiels et de plusieurs quittances successives; qu'enfin un acte ne peut être enregistré pour une partie et non enregistré pour une autre. » (S. 35. 1. 157.)

« Le payement du droit d'enregistrement, dit encore la Chambre civile dans un arrêt du 23 février 1836, est *indivisible*, et le receveur n'a pas le droit de scinder la recette du droit, de recevoir un tiers et d'ajourner pour les deux tiers. » (S. 36. 1. 225.)

Le même principe a été spécialement affirmé, en matière d'actes judiciaires, conformément à la doctrine que nous avons soutenue dans la 7e édit. du *Rép. gén.*, par des arrêts de la Cour du 19 oct. 1896 (civ., 8892 R. P.), 20 nov. 1901 (civ., 10085 R. P.) et 17 déc. 1901 (10097 R. P.).

« Attendu, portent les arrêts du 19 oct. 1896 et 17 déc. 1901, qui sont conçus en termes identiques, — *que les droits d'enregistrement sont indivisibles comme la formalité même*; que, s'il y a exception à cette règle, c'est uniquement dans le cas où, après l'enregistrement d'un jugement, l'Administration reconnaît que la perception a été insuffisante et réclame un supplément de droit; que tel n'était pas le cas, dans l'espèce, puisqu'il s'agissait des droits qui auraient dû être consignés avant l'enregistrement et *dont la perception ne pouvait être morcelée.* »

L'arrêt du 20 nov. 1901 est ainsi conçu : « Attendu que si, aux termes d'un jugement du 13 juillet 1892, non enregistré, les époux X... ont succombé, d'une part, dans leur demande en payement dirigée contre la dame T... et Louis C..., d'autre part, dans la contestation soulevée par eux touchant la validité des dons manuels, ils ont obtenu contre Paul C... condamnation au payement de la somme de 3000 francs; — Attendu que ce jugement profite aux époux X... puisqu'il forme titre en leur faveur; — qu'ils étaient donc tenus de faire, pour l'enregistrement, la consignation au greffe exigée par l'art. 37 L. 22 frim. an VII et que *les droits d'enregistrement étant indivisibles comme la formalité même, ils devaient l'intégralité de ces droits* ».

Ainsi, lorsqu'un jugement profite à plusieurs personnes, chacune d'elles étant soumise à l'obligation de le faire enregistrer est tenue, par cela même, d'acquitter la *totalité* des droits auxquels les différentes dispositions de ce jugement donnent ouverture et ne peut refuser d'acquitter la portion des droits afférente aux dispositions dont elle ne bénéficie pas.

Il en est de même, dans le système inauguré par le tribunal de la Seine, en ce qui concerne le demandeur principal et le demandeur reconventionnel, qui sont, à raison du principe de l'indivisibilité de la formalité, débiteurs de l'intégralité des droits applicables au jugement intervenu sur leur action, par cela seul qu'ils ont provoqué la décision judiciaire.

Action du Trésor. — Cautionnement de mise en liberté provisoire. — Lorsque l'Administration poursuit le payement des droits dus sur un jugement contre les parties qui profitent de la décision, ces débiteurs ne peuvent, pour échapper à l'action du Trésor, prétendre que les droits réclamés auraient dû, avant toute poursuite, être prélevés sur le cautionnement de mise en liberté provisoire consigné par la partie condamnée. L'action indirecte que la Régie pourrait exercer sur ce cautionnement, en vertu de l'art. 1166 C. C., ne la prive pas du droit d'agir directement, par voie de contrainte, contre les débiteurs de l'impôt (Cass. civ., 20 nov. 1889, 7341 R. P.).

35 *bis* et 36 *bis*. Suppléments de droits. — Divisibilité de la dette. — En ce qui concerne les suppléments de droit exigibles sur les jugements, la créance de l'Administration est-elle indivisible à l'égard des bénéficiaires du jugement, de telle sorte que le payement intégral peut en être demandé à chacun d'eux, ou bien, au contraire, chaque partie n'est-elle tenue des droits que par fraction et dans la limite du profit personnel que lui avait conféré le jugement?

C'est la seconde de ces interprétations qui a été adoptée par la Cour de cassation (Civ., 20 nov. 1889, 7341 R. P.).

« Vu l'art. 1258 C. civ., lit-on dans cet arrêt : — Attendu que si, du rapprochement de diverses dispositions de la loi du 22 frim. an VII, il ressort qu'aucun jugement ne peut être enregistré que contre le payement préalable et intégral des droits auxquels cet enregistrement donne ouverture, il ne s'ensuit pas qu'au cas où l'Administration réclame ultérieurement un supplément de droits, sa créance soit indivisible de manière que, s'il y a pluralité de débiteurs, le payement intégral puisse en être demandé à chacun d'eux; — que cette créance étant celle d'une somme d'argent qui, par elle-même, est essentiellement divisible, cette divisibilité doit produire ses effets ordinaires, à moins qu'il n'existe, dans les lois spéciales à la matière, une disposition dérogatoire; — que non seulement l'Administration ne peut invoquer aucune disposition semblable, mais que l'art. 32 de la loi de l'an VII, déclarant les cohéritiers solidaires pour le payement des droits de mutation après décès, contiendrait une disposition absolument inutile, si le payement des droits d'enregistrement était toujours et légalement indivisible; — d'où il suit qu'en déclarant indivisible, dans les circonstances de la cause et alors que le jugement du 19 janvier 1884 avait déjà été enregistré, l'obligation qui incombait aux défendeurs d'acquitter les droits supplémentaires énoncés dans la contrainte et en les déboutant, par suite, de leur opposition à ladite contrainte, le jugement attaqué a violé, en l'appliquant faussement, l'art. 1218 C. civ. ».

Ainsi que le fait remarquer la Cour, le droit commun est le complément et l'auxiliaire de la loi fiscale, il reprend son empire partout où cette loi est restée muette. Or, la loi de

39. Demandeur débouté. Femme mariée. — *Le recouvrement* du supplément de droit dû sur un jugement de débouté de demande peut être poursuivi contre la femme mariée qui a figuré au procès comme demanderesse et en son nom personnel, sans que l'Administration ait à rechercher si c'est à tort ou à raison qu'elle a été représentée dans l'instance (Nevers, 21 mars 1901, 10776 R. P.).

59-31. Prud'hommes. Gens de travail et de service. Payement des nourrices. — Doivent être visés pour timbre et enregistrés en débet les actes de procédure, procès-verbaux, jugements et actes d'exécution faits ou rendus : 1° dans les matières qui sont de la juridiction des prud'hommes et qui sont soumises soit à ce conseil, soit au juge de paix faisant office de conseil de prud'hommes dans les lieux où il n'existe pas de conseil (à moins que la somme faisant l'objet du différend n'excède pas 25 francs, auquel cas ils doivent être enregistrés gratis) ; 2° dans les contestations relatives aux engagements des gens de travail, domestiques, ouvriers et apprentis, et au payement des nourrices (Instr. 3171 ; — 10323 R. P.).

59-34. Recrutement. Immunités fiscales. — Les actes faits en exécution de l'art. 26 de la loi du 21 mars 1905 sur le recrutement de l'armée, sont visés pour timbre et enregistrés gratis (Instr. 3180 ; — 11176 R. P.).

68 bis. Actes signifiés en France à la requête du ministère public près les tribunaux français de Tunisie. — Les exploits signifiés en France à la requête des magistrats du ministère public près les tribunaux français de Tunisie doivent être visés pour timbre et enregistrés en débet dans les mêmes conditions que les exploits signifiés à la requête du ministère public près les tribunaux de France et d'Algérie. Il en est de même des jugements et autres actes tunisiens dont la signification serait faite en France à la requête des parquets en matière de police (Circ. 23 août 1901, § 5 ; — 10510 R. P.).

l'enregistrement ne règle pas la question de l'indivisibilité des droits ; nulle part elle ne pose en règle générale que le montant de l'impôt incombant à plusieurs débiteurs peut être réclamé pour le tout à chacun d'eux. Cette théorie de l'indivisibilité des droits d'enregistrement est si peu dans l'esprit de la loi de frimaire qu'il a été nécessaire de recourir à une disposition expresse pour obliger solidairement les cohéritiers au payement des droits de succession ; cette prescription serait absolument superflue, si le payement des droits d'enregistrement était toujours et légalement indivisible. Il faut donc reconnaître qu'en principe et conformément au droit commun, la créance du Trésor, qui est d'une somme d'argent, se divise de plein droit entre les débiteurs. A la vérité, cette règle souffre exception lorsque l'Administration se trouve en présence d'un acte ou d'un jugement présenté à l'enregistrement : la formalité ne pouvant être scindée et accomplie pour partie, les droits auxquels elle donne ouverture doivent être acquittés intégralement. Ici, l'indivisibilité de l'enregistrement fait obstacle à ce que le montant des droits se fractionne entre les débiteurs. Mais il n'en est plus ainsi lorsque, l'acte ou le jugement ayant été enregistré, l'Administration réclame par la suite un supplément de droits. Dans ce cas, la Régie ne peut plus exciper de l'indivisibilité de l'enregistrement, puisque cet enregistrement a été antérieurement effectué et que le payement des droits supplémentaires ne se lie à l'accomplissement d'aucune formalité nouvelle. Rien donc ne s'oppose à ce que la divisibilité de la créance du Trésor produise ses effets ordinaires et à ce que le payement du supplément de droit soit fractionné entre les débiteurs. L'Administration doit, dès lors, procéder séparément contre chacune des parties, jusqu'à concurrence de la quote part d'impôt dont elle est tenue individuellement.

Dans cet ordre d'idées, il a été reconnu, depuis l'arrêt du 29 nov. 1880, que lorsqu'un jugement d'adjudication *enregistré* a été l'objet d'une perception insuffisante, le supplément de droit exigible peut, en principe, être réclamé tant à l'adjudicataire qu'aux vendeurs qui, comme créanciers du prix, ont intérêt à poursuivre l'exécution du jugement ; mais, s'il y a plusieurs vendeurs, chacun d'eux n'est tenu que pour sa part et portion (Sol. 28 oct. 1898, 9450 R. P.).

Citons encore un jugement du tribunal d'Alger du 30 déc. 1899 (9633 R. P.), d'après lequel l'obligation d'acquitter le supplément de droit dû sur un jugement *précédemment enregistré* incombe à la partie profitant de la disposition qui a donné ouverture à ce supplément, encore que cette partie n'ait point requis, dans ses conclusions, la condamnation dont elle bénéficie.

39. Demandeur débouté. — Le demandeur qui est débouté de sa demande doit acquitter les droits d'enregistrement exigibles sur le jugement (Seine, 25 fév. 1893, 8130 R. P.).

Lorsqu'un arrêt s'est borné à maintenir, au profit d'un plaideur injustement actionné en garantie et mis hors de cause par un jugement, la situation qu'il avait, avant cet arrêt, le demandeur condamné à tous les dépens de première instance et d'appel est tenu au payement de l'impôt (Lyon, 7 juin 1892, 8408 R. P.).

40. Dispositions étrangères à quelques-unes des parties. — Voir *suprà* nos 35, 35 *bis*, 36 et 36 *bis*.

42. Don manuel. — Les droits dus pour la reconnaissance judiciaire d'un don manuel font partie des droits à percevoir sur le jugement qui renferme cette reconnaissance ; ils peuvent, par conséquent, être réclamés au plaideur qui profite de l'une quelconque des dispositions du jugement (Cass. req., 4 nov. 1891, 7739 R. P. ; — civ. 20 nov. 1901, 10085 R. P. ; — Montauban, 4 juin 1897, 9164 R. P. ; — Sedan, 26 déc. 1899, 9820 R. P.).

D'après le système du tribunal de la Seine (V. *suprà* nos 35 et 36), le payement pourrait en être également réclamé au demandeur comme ayant mis la justice en action et ayant ainsi provoqué la décision judiciaire sujette au droit.

Si la partie qui profite du jugement est une femme mariée sous le régime de la communauté qui a reçu la libéralité avant son mariage, le mari n'est pas fondé à soutenir que la communauté n'est pas tenue de la dette, du moment où le jugement a été rendu au cours de la communauté (Amiens, 16 juin 1898, 9124 R. P.).

51. Droits d'enregistrement. — Dépens. — En règle générale, la condamnation aux dépens n'embrasse que le coût des actes de procédure prescrits ou autorisés par la loi, à l'exclusion des droits de timbre et d'enregistrement de l'acte litigieux (Cass. req., 22 juin 1892, 8180 R. P.).

1. DROIT EN SUS. — Le droit en sus exigible sur un jugement enregistré hors délai doit être supporté définitivement par le plaideur qui profite de ce jugement (C. Paris 28 mai 1892, 7929 R. P.) : « Considérant, porte cet arrêt, que Baranger ne saurait être tenu de payer le double droit sur l'enregistrement du jugement, puisque ce double droit a été encouru par le fait de Bourdais au profit duquel le jugement a été rendu ; — que Bourdais doit s'imputer à faute de ne l'avoir pas fait enregistrer dans le délai légal ».

59. Dispositions générales. — Marques de fabrique. — Au *Rép. gén.*, page 305, § 26, *in fine, lisez* : D. m. f. 9 août 1877, 4755 R. P., *au lieu de* : D. m. f. 9 août 1877, 4735 R. P.

65. Procès-verbaux de contraventions et de délits. — Tarif. — L'art. 22 L. 28 avril 1893 ayant réduit d'un tiers les divers droits fixes d'enregistrement auxquels étaient assujettis les actes extrajudiciaires non visés par les art. 6, 7 et 8 L. 26 janvier 1892, il en résulte que les tarifs en vigueur antérieurement à la loi du 19 fév. 1874 (2480 I. G.) se trouvent, par le fait, rétablis en toute matière civile, commerciale ou de police, pour tous les actes extrajudiciaires sans distinction.

Les procès-verbaux de contravention ou de délit ne sont, par conséquent, soumis actuellement qu'au droit fixe de 2 francs en principal (2818 I. G.).

68. Exploits et jugements. — Tarif. — De même, le tarif des exploits concernant la juridiction répressive, qui était précédemment de 1 fr. 50, n'est plus aujourd'hui que de 1 franc.

Quant aux décisions, jugements et arrêts rendus en

matière, soit de simple police, soit correctionnelle, soit criminelle, les tarifs antérieurs subsistent, sauf en ce qui concerne celui des dommages-intérêts qui a été modifié par la loi du 26 janvier 1892. Il en est ainsi alors même que ces procédures auraient lieu avec intervention de partie civile.

Les jugements de la police ordinaire et des tribunaux de police correctionnelle et criminelle, ainsi que les arrêts des cours d'appel rendus sur les mêmes matières, continuent donc à être assujettis au droit fixe de 1 fr. 50, lorsqu'il n'y a pas condamnation de sommes et de valeurs ou lorsque le droit proportionnel ne s'élève pas à 1 fr. 50 (L. 22 frim. an VII, art. 68, § 1er, n° 48; — L. 28 fév. 1872, art. 4). S'il y a condamnation de sommes et valeurs mobilières, c'est le droit de 0 fr. 50 p. 100 qui est exigible, à moins que ce droit ne soit inférieur à 1 fr. 50 (L. 22 frim. an VII, art. 69, § 2, n° 9).

Relativement aux dommages-intérêts, l'art. 16, § 6, n° 2, L. 26 janvier 1892 a maintenu à 2 p. 100 le droit dû sur ceux qui sont prononcés par les juges de paix en matière de police; mais, par le § 7 du même article, le tarif des dommages-intérêts prononcés par les juridictions criminelles ou correctionnelles a été porté à 3 p. 100. — Voir *infra* v° *Jugement* (Titre III, Chap. II, Section 3, art. 5).

69. Recours en cassation ou devant le Conseil d'État. — Les actes extrajudiciaires appelés à bénéficier de la réduction accordée par la loi de 1893 comprennent le premier acte de recours en cassation ou devant le Conseil d'État. C'est donc le droit fixe de 25 francs édicté par l'art. 47 L. 28 avril 1816 qui se trouve aujourd'hui rétabli.

81 *bis*. Revision des procès criminels et correctionnels. — Indemnités aux victimes d'erreurs judiciaires. — Les articles 443 à 447 du Code d'instruction criminelle, relatifs à la revision des procès criminels et correctionnels, ont été modifiés par une loi du 8 juin 1895, qui contient les dispositions suivantes :

Article 446 nouveau. — « L'arrêt ou le jugement de revision d'où résultera l'innocence d'un condamné pourra, sur sa demande, lui allouer les dommages-intérêts, à raison du préjudice que lui aura causé la condamnation...

« Les dommages-intérêts alloués seront à la charge de l'État, sauf son recours contre la partie civile, le dénonciateur ou le faux témoin par la faute desquels la condamnation aura été prononcée. *Ils seront payés comme frais de justice criminelle.*

« *Les frais de l'instance en revision seront avancés par le demandeur jusqu'à l'arrêt de recevabilité; pour les frais postérieurs à cet arrêt, avance sera faite par le Trésor.*

« Si l'arrêt ou le jugement définitif de revision prononce une condamnation, il mettra à la charge du condamné le remboursement des frais envers l'État et envers le demandeur en revision, s'il y a lieu.

« Le demandeur en revision qui succombera dans son instance sera condamné à tous les frais... »

Ce nouvel article distingue entre les frais de l'instance en revision antérieurs à l'arrêt de recevabilité et les frais de la procédure suivie, postérieurement à cet arrêt, soit devant la Cour de cassation elle-même, soit devant la cour ou le tribunal où l'affaire est renvoyée. Tandis qu'il laisse les premiers à la charge du demandeur en revision, il impose au Trésor l'avance des seconds, sauf remboursement, s'il y a lieu, par le demandeur dont la culpabilité serait confirmée, ou par les tiers par la faute de qui la condamnation aurait été prononcée.

Toutefois, les droits de timbre et d'enregistrement des actes faits ou signifiés à la requête du demandeur en revision, postérieurement à l'arrêt de recevabilité, ne sauraient faire l'objet d'une avance effective. Aussi a-t-il été décidé que ces actes recevraient la double formalité *en débet* (2907 I. G.).

Quant aux actes faits à la requête du ministère public au cours de l'instance en revision, ils continuent, dans le silence de la loi nouvelle, à être soumis au régime qui leur est propre; en d'autres termes, ils doivent être visés pour timbre et enregistrés *en débet* ou *gratis*, suivant les distinctions rappelées dans l'Inst. 2372 (2907 I. G.; — V. au *Rép. gén.*, 7e édit., v° *Acte judiciaire*, n° 150).

88. Jugements. — Abrogation du principe de la pluralité. — L'art. 11 L. 26 janvier 1892 a affranchi de la pluralité, dans les jugements et arrêts, les dispositions indépendantes et non sujettes au droit proportionnel; de plus, il a érigé en principe qu'aucun droit fixe ne peut jamais être perçu sur un jugement ou arrêt renfermant une ou plusieurs dispositions passibles du droit proportionnel.

L'application de cette disposition s'étend aux décisions rendues en matière criminelle, correctionnelle et de police qui, sous les autres rapports, ne sont pas touchées par la loi nouvelle (2816 I. G.).

90. Instances en déchéance de la puissance paternelle introduites d'office par le ministère public. — Recouvrement des frais. — Les frais auxquels donnent lieu les instances en déchéance de la puissance paternelle introduites d'office par le ministère public devant les tribunaux civils doivent être payés, par les receveurs, à titre de frais de justice criminelle; et les actes de la procédure doivent être visés pour timbre et enregistrés en débet. Les frais et droits sont recouvrés par les percepteurs. Les greffiers sont tenus de délivrer aux receveurs des finances des extraits des jugements et arrêts intervenus (3007 I. G.).

102 *bis*. Accidents du travail. — V. ce mot nouveau, *suprà*.

114 *bis*. Saisie-arrêt. — Salaires et petits traitements. — Aux termes de l'art. 15 L. 12 janv. 1895, sur la saisie-arrêt des salaires et petits traitements d'ouvriers ou employés, tous les exploits, autorisations, jugements, décisions, procès-verbaux et états de répartition intervenant en exécution de cette loi sont rédigés sur papier non timbré et enregistrés gratis (8850-15 R. P., 2873 I. G.).

129. Délibéré. — Le jugement qui n'a pour objet qu'un simple délibéré est exempt de l'enregistrement, même s'il donne, en outre, défaut contre l'une des parties (Sol. 2 août 1897, 9141 R. P.).

147. Radiation du rôle. — Le jugement qui, à la

99 *bis*. Prud'hommes. — V. *Suprà*, n° 30-31.

101. Recrutement. — V. *Suprà*, n° 30-35.

102. Enfants assistés. L. 27 juin 1904. Successions. Envoi en possession du département. — C'est à titre de successeurs irréguliers que les départements recueillent, en vertu de la loi du 27 juin 1904, les biens des enfants assistés décédés sans héritiers; ils doivent, en conséquence, pour entrer en possession de ces successions, accomplir les formalités prévues par l'art. 770 C. civ. Les divers actes (requêtes, jugements, publications, etc.) nécessaires pour l'envoi en possession du département [illegible] de l'exemption des droits de timbre et d'enregistrement, comme rentrant dans les prévisions de l'art. 55 L. 27 juin 1904 (Sol. 7 février 1905, 11099 R. P.).

102 *bis*. Séparation des Églises et de l'État. Attribution aux associations cultuelles des biens des établissements ecclésiastiques supprimés. — Cette attribution ne donne lieu à aucune perception au profit du Trésor (art. 10 L. 9 déc. 1905; — 11066 R. P.).

104. Enfants assistés, maltraités ou moralement abandonnés. — Les certificats, significations, jugements et autres actes faits en vertu des lois des 24 juillet 1889, 19 avril 1898 et 27 juin 1904, et exclusivement relatifs au service des enfants assistés, sont dispensés du timbre et doivent être enregistrés gratis, lorsqu'il y a lieu à la formalité de l'enregistrement (art. 54 L. 27 juin 1904, Instr. 3152; — 10799 R. P.).

104 *bis*. Objets abandonnés chez les ouvriers et industriels. — D'après l'art. 7 L. 31 décembre 1903, relative à la vente des objets mobiliers confiés aux ouvriers ou industriels et qui n'ont pas été retirés dans le délai de deux ans, tous les actes, spécialement les exploits, ordonnances, jugements et procès-verbaux faits en exécution de cette loi, sont dispensés du timbre et doivent être enregistrés gratis. Pour tenir lieu des droits de timbre et d'enregistrement, il est perçu sur le procès-verbal de vente, lorsqu'il est présenté à la formalité, 7 p. 100 du produit de la vente, sans addition de décimes (Instr. 3139; — 10719 R. P.).

104 *ter*. Enfants maltraités ou moralement abandonnés. — Les jugements par lesquels les tribunaux, dans les cas prévus par les art. 17 et 20 L. 24 juillet 1889, délèguent à l'Assistance publique les droits de puissance paternelle sur les enfants maltraités ou moralement abandonnés et attribuent l'exercice de tout ou partie de ces droits aux administrations d'assistance publique, aux associations de bienfaisance ou aux particuliers gardiens des enfants, sont, depuis la mise en vigueur de la loi du 27 juin 1904, exemptés de l'impôt du timbre, tout en restant soumis à la formalité de l'enregistrement qui doit leur être donnée gratis, par application de l'art. 55 de ladite loi (Instr. 3170, § 13; — 11075 R. P.).

112 *bis*. Assistance obligatoire aux vieillards, infirmes, etc. — Les certificats, significations, jugements et autres actes faits en vertu de la L. 14 juill. 1905 et ayant exclusivement pour objet le service de l'assistance aux vieillards, aux infirmes et aux incurables, sont dispensés du timbre et doivent être enregistrés gratis, lorsqu'il y a lieu à la formalité de l'enregistrement (Instr. 3172; — 11029 R. P.).

160-7. Jugement. Décision de remise ordonnant la comparution des parties. — L'exemption de l'enregistrement accordée aux jugements de remise ne s'étend pas aux décisions ordonnant la comparution personnelle des parties, ou de l'une d'elles, soit à l'audience, soit devant un juge du siège. Ces décisions doivent être présentées à la formalité, dans les délais fixés par la loi, alors même, d'ailleurs, que tout en prescrivant l'audition des parties, elles mettraient la cause en délibéré (Sol. 23 juill. 1902, Instr. 3114, § 2 ; — 10300 R. P.).

160-169-172. Contributions directes et contributions indirectes. Actes de poursuites. Cotes, droits et créances ne dépassant pas 100 fr. — Les actes de poursuites pour le recouvrement des sommes dues à l'État sont enregistrés gratis toutes les fois que la réclamation, quel qu'en soit d'ailleurs le chiffre, se rapporte à des cotes, droits ou créances n'excédant pas 100 fr. individuellement. En matière de contributions directes, on doit considérer, pour l'application de la règle qui précède, le montant intégral de chaque cote tel qu'il résulte des rôles annuels, tandis qu'en matière de contributions indirectes, la question de l'exigibilité de la taxe d'enregistrement est résolue d'après le montant du droit constaté qui donne lieu à la poursuite (D. m. f., 11 décembre 1902, Instr. 3114, § 3 ; — 10370 R. P.).

170. Mois de nourrice. — V. *Suprà*, nº 30-31.

ACTE NOTARIÉ.

demande des parties et après transaction, ordonne la radiation d'une cause du rôle, est exempt de l'enregistrement; s'il a été enregistré, le droit auquel il a été assujetti doit être restitué, à moins que les parties n'aient expressément et volontairement requis la formalité (Sol. 2 juin 1897, 914 3 R. P.).

172. Contributions directes. — Actes ayant pour objet le recouvrement de cotes non excédant 100 fr. en total. — Définition du mot « cote ». — Aux termes de l'art. 6 L. 16 juin 1824, il y a lieu d'enregistrer *gratis* les actes de poursuites et tous autres actes, tant en action qu'en défense, ayant pour objet le recouvrement des contributions publiques et de toutes autres sommes dues à l'État, lorsqu'il s'agit « de *cotes*, droits et créances non excédant en total la somme de 100 francs ».

Pendant longtemps, il a été admis que l'on devait entendre par le mot *cote*, en matière de contributions directes, le chiffre total des impôts dont le même contribuable est débiteur pour un même exercice dans une même commune.

Cette interprétation est aujourd'hui abandonnée.

D'après la jurisprudence actuelle du Conseil d'État, « on entend par *cote*, non le montant de l'article au rôle, mais la part de chaque impôt afférente à un immeuble déterminé, à une profession spéciale, à un commerce distinct » (*Instruction générale sur les réclamations jointe à la Circulaire de la Direction générale des Contributions directes du 27 février 1892*, nº 805, *art.* 18.)

En conséquence, pour déterminer si l'enregistrement des actes visés par l'art. 6 L. 16 juin 1824 doit avoir lieu gratis ou non, c'est seulement le total de la cote ou de chacune des cotes faisant l'objet de la poursuite qu'il faut considérer, sans avoir égard ni au total des cotes de différentes natures comprises dans la réclamation, ni au total de l'article au rôle concernant le débiteur poursuivi.

Afin de faciliter l'application de cette règle, il a été convenu entre l'Administration de l'Enregistrement et celle de la Comptabilité publique que les percepteurs des Contributions directes doivent désigner, lors de l'enregistrement des actes de poursuites, les contribuables qui, payant au total plus de 100 francs d'impôts, ne sont poursuivis néanmoins pour aucune cote supérieure à cette somme et ont droit, par conséquent, à la gratuité de l'enregistrement (2935, § 8, I. G. ; — 9395, § 8, R. P.).

ACTE NOTARIÉ.

16. Réception des actes. — D'après l'art. 1er L. 12 août 1902, les actes notariés peuvent être reçus par un seul notaire, sauf les exceptions suivantes : 1º les testaments et les notifications d'actes respectueux restent soumis aux règles spéciales C. Civ. ; 2º les actes contenant donation entre vifs ou donation entre époux, autres que celles insérées dans un contrat de mariage, acceptation de donation, révocation de testament ou de donation, reconnaissance d'enfant naturel, et les procuration ou autorisation pour consentir ces divers actes doivent être, à peine de nullité, reçus par deux notaires ou par un notaire assisté de deux témoins; 3º les actes dans lesquels les parties ou l'une d'elles ne savent ou ne peuvent signer doivent être soumis à la signature d'un second notaire ou de deux témoins.

1. Parties. — Identité. — Le nom, l'état et la demeure des parties doivent être connus des notaires ou leur être attestés, dans l'acte, par deux personnes majeures connues d'eux, sachant signer, ayant les mêmes qualités que celles requises pour être témoins instrumentaires. — L. 12 août 1902, art. 1er (V. *Code des lois* et 10307 R. P.).

2. Femmes témoins. — Les actes sont reçus par deux notaires ou par un notaire assisté de deux témoins, de l'un ou de l'autre sexe, sachant signer et domiciliés dans l'arrondissement communal où l'acte est passé. Toutefois, le mari et la femme ne peuvent être témoins ensemble dans le même acte. — L. 7 déc. 1897, modifiant l'art. 9 L. 25 vent. an XI. 9177 R. P. (V. 1037 R. P.).

19. Présence du notaire *en second* et des témoins. — La présence du second notaire ou des deux témoins n'est requise qu'au moment de la lecture de l'acte par le notaire et de la signature des parties ou de leur déclaration de ne savoir ou de ne pouvoir signer, et la mention doit en être faite, dans l'acte, à peine de nullité (L. 12 août 1902, art. 1er — 10307 R. P.).

1. Actes solennels. — V. *suprà* nº 16.
2. Contrats de mariage. — V. *suprà* nº 16.
5. Présence d'un seul notaire. — V. *suprà* nº 16.

21. Capacité des témoins. — Les témoins instrumentaires doivent être français et majeurs, savoir signer et avoir la jouissance de leurs droits civils. Ils peuvent être de l'un ou de l'autre sexe, mais le mari et la femme ne peuvent être témoins ensemble dans le même acte (L. 12 août 1902, art. 1er — 10307 R. P.).

28. Étendue du ressort. — La L. 12 août 1902 a modifié ainsi qu'il suit l'art. 5 L. 25 ventôse an XI : Les notaires exercent leurs fonctions, savoir : ceux des villes où est établi un tribunal d'appel, dans l'étendue du ressort de ce tribunal; ceux des villes où il n'y a qu'un tribunal de première instance, dans l'étendue du ressort de ce tribunal; ceux des autres communes, dans le ressort du tribunal de paix. Toutefois, les notaires des communes où il y a plusieurs justices de paix exercent leurs fonctions concurremment dans toute l'étendue de la commune. Les notaires ayant actuellement le droit d'instrumenter dans plusieurs cantons, en vertu de lois antérieures spéciales, conserveront leur ressort actuel. Dans tout canton où il n'y a qu'un seul notaire, les notaires des cantons limitrophes appartenant au même ressort de cour d'appel auront le droit d'instrumenter dans ce canton, mais seulement en ce qui concerne les testaments, les donations entre époux et les donations à titre de partage anticipé. A titre de réciprocité, le notaire unique au canton aura le droit d'instrumenter, pour les mêmes actes, dans lesdits cantons limitrophes.

31. Parenté des témoins. — Le mari et la femme ne peuvent être témoins ensemble dans le même acte (L. 12 août 1902, art. 1er — 10307 R. P.).

40. Capacité des témoins instrumentaires. — V. *suprà* n° 21.

45. Signature des parties. — V. *suprà* n° 19.

47-1. Notaire en second. — Signature. — La signature du notaire en second peut être valablement donnée après les formalités de l'enregistrement (Cass. 31 mai 1897, 9112 R. P.)

48. Moment où la signature doit être donnée. — V. *suprà* n° 19.

125-9. Vente de fonds de commerce. — Acte notarié. — Lecture des art. 12 et 13. L. 28 août 1871. — Le notaire qui reçoit un acte de vente de fonds de commerce est tenu de donner lecture aux parties des art. 12 et 13 L. 23 août 1871 et de faire mention de cette lecture dans l'acte, à peine d'une amende de 10 francs en principal (Laval, 28 nov. 1890, 7610 R. P.).

133. Rature approuvée. — Preuve testimoniale. — Lorsque, dans un acte notarié, une clause a été rayée avant la signature des parties, et que la rature a été approuvée par elles, cette clause doit être considérée comme nulle, et aucune demande de preuve testimoniale ne saurait être recevable pour infirmer le sens et la portée de la clause qui lui a été substituée (C. Rouen, 20 nov. 1901, 10300 R. P.).

188. Acte à enregistrer gratis. — Pénalité non exigible en cas de retard. — Lorsque la formalité doit être donnée gratis à un acte notarié, le notaire qui ne l'a pas requise dans le délai légal ne saurait encourir l'amende édictée par l'art. 33 L. frim., spécialement pour les actes passibles d'un droit. La contravention dans ce cas n'entraîne qu'une peine disciplinaire (Mirecourt, 8 déc. 1893, 8248 R. P.; Sol. 4 nov. 1890, 9702 R. P.).

208. Restitution faite au notaire. — Supplément de droit. — Réclamation aux parties. — L'Administration est fondée à poursuivre, directement contre les parties, le recouvrement d'un droit dû sur un acte notarié, lorsque ce droit, restitué par suite d'une erreur, a été remboursé au notaire lui-même qui a touché le mandat délivré à cet effet (Gourdon, 22 déc. 1891, 7806 R. P.).

211. Acte s. s. p. non enregistré. — Responsabilité. — Le notaire qui dresse l'acte de dépôt d'un acte de mutation immobilière s. s. p., non enregistré dans le délai, répond personnellement vis-à-vis du Trésor des droits simples et en sus exigibles sur cet acte (Saint-Nazaire, 20 juin 1890, 7460 R. P.).

212. Supplément de droit. — Double emploi. — La condamnation à des droits qui ne sont que le complément d'une première perception effectuée, ne saurait, à raison même de ce caractère, faire double emploi avec celle-ci, puisque la nouvelle perception est destinée à parfaire à l'égard du Trésor, le paiement d'une dette qui n'a été acquittée qu'en partie (Cass. 12 janv. 1897, 8908 R. P.).

222. Frais. — Recours contre les parties. — Une Loi 24 déc. 1897 (9229 R. P. — V. *Code des lois*) a édicté de nouvelles règles en ce qui concerne le recouvrement des frais dus aux notaires, avoués et huissiers. Cette loi qui abroge l'art. 30 L. frim., dans celles de ses dispositions qui lui sont contraires, laisse subsister le principe du recours accordé aux notaires, pour le recouvrement des droits dont ils ont fait l'avance, tel que ce recours a été établi par l'art. 30 précité. Elle ne modifie que la procédure spéciale au recouvrement.

V. *Acte authentique. — Acte imparfait. — Acte s. s. p. — Répertoire.*

ACTE NUL ET REFAIT.

6. Principe. — Dans la première partie du *Rép. gén.*, au lieu de « les changements qui, aux termes de l'art. 69, § 1er, n° 7 L. frim. », il y a lieu de lire : les changements qui, aux termes de l'art. 68, § 1er, n° 7, L. frim.

10-2 et 6. Titre nouveau. — Annulation judiciaire. — V. *Transaction* nos 64.

21-1. Supplément de droit. — Dans la même partie au lieu de « et ne devient exigible », lire : *Il* ne devient exigible.

ACTE PASSÉ EN CONSÉQUENCE D'UN AUTRE.

8. Commissaires-priseurs. — Les commissaires-priseurs rentrent dans la catégorie des officiers publics auxquels l'art. 42 L. frim. défend d'agir en vertu d'un acte s. s. p. non préalablement enregistré. Mais l'art. 41 même loi, relatif à l'usage des actes assujettis à l'enregistrement sur la minute ou l'original, ne leur est pas applicable (Sol. 24 mai 1877, 636 R. E.).

9. Conservateur des hypothèques. — L'inscription de privilège de séparation de patrimoines, prise par un Conservateur des hypothèques, est un acte public dressé par l'autorité constituée à cet effet. En conséquence, l'Administration est fondée, par application de l'art. 23 L. frim., à exiger l'enregistrement de l'acte de reconnaissance s. s. p., en vertu duquel l'inscription a été requise et mentionnée sur le registre public. L'action en recouvrement des droits dus sur cette reconnaissance n'est soumise qu'à la prescription de trente ans (Argentan, 5 déc. 1893, 24393 J. E. — V. également, 1re partie, *Rép. gén.*, vo *Hypothèque*, n° 260.

10. Greffier. — Séparation de biens. — Extrait. — Dépôt. — Les avoués n'étant pas détenteurs légaux des minutes de jugements de séparation de biens, les extraits qu'ils en délivrent tombent sous l'application de l'art. 68, § 1er, n° 18 L. frim., qui vise les collations d'actes et pièces ou des extraits d'iceux par quelque officier public qu'elles soient faites, et les assujettit au tarif de 1 franc (porté depuis à 1 fr. 50) lorsqu'ils ont le caractère d'actes judiciaires. Les greffiers contreviennent à l'art. 42, et non à l'art. 41 L. frim., quand ils dressent acte du dépôt d'extraits de l'espèce préalablement à leur enregistrement

153. Enregistrement. Défaut de signature de toutes les parties. Obligations et responsabilité du receveur. — D'après les instructions administratives, le Receveur, auquel on présente pour l'enregistrement un acte notarié non revêtu des signatures de toutes les parties, doit faire régulariser cet acte avant de donner la formalité; si la chose est impossible ou si le notaire insiste pour obtenir l'enregistrement, il doit constater l'état matériel de l'acte par un procès-verbal qu'il adresse au Directeur chargé de le faire parvenir au Procureur de la République. En ne se conformant pas à ces prescriptions, le receveur commet une faute personnelle qui peut le rendre passible de dommages-intérêts envers les tiers par application de l'art. 1382 C. civ. — Sa responsabilité n'est toutefois engagée que si la négligence commise de ce chef est la cause directe du préjudice éprouvé par les tiers; elle ne saurait, dès lors, être encourue au sujet de la radiation d'une inscription hypothécaire opérée en vertu d'un acte de mainlevée qui a été enregistré, bien qu'il ne fût pas signé de tous les créanciers y désignés comme parties, lorsque les circonstances établissent que la stricte observation des règlements administratifs n'aurait pas empêché un détournement de fonds dont le notaire rédacteur s'est rendu coupable à la faveur de cette mainlevée (Blois, 5 avril 1905, 10878 R. P.).

205. Adjudication d'immeubles. Condition suspensive. Preuve, en dehors de l'acte, de la réalisation de la condition avant l'enregistrement. — Quand une vente d'immeuble par acte notarié a été faite sous une condition suspensive qui se trouve réalisée avant la présentation du contrat à l'enregistrement, l'acte doit être assujetti au droit proportionnel lors de la formalité, et non pas au droit fixe pour vente conditionnelle, la vente devant être considérée comme ayant été pure et simple dès l'origine (Gex, 9 déc. 1903, 10305 R. P.).

211-5. Copie collationnée. Justification du passif successoral. Reconnaissances de dettes insuffisamment timbrées. Déclaration du notaire rédacteur. Amende encourue par cet officier public. Responsabilité en ce qui concerne le payement du droit de timbre. — Le notaire qui dresse une copie collationnée de billets souscrits par une personne décédée, en vue de permettre aux héritiers de requérir la déduction du passif grevant la succession, agit en vertu desdits billets au sens de l'art. 24 L. brum.; dès lors, s'il déclare que ces écrits sont rédigés sur timbre insuffisant, il encourt l'amende de 100 fr. (aujourd'hui réduite à 20 fr.) édictée par l'art. 26-5° L. brum., sans préjudice de l'application de la disposition finale du même article d'après laquelle il doit, en outre, payer le complément de droit de timbre (Sol. 14 déc. 1905, 11102 R. P.).

212-4. Supplément de droit. Recouvrement. Solidarité des parties. — V. *Acte s. s. p.*, n° 60.

214. Paiement des droits. Notaire insolvable. Action de l'Administration contre les parties. Défaut de justification du versement des droits entre les mains du notaire. — En cas d'insolvabilité d'un notaire, l'Administration a une action directe contre les parties contractantes pour obtenir le paiement des droits exigibles sur les actes reçus par cet officier public. Les parties ne peuvent être déchargées de leur obligation à cet égard envers le Trésor qu'autant qu'elles justifient avoir versé le montant des droits entre les mains du notaire (Bernay, 29 déc. 1905, 10810 R. P.).

ACTE NUL ET REFAIT.

10-2. Titre nouveau. Annulation judiciaire. — Lorsque des meubles et des immeubles, précédemment cédés, en payement de reprises, par le mari à la femme, en vertu d'un acte annulé pour contravention aux règles de la faillite, sont ensuite attribués pour la même cause à la femme dans le concordat obtenu par le mari et homologué en justice, il existe une nouvelle mutation passible du droit proportionnel ordinaire (Saint-Nazaire, 9 mars 1907, 11392 R. P.).

20. Changement dans l'objet de la convention. Droit proportionnel. — Si l'art. 68, § 1er, n° 7, L. frim., n'assujettit qu'au droit fixe les actes refaits pour cause de nullité, c'est à la condition que ces actes n'apportent aucun changement qui ajoute aux objets des conventions ou à leur valeur. Ne peut, en conséquence, bénéficier du droit fixe le traité passé entre une ville et un entrepreneur, en remplacement d'un premier contrat, pour modifier l'objet même de ce contrat et imposer à l'entrepreneur des travaux non prévus dans le marché primitif (Constantine, 17 oct. 1899; Cass. (req.), 5 mai 1903, 10306 R. P.).

ACTE PASSÉ EN CONSÉQUENCE D'UN AUTRE.

11. Huissier. Actes à l'étranger. Énonciation. — *Conf.* Seine 20 fév. 1905, 11378 R. P.

21. Jugement rendu par un tribunal d'Algérie. Signification en France. Complément de droit exigible. — L'art. 58 L. 28 avril 1816 qui, en cas d'usage en France, soumet les actes passés à l'étranger ou dans les colonies aux mêmes droits que s'ils avaient été souscrits en France, s'applique à tous titres, productions et pièces susceptibles d'enregistrement, sans distinction entre les actes extrajudiciaires et les jugements ou autres actes judiciaires. Spécialement, la signification faite en France, par acte extrajudiciaire, d'un jugement émanant d'un tribunal d'Algérie, rend exigible sur ce jugement un complément de droit d'après le tarif métropolitain (Cass. (civ.), 15 mai 1905; — Seine, 20 fév. 1905, 11378 R. P.; — *Contrà* Grenoble, 1er mai 1901, 10980 R. P.).

40. Dépôt de l'acte s. s. p. — *Société anonyme. Délibérations d'assemblées générales constitutives. Apport à titre onéreux.* — Le dépôt, en l'étude d'un notaire, des procès-verbaux des délibérations des assemblées générales constitutives d'une société anonyme, doit être considéré comme fait en conséquence des statuts au sens de l'art. 23 L. frim.; il rend, par suite, exigible les droits afférents à toutes les conventions contenues dans le pacte social, et notamment aux apports à titre onéreux qui peuvent y avoir été stipulés (Seine, 23 juin 1905, 10[illegible] R. P.).

Jugé, au contraire, que si l'acte de dépôt, en l'étude d'un notaire, du procès-verbal de la deuxième assemblée générale constitutive d'une société anonyme, rend obligatoire l'enregistrement de ce procès-verbal en vertu des dispositions de l'art. 23 L. frim., il ne peut être considéré comme rédigé en conséquence dudit procès-verbal, lorsqu'il n'en utilise pas les résultats ou les effets comme éléments d'un engagement consenti devant l'officier public; d'où la conséquence que le droit fixe est seul exigible, par application de l'art. 22 L. 11 juin 1859, sur les conventions commerciales qui sont constatées dans la délibération de l'assemblée générale, notamment sur les apports à titre onéreux qui ont été stipulés dans les statuts et que la constitution de la société rend définitifs (Lyon, 17 janv. 1905, 10[illegible] R. P.).

Police d'assurance sur la vie. Cession par acte s. s. p. du capital. Dépôt de l'acte de cession dans l'étude d'un notaire. — V. *infrà*, n° 98-3.

40-4. Ouverture de crédit. Marché cédé en garantie. — Lorsque les sommes dues en vertu d'un marché de travaux s. s. p. sont transportées en garantie d'un crédit ouvert par acte également s. s. p. et que cet acte d'ouverture de crédit est déposé aux minutes d'un notaire avec reconnaissance de signatures, le dépôt a pour effet de conférer le caractère d'acte authentique à l'ouverture de crédit qui en fait l'objet; par suite, comme ce dernier acte est rédigé en conséquence du marché s. s. p., il en rend l'enregistrement obligatoire. Les parties ne sont pas d'ailleurs fondées à invoquer le bénéfice de l'art. 22 L. 11 juin 1859 qui autorise l'enregistrement provisoire au droit fixe des marchés répurés actes de commerce, attendu que le droit proportionnel devient exigible dès que l'acte de commerce a servi d'élément à un acte public passé en conséquence (Seine, 3 nov. 1905, 11641 R. P.).

51. Caractères de l'usage. — Il y a usage d'un acte s. s. p. par acte public, rendant par conséquent l'enregistrement obligatoire, lorsque l'acte s. s. p. est un des éléments de l'acte public ou que celui-ci est la conséquence de l'acte s. s. p.; alors même que la production de l'acte s. s. p. n'est pas formellement constatée par l'acte public, la preuve de son existence peut être déduite des faits et des documents de la cause. Spécialement, lorsque des victimes d'accidents reconnaissent, par actes notariés, avoir reçu d'une compagnie d'assurances, payant à la décharge de ses assurés responsables des conséquences des accidents, le montant d'indemnités à elles dues par ces derniers, les polices d'assurances intervenues entre la Compagnie et ses assurés constituent les titres en vertu desquels la Compagnie a traité pour le compte de ceux-ci avec les victimes des accidents et doivent, dès lors, être soumis à la formalité de l'enregistrement en vertu de l'art. 23 L. frim. La preuve de l'existence de ces polices peut être établie par l'Administration à l'aide de présomptions tirées des circonstances et documents de la cause (Marseille, 9 août 1898; — Cass. (civ.), 24 déc. 1902, 10[illegible] R. P.).

(Sol. 21 juin 1897, 9140 R. P.; — *contrà* Châlons-sur-Marne, 15 déc. 1899, 9836 R. P.).

10-2. Greffier. — Avis de parents. — Procuration. — Les avis de parents étant des actes du juge de paix et non du greffier, ce dernier n'encourt aucune amende lorsque le procès-verbal d'un conseil de famille constate que l'un des membres est représenté par un mandataire muni d'une procuration s. s. p. non enregistrée, mais qui le sera en même temps que la délibération (Lisieux, 18 déc. 1895, 8792 R. P.).

11. Huissier. — Actes de l'étranger. — Énonciation. — Tout acte ou jugement de l'étranger doit être enregistré avant d'être énoncé dans un acte extrajudiciaire. L'huissier qui contrevient à cette règle encourt une amende et devient responsable des droits, sauf à l'Administration à exercer préalablement son action contre les parties. A défaut de représentation des actes, le Trésor est fondé à réclamer une somme arbitrée d'office pour tenir lieu des droits présumés exigibles (Seine 10 déc. 1892, 8102 R. P.).

17. Production devant un expert. — La mention d'un effet de commerce dans le rapport d'un expert commis judiciairement constitue l'usage en justice de cet acte (Vervins, 28 janv. 1887, 7325 R. P.).

20. Jugements et arrêts coloniaux. — Pourvois en cassation. — Usage en France. — Le plaideur qui défère à la C. Cass. une décision émanant des cours et tribunaux algériens ou coloniaux n'est pas tenu de soumettre préalablement à la formalité en France la décision faisant l'objet du pourvoi et d'acquitter les mêmes droits que si la décision avait été rendue par un tribunal métropolitain (D. m. f. 3 nov. 1893; — Seine, 23 nov. 1894, 8508 R. P.).

35. Autorités constituées. — Comptables publics. — Les comptables publics ne sont pas des autorités constituées dans le sens de l'art. 23 L. frim. (Déc. min. fin. 15 janvier 1890, 7572 et 7974-48 R. P.).

Par suite, quand des pièces d'hérédité d'origine étrangère, telles que des actes de décès ou certificats de propriété, sont produites par les héritiers d'un pensionnaire de l'État, en vue du paiement des arrérages de la pension, d'abord au trésorier général, et, ensuite, à la Cour des comptes, cette production ne rend nécessaire ni l'enregistrement, ni même le timbre de ces actes. Toutefois, si des traductions, faites par des traducteurs jurés, des actes étrangers sont déposées concurremment avec ceux-ci, ces traductions doivent être établies sur papier timbré (Sol. 27 avr. 1885, 24718 J. E.).

Les marchés, passés en France, pour le compte du Protectorat de l'Annam et du Tonkin, peuvent être produits à un comptable du Trésor, sans que l'enregistrement préalable en soit nécessaire. Mais, étant rédigés en France, ils doivent être établis sur papier timbré. (Déc. min. fin. 27 août 1900, 2507 R. E.). — V. *infrà* n° 148.

40. Dépôt de l'acte s. s. p. — *Acte déposé fait en conséquence d'un autre.* — Le dépôt, en l'étude d'un notaire, du procès-verbal d'une assemblée générale d'actionnaires, constatant la réalité des apports et la constitution définitive de la société, a pour effet de conférer à ce procès-verbal le caractère authentique, lorsqu'il est effectué par tous les contractants et que ceux-ci expriment, dans l'acte de dépôt, leur intention formelle de faire acquérir l'authenticité au procès-verbal dont il s'agit. En conséquence, ce dépôt rend obligatoire l'enregistrement préalable de la reconnaissance délivrée par une maison de banque, qui a servi de base aux constatations du procès-verbal déposé. Faute d'annexer la reconnaissance dont il s'agit à l'acte de dépôt, le notaire encourt l'amende de contravention et répond, en outre, comme caution, du droit exigible sur l'acte qu'il a omis d'annexer (Lyon, 1er août 1889, 7370 R. P.).

Société. — Assemblée générale des actionnaires. — Reconnaissance de banque. — Le dépôt, en l'étude d'un notaire, du procès-verbal d'une assemblée générale d'actionnaires, constatant la réalité des apports et la constitution définitive de la Société, n'a pas pour effet de rendre obligatoire l'enregistrement préalable de la reconnaissance délivrée par une maison de banque et qui a servi de base aux constatations du procès-verbal déposé. Aucune amende ne saurait, dès lors, être réclamée au notaire qui a omis d'annexer cette reconnaissance à l'acte de dépôt (Seine, 16 mars 1894, 8310 R. P.).

Marché commercial. — Emprunt par acte public. — Portion de prix déléguée. — Lorsque, dans l'acte public qui constate un emprunt, l'emprunteur, en vue de donner une garantie au prêteur et de se libérer d'autant, délègue une partie des sommes qui lui sont dues, pour prix de marchés commerciaux passés sous seings privés, la délégation a sa cause unique et immédiate dans les marchés auxquels elle se rattache directement. En conséquence, le droit proportionnel est exigible, par application de l'art. 22, L. 11 juin 1859, sur la portion du prix des marchés qui fait l'objet de la délégation (Seine, 22 juil. 1893; Cass. 22 mai 1895, 8554 et 8800-12 R. P.).

Société. — Délibérations d'assemblées. — Pouvoirs annexés. — Constitue l'usage prévu par l'art. 23 L. frim. des pouvoirs annexés à l'expédition de la 1re et de la 2e délibération des assemblées constitutives d'une société anonyme, le fait d'énoncer ces pouvoirs dans les actes de dépôts desdites délibérations. Il en est ainsi alors même que ces pouvoirs sont demeurés annexés aux procès-verbaux (Sol. 8 juin 1890, 9752 R. P.).

47. Instance en matière d'enregistrement. — Acte produit. — Dans les instances relatives à la perception des droits d'enregistrement, les documents produits à titre de justification par les redevables ne sont pas soumis à la double formalité du timbre et de l'enregistrement, à raison du fait seul de leur production. Mais l'Administration ne peut se dispenser de relever les infractions ou contraventions que la production de ces actes la mettrait en mesure de constater (Sol. 22 avr. 1895, 8793 R. P.).

56-3. Compagnie d'assurances. — Rente viagère — Arrérages. — Quittance. — Usage de la police. — Lorsque les héritiers d'un crédi-rentier donnent quittance, par acte notarié, à une compagnie d'assurances, des arrérages échus au décès de leur auteur, le paiement ainsi constaté caractérise l'usage, par acte authentique, de la police s. s. p. entre le défunt et la compagnie d'assurances. Il rend exigible les droits applicables à cette police (Mortagne, 11 nov. 1892, 8056 R. P.).

71 *bis*. Mutation. — Fonds de commerce. — Abonnement au gaz. — Police. — Lorsque, dans un acte notarié de cession de fonds de commerce, il est stipulé que les acquéreurs seront subrogés dans les droits du vendeur relativement aux conventions qui peuvent avoir été faites avec une compagnie d'éclairage au gaz, avec rappel que le compteur à gaz est la propriété de la compagnie, l'Administration n'est pas fondée à induire de cette stipulation qu'il est fait usage, au vœu des art. 23 et 42 L. frim., de la police d'abonnement passée entre le cédant et la société. Il en est ainsi alors même que l'existence de cette police serait matériellement établie par la communication qu'on a prise l'Administration au siège de la société (Toul, 21 déc. 1899, 9926 R. P.).

Ce jugement ne nous paraît pas de nature à pouvoir être approuvé. — En matière d'acte passé en conséquence, on peut considérer, pour l'application des art. 23 et 42 L. frim., comme définitivement fixés par la jurisprudence les deux points suivants : c'est, d'une part, qu'il n'est pas nécessaire que l'acte mentionné soit la cause unique ou principale de l'acte public, et, d'autre part, qu'il suffit que l'acte privé soit rappelé dans l'acte public, comme un élément de l'engagement qui donne lieu à ce dernier acte (*Rép. Gén.*, v° *Acte passé en conség.*, n° 51).

Dans l'espèce, il semble, contrairement aux appréciations du tribunal, qu'il y avait un rapport suffisamment direct entre l'acte public constatant la cession du fonds de commerce et la police d'abonnement contractée par le cédant avec la Compagnie du gaz, pour rendre obligatoire l'enregistrement de cette police, dont l'existence matérielle avait, d'ailleurs, été établie par l'exercice légal du droit de communication qui appartient à l'Administration dans les sociétés par actions.

76-6. Procuration notariée reçue en France. — Inventaire dressé en Algérie. — Quand, à une procuration donnée par l'administrateur d'une succession, suivant acte notarié passé en France, le notaire annexe un extrait de l'ordonnance du président du tribunal qui a nommé l'administrateur, et mentionne que cet extrait est la reproduction de l'ordonnance jointe à un inventaire authentique dressé en Algérie, la procuration ne peut être considérée comme faite en conséquence de l'inventaire. Par suite, il n'y a pas lieu de réclamer le complément de droit exigible, d'après le tarif en vigueur en France, sur l'inventaire dont il s'agit (Sol. 5 nov. 1891, 7856 R. P.).

91. Polices d'assurances sur les accidents. — Dénonciation. — L. 29 juin 1899. — La dénonciation par acte extrajudiciaire d'une police d'assurances-accidents, dans les conditions prévues par la L. 29 juin 1899, ne rend pas obligatoire l'enregistrement de la police dénoncée (Lettre Commune de la Régie du 1er juil. 1899, n° 222, 9594 R. P.). — V. *suprà*, *Accidents du travail*.

93. Cahier des charges. — Jugement d'adjudication. — Folle enchère. — L'énonciation, dans un cahier des charges, pour l'établissement de l'origine de propriété, d'un jugement d'adjudication non enregistré et suivi de revente sur folle enchère, ne constitue pas l'usage par acte public prévu par les art. 23 et 41 L. frim. (Sol. 20 oct. 1893, 24310 J. E.).

117-2. Jugement. — Appel. — Les termes de l'art. 41 L. frim. étant généraux et absolus, un huissier ne peut signifier un exploit d'appel d'un jugement non enregistré, alors même que ce jugement est exécutoire par provision (Amiens, 13 mai 1899, 9685 R. P.).

124-7. Partage. — Remploi. — Rapport. — L'Administration admet que l'énonciation, dans un partage, du titre constitutif d'une créance contre un des co-partageants n'en rend pas l'enregistrement obligatoire, lorsque le copartageant débiteur reçoit, dans son lot, le montant de la créance. Il en est de même pour les actes qui constatent qu'un co-partageant est débiteur d'un rapport, quand ce rapport est attribué au co-partageant qui le doit. Mais on ne peut énoncer, dans un partage, des actes d'acceptation de remploi émanant de l'une des co-partageantes sans faire usage de ces actes, au vœu des art. 23 et 42 L. frim., puisqu'ils servent à établir que l'emploi, auquel la co-partageant était soumis, en vertu de son contrat de mariage, a été régulièrement effectué (Sol. 6 sept. 1894, 8472 R. P.).

139. Société. — Veuve de l'un des associés. — Continuation de la société entre la veuve et les associés survivants. — Énonciation d'un écrit constatant le montant de la part sociale du défunt. — Lorsque, dans un contrat de société, il est stipulé qu'en cas de décès de l'un des associés, sa veuve aura le droit de transformer, en une commandite à son profit, la part sociale du défunt et le montant, jusqu'à concurrence d'un chiffre déterminé, des sommes déposées par ce dernier en compte courant, si la veuve déclare, dans un acte notarié, passé avec les associés survivants, qu'elle entend user de la faculté qui lui était réservée par le pacte social, et mentionne en même temps un inventaire relatant une déclaration écrite par laquelle les associés survivants constatent le montant de la créance du défunt, cette énonciation ne constitue pas l'usage de la déclaration écrite, au vœu des art. 23 et 42 L. frim. (Lille, 14 déc. 1894, 8575 R. P.).

Pour qu'il y ait usage d'un acte s. s. p. dans un acte public, il n'est pas nécessaire que l'acte mentionné soit la cause unique ou principale de l'acte public. Il suffit que l'acte s. s. p. soit rappelé dans l'acte public comme un élément de la convention qui donne lieu à ce dernier acte.

Telle est la règle qu'on peut dégager des nombreuses décisions judiciaires qui ont fixé le sens et la portée des articles 23 et 42 de la loi du 22 frim. an VII (V. *Rép. gén.*, v° *Acte passé en conséquence d'un autre*, n° 51).

A ce point de vue, il semble évident, dans l'affaire qui fait l'objet du jugement, que les conventions intervenues entre la veuve de l'associé décédé et les associés survivants n'avaient qu'un rapport indirect avec la déclaration écrite consignée dans l'inventaire dressé après le décès de cet associé. En d'autres termes, cette déclaration ne pouvait être considérée comme un élément nécessaire des

91. Polices d'assurances sur les accidents. — V. *Suprà*, n° 51.

96-3. Cession. — *Police d'assurances sur la vie.* — La cession, par acte s. s. p. déposé en l'étude d'un notaire, d'une somme due par une Compagnie d'assurances sur la vie aux termes d'une police s. s. p., constitue l'usage de ce dernier contrat au sens de l'art. 23 L. frim. et en rend, par suite, l'enregistrement obligatoire; mais il n'est pas possible d'admettre que l'acte de dépôt est passé en conséquence de la police, cet acte étant dressé uniquement en vertu de l'acte de cession (Jonzac, 15 mai 1902, 10328 R. P.).

Rente viagère due par une Compagnie d'assurances sur la vie. Cession des arrérages, par acte notarié, comme prix d'un bail à nourriture. — Lorsque le bénéficiaire d'une rente viagère due par une Compagnie d'assurances sur la vie en vertu d'une police s. s. p. s'engage, par acte notarié, à en remettre les arrérages à une autre personne comme prix d'un bail à nourriture et stipule qu'au cas où, à son décès, il serait dû des arrérages en cours, le prorata en reviendra à la même personne, il y a usage de la police au sens de l'art. 23 L. frim., et l'Administration est fondée à exiger l'enregistrement de ce contrat (Lyon, 25 mars 1904, 10786 R. P.).

149. Approbation préfectorale. — V. *Acte administratif*, n° 17.

169-170. Police d'assurance. — V. *Suprà*, n° 41.

225. Quittances. Compte. Action en justice. — L'exemption d'enregistrement accordée par l'art. 537 C. pr. civ. ne saurait être étendue aux quittances produites à un arbitre, non comme simples pièces justificatives d'un compte dans le sens de cet article, mais uniquement pour servir de fondement à une action en justice (Seine, 6 déc. 1902, n° 10551 R. P.).

Réhabilitation en matière de faillite. Quittances. Pièces produites. Enregistrement non obligatoire. — L. 31 mars 1906 nouvel art. 606 C. comm.). (Instr. 3180, 11751 R. P.).

conventions dont il s'agit. C'est donc avec raison que le Tribunal a écarté l'application de l'art 42 L. frim.

139. Société. — Apport. — Marché. — Bail. — L'acte notarié constitutif d'une société civile à laquelle une des parties cède ou apporte un marché administratif, un bail et des traités s. s. p. avec des particuliers, doit être considéré comme passé en conséquence ou en vertu tant de ce marché administratif que des baux et traités s. s. p. (Figeac, 21 déc. 1898, 9698 R. P.).

146. Production de pièces à l'appui de la comptabilité. — La production devant le conseil de préfecture ou devant la Cour des comptes des pièces justificatives de la comptabilité n'a pas le caractère de l'usage rendant l'enregistrement préalable obligatoire (D. m. f. 14 janv. 1800, 7572 R. P. — V. *suprà* n° 95).

147. Officiers de l'état civil. — Annexe. — Le fait par un maire d'annexer à un acte de l'état civil des actes passés à l'étranger et destinés à justifier de la capacité des parties, constitue l'usage public de ces actes et en rend l'enregistrement obligatoire. La dispense, en cette matière, ne s'applique qu'aux actes de l'état civil proprement dits; elle ne saurait être étendue aux actes qui n'ont pas ce dernier caractère, comme les affirmations d'identité, soit par les futurs époux, soit par leurs parents, reçus par des consuls ou agents diplomatiques; les déclarations émanant des officiers publics étrangers et destinées à tenir lieu d'actes de naissance et les certificats divers émanant d'autorités étrangères (Sol. 4 mars 1898, 25516 J. E.).

Il en est ainsi pour l'expédition d'un jugement de divorce rendu à l'étranger, lorsque cette expédition, produite par l'un des époux pour justifier sa situation à l'officier de l'état civil, demeure annexée à l'acte de mariage (Seine, 24 juil. 1897, 25731 J. E.).

148-1. Marché administratif. — Plans et devis. — Les plans et devis, dressés par les agents d'une compagnie chargée du service des eaux dans une ville, doivent être enregistrés quand il en est fait usage dans des marchés complémentaires passés entre la ville et la compagnie (Lyon, 23 nov. 1900, 2663 R. E.).

148-2. Hospices. — Bureaux de bienfaisance. — Dons et legs. — Pièces produites. — Les pièces produites par les hospices et bureaux de bienfaisance, à l'effet d'obtenir l'autorisation d'accepter les dons et les legs qui leur sont faits, et, notamment, l'acte constatant le consentement des héritiers à l'exécution du testament visé dans l'arrêté préfectoral, doivent être timbrées et enregistrées (Sol. 10 oct. 1899, 2387 R. E.).

149. Gérance de débit de tabac. — Traité. — Constituent de simples actes s. s. p. et non des actes administratifs, les traités conclus pour la gérance des débits de tabacs entre le titulaire et le gérant. La présentation de ces traités à l'approbation du directeur de la Régie ne constitue pas l'usage devant une autorité constituée qui rend l'enregistrement obligatoire (Sol. 21 nov. 1895, 8976 R. P.). V. *Acte administratif*.

165. État taxé. — Ordre amiable. — Lorsqu'un procès-verbal d'ordre amiable constate qu'un avoué est colloqué pour le montant de ses « frais taxés », l'Administration n'est pas autorisée, par cette seule énonciation, à soutenir qu'il existe un état et à exiger qu'il lui soit justifié du timbre et de l'enregistrement de cet état. La réclamation n'est fondée que s'il est possible d'en prouver l'existence et, dans ce cas, il importe peu que l'écrit soit signé de l'avoué : du moment où il est revêtu de la taxe du juge et qu'il en est fait usage dans le règlement de l'ordre, l'état doit être timbré et enregistré (Sol. 16 mars 1895, 8795 R. P.).

Lorsque, dans les procès-verbaux d'adjudications judiciaires, d'ordres et de contributions, il est fait usage d'états de frais taxés non enregistrés, dont les procès-verbaux ne font pas mention expresse, mais dont l'existence résulte des répertoires du greffe, l'usage qui est fait de ces états en rend l'enregistrement obligatoire (Sol. 15 nov. 1899, 9781 R. P.).

167-3. Partage s. s. p. — Le partage notarié dans lequel est énoncé un acte s. s. p. formant, pour l'une des parties, le titre de l'indivision, est fait en vertu de cet acte. Dès lors, cette énonciation rend exigibles les droits d'enregistrement auxquels la convention s. s. p. donne ouverture (Nevers, 27 nov. 1809, 9927 R. P.).

170-1. Polices d'assurances sur la vie. — Ouverture de crédit. — Lorsque, dans un acte notarié contenant ouverture de crédit, le crédité cède au créditeur, en garantie des avances qui lui seront faites, des polices d'assurances sur la vie, il y a usage de ces polices, au vœu des art. 23 et 42 L. frim. (Blois, 9 mars 1898, 9329 R. P. *Conf.* Cass. belge, 10 fév. 1898, 2555 R. E.).

225. Compte de liquidation. — Pièces ne constituant pas des quittances. — Art. 587 C. proc. non applicable. — L'exemption d'enregistrement accordée par l'art. 537 C. proc. aux quittances justificatives d'un compte ne saurait être étendue à des comptes de liquidation, relevés d'expédition et lettres missives n'ayant pas le caractère de quittances (Cass. (civ.) 7 mai 1901, 10061 R. P. — *Contrà* Seine, 17 déc. 1897, 9334 R. P.).

235-1. Notaire. — Contrat passé devant un autre notaire. — Un notaire, qui agit en vertu d'un acte, reçu le même jour, par un autre notaire, avant que ce dernier acte soit enregistré, contrevient à l'art. 41 L. frim. (Sol. 27 avr. 1896, 25158 J. E.).

240-1. Adjudication non enregistrée et mentionnée dans une revente ultérieure. — Contravention. — Le notaire qui, dans un acte de vente d'immeubles, mentionne, pour établir le droit de propriété du vendeur, un jugement d'adjudication rendu précédemment au profit de celui-ci et non encore enregistré, contrevient à l'art. 41, L. 22 frim., et, par suite, peut être contraint au paiement tant de l'amende de 10 francs que des droits de toute nature exigibles sur l'adjudication dont il a fait usage, alors même que le greffier aurait remis au receveur, conf. à l'art. 37, L. 22 frim., l'extrait de cette adjudication, en vue des poursuites à exercer contre les parties débitrices des droits (Le Puy, 13 avril 1888; Cass. req., 17 fév. 1890, 7380 R. P.).

251. Pays étranger. — Notaire. — Actes. — Dépôt. — Le dépôt d'actes étrangers effectué aux minutes d'un notaire français par le gérant d'une société désigné par les statuts, muni de pouvoirs réguliers et agissant dans l'intérêt commun, caractérise l'usage des actes déposés et en rend l'enregistrement obligatoire (Sol. 29 oct. 1896, 1125 R. E.).

2. HUISSIER. — ACTES. — SIGNIFICATION. — V. *suprà*, n° 11.

257. Actes non représentés. — Timbre. — Somme arbitrée d'office. — Non-violation de la L. 13 brum. an VII. — Lorsqu'une contrainte, décernée pour le paiement d'une somme arbitrée d'office sur des actes produits et non représentés, ne mentionne des droits de timbre qu'à titre énonciatif et s'applique d'une façon générale à l'ensemble des droits dus, le jugement qui la valide, en réservant toutes les prétentions à faire valoir par les parties pour obtenir la diminution de la somme réclamée, ne méconnaît pas les garanties accordées par la L. 13 brum. an VII aux redevables (Cass. 7 mai 1901, 10064 R. P.). — *Rappr. Suprà*, n° 11.

263. Acte s. s. p. annexé. — Supplément de droit. — Le paiement du supplément de droit dû sur un acte s. s. p., annexé à un acte notarié passé en conséquence, ne peut être réclamé aux parties qui ont figuré à l'acte notarié, lorsque les parties sont complètement étrangères à l'acte s. s. p. (La Châtre, 14 août 1890, 7623 R. P. — *Contrà*. Blois, 9 mars 1898, 9329 R. P.; Nevers, 27 nov. 1899, 9927 R. P.).

266 *bis*-3. Notaire. — Acte administratif. — Responsabilité. — L'acte par lequel un entrepreneur cède à un créancier le prix d'un marché écrit est fait en conséquence de ce marché. Le notaire qui rédige un acte en conséquence d'un marché passé dans la forme administrative non enregistré, devient débiteur solidaire des droits dus sur le marché par application de l'art. 41, L. 22 frim., et, de plus, il encourt l'amende prononcée par le même article (Nantes (deux jug.), 7 juil. 1890, 7515 R. P.).

267. Notaire. — Acte s. s. p. — Droits exigibles. — Responsabilité. — Le notaire est responsable des droits d'enregistrement auxquels donnent ouverture les actes en vertu desquels il agit (Le Puy, 13 avr. 1888; Cass. 17 fév. 1890, 7380 R. P. *Suprà*, n° 240-1; Blois, 9 mars 1898, 9329 R. P.; Figeac, 22 déc. 1898, 9808 R. P.). Il en est ainsi, bien que l'amende personnellement encourue par le notaire soit prescrite. — Blois, précité.

269. Droits. — Prescription. — Les droits dus et non perçus sur un acte s. s. p. mentionné dans un acte notarié ne se prescrivent que par trente ans (Nevers, 27 nov. 1899, 9927 R. P.).

De même, ne se prescrivent que par trente ans les droits afférents à une reconnaissance de somme mentionnée dans une inscription de séparation de patrimoines (Argenton, 5 déc. 1883, *suprà*, n° 9).

282. Huissier. — Acte étranger. — Amende. — V. *suprà*, n° 11.

283. Notaire. — Amende. — Si un marché, un bail et des traités s. s. p. en vertu desquels est passé un acte notarié n'ont pas été enregistrés, le notaire encourt les amendes prononcées par les art. 41 et 42 L. frim. Mais ces amendes s'éteignent par le fait de son décès (Figeac, 22 déc. 1898, 9808 R. P.).

301. Timbre. — Acte insuffisamment timbré. — La déclaration par le notaire qu'un acte en vertu duquel il agit est écrit sur papier insuffisamment timbré, n'autorise pas l'Administration, à défaut de représentation matérielle de cet acte, à réclamer le supplément de droit de timbre et l'amende qui seraient exigibles si la contravention était régulièrement établie. L'aveu des parties dans une pétition adressée à l'Administration ne peut suppléer à la représentation matérielle de l'écrit (Déc. min. fin. 8 avr. 1896, 115 R. E.).

Huissier. — Acte à la suite. — Un huissier n'encourt pas d'amende pour avoir, dans un exploit, agi en vertu d'un acte écrit sur une feuille du timbre prescrit, mais sur laquelle un autre acte avait été commencé (Sol. 3 avril 1887, 2553 Rev. Prat.).

305. Colonies. — Décision du Conseil colonial. — Recours au Conseil d'État. — Expéditions de la décision et de la déclaration de recours. — Dispense de timbre. — Ne sont pas assujetties au timbre les expéditions produites à l'appui du recours formé devant le Conseil d'État contre la décision d'un Conseil d'une colonie où l'impôt du timbre n'est pas établi (Sol. 26 janv. 1899, 9765 R. P.).

321-2. Notaire. — Usage d'un acte passé à l'étranger. — Timbre. — Le notaire, qui fait usage d'un acte non timbré passé à l'étranger, contrevient à l'art. 13 L. 13 brum. an VII. Comme cet article est dépourvu de sanction pénale, il n'est passible d'aucune amende, mais il doit acquitter le droit de timbre de l'acte qui est réputé non timbré (Sol. 1 fév. 1897, 9077 R. P.).

329 et 341. Acte s. s. p. — Notaire. — Timbre. — Défaut de mention. — Un notaire encourt les amendes édictées par l'art. 49, L. 5 juin 1850, en mentionnant, dans un contrat de société, un bail et des traités s. s. p. en vertu desquels il agit, sans indiquer s'ils sont revêtus du timbre prescrit et sans énoncer le montant du droit de timbre payé. Ces amendes ne s'éteignent pas par le fait du décès du notaire et elles peuvent être réclamées aux héritiers du contrevenant (L. 28 avril 1816, art. 76; Figeac, 22 déc. 1898, 9698 R. P.).

ACTE PRODUIT EN JUSTICE OU EN COURS D'INSTANCE.

10. Sens du mot usage.

1. RESPONSABILITÉ DU JUGE. — V. n° 57 *infrà*.

22. Ordre et contribution. — Il y a lieu de soumettre

252-1. Annexe. Marché administratif passé en Algérie et enregistré dans la colonie. Supplément de droit exigible en France. — L'annexe à un acte notarié en France d'un marché administratif passé en Algérie entre une commune et un particulier rend exigible sur ce marché le droit d'enregistrement d'après le tarif de la métropole, sous déduction des droits déjà perçus dans la colonie, sans que les parties puissent se soustraire à la perception du droit proportionnel en invoquant l'art. 22 L. 11 juin 1859, cette disposition ne s'appliquant [illegible] s. s. p. entre particuliers (Lyon, 17 janv. 1905, 10984 R. P.).

Algérie. Actes musulmans. Déc. 23 août 1904 et 10 déc. 1904 (1096? R. P.).

265. Acte notarié passé en conséquence de contrats conclus à l'étranger. Dissimulation de ces contrats. Prescription biennale non applicable. — La prescription biennale ne peut être opposée à la réclamation, par l'Administration, des droits afférents à des contrats conclus à l'étranger et en vertu desquels un acte notarié a été passé en France, lorsque l'existence même de ces contrats a été dissimulée et que, notamment, les conventions qui en font l'objet ont été présentées, dans l'acte notarié, comme des actes législatifs d'un gouvernement étranger (Seine, 8 fév. 1905, 11160 R. P.).

267. Responsabilité du notaire. Bénéfice de discussion. — Le notaire, responsable des droits auxquels donnent ouverture les actes s. s. p. en vertu desquels il agit, n'est tenu personnellement que comme débiteur secondaire, le débiteur principal étant la partie tenue en première ligne; il a, par suite, le droit de se prévaloir du bénéfice de discussion (Laon, 31 mars 1905, 10946 R. P.).

298. Huissiers, greffiers, secrétaires et autres officiers publics. — Extension à leur profit des dispositions de l'art. 10 L. 16 juin 1824 (L. 22 avril 1905, art. 10, 10930 R. P.).

301-351. Copie collationnée. Justification du passif successoral. Reconnaissances de dettes insuffisamment timbrées. Déclaration du notaire rédacteur. Amende encourue par cet officier public. Responsabilité en ce qui concerne le payement du droit de timbre. — Le notaire qui dresse une copie collationnée de billets souscrits par une personne décédée, en vue de permettre aux héritiers de requérir la déduction du passif grevant la succession, agit en vertu desdits billets au sens de l'art. 13 L. brum.; dès lors, s'il déclare que ces écrits sont rédigés sur timbre insuffisant, il encourt l'amende de 100 fr. (aujourd'hui réduite à 20 fr.) édictée par l'art. 26-5° L. brum., sans préjudice de l'application de la disposition finale du même article d'après laquelle il doit, en outre, payer le complément de droit de timbre (Sol. 15 déc. 1905, 11102 R. P.).

340. Copie collationnée. Justification du passif successoral. L. 25 fév. 1901, art. 4. Titres de créances non enregistrés. Mention du timbre des originaux. — V. *Copie collationnée*, n° 32, et *Suprà*, n° 301-351.

ACTE PRODUIT EN JUSTICE OU EN COURS D'INSTANCE.

10. Preuve d'existence. Copie représentée par l'Administration. Caractères de l'usage en justice. — La preuve de l'existence d'un écrit et de sa production au cours d'une instance peut résulter des circonstances de l'affaire, des documents dont il a été fait usage, des motifs des décisions judiciaires intervenues, et du fait que l'Administration est en mesure de représenter une copie de cet écrit. Il importe peu d'ailleurs que la convention n'ait pas été mise sous les yeux des magistrats; il suffit que l'une des parties en ait invoqué les clauses pour que l'usage en justice se trouve caractérisé au sens de l'art. 23 L. frim. (Montluçon, 23 mars 1905, 10954 R. P.).

23. Arbitre. — *Conf.* Seine, 3 juill. 1896; — Cass. civ., 8 déc. 1902, 10358 R. P.; — Seine, 5 déc. 1902, 10341 R. P.; — Reims, 24 juin 1903, 10585 R. P.

24-26. Experts. Affaire terminée sans jugement. — La production d'actes devant un expert commis par l'autorité judiciaire constitue l'usage en justice qui rend obligatoire l'enregistrement de ces actes, alors même que l'instance s'est terminée sans jugement (Bourne-les-Dames, 17 nov. 1904, 10956 R. P.; — Villefranche, 30 déc. 1905, 11356 R. P.).

29. Titre insuffisant. — L'allégation de la partie que les pièces dont il a été fait usage en justice sont des écrits informes, non signés et sans valeur probante, ne saurait faire obstacle à la réclamation de l'Administration s'il n'est pas justifié de cette allégation par la représentation matérielle des documents litigieux (Baume-les-Dames, 17 nov. 1905, 10958 R. P.).

Rapport d'experts. Énonciations insuffisantes pour établir l'existence d'un acte. — L'énonciation d'un rapport d'expertise ainsi conçu : « Nous n'avons trouvé dans l'acte de société aucune mention pouvant justifier la demande » est insuffisante pour établir qu'il a été produit aux experts un acte écrit constatant les conventions sociales et pour autoriser l'Administration à formuler une réclamation de ce chef, lorsque la société dont il s'agit a été formée entre proches parents, ce qui permet de douter qu'un acte écrit de société ait été rédigé, — que des experts commis dans une instance antérieure, à l'occasion de difficultés survenues au début de l'association, avaient pris soin de reconstituer, sous forme d'acte de société, les accords verbaux arrêtés entre les associés, — que c'est vraisemblablement à leur rapport, dans lequel étaient reproduits les statuts de la société, que les nouveaux experts ont fait allusion sous la qualification d' « acte de société », — enfin, que le premier rapport d'expertise, qui énonçait les conventions sociales avec des développements et des précisions suffisantes pour former le titre de la société, et pour permettre de les assujettir au droit qui leur était propre, a été enregistré plus de deux ans avant la réclamation de l'Administration (Issoire, 8 mars 1906, 11173 R. P.).

30. Algérie. Actes de la justice musulmane. Déc. 23 août 1902 et 10 déc. 1904 (10937 R. P.).

31. Nullité relative. Défaut de représentation. Droit arbitré d'office. — A défaut de représentation de billets produits en justice, l'Administration est fondée à réclamer une somme arbitrée d'office pour tenir lieu de tous droits et amendes présumés exigibles. La partie ne peut se soustraire au payement de cette somme, en alléguant que les billets en question ont été judiciairement annulés, lorsque le tribunal les a seulement annulés en tant qu'ils étaient assimilables à une contre-lettre devant augmenter le prix de cession d'un office ministériel et qu'il a tenu compte de leur payement par le souscripteur pour déclarer que celui-ci était créancier du cédant (Senlis, 28 juin 1905, 11053 R. P.).

42-7. Usage en justice. — *Caractères.* — L'usage en justice qui rend obligatoire l'enregistrement d'un acte consiste, non pas seulement dans la production matérielle de cet acte au tribunal, mais encore dans le fait d'invoquer devant lui les stipulations qui y sont contenues pour en tirer argument aux débats (Seine, 8 fév. 1906, 11160 R. P.).

Preuve de l'existence d'un écrit. — La preuve de l'existence d'un écrit et de sa production devant des experts commis par l'autorité judiciaire résulte suffisamment de ce que la convention litigieuse a été analysée dans le rapport d'expertise, du grand nombre et de la diversité de ses dispositions, de son importance pour les parties, et, en outre, de la circonstance que le tribunal devant lequel elle a été invoquée en a ordonné l'enregistrement (Tarascon, 6 août 1903; — Cass. (req.), 23 mai 1906, 11220 R. P.).

Cette preuve est encore suffisamment établie par les énonciations du registre du receveur, desquelles il résulte que, lors de l'enregistrement du jugement, il a été présenté à la formalité un acte sur lequel les droits ont été perçus, et par le fait qu'à l'appui d'une demande ultérieure en restitution, l'avoué de la partie a remis à l'Administration une copie de cet acte certifiée par son client (Seine, 4 nov. 1904, 10997 R. P.).

43. Preuve de la production. — Le fait de la production est suffisamment prouvé par l'Administration quand elle établit, par les énonciations d'un rapport d'arbitre, que la qualification de verbales donnée à des conventions par un jugement s'applique en réalité à un acte écrit et que cet acte a été mis sous les yeux de l'arbitre (Seine, 3 juill. 1899; — Cass. (civ.), 8 déc. 1902, 10358 R. P.).

Convention qualifiée de verbale dans le jugement. Présomption d'inexistence d'un écrit. — Lorsqu'un tribunal de commerce a, dans un jugement, qualifié de « verbale » une convention sur laquelle il a été appelé à statuer, le tribunal civil, saisi d'une réclamation de droits d'enregistrement afférents à cette convention, ne peut déclarer, sans en avoir la preuve absolue, que les parties ont, en réalité, fait usage d'un acte écrit, et il y a lieu de présumer que les termes du jugement visant soit des dates précises, soit une clause particulière de la convention, se réfèrent simplement à des conclusions ou à des notes déposées sur le bureau du tribunal consulaire (Nantes, 8 août 1905, [illegible] R. P.).

à la formalité, avant toute production en justice, spécialement avant tout usage dans les procédures de contribution judiciaire : 1° les certificats de la Caisse des dépôts et consignations constatant le montant des sommes consignées au compte du saisi ; 2° les états, délivrés par la même caisse, des oppositions et réclamations dont ces sommes se trouvent grevées (Sol. 28 avril 1899).

23. Arbitre. — Il y a usage d'un acte en justice, lorsqu'un plaideur le produit devant un arbitre judiciairement commis (Seine, 10 juill. 1891 et 4 mars 1892, 7820 R. P.).

24. Experts. — La même règle s'applique aux experts (Cass. civ. 7 mai 1901, 10034 R. P. ; — Montbrison, 11 mars 1899, 9654 R. P.).

25 *bis*. **Péremption de l'instance au cours de laquelle a eu lieu la production.** — Lorsque le rapport d'un expert commis judiciairement établit l'existence et la production d'actes non enregistrés, l'Administration est fondée à exiger l'enregistrement de ces actes ; elle conserve ce droit, même après que le tribunal a prononcé la péremption de l'instance, au cours de laquelle la production a eu lieu (La Réole, 12 nov. 1896, 9107 R. P.).

28 *bis*. **Instances en matière d'enregistrement.** — Dans les instances relatives à la perception des droits, les documents produits à titre de justification par les redevables ne sont pas soumis à la double formalité du timbre et de l'enregistrement à raison du fait seul de leur production. Mais l'Administration ne peut se dispenser de relever les infractions ou contraventions que la production de ces actes la mettrait en mesure de constater (Sol. 22 avril 1895, 8793 R. P.).

29. Titre insuffisant. — En matière d'enregistrement, le droit de la convention n'est pas exigible, lorsque l'écrit présenté à la formalité ne produit pas la preuve juridique de cette convention. Par application de ce principe, il faut reconnaître que l'art. 57 L. 28 avril 1816 ne peut être étendu aux écrits qui, par eux-mêmes, et isolément, ne forment pas titre et qui n'offrent que des commencements de preuve.

Décidé, dans cet ordre d'idées :

1° que les carnets domestiques, qui ne sont pas des actes, peuvent être produits en justice sans être timbrés ni enregistrés (Seine, 5 avril 1895, 8626 R. P.) ;

2° qu'un compte sans date ni signature remis à un arbitre pour le dispenser d'avoir à prendre par écrit les explications orales de l'auteur du compte, peut être produit en justice sans donner ouverture au droit et à l'amende de timbre prévus par l'art. 30 L. 13 brum. an VII (Seine, 30 déc. 1893, 8423 R. P.).

29 *bis*. **Lettres de change.** — Les lettres de change qui n'ont pas été protestées peuvent être produites en justice sans qu'il soit nécessaire de les faire enregistrer, lorsque la production n'a pas pour objet la demande en payement (Seine, 16 mars 1894, 8383 R. P., et sur pourvoi, Cass. civ. 22 juill. 1896, 8814 R. P. ; — V. *Rép. gén.*, v° *Effets négociables et non négociables*, n° 226 et 227).

29 *ter*. **Reçu. — Liquidation du droit simple. Droit en sus.** — Mais un reçu signé du défendeur ne peut être produit en justice par le demandeur sans avoir été enregistré et sans donner ouverture au droit en sus, si la formalité n'a pas été accomplie avant la production. L'impôt est exigible sur la totalité du reçu, et non pas seulement sur la partie contestée, la loi ne contenant à cet égard aucune exception aux principes généraux (Seine, 30 déc. 1893, 8423 R. P.).

30. Acte de l'étranger ou des colonies. — Il suffit qu'il ait été fait usage en France d'un acte d'ouverture de crédit pour que le complément de droit devienne exigible au tarif français, lorsque le crédit est réalisé. Il en est spécialement ainsi pour un acte de l'espèce passé et enregistré en Algérie et produit en justice dans la métropole (Seine, 27 nov. 1896, 8087 R. P.).

1. Acte étranger non timbré. — La production en justice de titres émis par un gouvernement étranger rend exigible le droit de timbre applicable aux fonds d'État étrangers (Seine, 3 juill. 1896, 25113 J. E.).

Errata de la 7e édit. — Au *Rép. gén.*, n° 301, 11e ligne, 1er alinéa, *ajoutez : Rappr. cod. verbo*, n° 57-4 et 5.

A la 32e ligne, 3e alinéa, *au lieu de* : qui contrevient à l'art. 26 de la même loi. Or, cet art. 26,... *lisez* : qui contrevient à l'art. 24 de la même loi. Or, cet art. 24...

2. Acte et jugement colonial. — Recours au Conseil d'État. — Timbre. — Le plaideur qui défère au Conseil d'État une décision du Conseil du contentieux d'une colonie, où l'impôt du timbre n'est pas établi, n'est pas tenu de faire timbrer les expéditions de la décision attaquée et de la déclaration de recours (Sol. 24 janv. 1899, 9639 R. P. ; — V. v° *Acte passé en conséquence*).

34. Répétition de l'indu : pièce justificative. — Droit en sus. — L'action en répétition de l'indu étant fondée sur la loi, et non sur les pièces qui établissent le payement indûment effectué, les quittances établissant ce payement ne forment pas le titre de la demande et ne sont pas passibles du droit en sus, quand elles ont été produites en justice sans avoir été enregistrées (Sol. 10 fév. 1897, 9080 R. P.).

43. Production par équivalence. — Lorsque l'Administration soutient qu'il a été fait usage en justice d'un acte non enregistré, il lui appartient de prouver l'existence de cet acte et, si elle n'en fournit pas la preuve, elle n'est pas fondée à réclamer, de ce chef, des droits d'enregistrement (Seine, 17 déc. 1897, 9334 R. P.).

2. Lecture du titre constatée par le jugement. — L'usage en justice d'un pouvoir écrit résulte de la mention par laquelle un tribunal de commerce constate la comparution d'un plaideur par « son défenseur à ce autorisé, en vertu d'un pouvoir non enregistré, mais reconnu suffisant à l'audience par le tribunal ». L'Administration est, dès lors, fondée à exiger l'enregistrement du pouvoir, et, à défaut, à réclamer une somme arbitrée d'office, égale au montant du droit d'enregistrement seulement, sans addition de droit ou d'amende de timbre (Sol. 16 oct. 1896, 9061 R. P.).

3. Analyse du titre. — La production en justice peu

résulter, notamment, de la précision avec laquelle le jugement analyse les diverses clauses de l'acte, alors même que le tribunal déclarerait, dans un des considérants de sa décision, que les conventions intervenues entre les parties ont été purement verbales (Nantes, 23 juil. 1890, 7472 R. P.; — Sol. 13 juil. 1898, 9535 R. P.).

6. Simples présomptions. — Enfin, l'Administration est admise à faire la preuve de l'existence de l'acte et de sa production au moyen des présomptions de toute nature qui résultent des pièces de la procédure et des énonciations du jugement, notamment : des termes de l'exploit introductif d'instance rapprochés des énonciations du jugement; de la discussion, dans les considérants du jugement; du texte même du traité, alors surtout que ces présomptions de fait sont corroborées par la présomption de droit tirée de l'art. 2044 C. civ. (Mirande, 5 mars 1890, 7456 R. P.); des énonciations, soit des conclusions signifiées dans une instance, soit d'un jugement rendu dans cette instance, qu'un acte a été nécessairement mis sous les yeux des juges. Il importe peu que l'Administration ne représente pas l'acte lui-même ou l'*instrumentum* sur lequel elle entend asseoir la perception du droit réclamé, puisqu'il lui suffit, pour satisfaire à l'obligation qui lui incombe, d'établir la production et, par suite, l'usage des actes, par des présomptions qui ne laissent aucun doute sur ce double fait, et elle est admise, à défaut de représentation des actes par la partie, à réclamer par voie de contrainte une somme fixe arbitrée d'office. Spécialement, lorsque, dans une instance, l'une des parties réclame à l'autre la rétribution qui lui est due pour une gestion d'affaires, et qu'il ressort des documents de la cause qu'il a été produit au tribunal un état de situation et des billets souscrits par un tiers, ces écrits doivent, bien qu'ils ne fassent pas directement l'objet du procès, être assujettis à l'enregistrement conf. aux dispositions de la Loi du 22 frim. (Gaillac, 18 nov. 1896, 8887 R. P.).

L'existence d'un traité écrit peut être établie à l'aide de présomptions tirées notamment de l'importance des intérêts engagés, de la durée du marché, de la diversité de ses clauses et de la précision des conditions relatées dans l'exploit d'assignation. L'Administration est fondée à en réclamer l'enregistrement, dans le cas de production en justice, ou, à défaut, le payement d'une somme arbitrairement fixée; les parties ne sauraient se soustraire à cette alternative en offrant de souscrire une déclaration estimative pour servir de base à la perception (Alger, 10 mars 1894; — Cass., 20 juil. 1896, 8823 R. P., 2930, § 4, I. C.).

47. Étendue du droit à percevoir.

8. Évaluation d'office. — L'usage en justice d'un acte en rend l'enregistrement obligatoire et, à défaut de représentation, l'Administration est fondée à réclamer une somme arbitrée d'office. Lorsque l'absence de documents est due à la volonté du redevable, le tribunal peut fixer cette somme de manière qu'elle représente, pour partie, une astreinte (Seine, 17 juin 1893, 8513 R. P.).

Lorsqu'un plaideur a produit en justice des actes qu'il ne représente pas revêtus de la mention de l'enregistrement, il ne saurait repousser la réclamation d'une somme arbitrée d'office pour tenir lieu des droits présumés exigibles sous le prétexte que ces actes auraient pu être enregistrés dans des bureaux autres que celui où l'usage a été constaté et qu'il appartient à l'Administration de rapporter la preuve que l'enregistrement n'a pas été accompli. C'est à lui, au contraire, qu'incombe l'obligation de justifier de la formalité (Montbrison, 11 mars 1899, 9634 R. P.).

Quand une contrainte, décernée pour le payement d'une somme arbitrée d'office sur des actes produits et non représentés, ne mentionne des droits de timbre qu'à titre énonciatif et s'applique d'une façon générale à l'ensemble des droits dus, le jugement qui la valide, en réservant toutes les prétentions à faire valoir par les parties pour obtenir la diminution de la somme réclamée, ne méconnaît pas les garanties accordées aux redevables par la L. 13 brum. an VII (Cass. civ. 7 mai 1901, 10061 R. P.).

Mais les contraventions aux lois sur le timbre ne pouvant être poursuivies qu'après avoir été constatées, l'Administration ne peut, à défaut de procès-verbal, réclamer des droits et amendes de timbre arbitrés d'office sur des pièces produites en justice et non représentées (Seine, 17 déc. 1897, 9234 R. P.).

11. Réduction des droits liquidés provisoirement. — Quand, à défaut de représentation d'un titre, l'Administration réclame une somme arbitrée d'office, le tribunal peut réduire cette somme, d'après les circonstances de la cause (Lyon, 7 juin 1892, 8498 R. P.; — Seine, 15 mars 1894, 8383 R. P.).

12. Restitution. — Prescription. — L'Administration ne peut opposer la prescription biennale de l'art. 61 L. 22 frim. pour repousser la demande en restitution d'une somme arbitrée d'office qu'elle a perçue pour tenir lieu des droits exigibles sur un acte produit en justice et non représenté.

Par suite, si les parties démontrent que l'acte dont la production a été présumée n'existe pas en réalité, elles peuvent obtenir le remboursement de la somme arbitrairement fixée, bien que plus de deux ans se soient écoulés depuis la date de la perception (Seine, 20 nov. 1896, 9085 R. P.; et sur pourvoi, Cass. req. 24 avril 1901, 10057 R. P.).

52. Solidarité. — Droit simple. — Lorsqu'une partie est amenée, par les contestations de la partie adverse, à produire en justice des actes non enregistrés, les droits d'enregistrement peuvent être réclamés solidairement à l'une et à l'autre. S'il y a matière à recours de l'une contre l'autre, le tribunal ne peut en connaître au cours de l'instance relative à l'enregistrement et suivie dans les formes de la L. 22 frim. (Valenciennes, 15 janv. 1896, 9105 R. P.).

1. Parties figurant à l'acte. — Actes synallagmatiques. — Le payement des droits dus sur un acte s. s. p. qui n'est pas assujetti à l'enregistrement dans un délai déterminé et devenus exigibles par le fait de son usage en justice, peut être réclamé à toutes les parties qui ont signé l'acte, alors même qu'elles seraient restées étrangères à la production en justice (Seine, 10 juil. 1891, 4 mars 1892, 7820 R. P. — Lyon, 20 mai 1891, 7807 R. P.; — Seine, 10 déc. 1892, 8099 R. P.; 25 fév. 1893, 8152 R. P.; 27 oct. 1893, 8384 R. P., 13 avril 1894, 8401 R. P.; — Lyon, 7 juin 1892, 8498 R. P.).

Il en est ainsi, bien que le tribunal se déclare incompétent pour statuer sur le litige (Seine, 10 déc. 1892, 8100 R. P.).

Réhabilitation en matière de faillite. Quittances. Pièces produites. Enregistrement non obligatoire. — L. 31 mars 1906 (nouvel art. 606 C. comm.). (Instr. 3189; 11205 R. P.).

47 3. Étendue du droit à percevoir. Évaluation d'office des droits. — *Conf.* Seine, 6 déc. 1902, 10581 R. P.; — Baume-les-Dames, 17 nov. 1904, 10956 R. P.; — Senlis, 28 juin 1905, 11053 R. P.; — Villefranche, 30 déc. 1905, 11350 R. P. — A défaut de représentation des actes dont il a été fait usage en justice, l'Administration est fondée à réclamer une astreinte dont elle a le droit de déterminer elle-même l'importance; tant que cette représentation n'a pas eu lieu, le tribunal ne peut statuer ni sur une perception qui n'est pas encore effectuée, ni sur le caractère d'actes qui ne lui sont pas produits (Seine, 8 fév. 1906, 11160 R. P.).

Liquidation provisoire des droits. Présomptions. — Pour établir l'importance des droits exigibles sur un acte produit en justice, l'Administration peut invoquer tous les modes de preuve admis par la loi fiscale et recourir notamment à des présomptions tirées soit de faits constants, soit de tout acte parvenu légalement à sa connaissance et la mettant à même d'exercer son droit de contrôle (Seine, 3 juill. 1900; — Cass. civ., 3 déc. 1902, 10588 R. P.).

52. Solidarité. Droit simple. — Le recouvrement des droits dus sur un acte produit en justice peut être poursuivi contre toutes les parties qui ont figuré à cet acte (Seine, 5 juill. 1900; — Cass. civ.), 8 déc. 1902, 10388 R. P.; — Ajaccio, 30 juillet 1906, 11207 R. P.; — Lyon, 17 janv. 1906, 11300 R. P.).

Contestation entre parties. Recours. Disjonction. — Le recouvrement des droits exigibles sur les actes dont il a été fait usage en justice peut être poursuivi, non seulement contre l'auteur de la production, mais encore contre le signataire de ces actes, partie à l'instance. — Le recours en garantie, formé par ce dernier contre le produisant non poursuivi par l'Administration, doit être disjoint pour être jugé suivant les règles du droit commun (Reims, 21 juin 1902, [illegible] R. P.).

Parties ayant coopéré à la production. — Le payement des droits afférents à un acte dont il a été fait usage en justice peut être réclamé à toutes les parties qui ont coopéré à la production, et non pas seulement au demandeur (Tarascon, 5 août 1903; — Cass. req., 22 mai 1906, 11530 R. P.).

3. Produisant non partie à l'acte. — Le recouvrement des suppléments de droits exigibles sur un acte dont il a été fait usage en justice peut être poursuivi contre les auteurs de la production (Agen, 30 juillet 1903, 11207 R. P.; — Villefranche, 30 déc. 1905, 11350 R. P.).

5. Impossibilité matérielle de représenter l'acte. — L'Administration n'est pas fondée à réclamer à un plaideur, à titre d'astreinte, une somme arbitrée d'office, pour tenir lieu des droits d'enregistrement sur des actes produits en cours d'instance, dès lors qu'il est constant que la partie à laquelle elle s'adresse est dans l'impossibilité matérielle de représenter ces documents qui sont détenus par son adversaire au procès (Belfort, 9 juin 1905, 10909 R. P.).

Actes rédigés en plusieurs originaux. Impossibilité de les représenter non établie. — Dans ce cas, l'Administration a le droit de réclamer une astreinte (Seine, 8 fév. 1906, 11160 R. P.).

53. Solidarité. Droit en sus. — *Conf.* Lyon, 17 janv. 1906, 11350 R. P.

L'art. 29 L. 22 frim., d'après lequel les droits dus sur les actes s. s. p. sont acquittés par les parties, ne distingue pas entre ceux de ces actes dont l'enregistrement est obligatoire et ceux dont l'enregistrement est facultatif. Par suite, dès qu'un acte est produit en justice, l'Administration peut s'adresser, non seulement à l'auteur de la production, mais encore à toutes les autres parties (Lyon, 7 juin 1892, 8498 R. P.; — Seine, 6 fév. 1897, 9129 R. P.).

D'après un jugement du tribunal de la Seine du 5 avril 1895 (8626 R. P.), les droits à percevoir sur les actes produits ne faisant pas partie des droits du jugement, on ne peut, pour les réclamer à toutes les parties, invoquer le principe de l'indivisibilité de l'art. 37 L. frim.; quant au principe d'indivisibilité résultant des art. 23 et 29 de la même loi, il doit être restreint à celles des parties consignataires qui sont en cause au procès, et encore, parmi ces parties litigantes, faut-il l'appliquer seulement à celles qui peuvent matériellement satisfaire à la formalité.

Le droit exigible sur un arrêté de compte produit en justice peut être réclamé à la partie qui a signé l'arrêté et qui l'a produit. Ce principe ne saurait être modifié par l'art. 31, L. 22 frim., lequel ne vise que le recours éventuel de la partie, qui a payé au fisc, contre les autres parties réellement débitrices des droits (Seine, 10 déc. 1892, 8111 R. P.).

En ce qui concerne les actes unilatéraux, voir *infrà* (5).

3. PRODUISANT NON PARTIE A L'ACTE. — Lorsque, à défaut de représentation d'un acte produit en justice, l'Administration réclame une somme arbitrée d'office pour tenir lieu des droits exigibles, le tribunal peut réduire le chiffre réclamé en tenant compte des circonstances de la cause. Cette somme fait partie des droits que le receveur doit percevoir sur le jugement et qu'il peut exiger du demandeur reconventionnel tenu au payement des droits exigibles sur la décision rendue à sa demande (Seine, 16 mars 1894, 8381 R. P.).

Le recouvrement du droit peut être poursuivi contre le plaideur qui est à la fois l'auteur de la production et le bénéficiaire du jugement (Seine, 30 déc. 1893, 8423 R. P.).

5. IMPOSSIBILITÉ MATÉRIELLE DE REPRÉSENTER L'ACTE. — ACTES UNILATÉRAUX. — L'Administration a-t-elle le droit de poursuivre contre le défendeur le recouvrement des droits afférents à des actes unilatéraux émanant de lui et produits par le demandeur, et que, par conséquent, le premier n'avait plus à sa disposition pour les soumettre à l'enregistrement?

D'après la doctrine de la Cour de Cassation, le payement des droits applicables à un acte s. s. p. dont l'enregistrement est devenu obligatoire par suite de son usage, incombe à toutes les parties, sans excepter celles qui seraient restées étrangères à l'usage (Civ. 19 janv. 1885, 6140 R. P.; — V. 1, *suprà*).

Bien que cette doctrine soit fort rigoureuse, rien ne vient entraver son application lorsqu'il s'agit d'actes qui sont entre les mains des parties auxquelles l'Administration s'adresse. Il ne faut pas perdre de vue, en effet, que la formalité de l'enregistrement implique, non seulement le payement du droit, mais encore la représentation, l'exhibition de l'acte à enregistrer. Dès lors, toutes les fois qu'il y a plusieurs parties et que l'acte a été dressé en autant de doubles qu'il y a de parties contractantes, chacune de ces parties est à même de remplir vis-à-vis du Trésor les obligations relatives à l'enregistrement.

Mais il en est différemment pour les actes unilatéraux. La partie qui les a signés et qui s'en est ensuite dessaisie ne se trouve plus en mesure de les présenter à la formalité. Demeure-t-elle, nonobstant cette impossibilité, tenue au payement du droit? Le tribunal de la Seine avait d'abord admis l'affirmative (jugement du 4 mars 1892, 7820, 2° R. P.). Mais, par deux jugements des 5 avril 1895 (8626 R. P.) et 20 nov. 1893 (9130 R. P.), il est entré dans une voie nouvelle en décidant que, lorsque l'un des plaideurs a produit en justice un acte unilatéral émanant de son adversaire, ce dernier ne peut matériellement en requérir l'enregistrement, lequel se compose de la formalité et du payement, et que l'Administration ne peut, dès lors, poursuivre que le produisant.

Il y a là un fait qui domine le droit, le système de l'Administration se heurte à une impossibilité matérielle contre laquelle les raisonnements les plus juridiques viennent se briser.

C'est ce qu'a fort bien compris le tribunal de la Seine, et la distinction qu'il a inaugurée nous paraît fort judicieuse.

6. MANDATAIRE. — Les droits auxquels donne lieu l'usage d'un acte en justice ne peuvent être réclamés au mandataire qui a produit l'acte en cette qualité (Seine, 29 nov. 1895, 8812 R. P.). Le mandataire ne peut être, en effet, considéré en principe comme partie, soit à l'acte, soit à la production. C'est le mandant qui est directement responsable des droits auxquels donne lieu l'acte produit dans son intérêt (*Rapp., Rép. gén.*, 7° éd., V. *Dissimulation*, n° 31, et *Obligation*, n° 244).

53. Solidarité. — Droit en sus. — Si le droit simple de titre dû sur un marché judiciairement reconnu peut être réclamé à toutes les parties, l'Administration n'a pas la même action solidaire pour le droit en sus; elle peut néanmoins poursuivre le demandeur et le défendeur, si l'un et l'autre ont contrevenu à l'art. 57 L. 28 avril 1816, le demandeur dans l'acte introductif d'instance, et le défendeur dans une demande reconventionnelle (Seine, 19 fév. 1897, 9163 R. P.).

Le demandeur reconventionnel qui dissimule, dans l'exploit introductif de la reconvention, des actes formant le titre de sa demande et émanant du défendeur, est débiteur du droit en sus édicté par l'art. 57 L. 28 avril 1816; mais il n'est passible d'aucune pénalité pour les actes émanant de lui-même (Seine, 10 déc. 1892, 8099 R. P.).

54. Défenseur condamné aux dépens. — La condamnation aux dépens comprend l'enregistrement du jugement qui la prononce et, par une suite nécessaire et directe, les droits perçus sur les chefs de dispositions ou de condamnations que le jugement lui-même contient à l'égard de la partie qui succombe; mais elle ne s'étend pas aux droits que l'Administration perçoit sur des actes antérieurs dont les énonciations du jugement lui ont révélé l'existence. Ces droits, dont le jugement n'est que la cause occasionnelle, ne peuvent être mis à la charge d'une partie autre que la personne qui en est débitrice, aux termes de la loi fiscale, que par une disposition spéciale prononçant cette condamnation à titre de dommages-intérêts et la justifiant par la précision de la faute commise et du dommage éprouvé (Cass. 30 avril 1895, 8641 R. P.; — 11 nov. 1895, 8848 R. P.; — 25 mai 1897, 9113 R. P.; 7 juill. 1898, 9663 R. P.).

La seule résistance d'un plaideur aux réclamations de son adversaire ne constitue que l'exercice d'un droit et ne saurait, dès lors, servir de base à la condamnation prononcée contre lui (Arrêt précité du 11 nov. 1895), à moins que la résistance n'ait été reconnue abusive et vexatoire (Arrêt précité du 25 mai 1897).

2. Condamnation aux dépens non opposable à l'action du Trésor. — Si les droits d'enregistrement du jugement lui-même sont compris dans les frais de condamnation, il en est autrement des droits d'enregistrement des actes produits. Ces derniers n'y sont compris qu'autant que le jugement de condamnation les y a fait rentrer expressément à titre de dommages-intérêts. D'ailleurs, même en ce qui concerne les frais du jugement eux-mêmes, la condamnation aux frais n'a trait qu'aux relations des parties entre elles et n'a pas pour effet de modifier les droits de la Régie, qui peut agir à la fois contre celui qui profite du jugement et contre celui qui a mis la justice en action (Seine, 5 avril 1895, 8626 R. P.).

55. Héritier. — Si les peines ne peuvent, en général, être réclamées qu'à l'auteur de la contravention, cette règle ne saurait être étendue au droit en sus exigible sur un acte produit en cours d'instance par un plaideur décédé; le payement des droits dus sur l'acte étant indivisible comme la formalité elle-même, le recouvrement du droit en sus peut être ordonné contre l'héritier du contrevenant qui est tenu de présenter l'acte à l'enregistrement (Lyon, 7 juin 1892, 8408 R. P.).

57. Obligations des tribunaux. — Lorsque des parties, assignées en réalisation d'une convention s. s. p. non enregistrée, requièrent que toute audience soit refusée au demandeur jusqu'à ce qu'il ait fait enregistrer cette convention, la seule mesure qui s'impose au tribunal consiste dans l'injonction d'effectuer au greffe le dépôt de l'acte pour être enregistré. Cette fin de non-recevoir ne constitue pas une exception dont une disposition analogue à l'art. 172 C. proc. interdise de joindre l'examen au principal (1er jugement). — Il est du devoir strict des tribunaux de refuser de tenir aucun compte des actes que les parties n'ont pas, au préalable, fait enregistrer, et il ne suffit pas que ces actes aient été déposés au greffe, pour permettre à l'Administration de poursuivre le recouvrement des droits, si aucune des parties ne s'est résolue, malgré les injonctions du tribunal, à requérir l'enregistrement (2e jugement). (Seine, 7 déc. 1897 et 23 mars 1898, 9972 R. P.; — V. *Rép. gén.*, 7e éd., vo *Acte passé en conséquence d'un autre*, no 15-3.)

4. Défense de prononcer sur un écrit non timbré. — Une lettre missive susceptible de former un simple commencement de preuve par écrit peut être écrite sur papier non timbré sans contravention aux lois sur le timbre; si elle est produite en justice sans avoir acquitté le droit exigible, l'amende applicable est celle de 6 fr. 25, et non celle de 62 fr. 50 (Seine, 16 mars 1891, 8383 R. P.).

6. Enregistrement ordonné par le tribunal. — Difficultés d'exécution. — Lorsqu'à la suite d'un jugement ayant ordonné l'enregistrement d'un acte s. s. p. produit en justice, la partie fait signifier à l'Administration des offres réelles insuffisantes, en donnant une portée inexacte aux énonciations du jugement, le tribunal porterait atteinte à l'autorité de la chose jugée s'il modifiait ou restreignait sa précédente décision sous couleur de l'interpréter, et s'il accueillait les offres comme suffisantes (Gaillac, 22 mars 1898, 9358 R. P.).

58. Prescription. — L'action de l'Administration en payement du droit exigible sur un acte s. s. p. produit en justice n'est soumise à la prescription biennale que si les parties ont présenté à la formalité, soit l'acte lui-même, soit un jugement susceptible d'être considéré comme constituant le titre de la convention et, par suite, celui de l'exigibilité du droit. En dehors de ces deux cas, la prescription trentenaire est seule applicable (Cass., 13 mars 1895, 8525 R. P.).

ACTES RESPECTUEUX.

4. Notification. — La L. 12 août 1902, (10307 R. P.) qui a modifié certains articles des LL. 25 vent. an XI et 21 juin 1843, relatives au notariat, porte (art. 1er) que les notifications d'actes respectueux resteront soumises aux règles spéciales C. Civ.

16. Indigent. — Timbre et enregistrement. — Les actes respectueux faits à la requête d'indigents, et qui, sous l'empire de la loi du 10 déc. 1850, restaient soumis aux droits ordinaires de timbre et d'enregistrement, sont classés dans l'énumération des pièces appelées à être visées pour timbre et enregistrées gratis (L. 20 juin 1896, art. 6, 8800-37 R. P.).

ACTE SOUS SEING PRIVÉ.

38. Vente d'immeuble. — Simple original. — Nullité inopérante. — La double circonstance qu'un acte s. s. p. emportant vente d'immeubles n'a été rédigé qu'en simple original et ne contient pas la mention de sa rédaction en autant d'originaux qu'il y a de parties, ne met pas obstacle à la perception du droit de mutation, alors surtout que cet acte n'a pas été judiciairement annulé (Figeac, 13 août 1898, 9403 R. P.).

40. Payement des droits. — Clause contraire à l'ordre public. — Nullité. — Est sans valeur, comme contraire à l'ordre public, la clause contenue dans l'acte de vente d'un fonds de commerce portant que, dans le cas où l'enregistrement deviendrait nécessaire, les droits simples et en sus et les amendes seraient supportés par celle des parties qui y donnerait lieu (C. Paris, 28 mai 1892, 8181 R. P.).

44-1. Acte non daté. — Preuve. — Éléments. — L'arrêt C. Cass. cité dans la première partie du *Rép. gén.*, est du 9 fév. 1814 au lieu du 7 fév. 1814.

59. Prescription. — La prescription biennale ne peut être opposée à la réclamation de l'Administration, alors même qu'il s'est écoulé plus de deux ans depuis l'enregistrement du rapport d'experts, ce rapport n'ayant pu constituer le titre sur lequel, sans recherches ultérieures de la Régie, les droits afférents à l'acte produit pouvaient et devaient être perçus; en pareil cas, c'est la prescription trentenaire qui est seule applicable en ce qui concerne les droits simples (Tarascon, 3 août 1905; — Cass. (req.), 22 mai 1906, 11220 R. P.).

Mais cette prescription est opposable, à l'exclusion de la prescription trentenaire, lorsque les énonciations du rapport d'expert sont suffisantes pour réclamer les droits sans que le receveur ait à faire aucune recherche (Villefranche, 28 déc. 1905, 11350 R. P.).

L'action de l'Administration en recouvrement des *droits simples* exigibles sur un acte s. s. p. produit en cours d'instance et analysé tant dans un rapport d'arbitre que dans un jugement, n'est soumise qu'à la prescription trentenaire; mais, en ce qui concerne les *droits en sus*, la prescription biennale de l'art. 14 L. 16 juin 1824 commence à courir à partir du jour où la Régie a été à portée de constater la contravention par l'enregistrement du rapport d'arbitre (Seine, 3 août 1905, 11274 R. P.).

ACTES RESPECTUEUX.

4 et 15. Notification. Exemption de timbre et d'enregistrement. — La loi du 21 juin 1907 (11552 R. P.), qui a modifié plusieurs dispositions du Code civil relatives au mariage, porte (art. 6) que la notification prescrite par l'art. 151 C. C. sera faite à la requête de l'intéressé par un notaire instrumentant sans le concours d'un deuxième notaire ni de témoins et que cet acte sera visé pour timbre et enregistré gratis.

La gratuité du timbre et de l'enregistrement s'applique aussi bien à la répétition qu'à la notification, alors même que ces formalités seraient constatées par deux actes séparés dressés par des notaires différents. D'autre part, les expéditions de ces actes, destinées à être remises, soit aux parents, soit à l'officier de l'état civil, jouissent de l'exemption du timbre au même titre que la minute (Inst. no 3225).

ACTE SOUS SEING PRIVÉ.

46-1, 46-2 et 47-5. Mutation immobilière. Prescription trentenaire. Point de départ de cette prescription. Droits exigibles. Tarif en vigueur à la date de l'acte. — Les droits exigibles sur un acte s. s. p. constatant une mutation d'immeuble et non soumis à la formalité de l'enregistrement, sont régis par la prescription trentenaire. Cette prescription commence à courir du jour où l'acte a acquis date certaine, et non pas à partir de la date qu'il porte. Mais les droits simples et en sus doivent être liquidés d'après le tarif en vigueur à la date même de l'acte (Nîmes, 5 mars 1905, 11129 R. P.).

Acte non sujet à la formalité dans un délai déterminé. Tarif en vigueur au jour de l'enregistrement. — Les droits exigibles sur un acte s. s. p. non assujetti à l'enregistrement dans un délai déterminé doivent être calculés d'après le tarif en vigueur à l'époque où s'ouvre la créance du Trésor, c'est-à-dire au jour où cet acte est présenté à la formalité ou bien au jour où il en est fait un usage qui produit les mêmes effets (Villeneuve-sur-Lot, 16 fév. 1903, 10657 R. P. — Montdidier, 22 déc. 1905, 11605 R. P.).

45-5 et 46-3. Droits exigibles. — Tarif en vigueur à la date de l'acte. — Les droits simples et en sus exigibles sur un acte sous seing privé doivent être liquidés d'après le tarif en vigueur à la date même de cet acte. (Sol. 17 avril 1891, 7627 R. P.).

50-1. Mutation secrète. — Droit en sus incombant aux héritiers. — L'art. 14, L. 23 août 1871 n'a pas modifié les prescriptions de l'art. 38, L. 22 frim., qui assuraient, en matière de mutation secrète d'immeubles, la perception du double droit, même contre les héritiers des contractants, soit que l'acte constatant la mutation fût présenté à l'Enregistrement par les héritiers, soit que cette mutation, à défaut d'acte, fût établie contre eux par l'Administration (Cass. civ., 8 fév. 1893, 8031 R. P.).

Par cet arrêt, la Cour sanctionne une théorie que nous ne saurions approuver.

On sait qu'en vertu des principes du droit pénal, le châtiment qui consiste en peines corporelles ou pécuniaires ne doit atteindre que l'auteur de la contravention ; il disparaît par le décès de ce dernier, et ne peut porter sur ses héritiers ou ayants-droit, à défaut d'une disposition spéciale à cet égard (*Rép. gén.*, 7e édit., v° *Amende*, n° 9.)

Il était admis, dans l'ancien droit, que la pénalité exigible pour défaut d'insinuation d'un acte constituait une peine personnelle au contrevenant. « Si une vente, enseigne Bosquet (t. 4, p. 337), un partage avec soulte, un échange ou un autre acte translatif de propriété, fait au profit de différentes personnes, n'a pas été insinué, et que celui qui a paru en chef dans l'acte soit décédé, ou si, à raison dudit acte, on prouve de l'insuffisance dans l'estimation, le droit en sus n'est pas éteint à cause du décès ; il doit, au contraire, être exigé, mais à la déduction de la somme pour laquelle le défunt y eût été fondé, parce que cette peine est personnelle, et que le décès de ceux qui l'ont encourue n'en doit point décharger les autres. »

En punissant d'un double droit le défaut d'enregistrement dans le délai légal, d'un acte translatif d'immeuble, l'art. 38 L. frim. a dérogé, sur ce point, aux principes de l'ancien droit. Ainsi que l'a reconnu l'avis du Conseil d'État du 9 fév. 1810 (Instr. n° 170), cet article ne s'occupe pas de la personne des contrevenants. D'où la conséquence qu'on ne peut, pour les actes qu'il régit, faire dépendre la perception du double droit de l'existence de ceux qui ont contracté, et que, par suite, ce double droit est dû par les héritiers des contrevenants, tout aussi bien que par les contrevenants eux-mêmes.

Nous admettons même, à cet égard, avec l'arrêt actuel, qu'il n'y a aucune distinction à établir entre l'acte présenté à l'enregistrement par les héritiers, et la mutation secrète établie, à défaut d'acte, par l'Administration.

Mais ces règles, en ce qui concerne l'impersonnalité de la peine, n'ont-elles pas été abrogées par la L. 23 août 1871 ? Nous avons toujours soutenu l'affirmative.

L'art. 14 de cette loi porte :

« A défaut d'enregistrement ou de déclaration dans les délais fixés par les lois des 22 frim. et 27 ventôse an VII et par l'art. 11 de la présente loi, l'ancien et le nouveau possesseur, le bailleur et le preneur sont tenus personnellement et sans recours, nonobstant toute stipulation contraire, d'un droit en sus, lequel ne peut être inférieur à 50 francs. »

Cette rédaction diffère essentiellement du texte de l'art. 38 L. frim. Aujourd'hui ce sont les contrevenants qui sont directement atteints par la pénalité. Le caractère personnel de cette pénalité est affirmé nettement dans les travaux préparatoires de la loi. L'exposé des motifs du projet déposé par le Gouvernement ne laisse place à aucun doute sur ce point. « Le but de l'art. 14, dit-il, est d'intéresser le vendeur à l'exécution des lois fiscales, en lui imposant une peine *personnelle*... » Puis, il ajoute, plus loin : « Dans ces limites et avec ce tempérament, l'amende *personnelle* au vendeur ne nous a pas semblé présenter un caractère de rigueur exagérée. Nous ne faisons, en réalité, qu'étendre, par analogie, au droit d'enregistrement, la responsabilité du propriétaire en matière de contributions directes ». (*Rép. pér.*, n° 3266, p. 178.) La personnalité de la peine est également indiquée, d'une manière formelle, dans le texte même de l'art. 14 de la loi.

Il nous a paru en résulter que l'exception édictée par la L. frim. n'existe plus, et que, depuis la L. 23 août 1871, les héritiers ne sont pas responsables des amendes encourues par leurs auteurs, en matière de mutation secrète d'immeubles.

La décision contraire de la Cour repose sur ce que, loin de vouloir enlever au Trésor public les moyens de recouvrer l'impôt qu'il trouvait dans l'art. 38 L. frim., le législateur de 1871, qui s'efforçait de créer de nouvelles ressources à l'État, a voulu seulement, par l'art. 14 de la loi, indiquer avec plus de précision que toutes les parties y désignées seraient tenues du double droit directement et sans recours, et n'a aucunement entendu modifier les prescriptions de la législation antérieure, qui assurait la perception de cet impôt, même contre les héritiers des contractants.

Nous ne croyons pas que l'argument soit décisif. Sans doute, le législateur de 1871 a voulu assurer, d'une manière plus efficace, la perception des droits dus pour les mutations immobilières. Dans ce but, il a organisé de nouvelles mesures destinées à conjurer la fraude, en associant à la répression le vendeur et l'acquéreur. Mais, comme conséquence de ces mesures, il a établi la personnalité de la peine, et, en omettant d'indiquer que cette peine pourrait être réclamée aux héritiers des contrevenants, il a laissé intacts les principes qui dominent la matière, et d'après lesquels, à défaut d'un texte précis, la pénalité ne survit pas au contrevenant. C'est peut-être un oubli. En tout cas il n'appartient pas d'y suppléer par une interprétation qui a pour résultat de se substituer à l'œuvre même du législateur, en la complétant.

La loi de 1871 fournit elle-même l'exemple d'une lacune identique à celle qui existe dans l'art. 14. Pour les dissimulations de prix de vente, l'art. 12, tel qu'il avait été adopté par la commission, portait que l'amende serait due par l'ancien possesseur personnellement et sans recours, *ou par ses successeurs*. « Sans l'addition de ces derniers mots, lit-on dans le rapport de la commission, la pénalité édictée par la loi ne pourrait recevoir son application, en cas de mort de l'ancien possesseur, avant la condamnation » (*Rép. pér.*, n° 3600, p. 483).

A ce texte, proposé par la commission, a été substitué un amendement qui est devenu l'art. 12 de la loi, et qui ne comprend pas les successeurs des contrevenants parmi les débiteurs de l'amende. Aussi est-il admis par la doctrine et par la jurisprudence que, dans le silence de la loi, le principe de la personnalité de la peine n'a reçu aucune atteinte, et que les héritiers ne sont pas tenus de l'amende encourue par leur auteur.

Nous ne pouvons donc nous rallier à la doctrine affirmée par l'arrêt du 8 fév. 1893.

55. Enregistrement. - Bureau. — Contrainte émanant d'un bureau différent. — Les actes s. s. p. peuvent être enregistrés dans tous les bureaux de France indistinctement, à la seule exception des bureaux qui n'ont pas l'enregistrement des actes de cette nature dans leurs attributions. Cette règle ne cesse pas d'être applicable, alors même qu'une contrainte a été décernée par un receveur en paiement des droits dus sur l'acte s. s. p., et que cet acte est présenté à la formalité dans un bureau autre que celui d'où émane la contrainte (Sol. 7 mars 1896, 4081 Rev. Prat.).

61. Payement des droits. — Refus. — Lorsqu'un acte, dont l'enregistrement n'est pas obligatoire dans un délai déterminé (spécialement une police d'assurance sur la vie), a été présenté volontairement à la formalité, les parties sont tenues d'acquitter les droits auxquels ce contrat donne ouverture, ainsi que les suppléments exigibles, dans le cas où la perception primitive a été insuffisante. Elles ne sauraient se soustraire à cette dernière obligation, en se bornant à alléguer, sans en fournir la preuve, que la présentation à la formalité a eu lieu à la suite d'une injonction mal fondée du receveur (Lille, 22 janv. 1891, 7696 R. P.).

63-2. Mutation d'immeuble. — Dépôt par le vendeur dans le délai légal — Acquéreur débiteur du droit simple et du droit en sus. — Lorsqu'un acte s. s. p., constatant une mutation d'immeuble, n'a pas été enregistré dans les trois mois, mais a été déposé par le vendeur dans le délai légal, l'acquéreur peut être poursuivi en payement du droit simple et du droit en sus, et il n'est pas fondé à soutenir, pour se soustraire à ce payement, que l'acte est entaché de dol et de fraude (Bordeaux, 16 déc. 1891, 7835 R. P.).

65. Droits. — Solidarité des parties. — Toutes les parties qui ont figuré dans un acte sont solidaires pour le payement des droits auxquels il donne ouverture (C. Guadeloupe, 6 août 1894; — Cass. 19 mai 1896, 8784 R. P.; — Alger, 10 mars 1894; — Cass. req. 20 juil. 1896, 8823 R. P.; — Seine, 15 av. 1899, 9597 R. P.).

Il en est ainsi, alors même que l'une des parties aurait déclaré prendre les droits à sa charge (Coulom, 22 nov. 1900, 10444 R. P.).

69. Supplément de droit. — Solidarité des parties. — L'action tendant au recouvrement d'un droit, dû et non perçu lors de l'enregistrement des statuts d'une Société, peut être suivie contre toutes les parties qui ont figuré au contrat de Société et qui sont solidairement débitrices (Lille, 22 janv. 1891, 7696 R. P.; — Saint-Julien, 3 août 1892, 8170 R. P.).

De même, dans un acte de cession de constructions, le cédant est, tout aussi bien que le cessionnaire, tenu au paiement d'un supplément de droit réclamé, les stipulations contraires n'ayant d'effet qu'entre les parties contractantes et ne pouvant, en aucune façon, porter atteinte à la solidarité qui lie les redevables vis-à-vis du Trésor (Le Mans, 5 juin 1902).

71. Disposition indépendante. — Paiement des droits. — L'acte qui constate le paiement partiel d'une dette et l'extinction du surplus par voie de confusion, et qui contient mainlevée entière de l'hypothèque, est passible du droit de 0.20 p. 100 sur la partie de la dette qui ne supporte pas le droit de libération et pour laquelle la confusion s'est produite. Le supplément de droit dû de ce chef ne peut être réclamé qu'au débiteur sur le titre duquel la confusion s'est produite (Seine, 16 juin 1900, 9870 R. P.).

72. Frais mis à la charge d'une des parties. — V. *supra*, n° 40.

ACTION EN JUSTICE ET DROITS LITIGIEUX.

59 et 59-4. Promesse de vente unilatérale — Cession. — Droit exigible. — La cession, moyennant un prix, du bénéfice d'une promesse unilatérale de vente d'immeubles n'est pas translative de propriété et, par suite, ne saurait, pas plus que la promesse elle-même, donner ouverture au droit proportionnel. — Quand elle a lieu en même temps que la cession du bail qui renferme la promesse, elle constitue une disposition dépendante de cette dernière cession. Dès lors, le droit de 0,20 p. 100 est dû sur l'intégralité du prix payé au cédant (Nice, 20 mai 1890, 7503 R. P.).

— La cession d'une promesse unilatérale de vente d'immeubles donne ouverture au droit de 2 p. 100 (Sol. 15 sept. 1890, 7503 R. P.).

64. Action en réméré sur un immeuble. — Donation. — Réméré exercé par le donataire. — La cession à titre gratuit d'une action en réméré donne ouverture au droit de donation mobilière sur la valeur de cette action, et, lorsque le donataire exerce le réméré, le retrait doit être considéré comme une vente passible du droit de 5.50 p. 100 (Sol. 13 janv. 1892, 7806 R. P.).

65. Succession. — Dettes litigieuses. — Nous examinons v° *Succession* dans quelles conditions, depuis la L. 25 fév. 1901, les dettes litigieuses peuvent être déduites pour la liquidation des droits de mutation par décès.

66. Succession. — Biens rentrés dans l'hérédité. — Droit de mutation par décès. — Déclaration à souscrire. — Délai. — Les biens rentrés dans l'hérédité par l'effet d'un jugement qui en ordonne la réintégration à la masse doivent, sous peine d'un demi-droit en sus, faire l'objet d'une déclaration supplémentaire dans les six mois du jugement (Gaillac, 5 nov. 1896, 9042 R. P.).

68. Valeurs rentrées dans l'hérédité. — Délai. —

58. Habitations à bon marché. Immunités fiscales. L. 12 avril 1906. — 11282 R. P.

65. Droits. Solidarité des Parties. — *Conf.* Sainte-Menehould, 1er déc. 1903, 10780 R. P.; — Lyon, 15 janv. 1906, 11300 R. P.; — Senlis, 18 avril 1906, 11361 R. P.

66. Ouverture de crédit. Réalisation. Complément de droit. Payement. Solidarité des parties. — V. *Crédit*, n° 32-2.

69. Supplément de droit. Solidarité des parties. — Le recouvrement d'un supplément de droit exigible sur un acte s. s. p. peut être poursuivi pour la totalité contre une seule des parties contractantes, sauf à elle à exercer tel recours que de droit (Seine, 10 nov. 1905, 10953 R. P.).

Jugé également que : 1° En matière d'acte s. s. p., le vendeur d'un immeuble est, tout aussi bien que l'acquéreur, tenu au payement des droits supplémentaires reconnus exigibles, les stipulations contraires n'ayant d'effet qu'entre les parties contractantes et ne pouvant, en aucune façon, porter atteinte à la solidarité qui lie les redevables vis-à-vis du Trésor (Le Mans, 5 juin 1902, 10377 R. P.).

2° Toutes les parties qui ont figuré dans un acte sont tenues des suppléments de droits qui peuvent être réclamés ultérieurement. Spécialement, le mari peut être poursuivi pour le recouvrement du supplément de droit exigible sur un acte intéressant les biens personnels de sa femme, lorsqu'il a été partie audit acte. — Châtillon-sur-Seine, 1er juil. 1902, n° 10331.

Mais lorsqu'à la suite d'une déclaration de command, l'Administration a réclamé au command élu et qu'elle a reçu de lui le payement d'un supplément de droit sur le procès-verbal d'adjudication, elle n'est plus recevable à prétendre ultérieurement que ce command n'était pas le véritable adjudicataire et à réclamer à un tiers le versement des droits de mutation qu'elle avait tout d'abord perçus sur le command, accepté par elle comme adjudicataire (Gien, 30 oct. 1905, 11308 R. P.).

De même, le recouvrement d'un supplément de droit dû sur un procès-verbal de vente publique de meubles dépendant d'une succession ne peut être poursuivi contre les héritiers qui sont intervenus à cet acte sans prendre qualité et qui ont ultérieurement renoncé à la succession; l'Administration doit, en conséquence, supporter les frais des poursuites qu'elle a exercées contre eux (Trévoux, 19 nov. 1903, 10967 R. P.).

72-3. Vente d'immeubles. Dissimulation de prix. Droit et amende mis à la charge de l'une des parties. — Bien qu'un jugement ait mis à la charge exclusive de l'acquéreur les droit et amende exigibles à raison d'une dissimulation commise dans le prix d'une vente d'immeubles, l'Administration, qui n'a pas été partie à l'instance, est fondée à poursuivre contre le vendeur le recouvrement de ces droit et amende (Cholet, 13 juin 1902, 10357 R. P.).

ACTION EN JUSTICE ET DROITS LITIGIEUX.

5. Complainte possessoire. Cours d'eau. Droit des riverains. Suppression des causes du trouble. Mesures ordonnées. Cumul du possessoire et du pétitoire. — S'il est vrai que le juge du possessoire a le droit et le devoir, en ordonnant la suppression des causes de trouble, de prescrire des mesures tendant à en prévenir le retour, c'est à la condition de n'assurer au possesseur aucun avantage nouveau, soit en étendant le droit dont il jouissait, soit en protégeant plus efficacement ce droit. — Ainsi, en prescrivant l'établissement d'un barrage pour faire cesser un éclusage qui lèse un usinier inférieur, le juge du possessoire ne peut, au lieu de s'occuper de la possession respective des parties avant le trouble, faire entre celles-ci un véritable règlement d'eau (Cass. (ch. civ.), 27 nov. 1905, 11102 R. P.).

65. Action intentée par le défunt. Appel. — V. *Succession*, n° 116.

ADJUDICATION

26 bis. Adjudications d'immeubles. Droit de 5,50 p. 100, en principal, porté à 7 p. 100 sans décimes. Suppression des droits de timbre. L. fin. 22 avril 1905 (10050 R. P.).

Dispositions analogues pour l'Algérie (Décr. 4 sept. 1906, 11267 R. P.). V. *Vente nos 28 et 24 bis*.

86. Charges. Bases de la perception. — Pour la liquidation des divers droits proportionnels auxquels donne lieu une adjudication judiciaire d'immeubles sur licitation, il y a lieu d'ajouter au montant de l'enchère l'évaluation en capital de toutes les charges imposées à l'acquéreur (Seine, 6 nov. 1903, 10703 R. P.).

117. Folle enchère suivie d'une surenchère du sixième abandonnée. Fol enchérisseur resté en possession. Mutation secrète. — La revente sur folle enchère ayant pour effet de résoudre le droit de propriété de l'adjudicataire primitif, ce dernier ne peut rester en possession de l'immeuble objet de la folle enchère que par suite d'une mutation nouvelle passible du droit proportionnel. Il importe peu qu'après la revente sur folle enchère ait eu lieu une surenchère du sixième, cette surenchère n'étant pas admise par la loi après l'adjudication sur folle enchère; à plus forte raison en est-il de même quand il n'a pas été donné suite à la surenchère. L'Administration est, en conséquence, fondée à réclamer des droits simples et en sus pour mutation secrète à l'adjudicataire fol enchérisseur lorsqu'elle établit que, malgré la revente sur folle enchère, suivie d'une surenchère du sixième d'ailleurs abandonnée, celui-ci a continué à accomplir des actes de propriété relativement à l'immeuble dont il s'était rendu acquéreur (Belfort, [illegible] mars 1903, 10555 R. P.).

Les valeurs rentrées dans l'hérédité doivent être déclarées à l'Enregistrement et acquitter le droit de mutation par décès, à peine d'un demi-droit en sus, dans les six mois du jugement qui les a fait rentrer dans la succession, et non à partir de l'expiration des délais d'appel (Seine, 25 oct. 1899, 7325 R. P.). — V. *Réméré. Succession*.

ADJUDICATION.

Sommaire. — Au *Rép. gén.*, page 540, 2e colonne du sommaire, après la rubrique « *Engrais* », ajouter « *Enregistrement des actes*, 70 ».

TITRE II. — AJUDICATION VOLONTAIRE D'IMMEUBLES.

35. Expertise. — Au *Rép. gén.*, après *Rapp.* du mot *Expertise*, *ajoutez* : no 34.

43. Condition suspensive. — Au *Rép. gén.*, page 544, 2e colonne, ligne 17, *lisez* : 446 R. P., au lieu de 445 R. P.

63. Propriétaires distincts. — Prix. — Arrondissement par 20. — V. *Vente*, no 23.

TITRE III. — ADJUDICATIONS JUDICIAIRES

CHAPITRE PREMIER. — DISPOSITIONS GÉNÉRALES.

82. — Tarif ou quotité des droits. — Les adjudications judiciaires sont passibles des mêmes droits de mutation que les adjudications ou que les ventes volontaires. La loi ne fait aucune distinction, pour l'application du tarif, entre les ventes amiables et les ventes par expropriation forcée (Cass., 25 juill. 1821, 7052 J. E., 230 C.).

1. Adjudication donnant ouverture a un droit proportionnel inférieur au droit fixe de 7 fr. 50. — D'après une Sol. 26 juin 1894 (8488, § IX, R. P.), les jugements d'adjudication sont soumis aux mêmes règles que les jugements proprement dits (V. *infrà*, vo *Jugement*, nos 36 et 43). Il en résulterait que si le droit proportionnel ou l'ensemble des droits proportionnels exigibles sur un jugement d'adjudication est inférieur à 7 fr. 50, ce droit est dû, à titre de droit minimum.

Nous ne pensons pas toutefois qu'il faille pousser jusque-là l'assimilation des adjudications judiciaires aux jugements proprement dits. Les droits minima édictés par l'art. 17 L. 26 janv. 1892 ont été établis en considération des droits proportionnels fixés par l'art. 16 de la même loi et pour fixer la limite au-dessous de laquelle la perception ne saurait descendre. Les anciens tarifs proportionnels étant restés en vigueur pour les adjudications, il semble qu'il n'existe aucune raison de leur appliquer ces minima. D'ailleurs, bien qu'il soit perçu sur un jugement, le droit dû sur l'adjudication conserve son caractère propre de droit de mutation à titre onéreux, et il nous paraît contraire à l'économie de la législation fiscale de lui assigner une base autre que le prix exprimé en principal et charges (L. 22 frim. art. 15 — 6o).

En ce qui concerne d'ailleurs les ventes judiciaires qui ont lieu, soit devant l'un des juges du tribunal à l'audience des criées, soit devant un notaire commis à cet effet, et notamment celles des biens de mineurs prévues par l'art. 954 C. pr. civ., l'Instruction 2816 (p. 27 et 28) reconnaît qu'elles constituent des actes judiciaires, et non des jugements, qu'elles échappent, en conséquence, à l'application de l'art. 17 L. 1892 et restent soumises à la législation précédemment en vigueur quant à la quotité du droit fixe et quant au minimum du droit proportionnel (Sol. 18 avril 1899, 9066 R. P.).

2. Adjudication simultanée d'usufruit et de nue propriété. — Si une adjudication *à la barre du tribunal*, portant sur la nue propriété et l'usufruit, a pour effet de réunir la pleine propriété entre les mains d'un acquéreur unique, la perception du droit proportionnel sur la valeur de la nue propriété fait obstacle à celle du droit fixe de 4 fr. 50 pour réunion de l'usufruit (L. 26 janv. 1892, art. 11; — V. vo *Jugement*, no 38).

Mais ce dernier droit est exigible si l'adjudication a lieu devant un notaire commis, à moins que le prix principal ne dépasse pas 2000 francs (L. 25 fév. 1901, art. 21. — 9995 R. P., p. 226, et 10002 R. P., p. 281).

82 *bis*. Perception insuffisante. — Supplément de droit. — Recouvrement. — Lorsqu'un jugement d'adjudication enregistré a été l'objet d'une perception insuffisante, le supplément de droit exigible peut, en principe, être réclamé tant à l'adjudicataire qu'aux vendeurs qui, comme créanciers du prix, ont intérêt à poursuivre l'exécution du jugement. Mais, s'il y a plusieurs vendeurs, chacun d'eux n'est tenu que pour sa part et portion (Sol. 28 oct. 1898, 9450 R. P.).

103. Expertise. — La demande en expertise est recevable, même à la suite d'une adjudication judiciaire, lorsque la valeur imposable a dû être déterminée par une déclaration estimative des parties. Il en est ainsi notamment dans le cas où, un terrain et des constructions ayant été adjugés pour un prix unique au propriétaire du sol, une ventilation a dû être faite pour déterminer, en vue de la perception du droit de mutation, la portion du prix afférente aux constructions (Seine, 22 juil. 1893, 25066 J. E., et 26 déc. 1896, 25184 J. E.).

Erratum à la 7e édit. — A la fin du 4e alinéa, après V. *Expertise*, *ajoutez* : no 33.

108. Cession de créances échues. — Adjudication volontaire. — Droit de 2 p. 100 sur le prix. — Présente les caractères d'une adjudication volontaire, l'adjudication faite par un notaire, à la requête d'une tutrice et d'un administrateur non autorisés en justice, de créances dépendant d'une succession bénéficiaire. Mais, si ces créances sont *échues*, le droit proportionnel est dû au taux de 2 p. 100 sur le prix augmenté des charges, à l'exclusion du droit de 1 p. 100 sur la valeur nominale des créances (Seine, 6 avril 1895, 8560 R. P.).

CHAPITRE II. — ADJUDICATION SUR FOLLE ENCHÈRE.

121. Droit fixe. — Droit proportionnel.

1. ADJUDICATION SUR FOLLE ENCHÈRE DONNANT OUVERTURE A UN DROIT PROPORTIONNEL INFÉRIEUR AU DROIT FIXE DE 7 FR. 50. — Le raisonnement indiqué ci-dessus au n° 82-1 nous conduit à penser que le droit minimum de 7 fr. 50 n'est pas applicable à l'adjudication sur folle enchère qui ferait ressortir une différence de prix trop faible pour motiver la perception d'un droit proportionnel inférieur à 7 fr. 50.

En effet, l'art. 69, § 7, n° 1, L. 22 frim. dispose que les adjudications à la folle enchère donnent ouverture au droit, mais seulement sur ce qui excède le prix de la précédente adjudication, si le droit en a été acquitté. Il semble donc qu'ici encore, le minimum devrait être écarté.

2. ADJUDICATION SUR FOLLE ENCHÈRE NE DONNANT PAS OUVERTURE AU DROIT PROPORTIONNEL. — Toujours dans le même ordre d'idées, nous ne pensons pas que le minimum de 7 fr. 50 s'applique, lorsque l'adjudication sur folle enchère a lieu pour un prix qui ne dépasse pas celui de la précédente adjudication. Le tarif exigible, dans cette hypothèse spécialement prévue par les lois fiscales, reste celui de 4 fr. 50 (LL. 22 frim. art. 68, § 1er, n° 8; 28 avril 1816, art. 44, n° 1; 28 fév. 1872, art. 4).

L'exigibilité du droit minimum de 7 fr. 50 a cependant été consacrée dans cette hypothèse par une Solution du 18 avril 1899 (9650 R. P.).

123. Vente amiable. — Droit de mutation. — L'adjudication sur folle enchère, à la suite d'une vente amiable consentie de gré à gré, rend exigible le droit de mutation sur la totalité du prix, bien que l'acte réalisant la vente amiable ait prévu la revente sur folle enchère (Cass. Luxembourg, 5 mai 1893, 8455 R. P.).

Le caractère et les effets de la vente consentie au fol enchérisseur ne sont pas appréciés d'une manière uniforme.

A cet égard, deux systèmes sont en présence : le premier considère le payement du prix par l'adjudicataire comme la condition essentielle de l'existence même de l'adjudication; d'où la conséquence, qu'en cas de folle enchère faute de payement du prix, l'adjudication qui vient à être annulée est censée n'avoir jamais existé.

Dans le second système, au contraire, la vente existe du jour de l'adjudication, sauf résiliation si le prix n'est pas payé; en d'autres termes, le défaut de payement du prix opère à la façon d'une condition résolutoire.

C'est à ce dernier système que nous avons donné la préférence dans nos différentes éditions du *Rép. gén.*

Il en résulterait, au point de vue de l'impôt, que le fol enchérisseur demeurerait irrévocablement débiteur du droit de mutation sur la totalité du prix de l'adjudication prononcée à son profit, et que l'adjudication sur folle enchère engendrerait une transmission entièrement distincte de la première et passible d'un nouveau droit.

Mais la L. frim. a tempéré l'application rigoureuse de ce principe, en décidant que le droit de mutation dû par le premier adjudicataire, fol enchérisseur, sera imputé sur le droit auquel donne ouverture la seconde adjudication.

Telle est l'exception consacrée par les art. 68, § 1er, n° 8 et 69, § 7, n° 1 de cette loi.

On a voulu restreindre l'exception aux adjudications judiciaires et en refuser le bénéfice aux adjudications volontaires. Cette théorie n'a pas prévalu, et la Régie elle-même a reconnu que ces dernières adjudications ayant les mêmes caractères de publicité que celles faites par autorité de justice, et s'opérant également par la voie des enchères, ne pouvaient être traitées d'une façon différente (*Rép. gén.*, v° *Adjudication*, n° 122.)

En est-il ainsi lorsqu'il s'agit, non d'une adjudication mais d'une vente amiable dans laquelle les parties ont inséré une clause de folle enchère? Comme l'arrêt que nous rapportons aujourd'hui, un jugement du Tribunal d'Arlon (Belgique), du 30 mars 1870 (J. E. belge, n° 11185), s'est prononcé dans le sens de la négative, par la raison qu'il ne peut y avoir folle enchère, puisqu'il n'y a pas eu primitivement d'enchères, ni précédente adjudication, puisqu'il n'y a pas eu adjudication, mais vente de gré à gré.

Ces motifs nous paraissent des plus sérieux. Il est constant, en effet, qu'en cas de vente amiable, on ne trouve plus les conditions auxquelles la loi de frimaire, par ses articles précités, subordonne la faveur qu'elle édicte pour l'adjudication sur folle enchère.

Appliquer l'exception à la vente amiable, c'est donc l'étendre en dehors des limites fixées par la loi elle-même. Or, on sait qu'en matière fiscale, toutes les exceptions sont de droit étroit et ne peuvent être étendues par voie d'induction ou d'analogie, des cas prévus à ceux qui ne le sont pas (*Rép. gén.*, v° *Enregistrement*, n° 60).

On objecte, il est vrai, que la clause de folle enchère ayant été insérée dans l'acte de vente et faisant ainsi la loi des parties, la Régie doit en accepter les conséquences au point de vue de l'impôt.

L'Administration française s'est ralliée à cette opinion par une Sol. 8 oct. 1831 (*Rép. gén.*, v° *Adjudication*, n° 123) qui semble encore suivie dans la pratique.

La règle de perception tracée par cette Sol. nous paraît très libérale; à ce titre, nous ne pouvons que l'approuver.

Nous doutons, cependant, avec l'arrêt C. Cass. Luxembourg, qu'elle soit conforme aux véritables principes du droit strict, les parties, comme l'énonce très justement l'arrêt précité, n'ayant pas le pouvoir de modifier la nature des conventions, dans le seul but de se soustraire à l'application des lois fiscales.

135. Première vente non enregistrée. — Double droit. — En cas de revente sur folle enchère, moyennant un prix inférieur à celui de la première adjudication, le fol enchérisseur reste tenu au paiement des droits de mutation sur la différence entre les deux prix; il est, en outre, passible, lorsque la première adjudication n'a pas été enregistrée dans le délai légal, du droit en sus sur la totalité du prix de son adjudication (Muret, 14 mai 1898, 9515 R. P. — Béziers, 5 juill. 1902).

135 *bis*. Mari adjudicataire d'immeubles dont la femme est copropriétaire par indivis. — Lorsque le mari s'est rendu adjudicataire d'un immeuble appartenant par indivis à sa femme et que l'adjudication a été frappée de folle enchère, puis suivie d'une revente au profit d'un

123. Vente amiable. Revente sur folle enchère. Application de l'art. 69, § 7, n° 1, L. frim. — L'adjudication sur folle enchère à la suite d'une vente amiable consentie de gré à gré ne donne ouverture au droit proportionnel de mutation que sur la portion du prix excédant le prix de la vente primitive, par application de l'art. 69, § 7, n° 1, L. frim., lorsque l'acte réalisant la vente amiable a prévu la revente sur folle enchère (Nancy [illegible], 29 juill. 1905, 11210 R. P.).

135. Première vente non enregistrée. Double droit. — *Conf.* Béziers, 5 juill. 1902, 10572 R. P.

tiers, l'art. 1408 C. Civ. ne peut recevoir son application. En conséquence, la femme ne saurait être considérée comme ayant été adjudicataire et ne doit pas les droits exigibles sur l'adjudication folenchérie. Le payement en incombe au mari seul qui est tenu de la différence de prix (C. p. civ., art. 740) et des conséquences de la folle enchère (Tulle, 16 juil. 1895, 8842 R. P.).

140. Licitation. — Lorsqu'un immeuble adjugé à un colicitant déjà propriétaire de moitié est revendu sur folle enchère à un étranger, la somme versée au Trésor par le fol enchérisseur doit être admise en déduction de celle à exiger du second copropriétaire sur l'intégralité de son prix, pour l'enregistrement de l'adjudication définitive. En d'autres termes, il y a lieu de faire l'imputation droits sur droits, et non pas prix sur prix (Sol. 26 nov. 1888, 7562 R. P.).

CHAPITRE III. — ADJUDICATION SUR SURENCHÈRE.

174. Liquidation des droits.

1. PREMIÈRE ADJUDICATION TRANSCRITE. — IMPUTATION DU DROIT DE TRANSCRIPTION. — Lorsqu'à la suite d'une licitation enregistrée au droit fixe, comme ayant été prononcée au profit des colicitants, et transcrite moyennant le droit proportionnel de 1.50 %, il se produit une surenchère et qu'un tiers se rend définitivement adjudicataire, il y a lieu d'imputer sur le droit de 5.50 %, exigible pour l'enregistrement de la seconde adjudication, celui de 1.50 % perçu pour la transcription de la première (Sol. 7 juil. 1887, 7053 R. P.).

2. PREMIÈRE ADJUDICATION ASSUJETTIE AU DROIT DE CAUTIONNEMENT. — NON-IMPUTATION DE CE DROIT SUR CELUI DE MUTATION APPLICABLE A L'ADJUDICATION DÉFINITIVE. — Il n'y a pas à tenir compte, pour le calcul du droit de mutation incombant à l'adjudicataire définitif, du droit de cautionnement qui a pu être perçu accessoirement lors de l'enregistrement de la première vente (Sol. 5 déc. 1891, 7816 R. P.). La raison en est que ce cautionnement ne subsiste pas pour tout autre que pour l'acquéreur surenchéri (V. n° 203-1, *infrà*).

178. Adjudication en deux lots. — Surenchère unique. — L'art. 11 L. 26 janv. 1892 qui prohibe la perception de plusieurs droits fixes sur *un jugement*, est applicable aux jugements d'adjudication frappés de surenchère (Sol. 26 juin 1894, 8488 R. P.).

178 *bis*. Pluralité. — Adjudication comprenant des lots surenchéris et des lots adjugés définitivement. — Droit fixe et droit proportionnel. — Lorsqu'une adjudication judiciaire d'immeubles comprend des lots adjugés définitivement et des lots frappés de surenchère, l'art. 11 L. 26 janv. 1892 s'oppose à ce que la perception du droit fixe de 1 fr. 50 soit faite concurremment avec celle du droit proportionnel (Sol. 30 août 1898, 9770 R. P.).

180. Surenchère abandonnée. — Lorsqu'une adjudication frappée de surenchère est soumise à la même formalité en même temps que l'acte de surenchère, la perception du droit proportionnel est suspendue, et l'adjudication est enregistrée moyennant un droit fixe. S'il n'est pas suivi sur la surenchère, l'adjudicataire primitif reste propriétaire définitif de l'immeuble, et le droit proportionnel de vente, non perçu lors de l'enregistrement de l'adjudication, devient exigible (Grasse, 30 déc. 1896, 9638 R. P.).

180 *bis*. Surenchère annulée en première instance et maintenue en appel. — Une surenchère n'annule la première adjudication qu'autant qu'elle n'est pas elle-même judiciairement annulée.

Si cette surenchère est annulée par un jugement de première instance, l'adjudication primitive subsiste, quand bien même le jugement est frappé d'appel; elle rend, par conséquent, exigible le droit de mutation dans le délai légal. Mais si la Cour d'appel, réformant le jugement de 1re instance, déclare valable la surenchère, les droits de mutation acquittés sur la première adjudication doivent être considérés comme régulièrement perçus, et le surenchérisseur doit les rembourser intégralement à l'adjudicataire primitif, alors même que le premier étant un colicitant et le second un étranger, les droits afférents à la seconde adjudication sont moins élevés que ceux payés pour la première (Mortagne, 11 juin 1896).

186. Licitation. — Défaut de titre commun. — Droit de transcription. — Le droit de transcription à 1.50 % est exigible sur l'intégralité du prix, bien que l'adjudication ait été tranchée au profit d'un des copropriétaires par indivis, du moment où l'indivision ne procède pas d'un titre commun. Il importe peu, d'ailleurs, que cette adjudication soit intervenue après surenchère du sixième; car de ce qu'une surenchère du sixième n'est pas possible, on ne saurait en induire qu'aucune des formalités prescrites pour la purge ne peut être remplie (Toulouse, 28 mars 1899, 9652 R. P.).

190. Délaissement sur hypothèque. — L'adjudication sur délaissement par hypothèque est sujette au droit de mutation sur la totalité du prix, sans qu'il y ait à tenir compte du droit perçu lors de l'enregistrement de l'acte de vente volontaire.

Le délaissant n'a, d'ailleurs, aucune action pour faire condamner l'Administration à lui restituer le droit d'enregistrement auquel l'adjudication sur délaissement a été assujettie (Seine, 24 juill. 1891, 7814 R. P.).

203. Restitution. — Lorsque le droit d'enregistrement a été acquitté sur le prix intégral d'une adjudication prononcée au profit d'un étranger, et que, après surenchère, l'adjudication est définitivement prononcée au profit d'un colicitant, les droits perçus sur la première adjudication ne sauraient être restitués (Cass. req. 20 déc. 1899 et Alger, 27 mai 1898, 9739 R. P., 3011, § 5, I. G.).

1. CAUTIONNEMENT. — Une surenchère ne peut motiver, lorsqu'elle se produit, la restitution du droit de cautionnement perçu sur une clause d'un cahier des charges portant que l'acquéreur qui déclare command sera tenu au payement du prix solidairement avec le command élu

(Seine, 1er mai 1906, 9773 R. P.; — V. n° 174-2, *suprà*, et v° *Command*).

CHAPITRE IV. — DROITS DE GREFFE ET DE RÉDACTION SUR LES ADJUDICATIONS JUDICIAIRES.

214 à 231. Suppression. — L'art. 4 L. 26 janv. 1892 ayant supprimé les droits de greffe, les adjudications judiciaires se trouvent aujourd'hui dégrevées de tout droit de cette nature.

De même, les expéditions délivrées en cette matière par les greffiers participent aux dégrèvements accordés d'une façon générale à toutes les expéditions visées par la loi de 1892.

Les nos 214 à 231 du *Rép. gén.* n'ont donc plus d'objet actuellement.

CHAPITRE V. — TAXE DES FRAIS DE JUSTICE.

231-1°. Tarif. — En remplacement des impôts supprimés ou réduits par la loi du 26 janv. 1892, l'art. 15 de cette loi a établi, « pour les jugements ou procès-verbaux judiciaires portant adjudication de meubles ou d'immeubles » et « pour les adjudications de meubles ou d'immeubles renvoyées devant notaire commis par décision de justice », un droit proportionnel qui doit être liquidé « sur le prix augmenté de toutes les charges, dans lesquelles ne seront pas compris les droits dus sur le jugement » ou « sur le procès-verbal d'adjudication » (nos 3 et 4). Ce droit doit être perçu, d'après l'art. 16-3°, « indépendamment du droit de mutation auquel les jugements et procès-verbaux d'adjudication sont assujettis ».

Le taux d'abord fixé à 0 fr. 75 p. 100 par la Chambre, puis réduit par le Sénat, est de 0 fr. 25 p. 100.

1. Jugement sur requête. — A la séance du 14 déc., un député avait demandé que le tarif, lorsque la vente a été ordonnée par jugement rendu sur requête, fût réduit de moitié, attendu que la réduction des droits fixes sur les actes de procédure est insignifiante. Cette proposition a été rejetée.

2. Notaire commis. — Un amendement avait également été déposé dans le but de réduire cette taxe de moitié, en ce qui concerne les adjudications renvoyées devant notaire, attendu que les ventes de l'espèce ne bénéficient pas des mêmes réductions, notamment du droit de rédaction dont les jugements d'adjudication sont exemptés. L'amendement ayant été repoussé à la séance du Sénat du 19 janv., les ventes renvoyées devant notaires sont soumises, comme les jugements d'adjudication, au droit de 0 fr. 25 p. 100.

En conséquence, le taux est uniformément fixé à 0 fr. 25.

231-2°. Caractère spécifique des ventes judiciaires. — Une discussion assez confuse s'est élevée à la Chambre des Députés, lors de la discussion de la loi, sur ce qu'il faut entendre par les mots *vente judiciaire*. M. Royer (*Aube*) en donnait la définition suivante : « Ce sont les ventes qui sont faites par autorité de justice et spécialement à la suite de saisie, par ministère d'huissier et de commissaire-priseur » (séance du 14 déc. 1891). Le Commissaire du Gouvernement lui répondit : « Toutes les personnes habituées au langage des affaires savent ce qu'il faut entendre par ces mots : « ventes judiciaires ». Ce sont les ventes qui peuvent être faites à la barre du tribunal et qui, de la barre du tribunal, sont quelquefois renvoyées par ordre de justice devant un notaire commis. Voilà ce que tous les hommes d'affaires entendent par les mots « ventes judiciaires ». Par conséquent, lorsque vous avez voté l'article 8, qui réduit d'un tiers, ce qui est une proportion considérable, les droits d'enregistrement « des exploits relatifs aux procédures d'ordre amiable ou judiciaire, de contribution judiciaire, ou de vente judiciaire », vous n'avez évidemment pas compris en thèse générale les ventes mobilières, puisque d'ordinaire elles ne revêtent pas le caractère de ventes judiciaires. Si, cependant, contrairement à la pratique la plus ordinaire, des adjudications judiciaires venaient à porter sur des meubles, notre taxe les frapperait. Avec votre amendement, Monsieur Royer, nous arriverions à dégrever toutes les ventes mobilières à la suite d'une saisie-exécution qui n'ont rien de la vente judiciaire. La Chambre n'a pas entendu dégrever les exploits relatifs à ces ventes. Ces ventes ne viennent pas devant le tribunal; dès lors, elles ne sont pas des ventes judiciaires et ne sauraient être atteintes par la taxe proportionnelle. » M. Royer éleva contre cette définition les protestations suivantes : « Vous appelez vente judiciaire, Monsieur le Commissaire du Gouvernement, pour les besoins de la cause uniquement, les ventes faites en vertu de décisions judiciaires. Vous pourriez appeler ces ventes ordonnées par justice, mais l'expression vente judiciaire a un sens beaucoup plus large. On appelle vente judiciaire toute vente faite en exécution de la loi, et avec les formalités de justice, lorsque le débiteur est dépossédé violemment en vertu de la loi ». M. Henri Brisson, rapporteur, répondit en ces termes : « Je tiens à dire à la Chambre que, quelque intéressantes que soient les situations qu'a bien voulu décrire notre collègue M. Royer, jamais elles ne sont entrées, non seulement dans le cadre du projet de l'Administration, mais même dans celui de la proposition primitive que nous avons présentée à la Chambre, une centaine de mes collègues et moi, parce qu'il ne s'agit pas là, en réalité, d'instance ».

Pour bien déterminer la portée de la loi, deux exemples ont été proposés. 1° Un débiteur est poursuivi par un créancier qui fait saisir ses meubles. Une instance s'engage devant le tribunal : par exemple, par suite d'une demande en distraction de meubles saisis, pour tout ou pour partie. Le débiteur prétend ou que les meubles saisis sont la propriété d'un tiers ou que, pour toute autre cause, ils ne peuvent être vendus. Le tribunal statue sur cette demande et dit, dans le dispositif de son jugement, qu'elle est mal intervenue; qu'il sera procédé à la vente des meubles; que la saisie-exécution suivra son cours. Ces meubles sont ensuite vendus en exécution du jugement et de la saisie qui avait été pratiquée. 2° Autre cas : une saisie-gagerie est faite sans acte authentique en vertu de l'art. 819 C. de proc. On va devant le juge de paix ou devant le tribunal et on fait valider la saisie. Le juge dit

213 bis. Procès-verbaux d'adjudication sur surenchère. — Les procès-verbaux d'adjudication sur surenchère sont exempts du timbre sur la minute et sur l'expédition comme rentrant directement dans la catégorie des actes exonérés par l'art. 6 L. 22 avril 1905 (11238 R. P.).

231-4. Prix principal. Licitation au profit d'un colicitant. — *Conf.* Saint-Jean-d'Angély, 27 mai 1903, 10590 R. P.; — Seine, 6 nov. 1903, 10765 R. P.; — Loches, 15 juill. 1904, 10857 R. P.

La taxe judiciaire de 0 fr. 25 p. 100 est exigible sur la totalité du prix d'une licitation judiciaire d'immeubles, alors même que le jugement d'adjudication est présenté à la formalité en même temps qu'un jugement homologatif de partage; il y a lieu seulement, pour la liquidation de la taxe afférente au jugement d'homologation, de déduire de l'actif net partagé le prix des immeubles qui ont fait l'objet de la licitation et qui, à ce titre, ont déjà supporté la taxe lors de l'enregistrement du procès-verbal d'adjudication (Rouen, 30 juin 1905, 10772 R. P.).

231-5. Charges susceptibles de s'ajouter au prix. — *Loyers payés d'avance.* — *Conf.* Grasse, 7 déc. 1904, 10935 R. P.

L'obligation imposée à l'acquéreur d'un immeuble de payer l'intérêt du prix à compter de l'entrée en jouissance et de supporter, sans répétition, le payement anticipé, fait entre les mains du vendeur, des loyers de l'immeuble vendu, constitue également une charge qui doit être ajoutée au prix principal pour la liquidation du droit de vente (Seine, 20 avril 1906, 11071 R. P.).

« Est validée la saisie » et « en conséquence est ordonnée la vente des meubles saisis ».

Questionné sur le point de savoir si, dans ces deux cas, la réduction des droits serait applicable et la taxe de remplacement exigible, le Gouvernement a répondu que *non*, parce que ces ventes interviennent après le jugement et que l'art. 8 ne dispense des droits que les exploits signifiés entre l'assignation et la signification du jugement.

Bien que cet argument ne soit pas sans réplique, puisqu'il pourrait également être invoqué pour les ventes judiciaires d'immeubles, la Chambre, en repoussant l'amendement présenté, a formellement donné raison au Gouvernement.

Ce qu'il faut retenir de là, c'est que la loi de 1892 a eu uniquement en vue les ventes qui s'effectuent à la barre du tribunal et celles qui, devant avoir lieu à l'audience des criées, sont *renvoyées* par le tribunal devant un notaire commis, selon la faculté qui lui en est conférée par divers textes de lois, à l'exclusion de celles qui sont autorisées par une simple ordonnance et qui ne doivent pas, en principe, avoir lieu devant le tribunal.

Ainsi se trouvent exclues toutes les ventes qui rentrent dans la compétence des notaires, greffiers, huissiers, commissaires-priseurs, sans que ces officiers ministériels aient besoin d'une délégation spéciale pour y procéder, aux lieu et place du tribunal. Telles sont les ventes sur saisie mobilière, les ventes de meubles dépendant d'une faillite, ou de marchandises neuves autorisées par la justice consulaire (2816 I. G., p. 25).

1. Vente ordonnée sur référé. — Dans cet ordre d'idées, l'Administration a reconnu que la taxe n'est pas exigible sur l'adjudication de meubles corporels et d'un fonds de commerce, à laquelle il a été procédé par un commissaire-priseur ou par un notaire, en vertu d'une ordonnance de référé (Sol. 19 août 1893).

« Dans l'affaire actuelle, porte cette Solution, soit que la vente ait été provoquée, en vertu des art. 826 C. C., 945 et s. C. proc., soit qu'elle l'ait été, ce qui semble plus probable, par application des art. 986 et s. C. proc., il est constant, dans l'un et l'autre cas, qu'elle a été autorisée, non par un jugement, mais par une simple ordonnance de référé et qu'elle devait être effectuée, non devant le tribunal, mais (946 ou 989 C. proc.) par un officier public. — Il convient d'ajouter que les formalités et le caractère de la vente ont été les mêmes pour le fonds de commerce que pour les meubles corporels dont le procès-verbal d'adjudication ne peut incontestablement être assujetti à la taxe de 0 fr. 25 p. 100 (art. 15, n° 4, et art. 16, n° 3, L. 26 janv. 1892), et que, si un commissaire-priseur n'a pas été chargé de procéder à la vente de tous les meubles, c'est uniquement parce que la jurisprudence réserve aux notaires, à l'exclusion des commissaires-priseurs, la vente des meubles incorporels (Dalloz, v° *Ventes publ. de meubles*, n° 23). »

Décidé, dans le même sens, qu'on ne saurait considérer comme une vente judiciaire tombant sous l'application de l'art. 15, n° 4, L. 26 janv. 1892, l'adjudication d'un fonds de commerce indivis entre un majeur et des mineurs, à laquelle procède un notaire en vertu d'une ordonnance du président, conformément aux art. 452, 822 et 896 C. civ., 945 et suiv. C. proc.; par conséquent, la taxe de 0,25 p. 100 ne lui est pas applicable (Sol. 4 mars 1897, 9600 R. P.).

2. Vente ordonnée sur requête. — Il a été également reconnu que la taxe de 0 fr. 25 p. 100 n'est pas exigible sur un procès-verbal d'adjudication d'un fonds de commerce et des marchandises en dépendant, dressé par un notaire commis en vertu d'une simple ordonnance rendue sur requête par le président du tribunal (Sol. 10 fév. 1893, 8584 R. P.).

231-3°. Liquidation de la taxe. — L'art. 15, n° 3, dispose que, pour les jugements portant adjudication de meubles ou d'immeubles, le droit proportionnel, fixé à 0 fr. 25 p. 100 par l'art. 16, § 1, sera perçu « sur le prix augmenté de toutes les charges... ».

231-4°. Prix principal. — 1. Licitation. — Colicitant acquéreur. — En cas d'adjudication prononcée au profit d'un colicitant, le droit de 0 fr. 25 p. 100 est exigible sur la totalité du prix, sans qu'il y ait lieu d'en déduire la part revenant à l'adjudicataire. Les dispositions de l'article 15 qui prescrivent de liquider l'impôt sur le prix étant conçues en termes généraux et absolus, ne comportent, en effet, aucune distinction (2816 I. G., p. 25; — Quimper, 17 mars 1898, 9258 R. P.; — Lunéville, 9 juin 1898, 9350 R. P.; Gannat, 20 oct. 1898; — Mayenne, 6 janv. 1899, 9500 R. P.; — Marseille, 5 juil. 1900; — Seine, 9 nov. 1901, 10108 R. P.; — *Contrà* Lons-le-Saunier, 20 déc. 1898, 9532 R. P.).

2. Ventes judiciaires faites contrat en mains. — Pour les adjudications judiciaires faites contrat en mains, la taxe de 0 fr. 25 p. 100 doit être liquidée sur le prix, déduction faite des frais de vente que le vendeur paie à la décharge de l'adjudicataire (Sol. 16 sept. 1899, 10049 R. P.).

3. Adjudication sur folle enchère ou sur surenchère. — En matière de folle enchère et de surenchère, la taxe se perçoit sur les mêmes bases que le droit de mutation.

231-5°. Charges susceptibles de s'ajouter au prix. — 1. Charge de payer des loyers en sus du prix. — Parmi les charges susceptibles d'être ajoutées au prix, il y a lieu de comprendre, le cas échéant, celle qui peut être imposée à l'adjudicataire d'un fonds de commerce, d'un droit au bail et de constructions sur le terrain d'autrui, de payer, aux lieu et place du vendeur, les loyers dus par ce dernier au propriétaire de l'immeuble pour les années de bail restant à courir (Sol. 30 mai 1895, 8688 R. P.).

2. Loyers payés d'avance. — Lorsqu'en vertu du cahier des charges, l'adjudicataire d'un immeuble doit tenir compte aux locataires, en sus et sans diminution du prix, des loyers payés d'avance et déclarés dans un dire avant l'adjudication, la privation de jouissance qu'il subit par suite de ce payement anticipé constitue une charge à ajouter au prix pour la perception du droit de mutation et de la taxe des frais de justice (Nice, 24 janv. 1898, 9447 R. P.).

3. Charge de reprendre du matériel et des marchandises. — Si l'adjudicataire d'un fonds de commerce, d'une brasserie, par exemple, est tenu par le cahier des charges, de reprendre à dire d'experts le matériel et les marchandises dépendant du fonds vendu, la valeur de ce

matériel et de ces marchandises doit être ajoutée au prix principal pour la liquidation de la taxe (Sol. 10 nov. 1894; — Marseille, 5 juill. 1899, 9780 R. P.).

231-6°. Ventes inférieures à 2000. — Une disposition spéciale a été insérée dans la loi en faveur des ventes faites moyennant un prix inférieur à 2000 francs; l'art. 16, § 1, porte qu'elles ne seront pas soumises au droit proportionnel de 0 fr. 25 p. 100.

Elle a été inspirée par le désir de compléter l'œuvre entreprise par la loi du 23 oct. 1884, en vue de dégrever les ventes immobilières dont le prix ne dépasse pas 2000 francs. Il semblerait, dès lors, naturel de penser que l'exemption ne peut pas profiter aux ventes mobilières qui ne peuvent prétendre au bénéfice des dégrèvements accordés en 1884. Mais le texte de la loi de 1892 est aussi général que possible : après avoir assujetti au droit de 0 fr. 25 p. 100 les adjudications de meubles et d'immeubles, l'art. 16, § 1-3°, porte que les ventes au-dessous de 2000 francs en seront exemptes. L'immunité s'applique donc aussi bien aux ventes de meubles qu'à celles d'immeubles.

Il faut encore signaler que la corrélation entre les deux lois n'est pas absolue : celle de 1884 vise les ventes dont le prix ne dépasse pas 2000 francs, formule qui englobe les ventes de 2000 francs. La loi de 1892 n'exempte que les ventes au-dessous de 2000 francs, ce qui exclut les ventes de 2000 fr... Ainsi une vente de 2000 francs bénéficera de la loi de 1884, sans pouvoir prétendre à l'exemption accordée par la loi de 1892. Bien que l'expression ait évidemment trahi la pensée du législateur, il nous paraît impossible de faire prévaloir cette pensée contre un texte aussi formel.

231-7°. Adjudications en détail. — 1. PRIX DE CHAQUE LOT INFÉRIEUR À 2000 francs. — PRIX TOTAL SUPÉRIEUR À 2000 francs. — En cas d'adjudication par lots, la loi du 23 oct. 1884 n'est pas applicable si le chiffre de 2000 francs est dépassé pour l'ensemble des lots qui ont trouvé acquéreur (V. au *Rép. gén.*, v° *Vente judiciaire d'immeubles*, n°s 38 et s.). L'Administration prétend transporter ici la même règle, et elle enseigne que, dans cette hypothèse, chaque adjudication partielle, quel qu'en soit le prix particulier, est passible du droit (2816 I. G., p. 25). Nous avons peine à admettre cette interprétation. Au point de vue de la perception des droits d'enregistrement et, par conséquent, de la taxe de 0 fr. 25 p. 100 qui est un droit d'enregistrement, il y a autant d'adjudications que d'acquéreurs différents. C'est, nous semble-t-il, ajouter au texte de la loi de 1892 que d'y introduire une restriction résultant d'une disposition spéciale de la loi de 1884, alors qu'il n'existe aucune référence de l'une à l'autre de ces lois.

2. LOTS ADJUGÉS MOYENNANT UN PRIX INFÉRIEUR À 2000 fr. — LOTS INVENDUS. — Pour l'application de la loi de 1884, les lots mis en vente par le même acte sont réunis pour le calcul du prix d'adjudication, et la valeur des lots non adjugés entre dans le calcul pour leur mise à prix. Si donc le total des prix de vente, bien qu'inférieur à 2000 francs, ajouté à la mise à prix des lots invendus, donne un chiffre supérieur à 2000 francs, le bénéfice de la loi est écarté.

Faut-il étendre cette disposition pour l'application de la loi de 1892? Comme dans l'hypothèse précédente, nous répondrons négativement, puisque cette dernière loi ne reproduit pas à cet égard la loi de 1884 et qu'elle ne s'y réfère pas.

3. SURENCHÈRE DE L'UN DES LOTS. — PRIX INFÉRIEUR À 2000 FRANCS. — L'Administration paraît d'ailleurs être revenue sur son interprétation primitive dans deux Solutions des 18 sept. 1896 et 8 sept. 1897.

Aux termes de ces deux Solutions, elle a reconnu qu'il n'y a pas lieu de « combiner » des ventes entre lesquelles la loi de 1892 n'a établi aucune corrélation. Elle a décidé, en conséquence, que la taxe de 0,25 % n'est exigible, ni dans l'hypothèse d'un lot resté invendu lors d'une première mise aux enchères et qui a trouvé acquéreur à une adjudication subséquente moyennant un prix inférieur à 2000 francs (1re Sol.), ni dans celle d'un lot frappé d'une surenchère valable et définitivement adjugé pour un prix n'atteignant pas 2000 francs (2e Sol.).

231-8°. Détermination du prix. — On s'est demandé si la taxe doit être perçue quand le prix, quoique inférieur à 2000 francs, atteint ce chiffre par suite de l'addition des frais de poursuite de vente stipulés payables en sus de ce prix. L'Administration s'est prononcée dans le sens de la négative par une Solution du 31 août 1893 (8631 R. P.), dont voici les motifs :

« Lors de la discussion à laquelle a donné lieu, au Sénat, l'amendement présenté en vue d'exonérer de la taxe de 0 fr. 25 p. 100 les ventes au-dessous de 2000 francs, il a été constamment entendu que cette proposition était corrélative à la loi du 23 oct. 1884.

« L'amendement que j'ai déposé, disait M. Jules Godin (séance du 19 janv. 1892, p. 58, *J. off.*), a pour but d'appliquer à la taxe nouvelle établie sur les ventes judiciaires *les règles qui existent actuellement en ce qui concerne les ventes au-dessous de 2000 francs*. Relativement à ces ventes, la loi de 1884 a décidé qu'elles seraient dispensées de toute espèce de droits ».

L'Inst. n° 2816, p. 25, en a tiré la conséquence que l'exemption de la taxe de 0 fr. 25 p. 100, « édictée en vue de compléter l'œuvre du législateur de 1884, ne s'applique qu'aux ventes dont le prix total est inférieur au chiffre indiqué », alors même que le prix de chacun des lots serait inférieur à 2000 francs.

Une autre conséquence parallèle découle logiquement de la même considération; c'est que, sauf à tenir compte de la différence de rédaction qui existe entre les lois de 1884 et de 1892, dont l'une vise les ventes effectuées moyennant un prix qui ne dépasse pas 2000 francs, et l'autre, les ventes inférieures à 2000 francs, il y a lieu, pour fixer le prix de la vente, au point de vue de l'exonération de la taxe de 0 fr. 25 p. 100, de se référer à la loi de 1884 et, par suite, de considérer uniquement le prix principal sans y ajouter les frais antérieurs mis à la charge de l'adjudicataire.

231-9°. Promesse d'attribution. — Lorsque, dans le cahier des charges d'une adjudication sur licitation, il a été stipulé qu'au cas où le dernier enchérisseur serait un colicitant, celui-ci ne serait pas déclaré adjudicataire, mais que le fait de l'enchère non couverte vaudrait engagement

231-9. Promesse d'attribution. — *Conf.* Sol. 8 nov. 1899. — Nantes, 28 févr. 1901, 10507 R. P.; — Lille, 14 juill. 1902, 10503 R. P.; — Saint-Brieuc, 7 déc. 1904, 10922 R. P.

Le recouvrement de la taxe de 0.25 p. 100 peut être poursuivi contre tous les colicitants solidairement (Saint-Brieuc, 7 déc. 1904, 10922 R. P.).

231 bis. Timbre. Adjudication sur licitation. Clause de promesse d'attribution au profit du colicitant dernier enchérisseur. Cahier des charges. Procès-verbal d'adjudication. Application de la L. 22 avril 1905. — Lorsque le cahier des charges préalable à l'adjudication d'un immeuble sur licitation dispose que l'adjudication ne sera pas prononcée si la plus forte enchère est portée par un colicitant, mais que le fait même de l'extinction des feux vaudra engagement de la part de ce colicitant d'accepter et de celle de ses coindivisaires de lui consentir, pour la somme fixée par l'enchère, l'attribution de l'immeuble dans le partage définitif, cette clause ne constitue pas une disposition indépendante dans le sens de l'art. 11 L. frim., et le cahier des charges peut, en conséquence, être rédigé sur papier non timbré en vertu de l'art. 6 L. 22 avril 1905. Mais la réalisation de la promesse d'attribution constatée dans le procès-verbal d'adjudication entraîne l'exigibilité du timbre sur cet acte, attendu que cette promesse constitue une véritable opération de partage, indépendante par sa nature de la vente à l'occasion de laquelle elle est intervenue. Cette règle s'applique au procès-verbal considéré dans son ensemble, c'est-à-dire alors même que certaines des dispositions qu'il renferme constitueraient des adjudications pures et simples, à moins que le résultat des enchères portées sur chaque lot ne soit constaté par actes séparés : dans cette dernière hypothèse, il n'y a lieu de rédiger sur timbre que les parties du procès-verbal d'enchères qui ne peuvent bénéficier de l'exemption d'impôt accordée par l'art. 6 L. 22 avril 1905 (Sol. 15 avril 1906, 11230 R. P.).

233. Immeubles domaniaux. — Tarif de 7 p. 100, sans décime. Loi du 22 avril 1905, 10950 R. P.

144. Ce numéro est erroné. Lire nº 233 et substituer à la rubrique « Succ. en déshérence, etc. » — la suivante : « **Immeubles domaniaux. Vente. Tarif.** » — L'art. 8 L. 31 mars 1903 (10600 R. P.; 3117-5 I. G.), porte : « le droit d'enregistrement des ventes d'immeubles domaniaux est fixé à 5 fr. 50 p. 100, conformément à l'art. 52 L. 28 avril 1816. La formalité de la transcription au bureau des hypothèques ne donnera plus lieu qu'au droit de 0 fr. 25 p. 100, établi par l'art. 3 L. 27 juill. 1900 ».

pour lui d'accepter et pour ses colicitants de consentir à son profit l'attribution de l'immeuble dans le partage définitif à intervenir, pour le montant de l'enchère, et si cette hypothèse se réalise, le procès-verbal d'enchère a le caractère de promesse d'attribution et ne donne ouverture ni au droit de mutation, ni au droit de partage (Reims, 11 fév. 1890, et Sol. 3 mars 1890, 7462 R. P., — Sol. 8 nov. 1899); mais la taxe des frais de justice de 0 25 % est exigible sur le prix de l'enchère augmenté des frais (Nantes, 28 fév. 1901). Cette taxe est, en effet, indépendante de la perception du droit de mutation; elle constitue la rémunération du service judiciaire qui a été rendu, et il y a, dans l'hypothèse indiquée, mêmes raisons de décider qu'en matière d'adjudications prononcées au profit de colicitants (V. nº 231-4º, *suprà*).

231-10º. Déclaration d'utilité publique ultérieurement prononcée. — Restitution de la taxe de 0 fr. 25 p. 100. — Lorsqu'un jugement d'adjudication comprend une parcelle dont l'acquisition est ultérieurement déclarée d'utilité publique à la requête de l'adjudicataire, la taxe de 0 fr. 25 p. 100 qui a été perçue en vertu de l'art. 15 § 5, L. 26 janv. 1892, doit être restituée au même titre que les droits de timbre et d'enregistrement, par application de l'art. 58 L. 3 mai 1841 (Sol. 7 mars 1900, 9777 R. P.).

231-11º. Actes de procédure. — 1. Réduction du tiers. — L'art. 8 L. 26 janv. 1892 avait réduit d'un tiers le droit d'enregistrement des exploits relatifs aux procédures de vente judiciaire; l'art. 22 L. 28 avril 1893 a, depuis lors, étendu ce dégrèvement à tous les actes qui n'en auraient pas bénéficié sous l'empire de la loi de 1892.

2. Exemption pour les actes d'avoué à avoué. — En ce qui concerne les actes d'avoué à avoué signifiés en matière de ventes judiciaires, l'art. 5 leur accorde virtuellement, comme à tous les actes de même nature, l'exemption complète de timbre et d'enregistrement.

3. Pluralité. — L'art. 23 L. 28 avril 1893 a complété l'œuvre de 1892 en abrogeant le principe de la pluralité en ce qui concerne les procédures de délaissement par hypothèque, de purge des hypothèques légales ou inscrites, et de saisie immobilière.

231-12º. Dispositions transitoires. — Point de départ de l'application de la loi de 1892. — L'art. 24 L. 1892 stipule que les dispositions des art. 4 à 21 ne sont pas applicables aux minutes, copies ou expéditions d'actes, jugements, sentences ou arrêts relatifs à des procédures commencées avant le 1er juillet 1892.

D'après le même article, la procédure est réputée commencée, en matière de ventes judiciaires, soit par l'assignation en licitation, soit par la requête tendant à obtenir du tribunal l'autorisation de procéder à la vente, soit par le procès-verbal de saisie immobilière, soit enfin par l'acte de réquisition de mise aux enchères prévu par les art. 2185 C. C., 832 C. proc.

1. Saisie antérieure à la loi de 1892. — Conversion en vente volontaire. — Adjudication. — Surenchère du dixième. — Dans le cas où une saisie immobilière antérieure à la loi du 26 janvier 1892 a été convertie en vente volontaire sur le seul consentement du poursuivant et du saisi, et où l'adjudication des immeubles, qui constitue alors une aliénation volontaire, n'a pas été frappée de la surenchère du sixième, s'il intervient une surenchère du dixième, il suffit qu'elle soit postérieure à la promulgation de la loi de 1892 pour que toute la procédure qui en est la suite, y compris l'adjudication, soit régie par les nouvelles dispositions de cette loi, et, par suite, que la taxe de 0 fr. 25 p. 100 soit due sur la totalité du prix, à l'exclusion du droit de greffe. C'est ce qui a été reconnu par une Solution du 9 mai 1893 ainsi conçue :

La Cour de cassation décide que « la conversion d'une saisie immobilière en vente sur publications judiciaires n'enlève point à la saisie tous ses effets légaux » et que des constatations ultérieures se référant, nonobstant la conversion, à la saisie immobilière « peuvent, si elles ont une influence directe sur cette procédure, être considérées comme des incidents soumis aux règles particulières à cette voie d'exécution ». (Cass., ch. civ., 22 juillet 1872, S. 73-1-9.)

Il semble résulter de cette doctrine que la conversion ne se rattache pas nécessairement, dans toutes ses suites, à la saisie originaire. En admettant, d'ailleurs, qu'elle demeure liée à la procédure de saisie, ce lien ne peut pas subsister indéfiniment et disparaît tout au moins après l'expiration du délai fixé pour la surenchère du sixième (C. proc. 743 et 965).

En effet, la situation n'est plus alors réglée par le Code proc. ; elle l'est uniquement par les dispositions du Code civil relatives aux ventes volontaires. « S'il n'y a pas de surenchère du sixième dans les huit jours de l'adjudication, enseigne Boitard (8e édition, t. II, nº 1134), les créanciers inscrits se retrouvent dans la position que le Code civil leur a faite, c'est-à-dire que l'adjudicataire doit procéder « à la purge de l'immeuble et leur signifier les notifications prescrites par l'article 2183 du Code civil. Ils peuvent alors former une surenchère du dixième dans les quarante jours qui suivent, sous les conditions écrites dans l'article 2185. » (*Conf.* Orléans, 5 août 1853 et 15 fév. 1859, S. 53-2-303 et 59-2-361.)

Or, il est évident que la surenchère du dixième, qui intervient dans de telles conditions, est absolument indépendante de la procédure de saisie et constitue, au contraire, le commencement d'une procédure distincte.

Ce n'est donc pas sans raison que l'art. 24 L. 26 janv. 1892 a établi une distinction entre la surenchère du sixième et celle du dixième et n'a mentionné que la première « comme donnant lieu à la continuation de la procédure antérieure ».

TITRE IV. — ADJUDICATION DES BIENS IMMEUBLES DE L'ÉTAT.

144. — Succession en déshérence. — Droit de 2. p. 100. — Droit de transcription. — V. *Domaine*, nº 1179.

TITRE V. — ADJUDICATION OU VENTE PUBLIQUE DE MEUBLES.

CHAPITRE Ier. — CARACTÈRES DES VENTES PUBLIQUES DE MEUBLES. — COMPÉTENCE POUR PROCÉDER A CES VENTES.

262 *bis*. Ventes sur soumissions cachetées. — Chevaux de course. — Prix à réclamer. — Les ventes de chevaux effectuées après les courses, moyennant un prix offert sous pli fermé, des chevaux ayant gagné les prix dits « prix à réclamer », ne tombent pas sous l'application des dispositions L. 22 pluv. an VII. Une soumission écrite et cachetée se distingue, en effet, de l'enchère qui est une offre faite à la criée d'un prix supérieur, soit à la mise à prix, soit à une offre précédente (Sol. 30 juin 1899, Rev. prat. 4773).

CHAPITRE III. — DU PROCÈS-VERBAL ET DE SON ENREGISTREMENT.

392. Objets mobiliers. — Marchandises neuves. — Ville de Paris. — Surtaxe. — En remplacement des droits d'octroi sur les boissons hygiéniques, la Ville de Paris a été autorisée à établir, à partir du 1er janv. 1901, une taxe additionnelle au droit d'enregistrement sur les mutations à titre onéreux de meubles et objets mobiliers, vendus aux enchères publiques à Paris. Cette taxe dont le recouvrement est confié à l'Administration de l'enregistrement est de 1 p. 100 (L. 31 déc. 1900, 9983 R. P.; V. *Code des lois*).

488. Bois et forêts. — Vente publique administrative sans les formes C. for. — Les adjudications aux enchères de coupes de bois, auxquelles il est procédé par le maire, en dehors des formes tracées par le C. for., tombent sous l'application de la L. 22 pluviôse an VII, et le droit proportionnel doit être perçu sur le montant cumulé de tous les lots adjugés par le même procès-verbal (Sol. 27 juil. 1892, 7937 R. P.).

La règle d'après laquelle le droit d'enregistrement exigible sur les adjudications administratives de coupes de bois doit être liquidé sur le prix cumulé de tous les lots, cesse de recevoir son application lorsque chaque adjudicataire présente isolément à la formalité la partie du procès-verbal concernant l'adjudication du lot qu'il a acheté. En pareil cas, le droit est calculé sur le prix du lot qui le concerne (Sol. 3 fév. 1897, 9471 R. P.).

Adjudication de plusieurs lots au même acquéreur. — Liquidation des droits. — Distinctions à observer. — Lorsque, par un seul procès-verbal, un même acquéreur se rend adjudicataire de plusieurs lots appartenant au même vendeur, avec le concours d'une seule caution et d'un seul certificateur de caution, on doit réunir le prix de tous les lots pour la perception du droit de vente et de cautionnement, et il n'est dû qu'un droit fixe pour la certification; mais, si des actes distincts sont dressés, la perception doit être établie séparément sur chacun d'eux. Lorsque les lots appartenant à des vendeurs différents sont vendus moyennant des prix distincts, il y a lieu, même s'ils sont adjugés au même acquéreur, de liquider l'impôt séparément par chaque vendeur; il en est ainsi notamment quand la même personne se rend adjudicataire d'une coupe domaniale et d'une coupe communale (Sol. 4 juil. 1890, 7583 R. P.; 20 sept. 1892, 8515 R. P.).

Plusieurs lots. — Communes différentes. — Même acquéreur. — Droits de vente et de cautionnement. — Lorsque, dans une adjudication de coupes de bois communaux passée devant l'autorité administrative, deux lots provenant des bois de communes différentes ont été adjugés à un même acquéreur, sous la garantie d'une même caution et avec le concours d'un même certificateur de caution, il y a lieu : 1° de percevoir le droit de vente sur le montant cumulé des deux lots; 2° de liquider le droit de cautionnement distinctement sur chacun des lots qui appartiennent à des vendeurs différents; 3° d'exiger deux droits fixes de certificat de caution (Sol. 20 nov. 1898, 9462 R. P.).

489. Bois et forêts. — Vente publique dans les formes C. for. — L'Administration a, tout d'abord, continué à soutenir que les adjudications aux enchères de coupes de bois auxquelles il est procédé suivant les formes tracées par le C. for., par le maire assisté d'un agent des forêts, ne tombent pas sous l'application de la L. 22 pluviôse an VII, et que le droit proportionnel doit être calculé distinctement sur le prix de chaque lot, ou, tout au moins, des divers lots adjugés au même acquéreur (Sol. 19 sept. 1891, 7936 R. P.).

Mais, à la suite d'un jugement contraire de Belfort, du 30 janv. 1895 (8528 R. P.), elle a reconnu, en autorisant l'exécution de ce jugement, que les dispositions L. 22 pluviôse an VII sont applicables aux adjudications, aux enchères publiques, des arbres en grumes, bois de chauffage, copeaux, etc., provenant des coupes de bois d'une commune, même lorsque ces adjudications ont lieu en la forme administrative et selon les règles tracées par le Code for. En conséquence, le droit d'enregistrement est dû sur le montant des sommes que contient cumulativement le procès-verbal de chaque vacation, et non sur le prix distinct des lots adjugés à chacun des acquéreurs (Sol. 11 avril 1895, 8585 et 8650-36 R. P.).

495. Bois et forêts. — Cautionnement. — Liquidation du droit. — V. *suprà* n° 488.

505. Vente publique de meubles. — Colicitant adjudicataire. — Droit sur le prix total. — Le droit de 2 0/0 exigible sur le prix des ventes de meubles aux enchères publiques doit être liquidé sur le prix total de tous les lots adjugés, même dans le cas où l'adjudication a lieu à titre de licitation au profit de l'un des colicitants (Lesparre, 20 déc. 1899, 9808 R. P.; Cass. 11 juin 1902, 10292 R. P.).

258. Décharges de ventes publiques de meubles. Actes constatant la livraison des objets vendus. Procès-verbaux de non-adjudication. Droit fixe de 2 fr. — La réduction de tarif édictée par les LL. 26 janv. 1892 (art. 6, 7 et 8) et 28 avril 1893 (art. 22), en faveur des diverses catégories d'actes extrajudiciaires soumis aux droits fixes, est applicable : 1° aux décharges rédigées par les huissiers et commissaires-priseurs à la suite des procès-verbaux de ventes mobilières; 2° aux actes, distincts des procès-verbaux de ventes, que les huissiers et commissaires-priseurs rédigent, dans certains cas, pour constater la livraison des objets vendus; 3° aux procès-verbaux dressés par ces officiers ministériels pour constater qu'une vente mobilière n'a pu avoir lieu. Les actes dont il s'agit ne sont, en conséquence, passibles que du droit fixe de 2 fr. — (Instr. 2867, § 11, 10900 R. P.).

393bis. Adjudication. Objets abandonnés chez les ouvriers et industriels. Vente. Droit proportionnel de 2 p. 100. L. 31 déc. 1903. — D'après l'art. 2 L. 31 déc. 1903, relative à la vente des objets mobiliers confiés aux ouvriers ou industriels qui n'ont pas été retirés dans le délai de deux ans, tous les actes faits pour l'exécution de cette loi sont dispensés du timbre et enregistrés gratis; pour tenir lieu des droits de timbre et d'enregistrement, il est perçu sur le procès-verbal de vente, lorsqu'il est présenté à la formalité, 2 p. 100 du produit de la vente, sans addition de décimes. (Instr. 3130, 10715 R. P.)

403-405. Warrants agricoles. Modification de la L. 18 juillet 1898. L. 30 avril 1906. (11204 R. P.)

423. Fonds de commerce. Dation en nantissement. Réalisation du gage sans l'accomplissement des formalités prescrites par la L. 28 mai 1858 et le décret du 12 mars 1859. Exigibilité du droit de 2 p. 100, à l'exclusion de celui de 0,10 p. 100. — En autorisant le nantissement des fonds de commerce, la L. 1er mars 1898 a permis implicitement au créancier gagiste de bénéficier des dispositions de la L. 23 mai 1863 qui a modifié l'art. 93 C. comm. et étendu à la réalisation du gage commercial les dispositions de la L. 28 mai 1858 relatives à la vente publique volontaire des marchandises en gros, notamment en ce qui concerne la réduction à 0,10 p. 100 du droit proportionnel d'enregistrement; cette assimilation est subordonnée toutefois à l'accomplissement des formalités prescrites par la L. 28 mai 1858 et le décret réglementaire du 12 mars 1859, c'est-à-dire à la condition que la vente ait lieu d'après les dispositions qui régissent les courtiers de commerce, qu'elle soit effectuée à la Bourse, dans des salles autorisées, ou sur place dans le cas déterminé par l'art. 36 du décret de 1859, et qu'elle soit constatée par un procès-verbal sur un registre coté et paraphé, conformément à l'art. 16 C. comm. Est, en conséquence, passible du droit de 2 p. 100, à l'exclusion de celui de 0,10 p. 100, l'adjudication d'un fonds de commerce donné en nantissement à laquelle procède un notaire en vertu d'une ordonnance du président du tribunal de commerce rendue à la requête du créancier gagiste, lorsque cette adjudication est opérée en dehors des conditions sus-indiquées (Seine, 20 mai 1905, 11130 R. P.).

472. Centimes additionnels excédant le taux de 5 p. 100. — En matière de vente publique de meubles, les parties ne sont pas fondées à réclamer la restitution du droit perçu sur ceux des centimes additionnels qui ne dépassent pas le taux de 5 p. 100 tant qu'elles n'ont pas souscrit une déclaration estimative régulière, conformément à l'art. 16 L. frim., des charges à ajouter au prix pour la liquidation de l'impôt (Trévoux, 10 nov. 1904, 10907 R. P.).

505. Vente publique de bestiaux dépendant de la succession d'un métayer. Adjudication au profit du propriétaire de la métairie. Déduction de la part revenant à ce dernier pour la liquidation du droit proportionnel. — Lorsque, dans une vente publique de meubles, certains objets sont adjugés à un colicitant, il y a lieu, pour la perception du droit proportionnel, de déduire la part de ce dernier dans le prix d'adjudication. Il en est ainsi spécialement de l'adjudication, au profit du propriétaire d'une métairie, de bestiaux dépendant de la succession du métayer (Trévoux, 10 nov. 1904, 10907 R. P.).

510. **Vente publique de meubles dépendant d'une succession. Supplément de droit. Action en recouvrement non recevable contre les héritiers qui ont ultérieurement renoncé à la succession.** — Le recouvrement d'un supplément de droit, dû sur un procès-verbal de vente publique de meubles dépendant d'une succession, ne peut être poursuivi contre les héritiers qui sont intervenus à cet acte sans prendre qualité et qui ont ultérieurement renoncé à la succession ; l'Administration doit, en conséquence, supporter les frais des poursuites qu'elle a exercées contre eux (Trévoux, 10 nov. 1904, 10967 R. P.).

ADOPTION ET TUTELLE OFFICIEUSE.

36. **Retour légal. Enfants adoptifs.** — L'expression « descendants » dont se sert l'art. 351 C. civ., a une signification précise et ne s'entend que de ceux qui, issus d'un même auteur, se rattachent à une souche commune ; cette expression ne peut, dès lors, s'appliquer à des enfants adoptifs. En conséquence, ces derniers ne peuvent exercer, ni comme descendants de l'adoptant, ni comme représentant celui-ci et de son chef personnel, le droit de retour sur un immeuble donné par l'adoptant prédécédé à l'un de ses enfants adoptifs, décédé lui-même sans postérité (Cass. (req.), 20 oct. 1905, 10658 R. P.

40-5. **Calendrier-réclame. Salle d'auberge. Timbre.** — Les calendriers-réclames, ayant pour objet d'annoncer les principaux articles vendus par une maison de commerce, et qui, par leurs dimensions, sont destinés à être placardés, constituent des affiches passibles de l'impôt du timbre, dès lors qu'ils sont apposés dans un lieu public tel qu'une salle de débit (Rocroi, 11 mai 1905, 11075 R. P.).

55. **Enfants assistés. Acte devant le juge de paix.** — D'après l'art. 18 L. 27 juin 1904 sur le service des enfants assistés, la demande, le consentement du conseil de famille et le procès-verbal dressé par le juge de paix relativement à la tutelle officieuse de l'enfant, doivent être visés pour timbre et enregistrés gratis. — Instr. 3152, n° 10700 R. P.

AFFICHES.

19. **Bureaux de placement gratuits. Offres et demandes de travail ou d'emplois. L. 14 mars 1904.** — L'exemption du timbre est accordée aux affiches de toute nature, imprimées ou non, qui ont pour unique objet l'annonce d'offres ou demandes de travail ou d'emplois, à la condition qu'elles soient apposées par les bureaux de placement gratuits créés par les municipalités, par les syndicats professionnels ouvriers, patronaux ou mixtes, les bourses de travail, les compagnonnages, les sociétés de secours mutuels et toutes autres associations légalement constituées (art. 5 de la loi. — Inst. 3145 ; 10735 R. P.).

CHAPITRE IV. — CONVENTIONS ACCESSOIRES ET DISPOSITIONS DÉPENDANTES CONTENUES DANS LES PROCÈS-VERBAUX DE VENTE.

536. **Vente publique d'objets mobiliers. — Décharge du prix. — Droit particulier.** — Constitue une disposition indépendante la décharge du prix d'une vente publique de meubles donnée par le vendeur à l'officier ministériel qui a effectué la vente, alors même qu'elle est contenue dans le procès-verbal de vente (Sol. 10 avril 1895, 8827 R. P.).

551. **Prorogation de délai.** — A la 7e édit. du *Rép. gén.*, *ajoutez in fine* : V. cep. *Prorogation de délai*, n° 35.

ADOPTION ET TUTELLE OFFICIEUSE.

36. **Enfant adoptif. — Droit de retour. — Autres enfants adoptifs. — Frères et sœurs naturels. — Filiation non légalement établie.** — V. *Enfant*, n° 75.

49. **Acte d'adoption.** — L'acte d'adoption contenant le consentement réciproque des parties est reçu par le juge de paix. Cet acte est passible du droit fixe de 1 fr. 50 cent. aux termes de l'art. 68, § 1, n° 9, de la loi du 22 frim. an VII et de l'art. 4 de la loi du 28 février 1872 (1565 J. E.). Il en est de même sous l'empire de la loi du 26 janv. 1892, l'art. 17-1° de cette loi ne s'appliquant qu'aux jugements et aux procès-verbaux de conciliation ou de non-conciliation.

50. **Jugement du tribunal civil.** — Le jugement qui déclare *qu'il y a lieu* à l'adoption est passible du droit de 75 francs (L. 26 janv. 1892, art. 17-11°), tandis que celui qui la repousse n'est passible que du droit de 7 fr. 50 cent. (Même loi, art. 17-4°).

51. **Arrêt de cour d'appel.** — C'est la Cour d'appel qui donne la dernière sanction à l'adoption. — V. au *Rép. gén.*, 7e édit., v° *Adoption*, n° 16.

L'arrêt qui déclare *qu'il y a lieu* est sujet au droit fixe de 150 francs (L. 26 janv. 1892, art. 17-12°).

Celui portant *qu'il n'y a pas lieu* est tarifé au droit de 25 francs par la disposition générale de l'art. 17-8° de la loi du 26 janv. 1892.

54. **Pluralité de droits.** — Le jugement ou l'arrêt qui prononce ou confirme plusieurs adoptions ne donne ouverture qu'à un seul droit fixe depuis la loi du 26 janv. 1892 (art. 11, 1er alinéa).

AFFICHES.

17 *bis*. **Loi du 26 juillet 1893. — Affiches manuscrites.** — V. *infrà* n° 98.

17 *ter*. **Loi du 28 décembre 1895. — Timbres mobiles. — Responsabilité des imprimeurs.** — V. *infrà* nos 121-1 et 154.

21. **Loi du 30 mars 1902. — Couleur du papier.** — « Les affiches ayant un but ou un caractère électoral, qui comprendront une combinaison de trois couleurs, bleu, blanc et rouge, sont interdites à peine pour l'imprimeur d'une amende de 50 francs par contravention. » (L. 30 mars 1902, art. 44).

29. **Lois des 26 décembre 1890 et 26 juillet 1893. — Décret du 18 février 1891. — Affiches peintes.** — V. nos 122 et 136.

38. **Enregistrement.** — Les affiches ne constituent pas des actes, c'est-à-dire la preuve de conventions intervenues, ni des titres opposables aux parties. Il peut donc en être fait usage en justice sans qu'il soit nécessaire de les enregistrer (Lille, 4 juillet 1901).

40-5. **Lieu public. — Salles d'auberge. — Salles d'hôtel. — Hall public.** — Il faut considérer comme des lieux publics, où les affiches ne peuvent être apposées sans avoir été timbrées :

1° Les salles d'auberge (Cass. crim. 9 juin 1888, 7346 R. P., 23556 J. E.);

2° Les salles d'hôtel (Alger, 25 oct. 1894, 8602 R. P., 24562 J. E.);

3° Un hall public (Rouen, 6 déc. 1894, 8617 R. P.).

4° Les urinoirs publics (Seine, 20 nov. 1897, 9324 R. P.).

9. Vitrines de magasin. — Les annonces apposées à une vitrine d'un magasin, mais visibles de la voie publique, sont assujetties au timbre, si elles ont le caractère d'affiches (Seine, 7 juillet 1894, 8300 R. P., 24530 J. E. ; — 15 janv. 1897, 9072 R. P. ; 25143 J. E. ; — Bordeaux, 28 juil. 1897, 9214 R. P.). — V. *infrà* 42-12.

42-1. **Cadres photographiques.** — Les cadres photographiques, qui, apposés sur une autre maison que celle où le photographe exerce son industrie, présentent le caractère d'affiches, sont assujettis au droit applicable aux affiches sur papier, lorsque le nom et l'adresse du photographe sont inscrits sur du papier ou du carton. Mais, si ces indications sont mentionnées sur toute autre matière que le papier, ils doivent être traitées, pour la perception, comme des affiches peintes et supporter le droit spécial à ces affiches (Sol. 4 juillet 1895, 3936 Rev. prat.).

42-2. **Cafés. — Hôtels. — Vitrines.** — Les tableaux-annonces ne constituent des enseignes, exemptes de l'impôt, que s'ils se bornent à indiquer le produit annoncé et le nom du fabricant (Sol. 7 déc. 1886, 2478 Rev. prat.).

Il en est de même des annonces apposées sur le magasin du dépositaire du produit (Sol. 9 déc. 1890, 3138 Rev. prat.)

3. Avis de changement de domicile. — L'avis annonçant un changement de domicile et placardé sur l'ancien établissement, doit être considéré comme une enseigne dispensée du timbre, même après le départ du commerçant, si le logement quitté n'est pas occupé par un nouveau locataire (Sol. 10 mars 1900, 4775 Rev. prat.).

4. Entrepreneurs de publicité. — Maisons fusionnées. — Établissements multiples. — Les annonces, apposées sur des édicules ou emplacements appartenant à une

maison de publicité dans le but de signaler son industrie, constituent des enseignes affranchies du timbre, alors même qu'elles mentionneraient une autre entreprise de publicité avec laquelle cette maison aurait fusionné (Sol. 16 nov. 1893, 3842 Rev. prat.).

6. Gares. — Wagons. — Les annonces, apposées dans les gares d'une Compagnie de chemins de fer et se rapportant aux opérations de cette Compagnie, rentrent dans la catégorie des enseignes exemptes du timbre (Sol. 8 juil. 1887, 2477 Rev. prat.). Il en est ainsi spécialement : des tableaux ou annonces qui reproduisent des vues de stations balnéaires situées sur le réseau de la Compagnie (Sol. 6 nov. 1894, 3881 Rev. prat.); des avis annonçant une vente de vieux matériaux appartenant à la Compagnie (Sol. 17 oct. 1890). Les imprimés apposés par les expéditeurs sur les parois extérieures des wagons de chemins de fer mis à leur disposition pour le transport de leurs marchandises, constituent de simples enseignes exemptes du timbre, alors même qu'ils indiqueraient le nom et l'adresse des expéditeurs et l'objet de leur industrie ou de leur commerce (Orthez, 13 juill. 1899, 9889 R. P., 26035 J. E.).

7. Hommes sandwichs. — Les affiches réclames, que promènent dans les rues et lieux publics les « hommes sandwichs », sont assujetties à l'impot, qu'elles constituent des affiches sur papier ou des affiches peintes. On ne saurait les assimiler aux annonces inscrites sur les voitures de livraison d'un commerçant, lesquelles sont exemptes du droit, non pas à raison de leur mobilité, mais parce qu'elles ont le caractère d'enseignes (Sol. 28 nov. 1893, 24397 J. E.).

42-12. Vitrines. — Le droit de timbre est exigible sur les cartons imprimés ou tableaux-réclames exposés derrière une vitrine de magasin, mais visibles de la voie publique, lorsqu'ils ne se bornent pas à annoncer le produit mis en vente dans le magasin et révèlent au public le lieu de production et de vente générale Seine, 7 juill. 1894, 8300 R. P., 24530 J. E.).

Il en est ainsi, alors même que l'adresse du producteur serait indiquée en caractères exigus ou insérée dans la reproduction d'une marque de fabrique (Seine, 15 janv. 1897, 9072 R. P., 25143 J. E.). L'impôt est également dû pour l'affiche peinte sur un placard en zinc apposé à la vitrine d'un magasin, lorsqu'elle ne se borne pas à mentionner le produit mis en vente dans le magasin, mais qu'elle fait également connaître, avec les récompenses qu'il a obtenues, le nom du dépositaire général (Bordeaux, 28 juill. 1897, 9214 R. P.). — V. *suprà* n° 40-9.

13. Voitures réclames. — Les annonces apposées sur les voitures de livraison d'une maison de commerce constituent des enseignes exemptes de timbre (Sol. 28 nov. 1893, 24397 J. E.).

Mais, placardées sur des voitures réclames, elles revêtent le caractère d'affiches assujetties à l'impôt, qu'elles représentent des affiches sur papier ou des affiches peintes (Sol. 21 sept. 1891; Sol. préc. 28 nov. 1893).

14. Malles des voyageurs. — Les annonces apposées sur les malles des voyageurs, notamment par les propriétaires des hôtels où ils descendent, ne peuvent être considérées comme des affiches sujettes au timbre (D. m. f. 12 fév. 1881, 431-7 Rev. prat.).

49. Adjudications de l'État. — Syndicats professionnels. — Les affiches annonçant l'adjudication de travaux ou de fournitures pour le compte exclusif de l'État sont exemptes d'impôt et peuvent être apposées, dans les salles de Syndicats professionnels comme dans tout autre lieu public, sans avoir été timbrées (Sol. 4 déc. 1894, 392. Rev. prat.).

50-2. Armées. — Corps de troupes. — Les affiches relatives aux marchés de fournitures des corps de troupes sont dispensées du timbre (Sol. 7 déc. 1896, 4279 Rev. prat.).

52. Fêtes. — V. *infrà* n° 72.

54. Mandat électif. — Compte rendu. — Maire. — Les affiches, par lesquelles une personne, pourvue d'un mandat électif, rend compte de ses actes, sont assujetties au timbre. Spécialement, il en est ainsi des affiches, signées d'un maire, qui, après avoir reproduit des extraits des débats ayant eu lieu au conseil municipal et au Parlement au sujet des indemnités à mettre à la charge de la Ville de Paris à raison de la captation des eaux d'une rivière, rendent compte de la conduite tenue par la municipalité (Sol. 29 janv. 1897, 4317 Rev. prat.).

56. Élections. — Déclaration prescrite par la loi du 17 juill. 1889. — Est passible du droit de timbre l'affiche électorale qu'un candidat à la députation fait apposer avant d'avoir déposé à la préfecture la déclaration prescrite par la loi du 17 juill. 1889 (D. m. f. 18 sept. 1889, 7404 R. P., 23458 J. E.).

Mais, en matière d'élections municipales, les candidats ne sont pas tenus à une déclaration préalable. On doit donc entendre par candidat, non seulement celui qui sollicite les suffrages des électeurs, mais encore celui que les électeurs ont porté, même à son insu, sur des bulletins distribués le jour du vote par des agents électoraux. Il en résulte que si un tel candidat fait apposer, au cours de la période électorale, des affiches signées de lui pour protester contre l'abus fait de son nom et inviter les électeurs à porter leurs voix sur un autre candidat, ces affiches sont exemptes du timbre (Sol. 14 janv. 1901, 26203 J. E.).

2. Groupe d'électeurs. — Imprimeur candidat. — Les affiches électorales, émanées de tiers et non visées par le candidat, ne rentrent pas dans la catégorie des affiches affranchies de l'impôt par l'art. 3, L. 11 mai 1868; elles sont donc assujetties au timbre. — Il en est ainsi spécialement de l'affiche qui est signée « un groupe d'électeurs ». Peu importe d'ailleurs que l'imprimeur, dont le nom figure hors texte, soit lui-même candidat, la mention du nom de l'imprimeur, sans autre indication, étant prescrite en exécution de l'art. 2 de la loi du 29 juill. 1881 sur la liberté de la presse (Hazebrouck, 11 août 1898, 8281 R. P.).

3. Période électorale. — Remerciements. — Les affiches de remerciements peuvent, après le premier tour de scrutin, être apposées sans timbre, s'il n'y a pas ballottage, jusqu'à la décision de la commission de recensement, et jusqu'à la clôture du second tour, s'il y a ballottage (D. m. f. 2 mai 1898, 9395-31 R. P., 25464 J. E., 2948 J. G.; — Av. Cons. d'État, 20 mai 1898, 25404 J. E.).

62-3. Cours publics et gratuits. — Lorsque les cours sont créés par une municipalité, que l'enseignement y est donné par des professeurs de la ville et que ces cours sont publics et gratuits, les affiches qui en annoncent l'ouverture sont exemptes de timbre (11560 R. P.).

69 et 73. Délibération du conseil municipal. Affichage effectué par le maire à la mairie et en d'autres lieux de la commune. Timbre. — Les affiches, signées du maire, qui portent à la connaissance du public le texte d'une délibération du conseil municipal sont sujettes au timbre lorsqu'elles ne peuvent être considérées comme ayant pour objet le maintien de l'ordre, l'exécution des lois et l'administration générale de l'État, et qu'elles tendent uniquement à servir l'intérêt privé bien que collectif de la commune. Échappe toutefois à l'application de l'impôt celle de ces affiches apposée sur la mairie en exécution de l'art. 56 L. 5 avril 1884. — Il en est ainsi spécialement des affiches contenant le texte d'une délibération par laquelle un conseil municipal vote des remerciements aux membres d'une congrégation religieuse et invite le gouvernement à leur accorder l'autorisation qu'ils sollicitent. — (Nevers, 11 mars 1903, 10680 R. P.).

5. Effets de la loi du 29 juillet 1881. — La loi du 29 juillet 1881 a eu pour effet et pour but d'abroger la législation antérieure relative au colportage et à l'affichage; mais elle a laissé subsister toutes les lois fiscales antérieures, qui, étant des lois spéciales, ne peuvent se trouver abrogées par une loi réglant des matières générales (Hazebrouck, 11 août 1893, 8281 R. P.). V. *infrà*, n° 165.

57. Enquêtes. — Les affiches, apposées sur l'ordre du préfet en vue de faire connaître la demande d'installation d'un établissement dangereux et de provoquer sur cette demande l'enquête *de commodo et incommodo*, sont exemptes du timbre (Sol. 8 janv. 1898, 25425 J. E., 1307 Rev. prat.).

62-3. Cours professionnels. — Intérêt privé. — Les affiches concernant des cours professionnels ou autres, gratuits ou subventionnés, des conférences ou expositions organisées par les directeurs de ces cours doivent être revêtues du timbre comme ayant un caractère d'intérêt privé, bien qu'elles soient revêtues du visa du maire (D. m. f. 17 juin et 18 déc. 1896, 2932-2 I. G., 25233 J. E.).

6. Caisses des écoles. — V. *infrà* n° 72.

67. Sociétés de secours mutuels. — Les affiches relatives aux sociétés de secours mutuels approuvées sont exemptées du timbre par l'art. 19 L. 1er avril 1898 (2958 I. G., 9295 R. P.).

Toutefois, l'immunité ne profite pas aux sociétés « qui accordent à leurs membres ou à quelques-uns d'entre eux des indemnités moyennes ou supérieures à 5 francs par jour, des allocations annuelles ou des pensions supérieures à 360 francs et des capitaux en cas de vie ou de décès supérieurs à 3.000 francs » (art. 28. — V. 2958 I. G.).

67 *bis*. Caisses de secours et de retraites des ouvriers mineurs. — Syndicats professionnels. — Les affiches des caisses de secours et de retraites des ouvriers mineurs sont affranchies de l'impôt (L. 1er avril 1898, art. 19 et 28, 2958 I. G.).

Quant à celles des syndicats professionnels constitués légalement aux termes de la loi de 21 mars 1884, qui ont prévu dans leurs statuts les secours mutuels entre leurs adhérents, elles bénéficient des mêmes avantages que celles des sociétés de secours mutuels approuvées (même loi, art. 40).

71. Départements. — Écoles nationales professionnelles et écoles normales primaires. — Les affiches pour la vente ou la location des biens appartenant aux écoles nationales professionnelles ou aux écoles normales primaires sont exemptes du timbre, lorsqu'elles ont pour objet exclusif l'intérêt de l'État. Mais elles doivent être timbrées, si elles intéressent tout à la fois l'État et les départements (D. m. f. 30 janv. 1890, 2704-12 I. G., 7501-34 R. P.).

72. Foires. — Fêtes. — Bals. — Concerts. — Affiches signées d'un maire. — Les affiches par lesquelles un maire annonce l'ouverture d'une foire et fait connaître qu'on « trouvera sûreté et protection » sont exemptes de timbre (Sol. 17 oct. 1889, 3017 Rev. prat.).

Sont également affranchies de l'impôt les affiches signées d'un maire et dont l'objet est de publier le programme des réjouissances données dans une localité à l'occasion de la Fête nationale du 14 juillet (Sol. 20 juill. 1895, 4046 Rev. prat.).

Mais, bien que revêtues du visa du maire, les affiches annonçant des fêtes, bals, concerts, donnés sous le patronage de la municipalité, au profit des crèches, bureaux de bienfaisance, caisses des écoles sont assujetties au timbre.

Le maire intervient uniquement, en effet, en la circonstance, dans l'intérêt privé de l'établissement appelé à profiter des annonces. L'Administration n'a pas, d'ailleurs, à se préoccuper du point de savoir si elles peuvent être, ou non, imprimées sur papier blanc, l'emploi irrégulier du papier blanc constituant, depuis la Loi du 27 juill. 1881 une contravention de police dont la poursuite appartient aux agents du ministère public (D. m. f. 17 juin et 18 déc. 1896, 9125-32 R. P., 2932-2 I. G.).

73-5. Courses. — Les affiches signées d'un maire, relatives aux fêtes données à l'occasion des courses et contenant le programme de chaque journée de courses, sont assujetties au timbre. La publicité, donnée à des courses organisées par des sociétés constituant des personnes civiles qui ont une existence individuelle et des ressources spéciales, constitue, en effet, une mesure d'ordre privé ne se rattachant ni à l'exécution des lois ni à l'administration générale (Sol. 28 oct. 1897, 25432 J. E., 4398 Rev. prat.).

6. Enfants mineurs. — Manufactures. — Les règles enseignées au *Rép. gén.* sont applicables aux affiches ayant pour objet l'exécution de la loi du 2 nov. 1892.

76-2. Affiches judiciaires. — Timbre à l'extraordinaire. — Feuilles réunies. — Un seul droit. — Lorsque plusieurs feuilles, réunies pour servir à la composition d'une même affiche judiciaire, sont présentées à la formalité du timbre à l'extraordinaire, il est dû un seul droit, au maximum de 3 francs en principal, alors même que la dimension totale de l'affiche serait supérieure à celle de la feuille de grand registre. Dans tous les cas, si l'affiche a été présentée à la formalité dans l'état où elle a été placardée, il ne saurait être réclamé d'amende, l'erreur de perception étant imputable aux agents de l'Administration (Sol. 9 janv. 1893, 3637 Rev. prat.).

79-4. Arbitrage. — Différends entre patrons et ouvriers. — L'art. 12, L. 27 déc. 1892 dispense du timbre les affiches destinées à porter à la connaissance du public la demande de conciliation et d'arbitrage, le refus ou l'absence de réponse de la partie adverse, la décision du comité de conciliation ou celle des arbitres, que l'affichage émane de l'autorité administrative ou qu'il ait été fait par les soins des intéressés. L'exemption dépend donc exclusivement de l'objet des affiches, quels qu'en soient les signataires (2831 I. G., 8194-4 R. P.).

82-2. Affiches exemptes de timbre. — Faillites. — Sont affranchies de la formalité du timbre « les affiches et certificats d'insertions relatifs à la déclaration de faillite ou aux convocations de créanciers » (L. 26 janv. 1892, art. 10, 7819 R. P.).

92. Affiches manuscrites. — V. *infrà* n° 98.

93. Cartons porte-journaux. — Annonces intérieures et extérieures. — Le caractère essentiel de l'affiche est de se présenter et de s'imposer par elle-même, d'une manière constante et collective, aux yeux du public, sans intervention personnelle des particuliers. — Par suite, les annonces apposées, soit à la surface intérieure, soit à la surface extérieure des cartons porte-journaux ne sauraient être considérées comme des affiches assujetties à l'impôt du timbre (Seine, 17 mars 1894 et 30 avril 1896, 8837 R. P., 24453 et 24872 J. E.).

1. Tableaux-annonces. — Constituent des affiches, soumises à l'impôt, les tableaux-annonces placés dans les salles d'auberge et faisant connaître le lieu de fabrication du produit annoncé ou le domicile du fabricant (Cass. (crim.) 9 juin 1888, 7546 R. P., 23355 J. E.).

Il en est de même des cartons imprimés ou tableaux-réclames exposés derrière une vitrine de magasin, mais visibles de la voie publique, lorsqu'ils ne se bornent pas à annoncer le produit mis en vente dans le magasin et révèlent au public le lieu de production et de vente générale (Sol. 7 juill. 1894, 8300 R. P., 24530 J. E.). Il importe peu que l'adresse indiquée ne soit pas complète ; il suffit de la désignation de la région de la ville où le fabricant exerce son industrie (Montargis, 14 mai 1901, 26228 J. E.).

Lorsque des cartons imprimés, ayant pour objet d'annoncer l'industrie de l'imprimeur, sont apposés dans un lieu public, elles sont passibles du timbre, alors même qu'elles contiendraient un calendrier (Alger, 25 oct. 1894, 8602 R. P., 24592 J. E.).

Il en est de même des annonces apposées, dans un hall public, autour d'un cadre destiné à recevoir des dépêches télégraphiques (Rouen, 6 déc. 1894, 8517 R. P.).

98. Affiches manuscrites. — Demandes et offres d'emplois. — L'art. 18 L. 26 juill. 1893 exempte « du droit de timbre les affiches manuscrites concernant exclusivement les demandes et les offres d'emplois » (8102 R. P., 2850 I. G.).

On doit entendre par affiches manuscrites celles-là seulement qui sont directement écrites à la main, à l'exclusion de celles sur lesquelles l'écriture est reproduite par un procédé quelconque. Ces dernières restent soumises à l'impôt ; il en est de même des affiches qui n'auraient pas pour unique objet l'annonce de demandes ou d'offres d'emplois (2850 I. G.).

Il a été reconnu que la dispense est applicable à l'affiche manuscrite par laquelle une personne annonce qu'elle offre de se transporter à domicile pour donner des leçons de français (Sol. 16 sept. 1896, 25108 J. E., 4145 Rev. prat.).

114 et 115. Bandes rectificatives. — La bande rectificative, apposée sur une affiche et qui désigne le dépositaire du produit annoncé, ne donne pas ouverture à un droit de timbre particulier, si elle a été placardée en même temps que l'affiche principale. Mais si elle est collée sur une affiche apposée antérieurement, elle doit supporter un droit de timbre particulier calculé d'après sa dimension comme constituant une affiche nouvelle et distincte de la première (Sol. 20 fév. 1895, 8972 R. P.).

En ce qui concerne la liquidation du droit de timbre, l'Administration est revenue sur la règle tracée par la Solution précédente. Elle distingue actuellement, suivant que la bande rectificative constitue ou non par elle-même une annonce complète, indépendante de l'affiche sur laquelle elle est apposée. Elle a formulé la règle de perception suivante :

Lorsqu'une bande de papier rectificative est apposée sur une affiche timbrée, antérieurement placardée, elle rend exigible un nouveau droit de timbre calculé d'après la dimension totale de l'affiche, et non pas seulement d'après la superficie de la bande superposée, si elle constitue, avec l'ancienne affiche, une nouvelle annonce dont elle ne forme que l'un des éléments. Mais elle ne serait assujettie à l'impôt qu'au tarif déterminé d'après sa dimension propre, si elle présentait le caractère d'une annonce complète par elle-même et distincte de l'ancienne, quoique s'y référant (Sol. 9 déc. 1901, 3080-25 I. G., 10191 R. P.).

La distinction proposée par cette dernière Solution ne nous paraît pas exacte. D'après les considérations exposées au *Rép. gén.* (n° 116), nous persistons à penser que rien ne permet de faire supporter à une affiche, quelle qu'elle soit, un droit de timbre supérieur à sa dimension.

117. Feuilles réunies. — Un afficheur ne peut réunir plusieurs feuilles contenant chacune une annonce distincte ou indépendante, complète par elle-même, pour en constituer une seule affiche ; chaque feuille doit, dans ce cas, être timbrée séparément (Sol. 27 mai 1887, 2796 Rev. prat.).

Si une affiche composée de plusieurs feuilles collées ensemble n'est passible que d'un droit de timbre unique, c'est à la condition que toutes les feuilles concourent à la formation d'une affiche unique. Mais il est dû autant de droits que de feuilles, si chacune des feuilles renferme une ou plusieurs annonces distinctes et indépendantes. Ainsi, notamment, l'affiche ayant pour objet de signaler un journal d'annonces, et à laquelle se trouvent jointes, à titre de spécimen, les feuilles du journal (recto et verso), rend exigible un droit de timbre par chaque feuille (Sol. 5 janv. 1893, 3481 Rev. prat.).

120. Timbre à l'extraordinaire. — Annonces imprimées sur la même feuille. — Si plusieurs annonces même identiques, sont imprimées sur une même feuille, il ne peut être perçu qu'un droit unique, lors de la présentation au timbrage. Toutefois, il en serait différemment si les annonces devaient être détachées pour être apposées séparément ; dans ce cas, il y aurait lieu d'exiger un droit particulier par chaque affiche distincte (Sol. 30 août 189[illegible]).

Les feuilles en blanc, destinées à recevoir deux affiches distinctes, ne peuvent être admises au timbrage ; chaque feuille doit être séparée avant de recevoir l'empreinte du timbre (Sol. 8 juin 1898, 4585 Rev. prat.).

2. Perception insuffisante. — Lorsqu'une affiche a été présentée au timbrage à l'extraordinaire, l'insuffisance de perception, résultant de ce qu'elle contient plusieurs annonces, ne saurait rendre la partie passible d'amende. Cette insuffisance est, en effet, imputable aux agents de l'Administration (Sol. 19 nov. 1891, 3320 Rev. prat.).

121 1. Timbres mobiles. — Affiches imprimées —

126 bis. Affiche peinte. Annonce à l'aide de pierres blanches. — Les annonces, faites dans un lieu public à l'aide de pierres calcaires dont la blancheur se détache sur le fond vert d'une colline, ne rentrent pas dans la catégorie des affiches assujetties au droit de timbre (Montreuil-sur-Mer, 30 janv. 1903, 10556 R. P.).

L'art. 9 L. 28 déc. 1895 autorise les auteurs des affiches à revêtir eux-mêmes de timbres mobiles les affiches imprimées. Il est ainsi conçu : « Les auteurs des affiches sur papier sont autorisés à les timbrer eux-mêmes, après l'impression, par l'apposition des timbres mobiles créés en exécution de l'art. 6 L. 27 juill. 1870. — Sont abrogées les dispositions contraires de l'art. 6 précité L. 27 juill. 1870 et de l'art. 2 Décr. 27 déc. 1872 » (8864 R. P., 2897 I. G.).

Le décret du 2 janv. 1896, rendu en exécution de l'art. 10 de la loi précitée, contient la disposition suivante : « Art. 1. — Les timbres mobiles dont il est fait emploi dans les conditions spécifiées par l'art. 9 L. 28 déc. 1895 sont collés, avant l'affichage, aux risques et périls de l'auteur de l'affiche, et oblitérés, soit par l'inscription, en travers du timbre, de la date de l'oblitération et de la signature de l'auteur de l'affiche, soit par l'apposition, en travers du timbre, d'une griffe à l'encre grasse faisant connaître le nom de l'auteur de l'affiche ou la raison sociale de sa maison de commerce, ainsi que la date de l'oblitération » (8864 R. P., 2897 I. G.).

Dans l'état actuel de la législation, les timbres mobiles peuvent être apposés, soit par l'imprimeur, soit par l'auteur de l'affiche. S'ils étaient collés et oblitérés par l'afficheur, ils devraient être considérés comme étant sans valeur (Sol. 27 mai 1887, 2796 Rev. prat.).

Toute affiche doit porter en elle-même la preuve du payement de l'impôt. — Par suite, quand il a été constaté qu'une affiche n'est pas timbrée, l'Administration est fondée à suivre le recouvrement du droit et de l'amende dont elle est passible, alors surtout que l'affiche ne contient aucune trace d'apposition de timbre mobile (Grenoble, 11 déc. 1895, 8830 R. P., 24813 J. E.).

3. Quotités des timbres. — Un timbre mobile de 0 fr. 10, en principal, pour affiches a été créé par l'art. 1 Décret 16 janv. 1890 (2785 I. G., 7501-3 R. P.).

4. Vente des timbres mobiles. — Les débitants distributeurs auxiliaires de papiers timbrés doivent être approvisionnés de timbres mobiles pour affiches (D. m. f. 21 mai 1897, 2932-6 I. G., 9125-36 R. P.).

Les gérants auxiliaires des Postes ou Télégraphes peuvent être autorisés à vendre au public les timbres dont il s'agit (Arr. min. fin. 18 déc. 1890, 3005 I. G., 9946-26 R. P.).

122. Affiches peintes. — Substitution d'une taxe de timbre au droit d'affichage. — Les lois des 27 déc. 1890 et 26 juill. 1893 ont substitué au droit d'affichage créé par celle du 8 juill. 1852 une taxe de timbre; mais elles n'ont apporté aucune modification à cette loi quant à la désignation des affiches assujetties à l'impôt. Leur but a été d'établir une taxe en rapport, d'une part, avec la dimension des affiches, d'autre part, avec l'importance des localités où les affiches sont apposées.

Pour désigner les affiches soumises au droit, la loi de 1890 a employé les mêmes expressions que la loi de 1852. Son art. 5 porte :

« A partir du 1er janv. 1891, le droit édicté par l'art. 30 L. 8 juill. 1852, pour toute affiche inscrite dans un lieu public, sur les murs, sur une construction quelconque ou même sur toile, au moyen de la peinture ou de tout autre procédé, est remplacé par une taxe annuelle de timbre...... » (7523 R. P., 2809 I. G.).

La loi de 1893 n'a modifié la loi de 1890 qu'en ce qui concerne la quotité de la taxe qui a cessé, à partir de son application, d'être annuelle (art. 19; — 8162 R. P., 2850 I. G.).

1. Décret du 18 fév. 1891. — Un décret du 18 fév. 1891 (7539 R. P., 2808 I. G.), rendu en conformité de l'art. 7 L. 26 déc. 1890, a déterminé les mesures d'exécution propres à assurer le payement de l'impôt. Il fixe des règles pour les déclarations d'affichage, la modification des affiches, les indications qu'elles doivent renfermer pour permettre le contrôle; il impose aux entrepreneurs d'affichage des obligations particulières, les autorise à recevoir, dans des conditions déterminées, les déclarations et le payement de l'impôt, etc.

L'art. 19 L. 26 juill. 1893 déclare formellement que « les dispositions des lois et règlements antérieurs et notamment les dispositions du règlement d'administration publique du 18 fév. 1891 non contraires à celles du présent article sont maintenues ». Il en résulte que les règles édictées par le décret ne subissent d'autres modifications que celles dérivant de ce fait que la taxe cesse d'être annuelle (2850 I. G.).

124. Affiches peintes. — Lieu public. — Tableaux-annonces. — Les tableaux-annonces peints sur tôle constituent des affiches peintes, lorsqu'ils sont suspendus dans un débit de boissons (Chalon-sur-Saône (corr.), 20 avril 1888, 23330 J. E.).

Les affiches peintes, apposées dans un hall de publicité, doivent être l'objet d'une déclaration et acquitter la taxe spéciale établie par la loi du 26 juill. 1893 (Sol. 24 nov. 1899, 9962 R. P.).

Mais les plaques émaillées, qu'un industriel appose sur les objets (bancs, chaises, fauteuils, etc.) qu'il vend et sur lesquels sont mentionnés son nom et son adresse, ne sauraient être considérées comme des affiches peintes : elles ont le caractère de marques de fabrique affranchies de l'impôt (Sol. 12 juill. 1892).

Le même caractère appartient aux indications, sur un distributeur automatique, du nom et de l'adresse du constructeur et de l'inventeur, lesquelles échappent, par suite, à l'application de la taxe. Les autres inscriptions dont le distributeur se trouve revêtu et qui ont pour objet de faire connaître la nature et le fonctionnement de l'appareil, sont également exemptes d'impôt comme formant de simples enseignes (Sol. 3 mars 1899, 4528 Rev. prat.). — V. *suprà* nos 40, 42 et 93.

1. Annonces apposées sur un mur loué à cet effet. — La taxe est applicable aux affiches apposées sur un mur loué par la personne qui profite de l'annonce (Sol. 6 déc. 1895, 4000 Rev. prat.).

Mais, lorsque le mur est loué par un entrepreneur de publicité pour y inscrire des annonces de ses clients, l'écriteau indiquant, avec le nom de l'entrepreneur, l'objet de l'entreprise, constitue une enseigne exempte d'impôt (Sol. 18 sept. 1894. — V. *Rép. gén.*, no 42-4).

128. Cadres photographiques. — Affiches peintes. — V. *suprà* no 42-1.

129. Affiche en papier placardée sur verre

Papier agglutiné. — Papier goudronné. — Dès l'instant qu'une annonce est inscrite directement sur du papier, elle ne saurait être traitée, en cas d'apposition dans un lieu public, comme une affiche peinte; elle représente une affiche ordinaire, alors même qu'elle serait abritée et soustraite aux lacérations et intempéries. Lors de la discussion du budget de 1891, un député avait proposé d'assujettir à un double timbre les affiches sur papier, abritées et préservées contre la dégradation; mais l'amendement qu'il avait déposé n'a pas été adopté (7923 R. P.).

Spécialement, il a été reconnu :

1° Qu'une affiche sur papier, collée derrière une vitre transparente, ne constitue pas une affiche peinte (C. Besançon, 5 août 1891, 7703 R. P., 23714 J. E.);

2° Que le droit de timbre, exigible sur les affiches sur papier, est applicable aux affiches imprimées, à l'aide d'une presse, sur une substance composée de feuilles de papier agglutinées (Sol. 18 nov. 1899, 4650 Rev. prat.).

Mais il a été décidé qu'on doit considérer comme des affiches peintes :

1° Les annonces inscrites sur des feuilles de carton, goudronnées sur les deux faces, puis recouvertes d'une peinture en couleurs vernissées (Sol. 22 juill. 1899, 4610 Rev. prat.);

2° Les annonces estampées en relief sur une substance qui n'est pas du papier ni un composé de feuilles de papier (Sol. 19 nov. 1899, 4660 Rev. prat.).

131. Affiche sur tôle. — Les affiches sur tôle sont soumises au tarif des affiches peintes (Châlon-sur-Saône (corr.), 20 avril 1888, 23330 J. E.).

132. Affiches sur trottoir. — Une Solution du 16 janv. 1899 a admis qu'il n'y a pas lieu de traiter comme des affiches peintes les annonces imprimées sur les trottoirs d'une ville suivant une bande continue à l'aide d'appareils rotatifs spéciaux, lorsqu'elles ne doivent avoir qu'une existence éphémère (4527 Rev. prat.). C'est là une décision d'espèce, qui peut se justifier par les circonstances, mais qu'on ne saurait suivre qu'avec la plus extrême circonspection.

134. Tableau indicateur. — V. *infrà* n° 138.

135. Vitrines. — V. *suprà* nos 40-9, 42-2 et 12 et 03-1.

136. Quotité de la taxe. — La taxe annuelle, établie par l'art. 5 L. 26 déc. 1890, était fixée ainsi qu'il suit :

A 0,50 par mètre carré pour les affiches apposées dans les communes dont la population est de moins de 2.500 habitants;

A 0,75 par mètre carré pour les affiches apposées dans les communes de 2,500 à 40,000 habitants;

A 1 franc par mètre carré pour les affiches apposées dans les communes d'une population supérieure à 40,000 habitants;

A 1 fr. 50 par mètre carré à Paris.

Aux termes de la loi du 26 juill. 1893, actuellement en vigueur, la taxe du timbre a cessé d'être annuelle. « La quotité en est fixée, par mètre carré, pour toute la durée de l'affiche, savoir :

A 1 franc dans les communes dont la population n'excède pas 5,000 habitants;

A 1 fr. 50 dans les communes de 5,001 à 50,000 habitants;

A 2 francs dans les communes supérieures à 50,000 habitants;

A 2 fr. 50 à Paris.

Pour la liquidation du droit, toute fraction de mètre carré est comptée pour un mètre carré. » (art. 19)

1. Chiffre de la population. — Le chiffre de la population totale de la commune doit seul être considéré pour l'application de la taxe, à l'exclusion de celui de la population agglomérée (2803-4 I. G.).

Mais les catégories d'habitants désignées communément sous le nom de population flottante ne sauraient entrer en ligne de compte pour l'assiette de l'impôt (Sol. 20 juill. 1891, 7673 R. P., 23820 J. E.).

2. Affiches circulant dans des communes d'inégale importance. — Wagons. — Voitures. — Les affiches peintes, apposées dans les wagons de chemins de fer, et qui sont ainsi destinées à circuler sur le territoire des communes d'importance diverse, ne sont assujetties qu'au tarif minimum (C. d'État, 19 nov. 1891; D. m. f. 7 déc. 1891, 7892 R. P., 23770 J. E., 2823-16 I. G.).

Dans le même sens, il a été décidé que, si des voitures doivent circuler dans des communes d'inégale importance, c'est au taux déterminé pour la commune la moins peuplée que la taxe est exigible (Sol. 11 mai 1897, 25228 J. E., 4309 Rev. prat.).

3. Tramways circulant une partie de l'année. — Doubles affiches. — Une affiche, apposée dans un tramway, doit acquitter la taxe qui lui est propre, alors même que ce tramway ne serait mis en circulation que pendant une partie de l'année. Le fait qu'une affiche semblable serait inscrite à la fois dans un tramway circulant en été et dans un autre tramway circulant en hiver, ne saurait avoir pour conséquence de rendre exigible un seul droit par chaque groupe de deux affiches identiques : chaque affiche doit acquitter une taxe particulière (Sol. 22 déc. 1893, 3806 Rev. prat.).

4. Affiches anciennes. — Complément de taxe. — Le montant total des annuités payées ou échues avant la mise en vigueur de la loi du 26 juillet 1893 ne peut être inférieur à la quotité du droit unique dont les affiches auraient été passibles si l'inscription en avait été opérée sous l'empire de cette loi; le cas échéant, le complément de taxe demeure exigible (L. 26 juill. 1893, art. 19, 2850 I. G.).

Le droit supplémentaire ne pourrait être réclamé que dans l'hypothèse où l'affiche aurait été supprimée avant le 1er janvier 1894 (Sol. 21 juin 1894, 3843 Rev. prat.).

Aucune pénalité n'a été édictée contre les redevables qui n'ont pas acquitté le complément de taxe reconnu exigible (Sol. 28 avril 1894, 3844 Rev. prat.).

137. Décimes. — La taxe de timbre n'est pas soumise aux décimes (LL. 26 déc. 1890 art. 5 et 26 juill. 1893 art. 19; 2850 I. G.).

137 *bis*. Débiteur de la taxe. — Recours. — La taxe est à la charge de celui qui profite de l'affiche. D'où la conséquence que, si un entrepreneur de publicité en a fait l'avance, il est fondé à exercer un recours contre l'auteur (Seine, 21 juill. 1891, 24092 J. E.).

138. **Annonces multiples.** — Sous l'empire de la loi du 8 juill. 1852, qui ne contient pas de disposition analogue à celle de l'art. 4 L. 18 juill. 1866 concernant les affiches sur papier, le tarif des affiches peintes était déterminé uniquement par la surface occupée par l'affiche, abstraction faite du nombre des annonces. Les annonces qui la composaient, bien que placées sur des supports mobiles, devaient donc être considérées comme faisant partie intégrante d'une seule et même affiche, tant que le texte restait conforme à celui inscrit dans la déclaration faite pour le payement du droit d'affichage (Sol. 5 juin 1888, 7634 R. P.; 2390 J. E.).

La loi du 26 déc. 1890 comme celle du 26 juill. 1893 n'ayant rien innové quant à la détermination de la matière imposable, la règle précédente doit continuer à recevoir son application (Sol. 21 mars 1891, 7634 R. P.; 23600 J. E.).

139. **Durée des affiches.** — Le payement de la taxe effectué, les affiches peuvent subsister indéfiniment sans donner ouverture à aucune autre perception (2850 I. G.).

1. Réparations. — Il est permis, sans qu'un nouveau droit devienne exigible, de réparer partiellement une affiche de manière à la maintenir apparente, pourvu que le texte ne soit pas modifié. Mais une taxe nouvelle serait due s'il s'agissait de restaurer une affiche qui aurait complètement disparu par suite de vétusté (Sol. 5 août 1895, 24680 J. E.).

2. Modifications. — En principe, toute affiche modifiée dans une de ses parties depuis l'apposition est considérée comme une affiche nouvelle. Il en résulte que toute modification doit donner lieu à une déclaration nouvelle d'affichage et au payement d'une nouvelle taxe (2803-6 I. G.).

Par suite, si une affiche, qui contient des annonces multiples, reçoit, au moyen de la peinture ou de tout autre procédé en tenant lieu, des modifications ayant pour objet d'ajouter une annonce, de changer le texte d'une annonce préexistante ou de remplacer une annonce par une autre, chacun des changements qui seront opérés simultanément aura pour effet de substituer une nouvelle affiche à l'ancienne et rendre exigible un nouveau droit qui devra être calculé d'après la dimension de l'affiche entière. Mais il ne serait dû qu'un seul droit, quel que soit le nombre des modifications, substitutions ou additions, dans le cas où elles auraient été opérées simultanément (Sol. 21 mars 1891, 7634 R. P.; 23600 J. E.).

Le décret du 18 fév. 1891 (art. 1) a admis un tempérament en cette matière, en disposant que les commerçants pourront, en cas de cession de fonds de commerce, de changement d'adresse ou de modification apportée au nom ou à la raison sociale de leur maison, faire, sans payement d'un nouveau droit, les modifications relatives au nom, à la raison sociale ou à l'adresse, à la condition de passer au préalable, au bureau compétent, une déclaration spéciale appuyée des *pièces justificatives* nécessaires. Cette déclaration pour ordre, qui devra être passée dans les conditions prévues pour la déclaration originaire, rappellera le numéro inscrit sur cette déclaration et indiquera avec précision les changements apportés à l'affiche (2803-6 I. G.).

3. Déplacement. — Les affiches peintes, qui ont acquitté la taxe, ne peuvent être déplacées sans rendre exigible un nouveau droit (Sol. 6 déc. 1895, 4000 Rev. prat.).

141. **Bureau.** — La déclaration d'affichage doit être faite et la taxe payée « au bureau de l'enregistrement dans la circonscription duquel se trouvent les communes où les affiches doivent être apposées, et, à Paris, à l'un des bureaux désignés à cet effet par l'un des bureaux de l'enregistrement » (Décr. 18 fév. 1891, art. 1).

Un industriel ne peut toutefois être autorisé à déclarer à un bureau unique les affiches qu'il se propose d'apposer dans des communes situées dans la circonscription de plusieurs bureaux (Sol. 17 déc. 1891, 3310 Rev. prat.).

142. **Déclaration d'affichage.** — Comme sous l'empire de la législation antérieure, une déclaration doit être faite, préalablement à toute inscription d'affiches.

Une seule déclaration doit être souscrite par chaque bureau, quel que soit le nombre des communes en dépendant où les affiches sont destinées à être apposées. Mais une déclaration particulière doit être souscrite pour chaque affiche ou annonce distincte. Il s'ensuit qu'il n'est pas possible de comprendre dans la même déclaration des affiches dont le texte serait différent, alors même que les différences ne porteraient que sur certains détails (2803-2 I. G.).

La déclaration, rédigée en double minute, est datée et signée, soit par celui qui profite de l'affiche, soit par l'entrepreneur d'affichage ou son agent local. « Elle doit contenir les énonciations suivantes : — 1° Le texte de l'affiche; — 2° les nom, prénoms, profession et domicile de ceux dans l'intérêt desquels l'affiche doit être inscrite; — 3° les nom, prénoms et domicile de l'entrepreneur de l'affichage; — 4° la surface de l'affiche (en mètres et décimètres carrés); — 5° le nombre des exemplaires à inscrire; — 6° la désignation précise des rues et places, ainsi que des maisons, des édifices, des constructions mobiles ou des emplacements où chaque exemplaire doit être inscrit » (Décr. 18 fév. 1891, art. 2).

Le texte de l'affiche doit être reproduit en entier. Si l'affiche contient des dessins, ils doivent être sommairement décrits, de manière qu'il n'y ait aucun doute sur l'identité de l'affiche (2803-2 I. G.).

En ce qui concerne la désignation des emplacements, il appartient aux receveurs d'exiger, suivant les cas, les indications qui leur paraissent nécessaires pour la surveillance. Dans les villes, et lorsque l'affiche est inscrite sur une maison, il suffit d'indiquer la rue et le numéro de la maison, ou de désigner l'édifice, tel que mairie ou marché. La situation des kiosques, colonnes et autres constructions analogues peut être déterminée par l'indication du numéro de la maison la plus voisine. Dans les communes rurales, il y a souvent lieu d'exiger l'indication du nom du propriétaire de la maison, clôture ou construction qui doit supporter l'affiche. Pour les affiches des bateaux et voitures, la déclaration doit contenir la désignation précise du véhicule et notamment l'indication, soit des points extrêmes de la ligne qu'il dessert habituellement, soit du lieu de remisage ordinaire (2803-2 I. G.).

Les receveurs doivent accepter les déclarations qui leur sont transmises par la poste, lorsque ces déclarations sont régulières sur tous les points et que la somme jointe à la déclaration représente exactement les droits exigibles (2803-3 I. G.)

Un double de la déclaration reste au bureau de l'enregistrement : l'autre, revêtu de la signature, est remis au déclarant (art. 2 du décret).

La déclaration est exempte de timbre; mais la quittance du receveur est sujette au droit de timbre de 0 fr. 25, quand la somme payée dépasse 10 francs (V. *infrà* nº 144 *bis* — 5).

143. Indications à apposer en vue du contrôle. — Le décret du 18 fév. 1891 impose aux redevables l'obligation de mentionner sur chaque exemplaire d'affiche le numéro et la date du payement des droits.

Cette mention varie suivant que les déclarations ont été reçues par les receveurs directement ou par les entrepreneurs d'affichage (V. *infrà* nº 144 *bis*).

Dans le premier cas, l'affiche doit porter, dans la partie inférieure, *à gauche*, l'indication de la date et du numéro de la quittance du receveur (art. 5 du décret).

Si la déclaration a été reçue par un entrepreneur, l'affiche devra présenter, dans la partie inférieure, *à droite*, le nom de l'entrepreneur, ainsi que la date et le numéro de l'inscription de la déclaration au registre spécial de l'entrepreneur (art. 8, al. 3 du décret).

Dans l'un et l'autre cas, la mention devra être apposée en caractères suffisamment apparents, pouvant se distinguer avec la même facilité que les indications inscrites dans un but de publicité (2803-26 I. G.).

Le décret de 1891 n'a pas modifié, en ce qui concerne les affiches anciennes, les prescriptions du décret du 25 août 1852, relatives aux indications imposées dans l'intérêt du contrôle. Dès lors, les affiches peintes doivent porter l'indication, soit de leur numéro d'ordre, soit de la date et du numéro de la quittance, suivant qu'elles ont été inscrites avant ou après la mise à exécution de ce décret (Sol. 25 fév. 1892, 7706 R. P.).

144. Restitution. — Lorsque, sous l'empire de la loi de 1852, l'affichage n'avait pas eu lieu par le fait du redevable, le droit perçu sur la déclaration ne pouvait être restitué (Sol. 4 nov. 1889, 3139 Rev. prat.).

Suivant l'art. 3 Décr. 18 fév. 1891, « les droits payés ne sont jamais restituables, pour quelque cause que ce soit ».

144 *bis*. Entrepreneurs d'affichage. — Obligations spéciales. — Le décret du 18 fév. 1891 a soumis les entrepreneurs d'affichage à des obligations particulières et absolument nouvelles.

1. Entrepreneurs visés par le décret. — Les seuls industriels visés tant par l'art. 9 L. 26 déc. 1890 que par les art. 6, 7 et 8 Décr. 18 fév. 1891 sont ceux qui s'occupent spécialement de l'apposition et de l'entretien des affiches assujetties à la taxe annuelle. En conséquence, ces dispositions ne sont applicables, ni aux entrepreneurs qui s'occupent *exclusivement* de la pose des affiches sur papier, ni aux entrepreneurs de peinture et ouvriers peintres qui inscrivent accidentellement des affiches peintes pour le compte des particuliers, ni aux industriels qui impriment ou fabriquent des affiches sur bois, sur toile, sur verre, sur tôle ou sur émail, sans se livrer habituellement à l'industrie de l'apposition des affiches qu'ils fabriquent.

Mais il y a lieu, au contraire, de traiter comme entrepreneurs d'affichage : 1º ceux qui ont pris cette qualité en souscrivant la déclaration d'existence prévue par l'art. 6 du décret; 2º et les commerçants qui acquittent une patente spéciale sous le nom *d'entrepreneurs de la pose et de la conservation des affiches*.

2. Déclaration d'existence. — « Les entrepreneurs d'affichage sont tenus, avant de commencer leurs opérations, de faire, au bureau de l'enregistrement du siège de leur établissement, et à celui du siège de chaque agence, une déclaration constatant la nature de leur industrie, leur nom et celui de leur agent local » (art. 6 du décret).

Ces déclarations, rédigées sur papier non timbré, sont datées et signées, soit par l'intéressé, soit par un mandataire muni d'une procuration annexée (2803-11 I. G.).

3. Répertoire spécial. — Depuis le 1er mars 1891, les entrepreneurs d'affichage sont tenus d'avoir, au siège de leur établissement et dans chaque agence, « un répertoire coté, parafé et visé par le juge de paix, et sur lequel ils portent, par ordre de date, les affiches peintes et autres affiches visées par la loi du 26 déc. 1890, qui ont été inscrites par leur intermédiaire. Ce répertoire contient l'énonciation sommaire de la personne pour laquelle l'affiche a été apposée, de la dimension de l'affiche et des lieux où elle est placée, ainsi que l'indication du droit payé, de la date et du numéro de la quittance » (art. 7 du décret).

L'omission des indications prescrites ou de l'une d'elles constitue, pour chaque affiche, une contravention punie de l'amende prévue par l'art. 8 L. 26 déc. 1890 (2803-12 I. G.).

Mais l'amende ne peut être réclamée, si les déclarations ne sont pas inscrites sur le répertoire par ordre de date (Sol. 1er avril 1896, 4047 Rev. prat.).

Le répertoire doit être présenté, sous peine d'amende, au visa des receveurs dans les dix premiers jours de chaque trimestre, conformément aux dispositions de l'art. 51 L. 22 frim. Il doit être communiqué, en outre, à toute réquisition, aux préposés (art. 7 du décret).

4. Conditions imposées aux entrepreneurs qui sont autorisés à recevoir les déclarations et les payements. — Les entrepreneurs d'affichage qui ont présenté une caution solvable agréée par l'Administration et qui ont contracté l'engagement de représenter à toute réquisition tous leurs registres et traités aux préposés de l'enregistrement, sont autorisés à recevoir les déclarations particulières et les payements afférents à ces déclarations (art. 8 du décret). Pour profiter de cette faculté, les entrepreneurs doivent remettre au receveur de leur résidence un acte rédigé sur papier timbré, signé par eux et la caution, par lequel ils s'engagent à se conformer aux obligations imposées par la loi de 1890 et le décret de 1891 (un modèle de l'engagement est donné par l'Inst. nº 2803-13). Les deux signatures doivent être légalisées.

L'autorisation de recevoir des déclarations peut être retirée dans quatre cas énumérés dans le dernier § de l'art. 8 du décret, savoir : 1º en cas de contravention; 2º si l'entrepreneur est déclaré en faillite; 3º s'il est mis en état de liquidation judiciaire; 4º si la caution cesse d'être solvable.

Le retrait est prononcé par une décision du Directeur général de l'enregistrement, notifiée dans la forme administrative (même art.).

5. RÉCEPTION DES DÉCLARATIONS ET PAYEMENTS. — REGISTRE SPÉCIAL. — QUITTANCE. — Les déclarations reçues par les entrepreneurs d'affichage doivent être rédigées en double minute et dans les mêmes conditions que si elles devaient être immédiatement déposées au bureau de l'enregistrement. Les entrepreneurs peuvent les signer eux-mêmes. Ils conservent l'un des doubles et inscrivent la quittance des droits sur l'autre double destiné à la partie.

Dans chacun de leurs établissements ils enregistrent immédiatement les déclarations, sans blanc ni interligne, sur un registre spécial conforme au modèle arrêté par l'Administration (2803 I. G. ann.). Ils ont à se pourvoir de ce registre à leurs frais, et à le faire coter et parafer par le directeur de l'enregistrement du département, avant d'en faire usage (art. 8 du décret).

Les déclarations pour ordre prévues par l'art. 4 du décret doivent également être inscrites au registre spécial.

Dans chaque établissement, les inscriptions ont lieu avec une seule série de numéros, non par année, mais pour toute la durée des opérations de l'établissement (2803-14 I. G.).

Les déclarations sont exemptes du timbre de dimension (V. *suprà* n° 142).

Les entrepreneurs agissant dans la circonstance en qualité d'auxiliaires du Trésor, la quittance qu'ils donnent doit être revêtue du timbre de 0 fr. 25, si la recette est supérieure à 10 fr. A cet effet, il leur est prescrit de se munir d'un carnet d'achat des timbres mobiles de 0 fr. 25 (2228 I. G.). L'oblitération de ces timbres est faite à l'encre grasse, au moyen des griffes portant les lettres EA, lesquelles sont fournies aux frais des entrepreneurs, par l'industriel chargé de la fabrication des griffes des bureaux d'enregistrement (2803-15 I. G.).

6. REMISE DES DÉCLARATIONS. — VERSEMENT DES DROITS. — « Dans les dix premiers jours de chaque trimestre, les déclarations particulières sont remises au bureau de l'enregistrement, avec des états récapitulatifs et le montant des droits, dans les conditions qui sont déterminées par l'Administration de l'enregistrement » (art. du décret).

Ces conditions sont les suivantes :

Pour chacun de leurs établissements, les entrepreneurs déposent ou font déposer au bureau de l'enregistrement : 1° le registre spécial; 2° toutes les déclarations reçues dans le cours du trimestre expiré; 3° un état détaillé de ces déclarations pour chaque bureau d'enregistrement pour le compte duquel des opérations auront été faites; 4° un état récapitulatif des totaux des états détaillés; 5° et le montant total des sommes encaissées pour le compte du Trésor, d'après l'état récapitulatif.

Chaque état détaillé reproduit, sous une forme abrégée, les énonciations du registre et contient les divisions suivantes : 1° déclarations d'affichage; 2° déclarations pour ordre.

Le receveur vise et rend le registre spécial, après s'être assuré de la concordance des états détaillés et des enregistrements du dernier trimestre. Il délivre à l'entrepreneur une quittance unique (2803-16 I. G.).

7. OUVRIERS PEINTRES. — OBLIGATIONS SPÉCIALES. — Aux termes du 2e alinéa de l'art. 5 du décret et du 5e alinéa de l'art. 8, les personnes chargées de l'inscription de l'affiche sont tenues, pendant l'exécution des travaux, de représenter à tous les agents chargés de constater les contraventions, l'exemplaire de la déclaration remis à la partie, ou un duplicata régulier de cette déclaration, ou (dans le cas prévu par l'art. 8) un bulletin indiquant le numéro d'ordre sous lequel l'affiche figure sur le registre de l'entrepreneur d'affichage. Elles doivent interrompre les travaux si elles ne peuvent représenter l'une de ces pièces.

Lorsque plusieurs ouvriers doivent travailler simultanément et sur plusieurs points, à l'apposition des divers exemplaires d'une même affiche, les redevables ont à établir, le cas échéant, les duplicata des déclarations, et à les faire certifier par le receveur.

Le fait de ne pas représenter la pièce justificative prévue par les art. 5 et 8 du décret ne constitue pas une contravention, mais l'ouvrier doit interrompre son travail. A défaut d'interruption, ou en cas de reprise sans justification à première réquisition, l'amende de 100 fr. serait encourue solidairement par l'auteur de l'affiche et l'entrepreneur civilement responsable (2803-27 I. G.).

148 et 149. Affiches imprimées sur papier. — Contraventions. — Modifications législatives. — V. *infrà* n° 154.

151. Timbres mobiles ayant déjà servi. — L'art. 9 L. 28 déc. 1895 ayant autorisé les auteurs des affiches imprimées sur papier à les timbrer eux-mêmes, après l'impression, par l'apposition des timbres mobiles, il est sans difficulté que les dispositions pénales des art. 20 et 21 L. 11 juin 1859, étendues aux timbres mobiles d'affiches par l'art. 6 L. 27 juill. 1870, sont applicables, le cas échéant, aux particuliers comme aux imprimeurs (2897-3 I. G.).

154. Amendes contre l'imprimeur. — Nouvelle législation. — L'art. 10 L. 28 déc. 1895 déclare « abrogés en ce qui concerne l'amende et la solidarité prononcées contre l'imprimeur, et lorsque la contravention est le fait de l'auteur de l'affiche, les art. 69 L. 28 avril 1816, modifié par l'art. 10 L. 16 juin 1824, et 4 L. 18 juill. 1866 » (8664 R. P. 2897 I. G.).

Les imprimeurs ne sont donc plus responsables des infractions commises en matière de timbre d'affiches, qu'autant qu'il serait établi qu'ils ont eux-mêmes contrevenu à la loi, par exemple, en livrant des affiches sur lesquelles le timbre mobile aurait été oblitéré par eux en dehors des conditions prévues par le décret du 21 déc. 1872 (2897-3. I. G.).

Les droits et amendes, dus pour des affiches imprimées non timbrées ou revêtues de timbres mobiles irrégulièrement oblitérés apposés par l'auteur, ne sauraient dès lors être réclamés qu'à ce dernier. Par voie de conséquence, l'amende de 50 fr., édictée contre l'imprimeur, n'est plus exigible dans ce cas.

156-1. Affiches sur papier. — Pluralité des amendes. — Tirage unique. — Une seule amende peut être exigée pour tous les exemplaires non timbrés d'une affiche appartenant à un même tirage, à moins que l'Administration ne soit en mesure de prouver qu'un nouvel affichage a eu lieu postérieurement au procès-verbal qui a constaté la première contravention (Seine, 7 juill. 1894, 8390 R. P., 24530 J. E.).

157. Omission du nom d'imprimeur. — L'omission du nom de l'imprimeur sur une affiche constitue une contravention de police, dont il appartient au ministère public de poursuivre la répression, et non pas une infraction fiscale (Sol. 19 nov. 1891, 3320 Rev. prat.).

159. Couleur du papier. — V. *infrà* n° 163.

160. Affiches imprimées. — Contravention. — Auteur et imprimeur étant une même personne. — Sous le régime antérieur à la loi du 28 déc. 1895, il était admis que, si l'imprimeur était en même temps l'auteur d'une affiche, il ne pouvait être exigé qu'une seule amende, celle de 50 fr. (D. m. f. 21 oct. 1887).

Actuellement, il nous semble que, pour la détermination de l'amende, il y a lieu de distinguer suivant la nature de la contravention commise.

Si l'affiche n'est pas timbrée ou si les timbres mobiles irrégulièrement oblitérés ont été annulés suivant un autre mode que celui tracé par le décret de 21 déc. 1872, c'est en qualité d'auteur que l'imprimeur a contrevenu aux prescriptions légales; l'amende de 20 fr. est donc seule encourue.

Mais lorsque les timbres mobiles ont été apposés dans les conditions prévues par le décret de 21 déc. 1872, la contravention est le fait de l'imprimeur; et l'amende de 50 fr. est exigible.

161-1. Pluralité des amendes. — V. *suprà* n° 156-1.

162-1. Débiteur des droits et amendes. — Auteur. — Doit être considéré comme l'auteur d'une affiche celui qui profite de l'annonce. — Par suite, en cas de contravention, c'est contre lui que les poursuites doivent être dirigées pour avoir payement des droits et amendes de timbre exigibles (Seine, 20 nov. 1897, 9324 R. P.).

163. Couleur du papier. — Contravention. — Poursuites. — L'impression d'une affiche sur papier de couleur blanche constitue une contravention de simple police dont la répression rentre dans les attributions du ministère public (Sol. 29 janv. 1897, 4317 Rev. prat.).

C'est dès lors aux magistrats du parquet qu'il appartient de décider si une affiche, signée d'un maire et dispensée du timbre, peut être ou non imprimée sur papier blanc (Sol. 17 oct. 1889, 3047 Rev. prat.) — V. *suprà* n° 72.

Mais l'imprimeur, qui a imprimé plusieurs exemplaires d'une affiche de couleur blanche, n'a commis qu'une seule contravention, dont la répression appartient au tribunal de simple police, quand même ils auraient été apposés dans des lieux différents (Montpellier (corr.), 28 déc. 1895 24885 J. E.).

Les infractions à la loi du 30 mars 1902 (*suprà*, n° 21) constituent également des contraventions de police.

165. Peines contre l'afficheur. — Si l'art. 68 L. 29 juill. 1881 a abrogé les dispositions des lois antérieures qui, dans un intérêt politique ou de police, subordonnaient à une autorisation ou à une déclaration préalables l'exercice du droit d'affichage, son application n'en saurait être étendue aux dispositions exclusivement relatives à des perceptions fiscales. L'afficheur, qui a apposé dans un lieu public des affiches non timbrées, encourt donc, comme par le passé, les peines de simple police déterminées par l'art. 464 C. pénal (Cass. crim. 24 déc. 1896, 25297 J. E.) — V. *suprà* n° 56-5.

169 et 170. Auteur et imprimeur. — Solidarité. — Les imprimeurs ne sont plus tenus au payement des droits et amendes exigibles en cas d'infraction au timbre des affiches imprimées, mais seulement dans le cas où la contravention est le fait de l'auteur de l'affiche (L. 28 déc. 1895, art. 10. — V. *suprà* n°s 154 et 160).

172-2. Contravention. — Prescription. — V. *infrà* n° 179-1.

4. Foi due au procès-verbal. — Un procès-verbal fait foi jusqu'à preuve contraire, même lorsqu'il constate que les affiches saisies, apposées derrière des vitrines, étaient visibles du dehors (Seine, 7 juill. 1894, 8390 R. P., 24530 J. E.).

174. Droit d'enlèvement des affiches. — Affiches reconnues exemptes d'impôt. — Dommages-intérêts. — L'art. 31 L. 13 brum. an VII donne à l'Administration le droit de saisir les pièces en contravention pour les joindre au procès-verbal; ce droit existe pour toutes les contraventions prétendues. L'Administration ne saurait dès lors être condamnée à des dommages-intérêts pour avoir saisi des annonces que le tribunal considère comme échappant à l'application de l'impôt, alors surtout que sa bonne foi est entière et que les parties ne justifient pas avoir subi un préjudice (Seine, 17 mars 1894, 8817 R. P., 24453 J. E.).

176-2. Agents pouvant verbaliser. — Commissaire de police. — Maire. — Les commissaires de police ont qualité pour constater les contraventions en matière de timbre des affiches (Hazebrouck, 11 août 1893, 8281 R. P.).

Mais un maire n'a pas le pouvoir de saisir une affiche non timbrée. Si donc des agents ayant qualité rapportent un procès-verbal en y annexant une affiche saisie par un maire, la contravention n'est pas régulièrement constatée (Sol. 3 juin 1887, 2554 Rev. prat.). Il est indispensable, en effet, pour qu'une réclamation puisse être légalement faite, que les agents autorisés à verbaliser constatent eux-mêmes le fait matériel de l'apposition de l'affiche non timbrée.

179. Affiches peintes. — Contravention. — Pénalités. — D'après l'art. 8 L. 26 déc. 1890, « toutes infractions aux dispositions des art. 5, 6 et 7 et toute contravention au règlement à intervenir seront punies d'une amende de 100 fr. en principal, sans préjudice du payement des droits dont le Trésor aura été frustré ».

Il est dû une amende par chaque exemplaire d'affiche en contravention, notamment lorsque les contraventions consistent dans les infractions suivantes : 1° l'apposition d'affiches sans déclaration préalable; 2° l'omission, sur les

AGENT DE CHANGE.

V. *Taxe des opérations de bourse.*

affiches, des mentions prévues par les articles 5 et 6 du décret ou de l'une d'elles; 3° la déclaration inexacte de la dimension des affiches (2803-24 I. G.).

Mais, il n'y a lieu de ne réclamer qu'une seule amende par chaque exemplaire, si les redevables ont acquitté la taxe en commettant plusieurs irrégularités (même Inst.).

I. Prescription. — Tant qu'une affiche est maintenue, la prescription ne court pas; la continuité de l'affiche s'oppose à ce qu'elle puisse être invoquée contre l'action en recouvrement (C. Paris, 7 juill. 1887, 23218 J. E.).

Dans le même sens, le tribunal de Montargis a jugé que « le délit d'affichage doit être considéré comme un délit successif se perpétuant pendant toute la durée de l'apposition de l'affiche » (Montargis, 14 mai 1901, 26228 J. E.)

180. Nature de la peine. — L'amende prononcée par la loi n'a plus le caractère d'une peine correctionnelle, mais celui d'une amende de timbre ordinaire, soumise aux règles applicables aux pénalités de cette nature.

184. Débiteur des droits et amendes. — Auteur et afficheur. — Solidarité. — L'art. 9 L. 26 déc. 1890 dispose que « pour les affiches apposées à partir du 1er janv. 1891 le payement de la taxe et des amendes pourra être poursuivi solidairement contre ceux dans l'intérêt desquels l'affiche aura été apposée et l'entrepreneur d'affichage ».

La loi déclare tenu solidairement non pas *celui qui a apposé l'affiche*, mais seulement *l'entrepreneur d'affichage*; il s'ensuit que cette solidarité ne s'étend pas aux peintres, ouvriers et autres personnes qui procèdent à l'apposition ou à l'inscription des affiches, si ces personnes n'ont pas la qualité d'entrepreneur d'affichage (2803-8 I. G.).

Les droit et amende sont dus par ceux qui tirent un profit des affiches. Ils peuvent donc être réclamés au successeur du négociant dont les affiches portent le nom, si ce successeur a trouvé dans les annonces un moyen de publicité (Meaux, 21 déc. 1894, 8003 R. P., 24815 J. E.; — Seine 15 janv. 1897, 9097 R. P., 25142 J. E.). Lorsqu'il est établi que l'affiche a été inscrite par le prédécesseur du négociant, il ne nous semble pas que ce dernier puisse être rendu responsable d'une amende pour une contravention qu'il n'a pas personnellement commise (9097 R. P.).

L'Administration est fondée à suivre le recouvrement des droits et amendes exigibles pour défaut de déclaration d'affiches peintes, annonçant la mise en vente d'un immeuble, contre le mandataire du propriétaire, chargé de la vente, et dont le nom se trouve indiqué dans les affiches (Versailles, 24 janv. 1896, 8913 R. P., 24050 J. E.).

185. Agents pouvant verbaliser. — Procès-verbaux. — D'après l'art. 10 Décr. 18 fév. 1891, les contraventions, tant à la loi du 26 déc. 1890 qu'aux dispositions du décret, sont constatées par des procès-verbaux rapportés, soit par les préposés de l'Administration de l'Enregistrement, soit par les commissaires de police, gendarmes, gardes champêtres et tous autres agents de la force publique.

Les poursuites devant s'exercer comme en matière de timbre (art. 9 du décret), tous les procès-verbaux doivent être rédigés sur papier timbré, à la requête du Directeur général de l'Enregistrement et enregistrés au comptant, comme en matière d'affiches sur papier (2803-25 I. G.).

Les procès-verbaux dressés, en matière d'affichage, par les agents et officiers de police, ne sont pas soumis à la notification préalable. L'audition des gendarmes, qui ont constaté la contravention, n'est pas prescrite à peine de nullité (Cass. crim. 9 juin 1888, 7540 R. P., 23535 J. E.).

186. Procédure. — Tribunal compétent. — L'art. 9 Décr. 18 fév. 1891 porte que « les instances, pour le recouvrement des droits et amendes fixés par les art. 5 et 8 L. 26 déc. 1890 sont suivies dans la forme et d'après les règles établies par la législation spéciale au timbre ».

La procédure devant les tribunaux correctionnels, organisée par la loi du 8 juill. 1852 (Cass. crim. 9 juin 1888, 7540 R. P.), se trouve ainsi abolie. Les poursuites doivent être suivies par voie de contrainte comme en matière de timbre, et les instances portées devant les tribunaux civils dans les formes prescrites par les lois des 22 frim. an VII et 27 vent. an IX.

187. Recouvrement. — Le payement de la taxe et des amendes peut aujourd'hui être accepté sans condamnation préalable.

Le recouvrement en appartient aux agents de l'Enregistrement. Les percepteurs n'ont plus qualité pour l'effectuer.

188. Remise des amendes. — Les demandes en remise des amendes sont actuellement instruites de la même manière que les pétitions relatives aux contraventions en matière de timbre ordinaire. Les prescriptions de l'Inst. n° 2535-1 sont devenues sans objet.

189. Attributions d'amendes. — Aux termes de l'art. 11 Décr. 18 fév. 1891, il est accordé, à titre d'indemnité, aux gendarmes, gardes champêtres et autres agents de la force publique qui ont constaté les contraventions, un quart des amendes payées par les contrevenants.

Il est à remarquer que les commissaires de police et les préposés de l'Enregistrement n'ont pas droit à cette indemnité. Le nouveau décret s'est borné à reproduire, à cet égard, les dispositions du décret du 25 août 1852.

Les portions d'amendes allouées aux agents verbalisateurs leur sont versées par les soins des agents de l'Enregistrement.

AGENT DE CHANGE.

1. Réglementation nouvelle. — Un décret du 7 oct. 1890, portant règlement d'administration publique de l'art. 90 C. Comm. et de la loi du 28 mars 1885, sur les marchés à terme, a réglé les opérations des agents de change. Il a été suivi d'un règlement du 3 déc. 1891 de la Chambre syndicale des agents de change (24291 J. E.).

Il a été modifié par 3 décrets du 29 juin 1898, qui ont été suivis d'un règlement du même jour de la compagnie des agents de change de Paris (25411 J. E.) et par un autre décret du 12 juill. 1901 (26176 J. E.).

Un décret du 24 déc. 1896 autorise les agents de change près les bourses départementales à certifier le transfert de toutes les rentes nominatives sur l'État, qu'il s'agisse d'inscriptions départementales ou directes (25007 J. E.).

4. Bordereaux. — Arrêtés. — Les opérations de bourse donnent lieu aujourd'hui à la rédaction obligatoire d'un bordereau soumis à un droit de timbre spécial (LL. 28 avril 1893, art. 28 et suiv. et 13 avril 1898, art. 14).

Nous exposons ci-après, sous le mot nouveau « *Taxe des opérations de bourse* », les règles applicables à cet impôt.

14-3. Titres au porteur. — Perte. — Quittance. — La quittance, délivrée par le syndicat des agents de change, du coût de la publication des numéros des titres dans le bulletin quotidien spécial, qui est, d'après l'art. 10 L. 8 fév. 1902, « soumise au seul droit de timbre de 0 fr. 10, s'il y échet, sera dispensée d'enregistrement » (10117 R. P.).

ALIÉNÉ.

3. Aliénés. — Frais de pension. — Recouvrement. — Saisie-arrêt. — Déclaration affirmative. — Procédure. — La procédure spéciale de la Loi frim. doit être suivie pour le recouvrement des frais de pension d'aliénés lorsque les actes de poursuites, tels que la saisie-arrêt, constituent un mode de recouvrement en même temps qu'une base de décision sur la validité des taxes, mais la procédure ordinaire reprend son empire, pour tout ce qui concerne les tiers et notamment pour la déclaration affirmative (Seine, 6 fév. 1897, 8958 R. P.).

— Le 5 p. 100 dû pour frais de régie (L. 5 mai 1855, art. 16) à l'Administration, en cas de recouvrement, par son intermédiaire, des pensions d'aliénés, ne doit pas être précompté sur les sommes recouvrées; il est exigible en sus de ces sommes (Bar-le-Duc, 19 janv. 1899, 9494 R. P.).

Frais d'entretien. — Poursuites. — Avertissements préalables. — Lorsqu'il s'agit de recouvrer les frais d'entretien des aliénés internés d'office, les avertissements préalables aux poursuites doivent être adressés par les agents du service des finances. Mais, pour les frais d'entretien à la charge des aliénés volontairement placés dans des asiles départementaux, le soin d'adresser les avertissements, avant les poursuites, incombe aux agents des asiles (Sol. 11 av. 1899, 9365 R. P.).

Asiles autonomes. — Frais de séjour. — Recouvrement. — Les dispositions L. 30 juin 1838, qui chargent l'Enregistrement de poursuivre le recouvrement des dépenses relatives à l'entretien des aliénés, sont applicables, non seulement aux sommes dues aux asiles départementaux, mais encore à celles revenant aux asiles publics autonomes. Cette règle doit être suivie, qu'il s'agisse d'aliénés internés d'office par mesure administrative ou de malades placés volontairement par leurs familles (Déc. min. fin., 18 mai 1900; Sol. 25 mai 1900, 9911 R. P.).

Frais. — Recouvrement. — Département seul compétent. — Prescription trentenaire. — La dépense d'hospitalisation d'un aliéné, malgré l'admission accordée par l'autorité administrative, n'en demeure pas moins, en principe, à sa charge et à celle de ses parents. Le département, qui l'a supportée, a donc une créance recouvrable sur les biens de l'aliéné. Bien qu'ayant reçu une subvention de la commune où ce dernier était domicilié, il a seul qualité pour poursuivre le remboursement des sommes avancées, sauf règlement avec la commune. L'action qu'il exerce ne saurait, à aucun point de vue, être assimilée à celle d'un hôtelier ou traiteur; elle n'est soumise qu'à la prescription trentenaire (Issoire, 6 nov. 1901, 10091 R. P.).

8. Enfant adultérin ou incestueux. — La L. 25 mars 1896 (8738 R. P., V. nouveau Code) qui a modifié, au point de vue héréditaire, la situation des enfants naturels (V. *Enfant naturel*) n'a apporté aucun changement aux art. 762, 763 et 764 C. Civ., en ce qui concerne la situation des enfants adultérins ou incestueux.

ALIMENTS.

11. Succession. — Époux survivant. — Dette alimentaire. — L. 9 mars 1891. — L'art. 2 de cette loi édicte la disposition suivante :

« L'art. 205 C. C. est ainsi modifié : Les enfants doivent des aliments à leurs père et mère ou autres ascendants qui sont dans le besoin. La succession de l'époux prédécédé en doit, dans le même cas, à l'époux survivant. Le délai pour les réclamer est d'un an à partir du décès et se prolonge, en cas de partage, jusqu'à son achèvement. — La pension alimentaire est prélevée sur l'hérédité. Elle est supportée par tous les héritiers, et, en cas d'insuffisance, par tous les légataires particuliers proportionnellement à leur émolument. — Toutefois, si le défunt a expressément déclaré que tel legs sera acquitté de préférence aux autres, il sera fait application de l'art. 927 du Code civil. »

« Le but que la loi actuelle a voulu atteindre, a expliqué le rapporteur de la Chambre des députés, serait manqué si, après avoir assuré à l'époux survivant un droit successoral d'usufruit, cette loi ne prévoyait pas le cas où l'époux en serait privé ou totalement ou partiellement; elle le laisserait en effet exposé à toutes les chances de gêne, de misère contre lesquelles elle a voulu le garantir. La reconnaissance d'un droit alimentaire en sa faveur est donc le complément obligé de la réforme... » — Des débats parlementaires, il résulte que la pension alimentaire constitue une dette de la succession dont le payement peut être assuré par préférence aux créanciers des héritiers, au moyen de la séparation des patrimoines; qu'étant donné ce caractère, son chiffre n'est subordonné qu'à l'importance de l'actif héréditaire et qu'elle est fixée, dans le présent et dans l'avenir, d'après cet actif, indépendamment des ressources personnelles, plus ou moins variables, des héritiers et légataires, lesquels doivent la subir avant de rien prétendre à l'actif héréditaire (23536 J. E.). — V. *Code des lois* et V[is] *Renonciation et Succession*.

11-1. Époux. — Séparation. — Dans la première partie du *Rép. gén.*, au lieu de : « l'art. 301 C. Civ., qui permettait d'accorder une pension à la femme divorcée », lire : l'art. 301 C. Civ., relatif à la pension susceptible d'être accordée à la femme divorcée.

32. Gendre. — Belle-mère. — Donation. — Le gendre resté veuf sans enfants n'est tenu à aucune obligation ali-

ALIÉNÉ.

3. Frais de pension. Recouvrement. Instance. Jugement. — Les [illegible] relatives au recouvrement de frais de pension d'aliénés doivent être instruites et jugées dans les formes prescrites par les art. 65 L. [illegible] et 17 L. 27 vent. an IX (Cass. (civ.), 27 juill. 1905, 11053 R. P.).

[illegible] Frais d'entretien [illegible] Décès de l'aliéné. Poursuites contre la veuve et ses enfants. [illegible] de l'Administration non recevable. — Lorsque la femme d'un aliéné s'est engagée, lors de l'internement de son mari, à [illegible] pour un tiers aux frais de l'entretien de celui-ci dans un asile départemental et qu'elle a rempli tous ses engagements, l'Administration de l'Enregistrement n'est pas fondée, après le décès de l'aliéné, à lui réclamer ainsi qu'à ses enfants le payement des deux autres tiers ([illegible], 29 nov. 1901, 11053 R. P.).

Frais. Recouvrement. Département. Prescription trentenaire. — Conf. [illegible] 3 août 1906, 11509 R. P.

Frais. Recouvrement. Compétence exclusive de l'Administration de l'Enregistrement. Dette alimentaire. — L'Administration de l'Enregistrement a seule qualité pour opérer le recouvrement des frais d'entretien d'un aliéné placé dans un asile public, alors même qu'il s'agit d'un hôpital municipal, à défaut d'établissement départemental d'aliénés, et sans distinguer, d'ailleurs, entre le cas où l'aliéné a été interné d'office et celui où il a été placé volontairement par sa famille.

Les père et mère ne doivent d'aliments à leur enfant que lorsque celui-ci est dans l'impossibilité de pourvoir personnellement à sa subsistance. Par suite, le recouvrement des frais de pension d'une personne internée dans un asile d'aliénés ne peut être poursuivi contre sa mère qu'autant qu'il est établi qu'au moment de son internement l'aliénée était en droit de demander à sa mère une pension alimentaire (Alger, 3 fév. 1906, 11355 R. P.).

ALIMENTS.

24 bis. Intention des parties. — L'acte par lequel deux enfants s'obligent et obligent leurs héritiers à servir à leur père, jusqu'au décès de celui-ci, une pension alimentaire d'un chiffre déterminé, ne donne ouverture qu'au droit de 0.20 p. 100, lorsqu'il résulte du contrat que les parties n'ont eu en vue que l'exécution d'une obligation légale, que le chiffre de la pension peut être modifié soit amiablement, soit par une décision judiciaire, si les conditions viennent à changer, et enfin que la transmission de l'obligation aux héritiers paraît avoir eu pour objet, abstraction faite de la rente dont il n'est pas parlé, seulement les modalités concomitantes, c'est-à-dire la solidarité et l'indivisibilité (Le Havre, 15 avril 1900, 11199 R. P.).

De même, l'acte par lequel deux époux s'obligent et obligent leurs héritiers à servir à leur père et beau-père, jusqu'au décès de celui-ci, une pension alimentaire d'un chiffre déterminé, ne donne ouverture qu'au droit de 0.20 p. 100 lorsque les parties ont déclaré vouloir se conformer aux dispositions des art. 205 et 206 C. civ. et montré par là que le chiffre de la pension n'a aucun caractère de fixité, et que, d'autre part, les débirentiers ont eux-mêmes des enfants tenus aussi à l'obligation alimentaire envers le crédirentier (Saint-Pol, 3 juin 1905, 11050 R. P.).

27. Jugement. — Lorsque l'époux aux torts duquel le divorce est prononcé est condamné à payer à son conjoint une pension alimentaire, en vertu de l'art. 301 C. civ., cette pension, qui ne s'éteint pas au décès de l'époux débiteur, doit être considérée comme ayant le caractère d'une rente [illegible]; dès lors, le droit proportionnel de condamnation est exigible sur le capital au denier 10 de la pension (Bordeaux, 11 mars 1907, 11578 R. P.).

39. **Abandon d'usufruit d'immeubles à titre alimentaire. Créancier à l'abri du besoin. Donation ordinaire.** — *Présente le caractère d'une véritable libéralité passible du droit de donation, et non pas celui d'une constitution de pension alimentaire sujette seulement au droit de 0 fr. 20 p. 100, l'abandon de la jouissance d'immeubles consenti par un fils à sa mère, lorsqu'il résulte des faits de la cause que cette dernière se trouve dans une situation de fortune qui ne permet pas de la considérer comme étant dans le besoin (Corbeil, 11 fév. 1905, 10787 R. P.).*

42. **Pension alimentaire. Libéralité déguisée. Droit de Donation.** — A le caractère d'une libéralité, et non d'une prestation d'aliments l'abandon d'un droit de jouissance immobilière fait en la forme des donations par des enfants à leur père, lorsque celui-ci a déjà des ressources en rapport avec sa position sociale, soit au moyen de revenus personnels, soit par le produit de son travail et de son industrie. Il en est ainsi surtout quand l'abandon est consenti à titre irrévocable, pendant la vie et jusqu'au décès du bénéficiaire (Meaux, 16 déc. 1903, 10805 R. P.).

Présente également le caractère d'une véritable libéralité, la disposition d'un acte de liquidation de reprises par laquelle un mari, séparé de corps et de biens d'avec sa femme, s'oblige et oblige ses héritiers à servir à celle-ci une rente viagère d'un chiffre déterminé (Seine, 10 nov. 1905, 11308 R. P.).

Constitution de pension viagère d'un chiffre déterminé. Intention des parties. Droit de 0,20 p. 100. — L'acte par lequel deux époux s'obligent solidairement à servir à leur mère et belle-mère, jusqu'au décès de celle-ci, une pension alimentaire d'un chiffre déterminé, ne donne ouverture qu'au droit de 0,20 p. 100, à l'exclusion du droit de donation, lorsque les parties ont déclaré vouloir se conformer aux art. 205 et suiv. C. civ., montrant par là qu'elles n'ont eu en vue que l'exécution de l'obligation légale d'aliments et que le chiffre de la pension pourrait être modifié si les circonstances venaient à changer (Montargis, 22 fév. 1906, 11268 R. P.).

AMENDE

5. **Bonne foi.** — En matière fiscale, l'exception de bonne foi n'est pas un motif d'excuse, et les tribunaux ne peuvent s'abstenir de prononcer les pénalités édictées par la loi. — Toulon, 3 juin 1907, 14533 R. P. — Cass. civ. 13 mai 1907, 11600 R. P.). — V. aussi *Expertise*, n° 20 et *Impôt sur le revenu*, n° 59-1.

mentaire envers sa belle-mère dans le besoin, et la constitution de pension faite par lui au profit de cette dernière est passible, non du droit à 0 fr. 20 0/0, mais de celui fixé pour les donations entre personnes non parentes (Saint-Étienne, 24 déc. 1896, 9197 R. P.).

38. **Pension alimentaire. — Nièce et tante. — Droit de donation.** — Renferme une libéralité et est, en conséquence, passible du droit de donation, le contrat par lequel une nièce constitue, à titre de pension alimentaire, une rente viagère au profit de sa tante, en souvenir des services que cette dernière lui a rendus (Dreux, 16 mars 1897, 9043 R. P.).

39-1. **Mère survivante. — Renonciation à communauté. — Pension alimentaire. — Donation.** — V. *Renonciation*, n° 40.

42. **Pension alimentaire. — Libéralité déguisée. — Droit de donation.** — Constitue une libéralité passible du droit proportionnel de donation, l'acte par lequel un fils s'oblige et oblige ses héritiers à servir à sa mère une pension alimentaire fixée à un chiffre invariable, quels que soient les événements. — Il importe peu que l'acte ne constate pas la présence réelle de deux témoins ou de deux notaires. Cette irrégularité ne saurait être opposée à l'Administration, qui établit la perception sans tenir compte des causes de nullité dont les actes peuvent être affectés (Seine, 3 juill. 1891, 7750 R. P.).

— Si, par exception à la règle générale, écrite dans l'art. 69, § 5, n° 2, L. frim., d'après laquelle l'enregistrement des actes constitutifs de pension viagère donne ouverture à la perception du droit proportionnel de 2 fr. 50 p. 100, les actes qui assurent l'exécution de l'obligation d'aliments édictés par les art. 205 et s. C. C. ne sont soumis qu'au droit proportionnel de 20 cent. p. 100, c'est à la condition qu'ils présentent les caractères essentiels de cette obligation, tels qu'ils résultent des dispositions des articles précités. Ne renferme pas ces caractères l'acte par lequel un fils s'oblige et oblige ses héritiers à servir à sa mère une pension viagère, fixée à un chiffre invariable, quels que soient les événements. Un pareil acte constate une libéralité ordinaire, passible du droit proportionnel de 2 fr. 50 p. 100 (Cass. 20 nov. 1893, 8211 et 8418-35 R. P.).

La convention par laquelle un fils s'engage et oblige ses héritiers à servir à sa mère une pension alimentaire d'un chiffre invariablement déterminé, doit être considérée comme renfermant une libéralité ordinaire assujettie au droit de donation, et non au tarif spécial applicable aux constitutions de pension alimentaire (Seine, 2 juill. 1898, 9335 R. P.).

Doit être considéré comme renfermant une donation viagère de meubles et non une constitution de pension alimentaire l'acte par lequel deux époux s'engagent à payer à la mère et à la grand'mère de l'un d'eux une pension de 4,000 fr. pendant la vie et jusqu'au décès de la survivante et sans aucune réduction au décès de la première mourante. Il en est ainsi alors même que l'acte aurait été qualifié par les parties de constitution alimentaire (Versailles, 23 fév. 1900, 9810 R. P.).

47. **Rente sur l'État. — Usufruit abandonné. — Donation.** — Si les actes qui assurent l'exécution de l'obligation d'aliments édictée par les art. 207 et s. C. C. ne sont soumis qu'au droit de 0, 20 p. 100, c'est à la condition qu'ils présentent les caractères essentiels de cette obligation, tels qu'ils résultent des dispositions des articles précités et qu'ils ne comportent pas, notamment, l'abandon d'un droit définitif et irrévocable. Spécialement, il y a lieu de considérer comme une donation d'usufruit mobilier passible du droit de 2 fr. 50 p. 100, et non comme une constitution de pension alimentaire assujettie au seul droit de 0 fr. 20 p. 100, l'acte par lequel un enfant s'engage à remettre à sa mère remariée, qui accepte, un titre de rente sur l'État immatriculé au nom de celle-ci pour l'usufruit et dont elle touchera les arrérages jusqu'à son décès (Montdidier, 16 juin 1899, 9602 R. P.).

AMENDE.

2. **Amende en matière fiscale. — Non application de la loi Bérenger.** — Les amendes prononcées par la loi en matière fiscale ont le caractère mixte d'une pénalité et de réparations civiles; elles constituent ainsi, pour une partie de leur quotité, des dommages-intérêts; la loi du 26 mars 1891, dite « loi Bérenger », qui proclame d'ailleurs que la suspension de la peine ne comprend pas les dommages-intérêts, n'est donc pas applicable en cette matière (C. Rennes, 11 mai 1892, relatif à un délit en matière de contrib. indir., 8184 R. P.).

4. **Décimes — Condamnation.** — Le tribunal, compétent pour prononcer la condamnation au principal des amendes, doit prononcer, en même temps, la condamnation aux décimes dont la perception est autorisée par les lois fiscales (L. 13 avr. 1900, art. 5, 9850 R. P.). — V. *Code des lois*.

5. **Bonne foi.** — L'exception de bonne foi n'est pas admissible en matière de contravention aux lois sur le timbre. (Oran, 24 déc. 1894, 8604 R. P.) et, d'une manière générale, aux lois fiscales (Vannes, 18 fév. 1897, 9211 R. P.).

8. **Personnalité du débiteur de l'amende. — Vente consentie par un mandataire. — Mandant seul passible de la pénalité.** — L'ancien possesseur ne saurait se soustraire à la réclamation du droit en sus, en excipant de ce que la vente ayant eu lieu par l'entremise d'un mandataire, c'est ce dernier qui, à l'exclusion du mandant, est seul responsable du délit fiscal commis par lui en ne présentant pas à la formalité le titre de la mutation dans le délai légal. Les termes absolus de l'art. 14 L. 23 août 1871 ne permettent pas, en effet, de distinguer entre le cas où la mutation a été opérée par le fait direct de l'ancien possesseur et celui où la vente a eu lieu par l'entremise d'un mandataire. D'autre part, la loi désignant expressément l'ancien possesseur comme personnellement punissable du droit en sus en cas d'inobservation des délais légaux, c'est à cet ancien possesseur lui-même que doit être appliquée une pénalité attachée par la loi à sa qualité (Limoges, 23 juin 1892; — Cass. 27 nov. 1895, 8984 et 8860-29 R. P.).

Mineur. — Décès du tuteur. — L'action de la Régie en recouvrement d'un droit en sus de mutation secrète n'est pas éteinte par le décès de la tutrice qui a représenté sa fille mineure dans l'instance au cours de laquelle a été produit l'acte de mutation secrète, si c'est en qualité d'héritière de son père que la mineure est débitrice des droits réclamés (Cass. 7 mai 1901, 10064 R. P.).

9. **Notaire. Décès.** — Les amendes encourues par un notaire pour contravention à l'art. 49 L. 5 juin 1850 ne s'éteignent pas par le fait de son décès, et elles peuvent être réclamées à ses héritiers. Il en est autrement des amendes encourues pour contravention aux art. 41 et 42 L. frim. (Figeac, 22 déc. 1898, 9698 R. P.).

10. **Contraventions constatées. — Condamnation. — Tribunal civil. — Requête du ministère public. — Demande en remise. — Instruction.** — Les demandes en remise ou modération des amendes prononcées par les tribunaux civils, sur la poursuite du ministère public, doivent être instruites par le service de la justice, alors même que les contraventions seraient constatées par l'Enregistrement (Déc. min. fin. 17 oct. 1899, 9940-16 R. P.).

Remise. — Réserve de la part des agents verbalisateurs. — Décimes. — Lorsqu'une décision gracieuse a réduit une amende à la part revenant aux agents verbalisateurs, cette part doit être mise en recouvrement sans addition de décimes (Circ. Compt. pub. 30 déc. 1890, 7064 R. P.).

Succession. — Biens situés dans plusieurs départements. — Insuffisance de revenu. — Omissions — Prorogation de délai. — Pénalités. — Pétition en remise. — Directeur compétent. — Si les parties forment une demande en remise des droits en sus, c'est au directeur du département du domicile du *de cujus* qu'il appartient exclusivement de statuer sur la pétition, dans les limites fixées par les Instr. 2921 et 2980; mais il doit, au préalable, prendre l'avis de son collègue du département de la situation. La même règle s'applique, par identité de motifs, en matière d'insuffisance de revenu constatée par expertise. Au surplus, lorsqu'une demande en remise ou en prorogation de délai concerne une succession comprenant des biens situés dans plusieurs départements, le directeur du domicile du défunt, avant de prendre une décision, a toujours la faculté de se renseigner, auprès de ses collègues, sur la sincérité de la déclaration souscrite ou du projet de déclaration joint à la pétition (3080-44 I. G., 10196 R. P.).

10-2. **Décision de remise. — Poursuites postérieures. — Déchéance.** — La décision qui accorde une remise partielle d'amende constitue au profit du redevable un droit acquis, si l'Administration n'établit pas que ce redevable, mis en demeure de remplir la condition, à laquelle est subordonnée la remise, de payer immédiatement les sommes réclamées, a refusé de s'y conformer. Le fait que la partie a formé opposition à l'exécution de la contrainte qui lui a été signifiée ne peut être considéré comme impliquant un refus d'exécuter la décision (Meaux, 21 déc. 1894, 8693 R. P.).

— Le redevable se trouve déchu du bénéfice de la décision gracieuse qui lui a accordé une remise partielle d'amende, lorsqu'il n'a pas rempli la condition imposée par cette décision, de payer immédiatement les sommes dues au Trésor (Oran, 24 déc. 1894, 8604 R. P.; — Versailles, 24 janv. 1895, 8913 R. P.; — Castres, 20 juill. 1897, 9212 R. P.; — Seine, 29 juill. 1899, 9703 R. P.).

10-4. **Dépôt d'une demande en remise. — Action en recouvrement non entravée par le dépôt.** — Si, en ce qui concerne les droits en sus et les amendes, qui sont des peines personnelles, des remises ou des modérations peuvent être accordées à titre de grâce, le recours en grâce, ne portant aucune atteinte aux droits des contribuables, ne saurait, non plus, altérer ni modifier ceux du trésor public. D'autre part, le fait de la transmission, par les préposés de l'Enregistrement, à l'autorité compétente d'une pétition tendant à obtenir la remise du droit en sus n'entraîne, en ce qui concerne l'Administration, ni acquiescement ni renonciation à son droit de poursuites (Limoges, 25 juin 1892; — Cass. 27 nov. 1895, 8684 et 8800-20 R. P.).

50-1. **Juridiction gracieuse. — Compétence.** — Le pouvoir de statuer sur les demandes formées par des redevables à l'effet d'obtenir la remise d'amendes, de droits ou demi-droits en sus par eux encourus, est délégué au Directeur général de l'Enregistrement lorsque les pénalités qui font l'objet de la demande sont inférieures à 3000 fr., et aux directeurs départementaux lorsqu'elles sont inférieures à 500 fr. (Décr. 11 janv. 1897, 8955 et 9125-7 R. P.).

— Compétence des directeurs départementaux étendue jusqu'à 1000 fr. (Déc. 8 mars 1899, 9675-36 R. P.). — V. *Administration. Déchéance, Décimes.*

AMEUBLISSEMENT.

12. **Communauté. — Ameublissement. — Femme renonçante. — Droit de reprise.** — La femme, qui renonce à la communauté, peut exercer la reprise des biens ameublis par elle et entrés en communauté de son chef, lorsque, dans son contrat de mariage, elle a stipulé la faculté de reprendre sa mise en communauté. Dans ces conditions, les biens ameublis redeviennent, en vertu d'une convention de mariage, la propriété de la femme renonçante et ne dépendent nullement de la succession du mari, soit qu'ils se retrouvent en nature à la dissolution de la société conjugale, soit qu'ils soient représentés par des prix de vente encore dus (Sol. 11 sept. 1895, 8888 R. P.).

ANNEXE.

13. **Plan non signé.** — Dans la première partie du *Rép. gén.*, au lieu de : « l'annexe à un acte authentique d'un plan non signé rend ce plan passible des droits de timbre et d'enregistrement », lire : L'annexe à un acte authentique d'un plan non signé rend ce plan passible seulement du droit de timbre, mais non de celui d'enregistrement. V. *Acte passé en conséquence*, n° 127-1 et *Plan*, n° 12.

ANTICHRÈSE.

12-1. **Disposition dépendante.** — Lorsqu'un acte contient à la fois une ouverture de crédit réalisée pour la

AMEUBLISSEMENT.

ANNEXE.

ANTICHRÈSE.

APPEL.

9-10. Prud'hommes. Organisation de la juridiction d'appel. L. 15 juill. 1905. — D'après l'art. 3 de cette loi, les parties peuvent se faire représenter par un ouvrier ou un patron exerçant la même profession ou, s'il s'agit d'un chef d'industrie, par le directeur gérant de leur établissement ou par un employé. Le mandataire doit être porteur d'un pouvoir sur papier libre. Les parties peuvent, en outre, se faire représenter par un avocat inscrit au barreau ou par un avoué. L'avocat et l'avoué sont dispensés de présenter une procuration. Dans tous les autres cas non prévus par cette disposition, les mandataires des parties doivent représenter une procuration écrite assujettie aux règles ordinaires de perception.

D'autre part, l'art. 4, relatif aux recours en cassation contre les jugements rendus en dernier ressort par les conseils de prud'hommes, ou contre les jugements des tribunaux civils ayant statué sur appel, décide qu'aucune amende ne sera consignée (Instr. 3172, § 2. 11093 R. P.).

10-13. Recrutement. L. 21 mars 1905. Instances. Immunités fiscales. — Les actes faits en exécution de l'art. 26 de la loi sont visés pour timbre et enregistrés gratis. Le recours en cassation ainsi que l'appel sont dispensés de la consignation d'amende. — 11179 R. P.)

APPRENTISSAGE.

48. Enfants assistés. — Le contrat qui détermine les conditions de placement d'un enfant assisté en apprentissage est dispensé du timbre et doit être enregistré gratis, lorsqu'il y a lieu à la formalité de l'enregistrement. — L. 27 juin 1904 (art. 26 et 55). Instr. 3152. 10899 R. P.)

ARBITRE. — ARBITRAGE.

38. Arbitre dessaisi au moment du dépôt de la sentence au greffe. Droits d'enregistrement non exigibles sur cette sentence. — N'est pas soumise à la taxe des frais de justice la sentence arbitrale déposée au greffe après que l'arbitre se trouvait dessaisi par suite de l'acceptation par les parties des conclusions d'un rapport qu'il avait donné antérieurement à ce dépôt et qu'il avait considéré lui-même comme définitif (Blida, 25 nov. 1903, 10566 R. P.).

plus grande partie et réalisable à bref délai pour le surplus, et une antichrèse immédiate pour sûreté de la totalité du crédit, la constitution de l'antichrèse doit être considérée comme formant une disposition accessoire et l'acte n'est passible que du droit afférent au crédit (Bar-sur-Seine, 21 juin 1893, 8270 R. P.).

Lorsque, dans l'acte même qui constate un prêt de somme, l'emprunteur, pour assurer le remboursement du prêt, consent une antichrèse, cette constitution d'antichrèse forme une disposition dépendante du prêt, et l'acte dans son ensemble ne donne ouverture qu'au droit de 1 p. 100 pour obligation de somme (Versailles, 1er fév. 1895, 8572 R. P.).

Quand, à la suite de l'adjudication d'un immeuble et dans le procès-verbal même d'adjudication, l'acquéreur remet l'immeuble au vendeur, à titre d'antichrèse, avec pouvoir de percevoir les loyers, par imputation sur les intérêts du prix et, subsidiairement, sur le prix, la stipulation relative à l'antichrèse constitue une disposition dépendante de l'adjudication. En conséquence, elle ne donne pas ouverture à un droit particulier (Belfort, 20 nov. 1895, 8755 R. P.).

En présence de la jurisprudence des tribunaux secondaires qui tendent à reconnaître que l'antichrèse consentie par le débiteur, dans l'acte d'obligation, pour assurer le remboursement du capital et des intérêts, ne doit pas être considérée comme la disposition dominante du contrat, et que ce contrat n'est, dès lors, passible que du droit de 1 p. 100, l'Administration a décidé qu'elle s'abstiendra de soulever de nouveaux débats judiciaires sur la question (Sol. 8 juin 1896, 8806 R. P.).

APPEL. — RECOURS.

8. Jugement non signifié. — Recevabilité. — L'appel, s'il n'est pas formé dans le délai durant lequel la loi l'interdit, est recevable, alors même que le jugement n'aurait pas été signifié (Cass. Civ., 18 oct. 1899, 9938 R. P.).

10. Fol appel. — Amende. — Consignation postérieure à l'arrêté. — Pénalité contre l'avoué. — L'avoué qui, après avoir requis l'inscription de l'affaire au rôle, ne consigne l'amende de fol appel prévue par l'art. 471 C. proc. que postérieurement à l'arrêt de la Cour, est passible de la pénalité édictée par les art. 9 de la déclaration du 21 mars 1671 et 8 de l'arrêté du 10 floréal an XI (Pau, 19 mai 1899, 9622 R. P.). — V. *Consignation (Amende de)*.

12 à 16. Tarif, L. 26 janv. 1892. — L'art. 7 L. 26 janv. 1892, qui a réduit d'un tiers le droit d'enregistrement des exploits relatifs aux instances suivies en matière civile ou commerciale devant les tribunaux de première instance et les cours d'appel, s'applique aux appels faits par exploit; ce qui équivaut au rétablissement des tarifs en vigueur à l'époque de la mise à exécution de l'art. 2 L. 19 fév. 1874 (2480 I. G.; — V. 2816 I. G., p. 6).

Aux termes du 2e alinéa du même article, « la même réduction est applicable, dans les mêmes matières, aux déclarations d'appel faites autrement que par exploit ».

17. Appel incident. — Les appels incidents formés par actes d'avoué à avoué jouissent actuellement de l'immunité absolue de timbre et d'enregistrement accordée aux actes de cette nature par l'art. 5 L. 26 janv. 1892 (2816 I. G., p. 6). — V. *Avoué*.

ARBITRE. — ARBITRAGE.

15. Tarif. — Les jugements des arbitres sont soumis aux mêmes droits que les jugements des tribunaux de première instance.

1. Jugement préparatoire. — Les sentences arbitrales interlocutoires ou préparatoires sont actuellement tarifées au droit fixe de 4 fr. 50 (L. 26 janv. 1892, art. 17-2°).

2. Jugements définitifs. — Minimum. — Ces décisions, en matière commerciale ou civile, donnent ouverture au droit minimum de 5 fr. ou à celui de 7 fr. 50 si elles opèrent condamnation ou liquidation, ou bien si la demande qu'elles accueillent résiste à la perception d'un droit proportionnel (Sol. 8 mars 1891, 8265 R. P.).

3. Débouté de demande. — Elles sont assujetties au droit de 10 fr. ou à celui de 20 fr. lorsqu'elles portent débouté de demande (Même sol.).

19. Pluralité des droits. — Les sentences d'arbitres sont aujourd'hui affranchies de la pluralité des droits sur les dispositions indépendantes et non sujettes au droit proportionnel (L. 26 janv. 1892 art. 11). — V. *Jugement*, n° 24 et suiv.

20. Droits proportionnels. — En ce qui concerne les droits proportionnels, la loi du 26 janv. 1892 a assimilé complètement les sentences arbitrales aux jugements des tribunaux civils et de commerce (art. 15, n° 1, 15, § 5, § 6, n° 1 et § 7).

Un amendement avait été déposé au Sénat (séance du 10 janv.), pour les dispenser de la taxe proportionnelle lorsqu'elles interviendraient avant l'exploit introductif d'instance. Cet amendement était basé sur une double considération : d'abord sur ce que la taxe proportionnelle n'étant que le rachat d'un dégrèvement ne pouvait atteindre les sentences arbitrales qui ne bénéficient d'aucune réduction; d'autre part, sur ce fait que la mention d'exequatur « mandons et ordonnons » mise par le président du tribunal ne pouvait avoir pour effet de convertir en jugement le contrat d'arbitrage. Mais il a été repoussé. Le Commissaire du Gouvernement a fait remarquer à juste titre que la décision de l'arbitre, revêtue de la mention d'exequatur, était une véritable décision de justice, et qu'il n'y avait par conséquent aucune raison d'affranchir ces sentences d'un droit qui atteint toutes les autres décisions.

25 bis. Sentences arbitrales portant homologation de liquidations ou de partages. — V. *infra*, v° *Jugement*, n° 160.

36. Délai pour l'enregistrement.

1. Décisions non revêtues de l'ordonnance d'exequatur. — Les sentences arbitrales, qui ne passent pas sous les yeux du juge, qui sont acceptées et exécutées volontairement, ne sont pas soumises à la nouvelle taxe. Le rapporteur l'a formellement reconnu à la séance du Sénat du 19 janv. 1892. C'est qu'en effet les arbitres n'ont aucun caractère public et, quand leurs sentences ne sont pas revêtues de l'ordonnance d'exequatur, elles ne peuvent être considérées que comme des actes sous seings privés pour l'enregistrement desquels aucun délai de rigueur n'est prescrit. — V. au *Rép. gén.*, 7e édit., vo *Arbitrage*, no 36.

3. Dépôt non effectué. — Une sentence arbitrale conservant le caractère d'un acte s. s. p. tant qu'elle n'a pas été déposée au greffe, en exécution de l'art. 1020 C. proc., ne peut être produite en justice sans avoir été enregistrée. — Le jugement qui en constate l'usage ne saurait être admis à la formalité, si la sentence n'est pas présentée simultanément au Receveur ou si, à défaut de cette représentation, la partie n'a pas versé la somme arbitrée d'office pour tenir lieu des droits présumés exigibles (Tarbes, 16 mai 1891, 7873 R. P.).

36 *bis*. Loi du 26 janv. 1892. — Point de départ. — Les dispositions de l'art. 24 L. 1892, relatives à la date de la mise à exécution de cette dernière loi, sont applicables aux sentences arbitrales. D'une part, en effet, ce texte vise formellement les « sentences »; d'un autre côté, il ressort de l'économie de la loi, des termes exprès des art. 15 no 1, 16 § 1er no 2, § 5, § 6 no 1, § 7, et 17, que le législateur de 1892 a entendu maintenir l'assimilation établie, au point de vue de la perception, par les lois antérieures, entre les sentences arbitrales en général et les décisions judiciaires dont elles tiennent lieu.

Bien que la loi ne fixe pas elle-même l'époque à laquelle la procédure est réputée commencée, aucun doute sérieux ne paraît devoir s'élever sur l'acte qui en forme le point de départ. En effet, l'acte introductif d'une instance arbitrale est incontestablement le compromis (Dalloz, J. G., vo *Arbitrage*, no 573), qu'il intervienne soit avant toute assignation, soit au cours d'un procès. Dès lors, quand cet acte est antérieur au 1er juillet 1892, l'instance ne rentre pas dans les termes de la loi du 26 janvier précédent.

Toutefois, pour qu'il en soit ainsi, c'est-à-dire pour que la date du compromis soit opposable à l'Administration et mette obstacle à l'application de la loi nouvelle, il faut évidemment que cet acte, s'il n'est pas authentique, ait acquis date certaine par l'un des moyens prévus par l'art. 1328 du Code Civil (Sol. 30 avril 1895, 8794 R. P.).

La conclusion ne doit pas être différente lors même que la date du compromis se trouve énoncée dans la sentence arbitrale, car cette sentence elle-même est un acte s. s. p. non assujetti à l'enregistrement dans un délai déterminé (D. E., vo *Arbitrage*, nos 1 et 27) et les énonciations qu'elle contient relativement à la date du compromis ne sont pas opposables à l'Administration (C. Civ. 1320, 1322; — Sol. 2 oct. 1894, 8402 R. P.).

42 *bis*. Différends collectifs entre patrons et ouvriers. — L. 27 déc. 1892. — V. *Conciliation*.

ASSISTANCE JUDICIAIRE.

TITRE I. — DE L'ASSISTANCE JUDICIAIRE EN MATIÈRE CIVILE.

1. L. 10 juill. 1901. — Les art. 1 à 21 L. 22 janv. 1851 sur l'assistance judiciaire ont été modifiés par la loi du 10 juill. 1901 (3060 I. G.). Ces modifications sont indiquées ci-après.

CHAPITRE Ier. — FORMES DANS LESQUELLES L'ASSISTANCE JUDICIAIRE EST ACCORDÉE.

SECTION 1. — CONDITIONS D'ADMISSION.

3 et 9. Indigence relative et établissements publics. — Aux termes de l'article 1er L. 10 juill. 1901 peuvent être admis à l'assistance, en tout état de cause, c'est-à-dire même après que l'instance ou la procédure est commencée, toutes personnes ainsi que tous établissements publics ou d'utilité publique, et toutes associations privées ayant pour objet une œuvre d'assistance et jouissant de la personnalité civile, lorsqu'à raison de l'insuffisance de leurs ressources ces personnes, établissements ou associations se trouvent dans l'impossibilité d'exercer leurs droits soit en demandant, soit en défendant.

10 *bis*. Accidents du travail. — V. ce mot. Le bénéfice de l'assistance judiciaire est accordé de plein droit, sur le visa du procureur de la République, à la victime de l'accident (L. 9 avril 1898, art. 22, 9203 R. P.).

10 *ter*. Canal de Panama. — Liquidation. — I. Loi du 1er juill. 1893 (*J. O.*, 2 juill.). — II. Inst. no 2844, 10 juil. 1893 (8112 R. P.).

10 *quater*. Ouvriers mineurs. — Caisse de secours et de retraite. — Aux termes de l'art. 27 L. 29 juin 1894 sur les caisses de secours et de retraite des ouvriers mineurs, le bénéfice de l'assistance judiciaire est acquis de plein droit à toutes les parties en cause dans les instances dont il s'agit dans cet article, qu'il s'agisse de particuliers ou de personnes morales (D. m. f. 5 nov. 1897, 2886 et 2935 I. G.). — V. *infrà*, *Caisses de secours et de retraites des ouvriers mineurs*.

SECTION 2. — JURIDICTIONS POUVANT ACCORDER L'ASSISTANCE JUDICIAIRE ET ACTIONS POUR LESQUELLES ELLE PEUT ÊTRE ADMISE.

12. Tribunaux divers. — D'après l'art. 1er L. 10 juill. 1901, l'assistance peut être accordée : 1o pour tous litiges portés devant les tribunaux civils, les juges des référés, la chambre du conseil, les tribunaux de commerce, les juges de paix, les cours d'appel, la Cour de cassation, les conseils de préfecture, le Conseil d'État, le Tribunal des conflits, et aux parties civiles devant les juridictions d'instruction et de répression ; 2o en dehors de tout litige, aux actes de juridiction gracieuse et aux actes conservatoires.

ASSISTANCE JUDICIAIRE.

10 b. Assistance obligatoire aux vieillards, infirmes et incurables privés de ressources. L. 14 juill. 1905. — La L. 14 juill. 1905, qui [illegible] organisé le service de l'assistance obligatoire au profit des vieillards, infirmes et incurables privés de ressources, accorde de plein droit le bénéfice de l'assistance judiciaire à l'État, aux départements et aux communes pour l'exercice de leur recours, soit contre l'assisté, [illegible] s'il lui survient des ressources suffisantes, soit contre toutes personnes ou sociétés tenues de l'obligation d'assistance (art. 5). — Instr. [illegible] R. P.

12-1. Prud'hommes. — Doivent être visés pour timbre et enregistrés en débet les actes de procédure, procès-verbaux, jugements et actes d'exécution faits ou rendus dans les matières qui sont de la juridiction des prud'hommes et qui sont soumises soit à ce conseil, soit au juge de paix faisant office de conseil de prud'hommes dans les lieux où il n'existe pas de conseil (à moins que la somme faisant l'objet du différend n'excède pas 25 fr., auquel cas ils doivent être enregistrés gratis). — Instr. 3121, 10723 R. P.

1. Prud'hommes. — Les conseils de prud'hommes restent en dehors des prévisions de la loi du 10 juill. 1901. Les instances devant ces conseils ne peuvent donc bénéficier que du régime spécial établi par la loi du 7 août 1850 (1881 I. G.).

13. Actions pouvant être intentées. — Les mots « acte de juridiction gracieuse » et « actes conservatoires » employés par l'art. 1er L. 10 juill. 1901 (V. nº 12, *suprà*) appellent quelques observations.

On entend plus spécialement par « juridiction gracieuse », dans le langage du droit, celle qui s'exerce sur des demandes qui n'ont pas d'adversaires connus ou présumés (Garsonnet, *Procédure civile*, t. VII, p. 205 et suiv., § 1440). L'assistance judiciaire s'applique incontestablement aux actes de ces procédures spéciales. La L. 10 juill. 1901 embrasse, de plus, sous le nom d'*actes de juridiction gracieuse*, tous les actes qui émanent des tribunaux, conseils et cours, ou même qui nécessitent simplement l'intervention de l'un des magistrats de ces tribunaux, cours et conseils, et qui ne sont pas faits à l'occasion d'un litige proprement dit : telles sont notamment les ordonnances sur requêtes. On doit comprendre dans la même catégorie les avis de parents ; ces derniers actes ont, du reste, été expressément visés dans le rapport fait à la Chambre des députés par M. Raoul Rompard, au nom de la Commission chargée d'examiner les différents projets de revision de la loi du 22 janv. 1851 (*Annexe nº 511 au procès-verbal de la séance* du 13 déc. 1898, § *III*).

Les actes conservatoires sont ceux qui ont principalement pour objet, soit de maintenir l'existence d'un droit menacé de périr par le fait d'une déchéance ou d'une prescription, soit de prévenir la perte ou l'altération même du gage pouvant assurer l'utile exécution du droit (C. Paris, 21 janv. 1851, D. P. 51-2-58). Parmi les plus usuels, il convient de citer les inventaires, les appositions de scellés, les constitutions et les inscriptions d'hypothèque, les demandes en séparation de patrimoine, les interventions à partage, les actes interruptifs de prescription, les protêts, etc.

Enfin, d'après l'article 2, le bénéfice de l'assistance judiciaire peut s'appliquer à tous actes et procédures d'exécution, même lorsque ces actes sont faits et ces procédures suivies en vertu d'actes conventionnels.

4. Tribunaux de répression. — Partie civile. — A la différence de la loi de 1851, celle de 1901 accorde l'assistance judiciaire aux parties civiles devant les juridictions d'instruction et de répression (V. *infrà*, nos 37 et 59 *bis*).

5. Déchéance paternelle. — C'est aux percepteurs des contributions directes qu'il appartient de recouvrer les frais des instances suivies à la requête du ministère public à l'effet de faire prononcer la déchéance de la puissance paternelle. L'Administration ne serait compétente que si l'action en déchéance était intentée par les parents du mineur, avec le bénéfice de l'assistance judiciaire (Sol. 2 avr. 1891, 8372 R. P.). — V. *Déchéance paternelle*.

SECTION I. — COMPOSITION DES BUREAUX.

14 à 17. Composition des bureaux. — Le droit d'accorder l'assistance judiciaire est conféré par la loi nouvelle, comme par la loi du 22 janv. 1851, à des bureaux spéciaux établis au chef-lieu judiciaire de l'arrondissement, au siège de la cour d'appel, près la Cour de cassation, enfin près le Conseil d'État et le Tribunal des conflits. La loi du 10 juil. 1901 a, d'ailleurs, maintenu toutes les règles anciennes en ce qui concerne la composition de ces bureaux, leur sectionnement et le mode de nomination de leurs membres (Art. 3, 5, 6 et 7).

Aux termes de l'article 3, l'admission à l'assistance est prononcée :

1º Pour les instances qui doivent être portées devant les justices de paix, les tribunaux de simple police, les tribunaux civils et correctionnels, les tribunaux de commerce, les conseils de préfecture, les cours d'assises, par le bureau établi au chef-lieu judiciaire de l'arrondissement où siège la juridiction compétente ;

2º Pour les instances qui doivent être portées devant la cour d'appel, par le bureau établi au siège de la cour ;

3º Pour les pourvois devant la Cour de cassation, le Conseil d'État et le Tribunal des conflits, par les bureaux établis près de ces juridictions.

SECTION 2. — FORME ET INSTRUCTION DE LA DEMANDE.

18 à 24. Forme et instruction de la demande

Les articles 8, 9, 10, 11 et 12 L. 10 juil. 1901 indiquent les formes dans lesquelles l'assistance peut être demandée en première instance, les règles à suivre en cas d'appel ou de pourvoi en cassation soit par l'assisté, soit par son adversaire, les pièces à fournir par le requérant, le mode d'instruction des demandes et de rédaction des décisions, le rôle du bureau saisi lorsqu'il n'est pas compétent pour accorder l'assistance, les effets des décisions rendues lorsque la première juridiction saisie du litige s'est déclarée incompétente, les voies de recours dont ces décisions sont passibles, et les cas dans lesquels la communication peut en être faite. Ces dispositions ne sont que la reproduction à peu près intégrale des articles correspondants de la loi du 22 janv. 1851.

1. Extrême urgence. — La loi nouvelle contient certaines dispositions particulières pour les cas d'urgence et les actes et procédures d'exécution.

« Dans le cas d'extrême urgence », porte l'article 6, « l'admission provisoire pourra être prononcée par le bureau, quel que soit le nombre des membres présents, le président ou, à son défaut, le membre le plus ancien ayant voix prépondérante, et même par un seul membre. — Dans ces mêmes cas, par exception : 1º le magistrat du ministère public auquel doit être adressée la demande d'assistance judiciaire pourra, d'office, s'il y a lieu, convoquer le bureau ; 2º ce bureau, même s'il n'a, dans l'espèce, qualité que pour recueillir des renseignements dans les termes de l'article 8, aura cependant, si les circonstances l'exigent, le droit de prononcer l'admission provisoire. — Lorsque l'admission n'aura été, dans les conditions qui précèdent, que provisoire, le bureau compétent statuera à bref délai sur le maintien ou le refus de l'assistance demandée. »

2. Extraits des décisions. — Envoi. — Aux termes de l'article 13, dans les trois jours de l'admission à l'assistance, le président du bureau envoie, par l'intermédiaire du magistrat du ministère public, au président de la juridiction compétente ou au juge compétent, un extrait de la

décision portant seulement que l'assistance est accordée.

Dans le même délai, le secrétaire du bureau adresse un extrait de la décision au receveur de l'enregistrement.

3. DÉSIGNATION DES OFFICIERS MINISTÉRIELS. — Le même article indique les conditions dans lesquelles doivent être désignés les officiers ministériels et l'avoué qui auront à fournir leur concours à l'assisté. En ce qui concerne les actes et procédures d'exécution, il spécifie que les pièces doivent être transmises au président du tribunal civil du lieu où l'exécution doit se poursuivre, et que c'est à ce magistrat qu'il appartient d'inviter le syndic des huissiers, et, s'il y a lieu, le président de la chambre des avoués, à désigner l'huissier et l'avoué qui prêteront leur ministère à l'assisté.

24. Communication. — L'art. 12 L. 22 janv. 1851, relatif à la communication des décisions du bureau, a été textuellement reproduit dans la loi du 10 juill. 1901 (art. 12).

TITRE II — EFFETS DE L'ASSISTANCE JUDICIAIRE AU POINT DE VUE FISCAL.

CHAPITRE Ier — DISPENSE PROVISOIRE DES DROITS.

26-28. Nature de la dispense. - Mention de la décision. — Tous les actes de la procédure faits à la requête de l'assisté, et tous les actes produits par lui doivent, quelle que soit la procédure ou l'instance pour laquelle l'assistance a été accordée, être admis en débet à la double formalité du timbre et de l'enregistrement, à la condition qu'ils rappellent la date de la décision portant admission à l'assistance.

29. Effet limité. — Quand la première expédition d'un acte de l'état civil contenant transcription d'un jugement de divorce a été visée pour timbre en débet à la requête de l'assisté, en vue de faire acquérir au jugement un caractère définitif, l'usage ultérieur de cette expédition fait par l'assisté devant un officier de l'état civil, pour contracter un second mariage, ne rend pas exigible le droit de timbre au comptant (Sol. 27 oct. 1896, 25182 J. E.).

CHAPITRE II. — IMMUNITÉS QUI CONSERVENT LEUR EFFET TANT QUE L'ASSISTANCE N'EST PAS RETIRÉE.

SECTION 1. — ACTES DE PROCÉDURE. - ACTES ET PIÈCES PRÉLIMINAIRES.

37. Consignation. — En matière correctionnelle et de simple police, la partie civile qui n'a pas justifié de son indigence est tenue, avant toute poursuite, de consigner au greffe la somme présumée nécessaire pour les frais de la procédure (Art. 160, Décr. 18 juin 1811, 1195 I. C.). Elle doit également, lorsqu'il s'agit de poursuites devant une juridiction répressive quelconque, acquitter au comptant tous les droits de timbre et d'enregistrement exigibles (Art. 2, Ord. 22 mai 1816). L'octroi de l'assistance judiciaire a pour effet de dispenser la partie civile de cette double obligation. Les actes de la procédure sont, comme dans tous les autres cas, admis à la formalité en débet, et le Trésor fait lui-même l'avance des divers frais prévus au dernier alinéa de l'art. 14. — V. nos 13-4, *suprà*, et 50 *bis*, *infrà*.

SECTION 2. — ACTES D'EXÉCUTION.

41. Actes préliminaires. — Il y a lieu d'enregistrer en débet, dans le délai légal, les jugements dont les droits sont à la charge, soit de l'assisté seul, soit de l'assisté et de son adversaire concurremment. On doit, au contraire, exiger le paiement des droits au comptant, quand l'obligation de faire enregistrer le jugement incombe exclusivement à l'adversaire de l'assisté. Toutefois, lorsque dans cette dernière hypothèse, l'enregistrement est requis par l'assisté, la formalité peut avoir lieu en débet, sauf réclamation ultérieure à l'adversaire de l'assisté; il en est de même si l'Administration provoque l'enregistrement, afin de poursuivre contre l'assisté le recouvrement des sommes et avances prévues par l'art. 14-5° L. 22 janv. 1851 (Sol. 24 déc. 1899, 8004 R. P.).

Lorsqu'un assisté a été autorisé par une ordonnance du Président du Tribunal civil à se faire délivrer gratuitement et sur papier non timbré, par les directeurs et gérants des administrations financières, les expéditions de tous les documents relatifs à une instance, les receveurs de l'Enregistrement ne sont pas tenus d'obtempérer aux demandes de délivrances d'extraits qui leur sont faites, s'ils ne sont pas nommément désignés par l'ordonnance. Mais, dans le cas où ils y seraient expressément visés, ils devraient déférer aux réquisitions, par application de l'art. 16 L. 22 janv. 1851 (Sol. 2 mai 1900, 9876 R. P.). — V. n° 45, *infrà*.

42. Actes d'exécution proprement dits.

8. DIVORCE. — Lorsqu'une expédition de la transcription sur le registre de l'état civil d'un jugement de divorce a été délivrée à l'assisté et enregistrée en débet, l'adversaire de celui-ci ne peut obtenir une seconde expédition sans acquitter le droit au comptant (Sol. 19 avril 1892, 7898 R. P.).

43. Assistance judiciaire pour poursuivre l'exécution des jugements. — Aux termes de l'art. 2 L. 10 juill. 1901, l'assistance s'étend de plein droit aux actes et procédures d'exécution à opérer en vertu de décisions déjà obtenues avec le bénéfice de l'assistance judiciaire; elle peut en outre, être accordée, mais dans les formes ordinaires, pour tous les autres actes et procédures d'exécution, même pour ceux auxquels il serait procédé en vertu d'actes conventionnels. Le bureau compétent pour prononcer l'assistance dans ce dernier cas est celui établi près le tribunal civil de première instance du domicile de la partie qui sollicite l'assistance.

Toutefois, afin de garantir la partie poursuivie de toute vexation de la part de l'assisté, le législateur a voulu que ces actes et procédures d'exécution, qui pourraient avoir lieu avec le bénéfice de l'assistance judiciaire, fussent, dans tous les cas, déterminés par le bureau lui-même

49. Frais de transport des officiers ministériels. Vérification et lieu de paiement des mémoires. Énonciation en toutes lettres des sommes à payer par l'Administration. — Les mémoires présentés pour le remboursement des frais de transport des officiers ministériels exerçant leurs fonctions en dehors du département ou du ressort dans lequel se trouve le tribunal chargé de l'examen des [illegible] suivies avec le bénéfice de l'assistance judiciaire, doivent actuellement être taxés par le président du tribunal du lieu de transport; mais celui-ci est dans l'obligation de mentionner qu'il [illegible] aux lieu et place de son collègue du tribunal devant lequel l'affaire est portée. La taxe peut ainsi être considérée comme émanant de ce dernier tribunal et être ordonnancée sur la caisse du receveur établi près la même juridiction. — Les officiers ministériels ont, de leur côté, la faculté de toucher le montant de leurs mémoires à la caisse du Receveur du lieu de transport, et ce dernier comptable, effectuant le payement par virement, agit pour le compte du receveur chargé de comprendre le payement effectif dans les dépenses budgétaires imputables sur les crédits de la Chancellerie. — Les sommes à payer par les Receveurs de l'enregistrement doivent être énoncées en toutes lettres, et les comptables ont à refuser le payement des mémoires où ces sommes seraient seulement portées en chiffres (Instr. [illegible] et Circ. 2 sept. 1902, [illegible]; Circ. du Garde des Sceaux du 16 juin 1902, [illegible] R. P.).

Cette détermination doit être faite, dans la première hypothèse visée par l'article 2, sur la demande de l'assisté, par une décision spéciale du bureau qui a accordé l'assistance pour l'instance sur le fond, et, dans la seconde hypothèse, par la décision du bureau qui statue sur la demande d'assistance (art. 4).

Les actes et procédures d'exécution peuvent faire naître des instances nouvelles, soit entre l'assisté et la partie poursuivie, soit entre l'assisté et un tiers. Dans ces deux cas, le bénéfice de la décision primitive qui a accordé l'assistance subsiste en ce qui concerne la constatation de l'insuffisance des ressources de l'assisté. Mais l'assistance doit être néanmoins prononcée au fond par le bureau compétent, selon les distinctions établies à l'art. 3. Le bureau, saisi dans ces conditions, n'a plus alors à examiner qu'un seul point : celui de savoir si l'instance nouvelle est suffisamment justifiée et ne constitue pas une mesure purement vexatoire à l'encontre de la partie adverse (art. 4).

Il va sans dire, d'ailleurs, que les dispositions spéciales des articles 2 et 4 ne concernent que la partie poursuivante. La partie poursuivie ou les tiers, qui seraient appelés à intervenir dans des instances incidentes à des procédures d'exécution, ne pourraient obtenir l'assistance judiciaire que dans les formes ordinaires, et cela alors même qu'ils auraient déjà bénéficié de l'assistance dans un premier procès suivi contre la partie poursuivante.

1. Plaideur non assisté. — Le plaideur qui a obtenu le bénéfice de l'assistance judiciaire pour lever et signifier un jugement ou un arrêt rendu à son profit dans une instance qu'il a suivie sans le secours de la Loi du 22 janv. 1851, est admis à requérir l'enregistrement en débet de la décision judiciaire dont il veut assurer l'exécution, à la condition que le greffier délivre à l'Administration de l'Enregistrement, contre l'adversaire de l'assisté, un exécutoire permettant de recouvrer sur ce dernier les droits de jugement ou de l'arrêt formalisé en débet. Cette faculté ne s'étend pas aux actes dont l'assisté a pu faire usage en justice et que la loi l'obligeait à soumettre préalablement à l'enregistrement (Lettre commune, 4 déc. 1895, 8759 R. P.).

SECTION 8. — HONORAIRES DES OFFICIERS MINISTÉRIELS.

44. Honoraires. — Le droit alloué aux avoués par les art. 145 et 147 du décret du 16 fév. 1807 pour frais de port de pièces et de correspondance, lorsque les parties sont domiciliées hors de l'arrondissement, doit être payé à ces officiers ministériels, sans qu'ils aient à justifier de la réalité ou de la quotité de leurs déboursés. Il est dû, même en matière d'assistance judiciaire, à l'avoué de l'assisté qui a gagné son procès ; la décision ministérielle qui a invité les magistrats du parquet à faire usage de leur contre-seing pour les affaires d'assistance judiciaire, n'a pu avoir pour effet d'imposer aux avoués l'obligation de recourir à cet intermédiaire, ou de les priver d'un droit qui leur est expressément concédé par la loi (Cass. civ., 19 juill. 1893, 8409 R. P.).

45. Copies de pièces. — L'art. 16 L. 10 juill. 1901 astreint, comme celle de 1851, les notaires, greffiers, et tous autres dépositaires publics à délivrer gratuitement les actes et expéditions réclamés par l'assisté sur la production d'une ordonnance du juge de paix et du président.

Les conservateurs des hypothèques sont « tenus à la délivrance gratuite des actes et des expéditions » réclamés par une personne admise à l'assistance judiciaire (Sol. 4 sept. 1897, 9110 R. P.). Il en est de même des receveurs de l'enregistrement (Sol. 2 mai 1900, 9875 R. P.). — V. *suprà* n° 41.

CHAPITRE III. — IMMUNITÉS QUI CESSENT DÈS QUE LE JUGEMENT DÉFINITIF A ÉTÉ RENDU

48. Frais de transport. — Taxes à témoins et autres avances. — Le Trésor doit, dans tous les cas d'assistance, faire l'avance, conformément à l'art. 118 du décret du 18 juin 1811, des frais de transport des juges, des officiers ministériels et des experts, des honoraires de ces derniers, des taxes à témoins dont l'audition a été autorisée par le juge, et, en général, de tous les frais à payer à des tiers non officiers ministériels. Lorsqu'il s'agit de procédures d'exécutions mobilières, ces agents ont notamment à payer, sur la taxe du juge, les frais de garde ou de transport des objets saisis. Ils auraient pareillement à acquitter les frais de scellés dans les cas où la partie qui en aurait requis l'apposition aurait obtenu l'assistance pour cette mesure conservatoire.

1. Frais de transport des officiers ministériels. — Dans les instances en matière d'assistance judiciaire, les officiers ministériels s'abstiennent parfois de se faire rembourser immédiatement leurs frais de transport, comme les y autorisent les art. 14 L. 22 janv. 1851 et 14 L. 10 juill. 1901, pour les toucher seulement à l'issue du procès et après recouvrement, en même temps que leurs honoraires et autres émoluments.

Bien que, dans ce cas, les diverses sommes auxquelles ils ont droit se trouvent englobées dans les exécutoires de dépens, ils n'en sont pas moins tenus de produire au receveur, pour obtenir l'allocation des sommes représentant des frais de transport, des mémoires revêtus de la réquisition du ministère public et régulièrement taxés.

A remarquer qu'en attendant le recouvrement des exécutoires pour demander le remboursement de leurs avances, les auxiliaires de la justice s'exposent, souvent, en cas d'insuffisance des sommes recouvrées, à se trouver déchus pour la réclamation du surplus de leur créance, puisque, d'après l'ordonnance du 28 nov. 1838 (art. 5), les mémoires doivent être taxés dans l'année qui suit la date à laquelle les frais ont été faits. Le recours contre le Trésor peut, dès lors, leur devenir impossible, à moins qu'ils ne se fassent relever de la déchéance (Circ. garde des Sceaux, 22 août 1901, et Sol. 24 déc. 1901, 3080, § 41, I. G.).

3. Médecins-experts. — Les honoraires dus à des médecins commis pour visiter un plaideur assisté judiciairement, sont payables sur la production de mémoires auxquels il y a lieu d'appliquer les règles d'ordonnancement et de payement tracées par l'Ord. du 28 nov. 1838. Par suite, la déchéance d'un an établie par l'art. 5 de cette Ord. atteint les mémoires relatifs à des opérations remontant à plus d'un an, et le receveur est fondé à en refuser le payement, alors même qu'il aurait recouvré contre l'ad-

versaire de l'assisté un exécutoire comprenant les frais de visite des médecins commis (Sol. 30 oct. 1896, 8973 R. P.).

49. Annonces judiciaires. — Insertions. — Dans les instances suivies avec le bénéfice de l'assistance judiciaire, le Trésor peut faire l'avance des frais occasionnés par les insertions d'extraits de demande en séparation de biens, qui sont prescrites par l'art. 868 C. proc. Mais il en est autrement pour les insertions des demandes en séparation de corps ou en divorce et des jugements de séparation de biens, de séparation de corps ou de divorce, ces insertions n'étant pas exigées par la loi (Sol. 16 fév. 1891, 7692 R. P.).

50. Frais dus à des particuliers. — L'art. 14 L. 10 juill. 1901 a complété le dernier alinéa de l'art. 14 L. 22 janv. 1851 en spécifiant que le Trésor doit faire l'avance, d'une manière générale, de tous les frais dus à des tiers non officiers ministériels.

CHAPITRE IV. — DÉBITEURS DES DROITS.

SECTION I. — CONDAMNATION CONTRE L'ADVERSAIRE DE L'ASSISTÉ.

51. Loi du 10 juill. 1901. — Les art. 17, 18 et 19 L. 10 juill. 1901, qui ont trait au recouvrement des frais exposés, sont ainsi conçus :

« ART. 17. — En cas de condamnation aux dépens prononcée contre l'adversaire de l'assisté, la taxe comprend tous les droits, frais de toute nature, honoraires et émoluments, auxquels l'assisté aurait été tenu s'il n'y avait pas eu assistance judiciaire.

« ART. 18. — Dans le cas prévu par l'article précédent, la condamnation est prononcée et l'exécutoire est délivré au nom de l'Administration de l'Enregistrement et des Domaines, qui en poursuit le recouvrement comme en matière d'enregistrement, sauf le droit pour l'assisté de concourir aux actes de poursuites conjointement avec l'Administration, lorsque cela est utile pour exécuter les décisions rendues ou en conserver les effets.

« Les frais, faits sous le bénéfice de l'assistance judiciaire, des procédures d'exécution et des instances relatives à cette exécution entre l'assisté et la partie poursuivie qui auraient été discontinuées ou suspendues pendant plus d'une année, sont réputés dus par la partie poursuivie, sauf justifications ou décisions contraires. L'exécutoire est délivré conformément au paragraphe 1er qui précède.

« Il est délivré un exécutoire séparé au nom de ladite Administration pour les droits qui, ne devant pas être compris dans l'exécutoire délivré contre la partie adverse, restent dus par l'assisté au Trésor, conformément au 6e paragraphe de l'art. 14.

« L'Administration de l'Enregistrement et des Domaines fait immédiatement aux divers ayants droit la distribution des sommes recouvrées.

« La créance du Trésor, pour les avances qu'il a faites, ainsi que pour tous droits de greffe, d'enregistrement et de timbre a la préférence sur celle des autres ayants droit. »

Les articles ci-dessus transcrits ne visent expressément que les instances proprement dites et les actes ou procédures d'exécution.

Pour les instances proprement dites, ils maintiennent en substance les dispositions de la L. 22 janv. 1851. Les règles antérieures, soit en ce qui concerne les effets de la condamnation aux dépens prononcée contre l'assisté ou son adversaire, soit en ce qui concerne le mode de recouvrement de ces dépens, soit encore en ce qui a trait à leur répartition entre les ayants droit, continuent, par conséquent, d'être appliquées.

Il n'y a pas, d'ailleurs, à distinguer entre les frais d'une instance proprement dite et ceux faits en dehors de toute instance.

1. CONDAMNATION IMPLICITE. — En matière d'assistance judiciaire, il y a condamnation implicite aux dépens dans la disposition du jugement qui ordonne la distraction de ces dépens au profit de l'Administration. La condamnation aux dépens n'est pas solidaire et ne peut être exécutée contre chacun des opposants qu'à concurrence de sa part. L'exécutoire peut comprendre cumulativement tous les frais relatifs à la même affaire, sans qu'il soit nécessaire, à peine de nullité, de délivrer des extraits séparés, pour chaque jugement rendu en matière sommaire (S. J. de Maurienne, 29 nov. 1889, 7383 R. P.). — V. nº 74, *infrà*.

53. Action personnelle du Trésor. — Compensation non opposable à l'Administration. — L'Administration ayant seule qualité pour suivre le recouvrement des frais compris dans un exécutoire de dépens en matière d'assistance judiciaire, l'adversaire de l'assisté n'est pas, lorsqu'il est condamné aux dépens, fondé à opposer un paiement qu'il aurait effectué directement entre les mains de ce dernier, ni une compensation qui se serait établie entre sa dette et une créance personnelle contre l'assisté (Reims, 13 juill. 1897, 9173 R. P.; Grenoble, 28 déc. 1901, 10298 R. P.; Saint-Yrieix, 11 juin 1902, 10299 R. P.). — V. *Divorce*, nº 5.

53 *bis*. Concours de l'assisté. — Toutefois, la loi de 10 juill. 1901 a complété sur un point particulier les dispositions de l'art. 18 L. du 22 janv. 1851, concernant les instances. Elle accorde à l'assisté le droit de concours aux actes de poursuites, conjointement avec l'Administration, lorsque cela est utile pour exécuter les décisions rendues et en conserver les effets. Cette disposition spéciale a été justifiée dans les termes suivants par M. Louis Legrand, rapporteur, devant le Sénat, de la proposition de loi : « Nous proposons », a-t-il dit, « d'ajouter au premier paragraphe de cet article (l'art. 18) le droit pour l'assisté, dans des cas déterminés, de concourir aux actes de la poursuite exercée par l'Administration de l'Enregistrement pour le payement des frais. Notre but est de mettre à la disposition de l'assisté un moyen d'exécution du jugement dans un certain nombre de cas où elle n'est possible qu'au moyen de la poursuite en payement des frais, et où elle doit intervenir dans un temps donné, par exemple pour empêcher la péremption d'un jugement par défaut » (*Annexe au procès-verbal de la séance* du 15 mars 1901, nº 130.) Les agents doivent, en conséquence, dans l'hypothèse visée par la disposition dont il s'agit, se concerter avec l'assisté en vue de l'exécution de la condamnation

51. **Condamnation aux dépens d'une femme mariée autorisée à plaider par son mari. Recouvrement des dépens contre ce dernier.** — Le mari est tenu du payement des frais d'une instance auxquels sa femme a été condamnée, par cela seul qu'il l'a autorisée. Spécialement, lorsqu'une femme mariée, ayant plaidé avec l'autorisation de son mari, a été condamnée aux dépens d'une instance en pension alimentaire engagée contre elle par un de ses ascendants assisté judiciairement, l'Administration est fondée à poursuivre le recouvrement de ces dépens tant contre la communauté que contre le mari (Saint-Omer, 14 juin 1906, 10829 R. P.).

aux dépens; l'intervention de ce dernier aux actes d'exécution ne peut d'ailleurs présenter quelque utilité, et n'est notamment susceptible de rendre définitives des décisions par défaut que si les actes d'exécution ont été précédés de la signification même de ces décisions, faite à la requête de l'assisté (V. not. C. proc. civ., art. 156).

56. Exécution du jugement. — Quant aux frais relatifs aux actes et procédures d'exécution, le 2e § de l'art. 18 les met de plein droit à la charge de la partie poursuivie lorsque l'exécution a été suspendue ou discontinuée pendant plus d'une année, et il ajoute que l'exécutoire est délivré dans ce cas conformément au premier paragraphe du même article.

Les dépens des instances incidentes à des actes ou procédures d'exécution sont soumis à la même règle que ceux desdits actes ou procédures.

En conséquence, si ces instances sont suspendues ou discontinuées, les frais exposés ne tombent pas en non-valeur, comme dans le cas où il s'agit d'instances sur le fond; la loi les répute, sauf justification ou décision contraire, à la charge de la partie poursuivie, et elle autorise l'Administration à en suivre le recouvrement contre cette partie toutes les fois que la suspension des poursuites s'est prolongée pendant un an.

« Il n'échappera pas, d'ailleurs, aux agents, porte l'Instruction 3060 (p. 10), que les frais d'exécution jouissent, en général, du privilège de l'article 2101, n° 1, du Code civil. Ils auront donc à se concerter avec les officiers ministériels chargés de la réalisation du gage pour le payement de ces frais, par préférence aux autres créanciers, sur le produit des sommes, biens ou valeurs saisis. Au besoin, ils feront opposition à la délivrance des deniers en cas de saisie-exécution, ou produiront à la contribution ou à l'ordre s'il s'agit de saisies-arrêts ou de saisies immobilières. »

1. DROIT D'ENREGISTREMENT DU JUGEMENT. — V. *supra*, n° 41.

SECTION 2. — CONDAMNATION CONTRE L'ASSISTÉ.

59. Loi du 10 juill. 1901. — « ART. 19. — En cas de condamnation aux dépens prononcée contre l'assisté, il est procédé, conformément aux règles tracées par l'article précédent, au recouvrement des sommes dues au Trésor, en vertu des paragraphes 6 et 9 de l'article 14. »

1. DROIT D'ENREGISTREMENT DU JUGEMENT. — Lorsqu'une partie assistée judiciairement succombe, c'est à son adversaire, dans le cas où il n'est pas lui-même assisté, qu'incombe le payement des droits (Rethel, 27 déc. 1900, 9878 R. P.).

59 *bis*. Juridictions répressives. — Les instances correctionnelles ou criminelles peuvent se clore par des ordonnances de non-lieu du juge d'instruction ou de la chambre des mises en accusation. La partie civile qui s'est constituée, en déposant sa plainte entre les mains du juge d'instruction ou au cours de l'information, succombe s'il intervient une ordonnance de cette nature au profit de l'inculpé, et elle est tenue des frais du procès, conformément à l'art. 157 Décr. 18 juin 1811, comme s'il y avait eu acquittement ou absolution. Il s'ensuit que, dans les cas où de semblables ordonnances ont été rendues, il y a lieu à la délivrance d'un exécutoire spécial contre l'assisté, exécutoire qui comprend les sommes prévues à l'art. 19, c'est-à-dire les avances faites par le Trésor. — V. *supra*, n°s 13-4 et 37.

59 *ter*. Référés. — Relativement aux procédures de référé, la jurisprudence est divisée sur le point de savoir si le juge peut prononcer une condamnation aux dépens. Il convient d'appliquer l'ordonnance telle qu'elle a été rendue. Trois cas peuvent d'ailleurs se présenter : 1° l'ordonnance contient condamnation de l'assisté ou de son adversaire aux dépens; 2° le référé constitue un incident d'une instance principale et le juge a réservé les dépens pour être joints à ceux de cette dernière instance; 3° enfin, il s'agit d'une procédure de référé ne se rattachant à aucune autre instance, et l'ordonnance qui termine le litige n'a pas statué sur les dépens. Dans la première hypothèse, il y a lieu à la délivrance d'un exécutoire spécial pour les dépens du référé selon les distinctions établies aux articles 17, 18 et 19; dans la seconde, les dépens du référé sont compris dans les exécutoires à délivrer après le jugement définitif; dans la dernière hypothèse, au contraire, les dépens ne sont pas susceptibles de recouvrement, à défaut de condamnation prononcée contre l'une ou l'autre des parties (3000 I. C., p. 8 et 9).

SECTION 3. — PLAIDEURS ASSISTÉS L'UN ET L'AUTRE.

62. Double assistance. — Sort des dépens. — Lorsque le demandeur et le défendeur sont assistés l'un et l'autre, celle des parties qui a été condamnée aux dépens n'a d'autres frais à supporter que les frais de transport des juges, des officiers ministériels et des experts, les honoraires de ces derniers et les taxes des témoins. Les sommes dues au Trésor pour les droits de timbre et d'enregistrement des actes de la procédure formalisés en débet, tombent en non-valeur (Sol. 29 déc. 1898, 9835 R. P., — Voir Dissert. 9367 R. P.).

62 *bis*. Compensation des dépens. — V. *infra* n° 72.

62 *ter*. Juridiction gracieuse. — Actes conservatoires. — Les actes et procédures qui relèvent de la juridiction gracieuse, dans le sens juridique du mot, ne sont susceptibles d'entraîner, dans la généralité des cas, aucune condamnation aux dépens. Les frais qu'ils occasionnent ne sauraient, par suite, être poursuivis ni contre l'assisté ni contre son adversaire. L'octroi de l'assistance judiciaire a donc pour conséquence d'assurer ici la gratuité absolue aux actes et procédures faits à la requête de l'assisté.

Quant aux ordonnances sur requêtes et aux actes conservatoires, il y a lieu de distinguer selon que ces actes et ordonnances interviennent ou non en dehors d'un litige. Dans la première hypothèse, les frais exposés pour le compte de l'assisté ne sont pas recouvrables, à moins qu'il résulte de la loi ou des conventions des parties que ces frais sont à la charge de l'adversaire de l'assisté (*Voir notamment, en matière d'inscriptions hypothécaires, l'art.* 2155 C. civ.).

Dans le second cas, ils suivent le sort des dépens de l'instance dans lesquels ils sont généralement compris (3060 I. G., p. 10 et 11).

64 *bis*. Accidents du travail. — Convocation en conciliation. — Défaut du chef de l'entreprise. — En matière d'accidents du travail, les frais judiciaires exposés par l'ouvrier victime de l'accident ne peuvent, en l'absence de condamnation prononcée à la charge du chef de l'entreprise, être mis en recouvrement contre celui-ci que s'il a été dressé une ordonnance de conciliation constatant l'accord des parties (L. 13 avril 1900, art. 31; — Sol. 27 mars 1902, 3089, § 1er, I. G., 10264 R. P.). On ne saurait, notamment, attribuer les mêmes effets à un procès-verbal du président du tribunal prononçant défaut contre le chef de l'entreprise pour n'avoir pas répondu à la convocation en conciliation, et l'Administration ne serait pas fondée à poursuivre le recouvrement d'un exécutoire délivré en vertu d'un tel procès-verbal (Sol. 12 juin 1902, 3095, § 1er, I. G., 10328 R. P.). — V. *Accidents du travail*.

SECTION 4. — TRANSACTION. — DÉSISTEMENT. — APPEL.

65. Transaction postérieure au jugement. — Lorsque l'adversaire d'une partie pourvue de l'assistance judiciaire a été condamné aux dépens, l'Administration de l'Enregistrement, au nom de laquelle l'exécutoire est délivré, est directement investie d'un droit propre qu'elle tient de la loi et qui ne peut recevoir aucune atteinte de conventions ultérieures conclues, en dehors d'elle, par l'assisté et son adversaire. Par suite, ce dernier ne peut se soustraire au payement de l'exécutoire en excipant d'une transaction qui, intervenue après le jugement par lui frappé d'appel, éteignait l'instance et mettait à la charge de chacune des parties les frais exposés par elle (Cass. civ., 22 oct. 1900, 9957 R. P.; 3061, § 2, I. G.).

66. Appel. — Lorsque l'adversaire de l'assisté a été condamné aux dépens par un jugement de première instance confirmé en appel, l'Administration, agissant en vertu du droit propre que la loi lui confère, est fondée à poursuivre contre lui le recouvrement des exécutoires de première instance et d'appel (Seine, 19 mai 1893, 8305 R. P.).

1. DÉSISTEMENT DE L'ASSISTÉ. — Lorsque l'Administration poursuit le recouvrement des frais d'assistance judiciaire contre l'adversaire de l'assisté, elle agit en vertu d'un droit propre, dont l'exercice ne peut être paralysé par les conventions intervenues entre l'assisté et son adversaire. Elle conserve son action, bien que l'assisté, après avoir obtenu gain de cause en première instance, se désiste de sa demande, à la suite de l'appel formé par son adversaire contre la décision du Tribunal (Seine, 10 mai 1893, 8131 R. P.).

Lorsqu'une instance entre deux parties, dont l'une est assistée judiciairement, s'est terminée contradictoirement en appel par la condamnation de l'adversaire de l'assisté, l'Administration est fondée à poursuivre le recouvrement des dépens, bien que l'assisté ait renoncé au bénéfice de l'arrêt rendu en sa faveur. — Ce recouvrement est effectué en conformité de la loi spéciale du 22 janv. 1851, c'est-à-dire au moyen de la signification au débiteur de l'exécutoire délivré par le greffier, sans qu'il y ait lieu de rechercher si l'arrêt a été régulièrement signifié à avoué puis à partie, par application de l'art. 147 C. proc. — Spécialement, le fait par l'avoué de l'assisté d'avoir fait signifier l'exécutoire à la partie condamnée, alors que cette mission incombe à l'Administration, ne saurait vicier la poursuite exercée ultérieurement par le Trésor (Saint-Étienne, 13 août 1894, 8625 R. P.).

2. DÉSISTEMENT DE L'ADVERSAIRE. — Lorsque l'adversaire de l'assisté fait appel du jugement qui l'a condamné, mais ne suit pas sur cet appel, il y a lieu d'en conclure qu'il s'est désisté, et l'Administration peut poursuivre contre lui le recouvrement des droits exigibles (Sol. 25 août 1893, 24332 J. E.; — Seine, 2 déc. 1893, 24289 J. E., et 15 mai 1895, 24874 J. E.).

66 *bis*. Saisie-arrêt. — Une saisie-arrêt formée par l'assisté lui-même contre son adversaire ne fait pas obstacle à l'action de l'Administration (Lyon, 28 fév. 1895, 24650 J. E.).

SECTION 5. — DÉPENS. — SOLIDARITÉ.

71. Parties assistées toutes les deux. — V. n° 62, *suprà*.

72. Compensation des dépens. — Lorsqu'un jugement rendu au profit d'une partie pourvue de l'assistance judiciaire a compensé les dépens, le droit d'enregistrement et les frais du jugement qui sont, d'après la jurisprudence, à la charge de la partie qui profite du jugement, rentrent dans les dépens exposés par l'assisté; ils ne peuvent pas, dès lors, être réclamés aux adversaires de celui-ci, qui n'ont pas été condamnés à les payer (Sol. 12 mai 1898, 9301 R. P.). — V. aussi n° 53, *suprà*.

1. ASSISTANCE ACCORDÉE AUX DEUX PARTIES. — Lorsque dans une instance pour laquelle les deux parties avaient été l'une et l'autre admises à l'assistance judiciaire, le tribunal a compensé les dépens, les taxes et frais de transport avancés par le Trésor, dont l'Administration assure le recouvrement, ne doivent pas être augmentés du coût de l'exécutoire, lequel tombe en non-valeur (Sol. 4 mars 1902, 3089, § 3, I. G.; 10268 R. P.). — V. *suprà* n° 62.

74. Solidarité. — V. *suprà*, n° 51-1.

1. CASSATION. — Lorsqu'un plaideur, pourvu de l'assistance judiciaire, appelle devant la Cour de cassation plusieurs défendeurs contre lesquels il obtient une condamnation aux dépens, chacun de ces défendeurs doit payer à l'Administration la quote-part des frais compris dans la condamnation. Il en est ainsi même à l'égard du défendeur qui n'aurait élevé aucune contestation et n'aurait été appelé en cassation que pour la régularité de la procédure (Seine, 10 mars 1896, 9092 R. P.).

2. INSTANCE EN PARTAGE. — Lorsque, dans une instance en partage, le tribunal fait masse des dépens pour être employés en frais de partage, cette disposition emporte condamnation non solidaire de chacun des co-partageants dans la proportion de sa part virile. Dès lors, si l'un d'entre eux a obtenu l'assistance judiciaire, la portion de frais exposée par l'assisté qui excède sa part dans la masse des

65. Transaction postérieure au jugement. — *Conf.* Seine, [illegible] 1907, [illegible] R. P.

66. Appel. — *Recouvrement des dépens. Commandement signifié par l'Administration postérieurement à l'appel et avant le désistement. Nullité des poursuites.* — Lorsque, dans une instance suivie avec le bénéfice de l'assistance judiciaire, il a été fait appel d'un jugement rendu en premier ressort, l'Administration doit surseoir au recouvrement des dépens jusqu'à ce qu'il ait été statué sur cet appel ou que l'appelant s'en soit désisté. En conséquence, les poursuites en recouvrement des dépens exercées par l'Administration contre un chef d'entreprise condamné en première instance, en matière d'accidents du travail, sont nulles, quand elles ont eu lieu après que le chef d'entreprise avait interjeté appel et avant qu'il se fût désisté de cet appel (Boulogne-sur-Mer, 14 déc. 1905, [illegible] R. P.).

75. Juridictions d'instruction et de répression. Partie civile en cause. Recouvrement des dépens confié aux percepteurs. L. 31 mars 1903. — La loi du 10 juill. 1901 a étendu le bénéfice de l'assistance judiciaire aux parties civiles devant les juridictions d'instruction et de répression (art. 1er) et confié le recouvrement des dépens à l'Administration de l'Enregistrement, comme d'ailleurs dans toutes les autres matières d'assistance judiciaire (art. 19).

Il a paru qu'il était plus rationnel de faire opérer le recouvrement des frais d'assistance judiciaire, devant les juridictions répressives, par les percepteurs qui sont déjà chargés du recouvrement des condamnations prononcées par ces mêmes juridictions, plutôt que de scinder le recouvrement entre deux comptables appartenant à des Administrations différentes. Cette mesure a été réalisée par l'art. 60 L. du 31 mars 1903, ainsi conçu :

« Les percepteurs des contributions directes sont substitués à l'Administration de l'Enregistrement pour le recouvrement des dépens devant les juridictions d'instruction et de répression et pour ceux afférents aux actes d'exécution faits en vertu de décisions émanées de ces juridictions, lorsqu'il y aura en cause une partie civile admise au bénéfice de l'assistance judiciaire.

« Les porteurs de contrainte pourront remplacer les huissiers pour l'exercice des poursuites. Les jugements, extraits de jugements ou exécutoires et les commandements pourront être notifiés par la poste, conformément à l'art. 19 L. 25 fév. 1901, même quand l'assisté concourra aux actes de poursuites conjointement avec les percepteurs.

« Les percepteurs feront, entre les divers ayants droit, la distribution des sommes recouvrées, conformément à l'art. 19 L. 10 juill. 1901.

« Un règlement d'administration publique déterminera, s'il y a lieu, les mesures nécessaires pour l'exécution du présent article. »

Cette disposition n'apporte, bien entendu, aucune modification aux règles suivies pour le recouvrement des frais d'assistance judiciaire en matière civile (3417, § 6, I. G.).

75. Exécutoire. — *Liquidation des dépens.* — Un exécutoire de frais d'assistance judiciaire ne peut être argué de nullité par le motif que le jugement, quoique statuant en matière sommaire, n'a pas liquidé les dépens ; cette omission entraîne seulement l'obligation pour l'avoué de faire liquider les dépens comme en matière ordinaire (Avesnes, 3 déc. 1905, 11191 R. P. ; Reims, 15 août 1906, 11320 R. P.).

76-5 Signification de l'exécutoire. — *Conf.* Reims, 15 août 1906, 11320 R. P. ; *Contrà* Belley, 16 août 1906, 11266 R. P.

76. Exécutoire délivré. Commandement. — L'Administration, nantie d'un exécutoire pour le recouvrement de frais d'assistance judiciaire, a le droit d'agir par voie de commandement en vertu de cet exécutoire, sans être tenue de décerner contrainte (Alais, 19 juill. 1904, 10855 R. P.).

Payement des dépens au bureau du domicile de la partie condamnée, par virement pour le compte du bureau établi près la juridiction qui a prononcé la condamnation. Assignation en restitution. Tribunal compétent. — Le tribunal compétent pour statuer sur une demande en restitution de frais d'assistance judiciaire est le tribunal dans le ressort duquel se trouve le bureau d'enregistrement établi près la juridiction qui a prononcé la condamnation aux dépens, et non pas celui du bureau du domicile du redevable, où les frais dont il s'agit n'ont été payés que par virement, pour le compte du receveur, au premier de ces bureaux, qui avait seul qualité pour en poursuivre le recouvrement (Le Puy, 13 nov. 1904, 10921 R. P.).

Honoraires des officiers ministériels. Procédure spéciale en matière d'enregistrement. — Les recouvrements de frais d'assistance judiciaire devant être poursuivis comme en matière d'enregistrement, il n'y a pas à appliquer les règles de procédure tracées par l'art. 3 L. 24 déc. 1897, qui ne vise que les recouvrements poursuivis directement par les officiers ministériels (Avesnes, 8 déc. 1905, 11191 R. P.).

76 ter. Opposition à taxe. Juridiction compétente. Forme de l'opposition. — L'opposition à la taxe de frais d'assistance judiciaire doit être portée devant la Chambre du conseil ; elle ne peut être dirigée que contre les officiers ministériels bénéficiaires de la taxe, et non contre l'Administration qui doit être mise hors de cause si elle a été indûment assignée (Saint-Étienne, 11 août 1902, 10453 R. P.). Il a été jugé, au contraire, que l'Administration ne doit pas être mise immédiatement hors de cause et qu'il y a lieu, pour le tribunal, de surseoir à statuer sur l'opposition à commandement formée par la partie condamnée aux dépens jusqu'à l'expiration du délai à accorder à cette dernière pour faire juger ses contestations sur la taxe (Reims, 15 août 1906, 11320 R. P.).

Mais la demande en nullité d'un commandement signifié à la requête de l'Administration qui poursuit le recouvrement de frais d'assistance judiciaire, doit être portée devant le tribunal, à l'audience publique, et non pas devant la juridiction toute d'exception de la Chambre du conseil, qui n'est compétente que pour connaître de la taxe elle-même (Falaise, 5 nov. 1902, 10453 R. P.).

Il importe de distinguer, en cette matière, l'opposition aux poursuites en recouvrement des dépens, qui doit être instruite et jugée suivant les règles spéciales aux instances d'enregistrement, des voies de recours contre l'ordonnance de taxe, qui sont réglées par la L. 24 déc. 1897. L'opposition à taxe doit être portée devant la Chambre du conseil et dirigée contre la partie intéressée ; elle est nulle si elle est formée contre l'Administration de l'Enregistrement. Au contraire, la demande en nullité du commandement signifié à la requête de l'Administration qui poursuit le recouvrement des frais compris dans l'exécutoire, doit être instruite et jugée comme les affaires d'enregistrement, c'est-à-dire par le tribunal civil, après signification respective de mémoires et en dernier ressort (Charleville, 30 mai et 23 juin 1903 ; — Avesnes, 17 juill. 1903 ; C. Chambéry, 20 juill. 1903, 10681 R. P.).

83. Intérêts moratoires. Officiers ministériels. — *Conf.* Seine, 23 mars 1905, 11073 R. P. ; Seine, 18 janv. 1907, 11536 R. P.

dépens peut seule être recouvrée contre ses adversaires ; quant à la part des frais incombant à l'assisté, elle tombe en non-valeur, sauf en ce qui concerne les avances prévues par l'art. 14, §§ 5 et 8 et par l'art. 19 L., 22 janv. 1851 (Sol. 20 juill. 1896, 8972 R. P.).

CHAPITRE V. — RECOUVREMENT DES DROITS.

SECTION I. — MODE DE RECOUVREMENT.

75. Exécutoire. — Les officiers ministériels ne sont pas fondés à agir directement pour le recouvrement de leurs honoraires, et la poursuite appartient exclusivement à l'Administration (Seine, 19 mai 1893, 2 jug., 8134 et 8365 R. P.).

MODIFIÉ 31 Mars 1903 Appendice

La loi du 24 déc. 1897 sur le recouvrement des frais dus aux notaires, avoués et huissiers, n'a rien modifié sur ce point aux dispositions de la loi du 22 janv. 1851 (Circ. min. just., 7 mai 1898, 9422 R. P. — Bône, 10 juin 1902, 10351 R. P.).

L'Administration étant seule compétente pour assurer le recouvrement des frais en matière d'assistance judiciaire, ne saurait remettre à un avoué l'exécutoire qui lui a été délivré, alors même que cet officier ministériel se ferait fort d'obtenir le paiement et de prendre à sa charge tous les frais à exposer (Sol. 19 avril 1901, 10090 R. P.).

1 et 3. Délai. — Forme de l'exécutoire. — La loi du 10 juill. 1901 n'a fait que reproduire à cet égard, sous de simples modifications de forme, les dispositions de la loi du 22 janv. 1851.

5. Signification de l'exécutoire. — Avant de poursuivre le recouvrement de frais d'assistance judiciaire, l'Administration n'a pas, au préalable, à faire signifier l'exécutoire (Saint-Yrieix, 11 juin 1902, 10299 R. P.).

6. Actes produits et non enregistrés. — Exécutoire insuffisant. — Moyen de le faire compléter. — Lorsque l'assisté n'a pas fait enregistrer les actes qu'il a produits et que, de ce chef, l'exécutoire délivré à l'Administration est insuffisant, celle-ci a le droit de faire opposition à l'exécutoire et d'assigner la partie condamnée de façon à ce que le chiffre des dépens soit fixé contradictoirement (Sol. 21 déc. 1888, 9887 R. P.).

7. Inscription hypothécaire. — Est valable l'inscription hypothécaire prise pour sûreté de frais d'assistance judiciaire, du moment où elle spécifie qu'elle est requise « sur tous les biens présents et à venir » du débiteur, en vertu d'un exécutoire de dépens dont elle énonce la date, puisqu'elle indique ainsi qu'il s'agit d'une inscription d'hypothèque judiciaire et qu'elle détermine implicitement la date du jugement qui a conféré l'hypothèque (Bernay, 25 mars 1902, 10315 R. P.).

75 bis. Exécutoire délivré en conséquence d'un jugement ne prononçant pas de condamnation aux dépens. — Nullité du commandement. — Le commandement signifié en vertu d'un exécutoire qui a été délivré en conséquence d'un jugement préparatoire ne portant pas de condamnation aux dépens, est entaché d'une nullité substantielle qui ne permet pas de faire application, en Algérie, des dispositions de l'art. 69 de l'ordonnance du 26 déc. 1842 relatives aux nullités d'exploits ou d'actes de procédure que le juge peut, suivant les circonstances, accueillir ou rejeter. — Cette nullité fait obstacle à la continuation des poursuites, bien qu'un jugement ultérieur ait mis à la charge de l'adversaire de l'assisté une partie des dépens, si ce second jugement n'a pas été mentionné dans l'exécutoire (Bône, 10 juin 1902, 10351 R. P.).

76. Exécutoire délivré en conséquence d'un arrêt C. d'appel. — Compétence du tribunal de première instance. — Le tribunal de première instance est compétent pour statuer sur la valeur des exécutoires délivrés en conséquence des arrêts C. d'appel pour le recouvrement des frais d'assistance judiciaire (Nancy, 6 mai 1890, 7440 R. P.).

76 bis. Exécutoire irrégulier — Nullité du commandement. — Dommages-intérêts. — L'Administration qui a été de bonne foi en poursuivant le recouvrement de frais d'assistance judiciaire faisant l'objet d'un exécutoire irrégulier et qui n'a fait qu'user de son droit, ne saurait être condamnée à des dommages-intérêts lorsqu'elle succombe dans sa réclamation (Bône, 10 juin 1902, 10351 R. P.).

76 ter. Opposition à taxe. — Juridiction compétente. — Forme de l'opposition. — L'opposition à la taxe de frais d'assistance judiciaire faite, *avant tout acte de poursuite de la part de l'Administration*, par l'adversaire de l'assisté qui a été condamné aux dépens, doit être jugée dans les formes du droit commun, par la juridiction devant laquelle les frais ont été exposés, et non pas suivant les règles spéciales prescrites par l'art. 18 L. 22 janv. 1851 et le titre IX L. frim. qui ne s'appliquent qu'aux instances en recouvrement des exécutoires. Mais, pour être recevable, cette opposition doit être dirigée contre l'assisté ; elle ne peut être formée, ni contre l'avoué personnellement, alors même que la distraction des dépens aurait été prononcée au profit de ce dernier, ni contre l'Administration qui n'a, comme l'avoué, que le bénéfice de la distraction. Celle-ci, si elle est indûment assignée, doit conclure à sa mise hors de cause (C. Caen, 28 avril 1902, 10314 R. P. ; — Sol. 20 juin 1902, 3095, § 3, I. G., 10330 R. P.).

L'opposition est jugée en chambre du conseil, en présence des parties ou de leurs avoués. Spécialement, l'Administration de l'Enregistrement peut se faire représenter à l'audience par un de ses agents, sans qu'il soit nécessaire de constituer avoué (Sol. 20 juin 1902, *précitée*).

83. Officiers ministériels.

1. Intérêts moratoires. — A la différence des sommes revenant au Trésor, les frais dus aux officiers ministériels portent intérêt à partir du jour de la demande en justice (Seine, 19 mai 1893, 2 jug., 8134 et 8365 R. P. ; — Saint-Étienne, 13 août 1894, 8075 R. P.).

2. Frais indûment alloués. — Reversement. — Les sommes touchées indûment en matière d'assistance judiciaire et dont la restitution est ordonnée par les magistrats du parquet, doivent être reversées à la caisse du receveur de l'Enregistrement. L'ordre de versement doit être, en conséquence, envoyé au directeur de l'Enregistrement pour

être transmis, comme titre de recouvrement, au receveur des actes judiciaires près la juridiction appelée à statuer ou ayant statué sur les contestations pour lesquelles l'assistance a été accordée (Circ. Min. Justice, 8 oct. 1898, 9675-25 R. P.; 2960 I. G.).

85 *bis*. Instance en séparation de corps. — Débouté. — Femme commune en biens. — Recouvrement de l'exécutoire. — Lorsqu'une femme a été déboutée d'une instance en séparation de corps, qu'elle avait suivie contre son mari avec le bénéfice de l'assistance judiciaire, et que les dépens ont été compensés, l'Administration ne peut poursuivre le recouvrement de l'exécutoire sur les biens de la communauté réduite aux acquêts existant entre les deux époux. Tant que la communauté dure, les frais auxquels la femme a été condamnée ne sont susceptibles d'être recouvrés que sur la nue propriété de ses biens propres (Sol. 23 janv. 1893, 8106 R. P.).

SECTION 2. — PRIVILÈGE DE L'ADMINISTRATION.

93. Séparation. — Il est généralement admis, en doctrine et en jurisprudence, que, pour le recouvrement des frais d'assistance judiciaire contre l'adversaire de l'assisté, la loi de 1851 a conféré à l'Administration une action directe et personnelle, ce qui semble impliquer qu'en matière de séparation de biens les frais dus au Trésor et les reprises de la femme assistée constituant deux créances distinctes garanties par une hypothèque unique (Lyon, 10 juill. 1890, 7511 et 7713 R. P.) doivent être colloqués au même rang et en concours, lorsqu'il n'y a pas fonds suffisants.

Cependant, la jurisprudence des tribunaux secondaires tend à se fixer en ce sens que les frais de séparation ne peuvent, dans le dernier cas, être colloqués qu'après les reprises de la femme assistée (Bourgoin, 1er mai 1883; — Avallon, 23 mars 1892; — Montluçon, 31 déc. 1897, 9370 R. P.; — Bagnères, 3 juin 1898, 9531 R. P., et 26 nov. 1893).

Aux termes d'une Solution du 2 fév. 1899 (9538 R. P.), cette jurisprudence peut se justifier par le fait qu'une collocation en concours avec la femme aboutit à faire supporter à celle-ci d'une manière indirecte une partie des frais dont l'assistance judiciaire a eu pour but de la décharger; il convient, en conséquence, d'admettre que, dans le cas d'insuffisance de fonds, ces frais ne peuvent être colloqués qu'après les reprises de la femme.

SECTION 3. — PRESCRIPTION.

95. Prescription décennale. — Point de départ. — La prescription décennale, applicable au recouvrement des droits en matière d'assistance judiciaire, commence à courir du jour du jugement qui prononce la condamnation aux dépens et non pas seulement du jour de la remise de l'exécutoire par le greffier (Cass. civ., 17 juill. 1893, 8114 R. P.).

99. Déchéance. — Honoraires des officiers ministériels. — V. *suprà*, nos 48-1 et 3.

TITRE III. — RETRAIT DE L'ASSISTANCE.

106 *bis*. Assistance judiciaire provisoirement accordée, puis ultérieurement refusée par la décision définitive du bureau. — La loi du 10 juill. 1901 ne contient aucune disposition réglant le sort des frais pour l'hypothèse où l'assistance judiciaire, provisoirement accordée dans les termes de l'art. 6, se trouve ultérieurement refusée par la décision définitive du bureau et pour les cas où l'assistance est donnée en vue d'actes conservatoires ou de juridiction gracieuse.

Lorsque l'assistance judiciaire provisoirement accordée par le bureau n'est pas maintenue par la décision définitive, on peut dire qu'il y a retrait de l'assistance. Les droits, honoraires, émoluments et avances de toute nature, dont l'assisté avait été dispensé, deviennent, en conséquence, exigibles conformément à l'art. 24 de la loi du 22 janv. 1851, et doivent être recouvrés contre l'assisté.

TITRE IV. — COLONIES. — ÉTRANGER.

110. Algérie. — V. *suprà* no 75 *bis*.

ASSISTANCE MÉDICALE.

1. L. 15 juillet 1893. — La loi du 15 juill. 1893 (*J. off.* du 18), sur l'assistance médicale gratuite, pose en principe que tout Français malade, privé de ressources, reçoit gratuitement de la commune, du département ou de l'État, suivant son domicile de secours, l'assistance médicale à domicile ou dans un établissement hospitalier (art. 1er).

Aux termes de l'art. 2, la commune, le département ou l'État peuvent toujours exercer leur recours, s'il y a lieu, soit l'un contre l'autre, soit contre toutes personnes, sociétés ou corporations tenues à l'assistance médicale envers l'indigent malade, notamment contre les membres de la famille de l'assisté désignés par les art. 205, 206, 207 et 212 C. civ.

2. Immunités fiscales. — D'après l'art. 32, les certificats, significations, jugements, contrats, quittances et autres actes faits en vertu de la loi du 15 juill. 1893 et exclusivement relatifs au service de l'assistance médicale, sont dispensés du timbre et enregistrés gratis, lorsqu'il y a lieu à la formalité de l'enregistrement, sans préjudice du bénéfice de la loi du 22 janv. 1851 sur l'assistance judiciaire (V. 2855 I. G.).

3. Bureau de bienfaisance. — Actes. — Exemption d'impôt. — L'immunité d'impôt accordée par la L. 15 juill. 1893 aux actes faits en vertu de cette loi et exclusivement relatifs au service de l'assistance médicale, est générale et s'applique à tous les actes qu'elle vise, quel que soit le mode d'organisation du service d'assistance. Mais, quand ce service est assuré par le bureau de bienfaisance, l'exonération ne saurait s'étendre aux actes concernant, pour le tout ou pour partie, le service général ou d'autres services de ce bureau (Sol. 29 nov. 1899, 9717 R. P.).

90. Condamnation de l'adversaire de l'assisté. Droits de timbre des actes de la procédure. Privilège de l'art. 76 L. 28 avril 1816 non applicable. — Le privilège conféré à l'Administration par l'art. 76 L. 28 avril 1816, en matière de droits et amendes de timbre, ne s'applique qu'à l'action en recouvrement dirigée contre le débiteur ordinaire du Trésor; il ne s'étend pas, par conséquent, aux droits de timbre des actes de procédure qui ont été dressés à la requête d'un assisté judiciaire et dont le coût se trouve compris dans l'exécutoire délivré contre l'adversaire condamné aux dépens. A l'égard de ce dernier, la créance du Trésor pour les droits de timbre dont il s'agit est une créance purement chirographaire (Châteauroux, 18 juill. 1905, 11108 R. P.).

93. Séparation. — L'hypothèque légale de la femme mariée s'étendant aux frais du jugement de séparation de biens qu'elle a obtenu contre son mari, il en résulte que, lorsqu'une femme, admise au bénéfice de l'assistance judiciaire pour intenter contre son mari une instance en séparation de biens, a gagné son procès, l'Administration doit, pour le recouvrement des dépens, être colloquée sur le prix des biens du mari au rang de l'hypothèque légale de la femme (Cass. civ., 24 nov. 1903. — *Contrà* Bagnères, 17 janv. 1900, 10056 R. P.).

94. Honoraires des officiers ministériels. Prescription décennale. — La prescription de dix ans édictée par la L. 22 janv. 1851 pour le recouvrement des frais d'assistance judiciaire, s'applique non seulement aux sommes qui sont dues au Trésor directement, mais encore aux honoraires des officiers ministériels que l'Administration est chargée de recouvrer (Avesnes, 8 déc. 1905, 11194 R. P.).

Frais de justice. Déchéance annale. — La déchéance annale établie dans l'intérêt du Trésor par l'art. 5 de l'ordonnance du 28 nov. 1838, en ce qui concerne les mémoires de frais de justice non présentés à la taxe dans l'année, ne peut être invoquée que par l'Administration seule; les parties ne sont pas fondées à s'en prévaloir (Avesnes, 8 déc. 1905, 11191 R. P.).

111. Tunisie. Actes de procédure signifiés en France dans les instances suivies avec le bénéfice de l'assistance judiciaire devant les tribunaux français de Tunisie. Remboursement des frais avancés en France. — Les actes de procédure signifiés en France dans les instances suivies avec le bénéfice de l'assistance judiciaire, devant les tribunaux français de Tunisie, doivent être visés pour timbre et enregistrés en débet, comme si l'assistance avait été obtenue devant un tribunal de la métropole. — Les dépenses de frais de transport, honoraires d'experts, taxes à témoins, exposés en France à l'occasion des mêmes instances, doivent être payés par les Receveurs de l'enregistrement pour le compte de l'Agent comptable du Trésor français à Tunis (Circ. 28 août 1901, § II, 10509 R. P.).

ASSISTANCE MÉDICALE.

ASSISTANCE OBLIGATOIRE AUX VIEILLARDS, INFIRMES ET INCURABLES

Assistance judiciaire. Droits de timbre et d'enregistrement. Exemptions diverses. — L. 14 juillet 1905. Le bénéfice de l'assistance judiciaire est accordé de plein droit à l'État, aux départements et aux communes pour les instances que l'art. 5 de la loi prévoit en vue des recours à exercer soit contre l'assisté, si on lui reconnaît ou s'il lui survient des ressources suffisantes, soit contre toutes personnes ou sociétés tenues de l'obligation d'assistance, notamment contre les membres de la famille de l'assisté désignés par les art. 205, 206, 207 et 212 C. civ. et dans les termes de l'art. 208 du même code. — Le recours au Conseil d'État pour les décisions du conseil de préfecture relatives au domicile de secours fait l'objet d'un pourvoi jugé sans frais et dispensé du timbre et du ministère d'avocat (art. 30). — Enfin, d'après l'art. 38, les certificats, significations, jugements, contrats et quittances et autres actes faits en vertu de la loi et ayant exclusivement pour objet le service de l'assistance aux vieillards, aux infirmes et aux incurables, sont dispensés du timbre et enregistrés gratis, lorsqu'il y a lieu à la formalité de l'enregistrement. (Instr. 3177, 11025 R. P.).

ASSURANCES.

4. **Comptes de gestion.** — Les minutes des comptes de gestion des bureaux d'assistance médicale établis conformément aux prescriptions de la loi du 15 juill. 1893 sont exemptes du timbre comme rentrant dans la catégorie des actes faits en vertu de la loi précitée, à la condition, indiquée par l'art. 32, que les comptes soient exclusivement relatifs au service de l'assistance médicale (Sol. 30 janv. 1897, 25431 J. E.).

5. **Mémoires des médecins, pharmaciens et hôpitaux.** — La dispense du timbre s'applique aux mémoires produits au bureau d'assistance médicale par les médecins, chirurgiens et sages-femmes du service d'assistance à domicile pour leurs honoraires, par les pharmaciens et autres fournisseurs pour prix des médicaments et appareils, enfin par les hôpitaux pour frais de séjour des malades hospitalisés (L. préc. art. 26). Mais le bénéfice de l'art. 32 est limité aux actes produits aux bureaux d'assistance médicale, à l'exclusion de ceux qui sont produits aux hôpitaux, même dans le cas où les hôpitaux recevraient des assistés. Enfin, la loi du 15 juill. 1893 laisse en dehors de ses dispositions (art. 25) le service des vieillards ou incurables, des militaires, des enfants assistés, des maternités, des aliénés et des malades admis dans les hospices en conformité de la loi du 7 août 1851 (D. m. f. 24 août 1894, 8650-41 R. G., 2887, § 5, I. G.).

6. **Rôles et états exécutoires.** — Sont exempts du timbre en vertu de l'art. 32 L. 1893 les rôles et états exécutoires destinés exclusivement à assurer le recouvrement sur le bureau d'assistance des frais de séjour des malades assistés (Sol. 11 sept. 1894, 24531 J. E.).

7. **Assistance judiciaire.** — La disposition finale de l'art. 32 L. 1893, qui réserve éventuellement l'application de la L. 22 janv. 1851, n'apporte aucune modification aux formalités à suivre et aux conditions imposées pour l'obtention de l'assistance judiciaire.

Il résulte seulement de la combinaison de l'art. 32 L. 1893 avec les art. 14, 17, 18 et 19 L. 22 janv. 1851 que les actes de procédure occasionnés par une instance intervenue entre le service de l'assistance médicale et un particulier admis au bénéfice de l'assistance judiciaire, ne donnent lieu, en aucune hypothèse, à la perception de droits de timbre et d'enregistrement.

Quant aux autres frais (honoraires des officiers ministériels et avances faites par le Trésor en conformité du § 8 de l'art. 14 L. 22 janv. 1851), le recouvrement en est suivi, conformément aux règles ordinaires, contre la partie condamnée aux dépens.

En outre, l'assisté reste personnellement responsable des droits et amendes applicables aux actes et titres énumérés au § 5 de l'art. 14 L. 22 janv. 1851 (2865 I. G.).

ASSURANCES.

51 *bis* **Assurance contre les accidents.** — **Droit de 1 p. 100.** — **Bases de la perception.** — Un contrat d'assurance contre les accidents, passés pour dix ans, mais résiliable annuellement à la volonté de l'assureur, donne ouverture au droit de 1 p. 100 sur le montant cumulé des primes, pendant la durée entière (Seine, 27 fév. 1897, 8978 R. P.).

57. **Assurance à vie entière.** — **Assurance mixte.** — **Bases de la perception.** — Quand l'assurance est à vie entière, c'est-à-dire implique, de la part de l'assureur, l'obligation de payer le capital au décès de l'assuré, survenu à une époque quelconque, et obligation, de la part de l'assuré, de payer la prime annuelle sa vie durant, le droit de 1 p. 100 exigible sur la police doit être liquidé d'après la déclaration estimative du montant des primes, sans que cette estimation puisse être inférieure au total des primes réellement versées, à l'époque à laquelle la police est enregistrée. — Les bases de la perception sont les mêmes au cas d'une assurance mixte, c'est-à-dire lorsque le capital doit être payé à une date déterminée si l'assuré est encore vivant à cette date, ou aussitôt après son décès, s'il meurt avant l'échéance prévue, le service des primes à la charge de l'assuré étant obligatoire jusqu'à l'époque de l'exigibilité du capital (Blois, 9 mars 1898, 9229 R. P.).

Le contrat d'assurance dont le capital doit être payé à l'assuré à une date déterminée, s'il est encore vivant à cette époque, ou, aussitôt après son décès, s'il meurt après l'échéance prévue, donne ouverture au droit de 1 p. 100 sur la déclaration estimative des primes, sauf à répéter ultérieurement un supplément de droit, au cas où cette déclaration serait trouvée insuffisante (Belley, 2 mai 1894, 8451 R. P.).

Quand un contrat d'assurances dont le capital doit être payé à l'assuré à une date déterminée, s'il est encore vivant à cette époque, ou aussitôt après son décès, s'il meurt avant l'échéance prévue, est présenté à l'Enregistrement, au cours de son exécution, le droit de 1 p. 100 doit être liquidé, non sur le maximum des primes annuelles stipulées dans la police, mais sur la déclaration estimative des parties (Pont-l'Évêque, 31 mai 1900, 10004 R. P.).

L'Administration s'est ralliée à cette jurisprudence (Sol. 25 avr. 1901, 10052 R. P.).

58. **Assurance à durée fixe.** — **Faculté de résiliation.** — **Droit d'enregistrement dû sur l'ensemble des primes.** — Le droit exigible en matière de polices d'assurances contractées pour une durée fixe doit être assis sur la totalité des primes stipulées, sans que l'Administration ait à se préoccuper de ce que la police est résiliable, au gré de la Compagnie, à défaut de paiement des primes ou pour toute autre raison (Sol. 14 fév. 1895, 8752 R. P.).

60. **Déclaration estimative.** — V. *suprà* n° 57.

64. **Assurance à vie entière.** — **Droit de 1 p. 100.** — **Liquidation.** — **Déclaration estimative.** — **Droit supplémentaire.** — La perception du droit de 1 p. 100 effectuée, lors de l'enregistrement d'une police d'assurance à vie entière, sur la déclaration estimative du montant des primes dues, est essentiellement provisoire, à l'égard de l'Administration, qui est fondée à réclamer ultérieurement un supplément de droit, quand elle établit

que le total des primes réellement versées au décès de l'assuré se trouve supérieur au chiffre qui a servi de base à la perception originaire (Belley, 2 mai 1894, 8451 R. P.; — Seine, 15 avr. 1899, 9507 R. P.).

66. Perception définitive. — Dans le cas prévu *suprà* n° 58, la résiliation amiable de la police ne saurait motiver la restitution du droit perçu sur l'ensemble des primes, pour la période postérieure à la résiliation (Sol. 14 fév. 1896, 8752 R. P.).

153. Assurance sur la vie. — Cession. — En cas de cession, moyennant un prix déterminé, du bénéfice d'une assurance sur la vie, contractée à une Compagnie qui s'est engagée à verser un capital convenu, à date fixe, le droit est dû, non sur le prix de la cession, mais sur le capital cédé, alors même que la police stipulerait qu'à défaut de paiement des primes à échoir, le capital serait réduit proportionnellement, la raison en est que la réduction ne serait que la conséquence de la réalisation partielle d'une condition résolutoire (Sol. 7 juill. 1898, 25754 J. E.).

167. Algérie. — Polices souscrites en France. — Biens situés en Algérie. — Les contrats, souscrits en France pour des valeurs situées en Algérie, sont assujettis à la taxe de 8 p. 100, et non pas au droit de 4 p. 100, qui est exclusivement exigible sur les polices passées en Algérie (Seine, 6 nov. 1897, 9239 R. P., 25335 J. E.).

192. Assurances mutuelles contre l'incendie. — Taxe de 6 fr. par million recouvrée sur les assurés. — La taxe de 6 fr. par million, créée par la loi du 13 avril 1898, a été mise à la charge personnelle des compagnies et Sociétés d'assurances. Si donc, une société d'assurances mutuelles en fait supporter le montant par ses sociétaires, il y a lieu de tenir compte des sommes ainsi versées par les assurés pour le calcul de la taxe de 8 p. 100 (Seine, 6 juin 1902; 10353 R. P.).

208. Taxe de 8 p. 100. — Liquidation annuelle. — Primes des exercices antérieurs. — Annulation. — Les tribunaux secondaires ont admis, conformément aux prétentions de l'Administration que nous avons fait connaître au *Rép. gén.*, que les seules primes à déduire, pour cause d'annulation ou de résiliation des contrats d'assurances, du montant des sommes passibles de la taxe d'enregistrement de 8 p. 100, lors de la liquidation générale prévue par l'art. 7. Décr. 25 nov. 1871, sont celles qui appartiennent à l'exercice faisant l'objet de cette liquidation, à l'exclusion des primes afférentes à des exercices antérieurs (Mâcon, 13 août 1890, 7474 R. P., 23631 J. E.; — Seine, 20 nov. 1891 (2 jug.), 7758 R. P., 23741 J. E.; — Rouen, 1er sept. 1894, 8408 R. P., 24501 J. E.).

Mais cette interprétation, que nous avons combattue, n'a pas été acceptée par la Cour de cassation. Par un arrêt du 18 déc. 1894, la chambre civile a décidé que l'art. 5 du décret du 25 nov. 1871 autorise, pour la liquidation de la taxe de 8 p. 100, la déduction de toutes les primes non recouvrées par suite de la résiliation ou de l'annulation des contrats d'assurances, sans établir aucune distinction entre l'exercice auquel appartient la prime non recouvrée et celui où s'est produite la résiliation ou l'annulation (8467 R. P., 24490 J. E., 2886-4 I. G.).

201. Droit d'enregistrement supporté par la Compagnie. — Si la Compagnie d'assurances prend à sa charge les droits d'enregistrement dus sur les assurés, il y aurait lieu de déduire des sommes imposables le montant de ces droits (Sol. 13 déc. 1891).

218. Recouvrement de la taxe. — Bureau. — Le payement de la taxe doit être effectué au bureau de l'enregistrement du siège de la Compagnie, quand bien même elle aurait installé ses bureaux dans une autre ville : les dispositions formelles de la loi s'opposent à ce que les sociétés soient autorisées à la verser ailleurs (Sol. 3 juin 1881).

227. Liquidation générale. — Pour la liquidation générale et définitive, il doit être tenu compte des opérations relatives à la période écoulée du 1er janv. au 31 déc., quel que soit le point de départ de l'exercice social fixé par les statuts des Compagnies (Sol. 19 juin 1890).

238. Obligations des Compagnies. — Les Compagnies d'assurances contre l'incendie sont personnellement obligées, sous peine d'amende à leur charge, d'acquitter la taxe (Cass. civ. 20 déc. 1875, 4293 R. P., 2542-5 I. G.). Il importe peu que les statuts excluent toute solidarité entre les divers exercices (Bordeaux, 4 juill. 1881, 5888 R. P.).

246. Pénalités. — Primes dissimulées. — Il y a contravention passible de l'amende de 50 fr. édictée par l'art. 10 L. 23 août 1871, lorsqu'une Société d'assurances dissimule aux yeux de l'Administration une partie quelconque des primes et contributions passibles de la taxe (Rouen, 8 juill. 1880, Table de 1880 R. P., 21433 J. E.).

249. Prescription. — Amendes. — Les amendes prononcées par l'art. 10 L. 23 août 1871 pour défaut de payement de la taxe aux échéances trimestrielles et pour défaut de règlement général au 31 mai, sont soumises à la prescription de deux ans, laquelle commence à courir du jour où elles sont devenues exigibles (Seine, 20 nov. 1891, 7758 R. P., 23741 J. E.). Cette décision, qui se justifie par les circonstances de la cause, doit être suivie avec circonspection. Par un arrêt du 11 fév. 1880 cité au *Rép. gén.*, la Cour de cassation a reconnu, en effet, que la prescription de deux ans n'a pour point de départ que le jour où la compagnie d'assurances a rempli « les obligations imposées par les art. 6, 7 et 8 Décr. 25 nov. 1871 et qui, en cette matière, donnent lieu à la présentation des actes à l'enregistrement ».

258. Doubles des polices. — Polices indirectes. — Le payement de la taxe applicable à une police principale assure aux polices au porteur, qui en sont détachées, le bénéfice de la gratuité (Sol. 29 janv. 1876).

273. Assurances maritimes. — Transports par voies fluviales. — L'art. 6 L. 23 août 1871 soumet à la

110. Accidents du travail. Art. 9 L. 9 avril 1898. Conditions d'application des immunités de timbre et d'enregistrement. — Pour qu'une police d'assurance contre les accidents du travail bénéficie de l'immunité de timbre et d'enregistrement prévue par l'art. 29 L. 9 avril 1898, il faut : 1° que l'assuré appartienne à l'une des professions ou industries visées dans l'art. 1er de cette loi complété par la L. 30 juin 1899 concernant les exploitations agricoles ; 2° que le risque assuré consiste dans une incapacité permanente ou dans la mort ; 3° que la compagnie ou la société d'assurances mutuelles ou à primes fixes qui a souscrit la police figure dans la liste arrêtée annuellement par le Ministre du Commerce et publiée au *Journal officiel* ; 4° enfin que la police soit rédigée conformément à l'art. 11 du deuxième décret du 28 fév. 1899 et contienne toutes les clauses et énonciations prévues par cette disposition (Seine, n° [illegible], 10656 R. P.).

Polices d'assurances. Risques de mort ou d'incapacité permanente. Risques d'incapacité temporaire. Exemption de timbre. — Sont exemptées du timbre, par application de l'art. 29 L. 9 avril 1898, les polices d'assurances contractées en vue des risques prévus par cette loi, qu'elles garantissent soit les risques de mort et d'incapacité permanente, soit les risques d'incapacité temporaire (Seine, 3 nov. 1905, 11187 R. P.).

167. Algérie. Mode de perception des taxes dues en France par les assureurs étrangers et coloniaux et des taxes dues en Algérie par les assureurs domiciliés soit en France, soit dans les autres colonies. — Décrets des 27 juillet (2 décrets), 2 avril et 5 sept. 1906, 11134 R. P.

192. Société d'assurances mutuelles. Taxe de 6 fr. par million recouvrée sur les assurés. — Lorsqu'une société d'assurances mutuelles contre l'incendie fait supporter aux sociétaires la taxe de 6 fr. par million que la L. 13 avril 1898 met à la charge des compagnies et sociétés d'assurances, il y a lieu de comprendre, dans le montant des cotisations ou contributions passibles de la taxe de 8 p. 100, cette taxe de 6 fr. par million, qui constitue un supplément de la cotisation principale (Seine, 28 mars 1903, 10610 R. P.; — Cass. (req.), 16 mai 1905, 10737 R. P.).

198. Taxe de 6 fr. par million. Assurances ayant pris fin au cours de l'année. Calcul de la taxe. Déduction. — Pour la liquidation de la taxe annuelle de 6 fr. par million à la charge des compagnies d'assurances contre l'incendie, on doit défalquer du total des capitaux assurés le montant des assurances qui ont pris fin au cours de l'année sans avoir donné lieu au payement d'une prime durant cette année. En cas de résiliation ou d'annulation du contrat, il y a lieu de déduire autant de fois le capital assuré qu'il s'est écoulé d'exercices pour lesquels la prime n'a pu être recouvrée (Sol. 26 oct. 1903, Inst. 3113-3, 10853 R. P.).

270. Assurances maritimes. Société d'assurances mutuelles. Déclaration. Répertoire. Droit de communication. Taxe d'enregistrement. — Les sociétés d'assurances maritimes mutuelles sont soumises aux mêmes obligations que les autres sociétés ou assureurs. Par suite, elles sont assujetties à la déclaration d'existence, à la tenue d'un répertoire, au droit de communication et au payement de la taxe obligatoire d'enregistrement. — Il en est ainsi spécialement de la société constituée entre des propriétaires de bateaux de pêche, qui a pour objet de couvrir les risques de la navigation en indemnisant ses membres à l'aide de mises d'admission et de cotisations annuelles (Sables-d'Olonne, 10 juill. 1902, 10882 R. P.).

339. Accidents corporels. Polices souscrites à l'étranger et ratifiées en France. — La dispense de timbre, accordée par l'art. 1 L. 30 déc. 1886, est applicable aux contrats d'assurances contre les accidents corporels, signés à l'étranger par l'assuré et l'agent local de la compagnie d'assurances, alors même qu'ils seraient visés et ratifiés en France par le directeur ou un administrateur de la compagnie (Cass. civ., 13 déc. 1902, 10436 R. P.).

375-1. Accidents du travail. — V. *Supra*, nº 119.

taxe obligatoire d'enregistrement de 0 fr. 50 p. 100 les contrats d'assurances maritimes, à l'exclusion des contrats d'assurances contre les risques de navigation sur les fleuves, rivières et canaux. La taxe n'est pas dès lors applicable aux polices d'assurances qui ont pour objet de garantir les risques des navires stationnant dans le port de Rouen situé en dehors du rayon maritime, et naviguant exclusivement sur la Seine, de Rouen au Havre, en empruntant la voie du canal de Tancarville dont l'entrée est placée en amont de la limite de la mer, qui a été fixée pour la Seine par le décret de 24 fév. 1859 (Cass. civ. 21 juill. 1896, 8905 R. P., 24895 J. E., 2930-6 I. G. — *Contrà* Rouen, 9 juill. 1893, *loc. cit.*).

299. Restitution. — Prescription. — Lorsque, après annulation d'une police, la prime, qui avait été payée, est ristournée à l'assuré, la taxe, qui a été régulièrement perçue, ne saurait être l'objet d'une restitution (Sol. 31 août 1888. Comp. *Rép. gén.*, vº *Assurances*, nº 209).

Les droits simples sont soumis à la prescription trentenaire. Quant aux amendes, elles sont prescriptibles par deux ans ou trente ans, suivant que le répertoire fournit ou non la preuve des contraventions (Sol. janv. 1892. — *Rapp.*, nº 219).

300. Contrats passés à l'étranger. — Par un jugement du 13 avril 1888, cité au *Rép. gén.*, le tribunal de la Seine a décidé que les contrats d'assurances maritimes, souscrits à l'étranger par des compagnies françaises, ne sont pas assujettis à la taxe de 0 fr. 50 p. 100. Mais cette décision a été cassée par un arrêt de la chambre civile du 23 mars 1892 (7817 R. P., 23763 J. E., 2820-4 I. C.). Le tribunal de Versailles, devant lequel l'affaire avait été renvoyée, ayant statué dans le même sens que le tribunal de la Seine, la question a été soumise aux chambres réunies de la Cour de cassation. L'arrêt solennel, intervenu le 28 mars 1895, déclare que l'art. 6 L. 23 août 1871 n'a point créé une exception au principe de la territorialité de l'impôt et dispose que les contrats d'assurances maritimes signés à l'étranger ne sont pas, sauf le cas de publicité ou d'usage en France, frappés de la taxe de 0 fr. 50 p. 100 (8532 R. P., 24578 J. E., 2890-8 I. G.). Quelles que soient les objections qu'il soulève, il a mis fin au différend et trace une règle définitive de perception.

315. Assurances contre les accidents causés aux tiers par des chevaux et voitures. — Polices. — Timbre. — Sont passibles du timbre de dimension les polices d'assurances contre les accidents causés aux tiers par des chevaux et des voitures appartenant aux assurés, lorsqu'elles sont signées de l'assureur et de l'assuré ou que, revêtues seulement de la signature de l'assuré, elles sont détenues par l'assureur. Il en est ainsi, quand bien même elles constituent des duplicata ou des copies de polices (Oran, 24 déc. 1894, 8604 R. P.).

326. Assurances contre l'incendie ou contre les accidents. — Déclarations de sinistres. — Les déclarations de sinistres transmises aux Compagnies d'assurances contre l'incendie ou contre les accidents doivent être rédigées sur papier timbré de dimension, lorsqu'elles sont passées devant un magistrat de l'ordre administratif (maire, juge de paix), ou qu'elles contiennent des énonciations susceptibles de faire titre à l'encontre des assurés. Mais quand elles constituent de simples avis donnés par les assurés à la Compagnie, et qu'elles n'ont pas d'autre caractère résultant, soit de leur contexte, soit des polices, soit encore des statuts, elles ne constituent que des écritures privées qui peuvent être établies, sans contravention, sur papier non timbré (Sol. 19 juin 1899, 25804 J. E., 4734 Rev. prat.).

1. État de mobilier. — En principe, les états de mobilier, joints aux avis de sinistres en matière d'incendie, ne sont pas assujettis au timbre (même Sol.).

2. Déclarations de témoins. — Mais la déclaration des témoins de l'accident sur les circonstances et le lieu de l'accident rentrent, comme étant de nature à être produits à titre de justification, dans la catégorie des actes soumis au timbre de dimension (même Sol.).

333. Bordereaux d'annulation ou de réduction de primes. — Réassurances. — Les bordereaux d'annulation ou de réduction de primes, relatifs à des contrats de réassurances contre l'incendie, ne sont pas couverts par la taxe obligatoire de timbre ; ils sont assujettis au timbre de dimension (Sol. 20 mars 1893, 3095 Rev. prat.).

339. Accidents corporels. — Polices souscrites à l'étranger et clôturées en France. — Les contrats d'assurances contre les accidents corporels, signés à l'étranger par l'assuré et l'agent général de la Compagnie d'assurances, mais qui ne peuvent produire leur effet qu'après avoir été signés en France pour ratification par un administrateur et le directeur de la Compagnie, doivent être timbrés avant que l'administrateur ou le directeur puisse apposer leur signature. Ils doivent donc, si la Compagnie, est abonnée, entrer en ligne de compte pour la liquidation de la taxe (Seine, 31 juill. 1896, 8968 R. P., 24953 J. E.). La disposition de la loi du 30 déc. 1876, d'après laquelle le droit « cessera d'être perçu sur les contrats d'assurances passés en pays étranger et ayant exclusivement pour objet des immeubles, des meubles ou des valeurs situés à l'étranger », ne saurait, en effet, recevoir ici son application. Elle n'a eu pour objet que de soumettre les contrats d'assurances à la règle générale *locus regit actum*, à laquelle la loi du 5 juin 1850 avait apporté une dérogation. On ne saurait donc l'invoquer pour prétendre qu'elle a affranchi de l'impôt des polices qui, par cela seul qu'elles ont reçu en France leur perfection, rentrent dans la catégorie des actes assujettis, d'après les principes généraux de la législation du timbre, à cette contribution.

375-2. Assurances contre la mortalité des bestiaux. — Assurances contre les accidents. — Les Sociétés d'assurances mutuelles contre la mortalité des bestiaux peuvent contracter un abonnement pour le payement des droits de timbre, bien que les contrats d'assurances soient constatés par de simples actes d'adhésion aux statuts. Le timbre doit être apposé sur les formules d'adhésion (Sol. 7 juin 1898, 4781 Rev. prat.).

Depuis comme avant la loi du 29 déc. 1884, les Compagnies d'assurances contre les accidents atteignant les personnes sont admises à contracter l'abonnement facultatif pour le payement des droits de timbre (Sol. 17 janv. 1890).

10. Assurances en pays étranger. — Les contrats d'assurances passés à l'étranger, mais qui doivent être signés en France par le directeur de la Compagnie, sont sujettes au timbre (Seine, 31 juill. 1896, V. *suprà* n° 339).

12. Assurances contre l'incendie a primes fixes. — La taxe est due en entier sur les capitaux assurés, alors même que l'assurance serait contractée pour une partie de l'année. Si l'assurance est prolongée, pendant la même année, une nouvelle taxe est exigible par chaque avenant de prolongation (Sol. 2 juill. 1887).

Les contrats d'assurances passés avec l'État sont assujettis à l'impôt; le droit doit, en principe, être supporté par la Compagnie (Sol. 30 janv. 1886).

15. Assurances sur la vie. — Contrats de rente viagère. Œuvres de bienfaisance. — Les contrats de rentes viagères immédiates ne constituant pas des contrats d'assurances, il avait été décidé qu'ils restaient en dehors de l'application de la taxe d'abonnement au timbre qui frappe les polices d'assurances sur la vie (Cass. civ. (3 arr.), 25 mai 1891, 7610 R. P., 23592 J. E., 2807-10 I. G.).

Cette règle toutefois n'était pas applicable aux contrats de rentes viagères différées, c'est-à-dire stipulées payables aux assurés s'ils sont vivants à une époque déterminée, attendu que ces sortes de contrats rentrent dans la catégorie des assurances en cas de vie (Seine, 13 nov. 1896, 9070 R. P., 25048 J. E.).

Dans le but d'établir une assimilation complète, au point de vue du timbre, entre les contrats d'assurances proprement dits et les contrats de rentes viagères, qui font partie des opérations normales des Compagnies d'assurances, la loi du 13 avril 1898 a soumis ces derniers au régime de l'abonnement obligatoire institué par la loi du 29 déc. 1884. Son art. 16, 1er alinéa, est ainsi conçu : « L'abonnement que l'art. 8 L. 29 déc. 1884 a rendu obligatoire pour le payement des droits de timbre applicables aux contrats d'assurances, est étendu aux contrats de rente viagère passés par les Sociétés, Compagnies d'assurances et tous autres assureurs sur la vie » (9282 R. P.).

Les capitaux encaissés comme prix de la constitution de rentes viagères doivent donc entrer en ligne pour la liquidation de la taxe d'abonnement (2053-4 I. G.).

Toutefois, en ce qui concerne les polices souscrites antérieurement à la loi de 1898 et régulièrement timbrées au comptant, les droits du Trésor se trouvent épuisés par la perception à laquelle elles ont été soumises, et les Compagnies n'ont pas à faire état des sommes qu'elles ont reçues de ce chef pour les contrats en cours (même Inst.).

Il est parfois difficile de distinguer les Sociétés d'assurances sur la vie des associations ayant un caractère de bienfaisance. Tandis que les premières sont assujetties à la taxe, les autres échappent à la perception de cet impôt. Nous avons exposé au *Rép. gén.*, nos 40 et s., 120 et s. les traits qui caractérisent le contrat d'assurances. Il a été décidé, dans cet ordre d'idées : 1° que l'association qui, moyennant le versement d'une cotisation mensuelle, doit payer, en cas de décès du sociétaire, une indemnité stipulée, constitue une véritable société d'assurances, et non pas une société de secours mutuels (Sol. 5 août 1890); 2° mais que, si les ascendants, le conjoint ou les enfants du sociétaire ont seuls droit à l'indemnité qui, pendant la vie du sociétaire, ne peut être l'objet d'une cession ou d'une négociation, l'association ne saurait, au point de vue du timbre, être considérée comme une société d'assurances (Sol. 8 janv. 1892).

Il a été décidé encore qu'il n'y a pas lieu d'assimiler à une société d'assurances l'association qui, après le versement pendant vingt ans d'une cotisation mensuelle de 1 fr., doit servir une pension aux sociétaires, si cette pension, dont le montant est le même pour tous les adhérents, ne peut être aliénée et si, en outre, la société peut accorder des délais de payement ou même parfois dispenser du versement de la cotisation (Sol. 9 sept. 1892).

375-16. Déductions. — Assurances sur la vie et contrats viagers. — Polices souscrites à l'étranger. — Polices expirant au cours de l'année. — Taxe de 6 fr. par million. — La loi du 30 déc. 1876 (2567 I. G.) a exempté du droit de timbre, sauf le cas d'usage en France, les contrats d'assurance passés en pays étranger et ayant exclusivement pour objet des immeubles, des meubles ou des valeurs situés à l'étranger. Par suite de cette exemption, les capitaux des polices relatives aux contrats dont il s'agit sont déduits pour le calcul de la taxe d'abonnement établie par l'art. 8 L. 29 déc. 1884 (*Instr.*, n° 2708, p. 10).

Cette disposition est applicable aux assurances sur la vie (*Instr.*, n° 2567). Mais, alors que les polices d'assurances contre l'incendie peuvent acquérir leur perfection juridique à l'étranger au moyen des signatures apposées tant par les assurés que par les représentants des compagnies françaises, les contrats d'assurance sur la vie sont seulement souscrits à l'étranger par les particuliers, et ne deviennent définitifs qu'après avoir été examinés au siège social, où ils sont signés par un administrateur de la compagnie intéressée. L'application de la loi du 30 déc. 1876 qui vise uniquement les contrats *passés* en pays étranger conduit donc à leur refuser le bénéfice de l'exemption. Afin de remédier à cette situation, le § 3 de l'art. 16 L. 13 avril 1898 autorise la déduction des sommes reçues par les Compagnies d'assurances sur la vie, dans les agences établies à l'étranger, pour les assurances *souscrites* dans lesdites agences par des personnes domiciliées à l'étranger. La même déduction doit avoir lieu pour les contrats de rente viagère qui sont passés dans des conditions identiques (2053-5 I. G.).

La taxe obligatoire est exigible sur les contrats d'assurances qui ont pris fin au cours de l'exercice imposable, soit par expiration du terme convenu, soit par annulation ou résiliation, bien qu'ils n'aient donné lieu à la perception d'aucune prime pendant la durée de cet exercice (Bourg, 29 juin 1893; — Seine, 4 déc. 1897, 25337 J. E.).

La taxe spéciale de 6 fr. par million (V. *infrà* n° 419) est à la charge personnelle des Compagnies d'assurances mutuelles ou à primes; elle ne saurait, par conséquent, être déduite des primes, cotisations ou contributions pour le calcul du droit de timbre par abonnement. Mais, si les Compagnies en imposaient le payement aux assurés, elle présenterait le caractère d'un supplément de prime qui devrait entrer en ligne de compte pour la liquidation de ce droit (Sol. 24 déc. 1900).

375-10. Assurances contre l'incendie. Polices ayant pour objet des biens situés à l'étranger. — Pour le calcul de la taxe d'abonnement au timbre, les capitaux étrangers assurés ne doivent être déduits que si la police a été passée hors de France (Inst. 3136-2, 10880 R. P.).

375-12. Assurances contre l'incendie. Polices contractées pour moins d'un an. Taxe exigible pour l'année entière. — Lorsqu'il s'agit de polices contractées pour une durée de moins d'une année, la taxe d'abonnement au timbre est due, pour l'année entière, sur les capitaux qui ont donné lieu à la perception de primes au cours de cette année (Inst. 3135-2, 10660 R. P.).

375-16. Déductions. Assurances contre l'incendie. Taxe obligatoire d'abonnement au timbre. Polices ayant pris fin au cours d'un exercice. Prime perçue antérieurement. — Pour la perception de la taxe obligatoire d'abonnement au timbre exigible sur les contrats d'assurances contre l'incendie, il n'y a pas lieu de comprendre dans le chiffre total des sommes assurées la valeur des assurances ayant pris fin, au cours de l'exercice imposable, soit par l'expiration normale des polices, soit par leur annulation ou leur résiliation sans avoir donné lieu au versement d'une prime durant cet exercice (Cass. civ. 26 mai 1903, 10520 R. P. — *Contrà* Marseille, 31 juill. 1902, 10576 R. P., et Seine, 4 déc. 1897, 10524 R. P.).

Polices annulées ou résiliées. Primes non payées. — Lors de la liquidation générale de la taxe obligatoire d'abonnement au timbre due pour les assurances contre l'incendie et sur la vie, il y a lieu de déduire du montant total des opérations autant de fois le capital assuré par une police qu'il s'est écoulé d'années au cours desquelles ce capital a été taxé sans avoir donné lieu au payement d'une prime (Inst. 3135-2, 10660 R. P.).

375-30. **Prescription.** — Le jugement Seine, du 4 déc. 1897 est rapporté au R. P. nº 10520.

412. **Taxe additionnelle à la taxe de 6 fr. par million.** — En sus de la taxe annuelle de 6 fr. par million établie par la loi du 13 avril 1898, l'art. 5 de la loi du 30 janv. 1907 a institué une taxe de 12 fr. par million sur le capital assuré par les Compagnies et sociétés d'assurances françaises et étrangères. Cette taxe est réduite à 4 fr. par million pour les Compagnies et sociétés qui justifient que l'ensemble des capitaux assurés par elles ne dépasse pas 1 milliard, et elle est réduite à 6 fr. par million pour les Compagnies et sociétés qui justifient que l'ensemble des capitaux assurés par elles est compris entre 1 et 3 milliards (11381 R. P.).

Il n'y a pas lieu d'exiger un supplément de taxe des Sociétés d'assurances mutuelles contre l'incendie, qui acquittent le droit de 0 fr. 03 par 1000 fr., pour les polices réassurées à une Compagnie à primes fixes (Sol. 20 juill. 1887).

17. Actes auxquels s'applique l'abonnement. — Avenants. — Certificats de médecins. — Polices particulières. — L'avenant qui a pour objet unique d'indiquer le nouveau propriétaire des valeurs assurées est affranchi du timbre, lorsque la police d'assurances supporte la taxe obligatoire (Sol. 4 déc. 1888, 2855 Rev. prat.).

Les certificats adressés, à la suite des sinistres, par les médecins délégués d'une Compagnie d'assurances contre les accidents doivent être rédigés sur papier timbré de dimension, lorsque, constatant la guérison du blessé et la date à laquelle il peut reprendre son travail, ils sont, d'après les statuts ou les polices, opposables à l'assuré. Mais ils ne présentent que le caractère de documents d'ordre intérieur, qui peuvent être faits sur papier non timbré, quand ils n'ont pour objet que de renseigner la Compagnie sur l'accident, la nature et la durée probable de l'incapacité de travail et qu'ils ne sont obligatoires pour aucune des parties (Sol. 18 mai 1895 et 19 juin 1899, 4734 Rev. prat.).

Constituent de même des documents d'ordre, qui ne sont passibles du timbre de dimension qu'en cas de production en justice, les rapports faits par les médecins délégués d'une Compagnie d'assurances sur la vie en vue d'indiquer si une personne se trouve dans les conditions de santé requises pour être admise à contracter une assurance (Sol. 25 sept. 1889, 3005 Rev. prat.).

Les écrits, désignés sous le nom de polices particulières, qui constatent que des lots de marchandises, compris avec d'autres dans une police unique, sont assurés contre l'incendie, ne sont pas couverts par la taxe obligatoire : ils sont assujettis au timbre de dimension (Sol. 5 déc. 1889, 2955 Rev. prat.).

Mais la déclaration du nombre de ses employés établie par un entrepreneur pour déterminer le montant de la prime est exempte du timbre comme couverte par la taxe (Sol. 29 sept. 1886). Il en est de même des états détaillés de récoltes que les assurés doivent remettre chaque année aux assurances mutuelles contre la grêle (Sol. 28 août 1880, 21410 J. E.).

Quant aux déclarations d'accident et de guérison que les assurés sont tenus de remettre, d'après les statuts, aux Sociétés d'assurances contre les accidents, elles ne rentrent pas dans la catégorie des actes exemptés du timbre par le payement de la taxe d'abonnement (Sol. 30 janv. 1886).

24. Payement du droit. — Abonnement facultatif. — Polices timbrées au comptant. — La Société d'assurances contre les accidents, qui a contracté un abonnement, peut être admise à imputer sur la taxe à échoir le montant des droits de timbre au comptant qu'elle a acquittés pour des polices rédigées postérieurement à la déclaration d'abonnement (Sol. 8 avril 1889, 2887 Rev. prat.).

26. Sociétés abonnées. — Polices non timbrées. — La Compagnie d'assurances contre les accidents, abonnée, qui émet une police sur papier non revêtu du timbre, n'encourt pas de pénalité, la loi de 5 juin 1850 n'édictant aucune amende pour cette infraction (Sol. 16 sept. 1890).

29. Pénalités. — Pour le même motif, la Compagnie d'assurances contre les accidents, qui n'acquitte pas la taxe d'abonnement dans les délais fixés, n'est passible d'aucune amende (Sol. 18 nov. 1892).

30. Prescription. — Taxe complémentaire. — La taxe, applicable aux contrats d'assurances, est un droit de timbre. Elle n'est dès lors soumise ni à la prescription quinquennale de l'art. 2277 C. C. ni à la prescription biennale de la loi du 22 frim. an VII. Elle n'est prescriptible que par trente ans (Seine, 4 déc. 1897, 25337 J. E.).

380. **Assureurs étrangers. — Représentant responsable.** — Les Compagnies d'assurances contre les risques de transports fluviaux ne sont pas tenues de faire agréer un représentant responsable. Mais, lorsqu'elles en présentent, l'Administration consent à l'agréer (Sol. 1er mars 1887).

382. **Agences françaises.** — La société étrangère qui a institué en France un agent chargé de rechercher des assurances, doit être considérée comme ayant établi une succursale : elle se trouve dès lors soumise à toutes les obligations qui sont imposées aux assureurs étrangers opérant sur notre territoire (Sol. 14 juin et 7 déc. 1889).

385. **Assurances autres que les assurances maritimes. — Répertoire. — Contrats de rente viagère.** — Les contrats de rente viagère passés par les Sociétés, Compagnies d'assurances et tous autres assureurs sur la vie doivent être inscrits sur le répertoire tenu en exécution de l'art. 35 L. 5 juin 1850, d'après l'art. 16 de la loi du 13 avril 1895 dont le 2e alinéa est ainsi conçu : « Les dispositions de l'art. 35 L. 5 juin 1850 s'appliqueront aux contrats de rente viagère énoncés au § 1 du présent article » (9292 R. P., 2953 I. G.).

392. **Répertoire. — Compagnies exploitant plusieurs branches d'assurances.** — Les répertoires distincts, que tient une compagnie qui exploite plusieurs branches d'assurances (incendie, grêle, accidents), constituent les éléments d'un répertoire unique. En cas de présentation tardive au visa, une seule amende doit être exigée (Sol. 17 janv. 1890).

397. **Assurances maritimes. — Répertoire.** — On ne doit pas comprendre le *dies a quo* dans le délai de trois jours fixé pour l'inscription des polices au répertoire (Sol. 17 nov. 1890).

404. **Contrats passés à l'étranger.** — Les assureurs français ne sont pas tenus de porter sur les répertoires de leur siège social en France les contrats d'assurances maritimes souscrits à l'étranger (Cass., ch. réun., 28 mars 1895, *supra*, nº 300). Cet arrêt, qui a tranché *in terminis* la difficulté, a consacré une interprétation contraire à celle qui avait prévalu jusqu'alors.

412. **Taxe spéciale de 6 fr. par million. — Assurances contre l'incendie.** — Les art. 17 et 18 L. 13 avril 1898 (9292 R. P., 2953 I. G.) ont créé une taxe spéciale sur les capitaux assurés en France par les Compagnies d'assu-

rances contre l'incendie en vue de permettre à l'État de subventionner plus largement les Compagnies de sapeurs-pompiers.

Un règlement d'administration publique du 12 juill. 1898 (0369 R. P., 2006 I. G.) a déterminé le mode de perception et les époques de payement de cette taxe, dont le recouvrement a été confié à l'Administration, ainsi que les mesures nécessaires pour assurer l'exécution des dispositions précitées.

Les dispositions de ce décret ont été calquées sur celles du décret du 25 nov. 1871 (*Instr.*, nº 2425, § 2) relatives à la taxe d'enregistrement de 8 p. 100 établie par l'art. 6 L. 23 août 1871 sur les contrats d'assurances contre l'incendie. Elles doivent donc recevoir la même interprétation.

1. Sociétés et Compagnies assujetties à la taxe. — La taxe atteint toutes les Compagnies et Sociétés d'assurances contre l'incendie qui assurent des biens situés en France, qu'elles soient françaises ou étrangères, à primes fixes ou mutuelles.

Les caisses départementales organisées par les conseils généraux en sont seules affranchies.

2. Quotité de la taxe. — La taxe est annuelle; la quotité en est fixée à 6 fr. par million de capital assuré en France; elle n'est soumise à aucun décime.

3. Liquidation de la taxe. — La taxe atteint l'intégralité des capitaux assurés constatés dans les écritures des compagnies sous la seule déduction : 1º Des capitaux se rapportant à des immeubles ou objets mobiliers situés hors de France; 2º De ceux faisant l'objet de réassurances acceptées, lorsque la taxe est payée par l'assureur primitif; 3º De ceux concernant des polices résiliées ou annulées, sans avoir donné lieu à aucune perception de prime au profit des compagnies (art. 1er du décret).

Le nouvel impôt ne constitue pas un droit d'enregistrement; il échappe donc à l'application des art. 2 et 3 L. 27 ventôse an IX et doit être liquidé, par suite, sur le montant exact de la valeur imposable.

4. Payement de l'impôt. — La taxe est payable aux mêmes époques que celle de 8 p. 100 établie par la loi du 23 août 1871 et sur des justifications analogues (art. 2, 3 et 4 du décret. — *Rapp.* 2425, § 2, I. G.).

Elle doit, par conséquent, être acquittée par trimestre, dans les dix premiers jours du troisième mois du trimestre suivant, sauf règlement après la clôture de l'exercice et au plus tard le 31 mai.

Pour les Sociétés d'assurances mutuelles dans lesquelles le montant des cotisations annuelles est, d'après les statuts, exigible par avance le 1er janv. de chaque année, le droit est payable par quart et dans les dix premiers jours qui suivent l'expiration de chaque trimestre, en ce qui concerne les contrats existant au 1er janv. De plus, ces sociétés doivent verser dans les dix premiers jours du troisième mois de chaque trimestre, selon la règle générale, la taxe afférente aux contrats souscrits pendant l'exercice courant.

A l'appui des versements trimestriels et au moment de la liquidation générale, les compagnies remettent au receveur des états renfermant les indications énumérées dans l'art. 4 Décr. 12 juill. 1898.

Elles doivent, d'ailleurs, ouvrir dans leurs écritures un compte spécial pour chacune des catégories de capitaux susceptibles d'être admis en déduction (art. 1er et 4 du décret).

5. Communication. — L'art. 18 L. 13 avril 1898 étend à la surveillance de la taxe l'exercice du droit de communication conféré aux agents de l'Administration par l'art. 7 L. 21 juin 1875 (2517, § 7, I. G.). Conformément à l'art. 4 du décret, les préposés doivent en user notamment pour vérifier l'exactitude des états fournis trimestriellement et en clôture d'exercice par les compagnies qui doivent certifier la conformité de ces relevés avec leurs écritures.

6. Contraventions. — Aux termes de l'art. 18 L. 13 avril 1898, chaque contravention aux dispositions du décret du 12 juill. est passible d'une amende de 100 fr. à 2000 fr. en principal.

7. Poursuites et instances. — D'après le même art. 18, le recouvrement de la taxe nouvelle doit être suivi et les instances introduites et jugées comme en matière d'enregistrement.

8. Bureaux chargés de la recette. — La taxe nouvelle est payable au bureau d'enregistrement du siège des sociétés et compagnies (art. 2 du décret). Dans les villes où le service est divisé, elle est versée au bureau chargé de la recette des taxes d'enregistrement et de timbre établies par les lois des 23 août 1871 et 29 déc. 1884 (2425, § 4, et 2708, § 5, I. G.).

Les consignations ouvertes à l'effet de surveiller le payement de ces deux taxes seront complétées en conséquence et annotées successivement des payements de la taxe nouvelle.

La recette est portée, comme celle de la taxe obligatoire d'enregistrement, au registre des actes sous signatures privées, sauf dans les bureaux, pourvus du Registre de recette des taxes spéciales dues par les sociétés, etc., où elle doit figurer sur ce dernier modèle (3080-12 I. G.).

Les documents déposés périodiquement en exécution du décret du 12 juill. 1898 sont conservés avec ceux relatifs aux taxes obligatoires d'enregistrement et de timbre pour servir au contrôle des employés supérieurs.

9. Obligations particulières aux sociétés et compagnies étrangères. — Les sociétés et compagnies étrangères qui assurent des biens situés en France doivent acquitter la taxe établie par la loi du 13 avril 1898 dans les mêmes conditions et de la même manière que les sociétés et compagnies françaises (art. 18 de la loi et 5 du décret).

De plus, elles doivent, avant toute opération en France, faire agréer par le Directeur général un représentant français, personnellement responsable de la taxe et des amendes (art. 5 du décret). Elles étaient déjà soumises, en vertu du décret du 25 nov. 1871 (2425, § 3, I. G.) et de la loi du 29 déc. 1884 (2708, § 5, I. G.), à une obligation analogue en ce qui concerne les taxes de timbre et d'enregistrement. Aujourd'hui, l'engagement du représentant responsable qu'elles présentent à l'agrément de l'Administration doit porter, en outre, sur la taxe établie par la loi du 13 avril 1898 (2966 I. G.).

10. Compagnies algériennes. — Les art. 17 et 18 L. 13 avr. 1898 n'ayant pas été rendus exécutoires en Algérie, les compagnies ayant leur siège dans cette colonie ne doivent la taxe que sur les capitaux assurés en France; elles ne sont pas toutefois assujetties, comme les sociétés étrangères, à l'obligation de faire agréer un représentant responsable. C'est au bureau de leur siège social qu'elles doivent verser le montant de la taxe (Sol. 26 fév. 1900 25053 J. E.).

412-9 et 10. Taxe de 6 fr. par million. Mode de perception des taxes dues en France par les assureurs étrangers et coloniaux et des taxes dues en Algérie par les assureurs domiciliés soit en France, soit dans les autres colonies. — Décret des 27 juillet (2 décrets), 2 août et 4 sept. 1906, 11538 R. P.

413. Assurances mutuelles agricoles. — Les sociétés ou caisses d'assurances mutuelles agricoles, qui sont gérées et administrées gratuitement, qui n'ont en vue et qui, en fait, ne réalisent aucun bénéfice, sont affranchies des formalités prescrites par la loi du 24 juill. 1867 et le décret du 22 janv. 1868 relatifs aux sociétés d'assurances. Elles peuvent se constituer en se soumettant aux prescriptions de la loi du 21 mars 1884 sur les syndicats professionnels (L. 4 juill. 1900, 3017 I. G.).

1. Droits de timbre et d'enregistrement. — Exemption. — Les sociétés ou caisses d'assurances mutuelles agricoles ainsi créées sont exemptes de tous droits de timbre et d'enregistrement autres que le droit de timbre de 0 fr. 10 prévu par le § 1er de l'art. 18 L. 23 août 1871 (même loi).

Cette dernière disposition, conçue en termes généraux, affranchit de l'impôt tous les actes intéressant les collectivités dont il s'agit, à la seule exception de ceux qui, emportant libération, reçu ou décharge, sont, d'après l'art. 18, nº 1, L. 23 août 1871, passibles du droit de timbre spécial de 0 fr. 10 (3017 I. G.).

Parmi les actes et pièces ainsi exonérés, il convient de citer notamment les conventions d'association, les adhésions aux statuts ou contrats d'assurance, les actes faits à l'occasion des sinistres, tels que les nominations d'experts, les procès-verbaux d'expertise, les règlements d'indemnité qui ne contiennent pas libération, et d'une manière plus générale, sous la réserve de l'exception concernant le timbre de 0 fr. 10, tous les actes relatifs à la constitution de ces sociétés ou caisses et à leur gestion, même quand ces actes constatent des transmissions de biens meubles ou immeubles (même Inst.).

La dispense octroyée par la loi ne concerne que les droits de timbre et d'enregistrement; elle ne s'étend pas à la *formalité* de l'enregistrement qui continuera à être requise et donnée gratuitement toutes les fois qu'elle sera nécessaire d'après les principes généraux de la législation fiscale (même Inst.).

2. Conditions de l'exemption. — Pour que l'immunité soit appliquée, il est indispensable : — 1º qu'il s'agisse de sociétés ou caisses d'assurances mutuelles; — 2º que ces sociétés ou caisses se proposent de garantir des risques agricoles; — 3º qu'elles soient gérées et administrées gratuitement; — 4º enfin qu'elles n'aient en vue et ne réalisent, en fait, aucun bénéfice.

Toutefois, la dispense d'impôt n'est pas nécessairement et rigoureusement subordonnée à l'observation des formalités prescrites par la loi du 21 mars 1884 sur les syndicats professionnels, et consistant dans le dépôt, à la mairie, des statuts sociaux et des noms des administrateurs ou directeurs. Elle est acquise à toutes les sociétés réunissant par ailleurs les conditions spécifiées par la loi du 4 juill. 1900 (D. m. f. 31 août 1901, 3080-3 I. G., 10176 R. P.).

Il a été reconnu également que les mêmes sociétés peuvent, sans s'exposer à perdre le bénéfice de l'exemption d'impôt, étendre leur champ d'action à toutes les propriétés bâties et spécialement aux maisons d'habitation, sans distinguer entre celles qui sont isolées au centre des exploitations et celles qui sont réunies en village, pourvu qu'elles soient employées à l'industrie agricole et qu'elles servent au logement de personnes s'adonnant habituellement aux travaux des champs (même déc.).

Quant à la troisième condition, elle a été précisée en ces termes dans le rapport supplémentaire fait à la Chambre des députés par M. Émile Chevallier au nom de la commission chargée de l'examen du projet de la loi : « Votre commission entend ne viser que les petites sociétés d'assurances mutuelles agricoles qui n'assurent à leurs administrateurs et à leurs directeurs ni traitements, ni allocations diverses, sauf cependant les très minimes frais de bureau qui peuvent être accordés à leur secrétaire. » (Ch. des dép., ann. nº 1522 au procès-verbal de la séance du 15 mars 1900).

3. Obligations spéciales aux Sociétés d'assurances. — Dispense. — L'immunité prononcée par la loi entraîne, en ce qui concerne l'application des dispositions inscrites dans la loi du 5 juin 1850, une conséquence qu'il importe de signaler. Aux termes des art. 34 et 35 de cette loi, toutes les sociétés d'assurances autres que les sociétés d'assurances maritimes sont tenues : 1º de faire, au bureau de l'enregistrement du lieu où elles ont le siège de leur principal établissement, une déclaration constatant la nature de leurs opérations et les noms du directeur de la société, ou du chef de l'établissement; 2º d'avoir un répertoire sur lequel elles doivent porter toutes les assurances faites soit directement, soit par leurs agents, ainsi que les conventions qui prolongent l'assurance, augmentent la prime ou le capital assuré; 3º de soumettre ce répertoire au visa des préposés de l'enregistrement selon le mode indiqué par la loi du 22 frimaire an VII. Ces dispositions, qui avaient pour unique objet, en ce qui concerne les sociétés ou caisses d'assurances mutuelles agricoles visées par la loi du 4 juill. 1900, d'assurer le payement des droits de timbre au comptant ou par abonnement, doivent être considérées comme abrogées à l'égard de ces sociétés ou caisses, les contrats d'assurances passés par elles étant désormais dispensés du timbre (3017 I. G.).

4. Réassurances. — Si les sociétés de réassurances sont constituées dans les formes prescrites par la loi spéciale, la dispense leur est acquise de plein droit.

Le bénéfice de l'exemption est également applicable aux contrats de réassurances conclus avec une société ou tout autre assureur soumis aux règles du droit commun, la loi du 4 juill. 1900 affranchissant de l'impôt tous les actes intéressant les sociétés ou caisses d'assurances mutuelles agricoles, sans aucune distinction; or, les contrats par lesquels ces collectivités se déchargent de leurs risques sur d'autres assureurs présentent pour elles un intérêt direct et rentrent incontestablement parmi les actes relatifs à leur gestion (D. m. f. 4 juill. 1901, 3080-3 I. G., 10176 R. P.).

5. Conditions d'application de l'immunité d'impôt. — Contrôle. — Les actes et pièces, pour lesquels la dispense d'impôt est réclamée, n'y ont droit qu'autant qu'il résulte de leur contexte ou d'une déclaration inscrite soit à la suite, soit en marge, qu'ils intéressent une société ou caisse remplissant les conditions qui viennent d'être énumérées.

Les agents sont d'ailleurs à même de contrôler l'exactitude de ces énonciations en se reportant aux statuts de la société ou caisse, dont le dépôt doit être effectué à la mairie de la localité où la société a son siège (art. 4 L. 21 mars 1884), ou par l'exercice du droit de communication résultant des art. 35 L. 5 juin 1850, 22 L. 23 août 1871 et 7 L. 5 juill. 1875.

S'ils reconnaissaient que les conditions exigées pour l'immunité font défaut, ils auraient à réclamer les droits de timbre et d'enregistrement exigibles, ainsi que les pénalités qui pourraient avoir été encourues (3017 I. G.).

6. Taxe de 6 francs par million. — L'immunité d'impôt embrasse la taxe de 6 fr. par million établie sur les Compagnies d'assurances contre l'incendie par l'art. 17 L. 13 avril 1898. Malgré son caractère spécial, cette taxe figure au budget parmi les « produits de l'enregistrement »; elle rentre ainsi dans les termes de la loi du 4 juill. 1900 qui vise, d'une façon générale, tous les droits d'enregistrement (D. m. f. préc. 31 août 1901).

414. Accidents du travail. — V. ce nouveau mot *supra*.

AVIS DE PARENTS.

3. Tarif. — Loi du 28 avril 1893. — L'art. 24 L. 28 avril 1893 a réduit de moitié, c'est-à-dire à 3 fr., le droit de 6 fr. établi par les art. 5 L. 19 juill. 1845 et 4 L. 28 fév. 1872, pour les avis de parents, les procès-verbaux de nomination de tuteurs et curateurs, et les procès-verbaux d'apposition, de reconnaissance et de levée de scellés. Suivant la remarque de l'Inst. nº 2838, il maintient d'une manière implicite, en le passant sous silence, le droit de 15 fr. applicable aux actes d'émancipation, en vertu des mêmes articles.

2. Partage contenu dans un avis de parents. — Homologation de l'avis de parents. — Droit de 0 fr. 25 p. 100. — La taxe de 0 fr. 25 p. 100, à laquelle la loi du 26 janv. 1892 assujettit les jugements portant homologation de partages, est due sur un jugement qui homologue un avis de parents contenant un projet de partage entre un enfant mineur et ses cohéritiers (Valence, 19 juill. 1897, 9256 R. P.; — Seine, 16 déc. 1899). — V. *Jugement*, nº 159.

4. Disposition dépendante. — Un seul droit fixe de 3 fr. est exigible sur l'ensemble des dispositions d'un avis de parents qui, tendant uniquement à la liquidation d'une succession échue à deux enfants mineurs, ont tout à la fois pour objet de pourvoir à la nomination d'un subrogé-tuteur et d'un curateur et d'autoriser le partage de ladite succession (Sol. 13 déc. 1901, 3080, § 4, I. G.).

6. Plusieurs mineurs. — Nomination du tuteur *ad hoc*. - Un seul droit. — Ne donne ouverture qu'à un seul droit fixe l'avis de parents contenant nomination d'un tuteur *ad hoc* à plusieurs mineurs (Sol. 2 mai 1891, 7638 R. P.).

9. Bail à nourriture contracté par le tuteur vis-à-vis d'un interdit. — Disposition indépendante. — L'engagement pris par un tuteur devant le conseil de famille de subvenir à l'entretien, au logement et à la nourriture d'un interdit, moyennant une somme à prélever sur les revenus, ne constitue de sa part que l'exécution des obligations qui lui sont imposées par l'art. 510 C. C. En conséquence, le droit proportionnel de 2 p. 100 établi sur les baux à nourriture d'une durée illimitée n'est pas applicable à cette stipulation (Briançon, 17 déc. 1891, 7957 R. P.).

10. Interdit confié à la garde d'un parent chargé de le soigner moyennant une indemnité annuelle. — Droit de bail à nourriture non exigible. — Lorsque le conseil de famille d'un interdit prend une délibération à l'effet de lui nommer un tuteur et de confier sa garde à un parent qui recevra, à titre d'indemnité, une allocation déterminée, l'Administration n'est pas fondée à soutenir que cette délibération renferme nécessairement un contrat de bail à nourriture. Le Tribunal peut reconnaître, en s'appuyant sur les circonstances de la cause, qu'il n'y a pas lien de droit entre le conseil et le parent chargé de la garde et que le droit proportionnel n'est pas dû (Lons-le-Saulnier, 4 janv. 1898, 9357 R. P.).

20. Mineurs indigents. L. 26 janv. 1892. — La loi du 10 déc. 1850 avait eu pour but de faciliter le mariage des indigents, la légitimation de leurs enfants et le retrait des enfants déposés dans les hospices en supprimant les frais de timbre et d'enregistrement. D'un autre côté, la loi du 22 janv. 1851 sur l'assistance judiciaire a permis aux indigents d'exercer leurs droits en justice. Rien n'avait été fait relativement à la juridiction dite gracieuse devant la justice de paix pour la constitution des tutelles, ce qui faisait que nombre de conseils de famille n'étaient pas réunis à cause des frais nécessités par cette procédure. Le but de l'art. 12 L. 26 janv. 1892 a été de réparer cet oubli.

21. Nature et caractère des exemptions. — Aux termes de l'art. 12, sont affranchis des droits de toute nature les avis de parents de mineurs dont l'indigence est constatée conformément à l'art. 6 et au premier alinéa de l'art. 8 L. 10 déc. 1850. La même dispense est concédée aux actes nécessaires pour la convocation et la constitution des conseils de famille et l'homologation des délibérations prises dans ces conseils, dans le cas d'indigence des mineurs.

Les personnes dont l'interdiction est demandée et les interdits sont, dans les mêmes cas, assimilés aux mineurs.

A la différence de l'art. 10, relatif aux faillites, l'art. 12 dispense seulement des droits, mais non de la formalité elle-même. Les actes affranchis doivent donc être présentés à l'enregistrement dans les délais ordinaires, mais la formalité leur est donnée *gratis* (2816 I. G., p. 16).

L'exonération est subordonnée, dans tous les cas, à la justification de l'indigence des mineurs, des personnes dont l'interdiction est poursuivie ou des interdits, dans la forme prévue par les art. 6 et 8, 1ᵉʳ alinéa, L. 10 déc. 1850 sur le mariage des indigents (I. C. 1876).

Elle est essentiellement limitative et reste étrangère notamment aux actes de la procédure d'interdiction qui ne rentrent pas dans les prévisions de la loi.

22. Ce qu'il faut entendre par avis de parents. — Le mot *avis de parents* doit être entendu dans le sens général qu'il comporte et que le législateur lui attribue dans l'intitulé du titre X, livre 1ᵉʳ, partie 2ᵐᵉ du Code proc.

6. Taxe additionnelle à la taxe de 6 fr. par million. — Les sociétés d'assurances mutuelles agricoles sont exemptes de cette taxe (L. 30 janv. 1907, art. 5, 11331 R. P.). — V. *Code des lois*.

AVIS DE PARENTS.

2. Enfants assistés. — Les délibérations du conseil de famille d'un enfant assisté, dressées dans les conditions prévues par la L. 27 juin 1904, sont désormais dispensées du timbre et doivent être enregistrées gratis, en vertu des art. 13 et 55 de cette loi (Inst. 3152, 10799 R. P.). — V. *Code des lois*.

AVOCAT.

AVOUÉ.

(art. 882 et suiv.); en d'autres termes, il est indifférent que le conseil de famille ait été appelé à émettre un simple avis ou à prendre une délibération, à nommer par exemple un tuteur ou un subrogé tuteur. Ce point ressort catégoriquement de la discussion de la loi (*J. off.* du 15 déc. 1891, *Débats parlem.*, *Chambre*, p. 2636 et 2637).

Mais la dispense d'impôt n'est accordée qu'aux avis de parents, c'est-à-dire aux actes qui constatent l'exercice d'attributions conférées par la loi aux conseils de famille. Par conséquent, si le même procès-verbal relate une délibération prise par un conseil de famille et renferme, en outre, une disposition dont l'objet soit étranger à la mission de cette assemblée, cette disposition reste soumise au droit commun.

Ainsi, dans le cas où un procès-verbal constate tout à la fois l'émancipation d'un mineur par son père ou sa mère, et la nomination d'un curateur à l'émancipation par le conseil de famille, cette dernière disposition, émanant seule du conseil, est la seule qui puisse profiter de l'exemption prononcée par l'art. 12 de la loi nouvelle. La déclaration d'émancipation, qui constitue, d'ailleurs, la disposition principale du procès-verbal, demeure sujette au droit fixe de 15 fr., et le procès-verbal lui-même, par cela seul qu'il la renferme, doit être rédigé sur papier timbré (2816 I. G.).

23. Ce qu'il faut entendre par actes nécessaires pour la convocation et la constitution des conseils de famille. — Les actes nécessaires à la convocation et à la constitution des conseils de famille comprennent, notamment : la requête présentée au juge de paix et l'ordonnance de ce magistrat (406 C. C.); la citation notifiée par huissier aux personnes désignées pour constituer le conseil de famille (411 C. C.); le procès-verbal dressé par le juge de paix pour constater, s'il y a lieu, la prorogation ou l'ajournement de l'assemblée (414 C. C.).

On ne saurait, au contraire, ranger dans cette catégorie, ni les procurations que les membres du conseil de famille peuvent donner pour s'y faire représenter (412 C. C.), attendu que ces actes répondent exclusivement à l'intérêt particulier des mandants, ni la signification qui doit être faite au tuteur de sa nomination à ces fonctions, lorsqu'elle n'a pas eu lieu en sa présence (882 C. proc.), puisque cette signification intervient après la séparation de l'assemblée.

24. Ce qu'il faut entendre par actes nécessaires pour l'homologation des délibérations. — La dispense d'impôt, accordée aux actes *nécessaires pour l'homologation* des délibérations prises par les conseils de famille, ne doit pas être limitée aux actes qui tendent à obtenir l'homologation. Elle s'étend également aux décisions favorables ou défavorables auxquelles la demande donne lieu. En un mot, toute la procédure d'homologation, y compris les jugements et arrêts définitifs et leurs significations, se trouve dégrevée, en première instance comme en appel.

Lorsqu'une délibération n'est pas sujette à homologation, les membres du conseil de famille contre l'avis desquels elle a été prise, sont admis à l'attaquer (C. proc. art. 883). Les actes relatifs à ces instances, n'étant pas prévus par l'art. 12, restent soumis au droit commun (2816 I. G.).

25. Expéditions. — L'exonération s'applique tant aux minutes et originaux qu'aux expéditions et copies.

AVOCAT.

4. Consultation. — Lire au lieu de « D. m. f. 17 août 1829 », « Av. Cons. d'État 17 août 1829 ».

AVOUÉ.

2. L. 26 janv. 1892. — Dispense de la formalité du timbre et de l'enregistrement. — Aux termes de l'art. 5 L. 26 janv. 1892, « sont dispensés de la formalité du timbre et de l'enregistrement les actes de procédure d'avoué à avoué devant les tribunaux de première instance et les cours d'appel, ainsi que les exploits de signification de ces mêmes actes ».

Cet article constitue une des réformes les plus importantes de la loi de 1892, non seulement par l'importance du dégrèvement qu'il réalise (près de 5,000,000), mais parce qu'il facilitera la réforme du C. de proc., en ce sens que le maintien des actes d'avoué à avoué ne sera plus lié à l'impôt. Il a été l'objet d'un désaccord sérieux entre le Sénat et la Chambre, et ce n'est qu'à la dernière heure que le Sénat s'est décidé à l'adopter tel qu'il lui était renvoyé.

Ce désaccord portait sur le point de savoir si l'on devait exempter complètement de l'enregistrement les actes d'avoué à avoué, ou si l'on devait maintenir cette formalité, en réduisant le droit à un tarif presque nominal. Le Sénat estimait que l'enregistrement présentait une grande utilité, non pas au point de vue des intérêts du Trésor et de la surveillance de la fraude, mais parce que ces actes entraînent des délais, font courir des prescriptions et engagent de la manière la plus grave, dans certains cas, les intérêts des justiciables. Il pensait que, sans l'enregistrement, toutes les falsifications et toutes les fraudes seraient possibles, quelque garantie que puissent présenter les officiers ministériels qui concourent à leur rédaction et à leur remise. Mais la Chambre n'a pas partagé cette manière de voir. Elle a pensé que l'obligation du visa, dans les quatre jours de la signification, prescrite par l'art. 18 et de l'inscription sur un répertoire spécial (art. 19) devant être présenté tous les cinq jours au receveur de l'enregistrement (art. 20), offrait autant de garantie que l'enregistrement informe qui est fait aujourd'hui. D'autre part, elle a craint que l'établissement d'une taxe, si minime qu'elle fût, pût entraver la réforme du C. de proc. et elle a repoussé le projet modifié que lui avait renvoyé le Sénat à deux reprises.

Par suite de l'exonération ainsi accordée, les droits fixes de 0 fr. 75 et de 1 fr. 50 édictés par les art. 41, n° 1 et 42 L. 28 avril 1816, modifiés par l'art. 2 L. 19 fév. 1874, ont cessé d'être perçus (I. G., n° 2816, p. 2). Les seuls actes du palais qui demeurent soumis au timbre et à l'enregistrement sont les actes d'avocat à avocat devant la Cour de cassation et le Conseil d'État, ainsi que les exploits qui en constatent la signification; la législation précédemment en vigueur a été maintenue purement et simplement en ce qui les concerne.

3. Actes dispensés de la formalité du timbre et de l'enregistrement. — Les actes qui profitent de l'exemption sont tous les actes du palais que se signifient réciproquement les avoués : constitution, avenirs, sommations de communiquer, qualités et significations, avenirs en règlement de qualités, significations de jugement à avoué, dires, etc.

1. CONCLUSIONS. — En ce qui concerne les conclusions, les explications échangées au cours de la discussion à la Chambre, à la séance du 12 déc. 1891, entre le Commissaire du Gouvernement et quelques députés, indiquent bien le but de la réforme.

« On a parlé tout à l'heure, disait le Commissaire du Gouvernement, des conclusions grossoyées et l'on a eu raison de vous dire qu'en ce qui les concerne, l'immunité complète octroyée aux significations d'avoué à avoué coupera court à de graves abus. Vous savez tous comment l'imagination des clercs d'avoué se donnait libre carrière dans ces conclusions grossoyées : les clercs y affirmaient, par de très longues citations, leurs réminiscences littéraires. Vous avez également entendu parler, sans doute, d'un autre abus qui consisterait à insérer, sous quelques nouvelles feuilles de papier timbré, un cahier de papier timbré ayant déjà figuré dans d'autres instances. Quoi qu'il en soit, cette légende va prendre fin puisque nous abolissons complètement le droit de timbre, comme celui d'enregistrement, pour les significations d'avoué à avoué. — **M. Bovier-Lapierre.** Mais vous ne supprimez pas les conclusions ! Vous supprimez les droits de timbre et d'enregistrement, mais l'avoué fera toujours des conclusions, pour lesquelles le plaideur continuera à payer un droit de timbre et d'enregistrement ! — **M. Goujon.** Oui, mais on ne pourra plus se permettre toutes les fantaisies dont il vient d'être question. — **M. le commissaire du Gouvernement.** Permettez-moi de faire une simple observation qui répondra, je l'espère, à celle que vous présentez. Il n'appartient pas à l'Administration de l'enregistrement de supprimer les conclusions qui sont imposées par le C. de proc. ; tout ce que nous pouvons faire, c'est de favoriser l'œuvre de sa revision en supprimant par avance les droits de timbre et d'enregistrement sur tous les actes d'avoué à avoué. »

L'interruption de M. Bovier-Lapierre pourrait donner lieu de supposer que les conclusions restent passibles de certains droits de timbre et d'enregistrement ; mais, comme le lui a fait remarquer le commissaire du Gouvernement, cette appréciation serait inexacte. Non seulement, le texte de l'art. 5 est formel, mais encore l'art. 18 porte textuellement que « les originaux des conclusions respectivement signifiées, *bien que dispensés* de la formalité du timbre et de l'enregistrement par l'art. 5 de la présente loi... »

2. QUALITÉS. — JUGEMENTS ET ARRÊTS CONTRADICTOIRES. — En ce qui concerne les qualités des jugements et arrêts contradictoires, porte l'I. G., n° 2816 (p. 3), qui sont signifiées d'avoué à avoué en exécution des art. 142 et 470 C. proc. civ., l'original qui en est dressé se trouve affranchi du droit de timbre au même titre que la copie, bien qu'il doive être déposé au greffe après la signification, pour la rédaction de la décision à laquelle il se rapporte.

4. MATIÈRES DE POLICE. — Nous avons enseigné au *Rép. gén.*, v° *Avoué*, n° 3-4°, que, dans les procédures en matière de police simple ou correctionnelle, il est dû un droit particulier pour la constitution ou le pouvoir de plaider renfermé dans l'assignation ou dans tout autre exploit.

Mais l'Administration ne s'est pas ralliée à cette interprétation.

« Devant les tribunaux correctionnels, — porte l'Instruction 3019, § 3, — le ministère des avoués n'est jamais obligatoire, mais, dans certains cas, il est facultatif (Fuzier-Herman, *Rép. du droit français*, v° *Avoué*, n°s 294, 300, 301 ; Garsonnet, VII, § 92, p. 305 ; Rivière, *Codes annotés, arrêts cités sur l'art.* 185 *du Code d'Instr. crim.*). L'avoué constitué en cette matière agit en vertu du mandat légal que lui confère sa qualité d'officier ministériel, sans avoir besoin d'un pouvoir spécial. — En conséquence, la constitution d'un avoué dans un exploit contenant assignation devant un tribunal correctionnel ne présente pas le caractère d'une disposition indépendante ; elle n'est pas de l'essence de l'exploit, mais elle est dans sa nature, et cela suffit pour l'exempter de tout droit particulier ».

4. Actes non dispensés de la formalité du timbre et de l'enregistrement. — Les actes d'avoué qui ne se signifient pas à l'avoué adverse, ne rentraient pas dans la catégorie des exploits tarifés par les art. 41 et 42 L. 28 avril 1816. Ils ne tombent pas non plus sous l'application de l'art. 5 L. 26 janv. 1892.

Ces actes sont de deux natures : lorsqu'ils ont pour objet une formalité proscrite par la loi pour la validité de la procédure, soit qu'il s'agisse de préparer l'instruction du procès, soit qu'il s'agisse d'en assurer l'exécution, ces actes ont le caractère d'actes judiciaires et, à ce titre, ils sont assujettis au même tarif, soit 1 fr. 50.

De ce nombre sont : les affiches et placards qui doivent être apposés en exécution de l'art. 699 C. C., les cahiers des charges rédigés conf. à l'art. 690 du même Code, les certificats attestant la signification des jugements, les certificats de publication des demandes ou des jugements de séparation ; les requêtes, les extraits et copies d'actes dans les cas prévus par le C. de proc., etc. Il y a exception toutefois pour les actes de produit dans les ordres et contributions judiciaires. Ces actes ne sont soumis, en vertu de l'art. 9 de la nouvelle loi, qu'au droit de 50 centimes.

Au contraire, lorsque l'acte rédigé par l'avoué n'a pas pour objet une formalité prescrite à raison de l'instruction ou de l'exécution de l'instance, il demeure dans la classe des actes extrajudiciaires proprement dits et doit en subir le tarif. — V. au *Rép. gén.*, v° *Avoué*, n° 4, § 2.

1. CONSEIL JUDICIAIRE. — CERTIFICAT. — EXTRAIT DE JUGEMENT. — Doit être rédigé sur papier timbré de dimension l'extrait sommaire du jugement ou de l'arrêt prononçant une interdiction que doit transmettre l'avoué qui l'a obtenu au greffe du tribunal du lieu de naissance. Il doit être soumis à la formalité de l'enregistrement au droit de 1 fr. 50 avant tout usage (D. m. f. 10 mai 1893, 8151 R. P. ; 2864, § 11, I. G.).

4 *bis*. Qualités. — Jugement par défaut. — Les qualités de jugements par défaut, ne rentrant pas dans la catégorie des actes d'avoué à avoué, ne profitent pas de la dispense d'impôt accordée par l'art. 5 L. 26 janv. 1892 ; elles doivent être rédigées sur papier timbré de dimension.

Une Solution 13 déc. 1894 l'a ainsi décidé en se fondant

sur le caractère limitatif de l'exemption accordée par l'art. 5 (8465 R. P.).

Cette disposition, porte-t-elle, est tout exceptionnelle et doit être maintenue dans les limites qui lui ont été fixées; elle ne saurait être étendue à d'autres actes que ceux spécialement prévus. Elle embrasse tous les actes d'avoué à avoué et notamment les qualités de jugements contradictoires qui doivent être obligatoirement signifiées à l'avoué de l'adversaire d'après les termes de l'art. 142 C. de proc. (Inst., n° 2816, p. 3). Mais elle ne s'étend pas aux actes du ministère des avoués qui ne se signifient pas, puisqu'ils ne rentrent pas dans la catégorie des actes d'*avoué à avoué* (Inst., n° 2816, p. 3), et, par conséquent, elle n'est pas applicable aux qualités de jugements par défaut dont l'art. 142 C. Proc. civ. ne prescrit pas la signification, qui serait, du reste, impossible (Dalloz, J. G., v° *Jugement*, n° 235; — Rousseau et Laisney, Proc. civ., v° *Jugement*, n°s 290 et s.).

Les qualités de jugements par défaut restent donc régies par la législation générale de l'impôt du timbre.

Toutefois, dans une espèce particulière où des qualités de jugements par défaut profit joint rédigées par un avoué avaient été, en fait, signifiées aux avoués des parties adverses, l'Administration n'a pas insisté.

Sans examiner si cette signification était régulière ou nécessaire, elle a reconnu que, par suite de cette signification, les qualités présentent le caractère d'actes d'*avoué à avoué*, et qu'elles devaient, à ce titre, être admises à bénéficier de l'exemption d'impôt prononcée par la loi de 1892 (Sol. 2 sept. 1895, 8700 R. P.).

5. Usage d'un acte non enregistré ou non timbré dans un acte d'avoué à avoue. — L'usage d'un acte non enregistré, fût-ce par un acte exempt lui-même de l'enregistrement, est formellement prohibé par les art. 41 et 42 L. 22 frim. dont les dispositions ont été étendues aux avoués par l'art. 11 L. 16 juin 1824 (*Comp.* Cass. 8 déc. 1856, 765 R. P.; 2006, § 4, I. G.; *Rép. gén.*, 7e éd., v° *Acte passé en conséquence d'un autre*, n° 153). Aucune dérogation expresse ou implicite n'est apportée à cette règle.

Il y a lieu de faire la même remarque au sujet des prescriptions des art. 49 L. 5 juin 1850 et 2 L. 30 mars 1872 touchant l'énonciation, dans les actes, de titres, pièces ou écrits quelconques soumis au timbre. L'I. G. n° 2816 en conclut avec raison que l'avoué qui dresserait un acte de procédure sans se conformer, le cas échéant, à ces diverses dispositions, encourrait les mêmes peines et la même responsabilité que sous la législation antérieure (V. n° 7 *bis*, 4, *infra*).

5 *bis*. Reconnaissance de don manuel. — Une déclaration ou reconnaissance de don manuel qui se trouverait consignée dans un acte d'avoué à avoué semble devoir profiter de l'immunité qui s'applique à cette catégorie d'exploits. En effet, une déclaration de cette nature n'est passible de l'impôt qu'autant qu'elle est contenue dans un acte soumis par lui-même à la formalité de l'enregistrement, et, comme tout acte d'avoué à avoué en est affranchi, le droit spécial à la reconnaissance ne saurait être exigé.

7 *bis*. Conclusions. — Mesures spéciales. — L'exemption d'enregistrement accordée d'une manière générale et absolue aux significations d'actes d'avoué à avoué, fait remarquer l'I. G., n° 2816, aurait été de nature à entraîner de fâcheuses conséquences au point de vue des recouvrements. En effet, si la plupart des actes d'avoué à avoué, tels que les constitutions, avenirs, sommations, peuvent être soustraits à l'examen des agents sans inconvénients pour le Trésor parce qu'ils n'offrent aucun intérêt relativement à la constatation des droits celés, il n'en est pas ainsi des conclusions qui contiennent fréquemment des énonciations propres à faciliter la répression de la fraude et l'exacte application de l'impôt. Il est donc essentiel que ces documents soient régulièrement communiqués au receveur, lors de leur notification, afin que le préposé soit à même d'y puiser, comme par le passé, les éléments de découvertes ou de perception qu'ils peuvent renfermer.

1. Visa du receveur. — Tel est le motif pour lequel les originaux des conclusions respectivement signifiées doivent être présentés au receveur de l'enregistrement, dans les quatre jours de la signification. Ces originaux sont visés, cotés et paraphés par les receveurs qui ont la faculté d'en tirer copie, conf. à l'art. 56 L. 22 frim.

Cette disposition s'applique sans distinction à toutes les conclusions signifiées d'avoué à avoué prises au nom du demandeur aussi bien qu'à celui du défendeur par requête grossoyée ou autrement.

2. Copie a tirer par le receveur. — Si les conclusions renferment des renseignements qui paraissent susceptibles d'être utilisés pour la recherche de droits celés ou si elles fournissent la preuve de contraventions, le receveur n'est pas fondé à réclamer le payement des droits ou amendes à l'huissier instrumentaire; mais il doit prendre copie des conclusions conformément à l'art. 56 L. 22 frim. La copie doit être certifiée conforme à l'original par l'huissier instrumentaire; en cas de refus de ce dernier, l'acte est retenu pendant vingt-quatre heures pour la collation de la copie. Nous rappelons, à ce sujet, que l'art. 56 L. 22 frim. n'exige une collation en forme qu'autant qu'il y a eu, de la part de l'officier qui a présenté l'acte à la formalité, refus de le certifier conforme à l'original. Il en résulte qu'une copie certifiée conforme par l'huissier instrumentaire qui a soumis l'acte au visa prescrit par l'art. 18 L. 26 janv. 1892 est parfaitement régulière, et qu'elle peut servir de base aux poursuites, s'il y a lieu (Cass., 8 juill. 1891, 7652 R. P.).

3. Délai. — Jour férié. — On s'est demandé comment calculer le délai de quatre jours accordé à l'huissier instrumentaire pour représenter au receveur l'original des conclusions signifiées d'avoué à avoué, lorsque le *dies ad quem* tombe un dimanche ou un jour férié.

D'après les uns, il faut considérer que, suivant l'article 22 L. 26 janv. 1892, toutes les dispositions des lois sur l'enregistrement et le timbre qui ne sont pas contraires à la loi nouvelle continuent à recevoir leur exécution. Or, parmi ces dispositions, il en est une, l'art. 25 L. 22 frim. an VII, portant que « si le dernier jour du délai se trouve être un décadi ou un jour de fête nationale ou s'il tombe dans les jours complémentaires, ces jours-là ne seront point comptés ». Le visa des conclusions n'étant qu'un mode abrégé d'enregistrement gratis et constituant un équivalent de la formalité, on doit appliquer la prorogation de délai dans les cas où le dernier jour est férié (Besson, *La taxe des frais de justice*, n° 35).

D'autres auteurs pensent que la loi de 1802 ayant supprimé la formalité de l'enregistrement pour les conclusions, il est illogique d'appliquer une disposition de la loi de frim. relative au mode de calcul du délai d'enregistrement : d'où la conséquence que le délai ne saurait, faute d'un texte précis et exceptionnel, être prorogé au lendemain. Toutefois, les partisans de cette opinion rappellent que la pratique administrative a déjà étendu l'art. 25 L. 22 frim. an VII en dehors des cas spécialement prévus et que, notamment, le visa des répertoires des officiers ministériels peut avoir lieu le onzième jour du premier mois de chaque trimestre si le dernier jour du délai se trouve férié (Sol. 2 sept. 1814, J. E. 4903). Il y a là, concluton, un précédent dont l'Administration ne s'écarterait sans doute pas, le jour où elle serait consultée sur le point qui nous occupe. Dans la circonstance, les intérêts du *Trésor* ne lui imposent nullement, semble-t-il, le devoir de s'en tenir à la rigueur des principes; elle pourrait donc s'en départir et adopter l'interprétation la plus libérale (*Dict. Enreg.*, 2e Supplément, v° *Avoué*, n° 170).

Les deux thèses que nous venons d'exposer se justifient par de sérieux arguments et sont défendues avec une égale habileté. Nous pensons néanmoins que la première mérite la préférence. Par cela même que la loi de l'an VII est une loi organique, la disposition de l'article 26 pose une règle applicable à tous les délais concernant l'enregistrement des actes. Or, la formalité du visa n'a été imaginée que pour suppléer à l'enregistrement, non seulement afin de sauvegarder certains intérêts fiscaux, mais encore afin de constater l'existence des conclusions à une date précise. Ces points résultent clairement des déclarations faites au cours des débats.

A la séance du 22 janv. 1892, le garde des Sceaux a fourni des explications qui paraissent très catégoriques à cet égard :

« Pour les actes d'avoué à avoué, a-t-il dit, le Gouvernement avait proposé purement et simplement la suppression de l'enregistrement. Au cours de la première discussion devant le Sénat, on me paraît avoir porté sur l'enregistrement de ces actes des appréciations inexactes et lui avoir attribué un caractère qu'il n'a pas. On a dit notamment que la conséquence de l'enregistrement des actes d'avoué à avoué était de leur donner une date certaine. Cette assertion était, suivant moi, erronée, et néanmoins elle a pu influer sur le sentiment d'un certain nombre de membres du Sénat. . . . .

« En définitive, à quoi sert l'enregistrement? Il constate, à une époque déterminée, l'existence d'un acte. Lorsque le projet du Gouvernement proposait de supprimer la formalité de l'enregistrement, on avait le droit de demander par quelle formalité, par quel mode particulier, on arriverait à constater, à un certain moment, l'existence de l'acte signifié. On répondait : Il y a le répertoire de l'huissier qui, conformément à la loi de frimaire, doit être visé tous les trois mois par l'enregistrement. On pouvait éprouver quelque hésitation à admettre que ce visa fût suffisant, quand il n'était exigé qu'à des époques aussi lointaines. La Chambre des Députés a, par une heureuse modification, comblé cette lacune. Nous avons accepté cette nouvelle disposition, qui satisfait tous les intérêts, et j'insiste auprès du Sénat pour qu'il la ratifie par son vote. Le système proposé est celui d'un visa donné à des dates très rapprochées; leur intervalle correspond presque au délai qui est imparti à l'heure actuelle pour l'enregistrement des actes. En vertu des dispositions que j'indique, si le projet est voté, le répertoire des huissiers sera visé tous les cinq jours. Qu'on ne dise pas qu'un tel système présente de graves difficultés matérielles! Il s'agit uniquement d'actes d'avoué à avoué; l'échange se fait, soit au Palais, soit au chef-lieu d'arrondissement, c'est-à-dire dans des conditions de pratique facile. L'enregistrement actuel est donc remplacé par l'enregistrement sur le répertoire de l'huissier avec la formalité essentiellement protectrice du visa prescrit tous les cinq jours. En outre, la Chambre a décidé que le visa se ferait sur un registre coté et paraphé « par première et dernière », par le président du tribunal. Ces exigences matérielles, précisées dans les articles sur lesquels vous allez voter, font penser au Gouvernement que toutes les précautions sont prises pour que l'existence de ces actes, — puisqu'il ne s'agit plus de la date certaine — puisse être constatée, après comme avant le vote de la loi . . . .

« Messieurs, le Sénat peut, sans hésitation, se rallier au nouveau projet de loi de la Chambre des Députés, modifié depuis votre première délibération, dans un sens qui permet de ne redouter aucune conséquence fâcheuse. »

Malgré ces observations, le rapporteur de la loi devant le Sénat fit remarquer que, sans donner aux conclusions la date certaine qu'il confère aux actes de la procédure, l'enregistrement est néanmoins utile pour apporter la certitude de la date. Il ajouta qu'en réduisant à 20 cent. le montant du droit, le Sénat ferait une concession aussi large que possible à ceux qui voulaient la disparition de l'enregistrement dans le but de faciliter ultérieurement la réforme de la procédure civile. Conformément à cette proposition, la dispense votée par la Chambre fut supprimée, et le droit de 30 cent. fut voté (7800 R. P., p. 170). Lorsque le projet revint devant la Chambre, la Commission du budget proposa de maintenir la dispense et de repousser le droit de 0 fr. 20 voté par le Sénat : cet avis fut ratifié à la séance du 23 janv. 1892 (R. P., *loc. cit.* p. 274) et le Sénat s'y rallia définitivement par esprit de conciliation (2e séance du 23 janv. 1892).

Dans ces conditions, on ne saurait contester que le visa fait fonction de l'enregistrement : il existe donc d'excellentes raisons pour lui appliquer le mode de supputation des délais d'enregistrement.

4. Action de l'Administration contre l'avoué. — Nous avons déjà fait remarquer que l'efficacité de ces mesures au point de vue de la recherche des droits celés, est incontestable. Les avoués, qui font usage d'actes sous seings privés non enregistrés, contreviennent aux art. 42 L. 22 frim. et 11 de celle du 16 juin 1824. Or, il ne faut pas oublier que les officiers publics et ministériels qui enfreignent les dispositions de l'art. 42 encourent une amende et, de plus, deviennent personnellement responsables des droits d'enregistrement dus sur les actes non enregistrés dont ils ont fait usage. Cette responsabilité n'est, sans doute, que subsidiaire et ne peut s'exercer qu'après la discussion des parties tenues en première ligne au payement de l'impôt; mais elle ne constitue pas moins un danger réel et très sérieux pour les avoués. Dans la jurisprudence

BAIL

13 bis. Coffre-fort. Établissement financier. — Présente les caractères, non pas d'un prêt à usage ou d'un *dépôt*, mais ceux d'un véritable louage de choses dans les termes des art. 1709 et 1713 C. civ. le contrat formé entre un particulier et un établissement financier par lequel ce dernier met à la disposition du premier, moyennant rétribution, un coffre-fort dont l'établissement a la garde et conserve la propriété, mais dont le particulier a la libre jouissance pour une durée déterminée. Par suite, le contenu du coffre-fort loué dans ces conditions ne peut, aux termes de l'art. 577 C. pr. civ., être saisi-arrêté entre les mains de l'établissement financier (C. Paris, 1er juill. 1903, 10606 R. P.).

12. État de frais. Plusieurs exemplaires. — *Conf.* Philippeville, 16 janv. 1906, 11237 R. P.

antérieure à la loi du 26 janv. 1892, on rencontre des exemples qui démontrent que l'Administration met à profit la faculté d'actionner les avoués qui ont contrevenu, dans les conclusions, à l'art. 42 (Toul., 15 mars 1887, *Rép. pér.*, n° 6901 ; — Lyon, 13 juil. 1888, *Rép. pér.*, n° 7171 ; — *Comp.* Cass. req., 8 juil. 1891, *Rép. pér.*, n° 7652.)

Ces principes conservent toute leur force, alors même que l'acte sous seing privé, dont il serait fait usage, ne serait pas formellement énoncé par sa date, et que les conclusions se borneraient à en rappeler le contenu, en le présentant sous la forme d'une convention verbale. La jurisprudence reconnait que la production en justice, telle que l'entend la loi fiscale, est indépendante de la représentation matérielle de l'acte et peut être considérée comme constante dès que l'usage qui a été fait de la convention implique l'existence d'un écrit (*Rép. gén.*, 7e édit., v° *Acte produit* n° 43).

Les avoués ne sauraient donc surveiller avec trop de circonspection la rédaction des conclusions, sous peine d'encourir des responsabilités pécuniaires qui peuvent être très lourdes.

3. Taxe. — L'art. 18 L. 1892 stipule que les magistrats taxateurs ne pourront admettre en taxe que les originaux ainsi visés, cotés et paraphés par le receveur de l'enregistrement.

Le projet du Gouvernement contenait une sanction beaucoup plus rigoureuse. Elle consistait à permettre aux receveurs de refuser l'enregistrement des décisions judiciaires, tant que la communication n'aurait pas été faite. La Chambre a estimé avec raison qu'on ne pouvait suspendre l'exécution d'une décision judiciaire pour défaut d'une communication qui n'intéresse l'enregistrement qu'à titre de simple enregistrement.

7 *ter*. **Répertoire.** — Le visa des originaux n'ayant pas paru une garantie suffisante, l'art. 19 dispose que les huissiers et greffiers tiendront, sur registre non timbré, coté et paraphé par le président du tribunal civil, des répertoires à colonnes sur lesquels ils inscriront, jour par jour, sans blanc ni interligne et par ordre de numéros, tous les actes, exploits, jugements et arrêts qui sont dispensés des formalités du timbre et de l'enregistrement par la loi du 26 janv. 1892. — V. *Répertoire*.

8. L. 26 janv. 1892. — Actes dispensés de la formalité du timbre. — V. *suprà* n°s 2 et 3.

1. Papier a employer. — Un décret du 23 juin 1892 (*J. off.* du 25) dispose que le papier servant aux actes d'avoué à avoué doit être de la même qualité et des mêmes dimensions que le petit papier à 1 fr. 20 ou la demi-feuille à 0 fr. 60 (art. 1er). Il ajoute que les actes d'avoué à avoué, rédigés sur papier ayant cette qualité et ces dimensions, pourront seuls être admis en taxe par les magistrats taxateurs.

9. Certificats. — V. *suprà* n° 4.

10. Conclusions. — V. *suprà* n°s 3 et 7 *bis*.

11. Copie. — V. *suprà* n° 8-1.

12. État de frais. — Plusieurs exemplaires. L'état de frais, rédigé par un avoué et taxé par le juge, est soumis au timbre de dimension. S'il est établi en plusieurs exemplaires, chacun de ces exemplaires doit être dressé sur une feuille de papier timbré, à peine d'amende (Blidah, 9 juill. 1895, 8620 R. P.).

13. Publications. — V. *suprà* n° 4.

14. Qualités. — V. *suprà* n°s 3 et 4 *bis*.

17. Acte en conséquence d'acte non timbré. — V. *suprà* n°s 5 et 5 *bis*.

BAIL.

8. Journal. — Exploitation. — Vente déguisée. — Constitue une vente à terme et non un bail le traité par lequel l'exploitation d'un journal est cédée, pour une durée déterminée moyennant une redevance annuelle, avec stipulation expresse qu'à l'expiration du contrat, le preneur ou, à son défaut, ses ayants droit, deviendront propriétaires du journal, sans avoir à payer, à l'avenir, aucune redevance ou indemnité (Seine, 13 janv. 1900, 9876 R. P.).

11-2. Réunion d'usufruit à la nue propriété. — Nous avons vu, dans la première partie du *Rép. gén.*, que la réunion de l'usufruit à la nue propriété, sous la forme d'un bail à vie consenti par l'usufruitier au nu propriétaire, donnait ouverture au droit fixe de 4 fr. 50 et au droit de transcription de 1 fr. 50 p. 100 sur le capital au denier 10 du prix du bail.

Ce mode de liquidation ne doit plus être suivi si la propriété s'est démembrée sous l'empire de la L. 25 fév. 1901 qui, ainsi que nous le verrons v° *Usufruit*, a édicté de nouvelles règles pour la détermination de la valeur imposable de l'usufruit et de la nue propriété. D'après ces règles, le nu propriétaire qui, par l'effet d'une convention quelconque, entre en possession de l'usufruit, avant l'expiration du terme normal ou convenu, ne peut se dispenser d'acquitter un droit proportionnel sur la valeur de l'usufruit qu'il acquiert.

45. Transmission gratuite de jouissance immobilière. — L. 23 août 1871 non applicable. — Enregistrement non obligatoire. — Les transmissions de jouissance d'immeubles, gratuitement consenties, ne sont pas obligatoirement soumises à l'enregistrement (Saint-Lô, 11 janv. 1895, 8589 R. P.).

La plupart des tribunaux auxquels a été soumise la question l'ont résolue dans le sens de l'affirmative. Mais le tribunal de la Seine a adopté l'opinion contraire, dans un jugement du 30 avr. 1888, et le jugement de Saint-Lô se rallie à la même doctrine que nous persistons à croire inexacte.

46. Occupation gratuite d'un immeuble. — Charge de tenir une école. — L. 23 août 1871 non applicable. — On ne peut considérer comme renfermant une mutation de jouissance immobilière, tombant sous l'application des art. 11 et 14, L. 23 août 1871, la concession par laquelle un propriétaire accorde à des religieuses un droit temporaire d'habitation dans son immeuble, lorsque ces religieuses ne paient aucun loyer et sont, en outre, rétribuées par le propriétaire pour tenir une école dans l'immeuble (Sol. 22 août 1893, 8175 R. P.).

50. Gares de chemins de fer. — Permission d'apposer des affiches — Convention non translative de jouissance immobilière. — L'acte s. s. p. aux termes duquel une compagnie de chemins de fer concède à une Société de publicité, pour une durée déterminée et moyennant le payement d'une redevance annuelle, le droit d'apposer des affiches sur les murs des gares et stations de son réseau, ne constitue pas une mutation de jouissance immobilière. Il n'est pas, dès lors, obligatoirement assujetti à la formalité de l'enregistrement, dans un délai déterminé (Seine, 29 juill. 1893, 8168 R. P.).

La question ne laisse pas que d'être fort délicate. La difficulté provient surtout des restrictions imposées à l'exercice de la permission concédée. Ces restrictions portent une sérieuse atteinte au droit du permissionnaire; elles le frappent d'une précarité qui se concilie difficilement avec une véritable transmission de jouissance, et, dans ces circonstances, on peut hésiter à considérer la convention comme autorisant une emprise directe plus ou moins permanente des murs sur lesquels les affiches sont apposées.

76. Réunion de locations. — Si un propriétaire, après avoir loué verbalement un immeuble, moyennant un prix inférieur à 100 fr., fait l'acquisition d'un autre immeuble également loué pour un prix inférieur à 100 fr., il n'est pas tenu de déclarer les deux locations, alors même que leurs prix cumulés excéderaient 100 fr. Il en est ainsi, tout au moins, tant que dure la location consentie par le vendeur (Sol. 28 avr. 1900, 2631 R. E.).

79-1. Locations verbales. — Même bailleur. — Immeubles distincts situés dans des cantons différents. — Prix cumulés excédant 100 fr. par an. — Déclaration non obligatoire. — Si la contiguïté des immeubles n'est pas nécessaire pour rendre obligatoire la déclaration des locations verbales ne dépassant pas trois ans, mais dont le prix cumulé excède 100 fr. par an, il est indispensable, du moins, que les parcelles fassent partie ou puissent faire partie d'une même exploitation, et qu'elles n'aient été morcelées et louées en détail, au lieu de l'être en bloc, que pour accroître le revenu du bailleur. Ne présentent pas ces derniers caractères les locations verbales consenties par le même propriétaire, et qui ont trait à des immeubles distincts, situés dans des cantons différents. En conséquence, bien que le prix cumulé excède 100 fr., ces locations ne sont pas obligatoirement assujetties à la déclaration (Besançon, 5 mars 1895, 8693 R. P.).

Cette décision, dont l'Administration n'adopte pas la doctrine, est conforme à l'interprétation que nous avons toujours soutenue.

91-2. Charges. — Impôt foncier. — Évaluation — Lorsque l'impôt foncier est mis par le bail à la charge du preneur, cette charge doit être évaluée d'après le chiffre indiqué par le rôle de la contribution et non d'après la déclaration des parties. A défaut de production d'un extrait du rôle, l'impôt doit être fixé à forfait au quart du prix du bail. Il n'en serait autrement, bien entendu, que si la maison, de construction récente, n'était pas encore imposée (Sol. 2 mars 1896, 1183 R. E.).

93. Charges. — Frais de tapis, chauffage, éclairage, monte-charge, cabine téléphonique. — Constituent des charges de nature à être ajoutées au prix de location, pour déterminer la valeur servant de base à la contribution mobilière, les frais de tapis, de chauffage et d'éclairage de l'escalier, ainsi que les frais dus pour l'usage de l'ascenseur et du monte-charge. Mais il en est autrement pour les frais représentant le remboursement de l'abonnement au téléphone mis à la disposition des locataires (Arrêt Cons. d'État, 25 fév. 1901, 10224 R. P.).

108-2. Constructions à élever par le preneur. — Disposition indépendante. — Marché de travaux. — Droit de 1 p. 100. — Renferme deux dispositions indépendantes s'analysant l'une en un bail de terrains et de constructions, l'autre en un marché de travaux, le contrat passé entre une société et un entrepreneur, aux termes duquel : — 1° La société donne à bail à l'entrepreneur, pour une durée et moyennant un prix déterminés, les terrains dont elle est propriétaire et les constructions qui y sont ou y seront élevées; — 2° L'entrepreneur s'engage à démolir tout ou partie des constructions anciennes et à en édifier de nouvelles, moyennant des avances à lui fournir par la société, au fur et à mesure de l'avancement des travaux, sous la retenue, — par voie d'augmentation du prix du bail, — d'un intérêt à 4 p. 100, inférieur aux avantages à retirer de la jouissance. — Le prix à payer à l'entrepreneur, pour les travaux, représentant un salaire et non une indemnité, le droit exigible d'après la déclaration des parties (L. frim., art. 14) est dû au taux de 1 p. 100, à l'exclusion du tarif de 0 fr. 50 p. 100 applicable aux seules indemnités mobilières (Seine, 30 mars 1900, 9823 R. P.).

145. Usage des lieux. — Locations. — Changement de locataires. — Lorsqu'une déclaration de location verbale a été souscrite pour plusieurs termes, le propriétaire n'est pas tenu de faire une nouvelle déclaration si dans l'intervalle, il s'opère un changement de locataire, à moins qu'il y ait augmentation de prix (Sol. 29 août 1893, 24535 J. E.; 17 mai 1894, 1483 R. E.).

146. Bail d'une durée déterminée. — Mais lorsqu'une location a été consentie pour une durée déterminée, le propriétaire est tenu de souscrire une nouvelle déclaration s'il renouvelle la première location (Sol. 29 août 1893, 24535 J. E.).

147. Location verbale au mois. — Usage des lieux. — Droit périodiquement dû lors de chaque échéance. — Nouveau propriétaire de l'immeuble. — Amende non exigible. — Les locations consenties suivant l'usage des lieux (dans l'espèce locations faites au mois) sont assimilées par la L. 23 août 1871 à des locations d'une durée indéterminée, dont la déclaration doit être souscrite dans les 3 mois de l'entrée en jouissance, et dont le droit doit être acquitté périodiquement, pendant toute la durée de la

90 et 92. Impôt des portes et fenêtres et frais d'acte supportés par le propriétaire. Déduction. — Lorsque, dans un bail d'immeubles, il est stipulé que le propriétaire devra supporter l'impôt des portes et fenêtres ainsi que la moitié des frais et honoraires du contrat, ces charges, qui incombent légalement au locataire, doivent, pour la liquidation du droit d'enregistrement, être déduites du prix exprimé dans l'acte (Grasse, 11 mai 1905, 10579 R. P.).

108-2. Constructions à élever par le preneur. — Le traité par lequel une ville donne à bail à une société un terrain communal, pour une durée de 99 ans, moyennant une redevance annuelle nominale et diverses charges et, en outre, l'obligation par la société d'édifier sur ce terrain des constructions d'une valeur déterminée qui appartiendront à la ville sans indemnité à l'expiration du bail, ne renferme pas deux dispositions distinctes et indépendantes, un bail du terrain et un marché de constructions; il constitue pour le tout un bail de terrain dans lequel l'obligation d'élever des constructions forme le véritable prix, et il n'est, en conséquence, passible que du droit de 0 fr. 20 p. 100 à liquider à la fois sur le montant cumulé des redevances annuelles et des charges accessoires et sur la valeur des constructions (Seine, 12 fév. 1904, 10566 R. P.).

Renferme, au contraire, deux dispositions distinctes et indépendantes s'analysant, l'une en un marché de travaux, l'autre en un bail de terrain, l'acte par lequel un entrepreneur s'engage envers une ville : 1° à construire des galeries de nécessité, dont la jouissance lui est concédée pendant une durée déterminée; 2° à payer, en outre, une redevance annuelle pour la location des emplacements. Ce contrat est, en conséquence, passible : 1° du droit de marché à 1 p. 100 sur l'importance des travaux à exécuter; 2° du droit de bail à 0, 20 p. 100 sur le montant cumulé des redevances annuelles, sauf faculté pour les parties de requérir le fractionnement triennal (Seine, 12 avril 1906, 11309 R. P.).

119. Bail de carrière. Droit d'extraire. Vente mobilière. Faculté de prolongation pour le preneur. Droit proportionnel non immédiatement exigible. — La clause suivant laquelle un contrat de bail de *carrière* réserve au preneur le droit de prolonger sa concession pendant une nouvelle période, présente à son égard le caractère d'une promesse de vente facultative et ne peut donner lieu à la perception immédiate du droit proportionnel (Gers, 17 fév. 1905, 10816 R. P.). — V. aussi *Marché*, n° 161.

160 et 175. Bail de meubles et d'immeubles. Fractionnement triennal du droit de 0.20 p. 100 limité à la jouissance des immeubles. — La faculté de requérir le fractionnement des droits de bail par périodes triennales est limitée aux baux d'immeubles; elle ne s'applique pas, dès lors, à la portion du prix d'un bail afférente à la jouissance d'objets qui ont le caractère de meubles, tels que le droit d'exploiter un service d'éclairage (Lyon, 6 mai 1902, 10573 R. P.).

Concession. Adjudication des droits de place sur les foires et marchés à découvert d'une commune. Fractionnement triennal. — L'adjudication des droits de place sur les foires et marchés à découvert d'une commune constitue un bail immobilier, ayant pour objet le sol des places et des rues dont la jouissance est concédée à l'adjudicataire; en conséquence, si cette adjudication est consentie pour une durée supérieure à trois ans, les parties sont fondées à requérir le fractionnement du droit d'enregistrement par périodes triennales. Même en admettant, au surplus, le caractère mobilier du droit concédé, le bénéfice du fractionnement triennal ne pourrait être refusé au contrat, l'art. 11 L. 23 août 1871 ayant formellement abrogé la disposition du n° 2, § 3, art. 69 L. frim., d'après laquelle les baux de 3, 6 ou 9 ans devaient, pour le payement de l'impôt, être considérés comme des baux de 9 années et qui s'appliquait aux baux de meubles comme à ceux d'immeubles sans distinction (Orléans, 11 janv. 1903, 11055 R. P.).

location, mais sans que le retard dans le paiement de ce droit, lors de chaque échéance, soit frappé d'une pénalité. — Il importe peu que, dans l'intervalle de chaque terme, il se soit produit une mutation dans la propriété de l'immeuble. La location se continuant, le nouveau propriétaire ne saurait être tenu, pas plus que ne l'aurait été l'ancien propriétaire, de souscrire la déclaration de cette continuation de jouissance (Sol. 5 mai 1897, 9022 et 9178 R. P.).

156. Bail à périodes. — Loyer. — Réduction à l'expiration de la première période. — Convention par acte s. s. p. — Nouveau bail. — L. 23 août 1871 applicable. — Tombe sous l'application des dispositions L. 23 août 1871 l'acte, intervenu entre le bailleur et le locataire, pour convenir qu'à partir de l'expiration de la 1re période du bail de 3, 6 ou 9 ans, en cours, le loyer annuel sera réduit à un chiffre indiqué. Cet acte constitue un nouveau bail passible du droit de 20 cent. 0/0 et il doit être soumis, sous peine d'amendes, à l'enregistrement, dans le délai légal (Sol. 29 nov. 1899, 9753 R. P.).

162. Fractionnement. — Réquisition. — Faute d'avoir requis, au moment de la formalité, le fractionnement triennal d'un droit de bail, les parties ne sont pas fondées à le requérir ultérieurement, même dans le cas où l'Administration conteste l'évaluation des charges formant le prix (Tours, 13 avril 1900, 9918 R. P.).

164. Bail à périodes. — Paiement des échéances. — Bureau compétent. — Les droits exigibles, postérieurement à l'enregistrement, sur les baux à périodes ou à paiements fractionnés, peuvent, désormais, être acquittés indifféremment dans tous les bureaux compétents pour l'enregistrement des baux s. s. p. et pour la réception des déclarations de locations verbales. Mais les parties ne sont admises à se libérer dans un bureau autre que celui de la situation des biens qu'à la condition de représenter l'un des originaux ou une expédition authentique du bail, selon que l'acte aura été fait s. s. p. ou passé devant notaire (3060-43 I. G.; 10195 R. P.).

165. Bail. — Réquisition de fractionnement. — Liquidation du droit. — Lorsque, au moment de l'enregistrement d'un bail à durée fixe consenti moyennant des prix variables, le fractionnement des droits est requis, la liquidation de l'impôt afférent à chaque période triennale doit s'effectuer d'après les prix cumulés du bail entier et non sur le prix de la période pour laquelle le droit est payé (Sol. 18 oct. 1898, 25637 J. E.).

171. Bail à périodes. — Fractionnement. — Sous-location. — Quand, au cours d'un bail, dont les droits sont acquittés par périodes triennales, le locataire principal sous-loue une partie des immeubles, les droits afférents à la période qui suit cette sous-location ne doivent être liquidés que sur le prix du bail diminué du prix de la sous-location (Sol. 28 août 1894, 1019 R. E.).

178-2. Bail de 3, 6 ou 9 ans. — Droits dus sur la seconde et troisième période. — Prescription trentenaire. — Lorsqu'un bail d'immeuble, consenti pour 3, 6 ou 9 ans, a été enregistré moyennant le payement du droit proportionnel afférent à la première période de 3 années seulement, conf. à l'art. 11 L. 23 août 1871, le droit qui devient exigible sur les périodes subséquentes, en cas de continuation du bail pendant les 9 années, ne se prescrit pas par 2 ans à partir du jour de l'ouverture de chaque nouvelle période. C'est la prescription de trente ans qui est seule applicable (Sartène, 23 mai 1892, 7915 R. P.).

205. Retard imputé au receveur. — Allégation sans preuve. — Lorsqu'un bail n'a pas été enregistré dans le délai, le débiteur du droit en sus ne peut en refuser le paiement sur la simple allégation qu'il avait déposé l'acte en temps utile, mais que l'enregistrement en a été différé par la faute du receveur (Seine, 5 juin 1891, 7605 R. P.).

205-2. Location verbale. — Déclaration. — Délai. — *Dies a quo*. — Le *dies a quo* n'est pas compris dans le délai de trois mois, fixé par l'art. 11 L. 23 août 1871, pour faire la déclaration de la location verbale d'un immeuble (Sol. 9 avril 1890, 7589 R. P.).

210. Bail hors délai. — Réquisition de fractionnement. — Droit en sus. — Liquidation. — Si les droits simples n'ont pas été acquittés par le preneur, dans le délai de trois mois, le bailleur n'en conserve pas moins la faculté de requérir le fractionnement par périodes triennales, mais sa réquisition n'a d'effet que pour le droit simple, et le droit en sus est dû sur le prix cumulé du bail pour toute la durée (Lyon, 9 juin 1893, 8100 R. P.).

Déféré à la C. Cass., ce jugement a été cassé par un arrêt du 14 déc. 1896 (8907 R. P.), qui décide que le droit en sus ne peut excéder le chiffre du droit simple calculé sur la première période triennale.

Nous ne pouvons adhérer à cette doctrine. La faculté de fractionnement inscrite en faveur du droit simple, dans l'art. 11 L. 23 août 1871, n'a pas été reproduite dans l'art. 14 qui détermine les pénalités applicables en cas de contravention à l'art. 11; il ne pouvait, en effet, entrer dans la pensée du législateur d'affaiblir des mesures de répression qui constituaient l'un des buts principaux de la loi. Ce serait, en réalité, consacrer un abus du droit de requérir le fractionnement et le détourner de sa destination normale que d'en investir les contrevenants pour leur permettre d'éluder partiellement les sanctions prononcées par l'art. 14; ce ne serait plus faciliter l'exécution de la loi, suivant l'intention du législateur, mais compromettre le système de répression jugé indispensable au recouvrement de l'impôt. Le fractionnement ne s'applique donc et ne peut rationnellement s'appliquer qu'au paiement du droit simple, et le bénéfice du terme ne saurait être revendiqué pour le droit en sus. On objecte, il est vrai, que le droit en sus ne peut pas dépasser le droit simple. Mais l'objection est purement spécieuse. Que le droit simple soit acquitté en une seule fois ou qu'il soit versé par fractions correspondantes aux périodes triennales du bail, il sert toujours de mesure à l'importance de la pénalité. La seule différence consiste en ce que le droit en sus doit faire l'objet d'un paiement unique, exigible au moment de l'enregistrement même du bail, par le motif péremptoire que le bénéfice du terme ne saurait lui être étendu. Quoi qu'il en soit, l'Administration a pris pour règle la doctrine de l'arrêt précité (2935-3 I. G.).

Elle avait, d'ailleurs, antérieurement décidé que lorsqu'un bail de plus de trois ans est présenté à l'enregistrement, après l'expiration du délai de trois mois, avec réquisition de fractionnement triennal, il n'y a pas lieu, pour déterminer la peine applicable au retard dans l'enregistrement, de tenir compte de la portion du droit simple qui devra être successivement versée à l'ouverture des périodes triennales subséquentes (Sol. 30 août 1892, 7979 R. P.).

213. Location verbale déclarée. — Bail non enregistré. — Lorsqu'un bail écrit n'a pas été enregistré dans le délai légal, le droit en sus est dû par le bailleur, alors même que ce dernier aurait souscrit une déclaration de location verbale, dans le délai (Sol. 22 fév. 1895, 25023 J. E.).

224-1. Personnalité des peines. — Tuteur. — Quand le bail d'un immeuble appartenant à un mineur n'est pas présenté à l'enregistrement, dans le délai légal, l'amende encourue ne peut être réclamée qu'au tuteur qui, seul, a passé le bail, et non au mineur devenu majeur (Sol. 27 nov. 1896, 1600 R. E.).

226. Location verbale au mois. — Usage des lieux. — Nouveau propriétaire. — Amende. — V. *suprà* n° 147.

271. Bail à loyer. — Cession. — L'acte par lequel un propriétaire, après avoir consenti à un premier preneur la location d'une partie d'immeubles, loue à un tiers la totalité de ces mêmes immeubles, pour un prix unique, à charge par le locataire de respecter les baux en cours et sous la condition d'en percevoir les loyers, renferme deux dispositions distinctes : 1° une cession de loyers sur la portion du prix applicable aux loyers cédés, 2° un bail pour le surplus (Châlons, 21 juill. 1890, 2148 R. E.).

De même, la cession par le bailleur de ses droits à un bail consenti par lui n'est pas une cession de jouissance, mais une cession de loyers. Par suite, elle est passible du droit de 1 p. 100 ou de 2 p. 100, selon que les fermages consistent en une somme d'argent ou en redevances en nature. — Si le bail est à périodes, ce droit doit être liquidé pour la durée totale; la réquisition de fractionnement pour une seule période triennale ne saurait être admise (Sol. 6 fév. 1892, 7791 R. P.).

272. Bail à mi-fruits. — Cession. — Constitue une vente de récoltes passible du droit de 2 p. 100, l'acte par lequel le propriétaire d'un immeuble loué à mi-fruits afferme le même immeuble à un tiers, pour un prix en argent, et le subroge dans tous les droits résultant du premier bail (Sol. 21 mars 1897, 4309 Rev. Prat.).

284. Résiliation et rétrocession de bail. — Distinction. — Il n'y a résiliation de bail que lorsque le bailleur reprend lui-même possession de sa chose; il y a, au contraire, rétrocession quand le cessionnaire du bail le cède de nouveau à son propre cédant, et c'est alors le droit proportionnel de 0 fr. 20 p. 100 qui est dû sur le montant des loyers restant à payer, sans qu'il y ait lieu d'appliquer le droit fixe minimum dont la faveur est réservée aux résiliations de baux proprement dites (Seine, 10 av. 1897, 9131 R. P.).

295. Résiliation. — Indemnité. — Disposition indépendante. — L'indemnité stipulée dans un acte de résiliation de bail, à la charge du bailleur, constitue une disposition indépendante de la résiliation, et donne ouverture au droit de 50 cent. p. 100 (Sol. 29 oct. 1890, 7510 R. P.).

297. Droit d'indemnité. — Maximum. — Dans la 2° colonne de la première partie du *Rép. gén.*, au lieu de : « Nous ne pensons pas, cependant, que le maximum du droit d'indemnité puisse excéder le droit fixe de 3 fr. », lire : Nous ne pensons pas, cependant, que le maximum du droit d'indemnité *ne* puisse... ».

328-3 et 329. Bail de gisements de phosphates. — Durée fixe, sauf faculté de résiliation. — L'adjudicataire du droit d'extraire une quantité minima de phosphates pendant huit années consécutives, avec faculté de résiliation tous les trois ans, moyennant une redevance fixée par tonne extraite, constitue une vente mobilière passible du droit de 2 p. 100. — L'impôt est immédiatement exigible pour toute la durée du contrat sur la quantité minima sans qu'il y ait lieu de s'arrêter, soit au défaut d'exploitation, soit à l'éventualité de la résiliation à l'expiration de chaque période triennale (Uzès, 7 avril 1891, 7869 R. P.).

Phosphates et carrières. — Exploitation. — Vente. — Fractionnement non applicable. — Renferme une vente mobilière et non une convention de louage l'acte par lequel un propriétaire donne à bail, pour 3, 6, 9, 12, 18 ou 27 années consécutives, moyennant une redevance annuelle, différents immeubles, en stipulant que les droits du preneur sont exclusivement limités à l'exploitation des gisements des phosphates de chaux, carrières et autres gisements miniers. — Cet acte est, en conséquence, passible du droit de 2 p. 100, sur le montant cumulé des redevances annuelles, et la faculté de fractionnement par périodes triennales ne lui est pas applicable, cette faculté n'étant prévue que pour les baux d'immeubles (Gaillac, 22 nov. 1900, 10144 R. P.).

329-3. Concession au preneur du droit d'exploiter des moellons. — Vente. — Renferme un bail d'immeubles et une vente de meubles l'acte par lequel un propriétaire loue, pour une période déterminée, et moyennant une redevance annuelle, une ferme, et concède au preneur le droit d'extraire ou de faire extraire, sur les terrains loués, tous les moellons dont il pourra avoir besoin et trouver l'emploi. Le droit de 2 p. 100 est, dès lors, exigible sur la portion de la redevance qui correspond à l'extraction. — Cette portion doit être ventilée d'après la déclaration estimative des parties (Pont-l'Évêque, 4 déc. 1891, 7653 R. P.; — Cass. req. 13 fév. 1893, 8032 et 8194-23 R. P.).

331-1. Vente de récoltes sur pied. — Caractère. — Constitue une vente de récoltes sur pied, conformément d'ailleurs à la qualification qui lui a été donnée par les

241 et 252. Mutation de fonds de commerce. Cession de bail concomitante. Présomptions. — Quand le locataire d'un magasin, en vertu d'un bail écrit non expiré, cède son fonds de commerce à un tiers qui continue à l'exploiter et paie les différents impôts afférents au local, il y a présomption d'une mutation directe de jouissance entre le cédant et le cessionnaire; cette présomption ne saurait être détruite par la simple affirmation des parties que le bail primitif a été résilié et remplacé par une nouvelle convention entre le propriétaire de l'immeuble et l'acquéreur du fonds de commerce. Il en est ainsi surtout quand l'Administration produit un acte par lequel le propriétaire donne son assentiment à la cession du bail en cours, consentie par le cédant du fonds de commerce à son acquéreur (Saint-Étienne, 30 janv. 1905, 10970 R. P.).

280. Société. Cession à un associé du fonds de commerce apporté par son coassocié. Cession de bail. — Si le bail du local où s'exploite un fonds de commerce a été consenti au profit de deux associés personnellement au cours de la prorogation verbale d'une société existant entre eux, la cession faite par un associé à l'autre de ses droits dans le bail ne donne ouverture au droit de 0,20 p. 100 que sur la moitié seulement du montant des loyers à échoir (Seine, 5 mai 1906, 11231 R. P.).

318. Algérie. Colonies. — Les baux faits à l'Algérie et aux autres colonies doivent, comme ceux passés au profit de l'État, être affranchis du droit d'enregistrement en vertu de l'art. 70, § 2, n° 1, L. frim., à moins que les frais ne soient à la charge du bailleur (D. m. f. 23 mars et 17 août 1903, Instr. 3143, 10715 R. P.).

324. Exploitation de carrière. Vente. Périodes. Faculté de résiliation. Base de la perception. — V. *Marché*, n° 101.

Bail de carrière. Droit d'extraire. Vente mobilière. — Le bail d'une carrière de calcaire hydraulique consenti, moyennant une redevance annuelle calculée par mètre cube de vide dans la carrière, constitue une vente de matières à extraire, c'est-à-dire une vente mobilière et est, en conséquence, passible du droit de 2 fr. p. 100; ce droit doit être liquidé d'après une déclaration estimative de la quantité des matières à extraire pendant la durée du bail, lorsque l'acte ne contient aucune indication à cet égard ([illegible] 17 fév. 1906, 10810 R. P.). — V. *Marché*, n° 101.

329-3. Concession au preneur du droit d'extraire des grès. Vente. — *Conf.* Senlis, 10 avril 1906, 11361 R. P.

331-4. Adjudication du droit d'extraire la résine dans une forêt de pins. Tarif. — Constitue un bail passible du droit de 0 fr. 20 p. 100, et non pas une vente mobilière soumise au tarif de 2 fr. p. 100, l'adjudication du droit d'extraire la résine dans une forêt de pins, quand bien même l'adjudicataire n'aurait aucun droit sur les autres produits de la forêt, dès lors qu'il doit préparer, par des soins particuliers, la récolte de la résine (Saint-Sever, 21 juill. 1904, 10895 R. P. — *Contra* Bordeaux, 26 déc. 1904, 10683 R. P.).

333. Adjudication de la ferme de l'écorce de chênes-liège. Tarif. — Constitue une vente mobilière soumise au droit de 2 fr. p. 100, et non pas un bail passible seulement du droit de 0 fr. 20 p. 100, l'adjudication de la ferme de l'écorce de chênes-liège, lorsque, d'après les clauses du cahier des charges, l'adjudicataire n'a aucun droit de jouissance sur le sol de la forêt (Cass. (Ch. réunies), 17 mars 1904; — *Contra* Draguignan, 1er déc. 1906, 10743 R. P.).

parties, et non un bail, l'acte portant adjudication de la récolte en foin et regain d'une prairie, pour l'année courante, sans attribution d'aucun droit de jouissance affectant le sol lui-même (Vitry-le-François, 18 juill. 1890; Cass. req. 9 mai 1892, 7848 et 7974-55 R. P.).

333. Écorce des chênes-liège. — Ferme. — Adjudication. — Tarifs. — Constitue un bail passible du droit de 0 fr. 20 p. 100 et non une vente assujettie au droit de 2 p. 100 l'adjudication du droit de récolter l'écorce des chênes liège dans les bois soumis au régime forestier, alors même que l'adjudicataire n'a ni la jouissance du sol, ni la faculté d'y faire paître des bestiaux (Toulon, 25 avr. 1893; Brignoles, 20 avril 1893, 8198 R. P.).

Déférés à la C. Cass., ces jugements ont été cassés par un arrêt du 29 avr. 1896 (8749 R. P.) qui reconnaît à la convention les caractères d'une vente mobilière passible du droit de 2 p. 100.

Cet arrêt ne nous semble pas devoir être approuvé. Le bail et la vente présentent, dans certains cas, de telles affinités qu'il est souvent difficile de les distinguer.

On peut dire cependant qu'il y a vente lorsque le produit à recueillir n'exige pas des soins de culture préalables et que les frais de l'exploitation se confondent avec ceux de la perception des fruits.

Au cas particulier, la question dominante est donc celle de savoir si l'adjudicataire de l'écorce des chênes-liège devait accomplir des travaux de culture pour arriver à recueillir les produits des arbres. La principale opération que le cahier des charges lui imposait consistait dans le *démasclage*; on entend par là l'enlèvement de la première écorce, dite *écorce mâle*, qui impose des frais considérables sans profit appréciable; le liège qui en provient est parfois employé pour faire des bouées et des flotteurs (*Bouquet de la Grye*, Guide du forestier, 1883, p. 131); mais le plus souvent il n'est pas utilisé et l'adjudicataire l'abandonne sur le parterre de la coupe. Le démasclage ne saurait donc être assimilé à une récolte et il n'a d'autre but que de préparer la formation et l'enlèvement de la seconde écorce, dite liège femelle qui, seule, est propre aux usages du commerce.

L'importance de cette opération est telle que, pendant longtemps, l'Administration l'a considérée comme une véritable culture caractéristique du contrat de bail (Sol. 11 oct. 1858, R. P. 1086; — 12 juill. 1876, R. P. 4700). L'interprétation admise par ces décisions était d'ailleurs conforme à un arrêt de la C. Cass. 7 déc. 1819, rendu dans une instance entre parties.

Depuis lors, la Ch. req. a rejeté un pourvoi formé dans une instance également entre parties, contre un arrêt C. Alger qui avait qualifié de vente un contrat de l'espèce. L'arrêt, portant la date du 25 janv. 1886, est ainsi conçu :

« Attendu que, suivant actes passés devant le cadi de Bône, les 8 déc. 1869 et 30 janv. 1870, divers indigènes, propriétaires des terres de Falama et Boudaroua, ont déclaré louer à Sgraire-ben-Hassein-Osman le produit de l'écorce des chênes-liège et la coupe des chênes *Zéens* existant sur ces terres avec stipulation expresse que les propriétaires se réservent la jouissance du sol, soit pour y habiter, soit pour le cultiver ou y faire paître leurs troupeaux; — Que, par acte public du 7 juill. 1870, Sgraire-ben-Hassein-Osman a cédé à Berthon et Lecoq, aux droits desquels se trouve aujourd'hui la Société des lièges, les deux contrats dont il s'agit; — Qu'il résulte de ces diverses clauses que la Société des lièges n'avait aucun droit quelconque sur le sol et que, ce qui lui appartenait uniquement, c'était le droit de récolter pendant un certain nombre d'années un produit particulier de la terre, dont la jouissance et l'usage direct continueraient d'appartenir exclusivement aux propriétaires; — Qu'une convention ainsi restreinte n'avait pas le caractère de louage qui, selon l'art. 1709 C. C. a essentiellement pour objet de transporter la jouissance d'une chose pendant un certain temps, mais qu'elle constituait une vente mobilière ».

En réalité, cette décision n'était pas inconciliable avec les précédentes. Ainsi que le fait remarquer Dalloz (86-1-441), le liège n'est sans doute que l'un des produits du sol; mais « rien ne s'oppose à ce que le propriétaire d'un héritage ne concède au locataire qu'un droit de jouissance limité à certains produits du sol, et, d'autre part, le liège croissant naturellement, la récolte peut s'en faire sans que nécessairement le sol soit aménagé ou cultivé d'une manière spéciale. Ainsi n'est-il pas douteux que le droit de récolter du liège puisse faire l'objet d'un bail (Montpellier, 30 avril 1816 et Cass. req. 7 déc. 1819. — Dalloz, V. *Louage*, n° 22). Mais, dans l'espèce dont il s'agit ici, la concession était accompagnée de clauses accessoires réservant au propriétaire la jouissance exclusive du sol, et il était conforme, dès lors, aux principes non moins qu'aux précédents judiciaires de considérer que, par cela même, l'acte constituait une vente mobilière ».

Ces observations renferment une part de vérité. Elles sont exactes en ce qu'elles établissent que le bail peut porter sur certains produits du sol seulement sans porter sur tous les produits à la fois ou sur le sol lui-même; il est également admis que, dans certains cas douteux, la jurisprudence incline en faveur de la vente mobilière, lorsque le propriétaire se réserve la jouissance exclusive du sol sur lequel naissent les produits dont il concède la récolte.

Mais nous nous demandons si, dans la matière spéciale qui nous occupe, une semblable réserve peut influer sur la détermination de la nature juridique du contrat.

Nous reconnaissons volontiers que, s'il s'agit de coupes de bois (*Rép. gén.*, v° *Bail*, n° 330), de coupes d'herbes (*loc. cit.*, n° 331-1), de plantes sauvages telles que l'alfa (*loc. cit.*, n° 331-3), le caractère de la convention reste indécis, parce que le produit à recueillir n'exige pas des soins de culture et qu'il se reproduit de lui-même. On conçoit que, dans ces conditions, la jurisprudence consulte les clauses accessoires de la convention pour l'interpréter d'après l'ensemble des stipulations qu'elle renferme.

Mais la situation est toute différente, quand, à raison de son objet même, le contrat ne laisse place à aucun doute. C'est ce qui arrive, suivant nous, pour les adjudications de chênes-liège.

Les soins multiples imposés aux adjudicataires, et notamment l'opération du démasclage, constituent un système général de culture qui suffit à lui seul pour caractériser la convention.

Il n'y a donc pas lieu de recourir à l'examen des clauses accessoires et d'attribuer à ces clauses assez d'in-

fluence pour modifier la qualification d'un acte clair, précis et ne comportant pas deux interprétations.

Si ces considérations sont exactes, il n'y avait donc pas à tenir compte, pour l'appréciation des actes soumis aux tribunaux de Toulon et de Brignoles et à la C. Cass., des droits que les communes s'étaient réservés sur le sol de leurs forêts, et, cette circonstance une fois écartée, le droit de vente mobilière à 2 p. 100 pouvait difficilement se justifier.

Il est vrai que l'arrêt du 29 avr. 1896 ne retient pas, comme élément d'appréciation, l'opération du *démasclage*; il n'y fait même pas allusion et se borne à constater que l'adjudicataire n'a aucun droit sur le sol et se trouve uniquement investi de la faculté de recueillir un produit particulier de la terre, alors que la jouissance et l'usage direct du fonds continuent d'appartenir exclusivement au propriétaire.

Ce n'est pas là, suivant nous, une raison péremptoire. Il peut y avoir bail de certains produits du sol sans que, pour cela, le propriétaire abandonne le sol lui-même (Cass. crim., 3 août 1878; S. 78.1.477; C. Nîmes, 26 fév. 1883; S. 83.2.225). Dans l'espèce, on concevait très bien que la commune, propriétaire de la forêt, cédât la jouissance des arbres, tout en conservant celle du fonds; les deux choses n'ont rien d'inconciliable ni en droit, ni en fait.

Ne voit-on pas des propriétaires conserver la jouissance de leurs fonds, tout en louant le droit d'y chasser, d'y passer, d'y faire paître des bestiaux, etc.? Le motif qui sert de base à la décision de la Cour ne la justifie donc pas entièrement, et, faute d'avoir répondu à l'objection tirée de l'obligation du démasclage, l'arrêt laisse planer, sinon des doutes sérieux sur l'exactitude de la solution qu'il consacre, du moins une obscurité regrettable sur la difficulté qui avait divisé l'Administration et les premiers juges.

Ajoutons que, dans l'opinion qui reconnaît aux adjudications de l'espèce le caractère juridique de la vente, il y aurait lieu de considérer le démasclage comme une charge susceptible d'être évaluée et ajoutée au prix pour la liquidation du droit de vente (L. 22 frim., art. 14-5°). Ce serait une conséquence extrême, mais logique du système adopté par la Cour.

345. Mine. — Cession du droit d'exploiter. — Quand une société constituée pour l'exploitation d'une mine cède à une autre société les valeurs composant son actif, à charge du paiement de son passif, et impose à la cessionnaire l'obligation d'acquitter la redevance annuelle due aux anciens propriétaires de la mine, il résulte de ces stipulations deux faits juridiques distincts, savoir : 1° une transmission de biens, à la charge de payer le passif d'une société, personne morale dissoute, à une autre société constitutive d'une autre personne morale; 2° une cession du bail de la mine. Cette dernière cession ne saurait être considérée comme soumise à la condition suspensive de l'extraction préalable du minerai, puisque la redevance doit être payée annuellement et d'une façon effective aux anciens propriétaires de la mine, abstraction faite de toute extraction de minerai. Elle donne ouverture au droit de 2 p. 100 sur le montant de la redevance. (Cass., 14 juin 1895, 8852 et 8960-24 R. P.)

361 *bis*. Difficultés d'exécution prévues. — Compétence du juge de paix. — Prorogation consensuelle. — Disposition dépendante. — La clause qui, dans les actes de bail, stipule que toutes les difficultés relatives à l'exécution du contrat seront soumises au juge de paix du canton dont la compétence est, en tant que de besoin, prorogée, constitue une condition du bail destinée à en assurer l'exécution et ne donne pas lieu, dès lors, à un droit particulier (Sol. 5 janv. 1895, 9147 R. P.).

420. Enfants assistés. — Traitement. — Entretien. — Bail à nourriture. — V. *Acte administratif*, n° 28.

426. Fondation de lit dans un hospice. — Contrat de bienfaisance. — Droit de donation. — La convention par laquelle un hospice, en échange d'une somme qui lui est remise, s'engage à fonder un lit, présente les caractères d'une libéralité et est passible, en conséquence, du droit de 9 p. 100, surtout lorsqu'il est constant, en fait, que la charge imposée est inférieure à la valeur transmise (Saint-Dié, 16 déc. 1892, 8001 R. P.).

452. Bail à vie. — Nature du contrat. — L. 25 fév. 1901 non applicable. — Le bail à vie ne constituant pas un usufruit, il est sans difficulté qu'on ne saurait lui appliquer les règles de perception établies, en matière d'usufruit et de nue propriété, par la L. 25 fév. 1901.

469. Bail à vie. — Mandat. — Distinction. — Dans la première partie du *Rép. gén.*, au lieu de Vitré, 21 déc. 1848, lire : Vitré, 21 déc. 1850.

SECTION 8. — BAIL EMPHYTÉOTIQUE.

[531-557]

531. L. 25 juin 1902. — Le Code civ. n'avait mentionné, dans aucune de ses dispositions, l'emphytéose. Une L. 25 juin 1902 a comblé cette lacune (V. *Code des lois*).

532. Droits et obligations des parties. — D'après l'art. 1er de cette loi, le bail emphytéotique ne peut avoir pour objet que des immeubles. Il confère au preneur un droit réel susceptible d'hypothèque; ce droit peut être cédé et saisi dans les formes prescrites pour la saisie immobilière.

Comme par le passé, le contrat de bail emphytéotique a pour effet de diviser la propriété du domaine qui en fait l'objet en deux parties distinctes constituant, l'une, le domaine direct représenté par la rente retenue par le bailleur, l'autre, le domaine utile qui confère le droit de jouir des fruits.

Le preneur ne peut demander la réduction de la redevance pour cause de perte partielle du fonds, ni pour cause de stérilité ou de privation de toute récolte à la suite de cas fortuits (Art. 4).

A défaut de payement de deux années consécutives, le bailleur est autorisé, après une sommation restée sans effet, à faire prononcer en justice la résolution de l'emphytéose. La résolution peut également être demandée par

419. Bail à nourriture. Durée indéterminée. Base de la perception. — Si la durée d'un bail à nourriture est indéterminée, le droit exigible doit être liquidé sur le prix annuel capitalisé par 10, par analogie avec les dispositions de la loi fiscale sur les rentes viagères et les baux à vie (Oloron, 10 août 1905, 10870 R. P.).

421. Bail à nourriture. Fractionnement. Bail à périodes ou à durée fixe. Faculté de résiliation à volonté. — Les baux à nourriture sont, comme les autres baux de droits mobiliers, passibles du droit d'enregistrement sur la durée totale, alors même qu'ils auraient été faits pour 3, 6 ou 9 ans ou que, ayant été consentis pour une durée fixe de plus de 3 ans, ils auraient été présentés à la formalité avec une réquisition de fractionnement. Il importerait peu, d'ailleurs, à cet égard, que les contractants se fussent respectivement réservé la faculté de résilier leurs engagements à volonté, une stipulation de ce genre ne constituant qu'une condition résolutoire, impuissante à faire obstacle à la perception immédiate de l'impôt, qui reste acquis au Trésor nonobstant la réalisation ultérieure de lad. condition (Sol. 9 mars 1903, Instr. 3125, § 1er, 10519 R. P.).

454. Bail à vie. Loyer annuel immédiatement converti à forfait en une somme une fois payée et supérieure à la capitalisation par 10. Bases de la perception. — Le droit proportionnel dont est passible un bail à vie doit être liquidé sur un capital formé de 10 fois le loyer annuel stipulé en y ajoutant les charges, bien que les parties aient immédiatement converti le prix annuel en une somme fixée à forfait, qui soit supérieure à la capitalisation légale (Grasse, 11 mai 1905, 10570 R. P.).

530-1. Droit de marché ou de jouissance fermière. — Le droit de marché ou de jouissance fermière, tel qu'il existe dans certaines régions du Nord de la France, constitue une valeur mobilière d'une nature spéciale qui doit être comprise dans la déclaration de la succession du fermier et qui est passible de l'impôt de mutation par décès comme les autres biens recueillis par les héritiers (Péronne, 23 mars 1906, 10780 R. P.).

le bailleur en cas d'inexécution des conditions du contrat ou si le preneur a commis sur le fonds des détériorations graves. Néanmoins les tribunaux peuvent accorder un délai suivant les circonstances (Art. 5).

Le preneur ne peut se libérer de la redevance, ni se soustraire à l'exécution des conditions du bail emphytéotique en délaissant le fonds (Art. 6).

Le preneur ne peut opérer dans le fonds aucun changement qui en diminue la valeur. Si le preneur a fait des améliorations ou des constructions qui augmentent la valeur du fonds, il ne peut les détruire, ni réclamer à cet égard aucune indemnité (Art. 7).

Le preneur est tenu de toutes les contributions et charges de l'héritage. En ce qui concerne les constructions existant au moment du bail et celles qui auront été élevées en exécution de la convention, il est tenu des réparations de toute nature; mais il n'est pas obligé de reconstruire les bâtiments, s'il prouve qu'ils ont été détruits par cas fortuit, par force majeure, ou qu'ils ont péri par le vice de la construction antérieure au bail. Il répond de l'incendie, conformément à l'art. 1733 du Code civil (Art. 8).

L'emphytéote peut acquérir au profit du fonds des servitudes actives, et le grever, par titre, de servitudes passives, pour un temps qui n'excédera pas la durée du bail et à charge d'avertir le propriétaire (Art. 9).

L'emphytéote profite du droit d'accession pendant la durée de l'emphytéose (Art. 10).

En cas d'expropriation pour cause d'utilité publique, le bailleur devra faire connaître le droit de l'emphytéote, conformément aux dispositions de l'art. 21 de la loi du 3 mai 1841. Des indemnités distinctes sont accordées au bailleur ou au preneur (Art. 11).

Le preneur a seul les droits de chasse et de pêche et exerce à l'égard des mines, minières, carrières et tourbières tous les droits de l'usufruitier (Art. 12).

533. Droit de faire des baux emphytéotiques. — Le bail emphytéotique ne peut être valablement consenti que par ceux qui ont le droit d'aliéner, et sous les mêmes conditions, comme dans les mêmes formes. Les immeubles appartenant aux mineurs ou interdits pourront être donnés à bail emphytéotique en vertu d'une délibération du conseil de famille homologuée par le tribunal. Le mari pourra aussi donner à bail emphytéotique les immeubles dotaux avec le consentement de la femme et l'autorisation de justice (Art. 2).

534. Durée. — Le bail emphytéotique doit être consenti pour plus de dix-huit années, et ne peut dépasser quatre-vingt-dix-neuf ans; il ne peut se prolonger par tacite reconduction (L. 25 juin 1902, art. 2).

535. Caractères du bail emphytéotique. — Il est regrettable qu'après avoir réglementé les droits et les obligations du propriétaire et de l'emphytéote, le législateur de 1902 n'ait pas cru devoir compléter son œuvre en précisant nettement les caractères du contrat d'emphytéose, et les éléments qui peuvent servir à le distinguer de contrats offrant avec lui une grande analogie, tels que la vente, l'usufruit et le bail.

Sans doute, il existe entre l'emphytéose, l'usufruit et la vente des différences qu'il est facile de reconnaître.

L'usufruit est, en effet, une servitude personnelle attachée à la personne de l'usufruitier et qui disparaît avec lui. L'emphytéose, au contraire, n'est point une servitude et se transmet aux héritiers de l'emphytéote. D'autre part, l'emphytéose impliquant nécessairement une redevance, ne peut jamais constituer un acte à titre gratuit, tandis que l'usufruit peut être établi à titre onéreux (Fuzier-Herman, *Rép. du droit français*, V° Emphytéose, n° 52).

Bien que, sous de nombreux rapports, les droits de l'emphytéote ressemblent à ceux de l'acheteur d'un fonds, notamment au point de vue de l'exercice des actions réelles, tant pétitoires que possessoires, il y a, cependant, aussi des différences radicales. La vente implique, en effet, une transmission de propriété du vendeur à l'acheteur : au contraire, la propriété reste, dans l'emphytéose, sur la tête du bailleur, et le preneur n'acquiert qu'un simple droit réel. Par suite, l'emphytéote n'étant pas propriétaire, n'a pas le droit d'abuser de la chose remise en emphytéose; les actes de disposition qu'il peut faire de son droit (vente, hypothèque, etc.), ne sont enfin que temporaires et ne grèvent pas la chose même sur laquelle porte son droit réel d'emphytéose (Fuzier-Herman, *loc. cit.*, n° 53).

Mais la difficulté devient beaucoup plus grande quand il s'agit de distinguer l'emphytéose du bail. A cet égard, la longue durée de la convention ne saurait être considérée comme un critérium certain permettant de reconnaître l'existence de l'emphytéose. La raison en est que rien n'empêche les parties de donner à l'effet de leurs stipulations la durée qui leur plaît, sans en modifier l'essence (Laurent, t. VIII, n° 354; Duvergier, t. I, n° 150; Cass. 23 juill. 1839, S. 39, 1. 250).

Le vrai critérium paraît être dans la nature du droit conféré au preneur.

L'emphytéose démembrant la propriété, ce contrat ne se rencontre que s'il résulte des clauses qu'un droit réel sur la chose est conféré au preneur. Si ce droit est purement personnel mobilier, la convention ne peut avoir que les caractères d'un bail ordinaire.

Sous l'empire de la L. 25 juin 1902, comme sous le régime de la coutume antérieure, il sera donc nécessaire, chaque fois que l'on se trouvera en présence d'une convention qualifiée d'emphytéose, de rechercher, non seulement si l'intention des parties correspond bien à la qualification donnée, mais encore si les stipulations ne résistent pas à cette qualification.

536. Exemples. — Sous ce rapport, les exemples que nous avons indiqués dans la première partie de notre *Rép. gén.* n'ont rien perdu de leur actualité.

538. Transcription. — De ce que le bail emphytéotique confère au preneur un droit réel susceptible d'hypothèque (L. 25 juin 1902, art. 1er), il faudrait en conclure que les baux emphytéotiques sont passibles du droit de transcription.

Mais l'art. 14 L. 25 juin 1902 en décide autrement. D'après cet art., les baux de l'espèce ne sont passibles que du droit de 0 fr. 20 p. 100, et il a été entendu, dans les travaux de la Commission, que ce tarif comprend à la fois le droit d'enregistrement et le droit de transcription.

Seule, la taxe hypothécaire de 0 fr. 125 p. 100, établie

par la L. 27 juill. 1900 devient exigible, si la formalité matérielle de la transcription est requise à la conservation des hypothèques. Elle doit être liquidée, comme le droit d'enregistrement, sur le montant intégral des redevances pour toute la durée du bail (V. *Hypothèque* et nos suiv.).

539. Tarif. — Bail. — Cession par le preneur ou par le bailleur. — D'après l'art. 14 L. 25 juin 1902, l'acte constitutif d'emphytéose n'est assujetti qu'aux droits d'enregistrement et de transcription édictés pour les baux à ferme ou à loyer d'une durée limitée; il n'est, dès lors, passible que du droit de 0 fr. 20 p. 100. Cette disposition est en contradiction absolue avec la nature que la loi, dans ses dispositions antérieures, reconnait au contrat d'emphytéose. Puisque ce contrat est translatif de droit réel immobilier, il eût été logique de le maintenir sous le régime des principes généraux de la législation fiscale, et de le soumettre au droit de mutation à titre onéreux. L'anomalie créée par l'art. 14 précité n'a d'autre cause que le désir de favoriser les contrats de l'espèce. Le rapporteur à la Chambre des députés l'a déclaré dans les termes suivants : « Les avantages que l'agriculture peut retirer des baux à long terme et les dispositions favorables du projet de loi perdraient beaucoup de leur importance si les droits d'enregistrement afférents à cette nature de contrat en éloignaient, par leur élévation excessive, les propriétaires et les fermiers »..

Le droit d'enregistrement doit, d'ailleurs, être liquidé sur le montant intégral des redevances stipulées pour toute la durée du bail. Le fractionnement par périodes triennales, qu'autorise l'art. 11, § 8, L. 23 août 1871, n'est pas applicable à la matière. Une disposition admettant le bénéfice du fractionnement avait été, à l'origine, adoptée par le Sénat, le 28 fév. 1882, mais, à la suite des observations de l'Administration, cette disposition n'a pas été maintenue dans le texte définitif voté par le parlement. (Rapport supplémentaire, fait au nom de la Commission d'agriculture de la Chambre des députés, par M. Georges Graux; annexe au procès-verbal de la séance du 10 mars 1899, n° 709; rapport, fait au nom de la Commission du Sénat chargée d'examiner le projet de loi sur le Code rural par M. Guillier; annexe au procès-verbal de la séance du 27 mars 1902, n° 219.)

Faisons remarquer que l'assimilation du contrat constitutif d'emphytéose au bail conduit à décider que la convention d'emphytéose, quand elle est verbale, est, de même que lorsqu'elle est écrite, obligatoirement assujettie à l'enregistrement. En d'autres termes, il convient d'appliquer à ce contrat les règles relatives aux délais prévus, et aux obligations imparties, pour l'enregistrement ou la déclaration des baux, ainsi que les pénalités encourues pour retard dans la présentation de l'écrit à la formalité ou la déclaration de l'engagement verbal à souscrire.

Prorogation. — Le tarif de 0 fr. 20 p. 100 est évidemment applicable aux actes constatant la prorogation d'un bail emphytéotique, lorsque cette prorogation n'a pas pour objet une période de temps supérieure à 99 ans.

Quand, au contraire, la prorogation a pour résultat d'assigner à l'emphytéose une durée supérieure à 99 ans, contrairement aux prescriptions impératives de l'art. 1er de la loi précitée, il y a lieu, semble-t-il, de considérer la convention comme produisant les effets d'une véritable aliénation, et de l'assujettir au droit de mutation à titre onéreux.

Cession par le preneur ou par le bailleur. — Dans son art. 14, la L. 25 juin 1902 a pris le soin d'indiquer que l'assimilation de l'emphytéose au bail est limitée strictement au contrat constitutif de l'emphytéose. Quant aux mutations de toute nature ayant pour objet, soit le droit du bailleur, soit le droit du preneur, l'article précité les déclare soumises aux dispositions de la L. frim. et des lois subséquentes concernant les transmissions de propriété immobilière.

540. Donation. — Nul doute, depuis la L. 25 juin 1902 (art. 14) que la donation de jouissance emphytéotique soit traitée, au point de vue fiscal, comme une donation immobilière (V. n° précédent, *in fine*). Mais la perception, au lieu d'être établie, comme en matière de libéralité ordinaire, sur le revenu capitalisé, sera liquidée sur la valeur vénale d'après la déclaration estimative des parties (art. 14 précité).

541. Échange. — La règle tracée dans la première partie de notre *Rép. gén.* est nettement confirmée par les dispositions de l'art. 14 L. 25 juin 1902, avec cette seule différence que la perception doit être opérée en ce qui concerne l'emphytéose, non sur le revenu capitalisé, mais sur la valeur vénale, d'après la déclaration estimative des parties.

542. Acquisition par le preneur. — Si le preneur à bail emphytéotique acquiert l'immeuble emphytéosé, le principe général et absolu posé dans l'art. 14 *in fine* L. 25 juin 1902 conduit à reconnaître que c'est sur la valeur vénale, d'après la déclaration estimative des parties que le droit de vente doit être perçu, et non, comme autrefois, sur le prix augmenté de la somme payée pour représenter le loyer emphytéotique.

545. Domaine direct. — C'est encore la valeur vénale, d'après la déclaration estimative des parties, qui doit servir de base à la perception dans l'hypothèse prévue au n° 545 de la première partie de notre *Rép. gén.*

546. Retrocessions. — Résiliations. — Quant aux rétrocessions et résiliations de baux emphytéotiques, elles sont soumises aux règles ordinaires du droit fiscal qui régissent les mutations de *propriété* immobilière, et non celles qui sont applicables aux baux. Le tarif de faveur, édicté par l'art. 14 L. 25 juin 1902, est, en effet, limité au cas nettement prévu, c'est-à-dire au seul contrat constitutif d'emphytéose.

Jugement. — La solution indiquée dans la première partie de notre *Rép. gén.* n'est pas modifiée par la loi nouvelle, puisque, d'après l'art. 5 de cette loi, la résolution judiciaire de l'emphytéose n'est autorisée qu'à défaut de paiement de deux années consécutives.

547. Succession. — Les transmissions par décès d'un bail emphytéotique sont soumises au droit de mutation par décès. Le texte de l'art. 14 L. 25 juin 1902 est formel à cet égard.

548. Liquidation des droits. — En ce qui concerne

BANQUE DE FRANCE.

10. Succession. Avance sur titres de rente consentie au défunt par la Banque de France. Transfert des titres au nom de cet établissement. Droits de mutation par décès dus par les héritiers de l'emprunteur. — V. *Succession*, n° 913.

BÉNÉFICE D'INVENTAIRE.

51. Héritier bénéficiaire. Droit de mutation par décès. — L'héritier bénéficiaire, étant tenu personnellement au payement des droits de mutation par décès au même titre que l'héritier pur et simple, ne peut être admis à différer ce payement jusqu'à la reddition de son compte de bénéfice d'inventaire (Seine, 20 déc. 1902, 10379 R. P.). — Il est tenu au payement, quelle que soit l'importance des charges de la succession, alors même que le défunt aurait institué un légataire du reliquat [illegible] qui pourrait exister après le remboursement de toutes ses dettes (Versailles, 6 janv. 1905, 11010 R. P.).

71. Licitation. Adjudication au profit d'un héritier bénéficiaire. Partage enregistré simultanément. Droit de transcription exigible. — L'adjudication, par voie de licitation, prononcée au profit d'un héritier bénéficiaire, donne ouverture au droit de transcription, sans qu'il y ait lieu de se préoccuper des résultats d'un acte de partage présenté à l'enregistrement en même temps que le procès-verbal d'adjudication et qui attribue à l'héritier bénéficiaire la totalité du prix par lui dû (Seine, 12 mars 1904, [illegible] R. P.). Mais si le droit de transcription n'a pas été perçu lors de l'enregistrement du procès-verbal d'adjudication et qu'ultérieurement l'héritier bénéficiaire, devenu majeur, a renoncé au bénéfice d'inventaire, ce droit ne peut plus être exigé (Seine, 5 mai 1905, 11291 R. P.).

Épouse survivante légataire de la quotité disponible de la succession de son mari. Concours avec des héritiers à réserve. Adjudication d'immeubles tranchée pour l'usufruit, au profit de la veuve, et, pour la nue propriété, au profit des enfants parmi lesquels se trouve un mineur. Partage enregistré simultanément. Droit de transcription. — L'adjudication par voie de licitation d'immeubles dépendant de la succession du mari tranchée, pour l'usufruit, au profit de la veuve légataire de la quotité disponible, et, pour la nue propriété, au profit des enfants parmi lesquels se trouve un mineur, héritier bénéficiaire, est de nature à être transcrite du chef de la veuve et du chef de l'héritier bénéficiaire, au point de vue de la purge des hypothèques; elle donne, en conséquence, ouverture au droit de 1.50 p. 100, alors même que le jugement d'adjudication a été suivi d'un acte de partage présenté en même temps que lui à l'enregistrement, cet acte de partage ne portant aucune atteinte aux qualités en lesquelles l'adjudication a été effectuée au profit des parties (Seine, 11 nov. 1905, 11110 R. P.).

la liquidation de l'impôt, il y a lieu de distinguer entre l'acte constitutif de l'emphytéose, et les transmissions de toute nature ayant pour objet, soit le droit du bailleur, soit le droit du preneur.

Pour l'acte constitutif de l'emphytéose, V. *suprà* n° 530.

Pour les transmissions du domaine direct ou du domaine utile, l'art. 14 L. 25 juin 1902 tranche une difficulté qui, sous l'empire de la législation antérieure, avait soulevé de vives controverses et était diversement résolue. Il décide que, dans tous les cas, l'impôt sera perçu sur la valeur vénale d'après la déclaration estimative des parties. Cette disposition qui est conçue dans les termes généraux les plus absolus, englobe les transmissions quelles qu'elles soient, les transmissions entre vifs comme celles qui s'opèrent par décès, les transmissions à titre onéreux comme celles qui ont lieu gratuitement (3091 I. G.).

549-1-2-3. Règle. — Telles sont les nouvelles règles qu'il convient d'appliquer aux différentes hypothèses prévues dans la première partie de notre *Rép. gén.*

549-4. Usufruit et nue propriété. — Ce sont ces règles qui régissent également l'évaluation de la nue propriété et de l'usufruit du domaine direct et du domaine utile, à l'exclusion de celles qui ont été établies par la L. 25 fév. 1901, et que nous indiquons v° *Usufruit*.

550. Meubles. — Immeubles. — Sans modification.

551. Charges. — *Id.*

552. Contributions. — *Id.*

553. Greffe (Droit de). — Faisons remarquer que les droits de greffe ont été supprimés par la L. 26 janv. 1892.

554. Redevance. — Cession. — Sans modification.

555. Expertise. — Comme par le passé, toutes les transmissions du domaine direct ou du domaine utile sont soumises au contrôle de l'expertise. Mais, dans tous les cas, qu'il s'agisse de mutations à titre gratuit ou de transmissions à titre onéreux, c'est toujours, sous l'empire de la loi nouvelle, la valeur vénale qui devra être expertisée, puisque cette valeur sert uniformément de base à la liquidation du droit.

556. Délai. — Mutation secrète. — Sans modification. — V. *suprà* n° 530.

557. Réforme législative. — La réforme législative que nous avons indiquée dans la première partie de notre *Rép. gén.* est accomplie par la L. 25 juin 1902, commentée dans les n°s qui précèdent.

BAILLEUR DE FONDS.

11. Comptable public. — Cautionnement. — Prêt. — Droit de 1 p. 100. — Est passible du droit de 1 p. 100, à l'exclusion du droit fixe de 3 fr., l'acte par lequel un comptable de deniers publics se reconnaît débiteur d'une somme destinée à l'acquisition de titres de rente qui doivent être affectés à son cautionnement, et s'engage tant à rembourser cette somme dans un délai déterminé qu'à en servir l'intérêt à 5 p. 100 jusqu'au remboursement (D. m. f., 5 oct. 1898; — Sol. 21 oct. 1896, 8905 R. P.).

BANQUE DE FRANCE.

8. Actions immobilières. — Droit de mutation par décès. — Capitalisation du revenu. — Pour les actions immobilières de la Banque de France, le droit de mutation par décès doit être liquidé sur le revenu de l'année du décès, capitalisé par 20, conformément à l'art. 15, n° 7, L. 22 frim. (Sol. 5 déc. 1892, 8129 R. P.). V. *Décharge*.

BÉNÉFICE D'INVENTAIRE.

12. Acceptation bénéficiaire. — Déchéance. — La demande en partage d'une succession, formée par les héritiers, emporte de leur part acceptation tacite de la succession, sans qu'il y ait lieu d'avoir égard au peu d'importance des objets qui en dépendent. En conséquence, la succession ne peut être acceptée postérieurement sous bénéfice d'inventaire (Cass. civ., 26 mars 1902, 10858 R. P.).

15. Partage. — L'attribution de meubles et effets mobiliers à un héritier bénéficiaire dans le partage que cet héritier a provoqué des biens dépendant de la succession acceptée bénéficiairement, ne constitue qu'une opération de partage et n'emporte pas déchéance du bénéfice d'inventaire (Cass. Civ., 12 fév. 1900, 9939 R. P.).

45. Mineur. — Legs universel. — Acceptation par le père administrateur légal. — Le legs universel fait à un enfant mineur peut être valablement accepté, au nom du légataire, par le père administrateur légal des biens de ce dernier (Saint-Amand, 10 mai 1894, 8557 R. P.).

51. Héritier bénéficiaire. — Droit de mutation par décès. — L'héritier bénéficiaire est tenu personnellement au paiement des droits de mutation par décès, au même titre que l'héritier pur et simple (Trévoux, 26 mai 1898, 9415 R. P.).

70. Licitation. — Usufruit et nue propriété. — Mineur. — Prix unique. — Droit de transcription. — Renonciation ultérieure par le mineur au bénéfice d'inventaire. — Le droit de transcription perçu sur l'intégralité du prix d'une adjudication par voie de licitation prononcée au profit d'un mineur, n'est pas restituable, bien que le mineur, devenu aujourd'hui majeur, renonce ultérieurement au bénéfice d'inventaire (Seine, 19 fév. 1892, 7787 R. P.).

71. Licitation. — Adjudication au profit d'un mineur. — Partage enregistré simultanément. — Droit de transcription. — L'adjudication, par voie de licitation, prononcée au profit d'un mineur, donne ouverture au droit de transcription, sans qu'il y ait lieu de se préoccuper des résultats d'un acte de partage présenté à l'enregistrement, en même temps que le procès-verbal d'adjudication, et qui attribue au mineur la totalité du prix par lui dû (Cass. req., 5 mars 1894, 8266 R. P.).

73. Licitation. — Héritier interdit adjudicataire. — Droit de transcription. — L'adjudication sur licitation, au profit d'un interdit, des immeubles dépendant des successions de ses père et mère, ne donne pas ouverture au droit de transcription, lorsque l'interdiction, dont la cause pouvait être en germe, n'a été prononcée que postérieurement à l'ouverture de ces successions, et n'a pas eu, par suite, pour effet de transformer l'interdit d'héritier pur et simple qu'il était en héritier bénéficiaire (Nantes, 29 juill. 1897, 9279 R. P.).

74. Licitation. — Mineur émancipé adjudicataire. — Bénéfice d'inventaire. — Acceptation pure et simple. — Nullité. — Droit de transcription. — La licitation prononcée au profit d'un mineur, héritier bénéficiaire par la volonté de la loi, est un acte de nature à être transcrit et passible, par conséquent, du droit proportionnel de 1 fr. 50 pour 100 lors de l'enregistrement. Il en est ainsi, alors même que le mineur adjudicataire, déjà émancipé au moment de l'adjudication, aurait, avec l'assistance de son curateur, accepté la succession purement et simplement, dans l'intervalle qui s'est écoulé entre la date de l'adjudication et celle de l'enregistrement de cette licitation : d'une part, en effet, l'acceptation des successions échues aux mineurs ne peut avoir lieu que sous bénéfice d'inventaire, et, d'autre part, aucun texte ne permet au tuteur de renoncer, au nom du pupille, au bénéfice d'inventaire. L'Administration est fondée à invoquer la nullité d'une telle acceptation, qui n'a d'autre but que d'éviter le paiement d'un droit légitimement dû au Trésor (Versailles, 10 juill. 1896, 8899 R. P.).

84. Usufruit. — Droit de transcription. — Nous avons vu, dans la première partie du *Rép. gén.*, que lorsque le donataire de la nue propriété d'un immeuble, qui a payé le droit de mutation sur la valeur entière de la propriété, est héritier sous bénéfice d'inventaire, et qu'il se rend adjudicataire de l'usufruit, le droit de transcription est dû sur la totalité du prix, quoique la donation de la nue propriété ait été transcrite.

Dans cette hypothèse, sous l'empire de la L. 25 fév. 1901, qui, ainsi que nous le verrons vº *Usufruit*, a édicté de nouvelles mesures pour la valeur imposable de l'usufruit et de la nue propriété, le nu propriétaire, n'ayant pas eu à acquitter l'impôt par anticipation lors du démembrement, sur la valeur de la pleine propriété, devra payer le droit proportionnel de mutation sur la valeur de l'usufruit qu'il acquiert.

86. Licitation. — Majeurs et mineurs. — Division des lots. — Quand une adjudication est prononcée, par suite de licitation, au profit du mandataire des colicitants, le droit de 4 p. 100 est dû sur la différence entre le prix total de l'adjudication et la part revenant aux acquéreurs dans l'intégralité des immeubles adjugés. Il en est ainsi, bien qu'immédiatement après l'adjudication, et dans le procès-verbal lui-même, le mandataire ait désigné pour adjudicataires divis les colicitants, acquéreurs chacun d'un immeuble déterminé, moyennant un prix distinct (Yvetot, 16 mars 1894, 8335 R. P.).

88. Restitution. — V. *suprà* nº 70.

89. Licitation. — Mineurs. — Acceptation pure et simple. — V. *suprà* nº 74.

94. Adjudication au profit du successeur d'un héritier bénéficiaire. — Actes d'acceptation pure et simple. — Droit de transcription. — Lorsqu'une succession a été acceptée sous bénéfice d'inventaire par un héritier qui est décédé lui-même après avoir accompli des actes impliquant son acceptation pure et simple, le successeur de ce dernier ne doit pas le droit de transcription s'il devient acquéreur d'un immeuble dépendant de l'hérédité primitivement acceptée sous bénéfice d'inventaire (Seine, 23 déc. 1891, 7823 R. P.).

95-96-97. Droits de greffe. — Les droits de greffe ont été supprimés par la L. 26 janv. 1892. — V. *Taxe des frais de justice, Licitation et Succession.*

BIENS.

13-1. Salin. — Caractère immobilier. — Présente un caractère immobilier le salin établi en partie sur des terrains acquis par des colicitants et pour le surplus sur des terrains maritimes concédés par l'État (Toulouse, 28 mars 1899, 9652 R. P.).

36. Immeubles par destination. — Fabrique de sucre. — Matériel et approvisionnements. — Il y a lieu de considérer comme immeubles par destination, dans le sens de l'art. 524 C. civ., le matériel industriel d'une fabrique de sucre, les approvisionnements existants dans une usine, les ustensiles de laboratoire, les pièces de rechange et les outils destinés, soit à la fabrication proprement dite, soit à constater la qualité des produits fabriqués. Dès lors, l'adjudication de l'usine et des divers objets ci-dessus énumérés est passible du droit de 5 fr. 50 p. 100 sur l'intégralité du prix (Arras, 3 mai 1899, 9637 R. P.).

36-1. Papeterie. — Pièces de rechange. — Toiles métalliques. — V. *Mutation*, nº 728.

36-4. Brasserie. — Tonneaux pour les particuliers. — Meubles. — A la différence des tonneaux et réservoirs restant à l'usine, n'ont pas le caractère d'immeubles par destination, au vœu de l'art. 524 C. Civ., les fûts qu'une brasserie affecte au transport et à la conservation de la bière chez les particuliers, et qui, non rendus dans un temps déterminé, sont facturés au compte de ces derniers (Corbeil, 24 juill. 1901, 10121 R. P.).

41. Canalisations souterraines pour le service d'une distribution de gaz. — Caractère immobilier. Les canalisations établies sous le sol des routes nationales

BIENS.

13-1. Chute d'eau à créer. Droits de riveraineté et terrains nécessaires pour aménager la chute. Actes distincts passés le même jour entre les mêmes parties. — Lorsque les mêmes parties ont passé entre elles, le même jour, deux actes distincts ayant pour objet, l'un, la vente d'une chute d'eau à créer, l'autre, la cession des droits de riveraineté et des terrains nécessaires pour aménager la chute, ces deux actes constituent en réalité un contrat unique portant sur la transmission d'une propriété immobilière et donnant, en conséquence, ouverture au droit de 5.50 p. 100 sur la totalité du prix stipulé, — [illegible] n'ont pas été présentés à la formalité dans les délais légaux. De tels actes ne sauraient être considérés, le premier, comme une obligation de faire, — le second, comme un traité de courtage ou de commission, ni comme un louage de services ou un marché de travaux, — quand il est constant, en fait, que les parties ont entendu traiter d'une « chute d'eau » au sens matériel du mot, c'est-à-dire d'un ensemble immobilier comprenant nécessairement les droits de riveraineté, ceux de passage et tous les terrains nécessaires à la mise en œuvre de la chute, abstraction faite des travaux d'aménagement, et, d'autre part, que le vendeur avait acquis à ses risques et périls et de ses deniers personnels les droits et terrains nécessaires pour l'utilisation de cette chute ([illegible], 16 mai 1905, 11061 R. P.).

13-2. Bâtiments incorporés au sol et vendus sans obligation de démolition. Caractère immobilier. Matériel d'une scierie mécanique. Immeubles par destination. — Constitue une mutation immobilière qui devait être soumise à l'enregistrement dans les trois mois du jour de l'acte la constatant ou de la prise de possession si elle est restée purement verbale, la convention par laquelle le locataire d'un terrain a acquis du bailleur les bâtiments et le matériel d'une scierie mécanique établis sur ce terrain, lorsque les bâtiments sont incorporés au sol, qu'ils n'ont pas été acquis pour être démolis et qu'il n'a pas été effectivement procédé à leur démolition, et, d'autre part, que le matériel a été acheté en même temps que les constructions pour continuer le travail et l'exploitation de l'industrie qui s'y exerce (Pithiviers, 26 juin 1902, [illegible] R. P.).

36. Immeubles par destination. Usine. Pièces accessoires du gros outillage. Outils des ouvriers. — Les pièces accessoires qui s'adaptent aux machines formant le gros outillage d'une usine et les instruments qui servent aux ouvriers pour compléter ou finir le travail effectué mécaniquement, ont le caractère d'immeubles par destination (Seine, 2 août 1902, 10430 R. P.).

1º Constituent également des immeubles par destination, les caractères d'imprimerie, les appareils d'éclairage, les chevaux, les harnais et les voitures servant à l'exploitation d'une imprimerie (Saint-Amand, 16 déc. 1902, 10477 R. P.).

2º Le matériel et l'outillage d'une usine lorsqu'ils ont été spécialement affectés par le propriétaire au service de cette usine (Seine, 19 juin 1903, 10687 R. P.).

3º Les chevaux, voitures, charrettes et camions affectés à l'exploitation d'une usine (Saint-Nazaire, 1er juill. 1905, 10050 R. P.).

36-3 et 4. Négociant en vins. Machineries, foudres, cuves, pompes, matériel fixe et roulant. — Constituent des immeubles par destination les machineries, foudres, cuves, pompes, matériel fixe et roulant, installés à perpétuelle demeure par le propriétaire d'un immeuble qui se livre au commerce des vins (Montpellier, 3 juill. 1905, 11161 R. P.).

Brasserie. Tonneaux pour le transport de la bière. Chevaux et voitures. — Ces biens sont des immeubles par destination, attendu qu'il s'agit d'agents nécessaires à l'exploitation du fonds (Orléans, 26 juillet 1906, 11349 R. P.).

Siphons d'une fabrique d'eaux gazeuses. Constituent aussi des immeubles par destination (Seine, 11 janv. 1907, 11370 R. P.).

Coffres-forts d'une maison de banque spécialement aménagés dans les caves pour recevoir en dépôt des fonds et valeurs. — Immeubles par destination (Seine, 20 avril 1907, 11450 R. P.).

41. Canalisations souterraines pour le service d'une distribution de gaz. Caractère immobilier. — Les canalisations établies sous le sol des routes nationales pour le service d'une distribution de gaz appartenant à une ville ont, au même titre que celles installées sous le sol des voies urbaines, le caractère d'immeubles par destination, si, en fait, ces diverses canalisations n'ont entre elles aucune solution de continuité et forment un tout indivisible (Lyon, 8 mai 1902, 10373 R. P.).

59. Immeubles par destination redevenant meubles. — *Matériel et outillage affectés à l'exploitation d'une usine. Donation de l'usine, du matériel et de l'outillage. Attribution des immeubles à certains donataires, et aux autres du matériel et de l'outillage. Cession par ces derniers aux premiers. Société formée pour continuer l'exploitation de l'usine. Actes concomitants. Désimmobilisation frauduleuse.* — Lorsque des père et mère ont fait donation à leurs quatre enfants et seuls présomptifs héritiers d'une usine, ainsi que du matériel et de l'outillage industriels affectés à son exploitation, qui ont été attribués, savoir : les immeubles et le fonds de commerce à deux des donataires indivisément, le matériel et l'outillage aux deux autres, également par indivis, — puisque ces derniers ont, par acte du même jour, cédé le matériel et l'outillage à leurs deux autres codonataires qui ont immédiatement formé entre eux une société ayant pour objet l'exploitation de l'usine, — la prétendue remobilisation du matériel et de l'outillage n'a été faite qu'en vue de frustrer les droits du Trésor, les objets dont il s'agit n'ayant pas cessé, en réalité, de conserver leur caractère d'immeubles par destination (Saint-Nazaire, 1er juill. 1904, 10950 R. P.).

Mobilier et matériel affectés à l'exploitation d'un casino. Fermeture de l'établissement. Désimmobilisation. — Les objets mobiliers et le matériel affectés à l'exploitation d'un casino perdent leur caractère d'immeubles par destination par le fait de la cessation de l'exploitation de l'établissement. La vente qui en est consentie au même acquéreur, simultanément avec celle de l'immeuble, deux ans après la fermeture du casino, est insuffisante pour leur imprimer à nouveau la qualité d'immeubles par destination, lorsque l'acquéreur, déjà propriétaire d'un établissement similaire, n'a réalisé l'opération que pour supprimer toute concurrence. Ce mobilier et ce matériel ne sont, en conséquence, passibles que du droit de 2 p. 100, s'ils sont désignés et estimés article par article dans l'acte de vente ou dans un état à l'exclusion de celui de 5.50 p. 100, annexé et s'il est stipulé pour eux un prix particulier (Clermont-Ferrand, 25 mai 1904, 10953 R. P.).

Apport d'une usine en société. Réserve du matériel industriel par l'apporteur. Mobilisation. Vente ultérieure du matériel à la société. Absence de fraude. Mutation non assujettie à l'enregistrement dans un délai déterminé. — Lorsque le propriétaire d'une usine en fait apport à une société en se réservant la libre disposition d'une partie de l'outillage industriel, cette réserve a pour effet de rendre le caractère mobilier au matériel dont il s'agit, qui était devenu immeuble par destination par suite de son affectation au service de l'usine. Dès lors, si, peu de temps après, l'apporteur vend à la société l'outillage qu'il s'était réservé, cette vente constitue une mutation mobilière non assujettie à l'enregistrement dans un délai déterminé, quand rien, dans les circonstances de l'affaire, n'établit que la mobilisation du matériel n'était pas sincère et qu'elle n'a eu lieu que pour frauder les droits du Trésor (Troyes, 22 juin 1904, 10989 R. P.).

BOIS ET FORÊTS.

21. Vente de coupe. Parterre ne devant pas être considéré comme le magasin de l'acheteur. Tiers acquéreurs. — Lorsque, dans une vente de coupe de bois, il a été stipulé que le parterre de la coupe ne serait pas considéré comme le magasin de l'acheteur et que les bois abattus devraient rester, jusqu'à la fin du payement du prix, la garantie du vendeur, cette clause n'est opposable aux tiers acquéreurs, malgré une saisie conservatoire pratiquée par le vendeur, qu'autant qu'elle a été rendue publique ou que les tiers acquéreurs en ont eu connaissance (Joigny, 18 janv. 1905, 11063 R. P.).

39-2-3-4 et 5. Actes des agents forestiers. Droits d'usage dans les forêts de l'État. Délivrances en nature. Timbre et enregistrement. Distinctions. — Sont exempts du timbre et de l'enregistrement, comme constituant des *actes administratifs* affranchis de une et l'autre formalités en vertu de l'art. 80 L. 15 mai 1818, les actes rédigés par les préposés de l'Administration des forêts, pris comme représentants de l'autorité administrative, en vue de réglementer l'exercice même des droits concédés aux usagers dans les forêts domaniales ; tels sont les procès-verbaux d'arpentage, de balivage, de martelage, de délivrance avec permis d'exploiter, de reconnaissance de cantons défensables, de marque de bestiaux. Ces actes peuvent être enregistrés « *pour mémoire* », si le service forestier requiert la formalité. Mais les expéditions desd. actes ou procès-verbaux ne peuvent, par application de la disposition finale de l'art. 80 L. 1818, être délivrées aux parties sans avoir été au préalable soumises au timbre. — Sont assujettis au timbre *en débet* et à l'enregistrement *en débet ou gratis* (suivant que, d'après les titres constitutifs des droits d'usage, les frais de délivrance incombent aux usagers ou à l'État), les actes dressés par les agents forestiers pour notifier un acte ou un fait ou constater une contravention et qui présentent ainsi le caractère d'*actes extrajudiciaires* : ce qui est le cas des citations à récolement, des notifications de procès-verbaux de reconnaissance de cantons défensables et des procès-verbaux de récolement constatant des délits (Instr. 3107, § 12 ; — 10905 R. P.).

61-4. Concessions temporaires dans les forêts domaniales. Passage. Dispense de dresser un acte administratif. Enregistrement de l'arrêté préfectoral de concession. Concessions de jouissance. Nécessité d'un acte. — En matière de concessions de passage dans les forêts domaniales, à titre de tolérance précaire et révocable à volonté, l'acceptation des conditions imposées résultant suffisamment de la pétition déposée par les intéressés, la passation d'un acte administratif n'est pas nécessaire, pourvu que l'arrêté préfectoral précise le caractère précaire de la concession. Dans ce cas, l'arrêté, qui présente par lui-même le caractère d'un acte authentique, est assujetti à l'enregistrement dans le délai de vingt jours. — Les concessions de jouissance du sol et du tréfonds, qui sont accordées pour une durée fixe et irrévocable et confèrent de véritables droits réels, doivent, à ce contrôle, continuer à faire l'objet d'actes administratifs (D. m. f. 6 m. 1902, Instr. 3095-22, 10365 R. P.).

pour le service d'une distribution de gaz appartenant à une ville ont, au même titre que celles installées sous le sol des voies urbaines, le caractère d'immeubles par destination, si, en fait, ces diverses canalisations n'ont entre elles aucune solution de continuité et forment un tout indivisible (Lyon, 6 mai 1902).

47. Immeuble par destination. — Tapisseries. — Ont le caractère d'immeubles par destination, par application de l'art. 525 C. Civ., les tapisseries fixées au mur par des clous, alors qu'aucun autre mode de scellement ne peut être employé pour ces objets et qu'il est impossible de les enlever sans dégrader et détériorer les murs. Il en est ainsi surtout si l'intention de les laisser à demeure fixe est révélée par les dispositions prises par le propriétaire pour harmoniser l'ensemble de la décoration murale (Seine 8 déc. 1892, 8193 R. P.). — V. *Vente*.

BOIS ET FORÊTS.

41. Adjudication de coupes. — Caution et certificat de caution. — Prix payé comptant. — Paiement non mentionné au procès-verbal. — Lorsque l'adjudicataire d'une coupe de bois a fait agréer une caution et un certificateur de caution, le droit proportionnel de caution et le droit fixe de certificat de caution sont exigibles, même dans le cas où le prix aurait été payé comptant, si ce payement n'est pas constaté dans le procès-verbal lui-même (Sol. 20 août 1897, 9530 R. P.).

42. Produits forestiers. — Taxe de 1 fr. 60 p. 100. — Liquidation. — La taxe de 1 fr. 60 p. 100, que les adjudicataires des produits forestiers domaniaux acquittent en sus du prix principal, doit être liquidée sur le prix total des lots vendus à un même adjudicataire, et non sur le prix de chaque lot (Sol. 12 avr. 1901, 10036 R. P.).

43. Procès-verbaux d'adjudication. — Actes y relatifs. — Enregistrement. — Les droits d'enregistrement des procès-verbaux d'adjudication de produits forestiers domaniaux, des actes de cautionnement et des certificats de cautionnement doivent être versés dans la caisse du receveur des Domaines, déjà chargé de recouvrer la taxe de 1 fr. 60 p. %. Mais c'est au bureau des actes administratifs que doivent être versés les droits applicables aux procès-verbaux d'adjudication de coupes dans les bois des communes ou des établissements publics et dans ceux appartenant par indivis à ces collectivités et à l'État (Arr. min. fin. 16 nov. 1896, 2927 I. G., 9125-18 R. P.).

63. Reconnaissance des cantons défensables. — Marque des bestiaux admis au parcours. — Timbre et enreg. — Lorsque les titres constitutifs de l'usage dans les forêts de l'État n'imposent pas expressément aux usagers le payement des droits d'enregistrement, il y a lieu d'enregistrer gratis les procès-verbaux rédigés par les agents forestiers tant pour la reconnaissance des cantons défensables que pour la marque des bestiaux admis au parcours. Les procès-verbaux de reconnaissance sont exempts de timbre sur la minute, mais les actes de notification de ces procès-verbaux doivent être timbrés en débet, ainsi que les procès-verbaux de marque des bestiaux. Ces droits sont recouvrés sur les communes usagères, en vertu de titres délivrés par les inspecteurs des forêts (Sol. 9 juill. 1892, 8010 R. P.).

73. Délimitation. — Dans la première partie du *Rép. gén.*, 3e ligne, au lieu de « relatifs à la délimitation des bois des établissements publics », lire : relatifs à la délimitation des bois des communes et des établissements publics.

74. Délivrance. — Usagers. — Non usagers. — Les procès-verbaux de délivrance dressés par les agents forestiers, contradictoirement avec l'adjudicataire de la coupe et l'usager ne rentrant pas dans la catégorie des contrats prévus par l'art. 78 L. 15 mai 1818, sont affranchis du timbre et de l'enregistrement par application de l'art. 80 de la même loi (Sol. 6 juin 1898, 9561 R. P.).

Mais les délivrances de bois faites à prix d'argent au profit de particuliers non usagers dans les forêts soumises au régime forestier donnent ouverture au *droit* de 2 p. 100 sur la valeur des bois délivrés lorsqu'elle est constatée par la réunion d'écrits renfermant la demande de délivrance, le martelage de la coupe vendue et l'estimation des agents forestiers. Toutefois la perception du droit de 2 p. 100 couvrant l'ensemble de ces actes, le procès-verbal de martelage n'est pas passible d'un droit fixe particulier. — La formalité peut d'ailleurs être donnée en débet (Sol. 30 oct. 1899, 9751 R. P.).

83 *bis*. Concessions de passage accordées aux adjudicataires des coupes. — Droit de bail. — Le droit de bail est exigible sur les concessions de passage accordées aux adjudicataires de produits forestiers pour la vidange de leurs coupes, sur des chemins situés en dehors du périmètre de l'exploitation. La soumission de l'intéressé forme, avec l'arrêté du préfet, l'instrument d'un contrat synallagmatique qui doit être enregistré dans les vingt jours de sa date (Sol. 23 mars 1895, 8894 R. P.).

89-1 et 2. Restauration et conservation des terrains de montagne. — Actes d'acquisition par l'État. — Timbre. — Les acquisitions de terrains à restaurer ou à conserver faites par l'État, en exécution de la loi du 14 avril 1882, sont exemptes de timbre, ainsi que les actes y relatifs, même quand elles ont lieu à l'amiable (Déc. min. fin. 27 mars 1890). — Mais il en est différemment des contrats constatant des acquisitions de gré à gré effectuées en dehors des conditions spécifiées par la loi de 1882. Ces contrats restent assujettis au timbre, et l'impôt reste à la charge des vendeurs (L. 13 brum. an VII, art. 29). — Toutefois, si l'acquisition est réalisée par acte administratif, le contrat pourra être fait sur papier non timbré ; il sera timbré par le receveur, sauf recouvrement par l'Administration des forêts (9946-14 R. P.).

95 *bis*. Bois communaux. — Adjudication de coupes. — Travaux mis à la charge de l'adjudicataire. — Procès-verbal de réception remis au receveur municipal. — Timbre. — Lorsque des travaux ont été mis à la charge de l'adjudicataire d'une coupe de bois communaux et que le prix en a été versé d'avance au receveur municipal chargé du payement, le certificat de réception des travaux délivré à ce comptable par l'agent des forêts est un document de contrôle et d'ordre intérieur, exempt de timbre (Déc. min. fin. 27 janv. 1890, 9375-92 R. P.).

102-59. Certificat de caution. — Droit exigible. — En matière d'adjudication de coupe de bois, le droit exigible sur l'engagement du certificateur de caution ne peut excéder le droit proportionnel de cautionnement. Un engagement solidaire du certificateur ne saurait être assimilé à un cautionnement solidaire et constitue un contrat accessoire au cautionnement, passible d'un droit particulier (Sol. 29 sept. 1890, 9921 R. P.).

V. Adjudication.

BORDEREAU DE COLLOCATION.

2. Timbre. — La loi du 26 janv. 1892 a réformé la perception des droits de timbre sur les mandements ou bordereaux de collocation délivrés aux créanciers par les greffiers. Considérés comme des extraits du procès-verbal d'ordre ou de contribution, ces bordereaux ne pouvaient être dressés que sur du papier frappé du timbre d'expédition et ne pouvaient pas contenir plus de 20 lignes à la page et de 8 à 10 syllabes à la ligne.

La loi de 1892 a apporté une double innovation : en premier lieu, elle a prescrit l'usage de papier de dimension au tarif ordinaire (0 fr. 60 ou 1 fr. 20) ; en second lieu, elle a permis d'écrire 35 lignes à la page, et de 20 à 25 syllabes à la ligne, compensation faite d'une feuille à l'autre.

Ces dégrèvements profitent aussi bien aux ordres amiables qu'aux ordres et contributions judiciaires. Mais ils sont limités aux bordereaux de collocation. Aucun autre extrait du procès-verbal d'ordre ne saurait en bénéficier (2816 I. G. p. 12). Un député avait demandé, par voie d'amendement, que la même faculté fût accordée pour l'ordonnance du juge qui clôt l'ordre et ordonne la radiation des inscriptions hypothécaires.

Le Commissaire du Gouvernement a fait remarquer que la réduction accordée pour les bordereaux de collocation était motivée sur ce fait que ces pièces ne constituent pas des expéditions proprement dites, mais plutôt de simples actes du greffier, et que le même motif ne pouvait s'appliquer à l'expédition de l'ordonnance. L'amendement a été repoussé (séance du 14 déc. 1891).

4 à 7. Droits de greffe. — Suppression totale. — Tout droit de greffe a été supprimé par l'art. 4 L. 1892. Pour tenir lieu aux greffiers de la remise qui leur était précédemment accordée, un décret du 23 juin 1892 (7863 R. P.) leur a alloué 0 fr. 05 par page pour les mandements ou bordereaux de collocation qu'ils délivrent. — V. *Ordre*.

BORNAGE.

5. Jugement. — Les jugements préparatoires ou définitifs des juges de paix en matière de bornage sont actuellement soumis au droit minimum de 1 fr. (L. 26 janv. 1892, art. 17).

I. Pluralité. — Il n'est dû, d'ailleurs, qu'un seul droit, quel que soit le nombre des parties en cause ou celui des dispositions indépendantes que ces jugements renferment (Même loi, art. 11).

6. Conciliation. — Le procès-verbal signé du juge et des parties, qui constate qu'il y a conciliation entre les parties et indique les lieux où seront plantées les bornes, constitue un procès-verbal de conciliation assujetti au droit minimum de 1 fr. (L. 26 janv. 1892, art. 17).

BOURSE. — V. *infrà* le mot nouveau *Taxe des opérations de bourse*.

BOURSE DE COMMERCE.

3. Cours de la Bourse. — Abonnements. — Toute personne a la faculté de s'abonner au tableau du cours moyen de la Bourse de Paris que l'Administration publie chaque mois (D. m. f. 6 janv. 1882, Circ. Adm. 12 janv. 1882). — A l'avenir, les souscriptions seront reçues, non plus par les receveurs mais par l'Imprimerie Nationale et par tous les bureaux de poste (Déc. min. fin. 16 déc. 1893, 8860-32 R. P., 2903 I. G.).

4 *bis*. Taxe des opérations de Bourse. — V. ce mot nouveau *infrà*.

CAISSE D'ÉPARGNE.

20. Pièces diverses. — Droits. — Exemption. — Règle. — On doit entendre par pièces exemptées de la formalité du timbre et de l'enregistrement par les art. 20 et 21 L. 9 avr. 1881, les documents présentant un intérêt collectif, à l'exclusion de ceux établis dans l'intérêt privatif des Caisses d'épargne (Sol. 6 août 1894, 24434 J. E.).

Décidé également que l'immunité ne s'applique qu'aux opérations auxquelles participent directement ou indirectement les déposants eux-mêmes (Avis Cons. d'Ét. 3 avr. 1900, 9886 et 9946-60 R. P.).

22. Procurations. — Est exempte du timbre et de l'enregistrement la procuration donnée, suivant acte notarié, par un créancier illettré à l'effet de retirer de la Caisse d'épargne une somme supérieure à 100 fr. (Sol. 29 janv. 1892, 7789 R. P.)

— Est exempte de timbre et d'enregistrement la procuration notariée donnée par un créancier illettré, à l'effet de retirer d'une caisse d'épargne privée une somme supérieure à un chiffre déterminé, quand cette procuration intervient en exécution des règlements spéciaux de la caisse dont il s'agit. Réciproquement, pour les retraits inférieurs au chiffre prévu, la procuration n'étant qu'un acte facultatif est assujettie à l'impôt, conformément au droit commun (Sol. 31 oct. 1893, 8217 R. P.).

Les règles restrictives tracées par les Sol. précitées ne doivent plus être suivies. Il a été, en effet, reconnu par un Av. Cons. d'Ét. du 3 avr. 1900 (9886 et 9946-60 R. P.) que les procurations, quels qu'en soient la nature et l'objet, que

BORDEREAU DE COLLOCATION.

BORNAGE.

BOURSE DE COMMERCE.

BREVET D'INVENTION. — V. *Mutation* n° 679 *bis*.

CADASTRE.

4. Revision. — Des mesures ont été établies par une L. 17 mars 1898, en vue de rendre plus rapide et plus économique la revision du cadastre.

L'art. 8 de cette loi porte que, dans les communes dont le cadastre aura été renouvelé ou revisé, la désignation d'après les nouvelles données sera obligatoire dans tous les actes authentiques et s. s. p., ainsi que dans les jugements translatifs ou déclaratifs de propriété ou de droits réels immobiliers, à peine d'une amende de 25 fr., à recouvrer comme en matière d'enregistrement. Cette amende sera due par les officiers publics ou greffiers pour chaque acte authentique ou jugement, et par les intéressés pour chaque acte s. s. p.

9. Extraits. Algérie. — V. *Colonies*, n° 420.

CAISSE D'ASSURANCES. — V. *Accidents du travail* et *Assurances*.

CAHIER DES CHARGES.

4 *bis*. Ventes, licitations et échanges d'immeubles. Cahiers des charges. Suppression des droits de timbre. L. 22 avril 1906, art. 6. — La L. 22 avril 1906 affranchit de tout droit de timbre les minutes, originaux et expéditions des actes ou procès-verbaux de ventes, licitations ou échanges d'immeubles, ainsi que les cahiers des charges relatifs à ces mutations (art. 6), à moins qu'ils ne contiennent des dispositions indépendantes dans le sens de l'art. 11 L. frim., autres qu'une procuration pour toucher le prix ou la soulte ou vendre les immeubles, une déclaration de command, ou un payement par subrogation effectué par un tiers ou l'acquit de l'acquéreur (art. 7). — 10959 R. P.

Ces dispositions ont été rendues applicables en Algérie par décret du 5 sept. 1906. — 11267 R. P.

Adjudication sur licitation. Clause de promesse d'attribution au profit du colicitant devenu adjudicataire. Cahier des charges. — Lorsque le cahier des charges préalable à l'adjudication d'un immeuble sur licitation dispose que l'adjudication ne sera pas prononcée si la plus forte enchère est portée par un colicitant, mais que le fait même de l'extinction des feux vaudra engagement de la part de ce colicitant d'accepter et de celle de ses coindivisaires de lui consentir, pour la somme fixée par l'enchère, l'attribution de l'immeuble dans le partage définitif, cette clause ne constitue pas une disposition indépendante dans le sens de l'art. 11 L. frim., et le cahier des charges peut, en conséquence, être rédigé sur papier non timbré en vertu de l'art. 6 L. 22 avril 1906 (Sol. 13 avril 1906, 11239 R. P.).

15. Marché administratif. Référence à un cahier des charges spéciales dressé par des agents administratifs. Droit de timbre. — Lorsque la minute d'un cahier des charges spéciales dressé par des agents administratifs est visée, par une mention de référence, dans un procès-verbal d'adjudication administrative, elle forme ainsi une partie intégrante du contrat, quand bien même elle n'y serait pas matériellement annexée ; elle devient, en conséquence, passible du droit de timbre de dimension (Trib. 30 déc. 1904, 10851 R. P.).

CAISSE D'ÉPARGNE.

4 *bis*. Livret. Prescription. Interruption. Inscription des intérêts échus. — La prescription trentenaire applicable aux déposants dans les caisses d'épargne est interrompue par le fait de l'inscription sur le livret des intérêts échus (L. 20 juill. 1895, art. 20). — Cass. (req.), 7 janv. 1903, 10667 R. P.

13. Succession en déshérence. Livret de caisse d'épargne en dépendant. Communication à faire par la caisse d'épargne au domaine. — Si les caisses d'épargne sont tenues d'observer le secret pour les opérations effectuées dans leurs bureaux, ce n'est que vis-à-vis des tiers, mais non à l'égard des héritiers ou des légataires d'un déposant décédé, qui font la preuve de leurs droits à la succession par une pièce d'hérédité. Elles doivent, par conséquent, satisfaire aux demandes de renseignements qui leur sont adressées par le Domaine, agissant comme envoyé en possession de la succession en déshérence d'un déposont et justifient de cet envoi en possession. On ne saurait adopter une solution différente par le motif qu'une décision du Ministre des Finances du 24 mars 1855 a interdit aux agents de l'Enregistrement de se livrer à des investigations dans les bureaux des caisses d'épargne pour assurer la perception des droits de mutation par décès; cette défense ne vise, en effet, que les demandes de communication en vue du recouvrement de l'impôt; elle ne s'applique pas au cas où les représentants de l'Administration agissent pour le compte de l'État appelé à recueillir une succession en déshérence (Grasse, 16 mai 1905, 11123 R. P.).

CAISSES DE SECOURS ET DE RETRAITES DES OUVRIERS MINEURS.

les déposants donnent à des tiers pour retirer leurs fonds, en leurs lieu et place, rentrent dans la catégorie des pièces nécessaires au service des Caisses, et sont, dès lors, exemptes de la formalité du timbre et de l'enregistrement.

24. Decharge. — La décharge donnée au mandataire doit bénéficier de la même exemption (Sol. 17 mars 1900, 2255 R. P.).

24 *bis*. Mandats de traitement. — Factures. — Le droit de timbre de quittance est exigible sur les mandats de traitement délivrés par les caisses d'épargne à leurs employés et sur les factures de leurs fournisseurs. La comptabilité des caisses d'épargne ne constituant pas une comptabilité publique soumise au juge des comptes, les factures de leurs fournisseurs n'ont pas besoin d'être établies sur papier timbré (Avis Cons. d'Ét. 3 avril 1900, 9836 et 9946-60 R. P.).

26. Actes de notoriété. — Certificats de propriété. — Aux termes de l'art. 23 L. 20 juill. 1895, les certificats de propriété et actes de notoriété exigés par les caisses d'épargne pour effectuer le remboursement, le transfert ou le renouvellement des livrets appartenant aux titulaires décédés ou déclarés absents, seront visés pour timbre et enregistrés gratis. Cette disposition, qui est applicable aux caisses d'épargne ordinaires comme à la caisse nationale d'épargne (art. 25), ne supprime pas les exemptions d'impôt accordées par la législation antérieure, elle y déroge seulement en exigeant l'accomplissement de la double formalité du timbre et de l'enregistrement qui, tout en étant gratuite, devient obligatoire pour les actes nominativement désignés par l'art. 23 (8650-44 R. P.).

Pour l'application de cet art. 23, il a été décidé qu'il y a lieu de distinguer entre les actes de notoriété en *minute*, dont l'usage, par suite de ce mode de rédaction, n'est pas restreint au service de la Caisse d'épargne, et ceux qui sont simplement dressés en *brevet*, pour être remis à cet établissement à l'appui des demandes de remboursement. Ces derniers seuls rentrent, de plein droit, dans les prévisions de la loi. Quant aux autres, ils demeurent assujettis, dans les conditions ordinaires, aux droits de timbre et d'enregistrement (Sol. 11 oct. 1899, 9680 R. P.).

— Il en est ainsi, alors même qu'ils seraient revêtus d'une mention spéciale d'affectation (Sol. 13 avril 1900, 9798 R. P.).

Mais cette dernière doctrine est abandonnée : les actes de notoriété dressés par un notaire doivent bénéficier de la gratuité des droits, en exécution de l'art. 23 L. 20 juill. 1895, même s'ils sont rédigés en minute, dès lors qu'ils mentionnent qu'ils sont destinés au service de la caisse d'épargne (3020 I. G., 9946-60 R. P.). — V. *Communauté*. — *Quittance (Timbre)*. — *Succession*.

CAISSES DE SECOURS ET DE RETRAITES DES OUVRIERS MINEURS.

1. L. 29 juin 1894. — La loi du 29 juin 1894, sur les caisses de secours et de retraites des ouvriers mineurs, a pour objet la création obligatoire de caisses de retraites et de sociétés de secours au profit des ouvriers et employés des exploitations minières ou la réorganisation sur des bases nouvelles des institutions analogues alors existantes. Son application peut être étendue par décret à des exploitations de minières et carrières souterraines ou à ciel ouvert.

2. Immunités fiscales. — Aux termes de l'art. 20, les sociétés de secours régulièrement constituées en conformité de la loi nouvelle « bénéficieront des dispositions des lois sur les sociétés de secours mutuels et seront soumises aux obligations découlant de ces lois ».

Il en résulte que ces sociétés sont appelées à jouir de l'exemption des droits de timbre et d'enregistrement prononcée par l'art. 11, Décret 26 mars 1852 en faveur de tous les *actes* intéressant les sociétés de secours mutuels approuvées.

Les art. 13 et 14 contiennent des dispositions qui ne sont guère que l'application du principe inscrit dans l'art. 20.

L'art. 13 attribue au juge de paix la connaissance, en dernier ressort, des contestations relatives tant à la formation de la liste des électeurs appelés à choisir les membres du conseil d'administration de la société qu'à la validité des opérations électorales. Ce magistrat statue « *sans frais* ni forme de procédure »; sa décision peut être déférée à la Cour de cassation; le pourvoi, dispensé du ministère d'un avocat à la Cour, est jugé d'urgence « *sans frais ni amende* »; l'art. 13 ajoute que « *tous les actes sont dispensés du timbre et enregistrés gratis* ».

D'après l'art. 14, les statuts sont soumis à l'approbation du Ministre des travaux publics, sauf appel de sa décision devant le Conseil d'État jugeant au contentieux. « *Le recours est dispensé des droits de timbre et d'enregistrement* et peut être formé sans le ministère d'avocat. »

Les divers actes auxquels donnent lieu les procédures suivies dans les cas prévus par les art. 13 et 14, ainsi que les jugements et arrêts qui en sont la conséquence, ne sont donc pas soumis au timbre et doivent être enregistrés gratis dans les délais ordinaires.

Une immunité semblable a été inscrite dans l'art. 26, au titre IV relatif aux dispositions transitoires et réglementaires, en vue de faciliter la liquidation des institutions de retraites et de secours alors existantes.

3. Assistance judiciaire. — Suivant l'art. 27, « Pour les différends qui naîtraient de l'exécution de la présente loi, et qui seraient déférés aux tribunaux civils, il sera statué comme en matière sommaire et jugé d'urgence.

« Les intéressés bénéficieront de l'assistance judiciaire. Tous actes, documents et pièces quelconques à produire seront dispensés du timbre et enregistrés gratis.

« Les intéressés, agissant en nom collectif, seront représentés par un mandataire nommé par eux à la majorité des voix, sans préjudice, pour chacun d'eux, du droit d'intervention individuelle ».

Le bénéfice de l'assistance judiciaire est acquis, de plein droit, à toutes les parties en cause dans les instances visées par cet article, qu'il s'agisse de particuliers ou de personnes morales (D. m. f., 5 nov. 1897, 2937 I. G.).

Il résulte, en outre, de la même décision que celle des parties assistées qui a été condamnée aux dépens n'a pas d'autres frais à supporter que les frais de transports des juges, des officiers ministériels et des experts, les honoraires de ces derniers et les taxes des témoins dont l'audition a été autorisée par le tribunal ou le juge commissaire (L. 22 janv. 1851, art. 14, § 8). Quant aux sommes dues au Trésor pour les droits de timbre et d'enregistrement des actes de la procédure qui ont reçu la formalité en débet (*même article*, § 3), ils tombent en non-valeur (2937 I. G.).

4. Pièces produites. — Par une dérogation formelle au principe d'après lequel les formalités requises par l'assisté sont données en débet, les pièces produites par les parties assistées sont dispensées du timbre et doivent être enregistrées gratis en vertu de la disposition expresse de l'avant-dernier alinéa de l'art. 27, ce qui implique, pour tous les cas, l'abandon complet et définitif des droits auxquels elles peuvent donner ouverture.

Sous réserve de ces deux exceptions (octroi d'office de l'assistance judiciaire aux ouvriers et employés des mines, — dispense du timbre et exemption des droits d'enregistrement pour les pièces produites par l'assisté), il y a lieu d'appliquer toutes les autres règles édictées par la loi du 22 janv. 1851 (2860 I. G.). — V. *Assistance judiciaire.*

CAISSE DES DÉPÔTS ET CONSIGNATIONS.

6. Intérêts. — Taux. — L'intérêt que la Caisse des dépôts doit servir aux avants droit de chaque somme consignée est fixé à 2 p. 100 (L. 26 juill. 1893, art. 50. — V. *Code des lois*).

7. Restitution. — Prescription trentenaire. — Sommes acquises à l'État. — Aux termes de l'art. 43 L. 16 avr. 1895 (V. *C. des Lois*), les sommes déposées à quelque titre que ce soit à la Caisse des Consignations sont acquises à l'État, lorsqu'il s'est écoulé un délai de 30 ans sans que le compte auquel ces sommes ont été portées ait donné lieu à une opération de versement ou de remboursement ou à une réquisition de paiement. Le délai de 30 ans prend cours, non de la date de chacun des versements pris isolément, mais du dernier acte dont le compte a été l'objet (Déc. min. fin. 4 fév. 1894, 24965 J. E.) — V. *Domaine.*

8. Timbre des quittances. — Incidence de l'impôt. — Le droit de timbre de la quittance, que délivre à la Caisse des Dépôts le créancier porteur d'un bordereau de collocation, doit être supporté par la Caisse (Bayeux, 20 nov. 1890 et Cass. civ. 22 fév. 1893, 8041 R. P.).

24. Décharge. — Mainlevée. — Droit de quittance. — Donne ouverture au droit de quittance l'acte notarié par lequel un créancier, après avoir donné décharge à la Caisse des dépôts de la somme à lui attribuée dans un procès-verbal d'ordre, consent la mainlevée des inscriptions garantissant sa créance et libère ainsi son débiteur (Sol. 4 déc. 1894, 8478 R. P.).

40. Travaux pour le compte de l'État ou des départements. — Cautionnements. — Actes d'affectation d'inscriptions de rente. — Timbre de dimension. — Les actes d'affectation d'inscriptions de rente à des cautionnements, en matière de travaux, fournitures ou transports pour le compte de l'État ou des départements, doivent être rédigés sur papier timbré de dimension (Circ. C. des dépôts et Cons., 29 mars 1892, 8096 R. P.).

Ouvriers mineurs. — Caisse de secours et de retraites. — Exemption des droits (L. 29 juin 1894, 8418-15 R. P. — V. *Code des lois.*).

44. Terrains expropriés. — Prix consigné. — Récépissé. — Exemption d'impôt. — Sont exempts du timbre de 0 fr. 25 les récépissés constatant la consignation, à la Caisse des Dépôts, des sommes dues aux propriétaires de terrains expropriés et qui ne peuvent leur être versées à cause des inscriptions hypothécaires grevant les immeubles (Sol. 12 janv. 1899, 9715 R. P.).

V. Acte administratif et taxe des frais de justice.

CAISSE DES INVALIDES DE LA MARINE.

3. Caisse de prévoyance des marins français. — Une L. 21 avr. 1898 a créé une caisse de prévoyance entre les marins français contre les risques et accidents résultant de leur profession (9294 R. P. — V. *Code des lois*).

Timbre et enregistrement. — Droits. — Exemption. — D'après l'art. 27 de cette loi, les actes de l'état civil, les certificats de propriété et autres pièces relatives à l'exécution de la présente loi, sont dispensés des droits de timbre et d'enregistrement.

Parmi les pièces auxquelles l'exemption s'applique figurent, notamment, les demandes d'allocation formées par les ayants droit, les récépissés qui doivent en être délivrés, les justifications exigées par le règlement d'administration publique prévu par l'art. 21 de la loi, les certificats de vie produits par les pensionnaires, les reçus des cotisations versées par les inscrits, les propriétaires, armateurs et patrons de bateaux, les quittances d'indemnités de secours ou d'arrérages de pensions viagères (2947 I. G.).

Mais l'exemption ne s'étend qu'aux droits et non à la formalité de l'enregistrement qui doit être donnée gratuitement, toutes les fois qu'elle est nécessaire. D'autre part, il est indispensable que les pièces contiennent la mention expresse de leur destination spéciale. L'omission de cette mention autoriserait la perception des droits de timbre et d'enregistrement, sans préjudice des pénalités qui pourraient être encourues (2947 I. G.).

Dons et legs. — La caisse de prévoyance des marins français est revêtue de la personnalité civile. A la différence de la Caisse des invalides de la marine, elle ne constitue pas un établissement de l'État. Les dons et legs qu'elle peut recevoir restent donc soumis, à défaut d'exemption spéciale, au droit commun de la législation fiscale (2947 I. G.).

Ils sont assujettis au tarif réduit de 9 p. 100 (sans décimes), établi par la L. 25 fév. 1901 (art. 19), pour les dons et legs faits aux sociétés de secours mutuels et toutes autres sociétés reconnues d'utilité publique, dont les ressources sont affectées à une œuvre d'assistance (V. *Donation* et *Succession*).

7. Caisse des invalides de la Marine. — Legs. — Droits. — Exemption. — La caisse des invalides de la

CAISSE DES DÉPÔTS ET CONSIGNATIONS.

44. Douanes. Reliquats disponibles sur consignations. Versement à la Caisse des Dépôts. Récépissé. — Sont exempts du timbre, comme documents d'ordre intérieur, les récépissés délivrés par les Trésoriers-payeurs généraux aux receveurs des douanes en échange du versement des reliquats de consignations de douane restés disponibles depuis plus d'un an et destinés, par suite, à être versés à la Caisse des Dépôts et Consignations (Circ. Compt. publ. 10 avril 1905, 10660 R. P.).

CAISSE DES INVALIDES DE LA MARINE.

3. Caisse de prévoyance des marins français. L. 29 déc. 1905. Exemption des droits de timbre et d'enregistrement. — L'art. 26 de cette loi porte, notamment, que « les actes de l'état civil, les certificats de notoriété et autres pièces relatives à l'exécution de la présente loi sont délivrés gratuitement par les maires ou par les syndics des gens de mer et dispensés des droits de timbre et d'enregistrement ». — Cette disposition qui reproduit littéralement l'art. 27 L. 21 avril 1898, comporte la même interprétation (Instr. 3195, § 13). — V. 11175 R. P.

CAISSE NATIONALE DES RETRAITES POUR LA VIEILLESSE.

5. Exemption. — Les certificats, actes de notoriété et toutes autres pièces exclusivement relatives à la liquidation et au payement des pensions acquittées par l'État, comme complément de rentes viagères servies au personnel ouvrier des administrations publiques par la caisse nationale des retraites pour la vieillesse, sont délivrés gratuitement et dispensés des droits de timbre et d'enregistrement (L. 30 janv. 1907, art. 7, 11531 R. P.).

CASIER JUDICIAIRE.

2 *bis*. Bulletin n° 3. Sociétés de secours mutuels approuvées. Enregistrement gratis. Conditions de l'immunité. — Les bulletins n° 3 du casier judiciaire que les adhérents à des sociétés de secours mutuels approuvées sont tenus de produire pour obtenir leur admission et qui sont déjà expressément dispensés du timbre par l'art. 5 L. 26 janv. 1892, doivent également bénéficier de l'exemption de l'enregistrement en vertu de l'art. 19 L. 1er avril 1898, lorsque les sociétés auxquelles il s'agit d'adhérer fonctionnent dans les conditions auxquelles la L. 1898 précitée subordonne la gratuité de l'enregistrement (c'est-à-dire n'accordent pas à leurs membres, ou à quelques-uns seulement, des indemnités journalières supérieures à 5 fr. par jour, des allocations annuelles ou des pensions supérieures à 360 fr., et des capitaux en cas de vie ou de décès supérieurs à 3.000 fr.) (D. m. f. 18 août 1900, Instr. 3107, § 14, 11063 R. P.).

marine constituant un service de l'État, les legs faits à son profit sont exempts des droits de m. p. d. (Déc. min. fin. 14 avr. 1891, 7644 R. P.).

Marché. — La caisse ne constituant pas un établissement distinct de l'État, il y a lieu d'assujettir au droit gradué, aujourd'hui droit de 0 fr. 20 p. 100, les marchés dont elle doit payer indirectement le prix (Sol. 22 juill. 1892, 7916 R. P.).

V. Acte de notoriété. — Établissement public.

CAISSE NATIONALE DES RETRAITES POUR LA VIEILLESSE.

23. Certificat de propriété notarié. — Enregistrement obligatoire. — Pénalité non exigible en cas de retard. — Le certificat de propriété, concernant un livret de la Caisse des retraites pour la vieillesse, constitue un acte notarié assujetti, comme tel à la formalité de l'enregistrement dans un délai déterminé. Mais cette formalité devant être donnée *gratis*, le notaire qui ne l'a pas requise dans le délai légal ne saurait encourir l'amende édictée par l'art. 33 L. frim. spécialement pour les actes passibles d'un droit. La contravention, dans ce cas, n'entraîne qu'une peine disciplinaire (Mirecourt, 8 déc. 1893, 8248 R. P.; — Sol. 4 nov. 1899, 9702 R. P.).

25. Procurations. — Enregistrement et timbre. — Sont dispensées des droits de timbre et d'enregistrement les procurations données par des parties illettrées à l'effet de toucher à la Caisse nationale des retraites pour la vieillesse des sommes excédant 150 fr. Quant aux procurations données en dehors de ces conditions, elles demeurent, comme actes facultatifs, assujetties à l'impôt du timbre, mais elles ne sont obligatoirement soumises à l'enregistrement que si elles ont lieu dans la forme notariée. Rédigées dans la forme s. s. p., elles peuvent être produites à la Caisse sans avoir été préalablement enregistrées (Sol. 28 déc. 1893, 8318 R. P.).

Depuis, l'Administration a étendu cette doctrine. Elle a décidé que rentrent dans la catégorie des actes réputés indispensables au service de la Caisse nationale des retraites pour la vieillesse, et sont, comme tels, affranchis des droits de timbre et d'enregistrement, par application de l'art. 24 L. 20 juill. 1886, les procurations notariées ou s. s. p. qui sont produites à cette caisse pour retirer les sommes ordonnancées au profit des ayants droit (Sol. 15 oct. 1901, 3080 § I. G.; 10178 R. P.).

CASIER JUDICIAIRE.

1. Institution. LL. 5 août 1899 et 11 juill. 1900. — L'institution du casier judiciaire, fondée jusqu'alors sur des circulaires administratives, a été consacrée par une loi du 5 août 1899. Cette loi, qui crée, d'autre part, la réhabilitation de droit, a été complétée par un règlement d'administration publique du 12 déc. 1899, puis modifiée par une seconde loi en date du 11 juill. 1900.

2. Bulletins n° 1. — Le casier judiciaire se compose de bulletins, dits bulletins n° 1, sur lesquels ont été relatés les décisions ou arrêtés qui doivent y figurer, aux termes de l'art. 1er de la loi.

Ces bulletins, dressés par les greffiers de la juridiction qui a statué ou, dans certains cas spéciaux, par les fonctionnaires que le décret réglementaire a chargés de ce soin, sont centralisés et classés au greffe de chaque tribunal de première instance, pour les individus nés dans la circonscription du tribunal et au casier judiciaire central, institué au ministère de la justice, pour les personnes nées à l'étranger, dans les colonies, ou dont l'acte de naissance n'est pas retrouvé. Toutefois, les bulletins n° 1 concernant les musulmans du Maroc, du Soudan ou de la Tripolitaine sont centralisés au greffe de la Cour d'Alger (art. 1er et nouvel art. 3).

Les bulletins n° 1 sont, à raison de leur nature même, dispensés du timbre et de l'enregistrement.

2 *bis*. Bulletins n° 2. — Le relevé intégral des bulletins n° 1 concernant la même personne, porté, sous les réserves spécifiées, sur un bulletin, appelé bulletin n° 2, est délivré, sous cette forme, « aux magistrats du parquet et de l'instruction, au préfet de police, aux présidents des tribunaux de commerce, pour être joint aux procédures de faillites et de liquidations judiciaires, aux autorités militaires et maritimes pour les appelés des classes et de l'inscription maritime ainsi que pour les jeunes gens qui demandent à contracter un engagement, et aux sociétés de patronage reconnues d'utilité publique ou spécialement autorisées à cet effet, pour les personnes assistées par elles ». Le bulletin n° 2 « est aussi délivré aux juges de paix qui le réclament pour le jugement d'une contestation en matière d'inscription sur les listes électorales. Il l'est également aux administrations publiques de l'État, saisies de demandes d'emplois publics, de propositions relatives à des distinctions honorifiques, ou de soumissions pour des adjudications de travaux ou de marchés publics, ou en vue de poursuites disciplinaires ou de l'ouverture d'une école privée, conformément à la loi du 30 oct. 1886 » (art. 4 nouveau).

Les bulletins n° 2, qui ne sont jamais délivrés dans un intérêt particulier, sont exempts de timbre et d'enregistrement, comme les bulletins n° 1 (*Rapp.* art. 12 et 13 du décret; — *Comp.* Instr., nos 1957, 2341, § 2, 2607, § 2, 2641, § 9, et 2816).

Il en est nécessairement de même des duplicata de bulletins n° 1, prévu par l'art. 5 (nouveau) de la loi.

2 *ter*. Bulletin n° 3. — Un bulletin n° 3, porte l'art. 6 de la loi, peut être réclamé par la personne qu'il concerne. Il ne doit, dans aucun cas, être délivré à un tiers.

Ce bulletin n° 3 est dispensé du timbre, mais soumis à l'enregistrement au droit de 20 centimes, en vertu de l'art. 5 de la loi du 26 janv. 1892 concernant les bulletins délivrés aux particuliers (Instr., n° 2816).

Le bulletin n° 3 ne peut être réclamé que par lettre signée de la personne qu'il concerne et précisant l'état civil de celle-ci. Si cette personne ne sait ou ne peut signer, cette impossibilité est constatée par le maire ou le commissaire de police, qui atteste, en même temps, que la demande est faite sur l'initiative de l'intéressé (art. 10 du décret).

Les demandes de bulletin n° 3, ainsi que les constatations et attestations du maire ou du commissaire de police, sans lesquelles ces demandes ne seraient pas complètes quand l'intéressé ne sait ou ne peut signer, sont affranchies du timbre par application de l'art. 37 L. 28 avril 1893 (Instr., n° 2837, § 11).

2 *quater*. **Émoluments des greffiers**. — L'art. 12 du règlement d'administration publique du 12 déc. 1899 fixe les droits alloués aux greffiers pour la rédaction des bulletins n°s 1, 2 et 3.

2 *quinquies*. **Payement des frais des bulletins n° 1 et n° 2**. — D'après l'art. 13 du même décret, les bulletins n° 1, les duplicata des bulletins n° 1, ainsi que les bulletins n° 2 délivrés aux magistrats du parquet et de l'instruction sont payés sur les crédits affectés aux frais de justice criminelle. Le prix de ces bulletins est compris parmi les frais de justice à recouvrer sur les condamnés (3021 I. G.).

4. Instance en rectification d'une mention portée au casier judiciaire. — D'après l'art. 14 (nouveau) de la loi, relatif à la rectification, à la requête d'un particulier, d'une mention portée à son casier judiciaire, le requérant est condamné aux frais dans le cas où la requête est rejetée. Si la requête est admise, les frais sont supportés par celui qui a été la cause de l'inscription reconnue erronée, s'il a été appelé dans l'instance. S'il n'y a pas été appelé ou qu'il soit insolvable, ils sont supportés par le Trésor. Le ministère public a le droit d'agir d'office dans les formes tracées par la disposition dont il s'agit pour obtenir la rectification d'un casier judiciaire. Enfin, les actes, jugements et arrêts intervenus pour l'application de cette disposition sont visés pour timbre et enregistrés *en débet* (3021 I. G.).

CAUTIONNEMENT.

22. Concession. — Associé solidaire. — Cautionnement. — Lorsque le concessionnaire d'une entreprise fait agréer un associé solidaire qui n'a aucun intérêt personnel dans cette entreprise, le droit de cautionnement est exigible (Sol. 28 janv. et 19 sept. 1888, 8475 R. P.).

74. Obligation solidaire. — Fonds touchés par un seul des emprunteurs. — La stipulation contenue dans un acte d'emprunt contracté par deux personnes qui se sont obligées conjointement et solidairement, que l'un des débiteurs seul a retiré la somme prêtée, constitue la preuve d'un cautionnement de la part de l'autre emprunteur et donne ouverture au droit de 0 fr. 50 p. 100. Il en est ainsi bien qu'il soit énoncé dans l'acte que ce retrait de fonds n'a eu lieu par l'une des parties que sauf règlement ultérieur avec l'autre (Caen, 31 oct. 1899, 9748 R. P.).

76-79. Obligation solidaire. — Fonds touchés par un seul des emprunteurs. — Preuves extrinsèques. — Quand, après l'enregistrement d'un contrat d'obligation solidaire, des actes émanant des emprunteurs établissent que la totalité des fonds a été versée à un seul de ces emprunteurs, l'Administration est fondée à réclamer le droit de cautionnement sur le montant de l'emprunt (Seine, 3 avr. 1897, 9069 R. P.).

85. Vente. — Ratification. — Le droit de cautionnement est exigible sur l'acte par lequel des tiers déclarent approuver, confirmer et ratifier la vente consentie par le seul propriétaire apparent, et par lequel ils veulent et entendent que le contrat reçoive sa pleine et entière exécution comme s'ils l'eussent signé eux-mêmes, et donnent à l'acquéreur quittance pleine et entière avec désistement de tous droits de privilège et action résolutoire concernant le dit prix (Amiens, 3 déc. 1892, 8055 R. P.).

88. Copropriétaires. — Lorsqu'une vente consentie, moyennant un prix unique, par plusieurs personnes, comprend des immeubles appartenant indivisément à tous les vendeurs et un immeuble appartenant en entier à l'un d'eux, le droit de cautionnement n'est pas dû, alors même que tous les vendeurs s'engagent solidairement à l'exécution du contrat (Sol. 14 déc. 1895, 24925 J. E.).

136. Crédit d'acceptation. — Le crédit d'acceptation, c'est-à-dire le contrat par lequel un banquier s'engage envers un de ses clients à accepter les effets tirés sur lui par le client, moyennant le paiement d'une commission et à la condition que le montant de l'effet lui soit versé par le tireur deux jours avant l'échéance, n'a pas le caractère d'une ouverture de crédit, mais celui d'une promesse de cautionnement passible d'un simple droit fixe. La disposition accessoire de l'acte, par laquelle un tiers se porte garant de l'engagement pris par le tireur de faire les fonds des traites avant l'échéance, ne donne également lieu qu'à un droit fixe (Sol. 30 juin 1899, 25891 J. E.).

158. Bail et promesse de vente — Garantie. — Tarif. — Est passible du droit proportionnel de 0 fr. 2[illegible] p. 100, comme ayant pour objet une garantie mobilière, l'engagement pris par un tiers de garantir l'obligation d'un propriétaire qui consent la location d'un immeuble et fait une promesse de vente au locataire. — Le droit de garantie ne pouvant excéder celui qui est dû sur la disposition principale, est réductible au tarif de 0 fr. 20 p. 100, l'engagement garanti ne donnant lui-même ouverture qu'au droit de bail (Seine, 20 juin 1891, 7699 R. P.).

176. Titres au porteur. — Cession. — Intérêts. — Garantie. — Le droit de cautionnement n'est pas exigible sur la clause d'un acte de cession d'obligations négociables contenant engagement de garantir le paiement régulier des coupons jusqu'à une certaine date (Sol. 8 déc. 1890, 2356 R. E.).

Cession de créance. — Solvabilité du débiteur. — Garantie. — Ne constitue pas une disposition indépendante, passible du droit de cautionnement à 50 cent. p. 100, la stipulation par laquelle le créancier, qui cède sa créance, consent, en cas de non-payement par le débiteur, à ce que des poursuites puissent être exercées contre lui (Sol. 9 déc. 1892, 8172 R. P.).

187. Cautionnement. — Déclaration au greffe. — Droit de rédaction. — Le droit de rédaction a été sup

82-102. Acquisitions distinctes. Usufruit et nue propriété. Obligation solidaire de payer le prix. — Lorsque deux personnes se sont rendues acquéreurs d'un immeuble, l'une pour la nue propriété et l'autre pour l'usufruit, la disposition de l'acte de vente portant que les acquéreurs s'obligent solidairement à payer à termes au vendeur le prix unique stipulé n'est pas passible du droit proportionnel de cautionnement (11565 R. P.).

CAUTIONNEMENT

74. Obligation solidaire. Fonds touchés par un seul des emprunteurs. — Conf. Meaux, 15 mars 1907, 11581 R. P.

209-210. Contrat de mariage. Sûreté de la dot. — La doctrine de l'Administration au sujet de l'exigibilité du droit de cautionnement a été consacrée par un arrêt de la Cour de cassation (Ch. civ.) du 23 oct. 1906 (11291 R. P.) qui fixe la règle à suivre désormais. Dans le même sens, Ribérac, 10 août 1906 (11220 R. P.).

280-301. Agent d'une compagnie d'assurances. Affectation hypothécaire fournie par l'agent lui-même en garantie de sa gestion. — L'acte par lequel un agent d'une compagnie d'assurances affecte à la garantie de sa gestion divers immeubles qu'il possède, donne ouverture seulement au droit fixe de 3 fr., et non pas au droit proportionnel de cautionnement de 0 fr. 50 p. 100 prévu par l'art. 69, § 2, n° 8 L. frim. (Péronne, 20 fév. 1905, n° [illegible] R. P.).

CERTIFICAT.

primé par la L. 26 janv. 1892. — V. *Taxe des frais de justice et Code des lois.*

189. Faillite. — Droit de rédaction. — Même observation que *suprà*, n° 187.

209-210. Contrat de mariage. — Sûreté de la dot. — L'art. 69, § 3, n° 3 L. frim., après avoir assujetti au droit de 3 fr. (devenu droit gradué, puis, aujourd'hui, droit proportionnel) les contrats de mariage qui ne contiennent que des déclarations d'apport, ajoute que la reconnaissance par le futur d'avoir reçu la dot apportée par la future ne donne pas lieu à un droit particulier. Quand un tiers intervient au contrat, pour garantir le remboursement de cette dot, deux questions se présentent : 1° le droit de cautionnement est-il dû ; 2° au cas de l'affirmative, comment doit être liquidé le maximum de ce droit, soit en limitant la perception à l'impôt de 0 fr. 20 p. 100 auquel donnent lieu les apports ; soit en tenant compte, au contraire, du droit de donation qui peut être exigible sur la dot constituée et garantie.

Nous avons vu, dans la première partie du *Rép. gén.*, les controverses qui se sont élevées sur ces points, et nous nous sommes ralliés au système de la non-exigibilité du droit de cautionnement.

L'Administration n'en continue pas moins, cependant, à soutenir la doctrine contraire. Elle a décidé que la clause d'un contrat de mariage par laquelle la mère du futur époux garantit, au moyen d'une affectation hypothécaire, la restitution de la dot constituée à la future épouse par ses père et mère, est passible du droit de cautionnement, et que, dans ce cas, c'est au taux du droit de donation dû à raison de la constitution de dot qu'il faut s'attacher exclusivement pour déterminer le maximum du droit de cautionnement exigible (Sol. 3 janv. 1899, 9688 R. P.).

Cette doctrine, repoussée par divers jugements (Bastia, 13 juill. 1900, 2481 R. E. ; — La Réole, 31 déc. 1900 ; — Oloron, 19 mars 1902) qui décident que le droit de cautionnement n'est pas exigible, a été admise, en principe, par un jugement de Tulle du 19 juill. 1900 (2482 R. E.), qui reconnaît, toutefois, que le droit de cautionnement ne peut excéder le droit de 0 fr. 20 p. 100, liquidé tant sur le montant des apports personnels des futurs époux que sur la dot constituée à la future épouse.

211. Reprises. — Mari. — Cautionnement. — Le cautionnement contracté, au cours du mariage, par un tiers, pour garantir le remboursement par le mari du prix de l'aliénation de biens propres à la femme, ne donne ouverture qu'au droit fixe, dès lors que l'engagement du mari n'est lui-même passible que de ce droit (Sol. 21 mai 1900, 2631 R. E.).

261. Comptables publics. — Cautionnement en rentes. — L'art. 56 L. 13 avr. 1898 permet aux comptables de deniers publics et aux autres fonctionnaires assujettis à un cautionnement en numéraire, de le constituer en rentes sur l'État (9272 R. P. — V. *Code des lois*).

270. Comptables publics. — Cautionnements. — Intérêts. — A partir du 1er avr. 1898, l'intérêt des cautionnements fournis par les comptables publics est réduit à 2 fr. 50 p. 100 (L. 13 avr. 1898, art. 55, 9272 R. P. — V. *Code des lois*).

291. Journal. — Depuis la L. 29 juill. 1881, sur la liberté de la presse, qui a supprimé, notamment, le dépôt du cautionnement pour les journaux et écrits périodiques, les dispositions analysées dans la première partie du *Rép. gén.* sont devenues sans objet.

296-297. Comptables des établissements publics. — Cautionnement en rentes. — Lorsque le cautionnement en rente départementale du comptable d'un établissement public est reçu par le directeur de l'enregistrement du département, l'acte qui en est dressé est soumis au timbre, mais il est, à titre d'acte administratif, exempt d'enregistrement, et si la formalité est requise, le droit fixe de 3 fr. est seul exigible (2868-5 I. G.).

306-312. Marché. — État. — Le droit gradué, exigible sur les cautionnements des marchés dont le prix est payé directement par le Trésor public, a été remplacé par le droit proportionnel de 0 fr. 20 p. 100 (L. 28 avr. 1893, art. 19.) — V. *Code des lois.*

CERTIFICAT.

7 *bis*. Titres au porteur. — Perte. — L. 8 fév. 1902. — Le porteur d'un titre frappé d'opposition, qui poursuit la mainlevée de cette opposition, doit, notamment, produire un certificat délivré par le syndicat des agents de change, mentionnant la date à laquelle le titre a paru, la première fois, au bulletin. Le certificat n'est pas soumis au droit d'enregistrement (art. 17). — V. 10117 R. P.

30 *bis*. Appareils à vapeur. — Les certificats d'épreuve de chaudières à vapeur, délivrés aux industriels par les ingénieurs des mines, sont soumis au timbre de dimension. (D. m. f. 12 août 1892). Les dispositions des art. 6 et 7 de la loi du 18 juill. 1872, qui ont classé parmi les taxes assimilées aux contributions directes les droits d'épreuve des appareils à vapeur, ne portent aucune atteinte à l'exigibilité du droit de timbre sur les certificats (D. m. f. 10 mars 1893, 8422-18 R. P.).

31. Chemin vicinal. — Agents voyers. — Les certificats des agents voyers, destinés à la comptabilité publique, sont sujets au timbre quand ils doivent tenir lieu de véritables mémoires. Mais ils sont exempts de l'impôt, comme pièces d'ordre intérieur, lorsqu'ils sont délivrés à l'ordonnateur à titre de renseignements administratifs. Spécialement, ils échappent à l'application de l'impôt, s'ils sont joints aux mandats de paiement d'indemnités, soit pour acquisition de terrain, soit pour extraction de matériaux, occupations temporaires, dépôt ou enlèvement de terres (Circ. compt. publ. 20 août 1892, § 2, 8000 R. P.).

52. Conseil judiciaire. — Certificat de greffier. — Doit être établi sur papier timbré de dimension le certificat du greffier constatant que l'avoué qui a obtenu un juge.

ment ou un arrêt prononçant une interdiction ou a transmis un extrait sommaire au greffe du tribunal du lieu de naissance du défendeur. Le certificat est assujetti à l'enregistrement dans un délai de 20 jours, au droit de 1 fr. 50 (Déc. min. fin. 19 mai 1893, 8151 et 8418-42 R. P.).

54. Casier judiciaire. — V. ce mot.

57. Droit de greffe. — Les droits de greffe ont été supprimés par la L. 26 janv. 1892. V. *Taxe des frais de justice* et *Code des lois*.

77 et 81. Faillite. — Les certificats d'imprimeur relatifs à la déclaration de faillite et aux convocations de créanciers sont affranchis des formalités du timbre et de l'enregistrement en vertu de l'art. 10 L. 26 janv. 1892. — V. *Faillite*.

86-89. Inscription hypothécaire. — Radiation. — Les certificats d'inscription ou de non-inscription, les certificats de radiation, délivrés par les Conservateurs des hypothèques, sont affranchis du timbre (L. 27 juill. 1900, art. 1er, § 4, 9865 R. P. — V. *Code des lois* et *Hypothèque*).

99. Maladie. — Médecin non assermenté. — Les certificats de maladie, délivrés par les médecins non assermentés, sont exempts de timbre, quand ils concernent des agents accomplissant un service actif de l'État (L. 29 mars 1897, art. 4, 8961 et 9125-10 R. P. — V. *Code des lois* et *infrà* n° 105).

100. Mariage. L'écrit par lequel un notaire certifie, au vu de ses minutes, le régime matrimonial de deux époux, présente le caractère d'une expédition assujettie au droit de timbre minimum de 1 fr. 80; la déclaration portant que les parties se sont mariées sans contrat ne constitue qu'un simple certificat qui peut être rédigé sur une feuille de 60 centimes (Sol. 28 mars 1899, 25670 J. E.; 9628 R. P.).

Le certificat délivré par un médecin en vue de constater l'impossibilité où se trouve un particulier de se transporter à la mairie pour assister à la célébration d'un mariage, tombe sous l'application de l'art. 12, L. 13 brumaire an VII et doit être rédigé sur papier timbré de dimension (Loches, 5 mai 1898, 9441 R. P.).

105. Médecin. — Hôpitaux. — Certificats délivrés aux malades. — Les certificats délivrés par les médecins des hôpitaux aux malades qu'ils ont soignés, peuvent être rédigés sans contravention sur papier non timbré. Ils ne deviennent passibles du timbre que s'il en est fait l'usage prévu par les art. 24 et 30 L. 13 brum. an VII (D. m. f. 27 oct. 1896, 9125 R. P.).

Réservistes appelés pour une période d'exercices. — Certificats de maladie. — Les certificats établis par des médecins sur la demande des intéressés, de la gendarmerie ou des maires, pour être produits à l'autorité militaire, à l'effet de constater la maladie de réservistes appelés pour une période d'exercices, sont exempts du timbre en vertu de l'art. 16 L. 13 brum. an VII comme ayant le caractère de pièces ou écritures concernant les gens de guerre, à la condition expresse de faire mention de leur destination spéciale (D. m. f. 4 déc. 1896, 9125-33 R. P. — V. *suprà* nos 99 et 100 et *infrà* nos 121).

106-1. Police. — Vétérinaire. — Certificat produit en justice dans un intérêt privé. — Le certificat délivré par un vétérinaire, en exécution d'un arrêté préfectoral, et constatant qu'un animal ne présente aucun symptôme de maladie contagieuse, rentre dans les actes de police générale affranchis du timbre par l'art. 16, n° 1, L. 13 brum. Mais l'exemption d'impôt n'étant acquise à ces actes qu'autant qu'il en est fait l'usage prescrit par les règlements de police, il doit être soumis au timbre par application de l'art. 30 de la même loi, avant d'être produit en justice, sous peine de l'amende de 5 fr. en principal (Sol. 14 janv. 1901, 26237 J. E.).

107. Société de secours mutuels. — Les certificats délivrés par les sociétés de secours mutuels sont exempts des droits de timbre et d'enregistrement (L. 1er avr. 1898, 9295 R. P. — V. *Code des lois*).

108. Notaire. — La déclaration par laquelle un notaire certifie que les pièces constatant la publication d'un acte de société ont été déposées pour minute en son étude, suivant acte de son ministère, doit être rédigée sur papier timbré au droit de 1 fr. 80 (Sol. 28 mars 1899, 9623 R. P. 25670 J. E. — V. *suprà* n° 100).

110. Origine de marchandises. — Les factures consulaires produites par les importateurs de fil d'acier constituent de véritables certificats d'origine que les importateurs produisent dans leur intérêt personnel pour obtenir une réduction de droits. Elles rentrent, dès lors, dans la catégorie des actes ou écrits « devant ou pouvant faire titre ou être produits pour obligation, décharge, *justification*, demande ou défense » que l'art. 12 L. 13 brum. an VII assujettit au timbre de dimension (D. m. fin. 23 mars 1893. Inst. n° 2856, § 3). — Rédigées à l'étranger, ces factures peuvent être écrites sans contravention sur papier non timbré. Mais elles deviennent passibles de l'impôt par suite de l'usage qui en est fait devant l'Administration française des douanes (L. 13 brum. an VII, art. 13. Inst. n° 2766. — Déc. min. f. 21 juin 1893, 8860-50 R. P.; 2913-1 I. G.).

Les certificats d'origine, exigés dans un intérêt général et par mesure de police, rentrent dans la catégorie des actes de police générale exempts du timbre. Mais les autres certificats demeurent assujettis à l'impôt : telles sont notamment les pièces justificatives que les commerçants ou industriels ont à produire pour obtenir la restitution, la modération ou l'exemption des droits de douane, comme les certificats et copies des factures d'expéditions destinés à établir l'envoi à l'étranger de marchandises françaises dont le commerce français sollicite la réadmission en franchise (D. m. f., 23 mars 1893; 3856-2 I. G.; 8412-19 R. P.).

111. Ouvrier. — Accidents du travail. — Le certificat de médecin que les industriels doivent produire à l'appui de la déclaration qu'ils sont tenus de faire au maire de la commune dans les 48 heures de tout accident survenu dans leurs usines ou ateliers (L. 12 juin 1893, art. 11), est exempt du timbre. — V. *suprà*, *Accidents du travail*.

83 *bis*. Assistance obligatoire aux vieillards, aux infirmes et aux incurables. L. 14 juill. 1905, art. 38. — Les certificats et autres actes faits en vertu de la L. 14 juill. 1905 et ayant exclusivement pour objet le service de l'assistance aux vieillards, aux infirmes et aux incurables, sont dispensés du timbre et doivent être enregistrés gratis, lorsqu'il y a lieu à la formalité de l'enregistrement (11026 R. P.).

110. Origine de marchandises. — Sont assujettis au timbre de dimension les certificats d'origine qui accompagnent les poissons introduits en France pendant la période d'interdiction de la pêche fluviale (D. m. f. 17 sept. 1902. Instr. 3090 13, 10406 R. P.).

CERTIFICAT DE PROPRIÉTÉ.

13. Titre de rente indivis. Réquisition à un notaire de demander la division du titre suivant les droits respectifs des copropriétaires. Partage. — L'acte par lequel des copropriétaires requièrent la délivrance d'un certificat destiné à faire immatriculer distinctement en leurs noms, et conformément à leurs droits respectifs, un titre de rente indivis entre eux, constitue un partage passible du droit de 0,15 p. 100 (Châlons-sur-Marne, 2 déc. 1905, 10023 R. P.).

138 *bis*. Enfants assistés. — Les certificats établis en vertu des L. 24 juill. 1889, 19 avril 1898 et 27 juin 1904, et exclusivement relatifs au service des enfants assistés, sont, aux termes de l'art. 50 de la dernière de ces lois, dispensés du timbre et doivent être enregistrés gratis, lorsqu'il y a lieu à la formalité de l'enregistrement (Instr. 3152, 10790 R. P.).

Toute personne, qui engage ses services, peut, à l'expiration du contrat, exiger de celui à qui elle les a loués, sous peine de dommages-intérêts, un certificat contenant exclusivement la date de son entrée, celle de sa sortie et l'espèce de travail auquel elle a été employée. Ce certificat est exempt de timbre et d'enregistrement (L. 2 juill. 1890, 7470 R. P. — V. *Code des lois*).

121-122. Militaires. — Certificats de Médecins. — Les certificats délivrés, en cas de maladie grave rendant tout déplacement impossible, à des gens de guerre par des médecins militaires ou civils, ainsi que les certificats de maladie qui leur sont délivrés pour obtenir une saison aux eaux thermales, sont dispensés du timbre. Mais, sont assujettis à l'impôt les certificats de maladie constatant l'impossibilité, pour les intéressés, de se présenter lors du tirage au sort ou de la revision. Les certificats de maladie ou d'infirmités à l'époque de la revision sont, en général, soumis au timbre. En sont toutefois affranchis les certificats délivrés, après la revision, par l'autorité compétente pour constater l'aptitude des intéressés aux seuls services auxiliaires (Sol. 10 sept. 1898, 9774 R. P. 25635 J. E. — Rappr. *suprà*, n° 105).

123. Libération ou exemption du service militaire. — Certificats. — Timbre. — Distinction. — Production à la chancellerie. — Les certificats, constatant qu'un individu a accompli le service militaire auquel il était astreint, sont exempts de l'impôt par application de l'art. 16, L. brum. L'immunité dont jouissent ces pièces doit continuer à subsister, quel que soit l'usage qui en est fait, l'exemption de l'impôt équivalant au paiement du droit. Il en est différemment des certificats qui attestent qu'un particulier est affranchi de tout service militaire (Déc. min. fin. 23 mars 1894, 8800-32 R. P.).

134. Sucres. — Les attestations que les préposés des Contributions Indirectes délivrent aux acheteurs de vendange, pommes et poires, au vu du certificat de l'autorité municipale, en vue d'autoriser ces acheteurs à employer au sucrage des vins, cidres et poires, les sucres bruts ou raffinés, avec la réduction de taxe prévue par l'art. 2 L. 29 juill. 1884, doivent être rédigés sur papier timbré de dimension (Sol. 16 nov. 1893, 24467 J. E.).

Mais le bulletin d'analyse et de titrage de sucre, délivré par un ingénieur chimiste, sur la demande d'une société, pour lui servir dans ses transactions commerciales, n'est pas créé en vue de faire titre, même éventuellement, au profit de la société : il présente les mêmes caractères que la lettre missive, et n'est pas, dès lors, obligatoirement soumis au timbre (Le Havre, 21 déc. 1899, 2301 R. E.).

135. École des Beaux-Arts. — Élèves boursiers. — Certificats d'assiduité. — Les certificats, destinés à être joints aux mandats de payement, sont exempts du timbre (D. m. f. 6 fév. 1891, 7074-09 R. P.).

141. Agents voyers. — V. *suprà* n° 31.

145. Brocanteurs. — Une L. 15 fév. 1898, relative au commerce de brocanteur, dispose (art. 1er) que tout commerçant de cette catégorie est tenu de se faire préalablement inscrire sur les registres ouverts à cet effet, à la préfecture de police, s'il habite à Paris, ou à la préfecture du département de sa résidence. Il est obligé de présenter sa patente ou un certificat de décharge et un certificat d'individualité; il lui est remis un bulletin d'inscription qu'il doit « présenter à toute réquisition ». Ce bulletin, à défaut d'une dérogation au droit commun, en matière de timbre, tombe sous l'application de l'art. 12, dernier alinéa, L. 13 brum. an VII et est assujetti au timbre de dimension (3038-4 I. G.).

146. Culture du lin et du chanvre. — Aux termes d'un Décr. 8 juill. 1808, tout cultivateur de lin ou de chanvre, qui désire obtenir la prime prévue par la L. 9 avr. 1808, doit faire une déclaration à la mairie. Cette déclaration est constatée par un certificat délivré sur papier libre par le maire à l'intéressé (Décr. précité, art. 2).

CERTIFICAT DE PROPRIÉTÉ.

5. Droit de greffe. — Les droits de greffe ont été supprimés par la L. 26 janv. 1892. — V. *Taxe des frais de justice* et *Code des lois*.

14. Juge de paix. — Transfert de rente sur l'État. — Tarif. — Le caractère judiciaire appartient à tous les actes émanés des juges agissant dans l'exercice de leurs attributions, encore bien que ces actes se rapportent à une opération non contentieuse : il doit, dès lors, être reconnu aux certificats de propriété que délivrent les juges de paix, sur l'attestation de deux citoyens, en exécution de la loi du 28 floréal an VII, pour les transferts de rentes sur l'État. Le tarif de 1 fr. 50 leur est donc applicable, à l'exclusion de celui de 3 fr. (Sol. 3 juill. 1883, 8577 R. P.).

17-2. Pension. — Rémunération et secours. — La déc. min. fin. citée dans la première partie du *Rép. gén.*, est du 29 oct. 1842 et non du 13 nov. 1842.

20. Notaire. — Répertoire. — L'art. 49 L. frim., qui assujettit à l'inscription au Répertoire tous les actes et contrats que les notaires reçoivent, même ceux passés en brevet, ne vise que ceux qui sont passés conformément à la loi sur le notariat, avec le concours des parties ou avec l'assistance d'un confrère ou de deux témoins. On ne saurait, dès lors, considérer comme atteints par l'article précité les certificats de propriété, quels qu'ils soient, délivrés par un notaire sans le concours des parties (Lunéville, 3 août 1894, 8450 R. P.).

Par un arrêt du 9 mars 1859, la C. de Cass. a décidé que les certificats de propriété relatifs aux transferts de la dette publique ne sont soumis aux formalités ni de l'art. 49 L. frim., ni de l'art. 20 L. 25 ventôse an XI, parce qu'il s'agit moins d'un acte de l'officier public que d'un simple certificat émané du détenteur des titres (970 et 1170 R. P.).

Cette doctrine a été étendue aux certificats de toute nature concernant les sommes dues par l'État, à titre de pension, de rémunération ou de secours, quelle que soit la forme du certificat et la qualité de l'officier public qui le délivre.

Mais il nous a toujours paru que l'exemption ne pouvait être généralisée au delà des limites précitées, et qu'elle cesse d'être applicable quand le certificat de propriété concerne une créance sur un particulier, une société, une commune ou un établissement public. Dans cette hypothèse, la règle commune reprend son empire, et le certificat de propriété doit être enregistré et inscrit au répertoire.

Nous ne saurions, dès lors, approuver le jugement précité de Lunéville.

CERTIFICAT DE VIE.

23. Marins. — Les certificats de vie pour le paiement des pensions viagères et des secours annuels par la Caisse de prévoyance des marins, sont dispensés des droits de timbre et d'enregistrement (L. 21 avr. 1898, art. 27, 9294 R. P. — V. *Caisse des invalides de la marine*).

25-37. — Pensions de retraites des agents des douanes et de certains agents des forêts. — Exemption de timbre. — 1° Il y a lieu de maintenir, en faveur de tous les pensionnaires de l'Administration des Douanes sans distinction, l'exemption de timbre accordée aux certificats de vie par les D. m. f. des 27 janv. et 20 mars 1827 (Inst., n° 1206); — 2° Il convient de concéder la même exemption à certains agents des forêts dénommés dans la loi du 4 mai 1892, c'est-à-dire aux inspecteurs adjoints, gardes généraux, gardes généraux stagiaires, brigadiers et gardes des forêts, ainsi qu'à leurs veuves et orphelins (D. m. f. 28 fév. 1893, 0850-42 R. P.).

CESSION DE CRÉANCE.

6. Débiteur. — Signification par le cessionnaire. — Effet. — Le cessionnaire qui a fait signifier au débiteur le transport d'une créance à lui consenti est saisi, à l'égard des tiers, de la propriété de la créance; par l'effet et au moment même de la signification, la créance sort du patrimoine du cédant et cesse d'être le gage de ses créanciers. Il suit de là que les oppositions pratiquées entre les mains du débiteur par les créanciers du cédant, après la signification de la cession, ne peuvent frapper la créance qui a cessé d'appartenir à leur débiteur; de son côté, le débiteur, ne détenant plus la créance pour le compte du cédant, doit payer entre les mains du cessionnaire dont il est devenu le débiteur personnel et dont le titre n'est l'objet d'aucune contestation.

Ces règles, qui ne sont qu'une exacte application de l'art. 1690 C. Civ., n'ont reçu aucune atteinte du décret du 18 août 1807, relatif aux formes à suivre pour les saisies-arrêts pratiquées aux mains des receveurs ou administrateurs de caisses ou de deniers publics (Cass. req. 17 fév. 1896, 8840 R. P.)

26. Acte administratif. — Remboursement. — Annuités. — Capital et intérêts. — V. *Acte administratif.*

31. Rente viagère. — Abandon de créances de meubles et d'immeubles. — Déclaration des immeubles. — Tarif immobilier sur la totalité des biens. — Lorsqu'une rente viagère est constituée, moyennant l'abandon de valeurs mobilières, de créances et d'immeubles, le droit de vente aux taux de 5 fr. 50 p. 100 est dû sur l'intégralité des valeurs abandonnées, quand les prescriptions de l'art. 9, L. frim. ne sont pas remplies (Montpellier, 6 juill. 1891, 7774 R. P.).

41. Créances échues. — Pour les cessions volontaires de créances échues, le droit proportionnel est dû, au taux de 1 p. 100, sur le prix augmenté des charges, à l'exclusion du droit de 1 p. 100 sur la valeur nominale des créances (Seine, 6 avril 1895, 8500 R. P.).

Aux termes de l'art. 14, n° 2, L. frim., le droit est perçu « pour les créances à terme, leurs cessions et transports et autres actes obligatoires, sur le capital exprimé dans l'acte et qui en fait l'objet ». Ce droit est de 1 p. 100 (art. 69, § 3, n° 3, L. frim.).

« La disposition précitée de l'art 14, dit Demante, est remarquable. Elle est contraire à la règle admise en matière de transmission à titre onéreux de choses corporelles. On peut même dire qu'elle déroge à la règle générale de l'art. 4 L. frim., suivant laquelle le droit proportionnel est assis sur les valeurs; car, si à raison des chances d'insolvabilité du débiteur, la créance est cédée au-dessous du pair, la vraie valeur de cette créance est accusée par le prix de la cession. Mais, comme il eût été facile aux parties de dissimuler cette vraie valeur par une fausse énonciation du prix, la loi a statué, ici, comme en maintes circonstances, par mesure préventive de la fraude » (n° 415).

Mais, précisément parce que la loi, en prenant, pour la liquidation du droit sur les cessions de créances, une base tout à fait exceptionnelle, n'a eu d'autre but que de prévenir les fausses énonciations des prix dans le transport, il y a lieu, lorsque la fraude ou la dissimulation n'est pas possible, de revenir à la règle commune, c'est-à-dire de percevoir le droit sur le prix exprimé et non sur le capital cédé.

Ainsi, pour les adjudications de créances en justice, le droit est dû sur le prix de l'adjudication.

La même faveur doit également être étendue aux adjudications faites devant un notaire commis à cet effet par le Tribunal, et aux ventes autorisées d'une manière quelconque par le juge (*Rép. gén.*, 7e éd., v^is^ *Adjudication*, n° [illegible] et *Cession de créances*, n° 70).

Mais il est généralement admis que l'exception cesse d'être applicable lorsqu'il s'agit d'une vente volontaire, c'est-à-dire d'une vente qui a lieu sous l'autorisation préalable de la justice (*Rép. gén.*, v° *Cession de créances*, n° 71).

Le jugement du 6 avr. 1895, tout en acceptant ces principes, en refuse, néanmoins, l'application à l'espèce qui lui était soumise, sous le prétexte que les créances cédées étant *échues*, les dispositions de l'art. 14, n° 2, L. frim. spéciales aux créances à *terme*, ne sauraient les atteindre; le jugement décide, en conséquence, que ces créances constituent des *meubles*, dont la cession est passible du droit de 2 p. 100, sur le prix exprimé, en vertu de la règle générale édictée, pour la liquidation du droit, par l'art. 14, n° 5, L. frim., et pour le tarif, par l'art. 69, § 5, n° 1, même loi.

La distinction que le Tribunal établit entre les créances

CERTIFICAT DE VIE.

39 bis. Accidents du travail. — L'exemption du droit de timbre prononcée par l'art. 29 L. 9 avril 1898 sur les accidents du travail s'applique aux certificats de vie rédigés par les maires ou les notaires et produits à l'appui des paiements effectués à des ouvriers victimes d'accidents (Sol. 21 mars 1901, Instr. 3115-1, 10371 R. P.).

CESSION DE CRÉANCE.

39 bis. Prête-nom. — L'acte par lequel le cessionnaire d'une créance déclare n'avoir été que le prête-nom d'une autre personne, pour le compte et avec les deniers de laquelle il a agi, opère une nouvelle transmission de créance passible du droit proportionnel de 1 p. 100 (Alger, 26 juillet 1900, [illegible] R. P.).

61. Constitution de rente viagère. — Lorsque le mari, usufruitier des biens dépendant de la succession de sa femme, consent à un tiers d'usufruit sur certaines créances moyennant le service d'une rente viagère par le nu propriétaire, lequel a payé, lors du dénouement, le droit de mutation par décès sur la valeur entière de la propriété, l'acte qui constate cette convention présente, non pas les caractères d'une constitution de rente passible du droit proportionnel de 2 p. 100, mais ceux d'une cession d'usufruit dont la rente forme le prix et qui ne donne ouverture qu'au droit fixe (Lyon, 1er mars 1900, 11353 R. P.).

69. Liquidation du droit. — En matière de cession de créances, le droit proportionnel doit être liquidé sur le capital de la créance et non pas sur le prix de la cession (Alger, 30 juill. 1906, 11267 R. P.).

à terme et les créances *échues* et qui repose sur une interprétation restrictive de l'expression *à terme* employée par le législateur, ne nous paraît aucunement justifiée.

Tous les auteurs s'accordent, en effet, à reconnaître que le législateur ne s'est servi de l'expression de créance *à terme* que par opposition avec le prix dont il est fait délégation ou avec les capitaux constitués en rentes ou pensions (*Champ. et Rig.*, n° 1130; *Dalloz*, n° 1730; *Demante*, n° 413). « Le mot créance à terme, enseigne Demante, *loc. cit.*, est pris par opposition aux rentes dont les transports, cessions et délégations, sont soumis au droit proportionnel de 2 p. 100. Il importe peu qu'au moment du transport-cession ou de la délégation, le terme de la créance soit ou non échu. C'est dans le même sens, toujours par opposition aux rentes, que le C. civ. (art. 529) emploie la locution : obligations ayant pour objet des sommes *exigibles* ».

En présence de l'opinion unanime exprimée, sur ce point, par les commentateurs autorisés de la loi de l'an VII, nous doutons que la théorie nouvelle, consacrée par le jugement qui précède, puisse prévaloir.

Nous croyons, d'ailleurs, devoir ajouter que si, dans l'espèce, elle est favorable aux parties, il en serait autrement dans la majeure partie des cas, lorsque, — ce qui est l'hypothèse la plus fréquente, — le prix de la rente excède de plus de moitié la valeur nominale de la créance, l'atténuation dans l'assiette de l'impôt se trouvant alors inférieure à la majoration résultant du tarif à appliquer.

44-1. Rente perpétuelle. — Cession des arrérages à venir. — L'acte par lequel le titulaire d'une rente perpétuelle cède à un tiers les arrérages à courir jusqu'au décès du débi-rentier, a le caractère, non d'une constitution d'usufruit de cette rente, mais d'une cession de créance passible du droit de 1 p. 100, du moment où il résulte des clauses du contrat que le droit aux arrérages cédés ne s'éteindra pas au décès du cessionnaire et passera à ses héritiers (Cherbourg, 26 fév. 1890, 7419 R. P.).

44-2. Bail à périodes. — Facultés de résiliation au choix du preneur. — Cession par le bailleur des loyers à échoir. — Liquidation du droit de 1 p. 100. — La cession par le bailleur à un tiers des loyers à échoir d'un bail consenti pour six, douze ou dix-huit ans, au choix exclusif des preneurs de faire cesser le bail à l'expiration, soit de la première période, soit de la deuxième, donne ouverture au droit de cession de créance à 1 p. 100 sur les arrérages restant à échoir du bail pris pendant sa plus longue durée (Saint-Quentin, 20 déc. 1894, 8510 R. P.).

45. Dette verbale. — Reconnaissance par le débiteur. — Exigibilité du droit d'obligation et du droit de cession. — La cession d'une créance verbale et la reconnaissance de la dette par le débiteur, constatées dans le même acte, constituent deux dispositions indépendantes passibles, la première, du droit de transport de créance, la seconde, du droit d'obligation. Ce dernier droit est exigible, encore bien que le débiteur de la créance se soit libéré immédiatement après la cession, au moyen d'une dation en paiement (Saint-Gaudens, 6 août 1890, 7457 R. P.).

61. Constitution de rente viagère. — Droit de 1 p. 100. — L'acte contenant cession de diverses créances, moyennant le service d'une rente viagère, peut être considéré, d'après les circonstances et l'intention des parties, comme renfermant, non une constitution de rente viagère, passible du droit de 2 p. 100, mais un simple transport dont la rente forme le prix, et donnant, dès lors, ouverture au droit de 1 p. 100 (Seine, 15 mars 1894, 8201 R. P.).

71. Prix reel. — Droit de 1 p. 100. — Liquidation. — Les cessions de créances ne sont sujettes au droit de 1 p. 100 que sur le prix réel de ces cessions, lorsqu'il résulte des circonstances qu'il ne peut y avoir doute sur la sincérité du prix exprimé (Nérac, 25 nov. 1901, 10259 R. P.).

Ce jugement décide que le droit de 1 p. 100, auquel sont assujetties les cessions de créances, doit être liquidé, non pas sur la valeur nominale de la créance, mais sur le prix de la cession, lorsqu'il ne peut y avoir de doute sur la sincérité de ce prix.

La thèse formulée d'une façon aussi absolue est sujette à la critique. Mais, dans l'espèce, la décision du tribunal est, à notre avis, entièrement fondée.

Aux termes de l'art. 14, n° 2, L. frim., le droit est perçu « pour les créances à terme, leurs cessions et transports et autres actes obligatoires, *sur le capital exprimé dans l'acte et qui en fait l'objet* ». Toutefois, comme la loi, en prenant pour la liquidation du droit sur les cessions de créances une base tout à fait exceptionnelle, n'a eu d'autre but que de prévenir les fausses énonciations du prix dans les transports, il a été admis par la jurisprudence que, lorsque la fraude ou la dissimulation n'est pas possible, il y a lieu de revenir à la règle commune, c'est-à-dire que le droit doit être calculé sur le prix exprimé, et non sur le capital cédé. Cette dérogation au texte précis de la loi est applicable *à toutes les cessions de créances autorisées par la justice*; elle repose sur cette considération que la vente *judiciaire* donne à l'Administration une certitude suffisante que le prix de l'adjudication, opérée devant le tribunal ou le notaire commis par lui, n'a été entaché d'aucune dissimulation. Mais elle est généralement écartée, en ce qui concerne les cessions *volontaires*, parce que ces cessions ne présentent pas, quant à la fixation du prix, les mêmes garanties que les ventes judiciaires et que, pour elles, le texte de la loi doit conserver toute sa force.

Dans l'affaire soumise au tribunal de Nérac, la cession de créance avait été réalisée avec l'autorisation du juge, puisqu'elle résultait d'une transaction homologuée par l'autorité judiciaire, après accomplissement des formalités prescrites par la loi pour les transactions intéressant des mineurs (art. 467 C. civ.). Il n'y avait donc aucune raison de ne pas appliquer le tempérament admis par la jurisprudence.

74-1. Interêts échus. — Quand une cession de créance comprend les intérêts échus au jour de la cession, le droit proportionnel est dû sur ces intérêts comme sur le capital (Nérac, 22 nov. 1901, 10259 R. P.).

75-76-77. Nue propriété. — Usufruit. — La L. 25 fév. 1901 a modifié les règles de perception applicables aux transmissions de la nue propriété et de l'usufruit.

Son art. 13 renferme, en ce qui concerne les créances à terme, les dispositions suivantes : « La valeur de la nue propriété et de l'usufruit des biens meubles et immeubles est déterminée, pour la liquidation et le paiement des droits, savoir : ... 3° pour les créances à terme... et pour l'amortissement de ces créances, par une quotité de la valeur de la propriété entière, établie suivant les règles indiquées au paragraphe précédent, d'après le capital déterminé par les §§ 2, 7 et 9 art. 14 L. frim. » (V. *Usufruit* et *C. des lois*.)

Les règles auxquelles renvoie le § 3 de l'art. précité sont celles qui ont trait à la détermination de la valeur imposable de la nue propriété et de l'usufruit. Elles peuvent être résumées ainsi qu'il suit :

Age de l'usufruitier.	Valeur de l'usufruit.	Valeur de la nue propriété.
Au-dessous de 20 ans révolus.....	7/10	3/10
Entre 20 et 30 ans révolus....	6/10	4/10
— 30 et 40 —	5/10	5/10
— 40 et 50 —	4/10	6/10
— 50 et 60 —	3/10	7/10
— 60 et 70 —	2/10	8/10
Au-dessus de 70 ans —	1/10	9/10

Quant à l'usufruit constitué pour une durée fixe, il est estimé aux 2/10 de la valeur de la propriété entière pour chaque période de 10 ans de la durée de l'usufruit, sans fraction et sans égard à l'âge de l'usufruitier. Mais, en aucun cas, la valeur de l'usufruit dont il s'agit ne peut excéder celle que la loi assigne à l'usufruit pur et simple (3067-3 I. G.). Il convient, tout d'abord, de remarquer que l'art. 13 L. 25 fév. 1901, est spécial aux mutations de la nue propriété ou de l'usufruit des créances, et que les transmissions en pleine propriété de ces biens continuent à être tarifées, conformément au § 2, art. 14, L. frim., c'est-à-dire non sur le prix, mais sur le capital exprimé dans l'acte d'obligation.

Faisons, d'autre part, observer qu'à notre avis, les nouvelles règles d'évaluation de la nue propriété et de l'usufruit ne sont applicables que tout autant que le démembrement de la pleine propriété se sera opéré sous l'empire de la loi actuelle. Par exemple, si la mutation de la nue propriété d'une créance démembrée sous le régime antérieur à la L. 25 fév. 1901 intervient postérieurement à cette loi, l'impôt n'en devra pas moins être calculé, comme précédemment, sur la moitié de la valeur de la pleine propriété, sans avoir égard à l'âge de l'usufruitier. Nous devons, toutefois, ajouter que l'Administration n'adopte pas cette opinion (3067-4 I. G.). Nous renvoyons sur ce point aux développements donnés *infrà*, v° *Usufruit*.

Ces réserves faites, voici quelle est l'économie des prescriptions édictées par la nouvelle loi : en cas de transmission de la nue propriété ou de l'usufruit de créances, il y a lieu de tenir compte du capital imposable de la pleine propriété de ces valeurs, tel qu'il a été fixé par l'art. 14, n° 2 L. frim., et d'évaluer la nue propriété et l'usufruit à une fraction de la pleine propriété, cette fraction étant calculée, ainsi que nous l'avons exposé ci-dessus, d'après l'âge de l'usufruitier ou la durée de l'usufruit, quel que soit le prix stipulé pour la cession ou pour le transport.

78. Réunion de la nue propriété à l'usufruit. — En cas de réunion anticipée de la nue propriété à l'usufruit, le droit devra être liquidé d'après les bases que nous venons d'indiquer, à la condition, toutefois, que les deux éléments de la pleine propriété aient été tarifés, lors du démembrement, conformément aux règles nouvelles. Au contraire, lorsque le nu propriétaire aura, par anticipation, acquitté l'impôt suivant les règles anciennes sur la valeur de la pleine propriété, la réunion anticipée, même postérieurement à la L. 25 fév. 1901, devra continuer à s'opérer sans paiement du droit proportionnel. C'est, du moins, notre opinion qui, ainsi que nous l'avons dit, sous le n° précédent, n'est pas partagée par l'Administration.

79. Réunion de l'usufruit à la nue propriété. — Comme par le passé, l'extinction naturelle de l'usufruit ne donne ouverture à aucun droit, car elle ne constitue pas une transmission, dans le sens de l'art. 4 L. frim., mais simplement le dégrèvement d'une charge. Mais, sous l'empire de la loi nouvelle, le nu propriétaire n'a pas à payer l'impôt, par anticipation, sur la valeur de la propriété entière, et la nue propriété qu'il recueille est simplement tarifée, d'après sa valeur actuelle. Par conséquent, lorsque, par l'effet d'une convention quelconque, il entre en possession de l'usufruit, avant l'expiration normale ou convenue, il ne peut se dispenser d'acquitter un droit proportionnel sur la valeur de l'usufruit qu'il acquiert, et cette valeur doit être déterminée conformément aux règles que nous avons exposées n°s 75 et 76.

Ajoutons, cependant, selon la remarque déjà faite, que ces règles ne nous semblent devoir être appliquées que si le démembrement s'est opéré sous l'empire de la loi nouvelle.

81. Espèces et valeurs en portefeuille. — Droit de 1 p. 100. — Lorsque la cession qui intervient à la suite de la dissolution d'une société porte sur des espèces en caisse et des valeurs en portefeuille, le droit de 1 p. 100, pour transport de créance, est dû sur le tout, si aucune distinction n'a été faite entre les espèces en caisse et les valeurs en portefeuille (Montauban, 12 août 1898, n° 9550).

85. Obligation de somme. — Cession, à titre de garantie, de loyers à échoir. — Disposition dépendante. — Non-exigibilité d'un droit particulier. — La disposition d'un acte de prêt par laquelle l'emprunteur délègue purement et simplement à son prêteur des loyers à échoir, pour assurer le remboursement de la somme prêtée et le paiement des intérêts, ne constitue pas une disposition indépendante du prêt. Elle n'est pas, dès lors, passible du droit particulier de cession de créance (Valenciennes, 13 mars 1895, 8559 R. P.; — Lille, 9 août 1895, n° 8691 R. P.; — Sol. 21 janv. 2897, 9138 R. P. — V. *Donation. Mandat. Rente*).

CHAMBRE DE COMMERCE.

2. Historique. — Une L. 9 avril 1898 *réorganise* les Chambres de commerce. Cette loi leur attribue le caractère d'établissements publics et abroge les dispositions du décr. 3 sept. 1851. — V. *Communication*.

86. Délégation d'une rente en garantie du payement d'une autre rente. Circonstances impliquant une translation de propriété. — Lorsque, pour se libérer du service d'une rente viagère qu'il a constituée en dot à sa fille, le père délègue ultérieurement à celle-ci, à due concurrence, une rente lui appartenant personnellement, qu'il est stipulé que la fille en touchera les arrérages sur ses simples quittances, et que le débiteur de la rente déléguée sera valablement déchargé en payant entre ses mains, le contrat, bien que qualifié de délégation en garantie, constitue en réalité une cession ou délégation de rente à titre onéreux, opérant mutation de propriété et passible, en conséquence, du droit de 2 fr. p. 100 (Châtillon-sur-Seine, 1er juil. 1902, 10531 R. P.).

Cession d'une créance sur l'État en garantie du payement de droits d'enregistrement. — Lorsque, pour assurer le payement de droits d'enregistrement (dans l'espèce, des droits de mutation par décès), un redevable a cédé à l'Administration, avec subrogation dans tous ses droits, une créance à lui due par l'État et que cette cession a été signifiée au Trésorier général, la Régie se trouve investie, au regard des tiers, de la propriété de ladite créance qui ne peut plus, par suite, faire l'objet d'une distribution par contribution. Il importe peu que l'acte qui constate cette cession énonce qu'elle est faite « à titre de couverture et garantie » et que l'Administration ait ultérieurement poursuivi et obtenu la condamnation du redevable au payement des droits par lui dus, l'intention évidente des parties ayant été de transférer à la Régie la propriété de la créance cédée sans qu'il en résultât de novation éteignant la créance du Trésor ; une telle interprétation s'induit nécessairement de l'emploi des termes « cède et transporte », de la convention de subrogation, et surtout de l'autorisation donnée à l'Administration de toucher directement « la somme cédée » (Agen, 11 juin 1905, 11858 R. P.).

Cession de créance en garantie d'un compte courant. Pouvoir de toucher et subrogation dans tous les droits et actions du créancier. — L'acte contenant un transport de créance en garantie d'un compte courant ne donne pas immédiatement ouverture à la perception du droit de 1 p. 100 lorsque le cédant autorise le cessionnaire à toucher la créance sur sa simple quittance, et le subroge dans tous ses droits et actions contre le débiteur (11890 R. P.).

Cession de créance. Délégation en garantie. Pouvoir de toucher. Subrogation dans les droits du débiteur. Droit de 1 p. 100. — Constitue une cession de créance passible du droit de 1 p. 100, et non un simple nantissement, la délégation d'une subvention annuelle en garantie d'une dette, du moment où le délégataire est autorisé à toucher la créance déléguée sur ses simples quittances, et se trouve subrogé dans tous les droits du délégant. Le droit proportionnel est exigible, alors même que la délégation serait consentie en garantie d'un emprunt représenté par des obligations négociables (Seine, 16 fév. 1907, 11403 R. P.).

CHAMBRE DE COMMERCE.

33. Communication. L. 9 avril 1898. Limitation aux documents postérieurs à cette loi. — Bien que les Chambres de commerce soient, à raison du caractère d'établissements publics qui leur a été reconnu par la L. 9 avril 1898, soumises, en principe, au droit de communication pour tous leurs actes et documents, quelle qu'en soit la date, le Ministre a prescrit néanmoins de limiter, en fait, l'usage de ce droit aux pièces postérieures à la promulgation de ladite loi (D. m. f. 17 avril 1903, Instr. 3125, § 3, 10580 R. P.).

CHASSE.

CHEMIN DE FER.

17. **Chemin de fer d'intérêt local. Cession. Faveur du droit fixe non applicable.** — *Conf.* — Besançon, 29 mars 1897, 11405 R. P.

CHEMIN RURAL.

CHEMIN VICINAL.

CHASSE.

7-8-12. **Bail. — Acte s. s. p. — Plusieurs bailleurs. — Enregistrement hors délai. — Droit de 20 cent. p. 100. — Liquidation. — Un seul droit en sus.** — L'acte s. s. p. par lequel plusieurs propriétaires afferment à une seule personne le droit de chasse sur leurs immeubles, se résume en une convention unique entre le preneur, d'une part, et la collectivité des bailleurs cointéressés, de l'autre. — Il s'ensuit : 1° que le droit de 20 cent. p. 100 doit être liquidé sur le total des redevances annuelles, et non sur la portion revenant à chaque bailleur dans ce total; 2° que le retard dans l'enregistrement de l'acte s. s. p. ne rend exigible qu'une seule amende à la charge de la collectivité des bailleurs et non autant d'amendes distinctes qu'il existe de bailleurs (Sol. 24 juin 1898, 9405 R. P.).

CHEMIN DE FER.

17. **Chemin de fer d'intérêt local. — Cession de l'exploitation. — Faveur du droit fixe non applicable.** — La faveur du droit fixe établi par la loi du 11 juin 1880, pour les concessions et les rétrocessions de chemins de fer d'intérêt local, ne saurait être étendue aux cessions successives, toutes d'intérêt privé, qui sont consenties par le rétrocessionnaire. Ces sortes de transmissions demeurent assujetties aux droits afférents à la nature même des conventions qu'elles renferment (Cass. req., 24 avril 1893, 8034 et 8104-31 R. P.).

37. **Permis de circulation.** — Les cartes, bons et permis de circulation, soit entièrement gratuits, soit avec réduction du prix des places, délivrés par les Compagnies de chemin de fer subventionnées et par l'administration des chemins de fer de l'État, en dehors des cas prévus par les cahiers des charges et les tarifs homologués, ou lorsque la gratuité ou la réduction de prix n'est pas le résultat d'une mesure d'ordre général préalablement approuvée par le Min. trav. pub., sont assujettis à un droit de timbre, savoir :

Pour un seul voyage direct ou d'aller et retour :

1re classe	0,20
2e classe	0,10
3e classe	0,05

Valables pour un temps ou permanents :

1re classe	1 fr.
2e classe	0,50
3e classe	0,25

Toute contravention à cet article ainsi qu'au règlement d'adm. publique qui détermine le mode de perception, est punie d'une amende de 20 fr. en principal. (L. 20 mars 1897, art. 5, 8961 R. P., — V. *C. des lois*).

Un décr. 31 juill. 1897 détermine le mode de perception des droits (9125-30 R. P. — V. *C. des lois*).

L'I. G. 2940 donne la nomenclature des personnes appelées à circuler gratuitement ou à prix réduit sur les lignes de chemins de fer.

— Les dispositions de l'art. 5 L. 20 mars 1897 sont applicables aux Compagnies des chemins de fer d'intérêt local et de tramways (D. m. f. 4 déc. 1897, 9395-22 R. P.).

— Elles sont applicables aux Compagnies de chemins de fer subventionnées, c'est-à-dire à celles qui ont reçu ou qui ont le droit d'exiger, dans certains cas, soit pour la construction, soit pour l'exploitation de leurs lignes, une subvention provenant des deniers publics, que les fonds de concours soient fournis par l'État, par un département ou par une commune (D. m. f. 4 avril 1898, 9395-36 R. P.).

— Décidé que les cartes, bons et permis de circulation délivrés aux agents forestiers par les Compagnies d'intérêt général subventionnées et par les Chemins de fer de l'État sont exempts du droit de timbre (9675-23 R. P.).

— Il en est de même pour les cartes, bons et permis de circulation délivrés aux élèves des écoles primaires publiques, voyageant en groupe, sous la conduite de leurs maîtres (9675-37 R. P.).

— Le droit de timbre, établi par la loi du 20 mars 1897 sur les cartes, bons et permis de circulation délivrés par les Compagnies de chemins de fer, n'est dû qu'autant qu'il a été fait usage de ces cartes, bons ou permis. Par suite, lorsqu'un bon de circulation n'est utilisé que par quelques-uns des titulaires, il ne doit être perçu qu'un nombre de droits égal à celui des personnes qui en ont profité. Si le bon ne fait pas mention de la classe choisie par les voyageurs, l'Administration n'est pas fondée à exiger le droit applicable à la classe la plus élevée. Elle doit, pour le contrôle de la perception, inviter la Compagnie à compléter le bon par l'indication de la classe choisie (Sol. 21 sept. 1899, 9958 R. P.).

CHEMIN RURAL.

5. **Expropriation. — Chemin reconnu. — Gratuité.** — V. *Expropriation*.

CHEMIN VICINAL.

11. **Arrêté de classement. — Expropriation de plein droit. — Effets juridiques.** — Aux termes des art. 15 L. 21 mai 1836 et 86 L. 10 août 1871, la décision de la commission départementale classant un chemin vicinal et en déterminant la largeur, opère de plein droit expropriation des parcelles attribuées à ce chemin et résout le droit du précédent propriétaire en une indemnité. Il suit de là que, par le seul effet de cette décision, non seulement l'ancien propriétaire de terrains incorporés à la voie publique est dépouillé définitivement de son droit de propriété, mais que tout acte de possession et de jouissance lui est également interdit alors même que les travaux d'élargissement n'auraient pas encore été effectués. Par voie de conséquence, c'est à dater de cette même décision que doit être réputé s'ouvrir son droit à indemnité, et ni la fixation du montant de sa créance, ni l'exigibilité de celle-ci ne sauraient être arbitrairement différées par les magistrats chargés d'en opérer le règlement jusqu'à l'exécution matérielle des travaux projetés par l'autorité administrative (Cass. 18 juillet 1893, 8411 R. P.).

12. Expropriation. — Terrains en bordure. — Gratuité des droits. — V. *Expropriation*, n° 51.

Expropriation. — Terrains clos ou bâtis. — Acquisition. — Gratuité des droits. — V. *Expropriation*, n° 241.

13. Fourniture des impressions. — Marchés. — Les marchés de l'espèce donnent seulement ouverture au droit fixe de 1 fr. 50 (D. m. f. 11 oct. 1886, 7974-34 R. P.).

15. Construction d'un égout. — Marché. — Tarif. — Le marché passé pour la construction d'un égout sous le sol d'un chemin vicinal dans la traverse d'une ville ne peut bénéficier du droit fixe de 1 fr. 50 prévu par l'art. 20 L. 21 mai 1836 s'il est établi, en fait, que la construction fait partie d'un réseau général d'égouts destiné à l'assainissement de la ville et n'intéresse que très indirectement la voirie vicinale (Déc. min. fin. 10 août 1894, 8669 R. P.).

— Le droit fixe de 1 fr. 50 établi par l'art. 20 L. 21 mai 1836, ne s'applique qu'aux actes et contrats ayant pour objet exclusif la construction, la réparation ou l'entretien d'un chemin vicinal. Par suite, le traité passé pour la construction d'un égout sous le sol d'un chemin vicinal est passible du droit proportionnel de 1 p. 100 lorsque les travaux répondent à des intérêts autres que ceux de la vicinalité, par exemple à l'assainissement et l'embellissement d'un quartier et qu'ils n'intéressent qu'indirectement la viabilité du chemin (Lyon, 8 août 1898, 9463 R. P.).

Le droit de 1 p. 100 est exigible sur la portion des prix afférents à la construction de l'égout, lorsque cet ouvrage répond à des intérêts autres que ceux de la vicinalité, tels que l'assèchement d'un quartier (Seine, 27 mars 1902, 10200 R. P.).

22. Échange sans soulte. — Renonciation à la soulte par le particulier subordonnée à la condition que la commune cédera d'autres terrains. — Droits à percevoir. — L'échange par lequel un particulier cède à une commune des terrains compris dans l'assiette d'un chemin vicinal contre des terrains d'une valeur inférieure, sans stipuler aucune soulte, ne donne ouverture qu'au droit fixe, si l'acte porte que la renonciation à la soulte est subordonnée à la condition que la commune lui cédera ultérieurement d'autres terrains; l'acte consécutif de cession n'est pas un acte de complément, mais constitue un contrat distinct passible du droit proportionnel sur le prix stipulé (Sol. 10 déc. 1897, 9562 R. P.).

26. Prolongation dans la traverse des villes, bourgs et villages. — Marché. — Droit fixe. — Depuis la loi du 8 juin 1864, toute rue qui est reconnue dans les formes légales être le prolongement d'un chemin vicinal en fait partie intégrante : le droit fixe édicté par l'art. 20 L. 21 mai 1836 est, en conséquence, applicable aux marchés ayant pour objet exclusif la construction, l'entretien et la réparation de ces rues (Sol. 23 nov. 1887, 8400 R. P.).

29. Expert. — Serment. — Depuis la L. 22 juill. 1880, art. 16 (7338 R. P., 2778 I. G.), la prestation de serment des experts et l'expédition du procès-verbal ne donnent plus lieu à aucun droit d'enregistrement. Mais cette dispense d'impôt ne s'étend pas au droit de timbre. En conséquence, les actes de prestation de serment des experts et les expéditions du procès-verbal doivent toujours être timbrés, conformément à la déc. 28 déc. 1855.

31. Propriétaire riverain. — Fonds de concours. — Lorsqu'un particulier offre une somme d'argent à une commune pour le prolongement d'un chemin vicinal, l'acte contenant l'acceptation de la commune ne donne ouverture qu'au droit fixe de 1 fr. 50 par application de l'art. 20 L. 21 mai 1836, si le particulier n'étant pas directement intéressé à l'exécution des travaux, l'offre ne peut être considérée comme une souscription procédant d'une pensée d'intérêt (Sol. 14 déc. 1896, 9620 R. P.).

— Si le particulier est directement intéressé à l'exécution des travaux, l'offre constitue une souscription constatant l'acte administratif; le paiement qui en est fait est affranchi de l'impôt comme rentrant dans la catégorie des actes non visés par l'art. 78 L. 15 mai 1818 et exemptés par l'art. 80 (Sol. 23 déc. 1896, 9620 R. P.).

32. Droits de greffe. — Les droits de greffe ont été supprimés par la L. 26 janv. 1892. — V. *Code des lois et Taxe des frais de justice*.

39. Agents recevant un traitement fixe payé partie sur le budget départemental, partie sur le budget communal. — Décomptes. — Exemption du timbre. — Le décompte de journées produit à l'appui du mandat de paiement délivré par le maire est exempt de timbre, le salaire dû par la commune constituant une part du traitement fixe dont le budget départemental paye le surplus (Déc. min. fin. 20 avril 1898, 2989-1 I. G.; 9675-30 R. P.).

42 et 48. Paiement d'indemnités. — Certificats des agents voyers. — Les certificats des agents voyers, destinés à la comptabilité publique, sont sujets au timbre quand ils doivent tenir lieu de véritables mémoires. Mais ils sont exempts de l'impôt, comme pièces d'ordre intérieur, lorsqu'ils sont délivrés à l'ordonnateur à titre de renseignements administratifs. Spécialement, ils échappent à l'application de l'impôt, s'ils sont joints aux mandats de paiement d'indemnités, soit pour acquisition de terrain, soit pour extraction de matériaux, occupations temporaires, dépôt ou enlèvement de terres (Circ. Compt. publ. 20 août 1892, 8000-2 R. P.).

64-65. Dépenses n'excédant pas 10 fr. — Justifications. — Factures ou mémoires. — Timbre. — Est passible du timbre de dimension tout écrit, facture ou mémoire, ayant pour objet d'établir, en la matière de comptabilité publique, la réalité d'une créance, alors même que le chiffre de la dépense n'atteindrait pas 10 fr.; mais la production d'une facture ou d'un mémoire n'étant pas exigée dans ce dernier cas, il convient, pour les dépenses du service vicinal ne dépassant pas 10 fr., si les travaux sont exécutés en régie, de joindre, à l'appui du mandat, une simple quittance de l'ayant droit contenant le détail de la créance; lorsqu'il s'agit de dépenses payées directement à des créanciers, d'insérer ce détail dans le corps même du mandat (Circ. Min. Int. et Cultes, 1er mars 1901, 10154 R. P.).

15. Construction d'un égout. Marché. Droit proportionnel de 1 p. 100. — *Conf.* Limoges, 22 juill. 1904, 10898 R. P.; — Saint-Julien, 21 mars 1906, 11364 R. P.

Marché relatif à l'exploitation d'un passage d'eau reliant deux tronçons d'un chemin vicinal. — Est passible du droit proportionnel de 1 p. 100 le marché relatif à l'exploitation d'un passage d'eau, bien que ce passage soit destiné à relier les deux tronçons d'un chemin vicinal (La Roche-sur-Yon, 19 fév. 1903, 10607 R. P.).

42, 64 et 65. Dépenses ne dépassant pas 10 fr. Visa des mandats par les agents voyers. Timbre. — Le service vicinal est dispensé de produire des mémoires ou factures pour la justification des dépenses relatives à des créances n'excédant pas 10 fr. (Circ. Min. Int. 1er mars 1902). Mais les mandats doivent être revêtus de deux mentions de visa, signées respectivement par l'agent voyer cantonal et l'agent voyer d'arrondissement. Ces mentions, qui ne constituent que des formalités d'ordre et de contrôle, ne rendent pas exigible le droit de timbre de dimension (Sol. 13 sept. 1902, Inst. 3133-2, 10607 R. P.).

CHÈQUE.

CHÈQUE.

57 à 61. Payement. — Présentation tardive. — L'art. 5 L. 14 juin 1865, qui frappe de certaines déchéances le porteur d'un chèque présenté tardivement au payement, ne prononce aucune pénalité fiscale (Sol. 20 avril 1895).

85-1. Chèque sous forme de lettre missive. — La lettre missive, ayant pour objet de prouver une remise de fonds de place à place, constitue un chèque de place à place et n'est assujettie qu'au droit de timbre de 0 fr. 20, alors même qu'elle ne serait pas datée en toutes lettres (Sol. 24 août 1887, 2558 Rev. prat.).

85-2. Duplicata. — Un chèque, même délivré par duplicata, n'est soumis qu'au droit spécial qui lui est propre. Pour réclamer le droit de timbre proportionnel, la Régie devrait établir que la création d'un second exemplaire a eu pour effet de dénaturer le caractère du chèque (Sol. 27 juin 1891, 3286 Rev. prat.).

90-92-97. Chèque de place à place. — Date non inscrite en toutes lettres. — Le chèque de place à place qui n'a pas été daté en toutes lettres, ne peut être considéré comme un effet de commerce, s'il présente tous les caractères juridiques du chèque. Il donne lieu seulement à trois amendes personnelles de 6 p. 100 au minimum à la charge du souscripteur, du bénéficiaire et de l'établissement qui a payé le chèque (Sol. 5 mai 1892, 7875 R. P., 24415 J. E.).

99. Acquit. — Défaut de date. — L'acquit non daté équivaut au défaut d'acquit. Il donne lieu à une amende de 50 fr. au principal (Sol. 7 juin 1893, 3084 Rev. prat.).

100 et 101. Défaut d'énonciation du lieu d'émission. — Le défaut d'énonciation du lieu d'émission d'un chèque est assimilable à la fausse énonciation. Le tireur est par conséquent, passible, en ce cas, d'une amende de 6 p. 100 au minimum de 100 fr. Mais le chèque ne devient pas pour cela un effet de commerce, il conserve, au regard de la loi d'impôt, son caractère de chèque et doit être traité comme tel pour la perception. S'il est revêtu d'un timbre de 0 fr. 10, on ne saurait le considérer comme étant revêtu d'un timbre insuffisant et réclamer le complément du droit de 0 fr. 10, dès l'instant que la Régie n'est pas en mesure d'établir qu'il constitue un chèque de place à place (Sol. 5 janv. 1899).

111. Preuve du défaut de provision. — L'Inst. nº 2312, qui a notifié la loi du 14 juin 1865, a prescrit d'attendre, pour réclamer le droit et l'amende exigibles sur un chèque émis sans provision, « qu'un acte ou un jugement ait légalement constaté que l'effet ayant emprunté la forme du chèque n'est pas un véritable chèque ». Mais l'Inst. nº 2480, § 4, relative à la loi du 19 fév. 1874, porte que les agents « se conformeront, pour la constatation des contraventions et le recouvrement des sommes exigibles, aux dispositions des art. 31 et 32 L. 13 brum. an VII et 76 L. 28 avril 1816 ».

La recommandation insérée dans l'Inst. nº 2312 n'est plus aujourd'hui complètement justifiée.

D'une part, en effet, les art. 22 L. 23 août 1871 et 7 L. 21 juin 1875 imposent aux compagnies et sociétés assujetties aux vérifications des agents de l'Enregistrement l'obligation de communiquer « leurs livres, registres, titres, pièces de recette, de dépense et de comptabilité », afin que ces agents s'assurent « de l'exécution des lois sur l'enregistrement et *sur le timbre* ». D'autre part, la jurisprudence de la Cour de cassation est depuis longtemps fixée en ce sens que les présomptions graves, précises et concordantes, tirées de faits constants au procès ou parvenues à la connaissance de l'Administration par l'exercice régulier de son droit de communication, suffisent pour établir l'existence d'une contravention à la loi fiscale.

Rien ne s'oppose, dès lors, à ce que l'Administration, en faisant notamment usage du droit de communication que lui ont accordé les lois de 1871 et 1875, prouve, à l'égard *du tireur* d'un chèque et au moyen de simples présomptions, l'absence de provision préalable et disponible, lorsque, d'ailleurs, elle est en mesure de *produire la pièce en contravention*.

Les règles tracées par l'Instruction nº 2312 précitée sont rapportées, en ce qu'elles ont de contraire aux observations qui précèdent (Sol. 17 oct. 1901, 3073-6 I. G.).

112 à 116. Protêt. — Le défaut de provision ne peut résulter toutefois du simple protêt d'un chèque (Sol. 20 avril 1895). Il en est ainsi spécialement lorsque, dans un protêt, le tiré déclare qu'il n'est pas d'accord avec le tireur (Sol. 27 nov. 1895, 4101 Rev. prat.).

120. Pétition. — L'aveu du défaut de provision, contenu dans une pétition en remise présentée par le tireur, ne constitue pas une preuve suffisante (Sol. 20 avril 1895).

121. Livres. — L'Administration, se ralliant à l'avis que nous avons exprimé au *Rép. gén.*, admet aujourd'hui que le défaut de provision peut être établi à l'aide de documents dont elle est autorisée à prendre connaissance (3073-6 I. G.; — V. *suprà* nº 111).

126. Peines correctionnelles. — L'infraction résultant du défaut de provision est d'ordre fiscal; elle n'est pas, dès lors, de la compétence du tribunal correctionnel (Seine, 21 juin 1901).

134 et 135. Timbre insuffisant. — Date non inscrite en toutes lettres. — Lorsqu'un écrit présente les caractères juridiques du chèque, c'est-à-dire s'il est réellement un mandat à vue destiné à effectuer un retrait de fonds disponibles, il n'est soumis qu'au droit de timbre spécial de 0 fr. 10 ou de 0 fr. 20. L'omission des formalités exigées pour les chèques, au point de vue de leur forme extérieure, entraîne seulement l'application des pénalités particulières prononcées en cette matière. Il y aurait une contradiction manifeste à considérer un même écrit tout à la fois comme un effet de commerce, pour déterminer la quotité du droit de timbre exigible, et comme un chèque, pour réclamer des amendes réservées à l'inobservation des dispositions absolument relatives aux chèques (Sol. 5 mai 1892, 7875 R. P.; 24415 J. E.).

139, 140 et 147. Chèque irrégulier et timbre insuffisant. — Pluralité des amendes. — Lorsqu'un chèque n'est pas régulièrement timbré et qu'il ne présente pas, dans la forme, les conditions exigées par la loi, les contraventions dont il est entaché sont indépendantes l'une de l'autre et doivent être frappées distinctement des peines spéciales qu'elles comportent. Il en résulte que, si un chèque de place à place est insuffisamment timbré et n'est pas daté en toutes lettres, il est dû, outre le complément de droit exigible : 1° pour insuffisance de timbre, deux amendes de 6 p. 100 à la charge du souscripteur et du bénéficiaire (L. 19 fév. 1874, art. 8); et 2° pour défaut d'inscription de la date en toutes lettres, trois amendes personnelles de 6 p. 100 au minimum de 100 fr. par le souscripteur, le bénéficiaire et l'établissement qui a payé le chèque (même loi, art. 6. - Sol. 5 mai 1892, 7875 R. P.; 24415 J. E.).

154-1. Chèque venant des colonies où le timbre est établi. — Les chèques tirés d'une colonie où le timbre est établi et qui ont été régulièrement timbrés au tarif de la colonie, n'ont à supporter ni le droit de timbre de la métropole, ni un droit complémentaire (Sol. 17 avril 1899, 4583 Rev. prat.).

157. Chèque venant de l'étranger. — Usage en France avant timbrage. — Celui qui fait usage en France d'un chèque, régulier en la forme, venant de l'étranger, est tenu d'acquitter, au préalable, le droit de timbre de 0 fr. 20 à peine d'une amende de 6 p. 100 (Sol. 2 mai 1892, 7874 R. P.; 24414 J. E.).

158. Chèque irrégulier venant de l'étranger. — Si le chèque venant de l'étranger est irrégulier en la forme, la personne qui en fait usage en France doit acquitter, au préalable, le droit de timbre proportionnel, sous peine d'une amende de 6 p. 100 (Sol. préc. 2 mai 1892).

159. Amende unique. — Solidarité des parties. — L'amende proportionnelle édictée contre le bénéficiaire, le premier endosseur, le porteur *ou* le tiré d'un chèque tiré hors de France, non timbré *ou* irrégulier en la forme, est unique et non multiple. Mais toutes ces personnes sont solidaires pour le recouvrement des droits et amendes prononcées pour l'un ou l'autre cas (Sol. préc. 2 mai 1892).

COLONIES.

5. Immeubles. — Acte enregistré en France. — Droit fixe. — Les receveurs de la métropole sont sans qualité pour percevoir le droit proportionnel sur les actes translatifs de la propriété d'immeubles situés en Algérie, qui forme, au point de vue fiscal, un territoire distinct du territoire métropolitain (Bougie, 22 déc. 1898; Cass. civ. 21 janv. 1901, 10012 R. P.).

29. Succession. — Créance due et hypothéquée en Algérie. — Créancier domicilié en France. — Exigibilité du droit de mutation par décès. — Les créances dues et hypothéquées en Algérie, mais dépendant de la succession d'un Français domicilié en France, doivent être déclarées au bureau de ce domicile et acquitter l'impôt de mutation par décès selon le tarif de la métropole (Cass. 30 janv. 1893, 8023 et 8094-24 R. P.).

45. Algérie. — Constitution de la propriété. — Domaine de l'État. — Sénatus-consulte du 28 avr. 1863. — Les biens sur lesquels les droits publics ou privés n'ont pas été reconnus à l'époque du sénatus-consulte du 28 avr. 1863, ne sont pas pour cela devenus la propriété de l'État, si cette propriété n'a pas été établie dans les formes édictées par le sénatus-consulte même et le décret du 23 mai 1863 qui l'a appliqué (Cass. req. 5 mai 1897, 9081 R. P.).

56. Algérie. — Organisation du service (Décr. 31 déc. 1896, 9125-8 R. P. - V. *Code des lois*).

58-59. Algérie. — Transformation du droit gradué en droit proportionnel. — Réduction de droits fixes d'enregistrement. — Demande de bulletin de casier judiciaire. — Récépissés de tramways. — Loi du 28 avril 1893. — Promulgation (Décr. 28 juill. 1893, 8303 R. P. - V. *Code des lois*).

Certificats de médecins. — Permis de circulation. — Quittances de droits de statistique. — Coût du timbre des pétitions. — Remboursement (Décr. 4 déc. 1897, 9158 R. P. — V. *Code des lois*).

63. Algérie. — Assistance judiciaire. — Jugement sans condamnation. — Exécutoire. — Commandement. — Nullité. — Le commandement signifié en vertu d'un exécutoire, qui a été délivré en vertu d'un jugement préparatoire ne portant pas de condamnation aux dépens, est entaché d'une nullité substantielle, qui ne permet pas de faire application, en Algérie, des dispositions de l'art. 69 de l'ordonnance 26 déc. 1842, relatives aux nullités d'exploits ou d'actes de procédure que le juge peut, suivant les circonstances, accueillir ou rejeter.

Cette nullité fait obstacle à la continuation des poursuites bien qu'un jugement ultérieur ait mis à la charge de l'adversaire de l'assisté une partie des dépens, si ce second jugement n'a pas été mentionné dans l'exécutoire (Seine, 10 juin 1902, 10351 R. P.).

64-1. Algérie. — Amendes prononcées par les tribunaux français. — Règle à suivre pour le recouvrement (2814-1 I. G.; 7974-29 R. P.).

114. Algérie. — Impôt sur le revenu. — L. 20 déc. 1890 rendue exécutoire. Décret du 29 avril 1891 (7648 R. P.). L. 28 avril 1893. **Promulgation** (8209 R. P.); Prescription quinquennale (Décr. 18 déc. 1893, 8243 R. P. — V. *Code des lois*).

115. Algérie. — Affiches peintes. — L. 26 déc. 1890 rendue exécutoire (Décret du 29 avril 1891, 7642 R. P.; — Décr. 18 déc. 1893, 8243 R. P. — V. *Code des lois*).

120. Algérie. — Service topographique. — Extraits ou copies de plans. — Timbre. — Les extraits

CHEMIN DE FER.

17. Cession et rétrocession. Distinction. — Le bénéfice du droit fixe de 1 fr. [illegible] par l'art. [illegible] L. 11 juin 1880 pour les conventions relatives aux cessions et rétrocessions de chemins de fer d'intérêt local, ne peut être [illegible] ou traité par lequel un département charge l'Administration des chemins de fer de l'État de l'exploitation d'une ligne d'intérêt local moyennant le remboursement des dépenses réellement [illegible] toutes les chances de gain ou de perte restant au département : un pareil contrat donne ouverture au droit de marché (Tours, 13 avril 1906, 11264 R. P.).

COLONIES.

9. Partage passé et enregistré en France. Immeubles situés en Algérie. — L'acte passé et enregistré en France, constatant un partage d'immeubles situés en Algérie, est passible du droit de 0,15 p. 100 (Sol. [illegible] 25 janv. 1905, 10852 R. P.).

Algérie et colonies. Actes passés sur leur territoire ou dans la métropole. Régime fiscal. — D. m. f. 25 mars et 17 août 1903 ([illegible] 3753, 10515 R. P.).

14-2. Acte notarié passé dans une colonie où l'enregistrement est établi. Usage en France. Modification dans la législation métropolitaine. Tarif applicable. — Le complément de droit exigible par suite de l'usage en France d'un acte notarié passé dans une colonie où l'enregistrement est établi doit être liquidé, non pas d'après le tarif en vigueur dans la métropole au moment de l'usage, mais d'après celui [illegible] à l'époque où l'acte a été enregistré dans la colonie (Seine, 11 [illegible] 1901, 10663 R. P.).

55. Algérie. Actes musulmans. Jugements et arrêts en matière musulmane. Timbre et enregistrement. Décr. 9 janv. 1904. — 10807 R. P.

Algérie. Justice musulmane. Actes des cadis. Timbre et enregistrement. Décr. 23 août 1904. — 10880 R. P.

Dispositions rendues applicables aux territoires du Sud par un décret postérieur du 14 déc. 1904 (10884 R. P.).

58, 59, 61, 64, 106. Algérie. — *I. Ventes et échanges d'immeubles. Partages. Droits d'enregistrement. Modifications du tarif. Perception de franc en franc sur les sommes ne dépassant pas 500 fr. — II. Ventes et échanges d'immeubles. Cahiers des charges. Exemption du droit de timbre. — III. Saisie-arrêt. Salaires et petits traitements. Exemption des droits de timbre et d'enregistrement. — IV. Livres de commerce. Procès-verbaux de cote et paraphe. Exemption d'enregistrement. — V. Immeubles non productifs de revenu. — Mutations entre vifs à titre gratuit. Mode d'évaluation. — VI. Donation. Modifications du tarif. Départements, communes, établissements publics, sociétés d'assistance, sociétés d'instruction et d'éducation populaire gratuites. Tarif spécial. — VII. Conseil d'État. Recours pour incompétence ou excès de pouvoirs et en matière de liquidation de pensions. Enregistrement en débet.* — Décr. 4 sept. 1906, 11267 R. P.; — TERRITOIRES DU SUD, Décret 6 mars 1907 (11455 R. P.).

58. Algérie. — I. Hypothèque maritime. Droit de 0,50 p. 100. — II. Reconnaissances d'enfants naturels. Exemption du droit d'enregistrement. — III. Postes. Procès-verbaux de contravention. Enregistrement. Bureau compétent. Délai. — IV. Impôt sur le revenu. Sociétés coopératives formées exclusivement entre ouvriers et artisans. Exemptions. — Décr. 23 août 1904. — 10880 R. P.

Les trois dernières de ces dispositions ont été rendues applicables aux territoires du Sud par un décret postérieur du 10 déc. 1904 (10885 R. P.).

107. Fonds de commerce situé en Algérie. Cession par acte passé devant un notaire de France. — Lorsque la cession d'un fonds de commerce exploité en Algérie est réalisée par un acte passé devant un notaire de France, cet acte doit être enregistré au droit fixe de 3 fr. et le droit proportionnel ne peut être régulièrement perçu qu'en Algérie et d'après le tarif en vigueur dans cette colonie. — Inversement, l'acte passé en Algérie et constatant la cession d'un fonds de commerce situé en France ne doit supporter que le droit fixe, lors de l'enregistrement dans la colonie, et le droit proportionnel doit être acquitté en France suivant le tarif de la métropole (Instr. 3100, § 18. — 11309 R. P.).

79 Prix supérieur. — *Conf.* (Seine, 4 juillet 1905, 10567 R. P.)

Déclaration d'adjudicataire. Mutation intermédiaire. Supplément de prix. Double droit de mutation. — La déclaration d'adjudicataire souscrite par l'avoué (ou, en Algérie, par le défenseur près le tribunal) dans le délai fixé par l'art. 707 *C. procéd. civ.*, n'est assujettie au droit fixe qu'autant que l'avoué a été réellement le mandataire de l'acquéreur déclaré. Il n'en est plus ainsi lorsque la déclaration de l'avoué est faite non au profit de son véritable mandant, mais au profit d'un tiers qui a, dans l'intervalle du délai de 3 jours, acquis du premier, moyennant un supplément de prix, le bénéfice de son adjudication ; dans cette hypothèse, il s'est réalisé entre les parties une nouvelle mutation qui donne ouverture à un droit proportionnel de revente et, le cas échéant, à deux droits en sus, l'un à la charge du cédant, l'autre à celle du cessionnaire (Alger, 31 janv. 1905, 11011 R. P.).

COMMAND.

ou copies des plans minutes que le service topographique de l'Algérie délivre aux particuliers peuvent être établis sur papier non timbré. Mais ils doivent être soumis à la formalité du timbre avant qu'il en soit fait usage par acte public ou en justice (Déc. min. fin. 9 août 1893, 8277 et 8418-23 R. P.).

122. Algérie. — Timbre. — Certificats des médecins. — Permis de circulation. — Quittance de droits de statistique. — Remboursement du coût du timbre des pétitions (Décret du 4 déc. 1897, 9156 R. P. — V. *Code des lois*).

124. Algérie. — Timbre. — Contraventions constatées en France et réciproquement. — Règles à suivre pour le recouvrement (2814-2 I. G. ; 7974-30 R. P.).

136. Sénégal. — Timbre. — Connaissements. — Affiches. — Effets et bordereaux de commerce. — Quittances. — Avertissements des greffiers. — Chèques. — Warrants (Décr. 16 août 1893, 8210 R. P. — V. *Code des lois*).

220-9 *bis*. Banque de l'Indo-Chine. — Transport d'obligations. — Droit proportionnel exigible. — La disposition exceptionnelle de l'art. 11 L. 24 juin 1874, d'après laquelle sont soumis au droit fixe les actes qui ont pour objet de constituer des nantissements par voie d'engagement, de cession de récoltes, de transport ou autrement au profit de la banque de l'Indo-Chine, doit être limitée aux seuls actes qu'elle vise expressément et exclusivement. On ne saurait l'étendre aux transports d'obligations hypothécaires au profit de cette *même* banque. Les actes de nantissement de cette nature demeurent assujettis au droit proportionnel dans les conditions du droit commun (Hanoï (Tonkin), 23 mars 1894 ; — Cass. 23 juill. 1895, 8653 R. P.).

286. Inde française. — Timbre des effets de commerce. — Règlement du 21 déc. 1891 (7974-58 R. P.).

V. ACTE PRODUIT EN JUSTICE ET TESTAMENT.

COMMAND.

17. Licitation. — Dans la première partie du *Rép. gén.*, 1re ligne, au lieu de : « si une adjudication d'immeubles indivis est prononcée », lire : si une adjudication d'immeubles indivis entre *deux héritiers* est prononcée.

17e ligne, au lieu de : « jusqu'à concurrence de 23.000 fr. », lire : jusqu'à concurrence de 28.000 fr.

Colicitants. — Droit de 4 p. 100. — V. *Licitation*, n° 90.

54. Élection de command. — Procès-verbal d'adjudication. — Condition non remplie. — Quand le cahier des charges d'une adjudication stipule que l'adjudicataire pourra élire command « s'il s'en est réservé la faculté dans le procès-verbal d'adjudication », l'élection de command, faite par l'adjudicataire et enregistrée dans les vingt-quatre heures, est-elle régulière, alors même que le procès-verbal d'adjudication ne renferme pas la réserve prévue à titre facultatif par le cahier des charges ? Ne donne-t-elle ouverture qu'au droit fixe, si elle a été faite et enregistrée dans les vingt-quatre heures ? (*Aff.* Avignon, 28 juin 1898. *Nég.* Cosne, 14 mars 1892, 9438 R. P.)

Bien que chacune des deux opinions se défende par de bonnes raisons, nous ne dissimulons pas nos préférences pour celle qui consacre l'exemption du droit proportionnel.

Lorsque le cahier des charges d'une adjudication subordonne la faculté d'élire command à la condition que l'adjudicataire s'en sera réservé le droit dans le procès-verbal d'adjudication, on ne peut pas dire que le vendeur n'a entendu aliéner qu'en faveur de l'acquéreur (*Comp. Rép. gén.*, v° *Command*, n° 39). Le principal motif qui justifie l'exigibilité du droit proportionnel fait donc défaut et, quoiqu'en cette matière les règles de l'application stricte et littérale des textes ne puissent pas être abandonnées sans inconvénients, nous n'apercevons aucun danger de fraude de nature à justifier la thèse rigoureuse que l'Administration cherchait à faire prévaloir devant le tribunal d'Avignon.

79. Prix supérieur. — Quand il est établi que l'acquéreur, qui a élu command, a, en fait, cédé son acquisition à celui-ci, moyennant un supplément de prix, la déclaration de command acceptée constitue une revente, rendant exigible un second droit de mutation (Grenoble, 30 janv. 1901, 2657 R. E.).

De même, lorsqu'à la suite d'une adjudication prononcée au profit d'un avoué, qui a déclaré adjudicataire dans le délai légal, des actes produits en justice viennent prouver que la déclaration de l'avoué a été faite, non au profit de son mandant véritable, mais au profit d'un tiers qui avait, dans l'intervalle, acquis de ce dernier, pour un prix supérieur, le bénéfice de son acquisition, l'Administration est fondée à soutenir qu'il s'est réalisé entre les parties une mutation secrète, donnant ouverture à un droit proportionnel de revente et à deux droits en sus, l'un à la charge du cédant, l'autre à la charge du cessionnaire (Lille, 2 mars 1894, 24360 J. E.).

97. Forêt. — Fonds et superficie. — Prix unique — Élections de command distinctes. — Droit de 5 fr. 50 p. 100 sur la totalité du prix. — La superficie d'un bois vendu ne pouvant être mobilisée sans le consentement respectif du vendeur et de l'acquéreur, le droit de vente est dû au taux de 5 fr. 50 p. 100 sur la totalité du prix de la vente d'une forêt, alors même que l'adjudicataire aurait déclaré command au profit d'une personne pour la superficie et d'une autre pour le terrain. Il en est surtout ainsi, quand le cahier des charges ne prévoit pas la division du sol et de la superficie et qu'il n'indique qu'un seul lot et une seule mise à prix (Amiens, 16 juin 1898, 9467 R. P.).

102. Déclaration non enregistrée ni notifiée dans les vingt-quatre heures. — Droit de mutation. — Une déclaration de command, non enregistrée ni signifiée dans les vingt-quatre heures de la vente, ne peut profiter de la faveur du droit fixe établi par l'art. 68, § 1, n° 24, L. 22 frim., et par l'art. 44, n° 3, L. 28 avril 1816. Elle donne ouverture au droit proportionnel de mutation à titre onéreux (Gourdon, 22 déc. 1891, 7860 R. P.).

— Une déclaration de command qui n'a été ni enregistrée ni notifiée dans les vingt-quatre heures de la vente ne profite pas de la faveur du droit fixe et donne ouverture au droit de 5 fr. 50 p. 100. Le recouvrement de ce droit peut être poursuivi aussi bien contre l'auteur que contre le bénéficiaire de la déclaration de command. Les parties ne sont fondées à se soustraire à la réclamation, ni en se prévalant de leur bonne foi, ni en alléguant qu'elles sont victimes d'une indication erronée fournie par le receveur chargé d'enregistrer la déclaration (Nogent-le-Rotrou, 30 juin 1893, 8370 R. P.).

126. Jour férié. — Lorsqu'une adjudication volontaire est faite la veille d'un jour férié, le délai de vingt-quatre heures pour rédiger et faire enregistrer la déclaration de command est prorogé au surlendemain (Sol. 16 mai 1894. 757 R. E.).

137. Adjudication. — Avoué. — Command élu. Ratification. — Délai légal expiré. — Double mutation. — Lorsque la déclaration d'adjudicataire faite par l'avoué dans le délai fixé par l'art. 707 C. proc. a été acceptée seulement par la femme du command, agissant en vertu d'un mandat verbal, et que le command ne rectifie l'engagement qu'après l'expiration du délai imparti par l'art. précité, il se produit une double mutation, l'une au profit de l'avoué, l'autre en faveur du command. Chacune de ces mutations est passible du droit proportionnel (Marvejols, 28 déc. 1899, 9065 R. P.).

L'avoué, dernier enchérisseur, est tenu, dans les trois jours de l'adjudication, de déclarer l'adjudicataire au nom duquel il a enchéri, et de fournir l'acceptation personnelle ou de représenter le pouvoir écrit de ce dernier, sous peine d'être réputé adjudicataire en son nom (C. proc. 707). Ce dernier résultat se produit si l'avoué n'agit qu'en qualité de mandataire verbal, et si sa déclaration n'est pas acceptée par l'adjudicataire, dans les trois jours de l'adjudication. — En conséquence, cette acceptation, lorsqu'elle intervient après l'expiration de ce délai, a pour effet de constater une nouvelle transmission, de la tête de l'avoué sur celle de l'adjudicataire acceptant, et de rendre, par suite, exigible le droit proportionnel (Mostaganem, 10 déc. 1899, 7586 R. P.).

Il a été, cependant, décidé que l'avoué qui, dans le délai de trois jours fixé par l'art. 707 du Code de procédure, s'est déclaré acquéreur en son nom personnel, jouit, comme un adjudicataire ordinaire, d'un nouveau délai de vingt-quatre heures pour faire élection de command, lorsqu'il s'en est réservé la faculté dans sa déclaration d'adjudicataire. Par conséquent, son élection de command n'a pas un caractère translatif et ne donne ouverture qu'au droit fixe (Nyons, 7 fév. 1902, 10202 R. P.).

Nous ne saurions approuver cette décision. Il a été reconnu que, lorsque l'avoué est réputé acquéreur en son nom personnel, faute d'avoir déclaré adjudicataire dans le délai de trois jours fixé par l'art. 707 du Code de procédure, il ne jouit pas, comme un adjudicataire ordinaire, d'un nouveau délai de vingt-quatre heures pour élire command, bien que la faculté en ait été réservée dans le cahier des charges ; par conséquent, sa déclaration de command, dans cette hypothèse, est translative et donne ouverture à un nouveau droit proportionnel de mutation (Cass. civ. 4 déc. 1884, *Rép. pér.* 6.405 ; *Conf.* Dél. 2 déc. 1814, J. E. 4975 ; — Mostaganem, 10 déc. 1899, *Rép. pér.* 7586 ; — Naquet, n° 355).

Le jugement du tribunal de Nyons affirme, sans d'ailleurs en donner de motifs, qu'il n'y a aucune analogie à établir entre cette situation et celle de l'avoué qui a agi en qualité de simple particulier enchérissant pour son propre compte.

C'est là, à notre avis, une grave erreur.

Dans le mémoire ampliatif qu'elle a présenté à la C. Cass., à l'occasion de l'affaire qui a donné lieu à l'arrêt précité du 4 déc. 1884, l'Administration a précisément démontré qu'il n'y a aucune différence entre les deux situations, et c'est cette assimilation complète entre l'un et l'autre cas qui a servi de base à la thèse consacrée par la Cour suprême.

« De deux choses l'une, a-t-elle dit, ou l'avoué enchérit pour son compte personnel, ou il est porteur d'un mandat à l'effet d'acquérir pour un tiers. Dans le premier cas, agissant comme simple particulier et non comme officier ministériel, il aurait à faire, non point une déclaration d'adjudicataire, mais une élection de command, et alors, pour se conformer au vœu du législateur, il devrait souscrire sa déclaration dans le délai de vingt-quatre heures fixé par la loi du 22 frim. an VII, le délai de trois jours établi par le Code de procédure étant accordé seulement à l'avoué qui, aux enchères, a fait un acte de son ministère. Si néanmoins, dans cette hypothèse, il emprunte ce dernier délai à la présomption que la loi attache à son caractère officiel, il ne saurait sérieusement élever encore la présomption par trop exorbitante d'ajouter un quatrième jour aux trois dont, en réalité, il n'avait même pas le droit de jouir. Dans le second cas, c'est-à-dire celui où l'avoué était porteur d'un mandat, la loi ne tient aucun compte de ce mandat et le considère comme inexistant si l'officier ministériel ne désigne pas, dans le délai prescrit, un adjudicataire autre que lui. Par une conséquence inévitable, la situation juridique de l'avoué est alors exactement la même que dans la première hypothèse. Il est réputé avoir enchéri pour son propre compte, et le délai dont il pouvait disposer pour se substituer à un tiers a nécessairement couru du jour même de l'adjudication. La loi ne fait pas de distinction : tout avoué qui n'a pas profité du délai mis à sa disposition par le Code de procédure pour exhiber un pouvoir est réputé avoir agi en son nom personnel et non comme mandataire. »

Dès lors, du moment où il n'y a juridiquement aucune distinction à faire entre le cas de l'avoué qui s'est rendu volontairement acquéreur pour son compte et celui de l'avoué qui, pour un motif quelconque, n'a pas déclaré un adjudicataire autre que lui, il y a lieu de leur appliquer le même traitement au point de vue fiscal. Que l'avoué soit réputé adjudicataire en son nom par le seul effet de la loi ou qu'il se soit porté personnellement et volontairement adjudicataire, le contrat d'adjudication, dans les deux hypothèses, doit être considéré comme ayant reçu sa perfection au moment même de l'adjudication. Loin de contredire cette thèse, l'arrêt du 4 déc. 1884 l'affirme, au contraire, très nettement puisque, se ralliant aux observations de l'Administration, il a reconnu que la situation de l'

121. Notification de la déclaration de command. Forme. — Une déclaration de command ne donne ouverture qu'à la perception du droit fixe lorsqu'elle a été portée à la connaissance de l'Administration ou enregistrée dans les 24 heures de l'adjudication. La notification de cette déclaration n'ayant été soumise par la loi à aucune forme spéciale, il n'est pas nécessaire qu'elle soit faite par huissier, et l'on peut, dès lors, admettre comme équivalent l'attestation du receveur sur l'acte de déclaration de command (Aubusson, 25 fév. 1906, 10389 R. P.).

155. Supplément de droit réclamé au command élu. Réclamation ultérieure à un autre redevable des droits afférents à l'adjudication. Irrecevabilité de cette seconde réclamation. — Lorsqu'à la suite d'une déclaration de command, l'Administration a réclamé au command élu et qu'elle a reçu de lui le payement d'un supplément de droit sur le procès-verbal d'adjudication, elle n'est plus recevable à prétendre ultérieurement que ce command n'était pas le véritable adjudicataire et à réclamer à un tiers le versement des droits de mutation qu'elle avait tout d'abord perçus sur le command, accepté par elle comme adjudicataire (Oran, 30 oct. 1905, 11709 R. P.).

COMMERÇANT.

13-20. Contrat de mariage. Apport par la femme d'un fonds de commerce indivis. Défaut de publication. Notaire. Amende. Loi de sursis. — Le notaire est tenu de faire, dans le mois de sa date, les publications d'un contrat de mariage dans lequel la future épouse a pris la qualité de commerçante et fait apport de ses droits indivis dans un fonds de commerce. La L. 26 mars 1891 sur le sursis à l'exécution de la peine n'est pas applicable à l'amende prononcée contre un notaire pour défaut de publication d'un contrat de mariage de [illegible] (C. Lyon, 10 mars 1905, 10608 R. P.).

70. Société en nom collectif pour l'exploitation de carrière. Caractère civil. — V. *Impôt sur le revenu*, nos 5 et 6.

voué réputé adjudicataire, faute d'avoir fait dans le délai de trois jours la déclaration prescrite, doit être assimilée à celle de l'avoué adjudicataire en son nom personnel.

Ainsi que nous l'avons fait remarquer déjà sous le n° 6405 du *Rép. pér.*, l'avoué peut, sans doute, lorsqu'il se rend adjudicataire, agir, soit en qualité de simple particulier enchérissant pour son propre compte, soit en sa qualité d'officier ministériel acquérant pour le compte d'un tiers dont il est le mandataire. Dans le premier cas, il a 24 heures, en vertu du droit commun, pour élire command, pourvu que la réserve en ait été faite dans le cahier des charges. Dans le second cas, il a trois jours pour déclarer son mandant. Mais il ne saurait cumuler les deux qualités et agir, d'abord comme avoué et ensuite comme simple particulier, de manière à étendre le délai dont l'expiration doit rendre l'adjudication définitive. Ces deux délais s'excluent, comme les qualités sur lesquelles ils se fondent.

141. Avoué. — Délai. — V. *suprà* nos 126 et 137.

145. Dernier jour férié. — L'art. 1033 C. proc., modifié par la L. 13 avr. 1895, porte que « toutes les fois que le dernier jour d'un délai quelconque de procédure, franc ou non, est un jour férié, ce délai sera prorogé jusqu'au lendemain ». Cette disposition est applicable au délai de trois jours accordé par l'art. 707 C. proc. à l'avoué, dernier enchérisseur, pour souscrire les déclarations d'adjudicataire (Sol. 12 juin 1895, 25334 J. E.).

147. Avoué. — Mandat. — V. *suprà* nos 79 et 137.

151. Droit de greffe. — Les droits de greffe ont été supprimés par la L. 26 janv. 1892. — V. *Code des lois et Taxe des frais de justice*.

165. Cautionnement — Obligation solidaire. — Surenchère. — Lorsque l'acquéreur qui déclare command reste, en vertu d'une clause du cahier des charges, solidairement tenu avec le command déclaré au paiement du prix, il en résulte un véritable cautionnement passible du droit de 50 cent. p. 100. Ce droit est dû sur la déclaration même de command qui, transformant l'obligation du commandé de principale en accessoire, donne naissance au cautionnement. L'éventualité d'une surenchère ne peut exercer aucune influence sur sa perception, ni en motiver, si elle se produit, la restitution (Seine, 1er mai 1896, 8773 R. P.).

168. Déclaration partielle. — Garantie solidaire. — Cautionnement. — Lorsque l'acquéreur use de la faculté qui lui était réservée d'élire command, mais en restant, en vertu d'une stipulation spéciale du contrat de vente, solidairement tenu, avec le command déclaré, au paiement du prix, cette dernière obligation constitue un cautionnement passible du droit de 50 cent. p. 100. Il en est ainsi, bien que l'acquéreur conserve pour son propre compte une partie des biens qui lui ont été adjugés (Seine, 17 fév. 1894, 8321 R. P.; — Cass. 22 mars 1897, 8962 R. P.).

Il ne faudrait pas exagérer la portée de ces décisions. Quand l'adjudicataire se réserve une partie des biens et n'élit command que pour le surplus, ou s'il divise l'objet de son acquisition entre plusieurs commands, alors que les clauses de la vente obligent cet adjudicataire ou les commands à demeurer solidairement tenus au paiement de la totalité du prix, il existe, à l'égard du vendeur, une véritable dette solidaire qui, en thèse générale, exclut la perception du droit de cautionnement sur la différence entre les prix respectivement dus par chacun des acquéreurs définitivement désignés (V. *Rép. gén.*, v° *Command*, n° 168).

Le tribunal et la Cour n'ont pas cru devoir appliquer cette règle à l'espèce actuelle, l'intervention de l'adjudicataire primitif ne leur ayant paru s'expliquer que par la nécessité de cautionner, au regard des vendeurs, la Société étrangère au profit de laquelle l'élection de command avait été faite. Cette circonstance semble justifier la solution adoptée.

172. Cautionnement. — Condition potestative. — Lorsqu'une clause du cahier des charges d'une adjudication porte que l'adjudicataire aura la faculté de déclarer command, mais sous la réserve d'être solidairement tenu au paiement du prix, au cas où le command ne serait pas accepté comme notoirement solvable, cette clause renferme, du chef du vendeur, une condition potestative qui doit être considérée comme actuelle. Elle motive l'exigibilité du droit de cautionnement à 50 cent. p. 100, lors de la déclaration de command (Bordeaux, 1er juin 1898, 9418 R. P.).

COMMERÇANT.

72. Culture et vente de champignons. — La vente du champignon par le jardinier qui l'a obtenu, lequel, d'ailleurs, n'est pas assujetti à la patente, ne rentre dans aucun des cas spécifiés par l'art. 632 C. com., et ne saurait, dès lors, constituer un acte de commerce (C. Caen, 9 juillet 1891, 7967 R. P.).

86. Facteurs aux Halles. — Si la loi n'a pas conféré aux facteurs aux Halles le titre d'officiers ministériels, ils ne sauraient néanmoins être considérés comme commerçants, lorsqu'ils se bornent à l'exercice de leurs fonctions et ne se livrent pas à des opérations étrangères à leurs attributions (Trib. com. Seine, 25 nov. 1890, 7908 R. P.).

121. Maréchal ferrant. — Contrat de mariage. — Dépôt non obligatoire. — Le maréchal ferrant ne fabriquant pas des fers à cheval pour les exposer et les mettre en vente, doit être considéré comme un artisan et non comme un commerçant. — En conséquence, l'extrait de son contrat de mariage n'est pas assujetti à la formalité du dépôt prescrite par l'art. 67 C. com. (Mirande, 7 nov. 1890, 7584 R. P.).

127. Société minière. — La société qui a pour objet, non seulement l'extraction des produits d'une mine, mais encore l'achat et la vente de produits de même nature, constitue une Société commerciale (Saint-Jean-de-Maurienne, 28 janv. 1897, 9189 R. P.).

235. Société concessionnaire de travaux publics. — Est commerciale une Société concessionnaire de travaux publics, toutes les fois qu'elle fournit les matériaux nécessaires à l'entreprise (Cass. Civ. 13 janv. 1900, 9940 R. P.).

278. Acte non commercial. — Droit fixe inapplicable. — 1. SOCIÉTÉ EN PARTICIPATION. — Les actes de société en participation ne rentrent pas dans la catégorie des actes que la L. 11 juin 1859, art. 22, permet d'enregistrer provisoirement au droit fixe (Seine, 10 déc. 1892, 8100 R. P.).

2. RECONNAISSANCE DE DETTE. — VENTE DE MARCHANDISES. — Une reconnaissance de dette procédant d'une vente mobilière ne peut être tarifée au droit de 2 p. 100 qui atteint les ventes de marchandises qu'autant qu'elle renferme tous les éléments constitutifs de la vente. A défaut de cette condition, elle est passible du droit d'obligation à 1 p. 100, ce qui l'exclut de la catégorie des actes susceptibles d'être enregistrés au droit fixe par application de la Loi du 11 juin 1859. Il ne suffirait pas, pour modifier le caractère de l'acte, d'une déclaration marginale signée du débiteur et constatant la somme pour laquelle les marchandises fournies entrent dans le chiffre de la reconnaissance (Blaye, 11 mars 1896, 8050 R. P.).

L'art. 22 L. 11 juin 1859 n'a prononcé l'exemption provisoire du droit proportionnel qu'en faveur des actes de commerce qui, présentant le caractère d'une vente ou d'un marché, tombent sous le tarif de l'art. 69, § 3, n° 1, et § 5, n° 1, L. frim. Ne saurait bénéficier de cette exemption une simple reconnaissance de dette causée pour fournitures en marchandises et qui ne renferme pas les éléments suffisants pour constituer le titre d'une vente ou d'un marché. Une pareille reconnaissance est passible du droit de 1 p. 100, afférent aux obligations de sommes (Remiremont, 11 août 1898, 9511 R. P.).

304. Reconnaissance judiciaire. — Droit de titre. — Le droit proportionnel de titre établi sur les jugements, par les art. 69, § 2, n° 9, L. 22 frim. et 22 L. 11 juin 1859, n'est dû que dans la mesure de l'utilité juridique qu'assure à la convention litigieuse le jugement qui en reconnaît l'existence; c'est seulement dans la limite où il la déclare obligatoire et fournit ainsi le titre nécessaire à son exécution, que le jugement est passible de ce droit proportionnel. En conséquence, lorsqu'un tribunal, appelé à interpréter l'une des clauses d'un marché de commerce enregistré au droit de 3 fr., fixe le sens de cette clause en déterminant les conditions de livraison de la marchandise vendue, alors que ni l'existence, ni la validité du marché ne sont contestées par les plaideurs, ce jugement n'a d'autre effet que de régler un certain mode d'exécution sur lequel les parties étaient en désaccord; ce n'est donc que dans cette mesure et sous ce rapport qu'il donne ouverture au droit proportionnel de titre (Cass. civ. 24 juin 1890, 7430 R. P.).

305. Jugement. — Dispositif. — V. *Infra* n° 315.

306. Reconnaissance judiciaire. — Détermination du caractère juridique. — Droit dû sur le tout. — Il y a reconnaissance totale d'un acte de commerce, et spécialement d'un marché, lorsque le tribunal est appelé à déterminer sa véritable qualification juridique; le droit proportionnel est, par suite, exigible sur la totalité du prix du marché, et non pas seulement sur le montant de la somme au sujet de laquelle est né le procès (Seine, 27 oct. 1893, 8384 R. P.).

307. Demande en résiliation. — Débouté. — Contient reconnaissance d'un marché commercial le jugement qui rejette la demande en résiliation de ce marché introduite par l'une des parties contractantes (Alger, 10 mars 1894. Cass. 20 juill. 1896, 8823 et 9125-26 R. P.).

— Lorsqu'un marché sous seings privés, enregistré provisoirement au droit fixe comme acte de commerce, en vertu de l'article 22 L. 11 juin 1859, a été reconnu comme existant dans un jugement qui déclare que l'entrepreneur était autorisé à sous-traiter, et que, le cas du retard dans la livraison étant prévu avec clause pénale, il n'y a pas lieu d'en prononcer la résiliation à raison de retards mais d'en ordonner la complète exécution dans un délai fixé, ce jugement renferme reconnaissance totale du marché qu'il rend obligatoire pour le tout. Il s'ensuit que le droit proportionnel est exigible sur la totalité du prix du marché ainsi reconnu (Lyon, 7 nov. 1895 — Cass. req. 11 janv. 1898, 9216 et 9675-8 R. P.).

— Il y a reconnaissance judiciaire d'un acte de commerce, dans le sens de l'art. 22 L. 11 juin 1859, lorsqu'à la suite d'une assignation en résiliation d'un traité, le tribunal déclare que ce traité formait une condition d'un acte authentique de cession de fonds de commerce et refuse d'en prononcer la résiliation, sans condamner en termes précis les parties à l'exécuter pour l'avenir. La reconnaissance s'applique au temps qui doit s'écouler depuis le jour du jugement jusqu'à l'époque de l'expiration du traité, et c'est dans cette mesure que le droit proportionnel devient exigible (Arras, 3 mai 1899, 9636 R. P.).

Constitue la reconnaissance judiciaire d'un acte de commerce, dans le sens de l'art. 22 L. 11 juin 1859, l'arrêté d'un Conseil de préfecture qui rejette la demande en résiliation de cet acte. Le droit proportionnel est exigible sur l'intégralité du prix stipulé alors même que l'acte aurait déjà reçu une exécution partielle au moment de la décision judiciaire, si la demande portait sur la totalité de la convention et si cette convention a été déclarée obligatoire pour le tout (Montpellier, 22 nov. 1897; — Cass. (2 arrêts), 26 juill. 1899, 9986 et 9946-24 R. P.).

315. Jugement. — Reconnaissance partielle. — Le droit proportionnel exigible par suite de l'usage en justice d'un marché, enregistré provisoirement au droit fixe, n'est dû que dans la limite de l'utilité juridique assurée à la convention par le jugement et dans la mesure où il fournit aux parties le titre nécessaire à son exécution. Spécialement, si les plaideurs demandent uniquement au tribunal de fixer le solde du prix, le droit n'est dû que sur le solde tel qu'il est déterminé par le dispositif du jugement. Il en est ainsi, alors même que, pour déterminer ce solde, le juge a été amené à interroger la convention, à rechercher le montant total des travaux, à constater dans les motifs du jugement le résultat de ces opérations préliminaires (Seine, 13 mars 1891, 7658 R. P.).

260. Acte notarié passé à l'étranger. L. 11 juin 1859 non applicable. — Le bénéfice du droit fixe établi par l'art. 22 L. 11 juin 1859 en faveur des actes de commerce faits s. s. p. ne s'applique pas aux actes notariés passés à l'étranger (Seine, 6 déc. 1902, 10641 R. P.).

272. Acte de commerce. L. 11 juin 1859. Procès-verbaux de délibérations. Dépôt aux minutes d'un notaire. Usage par acte public. V. *Mutation*, n° 659.

Société anonyme. Délibération d'assemblée générale constitutive. Dépôt en l'étude d'un notaire. Statuts s. s. p. Apport à titre onéreux. Convention commerciale. L. 11 juin 1859. Droit fixe. — Si l'acte de dépôt en l'étude d'un notaire, du procès-verbal de la deuxième assemblée générale constitutive d'une société anonyme, rend obligatoire l'enregistrement de ce procès-verbal en vertu des dispositions de l'art. 42 L. frim., il ne peut être considéré comme rédigé en conséquence dud. procès-verbal, lorsqu'il n'en utilise pas les résultats ou les effets comme éléments d'un engagement consenti devant l'officier public; d'où la conséquence que le droit fixe est seul exigible, par application de l'art. 22 L. 11 juin 1859, sur les conventions commerciales qui sont constatées dans la délibération de l'assemblée générale, notamment sur les apports à titre onéreux qui ont été stipulés dans les statuts et que la constitution de la société rend définitifs (Lyon, 17 janv. 1905, 10986 R. P.).

274. Marché administratif passé en Algérie et enregistré dans la colonie. Supplément de droit exigible en France. L. 11 juin 1859 non applicable. — L'annexe à un acte notarié en France d'un marché administratif passé en Algérie entre une commune et un particulier rend exigible sur ce marché le droit d'enregistrement d'après le tarif de la métropole, sous déduction des droits déjà perçus dans la colonie, sans que les parties puissent se soustraire à la perception du droit proportionnel en invoquant l'art. 22 L. 11 juin 1859, cette disposition ne s'appliquant qu'aux marchés s. s. p. entre particuliers (Lyon, 17 janv. 1905, 10984 R. P.).

304. Reconnaissance judiciaire. Droit de titre. — Le jugement qui rejette une demande en restitution formée par l'une des parties, et ayant pour objet le prix de vente d'un brevet d'invention consenti par acte s. s. p., contient reconnaissance judiciaire de la vente et donne ouverture au droit proportionnel sur l'intégralité du prix (Seine, 23 mars 1909, 11536 R. P.).

897. Ouverture de crédit. Marché cédé en garantie. Dépôt en l'étude d'un notaire. Art. 22 L. 11 juin 1859 non applicable. — Lorsque les sommes dues en vertu d'un marché de travaux s. s. p. sont transportées en garantie d'un crédit ouvert par acte également s. s. p. et que cet acte d'ouverture de crédit est déposé aux minutes d'un notaire avec reconnaissance de signatures, le dépôt a pour effet de conférer le caractère d'acte authentique à l'ouverture de crédit qui en fait l'objet; par suite, comme ce dernier acte est rédigé en conséquence du marché s. s. p., il en rend l'enregistrement obligatoire. Les parties ne sont pas d'ailleurs fondées à invoquer le bénéfice de l'art. 22 L. 11 juin 1859 qui autorise l'enregistrement provisoire au droit fixe des marchés réputés actes de commerce, attendu que le droit proportionnel devient exigible dès que l'acte de commerce a servi d'élément à un acte public passé en conséquence (Seine, 3 nov. 1906, 11631 R. P.).

V. COTE ET PARAPHE.

COMMISSAIRE DE LA MARINE.

COMMISSAIRE-PRISEUR

14. Décharges de ventes publiques de meubles. Actes constatant la livraison des objets vendus. Procès-verbaux de non adjudication. Droit fixe de 1 fr. — V. *Adjudication*, n° 358.

COMMISSION. — NOMINATION.

COMMUNAUTÉ ENTRE ÉPOUX.

— Lorsqu'un marché commercial s. s. p. est l'objet d'une contestation judiciaire, le droit proportionnel n'est dû que sur le reliquat du prix du marché, si le litige se réduit à l'importance de ce reliquat. Il en est ainsi, alors même que, parmi les défendeurs, quelques-uns auraient contesté l'existence de tout lien de droit vis-à-vis des demandeurs, et que le tribunal aurait eu, par ce fait, à se prononcer sur la valeur juridique de l'engagement souscrit par ceux-ci (Sol. 10 mars 1894, 8804 R. P.).

— Au contraire, le droit proportionnel est dû sur l'importance totale du marché, lorsque les parties ont demandé au tribunal, non seulement de fixer le solde, mais encore de liquider entièrement leurs opérations, et que le dispositif du jugement renferme, à la fois, cette liquidation et la condamnation au payement du solde (Seine, 13 mars 1891, 7650 R. P.; — Cass. 26 déc. 1892, 8007 R. P.).

327. Cession de marché administratif. — Acte s. s. p. — Dépôt en l'étude d'un notaire. — Droit proportionnel exigible. — L'acte de dépôt, en l'étude d'un notaire, d'un traité commercial sous seing privé, provisoirement enregistré au droit fixe, rend exigible le droit proportionnel demeuré en suspens, lors de l'enregistrement de ce traité. Il en est surtout ainsi lorsque le dépôt en a été effectué par toutes les parties et que l'acte qui le constate relate toutes les clauses du traité déposé (Seine, 13 avril 1893, 8148 R. P.).

337. Marché commercial. — Liquidation générale. — Le droit de titre et le droit de liquidation exigibles sur un jugement qui contient reconnaissance d'un marché commercial s. s. p. doivent être liquidés, non sur le reliquat de compte seulement, mais sur tous les articles qui ont fait l'objet d'une revision particulière et distincte (Seine, 10 fév. 1897, 9163 R. P.).

V. ACTE PRODUIT EN JUSTICE. EXPERTISE. JUGEMENT. NOVATION.

COMMISSAIRE DE LA MARINE.

13. Droit gradué. — Dans la première partie du *Rép. gén.*, au lieu de : « La L. 28 fév. 1872 a assujetti les actes et procès-verbaux de marchandises, » lire : les actes et procès-verbaux de ventes de marchandises.

Le droit gradué a, d'ailleurs, été remplacé par un droit proportionnel de 0 fr. 20 p. 100 (L. 26 avr. 1893. — V. *Droit gradué* et *Navire*.)

COMMISSAIRE-PRISEUR.

18. Acte en conséquence. — Les commissaires-priseurs rentrent dans la catégorie des officiers publics auxquels l'art. 42 L. frim. fait défense d'agir en vertu d'un acte s. s. p. non préalablement enregistré. On ne saurait, du reste, les faire bénéficier des facilités accordées aux notaires par l'art. 13 L. 16 juin 1824 (Sol. 24 mai 1877 et 20 août 1883, 030 R. E.).

COMMISSION. — NOMINATION.

10. Distributeurs de papiers timbrés. — Les débitants de tabac, chargés de la vente des papiers timbrés, sont commissionnés par une simple lettre de service non timbrée, émanant de l'autorité qui a qualité pour les nommer. D'autre part, ils n'ont plus, lors de leur installation, à payer le prix de la griffe d'estampillage ni celui du tableau indicateur du prix des papiers timbrés. Mais, en cas de remplacement de ces objets, ils doivent pourvoir aux frais résultant de ce remplacement. Dans cette éventualité, le prix du tableau indicateur est fixé à 0 fr. 10 c. (Arrêté min. fin. 9 janv. 1894, 2860 I. G.).

15. Garde particulier. — Droits fixes. — Pluralité. — L'acte par lequel plusieurs propriétaires désignent à l'agrément de l'autorité administrative un garde particulier de leurs propriétés, ne constitue pas, à proprement parler, un mandat, et ne comporte pas, dès lors, l'application des règles fiscales et, notamment, des règles de la pluralité relatives aux procurations. C'est un acte innomé, passible du seul droit fixe de 3 fr., quel que soit le nombre des propriétaires intéressés (Déc. min. fin. 21 mai 1894; Sol. 28 mai 1894, 24444 J. E.).

COMMUNAUTÉ ENTRE ÉPOUX.

33. Assurance sur la vie. — Enfants nés ou à naître. — Testament postérieur. — Enfants légataires. — Lorsque, sous le régime de la communauté, un mari a contracté une assurance sur sa vie au profit de ses enfants nés ou à naître, cette assurance, ayant été souscrite en faveur de bénéficiaires incertains, dépend de la communauté, et le legs qu'il en ferait postérieurement en faveur de ses enfants ne pourrait être exécuté que jusqu'à concurrence de sa part dans la communauté (Cass. civ. 24 fév. 1902, 10361 R. P.).

47. Bénéfices réalisés depuis la dissolution jusqu'au partage. — S'il ressort des art. 1401 et 1476 C. C. que la masse active de la communauté comprend tous les fruits produits par les biens qui en dépendent, depuis la dissolution jusqu'au partage, il résulte également de l'art. 1868, applicable en ce point à la société conjugale, qu'elle comprend aussi tous les bénéfices réalisés dans le même intervalle de temps, à la condition qu'ils proviennent d'opérations commencées pendant la communauté (Cass. civ. 11 mars 1891, 7718 R. P.).

48. Œuvres littéraires et artistiques. — Droit d'exploitation. — Sous le régime de la communauté d'acquêts, lorsque l'un des époux se réserve la propriété de ses œuvres littéraires et artistiques, sans qu'il soit question des ouvrages qu'il pourrait composer par la suite, les droits d'exploitation de ceux produits jusqu'à la dissolution de la communauté constituent des acquêts (Cass. civ., 25 juin 1902, 10357 R. P.).

49. Rente viagère. — Récompense. — Les rentes viagères acquises par deux époux mariés sous le régime de la communauté forment des conquêts, alors même qu'elles sont constituées par eux au profit de chacun d'eux; par suite, le jour où la communauté est dissoute par le décès de la femme, elles se trouvent partageables par moitié, au même titre que tous les autres biens communs, entre le mari survivant et les héritiers de la défunte. S'il est vrai que récompense est due à la communauté toutes les fois que l'un des époux tire des biens qui la compose un profit personnel, ce principe n'est pas applicable lorsque le mari recueille le bénéfice d'une rente viagère, non en vertu de l'acte constitutif, mais par l'effet du testament que sa femme a fait en sa faveur (C. Paris, 13 oct. 1890 7720 R. P.).

54. Employé de chemin de fer. — Versements faits par la Compagnie à la Caisse des retraites ou à une Caisse d'épargne. — Achats de rentes sur l'État. — Biens propres ou communs. — Les versements faits par une Compagnie de chemins de fer à la Caisse nationale des retraites pour la vieillesse, au nom et pour le compte d'un de ses employés marié sous le régime de la communauté, appartiennent en propre à ce dernier et non à la communauté. Mais les versements que la Compagnie a effectués à une Caisse d'épargne ou les achats de rente sur l'État qu'elle a faits au nom du même employé dépendent de la communauté (Sol. 12 mai 1896, 8776 R. P.).

Cette Sol. a été rapportée par une Sol. du 22 fév. 1900 (9812 R. P.) qui reconnaît que les versements effectués par la Compagnie à la Caisse des retraites pour la vieillesse, au nom et pour le compte d'un de ses employés marié sous le régime de la communauté, font partie de la communauté.

83. Mobilier donné. — Propre. — Le mobilier donné par contrat de mariage à l'un des époux mariés sous le régime de la communauté légale ne tombe pas dans la communauté si le donateur a manifesté l'intention d'en gratifier personnellement l'époux donataire, à l'exclusion de la communauté. Il n'est pas nécessaire que cette intention soit formulée en termes exprès. Il suffit qu'elle ressorte des clauses de l'acte et des circonstances, comme l'immatriculation des titres au nom du donataire (Sol. 12 mai 1897, 1389 R. E.).

207. Propres de la femme aliénés. — Présomption. — Reprises. — Sous le régime de la communauté, le mari est administrateur légal des biens personnels de sa femme, d'où il suit qu'il doit être présumé avoir eu à sa disposition les sommes d'argent que celle-ci a touchées comme prix de ses propres aliénés et qu'à défaut par lui de faire la preuve contraire ou de justifier qu'il en a été fait emploi au profit de la femme, la communauté en doit récompense à celle-ci ou à ses héritiers (Cass. 18 janv. 1897, 9116 R. P.).

209. Immeubles donnés avec clause d'imputation sur la succession du prémourant des donateurs. — Rétrocession au profit de la communauté. — Calcul de la récompense. — Lorsque des époux communs en biens, après avoir constitué en dot à leur fille des immeubles de communauté, avec clause d'imputation sur la succession du prémourant, se font rétrocéder ces mêmes immeubles moyennant un prix déterminé, la récompense due à la communauté par la succession du premier mourant des donateurs consiste, non pas dans le prix de la rétrocession déboursé par la communauté, mais dans la valeur des biens donnés, au jour de la constitution de dot, quel que soit d'ailleurs l'écart existant entre cette valeur et le prix de la rétrocession (Saint-Omer, 7 mars 1890, 7475 R. P.).

215. Constitution de dot. — Enfant commun. — Biens de communauté. — Imputation. — La disposition d'un acte de partage, suivant laquelle l'un des copartageants consent à ce que la dot qui lui a été constituée par son père seul, en effets de la communauté, soit imputée, en totalité, sur la succession du donateur, constitue une rétrocession de la moitié de la libéralité au profit de sa mère et donne ouverture au droit de donation (Tarascon, 12 déc. 1889, 7384 R. P.).

223. Reprises. — Nature. — L'arrêt C. Cass. 6 juill. 1870, cité dans la première partie du *Rép. gén.*, a été reproduit dans Sir. 70-1-348 et non 77-1-348.

233. Caisse des retraites pour la vieillesse. — Versements. — V. *suprà* n° 54.

260-2. Mari légataire universel de sa femme. Renonciation inopérante. — Le droit de renoncer à la communauté, accordé par l'art. 1453 C. civ. à la femme et à ses héritiers, constitue une dérogation aux principes du droit commun. Ce droit n'appartient pas au mari même lorsque celui-ci est légataire universel de sa femme. Par suite, la renonciation du mari ne saurait produire aucun effet civil (Domfront, 23 avril 1890. Saint-Dié, 13 nov. 1890, 7775 R. P.).

272. Acceptation. — Irrévocabilité. — Lorsqu'une veuve forme une demande en liquidation et partage de la communauté ayant existé entre elle et son mari et de la succession de ce dernier, ainsi qu'une demande en licitation d'immeubles sur lesquels elle ne pouvait avoir un droit de propriété qu'à titre de commune en biens ou d'héritière, elle doit être réputée avoir fait acte d'héritier et de femme commune en biens ; elle ne peut plus, dès lors, renoncer à la communauté, quelles que soient les réserves insérées par elle dans son assignation, ces réserves étant contredites par l'objet même de l'acte qui les renferme (Cass. 14 avr. 1899, D. P. 99-1-402).

281. Renonciation notariée non acceptée. — Effets juridiques. — En vertu du principe général de l'art. 1134 C. Civ., la femme peut, dans ses rapports avec les héritiers du mari, s'engager par une convention légalement formée contenant de sa part renonciation à la communauté. Mais elle n'est pas obligée par une simple renonciation unilatérale faite par acte notarié et non au greffe ; dès lors, elle peut la rétracter tant que les héritiers ne l'ont pas acceptée (Cass. 1er avril 1895, 8636 R. P.).

302. Reprises et récompenses. — Compensation. — Les reprises et les récompenses de la femme, même renonçante, ne sauraient être considérées comme des dettes distinctes, indépendantes les unes des autres, soumises aux règles de la compensation, et, spécialement, aux effets que peuvent produire, relativement à l'application de ces règles, des incidents tels que la faillite ; elles constituent

119-1. Remploi. Immeubles acquis pour un prix de beaucoup supérieur à la somme à remployer. Excédent constituant acquêt de communauté. — V. *Remploi*, n° 31.

128. Communauté d'acquêts. Fonds de commerce appartenant pour partie à l'un des époux. Acquisition, au cours de la communauté, du surplus du fonds de commerce. Application de l'art. 1408 C. civ. — Lorsque, sous le régime de la communauté d'acquêts, le mari acquiert, au cours de l'union conjugale, la portion d'un fonds de commerce dont il était déjà copropriétaire par indivis au moment de son mariage, cette portion lui reste propre à la dissolution de la communauté (Dijon, 17 juin 1905, 10606 R. P.).

182. Condamnation aux dépens d'une femme mariée autorisée à plaider par son mari. Recouvrement des dépens contre ce dernier. — Le mari est tenu du payement des frais d'une instance auxquels sa femme a été condamnée, par cela seul qu'il l'a autorisée à plaider (Saint-Omer, 16 juin 1905, 10823 R. P.).

205. Dettes contractées solidairement par deux époux séparés de biens. — La femme qui s'est engagée solidairement avec son mari est réputée, à l'égard de celui-ci, ne s'être obligée que comme caution (art. 1431 C. civ.), quel que soit le régime matrimonial adopté, et même si les époux sont mariés sous le régime de la séparation de biens : la femme est alors présumée avoir contracté, non dans son intérêt personnel, mais dans celui de la communauté, s'il en existe une, ou de son mari (Sol. 11 déc. 1902, instr. 3102-1, 10410 R. P.).

206. Obligation contractée par la femme solidairement avec son mari. Décès de ce dernier. Dette non payée. Insolvabilité de l'héritier du mari. Attribution à la femme de biens de communauté pour faire face au règlement de la dette. Simple prélèvement. Droit de soulte non exigible. — Lorsqu'une femme s'est obligée solidairement avec son mari pour le compte de la communauté, l'attribution de biens communs qui, avant tout partage entre elle et l'héritier du mari, lui est faite pour l'indemniser de l'engagement pris par elle, présente les caractères d'un simple prélèvement ne donnant pas lieu à la perception du droit de soulte, bien que la dette n'ait pas encore été payée par la femme ; il en est ainsi surtout quand il résulte de l'acte de liquidation-partage de la communauté qu'elle devra certainement acquitter elle-même le montant de cette dette, par suite de l'insolvabilité de l'héritier du mari (Troyes, 30 mars 1906, 10837 R. P.).

225. Récompense due par la femme. Preuve à faire par le mari ou ses héritiers. — Sous le régime de la communauté d'acquêts, le mari ou ses héritiers sont tenus de justifier de la réalité des récompenses à communauté réclamées à la femme à raison de dépenses effectuées pour son compte personnel (Cass. (req.), 20 janv. 1903, 10000 R. P.).

228. Immeuble acquis antérieurement au mariage par un acte authentique constatant que le prix a été payé comptant. Allégation contraire lors de la dissolution de la communauté. Prétendue récompense à la communauté non admissible. — L'acquisition d'un immeuble faite par un époux avant son mariage en vertu d'un acte authentique qui constate le payement immédiat et intégral du prix ne peut, lors de la dissolution de l'union conjugale, donner ouverture à indemnité au profit de la communauté de la part de l'époux acquéreur décédé, bien qu'il soit allégué que le prix n'a, en réalité, été payé qu'après la célébration du mariage et que cette allégation soit corroborée par les énonciations d'un acte de liquidation de la communauté : une semblable prétention ne saurait prévaloir, en effet, contre les constatations formelles du contrat de vente (Mayenne, 11 juin 1902, 10312 R. P.).

234. Don manuel à un enfant d'un premier lit. Récompense. — Le mari qui, en dehors de toute intervention de sa femme, a disposé par voie de don manuel, au profit d'un enfant d'un premier lit, d'un titre de rente qui faisait partie de l'avoir personnel de son conjoint et était tombé dans la communauté en vertu de son contrat de mariage, fait à cet enfant un avantage constituant un établissement au sens de l'art. 1469 C. civ. et en doit, par suite, récompense à la communauté (Cass. (req.), 11 nov. 1902, 10610 R. P.).

310-312. Communauté en déficit. Répartition des dettes communes. — Lorsqu'une communauté présente un actif inférieur à l'ensemble des reprises des époux et des dettes contractées envers les tiers pour le compte de l'union conjugale, les droits respectifs du mari et de la femme consistent dans la moitié de l'excédent de l'actif brut sur le montant des reprises, et chacun d'eux participe également pour une moitié aux dettes communes, sous réserve pour la femme d'user de la faculté de limiter sa part contributive à l'émolument qu'elle tire de la communauté, mais seulement s'il a été fait inventaire (Sol. 16 sept. 1902, Instr. 3099, 10401 R. P.; — 10 déc. 1902, Instr. 3102, § 3, 10412 R. P.).

31. Dette commune. Communauté en déficit. Veuve légataire universelle. Inventaire dressé plus de trois mois après le décès du mari. — V. *Succession*, n° 1050.

333-3. Régime de la séparation de biens. Société d'acquêts juxtaposée. Acquisition par la femme au cours du mariage. Immeuble commun. — Lorsqu'une société d'acquêts est adjointe au régime de la séparation de biens, les immeubles acquis à titre onéreux par l'un des époux, même en son nom personnel, sont réputés acquêts de communauté, à moins que l'acquisition n'ait été faite à titre de remploi dans les conditions fixées par les art. 1434 et 1435 C. civ. (Perpignan, 19 mai 1897; — Cass. civ., 5 mai 1903; — Contra Céret, 10 juill. 1903, 10071 R. P.).

334. Communauté d'acquêts. Fonds de commerce. Clause de conservation par le survivant des époux. Aliénation par le mari, au cours de la communauté, d'un fonds de commerce par lui apporté en mariage. — Sous le régime de la communauté d'acquêts, lorsque le mari apporte un fonds de commerce pour une estimation en valant vente à la communauté, et qu'une clause du contrat de mariage porte que le survivant des époux aura le droit de conserver les fonds de commerce existant à la dissolution de la communauté, cette stipulation ne saurait faire obstacle à ce que le mari, au cours de la communauté, aliène le fonds de commerce ou en fasse l'apport dans une société (Cass. (req.), 24 mars 1903, 10617 R. P.).

Propres. Actions de société. Émission de nouvelles actions. Droit de préemption. Récompense. — Sous le régime de la communauté d'acquêts, lorsque l'un des époux, propriétaire des actions d'origine d'une société, souscrit des actions nouvelles en vertu d'un droit de préemption résultant de sa qualité d'actionnaire, ces nouvelles actions, bien qu'ayant été libérées pour moitié à l'aide de valeurs prises dans la communauté, n'en constituent pas moins des propres, sauf récompense à la communauté des sommes déboursées (Cass. (req.), 23 juin 1903, n° 10641 R. P.).

336-2. Communauté d'acquêts. Fonds de commerce appartenant à l'un des époux. Apport en mariage de matériel et de marchandises. Estimation. Dissolution de la communauté. Reprise en nature du fonds de commerce par l'époux auteur de l'apport. — Lorsque, dans un contrat de mariage contenant adoption du régime de la communauté réduite aux acquêts, le futur époux a déclaré faire apport du matériel d'une usine et des marchandises en magasin qu'il a évalués à une somme déterminée, l'estimation ainsi faite n'entraîne pas nécessairement la vente du fonds de commerce à la communauté; pour résoudre la question, il faut tenir compte de l'intention des parties et de la nature des biens estimés. Spécialement, si le contrat de mariage ne fait aucune mention de la clientèle attachée au fonds de commerce, on doit considérer qu'il n'a pas été fait apport du fonds lui-même en tant qu'universalité juridique; ce fonds, dont la clientèle, valeur incorporelle, est un des éléments essentiels, est demeuré propre à l'époux apporteur qui n'a fait qu'en détacher deux éléments accessoires purement corporels, le matériel et les marchandises. Il en résulte que, lors du décès du conjoint de l'époux propriétaire du fonds de commerce, il n'y a pas lieu, pour la perception des droits de mutation par décès, de comprendre la valeur de la clientèle parmi les biens dépendant de la communauté (Dijon, 17 juin 1903, 10995 R. P.).

Communauté d'acquêts. Apport de la femme. Objets mobiliers. Reprise. Justification. Registres domestiques. — Sous le régime de la communauté d'acquêts, en ce qui concerne le règlement des reprises entre les époux, la preuve de la réalité de la dot constituée en objets mobiliers peut, à défaut d'inventaire ou d'état en bonne forme, être faite par tous les modes admis par la loi et notamment par les registres domestiques des personnes qui l'ont constituée (Cass. (civ.), 29 déc. 1902, 10613 R. P.).

Don manuel recueilli par la femme. Reprise. Preuve. — Sous le régime de la communauté d'acquêts, la preuve d'un don manuel au profit de la femme peut être faite soit par titre, soit par témoins ou même par la commune renommée, et notamment par les registres domestiques du donateur (Cass. (civ.), 29 déc. 1902, 10614 R. P.).

373. Communauté. Acquêts. Usufruit de la part de l'époux prédécédé attribué au conjoint survivant. Convention de mariage. Renonciation à cet usufruit concomitante à une donation à titre de partage anticipé. Caractère translatif. Droit de transcription de 0 fr. 50 p. 100. — Lorsque, dans un contrat de

les éléments d'un compte unique et indivisible, dont le reliquat final est seul à considérer, lorsqu'il s'agit de régler la situation réciproque des parties. Il en est d'autant plus ainsi, en matière d'association conjugale, que le mari, administrateur légal, mandataire imposé par la loi à la femme, doit être nécessairement appelé à rendre compte de tout ce qu'il a touché ou payé pour elle, la balance de ce compte étant destinée à déterminer lequel des deux demeure créancier ou débiteur. — Il importe peu que la femme ait renoncé à la communauté, le compte des reprises et récompenses, au lieu d'être établi entre la femme et la communauté, devant, en ce cas, l'être entre la femme et le mari, conformément à l'art. 1493, qui n'établit point des règles en contradiction avec celles écrites dans l'art. 1470. La faillite du mari ne saurait, non plus, modifier cet état de choses qui est la conséquence des conditions dans lesquelles la loi a placé l'association conjugale, l'état de faillite ne devant avoir d'autre conséquence que de mettre la femme en situation de produire à la faillite, pour le reliquat du compte, si c'est elle qui est reconnue créancière, ou de donner droit au syndic de lui réclamer ce reliquat, si elle est établie débitrice (Cass. civ. 3 mars 1891, 7719 R. P. Conf. Seine, 9 déc. 1898, 9462 R. P.).

Ces décisions nous paraissent exactes. Il arrive très souvent que des récompenses sont dues respectivement à l'un des époux par la communauté et à la communauté par cet époux. Dans cette hypothèse, il serait contraire à la nature des choses de distinguer la créance de certaines récompenses et la dette de certaines autres récompenses, de rompre le lien qui les unit et de les traiter comme des objets indépendants l'un de l'autre. Aussi est-il admis, en doctrine et en jurisprudence, que les indemnités dues à la masse commune et celles dues par cette masse constituent les éléments d'un compte unique et indivisible, dont le reliquat final est seul à considérer, lorsqu'il s'agit de régler la situation réciproque des parties (*Rép. gén.*, v° *Communauté*, n° 303).

Cette règle conduit à décider que, lors de la déclaration de la succession de l'époux prédécédé, il y a lieu, pour établir la liquidation de la communauté, de déduire les récompenses dues par chaque époux du montant de ses reprises (*Rép. gén.*, *loc. cit.*).

De même, si, dans le partage de la communauté, les parties ont compris les récompenses, sans en déduire les reprises, il convient d'opérer la compensation pour la perception du droit de 15 cent. p. 100 (ancien droit gradué). (*Rép. gén.*, v° *Partage de communauté*, n° 55).

Par voie de conséquence, l'Administration est fondée à considérer comme des valeurs fictives les récompenses qui sont inférieures au montant des reprises, et à rétablir les données de la liquidation pour assujettir à l'impôt de mutation la portion que l'époux, débiteur de la récompense et créancier des reprises, reçoit en excédent de ses droits (*Rép. gén.*, *loc. cit.*, n° 37).

333-1. Régime dotal. — Société d'acquêts. Biens paraphernaux. — Acquisitions faites par la femme avec les revenus économisés de ses biens. Propres de la femme. — Lorsque les futurs époux, adoptant le régime dotal et en stipulant en même temps qu'ils seront associés aux acquêts, ont inséré, dans leur contrat de mariage, une clause portant que tous les biens appartenant à la future épouse et tous ceux qui pourraient lui appartenir ultérieurement seront paraphernaux, à l'exclusion de certaines valeurs déterminées, cette clause renferme une dérogation formelle au principe posé dans l'art. 1498 C. C., en vertu duquel les économies faites sur les fruits et revenus des biens des époux tombent dans la communauté. — En conséquence, doivent être considérées comme propres les acquisitions faites par la femme avec les revenus économisés de ses biens paraphernaux (Cass. req., 17 nov. 1890, 7488 et 7974-3 R. P.).

334. Accident. — Indemnité due à la femme propre. — Sous le régime de la communauté réduite aux acquêts, la créance résultant au profit de la femme d'une décision judiciaire qui lui alloue une certaine somme à titre de dommages-intérêts en réparation d'un accident dont elle a été victime, n'entre pas dans l'actif de la communauté, mais reste propre à la femme (Cass. 23 fév. 1897, 9380 R. P.).

336. Communauté d'acquêts. — Charges. — Enfant commun. — Mariage. — Dépenses faites par la mère. — Sous le régime de la communauté, les charges du ménage comprennent les dépenses occasionnées par le mariage des enfants communs si elles n'ont rien d'excessif et quand ce mariage est contracté avec l'agrément des père et mère. En conséquence, lorsque ces dépenses sont faites par la mère, elles constituent un passif de communauté incombant au mari seul, si la femme renonce à la communauté (Cass. civ., 17 déc. 1901, 10363 R. P.).

338-2. Communauté réduite aux acquêts. — Fonds de commerce propre à l'un des époux. — Apport. — Estimation globale. — Décès de l'époux apporteur. — Reprise. — Valeur de l'estimation. — Lorsque, dans son contrat de mariage contenant adoption du régime de la communauté réduite aux acquêts, le futur époux a déclaré qu'il apportait et se réservait propre un fonds de commerce, dont il a indiqué la valeur, sans autre désignation, ses héritiers sont fondés, lors de son décès, à prélever, sur l'actif de communauté, le montant de l'estimation, quel que soit le prix moyennant lequel le fonds apporté ait été vendu, au cours de la communauté (Lons-le-Saunier, 12 août 1902, 10346 R. P.).

373. Communauté conjugale. — Partage inégal. — Attribution au survivant des époux même des apports de son conjoint. — La clause d'un contrat de mariage portant que la totalité de la communauté appartiendra au survivant des époux ne cesse pas d'être une convention matrimoniale, et ne peut être par suite réputée constituer un avantage sujet aux règles relatives aux donations, alors même qu'elle contiendrait prohibition pour les héritiers de l'époux prédécédé de reprendre les apports et capitaux tombés dans la communauté du chef de leur auteur (Cass. civ., 2 août 1899, 10364 R. P.).

373-1. Convention de mariage. — Bénéfices de communauté. — Usufruit. — La clause d'un contrat de mariage attribuant, à titre de convention de mariage, au survivant des époux, l'usufruit de la part revenant au prédécédé dans les bénéfices nets de la communauté, ne s'applique pas à la portion des biens communs servant à l'imputation des apports et capitaux tombés dans l'association conjugale, du chef de l'époux prédécédé (Coutances, 2 déc. 1897, 9259 R. P.).

396-2. Droit réservé à la femme de toucher une portion de ses revenus. — Emploi des revenus touchés à la libération d'une dette de la femme. — Récompense à la communauté. — Sous le régime de la communauté réduite aux acquêts, la femme qui, d'après son contrat de mariage, était autorisée à toucher, seule, une fraction déterminée de ses revenus, à la condition que le reliquat non employé ou les économies réalisées par elle appartiendrait à la communauté, doit récompense à cette communauté de la portion de revenus qui a servi à la libération d'une dette grevant un de ses biens propres (Sol. 28 déc. 1892, 8171 R. P.).

V. Ameublissement. Contrat de mariage. Recélé. Remploi. Renonciation. Société. Succession.

COMMUNE.

12. Grande voirie. — Droit de stationnement et d'amarrage. — Le droit d'autoriser la perception des droits de stationnement et d'amarrage sur les ports, quais, rivières et autres dépendances de la grande voirie et d'en fixer les tarifs, est réservé au Gouvernement. — Est, en conséquence, illégale toute perception de ces droits par les communes en dehors d'un tarif régulièrement approuvé par décret (Cass. 10 mai 1898, 9381 R. P.).

36. Commune. — Jugement de condamnation. — Hypothèque judiciaire. — Dans notre législation, les obligations des communes ne se différencient de celles des particuliers que si un texte spécial les soustrait au droit commun et si leur validité ou leur exécution ont été soumises à des formes et à des règles qui leur sont propres. En conséquence et à défaut de disposition contraire, le jugement de condamnation, rendu contre une commune régulièrement autorisée à ester en justice, autorise le créancier bénéficiaire du jugement à prendre une inscription d'hypothèque judiciaire sur les immeubles du domaine municipal privé (C. Agen, 18 juill. 1892, 8185 R. P.).

40. Instance. — Demande reconventionnelle. — Mémoire préalable. — Timbre. — Le mémoire que l'Administration est tenue d'adresser au préfet avant toute signification d'une demande reconventionnelle formée contre une commune qui a réclamé judiciairement la restitution de droits perçus, est assujetti au timbre de dimension par application de l'art. 12, L. 13 brum. an VII (Sol. 24 août 1899, 9767 R. P.).

47 *bis*. Licences municipales. — Rôles. — Sont dispensés du timbre les rôles émis pour le recouvrement des Licences municipales (L. 14 déc. 1900. — V. *Code des lois* et *Donation. Instance. Succession.*

31. Greffes. — Matières criminelle, correctionnelle et de simple police. — Dossiers de procédure. — Vérification. — Les agents de l'Enregistrement sont fondés à prendre dans les greffes communication des dossiers de procédure en matière criminelle, correctionnelle et de simple police. Les époques de communication doivent coïncider, à moins de circonstances exceptionnelles, avec la vérification annuelle de chaque greffe. Toutefois, les magistrats du parquet restent juges des cas dans lesquels la communication pourrait être refusée (Circ. min. just. 30 juin 1888, 7974-26 R. P.).

43. Pétition en réduction de patente adressée au préfet. — L'Administration peut prendre communication, en vertu de l'art. 54 L. 22 frim., d'une pétition adressée au préfet en vue d'obtenir une réduction de patente. La copie qu'elle produit de cette pétition n'a pas besoin d'être une copie collationnée (Rouen, 27 janv. 1891, 7622 R. P.).

COMMUNICATION.

69. Associations syndicales autorisées. — D'après l'I. G. 2721-129, les associations syndicales autorisées seraient tenues de présenter, à toute réquisition, aux agents de l'enregistrement, leurs registres, actes, pièces de dépense, etc. Mais cette doctrine est contraire à celle d'un arrêt Cass. 1er déc. 1886 (22937 J. E.; D. P. 87-1 153).

73. Chambre de commerce. — Les Chambres de commerce, ayant le caractère d'établissements publics, sont soumises au droit de communication. Toutefois, dans le cas où les registres ou procès-verbaux de délibérations ne renfermeront aucune indication dont il soit utile de prendre connaissance pour opérer l'exécution des lois fiscales, la communication n'en sera pas requise, à la condition qu'il ne soit commis aucun abus à la faveur de cette tolérance (Déc. min. fin. 13 août 1900, 3025 I. G.; 9946-52 R. P.).

82. Écoles primaires supérieures. — Les écoles primaires supérieures sont affranchies du droit de communication. Il ne s'agit plus, en effet, comme pour les lycées, d'établissements publics, dotés de la personnalité civile, mais de services publics entretenus directement par l'État et régis, au point de vue budgétaire, par l'art. 2 L. 18 juill. 1889 (Sol. 21 juin 1898, 25301 J. E.).

87. Lycées. — Les agents supérieurs de l'Enregistrement doivent se concerter avec les proviseurs des lycées pour que les vérifications à opérer au siège des bureaux d'économat n'apportent aucune gêne dans le travail de ces bureaux (Déc. min. fin. 28 août 1893, 2013-1 I. G.; 8550-4 R. P.).

91. Commissariat de police. — En l'état actuel des lois et règlements, l'Administration n'a pas le droit d'exiger des commissaires de police la représentation des pièces se rattachant à leur service, pour s'assurer de l'exécution des lois relatives au timbre et à la remise au Domaine des objets considérés comme épaves. A cet égard, le droit de communication ne peut résulter que d'une entente préalable entre les représentants locaux des départements des Finances et de l'Intérieur (Sol. 21 mai 1898, 9311 R. P.).

mariage par lequel les futurs époux se sont fait donation réciproque de l'usufruit de leurs biens propres, il a été stipulé que le survivant d'eux serait droit, jusqu'à ce qu'il ait contracté un second mariage, à l'usufruit de la part revenant au prédécédé dans les bénéfices nets de communauté, cette clause constitue une convention de mariage, et non pas une libéralité. — Par conséquent, si la veuve survivante a accepté la communauté, elle n'a pu recueillir la propriété de la moitié des acquêts sans se trouver investie en même temps de l'usufruit de l'autre moitié ; sa renonciation postérieure à cet usufruit revêt donc un caractère translatif, alors même qu'elle serait pure et simple. Si cette renonciation est concomitante à une donation à titre de partage anticipé faite par la veuve à ses enfants, elle présente juridiquement les mêmes caractères que cette donation-partage dont elle forme le complément, et elle est, par suite, passible du droit de transcription au tarif réduit de 0 fr. 50 p. 100, à l'exclusion de celui de 1 fr. 50 p. 100 (Lille, 7 mai 1903, 10588 R. P.).

V. Partage de communauté et Succession.

COMMUNE.

COMMUNICATION.

11-14 et 15. Notaire décédé. Levée de scellés et inventaire par le juge de paix. Description, sur réquisition du receveur, d'actes s. s. p. trouvés en l'étude. Dépôt confidentiel. Droits et amendes non exigibles. — Lorsque des actes s. s. p. trouvés en l'étude d'un notaire décédé n'ont été décrits dans l'inventaire dressé par le juge de paix que sur la demande du receveur qui assistait à la levée des scellés avec l'assentiment de ce magistrat, l'Administration n'est pas fondée à réclamer les droits et amendes afférents aux actes dont il s'agit, s'ils n'ont pas servi de base à des actes notariés dans les termes des art. 42 et 43 L. frim. et si le notaire ne les détenait qu'à titre privé et confidentiel, comme conseil des parties (Riom, 13 juill. 1903, 11612 R. P.).

63. Séparation des Églises et de l'État. Associations et unions cultuelles. Contrôle financier. L. 9 déc. 1905 (art. 21). — 11085 R. P.

Décret du 16 mars 1906. — 11116 R. P.

72. Caisse d'épargne. Livret dépendant d'une succession en déshérence. — Si les caisses d'épargne sont tenues d'observer le secret pour les opérations effectuées dans leurs bureaux, ce n'est que vis-à-vis des tiers, mais non à l'égard des héritiers ou des légataires d'un déposant décédé, qui font la preuve de leurs droits à la succession par une pièce d'hérédité. Elles doivent, par conséquent, satisfaire aux demandes de renseignements qui leur sont adressées par le Domaine, agissant comme envoyé en possession de la succession en déshérence d'un déposant et justifiant de cet envoi en possession. On ne saurait adopter une solution différente par le motif qu'une décision du Ministre des Finances du 25 mars 1855 a interdit aux agents de l'Enregistrement de se livrer à des investigations dans les bureaux des caisses d'épargne pour assurer la perception des droits de mutation par décès : cette défense ne vise, en effet, que les demandes de communication en vue du recouvrement de l'impôt : elle ne s'applique pas au cas où les représentants de l'Administration agissent pour le compte de l'État appelé à recueillir une succession en déshérence (Grasse, 15 mai 1906, 11125 R. P.).

73. Chambres de commerce. — V. ce mot.

84-3. Fabrique. Registre des délibérations du conseil. Refus de communication. — Les secrétaires des conseils de fabrique sont tenus de communiquer aux agents de l'Administration, à peine d'une amende de 100 fr. à 1.000 fr. en principal en cas de refus, le registre des délibérations du conseil, ce registre tombant directement, à raison de ses rapports avec l'administration et la comptabilité de l'établissement, sous l'application des art. 22 L. 23 août 1871 et 7 L. 21 juin 1875 (Lyon, 3 nov. 1904, 10746 R. P.; — Cass. (req.), 7 nov. 1905, 11099 R. P.).

114-3. Société étrangère. Succursale en France. Registres et documents de comptabilité. — Les sociétés étrangères qui possèdent une succursale en France, sont tenues, comme les sociétés françaises, de subir l'exercice du droit de communication (Melun, 28 fév. 1905; — Cass. (req.), 31 oct. 1906, 11067 R. P.).

94. Douanes. — Les directeurs des Douanes doivent créer, au moment de l'émission de tout mandat de paiement ayant pour objet un traitement ou un reliquat de solde dépendant de la succession d'un agent de leur service, de quelque catégorie qu'il soit, un bulletin de renseignements qui est transmis au service de l'enregistrement pour le contrôle de la déclaration de succession (3016 I. G.).

114-3. Société étrangère. — Succursale en France. — Comptabilité. — Registres. — Documents. — Les sociétés étrangères, qui possèdent une succursale en France, sont tenues, comme les sociétés françaises, de subir l'exercice du droit de communication (Cass. 10 fév. 1902; *contrà* Seine, 29 juill. 1899, 10120 R. P.).

Nous avons déjà eu plusieurs fois l'occasion de signaler que le droit de communication constitue un mode de preuve exorbitant du droit commun et que son application doit, par suite, être rigoureusement renfermée dans les limites des textes qui l'établissent : *odiosa sunt restringenda*.

Pour réputer les sociétés étrangères astreintes aux investigations de la Régie (en dehors, bien entendu, du cas spécialement prévu par l'art. 5 Décr. 15 déc. 1875), il est donc nécessaire qu'un texte formel les y ait expressément soumises. Mais ce texte n'existe pas.

Les lois des 23 août 1871 et 21 juin 1875 ont élargi le droit de recherche dans les sociétés chez lesquelles les agents de l'Enregistrement pouvaient déjà pénétrer, mais elle n'a pas étendu le cercle des assujettis (*Rép. gén.*, vº *Communication*, nºs 111 et 113). Il en résulte que les sociétés étrangères ne sauraient tomber sous leur application que tout autant qu'elles se trouveraient soumises au contrôle fiscal par une disposition législative antérieure. La Cour de cassation a cru trouver cette disposition dans le rapprochement des art. 9 L. 23 juin 1857 et 9 Décr. 17 juillet suivant. Cette appréciation nous paraît reposer sur une interprétation inexacte des textes.

Dans ses art. 6, 7 et 8, la loi de 1857 s'occupe exclusivement des actions et obligations émises par les sociétés françaises. Son art. 9 porte que les titres des sociétés étrangères seront soumis à des droits équivalents à ceux qui frappent les valeurs françaises; puis il ajoute : « un règlement d'administration publique fixera le mode d'établissement et de perception de ces droits... Le même règlement déterminera toutes les mesures nécessaires pour l'exécution de la loi ». De ce que le législateur a prescrit d'insérer, dans un règlement unique, les mesures destinées à assurer l'exécution de la loi en ce qui concerne tant les sociétés étrangères que les sociétés françaises, s'ensuit-il que toutes les dispositions du règlement soient applicables *de plano* aux premières comme aux secondes? Assurément non. La loi a imposé au pouvoir réglementaire l'obligation de faire un seul règlement, mais rien de plus; elle l'a laissé libre de prendre telles mesures qu'il jugerait utiles pour assurer l'exacte perception de l'impôt. De là cette conséquence qu'il faut se reporter au texte même du décret intervenu le 17 juill. 1857 pour se rendre compte de la situation créée aux sociétés étrangères en matière de droit de communication. Or, il n'est pas douteux que ce décret distingue soigneusement les sociétés étrangères des sociétés françaises. Dans les neuf premiers articles, il trace les règles à suivre pour l'assiette et le recouvrement du droit de transmission imposé aux sociétés françaises. A défaut d'autre preuve, le texte de l'art. 10 le démontre surabondamment. Cet article commence, en effet, par les mots : « Pour l'exécution de l'art. 9 de la loi, les sociétés étrangères... » Il n'était pas possible d'indiquer, d'une manière plus précise, que les dispositions précédentes ne s'appliquent pas aux sociétés étrangères, qui sont exclusivement visées par cet art. 9. Mais il y a plus : le même art. 10 porte, *in fine*, que « les dispositions des art. 5 et 7 du présent règlement, relatives aux époques de payement et à la fixation du cours moyen, seront applicables aux valeurs étrangères ». Il est d'une évidence manifeste que cette référence serait absolument inexplicable, si les prescriptions des neuf premiers articles concernaient les sociétés étrangères, sauf les modifications prévues à l'art. 10.

Les motifs invoqués par la Cour ne nous paraissent donc nullement décisifs; ils ne justifient pas, à notre avis, l'interprétation qu'elle a consacrée.

Dans son pourvoi, la Régie a fait valoir, à l'appui de la thèse qu'elle soutient, d'autres arguments que la Cour n'a pas retenus et qui ne sont pas plus concluants.

Nous n'insisterons pas sur l'argument tiré du titre du décret. Il est sans valeur aucune. Il n'est pas admissible, en effet, qu'un titre, dont l'objet est uniquement d'indiquer la matière traitée dans un règlement, puisse étendre ou restreindre les prescriptions que ce règlement contient.

L'Administration n'est pas mieux fondée à prétendre que l'art. 12 du décret, d'après lequel « les dispositions du présent article seront applicables aux sociétés... étrangères et à leurs représentants », soumettrait les sociétés étrangères à toutes les dispositions du règlement et notamment à l'art. 9 relatif au droit de communication. Spécial aux pénalités, il ne saurait être considéré, sans violation des règles les plus élémentaires de l'interprétation juridique, comme s'appliquant à un autre objet. Sa portée, ainsi que l'a constaté à juste titre le tribunal de la Seine, ne peut dépasser les dispositions prescrites par les articles précédents, la sanction n'existant que dans la mesure précise de l'injonction préalable.

Enfin, l'art. 11 du règlement est suffisamment clair pour ne prêter à aucune interprétation. Il porte que le droit de timbre, établi sur les actions et obligations des sociétés étrangères, sera « payé suivant le mode prescrit par les art. 22 et 31 L. 5 juin 1850 ». Il ne contient pas, on le voit, une référence à toutes les dispositions des art. 22 et 31 de la loi de 1850, mais seulement aux règles établies pour le payement du droit. Il importe donc peu que les articles auxquels il se réfère ajoutent que « en cas d'abonnement, les art. 16 et 18, 22 et 28 resteront applicables », attendu que ces derniers articles sont étrangers au mode de payement de l'impôt. Au surplus, les mêmes articles exigent que les actions et obligations soient détachées d'un registre à souche. Or, nous ne sachons pas que la Régie ait jamais osé prétendre que les sociétés étrangères soient astreintes à la tenue d'un registre de cette nature.

Il est constant, d'ailleurs, que les prescriptions fiscales qui frappent les sociétés françaises ne sont applicables aux sociétés étrangères qu'en vertu d'une disposition formelle. C'est ainsi que la loi du 5 juin 1850, qui a établi un droit de timbre spécial sur les actions et obligations françaises, n'atteignait pas, comme la Régie elle-même l'a reconnu (*Rép. gén.*, v° *Abonnement*, n° 104), les valeurs similaires étrangères; ces valeurs sont restées soumises, en cas d'usage ou de négociations en France, au timbre des effets de commerce, jusqu'à ce que la loi du 23 juin 1857 les ait expressément assujetties à des droits équivalents à ceux des valeurs françaises. La même loi les a également déclarées passibles du droit de transmission; et la loi du 30 juill. 1872, en créant l'impôt sur le revenu, les a aussi visées expressément (art. 4). Enfin la loi du 21 juin 1875 (art. 5), comme le décret du 1er décembre suivant, rendu pour son exécution, se sont encore nettement expliqués au sujet des valeurs étrangères. Il n'est donc pas contestable que, toutes les fois que le législateur a entendu étendre aux sociétés étrangères les obligations auxquelles sont soumises les sociétés françaises, il l'a fait en termes précis et catégoriques. On chercherait en vain, dans le texte du décret de 1857, une disposition formelle assujettissant les sociétés étrangères au droit de communication. Cette seule constatation suffit à ruiner la thèse de la Régie. Il est indifférent que les valeurs étrangères doivent supporter des taxes équivalentes à celles des valeurs françaises. Le principe d'équivalence ne saurait, en effet, être invoqué utilement; car si le droit de communication est un moyen de preuve, il ne fait pas partie du mode de payement de l'impôt.

La vérité est que, en 1857, il n'a été aucunement question de soumettre les sociétés étrangères aux investigations de l'Enregistrement, parce que cette mesure n'offrait aucune utilité. A cette époque, le droit de communication était limité : 1° au registre à souche d'où sont détachées les actions et obligations et dont la tenue a été prescrite en vue « d'empêcher la fraude et de donner à la loi une véritable efficacité » (Rapp. de M. Em. Leroux, du 31 janv. 1850); 2° aux registres de transferts et de conversions des titres. Comme le législateur n'a pas imposé aux sociétés étrangères l'obligation d'extraire leurs titres d'un registre à souche et que, d'autre part, il les a soumises au payement de la taxe annuelle de transmission sans distinction entre leurs titres nominatifs et leurs titres au porteur, il est facile de comprendre qu'il se soit abstenu de les astreindre au droit de communication. En 1871, et plus tard, en 1875, lorsqu'il s'est agi d'élargir le droit de recherche dans les sociétés, on n'a pas pris garde que les sociétés étrangères n'étaient pas assujetties aux vérifications de la Régie et qu'elles se trouvaient ainsi échapper à l'application des nouvelles dispositions fiscales. Nous ne méconnaissons pas que cette situation crée actuellement une inégalité entre les sociétés françaises et les sociétés étrangères; mais cette inégalité est le fait de la loi, et il n'est pas au pouvoir de la jurisprudence d'y mettre un terme : il appartient au législateur seul de compléter son œuvre, s'il le croit utile.

116. Société. — Registre des délibérations. — Les sociétés sont-elles tenues de communiquer aux agents de l'Enregistrement leur registre de délibérations? La négative a été adoptée par un jugement de Rouen du 31 mai 1894 (8510 R. P.) motivé sur ce que ces registres, ayant un caractère confidentiel, ne figurent pas dans l'énumération des livres, titres, pièces de recettes, de dépenses et de comptabilité dont les préposés de l'Enregistrement sont autorisés à prendre communication par les LL. 23 août 1871 et 21 juin 1875.

L'affirmative a, au contraire, été sanctionnée par les décisions suivantes : (Lyon, 18 juin 1895 et Cass. 26 fév. 1898, 9252 R. P.; — Saint-Etienne, 10 août 1899, 10119 R. P. — Seine, 6 janv. 1900, 9807 R. P. et Cass. 14 janv. 1902, 10119 R. P.). Ces décisions reconnaissent que les art. 22 L. 23 août 1871 et 7 L. 21 juin 1875 obligent les sociétés à représenter aux agents de l'Enregistrement tous les documents ayant rapport à la comptabilité soit principalement soit accessoirement, et que, spécialement, elles sont tenues de communiquer le registre des délibérations de leur conseil d'administration, lorsque ce conseil a des pouvoirs se rapportant aux recettes, aux dépenses et à la comptabilité.

Cette dernière interprétation donne à la loi une portée qui ne rentre ni dans ses termes, ni dans son esprit. Il ne nous paraît pas possible d'y adhérer.

Les dispositions légales, qui ont établi le droit de communication, appartiennent au droit exorbitant : elles doivent donc être interprétées restrictivement et leur application maintenue dans les limites les plus rigoureuses.

L'art. 22 L. 23 août 1871 est ainsi conçu : « Les sociétés, compagnies,... et tous autres assujettis aux vérifications des agents de l'Enregistrement par les lois en vigueur, sont tenus de représenter auxdits agents leurs livres, registres, titres, pièces de recette, de dépense et de comptabilité, afin qu'ils s'assurent de l'exécution des lois sur le timbre. » La loi a-t-elle entendu soumettre au contrôle de l'Administration tous les livres et registres des sociétés, quel qu'en soit la nature ou l'objet, ou bien seulement les livres, registres et titres se rattachant à la comptabilité et en faisant partie intégrante? C'est certainement à cette dernière interprétation qu'il y a lieu de se rallier.

En effet, il est manifeste, d'après la construction grammaticale de l'article précité, que les mots « de recette, de dépense et de comptabilité » ne servent pas seulement de complément à l'expression « pièces » qui les précède immédiatement, mais aussi aux termes « livres, registres, titres ». La place qu'ils occupent ne laisse aucun doute à cet égard : en les mentionnant à la suite de l'énumération des documents à représenter, le législateur a nettement manifesté son intention de ne pas accorder à l'Administration un droit de communication absolu; ils fixent les limites du droit exorbitant qu'il a concédé.

L'interprétation que, d'après nous, comporte le texte de la loi, se trouve confirmée par les déclarations mêmes du rapporteur : « Les agents de l'Enregistrement, a expliqué M. Mathieu-Bodet dans son rapport fait au nom de la Commission du budget, auront le droit d'exiger la représentation des *pièces de comptabilité* déposées au siège des grandes compagnies. Cette faculté n'a rien d'insolite » (*Rép. pér.*, n° 3201).

Plus tard, lors de la discussion de la loi du 30 mars 1872, le même rapporteur a encore exprimé la même pensée dans sa réponse à un membre de l'Assemblée nationale, qui demandait si l'Administration avait la faculté de se faire représenter toutes les lettres adressées à une société : « Il est certain, dit-il, que lorsqu'une lettre n'a pas pour objet une quittance, un reçu ou une décharge, l'Administration n'a pas le droit d'en prendre connaissance. Il faut donc faire une distinction, tracer une ligne de démarcation

116. Société. Registre des délibérations. — Les art. 22 L. 23 août 1871 et 7 L. 21 juin 1875 assujettissent les sociétés à représenter aux agents de l'Enregistrement tous les documents ayant rapport à la comptabilité soit principalement soit accessoirement. Spécialement, une société est tenue de communiquer le registre des délibérations de son conseil d'administration lorsque, en raison des pouvoirs conférés à ce conseil, le registre doit être considéré comme un document relatif à la comptabilité (Seine, 20 déc. 1902, 10541 R. P. — Seine, 28 nov. 1902; Cass. (req.), 5 juin 1905, 10981 R. P.). Pour obtenir la communication de certaines délibérations, la Régie n'est pas tenue de prouver, par des documents externes, que ces délibérations ont trait à la comptabilité, les sociétés n'ayant point à se faire juges, soit du but, soit de l'utilité de la communication (Seine, 28 nov. 1902; Cass. (req.), 5 juin 1905, 10981 R. P.). Spécialement, elles sont tenues de communiquer le registre des délibérations de leur conseil d'administration, lorsque, à raison des pouvoirs conférés à ce conseil, le registre est à considérer comme un document relatif à la comptabilité (Seine, 13 déc. 1905; Cass. (req.), 21 mars 1906, 11177 R. P.).

bien nette. Ainsi, pour les lettres qui contiennent reçu, décharge ou quittance, et qui sont devenues des *documents de comptabilité*, l'Administration a le droit incontestable d'en prendre connaissance. Quant aux lettres qui sont étrangères à cet objet, l'Administration n'a pas le droit d'en exiger l'exhibition... Comment le saura-t-on? C'est bien simple. J'ai dit qu'on ne prend pas communication de toutes les lettres; mais on prend connaissance des *registres de comptabilité*. Or, on demandera, au vu des livres, la représentation des pièces qui sont relatives à des réceptions ou à des quittances, constatées par ces livres, et donnant lieu au droit de timbre. Ce sont là les correspondances dont l'Administration est autorisée à demander la communication. C'est là la règle. » (*Rép. pér.*, n° 3441, p. 399).

Ces explications sont catégoriques; elles font ressortir de la manière la plus claire la pensée du législateur et le but qu'il s'est proposé : elles fixent, elles indiquent au contrôle de l'Administration des bornes qu'il lui est interdit de franchir.

La loi du 21 juin 1875 n'a pas augmenté le nombre des documents à communiquer. Elle a eu pour objet d'autoriser l'Administration à procéder à des investigations dans les succursales et agences des sociétés et à exercer son droit de communication pour assurer l'exécution des lois sur l'enregistrement (*Rép. gén.*, v° *Communication*, n° 113). L'exposé des motifs déclare d'ailleurs que la communication ne s'applique qu'aux documents de comptabilité : « Le remède à cette situation, y lit-on, paraît consister dans l'adoption des mesures législatives ayant pour objet : 1° d'autoriser les employés de l'Administration à faire, au siège des Compagnies d'assurances sur la vie, les investigations les plus complètes, à prendre communication des *documents de comptabilité*, et copies de polices » (*Rép. pér.*, n° 4014).

Ainsi, il n'est pas douteux que les documents de comptabilité doivent seuls être représentés aux agents de l'Enregistrement. On peut admettre, sans doute, que le droit de communication s'étend non seulement aux pièces essentielles de comptabilité, mais encore aux écritures accessoires qui s'y rattachent (Cass. 7 janv. 1878. *Rép. pér.*, n° 4870), et, par suite, qu'il s'applique spécialement au registre du personnel des congrégations dont la tenue est nécessaire « pour le règlement des intérêts pécuniaires » de ces associations (*Rép. pér.*, n° 7271). C'est en ce sens, mais en ce sens seulement, qu'il y a lieu de considérer les dispositions des lois de 1871 et de 1875 comme générales et absolues. Mais il serait contraire aux règles d'une saine interprétation de décider que la Régie est autorisée à exiger la représentation de documents qui ne constituent pas la comptabilité commerciale des Sociétés. Il est constant que les pièces d'ordre intérieur ou les actes d'administration générale ne sont pas soumis à son contrôle.

Cela étant, il est sans difficulté que le registre des délibérations d'une société n'est pas sujet à la communication. Ce registre, en effet, est éminemment un document d'ordre intérieur, d'administration générale; il n'en est pas qui présente à un plus haut degré le caractère d'un document confidentiel; c'est, à proprement parler, le registre domestique de la société. Autant et plus que les correspondances, il ne saurait être, sans des inconvénients graves, communiqué à des tiers, serait-ce à des fonctionnaires aussi discrets que les préposés de l'Enregistrement. S'il est un document que le législateur a entendu soustraire aux investigations de la Régie, c'est incontestablement celui-là. L'argument tiré, à l'appui de l'opinion contraire, de la nécessité d'assurer l'exécution de la loi du 29 juin 1872, ne résiste pas à l'examen. Outre qu'il est des plus contestables que la Régie soit fondée à utiliser le droit de communication pour la perception de l'impôt sur le revenu (*Rép. gén.*, v° *Impôt sur le revenu*, n° 61), il est à remarquer qu'elle n'a pas besoin, pour surveiller la répartition des dividendes, de se reporter aux délibérations prises à cet effet : les distributions effectuées sont révélées par les registres et pièces de comptabilité, et le contrôle à exercer d'après le registre des délibérations n'offre, dans la réalité, qu'un intérêt relatif. Cela est d'autant plus vrai que, suivant une règle constante, ce n'est pas la détermination des dividendes, mais le fait matériel du payement qui donne ouverture à la taxe.

Dans l'espèce sur laquelle a statué l'arrêt précité du 28 fév. 1898, la Régie avait nettement demandé à la Cour de décider que les registres des délibérations rentrent directement, sans exception aucune, dans la catégorie des documents assujettis au droit de communication. Mais la Cour a *refusé* de sanctionner une thèse aussi générale. Se ralliant manifestement à la doctrine que nous défendons, elle déclare que les dispositions des lois de 1871 et de 1875 « englobent tous les documents ayant rapport à la comptabilité, soit principalement, soit accessoirement ». Si, au cas particulier, elle admet que la Société opposante se trouvait obligée de représenter le registre de ses délibérations, c'est pour ce motif tout spécial que, les statuts ayant confié au conseil d'administration des pouvoirs définis au sujet des recettes, des dépenses et des comptes, ce registre constitue effectivement un document relatif à la comptabilité. D'après cette considération de fait, sa décision pourrait rigoureusement se justifier; il ne nous semble pas cependant qu'elle doive être tenue pour exacte. Au fond, en effet, elle aboutit à cette conséquence que tous les registres et pièces d'une société doivent être communiqués à la Régie; car, toutes les opérations d'une société se traduisant par des recettes et des dépenses, il n'est pas un document qui ne se rattache, en définitive, à un fait de cette nature, il n'est pas, en réalité, une délibération qui ne concerne la comptabilité. Mais tel n'est pas évidemment le but poursuivi par le législateur : la circonstance seule qu'il a énuméré les documents à soumettre aux investigations des agents de l'Enregistrement suffit à indiquer qu'il n'a entendu viser que les documents de la comptabilité proprement dite, suivant le sens attribué à cette expression par l'usage. Or, l'usage distingue soigneusement les livres et pièces de comptabilité des autres documents. C'est ainsi qu'on range parmi les écritures de comptabilité le journal, le grand livre, etc., mais qu'on n'y comprend pas le livre de copie de lettres, dont la tenue est spécialement prescrite par le C. com. (Lyon-Caen et Renault, *Dr. com.*, t. I, n°s 303 et s.). Cependant, si la décision de la Cour était fondée, il faudrait admettre que ce dernier livre est sujet à la communication, puisque, autant que le registre des délibérations, il se rapporte à la comptabilité. Mais il est bien certain que la Cour n'oserait pousser jusqu'à cette conséquence extrême l'application de sa doctrine. Que faut-il donc entendre par livres ou écritures de comptabilité? Ce sont, suivant nous, tous les documents qui constatent les opérations effectives des recettes et dépenses, qui présentent la situation active et passive d'une société, à l'exclusion des écritures d'ordre intérieur qui peuvent préparer ces opérations et qui ne s'y rattachent pas d'une manière formelle et positive. Les délibérations ne sont pas susceptibles d'être classées au nombre des écritures de comptabilité. Si, en général, elles servent à préparer la comptabilité, elles ne la constituent pas; elles n'ont avec elle, comme l'a constaté le jugement précité du tribunal de Rouen, qu'un rapport très indirect; elles peuvent justifier les opérations de recettes et de dépenses, mais elles n'en font pas partie intégrante. La Régie, qui n'a pas à apprécier la régularité de ces opérations, ne saurait en requérir la communication : elle est fondée, en effet, à exiger la représentation des pièces et écritures qui constatent ce qui a été reçu et payé, mais non pas de celles qui lui permettraient de vérifier ce qui aurait dû être reçu ou payé. Nous pensons donc que les tribunaux de Lyon, de la Seine et de Saint-Étienne, ainsi que la Cour ont exagéré la portée du droit de communication.

121. Usage des documents communiqués. — Impôts du timbre et de l'enregistrement. — Décidé, contrairement à la jurisprudence nettement établie en sens contraire, que l'Administration ne peut se servir des documents dont elle prend communication, au siège des sociétés, en vertu des investigations autorisées par la loi du 21 juin 1875, que pour établir l'exigibilité des seuls droits de timbre et d'enregistrement dus par ces sociétés, et non par les particuliers. Il en est ainsi même en ce qui concerne les ouvertures et les réalisations de crédit (Caen, 21 déc. 1901, 7854 R. P.).

Jugé d'autre part : 1° que l'Administration est fondée à se prévaloir des documents dont elle a eu régulièrement connaissance en exerçant son droit de communication, au siège d'une société, pour assurer la perception du droit de mutation par décès, et notamment, pour établir l'existence d'une omission dans une déclaration de succession (Marseille, 22 janv. 1892, 7829 R. P.);

2° Qu'elle peut prouver l'existence d'une omission de valeurs dans une déclaration de succession, par la communication des pièces de comptabilité régulièrement obtenue au siège d'une société (Rodez, 21 juill. 1899; — Cass. 4 juill. 1901, 10066 R. P.);

3° Qu'elle peut prendre régulièrement connaissance des écritures sociales d'une société par actions pour constater la réalisation d'un transport de créance soumis à une condition suspensive et pour réclamer le droit de 1 p. 100 devenu exigible (Rouen, 25 avr. 1901, 10225 R. P.).

123. Refus. — Existence des documents. — L'Administration ne peut demander la communication que des documents dont l'existence est certaine. Spécialement, elle n'est pas fondée à réclamer à une Société la représentation des pièces qui peuvent avoir été conservées par un autre. Mais on doit considérer comme constituant un refus de communication la réponse faite par la Société qu'elle ne possède pas un traité de transaction auquel elle a concouru, si les circonstances de la cause donnent lieu de présumer la rédaction de ce traité par écrit (Seine, 14 avr. 1894, 8303 R. P.).

Constitue également un refus de communication la réponse faite par une société qu'un acte intervenu entre elle et un tiers a été détruit alors qu'il est justifié, au moyen de présomptions graves, précises et concordantes, tirées des faits constants au procès et des actes légalement parvenus à la connaissance de l'Administration, de l'existence de cet acte au moment où la communication a été requise (Lyon, 18 juin 1895; — Cass. 28 fév. 1898, 9123 R. P.; — Saint-Étienne, 10 août 1899; — Cass. 14 janv. 1902, 10119 R. P.).

127. Société. — Droit de prendre copie. — Le droit accordé à l'Administration par les lois des 23 août 1871 et 21 juin 1875 de prendre communication des titres, actes et pièces détenus par des sociétés, compagnies, etc., est inséparable du droit de faire des extraits ou de prendre des copies desdits titres, actes et pièces (Senlis, 23 mars 1899; Cass. req. 27 mars 1901, 10020 R. P.).

Ces décisions sont conformes à l'opinion que nous avons exprimée au *Rép. gén.* Le droit d'exiger la communication de certains documents implique, en effet, celui d'en prendre des copies ou extraits. Il importe, en effet, pour que la communication produise tous ses résultats, que l'Administration puisse se livrer aux rapprochements nécessaires; autrement, le droit qui lui est accordé risquerait la plupart du temps de rester sans effet utile. Il est du reste admis, tant en doctrine qu'en jurisprudence, que les dispositions qui permettent à des parties de demander la communication de documents déterminés, les autorisent par là même à en retirer une copie. Ainsi, il a été jugé : 1° que les commissaires du contrôle dans les sociétés anonymes qui, d'après l'art. 33 L. 24 juillet 1867, ont le droit « de prendre communication des livres et d'examiner les opérations de la société », peuvent prendre copie *in extenso* de ces livres (C. Paris, 9 juillet 1886, D. P. 66-2-138); 2° que l'actionnaire, qui, suivant l'art. 35 de la même loi, « peut prendre, au siège social, communication de l'inventaire et de la liste des actionnaires », quinze jours au moins avant la réunion de l'assemblée générale, peut également en faire des copies ou extraits (Seine, 20 et 24 mars 1883, *Rev. des Soc.*, p. 383 et 385). Il en est de même dans le cas d'application de l'art. 12 de la loi de 1867 (*Pont, Soc. comm.*, n° 1519).

130. Refus. — Entrepreneur de transports. — Timbre. — Est passible d'une amende de 100 à 1.000 fr. l'entrepreneur de transports qui refuse de communiquer aux agents de l'enregistrement les quittances, décharges et lettres de voiture qu'il détient. Le droit de communication accordé à l'Administration, résultant de la loi, le Tribunal n'a pas à enjoindre à un entrepreneur de transports de représenter ses livres, registres et pièces de comptabilité à toute réquisition : il lui suffit de prononcer l'amende applicable après chaque contravention régulièrement constatée (Seine, 16 janv. 1901, 10102 R. P.).

136-2. Assurances. — Taxe de 6 fr. par million. — L'art. 18 L. 13 avr. 1898 étend à la surveillance de la taxe de 6 fr. par million l'exercice du droit de communication conféré aux agents de l'Administration par l'art. 7 L. 21 juin 1875. Ces agents doivent en user, notamment, pour vérifier l'exactitude des états produits trimestriellement et en clôture d'exercice par les compagnies.

124. Motifs de la demande de communication. — L'agent qui demande la communication n'a pas à préciser le but de ses investigations, les sociétés n'étant pas admises à se faire juges de l'utilité des recherches effectuées (Seine, 20 déc. 1902, 10611 R. P.).

123. Refus. Existence des documents. — *Documents remontant à plus de 10 ans.* — Les sociétés commerciales ne sont pas obligées de conserver leur comptabilité au delà de 10 ans; mais si cette comptabilité a été conservée après le terme prescrit, elles ne sauraient en refuser la communication. C'est d'ailleurs à la Régie qu'il appartient de justifier de l'existence des documents dont la représentation est requise (Seine, 20 déc. 1902, 10611 R. P.).

Registres et pièces de comptabilité. Prétendue inexistence. — Les sociétés assujetties au droit de communication, sont tenues de représenter aux agents de l'Enregistrement leurs livres, titres, pièces de recettes, de dépenses et de comptabilité, sans distinction entre les documents essentiels de la comptabilité et les écritures accessoires pouvant être considérées comme d'ordre et d'administration intérieure. Équivaut à un refus de communication la réponse faite par les représentants d'une société que les pièces réclamées n'existent pas ou ont été détruites, s'il résulte de présomptions graves, précises et concordantes qu'elles existent en réalité (Valence, 23 mars 1905, 11062 R. P.).

Registre des délibérations. Refus de représentation. Condamnation. Pourvoi. Nouvelle demande. Refus. Amende. — Une société doit communiquer, à toute réquisition des agents de la Régie, le registre des délibérations de son conseil d'administration, dès lors qu'il centralise la marche des affaires et les éléments de comptabilité et bien qu'un certain nombre de délibérations n'aient pas trait à la comptabilité. Si, après un premier procès-verbal rapporté pour refus de communication, la société a encouru le jugement qui l'a condamnée au payement d'une amende et les frais, elle n'est pas fondée à refuser de nouveau la représentation du registre sous le prétexte qu'elle s'est pourvue en cassation contre la décision judiciaire (Seine, 17 déc. 1904, 11033 R. P.).

Injonction de communiquer. Pouvoirs des tribunaux. — Le tribunal ne saurait enjoindre à une société soumise aux vérifications de l'enregistrement de communiquer tous ses documents d'une manière générale, cette prescription résultant de la loi. Son injonction doit se limiter aux pièces déterminées dont l'existence est constante et dont la représentation a été refusée (Seine, 20 déc. 1902, 10611 R. P.).

Marché constaté par écrit. — Constitue un refus de communication, contraire aux prescriptions des art. 22 L. 23 août 1871 et 7 L. 21 juin 1875, le refus par une société de représenter les actes, documents ou écrits pouvant constituer le titre de l'accord intervenu entre elle et un entrepreneur de travaux, s'il résulte d'un jugement des présomptions graves de nature à établir que cet accord a été constaté par écrit (Marseille, 7 juil. 1905, 11137 R. P.).

132. Refus. Procès-verbal. Forme. Inutilité de l'assistance d'un officier municipal. — L'assistance d'un officier municipal n'est pas nécessaire pour la validité d'un procès-verbal de refus de communication dressé par un agent de l'Administration, lorsque la communication demandée ne s'applique pas à des actes et répertoires d'officiers ministériels ou à des archives de dépositaires de titres publics (art. 52 et 54 L. frim.; (Lyon, 3 fév. 1904, 10736 R. P.; — Cass. (req.), 7 novembre 1905, 11080 R. P.).

133-134. Sociétés et compagnies. Refus de communication. Relèvement du chiffre de la pénalité. Astreinte. Recouvrement. L. fin. 17 avril 1906 (art. 5). — D'après cet article, l'amende pour refus de communication est fixée de 1.000 à 10.000 fr. en principal. — Les sociétés doivent, en outre, être condamnées à représenter les documents sous une astreinte de 100 fr. en principal, par chaque jour de retard. — Le recouvrement de l'astreinte est suivi comme en matière d'enregistrement (11155 R. P.).

135-1. Assurances maritimes. Société d'assurances mutuelles. — Les sociétés d'assurances maritimes mutuelles sont soumises aux mêmes obligations que les autres sociétés ou assureurs; par suite, elles sont assujetties notamment au droit de communication. Il en est ainsi spécialement de la société constituée entre des propriétaires de bateaux de pêche, qui a pour objet de couvrir les risques de la navigation ou indemniser ses membres à l'aide de mises d'admission et de cotisations annuelles (Sables-d'Olonne, 10 juill. 1902, 10583 R. P.).

148. Entrepreneurs de transports. — Agences. — Sont assujettis au droit de communication établi par les art. 22 L. 23 août 1871 et 7 L. 21 juin 1875 tous les entrepreneurs de transports et leurs agents, sans qu'il y ait à distinguer entre les entrepreneurs et les commissionnaires entrepositaires de transports. Spécialement, l'Administration est fondée à se faire représenter les livres et registres du commissionnaire-entrepreneur qui se charge de faire conduire, dans un lieu désigné, par les intermédiaires qu'il emploie, les objets qui lui sont confiés (Rouen, 14 juin 1894, 8380 R. P.).

154. Registres de l'enregistrement. — L'art. 37 décr. loi 7 messidor an II, qui permet à tout citoyen d'obtenir communication dans tous les dépôts, sans frais ni déplacement, des pièces qu'ils renferment, se réfère exclusivement, ainsi que cela ressort de l'ensemble des dispositions de ladite loi, aux dépôts des archives. D'autre part, l'art. 853 C. proc., aux termes duquel les greffiers et dépositaires des registres publics en délivreront, sans ordonnance de justice, expédition, copie ou extrait, à tous requérants, ne s'applique qu'aux registres et documents dont un intérêt général commande la publicité, tels que jugements, actes de l'état civil, registres hypothécaires. Par suite, les textes précités ne sauraient être utilement invoqués pour prétendre que les registres de toutes les administrations publiques sont à la disposition des particuliers, et que la communication en est due à quiconque la requiert (Cass. 23 oct. 1899, 2300 R. E.).

— L'inventaire des objets mobiliers fournis par l'État aux fonctionnaires qui y ont droit, constitue, entre les mains du Domaine, un document privé dont la communication aux tiers doit, dès lors, être refusée, et ne saurait, non plus, être exigée en exécution des dispositions de l'art. 58, L. frim. (Sol. 1er juill. 1899, 9705 R. P.).

155. Communication aux agents de l'État. — Les agents accrédités du Min. de la Guerre sont autorisés à se faire communiquer aux bureaux de l'enregistrement tous les documents utiles pour l'évaluation des immeubles à acquérir par l'Administration militaire (Circ. 12 oct. 1898).

Les renvois d'enregistrement relatifs aux dons et legs faits aux communes et aux établissements publics doivent être communiqués aux trésoriers-payeurs (7974-47 R. P.).

CHAPITRE VIII. — EXERCICE DU DROIT DE COMMUNICATION EN VERTU DE LA LOI DU 25 FÉVRIER 1901 SUR LA RÉFORME SUCCESSORALE.

182. Livres de commerce. — Nous verrons v° *Succession* que, pour la liquidation et le paiement des droits de mutation par décès, la L. 25 fév. 1901 a admis la déduction du passif commercial, et que la justification de ce passif peut légalement résulter des livres de commerce.

Si cette preuve est fournie par les livres de commerce du créancier, ces documents se trouvent régis par la disposition générale de l'art. 4, 4e alinéa, en vertu de laquelle le créancier est tenu, soit de communiquer aux héritiers les écritures qui forment le titre constitutif de la créance, soit, ce qui aura lieu le plus souvent, de leur laisser prendre une copie collationnée de la partie de ces documents qui concerne le défunt.

S'il s'agit, au contraire, du passif établi par les livres de commerce de ce dernier, l'Administration pourra exiger la production de ces documents eux-mêmes (art. 3, 2e alinéa) et écarter toute copie ou extrait qui pourrait en être fait.

Aux termes du même article, troisième alinéa, ces livres seront déposés pendant cinq jours au bureau où la déclaration est souscrite et ils seront en outre communiqués une fois, sans déplacement, aux agents du service du contrôle pendant deux ans à compter de la déclaration.

La communication sans déplacement, autorisée en faveur des agents du contrôle, reste facultative pour l'Administration; elle devra nécessairement avoir lieu chez celui des héritiers qui sera *resté* dépositaire des livres et qui doit les conserver pendant dix ans (C. com., art. 11). Cette disposition pourra, dans la pratique, soulever de réelles difficultés lorsqu'il y aura plusieurs héritiers et que la Régie ne saura pas lequel d'entre eux sera resté détenteur des livres (V. Rapport de M. Mesureur, *Rép. pér.*, n° 9947, p. 21). Il n'existe, en effet, aucun texte qui confère plus spécialement à l'un des héritiers le soin de conserver les livres de leur auteur et les parties autres que celle qui possède ces documents ne sont nullement obligées de fournir des indications à cet égard à l'agent du Trésor.

Après cette vérification, quand la communication légalement autorisée aura été opérée, quels qu'en aient été le but et les résultats, une nouvelle communication amiable ne pourra plus être requise et la partie ne sera plus tenue de fournir une justification quelconque que dans le cas où une instance serait engagée (art. 3, 4e alinéa *in fine*). Ajoutons que la communication à domicile ne pourra être demandée par le Receveur et qu'elle reste expressément réservée, d'après le texte même de la loi, à l'agent du contrôle. En outre, elle devra porter exclusivement sur les livres obligatoires qui ont seuls une existence légale et sera même restreinte à ceux de ces documents qui ont été communiqués au Receveur (Explications de M. Cordelet, auteur de l'amendement, séance du Sénat du 22 janv. 1901, *Rép. pér.*, n° 9984, p. 142). L'agent de contrôle ne sera donc pas fondé à demander à prendre connaissance des autres écritures commerciales, notamment du grand-livre, du livre de caisse, etc.

D'après les instructions de l'Administration, la représentation et la communication des livres de commerce devront toujours s'étendre à la période courue depuis la date de la plus ancienne dette dont la déduction sera demandée jusqu'au jour du décès (3058, p. 17, I. G.).

Enserré dans ces limites, le droit de communication ne produira que de faibles résultats. En l'établissant, la loi n'en a pas moins consacré une innovation importante et dangereuse, et nous voulons espérer que la Régie saura apporter la plus grande circonspection et les plus grands ménagements dans l'exercice d'une faculté qui présente un caractère essentiellement inquisitorial.

En fait, d'ailleurs, il est avéré que la garantie offerte par la production ou la représentation des livres de commerce sera, le plus souvent, illusoire pour le Trésor et vexatoire pour les contribuables.

En effet, comme l'a fait remarquer M. Mesureur dans son rapport (*Rép. pér.*, n° 9947, p. 21), la simple représentation des livres de commerce, à l'appui de la déclaration, ne saurait constituer une justification sérieuse. Les personnes versées dans les affaires commerciales, les syndics habituels de faillites, par exemple, mettent un temps fort long à vérifier les bilans déposés par les commerçants qui cessent leurs paiements. On peut se demander comment le Receveur pourra utilement déterminer, pendant le faible délai de cinq jours qui lui est concédé, la véritable situation du défunt vis-à-vis de ses créanciers ou débiteurs.

Dans la pratique, il se trouvera toujours placé dans l'alternative ou d'accepter sans contrôle effectif les déclarations des parties ou d'user du moindre prétexte pour écarter comme insuffisantes les justifications produites et établir la perception sans tenir compte du passif allégué, sauf aux parties à se pourvoir en restitution.

Ces considérations s'appliquent encore avec plus de force au contrôle de l'employé supérieur qui ne peut exiger qu'une seule communication des livres.

163. Obligations des sociétés. — Agents de change. — Banquiers, etc. — Après s'être efforcé, dans l'art. 15, alin. 1 et 2, L. 25 fév. 1901, d'obtenir la déclaration exacte de tous les titres nominatifs, en imposant aux sociétés et établissements publics l'obligation d'exiger des héritiers, à l'appui des demandes de transfert ou de conversion, la production d'un certificat de paiement des droits, le législateur s'est préoccupé des titres au porteur, dont une faible partie seulement faisait, jusqu'à ce jour, l'objet de relevés dressés par les agents de contrôle de l'Administration, au siège des sociétés soumises aux investigations de la Régie.

A cet effet, ainsi que nous le verrons v° *Succession*, le 3° paragraphe de l'art. 15 précité prescrit aux sociétés et compagnies, agents de change, banquiers, changeurs, escompteurs, officiers publics et ministériels ou agents d'affaires, qui seraient dépositaires, détenteurs, ou débiteurs de titres, sommes ou valeurs dépendant d'une succession qu'ils sauraient ouverte, d'adresser, soit avant le paiement, la remise ou le transfert, soit dans la quinzaine qui suivra ces opérations, au directeur de l'Enregistrement de leur résidence, la liste de ces titres, sommes ou valeurs.

Sociétés et personnes visées par la loi. — Nous indiquons v° *Succession* quelles sont les sociétés et les personnes que vise la loi.

Contrôle de l'Administration. — Il nous reste à faire connaître ici de quelle manière l'Administration peut établir son contrôle.

La preuve de l'obligation contractée vis-à-vis du Trésor par une société, un agent de change, etc., à la suite d'une remise de fonds ou de titres entre les mains d'un héritier, ne peut résulter que de la décharge donnée par ce dernier ou des documents produits à l'appui de cette opération. Dès lors, c'est seulement par la représentation de ces pièces que l'Administration pourra s'assurer si la société et les autres personnes énumérées au texte se sont ou non conformées aux prescriptions du § 3 de l'art. 15.

Or, il a été spécifié, au cours de la discussion et des travaux préparatoires de la loi (Chambre des députés, séance du 19 nov. 1895, *J. off.*, p. 2428, *Rép. pér.*, n° 8665, p. 99; Rapport de M. Cordelet, *Rép. pér.*, n° 8948, p. 266), que cette disposition ne comporte aucune extension du droit de communication tel qu'il est actuellement réglé, ni quant aux personnes assujetties à l'exercice de ce droit, ni quant aux documents dont la représentation peut être requise.

D'après la législation en vigueur (art. 22 L. 23 août 1871, 7 L. 21 juin 1875 et 9 L. 29 déc. 1884), c'est seulement dans les sociétés par actions et chez les congrégations religieuses que l'Administration jouit du droit d'investigation le plus étendu et peut demander la communication de tous les documents et livres de comptabilité et, notamment, de toutes les pièces produites à l'appui des paiements, remises ou transferts, ainsi que des récépissés délivrés par le Directeur.

En ce qui concerne les autres sociétés, spécialement les sociétés en nom collectif, en commandite simple, en participation, ou divisées en parts d'intérêt, elles échappent à tout contrôle et les agents se trouveront dans l'impossibilité absolue de vérifier si les prescriptions de l'art. 15 ont été observées.

Les agents de change doivent, en vertu de l'art. 30 L. 28 avril 1893 sur les opérations de bourse, et de l'art. 9 du règlement d'administration du 10 mai suivant, représenter leur répertoire et les registres à souche des bordereaux. Ce n'est qu'en cas de procès-verbal que la Régie est autorisée à demander la communication des « écritures » de deux jours, c'est-à-dire de tous les documents dont la représentation est ordonnée par les lois de 1871 et de 1875, c'est-à-dire les livres, registres, titres et pièces de comptabilité. Mais l'usage des renseignements ainsi obtenus doit être strictement limité à l'impôt sur les opérations de bourse; la portée essentiellement limitative de l'art. 30 L. 28 avril 1893 résulte formellement du rapprochement des divers textes élaborés, des déclarations faites à la tribune et des explications du Ministre dans la séance du 23 fév. 1893 (*J. off.*, p. 707).

En admettant même que les écritures d'un agent de change seraient communiquées à un préposé de la Régie et contiendraient des indications au sujet de la remise de valeurs à des héritiers, l'Administration ne serait pas autorisée à les utiliser, au point de vue de l'application de l'art. 15 L. 25 fév. 1901.

Relativement aux changeurs, banquiers, escompteurs, ils ne sont soumis au droit de communication que s'ils servent d'intermédiaires pour l'exécution d'ordres de bourse et ce droit est limité au répertoire, qui, ainsi que l'a fait remarquer le Commissaire du Gouvernement lors de la séance de la Chambre du 19 nov. 1895 (*Rép. pér.*, n° 8665, p. 99), ne fournit aucun renseignement utile en matière de droits de mutation par décès.

Quant aux officiers publics et ministériels, ils ne sont tenus de communiquer que leurs répertoires et les actes qu'ils reçoivent. Le droit d'investigation ne s'étend pas à leurs registres de comptabilité et, encore moins, aux documents produits à l'appui de leurs écritures. Il n'en est autrement que pour les greffiers qui sont obligés de donner communication de toutes les pièces existant dans leur greffe et par là même de toutes les décharges ou récépissés qui peuvent leur avoir été remis.

Enfin, la profession d'agent d'affaires est entièrement libre et ces derniers sont, au point de vue du droit de communication, considérés comme de simples particuliers.

En résumé, si l'on remarque que l'Administration était

163. Succession. Comptes-joints. Obligations imposées aux assujettis dépositaires. L. 31 mars 1903 (art. 7). — Cet article est ainsi conçu : « Tous les titres, sommes ou valeurs existant chez les dépositaires désignés au 3e alinéa de l'art. 15 L. 25 fév. 1901 et faisant l'objet de comptes indivis ou collectifs avec solidarité seront considérés, pour la perception des droits de mutation par décès, comme appartenant conjointement aux déposants, et dépendant de la succession de chacun d'eux pour une part virile, sauf preuve contraire réservée tant à l'Administration qu'aux redevables, et résultant pour ces derniers soit des conventions du contrat de dépôt, soit des titres prévus par l'art. 7-2° de la loi du 25 fév. 1901. — Les dépositaires devront, dans les trois mois au plus tard de l'ouverture d'un compte indivis ou collectif avec solidarité, et dans les trois mois de la promulgation de la présente loi, pour les comptes de cette nature antérieurement ouverts, faire connaître au Directeur de l'Enregistrement du département de leur résidence les noms, prénoms et domicile de chacun des déposants, ainsi que la date de l'ouverture du compte, sous peine d'une amende de 300 à 5.000 fr. — Ils devront, de plus, dans la quinzaine de la notification qui leur sera faite par l'Administration de l'Enregistrement, du décès de l'un des déposants et sous la sanction édictée par le dernier alinéa de l'art. 15 L. 25 fév. 1901, adresser au Directeur de l'Enregistrement de leur résidence la liste des titres, sommes ou valeurs existant, au jour du décès, au crédit des cotitulaires du compte » (10490 R. P.).

COMPENSATION.

14 88 **Supplément de droit prescrit en ce qui concerne une disposition particulière d'un acte et restitution, subordonnée à une déclaration estimative à souscrire, à raison d'une autre disposition du même acte. Parties distinctes. Compensation non admissible.** — L'Administration n'est pas fondée à demander, par voie reconventionnelle, la compensation d'un droit non perçu sur une disposition particulière d'un acte et que la prescription biennale ne lui permet plus de réclamer par voie d'action principale, avec le montant d'une restitution qu'elle peut être tenue d'effectuer à raison d'une autre disposition du même acte et dont l'importance est subordonnée à une déclaration estimative à souscrire par la partie, la compensation ne pouvant s'opérer qu'entre deux dettes également liquides. Il en est ainsi surtout lorsque le droit non perçu et la restitution à faire, le cas échéant, par l'Administration, concernent deux parties différentes (Pau, 13 mai 1905, 10901 R. P.).

39 et 90. Abonnement. Impôt sur le revenu. Taxes éteintes par compensation. Instance. Chose jugée. — Lorsqu'une société a réclamé la restitution de taxes de timbre et sur le revenu acquittées indûment et que sa demande a été rejetée, comme s'appliquant à des droits éteints par la prescription quinquennale édictée par l'art. 9 L. 29 janv. 1881, par des décisions ayant acquis l'autorité de la chose jugée, elle n'est pas fondée à se faire rembourser les excès de perception par voie d'imputation sur les taxes de même nature à échoir ultérieurement. — Cass. (civ.), 6 déc. 1904, 10898 R. P.).

49. Compensation légale. Droit de libération non exigible. — L'acte qui constate l'extinction d'une obligation par l'effet de la compensation légale ne constitue pas un écrit portant libération; il ne saurait, par suite, être assujetti au droit proportionnel de 0 fr. 50 p. 100 (Lille, 18 juill. 1902, 10508 R. P.).

68. Partage. Créance personnelle d'un copartageant sur les cohéritiers. Compensation avec le prix d'une soulte et le montant d'une dette envers la succession. Disposition indépendante. Droit de libération. — Lorsque l'acte de partage d'une succession constate la compensation d'une somme, due personnellement à l'un des copartageants par ses cohéritiers, avec le prix d'une soulte à sa charge et le montant d'une dette dont il doit lui-même le rapport à la succession, le droit de quittance est exigible sur l'importance de cette dernière dette, la compensation opérée de ce chef ne constituant pas, comme celle qui a trait à la soulte, une disposition dépendante du partage. Il importe peu, d'ailleurs, qu'il s'agisse d'une compensation légale ou d'une compensation conventionnelle, la loi tarifant indistinctement au droit de 0 fr. 50 p. 100 tous les actes et écrits qui établissent la libération du débiteur (Nantes, 27 nov. 1902, 10566 R. P.).

80. Droit de transmission. Taxes indûment perçues. Compensations successives avec les termes des trimestres suivants. Inadmissibilité. Restitution. Prescription biennale. — V. *Droit de transmission*, n° 50.

85. Succession. Décès du mari. Majoration de certaines reprises de la veuve. Réclamation de l'Administration. Omission d'autres reprises alléguée par les parties. Déclaration de succession remontant à plus de deux ans. Compensation non admissible. — Lorsque, dans la déclaration de la succession du mari prédécédé, certaines reprises de la veuve ont été majorées, l'héritier n'est pas fondé à opposer à la réclamation qui lui est faite de ce chef par l'Administration la compensation qui se serait opérée avec d'autres reprises de la femme non déclarées, si la déclaration de succession remonte à plus de deux ans avant la signification du mémoire dans lequel est formulée la demande de compensation (Mortagne, 3 août 1905, 11105 R. P.).

86. Supplément de droit. Imputation de droits dont la restitution est prescrite. Demande reconventionnelle. Irrecevabilité. — La prescription biennale de l'action tendant à la restitution d'un droit que la partie prétend avoir été indûment perçu sur une disposition particulière d'un acte, s'oppose à ce qu'elle puisse demander par voie reconventionnelle, l'imputation de ce droit sur un supplément de droit réclamé par l'Administration à raison d'une autre disposition du même acte (Chartres, 8 juill. 1903, 10662 R. P.).

déjà fondée à prendre, dans les sociétés par actions, le relevé des valeurs au porteur ou des comptes courants dépendant d'une succession, il est permis de penser que l'effet des nouvelles prescriptions, en vue de la répression de la fraude, sera à peu près illusoire, puisque la Régie ne se trouvera que très rarement, sinon jamais, en mesure de faire légalement la preuve qu'un assujetti autre que les sociétés par actions aura négligé de se conformer à l'art. 15 L. 25 fév. 1901.

164. Sommes, rentes ou émoluments dus par les Compagnies d'assurances. — Indépendamment des obligations imposées aux Compagnies d'assurances comme autres sociétés, par les 4 premiers paragraphes de l'art. 15, en ce qui concerne le transfert de leurs titres nominatifs, ou la remise des fonds et titres dont elles pouvaient se trouver dépositaires ou débitrices, le § 5 contient certaines dispositions spéciales aux sommes payées par elles en vertu des contrats d'assurances.

Nous faisons connaître ces dispositions v° *Succession*.

Constatons, ici, que le contrôle de la déclaration des capitaux assurés aura lieu, comme par le passé, au moyen des relevés de paiement dressés par les agents de l'Administration, lors de leurs investigations dans les bureaux des Compagnies.

La loi n'établit, d'ailleurs, aucune distinction entre les sociétés françaises et les succursales créées en France par les compagnies étrangères; les unes et les autres sont assujetties au même droit de communication et aux mêmes obligations, sans qu'il y ait à rechercher si elles ont traité avec un Français ou avec un étranger et si l'assuré réside ou non en France.

165. Pénalités. — D'après le § 7, art. 15, L. précitée, quiconque a contrevenu aux prescriptions de cet article est personnellement tenu des droits et pénalités exigibles et passible, en outre, d'une amende de 500 fr. en principal.

La fraude ne se présumant pas, il incombe à l'Administration de démontrer, d'une manière certaine et non équivoque, la réalité de la contravention.

COMPENSATION.

41. Abonnement. — Impôt sur le revenu. — Taxes éteintes par compensation. — Demande de remboursement. — Renonciation à la compensation. — La Société, qui a réclamé directement et obtenu le remboursement des taxes de timbre et de revenu indûment perçues qu'elle pouvait imputer sur les premiers termes à échoir, doit être considérée comme ayant renoncé tout au moins tacitement à la compensation dont elle était fondée à se prévaloir. Par suite, elle ne saurait plus être admise à compenser des taxes ultérieurement exigibles avec celles qu'une décision régulière a refusé de restituer comme étant atteintes par la déchéance quinquennale (Seine, 19 mai 1899, 9632 R. P.).

42. Compensation légale. — L'acte constatant le payement au nu propriétaire par le représentant de l'usufruitier des sommes dont ce dernier était débiteur et usufruitier, est passible du droit proportionnel de libération; mais ce droit ne peut être perçu sur la portion de créances que l'acte déclare avoir été éteinte par voie de compensation légale (Seine, 8 nov. 1889, 7304 R. P.).

54. Créancier hypothécaire adjudicataire. — Décès du vendeur avant la clôture de l'ordre. — Compensation. — Lorsque le vendeur d'un immeuble acheté par un des créanciers inscrits, auquel le prix a été délégué, décède avant la clôture de l'ordre, sa créance n'a pu se compenser avec celle de l'acquéreur et fait partie de sa succession (Draguignan, 19 juill. 1897, 9168 R. P.).

69. Partage. — Copartageant. — Créance. — Compensation. — Droit de quittance. — V. *Partage*, n° 377.

74. Droits et créances. — Administrations différentes. — Un entrepreneur ne peut se soustraire au payement d'un droit de marché en se fondant sur ce que le service des ponts et chaussées devrait, en cas de condamnation, l'indemniser de la réclamation faite par l'Enreg. (Bordeaux, 23 juin 1890, 7558 R. P.).

De même, la compensation ne saurait s'établir entre des taxes perçues par des Administrations différentes, comme les Contributions directes et l'Enregistrement (Tours, 17 juin 1898, 9485 R. P.).

80. Effets de la compensation. — Prescription. — Un contribuable, auquel l'Administration réclame les droits simples et en sus exigibles sur un acte translatif d'immeubles, ne saurait opposer une compensation qui se serait opérée entre ces droits et le montant de l'impôt perçu sur un traité de cession d'office non suivi d'effet, alors que le traité a été enregistré plus de deux ans avant la rédaction de l'acte qui motive la demande du Trésor, et que, par suite, les droits dont il a été frappé sont couverts par la prescription (Mont-de-Marsan, 28 mai 1891, 7773 R. P.).

Il y a compensation entre les droits non dus et perçus sur un acte et les droits dus et non perçus sur le même acte d'où il résulte que la demande en restitution d'un droit perçu à tort est paralysée par l'exigibilité d'un droit dû, quand bien même ce second droit n'aurait pas fait l'objet d'une réclamation dans le délai de deux ans (Seine, 17 déc. 1897, 9334 R. P.).

83. Droit de partage. — Droit de cession. — Compensation. — Le droit de partage perçu sur un acte constatant le rachat partiel d'actions doit s'imputer sur le droit de transmission qui est exigible, alors même que la perception du premier de ces droits remonterait à plus de deux ans (Seine, 6 mars 1896, 8839 R. P.).

88 *bis*. Ordre. — Consignation du prix. — Ordonnance de validité. — Droit de quittance. — Collocation ultérieure. — Taxe des frais de justice. — Imputation. — Si l'imputation est autorisée, en matière de droits d'enregistrement, lorsque des actes successifs forment un tout homogène en corrélation entre eux par des mentions et enregistrés dans le même bureau, elle ne peut être admise qu'autant que c'est la même partie qui a payé le droit susceptible d'être imputé et qui doit le droit auquel s'appliquerait l'imputation. Spécialement, l'adjudicataire qui, après avoir consigné son prix, a obtenu du juge commis à l'ordre une ordonnance de validité sur laquelle il a acquitté le droit de quittance, ne peut en exiger la restitution plus de deux ans après, sous le prétexte que ce droit aurait dû être imputé sur celui de collocation payé avant l'expiration des deux ans par les créanciers colloqués sur le procès-verbal d'ordre (Seine, 22 janv. 1898, 9350 R. P.).

95. Cession d'office. — Réduction judiciaire. — Le droit de 2 p. 100 perçu sur la portion du prix d'un office réduite par une décision judiciaire ne peut être imputé sur les droits auxquels cette décision donne ouverture (Agen, 14 nov. 1901, 10251 R. P.).

99. Successions différentes. — Mêmes héritiers. — Lorsque deux époux communs en biens décèdent successivement en laissant les mêmes héritiers, si la déclaration de la succession du premier mourant renferme un excès de perception sur les biens de communauté, la Régie admet, après le décès du dernier mourant, l'imputation des droits perçus en trop, lors de la première déclaration, sur ceux auxquels les mêmes biens donnent ouverture, et cette imputation peut être effectuée bien que la perception originaire remonte à plus de deux ans (Sol. 13 fév. 1894, 8325 R. P.).

105. Succession. — Donation. — Partage. — Mêmes parties. — Il y a lieu d'imputer sur le droit de mutation par décès exigible pour des biens rentrés dans l'hérédité le droit de donation entre vifs perçu pour quelques-uns de ces biens, à raison de la déclaration contenue dans un procès-verbal d'interrogatoire sur faits et articles et par laquelle l'héritier, condamné à restituer les biens dont il s'agit, s'en prétendait détenteur en vertu d'un don manuel à lui consenti par le défunt (Gaillac, 5 nov. 1895, 8892 R. P.).

Il y a lieu d'imputer sur le droit de mutation par décès ainsi exigible le droit de donation perçu à raison de la déclaration — ultérieurement reconnue inexacte par le jugement — aux termes de laquelle l'héritier détenteur des biens héréditaires a affirmé, dans un interrogatoire sur faits et articles, les avoir reçus de son auteur, à titre de don manuel. Mais l'imputation doit être effectuée valeurs sur valeurs et non droits sur droits (Gaillac, 5 nov. 1896, 9042 R. P.).

Lorsque deux époux ont solidairement constitué à l'un de leurs enfants une dot stipulée imputable sur la succession du prémourant, le survivant qui a personnellement acquitté cette dot, se trouve, en vertu de la subrogation légale, créancier de la succession de son conjoint prédécédé, et, s'il comprend cette créance parmi les biens qu'il abandonne, à titre de partage anticipé à ses enfants, le droit de donation à 1 p. 100 devient exigible. Mais, pour la perception du droit de mutation par décès, la créance dont il s'agit doit être déduite des valeurs composant la succession de l'époux prédécédé. Si la déduction n'en a pas été opérée, le droit indûment payé de ce chef se compense avec le droit de même quotité dû et non perçu sur le partage d'ascendant (Aurillac, 29 juin 1898, 9410 R. P.).

111. Mêmes parties. — Actes différents. — Le droit de cautionnement devenu ainsi exigible ne saurait être imputé, jusqu'à due concurrence, sur un droit de quittance indûment perçu depuis plus de deux ans, au préjudice des mêmes parties, lorsque les deux droits ont pour base des actes différents (Seine, 3 avril 1897, 9009 R. P.).

116. Usufruitier. — Valeurs détournées. — Nus propriétaires. — Les droits de mutation par décès dus par les nus-propriétaires sur les valeurs détournées par l'usufruitier et rentrées dans l'hérédité à la suite d'une décision judiciaire ne sont pas légalement compensés avec ceux acquittés sur les mêmes valeurs, à la suite du décès de l'usufruitier, auteur du détournement. Ces derniers droits ne sauraient être davantage imputés sur les droits dus par les héritiers. L'imputation n'est, en effet, possible que lorsqu'il s'agit de précompter un droit provisoirement perçu sur le droit définitivement exigible relativement à un même acte et à une même disposition. D'autre part, elle ne serait qu'un moyen déguisé d'obtenir la compensation (Cass. 23 fév. 1898; — *Contrà* Versailles, 20 déc. 1890, 9232 et 9675-13 R. P.).

119. Prétendue identité entre une somme donnée manuellement et une somme de même importance comprise dans la déclaration de la succession du donateur. — Droits distincts. — Imputation refusée. — En matière de droits de mutation, toute imputation d'un droit perçu sur un droit à percevoir est impossible dès qu'on est en présence de deux actes transmissifs absolument distincts et concernant chacun des personnes différentes. Spécialement, si une somme d'argent a été comprise, par erreur, dans une déclaration de succession et assujettie à l'impôt de mutation par décès, cet impôt ne peut s'imputer sur le droit ultérieurement réclamé pour l'enregistrement de la reconnaissance d'un don manuel fait par le défunt, alors même qu'il y aurait identité entre la somme donnée et la somme comprise dans la déclaration de succession (Bordeaux, 30 nov. 1892; — Cass., 23 mars 1896, 8739 et 9125-24 R. P.).

Abonnement. — Impôt sur le revenu. — Taxes éteintes par compensation. — V. *suprà* n° 41.

V. Abonnement. — Communauté. — Succession.

COMPTE.

29. Notaire. — Frais et honoraires. — Lorsqu'un acte notarié constate que le notaire rédacteur a reçu des parties le montant de ses débours et honoraires, ou, au contraire, leur a versé un reliquat leur revenant, ou, enfin, qu'il reste créancier des parties pour honoraires et débours, ces mentions ne donnent ouverture au droit de quittance et d'obligation que si elles ont pour objet formel de créer un lien de droit entre les intéressés. Sans cette dernière circonstance, elles échappent à l'impôt proportionnel et l'acte n'est passible que du droit fixe (Sol. 31 déc. 1875, 2139 R. E.).

53. Tuteur. — Reliquat au profit de l'ayant droit. — L'arrêté du compte de tutelle est passible du droit d'obligation de 1 p. 100 sur le reliquat constaté à la charge du tuteur au profit du pupille et non immédiatement payé (Saint-Étienne, 6 mars 1889, 7415 R. P.).

104. Droit de titre indûment perçu sur un jugement de première instance. Compensation avec celui auquel donne ouverture un arrêt infirmatif de Cour d'appel statuant sur le même litige, entre les mêmes parties. — L'Administration est fondée à conserver le droit de titre qui a été indûment perçu sur un jugement de première instance, en compensation du même droit auquel donne ouverture un arrêt infirmatif de cour d'appel statuant sur le même litige, entre les mêmes parties (Cass. (req.), 14 mars 1905, 10949 R. P.).

110. Impôt sur le revenu indûment acquitté. Non-compensation avec les suppléments de droits d'enregistrement exigibles sur un acte de société. Bureaux différents. Restitution. Tribunal compétent. — Le tribunal saisi d'une instance relative au payement des suppléments de droits d'enregistrement auxquels donne lieu un acte de société, n'est pas compétent pour statuer sur la question d'exigibilité de l'impôt sur le revenu acquitté dans un bureau situé hors de son arrondissement; il ne peut, dès lors, ordonner la compensation demandée à ce sujet par les parties, sauf à celles-ci à engager directement une instance en restitution de la taxe du revenu devant le tribunal auquel il appartient d'en connaître (Gaillac, 28 mars 1905, 11000 R. P.).

119. Prétendus legs verbaux faits à des établissements publics. Refus d'autorisation. Donation ultérieure par le légataire universel. Perception du droit de mutation entre vifs à titre gratuit. Droits de mutation par décès acquittés par le légataire universel. Pas de double emploi. — Lorsqu'à la suite du refus par l'autorité compétente d'autoriser l'acceptation de prétendus legs verbaux faits à des établissements publics, il intervient entre le représentant du défunt et ces établissements un acte de donation destiné à suppléer à l'absence de testament, la perception sur cet acte du droit de transmission entre vifs à titre gratuit, entre étrangers, ne fait pas double emploi avec l'impôt de mutation par décès payé par l'héritier ou le légataire universel, d'après son degré de parenté avec le de cujus, sur les valeurs faisant l'objet des prétendus legs verbaux; il n'y a lieu, dès lors, à aucune restitution (Mamers, 28 fév. 1906, 10741 R. P.).

V. Quittance et Restitution.

COMPÉTENCE.

70. Juges de paix. Extension de leur compétence. L. 12 juill. 1905. — Instr. 3175, § 1er, 11096 R. P.

COMPTE.

8. Enfants assistés. — Les comptes de tutelle des enfants assistés, les décomptes des mois de nourrice et pensions, et, d'une façon générale, tous les actes faits en vertu des LL. 24 juill. 1889, 19 avril 1898 et 27 juin 1904, et exclusivement relatifs au service des enfants assistés, sont, en vertu de la dernière de ces lois, dispensés des droits de timbre et d'enregistrement; ils doivent être enregistrés gratis lorsqu'il y a lieu à la formalité de l'enregistrement (Instr. 3152, 10790 R. P.).

43. Quittances. Compte. Action en justice. — L'exemption d'enregistrement accordée par l'art. 537 C. pr. ne saurait être étendue aux quittances produites à un arbitre, non comme simples pièces justificatives d'un compte dans le sens de cet article, mais uniquement pour servir de fondement à une action en justice (Seine, 6 déc. 1907, 10943 R. P.).

50-52 et 55. Arrêté de compte. Exécuteur testamentaire. Reliquat non soldé immédiatement. Partage de ce reliquat. Droit de 1 p. 100. — Lorsque, dans un partage, les héritiers et l'exécuteur testamentaire arrêtent le compte de ce dernier qui est constitué reliquataire d'une certaine somme et que ce reliquat, non immédiatement soldé, est réparti entre les ayants droit avec les biens en nature provenant de la succession, c'est en vertu d'une convention nouvelle, et non plus en sa qualité d'exécuteur testamentaire, que celui-ci conserve les fonds entre ses mains; l'acte renferme ainsi un titre d'obligation à sa charge et donne de ce chef ouverture au droit de 1 p. 100 (Seine, 17 mars 1905, 11078 R. P.).

COMPTOIR D'ESCOMPTE.

2-3-20. Prorogation de délai. Ouverture de crédit consentie par un sous-comptoir de garantie. Prétendu compte courant. Droit de 0 fr. 20 p. 100. — V. *Prorogation de délai*, n° 38.

COMPULSOIRE.

CONCESSION.

2. Domaine public. Occupation temporaire. Redevances. Privilège de l'art. 2102-1° C. civ. non applicable. — Les terrains dépendant du domaine public ne sont pas susceptibles de faire l'objet de conventions de droit civil, et l'Administration ne peut accorder sur ce domaine que des autorisations d'occuper. Il en résulte que les redevances dues de ce chef au Trésor sont des indemnités d'occupation et non pas des loyers conférant à l'État le privilège établi par l'art. 2102-1° C. civ. au profit exclusif du bailleur (Trib. com. Seine, 9 juin 1901, 10027 R. P.).

3. Concessions temporaires du domaine public. Enregistrement du contrat. Liquidation du droit proportionnel sur les cinq premières annuités. Périodes subséquentes. Minimum de 0 fr. 25. — Lorsque l'enregistrement d'une soumission relative à une concession temporaire du domaine public, dont les conditions financières sont sujettes à revision tous les 5 ans, a donné lieu à l'application du minimum de 0 fr. 25, la continuation de l'occupation, au delà de la première période quinquennale, ne donne ouverture à un complément de perception que si le droit calculé sur l'ensemble des redevances de la période échue et de la période suivante dépasse le minimum perçu, et seulement à concurrence de l'excédent. La même règle doit être suivie pour les périodes subséquentes (Sol. 4 avril 1903, Instr. 3129, § 3, 10079 R. P.).

Le droit de 1 p. 100 est exigible sur un arrêté de compte par lequel un tuteur se reconnait reliquataire envers le mineur des sommes qu'il a encaissées pendant sa gestion, ou qu'il lui doit pour rémunération de services. L'art. 69, § 3, n° 3, L. frim. s'applique, en effet, aux arrêtés de compte et aux éléments de ces arrêtés qui, tout en résultant de titres enregistrés, n'ont pas pour origine le remboursement de reprises matrimoniales (Sol. 19 fév. 1896, 8951 R. P.).

54. Contrat de mariage. — Quand, dans un contrat de mariage, la future épouse se constitue en dot une somme représentant ses droits dans la succession de son père et que sa mère, dépositaire de cette somme, lui en rembourse une partie et s'oblige à lui payer le surplus, avec intérêts, dans un délai déterminé, cette dernière disposition constitue un arrêté de compte passible du droit d'obligation sur la somme stipulée payable à terme (Rouen, 30 nov. 1899, 2124 R. E.).

88. Reprises. — Affectation hypothécaire. — Prorogation de délai. — La reconnaissance par la femme de sommes dues par elle à son mari pour reprises ou créances matrimoniales résultant d'actes précédemment enregistrés n'est pas passible du droit porportionnel d'obligation, alors même que cette reconnaissance contiendrait affectation hypothécaire pour sûreté de la dette et modification des taux des intérêts. Mais la prorogation, stipulée dans cet acte, du délai primitivement imparti pour le paiement de cette dette donnerait ouverture au droit gradué (aujourd'hui droit proportionnel de 20 cent. p. 100; Sol. 23 juill. 1895, 1112 R. E.).

132. Enfants assistés. — Compte de tutelle. — Acte administratif. — Exemption du droit de timbre. — Sont affranchis du droit de timbre, le compte de tutelle rendu à un enfant entretenu dans un hospice par la commission administrative de cet établissement, ainsi que la quittance ou la décharge sous seing privé délivrée par l'enfant assisté, pour constater le paiement du reliquat qui lui est dû (D. m. f., 3 avr. 1886, 7413 R. P).

V. Acte produit en justice.

COMPTOIR D'ESCOMPTE.

3. Sous Comptoir des entrepreneurs. — La durée de la société du Sous-Comptoir des entrepreneurs, avec les privilèges dont cette société était antérieurement investie, a été prorogée jusqu'au 31 déc. 1912 (Décr. 13 mars 1897, *J. off.* du 16 mars 1897).

21. Hypothèque. — Droit d'inscription. — Le taux du droit d'inscription a été modifié par la L. 27 juill. 1900 (9865 R. P. — V. *Code des lois* et *Hypothèques*).

COMPULSOIRE.

8. Ordonnance. — Le tarif des ordonnances de compulsoire n'a pas été modifié par la loi du 26 janv. 1892. Il est toujours de 4 fr. 50 ou de 1 fr. 50, suivant que l'ordonnance émane du président du tribunal ou du juge de paix.

9. Jugement. — Le jugement ou l'arrêt qui ordonne un compulsoire étant interlocutoire, est sujet au droit de 4 fr. 50 (jugement) ou à celui de 7 fr. 50 (arrêt). S'il émane d'un juge de paix, il n'est soumis qu'au droit de 1 fr. (L. 26 janv. 1892, art. 17-1°, 2° et 4°).

CONCESSION.

2. Acte administratif. — Domaine public. — Cours d'eau. — L'acte par lequel l'État concède la jouissance d'un cours d'eau (dans l'espèce, en Algérie), c'est-à-dire organise la gestion d'une partie du domaine public, ne saurait être considéré comme un contrat de droit civil, mais présente le caractère d'un acte administratif dont l'interprétation échappe à l'autorité judiciaire (Cass. civ., 11 juill. 1898, 9658 R. P.).

2 *bis*. Concessions consenties par les communes soit sur leur domaine privé, soit sur le domaine public communal ou national. — D'après les art. 31 L. 18 juill. 1837 et 133 L. 5 avril 1884 sur l'organisation et l'administration municipales, les recettes du budget ordinaire des communes se composent : « 1° Des revenus de tous les biens dont les habitants n'ont pas la jouissance en nature . . . . .; 6° du produit des droits de place perçus dans les halles, foires, marchés, abattoirs, d'après des tarifs dûment établis; 7° du produit des permis de stationnement et de location sur la voie publique, sur les rivières, ports et quais fluviaux et autres lieux publics; 8° du produit... des droits de voirie... »

Il résulte de ces dispositions que les municipalités sont autorisées non seulement à louer les biens de leur domaine privé, mais encore à concéder à des particuliers certains droits de jouissance spéciaux sur des parties soit de ce domaine privé, soit du domaine public communal ou national. — V. *infrà*, n° 8 à 12.

3. Occupation temporaire du domaine public national. — Au point de vue domanial, les concessions temporaires accordées pour plus de cinq ans ou sans condition particulière de durée ne prennent pas fin au bout de cinq ans, et l'émission d'un nouvel arrêté est inutile, si les conditions financières sont revisées à l'expiration des périodes quinquennales. — Relativement à l'enregistrement, il en résulte : 1° que les arrêtés initiaux donnent ouverture au droit de 0 fr. 20 p. 100 sur la durée fixée soit par l'autorité administrative, soit, à défaut, par la déclaration de la partie, sauf à réclamer des suppléments, s'il y a lieu : 2° que les soumissions exigées des permissionnaires, en cas de changement des conditions financières, ne sont pas sujettes à la formalité et qu'elles servent seulement de base à la liquidation des droits supplémentaires (Sol. 8 juill. 1892, 7944 R. P.).

D'après cette solution, les concessions temporaires du domaine public présentent le caractère de contrats à durée indéterminée lorsqu'elles sont faites en conformité du règlement du 3 août 1878, et, en principe, le droit de bail à 0 fr. 20 p. 100 est dû lors de l'accomplissement de la formalité, d'après une déclaration estimative indiquant la durée probable de l'occupation; en outre, lorsque le contrat se prolonge au delà du terme fixé par cette déclaration, des suppléments de droits deviennent exigibles au fur et à mesure de la continuation de la concession.

Toutefois, la disposition de l'art. 13 de l'arrêté réglementaire du 3 août 1878, d'après laquelle le permissionnaire ne peut renoncer au bénéfice de la concession avant l'époque fixée pour la revision des redevances, c'est-à-dire avant l'expiration d'un délai de cinq ans, équivaut à la déclaration que les contrats auront une durée ferme de cinq ans et qu'ils continueront ensuite pour une nouvelle période de cinq ans, si la concession est maintenue. L'Administration est, en conséquence, fondée à percevoir, lors de l'enregistrement, le droit à 0 fr. 20 p. 100, pour cinq ans et, en cas de continuation de la concession au delà de la première période, à exiger les droits supplémentaires pour un nouveau délai de cinq ans.

Il est à peine besoin d'ajouter que si la concession est accordée pour un nombre d'années fixé à l'avance et doit prendre fin de plein droit à l'expiration de cette durée, le droit de bail est liquidé en conséquence sans que les parties soient admises à fournir une déclaration estimative et sans qu'il y ait lieu d'exiger ultérieurement des droits supplémentaires (3036 I. G.).

6. Concessions de pêche. — L'art. 11 de l'arrêté réglementaire du 12 mai 1870, relatif aux occupations de terrains maritimes affectés à des établissements de pêche, autorise les permissionnaires à renoncer au bénéfice du contrat avant l'époque fixée pour la revision des conditions financières; la durée de la concession se trouve, en ce cas, entièrement indéterminée et il est nécessaire de recourir à la déclaration estimative des parties conformément à l'art. 16 L. 22 frim. an VII. En cas de continuation de la concession au delà du terme provisoirement fixé, des droits supplémentaires de bail deviennent exigibles (3036 I. G.).

8 à 11. Permis de stationnement et de location sur la voie publique, sur les rivières, ports et quais fluviaux et sur tous les autres lieux publics. — Les communes ont, à l'égard de leurs voies publiques, les mêmes droits que l'État sur les routes nationales et autres dépendances de la grande voirie. Elles sont donc fondées à y autoriser des occupations moyennant le payement de redevances. Elles peuvent, en outre, concéder des permis de stationnement et des locations sur les biens du domaine public dépendant de la grande voirie, et sur les rivières, ports et quais fluviaux, à la condition qu'il s'agisse d'installations n'emportant pas emprise du domaine public ou ne modifiant pas son assiette, c'est-à-dire ne réunissant pas les conditions que les art. 518, 519 et 523 C. civ. exigent pour l'immobilisation.

Les autorisations données à des particuliers de stationner sur les biens du domaine public ou d'occuper ces biens, leur confèrent le droit d'en faire un usage autre que celui qui, d'après le droit commun, appartient à tous. Elles tiennent d'un acte de la puissance publique en tant que l'Administration déclare que l'occupation privative du domaine public est compatible avec sa destination, et d'un contrat commutatif en tant qu'elles sont librement demandées et qu'elles sont subordonnées au payement de redevances. A raison de ce caractère commutatif, elles rentrent dans la catégorie des actes contractuels ou de gestion des communes et elles ne sauraient, pour ce motif, bénéficier des dispositions des art. 70, § 3, n° 2 L. 22 frim. an VII et 16, n° 1, al. 2 L. 13 brum. an VII qui dispensent du timbre et de l'enregistrement les actes d'administration publique.

1. Autorisations verbales. — Accordées sans qu'il intervienne d'actes formant les instruments des conventions, les autorisations de l'espèce échappent aux dispositions fiscales qui assujettissent à l'enregistrement dans un délai déterminé les locations verbales d'immeubles. Il résulte en effet, des travaux préparatoires de la loi du 23 août 1871, que l'enregistrement obligatoire des baux et locations verbales d'immeubles a été édicté uniquement pour permettre à l'Administration d'atteindre les conventions qui font naître entre les parties les rapports de bailleurs à preneurs.

2. Autorisations constatées par écrit. — Constatées, soit par des actes administratifs réguliers, soit par des arrêtés, rédigés en minute et susceptibles d'être délivrés en expédition (V. *Instr.*, n° 2519, § 7), qui, rapprochés des soumissions des permissionnaires, constituent de véritables actes synallagmatiques, elles sont soumises au timbre et doivent être enregistrées dans les vingt jours par application de l'art. 78 L. 15 mai 1818. Cette disposition a, en effet, une portée plus étendue que l'art. 11 L. 23 août 1871; elle atteint tous les actes des autorités administratives qui emportent transmission de jouissance, sans qu'il y ait à distinguer entre le cas où cette transmission résulte d'un contrat de bail proprement dit et celui où elle procède d'une tout autre convention. Le droit exigible est, d'ailleurs, celui de 0 fr. 20 p. 100. La loi du 22 frimaire an VII n'a pas, il est vrai, tarifé spécialement ces transmissions de jouissance; mais il est de principe que tout acte comportant transmission est passible du droit proportionnel lors même qu'il ne se trouverait pas expressément prévu par un article spécial du tarif; le taux du droit est alors déterminé par analogie; on applique la disposition qui règle la perception à faire pour le contrat dont la convention non tarifée se rapproche le plus. Comme dans l'espèce, c'est avec le bail d'immeubles que les permissions de voirie et autres concessions sur le domaine public présentent le plus d'affinité, elles doivent nécessairement subir le droit proportionnel de 0 fr. 20 p. 100.

Cette doctrine a été consacrée par la jurisprudence.

C'est ainsi, d'une part, que le tribunal de la Seine a, par des jugements des 19 juin et 29 août 1857 et 6 déc. 1878, considéré comme soumis à l'enregistrement dans les vingt jours, au droit de 0 fr. 20 p. 100, les actes administratifs dressés pour constater l'octroi à des entreprises particulières : 1° du droit de faire circuler ou stationner sur les voies publiques des voitures de place ou des véhicules destinés au transport en commun des voyageurs; 2° du droit de construire des urinoirs dans les rues et places publiques d'une ville.

C'est ainsi, d'autre part, que le même tribunal a décidé, par un jugement du 27 mai 1875, qu'on ne saurait voir de véritables locations immobilières, soumises au régime

12. Adjudication des droits de place sur les foires et marchés à découvert d'une commune. Caractères. Bail immobilier. — V. *Bail*, nos 161 et 175.

45. Forêts domaniales. Concessions temporaires. — V. *Bois et forêts*, n° 61-4.

CONCILIATION.

établi par l'article 11 de la loi du 23 août 1871, dans les autorisations accordées par la ville de Paris : 1° aux limonadiers, marchands de vins et restaurateurs pour placer sur les trottoirs des tables et des chaises destinées aux consommateurs ; 2° aux boutiquiers, pour faire étalage de leurs marchandises sur la voie publique ; 3° enfin aux commissionnaires ou autres personnes qui ont obtenu la faculté de stationner dans un endroit déterminé d'une rue ou devant un numéro désigné d'une rue pour y exercer leurs métiers, vendre divers objets ou établir une échoppe (3005 I. G.).

12. Baux et concessions sur le domaine privé des communes. — Les villes et communes ont, sur leur domaine privé, les mêmes droits de propriété que les simples particuliers sur les biens qui composent leur patrimoine. Elles peuvent consentir notamment sur les immeubles dépendant de ce domaine des locations et des concessions d'emplacement. Ces locations et concessions sont soumises aux règles de perception communes à tous les baux d'immeubles. Constatées par des actes synallagmatiques réguliers, elles sont assujetties à l'enregistrement dans le délai de vingt jours conformément à l'art. 78 L. 15 mai 1818 (V. Sol. 9 juin 1891, 7894 R. P.) ; passées verbalement, elles tombent sous l'application des art. 11 L. 23 août 1871 et 5 L. 28 fév. 1872.

Il importe peu, d'ailleurs, que l'autorité municipale se réserve le droit de révoquer les baux et concessions à son gré et sans indemnité ; une semblable clause, n'étant insérée que dans un intérêt de police, ne s'oppose nullement à la formation d'un lien juridique entre la ville et les permissionnaires (Sol. précitée du 9 juin 1891).

I. Concessions d'emplacements dans les halles, foires, marchés et abattoirs. — Le mot « halle » s'entend plus particulièrement de bâtiments couverts et permanents destinés à abriter les marchandises exposées en vente et les marchands (*Béquet, Rép. de droit administratif*, v° *Commune*, n° 1642). Les halles faisant partie des biens patrimoniaux des communes, les concessions d'emplacement qui y sont faites sont soumises, au point de vue fiscal, au même régime que les autres concessions sur le domaine privé des communes (Cass. 12 mai 1875, 4108 R. P., 2519-3 I. G.).

La même solution doit être étendue, par identité de motifs, aux locations de place dans les abattoirs qui, comme les halles, constituent une propriété privée des communes.

Il est à noter, toutefois, que les taxes perçues dans les abattoirs sont de deux sortes : les droits de place qui sont calculés d'après la superficie occupée, et les taxes d'abatage qui sont destinées à rémunérer la commune de ses frais de construction, de gestion et d'entretien des bâtiments. Les droits de place seuls peuvent être envisagés comme le prix d'une location et il doit être fait abstraction des taxes d'abatage pour la liquidation du droit de 0 fr. 20 p. 100 exigible sur les concessions d'emplacement.

Les foires et marchés s'entendent des endroits non bâtis où les marchandises sont exposées en vente à des jours fixes. Ils sont établis sur des immeubles qui dépendent du domaine privé des communes ou sur le sol des rues et places publiques. Les concessions d'emplacement qui y sont consenties sont soumises, selon les cas, soit aux règles établies pour les locations de place dans les halles et abattoirs, soit à celles déterminées pour les permissions de voirie et autres concessions sur les biens du domaine public (3005 I. G.). — V. *suprà*, nos 8 à 11, et v° *Actes administratifs*, n° 90.

12 bis. Permissions de voirie. — V. *Actes administratifs*, n° 90.

16-2. Eaux municipales. — Abonnement contracté par le locataire d'un immeuble. — Intervention du propriétaire. — Lorsqu'un abonnement aux eaux municipales est contracté par le locataire de l'immeuble à desservir, et que le propriétaire s'engage conjointement et solidairement avec le locataire, il n'est pas dû de droit particulier de cautionnement, s'il est constant que le propriétaire a un intérêt réel à la concession de l'abonnement (Sol. 1er déc. 1890, 7522 R. P.).

19. Eaux municipales. — Abonnements sans expression de durée. — Soumissions à la suite du règlement municipal et acceptées par le Maire — Lorsque les habitants d'une ville s'abonnent à la distribution des eaux municipales au moyen de soumissions souscrites à la suite d'un exemplaire du règlement et acceptées par le Maire, ces soumissions constituent le titre d'un marché de fournitures et sont, dès lors, soumises à l'enregistrement dans le délai de 20 jours. Si la soumission n'assigne aucune durée, mais se réfère à un règlement portant que, tout en étant fixé à un an seulement, l'abonnement ne cessera que par un avertissement donné au moins trois mois avant la fin de l'année, il y a lieu de considérer qu'on se trouve en présence d'un contrat à durée indéterminée et qu'il appartient aux parties de souscrire à cet égard une déclaration estimative, sauf à l'Administration à exercer ultérieurement son droit de contrôle et à réclamer, le cas échéant, des suppléments de droits (Sol. 7 oct. 1899, 9775 R. P.).

22. Sépulture. — Caractère. — Les concessions à titre perpétuel, accordées par les communes dans les cimetières, ne confèrent pas un droit réel de propriété en faveur des concessionnaires, mais simplement un droit de jouissance et d'usage, avec affectation spéciale et nominative ; elles sont absolument hors du commerce et ne peuvent faire l'objet de cessions, soit totales, soit partielles (Saint-Étienne, 14 nov. 1888 ; — C. Lyon, 13 nov. 1890, 7721 R. P.).

Le droit acquis au titulaire est plutôt personnel que réel. En conséquence, la donation d'une concession de l'espèce accordée au donateur a pour objet la transmission d'un droit mobilier dont l'importance doit être déclarée, en capital, par une déclaration souscrite dans la forme prévue par l'art. 16 L. frim. (Sol. 6 déc. 1897, 9150 R. P.).

CONCILIATION.

27. Tarif. — Les procès-verbaux de conciliation n'étaient passibles, sous l'ancienne législation, ni du droit de condamnation, ni du droit de liquidation. L'art. 16 L. 26 janv. 1892, qui fixe le taux de la taxe proportionnelle de remplacement, ne fait pas mention de ces procès-verbaux. Ils restent donc soumis, comme par le passé, au droit fixe, mais ce droit est réduit à 1 fr. par l'art. 17, § 1.

27 *bis*. Arbitrage. — Différends collectifs entre patrons et ouvriers ou employés. — Aux termes de l'art. 14 L. 27 décembre 1892, sur la conciliation et l'arbitrage facultatifs en matière de différends collectifs entre patrons et ouvriers ou employés, tous les actes faits en exécution de la loi nouvelle sont dispensés du timbre et enregistrés gratis.

Cette disposition supprime à la fois le droit de timbre et la formalité du visa, tandis qu'elle laisse subsister la formalité de l'enregistrement, tout en exprimant qu'elle sera donnée gratuitement, pour les cas où elle est prescrite par les lois en vigueur. — Parmi les actes appelés à bénéficier de l'immunité d'impôt, on doit ranger notamment les écrits portant nomination de mandataires ou de délégués des intéressés, attendu que la désignation de représentants est expressément prévue par les art. 2, 4 et 10 comme utile ou nécessaire à l'exécution de la loi (2831 I. G., 8194-4 R. P.).

CONCLUSIONS.

8 et 9. Significations d'avoué à avoué. L. 26 janv. 1892. — Dispense de la formalité du timbre et de l'enregistrement. — V. *Avoué*, nos 3 et 7 *bis*.

11. Tribunaux de commerce. — Les conclusions produites devant les tribunaux de commerce doivent être rédigées sur papier timbré; il importe peu qu'elles ne soient généralement pas signifiées, puisque, n'en ayant pas moins pour effet de fixer juridiquement les prétentions respectives des parties, de déterminer l'objet du litige, de saisir le juge et de lui indiquer les points sur lesquels il doit statuer, elles sont incontestablement de nature à faire titre et tombent, par conséquent, sous l'application des art. 1 et 12 L. 13 brum. an VII.

1. Copies de conclusions. — Au contraire, les *copies* de conclusions dûment timbrées et signifiées, qui sont remises aux greffiers des tribunaux de commerce pour la facilité de la rédaction du jugement, sont exemptes de timbre en raison de leur caractère de pièces d'ordre intérieur.

2. Notes d'audience et de plaidoiries. — De même, les notes d'audience et de plaidoiries qui sont données au juge par les parties ou leurs conseils après la clôture des débats, sont également exemptes de timbre comme ne constituant que de simples renseignements sans aucune valeur juridique (Sol. 15 févr. 1900, 25979 J. E.).

CONDITION.

44-3. Biens d'autrui. — Ratification à la majorité. — Dans la première partie du *Rép. gén.*, au lieu de : Le Mans, 9 avr. 1842, 12997-10 J. E., lire : Le Mans, 9 avr. 1842, 12997-2 J. E., et ajouter : la doctrine de ce jugement ne doit plus être prise pour règle. Rappr. vº *Ratification*, nº 12.

73. Bail. — Condition suspensive. — Réalisation. — Droit exigible. — Lorsque la location d'un immeuble est subordonnée à une condition suspensive, les parties sont tenues de porter la réalisation de la condition à la connaissance de l'Administration, soit par la présentation de l'acte qui la constate, s'il en a été dressé acte, soit par une déclaration spéciale, s'il n'y a pas d'acte ou s'il n'est pas représenté; faute de ce faire dans les délais légaux, elles encourent la peine du droit en sus. Dès que la condition suspensive à laquelle est subordonnée une semblable location se trouve réalisée, le droit proportionnel devient aussitôt exigible, sans qu'il y ait à rechercher si l'entrée en jouissance est immédiate ou différée (Cass. 14 déc. 1898, 8890 et 9395-3 R. P.). — V. *Vente*.

CONGRÉGATIONS.

2. Reconnaissance légale des congrégations. — La loi du 1er juill. 1901 relative au contrat d'association soumet, au point de vue de la reconnaissance, les congrégations d'hommes et les congrégations de femmes à un régime unique.

Aux termes de l'art. 13, aucune congrégation ne peut se former désormais qu'en vertu d'une autorisation législative.

Un décret rendu en Conseil d'État suffit, toutefois, lorsqu'il s'agit seulement de la fondation de nouveaux établissements par une congrégation déjà précédemment autorisée.

La dissolution d'une congrégation ou la fermeture d'un de ses établissements peut, d'ailleurs, être prononcée à toute époque par un simple décret rendu en conseil des ministres.

La loi ne comporte pas d'effet rétroactif. Les congrégations qui auraient été antérieurement reconnues par des ordonnances ou par des décrets, dans le cas où ce mode de reconnaissance suffisait, continueront d'avoir une existence légale et de jouir de la capacité juridique dans les mêmes conditions que par le passé.

Les formalités à remplir pour obtenir, soit l'autorisation législative lorsqu'il s'agit de la constitution d'une congrégation, soit l'autorisation gouvernementale lorsqu'il s'agit de la fondation de nouveaux établissements, ont été déterminées par les art. 16 à 24 d'un 1er décret du 16 août 1901.

L'art. 15 de la loi oblige les congrégations : 1º à tenir un état de leurs recettes et de leurs dépenses ; — 2º à dresser chaque année le compte financier de l'année écoulée et l'inventaire de leurs biens meubles et immeubles ; — 3º à avoir à leur siège la liste complète de leurs membres, mentionnant leur nom patronymique, le nom sous lequel ils sont désignés dans la congrégation, leur nationalité et lieu de naissance, ainsi que la date de leur entrée dans l'ordre.

Il les astreint, en outre, sous certaines sanctions, à représenter, sans déplacement, à toute réquisition du préfet, à lui-même ou à son délégué, ces comptes, états et listes.

L'art. 14 interdit, sous certaines sanctions, aux membres des congrégations non autorisées de diriger, soit directement, soit par personne interposée, un établissement d'enseignement quel qu'il soit, ou d'y donner l'enseignement.

L'art. 16 déclare illicite toute congrégation formée sans autorisation et punit de certaines pénalités ceux qui en font partie, ainsi que les fondateurs et administrateurs.

L'art. 17, dont le 1er alinéa vise à la fois les associations et les congrégations, frappe de nullité les actes entre vifs

CONCLUSIONS.

CONDITION.

53 *bis*. Cession de titres remis en nantissement. — La stipulation, dans un acte de dation en payement, que, pour pouvoir disposer de titres à eux cédés par leur débiteur, des créanciers devront acquitter les sommes pour lesquelles ces titres ont été donnés en nantissement à des établissements de crédit qui les détiennent, ne constitue pas une condition suspensive de la cession des titres ; une telle stipulation n'a pour objet que de prévoir l'accomplissement par les créanciers d'une charge [illegible], conséquence nécessaire de la transmission à leur profit des valeurs cédées (Seine, 3 juill. 1896; Cass. (civ.), 8 déc. 1902, 10388 R. P.).

74. Prescription. — L'acte par lequel deux personnes s'engagent envers une autre à lui servir une rente viagère à partir du décès d'un tiers est affecté d'une condition suspensive, celle de la survie du crédirentier; cet acte est, en conséquence, passible du droit fixe de 3 fr. seulement, et le droit proportionnel ne devient exigible que lorsque la condition se réalise. Il en résulte que si cet acte a été, lors de l'enregistrement, tarifé comme constitution de rente viagère à titre onéreux, alors qu'il présente les caractères d'une libéralité, l'Administration est, à l'événement de la condition, fondée à réclamer le complément du droit [illegible] à titre gratuit, sans que les parties puissent lui opposer la prescription biennale (Les Andelys, 20 juin 1906, 11306 R. P.).

75 et 77. Acte notarié. Condition suspensive. Preuve en dehors de l'acte, de la réalisation de la condition avant l'enregistrement. Perception du droit proportionnel. Droit fixe non exigible. — V. *Acte notarié*, nº 306.

84-2. Bail de carrière. Faculté de prolongation pour le preneur. Droit proportionnel non immédiatement exigible. — V. *Bail*, nº 119.

CONFLIT.

9. Arrêté de conflit. Dépôt au greffe du tribunal après l'expiration du délai de quinzaine à partir de l'envoi par le Parquet au Préfet, de la décision rendue sur la compétence. Annulation. — Doit être annulé, comme ne satisfaisant pas aux dispositions des art. 7, 8 et 11 de l'ordonnance du 1er juin 1828, l'arrêté de conflit pris par un Préfet, lorsque cet arrêté n'a été déposé au greffe du tribunal qu'après l'expiration du délai de quinzaine à partir de l'envoi, par le Parquet, de la décision rendue sur la compétence (Trib. Conflits, 3 mai 1900, 11196 R. P.).

CONGRÉGATIONS.

ou testamentaires à titre onéreux ou gratuit, accomplis soit directement, soit par personne interposée, ou toute autre voie indirecte, ayant pour objet de permettre aux congrégations légalement ou illégalement formées de se soustraire aux dispositions des articles 13, 14 et 16.

Cette nullité peut être prononcée, soit à la diligence du ministère public, soit à la requête de tout intéressé.

Le même article établit, en outre, en ce qui concerne les congrégations, certaines présomptions d'interposition de personnes.

Il porte :

« Sont également présumées personnes interposées au profit des congrégations religieuses, mais sous réserve de la preuve contraire : 1° les associés à qui ont été consenties des ventes ou fait des dons ou legs, à moins, s'il s'agit de dons ou legs, que le bénéficiaire ne soit l'héritier en ligne directe du disposant ; — 2° L'associé ou la société civile ou commerciale composée en tout ou partie de membres de la congrégation, propriétaire de tout immeuble occupé par l'association ; — 3° Le propriétaire de tout immeuble occupé par l'association, après qu'elle aura été déclarée illicite (3069, § 1, I. G.).

3. **Effets de la reconnaissance légale**. — La loi du 1er juill. 1901 n'indique pas quelle sera la capacité juridique des congrégations qui seront reconnues. C'est qu'en effet, comme le législateur l'a exprimé lui-même, la loi, qui autorise la congrégation, doit, en même temps, déterminer les conditions de son fonctionnement (art. 13) (3069, § 1, I. G.).

4. **Congrégations reconnues. — Caractère. — Autorisation de plaider. — Poursuite par voie de saisie.** — Les congrégations reconnues n'ont pas le caractère d'établissements publics, mais celui d'établissement d'utilité publique. Elles peuvent plaider sans autorisation. Leurs biens sont saisissables, comme ceux des particuliers, pour l'exécution de leurs obligations, soit par saisie-arrêt, soit par saisie-exécution. L'Administration est fondée, en conséquence, à suivre le recouvrement des droits d'accroissement, dont elles sont débitrices, par les voies ordinaires d'exécution (Sol. 3 fév. 1891, 7574 R. P., 23512 J. E.) — V. *Instances* et *Saisie immobilière*.

5. **Congrégations non reconnues.** — L'art. 18 de la loi du 1er juill. 1901 a pour objet de régler la situation des congrégations non autorisées existantes au moment de la promulgation de la loi et de déterminer les conditions dans lesquelles devra s'effectuer leur liquidation, lorsqu'elles viendront à être dissoutes, soit parce qu'elles n'auront pas demandé l'autorisation, soit parce que cette autorisation leur aura été refusée ou retirée.

D'après cet article, les congrégations existantes non autorisées ont un délai de trois mois pour demander l'autorisation législative.

Les formes dans lesquelles cette autorisation doit être sollicitée et les pièces à joindre à l'appui des demandes ont été déterminées dans un arrêté du Ministre de l'Intérieur et des Cultes du 1er juill. 1901.

Les congrégations qui ne pourront justifier, dans le délai de trois mois ainsi prévu, qu'elles ont fait les diligences nécessaires pour se conformer aux prescriptions de la loi sont réputées dissoutes de plein droit.

La même dissolution est prononcée contre les congrégations auxquelles l'autorisation aurait été refusée.

Aux termes du même article et d'un 2e décret du 16 août 1901, la liquidation des biens détenus par les congrégations doit avoir lieu en justice. Le tribunal, à la requête du ministère public, nomme, pour y procéder, un liquidateur qui, pendant toute la durée de la liquidation, jouit des pouvoirs d'un administrateur séquestre. — Le tribunal compétent est celui du siège de la congrégation. — Quel que soit le nombre des établissements, il n'est nommé qu'un liquidateur unique. — Il doit en être ainsi, même lorsqu'il s'agit d'une congrégation qui a son siège à l'étranger et qui ne possède en France que de simples établissements. Dans cette hypothèse, toutefois, la nomination du liquidateur peut être demandée à tout tribunal dans le ressort duquel se trouve l'un de ces établissements (*Circ. du Garde des Sceaux* du 24 sept. 1901).

Le jugement ordonnant la liquidation est rendu public dans la forme des annonces légales.

Le greffier du tribunal donne sur-le-champ, au juge de paix du canton dans lequel la congrégation dissoute a son siège et aux juges de paix des cantons dans lesquels sont situés des établissements de la congrégation, avis de la disposition du jugement, si l'apposition des scellés a été ordonnée. Les juges de paix doivent procéder sans retard à cette opération. — Dans les trois jours, le liquidateur requiert la levée des scellés et fait procéder à l'inventaire des biens.

Dans la quinzaine de son entrée en fonctions, le même liquidateur est tenu de remettre au procureur de la République près le tribunal qui l'a nommé et *au directeur des Domaines du département* un mémoire ou compte sommaire de l'actif et du passif. S'il ne lui est pas possible de satisfaire à cette prescription dans le délai prévu, il doit faire connaître à ces chefs de service les causes du retard.

Lorsque les deniers détenus par la congrégation ne peuvent suffire immédiatement aux frais du jugement nommant le liquidateur, à ceux de l'insertion de ce jugement dans les journaux, d'apposition de scellés, l'avance de ces frais est faite par le Trésor public. Ils sont payés, taxés et recouvrés conformément aux dispositions de l'art. 121 Décr. 18 juin 1811.

Ces frais devront donc être payés par les receveurs de l'enregistrement à titre de frais de justice criminelle, et les actes de la procédure devront être, en outre, visés pour timbre et enregistrés en débet.

Il est procédé à la liquidation des biens de la congrégation d'après les règles suivantes :

Les biens et valeurs appartenant aux membres de la congrégation antérieurement à leur entrée dans cette congrégation et ceux qui leur seraient advenus depuis, soit par succession *ab intestat* en ligne directe ou collatérale, soit par donation ou legs en ligne directe, doivent leur être restitués.

Les dons et legs qui leur auraient été faits autrement qu'en ligne directe peuvent être revendiqués, mais à charge par les bénéficiaires de faire la preuve qu'ils n'ont pas été les personnes interposées prévues par l'art. 17.

Les biens et valeurs acquis à titre gratuit et qui n'auraient pas été spécialement affectés à une œuvre d'assistance peuvent être revendiqués par le donateur ou le testateur, leurs héritiers ou ayants droit, sans qu'il puisse leur être opposé aucune prescription pour le temps écoulé avant le jugement prononçant la liquidation.

Si les biens ont été donnés ou légués en vue, non de gratifier les congréganistes, mais de pourvoir à une œuvre d'assistance, ils ne peuvent être revendiqués qu'à charge de pourvoir à l'accomplissement du but assigné à la libéralité.

Toute action en reprise doit, à peine de forclusion, être formée contre le liquidateur dans le délai de six mois à partir de la publication du jugement. Les jugements rendus contradictoirement avec le liquidateur et ayant acquis l'autorité de la chose jugée sont opposables à tous les intéressés.

Passé ce délai de six mois, le liquidateur procède à la vente en justice de tous les immeubles qui n'ont pas été revendiqués ou qui ne sont pas affectés à une œuvre d'assistance.

Le produit de la vente, ainsi que toutes les valeurs mobilières, doit être déposé à la Caisse des consignations.

Les frais d'entretien des pauvres hospitalisés sont, jusqu'à la fin de la liquidation, considérés comme frais privilégiés de liquidation.

S'il n'y a pas contestation ou lorsque toutes les actions formées dans le délai prescrit auront été jugées, l'actif net est réparti entre tous les ayants droit.

L'alinéa final de l'art. 17 prévoit enfin que, sur l'actif resté libre après les prélèvements ci-dessus, une allocation en capital ou sous forme de rente viagère pourra être accordée aux membres de la congrégation dissoute qui n'auraient pas des moyens d'existence assurés ou qui justifieraient avoir contribué à l'acquisition des valeurs mises en distribution par le produit de leur travail personnel.

Les art. 5 à 13 du 2e décret du 16 août 1901 déterminent le mode de calcul de ces allocations. Les directeurs des Domaines devront s'y reporter, lorsqu'ils auront à fournir au préfet, conformément à l'art. 8 de ce décret, leur avis sur les demandes formées à cet égard par les intéressés. (3069, § 1, I. G.).

Legs. — Personne interposée. — Il n'est pas permis de transiger sur les matières qui intéressent l'ordre public et l'on doit considérer comme faites en fraude d'une loi d'ordre public les dispositions testamentaires qui ont pour objet de transmettre, sous le nom d'une personne interposée, les biens légués à des établissements incapables de recevoir, tels que les congrégations non reconnues. — De semblables dispositions sont frappées d'une nullité qui ne peut être couverte par la reconnaissance de la qualité de légataire que l'héritier aurait consentie en faveur de la personne interposée; par suite, cette reconnaissance ne saurait faire obstacle à ce que l'héritier administre la preuve de l'interposition (Cass. civ. 5 fév. 1895, 8850 R. P.).

6. Associations religieuses. — D'après la loi du 1er juill. 1901, les associations religieuses sont soumises au même régime que toutes les autres associations (V. déclaration de M. Vallé, rapporteur du projet de loi au Sénat (séance du 13 juin 1901. — *J. off.* du 14, p. 837)). Elles n'ont donc besoin d'aucune autorisation pour se former; elles pourront même acquérir, soit la capacité limitée en souscrivant la déclaration prescrite par l'art. 5, soit la capacité complète en se faisant reconnaître comme établissement d'utilité publique (3069, § 2, I. G.).

Mais aucun texte, aucune disposition législative ne définit l'association religieuse. La loi de 1901, comme celles qui l'ont précédée, ont omis, peut-être à dessein, de s'expliquer à cet égard.

Dans l'Inst. n° 3069, § 2, l'Administration essaie d'indiquer ce qu'on doit entendre par association religieuse.

« L'association religieuse, dit-elle, implique uniquement chez les associés la poursuite d'un même but religieux. Elle se distingue ainsi, d'une part, de la congrégation qui suppose, indépendamment du même but religieux, le lien monastique entre ses membres, et, d'autre part, de la société qui a pour objet essentiel un bénéfice à réaliser et à partager entre les associés (C. C. 1832). »

Cette définition est vague et manque de précision. Elle ne fait que déplacer la difficulté. Pour être complète, elle devrait spécifier à quels caractères se reconnaît le but religieux d'une association. Ce n'est pas certainement le fait qu'une association poursuit un but charitable (V. *infra* n° 51 *bis*) ni même qu'elle ait pour objectif spécial une éducation ou un enseignement religieux qui serait de nature à la faire rentrer dans la catégorie des associations religieuses. Des laïques peuvent former des sociétés de cette nature, sans cependant revêtir un tel caractère. Il est donc, ce semble, nécessaire que les membres d'une association soient unis tout au moins par un lien spirituel pour constituer une association religieuse.

La difficulté a été plusieurs fois soumise à la Cour de Cassation. Mais la Cour suprême a toujours évité de donner une définition de l'association religieuse et de préciser à quels signes se reconnaît une association de l'espèce. Elle s'est bornée à statuer en fait et à rejeter les pourvois formés contre les décisions des premiers juges. Il est regrettable qu'elle se soit abstenue de formuler une opinion qui puisse être adoptée comme règle de perception. Cependant il paraît ressortir de ses décisions qu'il n'est pas indispensable, pour qu'une association soit réputée religieuse, d'y rencontrer une règle spirituelle et un lien religieux, mais qu'il suffit qu'elle ait un but pieux, comme celui d'assurer l'œuvre d'une congrégation, et n'ait pas été, en outre, constituée en vue de réaliser des bénéfices. Telles sont du moins les indications qui se dégagent des conclusions présentées devant la Cour par M. l'avocat général Crépon. « Nous ne soutiendrons pas, déclare l'éminent magistrat, que toute association poursuivant un but religieux constitue par cela seul une association religieuse. Sans doute, la destination pieuse sera pour les tribunaux un élément capital d'appréciation; mais, dans certains cas, où le but religieux sera évident, l'association pourra ne pas être religieuse. Pourquoi ? Parce que, par exemple, les associés poursuivront, à côté du but pieux, la pensée de réaliser des bénéfices. C'est ainsi que, dans l'affaire de la Société de l'École Fénelon (7330 R. P.), il s'agissait de laïques, associés sans doute en vue d'assurer aux élèves de l'École l'éducation religieuse et chrétienne, mais poursuivant aussi en commun « un but purement temporel, à savoir le partage des bénéfices produits par l'exploitation de l'établissement ». Donc, nous le répéterons, en l'absence d'un criterium, les tribunaux s'appliqueront à dégager le droit des circons-

6. Associations religieuses. — L'impôt sur le revenu et la taxe d'accroissement doivent être acquittés, sans autre condition d'exigibilité, par toutes les congrégations, communautés et associations religieuses, c'est-à-dire par les associations qui, même sans présenter le caractère de congrégations ou de communautés, sont, à titre principal et prédominant, constituées dans un but religieux.

Pour établir l'existence d'une association religieuse, la Régie peut recourir à tous les modes de preuve admis par les lois fiscales; elle est notamment recevable à invoquer les présomptions tirées, soit de faits constants, soit d'actes parvenus à sa connaissance par les voies légales (Seine, 10 mai 1900; — Cass. civ., 5 février 1903, 10530 R. P.; — Seine, 8 août 1899; — Cass. civ., 5 fév. 1903, 10530 R. P.; — Seine, 9 déc. 1899, Cass. civ., 5 fév. 1903, 10540 R. P.).

Société constituée entre prêtres et laïques. Caractères distinctifs. — Constituent des associations religieuses, au sens des lois des 29 déc. 1884 et 16 avril 1895, celles qui réunissent les trois caractères suivants : 1° longue durée de l'association; 2° absence d'esprit de lucre individuel; 3° but pieux de l'entreprise. Il n'est pas nécessaire de trouver chez leurs membres la vie en commun, l'obéissance à la même règle spirituelle ni l'existence d'un lien religieux; elles peuvent donc exister entre laïques (Aix, 20 juil. 1903, 10600 R. P.).

Société par actions. Défaut de distribution de dividendes. Continuation de l'œuvre d'une congrégation. — Constitue une association religieuse, assujettie à l'impôt sur le revenu et à la taxe d'accroissement : 1° la société par actions, constituée entre des membres d'une congrégation et des laïques, qui ne se propose pas de distribuer des bénéfices et, en fait, n'en distribue pas, et dont le but est d'assurer l'œuvre de la congrégation (Hazebrouck, 26 janv. 1904, 11137 R. P.); 2° la société par actions, créée, à la suite du renvoi des membres d'une congrégation comme instituteurs communaux des écoles publiques d'une ville, en vue de maintenir l'enseignement religieux dans cette ville, qui a pour unique objet de mettre gratuitement les immeubles sociaux à la disposition d'écoles confessionnelles et qui ne distribue pas de bénéfices (Cass. (civ.), 25 oct. 1905; *Contrà* Reims, 18 mai 1899, 11098 R. P.).

Acquisition en commun par des membres d'une même congrégation. Biens affectés à l'œuvre de la communauté. — La Régie est fondée à prétendre qu'une acquisition faite par plusieurs personnes constitue, non pas un état de simple indivision, mais donne naissance à une association religieuse, soumise comme telle à la taxe d'accroissement, si elle établit, *en fait*, que l'immeuble acquis a été acheté par des membres d'une congrégation dans l'unique but de maintenir son affectation au développement de l'œuvre de la communauté (Cass. (civ.), 22 nov. 1905, 11087 R. P.).

Acquisition en commun par deux personnes. Biens occupés par une congrégation. Simple indivision. — L'acquisition en commun d'un immeuble, faite par deux personnes avec l'intention, aussitôt réalisée, de le mettre à la disposition d'une congrégation, ne saurait être considérée comme donnant naissance à une association soumise à la taxe d'accroissement, si rien ne prouve qu'il se soit formé entre ces deux personnes, à un moment quelconque, un contrat d'association les liant l'une envers l'autre par des engagements réciproques, dont la violation pût servir de base à une action en justice (Cass. (civ.), 8 août 1906, 11250 R. P.).

30. **Séparation des Eglises et de l'État. Associations et unions cultuelles.** — Les associations et unions cultuelles sont exemptes de la taxe d'accroissement (L. 9 déc. 1905, art. 24). — 11080 R. P.

32. **Société civile n'ayant pas pour but de distribuer ses produits entre ses membres.** — Une société civile rentre dans la catégorie des sociétés dont l'objet n'est pas de distribuer ses produits entre ses membres, dès lors que, d'après les statuts, tout associé attribue, lors de son décès, sa part sociale à la société, à l'exclusion de ses héritiers (Laon, 13 juin 1901 ; Cass. req. 1er déc. 1903, 10073 R. P.).

34. **Société civile. Clauses d'adjonction et de réversion.** — La société civile, dont les statuts autorisent la cession des parts sociales à des tiers, et disposent qu'en cas de décès d'un associé, sa part accroîtra aux associés survivants, est assujettie au payement de la taxe d'accroissement, bien que les clauses d'adjonction et de réversion n'aient pas un caractère obligatoire (Laon, 13 juin 1901 ; Cass. (req.), 1er déc. 1903, 10073 R. P.).

Est assujettie à la taxe d'accroissement, créée par la loi du 16 avril 1895, la société civile dont les statuts autorisent l'adjonction de nouveaux membres, et imposent, en outre, aux associés qui se retirent et aux héritiers des associés décédés l'obligation de céder leurs actions, se privant ainsi de leur part en nature dans le fonds social pour accroître la part des autres, sans que rien garantisse la sincérité ou le caractère sérieux du prix de cession (Ploërmel, 10 février 1898 et 3 février 1898. — Cass. civ. 6 février 1905, 10917 R. P.).

tances de chaque procès... Examinons donc l'espèce qui nous est soumise actuellement. D'après le jugement, les personnes qui ont formé la société civile de Ploërmel appartiennent, sauf une aujourd'hui, à une même congrégation, et elles ont formé leur société dans le but exclusif d'assurer l'œuvre de la congrégation. Cette constatation de fait souveraine a, selon moi, une importance capitale et entraîne la solution. Que serait donc l'Institut des Frères de l'École chrétienne sans la société civile de Ploërmel? Un corps privé d'organes. La congrégation a un but : c'est la société qui le réalise en groupant les moyens d'actions, les ressources, en réunissant tous les immeubles, les établissements scolaires de la province dans la main du supérieur même de l'Institut. Il suffit d'ouvrir les statuts pour reconnaître que la société, loin de se préoccuper des bénéfices pécuniaires, comme dans l'affaire de l'École Fénelon, n'a en vue que le but poursuivi par la congrégation dont elle est le prolongement... » (9157 R. P.).

Il est d'ailleurs certain qu'une société, qui serait constituée en vue de réaliser des bénéfices, ne pourrait être considérée comme une *association* religieuse, par cela seul qu'elle poursuit un but pieux. La loi du 1er juillet 1901 définit, en effet, l'association « la convention par laquelle deux ou plusieurs personnes mettent en commun d'une façon permanente leurs connaissances ou leur activité dans un but autre que le partage de bénéfices ».

30 *bis*. **Loi du 16 avril 1895.** — Afin de mieux assurer le payement du droit d'accroissement établi par les art. 4 L. 28 déc. 1880 et 9 L. 29 déc. 1884, et en même temps à prévenir des excès de perception qui résultaient de la combinaison de ces lois avec les lois organiques de l'Enregistrement, mais qui n'étaient certainement pas entrés dans les prévisions des auteurs de la réforme accomplie en 1880 et 1884, la loi du 16 avril 1895 a converti le droit d'accroissement en une taxe annuelle et obligatoire et adopté un certain nombre de dispositions qui font l'objet de ses articles 3 à 10 (8539 R. P., 2882 I. G.).

L'art. 3 est ainsi conçu :

« Le droit d'accroissement, établi par les art. 4 L. 28 déc. 1880 et 9 L. 29 déc. 1884, est converti en une taxe annuelle et obligatoire sur la valeur brute des biens meubles et immeubles possédés par les congrégations, communautés et associations religieuses, autorisées ou non, et par les autres sociétés et associations désignées dans les lois précitées.

« Ne sont pas soumis à la taxe les biens acquis avec l'autorisation du Gouvernement, en tant qu'ils ont été affectés et qu'ils continuent d'être réellement employés, soit à des œuvres d'assistance gratuite en faveur des infirmes, des malades, des indigents, des orphelins ou des enfants abandonnés, soit aux œuvres des missions françaises à l'étranger.

« L'exemption sera accordée ou retirée, s'il y a lieu, par un décret rendu en Conseil d'État. »

1. Collectivités soumises à la taxe. — La taxe est due par toutes les sociétés et associations auxquelles s'appliquent les dispositions précitées des lois de 1880 et de 1884, c'est-à-dire :

1° Par toutes les congrégations, communautés et associations religieuses, autorisées ou non autorisées, sans distinction ni exception.

2° Par toutes les sociétés et associations civiles dont les statuts contiennent la double clause d'adjonction et de réversion prévue par l'art. 4 L. 1880 et confèrent implicitement ou explicitement aux associés, sur les valeurs communes, un droit personnel qui les appelle au partage de ces valeurs lors de la dissolution de l'entreprise (Instr. n° 2712, p. 11).

En d'autres termes, le payement de la taxe annuelle est imposé à toutes les associations régies, au point de vue du droit d'accroissement, par les art. 4 L. 28 déc. 1880 et 9 L. 29 déc. 1884, mais seulement à ces associations (2882 I. G.).

32. **Sociétés autres que les congrégations et associations religieuses. — Taxe d'accroissement.** — La taxe annuelle et obligatoire, substituée par la loi du 16 avril 1895 au droit d'accroissement établi par les lois des 28 déc. 1880 et 29 déc. 1884, est due par toutes les sociétés visées par ces lois et notamment par toutes les sociétés et associations civiles dont les statuts contiennent la double clause d'adjonction et de réversion et confèrent implicitement aux associés, sur les valeurs communes, un droit personnel qui les appelle au partage de ces valeurs lors de la dissolution de l'entreprise (2882 I. G.)

La taxe ne constitue pas, en effet, un impôt nouveau, aucune innovation n'ayant été apportée en ce qui concerne la nature et le principe même du droit, dont l'assiette et le mode de perception ont seuls été modifiés (Seine, 11 mars 1899, 9607 R. P., 25723 J. E.).

34. **Sociétés civiles. — Absence de clause formelle de réversion.** — La société civile, dont les statuts autorisent l'adjonction de nouveaux membres et disposent que, en cas de décès ou de retraite d'un associé, le fonds social appartiendra aux associés survivants, est tenue d'acquitter le droit d'accroissement, alors même que les héritiers du membre décédé auraient le droit, à la dissolution de la société, de reprendre l'apport primitif de leur auteur (Rouen, 4 oct. 1890, 7541 R. P., 23689 J. E. ; — Cass. req. 23 janv. 1893, 8020 R. P., 24016 J. E., 2842-1 I. G.). Les conditions auxquelles est subordonnée l'exigibilité de l'impôt se trouvent réunies dans l'espèce. De ce que les apports des membres décédés peuvent être retirés, au moment du partage, par les héritiers ; il ne s'ensuit aucunement que le contrat ne produit pas tous les effets de la réversion, attendu que le droit des héritiers est limité aux apports primitifs et que toutes les autres valeurs sociales reviennent aux associés survivants.

De même, lorsque les statuts d'une société civile autorisent l'adjonction de nouveaux membres et contiennent, en outre, une disposition d'après laquelle l'association ne doit payer, en cas de retraite ou de décès d'un de ses membres, qu'une somme arbitrairement déterminée, le décès ou la retraite d'un associé donne ouverture au droit d'accroissement établi par l'art. 4 L. 28 déc. 1880 sur la différence entre la valeur réelle de la part de cet associé et le montant de la somme à rembourser. Il en est ainsi alors même que l'associé aurait antérieurement cédé sa part à quelques-uns des membres de l'association (Cass. civ. 23 janv. 1895, 8487 R. P., 24543 J. E., 2886-7 I. G.).

Cet arrêt a cassé le jugement de Compiègne, cité au *Rép.*

Gén., ci que nous avons combattu. Nous ajouterons que la question de liquidation de l'impôt, telle que l'a résolue le tribunal, ne présente plus d'intérêt, aujourd'hui que le droit d'accroissement a été converti en une taxe annuelle.

Il a été jugé toutefois qu'on ne saurait considérer comme équivalant à une clause de réversion la clause d'après laquelle, lors de la retraite ou du décès d'un associé, cet associé ou ses représentants n'auront aucun droit au partage du fonds social, mais recevront, en payement de leur part, une somme déterminée ou à déterminer à forfait chaque année (Reims, 28 mai 1895, 25850 J. E.).

Ne constitue pas non plus une faculté de réversion déguisée la stipulation portant qu'une société civile par actions aura la faculté de rembourser aux héritiers d'un associé décédé le montant de ses actions sur les bases de l'estimation faite dans le dernier inventaire social; c'est d'ailleurs là une clause qui se retrouve dans les statuts d'un grand nombre de sociétés commerciales et civiles (Seine, 30 juin 1900, 26030 J. E.).

89. Tontines indéfinies. — L'acquisition tontinière avec clause d'adjonction de nouveaux membres et faculté pour chacun de céder ses droits indivis à un tiers agréé par les intéressés, donne naissance à une association qui rentre dans les prévisions de l'art. 4 L. 28 déc. 1880 et doit, par suite, acquitter le droit d'accroissement (Sol. 2 fév. 1892, 23848 J. E.).

46. Cessions antérieures à l'accroissement. — Droit de mutation à 5 fr. 50 p. 100. — Imputation sur la taxe d'accroissement. — D'après l'art. 4 L. 28 déc. 1880, les accroissements qui s'opèrent par suite des clauses de réversion, au profit des membres restants, de la part de ceux qui cessent de faire partie de la société ou association, sont assujettis au droit de mutation de 9 p. 100, « nonobstant toutes cessions antérieures faites entre vifs au profit d'un ou de plusieurs membres de la société ou de l'association ». La loi de 1895, comme celle de 1884, a maintenu cette disposition qui a soulevé des difficultés d'interprétation. L'Administration elle-même a varié dans ses décisions. Par une Solution du 2 fév. 1892, elle a admis que, si la cession donnait lieu à la perception du droit de 0 fr. 50 p. 100, ce droit ne pouvait être imputé sur le droit d'accroissement, mais que le droit de mutation à 5 fr. 50 p. 100 devait, au contraire, être déduit de droit d'accroissement à 9 p. 100 afférent aux mêmes parts. « A la vérité, porte cette Solution, l'Inst. n° 2651 dispose qu' « on ne peut imputer sur les droits d'accroissement les droits perçus sur les cessions dont il s'agit » (§ 54). Mais cette prohibition parait viser l'hypothèse où, s'agissant d'une société qui forme un être moral, la cession a porté, non sur une fraction indivise de l'actif commun, mais sur des droits sociaux, actions ou parts, soumis au tarif réduit de 0 fr. 50 p. 100. La règle *non bis in idem*, qui domine toutes les matières fiscales, s'oppose à ce que le droit de mutation à titre onéreux de 5 fr. 50 p. 100 soit perçu cumulativement avec le droit d'accroissement de 9 p. 100 pour une transmission unique, causée, opérée par décès, des valeurs indivises comprises dans la cession » (23848 J. E.).

Actuellement, la Régie soutient que le droit de 5 fr. 50 p. 100 ne forme pas double emploi avec la taxe annuelle attendu qu'il est complètement distinct de cette taxe dont il diffère quant à la cause, quant à l'objet et quant aux débiteurs (Sol. 25 nov. 1899, 25998 J. E., 4722 *Rec. prat.*)

Mais sa prétention a été condamnée par un jugement de Lannion, du 22 avril 1902 (10313 R. P., 26308 J. E.). D'après cette décision, le droit de 9 p. 100, sous l'empire des lois de 1880 et de 1884, était seul exigible en cas de retraite d'un associé à l'exclusion du droit de vente à 5 fr. 50 p. 100. La loi de 1895 s'étant bornée à substituer le régime de l'abonnement au mode de perception antérieur, il en résulte que la taxe constitue le seul droit de mutation applicable en cas de retraite d'un associé, cette retraite empruntât-elle la forme d'une vente. Par conséquent, le droit de 5 fr. 50 p. 100 qui aurait été exigé sur un acte constatant la cession, doit être considéré comme indûment perçu et imputé sur la taxe annuelle d'accroissement, sans qu'on puisse soutenir que le payement du droit n'est pas valable ni libératoire, le nouveau membre de l'association étant tenu, par cela seul qu'il est devenu associé, d'acquitter la taxe. Nous n'hésitons pas à nous ranger à l'avis du tribunal de Lannion. C'est un principe constant, en matière d'enregistrement, que la même mutation ne donne lieu qu'à la perception d'un seul droit proportionnel. Or, il n'est pas contestable que la loi de 1880 a entendu substituer le droit de 9 p. 100 au droit de 5 fr. 50 ou de 0 fr. 50 p. 100, qui était applicable aux accroissements s'opérant dans les sociétés ou associations qu'elle désigne. Si elle ajoute que le droit de 9 p. 100 sera exigible, nonobstant toutes cessions antérieures, c'est pour empêcher que les effets de la réversion ne soient neutralisés par des cessions présentées notamment sous la forme de ventes (2651-51 I. G.). Elle n'a pas eu d'autre but que d'assurer la perception de ce droit. Il importe peu que la loi de 1895 ait converti le droit d'accroissement en une taxe annuelle; cette taxe n'en représente pas moins un droit de mutation. On ne saurait mieux la comparer qu'à la taxe de transfert. Or, il a été souverainement jugé que les actes qui constatent une cession d'actions passibles de la taxe de transfert ne sont soumis qu'au droit fixe et « qu'une interprétation contraire conduirait à la perception de deux droits proportionnels sur la même transmission » (Cass. 11 fév. 1861, 1456 R. P., 2201-3 I. G.). Il semble dès lors que les actes, par lesquels seraient cédées les parts revenant à des membres des associations tombant sous le coup de la loi de 1895, ne doivent supporter qu'un droit fixe comme se trouvant couverts par la taxe annuelle d'accroissement.

1. DROITS DE SUCCESSION. — COMPENSATION AVEC LES TAXES D'ACCROISSEMENT ET DU REVENU. — Les droits de mutation qui auraient été acquittés à tort, lors du décès des religieuses considérées comme propriétaires des biens, sur des immeubles qui appartiennent en réalité à une congrégation reconnue, ne peuvent être admis en compensation des taxes d'accroissement et de revenu dont celle-ci est débitrice pour les mêmes immeubles. La compensation ne peut être invoquée, en effet, que par celui qui est à la fois créancier et débiteur de la personne à laquelle il l'oppose (Limoges, 16 mars 1901, 26217 J. E.).

49. Congrégation autorisée. — Taxe d'accroissement. — Les congrégations et communautés religieuses

45. Société civile. Clause d'adjonction. Absence de clause de réversion. — Si, tout en autorisant l'adjonction de nouveaux membres, les statuts d'une société civile disposent qu'en cas de décès d'un associé, la société ne sera pas dissoute et que les héritiers seront tenus de céder la part de leur auteur à un acquéreur désigné par l'assemblée générale moyennant le prix fixé par la même assemblée dans la dernière délibération qui sera statué à cet effet avant la mort de l'associé, la part [illegible] se trouve transférée directement par les héritiers à l'acquéreur qui tient ses droits de ceux-ci et non de la société et bénéficie seul, par suite, de la valeur réelle de la part cédée. Ni le capital social, ni la part des associés survivants ne se trouvant accrus, la taxe d'accroissement n'est pas exigible (Lille, 12 août 1897 [illegible]; Cass. civ., [illegible] 1903, 10480 R. P.).

46. Association religieuse. Taxe d'accroissement. Droit de 5,50 p. 100 exigé sur une cession de part. Non imputation. — Le fait générateur de la taxe d'accroissement n'est plus, comme sous l'empire des lois des 28 déc. 1880 et 29 déc. 1884, le décès ou la retraite de l'un des associés, mais l'existence d'une société ou d'une association rentrant dans les conditions prévues par ces lois. Par suite, il n'y a pas lieu d'imputer sur le montant de la taxe d'abonnement réclamée à une association religieuse le droit de mutation exigé sur la cession de part sociale consentie à un tiers par un membre de l'association, attendu que les deux impôts ont une base spéciale, incombent à des débiteurs distincts et donnent ouverture à une perception différente (Cass. civ., [illegible] 1903, 11231 R. P.).

46-1. Taxe d'accroissement. Part sociale transmise aux héritiers du membre décédé. Droit de mutation par décès. Non imputation. — Le fait générateur de la taxe d'accroissement créée par la loi du 16 avril 1895 n'est plus, comme sous l'empire des lois de 1880 et de 1884, le décès ou la retraite de l'un des associés, mais l'existence d'une association ou d'une société rentrant dans les conditions prévues par ces lois. D'où la conséquence qu'elle ne saurait être imputée sur le montant des droits de mutation par décès payés par les héritiers du sociétaire décédé sur la part sociale ayant appartenu au défunt, les deux impôts ayant une base spéciale, incombant à des débiteurs distincts et donnant ouverture à une perception différente (Seine, [illegible] déc. 1899; Cass. civ., 4 février 1903, 10540 R. P.).

autorisées doivent la taxe d'accroissement sur la part de ceux de leurs membres qui décèdent ou qui se retirent, à raison de ce seul fait qu'elles sont des congrégations, indépendamment de toute condition d'exigibilité autre que cette qualité (Dieppe, 10 déc. 1890, 7542 R. P., 23688 J. E.; — Le Havre, 21 fév. 1891, Neufchâtel, 9 avr. 1891, Rouen, 14 avr. 1891, 7616 R. P., 23686 J. E.; — Saint-Sever, 26 janv. 1892, 7537 R. P.; — Cass. req. 22 mars 1892, 7836 R. P. 23808 J. E.; — 10 mai 1893, 8074 R. P. 24080 J. E.; — Pontarlier, 16 juin 1892; — Cass. req. 28 mai 1894, 8329 R. P., 24389 J. E., 2872-6 I. G.; — Cass. civ. (2 arr.) 29 mai 1894, 8330 R. P., 24390 J. E., 2872-6 I. G.; — 27 janv. 1896, 8706 R. P., 24776 J. E.; — 23 fév. 1898, 9233 R. P., 25348 J. E., 2967-3 I. G.; — Seine, 19 nov. 1898, 9358 R. P., 25625 J. E.; — Cass. civ. 15 avr. 1899, 9521 R. P., 25622 J. E., 3004-2 I. G.; — 1er et 2 mai 1899 (2 arr.), 9547 et 9548 R. P. 25635 J. E., 3004-3 I. G.; — Cass. req. 7 mars 1900, 9793 R. P., 25856 J. E., 3015-4 I. G.; — Cass. civ. 5 fév. 1901, 9967 R. P., 26084 J. E.).

La règle s'applique spécialement aux congrégations autorisées de femmes; et la taxe qu'elles sont tenues d'acquitter doit être calculée sur la pleine propriété des biens appartenant à la communauté, quoique, d'après la loi du 24 mai 1825, les membres d'une congrégation autorisée de femmes n'aient aucun droit de propriété même éventuel sur ces biens (Cass. préc. 10 mai 1893, 28 et 29 mai 1894, 15 avr. 1899, 2 mai 1899 et 5 fév. 1901; — Reims, 7 avr. 1897, 25178 J. E.).

L'exigibilité du droit d'accroissement n'est pas notamment subordonnée, pour les congrégations de femmes autorisées, à l'existence d'une Société civile entre les membres de la congrégation (Cass. préc. 23 fév. 1898).

1. Pays annexés. — Comté de Nice. — Le traité qui règle l'annexion du comté de Nice à la France ne contient aucune disposition conférant aux congrégations des immunités ou dispenses en matière d'impôt. Par suite, les congrégations établies dans ce pays avant l'annexion doivent, comme les autres congrégations, acquitter le droit d'accroissement (Nice, 7 juin 1898, 9507 R. P.).

2. Sœurs converses. — Lorsque les statuts d'une congrégation de femmes ne font pas mention des sœurs converses et ne reconnaissent que des religieuses de chœur, le décès ou la retraite des sœurs converses ne donne pas ouverture au droit d'accroissement établi par la loi du 29 déc. 1884 (Sol. 17 juin 1896, 8077 R. P.).

Cette solution ne trouvera plus que rarement son application, par suite de la conversion en taxe annuelle du droit d'accroissement.

3. Influence des dispositions de la loi du 1er juillet 1901. — Les congrégations autorisées, sous l'empire de l'ancienne législation, n'ont pas cessé d'avoir une existence légale. Elles restent donc assujetties, comme par le passé, au droit d'accroissement et à la taxe sur le revenu.

Quant aux congrégations qui se formeront dans la suite en vertu d'une autorisation législative obtenue dans les termes de la loi nouvelle, il va sans dire qu'elles tomberont elles-mêmes *de plano* sous l'application des lois qui ont édicté ces taxes.

Certains établissements occupés par des congrégations autorisées peuvent être la propriété apparente d'associations particulières. Ces associations étaient soumises, antérieurement, au droit d'accroissement et à la taxe sur le revenu lorsqu'il était établi qu'elles avaient, au fond, un objet identique à celui de la congrégation. Le même régime fiscal doit continuer à leur être appliqué. Il est à prévoir, du reste, que la plupart des congrégations autorisées solliciteront l'autorisation administrative pour les établissements qu'elles possèdent par des intermédiaires, de telle sorte qu'elles seront elles-mêmes débitrices des taxes exigibles sur les biens qui composent les établissements dont il s'agit (3069, § 2, I. G.).

51. Congrégations non autorisées. — Lorsqu'il résulte de présomptions graves, précises et concordantes, qu'une Société anonyme par actions n'a qu'une existence fictive destinée à masquer celle d'une congrégation non autorisée et que les biens qui reposent en apparence sur sa tête appartiennent en réalité à la communauté, le droit d'accroissement est exigible sur ces biens, sur lesquels la Régie peut d'ailleurs poursuivre le recouvrement des condamnations prononcées contre la congrégation. Le fait que la société se confond avec la congrégation est suffisamment établi si, d'après les statuts, la société a le droit, en cas de décès, d'absence ou de toute autre incapacité légale d'un actionnaire, de présenter à ses ayants cause un acquéreur qui remboursera la valeur de ses actions d'après l'estimation du dernier inventaire, si le nombre des actions que chaque administrateur est tenu de déposer en garantie est dérisoire, si l'évaluation des apports est très inférieure au chiffre indiqué dans les assurances, si les dividendes distribués sont insignifiants, s'il n'a jamais été fait mention dans les rapports annuels ni dans la comptabilité, des constructions importantes élevées sur les immeubles de la société, si les biens sociaux sont occupés par la congrégation à laquelle ils ont été loués moyennant un prix très minime; enfin s'il a été jugé, sur la demande de la congrégation, que la taxe sur le revenu payée par la société devait être imputée sur celle réclamée à la communauté (La Flèche, 7 nov. 1899, 25774 J. E.).

Le droit d'accroissement est également dû par la congrégation non autorisée, bien que les membres de la communauté aient, par acte authentique, transformé leur association en une société anonyme par actions, ayant pour objet l'achat, la vente des immeubles, la construction, l'échange, la location des maisons, et, en général, toutes opérations commerciales sur les immeubles, s'il est constant en fait que l'acte n'a qu'une vaine apparence. Il en est ainsi, lorsque, d'après les comptes rendus annuels, aucune des opérations commerciales prévues n'a été effectuée, aucun bénéfice n'a été réalisé, et qu'en définitive, il n'a été apporté aucun changement au règlement ancien et accoutumé de la congrégation (Tulle, 1er juin 1899, 25790 J. E.).

Par le même jugement, le tribunal de Tulle a admis que la société ainsi formée par une congrégation non autorisée étant radicalement nulle, la taxe d'accroissement exigible se trouve compensée avec les droits de transmission et la taxe de mainmorte qu'elle a acquittés. Cette décision est des plus contestables, en ce qui concerne la taxe de mainmorte, attendu qu'on ne peut pas compenser des recettes appartenant à des administrations différentes, notamment une contribution directe avec un droit d'enregistrement (*Rép. gén.*, vo *Compensation*, no 90). Quant aux droits de transmission, la question est plus douteuse; mais la solution adoptée par le tribunal se justifie tout au moins en équité (V. *suprà* n° 46).

L'acquisition en commun, par deux membres d'une congrégation non autorisée, d'un immeuble qu'ils se sont ensuite partagé, mais que détient et possède la congrégation qui l'utilise dans l'intérêt de son œuvre, doit être considérée comme faite pour le compte et au profit de cette congrégation, dès lors qu'il est établi par des présomptions graves, précises et concordantes que les acquéreurs apparents ont joué le rôle de prête-noms. Cet immeuble doit figurer pour la totalité parmi les biens pour lesquels la congrégation est tenue d'acquitter la taxe (Grasse, 12 août 1901, 10067 R. P.).

1. Congrégation dissoute. — Le droit d'accroissement est dû par une congrégation dissoute, s'il est établi que les membres de la communauté ont repris, avec les mêmes règles, leur vie et leurs habitudes monastiques, portent le même costume et continuent l'œuvre de la congrégation (Seine, 4 juin 1897, 9188 R. P., 25221 J. E.; — Mortagne, 19 juin 1896, 9851 R. P., 25905 J. E., 3037-5 I. G.; — V. *infrà* n° 89).

2. Influence des dispositions Loi 1er juillet 1901. — La loi du 1er juillet 1901 déclare illicite toute congrégation formée sans autorisation et elle édicte des peines correctionnelles contre ses membres, ses directeurs, administrateurs et fondateurs (art. 16). Elle dispose, d'autre part, que les congrégations existantes au moment de sa promulgation et qui n'auront pas déposé une demande à fin d'autorisation dans le délai de trois mois à compter de cette promulgation ou qui, ayant sollicité cette autorisation, ne l'auront pas obtenue, seront réputées dissoutes de plein droit et seront mises en liquidation dans les formes prescrites par l'art. 8.

L'effet incontestable de ces dispositions, au point de vue de l'application des lois des 28 déc. 1880, 29 déc. 1884 et 16 avr. 1895 aux congrégations non autorisées, est de faire disparaître la matière imposable. Ces congrégations ne peuvent plus, en effet, être considérées comme ayant même une simple existence de fait. La constitution comme le maintien d'une congrégation non autorisée, après la loi du 1er juill. 1901, serait un délit, et il appartiendrait au parquet de mettre fin, par tous les moyens que la loi a mis à sa disposition, à l'existence de fait de la congrégation illicite. En principe, il ne saurait donc plus être question pour l'Administration de réclamer à une congrégation non autorisée, prise en cette qualité, les taxes anciennes. Il y aurait, en effet, dans une réclamation de cette nature, la reconnaissance implicite d'un état de choses que la loi a cessé de tolérer.

Il suit de là :

1° Qu'une congrégation, constituée sans autorisation depuis la loi du 1er juill. 1901, ne peut plus devoir, en tant que congrégation, ni la taxe sur le revenu, ni le droit d'accroissement; une semblable congrégation a, en effet, toujours été illicite;

2° Qu'une congrégation non autorisée, existant antérieurement à la loi nouvelle, cesse d'être débitrice, en cette qualité, des taxes dont il s'agit à l'expiration du délai de trois mois à compter de la promulgation de la loi, si elle n'a pas demandé l'autorisation, et à partir du refus de l'autorisation, dans le cas contraire; car c'est à partir de l'une ou l'autre de ces dates qu'elle a pris le caractère illicite qui fait obstacle à la réclamation de l'impôt.

Cela n'est vrai, toutefois, que de la congrégation envisagée comme telle. Une action en recouvrement des taxes d'accroissement et du revenu pourrait être encore valablement dirigée contre une association religieuse qui aurait été formée en vue de permettre à la congrégation de poursuivre son œuvre, contre une association même qui présenterait, par la composition de son personnel, tous les éléments caractéristiques de la congrégation. Le fait que l'association se confondrait avec une congrégation non autorisée serait sans doute de nature à permettre au parquet de poursuivre sa dissolution et sa mise en liquidation. Mais l'Administration n'est pas juge de la validité des conventions qui servent de base à ses perceptions, et tant qu'elle se trouve en présence d'une simple association, dont l'existence illégale n'a pas été établie judiciairement, elle a le droit de considérer cette association comme licite et de lui réclamer les taxes auxquelles elle est soumise en cette qualité.

Mais la mise en liquidation de cette association, envisagée comme constituant une véritable congrégation, modifierait la situation. Le jugement qui prononcerait cette mise en liquidation ne mettrait pas seulement fin à l'association; il l'anéantirait encore rétroactivement à compter du jour où, considérée dans son véritable état de congrégation, elle serait devenue illicite, c'est-à-dire, d'après les distinctions précédemment établies, du jour soit de sa constitution, soit du refus d'autorisation, soit enfin de l'expiration du délai de trois mois prévu par l'article 18. Au point de vue de l'exigibilité et du recouvrement de l'impôt, ce jugement produirait les effets dont sont susceptibles les décisions judiciaires qui annulent les conventions soumises à l'impôt; il ferait comme elles disparaître le fait générateur de l'impôt, non seulement pour l'avenir, mais encore pour le passé.

De là cette triple conséquence :

1° Que les taxes non encore payées et s'appliquant à la période courue depuis la date à compter de laquelle l'association est réputée illicite, cesseraient d'être dues;

2° Que les taxes non encore payées et afférentes à la période antérieure devraient être acquittées, car l'effet rétroactif du jugement ne peut remonter au delà du jour où l'association est devenue illicite;

3° Que les taxes payées, à quelque période qu'elles s'appliquent, resteraient acquises au Trésor (art. 60 L. 22 frim. an VII).

En ce qui concerne les congrégations qui, d'abord régulièrement autorisées, viendraient ensuite à être dissoutes par décret en conseil des ministres conformément à la disposition finale de l'article 13, elles ne cesseraient de devoir les taxes qu'à partir de cette dissolution. Elles ne sauraient, en effet, être considérées comme illicites pour la période antérieure, le décret de dissolution ne comportant évidemment aucun effet rétroactif.

D'après les explications qui précèdent, le rôle des agents de l'Administration, en ce qui concerne les congrégations existant antérieurement à la loi du 1er juillet 1901 et qui auraient été mises en liquidation par une décision du tribunal, est tout tracé.

51 *bis*. Associations religieuses. Sociétés civiles.

Sociétés entre religieux, prêtres ou laïques. — On a considéré comme constituant une association religieuse :

1° La société civile, composée exclusivement de laïques, qui a été fondée, non dans l'intérêt privé des associés, mais dans le but exclusif d'affecter le patrimoine social à fournir gratuitement à des congrégations religieuses enseignantes les locaux destinés à accomplir leur mission, et à pourvoir au traitement des religieux qui enseignent dans ces immeubles (Laon, 12 juin 1901 ; Cass. (req.), 1er déc. 1903, 10673 R. P.) ;

2° La société civile par actions, constituée entre laïques, dont l'objet est de fournir, sous l'apparence de locations, des locaux à des congrégations ou établissements religieux (Versailles, 19 juill. 1903 ; Cass. (req.), 15 mai 1905, 10952 R. P.) ;

3° La société civile par actions, formée entre plusieurs membres d'une congrégation non reconnue et quelques laïques n'ayant entre eux ni lien religieux ni règle spirituelle commune, qui n'a pris part à aucune entreprise industrielle, à aucune spéculation, et dont les immeubles ont été affectés à l'œuvre de la congrégation. Peu importe qu'elle loue ses immeubles, en perçoive le prix de location et paie les coupons de ses actions, dès lors qu'il est constant, en fait, que les membres de la congrégation ont eu pour but de masquer le caractère religieux de l'association en s'adjoignant des laïques dont les sentiments religieux et le dévouement à la communauté les garantissaient contre toute crainte de transmission d'actions à des personnes hostiles au but poursuivi, et que le prix du loyer des meubles et immeubles occupés par la communauté, qui constitue l'unique produit de la société, est remboursé aux religieuses sous forme de dividendes (Angers, 6 janv. 1900 ; Cass. (req.), 21 déc. 1903, n° 10676 R. P.) ;

4° La société civile par actions, formée entre des membres d'une congrégation non reconnue, pour l'acquisition, l'amélioration et l'exploitation d'immeubles, lesquels sont affectés à l'œuvre de la congrégation. Il importe peu qu'une modification ait été apportée aux statuts par un acte postérieur, dès l'instant que cet acte n'a nullement changé l'objet primitif de cette association (Cass. (civ.), 2 mars 1904, 10710 R. P. ; — *Contra* : Mâcon, 15 juin 1896, 10719 R. P.) ;

5° La société qui a pour objet d'administrer une chapelle et d'entretenir un lieu de pèlerinage et dont le but principal n'est pas de réaliser des bénéfices (Seine, 12 mars 1901 ; — Cass. civ., 27 juin 1905, 11681 R. P.) ;

6° La société par actions, constituée sans aucune pensée de lucre ou de spéculation, qui, en fait, ne distribue pas de dividendes et dont le but est de continuer l'œuvre d'une congrégation (Nantes, 15 février 1903 ; — Cass. (req.), 17 juillet 1905, 11025 R. P.) ;

7° La société civile par actions, formée entre laïques et ecclésiastiques pour l'achat, la mise en location et l'exploitation d'immeubles, qui n'a eu effectivement pour but que de permettre à une congrégation de continuer ses œuvres, dont tous les biens ont été loués à cette congrégation, et qui n'a distribué aucun dividende aux associés (Nantes, 8 août 1904, 11094 R. P.) ;

8° La société civile par actions, constituée d'abord entre ecclésiastiques auxquels se sont joints ensuite des laïques, qui a pour objet la fondation et l'exploitation d'établissements d'éducation et d'instruction primaire et secondaire catholique (Cambrai, 8 juillet 1904, 10780 R. P. ; — Cass. req., 24 oct. 1906, 11414 R. P.) ;

9° La société civile formée entre laïques et ecclésiastiques, ayant pour objet l'exploitation directe ou indirecte de maisons où doivent être établies des écoles dirigées par des instituteurs congréganistes, qui n'a pas été constituée pour le gain et dont le but est de soutenir et de prolonger l'action d'une congrégation religieuse (Reims, 6 mars 1905 ; — Cass. req. 23 oct. 1906, 11345 R. P.) ;

10° La société civile par actions, créée pour la fondation et l'entretien d'écoles où doit être donné l'enseignement chrétien, dans le but de permettre à une congrégation de continuer son enseignement, et dont les actions ne peuvent être cédées qu'à des personnes agréées par le conseil de direction, et qui ne cherche pas à réaliser de bénéfices (Chinon, 1er avril 1905 ; — Cass. (req.), 31 oct. 1906, 11316 R. P.) ;

11° La société civile constituée entre un ecclésiastique et des laïques, qui a pour objet la création et le développement d'une école dont la direction est confiée à des congréganistes, qui s'identifie et se confond avec l'œuvre entreprise par ces religieux, et dont les statuts prohibent la distribution de tout dividende aux sociétaires (Lorient, 13 déc. 1905 ; — Cass. (req.), 5 déc. 1906, n° 11338 R. P.) ;

12° La société par actions qui a été substituée à une association [illegible] religieuse chargée de gérer les biens occupés par une congrégation, alors que la presque totalité des actions a été attribuée aux membres de l'ancienne société et que, malgré l'importance des bénéfices réalisés, il n'a été distribué, en quatorze ans, que des dividendes insignifiants pour deux exercices seulement. La circonstance que le tribunal aurait eu à trancher antérieurement la question de savoir si la taxe de revenu, réclamée en vertu de la loi du 29 juin 1872 sur les dividendes ainsi répartis, ne devait pas être imputée sur la somme versée à titre de provision plus de cinq ans auparavant, ne s'oppose pas à ce que, pour la perception de l'impôt, la société soit considérée comme une association religieuse soumise aux lois des 28 déc. 1880, 29 déc. 1884 et 16 avril 1895 (Bordeaux, 13 juill. 1903 ; — Cass. (req.), 3 avril 1906, 11178 R. P.) ;

13° La société civile formée entre laïques pour l'achat, la mise en valeur et l'exploitation d'immeubles, mais dont l'objet principal et prédominant est de faciliter la continuation et le développement de l'œuvre essentiellement religieuse entreprise par une congrégation (Cass. ch., 15 mai 1907, 11468 R. P.) ;

14° La société civile formée entre laïques et ecclésiastiques qui n'a pas pour but de réaliser des bénéfices et qui s'est constituée uniquement en vue de permettre à une congrégation de poursuivre son œuvre [illegible] (ent, 22 fév. 1905 ; — Cass. (req.), 5 juin 1907, 11470 R. P.) ;

15° La société civile par actions formée entre religieux auxquels se sont ultérieurement substitués des laïques, qui n'a pas pour but la réalisation de bénéfices et qui ne s'est constituée, en réalité, que pour prêter son concours et son aide à une congrégation. Il importe peu, d'ailleurs, au point de vue de l'impôt, que les statuts ne renferment ni clause d'adjonction, ni clause de réversion et qu'ils prévoient même la distribution de bénéfices (Alger, 24 déc. 1904 ; — Cass. (req.), 2 juill. 1907, 11471 R. P.).

Il a été jugé au contraire qu'on ne peut voir des associations religieuses, assujetties aux taxes d'accroissement et de revenu, dans :

1° La société civile immobilière, constituée par actions, entre religieux, ecclésiastiques et laïques, n'ayant ni lien religieux, ni règle spirituelle commune, dont les biens sont loués à une congrégation, mais qui n'est ni une dépendance, ni une annexe de la congrégation et qui a réalisé des bénéfices et en a, dans la réalité, distribué (Rennes, 30 mars 1904, 10869 R. P.) ;

2° La société civile immobilière à part d'intérêt constituée entre des membres d'une même congrégation et plusieurs laïques, alors même que les immeubles apportés par les congréganistes auraient été loués à la congrégation qui les occupait précédemment, dès l'instant que d'autres immeubles ont été loués à des particuliers et qu'il n'est pas suffisamment établi que la société n'ait pas été créée en vue de réaliser des bénéfices (Rennes, 1er fév. 1904, n° 10825 R. P.) ;

3° La société constituée entre des congréganistes et des laïques, sans qu'elle ait été formée dans un but religieux (Saint-Omer, 11 août 1904, 10925 R. P.) ;

4° La société ayant pour objet l'exploitation d'un orphelinat ouvert aux seuls enfants des familles protestantes, auxquels l'instruction religieuse doit y être donnée par un ministre du culte (Marmande, 11 juin 1905, 11077 R. P.) ;

5° La société anonyme par actions formée entre un prêtre séculier et 10 laïques et qui a pour objet l'établissement d'une école libre de garçons, alors même que l'école serait dirigée par des congréganistes et qu'on adjoindrait l'enseignement religieux aux programmes de l'instruction primaire (Mayenne, 28 nov. 1905 ; — Cass. civ., 15 mai 1907, 11558 R. P.).

Ils devront liquider les taxes courues jusqu'au jour de la dissolution tel qu'il a été déterminé plus haut, c'est-à-dire jusqu'au jour de l'expiration du délai de trois mois à compter du 1er juillet 1901 si la congrégation n'a pas demandé l'autorisation, et, dans le cas contraire, jusqu'au jour où l'autorisation a été refusée. Ils suivront le recouvrement des sommes restant dues contre le liquidateur qui aura seul qualité, à partir de la décision du tribunal, pour représenter l'association dissoute et répondre aux demandes de ses créanciers (3060, § 2, I. G.).

51 *bis*. **Associations religieuses — Sociétés civiles**. — Les associations religieuses tombent, comme on l'a vu, sous l'application des lois de 1880, de 1884 et de 1895. La loi du 1er juillet 1901 sur le contrat d'association n'a pas eu pour résultat de modifier le régime fiscal auquel elles sont soumises (3069, § 2, I. G.).

Les sociétés civiles, qui présentent le caractère d'une association religieuse, doivent être traitées comme telles pour la perception.

Il en est de même des sociétés anonymes. « Il importe peu, d'après le tribunal de la Seine, qu'une association ait revêtu une forme juridique quelconque, commerciale ou civile, ou qu'elle n'ait pris aucune forme régulière ; il suffit qu'il existe une association et que cette association ait le caractère religieux. » (Seine, 27 juill. 1901, 26268 J. E.).

Mais il n'est pas toujours facile de discerner, en l'absence d'une règle précise, si une association doit être ou non réputée religieuse. Nous allons analyser les principales décisions intervenues en cette matière.

I. Société entre religieux. — On a considéré comme constituant une association religieuse :

1° La société, constituée par actions entre des personnes appartenant pour la plupart à la même congrégation, qui ne se propose pas de distribuer des bénéfices et qui, en fait, n'a jamais réparti de dividendes, alors qu'il est constant qu'elle a été formée dans le but d'assurer l'œuvre de la congrégation, et que la disposition des statuts, d'après laquelle les actions d'un associé doivent être cédées, en cas de retraite, d'exclusion ou de décès, au prix déterminé à la clôture de l'exercice précédent, reste en réalité inexécutée (Ploërmel, 22 juin 1892 ; — Cass. req. 3 janv. 1894, 8228 R. P., 24292 J. E., 2864-7 I. G.) ;

2° La société civile de gains, formée entre plusieurs membres d'une même congrégation, qui, nonobstant la suppression des clauses de non-répartition de bénéfices, d'adjonction et de réversion insérées dans les statuts originaux, poursuit avec évidence un but religieux, comme le prouvent l'obligation pour les associés de résider dans l'établissement social et, en cas de difficulté, de s'en remettre à l'arbitrage souverain de l'évêque du diocèse. Le fait que la société se consacre à l'exploitation, l'amélioration et la gestion des immeubles apportés en société n'a rien d'incompatible avec le caractère de l'association, dès lors que son but principal est de procurer à chacun de ses membres l'aide de ses soins et ressources tant en santé qu'en maladie et de les recevoir à titre de pensionnaires désirant mener une vie retirée (Dreux, 4 juill. 1893 ; — Cass. req. 4 fév. 1896, 8707 R. P., 24805 J. E., 2910-4 I. G.) ;

3° La société civile par actions ayant pour objet l'éducation religieuse et l'instruction des jeunes filles, et formée entre plusieurs membres d'une même congrégation, dès lors que le personnel de la congrégation est utilisé par la société, que la présidente du conseil d'Administration est la supérieure même de la congrégation, que le capital tout entier appartient à des membres de cette congrégation, qu'il ne doit être distribué aucun dividende, et, d'une manière générale, qu'il est constant en fait que la société n'a d'autre but que de continuer, dans les mêmes locaux, l'œuvre d'éducation religieuse et d'instruction entreprise par la congrégation (Montpellier, 19 nov. 1894 ; — Cass. req. 18 oct. 1897, 9157 R. P. ; 25256 J. E., 2965-5 I. G.) ;

4° La société civile, constituée entre des membres d'une congrégation non autorisée, qui a pour objet l'exploitation d'immeubles, la vie et le travail en commun, la création de pensionnats ou écoles de jeunes filles, dès l'instant qu'il est établi qu'elle n'a été formée que pour assurer la durée de l'œuvre de la congrégation, qu'aucune modification n'a été apportée dans les pratiques d'enseignement, dans la direction de l'école qui est administrée par des religieuses de cette congrégation. Il est indifférent qu'elle ait fait disparaître de ses statuts les clauses de réversion et d'adjonction (Besançon, 30 juin 1898 ; — Cass. req. 7 mars 1900, 9793 R. P., 25836 J. E., 3015-4 I. G.) ;

5° La société civile qui se compose exclusivement de religieux appartenant à la même congrégation et entre lesquels il existe un lien religieux et une règle spirituelle commune, — dont les statuts obligent les associés à résider dans l'établissement social et à s'en rapporter, en cas de difficulté, à l'arbitrage souverain de l'autorité diocésaine, — et enfin dont le pacte social stipule la réversion au profit des membres restants de tout ce qui appartenait aux membres décédés ou sortants (Mortagne, 19 juin 1896 ; — Cass. civ. 9 mai 1900, 9851 R. P., 25905 J. E., 3037-5 I. G.) ;

6° La société constituée entre plusieurs membres d'une même congrégation dans le but d'acquérir des immeubles destinés au service de la congrégation, et particulièrement aux cérémonies religieuses en vue desquelles la congrégation a été formée (Lyon, 1er déc. 1893, 24311 J. E.) ;

7° La société civile par actions formée à l'origine par certains membres d'une congrégation dans le but d'assurer l'œuvre de cette dernière, alors même qu'elle aurait supprimé de ses statuts la clause de réversion, la faculté de retrait des actions et substitué un conseil d'administration, en partie laïque, au conseil d'administration composé de religieuses, s'il est constant que ces modifications n'ont apporté aucun changement dans le fonctionnement de la société et que les immeubles sociaux, dont la destination est restée la même, ont continué notamment à être occupés par les membres de la congrégation (Seine, 26 nov. 1898, 9598 R. P., 25507 J. E.) ;

8° La société civile substituée à une première société qui avait été formée dans le but d'assurer l'œuvre et le service d'un ordre religieux, bien que les statuts ne contiennent plus de clause de réversion, s'ils réservent au conseil d'administration la faculté de racheter les titres, — qu'ils prévoient le partage des bénéfices, si aucune distribution n'a eu lieu ; — que les biens sociaux aient été loués à un tiers, si en fait ils sont occupés par les membres de la congrégation (Seine, 3 mars 1900, 25926 J. E.) ;

9° La société civile qui a été substituée à une société

créée en vue d'assurer l'œuvre et le service d'une congrégation, et dont le but est resté le même. Il est indifférent que les statuts prévoient le partage des bénéfices, si aucune répartition n'a jamais été faite; — que des laïques puissent faire partie de la société ou du conseil d'administration; — que les actions aient été émises au porteur, si tout sociétaire peut retenir la totalité des biens sociaux moyennant le payement aux autres associés du prix de leurs parts, toutes les difficultés qui seraient soulevées devant être tranchées par des arbitres nommés par l'autorité diocésaine; — que les actions acquittent la taxe de transmission, le droit d'accroissement et cette taxe étant complètement indépendants l'un de l'autre (Seine, 19 mai 1900, 26008 J. E.).

2. Société entre religieux ou prêtres et laïques. — Le caractère d'une association religieuse a été reconnu à la société civile par actions, constituée, sans clause d'adjonction ni de réversion, entre plusieurs membres d'une congrégation et des laïques, dès lors que les immeubles qui lui appartiennent ont été loués à la congrégation par la société, qui ne se livre à aucune spéculation ou industrie, et que les sentiments des associés laïques sont un sûr garant que les actions ne seront pas transmises à des personnes hostiles au but poursuivi par la société (Angers, 6 janv. 1900, 25835 J. E.).

Il importerait peu qu'un dividende eût été distribué aux actionnaires, s'il est constant en fait que les membres de la société, même recevant un intérêt de leurs apports, ne se sont pas unis en vue de réaliser des bénéfices personnels, mais seulement pour suppléer à l'incapacité juridique d'une congrégation non reconnue, en assurant la conservation et la gestion des biens nécessaires à son existence (Seine, 27 juill. 1901, 26268 J. E.).

Il n'a pas semblé, au contraire, que les sociétés suivantes réunissent les traits distinctifs de l'association religieuse :

1° La société civile, constituée entre ecclésiastiques et laïques n'ayant ni lien religieux ni règle spirituelle commune, qui n'est pas une dépendance ou annexe d'une congrégation, dont les statuts ne prohibent pas la distribution des bénéfices réalisés, et dont les actions sont aliénables, transmissibles de plein droit et donnent à chaque associé des droits égaux dans la propriété des biens et la répartition des bénéfices (Neufchâtel, 26 juill. 1893; — Cass. civ. 22 nov. 1899, 9711 R. P., 25769 J. E.);

2° La société civile, formée à l'origine entre des membres appartenant à la même congrégation, qui réalise des bénéfices et dont les statuts ne contiennent pas de clause de réversion, ne prohibent pas la répartition des bénéfices réalisés, n'obligent pas les associés à résider au siège social et ne les soumettent pas à l'arbitrage d'une autorité ecclésiastique, alors même que la société serait en rapports assez étroits avec la congrégation (Mâcon, 15 juin 1898, 25536 J. E.);

3° La société civile qui, tout en poursuivant un but pieux, se propose de tirer des bénéfices de l'entreprise. Il en est ainsi spécialement de la société qui, ayant pour objet l'exploitation d'immeubles dont une partie est louée, est constituée par actions au porteur transmissibles sans aucune restriction et dont les statuts prévoient la distribution de bénéfices et un fonds de réserve; il est sans intérêt qu'elle ait été formée à son origine par des religieux et que certains immeubles qui lui appartiennent soient occupés par des congréganistes qui y entretiennent des pensionnaires et des malades, dès l'instant que le profit à retirer de l'exploitation entre dans le montant des bénéfices (Nancy, 5 mars 1900, 25931 J. E.);

4° La société civile, constituée en vue de loger des religieux, dont les actions, qui donnent droit chacune à une part égale dans la propriété du fonds et dans les bénéfices, sont transmissibles sans réserve, dont les membres ne sont pas soumis à une règle commune et ne sont pas astreints à vivre en commun, et qui, en fait, distribue des dividendes (Nancy, 25 juin 1900, 9988 R. P.);

5° La société civile, ayant pour but d'administrer les immeubles dépendant de l'actif social, dont les actions, toutes au porteur, sont transmissibles sans aucune restriction, qui n'est ni une dépendance ni une annexe d'une congrégation, et qui, en fait, distribue des dividendes; il importe peu qu'elle ait été constituée par des prêtres et qu'une partie des immeubles soient loués à une congrégation (Seine, 30 juin 1900, 26036 J. E.);

6° La société civile par actions constituée entre un prêtre et 19 laïques pour l'exploitation et la location d'un immeuble servant d'école pour les garçons, et pour l'acquisition, l'exploitation ou la location de tous autres immeubles. On ne saurait attribuer à cette société dans laquelle on ne rencontre ni lien religieux, ni règle spirituelle commune, une destination religieuse, attendu que l'école est destinée à procurer aux enfants un enseignement qui, pour être vraisemblablement dirigé dans un sens philosophique, moral ou même confessionnel déterminé, n'en demeure pas moins d'objet essentiellement temporel. Il est indifférent que cet enseignement soit confié à des maîtres congréganistes, alors que les statuts n'obligent pas la société à recourir à une congrégation ni même à entretenir une école (Mayenne, 28 nov. 1900, 26202 J. E.);

7° La société immobilière, constituée par actions entre ecclésiastiques et laïques, qui ne prohibe pas la distribution de bénéfices réalisés et dont les statuts n'indiquent aucune destination pieuse ni aucun but religieux, alors même que les immeubles auraient été loués à des prêtres qui les ont affectés à des œuvres religieuses (Seine, 22 nov. 1901, 10198 R. P.).

3. Culte réformé. — Culte israélite. — La loi assujettit au droit d'accroissement toutes les associations religieuses sans exception; elle n'établit aucune distinction entre les associations appartenant au culte catholique et celles qui appartiennent à d'autres cultes. Elle atteint donc les associations religieuses des églises protestantes ou israélites aussi bien que celles qui se rattachent à une congrégation catholique.

Il a été décidé en ce sens :

1° Qu'on doit considérer comme une association religieuse la société civile formée en vue d'une action durable et permanente, étrangère à toute idée de gain, purement morale et religieuse, dans le but d'assurer la célébration du culte de l'église réformée par l'érection d'un temple et de favoriser toute œuvre se rattachant à cette église (Seine, 4 août 1899, 9657 R. P., 25740 J. E.; — 24 nov. 1899, 25868 J. E.);

2° Que le même caractère appartient à la société civile constituée entre coreligionnaires, pour la construction et

3. Culte réformé. — L'acquisition en commun faite, sans clause de réversion, par deux personnes, d'immeubles destinés à la construction d'un temple protestant, ne suffit pas à donner naissance à une association religieuse, dès l'instant que l'un des acquéreurs n'apporte aucun concours effectif au fonctionnement de l'œuvre (Pau, 8 mars 1900, 11299 R. P.).

6 bis-4. Société civile constituée entre prêtres et laïques. But philanthropique. — Ne constitue pas une association religieuse, assujettie comme telle aux taxes d'accroissement et du revenu, la société civile formée entre laïques et ecclésiastiques dans le but d'exploiter une clinique et un orphelinat où sont admis des enfants sans distinction de culte. Il est indifférent : 1° que des religieuses soient employées dans ces établissements, dès lors qu'elles occupent sans bail les locaux de la société et qu'elles sont révocables à sa volonté; 2° que, malgré les clauses des statuts, il n'ait jamais été distribué de dividendes du moment où la société poursuit un but de pure bienfaisance; et 3° que les parts sociales ne peuvent être cédées qu'à des personnes agréées par l'assemblée générale des associés, cette disposition n'ayant d'autre portée que d'assurer l'œuvre philanthropique de la société (Pont-l'Évêque, 8 août 1905, 11181 R. P.).

53. Tontine. — On a considéré comme créant une association religieuse : 1° l'acquisition en commun faite, sous forme de pacte tontinier, par plusieurs membres d'une même congrégation, de meubles et d'immeubles affectés au service de cette congrégation (Chartres, 8 avril 1903, 10571 R. P.); 2° l'acquisition en commun, sous pacte tontinier, par plusieurs membres d'une même congrégation, d'un immeuble pour y fonder une maison de leur observance et faciliter ainsi le développement de la congrégation mère. Il importe peu que les deux derniers associés survivants aient renoncé au pacte aléatoire pour rester propriétaires indivis, et que l'un d'eux ait cédé ses droits à un prêtre, dès l'instant que l'indivision subsistante continue l'œuvre fondée à l'origine (Saint-Brieuc, 8 août 1900; — Cass. (req.), 7 janvier 1905, 10937 R. P.); 3° l'acquisition en commun faite par des prêtres, sous pacte tontinier, d'immeubles mis à la disposition d'une congrégation pour contribuer au succès et au développement d'une de ses œuvres. La circonstance que l'œuvre à laquelle les immeubles ont été affectés serait dirigée actuellement par des prêtres sécularisés ne saurait modifier le caractère religieux de l'association dont le but est resté le même (Toulon, 29 mars 1898 et 20 déc. 1900; — Cass. (req.), 9 déc. 1903, 10631 R. P.).

Il a été décidé, au contraire, que l'acquisition faite par deux personnes, sous pacte tontinier, d'un immeuble qu'elles affectent à une école dirigée par des congréganistes ne donne pas naissance à une association religieuse, dès l'instant que les intérêts des indivisaires restent individuels, que leur personnalité est distincte de celle de l'école et que leurs droits ne se confondent point avec ceux des occupants (Chartres, 27 déc. 1905, 11500 R. P.).

53 *bis*. Acquisition en commun par un membre de la communauté et par des personnes affiliées. Biens affectés au service de la congrégation. — Une acquisition en commun, même sans clause de réversion, par un membre d'une congrégation religieuse et des personnes affiliées à la communauté, d'immeubles affectés gratuitement à l'œuvre de la congrégation, donne naissance à une association religieuse, soumise comme telle à l'impôt sur le revenu et à la taxe d'accroissement, du moment que ladite association ne cherche à réaliser aucun gain et qu'elle a été uniquement fondée pour permettre à la congrégation d'accomplir sa mission (Bordeaux, 20 juillet 1901; — Cass. req., 29 juillet 1903, 10603 R. P.).

Membres d'une même communauté. Acquisition en commun. Biens affectés à l'œuvre de la congrégation. — La Régie est fondée à prouver qu'une acquisition en commun faite par plusieurs personnes constitue non pas un état d'indivision pure et simple, mais donne naissance à une association religieuse, soumise comme telle à l'impôt sur le revenu et à la taxe d'accroissement. Cette preuve résulte suffisamment de la constatation que les immeubles acquis appartiennent à des membres d'une même congrégation et qu'ils sont affectés à l'œuvre de la communauté (Cass. (civ.) (2 arrêts), 15 janv. 1906; — Contra : Seine, 9 déc. 1904 et 6 janv. 1906, 10690 R. P.).

l'administration d'un temple destiné au culte israélite (Seine, 2 déc. 1899, 25809 J. E.);

3° Qu'il appartient également à la société formée entre les membres de l'Église protestante épiscopale des États-Unis (Comité des Trustees des paroisses étrangères de l'Église protestante épiscopale des États-Unis d'Amérique) dans le but d'assurer la célébration du culte en pays étrangers par l'achat des immeubles nécessaires. Peu importe qu'il n'existe entre les différents membres aucun lien religieux et que les statuts ne contiennent aucune clause de réversion au profit des membres restants (Seine, 10 mai 1901, 10201 R. P.).

4. Société charitable. — Œuvre de bienfaisance. — La société civile, dont l'objet principal est l'assistance matérielle et charitable, ne tombe pas sous l'application des lois qui visent les associations religieuses, si elle ne sert pas à dissimuler soit une congrégation, soit une communauté. Peu importe qu'elle se propose également de pourvoir aux services divins en langue anglaise et d'acquérir et maintenir les églises ou chapelles nécessaires, le but d'une œuvre charitable étant de procurer aux assistés des avantages matériels et moraux. Il est encore indifférent que les statuts contiennent des clauses d'adjonction et de réversion, ces clauses étant nécessaires pour assurer la stabilité de l'œuvre, et qu'ils prohibent toute distribution de bénéfices, ce fait étant la caractéristique essentielle de toute association de bienfaisance (Seine, 17 nov. 1900, 26122 J. E.).

53. Tontines. — Si, en thèse générale, les tontines ne tombent sous l'application des lois de 1880 et de 1884 qu'autant qu'elles constituent des véritables sociétés avec clause d'adjonction (*Rép. gén.*, nos 38 et 39), la jurisprudence admet qu'il en est différemment, si elles présentent le caractère d'associations religieuses.

Une tontine, déclare la Cour de Cassation, est une association d'une nature particulière dans laquelle, au moment où l'association se forme et par l'effet seul de la convention, chaque associé aliène son droit de propriété au profit de la masse et du dernier survivant en se réservant l'éventualité d'un droit de survie. Par le fait seul qu'elle est une association, le droit d'accroissement est dès lors dû par elle si elle a un caractère religieux (Cass. req. 25 janv. 1897, 8930 R. P., 25056 J. E., 2935-7 I. G.; — 25 juin 1900, 9808 R. P., 25952 J. E., 3037-6 I. G.; — 27 mars 1901, 10022 R. P., 26092 J. E.).

On a considéré comme créant une association religieuse :

1° L'acquisition faite en commun sous pacte tontinier par quelques membres d'une congrégation religieuse, avec clause de réversion successive au profit des survivants, lorsque l'établissement acquis est administré exclusivement par des membres de cette congrégation, et que le service intérieur est fait par des sœurs converses provenant de la communauté dans laquelle résident la plupart des concessionnaires (Nantes, 20 juin 1895. — Cass. préc. 25 janv. 1897. Arbois, 24 déc. 1898, 9609 R. P.; — Seine, 26 nov. 1898, 25573 J. E.);

2° L'acquisition en commun, par des membres d'une congrégation, d'un terrain sur lequel ont été élevées des constructions, également mises en commun à titre de pacte tontinier, dès lors que ces constructions constituent le couvent de la congrégation dont les acquéreurs font partie et que le but de l'association a été, par là même, de faciliter à cette congrégation le moyen d'accomplir son œuvre (Périgueux, 7 juillet 1898; — Cass. préc. 25 juin 1900);

3° L'acquisition faite en commun, sous pacte tontinier, par quelques membres d'une congrégation d'un immeuble où se trouve installée la maison-mère de la congrégation, l'agrégation ne pouvant être dans ce cas considérée comme ayant une existence propre, mais comme étant une dépendance de la congrégation même (Versailles, 28 juillet 1899; — Cass. préc. 27 mars 1901);

4° L'acquisition en commun, par plusieurs membres appartenant à la même congrégation, d'un immeuble affecté à un établissement d'instruction congréganiste (Saint-Nazaire, 30 avril 1892, 23900 J. E.; Vervins, 2 nov. 1900, 26026 J. E.), alors surtout qu'une partie de l'immeuble a été louée à un tiers suivant une déclaration de bail indiquant la communauté comme bailleresse (Perpignan, 9 mai 1892, 23900 J. E.);

5° L'acquisition faite, avec clause de réversion, par tous les membres d'une même communauté, d'immeubles vendus tout d'abord à la congrégation, à la suite du refus par le Gouvernement d'autoriser la congrégation à acquérir pour son compte (Orléans, 26 février 1895, 8893 R. P.);

6° L'acquisition en commun faite par des religieuses, qui ont été dénommées dans le contrat dames de Marie Auxiliatrice de l'Immaculée-Conception, d'un immeuble dans lequel a été installée la communauté, avec stipulation que la part des prémourantes accroîtra aux survivantes de manière que la dernière survivante reste seule propriétaire avec tous les changements, améliorations et embellissements qui auraient été faits (Seine, 13 nov. 1897, 9217 R. P., 25447 J. E.);

7° L'acquisition en commun, faite par des membres d'une congrégation, d'un immeuble que l'agrégation occupe effectivement, alors surtout que, à la suite d'un premier décès, la déclaration afférente au droit de mutation a été consentie par la supérieure au nom de la congrégation (Grasse, 13 juill. 1898, 9608 R. P.).

Il a été décidé toutefois qu'il ne suffit pas, pour caractériser l'association religieuse :

1° Que l'acquisition ait été faite par des membres d'une congrégation qui touche les revenus de l'immeuble, si, d'après les statuts de la congrégation, les revenus des biens personnels doivent être remis au commun de la maison (Argentan, 21 juin 1898, 25551 J. E.; V. *infra* n° 98);

2° Que l'immeuble soit occupé par la congrégation (Bayonne, 2 juill. 1895, 8763 R. P.).

53 *bis*. Acquisition en commun sans pacte tontinier. — Indivision. — Une acquisition en commun, même sans clause de réversion, par des membres d'une congrégation religieuse, d'immeubles affectés à l'œuvre de la congrégation, donne naissance à une association religieuse, soumise comme telle à la taxe d'accroissement (Toulon, 26 janv. 1899, 25612 J. E.; — Le Mans, 9 fév. 1899; — Cass. req. 30 juill. 1900, 9948 R. P., 25970 J. E., 3061-1 I. G.; — Le Mans, 9 fév. 1899; Cass. req. 31 juill. 1900, 9949 R. P., 25970 J. E., 3061-1 I. G.; — Châlon-sur-Saône, 4 juill. 1899; Cass. req. 14 mai 1901, 10042 R. P., 26140 J. E., 3070-13 I. G.; Nancy, 13 nov. 1898; Cass. req.

11 fév. 1902, 10118 R. P.; — *Contrà* Besançon, 12 janv. 1892, 7891 R. P.; Quingamp, 15 juill. 1892, 8057 R. P.).

Il a été décidé dans le même sens qu'on doit considérer comme une association religieuse passible de la taxe le groupement formé par les propriétaires indivis d'un immeuble donné à des congréganistes en vue d'assurer l'œuvre de la congrégation et qui, par des mutations successives, n'a pas cessé d'appartenir à des membres de cette congrégation (Lannion, 22 avril 1902, 10313 R. P.).

54. Liquidation de la taxe d'accroissement. — A la différence de l'ancien droit, pour l'assiette duquel la valeur des biens devait être déterminée comme en matière de mutation à titre gratuit ou par décès, la taxe annuelle et obligatoire est due, dans tous les cas, sur la valeur brute, c'est-à-dire la valeur vénale, qu'il s'agisse de meubles ou d'immeubles (art. 3, § 1er, L. 16 avril 1895).

Mais, ainsi que cela a été établi au cours de la discussion devant le Parlement, le taux en a été déterminé de telle manière que le nouveau mode de perception n'est pas plus onéreux que l'ancien pour les établissements assujettis au droit d'accroissement (2882 I. G.).

1. Biens sur lesquels une congrégation n'exerce qu'un droit de jouissance. — Le droit est exigible sur la pleine propriété des biens appartenant à une congrégation de femmes autorisée, bien que, d'après la loi du 24 mai 1825, les membres de la communauté n'aient aucun droit de propriété, même éventuel, sur ces biens et qu'ils ne doivent jamais en avoir que la jouissance (Cass. req., 28 mai 1894, 8329 R. P., 24389 J. E., 2872-6 I. G. — V. *suprà*, n° 49).

2. Biens affectés d'un droit de retour. — Le droit est dû également sur la valeur des biens affectés d'un droit de retour et qu'une congrégation ne possède que sous condition résolutoire (Cass. civ. 27 janv. 1896, 8706 R. P., 24776 J. E.).

La condition résolutoire ne suspend point, en effet, l'exécution de l'obligation (C. Civ. 1183); elle n'empêche pas le nouveau possesseur d'être propriétaire des biens qui lui ont été transmis; tant que la condition n'est pas accomplie, les biens reposent sur sa tête. « L'acquéreur sous condition résolutoire d'un immeuble, enseignent Aubry et Rau, jouit de tous les droits et bénéfices appartenant au propriétaire dont le titre n'est soumis à aucune cause de résolution. » (Droit civil, t. IV, § 302, p. 78). Si donc une congrégation a acquis des biens sous la condition qu'à sa dissolution ils feront retour au précédent possesseur, elle doit en être considérée, pendant toute son existence, comme véritable propriétaire; d'où la conséquence, d'après l'interprétation donnée par la jurisprudence à la loi de 1884, que chaque membre de la communauté est censé propriétaire de la part lui revenant dans ces mêmes biens et qu'à son décès, la taxe d'accroissement est due sur cette part fictive qu'il transmet aux membres survivants. La solution ne serait pas différente, si l'on regardait le droit concédé à la congrégation comme un usufruit perpétuel, attendu qu'un tel usufruit représenterait une véritable propriété (V. Dalloz, J. G., v° *Usufruit*, n° 38). Ajoutons que, suivant les dispositions de la loi du 24 mai 1825, les congrégations autorisées de femmes ne sont généralement propriétaires que sous condition résolutoire, puisque, en cas de dissolution, leurs biens font retour, soit aux donateurs ou à leurs représentants, soit à des établissements désignés par le gouvernement; or, il n'en a pas moins été décidé qu'elles doivent la taxe d'accroissement.

Mais si, dans l'état actuel de la jurisprudence, l'arrêt est exact au fond, il n'en est pas de même du motif qui lui sert de base. La Chambre civile s'appuie en effet, pour décider que le droit d'accroissement atteint les biens affectés d'une condition résolutoire, sur le 2e alinéa de l'art. 9 L. 29 déc. 1884, aux termes duquel « le revenu est déterminé à raison de 5 0/0 de la valeur brute des biens meubles et immeubles possédés ou occupés ». Or, cette disposition détermine l'assiette de la taxe sur le revenu et ne s'applique en aucune façon au droit d'accroissement. Pris à la lettre, l'arrêt autoriserait la perception de ce dernier droit sur les biens occupés par les congrégations. L'erreur commise par la Cour est trop évidente pour qu'il y ait lieu d'insister.

3. Biens possédés en nue propriété. — Il suffit, pour que la taxe soit légalement perçue sur la valeur brute des biens meubles et immeubles, que ces biens soient possédés par une association religieuse. L'impôt est donc exigible sur la valeur brute d'un immeuble, alors même qu'une réserve de jouissance aurait été stipulée au profit des vendeurs (Chalon-sur-Saône, 4 juill. 1899; — Cass. req. 14 mai 1901, 10042 R. P., 26140 J. E., 3070-13 I. G.).

Nous ne saurions nous rallier à l'interprétation adoptée par la Cour. C'est certainement exagérer le sens et la portée exacte de l'art. 8 L. 16 avril 1895 que d'admettre que la nue propriété doit être évaluée comme la propriété entière. Si le principe posé par la Cour devait prévaloir, il s'ensuivrait que, quand l'usufruit est possédé par une congrégation et la nue propriété par une autre, la taxe serait exigible deux fois sur la valeur totale des biens. A défaut d'une disposition spéciale et formelle, un pareil résultat est évidemment inadmissible. Ce que le législateur a voulu, c'est que les biens possédés par une congrégation ou une association religieuse supportent l'impôt, sans distraction des charges passives dont ils peuvent être affectés; le texte ne prête pas à une autre interprétation. Mais, lorsque les biens consistent en une nue propriété, c'est la valeur brute de cette nue propriété qui doit servir de base à la perception, et non pas celle de la toute propriété.

4. Remboursement partiel de la part de l'associé décédé ou qui se retire. — Avant la mise en vigueur de la loi de 1895, il avait été jugé que le droit d'accroissement devait être liquidé sur la différence entre la valeur réelle de la part de l'associé et le montant de la somme à rembourser à lui-même ou à ses représentants en cas de retraite ou de décès (Cass. civ. 23 janv. 1893. — V. *suprà*, n° 34). Ce mode de perception ne saurait plus être suivi actuellement. La taxe constitue un forfait, et aucune imputation ne peut plus être admise (Sol. 10 avr. 1896. — *Rapp.* 8487 R. P. *obs.*).

5. Fonds de commerce. — Un fonds de commerce comprend des marchandises, un achalandage et une clientèle. Il y a lieu de faire état de ces divers éléments pour le calcul de la taxe (Grasse, 12 août 1901, 10067 R. P.).

6. Congrégation ayant son siège en Algérie. — Biens en France. — Les lois qui établissent un impôt de mutation appartenant au statut réel, les biens qu'une association re-

Acquisition en commun par des membres d'une même congrégation. Simple indivision. — L'acquisition en commun, faite sous clause de réversion, par plusieurs membres d'une congrégation religieuse, d'un immeuble loué précédemment à cette congrégation, ne suffit pas à donner naissance à une association religieuse. Elle présente, à défaut d'autre preuve, le caractère d'une simple indivision, qui échappe à la perception de la taxe d'accroissement (Seine, 27 déc. 1902, 10545 R. P.).

Acquisition en commun par deux personnes. Biens occupés par une congrégation. Simple indivision. — Le but religieux, la destination pieuse, suffisent à eux seuls pour donner à une association le caractère religieux, alors même qu'aucun de ses membres ne serait religieux; mais l'indivision ne peut par elle seule constituer une association : il faut de toute nécessité non seulement un but commun, mais des engagements préalables pris par les associés les uns envers les autres, de telle sorte que la violation de ces engagements puisse servir de base à une action en justice. — Spécialement, l'acquisition en commun, faite sans clause de réversion par deux personnes, d'un immeuble occupé par une congrégation, présente le caractère d'une simple indivision, échappant à la perception de la taxe d'accroissement, dès lors qu'il n'est pas établi que ces personnes ne se sont pas liées l'une envers l'autre par des engagements réciproques (Nancy, 29 juill. 1903, 10898 R. P.).

ligieuse ayant son siège en Algérie, possède en France, doivent acquitter en France la taxe d'accroissement (Millau, 25 juin 1902, 10321 R. P.).

54 *bis*. Taux de la taxe. — Décimes. — Ce taux, fixé d'une manière générale à 0 fr. 30 p. 0/0 de la valeur ci-dessus spécifiée, est élevé à 0 fr. 40 p. 0/0 de la même valeur pour les immeubles possédés par celles des congrégations, communautés et associations qui ne sont pas assujetties à la taxe de mainmorte établie par la loi du 20 février 1849. Cette dernière taxe atteint les biens immeubles passibles de la contribution foncière qui appartiennent, notamment, aux congrégations religieuses, établissements de charité, sociétés anonymes et tous établissements publics légalement autorisés.

La taxe substituée au droit d'accroissement n'est pas soumise aux décimes (L. 16 avr. 1895, art. 4).

1. Minimum. — La taxe ayant le caractère d'un droit d'enregistrement, le moindre droit à percevoir est celui de 0 fr. 25, et la perception doit suivre les sommes de 20 fr. en 20 fr. inclusivement et sans fraction, conformément aux prescriptions des art. 2 et 3 L. 27 ventôse an IX. Il y a lieu d'ailleurs de liquider l'impôt sur le montant cumulé des meubles et des immeubles, lorsqu'ils sont soumis au même tarif (Sol. 11 juill. 1895).

55. Biens possédés ou occupés. — Les biens simplement *occupés* par les congrégations, communautés ou autres associations sont exempts de la taxe annuelle, de même qu'ils étaient affranchis du droit qu'elle remplace, mais tous les biens *possédés* par ces congrégations, communautés et associations y sont assujettis, de même qu'ils étaient assujettis à l'ancien droit (art. 3, § 1er, L. 16 avr. 1895; — 2882 I. G.).

1. Biens possédés par une congrégation. — Personne interposée. — Les immeubles qu'une congrégation a acquis par personnes interposées, et qu'elle possède *animo domini*, doivent entrer en ligne de compte pour le calcul du droit (Quimper, 8 avr. 1897, 25103 J. E.; — Grasse, 12 août 1901, 10067 R. P.).

2. Immeuble acquis par la supérieure pour le compte de la communauté. — Absence d'autorisation. — L'immeuble acquis par la supérieure d'une congrégation reconnue, pour le compte et des deniers de la communauté, est réputé appartenir à cette congrégation, bien qu'elle n'ait pas obtenu l'autorisation d'acquérir et que la supérieure doive, d'après les termes du contrat, rester acquéreur, si cette autorisation n'était pas rapportée (Millau, 17 juill. 1897, 9436 R. P., 25302 J. E. — Cass. req. 14 nov. 1898, 9436 R. P., 25514 J. E., 2986-3 I. G.).

Ces décisions ne sont pas exemptes de critique. D'après les termes de l'arrêt, l'acquisition a eu lieu pour le compte et les deniers de la communauté, mais sous la condition que, si l'autorisation n'était pas rapportée, la supérieure demeurerait personnellement acquéreur. En résulte-t-il que la congrégation doive être d'ores et déjà considérée comme propriétaire bien que l'autorisation prévue n'ait pas été accordée? Il est permis d'en douter. Il est de règle que les clauses d'un contrat s'interprètent les unes par les autres et qu'elles doivent être combinées entre elles, pour en déterminer le sens exact et la portée réelle (1161 C. C.). Or, en fait, l'acte contient deux dispositions parfaitement distinctes et nettement tranchées qui ne sauraient, par conséquent, être envisagées isolément. Mais alors, admettre avec la Cour que la congrégation est devenue, originairement et avant toute autorisation, propriétaire de l'immeuble, n'est-ce pas refuser tout effet à la seconde clause du contrat? A compter de quelle époque la supérieure devra-t-elle être réputée acquéreur? A quel moment précis son droit de propriété deviendra-t-il apparent? Jamais, sans doute, puisque jamais on ne sera assuré que l'autorisation ne sera pas un jour ou l'autre rapportée. Cette conséquence ne suffit-elle pas à condamner le système de la Cour? Dans notre opinion, l'acte devrait être interprété en ce sens que la supérieure demeurera seule propriétaire de l'immeuble, tant que la congrégation n'aura pas été autorisée à acquérir, et que c'est à compter uniquement de la date de l'autorisation que l'acquisition passera sur la tête de la communauté. Cette interprétation qui a, d'ailleurs, pour résultat de respecter les prescriptions de la loi, d'après lesquelles les congrégations reconnues sont tenues, pour acquérir, de se munir d'une autorisation régulière, nous paraît seule rationnelle, parce que seule elle concilie les stipulations diverses du contrat de vente. Il est du reste superflu d'ajouter que le fait que le prix a été acquitté des deniers de la communauté ne présente aucun intérêt (Cass. 5 déc. 1871, 3371 R. P.). A ce point de vue, l'immeuble faisant l'objet de l'acquisition échapperait donc à la perception du droit d'accroissement. Mais, par contre, il semble que la Régie serait fondée à frapper de la taxe le montant du prix, qui devrait être considéré comme constituant, au profit de la congrégation, une créance contre la supérieure.

55 *bis*. Biens affectés à des œuvres d'assistance ou aux œuvres des missions françaises à l'étranger. — Exemption de la taxe. — Les biens acquis avec l'autorisation du Gouvernement sont, pour l'avenir, dispensés de l'impôt, en tant qu'ils sont affectés et qu'ils continuent d'être réellement employés, soit à des œuvres d'assistance gratuite en faveur des infirmes, des malades, des indigents, des orphelins ou des enfants abandonnés, soit aux œuvres des missions françaises à l'étranger. Cette exemption est accordée ou retirée, s'il y a lieu, par un décret rendu en Conseil d'État (art. 3, §§ 2 et 3, L. 16 avr. 1895).

C'est aux préfets qu'il appartient d'instruire les demandes d'exemption adressées par les congrégations, communautés ou associations intéressées et de prendre, le cas échéant, l'initiative du retrait des exemptions octroyées.

Les agents de l'Administration n'ont donc à intervenir en ces matières que lorsqu'ils sont consultés, et la taxe doit être liquidée et perçue sur la valeur de tous les biens pour lesquels il n'est pas justifié, au moment de la déclaration, d'un décret d'exemption non rapporté (2882 I. G.).

1. Meubles meublants. — L'exemption de la taxe n'est applicable qu'aux meubles et immeubles qui ont été acquis avec l'autorisation du Gouvernement. Toutefois, les meubles meublants devant, en l'absence de toute preuve contraire, être présumés avoir été acquis au moyen de revenus dont l'établissement a la libre disposition, il n'y a pas lieu d'exiger que leur acquisition ait été soumise à l'approbation gouvernementale pour les faire bénéficier de la dis

ponse d'impôt (Avis Cons. d'État 23 juill. 1896, 8939 R. P. 25060 J. E.).

2. Exemption d'office. — En l'absence de toute disposition exigeant le dépôt préalable d'une demande des intéressés, le Gouvernement peut accorder d'office l'exemption. Le décret qui doit être rendu constitue, en effet, un acte de la puissance publique qui peut s'exercer spontanément sous la responsabilité de celui qui l'accomplit, dès l'instant qu'aucun texte spécial ne détermine les conditions dans lesquelles il doit intervenir (Avis Cons. d'État, 22 juill. 1899, 25935 J. E.).

3. Droits arriérés. — En ce qui concerne le règlement du passé, les congrégations, communautés et associations n'ont pu, quelle que soit leur option (*infrà*, n° 63 *bis*), se prévaloir de l'exemption; elles ont dû, par suite, acquitter, conformément à la disposition formelle du § 2 de l'art. 8, soit le droit de 9 p. 100 en principal, soit la taxe annuelle, sur tous les biens assujettis à l'impôt par les lois des 28 déc. 1880 et 29 déc. 1884 (2882 I. G.).

57-58-59. Mode de payement. — Déclaration. — La taxe doit être acquittée, pour chaque année écoulée, dans les trois premiers mois de l'année suivante, comme l'impôt sur le revenu à la charge des associations visées par les art. 3 L. 28 déc. 1880 et 9 L. 29 déc. 1884. Le payement en est effectué sur la remise d'une déclaration détaillée faisant connaître la consistance et la valeur des biens soumis à l'impôt (art. 4 L. 16 avr. 1895). L'obligation de remettre une déclaration semblable a été édictée dans les mêmes termes, pour le payement de l'impôt sur le revenu, par l'art. 9 précité de la loi de 1884. La nouvelle disposition comporte, en conséquence, les mêmes observations que celle sur laquelle elle a été calquée (V. Instr. n° 2712, p. 6 et 7).

Le premier versement a dû être opéré dans le cours du premier trimestre de l'année 1896; il a compris la taxe afférente à la période courue depuis le jour où la loi est devenue exécutoire (Inst. n° 2422, note 1) jusqu'au 31 déc. 1895 (2882 I. G.).

1. Déclaration détaillée. — Meubles. — L'Administration n'est pas fondée à refuser la déclaration des meubles, que doit déposer une congrégation religieuse pour servir de base à la perception de la taxe, sous le prétexte que cette déclaration n'indique pas la situation des biens (Troyes, 19 fév. 1902, 10256 R. P.).

2. Bureau compétent. — Sous le régime antérieur à la loi de 1895, une grave difficulté s'était élevée entre la Régie et les congrégations religieuses. Elle portait sur le point de savoir si, lors du décès d'un congréganiste, des déclarations distinctes devaient être passées à tous les bureaux de la situation des biens, pour les immeubles et les valeurs mobilières corporelles, et au bureau du domicile du défunt, pour les autres valeurs, ou bien s'il y avait lieu seulement à une déclaration unique, soit au bureau du domicile du décédé, soit à celui du siège de la congrégation.

La Régie s'était prononcée en faveur de la première alternative. Mais sa prétention avait été repoussée par plusieurs tribunaux et par la Cour de Cassation, par le motif que le décès d'un membre appartenant à une congrégation reconnue ne produit en réalité ni accroissement ni mutation de biens et que la part qui est censée transmise aux membres survivants ne constitue dès lors qu'une part d'intérêt dans une société, qu'une valeur sans assiette déterminée, qui doit être déclarée au bureau du domicile légal du défunt, c'est-à-dire du siège social de la communauté (Reims, 24 fév. 1891, 7565 R. P.; — Cass. req. 13 janv. 1892, 7745 R. P., 23723 J. E.; — Charleville, 7 juill. 1892, 7884 R. P.; — *Contrà* Épinal, 19 nov. 1891, 7771 R. P.).

De son côté, le tribunal de Libourne a jugé, le 29 juill. 1892, que le droit d'accroissement, exigible lors du décès d'un congréganiste sur les biens ayant une assiette déterminée, devait être acquitté aux divers bureaux de la situation des biens, mais que, pour l'application du minimum de perception, il y avait lieu de considérer, non pas chacune des déclarations partielles, mais la valeur totale des biens transmis par le défunt (7985 R. P.).

Néanmoins, la Régie persistait dans son interprétation, qui aboutissait, il faut le reconnaître, à des conséquences excessives (V. 7563 R. P.). C'est principalement pour mettre un terme au différend qu'est intervenue la loi du 16 avr. 1895.

D'après l'art. 4 de cette loi, la taxe est payée, par toutes les congrégations et associations assimilées, au bureau de l'enregistrement du siège social désigné à cet effet. La loi ne fait en cela que reproduire l'une des dispositions du décret du 6 déc. 1872 relatif à l'impôt sur le revenu, disposition à laquelle s'est lui-même référé l'art. 3 L. 28 déc. 1880. Pour entrer dans les vues du législateur et éviter aux redevables des déplacements inutiles, il a été décidé que la taxe d'accroissement sera acquittée au bureau chargé du recouvrement de l'impôt sur le revenu. Les deux impôts pourront ainsi être payés en même temps et, le cas échéant, sur la remise d'une déclaration unique (2882 I. G.).

Tontines. — Les Sociétés et associations de fait ont leur siège au lieu de leur principal établissement. Pour l'association religieuse constituée sous pacte tontinier, ce lieu ne peut être que celui de la situation de l'immeuble acquis. C'est donc au bureau de la situation de cet immeuble que les droits doivent être acquittés, bien que les associés n'exploitent pas eux-mêmes l'immeuble (Vervins, 2 mai 1900, 26026 J. E.).

Congrégations non autorisées. — Les établissements d'une congrégation non autorisée ont chacun une existence indépendante. Chacun d'eux doit donc payer la taxe au bureau dans la circonscription duquel il est situé (Sol. 18 juill. 1898).

3. Association religieuse ayant son siège en Algérie. — Biens en France. — En disposant que la taxe d'accroissement est payable au bureau du siège social, l'art. 4 L. 16 avril 1895 a voulu éviter, dans les bureaux de la métropole, des déclarations multiples; mais elle n'a pas eu pour effet d'imposer aux associations religieuses une déclaration unique pour les biens situés en France et ceux qu'elles possèdent dans les colonies (Millau, 25 juin 1902, 10321 R. P.).

60. Défaut de payement. — Pénalité. — Le défaut de payement de la taxe d'accroissement dans le délai fixé est puni d'un demi-droit en sus, lequel ne peut être inférieur à 100 francs (art. 5, § 1er, L. 16 avr. 1895).

Sous le régime antérieur à la loi de 1895, lorsque l'as

59. Déclaration pour la perception. Envoi par la poste. — La déclaration que les congrégations sont tenues de remettre pour le payement des taxes d'accroissement et du revenu, peut être déposée au receveur par tout commissionnaire et, en particulier, par l'Administration des postes (Troyes, 18 janv. 1905, 11088 R. P.).

60. Défaut de payement dans le délai légal. Demi-droit en sus. — Faute de payement de la taxe d'accroissement dans le délai légal, le demi-droit en sus est encouru. Il en est ainsi, alors même qu'une déclaration pour l'acquit du droit de mutation à titre onéreux a été faite à la suite du décès de l'un des associés, dès l'instant que le caractère religieux de l'association a été dissimulé dans cette déclaration (Chartres, 8 avril 1903, 10871 R. P.).

Société civile et congrégation formant une même personne. Condamnations prononcées contre la congrégation. Exécution sur les biens de la société. — Lorsqu'une congrégation et une société civile se confondent pour ne former qu'une seule et même personne, l'Administration est fondée à les comprendre dans la même poursuite tendant au payement des taxes d'accroissement et du revenu et à exercer cette poursuite suivant les formes spéciales établies en matière d'enregistrement. C'est également à bon droit qu'elle prétend exécuter sur les biens appartenant en apparence à la société les condamnations encourues par la congrégation (La Flèche, 5 mars 1903, 10702 R. P.).

Association religieuse. Jugement de condamnation rendu contre un membre de l'association. Procédure de saisie immobilière suivie contre tous les membres. Régularité. — Lorsqu'une instance ayant pour objet le recouvrement de la taxe d'accroissement réclamée à une association religieuse a été suivie contre tous les membres de l'association, le jugement, qui décide que l'acquisition faite en commun par les personnes mises en cause a le caractère d'une association religieuse, doit être considéré comme ayant été rendu entre et contre toutes les parties ayant figuré dans la procédure; il est dès lors opposable à tout membre de l'association, alors même qu'il se serait borné à condamner un seul membre au payement de l'impôt. Par suite, la procédure de saisie immobilière à laquelle il est procédé en exécution du jugement, est régulièrement suivie contre tous les membres de l'association (C. Douai, 3 avril 1901; Cass. (req.), 9 déc. 1903, 10673 R. P.).

62 *bis*. **Poursuites et instances.** — *Congrégation non autorisée. Poursuites dirigées contre le Supérieur général.* — Est valablement dirigée contre le supérieur général, qui représente en fait la congrégation, l'action en recouvrement de la taxe d'accroissement et de l'impôt sur le revenu (La Flèche, 5 mars 1903, 10702 R. P.).

Congrégation autorisée. Poursuites dirigées contre la congrégation. — Est valablement dirigée contre la congrégation l'action en recouvrement des taxes d'accroissement et du revenu réclamées à une congrégation autorisée de femmes (Troyes, 18 janv. 1906, 11093 R. P.).

Association religieuse. Tribunal compétent. — Les instances concernant la perception de la taxe d'accroissement doivent être portées devant le tribunal auquel ressortit le bureau d'où émane la contrainte (Cass. req., 7 mars 1905, 10941 R. P.).

Association tontinière. Contrainte. Receveur compétent. Instance. Tribunal compétent. — La taxe d'accroissement, due par une association tontinière, est exigible au bureau de l'établissement principal de l'association, bien que la plupart des associés soient domiciliés en dehors de la circonscription de ce bureau. C'est donc au receveur du même bureau qu'il appartient de décerner les contraintes en vue du recouvrement de la taxe, et, par voie de conséquence, c'est au tribunal auquel ce bureau ressortit qu'il incombe de statuer sur les oppositions à ces contraintes (Chartres, 8 avril 1903, 10571 R. P.).

croissement se réalisait par décès, le défaut de déclaration dans le délai légal était passible du demi-droit en sus édicté par l'art. 30 L. 22 frim. (Cass. req. 22 mars 1892, 7836 R. P., 23808 J. E.; — Rouen, 18 juin 1891, Cass. req. 10 mai 1893, 8074 R. P., 24080 J. E.).

61. **Omissions et insuffisances. — Pénalité.** — Un droit en sus (sans minimum) est exigible en cas d'omission ou d'insuffisance d'évaluation commise dans la déclaration souscrite pour l'assiette de l'impôt (art. 5, § 2, L. 16 avr. 1895).

Antérieurement, l'omission, dans la déclaration, de valeurs soumises à l'impôt entraînait également l'application d'un droit en sus (Saint-Sever, 28 janv. 1892, 7837 R. P., 24365-6 J. E.).

62. **Mode de preuve. — Expertise.** — D'après l'art. 6 de la loi de 1895, « l'insuffisance d'évaluation peut être établie *pour les biens meubles comme pour les biens immeubles*, suivant le mode et dans les formes déterminés par les art. 17 et 18 de la L. 22 frim. et 15 L. 23 août 1871, en d'autres termes suivant le mode et dans les formes déterminés pour les expertises de *valeur vénale*, selon que la valeur déclarée est ou non supérieure à 2,000 fr. C'est surtout à l'égard des associations qui possèdent un mobilier industriel ou agricole que cette procédure pourra être utilement employée (2882 I. G.).

Selon la règle écrite dans l'art. 18 de la loi de frim., les frais de l'expertise seront à la charge de la partie toutes les fois que l'estimation des experts excédera d'un huitième au moins la valeur déclarée. La partie sera tenue, dans tous les cas, d'acquitter la taxe sur le supplément d'estimation; elle sera d'ailleurs passible d'un droit en sus, d'après la disposition générale et absolue du § 2 de l'art. 5, quel que soit le montant de l'insuffisance constatée.

Le délai accordé à l'Administration pour requérir l'expertise n'est que d'une année et a pour point de départ la date de la déclaration dans laquelle l'insuffisance présumée a été commise.

L'Administration conserve, bien entendu, en dehors de l'expertise, tous les moyens de contrôle que la législation antérieure lui permettait déjà de mettre en œuvre pour la sauvegarde des intérêts du Trésor. La loi du 16 avr. 1895 ne fait qu'accroître ces moyens; elle ne les diminue en rien (2882 I. G.).

Lorsque la fraction indivise d'un immeuble a été déclarée d'une valeur n'excédant pas 2.000 fr. l'expertise doit être faite par un seul expert, alors même que la propriété entière à expertiser serait supérieure à 2,000 fr. (Sol. 22 sept. 1892, 7938 R. P.).

62 *bis*. **Poursuites et instances.** — Comme le droit qu'elle représente, la taxe annuelle et obligatoire revêt le caractère d'un droit d'enregistrement. Les règles de procédure relatives au recouvrement des droits d'enregistrement ainsi qu'à l'instruction et au jugement des instances en cette matière s'y appliquent donc *de plano*.

L'art. 7, § 2, de la loi de 1895, porte toutefois que, pour les associations religieuses reconnues, l'action en payement de la taxe sera valablement dirigée contre le supérieur ou la supérieure, et, pour toutes les autres associations, contre tout membre agrégé à un titre quelconque aux dites associations. Il est à peine utile de faire observer que cette disposition se rapporte uniquement à la représentation des associations débitrices dans les instances et procédures; elle n'a ni pour objet ni pour conséquence de constituer leurs représentants débiteurs de l'impôt autrement qu'en leur qualité d'associés (2882 I. G.).

Sous le régime antérieur, il avait été d'ailleurs reconnu que la contrainte en payement du droit d'accroissement était valablement dirigée contre une congrégation autorisée de femmes, représentée par sa supérieure générale (Cass. req. 22 mars 1892, 7836 R. P. 23808 J. E.).

1. Privilège. — La taxe d'accroissement étant destinée à tenir lieu du droit de mutation par décès pour des biens que la nature même des associations qui les possèdent empêche d'être transmis effectivement par succession, l'art. 7, § 1er, de la loi de 1895 a pris soin de rendre formellement applicable au recouvrement de cette taxe et des amendes prononcées pour en assurer l'exacte perception le privilège que l'art. 32 L. 22 frim. an VII confère au Trésor sur les revenus des biens à déclarer pour le recouvrement des droits de succession (2882 I. G.).

2. Contrainte. — Liquidation provisoire des droits. — L'Administration est fondée à arbitrer d'office, sauf à augmenter ou à diminuer, suivant la déclaration que les congrégations sont tenues de faire, les droits d'accroissement dont elle constate l'exigibilité (Saint-Sever, 28 janv. 1892, 7837 R. P., 24365-6 J. E.).

3. Jugement. — Défaut d'indication des noms des congréganistes décédés. — Doit être considéré comme ayant satisfait aux prescriptions de la loi le jugement qui, dans une instance en matière de droit d'accroissement dirigée contre une congrégation religieuse, mentionne le nombre des congréganistes décédés sans indiquer leurs noms (Cass. req. 10 mai 1893, 8074 R. P. 24080 J. E.).

L'exigibilité de la taxe annuelle n'étant pas subordonnée aux décès ou aux retraites des membres d'une congrégation, il n'y a plus lieu d'indiquer, même dans les actes de procédure ou les jugements, le nombre des religieux décédés ou retraités.

4. Assignation. — Religieux décédé. — Le fait d'avoir assigné l'un des membres d'une association religieuse après son décès n'entache pas de nullité le jugement en ce qui concerne les autres associés qui représentent notablement l'association (Vervins, 2 nov. 1900, 26026 J. E.).

5. Condamnation prononcée contre les membres d'une association religieuse. — La condamnation, prononcée contre des membres d'une association religieuse en cette qualité, ne saurait être considérée comme ayant effet sur leurs biens propres et autres que ceux de l'association. Le jugement qui la constate ne saurait donc être attaqué comme prononçant une condamnation personnelle contre ces membres (Cass. req. 30 juill. 1900, 9948 R. P., 25970 J. E., 3061-1 I. G.; — 31 juill. 1900, 9949 R. P., 25970 J. E., 3061-4 I. G.; — 27 mars 1901, 10022 R. P., 26092 J. E.).

6. Congrégations non autorisées. — Conséquences de la loi du 1er juill. 1901. — En ce qui concerne les instances déjà engagées ou qui viendraient à naître dans l'avenir au sujet de l'exigibilité des taxes dues par une congrégation non autorisée, c'est contre le liquidateur qu'elles devront être désormais suivies. Il en sera ainsi également,

du moins en thèse générale, pour les taxes à la charge des associations particulières qui en dépendent, de celles notamment qui sont considérées comme religieuses parce qu'elles possèdent des biens affectés aux œuvres de la congrégation. Ces associations, en effet, sont, comme la congrégation, frappées de nullité, soit parce qu'elles constituent des succursales de la maison-mère et ont ainsi un caractère congréganiste indéniable, soit en vertu des dispositions expresses de l'art. 17 L. 1er juill. 1901. Le jugement qui nommera un liquidateur à la congrégation les atteindra donc au même titre que celle-ci et entraînera leur dissolution en même temps qu'il placera leurs biens sous la main du liquidateur. Si cette règle comporte des exceptions, ce ne pourra être que dans le cas où les associations ou sociétés particulières qui possèdent les biens occupés par la congrégation, tout en revêtant le caractère d'association religieuse, à raison du but qu'elles poursuivent, auraient réellement une existence et des intérêts assez distincts pour qu'il fût permis de ne pas les considérer comme une dépendance de la congrégation, et pour qu'il y eût lieu de les classer dans la catégorie des associations religieuses et non dans celles des congrégations (3069, § 2, I. G.).

7. Association religieuse ayant son siège en Algérie. — Biens en France. — Tribunal compétent. — Si une association religieuse, ayant son siège en Algérie, possède des biens en France, le tribunal français de la situation des biens est compétent pour statuer sur l'exigibilité de la taxe, à l'exclusion des tribunaux de la colonie. Quand l'association a été ajournée précédemment devant un tribunal d'Algérie, l'exception de litispendance ne saurait être admise, dès lors que la Régie a eu le soin de faire des réserves relativement aux biens situés en France (Millau, 25 juin 1902, 10321 R. P.; V. *suprà* nos 54-5 et 59-3).

8. Association non reconnue. — Significations des exploits. — En autorisant la Régie à diriger l'action en recouvrement de la taxe due par une association religieuse non reconnue contre l'un quelconque des membres de cette association, l'art. 7 L. 16 avril 1895 n'a pas modifié, au regard de ces membres, les règles tracées par le C. Proc. pour la validité des exploits. Par suite, les exploits dont les significations, au lieu d'être effectuées au domicile de l'associé mis en cause, ont été faites au siège de l'association, sont nuls comme n'ayant pas été faits à domicile (Seine, 21 mars 1902, 10323 R. P.).

63 *bis*. Dispositions transitoires. — Droits arriérés. — Option. — L'art. 8 de la loi de 1895 a donné aux congrégations, communautés et associations un délai de six mois, à partir du jour de sa promulgation, pour payer les droits d'accroissement dont elles se trouvaient débitrices au même jour, en vertu des lois de 1880 et de 1884.

La remise des pénalités qu'elles ont pu encourir jusqu'à la promulgation de la loi leur a été accordée à la condition qu'elles acquittent les droits simples dans le délai qui vient d'être indiqué, et remboursent en même temps au Trésor les frais qu'il a pu exposer contre elles.

Pour se libérer, les congrégations, communautés et associations ont eu, pendant le délai de six mois ci-dessus spécifié, la faculté d'opter entre l'application des anciennes règles de perception et celle des règles édictées par la loi du 16 avril 1895.

Celles qui ont opté pour l'application des règles nouvelles ont été tenues d'acquitter la taxe annuelle, calculée à compter du jour de l'ouverture de la plus ancienne créance du Trésor, c'est-à-dire du jour où s'est produit le premier des décès ou la première des retraites ayant donné lieu aux droits encore dus lors de la promulgation de la loi. Dans ce cas, la taxe a été liquidée, pour chaque année, sur la valeur brute des biens meubles et immeubles possédés par l'association, telle que cette valeur avait été déclarée ou constatée par voie d'expertise ou de soumission pour le payement de l'impôt sur le revenu. Si cette base faisait défaut, en tout ou partie, les redevables ont eu à y suppléer au moyen de la déclaration prévue par l'art. 4 de la loi (2882 I. G.).

C'est dans les trois premiers mois de l'année 1896, et non pas dans les trois mois qui ont suivi l'expiration de l'année (18 avril 1895) à partir de laquelle la loi est devenue exécutoire, que la taxe annuelle a dû être acquittée (Lunéville, 25 nov. 1896, 25020 J. E.).

1. Défaut d'option ou de libération dans le délai. — Le délai d'option expiré, et par le seul fait de cette expiration, les congrégations, communautés et associations qui ne se sont point libérées ont été constituées débitrices de la taxe annuelle calculée, à compter du jour de la naissance de la plus ancienne créance du Trésor. Elles se sont trouvées, en outre, passibles, sans préjudice des frais antérieurement exposés, d'une amende égale à la taxe exigible, amende pour laquelle aucun minimum n'a été édicté (2882 I. G.).

Jugé, en ce sens, que, faute d'option dans le délai de six mois accordé pour le payement des droits d'accroissement arriérés, elles sont tenues d'acquitter l'impôt d'après le nouveau mode de taxation et un demi-droit en sus (Seine, 4 déc. 1896, 9060 R. P., 25045 J. E.; — Castres, 20 juill. 1897, 9212 R. P.; — Seine, 10 nov. 1898, 25625 J. E.; — Cass. civ. 2 mai 1899, 9548 R. P., 25655 J. E., 3004-21 I. G.; — 5 fév. 1901, 9987 R. P., 26084 J. E.).

Il en est ainsi, alors même que la congrégation débitrice aurait, en temps utile, déclaré opter pour l'ancien mode de perception, si elle ne s'est pas libérée dans le délai légal (Cass. civ. 10 juill. 1901, 10060 R. P., 26105 J. E., 3070-11 I. G.).

Lorsque le droit est exigible par suite d'un décès survenu sous l'empire de la législation antérieure à la loi de 1895, la taxe doit être calculée à partir du jour même du décès, et non pas à dater de l'expiration du délai fixé pour faire la déclaration (Cass. civ. 9 mai 1900, 9851 R. P., 25905 J. E., 3037-5 I. G.).

Si, avant la mise en vigueur de la loi de 1895, il est survenu plusieurs décès et que les droits afférents aux dernières mutations aient seuls été payés à l'exclusion de ceux auxquels donnaient lieu les premières, la taxe annuelle est due à partir du décès le plus ancien, et il y a lieu d'en calculer le montant, sous la déduction des droits déjà versés (Pontivy, 24 juin 1896, 8917 R. P.; — Seine, 13 nov. 1897, 9217 R. P., 25447 J. E.).

Mais, dans ce cas, si les droits payés s'élèvent à une somme supérieure au montant de la taxe annuelle calculée à compter du jour de la plus ancienne créance du Trésor, l'association est fondée à réclamer la restitution de la différence (Seine, préc. 13 nov. 1897;

[illegible] 7. **Congrégation ayant son siège en Algérie. Biens en France. Tribunal compétent.** — La L. 16 avril 1895 n'étant pas applicable en Algérie, l'association religieuse, ayant son siège dans cette colonie, ne peut être assignée devant le tribunal de son siège social. C'est le tribunal du bureau d'où émane la contrainte qui est compétent pour statuer, l'art. 5 de la loi ayant eu seulement pour but d'éviter aux congrégations et associations religieuses l'obligation des déclarations multiples (Cass. req.), 7 mars 1905, 10951 R. P.).

63 *bis* **Droits arriérés. Payements partiels d'un chiffre supérieur au montant de la taxe. Perception régulière. Restitution.** — Si la taxe annuelle, substituée au droit d'accroissement par la L. 16 avril 1895, est devenue obligatoire, même en ce qui concerne la période antérieure à sa promulgation, pour toutes les congrégations, communautés et associations religieuses, encore débitrices envers le Trésor, qui ne se sont pas libérées dans le délai de six mois des droits arriérés, l'effet rétroactif de cette loi est strictement limité au recouvrement des droits restant dus et ne saurait être étendu à ceux régulièrement perçus sous l'empire des anciens tarifs. Par suite, lorsque, avant la mise en vigueur de la L. 1895, il est survenu plusieurs décès et que les droits afférents aux dernières mutations, qui ont été seuls payés à l'exclusion de ceux auxquels donnaient ouverture les premières, s'élèvent à une somme supérieure au montant de la taxe annuelle calculée à compter du décès le plus ancien, la congrégation ne saurait être admise à réclamer la restitution de la différence (Cass. (civ.), 10 nov. [illegible] R. P.).

64. Prescription. — L'action en recouvrement de la taxe d'abonnement est régie par la prescription trentenaire, à l'exclusion de la prescription décennale applicable en matière de droits de mutation par décès (La Flèche, 3 mars 1903, 10782 R. P. ; — Lorient, 18 déc. 1901 ; — Cass. req., 5 déc. 1906, 11336 R. P.).

Congrégation. Péremption annale. Versements anticipés. Imputation. Prescription. — La L. 16 avril 1895 s'étant bornée à convertir en une taxe annuelle le droit d'accroissement établi par les LL. 28 déc. 1880 et 29 déc. 1884, la taxe demeure, au point de vue de la prescription et de la péremption, soumise, comme le droit d'accroissement, aux mêmes règles que les droits de mutation par décès. Une congrégation est donc fondée, en cas de poursuites interrompues pendant un an, à invoquer le bénéfice de la péremption annale résultant de l'art. 61 L. frim.

Lorsque les versements effectués comprennent des sommes supérieures aux droits d'accroissement réellement dus, l'excédent est imputable sur les droits de l'exercice suivant, comme en matière d'impôt sur le revenu. Si, après l'imputation, il reste un disponible, la restitution doit en être demandée dans les deux ans à compter du jour où la taxe de ce dernier exercice est devenue exigible (Troyes, 18 janv. 1905, 11098 R. P.).

Faute de s'être libérée, dans le délai de six mois, des droits d'accroissement dont elle était débitrice au moment de la promulgation de la loi de 1895, la congrégation ou association religieuse se trouve tenue d'acquitter la taxe annuelle, substituée au droit d'accroissement, alors même que la réclamation serait l'objet d'une instance en cours, le législateur ayant clairement manifesté son intention de donner un effet rétroactif à la loi (Cass. civ. 2 mai 1899, 9547 R. P., 25655 J. E., 3004-2 I. G. ; — Seine, 21 mai 1898, 9379 R. P. ; — Cass. req. 28 mars 1900, 9821 R. P., 25881 J. E., 3015-7 I. G. ; — Cass. civ. 9 mai 1900, 9851 R. P., 25905 J. E., 3037-5 I. G.).

Même solution, pour le cas où la congrégation aurait, avant la mise en vigueur de la nouvelle loi, fait des offres réelles, qui auraient été refusées et que l'instance fût demeurée pendante (Provins, 5 mars 1896, 24870 J. E.).

Il en est encore ainsi, lorsque le droit d'accroissement a été, sous le régime antérieur, reconnu exigible par un jugement devenu définitif; bien qu'il y ait chose jugée, l'effet rétroactif de la loi de 1895 n'en est pas moins manifeste (Besançon, 13 déc. 1898, 25591 J. E.).

Mais, si un jugement définitif, intervenu sous l'empire de la loi du 29 déc. 1884, a décidé que le droit d'accroissement n'était pas exigible sur les biens situés dans l'arrondissement du tribunal par suite des décès survenus pendant une période déterminée, la congrégation est fondée à invoquer l'exception de la chose jugée contre une demande tendant au payement de la taxe annuelle sur les mêmes biens pour la même période. Toutefois, les effets du jugement se trouvent limités aux droits afférents à cette période et aux biens sur lesquels les droits avaient été réclamés. A défaut d'option, la taxe annuelle est due : pour les décès survenus depuis le 1er janvier 1885, sur tous les autres biens possédés par la congrégation ; et, pour les décès survenus postérieurement au dernier de ceux qui avaient fait l'objet de l'instance, sur l'ensemble des biens de la congrégation en France sans exception (Seine, 4 déc. 1896, 9050 R. P., 25045 J. E. ; — Cass. civ. 10 juillet 1901, 10060 R. P., 26105 J. E., 3070-14 I. G.).

Dans cette dernière espèce, en limitant l'effet du jugement à la taxe applicable à la période pour laquelle le droit d'accroissement avait été primitivement réclamé, les décisions précitées sont très contestables. La Chambre des requêtes a reconnu, le 3 mai 1898, que l'autorité de la chose jugée s'oppose à ce qu'une société conteste, pour une nouvelle période, l'exigibilité de la taxe du revenu sur des titres d'actions, alors qu'un jugement antérieur, devenu définitif, a déclaré l'impôt applicable à ces mêmes titres pour une période antérieure (9268 R. P.). Cette interprétation nous a paru absolument juridique. La doctrine contraire qui a prévalu devant la Chambre civile aboutit à des conséquences véritablement inadmissibles et qui la condamnent. Elle implique, en effet, que, à chaque échéance, l'exigibilité d'une taxe (abonnement, transmission, revenu, accroissement) pourra être contestée, quand bien même elle aurait été reconnue fondée par une décision judiciaire passée en force de chose jugée. A chaque échéance, la même difficulté pourra donc être soulevée de nouveau, qui remettra en discussion une décision antérieure. Or, n'est-ce pas ce qu'a voulu éviter le législateur par l'art. 1351 C. C.? « Que signifierait l'autorité judiciaire, dit Marcadé, si deux plaideurs, après avoir fait juger deux fois, quatre fois, la difficulté qui les divise, pouvaient revenir toujours à la remettre en question? » (10060 R. P.)

Bien que la taxe annuelle doive être calculée à compter du jour de la naissance de la plus ancienne créance du Trésor, elle ne saurait cependant avoir pour point de départ la date du premier accroissement survenu, si les droits auxquels il était passible se trouvent atteints par la prescription. C'est à partir de l'accroissement le plus ancien, donnant lieu à des droits non prescrits, qu'il convient de la liquider (Sol. 13 février 1896).

64. Prescription. — La loi du 27 déc. 1894, art. 6, a suspendu jusqu'au 1er mars 1895, les prescriptions et péremptions d'instances en matière de droit d'accroissement à la charge des congrégations, communautés et associations religieuses, autorisées ou non, qui devaient être acquises du 1er janv. au 1er mars 1895 (8465 R. P., 2871 I. G.).

La loi du 23 fév. 1895, art. 5, a suspendu les mêmes prescriptions et péremptions, qui seraient acquises du 1er mars au 1er avr. 1895 (8650-17 R. P. ; — 2877 I. G.) ; et la loi du 29 mars 1895, art. 5, celles qui pouvaient être acquises du 1er avr. au 1er mai 1895 (8650-18 R. P. ; 2878 I. G.).

Enfin, l'art. 9 L. 16 avr. 1895 porte : « Toutes prescriptions et péremptions en matière de droits d'accroissement à la charge des congrégations, communautés et associations, autorisées ou non autorisées, qui seraient acquises pendant le délai de six mois accordé à ces établissements pour l'option entre l'ancien mode de perception et le nouveau, sont suspendues jusqu'à l'expiration de ce délai augmenté d'un mois, sans que la signification d'aucun acte interruptif soit nécessaire ».

La loi de 1895 ne contenant aucune disposition relative à la prescription, il a été jugé que l'action en recouvrement de la taxe d'accroissement est soumise à la prescription trentenaire (Morlaix, 26 avr. 1899, 25623 J. E. ; — Vervins, 2 nov. 1900, 26026 J. E.). D'après le tribunal de Morlaix, la taxe, étant exigible indépendamment des retraites ou décès qui se produisent, ne constitue pas un droit de succession ; elle échappe, par suite, à l'application du dernier paragraphe de l'art. 61 L. 22 frim. an VII (Morlaix préc.).

67. Communication. — Les congrégations sont tenues de communiquer à l'Administration tous les papiers et documents quelconques concernant les intérêts de la collectivité, alors même que les écrits seraient considérés comme étant d'ordre et d'administration intérieurs. Elles doivent notamment représenter les registres relatifs à la situation du personnel, si les circonstances de fait permettent de présumer l'existence de ces documents (Nevers, 14 déc. 1891, 7798 R. P., 23824 J. E. ; — Lyon, 9 mars 1894, 24367 J. E. ; — La Flèche, 12 déc. 1895, 8809 R. P., 24768 J. E.).

Lorsque les statuts d'une congrégation religieuse accordent à la supérieure générale placée à la tête de la maison-mère la suprématie sur tout le personnel de la congrégation, il y a lieu de présumer que le registre relatif à la situation du personnel tout entier existe au siège de la maison-mère et de considérer comme un refus de communication le défaut de représentation de ce document (Orléans, 3 mai 1893; Cass. 19 mars 1895, 8541 R. P., 24130 et 24569 J. E., 2890-7 I. G.).

Le droit de communication peut être exercé, non seulement au siège principal, mais encore dans les succursales, sur tous les documents qui y sont déposés, même temporairement (Charleville, 15 mars 1894, 24367 J. E.).

Le noviciat d'une congrégation constitue une véritable succursale, lorsque l'immeuble occupé par le noviciat est géré au compte de la communauté elle-même et qu'il a été compris, avec les meubles le garnissant, au nombre des biens sur lesquels la congrégation a acquitté la taxe du revenu. Par suite, l'Administration est fondée à requérir la communication des livres et registres de comptabilité de ce noviciat (Annecy, 31 déc. 1894, 8607 R. P.).

Les congrégations religieuses non autorisées sont tenues de communiquer leurs pièces et registres aux agents de l'Administration, à peine de l'amende prononcée par l'art. 7 L. 21 juin 1875. Elles ne sauraient se soustraire à cette obligation, sous le prétexte que les biens qu'elles occupent appartiennent, non à la communauté, mais à un seul et unique propriétaire (La Flèche, 17 juill. 1894; Cass. 28 avr. 1896, 8750 R. P., 24849 J. E., 2910-9 I. G.).

1. Procès-verbal. — L'art. 9 L. 29 déc. 1884, qui assujettit les congrégations aux vérifications prescrites par l'art. 7 L. 21 juin 1875, n'exige pas que les procès-verbaux constatant les refus de communication soient affirmés. — Il n'oblige pas non plus le préposé de l'Enregistrement à se faire assister, dans ce cas, d'un officier municipal (Nevers préc., 14 déc. 1891).

2. Pénalité. — En cas de refus de communication, la congrégation encourt l'amende prononcée par l'art. 7 L. 21 juin 1875. La loi de 1884 ne s'est pas, il est vrai, référée explicitement à cet article; mais, en autorisant les vérifications qu'il prescrit, il est manifeste qu'il a voulu rendre applicable aux cas qu'il prévoyait ces vérifications telles qu'elles étaient avec leurs modalités et leurs conséquences (La Flèche préc., 12 déc. 1895).

Ajoutons que la question du droit de communication ne présente plus actuellement qu'un intérêt très relatif, attendu que le droit d'accroissement se trouve converti en une taxe annuelle dont l'exigibilité n'est pas subordonnée au décès ou à la retraite des membres des associations religieuses. La loi de 1895 n'a apporté d'ailleurs aucune modification à l'exercice du droit de communication conféré à la Régie par la loi de 1884 (2906 I. G.).

Enfin, bien que la loi du 1er juill. 1901 se borne à prescrire la communication au préfet ou à son délégué des comptes, états et listes énumérés dans l'art. 15, les congrégations ne sauraient dénier aux agents de l'Administration le droit de se faire représenter ces documents. Ce droit résulte, en effet, pour eux, des dispositions de l'art. 9 L. 29 déc. 1884 qui a assujetti les diverses collectivités qu'elle vise aux vérifications autorisées par l'art. 7 L. 21 juin 1875 (3059, § 1, I. G.).

76. Impôt sur le revenu. — Tarif. — L'art. 4 L. 26 déc. 1890 a porté à 4 p. 100 « à partir du 1er janv. 1891, la taxe de 3 p. 100 établie sur le revenu des valeurs mobilières par les lois du 29 juin 1872, du 21 juin 1875, du 28 déc. 1880 et du 29 déc. 1884 » (7523 R. P., 2801 I. G.).

Cette disposition n'a modifié en rien les conditions d'exigibilité de l'impôt; elle n'a fait qu'élever le tarif.

En ce qui concerne les sociétés dont les revenus ne doivent pas être distribués et notamment les congrégations religieuses, la taxe due pour l'année 1890 et payable dans les trois premiers mois de 1891 a dû être calculée à 3 p. 100 : c'est, en effet, au moment de la clôture de l'exercice qu'elle s'est ouverte, c'est-à-dire à l'instant même de l'expiration de l'année, qu'elle doit être liquidée sur le forfait ou sur le revenu réel (Sol. 3 fév. 1891, 7587 R. P., 23627 J. E.).

78. Non-distribution des produits. — On doit ranger parmi les associations visées par les lois de 1880 et de 1884 la Société civile par actions, qui ne doit distribuer ni dividendes ni intérêts et dont les statuts portent que, lors de la dissolution, les actions seront remboursées à leur valeur nominale et que les bénéfices constituant le complément du fonds social seront employés à des œuvres de bienfaisance (Sol. 9 juill. 1886).

Il en est de même de la société civile, qui ne constitue pas une association religieuse, mais dont les statuts emportent prohibition de distribuer les revenus, admettent l'adjonction de nouveaux membres et contiennent une clause de réversion, au profit de l'être moral, des droits sociaux des membres décédés (Sol. 10 fév. 1890, 3011 Rev. prat.).

Lorsqu'une société, qui n'a pas pour objet de distribuer ses produits, décide, par un acte additionnel aux statuts, que ses bénéfices donneront lieu désormais à une répartition annuelle, cette modification est, sauf le cas de fraude, opposable à l'Administration. En conséquence, la société doit, à partir de ce changement dans ses statuts, acquitter l'impôt sur le revenu, non plus d'après les règles de la loi du 29 déc. 1884, mais conf. aux conditions d'exigibilité déterminées par la loi du 29 juin 1872 (Nogent-le-Rotrou, 23 mai 1890, 7437 R. P.).

80. Distribution facultative. — Emploi des bénéfices à régler par le Conseil d'administration. — Pour que les sociétés autres que les corporations religieuses tombent sous l'application des lois de 1880 et 1884, la condition essentielle est la prohibition absolue de toute distribution de bénéfices au cours de l'existence de la société. Si donc le comité ou conseil d'administration est autorisé par les statuts à ordonner, avant l'expiration de la société, une ou plusieurs répartitions de dividendes, la société se trouve régie par la loi du 29 juin 1872 (Sol. 30 déc. 1894, 24698 J. E.).

82. Partage de l'actif à la dissolution de la Société. — Lorsqu'une société civile se réserve, dans le but exclusif d'assurer le développement des œuvres en vue desquelles elle a été créée, l'entière propriété et jouissance de tous les biens composant les apports et de ceux qui peuvent lui échoir, elle rentre dans la catégorie des associations dont l'objet n'est pas de distribuer leurs produits en tout ou en partie entre leurs membres; elle doit donc acquitter la taxe sur le revenu dans les conditions prévues par les lois de 1880 et de 1884, alors même que, d'après les statuts, les associés survivants auraient seuls droit, [illegible]

89. Tontine. Membres d'une même congrégation. — Une tontine constitue une association d'une nature particulière, assujettie au payement de l'impôt sur le revenu, à raison de ce seul fait qu'elle a un caractère religieux. Il en est spécialement ainsi de l'acquisition en commun faite, sous pacte tontinier, par plusieurs membres d'une même congrégation, d'immeubles affectés à la fondation d'un établissement religieux (Toulon, 18 déc. 1900; — Cass. req., 6 mai 1903, 10589 R. P.).

cas de dissolution, aux valeurs sociales (Rouen, 4 oct. 1890, 7541 R. P., 23080 J. E.; — Cass. req. 23 janv. 1893, 8020 R. P., 24018 J. E., 2842-1 I. G.).

Si l'arrêt du 23 janv. 1893 peut se justifier par des considérations de fait, il nous paraît avoir inexactement interprété les lois de 1880 et 1884 lorsqu'il déclare qu'elles visent seulement le cas où les produits d'une société ne doivent pas être distribués *au cours de son existence*. Nous avons exprimé un avis contraire au *Rép. gén.*, et nous croyons devoir persister dans notre appréciation.

Nous avons montré, en effet, dans une dissertation insérée n° 6120 du *Rép. pér.*, que le mode d'appropriation des bénéfices, par voie de partage en nature *et en fin d'entreprise*, est le seul juridique. « En principe, enseigne M. Paul Pont, la part de chacun des associés dans les bénéfices ou dans les pertes ne peut être sûrement et, par suite, ne doit être calculée qu'au moment où la société arrive à son terme. Alors, il n'y a plus d'éventualité à craindre ou à espérer... C'est donc à la dissolution de la société qu'il y a lieu de faire la répartition des gains ou des pertes entre les parties. Telle a été la règle de tous les temps... On pourra bien, par une exception fondée sur la volonté expresse ou l'entente présumée des parties, procéder à la répartition des pertes ou à la distribution des bénéfices, pendant le cours de l'association, à des époques fixes; mais en thèse, le principe est qu'il faut attendre la dissolution de la société pour faire cette répartition » (*Des Soc.*, t. I, n°s 430 et 431; — *Rapp.*, t. II, n° 1477.) Ainsi il est de règle générale que les bénéfices d'une société ne doivent être distribués qu'en fin d'entreprise; les répartitions pendant l'existence de l'association ne constituent qu'une exception à cette règle. Cela étant, il est sensible que les sociétés, qui renvoient à l'époque de leur dissolution le partage des bénéfices réalisés, ne sauraient être considérées comme n'ayant pas pour objet de distribuer leurs produits entre leurs membres; et, si elles ne réservent pas à leur profit personnel tout ou partie des bénéfices, elles échappent incontestablement à l'application des lois de 1880 et de 1884; elles ne sont tenues d'acquitter la taxe sur le revenu, suivant les dispositions de la loi du 29 juin 1872, qu'à l'époque de la distribution réelle des produits (*Rép. gén.*, v° *Impôt sur le revenu*, n° 33 5).

88. Tontines n'ayant pas le caractère religieux. — Les tontines, autorisées ou non, ne sont pas des sociétés dans le sens de l'art. 1832 C. C. La circonstance que les intéressés se sont réservé la faculté de s'adjoindre de nouveaux propriétaires, ne saurait en modifier le caractère, car elle est impuissante à créer l'élément essentiel à toute société : la collaboration active en vue d'obtenir des bénéfices à partager. Elles ne sont donc pas assujetties à la taxe sur le revenu (Sol. 2 fév. 1892, 23848 J. E.).

89. Congrégations dissoutes. — Tontines. — Constitue une association religieuse tombant sous l'application de la loi du 29 déc. 1884, la congrégation non autorisée, expulsée de l'abbaye qu'elle occupait, mais dont la plupart des membres continuent à porter l'habit de l'ordre, sont soumis à l'autorité d'un abbé et se réunissent sous sa direction, pour accomplir les actes prévus par leur règle monastique. — Par suite, cette congrégation est tenue d'acquitter la taxe sur le revenu des biens qu'elle possède ou occupe (La Flèche, 12 déc. 1895, 8800 R. P., 24768 J. E.).

— Une acquisition en commun, avec clause de réversion et pacte tontinier, par des membres d'une même congrégation, donne naissance à une association religieuse, soumise comme telle à l'impôt sur le revenu (Grasse, 13 juill. 1898, 9608 R. P.), — alors surtout que l'immeuble acquis est affecté au service de la congrégation (Toulon, 29 mars 1898, 24505 J. E.). — V. *infrà* n° 103.

93. Assiette de la taxe sur le revenu. Improductivité. — Une société civile régie par la loi du 29 déc. 1884 ne saurait être autorisée à prouver son improductivité; elle doit la taxe sur le revenu évalué à 5 p. 100 des biens qu'elle occupe ou possède, alors même que son revenu ferait complètement défaut (Nogent-le-Rotrou, 23 mai 1890, 7437 R. P.). Cette solution est très contestable. Rien dans le texte de la loi de 1884 ne permet de soutenir que le forfait de 5 p. 100 soit d'une autre nature que le forfait résultant de la loi du 29 juin 1872. Dans un cas comme dans l'autre, il s'agit d'une présomption de revenu et c'est un principe constant dans nos lois fiscales que toute présomption introduite en faveur du Trésor peut être combattue par la preuve contraire. C'est ce qui a été reconnu relativement aux sociétés civiles régies par la loi de 1872. On ne voit pas pourquoi il en serait autrement des sociétés gouvernées par la loi de 1884. Les travaux préparatoires de cette loi sur lesquels repose l'argumentation du tribunal ne sont rien moins que concluants. Le rapporteur a pu dire que l'évaluation à 5 p. 100 est un minimum légal. Mais c'est ainsi qu'est qualifié également le forfait établi par la loi de 1872, soit dans les travaux préparatoires, soit dans les discussions parlementaires, ce qui n'a pas empêché la Cour d'exclure de l'application de ce forfait les sociétés improductives.

93-1. Biens possédés. — Par biens possédés, on doit entendre ceux qui ne sont que la propriété apparente d'un tiers, et qui, en fait, appartiennent à la congrégation. Mais c'est à l'Administration qu'incombe la charge d'établir que le tiers a agi en qualité de prête-nom; elle ne saurait, d'ailleurs, être fondée à fournir cette preuve sans mettre en cause le propriétaire apparent (Seine, 4 juin 1897, 9188 R. P., 25221 J. E.).

Le fait que les biens ont été acquis par des membres de la congrégation et ont reçu une destination appropriée aux besoins et au fonctionnement de cette congrégation, ne constituerait pas une présomption suffisante de simulation de nature à infirmer la foi due à des actes authentiques (même jug.).

96. Biens occupés. — Jouissance privative. — Le caractère de bien occupé n'appartient pas à l'immeuble loué à un tiers, dans lequel les membres d'une congrégation religieuse habitent et dirigent une école, lorsqu'il est constant en fait que cette école est exploitée, non pour le compte de la congrégation, mais aux risques et périls du locataire apparent de l'immeuble dont les congréganistes ne sont que les employés logés et salariés (Seine, 24 mai 1889, 7275 R. P.). Du moment que les congréganistes n'exercent pas un droit de détention personnelle sur les locaux mis à leur disposition, il n'y a pas, en effet, occupation dans le sens juridique du mot.

Dans un autre jugement du 4 juin 1897, le tribunal de la Seine a déclaré que, par biens occupés, il faut entendre ceux dont la jouissance seule appartient à la congrégation qui a sur eux un droit de disposition légale et les détient pour son propre compte. On ne saurait donc ranger dans cette catégorie les immeubles loués à des tiers ou à d'autres communautés (9188 R. P., 25221 J. E.).

Mais il y a lieu de considérer comme biens occupés : 1° les immeubles où se trouvent le siège central de la congrégation, un couvent dans lequel sont domiciliés plusieurs religieux et la chapelle dans laquelle officient les membres de l'association; 2° les immeubles affectés aux œuvres personnelles de la congrégation ou qui servent de lieux de résidence aux religieux (même jug.).

Dans le même ordre d'idées, il a été décidé que les biens propres aux membres d'une congrégation, qui en conservent la libre disposition, ne rentrent pas dans la catégorie des biens occupés, alors même que, d'après les statuts, « l'usufruit des biens personnels de chaque religieux est remis au commun de la maison ». La solution serait différente, dans le cas seulement où la congrégation, ayant sur les biens un droit de disposition légale, en toucherait directement les revenus (Sol. 17 nov. 1894, 24617 J. E.).

96-1. Biens placés sous séquestre. — Les biens placés sous séquestre n'entrent pas en ligne de compte pour le calcul de la taxe sur le revenu (Cass. req. (impl.) 14 avr. 1897, 8991 R. P., 25100 J. E., 2965-3 I. G.).

97. Biens détenus à titre de bail. — L'immeuble pris à bail par une congrégation ou une association religieuse autorisée ou non autorisée doit être compris, comme occupé par la congrégation, dans la déclaration prévue par l'art. 9 L. 29 déc. 1884 et servant de base à la détermination de la taxe sur le revenu (Seine, 24 mai 1889, 7275 R. P.; — Cass. civ. 27 déc. 1893, 8227 R. P.; 24259 J. E., 2864-5 I. G.) sans qu'il y ait à rechercher dans quel but a été loué l'immeuble et de quelle façon les membres de la congrégation y vivent et s'y comportent (Seine, 3 déc. 1898; — Cass. req. 5 juill. 1900, 9867 R. P., 25953 J. E., 3037-8 I. G.).

99. Fonds de commerce. — V. *suprà* n° 54-5.

100-1. Rentes. — Affectation spéciale. — La taxe doit être liquidée sur toutes les valeurs possédées par une congrégation, alors même que le revenu en est obligatoirement affecté à des œuvres ou fondations déterminées. Il en est ainsi quand des titres de rentes sur l'État sont immatriculés au nom d'une congrégation avec affectation spéciale (Cholet, 26 juill. 1894; — Bordeaux, 4 août 1897), ou bien s'il s'agit d'une rente foncière (Cholet préc.).

Mais il n'y aurait pas lieu de faire entrer en ligne de compte, pour le calcul de l'impôt, la rente sur l'État qui aurait été donnée ou léguée à une commune, sous la condition d'en consacrer les arrérages au payement du traitement d'instituteurs congréganistes (Sol. 8 juill. 1886, 12 mai 1887).

La solution ne changerait pas dans le cas où la rente appartiendrait à la congrégation, si la commune ne se conformait pas aux intentions du donateur ou testateur; dans cette hypothèse, la congrégation n'aurait pas un droit actuel à la propriété de la rente, mais un droit éventuel, soumis à une condition suspensive (Sol. 11 mai 1887).

101. Biens occupés appartenant à une autre congrégation. — Constituent des biens occupés passibles de la taxe sur le revenu les immeubles détenus à titre de bail par une congrégation, alors même que la propriété appartient à une autre congrégation (Castres, 20 juill. 1897, 9212 R. P.).

103. Biens possédés par une association religieuse et occupés par la congrégation. — L'association religieuse, à laquelle donne naissance l'acquisition en commun, par des membres d'une même congrégation, d'immeubles affectés au service de la congrégation, est tenue elle-même au payement de la taxe du revenu sur les immeubles qu'elle possède à raison de ce seul fait qu'elle est une association religieuse : elle n'est pas fondée à prétendre que la congrégation, qui occupe les immeubles, est seule redevable de l'impôt (Le Mans, 9 fév. 1899; — Cass. req. 31 juill. 1900, 9949 R. P., 25970 J. E., 3051-4 I. G.; — Nancy, 13 nov. 1899, Cass. req. 11 fév. 1902, 10118 R. P.).

Mais on ne saurait exiger de la congrégation la taxe sur le revenu des mêmes biens. L'association, étant formée entre religieuses appartenant à l'ordre, paraît se confondre avec la congrégation; dès lors, les biens ne peuvent être imposés deux fois comme étant occupés et possédés par la même collectivité (Sol. 19 janv. 1889, 2735 Rev. prat.).

105. Calcul du revenu imposable. — La taxe sur le revenu s'acquiert jour par jour comme les intérêts. Elle est due sur le 1/20 de la valeur moyenne des biens possédés ou occupés pendant l'année entière, et, si des biens n'ont été possédés ou occupés que pendant une partie seulement de l'année, sur le 1/20 de la valeur moyenne de ces biens durant la période imposable (Sol. 20 juin 1886).

Il n'y a pas lieu d'imputer sur la taxe l'impôt qui aurait été acquitté, en exécution de la loi du 29 juin 1872, pour les intérêts ou dividendes distribués aux porteurs des titres émis par l'association (Sol. 11 août 1890).

Lorsqu'il s'agit d'apprécier et de déterminer le revenu réel imposable, il faut considérer dans leur ensemble les bénéfices effectués par l'association. On ne saurait s'arrêter à cette seule circonstance que le revenu d'une fraction de l'actif est supérieur au produit évalué à 5 p. 100 (Sol. 23 mai 1887).

1. Titres cotés. — Rentes. — Évaluation. — Pour la perception de la taxe, la valeur des titres cotés à la bourse doit être déterminée d'après le cours moyen de l'année imposable (Cholet, 26 juill. 1894; — Bordeaux, 4 août 1897). La solution serait la même pour les titres cotés en banque.

En ce qui concerne les rentes perpétuelles ou viagères, c'est d'après le capital exprimé dans l'acte constitutif ou, à défaut, d'après une déclaration estimative qu'elles doivent être évaluées pour la liquidation de l'impôt (Sol. 11 juill. 1886).

123. Expertise. Immeuble. Appréciation des experts. Pouvoir des juges. — L'expertise requise pour déterminer la valeur d'un immeuble assujetti à l'impôt sur le revenu comme possédé par une congrégation, doit être suivie conformément aux règles tracées par les art. 17 et 18 L. 22 frim. Par suite, c'est aux experts seuls qu'il appartient d'apprécier la valeur de l'immeuble; leur opinion lie le tribunal et fait la loi des parties (Seine, 26 nov. 1904, 11033 R. P.).

112. Payement de l'impôt. — Déclaration détaillée. — Meubles. — Il n'est pas nécessaire que la déclaration, qu'une congrégation doit déposer pour la perception de l'impôt, désigne, en ce qui concerne les meubles, la situation des biens (Troyes, 19 fév. 1902, 10256 R. P.).

114. Maison-mère et succursales. — Les congrégations de femmes autorisées, qui ont une supérieure générale, se composent de la réunion de la maison-mère et de toutes les succursales autorisées ou non. La maison-mère n'est pas dès lors fondée à prétendre, pour repousser la réclamation de la taxe sur les biens occupés par les succursales non autorisées qu'elle n'a et ne peut avoir, ne reconnait et ne peut reconnaître d'autres succursales que celles qui sont approuvées par décret (Seine, 11 mars 1890, 7929 J. E.).

La Régie admet que les congrégations acquittent l'impôt, pour toutes leurs succursales, au siège de la maison-mère (Sol. 15 mars 1890).

115. Recouvrement de la taxe. — Action directe contre les associés. — L'impôt sur le revenu, exigible à raison des biens possédés ou occupés par une congrégation religieuse autorisée ou non autorisée, est dû exclusivement par la congrégation, qui en est comptable sur les biens qu'elle possède; la Régie ne saurait donc être admise à en poursuivre le recouvrement sur les biens personnels des membres qui font partie de la communauté (Seine, 4 juin 1897, 9188 R. P., 25221 J. E.; — Cass. req. 21 nov. 1898, 9434 R. P., 25515 J. E.).

Cette interprétation est conforme au texte littéral des lois de 1880 et de 1884. Elle ne saurait donc être sérieusement contestée; c'est, en effet, un principe constant, en matière fiscale, que la loi doit être littéralement exécutée. Du reste, tandis que d'après la loi du 29 juin 1872, la taxe sur le revenu est une dette de l'associé, dont la société est tenue de faire l'avance, le législateur de 1880 et de 1884 ne vise directement et personnellement que les congrégations et associations religieuses, à l'exclusion des membres qui en font partie. S'il avait voulu constituer les congréganistes débiteurs personnels, il s'en serait formellement expliqué, et cela avec d'autant plus de raison qu'il n'avait qu'à reproduire les dispositions d'une loi antérieure; s'il a modifié à cet égard les prescriptions de la loi de 1872, c'est sans aucun doute qu'il tenait à ne frapper que les congrégations et associations elles-mêmes. On peut donc poser en principe que la taxe sur le revenu, imposée par les lois de 1880 et de 1884, est une dette sociale. Il est d'ailleurs difficile de concevoir que des membres d'une association, qui ne reçoivent ni dividende, ni revenu, soient personnellement débiteurs d'une taxe assise sur le revenu. Dans le système de la loi de 1872, les associés ne doivent l'impôt que sur les dividendes qu'ils encaissent; et cela est si vrai que, s'il n'est pas distribué de dividendes, le droit n'est pas exigible ou devient restituable. Pour que les congréganistes ou les membres des associations tombant sous l'application des lois de 1880 et de 1884 fussent soumis à une autre règle, il faudrait une disposition particulière qu'on ne rencontre pas dans les textes.

Est-ce à dire que la Régie, qui ne peut mettre en cause que les congrégations et les associations religieuses elles-mêmes, se trouve empêchée de recouvrer les taxes dues par les congrégations non autorisées? Sans doute, le recouvrement de l'impôt se heurte, en ce qui les concerne, à des difficultés plus nombreuses; mais la Régie n'est pas cependant dépourvue de tous moyens d'action pour les contraindre au payement des sommes exigibles. Elle est fondée, en effet, à exercer son recours sur les biens que les communautés possèdent en fait, sinon en droit, et dont des prête-noms n'ont que la propriété apparente. On ne saurait méconnaître, à la vérité, qu'il ne lui sera pas toujours aisé d'établir « la fictivité de la possession », pour nous servir des termes du jugement précité: mais les difficultés d'application d'une loi ne sont pas à considérer, quand il s'agit seulement de l'interpréter et d'en déterminer le sens et la portée.

La disposition de l'art. 7 L. 16 avril 1895, d'après laquelle l'action en recouvrement sera valablement dirigée, pour les associations non reconnues, contre tout membre agrégé à un titre quelconque à ces associations, n'est applicable qu'en matière de taxe d'accroissement. Pour le recouvrement de l'impôt sur le revenu, la Régie est tenue de mettre en cause tous les associés (Vervins, 2 nov. 1900, 26026 J. E.).

1. Compensation. — V. *suprà* nº 46-1.

118. Pénalités. — Responsabilité de la congrégation. — En cas de contravention, les pénalités encourues sont à la charge personnelle de la congrégation. Elles ne sont pas éteintes par le décès de la supérieure (Sol. 20 juill. 1891).

123. Évaluation insuffisante. — Expertise. — Soumission. — Lorsque, à la suite d'une requête en expertise des immeubles d'une congrégation, compris dans une déclaration faite pour la perception de la taxe sur le revenu et considérés comme insuffisamment évalués, la congrégation s'abstient de désigner son expert, l'Administration est fondée à provoquer d'office la nomination d'un expert par le tribunal (Périgueux, 9 juill. 1898, 9469 R. P.).

Le président du conseil d'administration d'une société civile, qui tient des statuts le droit de signer tout extrait des délibérations du conseil, a qualité pour reconnaître leur insuffisance et souscrire une soumission, alors surtout que, d'après les statuts, le conseil peut lui conférer tous les pouvoirs qu'il juge convenable (Dreux, 4 juill. 1893; — Cass. req. 4 fév. 1896, 8707 R. P. 24805 J. E., 2910-4 I. G.).

127. Biens meubles. — Insuffisance. — Expertise. — L'expertise que l'Administration est fondée à requérir contre une congrégation religieuse en vue d'établir l'insuffisance des déclarations estimatives faites pour l'assiette de la taxe sur le revenu établie par les lois des 28 déc. 1880 et 29 déc. 1884, ne peut porter sur les biens meubles de la congrégation et doit être restreinte aux immeubles (Cass. civ. 24 juill. 1894, 8360 R. P., 24826 J. E.).

135. Congrégation étrangère. — Représentant responsable. — L'Administration n'insiste pas pour que les congrégations étrangères fassent agréer un représentant responsable (Sol. 15 juill. 1887).

136. Emprunts. — La loi du 29 juin 1872, qui soumet à la taxe sur le revenu les intérêts des emprunts de toutes les sociétés, compagnies ou entreprises quelconques, s'applique sans distinction à toutes les sociétés ou entreprises qui se procurent, par la voie de l'emprunt, les fonds dont elles ont besoin. Spécialement, elle atteint les emprunts contractés par une congrégation religieuse reconnue, laquelle constitue une collectivité qui subsiste indépendamment des mutations se produisant dans son personnel (Cass. civ. 27 nov. 1894, 8435 R. P., 24489 J. E., 2886-21. G.).

Mais les emprunts, contractés pour le compte d'une congrégation non autorisée par des membres de la congrégation, ne sont pas assujettis à la taxe. Il n'en serait différemment que si l'Administration était en mesure de prouver que la congrégation est établie sous la forme d'une société civile (Sol. 27 mars 1893, 8480 R. P., 24570 J. E.).

144. Prescription. — Taxe sur le revenu. — L'action en recouvrement de la taxe sur le revenu, qui était autrefois prescriptible par trente ans, a été soumise par l'art. 21 L. 26 juill. 1893 à la prescription de cinq ans (V. *Impôt sur le revenu*, n° 58).

En ce qui concerne les prescriptions commencées, le délai de cinq ans n'a commencé à courir qu'au jour de la promulgation de la loi (Bordeaux, 4 août 1897). Dans ce cas, la prescription n'est donc pas acquise, quand une contrainte a été régulièrement signifiée avant l'expiration du délai (Vervins, 2 nov. 1900, 26026 J. E.).

145. Prescription. — Amendes. — La prescription quinquennale de la loi du 26 juill. 1893 s'applique également aux amendes (V. *Impôt sur le revenu*, n° 58-2).

Elle n'est pas dès lors opposable, si elle a été interrompue par voie de contrainte signifiée dans le délai de cinq ans à compter de la promulgation de la loi (Vervins, 2 nov. 1900, 26026 J. E.).

La prescription biennale résultant de l'art. 14 L. 16 juin 1824 ne court que du jour où les préposés ont été à même de constater la contravention au vu des actes soumis à l'enregistrement. Elle ne saurait donc, en tout état de cause, s'appliquer aux amendes encourues en matière d'impôt sur le revenu, dès l'instant qu'aucun acte révélant le caractère religieux de l'association débitrice n'a été présenté à la formalité (Mortagne, 19 juin 1896; — Cass. civ. 9 mai 1900, 9851 R. P., 25903 J. E., 3037-5 I. G.).

CONSEIL D'ÉTAT.

2. Recours. — Délai. — Le délai des recours au Conseil d'État, fixé à 3 mois par l'art. 21 Décr. 22 juill. 1806, est réduit à 2 mois, dans tous les cas où un délai spécial n'a pas été déterminé par des lois ou des règlements (L. 13 avril 1900, art. 24, 9850 et 9946-38 R. P.).

3. Recours. — Enregistrement. — Timbre. — La requête présentée au Conseil d'État n'est pas recevable si elle n'est pas timbrée et enregistrée (C. d'Ét. 6 juill. 1894, 961 R. E.). Il en est ainsi, alors même que le défaut de timbre n'aurait pas été relevé devant le Conseil de préfecture (C. d'Ét. 30 juin 1900, 2737 R. E.).

4. Premier acte de recours. — Le premier acte de recours devant le Conseil d'État bénéficie de la réduction de tarif accordée par l'art. 22 L. 28 avril 1893. Il n'est donc plus assujetti aujourd'hui qu'au droit fixe de 25 fr.

9. Exploits. — De même, les exploits et autres actes du ministère des huissiers devant le Conseil d'État, jusques et y compris les significations des arrêts définitifs, ne sont plus actuellement soumis qu'au droit de 5 fr. (LL. 28 avr. 1816, art. 45 1° et 28 avr. 1893, art. 23).

10. Signification d'avocat à avocat. — Les actes d'avocat à avocat devant le Conseil d'État, ainsi que les exploits qui en constatent la signification, sont toujours soumis au timbre et à l'enregistrement. La loi du 26 janv. 1892 n'a pas modifié, en ce qui les concerne, la législation antérieure (2616 I. G., p. 5). Mais le tarif des significations a été ramené à 3 fr. par la loi du 28 avril 1893.

19. Frais de greffe. — Les droits perçus au profit de l'État au secrétariat du Conseil d'État ont été intentionnellement passés sous silence par le législateur de 1892 et se trouvent, par suite, maintenus sans modification.

23 *bis*. Société de secours mutuels. — Recours. — Le recours devant le Conseil d'État, pour refus d'approbation d'une société de secours mutuels, est dispensé de tout droit (L. 1er av. 1898, art. 16, 9295 R. P.).

CONSEIL DE PRÉFECTURE.

2. Organisation. — A la nomenclature des lois qui ont organisé les Conseils de préfecture, il convient d'ajouter la L. 22 juill. 1889.

40. Contributions directes. — Demandes en décharge. — Procurations. — Le législateur ayant entendu dispenser du droit d'enregistrement les réclamations relatives aux demandes en réduction ou en décharge d'impôts directs, cette exemption s'étend à la procuration donnée par le réclamant à un tiers dans le but de présenter et de soutenir la demande de dégrèvement (Bordeaux, 25 nov. 1896; — Cass. 19 juin 1901, 10056 R. P. — *Contra* Dépêche Min. Fin. au Min. Int. 30 août 1892, 8080 R. P.).

43. Réforme des frais de justice. — **L. 26 janv. 1892.** — V. *Jugement*, n°s 15 et 27.

CONSEIL JUDICIAIRE.

3. Extraits et certificats délivrés en exécution de la loi du 16 mars 1893. — Doivent être établis sur papier timbré de dimension : 1° l'extrait sommaire du jugement ou arrêt portant nomination d'un conseil judiciaire à transmettre, par l'avoué qui l'a obtenu, au greffe du tribunal du lieu de naissance du défendeur; et 2° le certificat du greffier constatant l'accomplissement de la formalité. — Rédigé par un avoué, l'extrait peut être fait sur papier timbré à 0 fr. 60 ou 1 fr. 20; mais il doit être soumis [illegible]

144. Taxe sur le revenu. Action en recouvrement. Prescription. — A défaut de disposition spéciale dans les lois des 29 juin 1872, 28 déc. 1880 et 29 déc. 1884, l'action en recouvrement de la taxe sur le revenu et des amendes qui en sont l'accessoire était soumise, antérieurement à la loi du 26 juill. 1893, à la prescription trentenaire, à l'exclusion de la prescription biennale (Toulon, 16 déc. 1900; Cass. (req.), 6 mai 1903, 10580 R. P.).

Prescription quinquennale. Contrainte. Signification irrégulière. — La prescription quinquennale, établie par l'art. 21 L. 26 juillet 1893 en ce qui concerne l'action en recouvrement de l'impôt sur le revenu, n'est pas régulièrement interrompue, si la signification de la contrainte n'a pas été faite dans les conditions prescrites par l'art. 68 C. pr. Il en est ainsi spécialement lorsque la copie de la contrainte a été remise à un [illegible] d'une société, qui n'a pas qualité pour la recevoir (Versailles, 9 déc. 1903, 10850 R. P.).

145. Amendes. Prescription. — *Conf.* Cass. (req.), 9 déc. 1903, [illegible] R. P.

CONSEIL D'ÉTAT

4-7-12 et 21. Recours pour incompétence ou excès de pouvoirs et en matière de liquidation de pensions. Enregistrement en débet. L. fin. 17 avril 1906 (art. 4). — 11135 R. P.

4 et 12. Assistance obligatoire aux vieillards, infirmes et incurables. L. 14 juill. 1905. — D'après l'art. 30 L. 14 juill. 1905, les pourvois formés devant le Conseil d'État contre les décisions des conseils de préfecture sur les contestations relatives au domicile de secours sont jugés sans frais et dispensés du timbre et du ministère d'avocat (Instr. 3173, 11034 R. P.).

CONSEIL DE PRÉFECTURE.

CONSEIL JUDICIAIRE.

CONSTRUCTIONS.

22. Bâtiments incorporés au sol et vendus sans obligation de démolition. Caractère immobilier. Matériel d'une scierie mécanique. Immeubles par destination. — Constitue une mutation immobilière qui devait être soumise à l'enregistrement dans les trois mois du jour de l'acte la constatant ou de la prise de possession si elle est restée purement verbale, la convention par laquelle le locataire d'un terrain a acquis du bailleur les bâtiments et le matériel d'une scierie mécanique établis sur ce terrain, lorsque les bâtiments sont incorporés au sol, qu'ils n'ont pas été acquis pour être démolis, et qu'il n'a pas été effectivement procédé à leur démolition, et, d'autre part, que le matériel a été acheté en même temps que les constructions pour continuer le service et l'exploitation de l'industrie qui s'y exerce (Pithiviers, 20 juin 1902, 16333 R. P.).

CONSIGNATION (AMENDE DE).

36 et 85. Conseils de guerre et tribunaux maritimes. — Les recours en cassation formés contre les jugements des conseils de guerre et des tribunaux maritimes ne donnent pas lieu à consignation d'amende (L. 17 avril 1906, art. 55, 11339 R. P.).

formalité de l'enregistrement au droit de 1 fr. 50 avant tout usage. S'il est délivré par le greffier, il constitue une véritable expédition passible du droit de timbre minimum de 1 fr. 80; mais il est dispensé de l'enregistrement. — Le certificat du greffier est assujetti à l'enregistrement dans un délai de 20 jours au droit de 1 fr. 50 (D. M. F., 10 mai 1893, 8151 et 8418-42 R. P.). — V. *Greffe* et *Interdiction*.

CONSIGNATION (AMENDE DE).

10. Restitution. — Déchéance quinquennale. — La déchéance quinquennale établie par l'art. 9 L. 29 janv. 1831 s'oppose, d'une manière absolue, à la restitution des amendes de consignation, lorsqu'il s'est écoulé un délai de cinq ans à partir de l'ouverture de l'exercice auquel appartiennent les décisions judiciaires qui ont ordonné le remboursement (Sol. 11 mars 1891, 7604 R. P.).

15. Fol appel. — Jugement préparatoire. — En prescrivant de consigner l'amende de fol appel préalablement au jugement ou à l'arrêt, l'arrêté du 10 floréal an XI n'a eu en vue que les jugements et arrêts définitifs, et non les jugements et arrêts préparatoires. Par suite, il n'y a pas contravention de la part de l'avoué qui obtient un jugement préparatoire sans que l'amende de fol appel ait été consignée (Rochefort, 12 août 1896, 9170 R. P.).

20. Fol appel. — Amende. — Consignation postérieure à l'arrêt. — Pénalité contre l'avoué. — L'avoué qui, après avoir requis l'inscription de l'affaire au rôle, ne consigne l'amende de fol appel prévue par l'art. 471 C. proc. que postérieurement à l'arrêt de la Cour, est passible de la pénalité édictée par les art. 9 de la déclaration du 21 mars 1671 et 8 de l'arrêté du 10 floréal an XI (Fax. 19 mai 1899, 9922 R. P.).

30. Recours en Cassation. — Expropriation pour cause d'utilité publique. — En l'absence d'une disposition exceptionnelle, les pourvois en Cassation formés en matière d'expropriation pour cause d'utilité publique nécessitent la consignation de l'amende prescrite par l'art. 5, règlement 28 juin 1738, et il y a déchéance du pourvoi lorsque cette consignation n'a pas eu lieu dans le délai fixé par la L. pour le jugement de l'affaire (Cass. 20 nov. 1895, 8816 R. P.).

V. Déchéance.

73 *bis*. Fol appel. — Accidents du travail. — La dispense générale de tous droits de timbre et d'enregistrement accordée, en matière d'accidents du travail, par l'art. 29 L. 9 avr. 1898, ne saurait être étendue à l'amende d'appel, qui est essentiellement distincte de ces deux natures d'impôt. Le chef d'industrie qui interjette appel d'un jugement de première instance est donc tenu de consigner l'amende. La victime de l'accident n'en serait elle-même dispensée que si elle avait obtenu l'assistance judiciaire par une décision spéciale du bureau placé près de la Cour (Sol. 13 mai 1902, 3080, § 2, I. G.). — V. *Accidents du travail*, nº 12 *bis*.

CONSISTOIRES. — V. *Établissements publics et Fabriques*.

CONSTRUCTIONS.

13. Vente de constructions à démolir. — Unité de contrat. — Droit de 2 p. 100. — L'adjudication de la démolition d'une maison et des matériaux à provenir de cette démolition présente le caractère unique et indivisible d'une vente mobilière passible du droit de 2 p. 100 sur le prix exprimé et sur les charges imposées à l'acquéreur (Sol. 14 déc. 1890, 7605 R. P.).

33. Construction sur le terrain d'autrui. — Vente par le constructeur. — Nature du droit à percevoir. — Nous avons exposé complètement, dans la première partie du *Rép. gén.*, vº *Constructions*, en analysant toutes les hypothèses susceptibles de se produire, la théorie de la perception des droits d'enregistrement sur les cessions faites par le constructeur des bâtiments par lui édifiés sur le terrain d'autrui. Il sera intéressant de rapprocher des observations que nous avons présentées la dissertation suivante que M. Sérésia, professeur à l'Université de Gand, a bien voulu nous communiquer et que nous avons insérée au nº 7391 R. P.).

Quels droits d'enregistrement il y a-t-il lieu de percevoir lorsque, des constructions ayant été faites sur le terrain d'autrui, le constructeur traite avec le propriétaire ou avec un tiers au sujet de ces constructions?

Cette question, d'un grand intérêt pratique, a soulevé de vives controverses, spécialement dans le cas où le constructeur est un preneur.

Afin de faciliter l'exposition et la discussion de la matière, on distinguera, dans ce qui va suivre, les hypothèses suivantes : les constructions ont été faites : *a*) par un simple possesseur; *b*) par un usufruitier; *c*) par un superficiaire; *d*) par un emphytéote; *e*) par un preneur.

§ Ier. — Du cas où les constructions ont été faites par un simple possesseur.

On entend par simple possesseur d'un fonds celui qui le détient en son nom, sans y avoir aucun droit réel et sans qu'il existe entre lui et le propriétaire aucune obligation contractuelle par rapport à ce fonds. Tel est celui qui a acheté *a non domino* et qui n'a pas encore prescrit la propriété; tel est encore le preneur qui, à l'expiration du bail, continue à détenir le fonds et le détient en son nom, après avoir opposé une contradiction au droit du propriétaire. On distingue donc le simple possesseur du fonds du propriétaire qui possède son fonds, de l'usufruitier, de l'emphytéote, du superficiaire qui ne possèdent pas le fonds, mais le droit réel qu'ils y ont, du preneur qui n'est que détenteur du fonds loué.

Les constructions faites par le simple possesseur sont immeubles. « Considérant que le Code civil, à l'article 518, déclare en termes absolus que les bâtiments sont immeubles; qu'aucune de ses dispositions ne déroge à ce principe, soit dans le cas où les bâtiments sont construits par un autre que le propriétaire du fonds, soit dans le cas où, par l'effet des conventions des parties, la propriété des constructions est temporairement séparée de celle du sol, séparation reconnue possible et légale par la loi du 10 janv.

1824 sur le droit de superficie » (Cass., 14 mai 1850, au rapport de M. Defacqz, *Belg. Jud.*, 1850, p. 783).

Le bâtiment ne cesse pas d'être immeuble lorsque l'obligation de démolir a été stipulée dans l'acte d'aliénation d'un édifice. Cette stipulation « réduit bien les objets de la vente à de simples matériaux » (même arrêt), c'est-à-dire à des meubles, mais n'a pas pour effet de mobiliser le bâtiment, tant qu'il n'est pas démoli. Dans le même ordre d'idées Pothier (*Traité de la communauté*, n° 240) fait remarquer que « la dette résultant de la vente que l'un des conjoints a faite à un marchand de bois, avant son mariage, d'arbres qui étaient encore sur pied sur son héritage lors de son mariage, est une dette mobilière de ce conjoint; car il ne doit donner les arbres qu'il a vendus qu'après qu'ils auront été abattus, et qu'ils seront en conséquence devenus choses meubles ».

A qui appartiennent les constructions faites par le possesseur?

M. l'avocat général Delebecque (*Jurispr. de la Cour de cassation*, 1846, I, p. 341) a soutenu en 1845, devant la Cour de cassation, que ces constructions appartiennent au constructeur jusqu'au moment où le propriétaire du sol les paye. Cette thèse est contraire à la loi.

Aux termes de l'article 552, la propriété du sol emporte la propriété du dessus... D'où la conséquence que la propriété du sol donne droit à la propriété du bâtiment qui s'y unit accessoirement et artificiellement (art. 546).

L'article 553 exprime la même idée. Il dispose que toutes constructions... sur un terrain... sont présumées faites par le propriétaire et à ses frais et lui appartenir, si le contraire n'est prouvé, sans préjudice de la propriété qu'un tiers... pourrait acquérir... par prescription...

Cet article établit deux présomptions distinctes : la première relative à la personne aux frais de laquelle les ouvrages ont été faits, la seconde relative au propriétaire des ouvrages : la seconde est indépendante de la première et opère même quand celle-ci fait défaut, car elle n'est qu'une application du principe de l'accession consacré par les articles 546 et 552; or, ces articles n'ont aucun égard à la circonstance que le bâtiment n'a pas été construit par le propriétaire du fonds.

Les articles 554 et suivants montrent que la question de savoir par qui et aux frais de qui la construction a été faite doit être prise en considération lorsqu'il s'agit de déterminer qui doit enlever les bâtiments ou qui a droit à une indemnité, mais est sans importance au point de vue des conséquences du droit d'accession. Le propriétaire du sol devient donc propriétaire, par droit d'accession, des bâtiments construits par le possesseur, peu importe que la construction ait été faite aux frais de celui-ci et avec ses matériaux. C'est là, du reste, ce qui résulte des motifs d'un arrêt de la Cour de cassation du 8 déc. 1870 (*Belg. Jud.*, 1871, p. 73; *Rec. Gén.*, n° 7340).

Le propriétaire du sol devient propriétaire du bâtiment par droit d'accession, c'est-à-dire en vertu de la loi et indépendamment de la volonté du constructeur. Il ne tient pas son droit de celui-ci, qui ne lui transmet rien. L'acte qui constaterait cette accession ne saurait, dès lors, donner ouverture au droit proportionnel qui frappe la transmission des immeubles. Que si cet acte constate, en outre, que le propriétaire a reconnu devoir telle somme au constructeur, à titre d'indemnité, conformément à l'article 555 du Code civil, cette reconnaissance donnera ouverture au droit de 1 fr. 40 p. 100 (*tarif belge*) (art. 69, § 3, n° 3, loi de frim.). Il n'y aura pas lieu à l'application de la disposition finale de cet article, car l'obligation n'est pas le prix d'une transmission. C'est à tort que, argumentant de la circulaire du 9 avr. 1836 (*Rec. Gén.*, n° 2751, § 4), on déciderait que c'est le droit de 65 cent. p. 100, comme pour indemnité mobilière, qui est dû dans l'espèce, car les indemnités mobilières dont il est question dans l'article 69, § 2, n° 8, sont des garanties accessoires à un autre contrat et n'ont rien de commun avec le cas dont il s'agit en ce moment (Cass. franç., ch. réun., 23 juin 18.., Dalloz Pér., 1875, I, 421; *Rec. Gén.*, n° 8474 et Circulaire du ministère des finances, du 28 juill. 1879, *Rec. Gén.*, n° 9265). Si la somme, au lieu de faire l'objet d'une reconnaissance de dette, était payée au constructeur, le droit de quittance de 65 cent. p. 100 (*tarif belge*) devrait être perçu (art. 69, § 2, n° 11).

Que faudrait-il percevoir sur l'acte constatant que le constructeur a, pour y avoir été contraint par le propriétaire, enlevé les constructions?

Le droit du propriétaire du fonds sur le bâtiment s'est éteint au moment où celui-ci a été démoli, et, au même moment, le constructeur est devenu propriétaire des matériaux : y a-t-il, dans ce fait, transmission de valeurs mobilières? — Toute transmission suppose, chez celui qui transmet, l'intention de procurer un avantage à l'autre partie, et cet avantage consiste dans une valeur dont le premier se prive pour en investir le second. Dans l'espèce, rien de pareil : le propriétaire ne voit dans le bâtiment qu'une charge et un préjudice, auxquels il se soustrait en forçant le constructeur à le détruire. Il demeure propriétaire des constructions jusqu'au moment où elles sont converties en matériaux et, à ce moment, il en abandonne la propriété, par voie de *derelictio*, au constructeur qui est tenu de les enlever. L'exactitude de cette solution résulte de l'article 555 du Code civil. Il suit de cet article que le constructeur de mauvaise foi est devenu, en vertu de la loi, sans aucune convention, créancier d'une obligation alternative dont le débiteur est le propriétaire du fonds. Celui-ci lui doit ou les matériaux ou une indemnité. S'il choisit les matériaux, l'opération n'a rien de commun avec une vente. L'acte dont il s'agit ne saurait donc comporter que la perception d'un droit fixe de 2 fr. 40 (*tarif belge*) (art. 68, § 1er, n° 51, loi de frim.).

La solution serait-elle la même s'il résultait de l'acte qu'il a été convenu, entre le propriétaire du fonds et le possesseur de bonne foi, que celui-ci enlèverait les constructions en renonçant à toute indemnité? Ici, le propriétaire ne pouvait contraindre le constructeur à enlever le bâtiment, mais il devait lui payer l'indemnité fixée par l'article 555, § 3, dans sa disposition finale; en d'autres termes, le constructeur était purement et simplement créancier de l'indemnité. Mais les parties conviennent que le constructeur obtiendra les matériaux, moyennant quoi le propriétaire du fonds sera libéré de la dette de l'indemnité. Il y a là un acte translatif de meubles à titre onéreux, passible du droit de 2 fr. 70 p. 100 (*tarif belge*).

Si l'acquéreur du bâtiment à démolir acquérait ensuite le fonds, avant la démolition des constructions, le droit d'enregistrement serait dû, aux taux fixé pour les transmissions immobilières, sur la valeur de l'intégralité du bien, tant des constructions que du sol, sauf déduction du droit perçu précédemment à raison de l'acquisition des matériaux (art. 20, loi du 31 mai 1824).

Supposons que le possesseur vende le bâtiment. Cette vente donnera-t-elle ouverture au droit proportionnel afférent aux ventes d'immeubles?

Il est vrai que le possesseur n'est pas propriétaire du bâtiment, qu'il n'a pas de droit immobilier; que, dès lors, il ne peut pas transmettre un droit de cette espèce. Mais cela importe peu : la vente d'un immeuble appartenant à autrui donne ouverture au droit proportionnel afférent aux ventes immobilières, alors même que la vente est nulle, car on suppose que la cause de cette nullité n'était pas apparente dans l'acte; mais il n'en serait pas autrement si la cause de nullité était apparente, car il ne s'agit pas ici d'une nullité empêchant la convention de naître (1599 Code civil. — *Comp.* Cass., 14 mai 1850, *Belg. Jud.*, 1850, p. 731).

Bien plus, le vendeur sera présumé avoir acquis le bâtiment du propriétaire du sol et devra, de ce chef, le droit proportionnel. En conséquence, il sera tenu de déposer la déclaration prévue par l'article 4 de la loi du 27 ventôse an IX (Cass., 8 déc. 1870, *Belg. Jud.*, 1871, p. 73, et *Rec. Gén.*, n° 7340). Il n'en serait autrement que s'il prouvait avoir acquis le bâtiment par prescription, car la prescription n'implique pas transmission et n'est pas assujettie au droit proportionnel.

§ II. — *Du cas où les constructions ont été faites par un usufruitier.*

L'usufruit est le droit de jouir des choses dont un autre a la propriété, comme le propriétaire lui-même, à la charge d'en conserver la substance (Code civ., art. 578). C'est un droit réel, un démembrement temporaire de la propriété.

L'usufruitier a le droit de construire sur le fonds grevé d'usufruit pour autant que les constructions n'altèrent pas la substance du fonds. Ces constructions sont des immeubles par nature (art. 518). Elles appartiennent au nu propriétaire, par voie d'accession, pour la nue propriété, et l'usufruit en appartient à l'usufruitier (arg. art. 546, 552, 580 et 598). Ni la construction ni l'acte qui la constate ne donnent ouverture à un droit proportionnel : ils n'impliquent pas transmission.

L'usufruitier peut-il, à l'expiration de l'usufruit, enlever les constructions et, si le propriétaire a le droit de les retenir, doit-il une indemnité à l'usufruitier?

La réponse à cette question dépend de l'interprétation que l'on donne au mot améliorations, dans l'article 599 du Code civil. La doctrine et la jurisprudence sont divisées. La Cour de cassation de Belgique (Cass., 27 janv. 1887, *Belg. Jud.*, 1887, p. 593) a décidé, au rapport de M. de Le Court, que ce mot ne comprenait pas les constructions. La Cour de cassation de France, 4 nov. 1885 (Dalloz Pér., 1886, I, 361) s'est prononcée en sens contraire. La seconde solution peut se réclamer de l'autorité de la tradition (voir dans Dalloz Pér., le rapport fait au sujet du pourvoi qui a donné lieu à l'arrêt du 4 nov. 1885, et, dans la *Belgique Judiciaire*, 1887, p. 593, les observations qui suivent l'arrêt du 27 janv. 1887).

Si la Cour de cassation de France a raison, l'usufruitier ne peut, à la fin de l'usufruit, ni enlever les constructions, ni réclamer une indemnité. Si elle a tort, il faut, conformément à l'article 555, décider que le nu propriétaire, qui retient les constructions, doit une indemnité à l'usufruitier. Mais est-il obligé de les retenir? Ou peut-il obliger l'usufruitier à les enlever? En d'autres termes, faut-il assimiler l'usufruitier constructeur à un possesseur de bonne foi ou à un possesseur de mauvaise foi? L'arrêt du 27 janv. 1887 ne s'explique pas là-dessus, mais l'équité exige qu'on laisse l'option au propriétaire.

Si l'on admet la doctrine de la Cour de cassation de Belgique, il faut décider que le droit d'obligation de 1 fr. 40 p. 100 (*tarif belge*) est dû sur l'acte constatant que le propriétaire a promis de payer à l'usufruitier ou à ses ayants droit telle somme à titre d'indemnité, et qu'un droit fixe est seul exigible sur l'acte constatant que le constructeur a enlevé les constructions. En tout cas, le droit proportionnel sera dû comme pour transmission d'un immeuble sur l'acte par lequel l'usufruitier vendrait les constructions ou les donnerait à un tiers. S'il vendait les constructions pour un prix, et, en outre, son droit d'usufruit pour un autre prix, il y aurait là à la fois vente d'immeubles corporels et vente d'un droit réel immobilier.

§ III. — *Du cas où les constructions ont été faites par un superficiaire.*

L'article 1er de la loi du 10 janv. 1824 définit le droit de superficie, « un droit réel qui consiste à avoir des bâtiments, ouvrages ou plantations sur un fonds appartenant à autrui ».

L'article 2 ajoute que celui qui « le droit de superficie peut « l'aliéner et l'hypothéquer ».

L'article 4 dispose que ce droit « ne peut être établi pour un terme excédant cinquante années ». Il ne fixe pas de minimum de durée.

Enfin, les articles 5 et suivants distinguent entre le cas où le superficiaire a construit lui-même les bâtiments ou payé la valeur de ceux qui existaient lors de son acquisition, et le cas où les bâtiments existaient au moment de l'ouverture du droit de superficie sans que le superficiaire en ait payé la valeur. Dans le premier cas, le superficiaire peut démolir les bâtiments, mais, s'il ne l'a pas fait, la propriété passe, à l'expiration du droit de superficie, au propriétaire du fonds, à charge de rembourser la valeur actuelle des bâtiments au superficiaire. Dans le second cas, le superficiaire ne peut pas démolir les constructions, et le propriétaire les reprend sans indemnité à l'expiration du droit.

La superficie est donc, en tout cas, un droit réel, un démembrement d'une propriété immobilière; mais les effets de ce droit ne sont pas toujours les mêmes; tantôt le superficiaire est propriétaire des bâtiments pendant la durée de son droit, tantôt il en a simplement la jouissance comme une sorte d'usufruitier.

L'article 553 du Code civil parle de la propriété qu'on peut acquérir par prescription, soit d'un souterrain sous le bâtiment d'autrui, soit de toute autre partie du bâtiment. L'article 664 du même Code dit que les différents étages d'une maison peuvent appartenir à divers propriétaires. Il y a quelque analogie entre les droits prévus par ces dispositions et le droit du superficiaire. Mais ils diffèrent en ce que, dans le cas de superficie, la propriété est temporaire, tandis que, dans les autres hypothèses, elle est perpétuelle. La perpétuité est, d'ailleurs, la condition normale de la propriété et, à défaut de cette condition, il n'y a point de propriété véritable. Aussi, tout en se servant du mot *propriété* à propos du droit du superficiaire sur les bâtiments qu'il a construits, la loi définit-elle son droit, dans son ensemble, un droit réel. Il y a donc ici, en réalité, non pas deux propriétés superposées, comme dans le cas prévu par les articles 553 et 664, mais un droit de propriété démembré appartenant au propriétaire du fonds, et un démembrement de cette propriété consistant dans l'attribution, pour un temps déterminé, au superficiaire, des droits attachés à la pleine propriété. Au surplus, les droits du superficiaire sur le bâtiment qu'il a construit à ses frais ne couvrent pas la totalité de son droit de superficie ; il a non seulement la faculté d'user et abuser de ce bâtiment, mais, en outre, celle de reconstruire, tant que dure le droit de superficie.

La loi de 1824 dispose que le superficiaire peut aliéner et hypothéquer son droit. Cette aliénation et cette hypothèque n'emportent pas nécessairement transmission d'un immeuble corporel. Elles sont possibles, avant qu'aucune construction existe sur le fonds et elles ne cessent pas de produire leurs effets après la destruction du bâtiment existant ; car, après cette destruction, il reste toujours au superficiaire la faculté de reconstruire. Par exemple, le créancier ayant hypothèque sur un droit de superficie concédé pour cinquante ans pourra, si le bâtiment périt la dixième année, saisir et faire vendre le droit de superficie pour les quarante années restant à courir ; et l'adjudicataire aura le droit de reconstruire. Mais si l'hypothèque ne portait que sur le bâtiment, la perte de celui-ci éteindrait l'hypothèque.

Au point de vue de l'enregistrement, on peut reproduire ici les questions que l'on a posées à propos du droit d'usufruit.

Si, pendant la durée de son droit, le superficiaire vend ou rétrocède les bâtiments qu'il a trouvés sur le fonds et dont il n'a pas payé la valeur, il faut, au point de vue de l'enregistrement, distinguer. S'il ne vend ou ne rétrocède que son droit réel sur ces bâtiments, il sera dû simplement 5 fr. 50 p. 100 sur la transmission déclarée. S'il les vend en pleine propriété, il y aura lieu, en outre, à l'action de la Régie du chef de mutation clandestine.

S'il vend ou rétrocède des bâtiments qu'il a lui-même construits, même distinction, avec cette différence seulement que, s'il y a mutation clandestine, la valeur soumise au droit sera moindre que dans l'hypothèse précédente où les droits du propriétaire sont plus étendus.

A l'expiration du droit de superficie, le droit réel que le superficiaire avait sur les bâtiments s'éteint, et ceux-ci tombent de plein droit dans la catégorie des choses que le propriétaire a en plein domaine. Il n'y a point là une transmission, mais une simple extinction de droit réel.

Si le superficiaire a construit lui-même, il lui revient une indemnité : l'écrit qui en constate la débition sera passible du droit d'obligation de sommes, 1 fr. 40 p. 100 (*tarif belge*). Celui qui en constatera la libération sera passible du droit de 65 cent. p. 100 (*tarif belge*).

S'il était convenu que le ci-devant superficiaire enlèvera ses propres constructions, il y aurait transmission d'une créance d'objets mobiliers, passible du droit de 2 fr. 40 p. 100 (*tarif belge*) sur le montant de l'indemnité qui aurait été due à défaut de la convention, en vertu de l'article 5 de la loi du 10 janv. 1824.

Que faut-il décider si le superficiaire vendait son droit de superficie, celui-ci ayant été établi moyennant une redevance annuelle? Faudrait-il voir dans cette vente une cession de bail soumise à la loi du 6 août 1887 et passible en conséquence, du droit de 20 ou 40 cent. p. 100 (*tarif belge*) sur le montant des redevances cumulées et augmentées du prix de la vente?

Non ; la loi du 6 août 1887 s'applique d'abord aux baux, c'est-à-dire à des conventions qui engendrent un simple droit de créance. Elle s'applique, en outre, à des contrats qu'on désigne aussi sous le nom de baux dans la pratique, à savoir les contrats constitutifs d'emphytéose, mais ces contrats sont d'une nature absolument différente de celle des baux proprement dits, car ils engendrent des droits réels.

Comment sait-on que la loi de 1887 doit être étendue aux baux emphytéotiques? Par l'exposé des motifs et les discussions, où il a été dit que les mots baux de toute nature qui se lisent dans l'article 1er de la loi visent ces sortes de baux.

Faut-il aller plus loin et appliquer ces termes aux droits de superficie concédés moyennant une redevance annuelle? Rien n'autorise cette extension nouvelle.

En conséquence, la superficie, même concédée moyennant une redevance annuelle, et la cession ou la rétrocession d'un pareil droit comportent constitution, cession ou rétrocession d'un droit réel immobilier, et sont passibles du droit de 5 fr. 50 p. 100 sur le prix. Ce prix, c'est la somme qu'on aurait stipulée en cas de payement au comptant.

Que faudrait-il décider si l'on admettait qu'il s'agit ici de baux, de cessions ou rétrocessions de baux? On devrait appliquer le droit de 50 ou 40 cent. p. 100 (*tarif belge*) sans percevoir aucun droit particulier à raison des constructions, puisque le droit du superficiaire sur celles-ci est une dépendance de son droit de superficie lui-même.

§ IV. — *Les constructions ont été faites par un emphytéote.*

Le droit de l'emphytéote est, en ce qui concerne les constructions, analogue à celui du superficiaire. Voici les principales différences :

« L'emphytéose est un droit réel qui consiste à avoir la pleine jouissance d'un immeuble appartenant à autrui, sous la condition de lui payer une redevance » (art. 1er de la loi du 10 janv. 1824). Cette redevance n'est pas requise en matière de superficie.

L'emphytéose ne peut être établie pour un terme excédant quatre-vingt-dix-neuf ans, ni au-dessous de vingt-sept ans. Le terme est différent en matière de superficie.

L'emphytéote ne peut, à l'expiration de son droit, contraindre le propriétaire du fonds à payer la valeur des bâtiments qui se trouvent sur le terrain et qu'il a fait construire; mais il peut enlever ces bâtiments, sauf à réparer le dommage que cet enlèvement a causé au fonds (art. 7 et 8 de la même loi). S'il a trouvé les constructions lors de l'acquisition de son droit, il est obligé de les entretenir. On a vu ci-dessus que, pour le superficiaire, il y a d'autres règles.

Donc, les constructions du fonds emphytéotique appartiennent à l'emphytéote pendant la durée de son droit; mais, à l'expiration de ce droit, il cesse d'en être propriétaire et peut seulement les enlever, c'est-à-dire que son droit de propriété, qui s'appliquait jusque-là à des immeubles, se convertit alors en un droit de créance mobilier tendant à lui faire avoir des matériaux. Si donc il est convenu, à l'expiration de l'emphytéose, que le propriétaire du sol gardera les constructions moyennant indemnité, cette convention implique une transmission mobilière et donnera ouverture au droit de 2 fr. 70 p. 100 (*tarif belge*).

Si l'emphytéote vend ou rétrocède la propriété perpétuelle des constructions, au lieu d'en vendre la propriété pour le temps pendant lequel elle lui appartiendra, ou, en d'autres termes, s'il cède la pleine propriété au lieu du démembrement qui lui appartient, on percevra le droit de 5 fr. 50 p. 100 sur le prix et, en outre, il y aura lieu à l'action de la régie du chef de mutation clandestine.

Mais supposons qu'il vende ou rétrocède son droit lui-même, en tout ou en partie. — La loi de 1887 a, comme on l'a dit, assimilé ces sortes de ventes aux cessions de baux passibles du droit de 20 ou 40 cent. p. 100 (*tarif belge*) sur le prix cumulé de toutes les années et les charges. Comme le droit réel sur les constructions, qui compète à l'emphytéote, est une dépendance de l'emphytéose elle-même, la transmission de ce droit réel, qui est la suite de la cession de l'emphytéose, ne saurait donner ouverture à aucun droit particulier. Si cette transmission se fait seule, elle constitue une cession partielle de l'emphytéose et encourra le droit de 20 ou 40 cent. p. 100 (*tarif belge*) comme cession de bail.

Il est à remarquer que la loi du 6 août 1887 ne touche pas à la nature du droit d'emphytéose : elle ne lui enlève pas son caractère de droit réel ; elle se borne à l'assimiler aux baux au point de vue des actes qui l'établissent ou en portent cession, subrogation ou rétrocession. Hors de là, on n'est pas fondé à traiter ce droit réel comme un droit de créance mobilier. Si donc il s'agissait de la donation de l'emphytéose, y compris le droit du donateur sur les constructions, ce serait le droit de donation d'immeubles qui serait exigible. C'est à tort que l'Administration a décidé (18 août 1888, *Rec. gén.*, n° 11120) qu'il y a ici donation mobilière.

§ V. — *Du cas où les constructions ont été faites par un preneur.*

Les constructions élevées par un preneur sur le terrain loué sont des immeubles; ce point est généralement admis aujourd'hui (voir en ce sens divers Grivel, *Des constructions élevées par un locataire sur le terrain loué*, *Rev. prat.*, t. XXXV, p. 259 et suiv.); mais à qui appartiennent ces constructions?

La Régie belge (décision du 13 fév. 1882, *Rec. gén.*, n° 9611; voir en ce sens Cass. req. franc., 13 fév. 1872, Dalloz Pér., 1872, I, 256) soutient qu'elles appartiennent au preneur pendant la durée du bail. La thèse de la Régie a été développée dans un article de la *Revue de droit belge* (1re année, p. 68 et suiv.).

L'auteur de l'article suppose qu'il s'agit de bâtiments qui sont en harmonie avec la destination du sol qui les supporte et fait ensuite le raisonnement suivant :

« On doit reconnaître que les bâtiments que le preneur a érigés en vue de retirer du sol loué une plus grande somme d'utilité ou d'agrément, il a le droit de les démolir, quand, pour des motifs dont il est le seul juge, il estime que cette démolition est commandée par l'utilisation future du même sol. Ce qu'il a fait pour améliorer ou augmenter sa jouissance, il peut évidemment le défaire dans un but identique. Le bailleur n'est point fondé à le lui interdire, car une telle défense serait de nature à troubler la jouissance paisible qu'il doit procurer au preneur. De quel grief, d'ailleurs, a-t-il à se plaindre si, au jour de l'expiration du bail, le preneur, comme il en a l'obligation (Code civ., art. 1730), lui remet le terrain dans son état primitif?

« Les bâtiments que le preneur a construits sur le terrain loué et qui restent debout sans protestation de la part du bailleur, le preneur peut donc, sans entraves, en user, les modifier ou les démolir entièrement pendant le cours du bail. Or, qu'est-ce que le droit d'user et d'abuser résidant ainsi sur la tête du preneur, sinon le droit de propriété » exclusif de tout droit semblable dans le chef du bailleur? Le droit de propriété, n'est-ce pas le *jus utendi, fruendi et abutendi?* « Le pouvoir de détruire », dit M. Pont, « est caractéristique de la propriété; où elle n'existe pas, il n'existe pas non plus » (Supplément au *Traité* de Championnière et Rigaud, n° 841).

« Nous sommes amené à conclure que le preneur est, pendant la durée du bail, propriétaire unique et absolu de constructions élevées par lui sur le terrain loué. »

Que faut-il conclure de cette argumentation? Que le bailleur n'est pas propriétaire des bâtiments, parce qu'il ne peut pas les détruire? Que le preneur en est propriétaire, parce qu'il lui est loisible de les démolir?

Ni l'une ni l'autre de ces thèses n'est exacte. Le bailleur ne peut point détruire les bâtiments construits par le preneur; mais s'il suit de là qu'il n'en est point propriétaire, il ne le serait donc pas non plus de la maison ou de la ferme louée, car, pendant la durée du bail, il ne peut pas plus détruire celles-ci que ceux-là.

D'autre part, si le preneur peut démolir les bâtiments qu'il a construits, faut-il en conclure qu'il en soit propriétaire? Le fermier peut détacher du sol les récoltes pendantes par les racines; l'acheteur d'une partie de futaie sur pied peut couper la futaie; celui qui acquiert une maison à charge de la démolir peut l'abattre; suit-il de là qu'ils soient propriétaires d'un immeuble, à savoir des récoltes pendantes, de la futaie sur pied, de la maison? Point du tout. Ainsi que Pothier l'explique dans le passage reproduit ci-dessus, le propriétaire du fonds, dans les cas dont il s'agit, ne doit donner les récoltes et les futaies qu'après qu'elles auront été coupées; de même, il ne doit pas la maison, mais les matériaux : en un mot, il ne doit que des choses mobilières. Donc, il demeure propriétaire des récoltes et des futaies tant qu'elles restent sur pied et de la maison tant qu'elle n'est pas abattue, et le preneur ou l'acquéreur n'a jamais eu la propriété de l'immeuble, bien qu'il ait eu le droit de le détruire.

Il est, du reste, facile de démontrer par les textes que le preneur n'est point propriétaire des constructions qu'il a faites sur le fonds loué

La loi (art. 711 et 712 du Code civil) indique tous les modes d'acquisition de la propriété, à savoir les successions, les donations entre vifs, les obligations, l'accession, l'incorporation et la prescription. Inutile de parler des cas prévus par les articles 713 et suivants.

Or, il ne s'agit, dans l'espèce, ni de prescription ni d'accession ou d'incorporation au profit du preneur. Il ne s'agit pas non plus de succession ni de donation entre vifs. Le preneur ne pourrait donc devenir propriétaire qu'en vertu de l'obligation qui incomberait au bailleur de lui transférer la propriété, et cette obligation devrait résulter du bail. Or, le bail oblige bien le bailleur à faire jouir le preneur et, en conséquence, à lui *faire avoir* la propriété des fruits, choses mobilières; mais il ne l'oblige, en aucune hypothèse, à lui transmettre la propriété d'un immeuble. Que si pareille obligation incombait au bailleur, elle sortirait des limites du contrat de bail et résulterait d'une convention spéciale, tout à fait indépendante du bail, ayant le caractère d'un contrat constitutif d'un droit de superficie.

Il est donc impossible d'assigner une cause légale à l'acquisition immobilière qu'on prétend avoir été faite par le preneur. D'où la conséquence que cette acquisition n'existe pas.

A qui donc appartiennent les bâtiments construits par le preneur? — Ils ne peuvent appartenir qu'au bailleur par droit d'accession, et ils doivent lui appartenir à ce titre et sans partage ni démembrement d'aucune sorte, puisqu'on le suppose propriétaire du fonds loué et que le bail n'a aucunement porté atteinte à son droit de propriété.

Vainement conteste-t-on ce droit de propriété en faisant valoir qu'il est précaire, que le preneur peut, à tout moment, *jure suo*, détruire le bâtiment. L'argument est sans portée; car le fermier peut couper les récoltes et cependant elles demeurent la propriété du bailleur tant qu'elles ne sont point détachées du sol; de même la futaie vendue à la charge de l'abattre, et la maison vendue à la charge de la démolir restent la propriété du vendeur avec la qualité d'immeubles, tant que l'une n'est pas abattue et que l'autre n'est pas démolie.

Pour écarter le droit d'accession sur lequel l'argumentation qui précède est fondée, on dit que le propriétaire du sol peut renoncer à ce droit et qu'il y renonce, en effet, lorsqu'il déclare, dans le contrat de bail, que son locataire aura le droit de bâtir. — Cela revient à dire qu'il intervient entre parties une convention en vertu de laquelle le preneur sera propriétaire, pendant la durée du bail, des bâtiments qu'il fera construire.

On a déjà fait remarquer que si une pareille convention intervient, elle constituera, non pas une clause de bail, mais une clause constitutive d'un droit de superficie, c'est-à-dire d'un droit réel immobilier, et cette convention sera indépendante du bail. Au surplus, l'autorisation dont il s'agit ne peut être interprétée en ce sens qu'elle conférerait au preneur le droit de devenir propriétaire de ses constructions. Il faut l'interpréter dans le sens le plus conforme à la nature du contrat; il faut donc y voir, non pas une clause constitutive d'un droit de superficie, mais une clause de bail qui ne rend pas le locataire propriétaire, qui reconnaît simplement que la destination de la chose louée comporte des constructions et que le locataire aura le droit de les faire, sauf à les démolir ensuite s'il le juge à propos.

Donc, en droit civil, le preneur n'est pas propriétaire des constructions qu'il fait faire pendant la durée du bail en vue de jouir de la chose louée. Donc, il n'a pas le droit de vendre ces constructions, ni de les hypothéquer (voir, en ce sens, Aubry et Rau, t. II, § 164, texte et notes 7, 8, 9, 10 et 11; en sens contraire, Cass. franc. 13 fév. 1872, Dalloz Pér., 1872, I, 256). S'il les vend ou les donne en hypothèque, le contrat sera nul comme portant sur la chose d'autrui (art. 1599 du Code civil); mais cette nullité n'empêchera pas l'exigibilité du droit proportionnel du chef de transmission d'un immeuble, comme on l'a expliqué ci-dessus, et le vendeur tombera sous l'application de l'art. 12 L. 22 frim. du chef de mutation clandestine (Cass., 14 mai 1850, *Belg. Jud.*, 1850, p. 783, et 21 mars 1872, *Belg. Jud.*, 1872, p. 578; *Rec. gén.*, n° 7613).

Qu'arrivera-t-il à la fin du bail? Faudra-t-il appliquer l'article 555 du Code civil?

La question a été soulevée devant la Cour de cassation de France en 1864, et cette Cour l'a résolue en ces termes : « Attendu, en droit, qu'en admettant que la disposition de l'article 555 du Code Napoléon soit conciliable avec les principes spéciaux qui régissent le bail et que le propriétaire puisse exercer dans toute sa rigueur, à l'encontre de son fermier, le droit que lui donne cet article de retenir les constructions élevées par un tiers sur son fonds, sous la seule condition de rembourser la valeur des matériaux et le prix de la main-d'œuvre... » (Cass. franc., 22 nov. 1864, Dalloz Pér., 1865, I, 110).

Nous pensons qu'il n'y a aucune analogie entre les hypothèses prévues par l'article 555 et celle dont il s'agit. Dès l'instant où le simple possesseur a construit, son sort est réglé par la loi : s'il a été de mauvaise foi, il est créancier d'une obligation alternative : le choix du propriétaire du sol déterminera l'objet de cette obligation; ce sera tantôt une indemnité égale à la valeur des matériaux et au prix de la main-d'œuvre, tantôt les matériaux eux-mêmes. S'il a été de bonne foi, il est créancier, au choix du propriétaire, soit de la valeur des matériaux et du prix de la main-d'œuvre, soit de la plus-value.

Il en est tout autrement du locataire : les droits et obligations de celui-ci ne découlent pas de la loi, mais du contrat de bail. A l'instant même où la construction est achevée, le preneur acquiert, vis-à-vis du bailleur, le droit de les démolir et celui-ci acquiert, de son côté, contre le preneur, le droit de le contraindre à démolir à la fin du bail. Mais si le preneur n'a pas fait usage, pendant la durée du bail, de son droit de démolir les constructions, ce droit s'éteindra-t-il à l'expiration du bail? On ne saurait expliquer cette extinction par aucune cause reconnue par la loi, pas plus que par l'intention des parties. Il est vrai que la démolition, après l'expiration du bail, sera onéreuse pour le bailleur, car elle retardera le moment de sa rentrée en jouissance; mais il suit simplement de là que le preneur devra des dommages-intérêts. Il ne suffirait pas, d'ailleurs, d'affirmer que le bailleur a repris la libre jouissance de la chose pour en déduire la confiscation du droit du preneur d'enlever les bâtiments, pas plus qu'on ne pourrait déduire de ce droit de libre jouissance que le preneur ne peut plus enlever les meubles qu'il a laissés dans la maison.

En conséquence, s'il intervient entre le bailleur et le preneur une autorisation de bâtir ayant pour but de conférer à celui-ci un droit de propriété temporaire sur les constructions qu'il élèvera en vue de sa jouissance, cette convention est translative d'un droit réel immobilier, d'un droit de superficie et donnera ouverture au droit de 5 fr. 50 p. 100.

Lorsque l'autorisation n'a pas pour but de conférer au preneur la propriété des constructions, elle demeure une clause du bail et ne donne ouverture à aucun droit particulier. Mais, dans ce cas, le propriétaire du sol restera propriétaire des constructions, et l'écrit qui constatera ce droit de propriété ne sera pas passible du droit de 5 fr. 50 p. 100; d'autre part, l'écrit constatant que le preneur a démoli les constructions, soit sur l'ordre du bailleur, soit de son plein gré, ne sera pas passible du droit de 2 fr. 70 p. 100, mais du droit fixe de 2 fr. 40 (*tarif belge*). Que s'il était convenu, à la fin du bail, que le bailleur retiendra les constructions moyennant une indemnité, cette convention impliquerait la renonciation du preneur au droit de démolir, sa renonciation à la créance ayant pour objet les matériaux ou plutôt la transmission de ce droit de créance mobilier au bailleur, moyennant payement d'une certaine somme : le droit de 2 fr. 70 p. 100 (*tarif belge*) serait dû, comme pour vente de meubles, sur le montant de l'indemnité.

Le preneur venant à céder son bail, le droit de cession de bail sera seul exigible.

S'il était tenu de construire sans indemnité, ce serait là une charge du bail qui devrait être ajoutée au prix; mais si l'obligation de construire était compensée par ou prix, il y aurait, à côté du bail, un marché donnant ouverture au droit de 1 fr. 40 p. 100 (*tarif belge*).

Quelle solution ces diverses questions doivent-elles recevoir dans le système de l'Administration?

Si l'autorisation de bâtir donnée au locataire, tout en conférant à celui-ci le droit d'avoir en pleine propriété des constructions sur le fonds du bailleur, est néanmoins une clause dépendante du bail, cette autorisation ne donnera ouverture à aucun droit particulier.

Que décidera-t-on si le preneur cède son bail? Le droit de cession de bail sera dû, mais la convention ayant pour effet de faire passer la propriété du bâtiment que le preneur a construit, de sa tête sur celle du cessionnaire, il faudra bien, semble-t-il, soumettre le contrat au droit proportionnel dû pour la transmission des immeubles. Cependant la clause emportant l'autorisation étant supposée dépendante du contrat de bail, comme la Régie le prétend, on doit, pour être conséquent, décider que la cession de bail dont il s'agit n'encourt aucun droit du chef de transmission d'immeubles.

A la fin du bail, on devrait, semble-t-il, toujours dans le système de la Régie, décider que si le bailleur reprend les constructions moyennant indemnité, le droit de transmission d'immeubles est exigible. Car la Régie suppose qu'il ne s'agit point d'un droit de superficie et, d'autre part, comme on l'a vu ci-dessus, le preneur ne peut être assimilé à un possesseur de bonne foi ou de mauvaise foi. On ne rentre donc dans aucun des cas où la dévolution des constructions au propriétaire du sol s'opère en vertu de la loi. Mais cette solution doit être écartée si l'on admet la doctrine exposée au sujet de cette matière dans l'article précité de la *Revue de droit belge* (t. I, p. 61). D'après l'auteur de cet article, « la nature des liens que le contrat de louage avait établis entre le preneur et le bailleur mettait bien obstacle, pendant la durée du bail, à la naissance du droit d'accession au profit du propriétaire du sol. Mais cet empêchement a disparu en même temps que la convention d'où il dérivait est venue à cesser ses effets. Dès cet instant, ceux qui ont été bailleur et preneur se sont trouvés en face l'un de l'autre dans les conditions ordinaires du propriétaire d'un fonds et du tiers ayant élevé sur ce fonds des bâtiments à ses frais. Le droit d'accession ne rencontrant plus aucun obstacle, s'ouvre et produit toutes ses conséquences ».

Or, si c'est en vertu du droit d'accession que le bailleur, propriétaire du fonds, acquiert les bâtiments, il est certain que l'acquisition dont il s'agit a lieu indépendamment de la volonté des parties et ne constitue pas une transmission. Dès lors, l'acte constatant que le propriétaire retient les constructions moyennant indemnité, ne doit pas encourir le droit de vente d'immeubles.

De quel droit sera-t-il passible?

La Régie place les parties dans la situation de la première hypothèse de l'article 555 du Code civil, comme si le preneur avait été un possesseur de mauvaise foi. En conséquence, elle ne lui reconnaît pas le droit d'enlever les constructions, mais l'obligation de les enlever si le propriétaire le veut. Elle n'admet donc pas qu'il puisse s'agir d'une cession de droits mobiliers, quand le bailleur retient les constructions moyennant indemnité. Elle doit donc décider qu'il est dû 1 fr. 40 p. 100 (*tarif belge*) sur le montant de celle-ci, comme pour l'obligation de sommes sans libéralité et sans que l'obligation soit le prix d'une vente d'immeubles ou de meubles non enregistrée (art. 69, § 3, n° 3, loi de frimaire). Autrefois, elle ne prenait pas même ce droit; elle se bornait à percevoir le droit d'indemnité mobilière (Circulaire du ministre des finances, 9 avril 1856, *Rec. gén.*, n° 2751, § 4), par une fausse application de l'art. 69, § II, n° 8, de la loi de frimaire, comme elle l'a elle-même reconnu depuis, au moins implicitement (Circ. min. fin. 28 juill. 1879, *Rec. gén.*, n° 9265).

Dans les cas où le preneur devient propriétaire des constructions en vertu d'un droit de superficie, le retour de celles-ci au propriétaire du sol n'implique pas transmission et n'est pas passible du droit proportionnel de mutation.

Locataire. — Constructions. — Vente. — La vente consentie par le locataire d'un terrain, au cours du bail, de constructions qu'il a élevées sur le terrain loué, donne ouverture au droit proportionnel de mutation immobilière à titre onéreux. Il importe peu que les constructions doivent être démolies à l'expiration du bail, si, jusque-là, l'acquéreur en a la jouissance (Bourges, 12 juin 1861, 7604 R. P.).

— Le locataire tenu d'élever, sur le terrain loué, des constructions dont la valeur minimum a été fixée et qui appartiendront, à la fin du bail, au propriétaire, doit être considéré, pendant le cours de la location, comme propriétaire des constructions ainsi édifiées, lorsqu'il résulte des circonstances et, notamment, de la longue durée du bail et de la nature même du terrain donné à bail que la pensée des parties a été de lui conférer un droit de propriété *ad tempus* (Sol. 17 fév. 1898, 9310 R. P.).

34. Constructions élevées par un locataire. — Cession à un tiers au cours du bail. — Droit de 5 fr. 50 p. 100. — Les constructions élevées par le locataire sur le terrain du bailleur sont immeubles par nature, alors même qu'elles sont bâties sur le domaine public et que le bailleur s'est réservé la faculté ou d'exiger la démolition des constructions, ou de les conserver en payant une indemnité au preneur. En conséquence, la vente des constructions consentie par le locataire pendant le cours du bail est passible du droit de 5 fr. 50 p. 100 (Rouen, 2 janv. 1896, 8865 R. P.).

De même, lorsque le locataire d'un terrain cède, en même temps que le droit au bail et le bénéfice d'une promesse de vente, les constructions qu'il a élevées, au cours du bail, ces constructions ont un caractère immobilier, et si la cession est consentie, sans stipulation d'un prix particulier, pour les objets mobiliers, le droit est dû, par application de l'art. 9 L. frim., au taux immobilier, non seulement sur l'intégralité du prix de la vente, mais encore sur les charges accessoires (Le Mans, 5 juin 1902).

49. Locataire. — Matériel industriel. — Les constructions édifiées par le locataire d'une usine sur les terrains à lui loués constituant des immeubles par nature, le matériel placé dans ces constructions par ce locataire, pour l'exploitation de son industrie, devient, par ce fait, immeuble par destination (Rouen, 27 juill. 1899, 9701 R. P.).

58. Locataire. — Constructions. — Cession au propriétaire du sol. — Principes. — V. *suprà* n° 33.

60-62. Bail. — Constructions édifiées par le locataire. — Cession au propriétaire du sol. — Indemnité. — Quand le propriétaire du sol a loué un terrain, en laissant au locataire la faculté de construire, mais avec stipulation que, s'il use de cette faculté, les constructions seront édifiées sous la surveillance du propriétaire et lui appartiendront à l'expiration du bail, à charge d'en payer la valeur à dire d'experts, ces conventions établissent que le bailleur entend exercer le droit de rétention que lui accorde l'art. 555 C. civ. En conséquence, les constructions édifiées appartiennent *ab initio*, au propriétaire du sol, et si, au cours du bail, le prix en est arrêté par une convention passée entre le propriétaire et le locataire, cette convention a pour objet, non une transmission immobilière, passible du droit de 5 fr. 50 p. 100, mais un règlement d'indemnité, assujetti au droit de 0 fr. 50 p. 100. Il en est ainsi alors même que les constructions ont été hypothéquées à la garantie d'un prêt consenti par le bailleur au preneur, et stipulé remboursable le jour où le prêteur se rendrait acquéreur de ces constructions (Seine, 15 janv. 1897, 8934 R. P.).

64. Constructions élevées par un locataire. — Cession à un tiers au cours du bail. — Droit de 1 p. 100. — Quand il a été stipulé, dans le bail d'une usine, qu'à l'expiration de la jouissance, le bailleur devra tenir compte au preneur de la plus-value résultant, à dire d'experts, des augmentations faites par ce dernier aux bâtiments, terrains, matériel industriel et mobilier, si, au cours de la location, le preneur cède son droit de bail et reçoit une somme déterminée pour la créance éventuelle qui pourra être due par le bailleur, le droit de 1 p. 100, afférent aux cessions de créances, est seul exigible sur cette somme, à l'exclusion du droit de 5 fr. 50 applicable aux ventes d'immeubles (Seine, 30 nov. 1893, 8255 R. P.).

70. Bail. — Résiliation. — Constructions édifiées par le preneur. — Cession au propriétaire du sol. — Droit de 5,50 p. 100. — Quand le propriétaire du sol a loué, avec promesse de vente, un terrain à charge par le locataire d'y élever des constructions qui pourraient être hypothéquées à la garantie d'un emprunt consenti au preneur par le propriétaire du sol, ces stipulations comportent, de la part du bailleur, renonciation au droit d'accession. — En conséquence, lorsque, à la suite de la résiliation amiable du bail, les constructions sont abandonnées au propriétaire du sol, moyennant un prix déterminé, le droit de mutation à 5 fr. 50 p. 100 est dû sur ce prix à l'exclusion du droit d'indemnité à 0 fr. 50 p. 100 (Seine, 15 janv. 1892, 7803 R. P.; — Cass. req. 27 juin 1893, 8113 et 8418-9 R. P.).

V. Expertise.

CONSUL. — V. *Pétition.*

CONTRAINTE.

3 et 4. Signification ; tarif. — Par suite de la réduction d'un tiers prononcée par l'art. 22 L. 28 avril 1893, les exploits de signification de contrainte ne sont plus assujettis aujourd'hui qu'au droit fixe de 1 fr., lorsque la somme exigible dépasse 100 fr.

CONTRAT DE MARIAGE.

8-3. Apports. — Suppression du droit gradué. — Droit proportionnel de 20 cent. p. 100. — Le droit gradué a été remplacé par un droit proportionnel de 20 cent. p. 100. Néanmoins, le droit fixe de 5 fr. continue à être seul exigible pour les contrats de mariage qui ne contiennent que la déclaration du régime adopté, sans constater aucun apport (L. 28 avr. 1893, art. 19 et 20; 8053 et 8194-18 R. P.). — V. *Code des lois* et *Droit gradué*.

9. Bien appartenant au futur époux. — Énonciations sans apport. — Droit de 20 cent. p. 100. — Bien qu'un immeuble donné par le futur époux à la future épouse, sous la condition de survie de cette dernière, ne

34. Constructions élevées par un locataire. Cession à un tiers au cours du bail. Tarif immobilier. — *Conf.* Le Mans, 5 juin 1902, [illegible] R. P.; — Chalon-sur-Saône, 18 déc. 1902, 10457 R. P.

83 et 85. Constructions édifiées au cours de l'indivision. Présomption de copropriété au profit de tous les communistes. — Les constructions élevées sur un terrain indivis sont présumées faites au profit de tous les communistes. Il en résulte que, si un acte de partage attribue à l'un d'eux la totalité de ces constructions, il y a lieu de percevoir le droit de soulte sur ce qui excède la part virile de l'attributaire, lorsqu'il n'est pas justifié que c'est par ce dernier seul et dans son intérêt exclusif que les constructions ont été édifiées (Nantes, 27 nov. 1902, 10561 R. P.).

V. Biens, Mutation et Vente.

CONSUL.

CONTRAINTE.

CONTRAT DE MARIAGE.

9. Biens appartenant aux futurs époux. Énonciation sans apport. Droit de 0 fr. 20 p. 100. — Les biens appartenant aux futurs époux sont passibles du droit de 0 fr. 20 p. 100 dès qu'ils sont constatés et décrits dans le contrat de mariage, quand bien même ils ne font pas l'objet d'un apport proprement dit (Barbezieux, 16 juin 1903, 10716 R. P.).

Biens appartenant au futur époux. Énonciation sans apport. Droit de 0,20 p. 100. Donation éventuelle à la future épouse. Droit fixe de 7 fr. 50. — Le droit proportionnel de 0,20 p. 100 frappe les biens dont l'existence dans le patrimoine du futur époux est constatée par la clause d'un contrat de mariage portant donation à la future, à titre de gain de survie de l'usufruit de ces biens, quoiqu'ils ne fassent pas l'objet d'une déclaration expresse d'apport. Ce droit doit être perçu indépendamment du droit fixe de 7 fr. 50 exigible pour la donation éventuelle (Saint-Mihiel, 22 mars 1905, 11013 R. P.).

27-4. Reconnaissance de dette. — La déclaration contenue dans un contrat de mariage et d'après laquelle le futur époux se constitue en dot le montant d'une somme portée au crédit de son compte dans la maison de banque de son père, ne constitue pas, à l'encontre de ce dernier, présent au contrat pour donner seulement son agrément au mariage, un titre de reconnaissance de dette sujet au droit de 1 p. 100, alors surtout qu'en fait la maison de banque appartient, non pas au père du futur personnellement, mais à une société dont la liquidation ne paraît pas encore terminée et qui ne peut être engagée par les associés que pour les affaires sociales (Domfront, 25 juill. 1906, 10571 R. P.).

Jugé, au contraire, que la déclaration contenue dans un contrat de mariage et d'après laquelle la future épouse, majeure, apporte en dot une somme déterminée, « montant, en capital et intérêts, d'un compte courant ouvert à son nom dans la maison de banque de son père », constitue, à l'encontre de ce dernier présent au contrat en qualité de « partie », un titre d'obligation sujet au droit proportionnel de 1 fr. p. 100 (Cherbourg, 13 janv. 1906, 10767 R. P.).

43. Dot de la future. Garantie hypothécaire. Cautionnement. — La doctrine de l'Administration formulée dans la solution du 3 janv. 1899 a été consacrée par un arrêt de la Cour de cassation (ch. civ.) du 23 oct. 1906 qui fixe la règle à suivre désormais (11291 R. P.). — Dans le même sens, Nîmes, 16 août 1905, 11228 R. P.; — Contra, Albert, 19 mars 1902, 10610 R. P.

54-3. Communauté. Préciput. Décès du mari. Communauté en déficit. Prélèvement du préciput par la femme sur les biens du mari. Droits de mutation par décès. — Le préciput conventionnel prélevé par la femme survivante sur les biens propres du mari à raison de l'insuffisance de l'actif de la communauté, constitue un avantage entre époux passible de l'impôt de mutation par décès et donne lieu à la réclamation d'un demi-droit en sus s'il n'a pas été déclaré dans les six mois de l'ouverture de la succession ou tout au moins de la liquidation qui établit l'insuffisance de l'actif commun ([illegible], 3 juil. 1906, 10909 R. P.).

fasse pas l'objet d'une déclaration expresse d'apport, son existence, dans le patrimoine du futur époux, est suffisamment révélée et mise en évidence pour motiver la perception du droit de 20 cent. p. 100 (Sol. 22 mars 1897, 9020 R. P.).

9-1. Apports. — Indication sans utilité juridique. — Le droit gradué (aujourd'hui proportionnel) applicable aux apports en mariage n'est dû que sur les biens que les futurs énoncent d'une façon formelle. Il ne saurait atteindre les valeurs dont le contrat de mariage n'indique l'existence que par une simple clause de style, sans utilité juridique (Seine, 12 mai 1893, 8104 R. P.).

14. Usufruit. — Nue propriété. — Mode d'évaluation. — La L. 25 fév. 1901 qui, ainsi que nous le verrons, v° *Usufruit*, a modifié les bases de la valeur imposable de l'usufruit et de la nue propriété, est muette à l'égard des actes soumis à l'ancien droit gradué (aujourd'hui droit proportionnel. — V. *suprà* n° 8-3), on doit en conclure que l'usufruit et la nue propriété que ces actes concernent continuent, comme sous la législation antérieure, à faire l'objet de déclarations estimatives, portant sur la valeur respective de l'usufruit et de la nue propriété, à l'époque des actes tarifés.

Décidé, antérieurement à la loi précitée, que, pour la perception du droit de 20 cent. p. 100 dû sur l'apport du futur époux, il y a lieu de déduire la valeur de l'usufruit dont cet apport est grevé (Sol. 5 juin 1897, 9101 R. P.).

18-4. Apports. — Passif. — Déduction. — Le droit gradué (aujourd'hui proportionnel) exigible sur un contrat de mariage doit être établi sur le montant cumulé des apports des époux, déduction faite du passif qui les grève et vient en diminution du patrimoine commun. En conséquence, si l'un des apports est absorbé et au delà par les charges qui le grèvent, l'excédent du passif doit être déduit de l'apport de l'autre époux pour la liquidation du droit (Beaune, 16 avr. 1897, 9266 R. P.).

19-20. Dissimulation. — Prescription. — L'art. 21 L. 28 avr. 1893 (8053 R. P. — V. *Code des lois* et *Droit gradué*) étant conçu dans les mêmes termes que l'art. 3 L. 28 fév. 1872, les explications données dans la première partie du *Rép. gén.* continuent à être applicables.

21. Contrat sans apports. — Droit fixe. — V. *suprà* n°s 8-3 et 9.

27-11. Reconnaissance de dette. — Lorsque, dans son contrat de mariage, le futur époux déclare, en présence de son père « stipulant tant pour donner son agrément aux présentes conventions qu'à cause de la constitution de dot qu'il se propose de faire », que son apport est grevé d'une somme déterminée due à celui-ci, avec indication du taux des intérêts, de la date à partir de laquelle ils courent, cette déclaration vaut pour le créancier, sinon titre exécutoire, du moins preuve de la créance déclarée et reconnue. — Mais elle constitue une disposition dépendante du contrat, puisqu'elle concourt à la perfection de la déclaration d'apport, qu'elle en est la condition essentielle et en constitue un élément corrélatif et légalement nécessaire. Elle échappe, par suite, à la perception d'un droit particulier (Nancy, 14 août 1894, 8136 R. P.).

35-4. Reconnaissance par le futur. — Délégation. — Dans la première partie du *Rép. gén.*, au lieu de : « Dél. 9 mai 1817, 2166 J. E., lire : 5755 J. E. »

37. Dot de la future épouse. — Remise au père du futur époux. — Droit de 1 p. 100. — Constitue une disposition indépendante, passible du droit de 1 p. 100, soit comme obligation, soit comme dépôt de somme, la stipulation d'un contrat de mariage par laquelle le père du futur époux, se déclarant caution solidaire de son fils, reconnait avoir reçu, des mains de ce dernier, la dot en argent de la future épouse, et s'engage à la remettre soit à celle-ci, dans le cas de restitution prévu par la loi, soit à son fils, dès qu'il justifiera être propriétaire d'immeubles suffisants pour répondre de cette dot (Montpellier, 20 juin 1898, 9413 R. P.).

39-1. Ouverture de crédit. — Droit de 0,50 p. 100. — Renferme une ouverture de crédit passible du droit de 0,50 p. 100, la stipulation d'un contrat de mariage par laquelle les père et mère du futur époux s'engagent à prêter à ce dernier, jusqu'à concurrence d'un chiffre déterminé, la somme dont il pourrait avoir besoin pour lui faciliter l'établissement qu'il se propose de prendre dans l'industrie ou dans le commerce (Seine, 11 janv. 1893, 8125 R. P.).

44. Dot de la future. — Garantie hypothécaire. — Cautionnement. — Est passible du droit de cautionnement la clause d'un contrat de mariage par laquelle la mère du futur époux garantit, au moyen d'une affectation hypothécaire, la restitution de la dot constituée à la future épouse par ses père et mère. C'est au taux du droit de donation dont est passible la constitution de dot qu'il faut s'attacher exclusivement pour déterminer le maximum du droit de cautionnement exigible (Sol. 3 janv. 1899, 9688 R. P.). — V. *Cautionnement* n° 209.

54-1. Promesse de vente et de bail. — Préciput en faveur de la Veuve, même renonçante à la communauté. — Dispositions indépendantes. — Droits fixes exigibles. — Lorsque, dans un contrat de mariage, il est stipulé que le survivant des époux aura non seulement la faculté de conserver les fonds de commerce dépendant soit de la communauté, soit de la succession du prédécédé, mais encore le droit d'exiger le bail des locaux nécessaires à l'exploitation de ce fonds, dans le cas où ces locaux dépendraient soit de la communauté, soit de la succession du prédécédé, cette clause constitue, en tant qu'elle a pour objet les biens propres de l'époux prémourant, une disposition indépendante passible d'un droit fixe particulier de 3 fr. — On doit voir également une disposition indépendante donnant ouverture au droit fixe de donation éventuelle, dans la disposition d'un contrat de mariage attribuant à la veuve, même en cas de renonciation par elle à la communauté, un préciput à prélever sur les biens communs (Le Havre, 1er juin 1894, 8432 R. P.).

Reprises. — Préciput. — Mais on ne saurait voir une donation éventuelle dans la clause autorisant la femme à opérer la reprise de **ses apports personnels** à titre de préciput, même en cas de renonciation à la communauté (Sol. 10 juill. 1898, 2053 R. E.).

63. Droit de préemption du mobilier de communauté, par la femme, même renonçante. — Non-exigibilité du droit fixe de promesse de vente. — La clause d'un contrat de mariage qui laisse à la femme, même renonçante, la faculté de conserver le fonds de commerce qui serait exploité par cette communauté, au moment de sa dissolution, constitue une condition du contrat de mariage et ne donne pas ouverture à un droit particulier (Sol. 18 nov. 1891, 7734 R. P.).

Société constituée au cours de l'union conjugale. — Convention de mariage. — Part au survivant. — Aucun droit exigible. — V. *Société*, n° 342.

68. Communauté. — Attribution au survivant — Convention entre associés. — Ne renferme pas une libéralité, soumise au droit de mutation par décès, la disposition d'un contrat de mariage, aux termes de laquelle les futurs époux, après avoir adopté le régime de la communauté, stipulent que cette communauté, qui doit comprendre tous leurs biens présents et à venir, appartiendra au survivant, à titre de convention de mariage, sans que les apports et capitaux tombés dans la masse commune, du chef du conjoint prédécédé, en aient été exceptés (Sol. 25 janv. 1892, 7794 R. P.).

68-2. Communauté. — Partage inégal. — Convention entre associés. — A les caractères d'une convention de mariage et non ceux d'une libéralité entre époux passible, à l'événement, du droit de mutation par décès, la disposition d'un contrat de mariage qui attribue à l'époux survivant, indépendamment de la moitié lui revenant dans les valeurs communes, l'usufruit de l'autre moitié échue aux héritiers du prémourant dans ces mêmes valeurs, sans en excepter les apports et capitaux tombés dans la communauté, du chef du conjoint prédécédé (Dunkerque, 28 juill. 1887; — Cass. (ch. réun.) 10 déc. 1890, 7526, 7974-17 R. P.).

Attribution à un époux survivant d'une année de jouissance des biens du prédécédé. — Usufruit temporaire. — Lorsqu'il est convenu, dans un contrat de mariage, que l'époux survivant aura un délai de trois ans à partir du décès de son conjoint pour rendre aux héritiers les biens en nature et capitaux dont il n'aurait pas l'usufruit, avec stipulation que, pendant la première année, il ne payera aucun intérêt et sera propriétaire des fruits et revenus des biens restituables en nature, cette dernière disposition constitue, non la rémunération d'un mandat de gérer, mais une donation d'usufruit passible, à l'événement, du droit de mutation par décès (Fontainebleau, 14 juin 1888, 7414 R. P.).

Attribution à l'époux survivant des apports de son conjoint. — V. *Communauté*, n° 373.

77. Donation entre époux. — Tarif. — Les donations entre vifs que les époux se font par leur contrat de mariage, qu'elles aient pour objet des meubles ou des immeubles, sont assujetties au droit unique de 3 fr. 50 p. 100, sans addition de décimes, et la formalité de la transcription au bureau des hypothèques ne donne plus lieu à aucun droit proportionnel autre que la taxe établie par la L. 27 juill. 1900 (L. 25 fév. 1901, art. 18).

84. Donation entre vifs. — Ligne directe. — Les donations entre vifs de biens meubles ou immeubles faites, par contrat de mariage, au profit des futurs époux, sont passibles, en ligne directe, du droit de 2 p. 100, sans addition de décimes, et la formalité de la transcription au bureau des hypothèques ne donne plus lieu à aucun droit proportionnel autre que la taxe établie par la L. 27 juill. 1900 (L. 25 fév. 1901, art. 18).

85. Donation entre vifs. — Ligne collatérale et entre étrangers. — Les droits d'enregistrement des donations entre vifs de biens meubles ou immeubles, faites au profit des futurs époux par contrat de mariage, sont affranchies de tout décime; ils sont perçus selon les quotités ci-après, et la formalité de la transcription au bureau des hypothèques ne donne plus lieu à aucun droit proportionnel autre que la taxe établie par la L. 27 juill. 1900 (L. 25 fév. 1901, art. 18).

Ligne collatérale.	— *Entre frères et sœurs* . . .	7 p. 100
—	Entre oncles ou tantes et neveux ou nièces	8 p. 100
—	Entre grands-oncles ou grand'-tantes et petits-neveux ou petites-nièces et cousins germains	9 p. 100
—	Entre parents au 5ᵉ et au 6ᵉ degrés	10 p. 100
—	Entre parents au delà du 6ᵉ degrés et entre étrangers.	11 p. 100

93. Rente constituée au profit du futur époux et réversible sur la tête du conjoint survivant. — Donation conditionnelle. — La disposition d'un contrat de mariage, par laquelle les père et mère du futur lui constituent en dot une pension annuelle et viagère réversible sur la tête de l'autre conjoint, en cas de prédécès du premier donataire, sans enfant, avant ses père et mère, doit être considérée, à l'égard de la réversion stipulée, comme une donation conditionnelle passible, lors de l'événement, du droit de donation par contrat de mariage entre personnes non parentes, indépendamment du droit qui a pu être précédemment perçu, lors de l'enregistrement du contrat, à raison de la donation faite par les constituants à leur fils (Douai, 18 nov. 1887; — Cass. 10 déc. 1889, 7343 R. P.).

94. Rente réversible sur la tête des enfants. — Nature du droit à percevoir. — Lorsque, dans un contrat de mariage, les père et mère de l'un des époux, après avoir constitué en dot à celui-ci, sur leur tête, une pension viagère, ont déclaré qu'en cas de décès du donataire avant l'extinction de la pension constituée à son profit, cette pension appartiendra aux enfants à naître du mariage, la réversion ainsi stipulée au profit des enfants ne procède pas d'une donation secondaire. A l'événement, les enfants ne

173-179. Donation. Somme à prendre sur les plus clairs biens du donateur. Donation éventuelle. Décès du donateur. Droits de mutation par décès. — La clause d'un contrat de mariage portant donation au futur par sa belle-sœur d'une somme déterminée, à prendre sur les plus clairs et apparents biens que celle-ci laissera à son décès, avec stipulation que l'importance de la libéralité serait réduite au cas où la donatrice décéderait avant sa mère et réserve par ladite donatrice de la faculté de disposer, en faveur de son mari, de l'usufruit de la somme faisant l'objet de la donation, constitue une donation éventuelle qui n'est passible que du droit fixe lors de l'enregistrement du contrat de mariage et qui rend exigible, dans les six mois du décès de la donatrice, le paiement des droits de mutation par décès sur la somme donnée ([illegible] 17 mars 1906, 11270 R. P.).

cueillent la pension dans la succession de leur auteur, et le droit de mutation par décès est seul exigible, de ce chef, à l'exclusion du droit de donation (Sol. 27 mars 1893. nº 8105. — *Contrà* Amiens, 26 nov. 1892, 8058 R. P.).

110 *bis*. **Valeurs données à la mère de la future épouse. — Condition de les remettre à cette dernière. — Exécution de cette condition. — Libéralité unique.** — Lorsque, dans un contrat de mariage, la mère de la future épouse constitue en dot, à sa fille, des valeurs qui viennent de lui être données, dans le même contrat, par ses père et mère, sous la condition de les remettre immédiatement à la future épouse, petite-fille des donateurs, il ne résulte de l'ensemble de ces dispositions, au point de vue de l'impôt, qu'une libéralité unique, passible, en conséquence, d'un seul droit, au taux réglé pour les donations consenties par contrat de mariage (Sol. 12 mai 1900, 9827 R. P.).

114-1. **Mutation antérieure. — Déclaration dans le contrat.** — Dans la première partie du *Rép. gén.*, le jugement Sens, 22 mai 1899 a été indiqué comme rapporté au nº 3799 R. P.; c'est 3793 qu'il faut lire.

127-129. **Droits du futur époux dans la succession de son ascendant. — Valeurs indivises à remettre par l'ascendant survivant. — Justifications. — Mode d'imputation du passif.** — Pour l'application de l'Instr. nº 1333, § 1, d'après laquelle la constitution, par l'ascendant survivant, d'une dot imputable sur la succession de son conjoint prédécédé, rend exigible le droit de donation sur tout ce qui excède les droits mobiliers de l'enfant dans l'hérédité, on doit déduire de la dot constituée la totalité des valeurs mobilières encore indivises, alors même que la succession serait échue à plusieurs enfants, si les autres n'ont pas été précédemment dotés de la même manière. D'autre part, pour établir la part de l'auteur prédécédé dans la société conjugale, et, par voie de conséquence, celle du futur dans la succession, il convient d'imputer tant le passif commun que les reprises du conjoint survivant, d'abord, sur les immeubles acquêts et, subsidiairement, sur les valeurs mobilières. Enfin, la règle tracée par l'Instr. nº 1333, § 1, ne saurait être appliquée lorsqu'il a été stipulé, dans le contrat de mariage, que la somme à remettre par l'ascendant survivant *sera prise* sur les valeurs mobilières de la communauté ayant existé entre ce dernier et le conjoint prédécédé, cette stipulation étant exclusive de tout engagement personnel, de la part de l'ascendant survivant, à l'effet de parfaire la constitution dotale (Sol. 5 juin 1897, 9101 R. P.).

133. **Apport par la future de ses droits à la succession maternelle. — Abandon d'usufruit au profit du père en retour de la dot constituée par celui-ci. — Cession onéreuse.** — Constitue une cession d'usufruit passible du droit de 5 fr. 50 p. 100, la clause d'un contrat de mariage par laquelle le père de la future épouse lui constitue une somme de 15.000 fr., à la condition que la donataire ne lui demandera aucun compte de tutelle et lui abandonnera l'usufruit de tous les biens immeubles par elle recueillis dans la succession de sa mère (Dieppe, 1er mai 1880, 7458 R. P.).

134. **Dot constituée en immeuble. — Abandon, par le donataire, du reliquat de son compte de tutelle et de ses droits dans une succession à lui échue. — Droit de mutation à titre onéreux.** — La clause d'un contrat de mariage, par laquelle le père de la future épouse lui constitue en dot des immeubles, évalués à une valeur déterminée, dont une partie en avancement d'hoirie, et le surplus pour remplir la fille tant du reliquat de son compte de tutelle que de ses droits dans la succession de sa mère, donne ouverture au droit de mutation à titre onéreux sur cette dernière portion (Nantes, 9 fév. 1892, 7811 R. P.).

150. **Institution contractuelle.** — L'irrévocabilité des donations faites par contrat de mariage n'est pas telle que le bénéficiaire ne puisse y renoncer partiellement pour rendre valable une libéralité subséquente (1083 C. Civ.). — Les dispositions consenties au préjudice d'une institution d'héritier universel ne sont donc pas nulles de plein droit; elles continuent de produire effet tant que l'intéressé ne s'est pas prévalu de leur nullité.

Mais, au cas où ces dispositions consistent en une nue propriété sous réserve expresse de l'usufruit au profit de l'héritier contractuel, ce dernier reste bénéficiaire du droit d'usufruit en vertu de la donation contenue dans son contrat de mariage et non à un titre nouveau, indépendant de son institution d'héritier (Aubusson, 10 nov. 1897, 9309 R. P.).

173-175-179. **Donation. — Somme à prendre sur les plus clairs biens de la succession du donateur. — Droit fixe.** — La clause d'un contrat de mariage portant donation à la future par sa tante, à titre de préciput et hors part, conformément aux art. 1082 et 1083 C. C., d'une somme à prendre sur les biens les plus clairs et les plus apparents que la donatrice laissera à son décès et qu'elle oblige ses héritiers à payer à la donataire dans les deux mois du décès de la donatrice, sans intérêts jusque-là, constitue, non une donation actuelle, mais une institution contractuelle des biens passible seulement du droit fixe de 7 fr. 50 en principal (Brignoles, 8 fév. 1899, 9687 R. P.).

Bien que qualifiée d'entre vifs, n'en constitue pas moins une libéralité à cause de mort l'institution contractuelle par laquelle le futur époux « fait donation entre vifs, mais pour le cas seulement où, à la dissolution du mariage, aucun jugement de séparation de corps ou de divorce n'aurait été prononcé contre la donataire, à la future épouse, d'une somme déterminée, à prendre sur les plus clairs et apparents biens qui appartiendront au donateur ou composeront sa succession, pour la donataire, si elle survit au donateur, ou pour ses héritiers ou représentants, si la donataire décède avant le donateur, avoir droit à la propriété de la somme donnée, à compter du jour de la dissolution du mariage ». En conséquence, en cas de prédécès du donateur à la survie de la donataire, le droit de mutation par décès est dû sur la somme recueillie par cette dernière (Seine, 2 nov. 1901, 10131 R. P.).

189. **Apport. — Libéralité déguisée.** — Lorsque, dans son contrat de mariage, la future épouse, en état de majorité et n'exerçant aucune profession, se constitue en

dot une somme importante que son père, qui en était dépositaire, remet au futur époux, l'Administration ne peut conclure de ces seules circonstances, qui se résument en de simples hypothèses, que la somme provient d'un don manuel fait par le père, et percevoir, en conséquence, le droit de donation (Sol. 12 nov. 1898, 9455 R. P.).

197. Promesse de bail. — V. *suprà* n° 54-1.

205. Restitution. Acte refait. — Lorsqu'un contrat de mariage a été refait par un contrat ultérieur, le premier contrat doit être considéré comme résilié et les droits d'enregistrement auxquels il a été assujetti deviennent restituables, sous la réserve du droit fixe de 3 fr. (Sol. 13 déc. 1889, n° 7408).

Non-célébration. — Restitution. — Droit de donation immobilière. — Droit de transcription. — Contrat non transcrit. — Certificat du Conservateur. — Les droits d'enregistrement perçus sur un contrat de mariage comprenant une donation immobilière ne sont restituables, en cas de non-célébration, que sous réserve du droit de transcription, si la formalité hypothécaire a été accomplie. Si, au contraire le contrat n'a pas été transcrit, la restitution s'étend à la totalité des droits perçus. Mais, dans ce cas, le mandat doit être accompagné d'un certificat du Conservateur, attestant que la formalité n'a pas été requise (Sol. 8 janv. 1902, 3089-6 I. G.; 10269 R. P.).

CONTRAVENTION.

24. Timbres mobiles. — Dans la première partie du *Rép. gén.*, c'est l'art. 21 de la *loi* et non du *décr.* du 15 juin 1850 qu'il faut lire.

28. Huissiers. — De même, pour les huissiers, c'est le décr. *14 juin* et non *29 août* 1813, qui édicte les dispositions rapportées dans la première partie du *Rép. gén.*

CONTRIBUTION DE DENIERS. — V. *Ordre.*

CONTRIBUTIONS DIRECTES.

8. Service des mutations aux rôles. — Les receveurs ont cessé, le 15 mars 1890, d'établir, à la place des contrôleurs des Contributions directes, les extraits de baux, d'actes translatifs de propriété immobilière, de déclarations de succession et de ventes de coupes de bois, nécessaires pour le service des mutations aux rôles (D. m. f., 24 janv. 1890, 2784 I. G.; — 7501 R. P.).

Contribution foncière. — *Sur quoi pèse la charge.* — Dans l'avant-dernière ligne du § 4 de la première partie du *Rép. gén.*, au lieu de l'art. 60 C. civ., lire : l'art. 608.

12. Taxes assimilées aux contributions directes. — Dans la première partie du *Rép. gén.*, p. 1040, n° 12-1, 6e ligne, au lieu de : du 26 avr. 1810, lire : du 16 août 1810, — 3 lignes plus bas, au lieu de 5 avr. 1874, lire : 5 août 1874, et encore, 15 lignes plus bas, au lieu de : 22 nov. 1879, lire : 22 déc. 1879.

P. 1041, 1re colonne, 21e ligne, au lieu de : L. 26 sept. 1807, lire : 16 sept. 1807; — ligne suivante, au lieu de : L. 23 juin 1857, lire : L. 13 juin 1857; — et encore 4 lignes plus bas, au lieu de : décr. du 13 oct. 1851, etc., lire : décr. des 13 oct. 1851, etc.

15. Procurations. — L'arrêté cons. préf. Seine, 12 déc. 1877 est rapporté au n° 5160 R. P., et non 5 et 60, comme il a été indiqué, par erreur, dans la 1re partie du *Rép. gén.*

17. Recours au Conseil d'État. — Dans la première partie du *Rép. gén.*, au lieu de « les recours contre les arrêtés du Conseil de préfecture sont assujettis à la formalité qui est donnée gratis, » lire : Les recours contre les arrêtés du Conseil de préfecture sont assujettis à la formalité de l'enregistrement. Suivant l'art. 61 de la L. nouvelle du 22 juill. 1889, relative à la procédure à suivre devant les Conseils de préfecture, les recours au Conseil d'État peuvent avoir lieu, sans frais et sans l'intervention d'un avocat, en matière de contributions directes ou de taxes assimilées. L'exemption de frais implique la dispense du droit d'enregistrement, mais cette immunité d'impôt n'est pas absolue; elle ne concerne que les recours déposés dans la forme prévue par ledit art. 61, c'est-à-dire ceux qui ont lieu sans l'intervention d'un avocat au Conseil d'État (2278 I. G.).

L'avis du comité des fin. du 30 oct. 1835 nous paraît, sauf la distinction qui vient d'être établie, devoir être encore suivi aujourd'hui.

20-4. Porteurs de contraintes. — Procès-verbaux de carence. — Les procès-verbaux de carence rédigés par les porteurs de contraintes doivent, en l'absence d'exception écrite dans la loi, être portés au répertoire de ces agents et présentés à la formalité de l'enregistrement, conformément aux art. 20 et 49, L. 22 frim. et à l'art. 6 L. 16 juin 1824. Mais il ne s'ensuit pas nécessairement qu'ils soient passibles du timbre; la disposition de l'art. 16 L. 13 brum. an VII, qui dispense expressément du droit et de la formalité du timbre les certificats d'indigence, leur a été déclarée applicable par une Déc. min. fin. du 4 août 1827 et, dès lors, bien que sujets à l'enregistrement, ils sont considérés comme exemptés du timbre par un texte spécial (8800-53 R P.).

22. Dégrèvement. — A la fin du 1er paragraphe (1re partie du *Rép. gén.*), au lieu de 627 I. G., lire : 627 J. E. et, *in fine*, au lieu de 19 brum. an VII, lire : 13 brum. an VII.

23. Cotes inférieures à 100 fr. — Actes de recouvrement. — Enregistrement gratis. — D'après la jurisprudence du Conseil d'État, on entend par *Cote*, non le montant de l'article du rôle, mais la part de chaque impôt afférente à un immeuble déterminé, à une profession spéciale, à un commerce distinct (Circ. D. G. des Contrib. dir. 27 fév. 1892, n° 805, art. 18). En conséquence, pour déterminer si l'enregistrement des actes visés par l'art. 24 L. 16 juin 1824 doit avoir lieu gratis ou non, c'est seulement le total de la cote ou de chacune des cotes intéressées

CONTRAVENTION.

CONTRIBUTION DE DENIERS.

CONTRIBUTIONS DIRECTES.

13. Actes de poursuites. Cotes, droits et créances ne dépassant pas 100 fr. Enregistrement gratis. — V. *Acte judiciaire*, n°s 160, 162 et 175.

15. Procurations. — Les procurations données par les réclamants en matière de contributions directes et de taxes assimilées sont assujetties au timbre et à l'enregistrement, à moins qu'elles ne se rattachent à des demandes ayant pour objet des cotes inférieures à 30 fr. (L. 11 déc. 1902 (art. 6), n° 10517; L. 13 juill. 1925 (art. 17), 10580 R. P.).

CONTRIBUTIONS INDIRECTES.

13. Actes de poursuites. Cotes, droits et créances ne dépassant pas 100 fr. Enregistrement gratis. — V. *Acte judiciaire*, nos 160, 162 et 172.

CONVENTION.

88 et 90. Interprétation des contrats. — L'Administration a le droit et le devoir d'apprécier les stipulations des contrats présentés à la formalité pour asseoir, d'une manière conforme à la loi, les droits dus par les parties contractantes à raison de ces contrats. — Seine, 25 juill. 1902, 10820 R. P.; — Seine, 2 juill. 1896; Cass. (civ.), 6 mai 1903, 1029 R. P.; — Châlons-sur-Marne, 28 juin 1901; Cass. (req.), 26 mai 1903, 1032 R. P.; — Châteauroux, 30 juin 1902, 10530 R. P.; — Libourne, 2 avril 1903, 10564 R. P.; — Laon, 11 juill. 1901, 10636 R. P.; — Villeneuve-sur-Lot, 31 déc. 1903, 10808 R. P.; — Soissons, 9 juin 1905, 10826 R. P.; — Seine, 8 juill. 1905, 10830 R. P.; — Coulommiers, 19 fév. 1905, 10851 R. P.; — Bordeaux, 2 fév. 1905, 10866 R. P.; — Seine, 25 mars 1905, 10771 R. P.; — Albertville, 3 nov. 1905, 10905 R. P.; — Montdidier, 22 déc. 1905, 1108 R. P.; — Saint-Brieuc, 10 avril 1907, 11577 R. P.; — Fontainebleau, 29 mai 1907, 11478 R. P.

V. Donation, Partage, Rente, Société et Usufruit.

COPIE COLLATIONNÉE.

22. Répertoire. Copies collationnées délivrées par les notaires en exécution de l'art. 4 L. 23 fév. 1901. Inscription obligatoire. — V. *Répertoire*, no 96.

l'objet de la poursuite qu'il faut considérer, sans avoir égard ni au total des cotes de différentes natures comprises dans la réclamation, ni au total de l'article au rôle concernant le débiteur poursuivi. Les percepteurs doivent désigner, lors de l'enregistrement des actes de poursuites, les contribuables qui, payant au total plus de 100 fr. d'impôts, ne sont poursuivis, néanmoins, pour aucune cote supérieure à cette somme et ont droit, par suite, à la gratuité de l'enregistrement (2935-8 I. G.).

Errata. — Dans la première partie du *Rép. gén.*, p. 1043, 2e colonne, 15e ligne, après B. C. 1863, no 1, ajouter : 2431 et 2778 I. G.

25. Recours au Conseil d'État. — L'arrêt Cons. d'État, 9 déc. 1857, cité dans la première partie du *Rép. gén.*, est reproduit dans D. P. 58, 3, 51 et non 51, 3, 51.

23-9. Procuration. — Enregistrement. — Timbre. — V. *Conseil de préfecture*, no 40.

V. Acte écrit a la suite. Acte judiciaire. Instance. Privilège.

CONTRIBUTIONS INDIRECTES.

4. Acte de poursuite. — Dans la première partie du *Rép. gén.*, au lieu de : L. frim. art. 68, § 3, lire : L. frim. art. 68, § 30.

Sommes excédant 100 fr. — Recouvrement. — Par suite de la réduction d'un tiers prononcée par l'art. 22 L. 28 avril 1893, les actes de poursuite pour le recouvrement, en matière de contributions indirectes, de sommes excédant 100 fr., ne sont plus actuellement soumis qu'au droit fixe de 1 fr.

4-3. Garantie des matières d'or et d'argent. — Procès-verbal. — Assignation. — Doit être timbré et enregistré en débet l'exploit contenant assignation, à la requête du ministère public, devant la police correctionnelle, pour contravention constatée, en matière de droits de garantie, par un procès-verbal des agents des Contributions indirectes (Sol. 2 oct. 1899, 2410 R. E.).

6. Instance. — Constitution d'avoué. — Droit de pouvoir. — Le droit de mandat n'est pas exigible sur les constitutions d'avoué contenues dans les exploits signifiés à la requête des Contributions indirectes et portant assignation devant le tribunal correctionnel (Sol. 15 fév. 1900, 9785 R. P.).

7. Billets à ordre. — Dans la même partie, 3e ligne, au lieu de : 1 fr., lire : 1 fr. 50.

19. Lettres de voitures. — Dans la première partie du *Rép. gén.*, ajouter *in fine* : cette règle n'est plus suivie depuis la déc. min. fin. 14 août 1885, qui a exempté du timbre les lettres de voiture concernant les envois faits par ces Administrations. — V. *Transports (Contrats de)*, nos 17-9.

24. Sucrage des vins. — Certificat de récolte. — Attestations en tenant lieu. — Timbre. — Les attestations que les préposés des contributions indirectes délivrent aux acquéreurs de vendanges pour tenir lieu du certificat de récolte prévu par le décret du 22 juill. 1885, doivent être rédigées sur papier timbré de dimension (Sol. 16 nov. 1893; Circ. des cont. ind., du 14 déc. 1893, 8302 R. P.).

— V. Domaine. — Instances.

CONTUMAX. CONTUMACE. — V. *Domaine*.

CONVENTION.

90-11. Contrat. — Caractères apparents. — La simple allégation qu'un acte authentique n'est pas conforme à la réalité des faits et ne révèle pas le véritable caractère de la convention ne saurait soustraire un débiteur au paiement des droits qui lui sont réclamés sur cet acte (Saint-Étienne, 24 déc. 1896, 9107 R. P.).

— L'Administration a le droit et le devoir de rechercher et de constater le véritable caractère des stipulations contenues dans les contrats pour arriver à asseoir, d'une manière conforme à la loi, les droits dus par les parties contractantes à raison de ces contrats (Cass. req., 25 janv. 1899, 9482 R. P.).

V. Enregistrement et Nullité.

COPIE COLLATIONNÉE.

11. Purge et dépôt de la copie. — Pluralité des droits. — Les copies collationnées à fin de purge donnent ouverture à autant de droits qu'il y a d'actes, de pièces ou d'extraits collationnés, conformément à l'art. 68, § 1, no 18 L. frim., qui n'a pas été modifié par l'art. 23 L. 28 avril 1893 (Sol. 29 sept. 1894, 8473 R. P.).

25. Exploit contenant des renseignements utiles pour la perception. — Copie certifiée par l'huissier. — Recouvrement des droits. — L'huissier qui a présenté à l'enregistrement des conclusions signifiées mentionnant des lettres non enregistrées, a qualité pour certifier conforme à l'original la copie de l'exploit, tirée par le Receveur, en vue de poursuivre le recouvrement des droits et amendes dus sur les lettres. Cette copie sert de base légale aux poursuites exercées, tant contre l'avoué qui a rédigé les conclusions que contre la partie à la requête de laquelle a eu lieu la signification. Une copie collationnée ne serait nécessaire qu'autant qu'il y aurait, de la part de l'huissier qui a présenté l'acte à l'enregistrement, refus de la certifier conforme à l'original (Cass. req., 8 juill. 1891, 7659, 7974-20 R. P.).

Actes s. s. p. — Copie collationnée. — Faculté réservée aux agents. — Lorsqu'un acte s. s. p. est présenté à l'enregistrement, une copie collationnée peut en être valablement prise, conf. à l'art. 56 L. 22 frim., sans que la partie soit admise à prétendre que le dépôt de l'acte a été fait à titre purement officieux. — Une copie de l'espèce suffit pour autoriser la réclamation des droits simple et en sus sur l'acte qui a pour objet une vente d'immeubles, et qui n'a pas été enregistré dans le délai (Valognes, 13 août 1891, 7759 R. P.).

32. Déclaration de succession. — Dettes. — Copie collationnée. — Quand une dette dont la déduction est demandée ne résulte pas d'un titre authentique, l'héritier doit produire une copie collationnée du titre qui la constate. Le créancier ne peut, sous peine de dommages-intérêts, se refuser à communiquer le titre ou à en laisser prendre, sans déplacement, une copie collationnée par un notaire ou le greffier de la justice de paix. En cette matière, la loi a réservé aux notaires et aux greffiers de justice de paix le soin de délivrer la copie collationnée, à l'exclusion des greffiers des tribunaux civils et des Cours d'appel, des avoués, huissiers qui, en droit commun, ont également qualité pour rédiger les actes de cette nature. Cette copie doit porter la mention de sa destination; elle est dispensée du timbre et de l'enregistrement autant qu'il n'en est pas fait usage par acte public, soit en justice ou devant toute autre autorité constituée. Elle ne rend pas obligatoire l'enregistrement du titre (L. 25 fév. 1901, art. 4).

33. Avoué. — Jugement. — Séparation de biens. — Extraits. — Les extraits de jugement de séparation de biens rédigés par les avoués, en exécution de l'art. 872 C. proc. civ., ne constituent pas des copies collationnées, au vœu de l'art. 68, § 1, nº 18 L. frim., mais des documents dispensés de la formalité par l'art. 8 même loi (Châlons-sur-Marne, 15 déc. 1899, 9836 R. P.; — Sol. 12 avr. 1900, 2362 R. E.).

V. Dépôt: Extrait.

COPIE DE PIÈCES.

6. Copies de protêts. — Aucune sanction fiscale n'est prononcée pour suppression de phrases ou de membres de phrases dans les copies transcrites sur le registre spécial des protêts. Ces infractions aux art. 174 et 176 C. com. doivent seulement être signalées au ministère public, seul compétent pour en provoquer la répression. Mais il est dû, par application de l'art. 20 L. 2 juill. 1862, une amende de 25 fr., pour copie de protêt contenant des mots écrits en abrégé, alors que l'original ne contient pas ces abréviations. — En cas d'abréviation, il ne peut être réclamé aucun droit supplémentaire de timbre, en outre de l'amende. — En cas d'excédent de lignes et de syllabes, le droit de timbre complémentaire exigible doit être calculé, toute compensation faite entre l'ensemble des pages du registre terminé (Sol. 28 janv. 1901, 2710 R. E.).

8. Copies d'exploits. — Les huissiers doivent mentionner, au bas de l'original et des copies de leurs exploits, non pas le nombre et la quotité des timbres mobiles apposés sur l'original, mais le nombre et la valeur des feuilles de papier spécial qui ont servi à la rédaction des copies (L. 30 déc. 1873, art. 3). L'Administration doit prouver les contraventions à cette prescription de la L., soit par la représentation matérielle des copies, soit par les énonciations de l'original portant qu'il a été délivré un nombre de copies supérieur à celui des feuilles de papier spécial employées. Elle ne saurait être admise à démontrer l'inexactitude de la mention relative au nombre de feuilles employées, en s'appuyant uniquement sur ce que ces feuilles ne représentent pas le nombre de copies nécessaires pour la validité de la procédure (Sol. 29 fév. 1892, 24655 J. E.). — V. *Exploit*.

19. Droits de timbre. — Compensation. — Registre des protêts. — Les suppléments de droits de timbre dus pour excédent de lignes dans des registres de protêts ne doivent pas être liquidés sur l'ensemble des registres, mais sur chaque registre ou cahier envisagé isolément (Sol. 21 mars 1889, 3183 Rev. prat.).

21. Calcul des droits de timbre. — Registre des protêts. — Si un registre des protêts qui contient un excédent de syllabes, est composé de feuilles de papier timbré à 1 fr. 80, le droit de timbre complémentaire à réclamer ne saurait être fixé à 1 fr. 80 au minimum; il doit être liquidé d'après la dimension de la demi-feuille ou de la feuille de papier timbré qui pourrait contenir l'excédent de syllabes, mais le prix de cette feuille ou demi-feuille ne peut, dans tous les cas, être fractionné (Sol. 22 nov. 1889, 24044 J. E.).

38 et 42. Timbre spécial. — Exploits non assujettis à la formalité du timbre au comptant. — La loi du 29 déc. 1873 ne s'applique qu'aux exploits et copies d'exploits qui doivent acquitter le droit de timbre au comptant. Elle n'atteint pas les exploits qui sont à viser pour timbre en débet ou gratis (Sol. 22 avril 1891).

46. Timbre spécial. — Mentions. — Les mentions prescrites au bas des exploits, par l'art. 3 L. 29 déc. 1873 doivent indiquer, non pas le nombre et le montant des timbres mobiles apposés sur l'original, mais le nombre et la valeur des feuilles de papier spécial employées pour les copies. Si elles sont inexactes, il est dû deux amendes par exploit; et une autre amende serait exigible dans le cas où le prix des timbres mobiles apposés était insuffisant. Les contraventions ne peuvent se présumer; elles doivent être établies, soit par la représentation matérielle des copies, soit par les énonciations de l'exploit, si, par exemple, le nombre des copies qu'il déclare avoir été délivrées était supérieur à celui des feuilles de papier spécial indiquées comme ayant été employées. La simple circonstance que le nombre des feuilles employées serait inférieur à celui des copies qui auraient dû régulièrement être délivrées, ne suffirait pas pour servir de base à une réclamation (Sol. 29 fév. 1892, 24655 J. E.). — Rapp. *Rép. gén.*, nº 23.

1. Registre des protêts. — Il n'y a pas contravention à la loi du 29 déc. 1873, quand un huissier omet de reproduire, sur son registre des protêts, les mentions prescrites par l'art. 3 de cette loi (Sol. 14 août 1890, 3184 Rev. prat.).

Cette omission pourrait être considérée comme une infraction à l'art. 176 C. com., s'il était établi que le protêt contient les mentions dont s'agit (V. *Rép. gén.*, vº *Protêt*).

2. Copie. — Chaque copie doit indiquer le nombre et la valeur des feuilles employées pour toutes les copies de l'exploit (Sol. 4 juill. 1889).

48. Contraventions. — Défaut d'emploi de papier spécial. — Si un huissier rédige des copies d'exploits, et en particulier des placards, sur papier timbré de dimen-

32. **Justification du passif successoral. L. 25 fév. 1901, art. 4. Titres de créances non enregistrés. Mention du timbre des originaux.** — Les copies collationnées de titres de créances s. s. p. délivrées, en exécution de l'art. 4 L. 25 février 1901, par les notaires et les greffiers de justice de paix pour permettre aux héritiers du débiteur d'obtenir la déduction du passif successoral, doivent, sous peine de 10 fr. d'amende, porter la mention du timbre employé pour les originaux, s'ils n'ont pas été enregistrés, dès lors que ces pièces ne doivent pas être représentées au receveur (Sol. 14 mars 1903, Inst. 3126-3, 10567 R. P.; — Contra Château-Gontier, 4 juin 1907, 11506 R. P.).

Reconnaissance de dettes insuffisamment timbrées. Déclaration du notaire rédacteur. Amende encourue par cet officier public. Responsabilité en ce qui concerne le payement du droit de timbre. — Le notaire qui dresse une copie collationnée de billets souscrits par une personne décédée, en vue de permettre aux héritiers de requérir la déduction du passif grevant la succession, agit en vertu desdits billets au sens de l'art. 11 L. brum.; dès lors, s'il déclare que ces écrits sont rédigés sur timbre insuffisant, il encourt l'amende de 100 fr. (aujourd'hui réduite à 20 fr.) édictée par l'art. 26-6º L. brum., sans préjudice de l'application de la disposition finale du même article d'après laquelle il doit, en outre, payer le complément du droit de timbre (Sol. 14 déc. 1905, 11193 R. P.; — Contrà Château-Gontier, 4 juin 1907, 11506 R. P.).

COPIE DE PIÈCES

52. Timbres mobiles spéciaux. Original découvert après l'enregistrement. Timbres manquants. Contravention. — Lorsque, après l'enregistrement, l'Administration constate qu'un exploit n'est pas revêtu d'un nombre de timbres mobiles spéciaux de copies égal au chiffre indiqué au bas de cet exploit, il y a contravention passible d'amende, si la contexture matérielle de l'acte et les circonstances de fait établissent que les timbres manquants n'ont pas été réellement apposés et oblitérés (Bordeaux, 19 déc. 1905, 10955 R. P.).

CORSE.

sion ordinaire au lieu de faire usage de feuilles de papier spécial, il encourt pour contravention à l'art. 2 L. 29 déc. 1873, autant d'amendes qu'il y a de copies ou de placards qui n'ont pas été régulièrement timbrés. Mais on ne saurait lui réclamer en même temps des amendes pour défaut d'apposition de timbres mobiles spéciaux sur l'exploit et pour omission des mentions prescrites par l'art. 3 de la loi (Sol. 10 sept. 1892, 24243 J. E.).

1. Original sur papier copie. — La rédaction de l'original d'un exploit, spécialement d'un original de placard, sur une feuille de papier spécial, rend exigible l'amende de 20 fr. prononcée par la loi de brumaire et non celle de 50 fr. édictée par la loi de 1873; mais si le droit de timbre a été acquitté au moyen d'un timbre mobile pour copie, il n'y a pas lieu de réclamer un nouveau droit (Sol. 9 sept. 1890, 3181 Rev. prat.).

53. Acte respectueux. — L'Administration admet actuellement que les actes respectueux peuvent être rédigés sur du papier timbré de la débite ordinaire (Sol. 7 mai, 14 sept. 1881, 5783 R. P., 21874 J. E.).

54. Placards. — Ventes judiciaires. — Si l'Administration considère comme tombant sous le coup de la loi de 1873 les placards apposés par les huissiers pour les ventes judiciaires de meubles, elle admet, au contraire, que la loi n'est pas applicable en matière de ventes judiciaires d'*immeubles* (Sol. 12 nov. 1889, 2956 Rev. prat.).

1. Notaire. — Un notaire n'ayant pas qualité pour rédiger un procès-verbal d'apposition de placards, le procès-verbal qu'il dresse ne constitue pas l'exploit prévu par le C. proc.; il échappe, par suite, à l'application de la loi de 1873 (Sol. 19 avril 1895, 4048 Rev. prat.).

CORSE.

1. Actes judiciaires. L. 26 janv. 1892. — Par une solution du 23 juin 1892, l'Administration a statué, ainsi qu'il suit, sur la question de savoir dans quelles limites et sur quels points les arrêtés Miot doivent être considérés comme abrogés par la loi du 26 janv. 1892 :

« Aucune modification ne doit être apportée : 1° à l'égard des actes tout à fait exempts du timbre et de l'enregistrement; 2° ni à l'égard des jugements qui sont assujettis au timbre sur la minute et, pour le surplus, sont exempts du timbre et de l'enregistrement. En effet, la loi nouvelle ne contient aucun changement en ce qui concerne le timbre des minutes.

» Relativement aux jugements définitifs dans les causes sujettes à appel, ou dont la valeur excède 25 fr., il n'y a pas eu de changement pour le timbre des minutes auquel ils sont soumis.

» En n'exonérant pas les expéditions du droit de timbre, l'arrêté Miot n'a fait qu'appliquer le droit commun. La modification qui y est apportée par l'art. 12 L. 26 janv. 1892 doit profiter à la Corse.

» L'arrêté s'est, au contraire, éloigné du droit commun en soumettant les jugements précités à un droit fixe de 1 fr., écartant ainsi la perception des droits proportionnels et de plusieurs droits fixes. Cette exception doit être maintenue.

» On pourrait objecter, il est vrai, qu'en remplacement des impôts supprimés ou réduits, la loi de janvier 1892 a augmenté certains droits (art. 15) et qu'il n'est pas juste que la Corse profite des dégrèvements (suppression du timbre des expéditions) sans supporter les aggravations.

» C'est là une considération qui aurait pu engager le législateur à abroger, en tout ou en partie, l'arrêté Miot, mais dont il n'est pas possible de tenir compte pour interpréter et appliquer la loi. Les tempéraments apportés à la loi générale profitent à la Corse lorsque ce département est régi par la loi générale; dans le cas contraire, il conserve sa législation spéciale.

» Quant à la question du droit fixe, elle soulève une difficulté particulière.

» Si on a pu, à la suite de la loi du 28 fév. 1872, art. 4, élever à 1 fr. 50 le droit de 1 fr. fixé par l'arrêté, c'est que ce droit a paru devoir être considéré, non comme un droit spécial, mais comme le droit de 1 fr. établi comme minimum pour les jugements des juges de paix par l'art. 68, § 1er, nos 40, L. 22 frim. an VII, de sorte qu'il était destiné à subir les mêmes modifications que ce dernier. En admettant l'exactitude de ce point de vue, il y a lieu de ramener le droit à 1 fr., par application de l'art. 17, n° 1, L. janv. 1892.

» Le résultat serait le même, si on considérait le droit de 1 fr. établi par l'arrêté comme un droit spécial devant échapper à toute modification résultant d'une loi générale.

» Aucune difficulté ne peut s'élever du reste :

» 1° En ce qui concerne les droits de greffe, demeurés étrangers aux arrêtés Miot et dont la suppression s'étendra à la Corse;

» 2° A l'égard des actes et jugements de police dont la loi de janvier 1892 ne s'occupe pas et qui continueront à être régis par les arrêtés qui leur sont propres;

» 3° Au sujet des jugements qui ne s'enregistrent que sur l'expédition. On ne saurait exiger l'enregistrement sur la minute, en vertu de la loi de janvier 1892, qui est muette sur ce point;

» 4° A l'égard de la question du droit d'enregistrement exigible sur les exploits, pour lesquels l'arrêté Miot n'a accordé aucune exemption ni réduction.

» Le tarif à appliquer sera celui de la loi nouvelle. »

1-2. Donations par contrat de mariage. — Nous avons vu v° *Contrat de mariage*, nos 77 et s., que la L. 25 fév. 1901 avait modifié le tarif des droits afférents aux donations faites par contrat de mariage. Il nous semble évident que c'est la moitié du nouveau tarif qui doit être appliqué en Corse, sans distinguer entre les donations en ligne directe ou entre époux et celles qui sont faites entre collatéraux ou étrangers.

1-5. Mutations par décès. L. 25 fév. 1901. — Conditions d'application. — La perception des droits exigibles sur les biens dépendant de successions ouvertes en Corse est réglée par un arrêté du 21 prair. an IX (arrêté Miot), qui a force de loi. Cet article n'édicte aucun délai pour les déclarations à souscrire par les héritiers, donataires ou légataires et le défaut de déclaration n'est, par suite, passible d'aucune pénalité (art. 3). D'autre part, il a fixé la valeur imposable des immeubles au capital par 100 du montant de la contribution foncière.

Ces règles spéciales, auxquelles la L. 25 fév. 1901 n'a pas dérogé, continueront à être suivies, notamment en ce qui concerne les biens légués à des établissements publics non encore autorisés à accepter et les immeubles dont la destination actuelle n'est pas de produire un revenu, et bien que la L. 25 fév. 1901 contienne à cet égard des prescriptions nouvelles (art. 12 et 19).

Mais la L. 25 fév. 1901 dont nous donnons le Commentaire v° *Succession* et *Usufruit*, devra recevoir son application en Corse comme dans tout autre département sur tous les autres points au sujet desquels elle ne se trouve pas en contradiction avec l'arrêté Miot. C'est ce qui aura lieu spécialement pour la détermination de la part imposable; les tarifs; la déduction du passif; la fixation de la valeur des objets mobiliers; le mode d'évaluation de l'usufruit et de la nue propriété; les obligations imposées aux Compagnies d'assurances, aux sociétés, agents de change, etc., dépositaires ou débiteurs de valeurs dépendant d'une succession; la déclaration unique au bureau du domicile, etc. D'ailleurs, bien que la valeur imposable des immeubles s'obtienne en capitalisant par 100 le montant de la contribution foncière, la déduction des dettes n'en devra pas moins être intégralement opérée sur ce capital ainsi déterminé.

Faisons, toutefois, remarquer que la combinaison des règles édictées par l'arrêté du 25 prairial an IX avec les règles générales, comporte quelques explications.

Plusieurs cas peuvent se présenter.

Défunt domicilié en Corse. — Biens exclusivement situés dans ce département. — Rien n'est changé au régime institué par l'arrêté précité en ce qui concerne la détermination de la valeur imposable des immeubles et l'absence de délai pour le paiement des droits. On ne saurait, notamment, appliquer, en Corse, la disposition de l'art. 12 L. 25 fév. 1901, d'après laquelle les droits de mutation par décès doivent être liquidés sur la valeur vénale, en ce qui concerne les immeubles dont la destination actuelle n'est pas de procurer un revenu. Toutefois, les biens héréditaires ayant une assiette déterminée dans la circonscription de plusieurs bureaux de la Corse doivent, le cas échéant, être déclarés, comme les valeurs incorporelles dépendant de la succession, au bureau du domicile du défunt (3058, p. 30, I. G.).

Défunt domicilié en Corse. — Biens situés dans d'autres départements. — Si le défunt était domicilié en Corse et possédait des biens situés dans d'autres départements, toutes les valeurs héréditaires devront être déclarées en Corse au bureau du domicile du défunt et les tarifs applicables seront déterminés par le total de la part dévolue à chaque ayant droit. Cependant, tandis que les meubles incorporels et les biens ayant une assiette déterminée en Corse resteront régis par les dispositions spéciales à l'île, on appliquera aux biens situés sur le continent la loi en vigueur au lieu de leur situation. Ainsi, les immeubles situés en France seront tarifés d'après leur valeur obtenue par la capitalisation de leur produit annuel ou d'après leur valeur vénale suivant qu'il s'agira d'immeubles productifs ou non de revenus, et les droits afférents à ces biens et aux meubles corporels situés en France seront augmentés d'un demi-droit, s'ils n'ont pas été acquittés dans les six mois du décès. Les immeubles corses seront au contraire évalués conformément à l'arrêté Miot et la fraction de l'impôt afférent à ces biens ainsi qu'aux valeurs incorporelles et aux meubles situés en Corse, sera exonérée de toute pénalité.

Dans cette hypothèse, la détermination des fractions de droit applicables aux biens français et aux biens corses devra être opérée de la manière la plus favorable aux parties, c'est-à-dire que les biens français seront réputés compris dans les tranches initiales, passibles des tarifs les moins élevés, les biens corses figurant dans les dernières tranches donnant ouverture à des droits supérieurs (Comp. 3058, p. 30 et 31, I. G.).

Défunt domicilié en France. — Biens ayant une assiette déterminée en Corse. — Enfin, si le défunt était domicilié en France et possédait des biens ayant une assiette déterminée en Corse, toutes les valeurs héréditaires, y compris les biens corses, devront, comme dans l'espèce précédente, être déclarés en France au bureau du domicile du défunt. Mais la valeur des immeubles corses sera déterminée comme dans l'île, en capitalisant par 100 le montant de la contribution foncière, et ces biens, de même que les objets mobiliers situés en Corse, ne pourront motiver la perception d'un demi-droit en sus, alors qu'en ce qui concerne les autres biens héréditaires, les règles ordinaires seront observées.

Quant à la ventilation des droits relatifs aux biens français et aux biens corses, nécessaire pour la liquidation du demi-droit en sus, elle sera opérée, comme précédemment, de la manière la plus favorable aux parties (*Comp.*, 3058, p. 31, I. G.).

COUR DE CASSATION.

10. Premier acte de recours. — Le premier acte de recours devant la Cour de cassation bénéficie de la réduction de tarif édictée par l'art. 22 L. 28 avril 1893; il n'est donc plus assujetti aujourd'hui qu'au droit fixe de 25 fr. (Sol. 29 sept. 1899, 9743 R. P.).

14. Exploits. — De même, les exploits et autres actes du ministère des huissiers devant la Cour de cassation, jusques et y compris les significations d'arrêts définitifs, ne sont plus actuellement soumis qu'au droit fixe de 5 fr. (LL. 28 avril 1816, art. 45-1°, et 28 avril 1893, art. 22).

15. Significations d'avocat à avocat. — Et les significations d'avocat à avocat à celui de 3 fr. (LL. 28 avril 1816, art. 44-11°, et 28 avril 1893, art. 22).

26 *bis*. Droits de greffe. — Les droits perçus au profit de l'État au greffe de la Cour de cassation ont été intentionnellement passés sous silence par le législateur de 1892 et se trouvent, par suite, maintenus sans modification.

COUR DES COMPTES.

4. Trésorier-payeur général. — Copies produites à la Cour. — Les copies des actes qu'un trésorier-payeur général, nouvellement promu, doit produire à la Cour des comptes, peuvent être rédigées sur papier non timbré

COTE ET PARAPHE.

2. Livres de commerce. Procès-verbaux de cote et paraphe. Enregistrement obligatoire. Preuve d'existence. — Les procès-verbaux de cote et paraphe des registres de commerce désignés dans les art. 8 et 9 C. comm. ont, lorsqu'ils sont dressés par un juge au tribunal de commerce, le caractère d'actes judiciaires obligatoirement soumis à la formalité de l'enregistrement dans le délai de 20 jours. La preuve de l'existence de ces procès-verbaux est suffisamment établie, pour la réclamation des droits, par les énonciations du registre tenu au greffe du tribunal de commerce, en exécution du décret du 18 juin 1880, pour l'inscription des formalités de cette nature (Saint-Lô, 16 janv. 1903, 10461 R. P.).

L. 22 avril 1905, art. 9. Exemption d'enregistrement. — D'après l'art. 9, L. 22 avril 1905, les procès-verbaux de cote et paraphe des livres de commerce, quelle qu'en soit la forme, sont exempts du droit et de la formalité de l'enregistrement. Il n'y a pas lieu au recouvrement des sommes qui peuvent être encore dues en vertu de l'art. 73 L. 28 avril 1816 relatif à ces procès-verbaux. — 10959 R. P.

Cette disposition a été rendue exécutoire en Algérie par un décret du 5 sept. 1906. — 11267 R. P.

COUR DE CASSATION.

9. Amende. Indemnité. — *Prud'hommes. Organisation de la juridiction d'appel. L. 15 juill. 1905.* — D'après l'art. 8 L. 15 juill. 1905, relatif aux recours en cassation contre les jugements rendus en dernier ressort par des conseils de prud'hommes ou contre les jugements des tribunaux civils ayant statué sur appel, aucune amende ne doit être consignée. — 11047 R. P.

Recrutement. L. 21 mars 1905. Immunités fiscales. — Les recours en cassation ne donnent pas lieu à consignation d'amende (11176 R. P.).

Conseils de guerre et tribunaux maritimes. — Les recours en cassation formés contre les jugements des conseils de guerre et des tribunaux maritimes ne donnent pas lieu à consignation d'amende (L. 17 avril 1906, art. 55. 11825 R. P.).

COUR DES COMPTES.

COURTIERS.

CRÉDIT.

42. **Compte courant. Solde.** — Lorsque les parties ont [illegible] dans un seul et même compte courant, une ouverture de crédit [illegible] toutes les opérations de banque faites entre elles, ce compte [illegible] peut être considéré comme s'appliquant exclusivement à l'ouverture de crédit; il englobe toutes les affaires conclues entre les deux parties [illegible] compris le crédit, et les remises successives faites par le crédité [illegible] crédité ne créant aucune obligation immédiate de remboursement [illegible] profit du premier. C'est le résultat seul de la balance définitive du compte courant qui peut constituer un lien précis d'obligation du crédité envers le créditeur, et ce n'est par suite que sur ce résultat, si [illegible] crédité est reconnu débiteur, que doit être liquidé le complément de droit de 0,50 p. 100 (Seine, 10 janv. 1906, 11154 R. P.).

Prorogation de délai. Ouverture de crédit consentie par un [illegible] comptoir de garantie. Prétendu compte courant. Droit de [illegible] — V. *Prorogation de délai*, n° 438.

comme constituant des pièces d'ordre intérieur (Lettre au D. G. de la Compt. Publ., 17 avril 1894, 8305 R. P.).

6. **Droits de greffe.** — La L. 26 janv. 1892 n'a apporté aucune modification, en ce qui concerne les droits perçus au profit de l'État, au greffe de la Cour des Comptes.

COURTIERS.

7. **Courtiers maritimes. — Authenticité des actes auxquels ils interviennent. — Non-exigibilité d'un droit particulier à raison de leur intervention.** — Les courtiers maritimes impriment le caractère de l'authenticité aux actes de vente auxquels ils interviennent en qualité d'officiers publics. Par suite, leur intervention n'est pas passible d'un droit particulier (Sol. 17 déc. 1891, 7832 R. P.).

10. **Taxe des opérations de bourse. — Formalités imposées aux courtiers.** — V. *Bourse*.

CRÉDIT.

10. **Rang d'hypothèque.** — Dans la première partie du *Rép. gén.*, 10e ligne, au lieu de : « elle est conditionnelle », lire : elle est suspensive.

19. **Simple promesse d'ouverture de crédit. — Condition. — Droit fixe.** — La promesse de prêter tarifée au droit de 50 cent. p. 100 par l'art. 5 L. 23 août 1871, est celle qui renferme un lien de droit entre le prêteur et l'emprunteur. Une ouverture de crédit consentie au profit d'une société anonyme ne présente pas ce caractère, au regard du créditeur, lorsqu'il est stipulé que le crédit ne pourra être réalisé qu'après l'autorisation donnée au gérant par les actionnaires de la société, à l'effet d'hypothéquer valablement les immeubles sociaux à la garantie du crédit. En conséquence, l'acte notarié qui constate une ouverture de crédit faite dans ces conditions, n'est passible que du droit fixe, tant qu'il n'est pas établi que le créditeur a accepté le gage hypothécaire (Sol. 23 sept. 1892, 8061 R. P.).

Décidé, en ce sens, que lorsque le créditeur subordonne à une condition le crédit qu'il ouvre à un tiers, le contrat n'est passible que du droit fixe, à l'exclusion du droit de 50 cent. p. 100 (Dijon, 13 fév. 1901, 2058 R. E.).

24. **Disposition indépendante. — Vente.** — Pour que les dispositions d'un même acte soient affranchies de la pluralité de droits édictés par l'art. 11 L. frim., il faut qu'elles contribuent à la formation du contrat, de telle manière qu'elles en constituent indivisiblement les éléments essentiels. Spécialement, lorsque le même acte constate l'ouverture d'un crédit à un tiers et l'engagement pris par ce tiers de se fournir de bière exclusivement chez le créditeur, si les énonciations de cet acte peuvent porter à penser que, dans l'intention des parties, l'ouverture de crédit se liait à la promesse d'acheter, elles sont cependant insuffisantes pour faire considérer les deux opérations comme n'en faisant qu'une et pour établir entre elles le lien de droit nécessaire pour affranchir de l'impôt la vente des marchandises (Mirecourt, 5 avr. 1900, 9830 R. P.).

25-9. **Société. — Promesse de prêt.** — Le droit de 50 cent. p. 100, pour ouverture de crédit, est dû sur la clause d'un acte de société par laquelle l'un des associés s'engage, si les besoins de la société l'exigent, à verser en compte-courant et à laisser à la disposition de la société les fonds nécessaires jusqu'à concurrence d'une somme déterminée (Orléans, 27 fév. 1901, 2711 R. E.).

32. **Réalisation. — Marchandises. — Droit de 2 fr. p. 100.** — Lorsque le crédit a été ouvert en marchandises, la réalisation rend exigible le droit de 2 fr. p. 100 (Rouen, 17 fév. 1898, 9334 R. P.).

34. **Réalisation partielle. — Imputation du droit de 50 cent. p. 100.** — Pour liquider le droit de 1 fr. p. 100 devenu exigible par suite de la réalisation partielle d'un crédit ouvert en espèces, il y a lieu de tenir compte du droit de 50 cent. p. 100, originairement perçu seulement sur la somme jusqu'à concurrence de laquelle le crédit a été réalisé, et non sur le montant intégral du crédit ouvert (Seine, 24 oct. 1890, 7528 R. P.).

41. **Avance indéterminée. — Déclaration estimative. — Mandats de paiement. — Encaissement. — Évaluation dépassée.** — Lorsque la preuve de la réalisation d'un crédit résulte de l'encaissement, par le créditeur, de mandats de paiement, l'Administration est fondée à réclamer le complément de droit exigible, à raison de cette réalisation, sur le montant des mandats encaissés, lorsque le total de ces mandats est supérieur au chiffre que les parties ont indiqué, par voie de déclaration estimative, pour baser la perception de l'impôt sur l'ouverture du crédit dont l'importance était indéterminée (Bône, 27 avr. 1900, 9966 R. P.).

42. **Compte-courant. — Solde.** — Le droit de 50 cent. p. 100 exigible par suite de la réalisation du crédit doit être liquidé sur la totalité des avances faites par le créditeur au crédité, sans déduction des sommes que celui-ci peut avoir remboursées (Besançon, 12 fév. 1890, 7405 R. P.).

Décidé, également, que le droit d'obligation sur une ouverture de crédit par compte-courant est exigible sur le capital exprimé, dans la mesure où la réalisation a lieu, et non pas seulement sur le reliquat du compte (Avranches, 11 déc. 1891, 7830 R. P.; — Marseille, 4 juin 1898, 9592 R. P.).

46. **Engagement unilatéral. — Droit non dû.** — L'ouverture de crédit, constituant un contrat synallagmatique, n'est passible de l'impôt qu'autant que l'Administration établit l'existence d'un titre complet : l'engagement d'une des parties seulement ne suffit pas (Seine, 16 mars 1894, 8383 R. P.).

55. **Société anonyme. — Exercice du droit de communication.** — Pour établir la réalisation d'un crédit, l'Administration ne peut se servir des documents dont elle prend communication, au siège des sociétés, en vertu des investigations autorisées par la loi du 21 juin 1875 (Caen, 21 déc. 1891, 7851 R. P.).

En droit, ce jugement se fonde sur deux motifs principaux.

Le premier consiste à soutenir que la L. 21 juin 1875 n'autorise l'Administration à invoquer les documents mis à sa disposition, au siège des sociétés, que pour constater les droits dus par les sociétés elles-mêmes; à l'égard des tiers, ces documents ne sauraient servir de base à aucune réclamation.

Le second motif repose sur ce que la doctrine contraire aurait pour résultat de placer les sociétés par actions, assujetties aux investigations de l'Administration, dans un état d'infériorité vis-à-vis des sociétés en nom collectif, qui ne tombent pas sous l'application du droit de communication.

Ni l'un ni l'autre de ces motifs ne peut être admis.

Ainsi que nous l'avons établi v° *Communication*, n° 121, le droit de communication, tel qu'il résulte de la loi du 21 juin 1875, a pour but d'assurer l'exécution des lois sur l'enregistrement; il permet à l'Administration de puiser, au siège des sociétés assujetties à ses investigations, tous les éléments de nature à établir l'exigibilité des droits dus, non seulement par les sociétés elles-mêmes, mais encore par les particuliers.

Cette règle est affirmée aujourd'hui par une jurisprudence constante (Cass. 7 janv. 1878, 4860 R. P. ; — 22 mars 1887, 6846 R. P.; — 2 juin 1891, 7633 R. P.; — Digne, 11 mars 1887, 6871 R. P.; — Marseille, 22 janv. 1892, 7829 R. P.).

Quant à la différence de traitement signalée, sous ce rapport, entre les sociétés de capitaux et les sociétés de personnes, le législateur de 1875 ne s'y est pas arrêté; à cet égard, le devoir des juges est donc tout tracé : suivant les principes maintes fois proclamés par la C. Cass., il consiste non pas à tempérer les rigueurs de la loi, mais à l'appliquer dans ses termes précis (Cass. 17 fév. 1806, Dalloz, v° *Enreg.*, n° 6093. — 18 déc. 1828, S. 29-1-114; — 26 avril 1836, S. 36-1-470; — 6 avril 1887, 6863 R. P.).

Nous ne saurions, dès lors, approuver le jugement du 21 déc. 1891.

56. Réalisation. — Preuve. — Mandats administratifs délégués par le crédité et encaissés par le créditeur. — La réalisation d'un crédit est suffisamment établie pour l'exigibilité du droit, par l'encaissement opéré par le créditeur des mandats de payement qui lui avaient été délégués, à titre de garantie, par le crédité, dans l'acte d'ouverture de crédit (Dax, 25 juill. 1890, 7476 R. P. ; — Bône, 27 avr. 1900, 9906 R. P.).

57. Réalisation. — Preuve. — Compte-courant. — Compensation. — La preuve de la réalisation d'un crédit est suffisamment établie, pour la demande du droit complémentaire de 0,50 p. 100, par les énonciations du compte-courant ouvert au siège d'une société constituée banquier de l'opération, et duquel il résulte que le bénéficiaire de l'ouverture de crédit a été successivement débité de sommes égales au montant de ce crédit, soit au moyen de remises d'espèces, soit par voie de compensation avec la créance appartenant au créditeur, contre le crédité, à la date de l'ouverture du crédit (Cass. civ. 2 juin 1891, 7633, 7974-19 R. P.).

58. Crédits successifs. — Présomptions de réalisation. — Lorsque le même créditeur ouvre, pour un temps illimité, au profit du même crédité, divers crédits successifs, et stipule formellement le maintien des garanties hypothécaires fournies au sujet des crédits antérieurs, il résulte de l'ensemble de ces faits une présomption suffisante pour établir la réalisation de ces derniers crédits (Versailles, 6 fév. 1891, 7635 R. P. ; — Boulogne, 25 nov. 1893, 24320 J. E.).

La réalisation d'un crédit peut être établie par tous les moyens de droit commun qui ne sont pas incompatibles avec la législation fiscale. Mais elle ne saurait résulter de ce fait que, pendant la durée fixée pour un premier crédit, un nouveau crédit a été ouvert et de nouvelles garanties données, alors surtout que le second crédit s'applique à des opérations entièrement distinctes de celles pour lesquelles le premier avait été ouvert. Il en est ainsi, quand bien même le créditeur aurait ultérieurement consenti la mainlevée de son inscription sur quelques-uns des immeubles affectés, en réservant expressément l'effet de cette inscription sur les autres biens (Remiremont, 5 juill. 1901, 10134 R. P.).

63. Réalisation. — Preuve. — Mainlevée partielle. — Délégation de prix. — La preuve de la réalisation d'un crédit ne saurait résulter de la circonstance que le créditeur a successivement consenti la mainlevée de l'hypothèque prise sur plusieurs immeubles à la garantie du crédit, en la cantonnant sur un seul, ni du fait, que le prix des immeubles dégrevés et vendus lui a été délégué, s'il n'est pas établi que c'est entre ses mains que ce prix a été versé (Rouen, 17 fév. 1898, 9331 R. P.).

65. Réalisation. — Preuve. — Rapport d'experts. — La réalisation d'un crédit peut être suffisamment prouvée, pour la demande du droit complémentaire de 0,50 p. 100, par les énonciations d'un rapport d'experts dont l'Administration a eu légalement connaissance par la formalité (Besançon, 12 fév. 1890, 7405 R. P.).

68. Présomptions de réalisation. — Preuve contraire. — Livres de commerce. — Les présomptions invoquées par l'Administration, pour démontrer la réalisation d'un crédit, se trouvent fortifiées quand les parties, mises à même d'administrer la preuve contraire au moyen de leurs livres de commerce, refusent de produire ces livres ou d'en laisser prendre communication (Versailles, 6 fév. 1891, 7635 R. P.).

70. Réalisation. — Preuve. — Ordre. — La preuve de la réalisation d'un crédit est suffisamment fournie non par les constatations d'un règlement provisoire portant collocation, au profit du créditeur, du prix de vente de l'immeuble hypothécairement affecté à la sûreté du crédit, que par les énonciations d'un procès-verbal de contribution de deniers ayant pour résultat la collocation du créditeur fondée sur la réalisation du crédit (Seine, 1. juil. 1898, 9331 R. P.).

77. Gage. — Affectation hypothécaire. — Ouverture de crédit. — Renferme une ouverture de crédit [...]

57. Réalisation. Preuve. Compte courant. — *Conf.* (Bordeaux, 5 déc. 1905, 11521 R. P.).

82-2. Solidarité. — *Conf.* Seine, 19 janv. 1900, 11133 R. P.

89. Supplément de droit. Prescription. — Lorsque le droit complémentaire, exigible à raison de la réalisation partielle d'un crédit constatée dans un procès-verbal d'ordre, n'a pas été perçu lors de l'enregistrement de ce procès-verbal, la prescription de deux ans applicable audit droit est suffisamment interrompue par la signification, avant l'échéance de la prescription biennale, d'une contrainte décernée par le receveur qui a donné la formalité à l'acte d'ouverture de crédit (Bordeaux, 4 déc. 1905, 11321 R. P.).

91. Réalisation d'ouverture de crédit. Complément de droit. Fausse déclaration. Prescription trentenaire. — Lorsque, dans l'acte d'ouverture d'un second crédit, il a été énoncé que le reliquat dû, à la date de cet acte, sur un premier crédit ouvert par le même créditeur au même crédité, montait à une somme déterminée, et qu'il résulte des recherches faites par l'Administration au siège de la société créditrice, en vertu de son droit de communication, que ce reliquat s'élevait, en réalité, à une somme plus importante, le complément de droit d'obligation exigible sur la portion réalisée du crédit qui n'a pas été déclarée est soumis seulement à la prescription trentenaire, et non pas à la prescription biennale de l'art. 61 L. frim., puisqu'il s'agit d'une déclaration dont le contrôle échappe à l'exportise (Seine, 19 janv. 1906, 11133 R. P.).

CRÉDIT FONCIER.

fectation hypothécaire, jusqu'à concurrence d'une somme déterminée, au profit d'un banquier, en garantie du paiement des effets de commerce portant la signature de celui qui consent l'affectation et que le banquier pourra avoir en portefeuille à partir d'une date indiquée. L'acte donne, en conséquence, ouverture au droit de 50 cent. p. 100, encore bien que le banquier se soit réservé la faculté de refuser, si bon lui semble, d'escompter tous les effets qui lui seraient présentés (Sol. 19 mai 1897, 9284 R. P.). — V. *suprà* n° 19.

Mais ne constitue pas une ouverture de crédit et n'est passible que du droit fixe de 3 fr. la convention par laquelle une personne confère à un banquier, jusqu'à concurrence d'une somme déterminée, une hypothèque destinée à garantir les opérations de banque que cette personne fera, alors que, de son côté, le banquier se réserve la faculté, si bon lui semble, de refuser d'escompter tous effets ou traites portant la signature de celui dont il accepte l'affectation hypothécaire (Dijon, 13 fév. 1901, 10258 R. P.).

82. Solidarité. — Le droit complémentaire exigible par suite de la réalisation d'un crédit est dû solidairement par toutes les parties, créditeur, crédité et caution (Besançon, 19 fév. 1890, 7405 R. P.; — Seine, 11 juin 1898, 9331 R. P.). — Il en est ainsi alors même qu'une clause de l'acte d'ouverture de crédit aurait mis ce droit à la charge du crédité (Bône, 27 avr. 1900, 9966 R. P.).

89. Supplément de droit. — Prescription. — Le droit complémentaire d'obligation devenu exigible par suite de la réalisation d'une ouverture de crédit, ne constitue pas un supplément de droit, dans le sens de l'art. 61, n° 1, L. 22 frim., lorsque l'Administration n'a pas été mise à même de le percevoir sur une disposition particulière d'un acte soumis à l'enregistrement. Ce droit supplémentaire est donc régi par la prescription trentenaire, et non par la prescription de deux ans (Seine, 24 oct. 1890, 7527 R. P.).

La prescription de deux ans, établie par l'art. 61, n° 1, L. 22 frim., ne peut être opposée à la réclamation du droit devenu exigible par suite de la réalisation d'un crédit, quand cette réalisation est constatée par des actes qui, ne constituant pas le titre d'obligation entre le créditeur et le crédité, ne forment pas l'instrument de la perception (Versailles, 6 fév. 1891, 7635 R. P.; — Bône, 27 avr. 1900, 9966 R. P.).

V. ACTE S. S. P. — IMPÔT SUR LE REVENU. — PRESCRIPTION.

CRÉDIT FONCIER.

37. Annuités arriérées. — Séquestre spécial. — Droit d'antichrèse. — Le droit proportionnel d'antichrèse ou de location n'est pas dû lorsque le Crédit Foncier, en vertu du privilège conféré par le Décret du 28 février 1852, se met en possession des immeubles affectés par le débiteur à la garantie de la dette, pour se payer des annuités arriérées (Sol. 24 janv. 1890, 7372 R. P.).

79. Contrat conditionnel. — Annulation. — Mainlevée. — Dans la première partie du *Rép. gén.*, au lieu de : « Sol. 19 mars et 16 juin 1873, 19630 J. E. », lire : Sol. 19 mars et 6 juin 1873, 19639 J. E.).

85. Prix de vente. — Dépôt. — Ordre. — Récépissé. — Lorsque, avant la clôture de l'ordre, l'adjudicataire d'un immeuble hypothéqué au profit du Crédit Foncier, verse le prix à cet établissement, le récépissé délivré par le Crédit Foncier et annexé à l'ordonnance du juge commissaire validant la consignation, n'est passible que du droit fixe (Sol. 9 fév. 1895, 940 R. E.).

88. Lettres de gage et obligations spéciales. — Valeurs spéciales. — Tarif exceptionnel non applicable. — Le droit de timbre, auquel sont assujetties, conformément aux dispositions des art. 29 L. 8 juill. 1852 et 1er L. 30 mars 1872, les lettres de gage et obligations du Crédit Foncier, n'est applicable, comme tarif d'exception, qu'aux seuls titres remplissant les conditions essentielles fixées par la loi pour la création desdites obligations ou lettres de gage. Par conséquent, les titres d'obligations qui n'ont pas été émis dans les conditions prévues et fixées par la législation spéciale du Crédit Foncier, ne peuvent jouir des droits et privilèges accordés aux seules obligations foncières ou communales : ils demeurent passibles du droit de timbre déterminé par les art. 27 et 31 L. 5 juill. 1850 (Seine, 16 juin 1894, 8404 R. P.; — Cass. 6 janv. 1897, 8914 et 9395-4 R. P.).

Ces décisions sont, au fond, juridiquement irréprochables. Il est certain, en effet, que le tarif exceptionnel, établi par les art. 29, L. 8 juill. 1852 et 1, L. 30 mars 1872, ne saurait être appliqué qu'aux lettres de gage ou obligations spéciales qu'est autorisé à émettre le Crédit Foncier. Mais si, pour des motifs particuliers, cet établissement croit devoir créer des obligations assimilables aux obligations des Sociétés de crédit, ces obligations rentrent sous l'empire du droit commun et doivent acquitter l'impôt résultant des art. 27 et 31, L. 5 juin 1850. La question de savoir si des titres délivrés par le Crédit Foncier constituent ou non des lettres de gage ou obligations foncières, est toute d'espèce : il s'agit d'apprécier s'ils remplissent les « conditions pour lesquelles les lettres de gage et obligations foncières ont été instituées ».

92. Lettres de gage. — Titres provisoires. — Titres définitifs. — Exemption de timbre. — L'art. 17, L. 5 juin 1850, est applicable aux lettres de gage émises par le Crédit Foncier. En conséquence, les titres définitifs délivrés en remplacement des titres provisoires doivent profiter de l'exemption du droit de timbre (Seine, 16 juin 1894, 8404 R. P.).

94. Lettres de gage. — Enregistrement obligatoire. — Aux termes des art. 14 Décr. 28 fév. 1852 et 1er Décr. 31 déc. suivant, les lettres de gage (obligations) des établissements de Crédit Foncier ne sont émises qu'après avoir été enregistrées. — Ces dispositions, claires et précises, dont la généralité ne comporte aucune restriction, ont nécessairement un caractère législatif, puisque, pendant la période dans laquelle le Chef de l'État a réuni les pouvoirs législatif et exécutif, ce n'est que par une disposition présentant le premier de ces caractères qu'il a pu imposer aux établissements de Crédit Foncier l'obligation de faire enregistrer les lettres de gage avant leur émission, c'est-à-dire établir un impôt. — D'autre part, les dispositions précitées n'ont été abrogées, ni explicitement, ni implicitement, par aucune loi postérieure qui, seule, aurait pu modifier ou supprimer l'impôt établi. — Il en résulte que, dans tous les cas, les obligations du Crédit Foncier sont obligatoirement assujetties à l'enregistrement avant leur émission (Cass. 13 mars 1895, 8523 et 8860-5 R. P.).

V. Abonnement.

CURATEUR.

20. Procès-verbal de nomination. — Est réduit de moitié le droit fixe de 6 fr. établi pour les procès-verbaux de nomination des curateurs (L. 28 avr. 1893, 8053 et 8194-18 R. P.).

DATION EN PAIEMENT.

50. Cession de créance. — Délégation imparfaite. — Droit de 1 fr. p. 100. — Le contrat intervenu entre un créancier et son débiteur et par lequel ce dernier affecte au paiement de sa dette, du consentement de son créancier, une créance à terme qu'il possède contre un tiers, constitue une dation en paiement, passible soit comme cession de créance, soit comme délégation imparfaite, du droit de 1 fr. p. 100 (Lyon, 8 févr. 1899, 9683 R. P.).

DÉBET.

12. Exploit. — Assignation correctionnelle. — Contravention à la loi sur les droits de garantie. — L'enregistrement doit être accompli en débet et non pas au comptant pour les assignations signifiées à la requête du Ministère public devant la juridiction correctionnelle pour les contraventions en matière de droits de garantie constatés par des p. v. des contributions indirectes (Sol. 2 oct. 1899, 9771 R. P.).

DÉCHARGE.

32. Banque de France. — Droit fixe. — Donne seulement ouverture au droit fixe de 3 fr. l'acte aux termes duquel les héritiers consentent décharge à la Banque de France du solde du compte-courant de leur auteur (Sol. 11 juill. 1892, 7998 R. P.).

DÉCHÉANCE.

6. Déchéance non prononcée. — La déchéance quinquennale n'opère pas de plein droit; elle doit être prononcée (Bordeaux, 21 déc. 1898, 9556 R. P.).

16. Point de départ. — Droits indûment perçus. — Lorsqu'un mandat de restitution a été délivré pour le remboursement de droits indûment perçus, la déchéance quinquennale, applicable à la créance sur le Trésor, commence à courir, non du 1er janv. de l'année au cours de laquelle a été faite la perception irrégulière, mais du 1er janv. de l'année à laquelle appartient le mandat délivré (Sol. 19 avril 1900, 9803 R. P.).

22. Amende de consignation. — Restitution. — La déchéance quinquennale, établie par l'art. 9 L. 29 janv. 1831, s'oppose à la restitution des amendes de consignation, lorsqu'il s'est écoulé un délai de cinq ans à partir de l'ouverture de l'exercice auquel appartiennent les décisions judiciaires qui ont ordonné le remboursement (Sol. 11 mars 1891, 7604 R. P.).

23 et 24. Timbre d'abonnement — Impôt sur le revenu. — Restitution. — La déchéance, prononcée par l'art. 9 L. 29 janv. 1831 à l'égard des créances contre l'État, s'applique à toutes les créances contre l'État, quelle qu'en soit la nature. Elle peut être opposée notamment à la demande en restitution des droits de timbre d'abonnement et de la taxe sur le revenu qu'une Société aurait indûment acquittés (Cons. d'État, 5 fév. 1892, 7844 et 7974-50 R. P.).

Faisons remarquer qu'en ce qui concerne l'impôt sur le revenu, la L. 26 juill. 1893, art. 21, a suppléé au silence de la L. 29 juin 1872 en établissant la prescription de cinq ans. — V. *Impôt sur le revenu.*

25. Abonnement. — Déchéance quinquennale. — Compétence de l'autorité judiciaire. — L'autorité judiciaire est seule compétente pour appliquer en matière de timbre la déchéance quinquennale de la loi du 29 janv. 1831 (Seine, 18 mars 1892, 8304 R. P.).

V. Abonnement. — Consignation (Amende de). — Impôt sur le revenu. — Prescription.

DÉCHÉANCE PATERNELLE.

1. Timbre et enregistrement. — Exemptions. — Aux termes de l'art. 17 L. 24 juill. 1889, sur la protection des enfants maltraités ou moralement abandonnés, lorsque des administrations d'assistance publique, des associations de bienfaisance régulièrement autorisées ou des particuliers jouissant de leurs droits civils ont accepté la charge de mineurs de 16 ans que des pères, mères ou tuteurs leur ont confiés, le tribunal du domicile de ces pères, mères ou tuteurs peut, à la requête des parties intéressées, décider qu'il y a lieu, dans l'intérêt de l'enfant, de déléguer à l'assistance publique les droits de puissance paternelle abandonnés par les parents. L'art. 18 de la même loi ajoute que la requête est visée pour timbre et enregistrée gratis. Les art. 21 et 23 étendent la gratuité à la requête par laquelle les parents ou tuteurs demandent au tribunal la remise du mineur confié à des particuliers ou à des associations de bienfaisance dans les conditions de la loi, et à celle présentée par le préfet en vue d'obtenir que le particulier ou l'association soit dessaisi de tous droits sur l'enfant et qu'il soit confié à l'assistance publique.

L'exemption résultant des dispositions qui précèdent ne s'applique pas à la formalité qui doit toujours être accomplie, mais sans payement de droits. D'un autre côté, la loi n'accorde l'immunité des droits de timbre et d'enregistre-

CURATEUR.

DATION EN PAYEMENT.

55. Dation en payement ayant pour objet des titres de valeurs mobilières remis en nantissement. Dette supérieure à la valeur des titres. — L'acte aux termes duquel un débiteur donne en payement des titres de fonds publics étrangers à ses créanciers, à charge par ceux-ci de lui consentir une remise totale de sa dette et de verser pour son compte à des établissements de crédit les sommes dont ces titres sont grevés, est passible du droit proportionnel de transmission de 1 p. 100, édicté par l'art. 69, § 3, n° 3 L. frim., à liquider sur la valeur des titres au jour de la cession. L'obligation imposée aux créanciers de libérer les titres cédés des sommes pour lesquelles ces valeurs sont engagées n'est qu'une dépendance de la cession avec laquelle elle a une corrélation étroite et nécessaire : elle ne saurait, dès lors, donner ouverture au droit de délégation, bien qu'il ne soit pas énoncé dans l'acte que la dette du délégant envers les créanciers délégataires résulte de titres enregistrés. Constitue également une disposition dépendante et dès lors affranchie du droit d'acceptilation, la remise de dette consentie par les créanciers pour la portion de leurs créances non couverte par la valeur des titres cédés (Seine, 3 juill. 1896 ; — Cass. (civ.), 3 déc. 1902, [illegible] R. P.).

DÉBET.

DÉCHARGE.

106. Décharges de ventes publiques de meubles. Droit fixe de 1 fr. — V. *Adjudication*, n° 358.

DÉCHÉANCE.

52. Contestations. Compétence exclusive de l'autorité administrative. — Si le tribunal civil est appelé à statuer sur le point de départ du délai de prescription, l'application de la déchéance est du ressort exclusif de l'autorité administrative (Seine, 18 déc. 1903, 10784 R. P.).

DÉCHÉANCE PATERNELLE.

DÉCIME.

1. Droit en sus. — Les décimes constituant une augmentation du droit principal dont ils ont la nature et avec lequel ils font corps, doivent entrer en ligne de compte pour le calcul des droits en sus (Senlis, 28 juin 1905, 11853 R. P.).

10. Actes s. s. p. Tarif applicable. — V. *Acte s. s. p.*, nº 16 2.

32. Droit de transcription. — Le droit de transcription, dans le droit d'hypothèque, est passible de deux décimes et demi en vertu des L. 6 prairial an VII, 23 août 1871 et 30 déc. 1873 (Seine, 11 nov. 1905, 11119 R. P.).

DÉCISION.

DÉCLARATION.

49 *bis*. Associations. Déclarations d'existence et documents à l'appui. Timbre. — Toutes les pièces se rapportant aux déclarations d'existence des associations (L. 1er juill. 1901, art. 5) sont soumises au timbre de dimension. Pour les déclarations elles-mêmes et les documents déposés à l'appui (exemplaires des statuts), ainsi que pour les récépissés qui en sont délivrés, la quotité du droit est déterminée uniquement par la dimension du papier employé, sans autre minimum que celui de 0 fr. 60. Quant aux expéditions et extraits des déclarations et des statuts, dont toute personne peut requérir la délivrance, ils comportent l'emploi du moyen papier de 1 fr. 80 (D. 16 août 1901, art. 13 fév. 1903, Inst. 3128-1 ; Circ. Min. Int. 20 mars 1903, 10566 R. P.).

DÉCLARATION POUR LA PERCEPTION.

8. Société. Apport à titre onéreux de biens de différente nature situés à l'étranger. Nécessité d'une déclaration estimative. — Pour régler la perception et fixer la quotité des droits proportionnels exigibles en cas d'apport à titre onéreux de biens de différente nature situés à l'étranger, il y a lieu, à défaut d'indications dans l'acte de société, de faire déterminer par la partie la consistance et l'importance de chaque nature de biens compris dans cet apport, au moyen d'une déclaration souscrite conformément à l'art. 16 L. frim., et sous réserve pour l'Administration du droit d'exercer son contrôle sur cette déclaration (Pau, 18 mai 1904, 10901 R. P.).

9. Don manuel. Reconnaissance judiciaire. Liquidation de l'impôt. Base de la perception résultant des énonciations du jugement et d'actes connexes. Inutilité d'une déclaration estimative. — L'obligation imposée par la loi aux parties de suppléer, au moyen d'une déclaration estimative, à l'absence de détermination des sommes ou valeurs qui font l'objet d'une mutation, ne fait pas obstacle à ce que l'Administration puise les éléments de cette détermination, soit dans l'acte même qui constate la mutation, soit dans un acte différent mais connexe, soit enfin dans les faits constants et reconnus. Spécialement, l'Administration est fondée à prendre pour base de la perception du droit exigible à raison de la reconnaissance judiciaire d'un don manuel, les énonciations du jugement qui contient cette reconnaissance rapprochées des actes antérieurs ou postérieurs qui sont régulièrement parvenus à sa connaissance (Seine, 29 juill. 1905, 11098 R. P.).

ment qu'aux requêtes désignées dans les art. 18, 21 et 23. Quant aux mémoires et requêtes à présenter au tribunal, notamment dans les cas prévus par le titre 1er de la loi, ils demeurent soumis, à défaut de disposition contraire, à la règle commune. Il y a lieu, par conséquent, de leur appliquer les principes généraux de la législation fiscale en ce qui concerne le timbre et l'enregistrement (2779 I. G.).

3. Instances introduites d'office par le ministère public. — Recouvrement des frais. — D'après une entente intervenue entre le ministère des Finances et le garde des Sceaux, les frais auxquels donnent lieu les instances en déchéance de la puissance paternelle introduites d'office par le ministère public, devant les tribunaux civils, dans les cas prévus par la loi, sont assimilés à ceux faits en matière d'interdiction d'office, dont l'avance incombe à l'Administration aux termes de l'art. 118 D. 18 juin 1816 (631 I. G.).

Il en résulte qu'ils doivent être payés, comme ceux-ci, par les receveurs de l'Enregistrement, à titre de frais de justice criminelle, et que les actes de la procédure doivent être visés pour timbre et enregistrés *en débet*.

Par voie de conséquence, les frais dont il s'agit et les droits des formalités données en débet doivent être recouvrés de la même manière que ceux compris dans les condamnations prononcées par les tribunaux de répression, c'est-à-dire par les percepteurs (L. 29 déc. 1873, art. 25 ; — 3087 I. G., — Circ. Min. Just. 1er oct. 1899). — V. *Assistance judiciaire*, nos 13-5.

DÉCIME.

3. Droits et taxes. — Exemption. — Sont exempts de tout décime les droits et taxes ci-après indiqués :

Droits d'enregistrement. — Droit de 7 fr. p. 100 sur les ventes des objets abandonnés chez les aubergistes (L. 31 mars 1896, art. 8).

Taxe de 6 fr. par million sur les assurances contre les incendies (L. 13 avr. 1898, art. 17).

Taxe hypothécaire (L. 27 juill. 1900, art. 2).

Taxe additionnelle au profit de la ville de Paris sur les ventes publiques de meubles, les cessions d'office et les cessions de fonds de commerce (L. 31 déc. 1900, art. 1 et 10).

Droits sur les donations et les successions (L. 25 fév. 1901, art. 2 et 18).

Droits de greffe. — Ces droits ont été supprimés et remplacés par une taxe sur les frais de justice, exempte de décimes (L. 26 janv. 1892).

Droits de timbre. — Droit de timbre sur les opérations de bourse (L. 28 avr. 1893, art. 28). Droit de timbre au comptant sur les valeurs mobilières étrangères (L. 28 déc. 1895, art. 3 et sur les fonds d'État étrangers (L. 13 avr. 1898, art. 13).

Droit de timbre sur les cartes et permis de circulation (L. 29 mars 1897, art. 5).

8. Amendes. — Contrainte par corps. — Compétence des Tribunaux de répression. — Les décimes doivent être ajoutés au chiffre de l'amende pour la fixation de la durée de la contrainte par corps (Cass. 16 janv. 1872, 8905 R. P.).

En fixant les règles sur la compétence et le droit d'appel en matière de simple police, d'après la quotité des amendes encourues, le législateur n'a eu en vue que le principal de l'amende ; il n'y a pas à tenir compte des décimes établis par les lois financières (Cass. 13 avril 1894, 8905 R. P.).

Amendes criminelles, correctionnelles et de simple police. — Nature des décimes. — Les décimes constituent une augmentation des amendes ; ils en font partie et en prennent la nature (Cass. ch. réun., 16 janv. 1872). D'où la conséquence qu'ils doivent entrer en ligne de compte pour fixer la durée de la contrainte par corps ; que le droit de grâce leur est applicable, et que, pour l'application de la loi Bérenger du 26 mars 1891 dite de sursis, c'est dans la catégorie des peines et non dans celle des frais de justice qu'il faut les ranger. Mais ils ne peuvent servir à déterminer la compétence des tribunaux de répression (Cass. ch. crim., 13 avr. 1894). — Si, conformément à la L. 26 mars 1891 précitée, la suspension a été ordonnée pour la peine de l'amende, cette suspension doit s'étendre aux décimes (Dissert. de M. Demante, 8906 R. P.).

Condamnation à prononcer. — Le tribunal compétent pour prononcer la condamnation au principal des amendes doit prononcer, en même temps, sur les conclusions de la partie chargée des poursuites, la condamnation aux décimes et demi-décimes dont la perception est autorisée par les lois fiscales (L. 13 avr. 1900, art. 5, 9850 R. P.). — V. *Code des lois*.

16. Acte s. s. p. — Les décimes exigibles sur un acte s. s. p. ayant plus de trente ans de date non certaine, doivent être liquidés d'après le tarif en vigueur à la date de cet acte (Sol. 17 avril 1891, 7627 R. P.).

22. Acte judiciaire. — La L. 26 janv. 1892, qui a établi la taxe des frais de justice, a exempté cette taxe des décimes. — V. *C. des lois* et *Taxe des frais de justice*. — Les explications fournies dans la première partie du *Rép. gén.* n'ont donc, pour la plupart, qu'un intérêt rétrospectif.

DÉCISION.

5. Décision administrative. — Effet juridique. — V. *Instances*.

DÉCLARATION POUR LA PERCEPTION.

8 1. Partage. — Déclaration estimative. — Notaire. — Droit en sus. — V. *Droit gradué*, nº 88.

9-2. Contrôle de l'Administration. — V. *Marché*, nos 71 et 144.

10-6. Déclaration estimative. — Titres cotés en banque. — Droit de contrôle. — Si la cote en banque n'est pas un mode légal d'évaluation pour les valeurs mobilières non cotées à la Bourse, elle n'en fournit pas moins à l'Administration et aux tribunaux le moyen le plus sûr d'en apprécier la valeur réelle. Les parties ne seraient pas fondées à objecter que les cours cotés en banque sont le résultat de manœuvres ayant eu pour conséquence de les fausser, du moment où il est prouvé que ces cours, loin d'être fictifs, ont été réellement pratiqués (Seine, 6 juill. 1900, 9020 R. P.; — Seine, 29 nov. 1901, 10150 R. P.).

12. Prix de vente. — Usufruit déductible. — Ventilation. — Lorsque le prix d'une adjudication s'applique pour partie à un usufruit dont la valeur est susceptible d'être déduite, par suite du paiement anticipé du droit de mutation, il y a lieu d'admettre les parties à estimer l'usufruit déductible au moyen d'une déclaration souscrite en exécution de l'art. 16 L. 22 frim., l'hypothèse ne rentrant pas dans les prévisions de l'art. 9 de la même loi (Sol. 3 juill. 1899, 9799 R. P.).

15. Notaire. — Portefort. — V. *suprà* n° 8-1.

18-2. Évaluation d'office. — Contrainte. — Lorsqu'un jugement rendu sur une demande en délivrance de legs a été enregistré, par erreur, au droit fixe, et que l'Administration réclame un supplément de droit calculé provisoirement sur une valeur arbitrée d'office, la partie n'est pas fondée à objecter que la réclamation est exagérée, si elle n'apporte aucune justification à l'appui de ses allégations (Draguignan, 30 juill. 1897, 9139 R. P.). — V. *Délivrance de legs*.

Nous avons également indiqué, v° *Acte produit en cours d'instance*, de nombreuses décisions qui ont reconnu à l'Administration le droit d'évaluer, d'office, le montant de la valeur imposable. Nous y renvoyons.

DÉCLINATOIRE.

9. Enregistrement. L. 26 janv. 1892. — Les jugements qui prononcent sur un déclinatoire ont le caractère de jugements définitifs; ils sont, en conséquence, soumis aujourd'hui aux tarifs établis pour les jugements de cette nature par la loi du 26 janv. 1892. — V. *infrà, Jugement*, n°s 45 à 67.

DÉDIT.

2 et 13. Bail. — Promesse de vente. — Indemnité en cas de non-réalisation. — Clause pénale ou dédit. — Quotité du droit à percevoir. — Lorsque, dans un bail, le preneur a obtenu la faculté d'acquérir, si bon lui semble, l'immeuble loué, à charge de payer une indemnité, pour le cas où il n'userait pas de cette faculté, la stipulation relative à l'indemnité a le caractère d'une clause pénale et non d'un dédit. Par suite, elle ne constitue qu'une disposition accessoire et ne peut, en cas de réalisation, être frappée d'un droit supérieur à celui qui est dû pour l'obligation principale, c'est-à-dire la promesse de vente non réalisée (Seine, 4 août 1893, 8176 R. P.).

DÉLAI.

33. Jour férié. — L'opposition qui est faite à un jugement rendu par défaut contre une partie ayant un avoué et qui doit être formée par requête d'avoué à avoué, n'est recevable, aux termes de l'art. 157 C. Proc., que pendant huitaine à partir de la signification du jugement à avoué; ces termes sont restrictifs et ne comportent aucune prorogation de délai pour le cas où le huitième jour serait férié. Au surplus, l'art. 1033 C. proc. civ., d'après lequel si le dernier jour du délai est férié, le délai sera prorogé au lendemain, est sans application aux actes judiciaires non signifiés à personne ou domicile et à l'égard desquels le législateur, par l'emploi d'une formule inclusive, a prescrit qu'ils fussent accomplis dans les limites du délai fixé (Cass. 4 juill. 1894, 8640 R. P.).

Cette décision ne doit plus être suivie depuis la L. 13 avr. 1895 (8592 R. P. — V. *C. des lois*) qui a modifié l'art. 1033 C. proc., en disposant que, toutes les fois que le dernier jour d'un délai quelconque de procédure, franc ou non, est un jour férié, ce délai sera prorogé jusqu'au lendemain.

42. Bail s. s. p. — Calcul du délai d'enregistrement. — La supputation des délais, qui se comptent par mois, se fait de quantième à quantième : spécialement, un bail s. s. p. du 28 juin doit être présenté à l'enregistrement le 28 sept., sous peine d'un droit en sus à la charge du preneur (Seine, 5 juin 1891, 7696 R. P.).

102. Expertise. — Fonds de commerce. — Mutation par décès. — L'insuffisance dans l'estimation d'un fonds de commerce ou d'une clientèle dépendant d'une succession peut être constatée, par expertise, dans les trois mois de la déclaration (L. 25 fév. 1901, art. 10-4°).

108. Droit d'accroissement. — Le droit d'accroissement établi, à la charge des congrégations, communautés et associations religieuses, par les lois des 28 déc. 1880 et 29 déc. 1884, a été remplacé, par une taxe annuelle qui doit être payée, pour l'année écoulée, dans les trois premiers mois de l'année suivante (L. 16 avr. 1895, art. 3). — V. *Congrégation*.

112. Mutation par décès. — Accroissement. — V. *Observation*, *suprà* n° 108.

118. Expertise. — Taxe d'accroissement. — La L. 16 avr. 1895 a remplacé, par une taxe annuelle, le droit de mutation entre vifs ou par décès que les congrégations, communautés et associations religieuses devaient acquitter en exécution des LL. 28 déc. 1880 et 29 déc. 1884. Mais le délai pour requérir l'expertise, en cas d'insuffisance présumée de la déclaration, a le même point de départ que sous le régime antérieur (art. 6). — V. *Congrégation*.

120. Restitution. — Mutation par décès. — Passif. — Les héritiers ou légataires sont admis, dans le délai de deux ans à compter du jour de la déclaration, à réclamer la déduction des dettes établies par les opérations de la faillite ou de la liquidation judiciaire, ou par le règlement définitif de la distribution par contribution postérieure à la déclaration, et à obtenir le remboursement des droits qu'ils auraient payés en trop (L. 25 fév. 1901, art. 3).

Usufruitier. — Age. — Justification. — Dans les cas où l'âge de l'usufruitier doit être indiqué pour la perception

14. Parties contractantes. — La déclaration estimative passée par un ingénieur en chef du contrôle au nom d'un département, sans mandat exprès, en vue de la perception des droits d'enregistrement afférents à un marché conclu entre le département et l'Administration des chemins de fer de l'État est irrégulière, lorsqu'elle n'a pas été ratifiée ultérieurement par les représentants du département; cette ratification ne saurait d'ailleurs résulter de l'inscription au budget départemental d'une somme égale au montant des droits d'enregistrement liquidés d'après la déclaration souscrite par l'ingénieur en chef (Tours, 18 avril 1906, 11298 R. P.).

16-1. Jugement d'adjudication. Avoué. Évaluation des charges. Perception irrégulière. — A moins qu'il ne justifie d'un mandat spécial ou qu'il ne se porte fort pour la partie, un avoué n'a pas qualité pour évaluer, à la place de son client, l'importance des charges à ajouter au prix pour la perception des droits d'enregistrement dus sur un jugement d'adjudication. Si donc, lors de l'enregistrement d'un procès-verbal d'adjudication judiciaire, les droits ont été liquidés d'après une déclaration estimative des charges faite par un avoué qui n'était pas investi d'un pouvoir spécial de la partie et qui ne s'est pas non plus porté fort pour elle, la perception opérée est irrégulière, et l'adjudicataire est fondé à demander la restitution des droits qui peuvent avoir été payés en trop par suite d'une évaluation excessive des charges, sans que l'Administration puisse lui opposer l'art. 60 L. frim. (Boulogne-sur-Mer, 8 août 1901, 10572 R. P.).

17. Évaluation des droits faite d'office à défaut de déclaration estimative. — Lorsque les sommes ou valeurs ne sont pas déterminées dans un contrat ou un jugement donnant ouverture au droit proportionnel, les parties sont tenues d'y suppléer par une déclaration estimative, à défaut de laquelle l'Administration a le droit d'arbitrer provisoirement le montant de la somme à payer (Lyon, 6 mai 1902, 10372 R. P.; — Nancy, 28 juill. 1902, 10588 R. P.). En présence d'une convention ne permettant pas de préciser, par ses seules indications, la nature et la valeur des biens qui en font l'objet, il appartient à la partie de souscrire les déclarations estimatives nécessaires pour l'assiette de l'impôt. Spécialement, il est ainsi jugé que, devant l'impossibilité de préciser la nature et la valeur des droits cédés par une convention passée entre une ville et une compagnie de gaz et d'électricité, le tribunal a refusé d'admettre comme existant de plein droit une compensation entre les sommes à payer par la ville à la compagnie pour la fourniture du gaz et de l'électricité nécessaire aux services municipaux et celles que la compagnie doit verser à la ville à titre de prélèvement sur les recettes pour vente de gaz et d'électricité aux particuliers, la compensation ne pouvant avoir lieu qu'entre deux dettes liquides et exigibles (Cass. (req.), 17 mai 1903, 1098 R. P.).

DÉCLINATOIRE.

DÉDIT.

DÉLAI.

44. Sursis pour le payement des droits. Incompétence des tribunaux. — Il n'est permis sous aucun prétexte à un tribunal d'accorder un délai aux redevables pour le payement de l'impôt (Condom, 20 juin 1903, 10069 R. P.; — Senlis, 10 avril 1906, 11301 R. P.).

DÉLÉGATION.

12-1. **Prise en charge par une société d'engagements personnels aux membres fondateurs. Reconnaissance de dette. Délégation.** — Le droit d'obligation de 1 fr. p. 100 est exigible sur la délibération annexée à un acte authentique, par laquelle une société anonyme, représentée par son conseil d'administration, décide le remboursement des avances faites par les membres fondateurs, présents à la délibération, et déclare prendre pour son compte les engagements qu'ils ont contractés antérieurement à la constitution de la société (Rouen, 20 mars 1902, 10562 R. P.).

Délégation imparfaite déguisée sous les apparences d'un mandat. Droit de 1 0/0. — Lorsque la délégation du prix d'une adjudication précédemment consommée n'a lieu que par un acte postérieur à l'adjudication, elle constitue une disposition nouvelle et donne, en conséquence, ouverture au droit proportionnel de 1 0/0. Il en est ainsi de la délégation intervenue entre le délégant et le délégataire, sans le concours du débiteur délégué, alors même que cette délégation a été présentée sous les apparences d'un mandat donné au délégataire (Lyon, 8 fév. 1899; Cass. (rej.), 22 oct. 1901, 10300 R. P.).

32 et 34. **Délégation d'une rente en garantie du payement d'une autre rente. Circonstances impliquant une translation de propriété. Droit de 2 0/0.** — V. *Cession de créance*, n° 86.

Délégation en garantie. — V. *Cession de Créance*, n° 85.

40. **Délégation. Disposition dépendante.** — V. *Dation en payement* n° 53.

des droits, si les justifications nécessaires ne sont pas fournies au moment de l'enregistrement, le droit le plus élevé est perçu, sauf restitution, dans le délai de 2 ans (L. 25 fév. 1901, art. 11).

125. **Droit gradué.** — Le droit gradué a été remplacé par un droit proportionnel (L. 28 avr. 1893, art. 19). Mais les règles relatives aux insuffisances ou dissimulations commises dans l'indication des valeurs sujettes à ce droit, sont restées les mêmes (art. 24). — V. *Droit gradué*.

128. **Mutation par décès. — Passif. — Inexactitude.** — L'action en recouvrement des droits et amendes exigibles par suite de l'inexactitude d'une attestation ou déclaration de dette dépendant d'une succession soumise au droit de mutation par décès, se prescrit par 5 ans, à partir de la déclaration de succession (L. 25 fév. 1901, art. 10).

140. **Droits de greffe.** — Les droits de greffe ont été supprimés par l'art. 4 L. 26 janv. 1892.

DÉLÉGATION.

10. **Convention entre deux.** — L'arrêt C. Cass. belge, cité dans la première partie du *Rép. gén.*, *in fine*, est du 20 oct. et non du 30 déc. 1837.

10-1. **Cession de créance. — Dation en paiement. — Délégation imparfaite. — Droit de 1 fr. p. 100.** — V. *Dation en paiement*, n° 50.

10-8. **Prix de vente. — Créancier inscrit. — Délégataire non présent.** — La clause d'un acte de quittance par laquelle le vendeur autorise l'acquéreur à payer directement une partie du prix de l'aliénation à un créancier inscrit qui pourra donner mainlevée de l'inscription d'office prise au profit du vendeur, constitue une délégation de créance à terme passible du droit de 1 fr. p. 100 (art. 69, § 3, n° 3, L. frim.) et non un simple mandat passible du droit fixe. Il en est ainsi bien que le créancier délégataire n'ait pas comparu à l'acte pour accepter la délégation (Bordeaux, 7 juin 1899, 9651 R. P.; Cass. 22 juill. 1901, 10065 R. P.).

De même, bien que restée imparfaite par le défaut de concours et d'acceptation du créancier délégataire, la délégation du prix stipulée dans un contrat n'en est pas moins passible du droit proportionnel, quand il n'est pas énoncé que la créance, en payement de laquelle la délégation est faite, résulte d'un titre enregistré (Reims, 11 mars 1890, 7520 R. P.).

40-41. **Prix. — Délégation dans un contrat. — Titres non enregistrés.** — La clause d'un acte de cession de fonds de commerce par laquelle le cessionnaire s'engage envers le cédant à désintéresser, en l'acquit de ce dernier qui l'accepte, des créanciers désignés, donne ouverture au droit de 1 fr. p. 100, lorsqu'il n'est pas énoncé dans le contrat que les titres de créances résultent d'actes enregistrés; mais ce droit ne doit être liquidé que sur le total du passif, et non pas sur le montant de chaque créance prise isolément et arrondie en un multiple de 20 fr. (Nérac, 22 nov. 1900, 10250 R. P.).

Il ne saurait y avoir *délégation*, d'après ce jugement, que lorsque l'ancien débiteur, prenant l'initiative de l'opération, charge son propre débiteur de payer sa dette en son acquit; mais, quand le nouveau débiteur, substitué à l'ancien, est venu s'obliger lui-même, il y a *expromission*. L'expromission est appelée « *promesse de payer* » par l'art. 69, § 3, n° 3, L. frim., et c'est comme telle qu'elle est passible du droit de 1 fr. p. 100 édicté par cet article.

Le tribunal ne s'est pas rendu exactement compte de la question qui lui était soumise. L'Administration, se fondant sur la disposition de l'article précité qui assujettit au droit de 1 fr. p. 100 « les délégations de prix stipulées dans un contrat pour acquitter des créances à terme envers un tiers, sans énonciation de titre enregistré », réclamait le payement de ce droit à raison de l'engagement pris par le cessionnaire du fonds de commerce de désintéresser, à la décharge des cédants qui ont accepté, des créanciers désignés dans le contrat, sans qu'il fût mentionné que les titres des créances avaient été enregistrés. Or, ainsi que l'enseignent Championnière et Rigaud, « ce n'est pas sur la délégation elle-même, et à raison de la stipulation qu'elle contient, que le droit est établi, mais *à raison de la reconnaissance que le délégant y fait des droits de son créancier, reconnaissance qui peut servir de titre à celui-ci, sous certaines conditions, et qui, comme telle, doit subir le droit dont sont atteints tous les titres d'obligations de sommes*... Il s'ensuit que la stipulation désignée dans le tarif n'est pas celle que le droit atteint; elle n'est pas la *cause* de la perception, mais elle en est l'*occasion* » (n° 1143; — *Comp.* 1270 I. G.; — V. aussi Dalloz, n° 1664).

Dans l'espèce, et contrairement à ce qu'a pensé le tribunal, ce n'est donc pas la promesse, faite par le cessionnaire du fonds, de désintéresser les créanciers délégataires qui donnait lieu à l'impôt, c'est la reconnaissance par les cédants de l'existence de leurs dettes envers leurs créanciers.

L'obligation contractée par le cessionnaire de payer une partie de son prix d'acquisition entre les mains des créanciers de ses cédants échappait, d'ailleurs, par elle-même, comme disposition dépendante, à la perception d'un droit particulier. « La clause d'un contrat de vente par laquelle le vendeur délègue à un tiers, ou charge l'acquéreur de payer à ce tiers tout ou partie du prix de la vente, forme une condition inhérente à la vente, une partie intégrante du contrat, une simple stipulation de payement qui ne peut être sujette à un droit particulier d'enregistrement, pas plus que la quittance qui serait donnée par le vendeur, ou l'obligation qui serait consentie par l'acquéreur, pour le prix de la vente » (1270 I. G.). Logiquement, la théorie du tribunal aurait donc dû le conduire à décider qu'il n'y avait pas matière à la perception du droit de 1 fr. p. 100.

53. **Usufruit. — Nue propriété. — Réunion.** — Dans le cas prévu à la première partie du *Rép. gén.*, le droit de délégation continue à ne pas être exigible, sous l'empire de la L. 25 fév. 1901 qui a modifié les bases de la valeur imposable de l'usufruit et de la nue propriété. Mais la perception à opérer sur l'acte translatif de l'usufruit et de la nue propriété n'est plus celle que nous avons indiquée

loc. cit. Elle doit être effectuée conformément aux règles nouvelles que nous faisons connaître v° *Usufruit*.

60. Société. — Créance due à un tiers. — V. *Société*, n° 197.

78. Billets à ordre non protestés. — La délégation de partie d'un prix de vente à un tiers dont la créance est établie par des billets à ordre non protestés et présentés au tribunal ne donne pas ouverture au droit de titre à 1 fr. p. 100 (Toulouse, 28 mars 1899, 9652 R. P.).

79-2. Titre du délégataire enregistré. — Novation. — Pour écarter la perception du droit particulier de 1 fr. p. 100 auquel se trouve soumise la délégation de prix stipulée dans un contrat en vue d'acquitter des créances à terme, il suffit que ces créances résultent d'un titre enregistré. Spécialement, il importe peu, au point de vue de l'exigibilité du droit, que les parties, en stipulant la délégation, aient opéré une substitution dans la personne du débiteur et que cette substitution emporte novation (Sol. 30 juin 1899, 9684 R. P.)

V. Cession de créance. — Dation en payement. — Société.

DÉLIMITATION. — V. *Domaine*.

DÉLIVRANCE DE LEGS.

8. Légataires universels. — Dans la première partie du *Rép. gén.*, 3e alinéa, après les mots : « ... qu'autant que le testateur n'a pas laissé d'héritier réservataire », ajouter : (1006 C. Civ.).

25. Tarif. — Les actes de délivrance de legs sont assujettis au droit de 0 fr. 20 p. 100, au lieu du droit gradué qui est supprimé (L. 28 avril 1893, art. 19, 8053 et 8194-18 R. P.). — V. *C. des lois*.

26. Établissement public légataire. — Consentement des héritiers à l'exécution du testament. — Caractère juridique. — N'équivaut pas à une délivrance de legs proprement dite la déclaration par laquelle les héritiers du sang consentent à l'exécution d'un testament contenant un legs particulier au profit d'un bureau de bienfaisance et qu'ils remettent à l'établissement légataire, conformément à l'Ord. 14 janv. 1831, pour lui permettre de poursuivre la demande d'autorisation dont cet acte constitue la formalité préliminaire d'après la procédure administrative (Nantes, 25 fév. 1895, 8851 R. P.).

28-1. Partage judiciaire. — Legs particuliers. — Copartageants. — Droit de délivrance de legs. — La délivrance, contenue dans l'acte de partage d'une succession, de legs particuliers faits à des cohéritiers, est indépendante du partage et ne se confond pas avec lui en une seule opération ; elle donne, dès lors, ouverture au droit de 0 fr. 20 p. 100 (droit de délivrance de legs), et non à celui de 0 fr. 15 p. 100 (droit de partage ; — Nancy, 22 avr. 1902, 10319 R. P.)

Le principe formulé par ce jugement est exact, lorsque l'objet du legs consiste en un corps certain, parce qu'en pareil cas, il ne peut y avoir, relativement à cet objet, indivision entre le copartageant, légataire, et ses cohéritiers.

Mais, s'il s'agit d'un legs de quotité, la règle paraît devoir être différente. Dans cette hypothèse, en effet, l'acte présente, *pour le tout*, le caractère prédominant d'un partage, le but immédiat et direct poursuivi par les parties étant la cessation d'un état d'indivision, et la délivrance de legs, qui est concomitante au partage, se confondant avec lui dans une seule et même opération. La doctrine administrative est, depuis longtemps, fixée dans ce sens (*Rép. gén.*, 1re partie, v° *Délivrance de legs*, nos 28-1) ; elle a, d'ailleurs, l'avantage d'être, — sauf le cas de partage judiciaire, — plus favorable aux contribuables que le système admis par le tribunal de Nancy, s'il était généralisé et appliqué dans tous les cas.

34. Délivrance judiciaire. — V. *Jugement*, n° 272.

35. Légataire universel. — Envoi en possession. — Ordonnance du président. — Effets juridiques. — Voies de recours. — L'envoi en possession pouvant compromettre les droits et les intérêts de l'héritier légitime, celui-ci est fondé à exercer son recours contre la décision du juge qui a ordonné l'envoi. Ce recours s'exerce conformément au droit commun par voie d'opposition, si l'ordonnance a été rendue en son absence, et, par voie d'appel, si elle a été contradictoire (Cass. 3 avril 1895, 8643 R. P.).

41. Réduction. — Lorsque des legs de corps certains sont réduits, le droit de délivrance n'est dû que sur la portion des objets en nature non soumise à réduction, alors même que le surplus serait conservé par le légataire, à la condition d'acquitter des charges équivalentes (Sol. 3 sept. 1891, 1048 R. E.).

48 *bis*. Usufruit. — Nue propriété. — Nous verrons, v° *Usufruit*, que la L. 25 fév. 1901 a établi des nouvelles bases de perception, pour les transmissions d'usufruit et de nue propriété. Mais comme elle ne renferme aucune disposition visant les actes soumis à l'ancien droit gradué, on doit en conclure que l'usufruit et la nue propriété, que ces actes concernent, doivent continuer à faire l'objet de déclarations estimatives portant sur la valeur respective de ces biens, à l'époque des actes.

57. Rente viagère. — Abandon ultérieur de l'usufruit d'une rente sur l'État. — Est passible du seul droit fixe de 3 fr., à l'exclusion du droit de 0 fr. 50 p. 100, l'acte qui constate l'abandon, au profit du crédi-rentier, de l'usufruit d'une rente sur l'État, aux lieu et place d'une rente viagère créée en vertu d'un legs dont la délivrance a été antérieurement consentie (Sol. 20 fév. 1891, 7504 R. P.).

63. Legs d'une somme déterminée. — Valeurs diverses remises au légataire. — Délivrance pure et simple et non-dation en paiement. — Lorsqu'un père a légué à une de ses filles et aux enfants nés ou à naître de la légataire une somme déterminée, en imposant l'obligation de placer cette somme, soit sur hypothèques, soit en rentes sur l'État ou en achat d'immeubles, la disposition testamentaire ainsi formulée implique l'intention de la

DÉLIMITATION.

DÉLIVRANCE DE LEGS.

63. Legs. Institution contractuelle. Somme à prendre sur les plus clairs biens de la succession. Attribution d'immeubles au donataire. Délivrance pure et simple, et non-dation en payement. — Lorsqu'une personne a fait donation, par contrat de mariage, à l'un des futurs, d'une somme déterminée « à prendre sur les plus clairs et apparents biens qu'elle laissera à son décès », la disposition ainsi formulée implique l'intention de faire un avantage à concurrence d'une valeur fixée, et non pas une libéralité portant spécialement sur une somme d'argent. En conséquence, la convention par laquelle, au décès du donateur, son héritier abandonne à l'institué contractuel, pour remplir ce dernier de ses droits, des immeubles de la succession, ne constitue pas une dation en payement passible du droit de mutation, mais un consentement à l'exécution de l'institution contractuelle qui ne donne lieu qu'à la perception du droit fixe de 3 fr (Poitiers, 19 janv. 1905, 10559 R. P.).

87. Legs. Aliénation par le testateur. Exécution du testament. Droit de 0, 20 p. 100. — Lorsque après avoir, dans son testament, légué à titre particulier l'usufruit de valeurs mobilières déterminées, le testateur a aliéné ces valeurs de son vivant, et que son légataire universel s'engage à servir au légataire particulier, pour lui tenir lieu dudit legs d'usufruit, une rente viagère égale au revenu produit par les valeurs faisant l'objet du legs, l'acte qui constate cet engagement présente, non pas les caractères d'une donation, mais ceux d'une délivrance de legs pure et simple; il doit être tarifé en conséquence.

Si, d'un autre côté, le de cujus avait légué à une tierce personne l'usufruit de la moitié de sa succession, c'est à juste titre que cet usufruitier n'a pas compris dans la déclaration de son legs le capital représentatif de la rente délivrée au légataire particulier, dès lors qu'il a concouru à l'acte de délivrance de ladite rente et qu'il a ainsi reconnu n'avoir aucun droit d'usufruit à prétendre sur le capital dont il s'agit (Marmande, 10 avril 1906, n° 11522).

Legs verbal. — V. *Succession*, n° 926.

90 bis. Legs particuliers supprimés par le testateur dans un codicille postérieur à son testament. Exécution volontaire par les légataires universels. Droit de donation entre vifs. — Lorsque, dans un codicille postérieur à son testament, une personne a déclaré qu'elle supprimait deux legs particuliers faits par elle dans ledit testament et qu'elle laissait à ses légataires universels « le soin de faire à ce sujet ce qu'ils voudront », l'acte ultérieur par lequel ces derniers consentent aux bénéficiaires des legs particuliers la délivrance de ces legs constitue, en réalité, une libéralité de leur part et donne, en conséquence, ouverture au droit de donation entre vifs (Carcassonne, 5 août 1905, 11100 R. P.).

DÉPARTEMENT.

DÉPENS.

DÉPÔT

61. Augmentation du capital d'une société anonyme. Versement du premier quart dans une maison de banque. Reconnaissance de dépôt. Droit de 1 fr. p. 100. — *Conf.* Cass. (civ.), 8 déc. 1903, 10666 R. P.; — Cambrai, 18 mai 1905, 11271 R. P.; — *Contrà* Valenciennes, 4 août 1897, 10666 R. P.

172-175. Sociétés de crédit maritime. L. 23 avril 1906. — Conformément aux décisions Min. fin. et just. des 27 juill. et 20 mai 1905 (Instr. 2889), les greffiers des justices de paix et des tribunaux de commerce sont dispensés de dresser acte des dépôts qui leur sont faits en vertu de la référence contenue dans l'art. 2 L. 23 avril 1906, à l'art. 56 L. 5 nov. 1894. Les récépissés que les greffiers des justices de paix délivrent dans tous les cas, lors de ces dépôts, ne sont pas sujets à enregistrement dans un délai déterminé, mais ils doivent être rédigés sur papier timbré du timbre de dimension. Quant aux pièces à déposer, elles sont exemptes du timbre, à moins qu'elles ne soient établies sous forme d'actes authentiques (Instr. 3196, 11236 R. P.).

un avantage à concurrence d'une valeur fixée, et non un legs d'une somme en numéraire. En conséquence, on ne saurait voir une dation en paiement passible du droit proportionnel de mutation dans la convention par laquelle les héritiers abandonnent aux légataires des valeurs successorales autres que du numéraire (Marseille, 11 août 1893, 8340 R. P.)

71. Legs de la chose de l'héritier. — Délivrance. — Droit de mutation à titre onéreux. — L'acte par lequel un légataire abandonne à un tiers, en exécution d'une clause formelle du testament, des biens meubles ou immeubles qui lui appartiennent personnellement, ne saurait être considéré comme renfermant une délivrance pure et simple de legs. Il constate une transmission passible du droit proportionnel de vente ou d'échange (Sol. 2 sept. 1891, 7760 R. P.).

87. Donation. — Legs verbal préciputaire. — Délivrance. — Droit de 20 cent. p. 100. — La convention aux termes de laquelle des cohéritiers attribuent à leur cohéritier divers immeubles héréditaires, en sus de sa part, et reconnaissent que cette attribution procède d'un legs préciputaire consenti verbalement à l'attributaire par les père et mère communs, doit être considérée non comme une libéralité émanant des cohéritiers, mais comme une délivrance de legs. Elle n'est, en conséquence, passible que du droit de 20 cent. p. 100 (Sol. 5 déc. 1896, 9041 R. P.).

DÉPARTEMENT.

2. Dons et legs. — Le Conseil général statue définitivement sur l'acceptation des dons et legs faits au département, quand ils ne donnent pas lieu à réclamation et sur le refus de ces libéralités dans tous les cas (L. 4 fév. 1901, art. 2; — 10001 R. P.). — V. *C. des lois.*

Quand les dons et legs donnent lieu à des réclamations des familles, l'autorisation de les accepter est donnée par décret en Conseil d'État (Même L., art. 7).

DÉPENS.

4. Acte produit. — V. *Acte produit en justice ou en cours d'instance*, n° 34.

18 à 30. L. 26 janv. 1892. — Depuis la loi du 26 janv. 1892, les dépens ne doivent plus entrer en ligne de compte pour la liquidation du droit proportionnel de condamnation, de collocation ou de liquidation. — V. *Jugement*, n°s 110 et 112.

31. Exécutoire de dépens. — V. ce mot.

DÉPOT.

61. Formation de Société anonyme. — Premier quart du capital versé entre les mains d'une maison de banque. — Reconnaissance de dépôt. — Droit de 1 p. 100. — L'écrit dressé sous forme d'état, par lequel le directeur d'une maison de banque reconnaît avoir reçu dans la caisse de cet établissement le versement du premier quart du capital d'une société anonyme en voie de formation, ne saurait être considéré ni comme le complément de la déclaration notariée faite par les fondateurs de la Société, conformément à la loi du 24 juill. 1867, pour constater la souscription du capital social et le versement du premier quart des actions, ni comme l'exécution d'un mandat pur et simple. En conséquence, un pareil écrit, lorsqu'il est annexé à la déclaration notariée des fondateurs de la Société, donne ouverture au droit de 1 p. 100, établi pour les dépôts de sommes chez les particuliers (Mirecourt, 17 fév. 1893; — Cass., 24 déc. 1894, 8464 et 8850-32 R. P.).

76. Droit de rédaction. — Les droits de greffe ont été supprimés par l'art. 4 L. 26 janv. 1892.

81, 87, 92, 93 et 96. — Pluralité. — Purge des hypothèques. — Sous l'empire de la loi du 22 frim. an VII, les actes de dépôt, quel que fût le nombre des pièces déposées, étaient régis par l'art. 11 de cette loi, suivant lequel la pluralité des droits fixes se déterminait, en cette matière, par le nombre des personnes ayant un intérêt distinct.

L'art. 23 L. 28 avril 1893, a fait disparaître la pluralité des droits résultant du nombre des personnes, notamment dans la procédure de purge des hypothèques légales (2838 I. C.).

En conséquence, un seul droit fixe doit être exigé sur l'acte passé au greffe pour constater le dépôt, à fin de purge, de copies collationnées d'actes de vente, lorsque la purge est poursuivie par un seul acquéreur contre plusieurs vendeurs ou par plusieurs acquéreurs contre un seul vendeur, et qu'elle peut être considérée comme constituant une procédure unique. Mais il en est autrement dans le cas de dépôt par un acte unique de pièces tendant à purger des contrats distincts intervenus entre des parties différentes; il y a alors plusieurs procédures de purge, absolument indépendantes, et un droit particulier est exigible pour chacune d'elles (Sol. 17 oct. 1898, 25727 J. E.).

150. Séparation de biens. — Jugement. — Extrait. — Les greffiers contreviennent à l'art. 42 et non à l'art. 41 L. frim., quand ils dressent acte du dépôt d'extraits de jugements de séparation de biens préalablement à leur enregistrement (Sol. 21 juin 1897, 9140 R. P.).

161. Expert illettré. — Rapport écrit par le greffier. — Il n'y a pas contravention à l'art. 43 L. 22 frim., lorsque le greffier de la justice de paix reçoit en dépôt, sans en dresser l'acte, le procès-verbal d'expertise qu'il a rédigé en vertu de l'art. 317 C. proc. pour suppléer un expert illettré (Sol. 28 janv. 1891, 7593 R. P.

172-175. Société (Extraits d'actes de). — Les actes constatant le dépôt, au greffe de la justice de paix, des actes de formation, de prorogation ou de dissolution de société, constituent des actes judiciaires et non des actes civils; ils doivent être assujettis au droit de 1 fr. 50 et non à celui de 3 fr. (Sol. 20 nov. 1894, 24470 J. E.).

Société de crédit agricole. — Les greffiers des justices de paix et des tribunaux de commerce sont, d'une manière générale et absolue, dispensés de dresser acte des dépôts qui leur sont faits en exécution de l'art. 5 de la loi du 5 nov. 1894 sur les sociétés de crédit agricole. Les récépissés que les greffiers de justice de paix délivrent, dans tous les cas, lors de ces dépôts, ne sont pas sujets à enregistrement dans un délai déterminé, mais ils doivent être rédigés sur papier frappé du timbre de dimension. Enfin les pièces à déposer sont exemptes du timbre, à moins qu'elles ne soient établies sous la forme d'actes réguliers (D. m. f. et j., 27 juill. et 19 août 1895, 8650-45 R. P.).

DÉPOT DE SOMMES. — V. *Partage* et *Société*.

DÉSAVEU.

9. Enregistrement. — Par suite de la suppression des droits de greffe (L. 26 janv. 1892, art. 4), les actes de désaveu faits aux greffes des tribunaux de première instance et des cours d'appel ne sont plus soumis à aucun droit de cette nature.

DÉSISTEMENT.

10. Tarif. — D'après l'art. 402 C. de proc., le désistement peut être fait et accepté par de simples actes signés des parties ou de leurs mandataires et signifiés d'avoué à avoué. Lorsqu'il est signé de l'avoué seulement, le désistement proprement dit et l'exploit de signification qui l'accompagne ne font qu'un seul et même acte, rentrant sans aucun doute dans les prévisions de la loi du 26 janv. 1892. La situation est différente quand le désistement porte, au lieu de la signature de l'avoué, celle de la partie. Avant la loi du 26 janv. 1892, l'Administration décidait qu'un tel acte a une existence et des effets complètement indépendants de la signification : d'où la double conséquence qu'il était passible, comme acte s. s. p., d'un droit de 3 fr., distinct de celui de 0 fr. 75 ou de 1 fr. 50 exigible sur la signification, et qu'il devait être enregistré avant qu'il fût procédé à la signification. Par une déduction logique de cette interprétation, il a été reconnu que les désistements de l'espèce ne bénéficient pas de l'exemption prononcée par l'art. 5.

« Les actes de procédure d'avoué à avoué dont il est question dans ce dernier article, porte une Sol. du 1er juin 1893, sont ceux qui, signés de l'avoué requérant, se confondent avec l'exploit de signification et n'étaient assujettis, avant la loi du 26 janv. 1892, à aucun droit d'enregistrement autre que celui de l'exploit.

» En effet, il résulte des travaux préparatoires de cette loi (V. *J. off.*, Obs. de M. Trarieux, rapporteur, Sénat, 18 janv. 1892, p. 44, 2e col.) que les seuls droits d'enregistrement que le législateur ait eu l'intention de supprimer sont ceux de 75 centimes et de 1 fr. 50, auxquels étaient assujetties les « significations d'avoué à avoué » (L. 28 avril 1816, art. 41, n° 1 et 42).

» En ce qui concerne spécialement les désistements qui, portant la signature de la partie, constituent un acte distinct de la signification (Inst. n° 1988), il a été si peu question de les exonérer de l'impôt qu'un député avait proposé d'élever le droit de 3 fr. à 10 fr. (*J. off.*, 12 déc. 1891, p. 2509, 3e col.), alors qu'ils sont généralement destinés à être signifiés par actes d'avoué à avoué.

» Il y a lieu, par suite, d'exiger, comme par le passé, que les désistements soient rédigés sur papier timbré et qu'ils soient enregistrés avant tout usage par acte public (art. 23 et 42, L. 22 frim.). » — V. *Jugement*, n° 122.

14. Acte en conséquence. — Signification à avoué. — Les désistements portant la signature des parties et constituant des actes distincts de la signification qui en est faite, doivent être rédigés sur papier timbré et enregistrés avant tout usage, alors même que cet usage serait limité à une signification d'avoué à avoué.

DETTE PUBLIQUE.

17. Rente sur l'État. — Insaisissabilité. — Créanciers. — Attribution par justice. — En déclarant insaisissables les rentes sur l'État français, les LL. 8 niv. an VI, art. 4, et 22 floréal an VII, art. 7, ont eu seulement pour objet d'interdire les saisies-arrêts de ces rentes pratiquées entre les mains du Trésor public. Elles n'empêchent pas les créanciers de faire ordonner par justice la réalisation à leur profit des rentes que leur débiteur est appelé à recueillir dans une succession, dès qu'il n'y a pas eu et qu'il n'y a pas lieu à saisir aux mains du Trésor (2093 C. civ.; — Cass. req. 12 févr. 1901, 10367 R. P.).

57. Conversion des rentes 4 1/2 p. 100. — Pièces justificatives. — Loi du 17 janv. 1891, art. 12, qui admet au visa pour timbre et à l'enregistrement gratis « les titres ou expéditions à produire pour le remboursement ou la conversion de rentes 4 1/2 p. 100, pourvu que cette désignation y soit exprimée, et en tant qu'ils serviront uniquement aux opérations nécessaires par la présente loi ». (2857 I. G.; 8418-25 R. P.).

V. QUITTANCE (TIMBRE).

DIPLOME.

7. Médecins, chirurgiens-dentistes et sages-femmes. — Enregistrement à la préfecture et au greffe. — Exemption du timbre et d'enreg. — Loi du 30 nov. 1892. — Les inscriptions de diplômes faites au greffe en exécution de l'art. 9, L. 30 nov. 1892, sur l'exercice de la médecine, sont dispensés des droits de timbre et d'enregistrement, la loi précitée portant qu'elles auront lieu sans frais (Sol. 20 déc. 1893, 2864-10 I. G.; 8118-41 R. P.).

DISSIMULATION.

19. Partage. — Inégalité des lots. — Plus-value. — Expertise. — Dissimulation. — Amende du quart. — Lorsque, dans un partage d'immeubles situés en France, l'un des lots est inférieur à l'autre, l'Administration ne peut que faire constater l'existence de la plus-value par la voie de l'expertise. Elle ne serait pas fondée à réclamer l'amende du quart prononcée par la L. 23 août 1871, alors que l'inégalité des lots a été compensée par une soulte

DÉPÔT DE SOMMES.

DÉSAVEU.

DÉSHÉRENCE.

15. Enfants assistés. Successions. Droits du département. L. 27 juin 1904. Envoi en possession. — C'est à titre de successeurs irréguliers que les départements recueillent, en vertu de la L. 27 juin 1904, les biens des enfants assistés décédés sans héritiers; ils doivent, en conséquence, pour entrer en possession de ces successions, accomplir les formalités prévues par l'art. 770 C. civ. (Sol. 7 fév. 1905, 11099 R. P.).

DÉSISTEMENT.

DETTE PUBLIQUE.

18. Algérie. Colonies. Titres d'emprunts. — V. *Étranger*, n° 166bis.

21. Rente sur l'État. Transmission de nue propriété. Transfert. — La mutation de la nue propriété d'un titre de rente sur l'État ne résulte pas, au regard des tiers, de la cession consentie par acte notarié, ni de la notification faite au Trésor, mais seulement du transfert opéré sur le Grand-Livre de la Dette publique au nom du nouveau titulaire. (Cass. (req.), 17 déc. 1903, 10613 R. P.).

DEVIS.

14-28. Marché administratif. Référence à un devis dressé par des agents administratifs. Droit de timbre. — Lorsque la minute d'un devis dressé par des agents administratifs est visée, par une mention de référence, dans un procès-verbal d'adjudication administrative, elle forme ainsi une partie intégrante du contrat, quand bien même elle n'y serait pas matériellement annexée; elle devient, en conséquence, passible du timbre de dimension (Tours, 30 déc. 1904, 10951 R. P.).

DIOCÈSE.

2 à 14. Séparation des Églises et de l'État. Associations et unions cultuelles. L. 9 déc. 1905. — 11080 R. P. — Décr. 16 mars 1906, 11136 R. P.

DIPLÔME.

DISSIMULATION.

30. Vente d'immeubles. Dissimulation de prix. Présomptions. Recouvrement du droit simple et de l'amende du quart. Poursuites contre le vendeur. — La preuve d'une dissimulation commise dans le prix d'une vente d'immeubles est suffisamment établie, pour la réclamation du droit simple et de l'amende du quart, tant par les énonciations d'un commandement signifié à la requête des vendeurs que par les conclusions par eux prises au cours d'une instance engagée contre les acquéreurs, et les constatations du jugement rendu à leur profit dans cette instance. — Bien que le jugement dont il s'agit ait mis le payement du droit et de l'amende à la charge exclusive des acquéreurs, l'Administration, qui n'a pas été partie à l'instance, est fondée à poursuivre contre les vendeurs le recouvrement de ces droit et amende (Belley, 13 juin 1902, 10577 R. P.).

34. Mandataire. — *Conf.* Seine, 9 fév. 1905, 11166 R. P. ; — Seine, 18 janv. 1907, 11416 R. P. ; — Seine, 21 déc. 1906, 11417 R. P.

41. Solidarité des parties. — L'Administration est fondée à réclamer les droits et l'amende exigibles à raison d'une dissimulation à toutes les parties qui ont figuré à l'acte et, par suite, à la partie à la requête de laquelle a été rendu le jugement qui constate cette dissimulation (Sainte-Menehould, 1er déc. 1905, 10790 R. P.).

47. Soumission. Refus de réalisation. Poursuites. — Lorsque l'existence d'une dissimulation dans le prix d'une vente d'immeubles a été reconnue par une soumission, le tribunal ne peut, à défaut de règlement amiable, que condamner la partie au payement des droits et amendes afférents à cette dissimulation (Libourne, 2 avril 1903, [illegible] R. P.).

56. Notaire. Complicité. Peine disciplinaire. — V. *Notaire*, n° [illegible].

59. Présomptions. Procédure de la L. frim. — En admettant en matière de dissimulation, la faculté de recourir à la preuve testimoniale, à la comparution des parties et au débat oral, l'art. 13 L. 23 août 1871 n'a pas enlevé à l'Administration le droit de faire usage de la procédure spéciale établie par la loi organique de l'enregistrement lorsqu'elle invoque des présomptions comme mode de preuve (Sainte-Menehould, 1er déc. 1905, 10790 R. P.).

64. Preuve. Qualités d'un jugement. — L'Administration peut déduire des motifs d'un jugement rendu entre le vendeur et l'acquéreur la preuve de l'existence d'une dissimulation dans le prix d'une vente d'immeubles ; mais elle ne saurait s'appuyer sur les déclarations relatées dans les qualités lorsque ces déclarations constituent, de la part du demandeur qui a gagné le procès, une pure allégation dont le défendeur n'a pas reconnu l'exactitude et que le tribunal n'a pas mentionnée dans les motifs de son jugement (Sainte-Menehould, 1er déc. 1905, 10790 R. P.).

Cession de droits successifs. Présomptions insuffisantes. — V. *Droits successifs (Cession de)*, n° 55.

bution correspondante de biens sis à l'étranger et non au moyen d'une soulte en argent (Sol. 25 sept. 1899, 9714 R. P.).

27. Charges. — Dettes. — Cession de droits successifs. — On ne saurait considérer comme régulière la perception établie sur un acte de cession de droits successifs dans lequel les parties se sont bornées à déclarer qu'elles ignorent si la succession est grevée d'un passif. Mais il en est autrement lorsque les contractants ont déclaré qu'ils ne connaissent pas de dettes à la charge de la succession, et, par conséquent, que, dans l'évaluation qu'ils sont appelés à fournir, ils n'ont rien à faire ajouter au prix principal pour l'assiette des droits. Dans cette hypothèse, le défaut de mention de dettes existantes et découvertes depuis, constitue la dissimulation prévue par la L. 23 août 1871 (Sol. 15 nov. 1898, 9585 R. P.).

28. Calcul de l'amende. — Lorsqu'il y a eu un excès de perception, lors de l'enregistrement d'un acte de vente d'immeubles, et que, postérieurement, l'Administration constate une dissimulation dans l'indication du prix de cette vente, l'amende du quart doit être liquidée sur l'intégralité de la somme dissimulée, sans en déduire le capital imposable correspondant à l'indue perception (Sol. 30 déc. 1883, 818 R. E.).

34. Mandataire. — Mari et femme. — Lorsque, après avoir signé un acte s. s. p. portant acquisition d'un fonds de commerce, moyennant un prix déterminé, les acquéreurs déclarent, au bureau de l'enregistrement, avoir acheté ce fonds verbalement pour un prix inférieur à celui du contrat, l'Administration est fondée à leur réclamer : 1° le droit de 2 fr. p. 100 sur la portion du prix dissimulée dans la déclaration ; 2° l'amende égale au quart de la somme dissimulée. — Il importe peu, d'ailleurs, que la déclaration entachée de dissimulation ait été souscrite par un mandataire, quand celui-ci a représenté directement le mandant et agi d'après ses instructions (Seine, 22 juill. 1892, 7914 R. P. ; — 29 oct. 1898, 25634 J. E.).

Mais le droit complémentaire et l'amende ne peuvent être réclamés au mandataire (Sol. 7 mars 1898, 4447 Rev. prat.).

Mari et femme. — Quand la dissimulation porte sur une vente de propres faite, pendant le mariage, par la femme, même mariée sous le régime dotal, et assistée de son mari, le droit simple et l'amende peuvent être réclamés à la venderesse. Il en est ainsi, alors même que le contrat de mariage donne pouvoir au mari d'aliéner les biens dotaux de la femme, à charge de remploi, dès l'instant que les ventes doivent avoir lieu en présence et du consentement de la femme (Grenoble, 14 mars 1901, 2650 R. E.).

46-49. Insuffisance. — Double action de l'Administration. — L'acte contenant la preuve d'une dissimulation de prix d'une vente d'immeuble ou de fonds de commerce doit, en principe, être soumis, lors de l'enregistrement, à la perception : 1° du droit simple sur l'excédent du prix ; 2° du droit en sus sur cette même somme ; 3° de l'amende du quart sur la somme dissimulée. L'Administration considère, en effet, que, du moment où elle a la preuve d'une dissimulation, l'insuffisance se trouve établie par voie de conséquence, et qu'elle est autorisée à réclamer la pénalité spéciale à cette contravention si, toutefois, la somme dissimulée excède d'un huitième le prix exprimé, et si le délai pour requérir l'expertise n'est pas expiré (Sol. 29 nov. 1898, 9699 R. P. ; 25836 J. E.).

Mais, lorsqu'il y a eu un excès de perception, au moment de l'enregistrement de l'acte en contravention, il y a lieu, pour la liquidation du droit en sus afférent à l'insuffisance, de tenir compte de cet excès de perception (Sol. 20 déc. 1893, 24518 J. E.).

Il en est autrement, ainsi que nous l'avons vu *suprà* n° 28, pour le calcul de l'amende du quart.

59. Preuves. — Procédure ordinaire. — Lorsqu'une dissimulation dans le prix d'une cession de fonds de commerce résulte des faits de la cause et des pièces versées au procès, l'Administration est fondée à poursuivre le recouvrement du droit et de l'amende par la voie ordinaire de la contrainte, sans avoir recours à la contrainte organisée par les art. 12 et 13 L. 23 août 1871. L'art. 173 C. proc. ne s'oppose pas à ce qu'après avoir fourni ses moyens de défense au fond, la partie critique, en la forme, la procédure suivie par l'Administration (Seine, 9 juill. 1891, 7700 R. P.).

Quand la dissimulation dans le prix de vente d'un immeuble ou d'un fonds de commerce est établie matériellement par un acte opposable aux parties, l'Administration peut poursuivre, par voie de contrainte, le recouvrement de l'amende et du droit exigible. Mais la contrainte ne saurait priver la partie ni de la faculté d'administrer les preuves du droit commun, ni du degré de juridiction d'appel accordé par l'art. 13 L. 23 août 1871 (Seine, 15 mai 1897, 9073 R. P.).

60. Nature de la preuve. — L'existence de la dissimulation est suffisamment établie par l'Administration, lorsqu'elle représente au tribunal une contre-lettre signée de toutes les parties, régulièrement parvenue à sa connaissance et stipulant un prix supérieur au prix porté dans un écrit présenté à l'enregistrement, qui avait été rédigé en vue de frauder le Trésor (Seine, 9 juill. 1891, 7700 R. P.).

Spécialement, le tribunal n'est pas tenu d'ordonner la vérification d'écritures, s'il acquiert la conviction, par les éléments de la cause, que la contre-lettre existe réellement et qu'elle porte bien la signature des redevables (Seine, 7 juill. 1894, 24491 J. E.).

64. Présomptions. — Actes opposables aux parties. — La preuve d'une dissimulation de prix commise dans l'acte de vente d'un immeuble de communauté est suffisamment établie, pour la réclamation du droit et de l'amende encourue, tant par les conclusions prises par la femme, au cours d'une instance ayant pour objet la liquidation de ses reprises, que par les indications contenues dans le jugement qui a statué sur cette instance (Bordeaux, 16 janv. 1895, 8580 R. P.).

Les énonciations que renferme un procès-verbal dressé par un Commissaire de police peuvent être invoquées par l'Administration pour établir l'existence d'une dissimulation de prix commise dans un acte de vente de fonds de commerce. Sans présenter les caractères d'un aveu judiclaire, l'aveu contenu dans ce procès-verbal a, tout au moins, la valeur d'une présomption grave, précise et concordante (Seine, 24 avr. 1896, 8761 R. P.). — V. *infra* n° 66.

L'art. 13 L. 23 août 1871, qui a permis à l'Administration de recourir au débat oral pour établir l'existence d'une dissimulation de prix de vente, n'a pas abrogé la procédure spéciale édictée par la L. frim. En conséquence, lorsque la preuve de la dissimulation résulte de présomptions tirées d'actes opposables aux parties, l'Administration peut avoir recours à la contrainte. Mais ne saurait être considérée comme établissant la dissimulation la seule déclaration faite par la veuve du vendeur dans l'inventaire dressé à la suite du décès de son mari, sept ans après la vente, et indiquant un prix supérieur à celui qui a été porté dans l'acte de vente (Cherbourg, 20 avril 1898, 9414 R. P.).

66. Aveu. — La dissimulation de prix commise dans une cession de fonds de commerce est suffisamment établie, pour la poursuite des droits et amende, par l'aveu du cédant contenu dans une plainte adressée au procureur de la République contre les agents d'affaires par l'intermédiaire desquels a eu lieu la cession, surtout lorsque les déclarations faites par ceux-ci devant le commissaire de police concordent, sur ce point, avec l'aveu du cédant (Seine, 8 août 1890, 7453 R. P.).

Une dissimulation de soulte dans un acte d'échange d'immeubles est suffisamment établie, pour la poursuite du droit et de l'amende exigibles, par les aveux des parties consignés dans un procès-verbal d'interrogatoire sur faits et articles (Montauban, 20 nov. 1891, 7786 R. P.).

84. Droit gradué (aujourd'hui proportionnel). — Législation. — La L. 21 avr. 1893, qui a substitué le droit proportionnel au droit gradué, contient (art. 21), en ce qui concerne la dissimulation des sommes ou valeurs ayant servi à la perception du droit, des dispositions absolument identiques à celles de l'art. 3 L. 28 fév. 1872.

Les principes admis sous l'empire de cette dernière loi continuent donc à être applicables.

86 *bis*. Mainlevée. — Frais éventuels. — L'art. 21 L. 21 avr. 1893, qui punit d'un droit en sus la dissimulation des sommes ou valeurs ayant servi de base à la perception du droit proportionnel, est formel et ne comporte aucune distinction sur le point de savoir si la dissimulation a été intentionnelle ou non, du moment où il ne s'agit pas de biens subordonnés dans leur valeur ou leur consistance à des événements ultérieurs et pour lesquels la perception s'opère sur une évaluation faite à titre provisoire. Mais quand, dans la mainlevée d'une inscription prise pour sûreté d'une somme indiquée, en principal et frais, le droit a été perçu sur cette somme, l'Administration, lorsqu'elle découvre ultérieurement que l'inscription garantissait également des intérêts échus, ne peut réclamer un droit en sus pour la dissimulation de ces intérêts, puisque, au moment de l'enregistrement de l'acte de mainlevée, la déclaration nécessaire pour faire une perception régulière n'a pas été demandée aux parties (Sol. 2 avr. 1900, 9799 R. P.).

94. L. 25 fév. 1901. — Réforme successorale. — Nous traitons v° *Succession* et *Usufruit* les dissimulations que prévoit et punit la L. 25 fév. 1901, soit dans la déduction des dettes, soit dans l'indication de l'âge de l'usufruitier.

DISTRIBUTION PAR CONTRIBUTION.

— V. *Ordre*.

DIVORCE. — SÉPARATION DE CORPS ET DE BIENS.

1. Définition. — C'est la L. 27 juill. 1884 et non 18 juill. 1884, comme il a été indiqué dans la première partie du *Rép. gén.*, qui a rétabli le divorce.

4. Actes et jugements relatifs au divorce. — C'est à partir du 31 juill. 1884, et non du 29 juill. 1889, ainsi qu'il a été indiqué, par erreur, dans la première partie du *Rép. gén.*, que devaient être appliquées les dispositions L. 28 avr. 1816, demeurées sans exécution pendant la période au cours de laquelle le divorce avait été aboli.

L'art. 49 L. 28 avr. 1816 a soumis au droit fixe de 100 fr., porté depuis à 150 fr. (L. 28 fév. 1872, art. 4), les arrêts de cour d'appel qui prononcent définitivement sur une demande en divorce. Il ajoute que, si le jugement qui a statué sur la demande en divorce n'est pas frappé d'appel, le droit de 100 fr. (150 fr.) sera perçu sur l'acte de l'officier de l'état civil.

Cette tarification a été maintenue par l'art. 17 L. 26 janv. 1892 et mise en harmonie avec les dispositions de la loi du 18 avr. 1886 aux termes de laquelle le divorce n'est plus prononcé par l'officier de l'état civil, mais par l'autorité judiciaire, dont la décision doit être transcrite sur les registres de l'état civil et mentionnée en marge de l'acte de mariage (art. 251, nouveau, du C. civ.; Instr. n° 2790).

L'art. 17 L. 26 janv. 1892 porte, en effet, ce qui suit :

« Il ne pourra être perçu moins de :..... 12° 150 fr. ... pour les arrêts des cours d'appel..... prononçant un divorce. — Si le jugement prononçant le divorce n'est pas frappé d'appel, le droit de 150 fr. continuera à être perçu sur la première expédition, soit de la transcription, soit de la mention du dispositif du jugement effectuée sur les registres de l'état civil ».

L'art. 62 L. 25 fév. 1901 a abrogé le dernier alinéa de cette disposition.

Il en résulte qu'actuellement, qu'il y ait ou non appel de la décision des juges de première instance, la première expédition de la transcription du jugement de divorce et de l'acte de mariage modifié par la mention de ce jugement faite en marge, n'est plus soumise à aucun droit d'enregistrement et n'est plus assujettie qu'au droit de timbre, comme celles qui pourraient être délivrées ensuite.

Le droit de 150 fr. continue, bien entendu, d'être exigible sur les arrêts des cours d'appel, dans les mêmes conditions que par le passé (3050 I. G.).

4-2. Jugement et arrêt. — Dans la première partie du *Rép. gén.*, au lieu de « la L. 18 août 1886 », lire : « la L. 18 avr. 1886. »

4-4. Délivrance de première expédition. — Transcription sur les registres de l'état civil. — L'art. 62 ...

65. Présomptions résultant du rapprochement de documents dont certains sont opposables aux défendeurs. Procédure de la loi de frim. non applicable. — En édictant une procédure particulière, suivant les formes du droit commun, en matière de dissimulation de prix, l'art. 13 L. 23 août 1871 n'a pas laissé à l'Administration la faculté de recourir à la procédure ordinairement employée en matière d'enregistrement. Dans le cas où, notamment, la dissimulation n'est pas établie par la reconnaissance écrite des parties, mais résulte seulement du rapprochement d'énonciations et de documents, l'action introduite par voie de contrainte n'est pas recevable (Lille, 20 juin 1907, [illegible] R. P.).

DISTRIBUTION PAR CONTRIBUTION.

DIVORCE.

DOMAINE.

155. Algérie. Édifices historiques. Propriété. Concession antérieure à la L. 30 mars 1887. — Si l'art. 16 L. 30 mars 1887 dispose qu'en Algérie la propriété des édifices ayant un caractère historique est réservée à l'État, lorsque ces édifices sont situés sur des terrains concédés à des particuliers, cette disposition, qui n'a pas d'effet rétroactif, ne s'applique pas aux concessions antérieures à la promulgation de cette loi; il en résulte que, dans cette dernière hypothèse, les droits de l'État sur des ruines existant dans la concession sont réglés par le titre même de concession. (Cass. (civ.), 16 fév. 1904, 10753 R. P.).

157 *ter*. Séparation des Églises et de l'État. — *[illegible] unions cultuelles. Inventaire des biens des établissements ecclésiastiques supprimés. Droit de retour de l'État.* (L. 9 déc. 1905, 11041 R. P. — Décr. 29 déc. 1905, 11068 R. P. — Décr. 16 mars 1906, 1116 R. P.).

Reprise des archevêchés, évêchés, presbytères et séminaires appartenant à l'État, aux départements et aux communes. Attribution des biens des établissements ecclésiastiques. Édifices du culte. — L. 2 janv. 1907, 11335 R. P.

186. Lais de mer soustrait à l'action des flots. Domaine privée. Adjudication publique. Émission d'un décret non nécessaire. Compétence du Préfet. — La portion d'une plage occupée par l'emplacement d'une batterie déclassée et par un lais de mer et qui est protégée contre l'action des flots par une digue en maçonnerie ne forme plus une dépendance du rivage de la mer et fait partie du domaine privé de l'État. Le Préfet a, en conséquence, qualité pour approuver le cahier des charges de l'adjudication de ce terrain et fixer la date de la vente aux enchères publiques, sans qu'il soit besoin d'un décret d'autorisation, comme lorsqu'il s'agit de la concession [illegible] d'un lais de mer (Cons. d'État, 22 avril 1903, 1077[illegible] R. P.).

n° 12, L. 26 janv. 1892 porte que si le jugement qui prononce un divorce n'est pas frappé d'appel, le droit de 150 fr. qui eût été exigible sur l'arrêt confirmatif sera perçu sur la première expédition, soit de la transcription, soit de la mention du dispositif du jugement effectuée sur les registres de l'état civil.

Sous l'empire de cette législation, il a été décidé que lorsqu'un jugement prononçant un divorce n'a pas été frappé d'appel, et que la transcription en a été faite sur les registres de l'état civil, la première expédition qui en est délivrée par l'officier de l'état civil est passible du droit fixe de 150 fr. établi par l'art. 49, § 2, L. 28 avril 1816 (Argentan, 26 juill. 1893, 8201 R. P.).

La législation sur ce point a été modifiée par l'art. 62 L. 25 fév. 1901 qui abroge l'art. 17, n° 12, L. 26 janv. 1892 (V. *Code des lois*).

4-6. Assistance judiciaire. — Première expédition destinée à l'assisté, enregistrée en débet. — Droit au comptant sur la seconde expédition destinée à l'adversaire. — Lorsqu'une expédition de la transcription sur le registre de l'état civil d'un jugement de divorce a été délivrée à l'assisté et enregistrée en débet, l'adversaire de celui-ci ne peut obtenir la seconde expédition sans acquitter le droit au comptant (Sol. 19 avril 1892, 7808 R. P.).

4-8. Répertoire général. — Renvois. — Les jugements et arrêts prononçant la séparation de biens, la séparation de corps ou le divorce entre époux doivent être annotés au répertoire général des bureaux d'enregistrement, et il convient, en outre, de faire, au bureau compétent, le renvoi des enregistrements des décisions dont il s'agit. Les enregistrements doivent, d'ailleurs, indiquer toujours au profit duquel des deux époux la sentence a été prononcée. Les agents ne doivent jamais se prévaloir d'une décision de l'espèce, sans s'être préalablement assurés qu'elle a été transcrite sur les registres de l'état civil, conformément à la loi (3005-28 I. G.).

5. Effets du divorce. — Dans la même partie du *Rép. gén.*, à partir de : « *dans le cas de divorce par consentement mutuel* », mettre tous les verbes et participes *au passé*, jusqu'aux mots exclus : « *quant au divorce admis* », le consentement mutuel ne figurant plus parmi les causes du divorce, d'après la L. 27 juill. 1884.

1. Assistance judiciaire. — La déchéance de tous avantages matrimoniaux dont est frappé, en vertu de l'art. 299 C. civ., l'époux contre lequel le divorce a été prononcé, ne fait pas obstacle au recouvrement, contre l'autre époux, des frais d'assistance judiciaire auxquels ce dernier a été condamné antérieurement au divorce, dans une instance suivie contre lui par son ancien conjoint, ces frais ne constituant ni une libéralité ni un avantage à titre gratuit entre époux (Grenoble, 28 déc. 1901, 10298 R. P.).

14 et 21. Séparation de biens et de corps. — Jugement. — Tarif. — V. *suprà* nos 4-8 et *Jugement*, nos 60, 66 et 105.

V. Acte de l'état civil. — Assistance judiciaire. — Jugement. — Taxe des frais de justice.

DOMAINE.

130. Bâtiments de l'État. — Concessions gratuites de logements. — Décret. — État annuel. — L. de finances du 25 février 1901. — Art. 56. Aucun logement ne peut être concédé ou maintenu à titre gratuit, dans les bâtiments appartenant à l'État, qu'en raison des besoins des services publics et en vertu d'un décret. Tout décret portant concession de logement gratuit doit être motivé, publié au *J. off.* et inséré au *Bulletin des lois*. Chaque année, un état détaillé des logements occupés à titre gratuit sera transmis à la Commission du Budget de la Chambre des députés et à la Commission des finances du Sénat. Cet état ne sera pas nominatif, mais il indiquera la fonction ou le titre pour lequel le logement aura été accordé. A cet état seront annexés les décrets ayant concédé des logements au cours de l'année précédente. Est abrogé l'art. 12 L. 23 avril 1833 (10006 R. P.).

160. Domaine public. — Mur. — Mitoyenneté. — Acquisition. — S'il est interdit à un particulier d'acquérir la mitoyenneté de murs qui dépendent des immeubles compris dans le domaine public, lesquels sont placés hors du commerce, il n'en résulte pas que ce particulier puisse, à l'inverse, contrairement aux termes généraux de l'art. 661 C. civ., se refuser à céder au domaine public la mitoyenneté d'un mur, propriété privée et, par conséquent, aliénable (Cass. 14 fév. 1900, 9780 R. P.).

160 *bis*. Domaine public. — Enclave. — Expropriation. — Passage sur un terrain privé. — A la différence des immeubles dépendant du domaine privé de l'État, ceux du domaine public, notamment les casernes qui font partie intégrante de place de guerre, ne sont pas soumis à la servitude d'enclave, tout au moins lorsqu'il n'y a pas impossibilité absolue de passer ailleurs. Et, à cet égard, on doit considérer que, pratiqué sur le domaine public, le passage est plus dommageable que sur un terrain particulier, alors même qu'il serait plus court. — Un immeuble exproprié pour servir de caserne se trouve affranchi de toute servitude d'enclave, lorsque la procédure d'expropriation n'a soulevé aucune réclamation (C. Nancy, 25 janv. 1896, 8843 R. P.).

172. Fleuves et rivières navigables ou flottables. — Une L. 8 avr. 1898 (9288 R. P., 3071 I. G. — V. *C. des lois*), relative au nouveau code rural, a édicté, en ce qui concerne le régime des eaux et particulièrement des fleuves et rivières navigables ou flottables, un certain nombre de dispositions intéressantes, au point de vue domanial.

Le titre I modifie les art. 641, 642 et 643 C. civ. relatifs aux eaux pluviales et aux sources.

Le titre II fixe le régime des cours d'eau *non navigables et non flottables*. Il reconnaît la propriété du lit de ces cours d'eau aux riverains, réglemente ensuite le droit de ces riverains, édicte diverses mesures pour la police et la conservation des eaux, détermine, enfin, les conditions dans lesquelles devront être effectués les travaux de curage, d'élargissement et de redressement des rivières non navigables et non flottables.

Le titre III soumet aux règles et prescriptions du titre précédent les *rivières flottables à bûches perdues*, et indique la forme dans laquelle ce mode de flottage pourra être établi sur les cours d'eau où il n'existe pas encore.

Les dispositions qui précèdent s'appliquent au domaine privé de l'État comme à ceux des particuliers.

Le titre IV est spécial aux *fleuves et rivières navigables ou flottables*.

Le chapitre Ier traite des droits du domaine et des riverains. Il fixe tout d'abord la limite de la domanialité publique des cours d'eau de l'espèce :

« Art. 34. — Les fleuves et les rivières navigables ou flottables avec bateaux, trains ou radeaux, font partie du domaine public depuis le point où ils commencent à être navigables jusqu'à leur embouchure ;

« Font également partie du domaine public :

« 1° Les bras même non navigables et non flottables, lorsqu'ils prennent naissance au-dessous du point où les fleuves et rivières commencent à être navigables ou flottables ;

« 2° Les noues et boires qui tirent leurs eaux des mêmes fleuves et rivières. »

Il exclut ensuite du domaine public fluvial les dérivations ou prises d'eau artificielles établies dans des propriétés particulières à moins qu'elles n'aient été pratiquées par l'État, dans l'intérêt de la navigation ou du flottage (art. 35).

174 *bis*. Domaine fluvial. — Chemin de halage. — Propriété présumée des riverains. — Preuve contraire. — Si les riverains des cours d'eau navigables sont légalement réputés propriétaires de la partie du chemin de halage qui borde leurs héritages, ce n'est que jusqu'à preuve contraire, et, dès lors, la présomption dont ils bénéficient ne peut plus être utilement invoquée par eux lorsqu'elle est contredite par les titres mêmes dans lesquels ils puisent leurs droits (Cass. civ., 2 janv. 1895, 8612 R. P.).

175-176-177-178. Fleuves et rivières navigables ou flottables. — Alluvions. — Atterrissements. — Iles. — Ilots. — L'art. 39 L. 8 avr. 1898 (V. *suprà* n° 172) dispose que la propriété des alluvions, relais, atterrissements, îles et îlots qui se forment naturellement dans les fleuves et rivières faisant partie du domaine public, est et demeure réglementée par les art. 556, 557, 560 et 562 C. civ.

179. Domaine public fluvial. — Moulin. — Canaux d'amenée et de décharge creusés de main d'homme. — Droit de pêche. — La présomption que le propriétaire d'une usine est aussi propriétaire des canaux d'amenée ou de décharge servant cette usine sur un cours d'eau navigable ne peut s'appliquer qu'aux canaux creusés de main d'homme. A défaut par l'usinier de pouvoir établir la preuve de ce fait, les dits canaux doivent être considérés comme dépendant du domaine public fluvial. — Les décrets des 6-30 juill. et 28 nov. 1793 ayant aboli tous les droits exclusifs de pêche sur les rivières navigables et flottables et cette abolition ayant été consacrée par la loi du 14 floréal an X et maintenue par la loi du 15 avr. 1829, un particulier ne saurait invoquer les réserves faites par l'ordonnance de 1669 et par l'édit de 1683 au sujet des droits acquis antérieurement à 1566, s'il n'est pas en mesure d'appuyer sa prétention sur des titres établissant les droits revendiqués (C. Besançon, 15 mars 1888, 7?? R. P. ; — Cass. 19 fév. 1896, 8776 R. P.).

181. Domaine public. — Manufacture d'armes. — Égout. — L'énumération de l'art. 540 C. civ., qui désigne comme faisant partie du domaine public « les portes, murs, fossés et remparts des places de guerre et des forteresses » n'est pas limitative, et on doit considérer comme rentrant également dans le domaine public tous les biens qui sont consacrés à un usage général ou qui sont nécessaires pour la défense du territoire, comme les casernes, les bâtiments nationaux, et spécialement les manufactures destinées à les approvisionner quand elles appartiennent à l'État, qu'elles sont sous sa surveillance directe, qu'elles ont reçu cette affectation par un acte du pouvoir souverain (Saint-Étienne, 29 juin 1893, 8280 R. P.).

182-183-184. Chemins de fer. — Dépendances. — Les terrains acquis par l'État par voie d'expropriation pour cause d'utilité publique ne font partie du domaine public que s'ils sont réellement affectés à un usage public. Spécialement, en ce qui concerne les chemins de fer, ce n'est ni la déclaration d'utilité publique, ni le jugement d'expropriation qui opèrent l'incorporation du sol à la grande voirie, mais seulement la mise en exploitation pour l'usage public. En conséquence, les terrains qui, lors de l'établissement d'un chemin de fer, sont restés en dehors de la voie ferrée, ne font point partie de la grande voirie, mais doivent être regardés comme étant entrés dans le domaine privé de la compagnie concessionnaire, à la date du jugement d'expropriation. Ils sont, dès lors, susceptibles d'être acquis par des tiers par prescription trentenaire (Seine, 18 janv. 1894, 8259 R. P.).

Une compagnie de chemin de fer a qualité, sans l'intervention de l'État, pour opposer l'exception de domanialité publique à l'action en revendication d'une parcelle incorporée à la voie ferrée, en tant qu'elle se borne à soutenir que le domaine public, en ce qui concerne la parcelle litigieuse, a été exactement délimité.

Et la preuve que le terrain litigieux est une dépendance de la voie ferrée peut résulter de diverses circonstances, notamment : 1° d'un procès-verbal de bornage ; 2° de l'incorporation effective du terrain au domaine public.

La désaffectation d'un terrain peut ressortir de circonstances de fait d'une précision indiscutable, mais non de l'indue plantation, par des tiers, de la récolte des fruits ou du tracé d'un sentier, le domaine public ne devant pas être à la merci du défaut de vigilance des agents chargés de sa surveillance.

A défaut de circonstances précises impliquant la désaffectation, voulue par l'État ou la compagnie, l'incorporation au domaine public ne peut cesser que par un acte de l'autorité administrative.

L'action en pétition de propriété d'une parcelle dépendant du domaine public doit être dirigée contre l'État (Lure, 6 mai 1893 ; C. Besançon, 14 fév. 1894, 8461 R. P.).

Le prix de vente d'un terrain acquis par l'État pour a

181. Terrain vague en bordure d'une route nationale. Domanialité publique non présumable. Preuve contraire rapportée. Emprises de l'Administration n'ayant apporté aucun trouble à l'exercice des droits du véritable propriétaire. Possession équivoque. Prescription acquisitive non justifiée. — Si les terrains vagues en bordure des rues et chemins sont présumés en être des dépendances et appartenir, par suite, au domaine public, cette présomption n'est applicable qu'en matière de voirie urbaine ; elle ne peut être admise, s'il s'agit de routes nationales, qu'autant qu'il y a eu un arrêté de déclassement. Même en matière de voirie urbaine, cette présomption cède, d'ailleurs, devant la preuve contraire résultant d'un titre de propriété. — L'Administration ne peut davantage se prévaloir de la prescription acquisitive, lorsque les actes ou faits desquels elle entend faire résulter sa possession n'ont apporté aucun trouble à l'exercice des droits du véritable propriétaire (Pontoise, 1er déc. 1903, 10832 R. P.).

179. Domaine public fluvial. Moulin. Canaux d'amenée et de décharge. Propriété. — Le propriétaire d'un moulin établi sur une rivière navigable et flottable n'est pas fondé à se prétendre propriétaire des canaux d'amenée et de décharge servant ce moulin, lorsque, d'une part, il n'a été fait aucune mention de ces canaux dans les actes de transmissions successives du moulin vendu comme bien national en 1791, tant que par ailleurs l'usinier puisse produire, à l'appui de sa revendication, aucun titre de propriété antérieur à l'édit de 1566 (ordonnance de Moulins) et que, d'autre part, il ne s'agit pas de dérivations creusées de main d'homme ; ces canaux font partie du domaine public fluvial (Trib. ? juill. 190?, 1088? R. P.).

192. Domaine public fluvial. Atterrissements. Location par l'État. Trouble dans la jouissance du fermier. Litige. Délimitation préalable du lit du fleuve. Compétence exclusive de l'autorité administrative. Indemnité de dépossession due à des tiers. Compétence de l'autorité judiciaire. — Lorsque [illegible] instance intentée, pour trouble apporté à sa jouissance, par le [illegible] d'atterrissements dans un fleuve navigable, contre des particuliers [illegible] prétendent propriétaires de ces atterrissements, il y a [illegible] tion de domanialité publique, le tribunal doit surseoir à statuer jusqu'après la délimitation du lit du fleuve par l'autorité administrative. C'est, en effet, l'autorité administrative qui est seule compétente pour fixer les limites du lit des fleuves et rivières navigables, et pour déterminer ainsi les terrains qui font partie du domaine public. Mais les arrêtés de délimitation, que rend en pareil cas l'autorité préfectorale, sont toujours pris sous réserve des droits des tiers, et c'est à l'autorité judiciaire qu'il appartient de statuer sur les demandes en indemnité de dépossession formées par les particuliers qui se prétendent propriétaires de terrains compris dans la délimitation (C. Orléans, 27 juil. [illegible] 16 mai 1903, 10662 R. P.).

construction d'une ligne de chemin de fer et reconnu ultérieurement inutile, doit, en cas d'aliénation de ce terrain, être attribué à la compagnie concessionnaire, étant entendu que les intérêts en seront portés, chaque année, au compte d'exploitation et que le compte d'établissement sera diminué d'une valeur égale à celle du terrain. La réincorporation au chemin de fer d'un terrain désaffecté ne peut être effectuée qu'au moyen d'un accord préalable entre le département des Finances et celui des Travaux publics qui avait autorisé la désaffectation du terrain et la remise au Domaine (Avis C. d'État, 21 déc. 1897, 9245 R. P.; — Sol. 27 avr. 1898, 9340 R. P.).

Un décret n'est pas nécessaire pour prononcer l'affectation de ce terrain au service du chemin de fer (Sol. 23 déc. 1898, 9405 R. P.).

La remise soit à une commune, soit à un département, d'une voie d'accès à une gare doit être précédée du classement de cette voie dans la voirie vicinale ou départementale, opéré par décret rendu sur la proposition du Ministère de l'Intérieur, conformément à l'avis du Min. des Travaux Publics. Elle ne saurait être effectuée valablement par un simple procès-verbal dressé par les agents désignés à cet effet aux termes d'un arrêté préfectoral, laissant à la commune ou au département le soin de demander ultérieurement le classement de la voie dans une catégorie de voies de communication (Lettre Min. Trav. Pub. 5 janv. 1900, 9078 R. P.).

185. Prise d'eau. — Vente nationale. — Suppression. — Indemnité. — Le droit de prise d'eau dans une rivière navigable, et spécialement celui de se servir d'une pompe à feu pour puiser de l'eau à la Seine, ne peut être supprimé sans indemnité, si ce droit a été compris dans une vente nationale, comme faisant partie d'un immeuble voisin du fleuve, et cela encore bien que l'immeuble, d'abord racheté par l'État, ne soit devenu la propriété du demandeur que par une vente subséquente, si, dans le dernier acte, on s'est référé à la vente nationale pour désigner la chose vendue (C. d'État, 1er août 1890, 7538 R. P.).

189. Manuscrits et collections. — Les documents constitutifs des archives de l'État font partie du domaine public et sont, dès lors, inaliénables et imprescriptibles. Et, pour que des documents soient considérés comme des archives de l'État, il n'est pas indispensable qu'ils aient été classés dans un dépôt public; il suffit que, par leur nature ou par leur origine, ils puissent être considérés comme faisant partie du domaine public (C. Nancy, 16 mai 1896, 8998 R. P.).

L'art. 538 C. C. comprend dans l'étendue du domaine public, non seulement les immeubles qui y sont énumérés, mais encore les livres, manuscrits, objets d'art qui, dans les bibliothèques publiques, archives publiques, musées, sont affectés à l'usage direct et immédiat du public. — Par suite, ces biens meubles sont inaliénables et imprescriptibles. — Mais ne tombent pas sous l'application de cet article des anciennes minutes de notaire remontant aux Xe, XVe et XVIIe siècles et possédés privativement depuis plus de trente ans par des particuliers. — Et on ne saurait davantage, pour contester la propriété privée de ces documents, invoquer les art. 57 et 61 L. 25 ventôse an XI qui, en cas de remplacement d'un notaire ou de suppression d'une étude, prescrivent le dépôt des minutes dans une étude voisine de la même commune ou du même canton, cette loi n'ayant pas d'effet rétroactif (Lyon, 20 fév. 1897, 9079 R. P.).

Bibliothèque communale. — Livres, manuscrits, miniatures. — Inaliénabilité et imprescriptibilité. — Les livres, manuscrits et miniatures d'une bibliothèque publique communale forment la partie constitutive et essentielle de cette bibliothèque et dépendent, comme elle, du domaine public inaliénable et imprescriptible. — Par suite, ces objets ne sauraient donner lieu à l'application de l'art. 2279 C. C. et peuvent être revendiqués à toute époque, même contre les possesseurs de bonne foi (Cass. req. 17 juin 1896, 8943 R. P.).

Le décr. 20 fév. 1809 (art. 1) incorpore dans le domaine public les archives de l'État, des communes et des établissements publics, et le décret du 22 déc. 1855 (art. 4) dispose que les documents déposés aux archives nationales ne peuvent être aliénés qu'en vertu d'une loi.

La jurisprudence décide, par voie de conséquence, que le possesseur de bonne foi ne peut opposer aux revendications de l'Administration l'exception des art. 2279 et 2280 C. C., dès l'instant que les documents revendiqués sont entrés légalement dans le domaine d'un dépôt public, encore bien qu'ils n'y fussent pas classés réellement (Seine, 22 déc. 1875; — C. Paris, 30 déc. 1879).

L'arrêt précité du 17 juin 1896 confirme les mêmes principes.

Le tribunal de Dijon a aussi décidé, dans le même sens, que l'État est fondé à revendiquer, comme faisant partie du domaine public, des objets d'art affectés à un usage public, tel qu'un musée national, lors même qu'ils se trouveraient entre les mains d'un particulier ne pouvant justifier d'un titre les ayant désaffectés (Dijon, 9 août 1886, J. E. 22739). Ce jugement a été, il est vrai, réformé par un arrêt de la cour de Dijon du 3 mars 1887 (J. E. 22821, D. 87. 2. 253), mais, par des considérations de fait et après que les juges d'appel eurent eux-mêmes affirmé, en principe, que le caractère d'inaliénabilité et d'imprescriptibilité s'attache à tout objet auquel un acte quelconque a donné, aux yeux de tous, une destination d'utilité générale.

Anciennes abbayes supprimées. — Manuscrits et titres. — Cartulaires. — Possesseur de bonne foi. — Revendication par l'État. — Imprescriptibilité. — Les manuscrits et titres de toute nature provenant des anciennes abbayes supprimées pendant la Révolution font partie du domaine public et doivent être déposés aux archives nationales ou départementales. La possession de ces manuscrits par les particuliers ne confère aucun droit de propriété, et la revendication de l'État est imprescriptible, sous la seule condition d'indemniser équitablement les possesseurs des sommes qu'ils justifieraient avoir déboursées pour leur acquisition (Gap. 30 oct. 1895, 8942 R. P.).

192. Domaine public. — Délimitation. — Compétence de l'autorité administrative. — L'autorité administrative est seule compétente pour déterminer les limites d'un fleuve ou d'une rivière flottable, et le principe de la séparation des pouvoirs s'oppose à ce que la juridiction civile puisse infirmer l'arrêté préfectoral de délimitation et ordonne la restitution des terrains incorporés au domaine public (Seine, 27 janv. 1891, 7693 R. P.).

Lorsque, dans une instance au possessoire intentée par un propriétaire, riverain d'une rivière navigable, au sujet d'un terrain que l'État soutient faire partie du lit de la rivière, il y a doute sur la question de domanialité publique, il appartient à l'autorité administrative de prononcer sur cette question préjudicielle, et le juge doit, en conséquence, remettre à statuer jusqu'après la fixation par l'autorité administrative des limites du lit légal de la rivière (Jug. de paix de Chaussin (Jura), 21 mai 1894, 8374 R. P.).

Lorsque l'État a affermé à un tiers des dépendances du domaine public, il a le droit d'intervenir à l'instance engagée contre ce tiers par des propriétaires riverains se prétendant en possession plus qu'annale du terrain affermé. S'il y a doute sur la question de domanialité publique, le juge de paix, devant lequel l'instance au possessoire a été portée, se conforme à la loi en remettant à statuer jusqu'à ce que les limites du domaine public aient été fixées par l'autorité administrative (Dôle, 3 avr. 1895, 8503 R. P.).

198. Arrêtés préfectoraux. — Fleuves et rivières navigables ou flottables. — L'art. 35 L. 8 avr. 1898 (9288 R. P. ; — 3071 I. G. — V. *C. des lois*), spécifie que des arrêtés préfectoraux, rendus après enquête, sous l'approbation min. trav. publ., fixeront les limites des fleuves et rivières navigables ou flottables, ces limites étant déterminées par la hauteur des eaux coulant à pleins bords avant de déborder.

199. Domaine maritime. — L. 20 juill. 1897. — Demi-solde. — Délimitations spéciales. — Les délimitations spéciales que nécessite l'application du nouveau régime de la demi-solde institué par l'art. 6 L. 20 juill. 1897, qui distingue entre les marins pratiquant habituellement la haute mer et ceux naviguant exclusivement dans les eaux fermées (ports, fleuves, rivières, bassins, lacs et étangs salés) ne touchent à aucun intérêt domanial. Le service du domaine doit donc s'abstenir de prendre part aux opérations de cette nature (Déc. min. fin. 9 avr. 1900, 3080-30 I. G.; 10212 R. P.).

200. Délimitation. — Embouchure d'un fleuve. — Limites anciennes et non actuelles. — Salure des eaux. — Végétation des bords. — Pouvoirs de l'autorité judiciaire. — Lorsqu'un tribunal est saisi d'une question de propriété privée qui implique la connaissance de la limite *ancienne* du domaine public maritime, le principe de la séparation des pouvoirs administratif et judiciaire n'exige pas que les juges sursoient à statuer jusqu'à ce que l'autorité administrative ait établi, dans la forme régulière, ni la limite *ancienne* ni la limite *actuelle* de la mer dans la partie sur les bords de laquelle se trouvent les propriétés contestées. La compétence judiciaire est entière du moment que, ne s'agissant pas de conserver l'intégrité actuelle du domaine public, celui-ci n'a pas d'intérêt à la solution à intervenir. — Spécialement, l'autorité judiciaire a pu décider que des terrains vendus par l'État avaient été autrefois compris dans les limites du domaine public maritime, en se fondant sur ce que la nappe d'eau bordant ces terrains présente l'aspect de la mer non seulement par l'extrême mobilité, la salure et la phosphorescence de ses eaux peuplées des mêmes poissons que la mer, mais encore par la végétation particulière de ses bords, et sa décision tranche souverainement la question de fait (C. Poitiers, 15 juin 1885; — Cass. civ. 4 fév. 1891, 7579, 7974-14 R. P.).

Dans cette affaire, les parties avaient invoqué deux moyens à l'appui de leur pourvoi :

1° Violation des principes de la séparation des pouvoirs administratif et judiciaire, et notamment de l'art. 13 titre 2 L. 16-24 août 1790; violation de l'art. 2, section 3 L. 22 déc. 1789-8 janv. 1790 et de l'art. 2 décr. du 21 fév. 1852, — en ce que, par des motifs applicables tant aux limites actuelles qu'aux limites anciennes du rivage de la mer, l'arrêt attaqué a, sans distinguer entre le présent et le passé, fixé de sa propre autorité les limites du domaine public maritime à l'embouchure de la Seudre, alors qu'il aurait dû surseoir à statuer jusqu'à ce que la fixation de ces limites eût été opérée pour le présent par l'autorité administrative, seule compétente à cet effet;

2° Violation de l'art. 538 C. civ., de l'ordonn. de 1681 et de l'art. 7 L. du 20 avr. 1810, — en ce que, sous le seul prétexte qu'à partir de l'écluse de Riberon, la Seudre formait une baie soumise aux variations continuelles des marées et qu'elle présentait l'aspect de la mer non seulement par l'extrême mobilité, la salure et la phosphorescence de ses eaux, peuplées des mêmes poissons que la mer, mais encore par la végétation particulière de ses bords, l'arrêt attaqué a déclaré que les terrains revendiqués faisaient partie du domaine public maritime, alors que ce caractère ne pouvait leur être attribué qu'à charge de constater que ces terrains se trouvaient au-dessous du point où les rives de la rivière coupent les falaises et le rivage de la mer.

La Cour nous paraît avoir bien jugé sur les deux moyens qui lui étaient soumis.

Premier moyen. — Délimitation administrative. — Limites anciennes. — Ainsi que la Direction générale des Domaines l'avait fait ressortir dans sa défense, deux règles dominent la matière délicate des délimitations du domaine public : d'une part, les tribunaux de droit commun sont seuls juges des questions de propriété *privée;* d'autre part, il appartient exclusivement à l'autorité administrative de reconnaître et de fixer les limites du domaine public. — Appliqués d'une manière étroite, ces deux principes également incontestables conduiraient à décider, tout à la fois, que les tribunaux civils peuvent seuls fixer les limites de la propriété privée, même par rapport au domaine public, et que l'autorité administrative seule a qualité pour déterminer les limites de la propriété publique, même par rapport à la propriété privée. On arriverait ainsi à une antinomie absolue, à un conflit insoluble, dans le cas où le débat porte précisément sur les limites respectives du domaine public et des propriétés particulières.

Mais la règle de la séparation des pouvoirs administratif et judiciaire a fourni la conciliation nécessaire entre ces deux conséquences contradictoires. Les tribunaux civils ne doivent ni réformer les actes de l'Administration, ni même en connaître (Loi des 16-24 août 1790, titre 2, art. 13;

208. Alluvions fluviales. Décision judiciaire ayant reconnu le droit de propriété d'un riverain. Modifications survenues ultérieurement dans l'état matériel des lieux. Partie des alluvions devenue terrain maritime. Droit de propriété de l'État. Principe de la chose jugée non applicable dans l'espèce. Partie des alluvions non détruite ni modifiée. Décret de délimitation du rivage de la mer. Persistance du droit de propriété du riverain. — Ne viole pas l'autorité due à la chose jugée l'arrêt d'une Cour d'appel qui, tout en constatant qu'une décision judiciaire a reconnu le droit de propriété d'un riverain sur des terrains ayant alors le caractère d'alluvions fluviales, déclare qu'une portion de ces alluvions ayant été ultérieurement détruite par la mer, les nouveaux atterrissements [illegible] ont émergé avec un caractère légal tout différent et se sont trouvés, tant au point de vue du droit de propriété qu'en ce qui concerne la délimitation latérale du rivage de la mer, soumis au régime des atterrissements maritimes. — Si un décret de délimitation du rivage de la mer peut avoir pour effet d'attribuer le caractère de lais et relais maritimes à des terrains qui, après avoir été reconnus par une décision judiciaire être la propriété d'un riverain comme constituant des alluvions fluviales, ont été ultérieurement transformés par le mouvement des eaux, il n'en est pas de même de ceux des terrains dépendant du même bloc d'alluvions qui n'ont pas été modifiés dans leur état; en ce qui concerne ces derniers terrains, le décret de délimitation n'a pu porter atteinte au droit de propriété privée que la décision judiciaire antérieure a reconnu, à l'encontre de l'État, au riverain ou à ses ayants cause, et ceux-ci sont, en conséquence, fondés à réclamer une indemnité de dépossession ou la remise des terrains en nature (C. Rouen, 23 juin [illegible] — Cass. civ., 30 mai 1900, 11261 R. P.).

mais, dès qu'ils peuvent décider une question de propriété *privée* sans se heurter à cette défense, le droit commun reprend son empire (Cass. 6 nov. 1872, S. 74. 1. 165, *Rép. gén.*, vº *Domaine*, nº 222). — D'autre part, l'Administration n'a, sur le domaine public, qu'un pouvoir de conservation et de surveillance : du moment que la conservation du domaine public n'est pas en jeu, son intervention n'a plus sa raison d'être.

Dès lors, il n'est pas interdit aux tribunaux civils de s'enquérir des phénomènes constitutifs de la domanialité publique et d'en tirer les conséquences juridiques; ils peuvent et doivent faire application aux questions de propriété *privée* des règles de *droit civil* posées par l'art. 538 du C. C. et par l'ordonnance de 1681; ils sont tenus seulement, dans cet examen et dans cette application, de ne pas empiéter sur les attributions de l'autorité publique, et de ne pas se mettre en opposition avec ses actes (C. d'État, 30 nov. 1869, Lebon, 1869, p. 953).

Ainsi, ils empiéteraient sur les attributions de l'autorité publique si, l'Administration prétendant qu'un terrain fait partie du lit d'un fleuve ou du rivage de la mer, ils passaient outre avant que les limites du lit ou du rivage eussent été régulièrement constatées, dans les formes spéciales prescrites par les règlements et les lois (Trib. conflits, 27 mai 1876, Lebon, p. 560). — Ils méconnaîtraient aussi ses droits si, nonobstant la constatation régulière de ces limites, ils maintenaient ou réintégraient les particuliers dans la possession de terrains compris dans le domaine public par une délimitation administrative (Cass., 6 nov. 1872, précité; — trib. conflits, 11 janv. 1873, *Rép. gén.*, vº *Domaine*, nº 222).

Mais ils respectent suffisamment les actes de l'autorité publique quand la limite administrative leur paraissant empiéter sur la propriété *privée*, ils se bornent à allouer aux particuliers une indemnité de dépossession (Cass., 20 mai 1862, S. 63. 1. 127; — 21 nov. 1865, S. 66. 1. 5; — 14 mai 1866, S. 66. 1. 197; — trib. conflits, 11 janv. 1873, *Rép. gén.*, vº *Domaine*, *loc. cit.*). De même, ils peuvent, sans excès de pouvoir, statuer, avant toute délimitation administrative, sur la domanialité ou la non-domanialité de terrains d'origine fluviale ou maritime, quand cette reconnaissance de domanialité ne se rattache pas à la *conservation* du domaine public, au maintien du terrain litigieux parmi ses dépendances.

C'est pourquoi la délimitation administrative n'est pas considérée comme un préliminaire obligatoire quand il s'agit de la détermination des limites *anciennes* de terrains maritimes dont le caractère actuel de simples *lais de mer*, rentrés dans le commerce, est reconnu par l'Administration, mais sur lesquels elle conteste que des actes de possession utiles aient pu être accomplis, à l'époque à laquelle les particuliers font remonter leur jouissance (Trib. conflits, 1er mars 1873, *Rép. gén.*, vº *Domaine*, *loc. cit.*).

Il faut donc décider que les tribunaux civils peuvent s'abstenir de provoquer la délimitation préalable, lorsqu'il s'agit de terrains retranchés du domaine public maritime par un acte régulier de l'autorité administrative, puisque, dans ce cas encore, la *conservation* du domaine public n'est pas en cause, et que la reconnaissance des limites naturelles du rivage, déterminée par la baisse des flots, ne peut avoir d'influence qu'au point de vue de la condition antérieure du terrain litigieux, c'est-à-dire au point de vue du passé seulement et non du présent (Cass., 11 avr. 1860, D. 60. 1. 273, S. 60. 1. 523).

Dans l'affaire actuelle, le débat portait, pour l'État comme pour ses adversaires, sur un immeuble actuellement susceptible de propriété privée, et non sur une question de domanialité publique actuelle. C'est donc avec raison que la C. cass. a décidé que la C. Poitiers était compétente pour statuer, sans délimitation préalable par l'autorité administrative.

Deuxième moyen. — *Caractères distinctifs du domaine public maritime.* — L'art 538 C. civ. a rangé dans le domaine public les rivages de la mer, et l'ordonnance d'août 1681, art. 1er, titre VII, livre IV, répute « bord et rivage de la mer tout ce qu'elle couvre et découvre pendant les nouvelles et pleines lunes et jusqu'où le plus grand flot de mars se peut étendre sur les grèves. » A l'embouchure d'un fleuve, le flux fait remonter les eaux beaucoup plus loin que le grand flot de mars ne s'étend sur les grèves, et les terres situées le long du fleuve ne sauraient être considérées comme rivages de la mer par cela seul qu'elles se trouvent périodiquement submergées. En pareil cas, il est donc indispensable, pour l'application des dispositions de l'ordonnance de 1681, de rechercher l'endroit où les rives fluviales s'effacent devant le rivage maritime, de déterminer le point jusqu'où la mer porterait elle-même ses eaux si le fleuve n'existait pas. Mais, pour cette recherche, la loi n'a tracé et ne pouvait tracer aucune règle. La pratique a imaginé différents moyens dont aucun n'est absolument exact. Nous avons fait connaître, vº *Domaine*, les différents systèmes qui sont défendus par les auteurs, et nous avons particulièrement signalé comme le plus rationnel et le plus en faveur le système de délimitation basé sur le *parallélisme* des rives (nº 208).

Mais la loi, comme nous venons de le faire remarquer, n'a sanctionné aucun système; elle n'a tracé et ne pouvait tracer aucune règle fixe.

Il s'ensuit que lorsque, pour l'application de l'art. 538 du Code civil, l'autorité judiciaire est appelée à reconnaître le caractère fluvial ou maritime d'une baie, son pouvoir d'appréciation rentre dans les attributions souveraines des juges de fait, et que sa décision ne saurait être utilement l'objet d'un pourvoi en Cassation, sous le prétexte, par exemple, que cette décision ne constate pas expressément le parallélisme ou le défaut de parallélisme des bords de la baie, car le parallélisme n'est pas lui-même décisif dans tous les cas.

En maintenant dans ce sens l'appréciation des premiers juges, l'arrêt ci-dessus rapporté nous paraît à l'abri de la critique.

Sur la question de fait elle-même, il est intéressant de retenir l'importance que la C. Poitiers et, après elle, la C. cass. ont accordée, pour déterminer le caractère des terrains litigieux, non seulement au jeu des marées, mais encore à l'aspect de la baie, à la mobilité, à la salure et à la phosphorescence de ses eaux, ainsi qu'à la nature de ses poissons et à la végétation de ses bords.

Délimitations transversales et latérales à l'embouchure d'un fleuve. — Compétences respectives de l'autorité administrative et de l'autorité judiciaire. — Titres antérieurs à l'Édit de Moulins de 1566. — Lorsque la revendication par l'État contre une commune ou divers particuliers de terrains situés dans l'estuaire d'un fleuve nécessite la délimitation actuelle du domaine public, et que cette délimitation, opérée en ce qui concerne la limite transversale entre les eaux du fleuve et celle de la mer n'a pas encore reçu son complément nécessaire par une délimitation latérale des rives devenue définitive, l'autorité judiciaire, saisie de la contestation, doit surseoir à statuer jusqu'à ce que cette dernière délimitation ait été faite par l'autorité administrative. — Si l'allégation par quelques-unes des parties qu'elles étaient riveraines non de la mer ou du fleuve, mais d'un cours d'eau, peut constituer un moyen spécial de défense et non un simple argument, les juges y ont suffisamment répondu en déclarant d'une manière générale que les terrains réclamés étaient baignés par le flot de mars et constituaient par cela même des rivages de la mer inaliénables et imprescriptibles (C. Rouen, 29 juill. 1886; — Cass. civ. 24 janv. 1893, 8068 R. P.)

Voici les savantes observations que M. le conseiller Rousselier a présentées dans son rapport à la Cour et qui font ressortir tout l'intérêt de la décision :

« Les principes que votre jurisprudence, celle du Conseil d'État, et celle du tribunal des conflits ont posés, non sans certains tâtonnements (voir concl. de M. Aucoc, 16 déc. 1866, D. 67-3-33) relativement à la compétence de l'autorité judiciaire et à celle de l'autorité administrative en matière de délimitation des rivages de la mer, semblent aujourd'hui au-dessus de toute controverse. Nous avons eu récemment l'occasion de vous les rappeler avec quelque détail dans l'affaire des huîtrières de la Seudre, où s'est offert à vous le cas d'en faire l'application dans une espèce infiniment moins complexe que celle-ci.

D'une part, c'est à l'autorité administrative, gardienne du domaine public, qu'il appartient de fixer les limites de son étendue et l'autorité judiciaire ne peut pas plus la gêner dans l'exercice de cette prérogative que dans celui de toute autre de ses attributions.

D'autre part, l'autorité judiciaire a reçu pour la sauvegarde de la propriété privée, même contre les empiètements des représentants les plus élevés de l'État, une pleine juridiction.

Ces deux compétences, aussi absolues l'une que l'autre dans leur principe, viennent-elles à se heurter sur le terrain d'une revendication élevée contre le domaine public par la propriété privée ou réciproquement, la part de chacun sera faite par une double distinction :

S'agit-il de déterminer les limites actuelles de la mer pour juger si les prétentions des revendiquants ne les portent pas au delà ou ne les ramène pas en deçà de la baisse du flot de mars sur les rives? Le premier mot, sinon le dernier, doit appartenir à l'autorité administrative. C'est elle qui dira, tout d'abord, jusqu'où s'étend la marée des syzygies; c'est elle qui dira, à l'embouchure d'un fleuve, quel est le point précis où finit la mer et où commence le cours d'eau. Dans cette recherche qui, à deux exceptions près, tend à résoudre péremptoirement, quant à l'assiette de la propriété, tous les conflits entre le domaine public et les riverains, son action ne doit subir aucune entrave. C'est par vues d'ensemble qu'elle procède, à l'aide de vérifications techniques que seule elle est en mesure de mener à bien; il ne faut pas que la solution donnée, peut-être par une autorité judiciaire inférieure, telle qu'un magistrat cantonal statuant, en matière provisoire, sur quelque point insignifiant du littoral, vienne à lever, contre une délimitation générale et rationnelle, l'obstacle de la chose mal, mais définitivement jugée. Si donc le procès met en question la limite actuelle du domaine maritime, les tribunaux devront s'arrêter et surseoir.

Ils encourraient, au contraire, en subordonnant dans une mesure quelconque leur propre décision à celle de l'autorité administrative, le reproche de méconnaître leur compétence naturelle, si, quelles que fussent les limites actuelles de la baisse du flot de mars, la solution des questions qui leur sont soumises n'en devait pas être influencée; en d'autres termes si, quelle que dût être l'issue du procès, l'intégrité du domaine public actuel n'en pouvait, dans aucun cas, subir aucune atteinte. Il en serait ainsi, non seulement si le retrait naturel du flot laissait désormais à découvert, de l'aveu des deux parties, les terrains litigieux, le procès comportait seulement la recherche du point jusqu'où, dans un passé plus ou moins récent, il avait pu les recouvrir, mais encore : 1° si le droit réclamé par les riverains est fondé, non sur la nature des lieux, mais sur des titres susceptibles de tenir en échec la loi même qui a attribué au domaine public, et, par suite, au rivage de la mer, des caractères d'inaliénabilité et d'imprescriptibilité, c'est-à-dire sur des titres antérieurs à l'Ordonnance de Moulins, et c'est pour cela qu'à bon droit la Cour de Rouen n'a pas subordonné au sursis qu'elle prononçait l'examen des titres de la seigneurie d'Orcher invoqués par la commune, et qu'elle a (bien ou mal, c'est la question posée par le deuxième moyen), commencé par statuer définitivement sur leur portée; 2° si les parcelles litigieuses, quoique naturellement comprises peut-être dans le domaine maritime, en avaient été formellement détachées par un de ces actes de déclassement et de concession que la loi du 16 septembre 1807, art. 41, autorise dans certaines conditions et moyennant certaines formes. C'est pour cela que, dans votre arrêt du 4 fév. 1891, vous avez proclamé que la revendication des huîtrières de la Seudre ne comportait pas de sursis (*Rép. pér.* de Garnier, n° 7578).

Donc, le litige implique-t-il la recherche des limites actuelles de la mer et de ses rivages, nécessité de surseoir!

Implique-t-il seulement la vérification d'une domanialité antérieure, mais qu'un fait naturel et légal a certainement effacée dans le présent dont il reste seulement à régler les effets dans le passé, plénitude de juridiction pour les tribunaux de l'ordre judiciaire? Voilà la première distinction.

La seconde suppose rempli le préalable de l'instruction administrative. La délimitation a été faite, soit avant tout procès, soit après sursis; les particuliers qui s'estiment lésés et dont ces sortes de décrets réservent toujours les droits, ont contre elle une première voix de recours; ils peuvent s'adresser, pour en obtenir le redressement, au Conseil d'État, et, quand il s'agit de terrains situés à l'embouchure d'un fleuve, les délais pour attaquer les décrets de délimitation ne courent, le préjudice fût-il causé par la délimitation transversale, qu'à dater de la publication de la délimitation latérale, la première étant réputée n'avoir pu, à elle seule, porter à la propriété riveraine l'atteinte directe qui met l'intéressé en demeure d'agir. Ce recours s'il est couronné de succès, donne aux réclamants une satisfaction complète (C. d'État, Labbé et Jouy, 4 avril 1870, D. 70-3-57).

A côté subsiste, mais moins efficace dans ses effets, le recours à l'autorité judiciaire. Il ne saurait désormais lui être possible de faire droit à une revendication ou même à une action en maintenue possessoire : ce serait la négation de l'acte administratif dont l'effet immédiat a été d'incorporer au domaine tout ce qu'il a compris dans sa délimitation. Si, dans cette délimitation, ont été englobés des terrains autrefois susceptibles de propriété privée, mais que, par un phénomène naturel, le flot de mars a envahis, le propriétaire dépossédé n'a droit à aucune indemnité à la suite du décret qui n'a fait que constater la ruine matérielle de sa propriété. Mais il peut se faire que, dans le périmètre assigné au domaine public, certains points d'émergence aient échappé, par leur peu d'importance ou égard au système général des côtes, à l'attention des ingénieurs de l'État; il se peut que des parcelles régulièrement acquises sur le domaine public, dans les circonstances exceptionnelles que nous avons réservées tout à l'heure, aient été, sans souci des droits acquis, rétablies dans le domaine public; il se peut que ce soit par l'effet de travaux de mains d'hommes, et non par son propre caprice, que le flot de mars ait envahi des terrains antérieurement placés hors de ses atteintes. Dans ces divers cas, l'attribution au domaine public résultat du décret de délimitation constitue une véritable expropriation contre laquelle aucune restitution *in integrum* n'est possible de la part de l'autorité judiciaire qui doit respecter l'œuvre du pouvoir exécutif; mais il reste au particulier le droit de demander et aux tribunaux celui d'allouer une indemnité de dépossession.

Faut-il aller jusqu'à dire que cette indemnité pourrait être allouée, même en méconnaissance directe des faits proclamés par les actes administratifs; en d'autres termes que, pour nous renfermer dans notre espèce, la Cour de Rouen aurait pu, malgré le décret de 1800 et pourrait encore, après le décret complémentaire de 1887, déclarer que l'estuaire maritime de la Seine ne dépasse pas, même aujourd'hui, le Hoc et Honfleur, pour en tirer la conséquence que les riverains devront être, non pas réunis ou maintenus en possession des marais alluvionnaires, mais indemnisés de ce qu'elle qualifierait dès lors implicitement des confiscations arbitraires? C'est ce que nous hésiterions peut-être à vous proposer de déclarer en termes absolus; certains arrêts semblent l'avoir admis : 23 mai 1849, D. 49-1-313; — 20 mai 1862, D. 63-1-230; — 21 nov. 1865, D. 66-1-113; — 14 mai 1866, D. 66-1-394; — *sic. conf.* 12 mai 1883, D. 85-3-50; — Cass. 4 janv. 1886, D. 86-1-125) dans l'espèce, mais ce que, poussant jusqu'à ses plus extrêmes conséquences la protection due par la justice civile à la propriété privée, d'éminents esprits n'ont pas craint de professer (voir conclusions de M. l'avocat général Reynaud devant la Cour de Rouen). Indépendamment des raisons puisées dans le principe de la séparation des pouvoirs, il y a dans la cause une raison particulière de douter que ce pouvoir subsistât pour l'autorité judiciaire. C'est que la délimitation transversale n'a pas été seulement réglée par le décret de 1869, mais que ce décret ayant été attaqué au contentieux, il a été maintenu, en présence des parties en cause, par décision contradictoire du Conseil d'État, en 1882. Il y a donc sur ce point-là chose jugée et non pas seulement un acte administratif à respecter en tant qu'acte administratif. C'est enfin ce que quelques-uns de vos arrêts semblent admettre comme possible.

Réserve faite de ce dernier point, que ne touche peut-être pas d'une façon nécessaire le débat actuel, c'est des principes désormais certains qui viennent d'être rappelés et sur lesquels le pourvoi et la défense ne peuvent qu'être théoriquement d'accord, que l'un et l'autre vous demandent l'application, chacun estimant qu'elle doit entraîner à son bénéfice la décision qu'ils attendent de vous. »

212. Embouchure d'un fleuve. — Domaine maritime. — Délimitation transversale. — Opérations. — Décret. — Publication. — Rôle du Domaine. — Lorsque la délimitation transversale du domaine maritime à l'embouchure d'un fleuve est opérée uniquement en vue de l'application de l'art. 6 L. 20 juill. 1897, relative aux retraites des marins inscrits, le Domaine doit se désintéresser des opérations. — Il n'a pas, notamment, à insister pour la publication du décret de délimitation (Sol. 15 mars 1900, 9788 R. P.).

216. Délimitation. — Plus hautes eaux non débordées. — Lorsque l'arrêt interlocutoire, qui ordonne une expertise ayant pour but de déterminer les limites d'un fleuve et d'établir le montant de l'indemnité réclamée par un riverain à l'État pour cause d'usurpation, précise la mission des experts et dispose qu'ils devront prendre pour base la plus grande hauteur des eaux à l'époque des marées ordinaires, abstraction faite des marées d'équinoxe et des débordements ou inondations, cette décision a, quant au mode de délimitation, l'autorité de la chose jugée si elle n'a fait l'objet d'un recours dans les délais de droit. — En conséquence, les experts ne peuvent, pour l'accomplissement de leur mission, adopter un autre mode de délimitation, et l'arrêt ultérieur — qui homologue l'expertise faite sur des bases différentes, par exemple d'après la moyenne hauteur des eaux calculée sur un ensemble de marées de syzygie ordinaires observées pendant un certain nombre d'années, — viole l'art. 1351 C. C. (Cass. civ., 5 nov. 1890, 7550, 7974-13 R. P.).

— Le lit d'un fleuve soumis à l'action du flux et du reflux comprend tous les terrains périodiquement et normalement recouverts par les eaux, lorsque, coulant à pleins bords, elles ne peuvent monter davantage sans déborder, et ce lit du fleuve doit, par suite, être déterminé d'après les plus hautes marées de syzygie, abstraction faite des marées d'équinoxe et de celles qui, s'élevant accidentellement à une altitude exceptionnelle, constituent de véritables inondations (C. Rennes, 16 fév. 1891, 7746 R. P.).

— Lorsqu'un arrêt interlocutoire, ordonnant une expertise dans le but de déterminer les limites d'un fleuve et d'établir le montant de l'indemnité réclamée par un riverain à l'État pour cause d'usurpation, a précisé la mission des experts et disposé qu'ils devront prendre pour base la plus grande hauteur des eaux à l'époque des marées ordinaires, abstraction faite des marées d'équinoxe et des débordements ou inondations, les juges, appelés à examiner les conclusions du rapport des experts, ne violent pas l'autorité de la chose jugée, ni les principes relatifs à la délimitation des fleuves et rivières navigables, en faisant abstraction, non seulement des marées d'équinoxe, mais encore de quelques marées exceptionnelles de syzygie, si leur appréciation est motivée sur ce que ces marées, par leur caractère anormal et leur défaut de périodicité, constituent de véritables inondations ou débordements (C. Angers, 21 mars 1892; — Cass. req., 21 fév. 1894, 8332 R. P.).

220. Fleuves et rivières navigables ou flottables. — Arrêtés de délimitation. — Recours au Conseil d'État. — Les arrêtés de délimitation rendus par les préfets, dans les conditions indiquées *suprà* n° 193, et qui doivent toujours être pris sous la réserve des droits de propriété, peuvent être l'objet d'un recours contentieux devant le Conseil d'État (L. 8 avr. 1898, art. 36, 9288 R. P.; — 3071 I. G.) — V. *C. des lois*.

222. Délimitation. — Indemnité de dépossession. — Autorité judiciaire. — Les arrêts administratifs de délimitation doivent réserver les droits des tiers, et ceux-ci, placés sous la protection des tribunaux, sont fondés à demander l'intervention de l'autorité judiciaire pour vérifier si les terrains litigieux sont réellement recouverts par les hautes eaux sans débordement et pour prononcer une indemnité de dépossession dans le cas où les juges reconnaissent qu'il y a eu emprise de terrains qui n'étaient pas devenus naturellement une portion du domaine public (Seine, 27 janv. 1891, 7603 R. P. — V. *suprà* n° 208).

227. Biens vacants et sans maître. — Syndicat professionnel dissous. — Après la dissolution d'un syndicat professionnel régi par la L. 21 mars 1884, on ne peut considérer les biens qui lui appartenaient comme étant devenus vacants et sans maître. L'État ne serait donc pas fondé à revendiquer ces biens (Sol. 26 juill. 1898, 9517 R. P.).

233. Domaine de l'État. — Affectation à un service public. — Formalité. — Publication au « Journal Officiel ». — Les décrets promulgant l'affectation d'immeubles domaniaux à un service public doivent être publiés au *Journal Officiel* (L. de fin. du 28 déc. 1895, 8713 R. P. — V. *suprà* n° 130).

Forêt domaniale. — Parcelle forestière. — Dépendances d'un canal. — Réunion. — Domanialité publique. — Décret d'affectation. — Inutilité. — L'incorporation au domaine public national d'immeubles dépendant du domaine privé de l'État n'est pas subordonnée à l'émission d'un décret d'affectation, et l'opération peut être régulièrement accomplie, sans autre formalité préalable, dès lors que les départements ministériels intéressés sont d'accord à cet égard.

Spécialement, lorsque des travaux d'amélioration d'un canal, déclarés d'utilité publique, nécessitent l'emprise d'une parcelle d'une forêt domaniale, la remise de cette parcelle au service des Ponts et chaussées est valablement accomplie en vertu de l'entente intervenue entre les Ministres de l'agriculture, des finances et des travaux publics (Déc. min. fin. 17 avr. 1902, 3080-31 I. C.; 10304 R. P.).

235. Immeuble affecté à un service public. — Murs. — Mitoyenneté et surcharge. — Acquisition. — Non-intervention du Domaine. — L'Administration n'a pas à intervenir dans le règlement des frais d'acquisition de mitoyenneté et de surcharge des murs d'un immeuble affecté à un service public autre que le sien. (Dans l'espèce, service des Postes et des Télégraphes) (Sol. 8 oct. 1900, 9992 R. P.).

235 *bis*. Domaine privé de l'État. — Servitude légale. — Reconnaissance. — Les préfets sont autorisés à consentir, sur les propositions des directeurs des domaines et après avis, s'il y a lieu, des représentants des services intéressés, la reconnaissance des servitudes légales grevant le domaine privé de l'État (L. 6 déc. 1897, art. 4, 9145 R. P.).

Le pouvoir accordé aux préfets implique celui de fixer, sur la proposition du Directeur des Domaines, le prix à payer au Trésor, le cas échéant, notamment en matière de passage pour cause d'enclave. Il est rigoureusement restreint à la reconnaissance des servitudes *légales*. La constitution de toute autre servitude emportant aliénation de droits immobiliers sur le domaine de l'État reste sous l'empire de la législation antérieure (9305-15 R. P.).

237. Domaine de l'État. — Service public. — Affectation. — Désaffectation. — Impenses. — Indemnité. — L'affectation à un service public d'un immeuble dépendant du domaine de l'État est de sa nature, et à moins de stipulations contraires, révocable *ad nutum*. — Comme conséquence nécessaire de ce caractère de révocabilité, le législateur a dû, pour conserver intact entre les mains du propriétaire son droit de révocation, refuser à l'affectataire tout droit à une indemnité pour impenses utiles, améliorations et constructions. — L'affectataire ne saurait être assimilé au possesseur de bonne foi, ni même au possesseur de mauvaise foi, dont la situation est réglée par l'art. 555 C. civ. — Le titre en vertu duquel il jouit imprime à sa possession un caractère essentiellement précaire, faisant obstacle à ce qu'il puisse acquérir la propriété de l'immeuble affecté, au moyen de la prescription trentenaire (C. Paris, 23 avr. 1892, 7902 R. P.).

241. Affectation. — Révocabilité. — Constructions et améliorations. — Indemnité. — Renonciation résultant du titre de concession. — L'affectation à un service public d'un immeuble dépendant du domaine de l'État est, de sa nature et à moins de stipulation contraire, révocable *ad nutum*, et, en cas de révocation, l'affectataire, qui ne saurait être assimilé à un possesseur, est sans droit pour réclamer une indemnité à raison des améliorations utiles faites par lui au domaine affecté, alors surtout que le titre de concession contient une clause expresse à cet égard (C. Paris, 23 mai 1892, 8777 R. P.).

251. Forêts. — Reboisement. — Terrains acquis. — Purge. — Honoraires de l'avoué. — Liquidation. — Compétence du Domaine. — L'Administration des Domaines, compétente depuis la loi 6 déc. 1897 pour liquider, sans l'intervention des préfets, les dépenses domaniales, a, en vertu de cette loi, la compétence nécessaire pour liquider les frais et honoraires de l'avoué chargé de remplir les formalités de la purge des hypothèques ...

227. Biens vacants. Reliquat de l'actif net de la liquidation des congrégations religieuses non autorisées. — En disposant, dans ses art. 18, § 13, que l'actif net de la liquidation devait être réparti entre les ayants droit, sans déterminer quels étaient ces ayants droit, la L. 1er juill. 1901 n'a conféré aux anciens membres des congrégations non autorisées, dissoutes, que la faculté de faire valoir les droits de propriété ou de créance qui font partie de leur patrimoine personnel. En dehors de ces droits, elle ne leur attribue que les allocations prévues par l'art. 18 précité, *in fine* : les anciens congréganistes, par conséquent, ne sont pas fondés à prétendre que le reliquat de l'actif de la liquidation doit leur être dévolu (Cass. civ. 13 mars 1907, 11343 R. P.).

235 *bis*. Biens affectés. Établissement ecclésiastique. Locations dans un immeuble domanial consenties par cet établissement. Répétition par l'État des loyers perçus. Demande non recevable. — Si un établissement ecclésiastique, à la disposition duquel un immeuble domanial a été mis avec une affectation déterminée, n'est pas autorisé à louer certaines parties de cet immeuble sans s'exposer à en voir prononcer la désaffectation, l'État, faute d'avoir eu recours à cette mesure, n'est pas fondé à rechercher cet établissement à raison des conditions dans lesquelles sa jouissance s'est exercée et à lui réclamer le montant des loyers perçus, alors surtout qu'il n'a pas ignoré l'existence des locations et que le prix de ces locations a été employé par l'établissement affectataire à des œuvres de bienfaisance rentrant dans l'objet de son institution (Cons. d'État, 3 juill. 1903, 10580 R. P.).

237. Affectation d'un immeuble domanial à une congrégation. Désaffectation ultérieure. Impenses. Plus-value. Personnes ayant qualité pour actionner l'État. — Lorsqu'un immeuble domanial a été affecté à une congrégation, avec stipulation qu'en cas de dissolution de cette congrégation, l'État n'aurait à tenir compte de la plus-value résultant des impenses et améliorations qu'aux membres qui la composaient, et seulement pour assurer le service des pensions alimentaires prévues par le dernier paragraphe de l'art. 7 L. 24 mai 1825, les congréganistes, qui sont appelés à être individuellement bénéficiaires de ces pensions, ont seuls qualité, à l'exclusion du supérieur et du liquidateur de la communauté, pour actionner l'État en vue de faire déterminer la plus-value et l'emploi des sommes à en provenir (Boulogne-sur-Mer, 14 déc. 1905, 11224 R. P.).

Détermination de la plus-value. — Quand il a été stipulé, dans la loi qui a autorisé l'affectation, qu'une congrégation, à la disposition de laquelle a été mis un immeuble domanial, aurait droit, en cas de révocation de l'affectation, à la plus-value résultant des impenses et améliorations, il y a lieu, pour déterminer cette plus-value, de ne tenir compte des impenses qu'à concurrence de l'augmentation de valeur qu'elles ont procurée à l'ensemble de l'immeuble, sans avoir égard à l'importance des sommes dépensées ou à la valeur des constructions édifiées par la congrégation (Boulogne-sur-Mer, 14 déc. 1905, 11224 R. P.).

245. Dunes. Propriété. Revendication par des particuliers contre l'État. Absence de titres de propriété. Présomptions en faveur de l'État. Prescription à son profit. — Ne saurait être accueillie la demande en revendication de la propriété de dunes par des particuliers, lorsque ceux-ci ne peuvent justifier de titres de propriété; qu'il y a au contraire, en faveur de l'État, présomption que ces dunes étaient autrefois sa propriété comme biens vacants et sans maître en vertu des articles 539 et 713 C. civ., et que, dans tous les cas, il est établi que l'État possédait les d. dunes, à titre de propriétaire exclusif, depuis une époque antérieure au décret du 14 déc. 1810 (Bordeaux, 6 août 1906, 11387 R. P.).

Dunes. Terres vaines et vagues. Ancienne province de Bretagne. Propriété. — Les dunes ne sont pas, par elles-mêmes, des terres vaines et vagues dont la propriété, dans l'ancienne province de Bretagne, a été attribuée aux communes par l'art. 10 décr. 28 août 1792. En effet, ou bien elles se sont formées sur le domaine maritime et constituent, par suite, de véritables lais et relais de mer qui, dans l'ancien droit, faisaient partie du petit domaine de la couronne et appartiennent aujourd'hui à l'État ; ou bien, ce sont des amas de sables qui ont été jetés par le vent sur des terrains privés et qui appartiennent, par voie d'accession, aux propriétaires de ces terrains et, en cas d'abandon, à l'État. Une commune bretonne ne peut donc être admise à revendiquer la propriété de dunes, comme terres vaines et vagues, lorsqu'elle n'établit pas que les terrains recouverts par les sables étaient, au 28 août 1792, des terres vaines et vagues, c'est-à-dire des terres n'ayant jamais été mises en valeur, ni défendues contre le parcours d'autrui, ni appréhendées d'une façon quelconque, et servant, depuis un temps immémorial, de pâturages communaux (Saint-Nazaire, 23 fév. 1906, 11172 R. P.).

269. Bois et forêts. Vente de coupe. Parterre ne devant pas être considéré comme le magasin de l'acheteur. Tiers acquéreurs. — Lorsque, dans une vente de coupe de bois, il a été stipulé que le parterre de la coupe ne serait pas considéré comme le magasin de l'acheteur et que les bois abattus devraient rester, jusqu'à la fin du payement du prix, la garantie du vendeur, cette clause n'est opposable aux tiers acquéreurs, malgré une saisie conservatoire pratiquée par le vendeur, qu'autant qu'elle a été rendue publique ou que les tiers acquéreurs en ont eu connaissance (Joigny, 19 janv. 1905, 11063 R. P.).

271 *bis*. Forêts. Adjudication de coupe. Étendue des obligations de la caution. Faute de l'Administration. — En matière d'adjudication de coupes dans les forêts de l'État, la caution de l'adjudicataire n'est tenue de garantir que l'exécution des charges qui se rapportent à l'adjudication même, telles que le payement des indemnités prévues par le cahier des charges pour la prorogation des délais de vidange, mais non celle des stipulations qui ne constituent pas une des conditions essentielles de l'adjudication, comme le payement du prix des harts dont l'adjudicataire a pu demander la délivrance au service des Forêts, en vertu d'une disposition particulière du cahier des charges, parce qu'il n'en trouvait pas en quantité suffisante dans la coupe vendue. — L'Administration ne peut plus exercer d'action contre la caution lorsque, mise en demeure par celle-ci de faire valoir son privilège de venderesse sur les bois existant dans la coupe, elle n'a fait aucune diligence à cet effet et qu'elle a même laissé vendre ces bois par un créancier de l'adjudicataire sans opposition ni protestation (Louviers, 24 mars 1905, 11021 R. P.).

277. Forêts. Bail de chasse. Animaux nuisibles. Battue aux sangliers ordonnée par le Préfet sans mise en demeure préalable du fermier. Trouble apporté à la jouissance de ce dernier. Résiliation du bail. — Lorsque le cahier des charges de l'adjudication du droit de chasse dans une forêt domaniale stipule qu'en cas de surabondance du gibier, notamment du sanglier, l'Administration des Forêts devra mettre le fermier en demeure de détruire, dans un délai déterminé, les animaux dont le nombre et l'espèce lui seront indiqués, et que, faute par lui de se conformer à cette mise en demeure, il sera procédé à la destruction par les soins du Service des Forêts, une battue aux sangliers, ordonnée par le Préfet en vertu de ses pouvoirs relatifs à la police et à la sûreté générale, sans mise en demeure préalable du fermier, constitue un trouble apporté à la jouissance de ce dernier, trouble qui justifie la résiliation du bail (Loudéac, 10 fév. 1905, 10795 R. P.).

Forêts. Bail de chasse. Animaux nuisibles. Battue aux sangliers ordonnée par le Préfet en vertu de ses pouvoirs de police et de sûreté générale. Acte de la puissance publique ne pouvant être considéré comme un trouble contractuel. — Si l'adjudication d'un droit de chasse dans une forêt domaniale est un acte de gestion dont la connaissance appartient à l'autorité judiciaire, celle-ci ne peut toutefois considérer comme un trouble contractuel vis-à-vis de l'adjudicataire l'exécution d'un arrêté du Préfet du département qui, après un premier arrêté préfectoral classant les sangliers parmi les animaux nuisibles, a prescrit des battues aux sangliers dans ladite forêt en vertu des pouvoirs à lui conférés par l'arrêté du Directoire du 19 pluv. an V; un tel arrêté, qui est pris en conformité d'une loi de police et de sûreté, constitue un acte de la puissance publique à laquelle il ne pouvait être ni dérogé ni renoncé et n'est soumis qu'au recours administratif (Cass. (civ.), 7 nov. 1905; — *Contrà* C. Rennes, 29 juill. 1903, 11483 R. P.).

gales pouvant grever les immeubles acquis, dans la forme administrative, par le service forestier, en vue du reboisement des montagnes (Sol. 6 fév. 1900, 9755 R. P.).

260. Forêt domaniale. — Délimitation partielle. — Expert de l'État. — En cas de délimitation partielle d'une forêt domaniale, la défense des droits de l'État étant confiée à un agent du service forestier, désigné après entente avec le Directeur des Domaines, il est inutile d'adjoindre à cet agent, dans l'accomplissement de sa mission, un autre représentant du service domanial (Sol. 22 avr. 1898, 9383 R. P.).

261. Immeuble de l'État. — Propriété riveraine. — Bornage. — Frais. — Répartition. — Bien que le bornage doive, aux termes de l'art. 646 C. civ., se faire à frais communs, il ne s'ensuit pas nécessairement que les frais doivent être supportés par moitié, et, notamment, que l'un des propriétaires puisse imposer à l'autre la charge des frais de transport de son expert, qu'il lui a plu, pour des raisons personnelles, de choisir dans un département éloigné de celui où s'accomplit le bornage (Sol. 17 oct. 1899, 9732 R. P.).

272. Forêts. — Coupes accidentelles. — Menus produits. — Prix payable à la Caisse du Domaine. — Escompte. — Les adjudicataires de menus produits ou de coupes accidentelles, dont le prix est payable en espèces à la Caisse du Domaine, n'étant pas tenus de remettre au Receveur des traites, pour le montant de leur acquisition, ne peuvent profiter d'aucune bonification ni d'aucun escompte, en cas de paiement anticipé (Sol. 23 nov. 1895, 9175 R. P.).

277. Forêts. — Bail de chasse. — Trouble. — Exercice de tir. — Indemnité. — Lorsque, pendant la durée d'un bail de chasse consenti à un particulier dans une forêt domaniale, les exercices de tir qui se pratiquaient dans cette forêt antérieurement à la location augmentent dans une proportion considérable et constituent ainsi un trouble imprévu dans la jouissance transmise, le preneur a droit à une indemnité correspondante au trouble causé (Compiègne, 21 janv. 1891, 7632 R. P.; Trib. confl. 21 mars 1891, 7661 R. P.).

L'indemnité doit être supportée par le département de la guerre, qui en tient compte au département des finances par voie de virement de comptes de ministère à ministère (D. Min. Guerre, 8 mai 1891, 7632 R. P.).

Si les juges trouvent, dans les documents du procès, des éléments nécessaires pour apprécier le chiffre de l'indemnité, il n'y a pas lieu à expertise (Compiègne, 21 janv. 1891, 7632 R. P.).

Bail de chasse. — Preuve d'exécution. — Nomination et installation de garde. — Le locataire d'une chasse ne saurait prétendre, pour refuser le paiement du fermage, qu'il n'a pu prendre possession de la chasse louée, lorsque cette assertion se trouve démentie par des faits constants démontrant la prise de possession de la chasse. Il en est ainsi notamment lorsque le locataire de la chasse a fait nommer et installer un garde et que ce garde a dressé, à sa requête, divers procès-verbaux (Béziers, 26 janv. 1895, 8534 R. P.).

278. Forêts. — Extractions de sables et autres matériaux. — Concessions amiables. — Compétence des préfets. — Les préfets sont compétents pour autoriser, sur les propositions conformes des chefs de service des domaines et des forêts, les concessions amiables de carrières dans les forêts domaniales d'une durée n'excédant pas neuf ans et pour lesquels le montant des redevances cumulées ne dépasse pas 2.000 fr. (Décision des Min. Fin. et Agric. 11 oct. — 30 nov. 1895, 8699 et 8860-21 R. P.; 2899 I. G.).

Les dispositions de l'Instr. n° 2901, qui régissent les cessions amiables d'objets mobiliers, ne sont pas applicables aux concessions de carrières dans les forêts domaniales pour lesquelles un régime spécial a été institué. D'après l'Instr. n° 2899, les Préfets ont qualité pour consentir, sur l'avis conforme des Chefs de service du Domaine et des Forêts, les concessions amiables de cette nature dont la durée ne doit pas dépasser neuf ans, et pour lesquelles le montant cumulé des redevances n'excède pas 2.000 fr. (Sol. 10 juin 1899, 9588 R. P.).

281. Coupes des bois des communes et des établissements publics. — Frais d'administration. — Calcul du 5 fr. p. 100 sur le prix. — Charges imposées aux adjudicataires. — Pour le calcul de la taxe de 5 fr. p. 100 sur le produit des coupes de bois que les communes et les établissements publics doivent verser à l'État pour l'indemniser de ses frais d'administration, il n'y a pas lieu d'ajouter au prix d'adjudication des coupes la valeur estimative des travaux qui sont imposés aux adjudicataires en vue d'améliorer la propriété boisée et les conditions de jouissance et d'exploitation des bois. Mais cette taxe doit être calculée et prélevée sur le prix principal sans qu'il y ait lieu de déduire la somme qui, sur ce prix, doit, d'après le cahier des charges, être mise par la commune à la disposition du service forestier pour être affectée à des travaux d'amélioration dans la forêt dont les produits sont adjugés (D. m. f. 12 déc. 1893, 8375 R. P.).

282. Forêts. — Bois des communes et des établissements publics. — Frais d'administration. — Taxe du 20e. — Maximum annuel. — L'État perçoit, à titre de frais d'administration des bois des communes et des établissements publics, 5 fr. p. 100 du prix des produits principaux de ces bois, s'ils sont vendus, ou de leur valeur, s'ils sont délivrés en nature aux habitants (L. 25 juin 1841, art. 5, et 19 juill. 1845, art. 6). D'après l'art. 14 L. 14 juill. 1856, la perception ne peut toutefois dépasser 1 fr. par hectare de la surface totale des bois d'où proviennent les produits vendus ou délivrés en nature (I. G. 2103).

Aux termes d'une D. m. f. du 31 août 1857, la taxe ainsi limitée au maximum de 1 fr. par hectare est due à l'époque où les produits des bois deviennent réalisables, d'après leur ordre d'aménagement; le droit de l'État ne s'ouvre que l'année où doivent se faire les coupes, et c'est sur le prix total de ces coupes que doit être assise la taxe au maximum de 1 fr. par hectare. — Suivant cette décision, si une commune possède, par exemple, un bois de 100 hectares dont les coupes sont biennales, il n'était dû, *tous les deux ans*, qu'une seule taxe dont le chiffre ne pouvait excéder 100 fr. (I. G. 2105).

L'art. 11 L. 29 mars 1897 (2924-4 I. G.; 9031 R. P.) a modifié, ainsi qu'il suit, le mode de liquidation de la taxe maxima de 1 fr. par hectare.

Art. 14 (nouveau). — « Le remboursement à l'État des frais d'administration des bois des communes et des établissements publics continuera à s'effectuer conformément à l'art. 5 L. 25 juin 1841 et à l'art. 6 L. 19 juill. 1845, sans toutefois que la somme remboursée par chaque commune ou chaque établissement public puisse dépasser *annuellement* 1 fr. par hectare de bois lui appartenant. »

D'après cette disposition, la taxe doit être calculée, comme par le passé, au taux de 5 fr. p. 100, mais le maximum en est modifié en ce sens qu'il sera désormais de 1 fr. par hectare, si les coupes sont annuelles; de 2 fr. si elles sont biennales; de 3 fr. si elles sont triennales, et ainsi de suite, à raison de 1 fr. *par hectare et par année*. Ainsi, une coupe biennale dans une forêt de 100 hectares est vendue moyennant le prix de 5.000 fr. A 5 fr. p. 100, la taxe exigible pour frais d'administration serait de 250 fr. Sous l'empire de la loi ancienne, le maximum aurait été de 100 fr., tandis qu'il sera de 500 fr. en vertu de la loi nouvelle ».

Bois communaux. — Frais de régie. — Maximum annuel. — Bois non aménagés. — Le maximum annuel établi par l'art. 11 L. 29 mars 1897, pour les frais de régie des bois communaux, n'est pas applicable aux coupes uniques et autres coupes extraordinaires ou accidentelles qui proviennent de bois non aménagés. Il concerne uniquement les coupes périodiques fixées par un décret d'aménagement (Sol. 18 sept. 1901, 3080-32 I. G.; 10233 R. P.).

Institut de France. — Taxe du vingtième. — Exemption. — L'Institut de France étant considéré, non comme un établissement public, mais comme un véritable organe de l'État, n'est pas soumis, pour son domaine forestier, à la taxe de 5 fr. p. 100 que la L. 25 juin 1841 met à la charge des communes et des établissements publics, en vue de rémunérer l'État des frais d'administration de leurs bois (Déc. min. fin., 8 juin 1899, 9610 R. P.).

282 *bis (à ouvrir)*. **Forêts. — Vingtièmes forestiers. — Somme indûment perçue. — Restitution.** — La restitution de sommes perçues en excédent par l'Administration des Domaines, pour vingtièmes forestiers, doit être directement opérée par cette Administration et la dépense imputée sur le titre des « restitutions de droits et amendes indûment perçus » (Sol. 1er avril 1899, 9587 R. P.).

296. Forêt domaniale. — Incendie. — Dommages. — Action judiciaire. — Compétence. — Le service forestier est seul compétent, à l'exclusion de l'Administration des Domaines, pour engager et suivre une instance relative à la réclamation d'une indemnité résultant des dommages causés à une forêt domaniale par un incendie (Sol. 3 oct. 1899, 9731 R. P.).

297. Forêts. — Instance. — Honoraires d'avocat. — Liquidation. — Compétence du Domaine. — L'Administration des Domaines, compétente depuis la L. 6 déc. 1897 pour liquider, sans l'intervention des préfets, les dépenses domaniales, a, en vertu de cette loi, la compétence nécessaire pour liquider les dépenses qu'elle a engagées, dans la limite de ses attributions en matière forestière, encore bien que ces dépenses doivent être supportées par le budget du service des Eaux et Forêts. Il en est spécialement ainsi pour les honoraires d'avocat dans les instances suivies par le Domaine en matière forestière (Sol. 30 juin 1899, 9641 R. P.).

304-308. Baux amiables. — Compétence. — Les baux amiables des biens de l'État peuvent être consentis, pour une durée maxima de 18 années, par une ou plusieurs périodes. Les directeurs des domaines sont autorisés à consentir ceux de ces baux n'excédant pas une durée de neuf années et dont le prix annuel ne dépasse pas 1.000 fr. — Le directeur général des domaines consent ceux de ces baux n'excédant pas une durée de neuf années et dont le prix annuel, excédant 1.000 fr., ne dépasse pas 5.000 fr. — Sont soumis à l'approbation du min. fin. les baux d'une durée supérieure à neuf années et ceux d'une durée moindre dont le prix annuel est supérieur à 5.000 fr. — Il n'est rien innové en ce qui concerne le mode de passation des contrats (L. 6 déc. 1897, art. 7, 9145 et 9395-18 R. P. — V. *Code des lois*).

310. Biens domaniaux. — Location. — Frais antérieurs. — Prélèvement sur le 5 fr. p. 100. — Lorsque, dans le cahier des charges relatif à la location, par voie d'adjudication, de terrains militaires, il est stipulé que les adjudicataires paieront, outre le prix principal, 5 fr. p. 100 pour frais divers, il y a lieu d'imputer, sur ce 5 fr. p. 100, non seulement le montant des droits de timbre et d'enregistrement dus au Trésor, tant pour la minute que pour l'expédition du procès-verbal d'adjudication, mais encore tous les frais d'affiches et de publication antérieurs à la vente (Sol. 14 déc. 1900, 9997 R. P.).

314. Domaine de l'État. — Revenus et produits. — Autorisation de mise en surséance indéfinie. — Compétence des Directeurs. — Les Directeurs des Domaines sont compétents pour autoriser, comme en matière de droits d'enregistrement, de timbre et d'hypothèques, la mise en surséance indéfinie des produits domaniaux (Déc. min. fin. 24 mai 1897, 9109 et 9125-19 R. P.).

317 *bis*. **Baux domaniaux. — Fermages. — Instance. — Constitution d'avoué. — Frais frustratoires.** — Lorsque le procès a son origine dans une contrainte ayant pour objet le recouvrement de fermages, les frais de constitution d'avoué doivent demeurer à la charge de la partie adverse qui a eu recours inutilement au ministère d'un avoué. — Par contre, le Domaine doit supporter les frais de significations et notifications qu'il a faites, sans nécessité, aux cédants de la partie adverse, à la caution et au certificateur de caution (Compiègne, 21 janv. 1891, 7632 R. P.).

318. Domaine public fluvial. — Produits. — Recouvrements. — Administration des Domaines substituée à celle des Contributions Indirectes. — Une L. 26 déc. 1901 (10111 R. P.; 3075 et 3076 I. G. — V. *C. des lois*) dispose qu'à partir du 1er janv. 1902, l'Administration des Domaines sera substituée à celle des Contributions

303. Ventes, échanges, baux, acquisitions et autres actes intéressant la gestion du domaine privé de l'État. Délégation des sous-préfets et des maires. — Décret du 26 févr. 1907 (11385 R. P.).

293 *bis*. **Forêts domaniales. Passage. Concession temporaire.** — En matière de concessions de passage dans les forêts domaniales, à titre de tolérance précaire et révocable à volonté, l'acceptation des conditions imposées résultant suffisamment de la pétition déposée par les intéressés, la passation d'un acte administratif n'est pas nécessaire, pourvu que l'arrêté préfectoral précise le caractère précaire de la concession. Dans ce cas, l'arrêté, qui présente par lui-même le caractère d'un acte authentique, est assujetti à l'enregistrement dans le délai de vingt jours. — Les concessions de jouissance du sol et du tréfonds, qui sont accordées pour une durée fixe et irrévocable et confèrent de véritables droits réels, doivent, au contraire, continuer à faire l'objet d'actes administratifs (D. m. f. 6 mai 1902, Instr. 3095, § 27, 10385 R. P.).

318. Domaine public fluvial. Produits. — *Lots de pêche sur les fleuves, rivières et canaux. Affermage. Société de pêcheurs à la ligne.*

L. 29 janv. 1902. Décr. 17 fév. 1903. Inst. 3111; 10665 R. P. — Cette loi complétant l'art. 10 L. 15 avr. 1829, dispose « qu'il peut être dérogé, en faveur des sociétés de pêcheurs à la ligne, au principe de l'adjudication dans les conditions déterminées par un règlement d'administration publique ».

D'après l'art. 3 du décret précité, les Min. trav. pub. et de l'agr. déterminent, chacun en ce qui le concerne, les lots susceptibles d'être réservés aux sociétés de pêcheurs à la ligne et les conditions de l'affermage. Quant à la redevance à payer, elle est fixée suivant les règles de compétence établies pour la location des biens de l'État, sous la réserve qu'en cas de désaccord entre les agents locaux des services intéressés, au sujet du chiffre de cette redevance, le chiffre sera arrêté par le Min. fin.

Les règles de compétence, actuellement en vigueur, en matière de baux amiables d'immeubles domaniaux, sont tracées par l'art. 7 L. 6 déc. 1897 (V. *supra*, n° 304 et 308).

Conformément à cette dernière loi et à l'article 3 précité du décret du 17 fév. 1903, les directeurs sont compétents pour fixer le montant de la redevance, toutes les fois que l'affermage sera consenti pour une durée n'excédant pas neuf ans, et moyennant un prix ne dépassant pas mille francs et si, d'ailleurs, ils sont d'accord avec les représentants locaux des services techniques intéressés relativement au taux de la redevance.

Dans tous les autres cas, ils doivent en référer à la Direction générale.

Il n'est rien innové en ce qui concerne le mode de passation des actes administratifs qui constateront l'affermage et auxquels devra concourir un représentant du Domaine (Décr. 17 juin 1903, art. 5); les directeurs ont donc à se conformer sur ce point aux prescriptions de l'Inst. n° 3030, § 7, et de la Lettre commune du 16 nov. 1899, n° 229.

Francs-bords. Location. Adjudication. Tentative infructueuse. Frais. Annonces. Remboursement. — Les receveurs des domaines doivent avancer les frais de location des francs-bords, sauf remboursement, aussitôt après l'adjudication, soit par l'adjudicataire, soit, en cas d'insuccès, par le service chargé de la surveillance des francs-bords (Sol. 27 avr. 1903, 10540 R. P.).

Prises d'eau sur les fleuves et rivières navigables et flottables. Concessions. Fixation des redevances. Décret du 13 juillet 1905. — 11233 R. P.

319. Francs-bords des canaux de navigation. Domanialité publique. Exemption de la contribution foncière des propriétés non bâties. — Les francs-bords des canaux de navigation constituent des dépendances immédiates de ces canaux et, comme eux, ils font partie du domaine public; ils sont, par suite, exempts de la contribution foncière des propriétés non bâties (Instr. 3186, § 17, 11197 R. P.).

indirectes, en ce qui concerne le recouvrement des fermages de la pêche et de la chasse sur les cours d'eau, des produits de la récolte des francs-bords et des redevances pour occupations temporaires du domaine public, prises d'eau et permissions d'usines dans les rivières navigables ou flottables, comme dans les canaux et rivières canalisées, des droits de bac et passages d'eau et des droits de louage.

Canal du Midi. — Moulins. — Usines. — Établissements similaires. — Il a été décidé, antérieurement à la L. 26 déc. 1901 qu'en principe, c'est au service du Domaine et non à celui des Contributions Indirectes que doit être attribuée la gestion des moulins, usines et autres établissements similaires situés dans les dépendances du Canal du Midi (Sol. 12 juill. 1899, 9640 R. P.).

318 bis (*à ouvrir*). **Bacs et passages d'eau.** — En ce qui concerne les bacs et passages d'eau, un décr. 12 juill. 1896 (8875 R. P.) a fixé, ainsi qu'il suit, les attributions respectives des Min. Trav. Pub. et des Fin. :

« Art. 1er. — A partir de la publication du présent décr., toutes les questions concernant l'amodiation des bacs et passages d'eau administrés par l'État sont placées dans les attributions du Min. Trav. Publ. Seule, la perception des redevances continuera à être assurée par les soins du Min. des Fin. ».

Les Agents des Domaines, substitués à ceux des Contributions Indirectes par la L. 26 déc. 1901, doivent donc se borner à encaisser les fermages dont les amodiations des bacs et passages d'eau sont redevables, en vertu des titres de recouvrement qui leur sont transmis.

Dans l'I. G. 3076, l'Administration des Domaines a, d'ailleurs, rappelé que le Min. Trav. Pub. a décidé, le 6 fév. 1891 (Circ. autog. aux directeurs du 27 avril 1891), qu'à partir du 1er avril 1891 le matériel d'exploitation des bacs administrés par l'État serait exclusivement fourni par les adjudicataires de ces bacs et qu'en aucun cas l'État ne mettrait à la disposition des fermiers une part quelconque de ce matériel : bateaux, agrès, traille, chaînes noyées, maisons de passeur, bâtiments d'exploitation, etc.

L'Administration a, en conséquence, prescrit à ses agents de provoquer la remise au Domaine tant du matériel que des immeubles affectés aux passages d'eau administrés par l'État, dès qu'ils deviendront disponibles, pour que l'aliénation en soit poursuivie dans les conditions prévues par la circ. précitée du 27 avr. 1891. — V. *infrà* n° 411.

319. Francs-bords et plantations. — La L. 26 déc. 1901 fait revivre le régime antérieur au décr. 25 mars 1863.

Le service des Domaines, déjà chargé par la déc. min. fin. 15 mars 1890, d'affermer certains atterrissements non encore sortis du domaine public fluvial, devra poursuivre, désormais, l'amodiation et la vente de tous les produits des francs-bords et plantations de ce domaine, d'après les règles de la législation domaniale relatives à l'amodiation des immeubles ou à la vente des objets mobiliers de l'État.

320. Pêche et chasse. — Fermages. — Dans l'I. G. 3076 l'Administration des Domaines détermine ainsi qu'il suit les règles applicables aux fermages de la chasse et de la pêche.

Généralités. — L'amodiation du droit de pêche et de chasse dans les cours d'eau du domaine public a lieu, d'une manière générale, par voie d'adjudication, avec publicité et concurrence (L. 15 avr. 1829, art. 10 et 20). Toutefois, en cas d'insuccès de l'adjudication publique, le lot non adjugé peut être concédé, par licences à prix d'argent, sur l'autorisation du service qui exerce la police, la surveillance et l'exploitation du cours d'eau (Même L. art. 10).

L'adjudication a lieu sous la présidence du préfet, du sous-préfet ou du maire, avec le concours d'un agent des Ponts et chaussées ou d'un agent des Eaux et forêts, suivant la distinction établie ci-après.

Le Département des Finances concourt également à l'opération. A partir du 1er janv. 1902, il sera représenté par les agents du Domaine dans toutes les circonstances où il l'était auparavant par les agents des Contributions indirectes.

Les conditions de l'affermage varient suivant qu'il s'agit de canaux et de rivières canalisées ou de rivières navigables et flottables non canalisées.

Canaux et rivières canalisées. — La surveillance, la police et l'exploitation de la pêche dans les canaux et rivières canalisées appartiennent au Ministère des Trav. Pub. et sont placées dans les attributions du service des Ponts et chaussées (Décret du 23 déc. 1810, Instr. n° 522; — Décret du 29 avr. 1862, Instr. n° 2236).

Les clauses et conditions de l'adjudication sont indiquées dans un cahier des charges général approuvé le 15 nov. 1875 par le Min. Trav. Pub.

L'art. 8 de ce cahier des charges porte que l'adjudication ne sera définitive qu'après avoir été homologuée par le préfet. Cette disposition déroge à l'art. 19 L. 15 avr. 1829.

L'art. 27 du même cahier des charges impose à chaque adjudicataire l'obligation de payer comptant, « à titre de remboursement des frais d'adjudication, un et demi pour cent du prix de son bail pour une année ». La pratique ayant démontré les inconvénients de ce système, le Min. Trav. Pub., d'accord avec son collègue des Finances, a décidé de supprimer la clause ci-dessus et d'introduire dans les cahiers des charges relatifs à l'amodiation de la pêche une clause nouvelle mettant la totalité des frais d'adjudication à la charge des adjudicataires. Cette décision a été notifiée aux préfets par une circulaire du 3 fév. 1896.

Rivières navigables et flottables non canalisées. — Un décret du 7 nov. 1896 (*J. off.* du 11 nov.) a distrait des attributions des Travaux publics et rattaché au Ministère de l'Agriculture (Service des Eaux et forêts) la police, la surveillance et l'exploitation de la pêche et de la chasse dans les rivières navigables et flottables non canalisées.

Un cahier des charges spécial, dressé par la Direction des Eaux et forêts et approuvé le 16 déc. 1898 par le Min. Agr., règle les conditions de l'affermage de la pêche et de la chasse dans les cours d'eau de cette catégorie.

Ce cahier des charges ne subordonne pas l'effet de l'adjudication à l'homologation du procès-verbal par le préfet. Dès lors, l'adjudication du droit de pêche et de chasse dans les rivières navigables et flottables non canalisées est définitive du moment où elle est prononcée (Loi du 15 avr. 1829, art. 19).

Règles spéciales au droit de chasse. — En ce qui concerne le droit de chasse que l'art. 17 du cahier des charges du 16 déc. 1808 confère à l'adjudicataire dans les cours d'eau navigables et flottables non canalisés, une entente est intervenue entre le Min. Agr. et celui des Trav. Pub. pour déterminer l'étendue de ce droit et les limites dans lesquelles il peut être exercé.

Une circulaire adressée aux préfets le 28 août 1900 par ces deux Ministres porte que, si en principe l'adjudicataire n'a le droit de chasser que le gibier d'eau dans l'étendue des parties louées, ce droit pourra cependant, lorsqu'il n'en résultera aucun préjudice pour les intérêts de la navigation, être étendu à toute espèce de gibier sur les parties terrestres de la section d'eau affermée, telles que les îles ou îlots, atterrissements, etc. Cette question doit être réglée, préalablement à l'adjudication, par le conservateur des Eaux et forêts et l'ingénieur en chef de la voie navigable, sauf recours aux ministres compétents, et sans qu'il y ait lieu à intervention d'un représentant du département des Finances.

320 *bis* (*à ouvrir*). **Droits de touage.** — Voici en quels termes l'I. G. 3070 commente les dispositions de la L. 26 déc. 1901 (*suprà* n° 318) en ce qui concerne les droits de touage.

La perception des droits de touage n'a jamais été réglementée. Ils figurent à l'État B des droits, produits et revenus dont la perception est autorisée par les lois annuelles de finances avec l'indication des décrets particuliers qui ont accordé les concessions actuellement en vigueur.

Chacun de ces décrets fixe le tarif des droits à recouvrer. La perception a lieu au moment même où les bateaux réclament l'usage de la chaîne et du remorqueur. Il est délivré immédiatement au déclarant un laisser-passer contenant le décompte du droit et accompagné d'une quittance. L'Administration des Contributions indirectes a dû créer un personnel spécial de recouvrement. Ce sont des éclusiers, commissionnés à cet effet, qui encaissent les droits de touage.

Dans cette situation, tout en incorporant les droits de touage dans la nomenclature des produits domaniaux à encaisser par l'Administration de l'Enregistrement, il a été décidé que l'on maintiendrait le recouvrement de ces taxes spéciales dans les attributions du service des Contributions indirectes qui en reversera le montant à la caisse des receveurs des Domaines.

Des touages à vapeur existent notamment dans six départements : l'Aisne, les Ardennes, la Côte-d'Or, la Marne, la Meuse et la Nièvre.

330. Locations. — Domaine public fluvial. — V. *suprà* nos 318 et 318 *bis*.

331. Domaine public fluvial. — Passation des baux. — Questions de propriété. — Avant la L. 26 déc. 1901, qui a substitué le service des Domaines à celui des Contributions Indirectes, pour le recouvrement des produits du domaine public fluvial, il avait été décidé que la préparation des locations et le règlement des conditions financières pour occupations temporaires du domaine public fluvial appartient, aussi bien que le recouvrement, à l'Administration des contributions indirectes. L'Administration des domaines n'a à intervenir qu'au sujet des questions de propriété (Arrêté min. 6 mars 1897, 9029 et 9125-9 R. P.).

Depuis le rattachement réalisé par la L. 26 déc. 1901, cette distinction n'a plus d'objet.

332. Permissions d'usines et prises d'eau. — Nous avons vu, *suprà* n° 318, que la L. 26 déc. 1901 a subrogé l'Administration des Domaines à celle des Contributions Indirectes pour le recouvrement des redevances applicables aux prises d'eau et aux permissions d'usines.

Les art. 40 et 45 L. 8 avr. 1898 (V. *suprà* n° 172) établissent les règles à suivre en matière de prises d'eau et permissions d'usines dans les rivières navigables ou flottables.

L'art. 44 de cette L. porte que les concessionnaires seront assujettis à payer à l'État une redevance d'après les bases qui seront fixées par un règlement d'Administration publique. Ce règlement est actuellement en préparation.

La L. 8 avr. 1898 est, d'ailleurs, spéciale aux cours d'eau navigables ou flottables non canalisés. Les autorisations de prises d'eau sur les canaux de navigation et sur les rivières canalisées doivent être accordées par décret (Av. C. d'Ét. 6 oct. 1859).

334. Baux domaniaux. — Bail de chasse dans une forêt. — Trouble résultant d'une location de carrière. — Interprétation. — Compétence de l'autorité judiciaire. — Le bail du droit de chasse dans une forêt domaniale dont un particulier s'est rendu adjudicataire n'a pas le caractère d'un acte administratif. Il constitue un contrat de droit commun, et les contestations auxquelles il donne lieu sont de la compétence de l'autorité judiciaire (Trib. confl. 21 mars 1891, 7601 R. P.).

338. Pêcheries. — Établissements antérieurs à 1544. — Redevance non exigible. — En l'état actuel de la législation, les pêcheries antérieures à 1544 ne remplissant pas les conditions prévues par les Ord. de 1581 et de 1681, échappent à toute redevance (Lettre Min. fin. à Ex. Mar. du 3 sept. 1900, 9953 R. P.).

345. Pêcheries. — Concessions. — Inscription sur le sommier des baux. — Dispense. — Les concessions de pêcheries faites à des inscrits maritimes ne doivent pas être portées sur les sommiers des baux et concessions temporaires (Sol. 3 avr. 1900, 9910 R. P.).

348. Terrains domaniaux joignant la mer. — Concession. — Dans toutes les concessions amiables de lais de mer et de terrains maritimes, il convient de réserver un droit de passage permanent pour le service des douanes et pour les opérations de sauvetage. Il y a lieu également de laisser, autant que possible, en dehors des périmètres concédés, un espace de terrain suffisant pour permettre, en tout temps, aux pêcheurs l'accès facile de la grève (2938 I. G.)

349. Domaine public. — Redevance. — Fixation. — Revision. — Compétence. — La quotité de la redevance

332. Permissions d'usines et prises d'eau. — *Fleuves et rivières navigables ou flottables. Fixation des redevances. Décret du 13 juillet 1906*, 11525 R. P.

347 à 357 et 358 à 360. Domaine maritime, terrestre ou fluvial. Occupations à titre précaire autres que celles qui ont pour objet la création ou l'exploitation d'établissements de pêche maritime. — Un arrêté du 22 sept. 1906 modifie ceux des 5 août 1878 et 30 oct. 1895 (11690 R. P.).

349. Concession temporaire. Redevance. Exonération. — L'autorisation d'occuper une portion du domaine public, moyennant une redevance revisable à une époque déterminée, emporte obligation de payer cette redevance pendant le laps de temps convenu. En conséquence, lorsqu'un concessionnaire a obtenu l'autorisation d'établir un escalier et d'exhausser un terre-plein le long d'une rivière navigable et flottable, et de faire circuler une barque sur cette rivière, moyennant le payement d'une redevance annuelle revisable tous les cinq ans, et qu'il a été stipulé qu'il ne pourrait renoncer au bénéfice de cette concession avant l'époque fixée pour la revision quinquennale, il ne peut s'affranchir du versement de la redevance, sous le prétexte qu'en fait la rivière a cessé d'être navigable et flottable et que les ouvrages autorisés ainsi que la barque ont disparu (Laon, 30 juill. 1903, 10651 R. P.).

355. **Domaine public fluvial. Occupation temporaire. Travaux publics. Reconstruction de ponts. Enceintes en charpente pour la fondation des piles. Gratuité de l'occupation. Établissement de chantiers et ouverture d'un port à proximité des travaux. Exigibilité d'une redevance. Distinctions** (Sol. 20 juin 1905, Instr. 3126, § 1er, 10645 R. P.).

Domaine public fluvial. Concession de prises d'eau. Résiliations totales ou partielles. Dégrèvements correspondants. — Les concessionnaires de prises d'eau, dans les fleuves et rivières navigables ou flottables ainsi que dans les canaux et rivières canalisées, peuvent être admis, avant l'expiration de la concession, soit à y renoncer purement et simplement, soit à en réclamer la réduction; en pareil cas, la résiliation totale ou partielle est généralement subordonnée à la destruction ou à la modification préalable des travaux au moyen desquels s'exerce la prise d'eau. Cette dernière condition n'est cependant pas de rigueur, et, lorsque le fait de la suppression ou de la réduction du débit est établi d'une manière indiscutable, par exemple lorsqu'il résulte des constatations des ingénieurs, rien ne s'oppose à ce que la demande de résiliation soit immédiatement accueillie sans attendre l'exécution des travaux. Mais le dégrèvement ne doit, en aucun cas, être étendu à la période antérieure à la demande du concessionnaire, et la redevance afférente au terme (trimestre, semestre ou année) en cours au jour où cette requête est présentée, reste entièrement due au Trésor (D. m. f. 5 oct. 1905, Instr. 3143, § 2, 10703 R. P.).

360. **Occupation temporaire. Redevances. Privilège de l'art. 2102-1° C. civ. non applicable.** — Les terrains dépendant du domaine public ne sont pas susceptibles de faire l'objet de conventions du droit civil, et l'Administration ne peut accorder sur ce domaine que des autorisations d'occuper. Il en résulte que les redevances dues de ce chef au Trésor sont des indemnités d'occupation et non pas des loyers conférant à l'État le privilège établi par l'art. 2102-1° C. civ. au profit du bailleur (Trib. com. Seine, 9 juin 1905, 10957 R. P.).

Domaine public. Route nationale. Tramway électrique. Redevance. Occupation gratuite. — Il n'y a pas lieu d'imposer à la compagnie concessionnaire d'un tramway électrique le paiement d'une redevance pour la partie de sa ligne établie sur une route nationale. Mais ne sauraient profiter de l'exemption de redevance les poteaux de trolley dont la plantation intéresse le sol d'une forêt domaniale, en dehors des limites de la route (Sol. 28 avr. 1903, Instr. 3110-2, 10515 R. P.).

à raison d'occupations temporaires, autres que celles qui ont pour objet la création ou l'exploitation d'établissements de pêche maritime, est fixée savoir : par le Directeur des domaines lorsqu'elle ne dépasse pas 1.000 fr. par an; par le Directeur général des Domaines au delà de 1.000 fr. jusqu'à 5.000 fr., et par le Ministre des finances au delà de 5.000 fr. La redevance ainsi fixée est revisée, au plus tard, tous les cinq ans (Arrêté Min. fin. et trav. pub., 30 oct. 1895, 8877 et 8960-16 R. P.).

Pour que l'Administration puisse, à l'époque de la revision des conditions financières, augmenter le chiffre des redevances qu'elle perçoit pour les occupations temporaires du domaine public national, il faut, par application de l'art. 11 arrêté régl. 3 août 1878, non seulement qu'elle procède à la revision, trois mois avant la date fixée par l'arrêté d'autorisation et qu'elle notifie immédiatement à la partie la décision prise, mais encore qu'elle se fasse remettre, en temps utile, un nouvel engagement portant acceptation des conditions nouvelles. En sens inverse, le concessionnaire qui, avant l'époque fixée pour la revision des conditions financières, ne renonce pas au bénéfice de sa concession, se trouve lié, dans les conditions primitives, pour une nouvelle période (Sol. 14 nov. 1900, 9000 R. P.).

L'autorisation d'occuper une portion du domaine public, moyennant une redevance revisable à une époque déterminée, emporte obligation de payer cette redevance pendant le laps de temps convenu. En conséquence, un concessionnaire, qui a obtenu l'autorisation d'établir une voie ferrée sur une route nationale, moyennant le versement d'une redevance revisable tous les cinq ans, ne saurait être exonéré de ce versement, avant l'époque fixée pour la revision de la redevance, encore bien qu'il ait supprimé la voie ferrée établie par lui (Sol. 3 mai 1901, 10027 R. P.).

351. **Domaine public maritime. — Concessions. — Gratuité.** — 1° QUAIS. — L'autorisation à une compagnie de chemin de fer d'établir sur les quais d'un port maritime, jusque là livrés à la circulation publique, différentes installations et notamment de construire des parcs à charbons et des bureaux devant servir aux expéditions et réceptions de marchandises, est sujette à redevance au profit de l'État (D. m. f. 25 mai 1891, 7631 R. P.).

2° SOCIÉTÉ NAUTIQUE. — BOUÉES. — Ne saurait bénéficier de la gratuité l'autorisation accordée à une société nautique d'établir, dans une dépendance du domaine public maritime, des bouées destinées à servir de points de virage pour ses régates (Sol. 10 juill. 1900, 9901 R. P.).

357. **Domaine public maritime. — Occupations temporaires. — Délai. — Retrait.** — Les concessions temporaires sur le domaine maritime, autres que celles qui ont pour objet les établissements de pêche, ne peuvent être résiliées à la demande des permissionnaires qu'aux époques quinquennales prévues pour la revision des conditions financières de la redevance. Mais la cession du bail peut être autorisée par l'Administration avec l'assentiment du service maritime et sous la garantie du premier concessionnaire (Sol. 11 août 1897, 9108 R. P.).

358-360. **Domaine public fluvial. — Occupations temporaires.** — Ainsi que nous l'avons vu *suprà* n° 318, l'Administration des domaines a été substituée, par la L. 26 déc. 1901, à partir du 1er janv. 1902, à l'Administration des Contributions Indirectes pour le recouvrement des redevances afférentes aux occupations temporaires du domaine public fluvial.

La procédure à suivre pour l'instruction des demandes d'occupations temporaires de ce domaine a été réglée par un arrêté ministériel du 3 août 1878 (*Rép. gén.*, 1re partie, vº *Domaine*, nos 358 et s.), dont les dispositions concernent également les occupations temporaires du domaine public terrestre.

L'Administration des Domaines, qui avait déjà dans ses attributions le recouvrement des redevances relatives aux occupations de ce dernier domaine, remplace désormais le service des Contributions Indirectes dans tous les cas où il devait, d'après l'arrêté précité, intervenir en matière de domaine public fluvial.

Avant la L. 26 déc. 1901, il avait été décidé que l'Administration des contributions indirectes est compétente pour la fixation des redevances. — Seules les questions de propriété demeurent dans les attributions de l'Administration des domaines (Arrêté min., 6 mars 1897, 9029 et 9125-9 R. P.).

Depuis le rattachement réalisé par la L. précitée, toute distinction, à cet égard, est devenue sans objet.

Prise d'eau. — Redevance. — Instance. — Conseil de préfecture. — Incompétence. — La réclamation relative à une redevance pour prise d'eau se rattachant au contentieux des Contributions Indirectes (actuellement de l'Enregistrement, depuis la L. 26 déc. 1901), c'est à l'autorité judiciaire, à l'exclusion du Conseil de préfecture, qu'il appartient d'en connaître (Arr. Cons. d'Ét. 15 fév. 1902, 10260 R. P.).

359 *bis (à ouvrir)*. **Fleuves. — Occupation temporaire. — Redevance. — Stationnement intermittent. — Ouvrages fixes.** — Le droit de stationnement sur le domaine public fluvial, lorsqu'il est essentiellement intermittent, ne constitue pas, en dehors de toute installation fixe, un privilège susceptible de donner ouverture à la perception d'une redevance. Au contraire, il y a lieu à redevance lorsque, en vue du stationnement d'un bateau, un concessionnaire est autorisé à établir sur le domaine public des pieux, une estacade, un ponton ou autres installations fixes ayant pour effet de soustraire à l'usage de tous et d'une manière continue les emplacements sur lesquels ces installations reposent. Spécialement, la redevance est exigible pour l'installation, sur le domaine public fluvial, d'un ouvrage fixe destiné à l'amarrage d'un bateau servant à l'exploitation agricole d'un particulier (Sol. 5 avr. 1895, 8563 R. P.).

360. **Domaine public terrestre. — Jouissance privative. — Sous-sol des routes. — Redevance.** — L'État a sur le domaine public un droit général en vertu duquel il peut, à la condition de respecter la destination de ce domaine, concéder, soit à titre gratuit, soit à titre onéreux, certaines jouissances privatives qui en dépendent, notamment dans le sous-sol des routes nationales (Beauvais, 27 oct. 1887; — Cass. civ. 11 août 1891, 7712 R. P.).

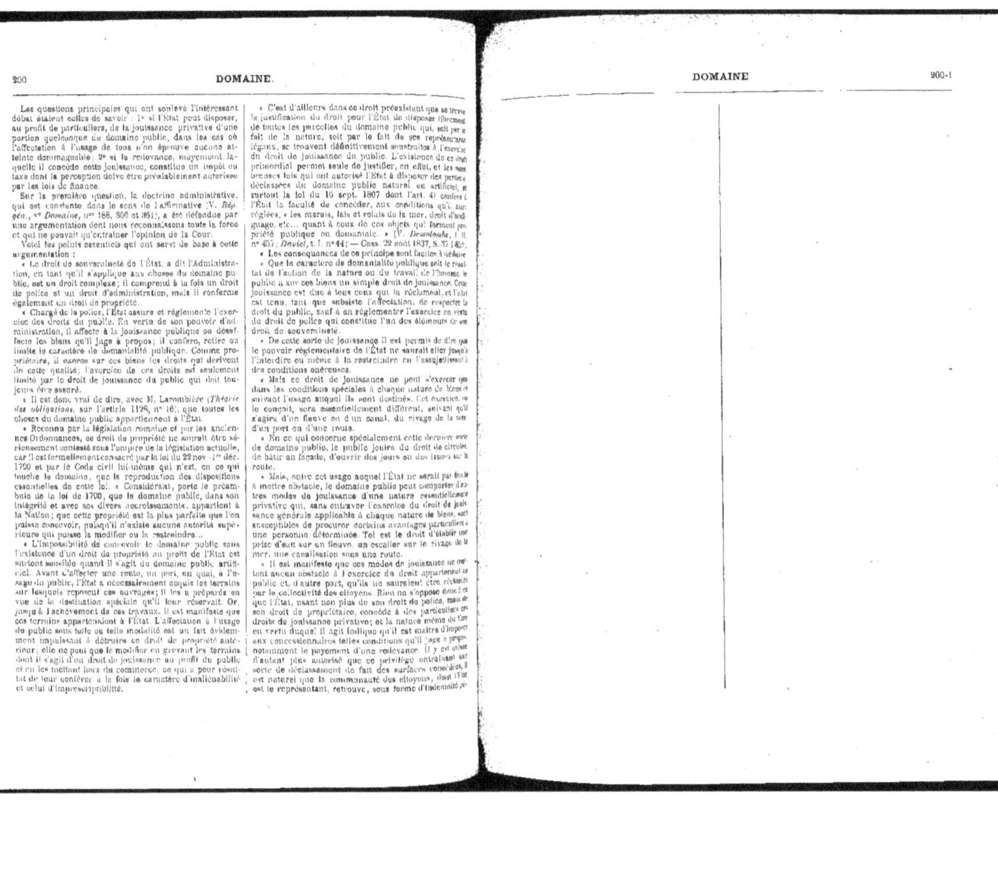

Les questions principales qui ont soulevé l'intéressant débat étaient celles de savoir : 1° si l'État peut disposer, au profit de particuliers, de la jouissance privative d'une portion quelconque du domaine public, dans les cas où l'affectation à l'usage de tous n'en éprouve aucune atteinte dommageable; 2° si la redevance, moyennant laquelle il concède cette jouissance, constitue un impôt ou taxe dont la perception doive être préalablement autorisée par les lois de finance.

Sur la première question, la doctrine administrative, qui est constante dans le sens de l'affirmative (V. *Rép. gén.*, v° *Domaine*, n°s 188, 300 et 361), a été défendue par une argumentation dont nous reconnaissons toute la force et qui ne pouvait qu'entraîner l'opinion de la Cour.

Voici les points essentiels qui ont servi de base à cette argumentation :

« Le droit de souveraineté de l'État, a dit l'Administration, en tant qu'il s'applique aux choses du domaine public, est un droit complexe; il comprend à la fois un droit de police et un droit d'administration, mais il renferme également un droit de propriété.

« Chargé de la police, l'État assure et réglemente l'exercice des droits du public. En vertu de son pouvoir d'administration, il affecte à la jouissance publique ou désaffecte les biens qu'il juge à propos; il confère, retire ou limite le caractère de domanialité publique. Comme propriétaire, il exerce sur ces biens les droits qui dérivent de cette qualité; l'exercice de ces droits est seulement limité par le droit de jouissance du public qui doit toujours être assuré.

« Il est donc vrai de dire, avec M. Larombière (*Théorie des obligations*, sur l'article 1128, n° 16), que toutes les choses du domaine public appartiennent à l'État.

« Reconnu par la législation romaine et par les anciennes Ordonnances, ce droit de propriété ne saurait être sérieusement contesté sous l'empire de la législation actuelle, car il est formellement consacré par la loi du 22 nov.-1er déc. 1790 et par le Code civil lui-même qui n'est, en ce qui touche le domaine, que la reproduction des dispositions essentielles de cette loi. « Considérant, porte le préambule de la loi de 1790, que le domaine public, dans son intégrité et avec ses divers accroissements, appartient à la Nation; que cette propriété est la plus parfaite que l'on puisse concevoir, puisqu'il n'existe aucune autorité supérieure qui puisse la modifier ou la restreindre...

« L'impossibilité de concevoir le domaine public sans l'existence d'un droit de propriété au profit de l'État est surtout sensible quand il s'agit du domaine public artificiel. Avant d'affecter une route, un port, un quai, à l'usage du public, l'État a nécessairement acquis les terrains sur lesquels reposent ces ouvrages; il les a préparés en vue de la destination spéciale qu'il leur réservait. Or, jusqu'à l'achèvement de ces travaux, il est manifeste que ces terrains appartenaient à l'État. L'affectation à l'usage du public sous telle ou telle modalité est un fait évidemment impuissant à détruire ce droit de propriété antérieur; elle ne peut que le modifier en grevant les terrains dont il s'agit d'un droit de jouissance au profit du public et en les mettant hors du commerce, ce qui a pour résultat de leur conférer à la fois le caractère d'inaliénabilité et celui d'imprescriptibilité.

« C'est d'ailleurs dans ce droit préexistant que se trouve la justification du droit pour l'État de disposer librement de toutes les parcelles du domaine public qui, soit par le fait de la nature, soit par le fait de ses représentants légaux, se trouvent définitivement soustraites à l'exercice du droit de jouissance du public. L'existence de ce droit primordial permet seule de justifier, en effet, et les nombreuses lois qui ont autorisé l'État à disposer des portions déclassées du domaine public naturel ou artificiel, et surtout la loi du 16 sept. 1807 dont l'art. 41 confère à l'État la faculté de concéder, aux conditions qu'il aura réglées, « les marais, lais et relais de la mer, droit d'endiguage, etc... quant à ceux de ces objets qui forment propriété publique ou domaniale. » (V. *Demolombe*, t. II, n° 457; *Daviel*, t. I, n° 44; — Cass. 22 août 1837, S. 37.1.85).

« Les conséquences de ce principe sont faciles à déduire.

« Que le caractère de domanialité publique soit le résultat de l'action de la nature ou du travail de l'homme, le public a sur ces biens un simple droit de jouissance. Cette jouissance est due à tous ceux qui la réclament, et l'État est tenu, tant que subsiste l'affectation, de respecter le droit du public, sauf à en réglementer l'exercice en vertu du droit de police qui constitue l'un des éléments de son droit de souveraineté.

« De cette sorte de jouissance il est permis de dire que le pouvoir réglementaire de l'État ne saurait aller jusqu'à l'interdire ou même à la restreindre en l'assujettissant à des conditions onéreuses.

« Mais ce droit de jouissance ne peut s'exercer que dans les conditions spéciales à chaque nature de biens et suivant l'usage auquel ils sont destinés. Cet exercice, on le conçoit, sera essentiellement différent, suivant qu'il s'agira d'un fleuve ou d'un canal, du rivage de la mer, d'un port ou d'une route.

« En ce qui concerne spécialement cette dernière sorte de domaine public, le public jouira du droit de circuler, de bâtir en façade, d'ouvrir des jours ou des issues sur la route.

« Mais, outre cet usage auquel l'État ne serait pas fondé à mettre obstacle, le domaine public peut comporter d'autres modes de jouissance d'une nature essentiellement privative qui, sans entraver l'exercice du droit de jouissance générale applicable à chaque nature de biens, sont susceptibles de procurer certains avantages particuliers à une personne déterminée. Tel est le droit d'établir une prise d'eau sur un fleuve, un escalier sur le rivage de la mer, une canalisation sous une route.

« Il est manifeste que ces modes de jouissance ne mettent aucun obstacle à l'exercice du droit appartenant au public et, d'autre part, qu'ils ne sauraient être réclamés par la collectivité des citoyens. Rien ne s'oppose donc à ce que l'État, usant non plus de son droit de police, mais de son droit de propriétaire, concède à des particuliers ces droits de jouissance privative; et la nature même du titre en vertu duquel il agit indique qu'il est maître d'imposer aux concessionnaires telles conditions qu'il juge à propos, notamment le payement d'une redevance. Il y est même d'autant plus autorisé que ce privilège entraînant une sorte de déclassement de fait des surfaces concédées, il est naturel que la communauté des citoyens, dont l'État est le représentant, retrouve, sous forme d'indemnité pécuniaire, l'équivalent de ce dont son domaine se trouve diminué.

« Les auteurs et la jurisprudence tant du Conseil d'État que de la Cour de cassation sont d'accord pour reconnaître à l'État le droit de tirer ainsi parti du domaine public, droit que le législateur, il n'est pas inutile de le faire remarquer, a lui-même consacré à plusieurs reprises en autorisant le Gouvernement à percevoir plus spécialement les produits de telles ou telles parties de ce domaine (Loi du 9 germinal an IX défendant d'établir des filets sur le rivage de la mer sans qu'un bail ait été passé avec la Régie des domaines ; — Loi du 6 frimaire an VII sur les bacs ; — Loi du 15 avr. 1829 sur le droit de pêche dans les fleuves ; — Loi du 16 juill. 1840 sur les prises d'eau ; — Loi du 20 déc. 1873 sur les locations de plages. — Voir également Loi du 5 avr. 1884, art. 133, 7°, autorisant les communes à percevoir des redevances pour l'occupation du domaine public communal).

« Les choses du domaine public, dit Marcadé, si elles ne peuvent être louées entièrement et en elles-mêmes, peuvent quelquefois l'être pour tel point ou sous tel rapport particulier : on ne loue pas une église, un cimetière, une place publique, une grande route, un fleuve ; mais on loue très bien des places dans une église, des emplacements d'étalage de marchands sur la voie publique, le droit de récolter les fruits et l'herbe d'un cimetière, le droit de pêche dans un fleuve, etc. » (Marcadé, sur l'art 1713, p. 430). Dalloz exprime la même opinion en termes analogues (*Jur. gén.*, v° *Louage*, n° 36).

« M. Larombière, en affirmant nettement le droit de propriété de l'État, n'hésite pas à en tirer cette conséquence que les choses du domaine public peuvent être l'objet d'un contrat de location. » Elles sont, en effet, dit-il, la propriété de quelqu'un, État, département, commune... peu importe, toujours est-il qu'elles sont une propriété. Or, de la part de ceux à qui elles appartiennent, elles peuvent très bien faire l'objet de certains contrats. On conçoit que l'État, les départements, les communes peuvent, par l'organe de leurs représentants légaux, avec l'observation des formes prescrites, contracter sur toutes choses avec un simple particulier. Leur destination ne les empêche pas de pouvoir être la matière de certains contrats compatibles avec son maintien. Aussi dirons-nous que, parmi les choses soustraites au commerce à cause de leur destination, il n'en est aucune qui ne puisse, d'une manière ou d'une autre, entre les mains de tel ou tel, être l'objet d'une convention sous la réserve de sa destination particulière » (*Théorie pratique des obligations*, sur l'article 1128, n° 16. — *Sic* Serrigny, *Rev. crit. de lég.* 1871-1872, p. 644 et 645 ; — C. d'Ét. 8 avril 1852, S. 52-1-71 ; — 4 fév. 1887, D. 88-3-58. — V. Dalloz, v° *Enreg.*, n° 4080).

Sur la seconde question, qui n'a pas d'ailleurs été directement résolue par la Cour, l'Administration a fait justement remarquer que le caractère essentiel de l'impôt est d'être une charge commune imposée en principe à tous les citoyens ou tout au moins à une catégorie de citoyens, en échange de la protection ou des services généraux et collectifs que l'État leur assure (Vignes, *Traité des impôts*, chap. prélim.). L'impôt est donc général et obligatoire.

Or, la redevance exigée d'un concessionnaire admis à jouir privativement d'une portion du domaine public n'offre aucun de ces caractères ; essentiellement variable et librement débattue, elle forme la contre-partie d'avantages spéciaux assurés à une personne déterminée, qui reste libre de s'affranchir de l'obligation de la payer en renonçant aux droits corrélatifs que ce payement lui assure.

Dès lors, il est certain qu'une telle redevance n'est pas un impôt.

En résumé, nous ne pouvons qu'approuver la doctrine de l'Administration et l'arrêt ci-dessus rapporté.

Canalisation. — Tant que les conditions financières stipulées par le Domaine n'ont pas été acceptées par une Compagnie qui, pour l'éclairage au gaz, demande l'autorisation d'installer des canalisations ou branchements dans le sous-sol d'une route nationale traversant une ville, le préfet peut refuser de statuer sur la demande de concession (C. d'État, 26 nov. 1891, 7767 R. P.).

Canal. — Lavoir communal. — Utilité privée des habitants d'une commune — Redevance. — Bien que destiné à l'usage de tous les habitants d'une commune, l'établissement d'un lavoir sur la berge d'un canal n'a pas un caractère d'utilité publique dans le sens de l'arrêté du 3 août 1878 et l'occupation du domaine public pour cet établissement donne lieu à une redevance (Déc. min. fin. 20 fév. 1896, 8817 R. P. ; — Sol. 19 sept. 1896, 9036 R. P.).

Lignes télégraphiques ou téléphoniques. — Intérêt privé. — Gratuité. — Les concessionnaires de lignes télégraphiques d'intérêt privé ne sont assujettis à aucune redevance pour raison d'occupation du domaine public par les poteaux supportant les fils, l'État devant être considéré comme occupant lui-même ces emplacements (9005 et 9125-21 R. P.).

Tramway. — Occupation. — Gratuité. — La règle, en vertu de laquelle toute occupation du domaine public donne ouverture à la perception d'une redevance au profit de l'État, cesse d'être applicable, en matière de concession de tramway, lorsque le tramway emprunte des voies publiques affectées à la circulation. Dans ce cas, l'occupation peut être gratuite ou quasi-gratuite (Sol. 26 juill. 1898, 9364 R. P.).

Route nationale. — Concession. — Commune. — Intérêt purement collectif. — Redevance. — L'autorisation accordée à une commune de faire, sous le sol d'une route nationale, les fouilles nécessaires à l'établissement d'une prise d'eau destinée à alimenter sa bibliothèque, ne saurait avoir lieu gratuitement, la concession ne présentant qu'un caractère d'intérêt purement collectif (Sol. 11 nov. 1897, 9183 R. P.).

Route nationale. — Trottoirs. — Terrasses. — Installations éphémères. — Redevance. — Produit communal. — Doivent être considérées comme constituant des occupations éphémères les terrasses installées sur les trottoirs d'une route nationale, par des commerçants, lorsqu'elles disparaissent ou se restreignent, suivant la saison ou même le nombre des consommateurs. En conséquence, le produit de ces occupations peut être encaissé par la commune (Sol. 28 déc. 1890, 9758 R. P.).

Route nationale. — Compagnie de traction automobile. — Poteaux indicateurs. — Redevance. — Ne saurait être accordée gratuitement l'autorisation à une Compagnie de traction automobile de placer, sur l'accotement des routes nationales, des poteaux indicateurs de l'arrêt des trains qu'elle est autorisée à faire circuler (Sol. 19 mars 1900, 9816 R. P.).

Route nationale. — Occupation temporaire. — Gaz. — Branchement. — Éclairage d'un bureau d'octroi municipal. — Redevance. — Ne saurait jouir du bénéfice de la gratuité l'autorisation accordée d'établir, sous le sol d'une route nationale, un branchement destiné à l'éclairage d'un bureau d'octroi municipal (Sol. 15 déc. 1899, 9722 R. P.).

Domaine public. — Concession. — Branchements. — Tubulures. — Eaux pluviales et ménagères. — Sont exonérées de toute redevance les occupations temporaires relatives à l'établissement, sous le domaine public, de tubulures ou branchements destinés au déversement dans les égouts publics des eaux pluviales et ménagères provenant des propriétés particulières riveraines. Les directeurs sont dispensés de soumettre, désormais, à l'Administration centrale les affaires de cette nature (Circ. min. fin. et trav. publ., 16 déc. 1901, 3074 I. G.; — 10112 R. P.).

361. Compagnie de chemin de fer. — Dérivation d'eaux. — Concession à un particulier. — Redevance. — Encaissement. — Le Domaine ne saurait prétendre à la redevance imposée par une Compagnie de chemin de fer, à raison de l'autorisation qu'elle a accordée à un particulier de détourner, à son profit, les eaux d'un fossé de la voie ferrée (Sol. 14 déc. 1899, 9840 R. P.).

365. Immeubles sous la main du Domaine et immeubles affectés. — Frais d'établissement de trottoirs. — Taxe municipale. — Paiement. — La part incombant au propriétaire riverain dans les frais d'établissement des trottoirs, dont la construction a été reconnue d'utilité publique sur la demande des conseils municipaux, constitue une véritable contribution municipale à laquelle l'État est incontestablement soumis à raison des immeubles dépendant de son domaine. — L'obligation, pour l'Administration, d'acquitter cette taxe, lorsque les immeubles sont placés sous sa main, n'est pas douteuse. Mais cette obligation n'existe plus quand les immeubles se trouvent gratuitement affectés à un service public. Dans ce cas, c'est au service affectataire à supporter la dépense (Sol. 11 mars 1898, 9246 R. P.).

Biens de l'État. — Contributions directes. — Avant de procéder à l'établissement des impositions qui paraîtraient devoir être mises à la charge du Domaine, les directeurs des Contributions directes devront se concerter avec leurs collègues de cette Administration. En cas de désaccord, le différend sera réglé à l'amiable par les deux Directeurs généraux, ou, au besoin, par décision ministérielle (Déc. min. fin., 20 fév. 1899, 9046-36 R. P.).

Sont assujettis à la contribution foncière les immeubles du domaine privé de l'État, dès l'instant qu'ils sont susceptibles de produire des revenus. Il en est spécialement ainsi pour une maison et un moulin remis au Domaine comme dépendances du Canal du Midi, encore bien que, depuis leur incorporation au domaine de l'État, ces immeubles n'aient pas été loués. Lorsque les impositions frappent des immeubles dépendant du ressort de plusieurs bureaux, il suffit que le relevé d'ensemble à fournir par le service des Contributions directes au Directeur des Domaines soit établi par commune. Le Directeur des Domaines ne saurait exiger, en outre, un extrait de ce relevé par bureau (Déc. Min. fin., 25 oct. 1900, 9077 R. P.).

367. Immeubles de l'État. — Contributions des portes et fenêtres. — Paiement. — L'Administration des Domaines est tenue, en principe d'acquitter directement l'impôt des portes et fenêtres sur les immeubles dont elle a la gestion, hormis le cas où les occupants sont, en leur qualité de fonctionnaires, personnellement imposables à raison des ouvertures de leur logement. Dans les autres cas, elle ne peut que, soit exercer son recours contre ses locataires, soit réclamer, dans la forme et les délais ordinaires, l'imposition, par voie de mutation de cote, de ceux de ses locataires qui seraient susceptibles d'être personnellement inscrits au rôle (Déc. min. fin., 25 oct. 1900, 9077 R. P.).

369. Contributions. — Réclamations. — Procédure. — Les directeurs des Contributions directes doivent, avant de procéder à l'établissement des impositions qui paraissent devoir être mises à la charge de l'Administration des Domaines, se concerter avec leur Collègue de cette Administration; en cas de désaccord, le différend est réglé à l'amiable par les deux Directeurs généraux, ou, au besoin, par décision ministérielle (Déc. min. fin., 20 fév. 1899, 3028-2 I. G.).

370. Biens régis par le Domaine. — Réparations. — Modes d'exécution. — Un décr. 17 sept. 1896 porte que les dépenses imputables sur les crédits du matériel de l'Administration de l'Enregistrement seront désormais autorisées par le Directeur général, lorsqu'elles n'excéderont pas 3.000 fr., et par le Min. fin., au-dessus de cette somme (2014 I. G.).

Ce décr. a modifié la disposition de l'art. 2 décr. 11 nov. 1865, non abrogée par le décr. 18 nov. 1882, d'après laquelle, en matière de réparations à faire aux immeubles régis par le Domaine, le Directeur général ne pouvait autoriser que les travaux devant entraîner une dépense totale de 2.000 fr. au maximum (2323 et 2685 I. G.).

Il n'a apporté aucun autre changement aux règles concernant les marchés passés au nom de l'État.

Ainsi, toute dépense de 1.500 fr. et au-dessous peut être autorisée par le Directeur général, selon trois modes distincts : par économie, par marché de gré à gré ou par adjudication publique.

Si la dépense totale, supérieure à 1.500 fr., n'excède pas 3.000 fr., l'autorisation est également donnée par le Directeur général, mais suivant deux modes seulement : par marché de gré à gré ou par adjudication publique.

Pour toute dépense supérieure à 3.000 fr., l'autorisation du Min. est nécessaire. Si les devis ne dépassent pas 20.000 fr., il peut être procédé, soit par voie de marché de gré à gré, soit par voie d'adjudication publique. S'ils s'élèvent au-dessus de ce dernier chiffre, les travaux doivent nécessairement, sauf dans les cas exceptionnels, limitativement prévus par l'art. 18 Décr. 18 nov. 1882, être adjugés avec concurrence et publicité (2914 I. G.).

373. Réparations aux immeubles de l'État. — Les dépenses imputables sur les crédits du matériel seront désormais autorisées par le Directeur général lorsqu'elles n'excéderont pas 3.000 fr. et par le Min. des Fin. au-dessus de cette somme (Décr. 17 sept. 1896, 8800-54 R. P.).

365. ***Portions du domaine public dont la jouissance est abandonnée temporairement à des particuliers. Impôt foncier non exigible.*** — En raison du caractère essentiellement précaire et révocable des concessions accordées sur les dépendances du domaine public, les portions de ce domaine dont la jouissance est accordée, à titre temporaire, par l'État à des particuliers, ne doivent pas être assujetties à l'impôt foncier. — L'immunité s'applique à l'imposition de tous les terrains concédés, qu'il s'agisse [illegible] non bâtis ou de propriétés bâties (D. M. F. 30 juin 1905 et [illegible] Instr. nº [illegible]; — 11383 R. P.).

367. Contributions des biens de l'État. Immeubles loués. Impôt des portes et fenêtres. Avance par les receveurs des Domaines. Abrogation de la règle établie par la circulaire de la Régie nº 1775. — En principe, l'Administration, inscrite au rôle de la contribution des portes et fenêtres pour les immeubles domaniaux susceptibles de location, est tenue, sauf son recours contre les locataires, d'acquitter les contributions dont il s'agit. Est abandonnée la pratique contraire établie par la décision ministérielle du 23 pluviôse an VIII (Circ. de la Régie du 6 vent. an VIII, nº 1775), aux termes de laquelle les receveurs des Domaines étaient dispensés de faire l'avance de cette contribution. Les receveurs peuvent toutefois, mais à titre purement officieux, s'entendre avec les percepteurs pour que l'impôt des portes et fenêtres soit réclamé directement aux locataires qui, finalement, doivent en supporter la charge (D. m. f. 10 oct. 1900 et 8 nov. 1902, Instr. 3099-18, 10421 R. P.).

394. Iles, Ilots, forts, châteaux forts ou batteries du littoral déclassés. Vente. Autorisation législative. L. 20 août 1903. — 11053 R. P.

409. Algérie. Colonies. Ventes d'immeubles domaniaux. Tarif. — Les ventes d'immeubles dépendant du domaine colonial bénéficient du tarif réduit édicté par l'art. 6 L. 15 floréal an X pour les ventes de biens domaniaux (D. m. f. 23 mars et 17 août 1903, Instr. 3143, 10715 R. P.).

Cette décision ne doit plus être suivie depuis la mise à exécution de la loi du 22 avril 1905, tout au moins en ce qui concerne l'Algérie et les colonies où elle a été déclarée applicable.

415. Vente d'un immeuble domanial. Demande en garantie de l'acquéreur pour cause d'éviction. Clause de non-garantie stipulée dans le cahier des charges de la vente. Irrecevabilité de la demande. — La demande en garantie formée contre l'État par l'ayant droit de l'acquéreur d'un immeuble domanial, à raison de l'éviction qu'il aurait subie par suite de décisions de l'autorité judiciaire déclarant mitoyen un fossé dont il prétendait avoir la propriété exclusive en vertu de la vente consentie à son auteur par le Domaine, ne constitue pas en réalité une demande en interprétation de l'acte de vente et ne saurait être écartée pour ce motif par le Conseil de préfecture, faute d'un litige né et actuel; mais cette demande n'en est pas moins irrecevable, s'il a été stipulé dans le cahier des charges de la vente, que l'immeuble était vendu sans garantie de mesure, consistance et valeur, et que les contestations sur les limites concerneraient l'acquéreur (Cons. d'État, 28 juill. 1905, 11[illegible] R. P.).

417. Vente par l'État d'un immeuble appartenant à un tiers. Éviction de l'acquéreur par le véritable propriétaire. Restitution des fruits. Plus-value apportée à l'immeuble par l'acquéreur. Garantie de l'État. — Le propriétaire dont l'État a vendu indûment le terrain a droit, indépendamment de sa remise en possession, à la restitution des fruits perçus par le tiers acquéreur ou, à défaut de fruits, aux intérêts de la valeur dudit terrain depuis le jour de l'aliénation effectuée par l'État, sauf à tenir compte à ce tiers acquéreur de la plus-value résultant des améliorations apportées par lui à l'immeuble. — L'État est tenu, non seulement de garantir l'acquéreur évincé des condamnations prononcées contre lui, mais encore de lui rembourser le prix principal de la vente, les frais d'adjudication et les intérêts de ces sommes à compter de la date du payement (Forcalquier, 11 janv. 1906, 11[illegible] R. P.).

Dépense domaniale. — Liquidation. — L'Administration des Domaines est autorisée à liquider, sans l'autorisation des préfets, mais sous l'approbation du Min. fin., lorsqu'elles dépassent le chiffre de 5.000 fr., les dépenses domaniales proprement dites. (L. 6 déc. 1897, art. 8; 9145 R. P. — V. *Code des lois*).

Les Directeurs sont autorisés, lorsqu'il n'y aura ni doute ni difficulté, à liquider, sans avoir à en référer, les dépenses dont le chiffre ne dépasse pas 2.000 fr. (9395-19 R. P.).

379. Succession à l'étranger. — Sommes dans les caisses publiques d'un État ennemi. — Mainmise par l'armée victorieuse. — Indemnité aux héritiers. — La mainmise par une armée victorieuse dans les caisses publiques d'un État ennemi constitue un fait de guerre qui ne saurait donner ouverture à aucun recours de la part des créanciers desdites caisses contre l'envahisseur, même si les réclamants prétendaient que les fonds étaient restés la propriété de leur auteur qui les avait versés à titre de dépôt (C. d'État, 7 août 1891, 7747 R. P.).

399-10. Servitude. — Cession amiable. — Le Min. fin. est autorisé à consentir les cessions amiables de servitudes constituées au profit de l'État. — Le projet de cession sera préalablement affiché à la mairie de la situation des lieux et soumis à une enquête d'une durée de dix jours (L. 6 déc. 1897, art. 10, 9145 R. P.).

L'acte est passé devant le préfet ou son délégué (9305-21 R. P. — V. *Code des lois*).

406. Aliénation d'immeubles domaniaux. — Délégués du préfet. — Compétence territoriale. — Les délégations que les préfets peuvent conférer à divers fonctionnaires pour procéder à la vente d'immeubles domaniaux ne doivent avoir lieu qu'en ayant égard à l'étendue du ressort dans lequel ces fonctionnaires sont compétents pour agir. Ainsi, le sous-Préfet n'a qualité pour représenter le Préfet à la vente que dans son arrondissement et en un point quelconque de cet arrondissement; le Maire du chef-lieu de canton, que sur le territoire de la commune de ce chef-lieu; et le Maire d'une commune que sur le territoire de cette commune et seulement pour les biens qui y sont situés (Sol. 8 avr. 1893, 8143 R. P.; — Sol. 12 sept. 1896, 9131 R. P.).

411. Domaine de l'État. — Matériel et immeubles affectés aux bacs et passages d'eau. — Remise au Domaine. — Le matériel et les immeubles affectés au service des bacs et passages d'eau et dont l'État est actuellement propriétaire devront, au fur et à mesure de l'expiration de chaque concession en cours, être remis au Domaine et cédés, savoir : le matériel, par voie de cession amiable au profit des nouveaux concessionnaires, et les immeubles, suivant le mode ordinaire d'aliénation, c'est-à-dire par voie d'adjudication publique (Circ. Min. Trav. publ. 6 fév. 1891; — Lett. Dir. gén. Dom. 27 avr. 1891, 7618 R. P.).

Domaine de l'État. — Remise d'immeubles. — Copie du sommier. — Simplifications de service. — L. I. G. 2618, § 10, prescrivait aux Directeurs d'informer l'Administration des remises d'immeubles faites au Domaine, à l'exception de celles relatives aux terrains à céder par voie d'alignement. Une lettre autographiée du 26 sept. 1882 leur recommandait d'ajouter à cet avis une copie du compte ouvert au sommier des biens non affectés et, en outre, d'adresser à la Direction générale, le 15 janv. de chaque année, un relevé de tous les immeubles placés sous la main du Domaine, à la date du 30 sept. précédent, et qui, au 31 déc., n'avaient été ni aliénés, ni affectés, avec l'indication des causes pour lesquelles il n'en a pas encore été tiré parti. Ce relevé est suffisant pour permettre à l'Administration de surveiller les diligences faites en vue d'assurer la prompte aliénation des immeubles remis au Domaine. En conséquence, les Directeurs sont dispensés de donner avis des remises et de transmettre des copies des articles ouverts au sommier des biens non affectés (I. G. 2925, § 7; — 9002 et 9125-16 R. P.).

413. Adjudication d'immeubles domaniaux. — Déclaration par l'adjudicataire qu'il acquiert pour lui et une autre personne, chacun par moitié. — Indivisibilité du prix. — L'adjudicataire d'immeubles domaniaux peut utilement déclarer, dans le procès-verbal d'adjudication, qu'il acquiert pour lui et pour une autre personne, chacun par moitié. Mais, si cette déclaration produit ses effets légaux, en ce qui concerne la transmission de la propriété, l'obligation d'en payer le prix n'en demeure pas moins indivisible en vertu du Décr. 3 juill. 1791 qui veut que la créance de la Nation demeure toujours *une et indivisible* et que les diverses parties du bien adjugé demeurent hypothéquées à la totalité du payement et restent toutes également sujettes à la folle enchère à défaut de payement d'aucune des parties de l'adjudication (Sol. 26 déc. 1890, 7892 R. P.).

416 *bis*. Terrains domaniaux joignant la mer. — Vente. — Il convient d'insérer, dans tous les contrats de vente de terrains domaniaux joignant la mer, une clause portant réserve d'un droit de passage permanent pour le service des douanes et pour les opérations de sauvetage. Il y a lieu, également, de laisser, autant que possible, en dehors des périmètres mis en vente, un espace de terrain suffisant pour permettre, en tout temps, aux pêcheurs l'accès facile de la grève (2938 I. G.).

417. Vente. — Forêt. — Minières. — Obligation de garantie. — Éviction. — Dommages-intérêts. — Lorsque, postérieurement à une concession de mines ou minerais dans une forêt au profit d'un particulier, l'État vend la pleine et entière propriété de cette forêt à un autre, ce dernier peut être fondé à réclamer des dommages-intérêts à l'État s'il vient à être évincé de la propriété des minerais qui étaient censés compris dans la vente (Bône, 2 fév. 1892, 7840 R. P.).

421. Immeubles de l'État. — Vente. — Prix. — Intérêts. — Taux réduit à 4. p. 100. — La L. 7 avr. 1900 paraissant applicable aux ventes d'immeubles de l'État, le taux de l'intérêt doit être réduit à 4 p. 100 pour les aliénations consenties sous l'empire de cette loi. Mais ces dispositions ne sauraient avoir effet, en ce qui concerne les intérêts des prix résultant des adjudications prononcées avant la promulgation de la loi (Sol. 16 juin 1900, 9842 R. P.).

426. Vente de biens domaniaux. — Enregistrement. — Transcription. — Droits. — La L. 15 floréal an X sur la vente des biens appartenant à l'État, disposant qu'à l'exception du droit d'enregistrement de 2 p. 100, tous les autres frais de vente demeurent à la charge de la République, la transcription des actes contenant aliénation de ces biens ne saurait donner ouverture au droit de 1,50 p. 100 (Céret, 12 mai 1897, 9137 R. P.).

L'Administration, estimant que le droit proportionnel de transcription n'est pas compris dans le tarif de 2 p. 100 édicté par la L. 15 floréal an X, a pensé que l'accomplissement matériel de la formalité au bureau des hypothèques ne pouvait avoir lieu sans rendre exigible le droit de 1.50 p. 100 (L. 21 vent. an VII, art. 5). Entre autres choses, les parties ont objecté que la L. floréal a décharge tout acquéreur de biens domaniaux des droits autres que celui de 2 p. 100. Telle est l'objection que le tribunal a retenue et qu'il s'est appropriée dans son jugement.

Cette interprétation nous paraît tout à fait erronée. Après avoir fixé à 2 p. 100 la quotité du droit, le texte porte : « tous autres frais de vente demeurent à la charge de la République. » Qu'est-ce donc que les frais de vente? Ce sont ceux qui incombent de plein droit au vendeur, à l'exclusion de ceux que l'art. 1593 C. civ. met à la charge de l'acquéreur, sous le nom de *frais et loyaux coûts du contrat*. Ils ne comprennent pas, dès lors, les frais occasionnés par la transcription, pas plus que les frais de timbre et d'expédition. Comme nous l'expliquons dans la première partie du *Rép. gén.*, v° *Domaine*, ce sont seulement les frais antérieurs à la vente qui restent à la charge de l'État et les frais d'actes proprement dits sont, dans tous les cas, supportés par les acquéreurs.

Le tribunal s'est donc mépris sur le sens de la loi et nous ne pouvons approuver sa décision. — V. *infrà* n° 1172.

428. Immeubles aliénés après désaffectation. — Avis à donner. — Avis de ces aliénations doit être donné à la Direction générale (Lettre Commune 218. Année 1899. I. G.).

430. Vente d'un immeuble de l'État en Algérie. — Hypothèques consenties par l'acquéreur. — Résolution. — Les hypothèques consenties par un acquéreur de biens de l'État sont résolubles comme la transmission de la propriété elle-même lorsque, à défaut d'exécution des conditions de l'adjudication, la déchéance est prononcée contre cet acquéreur (Bougie, 1er juill. 1882; — C. Alger, 8 mars 1883; — Cass. req. 25 mars 1884; — C. d'État, 11 nov. 1892, 8025 R. P.).

Vente de biens domaniaux. — Défaut de paiement du prix. — Déchéance. — Créancier inscrit. — Subrogation. — Par application de l'art. 4 de l'Ordonnance du 11 juin 1817, le créancier inscrit peut arrêter l'effet de la déchéance prononcée contre l'acquéreur d'immeubles domaniaux qui n'a pas payé le prix, en acquittant lui-même ce prix. En conséquence de ce paiement, il se trouve subrogé aux droits de l'État contre l'acquéreur et peut ainsi faire prononcer lui-même la résolution contre l'acquéreur qui refuse de se libérer (Cass. civ. 23 oct. 1894, 8535 R. P.).

436. Vente domaniale. — Plan annexé. — Dispense d'enregistrement. — Les prescriptions de l'instr. n° 2618 § 29, d'après lesquelles les plans annexés aux ventes domaniales doivent être soumis à l'enregistrement, sont uniquement applicables à ceux de ces actes qui sont dressés par des personnes étrangères à l'Administration (Sol. 13 mai 1899, 9611 R. P.).

444. Vente d'immeubles domaniaux. — Agents du domaine autorisés à acquérir. — Compétence des Directeurs. — Les Directeurs peuvent autoriser les agents à acquérir des biens domaniaux (9030 et 9125-17 R. P.).

Immeubles de l'État. — Adjudication. — Baisse de mise à prix séance tenante. — Si la faculté de baisser la mise à prix, séance tenante, n'est pas formellement prohibée par la loi, elle constitue, dans tous les cas, un mode spécial d'aliénation qui ne peut être pratiqué que s'il a été porté, au moyen de l'affiche, à la connaissance du public, et si le Min. fin. a, au préalable, autorisé l'Administration à modifier la disposition du cahier des charges-type pour la vente des immeubles de l'État (Sol. 25 nov. 1899, 9733 R. P.).

447. Expropriation pour cause d'utilité publique. — Pourvoi en cassation. — Consignation d'amende. — En l'absence d'une disposition exceptionnelle, les pourvois en cassation formés en matière d'expropriation pour cause d'utilité publique nécessitent la consignation de l'amende prescrite par l'art. 5 du règlement du 28 juin 1738, et il y a déchéance du pourvoi lorsque cette consignation n'a pas eu lieu dans le délai fixé par la loi pour le jugement de l'affaire (Cass. civ. 20 nov. 1895, 8816 R. P.).

447 *bis*. Algérie. — Exploitation de phosphates de chaux. — Terrains domaniaux. — Terrains départementaux et communaux. — Terrains communaux des douars. — Réglementation de l'exploitation des phosphates (Décr. 12 oct. 1895, 8898 R. P. — V. *C. des lois*).

456. Tunnel de chemin de fer. — Route nationale. — Concession de mine. — Interdiction d'exploiter dans une zone voisine du tunnel et comprenant le sous-sol de la route. — Indemnité de l'État. — N'est pas susceptible d'être accueillie la demande par l'État contre une Compagnie de chemin de fer d'une indemnité à raison de la privation de redevances tréfoncières qu'il prétend éprouver par l'effet d'un arrêté préfectoral qui a interdit l'exploitation d'une mine dans une zone voisine d'un tunnel et dans laquelle se trouve le sous-sol d'une route nationale, si, lors de cet arrêté, le sous-sol de la route n'était pas encore mis en exploitation (Arrêt Cons. Préf. Loire, 10 avr. 1895, 8504 R. P.).

Compagnie de chemin de fer. — Acquisition de terrains domaniaux. — Condition suspensive. — Réalisation. — Prix à fixer par experts. — Lorsqu'une Compagnie de chemin de fer, autorisée à occuper des terrains dépendant du domaine public militaire, a contracté envers l'État l'engagement de les acquérir, en cas de déclassement, et qu'il a été convenu que le prix sera déterminé d'après le résultat de l'expertise faite par le service domanial, sans réserve de l'approbation du Min. fin., la loi de déclassement a pour effet de réaliser la condition qui tenait la vente en suspens

442. Immeubles domaniaux. Vente aux enchères. Affiche Exemplaire. Envoi à l'Administration. — Bien que dispensés de consulter l'Administration au sujet des ventes pour lesquelles le total des mises à prix ne dépasse pas 5.000 fr., pourvu, toutefois, que la mise à prix d'aucun des lots ne soit supérieure à 1.000 fr., les directeurs ne doivent pas moins, dans tous les cas, adresser à la Direction générale un exemplaire des affiches annonçant les adjudications d'immeubles domaniaux. Cet envoi doit être fait sans retard, c'est-à-dire dès le commencement de la période d'affichage (Instr. 3119-3, 10810 R. P.).

430. *Aliénation d'immeubles domaniaux. Défaut de transcription de contrat. Faillite de l'adjudicataire. Vente de ses biens. Transcription. Arrêté de déchéance pris ultérieurement contre l'adjudicataire failli. Déchéance non opposable au tiers acquéreur.* — Lorsque l'adjudication d'immeubles domaniaux n'a pas été transcrite, la déchéance prononcée contre l'adjudicataire tombé en faillite n'est pas opposable au tiers acquéreur dont le titre a été transcrit antérieurement à l'arrêté de déchéance. L'action en déchéance conférée à l'État par la L. du 15 floréal an X, n'est autre, en effet, que l'action résolutoire de l'art. 1654 C. C. Son exercice est, par suite, subordonné à l'accomplissement des formalités prévues par la loi du 23 mars 1855 (Vendôme, 12 juill. 1906, 11520 R. P.)

D'autre part, le prix ainsi que le point de départ des intérêts se trouvent fixés, au regard tant de l'État que de la Compagnie, par le procès-verbal d'expertise approuvé par le Min. fin. (C. Lyon, 1er avr. 1897; — Cass. 6 déc. 1898, 9616 R. P.)

462. Expropriation. — Travaux militaires. — Procédure. — Les formalités prescrites par les art. 5, 6 et 7 de la loi du 3 mai 1841 ne sont pas applicables en matière de travaux militaires, et l'expropriation, en ce cas, est régulièrement prononcée par le tribunal, si un décret du pouvoir exécutif a déclaré l'utilité publique et déterminé les parcelles de terrain à exproprier (Cass. civ. 22 janv. 1895, 8711 R. P.).

Décidé, dans le même sens, que la désignation des terrains qui doivent être définitivement expropriés peut être faite par un arrêté préfectoral pris dans les limites du décret qui ordonne l'expropriation (Cass. 14 déc. 1875, D. P. 76-5-206).

463. Expropriation. — Commune. — Jugement. — Défaut de constatation de l'accomplissement de toutes les formalités. — Nullité. — Le jugement prononçant une expropriation pour cause d'utilité publique n'est régulier qu'autant qu'il contient la preuve que les formalités qui doivent le précéder ont été remplies. — En conséquence, est nul le jugement qui se borne à mentionner, comme ayant été produits devant le tribunal et vérifiés par lui, le décret qui déclare d'utilité publique le travail projeté, l'arrêté préfectoral de cessibilité et le plan parcellaire, sans ajouter qu'ont été également produits et vérifiés les actes constatant le dépôt du plan à la mairie, les publications et affiches de ce plan, le procès-verbal d'enquête dressé par le maire à l'effet de recevoir les observations des intéressés, l'avis du conseil municipal et l'arrêté du préfet relatifs à cette enquête (Cass. civ. 23 juin 1896, 9032 R. P.)

465. Expropriation. — Jugement. — Indication des noms des propriétaires expropriés. — Vice de forme. — Le jugement d'expropriation pour cause d'utilité publique, qui n'énonce pas les noms des propriétaires expropriés, est entaché de nullité pour vice de forme et peut être déféré à la C. cass. (Cass. civ. 6 janv. 1896, 8900 R. P.).

468. Expropriation. — Servitude. — Enclave. — Extinction. — La servitude de passage sur un immeuble exproprié pour cause d'utilité publique se trouve éteinte lorsque le jugement d'expropriation a été régulièrement publié et notifié, ce jugement ayant pour effet de transformer en un droit à indemnité tous les droits réels existant sur l'immeuble (L. 3 mai 1841, art. 17 et 18). — Il en est ainsi lors même que le propriétaire exproprié n'aurait pas fait connaître à l'expropriant l'existence de la servitude, si cette servitude ne résulte ni d'un titre à lui personnel, ni d'un acte dans lequel il était intervenu. (L. 3 mai 1841, art. 21; — C. Grenoble, 4 déc. 1894, 8712 R. P.).

474. Expropriation. — Chemin de fer de l'État. — Gare. — Construction. — Terrain. — Utilisation provisoire. — Location. — Industrie préjudiciable aux expropriés voisins. — Indemnité supplémentaire. — Lorsque l'État, qui a acquis, par voie d'expropriation, diverses parcelles de terrain destinées à la construction d'une gare de chemin de fer, utilise, jusqu'au commencement des travaux, une partie quelconque de ce terrain en le louant à un tiers pour y exercer une industrie susceptible de causer à l'un des expropriés voisins un dommage non prévu par le jury, l'État commet une faute devant donner lieu à un supplément d'indemnité au profit de cet exproprié voisin (Cass. req. 22 mars 1892, 7890 R. P.).

488-491. Expropriation. — Biens de l'État. — Compétence. — Lorsque l'indemnité due pour l'expropriation des biens appartenant à l'État ne dépasse pas 5.000 fr., les préfets peuvent, sur la proposition du Directeur des Domaines, accepter les offres d'indemnité. Le Min. fin. statue, au cas de désaccord entre les services intéressés, sur le prix de cession (L. 6 déc. 1897, art. 1, 9145 R. P.)

Pour l'exécution de cet art., il y a lieu de se conformer aux prescriptions déjà suivies dans l'application du Décr. 25 mars 1852 (I. G., n° 1922, p. 4). — L'autorisation préfectorale doit être donnée préalablement à la passation de l'acte par un arrêté pris en conseil de préfecture, sur la proposition du Directeur des Domaines. — Il est recommandé aux Directeurs d'en référer à l'Administration, avant de formuler leurs propositions définitives, toutes les fois que l'affaire présente quelque difficulté au point de vue du principe même de l'expropriation. — La compétence des préfets s'étend spécialement au cas où l'indemnité est offerte en immeubles, mais les Directeurs doivent toujours, avant de consentir à ce mode de payement, en référer à l'Administration, sauf dans les cas où ils en sont déjà dispensés (I. G., nos 2720-91 et 2925-10; — 9305-12 R. P.).

499. Terrain exproprié restant sans emploi. — Abandon à la commune. — Utilité communale. — Déclaration d'utilité publique nécessaire. — Un abreuvoir qui fait partie de terrains expropriés pour la construction d'une ligne de chemin de fer et qui n'a pas été utilisé dans les travaux, ne saurait être remis gratuitement à la commune, à charge d'en conserver la destination. Pour éviter toute difficulté provenant des droits éventuels des anciens propriétaires, l'État ne saurait s'en dessaisir, au profit de la commune, que par voie de cession pour cause d'utilité publique et moyennant le paiement d'une indemnité (Sol. 15 nov. 1897, 9150 R. P.).

508. Terrains domaniaux. — Expropriation. — Parcelles non utilisées. — Privilège de rétrocession. — Cession amiable. — Le droit de rétrocession n'ayant pas en lui-même un caractère immobilier, rien ne s'oppose à ce que le Domaine consente amiablement et sous forme d'un simple règlement d'indemnité le privilège de rétrocession appartenant à l'État sur des terrains militaires déclassés expropriés par une ville pour l'amorce d'une rue et non utilisés (Sol. 21 oct. 1899, 9719 R. P.).

510. Terrains expropriés. — Rétrocession. — Décentralisation. — Les Directeurs sont dispensés de rendre compte, par rapport spécial, des rétrocessions aux anciens propriétaires ou à leurs ayants droit de terrains expropriés restés sans emploi (2925, § 10, I. G.; — 9001 R. P.).

512. Compagnie des chemins de fer de l'État. — Halte transformée en station. — Terrains acquis et restés sans emploi. — Commune devant payer les frais d'acquisition. — Remise à la commune des terrains inutilisés. — Opération impossible. — Aliénation aux enchères. — Indemnité à la commune. — Les terrains acquis par l'État, pour transformer en station, sur la demande d'une commune, une halte de son réseau, ne peuvent, lorsqu'ils sont restés sans emploi et que les anciens propriétaires renoncent au privilège de rétrocession, être remis à la commune, qui avait pris l'engagement de payer tous les frais d'acquisition.

Ces terrains doivent être vendus aux enchères publiques, sauf au Département des travaux publics à indemniser la commune par l'allocation d'une somme égale au produit de la vente (Sol. 11 nov. 1899, 9756 R. P.).

523. Voirie urbaine. — Routes délaissées. — Le classement dans la voirie urbaine des portions de voies publiques nationales, délaissées par suite de changement de tracé ou d'ouverture d'une nouvelle route, pourra être prononcé dans la même forme et dans les mêmes conditions que le classement des mêmes portions de routes dans la voirie départementale ou vicinale fait en vertu de l'art. 1er L. 24 mai 1842 (L. 6 déc. 1897, art. 2. — V. *Code des lois*).

Pour l'application de cet article, il y a lieu de suivre les règles relatives à l'exécution de l'art. 1 L. 24 mai 1842, telles qu'elles sont tracées sous les §§ 107 à 110 de l'I. G., n° 2018 (n° 2930, § 2, I. G.; — 9305 13 R. P.).

527. Chemin de fer. — Gares et stations. — Cours et voies d'accès. — Parcelles retranchées. — Classement dans la voirie départementale, vicinale ou urbaine. — Expropriation. — Indemnité. — Les parcelles retranchées des cours des gares ne peuvent être classées gratuitement dans la voirie départementale, vicinale ou urbaine. Leur incorporation à ce dernier domaine ayant pour effet de modifier leur destination précédente, il est indispensable que le département ou la commune en poursuive l'expropriation régulière et paye à l'État une indemnité égale à la valeur du terrain dont il est dépossédé. Cette règle ne souffre qu'une seule exception établie en faveur des avenues d'accès aux gares ou stations de chemins de fer. Cette dérogation à la règle générale, dont la valeur juridique est, d'ailleurs, fort contestable, doit être, comme toutes les exceptions, limitée aux seuls cas qu'elle vise expressément (Sol. 12 janv. 1899, 9474 R. P.).

537. Fleuves et rivières navigables ou flottables. — Ancien lit. — Cession aux riverains. — Droit de préemption. — L'art. 37 L. 8 avr. 1898 (9298 R. P.; — 3071 I. G. — V. *C. des lois*), a abrogé l'art. 563 C. civ. et l'a remplacé par les dispositions suivantes :

« Art. 563. — Si un fleuve ou une rivière navigable ou flottable se forme un nouveau cours en abandonnant son ancien lit, les propriétaires riverains peuvent acquérir la propriété de cet ancien lit, chacun en droit soi, jusqu'à une ligne qu'on suppose tracée au milieu de la rivière. Le prix de l'ancien lit est fixé par des experts nommés par le président du tribunal de la situation des lieux, à la requête du préfet du département.

« A défaut par les propriétaires riverains de déclarer, dans les trois mois de la notification qui leur sera faite par le préfet, l'intention de faire l'acquisition aux prix fixés par les experts, il est procédé à l'aliénation de l'ancien lit selon les règles qui président aux aliénations du domaine de l'État.

« Le prix provenant de la vente est distribué aux propriétaires des fonds occupés par le nouveau cours, à titre d'indemnité, dans la proportion de la valeur du terrain enlevé à chacun d'eux. »

L'article 38 porte que lorsque, à la suite de travaux légalement exécutés, des portions de l'ancien lit cesseront de faire partie du domaine public, les propriétaires riverains pourront exercer le droit de préemption conformément à l'article 37 qui précède.

Reconnu que l'État ne peut vendre à des tiers les terrains retranchés du lit d'une rivière navigable, sans avoir mis préalablement les riverains en demeure d'exercer leur droit de préemption (Sol. 17 nov. 1899, 9721 R. P.).

556. Voirie urbaine. — Terrains incorporés. — Les pouvoirs conférés aux préfets par le décret-loi du 25 mars 1852, pour consentir la cession des terrains domaniaux compris dans le tracé des routes nationales, départementales ou des chemins vicinaux, sont étendus à la voirie urbaine (L. 6 déc. 1897, art. 3, 9145 R. P. — V. *C. des lois*).

Ils s'exercent dans les mêmes conditions que sous le régime du Décr. (Loi 25 mars 1852, 2930-3 I. G.; — 9305-14 R. P.)

577. Routes nationales. — Terrains retranchés. — Décentralisation. — Les Directeurs sont dispensés de rendre compte à l'Administration, par rapport spécial, des cessions réciproques, par voie d'alignement, des parcelles retranchées des routes nationales ou destinées à y être réunies (2925, § 10, I. G.; — 9001 R. P.).

582. Chemins vicinaux et départementaux. — *Alignement. — Décentralisation.* — Les Directeurs sont dispensés de rendre compte à l'Administration, par rapport spécial, des règlements amiables d'indemnités, pour les terrains domaniaux qui se trouvent compris dans les alignements des chemins vicinaux et départementaux (2925, § 10, I. G.; — 9001 R. P.).

Voirie urbaine. — Préfets. — Compétence. — V. *suprà*, n° 556.

585. Chemins vicinaux. — Classement. — Indemnité. — Exigibilité. — Point de départ. — La décision de la commission départementale qui classe un chemin vicinal et en détermine la largeur, opérant de plein droit expropriation des parcelles attribuées à ce chemin et résolvant le droit du précédent propriétaire en une indemnité, c'est à dater de cette décision, et non de l'exécution matérielle des travaux, que s'ouvre le droit à l'indemnité (LL. 21 mai 1836, art. 15; 10 août 1871, art. 86; — Cass. civ. 18 juill. 1893, 8356 R. P.).

646. **Biens affectés. Établissement ecclésiastique. Location dans un immeuble domanial consentie par cet établissement. Répétition par l'État des loyers perçus. Compétence du Conseil d'État.** — Le Conseil d'État est compétent pour connaître d'une demande en répétition de loyers formée par l'État contre un établissement ecclésiastique auquel un immeuble domanial a été affecté et qui a loué certaines parties de cet immeuble, puisqu'il s'agit de l'interprétation des actes administratifs qui ont autorisé l'affectation (Cons. d'État, 3 juill. 1903, 10580 R. P.).

648. **Algérie. Décret de concession. Interprétation. Compétence exclusive de l'autorité administrative.** — Le décret de concession d'un immeuble domanial en Algérie est un acte de haute administration, et si le sens et la portée de ses dispositions peuvent en donner lieu, c'est à l'autorité administrative seule qu'il appartient d'en fixer l'interprétation; par suite, l'autorité judiciaire saisie d'un litige au cours duquel s'élève cette question d'interprétation, doit surseoir à statuer sur le fond jusqu'à ce que l'autorité compétente ait interprété les clauses qui donnent lieu à contestation (Cass. (civ.), 16 févr. 1905, 10733 R. P.).

Aux termes de l'art. 15 L. 21 mai 1836, le droit du propriétaire riverain se résout en une indemnité par l'effet de l'arrêté préfectoral portant reconnaissance et fixation de la largeur du chemin vicinal; cette transformation du droit du riverain est immédiate. « La formule de l'art. 15 L. 21 mai 1836 est, dit très justement Dalloz (D. P. 94-1, 223, note 1), très énergique; tous les droits du propriétaire sont anéantis; la dépossession est l'effet immédiat de l'arrêté de classement; l'indemnité est en quelque sorte substituée au terrain. » La conséquence que l'on doit nécessairement tirer de ce principe est que l'exigibilité de l'indemnité prend naissance du jour même de l'arrêté de classement et non du jour de la dépossession réelle par l'exécution des travaux.

En se prononçant dans ce sens par la décision ci-dessus rapportée, le Tribunal des conflits s'est conformé à une jurisprudence constante (Cass. req. 12 août 1873, D. P. 75-1-110; — Trib. Confl. 12 mai 1883, D. P. 85-3-10; — Cons. d'Ét. 1er fév. 1884, D. P. 85-3-90; — Cass. civ. 3 mai 1887, D. P. 88. 1. 40; — Montpellier, 20 juin 1887, D. P. 88-2-303; — Cons. d'État, 20 juill. 1889, D. P. 91-3-22).

Chemin vicinal. — Déclassement. — Riverain. — Droit de préemption. — Aliénation facultative. — Lorsqu'un chemin vicinal est déclassé, le droit de préemption que les propriétaires riverains ont sur les portions de chemins qui touchent leurs propriétés est un simple droit de préférence, insuffisant pour obliger la commune à céder ces portions de chemin si elle croit utile de les conserver (Cass. req. 13 nov. 1891, 8632 R. P.).

587. **Chemin vicinal. — Cession réciproque. — Décentralisation.** — Les Directeurs sont dispensés de rendre compte à l'Administration, par rapport spécial, des cessions réciproques consenties en exécution L. 21 mai 1836 (2925-10 I. G.; 9001 R. P.).

Terrain domanial. — Incorporation à un chemin rural. — Offre d'indemnité. — Compétence du préfet. — Les préfets sont compétents pour accepter les offres d'indemnité relatives aux terrains domaniaux régulièrement incorporés aux chemins ruraux (Sol. 15 mars 1898, 9312 R. P.).

594. **Terrains joignant la mer. — Ventes. — Concessions.** — Il y a lieu d'insérer, à l'avenir, dans tous les contrats de vente de terrains domaniaux joignant la mer, une clause portant réserve d'un droit de passage permanent pour le service des Douanes et pour les opérations de sauvetage. En outre, il est recommandé de laisser autant que possible, en dehors des périmètres mis en vente, un espace de terrain suffisant pour permettre, en tous temps, aux pêcheurs l'accès facile de la grève (2938 I. G.; — 9395-11 R. P.).

606. **Domaine maritime et fluvial. — Concessions.** — Lorsque le prix d'une concession faite en vertu de l'art. 41 L. 16 sept. 1807, et par application de l'Ord. du 23 sept. 1825 et des décrets des 16 août 1853 et 8 sept. 1878, ne dépassera pas 2.000 fr., l'acte administratif réalisant la concession sera définitivement ratifié par le Min. fin. (L. 6 déc. 1897, art. 5, 9145 R. P. — V. *Code des lois*).

Le décret approbatif du Conseil d'État n'est plus nécessaire lorsque la concession a lieu, soit à l'amiable, soit aux enchères, pour un prix ne dépassant pas 2.000 fr. Dans ce cas, l'acte est passé sous réserve de la ratification ministérielle (2939, § 5, I. G.; — 9395-10 R. P.).

618. **Échange.** — Lorsque la valeur d'un immeuble domanial cédé à titre d'échange ne dépassera pas 50.000 fr., l'autorisation de passer acte sera donnée par le Min. fin., et l'acte sera définitivement ratifié par décret en Conseil d'État. Sont maintenues les dispositions de l'Ord. du 12 déc. 1827 non contraires au présent article. Il n'est rien innové en ce qui concerne le domaine forestier (L. 6 déc. 1897, art. 6, 9145 R. P. — V. *Code des lois*; — 2939-6 I. G.; — 9395-17 R. P.).

646. **Séparation des compétences administrative et judiciaire.** — Lorsque les tribunaux de l'ordre judiciaire, saisis d'une question de propriété, constatent leur incompétence pour apprécier la valeur de titres administratifs produits par les parties, ils doivent, pour respecter le principe de la séparation des pouvoirs, surseoir à statuer sur le litige jusqu'à ce que les titres dont il s'agit aient été soumis aux juges compétents (L. 16-24 août 1790, titre II, art. 13). — Dès lors, une Cour d'appel, saisie d'une revendication de propriété, méconnait le privilège de la séparation des pouvoirs si, tout en déclarant qu'il appartient à l'autorité administrative seule de se prononcer sur la validité d'une adjudication de biens communaux formant le titre du demandeur, elle ne sursoit pas à statuer, mais décide qu'en raison de l'authenticité et de la régularité apparente dudit titre, le défendeur doit délaisser par provision au demandeur les immeubles litigieux (Cass. civ. 27 juin 1892, 7932 R. P.).

Cours d'eau. — Barrage. — Enlèvement. — Dommages. — L'autorité administrative est seule compétente pour connaître de l'action en indemnité contre l'État à raison de la destruction, par les agents des ponts et chaussées agissant pour l'exécution d'un règlement sur les cours d'eau non navigables, d'un barrage que le réclamant prétend avoir établi sur un terrain lui appartenant. Mais l'autorité judiciaire est compétente pour statuer sur la question de savoir si ce terrain était en la possession du réclamant (Trib. conflits, 5 nov. 1892, 8313 R. P.).

648. **Compétence administrative. — Créances de tiers contre l'État. — Reconnaissance.** — Si un ministre a compétence pour liquider les créances des tiers contre l'État, il lui est interdit, par les règles les plus essentielles du droit de la comptabilité publique, de créer et de reconnaître des créances dont les titres ne lui sont point représentés, et d'engager ainsi les finances de l'État en empiétant sur le domaine du pouvoir législatif (C. Paris, 23 avr. 1892, 7902 R. P.).

Travaux publics. — Acte administratif irrégulier. — Dommages. — Lorsque des travaux ont été entrepris dans un but d'utilité publique en vertu d'un acte d'autorisation administrative, la circonstance que des irrégularités commises, lors de l'accomplissement des formalités qui ont précédé ledit acte, en ont motivé l'annulation par le Conseil d'État, comme entaché d'excès de pouvoir, n'a pour effet de modifier ni la nature dudit acte, ni le caractère des travaux. En conséquence, c'est au Conseil de préfecture qu'il appartient de connaître d'une action en indemnité à raison des dommages que ces travaux ont pu causer à des particuliers (Trib. conflits, 18 fév. 1893, 8355 R. P.).

Manufacture d'armes. — Propriété voisine. — Dommages. — Les manufactures d'armes font partie du domaine public. Dès lors, l'appréciation des contestations soulevées par un particulier au sujet de la construction d'un égout dans un établissement de cette nature et du dommage causé à une propriété voisine par le déversement des eaux, est de la compétence exclusive de l'autorité administrative (Saint-Étienne. 29 juin 1893, 8286 R. P.).

Vente domaniale. — Prise d'eau sur un fleuve. — Indemnité de suppression. — Le Conseil de préfecture est compétent pour apprécier la demande en indemnité formée contre l'État pour cause de suppression d'un droit de prise d'eau compris dans une vente nationale, comme faisant partie d'un immeuble voisin du fleuve, et pour interpréter à cet effet l'acte de vente nationale invoquée par le demandeur (C. d'Ét. 1er août 1890, 7538 R. P.).

Forêts. — Agent. — Exécution d'un service public. — Erreur. — Action en garantie. — La responsabilité qui peut incomber à l'État, à raison d'un dommage causé à des particuliers par le fait d'un agent concourant à l'exécution d'un service public, n'est pas régie par les principes du Code civil. Cette responsabilité a ses règles spéciales qui varient suivant les besoins du service et la nécessité de concilier les droits de l'État avec les droits privés. — Dès lors, et à moins d'une disposition de loi spéciale, c'est à l'autorité administrative et non aux tribunaux ordinaires qu'il appartient d'apprécier cette responsabilité. — L'autorité administrative est notamment seule compétente pour connaître des demandes d'indemnités formées contre l'État, à raison des dommages provenant des erreurs commises par les agents de l'Administration des forêts à l'occasion des opérations qu'ils accomplissent, en leur qualité de préposés de l'Administration, dans les bois d'une commune. Et il importe peu que la demande soit présentée sous forme d'action en garantie dans une instance régulièrement engagée devant l'autorité judiciaire entre une commune et l'acquéreur d'une coupe de bois communaux (Trib. confl. 10 mai 1890, 7905 R. P.).

Canal. — Prises d'eau. — Arrêté préfectoral. — Droit de propriété. — Doit être portée devant l'autorité administrative et non devant l'autorité judiciaire l'action tendant à la réformation d'un arrêté préfectoral fixant le mode d'établissement et de fonctionnement de prises d'eau sur un canal et rendu en vertu tant des pouvoirs généraux de police qu'en conformité d'un décret qui investit l'Administration du droit de déterminer les rapports des particuliers qui font usage de ce canal, alors qu'il n'est soulevé aucune difficulté relative au droit de propriété (Trib. Confl., 3 nov. 1894, 8763 R. P.).

Domaine public. — Concession. — Étendue. — L'acte par lequel l'État a concédé la jouissance d'une partie du domaine public ne saurait être considéré comme un simple contrat de droit civil, mais présente les caractères d'un acte administratif. En conséquence, lorsqu'une contestation s'élève entre l'État et le concessionnaire sur l'étendue de la concession, c'est à l'autorité administrative, et non à l'autorité judiciaire, à déterminer cette étendue (Cass. 11 juill. 1898, 9396 R. P.).

649. Compétence judiciaire. — Domaine maritime. — Droit de passage. — Revendication. — L'autorité judiciaire est seule compétente pour déterminer le sens et la portée des conventions de droit commun invoquées contre l'État par un particulier, lorsque celui-ci ne justifie de l'existence d'aucun acte administratif nécessitant une interprétation préjudicielle par la juridiction administrative (Cass. req. 14 fév. 1893, 8050 R. P.).

Vente nationale. — Servitude sur un fonds voisin. — Est irrecevable par la juridiction administrative la demande portée directement devant le Conseil de préfecture et tendant à faire décider, par interprétation d'un acte de vente nationale, qu'un moulin à eau compris purement et simplement dans cette vente a, sur le terrain voisin appartenant à un tiers, des droits de servitude nécessaires à la réparation des brèches et à l'aveuglement des fuites qui se sont produites ou peuvent se produire sur les francs bords (C. d'État, 27 mai 1892, 7879 R. P.).

Vente de biens nationaux. — Interprétation de l'acte en l'absence de litige. — La demande d'interprétation d'une vente nationale ne peut être portée par un particulier devant le Conseil de préfecture qu'en cas de litige et lorsque, à l'occasion de ce litige, l'autorité judiciaire a reconnu que le renvoi devant l'autorité administrative est nécessaire pour cette interprétation. Il en est ainsi notamment de la demande de l'acquéreur d'un moulin à eau tendant à faire décider, en l'absence de toute contestation avec les propriétaires voisins, que la vente comprenait les servitudes nécessaires à l'aveuglement des fuites pouvant se produire sur les francs bords de la rivière (C. d'État, 27 mai 1892, 8517 R. P.).

Vente de biens nationaux. — Moulin. — Francs bords. — Question de servitude. — Étendue de la vente. — L'autorité judiciaire qui, pour déclarer que le propriétaire d'un moulin provenant d'une vente nationale a le droit de passer avec bœufs et charrettes sur les francs bords du cours d'eau alimentant le moulin, se fonde sur la nature des choses et sur la présomption nécessaire qui en résulte d'après le droit commun, n'excède pas sa compétence. Il en est ainsi lors même que, dans un motif surabondant, les juges auraient interprété que les droits litigieux se trouvaient compris dans la vente d'après certaines désignations de l'acte (Cass. civ. 22 déc. 1896, 9034 R. P.).

Algérie. — Conseil de préfecture. — Acte administratif. — L'art. 4, § 7, L. 28 pluv. an VIII, sur la compétence du Conseil de préfecture en matière domaniale, s'applique en France à toutes les ventes du domaine privé de l'État sans exception. Mais cette disposition, momentanément rendue applicable à l'Algérie par l'art. 13 de l'arrêté du 19 déc. 1848, a été abrogée pour cette colonie par la loi du 16 juin 1851, et les tribunaux civils sont, dès lors, compétents pour connaître du contentieux des domaines nationaux, de même que pour interpréter les contrats de vente passés en Algérie par l'État. — L'État aliénant par une convention de droit civil une partie de son domaine, ne fait pas acte d'autorité, mais concourt à un contrat formé par l'accord de deux volontés, et qui n'a pas le caractère d'un acte administratif (Cass. req. 4 août 1891, 7964 R. P.).

Les questions de propriété étant, par leur nature, de la compétence de l'autorité judiciaire, le décret qui, en Algérie, déclare un terrain incorporé au domaine public ne

649. Bail de plage. Tacite reconduction. Difficultés entre l'État et le locataire. Compétence de l'autorité judiciaire. — La juridiction administrative est incompétente pour décider si le bail amiable d'un emplacement sur une plage s'est, après son expiration, continué par tacite reconduction, et, par suite, si les droits du locataire ne se trouvent pas méconnus par le fait qu'un bail ultérieur du même emplacement a été consenti par l'Administration à un nouveau locataire (Cons. d'État, 22 janv. 1904, 10727 R. P.).

Biens affectés à une congrégation. Dissolution de cette congrégation. Décret de désaffectation. Indemnités dues pour impenses à un membre de la congrégation. Droit de rétention de ce dernier jusqu'au règlement des indemnités. Compétence de l'autorité judiciaire. — Lorsqu'à la suite de la dissolution d'une congrégation en vertu de la L. 1er juill. 1901, un décret a prononcé la désaffectation d'immeubles domaniaux qui avaient été affectés à cette congrégation, l'autorité judiciaire est seule compétente, à l'exclusion de l'autorité administrative, pour statuer sur l'instance engagée contre le Domaine par un membre de la congrégation, en vue de faire reconnaître son droit de rétention sur les immeubles jusqu'à ce qu'il ait été indemnisé des impenses par lui faites; il s'agit, en effet, d'une demande exclusivement fondée sur le droit commun et qui peut être accueillie sans porter atteinte à l'exécution d'un acte administratif, les immeubles dont il s'agit n'étant plus attribués à un service public et ayant fait simplement retour au domaine privé de l'État (Trib. des conflits, 2 juill. 1904, 10858 R. P.).

667. Produits domaniaux. Recouvrement. Instance. Contestation sur les clauses et la portée du contrat. Procédure de droit commun. — Si les instances en recouvrement de produits domaniaux doivent être suivies dans les formes prescrites par les lois sur l'enregistrement, cette règle cesse de recevoir son application lorsque la partie élève une contestation sur l'interprétation des clauses et de la portée du contrat qui sert de base à la réclamation de l'Administration; il y a lieu, en pareil cas, de recourir à la procédure ordinaire, avec ministère d'avoué et plaidoiries orales. Comme il s'agit là d'une forme de procédure substantielle, l'inobservation peut en être relevée d'office par la Cour d'appel à laquelle a été déféré le jugement de première instance qui a donné gain de cause à l'Administration. — Spécialement, l'Administration doit procéder suivant les formes du droit commun dans une instance en recouvrement des sommes dues au Trésor par le soumissionnaire d'issues provenant de l'abatage d'animaux ayant servi à l'alimentation du corps de troupes, quand ce soumissionnaire conteste la quantité des animaux abattus ainsi que le nombre des issues reçues par lui et qu'il prétend n'avoir pu prendre livraison de toutes les issues par la faute de l'Intendance qui ne l'avait pas prévenu en temps utile (C. Bordeaux, 11 dé. 1905, 11156 R. P.).

Instance en reconnaissance d'un droit réel introduite contre l'État devant le tribunal civil comme moyen de défense à une action correctionnelle engagée par le service des forêts. Défaut de dépôt à la Préfecture d'un mémoire préalable. Irrecevabilité de la demande. — La disposition de l'art. 15, titre III, L. 5 nov. 1790, d'après laquelle aucune action ne peut être engagée contre l'État sans qu'un mémoire ait été préalablement déposé à la Préfecture par la partie poursuivante, a une portée générale et absolue; elle s'applique dans tous les cas, qu'il s'agisse d'une demande principale, incidente ou subsidiaire. En conséquence, est irrecevable en la forme, si elle n'a pas été précédée de la présentation d'un mémoire, l'instance engagée par un particulier devant le tribunal civil en vue de faire reconnaître l'existence à son profit d'un droit réel sur un immeuble dépendant du domaine forestier de l'État, alors même que cette instance n'a été introduite que comme moyen de défense à une action correctionnelle engagée par le service des Forêts pour la répression d'un délit forestier (Nice, 8 mars 1905, 10803 R. P.).

peut avoir pour effet de dessaisir l'autorité judiciaire et d'attribuer à la juridiction administrative le pouvoir de statuer sur la propriété de ce terrain. — En conséquence, le tribunal civil qui se borne à apprécier la légalité de ce décret au seul point de vue d'une action en revendication dudit terrain formée par l'État, sans d'ailleurs ordonner aucune mesure contraire à l'arrêté qui l'affectait à des manœuvres militaires, ne porte aucune atteinte au principe de la séparation des pouvoirs administratif et judiciaire. — Les biens sur lesquels, par exception, des droits publics ou privés n'ont pas été reconnus à l'époque du sénatus-consulte du 26 avr. 1863, ne sont pas pour cela devenus la propriété de l'État, si cette propriété n'a pas été établie dans les formes édictées par le sénatus-consulte même et le décret du 23 mai 1863 qui l'a appliqué (Cass. req. 5 mai 1897, 9081 R. P.).

Biens affectés. — Améliorations. — Indemnité. — Les ministres sont sans qualité pour créer et reconnaître des créances dont les titres ne leur sont pas présentés. En conséquence, le compromis passé par un ministre pour faire fixer l'indemnité réclamée pour améliorations par l'affectataire (évêque) d'un immeuble domanial, n'est pas obligatoire pour l'État. Lorsque le titre d'affectation est clair et précis, l'autorité judiciaire est compétente pour en faire l'application sans renvoyer à l'autorité administrative. Et si les différentes clauses d'un compromis sont reliées entre elles d'une manière indivisible, l'annulation de ce compromis pour incompétence du ministre qui l'a contracté entraîne l'annulation de ces différentes clauses, notamment de la reconnaissance même de la dette (C. Paris, 23 mai 1892 et Cass. req. 4 déc. 1894, 8777 R. P.).

Actes clairs. — Clauses non obscures. — Il appartient aux tribunaux de l'ordre judiciaire d'appliquer immédiatement les actes de vente de biens domaniaux lorsque leur sens, bien qu'il soit contesté par une des parties, n'est pas obscur et ne demande pas une interprétation proprement dite (Cass. req. 13 mai 1896, 8844 R. P.).

Décidé, de même, qu'il appartient aux juges du fond d'interpréter et d'appliquer les titres produits par la partie pour justifier sa prétention, et leur décision, à cet égard, ne tomberait sous la censure de la C. cass. que s'ils avaient méconnu ou dénaturé le sens d'actes parfaitement clairs et ne présentant aucune ambiguïté. Il en est ainsi lorsque les juges, interprétant des aveux antérieurs à l'édit de Moulins de 1566, invoqués par les riverains pour justifier leurs droits, reconnaissent que ces titres n'ont conféré aux seigneurs, dont les demandeurs sont les ayants cause, qu'une vocation éventuelle ayant le caractère d'un privilège féodal et refusent de donner effet à cette vocation éventuelle éteinte par les lois abolitives de la féodalité (C. Rouen, 20 juill. 1885; — Cass. civ. 24 janv. 1893, 8058 R. P.).

Déchéance. — Hypothèques. — Les conseils de préfecture sont incompétents pour connaître des difficultés auxquelles peut donner lieu la déchéance d'un acquéreur de biens de l'État. De même, l'autorité administrative est incompétente pour décider si les hypothèques constituées par cet acquéreur au moyen d'actes privés subsistent sur les immeubles après la déchéance, cette question pouvant être résolue par les tribunaux civils sans interprétation de l'acte administratif de vente (Bougie, 1er juill. 1882; — C. Alger, 8 mars 1883; — Cass. req. 25 mars 1884; — C. d'État, 11 nov. 1892, 8025 R. P.).

Savoie. — Annexion. — Biens communaux. — Partage. — Loi rétroactive. — Les lois nouvelles, modificatives de la compétence, si elles sont applicables aux procès nés et à naître, laissent en dehors de leur action les affaires commencées qui ont déjà fait l'objet d'une décision sur le fond au moment de leur promulgation. — C'est ainsi que la C. Chambéry qui, après l'annexion de la Savoie à la France, a remplacé le Sénat de la Savoie, est compétente pour juger des suites d'une instance en partage de biens communaux sur laquelle le Sénat de la Savoie avait statué avant l'annexion quoique, d'après la loi française, l'autorité administrative seule ait compétence pour régler le mode de partage des biens communaux (Cass. req. 25 nov. 1895, 8734 R. P.).

651. Actes clairs. — V. n° 649.

659. Conseil de préfecture. — Compétence. — V. nos 648 et 649.

667. Instance. — Recouvrement de revenus. — La Régie des Domaines est autorisée, pour le recouvrement des revenus des domaines nationaux, à décerner contre les redevables en retard des contraintes qui, moyennant le visa du président du tribunal, sont mises à exécution sans autre formalité (Beauvais, 27 oct. 1887; — Cass. civ., 11 août 1891, 7712 et 7974-15 R. P.).

Les instances tendant au recouvrement de redevances domaniales doivent être suivies dans la forme spéciale tracée par les art. 65 L. 22 frim. et 17 L. 22 ventôse an IX, à moins que le litige soulève une question de propriété ou de démembrement de propriété. Les règles de la procédure ordinaire ne doivent être mises en mouvement que dans le cas où la difficulté nécessite l'interprétation des clauses du contrat sur lequel est basée la réclamation du Domaine. Par suite, cette dernière procédure doit être écartée lorsque les clauses de l'acte sont claires et précises et ont un sens exclusif de toute équivoque (Rome, 30 mars 1894, 8500 R. P.).

Aux termes de l'art. 4, L. 19 août-12 sept. 1791, les contraintes décernées pour le recouvrement de tous les produits des domaines nationaux doivent être visées par le président du Tribunal civil. Ces dispositions s'appliquent aux revenus provenant du domaine public, quelle que soit l'Administration qui est chargée d'en opérer la perception (Cass. 24 janv. 1900, 9790 R. P.).

Titre exécutoire. — Contrainte. — Assignation au préfet. — Mémoire préalable. — Le recouvrement des revenus et produits domaniaux doit obligatoirement être suivi au moyen d'une contrainte décernée par le directeur et visée par le président du tribunal civil. L'existence d'un titre exécutoire, tel qu'un bail ou une adjudication passés dans la forme administrative, ne peut dispenser les agents d'employer ce mode de poursuites et ne les autorise pas à agir par voie de commandement avec signification du titre. L'opposition aux poursuites, lorsqu'elle invoque des moyens tirés du fond du droit, doit être signifiée, avec assignation, au Préfet, et précédée du dépôt du mémoire préalable prescrit par l'art. 15, titre III, de la loi des 23-28 oct. et 5 nov. 1790. L'Administration est, par conséquent, fondée, dans ce cas, à opposer une fin de non recevoir à l'action que l'opposant a irrégulièrement dirigée contre elle (Sol. 24 juill. 1890, 8482 R. P.).

Forêts. — Recouvrement de prix de coupes de bois. — Contrainte. — Visa du préfet. — Nullité. — Conclusions au fond. — Créancier gagiste. — La contrainte décernée par le Domaine pour obtenir le paiement du prix de coupes de bois dépendant d'une forêt domaniale doit être visé par le président du tribunal de première instance de la situation des biens, et non par le préfet. Mais la nullité résultant de ce vice de forme est couverte par la défense au fond de la partie contre laquelle la contrainte a été décernée (173 C. proc.), et elle ne peut, dans ce cas, être invoquée par un créancier gagiste entre les mains duquel une saisie a été opérée (Mont-de-Marsan, 28 juill. 1891 et C. Paris, 23 mars 1892, 7931 R. P.).

673. Produits domaniaux. — Recouvrement. — Caution. — Instance. — Procédure spéciale. — V. *Instance*, n° 196.

674. Expertise. — Procédure. — Loi en vigueur. — Lorsqu'une loi de procédure est modifiée entre le moment où une expertise est ordonnée et celui où il doit y être procédé, c'est la législation nouvelle qui doit être observée pour la forme de l'expertise (C. d'Ét. 1er août 1890, 7579 R. P.).

677. Algérie. — Propriété. — Actions contre l'État. — Instance domaniale. — Mémoire préalable. — Aucune disposition du sénatus-consulte du 22 avr. 1863, ni de la loi du 26 juill. 1873 ou des lois et décrets postérieurs n'impose aux particuliers actionnant l'État en revendication de propriété, en Algérie, soit comme demandeurs originaires, soit comme intervenants, l'obligation du mémoire préalable édictée par les art. 1 et 3 du Décret du 28 déc. 1855 (C. Alger, 4 avr. 1894 et 14 mai 1895, 8924 R. P.).

687. Instance domaniale. — Appels et pourvois. — Le Directeur général des domaines est compétent pour décider s'il y a lieu d'acquiescer aux jugements et arrêts contraires aux conclusions prises par l'État ou s'il convient de les déférer en appel ou pourvoi à la juridiction supérieure. — Il doit, toutefois, en référer au ministre en cas de désaccord entre les chefs de service intéressés (D. m. f. 17 juill. 1896, 8860-48 R. P.; — 2911 I. G.).

688. Instance concernant le Domaine et les Douanes. — Appel. — Indivisibilité. — Lorsqu'il n'y a pas indivisibilité et solidarité entre plusieurs services actionnés en restitution ou en dommages-intérêts, la régularité de l'appel formé par l'un de ces services ne peut couvrir l'irrégularité de l'appel des autres (Cass. civ., 14 nov. 1892, 7991 R. P.).

690. Arrêt contraire. — Pourvoi. — Acquiescement. — V. *suprà* n° 687.

693 *bis (à ouvrir)*. **Propriété. — Revendication. — Présomptions. — Titres.** — En matière de revendication d'immeubles, la preuve du droit de propriété du demandeur peut être établie, même à l'aide de titres auxquels le défendeur n'a été partie ni par lui ni par ses auteurs, et le défendeur n'est admis à détruire cette preuve que par des titres contraires, ou par une possession pouvant conduire à la prescription, antérieure au plus ancien des titres produits (Cass. 15 nov. 1897, 9205 R. P.).

695 *bis (à ouvrir)*. **Instance. — Péremption triennale. — Interruption. — Expertise. — État défendeur.** — Une expertise en cours ne suffit pas, en l'absence de tout acte de procédure, pour interrompre la péremption triennale d'une instance engagée. — L'État, défendeur à l'instance, ne perd pas cette qualité, encore bien qu'il ait demandé un supplément d'expertise, la première expertise provoquée à la requête de la partie adverse, demanderesse principale, étant incomplète. L'État peut, dès lors, invoquer la péremption triennale. N'est pas fondée la demande en garantie formée contre les experts pour avoir entraîné la péremption par leur inaction, la partie, qui jugeait excessives les lenteurs de l'expertise, n'ayant qu'à user de la faculté donnée par l'art. 320 C. proc. (Autun, 30 nov. 1897, 9203 R. P.).

696 *bis*. **Dette de l'État. — Déchéance quinquennale. — Compétence du Ministre.** — Il appartient aux ministres seuls de prononcer la déchéance contre les créanciers de l'État (L. 29 janv. 1831, art. 9). Dès lors, une lettre signée par le Directeur des services administratifs au Ministère de la Guerre et dans laquelle cette déchéance est opposée, ne constitue pas une décision susceptible d'être déférée au Conseil d'État (C. d'État, 8 août 1895, 8890 R. P.).

696 *ter (à ouvrir)*. **Déchéance quinquennale. — Occupation par l'État d'un terrain appartenant à un particulier. — Indemnité non réclamée dans le délai de cinq ans.** — La déchéance quinquennale édictée par la Loi du 29 janvier 1831 est applicable aux sommes réclamées par un particulier à raison du dommage causé à sa propriété depuis plus de cinq ans par l'occupation temporaire d'une parcelle de cette propriété, alors même que ce particulier alléguerait avoir ignoré l'occupation (C. d'État, 17 mai 1895, 8876 R. P.).

702. Mobilier de l'État. — Affectation. — Inventaire. — Communication. — V. *Communication*, n° 151.

709. Objets et livres. — Intérêt d'art ou d'histoire. — Mesures arrêtées en vue de permettre au min. de l'instr. publ. de faire opérer le retrait des objets et livres remis au Domaine pour être vendus, lorsqu'il paraît utile de les conserver dans un intérêt d'art ou d'histoire (2944 I. G. — 9395-27 R. P.).

711. Mobilier de l'État. — Vente. — Ministère de la guerre. — Matériaux. — Prix à consigner au compte d'un entrepreneur. — Incompétence du domaine. — L'Administration des domaines est sans qualité pour recevoir et vendre des matériaux et objets mobiliers restés sans emploi à la suite de travaux exécutés pour le ministère de la guerre, lorsqu'il résulte du cahier des char-

718 Postes et télégraphes. Vieux fils de fer. Vente. — Les règles précédemment adoptées pour l'aliénation des poteaux télégraphiques hors d'usage, dont la valeur totale est inférieure à 30 fr. (D. m. f. 24 janv. et 3 mars 1900) sont applicables, dans les mêmes conditions, à la vente des vieux fils de fer provenant du service des postes et des télégraphes. Les prescriptions générales ne conservent leur empire qu'autant que la valeur des objets réformés atteint 30 fr. (D. M. F. et Comm. 25 nov. et 23 déc. 1902, Instr. 3103-1, 10945 R. P.).

753. Mobilier de l'État. Aliénation. Ventes avec publicité et aux enchères. Compétence exclusive du Domaine. — Les objets mobiliers inutiles aux services publics doivent, en principe, être vendus aux enchères et par ministère exclusif des préposés du Domaine. Il ne saurait donc appartenir au service, d'où proviennent les objets à aliéner, de provoquer et de recueillir les offres des amateurs, en vue de la cession amiable de ces objets à l'auteur de l'offre la plus avantageuse (D. M. F. 28 nov. 1902, Instr. 3099-19, 10532 R. P.).

801. Vente d'armes de guerre réformées. Compétence du Domaine. Cessions amiables. Conditions d'exigibilité du 5 p. 100. — Le délai d'application du décret du 14 novembre 1872, qui avait [illegible] des dispositions exceptionnelles pour l'aliénation des armes de guerre réformées, étant arrivé à son terme le 31 décembre 190[illegible], les règles ordinaires de la législation domaniale ont, depuis lors, repris leur empire et le service du Domaine est redevenu seul compétent pour procéder à la vente de ce matériel et pour apprécier, notamment, s'il peut y avoir lieu, dans certains cas, de recourir à une cession amiable. Les remises offertes par les services détenteurs ne doivent être acceptées qu'en vertu d'une autorisation du Directeur général, sauf, toutefois, lorsqu'il s'agit d'armes à céder aux municipalités pour l'usage des agents de police, ou à des amateurs pour leurs collections. En matière de cessions amiables, il n'y a pas lieu d'exiger, en sus du prix, 5 p. 100 pour les frais de vente, mais les cessionnaires sont tenus d'acquitter les droits de timbre et d'enregistrement (D. M. F. et Guerre, [illegible] et 31 [illegible] 1902; Sol. 8 oct. 1902, Instr. 3090-20, 10433 R. P.).

ges que ces matériaux, devant être vendus et le prix être versé à la Caisse des dépôts et consignations au compte de l'entrepreneur, n'ont pas cessé d'appartenir à ce dernier (Sol. 11 oct. 1894, 8735 R. P.).

719. Mobilier de l'État. — Cession gratuite. — Prohibition. — Œuvres d'intérêt public. — Toute cession gratuite d'objets mobiliers appartenant à l'État est prohibée, même en faveur d'œuvres d'intérêt public ou patriotique, telles que l'érection de statues ou de monuments. Les délivrances ne peuvent, dans ce cas, être consenties que moyennant le payement de la valeur des matériaux cédés, sans qu'il puisse être fait remise totale ou partielle du prix de cession (Déc. min. fin. 14 août 1900 et 23 mai 1901, 3080-23 I. G.; 10234 R. P.).

718. Vente de mobilier. — Arbres à abattre. — Mode d'aliénation. — En principe, les objets mobiliers appartenant à l'État doivent être aliénés par la voie des enchères, avec publicité et concurrence. C'est une règle à laquelle il convient de ne déroger qu'à titre exceptionnel, lorsque des circonstances particulières rendent la mise en vente publique impossible ou inopportune. Spécialement, la dérogation ne saurait être justifiée ni par la crainte d'une coalition entre les amateurs, ni par la considération que les offres de ces derniers ayant été provoquées, on pourrait accepter la plus élevée (Sol. 16 mars 1899, 9586 R. P.).

Poteaux télégraphiques hors d'usage d'une valeur inférieure à 30 fr. — Vente. — Compétence des agents des Postes et Télégraphes. — Le service des Postes et Télégraphes est autorisé à vendre d'office, sans concurrence ni publicité, pour le compte de l'Administration des Domaines, les poteaux télégraphiques hors d'usage dont la valeur totale est inférieure à 30 fr. Il doit rendre compte au Domaine des aliénations et lui en verser le montant (Déc. min. fin. 24 janv. et 3 mars 1900, 3028-1 I. G.; — 9946-55 R. P.).

721. Mobilier de l'État — Cession amiable. — Fixation du prix. — Compétence du service des domaines. — Le service des domaines est compétent pour réaliser, sans l'autorisation préalable du Ministre des finances, les cessions amiables de mobilier dont le prix ne dépasse pas 2.000 fr. Les directeurs peuvent désormais, dans cette nouvelle limite et lorsque ce mode exceptionnel d'aliénation leur paraîtra justifié, consentir, avec le concours des préfets, les cessions amiables d'objets mobiliers appartenant à l'État. Toutefois, pour celles de ces ventes dont le prix excède 1.000 fr., ils doivent en référer préalablement à la Direction générale (D. m. f. 11 oct. 1895, 8678 et 5869-13 R. P.).

726 bis (*à ouvrir*). **Objets mobiliers. — Livres. — Objets d'art. — Cartes. — Gravures. — Remise au Domaine. — Vente.** — Lorsque le mobilier remis au Domaine, pour être vendu, comprend des objets d'art, livres, manuscrits, cartes, gravures ou documents qui pourraient utilement trouver place dans les collections des bibliothèques publiques ou des musées, les directeurs sont tenus d'aviser, un mois avant la vente, les représentants locaux des ministères des Beaux-Arts ou de l'Instruction publique (2944 I. G.).

729. Mobilier appartenant à l'État ou régi par le Domaine. — Adjudication. — Fixation du jour de la vente. — Intervention des préfets supprimée. — Il n'appartient plus au préfet de fixer le jour de la vente d'objets mobiliers opérée par les agents des domaines. Cette fixation a lieu par le directeur des domaines qui peut même, suivant les circonstances, laisser les receveurs libres de choisir le jour de l'opération (Décr. 26 fév. 1897, 8957 et 9125-6 R. P.).

731. Annonces officielles. — Les préfets ont, seuls, qualité pour désigner les journaux chargés de recevoir les annonces officielles (Circ. 16 août 1900).

740. Immeubles domaniaux. — Agents acquéreurs. — Autorisation. — Les agents de l'Administration doivent demander l'autorisation de l'Administration, pour être admis à participer aux enchères (2926 I. G.).

753 bis (*à ouvrir*). **Mobilier de l'État — Procès-verbaux d'adjudication. — Délivrance d'extraits aux parties.** — Le receveur des domaines qui a procédé à une adjudication de mobilier de l'État ne peut refuser aux acquéreurs qui le requièrent la délivrance, pour la partie qui les concerne, d'un extrait du procès-verbal d'adjudication (Sol. 24 janv. 1895, 8661 R. P.).

764. Vente de mobilier de l'État. — Papiers inutiles. — Administration des postes. — Mise au pilon. — Frais de déplacement. — Lorsque les archives inutiles sont remises au domaine pour être vendues à charge de mise au pilon, le service d'où elles proviennent peut s'assurer, par la présence d'un de ses agents, de la régularité de la détérioration, mais il doit supporter les frais de déplacement de cet agent. Toutefois, ces frais peuvent être imposés à l'adjudicataire lorsque, pour ses convenances, la détérioration est effectuée dans une localité autre que celle où la vente a eu lieu (Sol. 21 juin 1895, 8982 R. P. — V. *suprà* n° 718).

775. Papiers provenant des perceptions et recettes des Finances. — Dénaturation avant la livraison aux adjudicataires. — Les documents hors d'usage provenant des perceptions et recettes des Finances et dont la livraison en nature aux adjudicataires pourrait présenter des inconvénients au point de vue des indications qu'ils contiennent, doivent être dénaturés avant cette livraison (Circ. Compt. pub. 21 mars 1892, 7818 R. P.).

815. Vente de chevaux réformés. — Vices rédhibitoires et maladies contagieuses. — La vente d'animaux atteints de maladies contagieuses est nulle de droit. Pour ce qui concerne les vices rédhibitoires, les cahiers de charge doivent contenir la clause suivante : « La vente a lieu sans aucune garantie pour les vices rédhibitoires énumérés dans l'art. 2 L. 31 juill. 1895 » (2012 I. G.; — 8860-54 R. P.).

Chevaux réformés. — Visite sanitaire. — Est supprimée la visite sanitaire à laquelle il devait être contradictoirement procédé, par les soins d'un vétérinaire militaire et d'un vétérinaire civil, en ce qui concerne les chevaux de l'armée réformés et livrés au Domaine pour être vendus. Toutefois, le vétérinaire militaire, chef de service dans les corps de troupes à cheval ou dans les établissements où il existe un vétérinaire de l'armée, établira, pour être remis au représentant du Domaine, des certificats constatant que les animaux réformés sont indemnes de toute maladie contagieuse. Ce certificat sera individuel. Dans les places où un vétérinaire civil est chargé de donner des soins aux chevaux de l'armée, c'est à lui qu'il appartiendra de fournir le dit certificat (Déc. min. guerre et fin. 3 janv. 1900, 3008 I. G.; 9932 et 9946-29 R. P.).

Chevaux réformés. — Morve. — Restitution du prix. — Allocation d'indemnité. — L'acquéreur d'un cheval réformé provenant de l'armée est fondé à demander à l'Etat non seulement la restitution du prix et des frais de la vente, lorsqu'il est établi que le cheval était atteint de la morve au moment de la vente, mais encore l'allocation de dommages pour cause de préjudice apporté dans l'exercice de son commerce et pour séquestration momentanée de ses autres chevaux (Valence, 21 mai 1894, 8308 R. P.).

On sait que, avant la mise en adjudication de chevaux réformés provenant de l'armée, leur état sanitaire est constaté contradictoirement avec le vétérinaire du corps par un vétérinaire civil délégué à cet effet, et que si l'entente ne s'établit pas entre eux, l'intendance provoque la désignation d'un troisième vétérinaire dont l'avis prévaut. — Malgré ces précautions relatives à l'examen des chevaux, des erreurs peuvent être commises.

Dans l'espèce du jugement ci-dessus rapporté, il existait des présomptions tendant à établir que, lors de sa mise en vente, le cheval était déjà atteint de la morve; l'État étant toujours tenu à la garantie envers l'acquéreur dans le cas de morve proprement dite (Déc. min. guerre et fin., 13 déc. 1878, 22 avr. 1879, I. G. 2604 et 2620), la demande dirigée contre lui était incontestablement fondée. Aussi, l'Administration des domaines ne faisait-elle, en principe, aucune difficulté pour faire droit à cette demande. Elle critiquait simplement le chiffre des dommages réclamés, et l'objet du litige se trouvait limité à la fixation de ces dommages.

L'appréciation du tribunal sur ce point et les considérations sur lesquelles il s'est fondé pour établir l'exagération de la demande paraissent très judicieuses.

Pour éviter toute difficulté à cet égard, l'Administration a prescrit d'insérer, dans le cahier des charges, une clause portant que la vente a lieu sans garantie pour les vices rédhibitoires énumérés dans l'art. 2 (L. 31 juill. 1895, 2912 I. G.).

816. Chevaux réformés. — Visite. — Présentation et conduite. — Honoraires. — Les honoraires des vétérinaires civils doivent toujours être fixés d'après les art. 159 à 161 Décr. 16 fév. 1807, c'est-à-dire à 8 fr. par vacation de 3 heures, à Paris, et 6 fr. dans les départements, sauf à Lyon, Bordeaux, Rouen, Toulouse, Marseille, Lille, et Nantes où le tarif de Paris a été étendu par des décrets postérieurs. Quant aux allocations accordées aux militaires, pour la conduite et la présentation des chevaux vendus par le Domaine, il ne doit être payé que 1 fr. au militaire qui a conduit de 1 à 3 chevaux, 2 fr. à celui qui en a conduit 4, 5 ou 6; il ne peut jamais être alloué à un militaire au delà de 2 fr. (Circ. D. G. Compt. Publ. 31 déc. 1896, 8923 R. P.).

Dans les places où c'est un vétérinaire civil qui est chargé de donner ses soins aux chevaux de l'armée, ce praticien remplit, en pareil cas, les fonctions de vétérinaire militaire; il est soumis, à raison de ces fonctions, aux mêmes règles et aux mêmes charges. En conséquence, il n'a pas droit à une allocation spéciale pour la visite qu'il est tenu de faire des chevaux réformés livrés au Domaine pour être vendus (Sol. 2 juill. 1900, 9954 R. P.).

821. Juments réformées. — Poulinières. — Adjudication. — Engagement des adjudicataires. — La déc. min. Guerre, 15 août 1878 est modifiée sur deux points : — En premier lieu, l'engagement de livrer à la reproduction, dans certaines conditions, les juments acquises, sera contenu, à l'avenir, dans les demandes des éleveurs préalables à l'adjudicataire et non, comme autrefois, dans un certificat de cession délivré après la vente. — D'autre part, l'inexécution de cet engagement pourra entraîner la radiation de l'acheteur de la liste des admissibles aux adjudications futures, mais ne donnera plus lieu au paiement, à titre de dommages-intérêts, d'une somme à recouvrer par l'Administration des Domaines (Déc. min. guerre, 23 mars 1897, 2928-2 I. G.; — 9080 et 9125-20 R. P.).

828 *bis*. Matériel non réformé. — Prix. — Rétablissement de crédit. — Obligation d'emploi. — Foin sur les terrains militaires. — Cession au Ministère de la Guerre. — Formalités et paiement. — La règle générale que le prix du mobilier de l'Etat est encaissé par le Domaine souffre exception en ce qui concerne le Ministère de la Guerre pour le matériel non réformé dont le prix est simplement rétabli au crédit de ce département sous la condition que la somme ainsi remboursée sera exclusivement employée à racheter du matériel de même nature. — Mais cette règle générale reprend son empire lorsqu'il s'agit de la vente du foin récolté sur les terrains militaires, alors même que la cession en est faite au Ministère de la Guerre lui-même. Le prix des cessions de l'espèce est fixé par le Préfet ou par le Min. des fin. sur la proposition du service du Domaine, conformément aux déc. ministérielles des 7 nov. 1876 et 11 oct. 1895; mais, en ce qui concerne les formalités et le mode de paiement du prix, il est admis que le service cessionnaire n'est pas tenu de souscrire une soumission et que le prix peut être acquitté au moyen d'un virement de compte au profit du Ministère des Finances (Sol. 24 août 1896, 8877 R. P.).

839. Extraction de sable pour le compte du génie militaire. — Entrepreneur. — Dommages causés aux voisins. — Responsabilité. — L'action en indemnité formée par les propriétaires auxquels des extractions de sable faites sur le littoral pour le compte du génie militaire ont causé un dommage, doit être dirigée contre l'État exclusivement, alors même qu'aux termes de son cahier des charges, l'entrepreneur qui a pratiqué ces extractions s'est engagé à payer, sans recours contre l'Administration, tous les dommages pouvant en résulter, sauf à l'Administration à exercer contre l'entrepreneur telle action en garantie qu'elle croit lui appartenir (Arrêt C. d'État, 20 mai 1892, 8220 R. P.).

839 à 844. Rivages de la mer. Extractions de sables, terres, pierres et toutes autres matières ne constituant pas des amendements marins. Autorisations. — La procédure organisée par l'arrêté interministériel du 3 déc. 1875 a été modifiée par l'arrêté du 20 oct. 1900 (1)401 R. P.).

857. Archives des bureaux. — Transfert et classement dans les archives départementales. — Distinctions entre les divers documents. — L'autorisation accordée aux directeurs de déposer certains documents aux archives départementales est limitée : 1° aux titres et papiers provenant d'anciennes maisons et communautés religieuses ; 2° aux titres et papiers, sans distinction d'origine, concernant les affaires domaniales entièrement terminées avant 1790 ; 3° et aux titres et registres de cens et rentes et états relatifs aux fabriques (Sol. 16 juill. 1894, 8119 R. P.).

858. Archives et papiers inutiles. — *Service de l'Enregistrement.* — L'I. G. 1785 est modifiée en vue non seulement d'abréger les délais après lesquels certains documents peuvent être vendus, mais encore de compléter la nomenclature par l'indication de tous les registres, sommiers et tables, créés depuis cette Instruction et pour lesquels aucune règle n'a été tracée (2017 I. G. 9125-3 R. P.).

La nouvelle nomenclature est donnée par l'I. G. 2052 (9395-33 R. P.).

Service des Douanes. — Archives et papiers inutiles. Le service des Douanes peut effectuer d'office et sans l'intervention du Domaine la destruction des papiers inutiles, dont l'enlèvement ne pouvait être différé et dont la valeur serait trop faible pour couvrir les frais que nécessiterait leur concentration. Quant aux papiers remis au Domaine, sous condition de mise au pilon ou de dénaturation, ils doivent faire l'objet de liasses spéciales dûment ficelées et étiquetées par le service des Douanes. Le Domaine ne supporte que les frais exposés postérieurement à la livraison des papiers (2063 I. G. ; 9805-40 R. P.).

860. Mobilier de l'État. — Archives inutiles. — Valeur inférieure aux frais ou charges de la vente. — Destruction. — Lorsque des archives devenues inutiles encombrent les locaux d'un service public et que leur valeur est si minime que la charge à imposer à l'acquéreur de les mettre au pilon en rend la vente impossible, ou que cette valeur n'atteint pas les frais de transport qu'occasionnerait la centralisation avec d'autres archives également à vendre, ce service peut, à ses frais et après autorisation du Ministère des Finances, procéder à leur destruction avec le concours d'un agent du Domaine (D. m. f. 13 janv. 1891, 7562 R. P.).

864. Contributions indirectes et Douanes. — Échantillons de sucre. — Vente. — Déc. min. 16 août 1898, portant que les échantillons de sucre, prélevés par les administrations des contributions indirectes ou des douanes, qui restent inutilisés, seront remis au service des Domaines chargé d'en opérer la vente pour le compte du Trésor, et que le droit plein de consommation sur ces sucres sera perçu au moment de la vente (2083 I. G. ; — 9375-30 R. P.).

872. Mobilier de l'État. — Vente. — Objets réformés provenant des douanes. — Les chefs de service des Douanes sont compétents pour vendre d'office, pour le compte du Domaine, les objets mobiliers réformés dont la valeur totale présumée est inférieure à 30 fr., sauf aux directeurs des Douanes à rendre compte à leurs collègues des domaines (D. m. f. 24 mai 1893, 8287 R. P. ; — 2083 I. G.).

Échantillons de sucre. — V. n° 864.

878. Établissements spéciaux de l'État. — Produits. — Distinction dans le mode d'adjudication. — Distinction corrélative pour le recouvrement des droits de timbre et d'enregistrement. — Les adjudications des produits provenant des établissements spéciaux et livrables *immédiatement* sont faites par un agent des Domaines, et, dans ce cas, les droits de timbre et d'enregistrement sont payés au Trésor par le prélèvement qui en est fait sur le 5 p. 100 imposé en sus du prix à l'adjudicataire pour tenir lieu de frais de vente. Si, au contraire, l'adjudication a pour objet des produits à livrer *ultérieurement*, tels que les fumiers à provenir d'un dépôt d'étalons, cette adjudication a lieu devant le préfet ou son délégué, et, alors, l'adjudicataire est tenu, non plus de 5 p. 100 en sus du prix, mais des droits de timbre et d'enregistrement réellement dus sur l'acte (D. m. f. 30 janv. 1891, 7561 R. P.).

900. Épaves. — Biens vacants et sans maître. — Attribution à l'État. — Hospice. — Somme déposée depuis trente ans. — Les expressions de l'art. 539 C. civ. « biens vacants et sans maître », et celles de l'art. 713 du même Code, « biens qui n'ont pas de maître », ont une signification identique ; elles s'appliquent exclusivement aux biens qui ont été autrefois l'objet d'une appropriation individuelle, mais dont les anciens propriétaires sont décédés ou ont disparu, et dont personne n'est plus admis à revendiquer la propriété. En conséquence, l'État ne pourrait revendiquer une somme déposée dans la caisse d'un hospice, par une Société dissoute depuis plus de trente ans et dont il n'existe aucun membre connu, qu'à la condition d'établir que personne ne serait fondé d'exercer des droits sur la propriété du dépôt. — Note de la Direction Générale au Min. Fin. du 20 juill. 1894 (approuvée par le Min. en août 1894, 9150 R. P.).

901. Épaves. — Contravention à la L. 15 juill. 1880 sur les patentes. — Objets saisis. — Non-intervention du Domaine. — N'ont pas le caractère d'épaves de biens vacants et sans maître les objets saisis dans un marché forain pour contravention à la loi du 15 juill. 1880 sur les patentes, lors même qu'il ne paraît pas avoir été donné suite à la saisie par le service des contributions directes, et que, de son côté, le propriétaire saisi s'est abstenu de toute diligence tendant à la revendication. Dans ces conditions, le Domaine n'a pas à procéder à la vente de ces objets (Sol. 12 janv. 1891, 7537 R. P.).

909. Épave. — Objet abandonné. — Entrepreneur de transport. — Remise au Domaine. — Obligation d'accepter cette remise. — Le Domaine ne saurait se soustraire à l'obligation que lui impose le décret du 13 août 1810 de prendre possession et de vendre les objets abandonnés chez les entrepreneurs de transport et non réclamés depuis six mois.

Cette obligation est impérative, quelle que soit la minime importance des objets, et encore bien que le prix à en provenir ne semble pas devoir être suffisant pour couvrir les frais de transport et de conservation, ces frais ne devant être remboursés que jusqu'à concurrence du prix de vente (Sol. 23 juin 1898, 9338 R. P.).

912. Épaves. — Biens vacants. — Dépenses. — Liquidation. — L'Administration des Domaines est autorisée à liquider, sans l'intervention des préfets, mais sous l'approbation min. fin., lorsqu'elles dépassent 5.000 fr., les dépenses relatives aux épaves et biens vacants, ainsi que les restitutions du produit net de la vente desdits biens à ordonner au profit des ayants droit (L. 6 déc. 1897, art. 8, 9145 R. P. — V. *Code des lois* et *infrà* n° 987).

913. Frais inférieurs au prix. — V. n° 909.

917. Épaves. — Colis postaux non réclamés. — Objets sujets à corruption. — Décret relatif aux colis postaux non réclamés et complétant l'art. 1er du décret du 13 août 1810 concernant les ballots, caisses, malles, etc., confiés à des entrepreneurs de roulage ou de messageries (Décr. 27 juin 1892, 7930 R. P.).

918. Épaves. — Entrepreneurs de transports. — Colis abandonnés. — Remise au Domaine. — Les entrepreneurs de transports ne sauraient se dispenser de remettre au Domaine les marchandises non réclamées dans le délai de six mois, sous le prétexte que ces marchandises appartiennent aux expéditeurs ou aux destinataires et qu'ils les conservent, à titre de dépositaires. S'il s'est produit, à cet égard, une novation dans le contrat primitif, qui était uniquement un contrat de transport, c'est aux entrepreneurs à en justifier (Sol. 7 mai 1900, 9843 R. P.).

923. Chemins de fer. — Objets sujets à corruption. — V. *suprà* n° 917.

924. Épaves. — Entrepreneur de transport. — Magasinage. — Frais. — Les frais de magasinage, même ceux postérieurs à la déclaration faite par les entrepreneurs à l'expiration du délai de six mois, doivent être imputés sur le produit de la vente, et quand ce produit est absorbé, les entrepreneurs de transport sont sans action contre le Domaine, chargé de procéder à l'aliénation pour le compte des ayants droit (Sol. 10 oct. 1898, 9427 R. P.).

925. Épaves. — Entreprise de transport. — Objets égarés ou perdus. — L'État ne saurait prétendre à la propriété des objets perdus ou égarés dans les bureaux et autres dépendances d'une entreprise de transports maritimes (Sol. 5 nov. 1898, 9450 R. P.).

926. Épaves. — Chemin de fer. — Valeur perdue. — Droit d'inventeur. — L'employé de la Compagnie des Wagons-Lits qui a trouvé dans un sleeping-car, dont la surveillance lui était confiée, une somme d'argent versée ensuite, comme épave, au Domaine, est fondé à se prévaloir de ses droits d'inventeur sur cette somme, lorsque plus de trois ans se sont écoulés sans que le propriétaire de la valeur perdue l'ait réclamée (Sol. 4 juin 1897, 9202 R. P.).

932 bis (*à ouvrir*). **Objets abandonnés en gage aux aubergistes ou hôteliers. — Mode de vente. — Prix non réclamé. — Attribution à l'État** (L. du 31 mars 1896, 8762 et 8860-33 R. P. — V. *Code des lois*).

936. Épaves. — Billets de banque, obligations au porteur. — Locaux d'une Direction. — Droit d'invention. — Les billets de banque ou les obligations au porteur trouvés dans les locaux d'une Direction de l'Enregistrement ne peuvent être attribués à l'inventeur, le droit d'invention s'exerçant uniquement sur les objets trouvés sur les chemins et autres lieux ouverts au public (Sol. 6 avril 1900, 9815 R. P.).

938. Épaves. — Objets trouvés sur la voie publique. — Dépôt dans les commissariats de police. — Droit de communication. — En l'état actuel des lois et règlements, l'Administration n'a pas le droit d'exiger des commissaires de police la représentation des pièces se rattachant à leur service, pour s'assurer de l'exécution des lois relatives au timbre et à la remise au Domaine des objets considérés comme épaves. A cet égard, le droit de communication ne peut résulter que d'une entente préalable entre les représentants locaux des départements des Finances et de l'Intérieur (Sol. 21 mai 1898, 9311 R. P.).

945. Animaux en fourrière. — Durée de la fourrière excédant huit jours. — Nécessités de l'instruction judiciaire. — Dépense. — La règle établie par l'art. 39 du Décret du 18 juin 1811, et d'après laquelle tous les objets périssables, pour quelque cause qu'ils aient été saisis, ne peuvent rester en fourrière ou sous le séquestre plus de huit jours, souffre exception lorsque les nécessités de l'instruction judiciaire et l'intérêt même de l'action de la justice exigent que la garde en fourrière soit prolongée au delà de ce délai. Dans ce cas exceptionnel, les frais de fourrière doivent, comme si le délai réglementaire avait été observé, être supportés par le Domaine, mais seulement jusqu'à concurrence du prix net, et, en cas d'insuffisance, l'excédent des frais est payé par le département de la justice. Lorsque le délai réglementaire se trouve ainsi dépassé dans l'intérêt et sur la demande de l'autorité judiciaire, le receveur doit, en exécution de l'art. 12 de la nomenclature annexée à la Circ. Compt. du 23 janv. 1859, n° 47, joindre l'autorisation du procureur général aux pièces justificatives de la dépense (D. m. f. 17 déc. 1892, 8015 R. P.).

Décidé également que, quand des animaux errants ont été mis en fourrière, le Domaine ne peut refuser de payer les frais passés en taxe par le juge de paix pour cette fourrière, encore bien qu'elle excède le délai de huit jours fixé par le décr. 18 juin 1811, pourvu, toutefois, que ces frais ne dépassent pas le produit de la vente des animaux (Sol. 27 avr. 1900, 9844 R. P.).

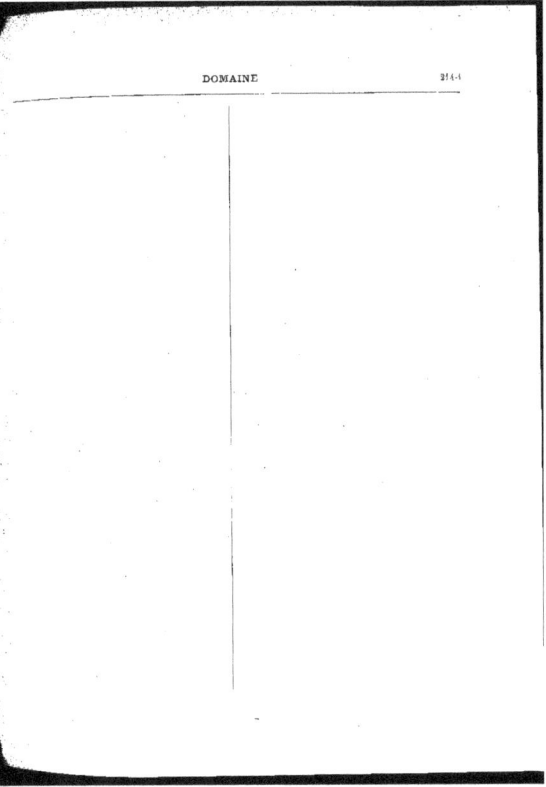

946. Épave. — Animal abandonné. — L. 4 avr. 1889. — Vente. — Compétence du Domaine. — Frais et dommages. — Paiement. — Lorsqu'en vertu de la

L. 4 avr. 1889, le juge de paix proscrit la vente d'un animal mis en fourrière, cette vente ne peut avoir lieu, conformément au Décr. 18 juin 1811, que par les soins des agents du Domaine et dans les formes usitées pour l'aliénation des biens de l'État. L'agent qui a procédé à la vente doit payer, à titre d'avances, non seulement les frais proprement dits, mais encore le montant total des dommages alloués au propriétaire chez qui l'animal abandonné a été trouvé. L'excédent du prix demeure acquis à l'État si le propriétaire de l'animal vendu ne justifie pas de ses droits en temps utile (Sol. 2 sept. 1898, 9428 R. P.).

Animal. — Mise en fourrière par l'octroi. — Vente. — Domaine incompétent. — Le Domaine n'a pas qualité pour vendre un animal remis à un particulier par un marchand inconnu et qui a été placé en fourrière par le service de l'octroi (Sol. 2 janv. 1901, nº 9098).

951. **Taxe des frais de fourrière.** — V. *suprà* nº 945.

957. **Épaves. — Cheval et voiture. — Abandon sur la voie publique. — Douaniers. — Saisie. — Prix de vente. — Attribution.** — Lorsqu'un cheval et une voiture abandonnés sur une route ont été saisis par des douaniers et mis en fourrière, sans que l'Administration des Douanes puisse en demander la confiscation, le prix de vente ne saurait être attribué aux douaniers, auteurs du procès-verbal de saisie (Sol. 21 mars 1900, 9845 R. P.).

959. **Épave. — Animal mis en fourrière. — Vente. — Prix.** — Le prix de la vente d'un animal mis en fourrière et dont l'autorité judiciaire n'a pas prononcé la confiscation, ne saurait être considéré comme appartenant définitivement au Domaine, qui a été chargé de procéder à l'aliénation (Sol. 12 avr. 1901, 10034 R. P.).

963. **Fourrière. — Frais supérieurs au prix.** — V. nº 945.

966. **Épaves. — Prétendue faute d'un agent de l'État. — Séparation des pouvoirs.** — En l'absence de toute disposition contraire d'une loi spéciale, il n'appartient qu'à l'autorité administrative de connaître d'une demande de dommages-intérêts dirigée par un particulier contre un agent de l'État à raison d'une faute que cet agent aurait commise en concourant à l'exécution d'un service public (Cass. 26 déc. 1899, 9941 R. P.).

967. **Sommes abandonnées.** — V. nº 900.

967 *bis* (*à ouvrir*). **Caisse des Consignations. — Sommes déposées depuis plus de trente ans.** — Les sommes déposées, à quelque titre que ce soit, à la Caisse des dépôts et consignations depuis plus de trente ans, sans opération nouvelle concernant le compte de ces sommes ou sans réquisition de payement, sont acquises à l'État et sont versées annuellement au Trésor public avec les intérêts y afférents (L. 16 avr. 1895, art. 43, 8611 et 8650 R. P. — V. *Code des lois*).

972. **Bateaux ou navires échoués. — Abandon au profit de l'État.** — Lorsqu'un navire est échoué et que l'abandon en est fait par le propriétaire à l'État dans les conditions du nouvel art. 216 C. com., cet abandon ne constitue pas un véritable transfert de propriété, mais la remise d'un gage, dont le prix, s'il excède la dette, revient pour cet excédent au propriétaire du navire ou, s'il n'est pas réclamé, à la caisse des Invalides de la Marine (D. m. f. 29 mars 1892, 7860 R. P.).

978. **Épave de rivière. — Cession amiable.** — La propriété des épaves provenant des cours d'eau navigables ou flottables étant attribuée à l'État, rien ne s'oppose à ce que ces épaves soient cédées amiablement au même titre et de la même manière que les autres biens de l'État (Sol. 29 nov. 1898, 9473 R. P.).

980. **Navire échoué.** — V. nº 972.

986. **Épave. — Prix. — Revendication. — Prescription.** — Lorsqu'un animal mis en fourrière et dont l'autorité judiciaire n'a pas prononcé la revendication, a été vendu, la prescription de trois ans ne peut être opposée par le Domaine au propriétaire, qui a le droit de revendiquer le prix, y compris l'excédent de 5 fr. p. 100 sur les droits de timbre pour frais de régie, ainsi que tous autres frais alloués en dépense au receveur (Sol. 12 avr. 1901, 10034 R. P.).

987. **Épaves. — Restitution du prix.** — L'Administration des Domaines est autorisée à statuer sur les pétitions tendant à la restitution, au profit des particuliers, des épaves et autres biens vacants, sauf l'application des règles spéciales à la liquidation des dépenses domaniales (L. 6 déc. 1897, art. 8, 9145 R. P. — V. *suprà* nº 912). En ce qui concerne ces demandes, les Directeurs peuvent statuer lorsque la valeur à restituer ne dépasse pas 2.000 fr. et que l'affaire ne présente aucune difficulté (2980-9 I. G., — 9395-20 R. P.).

1014. **Épaves. — Objets confisqués en matière de contributions indirectes.** — L'Administration des Contributions indirectes est compétente pour vendre les objets *imposables* qui sont saisis pour contravention aux lois spéciales dont elle doit assurer l'exécution, mais lorsque la saisie ou la confiscation a lieu contre des *inconnus*, les moyens de transport sur lesquels étaient placées les matières imposables constituent de véritables épaves devant être remises à l'Administration des Domaines et vendues par elle (Sol. 11 août 1891, 7781 R. P.).

Objets saisis en douane et confisqués. — Contraventions à la loi sur les marques de fabrique. — Lorsque des objets saisis en douane et confisqués correctionnellement pour contravention à la loi sur les marques de fabrique sont demeurés, en fait et légalement, entre les mains du service des Douanes, l'Administration des Domaines ne saurait être actionnée en restitution de ces objets ou de leur prix (Cass. civ. 14 nov. 1892, 7991 R. P.).

1016. **Prison. — Détenu décédé. — Héritiers inconnus. — Montre. — Remise offerte au Domaine.** — On ne saurait considérer comme une épave une montre ayant appartenu à un détenu décédé dans la prison où il subissait sa peine, et dont les héritiers sont inconnus. Le

Domaine ne peut, en conséquence, accepter la remise de cet objet qu'après s'être fait envoyer en possession de la succession en déshérence du *de cujus*. S'il n'a aucun intérêt à mettre en œuvre la procédure de l'envoi en possession, c'est à l'administration pénitentiaire qu'il appartient de signaler au Procureur de la République l'existence de la succession du détenu en vue de provoquer, d'office, la nomination d'un curateur aux mains duquel la montre pourrait être valablement remise (Lettre Min. des Fin. au Min. Intérieur, 11 déc. 1897, 9225 R. P.).

Détenus. — Objets abandonnés — Remise au Domaine. — Les objets déposés par les condamnés au greffe des prisons où ils sont incarcérés pour subir leur peine ne peuvent être remis au Domaine, lorsque les déposants sont encore vivants, que s'il est démontré que ceux-ci entendent en faire abandon. Si les déposants sont décédés ou ont disparu, le Domaine ne doit revendiquer les objets leur ayant appartenu qu'à défaut d'héritiers ou de légataires et en observant les formes prescrites pour l'envoi en possession des successions en déshérence (Sol. 3 janv. 1902, 3080-31 I. G.; — 10213 R. P.).

1017. Objet volé saisi sur un délinquant. — Dépôt au greffe. — Remise au Domaine. — Propriétaire inconnu. — Prix de vente. — Versement à la Caisse des Consignations. — L'Ordonnance du 22 fév. 1829 qui prescrit le versement à la Caisse des consignations du prix des objets mobiliers déposés dans les greffes, à l'occasion des procès civils ou correctionnels, s'applique aussi bien aux objets qui ont appartenu au délinquant qu'à ceux dont le propriétaire est inconnu. — En conséquence, le Domaine ne peut s'abstenir de verser, à la Caisse des dépôts et consignations, le prix d'un objet dont le propriétaire n'est pas connu et qui a été déposé au greffe à l'occasion d'un vol pour lequel le détenteur de cet objet a été condamné (Sol. 5 oct. 1898, 9449 R. P.).

Objet volé. — Dépôt au greffe correctionnel. — Remise au Domaine. — Prix de vente. — Versement à la Caisse des dépôts et consignations. — L'ordonnance du 22 fév. 1829, qui prescrit la remise aux préposés des Domaines, des objets déposés dans les greffes et le versement du prix de vente à la Caisse des dépôts et consignations, s'applique à tous les objets déposés comme pièces à conviction, sans distinguer entre ceux appartenant au délinquant et ceux appartenant à des tiers; il exclut seulement les objets confisqués au profit du Trésor. — En conséquence, il y a lieu de verser à la Caisse des dépôts et consignations le prix d'un objet remis au Domaine par un greffe correctionnel comme fruit d'un vol commis par un individu poursuivi et condamné de ce chef. — Il en est ainsi encore bien que le propriétaire de l'objet volé soit inconnu (Sol. 5 oct. 1898, 9364 R. P.).

Objets confisqués. — Condamnation. — Suspension des peines. — Le Domaine ne saurait exiger la remise d'objets confisqués, en exécution de poursuites correctionnelles, lorsque le tribunal a accordé à l'auteur du délit, auquel appartiennent ces objets, le bénéfice du sursis (Sol. 15 sept. 1898, 9429 R. P.).

1027. Titres déposés dans les greffes. — Titres sans valeur, faux, périmés ou incomplets. — Les titres de toute nature, autres que ceux confisqués, provenant des greffes ou de la préfecture de police, sont remis au Domaine qui, conformément à l'art. 2 de l'Ord. du 22 fév. 1829 et à la Circulaire du Garde des Sceaux du 19 mars 1866, les verse à la Caisse des consignations où ils restent déposés, sauf revendication des ayants droit, jusqu'à l'expiration des délais fixés par l'art. 2262 C. C. — Toutefois, la Caisse des consignations ne saurait être tenue de recevoir en dépôt ni les titres faux périmés ou incomplets, ni ceux qui, n'ayant pas de valeur actuelle, ne sont pas susceptibles d'en avoir dans l'avenir (D. m. f., 16 nov. 1891, 8218 R. P.).

1050. Succession en déshérence. — Héritiers se présentant. — Requête du Domaine. — Autorisation de remplir les formalités de publications. — Rejet. — Doit être considérée comme prématurée et, en conséquence, n'est pas susceptible d'être accueillie, la requête présentée par le Domaine à l'effet d'être autorisé à remplir les formalités prescrites par l'art. 770 C. civ. pour obtenir l'envoi en possession d'une hérédité, lorsqu'il se présente des successeurs du défunt qui se prétendent héritiers au degré successible (Chartres, 14 nov. 1900, 10053 R. P.).

Le Domaine ne saurait être envoyé en possession provisoire d'une hérédité, lorsque, d'une part, il existe des héritiers connus mais ne se présentant pas pour recueillir la succession, et quand, d'autre part, il n'est pas établi que l'auteur de cette succession est décédé intestat (Les Andelys, 4 fév. 1902, 10135 R. P.).

1055. Enfant naturel. — Reconnaissance par le père après décès. — Validité. — V. *Enfant*, n° 9[illegible].

Reconnaissance. — Registre de l'état civil incendié. — Preuve. — V. *Enfant*, n° 73.

Enfant adoptif. — Droit de retour. — Autres enfants adoptifs. — Frères et sœurs naturels. — Filiation non légalement établie. — V. *Enfant*, n° 75.

1056. Succession en déshérence. — Enfant naturel. — Reconnaissance par des collatéraux. — L'enfant naturel non reconnu ne peut avoir des héritiers collatéraux légitimes et ces prétendus héritiers ne sauraient procéder à la reconnaissance de l'enfant comme représentant son auteur, ce droit étant réservé exclusivement au père et à la mère (Seine, 2 août 1889; — C. Paris, 11 juin 1891, 7674 R. P.).

1058. Possession d'état. — Il n'existe aucun lien légal entre l'enfant naturel et la femme déclarée dans l'acte de naissance comme sa mère, mais qui ne l'a pas reconnu.

La possession d'état conforme à l'acte de naissance ne peut tenir lieu de la reconnaissance spéciale et authentique exigée par la loi. — Dès lors, la possession d'état et la reconnaissance de l'enfant par des parents collatéraux ne sauraient faire obstacle à l'exercice du droit de déshérence accordé à l'État (Seine, 2 août 1889; — C. Paris, 11 juin 1891, 7674 R. P.).

1068. Russe décédé en France. — Convention diplomatique du 1er avr. 1874. — Scellés. — Inventaire. — Législation russe applicable. — La convention

1063. Enfants assistés. Successions. Droits du département. L. 27 juin 1904. Envoi en possession. — V. *Déshérence*, n° 15.

1066. Succession en déshérence. Hospices et asiles d'aliénés. Bijoux provenant des malades décédés. — Les hospices et asiles d'aliénés ont un droit exclusif sur les bijoux provenant des malades morts dans ces établissements sans laisser d'héritiers, pourvu toutefois qu'il s'agisse d'objets à l'usage personnel des malades apportés par ceux-ci dans lesdits hospices ou asiles (Sol. 17 mai 1902, Instr. 3090 §4, 10385 R. P.).

tion diplomatique du 1er avr. 1874, intervenue entre la France et la Russie et qui règle les dispositions à prendre en cas de succession laissée dans l'un ou l'autre État par les nationaux de l'autre État, est applicable toutes les fois qu'un sujet russe est décédé en France, sans que le consul ait à justifier qu'il existe, en Russie, un héritier ou un légataire du *de cujus*. En conséquence, lorsqu'un sujet russe vient à décéder en France, les opérations relatives à la levée des scellés et à l'inventaire doivent être accomplies suivant les formes de la législation russe, encore bien qu'il ne soit pas établi que le défunt ait laissé des héritiers de sa nationalité (C. Paris, 6 janv. 1898, 9223 R. P.).

1070. **Autrichiens ou Hongrois décédés en France et Français décédés en Autriche-Hongrie. — Actes de l'état civil. — Communication. — Traité international.** — Approbation d'une déclaration signée le 29 août 1892 entre la France et l'Autriche-Hongrie, à l'effet d'assurer la communication réciproque des actes de l'état civil concernant leurs nationaux (Décret des 14-16 sept. 1892, 8136 R. P.).

1073. **Droit international. — Traités franco-espagnols. — Immeubles situés en France. — Sujet espagnol.** — Les traités entre la France et l'Espagne qui se bornent à assurer la réciprocité du traitement des nationaux de ces deux pays, en ce qui concerne la jouissance et la libre disposition de leurs biens, ne contient aucune dérogation au principe de l'art. 3 C. C., aux termes duquel les immeubles situés en France sont soumis à la loi française. — En conséquence, les immeubles sur le territoire français qui dépendent de la succession d'un sujet espagnol doivent être considérés comme constituant une succession séparée soumise aux dispositions de la loi française (Montpellier, 21 mars 1889 et Cass. civ. 26 janv. 1892, 7841 R. P.).

1077. **Succession d'un absent. — Procédure et formalités.** — Par une circ. 1er juill. 1893, le Min. Just. appelle l'attention des parquets sur les points suivants : Distinction à établir entre les procédures introduites en conformité des LL. 13 janv. 1817 et 9 août 1871 et celles suivies par application C. civ.; instances ordinaires, insertions, leur objet; moyens propres à assurer la rapidité et la régularité des insertions; transmission des extraits, envois distincts; jugements définitifs, extraits, transmission 8158 R. P.).

1078. **Exhérédation.** — Bien qu'écrite, datée et signée par le défunt, une note portant en tête cette qualification : « Note me concernant », n'a pas le caractère d'un testament, alors surtout qu'elle se réfère à un autre écrit qualifié testament. — La clause d'exhérédation contenue dans une telle note au préjudice des petits cousins du défunt, sans manifestation expresse d'une préférence au profit de l'État, ne peut être invoquée par celui-ci pour appréhender la succession à titre de déshérence (Rouen, 26 janv. 1897, 8983 R. P.; — C. Rouen, 22 déc. 1897, 9204 R. P.).

Quand, après avoir, dans un testament olographe, manifesté l'intention d'instituer un légataire universel, dont il a laissé le nom en blanc, un testateur exhérède tous ses parents, par un codicille écrit à la suite du testament, cette exhérédation indique, de la part de son auteur, la volonté dominante qu'à tout événement les héritiers du sang soient déchus. Elle permet, en conséquence, à l'État, à défaut de conjoint ou de légataire universel désigné, d'appréhender la succession à titre de déshérence (Sol. 17 sept. 1897, 9148 R. P.).

Cette thèse n'a pas été admise par le tribunal de Clermont-Ferrand qui a décidé, le 5 juill. 1897 (9037 R. P.) que l'État qui recueille les successions en déshérence, non à titre de successible, mais en vertu de son droit de souveraineté sur les biens vacants et sans maître, ne saurait, à moins qu'il ne soit, en même temps, l'objet d'une disposition testamentaire, bénéficier du testament par lequel une personne a exhérédé tous ses héritiers ou autres successeurs, alors surtout qu'il est démontré, en fait, que le testateur, en excluant ses parents, a entendu gratifier un légataire universel qu'il s'était proposé de désigner et non laisser ses biens à l'État. L'exclusion collective prononcée par le testateur contre tous ses parents se trouve dénuée de valeur juridique, et le testament qui ne contient aucune autre institution ou disposition, ni explicite ni tacite, est nul. La succession doit, dès lors, être considérée comme étant *ab intestat* et dévolue, par suite, dans l'ordre déterminé par la loi, aux héritiers du sang qui existent à l'époque du décès.

Ce jugement a été confirmé par un arrêt de la C. Riom du 20 janv. 1900 (9814 R. P.).

Au point de vue de leur portée doctrinale, il convient de retenir de ces décisions judiciaires la théorie qu'elles sanctionnent relativement à la nature du droit appartenant à l'État sur les biens des personnes décédées sans héritiers. Cette théorie nous paraît contestable. D'après les dispositions mêmes des art. 723 et 768 C. civ., et conformément à la doctrine généralement admise par les auteurs et en jurisprudence (Aubry et Rau, t. VI, § 600, p. 302, et § 639, p. 697, 703 et 704; — Baudry et Wahl, 1038 et suiv.; — Laurent, t. IX, 258; — Demolombe, t. XIII, 132 et 156; — Cass. 13 juin 1855; 17 nov. 1863; — Lyon, 8 mai 1884; — C. Lyon, 31 juill. 1885, *Rép. gén.*, v° *Domaine*), la transmission qui s'opère au profit de l'État procède d'une vocation héréditaire; elle s'accomplit à titre successoral.

Il en résulte que si le testateur a entendu que ses héritiers ne pourront, quoi qu'il arrive, prétendre à sa succession, s'il les a exhérédés d'une manière absolue, l'hérédité doit être dévolue conformément à l'ordre établi par la loi, c'est-à-dire attribuée à l'État. Ainsi que l'exprimait l'avocat général de Raynal, dans les conclusions qui ont précédé l'arrêt du 17 nov. 1863 (S. 64, 1, 5), l'État vient alors comme successeur irrégulier « tout à la fois en vertu du testament qui a écarté tous les autres successibles, et en vertu de la loi qui, à défaut de successibles d'un autre ordre, l'appelle à recueillir la succession ».

C'est ce que le tribunal de la Seine a reconnu, par un jugement du 26 janv. 1900 (9802 R. P.) qui porte, en substance, que lorsqu'un testateur a exhérédé tous ses héritiers du sang, cette exhérédation doit être tenue pour une institution implicite de l'État, auquel la succession se trouve dévolue, à titre héréditaire, par application de l'art. 768 C. C.

1078 *bis*. **Testament olographe. — Fausseté de la date. — Millésime du papier timbré.** — Doit être considéré comme non daté et, par suite, comme n'étant pas valable, le testament olographe qui porte une date antérieure à celle de l'émission indiquée dans le filigrane du papier timbré sur lequel il est rédigé. En conséquence, est nulle l'institution de légataire universel faite par ce testament, et, si le testateur n'a pas laissé d'héritiers, l'État peut être autorisé à appréhender la succession à titre de déshérence (Nantes, 14 mars 1898, 9261 R. P.).

1079 *bis*. **Successions en déshérence. — Legs universel. — Substitution prohibée. — Nullité. — État successeur irrégulier.** — Doit être considéré comme contenant une substitution prohibée et par suite comme nul le testament par lequel une personne institue un légataire universel sous la condition qu'il ne touchera que le revenu du capital placé tant en argent qu'en biens fonds et que le capital, après la mort de l'institué, reviendra de plein droit aux enfants nés ou à naître de lui (Arras, 12 juill. 1893, 8312 R. P.).

1081. Successions en déshérence. — Recherche. — L'attention du service a été appelée, de nouveau, sur l'intérêt que présente, pour le Trésor, la recherche des successions dépourvues de représentants et susceptibles d'être recueillies par l'État. Les receveurs et les employés supérieurs doivent signaler immédiatement aux directeurs, sans attendre l'expiration du délai de 3 mois et 40 jours prévu par l'art. 811 C. civ., l'ouverture de toute succession pouvant être régie par cet article et présentant un actif connu. Les directeurs, de leur côté, ne doivent rien négliger pour que le domaine soit mis à même d'appréhender, dans le plus bref délai, les successions dépourvues de représentants, de manière à éviter l'intervention onéreuse d'un administrateur provisoire ou d'un curateur (3028-3 I. G.).

1088. Succession en déshérence. — Instance en appel. — Directeur. — Compétence. — C'est exclusivement au Directeur du département dans lequel s'est ouverte une succession en déshérence qu'il appartient de suivre, même devant la Cour d'appel, les actions intentées pour ou contre cette succession (Sol. 5 mars 1901, 3080-37 I. G.; 10240 R. P.).

1089. Succession en déshérence. — Procédure générale. — Mesures rappelées par le Min. just. dans une circulaire du 1er juill. 1893 (8177 R. P.). Ces mesures se rattachent aux points suivants : distinction entre les successions vacantes et les successions en déshérence; envoi en possession provisoire; publications et affiches; envoi en possession définitive; procédures collectives.

1090. Administration provisoire avant l'envoi en possession du domaine. — Lorsqu'une succession est dévolue à l'État, à défaut d'héritiers, et qu'il y a lieu de pourvoir à son administration provisoire, pendant le délai qui précède l'envoi en possession, il appartient aux tribunaux de désigner la personne chargée d'administrer. — Ainsi, les juges ne sont pas tenus de retirer la gestion à un tiers précédemment désigné par jugement, pour la confier à l'Administration des Domaines, demanderesse à fin d'envoi en possession (Alençon, 24 déc. 1891, 7792 R. P.).

1092. Jugement d'envoi en possession provisoire. — Hors le cas où le jugement, prononçant l'envoi en possession provisoire au profit de l'État d'une succession présumée en déshérence, renferme des dispositions contraires à l'intérêt du Domaine pouvant motiver un recours en appel, les Directeurs sont formellement dispensés d'aviser la Direction générale par lettre spéciale de cet envoi en possession provisoire; il suffit, aux termes de l'I. G. 2925, § 9, que l'Administration en soit informée par les bulletins que les Directeurs doivent adresser, dans le premier mois de chaque semestre, conformément à l'I. G. 2902, § 71. — Une lettre spéciale n'est indispensable qu'en ce qui concerne le jugement d'envoi en possession définitive.

En outre, dans les cas où les Directeurs étaient tenus de fournir, à l'appui de leurs propositions, la copie du compte ouvert au sommier des successions en déshérence, il suffira désormais, d'après la même I. G. 2925, § 9, d'indiquer le reliquat net de ce compte (9003 R. P.).

1107. État envoyé en possession définitive. — Testament olographe. — Légataire universel. — Résolution du droit de l'État. — Authenticité du testament déniée. — Vérification d'écriture. — Charge incombant à l'État. — L'État, classé par l'art. 768 C. c. au dernier rang des héritiers irréguliers, et, *a fortiori*, après les légataires universels, ne recueille pas définitivement et incommutablement la succession, même après avoir rempli toutes les formalités et s'être fait envoyer en possession définitive. Sa possession précaire ne prime pas le droit supérieur de saisine attribué au légataire universel, par l'art. 1006 C. civ., lorsqu'il n'y a pas d'héritier réservataire. En conséquence, le légataire universel, institué par testament olographe et qui a obtenu l'envoi en possession, conformément à l'art. 1008 C. civ., représente, seul, la succession, à l'exclusion de l'État, antérieurement envoyé en possession de l'hérédité présumée en déshérence. Si l'État dénie l'authenticité du testament, c'est à lui, et non au légataire universel, qu'incombe la charge de faire vérifier l'écriture de ce testament (Saint-Pons, 9 août 1898, 9289 R. P.).

1121. Administrateur provisoire. — Gestion. — V. *suprà* n° 1090.

1122. Succession en déshérence. — Attributions des préfets. — Dépense. — Liquidation. — L'Administration des Domaines est autorisée à liquider, sans l'autorisation des préfets, mais sous l'approbation du Min. des fin., lorsqu'elles dépassent le chiffre de 5,000 fr., les dépenses concernant les successions en déshérence (L. 6 déc. 1897, art. 8, 9145 R. P.); — V. également n° 1227 *infrà*.

1132. Succession en déshérence. — Titres au porteur. — Renouvellement de ces titres. — Règle à suivre. — Le renouvellement des titres dépendant de successions en déshérence a lieu, savoir : 1° à la diligence de la Caisse centrale du Trésor public pour les rentes et

1080 *bis*. **Succession en déshérence. Reliquat disponible. Emploi prévu par le défunt. Domaine. Refus d'envoi en possession.** — Quand un testateur a exprimé la volonté que le reliquat de la vente du mobilier dépendant de sa succession devra servir à l'entretien de fleurs sur la tombe de sa femme, l'Administration ne saurait être autorisée à remplir les formalités pour parvenir à l'envoi en possession de cette hérédité, lorsque la succession comprend uniquement le reliquat de la vente du mobilier, et que rien ne s'oppose à ce que la disposition testamentaire soit exécutée (Châteaudun, 30 janv. 1903, 10537 R. P.).

1091. Succession en déshérence. Envoi en possession provisoire. Requête. Ministère d'avoué obligatoire. — La Régie doit employer le ministère d'un avoué pour la présentation, au tribunal, de la requête tendant à l'envoi en possession provisoire d'une succession en déshérence (Pont-l'Évêque, 5 mai 1902, 10535 R. P.).

1119. Succession en déshérence. Envoi de l'État en possession provisoire. Aliénation des immeubles. Autorisation du tribunal. Réserves imposées en pareil cas. — Lorsque le Domaine a été investi de l'administration provisoire d'une succession en déshérence, il doit se borner à faire, jusqu'à l'envoi en possession définitive, les actes de gestion et de conservation reconnus nécessaires. Le tribunal ne saurait l'autoriser à vendre les immeubles dépendant de cette succession qu'avec une extrême réserve, en présence de circonstances rendant l'aliénation indispensable dans l'intérêt de tous ceux qui peuvent avoir des droits à exercer sur l'hérédité, et lorsqu'il est démontré qu'il n'en peut résulter pour aucun de ces derniers un préjudice quelconque : ce qui n'est pas le cas quand il existe dans la succession des capitaux disponibles pour une somme supérieure à l'importance des réparations urgentes à effectuer aux immeubles, et que l'hérédité fait l'objet de revendications de la part de personnes qui prétendent y avoir droit (C. Grenoble, 29 nov. 1904, 10868 R. P.).

1130. Successions en déshérence. Aliénation des biens et valeurs aussitôt après l'envoi en possession définitive. L. fin. 30 déc. 1903, art. 7. — 10670 R. P.

1132. Inscriptions de rente acquises à l'État. Annulation dans un délai de six mois. Art. 39 L. fin. 17 avril 1906. — 11171 R. P.

1152. Succession en déshérence. Caisse d'épargne. Somme déposée depuis plus de 30 ans. Prescription. Publications. Revendication par le Domaine. — L'art. 20 L. 20 juill. 1895, en déclarant prescrites, à l'égard des déposants, les sommes qui, en vertu de l'art. 4 L. 7 mai 1853, étaient placées en rentes sur l'État et celles qui étaient attribuées aux caisses d'épargne, n'a pas enlevé à l'État le droit de réclamer les livrets dépendant de successions qui se trouvent en déshérence, sauf à exercer ce droit avant l'échéance de la prescription. On ne saurait valablement soutenir, d'une part, que l'État n'est pas fondé à se prévaloir des publications ordonnées par la L. 7 mai 1853 pour appréhender des successions dont il n'a pas encore été envoyé en possession et pour revendiquer les comptes abandonnés qu'elles comprennent; d'autre part, qu'il ne peut interrompre la prescription, bien qu'étant investi de sa qualité d'administrateur provisoire de la succession dont dépend le compte abandonné (Marseille, 10 déc. 1902, 10787 R. P.; — C. Aix, 26 mai 1945, 10795 R. P.).

l'État et les valeurs du Trésor, 2° et par les soins des receveurs des Domaines pour tous les autres titres (8515 et 8630 R. P.).

Si le paiement d'un coupon d'un titre qui lui a été déposé ne peut être obtenu à l'échéance, la Caisse centrale en donne avis au directeur des Domaines compétent, en indiquant sommairement les causes du défaut de paiement. Le directeur accuse réception de cet avis et le transmet immédiatement au receveur. Il appartient ensuite aux préposés du Domaine de prendre les mesures propres à sauvegarder les droits de la succession en déshérence. Ils peuvent, d'ailleurs, à cet effet, si cela est reconnu nécessaire, opérer le retrait du titre. En cas de reprise du service des intérêts et dividendes, le directeur des Domaines en informe la Caisse centrale par une lettre dont elle lui accuse réception, et il s'assure que le titre, si le retrait en avait été effectué, est de nouveau mis en dépôt. La Caisse recommence, à partir de cet avis, à assurer l'encaissement des coupons, tant qu'il ne survient pas de nouvelle difficulté (Déc. min. fin. 4 août 1900, 3028 I. G.).

Titres au porteur détenus par un tiers. — Don manuel allégué. — Lorsque des obligations au porteur ayant appartenu à une personne décédée et dont la succession est en déshérence, se trouvent entre les mains d'un tiers qui prétend les avoir reçues du défunt, à titre de don manuel, le Domaine, envoyé en possession de l'hérédité antérieurement déclarée vacante, doit consentir la mainlevée de l'opposition que le curateur avait faite à la vente de ces obligations, s'il ne peut établir que le titre, en vertu duquel le tiers détient les obligations précitées, est précaire (Sol. 20 mai 1898, 9313 R. P.).

1134. Successions en déshérence. — Rentes sur l'État. — Propriété définitive du Domaine. — Immatriculation. — Pièces à produire. — Toutes les fois qu'une rente sur l'État provient au Domaine, soit d'une succession en déshérence, soit d'un legs, soit d'une donation entre vifs, les directeurs doivent adresser directement les propositions d'immatriculation à la direction de la Dette inscrite. Ils y joignent : 1° les certificats d'inscription; 2° un certificat délivré par eux-mêmes et visant le jugement d'envoi en possession, le testament ou l'acte de donation. — En dehors des cas prévus, l'immatriculation au nom du Domaine ne peut avoir lieu qu'en vertu d'une décision ministérielle. Il en est de même s'il surgit quelque difficulté particulière. Dans ces dernières hypothèses, les directeurs doivent adresser à la Direction générale le certificat d'inscription avec leurs propositions et les pièces justificatives nécessaires (D. m. f. 31 mai 1900, 3028-4 I. G.).

1147. Succession en déshérence. — Absence remontant à 30 ans. — État envoyé en possession. — Titres déposés à la Caisse des Consignations. — Retrait. — Le Domaine, envoyé en possession provisoire de l'hérédité d'un individu dont l'absence remonte à plus de 30 ans, peut, sans attendre le jugement d'envoi en possession définitive, retirer de la Caisse des Dépôts les titres de rente sur l'État immatriculés au nom de l'absent (Sol. 14 août 1897, 9149 R. P.).

1152. Dépôts à la Caisse des Consignations. — Sommes peu importantes. — Les successions en déshérence ne doivent être appréhendées par l'État que lorsque l'accumulation des intérêts des sommes déposées à la Caisse des consignations permet de faire face aux frais de la procédure d'envoi en possession, et, pour mieux surveiller l'époque à laquelle le Domaine doit exercer son droit de déshérence, un tableau synoptique est dressé à la fin du sommier des successions vacantes tenu dans chaque bureau des domaines du chef-lieu d'arrondissement et dans chaque direction (8611 R. P.).

Caisse d'épargne. — Loi 20 juill. 1895. — D'après l'art. 20 « à partir de la promulgation de la présente loi, les sommes qui, en vertu de l'art. 4 L. 7 mai 1853, étaient placées en rentes et celles qui étaient attribuées aux caisses d'épargne par le même article seront prescrites à l'égard des déposants. Elles seront réparties entre les caisses d'épargne, à concurrence des deux cinquièmes, et les sociétés de secours mutuels possédant des caisses de retraites, à concurrence des trois cinquièmes ». Cet article n'enlève pas toutefois à l'État la faculté d'invoquer le droit de déshérence résultant des art. 723 et 768 C. civ. ou de provoquer une déclaration d'absence afin d'arriver, par l'un ou l'autre de ces moyens, à l'encaissement des valeurs appartenant, soit à des déposants décédés sans laisser d'héritiers connus, soit à des personnes qui ont disparu (2888 I. G.; — 8650-44 et 8960 R. P.).

Les sommes déposées dans les Caisses d'épargne et qui n'ont donné lieu à aucun mouvement depuis plus de 30 ans, ne sont prescrites, à l'égard des déposants ou de leurs ayants cause (L. 20 juill. 1895, art. 20), qu'après les 6 mois qui suivent les publications ordonnées par l'art. 4 L. 7 mai 1853. Que ces publications soient faites avant l'expiration des 30 ans ou qu'elles soient opérées à une époque ultérieure, les déposants ont toujours un délai de 6 mois, à partir du jour où elles sont effectuées, pour réclamer le dépôt. Tant que la prescription n'est pas acquise, le dépôt dont il s'agit doit être considéré comme étant sans maître et l'État peut l'appréhender en vertu de son droit de déshérence (Nogent-le-Rotrou, 15 juill. 1898, 9303 R. P.).

Ce jugement nous paraît à l'abri de la critique. En ce qui concerne la prescription, il semble incontestable d'après les dispositions combinées des art. 4 L. 7 mai 1853 et 20 L. 20 juill. 1895, que la prescription n'opère pas de plein droit par l'expiration même du délai de 30 ans; le législateur a imposé, en outre, aux Caisses d'épargne l'obligation de faire des publications pour appeler l'attention des déposants ou de leurs ayants cause sur la déchéance qui les menace, et il a accordé à ces derniers un délai de 6 mois, à compter des publications, pour formuler utilement leurs revendications. Ce n'est qu'à l'expiration de ce délai que la prescription leur est définitivement opposable.

D'autre part, la L. 20 juill. 1895 n'a porté aucune atteinte au droit de déshérence attribué à l'État par les art. 723 et 768 C. C. Elle s'est bornée à décider que les dépôts restés sans mouvement depuis 30 ans seraient prescrits et répartis entre les Caisses d'épargne et les Sociétés de secours mutuels, au lieu de demeurer, comme autrefois, la propriété des déposants. Mais encore faut-il, pour que ce résultat soit obtenu, qu'aucune revendication n'ait été formulée par le déposant ou ses ayants cause, avant l'échéance de la prescription. Or, le droit conféré à l'État par les art.

723 et 768 C. civ. est un véritable droit de succession (Cass. 13 juin 1855 et 17 nov. 1864. C. Lyon. 31 juill. 1885). En conséquence, si l'État appelé, à défaut d'héritiers, à recueillir l'hérédité du déposant, fait, en temps utile, les démarches nécessaires pour exercer son droit de déshérence, la caisse dépositaire ne peut se refuser à lui remettre le dépôt qu'elle n'a pas proscrit, comme elle le remettrait aux mains de tout autre ayant cause du déposant.

Décidé également que le Domaine, envoyé en possession d'une succession en déshérence, peut revendiquer un livret de Caisse d'épargne dépendant de cette succession. La L. 20 juill. 1895 ne renferme aucune disposition le privant de ce droit (Nogent-sur-Seine. 26 juill. 1901, 10211 R. P.).

Comptes abandonnés. — Déclaration d'absence. — Le titulaire d'un livret de Caisse d'épargne ne saurait être considéré comme absent, dans le sens des art. 115 et suiv. C. civ., par cela seul qu'il a laissé son compte sans mouvement depuis près de 30 ans, alors même que les recherches, effectuées par l'autorité locale pour découvrir sa trace à la résidence indiquée par le livret, sont restées infructueuses (Le Havre, 8 déc. 1899, 10015 R. P.).

En présence des droits éventuels conférés aux Caisses d'épargne et aux Sociétés de secours mutuels par l'art. 20. L. du 20 juill. 1895, il convient de ne provoquer une déclaration d'absence en vue de faire acquérir au Domaine un compte abandonné que lorsqu'il est constant que le titulaire de ce compte n'a pas laissé d'héritiers (Sol. 12 déc. 1900, 10015 R. P.).

1154. Caisse des Invalides de la marine. — Sous-brigadier des douanes dépendant du ministère de la marine. — Un agent de douanes n'est pas un marin dans le sens de la L. 30 avril-13 mai 1791 alors même qu'il serait, par son service, rattaché au ministère de la marine. Dès lors, sa succession en déshérence doit être recueillie par l'État, sans que la Caisse des Invalides de la marine puisse revendiquer aucun des objets qui en dépendent (Sol. 9 nov. 1894, 8516 R. P.).

1163. Succession en déshérence. — Enfant assisté. — Hospice. — Revendication. — L'admission des enfants assistés dans les hospices est absolument gratuite. Ces établissements n'ont donc jamais droit au remboursement des dépenses d'entretien qu'ils ont exposées. Et ils ne peuvent prétendre à l'attribution de la succession des enfants assistés décédés sans laisser d'héritiers qu'autant que ceux-ci meurent avant leur sortie de leur hospice, leur émancipation ou leur majorité (Sol. 15 mars 1901, 3060-35 I. G.; — 10236 R. P.).

1167. Succession en déshérence. — État envoyé en possession définitive. — Immeuble. — Aliénation. — Autorisation du tribunal inutile. — L'État, envoyé en possession définitive d'une succession en déshérence, est investi d'un véritable droit de propriété, bien que pendant 30 ans la pétition d'hérédité demeure ouverte contre lui. — Dès lors, le Domaine a le droit de disposer librement des biens dépendant de la succession, sans recourir à l'autorisation inutile et surabondante de la justice (Yvetot, 20 avr. 1898, 9541 R. P.).

1170. Vente. — Forme administrative. — Les Directeurs sont autorisés à ne plus soumettre à l'Administration les projets d'affiche et de cahier des charges dressés pour parvenir à la vente, dans la forme administrative, d'immeubles dépendant de succession en déshérence (I. G. 2602, § 47), dans les cas où ils jouissent déjà de cette faculté lorsqu'il s'agit de l'aliénation d'immeubles appartenant à l'État (I. G. 2832, § 30 et 2925-9; — 9063 R. P.).

1172. Succession en déshérence. — État envoyé en possession d'immeubles. — Procès-verbal d'adjudication. — Droit d'enregistrement de 2 p. 100 et droit de transcription à 1 fr. 50 p. 100. — Lorsque l'État, envoyé en possession définitive d'une succession en déshérence, vend, avant l'expiration du délai de trente ans depuis le décès, des immeubles dépendant de cette succession, le procès-verbal d'adjudication ne donne ouverture qu'au droit de 2 p. 100, édicté en faveur des adjudicataires de biens domaniaux, et au droit de transcription de 1 fr. 50 p. 100. Il en est ainsi, bien que dans le cahier des charges spécial à l'adjudication, on ait prévu que le droit d'enregistrement à verser au Trésor serait celui de 5 fr. 50 p. 100 (Sol. 27 mars 1901, 10005 R. P.).

1182. Succession en déshérence. — Envoi en possession provisoire. — Immeubles indivis. — Licitation. — Le Domaine, bien que n'étant encore envoyé qu'en possession provisoire d'une succession en déshérence, peut, avec l'autorisation du tribunal, procéder à la licitation des immeubles indivis entre cette succession et des tiers (Sol. 9 nov. 1897, 9151 R. P.).

1183. Succession en déshérence. — Revendication. — Instance. — Mise en cause du Préfet. — Nature de l'action en revendication. — Tribunal compétent. — La L. 6 déc. 1897 n'a pas pu avoir et n'a pas eu pour conséquence de faire échec au principe de droit duquel il résulte que les préfets ont seuls qualité pour représenter l'État dans toutes les questions de propriété, lorsqu'il y a contestation sur le fond même du droit, c'est-à-dire lorsqu'il ne s'agit pas d'un acte de gestion. La pétition d'hérédité est une action mixte en ce sens qu'elle contient à la fois une demande de reconnaissance de la qualité d'héritier et une revendication générale du patrimoine. Cette action est, dès lors, soumise aux règles générales de la compétence, et, aux termes de l'art. 59, nº 4 C. proc., elle peut être portée, au choix du demandeur, devant le tribunal de la situation ou devant le tribunal du domicile du défendeur (Beauvais, 9 juin 1900, 9883 R. P. — *Contrà* Sol. 23 oct. 1900, 9952 R. P.).

Les préfets ont seuls qualité pour représenter l'État dans les instances concernant les successions en déshérence (C. Nancy, 18 mai 1901, 10061 R. P.).

Lorsque l'État a été envoyé en possession d'une succession en déshérence, le seul tribunal compétent pour connaître d'une action en pétition de l'hérédité est le tribunal du lieu de la succession revendiquée (Melun, 14 déc. 1900, 10069 R. P.).

1188. Succession en déshérence. — Commune. — Secours accordés au défunt. — Demande d'alloca-

1153. Succession en déshérence. Livret de caisse d'épargne en dépendant. Communication à faire par la caisse d'épargne au Domaine. — V. Caisse d'épargne, nº 13.

1172. Successions en déshérence. Immeubles. Procès-verbaux d'adjudication. Tarif de 2 p. 0/0. Affiches. Exemption du timbre. — Les biens en déshérence, sur lesquels l'État exerce un véritable droit de propriété, sont soumis au régime fiscal propre aux biens domaniaux ordinaires. Spécialement, les procès-verbaux d'adjudication d'immeubles provenant de successions en déshérence sont assujettis au droit d'enregistrement de 2 p. 0/0, outre le droit de transcription. Les affiches annonçant l'adjudication sont elles-mêmes affranchies du droit de timbre (Instr. 3090-13, 10388 R. P.).

Immeubles domaniaux. Vente. Tarif de 6 fr. 60 p. 100. L. 31 mars 1903. — 10696 R. P. — **Tarif de 7 p. 100 sans décimes. L. 22 avril 1905,** 10950 R. P.

tion. — Une commune ne peut obtenir, ni pour elle-même ni pour le bureau de bienfaisance, une allocation sur les fonds disponibles d'une succession en déshérence sous le prétexte que le défunt aurait reçu les secours de l'assistance locale. Peu importe, d'ailleurs, que le défunt ait manifesté l'intention d'instituer la commune légataire universelle s'il n'a pas réalisé ce projet dans les formes légales (Déc. min. fin. 13 oct. 1900, 3080-34 I. G.; 10235 R. P.).

1189. Succession en déshérence. — Domestique. — Gages. — Prétendue promesse de disposition testamentaire. — La demande formée par un domestique, contre une succession en déshérence, d'un complément de salaires, pour soins exceptionnels donnés au *de cujus*, doit être rejetée, dès lors qu'il est constant, en fait, que le réclamant avait reçu et accepté de son maître, sans protestation ni réserve, la rémunération de ses services. C'est en vain, d'ailleurs, que le demandeur alléguerait une prétendue promesse de disposition testamentaire en sa faveur : on ne saurait lui allouer indirectement le bénéfice d'une semblable disposition, qui n'a pas été réalisée (Le Havre, 21 nov. 1900, 3080-36 I. G.; 10237 R. P.).

1190. Succession en déshérence. — Dépense. — Liquidation. — V. 1122 *suprà*.

1196. Succession en déshérence. — Dettes verbales excédant 150 fr. — Institution contractuelle. — Principal et intérêts. — Délivrance par l'État. — Les créances sur une succession en déshérence qui excèdent 150 fr. et qui ne résultent pas d'un titre régulier, ne peuvent, en principe, être payées que sur ordre de justice. Lorsque la succession présente des fonds disponibles suffisants, l'Administration consent, même avant l'envoi en possession définitive, à délivrer le bénéfice d'une institution contractuelle faite par le défunt. Quand ce dernier a stipulé que le montant de cette institution sera payé sur sa succession, mais sans intérêts jusqu'au jour de son décès, il y a lieu d'admettre que les intérêts courent de cette date et non pas seulement du jour de la demande en délivrance. Le coût de l'inscription de séparation de patrimoines prise par le bénéficiaire de l'institution contractuelle, avant l'envoi de l'État en possession définitive, peut également être remboursé (Sol. 6 déc. 1897, 9180 R. P.).

1203. Succession en déshérence. — Domaine envoyé en possession définitive. — Créanciers. — Actif insuffisant. — Versement à la Caisse des dépôts. — Le Domaine, envoyé en possession définitive d'une succession en déshérence grevée d'un passif supérieur à l'actif, a la faculté de se mettre hors de cause, à l'égard des créanciers, en versant à la Caisse des dépôts et consignations, dans l'intérêt de qui de droit, le montant de l'actif héréditaire, déduction faite des frais de régie à 5 p. 100. Le versement a lieu après que le compte des recettes et des dépenses a été dressé et que le receveur a souscrit au greffe du tribunal civil une déclaration constatant que l'État héritier bénéficiaire, entend se décharger de l'administration de la succession et du règlement du passif en abandonnant tous les biens de l'hérédité aux créanciers dans les conditions déterminées par l'art. 802 C. civ. (Sol. 3 août 1898, 9302 R. P.).

1204. Legs grevant la déshérence. — V. *suprà* nº 1196.

1205. État envoyé en possession définitive. — Restitution aux héritiers. — Retenue des fruits. — Frais de régie. — Lorsque l'État, envoyé en possession définitive d'une succession en déshérence est condamné à restituer cette succession aux héritiers qui se sont fait connaître avant l'échéance de la prescription trentenaire, il ne peut retenir, en même temps que les fruits qui lui sont acquis comme possesseur de bonne foi, des frais de régie à 5 p. 100 sur le montant des capitaux restitués (Seine, 19 juill. 1894, 8544 R. P.).

Les frais de régie sont exigibles sur les sommes dépendant des successions en déshérence en cas de restitution aux héritiers. — Lorsqu'une succession, d'abord déclarée vacante puis appréhendée à titre de déshérence, est restituée aux héritiers, il n'y a pas lieu à un double prélèvement des frais de régie (Déc. min. fin. — Lettre Gouv. Gén. Algérie, 25 sept. 1895, 9181 R. P.).

1222. Succession en déshérence. — Rentes sur l'État. — Immatriculation au nom du Domaine. — Toutes les fois qu'une rente sur l'État proviendra au Domaine, soit d'une succession en déshérence, soit d'un legs, soit d'une donation entre vifs, les directeurs adresseront directement les propositions d'immatriculation à la Direction de la Dette inscrite. Ils y joindront :

1º Les certificats d'inscription ;

2º Un certificat délivré par *eux-mêmes* et visant le jugement d'envoi en possession, le testament ou l'acte de donation. Ce certificat sera ainsi conçu :

(*Reproduction de l'immatriculation des inscriptions.*)

« Le directeur de l'Enregistrement et des Domaines du département d...... certifie que les rentes ci-dessus désignées appartiennent à l'État, en vertu (soit d'un jugement rendu par le tribunal de....... le ...., soit d'un testament......, soit d'une donation.......), et que, toutes les formalités administratives ou judiciaires ayant été régulièrement remplies, il y a lieu d'immatriculer ces rentes au nom du Domaine de l'État, dans les termes ci-après.

....»

En dehors du cas où la rente proviendra d'une succession en déshérence, d'un legs ou d'une donation, l'immatriculation au nom du Domaine ne pourra avoir lieu qu'en vertu d'une décision ministérielle. Il en sera de même lorsqu'il viendra à surgir quelque difficulté particulière.

Dans ces dernières hypothèses, les directeurs devront adresser à la Direction générale le certificat d'inscription avec leurs propositions et les pièces justificatives nécessaires.

Il n'est pas innové, pour le surplus, aux dispositions de l'I. G. nº 2504 (Déc. min. fin. 31 mai 1900, 3028-11 I. G.; — 9946-58 R. P.).

1223. Tables. — Bulletins mobiles. — Envoi. — V. nº 1092.

1227. Succession en déshérence. — Restitution. — Reliquat. — Liquidation. — L'Administration des Domaines est autorisée à liquider, sans l'autorisation des pro-

fois, mais sous l'approbation min. fin., lorsqu'elles dépassent le chiffre de 5.000 fr., les dépenses concernant la restitution à ordonner au profit des ayants droit aux successions en déshérence. (L. 6 déc. 1897, art. 8, 9145 R. P.). — Bien qu'autorisés à liquider les dépenses domaniales, sans avoir à en référer, lorsqu'elles ne dépassent pas 2.000 fr., les Directeurs continueront à soumettre leurs propositions à l'Administration, quand il s'agira de liquider le reliquat net à restituer aux ayants droit, en matière de succession en déshérence (2939-8 I. G., — 9395-19 R. P.).

L'Administration est autorisée à statuer sur les pétitions d'hérédité formées par les particuliers en revendication des successions en déshérence, sauf l'application des règles ci-dessus spéciales à la liquidation des dépenses domaniales (L. 6 déc. 1897, art. 8, 9145 R. P.).

Les Directeurs doivent toujours en référer à l'Administration, alors même que la restitution à ordonner ne nécessiterait aucune liquidation de dépense. Il n'y a lieu de statuer, par voie administrative, que dans l'hypothèse où tous les héritiers sont d'accord. Dans les autres cas, les parties doivent se pourvoir devant l'autorité judiciaire (2939-9 I. C.; — 9393-20 R. P.).

1234. Succession en déshérence. — Testament ne contenant pas l'indication du quantième du mois. — Nullité. — Délaissement au profit de l'État. — Fruits. — Est nul pour défaut de date et ne peut être opposé à l'État, en sa qualité de successeur irrégulier, le testament olographe mentionnant seulement le mois et l'année de sa rédaction sans l'indication du quantième du mois. — En conséquence, si le testateur n'a laissé aucun héritier préférable, sa succession revient à l'État, malgré l'ordonnance d'envoi en possession faite au vu du testament irrégulier. — Le légataire universel évincé doit opérer le délaissement des biens avec restitution des fruits depuis le jour de la demande (Saint-Dié, 10 fév. 1893, 8037 R. P.).

1239. Succession en déshérence. — Revendication. — Fruits et revenus. — L'État fait siens les fruits et revenus de la succession en déshérence à partir du jour où la demande en revendication, reconnue fondée, a été introduite par les héritiers. Mais il n'a pas droit aux fruits et revenus pour tout le temps qui a séparé le décès du *de cujus* de l'envoi en possession (C. Nancy, 18 mai 1901, 10081 R. P.).

1241 *bis* (*à ouvrir*). **Héritier dans l'inaction pendant plus de 30 ans. — Faculté d'accepter ou de renoncer. — Envoi en possession de l'État.** — Par interprétation de l'art. 789 C. C., on doit décider que les héritiers qui sont restés 30 ans sans accepter ou répudier une succession à laquelle ils étaient appelés, ont perdu la faculté d'accepter, et doivent être considérés comme définitivement renonçants encore bien qu'aucun autre successible n'ait pris possession de l'hérédité. En conséquence, lorsque, après l'expiration de ce délai, le Domaine exerce la procédure prévue par l'art. 770 C. C. en qualité de successeur irrégulier, les héritiers ne peuvent plus, même avant le jugement d'envoi en possession définitive, contester les droits de l'État et s'opposer à son action héréditaire (Sol. 6 juill. 1895, 8733 R. P.).

1248. Succession en déshérence. — Revendication judiciaire. — Restitution à l'ayant droit. — Frais. — Quand, à la suite d'une revendication judiciaire, l'héritier obtient la restitution d'une succession en déshérence dont l'État avait été envoyé en possession, les frais résultant de cette revendication, tant en première instance qu'en appel, doivent être supportés par la succession (C. Paris, 30 nov. 1899, 9720 R. P.).

1261. Legs. — Établissement public. — Écoles normales primaires. — Bénéficiaire non déterminé. — Action non valable de l'État. — Les écoles normales primaires jouissant de la personnalité civile comme établissements publics, en vertu de la loi du 19 juill. 1889 et du Décr. du 29 mars 1891 (art. 28), l'État est sans qualité pour réclamer l'envoi en possession des legs qui leur sont faits et, par conséquent, l'action qu'il intente aux héritiers légitimes pour poursuivre l'exécution d'un legs universel au profit d'une école normale de jeunes filles non autrement déterminée, doit être rejetée, abstraction faite de la question de validité du legs (C. Angers, 25 mars 1895, 8922 R. P.).

1263. Legs à l'État. — Testament olographe instituant l'État légataire universel à charge de legs particuliers. — Testament olographe postérieur. — Prétendue fausseté du second testament. — Action des légataires particuliers. — Mise en cause de l'État. — Cassation. — Moyen nouveau. — Lorsque en première instance et en appel, les légataires particuliers institués par un premier testament olographe ont soutenu la fausseté d'un second testament olographe en demandant, tant par titres que par témoins, la vérification de l'écriture et de la signature de ce dernier testament, ils sont non recevables à présenter pour la première fois devant la cour de cassation, le moyen tiré de ce que l'arrêt attaqué aurait mis indûment à leur charge l'obligation de prouver la fausseté du testament. Les demandeurs doivent être condamnés aux frais envers l'Administration des domaines, lorsque l'État, qui avait été institué légataire universel par le premier testament, a été mis en cause par eux à l'effet de déclarer s'il entendait profiter du legs universel et, dans ce cas, consentir la délivrance des legs particuliers (Cass. civ. 31 oct. 1894, 8481 R. P.).

1264. Legs à l'État. — Acceptation. — Avertissement ou sommations aux héritiers. — Procédure. — Simplifications. — (Décr. 1er févr. 1896, 8744 R. P. V. *Code des lois*).

1265. Legs à l'État. — Sommes d'argent. — Le service du contentieux et de l'agence judiciaire du Trésor est compétent pour obtenir la délivrance et le paiement des sommes léguées à l'État (8611 R. P.).

1273. Successions vacantes. — Recherche. — L'attention du service a été appelée sur l'intérêt que présente, pour le Trésor, la recherche des successions vacantes. Le service des successions vacantes étant centralisé, pour chaque arrondissement, entre les mains du receveur des Domaines établi au chef-lieu judiciaire de l'arrondissement

1248. Succession en déshérence. Revendication judiciaire. Restitution aux ayants droit. Intérêts moratoires. Dépens de l'instance. — Lorsque la revendication d'une succession en déshérence par les héritiers est soumise à l'autorité judiciaire à raison de l'insuffisance des justifications produites, sans qu'il y ait contestation proprement dite entre les ayants droit et l'État, celui-ci ne peut être condamné ni au payement d'intérêts moratoires ni aux dépens de l'instance (Alger, 11 nov. 1905, 10913 R. P.).

1231. Succession en déshérence. État envoyé en possession. Action en revendication. Tribunal compétent. — Lorsqu'un certain nombre d'ascendants de l'une des deux lignes (dans l'espèce, la ligne maternelle) revendiquent, à l'encontre de l'État envoyé en possession, la part revenant à leur ligne, il ne s'agit pas d'une action mixte, mais d'une demande entre héritiers, qui ne peut aboutir qu'à un partage entre héritiers du même degré, ou même à l'attribution à un seul de la succession en [illegible], à l'exclusion des plus éloignés. Par suite, le seul tribunal compétent pour statuer est le tribunal dans le ressort duquel la succession s'est ouverte (Dijon, 8 juin 1903, 10661 R. P.).

1263. Dons et legs faits à l'État. Rentes sur l'État. Aliénation jusqu'à concurrence de 8.800.000 fr. L. fin. 30 déc. 1903, art. 8. — 10670 R. P.

1288. Succession vacante. Obligations du curateur. Versement des deniers à la Caisse du receveur des domaines comme préposé de la Caisse des Dépôts et Consignations. — Le curateur à une succession vacante est tenu de faire verser à la caisse du Receveur des Domaines, comme préposé de la Caisse des dépôts et consignations, le montant des créances dépendant de la succession ainsi que le prix des objets mobiliers vendus, sans pouvoir rien encaisser personnellement (Barbezieux, 9 mai 1906, 10815 R. P. — Tours, 7 déc. 1905, 11364 R. P.).

La défense aux curateurs de toucher ou conserver les fonds est d'ordre public. Un tribunal ne saurait donc, au mépris de cette interdiction, conférer au curateur le pouvoir d'encaisser les deniers provenant de la succession qu'il le charge d'administrer (Doullens, 16 janv. 1906, 11193 R. P.).

Compte courant entre une banque et l'administrateur provisoire pour la gestion des biens de la succession et le payement des dettes. Recettes opérées sans l'intervention du Domaine et affectées au règlement du passif. Solde débiteur à la charge de la succession. Frais de régie non perçus. Action en dommages-intérêts de la part du Domaine non fondée. — Lorsque, à raison des avances faites par une maison de banque pour la gestion des biens d'une succession vacante et le payement des dettes, il s'est établi entre cette banque et l'administrateur provisoire de la succession, sans aucune protestation de la part des agents du Domaine, un compte courant qui a, d'ailleurs, toujours fait ressortir un solde débiteur à la charge de la succession, l'Administration n'est pas fondée à actionner le curateur et l'administrateur provisoire en dommages-intérêts, pour le motif que ceux-ci, ayant affecté directement à des payements en l'acquit de la succession les recettes par eux opérées, l'ont mise ainsi dans l'impossibilité de percevoir les frais de régie à 5 p. 100 (Cass. civ., 13 fév. 1905, 10936 R. P.).

ment, c'est à cet agent que doivent être renvoyés les enregistrements d'actes et les renseignements indiqués dans l'I. G. 2598, §§ 3 et 29, et d'une manière générale, tous les documents de nature à révéler l'ouverture ou à établir la consistance des successions qui ne paraissent pas avoir de représentants connus. Il est recommandé aux directeurs de signaler officieusement aux magistrats du parquet l'intérêt qui s'attache à ce que, suivant une pratique suivie dans certains arrondissements, l'Administration reçoive avis, dès qu'elles sont présentées au tribunal, des requêtes émanées de particuliers et tendant à pourvoir une succession d'un administrateur provisoire ou d'un curateur, à défaut de représentant connu (3028 I. G. ; — 9946-57 R. P.).

1282. Succession vacante ou pourvue d'un administrateur provisoire. — Indemnité pour cause d'accident. — Action civile des héritiers inconnus. — Défaut de qualité de l'administrateur provisoire. — L'administrateur judiciaire, chargé provisoirement de la gestion d'une succession dont les héritiers sont encore inconnus, n'a pas qualité pour intenter l'action civile qui appartient à ces héritiers en réparation du préjudice résultant d'un délit d'imprudence involontaire qui a occasionné la mort de leur auteur (C. Paris, 8 nov. 1892, 8108 R. P.).

1288. Succession vacante. — Devoir des curateurs. — Créances non exigibles. — Versement à la caisse du Receveur des Domaines comme préposé de la Caisse des Dépôts et Consignations. — Reddition de compte. — Le curateur à une succession vacante administre, sous charge de faire verser à la caisse du Receveur des Domaines le numéraire qui se trouve dans la succession ainsi que les deniers provenant du prix des meubles et des immeubles vendus. De plus, il est tenu de présenter au Receveur des Domaines, chaque fois que celui-ci le juge utile, le compte provisoire ou état de situation de la gestion de la curatelle, afin que ce préposé puisse s'assurer si tous les fonds disponibles ont été versés à sa caisse. — Si la succession comprend des créances dont le terme d'exigibilité n'est pas encore arrivé, mais qui sont productives d'intérêts, le curateur doit faire verser ces intérêts à la caisse du Receveur des Domaines et en doit compte (Mont-de-Marsan, 4 nov. 1892, 8031 R. P.).

Succession vacante. — Mobilier. — Vente. — Prix directement versé au curateur. — Malversation. — Officier public ayant procédé à la vente. — Responsabilité. — Le curateur d'une succession vacante, qui doit seulement, d'après l'art. 813 C. civ., administrer, sous charge de faire verser les deniers provenant du prix des meubles vendus dans la caisse du receveur des Domaines, n'a pas qualité pour recevoir les fonds représentant ce prix. En conséquence, l'officier public, qui a procédé à la vente, engage sa responsabilité en versant le produit de cette vente entre les mains du curateur, et, en cas de malversation de la part de ce dernier, il peut être contraint à reverser dans la caisse du receveur des Domaines la somme dont le curateur n'a pas fait un emploi utile (Nice, 3 juill. 1901, 10157 R. P.).

1289. Succession vacante. — Pouvoirs des curateurs. — Radiation d'inscription hypothécaire. — Créance remboursée au défunt. — Autorisation de justice exigée par le curateur. — Dépens à sa charge. — Le curateur à une succession vacante a qualité pour consentir seul la radiation d'une inscription hypothécaire, lorsque le paiement de la créance garantie a été fait au *de cujus* lui-même. Si, par un excès de précaution, le curateur a exigé une décision de justice pour donner son consentement à la radiation, les dépens occasionnés par cette précaution inutile ne peuvent être mis à la charge du débiteur (C. Bordeaux, 22 janv. 1892, 8354 R. P.).

Devoirs du curateur. — Exploitation d'un domaine à titre de fermier. — Le curateur à une succession vacante a pour mission de réaliser à bref délai tout l'actif héréditaire. En conséquence, il ne peut, sans excéder les pouvoirs qui lui sont conférés par l'art. 813 C. civ., continuer l'exploitation d'un domaine rural dont le *de cujus* était fermier. Le curateur qui, sans utilité et dans le seul but de couvrir sa responsabilité, soumet l'un de ses actes à l'homologation de l'autorité judiciaire, doit supporter comme frustratoires les frais d'instance en homologation (Castelnaudary, 7 mars 1895, 8533 R. P.).

1293. Succession vacante. — Pouvoirs du curateur. — Action en nullité des actes du défunt. — Non-recevabilité. — Le curateur à une succession vacante n'ayant d'autre mission que celle d'administrer la succession, de la liquider, d'en exercer et d'en poursuivre les droits, n'a pas qualité pour attaquer, dans un intérêt qui ne peut être que celui des créanciers de la succession, les actes faits par le défunt, alors qu'il jouissait de la plénitude de sa capacité juridique (Seine, 21 janv. 1893, 8135 R. P.).

Actes faits en fraude des droits des créanciers. — Action paulienne. — Le curateur à une succession vacante étant le représentant du défunt et non celui des créanciers de la succession, est sans qualité pour attaquer, par l'exercice de l'action paulienne, la validité des actes émanés du défunt et qui paraîtraient faits en fraude des droits de ses créanciers (Seine, 15 déc. 1893, 8442 R. P.).

1294. Succession vacante. — Curateur. — Obligations. — Il appartient au curateur de prendre les mesures nécessaires pour assurer le versement, dans les caisses du Domaine, des sommes frappées de saisie-arrêt (Sol. 11 juill. 1899, 9612 R. P.).

1296. Succession vacante. — Curateur. — Distribution par contribution. — Créanciers non opposants. — Payement dans l'ordre où les créanciers se présentent. — Le curateur à une succession vacante, comme l'héritier bénéficiaire, peut, quand il n'y a pas de créanciers opposants, payer les créanciers dans l'ordre où ils se présentent ; il n'est pas tenu, dans ce cas, de recourir à une distribution par contribution, dans les conditions prévues par les art. 656 et s. du Code de procédure (Cass. civ. 4 mai 1893, 8016 R. P.).

1298. Saisie-arrêt aux mains du curateur. — Droit de régie. — Privilège. — Le curateur à une succession vacante étant tenu, aux termes de l'art. 813 C. C., de verser le produit de la succession à la caisse des consignations et ne pouvant, d'ailleurs, avoir à la fois la qualité de saisi et de tiers-saisi, la saisie-arrêt pratiquée entre ses mains et suivie d'assignation en validité à la requête de l'Adm. des Contr. indirectes, pour paiement de droits de régie dus par le défunt, est sans effet, encore bien que cette administration allègue le caractère privilégié de sa créance (Seine, 9 mai 1895, 8710 R. P.).

1317. Curateur. — Reddition de compte. — Honoraires. — Rétention sur les deniers de la succession. — Paiement sur la Caisse des consignations. — Le curateur à une succession vacante est tenu de rendre compte de sa gestion à l'Administration des domaines toutes les fois que celle-ci l'exige. Il n'a aucun maniement de fonds et, dès lors, il ne peut régulièrement se payer lui-même ses honoraires par voie de rétention des deniers de succession. C'est de la caisse des consignations qu'il doit obtenir le paiement des dits honoraires et en produisant, au besoin, comme créancier privilégié (Valence, 9 mars 1896, 8798 R. P.).

1319. Succession vacante. — Faillite. — Droit de m. p. d. — Contestations. — Tribunal de commerce. — Incompétence. — V. *Instance*, n° 184.

1334. Succession vacante. — Trésor public. — Une somme due par le Trésor public, spécialement les arrérages de la pension du défunt, doivent, bien que frappés de saisie-arrêt, être versés dans les caisses du Domaine au même titre et dans les mêmes conditions que les autres valeurs dépendant de la succession (Sol. 11 juill. 1899, 9612 R. P.).

1335. Succession vacante. — Clôture des opérations de faillite. — Compétence. — Frais de régie. — La clôture des opérations pour cause d'insuffisance des biens d'un failli dont la succession est déclarée vacante, n'a pas pour effet de mettre fin à l'état de faillite. — En conséquence, ni le curateur à la succession vacante, ni le Receveur des Domaines, incompétents pour s'immiscer à la gestion des biens tant que dure la faillite, n'ont qualité, le premier pour faire verser, le second pour recevoir des droits de mutation par décès revenant à la succession comme indûment perçus par le Receveur de l'Enregistrement. Ce dernier comptable doit, comme il l'aurait fait avant la clôture des opérations de la faillite, verser directement à la Caisse des consignations ces droits qui, dès lors, ne sont soumis à aucun prélèvement de frais de régie (Sol. 4 fév. 1891, 7560 R. P.).

1337. Succession vacante. — Saisie-arrêt non signifiée avant la déclaration de vacance. — Demande en validité non recevable contre le curateur. — Le curateur à une succession vacante n'étant pas le continuateur de la personne du défunt et sa mission l'obligeant à verser le produit de la succession à la Caisse des Consignations pour la conservation des droits respectifs des tiers, la saisie-arrêt qui aurait été pratiquée, mais non encore signifiée, avant la déclaration de la vacance, ne saurait faire obstacle à ce dépôt. Par suite, doit être considérée comme non recevable la demande formée contre le curateur à l'effet de faire prononcer la validité d'une saisie-arrêt opérée dans ces conditions (Seine, 22 mars 1893, 8239 R. P.).

La saisie-arrêt d'une somme due par un tiers à une succession vacante ne saurait s'opposer à ce que cette somme soit versée dans les caisses du Domaine, au même titre et dans les mêmes conditions que les autres valeurs dépendant de la succession (Sol. 11 juill. 1899, 9612 R. P.).

Sommes cédées par le défunt en garantie. — Versement au receveur des domaines. — Lorsqu'une succession déclarée vacante comprend des sommes cédées en garantie par le défunt (un cautionnement) ces sommes doivent, nonobstant le transport en garantie, être versées à la caisse du receveur des domaines et non directement aux tiers bénéficiaires du transport (Sol. 2 juin 1896, 8785 R. P.).

1339. Succession vacante. — Frais de régie. — Assurance sur la vie. — Capital cédé à titre de garantie à un créancier. — Décès de l'assuré. — Versement du capital au receveur des Domaines. — Lorsque, dans un acte contenant obligation de sommes, la caution abandonne en garantie au créancier du débiteur principal le bénéfice d'une assurance sur la vie contractée à son profit et que, par suite de l'ouverture de la succession déclarée vacante de l'assuré, le montant de cette assurance est versé par la Compagnie entre les mains du receveur des Domaines comme représentant de la Caisse des Dépôts et Consignations, le prélèvement par ce dernier des frais de régie à 5 p. 100, en vertu de l'art. 16 L. 5 mai 1855, est régulier, et ces frais ne peuvent être restitués sous prétexte que le capital assuré ne dépendait pas de la succession et revenait directement au créancier (Saint-Julien, 30 déc. 1892, 8087 R. P.).

Le tribunal a évité de se prononcer sur la question de savoir si le capital assuré était entré dans la succession de l'assuré ou était, au contraire, directement passé sur la tête du créancier. Les parties s'étant mises d'accord pour rembourser le créancier au moyen de l'abandon du capital assuré, l'adoption de l'une ou l'autre opinion lui a paru sans intérêt. De même, il n'a pas cru devoir se prononcer sur la régularité du versement du capital assuré à la caisse du Receveur des Domaines, par la Compagnie d'assurances. Les juges n'ont voulu voir que le fait matériel du passage des deniers entre les mains de ce receveur, et ils ont décidé que ce fait seul était suffisant pour justifier le prélèvement des frais de régie.

Cette solution est critiquable : il semble qu'avant de maintenir la perception des frais de régie, le tribunal devait examiner en droit et d'après la convention des parties si le montant de l'assurance constituait réellement une valeur successorale et si, dès lors, elle était passée régulièrement par les mains du receveur. Une recette irrégulière ne saurait, en effet, donner lieu à un prélèvement régulier de frais. Ainsi que nous l'avons dit, v° Domaine, n° 1339, ces frais ne peuvent être qu'une rémunération légitime; là où il n'y a pas une intervention utile du Domaine, la cause de la rémunération fait défaut.

Succession vacante. — Comptable public. — Maniement de fonds. — Cautionnement directement versé à la Caisse des dépôts et consignations. — Frais de régie non dus. — En cas de vacance d'une succession, les frais de régie de

1320. Succession vacante. Prélèvement opéré par le curateur pour ses frais et honoraires. Appréciation du tribunal. — Le tribunal qui a nommé le curateur a qualité pour apprécier l'importance des honoraires qui lui sont dus et, par suite, pour déterminer la somme qu'il peut avoir à reverser à la caisse du Receveur comme représentant la portion d'honoraires indûment prélevée sur le produit de la succession vacante (Barbezieux, 9 mai 1904, 10814 R. P.).

1325. Cessation de la curatelle. — Les tribunaux n'ont pas à intervenir, hors le cas de contestation, dans les comptes que rendent les curateurs aux successions vacantes, notamment pour homologuer le compte présenté par les héritiers du curateur, en cas de décès de celui-ci, à la personne que le tribunal a désignée pour le remplacer ([illegible], 1906, 11314 R. P.).

1330. Succession vacante. Prix de vente d'objets mobiliers saisis à la requête du propriétaire de l'immeuble créancier privilégié. Versement direct à la Caisse des dépôts et consignations. Inutilité de l'intervention du Domaine. — Si, avant l'ouverture d'une succession déclarée vacante, les meubles du défunt ont été saisis à la requête du propriétaire de l'immeuble, créancier privilégié, et s'ils ont été vendus après le décès, l'huissier qui a procédé à la vente doit en verser directement le produit à la Caisse des dépôts et consignations, sans que l'Administration des Domaines ait à intervenir et puisse réclamer des frais de régie sur le prix (Poitiers, 12 déc. 1904, [illegible] R. P. — C. Poitiers, 19 avril 1905, 10977 R. P.).

1345. **Succession vacante. Poursuites contre le curateur.** — En ce qui concerne les fautes commises dans sa gestion, la responsabilité du curateur est réglée par les principes du droit commun (1992 C. civ.). Il doit être assimilé à un mandataire salarié. Si donc, il a causé un préjudice à la succession en laissant improductives par suite du retard apporté à la consignation, des sommes importantes qu'il était tenu de faire verser immédiatement à la caisse du receveur des Domaines, et en négligeant de faire taxer les honoraires excessifs d'un officier public, ces fautes engagent sa responsabilité et donnent lieu à des dommages-intérêts. L'Administration des Domaines, représentant les ayants droit à la succession, a qualité non seulement pour exercer cette action contre le curateur, mais encore pour opérer l'encaissement des dommages-intérêts (Tours, 7 déc. 1906, [illegible] R. P.).

à p. 100 ne sont dus au Domaine que lorsque les sommes recouvrées ont donné lieu, de sa part, à un encaissement matériel. Spécialement, ils ne sauraient être exigés sur les sommes, — dans l'espèce, cautionnement fourni par des bailleurs de fonds, — qui sont directement versées par le Trésorier-Payeur général à la Caisse des Dépôts et Consignations, en vertu des règlements sur la comptabilité publique (Marseille, 11 mai 1900; — Sol. 16 juin 1900, 9933 R. P.; — C. Aix, 8 mai 1901, 10077 R. P.).

En ce qui concerne l'allocation des frais de régie sur les sommes versées directement par le Trésorier-Payeur général à la Caisse des Dépôts, la question ne laisse pas que d'être fort délicate. Elle peut se résumer de la manière suivante; lorsqu'un cautionnement fourni par un comptable de deniers publics, dont la succession a été déclarée vacante, est grevé d'un privilège de second ordre, au profit des bailleurs de fonds, ce cautionnement est-il susceptible d'être remboursé aux bailleurs de fonds ou versé, en cas d'oppositions, à la Caisse des Dépôts, sans passer préalablement par les Caisses du Domaine? Si le versement à ces Caisses est obligatoire, il va de soi que les frais de régie sont dus.

L'art. 813 C. C. n'imposant au curateur l'obligation de se faire verser, dans la Caisse du Receveur de la Régie nationale, que le numéraire ainsi que les deniers provenant du prix des meubles et immeubles vendus, on a tenté de soutenir que cette obligation ne s'applique pas aux autres valeurs de la succession (Laurent, t. X, n° 201; — Cass. 13 juin 1810, S. 11. 2. 300).

Mais cette opinion n'a prévalu ni en doctrine, ni en jurisprudence.

Il est généralement admis que les capitaux provenant des successions vacantes doivent, quelle qu'en soit la nature, être versés à la Caisse des Dépôts (Baudry-Lacantinerie, t. II, n° 2501; — C. Bruxelles, 21 mars 1827, S. 28-2-251; — C. Nancy, 27 avr. 1843, S. 43-2-492; — C. Rouen, 21 janv. 1853, S. 53-2-47; — Cass. 13 fév. 1865, S. 65-1-117), par l'intermédiaire du Domaine, mandataire légal de cette caisse (Cass. 6 juin 1809; — C. Paris, 10 juin 1889; — Mont-de-Marsan, 4 nov. 1892, 8051 R. P.).

La règle est même applicable aux sommes faisant l'objet de saisie-arrêt. Il a été décidé, à cet égard, que le débiteur saisi ne peut pas se libérer entre les mains du saisissant et qu'il doit verser le montant de sa dette à la Caisse des Dépôts (C. Rouen, 21 janv. 1853, S. 53-2-417; — Seine, 4 août 1865 et 22 mars 1893, 8230 R. P.).

La raison en est, d'après ce dernier jugement, « que les mesures prescrites par l'art. 813 C. civ. sont d'ordre public et font obstacle à ce qu'aucun puisse se faire attribuer, au détriment et hors la présence des autres ayants droit, une part quelconque de la succession ».

L'Administration a, cependant, tempéré la rigueur de cette règle : elle admet une exception en ce qui concerne le versement des prix d'adjudication d'immeubles grevés d'hypothèques (Instr. n° 2508-18). Ces prix peuvent être payés par l'acquéreur entre les mains des créanciers privilégiés et hypothécaires (Déc. min. just. et fin. 10-25 nivôse an XIII, Inst. n°s 267 et 1203; — Circ. min. just. 30 mai 1842, Inst. n° 1670), ou versés directement à la Caisse des Dépôts et Consignations sans l'intervention du Domaine, lorsqu'ils sont sujets à consignation, en vertu des règles du droit commun (Circ. compt. 20 mars 1866, n° 820, § 7; — Circ. Caisse des Dépôts et Consignations, 15 juin 1866, n° 77, § 3).

On n'aperçoit pas de motifs suffisants pour que le même tempérament ne soit pas accordé au remboursement du cautionnement fourni par un comptable de deniers publics, et grevé d'un privilège de second ordre au profit d'un bailleur de fonds, alors surtout que ce privilège rend la situation du bailleur de fonds de beaucoup préférable à celle du créancier hypothécaire.

Le privilège de second ordre établi par les L.L. des 25 nivôse et 6 ventôse an XIII « assure, en effet, au bailleur de fonds la préférence, pour le remboursement des sommes par lui prêtées au titulaire du cautionnement, sur tous les créanciers autres que ceux pour faits de charge », (Pallain, *Traité du Trésor public*, n° 178, p. 200).

Nous pensons donc, au cas particulier, que le cautionnement pouvait être directement remboursé aux bailleurs de fonds ou versé à la Caisse des Dépôts et Consignations, sans l'intervention du Domaine, et que, par suite, c'est avec raison que le tribunal a refusé l'allocation des frais de régie.

Succession vacante. — Valeurs étrangères à l'hérédité. — Consignation faite à tort. — Frais de Régie indûment perçus. — Restitution. — Lorsque des valeurs consignées pour le compte d'une succession vacante sont ultérieurement reconnues appartenir à des tiers, le retrait de la consignation entraîne la restitution des frais de régie à 5 p. 100 (Déc. min. fin. 20 déc. 1899, 3080-39 I. G.; — 10239 R. P.).

1343. **Succession vacante. — Rôle du Domaine.** — Les curateurs aux successions vacantes étant seuls chargés (813 C. civ.) d'exercer et de poursuivre les droits ouverts au profit de ces successions, et demeurant, d'ailleurs, personnellement responsables de leur gestion envers les créanciers, héritiers et légataires auxquels ils doivent rendre compte, le Domaine, investi en cette matière d'une simple mission de surveillance (Inst. n° 2598-38), ne saurait, sans excéder ses pouvoirs et déplacer les responsabilités, prendre lui-même l'initiative d'aucune mesure se rattachant à cette gestion (Déc. min. fin. 18 fév. 1898, 9314 R. P.).

Succession vacante. — Vacance déclarée par erreur. — Abstention du Domaine. — En matière de successions vacantes, la compétence du Domaine est liée à l'état de vacance. Si donc un jugement qui a déclaré une succession vacante est réputé nul et non avenu, par le fait d'héritiers connus non renonçants, l'Administration doit s'abstenir de toute ingérence dans la gestion du curateur, et elle ne peut que laisser aux héritiers et aux créanciers le soin de veiller à leurs intérêts comme ils le jugent convenable (Sol. 9 fév. 1901, 3080-38 I. G.; — 10238 R. P.).

1345. **Succession vacante. — Poursuites contre le curateur.** — La constitution d'un avoué n'étant pas obligatoire en la matière, les frais qui en résultent restent à la charge de la partie qui les a faits (Mont-de-Marsan, 4 nov. 1892, 8051 R. P.).

Succession vacante. — Devoirs des curateurs. — Versements. — Reddition de compte provisoire. — Le curateur à une succession vacante est tenu à la double obligation de verser tous les produits de la succession à la caisse du receveur des domaines et de présenter à toute réquisition à ce dernier le compte provisoire de la gestion de la curatelle (Toulouse, 2 août 1893, 8210 R. P.).

1353 *bis* (*à ouvrir*). **Arrêt de contumace. — Ses effets au civil. — Chose jugée.** — Les arrêts de contumace ne peuvent, avant l'expiration du délai de prescription, être invoqués comme produisant, au civil, les effets de la chose jugée. — Spécialement un arrêt de cour d'assises qui déclare un contumax coupable d'avoir détourné une somme à lui remise à titre de dépôt ou de mandat, ne saurait faire obstacle, tant que le délai de prescription n'est pas expiré, à ce qu'il soit soutenu, devant la juridiction civile, que le condamné avait reçu la somme indiquée comme mandataire d'une personne autre que celle désignée dans l'arrêt (Cass., 5 janv. 1898, 9248 R. P.).

1378. **Contumace. — Déconfiture du contumax. — Séquestre légal. — Séquestre judiciaire.** — La déconfiture d'un contumax n'emportant pas, comme la faillite, le dessaisissement du débiteur, un tribunal n'est pas fondé à confier à un séquestre judiciaire la gestion des biens du contumax, représenté par le Domaine qui a fait apposer le séquestre légal. — L'Administration peut cependant consentir au maintien du séquestre nommé par le tribunal, en lui imposant l'obligation de se soumettre à sa surveillance et de verser à la caisse du Receveur des domaines tous les fonds disponibles au fur et à mesure de leur encaissement (Sol. 5 mai 1895, 8676 R. P.).

1392. **Contumace. — Vente du mobilier ordinaire. — Compétence des Directeurs.** — Les Directeurs n'ont plus à consulter l'Administration centrale avant de présenter au tribunal une requête en vue d'obtenir l'autorisation de vendre le mobilier ordinaire (2925-8 I. C.; — 9001 et 9125-10 R. P.).

Coupe de bois aménagé. — Fruits. — Vente. — Une coupe de bois ayant le caractère de fruits, le Domaine, investi de la gestion des biens d'un contumax, a le droit de faire procéder sans autorisation préalable de justice, dans la forme usitée pour le mobilier de l'État, à une vente de coupe de bois séquestré, lorsque le terme normal de la coupe est arrivé (Sol. 20 janv. 1890, 9182 R. P.).

1402. **Contumace. — Succession indivise. — Scellés. — Inventaire. — Présence du Domaine.** — Quand s'ouvre une succession à une partie de laquelle un contumax peut être appelé, le Domaine, séquestre légal, n'a pas le droit d'assister à la levée des scellés apposés au domicile de l'auteur de la succession ni d'exiger que l'inventaire des valeurs héréditaires soit dressé en sa présence (Ord. de référé Président Trib. Vesoul, 7 fév. 1898, 9224 R. P.).

1404. **Contumace. — Administrateur provisoire. — Gestion. — Sommes versées à la Caisse des Dépôts avant l'apposition du séquestre.** — Lorsque, antérieurement à l'apposition du séquestre, un administrateur a été judiciairement nommé pour gérer les biens du contumax, le Domaine peut, sans provoquer un nouveau jugement, laisser la gestion entre les mains de cet administrateur, si ce dernier prend, d'ailleurs, l'engagement de continuer ses fonctions sous la surveillance du Domaine et de verser à la caisse du Receveur les sommes dont il opérera le recouvrement. — Les sommes recouvrées et versées à la Caisse des Dépôts et Consignations par l'Administrateur, à une époque antérieure à l'apposition du séquestre, ne doivent pas être retirées de cette caisse pour passer dans celle du Domaine (Sol. 18 fév. 1898, 9247 R. P.).

1415. **Contumax. — Interdiction d'ester en justice. — Opposition d'intérêts avec l'Administration des Domaines. — Nomination d'un curateur « ad hoc ».** — La prohibition édictée par les art. 465 et 471 C. inst. crim. étant générale, absolue et d'ordre public, le contumax condamné à une peine afflictive et infamante et privé de l'exercice de tous ses droits est irrecevable à se présenter en justice sous quelque motif que ce soit. — C'est, en principe, l'Administration des Domaines qui le représente; mais si, dans une instance relative à ses biens, il existe une contrariété d'intérêts entre lui et l'Administration, il doit être pourvu d'un curateur *ad hoc*, à la requête de l'une des parties poursuivantes (C. Paris, 5 mai 1891, 7650 R. P.).

1417. **Contumax. — Arrestation illégale à l'étranger. — Saisie d'objets.** — Si l'illégalité de l'arrestation à l'étranger d'un condamné par contumace permet d'annuler les actes qui l'ont suivie et d'ordonner que, par l'effet d'une fiction, les choses soient remises au même état qu'avant l'arrestation, ce ne peut être qu'en matière pénale et relativement aux actes d'instruction criminelle, mais la fiction ne s'étend pas aux saisies-arrêts ou autres mesures prises pour sauvegarder des intérêts civils et privés (Seine, 1er août 1893, 8205 R. P.).

1424. **Contumax décédé. — Succession déclarée vacante. — Mainlevée du séquestre. — Compte rendu au curateur. — Reliquat. — Versement à la Caisse des Dépôts et Consignations. — Frais de régie.** — Quand, après le décès d'un contumax, sa succession, déclarée vacante, est pourvue d'un curateur qui obtient la mainlevée du séquestre et la reddition de compte, le versement par le Domaine du reliquat de compte à la Caisse des Dépôts et Consignations ne doit pas être assujetti au prélèvement du 5 fr. p. 100 pour frais de régie, dès lors que ce reliquat n'a été arrêté lui-même que sous déduction du 5 fr. p. 100 au profit du Trésor (Sol. 6 mai 1899, 9542 R. P.).

1425. **Contumax. — Compte ouvert.** — Les directeurs sont dispensés de produire une copie entière du compte du séquestre, lorsqu'ils ont à prendre les instructions de l'Administration centrale, pour la solution desquelles il importe de connaître l'état des recettes et des dépenses de la gestion des biens séquestrés; il suffit qu'ils indiquent le reliquat net du compte (2925-8 I. C.; — 9001 et 9125-16 R. P.).

1427. **Contumace. — Dépense. — Liquidation.** — L'Administration des Domaines est autorisée à liquider

1355. **Contumax. Levée du séquestre. Frais d'instances engagés par l'Administration en vue de faire prononcer l'annulation d'actes passés par le contumax avant le séquestre. Répétition par le Domaine non justifiée.** — L'Administration n'est pas fondée à répéter contre un ex-contumax les frais de procès qu'elle a engagés en vue de faire prononcer l'annulation d'actes intervenus avant la contumace, alors surtout qu'elle s'est désistée de ces procès en appel après avoir succombé en première instance; le séquestre ne lui conférant qu'un simple droit d'administration accompagné d'un droit de [illegible], une demande en annulation d'actes antérieurs à la contumace dépasse, en effet, les limites de son mandat (Bordeaux, 21 mars 1904, [illegible] R. P.).

[illegible]. Frais d'opposition de scellés sur des biens sortis du patrimoine du contumax. Frais d'instances engagées par l'Administration en vue de faire prononcer l'annulation des actes relatifs à la transmission de ces biens. Séquestre non légalement établi. Répétition par le Domaine non justifiée. — L'Administration des Domaines n'est fondée à répéter, contre un ex-contumax, ni les frais d'opposition de scellés sur des biens sortis du patrimoine de celui-ci avant la contumace, ni les frais de procès qu'elle a engagés en vue de faire prononcer l'annulation des actes relatifs à la transmission de ces biens, alors surtout qu'elle n'a jamais été légalement investie des fonctions de séquestre, l'ordonnance de [illegible] n'ayant pas été signifiée au véritable [illegible] du contumax (C. Bordeaux, 10 juill. 1905, 11185 R. P.).

1475. Biens des anciens établissements du culte. Revendication. — Les actions en reprise ou en revendication de la loi 9 déc. 1905 ne peuvent être exercées tant que, à défaut d'associations cultuelles, l'attribution des biens n'a pas été faite à des établissements charitables ou de bienfaisance (Baugé, 15 janv. 1907, 11420 R. P. ; — *Contrà* Saint-Lô, 30 nov. 1906, 11401 R. P.) ; mais la loi de 1905 ne s'oppose pas à l'exercice des actions en résolution ou en révocation du droit commun et ces actions sont recevables dès l'instant que les conditions de la convention ou de la donation ne sont pas remplies : elles peuvent être intentées non seulement par les donateurs et fondateurs ou leurs héritiers en ligne directe, mais encore par tous les continuateurs de leur personne (Lorient, 20 mars 1907, 11460 R. P. ; — Besançon, 21 mars 1907, 11425 R. P. ; — Lille, 5 juillet 1907, 11485 R. P. ; Villefranche, 31 mai 1907, 11509 R. P. ; — *Contra* La Châtre, 14 mai 1907, 11481 R. P.).

Compétence de l'autorité administrative. — Ce n'est pas en sa qualité de représentant du Domaine de l'État, mais bien comme délégué de la puissance publique chargé, à ce titre, d'exécuter une loi de l'État, que le préfet invite un évêque à évacuer, dans un délai déterminé, les bâtiments d'un évêché. — En conséquence, il ne saurait appartenir à l'autorité judiciaire de connaître d'une demande de l'évêque tendant à être maintenu en possession du local de l'évêché jusqu'à ce que, par la justice régulièrement saisie, il ait été statué sur la propriété de l'évêché et sur les droits particuliers de l'évêque. L'acte du préfet ne peut être déféré qu'au ministre compétent ou au Conseil d'État (Trib. des conflits, 23 mars 1907, n° 11508 R. P.).

1442. Contumax. Levée du séquestre. Reddition de compte. Somme encaissée par l'Administration pendant le séquestre et reversée par elle à la Caisse des dépôts et consignations. Obligation pour le Domaine de la remettre en nature à l'ex-contumax. — Après la levée du séquestre par suite de la cessation de la contumace, l'Administration des Domaines ne saurait se borner à remettre à l'ancien contumax le récépissé constatant le reversement à la Caisse des dépôts et consignations d'une somme qu'elle a elle-même encaissée ; c'est cette somme même qu'elle est tenue de restituer (Bordeaux, [illegible] 1904, 10816 R. P.).

1447 *bis*. Séparation des Églises et de l'État. Associations et unions cultuelles. Attribution des biens des établissements ecclésiastiques supprimés. Séquestre. Droit de retour de l'État. Acquittement des dettes. — Décr. 16 mars 1906, 11186 R. P.

1448. Dotations et majorats. Rachat par l'État. L. [illegible] 1903. — 10603 R. P.

1462. Dotation. Actions des Canaux d'Orléans et du Loing. Retour. Prescription trentenaire. Point de départ. Annuités de remboursement. Intérêts. Intérêts des intérêts. Point de départ. — En admettant que l'État puisse opposer la prescription trentenaire, pour se libérer du paiement des annuités représentant les actions des canaux d'Orléans et du Loing, qui devaient être rachetées en exécution de la L. 5 déc. 1814, cette prescription ne saurait être opposable aux annuités représentatives d'actions [illegible], en vertu du partage opéré les 5-23 janv. 1866, dans le lot des héritiers de la princesse Adélaïde, encore bien qu'en fait, le retour de ces actions se soit accompli antérieurement à cette époque, dès lors que la demande en restitution a été formulée avant l'expiration du délai de trente ans, à partir du partage précité. — La demande d'intérêts, formée en même temps que la demande en restitution, doit, par application de l'art. 1153 C. civ., être prise comme point de départ des intérêts des annuités échues. — Les intérêts échus et non payés sont également productifs d'intérêts en exécution de l'art. 1154 C. civ. (Cons. d'État, 13 mars 1903, [illegible] R. P.).

DOMICILE.

DON MANUEL.

14. Titres. Dessaisissement non irrévocable. Transmission apparente. — Lorsque des titres ont été achetés par l'un des [illegible] au moyen de fonds remis manuellement par son père et que celui-ci est resté en possession de ces valeurs, il n'existe qu'une transmission apparente insuffisante pour établir le don manuel (Cass. (req.), 20 janv. [illegible] 10016 R. P.).

21. Actions nominatives d'une société. Transfert sur les registres sociaux. L. 18 mai 1850 non applicable. — Le droit proportionnel de donation exigible, en vertu de l'art. 6 L. 18 mai 1850, sur les reconnaissances de don manuel, ne peut être réclamé sur la déclaration d'un contrat de mariage portant que la future épouse apporte en dot des actions d'une société qui lui ont été données à l'occasion de son mariage, s'il résulte des statuts de la société que l'acte constitutif a été rappelé dans la déclaration qu'il s'agit de parts ou actions nominatives ne pouvant être transférées de la main à la main et qu'en fait la cession a été l'objet d'un transfert sur les livres sociaux (Chambéry, 4 mars 1905, 10085 R. P.).

sans l'intervention des préfets, mais sous l'approbation min. fin., lorsqu'elles dépassent le chiffre de 5.000 fr., les dépenses à la charge des contumax (L. 6 déc. 1897, art. 8, 9145 R. P.). Bien qu'autorisés à liquider les dépenses domaniales, sans avoir à en référer, lorsqu'elles ne dépassent pas 2.000 fr., les Directeurs continueront à soumettre leurs propositions à l'Administration, quand il s'agira de liquider le reliquat net à restituer aux ayants droit en matière de biens séquestrés sur un contumax, quel que soit le chiffre de la dépense (9230-8 I. G. 9295-10 R. P.).

Le principe posé dans l'Instr. n° 2930-8, en vertu duquel les Directeurs départementaux sont tenus de faire liquider par l'Administration centrale le reliquat net à restituer en matière de biens séquestrés sur un contumax, *quel que soit le chiffre de la dépense*, doit être limité à la dépense qui est la conséquence de la mainlevée du séquestre. Il n'est pas applicable aux sommes que le Domaine doit verser, pour le compte du contumax, à la Caisse des Dépôts et Consignations, en vertu d'un ordre de justice. Dans ce cas, la liquidation de la dépense reste soumise aux règles ordinaires de compétence (Sol. 21 juill. 1899, 9542 R. P.).

1428. Contumax. — Arrêt de condamnation. — Prétendues irrégularités de procédure. — Séquestre. — Gestion du Domaine. — Mandataire et femme du contumax. — Opposition non recevable. — Les conditions dans lesquelles peuvent être attaqués les arrêts de contumace étant fixées d'une façon précise et limitative par l'art. 465 C. Inst. crim., il en résulte que le contumax n'a qu'un seul droit pour faire tomber la décision qui le concerne : celui de se présenter devant la justice. Tant que le contumax ne s'est pas présenté, l'arrêt qui a prononcé sa condamnation existe et constitue un titre susceptible de recevoir exécution, sans qu'il y ait lieu de se préoccuper de savoir si la notification de cet arrêt et de l'ordonnance de déchéance est entachée d'irrégularités. Par suite, le mandataire du contumax ou la femme de ce dernier sont sans droit et sans qualité pour faire opposition aux actes de gestion du Domaine, seul représentant légal du contumax (C. Rennes, 19 fév. 1901 ; — 10016 R. P. ; — Cass. 21 janv. 1902, 10210 R. P.).

1438. Contumace. — Prescription de la peine. — Absent. — Défaut d'envoi en possession à la requête des héritiers. — Reliquat de compte peu élevé. — Nomination d'un administrateur provisoire à la requête du Domaine. — Mainlevée du séquestre. — Après l'expiration du délai de 20 ans accordé pour purger la contumace, la peine étant prescrite, il y a lieu pour le Domaine de faire prononcer la mainlevée du séquestre et de rendre le compte de sa gestion. — Et, si les héritiers se refusent à provoquer la déclaration d'absence du contumax disparu et à se faire envoyer en possession provisoire de ses biens, le Domaine n'est pas nécessairement tenu de faire déclarer cette absence, notamment si le reliquat disponible au compte du séquestre n'est pas suffisant pour couvrir les frais de la procédure. — Il peut, dans ce cas, présenter une requête au tribunal civil afin d'obtenir, en vertu de l'art. 112 C. civ., la nomination d'un administrateur provisoire chargé de gérer les biens du présumé absent et à qui le compte du séquestre sera rendu (Déc. min. fin. 18 sept. 1896 et 19 fév. 1897, 9033 R. P.).

1440. Contumace. — Mainlevée de séquestre. — L'Administration des Domaines est autorisée à statuer sur les demandes en mainlevée du séquestre apposé sur les biens des contumax (L. 6 déc. 1897, art. 8, 9145 R. P.). Dans tous les cas les Directeurs doivent en référer à l'Administration, alors même que la restitution à ordonner ne nécessiterait aucune liquidation de dépense (9239-9 I. G. ; — 9305-20 R. P.).

1456 *bis*. Dotation. — Dotataire décédé sans postérité. — Fille d'un frère puîné également décédé. — Dotation éteinte. — Action des canaux d'Orléans et du Loing. — Retour. — Lorsque le titulaire d'une dotation de 6e classe décède sans laisser d'héritiers, la fille du frère puîné de ce dotataire ne peut se prévaloir de la disposition exceptionnelle inscrite dans l'art. 1er Décr. 3 janv. 1812. Elle est inhabile à recueillir la dotation dont son père, décédé avant le dernier titulaire, n'a jamais été investi. En conséquence, l'action des Canaux d'Orléans et du Loing, sur laquelle la dotation était affectée, fait retour aux héritiers d'Orléans, qui ont droit, en outre, aux intérêts des annuités échues antérieurement à leur demande en restitution (Arr. Cons. d'Ét., 25 avr. 1902 ; 10305 R. P.).

1482. Dotation. — Retour. — Canaux d'Orléans et du Loing. — Retour. — Annuités échues. — Intérêts. — V. *suprà* n° 1456 *bis*.

DOMICILE.

10. Fonctionnaire public amovible. — Aux termes de l'art. 106 C. civ., le citoyen appelé à une fonction publique temporaire ou révocable conserve le domicile qu'il avait auparavant, s'il n'a pas manifesté d'intention contraire ; à défaut de la déclaration expresse prévue par l'art. 104, la preuve de cette intention résulte des circonstances qui doivent, dans ce cas, témoigner à la fois de l'abandon complet de l'ancien domicile et de l'adoption définitive du nouveau (Cass. 30 janv. 1895, 8637 R. P.).

V. Succession.

DOMMAGES-INTÉRÊTS. — V. *infrà*, *Jugement*, nos 123 à 130.

DON MANUEL.

35. Tradition. — Dépôt entre les mains d'un tiers. — Irrévocabilité. — Le don manuel ne peut résulter que de la tradition directe de l'objet donné entre les mains du donataire. Il n'y a pas don manuel, s'il y a remise de valeurs au porteur entre les mains d'un tiers, avec mandat de les transmettre, à l'échéance d'un terme déterminé, à une autre personne (C. Riom, 16 juill. 1897, 9384 R. P.).

Tradition faisant défaut. — Droit non exigible. — Un don manuel ne pouvant être parfait qu'autant que le mandataire du donateur en a effectué la tradition et que le donataire a accepté l'offre du vivant du donateur, le droit de don manuel ne saurait être réclamé sur une délibération d'un conseil municipal portant qu'une somme a été remise en dépôt chez le curé par un donateur décédé avant l'acceptation de la commune (Sol. 13 avr. 1900, 9840 R. P.).

38. **Titres au porteur. — Don manuel allégué.** — Lorsque des obligations au porteur ayant appartenu à une personne décédée et dont la succession est en déshérence se trouvent entre les mains d'un tiers qui prétend les avoir reçues à titre de don manuel, le Domaine, envoyé en possession de l'hérédité, ne peut revendiquer les valeurs qu'à la condition d'établir que le titre en vertu duquel le tiers les détient est précaire (Sol. 20 mai 1898, 9313 R. P.).

49 *bis*. **Tarif.** — On verra, *infra*, v° *Donation*, n°s 200 et 204, que les art. 18 et 19 L. 25 fév. 1901 ont modifié le tarif des donations. La modification atteint évidemment les reconnaissances de dons manuels, mais dans quelles limites ces reconnaissances sont-elles assujetties au nouveau tarif?

La question doit être résolue d'après les principes rappelés dans la première partie du *Rép. gén.*

Le tarif applicable est celui du jour de la présentation à la formalité de l'acte s. s. p. qui le constate, ou du jour où il en est fait usage en justice, ou enfin du jour de la rédaction de l'acte authentique où il est mentionné, abstraction faite de la date à laquelle le don a eu lieu. En effet, ce que la loi a tarifé, ce n'est pas le fait même du don manuel, mais uniquement le fait de la déclaration ou de la reconnaissance judiciaire d'une libéralité de cette nature contenue dans un acte soumis à la formalité de l'enregistrement. Le droit n'est donc acquis au Trésor qu'au moment de la date de l'acte authentique ou de l'enregistrement de l'acte s. s. p.

Cette règle cesse toutefois d'être applicable quand le don manuel a acquis date certaine avant la rédaction de l'acte où il est reconnu (*Rép. gén.*, loc. cit.).

Par conséquent, il conviendra de n'assujettir qu'à l'ancien droit la déclaration d'un don manuel contenue dans un acte notarié rédigé ou dans un acte s. s. p. enregistré postérieurement à la L. 25 fév. 1901 si le don a auparavant acquis date certaine par l'un des modes prévus par l'art. 1328 C. C., notamment par le décès de l'une des parties.

Titres au porteur. — Dans le même ordre d'idées, si un don manuel, ayant acquis date certaine antérieurement à sa reconnaissance judiciaire, porte sur des titres au porteur, le capital imposable doit être déterminé, non d'après la valeur des titres au moment du jugement, mais d'après celle qu'ils avaient à l'époque de la libéralité (Nancy, 29 déc. 1896, 25141 J. E.).

61-1. **Aumône.** — Il n'existe, au point de vue juridique, aucune différence entre le don et l'aumône : dès lors, par conséquent, qu'une libéralité a été faite à un bureau de bienfaisance, le seul point à considérer, pour savoir si le droit de don manuel est dû, consiste à rechercher s'il existe un acte administratif remplissant les conditions prévues par l'art. 6 L. 18 mai 1850 et 78 L. 15 mai 1818 (Sol. 14 mai 1897, 9087 et 9529 R. P.).

Comme nous l'avons expliqué dans la première partie du *Rép. gén.*, l'aumône n'est qu'une variété particulière de la libéralité entre vifs : la seule différence réside dans le motif impulsif de l'acte. La donation ordinaire est le produit d'une volonté indépendante ; l'aumône, suivant la juste expression de Merlin, est une donation faite aux pauvres par esprit de charité. En droit positif, cette différence ne peut influer sur l'appréciation du contrat; il y a libéralité dans un cas comme dans l'autre.

Néanmoins, on a admis, de tous temps, des tempéraments à la rigueur de cette doctrine qui, poussée à ses dernières conséquences, serait odieuse. Jusqu'à présent, l'Administration s'abstenait, notamment, de frapper les sommes relativement modiques, eu égard à la situation de fortune des donateurs, qui sont offertes tantôt à titre de cotisations annuelles, tantôt à la suite d'un événement heureux ou malheureux, à un établissement charitable qui est chargé de les distribuer (Déc. min. int. 8 oct. 1891; 7010 R. P.; — Sol. 13 août 1892 ; 8024 R. P.).

La Sol. actuelle accuse des tendances plus fiscales; sans examiner les circonstances impulsives de la libéralité, elle prescrit de réclamer le droit par le seul motif que la tradition des deniers est constatée dans un acte administratif. C'est là un système trop absolu et qui marque un retour en arrière : il est à penser que les tribunaux refuseront de consacrer ce criterium, s'ils sont consultés sur la question.

63. **Reconnaissance. — Simple avance.** — La déclaration, par laquelle un enfant reconnait avoir reçu de ses père et mère une somme de 18.000 fr. à valoir sur leurs futures successions, a le caractère d'une reconnaissance de don manuel. Les parties ne sauraient prétendre que la tradition de cette somme a eu lieu à titre d'*avances*, lorsque les stipulations de l'acte excluent toute autre idée que celle de libéralité (Bordeaux, 19 mars 1900, 9893 R. P.).

Mais les sommes remises par un père à ses enfants ont le caractère de simples avances et non d'un don manuel lorsqu'il résulte des énonciations de l'inventaire et de la liquidation dressés après le décès du père, énonciations qui se trouvent corroborées par diverses circonstances de fait, que ces sommes étaient productives d'intérêt, que des garanties avaient été fournies pour en assurer le remboursement, et que, dans leurs rapports respectifs, les parties n'ont jamais considéré qu'il y ait eu libéralité (Nancy, 22 avr. 1902, 10319 R. P.).

64. **Donation éventuelle. — Remise anticipée.** — Lorsque le bénéficiaire d'une donation soumise à l'événement du décès du donateur reconnait, dans un acte présenté à l'enregistrement, qu'il a reçu, par anticipation, le montant de la libéralité, cette déclaration faite sans l'intervention du donateur constitue une reconnaissance de don manuel et rend exigible le droit de donation (Baume-les-Dames, 3 juill. 1900, 9974 R. P.).

75. **Tradition effectuée par intermédiaire.** — Le don manuel peut s'effectuer par l'entremise d'un tiers qui est chargé par le donateur de remettre au donataire l'objet de la libéralité. La tradition est parfaite dès que le donataire, averti de la remise, accepte la donation, pourvu que cette acceptation intervienne du vivant du donateur. L'acte constatant cette acceptation renferme donc la recon-

49 *bis*-1. **Don ayant date certaine. Tarif applicable.** — Le tarif applicable est celui du jour de la tradition, et non pas celui de l'acte qui contient la reconnaissance du don manuel, si l'époque de ce don peut être déterminée au moyen d'un acte ayant date certaine, comme un bordereau d'agent de change (La Rochelle, 12 nov. 1903, 10749 R. P.).

63. **Preuve d'existence au moyen de présomptions. L. 18 mai 1850 non applicable.** — La L. 18 mai 1850 assujettissant au droit de donation, non pas le fait même du don manuel, mais l'acte qui renferme la déclaration de ce don par le donataire, l'Administration n'est pas autorisée à rechercher la preuve de l'existence d'une libéralité en dehors des énonciations mêmes de l'acte soumis à la formalité, et notamment à l'établir au moyen de présomptions. — Spécialement, lorsque, dans l'inventaire dressé après le décès de son mari, une veuve déclare qu'une somme, dont elle prétend exercer la reprise, lui a été remise par sa mère, sans spécifier la cause de cette remise, l'Administration ne peut se baser sur les indications de la déclaration de succession souscrite après le décès de la mère pour soutenir qu'il s'agit d'un don manuel, et non d'un prêt (Chinon, 17 février 1903, 10551 R. P.).

Reconnaissance excluant l'idée d'une simple avance. Partage de succession. Droit de donation. — Lorsqu'il est constaté, dans un partage de succession, qu'une somme dont un père a fait l'avance à son fils au moment de son mariage et dont celui-ci effectue le rapport a été, en réalité, remise à titre de dot par l'auteur de la succession, ainsi qu'il résulte de l'ensemble des termes et des dispositions de l'acte, la déclaration de don manuel se trouve suffisamment caractérisée pour justifier la perception du droit de don manuel en vertu de l'art. 6 L. 18 mai 1850 (Saint-Sever, 18 mai 1905, 11055 R. P.).

73. **Remise de titres au porteur. Aveu du donataire. Mandat de vendre juxtaposé à une libéralité. Donation avec charges. Distinction.** — Quand il résulte d'un interrogatoire sur faits et articles qu'une personne a reçu d'une autre des valeurs mobilières à titre de don manuel, sous réserve de payer au donateur une somme déterminée, — que les titres lui avaient été remis pour être vendus en bourse, ce qui a eu lieu, — et que sur le produit de la négociation le donataire a immédiatement versé au donateur la somme stipulée, — la convention intervenue ne revêt pas le caractère d'une donation avec charges; elle s'analyse en un mandat de vendre juxtaposé à un don manuel. Le droit de donation ne doit, en conséquence, être liquidé que sur la somme conservée par le donataire (La Rochelle, 12 nov. 1903, 10749 R. P.).

113. Approbation d'état liquidatif constatant des libéralités faites en avancement d'hoirie. Droit de donation. — Renferme une déclaration de don manuel l'acte par lequel des héritiers approuvent un état liquidatif de succession énonçant que certains d'entre eux ont reçu du défunt, en avancement d'hoirie, des sommes d'argent dont il est fait rapport à la masse et qui sont attribuées aux héritiers à qui elles avaient été remises (Seine, 16 mars 1901, 10767 R. P.).

naissance prévue et tarifée par la loi du 18 mai 1850 (Sol. 11 janv. 1896, 8825 R. P.).

78. Assurance sur la vie. — Une police d'assurance sur la vie, même à ordre, ne peut être assimilée à un titre au porteur, ni, par suite, faire l'objet d'un don manuel (Narbonne, 28 juin 1899, 2302 R. E.).

80. Nue propriété. — Évaluation. — Quand le don manuel a pour objet une nue propriété, la valeur imposable, sous le nouveau régime établi par la L. 25 fév. 1901, doit être déterminée, conformément au barème fixé par l'art. 13 de cette loi. Nous renvoyons, à cet égard, aux explications fournies *infrà, v° Usufruit.*

81. Usufruit. — Évaluation. — La même observation s'applique aux usufruits donnés manuellement sous l'empire de la L. 25 fév. 1901.

83. Déclaration implicite. — Il n'est pas nécessaire, pour motiver la prescription, qu'une déclaration de don manuel soit expresse ; il suffit qu'elle résulte clairement, sans équivoque, des énonciations de l'acte présenté à l'enregistrement (Baume-les-Dames, 3 juill. 1900, 9974 R. P.).

Partage d'ascendant. — Dots inégales. — La déclaration insérée dans un acte de donation à titre de partage anticipé par laquelle les donataires reconnaissent avoir été avantagés également par leurs père et mère et déclarent qu'ils ne se doivent et ne se devront aucun rapport pour raison des libéralités que ceux-ci ont pu leur faire antérieurement, alors qu'il résulte de leurs contrats de mariage qu'ils ont été inégalement dotés, doit être considérée comme impliquant que ceux au préjudice desquels existait l'inégalité ont reçu, à titre de libéralité, le montant de la différence. Cette déclaration constitue, dès lors, une reconnaissance implicite de don manuel et tombe sous l'application de l'art. 6 L. 18 mai 1850 (La Réole, 11 nov. 1897, 9165 R. P.).

86. Restitution. — Le droit de donation, perçu à raison de la déclaration de don manuel contenue dans un inventaire, est définitivement acquis au Trésor, quels que puissent être le mérite de cette déclaration et ses effets légaux ; il ne saurait donc être restitué parce qu'un jugement ultérieur aurait condamné le donataire à réintégrer dans l'hérédité les valeurs ayant fait l'objet de ce don manuel (Seine, 17 fév. 1888, 7347 R. P.).

De même, lorsqu'une partie déclare, dans un interrogatoire sur faits et articles, avoir reçu une somme à titre de don manuel, le droit de donation est régulièrement perçu sur cet acte, et le jugement ultérieur qui constate que la somme prétendue donnée a fait, en réalité, l'objet d'un prêt, ne rend pas ce droit restituable (Seine, 21 avr. 1899, 25712 J. E.).

99. Don à la femme. — Reconnaissance par le mari. — La déclaration, émanée du mari, d'un don manuel fait à la femme, n'entraîne pas l'exigibilité du droit de donation, dès lors que la femme est demeurée étrangère à la déclaration faite par le mari, spontanément et dans son intérêt exclusif (Guéret, 7 fév. 1899, 25750 J. E.).

Partage. — Renferme une reconnaissance de don manuel, l'énonciation d'un acte de partage de succession, aux termes de laquelle le mari d'une copartageante déclare que sa femme a reçu du défunt différentes sommes qui lui ont été remises, à titre d'égalisation de dot. — Une semblable énonciation rend exigible le droit de donation, alors surtout que le partage a été homologué (Cusset, 21 mai 1891, 7764 R. P.).

107. Acte exempt d'enregistrement. — Avoué. — Conclusions. — La déclaration d'un don manuel contenue dans un acte exempt d'enregistrement, comme les conclusions signifiées d'avoué à avoué, n'est pas passible du droit de donation (Sol. 26 mai 1898, 25730 J. E.).

111. Acte s. s. p. relaté dans un inventaire. — Il n'y a pas lieu de considérer comme une reconnaissance de don manuel, passible du droit de donation, la description dans un inventaire d'une pièce s. s. p., sur papier timbré, par laquelle l'un des héritiers du défunt reconnaît que ce dernier lui a remis une somme à titre d'avancement d'hoirie (Sol. 12 sept. 1893, 8236 R. P.).

112. Procès-verbal d'apposition de scellés. — La déclaration contenue dans un procès-verbal d'apposition de scellés, par laquelle une personne déclare avoir reçu d'une autre personne une somme, pour remplir une mission spéciale, est suffisante pour autoriser la Régie à réclamer un droit de donation (Nice, 20 avr. 1898, 9412 R. P.).

113. Partage sujet à homologation. — Le droit auquel demeure assujettie la reconnaissance d'un don manuel contenue dans un partage soumis à l'homologation du tribunal, est exigible par le fait même de cette reconnaissance, sans qu'il y ait lieu d'attendre, pour le percevoir, que le partage ait été homologué (Vitré, 31 déc. 1895, 8723 R. P.).

Présents d'usage. — Lorsque, dans un partage, il est indiqué que l'un des copartageants, partie à l'acte, a reçu d'un auteur commun, à titre de don manuel, des sommes que ces copartageants le dispensent de rapporter à la masse, comme constituant « des présents d'usage », ces énonciations, qui n'émanent pas du donataire, ne peuvent être assimilées à la reconnaissance de don manuel tarifée par l'art. 6 L. 18 mai 1850 (Sol. 19 fév. 1896, 25003 J. E.)

114. Transaction. — La déclaration de don manuel, faite par le donataire dans une transaction, rend exigible le droit de donation (Nérac, 22 nov. 1901, 10259 R. P.).

117. Interrogatoire sur faits et articles. — Le droit proportionnel est exigible sur la déclaration de don manuel consignée, d'après l'aveu du donataire, dans un procès-verbal d'interrogatoire sur faits et articles (Ribérac, 12 août 1898, 9460 R. P.).

L'interrogatoire sur faits et articles, qui renferme la déclaration d'un don manuel dont l'existence est reconnue par un jugement postérieur, doit être considéré comme le titre de la disposition soumise à l'impôt par l'art. 6 L. 18 mai 1850 ; c'est donc sur cet interrogatoire et non sur le jugement que le droit est exigible (Boulogne, 6 mars 1896, 8883 R. P.).

Par identité de motifs, l'Administration n'est pas tenue de surseoir au recouvrement de ce droit, jusqu'à la solution du litige au cours duquel a lieu l'interrogatoire (Gray, 14 fév. 1896, 8884 R. P.).

Décidé également que lorsqu'une partie déclare, dans un interrogatoire sur faits et articles, avoir reçu une somme à titre de don manuel, le droit de donation est régulièrement perçu sur cet acte, et le jugement ultérieur, qui constate que la somme prétendue donnée a fait, en réalité, l'objet d'un prêt, ne rend pas ce droit restituable (Seine, 21 avr. 1899, 25712 J. E.).

120 *bis*. Lettre missive émanant du donataire. — Exigibilité du droit. — La déclaration de don manuel, prévue et tarifée par la loi du 18 mai 1850, peut résulter d'une simple lettre missive émanant du donataire (Bordeaux, 30 nov. 1892. — Cass. 23 mars 1896, 8739 et 9125-24 R. P.).

La Cour n'avait pas encore eu l'occasion d'appliquer la loi de 1850 à des reconnaissances de libéralités manuelles contenues dans des lettres missives. Mais l'impression générale qui se dégageait de sa jurisprudence assurait presque à coup sûr le succès de l'Administration. Comme nous l'enseignons dans notre *Répertoire général*, v° *Don manuel*, n° 106), le mot *acte* dont se sert l'art. 6 L. 18 mai 1850 est employé dans son sens le plus générique et c'eût été restreindre arbitrairement la portée de la loi que d'admettre une exception en faveur des lettres missives.

126. Reconnaissance incidente. — Motifs de jugement. — La reconnaissance de don manuel, contenue dans les motifs d'un jugement, donne ouverture au droit proportionnel, sans qu'il y ait à rechercher si elle est susceptible de produire entre le donateur et le donataire les effets légaux d'un véritable titre. La simple allégation que le jugement a été frappé d'appel ne saurait exercer aucune influence, alors qu'elle n'est appuyée d'aucune justification (Cass. req., 14 nov. 1891, 7739, 7974-22 R. P.).

La reconnaissance judiciaire d'un don manuel est assujettie à l'impôt de mutation, dès lors qu'elle est certaine et exempte d'équivoque (Montauban, 4 juin 1897, 9164 R. P.).

Si la constatation d'un don manuel faite dans un jugement est passible de l'impôt, alors même qu'elle ne résulterait que des motifs et non du dispositif, il est constant, d'autre part, que la perception ne peut plus être effectuée quand le jugement a été réformé en appel. L'Administration soutiendrait vainement que le motif renfermant la reconnaissance judiciaire de la libéralité n'a pas été spécialement réfuté par l'arrêt; il est de principe, en effet, que les motifs d'un jugement n'ont de force et de valeur que par rapport au dispositif (Évreux, 10 mai 1899, 9618 R. P.).

La reconnaissance judiciaire d'un don manuel donne lieu à la perception du droit proportionnel, alors même qu'elle ne serait contenue que dans les motifs d'un jugement (Amiens, 16 juin 1896, 9424 R. P.).

Dénégations du donataire. — Le trib. Seine a, cependant, décidé, le 5 avr. 1895 (8500 R. P.) que ne renferme pas, au vœu de l'art. 6 L. 18 mai 1850, la reconnaissance judiciaire d'un don manuel, le jugement qui, contrairement aux dénégations du prétendu donataire défendeur en la cause, énonce, dans ses motifs, l'existence du don, sans que l'œuvre du juge soit complétée par un lien de droit émanant du dispositif.

Mais l'exactitude de ce jugement nous paraît des plus discutables.

Une jurisprudence, aujourd'hui nettement établie, a précisé le sens et la portée de l'art. 6 L. 18 mai 1850. Dans différents arrêts des 30 août 1860, 7 janv. 1873, 8 août 1882, 4 août 1883 et 4 nov. 1891, la C. Cass. a reconnu que la disposition de l'article précité « ne subordonne pas l'exigibilité du droit de donation à la condition que la reconnaissance judiciaire soit susceptible de créer *un lien de droit* entre le donateur et le donataire », et elle a ajouté « qu'à la différence de la loi du 22 frim. an VII, cet article donne pour base au droit d'enregistrement le fait seul que le don manuel a été déclaré ou reconnu judiciairement dans un acte qui, *sans produire les effets légaux d'un titre véritable*, suffit, cependant, pour établir, au point de vue de la loi fiscale, et à l'égard du donataire ou de ses représentants, la transmission de la propriété mobilière ».

La règle affirmée par cette jurisprudence est que la simple constatation, par le juge, de l'existence du don manuel, constitue la reconnaissance judiciaire de ce don et rend exigible le droit de donation, pourvu, selon les expressions des arrêts des 4 août 1883 et 4 nov. 1891, « qu'elle soit exempte d'équivoque et qu'elle établisse, d'une manière certaine, la transmission de la propriété mobilière à titre de libéralité ».

D'autre part, il est indifférent que cette constatation soit faite dans le dispositif ou se trouve seulement consignée dans les motifs de la décision.

C'est ce que le tribunal de la Seine, lui-même, a déjà admis dans deux jugements des 17 déc. 1880 et 20 déc. 1887 (5664 et 7028 R. P. — *Adde* Nîmes, 5 juin 1878, 5031 R. P.; — Pau, 20 déc. 1888, 7196 R. P.; — Seine, 26 déc. 1888, 7297 R. P.; — Cass., 4 nov. 1891, précité. « Attendu, porte ce dernier arrêt, qu'il suffit que la reconnaissance *faite ou dans les motifs ou dans le dispositif* du jugement soit exempte de toute équivoque.... ».

La raison en est que les motifs font partie intégrante des jugements et arrêts au même titre que le dispositif (Dalloz, v° *Jugement*, n°s 178, 179, 205; Carré et Chauveau, t. I, p. 505 *bis*).

Sans méconnaître directement ces principes, le jugement du 5 avr. 1895 refuse, néanmoins, de les appliquer à l'affaire actuelle, sous le prétexte que la constatation de la donation a eu lieu incidemment et contrairement aux dénégations de la prétendue donataire.

Cet argument ne nous paraît fondé ni en droit, ni en fait.

En droit, le principe que la reconnaissance judiciaire n'a pas besoin, pour être passible de l'impôt, de créer un titre de libéralité entre le donateur et le donataire, conduit à conclure qu'il importe peu, pour l'exigibilité du droit, que la reconnaissance résulte d'un jugement rendu sur des contestations relatives au don, ou bien qu'elle ait lieu d'une manière incidente.

En fait, au cas particulier, le débat entre les parties était limité à la question de savoir si les libéralités consenties devaient être maintenues ou annulées. Pour admettre l'existence et pour déterminer le montant de ces libéralités, les juges ont rappelé toutes les circonstances dans lesquelles elles s'étaient produites, et c'est ainsi

141. Reconnaissance judiciaire. Liquidation de l'impôt. Base de la perception résultant des énonciations du jugement et d'actes connexes. Inutilité d'une déclaration estimative. — L'obligation imposée par la loi aux parties de suppléer, au moyen d'une déclaration estimative, à l'absence de détermination des sommes ou valeurs qui font l'objet d'une mutation, ne fait pas obstacle à ce que l'Administration puise les éléments de cette détermination, soit dans l'acte même qui constate la mutation, soit dans un acte différent mais connexe, soit enfin dans les faits constants et reconnus. Spécialement, l'Administration est fondée à prendre pour base de la perception du droit exigible à raison de la reconnaissance judiciaire d'un don manuel, les énonciations du jugement qui contient cette reconnaissance rapprochées des actes antérieurs ou postérieurs qui sont régulièrement parvenus à sa connaissance (Seine, 30 juill. 1905, 11000 R. P.).

qu'ils ont été amenés à constater, dans les motifs du jugement, la réalité des dons. A cet égard, encore, l'argument qui sert de base au jugement du 5 avr. 1895 nous semble donc sans valeur.

129. Jugement. — Motifs. — Qualités. — Le jugement qui, par son dispositif, homologue un état liquidatif contenant la mention d'un don manuel, constitue la reconnaissance judiciaire prévue par l'art. 6 L. 18 mai 1850, et donne ouverture au droit de donation. Mais ce droit ne serait pas exigible si l'existence du don manuel n'était constatée que dans les qualités du jugement (Annecy, 25 juin 1902; 10318 R. P.).

132. Jugement d'homologation. — Le jugement, qui homologue un état liquidatif contenant la déclaration d'un don manuel, constitue la reconnaissance judiciaire prévue par l'art. 6 L. 18 mai 1850 (Charleville, 15 juill. 1897, 9230 R. P.; — Sedan, 26 déc. 1899, 9820 R. P.; — Nancy, 21 avr. 1902; 10319 R. P.).

134. Reconnaissance judiciaire. — Droit en sus. — Le droit de reconnaissance judiciaire de don manuel étant un droit de jugement, il en résulte que si le jugement qui contient cette reconnaissance n'a pas été enregistré dans le délai légal, il est passible d'un droit en sus égal au droit de donation. — V. *Acte judiciaire*, n° 23, et *Jugement*, n° 72.

136. Partage anticipé. — Un don manuel ne peut être considéré comme fait à titre de partage anticipé ni bénéficier du tarif réduit applicable à cette nature de contrat, lorsque l'acte qui le constate n'est pas une donation-partage et que les circonstances de la cause démontrent qu'il n'a pas eu lieu à ce titre (Charleville, 15 juill. 1897, 9757 R. P.; — Bordeaux, 19 mars 1900, 9893 R. P.).

144. Paiement du droit. — Solidarité des parties. — Toutes les parties qui ont figuré dans un partage contenant la reconnaissance d'un don manuel ne sont pas solidairement débitrices du droit dû à raison de cette reconnaissance; le droit dont il s'agit ne peut être réclamé qu'au donataire de qui émane la reconnaissance du don (Vitré, 31 déc. 1895, 8723 R. P.).

Nous ne saurions approuver ce jugement.

La décision à cet égard est motivée, en substance, sur les considérations suivantes :

La solidarité établie par les art. 29, 30 et 31 L. frim. s'applique aux parties qui ont figuré volontairement dans un acte. Or le notaire qui a dressé l'acte d'approbation de l'état liquidatif avait été spécialement commis par le Tribunal et c'est non volontairement, mais par autorité de justice que les parties se sont présentées devant lui. D'où la conséquence que la solidarité édictée pour les actes volontaires n'était pas applicable au cas particulier.

Le tribunal estime que le législateur a si bien compris que, dans les partages, même volontaires, les parties étaient obligées de se trouver réunies momentanément, qu'il les a formellement déclarées solidaires dans l'art. 32 L. frim., ce qui aurait été inutile, si leur solidarité résultait du droit commun des articles précédents.

Enfin, le jugement ajoute que l'équité elle-même s'oppose à ce que les parties soient solidairement tenues des droits exigibles sur un procès-verbal de dires, alors que, dans un tel acte, les comparants y consignent individuellement leurs observations, sans qu'il s'établisse entre eux aucun lien de droit.

Aucun de ces motifs n'est fondé.

Les art. 29, 30 et 31 de la loi de l'an VII sont conçus en termes généraux et absolus qui ne laissent place à aucune équivoque.

Ils embrassent tous les actes notariés, sans distinguer entre les actes volontaires et ceux que les notaires reçoivent en vertu d'une commission de justice. Pour les uns comme pour les autres, le notaire est tenu de faire l'avance des droits (art. 29). Il a une action solidaire contre toutes les parties (art. 30), et ce recours ne lui est ouvert que parce que toutes les parties sont elles-mêmes tenues des droits envers la Régie (Cass. 31 déc. 1870; S. 71-1-37, 3086 R. P.).

D'autre part, le droit de don manuel exigible d'après l'art. 6 L. 18 mai 1850, sur la déclaration faite dans un acte notarié, rentre dans la catégorie des droits à percevoir sur les dispositions de l'acte, et c'est pour ce motif que le notaire est tenu d'en faire l'avance. (Cass. 31 déc. 1870, précité; — 7 janv. 1873, 3564 R. P.; — 10 déc. 1877, 4845 R. P.; — 8 août 1882, 6014 R. P.). Par voie de conséquence, on doit décider que les parties en sont solidairement débitrices au même titre que des droits dus sur les autres stipulations de l'acte.

Quant à l'argument tiré par le tribunal de l'article 32 L. frim., la portée nous en échappe. Le texte de cet article ne renferme, en effet, aucune disposition applicable au partage; il vise uniquement les obligations des cohéritiers à l'égard du Trésor et non celles des copartageants.

Enfin, les considérations d'équité invoquées par le jugement sont sans valeur juridique. Ainsi que la C. de Cass. l'a fréquemment décidé, les juges n'ont pas à tempérer la sévérité de la loi; leur devoir est de l'appliquer dans ses termes précis, sans exception ni tolérance (V. *Rép. gén.*, v° *Enregistrement*, n° 63).

Nous estimons, en conséquence, que la décision que nous venons de rappeler ne saurait être prise comme règle de perception.

146. Acte judiciaire. — Interrogatoire sur faits et articles. — Paiement du droit. — Nous avons enseigné, dans la première partie du *Rép. gén.*, que, dans la rigueur des principes, le greffier serait tenu de faire l'avance du droit de don manuel exigible sur la reconnaissance que contient un interrogatoire sur faits et articles. Mais nous avons ajouté que, dans la pratique, l'Administration n'applique pas cette règle rigoureuse.

Décidé, cependant, que le donataire, auteur de l'aveu et auquel le droit est réclamé, ne saurait objecter que le greffier aurait dû avancer ce droit, au moment de l'enregistrement du procès-verbal, sauf à le recouvrer contre le donateur qui a profité de la déclaration, alors surtout que le tribunal n'a pas reconnu ultérieurement l'existence du don (Ribérac, 12 août 1898, 9460 R. P.).

Quant à la question de savoir si le recouvrement du droit peut être poursuivi contre le donataire seul ou contre toutes les parties en cause, elle divise toujours la jurisprudence.

Par son jugement précité, le trib. Ribérac a adopté la première solution.

Reconnu également que l'interrogatoire sur faits et articles qui renferme la déclaration d'un don manuel, dont l'existence est reconnue par un jugement postérieur, doit être considéré comme le titre de la disposition soumise à l'impôt par l'art. 6 L. 18 mai 1850 : c'est donc sur cet interrogatoire et non sur le jugement que le droit est exigible. Quant au payement de cet impôt, il doit être réclamé à celle des parties qui profite du jugement; il ne saurait être fait exception à cette règle que lorsque les droits ont été mis à la charge de la partie qui succombe, à titre non de dépens, mais de dommages-intérêts. Spécialement, lorsqu'au cours d'une instance poursuivie par une partie judiciairement assistée, le défenseur non assisté a reconnu, dans un interrogatoire, l'existence d'un don manuel, il est tenu au payement du droit afférent à cette reconnaissance, bien que l'assisté ait été condamné aux dépens du procès (Boulogne, 6 mars 1896, 8883 R. P.).

L'argumentation du tribunal nous paraît défectueuse. Après avoir démontré que le droit est dû sur l'interrogatoire, il conclut que le paiement du même droit est à la charge de la partie qui profite du jugement. Il y a là une contradiction manifeste : si le droit est dû sur l'interrogatoire, — et cela est exact, — le recouvrement doit en être poursuivi sans qu'il y ait lieu de rechercher à qui profite le jugement ultérieur.

C'est ce qu'a décidé avec raison le trib. Gray, par un jugement du 14 fév. 1896 (8884 R. P.) portant que l'Administration n'est pas tenue de surseoir au recouvrement du droit dû sur un interrogatoire sur faits et articles, jusqu'à la solution du litige au cours duquel a lieu l'interrogatoire. Le même jugement ajoute que le droit peut être réclamé à toutes les parties en cause.

147. Reconnaissance judiciaire. — Paiement des droits. — Nous enseignons v° *Acte judiciaire* que l'action du Trésor, en ce qui concerne le recouvrement des droits dus sur les jugements, doit s'exercer avec la même étendue et d'après les mêmes principes qu'en matière d'actes volontaires, et que cette action ne doit pas être limitée à la seule partie qui profite du jugement.

Mais nous avons vu, *loc. cit.*, que, sur ce point, la jurisprudence est divisée, et qu'elle décide généralement que les droits ne peuvent être réclamés qu'à la partie qui profite du jugement.

Les mêmes incertitudes se rencontrent au sujet de la reconnaissance judiciaire des dons manuels.

Décidé, à cet égard, que les droits dus pour la reconnaissance font partie des droits afférents au jugement qui renferme cette reconnaissance, mais qu'ils ne peuvent être réclamés qu'au plaideur qui profite des dispositions du jugement (Cass. 14 nov. 1891, 7730 et 7974-22 R. P.; — Montauban, 4 juin 1897, 9104 R. P.; — Amiens, 15 juin 1898, 9414 R. P., — Sedan, 26 déc. 1899, 9829 R. P.; — Cass. (décision implicite) 29 nov. 1901, 10085 R. P.).

Sans revenir, ici, sur la discussion d'une théorie que nous avons combattue, v° *Acte judiciaire*, nous nous bornerons à signaler les singulières conséquences auxquelles elle conduit en matière de reconnaissance de don manuel. Qu'on songe, en effet, à la situation d'un donateur injustement attaqué par le donataire, subissant tous les ennuis d'un procès, obtenant gain de cause, et finalement obligé de payer un droit proportionnel important sur le montant des libéralités dont il a comblé son adversaire! N'y a-t-il pas un véritable abus de mots à soutenir qu'il profite du jugement? Les partisans de la doctrine contre laquelle nous nous élevons objectent, il est vrai, que le donateur conserve son recours contre le donataire et qu'il peut récupérer contre ce dernier le montant des droits qu'il a avancés au Trésor. Mais il n'en est pas moins obligé de faire une avance considérable, et le recours qui lui est accordé, en droit, peut, en fait, être complètement illusoire, s'il se trouve en présence d'un débiteur insolvable.

Que, par suite du principe de la solidarité en matière fiscale, le donateur puisse être tenu au payement des droits dus sur la donation qu'il a consentie, cela s'explique et se comprend; mais qu'il devienne le seul et unique débiteur de ces droits à l'exclusion du donataire, la raison se refuse à l'admettre.

148. Prescription. — Le droit de don manuel étant exigible, non sur la mutation, mais sur l'acte qui constate la libéralité, la prescription biennale ne peut courir que du jour de la présentation de cet acte à la formalité (Charleville, 15 juill. 1897, 9237 R. P.).

149. Déclarations successives. — Prescription. — La déclaration contenue dans un procès-verbal d'apposition de scellés, par laquelle une personne déclare avoir reçu d'une autre personne une somme pour remplir une mission spéciale, est suffisante pour autoriser la Régie à réclamer un droit de donation. Si plus de deux ans se sont écoulés depuis l'enregistrement du procès-verbal, la prescription est acquise aux parties et elle s'oppose à ce que la Régie puisse réclamer le droit de don manuel sur une déclaration plus précise contenue dans un inventaire (Nice, 20 avr. 1898, 9412 R. P.).

154. Établissement public. — Don manuel. — Autorisation. — L'art. 910 C. C., qui assujettit à l'autorisation gouvernementale les libéralités faites aux établissements publics, s'applique aux dons manuels aussi bien qu'aux autres libéralités (Circ. min. int. 31 janv. 1891, 7900 R. P.).

153. Établissement public de bienfaisance. — Aumônes. — Autorisation inutile. — L'autorisation gouvernementale n'est pas nécessaire lorsqu'il s'agit de simples aumônes. — On peut considérer comme telles les sommes relativement modiques, eu égard à la situation de fortune de leurs auteurs, qui sont offertes tantôt à titre de cotisations annuelles, tantôt à la suite d'un événement heureux ou malheureux, à un établissement charitable qui est chargé de les distribuer (Dép. min. int. à min. fin. 8 oct. 1891, 7910 R. P. — V. *suprà* n° 61-1°).

Don manuel ou aumône. — Caractère distinctif. — La qualification de simple aumône peut être reconnue au versement d'une somme même relativement importante, lorsque cette somme est offerte, à titre de cotisation annuelle, à un bureau de bienfaisance par une société qui crée un établissement industriel dans une commune. La circons

157. Établissement public. Délibération constatant le don. Droit proportionnel. — La délibération de la commission administrative d'un hospice qui constate le versement par un anonyme d'une somme d'argent à titre de don et l'acceptation de cette libéralité, l'avis du conseil municipal favorable à l'acceptation, et l'arrêté préfectoral approuvant la délibération constituent, dans leur ensemble, un acte administratif soumis aux dispositions de l'art. 78 L. 15 mai 1818 et passible du droit de don manuel édicté par l'art. 6 L. 18 mai 1850, et non pas de simples documents d'ordre intérieur et de comptabilité exempts de l'enregistrement (La Rochelle, 8 mai 1901 ; Cass. (req.), 16 nov. 1903, 10658 R. P.).

158. Bureau de bienfaisance. Délibération de la commission administrative. Défaut d'accomplissement des formalités prescrites par la L. 4 fév. 1901. Art. 6 L. 18 mai 1850 non applicable. — Ne constitue pas un acte administratif rendant exigible le droit de don manuel, en vertu de l'art. 6 L. 18 mai 1850, la délibération de la Commission administrative d'un bureau de bienfaisance qui constate l'existence d'un don et la tradition des deniers, lorsque les formalités prescrites par la L. 4 fév. 1901, pour l'acceptation des dons faits aux bureaux de bienfaisance, n'ont pas été remplies et que le conseil municipal ainsi que le préfet ont seulement été appelés à approuver les comptes de gestion de l'exercice présentés par le receveur ; la libéralité a, en pareil cas, conservé le caractère de simple aumône que les parties ont entendu lui donner (Beauvais, 26 juill. 1905, 11070 R. P.).

tance que le bureau de bienfaisance emploie les fonds à l'achat d'un titre de rente sur l'État, au lieu de les distribuer immédiatement, n'implique pas nécessairement l'idée d'un don manuel nettement caractérisé (Sol. 13 août 1892, 8031 R. P.)

157. Hospice. — Délibérations. — Exigibilité du droit proportionnel. — Droit en sus. — On ne saurait considérer comme de simples documents d'ordre intérieur insuffisants pour justifier l'exigibilité du droit proportionnel, des délibérations contenant l'acceptation, par la Commission administrative d'un hospice, d'un don manuel offert à cet établissement, mentionnant la tradition et régulièrement approuvée par l'autorité supérieure. A défaut de présentation de ces délibérations à la formalité dans les vingt jours de l'approbation, le droit simple et le droit en sus doivent être réclamés (Sol. 12 déc. 1895, 8824 R. P.).

158. Établissement public. — Délibération acceptant la libéralité. — Défaut d'approbation. — Les Conseils municipaux ne peuvent valablement accepter les libéralités qui leur sont faites que dans le cas où il n'y a ni charges, ni conditions, ni réclamation des familles. Lors, au contraire, que l'une de ces éventualités se produit, l'approbation de l'autorité supérieure est expressément réservée. En conséquence, la délibération d'un conseil municipal, acceptant le don manuel d'une somme d'argent avec obligation de la placer en un titre de rente et d'en affecter le produit au soulagement des pauvres, n'est exécutoire qu'après avoir été approuvée ; le droit proportionnel ne peut donc devenir exigible tant que cette approbation n'a pas été accordée, la délibération restant à l'état d'acte imparfait (Sol. 24 nov. 1892, 8082 R. P.).

Les délibérations des commissions administratives des hospices contenant déclaration de don manuel ne sont pas soumises à l'impôt tant qu'elles n'ont pas reçu l'approbation de l'autorité supérieure qui, seule, peut leur conférer le caractère d'actes administratifs rentrant dans les prévisions de l'art. 78 L. 15 mai 1818. On ne saurait regarder comme équivalent à cette approbation le visa de la délibération inscrit par l'autorité supérieure dans le but exclusif de créer un titre de recette permettant d'encaisser la somme donnée (Sol. 16 avril 1896, 9012 R. P.).

Lorsqu'à la suite d'une première délibération portant qu'un Conseil municipal autorise l'Administration à accepter l'offre d'un titre de rente au porteur, il en intervient une seconde déterminant les conditions de la libéralité et constatant la tradition du titre, cette dernière délibération est passible du droit de don manuel, alors même qu'elle ne renouvellerait pas l'acceptation en termes exprès. Toutefois, si elle est soumise, par sa nature, à la formalité de l'approbation de l'autorité supérieure, l'impôt ne peut être réclamé avant que cette approbation ait été donnée (D. m. f., 18 juin 1897, 9363 R. P.).

159. Acceptation. — Défaut de tradition. — Les actes administratifs ne peuvent donner ouverture au droit de don manuel sur le montant des libéralités faites aux communes et établissements publics lorsqu'ils ne constatent pas les traditions des sommes ou des objets donnés (Sol. 15 juin 1900, 9903 R. P. ; — 24 nov. 1892, 8082 R. P.).

L'Administration ne peut réclamer ni droit de don manuel, ni droit de mutation par décès au vu de la délibération prise par un conseil de fabrique afin d'accepter une somme qu'un bienfaiteur domicilié et décédé à l'étranger a chargé une tierce personne de remettre à cet établissement, lorsque, d'une part, la délibération ne constate pas la tradition de la somme offerte, et que, d'autre part, la libéralité n'est pas acquittée avec des valeurs françaises (Sol. 17 mai 1894, 8514 R. P.).

160. Souscription. — Offre, par un particulier, d'exécuter des travaux d'utilité publique. — Contrat commutatif. — Marché. — Constitue non une donation, mais un contrat commutatif à titre onéreux présentant le caractère d'un marché, la convention par laquelle un particulier s'engage à faire exécuter entièrement à ses frais et sous sa responsabilité les travaux de reconstruction du clocher de l'Église de sa paroisse. Lorsque cette offre est suivie d'une acceptation émanant de l'autorité administrative, le contrat est soumis à l'enregistrement dans le délai de 20 jours et passible du droit de 1 p. 100 (Sol. 21 nov. 1893, 8200 R. P.).

Souscriptions et offrandes en nature. — Construction d'une chapelle. — Droit non exigible. — Le droit de don manuel n'est pas exigible sur la délibération par laquelle la commission administrative d'un hospice constate que différents particuliers ont remis des fonds pour la construction d'une chapelle en vue de satisfaire leurs sentiments religieux (Sol. 14 avr. 1899, 9617 R. P.).

161. Délai — Droit en sus. — V. *suprà* n° 157.

DONATION.

28. Personnes morales. — La L. 4 fév. 1901 (10001 R. P. ; — V. *Code des lois*), qui a modifié la législation des dons et legs, a affranchi de la formalité de l'autorisation administrative l'acceptation : 1° des dons et legs faits aux départements et aux communes, quand ils ne donnent pas lieu à des réclamations des familles, exception faite pour les libéralités consenties en faveur d'un hameau ou d'un quartier de commune, ne constituant pas une section pourvue de la personnalité civile ; 2° des dons et legs faits aux établissements publics (à l'exclusion des établissements reconnus d'utilité publique), sans charges, conditions ni affectations immobilières. Pour le commentaire de ces dispositions, nous renvoyons au mot *Établissement public*.

Congrégations. — Quant aux Congrégations, elles ont été assujetties à un régime nouveau créé par la L. 1er juill. 1901, relative au contrat d'association (V. *Code des lois*). Cette loi établit, notamment, l'interposition de personne pour les dons et les legs faits aux membres des Congrégations (art. 17).

33. Père et mère de l'enfant naturel. — L'art. 908 C. civ. a été modifié par la L. 25 mars 1896 (8738 R. P. — V. *Code des lois*). Nous donnons, v° *Enfant*, le Commentaire de la nouvelle disposition.

47. Acte notarié. — Les actes contenant donations entre vifs, autres que celles insérées dans un contrat de mariage, doivent être, à peine de nullité, reçus par deux notaires ou par un notaire, assisté de deux témoins (L. 12 août 1902, art. 1er, — 10307 R. P. — (V. *Acte notarié*, n° 16).

51. Acceptation. — Acte séparé. — Il en est de même de l'acceptation, quand elle a lieu par acte séparé (Mêmes L. et art.).

64-1. Donation à un mineur. — Acceptation par la mère sans autorisation du conseil de famille. — Droit proportionnel exigible. — Le droit proportionnel de donation est dû sur l'acte qui, en présence du donateur, constate l'acceptation sans autorisation préalable du conseil de famille, par la mère, tutrice de sa fille mineure, d'une libéralité faite à cette dernière (Sol. 13 mars 1891, 7855 R. P.).

86. Assurance sur la vie. — Stipulation par un mari au profit de sa femme. — Caractère de libéralité. — Révocation. — Lorsqu'un mari a stipulé qu'à son décès une certaine somme sera payée à sa femme par une compagnie d'assurances, cette attribution constitue au profit de la femme une libéralité essentiellement révocable comme toute libéralité entre époux. Elle ne peut être considérée, en aucun cas, comme le payement d'une récompense ou d'une indemnité, les droits de la femme à cet égard ne pouvant s'ouvrir qu'à la dissolution du mariage, et la loi ne permettant pas de constituer, pendant la communauté, des biens propres en dehors des stipulations contenues dans le contrat de mariage (Cass. 22 fév. 1893, 8410 R. P.).

90. Contrat unilatéral. — Reconnaissance de dette. — Une donation consentie sous la forme d'un contrat à titre onéreux est valable, si elle est faite conformément aux règles du contrat sous les apparences duquel elle est déguisée. Spécialement, cette règle est applicable à la donation déguisée sous la forme d'une reconnaissance de dette « pour soins donnés », payable au décès du débiteur (Cass. 11 fév. 1896, 24958 J. E.).

Dépôt. — Reconnaissance. — Quand il résulte d'un jugement, rendu entre parties, qu'un acte qualifié reconnaissance de dépôt a, en réalité, les caractères d'une donation, la différence entre le droit dû et le droit perçu devient exigible, et le complément de droit doit être perçu, non sur le jugement qui constate la simulation, mais sur l'acte lui-même (Seine, 21 juill. 1899, 2151 R. E.).

92. Donation déguisée. — Billet à ordre. — Endossement. — La donation de billets à ordre peut être effectuée par la voie de l'endossement. L'endossement en blanc ne valant que comme procuration, et ne pouvant, dès lors, opérer transmission, le porteur des billets est admis à établir que, par un acte séparé, le donateur l'a autorisé à compléter, par les indications qui leur manquaient, les billets à ordre simplement endossés en blanc et à en faire ainsi des titres réguliers (Cass. civ. 29 déc. 1890, 7722 R. P.).

137. Défaut de transcription. — Tiers. — Si, aux termes de l'art. 941 C. C., le défaut de transcription d'une donation peut être opposé par toutes personnes ayant intérêt, cette faculté appartient seulement aux tiers et non aux parties contractantes, à leurs héritiers ou ayants cause universels (Cass. 1er juin 1897, 9383 R. P.).

180. Donation entre époux. — Forme. — Les actes contenant donations entre époux, autres que celles insérées dans un contrat de mariage, doivent être, à peine de nullité, reçus par deux notaires, ou par un notaire assisté de deux témoins. (L. 12 août 1902, art. 1er; 10307 R. P. — V. *Acte notarié*, n° 16).

194. Ligne directe. — Tarif modifié. — V. *infrà* n° 200.

198. Entre époux. — Tarif modifié. — V. *infrà* n° 200.

199. Ligne collatérale et entre étrangers. — Tarif modifié. — V. *infrà* n° 200.

200. Tarifs actuels. — Les droits d'enregistrement des donations entre vifs de biens meubles ou immeubles sont affranchis de tout décime; ils sont perçus selon les quotités ci-après, et la formalité de la transcription au bureau des hypothèques ne donne plus lieu à aucun droit proportionnel autre que la taxe établie par la L. 27 juill. 1900 (L. 25 fév. 1901, art. 18).

1° Ligne directe :

Par contrat de mariage	2 fr. p. 100
Hors contrat de mariage, sauf en ce qui concerne les donations-partages prévues par les art. 1075 et 1076 C. civ. V. *Partage d'ascendant*	3 fr. 50 p. 100

2° Entre époux.

Par contrat de mariage	3 fr. 50 p. 100
Hors contrat de mariage	5 fr. p. 100

3° En ligne collatérale entre frères et sœurs :

Par contrat de mariage	7 fr. p. 100
Hors contrat de mariage	9 fr. p. 100

Entre oncles ou tantes, neveux ou nièces :

Par contrat de mariage	8 fr. p. 100
Hors contrat de mariage	10 fr. p. 100

Entre grands-oncles ou grand'tantes et petits-neveux ou petites-nièces et cousins germains :

Par contrat de mariage	9 fr. p. 100
Hors contrat de mariage	10 fr. p. 100

Entre parents au 5e et au 6e degré :

Par contrat de mariage	10 fr. p. 100
Hors contrat de mariage	12 fr. p. 100

82-85. Fondation de lits dans un hospice stipulée accessoirement à un contrat à titre onéreux. Acceptation par une délibération de la commission administrative. Libéralité. — V. *Acte administratif*, n° 30.

90. Donation déguisée. Conditions de fond et de forme. Dessaisissement irrévocable du donateur. Acceptation du donataire. — Si une donation peut être valablement déguisée sous la forme d'un acte onéreux et n'est, dès lors, soumise qu'aux conditions de forme de l'acte dont elle revêt l'apparence, elle reste assujettie, quant au fond, à la règle essentielle qu'il y ait dessaisissement irrévocable du donateur en faveur du donataire. L'acceptation formelle du donataire n'est pas exigée dans ce cas; mais son intention d'accepter doit tout au moins résulter des circonstances qu'il appartient aux juges de constater et d'apprécier (Cass. civ.), 18 janv. 1903, 10617 R. P.).

204. § 1-1. **Œuvres charitables créées par une ville, en exécution d'une transaction avec les fonds provenant d'un legs. Non-application du tarif de 9 p. 100 sans décimes.** — V. *Succession*, n° 1035.

4° *Entre parents au delà du 6e degré et entre personnes non parentes :*

Par contrat de mariage	11 fr. p. 100
Hors contrat de mariage	13 fr. 50 p. 100

204. **Établissement public. — Département. — Commune — Société de secours mutuel. — Société reconnue d'utilité publique. — Sociétés d'instruction et d'éducation populaire gratuite. — Tarif de 9 p. 100.** — Après avoir frappé d'un droit de 13 fr. 50 p. 100 (V. *suprà* n° 200) les donations faites hors contrat de mariage entre personnes non parentes, la L. 25 fév. 1901, dans son art. 19, a édicté un tarif de faveur de 9 p. 100, sans décimes, pour les libéralités consenties au profit soit des départements ou des communes, en tant que ces libéralités sont consacrées à des œuvres d'assistance, soit d'établissements publics charitables et hospitaliers, de sociétés de secours mutuels, de sociétés reconnues d'utilité publique et dont les ressources sont affectées à des œuvres d'assistance, et enfin de sociétés d'instruction et d'éducation populaire gratuite reconnues d'utilité publique et subventionnées par l'État.

Comme toutes les dispositions exceptionnelles, cette réduction de tarif doit être restreinte aux cas expressément prévus par le législateur et ne peut être étendue par voie d'analogie aux libéralités consenties en faveur d'autres établissements publics qui peuvent, au même titre, constituer des œuvres d'intérêt social.

Il convient, au surplus, de remarquer que les établissements de l'État, tels que les Académies, les Universités, etc., bien qu'ayant une personnalité civile distincte, continuent à bénéficier des exemptions d'impôt sur les libéralités qu'ils recueillent par donation entre vifs ou testamentaire (art. 70, § 11, L. frim.).

Nous rappellerons également que le droit proportionnel applicable aux donations en faveur d'établissements d'utilité publique ne peut, en général, être exigé qu'après l'autorisation d'accepter, accordée à ces établissements, sauf en ce qui concerne les libéralités dont l'acceptation a été affranchie de l'autorisation administrative par la L. 4 fév. 1901 (V. *Établissement public*).

Il y a lieu d'examiner successivement les diverses catégories de libéralités visées par l'art. 19, en spécifiant, pour chacune d'elles, les conditions auxquelles a été subordonnée la faveur du tarif réduit.

II. — *Libéralités en faveur des départements et des communes.*

1. CONDITIONS EXIGÉES POUR L'APPLICATION DU TARIF SPÉCIAL. — Aux termes mêmes de la loi, les libéralités au profit d'un département ou d'une commune, et par les mêmes motifs aux syndicats de communes établis par les art. 116, 117 et 161, L. 5 avr. 1884 et par la L. 22 mars 1890, ne peuvent bénéficier du tarif de faveur qu'autant qu'elles sont affectées, par la *volonté expresse du donateur*, à des *œuvres d'assistance*.

En exigeant que le disposant fasse expressément connaître ses intentions charitables, la loi n'autorise pas à faire la preuve de cette intention par des présomptions ou des faits n'émanant pas du donateur ou n'ayant qu'une relation indirecte avec les libéralités. Toutefois, la loi n'a imposé à cet égard aucune expression sacramentelle; il suffit, pour l'application du tarif réduit, que l'acte de disposition ou d'autres documents s'y rapportant ne laissent aucun doute sur la volonté du donateur de doter une œuvre charitable.

En outre, il est indispensable que l'affectation de bienfaisance émane du *donateur lui-même;* le bénéfice de l'art. 19 ne saurait être étendu aux libéralités attribuées d'office à une œuvre d'assistance par le département ou la commune et non par le disposant. Tel serait, par exemple, le cas d'une somme donnée à un département ou à une commune pour être simplement employée au mieux de l'intérêt général, ou bien d'une somme versée dans un but de bienfaisance et qui, pour un motif quelconque, n'ayant pu être utilisée à cet effet, aurait été affectée par l'établissement légataire à une œuvre charitable.

2. CARACTÈRE DES ŒUVRES D'ASSISTANCE. — Il n'est pas d'ailleurs sans difficulté de déterminer si une œuvre revêt ou non le caractère d'assistance exigé par la loi pour l'application du tarif réduit.

Par œuvre d'assistance, on entend, en effet, les institutions dont le but est d'apporter un soulagement à la misère et aux maladies qui frappent l'humanité. Leur objet est de protéger l'enfance ou de la moraliser, de prendre soin de l'adulte malade ou infirme, et du vieillard hors d'état de gagner sa vie (Béquet, *Rép. de droit adm.*, v° *Assistance publique*, n° 834).

Il en résulte que les manifestations de l'assistance sont des plus diverses et qu'on ne saurait songer à donner une énumération suffisamment complète des œuvres qui s'y consacrent. Nous nous bornerons à citer les hôpitaux, les hospices, les bureaux de bienfaisance, les bureaux d'assistance médicale, les asiles d'aliénés, les établissements destinés aux sourds-muets et aux aveugles, les asiles, les maisons de refuge, les orphelinats, les sociétés de charité maternelle, de patronage, les crèches, les dispensaires, les caisses des écoles, les maisons de retraite pour la vieillesse, etc., en un mot toutes les œuvres en faveur des infirmes, des malades, des indigents, des orphelins ou enfants abandonnés.

Le terme « œuvre d'assistance » employé dans la L. 25 fév. 1901 est pris dans sa plus large acception et le bénéfice de la réduction de tarif doit être étendu à toutes les institutions charitables, quelle que soit leur nature, et sans qu'il y ait à rechercher si elles constituent des établissements publics ou des établissements d'utilité publique ou même des institutions privées.

Il n'y a pas lieu notamment d'établir une distinction entre les œuvres d'assistance gratuite et celles où la gratuité n'est pas la règle ou bien n'est pas complète, comme certaines crèches ou divers orphelinats (Ch. des députés : Séance du 16 nov. 1900 ; déclaration du rapporteur : *J. Off.* du 17 nov. 1900, 9047, p. 43, R. P.).

D'autre part, du moment où la libéralité n'est pas recueillie directement par l'institution charitable, mais lui advient par l'entremise du département ou de la commune, il ne semble pas indispensable, pour que la donation bénéficie du tarif de faveur, que l'institution dotée ait la personnalité civile; le vœu de la loi paraît suffisamment rempli si l'œuvre est autorisée ou même tolérée (*Comp.* Béquet, *op. cit. eod. v°*, n°s 815 et s.), pourvu que son caractère charitable soit certain.

Toutefois, comme nous l'avons vu, les départements et les communes ne profitent du tarif réduit que pour les dons et legs ayant une affectation précise et formelle de bienfaisance.

En dehors de cette destination, le droit commun reprend son empire. Le tarif édicté pour les donations entre personnes non parentes frappe donc toutes les autres libéralités consenties en faveur des départements et des communes, quelque digne d'intérêt que soit le but que s'est proposé le disposant.

Ainsi le dégrèvement ne peut, sauf les exceptions prévues au troisième alinéa de l'art. 19 (Rapport de M. Dauphin, 9483, p. 79, R. P.), être étendu aux sommes attribuées aux œuvres d'instruction publique proprement dite, par exemple, à l'attribution au département ou à la commune d'une somme destinée à être distribuée en prix; ni aux établissements de prévoyance comme les caisses d'épargne, les sociétés d'assurances mutuelles, les sociétés des habitations à bon marché, ni aux syndicats professionnels établis par la L. 21 mars 1884 et qui ne paraissent pas avoir, en principe, un caractère charitable; ni aux établissements créés dans l'intérêt du commerce, de l'industrie, de l'agriculture, tels que les chambres de commerce, les chambres d'arts et manufactures, d'agriculture.

Toutefois, l'interprétation devrait être différente dans le cas où la somme allouée à ces établissements ou à tout autre institution dépourvue habituellement du caractère charitable, devrait être exclusivement employée dans un but de bienfaisance : telle serait, par exemple, la donation à une commune d'une somme destinée à être remise à un syndicat pour améliorer le sort d'ouvriers parvenus à la vieillesse.

Quant aux dons et legs consentis en faveur d'établissements publics non charitables ni hospitaliers autres que les départements et les communes, ils sont soumis au tarif édicté pour les libéralités entre personnes non parentes, lors même que le montant en serait entièrement consacré à une œuvre charitable. Ainsi la donation à une fabrique d'une somme devant servir à établir un asile pour les vieillards indigents devra être assujettie au droit de 13 fr. 50 p. 100.

§ II. — *Libéralités au profit d'établissements publics charitables et hospitaliers.*

3. Conditions exigées pour l'application du tarif réduit. — En ce qui concerne les établissements publics charitables, la réduction du tarif leur est applicable de plein droit, sans qu'il soit nécessaire, comme pour les départements et les communes, que le disposant ait expressément manifesté sa volonté de faire acte de bienfaisance. Pour ces établissements, l'affectation charitable du don ou du legs résulte en effet de leur caractère même (Rapport de M. Cordelet, 8948, p. 262 R. P.). Mais il n'y a pas lieu d'étendre la mesure à d'autres établissements qui peuvent également constituer des œuvres d'intérêt social sans être consacrés à la charité ou à l'hospitalisation.

Si l'établissement donataire a un caractère mixte et s'occupe à la fois du devoir hospitalier et d'autres œuvres, il semble qu'à défaut d'indication formelle du but que le disposant s'est proposé d'atteindre, l'acte ou la mutation devra bénéficier du tarif de 9 fr. p. 100.

La loi n'a pas, en effet, expressément exigé, pour l'application de ce taux, que l'établissement public donataire soit exclusivement charitable et hospitalier, et la circonstance qu'il se livre à d'autres œuvres n'empêche pas qu'il n'ait également un caractère charitable suffisant, d'après le texte même de l'art. 19, pour qu'il puisse se prévaloir de la réduction du droit.

Il n'en serait autrement que si le disposant avait formellement stipulé que sa libéralité ne devrait profiter qu'à une œuvre spéciale et distincte de la charité ou de l'hospitalisation.

§ III. — *Libéralités au profit des sociétés de secours mutuels.*

4. Sociétés de secours mutuels visées par la loi. — L'article 19 range également parmi les établissements appelés à bénéficier du tarif de 9 fr. p. 100 les sociétés de secours mutuels.

Par sociétés de secours mutuels, il faut entendre celles qui sont légalement constituées, dans un des buts prévus par l'art. 1er L. 1er avr. 1898 et qui remplissent les conditions exigées par les art. 3 et s. de cette loi.

La réduction de tarif profite, d'ailleurs, à toutes les sociétés de secours mutuels, qu'elles soient reconnues d'utilité publique, approuvées ou même libres, l'article 19 étant conçu en termes généraux et absolus et ne faisant aucune distinction entre elles.

Rappelons ici que les sociétés de secours mutuels libres ne peuvent recevoir que des dons et legs mobiliers ou des dons et legs immobiliers à charge d'aliénation, sauf en ce qui concerne les immeubles affectés à leurs services (art. 15, L. 1er avr. 1898).

§ IV. — *Libéralités au profit de sociétés reconnues d'utilité publique et consacrées à l'assistance.*

5. Conditions exigées pour l'application du tarif spécial. — La loi a encore étendu le tarif de faveur à toutes les sociétés reconnues d'utilité publique dont les ressources sont affectées à des œuvres d'assistance. Cette disposition assimile aux établissements publics de bienfaisance les œuvres de la charité privée reconnues d'utilité publique et consacrées à la bienfaisance (Rapport de M. Cordelet, 8948, p. 263 R. P.).

La déclaration d'utilité publique est indispensable, non seulement pour faire bénéficier la société du tarif de 9 fr. p. 100, mais encore pour lui donner la personnalité civile et l'habiliter à recevoir des libéralités. Les associations charitables non reconnues d'utilité publique n'ont qu'une existence de fait et ne peuvent posséder aucuns biens.

Le mot « société » est d'ailleurs employé dans sa plus large acception, et c'est intentionnellement que le Sénat, dans sa séance du 29 janv. 1901 (*J. off.* du 30, p. 139), a supprimé l'énumération limitative figurant dans le projet adopté par la Chambre des députés le 19 nov. 1900 et par la commission des finances du Sénat.

La loi s'applique ainsi à toutes les associations d'utilité publique et vouées à un but charitable, qu'elles soient habituellement dénommées « œuvres » ou « sociétés », telles que les sociétés de sauvetage, de patronage des libérés, l'œuvre de l'hospitalité de nuit, les sociétés de charité maternelle, les sociétés protectrices de l'enfance, les crèches, les orphelinats, etc., etc., et les autres sociétés énumérées précédemment (V. n° 7).

La seule condition exigée pour l'application du tarif réduit consiste dans l'affectation des ressources de la société à des œuvres d'assistance.

Pour l'appréciation de ce fait, il a paru à la Commission des finances du Sénat (Rapport de M. Cordelet, 8048, p. 263 R. P.) qu'on ne pouvait faire mieux que d'appliquer les règles adoptées dans la L. 16 avr. 1895 (8530 R. P.) qui, après avoir substitué au droit d'accroissement une taxe d'abonnement, a exempté de cet impôt certaines œuvres d'assistance.

En s'en tenant aux termes de la loi et au rapport de M. Cordelet au Sénat (8048, p. 263 R. P.) il semblerait que le bénéfice du tarif spécial ne pourrait être accordé qu'aux sociétés qui consacrent la *totalité* de leurs ressources à des œuvres d'assistance et qu'au cas où une partie de ces ressources serait affectée à d'autres œuvres, la libéralité devrait être assujettie au droit afférent aux libéralités entre personnes non parentes.

Tel serait le cas des dons et legs faits au profit des caisses des Écoles créées par la loi du 10 avril 1867 et qui ont un caractère mixte, à la fois scolaire et charitable (Tissier, *Dons et legs*, t. I, n° 126, 146, 156).

L'application du tarif ordinaire aux libéralités de cette nature paraît si contraire aux intentions du législateur manifestées notamment lors de la séance du Sénat du 29 janvier 1901 (*J. off.* du 30) qu'il ne nous semble pas possible de l'admettre.

Toutefois, comme nous l'avons vu pour les établissements publics charitables, la question devrait être résolue dans le sens de l'exigibilité du droit de 13 fr. 50 p. 100 si le donateur avait spécifié que la libéralité n'est pas destinée à une œuvre de bienfaisance.

§ V. — *Libéralités au profit de certaines sociétés d'instruction et d'éducation.*

6. Conditions exigées pour l'application de la loi. — Indépendamment des institutions charitables, la loi a encore favorisé du tarif de 9 fr. p. 100 diverses sociétés, à la condition qu'elles réunissent les quatre conditions suivantes : 1° qu'elles soient des sociétés d'instruction et d'éducation populaire ; 2° qu'elles soient gratuites ; 3° qu'elles soient reconnues d'utilité publique ; 4° enfin qu'elles reçoivent une subvention de l'État.

On ne peut évidemment songer à donner une énumération de ces associations dont la formation ou la disparition peut se produire chaque jour.

§ VI. — *Détermination du caractère de la donation.*

7. Intervention de l'autorité administrative. — Afin de prévenir les difficultés sur le véritable caractère des libéralités, le législateur a laissé au Conseil d'État ou à l'autorité préfectorale chargés d'en autoriser l'acceptation, le soin de décider, avant toute perception, si elles présentent ou non le caractère de bienfaisance indispensable pour l'application du tarif de faveur (art. 19, 2e alinéa).

Cette prescription paraît concerner, non seulement les libéralités consenties en faveur des départements ou des communes, mais encore celles qui profitent à tous autres établissements publics ou sociétés (Rapport de M. Mesureur, page 50).

Bien que la loi réserve au Conseil d'État ou au Préfet le droit de « statuer » sur ce point, la décision n'est pas de nature à lier définitivement les parties ou le Trésor qui peuvent, sur le caractère de la disposition comme sur les autres chefs de l'avis ou de l'arrêté d'autorisation, se pourvoir, par toutes les voies légales, contre la solution adoptée. Le décret rendu en Conseil d'État peut, notamment, donner lieu au recours pour excès de pouvoir ouvert contre tous les actes intervenant après avis du Conseil d'État (Rapport de M. Cordelet, 8048, p. 263 R. P.).

Mais la décision prise par l'autorité administrative ne saurait faire l'objet d'une contestation devant l'autorité judiciaire, et l'Administration, pas plus que les particuliers, ne pourraient être admis à soulever un débat devant les tribunaux de l'ordre judiciaire relativement à l'interprétation adoptée dans l'arrêté d'autorisation ou l'avis du Conseil d'État.

8. Conséquences de la loi 4 fév. 1901. — Il peut arriver que l'autorité supérieure, lors de l'arrêté ou du décret d'autorisation, ait omis de se prononcer sur le caractère de la disposition. Dans cette hypothèse, la question de savoir si la libéralité s'applique ou non à une œuvre d'assistance gratuite ne pourra être résolue qu'en fait, d'après les distinctions établies *suprà* n° 2 et l'appréciation que l'Administration aura entendu faire prévaloir, lors de la perception, sera susceptible d'être déférée aux tribunaux. Ajoutons d'ailleurs qu'au cas où, postérieurement à la perception, il serait justifié d'une décision complémentaire attribuant le caractère de bienfaisance à la disposition, il y aurait incontestablement lieu de restituer la différence entre le droit de 13 fr. 50 p. 100 qui aurait pu être perçu et celui de 9 fr. p. 100, la décision ne constituant pas un événement ultérieur dans le sens de l'art. 60 L. frim. et se bornant à constater un fait antérieur à la perception, savoir : le caractère charitable de la libéralité.

Enfin la L. 4 fév. 1901 (V. *Établissement public*) qui a modifié la législation des dons et legs, a affranchi de la formalité de l'autorisation administrative l'acceptation : 1° des dons et legs faits aux départements et aux communes quand ils ne donnent pas lieu à des réclamations des familles, exception faite pour les libéralités consenties en faveur d'un hameau ou d'un quartier de commune ne constituant pas une section pourvue de la personnalité civile ; 2° des dons et legs faits aux établissements publics (à l'exclusion des établissements reconnus d'utilité publique), sans charges, conditions ni affectation immobilière.

Pour les libéralités de l'espèce, il n'interviendra donc ni décret ni arrêté d'autorisation et le caractère de la disposition devra, par suite, être déterminé par l'Administration, sous le contrôle judiciaire, comme il a été dit ci-dessus.

Acceptation provisoire antérieure à la L. 25 fév. 1901. Autorisation et acceptation définitives postérieures à cette loi. Ancien tarif applicable. — La donation d'une rente sur l'État consentie, par acte entre vifs, au profit d'un hospice et acceptée, à titre conservatoire, par le président de la commission de l'établissement donataire, antérieurement à la L. 25 fév. 1901, doit, lors de l'acceptation définitive, intervenue postérieurement à cette loi, être assujettie à l'ancien tarif, c'est-à-dire au droit de 9 p. 100, avec décimes, d'après le cours de la bourse, au jour de l'acceptation provisoire (3067, § 6, I. G.; 10107 R. P.).

208 à 212. Immeubles. — Évaluation. — La L. 25 fév. 1901 n'a pas modifié le mode de liquidation du droit de donation établi, par la législation antérieure, pour la transmission de la pleine propriété. Il en résulte que, comme par le passé, l'impôt, en ce qui concerne la donation de la pleine propriété d'un immeuble, doit être perçu sur le capital par 20 ou par 25 du revenu, selon que l'immeuble sera urbain ou rural.

Une exception à ce principe a été cependant, introduite par l'art. 12 L. précitée, relativement aux immeubles dont la destination actuelle n'est pas de produire un revenu. Dans ce cas, le droit doit être liquidé sur la valeur vénale à l'exclusion du revenu capitalisé. Nous commentons, *infrà*, vº *Expertise*, cette disposition nouvelle.

Immeuble. — Bail courant. — Revenu brut. — Charges. — Non-distraction. — Le prix annuel d'un bail courant au jour de la donation doit servir de base à l'évaluation des immeubles pour la perception du droit de mutation entre vifs à titre gratuit, sans aucune déduction des charges telles que : impôts, assurances, réparation d'entretien des bâtiments, supportées par le bailleur (Saint-Amand, 3 janv. 1901, 10088 R. P.).

214. Nue propriété. — La L. frim. avait soumis les transmissions de nue propriété ou d'usufruit à des conditions très rigoureuses en évaluant à forfait l'usufruit à la moitié de la valeur de la propriété entière, abstraction faite de l'âge de l'usufruitier, et en taxant, lors du démembrement, la nue propriété comme si la mutation s'appliquait à la pleine propriété.

Ces règles ont été entièrement modifiées par la L. 25 fév. 1901 dans un sens plus libéral et plus logique, en ce que l'impôt sera désormais proportionné à l'importance réelle des valeurs transmises.

Nous donnons le commentaire de cette loi *infrà*, vº *Usufruit*, nous bornant à rappeler ici que son économie consiste à envisager séparément les deux éléments qui composent une propriété démembrée, c'est-à-dire, d'une part, la nue propriété et, de l'autre, l'usufruit, et à assujettir à l'impôt la valeur respective de chacun d'eux au moment de la transmission. Cette valeur est fournie, en ce qui concerne le nu propriétaire, par l'époque plus ou moins rapprochée à laquelle il recueillera la jouissance, et, en ce qui concerne l'usufruitier, par son âge plus ou moins avancé, dont dépend la durée de son usufruit.

En d'autres termes, quand un objet est attribué en nue propriété à *Primus* et en usufruit à *Secundus*, il n'y a en réalité qu'une pleine propriété qui est transmise; seulement ce sont deux personnes qui en bénéficient chacun pour une part.

On doit en conclure que, pour la perception, chacune de ces parts doit être évaluée de manière que le *total des taxes payées par l'usufruitier et le nu propriétaire égale l'impôt dû pour la toute propriété.*

Ce principe, joint à celui d'après lequel la *taxe n'est due que sur la valeur de la nue propriété ou de l'usufruit, au jour de la mutation*, forme la base du système organisé par la loi.

Pour les mutations de nue propriété et d'usufruit, à titre gratuit, la L. 25 fév. 1901, art. 13, fixe, conformément au tableau suivant, la valeur de chacune de ses parties de la pleine propriété :

Age de l'usufruitier	Valeur de l'usufruit	Valeur de la nue propriété
Au-dessous de 20 ans révolus.	7/10	3/10
Entre 20 et 30 ans révolus	6/10	4/10
— 30 et 40 —	5/10	5/10
— 40 et 50 —	4/10	6/10
— 50 et 60 —	3/10	7/10
— 60 et 70 —	2/10	8/10
Au-dessus de 70 ans.......	1/10	9/10

S'il s'agit d'un usufruit temporaire, la valeur en est fixée aux 2 dixièmes de la valeur de la propriété entière, pour chaque période de 10 ans de la durée de l'usufruit, sans que cette valeur puisse excéder celle que la loi assigne à l'usufruit pur et simple.

215. Réunion de l'usufruit à la nue propriété. — Nous avons vu, au nº précédent, que l'impôt perçu, pour la nue propriété, sur l'évaluation déterminée d'après l'âge de l'usufruitier, frappe la valeur de cette nue propriété fixée en tenant compte des probabilités de la réunion plus ou moins prochaine de l'usufruit et englobe ainsi l'expectative de la jouissance.

Ce principe, ainsi que nous le faisons connaître vº *Usufruit*, entraîne deux conséquences importantes relativement à l'application de l'impôt aux actes emportant réunion de l'usufruit à la nue propriété.

La première, qui fait l'objet de l'art. 13 L. 25 fév. 1901, se traduit par l'exonération de tout droit lorsque la réunion a lieu par le décès de l'usufruitier ou l'expiration du temps fixé pour la durée de l'usufruit.

La seconde a trait à l'exigibilité, dans certains cas de réunion anticipée, d'un droit de mutation sur la valeur de l'usufruit.

Ces conséquences sont examinées, avec tous les développements qu'elles comportent, *infrà*, vº *Usufruit*. — *Usufruit démembré sous la législation antérieure.* — C'est également, *eod. vº*, que nous indiquons les règles de perception qui régissent la réunion anticipée de l'usufruit à la nue propriété, lorsque le démembrement s'est opéré sous la législation antérieure à la L. 25 fév. 1901.

216. Transmissions successives de la nue propriété. — Les règles de la perception, en cette matière, ont été complètement transformées par la L. 25 fév. 1901. V. *infrà*, vº *Usufruit*, où ces règles sont étudiées.

217. Usufruit. — Valeur imposable. — La L. 25 fév. 1901 a établi de nouvelles règles pour la liquidation de la

208 à 212. Algérie. Nouveau tarif. Décr. 4 sept. 1900. — 1[illegible] R. P.

217. Usufruit. — Le droit exigible sur les transmissions d'usufruit entre vifs à titre gratuit doit être calculé sur une fraction de la valeur de la pleine propriété, fraction qui est fixée, d'après l'âge de l'usufruitier par l'art. 13, § 2, L. 25 fév. 1901. En ce qui concerne spécialement les immeubles, cette valeur de la pleine propriété continue, comme précédemment, à être déterminée par le capital formé de 20 ou 25 fois le revenu annuel, conformément aux art. 15, nº 7, L. frim. et 2 L. 21 juin 1875 (Corbeil, 11 fév. 1901, 10787 R. P.).

273. Constitution de dot. Clause d'imputation. — Lorsque, des père et mère ont constitué en dot une rente perpétuelle à un enfant commun, en stipulant que cette donation était faite en avancement d'hoirie sur leurs successions, à charge de rapport par moitié à chacune d'elles, et que, lors du décès du premier mourant, la rente subira une réduction proportionnelle aux droits en revenu du crédi-rentier dans sa succession, l'acte qui, après le décès du prémourant des donateurs, constate que le revenu recueilli par le donataire dans la succession de celui-ci est supérieur au chiffre de la rente constituée en dot et que, par suite, cette rente se trouve éteinte, ne contient aucun abandon et ne rend, en conséquence, exigible ni le droit de donation, ni celui de [illegible]ration (Caen, 11 avril 1906, 11338 R. P.).

9-1. Convention s. s. p. présentant les caractères d'une libéralité et tarifée comme constitution de rente viagère à titre onéreux. Droit de donation. — L'Administration est fondée à réclamer le droit de donation sur une convention s. s. p. qui a été tarifée par un receveur comme constitution de rente viagère à titre onéreux, si cette convention ne présente aucun caractère aléatoire pour le débirentier qui ne peut éprouver aucune perte, et bien qu'elle n'ait pas été revêtue des formes solennelles prescrites par la loi pour les donations (Montdidier, 23 déc. 1904, 11004 R. P.; — Les Andelys, 20 juin 1906, 11253 R. P.).

254. Donation d'immeubles sous réserve d'usufruit. Vente consentie le même jour à un tiers par l'usufruitier et par les nus propriétaires. Conversion immédiate de l'usufruit en rente viagère. — Lorsqu'un père fait donation à ses enfants de la nue propriété de ses biens en se réservant le droit de renoncer à l'usufruit moyennant une rente déterminée, et que, par un second acte passé le même jour, au même lieu, devant le même notaire, le père vend avec ses enfants à un tiers la pleine propriété des mêmes biens moyennant un prix payé comptant, en obligeant les donataires à lui servir la rente convenue, l'Administration est fondée à soutenir qu'il y a eu, en réalité, donation de la pleine propriété des biens par le père à ses enfants, puis vente par ceux-ci de cette pleine propriété, et qu'en conséquence, le droit de 2 fr. 50 p. 100 doit être calculé sur l'intégralité du prix de la vente (Châteauroux, 30 juin 1902, 10538 R. P.).

285. Donations déguisées sous la forme de ventes d'immeubles et de cessions de créances. — L'Administration est fondée à établir au moyen de présomptions, que des contrats présentés sous la forme de ventes d'immeubles et de cessions de créances constituent, en réalité, des donations déguisées et donnent, par suite, ouverture à la perception du droit de mutation entre vifs à titre gratuit. Le caractère gratuit de ces contrats résulte suffisamment de ce que les aliénations, qui ont eu lieu sous réserve d'usufruit en ce qui concerne les immeubles et moyennant des prix indiqués comme payés comptant hors la vue du notaire, ont été consenties par une personne d'un âge avancé à sa légataire universelle et à une légataire à titre particulier, l'une et l'autre sans fortune, et que, dans la succession du prétendu vendeur qui est décédé quelques années après ces aliénations, il n'est retrouvé aucune trace de payement des prix (Laon, 11 juill. 1901, 10650 R. P.; — Saint-Sever, 16 avril 1907, 11577 R. P.; — Fontainebleau, 29 mai 1907, 11673 R. P.).

287. Donation déguisée. Quittance. — Renferme aussi une libéralité déguisée sous la forme d'une quittance l'acte intervenu le jour même du décès du créancier et par lequel ce dernier reconnaît avoir reçu de sa belle-fille qu'il a instituée sa légataire universelle, quelques mois seulement après l'emprunt et 8 ans avant l'époque fixée dans l'acte d'obligation, le remboursement d'une somme qu'elle lui devait, alors que la débitrice ne peut justifier par aucun titre de sa libération anticipée, qu'elle était dépourvue des ressources nécessaires pour acquitter sa dette, que les fonds, indiqués comme comptés hors la vue du notaire, ou des valeurs équivalentes ne se sont pas retrouvés dans la succession du créancier, et que le défunt habitait avec sa légataire universelle qu'il considérait comme sa propre fille (Soissons, 9 juin 1904, 10960 R. P.).

valeur imposable de l'usufruit. Cette valeur est déterminée d'après l'âge de l'usufruitier, et, s'il s'agit d'un usufruit temporaire, elle est estimée aux 2 dixièmes de la valeur de la propriété entière pour chaque période de dix ans de la durée de l'usufruit, sans pouvoir excéder celle que la loi assigne à l'usufruit pur et simple.

Nous avons donné *suprà* n° 214 le barème de l'évaluation et pour les explications, V. *infrà*, v° *Usufruit*.

218. Réunion de la nue propriété à l'usufruit. — Infra, c'est au même mot, que nous examinons les difficultés auxquelles donne lieu, sous l'empire de la loi nouvelle, la réunion de la nue propriété à l'usufruit.

219. Non-distraction des charges. — La L. 25 fév. 1901 n'a apporté aucune modification de principe au mode de liquidation des droits de donation tel qu'il résultait des lois antérieures, et, notamment, des art. 14, n° 8 et 15, n° 7 L. frim., d'après lesquels l'impôt est perçu sans distraction des charges. La déduction du passif a paru inapplicable en cette matière.

235. Donation à un tiers. — Contrat de mariage. — V. *infrà* n° 335.

253. Contrat de mariage. — Valeurs données à la mère de la future. — Condition de les remettre à cette dernière. — Libéralité unique. — V. *Contrat de mariage*, n° 110 *bis*.

254. Donation secondaire à terme. — Survie. — Lorsqu'il est stipulé par le donateur, dans une donation entre vifs, que le bénéficiaire paiera une somme déterminée, au décès du donateur, à un tiers ou aux héritiers de celui-ci, cette modalité, imposée à la libéralité secondaire, a le caractère d'un terme incertain et non d'une condition. En conséquence, lors de l'acceptation de la donation secondaire, le droit de mutation entre vifs est dû à l'exclusion du droit de mutation par décès. L'acceptation peut, d'ailleurs, être faite par acte s. s. p. ou résulter des circonstances (Sol. 6 avr. 1895, 24858 J. E.).

256. Donation actuelle et éventuelle. — Donataire principal recueillant la libéralité secondaire. — Exigibilité du droit de succession. — Lorsque le défunt a donné entre vifs tous ses biens à la charge de payer à ses héritiers ou à ses légataires une somme déterminée, cette somme constitue une valeur de succession passible du droit de mutation par décès, quand bien même le donataire aurait été institué légataire universel et que la créance se serait ainsi éteinte par confusion (Périgueux, 22 juill. 1891, 7891 R. P.).

Grand-père et petite fille. — Libéralité imputable par la petite-fille ou par son père. — Donation unique. — Lorsqu'un grand-père consent une donation à sa petite-fille, en stipulant que la libéralité sera imputée soit par la petite-fille, soit par le père de cette dernière sur leurs droits dans la succession du donateur, la convention ne renferme pas deux donations : l'une, en avancement d'hoirie par l'auteur direct de la libéralité à son fils, l'autre faite par ce dernier à sa fille. Par suite de la réalisation de la condition de survie du fils du donateur, l'Administration ne saurait réclamer deux droits de mutation entre vifs à titre gratuit (Sol. 26 fév. 1897, 9078 R. P.).

256-1. Donation secondaire. — Obligation imposée au donataire principal de servir une pension à son père. — Caractère de la disposition. — Droit de mutation par décès. — Lorsqu'une femme mariée fait une donation entre vifs par préciput à l'un de ses enfants, à la charge par celui-ci de servir à son père, à partir du décès de la donatrice, une pension alimentaire incessible et insaisissable, cette dernière clause ne saurait, malgré sa qualification, être considérée comme constituant une véritable pension alimentaire : c'est une donation de rente viagère et cette libéralité secondaire, étant subordonnée à l'événement du prédécès de la donatrice, donne lieu, lors de l'événement, au droit de mutation par décès entre époux à 3 fr. p. 100 (Neufchâtel, 11 juin 1890, 7443 R. P.).

275. Partage de communauté. — Biens abandonnés par une mère à son fils. — Charges inférieures à la valeur des droits abandonnés. — L'abandon qu'une mère fait à son fils, dans le contrat de mariage de ce dernier, de l'usufruit qui lui appartient sur la moitié des biens dépendant de la succession de son mari ainsi que des immeubles et droits immobiliers qu'elle possède en propre et de sa part dans la société d'acquêts ayant existé entre elle et son mari, à charge de paiement d'une rente viagère et de prestations en nature inférieures à la valeur de l'abandon, constitue, non une cession opérant partage, mais une donation, lorsque les parties ne prouvent pas que cet abandon ait eu en réalité pour but de mettre fin à l'indivision existant entre elles (Cass. req. 22 oct. 1901, 10366 R. P.).

285. Cession de créances. — Donation déguisée. — Quand une tante cède des créances à sa petite nièce, héritière présomptive, à charge d'être logée et entretenue par la cessionnaire, le contrat dissimule une donation sous la forme d'une cession à titre onéreux, si les circonstances de fait, et, notamment, d'autres actes intervenus entre les mêmes parties, établissent l'intention de libéralité (Annecy, 31 déc. 1891, 7805 R. P.).

Quand un oncle cède à son neveu des créances moyennant une rente immédiatement convertie en une obligation de nourriture et d'entretien, l'Administration est fondée à soutenir que la convention renferme, sous une apparence onéreuse, une véritable libéralité, et à percevoir en conséquence le droit de donation, si la rente stipulée n'excède pas les intérêts des créances cédées, et est notablement inférieure au taux de placement que le cédant, eu égard à son âge, aurait pu obtenir d'une Compagnie d'assurances (Montbéliard, 23 nov. 1894, 8583 R. P.).

287. Quittance. — Donation déguisée. — Renferme une libéralité déguisée sous la forme d'une quittance, l'acte par lequel une tante reconnait avoir reçu de ses nièces une somme que ces dernières lui devaient, lorsque le paiement a été déclaré effectué hors la vue du notaire, dix jours avant le décès de la créancière, déjà gravement malade à l'époque du versement présumé, que la déclaration de sa succession ne renferme aucune valeur mobilière, enfin que, postérieurement au décès, les nièces renoncent à tout legs qui peut leur avoir été consenti par leur tante. L'Administration est, en conséquence, autorisée à réclamer sur cet acte le droit de donation (Le Blanc, 15 juill. 1896, 8992 R. P.).

316. Cession de droits indivis moyennant une rente viagère inférieure aux droits abandonnés. — La disposition d'un acte de partage par laquelle des copartageants abandonnent aux autres une partie de leurs droits dans l'indivision, moyennant une rente viagère représentant un capital inférieur à ces droits, constitue une cession à titre onéreux, jusqu'à concurrence du capital de cette rente, et une donation pour le surplus des valeurs abandonnées (Saint-Issaac, 18 déc. 1889, 7305 R. P.).

317-1. Contrat de mariage. — Immeuble donné au futur époux. — Rapport d'une somme déterminée à la succession du prémourant des donateurs. — Paiement du surplus. — Dispositions distinctes : donation et vente. — Renferme deux dispositions distinctes, savoir : une donation et une vente, la stipulation d'un contrat de mariage aux termes de laquelle les père et mère du futur époux lui constituent en dot un immeuble, à charge, par le donataire, de rapporter une somme déterminée à la succession du prémourant des donateurs et de remettre à ceux-ci une autre somme (Saint-Omer, 20 août 1893, 8245 R. P. ; — Cambrai, 6 fév. 1896, 8919 R. P. ; — Compiègne, 9 déc. 1896, 9023 R. P.).

Décidé, en sens contraire, que renferme une libéralité pour le tout, et non une vente pour partie et une libéralité pour le surplus, la clause d'un contrat de mariage par laquelle les père et mère du futur époux, après avoir exprimé qu'ils font donation à ce dernier, avec dispense de rapport en nature, de la pleine propriété d'un immeuble, ajoutent que cette donation est faite, à charge par le donataire de payer aux donateurs une somme de 1.500 fr. et de rapporter à leurs successions une somme de 2.000 fr. L'intention des parties de réaliser une vente ne résulte pas clairement des circonstances précitées. En conséquence, l'acte n'est passible que du droit de donation (Vervins, 14 janv. 1902, 10231 R. P.).

318. Charges équivalentes. — Lorsqu'une donation a été consentie moyennant l'obligation imposée aux donataires d'acquitter, à la décharge du donateur, les dettes hypothécaires grevant les immeubles donnés, pour une somme sensiblement égale à la valeur de ces immeubles, un tribunal peut décider, en fait et par appréciation des circonstances de la cause, que le contrat, déterminé par l'intention d'éviter les frais d'une liquidation judiciaire, présente réellement le caractère d'une libéralité et non d'une mutation à titre onéreux (Mortain, 6 mars 1890, 7430 R. P.).

Lorsque, dans une donation par contrat de mariage, les charges imposées sont déclarées égales à la valeur des biens donnés, et qu'il est énoncé, par le donateur, que la dispense de rapport n'est accordée qu'en raison même de ces charges, une telle disposition constitue une mutation à titre onéreux, et l'Administration est autorisée à lui restituer son caractère véritable pour réclamer les droits exigibles en conséquence, sans qu'il y ait lieu de recourir à l'expertise des immeubles qui font l'objet de la mutation (Périgueux, 12 janv. 1900, 9931 R. P.).

320. Hospice. — Fondation de lit. — Caractère juridique. — L'obligation d'assistance gratuite qui incombe aux hospices communaux est restreinte aux habitants de la commune ; par suite, lorsqu'un particulier fonde un lit dans un hospice communal au profit d'un habitant d'une autre commune, moyennant un capital équivalant au service à rendre, et se réserve le droit de désigner le bénéficiaire de la fondation, la convention intervenue à cet effet n'a pas pour résultat d'augmenter les ressources de l'hospice et présente tous les caractères d'un contrat à titre onéreux (Cass. civ. 28 oct. 1895, 8634 R. P.).

Nous avons des doutes sérieux sur l'exactitude de cette décision.

En dépit de son apparente simplicité, la question à résoudre était assez complexe, et la Cour ne paraît en avoir examiné qu'un des côtés.

L'acte litigieux mettait en présence trois parties contractantes qui représentaient, chacune, des intérêts parfaitement distincts : la fondatrice du lit, l'administration hospitalière, et la commune appelée à profiter de la fondation.

La Chambre civile a écarté l'idée de donation sous le prétexte que l'hospice, n'étant pas normalement destiné à recueillir les malades de la commune bénéficiaire de la fondation, assumait une charge extra-légale correspondante à l'importance du capital affecté à l'entretien du lit. Nous reconnaissons que ce point de vue ne manque pas d'ingéniosité et qu'on peut le tenir pour exact.

Mais ce n'est pas un motif suffisant pour dénier à la convention tout caractère de libéralité. S'il n'y a pas donation vis-à-vis de l'hospice, si la fondation n'augmente pas, suivant les expressions mêmes de la Cour, les ressources de cet établissement et ne lui permet pas de mieux atteindre le but de son institution, n'en reste-t-il pas moins vrai que la fondatrice a accompli un acte de bienfaisance procédant d'un pur sentiment de générosité ?

Or, s'il y a un donateur, il faut qu'il y ait un donataire et, si ce donataire n'est pas l'hospice, quel est-il ? C'est ici que la Cour a eu le tort de perdre de vue la présence au contrat de la troisième partie contractante, à savoir le Maire. L'intervention et l'acceptation de ce magistrat, représentant légal de la commune, au sein de laquelle doit être choisi le malade à hospitaliser, produisaient cependant des effets juridiques signalés par la défense de l'Administration. Il est à remarquer, disait-elle, que l'acte de réalisation de la fondation constate la présence du Maire, lequel a déclaré en accepter le bénéfice. A supposer, ajoutait-elle, que l'acceptation de l'hospice ne fût pas suffisante pour justifier l'exigibilité du droit de donation, celle du maire lèverait tous les doutes (§ XII de la défense).

L'arrêt garde un silence absolu sur ce point pourtant capital qui aurait dû retenir l'attention de la Cour et qui, en tous cas, méritait une réponse.

335. Donation à un tiers. — Contrat de mariage. — C'est le n° 235 et non 335, comme il a été indiqué, par erreur, dans le numérotage de la première partie du *Rép. gén.*, que doit porter cette rubrique.

364. Charge de renoncer à une donation mobilière. — Caractère de l'acte. — Le droit de donation n'est pas exigible sur l'acte par lequel un aïeul donne à son p[illegible]

298-1. Legs. Aliénation par le testateur de l'objet légué. Exécution du testament par le légataire universel. Droit de délivrance de legs, à l'exclusion du droit de donation. — V. *Délivrance de legs*, n° 87.

298-2. Délivrance de legs. Legs particuliers supprimés par le testateur dans un codicille postérieur à son testament. Exécution volontaire par les légataires universels. Droit de donation entre vifs. — Lorsque, dans un codicille postérieur à son testament, une personne a déclaré qu'elle supprimait deux legs particuliers faits par elle dans ledit testament et qu'elle laissait à ses légataires universels « le soin de faire à ce sujet ce qu'ils voudront », l'acte ultérieur par lequel ces derniers consentent aux bénéficiaires des legs particuliers la délivrance de ces legs constitue, en réalité, une libéralité de leur part et donne, en conséquence, ouverture au droit de donation entre vifs (Grenoble, [illegible] août 1903, 11103 R. P.).

317-1. Donation avec charges. Immeuble donné par contrat de mariage à l'un des futurs. Rapport d'une somme déterminée. Paiement du surplus. Disposition unique. Libéralité pour le tout. — Constitue une libéralité pour le tout, et non pas une vente pour partie et une libéralité pour le surplus, la clause d'un contrat de mariage par laquelle la mère de la future épouse, après avoir exprimé qu'elle fait donation à cette dernière d'un immeuble avec dispense de rapport en nature, ajoute que cette donation est faite à charge par la donataire de payer à la donatrice une somme de 30.000 fr. et de rapporter à sa succession une somme de 30.000 fr. ; il s'agit, en effet, d'une donation avec charges qui ne saurait être scindée pour la perception (Nevers, 3 mai 1905, 11056 R. P.).

Renferme, au contraire, deux dispositions distinctes, une donation et une vente, et non pas une libéralité pour le tout, la stipulation d'un contrat de mariage par laquelle les parents de l'un des futurs lui constituent en dot des immeubles d'une valeur de 600.000 fr., à charge, par le donataire, de leur payer une somme de 300.000 fr. dans un délai déterminé avec intérêts à 3 p. 100 et de rapporter à leur succession la différence entre cette somme et la valeur de l'immeuble, soit 300.000 fr. ; il est dû, en conséquence, le droit de vente et, le cas échéant, la taxe hypothécaire de 0.25 p. 100, sur ces 300.000 fr. (Saint-Quentin, 26 juill. 1905, 11136 R. P.).

320. Donation à un département d'une rente annuelle pour une durée de 30 ans. Titre de rente sur l'État immatriculé au nom du département pour l'usufruit et du donateur pour la nue propriété. Arrérages destinés à être distribués à des mères de famille remplissant des conditions déterminées. Gratuité du contrat. Libéralité ayant pour objet, non pas une rente, mais l'usufruit d'un titre de rente. — La donation d'une rente annuelle faite à un département pour une durée de 30 ans, au moyen d'un titre de rente sur l'État immatriculé au nom du département pour l'usufruit et du donateur pour la nue propriété, à charge par le département de distribuer les arrérages de cette rente à des mères de famille remplissant des conditions déterminées, présente les caractères d'une libéralité ayant pour objet l'usufruit temporaire du titre de rente, et non pas ceux d'une constitution de rente viagère à titre onéreux (Auch, 3 déc. 1902 ; — Cass. (req.), 10 mars 1905, 10960 R. P.).

Donation à un département du capital nécessaire pour l'acquisition d'un titre de rente sur l'État. Arrérages destinés à être distribués à des familles nécessiteuses. Gratuité du contrat. Retour aux héritiers du donateur au bout de cent ans. Condition résolutoire, et non suspensive. Libéralité ayant pour objet, non pas une rente, mais le capital transmis. — Lorsqu'une personne a fait donation à un département du capital nécessaire à l'acquisition d'un titre de rente sur l'État dont les arrérages sont destinés à être distribués à des familles nécessiteuses, et qu'elle a stipulé qu'au bout de cent ans ce titre de rente serait tenu à la disposition de ses héritiers qui devraient le réclamer dans un délai de 5 ans en justifiant de leur qualité, le contrat présente, non pas les caractères d'une convention à titre onéreux, mais ceux d'une libéralité passible du droit de mutation entre vifs à titre gratuit ; ce droit doit être liquidé sur la pleine propriété du capital transmis et non pas sur les arrérages de la rente capitalisés au denier 20. La condition dont la donation est affectée, à raison de l'éventualité du retour aux héritiers du donateur à l'expiration du délai de cent ans, constitue, d'ailleurs, non pas une condition suspensive, mais une condition résolutoire ne faisant pas obstacle à la perception immédiate du droit proportionnel (Auch, 3 déc. 1902 ; — Cass. (req.), 10 mars 1905, 10960 R. P.).

347. Réserve d'usufruit. Droit de retour en cas de prédécès du donataire. Condition résolutoire. Exigibilité immédiate du droit proportionnel. — La donation entre vifs, sous réserve du droit de retour, de la nue propriété d'une somme représentée par un titre de rente immatriculé pour l'usufruit au nom du donateur et pour la nue propriété au nom du donataire, constitue une libéralité actuelle, sous condition résolutoire, et non pas une libéralité sous condition suspensive : elle donne lieu, en conséquence, à la perception immédiate du droit proportionnel (Seine, 13 mars 1903, 10340 R. P.).

362. Donation d'une somme en avancement d'hoirie faite antérieurement à la L. 25 fév. 1901. Donation ultérieure d'immeubles à titre de partage anticipé. Exigibilité du droit de transcription de 0.50 p. 100. — Le droit de transcription de 0.50 p. 100 est exigible sur les immeubles qui, compris dans un acte de donation-partage intervenu depuis la L. 25 fév. 1901, représentent les sommes données par un acte entre vifs antérieurement à cette loi et non payées au jour du second contrat (Poitiers, 28 nov. 1905, 10920 R. P.).

371. Rente viagère. Donation soumise à la survie du donataire. Droit fixe. — L'acte par lequel deux personnes s'engagent envers une autre à lui servir une rente viagère à partir du décès d'un tiers est affecté d'une condition suspensive, celle de la survie du crédirentier; cet acte est, en conséquence, passible du droit fixe de 3 fr. seulement, et le droit proportionnel ne devient exigible que lorsque la condition se réalise (Les Andelys, 26 juin 1908, 11805 R. P.).

376. Partage d'ascendants. Réserve par chaque donateur de l'usufruit de la totalité des biens donnés. Donation éventuelle. Donation antérieure d'usufruit par contrat de mariage entre les ascendants donateurs. Droit fixe non exigible. — Lorsqu'il est stipulé, dans un acte de donation à titre de partage anticipé, que chaque ascendant donateur aura l'usufruit de la totalité des biens donnés, même de ceux propres à son conjoint, il n'y a pas lieu de percevoir sur cette clause le droit fixe de donation éventuelle (7 fr. 50) si les époux se sont déjà fait donation par contrat de mariage de l'usufruit de leurs biens propres (Sol. 4 nov. 1905, 11222 R. P.).

384. Donation éventuelle. Partage d'ascendants. Biens propres et biens communs. Usufruit réservé par chacun des donateurs. Conversion ultérieure en rente viagère. Reversibilité au profit du survivant. Prédécès du mari auquel appartenait la majeure partie des biens donnés. Libéralité réalisée au profit de la femme. Droit de mutation par décès. — Lorsque, dans un acte de donation à titre de partage anticipé, les père et mère se sont réservé, chacun en ce qui le concerne, l'usufruit des biens donnés dont la majeure partie appartenait au mari, puis que, par un acte ultérieur, les ascendants donateurs renoncent à cet usufruit moyennant le service d'une rente viagère stipulée reversible sans réduction sur la tête du survivant, ce dernier acte contient, en faveur de la femme, une libéralité éventuelle soumise à la condition du prédécès du mari; par suite, au cas de réalisation de cette éventualité, le droit de mutation par décès est exigible sur la fraction de la rente correspondant à l'usufruit que le mari s'était primitivement réservé (Gannat, 21 déc. 1905, 11154 R. P.).

399. Usufruit et rente stipulés au profit des père et mère sans réduction au décès du prémourant. Réversion. Droits de mutation par décès. — Lorsque, dans un partage d'ascendants, les père et mère donateurs ont imposé à un de leurs enfants l'obligation de leur laisser la jouissance, leur vie durant, d'un logement et du mobilier et de leur servir une pension viagère d'un chiffre déterminé, sans réduction au décès du premier mourant, il ne s'opère pas, lors du décès de l'un des donateurs, une reversion d'usufruit et de rente au profit du survivant, alors même que la part du prédécédé dans les biens donnés serait plus importante que celle de l'ascendant survivant. C'est comme condition de la donation qu'il a consentie et en vertu d'une stipulation faite directement avec le donataire que le donateur survivant tient les droits qu'il recueille sur les biens de son conjoint. Il en résulte qu'il ne peut être dû de ce chef des droits de mutation par décès (Angoulême, 7 fév. 1906, 11361 R. P.). Cette décision est contraire à la jurisprudence de la Cour de cassation et nous ne saurions l'approuver.

ne-fils, seul héritier présomptif, une partie de ses immeubles, à charge par ce dernier de renoncer à réclamer la dot mobilière constituée par l'aïeul à la mère du donataire. Mais un tel acte étant de nature à être transcrit, donne ouverture au droit proportionnel de transcription à 1 fr. 50 p. 100 (Brive, 29 avril 1891, 7680 R. P.).

371. **Contrat de mariage. — Donation soumise à la survie du donataire. — Droit fixe.** — Ne peut être considérée comme renfermant une transmission actuelle la stipulation contenue dans un contrat de mariage, aux termes de laquelle le futur époux fait donation entre vifs, sous réserve d'usufruit en sa faveur, d'un immeuble, au profit de la future épouse, mais à la condition expresse de la survie de cette dernière. Une pareille donation, malgré sa qualification d'entre vifs, est, dans l'intention des contractants, soumise à l'événement du prédécès du donateur, et elle ne doit être assujettie qu'au droit fixe de 7 fr. 50 (Sol. 22 mars 1897, 9020 R. P.).

381. **Usufruit. — Acquisition conjointe. — Clause de réversion au profit des acquéreurs survivants. — Décès de l'un des acquéreurs. — Droit de mutation à titre onéreux.** — La clause d'accroissement, au profit du survivant, insérée dans un acte d'acquisition par plusieurs personnes, n'est qu'une clause aléatoire qui, établie par tous les acquéreurs également, constitue pour chacun d'eux un contrat commutatif. La transmission qui s'opère, à chaque décès, en vertu de cette convention spéciale, est distincte de celle réalisée par le contrat de vente, entre le vendeur et les acquéreurs. — Cette transmission qui, incontestablement, donne ouverture à un droit de mutation à titre onéreux, quand il s'agit de la propriété, doit donner ouverture au même droit, quand il s'agit de l'usufruit, l'art. 4 L. 22 frim. ne faisant aucune distinction entre la propriété et l'usufruit (Autun, 29 déc. 1891, 7857 R. P. — V. *Accroissement*).

384. **Donation éventuelle. — Partage d'ascendants. — Usufruit de biens propres réservé par chacun des donateurs. — Conversion ultérieure en rente viagère. — Réversibilité au profit du survivant. — Prédécès de l'un des donateurs. — Droit de mutation par décès.** — Lorsque, dans un acte de partage d'ascendants, les père et mère, donateurs, se sont réservé, avec clause de réversibilité jusqu'au décès du survivant, l'usufruit d'un bien propre à chacun d'eux, et qu'ultérieurement, cet usufruit a été converti en une rente viagère également réversible, un droit de mutation par décès devient exigible, à la mort du prémourant des donateurs, sur le capital au denier 10 de la portion de rente recueillie par le survivant, et qui représente, dans la succession du prédécédé, l'usufruit du bien propre à ce dernier (Béziers, 9 fév. 1895, 8590 R. P.).

Rente viagère constituée à titre onéreux. — Réversion. — Capital imposable. — Lorsqu'une rente viagère, créée moyennant le versement d'un capital, a été stipulée réversible au profit d'un tiers désigné pour le cas où il survivrait au constituant, le droit de mutation par décès, exigible lors de la réalisation de cette éventualité, ne doit être liquidé ni sur le produit de dix annuités de la rente, ni sur la totalité du capital aliéné, mais sur la fraction de ce capital qui a été versée en vue d'assurer la réversion et qu'il appartient aux parties de déterminer (Sol. 14 mai 1902, 3089-23 I. G., 10285 R. P.).

387. **Vente par deux époux d'immeubles propres et communs. — Rente viagère et usufruit réversibles sur la tête du survivant des vendeurs. — Droit de mutation par décès.** — Lorsque deux époux ont vendu des immeubles, les uns communs, les autres propres à l'un d'eux, moyennant une rente stipulée réversible sur la tête du survivant, et avec réserve, jusqu'au décès de ce dernier, d'une partie de ces biens, le droit de mutation par décès est exigible tant sur la portion de la rente applicable aux biens propres de l'époux prédécédé que sur l'usufruit dont le conjoint non propriétaire bénéficie en cas de survie (Castres, 10 déc. 1895, 8726 R. P.).

388. **Rente viagère au profit de la femme du donateur en cas de saisie. — Renonciation ultérieure par la crédi-rentière. — Extinction de la rente. — Droit de mutation par décès.** — Lorsqu'un donateur impose au donataire, comme condition de la donation, l'obligation de servir, lors de son décès, une rente viagère à sa femme, si elle lui survit, la renonciation de la crédi-rentière au bénéfice de la stipulation à son profit peut être considérée comme étant purement extinctive. — La rente ne fait pas retour à l'hérédité du donateur, et les héritiers ne sont pas tenus d'acquitter le droit de mutation par décès sur son importance (Sol. 31 mars 1892, 7878 R. P.).

Cette solution, contraire à la doctrine que nous avons enseignée au *Rép. gén.*, n'a pas été maintenue. Depuis, l'Administration a fait juger que la vente consentie solidairement par le mari et la femme, d'immeubles propres au mari, moyennant une rente viagère à servir aux deux époux et au survivant d'eux, sans réduction au décès du prémourant, renferme, en faveur de la femme, une donation éventuelle soumise à l'événement du décès du mari, et qui a pour objet la rente viagère dont la réversion s'opère sur la tête de la bénéficiaire par le seul fait du décès. Une renonciation à cette libéralité ne modifie pas la situation des acquéreurs débi-rentiers qui n'en sont pas moins tenus de servir les arrérages de la rente aux représentants du vendeur jusqu'au décès du conjoint survivant. Par suite, si l'épouse, instituée légataire universelle, se trouve, à ce titre, seule appelée à la succession, sa renonciation à la clause de réversion ne l'empêche pas de recueillir dans l'hérédité le bénéfice de la rente. En conséquence, la renonciation ne saurait l'affranchir du paiement des droits de mutation par décès sur le capital de la rente comme sur les autres biens de la succession (Avesnes, 5 nov. 1896, 8905 R. P.).

405. Usufruit. — Biens propres. — Réversion. — Transformation en rente viagère. — V. *suprà* nos 384 et 387.

406. Usufruit. — Biens propres et communs. — Rente viagère. — Réversion. — V. *suprà* nos 381 et 387.

418. Donation entre époux, au cours du mariage. — Transmission actuelle. — Droit proportionnel exigible. — La donation entre vifs d'une somme d'argent, faite durant le mariage sous le régime de la communauté légale, par un mari à sa femme acceptante, pour en jouir et disposer en pleine et absolue propriété, à compter du jour même de la donation, emporte transmission immédiate passible du droit proportionnel sur l'intégralité de la somme donnée (Seine, 18 mars 1892, 7832 R. P.).

Les parties ne sauraient être admises à soutenir valablement que la somme donnée tombe dans la communauté et que, par suite, aucune mutation ne s'est opérée, alors qu'en fait la volonté d'exclure cette somme de la masse commune résulte expressément de l'acte de donation et de l'intention formelle des contractants (Cass. req., 21 juin 1893, 8107 et 8418-10 R. P.).

441. Droit d'habitation. — Les règles établies, pour la liquidation de la valeur imposable de l'usufruit, par la L. 25 fév. 1901, et que nous avons indiquées *suprà* nos 214 et s., sont applicables au droit d'habitation qui est, au point de vue fiscal, assimilé à un usufruit.

460. Donation de revenus et faisances d'un immeuble. — Tarif mobilier. — Renferme une donation mobilière de revenus, et non une donation d'usufruit immobilier, la clause d'un contrat de mariage par laquelle le père du futur époux constitue, en dot, à son fils les revenus et faisances de divers immeubles affermés, pour en jouir jusqu'au décès du donateur. — En conséquence, le droit de donation doit être liquidé au taux de 1 fr. 25 p. 100 (Sol. 25 sept. 1891, 7752 R. P.).

V. Accroissement. — Délivrance de legs. — Établissement public. — Licitation. — Partage d'ascendant.

DOT (CONSTITUTION DE).

25-1. Enfants communs. — Biens de communauté. — Récompense. — Convention de mariage. — Pour la perception des droits de mutation par décès, l'Administration admet, — aussi bien au cas de convention de mariage dérogeant au partage égal de la communauté qu'au cas de partage égal, — la déduction, sur la part de la succession, des sommes dont cette dernière est débitrice à titre de récompense. — Il en est spécialement ainsi pour la récompense provenant des dots constituées par l'époux prédécédé, au profit des enfants communs et fournies avec des valeurs de communauté, bien que l'époux survivant ait droit, en vertu d'une convention de mariage, à toute la communauté mobilière (Sol. 1er avr. 1896, 9170 R. P.).

25-3. Dot conjointe. — Père et mère donateurs. — Prémourant. — Legs au survivant. — Quand une dot a été constituée conjointement par deux époux à leur enfant commun, avec stipulation qu'elle serait imputable par moitié sur la succession de chacun des donateurs, ces derniers ne peuvent ultérieurement modifier le mode d'imputation. Il en résulte que si, après le paiement de cette dot tant en biens de communauté qu'en biens propres au mari, celui-ci, par son testament, déclare en prendre la totalité à sa charge exclusive, cette disposition se traduit en une libéralité, au profit de la veuve, d'une valeur égale à la moitié de la dot. En conséquence, la valeur dont il s'agit doit être soumise au droit de mutation par décès entre époux (Laval, 19 nov. 1897, 9202 R. P.).

V. Quotité disponible. — Rapport. — Remploi. — Succession.

DOUANES.

11 à 40. Tableau des droits d'enregistrement applicables aux actes de procédure en matière de douanes (Circ. Douanes, 13 sept. 1893, no 2344, 8807 R. P.).

28 et 38. Transaction. — Caution. — Pluralité non applicable. — Les transactions, en matière de contraventions, aux lois sur les douanes, sont assimilées, au point de vue de l'enregistrement, aux jugements de condamnation; comme tels, ces actes ne donnent ouverture qu'au droit fixe de 1 fr. 50 et sont affranchis de la pluralité édictée pour les dispositions indépendantes non sujettes au droit proportionnel (L. 26 janv. 1892, art. 11). Un seul droit fixe de 1 fr. 50 est donc exigible sur l'acte de transaction souscrit tout à la fois par plusieurs contrevenants solidaires, à raison d'une contravention unique, et par un tiers se portant caution (Sol. 22 avr. 1909, 3060, § 4, I. G.; 1026? R. P.).

32. Procès-verbal. — Contravention. — Dans la première partie du *Rép. gén.*, 4e ligne, au lieu de « il est connu, qu'un seul *devis* est exigible », lire : « reconnu, qu'un seul *droit* est exigible.

136. Immeubles et reprises. Pluralité des droits de donation. — Lorsque deux époux font donation à leurs enfants, à titre de partage anticipé, le mari de ses immeubles, la femme de ses reprises hypothéquées sur ces immeubles, l'acte contient deux libéralités distinctes passibles chacune du droit proportionnel de donation (Poitiers, 28 nov. 1905, 1096 R. P.).

V. Dot.

DOT.

15-1. Dot conjointe fournie en biens propres à l'époux prédécédé. Indemnité due à sa succession par le conjoint survivant. — Lorsqu'une dot constituée conjointement par deux époux à un enfant commun a été fournie en biens propres au conjoint prédécédé, la succession de ce dernier est créancière de l'autre époux d'une indemnité égale à la moitié de la valeur de la dot (Marseille, 28 juin 1905, 11119 R. P.).

25. Communauté. Don manuel à un enfant d'un premier lit. Récompense. — V. Communauté, no 23.

25-8. Constitution de dot par les père et mère conjointement. Clause d'imputation sur la succession du prémourant. Renonciation par l'ascendant survivant à demander cette imputation et payement par lui de l'intégralité des dots promises. Droit de donation non exigible. — Lorsque des dots ont été constituées conjointement par des père et mère à leurs enfants communs, avec stipulation qu'elles seraient imputables sur la succession du prémourant, la renonciation de l'époux survivant au bénéfice de cette clause d'imputation ne constitue pas de sa part une libéralité en faveur de ses enfants. Le payement par l'ascendant survivant de l'intégralité des dots promises n'implique même pas une libéralité de sa part, sous forme de remise de dette, pour la moitié des dots à la charge de la succession de son conjoint prédécédé, quand bien même il aurait été convenu, dans un acte de partage de la communauté, que ces dots devraient être rapportées à sa succession: une semblable donation ne saurait se présumer, puisque le rapport est dû, non seulement pour les dons, mais aussi pour les dettes, et que l'ascendant survivant, qui a fait de ses deniers personnels l'avance de la portion des dots à la charge de son conjoint prédécédé, a voulu simplement reporter l'exigibilité de sa créance à l'époque de son propre décès (Marseille, 6 janv. 1905, 10191 R. P.; — Nanterre, 23 juin 1906, 11362 R. P.).

26-2. Partage de communauté. Dot constituée par un époux et fournie en biens propres à son conjoint survivant. Indemnité due à ce dernier. Attribution à celui-ci des biens précédemment constitués en dot. Dation en payement. — Lorsque des père et mère ont constitué à leur enfant une dot imputable sur la succession du prémourant, cette dot doit être considérée comme émanant du prédécédé seul et l'époux survivant, qui l'a fournie sur ses biens propres, devient créancier contre la succession de son conjoint de l'indemnité prévue par l'art. 1438 § 2 C. civ.; en conséquence, l'attribution à l'époux survivant des biens qui ont servi à la constitution dotale présente les caractères d'une dation en payement, et non ceux d'une opération de partage (Riom, 18 janv. 1905, 10987 R. P.).

30. Dot imputable sur la succession du prémourant des père et mère donateurs et subsidiairement sur celle du survivant. Succession du prémourant des donateurs. Legs de la quotité disponible au conjoint survivant. Imputation de la dot sur la part de l'enfant doté dans la réserve. Exécution intégrale de la libéralité testamentaire. — Lorsque deux époux ont constitué à un enfant commun une dot stipulée imputable sur la succession du prémourant et subsidiairement sur celle du survivant, le premier mourant doit être réputé donateur, jusqu'à concurrence seulement des droits de l'enfant doté, dans la réserve de sa succession, et le conjoint survivant, donataire ou légataire de la quotité disponible, peut toujours exercer intégralement la libéralité faite à son profit, puisque la donation en avancement d'hoirie n'a pu dépasser la réserve; la perception des droits de mutation par décès doit être réglée en conséquence (Sol. 29 sept. 1905, 11135 R. P.).

DOUANES.

DÉSIGNATION DES ACTES.		TITRES DE PERCEPTION.	DÉLAIS pour l'enregistrement.	DROIT principal.	DOUBLE décime et demi.	TOTAL.
				fr. c.	fr. c.	fr. c.
Acquiescement à un jugement ou à un arrêt de condamnation	sous seing privé	L. 22 frim., art. 68, § 1er, n° 4; L. 28 avril 1816, art. 43, n° 1, et L. 28 fév. 1872, art. 4.	Sans délai	3 00	0 75	3 75
	par acte extrajudiciaire (signification)	L. 22 frim., art. 68, § 1er, n° 30; L. 19 fév. 1874, art. 2, et L. 28 avril 1893, art. 22.	4 jours	1 09	0 25	1 25
Actes	conservatoire (acte de retenue des marchandises et de prélèvement d'échantillons en vue de l'expertise légale)	L. 22 frim., art. 68, § 1er, n° 51 et L. 19 fév. 1874, art. 2.	*Idem*	3 00	0 75	3 75
	de remise sous caution d'objets saisis	D. m. f. du 30 juin 1859.	20 jours	(1) 3 00	0 75	3 75
	synallagmatique de mise en fourrière	L. 22 frim., art. 68, § 1er, n° 51; L. 18 mai 1850, art. 8, et L. 28 fév. 1872, art. 4.	Sans délai	3 00	0 75	3 75
	sous seing privé d'abandon de marchandises déposées en douane.	L. 22 frim., art. 68, § 1er, n° 51; L. 18 mai 1850, art. 8, et L. 28 fév. 1872, art. 4.	*Idem*	3 00	0 75	3 75
	de ventes. (Voir ci-après : Ventes.)					
Affirmation des procès-verbaux		L. 22 frim., art. 70, § 3, n° 12.		Exempt		Exempt
Appel	Signification d'appel d'un jugement du tribunal de *paix*	L. 22 frim., art. 68, § 1er, n° 30; L. 19 fév. 1874, art. 2, et L. 26 janv. 1892, art. 7.	4 jours	1 00	0 25	1 25
	Déclaration et signification d'appel d'un jugement *correctionnel* (1) — par l'appelant, s'il est en liberté, ou par l'Administration	L. 22 frim., art. 68, § 1er, n° 30; L. 19 fév. 1874, art. 2, et L. 28 avril 1893, art. 22.	20 jours	1 00	0 25	1 25
	— si l'appelant est emprisonné	L. 22 frim., art. 68, § 1er, n° 48, et L. 25 mars 1817, art. 74.	*Idem*	En débet		En débet
	— par le ministère public seul	*Idem*	*Idem*	*Idem*		*Idem*
Arrêts	*Cour d'appel* (chambre correctionnelle), *tous arrêts*	L. 22 frim., art. 68, § 1er, n° 48, et L. 28 avril 1816, art. 39.	*Idem*	1 50	0 38	1 88
	Cour de cassation (Section civile) correctionnelle ou criminelle. — Arrêts *préparatoires* ou *interlocutoires*	L. 28 avril 1816, art. 46, n° 3, et L. 28 fév. 1872, art. 4.	*Idem*	15 00	3 75	18 75
	— Arrêts *définitifs*	L. 28 avril 1816, art. 47, n° 3, et L. 28 fév. 1872, art. 4.	*Idem*	37 50	9 38	46 88
Cassation. (Voir : *Arrêts, déclaration* de pourvoi, *significations.*)						
Cautionnement	inséré dans le procès-verbal. (Voir le mot *Procès-verbaux.*)					
	inséré dans la transaction. (Voir *Transactions.*)					
	sous seing privé et séparé des deux actes précédents	L. 22 frim., art. 68, § 1er, n° 51; L. 18 mai 1858, art. 8, et L. 28 fév. 1872, art. 4.	Sans délai	3 00	0 75	3 75
Certificat destiné à tenir lieu de procès-verbal et constatant la réalisation volontaire d'un multiple de droit		L. 28 avril 1816, art. 43, n° 165; L. 19 fév. 1874, art. 2, et L. 20 avril 1893, art. 22.	4 jours	2 00	0 50	2 50
Citations	Justice de paix — Donnée par le procès-verbal	L. 9 floréal an VII, art. 6.		Exempt		Exempt
	Justice de paix — Donnée séparément	L. 9 floréal an VII, art. 6 et L. 26 janv. 1892, art. 6.	4 jours	1 00	0 25	1 25
	Tribunal correctionnel (donnée *par le rapport* (2) ou séparément)	L. 9 floréal an VII, art. 6 et L. 28 avril 1893, art. 22.	*Idem*	1 00	0 25	1 25
	Cour d'appel (chambre correctionnelle)	*Idem*	*Idem*	1 00	0 25	1 25

(1) Les déclarations de l'espèce, *faites au greffe*, constituent des actes *judiciaires* de police correctionnelle et non des actes *extrajudiciaires*. En conséquence, une sol. du 30 mai 1895 a reconnu que, contrairement aux indications du tableau ci-dessus, elles continuent d'être soumises au droit fixe de 1 fr. 50 en vertu des art. 68, § 1er, L. 22 frim. et 4 L. 28 fév. 1872.
(2) Décision de l'Enregistrement du 8 déc. 1851.

(1) Deux droits de 1 fr. 50. Instruction de l'Administration de l'enregistrement n° 2155, § 2, pour le tarif.

DÉSIGNATION DES ACTES.	TITRES DE PERCEPTION.	DÉLAIS pour L'ENREGISTREMENT.	DROIT PRINCIPAL.	DOUBLE DÉCIME et demi.	TOTAL.
			fr. c.	fr. c.	fr. c.
Contraintes (*Signification* (1) des) pour recouvrement de droits, non rapport d'acquits, etc.... — Au-dessous de 100 fr....	L. 16 juin 1824 (art. 26)	4 jours	Gratis....	....	Gratis....
Contraintes (*Signification* (1) des) pour recouvrement de droits, non rapport d'acquits, etc.... — Au-dessous de 100 fr. (2).	L. 22 frim., art. 68, § 1er, n° 30; L. 19 fév. 1874, art. 2, et L. 28 avril 1893, art. 22.	*Idem*	1 00	0 25	1 25
Commandement judiciaire	*Idem*	*Idem*	1 00	0 25	1 25
Déclaration de pourvoi en cassation. (1er acte.) — Matière civile	L. 28 avril 1816, n° 47; L. 19 fév. 1874, art. 2, et L. 28 avril 1893, art. 22.	20 jours	25 00	6 25	31 25
Déclaration de pourvoi en cassation. (1er acte.) — Matière correctionnelle ou criminelle. — Par le déclarant, s'il est en liberté, ou par l'Administration	*Idem*	*Idem*	25 00	6 25	31 25
— par le déclarant, s'il est emprisonné	*Idem*	*Idem*	En débet.	....	En débet.
— par le ministère public seul	Mêmes art. et L. 25 mars 1817, art. 74.	*Idem*	*Idem*	....	*Idem* ....
Désistement pur et simple, *sous seing privé*	L. 22 frim., art. 68, § 1er, n° 28; L. 28 avril 1816, art. 43, n° 12 et L. 28 fév. 1872, art. 4.	Pas de délai	3 00	0 75	3 75
Écrou... — *Acte* d'écrou, contenant commandement au débiteur et signification au geôlier	L. 22 frim., art. 11 et 68, § 1er, n° 30, L. 19 fév. 1874, art. 2 et L. 28 avril 1893, art. 22.	4 jours	(3) 2 00	0 50	2 50
Écrou... — *Recommandation* sur écrou, contenant les mêmes notifications...	*Idem*	*Idem*	(3) 2 00	0 50	2 50
Extraits des registres contenant les soumissions des redevables de droits de douanes, en vue de l'hypothèque légale sur les immeubles desdits redevables. (L. 22 août 1791, t. XIII, art. 25.)	L. 22 frim., art. 20 et 68, § 1er, n° 51; L. 18 mai 1850, art. 8, et L. 28 fév. 1872, art. 4.	Sans délai	3 00	0 75	3 75
Inventaires des marchandises abandonnées en douane	L. 22 frim., art. 68, § 2, n° 1, et L. 28 fév. 1872, art. 4.	20 jours	(4) 3 75	»	»
Inscription de faux par acte au greffe	L. 28 avril 1816, art. 44, n° 10, et L. 28 fév. 1872, art. 4.	*Idem*	4 50	1 13	5 63
Jugements préparatoires ou interlocutoires...... — Justice de paix	L. 22 frim., art. 68, § 1er, n° 46, L. 28 fév. 1872, art. 4, et L. 26 janv. 1892, art. 17.	*Idem*	1 00	0 25	1 25
— Tribunal civil (sur appel)	L. 28 avril 1816, art. 44, n° 10, et L. 28 fév. 1872, art. 4.	*Idem*	4 50	1 13	5 63
— Tribunal correctionnel	L. 22 frim., art. 68, § 1er, n° 48, et L. 28 fév. 1872, art. 4.	*Idem*	1 50	0 38	1 88
— Ministère public	Mêmes art. et L. 25 mars 1817.	*Idem*	En débet.	»	En débet.
Jugements définitifs prononçant des amendes, multiples de droits et confiscations. — Justice de paix	L. 22 frim., art. 68, § 2, n° 5; L. 28 fév. 1872, art. 4, et L. 26 janv. 1892, art. 17.	*Idem*	1 00	0 25	1 25
— Tribunal civil (sur appel)	L. 28 avril 1816, art. 45, n° 5, et L. 28 fév. 1872, art. 4.	*Idem*	7 50	1 88	9 38
— Tribunal correctionnel	L. 22 frim., art. 68, § 1er, n° 48, et 28 fév. 1872, art. 4.	*Idem*	1 50	0 38	1 88
— Ministère public	Mêm. art. et L. 25 mars 1817, art. 74.	*Idem*	En débet..	»	En débet.
Jugements définitifs portant condamnation de sommes consistant en dommages-intérêts. — Justice de paix	L. 26 janv. 1892, art. 16, § 6, n° 1 et § 2, n° 2.	20 jours	2 0/0	0 50 0/0	2 50 0/0
— Tribunal civil (sur appel). — Maintien de dommages-intérêts prononcés par le juge de paix.	*Idem*	*Idem*	0 50 0/0	0 12 1/2 0/0	0 62 1/2 0/0
— Condamnations nouvelles	*Idem*	*Idem*	2 50 0/0	0 62 1/2 0/0	3 12 1/2 0/0

Jugements définitifs portant condamnation de *sommes* autres que les dommages-intérêts — Justice de paix	L. 26 janv. 1892, art. 18, § 4, n° 1 et § 2, n° 2.	20 jours	1 00 0/0	0 25 0/0	1 25 0/0
Jugements définitifs… — Tribunal civil (sur appel). — Maintien des condamnations prononcées	*Idem*	*Idem*	0 50 0/0	0 12 1/2 0/0	0 62 1/2 0/0
Jugements définitifs… — Tribunal civil (sur appel). — Condamnations nouvelles	*Idem*	*Idem*	1 50 0/0	0 37 1/2 0/0	0 87 1/2 0/0
Opposition — à un jugement du tribunal de paix	L. 22 frim., art. 68, § 1er, n° 30; L. 16 juin 1824, art. 6; L. 19 fév. 1874, art. 2, et L. 28 avril 1893, art. 22.	4 jours	1 00	0 25	1 25
Opposition — à un jugement du tribunal civil (sur appel)		*Idem*	1 00	0 25	1 25
Opposition — à un jugement du tribunal correctionnel		*Idem*	1 00	0 25	1 25
Opposition — à un arrêt de la Cour d'appel					
Ordonnance du juge de paix ou d'instruction, sur requête pour être autorisé à vendre par anticipation	L. 22 frim., art. 22 et 68, § 1er, nos 16 et 48, et L. 28 fév. 1872, art. 4.	20 jours	1 50	0 38	1 88
Ordonnance du juge de paix sur requête à fin d'expertise légale	L. 22 frim., art. 68, § 1er, n° 46, et L. 28 fév. 1872, art. 4.	*Idem*	1 50	0 38	1 88
Ordonnance sur requête, autorisant la vente de marchandises abandonnées en douane	L. 22 août 1791, T. IX, art. 6.	*Idem*	Gratis	»	Gratis
Procès-verbaux — de saisie à la requête du ministère public (marques de fabrique, phylloxera, etc.)	L. 28 avril 1816, art. 43 n° 16; L. 19 fév. 1874, art. 2, et L. 25 mars 1817, art. 74.	4 jours	En débet.	»	En débet.
Procès-verbaux — de contraventions, saisies, opposition, injures — S'il existe un bureau d'enregistrement dans la commune du dépôt de la marchandise, ou dans celle où siège le tribunal	L. 28 avril 1893, art. 22.	*Idem*	2 00	0 50	2 50
Procès-verbaux — de contraventions, saisies, opposition, injures — S'il n'en existe pas	L. 9 floréal an VII, art. 9, T. IV.		(1) Exem.	»	Exempt.
Procès-verbaux — de *saisies*, portant offre de *main levée sous caution* — acceptée	L. 28 avril 1816, art. 43, n° 16; L. 22 frim., art. 68, § 1er, et L. 28 avril 1893, art. 22.	4 jours	(2) 3 50	0 88	4 38
Procès-verbaux — de *saisies*, portant offre de *main levée sous caution* — refusée	L. 22 frim., art. 11, et L. 28 avril 1816, art. 43, n° 16.	*Idem*	2 00	0 50	2 50
Procès-verbaux — de destruction de marchandises avariées	L. 28 avril 1893, art. 22.				
Procès-verbaux — de ventes. (Voir le mot *Ventes*.)	L. 28 avril 1816, art. 43, n° 16.	*Idem*	3 00	0 75	3 75
Procès-verbaux — de constats relatifs aux fraudes de douance par la voie de la poste. (Voir : Tableau annexé au Recueil méthodique, pièces non sujettes au timbre.)					
Requête pour être autorisé à vendre des marchandises			(3) Exem.	»	Exempt.
Significations — d'un jugement du tribunal de paix	L. 22 frim., art. 68, § 1er, n° 30; L. 16 juin 1824, art. 6; L. 19 fév. 1874, art. 2; L. 26 janv. 1892, art. 6 et 7, et L. 28 avril 1893, art. 22.	4 jours	1 00	0 25	1 25
Significations — d'un jugement du tribunal de première instance — Chambre civile (sur appel)		*Idem*	1 00	0 25	1 25
Significations — d'un jugement du tribunal de première instance — Chambre correctionnelle		*Idem*	1 00	0 25	1 25
Significations — d'un arrêt en matière correctionnelle		*Idem*	1 00	0 25	1 25
Significations — d'un arrêt de la cour de cassation		*Idem*	1 00	0 25	1 25
Significations — des contraintes		*Idem*	1 00	0 25	1 25
Significations — des ordonnances du juge de paix (portant autorisation de vendre sur requête à fin d'expertise)		*Idem*	1 00	0 25	1 25
Sommation à fin de réexportation d'entrepôt (sans payement de droits)	L. 28 fév. 1816, art. 43, n° 18; L. 19 fév. 1874, art. 2; L. 28 avril 1893, art. 22.		2 00	0 50	2 50
Soumission, sous seing privé, de s'en rapporter à la décision de l'Administration — avec cautionnement	L. 22 frim., art. 68, § 1er, n° 51, L. 28 fév. 1872, art. 4, et L. 22 frim., art. 11.	Pas de délai	(4) 3 00	0 75	3 75
Soumission, sous seing privé, de s'en rapporter à la décision de l'Administration — sans cautionnement	Mêmes articles.	*Idem*	1 50	0 38	1 88
Soumission, sous seing privé, pour l'enlèvement des marchandises avant payement des droits — avec cautionnement	*Idem*	Sans délai	(4) 3 00	0 75	3 75
Soumission, sous seing privé, pour l'enlèvement des marchandises avant payement des droits — sans cautionnement	*Idem*	*Idem*	1 50	0 38	1 88
Soumissions des redevables de droits de douanes en vue de l'hypothèque légale sur les immeubles de ces redevables. (Voir : Extraits des registres cont., etc.)					

(1) Mais, dans ce cas, le procès-verbal doit être visé par le juge de paix ou le maire dans les délais de l'art. 9 L. 9 floréal an VII.

(2) Deux droits, l'un de 2 francs, l'autre de 1 fr. 50.

(3) Sont sujettes à l'enregistrement, non pas les requêtes elles-mêmes, mais seulement les *Ordonnances* dont ces requêtes sont suivies. [Voir les mots *Ordonnance*.]

(4) Deux droits de 1 fr. 50.

DÉSIGNATION DES ACTES.	TITRES DE PERCEPTION.	DÉLAIS pour L'ENREGISTREMENT.	DROIT PRINCIPAL.	DOUBLE DROIT et demi.	TOTAL.
			fr. c.	fr. c.	fr. c.
Transactions (1) — avant jugement — avec cautionnement et portant abandon d'objets *susceptibles de confiscation*	D. m. f. des 6 avril 1839 et 15 sept. 1850 et 1er avril 1839.	20 jours	(2) 3 00	0 75	3 75
— avant jugement — sans cautionnement et portant ledit abandon	*Idem*	*Idem*	1 50	0 38	1 88
— avant jugement — avec ou sans caution, lorsqu'il n'y a pas clause *d'abandon en nature*, ou quand l'objet abandonné n'est pas destiné à être exposé aux enchères publiques	Circ. des douanes du 12 oct. 1841, n° 1883.	Pas d'enregistrement	»	»	»
— après jugement définitif ou non — avec cautionnement et portant acquiescement au jugement de confiscation	*Idem*	*Idem*	»	»	»
— après jugement définitif ou non, sans cautionnement et portant ledit acquiescement au jugement de confiscation	Circ. des douanes du 12 oct. 1841, n° 1882.	Pas d'enregistrement	»	»	»
— après jugement non *signifié, en matière de saisie de sel*, lorsqu'il s'agit de se réserver la faculté d'établir ultérieurement la *récidive* contre le contrevenant	*Idem*	20 jours	(3) 3 00 1 50	0 75 0 38	3 75 1 88
Vacations. (Voir Inventaires.)					
Ventes — de marchandises avariées et de débris de navires naufragés	L. 28 avril 1893, art. 19	4 jours	0 20 0/0	0 05 0/0	0 25 0/0
Ventes — d'autres marchandises et meubles quand il ne s'agit pas de ventes faites pour le recouvrement de sommes dues à l'État	L. 22 frim., art. 69, § 5, n° 1.	*Idem*	2 00 0/0	0 50 0/0	2 50 0/0 (4)

(1) Dispositions approuvées provisoirement par l'Administration compétente en présence des instructions nos 1128, 1643, § 6, 2130, § 4, qui sont favorables pour le tarif. Mais la Direction générale de l'enregistrement se réserve d'examiner d'une manière approfondie cette question délicate de l'enregistrement des transactions en matière de douanes. [illegible]

(2) Deux droits de 1 fr. 50. (Contrà, nos 32 et 38 ci-après).

(3) Deux droits de 1 fr. 50 ou un seul droit, suivant qu'il y a ou non cautionnement. (Contrà, nos 72 et 38 ci-après.)

(4) Avec minimum de 25 centimes en principal.

DROIT DE TRANSMISSION.

7 *bis*. Sociétés de Panama. — Exemption. — La loi du 1er juill. 1893 a, par son art. 12, « fait remise à la Compagnie universelle du canal interocéanique de Panama, à la Société civile d'amortissement des obligations du canal de Panama (émission de mars 1888) et à la Société civile pour l'amortissement des obligations à lots du canal de Panama, de tous les droits de timbre et de transmission échus ou à échoir sur tous titres d'actions et d'obligations desdites sociétés » (2844 I. G.).

10. Sociétés d'assurances mutuelles. — Emprunt. — Parts de fonds de garantie au porteur. — Les titres qu'une Société d'assurances mutuelles sur la vie crée pour couvrir ses dépenses d'organisation et de premier établissement sous la forme de parts de fondateur au porteur sont assujettis au droit de transmission. Cette association a, en effet, tous les caractères de la société telle qu'elle est définie par l'art. 1832 C. civ.; dans tous les cas, elle constitue une collectivité ayant une existence propre. Le fait qu'aucune garantie n'aurait été donnée aux prêteurs pour le remboursement de leurs avances est d'ailleurs sans influence sur l'exigibilité de l'impôt, attendu que le législateur ne s'est aucunement préoccupé du plus ou moins de garantie offert par l'emprunteur (Lyon, 13 déc. 1899, 25876 J. E.).

11-3. Sociétés infructueuses. — Taxe annuelle. — La dispense d'impôt, accordée en matière de droit de timbre par abonnement par l'art. 24 L. 5 juin 1850, ne peut être étendue, par voie d'interprétation et sous prétexte d'analogie, à la taxe annuelle établie par la loi du 23 juin 1857, qui est un droit de transmission, qui a pour objet la valeur présumée des actions et des obligations et qui tient compte des variations de la valeur vénale. Cette taxe continue donc d'être exigible sur les actions et obligations d'une société, malgré le non-payement pendant deux ans de dividendes et d'intérêts (Cass. req., 10 janv. 1892, 7780 R. P.; 23738 J. E.; 2820-3 I. G.).

4. Société en liquidation. — Une société conserve sa personnalité civile jusqu'à la fin de la liquidation et jusqu'au partage. D'autre part, la liquidation d'une société ne peut être considérée comme terminée qu'après que l'actif social a été partagé, ou que, les comptes sociaux ayant été apurés, la proportion dans laquelle chaque associé participera au partage a été déterminée. Jusqu'à ce moment, c'est-à-dire pendant toute la période de liquidation, la société est tenue d'acquitter, à peine d'amendes, les droits de transmission applicables à ses actions (Nice, 9 mars 1897, 9210 R. P.).

8. Crédit foncier. — V. n° 40.

12-4. Dessèchement de marais. — D'après la théorie de l'Administration exposée au *Rép. gén.*, n° 12-1, il faudrait admettre que les sociétés constituées pour le dessèchement des marais ou pour d'autres travaux d'utilité publique seraient soumises au droit de transmission, par application de l'art. 9 L. 16 sept. 1871, si la loi approbative de leurs statuts ne renfermait aucune disposition contraire. Nous faisons toutes nos réserves au sujet de l'exactitude

DROIT DE TRANSMISSION.

7 *bis*. Sociétés de crédit maritime. L. 23 avril 1906. — Les titres de ces sociétés ne comportent, dans aucun cas, la perception du droit de transmission (Instr. 3190, 11228 R. P.).

11-7. Société en faillite ou en liquidation judiciaire. Recouvrement. Créance sur la masse. — La taxe annuelle de transmission, échue postérieurement à la mise en faillite ou en liquidation judiciaire d'une société, constitue une créance *sur la masse*, remboursable avant toute distribution, et non pas seulement une créance *dans la masse*, soumise à la règle commune de la contribution et payable au marc le franc (Sol. 30 mars 1904, Instr. 3107, § 10, 11030 R. P.; — *Castres*, 19 janv. 1907, 11582 R. P.).

13. Société. Parts d'intérêt. Cession. Décimes non exigibles. — L'art. 6 L. 23 juin 1857, d'après lequel les cessions d'actions dans les sociétés sont assujetties au droit de 0 fr. 20 p. 100 (aujourd'hui 0 fr. 50 p. 100, sans décimes), englobe, dans la généralité de ses termes, toutes les cessions de droits sociaux, quels que soient le mode employé pour la transmission et la *forme* dans laquelle la société a été constituée. Il est applicable, par conséquent, aussi bien aux cessions de parts d'intérêt dans les sociétés en nom collectif qu'aux cessions d'actions *proprement dites*. — Seine, 4 avril 1903, 10578 R. P.; 12 fév. 1904, 10776 R. P.; — Lille, 9 juin 1905, 11003 R. P.; — Seine, 7 avril 1906, 11230 R. P.; — Cass. (req.), 27 avril 1906, 11180 R. P. — Lille, 19 janv. 1906, 11346 R. P.; Seine, 10 mai 1906, 11301 R. P. — *Contrà* Saumur, 5 janv. 1900, 11137 R. P.; — Cambrai, 23 juin 1903, 10597 R. P.

Société pour le recouvrement d'une participation. Parts divisées en fractions égales. — Les titres représentatifs de ces parts sont passibles du droit de transmission (Seine, 1er août 1902, 10505 R. P.). — V. *Impôt sur le revenu*, n° 11.

14. Parts de fondateur. Société pour la reconstitution de capitaux. — Constitue une véritable société l'association ayant pour objet la reconstitution de capitaux, qui a été constituée dans les formes prescrites par la loi du 24 juill. 1867 et le décret du 22 janv. 1868. Par suite, les parts de fondateur, créées par l'acte social, doivent être considérées comme de véritables parts d'intérêts, assujetties au droit de transmission établi par la L. 23 juin 1857 (Lyon, 21 nov. 1905, 11217 R. P.).

14-1. Actions d'apport non négociables. Droit de 0 fr. 50 p. 100, avec décimes, exigible en vertu de l'art. 60 § 2, n° 6 L. frim. — V. *Société*, n° 271.

24. Bons nominatifs. Mode de cession non *déterminé*. **Taxe annuelle.** — Lorsque le mode de cession de bons nominatifs délivrés à des actionnaires en représentation d'une partie des bénéfices qui leur étaient acquis, n'a pas été déterminé, le transfert peut avoir lieu autrement que par une déclaration régulière sur les registres sociaux, alors même que les actions ne seraient elles-mêmes cessibles que par un transfert dans les termes de l'art. 36 C. Comm., et la taxe annuelle est exigible (Nevers, 31 juill. 1906, 11105 R. P.).

de cette règle de perception (V. *Rép. gén.*, n° 12-1 *in fine*).

En ce qui concerne la taxe sur le revenu, V. le mot *Impôt sur le revenu*, n° 14-5 *in fine*, au *Rép. gén.*

14. Action. — **Cessions régies par l'art. 1690 C. civ. — Titres transmis par acte notarié. — L. 23 juin 1857 applicable. — Décimes non exigibles.** — L'art. 6 L. 23 juin 1857, d'après lequel les cessions d'actions dans les Sociétés sont assujetties au droit de 0 fr. 20 p. 100 (aujourd'hui 0 fr. 50 p. 100 sans décimes), englobe dans la généralité de ses termes, toutes les cessions d'actions dans ces Sociétés, quel que soit le mode employé pour la transmission. Il est applicable aussi bien aux cessions qui ont lieu dans les formes prescrites par l'art. 1690 C. civ. qu'à toutes les autres (Valenciennes, 27 juill. 1892; — Cass. civ. 4 fév. 1895, 8480 R. P.; — 24546 J. E. — Douai, 22 avr. 1896, 24800 J. E.). Cette interprétation, qui est contraire à l'opinion que nous avons exprimée au *Rép. gén.*, nous paraît des plus contestables. Elle est tout au moins en contradiction manifeste avec la pensée dont s'est inspiré le législateur de 1857. On remarquera qu'elle a pour conséquence de soustraire les cessions d'actions non négociables à l'application seule des décimes.

1. Actions d'apports. — Point de départ de la taxe. — Les actions d'apports qui restent attachées à la souche et ne peuvent être négociées que deux ans après la date de la constitution de la Société, échappent à l'application du droit de transmission jusqu'au moment où elles sont susceptibles d'être négociées (Sol. 4 sept. 1895, 8771 R. P.; — 24931 J. E.; — 6 nov. 1895, 24754 J. E.; — 29 avr. 1902, 10086 R. P.; 3089-28 I. G.).

Mais, si elles faisaient l'objet d'une cession, elles donneraient lieu, le cas échéant, d'après la jurisprudence citée au n° précédent, au droit de 0 fr. 50 p. 100 sans décimes (*Rapp.* Sol. préc. 29 avr. 1902).

15. Obligations susceptibles d'être cotées. — Les titres qu'une Société délivre en représentation d'emprunts, constituent des obligations tombant sous l'application de la loi du 23 juin 1857, s'ils sont négociables et susceptibles d'être cotés à la bourse (Beaune, 6 mars 1890, 7507 R. P.).

Le droit de transmission est, de même, exigible sur les obligations nominatives, susceptibles d'être cotées à la bourse, qu'une commune émet en représentation d'un emprunt, bien que les habitants de la commune aient été seuls admis à prendre part à la souscription (Bar-sur-Aube, 21 nov. 1895, 8787 R. P.; — 24744 J. E.).

Mais, si des titres d'obligations faux ont été créés au nom d'une ville par un receveur municipal infidèle, ils échappent à la perception du droit de transmission, alors même qu'ils auraient été remboursés par la ville civilement responsable; ils sont assimilables à des effets privés (Sol. 22 juin 1893, 24165 J. E.).

4. Service des obligations mis à la charge d'un tiers. — La charge, imposée au tiers acquéreur d'une partie de l'actif d'une société, en dehors du concours des obligataires, d'amortir les obligations de cette compagnie jusqu'à concurrence du prix de la cession, constitue une simple indication de payement et n'a pas pour effet de libérer, par voie de novation, la société venderesse de sa dette vis-à-vis des obligataires. Cette société reste donc tenue d'acquitter le droit de transmission afférent à toutes ses obligations (Cass. req. 19 janv. 1892, 7769 R. P.; — 23738 J. E.; — 2820-3 I. G.) sur pourvoi formé contre le jugement de Marseille cité au *Rép. gén.*).

17-2. Actions nominatives. — Transfert dans la forme civile. — Faculté de retrait. — Le droit de 0 fr. 50 p. 100 n'est applicable qu'aux transmissions d'actions ou d'obligations qui s'effectuent dans la forme déterminée par l'art. 36 C. Com. — Par conséquent, la taxe annuelle et obligatoire de 0 fr. 20 p. 100 est exigible sur les actions nominatives d'une Société dont la cession a lieu dans la forme civile, alors même que les cessionnaires devraient être agréés par la majorité des associés (Cass. 4 déc. 1893, 8231 R. P., 24258 J. E.; — Vannes, 18 fév. 1897, 9211 R. P. — *Contra* Ploërmel, 14 nov. 1888, 8231 R. P.).

En droit civil, une transmission s'opère, suivant le prix, soit verbalement, soit par acte authentique ou sous signature privée (1341 C. C.). Il en résulte qu'une action, cessible dans la forme civile, peut être transmise sans la déclaration de transfert sur les livres de la société exigée pour l'application du droit de 0 fr. 50 p. 100.

23. Emprunt municipal. — Obligations nominatives transmissibles par endossement. — Cession visée par le maire et transcrite sur le registre de la mairie. — C'est la taxe de 0 fr. 20 p. 100, à l'exclusion du droit de 0 fr. 50 p. 100, qui est exigible sur les obligations nominatives des emprunts d'une ville qu'une délibération du Conseil municipal déclare cessible par voie d'endossement. Il importe peu que les titres présentent, au verso, des cases destinées à recevoir l'inscription des cessions et le visa du maire et que les cessions soient transcrites sur les registres de la mairie; ces formalités constituent de simples mesures d'ordre intérieur n'ayant rien de commun avec la déclaration translative de propriété dont parle l'art. 36 du C. de comm. (Nancy, 11 août 1891 et Cass. req. 31 janv. 1893, 8046 R. P.; — 24022 J. E.; — 2842-6 I. G.; — Cass. civ. 26 juin 1893, 8115 R. P.; — 24158 J. E.; — 2854-4 I. C.; — *Contra* Besançon, 28 fév. 1890, 8113 R. P.).

24. Titres nominatifs. — Mode de cession non déterminé. — Lorsque le mode de cession d'obligations nominatives n'a pas été déterminé, le transfert peut avoir lieu autrement que par une déclaration régulière sur les registres sociaux, et la taxe annuelle est exigible (Beaune, 6 mars 1890, 7507 R. P.).

La même solution est applicable dans le silence des actes qui ont réglé les conditions de l'emprunt, aux titres nominatifs qu'une commune a délivrés aux souscripteurs (Bar-sur-Aube, 21 nov. 1895, 8787 R. P.; — 24744 J. E.).

1. Emprunt municipal. — Certificats nominatifs de dépôt. — Mode de cession non déterminé. — Transfert exigé pour rendre la cession opposable à la ville. — Toutefois, comme nous l'avons enseigné au *Rép. gén.*, la règle posée par les décisions qui précèdent n'est pas invariable et absolue. S'il résulte de faits nettement établis et de circonstances spéciales que le transfert ne peut s'effectuer et ne s'effectue réellement que par une déclaration régulière inscrite sur les registres de la Société ou de la commune,

il faut admettre qu'il a été réglé tout au moins tacitement, et il y a lieu d'en tenir compte pour l'application du droit de transmission.

En ce sens, il a été décidé que la taxe obligatoire de 0 fr. 20 p. 100 n'est pas exigible sur les certificats nominatifs de dépôt qu'une ville délivre à ceux de ses obligataires qui en font la demande, en échange de leurs titres au porteur qu'elle reçoit et immobilise temporairement dans la caisse municipale, lorsque, en fait, la cession de ces certificats nominatifs ne devient parfaite, au regard de la ville, que par la formalité du transfert, encore bien que la nécessité de transfert n'ait pas été spécialement prévue par le cahier des charges de l'emprunt et ne résulte que des dispositions réglementaires qui gouvernent la matière des emprunts municipaux (Marseille, 21 janv. 1890, 7385 R. P.).

26. Émissions. — Point de départ de la taxe annuelle. — La taxe annuelle est exigible sur les actions au porteur d'une société qui, attribuées aux associés et revêtues de l'empreinte du timbre, doivent être considérées comme émises (Nice, 9 mars 1897, 9210 R. P.).

Lorsque, d'après les statuts d'une société, les actions, d'abord représentées par des titres provisoires nominatifs, transmissibles au moyen d'une déclaration de transfert sur les registres sociaux, peuvent être transformées, après le dernier versement, en titres définitifs au porteur, la taxe annuelle et obligatoire devient exigible à partir de l'option, bien que les titres au porteur n'aient pas été matériellement créés (Seine, 8 août 1901, 10246 R. P.).

Cette décision peut se justifier en fait, s'il est exact, comme cela paraît ressortir des termes du jugement, que les titres nominatifs que les associés ont demandé à transformer en titres au porteur pouvaient, en attendant cette transformation, être transmis autrement que par une déclaration régulière de transfert. Mais, dans le cas contraire, il serait difficile d'admettre qu'ils tombent sous l'application de la taxe annuelle. Ainsi que nous l'avons enseigné au *Rép. gén.*, la première condition de l'exigibilité de cette taxe est que les titres soient créés, c'est-à-dire, dans l'hypothèse actuelle, que des titres transmissibles sans un transfert sur les livres de la société aient été émis. Si donc, malgré l'option des associés, les cessions de titres nominatifs continuaient à s'opérer dans la forme originaire, le droit de transmission de 0 fr. 20 p. 100 devrait seul être perçu : ce ne serait qu'à compter du jour où des titres au porteur auraient été créés que la taxe annuelle serait exigible (V. *infrà* n° 41).

1. TITRES D'OBLIGATIONS DÉPOSÉS A UN CRÉANCIER AVEC MANDAT DE LES ÉMETTRE. — On doit considérer comme émises les obligations au porteur qu'une société dépose en garantie entre les mains d'un tiers avec stipulation que leur produit sera appliqué, au fur et à mesure que la réalisation aura lieu, au remboursement de l'avance consentie à la société (Cass. civ. 6 avr. 1897, 8963 R. P., 25008 J. E.; — 2955-2 I. G.; — *Contrà* Seine, 22 juill. 1893, 8352 R. P.; — 24265 J. E.). Cette interprétation est très discutable; nous en avons contesté l'exactitude v° *Abonnement*, n° 26.

27. Droit de transfert. — Mention inscrite au dos des titres par le porteur. — Transfert irrégulier. — Lorsque, pour être valable, la transmission d'un titre nominatif doit faire l'objet d'une déclaration de transfert sur les registres de la société, le transfert, qui n'est pas opéré dans ces conditions, ne permet pas de réclamer le droit de 0 fr. 50 p. 100. Il en est ainsi spécialement dans le cas où le titre aurait été revêtu, par le porteur décédé, d'une mention portant qu'il est transféré à un tiers (Sol. 29 avr. 1897, 9287 R. P., 25494 J. E.).

29-3. Délivrance de titres nominatifs d'actions en représentation des actions d'apports créées au porteur. — D'après l'art. 2 L. 1er août 1893, les actions d'apports ne sont détachées de la souche et ne deviennent négociables que deux ans après la constitution de la société. Pendant cette période, elles ne présentent pas le caractère de véritables titres au porteur alors même qu'elles auraient été créées sous cette forme. Elles ne peuvent être considérées dès lors comme émises que le jour où, le délai de deux ans étant expiré, les intéressés sont fondés à en requérir la délivrance. Il en résulte que si, à l'expiration du délai légal, il est délivré aux ayants droit des titres ou certificats nominatifs en représentation des actions d'apports primitivement établies au porteur, mais restées à la souche, l'opération ne constitue pas une conversion proprement dite, et que le droit de 0 fr. 50 p. 100 n'est pas dû (Sol. 29 avril 1902, 3089-28 I. G.).

4. CONVERSION D'OBLIGATIONS. — Dans un jugement rendu entre parties le 10 déc. 1890, le tribunal de la Seine a décidé que le souscripteur qui, lors d'une émission d'obligations, désire des titres nominatifs, doit en faire la demande dans le délai imparti par la loi du 23 juin 1857; faute de quoi, il se trouve tenu de supporter le droit de conversion en titres nominatifs des titres au porteur qui lui ont été attribués à l'époque de la répartition (3008 Rev. prat.).

33-2. Obligation hypothécaire. — Société étrangère. — V. *infrà* n° 60 *bis*.

34. Bases de la perception. — Nue propriété d'un titre nominatif. — La cession par le nu propriétaire d'un titre immatriculé à son nom donne lieu à la perception du droit du transfert sur le prix de la négociation (Sol. 23 fév. 1899).

2. COURS MOYEN. — Lorsque les titres sont cotés à la seconde partie du bulletin de la cote de la Bourse, le cours moyen de l'année précédente n'en doit pas moins servir de base à la liquidation de la taxe (Bordeaux, 21 fév. 1898, 9327 R. P.; — 25471 J. E.).

Mais, si une valeur est cotée à la première partie du bulletin d'une Bourse départementale, et à la seconde partie du bulletin de la Bourse de Paris, c'est du cours moyen de la Bourse départementale qu'il convient de tenir compte exclusivement pour la perception (Sol. 11 sept. 1873, 2428 J. E.).

Lorsque, pendant l'année précédente, une valeur a été l'objet d'une seule ou de deux négociations, c'est le cours unique ou la moyenne des deux cours qui constitue le cours moyen servant de base à l'impôt (Sol. 10 avril 1850, 25090 J. E.).

Toutefois la taxe annuelle ne s'établit sur le cours moyen de la cote à la Bourse qu'autant que les titres d'actions ou d'obligations au porteur ont été cotés pendant

26. Titres d'obligations déposés à un créancier avec mandat de les émettre. Émission. — Lorsque des titres d'obligations ont été remis en garantie d'une avance consentie, par un établissement de crédit, à la société qui les a créés avec stipulation que le produit de leur réalisation, au fur et à mesure qu'elle aurait lieu, serait affecté au remboursement de la somme avancée, l'établissement créancier s'est trouvé investi d'un droit propre sur les titres déposés dans sa caisse. Ces titres, qui ont ainsi reçu une existence juridique, doivent être considérés comme souscrits au sens de la L. 23 juin 1857 et sont dès lors passibles de la taxe annuelle de transmission (Cass. (ch. réun.), 16 mars 1899; *Contrà* Melun, 29 juill. 1898, 10734 R. P.).

28-32. Titres nominatifs. Obligations affectées à une caisse de retraites. Transfert d'une Société à une autre pour assurer le service des pensions. Droit de 0 fr. 50 p. 100. — La caisse de retraites des employés d'une maison de commerce, qui n'a ni existence ni personnalité propre, se confond avec la Société chargée d'assurer le service des pensions; la propriété de son patrimoine ne repose donc pas sur sa tête, elle appartient à ladite Société. Par suite, lorsque des titres d'obligations nominatives, immatriculés au nom de cette société, sont transférés à une autre société qui se substitue à la première pour le service des retraites, il s'opère une véritable mutation, passible du droit de 0 fr. 50 p. 100 ; ce droit peut être perçu sur l'acte qui consacre la mutation (Seine, 5 nov. 1903, 10782 R. P.).

34. Cession de la nue propriété de titres nominatifs. Droit de 0 fr. 50 p. 100 exigible sur le prix. L. 25 fév. 1901 non applicable. — La disposition de la L. 25 fév. 1901, art. 13, relative à l'évaluation de la nue propriété et de l'usufruit, vise uniquement les droits d'enregistrement établis par la L. fiscale; elle est, par conséquent, sans influence sur la perception de l'impôt de transmission créé par la L. 23 juin 1857. Le droit de transmission de 0 fr. 50 p. 100, auquel sont assujetties les cessions de titres nominatifs, est assis sur le prix du transfert (art. 2, Déc. 17 juillet 1857); cette règle générale s'applique non seulement aux cessions qui ont pour objet la propriété entière, mais encore à celles qui ne portent que sur la nue propriété ou sur l'usufruit des valeurs négociées (Sol. 15 juill. 1903, Inst. 3121-3, 10838 R. P.).

34-2. Actions de capital transformées en actions de jouissance. Cours moyen de l'année précédente. Liquidation de la taxe annuelle. — Les actions de jouissance, délivrées en remplacement d'actions de capital amorties, ne constituent pas des actions nouvelles; elles ne sont que la continuation des actions anciennes, alors même que chaque action aurait été fractionnée. Par suite, la taxe annuelle de transmission doit être liquidée sur ces titres d'après le cours moyen des actions de capital pendant l'année précédente, et non pas d'après une déclaration estimative (Lyon, 25 nov. 1902, 10572 R. P.).

35. Actions au porteur. Titres inscrits à la seconde partie de la cote officielle. Cours servant de base légale de perception. Titres cotés pendant une partie de l'année. Déclaration estimative. — Lorsque des titres sont cotés à la seconde partie du bulletin de la cote officielle de la Bourse, il y a lieu de les considérer comme des titres cotés à la Bourse dans le sens du décret du 17 juill. 1857; par suite, le cours moyen de l'année précédente doit servir de base légale à la liquidation de la taxe annuelle de transmission. Si les titres n'ont pas été admis à la cote pendant toute l'année, leur valeur, pour la perception de la taxe, doit être déterminée, non pas d'après le cours moyen de la Bourse, mais par une déclaration estimative dans laquelle toutefois il convient de faire état des cours officiels (Saint-Étienne, 31 juill. 1905, 11186 R. P.; — Saint-Étienne, 30 oct. 1906, 11457 R. P.).

Pour établir l'insuffisance des déclarations estimatives souscrites pour la perception des droits de transmission sur les titres au porteur non cotés, la Régie est fondée à utiliser tous les moyens de preuve compatibles avec les formes de la procédure spéciale suivie en matière d'enregistrement. Mais les tribunaux jouissent d'un pouvoir souverain d'appréciation pour fixer la valeur des titres et le chiffre de l'insuffisance, d'après les éléments qui leur sont fournis (Saint-Étienne, 29 oct. 1906, 11457 R. P.).

Parts de fondateur. Insuffisance d'évaluation. Détermination. — La taxe annuelle de transfert est assise, pour les titres non cotés, sur la valeur supposée des transmissions au cours de l'année précédente. Ce n'est pas seulement d'après le dividende distribué pendant cette année que des parts de fondateur peuvent être évaluées pour la perception (Seine, 19 nov. 1904, 11086 R. P.).

40. Taxes indûment perçues. Compensations successives sur les termes des trimestres suivants. Inadmissibilité. Restitution. Prescription biennale. — En matière de droits de transmission, chaque perception trimestrielle comporte une liquidation spéciale et définitive, distincte des perceptions antérieures ou postérieures faites pour d'autres trimestres. Par suite, une société ne saurait être fondée à prétendre que les droits dont elle est débitrice se sont compensés successivement chaque trimestre avec les indues perceptions opérées antérieurement, de telle sorte que ces compensations successives auraient eu le double effet de substituer une nouvelle créance de l'indû à celle du trimestre précédent et de fixer ainsi le point de départ de la prescription au jour même de la demande en restitution. A défaut, en effet, d'une assignation signifiée et enregistrée dans le délai légal, l'action en remboursement est éteinte par la prescription biennale (Seine, 30 juin 1903; Cass. (civ.), 6 mars 1906, n° 11168 R. P.).

toute l'année précédente. Si les titres n'ont été admis à la cote que durant une partie de l'année, il y a lieu, pour déterminer la valeur servant de base à la perception, de tenir compte à la fois de la moyenne des cours de la Bourse et des déclarations estimatives souscrites pour les trimestres pendant lesquels les titres n'étaient pas cotés (Seine, 17 nov. 1893, 8337 R. P.; — 24276 J. E.).

35. Titres non cotés. — Valeur servant de base à la perception. — La taxe annuelle de transfert doit, pour les titres non cotés, être liquidée sur la valeur moyenne des titres pendant l'année précédente et non pas sur leur valeur pendant l'année courante (Seine, 23 juin 1893, 8328 R. P.; — 24184 J. E.).

La Régie est fondée à vérifier l'exactitude de la déclaration estimative, souscrite par la société pour la perception de la taxe, au moyen des actes dont elle a connaissance et notamment d'après l'importance des dividendes distribués. Mais les tribunaux ne sont pas tenus d'accepter l'évaluation faite par elle; ils peuvent fixer le montant de l'insuffisance à un chiffre différent de celui qu'elle propose (V. Bordeaux, 21 fév. 1898, 9327 R. P.; — 25471 J. E.).

1. Conversion. — Le droit de 0 fr. 50 p. 100 auquel donne lieu la conversion d'un titre coté se perçoit d'après le dernier cours constaté avant la conversion : il n'y a pas lieu de recourir à une déclaration estimative, quelle que soit l'époque à laquelle la dernière négociation a eu lieu (Sol. 16 avr. 1897, 25090 J. E.).

37. Titres non libérés. — Réduction du capital social. — Actions nouvelles libérées. — Lorsqu'une société, après avoir réduit son capital, délivre à ses actionnaires une action nouvelle entièrement libérée en échange de deux actions anciennes libérées de moitié, la taxe, applicable aux nouveaux titres, doit être liquidée d'après le cours moyen des anciennes actions pendant l'année précédente, en multipliant par 2 la valeur intrinsèque d'une action nouvelle, c'est-à-dire la valeur négociée, déduction faite du versement à faire. On ne saurait, dans ce cas, considérer rétroactivement le cours moyen, mais total, d'une ancienne action comme étant celui d'une action complètement libérée (Seine, 22 juill. 1893).

39. Débiteur de l'impôt. — Sociétés. — Faillite. — Concordat. — Le droit de 0 fr. 50 p. 100 rentre dans les prévisions de l'art. 31 L. 22 frim.; il est dû, en principe, par le cessionnaire, à moins de stipulations qui le mettent à la charge de l'autre partie contractante, c'est-à-dire du cédant. Quant à la société dont les titres sont cédés à un tiers, elle n'est pas partie au contrat : c'est en qualité d'intermédiaire entre le Trésor et les parties, sauf un recours contre les débiteurs, qu'elle est tenue de payer l'impôt. Par suite, lorsqu'elle prend à sa charge le droit de transfert, elle acquitte la dette des parties et, spécialement, du cessionnaire ou nouveau possesseur des titres; bien entendu, elle se libérerait d'une dette personnelle, si la cession avait été faite à son profit (Sol. 20 janv. 1892).

Quand la Régie a été admise, sur sa demande, au passif d'une faillite qui a abouti à un concordat, au marc le franc pour les droits de transmission afférents aux obligations émises par la société en déconfiture, elle n'est pas fondée à exiger le versement, dans les caisses du Trésor, des taxes de transmissions retenues aux obligataires par une autre société chargée du service des titres, attendu que le montant de ces taxes appartient à la masse active de la faillite. La vérification et l'admission d'une créance au passif d'une faillite, suivies de son affirmation, forment, en effet, un véritable contrat judiciaire dont les effets sont définitifs et irrévocables; d'autre part, le concordat, après son homologation, est couvert par l'autorité de la chose jugée (C. Aix, 20 juill. 1896; — Cass. civ. 7 mars 1900, 9763 R. P.; — 25855 J. E.).

1. Cession. — Insuffisance de prix. — D'après la loi du 23 juin 1857 et le décret du 27 juill. suivant, les sociétés sont exclusivement tenues de percevoir les droits de transmission des titres nominatifs, quand le transfert s'opère sur leurs registres, sur le prix indiqué par les parties, de faire connaître ce prix à l'Administration en lui versant les droits encaissés et de lui fournir le relevé des transferts effectués sur les registres sociaux : aucune autre obligation ne leur est imposée. Par suite, en cas d'insuffisance présumée, c'est avec les intéressés et non pas avec la Société que la valeur des titres peut être discutée, puisque ce sont eux qui ont déclaré le prix porté dans les transferts (Lunéville, 4 juill. 1895, 8788 R. P.; — 24982 J. E.).

Pour le payement des droits de transmission, la Société est tenue de fournir deux relevés distincts : en ce qui concerne les titres nominatifs soumis au droit de 0 fr. 50 p. 100, le relevé mentionne notamment le prix du transfert ou la valeur des actions et obligations converties; quant au relevé concernant les titres passibles du droit de 0 fr. 20 p. 100, il indique le cours moyen de la Bourse pendant l'année précédente ou, à défaut de cours moyen, une déclaration estimative (Décr. 17 juill. 1857, art. 2 et 5). C'est à la Société qu'incombe le soin de déterminer la valeur des actions et obligations converties, d'établir le cours moyen de la Bourse ou de fixer l'estimation des titres non cotés. Lorsqu'une insuffisance est constatée dans ces différentes évaluations, la Société qui l'a commise est par là même directement responsable de la contravention : elle doit donc supporter les conséquences de sa faute. Mais la situation est tout autre, quand il s'agit d'une insuffisance dans le prix d'une cession de titres nominatifs. Ce prix n'est pas, en effet, déterminé par la Société; convenu entre le cédant et le cessionnaire, il est porté, au moment du transfert, à la connaissance de la Société, qui doit le tenir pour exact. Autrement, il faudrait reconnaître à la Société un droit de contrôle qu'aucun texte ne lui attribue. Elle est obligée de percevoir, lors du transfert, pour le compte du Trésor, le droit de 0 fr. 50 p. 100 sur le prix déclaré et de le verser à l'expiration du trimestre en remettant le relevé prescrit, mais il serait exorbitant de le considérer, en outre, comme responsable d'une insuffisance ne provenant pas de son fait et comme débitrice de droits qu'elle ne pouvait exiger au moment du transfert.

40. Compensation. — Il a été jugé que la compensation s'établit entre la taxe d'abonnement au timbre due pour les obligations et les droits de transmission, d'une part, et la taxe d'abonnement payé pour les actions et l'impôt sur le revenu (Vassy, 23 avr. 1891, 7078 R. P.). Cette décision ne paraît pas exacte (V. *Impôt sur le revenu*, n° 57-2).

La perception faite chaque trimestre, au vu des états fournis par une société, est définitive; et les droits payés en trop ne sauraient se compenser avec ceux des trimestres suivants. Il en résulte que, si ces droits n'ont pas été l'objet d'une demande en restitution dans les délais et les formes prescrites, ils ne peuvent plus être remboursés (Seine, 30 juin 1899; — Rapp. *Abonnement*, nº 169 et *Impôt sur le revenu*, nº 157-2).

42. Payement de l'impôt. — Point de départ. — Une Société anonyme étant définitivement constituée dès qu'un procès-verbal de l'assemblée générale des actionnaires constate la nomination des premiers administrateurs et commissaires et leur acceptation après la souscription du capital et le versement du quart, le droit de transmission applicable aux actions qu'elle a émises doit être acquitté, à peine d'amende, dans les 20 premiers jours du trimestre qui suit l'époque de la constitution ainsi déterminée (Seine, 5 juin 1891, 7645 R. P.; — 23566 J. E.).

La taxe de 0 fr. 20 p. 100 étant payable à terme échu, la société qui, dans le cours du premier trimestre de sa constitution, a payé par erreur les droits devenus exigibles dans les 20 premiers jours du trimestre suivant et continué d'acquitter ainsi par anticipation, chaque trimestre, le montant de l'impôt, est fondée à imputer le dernier payement sur la somme due à l'échéance du trimestre auquel il est applicable (Sol. 13 juill. 1897).

44. Titres convertis ou émis au cours d'un trimestre. — Lorsqu'une Société convertit, en exécution de ses statuts, des titres nominatifs d'actions en titres au porteur, la taxe annuelle de transmission exigible sur ces derniers titres n'est due, pour le premier trimestre, que proportionnellement au nombre de jours écoulés depuis leur création. De même, en cas d'émission nouvelle, la taxe ne doit être liquidée sur les nouveaux titres qu'au prorata des jours du trimestre pendant lesquels ils ont réellement existé (Seine, 10 mars 1893, 8150 R. P.; — 24177 J. E.).

Par cette décision, le tribunal de la Seine abandonne la doctrine qu'il avait précédemment admise aux termes d'un jugement du 4 mai 1883. D'après ce jugement, la conversion statutaire de toutes les actions nominatives d'une Société en titres au porteur, opérée dans le cours d'un trimestre, rendrait la taxe exigible pour le trimestre entier. Cette interprétation a été critiquée par les auteurs du *Journal des Notaires* dans les termes suivants : « Pendant toute la portion du trimestre écoulée avant la conversion, le droit de transmission a été payé pour chaque transfert opéré sur les registres. Exiger la taxe de transmission qui tient lieu de cet impôt pour les titres au porteur pendant le même laps de temps, ce serait soumettre ces titres deux fois au même impôt. Il est vrai que les Sociétés dont les titres sont nominatifs ou au porteur, au choix des propriétaires, payent à la fois le droit de transmission pour les transferts et conversions de titres nominatifs opérés au cours d'un trimestre, et la taxe annuelle et obligatoire sur les mêmes titres, quand ils ont été convertis en titres au porteur avant la fin du trimestre, parce que cette taxe est due, aux termes des 1er et 4e alinéas de l'art. 5 du décret précité (17 juill. 1857), sur tous les titres au porteur existant au dernier jour du trimestre. Mais la situation est différente pour les Sociétés dont les titres sont ainsi convertis volontairement sur les réquisitions des propriétaires, et pour les Sociétés qui, par une mesure générale prise au cours d'un trimestre, remplacent leurs titres, qui étaient tous nominatifs, par de nouveaux titres qui sont au porteur ou nominatifs au choix des propriétaires. Il y a alors création nouvelle de titres au porteur qui n'existaient pas précédemment, constitution ou du moins organisation nouvelle de la Société, en ce qui concerne sa forme et le mode de négociation de ses titres. Et cela doit suffire pour que la taxe applicable aux titres ainsi créés ne soit liquidée pour la première fois, conformément à la disposition finale de l'art. 5 du décret du 17 juill. 1857, que proportionnellement au nombre de jours écoulés depuis l'émission de ces nouveaux titres » (J. N. 23143).

Le tribunal, revenant sur sa propre jurisprudence, s'est approprié cette argumentation pour repousser la thèse soutenue par la Régie. Sa décision nous paraît absolument justifiée. Lorsque, en effet, des titres nominatifs sont, en vertu des statuts ou conformément à une décision prise par l'assemblée générale des actionnaires, convertis en titres au porteur, l'opération ne constitue pas une conversion proprement dite, mais elle équivaut, en fait, comme le reconnaît l'Administration elle-même, à « la création de titres au porteur dans une Société qui jusque-là n'admettait pas ce mode de division du capital social » (Sol. 14 fév. 1887, 6031 R. P.). Or, du moment où les titres au porteur émis dans de telles conditions doivent être considérés comme des titres nouvellement créés, il faut admettre nécessairement que la taxe annuelle n'est due, en ce qui les concerne, qu'à partir du jour de leur création matérielle (*Rép. gén.*, vº *Droit de transmission*, nº 26).

46. Titres rachetés par la Société qui les a émis. — Pour que la taxe annuelle soit exigible, il est nécessaire que les titres aient une existence juridique. Au moment où une Société est rentrée, par voie de rachat, en possession des lettres de gage ou obligations qu'elle a émises, il se produit une confusion entre sa personnalité de débiteur des titres et celle de créancier. Les titres rachetés sont juridiquement éteints bien qu'ils continuent à participer aux chances des tirages, et le droit cesse d'être exigible, alors même qu'ils seraient destinés à être remis plus tard en circulation. Il n'y a pas lieu de distinguer entre les obligations tirées au sort et celles qui ont été l'objet d'un rachat : toutes celles qui ont cessé leur vie juridique au cours d'un trimestre ne doivent pas être portées sur les états fournis pour le payement de l'impôt (Seine, 17 nov. 1893, 24427 J. E.).

52. Insuffisance d'évaluation. — Mode de preuve. — Pour la perception de la taxe annuelle de transmission, l'Administration est fondée à établir l'insuffisance de l'évaluation des titres non cotés à l'aide des documents parvenus légalement à sa connaissance. Mais les tribunaux ont le droit de déterminer la quotité de l'insuffisance si ces documents ne fournissent pas des éléments positifs d'appréciation (Bordeaux, 21 fév. 1898, 9327 R. P.; — 25471 J. E.).

I. INSUFFISANCE DE PRIX. — DROIT DE TRANSFERT. — 31

48. Titres non cotés. Déclaration estimative. Forme. — Pour la perception du droit de transmission applicable aux titres non cotés, la déclaration estimative de la valeur des titres doit être souscrite, dans les états prévus par les art. 5 et 6 Décr. 17 juill. 1857, par les directeurs ou gérants des sociétés. On ne saurait dès lors considérer comme tenant lieu des états prescrits un mémoire signifié en cours d'instance et signé seulement de l'avoué de la société (Seine, 6 déc. 1902, 10350 R. P.).

52. Actions au porteur non cotées à la Bourse. Insuffisance d'évaluation. Preuve. — Pour établir l'insuffisance de l'évaluation des actions au porteur non cotées à la Bourse et soumises au droit de transmission, l'Administration est fondée à utiliser tous les moyens de preuve compatibles avec les formes de la procédure établie par la loi du 22 frim. an VII. Elle peut donc recourir, soit à la preuve littérale, soit aux présomptions légales, soit aux simples présomptions de fait et, plus particulièrement, se baser sur les indications fournies par la comptabilité de la société. — Spécialement, les actions d'une société ne doivent pas être estimées d'après le seul dividende distribué. Il y a lieu de tenir compte, en outre, de l'importance du fonds social telle qu'elle ressort des bilans. (Seine, 11 avril 1902, 10386 R. P.).

50. Prescription. Action en recouvrement. Défaut de déclaration. — En l'absence de toute déclaration et de tout dépôt des états trimestriels, l'action en recouvrement de la taxe de transmission ne se prescrit que par trente ans (Seine, 8 déc. 1932, 10550 R. P.).

Demande en restitution. — La demande en restitution du droit de transmission est soumise à la prescription biennale de l'art. 61 L. 22 frim. (Lyon, 25 nov. 1902, 10552 R. P.).

54. Défaut de payement. Amende. — En cas de retard dans le payement, la société débitrice est passible d'une amende de 100 à 5.000 fr. en principal (Saint-Omer, 11 août 1904, 10925 R. P.).

54-5. Insuffisance de déclaration. Droit en sus. — En cas d'insuffisance dans une déclaration estimative, la société débitrice est passible d'un droit en sus (Saint-Étienne, 31 juill. 1905, 11186 R. P.).

BUNAL COMPÉTENT. — En matière de droits de transmission, le tribunal du siège d'une Société est seul compétent pour connaître des insuffisances dont serait entaché le prix de cession de titres nominatifs passibles du droit de 0 fr. 50 p. 100, alors même que l'impôt aurait été acquitté sur un acte enregistré dans un bureau situé en dehors de la circonscription de ce tribunal (Lunéville, 4 juill. 1895, 8788 R. P.; — 24982 J. E.).

Par le fait seul qu'elle oblige la Société à remettre, à la fin de chaque trimestre, au bureau du siège social, le relevé des transferts opérés qui, aux termes du règlement d'administration publique, doit notamment mentionner le prix de la cession, la loi de 1857 indique suffisamment qu'elle a entendu confier au receveur de ce bureau le soin de rechercher les insuffisances qu'elle prévoit et punit dans son art. 10. Cette intention ressort encore d'une façon toute particulière du texte de l'art. 9, d'après lequel les Sociétés sont tenues de communiquer « sans déplacement » leurs registres de transferts et toutes les pièces et documents relatifs aux transferts : cette disposition qui permet au receveur du siège social, à l'exclusion des autres receveurs, de se faire représenter les documents nécessaires au contrôle de la perception, démontre bien que le législateur l'a directement chargé de réprimer les insuffisances que ses investigations le mettent à même de constater.

54. Amende. — Société en liquidation. — Défaut de déclaration et de payement. — En matière de liquidation judiciaire, il est absolument interdit au liquidateur de payer par préférence à tous autres un créancier chirographaire. Il s'ensuit que, puisque aucune loi n'a établi de privilège pour assurer le recouvrement du droit de transmission, ni le liquidateur ni la liquidation ne sauraient être passibles d'une amende pour n'avoir pas effectué un payement contraire à la loi. On prétendrait vainement que c'est la société elle-même qui, continuant son être moral pour la durée de la liquidation, serait débitrice personnelle et directe de l'impôt; car, même dans ce cas, le recouvrement de l'amende ne saurait être poursuivi contre la liquidation, c'est-à-dire la masse créancière (Seine, 20 janv. 1900, 25025 J. E.).

5. INSUFFISANCE. — DÉCLARATION ESTIMATIVE AU LIEU DE L'INDICATION DU COURS MOYEN. — La société qui, pour la perception de la taxe annuelle ou du droit de conversion, fixe la valeur des titres par une déclaration estimative au lieu d'indiquer le cours moyen ou le dernier cours constaté n'encourt pas, en cas d'insuffisance, la pénalité du droit en sus; elle commet une contravention à l'une des dispositions des art. 2 et 5 Décr. 17 juill. 1857, qui rend exigible l'amende de 100 à 5.000 fr. prononcée par l'art. 10 L. 23 juin 1857 (Sol. 10 avr. 1897, 25090 J. E.).

55. Poursuites. — Faillite. — Tribunal compétent. — Lorsque la Régie, après avoir été admise au passif d'une faillite pour le droit de transmission dû par une Société, réclame ultérieurement le versement dans ses caisses de sommes dont les syndics poursuivent le recouvrement, le tribunal de commerce est compétent, à l'exclusion du tribunal civil, pour statuer sur la demande qui se rattache étroitement aux opérations de la faillite (C. Aix, 20 juill. 1896, 9363 R. P.; — 25805 J. E.).

58. Prescription. — Insuffisance de perception. — Défaut de versements aux échéances trimestrielles. — Si une Société, qui a émis des actions transmissibles sans une déclaration de transfert, a acquitté le droit de 0 fr. 50 p. 100 à une échéance trimestrielle, l'action en recouvrement du complément de taxe reconnu exigible pour le même trimestre est prescriptible par deux ans. Mais la prescription trentenaire est seule applicable aux taxes et amendes dues pour les trimestres qui n'ont donné lieu à aucune formalité (Vannes, 18 fév. 1897, 9211 R. P.).

En ce qui concerne les amendes, la doctrine résultant de cette décision paraît trop absolue. Nul doute, il est vrai, que, si une Société n'a jamais versé de droits de transmission, les pénalités encourues ne soient soumises qu'à la prescription de trente ans, puisque l'agent de perception n'a pas été mis à portée de constater les contraventions; il en est de même, quand la Société cesse absolument d'acquitter les taxes exigibles, le receveur ignorant alors si elle n'a pas été dissoute. Mais, lorsque, après avoir cessé, pendant quelque temps, de se libérer des termes prescrits, la Société verse les droits afférents à un nouveau trimestre, ce fait permet à l'Administration de constater les contraventions antérieurement commises, et la prescription biennale nous paraît, par suite, commencer à courir.

59 et s. Sociétés et établissements publics étrangers. — Nous avons traité au mot *Étranger* les questions qui se rapportent aux titres des sociétés et autres collectivités étrangères.

60. Nationalité d'une Société. — La nationalité d'une Société se détermine par le siège social ou par le siège principal, si elle en a plusieurs. D'autre part, la nationalité étant indivisible, une Société ne peut, pas plus qu'un être matériel, avoir deux nationalités distinctes. Par conséquent, il y a lieu de considérer comme étant française la Société en commandite qui a un siège social à Paris et un autre siège en Alsace-Lorraine, lorsque, d'après ses statuts, c'est à Paris que les commanditaires doivent prendre connaissance des registres et pièces, que le choix d'un liquidateur, en cas de dissolution, ou d'un administrateur *ad hoc*, en cas de décès d'un commanditaire, a été confié au Président du tribunal de commerce de la Seine, et enfin que le siège établi à l'étranger existe uniquement pour les affaires traitées en Alsace-Lorraine, le siège de Paris s'occupant de toutes les autres affaires. La circonstance qu'il existerait des comptabilités distinctes n'est d'aucun intérêt : c'est une question d'ordre et d'organisation intérieurs qui ne saurait avoir de conséquence juridique (Seine, 27 mars 1896, 8873 R. P.; — 25010 J. E.).

1. SOCIÉTÉS COLONIALES. — Les règles de perception indiquées au *Rép. gén.* ne sont plus suivies. La Régie admet actuellement que les titres émis, même en France, par les Sociétés des colonies françaises ne doivent supporter que les droits établis dans la colonie (*Rapp.* Sol. 21 avr. 1892, 24303 J. E.).

60 *bis*. Emprunt contracté par acte avec création d'obligations négociables. — Un emprunt, même hypothécaire, contracté par acte notarié moyennant la remise aux prêteurs d'obligations négociables, ne constitue pas un contrat à part donnant lieu à un droit proportionnel d'enregistrement. Il n'y a, dans cet acte et dans la remise ultérieure des obligations, qu'une seule opération, la négociation de l'emprunt. Cette règle, qui résulte de la jurisprudence de la Cour de cassation en matière d'emprunts contractés par des Sociétés françaises (*Rép. gén.*, vº *Droit de transmission*, nº 33-1), est également applicable aux Sociétés étrangères qui ont fait agréer un représentant responsable ou constitué un cautionnement en numéraire. Les actions et obligations émises par les Sociétés étrangères sont, en effet, soumises à des droits équivalents à ceux qui sont établis sur les titres des Sociétés françaises; et, lorsqu'une société étrangère s'est conformée aux prescriptions de nos lois, elle est en règle vis-à-vis du Trésor et doit, le cas échéant, bénéficier des mêmes immunités qu'une société française, comme elle est tenue de supporter des charges équivalentes. Il en est ainsi, quand bien même la quotité imposable n'aurait été fixée qu'à une fraction de l'emprunt (Sol. 1er juin 1900).

DROIT FIXE.

2. Suppression des droits fixes (*Proposition de Loi tendant à la*). — 7075, 8018 et 8028 R. P.

DROIT GRADUÉ.

3 à 61 *bis*. Suppression. — Le droit gradué a été remplacé par un droit proportionnel de 0 fr. 15 p. 100, pour les partages et de 0 fr. 20 p. 100 pour les autres actes (L. 28 avr. 1893, art. 19, 8058 R. P.). — V. *C. des lois*.

Mais, sauf en ce qui concerne le tarif, toutes les règles applicables à la liquidation et à la perception de l'ancien droit gradué sont demeurées en vigueur.

66. Usufruit. — Nue propriété. — Évaluation. — La L. 25 fév. 1901, qui a établi de nouvelles bases pour la valeur imposable de l'usufruit et de la nue propriété (V. *Usufruit*) ne renferme aucune disposition visant les actes soumis à l'ancien droit gradué. On doit en conclure que l'usufruit et la nue propriété que ces actes concernent continuent, comme sous le régime de la législation antérieure, à faire l'objet de déclarations estimatives portant sur la valeur respective de chacune de ces deux parties de la pleine propriété, à l'époque à laquelle interviennent les actes assujettis à l'ancien droit gradué.

92. Dissimulation. — Insuffisance. — L'art. 21 L. 28 avr. 1893, citée *suprà* nº 3, renferme, au point de vue de la dissimulation des sommes ou valeurs ayant servi de base à la perception du droit proportionnel, substitué au droit gradué, des dispositions absolument identiques à celles que contenait l'art. 3 L. 28 fév. 1872. Il en résulte que toutes les explications fournies, sur le point, dans la première partie de notre *Rép. gén.*, n'ont rien perdu de leur actualité.

97. Déclaration estimative. — Notaire. — Insuffisance. — Droit en sus. — Quand la déclaration fournie par le notaire, qui ne s'est pas porté fort, et acceptée par la Régie, pour la liquidation du droit de partage, est inférieure à la prisée des meubles faite dans l'inventaire antérieurement dressé, aucun droit en sus ne saurait être exigé, alors surtout que la déclaration porte que le notaire ignore la valeur des biens (Sol. 30 mars 1899, 9086 R. P.).

100. Droit en sus. — Prescription. — La même observation s'applique à la prescription du droit en sus.

102. Acte notarié. — Droit en sus. — Il va de soi que, le droit fixe gradué ayant été transformé en droit proportionnel, la pénalité encourue par un notaire, pour présentation tardive à la formalité d'un acte passible du nouveau droit, est celle du double droit, conformément aux principes qui régissent les pénalités applicables, en cette matière, aux actes assujettis au droit proportionnel.

DROIT PROPORTIONNEL.

15. Transmission par décès. — Valeurs mobilières. — La valeur de la propriété des biens meubles est déterminée, pour la liquidation et le payement du droit de mutation par décès :

1º Par l'estimation contenue dans les inventaires ou autres actes passés dans les deux années du décès;

2º Par le prix exprimé dans les actes de vente, lorsque cette vente a lieu publiquement et dans les deux années qui suivent le décès. Cette disposition s'applique aux objets inventoriés et estimés conformément au § 1er et dont l'évaluation serait inférieure au prix de vente;

3º A défaut d'inventaire, d'actes ou de ventes, en prenant pour base 33 fr. p. 100 de l'évaluation faite dans les polices d'assurances en cours au jour du décès et souscrites par le défunt ou ses auteurs moins de cinq ans avant l'ouverture de la succession, sauf preuve contraire. Cette disposition ne s'applique pas aux polices d'assurances concernant les récoltes, les bestiaux et les marchandises;

4º Enfin, à défaut de toutes les bases d'évaluation établies aux trois paragraphes précédents, par la déclaration faite conformément au paragraphe 8 de l'art. 14 L. frim. (L. 25 fév. 1901, art. 11). — V. *C. des lois*.

Mais le passif est déduit dans les conditions déterminées par les art. 2 et suiv. L. 25 fév. 1901. — V. *C. des lois*.

17. Usufruit. — Transmission à titre gratuit. — Meubles. — L'usufruit transmis à titre gratuit s'évalue conformément aux bases fixées par la L. 25 fév. 1901, art. 13. — V. *Usufruit*.

25. Usufruit. — Réserve par le vendeur. — Quand l'usufruit est réservé par le vendeur, il n'y a plus lieu, sous l'empire de la L. 25 fév. 1901, d'en ajouter la valeur au prix du contrat, pour la perception du droit proportionnel. Mais la réunion ultérieure de cet usufruit à la nue propriété, quand elle s'opère autrement que par l'extinction normale de l'usufruit, donne ouverture au droit. — V. *Usufruit*.

26. Transmissions entre vifs à titre gratuit. — Transmissions par décès. — Immeubles. — Pour les

67. Société étrangère. Représentant responsable. Taxes arriérées. — V. *Étranger*, nº 121.

68. Société étrangère. Pénalités. — Lorsque la décision ministérielle qui fixe la quotité imposable intervient tardivement, aucune amende ne saurait être exigée pour défaut de payement de la taxe de transmission due pour les trimestres antérieurs (Seine, 6 déc. 1902, 10550 R. P.).

DROIT FIXE.

DROIT GRADUÉ.

3 et 61 *bis*. Partages. Modification du tarif. L. fin. 22 avril 1905, art. 5. — L'art. 5 L. 22 avril 1905 a porté à 0,20 p. 100 le droit de 0,15 p. 100 édicté pour les partages par l'art. 19 L. 28 avril 1893. — 10839 R. P.

66. Usufruit. Valeur imposable. Déclaration estimative. — Le droit applicable au partage d'un usufruit indivis doit être assis sur la valeur de cet usufruit, à déterminer par la partie au moyen d'une déclaration estimative (Villeneuve-sur-Lot, 16 fév. 1905, 10857 R. P.).

74. Colonies. Partage passé et enregistré en France. Immeubles situés en Algérie. Droit de 0.15 p. 100. — L'acte passé et enregistré en France, contenant un partage d'immeubles situés en Algérie, est passible du droit de 0,15 p. 100 (Rochefort, 25 janv. 1905, 10853 R. P.).

95. Société. Dissimulation d'apports. Preuve. — V. *Société*, nº 151.

DROIT PROPORTIONNEL.

35. **Ventes et échanges d'immeubles. Droits d'enregistrement. Modifications du tarif. Perception de franc en franc sur les sommes et valeurs ne dépassant pas 500 fr. L. fin. 22 avril 1906, art. 4.** — 10650 R. P.

Dispositions analogues pour l'Algérie. — Décr. 4 sept. 1906. — 11367 R. P.

DROITS SUCCESSIFS (CESSION DE).

43. **Biens paternels et reprises de la mère donatrice. Confusion. Droit de mutation. Imputation sur les reprises d'une partie du prix non admissible.** — *Conf.* Gourdon, 19 mars 1907, 11520 R. P.

47. **Droits mobiliers et immobiliers.** — Le droit est dû au taux immobilier sur l'intégralité du prix (Brioude, 26 mars 1907, 11522 R. P.).

48. **Indivision prenant fin. Imputation du prix faite par les parties. Mode de liquidation des droits.** — Lorsqu'une cession de droits successifs mobiliers et immobiliers mettant fin à l'indivision est consentie moyennant un prix unique et, quoique se référant à un inventaire antérieur, contient une déclaration des parties fixant la portion du prix qui est applicable aux meubles et celle qui est afférente aux immeubles, cette ventilation doit servir de base pour la perception des droits de mutation au taux mobilier et au taux immobilier, la règle tracée par l'Instr. 342 ne pouvant être appliquée lorsque les parties ont elles-mêmes spécifié le mode d'imputation du prix (Périgueux, 10 juin 1902, 10520 R. P.).

Licitation. Fonds de commerce. — La règle tracée par l'Instr. 342, qui prescrit l'imputation la plus favorable aux parties pour la liquidation des droits de mutation dus sur les soultes de partages, n'est pas applicable à une licitation, portant sur un fonds de commerce, alors surtout que cette licitation ne fait pas cesser complètement l'indivision, et n'est pas présentée à la formalité en même temps que le partage (Angoulême, 2 juill. 1907, 11501 R. P.).

Acte équipollent à partage. Cession faisant cesser l'indivision. Non-application de l'Instr. 342. — V. *Société*, n° 203.

53. **Dissimulation de prix. Présomptions insuffisantes.** — La preuve d'une omission dans la déclaration de la succession du mari prédécédé résulte suffisamment du fait que la veuve, usufruitière des biens de cette succession, a souscrit, au profit des héritiers naturels nus propriétaires, une obligation pour prêt remboursable dans l'année de son décès, sans intérêts jusque-là, alors que lesd. héritiers naturels sont dans une situation de fortune peu aisée, que les biens de l'un d'eux sont grevés d'une hypothèque, et que les autres circonstances de fait viennent corroborer le caractère simulé de l'acte d'obligation. Mais ces présomptions sont insuffisantes pour établir que le prix des biens cédés a été dissimulé dans la cession de tous leurs droits mobiliers et immobiliers consentie, le même jour que l'acte d'obligation, par les nus propriétaires à la veuve usufruitière, cette cession ne pouvant avoir pour objet que les biens déclarés à l'Administration (Baume-les-Dames, 19 juill. 1903, 11107 R. P.).

56. **Obligation de déclarer les dettes.** — Gap, 27 juin 1908, 11402 R. P.

100-3. **Dot constituée en avancement d'hoirie. Payement après le décès du donateur par les cohéritiers de l'enfant doté. Déclaration de ce dernier qu'il se trouve rempli de tous ses droits dans la succession. Quittance. Véritable caractère du contrat.** — Doit être considéré, non pas comme une quittance assujettie seulement au droit de 0 fr. 50 p. 100, mais comme une cession de droits successifs passible du droit proportionnel de vente sur le prix augmenté de la part virile de l'enfant doté dans les dettes de la succession, l'acte par lequel un enfant, après la mort de son père qui lui a constitué en avancement d'hoirie une dot payable à son décès, donne quittance à ses cohéritiers du montant de la dot, en déclarant qu'au moyen de ce payement il se trouve rempli de tous ses droits dans la succession paternelle (Albertville, 5 nov. 1908, 10993 R. P.).

DUPLICATA.

6. **Avoués. États de frais. Duplicata. Timbre de dimension.** — Les états de frais dressés par les avoués constituent des actes de procédure assujettis au timbre de dimension par l'art. 12 L. 13 brum. an VII, qu'ils aient le caractère d'originaux ou de duplicata (Philippeville, 12 janv. 1906, 11237 R. P.).

ÉCHANGE.

12 et 12 *bis*. **Échanges d'immeubles. Droit de 3,50 p. 100, en principal, porté à 4,50 p. 100, sans décimes. Perception de franc en franc sur les sommes et valeurs ne dépassant pas 500 fr. Suppression des droits de timbre. L. fin. 22 avril 1906 (art. 3, 4, 6 et 7).** — 10659 R. P. — V. pour l'interprétation de ces dispositions, v° *Vente*, n° 24 et 24 *bis*.

30-3. **Usufruitier et nu propriétaire. Absence d'indivision. Lotissements en pleine propriété. Caractère translatif et non déclaratif de la convention.** — V. *Partage*, n° 120.

deux natures de transmissions, la L. 25 fév. 1901 n'a rien changé au mode de capitalisation, sauf en ce qui concerne les immeubles dont la destination actuelle n'est pas de procurer un revenu. Dans ce cas, le droit doit être liquidé sur la valeur vénale (art. 12. — V. *Expertise*).

Quant aux transmissions par décès, la loi précitée a admis la déduction des charges (art. 2 et suiv.).

Enfin, depuis cette loi, le principe de la législation antérieure, en vertu duquel il n'était rien dû pour la réunion de l'usufruit à la nue propriété, lorsque le droit avait été acquitté sur la valeur entière de la propriété, est abrogé. (V. *Usufruit*.)

27. **Usufruit transmis à titre gratuit. — Immeubles.** — L'usufruit transmis à titre gratuit doit être évalué conformément aux bases établies par la L. 25 fév. 1901. (V. *Usufruit*.)

33. **Droit de greffe.** — Faisons remarquer que les droits de greffe ont été supprimés par la L. 26 janv. 1892. (V. *Taxe des frais de justice*.)

36. **Minimum.** — Projet de loi modificatif (7676 R. P.)

DROITS SUCCESSIFS (CESSION DE).

43. **Biens paternels et reprises de la mère donatrice. — Confusion. — Droit de mutation. — Imputation sur les reprises d'une partie du prix non admissible.** — La donation, à titre de partage anticipé par une mère, de ses reprises à ses enfants héritiers du père, a pour effet d'éteindre par confusion la créance résultant de ces reprises. En conséquence, si l'un des enfants donataires cède aux autres ses droits dans la succession du père et dans les valeurs abandonnées par la mère, le droit exigible sur cette cession doit être calculé sans imputation, pour l'application du tarif, du montant des reprises (Tulle, 29 avr. 1897, 9024 R. P.).

48. **Indivision prenant fin. — Imputation la plus favorable aux parties. — Application de l'Instr. n° 342.** — La règle tracée par l'Instr. n° 342, qui prescrit l'imputation la plus favorable aux parties, pour la liquidation des droits de mutation dus sur les soultes de partage, est applicable aux cessions de droits successifs qui font complètement cesser l'indivision (Gourdon, 17 juill. 1885; — *Contra* Sol. 14 janv. 1896, 8757 R. P.).

Ces décisions démontrent, par leurs divergences, qu'on doit toujours considérer comme pendante la question de savoir si la règle d'imputation, tracée en matière de partage par l'Instr. 342, peut être étendue aux cessions de droits successifs qui font cesser l'indivision. Nous avons examiné la question dans la première partie du *Rép. gén.* et nous avons conclu en faveur de la négative. Ce qu'il convient de retenir des décisions précitées, c'est que l'Administration, après avoir adopté, dans une Sol. 16 août 1883, la doctrine contraire, se rallie maintenant à notre opinion.

59. **Intention frauduleuse. — Preuve.** — Dans la première partie du *Rép. gén.*, 4e alinéa, 6e ligne, au lieu de : « ne peut appliquer l'amende du quart que s'il *ne* résulte *pas* des circonstances de la cause », lire : ne peut appliquer l'amende du quart que *s'il résulte* des circonstances de la cause.

60. **Dettes. — Dissimulation.** — On ne saurait considérer comme régulière la perception établie sur un acte de cession de droits successifs dans lequel les parties se sont bornées à déclarer qu'elles ignorent si la succession est grevée d'un passif. Mais il en est autrement lorsque les contractants ont déclaré qu'ils ne connaissent pas de dettes à la charge de la succession, et, par conséquent, que, dans l'évaluation qu'ils sont appelés à fournir, ils n'ont rien à faire ajouter au prix principal pour l'assiette des droits. Dans cette hypothèse, le défaut de mention de dettes existantes, et découvertes depuis, constitue la dissimulation prévue par la L. 23 août 1871 (Sol. 15 nov. 1898, 9383 R. P.).

82-2. **Cession de droits successifs. — Dots payées par le cessionnaire. — Payement effectué du consentement du donateur et avec subrogation. — Passif héréditaire. — Part virile du cédant à ajouter au prix.** — Lorsqu'une cession de droits successifs est consentie moyennant une somme, en sus des constitutions dotales faites au cédant par ses père et mère et acquittées par le cessionnaire du consentement des donateurs et avec subrogation, ces derniers sont libérés par le payement ainsi effectué, vis-à-vis du donataire; par suite, le montant de la dot payée par le cessionnaire doit être compris parmi les dettes de la succession et la part du cédant, dans cette dette, doit, seule, être ajoutée au prix pour supporter le droit de mutation (Sol. 9 mars 1891, 7611 R. P.).

V. Licitation et Succession.

ÉCHANGE.

30-3. **Partage. — Nue propriété. — Usufruit.** — La convention par laquelle un cohéritier abandonne ses droits en nue propriété pour recevoir l'usufruit d'une somme égale, constitue un véritable échange, passible du droit de 3 fr. 50 p. 100 (Castres, 5 avril 1900, 9922 R. P.).

46. **Terrain à bâtir.** — Une exception au principe de la capitalisation par 20 ou par 25, suivant qu'il s'agit d'immeubles urbains ou d'immeubles ruraux, a été introduite par l'art. 12 L. 25 fév. 1901, relativement aux mutations à titre gratuit des immeubles dont la destination actuelle n'est pas de produire un revenu. Les droits applicables à ces sortes de mutations sont liquidés sur la valeur vénale des immeubles dont il s'agit. Mais cette disposition est spéciale aux mutations à titre gratuit; elle ne peut, dès lors, être étendue aux échanges.

48-49-50. **Usufruit. — Nue propriété. — Évaluation. — Réunion de l'usufruit à la nue propriété.** — Bien que constituant un contrat à titre onéreux, l'échange était, sous le régime de la L. frim., soumis aux mêmes règles de perception que les mutations entre vifs à titre gratuit, en ce qui concerne la fixation de la valeur de l'usufruit et de la nue propriété. Ces règles lui sont encore applicables sous l'empire de la L. 25 fév. 1901 qui a transformé, sur ce point, la législation antérieure. Nous les commentons v° *Usufruit*, et nous nous bornerons à les résumer brièvement ici.

La L. frim. avait soumis les transmissions de nue propriété ou d'usufruit à des conditions très rigoureuses, en évaluant, à forfait, l'usufruit à la moitié de la valeur de la propriété entière, abstraction faite de l'âge de l'usufruitier, et en taxant, lors du démembrement, la nue propriété, comme si la mutation s'appliquait à la pleine propriété, tout en ajoutant, cependant, dans cette dernière hypothèse, qu'il ne serait dû aucun droit pour la réunion ultérieure de l'usufruit à la nue propriété.

La L. 25 fév. 1901 envisage, au contraire, séparément les deux éléments qui composent une propriété démembrée, c'est-à-dire, d'une part, la nue propriété, et de l'autre, l'usufruit, et elle assujettit à l'impôt la valeur respective de chacun d'eux au moment où la transmission s'opère. Cette valeur est fournie, en ce qui concerne le nu propriétaire, par l'époque plus ou moins rapprochée à laquelle il recueillera la jouissance, et, en ce qui concerne l'usufruitier, par son âge plus ou moins avancé, dont dépend la durée de son usufruit, et, s'il s'agit d'un usufruit à terme, par une quote-part déterminée de la valeur de la propriété entière.

Enfin, la L. 25 fév. 1901 dispose (art. 13 *in fine*) qu'il n'est rien dû pour la réunion de l'usufruit à la nue propriété, lorsque cette réunion a lieu par le décès de l'usufruitier ou l'expiration du temps fixé pour la durée de l'usufruit.

Nos lecteurs trouveront, sur ces différents points, toutes les explications nécessaires *infrà*, v° *Usufruit*.

57. Différence entre les revenus. — Plus-value. — Le droit de vente est dû sur la différence entre les revenus capitalisés des immeubles échangés (Saint-Dié, 3 juill. 1896, 9017 R. P.).

59. Plus-value supérieure à la soulte exprimée. — Droit de vente dû sur la plus-value. — En matière d'échange d'immeubles, lorsque la soulte exprimée est inférieure à la plus-value, c'est-à-dire au capital de la différence des revenus de chaque lot, le droit de vente doit être perçu sur la plus-value, sans avoir égard à la soulte (Seine, 24 oct. 1890, 7512 R. P. et 26 juin 1897, 9102 R. P.).

63-2. Privation de jouissance. — Soulte. — La privation de jouissance imposée à l'un des échangistes constitue une charge dont bénéficie l'autre échangiste, et, par conséquent, une soulte passible du droit de vente à 5 fr. 50 p. 100 (Reims, 14 août 1896, 9513 R. P.).

64. Frais d'acte. — Lorsque l'un des coéchangistes est chargé de supporter, seul, tous les frais de l'acte, il y a soulte jusqu'à concurrence de la part qui devrait incomber dans ces frais à l'autre coéchangiste (Seine, 26 fév. 1892, 7804 R. P.).

64-1 et 2. Frais d'acte. — Plus-value. — Le droit de soulte est dû sur le capital de la différence des revenus de chaque lot, lorsque ce capital excède le montant réel de la soulte. Mais il n'y a pas lieu d'y ajouter, pour la perception, les frais que l'un des coéchangistes paye à la décharge de son coéchangiste (Seine, 24 oct. 1890, 7512 R. P.). Il n'y a pas lieu, non plus, d'en déduire ces frais (Seine, 26 juin 1897, 9102 R. P.).

La question de savoir si, pour la perception du droit applicable à la plus-value, il convient de déduire la portion de frais payés par l'un des échangistes à la décharge de son coéchangiste, a été plusieurs fois résolue, comme le fait ce dernier jugement, dans le sens de la négative. Cette solution nous a paru critiquable. Nous l'avons combattue au *Rép. gén.* Nous croyons devoir persister dans notre opinion contre laquelle le jugement précité ne donne aucun motif nouveau.

65. Usufruit. — Nue propriété. — Soulte. — Plus-value. — Nous avons vu, *suprà* n° 48, comment se détermine, en matière d'échange, la valeur imposable de la nue propriété et de l'usufruit, sous l'empire de la L. 25 fév. 1901. Ce sont ces données qui doivent actuellement servir à dégager l'importance de la soulte ou de la plus-value, en cas d'échange d'une nue propriété contre cet usufruit ou une pleine propriété, et inversement.

69. Immeubles ruraux. — Communes non limitrophes. — Tarif réduit. — L'échange d'immeubles ruraux sis, pour partie, dans des communes limitrophes, et, pour le surplus, dans des communes qui ne le sont pas, ne peut, quant aux immeubles situés dans ces dernières communes, bénéficier du tarif réduit édicté par la L. 3 nov. 1884 (Bordeaux, 21 fév. 1898, 9274 R. P.).

Décidé également que le tarif réduit ne peut être appliqué lorsque, parmi les biens échangés, se trouvent des immeubles situés dans des communes non limitrophes et pour lesquels les conditions de contiguïté ne se trouvent pas remplies (Poitiers, 9 avr. 1900, 9910 R. P.).

70. Immeubles ruraux. — Contiguïté. — Nue propriété. — Usufruit. — L'échange de la nue propriété contre l'usufruit des mêmes biens ne constitue pas un échange d'immeubles contigus; le tarif réduit ne lui est pas applicable (Vendôme, 29 juill. 1893, 24280 J. E.).

74. Justifications. — Un acte d'échange d'immeubles ne peut profiter du tarif réduit que s'il contient toutes les indications nécessaires pour justifier l'application de la loi, notamment en ce qui concerne la contiguïté et la possession biennale (La Châtre, 11 fév. 1897, 9059 R. P.).

Nous rapportons *infrà* n° 76 de nombreuses décisions affirmant le même principe, en ce qui concerne l'omission des indications cadastrales.

Des justifications ultérieures ne sauraient suppléer à l'insuffisance des indications primitives, et le droit ordinaire de 3 fr. 50 p. 100 non perçu lors de l'enregistrement de l'acte d'échange, ainsi que le droit fixe de 1 fr., également non exigé au moment de la transcription dudit acte au bureau des hypothèques, sont irrévocablement acquis au Trésor (Sol. 25 mai 1891, 7688 R. P.; — Bar-le-Duc, 11 mars 1900, 9967 R. P.).

Décidé, cependant, que lorsqu'un acte contenant un

74. Immeubles ruraux. L. 3 nov. 1884. Absence de contiguïté pour certaines parcelles. Justifications ultérieures. — Lorsque certaines parcelles comprises dans l'échange ne satisfont pas aux conditions de contiguïté nécessaires pour bénéficier de la réduction de tarif établie par la L. 3 nov. 1884, les parties peuvent être admises, postérieurement à l'enregistrement, à produire toutes justifications utiles pour suppléer à l'insuffisance des indications de l'acte et pour déterminer ainsi la proportion dans laquelle elles ont droit au tarif de 0 fr. 20 p. 100 (Périgueux, 24 fév. 1905, 10702 R. P.).

77. **Indications cadastrales. Dépôt des extraits.** — En matière d'échanges d'immeubles ruraux contigus, les prescriptions de l'art. 2 L. 3 nov. 1884 relatives aux indications cadastrales sont suffisamment remplies si les énonciations de l'acte d'échange sont assez précises pour permettre à l'Administration de faire une exacte application du tarif réduit de 0 fr. 20 p. 100 (Périgueux, 24 fév. 1904, 10792 R. P.; — Moissac, 11 fév. 1907, 11503 R. P.).

Mais ce tarif réduit n'est pas applicable à l'acte dans lequel les parties ont : 1° omis de mentionner les lieux dits; 2° énoncé en bloc la contenance et le revenu des parcelles échangées, au lieu de reproduire ces indications pour chaque parcelle distinctement; 3° omis d'indiquer le revenu matriciel et de déposer au bureau de l'enregistrement l'extrait de la matrice cadastrale en ce qui concerne les propriétés bâties comprises dans l'échange (Pamiers, 3 août 1905, 10849 R. P.; — Contrà Moissac, 11 fév. 1907, 11503 R. P.).

83. **Immeubles ruraux. Algérie.** Décr. 27 nov. 1902, réglant les conditions d'application de la L. 3 nov. 1884 dans les communes algériennes où le cadastre n'est pas établi. — 10438 R. P.

Algérie. Modifications du tarif. Perception de franc en franc sur les sommes ne dépassant pas 500 fr. Exemption du droit de timbre. — Décr. 4 sept. 1906, 11267 R. P.

97. **Héritier et légataire universel. Immeubles déterminés légués au légataire universel. Attribution d'autres immeubles de la succession, en remplacement de ceux légués. Droit de 3 fr. 50 p. 100.** — Lorsqu'un testament porte que le lot du légataire de la quotité disponible devra être pris sur des immeubles déterminés, il en résulte un legs pur et simple de ces immeubles, soit pour la totalité, soit pour partie seulement, selon que leur valeur est inférieure ou supérieure à la part du légataire dans la succession; en conséquence, si, lors du partage ultérieur de cette succession, le légataire universel reçoit d'autres immeubles en remplacement de ceux qui lui ont été légués, la convention présente les caractères juridiques d'un échange passible du droit de 3 fr. 50 p. 100 sur le revenu capitalisé (Confolens, 28 fév. 1906, 10998 R. P.).

EFFETS NÉGOCIABLES ET NON NÉGOCIABLES.

échange d'immeubles recueillis à titre héréditaire et désignés avec les indications prévues par l'art. 2 L. 3 nov. 1884, a été enregistré au droit ordinaire de 3 fr. 50 p. 100, à défaut de production des extraits de la matrice cadastrale, ce droit doit être restitué, sous la retenue du droit de 0 fr. 20 p. 100, seul exigible, s'il est établi que la production des extraits non joints à l'acte a été offerte au Receveur et que ce dernier l'a refusée (Sol. 22 sept. 1893, 8279 R. P.).

76. **Immeuble rural. — Caractère.** — La convention par laquelle un particulier cède à une commune, en retour de ... d'un chemin public, la propriété d'une fontaine-lavoir qu'il s'engage à édifier sur un terrain communal et d'une source, ne constitue pas un échange d'immeubles ruraux; elle est passible du tarif de 3 fr. 50 p. 100 (Sol. 23 mai 1898, 1817 R. E.).

76-1. **Immeuble urbain. — Terrain à bâtir.** — Les terrains à bâtir ne sauraient être considérés comme des immeubles ruraux. Par suite, l'échange de terrains de cette nature ne peut bénéficier du tarif réduit édicté par l'art. 1er L. 3 nov. 1884 (Seine, 26 fév. 1892, 7804 R. P.).

76-2. **Immeuble urbain. — Immeuble rural.** — La réduction de tarif, édictée par l'art. 1er L. 3 nov. 1884 pour les échanges d'immeubles, est subordonnée à la condition que les biens échangés seront, de part et d'autre, des immeubles ruraux (Saint-Dié, 3 juill. 1896, 9017 R. P.; — Poitiers, 9 avr. 1900, 9930 R. P.).

77. **Indications cadastrales. — Dépôt des extraits.** — Pour l'application du tarif réduit, la L. 3 nov. 1884 exige, entre autres conditions, que le contrat renferme l'indication du numéro de la classe des terrains échangés. L'omission de cette indication suffit pour motiver la perception du droit de 3 fr. 50 p. 100 (Sol. 25 mai 1891, 7695 R. P.).

Même décision pour l'acte qui n'indique pas, pour certaines des parcelles échangées, le numéro de la section, la classe, et le lieu dit et le revenu cadastral (Château-Chinon, 20 janv. 1893, 8126 R. P.; — Saint-Dié, 3 juill. 1896, 9017 R. P.; — Reims, 14 août 1898, 9513 R. P.).

Il en est de même quand, l'échange portant sur des maisons, les parties ont omis d'indiquer le revenu matriciel et de déposer au bureau de l'enregistrement l'extrait de la matrice cadastrale relative aux bâtiments dont il s'agit (Bar-le-Duc, 14 mars 1900, 9987 R. P.; — Château-Chinon, 28 mars 1902, 10257 R. P.).

Ne remplit pas, non plus, le vœu de la L. 3 nov. 1884, et ne saurait justifier l'application du tarif réduit, l'acte d'échange qui se borne à indiquer le total de la contenance et du revenu cadastral des parcelles cédées, au lieu de fournir ces mentions séparément pour chaque parcelle, d'après les énonciations de la matrice cadastrale (Sol. 17 déc. 1897, 9101 R. P.; — Poitiers, 9 avr. 1900, 9930 R. P.; — Château-Chinon, 28 mars 1902, 10257 R. P.).

Immeubles ruraux. — Enregistrement. — Formul. — L'I. G. 2703 avait prescrit aux receveurs de transcrire, dans les enregistrements des actes d'échange d'immeubles ruraux appelés à bénéficier du tarif réduit édicté par la L. 23 oct. 1884, les indications cadastrales contenues dans ces contrats. A l'avenir, ils sont dispensés de reproduire ces énonciations, mais ils doivent certifier, dans le contexte même de l'enregistrement, l'accomplissement des deux conditions requises par l'art. 2 L. précitée. A cet effet, il suffit de compléter la mention exigée pour constater la remise au bureau d'un extrait de la matrice, par l'attestation que l'acte renferme la désignation cadastrale des immeubles échangés (2925-11 I. G.).

82. **Immeubles ruraux. — Algérie. — Communes non cadastrées. — L. 3 nov. 1884 non applicable.** — Un échange d'immeubles ruraux ne peut bénéficier du tarif réduit de la L. 3 nov. 1884 lorsqu'il a pour objet des immeubles situés dans des communes où le cadastre n'a pas encore été établi (Sol. 12 déc. 1896, 9146 R. P.).

EFFETS NÉGOCIABLES ET NON NÉGOCIABLES.

14 à 22. **Mentions essentielles de la lettre de change.** — Le § 1 de l'art. 110 C. Comm. a été modifié comme suit par la loi du 7 juin 1894 : « La lettre de change est tirée, soit d'un lieu sur l'autre, soit d'un lieu sur le même lieu » (24386 J. E.).

Il n'est donc plus nécessaire que le lieu de payement soit distinct de celui de la création du titre.

La même loi de 1894 a, d'ailleurs, modifié également le dernier alinéa de l'art. 632 C. Comm. de la façon suivante : « Entre toutes personnes, les lettres de change », supprimant ainsi la dernière partie de l'alinéa : « ou remise d'argent faite de place à place ».

44 et 45. **Supposition de nom, de qualité.** — La loi du 7 juin 1894 porte que « sont réputées simples promesses toutes lettres de change contenant supposition soit de nom soit de qualité ». La dernière partie de l'art. 112 C. Comm. se trouve donc abrogée : « Soit de domicile, soit de lieux d'où elles sont tirées ou dans lesquelles elles sont payables ».

163. **Bon au porteur.** — L'écrit rédigé de la façon suivante : « Bon pour.... » avec date et signature, constitue un billet au porteur (Sol. 30 janv. 1895, 3963 Rev. prat.).

226, 227 et 228. **Lettres de change non protestées. — Usage en justice. — Enregistrement non obligatoire.** — L'art. 10 L. 28 fév. 1872, qui soumet les lettres de change au droit de 0 fr. 50 p. 100, dispose, en termes absolus, qu'elles devront être enregistrées avec les protêts qui en seraient faits et qu'elles pourront n'être présentées à la formalité qu'à ce moment. Cette exception doit être appliquée à la lettre et il est interdit d'ajouter au texte de la loi fiscale pour soumettre les lettres de change, même non protestées, à la formalité préalablement à leur usage en justice (Cass. civ., 22 juill. 1896, 8814 R. P.; — 24896 J. E.; — 2930-6 I. G.; — V. Seine, 16 mars 1894, 6883 R. P.).

235. **Obligation notariée avec constitution d'hypothèque.** — Une obligation de cette nature est purement

civile et ne saurait être assimilée à un effet de commerce, quelles que soient les facilités données au créancier pour le transmettre. Elle est dès lors assujettie au droit de 1 fr. p. 100 (Sol. 10 août 1895, 8811 R. P., 24985 J. E.).

251. Cession dans la forme civile. — L'exemption d'impôt dont jouissent les endossements de lettres de change ne s'étend pas à la cession civile de ces valeurs, dont les effets juridiques sont complètement différents de ceux que produit la cession par voie d'endossement.

Le droit de 1 fr. p. 100 est donc exigible sur les transmissions de cette nature (Seine, 20 janv. 1887; — Cass. civ. 30 janv. 1895, 8504 R. P.; 23545 J. E.; 2800-2 I. G.; — *Adde* Sol. 10 sept. 1890, 3169 Rev. prat.).

1. Aval en garantie. — Effets à présenter à l'escompte. — L'acte par lequel un tiers garantit, jusqu'à concurrence d'une somme maxima, le payement des effets souscrits par une société et qui seront présentés à l'escompte d'une autre société, constitue un cautionnement passible du droit de 0 fr. 50 p. 100 sur le montant des effets escomptés dans la limite de la somme garantie (Sol. 23 fév. 1891, 3108 Rev. prat.).

318. Timbre mobile proportionnel. — Oblitération. — L'oblitération manuscrite des timbres mobiles proportionnels peut être faite à l'aide de l'encre violette en usage dans le commerce. Il n'est pas nécessaire que cette encre soit grasse (Sol. 25 mars 1897, 9321 R. P.; 25520 J. E.).

Les timbres mobiles proportionnels doivent être oblitérés au moment même de la souscription des effets sur lesquels ils sont apposés. Il y aurait contravention si la date de l'oblitération était antérieure à celle des effets (Sol. 28 avr. 1894, 8393 R. P.).

Les effets doivent, dans ce dernier cas, être considérés comme non timbrés (Sol. 5 oct. 1892, 23987 J. E.).

Le fait, par un négociant, de n'avoir pas préalablement déposé au bureau de l'enregistrement l'empreinte de la griffe dont il se sert pour l'oblitération des timbres mobiles des effets de commerce, n'autorise pas l'Administration à considérer comme non timbrés et, en conséquence, passibles des amendes de 6 p. 100, les effets dont les timbres mobiles ont été oblitérés à l'aide de cette griffe, lorsque d'ailleurs les énonciations de la griffe répondent à toutes les prescriptions du règlement (Sol. 25 sept. 1880, 7348 R. P.).

366. Coupon supprimé. — Les explications contenues au *Rép. gén.* doivent être complétées comme suit : (*Conf.* 2480-2 et 2485-3 I. G. et Sol. nombreuses rendues à l'occasion de l'application de la loi du 19 fév. 1874 (V. notamment R. P. Tables 1874, 1875 et 1876).

427. Obligation notariée au porteur avec affectation hypothécaire. — Grosse. — Timbre de dimension. — La grosse d'une obligation, passée devant notaire avec constitution d'hypothèque et payable au porteur de cette grosse, n'est assujettie qu'au droit de timbre de dimension déterminé par l'art. 19 L. 13 brum. an VII (Sol. 10 août 1895, 8811 R. P., 24985 J. E.).

436. Billet au porteur. — Le billet au porteur est passible du droit de timbre proportionnel de 0 fr. 50 p. 100 (Sol. 30 janv. 1895, 3905 Rev. prat.).

466 et 467. Effets venant de l'étranger et payables en France. — Ces effets sont soumis aux mêmes droits que les effets souscrits en France (Sol. 10 janv. 1896, 25071 J. E.).

486. Acte en conséquence. — L'officier public qui mentionne, dans un acte qu'il rédige, un effet venant de l'étranger non timbré, mais non accepté, négocié ni acquitté en France, contrevient à l'art. 18 L. 13 brum. an VII. Mais, comme cet article est dépourvu de toute sanction pénale, il n'est passible d'aucune amende; il est responsable seulement du droit de timbre (*Rapp.* Sol. 1 fév. 1897, 9077 R. P.).

487. Production en justice. — L'art. 30 L. 13 brum. an VII ne visant uniquement que les écritures privées faites en France, les Solutions, citées au *Rép. gén.*, ne sont plus applicables. En cas de production en justice d'un effet venant de l'étranger qui n'a été ni accepté, ni négocié ni acquitté en France, les particuliers n'encourent pas d'amende (Sol. 6 sept. 1879, 5458 R. P.).

554. Prêt sur nantissement. — L'acte de prêt sur nantissement ou dépôt de valeurs ou marchandises ne forme une convention synallagmatique. Il n'est, par suite, sujet qu'au timbre de dimension, alors même qu'il serait fait en la forme unilatérale (Sol. 16 déc. 1890, 7812 R. P.; — 23948 J. E.).

558 *bis*. Dépôt de titres étrangers. — Ordres de livraison. — La reconnaissance ou certificat de dépôt de titres étrangers livrables au déposant ou à son ordre n'est passible que du droit fixe d'enregistrement de 3 fr.; il doit être rédigé sur papier timbré de dimension.

Les ordres successifs de livrer ces titres à une personne déterminée, qualifiés endossements, sont soumis également au droit fixe de 3 fr. chacun, du moment où il s'agit de titres acquittant la taxe de transmission. Les endossements sont sujets, par leur nature, au droit de timbre de dimension; ils ne peuvent sans contravention être inscrits à la suite de l'acte de dépôt (Sol. 18 oct. 1894, 3742 Rev. Prat.).

563. Lettre missive. — Un écrit ne saurait sans contravention être rédigé sur papier non timbré, bien que libellé sous forme de lettre missive, s'il contient des stipulations assujetties au timbre, telles que celles relatives aux effets négociables ou non négociables (3068 I. G.). — V. *Lettre missive*.

636. Caisses régionales de crédit agricole. — Avances faites par l'État. — Les écrits par lesquels les représentants des caisses régionales de crédit agricole s'engagent, au nom de ces sociétés, à rembourser dans un délai déterminé les avances qui leur ont été consenties par l'État en exécution de la loi du 31 mars 1899 et de l'art. 1? L. 13 avr. 1900, constituent de véritables reconnaissances de sommes. Malgré la double signature du débiteur et du créancier, ils forment des actes unilatéraux, l'État ne contractant, de son côté, aucun engagement et le visa du ministre de l'agriculture n'étant apposé que pour permettre au Trésorier général de payer le montant des avances. Un

251. Cession, dans la forme civile. — *Conf.* Seine, 18 mai 1906 8796 R. P.; Orléans, 7 août 1906, 11323 R. P.

EFFET RÉTROACTIF.

24. Actes non sujets à l'enregistrement dans un délai déterminé. Modifications dans la législation. — V. *Acte s. s. p.*, n° 66-2.

Acte notarié passé dans une colonie où l'enregistrement est établi. Usage en France. Modification dans la législation métropolitaine. Tarif applicable. — V. *Colonies*, n° 16-2.

ÉLECTIONS.

ÉMANCIPATION.

23. Enfants assistés. — Aux termes de l'art. 13 L. 27 juin 1904, l'acte d'émancipation d'un enfant assisté, dressé dans les conditions prévues par cette loi, est dispensé du timbre et doit être enregistré gratis. — Instr. 3152, 10900 R. P.

ENFANT.

19-2. Enfant naturel alléguant sa possession d'état d'enfant légitime et la possession par ses père et mère de l'état d'époux. Possession d'état contredite par les faits. — V. *Succession*, n° 168.

48 à 57. Enfants naturels. Reconnaissances. Exemption du droit d'enregistrement. L. fin. 31 mars 1903 (art. 9).

L'art. 9 L. 31 mars 1903 (10446 R. P.; 3117-4 I. G.) dispose que les reconnaissances d'enfants naturels, quelle qu'en soit la forme, sont exemptes du droit d'enregistrement ».

Sous le régime antérieur, les reconnaissances d'enfants naturels étaient assujetties au droit fixe de 3 fr. si elles étaient faites par acte de célébration de mariage, et de 7 fr. 50, si elles avaient lieu autrement que par acte de mariage.

La disposition nouvelle s'applique aussi bien aux reconnaissances qui sont faites par acte de célébration de mariage et qui emportent légitimation qu'à celles qui ont lieu de toute autre manière. C'est ce qui résulte de la discussion à la Chambre des députés (séance, 5 mars 1903, *J. O.* p. 1044). L'immunité d'impôt s'étend également aux reconnaissances qui sont constatées par des actes notariés comme à celles qui sont passées devant un officier de l'état civil.

Mais, dans le premier cas, l'exemption s'appliquant au droit et non à la formalité de l'enregistrement, il en résulte que les actes notariés renfermant la reconnaissance, doivent être enregistrés gratis dans le délai légal.

Si la reconnaissance est faite par acte de l'état civil, l'exemption du droit d'enregistrement emporte dispense de la formalité sur la première expédition comme sur l'acte même. Le fait générateur de l'impôt, pour les actes de cette nature, résidant, sous la législation antérieure, dans la délivrance de l'expédition, il s'ensuit que toutes les expéditions d'actes de l'état civil, délivrées postérieurement à l'entrée en vigueur de la loi de 1903, profitent de l'exemption accordée par l'art. 9, quelle que soit la date de la reconnaissance qu'elles contiennent.

Cette disposition a été rendue applicable à l'Algérie par un décret du 22 août 1904, 10880, R. P. et aux territoires du Sud de cette colonie par un décret postérieur du 10 déc. 1904, 10885 R. P.

50. Loi fin. 31 mars 1903. — V. *supra*, nos 48 à 57.

sont donc assujettis au droit proportionnel de 0 fr. 05 p. 100. Peu importe que les actes soient signés des débiteurs avant la remise des fonds, dès l'instant que leur destination est d'être laissés aux mains du créancier après cette remise et de fournir à ce dernier des titres dont il a besoin pour constater ses droits (Sol. 3 déc. 1900; — Cir. Compt. publ. 29 déc. 1900).

ÉLECTIONS.

18 et s. Affiches électorales. — V. *Affiches*, n° 56.

ÉMANCIPATION.

23. Tarif. — Les actes d'émancipation n'ayant pas été visés par la loi du 28 avr. 1893, sont toujours assujettis au droit de 15 fr. en principal. — V. *Avis de parents*, n° 3.

32. Émancipation et autorisation de faire le commerce. — Disposition dépendante. — L'autorisation de faire le commerce, donnée à un mineur émancipé dans l'acte même ou la délibération qui l'émancipe, ne donne pas ouverture à un droit particulier (Sol. 16 mars 1891, 7637 R. P.).

34. Mineurs indigents. — L. 26 janv. 1892. — V. *Avis de parents*, n° 22.

ENCHÈRE. — V. *Adjudication*.

ENFANT.

36. Enfant adultérin ou incestueux. — Sévérité du législateur. — La L. 25 mars 1896, qui, ainsi que nous le verrons *infra* nos 85 et suiv., a modifié, au point de vue héréditaire, la situation des enfants naturels, n'a apporté aucun changement à la situation des enfants adultérins ou incestueux. A cet égard, la loi précitée a purement et simplement confirmé, dans les mêmes termes, les art. 762, 763 et 764 C. civ.

37. Enfant incestueux. — Transaction lui attribuant des biens de la succession paternelle. — Droit de mutation à titre onéreux. — La transaction qui attribue à des enfants incestueux un immeuble et une créance dépendant de la succession de leur père et dont l'abandon leur est consenti par les héritiers légitimes, est passible du droit de mutation à titre onéreux de 5 fr. 50 p. 100 et de 1 fr. p. 100, sans qu'il y ait à tenir compte des droits de mutation par décès, acquittés par les héritiers légitimes, sur la totalité de la succession (Seine, 2 fév. 1891, 8405 R. P.).

46. Reconnaissance. — Acte authentique. — Les actes notariés contenant reconnaissance d'enfant naturel doivent, à peine de nullité, être reçus par deux notaires ou par un notaire assisté de deux témoins (L. 12 août 1902, art. 1er, 10307 R. P. — V. *Acte notarié*, n° 16).

48. Tarif. — Il nous paraît utile de résumer, sous forme de tableau, les règles de perception applicables à la reconnaissance et à la légitimation des enfants naturels. Ces règles ont été rappelées dans l'I. G. 2815 (7928 R. P.).

MODIFIÉ L. 31 Mars 1903 V. Appendice

1re Expédition de l'acte de reconnaissance.

Par le père *ou* par la mère d'un seul enfant.....	7 50
— de plusieurs enfants..	7 50
Par le père *et* par la mère d'un seul enfant......	7 50
— de plusieurs enfants..	7 50

1re Expédition de l'acte de naissance contenant

Mention de reconnaissance par le père *ou* par la mère..................	7 50
Mention de reconnaissance par le père *et* par la mère..................	7 50
Mention de reconnaissance et de légitimation ultérieure..................	7 50

1re Expédition de l'acte de mariage contenant

Légitimation d'un ou de plusieurs enfants non reconnus précédemment..................	3 »
Légitimation d'un ou de plusieurs enfants reconnus précédemment..................	3 »
Légitimation d'un ou de plusieurs enfants reconnus antérieurement par l'un des conjoints seulement..................	3 »

50. Pluralité. — L'art. 43, n° 22, L. 28 avr. 1816 a soumis au droit fixe de 2 fr. en ppal (aujourd'hui 3 fr., art. 4, L. 28 fév. 1872), « *les reconnaissances d'enfants naturels par acte de célébration de mariage* ».

MODIFIÉ L. 31 Mars 1903 V. Appendice

L'art. 45, n° 7, de la même loi a tarifé à 5 fr. en ppal (aujourd'hui 7 fr. 50, loi préc.), « *les reconnaissances d'enfants naturels autrement que par acte de mariage* ».

La loi fiscale établit donc une distinction importante, au point de vue du tarif, entre les reconnaissances faites par l'acte de célébration de mariage et qui comportent légitimation, et les reconnaissances qui ont lieu de toute autre manière.

Le droit de 3 fr. s'applique aux seules reconnaissances limitativement prévues par l'art. 43, n° 22, L. 28 avr. 1816, et toutes les autres, quelle que soit leur forme, doivent être assujetties au droit de 7 fr. 50, fixé par l'art. 45, n° 7, de la même loi.

Ce dernier droit est notamment exigible sur l'expédition de l'acte de naissance contenant la déclaration d'origine faite par les père et mère de l'enfant naturel ou par l'un d'eux. Une semblable déclaration présente, en effet, le caractère d'une reconnaissance (art. 334 C. civ.). Elle ne se confond pas avec l'acte de naissance qui serait complet sans elle (D. m. f. 20 déc. 1882).

La légitimation, n'étant visée par aucune disposition de la loi fiscale, est affranchie de l'enregistrement.

Aux termes de l'article 331 C. civ., les enfants naturels peuvent être légitimés par le mariage subséquent de leurs père et mère, lorsque ceux-ci les auront légalement reconnus avant le mariage ou lorsqu'ils les reconnaîtront dans l'acte de célébration.

On s'est demandé : 1° si l'expédition d'un acte de naissance, portant reconnaissance de l'enfant naturel, avec la mention de la légitimation ultérieure opérée par le mariage des père et mère, était passible de deux droits; 2° si deux droits sont également exigibles sur l'expédition de l'acte de mariage des père et mère, contenant légitimation de l'enfant naturel et rappelant la reconnaissance faite dans son acte de naissance.

Cette double question a été résolue négativement par une D. m. f. du 9 fév. 1882.

Dans le premier cas, le seul droit exigible est celui de 7 fr. 50, fixé pour les reconnaissances qui s'effectuent autrement que par acte de mariage.

Dans le second cas, si la légitimation par l'acte de mariage produit les effets primordiaux de la reconnaissance de l'enfant naturel, il y a lieu de percevoir le droit de 3 fr. établi par les art. 43, n° 22, L. 28 avr. 1816 et 4 L. 28 fév. 1872, sans y ajouter aucun droit pour la légitimation. Mais, si l'acte de mariage se borne à rappeler la reconnaissance régulière résultant de l'acte de naissance, l'expédition de l'acte de mariage ne doit pas être enregistrée, parce qu'elle ne renferme alors qu'une simple légitimation. La formalité n'est obligatoire et le droit n'est dû que pour l'expédition de l'acte de naissance qui est, dans cette hypothèse, le véritable titre de la reconnaissance.

Un seul droit est exigible pour chaque acte de reconnaissance, alors même que la reconnaissance se rapporterait à plusieurs enfants, et qu'elle serait faite par les père et mère conjointement. La raison en est que la reconnaissance, étant indivisible à l'égard de ceux auxquels elle s'applique, doit être considérée comme ne renfermant qu'une disposition unique (D. m. f. 17 déc. 1819).

Il n'y aurait lieu à la pluralité des droits que dans l'hypothèse où les reconnaissances auraient été constatées par des actes distincts (2815 I. G.).

MODIFIÉ 31 Mars 1903 V. Appendice

51. Expédition. — Fait générateur de l'impôt. — La loi du 28 avril 1816 qui, la première, a tarifé dans ses art. 43, n° 2, et 45, n° 7, les reconnaissances d'enfants naturels contenues dans les actes de l'état civil, n'a pas déterminé le mode de perception des droits.

On a pensé qu'il convenait d'appliquer à l'espèce les dispositions générales de l'art. 7, 5e alinéa, L. 22 frim. an VII, aux termes duquel « ceux des actes de l'état civil qui sont assujettis à l'enregistrement par la présente, ne seront également enregistrés que sur les expéditions ». C'est ce qui résulte d'une D. m. f. du 8 juin 1821, portant que le droit ne sera perçu que sur la *première expédition* de chaque acte de reconnaissance.

Cette décision ajoute : 1° que l'officier de l'état civil devra mentionner, en marge de la minute de l'acte, la formalité qui aura été donnée à la *première expédition*, et rappeler la même mention dans toutes les expéditions subséquentes; 2° que le droit serait exigible sur ces dernières expéditions, si elles étaient dépourvues de la mention de la formalité.

Il en résulte que le fait générateur de l'impôt réside dans la délivrance de la première expédition, mais que le droit peut être réclamé sur toute expédition qui ne rappelle pas la mention de l'enregistrement, sauf restitution, s'il est justifié dans le délai de deux ans qu'une autre expédition a été précédemment soumise à la formalité (2815 I. G.).

53 et 54. Débiteurs des droits. — Délai d'enregistrement. — L'art. 20, 5e al., L. 22 frim. an VII qui assujettit à la formalité, dans le délai de 20 jours, les actes des Administrations centrales et municipales susceptibles d'être enregistrés, s'applique exclusivement aux actes qui doivent recevoir la formalité sur la minute. Il n'y a pas de délai de rigueur pour l'enregistrement des expéditions. Les maires n'encourent, dès lors, aucune responsabilité pour le défaut d'enregistrement des expéditions qu'ils délivrent, et c'est aux parties requérantes que les droits doivent être réclamés (2815 I. G.).

55. Tarif applicable. — Le 5e al. de l'art. 7, L. 22 frim. an VII n'ayant assujetti à l'enregistrement que les expéditions des actes de l'état civil, il s'ensuit que *la délivrance* de l'expédition doit être considérée comme le fait générateur de l'impôt; d'où la conséquence que c'est d'après la législation en vigueur au moment où cette délivrance a eu lieu que les droits doivent être réglés (2815 I. G.).

60. Acte de naissance. — Déclaration d'origine. — Le droit de 7 fr. 50 est exigible sur l'expédition de l'acte de naissance contenant la déclaration d'origine faite par les père et mère de l'enfant naturel ou par l'un d'eux. Une semblable déclaration présente, en effet, le caractère d'une reconnaissance (334 C. civ.). Elle ne se confond pas avec l'acte de naissance qui serait complet sans elle (D. m. f. 29 déc. 1882, 2815 I. G.; 7028 R. P.).

69. Enfant naturel. — Reconnaissance après décès par le père. — Validité. — L'art. 334 C. civ., conçu en termes généraux et absolus, ne limite à aucun délai l'exercice du droit de reconnaître un enfant naturel; il ne défend pas la reconnaissance d'un enfant naturel décédé sans laisser de descendants. Mais cette reconnaissance peut être contestée, lorsque les circonstances dans lesquelles elle est intervenue lui enlèvent tout caractère de sincérité et font apparaître, chez son auteur, l'intention de se créer un titre pour satisfaire une idée de lucre (Rouen, 17 janv. 1898, 9493 R. P.; — C. Rouen, 20 déc. 1899, 9730 R. P.).

75. Enfant naturel. — Légataire universel. — Possession d'état. — Tarif entre étrangers. — Ni la possession d'état conforme aux indications de l'acte de naissance, ni la déclaration consignée dans un acte passé par les héritiers légitimes de la mère, ne peuvent équivaloir, pour l'enfant naturel, à la reconnaissance voulue par la loi ou à la constatation judiciaire de la filiation. A défaut de cette reconnaissance volontaire ou judiciaire, l'enfant naturel, institué légataire universel par sa mère présumée, doit le droit de mutation par décès d'après le tarif établi pour les successions entre étrangers (Sol. 6 juill. 1896, 8470 R. P.).

Enfant naturel de nationalité belge. — Filiation établie par la simple possession d'état. — Abandon de biens héréditaires par l'héritier légitime. — Libéralité entre étrangers.

51. Loi du 31 mars 1903. — V. *supra*, nos 48 à 57.

53. Loi du 31 mars 1903. — V. *supra*, nos 48 à 57.

— Sous l'empire du C. civ. français, la possession d'état, bien que conforme à l'acte de naissance, ne peut suppléer la déclaration authentique du père ou de la mère ou la reconnaissance judiciaire qui, seules, établissent la filiation. Ces principes sont applicables aux personnes de nationalité belge, soumises, au point de vue de leur état, au C. civ. français. En conséquence, il y a lieu de considérer comme une libéralité entre étrangers, passible de droit de 9 fr. p. 100, l'abandon de biens successoraux que consent l'héritier légitime du défunt à un enfant naturel de ce dernier, citoyen belge, qui ne peut invoquer, pour établir sa filiation, que la possession d'état (Sol. 23 nov. 1894, 8111 R. P.).

Enfant naturel. — Possession d'État. — Reconnaissance. — Registre de l'état civil incendié. — Preuve. — La reconnaissance d'un enfant naturel ne peut résulter que d'un acte authentique. La possession d'état est sans valeur pour établir la filiation naturelle. Un tiers n'a pas qualité pour intenter une action tendant à faire juger qu'une personne décédée était l'enfant naturel reconnu d'une personne désignée, une semblable demande constituant l'exercice d'un droit exclusivement attaché à la personne. — En admettant que l'art. 46 C. civ. permette de prouver que la reconnaissance avait été mentionnée sur le registre de l'état civil détruit lors de l'incendie de la commune et reconstitué depuis sans constater cette reconnaissance, la preuve ne peut avoir pour objet que l'énonciation contenue audit registre. Elle ne saurait être considérée comme fournie, lorsqu'il n'est produit aucun papier de famille, aucun document ni offert aucun témoignage de nature à établir l'existence de la reconnaissance sur l'acte authentique incendié (C. Toulouse, 8 mai 1899, 9704 R. P.).

Succession en déshérence. — Enfant adoptif. — Droit de retour. — Autres enfants adoptifs. — Frères et sœurs naturels. — Filiation non légalement établie. — L'immeuble recueilli par un enfant adoptif dans la succession de son père et qui se retrouve en nature dans sa propre hérédité ne saurait être revendiqué par les autres enfants adoptifs du même adoptant, ni en leur qualité d'héritiers naturels du défunt, quand il n'existe entre eux et ce dernier aucune filiation naturelle volontairement ou judiciairement reconnue, ni en vertu du droit de retour établi par l'art. 351 C. civ., ce droit n'appartenait qu'à l'adoptant et à ses descendants, au nombre desquels les enfants adoptifs ne peuvent être rangés (Seine, 14 déc. 1900, 10039 R. P.; C. Paris, 31 janv. 1902, 10354 R. P.).

84. **Enfant naturel. — Parenté.** — La L. 25 mars 1896, qui a modifié la situation héréditaire de l'enfant naturel (V. *infrà*, nos 85 et suiv.) n'a pas voulu étendre, en ce qui le concerne, les limites de la parenté. Elle a laissé subsister, dans les mêmes termes, l'art. 757 C. civ.

85. **Nature du droit de l'enfant naturel.** — La loi du 25 mars 1896 (8738 R. P. — V. *Code des lois*), conçue dans un véritable esprit de faveur pour l'enfant naturel, a profondément transformé les droits que la législation antérieure accordait à cet enfant. Cette loi a modifié ainsi qu'il suit l'art. 756 C. civ. : « La loi n'accorde de droits aux enfants naturels sur les biens de leurs père ou mère décédés que lorsqu'ils sont légalement reconnus. Les enfants naturels, légalement reconnus, sont appelés en qualité d'héritiers à la succession de leur père ou de leur mère décédés ».

L'innovation introduite dans l'art. 756 nouveau consiste en ce que l'enfant naturel devient un véritable héritier.

L'art. 723, modifié par la L. 25 mars 1896, de la manière suivante « la loi règle l'ordre de succéder entre les héritiers légitimes et les héritiers naturels » lui donne la saisine sous le nom d'*héritier naturel*.

Mais, de même que sous l'empire de la législation antérieure, les droits de succession ne peuvent être réclamés que par les enfants naturels *légalement reconnus*, c'est-à-dire aussi bien par ceux dont la filiation est judiciairement établie que par ceux qui ont été l'objet d'une reconnaissance volontaire.

D'autre part, comme autrefois, les enfants naturels peuvent exercer leurs droits, même si leur reconnaissance est postérieure à l'ouverture de la succession.

De même, ils ont des droits, non pas seulement sur les biens acquis par leurs père ou mère décédés, après la reconnaissance, mais encore sur les biens acquis avant cette reconnaissance.

Les droits consistent, non en une simple créance, mais en une quote-part des biens héréditaires (Baudry-Lacantinerie et Wahl, *Des Successions*, t. Ier, nos 392 et 393).

Comme antérieurement, l'enfant naturel profite de l'accroissement, et les aliénations des héritiers légitimes ne lui sont pas opposables.

Enfin, les actes passés par lui, antérieurement à l'ouverture de la succession et relatifs à cette succession, sont nuls comme faits sur succession future (Baudry-Lacantinerie et Wahl, *loc. cit.*, no 393).

86. **Propriété du jour de la mort de l'auteur.** L'enfant naturel étant devenu héritier, depuis la L. 25 mars 1896, ayant la saisine, et n'étant pas tenu de demander l'envoi en possession, il ne fait plus difficulté d'admettre, aujourd'hui, qu'il devient propriétaire de sa part héréditaire, à compter du décès de l'auteur de la succession.

87. **Envoi en possession.** — Pour les successions ouvertes depuis la promulgation de la L. 25 mars 1896, les formalités prescrites aux successeurs irréguliers, et notamment la demande d'envoi en possession, ne peuvent plus s'appliquer aux enfants naturels devenus des héritiers, soit qu'ils succèdent seuls, soit qu'ils viennent en concours avec d'autres héritiers. Aussi le nouvel art. 724 C. civ. leur accorde-t-il la saisine, de plein droit, des biens, droits et actions du défunt, et l'art. 7 de la L. précitée a-t-il abrogé l'art. 773 C. civ., qui imposait aux enfants naturels venant seuls les formalités prescrites aux successeurs irréguliers.

Fruits. — Sous l'empire de la loi nouvelle, l'enfant naturel a droit aux fruits, dès l'ouverture de la succession (Baudry-Lacantinerie et Wahl, *loc. cit.*, nos 393 et 821).

88. **Dettes de la succession.** — L'enfant naturel, étant devenu *héritier*, est, désormais, tenu des dettes *ultra vires* et sur son patrimoine personnel (Baudry-Lacantinerie et Wahl, *Des Successions*, t. Ier, no 393).

Il peut être poursuivi par les créanciers héréditaires avant même d'avoir pris parti, et sauf à opposer l'exception dilatoire de l'art. 795 C. civ. Enfin, la règle posée dans l'art. 877 C. civ., d'après laquelle les créanciers de la succession doivent signifier aux héritiers les titres exécutoires contre le défunt, s'applique actuellement aux enfants naturels (Baudry-Lacantinerie et Wahl, *loc. cit.*).

89. Retrait successoral. — Comme autrefois, l'enfant naturel peut exercer le retrait successoral.

90. Usufruit légal. — Sans modification.

91. Quotité de la part revenant à l'enfant naturel. — La L. 25 mars 1896 a transformé en 3 articles les dispositions contenues dans l'art. 757 C. civ.

Ces 3 articles sont les suivants :

Art. 758. — Le droit héréditaire de l'enfant naturel dans la succession de ses père ou mère est fixé ainsi qu'il suit : Si le père ou la mère a laissé des descendants légitimes, ce droit est de la moitié de la portion héréditaire qu'il aurait eue s'il eût été légitime.

Art. 759. — Le droit est des trois quarts, lorsque les père ou mère ne laissent pas de descendants, mais bien des ascendants ou des frères et sœurs ou des descendants légitimes de frères ou sœurs.

Art. 760. — L'enfant naturel a droit à la totalité des biens lorsque ses père ou mère ne laissent ni descendants, ni ascendants, ni frères ou sœurs, ni descendants légitimes des frères ou sœurs.

92. Objet de ces dispositions. — La loi mesure, dans tous les cas, le droit de l'enfant naturel sur celui d'un enfant légitime, en ce sens qu'elle lui attribue toujours une quote-part de ce qu'il aurait obtenu s'il eût été légitime, comme s'il était une fraction d'enfant légitime. Le droit de l'enfant naturel se calcule donc sur toute la part qu'il aurait eue comme enfant légitime, et non pas seulement sur la réserve à laquelle il aurait eu droit en cette qualité (Baudry-Lacantinerie et Wahl, *loc. cit.*, n° 398).

94. Rapport. — Il n'a été introduit, à cet égard, aucune modification dans la législation antérieure : aujourd'hui, comme autrefois, le rapport peut être demandé par l'enfant naturel.

95. Portion en nature. — Ce dernier peut, comme antérieurement, réclamer sa part en nature et provoquer le partage ; il doit être compris dans l'action en partage ainsi que dans le partage d'ascendant ; le partage fait avec lui est soumis aux formes ordinaires, et, notamment, s'il a lieu en justice, les lots doivent être tirés au sort (Baudry-Lacantinerie et Wahl, *loc. cit.*, n° 398).

96. Concours avec des enfants ou petits-enfants légitimes. — En dehors des différences de style et d'une modification destinée à rappeler, par l'emploi des mots *droit héréditaire*, que l'enfant naturel est devenu un héritier, le nouveau texte de l'art. 758 a simplement pour but d'élever du *tiers* à la *moitié* de la part d'enfant légitime les droits de l'enfant naturel en face d'enfants légitimes.

Ainsi, le défunt laisse un enfant légitime et un enfant naturel. Si l'enfant naturel eût été légitime, il aurait eu droit à la moitié de la succession, il pourra donc réclamer la moitié de la moitié, soit un quart ; le reste ira à l'enfant légitime. On trouvera, par le même procédé, qu'un enfant naturel, en présence de deux enfants légitimes, a droit à un sixième de la succession (la moitié du tiers) ; qu'il peut réclamer un huitième, en présence de trois enfants légitimes ; un dixième, en présence de quatre et ainsi de suite.

Ajoutons que les descendants d'enfants légitimes prédécédés, venant par représentation de leur père, ne comptent que pour la tête de celui-ci dans le calcul de la part de l'enfant naturel.

Ainsi, en présence d'un enfant légitime du défunt et de trois petits-fils issus d'un autre fils prédécédé et venant par représentation de leur père, la part de l'enfant naturel sera la même qu'en présence de deux enfants légitimes, soit un sixième (Baudry-Lacantinerie et Wahl, *loc. cit.*, n°s 400, 401 et 402).

97. Concours avec des descendants au deuxième degré venant de leur chef. — Que si l'enfant naturel se trouve en concours avec les descendants d'un fils unique du défunt, qui est renonçant, incapable ou indigne, comme, en pareil cas, il aurait eu droit, dans l'hypothèse où il eût été légitime, à toute la succession, excluant les enfants qui ne peuvent pas monter dans le degré de leur père par la représentation, c'est la moitié de la succession qui lui revient. De même, l'enfant naturel, qui rencontre en face de lui un fils du défunt et des descendants d'un autre fils renonçant ou indigne, a droit au quart de la succession (Baudry-Lacantinerie et Wahl, n° 403).

98-99-100-101. Concours avec des ascendants, des frères ou sœurs légitimes, et des descendants légitimes des frères ou sœurs. — La nouvelle disposition de l'art. 759, reproduit *suprà* n° 91, remplace, pour les successions ouvertes depuis la L. 25 mars 1896, celle de l'art. 757 C. civ. Elle élève les droits de l'enfant naturel qui sont portés de la *moitié* aux *trois quarts*, et elle ajoute, aux frères ou sœurs légitimes, les *descendants* d'eux, qui enlèvent à l'enfant naturel une part aussi forte que les frères et sœurs.

Dans l'hypothèse prévue par l'art. 759, la portion de la succession qui n'est pas attribuée aux enfants naturels est répartie entre les collatéraux privilégiés et les ascendants conformément aux règles du droit commun, c'est-à-dire de la même manière que le serait la succession tout entière si le défunt n'avait pas laissé d'enfants naturels (Baudry-Lacantinerie et Wahl, *loc. cit.*, n° 410).

98-99-100-101. Concours avec des collatéraux ordinaires. — Sous l'empire de la législation antérieure, les droits des enfants naturels variaient suivant que ces enfants étaient en concours avec des collatéraux ordinaires ou qu'il n'y avait pas de parents (757 et 758 C. civ.). Actuellement, depuis la L. 25 mars 1896, toute distinction, à cet égard, a disparu, le nouvel art. 760 (V. *suprà* n° 91) portant que « l'enfant naturel a droit à la totalité des biens lorsque ses père et mère ne laissent ni descendants, ni ascendants ni frères ou sœurs, ni descendants légitimes des frères et sœurs ».

102. Manière de compter lorsqu'il y a plusieurs enfants naturels. — Lorsqu'il y a plusieurs enfants naturels, il ne faut pas donner à *chacun* en particulier telle fraction de ce qu'il aurait eu s'il avait été légitime, mais bien donner à *tous* en masse telle fraction de ce qu'ils auraient eu si *tous* avaient été légitimes. Cette règle, adoptée sous l'empire de l'ancienne législation, reste en vigueur depuis la L. 25 mars 1896.

103. Accroissement. — Enfant naturel renonçant ou indigne. — Si l'un des enfants naturels renonce ou est déclaré indigne, la succession doit être divisée comme si cet enfant naturel n'avait jamais existé, à raison de la rétroactivité de la renonciation et de l'indignité. Aucun doute ne peut s'élever sur ce point, depuis que la L. 25 mars 1896 a fait de l'enfant naturel un véritable héritier.

104. Concours avec des ascendants dans une ligne et des collatéraux dans l'autre. — Si le défunt laisse des ascendants dans une ligne et des collatéraux ordinaires dans l'autre, l'enfant naturel n'avait droit, autrefois, qu'à la moitié de la succession, soit à l'égard des ascendants, soit à l'égard des collatéraux. Il n'a droit, aujourd'hui, depuis la L. 25 mars 1896, qu'aux trois quarts et non à la totalité de la succession (Baudry-Lacantinerie et Wahl, *loc. cit.*, n° 424; — Thomas, *Rev. gén. du dr.*, XXI, 1897, p. 228; — Bonnet, *J. des notaires*, 1896, p. 356; — *Contrà* Defrénois, *Rép. gén. prat. du not.* 1896, p. 353, n° 9046 et 1897, p. 400, n° 16(7).

Dans ce cas, l'ascendant a le tiers en usufruit de la portion dévolue aux collatéraux. La part de l'enfant naturel est soustraite à cet usufruit, mais l'enfant naturel ne peut réclamer une portion de cet usufruit, sous prétexte qu'elle fait partie de la succession (Baudry-Lacantinerie et Wahl, *loc. cit.*, n° 424).

105. Absence de parents au degré successible. — Nous avons vu *suprà*, n°s 91 et 98, que, d'après le nouvel art. 760 substitué à l'ancien art. 758, l'enfant naturel, en l'absence de parents au degré successible, a droit à toute la succession. Sur ce point, la L. 25 mars 1896 n'a pas innové.

106. Indignité ou renonciation des parents. — Rien n'est changé, à cet égard, aux explications données dans la première partie de notre *Rép. gén.* Toutefois, à l'appui de la jurisprudence contraire à la doctrine des auteurs, il faut citer les décisions suivantes (Cass. 17 fév. 1865, S. 65-1-105; — 5 juin 1893, S. 93-1-348; — C. Lyon, 21 janv. 1859, S. 60-2-296; — C. Paris, 6 août 1872, S. 72-2-311.

107. Parents successibles dans une seule ligne. — S'il existe des ascendants dans une ligne et s'il n'y a pas de parents dans l'autre ligne, l'enfant naturel ne recueille que les trois quarts (avant la loi de 1896, la moitié) de l'hérédité (Baudry-Lacantinerie et Wahl, *loc. cit.*, n° 430. V. *suprà* n° 104).

108. Droit de réserve. — L'enfant naturel a-t-il droit à une réserve? La question, discutée sous l'empire de l'ancienne législation, est, aujourd'hui, résolue dans le sens de l'affirmative, par la L. 25 mars 1896, qui a libellé, de la manière suivante, l'art. 913 C. civ. : « Les libéralités, soit par actes entre vifs, soit par testament, ne pourront excéder la moitié des biens du disposant, s'il ne laisse à son décès qu'un enfant légitime; le tiers, s'il laisse deux enfants; le quart, s'il en laisse trois ou un plus grand nombre. — L'enfant naturel reconnu a droit à une réserve. Cette réserve est une quotité de celle qu'il aurait eue s'il eût été légitime, calculée en observant la proportion qui existe entre la portion attribuée à l'enfant naturel au cas de succession *ab intestat* et celle qu'il aurait eue, dans le même cas, s'il eût été légitime. — Sont compris, dans le présent article, sous le nom d'enfants, les descendants, en quelque degré que ce soit; néanmoins, ils ne sont comptés que pour l'enfant qu'ils représentent dans la succession du disposant ».

D'après ces dispositions, il faut, pour la détermination de la réserve comme pour la détermination de la part héréditaire de l'enfant naturel, le supposer un instant légitime, rechercher quelle est la réserve à laquelle il aurait eu droit dans cette hypothèse, et lui en attribuer la moitié, les trois quarts ou la totalité, suivant les distinctions établies dans les art. 758 à 760 C. civ. (Baudry-Lacantinerie et Wahl. *Des Don. et Test.*, t. 1er, n° 707).

110. Concours d'enfants naturels et légitimes. — Dans le concours, la réserve de l'enfant naturel sera de la *moitié* de ce qu'il aurait eu s'il eût été légitime.

D'après l'art. 915 C. civ., la quotité disponible ne doit jamais être inférieure au quart.

Il en résulte que, dans le calcul de la réserve, il faut distinguer le cas où les enfants légitimes sont au moins trois, et celui où leur nombre est de un ou deux.

S'il y a trois enfants légitimes ou un plus grand nombre, on détache un quart de la succession pour former la quotité disponible, et l'on partage les trois quarts ainsi réservés entre les enfants légitimes et les enfants naturels dans la proportion où l'on aurait partagé l'hérédité entière entre eux.

S'il n'y a qu'un ou deux enfants légitimes, on obtient la réserve des enfants naturels en calculant momentanément leur part comme si tous les enfants, légitimes ou naturels, étaient légitimes, mais ensuite, pour calculer la réserve des enfants légitimes sur le surplus il ne faut pas tenir compte des enfants naturels, quel que soit leur nombre (Mesnard, *Commentaire de la L. 25 mars* 1896, n° 164).

111. Un enfant légitime, un enfant naturel et un légataire universel. — En l'absence d'enfant naturel, la succession se serait divisée, par moitié, entre l'enfant légitime et le légataire universel. D'autre part, si l'enfant naturel eût été légitime, il y aurait eu deux enfants légitimes qui auraient pris chacun un tiers, et le légataire universel aurait eu droit à un tiers également. En supposant l'enfant naturel légitime, sa présence aurait donc nui également à l'autre enfant légitime et au légataire universel. Sa réserve restreinte doit leur nuire dans la même proportion et se prélever également sur la part de l'un et sur celle de l'autre, ou, ce qui est la même chose, sur la masse de la succession (Baudry-Lacantinerie et Wahl, *loc. cit.*, n° 709 *ter*).

Exemple. Soit une succession de 12.000 fr.

Si l'enfant naturel avait été légitime, il aurait eu, sans le legs universel, la moitié de la succession, 6.000 fr.; comme enfant naturel, il n'aurait pu prétendre qu'à la moitié de cette moitié, 3.000 fr. Or, s'il avait été légitime, et en concours avec un autre enfant légitime, sa réserve aurait été des 2/3 de la moitié de la succession; par suite de son illégitimité, sa réserve sera des 2/3 du quart, ou des 2/3 de 3.000 fr., ou 2.000 fr. Il restera à partager 10.000 fr. L'enfant légitime a droit à la réserve de la moitié, à l'égard du légataire universel; il aura la moitié de ces 10.000 fr., ou 5.000 fr., et le légataire prendra le surplus, ou 5.000 fr. (Mesnard, *loc. cit.*, n°s 163 et 164).

112. Un enfant légitime, un enfant naturel et un donataire entre vifs. — On procédera de la même manière, si, au lieu d'un légataire universel, il y a un donataire entre vifs.

113. Deux enfants légitimes, un enfant naturel, un légataire universel. — De même, la réserve de l'enfant naturel doit être prélevée sur la masse de la succession quand l'enfant naturel est en présence de deux enfants légitimes et d'un légataire universel. (Baudry-Lacantinerie et Wahl, *loc. cit.*, n° 709).

Exemple. Soit un actif de 24.000 fr. La réserve de trois enfants légitimes aurait été des 3/4 de la succession, soit, pour chacun, 1/3 de ces 3/4. L'enfant naturel aura une réserve de la moitié de ce tiers, soit 1/8 du total de la succession, ou 3.000 fr. Les deux enfants légitimes se partagent les 2/3 du surplus, soit 14.000 fr.; le légataire universel aura le dernier tiers de ce surplus, soit 7.000 fr. (Mesnard, *loc. cit.*, n° 168).

114. Moins de trois enfants légitimes. — Nombre des enfants naturels illimité. — La réserve de l'enfant naturel reconnu, en présence de deux enfants légitimes, serait d'un huitième, soit la moitié du quart qui aurait formé la réserve de l'enfant s'il eût été légitime.

S'il existe plusieurs enfants naturels, il faut les considérer tous simultanément comme légitimes, et leur attribuer la moitié de la réserve qui leur aurait appartenu dans cette hypothèse (Baudry-Lacantinerie et Wahl, *loc. cit.*, n° 708).

Il va de soi, d'ailleurs, que la règle tracée pour les deux cas prévus aux n°s 111, 112 et 113, s'applique à l'hypothèse dans laquelle il existe moins de trois enfants légitimes et plusieurs enfants naturels.

115. Plus de trois enfants légitimes avec les enfants naturels. — Mais cette règle cesse d'être applicable quand il y a plus de trois enfants légitimes, et un ou plusieurs enfants naturels en concours avec un légataire universel. « En l'absence d'enfant naturel, disent MM. Baudry-Lacantinerie et Wahl (*loc. cit.*, n° 709 *bis*), les enfants légitimes auraient eu droit aux trois quarts (913 C. civ.), et le légataire universel à un quart. D'autre part, si l'enfant naturel eût été légitime, nous aurions eu quatre enfants légitimes, dont la réserve n'aurait pas été plus forte que celle de trois (913 C. civ.); par suite, le légataire universel aurait toujours pris le quart, et les quatre enfants se seraient partagé le reste. Donc, en supposant l'enfant naturel légitime, sa présence ne nuirait ici qu'aux autres enfants légitimes, et elle ne nuirait pas au légataire universel. Qu'est-ce à dire sinon que la réserve de l'enfant naturel se prélèvera exclusivement sur la réserve des enfants légitimes ».

Voici, à cet égard, différents exemples que nous empruntons au *Commentaire*, déjà cité, de M. Mesnard, n°s 170 et s.

3 enfants légitimes, un enfant naturel et 32.000 fr. Réserve définitive tant pour les enfants légitimes que pour l'enfant naturel, 24.000 fr.; l'enfant naturel a 3.000 fr.; les 3 enfants légitimes ont le reste des 24.000 fr., soit 21.000 fr.; le légataire, 8.000 fr. On remarquera, ajoute M. Mesnard, qu'ici la quotité disponible est invariable, par suite de la présence de 3 enfants légitimes; il ne faut donc pas donner à ceux-ci les 3/4 de la différence entre la réserve de l'enfant naturel et le total de la succession, mais la différence entre la part de l'enfant naturel et la portion réservée.

4 enfants légitimes, un enfant naturel et 40.000 fr.: l'enfant naturel a 3.000 fr., les 4 enfants légitimes se partagent 27.000 fr.; quotité disponible, 10.000 fr.

5 enfants légitimes, un enfant naturel et 96.000 fr. Réserve, 72.000 fr.; enfant naturel, le sixième de 72.000 fr. divisé par 2, soit 6.000 fr.; les 5 enfants légitimes, 72.000 fr. — 6.000 fr., c'est-à-dire 66.000 fr., ou chacun, 13.200 fr. Quotité disponible, 24.000 fr.

6 enfants légitimes, un enfant naturel et 112.000 fr. Réserve, 84.000 fr.; enfant naturel, la moitié de 84/7 = 6.000 fr.; les 6 enfants légitimes, 78.000 fr., ou, chacun, 13.000 fr. Quotité disponible, 28.000 fr.

7 enfants légitimes, un enfant naturel et 24.000 fr. Réserve, 18.000 fr.; enfant naturel, le 1/8 de 18.000 fr. divisé par 2, soit 1.125 fr.; les enfants légitimes, 17.875 fr.; soit, chacun, 2.553 fr. 57. Quotité disponible, 6.000 fr.

116-117-118. Tableau. — Règle. — Application des principes. — Les principes que nous venons d'exposer et les exemples que nous avons donnés, sous les n°s précédents, remplacent le tableau inséré et les applications des règles faites dans la première partie de notre *Rép. gén.*

119. Concours d'enfants naturels avec des ascendants. — La L. 25 mars 1896 a adopté, à cet égard, les règles suivantes, qui font l'objet de l'art. 915 nouveau C. civ.: « Lorsque, à défaut d'enfants légitimes, le défunt laisse à la fois un ou plusieurs enfants naturels et des ascendants dans les deux lignes ou dans une seule, les libéralités par actes entre vifs ou par testament ne pourront excéder la moitié des biens du disposant, s'il n'y a qu'un enfant naturel, le tiers, s'il y en a deux, le quart, s'il y en a trois ou un plus grand nombre. Les biens ainsi réservés seront recueillis par les ascendants jusqu'à concurrence d'un huitième de la succession, et le surplus par les enfants naturels.

Ce texte établit une réserve *globale* qui est calculée sur le nombre des enfants naturels; cette réserve est égale à celle qui serait attribuée à un pareil nombre d'enfants légitimes. Sur cette réserve globale, les ascendants, quel que soit leur nombre, prélèvent une part égale au huitième de la succession tout entière. Le reste de la réserve se partage entre les enfants naturels (Baudry-Lacantinerie et Wahl, *loc. cit.*, n° 372).

120. Le père, la mère, un enfant naturel. — Ainsi, ajoutent les savants auteurs, le défunt ayant laissé un seul enfant naturel et des ascendants, la réserve globale sera de la moitié, soit quatre huitièmes, comme elle le serait s'il y avait un seul enfant légitime (913 C. civ.). L'ascendant prendra un huitième, et les trois autres formeront la réserve de l'enfant naturel; les quatre huitièmes restants formeront la quotité disponible.

121. Deux enfants naturels. — De même, si deux enfants naturels se trouvent en présence d'ascendants, la réserve globale sera des deux tiers de la succession, soit seize vingt-quatrièmes, comme s'il y avait deux enfants légitimes. Sur ces seize vingt-quatrièmes, l'ascendant en prélèvera trois, représentant un huitième de la succession. Il restera treize vingt-quatrièmes pour les deux enfants naturels.

122. Nombre illimité d'enfants naturels. — S'il y a plus de deux enfants naturels, la quotité disponible sera toujours de deux huitièmes ou d'un quart, et la réserve des ascendants de un huitième.

124-125. Frères et sœurs ou descendants d'eux. — Lorsque l'enfant naturel se trouve en concours avec des frères et sœurs ou descendants d'eux, à l'exclusion d'ascendants, la réserve sera égale aux trois quarts de celle qu'il aurait eue s'il eût été légitime. Elle sera donc des trois quarts de la moitié, ou des trois huitièmes, pour un seul enfant naturel; de la moitié ou des six douzièmes, pour deux enfants naturels; des trois quarts des trois quarts ou des neuf seizièmes, pour trois enfants naturels (Baudry-Lacantinerie et Wahl, *loc. cit.*, n° 712).

Jugé, avant la L. 25 mars 1896, que, lorsque le père d'un enfant naturel reconnu est décédé, laissant pour héritiers des frères et des sœurs et en même temps des enfants de frères et sœurs prédécédés, l'enfant naturel n'a droit qu'à la moitié de la portion héréditaire qu'il aurait eue s'il avait été légitime, c'est-à-dire à la moitié de la succession (Cass. civ. 5 juin 1893, 8192 R. P.).

126 à 129. Concours de l'enfant naturel avec des collatéraux autres que les frères et sœurs et les descendants d'eux. — Quand le défunt ne laisse ni descendants légitimes, ni ascendants légitimes, ni collatéraux privilégiés, la réserve de l'enfant naturel est égale à celle d'un enfant légitime. La raison en est que, dans ce cas, les droits héréditaires de l'enfant naturel dans la succession *ab intestat* sont les mêmes que ceux d'un enfant légitime, et qu'il n'y a pas de motifs pour qu'il en soit autrement de la réserve (Baudry-Lacantinerie et Wahl, *loc. cit.*, n° 714). On appliquera donc, dans ce cas, sans modification aucune, la règle de l'art. 913 C. civ.

Concours avec des ascendants et des collatéraux ordinaires. — Décidé, antérieurement à la L. 25 mars 1896, que lorsqu'un enfant naturel se trouve en concours avec un ascendant dans une ligne, et avec des collatéraux autres que les frères et sœurs du défunt dans l'autre ligne, ses droits ne peuvent être calculés séparément dans les deux lignes. En conséquence, la portion qui lui revient est seulement la moitié de la totalité de la succession, et non la moitié des biens d'une ligne et les trois quarts des biens de l'autre ligne (C. Amiens, 5 déc. 1880, 7499 R. P.).

131. Cas où il n'existe pas de parents au degré successible. — La même règle sera applicable, par identité de motifs, dans le cas où il n'existerait pas de parents au degré successible.

132. Imputation des biens reçus entre vifs. — La L. 25 mars 1896 a modifié ainsi qu'il suit l'art. 908 C. civ. : « Les enfants naturels légalement reconnus ne pourront rien recevoir, par donation entre vifs, au delà de ce qui leur est accordé au titre des successions. Cette incapacité ne pourra être invoquée que par les descendants du donateur, par ses ascendants, par ses frères et sœurs et les descendants légitimes des frères et sœurs. Le père ou la mère, qui les ont reconnus, pourront leur léguer tout ou partie de la quotité disponible, sans toutefois qu'en aucun cas, lorsqu'ils se trouvent en concours avec des descendants légitimes, un enfant naturel puisse recevoir plus qu'une part d'enfant légitime le moins prenant ».

Pas plus que par le passé, les père et mère naturels ne peuvent par donation entre vifs améliorer le sort que la loi fait à leur enfant dans leur succession, mais ce que la loi défend de faire par donation entre vifs, elle ne l'interdit pas par testament.

133 à 137. Différence entre l'imputation et le rapport. — L'art. 760 (ancien) C. civ. ayant été formellement abrogé par la L. 25 mars 1896, l'enfant naturel n'est plus, aujourd'hui, soumis à l'imputation; il ne doit que le rapport dans les conditions imposées à tous les cohéritiers.

Les explications fournies, à cet égard, dans la première partie du *Rép. gén.* (n°s 133 à 137) ne conservent plus leur effet que pour le passé.

Ajoutons que, depuis la L. 25 mars 1896, les descendants de l'enfant naturel, succédant de leur chef, n'ont pas à rapporter les libéralités faites à leur père, mais qu'ils doivent le rapport de ce qu'ils ont reçu personnellement, soit qu'ils succèdent par représentation, soit qu'ils succèdent de leur chef, et qu'il en est de même pour les libéralités qui leur ont été faites, après le décès de l'enfant naturel (Baudry-Lacantinerie et Wahl, *loc. cit.*, n° 437).

139 à 146 *bis*. Réduction de la portion de l'enfant naturel. — Suppression de l'art. 761 C. civ. — Le C. civ. avait voulu empêcher le père ou la mère naturel de déshériter complètement son enfant, tout en lui permettant, cependant, de l'écarter du partage de sa succession, où sa présence pouvait être une cause de trouble. Il avait, en conséquence, permis, par l'art. 761, de réduire la part héréditaire de l'enfant naturel à une portion seulement des droits déterminés par les art. 757 et 758.

La L. 25 mars 1896, en même temps qu'elle faisait de l'enfant naturel un héritier, et qu'elle augmentait la quorité de sa part héréditaire, a purement et simplement abrogé l'ancien art. 761. La seule voie restant ouverte, aujourd'hui, au père ou à la mère, pour diminuer les droits de l'enfant naturel, n'est plus que celle de la réduction à la réserve.

Toutefois, la loi nouvelle a maintenu les anciennes dispositions, pour les successions ouvertes avant sa promulgation. L'art. 9 de cette loi dispose, en effet, que « toute réclamation sera interdite à l'enfant naturel, lorsqu'il aura reçu, du vivant de ses père et mère, avant la date de la présente loi, la moitié de ce qui lui est attribué par les art. 758, 759, 760 et 761 (anciens art. 757 à 760); avec déclaration expresse de la part de leurs père ou mère que l'intention est de réduire l'enfant naturel à la portion qu'ils lui ont assignée. Dans le cas où cette portion serait inférieure à la moitié de ce qui devrait revenir à l'enfant naturel, il ne pourra réclamer que le supplément nécessaire pour parfaire cette moitié ».

C'est, par comparaison avec la quotité nouvelle, indiquée *suprà* n° 91, que, pour les successions ouvertes depuis la promulgation de la L. 25 mars 1896, doivent être fixés les droits des enfants naturels à l'égard desquels le père ou la mère a usé du droit que lui conférait l'art. 761 C. civ.

Ajoutons que, sous cette réserve, toutes les explications que nous avons données dans la première partie de notre *Rép. gén.* (n°s 130 à 146 *bis*) survivent, pour les successions ouvertes antérieurement à la L. 25 mars 1896, mais que, pour les successions ouvertes depuis la promulgation de cette dernière loi, elles cessent d'être applicables.

147 à 149. Prédécès de l'enfant naturel. — Descendants. — La L. 25 mars 1896 a substitué à l'ancien art. 759 C. civ. l'art. 761, qui est conçu dans les mêmes termes, sauf quelques différences de rédaction insignifiantes. Le nouvel art. 751 est ainsi conçu : « En cas de prédécès des enfants naturels, leurs enfants et descendants peuvent réclamer les droits fixés par les articles précédents ».

La doctrine et la jurisprudence analysées dans la première partie de notre *Rép. gén.*, n°s 147 à 149, n'ont donc rien perdu de leur actualité.

150 à 155. Succession de l'enfant naturel. — Père ou mère. — Il en est de même pour les dispositions qui font l'objet de l'art. 465 C. civ., que la L. 25 mars 1896 n'a modifié qu'au point de vue de la rédaction. L'art. 465 (nouveau) est ainsi conçu : « La succession de l'enfant naturel décédé sans postérité est dévolue au père ou à la mère qui l'a reconnu, ou, par moitié, à tous les deux, s'il a été reconnu par les deux ».

Par suite, les explications fournies dans la première partie de notre *Rép. gén.*, n°s 150 à 155, continuent à recevoir leur application.

Faisons, toutefois, remarquer que, dans l'hypothèse prévue au dernier alinéa du n° 153, la quotité dévolue, sous le régime nouveau, aux enfants naturels n'est plus du tiers, mais de la moitié.

156. Retour légal. — Sans changement.

157. Réserve légale des père et mère. — En ajoutant les enfants naturels à la liste des réservataires, la L. 25 mars 1896 est restée muette en ce qui concerne les père et mère naturels. La question de savoir si ces derniers ont droit à une réserve demeure donc entière.

158 à 161. Prédécès des père et mère. — L'art. 765 (nouveau) C. civ., tel qu'il résulte de la L. 25 mars 1896, (V. *Code des lois*) est entièrement conforme au texte de l'art. 766 (ancien).

Toutes les explications qui figurent à la première partie de notre *Rép. gén.*, sous les n°s 158 à 161, continuent à recevoir leur application.

Frères et sœurs naturels de l'enfant naturel. — L'art. 766 C. C. n'admettant expressément à recueillir éventuellement la succession de l'enfant naturel que ses frères et sœurs naturels, il faut en conclure que la loi a laissé en dehors de ses dispositions les enfants naturels des frères et sœurs (C. Paris, 26 mars 1891, 7731 R. P.).

162. Quotité des droits d'enregistrement. — Droit en ligne directe. — L'enfant naturel étant devenu, depuis la L. 25 mars 1896, un véritable héritier (V. *suprà* n° 85), se trouve placé, au point de vue de l'impôt, sur le pied d'une égalité parfaite avec les autres enfants légitimes. Il convient, dès lors, de lui appliquer les tarifs que nous indiquons v° *Succession*.

163 à 169. Suppression de l'art. 53 L. 28 avr. 1816. — L'art. 53 L. 28 avr. 1816 avait disposé que « lorsque des enfants naturels seront appelés à la succession, à défaut de parents au degré successible, ils seront considérés, quant à la quotité des droits, comme personnes non parentes ».

Cet art. a été modifié, par l'art. 8 L. 25 mars 1896, dans les termes suivants : « L'enfant naturel légalement reconnu, appelé à la succession *ab intestat* ou testamentaire de son auteur, sera considéré, quant à la quotité du droit, comme enfant légitime ».

Il y a donc lieu d'appliquer le tarif, prévu pour les enfants légitimes, dans les hypothèses envisagées sous les n°s 164, 165, 166, 167, 168 et 169 de la première partie de notre *Rép. gén.*

170. Enfant naturel légataire des parents légitimes de son auteur. — Mais, aujourd'hui comme autrefois, c'est le tarif entre étrangers (V. *Succession*) qui doit être appliqué quand l'enfant naturel est institué légataire par les parents légitimes de son auteur.

171-172. Enfants légitimes de l'enfant naturel décédé venant à la succession des père et mère de leur auteur. — Sans modification autre que la différence des tarifs, résultant pour les donations et les successions, de la L. 25 fév. 1901 (V. *Donation* et *Succession*).

173. Succession de l'enfant naturel. — Même observation pour les hypothèses envisagées au n° 173 de la première partie de notre *Rép. gén.*

175. Partage anticipé. — Les Solutions indiquées au n° 175 de la première partie de notre *Rép. gén.*, sont d'autant plus applicables, actuellement, que l'enfant natu-

ENFANTS ASSISTÉS.

Droits de timbre et d'enregistrement. Exemptions diverses. L. 27 juin 1904. — Instr. 3153, 10790 R. P.

ENGAGEMENT VOLONTAIRE.

ENQUÊTE.

ENREGISTREMENT.

27. Acte notarié. Défaut de signature de toutes les parties. Obligations et responsabilité du receveur. — D'après les instructions administratives, le Receveur, auquel on présente pour l'enregistrement un acte notarié non revêtu des signatures de toutes les parties, doit faire régulariser cet acte avant de donner la formalité; si la chose est impossible ou si le notaire insiste pour obtenir l'enregistrement, il doit constater l'état matériel de l'acte par un procès-verbal qu'il adresse au Directeur, chargé de le faire parvenir au Procureur de la République. En ne se conformant pas à ces prescriptions, le receveur commet une faute personnelle qui peut le rendre passible de dommages-intérêts envers les tiers par application de l'art. 1382 C. civ. — Sa responsabilité n'est toutefois engagée que si la négligence commise de ce chef est la cause directe du préjudice éprouvé par les tiers; elle ne saurait, dès lors, être encourue au sujet de la radiation d'une inscription hypothécaire opérée en vertu d'un acte de mainlevée qui a été enregistré, bien qu'il ne fût pas signé de tous les créanciers y désignés comme parties, lorsque les circonstances établissent que la stricte observation des règlements administratifs n'aurait pas empêché un détournement de fonds dont le notaire rédacteur s'est rendu coupable à la faveur de cette mainlevée (Blois, 5 avril 1905, 10976 R. P.).

31-41. Compagnie universelle de Panama. Remise de droits. L. fin. 17 avril 1906 (art. 6). — 11155 R. P.

rel est, depuis la L. 25 mars 1896, assimilé à un véritable héritier. Faisons observer, toutefois, que le tarif des partages anticipés a été modifié par la L. 25 fév. 1901 (V. *Partage d'ascendant*).

176. Enfant reconnu pendant le mariage. — Sans changement.

177. Donation. — Partage. — Sans modification.

178. Réduction des droits de l'enfant naturel. — Aucun changement.

179. Transaction. — Consentement des héritiers ou légataires. — Aucune modification.

180. Délai. — L'enfant naturel n'étant plus obligé de demander l'envoi en possession (V. *suprà* n° 87), il va de soi que le délai pour déclarer sa part héréditaire court du jour du décès de l'auteur de la succession.

182. Solidarité. — L'enfant naturel étant un véritable héritier depuis la L. 25 mars 1896, la question se pose, aujourd'hui, de savoir s'il y a lieu, pour le paiement du droit de mutation par décès, de lui appliquer les règles de la solidarité établies par l'art. 32 L. frim.

A notre avis, cette question doit être résolue affirmativement, l'art. 32 précité visant tous les *Cohéritiers*.

ENGAGEMENT VOLONTAIRE. — V. *Rôle d'équipage*.

ENQUÊTE.

6. Tarif. — Le tarif des droits exigibles sur les procès-verbaux d'enquête n'a pas été modifié par les lois des 26 janv. 1892 et 28 avr. 1893.

7 et 9. Droits de greffe. — Les droits de greffe perçus autrefois sur les procès-verbaux d'enquête ainsi que sur les expéditions de ces procès-verbaux se trouvent aujourd'hui supprimés par l'art. 4. L. 26 janv. 1892.

9. Expéditions. — Accidents du travail. — L'expédition du procès-verbal d'enquête dressé, en matière d'accident du travail, est affranchie du timbre et de l'enregistrement (L. 9 avr. 1898, art. 13, 9293 R. P.).

10. — Pluralité. — L'art. 11 L. 26 janv. 1892, qui a abrogé l'art. 11 L. 22 frim., en ce qui concerne les *jugements et arrêts*, ne s'applique pas aux procès-verbaux d'enquête qui ne constituent ni des jugements ni des arrêts (2816 I. G., p. 10).

V. Accidents du travail.

ENREGISTREMENT.

19. Extrait délivré par un receveur. — Force probante. — L'extrait de partage délivré par l'Administration de l'Enregistrement n'est pas une copie du titre faisant foi dans les termes des art. 1335 et 1336 C. civ. Cass. req. 23 nov. 1891, 8038 R. P.).

24. Renseignements à fournir. — Il est interdit aux préposés de fournir des renseignements officieux sur le montant des droits dont un acte est passible, à moins que l'acte ne leur soit remis pour être formalisé (Sol. 30 juin 1899, 2280 R. E.). Toutefois, des renseignements de cette nature peuvent être fournis aux autorités administratives au vu des minutes (Sol. 23 juill. 1898, 2280 R. E.).

44. Relation de l'enregistrement. — Aux termes de l'art. 57 L. frim., la quittance de l'enregistrement, mise sur l'acte enregistré, exprime *en toutes lettres* la somme des droits perçus. Lorsque l'acte renferme plusieurs dispositions opérant chacune un droit particulier, le receveur les indique sommairement dans sa quittance et énonce distinctement la quotité de chaque perception. L'obligation d'une énonciation en toutes lettres n'ayant été imposée expressément qu'en ce qui concerne la somme des droits perçus, les prescriptions de la loi sont suffisamment remplies par l'indication en chiffres du montant des perceptions distinctes auxquelles chaque disposition indépendante a donné ouverture, mais ces dispositions doivent toujours être clairement qualifiées dans le corps de la quittance avec le détail des droits, et le total doit être exprimé en toutes lettres (2720-24 I. G.).

55. Nullité. — Les droits applicables à une convention sont acquis au Trésor par le seul fait de l'existence d'un acte revêtu de toutes les formes extérieures propres à constater la convention, encore bien que cet acte puisse être annulé à raison des vices et des causes de nullité qu'il renferme (Montluçon, 10 août 1888; — Cass. req. 13 janv. 1890, 7354 R. P.).

La nullité résultant du défaut de transcription d'un acte s. s. p. ne saurait être opposée à l'Administration qui règle la perception sans avoir égard aux nullités que les actes renferment (Valognes, 13 août 1891, 7759 R. P.).

Lorsque les stipulations d'un acte sont pures et simples, les droits sont exigibles sans que l'Administration ait à rechercher si les contractants sont ou non pourvus des autorisations nécessaires à la validité du contrat (Lyon, 30 juill. 1891; — Cass. req. 24 avr. 1893, 8054 et 8194-31 R. P.; — 29 nov. 1893, 8211 R. P.).

Les droits auxquels les actes donnent ouverture sont acquis au Trésor, par le seul fait de l'existence de ces actes, sans que l'Administration ait à se préoccuper de leur valeur juridique ou des motifs qui pourraient entraîner leur annulation (Figeac, 13 août 1896, 9403 R. P.).

57. Interprétation des Conventions. — Au point de vue de la perception, la nature des contrats se détermine, non par les qualifications que les parties leur ont données, mais par la portée juridique des conventions qu'ils renferment, sans que l'Administration ait à se préoccuper des nullités dont peuvent être entachés les actes présentés à la formalité (Cass. 29 nov. 1893, 8211 et 8418-35 R. P.).

Pour déterminer la nature et la portée d'un acte dont l'existence est révélée par l'usage qui en est fait en justice, l'Administration et les tribunaux peuvent recourir à tous les moyens de preuve admis par la loi et chercher, en dehors de l'acte lui-même, les éléments d'appréciation nécessaires afin d'établir la perception. Spécialement, la décision judiciaire qui, en procédant ainsi, reconnaît dans un acte une transmission de la propriété de lettres de change composant le portefeuille d'un établissement financier, n'encourt pas la censure de la Cour, et rien n'établit qu'en se livrant à cette appréciation, le Tribunal n'ait pas exactement appliqué la loi (Cass. 30 janv. 1805, 8504 R. P.).

59. Loi fiscale. — Application. — Analogie. — L'application de la loi fiscale doit être strictement renfermée dans les limites de son texte; il est interdit d'en étendre la portée, sous prétexte d'analogie (Seine, 25 janv. 1902, 10104 R. P.).

61. Loi fiscale. — Application. — Distinction. — Il est de principe, dans l'application des lois, qu'il n'est pas permis de distinguer là où la loi ne distingue pas (Cass. 20 juill. 1901, 10005 R. P.).

V. Convention.

ÉTABLISSEMENTS PUBLICS.

1. Institut de France. — 1. Vente de biens légués. — Tarif. — L'Institut de France est un service de l'État et se confond avec lui; en conséquence, le tarif de 2 p. 100 est applicable, à l'exclusion de celui de 5 fr. 50 p. 100, à l'adjudication d'immeubles dont il est propriétaire. Il importe peu que les biens adjugés n'appartiennent à l'Institut qu'à titre de légataire universel sous bénéfice d'inventaire; l'acceptation bénéficiaire n'empêche point, en effet, la saisine légale de s'être produite à son profit et la propriété de s'être fixée entre ses mains (Perpignan, 22 avr. 1896, 8940 R. P.).

2. Transcription. — Décidé que si la transcription est volontairement requise, elle ne saurait donner ouverture au droit proportionnel de 1 fr. 50 p. 100 (Céret, 12 mai 1897, 9137 R. P.). Mais cette interprétation nous paraît tout à fait erronée. — V. *Domaine*, n° 426.

3. Taxe du vingtième. — Exemption. — L'Institut de France étant considéré, non comme un établissement public, mais comme un véritable organe de l'État, n'est pas soumis, pour son domaine forestier, à la taxe de 5 p. 100 que la L. 25 juin 1841 met à la charge des communes et des établissements publics, en vue de rémunérer l'État des frais d'administration de leurs bois (D. m. f. 8 juin 1899, 9610 R. P.).

5 *bis*. Facultés et corps de facultés. — Dons et legs. — Marchés. — Registres de comptabilité. — Malgré la capacité civile dont ils sont investis, les facultés et les corps de facultés n'en restent pas moins rattachés à l'ensemble des services de l'État par des liens trop étroits pour qu'il soit possible de les assimiler à des établissements publics proprement dits; leur situation offre avec celle des lycées une analogie telle qu'on ne saurait leur refuser le bénéfice des décisions rendues en faveur de ces institutions et consacrées par une pratique constante. Il en résulte qu'ils sont affranchis du droit de mutation sur les libéralités qu'ils recueillent par donation ou par testament; — que les marchés les concernant sont soumis au droit de 0 fr. 20 p. 100 (L. 28 avr. 1893); — que leurs registres de comptabilité et les minutes de leurs comptes de gestion sont exempts du timbre (D. m. f. 2 avr. 1896, 8650-21 R. P.; 2881 I. G.).

21. Fabrique. — Autorisation de plaider. — Les fabriques d'églises sont autorisées à plaider par le fait que le Conseil de Préfecture n'a pas statué sur la demande en autorisation dans le délai de deux mois (Cass. 24 fév. 1897, 9117 R. P.).

21 *bis*. Fabriques et Consistoires. — Cautionnements des comptables. — Les comptables des fabriques et consistoires, qui veulent constituer leurs cautionnements en rentes sur l'État, doivent remettre leurs inscriptions soit au chef de la division du contentieux des finances, s'il s'agit d'inscriptions directes, soit au directeur de l'Enregistrement qui remplit les fonctions de chef de la division du contentieux des finances, s'il s'agit d'inscriptions de la série départementale. Les directeurs se conforment, pour la réception des cautionnements et la rédaction des actes, aux prescriptions et aux modèles contenus dans les Inst. n° 892, 1255, 1340, 1391 et 1777. Les actes, établis en double, doivent être immédiatement dressés sur papier timbré; mais ils sont affranchis de l'enregistrement (L. 15 mai 1818, art. 80, 2868 I. G.; — 8650-1 R. P.).

22. Consistoires israélites. — Ils sont soumis au même régime fiscal que les fabriques d'église : 1° leurs registres sont exempts du timbre; 2° tous actes de soumission et leurs marchés doivent être enregistrés dans le délai de vingt jours; et 3° les receveurs et dépositaires de leurs registres et minutes sont soumis au droit de communication conféré aux agents (D. m. f. 17 fév. 1890, 7034-11 R. P., 2817-13 I. G.).

26. Chambres de commerce. — Registres de comptabilité. — Les Chambres de commerce constituant des établissements publics, le livre journal que tiennent les secrétaires-comptables sont assujettis au timbre de dimension, par application de l'art. 12 L. 13 brum. an VII (D. m. f. 6 juill. 1901, 3073-3 I. G.).

32. Caisse des Invalides de la marine. — Legs. — Exemption des droits. — Cette caisse constituant un service de l'État, les legs faits à son profit sont exempts des droits de mutation par décès (D. m. f. 14 avr. 1891, 788 R. P.).

41 à 44. Dons et legs. — Autorisation d'accepter. — L. 4 février 1901. — V. *Code des lois*, et V° *Actes administratifs*, n° 101 à 104.

42. Mense épiscopale. — Donation. — Autorisation. — La loi, sans définir les attributions des évêchés ou menses épiscopales, s'est bornée à placer ces établissements sous la tutelle et le contrôle du gouvernement qui

20 à 25. Séparation des Églises et de l'État. Associations et unions cultuelles. Inventaire des biens des établissements ecclésiastiques supprimés. *Droit de retour de l'État.* Attribution des biens aux associations; immunités fiscales. Contrôle financier des associations et des unions. Régime fiscal. — L. 9 déc. 1905 et Décr. 29 déc. 1905, 11050 R. P.; — Décr. 16 mars 1906, 11126 R. P.

ÉTABLISSEMENTS PUBLICS.

31-3. Associations syndicales autorisées. Actes passés en la forme administrative. Enregistrement obligatoire des marchés. Exemption des actes d'emprunt. Actes rédigés par un notaire. Dispositions de la L. 15 mai 1818 non applicables. — Le Tribunal des conflits et le Conseil d'État ayant reconnu aux associations syndicales autorisées le caractère d'établissements publics, les actes passés en la forme administrative devant les représentants de ces associations devront désormais être considérés, au point de vue de la perception des droits d'enregistrement, comme des actes administratifs auxquels s'appliquent les dispositions des art. 78 et 80 L. 15 mai 1818; les marchés devront, par conséquent, être enregistrés obligatoirement dans le délai de vingt jours, tandis que les actes d'emprunt se trouveront exemptés de la formalité. Mais les actes qui seraient rédigés par un notaire et dans lesquels les représentants des associations syndicales interviendraient comme parties, demeureraient soumis aux règles instituées par la L. frim. (Sol. 1er mai 1905. Instr. 3176, § 12, 11076 R. P.).

32. Conservatoire national des Arts et Métiers. Dons et legs. Exemption des droits de mutation. — Bien qu'investi de la personnalité civile (art. 32 L. 13 avril 1900), le Conservatoire national des Arts et Métiers reste néanmoins rattaché, de la façon la plus étroite, à l'ensemble des services de l'État dans la dépendance duquel il demeure tant au point de vue de sa gestion financière que de son fonctionnement; il bénéficie, par conséquent, des immunités fiscales réservées à l'État ainsi qu'aux établissements qui en dépendent. Spécialement, il est affranchi du payement des droits de mutation sur les libéralités qu'il recueille par donation ou par testament (D. M. F. 3 juill. et 27 sept. 1905, Instr. 3176, § 13, 11080 R. P.).

41. Legs universels successifs. Établissement public reconnu légataire universel par un jugement frappé d'appel. Transaction entre l'établissement public et l'autre légataire universel. Réduction du legs de l'établissement public à une somme d'argent. Quotité du tarif des droits de mutation par décès afférents au surplus de la succession. — V. *Succession*, n° 966-8.

46. Donations. Droits de mutation entre vifs. Point de départ de l'exigibilité des droits. — Les donations faites aux personnes morales et qui ne sont soumises à autorisation que dans le cas de réclamation des familles doivent, lorsqu'elles sont acceptées, être enregistrées au droit proportionnel dans le délai ordinaire prévu par la loi pour l'enregistrement des actes et mutations. Pour les donations soumises à autorisation, le droit proportionnel devient exigible, soit immédiatement après cette autorisation, si la donation a fait l'objet d'une acceptation provisoire, soit, dans le cas contraire, après l'acceptation qui est nécessaire pour parfaire le contrat (Instr. 3154, 10900 R. P.).

53. Legs. Droits de mutation par décès. Point de départ de l'exigibilité. — En ce qui concerne les legs faits aux départements, aux communes, aux établissements publics et d'utilité publique, le délai pour le payement du droit de mutation par décès ne court qu'à partir de l'expiration du délai de trois mois accordé aux héritiers, par l'art. 6 du déc. du 1er fév. 1896, pour présenter leurs réclamations. En cas de réclamation des familles, ou s'il s'agit d'un legs soumis en toute hypothèse à l'autorisation, le payement de l'impôt n'est obligatoire que dans les six mois à compter du jour où l'autorité compétente a statué sur la demande en autorisation (Instr. 3154, 10900 R. P.).

les habilite, lorsqu'il y a lieu, à recevoir les libéralités sous les clauses et conditions dont il juge convenable d'autoriser l'acceptation (Cass. civ., 31 janv. 1893, 8112 R. P.).

44. Legs à une paroisse. — Capacité de la fabrique. — Le legs fait à une paroisse ne peut être recueilli que par la fabrique, personne légale établie auprès d'elle pour l'administrer (Nantes, 24 avr. 1890, 7402 R. P.).

45. Legs. — Disposition testamentaire au profit des pauvres d'une commune. — Demande en délivrance. — Capacité du maire. — Un tribunal peut interpréter comme renfermant un legs fait aux pauvres la clause ainsi conçue : « Je charge mon légataire universel d'affecter les propriétés que je possède à F..., à la création d'un hôpital destiné à recevoir, élever, instruire et soigner gratuitement les petites filles orphelines pauvres, à recevoir et soigner les vieillards sans ressources et les pauvres malades ». En conséquence, le maire peut être déclaré fondé à demander la délivrance des immeubles affectés, sous la réserve d'obtenir préalablement les autorisations nécessaires (Cass. req. 26 janv. 1893, 8187 R. P.).

47. Acceptation provisoire. — L'art. 8 L. 4 fév. 1901 permet à tous les établissements d'accepter provisoirement, sans autorisation préalable, ou à titre conservatoire, les dons et legs qui leur sont faits. Dans l'état antérieur, ce droit n'existait que pour certains établissements publics (départements, communes, hospices, bureaux d'assistance), auxquels il avait été reconnu par une disposition spéciale. Désormais, il appartient à tous les établissements publics ou d'utilité publique et leur constitue un sérieux avantage, en prévenant la caducité des donations pour le cas où elles ne seraient pas autorisées avant la mort du donateur, et en permettant de former la demande en délivrance qui fait courir les intérêts et donne droit aux fruits produits par les biens légués.

48. Don manuel. — Autorisation. — Il appartient aux préfets de veiller à ce que les établissements de bienfaisance ne s'abstiennent pas de demander à l'autorité compétente l'autorisation d'accepter les dons manuels qui leur sont faits, dans le but d'éviter le paiement des droits d'enregistrement (Circ. Min. Int. 31 janv. 1887, 7909 R. P.).

Aumônes. — Mais il en est différemment à l'égard des simples aumônes qui peuvent être encaissées sans autorisation (Dép. Min. Int. à Min. Fin., 8 oct. 1891, 7910 R. P.).

49. Tarif applicable. — Nous avons vu, v° *Donation*, n°s 200 et s. que la L. 25 fév. 1901 a majoré le taux du droit applicable aux donations entre étrangers et établi un tarif de faveur au profit des libéralités consenties aux établissements publics hospitaliers et charitables. La question de savoir à partir de quelle date elle doit être appliquée doit être résolue d'après les principes posés dans la première partie du *Rép. gén.*

53. Legs. — L'art. 19, 4e alinéa, L. 25 fév. 1901 porte, qu'à l'égard de tous les biens légués aux départements, communes et à tous autres établissements publics et d'utilité publique, le délai, pour le paiement des droits de mutation par décès, ne courra, contre les héritiers ou légataires saisis de la succession, qu'à compter du jour où l'autorité compétente aura statué sur la demande en autorisation d'accepter le legs, sans que le paiement des droits puisse être différé au delà de deux ans, à compter du jour du décès. Nous commentons ces nouvelles dispositions, v° *Succession*, n°s 1092 et suiv.

57. Mémoires des fournisseurs des communes et hospices. — Timbres mobiles. — Mode d'apposition. — Contraventions. — Responsabilité des comptables. — Les receveurs des communes et des hospices ont été autorisés à suppléer les receveurs de l'Enregistrement pour apposer sur les mémoires des entrepreneurs et fournisseurs, soit manuscrits, soit rédigés sur formules imprimées, des timbres mobiles de dimension et à les oblitérer avec la griffe « Payé », qui était déjà en usage dans leurs bureaux. Ils sont responsables des contraventions qui seraient commises (D. m. f. 5 juill. 1897, 9125-22 R. P., — 2929 I. G.).

58-1. Livre des comptes divers. — Prix des permis de chasse. — Le livre des comptes divers d'un percepteur, dont une partie est employée à l'inscription faite jour par jour de la fraction du prix des permis de chasse revenant à une commune qui a un receveur municipal spécial, est, quant à cette partie, assujetti au timbre de dimension : il constitue, à ce point de vue, le complément, le livre de détail du journal général du receveur municipal (Sol. 11 mars 1896, 24881 J. E.).

L'exemption du timbre, prononcée par l'art. 32 L. 15 juillet 1893 en faveur des actes relatifs au service de l'assistance médicale gratuite, s'applique au livre des comptes divers et aux minutes des comptes de gestion établis par les comptables des bureaux d'assistance, qui disposent de ressources personnelles et ont un budget autonome (D. m. f. 15 avril 1902, 3095-45 I. G. ; 10338 R. P.).

62 *bis*. Assistance médicale gratuite. — L. 15 juillet 1893. — V. *Assistance médicale* et n° 58-1 ci-dessus.

113. Fournitures faites aux communes par l'Administration des Contributions indirectes. — Relevés produits en vue du payement. — Les imprimés et instruments de vérification nécessaire au service des octrois sont fournis par la Régie aux communes et remboursés par celles-ci au vu de relevés qui ont moins le caractère de mémoires que celui de réclamations purement administratives. Ces relevés sont, par suite, dispensés de l'impôt du timbre (D. m. f. 2 mai 1899, 2980, § 5, I. G. ; — 9675-54 R. P.).

167 *bis*. Caisse des écoles. — Mémoires. — Les mémoires, produits à l'appui des payements faits pour le compte de la Caisse des Ecoles, sont sujets au timbre de dimension, que les fonctions de trésorier soient remplies par le receveur municipal ou une autre personne (Sol. 30 sept. 1890, 23678 J. E.).

169. Certificats. — Agents voyers. — Service vicinal. — Le prix du timbre des certificats délivrés par les agents voyers en matière de voirie vicinale doit être supporté, non pas par la commune, mais par les entrepreneurs ou les autres parties prenantes pour lesquelles les certificats ont été établis (D. m. int. 2 mai 1895, 24921 J. E.).

171. Comptes. — Fabriques. — Double du compte du trésorier. — Usage personnel. — Le compte de gestion du trésorier d'une fabrique doit être établi en quatre expéditions destinées : au conseil de fabrique, à l'évêque, à la mairie et au juge du compte (Inst. min. 15 déc. 1893, art. 38). Certains trésoriers dressent, pour leur usage personnel, une expédition supplémentaire, qui n'est pas approuvée par le conseil de fabrique. Ce double, ainsi rédigé, ne peut servir de décharge au comptable ni être considéré comme un titre. Il n'est pas, dès lors, sujet au timbre (D. m. f. 1er sept. 1890, 3038-5 I. G.). — V. *suprà* n° 58-1.

178. Enfants maltraités ou moralement abandonnés. — Frais à rembourser aux hospices. — Décomptes. — Les décomptes des sommes à rembourser aux hospices pour frais payés, soit aux nourrices, soit aux dépositaires des enfants maltraités ou moralement abandonnés, sont dressés par les administrateurs de l'hospice et arrêtés par le préfet ; ils constituent de véritables mémoires, c'est-à-dire des titres de créances. Ils sont donc sujets au timbre de dimension (D. m. f. 3 juill. 1809, 3038-3 I. G.).

184 2. Écoles normales. — Livre de caisse. — La décision ministérielle du 20 janv. 1890, citée au *Rép. gén.*, a été notifiée par l'Inst. n° 2794-12.

184 *bis*. Écoles nationales d'enseignement primaire supérieur et d'enseignement professionnel préparatoire. — Livres de caisse. — Le livre de caisse de ces écoles n'est pas soumis au timbre (D. m. f. 30 juill. 1888, 2794-5 I. G. ; 7501-27 R. P.).

186. États de journées. — 1. TRAVAUX MIS SOUS SÉQUESTRE. — Les rôles ou états de journées d'ouvriers employés aux travaux d'un canal mis sous le séquestre de l'État, sont sujets au timbre comme constituant de véritables mémoires. La même règle est applicable aux états de sommes dues aux agents des Ponts et Chaussées pour travaux supplémentaires, frais de transport et de tournées (D. m. f. 17 avr. 1891, 3186 Rev. prat.).

Associations syndicales. — Les rôles de journées d'ouvriers employés par les syndicats d'assainissement, signés et certifiés par un ingénieur des Ponts et Chaussées, émargés de la signature des ouvriers et visés par le directeur du syndicat, doivent être rédigés sur papier timbré de dimension. Le droit exigible et, s'il y a lieu, l'amende encourue doivent être réclamés à l'ingénieur, auteur du rôle (D. m. f. 26 déc. 1888, 2794-8 I. G. ; 7501-30 R. P.).

Chemins vicinaux. — *Routes départementales.* — Les états doivent être timbrés, toutes les fois que les ouvriers ou tâcherons sont payés par les comptables de la commune ou du département, sur mandats individuels ou collectifs, parce qu'alors ils ont le caractère de mémoires. Ils sont, au contraire, exempts du timbre, lorsque les ouvriers ou tâcherons sont payés directement par un régisseur ; destinés uniquement, dans ce cas, à justifier de l'emploi des fonds confiés à l'agent chargé de la régie ou à lui permettre d'obtenir le remboursement de ses avances, ils ne constituent pas des mémoires (D. m. f. 29 mai 1888, 2794-2 I. G. ; 7501-25 R. P.).

Routes nationales. — Mais les états dressés par les agents administratifs et qui indiquent le nombre des journées faites ou les travaux à la tâche exécutés par des ouvriers employés au compte direct de l'État, n'ont pas le caractère de mémoires produits à l'appui de la comptabilité publique. Ils constituent des documents d'ordre intérieur, exempts de l'impôt du timbre (D. m. f. 16 mars 1809, 8042 et 8418-17 R. P. ; 2856, § 1er, I. G.).

Travaux communaux. — Les états de journées d'ouvriers payés à la tâche ou à la journée et employés à des travaux communaux tiennent lieu de mémoires, lorsque, après avoir été réglés par l'architecte de la commune et arrêtés par l'agent voyer, ils sont produits à l'ordonnateur de la dépense et visés par lui, puis joints au mandat de payement. Ils sont, en conséquence, assujettis au timbre de dimension (D. m. f. 27 juin 1898, 3038-1 I. G.).

Le droit de timbre est dû sur les états de journées, alors même que le total est inférieur à 10 fr. Le droit et l'amende sont légitimement réclamés à l'employé qui a signé les états (D. m. f. 21 sept. 1890, 3038-1 I. G.).

3. ASILES D'ALIÉNÉS ET DÉPÔTS DE MENDICITÉ DÉPARTEMENTAUX. — ÉTATS DE JOURNÉES DES INDIGENTS. — En principe, les états produits par les asiles d'aliénés et dépôts de mendicité, pour le recouvrement des frais d'entretien des indigents à la charge des départements et des communes, sont sujets au timbre. Mais cette règle n'est pas applicable aux états destinés au département dont l'établissement relève : la personnalité de cet établissement se confondant avec celle du département, il ne peut exister d'intérêts distincts entre l'un et l'autre, et les payements effectués par le comptable du département à la caisse du receveur de l'établissement constituent de simples mouvements de fonds entre comptables représentant le même département (D. m. f. 11 sept. 1894, 9125-31 R. P. ; 2938, § 1er, I. G.).

4. AVANCES. — SECRÉTAIRE DE MAIRIE. — L'état des avances faites, dans l'intérêt du service, par un secrétaire de mairie, appartient à la catégorie des pièces d'ordre exemptes de timbre. Il en serait différemment toutefois si l'état comprenait un bénéfice quelconque au profit du créancier (Sol. 23 avril 1895, 24860 J. E.).

9. DESTRUCTION DES HANNETONS. — Les états dressés pour le payement des sommes dues pour la destruction des hannetons sont sujets au timbre de dimension, comme ayant le caractère de mémoires, si elles sont payées directement par les comptables aux parties prenantes. Mais ils sont exempts de l'impôt, lorsque le payement est fait par un intermédiaire qui les produit comme justification de ses avances (Sol. 4 avr. 1893, 24133 J. E.).

197. Mémoires et factures. — AU-DESSOUS DE 10 FR. — Tout écrit, facture ou mémoire, ayant pour objet d'établir, en matière de comptabilité publique, la réalité d'une créance, est passible du timbre de dimension, alors même que le chiffre de la dépense n'atteindrait pas 10 fr. Mais la

178. Service de protection des enfants du premier âge. Secrétaire de mairie et juge de paix. Indemnités. Décomptes. Timbre de dimension. — Les décomptes des indemnités allouées aux secrétaires de mairie pour le service de protection des enfants du premier âge sont assujettis au timbre de dimension comme constituant de véritables mémoires. La même règle est applicable aux décomptes des indemnités de déplacement allouées aux juges de paix (Circ. Min. Intérieur, 13 déc. 1903, § V, 10873 R. P.).

186-3. Asiles d'aliénés. États de journées des indigents. Mémoires. Timbre. Distinctions. — Les états fournis par un asile d'aliénés pour le recouvrement des frais d'entretien des indigents sont affranchis du timbre comme documents d'ordre intérieur et de comptabilité, lorsqu'ils sont produits au département dont l'asile est la propriété et avec lequel il s'identifie. Dans les autres cas, ils doivent être rédigés sur papier timbré de dimension comme constituant de véritables mémoires. Lorsque les frais d'entretien ont été avancés à l'asile par un département, l'état nominatif, produit par ce dernier pour obtenir du département d'origine le remboursement de l'avance effectuée, est sujet au timbre de dimension, à moins cependant que l'asile n'appartienne pas au département qui a fait l'avance ; dans cette dernière hypothèse, il forme en quelque sorte double emploi avec le décompte timbré établi par l'asile (Circ. Min. Intérieur, 13 déc. 1903, § IV, 10873 R. P.).

197. Chemin vicinal. Dépenses ne dépassant pas 10 fr. Visa des mandats par les agents voyers. Timbre. — V. *Chemin vicinal*, nos 52, 64 et 65.

production d'une facture ou d'un mémoire n'étant pas exigée dans ce dernier cas, il convient, pour les dépenses du service vicinal ne dépassant pas 10 fr., si les travaux sont exécutés en régie, de joindre, à l'appui du mandat, une simple quittance de l'ayant droit contenant le détail de la créance; lorsqu'il s'agit de dépenses payées directement à des créanciers, d'insérer ce détail, dans le corps même du mandat (Circ. min. Int. 1er mars 1902, 10154 R. P.; 3080-25 I. G.).

10. Comptabilité publique étrangère. — Mémoires non acceptés ni acquittés. — Les mémoires de travaux non acceptés ni acquittés, qui doivent être produits à une comptabilité publique étrangère, ne sont pas sujets au timbre (D. m. f. 2 oct. 1890, 23734 J. E.).

11. Caisses d'épargne. — Les mémoires des fournisseurs doivent être établis sur papier timbré de dimension (D. m. f. 4 mai 1889 et 31 janv. 1890, 7974-62 R. P.; 2823-3 I. G.).

12. Établissements hospitaliers. — Frais de séjour. — Incidence de l'impôt. — Les droits de timbre des mémoires, états de frais et décomptes produits par les hospices, asiles d'aliénés et autres établissements dépositaires, pour obtenir le paiement des frais de séjour des indigents, doivent être supportés par les établissements créanciers, et non pas par les départements ou les communes débiteurs des frais (Avis C. d'État, 20 janv. 1894, 8425 et 8650-40 R. P.; 2887, § 4, I. G.).

201. Rôles de recouvrement. — Taxes locales. — Contributions publiques. — Les rôles ou états de recouvrement sont exempts du timbre, lorsqu'ils ont pour objet des taxes ou contributions publiques. — Mais ils doivent être établis sur papier timbré, quand ils sont relatifs à des sommes perçues dans l'intérêt privé des communes ou des établissements publics à moins, cependant, qu'ils ne contiennent uniquement que le relevé de conventions, polices ou engagements rédigés sur timbre (Sol. 14 janv. 1891, 7695 R. P.).

Asiles d'aliénés et dépôts de mendicité départementaux. — V. *suprà* n° 186-3.

Rétribution due à un collège. — Les états ou rôles de recouvrement des sommes dues aux communes ne sont passibles du timbre que quand, rendus exécutoires par l'autorité compétente, ils constituent de véritables titres de recouvrement. Par suite, les états dressés par le principal d'un collège communal, pour le recouvrement de la rétribution due par les parents des élèves, échappent à l'application de l'impôt comme ne constituant pas des documents d'ordre, s'ils n'ont pas été rendus exécutoires par le préfet ou le sous-préfet, alors même qu'ils seraient approuvés par le maire (Sol. 8 janv. 1891, 3225 Rev. prat.; 23780 J. E.).

3. Taxes de remplacement. — Licences municipales. — Le recouvrement des licences municipales, que les communes ont été autorisées par l'art. 4 L. 29 déc. 1897 à créer en remplacement des droits d'octroi supprimés, doit avoir lieu en vertu de rôles établis par le directeur des contributions directes et rendus exécutoires par le préfet (Décr. 16 juin 1898). Ces rôles sont dispensés du timbre (L. 14 déc. 1900, 3040 I. G.).

202. Sociétés de secours mutuels. — Mémoires. — La comptabilité des sociétés de secours mutuels approuvées ne constitue pas une comptabilité publique soumise au juge des comptes; les mémoires qui sont présentés à leurs caisses doivent donc être traités comme ceux remis aux simples particuliers (*Comp.* Av. Cons. d'État, 3 avril 1900, 3029 I. G.) et ils n'ont pas besoin, dès lors, d'être établis sur papier timbré (D. m. f. 17 juill. 1901, 3073-4 I. G.).

258. États de journées. — Voituriers employés en régie. — Les sommes dues aux voituriers pour fournitures d'attelage doivent être payées sur la production de mémoires timbrés et non sur les rôles de journées ou états de tâche (Circ. compt. publ. 30 juin 1890, § 22, 7974-66 R. P.; 2823, § 7, I. G.).

Routes nationales. — États de journées. — V. *suprà* n° 186-1.

289 *bis*. Chantiers militaires. — Mémoires. — Les mémoires ou états des sommes dues aux gens de guerre employés à des chantiers militaires sont exempts du timbre, dès lors que ces chantiers sont dirigés par l'autorité militaire (Sol. 31 juill. 1889, 2858 Rev. prat.).

311-2°. Lycées. — Institution nationale de jeunes aveugles. — Bourses communales ou départementales. — Décomptes. — Les états de liquidation ou décomptes que les comptables des lycées nationaux de garçons ou de jeunes filles doivent produire à l'appui de la comptabilité départementale ou communale pour le recouvrement des bourses accordées à des élèves par un département ou une commune, sont sujets au timbre de dimension, toutes les fois qu'ils ont le caractère de mémoires. Pour déterminer si l'impôt est applicable, il y a lieu d'observer les distinctions suivantes :

Lorsque le prix des bourses concédées par les départements ou les communes ne doit être versé dans les caisses des lycées qu'autant que les élèves, titulaires de ces bourses, en ont profité, des mémoires sont indispensables soit pour établir, soit pour liquider la créance, et ces mémoires doivent être rédigés sur timbre.

Quand, au contraire, en vertu des traités intervenus entre les lycées et les départements ou les communes, le prix des bourses doit être versé dans tous les cas, que les places correspondantes aient été ou non occupées, le titre de créance des lycées réside dans les traités mêmes, et les états dressés par leurs économes ne sont plus que des pièces d'ordre et de contrôle, non assujetties au timbre.

Quant aux états de liquidation ou décomptes concernant des bourses de l'une et de l'autre des deux catégories susvisées, ils doivent être timbrés, à cause de l'indivisibilité du droit de timbre (D. m. f. 10 août et 27 oct. 1899, 3038-6 I. G.).

Les règles sont les mêmes pour les décomptes concernant les bourses accordées aux élèves de l'Institution nationale des jeunes aveugles par les départements ou les communes (D. m. f. 1er juin 1900, 3038-6 I. G.).

Algérie. — Medersa. — Élèves boursiers. — Les décomptes, produits aux communes, des sommes dues pour l'entretien des élèves boursiers à une Medersa, sont sujets au timbre; il n'en serait autrement que s'il était annexé aux mandats, avec ces décomptes, des mémoires émanant du créancier (Sol. 11 août 1891, 3380 Rev. prat.).

355. Indigents. — Hospices. — États de journées. — Les états de journées, tenant lieu de mémoires, sont sujets au timbre. Il en est de même de ceux qui servent de titres de recouvrement (Circ. compt. publ. 30 juin 1890, § 10, 7974-65 R. P.; 2823, § 6, I. G.).

1. Hospice et bureau de bienfaisance. — Les décomptes de sommes dues à un hospice par un bureau de bienfaisance pour l'entretien et les frais d'inhumation de malades indigents, doivent, comme constituant des mémoires, être établis sur papier timbré (Sol. 21 oct. 1880, 3094 Rev. prat.).

367. Monuments historiques. — Édifice communal. — Travaux de restauration. — Mandats de payement. — Certificats de l'administration des Beaux-Arts. — Sont exempts du timbre de dimension les certificats de vérification de décompte et procès-verbaux de réception définitive qui sont délivrés par l'Administration des Beaux Arts, à l'occasion de la restauration d'un édifice communal classé comme monument historique, pour être produits, dans la comptabilité du receveur municipal, à l'appui d'un mandat de payement. Alors surtout que ces pièces sont remises à l'ordonnateur, et non à l'entrepreneur, on ne peut les considérer comme tenant lieu du mémoire de celui-ci (Sol. 2 juin 1902, 3095, § 10, I. G.; 10339 R. P.).

392. Transport de condamnés. — Compagnie de chemins de fer. — Mémoire ne dépassant pas 10 fr. — Sont exempts du timbre les mémoires, ne dépassant pas 10 fr., que produisent les Compagnies de chemins de fer à l'appui du payement des frais de transport des condamnés (Circ. compt. publ. 20 août 1892, § 7, 7090 R. P.).

ÉTRANGER.

28-9. Contrat de mariage. — Lorsqu'il est fait usage en France d'un contrat de mariage passé à l'étranger, et contenant, notamment, donation de valeurs mobilières étrangères à l'un des futurs par ses ascendants, le droit proportionnel, applicable aux libéralités similaires contenues dans les contrats de mariage dressés en France, est exigible (Seine, 25 juin 1896, 25111 J. E.).

26-10. Marché. — Le marché, passé par acte notarié, à l'étranger, est passible, s'il est soumis à l'enregistrement en France, des mêmes droits que s'il avait eu lieu, par acte notarié, sur notre territoire. Il ne saurait être admis au bénéfice du droit fixe, établi par l'art. 22 L. 11 juin 1859, pour les marchés s. s. p. (Sol. 3 sept. 1892, 24720 J. E.).

33-1. Biens corporels situés à l'étranger. — Transmission en France. — Droit proportionnel exigible. — Les transmissions entre vifs opérées en France, de biens meubles corporels ayant une assiette matérielle à l'étranger, échappent à la disposition finale de l'art. 4 L. 23 août 1871 (Saint-Étienne, 18 juill. 1888, 7524 R. P.).

Mais elles donnent lieu, lors de l'enregistrement de l'acte qui les constate, à la perception du droit proportionnel, en vertu de l'art. 4 L. frim., dont les dispositions sont conçues en termes généraux et absolus, et ne distinguent pas entre les meubles, selon qu'ils sont situés en France ou à l'étranger. On ne saurait invoquer l'exemption du droit proportionnel établie en faveur de la transmission des meubles corporels situés à l'étranger, par l'Av. C. d'Ét. 15 nov. et 12 déc. 1806, lorsque les conditions auxquelles cette exemption demeure subordonnée ne sont pas remplies (Saint-Étienne, 18 juill. 1888; — Cass. ch. réun. 17 déc. 1890, 7524 et 7974-7 R. P.).

Nous avons toujours pensé, et nous croyons avoir démontré, dans la première partie du *Rép. gén.*, que la disposition finale de l'art. 4 L. 23 août 1871, qui assujettit à l'impôt proportionnel les transmissions entre vifs de meubles étrangers, réalisées en France, sous la protection de la loi française, atteint les meubles corporels comme les valeurs incorporelles. Le jugement précité du tribunal Saint-Étienne n'ébranle pas notre opinion; il laisse intacts tous les arguments que nous avons présentés à l'appui de notre manière de voir. Mais nous approuvons entièrement ce jugement et l'arrêt ch. réun., en ce qu'ils décident que les transmissions entre vifs des meubles corporels, ayant une assiette matérielle à l'étranger, donnent lieu, lors de l'enregistrement de l'acte qui les constate, à la perception du droit proportionnel, en vertu de l'art. 4 L. frim. C'est la consécration de la théorie que nous avons enseignée. Quant à la question de savoir si l'avis Cons. d'Ét. des 15 nov.-12 déc. 1806 était applicable, dans l'espèce, elle ne pouvait être résolue que négativement, puisqu'il était manifeste que les conditions imposées par cet avis, pour l'exemption du droit proportionnel, ne se trouvaient pas remplies.

38-1. Pays de protectorat. — Société constituée sous le régime du protectorat. — Siège transféré en France après l'annexion. — Capital social augmenté. — Délibération prise en France. — Statuts définitifs en résultant. — Enregistrement de cette délibération. — Droit dû sur la totalité du capital social. — L'acte passé dans un pays de protectorat, devenu ensuite pays annexé, est et reste un acte passé en pays étranger, sauf dans le cas où les lois de promulgation contiennent des dispositions spéciales; un pareil acte est inexistant au point de vue fiscal. Spécialement, lorsqu'une société a été constituée au Tonkin, sous le régime du protectorat, et qu'après l'annexion, une délibération de l'assemblée générale des actionnaires a décidé que le siège de la société serait transféré en France et le capital augmenté, sous réserve de l'approbation par une nouvelle assemblée générale tenue en France, la délibération de cette dernière assemblée qui arrête le texte entier des statuts et fixe l'importance du capital social comprenant les apports d'origine et l'augmentation, doit être considérée comme le titre même de la constitution définitive d'une nouvelle société. En conséquence, quand elle est soumise à l'enregistrement, par suite de son dépôt dans l'étude d'un notaire en France, elle donne ouverture au droit de 0 fr. 20 p. 100 sur la totalité du capital social (ancien et nouveau) (Seine, 11 fév. 1898; — Cass. req. 15 mars 1899, 9505 R. P.).

50. Partage. — Biens français et étrangers. — Répartition inégale. — Souche. — Lorsqu'un partage

ÉTRANGER.

14. Immeubles situés en France. Dévolution héréditaire. Statut réel. — La dévolution héréditaire d'immeubles situés en France, bien qu'appartenant à un étranger, est réglée d'après la loi française (Seine, 18 juin 1902, 10458 R. P.).

30-1. Cession de brevets pris à l'étranger. Droit proportionnel. — L'acte qui constate la cession de brevets pris à l'étranger est passible du droit proportionnel, à l'exclusion du droit fixe, en vertu de la règle générale édictée par l'art. 4 L. frim. pour toute transmission de propriété, d'usufruit ou de jouissance de biens meubles (Seine, 8 nov. 1901, 10097 R. P.).

34. Partage. Soulte portant sur un fonds de commerce situé à l'étranger. Tarif. — La cession, dans un acte de partage passé en France, d'un fonds de commerce situé à l'étranger, donne ouverture au droit proportionnel applicable aux mutations de fonds de commerce français (Meaux, 3 mai 1907, 11562 R. P.).

50. Donation par des père et mère à un de leurs enfants d'un immeuble sis à l'étranger, à charge de rapporter à leurs successions une somme déterminée. Partage d'ascendants ultérieur. Répartition inégale des biens français. Droit de soulte. — Lorsque, après avoir donné à un de leurs enfants un immeuble sis à l'étranger, à charge de rapporter à leurs successions une somme déterminée à laquelle est évaluée « la valeur rapportable » dud. immeuble, des père et mère procèdent au partage anticipé de leurs biens, et qu'il est attribué à l'enfant donataire de l'immeuble étranger le montant de son rapport et une soulte à recevoir de ses copartageants, la valeur rapportable de l'immeuble sis à l'étranger doit, pour la liquidation du droit de soulte, être déduite de la masse à partager, et le droit de soulte est dû, non seulement sur les soultes stipulées dans la donation-partage, mais encore sur tout ce qui est attribué à chacun des donataires en excédent de sa part virile dans les biens français; la somme dont le donataire de l'immeuble étranger est tenu de faire le rapport doit être considérée, en effet, comme la représentation de l'immeuble lui-même (Orléans, 21 mars 1906, 11231 R. P.).

80-1. Colonies. Partage passé et enregistré en France. Immeubles situés en Algérie. Exigibilité du droit de 0,20 p. 100. — L'acte passé et enregistré en France, constatant un partage d'immeubles situés en Algérie, est passible du droit de 0,15 p. 100 (Rochefort, 25 janv. 1905, 10952 R. P.).

Immeubles situés en France et en Belgique. Répartition inégale des biens français. L. 28 avril 1893. Partage. Droit de soulte non exigible. — Depuis la L. 28 avril 1893 qui a établi un droit proportionnel de 0,15 p. 100 sur les partages, lorsqu'un acte de cette nature comprend à la fois des immeubles français et des immeubles étrangers, il n'y a plus lieu de percevoir le droit de soulte à raison de l'inégalité de répartition des biens français entre les copartageants. Il en est ainsi spécialement lorsque les immeubles étrangers sont situés en Belgique, les conventions diplomatiques intervenues avec ce pays permettant à l'Administration de contrôler la valeur attribuée à ces immeubles pour la perception du droit proportionnel (Lille, 22 déc. 1904, 10866 R. P.).

75-2. Succession. Domicile de fait en France. Droits de mutation par décès. — Le domicile de fait qui, d'après l'art. 4 L. 23 août 1871, suffit pour donner ouverture à l'impôt de mutation par décès sur les valeurs mobilières étrangères dépendant de la succession d'un étranger établi en France, résulte suffisamment de la déclaration faite par le de cujus, — dans l'espèce, un sujet autrichien, — à l'Administration fiscale autrichienne, qu'il était domicilié en France, et du payement de l'impôt effectué en conséquence sur le seul revenu de ses biens autrichiens, de ce qu'il séjournait habituellement en France, qu'il y avait le centre de l'administration de ses biens ainsi que la sépulture de sa famille, et enfin des déclarations faites après son décès par ses héritiers à l'état civil et dans les documents judiciaires. Il en est ainsi surtout quand le fait du domicile en France a été reconnu par les héritiers du défunt, qui ont payé en conséquence les droits de mutation par décès sur les valeurs mobilières étrangères de la succession, et qu'il est contesté seulement par des légataires particuliers qui ne recueillent que des sommes d'argent n'existant pas en nature dans l'hérédité. L'héritier ou le légataire universel a, en effet, seul qualité pour fournir à l'Administration les éléments généraux de la perception, c'est-à-dire la consistance globale de la succession et le lieu où elle s'est ouverte ; le légataire particulier de somme qui n'existe pas en nature et qui, par suite, n'a aucune situation matérielle spéciale, ne peut critiquer sur ce point la déclaration imposée par la loi à l'héritier ou au légataire universel, car il mettrait ainsi en cause l'assiette entière de la masse successorale à laquelle il est complètement étranger, puisqu'il est ou sera payé avec les deniers pris en dehors de cette masse (Seine, 7 août 1903, 10670 R. P.).

Le domicile de fait d'un étranger en France est suffisamment caractérisé, pour que l'Administration soit fondée à exiger les droits de mutation par décès sur les valeurs mobilières étrangères dépendant de sa succession, par les énonciations de son acte de décès ainsi que par celles d'une délibération du conseil de famille de ses enfants mineurs, et par le fait qu'il a résidé sans interruption, pendant de longues années en France où il avait son principal établissement, y exerçait sa profession, y avait un appartement à son nom et y payait les impositions. Il en est ainsi, alors même qu'au moment du décès, ses fonds se trouvaient en dépôt dans une maison de banque à l'étranger, et, d'autre part, que le défunt avait rempli les formalités de déclaration de résidence et l'immatriculation comme étranger prescrites par la L. 8 août 1893 (Lyon, 3 mars 1904, 10883 R. P.).

Ce domicile de fait est aussi caractérisé, par les énonciations d'actes de l'état civil, celles d'une déclaration de succession et les qualités d'un jugement ordonnant la liquidation de la succession, qui indiquent que le défunt était domicilié en France, et par le fait que la déclaration d'acceptation bénéficiaire de la succession au nom de l'héritier mineur a été passée au greffe d'un tribunal français après réunion du conseil de famille en France, où le de cujus avait, d'ailleurs, une installation en rapport avec sa fortune, sa résidence habituelle, le centre de ses intérêts, ainsi que la concession d'une sépulture de famille (Nancy, 1er mars 1906, 10830 R. P.).

75-4. Succession. Sujet autrichien. Traité du 11 déc. 1866. Domicile de fait en France. Droits de mutation par décès. — En stipulant, dans son art. 2, que les réclamations concernant les successions mobilières ainsi que les droits de succession sur les effets mobiliers laissés dans l'un des deux pays par des sujets de l'autre pays, seront jugés par des tribunaux de l'État auquel appartenait le défunt et conformément aux lois de cet État, le traité conclu le 11 déc. 1866 entre la France et l'Autriche vise uniquement une question de compétence sur le statut personnel. Il ne peut être invoqué comme constituant, au profit des sujets autrichiens, une dérogation aux dispositions générales de la L. 23 août 1871, et comme créant en leur faveur une exemption particulière relativement à l'application des droits de mutation par décès en France (Seine, 7 août 1903, 10670 R. P.).

75-6. Sujet suisse. Domicile de fait en France. Traité franco-suisse du 15 juin 1869. Droits de mutation par décès. — En stipulant, dans son art. 5, que toute action relative à la liquidation et au partage des successions, ainsi qu'aux comptes à faire entre les héritiers ou les légataires, doit être jugée par les tribunaux de l'État auquel appartenait le défunt, la convention intervenue le 15 juin 1869 entre la France et la Suisse a visé uniquement une question de compétence sur le statut personnel. Elle ne peut être invoquée comme constituant, au profit des sujets suisses, une dérogation aux dispositions générales de la L. 23 août 1871 et comme créant en leur faveur une exemption particulière relativement à l'application des droits de mutation par décès en France (Lyon, 3 mars 1904, 10883 R. P.).

76. Succession. Valeurs mobilières françaises. — Les valeurs mobilières françaises dépendant d'une succession sont soumises à l'impôt de mutation par décès en France, quelle que soit la nationalité du défunt et abstraction faite du lieu de l'ouverture de la succession (Lyon, 3 mars 1904, 10883 R. P.).

comprend à la fois des biens français et des biens étrangers, il y a lieu de faire abstraction de ces derniers biens et de percevoir le droit de soulte sur la plus-value résultant de la comparaison de chaque lot avec la part virile de l'attributaire dans la masse des biens français. — Il en est de même si les parties comprennent dans la masse des biens étrangers, non ces biens eux-mêmes, mais le prix de leur licitation (Castres, 5 avr. 1900, 9922 R. P.).

73-1. Succession d'un étranger domicilié en France. — Actions d'une société étrangère. — Valeurs incorporelles. — Droits de mutation par décès exigibles. — Constitue une véritable société de capitaux, donnant naissance à un être moral, et non une simple association en participation, la Société, dont le capital a été divisé en actions négociables en bourse, et dont le fonctionnement a été organisé par la création d'un conseil d'administration et d'un personnel salarié, auxquels sont attribués des pouvoirs et une responsabilité minutieusement déterminés. Les actions qu'elle a émises forment, dès lors, des valeurs incorporelles, et, bien que la Société ait son siège hors de France, ces actions doivent acquitter le droit de mutation par décès, lorsqu'elles dépendent de la succession d'un étranger domicilié en France (Seine, 15 déc. 1893, 8250 R. P.; — Cass. 21 déc. 1895, 8687 et 8860-39 R. P.).

74. Succession régie par la loi française. — Fonds. — Dépôt. — Banque à l'étranger. — Droit de m. p. d. exigible. — Sont passibles de l'impôt de mutation par décès en France, lorsqu'ils dépendent d'une succession régie par la loi française, les fonds déposés dans une maison de banque à l'étranger (Avranches, 20 mai 1902, 10344 R. P.).

75-76. Étranger domicilié ou non domicilié en France. — Droit de m. p. d. — Passif. — Déduction. — Nous examinons, v° *Succession*, les difficultés que soulève la déduction du passif qui doit être faite, conformément à la L. 25 fév. 1901, pour la liquidation des droits de m. p. d. applicables aux valeurs dépendant de la succession d'étranger.

75-2. Étranger domicilié et décédé en France. — Valeurs mobilières incorporelles étrangères. — Dépôt dans une maison de banque à l'Étranger. — Droit de mutation par décès exigible. — Sont assujetties au droit de mutation par décès les actions d'une compagnie étrangère dépendant de la succession d'un étranger décédé en France, où il avait son domicile, et où il s'était marié, en déclarant, dans son contrat de mariage, qu'il entendait soumettre les effets civils de son union aux lois françaises. Il en est ainsi, même lorsqu'au moment du décès, les actions se trouvaient en dépôt dans une maison de banque établie à l'étranger (Sol. 21 juin 1894, 8449 R. P.).

Domicile de fait en France. — La circonstance qu'un étranger décédé a acquis, en France, des immeubles importants, qu'il y a payé une cote mobilière élevée et accompli des séjours prolongés ne saurait suffire pour établir que cet étranger avait, en France, son domicile de fait, alors qu'il possédait également, dans d'autres pays, des immeubles tout aussi importants et qu'il y acquittait des impôts également élevés. — De même, les énonciations contenues dans divers actes et désignant le défunt tantôt comme domicilié en France, tantôt comme y demeurant ou y ayant l'une de ses habitations, ne peuvent prouver l'élection de domicile quand elles sont contredites par des actes postérieurs renfermant des indications similaires en ce qui concerne la demeure, la résidence ou l'habitation dans d'autres pays. En conséquence, parmi les valeurs mobilières dépendant de la succession, sont seules assujetties au droit de mutation par décès celles qui ont leur assiette légale en France, à l'exclusion des valeurs étrangères (Seine, 11 janv. 1901, 10090 R. P.).

76-1. Étranger décédé à l'étranger. — Legs. — Le legs d'une somme d'argent consenti à un établissement public français, par un étranger n'ayant ni domicile ni résidence en France, n'est passible d'aucun droit de m. p. d., s'il est payé au moyen d'un chèque émis en monnaie étrangère par une banque établie à l'étranger (Sol. 31 janv. 1900, 2315 R. E.).

Mais il en serait autrement si le legs devait être acquitté en valeurs françaises (Seine, 10 mars 1888, 23027 J. E.).

76-6. Assurances. — C'est au mot *Succession* que nous traitons toutes les questions relatives à l'exigibilité du droit de m. p. d. auquel donnent lieu, sous l'empire de la L. 25 fév. 1901, les assurances sur la vie contractées à l'étranger.

Faisons, en outre, remarquer que, dans la première partie du *Rép. gén.*, au lieu de sol. 23 *juin* 1883, c'est sol. 23 *juill.* 1883 qu'il faut lire.

77. Succession. — Meubles meublants. — *Rapp. supra* n° 33-1.

80. Fonds de commerce. — Achalandage. — Valeur incorporelle. — La clientèle d'un fonds de commerce qui, bien que situé à l'étranger, dépend d'une succession régie par la loi française, forme une valeur incorporelle passible, en France, du droit de mutation par décès, abstraction faite du matériel, des marchandises et autres éléments corporels servant à la constitution de ce fonds (Sol. 22 juin 1897, 9285 R. P. — *Contra*, Seine, 27 janv. 1890, 1977 R. E.).

84. Biens assujettis aux droits de m. p. d. — Bureaux compétents. — En ce qui concerne la déclaration des valeurs dépendant de la succession d'un étranger et qui sont assujetties aux droits de m. p. d., l'art. 10 L. 25 fév. 1901 renferme les dispositions suivantes : « A défaut de domicile en France, la déclaration sera passée au bureau du lieu du décès, ou, si le décès n'est pas survenu en France, à ceux des bureaux qui seront désignés par l'Administration ». D'après les I. G. 3049, p. 6, 3051, § 3, 3058, p. 28 et 3067, § 9, ces bureaux, au choix des redevables, sont les suivants : Paris (1er bureau des successions), — Lille (1er bureau des successions), — Nancy, — Annecy, — Lyon (1er bureau des successions), — Pau, — Bordeaux (1er bureau des successions), Belfort, — Briey, — Lunéville (successions), et Pont-à-Mousson.

100. Colonies. — Obligations souscrites par une colonie. — Le droit de timbre, qui frappe les obligations souscrites par les départements, villes et autres collectivités françaises et les titres de même nature émis par les collectivités étrangères, n'a pas été rendu applicable aux obligations souscrites par les colonies françaises ou les sociétés qui y ont leur siège. Ces obligations restent donc soumises aux anciennes règles de perception auxquelles il n'a été apporté aucune modification.

Dans cet ordre d'idées, il a été décidé que les obligations émises par la colonie de Madagascar sont passibles du droit de timbre proportionnel de 0 fr. 05 p. 100; mais les titres définitifs comme les titres provisoires doivent acquitter, sans imputation, le droit au comptant (D. m. f. 9 juill. 1897).

Les titres de l'emprunt de l'Indo-Chine sont soumis au même traitement (Sol. déc. 1898, 4534 Rev. prat.).

106. Résidence en France. — Registre d'immatriculation. — Extrait. — Loi du 8 août 1893. — Le registre d'immatriculation est exempt du timbre comme étant établi dans un intérêt d'ordre public. Mais l'extrait de la déclaration de résidence, remis à l'intéressé, est soumis à l'impôt au droit minimum de 1 fr. 80 (D. m. f. 29 août 1893). Cet extrait peut être timbré à l'extraordinaire ou revêtu d'un timbre mobile (2840 I. G., 8118-3 R. P.).

106 *bis*. Naturalisation. — Pièces justificatives. — Les pièces justificatives à produire à l'appui des déclarations souscrites, en vertu de la loi du 26 juin 1889, pour répudier ou acquérir la qualité de Français, doivent être écrites sur papier timbré, si elles sont rédigées en France. Quant à celles qui proviennent de l'étranger, il ne peut en être fait usage en France sans qu'elles aient acquitté l'impôt (D. m. f. 10 mai 1890, 2823-1 I. G., 7074-60 R. P.).

106 *ter*. Colonies. — Obligations. — Droits de timbre, de transmission et d'impôt sur le revenu. — Les titres émis, même en France, par une colonie française, ou une société qui y a son siège, ne doivent acquitter que les taxes applicables dans la colonie (V. *Droit de transmission, suprà*, n° 60-1).

Spécialement, il a été décidé que l'emprunt, contracté par une ville située dans une colonie, où la loi du 29 juin 1872 n'a pas été promulguée, ne doit pas la taxe sur le revenu, alors même qu'il a été souscrit en France où les intérêts doivent être servis (Sol. 21 avr. 1872, 24308 J. E.).

En ce qui concerne le timbre des titres émis par les colonies où cet impôt n'est pas établi, V. *suprà* n° 100.

108. Timbrage des titres étrangers. — Le décret de 2 janv. 1896, rendu en exécution de l'art. 6 L. 28 déc. 1895, a autorisé la création de quatre nouveaux types destinés au timbrage à l'extraordinaire, à l'Atelier général, à Paris, savoir :

Le premier, des titres d'actions ou d'obligations des sociétés et collectivités étrangères, qui n'acquittent pas la taxe d'abonnement prévue par l'art. 10 Décr. 17 juill. 1857 et l'art. 4 Décr. 24 mai 1872 et qui n'auront supporté, au jour de la mise en vigueur de la loi du 28 déc. 1895, aucun droit de timbre au comptant;

Le second, des titres ci-dessus désignés, qui étaient déjà timbrés au moment où la loi est devenue exécutoire;

Le troisième, des titres de rentes, emprunts et autres effets publics des gouvernements étrangers non timbrés au jour de la mise à exécution de la même loi;

Le quatrième enfin, des titres désignés dans le paragraphe précédent, mais qui étaient déjà timbrés lors de la mise en vigueur de la loi (art. 1er).

L'apposition du timbre extraordinaire ne peut avoir lieu qu'à l'atelier général à Paris. Les titres qui seront présentés au timbrage partout ailleurs continueront donc à recevoir la formalité du visa. L'Administration n'est pas autorisée par les règlements à en prendre charge pour les transmettre à l'atelier général.

Dans le timbre, le fond est en rouge et les mentions sont en blanc. Le mot « Paris » y est encadré : à gauche, par le quantième; à droite, par le numéro du mois; au-dessous, par le millésime (2897-3 I. G.).

L'art. 13 L. 13 avr. 1898 ayant élevé le tarif du droit applicable aux titres des gouvernements étrangers et modifié certaines règles de perception, un décret du 31 déc. 1898, rendu pour l'exécution de ses dispositions, a prescrit la création de quatre nouveaux types destinés au timbrage à l'extraordinaire, à l'Atelier général, à Paris, des titres de fonds d'État étrangers, savoir :

Le premier, pour les titres assujettis au tarif plein de un pour cent (1 p. 100);

Le second, pour les titres timbrés au tarif antérieur à la loi du 28 déc. 1895 et pour lesquels le droit de 1 p. 100 ne sera appliqué qu'imputation faite du montant de l'impôt déjà payé;

Le troisième, pour les titres qui resteront soumis au tarif de 0 fr. 50 p. 100 par suite de la baisse du cours au-dessous de la moitié du pair résultant d'une diminution de l'intérêt imposée par l'État débiteur;

Le quatrième, pour les titres qui ont été admis à acquitter le droit de 0 fr. 50 p. 100 avant le 1er janv. 1899 et qui n'ont pu recevoir, en fait, l'empreinte matérielle du timbre (art. 1er).

L'apposition du timbre extraordinaire ne peut avoir lieu qu'à l'Atelier général, à Paris (*même article*). Les titres qui seront présentés au timbrage partout ailleurs continueront donc à recevoir la formalité du visa. Les agents du service départemental ne sont pas autorisés, par les règlements, à en prendre charge pour les transmettre à l'Atelier général.

Dans le timbre, le fond est en noir pour le type de 1 p. 100 à plein tarif et en rouge pour le type destiné au complément du même droit de 1 p. 100; pour les deux autres types, le fond est en noir lorsque le droit de 0 fr. 50 p. 100 est intégralement appliqué à des titres non encore timbrés; il est en rouge pour les titres déjà timbrés au tarif antérieur à la loi du 28 déc. 1895 et sur lesquels le droit de 0 fr. 50 p. 100 n'est perçu qu'imputation faite du montant de l'impôt déjà payé. Les chiffres encadrant le mot « Paris » désignent : celui de gauche, le quantième; celui de droite, le numéro du mois; celui placé immédiatement au-dessous, le millésime (2973 I. G.).

Enfin, un décret du 26 juill. 1900 porte (art. 1er) que, dans les cas où il y aura lieu au timbrage gratuit de titres de gouvernements étrangers remis en remplacement de titres

106 *ter*. Algérie. Colonies. Titres d'emprunts. — Les titres émis en représentation des emprunts de l'Algérie doivent être considérés comme des effets publics qui ne sauraient être soumis ni au droit de timbre, ni au droit de transmission, ni à la taxe sur le revenu (D. m. f. 20 mars 1903, Instr. 3143, 10715 R. P.).

Les titres des emprunts contractés par l'Algérie doivent bénéficier, en France, comme dans la colonie, de l'immunité d'impôt, non seulement en ce qui concerne le droit de transmission et la taxe sur le revenu, mais encore en ce qui concerne le droit de timbre. — Ces règles sont applicables aux autres colonies (D. m. f. 17 août 1903, Instr. 3143, 10715 R. P.).

108. Timbrage des titres étrangers. — *Emprunt japonais 5 p. 100 1907. Emprunt bulgare 4 1/2 p. 100 or 1907. Certificats provisoires. Remplacement de l'empreinte matérielle du timbre par une insertion au Journal officiel.* — D. m. f. 22 et 30 mars 1907, 11380 R. P.

Pour l'exécution de l'art. 8 L. 30 janv. 1907, il a été créé deux nouvelles séries de types destinés à timbrer à l'extraordinaire, à l'atelier général à Paris, les titres de rentes, emprunts et autres effets publics des gouvernements étrangers (Décret du 30 mars 1907, 11381 R. P.).

109. **Fonds d'État étrangers. Droits de timbre. Tarif.** — A partir du 1er avril 1907, le droit de timbre au comptant des fonds d'État étrangers est fixé à 2 p. 100, sauf en ce qui concerne les titres déjà timbrés soit au tarif de 0.50 p. 100 avant le 1er janv. 1900, soit au tarif de 1 p. 100 avant le 1er avril 1907. — Le droit n'est pas soumis aux décimes. Il est perçu sur la valeur nominale de chaque titre ou coupure considéré isolément et, en tout cas, sur un minimum de 100 fr. — Pour les titres déjà timbrés au 1er avril 1907, au tarif antérieur à la loi du 28 déc. 1895, le droit de 2 p. 100 n'est appliqué qu'imputation faite du montant de l'impôt déjà payé. — Restent soumis au droit de 1 p. 100, les fonds étrangers cotés à la Bourse officielle dont le cours, au moment où le droit devient exigible, est tombé au-dessous de la moitié du pair par suite d'une diminution d'intérêts imposée par l'État débiteur (L. 30 janv. 1907, art. 8. 11331 R. P.).

identiques antérieurement timbrés, il sera apposé sur les nouveaux titres des empreintes de timbre indiquant la situation des anciens au regard de la loi d'impôt.

A cet effet, l'art. 2 du décret crée trois nouveaux types de timbre :

Le premier, pour les titres substitués à ceux qui étaient timbrés au droit de 75 centimes en vertu de l'art. 1er L. 25 mai 1872 (Instr. n° 2440) ;

Le second, pour les titres substitués à ceux qui étaient timbrés au tarif de 1 fr. 50 p. 100 en vertu du même article ;

Le troisième, pour les titres substitués à ceux qui ont été timbrés à 0 fr. 50 p. 100 avant l'expiration du délai fixé par la loi du 13 avr. 1898 ou à 1 p. 100, tarif établi par la même loi pour la période postérieure à l'expiration de ce délai.

D'après la même disposition, l'apposition du timbre est obligatoire; elle ne peut être remplacée par la formalité du visa. Elle doit être effectuée à l'Atelier général, à Paris. Les agents du service départemental ne sont, d'ailleurs, pas autorisés, par les règlements, à prendre charge des titres pour les transmettre à l'Atelier général (Instr. n° 2953).

Dans le timbre, le fond est en noir et les mentions sont en blanc. Le mot « Paris » est encadré : à gauche, par le quantième ; à droite, par le numéro du mois ; au-dessous, par le millésime (3020 I. G.).

Il n'a pas été créé de timbres mobiles pour le timbrage des titres de gouvernements étrangers ou de sociétés étrangères. La formalité ne peut donc être donnée qu'à l'aide du timbrage à l'extraordinaire ou au moyen du visa pour timbre.

Lorsque les titres sont soumis à la formalité du visa pour timbre, la mention doit être inscrite sur le titre même, et non en marge de ce titre. Elle doit, en outre, être libellée de la manière suivante : « Visé pour timbre (ou pour complément de timbre) à... le... n°... Reçu... » Enfin, il est prescrit aux receveurs de l'accompagner de l'empreinte du cachet de leur bureau, ou, à défaut, de celle de la griffe en usage pour l'oblitération des timbres mobiles de dimension (L. Comm. 30 janv. 1896 et 5 avr. 1897).

Restitution. — Si les droits régulièrement exigés sur des titres étrangers ne peuvent être restitués, il en est autrement de ceux qui auraient été perçus en trop, soit au vu des titres eux-mêmes, soit d'après la déclaration qui aurait été déposée dans le cas où les titres n'auraient pu être communiqués. Mais, pour obtenir le remboursement, il est nécessaire que les titres soient matériellement représentés (Sol. 6 mai 1877 et 2 fév. 1878).

109. **Fonds d'État étrangers. — Droits de timbre. — Tarif.** — Au tarif gradué édicté par la loi du 25 mai 1872 pour le droit de timbre des titres de fonds d'État étrangers, la loi du 28 déc. 1895, art. 3, a substitué un tarif proportionnel de 0 fr. 50 p. 100, sans décimes. D'après la même disposition, le droit « sera perçu sur la valeur nominale de chaque titre ou coupure considéré isolément, et, dans tous les cas, sur un minimum de 100 fr. Les titres déjà timbrés au jour de la promulgation de la présente loi tomberont sous son application, mais le droit ci-dessus ne leur sera appliqué qu'imputation faite de l'impôt déjà payé » (8664 R. P. ; — 2897 I. G.).

L'art. 13 L. 13 avr. 1898 a porté à 1 fr. p. 100, sans décimes, le droit de timbre applicable aux titres dont il s'agit; il a maintenu toutefois le tarif 0 fr. 50 p. 100 pour ceux cotés à la Bourse officielle, dont le cours serait tombé au-dessous de la moitié du pair par suite d'une diminution d'intérêt imposée par l'État débiteur ; enfin, il admet l'imputation du droit déjà payé. Il est ainsi conçu :

« A partir du 1er janv. 1899, le droit de timbre au comptant des titres étrangers désignés dans l'art. 6 L. 13 mai 1863 est fixé à 1 fr. p. 100, sauf en ce qui concerne les titres déjà timbrés à cette date au tarif de 0 fr. 50 p. 100.

Ce droit n'est pas soumis aux décimes. Il sera perçu sur la valeur nominale de chaque titre ou coupure considéré isolément et, dans tous les cas, sur un minimum de 100 fr.

Pour les titres déjà timbrés au 1er janv. 1899 au tarif antérieur à la loi du 28 déc. 1895, le droit de 1 fr. p. 100 ne sera appliqué qu'imputation faite du montant de l'impôt déjà payé.

Resteront soumis au droit de 0 fr. 50 p. 100 les fonds étrangers cotés à la Bourse officielle, dont le cours, au moment où le droit devient exigible, sera tombé au-dessous de la moitié du pair par suite d'une diminution de l'intérêt imposé par l'État débiteur (9292 R. P. ; 2953 I. G.).

1. Point de départ de l'exigibilité du nouveau tarif. — Le nouveau tarif n'est entré en vigueur qu'à compter du 1er janv. 1899. Il ne s'applique pas toutefois aux titres qui ont été timbrés, antérieurement à cette date, au droit de 0 fr. 50 p. 100 établi par l'art. 3 L. 28 déc. 1895 (2953, § 2, I. G.). Ces titres doivent donc être considérés comme régulièrement timbrés; et il ne saurait être exigé ni nouveau droit ni complément de droit, quel que soit l'usage qui en est fait, qu'ils soient ou non présentés par erreur à la formalité.

2. Minimum du droit. — Titres collectifs. — Le droit de 1 fr. p. 100 (comme celui de 0 fr. 50 p. 100 établi par la loi du 28 déc. 1895) est dû sur chaque titre ou coupure considéré isolément, et, dans tous le cas, sur un minimum de 100 fr.

Le moindre droit à percevoir est donc fixé à 1 fr.

Ce minimum est applicable, non seulement au titre unitaire, mais à chacune des unités comprises dans un titre ou certificat collectif. « Soit, par exemple, un titre collectif de dix actions au capital nominal de 25 fr. chacune, le droit sera perçu 10 fois sur un minimum de 100 fr., puisque chaque unité d'action est d'une valeur nominale inférieure à cette somme » (2897, § 1 2°, I. G.).

Cette règle de perception est en désaccord avec celle qui avait été adoptée sous l'empire de l'ancienne législation : une D. m. f. du 8 avr. 1890, avait, en effet, reconnu que l'impôt devait être assis, non pas sur le montant de chaque unité, mais sur la valeur totale énoncée dans le titre (2704, § 14, I. G. ; — 7434 R. P.).

Toutefois, lorsque le titre ou l'unité de titre est supérieur à 100 fr., la valeur n'en doit pas être arrondie de 100 en 100 fr. pour la perception. Il est admis, dans ce cas, que la perception doit suivre les sommes et valeurs de 20 en 20 fr. inclusivement et sans fraction, conformément aux prescriptions de l'art. 14 L. 5 juin 1850, rendues applicables aux titres étrangers par l'art. 9 L. 23 juin 1857.

C'est ce qui résulte d'une Solution du 4 fév. 1896, rendue pour la liquidation du droit établi par la loi du 28 déc. 1895.

« Comme la loi du 28 déc. 1895, porte cette Solution, vise, dans une même disposition, les titres de fonds d'État et les autres valeurs étrangères, qu'elle les assujettit aux mêmes règles et qu'elle ne les distingue qu'au point de vue du tarif à appliquer, il y a lieu d'admettre qu'elle a entendu les soumettre au même mode de liquidation pour la perception de l'impôt » (8803-3 R. P.).

Décidé que, pour les titres ou certificats collectifs, le droit est exigible sur chacune des unités comprises dans ces titres, que la coupure soit ou non supérieure à 100 fr. (Sol. 6 mai 1897, 4319 Rev. prat.).

La loi de 1898 s'étant bornée à modifier le tarif antérieur, les règles qui gouvernent l'assiette de l'impôt doivent continuer d'être appliquées.

3. Titres antérieurement timbrés. — Imputation des droits perçus. — Le droit de 1 fr. p. 100 n'est applicable, même depuis le 1er janv. 1899, qu'aux titres non timbrés, ou à ceux qui, bien que timbrés à cette date, auraient acquitté un droit inférieur à celui de 0 fr. 50 p. 100 fixé par l'art. 3 L. 28 déc. 1895. Ce droit de 1 fr. p. 100 ne doit d'ailleurs être perçu dans ce dernier cas qu'imputation faite du montant de l'impôt déjà payé (2953, § 2, I. G.).

La loi de 1898 renferme une dérogation formelle aux principes généraux de la législation du timbre. Il est, en effet, de règle constante, en cette matière, qu'un titre qui a supporté l'impôt en vigueur au moment où il a été soumis à la formalité, ne saurait être assujetti à un nouveau droit, quelles que soient les modifications dont la législation peut être l'objet.

L'imputation prévue par la loi ne présente aucune difficulté pour les titres unitaires ou collectifs qui ont été revêtus du visa pour timbre, la mention qui y est inscrite indiquant le montant des droits acquittés, ni pour les titres unitaires qui ont été frappés du timbre extraordinaire.

Mais s'il s'agit de titres collectifs timbrés à l'extraordinaire antérieurement à la loi du 28 déc. 1895, il sera difficile et même parfois impossible de savoir le chiffre du droit qu'ils ont payé, par le motif que la perception a été établie sur chaque unité comprise dans le titre ou sur la valeur totale du titre, suivant qu'elle a été effectuée avant ou après la décision ministérielle précitée du 8 avr. 1890, et que l'empreinte apposée n'indique pas la somme payée. Afin d'établir une règle uniforme de perception, l'Administration a décidé qu'il convient d'adopter le mode d'imputation le plus favorable aux porteurs des titres (2897, § 1, 3e I. G.); c'est donc le droit liquidé d'après chaque unité qu'il y a lieu d'imputer, sauf preuve contraire.

4. Titres tombés au-dessous de la moitié du pair. — Le tarif de 0 fr. 50 p. 100 demeure applicable aux titres de fonds d'États étrangers cotés à la Bourse officielle, dont le cours, au moment où le droit devient exigible, serait tombé au-dessous de la moitié du pair, par suite d'une diminution d'intérêt imposée par l'État débiteur.

En raison même de son caractère exceptionnel, la disposition de la loi de 1898 doit être appliquée limitativement et ne saurait être étendue par voie d'analogie (2953, § 2, I. G.).

Sont appelés à bénéficier du tarif de 0 fr. 50 p. 100 : les titres cotés en rente lorsque leur cours est inférieur à 50; ceux cotés par obligation lorsque leur cours est inférieur à 250, pour les obligations de 500 fr., et à 150 pour les obligations de 300 fr.

Ce tarif n'est applicable qu'aux valeurs dont le cours moyen est inférieur à la moitié du pair, au jour où l'impôt devient exigible, c'est-à-dire au jour de l'usage, tel que cet usage est défini par l'art. 5 L. 28 déc. 1895, ou au jour de la présentation volontaire à la formalité.

A défaut de cours coté à la Bourse de Paris, ou à toute autre bourse officielle, au jour de l'exigibilité de l'impôt, c'est le dernier cours coté qui doit, à moins de circonstances exceptionnelles, servir à déterminer le tarif à appliquer.

Le redevable qui réclame l'application du tarif réduit doit souscrire une déclaration faisant connaître le cours de la valeur au jour de l'exigibilité de l'impôt. Cette déclaration est souscrite sur un bordereau spécial du modèle déjà usité pour la présentation des effets publics étrangers à la formalité ou, s'il n'existe pas d'imprimés de cette nature au bureau où les droits sont acquittés, sur le registre du visa pour timbre.

Elle doit contenir, dans tous les cas, une désignation des titres suffisante pour les individualiser.

Il appartient aux préposés d'apprécier, sous leur responsabilité, et après contrôle si les conditions exigées pour l'application du droit de 0 fr. 50 p. 100 sont remplies.

Les titres qui auront été régulièrement timbrés au tarif spécial de 0 fr. 50 p. 100 sont définitivement affranchis de l'impôt, alors même que leur cours remonterait ultérieurement au-dessus de la moitié du pair (2975 I. G.).

Jusqu'à nouvel ordre, il convient de n'admettre à bénéficier du tarif réduit, si toutefois, au jour où l'impôt devient exigible, leur cours moyen est inférieur à la moitié du pair, que les valeurs suivantes :

Catamarca. — Emprunt 6 fr. p. 100 1888.	(pair : 500 fr.).
Cordoba. — Emprunt 6 fr. p. 100 1888.	— —
Corrientes. — Emprunt 6 fr. p. 100 1888.	— —
Gouvernement hellénique. — Emprunt 5 fr. p. 100 1881	— —
Gouvernement hellénique. — Emprunt 5 fr. p. 100 1884	— —
Gouvernement hellénique. — Emprunt 4 fr. p. 100 1887	— —
Honduras. — Emprunt 1869	(pair : 300 fr.).
Mendoza. — Emprunt 6 fr. p. 100 1888.	(pair : 500 fr.).
Portugal. — Emprunt 3 fr. p. 100	(pair : 100 fr. p. 100).
Portugal. — Emprunt 4 1/2 p. 100 1888-1889	(pair : 500 fr.).
Portugal. — Emprunt 4 fr. p. 100 1890.	— —
Turquie. — Dette convertie ottomane 4 fr. p. 100, série B	(pair : 100 fr. p. 100).
Turquie. — Dette convertie ottomane 4 fr. p. 100, série C	— —
Turquie. — Dette convertie ottomane 4 fr. p. 100, série D	— —

(2975 I. G.).

5° *Emprunt russe intérieur. — Valeur du rouble.* — La chambre syndicale des agents de change de Paris a

3. **Titres antérieurement timbrés. Imputation des droits perçus.** — Les titres de fonds d'État étrangers, timbrés au tarif de 0.50 p. 100 sous l'empire de la loi du 13 mai 1863 (art. 6) ou à celui de 1 p. 100 élevé par la loi du 8 juin 1864 (art. 7), ou encore les titres de 100 fr. ayant supporté le droit minimum de 0,75 p. 100 établi par la loi du 25 mai 1872 (art. 1) doivent être considérés, depuis la mise à exécution de l'art. 8 L. 30 janv. 1907 comme étant actuellement en règle avec le Trésor et ils échappent, par suite, à la majoration d'impôt résultant de ce texte (11428 R. P.).

116. **Titres de fonds publics étrangers. Cession. Droit de 1 p. 100.** — L'acte aux termes duquel un débiteur donne en payement des titres de fonds publics étrangers à ses créanciers, à charge par ceux-ci de lui consentir une remise totale de sa dette et de verser pour son compte à des établissements de crédit les sommes dont ces titres sont grevés, est passible du droit de transmission de 1 p. 100 édicté par l'art. 69, § 2, n° 5 L. frim., à liquider sur la valeur des titres au jour de la cession (Seine, 3 juill. 1896; Cass. [illegible], 8 déc. 1902, [illegible] R. P.).

La dation en payement de titres de fonds publics étrangers donne ouverture au droit de 2 p. 100, en vertu de l'art. 69, § 5, n° 2 L. frim. qui ne fait aucune distinction entre les rentes dues par un État et celles qui doivent être servies par des particuliers; il n'y a d'exception à cet égard que pour les rentes sur l'État français qui ont été affranchies de l'impôt par une disposition spéciale de la loi (Versailles, [illegible] 1905, 11066 R. P.).

par la facilité des négociations, fixé à 4 fr. le change du rouble des emprunts intérieurs russes; mais ce change n'est pas applicable à la perception du droit de timbre, qui doit être liquidé sur les bases déterminées par les décrets annuels (D. m. f. 11 déc. 1897, 4362 Rev. prat.).

1. Fonds d'État et obligations de Sociétés. — Nous avons énuméré, au *Rép. gén.*, v° *Abonnement*, n° 122, un certain nombre de valeurs qui sont considérées comme constituant, soit des titres de fonds d'État, soit des titres de société (V. également *Rép. gén.*, v° *Étranger*, n°s 100-1 et 3).

Le caractère de fonds d'État a, en outre, été reconnu aux titres suivants :

1° *Banque hypothécaire de la province de Buenos-Ayres.* — Obligations émises par cette Banque, qui n'est qu'une administration publique dépendant de la province de Buenos-Ayres, laquelle forme un État particulier de la République Argentine (Sol. 4 juill. 1893).

2° *Chemin de fer australien Victoria-Railway.* — Obligations émises sous cette dénomination; ce sont des obligations du gouvernement de Victoria (Sol. 30 août 1892).

3° *Chemins de fer italiens (réseaux de la Méditerranée, de la Sicile et de l'Adriatique.* — Obligations de 500 fr. 3 p. 100 qui sont revêtues de la mention suivante : « I fundi per i pagamenti degli interessi semestriali et per il rimborso delle obligazioni estrato sono a carico del bilancio dello stato » (Sol. 28 juin 1898).

4° *Chemin de fer des Maremmes.* — Obligations du Chemin de fer des Maremmes, qui sont des titres du gouvernement italien (Sol. 30 août 1892).

5° *Chemin de fer transcaucasien.* — Obligations du chemin de fer transcaucasien, ce chemin de fer étant devenu, en vertu d'un ukase du 30 avril-2 mai 1889, la propriété de l'État russe (D. m. f. 7 sept. 1889).

6° *Chemin de fer Koursk-Kharkow-Azow.* — Obligations du chemin de Koursk-Kharkow-Azow, ce chemin de fer étant également devenu, d'après un ukase du 24 déc. 1890, la propriété de l'État russe (Sol. 17 mai 1892).

7° *Banque hypothécaire de Norvège.* — Obligations émises par cette Banque qui constitue une dépendance de l'État norvégien, lequel possède tout le capital.

8° *Crédit foncier mutuel de Russie.* — Lettres de gage métalliques 5 fr. p. 100 et 4 1/2 p. 100 émises par cet établissement; ces titres font partie, suivant un ukase du 6 fév. 1885, de la dette publique russe (Sol. 17 sept. 1893).

9° *Tabacs portugais.* — Obligations émises en 1891 par la Société des Tabacs portugais avec le contreseing du Directeur général de la Trésorerie du Portugal (Sol. 30 avr. 1891).

Mais il y a lieu de ranger au nombre des titres de Sociétés étrangères les délégations sur la Compagnie du Pacifique, que le gouvernement du Pérou a réparties en 1881 à ses créanciers, la Compagnie étant engagée directement et personnellement au payement de la dette et le gouvernement s'étant constitué simple garant (Sol. avr. 1881).

Parmi les décisions précitées, plusieurs ont reconnu que des obligations, émises à l'origine par des sociétés, avaient revêtu le caractère de fonds d'État, à partir du jour où l'État avait pris l'emprunt à sa charge. Il est de règle, en effet, que des titres, bien que délivrés en représentation d'un emprunt contracté par une société, appartiennent à la catégorie des effets publics du gouvernement qui s'engage à assumer le service de l'amortissement et des intérêts; ils ne sont plus, dès lors, passibles que du droit de timbre applicable à ces valeurs, lorsqu'ils ont été frappés d'une estampille constatant l'engagement de l'État étranger (Sol. 14 déc. 1898, 25008 J. E.).

Dans le même sens, il a été décidé que, si le réseau d'une compagnie de chemin de fer étrangère a été racheté par l'État, les obligations émises antérieurement ne doivent plus supporter que le droit de timbre des fonds d'État (Sol. 29 août 1895, 4117 Rev. prat.).

Mais si de tels titres avaient acquitté l'ancien droit de 1 fr. 20 p. 100, auquel la loi du 30 mars 1872 a soumis les obligations des sociétés étrangères, ils pourraient être mentionnés dans les actes sans donner lieu à la perception d'un nouveau droit, le Trésor étant désintéressé (Sol. 30 mars 1897, 25208 J. E.).

2. Fonds publics et obligations des villes, provinces, etc. — Si des collectivités, appartenant à un État fédéral, mais exerçant une souveraineté propre, émettent des titres d'emprunt, ces titres présentent le caractère de fonds d'État et doivent être traités comme tels pour la perception. C'est ainsi qu'on a classé parmi les fonds d'État :

1° Les obligations émises par la province de Buenos-Ayres, qui fait partie de la République Argentine (Sol. 17 fév. 1890);

2° Les titres souscrits par le gouvernement de Victoria, colonie anglaise (Sol. 30 août 1892).

3. Bons à ordre et à court terme. — Les lois des 25 mai 1872, 28 déc. 1895 et 13 avril 1898 n'atteignent que les titres de rentes, emprunts et autres *effets publics* des gouvernements étrangers. Elles laissent en dehors de leur application les simples effets qu'un gouvernement étranger peut être amené à émettre pour des besoins temporaires et qui ne sont pas susceptibles d'être cotés en bourse. En d'autres termes, elles ne visent que les effets qui ne rentrent pas dans la catégorie des effets de commerce ordinaires. Quant aux titres qui présentent ce dernier caractère, ils sont assujettis aux mêmes règles de perception que les mandats émis par les particuliers.

Il a été décidé, en conséquence : 1° que les bons à ordre émis par un État étranger à six mois d'échéance et payables en France, ne sont passibles que du droit de timbre de 0 fr. 05 p. 100 (Sol. 17 oct. 1892); et 2° que les billets, d'une quotité variable, dépourvus de coupons et transférables par voie d'endossement, qu'un gouvernement étranger souscrit au profit d'une banque nommément désignée, ont le caractère de simples effets de commerce, passibles également, lorsqu'ils sont payables en France, du droit de timbre de 0 fr. 05 p. 100 (Sol. 19 janv. 1899, 9768 R. P.; 25071 J. E.).

Il a été encore reconnu que des bons à court terme, bien que qualifiés de « bons de Trésor anglais », qui avaient été souscrits par le gouvernement anglais au profit d'une banque nommément désignée pour une opération déterminée, exclusive de l'intervention de tiers, constituaient des effets privés qui, tirés de l'étranger sur l'étranger, donnaient lieu à la perception du droit de timbre de 0 fr. 50 par 2.000 fr. ou fraction de 2.000 fr. (Sol. 7 nov. 1893).

110. **Enregistrement.** — Les effets publics des gouvernements étrangers sont assujettis à l'enregistrement,

lorsqu'il en est fait usage ou qu'ils sont présentés volontairement à la formalité. La simple énonciation dans un acte passé en France ne suffit pas à motiver la perception du droit d'enregistrement.

Le droit exigible est celui auquel donnent ouverture les valeurs françaises.

La cession ou transmission d'un titre de rente est assujettie au droit de 2 fr. p. 100 (Seine, 22 juill. 1893, 8166 R. P.). Les cessions de rentes, quel qu'en soit le débiteur, sont, en effet, soumises à ce droit, d'après les termes généraux de l'art. 69, § 2, n° 6 L. 22 frim., sans qu'il y ait lieu de distinguer entre les rentes dues par un État et celles qui doivent être servies par un particulier. Il n'existe qu'une seule exception; mais cette exception est spéciale aux rentes sur l'État français (L. 22 frim., art. 70, § 3).

Si la cession est relative à des obligations souscrites par un État étranger, le droit de 1 fr. p. 100 est seul exigible, par application de l'art. 69, § 3, n° 3 L. 22 frim. (Seine, 3 juill. 1896).

111. Exigibilité du droit de timbre. — Les lois du 28 déc. 1895 et 13 avr. 1898 n'ont apporté aucune modification aux causes d'exigibilité du droit de timbre des titres de gouvernements étrangers. Lors de la discussion de la première de ces lois, le Directeur général de l'Enregistrement, commissaire du gouvernement, a déclaré au Sénat qu'elle ne porte « aucune atteinte aux conditions actuelles d'exigibilité de l'impôt : le tarif seul est modifié ».

Ces conditions sont donc toujours : 1° la négociation; 2° l'exposition en vente; 3° l'énonciation dans tout acte ou écrit autre qu'un inventaire; et 4° l'émission ou la souscription.

112. Négociation. — La simple énonciation des titres étrangers dans un acte rend les droits de timbre exigibles, encore bien qu'elle soit exclusive de toute idée de transmission ou d'usage (Poitiers, 27 nov. 1894, 8600 R. P.; — 24681 J. E.; — Gaillac, 16 déc. 1896, 9076 R. P.; — 25133 J. E.).

114. Énonciation ou usage. — Les prescriptions de la loi du 28 déc. 1895, comme celles du 30 mars 1872, sont générales; elles n'exceptent que les inventaires.

Elles s'appliquent, par conséquent : 1° aux jugements (Sol. 16 août 1888); 2° aux requêtes signées d'un avoué (Sol. 15 mai 1883); 3° aux qualités rédigées par les avoués (Sol. 18 sept. 1891); aux exploits (D. m. f. 6 nov. 1890; — Seine, 15 nov. 1901, 10190 R. P.).

Mais l'exception admise en faveur des inventaires doit recevoir son application dans le cas où un inventaire reproduirait textuellement un acte sous seings privés relatant des titres étrangers sans les mentions relatives au payement des droits de timbre (Sol. 16 oct. 1891, 3331 Rev. prat.).

Lorsque l'énonciation ne porte que sur une quote-part du titre étranger, le droit de timbre est néanmoins exigible sur le montant total du titre, la loi frappant le titre lui-même qui est mentionné ou dont il est fait usage (Sol. 13 sept. 1892).

La simple énonciation, dans un acte autre qu'un inventaire, de titres de gouvernement étranger suffit, en dehors de toute présomption d'usage, pour rendre exigibles les droits de timbre applicables à ces titres. Il en est ainsi, alors même que l'énonciation est faite dans un acte passé à l'étranger, du moment où cet acte est appelé, par suite de son annexe à un acte notarié passé en France, à produire un effet juridique et doit être, en conséquence, soumis à la formalité de l'enregistrement. Spécialement, les droits de timbre sont exigibles sur les titres mentionnés dans une procuration passée à l'étranger et annexée à un acte notarié français, portant substitution de pouvoir (Oloron, 14 fév. 1900, 10050 R. P.; 25956 J. E.).

L'art. 5 L. 28 déc. 1895, comme toutes les dispositions qui régissent en général l'impôt du timbre, s'applique aux actes ou écrits rédigés en France; elle laisse en dehors de ses prescriptions les actes passés à l'étranger. S'ensuit-il que, s'il est fait usage en France d'un acte rédigé hors du territoire, qui mentionne des titres étrangers, les droits de timbre dont ces titres seraient passibles, ne peuvent être exigés? S'il en était ainsi, la situation serait grave de conséquence pour le Trésor. Il serait, en effet, trop facile d'éviter le payement de l'impôt. Le législateur qui a exprimé l'intention formelle d'assujettir au timbre tous les titres étrangers dont l'existence se manifesterait en France se trouverait donc avoir manqué le but qu'il s'est proposé, puisqu'il serait possible d'introduire ou de négocier, par un moyen indirect, des titres n'ayant acquitté aucun droit. On ne saurait cependant lui reprocher une pareille imprévoyance. Si, en effet, la loi de 1895, de même que celle du 30 mars 1872, a négligé de viser l'énonciation dans un acte étranger qui viendrait à être produit en France, c'est que, comme toutes les lois spéciales, elle trouve son complément naturel dans le droit général qui gouverne la contribution du timbre. Or, suivant les dispositions formelles contenues dans l'art. 13 L. 13 brum. an VII, « tout acte fait ou passé en pays étranger sera soumis au timbre avant qu'il puisse en être fait aucun usage en France... ». En d'autres termes, l'acte étranger doit acquitter, avant tout usage en France, les mêmes droits de timbre que s'il avait été rédigé sur notre territoire. Les droits de timbre dus pour les titres étrangers étant exigibles sur l'acte même qui en contient l'énonciation, il en résulte que la Régie est fondée, comme l'a décidé le tribunal d'Oloron, à les percevoir lors de la présentation de cet acte à la formalité. Mais il est bien certain qu'il ne saurait être en même temps réclamé d'amende pour défaut de payement préalable des droits, attendu, d'une part, que la pénalité prévue par la loi de 1895 n'est applicable qu'à l'énonciation dans un acte passé en France et que, d'autre part, l'art. 13 de la loi de brumaire est dépourvu de toute sanction pénale (9077 R. P.).

Dans le même ordre d'idées, il a été décidé que, si les certificats de coutume, rédigés en France par des agents diplomatiques ou consulaires étrangers, échappent aux prescriptions des lois de 1872 et 1895 comme présentant le caractère d'actes étrangers, les droits de timbre devraient être cependant exigés sur les titres étrangers qui y sont mentionnés, dans le cas où les certificats seraient annexés à un acte notarié (Sol. 1er juin 1893).

Toutefois, quand une expédition d'un contrat de mariage passé à l'étranger, qui mentionne des titres étrangers, a été timbrée et enregistrée en France, il n'y a pas

114. Énonciation ou usage. — Lorsque des titres non timbrés et non abonnés ont été mentionnés dans un jugement, toutes les parties sont tenues solidairement au payement des droits de timbre dont ils sont passibles (Seine, 23 nov. 1905, 11293 R. P.).

Le simple fait de l'énonciation dans un exploit rend exigibles également les droits de timbre au comptant, (Seine, 20 fév. 1904, 11173 R. P.) alors même qu'il s'agirait d'une opposition sur des titres volés. (Seine, 6 avril 1905, 11301 R. P.).

Actions étrangères. Société dissoute. L. 28 déc. 1895 non applicable. Obligations non amorties. Droit de timbre exigible. — Les actions ne pouvant, après la dissolution et la liquidation de la société qui les a émises, être cédées que dans les formes tracées par l'art. 1690 C. C. la L. 28 déc. 1895 n'est pas applicable au cas où des actions étrangères de cette catégorie sont énoncées dans des actes. Mais il en est autrement quant aux obligations qui continuent de subsister tant qu'elles n'ont pas été remboursées ; faute par le notaire et les parties de s'être conformés en ce qui les concerne, aux prescriptions de la loi, ils sont passibles des peines qu'elle édicte. (Bourg, 16 juill. 1905, 10977 R. P.).

Titre de gouvernement étranger. Acte passé à l'étranger. Annexe à un acte authentique en France. Exigibilité des droits de timbre. — L'annexe d'un acte étranger à un acte public français avec lequel il fait corps constitue l'usage prévu par l'art. 13 L. 13 brum. an VII. Dans le cas où des titres d'un gouvernement étranger sont énoncés dans l'acte annexé, les droits de timbre auxquels ils donnent lieu deviennent exigibles et sont régulièrement perçus lors de la présentation de l'acte à la formalité de l'enregistrement, alors même qu'il n'aurait été fait aucun usage de ces titres en France. (Cass. (req.), 29 juill. 1903, 10360 R. P.).

Titres non représentés. Droits de timbre au comptant. Payement sur déclaration. Demande en restitution. Point de départ de la déchéance quinquennale. — Lorsque les parties ne peuvent représenter les titres étrangers passibles du droit de timbre au comptant qu'elles se proposent d'énoncer dans un acte, l'Administration les admet à souscrire une déclaration au vu de laquelle les droits sont liquidés et perçus. Ce procédé de timbrage constitue, dans la réalité, un mode spécial de payement de l'impôt, consenti dans l'intérêt des contribuables et produisant les mêmes effets que le timbrage effectif; le versement des droits ne saurait dès lors être considéré comme un dépôt effectué dans les caisses de l'État en vue d'une formalité future. — Par suite, en cas d'indue perception, l'action en répétition, qui est soumise à la déchéance quinquennale, court au profit du contribuable de la date même du payement fait sur déclaration, et non pas seulement du jour où l'empreinte du timbre a été apposée sur les titres (Seine, 18 déc. 1905, 10384 R. P.).

Loi fin. 31 déc. 1907. — L'immunité consacrée en faveur des inventaires par les lois de 1872 et de 1895 a été abrogée par la loi de finances du 31 déc. 1907, dont l'art. 7 est ainsi conçu :

« A l'avenir, l'énonciation dans tout inventaire de l'un des titres visés en l'art. 5 L. 28 déc. 1895 donnera ouverture au droit de timbre de ce titre s'il n'a déjà été perçu.

« Ce droit sera exigible par le seul fait de ladite énonciation et devra être acquitté, savoir : lorsqu'il s'agira d'un inventaire après décès, au moment de la déclaration de succession comprenant le titre, et au plus tard dans les six mois du décès; lorsqu'il s'agira d'un inventaire après déclaration de faillite, dans les quarante jours de la clôture de l'inventaire et, au plus tard, dans les six mois à partir de ladite déclaration; lorsqu'il s'agira d'inventaire après divorce ou séparation de corps, dans le délai accordé par l'art. 1463 C. C. à la femme divorcée ou séparée de corps pour accepter la communauté ou y renoncer; pour tous les autres inventaires, dans le délai de deux mois du jour de la vacation au cours de laquelle l'énonciation a eu lieu.

« Chaque contravention aux dispositions qui précèdent sera punie d'une amende de 5 p. 100, en principal, de la valeur nominale des titres pour lesquels le payement des droits ou compléments de droits exigibles n'aurait pas eu lieu dans les délais ci-dessus fixés.

« En aucun cas, l'amende ne pourra être inférieure à 100 fr., en principal, et tous les ayants droit aux valeurs non timbrées seront solidaires pour le payement des droits et amendes.

« Si l'inventaire est fait au vu du titre lui-même, il indiquera l'absence de timbre, ou, si le titre est timbré, le lieu, la date, le numéro du visa pour timbre ainsi que le montant du droit de timbre payé, ou encore, au cas où la formalité a été donnée au moyen soit du timbre extraordinaire, soit d'un timbre mobile, les mentions contenues dans l'empreinte du timbre apposé, le tout à peine de 100 fr. d'amende contre le notaire contrevenant.

« Dans tous les cas où l'acquit du droit de timbre ne résultera pas des énonciations de l'inventaire, les ayants droit devront justifier de cet acquit dans les délais ci-dessus fixés, soit par la représentation du titre ou de la quittance du Trésor constatant l'acquit sur déclaration, soit par la production d'un acte notarié antérieur ou postérieur à l'inventaire et relatant les mentions de timbre indiquées au paragraphe précédent ». — (11591 R. P.).

114-3. Mention dans les actes ou écrits des indications relatives au payement des droits de timbre. — *Emprunt japonais* 5 p. 100 1907. — *Emprunt bulgare* 4 ½ p. 100 or 1907. — Voir *supra* n° 108.

lieu à la perception des droits de timbre sur ces titres, dès l'instant que l'acte public français, qui en fait usage, se borne à reproduire la disposition relative au régime adopté et ne reproduit pas l'énonciation des titres, soit directement, soit par voie d'annexe de l'expédition (Sol. 10 oct. 1899, 9766 R. P.). C'est là une décision d'espèce, qui doit être restreinte au cas sur lequel elle est intervenue.

Si les titres étrangers, qui doivent être énoncés dans un acte, ne pouvaient être représentés, il devrait être établi deux bordereaux, du modèle en usage pour le visa des valeurs étrangères, dans lesquels les parties détailleraient les titres avec leurs numéros. L'un des bordereaux serait remis aux requérants avec la quittance des droits; l'autre serait conservé au bureau (Sol. 19 août 1872). En cas d'inexactitude dans les renseignements fournis, notamment dans l'indication des numéros, ou dans le cas où les numéros ne pourraient être désignés, les conséquences resteraient aux risques et périls des parties (Sol. 12 avril 1886).

Faute de pouvoir représenter les titres ou justifier qu'ils ont été timbrés aux tarifs anciens, les parties ne sauraient être admises à n'acquitter, sur la production d'un bordereau, que les droits complémentaires résultant de la nouvelle législation; le droit total doit être exigé (Sol. 23 juill. 1897, 4194 Rev. prat.).

La loi de 1895 ne doit recevoir son exécution que dans les cas où la loi de 1872 était elle même applicable. Elle a donc laissé subsister tous les tempéraments antérieurs.

Actes de dépôt. — Les titres étrangers peuvent, comme auparavant, être déposés dans une maison de banque pour leur conservation et en être ultérieurement retirés sans que le droit de timbre devienne exigible (2897, § 6, I. G.) « Donc, que les dépôts de titres soient antérieurs ou postérieurs au 1er janvier 1896, il ne sera dû ni le droit plein pour les titres qui n'ont pas encore été timbrés, ni le droit complémentaire pour ceux qui ont été timbrés sous l'empire de l'ancienne loi. » (Lettre de l'Adm. 17 déc. 1895 reproduite au journal le *Rentier* du 27 du même mois.)

Il convient de rappeler d'ailleurs que, si, soit par correspondance, soit par endossement ou autrement, le récépissé de dépôt était négocié, prêté ou donné en nantissement, les titres que ce récépissé représente devraient être timbrés préalablement (Même lettre).

Mais les actes constatant le dépôt de titres remis à titre de cautionnement donneraient lieu à la perception de l'impôt, l'exception ne s'appliquant qu'aux actes de dépôt en vue d'assurer la conservation des titres (D. m. f. 21 avr. 1882). — V. *infrà* n° 124-3.

Correspondance. — Il est également sans difficulté que les dispositions de la loi du 28 déc. 1895 ne s'appliquent, pas plus que celles de la loi du 30 mars 1872, aux titres étrangers mentionnés dans les lettres ou les correspondances, « à moins que ces correspondances ne consacrent elles-mêmes la négociation, le prêt, le nantissement ou l'usage juridique de ces titres ».

M. Liotard-Vogt, commissaire du Gouvernement, a déclaré formellement, lors de la discussion à la Chambre des Députés, que « cette interprétation n'est nullement modifiée ». (Séance du 13 déc. 1895, *J. off.* du 14, p. 2916.)

Bordereau de coupons présentés au payement. — Les bordereaux de coupons présentés au payement ne rentrent pas non plus dans la catégorie des actes ou écrits qui ne peuvent énoncer des titres étrangers qu'après qu'ils ont été timbrés. « La raison en est simple : c'est que ces bordereaux ne sont pas relatifs aux titres, mais uniquement aux coupons qui, isolément envisagés, sont dispensés de tout droit de timbre particulier ». (Déclaration de M. Liotard-Vogt au Sénat. Séance du 27 déc. 1895, *J. off.* du 28, p. 1213.)

Bordereau d'agent de change. — Les bordereaux d'agents de change peuvent également énoncer des titres étrangers, sans les mentions prescrites (Sol. 30 juill. 1892). — V. *infrà* n° 116.

Papiers domestiques. — La loi laisse en dehors de ses prescriptions les écrits, tels que les papiers domestiques, qui ont un caractère d'ordre et ne sont pas destinés à produire des effets juridiques.

Ainsi, une note trouvée dans les papiers d'une personne décédée, qui contient le détail de valeurs dépendant de la succession, ne tombe pas sous son application, alors même qu'elle serait déposée avec un testament, si le testament ne s'y réfère pas (Sol. 24 juill. 1886).

Valeurs non représentées par des titres distincts. — V. *infrà* n° 124-7.

1. Acte sous seing privé. — Lorsqu'un testament olographe énonce des titres d'un gouvernement étranger, cotés à la Bourse sous les mentions prescrites par la loi, l'Administration est fondée à exiger les droits de timbre applicables à ces titres et l'amende de 5 fr. p. 100. Il en est ainsi, quand bien même le testament n'aurait pas été suivi d'effet, par suite de la renonciation du légataire. Les droits et l'amende sont dus par l'héritier du testateur (Béthune, 13 juill. 1893, 8165 R. P., 25044 J. E.).

L'acte s. s. p. qui énonce un titre de rente de gouvernement étranger sans les mentions prescrites rend exigible l'amende de 5 fr. p. 100 prononcée par cette disposition, alors même qu'il s'agirait d'un titre coté à la Bourse. Mais il n'y a pas lieu de réclamer le droit de timbre, s'il est suffisamment justifié qu'il a été acquitté (Seine, 22 juill. 1893, 8166 R. P.)

2. Titres non cotés a la Bourse. — Nous avons exprimé l'avis au *Rép. gén.* que la loi du 30 mars 1872 n'était point applicable aux titres de fonds d'État, qui sont admis à la cote de la Bourse. Notre opinion n'était partagée ni par l'Administration ni par les tribunaux secondaires (Béthune, 13 juill. 1893, 8165 R. P.; 25044 J. E.; — Seine, 22 juill. 1893, 8166 R. P.; — Poitiers, 27 nov. 1894, 8500 R. P.).

Dans le but de mettre fin à la controverse, la loi de 1895, art. 5, a modifié de la manière suivante l'art. 2 L. 30 mars 1872 : « Nul ne peut négocier, exposer en vente ou énoncer dans un acte ou écrit, soit public, soit sous seing privé autre qu'un inventaire, lorsqu'ils n'ont pas été préalablement timbrés au droit spécifié dans l'art. 3 de la présente loi : — 1° des titres de rentes, emprunts et autres effets publics des gouvernements étrangers ».

Ce texte est clair et ne comporte pas d'interprétation. Il exige que tout titre d'un gouvernement étranger, sans exception, soit timbré au comptant avant d'être l'objet d'une négociation, exposition en vente ou énonciation.

3. Mention dans les actes ou écrits des indications relatives au payement des droits de timbre. — Afin de

prévenir le retour des difficultés qu'avait suscitées l'interprétation de la loi du 30 mars 1872, l'art. 5 L. 28 déc. 1895 renferme la disposition suivante : « Tout acte ou écrit, soit public, soit sous signature privée, qui énoncera l'un des titres visés au présent article, devra indiquer le lieu, la date et le numéro du visa pour timbre, ainsi que le montant du droit de timbre payé, ou, si la formalité a été donnée au moyen, soit du timbre extraordinaire, soit d'un timbre mobile, les mentions contenues dans l'empreinte du timbre apposé ».

Quelle que soit donc la nature de la formalité à laquelle ont été soumis les titres étrangers qui ont supporté le droit au comptant (visa pour timbre, timbre extraordinaire ou apposition de timbre mobile), l'acte ou l'écrit qui les énonce doit reproduire les mentions relatives au payement du droit. Il va de soi qu'il est nécessaire de relater les mentions mêmes portées sur les titres : les prescriptions de la loi ne seraient pas remplies si l'acte se référait seulement à une attestation donnée par un établissement financier, comme la Banque de France, les établissements de l'espèce n'ayant pas qualité pour certifier juridiquement l'existence des perceptions opérées (Sol. 11 mars 1896).

Titres timbrés au tarif antérieur et timbrés pour complément. — Dans la rigueur des principes, quand un titre étranger a acquitté le droit au tarif antérieur et a été timbré pour complément, l'acte dans lequel il se trouve énoncé devrait reproduire les indications relatives au payement des deux droits perçus. Mais, dans un but de simplification et pour faciliter l'exécution de la loi, l'Administration admet que « le vœu de la loi du 28 déc. 1895 est suffisamment rempli, lorsqu'un acte ou écrit reproduit la mention relative au complément du droit de timbre, laquelle porte en elle-même la preuve que le montant de l'impôt a été versé au Trésor ». (Sol. 11 et 26 mars 1896.)

La même règle doit être suivie sous l'empire de la loi du 13 avril 1898.

5. Mention par voie de référence. — Titres aliénés. — L'acte qui énonce indirectement des titres étrangers, en se référant, par exemple, à un autre acte dans lequel ils sont mentionnés, est soumis aux prescriptions des lois des 30 mars 1872 et 28 déc. 1895. Spécialement, une liquidation de succession, qui se réfère au contrat de mariage pour la désignation des titres étrangers, tombe sous leur application (Sol. 22 fév. 1882, 21856 J. E.).

Il en est de même d'un testament qui se réfère à une simple note d'ordre intérieur, dans laquelle se trouvent décrites les valeurs (Sol. 21 sept. 1883 ; — *Rapp.* Oloron, 14 fév. 1900, 10050 R. P. ; 25936 J. E.).

En ce qui concerne les titres aliénés, V. *infrà* n° 124-5.

116. Titres achetés ou vendus à l'étranger par l'intermédiaire d'un agent de change français. — L'achat ou la vente de titres étrangers, qu'effectue à l'étranger un agent de change français agissant, non comme officier ministériel, mais en qualité de simple mandataire, ne constitue pas l'un des faits générateurs de l'impôt. C'est ce qu'a reconnu une Solution du 11 mars 1896, ainsi conçue : « Les faits qui motivent la perception doivent se produire en France. Les lois d'impôts, qui appartiennent au statut réel, ne sauraient, en effet, s'étendre au delà des limites de notre territoire. Les achats ou ventes de titres à l'étranger par nos nationaux ne peuvent donc, par eux-mêmes, entraîner l'exigibilité des droits de timbre, et la circonstance que ces ventes ou achats sont effectués par l'entremise d'un agent de change français est indifférente, dès lors que ces opérations sont effectuées à l'étranger. Mais les droits de timbre seront dus, par application des dispositions formelles de l'art. 5 L. 28 déc. 1895, lorsque les titres ainsi vendus ou achetés sur une place étrangère seront énoncés dans un acte public ou s. s. p. passé en France, même à l'occasion de la négociation, lorsque, par exemple, ils feront l'objet d'une décharge donnée, soit par l'agent de change au client qui l'a chargé d'une opération de vente, soit par ce dernier à l'agent de change dans l'hypothèse contraire » (8803-IV I. G.).

117. Publicité. — Les articles de journaux, dans lesquels sont discutés ou appréciés des titres étrangers mis en souscription, constituent, aussi bien que les annonces, des mesures de publicité tombant sous le coup de la loi (Sol. 9 nov. 1892).

118. Titres provisoires. — Renouvellement. — Conversion. — Bien que, d'après les termes exprès de l'art. 3 L. 28 déc. 1895 le nouveau tarif soit applicable à partir du 1er janv. 1896, les titres définitifs qui seront présentés au timbrage postérieurement à cette date comme remplaçant des titres provisoires timbrés à l'ancien tarif ne donneront pas lieu à la perception du droit complémentaire. La raison en est que le fait générateur de l'impôt, c'est-à-dire l'émission, s'est produit avant la mise à l'exécution de la loi nouvelle (2897, § 4, I. G.).

Cette règle doit être suivie pour l'application de la loi du 13 avr. 1898, qui dispose que le tarif de 1 fr. p. 100 n'entrera en vigueur que le 1er janv. 1899.

D'après l'art. 2 L. 25 mai 1872, le titre définitif est timbré sans frais sur la représentation du certificat provisoire, il est donc nécessaire que ce certificat, dont l'empreinte doit être annulée, soit produit (Sol. 25 oct. 1875). Cependant, il a été dérogé à cette prescription dans des cas tout à fait exceptionnels, mais sous certaines garanties et à la charge de représenter les titres provisoires avant une date déterminée (D. m. f. 17 juin 1880).

D'après l'arrêt du Conseil d'État du 20 janv. 1883, cité au *Rép. gén.*, le renouvellement des titres de gouvernements étrangers donne lieu à la perception d'un nouveau droit de timbre, toutes les fois que les titres sont modifiés dans un de leurs éléments essentiels : chiffre du capital, taux des intérêts, époques d'échéances (*Cf.* Sol. 16 mars 1896, 24827 J. E.). Spécialement, un titre de rente belge, délivré, après une conversion qui a réduit le taux de l'intérêt, en remplacement de deux anciens titres réunis, est passible d'un nouveau droit, sans imputation du droit perçu antérieurement à la loi du 28 déc. 1895 (Même Sol. ; *contrà* Sedan, 3 nov. 1896, 25000 J. E.).

De même, lorsqu'un titre est divisé pour permettre l'aliénation de l'une des coupures, le droit dont il a été frappé ne saurait mettre obstacle à ce qu'un autre droit fût exigé sur la coupure remise au porteur (Même Sol. ; *contrà* même jug.).

Mais, lorsque les titres délivrés en échange, notamment par suite d'épuisement de coupons, sont absolument iden-

118. Fonds d'État. Certificats nominatifs délivrés en échange de titres au porteur précédemment timbrés. Exigibilité du timbre. — La gratuité du timbre n'est pas applicable aux certificats nominatifs délivrés en échange de titres au porteur d'un emprunt d'un gouvernement étranger ayant déjà supporté l'impôt et dont les nouveaux certificats ne sont que la représentation, ou, vice versa, aux titres au porteur remis en représentation de titres nominatifs précédemment timbrés (D. m. f. 10 juill. 1902, Inst. 3090-15, 10407 R. P.).

119. Contraventions et pénalités. — L'huissier qui énonce dans un exploit, des titres d'actions d'une société étrangère non abonnée sans les mentions prescrites par l'art. 5 L. 28 déc. 1895, est tenu au payement des droits de timbre applicables à ces titres, indépendamment de l'amende fixe de 100 fr. en principal (Seine, 20 fév. 1904, 11878 R. P. — Seine, 6 avril 1906, 11302 R. P.).

121. Société étrangère dissoute. Taxes de timbre et de transmission arriérées. Représentant responsable. — Le représentant responsable est tenu personnellement, et non en qualité de caution, au payement des droits et amendes dus sur les titres émis en France par la société étrangère pour laquelle il s'est engagé. Il est donc débiteur direct des taxes exigibles de timbre et de transmission, qui peuvent lui être réclamées tant que la prescription n'est pas acquise, et cela alors même que la société aurait été mise en liquidation et définitivement liquidée (Seine, 6 déc. 1902, 10659 R. P.).

tiques aux anciens et qu'ils ne contiennent aucune modification quant au capital, au taux des intérêts, aux époques d'échéance, l'Administration admet, par une application extensive de l'art. 17 L. 5 juin 1850, qui vise les titres des Sociétés, qu'ils peuvent être timbrés gratis (D. m. f. 21 juill. 1891; — Sol. proc. 16 mars 1896).

Décidé, en conséquence :

1° Que les titres remis, à la suite d'une conversion, en remplacement des anciens, sont sujets à un nouveau droit de timbre, sans imputation du droit payé avant la mise en vigueur de la loi du 28 déc. 1895. Le droit est dû même sur les anciens titres timbrés, qui seraient rendus aux porteurs après avoir été estampillés (D. m. f. 30 oct. 1897, 5627 J. E.);

2° Que, si un titre dépendant d'une succession est divisé, après partage, en quatre coupures, ces coupures donnent chacune ouverture, en cas de présentation à la formalité ou d'énonciation, à un droit de timbre particulier, distinct de celui perçu sur le titre primitif (Rouen, 19 juill. 1900).

119. **Contraventions et pénalités.** — « Chaque contravention aux dispositions du présent article sera punie d'une amende de 5 fr. p. 100 en principal de la valeur nominale des titres qui seront négociés, exposés en vente ou énoncés dans les actes. En aucun cas, l'amende ne pourra être inférieure à 100 fr. en principal; toutes les parties seront solidaires pour le recouvrement des droits et amendes. Tout officier public ou ministériel qui aura contrevenu aux dispositions qui précèdent, demeurera responsable des droits de timbre et sera, en outre, passible personnellement d'une amende de 100 fr. en principal » (L. 28 déc. 1895, art. 5).

La loi élève ainsi à 100 fr. le minimum de l'amende fixe ou de l'amende proportionnelle, qui était antérieurement de 50 fr.

D'autre part, l'art. 6 porte qu'un « règlement d'administration publique déterminera toutes les mesures d'exécution des dispositions contenues dans l'article précédent, et que chaque contravention aux dispositions de ce règlement sera punie d'une amende de 100 à 5.000 fr. en principal ».

Enfin l'art. 7 reproduit la première phrase de l'art. 2, § 3, L. 30 mars 1872. Il dispose que « les contraventions pourront être constatées dans tous les lieux ouverts au public par les agents qui ont qualité pour verbaliser en matière de timbre ». Il n'a donc été apporté, à ce point de vue, aucune modification aux règles antérieures.

L'amende de 5 fr. p. 100 doit être liquidée (sans arrondissement de la somme de 20 en 20 fr.) sur le montant des titres énoncés dans le même acte, et non pas sur chaque titre envisagé isolément (Sol. 22 fév. 1882, 21856 J. E.).

Elle doit également être calculée sur la valeur totale des titres énoncés, qu'ils n'aient pas été timbrés ou qu'ils n'aient acquitté qu'un droit de timbre inférieur à celui auquel ils auraient dû être soumis (Sol. 30 mars 1897, 25208 J. E.).

Enfin, elle est exigible à défaut d'indication, dans l'acte, des mentions prescrites, même dans le cas où les titres auraient été antérieurement timbrés. La loi punit, en effet, non seulement le défaut de payement préalable des droits de timbre, mais encore le défaut d'indication des mentions constatant le payement des droits (Sol. préc., et 9 sept. 1890). Mais, dans ce cas, il ne saurait être question, bien entendu, de réclamer de nouveau les droits (Seine, 22 juill. 1893, 8166 R. P.).

La preuve du payement des droits ne résulterait pas suffisamment d'un certificat délivré par le directeur de la banque chargée de l'émission des titres (Poitiers, 27 nov. 1894, 8600 R. P.; 24081 J. E.). L'acquittement de l'impôt ne peut être, en effet, d'une manière générale, légalement établi que par la représentation des écrits sujets à cette contribution ou par les indications de l'enregistrement en recette (V. cependant Seine, 22 juill. 1893, 8166 R. P.).

L'amende proportionnelle est due pour défaut d'indication des mentions prescrites dans un acte sous seing privé, bien que cet écrit soit annexé à un acte notarié qui contient les mentions (Sol. 18 nov. 1893, 3845 Rev. prat.)

3. Solidarité. — L'officier public ou ministériel, qui a contrevenu aux dispositions de l'art. 5 L. 28 déc. 1895, est responsable des droits de timbre et passible personnellement d'une amende fixe de 100 fr. en principal; mais il n'est plus tenu, comme sous l'empire de la loi du 30 mars 1872, au payement de l'amende proportionnelle, qui reste à la charge exclusive des parties.

4. Pluralité d'amendes. — Une seule amende fixe ou proportionnelle est encourue pour énonciation, dans un acte notarié, des titres non timbrés ou pour défaut d'indication des mentions prescrites, alors même que l'acte serait fait en double minute (Sol. 3 sept. 1894).

121. Obligations des sociétés étrangères dont les titres circulent en France. — Intermédiaires. — Aux termes de l'art. 4 L. 29 juin 1872, « les actions, obligations, titres d'emprunts, quelle que soit d'ailleurs leur dénomination, des sociétés, compagnies, entreprises, corporations, villes, provinces étrangères, ainsi que de tout établissement public étranger,... ne peuvent être cotés, négociés, exposés en vente ou émis en France qu'en se soumettant à l'acquittement de cette taxe (taxe sur le revenu), ainsi que des droits de timbre et de transmission. » (2451 I. G.; — 3508 R. P.).

D'après l'art. 4 Décr. 6 déc. 1872 (2457 I. G.; — 3508 R. P.), « aucune émission ou souscription de titres étrangers (de cette nature) ne peut avoir lieu en France qu'après qu'un représentant responsable a été agréé par le Ministre des finances ».

Ces dispositions ne visaient que les cas où l'émission ou la négociation est le fait des sociétés et autres collectivités étrangères. La Régie a bien essayé de soutenir qu'une société est tenue d'acquitter les taxes par cela seul que ses titres circulent en France, sans qu'il y ait à se préoccuper si leur introduction est le résultat de son œuvre personnelle. Mais sa prétention a été condamnée par le tribunal de la Seine, le 25 fév. 1893 (8985 R. P.; 24105 J. E.) et par la Chambre civile de la Cour de cassation, le 12 avr. 1897 (8985 R. P.; 25009 J. E.). « Attendu, porte l'arrêt, que, pour l'exigibilité des trois impôts auxquels ce dernier article (4, L. 29 juin 1872) assujettit les sociétés étrangères, il faut distinguer entre le cas où des négociations de titres de ces sociétés ont lieu en France, en dehors de leur participation, cas régi exclusivement par la loi du 30 mars 1872, et celui où les titres sont cotés à la Bourse ou circulent sur le marché français par suite d'un fait personnel desdites sociétés; que seul leur fait personnel leur rend la loi du 29 juin 1872 applicable ».

Dans le but d'atteindre les intermédiaires, qui introduisent en France des titres des sociétés ou autres collectivités étrangères, l'art. 4 L. 28 déc. 1895 a rendu applicables à ces titres « les dispositions des art. 2 et 3 L. 25 mai 1872 ».

Il en résulte : 1° que toute souscription ou émission en France de titres étrangers, quels qu'ils soient, doit être l'objet, dix jours à l'avance, d'une déclaration au bureau de l'enregistrement de la résidence de l'intermédiaire qui annonce ou provoque la souscription ou l'émission ; — 2° que la date de cette déclaration doit être mentionnée dans l'avis ou l'annonce de l'émission ou de la souscription ; — 3° Que les titres, provisoires ou définitifs, ne peuvent être délivrés aux souscripteurs qu'après avoir été timbrés.

En cas de contravention, une amende de 5 fr. p. 100, au minimum de 50 fr., de la valeur nominale des titres annoncés ou émis est due personnellement et sans recours par celui qui a fait des annonces sans déclaration préalable, qui a émis ou qui a servi d'intermédiaire pour l'émission ou la souscription des titres non timbrés. La même amende est exigible à raison d'émission ou de souscription faites sans déclaration préalable. Enfin, le souscripteur ou le preneur de titres non timbrés est tenu solidairement de l'amende, sauf son recours contre celui qui a ouvert la souscription ou émis les titres.

Les garanties prises à l'égard des intermédiaires chargés d'émettre ou de placer des titres autres que ceux des Gouvernements étrangers, demeurent d'ailleurs sans objet, si les sociétés et autres collectivités étrangères ont, conformément aux prescriptions de l'art. 4 Déc. 6 déc. 1872, fait agréer un représentant responsable (2897, § 1, 5° I. G.; 8803 R. P.).

Mais les mesures édictées par la loi de 1895 étant restées inefficaces, le législateur en a prescrit de nouvelles destinées à contraindre les sociétés ou collectivités étrangères, dont les titres circulent en France, à payer les trois taxes : dans ce but, il a frappé de pénalités les intermédiaires qui se livrent à l'introduction ou à la négociation des titres, comme ceux qui en opèrent le remboursement ou le payement des coupons. Tel est l'objet de l'art. 12 L. 13 avr. 1898, qui est ainsi conçu : « L'amende prévue à l'art. 3 L. 25 mai 1872 est applicable *à toute personne* qui effectue en France l'émission, la mise en souscription, l'exposition en vente ou l'introduction sur le marché des titres étrangers désignés dans l'art. 4 L. 29 juin 1872, qui annonce ou publie les opérations ci-dessus, et à toute personne qui fait le service financier de ces mêmes titres, soit en opérant leur remboursement ou leur transfert, soit en faisant le payement des coupons, tant qu'un représentant responsable des droits de timbre, de transmission et de l'impôt sur le revenu dont ces titres sont redevables, n'aura pas été agréé. — Cette amende ne pourra être inférieure à 50 fr. » (2953 I. G.; 9202 R. P.).

L'amende prononcée par l'art. 3 L. 25 mai 1872 est de 5 fr. p. 100 de la valeur nominale des titres annoncés ou émis.

1 *bis*. Représentant responsable. — Cautionnement. — Aux termes d'un décret du 10 août 1896, le représentant responsable que les sociétés étrangères sont tenues de présenter en exécution des art. 10 Décr. 17 juill. 1857 et 4 Décr. 6 déc. 1872 doit être agréé par le Ministre des Finances, ou, en vertu de la délégation du Ministre, par le Directeur général de l'Enregistrement (8918 R. P.).

L'I. G. 2804 a tracé les règles à suivre par les sociétés étrangères pour la désignation du représentant responsable.

« Chaque société doit s'engager au payement des droits et amendes exigibles à raison de la circulation de ses titres ou de ses opérations en France, et désigner un représentant de nationalité française pour répondre du payement de ces droits et amendes. — Il doit être justifié, par la production des statuts et autres pièces, s'il y a lieu, que cet engagement est souscrit par des personnes ayant qualité pour obliger valablement la société. — De son côté, le représentant responsable désigné doit s'engager au payement des droits et amendes exigibles de la société étrangère à raison de la circulation de ses titres ou de ses opérations en France, et il doit être exprimé que cet engagement ne pourra être dénoncé par le représentant responsable qu'à la charge par celui-ci de prévenir l'Administration six mois avant l'expiration d'une période triennale. — Ces engagements sont assujettis au timbre, et les signatures, tant des ayants droit de la société étrangère que du représentant responsable, doivent être légalisées » (2804-4 I. G.).

Sous l'empire des décrets de 1857, de 1872 et de 1896, il n'était pas possible de substituer à la désignation d'un représentant responsable la constitution d'un cautionnement en valeurs ou en numéraire (Sol. 4 juill. 1892).

Mais la loi du 13 avril 1898, art. 12, dispose « qu'un règlement d'administration publique déterminera... les conditions dans lesquelles la réalisation d'un cautionnement pourra être substituée à la désignation d'un représentant responsable » (9202 R. P.; 2953 I. G.).

Ce règlement est intervenu le 22 juin 1898 (9292 R. P.; 2961 I. G.).

Aux termes de l'art. 1er, les sociétés, compagnies, entreprises corporations, villes, provinces étrangères ainsi que tous autres établissements publics étrangers peuvent s'affranchir de l'obligation de faire agréer un représentant responsable, en déposant un cautionnement en numéraire. — Le montant de ce cautionnement est fixé par le Ministre des finances ou, en vertu de la délégation du Ministre, par le Directeur général, et le versement des fonds est effectué à la Caisse des Dépôts et Consignations.

D'après l'art. 2, le cautionnement ne peut être inférieur à la somme représentant approximativement le total des taxes exigibles pour une période de trois années et calculées à raison des cinq dixièmes des titres pour lesquels l'abonnement aura été demandé. Toutefois, il peut être réduit, s'il y a lieu, après la fixation par le Ministre des finances du nombre des titres passibles des taxes.

L'art. 3 détermine les formalités à remplir pour le dépôt du cautionnement.

Le récépissé délivré par la Caisse des Dépôts et Consignations doit être remis par le déposant, à titre de pièce justificative, au service de l'Enregistrement, et c'est seulement après cette remise que les différentes opérations énumérées dans les art. 2 L. 25 mai 1872 et 12 L. 13 avril 1898 peuvent être accomplies, sans donner ouverture à l'amende prévue par l'art. 3 de la première de ces lois

121-5. Engagements de la société et du représentant responsable. — Lorsqu'une société étrangère a souscrit l'engagement d'acquitter les droits et amendes exigibles à raison de l'introduction d'un certain nombre de ses titres en France et fait agréer un représentant responsable, elle ne saurait se soustraire au payement des taxes sous le prétexte qu'il y a eu erreur dans son engagement et que les titres à remettre ne sont que des titres au porteur destinés à la conversion des titres nominatifs antérieurement introduits par des particuliers, le service de conversion des titres nominatifs en titres au porteur constituant un service financier des titres tombant sous l'application de la L. 13 avril 1898. Les tribunaux civils n'ont pas compétence pour réformer la quotité imposable, telle qu'elle a été déterminée par mesure administrative (Seine, 3 nov. 1905, 11136 R. P.; — Cass. req. 5 nov. 1906, 11317 R. P.).

émission, mise en souscription, exposition en vente, introduction sur le marché, annonces ou publications, service financier).

Suivant l'art. 4, le capital du cautionnement est seul affecté spécialement à la garantie du payement de la créance éventuelle du Trésor. Les intérêts peuvent être, en conséquence, payés chaque année à la société ou collectivité étrangère. Il est à noter cependant que le décret n'enlève pas à l'Administration la faculté d'exercer, le cas échéant, une action de droit commun sur ces intérêts.

L'art. 5 autorise spécialement les sociétés et autres collectivités étrangères à substituer au représentant responsable déjà agréé un cautionnement en numéraire, et réciproquement.

L'art. 6 détermine les formalités relatives au remboursement du cautionnement et dispose que ce remboursement ne pourra avoir lieu que sur une autorisation du Directeur général.

Aux termes de l'art. 7, l'Administration pourra faire verser dans ses caisses tout ou partie du cautionnement, en produisant à la Caisse des Dépôts et Consignations une déclaration du Directeur général, indiquant le montant des taxes de timbre, de transmission et du revenu, ainsi que les amendes, frais et accessoires dus au Trésor par la société ou collectivité étrangère déposante.

Enfin, l'art. 8 prescrit de publier, chaque année, au *Journal officiel*, le 15 janvier, une liste arrêtée à la date du 31 décembre de l'année précédente, et le 15 juillet, une liste arrêtée à la date du 30 juin de l'année courante, faisant connaître les valeurs étrangères pour lesquelles un représentant responsable a été agréé ou un cautionnement versé et qui acquittent les taxes annuelles (2961 I. G.).

Ces dispositions s'appliquent aux sociétés ou collectivités étrangères dont les titres circulent en France comme à celles qui y possèdent des biens (Même Inst.).

La déclaration d'affectation du cautionnement, que la société est tenue de fournir (art. 3-2° du décret), doit être rédigée sur papier timbré (même Inst.).

Sociétés étrangères en faillite ou en liquidation. — Les dispositions du § 1er de l'art. 12 de la loi de 1898 ne sont pas applicables, quand il s'agit de titres d'actions ou d'obligations émis par une société étrangère mise en faillite ou en liquidation et n'ayant à distribuer aux actionnaires ou aux obligataires aucun dividende ni intérêt. Dans ce cas, mais dans ce cas seulement, la société n'a pas à constituer un représentant responsable (V. en ce sens la déclaration du Ministre des finances au Sénat le 1er avr. 1898; *J. off.* du 2, p. 553, col. 2; 2953, § 1-3 I. G.).

2. Quotité imposable. — Détermination. — La quotité imposable doit être fixée avant toutes poursuites, même en matière d'emprunts contractés en France (Sol. 12 mai 1891).

3. Quotité imposable. — Minimum. — Les sociétés étrangères, qui émettent en France des titres d'obligations, sont assujetties à l'impôt par relation à une quotité déterminée du capital emprunté, sans qu'il soit tenu compte de l'importance des négociations effectives dont leurs titres peuvent avoir été l'objet. Par suite, le nombre des titres d'obligations, qui doit servir de base à la perception des droits de timbre et de transmission et de la taxe sur le revenu, ne saurait être inférieur à deux dixièmes du capital de l'emprunt contracté, quand bien même l'émission faite en France ne s'élèverait pas à ce chiffre (Seine, 8 août 1890, 7669 R. P.; — Cass. req. 2 mai 1893, 8091 R. P.; 24077 J. E.; 2842-12 I. G.).

Toutefois, il n'y a pas lieu de faire entrer en ligne de compte, pour l'application du minimum ou le calcul de la quotité imposable, les titres qui n'ont pas été créés et n'ont dès lors aucune existence juridique (Sol. 16 août 1894).

4. Quotité imposable. — Revision triennale. — La revision doit être effectuée dans le dernier trimestre de chaque période triennale. Faute de revision à l'expiration de ce délai, la quotité imposable fixée précédemment sert nécessairement de base à la perception pour une nouvelle période (Seine, 13 mai 1892, 7889 R. P.; — 23936 J. E.; — *contrà* Sol. 13 oct. 1885, 7889 R. P.).

Tant que dure la période, la quotité fixée par la décision ministérielle demeure invariable; elle ne peut être revisée que pour une période postérieure (Sol. 24 avr. 1889, 2891 Rev. prat.).

5. Engagements de la Société et du représentant responsable. — L'obligation, imposée à une société étrangère d'acquitter les taxes exigibles sur les titres qu'elle a émis ou introduits en France, subsiste tant que dure la circulation de ses titres sur notre territoire (Seine, 24 mai 1901, 10105 R. P.). Il en est ainsi, alors même que la durée de l'engagement du représentant responsable serait limitée (Sol. 16 août 1894, 24613 J. E.).

Le représentant responsable, qui n'a pas dénoncé à la Régie son engagement dans le délai prévu par la soumission qu'il a souscrite, ne peut se soustraire, au payement des droits et amendes dus par la société, sous le prétexte qu'il aurait donné sa démission de caution (Seine préc. 24 mai 1901).

Les titres d'une société étrangère non abonnée ne peuvent être énoncés dans un acte public ou sous seings privés sans avoir été timbrés. Le droit de timbre auquel ils donnent lieu est dû sur la valeur nominale de chaque titre ou coupure prise isolément et, dans tous les cas, sur un minimum de 100 fr. En cas de perception insuffisante, la Régie est fondée à réclamer le complément de droit exigible, alors même que la perception primitive aurait été faite sur une réclamation suivie d'une opposition dont le redevable se serait désisté après l'abandon d'une partie de la demande, les impôts intéressant l'ordre public et ne pouvant être diminués par les transactions des préposés (Seine, 9 août 1901, 10312 R. P.).

Mais l'agrément par l'Administration, au cours d'une période triennale, d'un autre représentant responsable, produit les effets d'une novation par changement de débiteur. Par le seul fait de l'acceptation de ce nouveau représentant, le représentant primitif se trouve immédiatement dégagé, pour l'avenir, de toute responsabilité à l'égard du Trésor (Sol. 24 déc. 1895, 24901 J. E.).

Les taxes ne sont plus exigibles, et les engagements prennent fin, dès que les titres cessent de circuler en France. Spécialement, si des titres d'obligations ont été remboursés, l'impôt ne peut plus être exigé à dater du remboursement, encore que l'amortissement ait eu lieu au cours de la période triennale pour la durée de laquelle la quotité imposable avait été fixée. Les pièces justificatives, que la Société produit pour établir la réalité du remboursement, n'ont pas d'ailleurs besoin d'être ou certifiées ou visées par les agents diplomatiques ou consulaires français, cette formalité n'étant exigée que pour les faits prévus par les art. 1 Décr. 28 mars 1808 et 5 Décr. 15 déc. 1875 (Sol. 12 juin 1894, 24579 J. E.).

Ajoutons que les taxes ne peuvent être l'objet d'une remise (D. m. f. 12 juill. et 25 oct. 1892).

8. Sociétés étrangères non abonnées. — Droits de timbre au comptant. — L'art. 3 L. 28 déc. 1895 a porté à 2 fr. p. 100, sans décimes (au lieu de 1 fr. 20, décimes compris), à partir du 1er janv. 1896, le droit de timbre au comptant des titres d'actions ou d'obligations des sociétés, compagnies, entreprises, villes, provinces et corporations étrangères, qui n'acquittent pas la taxe annuelle d'abonnement prévue par les art. 10 Décr. 17 juill. 1857 et 4 Décr. 24 mai 1872.

Le droit est « perçu sur la valeur nominale de chaque titre ou coupure considéré isolément, et, dans tous les cas, sur un minimum de 100 fr. » (Même art.)

« On a voulu ainsi atteindre la valeur réelle des petites coupures, telles que les actions des mines d'or, qui, bien qu'émises à un capital nominal de 25 fr., ont cependant une valeur réelle le plus souvent supérieure à cette somme. On a considéré, d'autre part, que le chiffre de 100 fr. représente, dans l'état actuel de la législation, la valeur minimum que doivent avoir les actions et obligations étrangères pour être admises aux négociations officielles de la Bourse (*Rapport* fait au nom de la Commission du budget par M. G. Cochery, député, p. 131). — De la disposition qui précède, il résulte que, pour les titres ou certificats collectifs, la perception devra être établie en envisageant séparément chacune des unités comprises dans ces titres ou certificats collectifs (2897 I. G.; — 8803 R. P.).

Le moindre droit à percevoir est donc fixé à 2 fr. par chaque titre unitaire ou par chaque unité comprise dans un certificat collectif.

Si le titre ou l'unité de titre est supérieur à 100 fr., la perception doit suivre les sommes et valeurs de 20 en 20 fr. inclusivement et sans fractions, par application des art. 14 L. 5 juin 1850 et 9 L. 23 juin 1857 (Sol. 4 fév. 1896, 8803-3 R. P.).

L'art. 3 de la loi ajoute : « Les titres déjà timbrés au jour de la promulgation de la présente loi tomberont sous son application, mais le droit ci-dessus ne leur sera appliqué qu'imputation faite du montant de l'impôt déjà payé ».

Cette imputation ne peut rencontrer de difficulté ni pour les titres isolés ou collectifs qui ont déjà acquitté l'impôt au moyen du visa pour timbre, puisque la mention inscrite par le receveur y reproduit le montant des droits perçus, ni pour les titres isolés qui ont été frappés du timbre extraordinaire.

Mais lorsqu'on se trouve en présence de titres collectifs frappés autrefois de ce timbre qui indique seulement la quotité du droit sans rappeler ni la somme payée, ni la date du timbrage, il pourra être difficile de déterminer le chiffre de l'imputation; cela tient à ce que, suivant que le timbrage a eu lieu avant ou après la décision ministérielle du 8 avr. 1890 (2794, § 14, I. G.), la perception appliquée aux titres collectifs a été établie sur chaque unité prise isolément ou, au contraire, sur la valeur totale énoncée dans le titre.

C'est le mode d'imputation le plus favorable aux porteurs de titres qu'il conviendra d'adopter (2897, § 1-3, I. G.).

Les titres des sociétés étrangères, qui ne payent pas la taxe d'abonnement, ne sont pas d'ailleurs admis à bénéficier de la dispense d'impôt dont peuvent profiter les sociétés abonnées en liquidation (Seine, 15 nov. 1901, 10199 R. P.).

D'autre part, l'art. 5 de la loi de 1895 a modifié l'art. 2 L. 30 mars 1872 dans le but de prévenir certaines difficultés auxquelles prêtait le texte antérieur. Il est ainsi conçu : « L'art. 2 L. 30 mars 1872 est ainsi modifié :

« Nul ne peut négocier, exposer en vente ou énoncer dans un acte ou écrit, soit public, soit sous seing privé autre qu'un inventaire, lorsqu'ils n'ont pas été préalablement timbrés au droit spécifié dans l'art. 3 de la présente loi : ..... 2° des titres d'actions ou d'obligations émis par des sociétés, compagnies ou entreprises étrangères, villes, provinces et corporations étrangères qui n'acquitteraient pas la taxe d'abonnement prévue par l'art. 10 Décr. 17 juill. 1857 et l'art. 4 Décr. 24 mai 1872.

« Tout acte ou écrit soit public, soit sous signature privée, qui énoncera l'un des titres visés au présent article, devra indiquer le lieu, la date et le numéro du visa pour timbre, ainsi que le montant du droit de timbre payé, ou, si la formalité a été donnée au moyen, soit du timbre extraordinaire, soit d'un timbre mobile, les mentions contenues dans l'empreinte du timbre apposé.

122. Négociation. — La *négociation* n'a pas été nommément visée par la loi de 1898; elle ne tombe pas, par elle-même et en tant qu'elle se distingue de l'émission et de l'introduction, sous l'empire de cette loi (*Comp.* 2730, § 5, I. G.). Par suite, elle ne rend pas nécessaire l'agrément préalable d'un représentant responsable. Mais elle continue à donner ouverture au droit de timbre au comptant sur les titres négociés qui n'ont pas déjà supporté cette taxe ou n'acquittent pas l'impôt par abonnement (LL. 30 mars 1872, art. 2 et 28 déc. 1895, art. 5; — 2034-1 I. G.).

Le fait, révélé par des actes parvenus légalement à la connaissance de l'Administration, que des titres d'une société étrangère sont devenus la propriété d'un capitaliste français, ne suffirait pas, d'ailleurs, en dehors de toute circonstance, à rendre la société débitrice des taxes (Sol. 20 juill. 1894, 8608 R. P.; — 24580 J. E.).

Au reste, les sociétés étrangères ne peuvent être rendues responsables de la circulation de leurs titres en France ou des négociations dont ils sont l'objet qu'autant qu'elles ont coopéré à leur introduction sur le territoire français (Seine, 25 fév. 1893, et Cass. 12 avr. 1897, cités *suprà* n° 121).

123. Émission. — Mise en souscription. — Exposition en vente. — Introduction. — D'après la loi du 13 avr. 1898, *toute personne*, sans aucune exception, qui procède en France à une émission, mise en souscription, exposition en vente ou introduction sur le marché de titres d'actions ou d'obligations créés par une société ou collectivité étrangère qui n'aurait pas fait agréer au préalable un représentant français personnellement responsable des droits de timbre, de transmission et de l'impôt sur le revenu auxquels ces titres sont soumis, est passible de la pénalité édictée par l'art. 3 L. 25 mai 1872 (2446 I. G.), c'est-à-dire

123. Émission. Exposition. Mise en vente. Introduction. — Préalablement à toute mesure de publicité, les émetteurs, exposants, metteurs en vente et introducteurs devront faire insérer dans un bulletin annexe au *Journal officiel* une notice contenant diverses indications relatives à la situation de la société (L. 30 janv. 1907, art. 3, 11431 et 11533 R. P.).

d'une amende de 5 fr. p. 100 de la valeur nominale des titres émis, mis en souscription, exposés en vente ou introduits sur le marché, sans que cette amende puisse être inférieure à 50 fr. en principal.

L'émission, la mise en souscription, l'exposition en vente, au sens de la loi, émanent toujours de la société ou de la collectivité.

Le mot *émission* est une expression générale qui comprend tout placement de valeurs mobilières nouvelles sur le marché français par la collectivité ou son mandataire (Cass. 17 janv. 1888, 2750, § 5, I. G.; — 7021 R. P.).

Lorsque le placement, l'émission des titres a lieu en France, la nationalité des souscripteurs est indifférente pour l'application de la loi fiscale. Il en résulte qu'une société, qui émet en France des titres d'obligations, est tenue au payement des trois taxes, quand bien même les souscripteurs seraient tous de nationalité étrangère (Sol. 3 août 1898, 9770 R. P.; — 25540 J. E.).

On doit considérer comme une véritable émission l'opération qui a pour but l'attribution ou le placement en France de titres d'obligations nouvellement créés par une société étrangère. Cette opération doit être réputée faite pour le compte de la société, dès lors que l'emprunt a fait l'objet d'une circulaire publiée en France et que des titres ont été attribués aux souscripteurs français; il importe peu qu'elle ait désigné, pour recevoir les souscripteurs, des banquiers exclusivement étrangers (Sol. 29 déc. 1897, 9254 R. P.; — 25503 J. E.).

Mais la circonstance seule que des actions d'une société étrangère auraient été souscrites par un Français, auquel elles ont été attribuées, ne suffirait pas à rendre la société passible des taxes : pour qu'il y ait émission en France, il est nécessaire, en outre, que la souscription ait été effectuée en France. La situation ne serait pas modifiée par le fait que l'apport du souscripteur se composerait de meubles ou d'immeubles situés sur notre territoire (Sol. 29 nov. 1892 et 30 mars 1894, 24437 J. E.; 19 fév. 1896, 24979 J. E.).

La *mise en souscription* et l'*exposition en vente*, effectuées par la collectivité ou son mandataire, ne sont autre chose qu'une émission qui, au lieu d'être ouverte et close à dates fixes, se prolonge indéfiniment, jusqu'à ce que le but poursuivi soit atteint. C'est ainsi, par exemple, que les compagnies de chemins de fer émettent des obligations nouvelles en les mettant en souscription ou en les exposant en vente dans les différentes gares de leur réseau.

Quant à l'*introduction*, elle est le fait de l'établissement de crédit, du banquier, du professionnel en matière de vente et d'achat de valeurs de bourse, qui écoule sur le marché français des titres qu'il a achetés en vue de créer sur la place un courant d'affaires sur ces valeurs ou d'accroître celui déjà existant. Par cela même qu'elle suppose l'idée de constituer un marché plus ou moins étendu ou de donner plus d'importance au marché existant, l'opération doit avoir pour objet une certaine quantité de titres. Cette quantité ne peut être déterminée dans chaque cas particulier qu'en tenant compte des circonstances; il est donc impossible de la fixer d'avance, d'une manière uniforme et invariable, à un certain chiffre (2953, § 1, I. G.).

Il a été décidé que, en principe, les opérations d'arbitrage ne rentrent pas dans les cas d'introduction proprement dits, prohibés par la loi; l'Administration se réserve toutefois d'examiner chaque espèce particulière (Sol. 22 juill. 1898).

1. Annonces ou publications. — L'art. 12 L. 13 avr. 1898 n'interdit pas seulement l'émission, la mise en souscription, l'exposition en vente et l'introduction sur le marché français des actions et obligations étrangères. Il prohibe, en outre, l'*annonce* ou la *publication* de ces opérations par voie d'insertions dans les journaux, d'affiches, de prospectus ou par tout autre mode de publicité, tant qu'un représentant responsable n'a pas été agréé, sous peine d'une amende de 5 fr. p. 100 de la valeur nominale des titres faisant l'objet de l'annonce ou de la publication. La loi n'a d'ailleurs fait que reproduire, sur ce point, les termes de l'art. 3 L. 25 mai 1872 concernant les titres des gouvernements étrangers. Elle comporte, par suite, la même interprétation (2446 I. G.). Toutefois, à la différence de la loi du 25 mai 1872 dont les termes s'étendent même à l'annonce ou à la publication relatives à des opérations faites à l'étranger, elle ne prévoit que la publication ou l'annonce relatives à des opérations faites en France (2953, § 1-2, I. G.).

Il ne serait pas toutefois possible de mettre en cause le banquier, désigné dans un journal comme étant chargé de recueillir les souscriptions à une émission de valeurs étrangères, s'il était constant, en fait, qu'il n'est pas l'auteur de l'annonce (Sol. 5 déc. 1898, 9556 R. P.; 25753 J. E.).

2. Service financier. — Indépendamment de l'émission, de la mise en souscription, de l'exposition en vente, de l'introduction d'actions et d'obligations étrangères sur le marché français et de toute annonce ou publication en France des opérations dont il s'agit, la loi de 1898 interdit à toute personne de faire, dans notre pays, le *service financier* de ces valeurs, tant qu'un représentant responsable du payement des taxes annuelles n'a pas été agréé.

En cas de contravention, l'amende de 5 fr. p. 100 prononcée par la loi est due sur la valeur nominale des titres dont le service financier est effectué.

La loi détermine avec précision le sens et la portée des mots « *service financier* ». Elle désigne par cette expression le service qui a pour objet, soit le *remboursement* ou le *transfert des titres*, soit le *payement des coupons* et qui est effectué par des intermédiaires ou des représentants des sociétés et autres collectivités étrangères qui ont émis les titres. Elle exclut ainsi de ses dispositions le simple achat de coupons fait par un changeur, une maison de banque ou un établissement de crédit, les coupons achetés étant destinés à être présentés au payement, soit aux guichets de la société, soit à ceux de son correspondant (2953, § 1-3, I. G.). Ne constituent pas des opérations interdites tant qu'un représentant responsable n'a pas été agréé : 1° le dépôt effectué dans la caisse d'une société française de titres étrangers en vue de constater le droit des porteurs à assister aux assemblées générales tenues à l'étranger ou à prendre part à des souscriptions ou répartitions faites à l'étranger; — 2° les annonces ou publications faites à cet égard; — 3° la publication par une société étrangère de l'avis de paiement de dividendes; — 4° la négociation en France de chèques émis par une société étrangère en paiement de dividendes (Sol. 3 oct. 1898, 9713 R. P.; — 25683 J. E.).

Il a été décidé également qu'un établissement de crédit ne commet aucune contravention, lorsqu'il provoque par la voie de la presse et reçoit le dépôt, dans ses caisses, des titres d'une société étrangère non abonnée, en vue de la tenue, hors de France, de l'assemblée générale de cette société (D. m. f. 14 fév. 1902, 3089-30 I. G.).

Mais si une compagnie française payait des chèques envoyés à des actionnaires français en paiement de dividendes comme représentant la société étrangère débitrice, elle devrait être considérée comme faisant le service financier de cette société (Sol. préc. 3 oct. 1898).

Il a été encore reconnu que, si une société étrangère peut annoncer, en France, la mise en payement des coupons de ses titres, payables à l'étranger, sans être tenue de constituer un représentant responsable, l'agence, en France, d'une société étrangère non abonnée, ne saurait être admise, pour se soustraire à la loi, à prétendre qu'elle a acheté les coupons de la société qu'elle représente; par cela seul qu'elle est une agence, elle ne peut être réputée avoir une personnalité distincte de celle de l'établissement principal; en payant les coupons, elle fait en réalité le service financier de la société (Sol. 28 janv. 1899, 9742 R. P.; — 25633 J. E.).

124. Énonciation ou usage. — Les règles applicables aux titres des gouvernements étrangers régissent également les titres des sociétés étrangères. Toutefois, alors que les premiers ne peuvent jamais être relatés dans un acte ou écrit autre qu'un inventaire sans les mentions relatives au payement du droit de timbre, qu'ils soient ou non cotés à la bourse, les seconds ne sont pas soumis aux prescriptions des lois de 1872 et de 1895, s'ils figurent à la cote officielle, l'inscription à la cote impliquant pour ces titres le payement de l'impôt par abonnement. Il va sans dire, en outre, qu'ils échappent également à l'application de ces mêmes lois, quand ils acquittent la taxe d'abonnement (V. *suprà* n° 121-8).

Sous cette réserve, nous nous référons aux indications que nous avons fournies *suprà* n° 114. Nous nous bornons à citer ci-après les décisions intervenues particulièrement en matière de titres de sociétés étrangères.

1. Prêt ou nantissement. — Lorsque, après s'être engagée, dans un acte passé à l'étranger, à émettre des obligations en représentation d'un emprunt qu'elle veut contracter, une société étrangère passe devant un notaire français un acte qui constate le prêt et la création matérielle des titres, les droits de timbre afférents à ces titres deviennent exigibles, bien que le droit d'enregistrement ait été perçu sur le prêt (Bar-le-Duc, 23 mars 1899, 25705 J. E.).

Les droits complémentaires établis par la loi de 1895 doivent être acquittés, si les titres, bien que déposés en nantissement antérieurement au 1er janv. 1896, sont mentionnés dans une décharge d'une date postérieure, le fait générateur, c'est-à-dire l'énonciation des titres dans un acte, se produisant sous l'empire de la loi de 1895 (Sol. 1er avr. 1896, 8803-VI I. G.).

2. Actes de dépôt. — Lorsque le dépôt de titres étrangers dans la caisse d'une société française est constaté dans un acte qui n'a pas pour unique objet la garde ou la conservation des titres, il y a lieu à l'application des art. 2 L. 30 mars 1872 et 5 L. 28 déc. 1895 (Sol. 3 oct. 1898, 9713 R. P.; — 25633 J. E.).

Spécialement, les titres d'actions d'une société non abonnée ne peuvent être énoncés, dans les récépissés délivrés par un établissement français de crédit pour constater leur dépôt en vue de l'assemblée générale, sans avoir été préalablement timbrés au comptant, à peine d'une amende de 5 fr. p. 100 (D. m. f. 14 fév. 1902, 3089-30 I. G.).

3. Dépôts notariés. — Retraits. — Les actes exclusivement relatifs aux dépôts et aux retraits des titres confiés à des maisons de banque qui se chargent de leur garde ne tombent pas sous l'application de la loi, qu'ils soient passés en la forme authentique ou sous seings privés (D. m. f. 8 sept. 1882, 6029 R. P.; — 21973 J. E.).

Il est encore admis qu'il en est de même de la procuration donnée par acte notarié en vue du retrait des titres (Sol. 23 déc. 1891).

5. Autres actes ou écrits. — Il y a contravention à énoncer des titres étrangers, sans les mentions exigées :

1° Dans un compte de tutelle notarié, alors même que le compte ne ferait que reproduire textuellement les clauses d'un inventaire antérieur (Poitiers, 27 nov. 1895, 8600 R. P.; — 24681 J. E.);

2° Dans un acte constatant l'abandon à forfait de ses valeurs par un débiteur à ses créanciers (Seine, 3 juill. 1896, 25113 J. E.);

3° Dans une procuration en blanc donnée par acte notarié à l'effet de procéder à la liquidation de la société étrangère dont les titres sont relatés (Gaillac, 16 déc. 1896, 9076 R. P.; — 25133 J. E.).

Il a été décidé cependant qu'on peut énoncer des titres étrangers, sans indication des mentions relatives au timbre :

1° Dans l'état estimatif produit à l'appui d'une déclaration de succession (Gaillac préc. 16 déc. 1896);

2° Dans un procès-verbal d'apposition de scellés (Sol. 27 avr. 1897, 9320 R. P.; — 25220 J. E.);

3° Dans un procès verbal d'interrogatoire judiciaire (Sol. 3 déc. 1898, 9554 R. P.; — 25731 J. E.);

4° Dans l'exploit par lequel un banquier fait sommation à son client d'avoir à lui fournir une couverture rendue nécessaire par la baisse des valeurs qu'il aurait achetées pour son compte (Sol. 13 sept. 1897, 4401 Rev. prat.).

6. Titres aliénés. — Énonciation ne portant pas directement sur les titres. — Les dispositions des lois des 30 mars 1872 et 21 déc. 1895 ne sont pas applicables, lorsque l'énonciation se réfère, non pas à l'existence ou à la négociation des titres, mais au prix qui les a remplacés aux mains de l'ancien détenteur. Spécialement, il en est ainsi, lorsqu'on se borne, dans un partage, à rappeler l'origine des sommes partagées, qui représentent le prix de titres aliénés (Sol. 16 mars 1898, 9378 R. P.; 25517 J. E.).

Mais la règle générale reprendrait son empire, si, constatant l'aliénation des valeurs, l'énonciation visait les titres eux-mêmes, si elle était faite dans le but de constater le fait de l'aliénation (Sol. 4 avr. 1890 et 15 oct. 1892).

Il n'y aurait pas lieu à l'application des dispositions précitées, si l'énonciation portait, non pas sur les titres étrangers eux-mêmes, mais sur les divisions du capital social (Sol. 27 janv. 1888).

7. Valeurs non représentées par des titres. — Titres hollandais nominatifs. — De même que les propriétaires de consolidés anglais nominatifs, les titulaires d'inscriptions de rente hollandaise nominatives sont crédités de

124-5. Autres actes ou écrits. Testament notarié. Responsabilité de la contravention. — Lorsque des titres étrangers sont énoncés dans un testament authentique sans mention du payement des droits de timbre, la contravention commise n'incombe pas personnellement au notaire rédacteur, mais seulement au testateur. L'officier public n'encourt donc pas, dans ce cas, l'amende fixe de 100 fr. en principal, et l'Administration doit se borner à réclamer aux héritiers du testateur les droits de timbre et l'amende proportionnelle (Sol. 23 sept. 1902, Inst. n° 3099-16, 10498 R. P.).

Exploit. — Mais il y a contravention pour énonciation dans un exploit, alors même qu'il s'agirait d'une opposition sur des titres volés (Seine, 6 avril 1906, 11302 R. P.).

EXÉCUTEUR TESTAMENTAIRE.

9. Arrêté de compte. Reliquat non soldé immédiatement. Partage de ce reliquat. Droit de 1 p. 100. — Lorsque, dans un partage, les héritiers et l'exécuteur testamentaire arrêtent le compte de ce dernier qui est constitué reliquataire d'une certaine somme et que ce reliquat, non immédiatement soldé, est réparti entre les ayants droit sur les biens en nature provenant de la succession, c'est en vertu d'une convention nouvelle, et non plus en sa qualité d'exécuteur testamentaire, que celui-ci conserve les fonds entre ses mains; l'acte renferme ainsi un titre d'obligation à sa charge et donne de ce chef ouverture au droit de 1 p. 100 (Seine, 17 mars 1905, 11078 R. P.).

EXÉCUTOIRE DE DÉPENS.

montant de la rente sur le Grand-Livre. Ils ne reçoivent aucun titre d'inscription. Il leur est uniquement remis, par des banquiers autorisés à cet effet par le Gouvernement hollandais, un certificat visé à la direction de la Dette inscrite, lequel, d'après une annotation dont il est revêtu, « n'a pas de valeur, étant délivré seulement pour donner connaissance de l'inscription ».

Ce certificat, qui ne peut être considéré comme constituant le titre de la rente ou l'équivalent de ce titre, ne tombe pas sous l'application des règles applicables aux titres de Gouvernements étrangers (Sol. 9 mars 1888, 2503 Rev. prat.).

Mais il serait passible du droit de timbre de dimension ordinaire, s'il en était fait usage en France dans les conditions prévues par l'art. 24 L. 13 brum. an VII (Sol. 4 juin 1884).

Quant aux titres hollandais ou aux consolidés anglais au porteur, ils rentrent sous la règle ordinaire (Sol. 24 mai 1880).

9. Règles générales. — Les titres d'actions et d'obligations des sociétés étrangères, qui n'acquittent pas la taxe d'abonnement, doivent, avant d'être énoncés dans un acte passé en France ou avant qu'il en soit fait usage, être assujettis au droit de 2 fr. p. 100 ou, le cas échéant, au droit complémentaire.

Le droit est exigible sur le capital nominal, quand bien même les titres seraient sans valeur réelle. L'art. 24 L. 5 juin 1850, qui dispense du payement de la taxe d'abonnement les sociétés françaises improductives ou en liquidation, n'est pas applicable à ces titres (Toul, 26 fév. 1895, 8518 R. P.).

Mais, si le titre provisoire a acquitté l'impôt, le titre définitif ne donne pas lieu à la perception d'un nouveau droit, l'art. 4 L. 28 déc. 1895 ayant étendu aux titres des sociétés étrangères les dispositions de l'art. 2 L. 25 mai 1872 (2897, § 1-4, I. G. ; — 8803-VI R. P.).

Cependant, en cas de transfert, de conversion ou de renouvellement, les titres nouveaux doivent supporter un nouveau droit de timbre, aucun texte n'ayant étendu aux titres des sociétés étrangères le bénéfice des dispositions de l'art. 17 L. 5 juin 1850, spéciales aux sociétés françaises (Sol. 3 août 1898, 9770 R. P. ; — 25540 J. E.).

L'énonciation, dans un acte, d'actions étrangères, qui n'acquittent pas la taxe d'abonnement, rend exigible, indépendamment de l'amende proportionnelle, le droit de timbre au comptant, alors même que les titres auraient fait l'objet d'une émission en banque ou en coulisse (Seine, 15 nov. 1901, 10199 R. P.).

De même, si une société étrangère cessait d'être abonnée, les titres qu'elle a émis ne pourraient être mentionnés dans un acte français qu'après avoir acquitté le droit de timbre au comptant, sans imputation des droits d'abonnement qui auraient été perçus. Toutefois, aucune amende ne devrait être réclamée dans le cas où les titres auraient été rayés de la cote, si la radiation n'avait pas été publiée au *Journal officiel* (Sol. 15 sept. 1883, 2700 Rev. prat.).

En ce qui concerne les contraventions, V. *suprà* n° 119.

10. Enregistrement. — Lorsqu'une société étrangère a fait agréer un représentant responsable et paye les taxes applicables aux valeurs qu'elle a émises, la cession des titres, qui serait constatée par un acte présenté à la formalité, ne donne pas lieu à la perception d'un droit proportionnel d'enregistrement, qui ferait double emploi avec la taxe de transmission.

Si la société n'est pas abonnée, la cession des actions qu'elle a délivrées est passible du droit de 0 fr. 50 p. 100, augmenté des décimes (Sol. 25 mars 1891, 7087 R. P. ; — 23934 J. E.).

Le droit serait de 1 fr. p. 100 ou de 2 fr. p. 100, s'il s'agissait de titres d'obligations ou de titres de rentes.

126-1 et 4. Obligations des villes étrangères. — Ces obligations sont soumises aux mêmes règles que les obligations des sociétés étrangères. Nous nous référons aux indications que nous avons fournies au sujet de ces derniers titres.

EXÉCUTOIRE DE DÉPENS.

1. Frais dus aux notaires, avoués et huissiers. L. 24 déc. 1897. — Les règles relatives au recouvrement des frais dus aux notaires, avoués et huissiers ont été modifiées par la loi du 24 déc. 1897 (9229 R. P.), qui contient notamment les dispositions suivantes :

« Art. 3. — Les notaires, avoués et huissiers ne pourront poursuivre le payement des frais s'appliquant aux actes de leur ministère qu'après en avoir obtenu la taxe et suivant les formes établies à l'article suivant. — La demande de taxe pour les notaires est portée devant le président du tribunal civil de la résidence des notaires ou, en cas d'empêchement, devant un juge commis par lui... — Pour les avoués et les huissiers, la taxe sera faite par le tribunal ou par le premier président de la Cour d'appel où les frais ont été faits ou, à leur défaut, par un juge qu'ils désigneront... — Pour les notaires et les avoués en matière de compte, liquidation et partage, les frais faits devant le tribunal seront taxés, à moins d'empêchement, par le juge-commissaire.

« Art. 4. — Les notaires, avoués et huissiers devront signifier à la partie débitrice par acte d'avoué à avoué, s'il y a avoué constitué, sinon à personne ou domicile, l'état détaillé des frais taxés et l'ordonnance du magistrat taxateur revêtue, sur minute, de la formule exécutoire... — La signification de l'ordonnance de taxe, faite conformément aux prescriptions de la présente loi, à la requête des notaires, avoués et huissiers, interrompt la prescription et fait courir les intérêts. — *L'ordonnance de taxe vaut titre exécutoire; elle emporte hypothèque judiciaire*; mais elle ne pourra être exécutée et l'inscription ne pourra être prise valablement qu'après l'expiration du délai d'opposition.

« Art. 7. — La loi du 5 août 1881 est abrogée. — *L'art. 30 L. 22 frim. an VII*, l'art. 51 L. 25 vent. an XI et les décrets du 16 fév. 1807 sont abrogés dans celles de leurs dispositions qui sont contraires à la présente loi. »

Forme de l'exécutoire. — Le Président du tribunal n'a pas à signer les exécutoires de dépens qui constituent des grosses d'ordonnances de taxes et qui, par conséquent, ne doivent être revêtus que de la seule signature du greffier (Saint-Yrieix, 11 juin 1902, 10299 R. P.).

2. Forme des états de frais. — En vertu de l'art. 21 L. 26 janv. 1892, les états de frais dressés par les avoués, huissiers, notaires commis, doivent faire ressortir distinctement dans une colonne spéciale, et pour chaque débours, le montant des droits de toute nature payés au Trésor.

Cette disposition a pour but de permettre aux parties de se rendre exactement compte de la somme pour laquelle l'impôt figure dans le montant total des frais. Il est clair qu'elle ne s'applique qu'aux actes visés par la loi nouvelle.

1. Amende. — Toute contravention à cette disposition est punie par le même article d'une amende de 10 fr. qui doit être recouvrée comme en matière d'enregistrement. On peut se demander s'il est dû une ou plusieurs amendes dans le cas où le même état de frais renferme plusieurs articles pour lesquels la distinction entre les droits payés au Trésor et les frais revenant aux officiers ministériels n'a pas été faite. La loi disposant que la distinction doit avoir lieu *pour chaque débours* et punissant *toute contravention* d'une amende de 10 fr., nous inclinons à penser que la pluralité est applicable.

3 et 4. Tarif. — Sous l'empire de la législation antérieure, la taxe régulièrement faite par le président du tribunal donnait lieu à un exécutoire délivré par le greffier. L'Administration prescrivait de percevoir le droit proportionnel de condamnation sur l'exécutoire qu'elle assimilait à un jugement (Sol. 15 avril 1891, 7617 R. P., et 29 mai 1895, 25103 J. E.), contrairement à l'opinion que nous avons toujours professée (*Rép. gén.*, 7e édit., vº *Exécutoire de dépens*, nº 14). Elle n'a abandonné cette interprétation qu'après la mise en vigueur de la loi du 24 déc. 1897, par une Sol. du 28 janv. 1898 (9229 R. P.) dans laquelle elle reconnait qu'il est contraire aux principes de la législation fiscale d'exiger sur de simples ordonnances un droit proportionnel de condamnation.

Depuis, elle a décidé que les ordonnances de taxe rendues en exécution de la Loi du 24 déc. 1897 tombent sous l'application des tarifs édictés pour les ordonnances de toute nature, et qu'elles sont, en conséquence, passibles des droits fixes de 4 fr. 50 ou de 7 fr. 50, suivant qu'elles émanent d'un juge de première instance ou d'un magistrat de Cour d'appel (Sol. 11 juin 1898, 9299 R. P.).

Mais le droit fixe de 4 fr. 50 ou de 7 fr. 50 exigible sur les états de frais taxés ne peut être exigé qu'au cas où la formule exécutoire a déjà été inscrite sur l'acte au moment où il est présenté à l'enregistrement. Quand l'état de frais taxé est soumis à la formalité avant d'être revêtu de la formule exécutoire, le droit fixe de 1 fr. 50 est seul exigible, sauf à l'Administration à réclamer un supplément de droit si elle vient à reconnaître postérieurement que l'écrit a été complété par l'inscription de l'exécutoire. Dans l'hypothèse où l'état de frais taxé et l'ordonnance suivie de la formule exécutoire feraient l'objet de deux écrits distincts, deux droits également distincts seraient dus : celui de 1 fr. 50 sur l'état taxé et celui de 4 fr. 50 ou 7 fr. 50 sur l'ordonnance exécutoire (Sol. 15 nov. 1899, 9700 R. P.).

1. Jugement sur opposition a la taxe. — Aux termes de l'art. 4 de la loi de 1897, la taxe est susceptible d'opposition tant de la part des officiers publics que de leurs clients. L'opposition est portée devant le tribunal, les débats ont lieu en chambre du conseil, sans procédure, le ministère public entendu, et le jugement est rendu en audience publique. — Il semble que celui qui forme opposition à la taxe se constitue demandeur en justice ; dès lors, si l'opposition est rejetée, le droit majoré de débouté nous paraît exigible ; si, au contraire, elle est accueillie, l'opération par laquelle le tribunal procède à la revision de la taxe constitue une véritable liquidation passible du droit proportionnel édicté par la loi du 26 janv. 1892.

14. Avance des droits de timbre et d'enregistrement. — Abrogation de l'art. 30 L. frim. — L'art. 1 L. 1897 abroge expressément l'art. 30 L. frim. et supprime le droit pour les officiers publics de se faire délivrer, par le juge de paix, un exécutoire pour le recouvrement de leurs avances de timbre et d'enregistrement. Désormais, c'est la procédure organisée par la loi nouvelle qui est applicable dans ce cas spécial.

20. Plusieurs exemplaires. — Timbre. — L'état de frais, rédigé par un avoué et taxé par le juge, est soumis au timbre de dimension. S'il est établi en plusieurs exemplaires, chacun de ces exemplaires doit être dressé sur une feuille de papier timbré, à peine d'amende (Blidah, 9 juill. 1895, 8629 R. P.).

EXPÉDITION.

16-17. Jugement non enregistré. — Expédition — Délivrance. — Refus par le greffier. — Administration non responsable. — Le greffier ne peut délivrer l'expédition d'un jugement tant qu'il n'a pas été enregistré ; l'Administration ne saurait être rendue responsable du retard apporté à la délivrance de cette expédition, par suite du refus des parties d'acquitter les droits, tels qu'ils sont liquidés par le receveur (Seine, 25 oct. 1901, 1018 R. P.).

23 *bis*. Dispense du timbre. — Justices de paix — L. 26 janv. 1892. — L'art. 12 L. 26 janv. 1892 dispense du timbre « les expéditions délivrées par les greffiers des justices de paix en matière civile ».

1. Actes étrangers a la juridiction contentieuse. — L'exemption embrasse toutes les expéditions délivrées en matière civile, sans qu'il y ait à distinguer entre les expéditions de jugements et celles d'actes étrangers à la juridiction contentieuse, tels que les procès-verbaux d'avis de parents, d'apposition ou de levée de scellés, etc... Les seules expéditions des greffiers des justices de paix qui soient exclues sont celles qui sont délivrées en matière de simple police avec ou sans intervention de partie civile (2810 I. G., p. 11).

En présence de cette interprétation, l'on ne s'explique guère comment l'Administration a pu refuser le bénéfice de l'immunité du droit de timbre aux expéditions des procès-verbaux de ventes publiques de meubles. C'est cependant ce qu'elle a décidé par une Solution motivée sur les considérations suivantes :

« La loi du 26 janv. 1892 a eu pour but et pour effet une réforme des frais de justice ; elle a modifié exclusivement les taxes payées au Trésor pour prix du service judiciaire

EXPÉDITION.

23 *bis*. Expéditions des actes ou procès-verbaux de vente, licitation ou échange d'immeubles. Dispense du droit de timbre. L. fin. 22 avril 1905 (art. 6). — 10059 R. P.

Expéditions délivrées depuis la promulgation de la L. 22 avril 1905 d'actes de vente, licitation ou échange d'immeubles rédigés antérieurement à cette loi. — L'art. 6 L. 22 avril 1905 ne s'applique pas aux expéditions, délivrées après la promulgation de cette loi, d'actes rédigés antérieurement et assujettis, par suite, aux droits d'enregistrement sous l'empire de l'ancienne législation. — 11238 R. P.

Expéditions d'actes devant être obligatoirement annexées à la minute d'actes exempts du timbre. Procurations. Jugements de publication de cahier des charges. Élections de command. Actes de surenchère. Jugements sur incidents. Quittances des frais de poursuite. — Les expéditions de ces différents actes peuvent être établies sur papier non timbré, comme faisant partie intégrante de l'expédition du procès-verbal d'adjudication. — 11238 R. P.

spéciale par sa nature, elle doit être interprétée suivant son texte et son esprit, *secundum subjectam materiam*. Elle s'applique, par conséquent, à la fois aux actes judiciaires proprement dits et à ceux que les greffiers peuvent rédiger comme auxiliaires de la justice : c'est pour ce motif qu'il a été reconnu que l'art. 12 exempte du timbre, non seulement les expéditions des jugements de paix en matière civile, mais encore celles d'actes étrangers à la juridiction contentieuse, tels que les procès-verbaux d'avis de parents, d'apposition ou de levée de scellés, etc. (2816 I G., p. 11).

« Mais elle ne saurait, sans violation des règles de l'interprétation juridique, être étendue aux actes des greffiers qui ne se rattachent pas à l'exercice même de la justice.

« Or, tel est le caractère des procès-verbaux et des expéditions des ventes publiques de meubles.

« En procédant à ces ventes, les greffiers n'agissent pas dans l'ordre des fonctions du greffe ; ils exercent simplement un ministère spécial que la loi leur attribue en concurrence avec les notaires, les huissiers, les commissaires-priseurs, etc. (*Rapp.* Verviers (Belgique), 8 mars 1865, J. E., n° 17974). En d'autres termes, ils n'agissent pas comme membres des tribunaux, comme fonctionnaires de l'ordre judiciaire, mais en qualité de véritables officiers ministériels. Les procès-verbaux et les expéditions qu'ils dressent ne peuvent, dès lors, être rangés dans la classe des actes des tribunaux ou des greffes proprement dits.

« Dans un ordre d'idées analogue, il a été décidé que l'article 67 Code proc., dont les dispositions ont été étendues à tous les actes du ministère des huissiers, n'est pas applicable aux procès-verbaux de ventes publiques de meubles qui peuvent être faites non seulement par les huissiers, mais aussi par les notaires et les greffiers (D. c. f. 10 janv. 1815, J. E. 5031).

« Les expéditions ou copies dont il s'agit ne sont pas, dès lors, comprises au nombre de celles que vise l'art. 12 L. 26 janv. 1892, et elles doivent continuer à être établies sur papier timbré » (Sol. 14 déc. 1894, 8496 R. P.).

Il est également difficile de concilier la règle posée par l'instruction avec une Sol. 17 mars 1896 qui a sanctionné l'exigibilité du droit de timbre sur une expédition d'une ordonnance rendue au bas d'une requête par le président d'un tribunal civil et déposée au greffe d'une justice de paix. Les motifs invoqués à l'appui de cette Solution sont les suivants :

« Examinant de quelles ordonnances il doit être gardé minute et délivré expédition, Dalloz (J. G. v° *Greffe*, n° 63) rappelle que « cette question a été résolue par M. le Garde des sceaux en ce sens qu'en thèse générale l'ordonnance rendue au bas de la requête d'une partie étant la propriété de celle-ci, ne pouvait, par conséquent, figurer aux minutes du greffe, ni être expédiée » (Cf. *eod. loco*, n° 41).

« Dans l'espèce, il s'agit précisément d'une ordonnance sur requête dont aucun texte législatif ne prescrit le dépôt au greffe.

« Au surplus, si l'on attribuait à l'acte en question, rédigé sans la participation du greffier, le caractère d'un acte judiciaire, ce qui est difficilement admissible, c'est au greffe du tribunal civil que le dépôt, pour être régulier, devrait être effectué, puisque l'ordonnance émane du président de ce siège.

« Il faut donc reconnaître qu'en délivrant une expédition de cette ordonnance, le greffier n'agit pas en sa dite qualité, mais comme simple dépositaire public. » (9013 R. P.).

En statuant ainsi, l'Administration paraît avoir perdu de vue la règle suivant laquelle il n'est pas permis de distinguer là où la loi ne distingue pas. Du moment où l'art. 12 dispense du timbre les expéditions délivrées en matière civile, l'exemption nous paraît applicable, quelles que soient les conditions dans lesquelles le greffier peut être appelé à les délivrer.

2. Actes déposés ou annexés. — Par une conséquence de l'interprétation extensive admise par l'I. G. 2816 (p. 2), une Sol. 3 sept. 1892 a décidé que l'immunité s'applique : 1° aux expéditions des procès-verbaux constatant le dépôt au greffe de la justice de paix des actes des sociétés commerciales ou civiles ; 2° aux expéditions, délivrées par les greffiers de paix, des procurations, pouvoirs, certificats de médecins, ordonnances du président du tribunal, et, en général, de toutes les pièces annexées aux actes de la justice de paix (7063 R. P.).

Toutefois, cette Solution réservait la dispense de timbre aux expéditions des actes déposés à partir du 1er juillet 1892, date de la mise à exécution de la loi.

« A la vérité, disait l'Administration, les procès-verbaux dont il s'agit ne se rattachent pas à une procédure proprement dite. Mais il convient de remarquer que la loi du 26 janv. 1892 ne vise pas exclusivement les actes relatifs aux instances judiciaires; elle embrasse également des actes délivrés par les greffiers ou passés dans les greffes en dehors de toute instance (V. 2816, p. 2, I. J.)

« Si l'art. 24 porte que les dispositions des art. 4 à 21 ne sont applicables qu'aux minutes, copies ou expéditions d'actes, jugements, sentences ou arrêts « relatifs à des procédures commencées avant le 1er juillet 1892 », c'est que, dans l'esprit des promoteurs de la réforme et dans celui du Gouvernement, la loi avait « uniquement pour but de dégrever les frais de justice dans les instances régulières » (*Obs.* de M. Trarieux au Sénat; — *Obs. conf.* de M. Brisson et du Ministre des Finances à la Chambre).

« Mais, au cours de la discussion parlementaire, il a été apporté au projet primitif des modifications qui ont eu pour résultat de faire insérer dans la loi des actes absolument étrangers à toute instance.

« Bien que l'art. 24 ne soit pas très explicite à cet égard, il ne résulte pas moins de l'économie générale de la loi que l'on a entendu par le terme « procédure » non seulement les actes concernant les instances judiciaires, mais aussi l'ensemble des autres formalités accomplies dans les greffes en dehors de toute instance. C'est dans ce sens qu'il doit être interprété; autrement, il faudrait admettre, — ce qui est manifestement contraire aux dispositions combinées de la loi du 26 janv. 1892, — que les expéditions, délivrées par les greffiers de paix, des actes qui ne se rapportent pas à une procédure judiciaire, ont pu être établies sur papier non timbré dès la promulgation de la loi.

« En cet état, il est de toute évidence que la date du procès-verbal de dépôt doit être uniquement prise en considération pour déterminer si l'expédition doit être ou non rédigée sur timbre, puisque ce procès-verbal constitue l'acte initial de la formalité. »

Mais cette restriction paraît devoir être abandonnée, depuis que la suppression du droit de greffe a été reconnue applicable à toutes les expéditions d'actes déposés dans les greffes, alors même que le dépôt remonte à une date antérieure à la mise en vigueur de la loi du 26 janvier 1892 (Bordeaux, 7 mai 1894, 8342 R. P.). — V. *Greffe*.

3. Actes a la suite. — Les immunités prévues par la loi de 1892 sont spéciales aux actes qu'elle a visés expressément et ne doivent pas être étendues à d'autres pièces ou écrits. D'où l'on a conclu avec raison :

1° Que le bordereau d'inscription hypothécaire, rédigé à la suite de l'expédition non timbrée d'un jugement de justice de paix, ne saurait bénéficier de l'exemption du timbre édictée par l'article 12 (Sol. 30 juin 1893);

2° Que l'exploit de signification d'un jugement de paix doit supporter le droit de timbre, alors même qu'il est écrit à la suite de l'expédition du jugement affranchie, elle-même, de l'impôt. L'art. 12 L. 13 br. an VII dispose, il est vrai, que cet exploit peut être fait à la suite des jugements et autres pièces dont il est délivré copie ; mais il prévoit exclusivement le cas où ces jugements et pièces sont rédigés sur papier timbré (Sol. 7 juill. 1893);

3° Que les expéditions des jugements de paix, rendus en matière d'infraction aux lois de douanes, échappent à la perception de l'impôt du timbre, par application de l'art. 12 L. 26 janv. 1892, ces jugements ayant le caractère civil ; mais que l'original de la signification, écrit à la suite d'une pareille expédition, ne rentre pas dans l'exception prévue et qu'il doit, dès lors, acquitter le droit de timbre (Sol. 27 mai 1890, 9601 R. P.).

42. Expédition délivrée par le greffer d'une justice de paix d'un pays étranger. — Usage en France. — L'art. 12 L. 1892 n'affranchit du timbre que les expéditions délivrées par les greffiers exerçant près les justices de paix françaises. Il y a donc lieu de faire timbrer, avant tout usage en France, les expéditions délivrées par les greffiers de l'étranger. C'est ce qui a été reconnu pour l'expédition d'un avis de parents émanant de la justice de paix de Verviers (Belgique) et déposée en l'étude d'un notaire français. « Il est constant, porte une Sol. 6 nov. 1895, que, pour l'application de la loi fiscale, les actes venant de l'étranger doivent être considérés comme des actes sous seing privé. Cette assimilation est une conséquence nécessaire des prescriptions imposées par les art. 22 et 23 L. 22 frim., par l'art. 58 L. 28 avr. 1816, ainsi que par l'art. 13 L. 13 brum. an VII, et les dispositions contenues dans les Inst. 2077 et 2090 (*in fine*) dérivent de ce principe.

« Il est, du reste, bien évident que l'Administration serait le plus souvent dépourvue des éléments nécessaires pour déterminer, d'après la législation du pays d'origine, le véritable caractère, authentique ou sous seing privé, original ou expédition, d'un acte rédigé à l'étranger ; et, d'un autre côté, il serait inadmissible que tous les actes passés hors du territoire ne fussent pas soumis en France à un traitement uniforme.

« C'est donc avec raison que le receveur a assujetti au timbre, en conformité de l'art. 13 de la loi du 13 brum., l'expédition dont il s'agit, quoiqu'elle ait été délivrée en conformité d'une loi civile semblable à celle qui est appliquée dans notre pays. »

54. Notaire. — Renvoi. — Excédent de lignes. — Les renvois, mis en marge d'une expédition notariée, doivent être comptés pour le nombre des lignes qu'ils représentent, à raison de quinze syllabes par ligne. Par conséquent, lorsqu'une expédition, écrite sur une feuille de moyen papier, comprend 86 lignes et un renvoi de 313 syllabes qui équivaut à plus de 20 lignes, l'Administration est fondée à réclamer un complément de droit de timbre et une amende de 5 fr. en principal pour contravention à l'art. 20 L. 13 brum. an VII (Orléans, 19 déc. 1894, 8601 R. P.).

68. Greffier. — Lignes et syllabes. — Aux termes de l'art. 13 L. 26 janv. 1892, les expéditions visées par l'art. 6 L. 21 vent. an VII contiendront de 12 à 14 syllabes à la ligne, au lieu de 8 à 10, ce qui réduit d'un tiers l'impôt de timbre.

EXPERTISE.

11. Droit de provoquer l'expertise. — Les parties ne sauraient être admises à provoquer une expertise pour faire déterminer, au regard de l'impôt, la valeur d'un bien sujet au droit de mutation. Il en est surtout ainsi, lorsqu'il s'agit d'un bien de nature mobilière (Tours, 7 nov. 1890, 7534 R. P.).

15-3. Entretien des bâtiments. — Construction de digues. — Charges non susceptibles d'être déduites du revenu. — Si le tribunal est lié par le résultat de l'expertise, en ce qui concerne les points de faits vérifiés par les experts, il a qualité pour rectifier les erreurs de droit qu'ils ont pu commettre. Il peut, notamment, ajouter au revenu net, constaté par l'un des experts, les charges telles que l'entretien des bâtiments, la construction et l'entretien de digues, charges que l'expert a évaluées et qu'il a illégalement distraites du revenu, comme devant être supportées par le fermier, alors qu'elles incombent au propriétaire. Mais le tribunal n'a pas qualité pour attribuer d'office un revenu quelconque à l'un des immeubles expertisés, — dans l'espèce, un château, — quand les experts ne lui ont reconnu aucune valeur locative (Jonzac, 28 juill. 1893, 8284 R. P.).

18. Corps de domaine. — Insuffisance de revenu pour quelques parcelles. — Frais de l'instance. — Tous les frais d'expertise, en matière d'insuffisance de revenu, doivent être supportés par les parties, dès qu'une insuffisance ressort de l'ensemble des évaluations des experts. Il importe peu que quelques-unes des parcelles comprises dans l'expertise n'aient pas été évaluées à un revenu supérieur à celui déclaré par les parties, pourvu, toutefois, qu'elles n'aient pas fait l'objet d'une expertise particulière (Pont-l'Évêque, 19 mars 1889 ; — Limoges, 31 oct. 1890, 7532 R. P.).

20-22. Mutation à titre gratuit. — Immeubles urbains et ruraux. — Insuffisance de revenu. — Soumission non acceptée. — Expertise. — Droit en sus. — Frais. — En matière de mutation à titre gratuit

46. Associations. Déclarations d'existence et documents à l'appui. Expéditions. Timbre de dimension. — V. *Déclaration*, n° 49 *bis*.

EXPERTISE.

20. Double droit. Bonne foi des parties. — En matière d'insuffisance de prix de vente d'immeubles, le droit en sus est encouru dès que l'insuffisance est supérieure au huitième du prix exprimé, sans que les parties puissent en être exonérées par le tribunal à raison de leur bonne foi (Seine, 6 avril 1903, 10811 R. P.).

Vente d'immeuble. Insuffisance de prix. Soumission. Droit en sus de mutation non exigible. Taxe hypothécaire de transcription : exigibilité du droit en sus. — Lorsque, dans un acte de vente d'immeuble, le prix énoncé est inférieur à la valeur vénale, le droit en sus de mutation n'est encouru par la partie qu'autant que la procédure d'expertise a été engagée et que le relèvement excède d'un huitième le prix exprimé au contrat ; ce droit en sus n'est pas exigible si l'insuffisance a été reconnue par soumission avant tout commencement d'expertise, et le redevable n'est pas lié de ce chef par la soumission qu'il a souscrite. Mais il n'en est pas de même en ce qui concerne la taxe hypothécaire de transcription établie par la L. 27 juill. 1900 : il suffit que l'insuffisance ait été reconnue avant l'expiration du délai de deux ans à partir de la formalité pour qu'elle fasse encourir au redevable la pénalité du droit en sus, laquelle ne peut être inférieure à 50 fr. (Seine, 4 août 1906, 11280 R. P.).

:1:

33. Adjudication judiciaire d'immeuble. Charges accessoires du prix principal. Déclaration estimative de ces charges. Droit d'expertise refusé à l'Administration. Insuffisance à établir au moyen de présomptions. — La règle suivant laquelle l'Administration n'a pas le droit de requérir l'expertise d'un immeuble vendu judiciairement s'applique au cas où, indépendamment du prix principal de l'adjudication, il existe des charges accessoires qui ont dû faire l'objet d'une déclaration estimative; l'Administration ne peut établir l'insuffisance de l'évaluation de ces charges que par les moyens ordinaires de contrôle dont elle dispose, c'est-à-dire à l'aide de présomptions (Seine, 29 juill. 1906, 11293 R. P.).

34. Immeuble. Adjudication publique devant notaire. Droit pour l'Administration de provoquer l'expertise. — L'Administration est fondée à requérir l'expertise des immeubles vendus volontairement, par adjudication publique, devant un notaire. Ce droit peut être exercé, même quand l'adjudication a eu lieu devant la Chambre des notaires de Paris (Seine, 9 avril 1903, 10911 R. P.).

45. Nue propriété. Évaluation. Bases. — Lorsqu'il s'agit de l'expertise d'une nue propriété d'immeubles, le tribunal peut ordonner aux experts d'évaluer, d'abord la valeur de la propriété entière des biens, puis celle de l'usufruit de ces mêmes biens d'après sa durée présumée, pour obtenir, par voie de différence entre ces deux éléments, la valeur de la nue propriété (Vitry-le-François, 17 avril 1902, 10378 R. P.).

les frais de l'expertise demeurent à la charge des parties, lorsque l'évaluation du revenu a été reconnue insuffisante dans une mesure quelconque sous la réserve, toutefois, que si, dans l'intervalle, une soumission a été souscrite, c'est à l'évaluation complémentaire contenue dans cette soumission que doit être comparé le résultat de l'expertise. D'autre part, la charge des frais va toujours de pair avec la peine du droit en sus, la loi ne les séparant pas l'une de l'autre. Mais pour qu'il y ait lieu à l'application du droit en sus, il faut, de toute nécessité, l'exigibilité d'un droit simple auquel il vienne s'ajouter et qui en détermine le montant. En conséquence, quand l'expertise a porté sur un corps de domaine comprenant des immeubles urbains et des immeubles ruraux, si le droit simple, exigible d'après l'estimation assignée par les experts, est inférieur à celui qui eût été acquitté sur l'ensemble de ces immeubles suivant l'évaluation complémentaire contenue dans une soumission souscrite par les parties et non acceptée par l'Administration, aucun droit en sus ne saurait être exigé et c'est l'Administration qui doit supporter la totalité des frais de l'expertise (Sol. 12 juill. 1899, 9691 R. P.).

24. Partage. — Inégalité des lots. — Plus-value. — Expertise. — Dissimulation. — V. *Dissimulation*, n° 19.

25. Droits successifs. — Cession. — Valeur vénale. — Estimation. — Bases. — Quand l'expertise a pour objet une cession de droits successifs, les experts n'excèdent pas les bornes de leur mission en évaluant l'importance des droits cédés, au lieu d'apprécier la valeur vénale des immeubles composant la succession et la communauté dont font partie les droits cédés (Seine, 4 janv. 1902, 10229 R. P.).

26. Droits successifs. — Cession. — Nue propriété. — Les cessions de droits successifs sont soumises à toutes les dispositions de la L. frim., qui visent les droits translatifs de propriété; elles demeurent, comme les ventes, assujetties à l'expertise. Il en est ainsi, alors même qu'elles n'ont pour objet que la nue propriété (Seine, 4 janv. 1902, 10229 R. P.).

29. Vente à réméré. — La vente à réméré est, comme les ventes ordinaires, soumise à l'expertise. La valeur de l'immeuble transmis à ce titre doit être estimée, en l'envisageant à l'époque de l'aliénation, c'est-à-dire tel qu'il reposait sur la tête du vendeur, sans avoir égard à ce qu'il peut représenter dans les mains de l'acquéreur (Seine, 22 juill. 1893, 8140 R. P.).

33. Adjudication publique judiciaire. — Dans la première partie du *Rép. gén.*, 4e alinéa, 2e colonne, au lieu de « un jugement approuvé par une Sol. de l'Administration », lire : un jugement du 27 nov. 1828 (9254 J. E.), approuvé par une Sol. 17 fév. 1829 (V. *Adjudication*, n° 101).

33-1. Vente judiciaire. — Constructions et terrains. — Ventilation du prix. — La règle, suivant laquelle il ne peut y avoir lieu à expertise en matière de ventes judiciaires, ne saurait être étendue au cas où le prix, ayant été fixé par la libre convention des parties, l'autorité judiciaire n'est intervenue que pour constater l'existence de cette convention et non pour assurer la vente de l'immeuble à sa véritable valeur. Spécialement, lorsque le propriétaire d'un terrain se rend adjudicataire, par voie de licitation, du sol et des constructions qui y ont été élevées par son locataire, et que la portion du prix afférente aux constructions et seule passible du droit de mutation a été déterminée sur les bases d'une convention antérieure à l'adjudication, l'Administration est fondée à provoquer l'expertise, non pas de la valeur absolue des constructions, mais de leur valeur relative par rapport au prix fixé par l'adjudication (Seine, 19 juill. 1889, 7358 R. P.).

34. Adjudication publique devant notaire. — L'Administration est fondée à requérir l'expertise des immeubles vendus volontairement, par adjudication publique, devant un notaire. Ce droit peut être exercé, même quand l'adjudication a eu lieu devant la Chambre des notaires de Paris (Seine, 24 oct. 1890, 7551 R. P.; — 20 déc. 1894, 8574 R. P.).

44. Usufruit. — Pour l'estimation de la valeur d'un usufruit immobilier transmis à titre onéreux, les règles que nous avons tracées dans la première partie de notre *Rép. gén.* continuent à être applicables, sous l'empire de la L. 25 fév. 1901 qui, ainsi que nous le faisons connaître v^is *Donation*, *Succession*, *Usufruit* et *Vente*, a modifié les bases de la valeur imposable de l'usufruit et de la nue propriété.

45. Nue propriété. — S'il s'agit de la transmission d'une nue propriété à titre onéreux, sous le régime de la L. 25 fév. 1901, il nous paraît de toute évidence qu'il y a lieu de suivre la règle adoptée par l'arrêt de Cass. 24 janv. 1844, cité dans la première partie de notre *Rép. gén.* Bien que rendu sous la législation antérieure, cet arrêt s'applique, avec plus de raison encore, à la transmission régie par la L. 25 fév. 1901.

Décidé, au sujet d'une transmission antérieure à cette dernière loi, que, lorsqu'il s'agit de l'expertise d'une nue propriété d'immeubles, le tribunal peut ordonner aux experts d'évaluer, d'abord, la valeur de la propriété entière des biens, puis celle de l'usufruit de ces mêmes biens, d'après sa durée présumée, pour obtenir, par voie de différence entre ces deux éléments, la valeur de la nue propriété (Vitry-le-François, 17 avr. 1902).

46. Ventes avec réserve d'usufruit. — Dans le cas de vente d'un immeuble, avec rétention de l'usufruit par le vendeur, la question qui s'était élevée, sous la législation antérieure à la L. 25 fév. 1901, de savoir si, pour requérir l'expertise, on devait ajouter au prix stipulé la moitié de ce prix, ne se pose plus sous le régime nouveau établi par la L. précitée. La raison en est, ainsi que nous le verrons v° *Usufruit*, que, dans cette hypothèse, le droit de mutation n'est dû que sur le prix, qui représente la valeur de la nue propriété transmise et, seule, assujettie à l'impôt.

48 et 48 *bis*. **Ventes successives de plusieurs parcelles d'un même immeuble. — Expertise d'une seule parcelle.** — Lorsque le vendeur d'un lot de terrains confère à l'acheteur la faculté d'acquérir successivement le surplus de l'immeuble, en deux lots, moyennant un prix spécial à chaque lot, ces deux promesses de vente et le contrat d'aliénation dans lequel elles sont stipulées, loin de former un tout indivisible, constituent trois transmissions distinctes. En conséquence, si l'Administration, à la suite de la réalisation des promesses de vente, estime que le prix assigné à l'une des parcelles est inférieur à sa valeur vénale, l'expertise doit porter, non pas sur la valeur totale des trois parcelles vendues, mais seulement sur celle de l'immeuble dont le prix paraît insuffisant (Seine, 25 oct. 1880, 7357 R. P.).

55. Adjudication. — Revente. — Lorsque l'adjudicataire d'un immeuble le revend, peu de temps après, moyennant un prix égal à celui de l'adjudication, le prix de cette revente n'en est pas moins sujet au droit d'expertise de l'Administration (Tarbes, 27 mars 1880, 7349 R. P.).

59. Mode de poursuites. — Solidarité. — L'expertise des immeubles compris dans une déclaration de succession peut être poursuivie contre un seul des héritiers (Romorantin, 25 juill. 1891, 7681 R. P.).

60. Saline. — Immeuble urbain. — Revenu. — Capitalisation par 20. — V. *Succession*, n° 1061-2.

60-5. Maison de maître. — Immeuble urbain. — Ne peut être considérée comme immeuble *rural*, et présente, au contraire, les caractères d'un immeuble urbain, une maison de maître, entourée de terres de minime importance et qui n'est pas affectée à une exploitation agricole (Limoges, 5 mars 1891, 7641 R. P.).

Lorsque, parmi les biens soumis à l'expertise, se trouvent un château, un parc et un jardin, complètement indépendants des autres biens ayant un caractère rural, le château et ses dépendances doivent être considérés comme immeubles urbains, et, pour la liquidation du droit, le revenu qui leur est applicable ne doit être capitalisé qu'au denier 20 (Béziers, 15 fév. 1894, 8327 R. P.).

Faisons remarquer que, sous l'empire de la L. 25 fév. 1901, l'immeuble dont il s'agit dans le jugement précité rentre dans la catégorie des biens non productifs de revenus, et que, par suite, le droit de mutation devrait être actuellement liquidé, non plus sur le revenu capitalisé, mais sur la valeur vénale. — V. *infrà* nos 72 et suiv.

Maison de ferme sise dans un village. — Exploitation agricole. — Immeuble rural. — Capitalisation du revenu par 25. — Est immeuble rural une maison de ferme située dans un village, comprenant un corps de logis destiné à l'habitation avec d'autres locaux et dépendances affectés à la culture de parcelles non attenantes aux bâtiments, mais formant une exploitation agricole que le propriétaire de la maison fait valoir, soit pour son compte, soit comme fermier. En conséquence, pour la perception du droit de mutation par décès, la valeur de cet immeuble est représentée par son revenu annuel capitalisé au denier 25 (L. 21 juin 1875, art. 2; — Valenciennes, 13 mars 1895, 8686 R. P.).

Immeuble affecté à l'habitation. — Caractère urbain. — Constitue un immeuble urbain, quelle que soit sa situation, une maison principalement affectée à l'habitation ou au commerce (Saint-Dié, 3 juill. 1896, 9017 R. P.).

64. Transmission de meubles. — Déclaration estimative des parties. — Droit de contrôle. — Insuffisance. — Présomptions simples. — L'Administration a le droit de se préoccuper du caractère dérisoire ou inexact des évaluations à elle faites, même en matière de transmission de meubles, et elle peut en établir l'insuffisance à l'aide de présomptions simples (Pont-l'Évêque, 4 août 1891, 7776 R. P.).

CHAPITRE V. — BIENS NON PRODUCTIFS DE REVENU (1).

72. L. 25 fév. 1901. Art. 12. — Texte. — L'art. 12 L. 25 fév. 1901 renferme les dispositions suivantes : « Les droits de mutation à titre gratuit entre vifs et par décès seront liquidés sur la valeur vénale en ce qui concerne les immeubles dont la destination actuelle n'est pas de procurer un revenu. Les insuffisances d'évaluation en valeur vénale seront constatées par voie d'expertise, s'il y a lieu, et réprimées selon les règles actuellement en vigueur. » — V. *C. des lois.*

73. Actes auxquels s'applique la Loi. — Échanges. — Cette disposition est spéciale aux mutations à titre gratuit; elle ne peut, dès lors, être étendue aux échanges qui continueront à être tarifés sur un capital formé de 10, 12 1/2, 20 ou 25 fois le produit annuel, sans qu'il y ait lieu de rechercher si les biens échangés sont destinés ou non à procurer un revenu.

74. Sens des termes : destination actuelle et non productifs de revenus. — Les termes « destination actuelle » doivent s'entendre de l'utilisation qui existe au jour de la transmission; c'est à cette époque qu'il faut se placer pour déterminer l'usage de l'immeuble. On ne saurait avoir égard, pour l'application de l'art. 12 précité, à la destination donnée antérieurement ou postérieurement à l'immeuble transmis.

Quant à l'absence de tout revenu, elle n'est pas absolument indispensable et il ne suffit pas qu'un immeuble, pour échapper à l'application de l'art. 12, produise un revenu quelconque; il faut de plus que ce produit ne soit pas en disproportion complète avec la valeur réelle du fonds. C'est l'interprétation qui se dégage clairement des travaux préparatoires de la loi. « Si le système de la liquidation de l'impôt sur le revenu capitalisé, dit M. Mesureur dans son rapport (p. 37), devait être conservé comme règle générale, il comportait, cependant, une exception pour le cas où il est dans la nature de l'immeuble transmis, soit de ne produire aucun revenu, soit de produire un revenu *extrêmement faible* et sans proportion aucune avec la valeur vénale. »

« L'art. 12, explique à son tour le Ministre, lors de la

(1) Ce chapitre est une partie nouvelle.

60. Capitalisation du revenu. Immeubles par destination. — Le droit de mutation entre vifs ou par décès applicable aux immeubles par destination doit être liquidé sur le revenu capitalisé par 20 ou par 25 et non sur la valeur vénale (Orléans, 25 juillet 1906, 11350 R. P.).

72. Algérie. Immeubles non productifs de revenu. Mutations entre vifs à titre gratuit. Mode d'évaluation. — Déc. 4 sept. 1906, 11267 R. P.

74. Succession. Terrains à bâtir utilisés provisoirement pour la culture. Revenu très faible. Droits de mutation par décès. Liquidation sur la valeur vénale. — Des immeubles destinés à être vendus comme terrains à bâtir doivent être considérés comme immeubles dont la destination actuelle n'est pas de procurer un revenu et pour lesquels les droits de mutation par décès doivent, en conséquence, être liquidés sur la valeur vénale, alors même que ces immeubles, utilisés provisoirement pour la culture, produiraient, au moment du décès, un certain revenu, d'ailleurs très faible et sans proportion avec leur valeur réelle (Corbeil, 18 mai 1905, 10855 R. P.).

75. Château. L. 25 fév. 1901, art. 12. Liquidation des droits de mutation par décès sur la valeur vénale, et non sur le revenu capitalisé. — Les droits de mutation par décès exigibles à raison de la transmission d'un château doivent être calculés sur la valeur vénale, et non pas sur le revenu capitalisé (Seine, 4 mai 1906, 11281 R. P.).

EXPLOIT.

10. Date. Surcharge et interligne dans la copie. Absence de nullité. — Une surcharge et un interligne dans la date de la copie de la signification d'une contrainte ne sont pas une cause de nullité de l'exploit, bien que cette surcharge et cet interligne n'aient pas été approuvés par l'huissier, s'il ne peut y avoir doute sur la véritable date à laquelle la notification a eu lieu (Châtillon-sur-Seine, 1er juill. 1903, 10534 R. P.).

10-7. Erreur de date dans le corps d'un exploit. Rectification au moyen de l'entête de l'acte et de la relation d'enregistrement. Absence de nullité. — Une erreur matérielle de date commise dans le corps d'un exploit ne rend pas cet acte nul, lorsque l'erreur, d'ailleurs sans importance, se trouve suffisamment rectifiée par l'entête de l'exploit et par la mention de l'enregistrement (Cass. [illegible] 3 sept. 1930, 10965 R. P.).

15 et 24. Défaut d'indication, sur la copie signifiée, de la personne à qui cette copie a été remise. Irrégularité couverte par les énonciations de l'original. Absence de nullité. — Le défaut d'indication, dans la copie de l'exploit de signification d'une contrainte, de la personne à qui cette copie a été laissée, n'entraîne pas la nullité de l'exploit, lorsque l'original renferme des énonciations pouvant suppléer à cette indication et ne laissant subsister aucun doute sur la régularité de la remise (Marseille, 25 nov. 1903, 10986 R. P.).

30. Étranger. Résidence en France. Signification au Parquet. Nullité. — En transportant en France son principal établissement, l'étranger peut, par sa propre volonté, s'y créer un domicile de fait, qui produit certains des effets que la loi attache au domicile du Français, notamment en ce qui concerne le lieu où doit se faire la notification des actes qui lui sont destinés ; et, d'autre part, à ce même point de vue, à défaut de domicile connu en France, la résidence équivaut à un domicile. Par suite, est nulle la signification d'un acte d'appel faite au parquet du Procureur général, alors que l'intimé, étranger, avait, au su de l'appelant, une résidence en France (Cass. (civ.), 25 juill. 1932, 12618 R. P.).

séance de la Chambre des députés du 16 nov. 1900 (9947, p. 37 R. P.) sera appliqué aux immeubles dont le revenu *n'est pas en proportion de la valeur réelle.* »

75. Biens régis par le nouveau mode d'évaluation. — Ainsi que l'a constaté M. Mesureur, la proportion entre le revenu et la valeur réelle de l'immeuble se détermine d'après la nature du fonds, c'est-à-dire selon sa destination normale et habituelle et sans avoir égard à la situation momentanée et accidentelle pouvant exister à l'époque de la transmission.

D'autre part, la destination d'un fonds ne peut s'entendre que de l'affectation réfléchie et utilitaire qui lui a été donnée par le propriétaire, à l'exclusion de tout autre usage. Il en résulte également que l'art. 12 ne saurait être étendu d'une manière générale à tous les immeubles qui accidentellement ne produisent pas un revenu, tels que les terres en friche, les vignes phylloxérées, les maisons vacantes, etc.

Il est impossible d'énumérer tous les biens atteints par la nouvelle disposition et dont le caractère spécial est de ne pas constituer des propriétés de rapport. On peut cependant ranger dans cette catégorie les hôtels particuliers, habités par leurs propriétaires, les châteaux, leurs dépendances qui, tout en donnant parfois un faible revenu, ont une valeur considérable et représentent un capital important, les parcs, les terrains uniquement consacrés à la chasse, les terrains à bâtir ou achetés pour la spéculation, etc. (V. Projet de M. Poincaré, 8446 R. P., p. 67 ; — Rapport de M. Mesureur, p. 37, et déclarations du Ministre lors de la séance du 16 nov. 1900, n° 9947, p. 36, R. P.).

Relativement aux maisons d'habitation, il sera quelquefois difficile de discerner si elles constituent une propriété d'agrément ou une propriété de rapport ; mais c'est là, comme pour les autres immeubles visés par l'art. 12, une question de fait qui devra être résolue d'après les circonstances particulières de chaque affaire, sans que, en cas de divergence d'appréciation entre l'Administration et les parties, le tribunal, saisi de la difficulté, puisse ordonner une expertise, dès l'instant que l'espèce ne rentre pas dans l'un des cas où cette procédure est autorisée par les lois fiscales.

Enfin, lorsque la destination d'un immeuble n'est pas de procurer un revenu, la seule base légale de l'impôt réside dans la valeur vénale à déterminer par les parties. L'art. 12 n'a pas, en effet, comme cela avait d'abord été admis dans divers projets antérieurs, conféré à l'Administration un droit d'option entre la valeur en capital et la capitalisation du revenu, mais elle impose rigoureusement au Trésor et aux parties l'obligation de recourir exclusivement à l'évaluation de la valeur vénale (déclarations du Ministre, Sénat 25 janv. 1901, *J. off.* du 26 janv. 1901, p. 105).

Cette évaluation constitue la seule base régulière du droit et, lors même qu'une adjudication ultérieure en ferait ressortir l'exagération, la perception ne pourrait donner matière à une restitution (art. 60 L. frim.). Un amendement tendant à autoriser un remboursement en cas de vente publique dans les deux ans a été formellement rejeté (Sénat, 28 janv. 1901, *J. off.* du 29, p. 114).

76. Expertise en cas d'insuffisance. — Si l'évaluation de la valeur vénale paraît insuffisante, l'art. 12 autorise l'Administration à en poursuivre la constatation par voie d'expertise, selon les règles actuellement en vigueur. Bien que ces règles n'aient pas été expressément rappelées, il n'est pas douteux qu'on ne peut invoquer que celles qui concernent les insuffisances de prix, à l'exclusion de celles qui sont relatives aux insuffisances de revenu.

Telle est, du reste, l'interprétation admise expressément par M. Mesureur, dans son Rapport (p. 110).

Il en résulte notamment que l'expertise prévue par l'art. 12 ne pourra être requise que dans le délai d'un an et qu'elle n'entraînera pour les parties l'exigibilité d'un droit en sus et l'obligation d'acquitter les frais que si l'insuffisance excède le 1/8e de la valeur déclarée.

V. Instance. — Insuffisance.

EXPLOIT.

13-4. Authenticité. — Signature manuscrite obligatoire. — La signature qui donne aux actes leur authenticité doit être manuscrite. Spécialement, la signification des qualités d'un arrêt au bas de laquelle la signature de l'huissier a été figurée à l'aide d'un procédé mécanique ou remplacée par l'apposition d'une griffe, est nulle (Cass. 20 janv. 1897, 9118 R. P.).

27. Remise de la copie. — L. 15 février 1899. — Une loi du 15 fév. 1899, tendant à assurer le secret des actes signifiés par les huissiers, a modifié l'art. 68 C. proc., en y insérant l'alinéa suivant : « Lorsque la copie sera remise à toute autre personne que la partie elle-même ou le Procureur de la République, elle sera délivrée sous enveloppe fermée, ne portant d'autre indication, d'un côté, que les nom et demeure de la partie, et, de l'autre, que le cachet de l'étude de l'huissier apposé sur la fermeture du pli ».

L'huissier doit, en vertu de la disposition finale de l'article précité, constater, tant sur l'original que sur la copie, l'accomplissement de ces formalités. Leur inexécution entraîne, aux termes de l'art. 70 C. proc., la nullité de l'exploit.

Décidé en conséquence :

1° Que lorsqu'un exploit n'est pas notifié à la partie elle-même ou, à son défaut, au Procureur de la République, la seule mention que *« la copie a été remise, sous enveloppe fermée, conformément à la loi »*, ne saurait être considérée comme suffisante pour assurer la régularité de la signification, au vœu de l'art. 68 C. proc., modifié par la L. 15 fév. 1899 (C. Riom, 25 janv. 1900, 9740 R. P.) ;

2° Que les dispositions L. 15 fév. 1899 s'appliquent à tous les exploits notifiés, et non pas seulement aux ajournements ; en conséquence, est nul l'exploit postérieur à l'ajournement, lorsqu'il a été notifié au domicile élu par la partie et non à cette partie elle-même, sans mentionner toutes les indications prescrites, quant à la remise de la copie, par la loi précitée (Angers, 6 janv. 1900, 9740 R. P.).

30. Remise de copies. — Étranger. — Pays de protectorat autre que la Tunisie. — Art. 69 C. proc. modifié. L. 11 mai 1900 (9982 R. P.). — V. *Code des Lois.*

31. Erreurs ou omissions. — Circonstances extrinsèques. — Les erreurs ou omissions d'un exploit d'huissier ne peuvent être rectifiées ou réparées qu'à l'aide d'indications puisées dans l'exploit lui-même. Doit, en conséquence, être cassé l'arrêt qui se fonde sur des circonstances extrinsèques pour valider la copie signifiée d'un acte d'appel dans laquelle l'huissier a omis d'indiquer sa demeure et son immatricule (Cass. civ. 20 fév. 1900, 9942 R. P.).

33. Tarif. — Réduction du tiers : L. 26 janvier 1892. — Limitation aux exploits relatifs aux instances. — Le projet de loi de M. Brisson supprimait, pour les exploits relatifs aux instances autres que les actes d'avoué à avoué, la formalité du timbre et de l'enregistrement. La loi du 26 janv. 1892 maintient le droit de timbre et se borne à réduire le taux du droit d'enregistrement. Il a paru au Gouvernement que, s'il était possible d'exempter de toute formalité les actes d'avoué à avoué, il n'aurait pas été sans inconvénient d'accorder la même exemption aux significations entre parties qui sont une source féconde de renseignements et à défaut desquelles la matière imposable se déroberait au contrôle des droits de mutation par décès.

L'art. 7 qui prononce cette réduction est ainsi conçu : « Est réduit d'un tiers le droit d'enregistrement des autres exploits relatifs aux instances suivies en matière civile ou commerciale, devant les conseils de prud'hommes, les tribunaux de première instance, les cours d'appel, depuis l'exploit introductif d'instance inclusivement jusques et y compris la signification à partie des jugements et arrêts. — La même réduction est applicable, dans les mêmes matières, aux déclarations d'appel, faites autrement que par exploits. »

33 *bis*. Généralisation de la réduction. — L. 28 avril 1893. — L'économie de la loi du 26 janv. 1892 ne permettait d'accorder aucune réduction aux actes qui ne se rattachaient pas à des instances; la réforme qu'elle réalisait était le résultat d'une double mesure qui consistait, d'une part, dans la suppression ou la réduction de la plupart des droits fixes établis sur les actes de procédure et, d'autre part, dans la création d'une taxe de remplacement proportionnelle aux intérêts engagés dans chaque affaire et déclarée exigible sur la sentence finale... La taxe proportionnelle de remplacement étant établie sur les jugements, les procès-verbaux d'ordre, de contribution et de vente, de manière à répondre à l'idée de péréquation qui dominait la réforme, il devenait, par là même, indispensable de maintenir une corrélation stricte entre les actes dégrevés et les actes surtaxés. La loi du 28 avril 1893 a fait un nouveau pas dans la voie tracée par celle du 26 janv. 1892 en réduisant d'un tiers les droits d'enregistrement qui frappaient les actes extrajudiciaires non visés par l'art. 7.

« Cette réduction, porte l'exposé des motifs du Gouvernement, aura l'avantage de profiter spécialement aux actes extrajudiciaires qui précèdent l'introduction des instances, aux actes plus nombreux encore, si souvent nécessaires, pour ramener à exécution les décisions de la justice. La mesure aura, par conséquent, pour effet de diminuer encore le poids de l'impôt qui pèse sur les débiteurs obérés. Elle sera surtout très appréciable pour le commerce, notamment en ce qui concerne les protêts, dont le droit, actuellement de 1 fr. 50 en principal, se trouvera, par suite, abaissé à 1 fr. Le sacrifice imposé, de ce chef, au Trésor, sera de plus de trois millions ». (*J. off.*, *Doc. parlem.*, annexe n° 2523, session 1893, p. 19 et s.)

36. Justices de paix. — L'art. 6 L. 1892 réduit à 1 fr. le droit d'enregistrement des exploits relatifs aux *procédures* en matière civile devant les juges de paix, jusques et y compris la signification des jugements définitifs. Le mot *procédure* a ici le même sens que le mot *instance* employé dans l'art. 7 pour les exploits concernant les procédures suivies devant d'autres juridictions. En effet, sur l'observation d'un sénateur, le rapporteur et le commissaire du Gouvernement ont expliqué que le sens de l'article est que le dégrèvement s'applique uniquement aux instances. L'article substituant le mot *instance* au mot *procédure* a même été voté à la séance du Sénat du 19 janv. 1892, et c'est sans doute par oubli que la modification n'a pas été insérée dans le texte définitif de la loi. On aurait pu conclure de là que le droit réduit à 1 fr. s'applique uniquement aux exploits relatifs à un procès.

Mais l'I. G., n° 2816, qui renferme le commentaire de l'Administration sur la loi de 1892, fait remarquer que l'art. 6 est calqué sur l'art. 5 de la loi du 19 juill. 1845, qui était ainsi conçu : « A partir du 1er janv. 1846, le droit d'enregistrement d'un franc, établi par l'art. 68 § 1er, n° 30, L. 22 frim. an VII, pour les exploits relatifs aux procédures en matière civile devant les juges de paix, jusques et y compris les significations des jugements définitifs, est porté à 1 fr. 50 en principal ».

L'Administration en a déduit que l'art. 6 L. 26 janv. 1892 a la même portée que l'art. 5 L. 19 juill. 1845 et comprend par conséquent, sans exception, tous les exploits précédemment assujettis au tarif de 2 fr. 25.

D'après cette interprétation, la réduction profite aux actes suivants :

1. Conseils de famille. — Aux termes d'une Sol. du 3 déc. 1831, l'exploit de citation pour concourir à un conseil de famille était sujet au droit de 1 fr., porté plus tard à 1 fr. 50 (L. 19 juill. 1845, art. 5), puis à 2 fr. 25 (L. 19 fév. 1874, art. 2). Les actes de cette nature bénéficient donc de la réduction à 1 fr., bien qu'ils ne fassent pas partie d'une instance. — *Comp.* v° *Exploit*, n° 36-1. Il en serait de même de la signification de la délibération prise par le conseil, à moins que l'exploit ne contienne une disposition telle qu'une assignation devant le tribunal de première instance, motivant la perception d'un droit plus élevé.

2. Juge commis. — Ainsi que nous le faisons remarquer au *Rép. gén.*, v° *Exploit*, n° 36-2, la citation pour comparaître devant un juge de paix commis par le tribunal civil passible, avant la loi de 1892, du droit de 2 fr. 25 : elle devrait donc aujourd'hui être enregistrée au droit de 1 fr.

3. Jugement hors compétence. — La signification d'un jugement de paix rendu, du consentement des parties hors la compétence ordinaire du juge de paix, était passible du droit de 2 fr. 25 (Sol. 9 mars 1830, v° *Exploit*, n° 3) : c'est donc le droit de 1 fr. qu'il faut lui appliquer maintenant.

4. Conciliation. — Le dégrèvement atteint-il les citations

31. **Prétendues irrégularités dans la signification à la partie. Preuve.** — La demande en nullité de la signification d'une contrainte, basée sur les irrégularités qui auraient été commises dans la copie laissée à la partie, doit être justifiée par la production de cette copie elle-même, dès lors qu'aucun vice de forme n'est constaté sur l'original (Mâcon, 16 août 1905, 10870 R. P.).

33. **Enfants assistés.** — D'après l'art. 54 L. 27 juin 1904, les significations faites en vertu de cette loi et des LL. 24 juill. 1889 et 19 avril 1898, et exclusivement relatives au service des enfants assistés, sont dispensées du timbre et doivent être enregistrées gratis, lorsqu'il y a lieu à la formalité de l'enregistrement. — Instr. 3152, 10780 R. P.

Successions des enfants assistés. Envoi en possession du département. Actes nécessaires. Exemption des droits de timbre et d'enregistrement. — V. *Acte judiciaire*, n° 103.

Assistance obligatoire aux vieillards, infirmes et incurables. L. 14 juill. 1905 (art. 38). — D'après l'art. 38 L. 14 juill. 1905, les significations, faites en vertu de ladite loi et ayant exclusivement pour objet le service de l'assistance aux vieillards, aux infirmes et aux incurables, sont dispensées du timbre et doivent être enregistrées gratis, lorsqu'il y a lieu à la formalité de l'enregistrement. — 11025 R. P.

Recrutement. L. 21 mars 1905. Immunités fiscales. — 11170 R. P.

40-56. Décharges de ventes publiques de meubles. Actes constatant la livraison des objets vendus. Procès-verbaux de non-adjudication. Droit fixe de 2 fr. — La réduction de tarif édictée par les LL. 26 janv. 1892 (art. 6, 7 et 8) et 28 avril 1893 (art. 27), en faveur des diverses catégories d'actes extrajudiciaires soumis aux droits fixes, est applicable : 1° aux décharges rédigées par les huissiers et commissaires-priseurs à la suite des procès-verbaux de ventes mobilières ; 2° aux actes, distincts des procès-verbaux de ventes, que les huissiers et commissaires-priseurs rédigent, dans certains cas, pour constater la livraison des objets vendus ; 3° aux procès-verbaux dressés par ces officiers ministériels pour constater qu'une vente mobilière n'a pu avoir lieu. Les actes dont il s'agit ne sont, en conséquence, passibles que du droit fixe de 2 fr. (Instr. 3187, § 1), 10994 R. P.).

37. Prud'hommes. Gens de travail et de service. Payement des nourrices. Actes et jugements. Timbre et enregistrement. — V. *Acte judiciaire*, n° 50-3).

en conciliation ? D'après le projet de M. Brisson, la question ne pouvait faire doute. On lisait, en effet, dans l'art. 1er : « Cette exemption s'applique à tous les actes de l'instance, sans exception, qui seront faits après l'avertissement donné par les greffiers de paix, aux termes de la loi du 2 mai 1855, et après les exploits ou actes introductifs d'instance ». Mais le projet du Gouvernement n'a point reproduit ces dispositions. D'autre part, si la réduction du droit devait être limitée aux *exploits introductifs d'instance*, elle ne s'étendrait pas aux citations en conciliation, puisque ces actes ne sont qu'une formalité préalable et ne peuvent être assimilés aux actes introductifs d'instance, ainsi que l'a reconnu un arrêt Cass. du 25 janv. 1827 (S. 27 1 233 ; I. G. 1210, § 5 ; J. E. 8656). — (V. *Acte produit en cours d'instance*, n° 19, § 2). On peut ajouter que les procès-verbaux de conciliation et de non-conciliation qui n'étaient passibles antérieurement d'aucun des droits supprimés, condamnation, liquidation, etc., n'ont été soumis à aucune taxe de remplacement par l'art. 16.

Quant à la discussion, elle n'apporte, sur la difficulté, aucun éclaircissement précis. Il est vrai qu'un député fit remarquer, à la séance du 11 déc. 1891, que l'art. 17, en édictant qu'il ne pourrait être perçu *moins* de 1 fr. sur les jugements de juges de paix et les procès-verbaux de conciliation ou de non-conciliation, laissait supposer qu'on pouvait percevoir un droit proportionnel sur ces procès-verbaux, et il a demandé en vain la suppression de ces mots en invoquant notamment cette raison qu'on ne pouvait établir une taxe de compensation sur une procédure qui ne pouvait tout au plus être dégrevée que « d'un droit de 2 fr. 25 sur la citation ». Mais la réponse du commissaire du Gouvernement n'a nullement impliqué l'adhésion à cette manière de voir, et l'amendement n'a été rejeté que par cette considération que, si l'on supprimait le minimum, ces procès-verbaux ne seraient plus passibles d'aucun droit. Il n'y a donc pas d'autre motif pour leur appliquer le tarif réduit que celui qu'on peut tirer de l'I. G., n° 2816, à savoir que ces actes étaient précédemment assujettis au tarif de 2 fr. 25 : aussi, bien que cette Instruction ne vise pas particulièrement les citations en conciliation, nous ne doutons pas qu'elles profitent du nouveau tarif.

5. Scellés. — On décidait, avant la loi de 1892, que les exploits signifiés aux juges de paix pour les requérir d'apposer les scellés étaient sujets au droit de 3 fr., comme ne rentrant pas dans la catégorie des actes de *procédure* visés par la loi du 19 juillet 1845 ; on décidait de même pour les sommations d'assister à la levée des scellés ou les oppositions à la levée (v° *Exploit*, n° 36-5). Comme le fait observer le Dict. de l'Enr. (2e Supp., v° *Exploit*, n° 247), ces appréciations sont peut-être contestables, puisque les formalités de scellés sont comprises dans le Code de Proc. civ. parmi les dispositions qui forment le titre de « *Procédures relatives à l'ouverture d'une succession* ».

Quelle que soit néanmoins la fragilité et même l'inexactitude du motif qu'on invoquait en faveur de la perception du droit de 3 fr., il ne semble pas que la question ait été soumise à un nouvel examen. Nous supposons donc que la pratique administrative a dû se fixer dans un sens contraire à l'application du tarif de 1 fr.

37. Prud'hommes. — Le tarif de 0 fr. 75 a été réduit d'un tiers par l'art. 7 L. 26 janv. 1892 ; il n'est donc plus actuellement que de 0 fr. 50. — V. *Prud'hommes*.

38. Tribunaux de première instance et de commerce. — V. *suprà*, n° 33.

39. Significations d'avoué. — L. 26 janv. 1892. — V. *Avoué*.

40-56. Actes qui profitent de la réduction d'un tiers. — Les actes extrajudiciaires appelés à bénéficier de la réduction accordée par la loi de 1893 comprennent notamment les procès-verbaux de contravention ou de délit, les exploits, significations, saisies, protêts et même le premier acte de recours en Cassation ou devant le Conseil d'État (Instr. n° 2433, chap. 1er, § 2).

Abstraction faite du tarif particulier aux exploits désignés dans l'art. 6 L. 26 janv. 1892, qui ont été l'objet d'une détaxe supérieure à un tiers (V. *suprà*, n° 8), il résulte de la combinaison des dispositions sus-indiquées que les tarifs en vigueur antérieurement à la loi du 19 fév. 1884 (Instr. n° 2490) se trouvent par le fait rétablis en toute matière, civile, commerciale ou de police, pour tous les actes extrajudiciaires sans distinction, même pour ceux qui n'ont trait à aucune instance ou procédure ou qui concernent des instances ou procédures commencées avant le 1er juill. 1892.

Enfin, les prescriptions de l'art. 24 L. 26 janv. 1892, relativement à l'indication de la date et de la nature de l'acte initial de l'instance ou de la procédure, demeurent sans objet et sont à considérer, par suite, comme abrogées à l'égard des exploits dont il est question dans les art. 7 et 8 de ladite loi (I. G. 2838).

1. Contributions indirectes. — A la suite de la loi du 28 avril 1893, l'Administration des Contributions indirectes a adressé aux agents de son service une circulaire en date du 10 août 1893, n° 65, qui contient les prescriptions suivantes :

« Le droit d'enregistrement des procès-verbaux de contravention ou de délit est abaissé de 3 fr. 75 à 2 fr. 50, principal et décimes, et les exploits d'assignation, d'appel, de signification de jugement, de commandement, de notifications de contrainte, les soumissions portant reconnaissance de contravention, les transactions stipulant l'abandon d'objets saisis destinés à être vendus publiquement, etc..., ne doivent plus supporter qu'un droit fixe de 1 fr. 25, principal et décimes, au lieu de 1 fr. 88.

« Aucune modification n'est apportée aux dispositions anciennes concernant les délais impartis pour l'enregistrement de ces actes.

« L'enregistrement continuera également à être *gratuit* pour tous les actes de poursuites et tous autres actes, tant en action qu'en défense, ayant pour objet le recouvrement des contributions publiques et de toutes autres sommes dues à l'État, lorsque les droits ou créances n'excéderont pas en total la somme de *cent* fr. (L. 16 juin 1824, art. 6) ».

Nous avons peine à croire que l'art. 22 L. 28 avr. 1893, spécial aux actes *extrajudiciaires*, ait pu modifier le tarif applicable à certains actes dénommés dans la circulaire qui précède, tels que les soumissions portant reconnaissance de contraventions et les transactions stipulant l'abandon d'objets saisis, destinés à être vendus publiquement

Les soumissions et les transactions sont des actes contractuels et non des actes extrajudiciaires, et nous n'apercevons pas en quoi la loi nouvelle a pu modifier le régime qui leur est applicable.

40. Recouvrement de taxes communales autres que des contributions. — Payement des droits. — Les actes extrajudiciaires qui ont pour objet le recouvrement de droits de place dus à une commune par des loueurs de voitures, boutiquiers, limonadiers, etc..., occupant certains emplacements en vertu d'une autorisation du maire, ne rentrent pas dans la catégorie des actes tendant au recouvrement de contributions : ils tombent, dès lors, sous l'application du tarif général édicté par les art. 43 L. 28 avr. 1816 et 4 L. 19 fév. 1874. — La commune, à la requête de laquelle les poursuites sont exercées, est débitrice des droits dus sur ces actes (Alger, 19 mai 1896. 9051 R. P.).

56 *bis*. Accidents du travail. — Les significations faites, en exécution de la L. 9 avr. 1898 sur les accidents du travail, sont visées pour timbre et enregistrées gratis (art. 29, 9293 R. P.). — V. *suprà* le mot nouveau *Accidents du travail*.

56 *ter*. Saisie-arrêt. — Salaires et petits traitements. — Aux termes de l'art. 15 L. 12 janv. 1895, sur la saisie-arrêt des salaires et petits traitements d'ouvriers ou employés, les exploits dressés en exécution de cette loi doivent être rédigés sur papier non timbré et enregistrés gratis (8050-15 R. P.; — 2875 I. G.).

88. Supplément de droit. — V. *suprà* n° 40.

98, 104, 139, 148, 153, 157. Pluralité. — D'après la loi du 26 janv. 1892, les *exploits* restaient toujours soumis au principe de la pluralité résultant du nombre des parties (L. 22 frim., art. 68, § 1, n° 30) et du nombre des dispositions indépendantes (même loi, art. 11). Cette règle avait été maintenue malgré un amendement de M. Royer, député, tendant à faire décider que les créanciers, en quelque nombre qu'ils fussent, et les saisis ne seraient comptés que pour une seule partie dans les actes de procédure relatifs aux procédures de saisie, de contributions et d'ordre.

Dans l'exposé des motifs de la loi de finances de 1893, le Gouvernement a reconnu lui-même qu'il y avait là une réforme à opérer. « Le principe de la pluralité, a-t-il dit, consacré par la loi organique en matière de dispositions indépendantes, juste en lui-même pour les droits fixes au même titre que pour les droits proportionnels, et dont la suppression absolue conduirait à de véritables abus, peut entraîner des résultats excessifs en ce qui concerne les exploits signifiés dans les procédures de purge, d'ordre, de contribution, de saisie immobilière et de délaissement par hypothèque. Nous vous proposons résolument de l'abroger à l'égard de ces actes. Le dégrèvement ne sera pas inférieur à près de 600.000 fr. La propriété foncière en profitera presque exclusivement. » (*J. off., Doc. parlem.*, annexe n° 2523, session 1893, p. 19 et s.) Cette proposition est devenue l'art. 23 de la loi du 28 avr. 1893 : « Est abrogé le dernier alinéa de l'art. 68, § 1, n° 30, L. 22 frim., en ce qui concerne les exploits relatifs aux procédures de délaissement par hypothèque, de purge des hypothèques légales ou inscrites, de saisie immobilière, d'ordre judiciaire et de contribution judiciaire. En conséquence, il ne sera dû qu'un seul droit pour ces exploits, quel que soit le nombre des demandeurs et des défendeurs ».

Comme le porte l'I. G., n° 2838, le législateur exprime clairement qu'à ses yeux, les personnes agissant les unes contre les autres dans les procédures sus-indiquées et notamment les créanciers et les acquéreurs, ont respectivement le caractère de cointéressés, contrairement aux décisions rendues jusqu'alors par la jurisprudence.

1. ACTES QUI BÉNÉFICIENT DE LA RÉFORME. — « Par exploits, en matière de délaissements, dit un commentateur de la loi, il faut entendre : 1° les commandements aux débiteurs originaires, de payer ; 2° les sommations aux tiers détenteurs, de payer ou de délaisser l'héritage hypothéqué; en effet, quoique le commandement ne soit pas adressé à la personne des tiers détenteurs, mais bien aux débiteurs, il est cependant l'acte initial de la procédure de délaissement, et, à ce titre, nous n'hésitons pas à penser qu'il doit être rangé parmi les exploits visés par l'art. précité. Il en est de même du commandement, tendant à la saisie immobilière, qui est le préliminaire obligé de toute saisie de cette nature. Mais tous les actes de procédure de saisie immobilière n'étant pas des exploits, ceux-là seuls qui ont ce caractère sont régis par le texte de l'art. 5 dont s'agit. Ainsi le procès-verbal de saisie, le cahier des charges, étant un acte ou plutôt des actes différents des exploits, restent sous l'empire de la législation ancienne, tandis que la dénonciation de la saisie immobilière, la sommation de prendre communication du cahier des charges, bénéficient de la loi nouvelle. En matière de purge légale, la sommation adressée au mari et à la femme, ainsi qu'au procureur de la République, par acte séparé, tombent sous l'application de la loi nouvelle. Il en est de même, en ce qui concerne les hypothèques qui ne sont pas dispensées d'inscription. La loi nouvelle est applicable aux exploits de notification aux créanciers inscrits. Dans les ordres et les contributions judiciaires, les sommations de produire aux créanciers inscrits étant des exploits, l'art. les vise. Il en est autrement de la dénonciation des règlements provisoires et définitifs des ordres et contributions aux créanciers produisants ou colloqués, parce que cette dénonciation s'effectue vis-à-vis eux par acte d'avoué à avoué. Mais en ce qui concerne les dénonciations aux parties saisies ou venderesses n'ayant pas d'avoué, comme elles ont lieu, dans ce cas, par voie d'exploit, elles sont réglées par les dispositions de la loi nouvelle. » (Commentaire par M. Zigliéti, juge à Mauriac.)

2. ACTES NE CONSTITUANT PAS DES EXPLOITS. — Si l'on suivait, pour l'art. 23, les règles d'interprétation stricte qui sont généralement appliquées en matière fiscale, on devrait décider que cet article, visant exclusivement les exploits, ne saurait être étendu à des actes d'une autre catégorie; mais l'Administration s'est départie, dans la circonstance, de sa rigueur habituelle; pour se conformer à l'esprit de l'art. 23, elle a prescrit d'étendre, à moins de circonstances particulières, le principe qui s'en dégage aux actes de toute nature occasionnés par les procédures en question. C'est ainsi, porte l'Inst. n° 2838, qu'il ne devra être perçu qu'un seul droit fixe d'enregistrement sur l'acte

50 *ter*. Tunisie. Actes signifiés en France à la requête du ministère public près les tribunaux français de Tunisie. Visa pour timbre et enregistrement en débet. — V. *Acte judiciaire*, n° [illegible].

54 *bis*. Objets abandonnés chez les ouvriers et industriels. [illegible] L. 31 déc. 1903. — Tous les actes, spécialement les exploits, [illegible], jugements et procès-verbaux faits en exécution de la L. 31 déc. 1903 sur la vente des objets mobiliers confiés aux ouvriers ou industriels et qui n'ont pas été retirés dans le délai de 2 ans sont, aux termes de l'art. 7 de cette loi, dispensés du timbre et doivent être enregistrés gratis. Pour tenir lieu des droits de timbre et d'enregistrement, il est perçu sur le procès-verbal de vente 2 fr. p. 100 du produit de la vente, sans addition de décimes (Instr. 3129, 10715 R. P.).

79 et 81. Irrégularités dans la mention de l'enregistrement [illegible] intéressant la vindicte publique. — La nullité des exploits ou procès-verbaux, prononcée pour défaut d'enregistrement dans les délais fixés par l'art. 34 L. frim., ne s'applique pas aux actes qui intéressent l'ordre et la vindicte publique (Cass. (crim.), 13 sept. 1900. [illegible] R. P.).

Défaut d'enregistrement dans le délai légal. Nullité. Absence accidentelle du receveur. Responsabilité de l'huissier. — Un huissier ne peut être déchargé de la responsabilité qui lui incombe pour défaut d'enregistrement d'un exploit dans le délai légal que lorsqu'il fournit la preuve que l'inaccomplissement de la formalité en temps utile est dû à des circonstances équivalant pour lui à un véritable cas de force majeure, excluant par suite toute faute ou négligence de sa part. Spécialement, un huissier, actionné en responsabilité à raison du défaut d'enregistrement dans le délai d'un exploit de son ministère, n'est pas fondé à appeler le receveur en garantie, s'il résulte des faits qu'il a choisi avec [illegible], pour se présenter au bureau de l'enregistrement, un moment où il savait que le receveur se trouvait accidentellement absent ([illegible], 21 [illegible] 1905, 10829 R. P.).

98. Terrains. Acquisition sur réquisition. — Bénéficie de l'immunité des droits de timbre et d'enregistrement l'acquisition faite par l'expropriant sur la réquisition de l'exproprié faite en vertu de l'art. 50 L. 3 mai 1841. S'il reste à l'exproprié plusieurs parcelles distinctes, on ne saurait en faire masse et décider que le droit à réquisition ne peut s'exercer qu'autant que leur ensemble représente moins du quart de l'immeuble exproprié (Limoges, 6 juill. 1880, [illegible] R. P.).

EXPOSITION UNIVERSELLE.

35. Bons de l'Exposition de 1900. Lots sortis au tirage. Impôt sur le revenu. — V. *Impôt sur le revenu*, n° 33-5.

EXPROPRIATION.

31. Expropriation pour cause d'utilité publique. Société concessionnaire substituée à une commune. Actes d'acquisition antérieurs au traité de concession. Droits non restituables. — En matière d'expropriation pour cause d'utilité publique, une société ne peut être subrogée aux droits conférés aux communes par la L. 3 mai 1841 qu'en vertu d'un traité passé dans les formes légales et régulièrement approuvé par l'autorité compétente. Tant que ce traité n'est pas intervenu, la société doit être regardée comme un simple particulier, et, par suite, il n'y a pas lieu à restitution des droits perçus sur les cessions amiables qui lui ont été antérieurement consenties, alors même que les immeubles ayant fait l'objet de ces actes auraient été, selon le vœu de l'art. 58 de la loi précitée et dans la forme prévue par cette loi, reconnus nécessaires à l'exécution des travaux, et que la demande en restitution des droits perçus aurait été faite dans les délais fixés (Lyon, 6 août 1883, 16007 R. P.).

passé au greffe, sous l'empire du nouveau régime, pour constater, à la requête de plusieurs acquéreurs non conjoints ni solidaires, le dépôt, à fin de purge, de la copie collationnée du procès-verbal de l'adjudication prononcée à leur profit : les prescriptions contraires de l'Inst. n° 1939, § 3, spéciales au cas dont il s'agit, cesseront par suite d'être observées.

123. Société d'assurances mutuelles contre l'incendie. — Résiliation de polices. — La pluralité de droits est applicable à l'exploit par lequel cinq membres d'une société d'assurances mutuelles, auxquels les statuts sociaux n'imposent aucune solidarité, notifient leur volonté de résilier les polices à l'expiration de la période en cours (Sol. 6 sept. 1893, 9438 R. P.).

180-2. Assignation en police correctionnelle avec constitution d'avoué. — Droit de pouvoir non exigible. — La constitution d'un avoué dans un exploit d'assignation en police correctionnelle constitue une disposition dépendante exempte de tout droit particulier (I. G. 3019-3, 9646 R. P.). — V. *Avoué*, n° 3-4.

211 *bis*. Significations d'avoué à avoué. — Exemption du timbre. L. 26 janv. 1892. — V. *Avoué*.

211 *ter*. Saisie-arrêt. — Salaires et petits traitements. — Exemption du timbre. — V. *suprà* n° 56 *ter*.

EXPOSITION UNIVERSELLE.

20-34-35. Bons à lots. — Taxes spéciales. — Exemption. — Actes passés par l'Administration de l'Exposition. — Enregistrement. — Les bons à lots créés pour l'Exposition universelle de 1900 sont affranchis de tout impôt, à l'exception de la taxe établie sur les lots. D'autre part, les actes de toute nature passés par l'Administration de l'Exposition sont soumis au seul droit fixe de 3 fr. (L. 13 juin 1896, 9123-2 R. P.). — V. *Code des lois*.

EXPROPRIATION.

53. Donation. — La gratuité du timbre et de l'enregistrement prononcée par l'art. 58 L. 3 mai 1841, s'applique aux acquisitions concernant le service vicinal, toutes les fois que la déclaration d'utilité publique résulte des formalités accomplies conformément à la loi spéciale. Il en est ainsi alors même qu'au lieu d'être consenties à prix d'argent, les cessions faites par les propriétaires expropriés ont lieu sans indemnité (Sol. 6 déc. 1892, 8047 R. P.).

87. Travaux complémentaires. — Pour bénéficier de l'art. 58 L. 3 mai 1841, l'expropriant doit justifier que les travaux complémentaires en vue desquels une acquisition d'immeubles est faite sont la suite et le complément des travaux primitivement déclarés d'utilité publique ; l'existence d'un arrêté spécial de cessibilité et d'une décision ministérielle autorisant les travaux ne suffirait pas si ces actes ne visaient pas la loi ou le décret déclaratifs d'utilité publique. En l'absence de ces justifications, les droits d'enregistrement et d'hypothèque, à l'exclusion des salaires, peuvent, cependant, être restitués s'il est démontré que l'acquisition est faite, en définitive, pour le compte de l'État, mais les droits de timbre demeurent acquis au Trésor (Sol. 16 janv. 1893, 24046 J. E.).

Il suffit, d'ailleurs, dans l'hypothèse précédente, pour justifier l'application de l'art. 58 L. 3 mai 1841, que la décision ministérielle représentée se réfère elle-même à la loi ou au décret déclaratif d'utilité publique, et qu'il en résulte la preuve que l'arrêté de cessibilité a été rendu pour l'exécution d'un travail constituant la suite ou le complément de projets dont l'utilité a été primitivement déclarée (Sol. 7 mars 1900, 25978 J. E.).

115. Échange. — Soulte à la charge de l'exproprié. — Exemption des droits non applicable. — L'exemption des droits établie, en matière d'expropriation pour cause d'utilité publique, par l'art. 58 L. 3 mai 1841, ne s'applique pas à la soulte mise à la charge de l'exproprié, encore bien que ce dernier soit fondé à exercer, sur le terrain qui lui est cédé, le droit de préemption que lui confère l'art. 53 L. 16 sept. 1807 (Sol. 25 janv. 1896, 8732 R. P.).

144. Remploi facultatif. — L'exemption de droits accordée par la loi du 3 mai 1841 profite aux actes constatant le remploi d'immeubles expropriés en vertu de cette loi, soit lorsqu'il s'agit de biens dotaux, soit même quand les immeubles appartenaient à des mineurs ou autres incapables, mais à la condition expresse, dans ce dernier cas, que le remploi ait été ordonné par le tribunal. Elle ne saurait être étendue au remploi procédant de la seule volonté des parties (Sol. 5 sept. 1893, 8237 R. P.).

156. Restitution. — Timbre des états et certificats hypothécaires. — Le bénéfice de l'art. 58 L. 3 mai 1841, relatif à la restitution des droits perçus sur les actes d'acquisitions amiables passés avant les arrêtés de cessibilité, s'étend au droit de timbre des états et certificats hypothécaires requis par l'expropriant en vue de la purge, soit obligatoire, soit même facultative (Sol. 20 mai 1896, 8947 R. P.).

162. Dommages causés à la propriété. — L. 29 déc. 1892. — Les plans, procès-verbaux, certificats, significations, jugements, contrats, quittances et autres actes faits en vertu de cette loi sont visés pour timbre et enregistrés gratis, quand il y a lieu à enregistrement (art. 19, 8029 R. P.). — V. *Code des lois*.

199-214. Acquisition réalisée par adjudication. — Droits des actes antérieurs. — Restitution. — Pétition. — Timbre.

1° Lorsqu'une acquisition, réalisée par voie d'adjudication, est ultérieurement déclarée d'utilité publique, les droits perçus sur les actes antérieurs à l'adjudication ne sont pas susceptibles d'être restitués (L. 3 mai 1841, art. 58, 3e alinéa), alors même qu'en vertu d'une clause spéciale du cahier des charges, ils auraient été supportés par l'expropriant.

2° Le coût d'un timbre d'une demande en restitution ne

doit pas être remboursé (L. 20 mars 1897, art. 42), si les droits qui en font l'objet ont été régulièrement perçus et ne sont devenus restituables que par l'effet d'une déclaration d'utilité publique postérieure à la perception (Sol. 18 juill. 1901, 3080-9 I. G. ; — 10179 R. P.).

225 à 250. Alignement. — Voirie urbaine, vicinale ou rurale. — Plans d'alignement régulièrement approuvés. — Art. 58 L. 3 mai 1841 applicable. — L'art. 3 L. 13 avr. 1900 (9850 R. P. — V. *Code des lois*) renferme les dispositions suivantes : « Sont admis au bénéfice de la gratuité des droits de timbre et d'enregistrement les actes ou contrats relatifs à l'acquisition de terrains, même clos ou bâtis, poursuivis en exécution d'un plan d'alignement, régulièrement approuvé, pour l'ouverture, le redressement, l'élargissement des rues ou places publiques, des chemins vicinaux et des chemins ruraux reconnus ».

Voici en quels termes l'I. G. 3012 commente ces dispositions nouvelles :

« Jusqu'à présent, les actes relatifs à des acquisitions faites en vue de l'ouverture, du redressement ou de l'élargissement des rues et places publiques ainsi que des chemins vicinaux et ruraux, ne pouvaient bénéficier de l'immunité d'impôt prononcée par l'article 58 L. 3 mai 1841 que s'il était intervenu, antérieurement à la présentation des actes à la formalité ou dans les deux ans ayant suivi la perception des droits, une déclaration d'utilité publique rendue, selon les cas, soit conformément à la loi du 3 mai 1841, soit conformément à la législation spéciale à la matière (art. 50 et 52 L. 16 sept. 1807 ; — 15 et 16 L. 21 mai 1836 ; — L. 8 juin 1864 ; — art. 44 et 86 L. 10 août 1871).

« Aux termes de l'article 3 de la L. 13 avr. 1900, les dispositions contenues dans le premier paragraphe de l'article 15 et dans les articles 16, 17 et 58 L. 3 mai 1841 sont applicables à tous les actes ou contrats relatifs à l'acquisition de terrains, même clos ou bâtis, poursuivie en exécution d'un plan d'alignement régulièrement approuvé pour l'ouverture, le redressement, l'élargissement des rues ou places publiques, des chemins vicinaux et des chemins ruraux reconnus.

« Il résulte notamment de cette disposition que les actes et contrats relatifs à des acquisitions faites dans l'intérêt de la voirie urbaine, vicinale ou rurale, devront être désormais admis à la gratuité dès l'instant que les acquisitions seront réalisées conformément à des plans d'alignement régulièrement approuvés et sans qu'il soit besoin, comme autrefois, que ces plans emportent expropriation, ou qu'il ait été rendu un décret déclaratif d'utilité publique.

« La loi nouvelle, conçue en termes généraux, vise, sans distinction, tous les actes et contrats relatifs aux acquisitions dont il s'agit. Elle ne s'applique donc pas seulement aux contrats d'acquisition eux-mêmes, mais encore aux actes ou contrats qui en sont le préliminaire, la suite ou le complément naturels. En outre, la dispense porte aussi bien sur les droits perçus au bureau des hypothèques au profit du Trésor que sur ceux encaissés au bureau de l'enregistrement. C'est en ce sens qu'a été interprété l'article 58 L. 3 mai 1841, en ce qui concerne les acquisitions faites en vertu de la loi sur l'expropriation, et on ne saurait lui attribuer une autre signification pour l'application de l'article 3 L. 13 avr. 1900.

« Les droits qui, en l'absence de plans d'alignement, auraient été perçus sur des actes relatifs à des acquisitions concernant la voirie, deviendraient d'ailleurs restituables si, dans les deux ans à compter de la perception, il était justifié que la condition à laquelle se trouve subordonnée l'immunité d'impôt, s'est depuis *réalisée*. Appliquées aux actes et contrats prévus par l'article 3 L. 13 avr. 1900, les dispositions finales de l'article 58 précité ne sauraient être autrement entendues.

« Pour qu'il y ait lieu à la gratuité du visa pour timbre et de l'enregistrement, il faut qu'il s'agisse d'une acquisition poursuivie en vertu d'un plan d'alignement *régulièrement* approuvé. Cette condition impose l'obligation de rechercher, dans chaque cas particulier, si l'autorité administrative, qui a revêtu le plan de son approbation, était compétente pour le faire. Sur ce dernier point, les règles qui résultent de la législation en vigueur sont les suivantes :

« *Voirie urbaine*. — C'est aux préfets qu'il appartient depuis le décret du 25 mars 1852, d'approuver les plans d'alignement des villes, bourgs et villages.

« Cette règle générale comporte toutefois une double exception :

« 1° Les rues des villes, bourgs et villages qui ont été reconnues dans les formes légales être le prolongement de chemins vicinaux, sont assimilées à ces chemins (L. du 8 juin 1864). V. ci-après : *Chemins vicinaux*.

« 2° Les rues de la ville de Paris faisant partie de la grande voirie (Décr. 26 mars 1852, Instr. 2100, § 2), les plans généraux d'alignement qui les concernent doivent être arrêtés par décret rendu en Conseil d'État, conformément à l'article 52 de la loi du 16 sept. 1807 (Dall., J. G., Supp. v° *Voirie par terre*, n° 776).

« *Chemins vicinaux*. — En ce qui concerne les chemins vicinaux, la L. 10 août 1871 a conféré le pouvoir d'approbation des plans d'alignement, savoir : aux conseils généraux, s'il s'agit de chemins de grande communication et d'intérêt commun (art. 44 et 46) ; à la commission départementale, s'il s'agit de chemins vicinaux ordinaires (art. 86).

« *Chemins ruraux reconnus*. — L'ouverture, le redressement et la fixation de la largeur et de la limite des chemins ruraux *reconnus* sont prononcés par la commission départementale sur le vu de plans *d'exécution* qui doivent rester annexés aux arrêtés pris par cette commission (art. 13 de la loi du 20 août 1881). C'est, sans aucun doute, à l'existence de ces plans régulièrement approuvés par la commission départementale que se trouve subordonnée, en cette matière, la gratuité du timbre et de l'enregistrement, car il n'existe pas pour les chemins ruraux reconnus de plans *généraux* d'alignement. »

241. Voirie urbaine. — Terrains nus. — Propriétés bâties. — Décidé, avant la L. 13 avr. 1900, rapportée *suprà* n° 225, que l'arrêté préfectoral, qui approuve le plan général d'alignement d'une ville non soumise au décret du 26 mars 1852, suffit pour conférer le bénéfice de l'art. 58 L. 3 mai 1841 aux acquisitions de terrains nus com-

EXTRAIT.

FABRIQUE.

1-6. Séparation des Églises et de l'État. Associations et unions cultuelles. Inventaire des biens des établissements ecclésiastiques supprimés. Droit de retour de l'État. Attribution de biens; immunités fiscales. Contrôle financier des associations et des unions. Régime fiscal. — L. 9 déc. 1905, 11080 R. P.; — Décr. 20 déc. 1905, 11086 R. P.; — Décr. 16 mars 1906, 11188 R. P.

pris dans l'alignement et nécessaires à la voirie *urbaine* : l'Administration ne croit pas devoir exiger, même dans ce cas, la production d'un décret déclaratif d'utilité publique (D. m. f. 13 janv. 1893, 8093 R. P.).

Reconnu également que, pour les villes qui ne sont pas soumises au décret du 26 mars 1852, le plan général d'alignement dressé sous les formes réglementaires ne confère le bénéfice de l'art. 58 L. 3 mai 1841 qu'aux acquisitions des immeubles *non bâtis* compris dans l'alignement. Mais pour les villes soumises au régime de ce décret, l'exemption d'impôt s'applique indistinctement aux acquisitions d'immeubles *bâtis* et *non bâtis* faites pour l'amélioration de la voirie urbaine, sans qu'il soit besoin de remplir, à l'égard des immeubles *bâtis*, les formalités ordinaires de l'expropriation (Sol. 1er avr. 1893, 8122 R. P.).

Ces décisions ne sont, aujourd'hui, applicables qu'en ce qui concerne les points qui ne sont pas contraires à la loi précitée du 13 avr. 1900.

248. Voirie urbaine. — Rue projetée. — Maison — Promesse de vente. — Jugé, aussi, avant cette dernière loi, que le bénéfice de l'art. 58 L. 3 mai 1841 ne peut être accordé à l'acte par lequel un propriétaire promet de vendre, moyennant un prix déterminé, à une ville soumise au décret du 26 mars 1852, une maison comprise dans le tracé d'une rue projetée, mais dont l'ouverture n'a pas été déclarée d'utilité publique, dans le cas où la ville donnerait suite au projet d'exécution de la rue. — En conséquence, la présentation volontaire d'un semblable contrat à la formalité de la transcription autorise le Conservateur à percevoir les droits de timbre et de transcription au comptant (Montpellier, 9 fév. 1891, 7870 R. P.).

Faisons remarquer que, sous le régime de l'art. 3 L. 13 avr. 1900, le plan d'alignement régulièrement approuvé suffirait, dans l'hypothèse prévue au jugement précité, pour que la *gratuité* des droits fût applicable.

253. Chemin vicinal. — Élargissement. — Terrains en bordure. — Ne saurait bénéficier de la gratuité des droits prévue par l'art. 58 L. 3 mai 1841, l'acquisition faite par une ville de terrains situés en bordure d'un chemin vicinal : — Alors, d'une part, qu'il est douteux, en fait, que, dans l'arrêté déclarant les travaux d'utilité publique, la Commission départementale ait voulu incorporer au domaine public, comme accessoires indispensables du chemin, les terrains dont il s'agit, qui sont en dehors de l'assiette dudit chemin, telle qu'elle est déterminée par l'arrêté antérieur de classement et le plan annexé; — Alors, également, d'autre part, que l'acquisition ayant pour objet des terrains bâtis ou clos, la décision de la Commission départementale n'a pu, en droit, emporter expropriation, dans les formes légales auxquelles demeure subordonnée l'application de l'art. 58 L. 3 mai 1841 (Castelsarrasin, 5 déc. 1899, 9725 R. P.; — V. *suprà* n° 87).

Depuis la L. 13 avr. 1900 rapportée *suprà* n° 225, le second motif de ce jugement ne serait plus fondé.

296. Réquisitions militaires. — Loi 18 déc. 1878. — Exécution en Algérie. — Décret 5 juill. 1893, 8111 R. P.

V. SUCCESSION.

EXTRAIT.

7. Avoués. — 1. SÉPARATION DE BIENS. — Les avoués n'étant pas détenteurs légaux des minutes de jugements de séparation de biens, les extraits qu'ils en délivrent tombent sous l'application de l'art. 68, § 1er, n° 18 L. 22 frim., qui vise les collations d'actes et pièces ou des extraits d'iceux par quelque officier public qu'elles soient faites et les assujettit au tarif de 1 fr. (porté depuis à 1 fr. 50) lorsqu'ils ont le caractère d'actes judiciaires (Sol. 21 juin 1897, 9140 R. P.).

Les extraits de jugements de séparation de biens délivrés par les avoués en exécution de l'art. 872 C. Proc., ne constituent pas des copies collationnées dans le sens de l'art. 68, § 1, n° 18 L. 22 frim., et bénéficient de l'exemption d'enregistrement accordée par l'art. 8 de la même loi aux extraits, copies ou expéditions des actes qui doivent être enregistrés sur les minutes ou originaux (Châlons, 15 déc. 1899, 9835 R. P.; — Seine, 2 mars 1900; — Sol. 12 avril 1899).

2. CONSEIL JUDICIAIRE. — Doit être établi sur papier timbré de dimension l'extrait sommaire du jugement ou de l'arrêt prononçant une interdiction, et que l'avoué qui l'a obtenu doit transmettre au greffe du tribunal du lieu de naissance du défendeur. Rédigé par un avoué, l'extrait peut être fait sur papier timbré à 0 fr. 60 ou 1 fr. 20; mais il doit être soumis à la formalité de l'enregistrement au droit de 1 fr. 50 avant tout usage. S'il est délivré par le greffier, il constitue une véritable expédition passible du droit de timbre minimum de 1 fr. 80; mais il est dispensé de l'enregistrement. (D. m. f. 19 mai 1893, 8131 et 8418-42 R. P.; 2864, § 11, I G.).

11. Greffier. — 1. CONSEIL JUDICIAIRE. — V. *suprà*, n° 7-2.

22. Communication. — Extraits de registres d'enregistrement. — Ordonnance du juge de paix. — Autorisation refusée. — Appel. — L'art. 58 L. 22 frim., qui permet aux tiers de demander au juge de paix l'autorisation nécessaire pour obtenir la délivrance d'extraits des registres de l'enregistrement, s'en est rapporté à la prudence du juge, en ce qui concerne l'autorisation à accorder. Cette autorisation ne saurait être refusée toutes les fois que le tiers justifie qu'il a un intérêt direct et certain à la délivrance de l'extrait qu'il réclame. L'appel peut être formé par la partie requérante contre l'ordonnance du juge de paix (Niort, 21 août 1890, 7743 R. P.).

FABRIQUES ET CONSISTOIRES.

1. Législation. — L'art. 78 de la loi de finances du 26 janv. 1892 (8093 R. P.) a soumis, à partir du 1er janv. 1893, les comptes et budgets des fabriques et consistoires à toutes les règles de la comptabilité des autres établissements publics et confié au Gouvernement le soin de déterminer les conditions d'application de cette mesure.

Trois décrets du 27 mars 1893 ont, en conséquence, réglementé les comptabilités respectives des fabriques, des conseils presbytéraux et consistoires protestants, et des consistoires et communautés israélites (8095 R. P.).

Enfin, en exécution de ces décrets, le Ministre des cultes et le Ministre des finances ont arrêté, de concert, les règles de détail à suivre par les fabriques (Inst. 15 déc. 1893), par les conseils presbytéraux (Inst. 24 déc. 1893), et par les communautés israélites (Inst. 19 juin 1894). Le texte de ces trois instructions est annexé à l'Inst. gén. de l'Adm. de l'Enreg., n° 2868.

Ce nouveau régime a fait l'objet d'un important discours de M. le Procureur général de la Cour des comptes à l'audience solennelle de rentrée du 16 oct. 1893. Nous avons reproduit les passages les plus intéressants de ce discours sous les n°s 8261 et 8382 du R. P.

5. Comptabilité. — Les règles de la comptabilité publique exigent deux comptes : le compte administratif, rendu par l'ordonnateur, et le compte de gestion, rendu par le comptable.

Pour obéir à ces prescriptions, les ordonnateurs de la fabrique, du conseil presbytéral et de la communauté tiennent :

1° Un livre d'enregistrement des droits des créanciers;

2° Un livre des mandats délivrés ;

3° Enfin, lorsque le comptable est un receveur spécial ou un percepteur, un carnet d'enregistrement des titres de perception qu'il remet au comptable.

De leur côté, les comptables tiennent :

1° Un journal à souche pour l'enregistrement des recettes et pour la délivrance des quittances aux parties versantes;

2° Un livre-journal de caisse sur lequel ils portent, chaque jour, d'une part, le total des recettes inscrites sur le journal à souche; d'autre part, le détail des dépenses au fur et à mesure qu'ils les effectuent;

3° Un livre de détail sur lequel les recettes et les dépenses sont classées par articles du budget.

Tous ces registres sont exempts de timbre, en vertu de l'art. 81 du décret-loi du 30 déc. 1809, dont les dispositions s'appliquent également aux fabriques, aux conseils presbytéraux et consistoires protestants, et aux consistoires israélites (2868 I. C., p. 2).

Lorsque le comptable est un percepteur, les pages du livre des comptes divers, affectées à la comptabilité de la fabrique, du conseil presbytéral ou du consistoire et de la communauté, ne seront pas revêtues du timbre de dimension (2868 I. G., p. 2).

6-4. Timbre des quittances. — Comptables. — Les comptables délivrent, pour toutes les sommes versées à leur caisse, des quittances extraites du journal à souche. Ces quittances sont passibles du timbre à 25 centimes (art. 4 L. 8 juill. 1865 et 2 L. 23 août 1871), lorsque la recette excède 10 fr., ou lorsque, n'excédant pas 10 fr., elle a pour objet, soit un acompte, soit un payement final sur une somme supérieure à ce chiffre.

Par dérogation aux prescriptions des décrets des 20 oct. 1862, art. 1er, et 21 juill. 1865, art. 1er, suivant lesquelles les timbres mobiles doivent être apposés et annulés immédiatement *au moyen d'une griffe*, les trésoriers et receveurs spéciaux des fabriques et consistoires ont été autorisés, par décret du 29 juin 1894, à annuler les timbres mobiles à 25 centimes par l'apposition, à l'encre noire, en travers du timbre, de leur signature ainsi que de la date de l'oblitération. C'est là, d'ailleurs, une simple faculté accordée aux fabriques, conseils presbytéraux et consistoires israélites, et ces établissements ont le droit d'opter entre les deux modes d'oblitération.

En ce qui concerne l'exigibilité du droit, il a été reconnu qu'il n'y a pas lieu d'apposer le timbre sur les quittances qui sont données pour ordre, notamment pour les recettes ci-après : produit des quêtes, produit des troncs, produit de la location des bancs et chaises lorsqu'il est perçu en régie par un préposé de l'établissement public (2868 I. G., p. 3).

Régisseurs de recettes. — Les oblations ou offrandes ainsi que les droits perçus à l'occasion des cérémonies du culte conformément aux tarifs régulièrement approuvés peuvent être reçus par les ministres du culte ou par leurs délégués, moyennant la délivrance aux parties versantes d'une quittance détachée d'un registre à souche. Cette quittance, n'émanant pas d'un comptable public, est passible seulement du droit de timbre de 0 fr. 10, lorsqu'il y a lieu à l'exigibilité d'un droit de timbre (2868 I. G., p. 4).

6-5. Mémoires ou quittances des entrepreneurs et fournisseurs et pièces justificatives des comptes. — A l'appui des mandats pour le payement des prix de fournitures ou de travaux, les établissements peuvent, comme par le passé, produire, au lieu de mémoires ou factures, de simples quittances explicatives soumises seulement au timbre de 0 fr. 10, lorsque la somme excède 10 fr., ou que, n'excédant pas 10 fr., elle a pour objet, soit un acompte, soit un payement final sur une somme supérieure à ce chiffre.

La dispense de timbre accordée par l'art. 81 du décret-loi du 30 déc. 1809 s'étend aux copies ou extraits d'actes produits à l'appui des comptes, à titre de justifications, sous la condition qu'ils soient délivrés par le comptable, le président du bureau des marguilliers, le président du conseil presbytéral ou le président du consistoire, et qu'ils fassent mention de leur destination (2868 I. G., p. 4).

FAILLITES ET LIQUIDATIONS JUDICIAIRES.

(Les n°s 9 à 15 ci-après remplacent les n°s 9 à 15 de la 7e édit. du Rép. gén., la loi du 26 janv. 1892 ayant édicté un certain nombre d'exemptions en matière de faillites et de liquidations judiciaires.)

9. L. 26 janv. 1892. — Nature et caractère des exemptions. — L'art. 10 L. 26 janv. 1892 affranchit, non seulement de tout impôt, mais encore des formalités du timbre et de l'enregistrement, certains actes rédigés en exécution des lois sur les faillites et liquidations judiciaires; il en donne une énumération détaillée, indiquant par là que les exemptions ne doivent pas être étendues aux actes qu'il n'a pas spécialement désignés. Cette disposition est donc essentiellement limitative (2816 I. G., p. 13); elle s'applique aux actes suivants :

3 et 4. Registre des délibérations du conseil. Tenue obligatoire. — La tenue d'un registre des délibérations est obligatoire pour les conseils de fabrique (Lyon, 8 fév. 1904, 10796 R. P.).

Communication obligatoire. — Les art. 22 L. 23 août 1871 et 7 L. 21 juin 1875 obligent les sociétés et tous autres assujettis aux vérifications de l'Enregistrement à communiquer tous leurs livres, registres, pièces de recette, de dépense et de comptabilité, sans qu'il y ait à distinguer entre les documents soumis ou non au timbre, et sans que les parties aient à se faire juges soit du but, soit de l'utilité de la communication. — Spécialement, le registre des délibérations d'un conseil de fabrique rentre dans la catégorie des documents sujets à communication, puisqu'il constitue un livre d'administration temporelle et extérieure, faisant connaître la vie juridique, la gestion financière, la comptabilité, les recettes et dépenses du conseil (Cass. (req.), 7 nov. 1905, 11000 R. P.).

FAILLITES ET LIQUIDATIONS JUDICIAIRES.

10. Actes exempts. — 1. DÉCLARATION DE CESSATION DE PAIEMENTS. — Ces actes étaient autrefois soumis au droit de 4 fr. 50, plus le droit de greffe. — V. *Faillite*, n° 9.

2. BILAN ET DÉPÔT DE BILANS. — Le droit de 3 fr. dû sur le bilan, et le droit de 4 fr. 50 sur l'acte de dépôt au greffe sont donc supprimés. — V. *Faillite*, n°s 10 et s.

3. AFFICHES. — CERTIFICAT D'INSERTION. — L'exemption s'applique tant aux affiches et certificats d'insertion relatifs à la déclaration de faillite qu'aux convocations de créanciers.

Le procès-verbal constatant la formalité de l'affichage, en matière de faillite, et le procès-verbal d'apposition d'affiches en matière de liquidation judiciaire, ne sont pas compris dans l'énumération de l'art. 10. Aussi l'Administration avait-elle cru pouvoir leur refuser l'exemption de timbre et d'enregistrement (Sol. 20 sept. 1892 et 15 mai 1893, 7996 et 8098 R. P.). Le même motif existait pour les certificats d'affichage de jugements déclaratifs de faillite, qui avaient été exclus du bénéfice de la loi nouvelle par la seconde de ces Solutions.

Bien que cette interprétation fût parfaitement conforme aux règles générales qui gouvernent l'interprétation des lois fiscales, elle consacrait de singulières anomalies, comme nous l'avons fait remarquer à l'art. 7996 R. P. C'est là ce qui explique pourquoi elle n'a pas été sanctionnée par l'autorité judiciaire.

Le premier tribunal qui a été saisi de la question a décidé, sous des prétextes plus ou moins plausibles, que les procès-verbaux et certificats d'affichage de l'espèce doivent être comptés au nombre des actes exemptés par l'art. 10 (Privas, 6 juin 1894, 8657 R. P.). A la suite de cet échec, l'Administration a renoncé à faire prévaloir sa thèse.

4. DÉPÔT D'INVENTAIRE, DE TRANSACTIONS ET AUTRES ACTES. — Il est bien évident que l'exemption stipulée dans l'article 10 n'est relative qu'aux actes de dépôts et que les inventaires, transactions et autres actes restent soumis au droit qui leur est propre (Déclaration du rapporteur sur l'art. 10, annexe n° 155, à la séance du 7 janv. 1892).

5. PROCÈS-VERBAUX D'ASSEMBLÉE. — L'affranchissement de la formalité du timbre et de l'enregistrement s'applique à tous les procès-verbaux d'assemblées, de dires, d'observations et de délibérations de créanciers, ce qui comprend les procès-verbaux de vérification et d'affirmation.

6. ÉTATS DES CRÉANCES PRÉSUMÉES. — Le bilan doit contenir l'état des dettes actives et passives du failli. A raison des controverses qui s'élevaient, en droit commercial, sur sa force probante, on avait pu se demander s'il pouvait donner ouverture au droit de titre et nous avions conclu à la négative (v° *Faillite*, n° 12). Actuellement aucun doute ne peut s'élever en présence de la disposition qui accorde l'immunité absolue.

7. ACTES DE PRODUIT. — En matière de faillite, les créanciers comparaissent ou se font représenter aux procès-verbaux d'assemblée, et il n'est généralement pas rédigé d'actes de produit.

Néanmoins, lorsqu'il en était rédigé, le droit de timbre leur était applicable, bien que l'enregistrement n'en fût pas obligatoire (v° *Faillite*, n° 59). Il n'est plus dû actuellement aucun droit.

8. REQUÊTES ET ORDONNANCES. — L'exemption de tous droits s'applique aux requêtes adressées *au juge commissaire* et aux ordonnances et décisions de ce magistrat.

L'acte par lequel un juge-commissaire constate qu'un syndic accepte les fonctions qui lui ont été confiées, qu'il a prêté serment en cette qualité et lui donne acte de l'accomplissement de ces formalités, peut être compris parmi « les ordonnances et décisions de ce magistrat » que l'art. 10 L. 26 janv. 1892 affranchit de la formalité du timbre et de l'enregistrement (Sol. 10 mai 1893, 8098 R. P.).

Il en est de même des ordonnances du juge-commissaire qui, sur la requête d'un syndic, fixent les honoraires dus à celui-ci, relativement aux faillites ouvertes depuis le 1er juill. 1893 (Sol. 22 juill. 1893).

9. RAPPORTS ET COMPTES DES SYNDICS. — Les rapports, rédigés par les syndics en vertu de l'art. 506 C. com. pour préparer le concordat, devaient être timbrés et enregistrés (v° *Faillite*, n° 73-8). Ils sont maintenant affranchis de tous droits, et l'exemption s'applique également à tous les actes qu'ils rédigent sous le nom de rapports et de comptes.

10. ÉTATS DE RÉPARTITION. — Ces états, qui devaient être dressés sur papier timbré, peuvent être faits maintenant sur papier non timbré.

11. QUITTANCES DE RÉPARTITION. — Les quittances de répartition, données par les créanciers au syndic ou au liquidateur, étaient sujettes à un droit unique de 3 fr., quel que fût le nombre d'émargements sur chaque état de répartition (v° *Faillite*, n° 117-1). Elles en sont dorénavant affranchies.

Mais elles restent soumises au droit de timbre de 0 fr. 10 établi par l'art. 18 L. 23 août 1871.

12. PROCÈS-VERBAUX DE VÉRIFICATION ET D'AFFIRMATION DE CRÉANCES. — Ces procès-verbaux étaient tarifés au droit fixe de 4 fr. 50 (v° *Faillite*, n° 63-2) : ils échappent maintenant à toute perception.

13. CONCORDATS OU ATERMOIEMENTS. — Ces actes étant affranchis de la formalité du timbre et de l'enregistrement, les difficultés qui s'étaient élevées au sujet de la perception du droit d'obligation, de quittance ou du droit gradué, ne pourront plus se reproduire. — V. *Faillite*, n°s 73 et s., 97 et s.

Il va sans dire que les atermoiements, consentis par les créanciers d'un débiteur dont la faillite n'a pas été prononcée ou qui n'a pas été admis au bénéfice de la liquidation judiciaire, continuent d'être régis par le droit commun (2816 I. G., p. 14).

11. Actes non exempts. — On doit considérer comme restant en dehors des prévisions de la loi et demeurant assujettis aux règles générales de la perception :

1° L'assignation en déclaration de faillite ;

2° Le jugement déclaratif de faillite ;

3° Le certificat du greffier constatant la déclaration de faillite et délivré au syndic pour retirer à la poste la correspondance du failli (Sol. 7 fév. 1893) ;

4° Les procès-verbaux d'apposition et de levée de scellés (Sol. 16 juill. 1892) ;

5° Les inventaires après faillite (même Sol.) ;

6° Les jugements prononçant d'office la clôture des opérations d'une faillite pour insuffisance d'actif (Sol. 4 juill. 1893).

12. Répertoire. — L'art. 10 stipule que tous les actes

dont il donne l'énumération, bien qu'affranchis de la formalité du timbre et de l'enregistrement, continueront à rester soumis à l'inscription au répertoire, en conformité de la Loi du 22 frim. Nous expliquons *infrà*, n° 159 et s., en quel sens il faut entendre cette disposition.

13. Actes de procédure. — Les exploits, qui ne rentrent pas dans les prévisions de l'art. 10, profitent des réductions accordées d'une façon générale par les lois de 1892 et de 1893.

14. Expéditions. — 1. Actes visés dans l'art. 10. — Les expéditions des actes dont la minute est affranchie de tout droit sont exemptes de timbre.

2. Actes non visés dans l'art. 10. — Les expéditions des actes non spécialement visés bénéficient de la réduction générale accordée à toutes les expéditions par la loi de 1892.

15. Droit de greffe. — Suppression. — En vertu de la suppression prononcée par l'art. 4, aucun droit de greffe ne peut plus être perçu.

17, 18 et 21. Nomination et remplacement du juge-commissaire. — Ordonnances de ce magistrat. — Exemption de timbre et d'enregistrement. — V. *suprà* n°s 9 et 10-8.

32 et 33. Apposition et levée de scellés. } V. *suprà*
34. Inventaire. } n° 11.

39 à 45. Nomination et gestion des syndics. — V. *suprà* n° 11.

51. Fonds de commerce. — Matériel et marchandises. — Vente d'objets mobiliers. — Enregistrement non obligatoire. — V. *Mutation*.

54. Cession par le failli à un créancier gagiste d'une créance et d'une rente sur l'État. — La transaction par laquelle un débiteur en faillite cède à un créancier gagiste, pour le désintéresser, une créance et une rente sur l'État formant l'objet du gage, donne ouverture au droit de 0 fr. 50 p. 100 pour la cession de la créance et à celui de 3 fr. pour la cession de la rente (Senlis, 10 juill. 1895, 8775 R. P.).

57-68. Vérification et affirmation des créances. — V. *suprà* n° 10-12.

65. Admission d'un créancier repoussé par les syndics. — 1. Jugement. — Le bénéfice du droit fixe accordé par l'art. 13 L. 24 mai 1834 aux procès-verbaux d'affirmation et de vérification de créance ne peut être étendu aux jugements qui reconnaissent au profit d'une partie contre le failli un droit de créance qui ne résultait pas de titres antérieurs et dont la reconnaissance judiciaire était indispensable pour lui conférer le titre primordial de sa créance (Villeneuve, 21 nov. 1896, 9095 R. P.). — Cette décision confirme un principe déjà consacré par plusieurs tribunaux (Seine, 28 juin 1862, 1711 R. P.; — Douai, 4 août 1876, 3329 R. P.). Elle a statué au sujet d'une procédure commencée avant la mise en vigueur de la loi du 26 janv. 1892; mais la doctrine qui s'en dégage reste applicable sous le nouveau régime. Actuellement, en effet, les procès-verbaux de vérifications et d'affirmations de créances sont affranchis de la formalité du timbre et de l'enregistrement (art. 10 L. 26 janv. 1892). Mais cette immunité doit être limitée aux actes qui, sous l'empire de la législation antérieure étaient, eux-mêmes, passibles du droit fixe seulement.

Décidé également, antérieurement à la loi de 1892, que le jugement intervenu entre le syndic d'une faillite et un tiers, qui constate que celui-ci a subi par la faute du failli un préjudice dont il lui est dû réparation, qui fixe l'indemnité à laquelle il a droit et l'admet au passif de la faillite jusqu'à due concurrence, ne peut bénéficier de la disposition de l'art. 13 L. 24 mai 1834 sur les vérifications de créance et donne ouverture au droit de dommages-intérêts de 2 fr. p. 100 (Lyon, 30 oct. 1889, 7460 R. P.).

Il y a lieu de tarifer comme renfermant une condamnation à dommages-intérêts le jugement qui déclare un failli responsable de mauvais placements et prononce l'admission du bailleur de fonds lésé au passif de la faillite (Villeneuve, jugement précité du 21 nov. 1896, 9095 R. P.).

De même encore, le jugement aux termes duquel un tribunal consulaire, statuant sur l'admission de créances au passif d'une faillite, prononce une condamnation à restituer des valeurs mobilières, est assujetti, de ce dernier chef, au droit proportionnel de condamnation édicté par l'art. 69, § 2, n° 9, L. 22 frim. et porté à 1 fr. 25 p. 100 par l'art. 16, § 5, L. 26 janv. 1892 (Alger, 30 déc. 1899, 9833 R. P.).

69 à 107. Concordats et atermoiements. — V. *suprà* n° 10-13.

98. Atermoiement. — Délai accordé au débiteur non failli. — Constitue un atermoiement, passible du droit de 50 cent. p. 100, l'acte aux termes duquel les créanciers, mettant fin à l'état de liquidation judiciaire qu'ils avaient provoqué, autorisent leur débiteur à continuer, sans interruption, l'exploitation de ses usines, et s'engagent, pour un délai déterminé, à n'exercer aucune poursuite pour le remboursement de leurs créances, en principal et intérêts (Lyon, 24 juill. 1890, 7473 R. P.; Cass., 27 déc. 1893, 8225 R. P.).

108. Liquidation de la Compagnie du Canal de Panama. — L. 1er juill. 1893; — Inst. du 10 juill. 1893, n° 2844; — 8112 R. P.

L'art. 4 de la loi du 1er juill. 1893 accorde de plein droit le bénéfice de l'assistance judiciaire au mandataire des porteurs d'obligations de la Compagnie universelle du Canal interocéanique de Panama.

123. Commerçant en état de liquidation judiciaire. — Droit d'interjeter appel. — Résistance du liquidateur. — Le débiteur en état de liquidation judiciaire ne peut faire aucun acte conservatoire, intenter ou suivre aucune action en justice, et par conséquent interjeter appel, sans l'assistance de son liquidateur. Peu importe, à ce point de vue, que le liquidateur ait été appelé et ait pris

72. Concordat. Formation. Délibération des créanciers. L. 28 mars 1906 modifiant l'art. 509 C. comm. — L'article unique de cette loi porte : « L'art. 509 du Code de commerce est ainsi modifié. — Art. 509. Le concordat sera, à peine de nullité, signé séance tenante. S'il est consenti seulement par la majorité en nombre ou par la majorité des trois quarts en sommes, la délibération sera continuée à huitaine pour tout délai. — Dans ce cas, les créanciers présents ou légalement représentés, ayant signé le procès-verbal de la première assemblée, ne sont pas tenus d'assister à la seconde assemblée; les résolutions par eux prises et les adhésions données restent définitivement acquises, s'ils ne sont venus les modifier dans cette dernière réunion ». — 11190 R. P.

155-1. *Faillite.* **Répartitions aux créanciers privilégiés. Exigibilité de la taxe de 0 fr. 25 p. 100.** — La disposition de l'art. 16, § 1er, L. 26 janv. 1892, en vertu de laquelle les répartitions aux créanciers en matière de faillites et de liquidations judiciaires sont passibles de la taxe des frais de justice de 0 fr. 25 p. 100, atteint indistinctement toutes les sommes distribuées par les syndics ou liquidateurs aux divers créanciers, que ceux-ci viennent au marc le franc ou qu'ils soient privilégiés (Bordeaux, 19 déc. 1899; Cass. (civ.), 20 fév. 1905 (2 arrêts), 10659 R. P.).

156. **Concordat par abandon partiel d'actif. Distributions faites par le syndic ou le liquidateur. Taxe de 0.25 p. 100.** — En cas de concordat par abandon partiel d'actif, la taxe de 0.25 p. 100 établie par les art. 15, § 1, n° 2 et 16, § 1, n° 1 L. 26 janv. 1892 est due sur le montant des sommes distribuées par les syndics de faillites ou les liquidateurs judiciaires au moyen des fonds provenant de la réalisation de l'actif (Bordeaux, 8 juill. 1901; Cass. (civ.), 29 nov. 1905, 11088 R. P.).

des conclusions par lesquelles il déclare s'en rapporter à la justice. De telles conclusions n'équivalent pas à un acquiescement (Cass. req. 17 juin 1897, 9384 R. P.).

141. **Liquidation judiciaire. — Insuffisance d'actif. — Enregistrement en débet.** — En cas d'insuffisance d'actif de la faillite, on peut admettre à l'enregistrement et au timbre en débet le jugement déclaratif, les procès-verbaux d'apposition d'affiches et de scellés et les actes de dépôt de bilans. Mais les procès-verbaux de levée de scellés doivent être timbrés et enregistrés au comptant. Les mêmes règles sont applicables en matière de liquidation judiciaire, sauf en ce qui concerne les procès-verbaux d'apposition de scellés qui, non prévus par la loi du 4 mars 1889, restent soumis au droit commun (Sol. 4 janv. 1891, 7390 R. P.).

2. Signification des jugements déclaratifs. — Avances à faire par le Trésor. — Les frais de signification des jugements déclaratifs de faillite rentrent dans la catégorie de ceux dont le Trésor doit faire l'avance, lorsque les deniers appartenant à la faillite ne peuvent suffire immédiatement à y faire face, sans distinguer entre les jugements qui interviennent dans les conditions prévues aux art. 438 et s. C. Com. et ceux qui sont rendus sur l'opposition du failli ou de tout autre intéressé, conformément à l'art. 580 C. Com. D. m. f. 19 juill. 1900, 3030 I. G.; — 9946-61 R. P.).

154. **Taxe des frais de justice.** — L'art. 16, § 1er, L. 26 janv. 1892, qui établit le droit compensateur des dégrèvements accordés aux faillites et liquidations judiciaires, en fixe la quotité à 0 fr. 25 p. 100.

155. **Assiette du droit.** — Aux termes de l'art. 15 n° 2, le droit est perçu sur le montant des sommes mises en distribution.

1. Créanciers privilégiés. — On a tenté de soutenir qu'en matière de faillite les sommes faisant l'objet d'une répartition sont seules assujetties à la taxe de 0 fr. 25 p. 100 (art. 16, § 1, n° 1er), et qu'aux termes des art. 565 et s. du Code de commerce, par « répartition » il faut entendre la distribution *au marc le franc* de l'actif disponible après divers prélèvements au nombre desquels figurent « les sommes payées aux créanciers privilégiés ». D'où la conséquence, qu'il n'y a pas répartition et que la taxe ne serait pas due quand l'actif est entièrement absorbé par les frais et les créances privilégiés.

Mais l'Administration a repoussé cette opinion par des motifs péremptoires qui peuvent se résumer ainsi. Dans le langage usuel, comme dans le langage juridique, la répartition est l'opération qui consiste à déterminer la part revenant, dans une valeur, à chacun des créanciers qui avaient sur elle des droits concurrents, et qui fixe l'effet respectif des causes de préférence attachées à chaque créance. La répartition prévue par les art. 565 et suiv. C. Com., c'est-à-dire la distribution au marc le franc, n'est donc qu'un genre de répartition. Ce n'est évidemment pas la seule que le législateur de 1892 ait eu en vue : la taxe de 0 fr. 25 p. 100 a été établie en remplacement des droits de timbre et d'enregistrement dont l'art. 10 a affranchi la plupart des actes rédigés en exécution des lois sur les faillites, et la réforme a eu surtout pour but de proportionner l'impôt à l'importance des litiges. Or, ce serait aller à l'encontre de ce but que d'exempter de la taxe des créances privilégiées qui représentent une grande partie des intérêts engagés dans les faillites et qui, en outre, bénéficient dans la plus large mesure du service judiciaire (Sol. 28 nov. 1894, 8055 R. P.).

C'est dans le même sens que s'est prononcée la jurisprudence (Rouen, 18 nov. 1897, 9272 R. P.; — Bordeaux, 29 juin 1898, 9423 R. P.; — Tours, 17 juin 1898, 9485 R. P.; — Le Havre, 10 mars 1900, 9971 R. P.).

Toutefois, il a été reconnu que lorsqu'un compte courant a été, sur la demande du syndic, ouvert à une faillite dans une maison de banque pour le recouvrement de traites dues à la faillite et qu'une somme a été versée en garantie des effets négociés, cette somme ne constitue pas un paiement fait à cette banque et ne saurait, dès lors, être frappée de la taxe (Rouen, 18 nov. 1897, 9272 R. P.).

Un jugement du tribunal du Havre du 10 mars (9971 R. P.) a décidé que la taxe de 0 fr. 25 p. 100 n'est pas due sur les sommes payées pour contributions et loyers « parce que cette taxe n'est autre chose que la représentation des frais de justice dont la suppression a été prononcée par l'art. 10 L. 1892,... et que le Trésor ne peut pas plus réclamer le payement de cette taxe au propriétaire et au Trésor qu'il n'aurait pu leur réclamer le montant des frais qu'elle remplace ». Cette décision ne nous semble pas justifiée. Il suffit pour s'en convaincre de remarquer que la taxe due pour les répartitions ne rentre pas dans la catégorie des frais que le Trésor doit avancer en cas d'insuffisance des deniers de la faillite.

2. Créancier gagiste. — Décidé, par un jugement du tribunal de Mâcon du 11 juill. 1900, que la taxe de 0 fr. 25 p. 100 n'est pas exigible sur la somme versée à un créancier gagiste par le syndic d'une faillite qui retire le gage conformément à l'art. 547 du Code de commerce. Bien que cette décision soit contraire à la doctrine qui a prévalu jusqu'à ce jour et que nous venons d'exposer *suprà*, l'Administration en a autorisé l'exécution, mais seulement pour des motifs d'opportunité, par une Sol. du 6 oct. 1900 (10071 R. P.).

3. Frais de gestion. — Les sommes figurant dans le compte du syndic pour frais de *gestion* ne sont pas soumises au droit de 0 fr. 25 p. 100; mais on ne doit considérer comme tels que les dépenses faites par le syndic pour la réalisation de l'actif de la faillite (Tours, 17 juin 1898, 9485 R. P.).

156. **Concordat pur et simple.** — La taxe ne s'applique qu'aux répartitions qui s'effectuent par les soins des syndics ou liquidateurs, c'est-à-dire à celles qui ont lieu en cas d'union des créanciers ou de concordat par abandon d'actif. Si le débiteur obtient un concordat pur et simple, en d'autres termes s'il est replacé à la tête de ses affaires, les payements faits par lui, en exécution de l'engagement qu'il a contracté envers ses créanciers, ne sont pas assujettis à la nouvelle taxe et continuent d'être régis par le droit commun (2816 I. G., p. 24). C'est, d'ailleurs, ce qui résulte des déclarations suivantes émanant du rapporteur de la commission des finances du Sénat (séance du 19 janv.) :

« Nous créons une taxe sur les répartitions faites aux créanciers dans les faillites et nous disons qu'elle sera payée par les syndics et liquidateurs, dans la huitaine à compter du jour où la répartition aura été ordonnée. Or, la faillite n'aboutit pas toujours au contrat d'union ou au concordat par abandon d'actif, qui peuvent permettre aux syndics et aux liquidateurs de faillites, distributeurs, en ces deux cas, des dividendes, de payer cette taxe au fisc. La faillite peut souvent aboutir au concordat pur et simple, qui remet le failli en possession de son actif. Dans ce cas, c'est lui-même qui aura la charge de remplir ses engagements, et on m'a demandé si les dividendes dont il serait débiteur seraient aussi soumis au droit de répartition. — J'ai interrogé M. le Directeur de l'Enregistrement qui est, je crois, l'auteur de la rédaction, sur l'intention qui l'avait inspirée; il m'a fait connaître que sa pensée personnelle et celle de la Chambre n'étaient pas d'appliquer le droit au failli concordataire, et cela par une faveur intentionnelle consentie au concordat. Nous croyons l'idée juste, et, d'ailleurs, il ne nous paraîtrait pas possible d'atteindre des dividendes distribués par le failli lui-même, replacé à la tête de ses affaires. Nous entendons par suite y acquiescer et je donne cette explication à ceux que le contexte de notre article a pu ou pourrait embarrasser. »

157. Mode de payement du droit. — Aux termes de l'art. 16, § 1er, 1° L. 1892, la taxe doit être payée par les syndics ou liquidateurs dans la huitaine à compter du jour où la répartition a été ordonnée, sous peine d'en demeurer personnellement débiteurs.

Le syndic ne peut se soustraire à la réclamation de ce droit, en invoquant la prescription biennale, sous le prétexte qu'un visa a été apposé depuis plus de deux ans sur son répertoire où le procès-verbal de reddition de compte se trouvait inscrit. Le fait que le syndic a cessé ses fonctions ne saurait arrêter l'action du Trésor, et ce débiteur n'est pas fondé à opposer la compensation à raison de taxes qui pourraient être dues par d'autres services publics (Tours, 17 juin 1898, 9485 R. P.).

158. Perception insuffisante — Responsabilité des syndics. — Lorsqu'un syndic de faillite a remis au receveur, dans la huitaine de la répartition, une note contenant tous les renseignements utiles pour la perception de la taxe des frais de justice, il n'est pas responsable du supplément de droit qui peut être exigible si le receveur a fait une perception insuffisante, et l'Administration n'a d'action que contre les créanciers désintéressés (Sol. 19 avr. 1890, 9779 R. P.).

159. Obligations des greffiers. — Comme le fait remarquer l'I. G. 2816, p. 30, les greffiers n'ont à inscrire sur le répertoire tenu en exécution de l'art. 40 L. 22 frim. que les actes assujettis à l'enregistrement. Il s'ensuit que les exemptions d'enregistrement prononcées par l'art. 16 L. 26 janv. 1892, en matière de faillites et de liquidations judiciaires, entraînaient virtuellement la dispense d'inscrire les actes exemptés sur le répertoire. On a vu là un danger pour les parties et un inconvénient pour les greffiers, et M. Vallé l'a signalé à la Chambre : « Lorsque la loi du 22 frim., a-t-il dit, a frappé d'un droit fixe les différents actes qui sont mentionnés dans l'art. 10, elle a en même temps décidé que tous ces actes seraient portés au répertoire des greffiers. C'était une mesure très sage et très utile, parce que ces actes étant, par leur nature, unilatéraux, il n'en resterait plus trace, lorsque l'opération de la faillite serait terminée, s'ils n'étaient portés au répertoire des greffiers. Le Gouvernement propose que ces actes qui nous occupent soient dispensés du timbre et de l'enregistrement. Si l'on n'ajoute pas qu'ils continueront, comme par le passé, à être portés au répertoire, il n'en restera plus rien; et quand les justiciables voudront savoir ce qui s'est passé en matière de faillite, ils ne pourront être renseignés. Je demande donc qu'on ajoute au premier paragraphe de l'art. 10 la disposition dont M. le président vient de donner lecture. Elle n'a aucun caractère fiscal, elle n'entraînera ni dégrèvement ni aggravation d'impôt, et, je le répète, elle était déjà inscrite dans la loi du 22 frim. »

Le Commissaire du Gouvernement a répondu : « Il existe pour les parties un certain intérêt à ce que les actes dont on vient de parler continuent de figurer au répertoire. De plus, à côté de cet intérêt spécial, il y a, il faut bien le dire, un avantage pour les greffiers. Je me permets d'appeler l'attention de la Chambre sur ce point : sans doute, nous discutons ici des intérêts généraux, ceux des justiciables, mais il est certain que les intérêts des avoués et des officiers ministériels sont également en jeu. Les greffiers reçoivent un émolument de 10 centimes par chaque mention portée au répertoire. Il est incontestable que l'adoption de l'amendement de M. Vallé aura pour résultat de leur conserver cet émolument, j'ajoute que M. le Garde des Sceaux, qui devait nécessairement être appelé à donner son avis sur cette question, se prononce dans le sens de l'amendement de M. Vallé et reconnaît qu'il faut maintenir aux greffiers cet émolument de 0 fr. 10. Il a déclaré, en outre, que, dans l'intérêt des parties et afin qu'elles puissent retrouver trace des actes, il devra en être fait mention au répertoire. Tout le monde est donc d'accord sur ce point. En conséquence, j'ai l'honneur de proposer à la Chambre l'adoption de l'amendement de M. Vallé. »

Conformément à cette proposition, il a été inséré dans l'art. 10 une disposition portant que les différents actes visés par cet article continueront à rester soumis à la formalité du répertoire en conformité de la loi du 22 frim. an VII. Ceci impliquait qu'on avait jugé inutile de créer un répertoire spécial pour ces actes, et qu'on maintenait purement et simplement l'ancien répertoire.

1. Répertoire spécial. — Mais, d'autre part, les art. 19 et 20 placent les greffiers sur la même ligne que les huissiers et les obligent, les uns et les autres, à avoir un répertoire spécial pour tous les actes dispensés de l'enregistrement par la présente loi. Faudrait-il en conclure que les greffiers doivent répertorier deux fois les actes relatifs aux faillites et liquidations judiciaires, une première fois sur le répertoire prévu par l'art. 40 L. 22 frim., une seconde fois sur le nouveau répertoire? Évidemment non. La disposition de l'art. 10 disparaît en présence des obligations créées par les art. 19 et 20, et, comme le dit avec raison l'I. G. n° 2816, les actes et procès-verbaux en matière de faillite et de liquidation judiciaire exemptés de la formalité ne devront plus figurer sur le répertoire établi par la loi de frim.

2. Actes à porter sur ce répertoire spécial. — Il y

FAUX.

FEMME.

FOLLE ENCHÈRE.

FRACTION.

5. Ventes et échanges d'immeubles. Droits d'enregistrement. Perception de franc en franc sur les sommes et valeurs ne dépassant pas 300 fr. L. fin. 27 avril 1906 (art. 4). — 10959 R. P.
Dispositions analogues pour l'Algérie. Décr. 6 sept. 1906. — 11267 R. P.

FRAIS DE JUSTICE (TAXE DES).

GARDE PARTICULIER.

GARDE FORESTIER.

12. Actes des agents forestiers. Droits d'usage dans les forêts de l'État. Délivrances en nature. Timbre et enregistrement. Distinctions. — Sont exempts du timbre et de l'enregistrement, comme constituant des *actes administratifs* affranchis de l'une et l'autre formalité en vertu de l'art. 80 L. 15 mai 1818, les actes rédigés par les préposés de l'Administration des forêts, pris comme représentants de l'autorité administrative, en vue de réglementer l'exercice même des droits concédés aux usagers dans les forêts domaniales : tels sont les procès-verbaux d'arpentage, de balivage, de martelage, de délivrance avec permis d'exploiter, de reconnaissance de cantons défensables, de marque de bestiaux. Ces actes peuvent être enregistrés pour mémoire, si le service forestier requiert la formalité. Mais les expéditions de ces actes ou procès-verbaux ne peuvent, par application de la disposition finale de l'art. 80 L. 1818, être délivrées aux parties sans avoir été au préalable soumises au timbre. — Sont assujettis au timbre *en débet* et à l'enregistrement *en débet ou gratis* (suivant que, d'après les titres constitutifs des droits d'usage, les frais de délivrance incombent aux usagers ou à l'État), les actes dressés par les agents forestiers pour notifier un acte ou un fait ou constater une contravention et qui présentent ainsi le caractère d'*actes extrajudiciaires*; ce qui est le cas des citations à récolement, des notifications de procès-verbaux de reconnaissance de cantons défensables et des procès-verbaux de récolement constatant des délits (Instr. 3167, § 13, 10003 R. P.).

GREFFE-GREFFIER.

n'a pas à relater sur ce répertoire spécial les actes dispensés de timbre et d'enregistrement par des lois autres que celle du 26 janv. 1892. En conséquence, porte une Solution du 1er ... 1892, les actes de dépôt du double des répertoires des notaires, commissaires-priseurs et courtiers de commerce, et des signature et paraphe des notaires qui, antérieurement, étaient dispensés d'enregistrement et qui doivent être rédigés sur papier timbré (D. M. 24-30 juin 1817 et 17 oct. 1821; Inst. nos 590 et 1008), ne sont pas assujettis à l'inscription au répertoire spécial. Il en est de même des comptes et rapports des syndics qui ne sont pas des actes du greffe (Sol. 3 juill. 1893, 9773 R. P.).

D'un autre côté, puisque les seuls actes à inscrire se rapportent aux faillites et liquidations judiciaires, les greffiers des justices de paix et ceux des tribunaux civils, n'exerçant pas la juridiction commerciale, n'ont pas à tenir le nouveau répertoire (Sol. 21 juill. 1892, 7806 R. P.).

160. Forme du répertoire. — La forme est la même que celle du répertoire des huissiers. — V. *Répertoire*.

161. Visa du répertoire. — Les greffiers doivent présenter leur répertoire spécial au visa du receveur de leur résidence deux fois par mois, le 1er et le 16, ou le lendemain si ces jours sont fériés.

162. Pénalités. — Les pénalités sont les mêmes que pour les huissiers. — V. *Répertoire*.

FAUX.

21. Désistement de demande. — Amende. — Lorsqu'un jugement a admis une demande en inscription de faux contre un procès-verbal, et que l'instruction criminelle suivie contre les agents verbalisateurs s'étant terminée par une ordonnance de non lieu, le demandeur a été condamné, par défaut, à l'amende de 300 fr. édictée par l'art. 246 C. proc., ce dernier ne peut se soustraire au payement de l'amende sous le prétexte qu'il a formé opposition contre le jugement de condamnation, s'il s'est ultérieurement désisté de sa demande en inscription de faux (Sol. 27 fév. 1899, 9621 R. P.).

FEMME.

2. Capacité. — Actes de l'état civil. — L. 7 déc. 1897. — V. *Actes de l'état civil*, no 10.

FOLLE ENCHÈRE. — V. *Adjudication*.

FRAIS DE JUSTICE (TAXE DES). — V. *Adjudication, Exploit, Faillite, Jugement* et *Ordre*.

GARDE PARTICULIER.

3. Pluralité. — N'est passible que d'un seul droit fixe, et non de la pluralité des droits de cette nature, l'acte par lequel plusieurs propriétaires différents nomment un garde particulier de leurs propriétés (Sol. 28 mai 1894, 8344 R. P.).

8. Serment. — Les actes de prestation de serment des gardes des particuliers, dont le traitement et ses accessoires n'excèdent pas 4.000 fr., ne sont plus assujettis qu'à un droit fixe de 4 fr. 50 (L. 28 avr. 1893, art. 26, 8053 R. P. — 2838 I. G.).

GREFFE. — GREFFIER.

15-4. L. 26 janv. 1892. — Répertoire spécial. — Le répertoire spécial, dont la tenue est prescrite aux greffiers par l'art. 19 L. 26 janv. 1892, est établi sur papier non timbré. — V. *infra* no 36 *bis*.

19-8. Administrations publiques. — Copies de jugements et d'arrêts. — Les expéditions en forme des jugements ou arrêts, qu'une Administration publique réclame pour compléter le dossier d'une procédure, sont sujettes au timbre; mais les simples copies ou extraits requis à titre de renseignement peuvent être établis sur papier non timbré, lorsqu'il y est fait mention de leur destination (Lett. min. fin. au min. just. 16 juill. 1894, 8391 R. P.).

24. Emoluments des greffiers. — 1. MISE AU RÔLE, RÉDACTION ET TRANSCRIPTION. — Les greffiers recevaient, sous l'empire de la législation antérieure à 1892, un dixième du principal des droits de mise au rôle, de rédaction et de transcription. Nonobstant la suppression du principal de ces droits qui était perçu au profit du Trésor, les greffiers conservent le droit de faire payer, à titre d'émoluments, le dixième qui leur était précédemment attribué. Ce point résulte formellement des explications suivantes échangées à la Chambre des députés (1re séance du 14 déc. 1891; *J. off.* du 15, p. 2629).

2. DROIT D'EXPÉDITION. — Les greffiers avaient encore droit à une remise de 0 fr. 30 par rôle d'expédition. Cette remise est également maintenue; mais les expéditions pouvant désormais contenir de 12 à 14 syllabes à la ligne, au lieu de 8 à 10, il est devenu nécessaire de reviser les émoluments des greffiers, qui étaient basés sur l'importance des rôles.

24 *bis*. Règlement d'administration publique. — La revision prévue à cet égard par l'art. 23 L. 26 janv. 1892 a été faite par un décret en forme de règlement d'administration publique rendu le 23 juin 1892. Aux termes de ce décret (*J. off.* du 25 juin), il est alloué pour chaque *rôle* d'expédition : aux greffiers des cours d'appel, une remise de 60 cent.; aux greffiers des tribunaux de commerce et des tribunaux civils jugeant commercialement, y compris l'émolument de 10 cent. accordé par l'art. 11 du décret du 18 juin 1880, une remise de 60 cent.; aux greffiers des tribunaux civils de première instance, une remise de 45 cent. (art. 1er).

Sur les expéditions que les agents de la République demandent en son nom et pour soutenir ses droits, la remise ainsi déterminée est réduite : pour les greffiers des cours d'appel, à 40 cent.; pour les greffiers des tribunaux de commerce, à pareille somme; et pour les greffiers des tribunaux civils de première instance, savoir : en matière commerciale, à 40 cent. également, et en matière civile, à 30 cent. (art. 2).

Les greffiers des tribunaux civils de première instance ont droit à 65 centimes par *page* pour les bordereaux ou mandements de collocation par eux délivrés (art. 3).

Il n'est rien innové en ce qui touche les expéditions dressées tant par les secrétaires de conseils de prud'hommes que par les greffiers de justices de paix ou autres juridictions non désignées ci-dessus.

36 *bis*. **L. 26 janv. 1892. — Répertoire spécial.** — Afin de conserver la trace des actes qui sont désormais dispensés de l'enregistrement, la loi du 26 janv. 1892 impose aux greffiers, comme aux huissiers, chargés de dresser ces actes, l'obligation de tenir un répertoire spécial non timbré (art. 19).

Il n'y a pas à relater sur ce répertoire spécial les actes dispensés de timbre et d'enregistrement par des lois autres que celle du 26 janv. 1892. En conséquence, porte une Solution du 7 oct. 1892, les actes de dépôt au greffe du double des répertoires des notaires, commissaires-priseurs et courtiers de commerce, et des signature et paraphe des notaires qui, antérieurement, étaient dispensés d'enregistrement et qui doivent être rédigés sur papier timbré (D. m. 24-30 juin 1812 et 17 oct. 1821; Inst. nos 590 et 1008), ne sont pas assujettis à l'inscription au répertoire spécial.

D'un autre côté, puisque les seuls actes à inscrire se rapportent aux faillites et liquidations judiciaires, les greffiers des justices de paix et ceux des tribunaux civils, n'exerçant pas la juridiction commerciale, n'ont pas à tenir le nouveau répertoire (Sol. 21 juill. 1892).

40 *bis*. **Compte rendu sommaire des audiences.** — Un décret du 28 nov. 1900 a prescrit la tenue, par les greffiers des Cours et tribunaux de première instance, d'un registre mentionnant l'indication sommaire des arrêts ou jugements rendus à chaque audience, ainsi que les noms des magistrats qui y ont participé.

51. Conseil judiciaire. — Registre spécial. — Timbre. — Est sujet au timbre, le registre spécial dont la tenue est prescrite aux greffiers des tribunaux par l'art. 1 de la loi du 16 mars 1893, relative à la publicité à donner à la décision qui pourvoit un individu d'un conseil judiciaire (D. m. f. 8 et 19 mai 1893, 8151 et 8418-42 R. P.).

57. Registres. — 1. L. 26 JANV. 1892. — RÉPERTOIRE SPÉCIAL. — V. *suprà* n° 36 *bis*.

2. REGISTRE DES NANTISSEMENTS DE FONDS DE COMMERCE. — D'après la loi du 1er mars 1898, tout nantissement d'un fonds de commerce doit, à peine de nullité à l'égard des tiers, être mentionné sur un registre public tenu au greffe du tribunal de commerce dans le ressort duquel le fonds est exploité.

3. COMPTE RENDU SOMMAIRE DES AUDIENCES. — V. *suprà* n° 40 *bis*.

58. Registres. — 1. L. 26 JANV. 1892. — RÉPERTOIRE SPÉCIAL. — V. *suprà* n° 36 *bis*.

2. COMPTE RENDU SOMMAIRE DES AUDIENCES. — V. *suprà* n° 40 *bis*.

60. Registres. — 1. L. 26 JANV. 1892. — RÉPERTOIRE SPÉCIAL. — Les greffiers des justices de paix n'ont pas à tenir ce répertoire. — V. *suprà* n° 36 *bis*.

2. SAISIES-ARRÊTS SUR LES SALAIRES ET PETITS TRAITEMENTS. — L'art. 14 L. 12 janv. 1895, sur la saisie-arrêt des salaires et petits traitements des ouvriers ou employés, prescrit la tenue, au greffe de chaque justice de paix, d'un registre en papier non timbré destiné à recevoir la mention de toutes les phases de la procédure et l'inscription des décisions du juge de paix, ainsi que de la répartition établie entre les ayants droit (8030-15 R. P.; 2875 I. G.).

61-2. Serment. — Acte de prestation. — Timbre. — Les greffiers ne peuvent, sans contravention à la loi sur le timbre, rédiger à la suite les uns des autres, sur un registre spécial timbré, les procès-verbaux des prestations du serment reçues en dehors de l'audience; mais ils n'encourent aucune amende fiscale en inscrivant sur le même registre les procès-verbaux des serments reçus à l'audience (Sol. 22 juill. 1898, 9443 R. P.).

64-305. Suppression des droits de greffe. — L. 26 janv. 1892. — L'art. 4 L. 26 janv. 1892 a supprimé les droits de greffe de toute nature perçus au profit du Trésor dans les justices de paix, les tribunaux civils ou de commerce et les cours d'appel.

Cette suppression embrasse sans exception tous les droits de mise au rôle, d'expédition et de transcription fixes et proportionnels établis par la loi du 21 vent. an VII et les lois subséquentes. Elle s'applique, dès lors, en ce qui concerne, soit les minutes, soit les expéditions, non seulement aux actes, jugements et arrêts relatifs à des instances ou procédures, mais encore à tous actes délivrés par les greffiers ou passés dans les greffes en dehors de toute instance ou procédure, tels que certificats, déclarations, acceptations de successions sous bénéfice d'inventaire, renonciations à communautés ou à successions, dépôts de registres, titres ou pièces, publications de contrats de mariage, actes de constitution ou de dissolution de sociétés (2816 I. G.).

Elle s'étend également aux expéditions et, en outre, aux actes qui, quoique exempts d'enregistrement, étaient assujettis au droit de rédaction sous l'empire de la législation antérieure, comme les dépôts de répertoires (590 I. G.) et les dépôts de signatures et paraphes des notaires (1008 I. G.).

1. COUR DE CASSATION. — COUR DES COMPTES. — CONSEIL D'ÉTAT. — Les droits perçus au profit de l'État aux greffes de la Cour de cassation et de la Cour des comptes ainsi qu'au secrétariat du Conseil d'État ont été intentionnellement passés sous silence et se trouvent, par suite, maintenus sans modification.

305 *bis*. **Actes ne se rattachant à aucune procédure et déposés au greffe avant le 1er juillet 1892.** — La question s'est élevée de savoir si les expéditions d'actes de dépôt délivrées par les greffiers, depuis le 1er juillet 1892, sont soumises au droit de greffe lorsque les actes de dépôt sont antérieurs à cette date. Fallait-il ranger dans le

HABITATION.

13 et 16. **Donation. Droit d'habitation. Mode d'évaluation. Assimilation à l'usufruit. L. 25 fév. 1901.** — Les règles de perception établies par l'art. 13 L. 25 fév. 1901 pour les transmissions d'usufruit à titre gratuit entre vifs ou par décès, sont applicables à la constitution gratuite d'un droit d'habitation qui est assimilée, au point de vue fiscal, à une donation d'usufruit (Sol. 5 sept. 1902. Instr. 3090 § 2, 10306 R. P.).

HOMOLOGATION.

HYPOTHÈQUE.

Antichrèse.
— adjudicataire postérieur, 960.
— créanciers antérieurs, 960.

Bail de plus de 18 ans, 560.
Bordereaux.
— (absence de), 279.
— billets s. s. p., 260 bis.
— de collocation, 679-1.

Biens, 61, 327.

Conservateurs.
— classifications, 686 bis.

Compte courant, 311.
Concordat, 592, 594.
Congrégation, 642 bis et s. 738 quat.
Constructions, 21.

Désignation des biens, 61.

Divorce, 159.

Échange, 1070.

catégorie des procédures commencées avant le 1er juill. 1892, les formalités prévues pour les actes de sociétés (42, 43 et 44 C. comm.), les rapports des capitaines (242 et 243 C. comm.), les contrats de mariage (67 C. comm.)? Devait-on décider que l'expédition est liée au sort de la minute, en vertu de l'adage « *accessorium sequitur principale* »? L'Administration soutenait l'affirmative (Sol. 26 juin 1894, 8468 R. P.); mais le tribunal de Bordeaux a écarté cette prétention par un jugement du 7 mai 1894 (8342 R. P.), qui est ainsi conçu : « Attendu, que l'art. 4 L. 26 janv. 1892 a supprimé les droits de greffe de toute nature perçus au profit du Trésor devant les justices de paix, les tribunaux civils ou de commerce et les Cours d'appel; que l'art. 24 de la même loi précise les divers cas auxquels cette suppression est déclarée inapplicable; qu'il y est formellement indiqué que l'art. 4 ne s'applique pas aux actes relatifs à des procédures commencées avant le 1er juill. 1892; que la qualification de *procédures* ne peut et ne doit s'entendre que de litiges ou contestations qui exigent, à un moment quelconque, l'intervention du juge et ne peut raisonnablement être appliquée à des actes isolés, non contentieux et renfermés dans un greffe; que, si la loi de 1892 avait entendu faire exception pour ces actes, elle s'en serait nettement expliquée, comme elle l'a fait pour les instances, les ordres, les contributions, les ventes, les faillites et les liquidations judiciaires; attendu, *en fait*, dans l'espèce, que les droits réclamés par l'Administration se réfèrent à des expéditions délivrées depuis le 1er juill. 1892 sur des dépôts d'actes de société, de rapports de mer, de contrats de mariage dont quelques-uns remontent à 1869, 1870, 1885, 1887 et 1889 et qui n'ont aucun caractère contentieux; attendu que la prétention de l'Administration aurait pour résultat, si elle était admise, de prolonger indéfiniment la perception d'un impôt que la loi de 1892 a entendu supprimer et qu'elle n'a maintenu temporairement que dans certains cas taxativement spécifiés par l'art. 24 ».

Cette décision a été prise pour règle de perception par l'Administration (Sol. 18 et 21 juill. 1894, 8488 R. P.).

HABITATION.

13. **Transmission à titre gratuit. — Assiette du droit.** — Le droit d'habitation étant, au point de vue fiscal, assimilé à un usufruit, la transmission à titre gratuit de ce droit tombe sous l'application de l'art. 12 L. 25 fév. 1901, qui a établi de nouvelles règles pour l'évaluation de l'usufruit. Nous indiquons ces règles *infrà*, v° *Usufruit*.

24. **Sociétés d'habitation à bon marché.** — V. *Société*.

HOMOLOGATION. — V. *Jugement*.

HYPOTHÈQUE. (1)

TABLE DES MATIÈRES.

A

Acceptation, 868, 1045.
Acceptation bénéficiaire, 233.
Acquisition ultérieure, 40. — V. *État*.
Actes complémentaires, 1115 et s.
Actes explicatifs, 1113 et s.
Actes non visés par L. de 1855, 1117.
Acte s. s. p., 467-1.
Actes d'administration, 131.
Action en mainlevée, 726-1, 763.
— en retranchement, 390. — V. *État*.
Action résolutoire, 246, 734, 1102.
Adjudication, 434.
— acquéreurs distincts, 1133.
Adjudication en plusieurs lots, 1133.
— sur délaissement, 910.
— sur surenchère, 1114.
Affectation, 231.
Agent de change, 565-4.
Aliments, 118 bis, 628-2. — V. *Pension et Legs*.
Améliorations, 346.
Amende, 15, 977, 1135.
Antériorité, 1130.
Antichrèse, 960, 1076, 1103.
Authenticité, 93-4, 465, 467-1, 503, 641.
— dépôt, 503.
Apports immobiliers, 914, 1048, 1070.
Archives, 14-5, 3°.
Assistance judiciaire, 797-3.
Avoué, 977.
— erreur, 810.

B

Bail.
— de moins de 18 ans, 1105.
— de plus de 18 ans, 1035, 1104, 1106.
Bail emphytéotique, 1107, 1108.
Bénéfice d'inventaire, 235.
Biens à venir, 60, 72.
Biens d'autrui, 40.
Biens domaniaux, 1086.
Biens dotaux, 132.
Biens présents, 60.
Bordereaux, 274.
— inscrip. radiée antér., 271.
Bureau incompétent, 1115 bis, 1123.

C

Cadastre, 15.
Cautionnement, 414, 686-1, 785.
— immeubles, 688.
— rentes, 683-1, 3°.
Certificat de non-transcrip. et non-rescil., 851.
Cession de droits successifs, 359-1, 931.
— partage, 398.
Cession de priorité, 210.
Charges perpétuelles, 317.
Collocations, 676, 731-2.
Colonies, 17.
Compensation, 384.
Comptabilité, 1139.
Compte de tutelle soldé, 877, 881.
Concession de minerais, 1042-2.
Concurrence, 316 bis.
Conseil judiciaire, 438.
Conservateur non mandataire, 757-2.
Conservations des hypothèques.
— cautionnement. — V. *Cautionnement*.
— congés, 686-1.
— division, 14 et s.
— remise de service, 686 bis.
— salaires, 686 bis. — V. *Salaire*.
Contrat de mariage, 1048.
Contrainte, 171-2.
Copie de bordereaux, 274.
Correspondance, 712.
Créancier non nommé, 734-1.
Crédit foncier, 425, 425 bis.
— prix, 425 bis.
— subrogation, 425.

D

Décimes, 1136.
Déclaration estimative, 1134.
Décret 23 nov. 1900, 14-2.
Défaut de collocation, 734-2.
Délaissement, 919.
Délégation non acceptée, 365.
Démence, 197.
Dépossession, 728, 794, 776, 782-1.
Dépôt, 503.
— de statuts, 93-1.
Désignation des biens, 151, 350-5, 411 bis.
Dette du tuteur, 136.
Dissimulation, 1137.
Division des conservations, 14 et s.
— inst. administr., 14-3.
Divorce, 106-1.
— nullité, 489.
Domaine, 1066.
Domicile, 779.
Dommages, 453, 495, 499, 734-2, 736 bis, 770. — V. *Responsabilité*.
Dommages, nouveau possesseur, 783-1.
Donation, 72, 1102.
— acceptation, 73.
— et partage, 1046-3, 1102.
Dotalisation. — V. *Remploi*.
Doubles du reg. des dépôts, 697.
Droits conditionnels, 154.
— de concurrence, 316 bis.
— de correspondance, 712.
— de préférence, 36 bis.
— de prompte expédition, 712.
— de remplacement, 1004 et s.
— d'inscription, 871 et s., 877.
— — nouvelle, 871.
— d'usage et d'habitation, 1103.
— en sus. — V. *Amende*.
— éventuels, 154.
— hypothécaire, 14.
— indéterminés, 327, 877.
— nouveau, nouvelle inscrip., 123.
— réels, 377.
— successifs, 352-5.
— supprimés, 1003 et s.
— transcription, plus. acquéreurs, 1083.
Duplicata de quittance, 205-1.

E

Échange, 1111.
Effet légal des inscrip., 434, 744.
— rétroactif, 931.
Élection de domicile, 258, 280.
— bureaux de la conservation, 290, 757-2.
Élection de conservat. divisées, 289 bis.
Énonciation des notes, 730.
Envoi par la poste, 801-3.
Erreur de radiation, 201 bis.
— avoué. — V. *Responsabilité*.
— notaire. — V. *id*.
Estimation, 1134.
État.
— action en retranchement, 722, 723, 736 bis, 736 ter, 767.
— adjudication sur saisie, 682-1.
— copartageant dépossédé, 736, 1°, 736 bis.
— dépossession antérieure, 736, 2°, 736 bis, 736 ter, 776.

(1) Dans la première partie du *Rép. Gén.*, le mot *Hypothèque* figure à la fin du tome VI, en appendice.

État des transcriptions, 749-1 et s., 780, 980 bis.
— domicile, 779-1.
— dommages, 320.
— effet légal, 431, 436-1, 744.
— exclusions, 535.
— extraits succincts, 715, 750.
— fol enchérisseur, 736.8°.
héritier renonçant, 783.
— identité de terrain bâti et vignes, 780-5.
— inscriptions douteuses, 783-1.
— — existence légale, 741.
— — judiciaire, 783.
— — judiciaire limitée, 767.
— — limitée, 320, 757.
— — omise, mais n° en marge de l'état, 756.
— — postérieure à la ren. d. hyp. lég., 716.
— — postérieure à la vente, 736 bis, 782-4.
— — rayée partiel. et renouv., 716.
— limitation, 790-1, 721, 733-1, 744, 740-1.
— nom, 776 et s.
— note préalable, 750.
— omission ; moyens de neutraliser, 767.
— paiement aux créanciers révélés, 665-1.
— partage, 735.1°, 736 bis, 782.
— précédent propriétaire, 784-1. — V. Dépossession.
— prénoms, 780 et s.
— quittance de prix non payé, 700.
— renonciation à hyp. lég., 748.
— réquisition non précise, 744.
— résolution, 736 ter.
— servitude non ædificandi, 749-1.
— (signature des), 714-1.
— similitude de noms et prénoms, 781.
— sur saisie, 665-1, 734-1.
— sur transcription, 720-1 et s., 730, 731, 733-1, 736, 736 bis et ter, 748, 757, 763.
— sur transcription partielle, 780.
— transcription au delà de 30 ans, 749-1.
— transcriptions douteuses, 749-4.
— utilisation par un tiers, 748.
Étranger, 97, 98, 500 et s.
Existence légale des inscrip., 741.
Expropriations, 1054.
Extensions, 1042-2.
Extraits succincts, 715, 750.

F

Faillite, 523.
— action résolutoire, 346.
— privilège, 940.
— séparation des patrimoines, 412.
— significations, 509.
Femme divorcée, 108-1, 330, 649 bis, 675-1.
— inscrip. dans l'année, 330.
— étrangère, 97, 98.
— Angleterre, 560-1.
— Belgique, 560-2.
— Californie, 560-3.
— Capacité, 560 et s.
— État de New-York, 560-4.
— Hongrie, 560-5.
— Italie, 560-6.
Femme divorcée, Russie, 560-7.
— séparée, 119 bis, 443-2, 513-1.
Foi due aux actes, 730, 776.
Fol enchérisseur, 736.8°.
Fortage, 1042-2.
Fractionnement, 1106.
Frais de contrat, 374.
Frais de duplicata, 203-1.
Frais et dépens, 181. — V. Dommages.
Frais faits et à faire, 1098, 1121.

G

Gage. Prendre, 201, 203 bis.
Greffe, 597.
Guadeloupe, 17.

H

Héritier renonçant, 783. — V. État.
Huissier commis, 523.
Hypothèque 119 bis.
— date, 119 bis.
— effet, 119 bis.
— étendue, 202 bis.
— générale, 201 bis.
— Trésor, 414.
— judiciaire, 164.
— contraintes, 171-2.
— contributions annuelles, 164.
— droit conditionnel, 184.
— jugement par défaut, 164.2°.
— légale de la femme, 97, 98, 122, 125, 127, 407 et s., 418, 1100.
— date, 119 bis, 122.
— délai annal, 330, 737.
— déchéance, 127.
— droits indéterminés, 327.
— erreur du notaire, 203-1.
— femme divorcée, 330.
— femme étrangère, 97-98.
— inscrip. postér. à la dépossession, 736 bis.
— limitation, 320.
— — erronée, 203-1.
— nouvelle inscription, 125.
— remploi, 368, 553.
— renonciation, 748.
— renouvellement, 209-8.
— restriction, 123, 127.
— séparation de corps, 119 bis, 443-2, 443-4.
— légale du légataire, 181.
— légale des mineurs, 132, 136.
— point de départ, 136.
— subrogé tuteur, 132.
— maritime, 312, 913.

I

Immeubles contigus, 1112.
Immeubles par destination, 25 bis, 1025.
Imputation, 1136.
Inaliénabilité, 625,2.
Incapacité. — V. Interdiction.
Incendie, 887.
Insaisissabilité, 735.
Inscription, 10, 164, 1036 et s. — V. État.
— acceptation bénéficiaire, 245.
— accessoires, 808.
— biens à venir, 63, 72.
— biens d'autrui, 40.
— comptables publics, 414.
— condition, 184, 874 bis.
Inscription, créance conditionnelle, 874 bis.
— créance éventuelle, 877, 885.
— — paiement des droits avant radiation, 884-1.
— délai annal, 330, 737.
— droit conditionnel, 184.
— effet légal, 434, 744.
— élection de domicile, 288, 289.
— erreur de prénoms, 433-1.
— — du conservateur, 760-1.
— et transcrip. du même jour, 1003.
— hyp. légale. — V. Hyp. lég.
— intérêts, 317-1, 317-2.
— limitée, 329.
— non colloquées, 1124.
— nouvelle, 871.
— nullité, 250-2.
— postérieure à la vente, 736 bis.
— prénom, 437-1.
— prêt différé, 874 bis.
— privilège de copartageant, 398, 399.
— radiée et reprise, 201 bis.
— — par erreur, 201 bis.
— rang, 201 bis.
— renonciation antérieure, 748.
— renouvell. tardif, 756-1.
— séparation des patrimoines, 358, 200-1, 408, 410, 411 bis, 412.
— subséquentes, 72.
— succession bénéficiaire, 235.
— taxe, 968, 1081 et s.
— transcription du même jour, 900.
— Trésor. Duplicata, 206-1.
— tutelle, 677, 885.
— d'office, 350, 369-5, 1130, 1118 bis, 1127, 1123.
— action en radiation, 649-2.
— compensation, 384.
— comptables publics, 414.
— état exclusif, 721.
— frais, 374.
— partage, 398.
— pluralité des lots, 811.
— privilège de copartageant, 398.
— quittance de prix non payé, 700.
— taxe, 1059, 1123.
— valeur à satisfaction, 381.
Instances, 1137.
Insuffisance, 1137.

J

Jugement, 134.
— opposition, 154.2°.
— par défaut, 154.3°.
— résolution, 977.
Justifications, 256.
— séparation des patrimoines, 256, 150-1.

L

Legs. Aliments, 625-2.
— insaisissabilité, 739.
— prohibition d'aliéner, 625-2.
Licitation, 1115.
Limitation, 580-1, 720-1, 724, 735-1.
Loi 30 mai 1899, 14-1.
Loi 27 juillet 1900, 1049.
Lotissement, 68.

M

Mainlevée, 411. — V. Radiation.
— action contre le vendeur, 790-1.
Mandat, 82-1, 468-5, 384, 614, 779.
— ad litem, 581-1, 648.
Mentions. Taxe. 1138.
Mineur, 674.
Minimum, 1036 bis.

N

Nature des biens, 69.
Nom, 778.
Notaire, 203-1, 209-2, 614. — V. Responsabilité.
Notaire, rédaction des bordereaux 208-1.
— complément de droits, 1058.
Note préalable, 788, 728.
Nue propriété, 1110.
Nullité, 43, 259-4, 411 bis, 568, 731, 901.

O

Obligation au porteur. 615.
Opposition, 154.2°.
Ordre, 464, 609-1, 678, 1129.
Origine de propriété. — V. Dépossession.
Ouverture de crédit, 1101.

P

Pacte aléatoire, 1024.
Partage, 68, 398.
Partage testamentaire, 1043.
Paiement des droits, 788, 884, 1126.
— d'inscription exigé avant radiation, 884-1.
Pension alimentaire, 115 bis, 483, 513 bis, 625-1, 653-2.
Perception des droits, 11-3,4°, 1122.
Porte-fort, 1025.
Postes, 801-3.
Prénoms, 780 et s. — V. État et Inscription.
Prestation de serment, 580 bis.
Prêt différé, 874 bis, 1101 bis, 1124.
Privilège, 241, 946. — V. Inscrip. Ref.
— architectes, 313.
— copartageants, 398, 110.
— entrepreneurs, 311.
— formalités d'inscrip., 711.
— Trésor, 414.
— vendeur, 346, 374, 381.
Prix.
— charges personnelles, 377.
— compensation, 384.
— consigné, 1128-1.
— Crédit Foncier, 420 bis.
— droits réels, 377.
— non payé, 700.
— payé, 1128-2.
— valeurs à satisfaction, 381.
Prohibition d'aliéner, 625.
Promesse de vente, 1026, 1112.
Purge, 465.

R

Radiation, 363, 444, 1113 et s. 1135.
— absence d'ordre, 609-1.
— actes séparés, 1125.
— annulée, 495.
— autorisation judiciaire, 636, 641.
— certificat tardif, 495.
— créancier subrogé, 444.
— définitive, 1120 et s.
— délivrance préalable, 120.

— inscription autonome, 659-1.
— exp. fiduciaire, 781.
— orthographe du nom, 778.1°.
Formalité substantielle, 311, 397.
Inscription
— compte courant, 311.
— désignation des biens, 61.
— double emploi, 871.
— exigibilité, 311.
— indications défectueuses.
— modification, 871.
— Trésor 882.
— unique sur plusieurs personnes, 820-1.
— (vices de l'), 759.
— mainlevée, 480.
— période suspecte, 751.
— renouvellement tardif, 317.
Loyers à échoir, 970.
Madagascar, 17.
Mainlevée, 480-3, 489-1.
Mineur
— étranger, 572 bis.
Notaire, 1042-2.
Offres réelles, 502 bis.
Ordre, 674.
Ouverture de crédit, 234.
Paiement des droits, 1042-2.
Père administrateur, 573 bis.
Pièces produites pour radiation, 1133.
Privilège
— Trésor, 420 bis.
Propriété apparente, 720 quat.
Prix.
— valeurs agréées pour comptant, 381.
Promesse de vente, 1027, 1084.
Purge, 374.
Hypothèque.
— indivisibilité, 18.
— jugement homol., 119 ter.
Mobilier, 311.
— légale, 202 bis.
— légale de la femme, 154, 327, 330, 484, 946.
— — tiers, 119 ter.
— maritime, 912.
— renouvellement, 347.
Jugement
— homologatif, 119 ter.
Expropriation, 18.
Faillite, 134, 520-1.
— concordat.
— inscription de masse 520 bis.
— transfert d'actif, 520 bis.
Immeubles dotaux, 736, 1086.
Indivisibilité, 18.
Femme étrangère, 560.
— Allemagne, 560.
Inscription.
— effets s. s. p., 200 bis.
— d'office, 347, 350, 384.

Radiation.
— actes d'administration, 850.
— bordereaux de collocation, 879 et s.
— curateur, 622.
— mainlevée, 689.
— mandat, 380.
— offres réelles, 892 bis.
— pure administrateur, 875 bis.
— pièces produites, 1136.
— régime dotal, 816. — V. Remploi.
— saisie, 444.
— société étrangère, 812 bis.
— succession vacante, 622.

Régime dotal, 346. — V. Remploi.

Remploi.
— agent de change, 861 et s.

Renouvellement, 426, 430.

Résolution, 1096, 1152 bis.

Responsabilité
— des conservateurs, 270.
— du notaire, 208.

Saisie 665, 871 bis, 731 bis, 846-3, 860, 1060.
— indication des parcelles, 844 bis.
— péremption, 757.
— subrogation, 769 bis.

Salaires.
— réduction du quart, 797-4.
— renseignements administratifs, 797-3.
— taxe, 780.

Séparation de corps, 360.

Société de fait, 93-2.
— étrangère, 812 bis.
— liquidation, 846.

Succession vacante, 822.

Syndic, 683.

Taxe, 1023.
— résolution, 1152 bis.

Titre de l'inscription, 110 ter.

Transcription.
— droits distincts.
— inscription et transcrip. 1003, 1031.

Tuteur, 864.

Vente.
— créance antérieure, 862.

Radiation double, 1134.
— erronée, 431 bis.
— établissement de bienfaisance, 641, 643.
— état sur saisie; prix, 669-1.
— Fabrique, 642.
— femme séparée, 543-3 et 4.
— inscript. d'office, 649-2.
— inscription renouvelée au prof. d'un tiers, 314-2.
— interdiction, 596.
— mandat, 594, 614.
— — ad litem, 594-1, 640.
— obligations au porteur, 618.
— ordre, 1128.
— partielle, 1126 et s.
— payement des droits d'inscrip., 864-1.
— pension alimentaire, 543 bis.
— plusieurs créanciers, 1127.
— réduction d'hyp., 1128.
— réhabilitation, 901 bis.
— saisie, 631, 668-1, 668-1.
— société. — V. Autorisation.
— taxe, 1119 et s.
Réduction, 1038, 1113 et s.
Receveur d'hospices, 414.
Reconnaissance de dépôts, 806.
Reconnaissance s. s. p., 1027.
Reddition de compte, 574.
Rédaction d'hyp. 125, 127, 151, 516 bis.
Réformes, 14 et suiv.
Régime dotal, 127.
Registre des dépôts, 808.
Remploi, 363, 562, 854, 1033.
— meubles, 563-5.
— passif héréditaire, 551.
Renonciation, 1074.
— antichrèse, 1078.
— communauté, 944-1.
— hypothèque légale, 407-1, 474, 178, 803.
Renouvellement, 309-2, 530-6.
— Crédit Foncier, 425.
— date erronée dans cert. de subrog., 750-1.
— inscription radiée, 274, 716.
— tardif, 756-1.
Rente viagère, 1121.
Reprises non liquidées, 327, 330.
Réquisition limitative. — V. Limitation.
— non précise, 744.
Réserve de droit de concurrence, 310 bis.
— du droit réel, 377.
Résolution, 69, 1130.
Responsabilité, 518, 519-2, 641. — V. État.
— avoué, 710, 676, 731.
— des conservateurs, 518.
— absence d'ordre, 660-1.
— action révolutoire éteinte, 781-1.
— adjudication sur saisie, 505-1.
— certificat tardif, 400.
— date erronée dans un cert., 756-1.
— défaut de collocation, 518.
— défaut de justification, 518.
— désignation trop étendue, 750 bis.
Responsabilité, dommages, 323, 492 bis, 770.
— durée, 771.
— inscription judiciaire limitée, 757.
— inscription d'office, 649-2.
— moyens de neutraliser les conséq. d'une omission, 767.
— note préalable, 760.
— ordre, 669-1.
— origine de propriété incomplète, 781, 776.
— perte de la créance, 492 bis.
— précédent propriétaire, 734-1.
— radiation erronée, 423 bis.
— renouvellement tardif, 756-1.
— saisie, 661, 668-1.
— transcription erronée, 750 bis.
— créanciers, 444.
— notaire, 209 1, 411 bis, 780.
— note préalable, 756.
— nouveau possesseur, 733-1.
Restitution, 1091, 1131.
Reversion, 1034.
Revision du cadastre, 15.

S

Saisie, 651, 668-1, 669-1, 845 et s., 860, 999 bis, 1116, 1130. — V. Radiation.
Saisie-état, 669-1, 734-1.
Salaires, 14, 722, 793-9, 797-4, 799, 883.
Séparation de corps, 110 bis, 543-3 et 4.
Séparation des patrimoines, 258, 260-1, 405, 410, 411 bis, 412.
Servitude non indiquée, 745-5.
Signification, 833.
Situation des biens, 60.
Société, 93-4, 474, 614, 944, 1070.
Sommation profitant aux créanciers, 180.
Spécialité, 40, 161.
Statistique, 110 bis, 1159.
Statuts, 93-4.
Subrogation, 444, 492-1, 492-2, 493 bis, 494, 468 et s., 1119, 1120.
— Crédit foncier, 425.
— droit de concurrence, 316 bis.
— mention non opérée, 444.
Subrogé-tuteur, 182.
Succession bénéficiaire, 783.
Surenchère, 1114.

T

Taxe, 868, 1001 et s.
Testament olographe, 603.
Timbre, 1093 et s., 1138.
Timbre de quittance, 793-5, 1093,6°.
Titres distincts, 1040-1.
Transcription.
— acquéreurs successifs, 1000.
— ancien et nouveau tarif, 806, 1118.
— apports immobiliers, 944.
— dans plusieurs bureaux, 660.
— désignation trop étendue, 750 bis.
— douteuses, 749-4.
Transcription du même jour, 990.
— erronée, 750 bis.
— hôtel et imm. par destin., 1029.
— immeubles donnés et partagés, 1048-5.
— inscription du même jour, 903, 1003.
— légataire et adjudicataire, 1040-1.
— Saisie. — V. Saisie.
— taxe, 1102 et s.
— ventes distinctes du même jour., 996.
Travaux préparatoires, 1092.
Trésor, 205-1, 738, 881.
— duplicata de quittance, 795-1.
Tuteur, 139, 156, 274.

U

Usufruit, 1110.
Utilité publique, 1064.

V

Valeurs à satisfaction, 881.
Vente.
— biens domaniaux, 1046.
— conditionnelle, 931, 1020.
— judiciaire, 434, 757-1.
— séparée, 34 bis.
— volontaire, 434.

14. Réformes. — Droit hypothécaire. — Projet de loi présenté par le Ministre de la Justice au Sénat, 8635, 8925, 9035 et 9057 R. P.

Salaires. — Projet de M. Cochery à la Chambre des Députés, 8984 et 8960 R. P.; — L. 30 mai 1899, nº 14-1 *infrà*; — Décret 28 nov. 1900, nº 14-2 *infrà*.

14-1. Division de certaines conservations. — Mesures préparatoires. — Loi de finances du 30 mai 1899, art. 18. — Prélèvement temporaire sur les salaires. — L'art. 18 de la loi de finances du 30 mai 1899 a admis en principe et prescrit la division ou le remaniement, à partir du 1er janv. 1901, d'une certaine catégorie de conservations; en outre, provisoirement et jusqu'à cette date du 1er janv. 1901, le même article a institué au profit du Trésor un prélèvement progressif sur les salaires des conservateurs (1). — Cet article est ainsi conçu :

Les salaires des conservateurs des hypothèques sont assujettis, au profit du Trésor, à des prélèvements dont la quotité est ainsi fixée :

« *Salaires bruts* :

« Pour la portion comprise entre 20.000 fr. et 50.000 fr., 5 p. 100;

« Pour la portion comprise entre 50.000 fr. et 80.000 fr., 12 p. 100;

« Pour la portion comprise entre 80.000 fr. et 120.000 fr., 18 p. 100;

« Pour la portion excédant 120.000 fr., 25 p. 100.

« Le montant du prélèvement n'est pas soumis à la retenue de 5 fr. p. 100 pour le compte des pensions civiles.

« *Les circonscriptions des conservations des hypothèques seront remaniées à partir du 1er janv. 1901 par un décret rendu en conseil d'État.*

« Les salaires bruts des conservations ne devront pas dépasser, à Paris, 70.000 fr., et dans les départements 30.000 fr. Ils seront calculés sur la moyenne de cinq dernières années conformément à l'art. 26 L. 8 juin 1864.

« Le prélèvement établi par le présent article commencera à partir du 1er juin 1899 et cessera de plein droit le 1er janv. 1901. »

Nous avons publié (R. P. 9590) la circulaire adressée le 12 juin 1899 à un grand nombre d'agents choisis parmi les plus expérimentés et destinée à éclairer le Directeur général sur les moyens les plus pratiques d'opérer la division. — Nous avons cru devoir nous-mêmes, à ce moment, insister

(1) Le mode pour le calcul du prélèvement a été réglé par une circ. comp. publ. du 4 août 1899 rapportée au R. P. nº 9043.

(R. P. 9614) sur la double nécessité de limiter la division aux plus grosses conservations et d'éviter des réductions excessives, les maxima prévus par l'art. 18 L. de finances du 30 mai 1899 ne nous paraissant pas assez tenir compte de l'importance des responsabilités qui pèsent sur les conservateurs des grandes villes (1).

14-2. Division réalisée. — Décret du 23 nov. 1900. — La division prévue par l'art. 18 L. de finances du 30 mai 1899 a été réalisée et déterminée par un décret, rendu en conseil d'État, du 23 nov. 1900 et qui s'applique aux conservations de Paris, Versailles, Bordeaux, Pontoise, Lyon, Lille, Rouen, le Havre et Marseille. Ce décret est ainsi conçu :

« Vu la loi du 21 ventôse an VII... le titre XVIII, livre III C. C... l'art. 18 L. de finance du 30 mai 1899...

Le Conseil d'État entendu, décrète :

ART. 1er. — A partir du 1er janvier 1901, la première conservation de la Seine sera divisée en deux bureaux, la deuxième en cinq et la troisième en trois bureaux.

Les deux bureaux substitués à la première conservation seront numérotés 1 et 2 et comprendront : le 1er bureau, les huit arrondissements de Paris ; — Le 2e bureau, les 9e, 10e, 11e et 12e arrondissements.

Les cinq bureaux substitués à la 2e conservation seront numérotés de 3 à 7 et comprendront : Le 3e bureau, les 16e et 17e arrondissements de Paris ; — Le 4e bureau, les 18e, 19e et 20e arrondissements ; — Le 5e bureau, les cantons de Pantin, d'Aubervilliers, de Saint-Denis, de Saint-Ouen et celui de Noisy-le-Sec, moins les communes de Rosny et de Villemonble ; — Le 6e bureau, les cantons de Clichy, de Levallois-Perret, de Neuilly-sur-Seine et de Boulogne ; — Le 7e bureau, les cantons d'Asnières, de Courbevoie et de Puteaux.

Les bureaux correspondant à la 3e conservation seront numérotés de 8 à 10 et comprendront : Le 8e bureau, le 15e arrondissement de Paris et les cantons de Villejuif, de Sceaux et de Vanves avec les communes de Rosny et de Villemonble ; — Le 9e bureau, le 14e arrondissement et les cantons d'Ivry, de Charenton et de Saint-Maur ; — Le 10e bureau, le 13e arrondissement et les cantons de Vincennes, de Montreuil et de Nogent.

ART. 2. — La conservation de Bordeaux sera divisée en trois bureaux, qui comprendront : Le 1er bureau, les 1er, 2e et 3e cantons de Bordeaux et les cantons de Castelnau et de Blanquefort ; — Le 2e bureau, les 4e, 5e et 6e cantons de Bordeaux et le canton de Pessac ; — Le 3e bureau, le 7e canton de Bordeaux et les cantons de Carbon-Blanc, de Saint-André-de-Cubzac, de Créon, de Cadillac, de Podensac, de la Brède, d'Audenge, de la Teste et de Belin.

ART. 3. — La conservation de Versailles sera divisée en trois bureaux, qui comprendront : Le 1er bureau, les trois cantons de Versailles et ceux de Sèvres et de Palaiseau ; — Le 2e bureau, les cantons de Marly et de Saint-Germain-en-Laye ; — Le 3e bureau, les cantons d'Argenteuil, de Meulan et de Poissy.

ART. 4. — La conservation de Pontoise sera divisée en deux bureaux, qui comprendront : Le 1er bureau, les cantons de Pontoise, de Marines, de l'Isle-Adam et de Montmorency ; — Le 2e bureau, les cantons du Raincy, de Gonesse, d'Écouen et de Luzarches.

ART. 5. — La conservation de Lyon sera divisée en deux bureaux, qui comprendront : Le 1er bureau, les six premiers cantons de Lyon et les cantons de l'Arbresle, de Limonest, de Neuville-sur-Saône, de Saint-Laurent-de-Chamousset, de Saint-Symphorien-sur-Coise et de Vaugneray ; — Le 2e bureau, les 7e et 8e cantons de Lyon et les cantons de Condrieu, de Givors, de Mornant, de Saint-Genis-Laval et de Villeurbanne.

ART. 6. — La conservation de Lille sera divisée en deux bureaux, qui comprendront : Le 1er bureau, les huit cantons de Lille et les cantons d'Haubourdin, de Seclin et de la Bassée ; — Le 2e bureau, les cantons de Roubaix, de Tourcoing, de Lannoy, de Quesnoy-sur-Deule, d'Armentières, de Cysoing et de Pont-à-Marcq.

ART. 7. — La conservation de Rouen sera divisée en deux bureaux, qui comprendront : Le 1er bureau, les six cantons de Rouen et les cantons de Darnetal, de Maromme, de Grand-Couronne et de Sotteville ; — Le 2e bureau, les cantons d'Elbeuf, de Boos, de Buchy, de Clères, de Duclair et de Pavilly.

ART. 8. — La conservation du Havre sera divisée en deux bureaux, qui comprendront : Le 1er bureau, les six cantons du Havre ; — Le 2e bureau, les cantons de Bolbec, de Criquetot, de Fécamp, de Lillebonne, de Montivilliers, de Goderville et de Saint-Romain.

ART. 9. — La conservation de Marseille sera divisée en deux bureaux, qui comprendront : Le 1er bureau, les six premiers cantons de Marseille ; — Le 2e bureau, les 7e et 8e cantons de Marseille et les cantons d'Aubagne, de la Ciotat et de Roquevaire.

ART. 10. — Dans les circonscriptions remaniées, les conservateurs occuperont un même local ; ils auront en commun la garde et la disposition des registres, tables, répertoires et autres archives, antérieurs au 1er janvier 1901.

ART. 11. — Lorsqu'une même formalité devra être accomplie dans plusieurs bureaux provenant d'une conservation remaniée, elle sera requise dans celui des bureaux dans la circonscription duquel seront situés les immeubles les plus importants. Pour les formalités à opérer sans désignation d'immeubles, la réquisition sera présentée au bureau du domicile du grevé.

Le requérant n'aura à produire d'autres pièces que celles qui sont exigées pour une formalité unique et il ne pourra lui être réclamé qu'un seul salaire.

(1) « Les responsabilités, disions-nous, qui pèsent sur les conservateurs sont peu connues, même des fonctionnaires de l'administration de l'enregistrement qui ne sont pas entrés dans cette spécialité du service. Si la lumière pouvait se faire complètement sur l'étendue et la multiplicité des cas de responsabilité ; si tous les sinistres pouvaient être connus ; si le respect humain n'empêchait certains conservateurs d'avouer des erreurs, cependant inévitables, et de donner la publicité aux demandes de dommages auxquelles ils ont dû satisfaire amiablement, les conservations seraient des postes délaissés. L'homme le plus instruit, le plus laborieux, le plus prudent, ne peut, dans ces fonctions, être sûrement à l'abri de la ruine ; il y a donc là plus qu'une fonction : il y a un aléa inévitable qui, à côté du salaire proprement dit, engendre le droit à une indemnité, à une prime contre les sinistres. — Aussi la division avec des maxima de 70.000 fr. à Paris et de 30.000 fr. en province nous paraît-elle excessive. Si de ces chiffres on retranche les frais de commis et autres, il reste à peine la rémunération d'un travail qui exige des connaissances étendues et un labeur exceptionnel, mais on n'y trouve aucune indemnité pour la responsabilité qui est imposée aux conservateurs. Dans ces conditions, il serait juste et équitable que l'Administration tînt compte de cette responsabilité pour reculer les limites de division aux maxima prévus et même au delà. »

Le conservateur requis délivrera la reconnaissance prévue par l'art. 2200 C. C. et il transmettra les pièces déposées entre ses mains à ses collègues, afin que la formalité soit accomplie successivement, à la date même de la réquisition, dans chacun des bureaux compétents.

14-3. Instructions administratives pour assurer le fonctionnement des conservations divisées. — Nous n'avons pas, dans ce supplément, à nous occuper de la manutention hypothécaire proprement dite, mais il importe de faire connaître aux officiers publics les principales règles que l'Administration a adoptées et qu'elle a tracées aux conservateurs pour assurer le fonctionnement des conservations divisées ou plutôt des conservations groupées.

14-3. — 1° *Réunion des conservations du même groupe dans un même local.* — Si, porte l'I. G. 3039, § 2, les bureaux substitués à telle ou telle conservation divisée doivent, comme l'ancienne conservation elle-même, jouir d'une complète autonomie au point de vue de la compétence des conservateurs et de l'accomplissement des diverses formalités, leurs titulaires seront liés les uns aux autres par l'usage commun qui s'imposera à eux des registres, tables et répertoires antérieurs au 1er janvier 1901. Et de là, pour eux, la nécessité de résider dans un même local (art. 10 du décret). — Cette prescription a pour but de permettre à chaque conservateur d'accomplir, par lui-même, toutes les formalités, toutes les certifications dont il pourra être requis pour la période antérieure à 1901 aussi bien que pour la période postérieure. Et elle aura l'avantage de ne point infliger au public des déplacements plus nombreux, même dans les cas, d'ailleurs relativement rares, où la division des conservations pourra entraîner l'augmentation du nombre des formalités...

Bien que concentrés dans un même immeuble, les bureaux provenant de la division d'une conservation seront, autant que possible, installés dans des pièces distinctes. Les salles affectées aux archives anciennes seront communes, ainsi que la salle d'attente aménagée pour le public. Il devra être placé, dans celle-ci, un tableau très apparent indiquant d'une façon très claire les arrondissements, cantons ou communes que le décret du 23 nov. 1900 rattache à la circonscription de chaque bureau. Ce tableau reproduira également les dispositions de l'art. 11 dudit décret.

14-3. — 2° *Archives anciennes et nouvelles.* — Les archives antérieures au 1er janvier 1901 devront être déposées dans des salles communes, où chacun des titulaires des bureaux d'un même groupe pourra, soit les consulter, soit effectuer, en marge des formalités, les mentions de radiation, subrogation, etc... A partir du 1er janvier 1901, aucune inscription ni transcription ne sera plus portée sur ces registres ; les tables et répertoires de la conservation divisée cesseront également d'être servis à compter du 31 déc. 1900. Les diverses mentions de radiation, subrogation, etc., seront seules, par la suite, inscrites sur les anciens registres en marge des formalités auxquelles elles se rapportent. Les formalités d'inscription ou de transcription requises depuis le 1er janvier 1901 seront accomplies, par les divers conservateurs, sur de nouveaux registres. Chacun d'eux ouvrira, pour son bureau, une série spéciale de registres, tables et répertoires.

14-3. — 3° *Compétence respective des conservateurs. — Formalités dans plusieurs bureaux.* — En matière de publicité hypothécaire, c'est la situation des biens qui détermine la compétence du conservateur chargé de l'accomplissement des formalités (C. C. 2146 ; L. 23 mars 1855, art. 1er). « Par conséquent, explique l'I. G. 3039, § IV, lorsqu'une formalité requise dans l'un des bureaux d'une conservation remaniée frappera des immeubles situés uniquement dans la circonscription de ce bureau, le titulaire dudit bureau sera seul compétent pour accomplir la formalité. Si, au contraire, la formalité affecte l'ensemble des biens du grevé dans toute l'étendue de la conservation remaniée ou les immeubles qu'elle possède dans le ressort de deux ou de plusieurs bureaux provenant de cette conservation, elle devra être opérée distinctement dans chacun de ces bureaux. La compétence d'un conservateur s'arrête, en effet, aux limites de sa circonscription ».

« L'accroissement du nombre des formalités, ajoute l'I. G. précitée, ne doit, en aucun cas, entraîner une aggravation des charges qui, présentement, sont imposées au public... Le décret détermine lui-même la compétence du conservateur chargé de recevoir le bordereau ou la réquisition unique dans l'hypothèse d'une formalité à opérer dans plusieurs bureaux d'un même groupe : la formalité sera requise à celui des bureaux dans la circonscription duquel seront situés les immeubles les plus importants. Pour les formalités à opérer sans désignation d'immeubles, la réquisition sera présentée au bureau du domicile du grevé. Si la formalité s'applique à plusieurs grevés, elle sera déposée au bureau du domicile de l'un quelconque des grevés, au choix de la partie... Si une réquisition était présentée à un conservateur qui n'a pas qualité pour la recevoir, celui-ci devrait immédiatement en informer la partie requérante et lui indiquer le bureau compétent... Les mêmes règles devront être suivies, en matière de réquisitions d'états et certificats, comme pour les inscriptions, transcriptions, radiations et mentions, de quelque nature qu'elles soient... Les inscriptions et transcriptions seront formalisées par chaque agent intéressé, comme s'il avait été directement requis, mais à la date même de la réquisition remise au conservateur compétent pour la recevoir. Quant aux radiations et mentions, elles seront opérées par les titulaires des bureaux de la situation des biens, chacun en ce qui les concerne... En matière d'états ou certificats, tous les conservateurs des bureaux compétents coopéreront à leur délivrance, chacun dans la limite tracée par la réquisition... »

14-3. — 4° *Perception des droits en cas de formalités collectives.* — Le conservateur requis percevra les droits et amendes dus au Trésor et le salaire exigible, qu'il s'agisse ou non de formalités collectives. Il aura donc seul qualité pour en délivrer la quittance ainsi que les duplicata qui pourraient être réclamés. — C'est à ce conservateur qu'incombera également le soin de suivre le recouvrement des droits et salaires qui n'auraient pas été immédiatement acquittés (formalités en débet, inscriptions indéfinies, etc.), et de faire, le cas échéant, les renvois prescrits par les I. G., 2501, § 6, et 3018, § 6 (I. G. 3039, § V.)

15. Cadastre. — Revision partielle et facultative. — Énonciation, dans les actes, des immeubles d'a-

près les données du cadastre renouvelé ou revisé. — Amendes. — Des mesures particulières en vue de rendre plus facile, plus rapide et plus économique la revision du cadastre, ont été édictées par une loi du 17 mars 1898; elles consistent à fournir les moyens de cette revision aux communes qui, cadastrées depuis 30 ans au moins, demandent le renouvellement ou la revision de leur cadastre et s'engagent à en assurer la conservation. Elles intéressent donc les réformes hypothécaires; en outre, elles prescrivent aux officiers publics et aux particuliers, sous peine d'amende, de désigner dans les conventions translatives ou déclaratives les immeubles d'après les données du cadastre renouvelé ou revisé.

Enfin, un décret du 9 mai 1898 (1) a, en conformité de ladite loi, créé au ministère des finances un service « de renouvellement ou de la revision et de la conservation du cadastre ».

17. Régime hypothécaire colonial. — Guadeloupe. — Aux termes d'un décret du 22 déc. 1901 (*J. off.* 4 janv. 1902), « sont promulgués dans la Guadeloupe et dépendances la loi du 27 juill. 1900, à l'exception du deuxième § de l'art. 3 et les art. 22 et 26 (L. 21 ventôse an VII) ».

35 *bis*. Immeubles par destination. — Détachement du fonds. — Vente séparée. — Droit de préférence. — Il a été jugé que le créancier conserve son droit de préférence sur la vente des immeubles par destination distraits de l'adjudication du fonds, et cela sans qu'il ait à intervenir pour demander la réunion des biens dans la même vente (Bordeaux, 19 mai 1897, 9207 R. P.). Cette décision est très soutenable; toutefois, on décide généralement que, lorsqu'ils ont été séparés du fonds sans fraude par le propriétaire, les immeubles par destination se trouvent soustraits à toute charge hypothécaire (C. Bourges, 31 janv. 1843, S. 44, 2, 67; — C. Paris, 5 août 1852, P. 53. 1. 224; — Cass. 5 août 1829, Pr. chr., — 3 août 1831, S. 31. 1. 388; — 17 juill. 1838, S. 38. 1. 869; — 23 mai 1841, S. 41. 1. 369. — Troplong, t. II, n° 399; — Delvincourt, t. II, p. 635; — Merlin, v° *Hyp.*, n° 898; — P. Pont, t. I, n° 376; — *Contra* C. Paris, 29 fév. 1836, S. 36. 2. 349. — Rapp. *Rép. gén.*, v° *Vente*, n° 270.

40. Inscription. — Bien d'autrui. — Nullité. — Acquisition ultérieure. — Nullité non couverte. — Est entachée de nullité l'hypothèque conventionnelle consentie par un débiteur qui n'était pas propriétaire de l'immeuble au moment de l'affectation. — Cette nullité subsiste lors même que le débiteur deviendrait plus tard propriétaire de l'immeuble affecté (C. Montpellier, 10 fév. 1896, 8789

(1) Art. 1er. — Il sera inscrit annuellement au budget du ministère des finances, pour concourir aux frais de renouvellement ou de revision et de conservation du cadastre, un crédit qui sera affecté :

1° A l'entretien d'un service dit : « *du renouvellement ou de la revision et de la conservation du cadastre* »;

2° A l'allocation de subventions aux communes qui, cadastrées depuis 30 ans au moins, demanderont le renouvellement ou la revision de leur cadastre et s'engageront à en assurer la conservation.

Art. 2. — La part de l'État dans la dépense d'établissement et de conservation du nouveau cadastre d'une commune, fixée en tenant compte de la situation financière de la commune, ne pourra dépasser 40 p. 100 de son montant total; le département contribuera à la dépense au moins dans la même proportion que l'État, et le surplus sera fourni par la commune ou les particuliers intéressés. — A cet effet, des centimes additionnels à la contribution foncière des propriétés non bâties pourront être votés par les conseils généraux jusqu'à concurrence de 0 fr. 01 et par les conseils municipaux jusqu'à concurrence de 0 fr. 03.

Art. 3. — Toute commune, pour être admise à profiter des avantages prévus par l'article précédent, devra instituer, préalablement à l'ouverture des opérations cadastrales et dans les conditions ci-après déterminées, soit une commission, soit un syndicat de délimitation ou de bornage. — Les opérations cadastrales comprendront obligatoirement la délimitation des immeubles, le bornage restant facultatif.

Art. 4. — La commission de délimitation ou de bornage comprendra : 1° le maire ou son délégué pris dans le conseil municipal, président; 2° huit propriétaires de la commune, dont au moins deux forains, nommés à la majorité relative par les suffrages des contribuables inscrits à la matrice cadastrale ou de leurs mandataires, l'élection restant, en ce qui concerne le mode de scrutin et les réclamations, soumise aux règles fixées par la loi du 5 avril 1884 sur l'organisation municipale; 3° un suppléant du juge de paix ou un notaire du canton désigné par le préfet; 4° un agent de l'Administration des contributions directes et du cadastre, désigné par le directeur local, secrétaire. — La commission pourra s'adjoindre un géomètre avec voix délibérative.

Art. 5. — Cette commission aura pour mission : 1° de procéder à la recherche et à la reconnaissance des propriétaires apparents; 2° de constater, s'il y a lieu, l'accord des intéressés sur les limites de leurs immeubles et, s'ils le désirent, d'en diriger le bornage; 3° en cas de désaccord, de les concilier si faire se peut; 4° de déterminer provisoirement ces limites à défaut de conciliation ou de comparution des intéressés. — La commission dressera un procès-verbal détaillé de ses opérations. Ses décisions seront prises à la majorité des voix, la moitié au moins des membres étant présents.

Art. 6. — Le syndicat de délimitation et de bornage sera libre ou autorisé et pourra être formé, soit pour la commune entière, soit seulement pour une portion du territoire communal. — L'association syndicale autorisée sera établie, soit sur la demande d'un ou plusieurs propriétaires intéressés, soit sur l'initiative du maire ou du préfet. Elle sera soumise, pour le surplus, aux dispositions qui régissent les associations constituées pour l'exécution de travaux d'amélioration agricole d'intérêt collectif, à l'exclusion des alinéas 3 et 4 de l'art. 11 L. 21 juin 1865, modifié par l'art. 3 L. 22 déc. 1888.

Au cas de formation d'un syndicat libre, il sera loisible aux parties contractantes de convenir que la délimitation sera accompagnée du bornage des immeubles et qu'il sera procédé à des remembrements. — Le comité directeur du syndicat libre ou autorisé sera substitué à la commission de délimitation ou de bornage pour les terrains compris dans l'association et il aura les mêmes attributions que cette commission, sans préjudice des pouvoirs particuliers qui pourront lui être conférés en cas d'association libre.

Art. 7. — La délimitation provisoire prévue au § 1 de l'art. 5 sera portée à la connaissance des intéressés qui auront un délai d'un an pour s'entendre sur leurs limites ou pour introduire une action devant la juridiction compétente. — Passé ce délai, les limites déterminées provisoirement deviendront définitives, sauf les droits du propriétaire réel, lorsqu'il viendra à se révéler, et dont la réclamation ne pourra avoir d'effet qu'entre lui et ses voisins immédiats.

Art. 8. — Après l'achèvement des travaux techniques, le plan cadastral sera déposé pendant 3 mois à la mairie de la commune, où les intéressés seront admis à en prendre connaissance. — A défaut de réclamation dans ledit délai, les résultats de l'arpentage seront réputés conformes à la délimitation, sous réserve de la tolérance qui sera fixée par les règlements. — Toutefois, en cas d'erreur matérielle, les réclamations seront toujours recevables.

Art. 9. — Afin d'assurer la conservation des plans et des registres cadastraux dans les communes où ils auront été renouvelés ou revisés, tout changement de limite devra, pour être opéré sur les plans du nouveau cadastre, être préalablement constaté par un procès-verbal de délimitation ou de bornage dressé en présence des parties ou de leurs mandataires et certifié par elles. — Dans ces communes, la désignation des immeubles d'après les données du cadastre révisé est obligatoire dans tous les actes authentiques et sous seings privés, et jugements translatifs ou déclaratifs de propriété ou droits réels immobiliers. — L'omission ou l'inexactitude de cette désignation entraînera une amende de 25 fr., qui sera due par les officiers publics ou greffiers pour chaque acte authentique ou jugement, et par les intéressés pour chaque acte s. s. p. — *Cette amende sera recouvrée comme en matière d'enregistrement.*

17. Madagascar. Hypothèque conventionnelle. Titre constitutif par acte s. s. p. — Le décret du 16 juillet 1897, portant réglementation de la propriété foncière à Madagascar, doit, d'après les travaux qui l'ont précédé et qui ont été inspirés par de précédentes dispositions coloniales, notamment l'art. 343 de la loi tunisienne, être interprété dans ce sens que l'hypothèque conventionnelle peut être consentie par acte s. s. p. — C. Madagascar, 1er août 1900, 11380 R. P.

25. Indivisibilité de l'hypothèque. Expropriation partielle d'un terrain. Mainlevée. — Lorsqu'un immeuble frappé d'hypothèque est exproprié partiellement, le principe de l'indivisibilité s'oppose à ce que le débiteur obtienne mainlevée de l'hypothèque relativement à l'indemnité d'expropriation, en offrant une autre sûreté pour une part de la créance proportionnelle à la partie expropriée de l'immeuble. — Seine, 19 juin 1903, 10655 R. P.

35 *bis*. Immeubles par destination. Affectation hypothécaire. Apport du fonds de commerce en société. Même mode d'exploitation de l'immeuble. Efficacité subsistante de l'hypothèque. — Les objets mobiliers placés par un propriétaire dans son immeuble pour l'exploitation d'une usine deviennent immeubles par destination et, si l'usine et ses accessoires ont été hypothéqués, l'apport ultérieur en société, par acte s. s. p., du fonds de commerce y compris le matériel et le mobilier industriel garnissant l'usine, laisse subsister l'efficacité des hypothèques, alors surtout qu'il est constaté qu'aucun changement n'a été apporté au mode d'exploitation de l'immeuble. — Cass. civ., 1er mai 1906, 11427 R. P.

61. Inscriptions. Désignation des biens. Commune et lieux environnants. Arrondissement. Commune voisine du même canton. — Les prescriptions de l'art. 2129 C. C. sont remplies lorsque la nature et la situation des immeubles se trouvent indiquées par une description qui, bien que sommaire, est cependant suffisamment claire et précise pour qu'aucune erreur ne soit possible. C'est ainsi que l'affectation de tous les immeubles que le débiteur possède dans l'arrondissement de Brioude, commune de Jullianges, à Foulanes et lieux environnants, en nature de bâtiments, pacages, jardins..., atteint ceux situés dans une commune voisine de Jullianges et du même canton. — Brioude 28 mars 1902, 10492 R. P.

R. P.; — *Conf.*, Cass. 12 juin 1807; — Dalloz, *Priv.* et *Hyp.*, n° 1192; — 24 mai 1892, Rev. Not. 8728; — V. égal. Nancy, 3 mai 1843, Dalloz, *loc. cit.*; — Dijon, 25 avr. 1855, D. P. 55. 2. 218. — P. Pont, *Priv.* et *Hyp.*, t. II, n° 627 et suiv.; — Aubry et Rau, t. III, § 266, p. 261).

60. Spécialité. — Indication de la nature et de la situation des biens. — La question de savoir si les immeubles donnés en garantie sont suffisamment désignés dans une inscription est parfois délicate. Prenons un exemple général : dans un acte d'obligation hypothécaire, l'affectation des immeubles est ainsi conçue : « A la sûreté... les débiteurs affectent et hypothèquent tous les biens immeubles sans réserve leur appartenant aux lieu et finage des Riceps »; l'inscription prise en vertu de cet acte est libellée en ces termes : « Inscription est requise sur les biens immeubles sans réserve appartenant aux débiteurs en l'enceinte et sur le finage des Riceps ».

Peut-on contester la validité de l'inscription et de l'affectation hypothécaire pour insuffisance de désignation?

L'art. 2129 C. civ. exige, à peine de nullité, que l'acte authentique constitutif de la créance hypothécaire ou un acte authentique postérieur « déclare spécialement la *nature* et la *situation* de chacun des immeubles... » — Par *nature* des biens, la loi entend, dit la Cour de cassation, l'état de la superficie des immeubles, leur mode d'exploitation (Cass. civ. 20 fév. 1810, S. 10-1-178, Dalloz, v° *Priv. et Hyp.*, n° 1292). C'est aussi ce que le Code appelle l'*espèce* des biens dans l'article 2148,5°. Mais, en prescrivant la détermination de la nature et de la situation des biens, la loi ne donne aucun détail sur la manière dont cette détermination doit être faite. De là des difficultés d'appréciation qui ont divisé la jurisprudence et aussi les auteurs.

Un point sur lequel on est généralement d'accord, et qui trouve une application dans l'espèce, c'est la possibilité d'affecter valablement, sous une désignation *collective quant à la situation*, les immeubles que le débiteur possède dans une commune ou dans un arrondissement. La détermination d'une terre par l'indication du finage (finage des Riceps) est donc suffisante dans l'acte d'affectation dont il s'agit. Mais là s'arrête la régularité de l'acte, et il n'en est plus de même en ce qui concerne la détermination de la *nature* des biens.

En effet, on doit reconnaître qu'il est indispensable d'indiquer, au moins en termes généraux, que les immeubles grevés consistent en *bâtiments, terres, prés, vignes...*, etc., et il faut rejeter comme insuffisante la désignation : « J'hypothèque tous les biens que je possède dans telle commune » (Langres, 9 fév. 1887, *La loi*, 12 juin 1887; — Cass. 26 avril 1852, S. 52-1-513; D. 52-1-131; C. Paris, 9 avril 1899, V. notre *Rép. gén.*, v° *Hyp.*, n° 61; — *Comp.* Toulouse, 24 fév. 1890, *Gazette du Midi*, 16 mars 1890; — Tarrible, v° *Hyp.*, sect. 2, § 3, n° 6; Merlin, v° *Inscript. hyp.*, § 5, n° 12; Duranton, t. XIX, n° 371; Paul Pont, t. II, n° 673. — V. *Op. en sens contraire*; Riom, 24 fév. 1816, Dalloz, n° 1290; — 15 fév. 1826, D. 28-2-55; Grenoble, 27 juill. 1829, D. 30-2-120; Bourges, 9 avril 1832, Pr. chr.; — Pau, 23 août 1834, S. 35-2-120; Limoges, 11 déc. 1845, P. 46-2-717; — Cass., 15 fév. 1815, Sirey à la date; — 10 fév. 1829, D. 29-2-144; — 15 fév. 1836, S. 36-1-471, D. 36-1-81; — Troplong, t. II, n° 536 *bis*).

Spécialement, l'arrêt précité du 26 avril 1852 décide qu'un acte constitutif d'hypothèque ne renferme pas une désignation suffisante des immeubles hypothéqués lorsqu'il y est énoncé que l'hypothèque est établie sur tous les immeubles dont le débiteur est propriétaire dans telles communes, sans mention de la nature de ces immeubles.

« L'intérêt du débiteur pour son crédit, observent justement MM. Aubry et Rau sur l'irrégularité des désignations collectives (t. III, § 266, texte et note 58, p. 471), l'intérêt du créancier pour son droit de préférence sur les autres créanciers, et l'intérêt des tiers pour les droits qu'ils peuvent acquérir, se réunissent pour légitimer le principe posé par l'art. 2129. Les inscriptions, qui ne sont que le reflet de la constitution d'hypothèque, désigneront, à leur tour, d'une manière collective, les immeubles affectés, et ne donneront ainsi qu'une publicité imparfaite et partant insuffisante pour les tiers. Le conservateur des hypothèques, en effet, requis de délivrer l'état des inscriptions sur un immeuble déterminé, y fera nécessairement figurer toutes les inscriptions basées sur une affectation collective, alors qu'à raison de son acquisition postérieure, il échappera à ces inscriptions. Il faudra donc recourir au registre des transcriptions et rechercher à quel moment chaque immeuble est devenu légalement la propriété du débiteur, pour savoir si une inscription, qui les comprend tous collectivement, l'a utilement frappé. Cet état ainsi délivré privera le débiteur du crédit qu'il pouvait se procurer en donnant comme garantie un immeuble demeuré libre peut-être, et, s'il s'agit de distribuer le prix de ce même immeuble, nécessitera une purge et un ordre qu'on pouvait éviter. Nous avouons que, dans la pratique, une désignation collective est plus commode, plus facile et n'expose à aucun oubli. Mais nous estimons, à notre tour, qu'elle ne remplit pas le vœu de la loi; qu'elle fait revivre en quelque sorte les hypothèques générales, et produit ainsi les inconvénients que nous venons de signaler. (*Sic* : Laurent, t. XXX, n° 512; — Baudry-Lacantinerie et de Loynes, t. II, n° 1375; *Rép. encycl. de Dr. franç.*, v° *Hyp.*, n° 250; — *Rép. gén. de Dr. franç.*, v° *Hyp.*, n° 1064 et s. — *Rappr.* Dalloz, Suppl., v° *Priv.*, n° 1063.)

Ces considérations nous conduisent à conclure que l'affectation, contenue dans l'acte constitutif de créance ci-dessus analysé, est entachée de nullité par application de l'art. 2129 C. C. — L'inscription est elle-même inefficace comme étant faite en vertu d'une affectation sans valeur, et cela par une application identique de l'art. 2148 C. C.

Cependant, nous n'allons pas jusqu'à conseiller d'admettre sans discussion la nullité d'une semblable affectation, car les questions de l'espèce relèvent entièrement de l'appréciation souveraine des juges du fond, et, au moins en ce qui concerne les immeubles ruraux, il est vraiment permis, ce semble, de se demander si les termes généraux : « bâtiments, terres, prés, bois, marais... » admis comme valables par les plus récentes décisions (Cass. 12 mars 1867, D. 67-1-347; — 25 nov. 1868, D. 69-1-160; — C. Amiens, 9 mai 1888; — C. Orléans, 7 mai 1890, *Rép. gén.*, v° *Hyp.*, n° 61 *in fine*; Cass. 12 nov. 1890, R. H. 755; — 27 nov. 1893, D. 94-1-566; S. 94-1-349), ajoutent beaucoup de précision aux expressions : « tous les immeubles possédés sur tel terroir, telle commune... ou dans tout l'arrondissement de... ».

69. Biens présents indivis. — Biens à venir. — Partage des biens présents. — Résolution. — Lotissement sur des biens recueillis indivisément après l'affectation. — Est valable l'hypothèque sur les biens à venir, lors même que les biens présents déclarés insuffisants dans les conditions de l'art. 2130 C. C. consistent en immeubles indivis provenant au débiteur de la succession de sa mère et que celui-ci ait cessé ultérieurement d'en avoir la propriété par l'effet d'un partage comprenant à la fois les biens de la succession maternelle et ceux de la succession paternelle ouverte depuis l'affectation (Cass. civ., 14 mars 1895, 8634 R. P.). On doit, en effet, considérer comme biens présents dans le sens de l'art. 2130 tout immeuble ou toute part d'immeuble appartenant au débiteur, lors de l'acte d'affectation, que cette propriété soit incommutable ou sous condition résolutoire. Le rapprochement de cet article de l'art. 2125 C. C. ne semble laisser aucun doute sur ce point. — V. les considérations du pourvoi sous le nº 8634 R. P.

72. Biens à venir. — Inscriptions subséquentes au fur et à mesure des acquisitions d'immeubles par le débiteur. — Donation. — L'hypothèque conventionnelle consentie sur les biens à venir dans le cas prévu par l'art. 2130 C. C. frappe ces biens dès qu'ils sont entrés dans le patrimoine du débiteur, mais elle ne prend rang vis-à-vis des autres créanciers que du jour de son inscription. Par suite, et étant donné qu'aux termes de l'art. 932 C. C., la donation entre vifs n'engage le donateur et ne produit d'effet que du jour où elle a été acceptée, la priorité, entre créanciers du donataire, appartient à celui qui, le premier à partir de l'acceptation, a pris inscription sur les biens entrés dans le patrimoine du débiteur (C. Cass. req., 4 mars 1902, 10263 R. P.).

93-4. Société. — Mandat. — Authenticité. — Procès-verbal de vote des statuts. — Dépôt. — Le dépôt dans les minutes d'un notaire du procès-verbal qui constate le vote des statuts d'une société par l'Assemblée générale, a pour effet de donner l'authenticité aussi bien au texte des statuts votés qu'au procès-verbal, lorsque : 1º le vote a eu lieu sur le vu d'une expédition notariée du projet des statuts précédemment déposés par les fondateurs dans les minutes d'un notaire; 2º et que ce dépôt a été opéré par les soins de l'associé chargé par les statuts de remplir toutes les formalités légales que comportait l'organisation de la société. Dès lors, les statuts ont satisfait aux prescriptions de l'art. 2127 C. C. pour celles de leurs dispositions qui conféraient au conseil d'administration le pouvoir d'hypothéquer les immeubles sociaux (Cass. civ. 29 janv. 1895, 8633 R. P.). — *Rapp.*, nº 614 *infra*.

97-98. Mariages entraînant ou non l'hypothèque légale sur les biens du mari situés en France. — I. *Femme étrangère mariée à un étranger. — Anglo-Maltais. — Domicile en France. — Traités diplomatiques.* — L'hypothèque que la loi française attribue à la femme sur les biens de son mari est une institution du droit civil qui n'appartient pas à la femme étrangère. Il en est ainsi lors même que la femme étrangère mariée à un étranger (Anglo-Maltais) aurait contracté mariage devant un officier public français et adopté l'un des régimes organisés par la législation française, si elle ne se trouve pas dans la catégorie des personnes qui ont, en France, la jouissance des droits civils, soit en vertu de la loi, soit en vertu d'une convention internationale. L'étranger qui a résidé 3 ans en Algérie ne tient pas de ce fait la jouissance des droits civils; il est seulement admissible à jouir de ces droits, mais à la charge d'en faire la demande au Gouvernement, que rien n'oblige à l'accueillir (C. Alger, 25 mars 1895, 8944 R. P.).

Mais lorsque le mari étranger a été autorisé par le Gouvernement à établir son domicile en France, la femme peut bénéficier de l'hypothèque légale (Dalloz, *Rép. gén.*, vº *Priv. et Hyp.*, nº 871; — Baudry-Lacantinerie et de Loynes, t. II, nº 978; — C. Bordeaux, 14 juillet 1845, D. 46-2-153; — C. Alger, 21 mars 1860, D. 62-1-201, et 31 janv. 1868 sous Cass. 5 fév. 1872, S. 72-1-190, D. 73-1-76).

Il en est de même si un traité international assure la réciprocité dans les termes de l'art. 11 du Code civil (Cass. 20 mai 1862, D. 62-1-201, et 4 mars 1884, D. 84-1-205. — *Sic* Cass. 5 fév. 1872, précité; — Seine, 3 mars 1882, (Turquie) J. C. 3861 et 5279; — Colmet de Santerre, t. IX, nº 81 *bis*, II.

Sur la question d'admission à la jouissance des droits civils (V. Cass. 20 mai 1862, et 5 fév. 1872 précités).

II. *Femme française mariée à un étranger.* — D'après les mêmes principes, la femme, même française d'origine, qui devient étrangère par son mariage avec un étranger, ne peut invoquer le bénéfice de l'hypothèque légale sur les immeubles de son mari étranger situés en France (Cass. 20 mai 1862 et 4 mars 1884 précités; — C. Grenoble 23 août 1863, D. 63-2-186; — C. Douai, 29 déc. 1851, D. 84-1-205; S. 84-1-273; Dalloz, *Suppl.*, vº *Priv. et Hyp.*, nº 453; — *Rép. gén. de Droit franc.*, vº *Hyp.*, nº 238 et s.; — *Conf.* C. Paris 13 août 1889 sous Cass. 23 mai 1892, S. 92-1-521, D. 90-2-161. Aubry et Rau, t. I, § 78, p. 516, note 69; — Baudry-Lacantinerie, t. III, nº 1225; — Colmet de Santerre, *loc. cit.*) — *Rappr. infrà*, nº 560.

Mais si la femme française est mariée en France à un étranger avec adoption dans son contrat de la loi française, elle jouit de l'hypothèque légale, surtout si les traités internationaux sont réciproques (C. Aix, 8 nov. 1875; Nice, 16 mars 1875, D. 77-2-225).

III. *Femme étrangère mariée à un Français.* — La femme étrangère qui se marie même en pays étranger avec un Français et qui est devenue Française par son mariage, a droit à l'hypothèque légale sur les biens de son mari situés en France, à partir du jour de la célébration du mariage et cela encore bien que l'acte de célébration n'ait pas été transcrit en France sur le registre public des mariages (Cass. 23 nov. 1840, S. 40-1-929; — C. Douai, 25 août 1851, S. 52-2-22; D. 54, 5, 424; — Nice, 1er déc. 1873 sous Cass. 28 déc. 1874, S. 75-1-347. — *Sic* : Pont, t. I, nº 431; — Aubry et Rau, t. III, § 264 *ter*, p. 308 et 360; — Demolombe, t. III, nº 329; — Baudry-Lacantinerie et de Loynes, t. II, nº 975; — *Rép. gén. de Droit franc.*, vº *Hyp.*, nº 256.

Jugé toutefois que cette hypothèque ne peut être exercée contre les tiers qu'autant que l'acte de mariage a été transcrit en France conformément aux dispositions de l'art. 171 C. C. (Cass. 6 janv. 1824, Sirey à la date; — Montpellier, 15 janv. 1823). — *Rappr. infrà*, nº 560.

69. Biens présents n'appartenant pas à l'affectant. Constructions sur le sol appartenant à un tiers. Nullité. — Ainsi que nous l'avons expliqué au *Rép. gén.*, le débiteur qui n'a pas de biens présents ne peut donner hypothèque sur ses biens à venir. On ne saurait, d'ailleurs, considérer comme biens présents les constructions élevées par l'affectant sur le sol appartenant à sa mère, aliénée et incapable, qui n'a pu, par conséquent, lui conférer des droits sur ce sol. — Narbonne, 5 mars 1901; C. Montpellier, 25 fév. 1902, 10705 R. P.

93-3. Société de fait. Absence d'être moral. Acquisition immobilière pour le compte de la société. Propriété individuelle. — La société de fait ne constitue pas une personne morale et ne peut rien posséder par elle-même puisqu'elle n'existe pas vis-à-vis des tiers. Les immeubles acquis pour le compte de la société de fait par un associé appartiennent à tous les associés dans la proportion de leurs droits. — C. Bordeaux, 17 déc. 1902, 10699 R. P.

119 *ter*. **Jugement homologatif. Titre pour l'inscription de l'hypothèque légale.** — V. *infrà* 154.

108. — I. *Femme divorcée.* — *Aliments.* — L'hypothèque légale de la femme garantit la pension que le mari a été condamné à lui payer pour l'entretien de l'enfant commun dont la garde lui a été confiée (C. Nancy, 15 avril 1890, 9864 R. P. — *Sic :* Seine, 28 nov. 1891 sous C. Dijon, 16 juin 1893 et 4 juin 1894, S. 95-2-25, D. 94-2-25, *Gaz. Pal.* 91-2-691). — *Rappr. infrà* nos 119 *bis*, 330, 543-3 et 625.

119 *bis*. **Droit à l'hypothèque légale. — Séparation de corps. — Pension alimentaire. — Effet de l'hypothèque à la date du mariage.** — La pension alimentaire allouée à la femme par le jugement qui a prononcé la séparation de corps est garantie par l'hypothèque légale, et cette hypothèque prend rang à la date du mariage et non à la date du jugement qui est simplement déclaratif et non attributif du droit de la femme (Cass. civ., 25 juin 1895, 9227 R. P.; — *Sic :* Nancy, 3 juin 1882, S. 82-2-248; — Douai, 16 mai 1895, S. 95-2-269; — Amiens, 9 juill. 1890, S. 89-2-68; — Colmet de Santerre, t. IX, n° 105 *bis*, XII; — Marton, t. III, n° 801) (1). — *Rappr. suprà*, n° 108-1 et *infrà*, nos 330 et 625.

122. **Hypothèque légale de la femme. — Aliénations de biens dotaux. — Point de départ.** — On admet généralement que l'hypothèque légale de la femme mariée sous le régime dotal date du jour du mariage et non du jour de l'aliénation des biens dotaux (Cass. 17 mars 1890, 8779 R. P. — *Sic :* Cass. 27 juill. 1826; — 16 mai 1865, S. 65-1-345; D. 65-1-265; — Grenoble, 6 janv. 1831, S. 32-2-290; — Toulouse, 12 juin 1860, S. 60-2-545; D. 61-2-35; — Riom, 16 juin 1877; S. 78-2-295; D. 78-2-150; — Nîmes, 28 janv. 1879, S. 79-2-203, D. 80-2-27; — Tessier, *De la dot*, t. II, n° 134; — Benoch, *Emploi*, n° 111; — Troplong, t. II, n° 589 *bis*; — Pont, n° 767).

L'opinion contraire est cependant enseignée par Duranton (t. XX, p. 44, note), Aubry et Rau, t. III, § 264 *ter*, p. 242, et a été admise par quelques cours d'appel (Caen, 7 juill. 1851, S. 52-2-92; D. 52-2-243; — Agen, 10 juin 1859, S. 59-2-341; — Aix, 17 août 1867 joint à Cass. 21 avr. 1869; S. 69-1-350; — Grenoble, 23 nov. 1870, S. 71-2-12; D. 71-2-173; — Caen, 20 nov. 1872; S. 73-2-134; D. 74-2-107).

125. **Hypothèque légale de la femme. — Restriction. — Droits nouveaux. — Nouvelle inscription.** — Lorsque l'hypothèque légale de la femme a été restreinte à certains immeubles reconnus suffisants par l'avis du conseil de famille pour garantir sa dot et ses reprises, cette hypothèque ne grève désormais que les biens sur lesquels elle a été cantonnée, et les autres immeubles du mari s'en trouvent affranchis, même au cas où des droits nouveaux, nés au profit de la femme, rendraient insuffisante la garantie du cantonnement (2164 C. C.). — Il en est ainsi tant que l'état de choses créé par le jugement qui a homologué la délibération du conseil de famille autorisant la restriction, n'a pas été modifié par une inscription en garantie de ces droits nouveaux faisant connaître aux tiers cette situation nouvelle (2164 C. C. — C. Agen, 16 fév. 1897, 9208 R. P.; — *Conf.* C. Limoges, 9 mars 1850; D. P. 55-2-205; — C. Montpellier, 17 déc. 1851, D. P. 52-2-188; — C. Paris, 10 fév. 1857, D. P. 57-2-125; — Cass. req. 6 nov. 1860; D. P. 61-1-84. — *Comp.* Dalloz, *Suppl.*, v° *Priv. et Hyp.*, n° 1576; — Aubry et Rau, t. III, § 282, p. 403; Marcadé et Pont, t. I, n° 557; — Baudry-Lacantinerie et de Loynes, t. II, p. 139).

127. **Hypothèque légale de la femme. — Restriction. — Démence. — Administrateur** ***ad hoc***. — Si, aux termes de l'art. 2144 C. C., la restriction de l'hypothèque légale de la femme ne peut être obtenue que du consentement de celle-ci, après avis de ses quatre plus proches parents, il n'en est pas de même si la femme est en état de démence. Dans ce cas, et par l'application des art. 32 et 33 L. 30 juin 1838, le tribunal désigne un mandataire spécial ou administrateur *ad hoc* qui a le droit de consentir valablement, aux lieu et place de la femme incapable, à la restriction de son hypothèque légale (Seine, 15 nov. 1894, 8521 R. P.).

132. **Hypothèque légale des mineurs. — Subrogé tuteur. — Actes d'administration au lieu du tuteur.** — L'hypothèque légale du mineur ne grève pas les immeubles du subrogé tuteur à raison des actes de gestion qu'il a faits à la place du tuteur. Dans ce cas, il est gérant d'affaires et ses immeubles ne peuvent être atteints que par une hypothèque conventionnelle ou judiciaire (C. Alger, 9 déc. 1898, 9681 R. P.; — *Conf.* Troplong, *Priv. et Hyp.* t. II, n° 422; — Pont, art. 2121, n° 497; Aubry et Rau, t. III, § 264 *bis*, p. 207, note 5; — Demolombe, t. VII, n° 390).

136. **Hypothèque légale du mineur. — Dette du tuteur. — Point de départ.** — L'hypothèque légale, conférée au mineur sur les biens de son tuteur, garantit d'une manière générale la restitution de tous les biens et valeurs qui appartiennent audit mineur et dont le tuteur a eu la gestion ou la jouissance. Cette règle est, notamment, applicable au cas où le mineur a été investi, par voie d'héritage, contre son tuteur d'une créance qui s'est trouvée exigible au cours de la tutelle. Cette hypothèque remonte, selon la disposition de l'art. 2135 C. C., au jour de l'ouverture de la tutelle (Cass. req. 23 nov. 1898, 9500 R. P.). — Sur l'étendue de l'hypothèque légale, voir dans le même sens : Baudry-Lacantinerie et de Loynes, t. II, n° 1189; Pont, n° 501; — Guillouard, t. II, n° 723; — Aubry et Rau, t. III, § 264 *bis*, p. 212. — Sur le point de départ, *Conf.* (Cass. req. 15 nov. 1892, Rev. Not. 8830 et 10168; Aubry et Rau, *ibid.*, p. 215.

141. — V. n° 136.

151. **Hypothèque légale du légataire. — Désignation des biens. — Spécialité.** — L'hypothèque que la loi accorde au légataire sur les biens de la succession peut être valablement inscrite sur la généralité de ces biens,

(1) Toutefois, en sens contraire, il a été jugé que l'hypothèque légale ne saurait s'étendre à la pension alimentaire à laquelle le mari a été condamné au cas de séparation de corps, par le motif que ce n'est pas, à proprement parler, une dette résultant des rapports pécuniaires des époux et qu'elle trouve plutôt sa source dans les rapports moraux résultant de l'union conjugale (C. Lyon, 16 juill. 1881, S. 82-2-31; D. 82-2-176; — Caen, 21 août 1883, S. 84-2-30; — Rouen, 1er déc. 1888; — Amiens, 12 fév. 1890). — Jugé aussi que l'hypothèque légale ne garantit par les aliments que la femme pourrait réclamer en vertu de l'art. 214 C. C.; — C. Grenoble, 6 fév. 1868, S. 68-2-158. — *Rappr.* Troplong, t. II, n° 418 *bis*; Aubry et Rau, t. III, § 264 *ter*, note 6, p. 218.

sans qu'il soit besoin de les désigner spécialement (Cass. req. 20 nov. 1901, 10263 R. P.; — *Conf.* Toulouse, 23 déc. 1872, D. 72-5-271; — Bordeaux, 5 mai 1887, D. 89-2-7). — Certains auteurs, cependant, considèrent que l'hypothèque des légataires *est spéciale* de sa nature, puisqu'elle ne frappe que les immeubles recueillis par l'héritier dans la succession du testateur; ils soutiennent, en conséquence, que l'inscription doit être prise spécialement sur ces immeubles (Pont, t. II, n° 1001).

Le tribunal de la Seine a jugé, le 14 janvier 1902, que l'hypothèque légale qui appartient au légataire sur les biens de la succession, est sujette à réduction, si elle porte sur plus d'immeubles que n'en nécessite la garantie de la créance (C. C. 1017, 2117, 2161); mais ce point est controversable (R. N. 11022).

154. Inscription d'hypothèque judiciaire. — *1° Droit conditionnel ou éventuel. — Contribution annuelle. Validité.* — L'inscription d'hypothèque judiciaire peut être prise en vertu de tout jugement qui reconnaît au profit de l'une des parties un droit, fût-il conditionnel, éventuel ou indéterminé (Cass. req. 20 nov. 1895, 8879 R. P.; — *Conf.* Cass. 23 mars 1867; D. 68-1-423; — 19 août 1878; D. 79-1-264. — Pont, n° 574; — Troplong, t. I, n° 439; — Aubry et Rau, t. III, § 265, p. 256). — *Rappr. Rép. gén.*, n° 198.

2° *Jugement par défaut. — Opposition.* — L'inscription d'hypothèque judiciaire, prise en vertu d'un jugement par défaut, est valable, même lorsqu'il existe une opposition formée après l'inscription si cette opposition a été rejetée (Cahors, 18 déc. 1895, 8946 R. P.; — Lombez, 2 déc. 1896, J. C. 4783).

Il en est ainsi, d'après un jugement de Rennes du 5 avr. 1897 (9206 R. P.), même si le jugement était déjà *frappé* d'opposition au moment de l'inscription. Mais, au contraire, le tribunal de la Seine a jugé que l'on doit considérer comme nulle et de nul effet l'inscription d'hypothèque judiciaire requise en vertu d'un jugement par défaut préalablement frappé d'opposition (2 avr. 1897, J. E. 25252). — On aperçoit la distinction qu'on a tenté de faire entre le cas où l'opposition est postérieure et celui où elle est antérieure à l'inscription. Dans le premier cas, la validité de l'inscription peut être défendue par ce motif qu'au moment de l'inscription, le jugement avait encore toute sa force. Dans le second cas, au contraire, l'opposition avait déjà anéanti le jugement ou tout au moins suspendu ses effets (V. J. C. 4827). Mais cette distinction demeure sans valeur dans la doctrine suivant laquelle le jugement frappé d'opposition existe aussi longtemps qu'il n'a pas été infirmé, l'exécution s'en trouvant seulement paralysée par l'opposition (V. Garsonnet, t. V, § 1055; P. Pont, t. II, n° 596).

195. — V. n° 757.

171-2. Enregistrement. — Contrainte. — Les contraintes décernées par l'Enregistrement n'emportent pas hypothèque judiciaire (Cass. civ. 4 déc. 1899, 9913 R. P.; — *Conf.* Cass. 9 nov. 1880, S. 81-1-304, D. 81-2-249; — *Rappr.* Cass. 4 avril 1900).

195. Hypothèque judiciaire. — Énonciations de l'inscription. — Interprétation limitative. — L'inscription d'hypothèque judiciaire prise « sur tous les biens possédés, consistant en bâtiments », est restreinte aux constructions (Brioude, 9 déc. 1891, 8069 R. P. — V. suite de ce jugement *infrà* n° 757).

199. — V. n° 72.

200. Vente et affectation hypothécaire du même immeuble. — Transcription et inscription du même jour. — V. *infrà*, n° 1003.

201. Créancier. — Poursuite sur le gage affecté. — Autres biens. — Tout créancier a pour gage la généralité des biens de son débiteur, mais, sans faire échec à ce principe, le créancier hypothécaire doit poursuivre tout d'abord l'exécution de son droit sur les biens spécialement affectés à sa garantie (Arras, 9 nov. 1898, 9589 R. P.).

201 *bis*. Inscription radiée par erreur. — Rétablissement. — Rang des inscriptions prises entre la radiation et le rétablissement. — Garanties abandonnées sur les inscriptions antérieures. — Le rétablissement d'une inscription radiée en vertu d'une mainlevée irrégulière ne peut préjudicier aux créanciers dont l'inscription est postérieure à la radiation et antérieure au rétablissement. Il en est ainsi à l'égard des créanciers même inscrits avant la radiation, si cette radiation les a conduits à renoncer à certaines sûretés, surtout lorsque le rétablissement de l'hypothèque a eu lieu sans le concours du débiteur et sans l'intervention de la justice (Pau, 23 janv. 1902, 10262 R. P.; — *Conf.* Cass. 9 déc. 1846, D. 47-1-208; — C. Rouen, 22 mai 1863, D. 64-2-104; — Cass. 4 juill. 1864; D. 64-1-350. — *Rappr.* C. Agen, 10 août 1897; — Cass. 26 juin 1895; — Moissac, 20 janv. 1899; — C. Douai, 20 mars 1900; R. H. 1556, 2499; — *Rép. gén.*, n° 437 in fine).

202 *bis*. Hypothèque générale. — Étendue et effets. — Immeuble. — Option. — Absence de fraude. — Le créancier investi d'une hypothèque générale a la faculté de la faire porter sur ceux des immeubles qu'il a intérêt à choisir, et de renoncer à la faire valoir sur d'autres immeubles, afin d'assurer sur ceux-ci, s'il le juge utile, le paiement des créances hypothécaires postérieures en date. — Il peut exercer ce droit même sur les biens transmis avec affectation à l'hypothèque générale à des tiers acquéreurs qui n'auraient pas rempli les formalités de la purge. — Il en est ainsi toutes les fois que le créancier n'agit pas par malice et sans cause, mais dans les limites d'un intérêt sérieux et légitime. — Et une femme doit être réputée avoir un intérêt légitime à procéder de la sorte, lorsque c'est pour elle le seul moyen d'exercer utilement ses reprises et de recouvrer sa dot compromise par l'administration de son mari (C. Rennes, 29 juill. 1895, 8704 R. P.; — *Conf.* Dalloz, v° *Priv. et Hyp.*, n°s 2345 et s. *Suppl. cod. verb.*, n° 1440 et s.; — Aubry et Rau, t. III, § 284, p. 443; — Laurent, t. XXX, n° 181; — Baudry-Lacantinerie, t. III, n° 1196; — Cass. civ. 3 mars 1856; D. 56-1-321; — C. Paris, 27 avr. 1888; D. 88-2-306. — *Rappr.* Cass. req. 22 avr. 1856; D. 56-1-326).

205-1. Inscription au profit du Trésor. — Duplicata de quittance. — Frais à la charge du conser-

154 Hypothèque légale. Caractère éventuel ou indéterminé des reprises. Non évaluation dans le bordereau. Jugement homologatif. Titre pour requérir inscription. — Les reprises de la femme sont subordonnées aux récompenses ou indemnités dont elle peut être débitrice; par suite, ces *reprises* sont éventuelles et indéterminées tant qu'un règlement définitif n'est pas intervenu soit après la dissolution du mariage, soit après la séparation de biens, et, dans cette situation, le bordereau de l'inscription de l'hypothèque légale de la femme n'a pas à indiquer ces droits éventuels ou indéterminés. Un jugement homologuant une liquidation ordonnée par le tribunal est un acte de juridiction contentieuse en vertu duquel l'une des parties intéressées, reconnue créancière de l'autre, a droit de prendre contre celle-ci inscription pour sûreté de sa créance. — C. Nancy, 12 juill. 1902, 10603 R. P. — V. 337 et 326 *infrà*.

202 bis. Concours d'une hypothèque générale avec une hypothèque spéciale sur divers immeubles. Choix de l'hypothèque générale sur l'un des immeubles. Effets de subrogation. Absence de fraude. — En vertu du principe de l'indivisibilité consacré par l'art. 2114 C. C., le créancier, dont l'hypothèque s'étend à plusieurs immeubles, est en droit de choisir celui de ces immeubles sur le prix duquel il veut être colloqué pour la totalité de sa créance, sans que les créanciers ayant sur le même immeuble des hypothèques postérieures en rang puissent le contraindre à diviser sa demande de collocation pour la faire porter, proportionnellement, sur le prix de tous les immeubles qui lui sont affectés. Le même droit appartient au créancier à hypothèque spéciale postérieure qui paie le créancier à hypothèque générale antérieure et qui obtient ainsi la subrogation légale dans les termes de l'art. 1251, 1° C. C., à moins que cette faculté d'option n'ait été exercée frauduleusement et sans intérêt légitime. La faculté d'option peut s'exercer, même au détriment d'un créancier ayant sur l'immeuble choisi une hypothèque spéciale antérieure à l'hypothèque spéciale dont le subrogé était personnellement muni lui-même sur le second immeuble, qui [illegible] grevé en même temps de l'hypothèque générale. — Cass. (req.), 4 mai 1904, 10680 R. P.

209-2. Prêt pour sept années. Défaut de renouvellement. Non-responsabilité du notaire. — Le mandat tacite confié au notaire relativement à un prêt de sept années se conçoit bien en ce qui concerne l'inscription à prendre pour sûreté du prêt, mais non en ce qui concerne le renouvellement d'inscription avant l'expiration de la péremption décennale. Il en est surtout ainsi si le notaire a ignoré la prolongation du prêt ou s'il ne lui a pas été expressément révélé qu'un nouveau prêt se rattachait au premier. — Cass., 29 janv. 1906, 11289 R. P.

209-3. Inscription prise sur partie seulement des biens affectés. Faute du notaire. — Commet une faute le notaire qui omet sciemment de prendre hypothèque sur tous les biens affectés par l'acte d'obligation reçu par lui et qui, ainsi, à l'insu du créancier, diminue son gage. Il est, de plus, réputé tromper son client en lui laissant croire que cette hypothèque vient en première ligne, alors qu'il ne l'a fait inscrire que longtemps après et à la suite d'une hypothèque consentie dans l'intervalle et par son intermédiaire. — Cass. 22 mai 1906. 11311 R. P.

209-4. Certificat hypothécaire ancien. Prêt. Caution. Défaut de vérification nouvelle de la situation du débiteur. Responsabilité du notaire. — Un notaire engage sa responsabilité et s'expose à un recours en garantie lorsque, sur le vu d'un état hypothécaire délivré depuis plusieurs jours (64 jours), il dresse un acte de prêt et laisse son client s'engager comme caution, sans avoir préalablement vérifié si la situation hypothécaire révélée par l'état ne s'est pas modifiée. — Rochechouart, 27 juin 1901 ; C. Limoges, 24 fév. 1902, 10672 R. P.

209-5. Prêt. Ouverture de crédit. Prêts antérieurs en l'étude. Non révélation de la situation hypothécaire. — Jugé qu'un notaire méconnait son devoir professionnel et engage sa responsabilité en laissant ignorer à un prêteur une situation hypothécaire que lui révélaient ses propres minutes. Il en est ainsi, encore, si ce notaire a inséré dans l'acte une clause dont l'ambiguïté a induit le prêteur en erreur sur cette situation hypothécaire (Cass. req. 9 janv. 1907, 11580 R. P.). S'il est vrai que le notaire était tenu de donner connaissance à son client de l'existence d'inscriptions antérieures par lui prises, sans qu'il pût opposer le secret professionnel, attendu que la loi elle-même a organisé la publicité des hypothèques (Cass. 12 janv. 1800 ; — Douai, 11 janv. 1802), nous devons faire remarquer, avec la *Rev. hyp.* (nº 3421), qu'en toute hypothèse la consultation des minutes de l'étude ne pouvait renseigner sûrement le prêteur, puisque des charges antérieures pouvaient avoir été consenties dans d'autres études.

Le notaire, tout en écartant la question du secret professionnel, aurait mis sagement sa responsabilité à l'abri et satisfait à ses devoirs vis-à-vis de son client en requérant au bureau des hypothèques un état, dont le coût était infime par rapport à l'importance du crédit ouvert.

234. Faillite. Cessation de payements. Ouverture de crédit garantie par une hypothèque pendant la période suspecte. Inscription sans effet. Rapport à la masse des fonds touchés par un créancier et provenant de l'ouverture de crédit. — L'hypothèque consentie en garantie d'une ouverture de crédit et le payement fait à l'un de ses créanciers par le crédité au moyen de l'argent reçu du créditeur, doivent être considérés comme sans effet vis-à-vis de la masse des créanciers si le crédité, venant à tomber en faillite, la cessation des payements est déclarée remonter à une date antérieure aux deux opérations ci-dessus. Dès lors, le créditeur n'a aucun droit d'hypothèque à l'encontre de la masse et doit venir au marc le franc comme créancier chirographaire ; et, de son côté, le créancier qui a bénéficié du payement fait par le crédité doit rapporter la somme reçue à la masse. — Cass. 27 avril 1906, 11426 R. P.

241. Privilège des entrepreneurs. Installations industrielles. Formalités d'inscriptions. Énonciation des procès-verbaux. Non-transcription littérale nécessaire. Frais d'expertise et autres. — Le privilège des entrepreneurs atteint les installations industrielles incorporées aux bâtiments et nécessaires pour assurer le bon fonctionnement des usines. Les inscriptions prises pour assurer le privilège des entrepreneurs ne sont pas nulles pour défaut de reproduction intégrale des procès-verbaux visés par l'art. 2103 C. C. ; il suffit que ces procès-verbaux y soient relatés, l'art. 2110 C. C. exigeant non la transcription, mais seulement l'inscription des procès-verbaux. Le privilège s'étend aux frais de jugements, expertises, inscriptions, et référé ainsi qu'aux frais de procès. — Bourgoin, 9 nov. 1904, 10607 R. P.

vateur. — C'est aux frais des conservateurs que doit avoir lieu la délivrance par ceux-ci, aux receveurs des finances, de quittances spéciales en ce qui concerne les droits perçus au profit du Trésor à l'occasion d'inscriptions prises sur les débiteurs d'amendes et de condamnations pécuniaires (Art. 234 de l'I. G. de la Comptab. publique du 3 juil. 1895 ; — I. G. de l'Enreg., nº 3054 ; — 10092 R. P.).

La simple raison indique de la manière la plus évidente que les frais d'imprimés pour les duplicata de quittances, dont les receveurs des finances ont besoin pour leurs écritures, devraient être supportés par ceux-ci. Cette nouvelle charge et cette nouvelle gratuité ne peuvent être que le résultat d'une inadvertance regrettable.

209-1. Responsabilité du notaire. — Rédaction du bordereau. — Limitation erronée de l'hypothèque légale cédée par la femme. — Le notaire, qui a reçu mandat de rédiger le bordereau destiné à faire inscrire les sûretés hypothécaires résultant pour son mandant d'un acte passé en son étude, a commis une faute si, malgré la subrogation générale consentie par la femme du débiteur dans son hypothèque légale, il a restreint la garantie aux immeubles spécialement affectés par le mari (Cass. req. 28 janv. 1899, 9680 R. P. ; — *Comp.* C. Montpellier, 30 juin 1890 ; D. 91-2-181 ; — C. Pau, 4 juill. 1892 ; D. 93-2-22 ; — C. Dijon, 26 oct. 1892 ; D. 93-2-206 ; — C. Grenoble, 11 juill. 1893 ; D. 94-2-543 ; — Cass. req. 23 oct. 1893 ; D. 94-1-350 ; — C. Nancy, 9 fév. 1894 ; D. 95-2-383 ; — Cass. civ. 18 nov. 1895 ; D. 96-1-16).

209-2. Renouvellement. — Mais le notaire, simple dépositaire de la grosse d'une obligation hypothécaire dont il n'a pas la minute et dont le dépôt lui a été fait dans un but déterminé autre que celui de surveiller le renouvellement de l'inscription, ne peut encourir de responsabilité à raison de la péremption de cette inscription (Perpignan, 18 avr. 1890, 9701 R. P.).

210. Avoué. — Inscription hypothécaire. — Cession de priorité à l'insu du créancier. — Préjudice causé. — Dommages-intérêts. — L'avoué chargé par un créancier d'obtenir un jugement contre un débiteur, est responsable du préjudice qu'il a causé à ce créancier, si, à son insu, il a consenti à ce que d'autres créanciers obtiennent à l'égard de son mandant une priorité d'hypothèque (Cass. 26 déc. 1898, 9863 R. P.).

213. Requérant mandataire ou gérant d'affaires du créancier. — Droits du véritable créancier. — L'inscription requise au profit d'un *créancier apparent*, qui n'est qu'un mandataire ou un gérant d'affaires du *créancier véritable*, profite à ce dernier lorsqu'elle renferme des mentions suffisamment claires pour faire connaître aux tiers que le requérant n'était pas le véritable bénéficiaire de la créance et du droit hypothécaire qui en formait l'accessoire. — Au surplus, si l'inscription présente quelque ambiguïté, les tiers intéressés ont le droit et le devoir de s'éclairer, en réclamant la production du titre constitutif de l'hypothèque dont la nature et la date sont exactement énoncées (Nîmes, 9 janvier 1902 ; — C. Nîmes, 25 juin 1907, 10994 R. P.).

235. Inscription contre une succession bénéficiaire. — Acceptation bénéficiaire annulée. — Validité de l'inscription. — L'inscription prise contre une succession bénéficiaire peut devenir valable et produire effet si l'héritier bénéficiaire vient plus tard à être déclaré héritier pur et simple. Il en est ainsi notamment lorsque le tribunal décide que l'héritier avait, dès l'ouverture de la succession, détenu et dissimulé, au regard des créanciers, des biens qui en dépendaient et avait perdu le droit de formaliser son acceptation bénéficiaire (C. Toulouse, 28 mai 1896, 8927 R. P.).

241. Privilège des entrepreneurs. — Formalités. — Double inscription. — Effet à la date de la première inscription. — Se fondant sur ce que, d'une part, il est de principe que les privilèges sur les immeubles ne peuvent être opposés aux tiers que s'ils ont reçu la publicité de l'inscription, et sur ce que, d'autre part, l'art. 2110 C. C. subordonne la conservation du privilège des entrepreneurs à la double inscription des procès-verbaux prescrits par l'art. 2103, § 4, C. C. et déclare, en termes formels, que le privilège sera conservé à la date de l'inscription du premier procès-verbal constatant l'état des lieux, les Chambres réunies de la Cour de cassation ont décidé, par un arrêt du 31 janvier 1898 (9220 R. P.), que si l'inscription est requise à une date postérieure au procès-verbal, c'est à cette date seulement que le privilège du constructeur peut s'exercer à l'encontre des autres créanciers antérieurement inscrits sur l'immeuble, et que c'est aussi à cette même date que la valeur dudit immeuble doit être constatée, afin que la plus-value résultant des constructions, ainsi réservée et mise à part, puisse être attribuée aux constructeurs : cet intéressant arrêt a annulé un arrêt de la C. Rouen du 24 juill. 1895 qui faisait remonter l'effet du privilège au jour du premier procès-verbal, malgré la date postérieure de l'inscription. — Les architectes, entrepreneurs et ouvriers conservent leur privilège, sur la mieux-value résultant des travaux qu'ils ont effectués, par la double inscription du procès-verbal constatant l'état des lieux avant le commencement des travaux et du procès-verbal de réception de ces mêmes travaux. On reconnaît généralement que, pour garantir pleinement ce privilège, l'inscription du premier procès-verbal doit avoir lieu avant le commencement des travaux (Aubry et Rau, t. III, § 278, p. 367 ; — Colmet de Santerre, t. IX, nº 71 *bis*, I ; — Baudry-Lacantinerie, t. III, nº 1174). On lit dans le même sens au Recueil Dalloz (*Suppl.* vº *Priv. et Hyp.*, nº 385) : « Le but de l'inscription étant d'informer les tiers que la plus-value produite par les travaux est grevée du privilège, il faut, de toute nécessité, pour que les tiers soient avertis à temps et ne comptent pas sur cette plus-value, que l'inscription soit antérieure aux travaux ». Il s'ensuit que, si l'inscription est postérieure, le privilège ne prend rang qu'avec elle et à sa date, du moins au regard des créanciers inscrits depuis le commencement des travaux (Troplong, t. I, nº 322 ; — Dalloz, vº *Priv. et Hyp.*, nº 700 ; — Demante, t. IX, nº 71 ; — Pont, nº 281 ; — Thézard, nº 316 et auteurs précités).

En ce qui concerne l'inscription du second procès-verbal, nous pensons qu'elle n'est soumise à aucun délai de rigueur (Lyon, 13 mars 1830. — Pont, nº 279 ; Dalloz

Suppl., n° 385; — Colmet de Santerre, t. IX, n° 71 *bis*, II et III; Thézard, n° 317; — Baudry-Lacantinerie, t. III, n° 1174). Certains auteurs soutiennent cependant qu'elle doit avoir lieu dans le même délai que celui fixé pour la rédaction de ce second procès-verbal, c'est-à-dire dans les six mois au plus après l'achèvement des travaux (Aubry et Rau, t. III, § 278, note 38, p. 368; — Flandin, n° 1039).

246. Privilège du vendeur. — Action résolutoire. — Faillite ou liquidation judiciaire de l'acquéreur. — La jurisprudence et les auteurs admettent que la faillite de l'acquéreur enlève au vendeur dont le contrat n'a pas encore été transcrit, comme aux simples créanciers hypothécaires, la faculté de conserver son privilège à l'égard des créanciers de la masse (Nancy, 9 août 1859; — S. 59-2-594; — Cass. req. 2 déc. 1863; S. 64-1-57; Alger, 19 mai 1865; S. 65-2-187; — C. Orléans, 22 mai 1896, 8847 R. P.; — Troplong, *Priv.*, n° 650, et *Transcrip.*, n° 282; — Aubry et Rau, t. III, § 278, p. 358, note 8; — Rivière et Huguet, *Quest. sur la transcrip.* n° 371; — Flandin *Transcrip.*, n°s 1177 et suiv., 1186; — Costard, *Rev. prat.*, t. IV, p. 198; — Thézard, n° 307; — André, n° 405. — *Contrà* Pont, n° 903).

Pour l'action résolutoire, au contraire, il avait été jugé que le vendeur peut l'exercer au préjudice des créanciers de la faillite de l'acquéreur (Bordeaux, 15 juill. 1857; — S. 57-2-642; — C. Grenoble, 13 mars 1858, S. 58-2-209; — Cass. 1er mai 1860, S. 60-1-602; — C. Grenoble, 24 mai 1860; S. 60-2-526; — C. Dijon, 13 juin 1864; S. 64-2-244; — C. Lyon, 6 avr. 1865, S. 66-2-196; — *Conf.* Pont, n°s 902 et s.; — Verdier, *Transcrip.*, t. II, n° 590 et s.; — Rivière et Huguet, *op. cit.*, n° 374). — Mais cette doctrine elle-même a été abandonnée par la Cour de cassation, aux termes d'un arrêt du 24 mars 1891, décidant que le sort de l'action résolutoire est intimement lié à celui du privilège du vendeur, et que, par suite, si ce privilège, n'ayant pas été conservé avant la faillite, ne peut plus être opposé aux créanciers pour lesquels le syndic a pris l'inscription de l'art. 490 C. com., l'action résolutoire ne peut pas davantage être exercée contre la masse (D. 91-1-145; — *Sic* : C. Orléans 22 mai 1896, précité; — Troplong, *Transcrip.*, n° 295 et 296; — Flandin, t. II, n°s 1188 à 1199). La principale objection opposable à cette décision c'est, suivant la remarque de Dalloz (*Suppl.*, v° *Priv. et Hyp.*, n° 364) qu'un vendeur peut être surpris par la faillite de celui auquel il vient de vendre son immeuble, avant qu'il ait pu conserver son privilège par la transcription de la vente. Alors, il serait certainement injuste que le vendeur se trouvât privé tout à la fois de son privilège et de son action résolutoire, et que les créanciers chirographaires de l'acheteur vinssent se faire payer concurremment avec lui sur le prix de l'immeuble. Mais cette objection milite aussi bien contre la perte du privilège que contre celle du droit de résolution et le meilleur moyen de l'écarter serait peut-être d'admettre avec MM. Aubry et Rau (t. III, § 278, p. 358, note 8 *in fine*), que le vendeur doit pouvoir conserver son privilège par la transcription ou l'inscription, même après la déclaration de faillite de l'acheteur, tant que les quarante-cinq jours à partir de la vente ne sont pas expirés.

Dans l'espèce de l'arrêt de la C. d'Orléans du 22 mai 1896 précité, l'acquéreur avait été mis en état de liquidation judiciaire. Il y a les mêmes raisons de décider, en effet, que pour l'état de faillite. — *Rappr. infrà*, n° 352.

258. Séparation des patrimoines. — Titres. — Justifications. — Le bénéfice de la séparation des patrimoines a été établi par la loi en faveur de tous les créanciers porteurs d'un titre sous seing privé, ou même des créanciers qui n'ont pas de titre, aussi bien que pour ceux qui sont munis d'un titre exécutoire. Par suite, le privilège de la séparation des patrimoines dérivant non d'un titre mais de la loi elle-même, on ne saurait, par application de l'art. 2148, § 3, étranger à ce privilège, exiger que l'inscription contienne la mention de la date et de la nature des titres (C. Agen, 18 juill. 1894, 8502 R. P. — *Conf.* Delvincourt, p. 390; — Duranton, t. VII, n° 492; — Aubry et Rau, t. III, § 271, p. 324 et t. VI, texte et note 38; — Cass. 2 fév. 1885; S. 86-1-57).

Spécialement lorsqu'une inscription de séparation des patrimoines est simplement requise *en vertu de tous titres et de la loi*, il ne semble pas possible de soutenir qu'en fait la créance a été constatée par un acte en forme et que le Conservateur doive en exiger la production. En cette matière, il appartient aux conservateurs, seuls responsables des inscriptions qu'ils formalisent, d'apprécier s'ils doivent exiger ou non des intéressés la justification de leur qualité de créanciers (Sol. 6 avril 1895, 8595 R. P.). — *Rappr. infrà*, n° 260-1.

260-1. Séparation des patrimoines. — Inscription en vertu d'une reconnaissance. — Droit d'enregistrement et de timbre. — L'inscription du privilège de la séparation des patrimoines, prise en vertu d'une « reconnaissance », nécessite l'enregistrement du titre et, faute de production de ce titre, rend exigible les droits d'enregistrement, mais non les droit et amende de timbre. La prescription trentenaire est applicable au droit d'enregistrement (Rouen, 6 juill. 1893, 8289 R. P.).

Toutefois, l'inscription pouvant être valablement opérée à la requête d'un tiers, le bénéficiaire de l'inscription et du titre non enregistré n'est pas nécessairement responsable des droits d'enregistrement (Argentan, 5 déc. 1893, 8315 R. P.).

274. Copie intégrale des bordereaux. — Une solution administrative du 19 janvier 1893 décide, en rappelant une décision ministérielle du 11 fév. 1805 (I. G. 2300), que les conservateurs doivent formaliser les inscriptions par la copie littérale des bordereaux. Au point de vue des principes, nous avons combattu cette doctrine au *Rép. gén.*, et sous le n° 8314 R. P. où la solution ci-dessus se trouve rapportée. Mais nous avons en même temps fait ressortir que la copie littérale trouve une justification dans le péril qu'une copie analytique ferait courir aux conservateurs et dans les difficultés d'interprétation qui pourraient en résulter pour les parties. Nous maintenons cette appréciation. — *Rappr. infrà*, n° 715.

Bordereau portant renouvellement intégral d'une inscription antérieurement radiée. — Rôle du conservateur. — Le conservateur des hypothèques n'a pas à se faire juge du contenu au bordereau d'inscription ni de la validité de l'inscription requise, lors même que le bordereau a pour

246. Aliénation d'immeubles domaniaux. Défaut de transcription du contrat. Faillite de l'adjudicataire. Vente de ses biens. Transcription. Arrêté de déchéance pris ultérieurement contre l'adjudicataire failli. Déchéance non opposable au tiers acquéreur. — V. *Domaine*, n° 330.

258. — V. 260-1.

260-1. Créance énoncée comme verbale. Production du billet s. s. p. formant titre de la créance pour déduction du passif dans la déclaration de succession du débiteur. Droit d'enregistrement non exigible sur ce billet, sous prétexte d'usage à la conservation. — L'inscription de séparation des patrimoines pouvant être requise pour sûreté d'une créance purement verbale, l'administration ne saurait prétendre qu'il y a usage de titre à la conservation des hypothèques et exiger le droit d'enregistrement en conséquence, lorsque ni la réquisition d'inscription, ni le bordereau ne mentionnent un titre écrit, et cela encore bien que, par des rapprochements ultérieurs, notamment de la déclaration de succession, il soit démontré que la créance avait réellement donné lieu à un billet s. s. p., qui a été produit au receveur de l'enregistrement pour la déduction du passif dans la déclaration de la succession du débiteur du billet. — Yssingeaux, 26 déc. 1905, 11173 R. P.

260 *bis*. Hypothèque légale. Billets s. s. p. énoncés au bordereau. — C'est par une fausse application de l'art. 23 L. 22 frim. an VII, et contrairement à la saine jurisprudence du tribunal de Rouen rappelée ci-contre, que le tribunal de Saint-Omer, par un jugement du 26 juin 1901 (10036 R. P.), a déclaré que l'hypothèque légale de la femme ayant son titre dans la loi, il importe peu, pour l'exigibilité des droits d'enregistrement, que, lors d'une inscription prise par celle-ci à l'effet de garantir cette hypothèque, elle énonce ou non au bordereau des billets s. s. p. souscrits solidairement par elle et son mari, une telle énonciation n'ayant d'intérêt qu'à titre d'explication et ne constituant pas l'usage public prévu par l'art. 23 précité.

10.

279. Responsabilité des conservateurs. Inscription. Absence de bordereaux. Requérant entré au bureau avant 4 heures. Rédaction des bordereaux séance tenante terminée après 4 heures. Défaut d'avance des droits et salaires. — L'art. 2148 C. C. prescrit au créancier qui requiert une inscription de joindre au titre de sa créance deux bordereaux écrits contenant les énonciations énumérées audit article, et, d'autre part, la L. 27 mai 1791 (art. 11), de laquelle résulte pour les conservateurs le devoir absolu de fermer leurs bureaux à l'heure réglementaire de 4 heures du soir, deviendrait inefficace s'il était loisible aux particuliers de l'interpréter en ce sens que l'heure fixée pour la fermeture s'entend seulement de l'heure à laquelle on ne peut plus pénétrer dans les bureaux du conservateur et qu'il suffit d'être arrivé dans ces bureaux avant 4 heures sans même que les bordereaux d'inscription soient remis à cette heure fixée pour la fermeture. Spécialement est mal fondée l'action en responsabilité dirigée contre un conservateur, pour retard de formalité et perte de rang hypothécaire, par celui qui, bien qu'entré avant 4 heures dans la conservation, n'avait pas établi ses bordereaux qu'il y rédigea séance tenante, et ne put les présenter effectivement qu'après 4 heures, alors surtout que les droits et salaires, payables d'avance, n'ont été acquittés que le lendemain, date à laquelle furent formalisés lesd. bordereaux. — Seine, 21 juill. 1903, 10697 R. P.

288. Inscription. Élection de domicile dans l'arrondissement. Omission. Nullité. — L'art. 2148 C. C. exige, d'une manière absolue et comme condition de la validité de l'inscription, qu'un domicile soit élu par le créancier dans l'étendue de l'arrondissement où l'hypothèque est destinée à produire son effet. En conséquence, le défaut de cette formalité substantielle entraîne la nullité de l'inscription. — C. Riom, 14 mai 1903, 10681 R. P.

objet de renouveler une inscription radiée antérieurement; et rien ne l'oblige à signaler la radiation de l'inscription renouvelée dans la mention ou le certificat constatant le renouvellement (Cass. req. 6 mai 1896, 8880 R. P. (1). — *Rappr. infrà*, n° 710).

288 Inscription. — Élection de domicile. — Formalité non substantielle. — Il a été jugé que l'élection de domicile proprement dite dans une inscription hypothécaire n'est pas une formalité substantielle, et qu'à son défaut, l'inscription ne se trouve pas viciée si le domicile réel est indiqué, lors même qu'il serait en dehors de l'arrondissement des hypothèques (Tizi-Ouzou, 14 fév. 1895; — C. Alger, 20 avril 1896, 8926 R. P.). — Toutefois, la question de savoir si l'élection de domicile constitue, en principe, une formalité substantielle est controversée en doctrine et en jurisprudence. Pour reconnaître si l'inscription est nulle ou non, on soutient, en général, que la solution dépend du point de savoir si l'omission reprochée a ou non lésé un intérêt que la publicité devait éclairer (V. Rennes, 27 janv. 1874, S. 74-2-278; D. 75-2-13; *Rép. gén.*, n° 288; — Poitiers, 10 juin 1878; S. 79-2-109; D. 79-2-69; *Rép. gén., loc. cit.*). — C'est ainsi que la C. cass. a décidé que l'erreur sur la désignation du créancier, dans un acte de renouvellement d'inscription, ne peut être considérée comme un vice substantiel lorsque l'inscription a été prise en renouvellement d'une précédente qui est régulière et dont les énonciations avaient suffi pour renseigner les tiers (Arrêt du 9 fév. 1891, J. C. 4167; *Rev. Hyp.* 775). De même un arrêt de la C. Paris du 25 avr. 1891 (J. C. 4208) a jugé qu'une inscription ne peut être regardée comme nulle pour défaut d'élection de domicile de la part du créancier qui l'a requise, lorsque celui-ci a son domicile réel dans l'arrondissement du bureau des hypothèques et que ce domicile réel est indiqué dans l'inscription (*Conf.* Aix, 8 mars 1860, S. 60-2-232; D. 60-2-106; — Cass. (ch. réun.) 14 janv. 1863, S. 63-1-73; D. 73-1-101; — C. Paris, 25 avril 1891; — C. Douai, 27 déc. 1892, *Rev. Not.* 9003; — C. Besançon, 10 nov. 1897, 9291 R. P.). Dans ce dernier cas, on peut facilement admettre que l'indication du domicile réel dans l'arrondissement constitue une énonciation équipollente de l'élection de domicile dans cet arrondissement;

mais, dans l'espèce de l'arrêt de la C. d'Alger ci-dessus, où le domicile réel était hors l'arrondissement, le système d'après lequel l'élection de domicile n'est pas une formalité substantielle peut paraître trop absolu (V. en faveur de ce système : Agen, 4 janv. 1854; D. 55-2-42; — Alger, 21 nov. 1856; D. 58-1-354; — Orléans, 4 juin 1860, S. 61-2-449; — Agen, 7 fév. 1861; D. 61-2-100; — Alger, 8 janv. 1863, S. 63-2-28; — Nîmes, 11 fév. 1882, S. 82-2-160; — Cass. 28 mars 1882, J. N. 22730, J. C. 3497. — Troplong, n° 679; — Baudot, t. I, p. 240; — Pont, n° 970; — Aubry et Rau, t. III, § 276, texte et note 21; — Jalouzot, n° 56).

289. Élection de domicile. — Circonscription de la Seine. — En édictant que l'inscription devra contenir élection de domicile dans l'arrondissement du bureau des biens hypothéqués, l'art. 2148 C. C. a voulu que le domicile soit élu dans la circonscription judiciaire de ce bureau. Par suite, à Paris où il existe plusieurs bureaux d'hypothèques, il importe peu que l'élection de domicile soit faite dans la circonscription de l'un ou de l'autre de ces bureaux, puisque, dans tout le département de la Seine, il n'y a qu'un seul tribunal (Seine, 28 fév. 1899, 9644 R. P. — *Conf.* Seine, 29 juin 1889, R. H. 630. — Rappr. *infrà*, n° 289 *bis*).

289 *bis*. Circonscriptions hypothécaires remaniées. — Circulaire du Crédit Foncier. — Par deux jugements des 29 juin 1889 et 28 fév. 1899 (n° 289 *suprà* et du *Rép. gén.*), le tribunal de la Seine a décidé, avant le remaniement des circonscriptions hypothécaires de certaines conservations, qu'en principe l'art. 2148 C. C. a voulu que le domicile soit élu dans la circonscription *judiciaire* du bureau et que, par suite, il importe peu, à Paris, que l'élection de domicile soit faite dans la circonscription de l'un ou de l'autre des trois bureaux. Cette jurisprudence reste applicable aux dix bureaux actuels de Paris et aux circonscriptions nouvelles créées par le décret du 23 nov. 1900 dans d'autres arrondissements. Toutefois, aux termes d'une circulaire du 28 janv. 1901 (R. P. 10242), le Crédit Foncier, par une mesure de prudence que l'on peut considérer comme excessive, a prescrit aux notaires une élection de domicile d'après les distinctions suivantes :

Premièrement. — Pour la circonscription du 1er bureau de Paris (8 premiers arrondissements), le domicile sera fixé au siège social.

Deuxièmement. — Pour les circonscriptions de chacun des autres bureaux de Paris, ainsi que pour les circonscriptions des bureaux de province, *dans le ressort desquels ne se trouveront pas placés les bureaux des Trésoreries générales ou des Recettes particulières*, l'élection aura lieu : 1° ou dans les études de notaires dans lesquelles, ainsi que cela se pratiquait pour le département de la Seine, le notariat de la région aurait fixé spécialement le lieu de toutes ses élections de domicile pour le ressort d'un bureau; 2° ou chez les notaires rédacteurs des actes (s'ils sont domiciliés dans la circonscription territoriale du bureau où l'inscription doit être prise), 3° ou, enfin, dans les études qui seront indiquées par les notaires des emprunteurs sous leur responsabilité et toujours dans le ressort de la conservation compétente pour la prise de l'inscription.

Troisièmement. — Enfin, pour toute autre circonscrip-

(1) Dans le même sens, nous avons vu au *Rép. gén.*, et dans ce supplément : 1° que le conservateur ne peut se constituer juge des droits des parties pour s'abstenir de délivrer l'inscription renouvelée, dans l'état requis sur l'immeuble qui fait l'objet de la radiation partielle mise en marge de l'inscription primitive (Cass. 11 mars 1874; D. 74-1-404, *Rép. gén.*, v° *Hyp.*, n° 433; — *Rappr.* J. C. 3187; — 2° qu'il n'a pas non plus à rectifier, à l'aide de mentions sur ses registres, le bordereau qui lui serait remis pour renouveler une inscription radiée partiellement (Trib. Seine, 17 juin 1886, *Rép. gén., loc. cit.*); — 3° qu'il ne peut se faire juge de l'efficacité d'une inscription sur un immeuble et doit la comprendre dans l'état sur transcription du chef d'un précédent propriétaire, bien que celui-ci ait été dépossédé par voie de résolution (Seine, 13 fév. 1885, J. C. 3481; — Narbonne, 8 juill. 1865 (V. *les motifs de ce jug.*), R. P. 7737. — *Conf.* Seine, 28 mai 1895, R. P. 8730); — 4° qu'il n'est pas tenu de comprendre dans l'état la mention d'une radiation partielle qui n'a pas été indiquée dans l'inscription renouvelée (C. Dijon, 9 juill. 1868, S. 69, 2, 114; D. 71-1-93). — Ces décisions affirment énergiquement ce principe constant que le conservateur qui, aux termes de l'art. 2150 C. C. doit « faire mention sur son registre du contenu aux bordereaux », n'est juge ni de la portée de ces bordereaux, ni de la validité des inscriptions. Son rôle sur ce point est purement passif (*Rappr.* Baudot, nos 1613 et 1614; — Pont, n° 1110).

tion, dans le ressort de laquelle sera placée la Trésorerie ou la Recette, l'élection de domicile continuera d'être faite dans ces établissements.

Au cas où les immeubles se trouveraient placés dans la circonscription de plusieurs bureaux, il y aurait à indiquer une élection de domicile spéciale pour chaque bureau en se conformant aux indications qui précèdent.

298. Mention implicite. — Si l'indication de la date et de la nature du titre doit être considérée comme substantielle, il n'est toutefois pas indispensable, pour la validité de l'inscription, qu'elle y figure en termes exprès; il suffit, pour répondre au vœu de la loi, qu'elle y soit contenue soit implicitement, soit en termes équivalents, de telle sorte que le titre soit déterminé d'une manière constante aux yeux des tiers intéressés à le connaître et à l'apprécier. Par suite, est valable l'inscription hypothécaire prise pour sûreté de frais d'assistance judiciaire, du moment où elle spécifie qu'elle est requise sur tous les biens présents et à venir du débiteur, en vertu d'un exécutoire de dépens dont elle énonce la date, puisqu'elle indique ainsi qu'il s'agit d'une inscription d'hypothèque judiciaire et qu'elle détermine implicitement la date du jugement qui a conféré l'hypothèque (Bernay, 25 mars 1902, 10315 R. P.).

299. Élection de domicile dans les bureaux de la conservation. — Défaut de transmission des notifications. — Non-responsabilité du conservateur. — Le jugement de Ploërmel du 15 juill. 1891, analysé au *Rép. gén.*, a été confirmé par un arrêt C. Rennes du 25 fév. 1892 (7903 R. P.). De ces décisions, il résulte que le Conservateur, dans les bureaux duquel des inscrivants ont fait élection de domicile, et qui reçoit ensuite les notifications résultant de cette élection, n'est pas tenu de transmettre aux intéressés les copies des exploits notifiés, ni même de leur faire connaître qu'il les a reçues, encore qu'il ait visé l'original. — La cour a justement fait ressortir qu'en transcrivant sur ses registres la mention d'élection de domicile, le conservateur a simplement « accompli un acte obligatoire de sa fonction, lequel n'impliquait nullement l'acceptation tacite d'une élection de domicile ». Comment, en effet, le conservateur pourrait-il se trouver engagé par les termes d'un bordereau à la rédaction duquel il reste complètement étranger? Et comment pourrait-on tirer contre lui argument de la fidèle reproduction de ce bordereau dans ses registres sans protestation, puisque la loi lui interdit de « refuser ou retarder l'inscription des droits hypothécaires, sous peine des dommages et intérêts des parties » (2199 C. C.). — Quant au visa de l'original, il ne peut avoir pour objet que l'exécution de l'art. 1039 C. Proc., et cela suffit pour enlever à cette formalité le caractère d'une acceptation de mandat. D'ailleurs, rien n'oblige le conservateur à donner ce visa : l'art. 1039 C. Proc. civ. n'exige, en effet, le visa que des personnes publiques « préposées pour recevoir » les significations. Or, puisque, suivant l'expression employée par la C. de Rennes, le conservateur n'est pas sur ce point « un mandataire de profession » et n'est pas préposé pour exécuter le mandat contenu (ou plutôt proposé) dans le bordereau, l'article précité ne lui est pas applicable. — Nous avons au surplus indiqué, 7903 R. P., les motifs de prudence qui semblent commander aux conservateurs de s'abstenir de viser l'original et les raisons qu'ils peuvent invoquer pour justifier ce refus. — *Rappr. infrà*, n° 757 2.

316 *bis*. Mention du droit de concurrence. — Réserve du droit de concurrence pour un second emprunt. — Payement par subrogation du premier créancier. — Ordre. — Lorsque, dans l'acte contenant obligation hypothécaire d'une certaine somme, le débiteur s'est réservé la faculté d'emprunter encore sur les mêmes immeubles une autre somme déterminée et de conférer au second créancier un droit de concurrence avec le premier, ce droit de concurrence doit être mentionné dans l'inscription prise par le second créancier lors de la réalisation du second emprunt. — A défaut d'une telle mention, ce second créancier perd son droit de concurrence et ne peut être colloqué qu'au second rang si le débiteur, à la faveur de la fausse déclaration qu'il n'a pas contracté le second emprunt et de son engagement de ne pas conférer désormais le droit de concurrence prévu, obtient le remboursement du premier créancier par une troisième personne subrogée aux droits de ce premier créancier et ayant pris, en outre, une nouvelle inscription (Arcis, 20 juill. 1898, 9819 R. P.).

317. — 1. Nouvel art. 2151 C. C. — Intérêts. — La loi du 17 juin 1893 a modifié l'article 2151 C. C. ainsi qu'il suit :

« Le créancier *privilégié, dont le titre a été inscrit, ou transcrit, ou le créancier hypothécaire* inscrit pour un capital produisant intérêts ou arrérages, a droit d'être colloqué pour *trois* années seulement au même rang que le principal, sans préjudice des inscriptions particulières à prendre, portant hypothèque à compter de leur date, pour les intérêts et arrérages autres que ceux conservés par la *transcription* ou l'inscription primitive (1). »

2. Conservation des intérêts. — Inscriptions successives nécessaires. — L'art. 2151 C. C. s'applique, d'une manière générale et absolue, aux intérêts et arrérages de toute nature, et il n'autorise, pour la conservation des arrérages et intérêts au delà du temps qu'il détermine, qu'un seul mode de conservation consistant en inscriptions particulières. En conséquence, l'inscription prise sous le régime de l'art. 2151 C. C. ancien ne peut conserver que deux années d'intérêts et l'année courante, et la disposition du nouvel art. 2151 (L. 17 juin 1893), qui porte à trois années la durée pendant laquelle l'inscription conserve les intérêts, ne peut profiter aux inscriptions antérieures à la loi nouvelle (C. Montpellier, 12 nov. 1896, 9007 R. P.; — Sr-Seine, 9 nov. 1897, 9762 R. P.; 4990 J. C.).

321. — V. *suprà*, n° 317.

327. Hypothèque légale. — Droits indéterminés. — Liquidation. — Inscription. — Forme. — L'inscrip

(1) Les mots en italiques sont ceux qui ont été ajoutés à l'ancien texte; ils ont pour but, d'abord, d'assimiler les intérêts des créances privilégiées à ceux des créances hypothécaires, et, en outre, de fixer à trois années, et non plus seulement à deux années et l'année courante, les intérêts pour lesquels le créancier a le droit d'être colloqué. Cette dernière disposition a été empruntée à la loi belge.

311. Inscription. Bordereau. Mention de l'époque d'exigibilité de la créance. — *Formalité substantielle. Équipollents. Jugement.* — La mention, dans le bordereau d'inscription hypothécaire, de l'époque d'exigibilité de la créance est substantielle, mais elle peut résulter d'équipollents, notamment de l'indication que l'inscription a été prise en vertu d'un jugement prononçant condamnation au paiement d'une somme principale, des intérêts et des frais dont partie de ces frais exigibles de suite et le surplus le devenant au fur et à mesure des poursuites (Dijon, 17 nov. 1903; C. Dijon 17 juin 1903, 10755 R. P.).

Compte courant. — Il résulte implicitement de la L. du 11 sept. 1807, déclare aussi le tribunal de Lyon, que l'indication, dans le bordereau d'inscription, de l'époque de l'exigibilité de la créance, prescrite par l'art. 2148 C. C., est une formalité substantielle, dont l'inobservation doit, en principe, entraîner la nullité de l'inscription. — Mais cette mention n'est pas assujettie à des termes sacramentels; elle peut être suppléée par des indications équipollentes et se trouve subordonnée à la nature de la créance, notamment si cette créance, bien que certaine, ne peut être immédiatement déterminée ni quant à son chiffre, ni quant à la date d'exigibilité. — Spécialement, au cas de constitution d'hypothèque par une caution pour garantie d'une ouverture de crédit, l'inscription est valable si l'examen de l'acte constitutif démontre que cette inscription a été prise en conformité parfaite avec la convention dont elle reproduit exactement la substance en ce qui concerne la nature, les causes et la quotité de la créance, et s'il est impossible de préciser l'époque d'exigibilité, l'hypothèque ayant pour objet de garantir un découvert à fixer ultérieurement dans un compte courant dont le solde sera exigible à la volonté du créancier (Lyon, 12 janv. 1907, 11405 R. P.).

322. Indication de l'espèce et de la situation des biens. — V. 61 *suprà*.

327-328. Hypothèque légale de la femme. Inscription prise après la séparation, mais avant toute liquidation. Valeur indéterminée. Validité. — Les droits et reprises de la femme, étant subordonnés aux récompenses et indemnités dont elle peut être débitrice, sont indéterminés dans le sens de l'art. 2153 C. C., tant que le règlement définitif n'en a pas été opéré, soit après la dissolution du mariage, soit après la séparation de biens. Dès lors, doit être considérée comme régulière et valable l'inscription de l'hypothèque légale de la femme prise après le jugement de séparation de biens et avant toute liquidation, pour sûreté des reprises, créances, indemnités, droits et avantages quelconques qu'elle peut avoir à exercer et non évalués. — Cass. (civ.), 3 mai 1904, 11005 R. P.; — 6 juill. 1904, 10895 R. P. — V. n° 153 *suprà*.

Mais l'inscription de l'hypothèque légale de la femme, qui ne contient pas d'évaluation, est nulle si, au moment où l'hypothèque est inscrite, le montant de la créance de la femme contre le mari a été déterminé par des actes intervenus entre les parties, la loi ne prescrivant pas que la créance de la femme soit établie par un acte de liquidation dressé après la séparation de biens ou la dissolution du mariage. Spécialement l'inscription prise sans que le montant de la valeur des droits à conserver y ait été déterminé est nulle, alors que leur quantum était fixé d'une manière certaine par le contrat de mariage de la femme. — C. Riom, 25 avril 1904, 11005 R. P. — *Rappr. suprà*, n° 153.

330. Hypothèque légale de la femme. Inscription plus d'un an après le décès de la femme. Rang. Validité. — Si l'hypothèque légale de la femme mariée, non prise dans l'année de la dissolution du mariage, n'a rang qu'à partir du jour de son inscription, il n'en est pas moins certain que, conservant néanmoins son caractère propre, elle est régie, quant à la formalité de l'inscription, par la disposition de l'art. 2153 C. C. qui ne prescrit ni l'énonciation du titre, ni l'indication de la créance. — D'ailleurs, en admettant que l'art. 2148 C. C. fût seul applicable, il apparaît qu'une inscription de l'espèce n'est critiquable ni au point de vue de la date et de la nature du titre, lorsqu'elle mentionne le contrat du mariage qui est le titre générateur de l'hypothèque, ni au point de vue de l'époque d'exigibilité de la créance lorsque le bordereau indique la date du décès de la femme (C. Montpellier, 8 fév. 1906, 11510 R. P.).

347. Inscriptions d'office. Renouvellement tardif. Conservation du privilège. Héritiers bénéficiaires. Renouvellement postérieur à l'acceptation. Nullité. — Un privilège inscrit en 1881, n'ayant été renouvelé qu'en 1902, s'est trouvé périmé pour défaut de renouvellement et réputé non inscrit. Le privilège du vendeur n'étant pas soumis, au point de vue de la conservation du rang, au renouvellement décennal, une inscription pouvait être prise après le délai de péremption et conserver le privilège à sa date originaire. L'inscription prise dans ces conditions, tombe sous l'application de l'art. 2146 du C. civ. Par conséquent, si elle a été prise par des héritiers bénéficiaires postérieurement à la déclaration d'acceptation sous bénéfice d'inventaire, elle ne produit aucun effet (Compiègne, 24 juin 1903, 10729 R. P.).

352. Inscription d'office. Péremption. Privilège du vendeur subsistant. Extinction après transcription d'un second acte d'aliénation. — Le privilège du vendeur subsiste intact, même après la péremption de l'inscription d'office, tant que l'immeuble grevé est entre les mains de l'acquéreur primitif. Il s'éteint, au contraire, à défaut de renouvellement régulier de l'inscription, après la transcription d'un second acte d'aliénation. Il n'y a pas à distinguer entre l'aliénation à titre onéreux et l'aliénation à titre gratuit (C. Montpellier, 16 janv. 1906, 11360 R. P.).

tion de l'hypothèque légale de la femme est valable lors même qu'elle ne détermine pas les sommes pour la sûreté desquelles elle est requise si, au moment de cette inscription, la liquidation des reprises n'est pas encore faite. Dans ce cas, les droits et reprises de la femme doivent être considérés comme indéterminés dans le sens de l'art. 2153 C. C. (C. Bordeaux, 27 nov. 1894, 8903 R. P.; — *Conf.* Aubry et Rau, t. II, § 276, p. 345 et s.; — Pont, *Priv.*, t. II, n° 907; — Dalloz, *Suppl.*, v° *Priv.*, n° 1128; — J. C. 4779 (dissert.); — André, n° 840).

330. Hypothèque légale. — Inscription limitée à certains immeubles. — Délivrance comme inscription générale. — Action en retranchement contre le Conservateur. — Dommages-intérêts. — Par un jugement du 25 mai 1899 (9724 R. P.), le tribunal de Lodève a décidé que la femme peut limiter la publicité de son hypothèque par une inscription frappant seulement certains immeubles déterminés, et qu'en conséquence, le Conservateur qui délivre cette inscription dans un état requis sur d'autres immeubles, doit être condamné au retranchement et aux dépens de l'instance. — Ainsi que nous l'avons exposé au *Rép. gén.*, la jurisprudence est partagée sur le point de savoir si l'hypothèque légale de la femme, inscrite spécialement sur certains biens du mari, frappe ou non les autres immeubles de ce dernier. — En présence de cette incertitude, le rôle du Conservateur nous paraît tracé par le jugement du Havre du 8 janvier 1875, dont nous avons rappelé les termes *eod. loc.* et par l'arrêt C. Paris, du 8 avril 1851 rendu dans le même sens et dans lequel on lit : « le Conservateur n'a pas à décider si la déclaration d'exclusion d'un immeuble devait produire les mêmes conséquences qu'un défaut d'inscription, ou si, en dehors des conditions prescrites par les art. 2140 et 2144, ladite déclaration suffisait pour soustraire cet immeuble aux effets de l'hypothèque légale; en de telles circonstances, le devoir, aussi bien que la prudence, commandent au Conservateur de comprendre l'inscription dans l'état hypothécaire qui lui en demandé. » (J. C. 789; — De France, n° 452 2°, note).

La circonstance, dans le cas du jugement de Lodève, que l'inscription avait été prise en vue de conserver, dans les conditions de l'art. 692 C. Proc., les droits de la femme d'un précédent propriétaire sur des immeubles saisis, ne change pas la solution, puisque cette circonstance, non révélée par l'inscription elle-même, n'aurait pu être reconnue par le Conservateur qu'au moyen de recherches extrinsèques. — Si donc le jugement pouvait ordonner le retranchement de l'inscription, il ne devait pas condamner aux dépens le Conservateur qui, loin d'avoir commis une faute, n'avait fait qu'obéir à une prudence commandée par l'incertitude même de la jurisprudence.

330. Hypothèque légale de la femme. — Inscription dans l'année du décès du mari. — Reprises non encore liquidées. — Valeur indéterminée. — L'inscription de l'hypothèque de la femme, prise dans l'année du décès du mari, avant que la liquidation des reprises soit intervenue, est valable bien qu'elle ne contienne aucune évaluation de ces reprises, créances, indemnités, droits et avantages pour conservation desquels elle est requise, et dont le caractère éventuel et indéterminé subsiste jusqu'à leur règlement définitif (C. Agen, 1er mars 1898, 9390 R. P.).

1. Femme divorcée. — Même délai d'un an pour l'inscription. — Aux termes de l'art. 227 C. C., la dissolution du mariage se produisant aussi bien par le divorce que par la mort de l'un des époux, la femme divorcée se trouve complètement assimilée à la veuve au point de vue de l'inscription de son hypothèque légale, laquelle doit, dès lors, être prise dans l'année du divorce (Brignoles, 10 janv. 1898; — C. Aix, 3 mai 1898, 9452 R. P.).

Jugé spécialement que, bien qu'elle ne soit pas désignée dans l'art. 8 de la loi du 23 mars 1855, la femme divorcée est tenue, comme la femme veuve, de faire inscrire son hypothèque légale dans l'année qui suit la dissolution du mariage; qu'en conséquence, l'inscription prise après ce délai est sans utilité au regard des créanciers du mari déclaré en état de faillite (Bordeaux, 15 janv. 1894, 8519 R. P. — *Rappr. suprà*, n° 119 *bis* et *infrà*, n° 543 *bis* 2°).

341. Inscription au profit de la masse des créanciers. — Spécialisation. — Conformément à ce que nous avons enseigné au *Rép. gén.*, la Cour de Rouen a déclaré, par arrêt du 19 août 1902, que l'hypothèque de l'art. 490 C. comm. qui n'est pas conventionnelle, et qui ne peut être judiciaire puisqu'elle ne résulte pas d'un jugement de condamnation, a le caractère d'une hypothèque légale et, à ce titre, rentre dans les dispositions exceptionnelles de l'art 2148 *in fine* C. C. qui dispense, d'une manière générale, les hypothèques légales de spécialisation (10393 R. P.).

345. Privilèges. — Améliorations aux immeubles. — Les privilèges immobiliers sont des hypothèques conférées par la loi qui leur assigne, sous certaines conditions, une priorité de rang à raison de la qualité de la créance qu'elles garantissent. Il s'ensuit que l'art. 2133 C. C. est applicable au privilège du vendeur d'un immeuble et que ce privilège doit, comme l'hypothèque, s'étendre à toutes les améliorations survenues au bien qui en est grevé (Seine, 21 janv. 1902, J. C. 5406; 10357 R. P.).

352. Inscription d'office. — Renouvellement tardif. — Privilège du vendeur. — Faillite. — Le vendeur qui renouvelle tardivement son inscription d'office perd son privilège si la revente consentie par l'acquéreur est transcrite antérieurement ou si l'acquéreur a été mis en état de faillite (Nice, 28 janv. 1895, 8538 R. P.). — *Rappr. suprà*, n° 246.

359-5. Cession de droits successifs. — Défaut de désignation des immeubles. — Transcription. — Inscription d'office. — Renouvellement avec désignation des immeubles. — Nullité. — La transcription d'un acte portant cession de droits successifs est impuissante à conserver le privilège du vendeur lorsque l'acte ne contient pas la désignation des immeubles compris dans la cession. L'inscription prise en renouvellement, et qui complète la première par la désignation des immeubles, n'en couvre pas la nullité et ne peut, non plus, être considérée comme inscription d'hypothèque conventionnelle, le titre dont elle est l'émanation et auquel elle emprunte sa force ne contenant pas cette désignation (Oloron, 20 juill. 1898, 9735 R. P. — En ce sens, Cass. req. 22 fév. 1897, 9734 R. P. et *infrà*, n° 924).

365. Délégation non acceptée. — Propriété du prix. — Radiation. — Aux termes d'un jugement de Perpignan du 30 oct. 1894 (8701 R. P.) la délégation contenue dans un contrat de vente au profit des créanciers inscrits, ne produit effet que si elle est expressément acceptée par ceux-ci, et l'acquéreur ne peut, tant que cette acceptation n'a pas eu lieu, refuser de se libérer entre les mains du vendeur, resté propriétaire du prix. De même, un arrêt de cassation du 2 juill. 1867 (S. 67-1-382) décide que l'acquéreur est en droit, nonobstant une délégation non acceptée, d'exiger la présence du vendeur à la quittance et est fondé, en cas de refus de sa part, à consigner le prix. Cette jurisprudence, conforme à l'opinion que nous avons défendue au *Rép. gén.*, conduit à reconnaître que la radiation de l'inscription d'office prise au profit du vendeur ne peut être faite, sur la mainlevée des créanciers délégataires, que si ceux-ci ont accepté expressément ou implicitement la délégation, soit dans cette mainlevée, soit dans un acte antérieur (*Conf.* J. C. 4064).

374. Inscription d'office. — Privilège du vendeur. — Frais de contrat avancés par lui. — Énonciations précises pour conférer le privilège. — Si, aux termes de l'art. 2108 C. C., le vendeur conserve son privilège par la seule transcription de l'acte de vente constatant que tout ou partie du prix lui est dû, la transcription, toutefois, ne vaut inscription qu'en ce qui concerne les portions de prix, charges ou prestations que l'acte révèle avec des indications telles que les tiers ne puissent s'y tromper. Lorsque le contrat indique simplement que les frais de l'acte seront à la charge de l'acheteur, cette clause, qu'elle soit expresse ou tacite, donne au vendeur le droit de réclamer à l'acheteur le remboursement des frais et loyaux coûts s'il en a fait l'avance, mais ce recours n'est susceptible de s'exercer par privilège de la même manière que pour le prix que si les énonciations de l'acte avertissent les tiers, sans surprise possible, de la charge grevant effectivement l'immeuble, en faisant connaître notamment le montant des frais avancés.

Ne satisfait pas à cette condition l'acte transcrit qui ne fait pas connaître le montant des frais et laisse incertaine la question de savoir si ces frais étaient encore dus au notaire, et, par conséquent, si leur règlement ultérieur pourrait donner ouverture à un recours du vendeur contre l'acquéreur, si bien que l'inscription d'office ne contient et ne peut contenir aucune mention relative à ces frais (Cass. civ. 9 mars 1898, 9480 R. P.).

377. Réserve de droits réels. — Charges perpétuelles. — On doit considérer comme prix tout ce qui, par exemple, est compris sous ce nom pour servir de base à l'évaluation d'une surenchère, toute charge qui, si elle n'existait pas, serait représentée par une somme d'argent due au vendeur. Mais on doit exclure du prix, au point de vue hypothécaire, les charges réelles qui pèsent sur l'immeuble vendu, notamment celles qui sont établies à perpétuité et qui constituent de véritables servitudes, et même les obligations perpétuelles, encore bien qu'elles n'auraient pas le caractère réel. En conséquence, le vendeur, qui a compris ces dernières charges dans l'inscription de son privilège, peut être condamné à faire radier cette inscription ou à en restreindre l'étendue (Versailles, 26 déc. 1894, J. C. 4947).

380. Mention du payement du prix intégral contredite par une mention de retrait partiel de ce prix. — Pour rendre inutile l'inscription d'office au profit du vendeur et des tiers, ses ayants droit, le payement du prix doit être intégral et sans réserve. Par suite, le Conservateur agit sagement en prenant l'inscription d'office, lorsque, dans un acte de vente, une première mention portant que l'acquéreur a payé l'intégralité du prix est contredite par une seconde mention de laquelle il résulte que le vendeur n'a réellement retiré qu'une partie du prix, le surplus paraissant déposé en mains tierces (Alger, 7 juin 1902, 10434 R. P.).

381. Vente. — Prix payé en valeurs à satisfaction. — Inscription d'office. — Décidé que lorsque le prix d'une vente a été payé comptant « *en valeurs à la satisfaction des vendeurs* », le Conservateur doit formaliser l'inscription d'office, encore qu'aux termes de la vente il ait été dispensé d'inscrire le privilège des vendeurs (Seine, 10 juill. 1891; — C. Paris, 9 mars 1893, 8138 R. P. confirmé par Cass. req. 27 mai 1895, 8703 R. P.). Ces décisions adoptent entièrement l'opinion que nous avons soutenue au *Rép. gén.* La C. Paris consacre, en les invoquant elle-même, les motifs que nous avions fait valoir à l'appui de cette opinion (1).

384. Compensation du prix. — Inscription d'office. — Conformément à l'opinion que nous avons enseignée au *Rép. gén.*, le tribunal de Confolens a, le 13 août 1892 décidé qu'il n'y a pas lieu de formaliser une inscription d'office lorsque le prix de la vente a été compensé dans l'acte. (7993 R. P.) Dans l'espèce de ce jugement, le vendeur n'avait pas renoncé à l'exercice du privilège et, se rangeant également à notre avis (*eod. loc.*), le tribunal a expressément déclaré que ce défaut de renonciation n'empêchait pas la compensation et a, en conséquence, ordonné le retranchement, par le conservateur, de l'inscription d'office (2). — *Rappr. infrà*, n° 760.

(1) « Considérant, dit-elle notamment, que le prix de la vente n'a pas été payé comptant, mais réglé en valeurs à ordre, payables à certaines échéances, lesquelles n'ont pas été payées, au moins quant aux intérêts, ce qui a été une des causes légitimes de résolution de la vente; que l'acte de vente n'énonce pas que le prix a été payé comptant, mais *en valeurs à la satisfaction des vendeurs*, que telle désignation est exclusive d'un payement en espèces ou valeurs mobilières de bourse, et, dans la pratique, ne se réfère qu'à un payement en billets ou lettres de change; — que ce mode de payement est de sa nature, essentiellement conditionnel, puisque le paiement ne sera réel et définitif que si les valeurs sont payées à l'échéance en capital et intérêts; qu'il est inexact de prétendre qu'il opère novation, la cause de la dette n'étant pas changée; que la novation ne se présume pas, et que l'intérêt du vendeur suffit à faire considérer comme inadmissible de sa part la volonté de l'opérer... »

(2) Que cette compensation conventionnelle et non légale, comme on l'a soutenu à tort, puisque le capital dû par les vendeurs à Bisgarraud n'était exigible que le 11 avril 1896, contenait deux libérations

374. Obligation de livrer l'immeuble franc et quitte de toute charge. Frais de purge incombant au vendeur. — *Le vendeur* d'un immeuble est tenu de le livrer franc et quitte de toute charge, et c'est à lui qu'incombe l'obligation de purger les hypothèques qui grèvent cet immeuble. Par suite, la procédure de purge est en réalité suivie dans l'intérêt du vendeur, et c'est lui qui est tenu d'en supporter les frais (C. Cass. 10 juin 1907, 11650 R. P.).

384. Vente d'immeubles. Prix payé en valeurs agréées pour comptant. Dispense d'inscription d'office. — Lorsqu'un contrat de vente porte que le prix a été payé *en argent ou bonnes valeurs agréées pour comptant*, dont quittance définitive et sans réserve avec dispense au conservateur de prendre inscription d'office, on doit admettre que la libération n'est pas subordonnée à l'encaissement desdites valeurs et que la créance résultant de la vente est éteinte et remplacée par une nouvelle créance qui ne comporte pas de privilège (Figeac, 27 juin 1906; C. Agen, 12 nov. 1906, 11103 R. P.).

398. Inscription. Privilège de copartageant. Délai de 60 jours. Fausse qualification de l'acte. — Le privilège de copartageant doit être inscrit dans les 60 jours à dater de tout acte qui fait cesser l'indivision des immeubles soumis à ce privilège. Le caractère légal d'un acte de cette nature, qui intéresse les tiers, ne saurait être altéré par une fausse qualification émanée des parties (Cass. civ., 10 oct. 1903, 10751 R. P.).

399. Privilège de copartageant. Licitation valant partage ou attribution et faisant cesser l'indivision. Délai d'inscription prenant cours à partir du procès-verbal constatant l'attribution. — Tout acte qui fait cesser l'indivision des immeubles soumis au privilège de copartageant fait en même temps courir le délai fixé par la loi pour l'inscription de ce privilège. Tels sont les effets d'un procès-verbal dressé par un notaire, après enchères mises sur des immeubles, et duquel il résulte que l'extinction des feux obligeait les parties à attribuer ces immeubles au copartageant dernier enchérisseur pour des sommes déterminées (Cass., 19 oct. 1903, 10728 R. P.).

410. Séparation des patrimoines. Effets de l'inscription profitables également à l'inscrivant et aux autres créanciers de la succession. Hypothèque par l'héritier au profit de l'un des créanciers. — La séparation des patrimoines, en faisant cesser la confusion du patrimoine du défunt avec celui de l'héritier, ne confère au créancier qui l'a fait inscrire aucun privilège par rapport aux autres créanciers de la succession. Jusqu'à concurrence de la somme réservée par l'inscription, la répartition des prix des biens s'opère entre eux comme si tous étaient inscrits. — Il importe peu, dès lors, que l'un de ces créanciers se soit fait consentir par l'héritier une hypothèque, puisque cette hypothèque, valable seulement vis-à-vis de l'héritier, reste sans effet à l'égard des biens que la séparation a eus pour but de atteindre (Cass., 9 avril 1906, 11353 R. P.).

Radiation. Refus du conservateur. Dépens. — Nous avons indiqué dans notre premier supplément la tendance de la jurisprudence au [illegible] des droits de l'inscrivant à l'effet de consentir seul l'inscription prise à sa requête.

S'il est vrai, décide dans le même sens le tribunal de Bordeaux, que l'inscription de séparation des patrimoines profite à tous les créanciers d'une succession, c'est seulement en ce sens que l'effet de l'inscription est de faire de l'immeuble qui en est frappé le gage commun des créanciers du défunt, à l'encontre de ceux de l'héritier, pour la part correspondante au chiffre de l'inscription, sans privilège au profit de l'inscrivant. — Tant que les créanciers ou légataires de la succession ne se sont pas fait connaître au conservateur et n'ont pas manifesté l'intention de bénéficier de la situation qui leur est faite, l'inscrivant est maître de son inscription et peut en faire tel usage qu'il lui plaît, notamment en donner mainlevée. — Dans ce cas, le conservateur n'est pas fondé à refuser la radiation de l'inscription sous prétexte qu'il ne lui est justifié que de la seule mainlevée de l'inscrivant. — Toutefois, il n'y a pas lieu de faire grief au conservateur de s'être par [illegible] voulu se faire juge de la difficulté, et les dépens ne doivent pas être mis à sa charge (Bordeaux, 25 juill. 1906, 11356 R. P.).

388. Hypothèque légale. — Remploi. — Régularité. — Le remploi, régulièrement fait, éteint la créance de la femme, et, par voie de conséquence, l'hypothèque légale qui n'est que l'accessoire de cette créance. Quand, au contraire, le remploi est vicié pour une cause quelconque ou compromis en tout ou en partie par la faute du mari, la femme trouve dans ce vice ou dans cette faute le principe d'une créance contre son mari, et cette créance est garantie par l'hypothèque légale (C. Bourges, 8 janv. 1894; — Cass. civ. 4 déc. 1895, 8904 R. P.; — D. 96-1-345 (1)).

398. Partage présenté à la transcription comme cession de droits successifs. — Inscription d'office conservant le privilège de copartageant. — Un arrêt de la chambre civile de la Cour de cassation du 26 nov. 1895 (8821 R. P.; D. 96-1-313) a jugé que si un acte contenant réellement partage est présenté à la transcription comme cession de droits successifs et si, dans ce cas, le conservateur prend inscription d'office, le privilège de copartageant se trouve néanmoins conservé, pourvu que l'inscription révèle suffisamment la nature du privilège de copartageant au profit du créancier. — Dans l'espèce de cet arrêt, la transcription et, par suite, l'inscription faite d'office par le conservateur avaient eu lieu dans le *délai de 60 jours* fixé par l'art. 2109 C. C. pour l'inscription de privilège de copartageant; comme, d'autre part, l'inscription était libellée dans des termes qui permettaient de reconnaître la nature de privilège de copartageant, la nullité n'en aurait pu être prononcée qu'en refusant au conservateur la qualité de tiers au sens de l'art. 2148; or, sur ce point, la C. Cassation déclare très nettement, au contraire, qu'aucune loi ne défend au conservateur, à peine de nullité, d'opérer l'inscription de copartageant sans réquisition du créancier. Dès lors, aucune des conditions exigées pour la validité de l'inscription de copartageant ne faisait défaut. — Un arrêt C. Montpellier du 21 déc. 1844 (D. 45-2-130; — S. 45-2-587), et un arrêt Cass. req. du 10 nov. 1862 (D. 62-1-170) pourraient d'abord paraître en désaccord avec l'arrêt ci-dessus rapporté; mais il convient de remarquer qu'ils ont été rendus au sujet de transcriptions opérées après le délai de 60 jours fixé pour la validité de la publicité du privilège de copartageant; la principale condition de validité faisait donc défaut (V. cep. *en sens contraire*, C. Bourges, 26 janv. 1844: D. 45-2-131; S. 45-2-426. Rappr. égal. Troplong, *Priv. et Hyp.*, t. I, nº 290; — Aubry et Rau, t. III, § 278, p. 362; Flandin, *Transcrip.*, t. II, nº 1123).

399. Privilège de copartageant. — Cohéritier comptable avant le tirage des lots. — Inscription antérieure à ce tirage. — Validité. — Si, en principe le privilège de copartageant ne peut être inscrit avant le partage, c'est que, généralement, les attributions définitives ne sont pas faites, et qu'il n'y a entre les héritiers ni créancier, ni débiteur, et, par suite, aucune créance privilégiée à conserver. Mais dans le cas où une créance de cette nature naît au profit des cohéritiers contre l'un d'eux, pendant les opérations de partage, l'art. 2109 C. C. ne s'oppose nullement à ce que l'inscription ait lieu dès l'ouverture du droit auquel est attaché le privilège (Cass. req. 15 janv. 1896, 8767 R. P.).

408. Inscription de séparation des patrimoines. — Succession du mari. — Immeubles de communauté. — Part revenant à la femme. — Droits des créanciers. — L'inscription de séparation des patrimoines, prise par un créancier du mari sur tous les immeubles d'une communauté, ne frappe pas la part de ces immeubles devant revenir à la femme; mais elle est valable pour la portion de ces biens qui, par l'effet du partage, figurent dans l'actif de la succession du mari (C. Douai, 5 mars 1897, 9155 R. P.).

410. Inscription de séparation des patrimoines. — Créanciers bénéficiaires. — Radiation. — Des controverses se sont élevées sur la question de savoir si les créanciers d'une succession qui n'ont pas inscrit leur privilège, suivant l'art. 2111 C. C., peuvent concourir avec les créanciers qui ont rempli la formalité de l'inscription. La Cour de cassation, qui s'était déjà prononcée pour l'affirmative le 4 déc. 1871 (D. 71-1-249), a décidé de nouveau, aux termes d'un arrêt du 15 juill. 1891 (8200 R. P.), que la somme conservée par l'inscription appartient indistinctement à tous les créanciers du défunt (*Conf.* C. Grenoble, 24 mars 1896, 8901 R. P.).

L'inscription prise par l'un des créanciers profitant ainsi aux autres, nous en avions conclu, avec d'autres commentateurs (V. J. C. 4216), que l'inscription ne pouvait être radiée qu'avec le consentement de tous les créanciers. Cette opinion, trop absolue en raison surtout des difficultés pratiques qu'elle soulève, a été combattue par des arguments dont nous ne pouvons méconnaître la valeur, notamment par consultation, en date du 22 déc. 1891, de MM. Frénoy, avocat à la Cour de cassation et Le Marois, avocat à la Cour d'appel, publiée dans la *Revue du Notariat* (nº 8611) et dont nous croyons utile d'extraire quelques intéressantes considérations (1).

(1) [illegible] : celle des vendeurs, en ce qui concernait le montant en capital et intérêts de l'obligation par eux consentie à l'acquéreur; celle de [illegible], en ce qui concernait le paiement de la portion de prix, que les parties réglaient, du reste, la précaution de se donner quittance réciproque; qu'il importe peu, ainsi que le porte l'inscription d'office, que dans l'acte les vendeurs n'aient pas déclaré *renoncer à leur privilège*; que cette déclaration n'est point nécessaire si la libération intégrale de l'acquéreur ressort du libellé à l'acte translatif de propriété; qu'il y a donc lieu de donner acte au conservateur de l'offre par lui faite, avant l'assignation, d'éliminer l'inscription d'office...

(1) Arrêts ayant une grande importance touchant les inscriptions d'office à prendre pour sûreté du prix d'aliénation de biens dotaux ou les demandes de radiations par suite de remplois.

(1) Il n'est pas sans intérêt de remarquer que l'arrêt de 1891 n'a proclamé aucun principe nouveau en ce qui touche les droits respectifs des créanciers du défunt vis-à-vis les uns des autres... En effet, un arrêt de la Chambre des requêtes du 4 déc. 1871 avait déjà décidé que « la séparation des patrimoines ne confère de privilège que contre les créanciers de l'héritier, mais ne modifie en rien les rapports des créanciers du défunt entre eux, lesquels ne venant pas en concours avec les créanciers de l'héritier, doivent partager, proportionnellement à leurs créances, les biens du défunt réservés par la séparation des patrimoines ». — On trouve donc dans cet arrêt de 1871, plus énergiquement formulé même que dans l'arrêt de 1891, ce principe que les biens, réservés par l'inscription, doivent être partagés entre tous les créanciers du défunt, et, par suite, que l'inscription prise peut profiter indirectement à tous les autres, ce qui est le point de départ de la difficulté que nous examinons... Le principe en matière civile est que le débiteur, même lorsqu'il est au-dessous de ses affaires, doit payer les créanciers qui se présentent les premiers, sans qu'il y ait

La jurisprudence n'a pas tardé à adopter, plus ou moins directement, cette dernière opinion.

1° Le 17 mars 1892, le tribunal de la Seine déclare, d'une manière absolue, que l'inscription de séparation de patrimoines, quoique profitant à tous les créanciers de l'hérédité, doit être radiée sur la simple mainlevée de celui qui l'a prise (8260 R. P.);

2° Le 8 avr. 1892, le tribunal de Toulouse rend une décision semblable (*loc. cit.*, R. P.);

3° Le 8 déc. 1892, la C. Toulouse confirme ce dernier jugement, en s'appuyant sur une considération de fait : l'impossibilité d'établir qu'il n'existe pas de créanciers autres que le titulaire de l'inscription (*loc. cit.*, R. P.),

4° Enfin, le 31 mars 1898, le tribunal de Nantes décide que les biens d'une hérédité ne peuvent rester indéfiniment frappés d'une inscription de séparation des patrimoines.

De cet ensemble, il résulte, à notre avis, que lorsque, dans les questions de l'espèce sur lesquelles la jurisprudence, encore incomplète, n'a pas dit son dernier mot, le conservateur a lieu de craindre que la mainlevée du seul créancier inscrivant nuise aux intérêts des autres créanciers et n'opère, en conséquence, la radiation de l'inscription qu'en ce qu'elle profite à ce créancier, il reste dans ses attributions publiques et veille, selon l'expression du tribunal de Nantes, sagement à la conservation des droits de tous; on ne saurait donc, dans ces conditions, le blâmer de cette mesure de prudence et lui infliger la charge des dépens.

lieu de rechercher s'il y en a d'autres, tant que ceux-ci ne se sont pas assuré, dans les formes légales, le droit de prendre part à la distribution de ces biens. C'est ainsi qu'en matière de saisie-arrêt par un premier créancier (saisie qui a un effet très semblable à celui de la séparation des patrimoines, puisque ces deux mesures ont pour but de réserver au profit des créanciers une portion du patrimoine de leur débiteur), si les autres créanciers opèrent eux-mêmes des saisies postérieures sur la même créance du débiteur commun avant le paiement du premier saisissant, celui-ci doit, sans doute, subir leur concours, et il se trouve, ainsi, avoir indirectement conservé leur gage. Mais si l'on arrive au moment du paiement sans qu'une autre saisie ait été pratiquée, ce paiement peut et doit être fait entre les mains du seul saisissant, quand bien même il y aurait d'autres créanciers connus *en fait*, ces créanciers étant réputés inconnus, *en droit*, tant qu'ils n'ont pas manifesté par les voies légales leur volonté d'être payés en concours avec le premier saisissant. Tel est le droit commun.

On voit, dès lors, quelle dérogation fondamentale viendrait apporter, en matière de séparation de patrimoines, la thèse que nous combattons, consistant à dire que le seul fait de l'inscription par un créancier conserve les droits de tous les autres sur la somme réservée, en dehors même de toute revendication de leur part, à leur insu et peut-être même malgré eux, et leur attribue indirectement un droit proportionnel sur cette somme, nonobstant la mainlevée du créancier seul inscrit. — Il résulterait de là que l'inscription de séparation des patrimoines aurait pour effet nécessaire la création d'une sorte de *masse* de créanciers et qu'elle équivaudrait à une véritable déclaration de *faillite civile*, dont il serait ensuite impossible de sortir, la loi n'en donnant pas les moyens... Une telle innovation ne saurait résulter des arrêts de la Cour de cassation qui, tout au contraire, ont explicitement déclaré que *la séparation des patrimoines ne change pas la situation respective des créanciers du défunt*. On ne saurait donc soutenir que l'inscription crée un droit nouveau au profit de tous les créanciers *connus* ou *inconnus* du défunt. — L'erreur de cette thèse provient de ce qu'elle confond le droit *immédiat* et *certain* qui résulte pour l'*inscrit*, et pour lui seul, de l'inscription, avec le profit *éventuel* qui peut en résulter pour ses co-créanciers. L'inscription, disons-nous, ne confère qu'à l'inscrit, et à lui seul, un droit immédiat et direct. — C'est ce que proclame l'arrêt C. Cass. 25 avr. 1860 (D. 60-1-113) qui est le point de départ de toute la jurisprudence développée par les arrêts de 1871 et 1881, et qui porte « qu'en cette matière, comme en toutes autres, chacun est réputé n'agir que pour *son propre compte et dans son intérêt personnel*, et que le créancier qui demande la séparation des patrimoines n'est pas le *mandataire ni le représentant légal* des autres créanciers du défunt ». Si les autres créanciers peuvent éventuellement *profiter* de l'inscription (à la condition d'intervenir en temps utile), ce n'est donc pas en vertu d'un droit que leur aurait conféré directement cette inscription, qui leur est absolument étrangère, mais seulement d'une façon indirecte. — La situation est la même que celle des saisissants postérieurs vis-à-vis du premier saisissant. Celui-ci n'a agi que pour lui et en son nom, et, cependant, son fait peut profiter indirectement aux autres créanciers, qui, par de nouvelles saisies, s'assurent une part dans le même gage... ». Rappr. *infra*, n° 489.

411 *bis*. Inscription de séparation des patrimoines. — Défaut de désignation des immeubles. — Nullité. — Responsabilité du notaire. — L'inscription de séparation des patrimoines, qui ne contient pas la désignation spéciale des immeubles sur lesquels elle est requise, est nulle. Il en est ainsi de l'inscription prise, d'une manière générale, sur tous les immeubles dépendant de la succession dans l'étendue du ressort du bureau des hypothèques, et le notaire qui, comme mandataire du créancier, a rédigé le bordereau d'inscription, est responsable de la perte subie par son mandant (C. Grenoble, 11 juill. 1893; — Cass. req. 28 janv. 1895, 8702 R. P.; — *Conf.* C. Lyon, 24 déc. 1862, R. N. 703; — Cass. 30 juill. 1878; D. 79-1-366; — C. Caen, 7 fév. 1888, R. H. 339; R. N. 7906; — C. Nîmes, 20 janv. 1890, R. H. 691).

La question de savoir si l'absence de la spécialisation des immeubles dans les inscriptions de séparation des patrimoines constitue une cause de nullité a été cependant controversée (V. C. Limoges, 16 juin 1886, R. H. 608; — C. Bordeaux, 5 mai 1887, R. H. 614); mais la jurisprudence paraît bien ferme aujourd'hui dans le sens de l'affirmative.

412. Faillite de l'héritier. — Inscription. — Délai. — L'art. 448 C. Com. est inapplicable aux inscriptions de séparation des patrimoines, et ces inscriptions peuvent, malgré la faillite de l'héritier, être prises pendant tout le temps que les immeubles restent aux mains de ce dernier, ou que le prix en est dû (C. Bordeaux, 19 fév. 1895, 8919 R. P. — *En ce sens* : Dalloz, *Suppl.*, v° *Priv.*, n° 403; — Aubry et Rau, t. VI, § 619, p. 485 et note 44; — Pont, t. II, n° 901; — Demolombe, t. XVII, 198).

414. Hypothèque légale et privilège du Trésor. — Comptable public. — Receveur de l'enregistrement. — Loi du 5 sept. 1807. — Inscription d'office. — Les receveurs de l'enregistrement ne sont pas compris parmi les comptables publics contre lesquels inscription d'office doit être prise, aux termes de l'art. 7 L. 5 sept. 1807, au vu des actes d'acquisition ou d'aliénation de leurs biens, à la diligence des receveurs et conservateurs des hypothèques, pour la conservation du privilège ou de l'hypothèque légale appartenant au Trésor (Sol. 5 nov. 1894, 8548 R. P.).

Trésorier-payeur général. — Plusieurs actes d'acquisitions présentés le même jour à l'enregistrement. — Réquisition d'une inscription par chaque acquisition. — Bien que des acquisitions au profit d'un Trésorier-Payeur général, consenties par des actes s. s. p. distincts, aient été soumises en même temps à la formalité de l'enregistrement, l'ad-

420 *bis*. Trésor public. Contributions directes. Privilège. Fruits immobilisés. — La L. 12 nov. 1808 ne donne privilège au Trésor pour le recouvrement des contributions directes que sur les fruits et revenus, de sorte que, lorsque ces fruits sont immobilisés soit par la transcription d'une saisie, soit par la sommation de payer ou délaisser, ils reviennent aux créanciers hypothécaires selon leur rang (Versailles, 16 janv. 1901; C. Paris, 3 janv. 1903, 10566 R. P.).

426. Inscription. Renouvellement. Délai de dix ans expirant un jour férié. Prorogation prévue par l'art. 1033 C. Proc. civ. non applicable. — Une inscription prise le 3 mai 1886 a été tardivement renouvelée le 4 mai 1896, bien que le 3 mai 1896 fût un jour férié. N'est pas applicable en cette matière l'art. 1033 C. Proc. civ., modifié par la L. 13 avril 1895, aux termes duquel, si le dernier jour d'un délai de procédure franc ou non est un jour férié, ce délai est prorogé au lendemain (Tarbes, 15 juin 1904, 10778 R. P.).

432. Inscription. Renouvellement. Références à la première inscription. Énonciations substantielles de l'art. 2148 C. C. Facilité au propriétaire actuel de l'immeuble affecté. Perte de la créance. — Il est de jurisprudence que les formalités de l'art. 2148 C. C. ont été établies *pour la première inscription de l'hypothèque* à laquelle on doit toujours se référer, et qu'il suffit que l'inscription en renouvellement indique d'une *façon précise* cette première inscription. — Par suite, l'inscription en renouvellement, qui contient des énonciations assez complètes pour que l'on puisse retrouver sans erreur et sans hésitations l'inscription primitive qu'elle renouvelle, a pour effet d'écarter les créanciers subséquents (Marseille, 13 fév. 1906; — C. Aix, 5 août 1906, 11304 R. P.).

ministration, agissant conformément à la L. 5 sept. 1807, a le droit de prendre autant d'inscriptions qu'il y a d'actes d'acquisitions. Elle a, il est vrai, la faculté de ne requérir qu'une inscription collective, mais elle peut ne pas user de cette faculté, si elle le juge convenable (Bar-le-Duc, 11 déc. 1902, 10435 R. P.).

Cautionnement. — Comptable public. — Immeubles. — Mainlevée partielle. — Compétence du juge des Comptes. — Le juge des comptes est incompétent pour connaître d'une demande formée par un ex-receveur d'hospice, d'accord avec la commission administrative, et tendant à la mainlevée d'une inscription hypothécaire prise au profit de l'établissement, sur des immeubles affectés au cautionnement de l'ex-comptable (C. des Comptes, 24 janv. 1898, 9430 R. P.).

425. Crédit Foncier. — Subrogation. — Renouvellement décennal. — I. On admet généralement que les tiers, subrogés dans les effets d'une inscription prise au profit du Crédit Foncier, bénéficient de la dispense de renouvellement prévue par l'art. 47 du décret du 28 fév. 1852 (C. Toulouse, 1er mars 1889, S. 90-2-129; D. 90-2-70; R. R. 690; J. C. 4058; J. E. 23424. — *Sic* : Josseau n° 525; — Baudry-Lacantinerie et de Loynes, t. III, p. 81 et 82; — *Traité alph.* (Manutention), 53-1; — Jalouzet, *Rép. alph.*, p. 102. — *Rappr.* Seine, 26 déc. 1899, J. C. 5197). — L'arrêt C. de Toulouse est motivé sur ce que la dispense « a un caractère de réalité et non de personnalité ».

L'opinion contraire a cependant des partisans : le tribunal de Pau a jugé, le 27 mai 1899, qu'au régime spécial de l'art. 47 L. 28 fév. 1852 doit succéder celui du droit commun, lorsque la créance garantie par l'inscription est passée dans le patrimoine d'un tiers et que, à dater de ce moment, le renouvellement décennal s'impose puisque le prêt du Crédit Foncier a pris fin (9848 R. P. — *Sic* : *Rép. gén. de dr. fr.*, v° *Crédit Foncier*, n° 362 (1). Mais, jusqu'à ce que la question ait été soumise à la Cour de cassation et ait reçu une solution définitive, nous ne pouvons qu'engager les conservateurs à délivrer comme existantes les inscriptions prises au profit du Crédit Foncier et dans lesquelles des tiers auraient été subrogés, alors même que ces derniers n'auraient requis aucun renouvellement depuis plus de dix ans.

Il n'y a pas, d'ailleurs, à distinguer entre les prêts à court terme et ceux à long terme (Seine, 26 déc. 1899 précité) (2).

II. — Dans le cas inverse, c'est-à-dire lorsque le Crédit Foncier est subrogé dans l'effet d'une inscription originairement prise au profit d'un particulier, M. Josseau enseigne (n° 523) qu'une telle subrogation mentionnée en marge de l'inscription dispense celle-ci du renouvellement (*Sic* : J. C. 4155 et 4024; — Jalouzet, *loc. cit.*).

425 *bis*. Versement du prix d'un immeuble hypothéqué au Crédit Foncier. — Lorsqu'un immeuble hypothéqué au profit du Crédit Foncier est vendu, l'acquéreur est tenu de verser à cet établissement, dans la huitaine, les annuités échues du prêt, et le surplus après l'expiration des délais de surenchère. Le versement du prix à la Caisse des consignations ne l'exonérerait pas de cette obligation (Cass. 8 janvier 1900). Mais cette mesure n'a été édictée que dans l'intérêt du Crédit Foncier; celui-ci peut y renoncer et, sa renonciation n'étant soumise à aucune forme, ni à aucun délai spécial, le juge peut la faire résulter de la correspondance des parties (Cass. req. 25 juin 1901, J. C. 5330).

432-1. Erreur ou substitution de prénom. — La substitution d'un prénom à un autre dans la désignation du débiteur rend l'inscription nulle toutes les fois qu'une autre énonciation ne vient pas suppléer à l'erreur commise dans ce prénom (Caen, 19 fév. 1875; — Toulouse, 24 août 1883). Les difficultés qui se présentent en cette matière sont des questions d'espèce pour la solution desquelles on ne saurait appliquer de règles absolues. Deux arrêts de cassation méritent d'être rappelés : le premier a décidé que l'erreur concernant la désignation du créancier dans un acte de renouvellement d'inscription hypothécaire ne peut être considérée comme un vice substantiel de cet acte, alors que l'inscription précédente, à laquelle elle se réfère, est régulière et que l'erreur est facile à reconnaître (Req. 9 fév. 1881; — V. Aubry et Rau, t. III, § 276, p. 348); d'un second arrêt, il résulte que l'erreur dans l'indication du prénom du débiteur n'entraîne pas la nullité du renouvellement d'une inscription si ce renouvellement se réfère à l'inscription primitive dont la régularité n'est pas contestée et s'il est constaté qu'en raison des circonstances aucune erreur n'était possible ni pour le conservateur, ni pour les tiers qui ne pouvaient ignorer et n'ignoraient pas qu'ils étaient primés par les créanciers hypothécaires, antérieurement inscrits sur les biens de leur débiteur (Req. 25 oct. 1899, 9914 R. P.).

434. Effet légal des inscriptions. — 1° *Vente volontaire.* — Les inscriptions grevant, pour cause de privilège ou d'hypothèque, un immeuble qui devient l'objet d'une vente volontaire, ne doivent être considérées comme ayant produit leur effet légal que du moment où l'acquéreur a

(1) « La dispense de renouvellement, observent les auteurs de ce recueil, dont bénéficient les inscriptions prises par les sociétés de crédit foncier, participe sans doute du caractère de réalité de l'inscription, en ce sens, au moins, que l'inscription demeure dispensée de renouvellement jusqu'au remboursement du prêt, sans qu'il y ait à se préoccuper de savoir si les biens sur lesquels porte l'inscription sont ou non restés dans les mains de l'emprunteur; la dispense de renouvellement est un effet attaché à l'inscription elle-même, quel que soit le sort des biens sur lesquels l'hypothèque est inscrite. Mais il est plus douteux que la dispense de renouvellement subsiste quand un tiers a été subrogé dans les droits hypothécaires du Crédit Foncier et dans l'inscription qu'il avait prise. En effet, cette dispense est une dérogation apportée au droit commun dans l'intérêt exclusif des sociétés de crédit foncier. Ne peut-on pas dire, dès lors, que cette dispense est attachée à la qualité même du prêteur, et que, si le Crédit Foncier cesse d'être le bénéficiaire de l'inscription, la raison d'être de la dispense disparaissant, l'inscription doit désormais être soumise à la prescription décennale de l'art. 2154 C. C. »

(2) Dans l'espèce de ce jugement, le prêt, par le Crédit Foncier, avait été fait avec les fonds de son capital social et des réserves, et cet établissement réclamait à la société « *la Rente foncière* », emprunteuse, les frais du renouvellement décennal de son inscription. Sa thèse se trouve résumée dans une lettre antérieure du gouverneur du 11 fév. 1893 (J. C. 4351) : « Seules, celles des inscriptions, y lit-on, qui concernent des prêts faits à long terme — par subrogation — ou en faveur du drainage sont dispensées du renouvellement... Ce renouvellement est indispensable lorsqu'il s'agit d'inscriptions concernant les prêts à court terme faits en conformité du décret du 6 juillet 1854 et des art. 1 et 51 des statuts ». — Le tribunal n'a pas voulu entrer dans ces distinctions (V. J. C. 5197).

fait aux créanciers inscrits la notification et l'offre des art. 2183 et 2184 C. C. et a pris par là l'obligation personnelle de payer son prix à ceux des créanciers qui sont en ordre de le recevoir. Si des inscriptions ont été radiées avant l'accomplissement de ces formalités, les créances qu'elles concernaient n'ont plus de titre de préférence, dans l'ordre qui s'ouvre pour la distribution du prix, sur les créances inscrites dont le rang était inférieur avant cette radiation. C'est ce que la Cour de cassation a jugé dans une espèce où l'acquéreur avait payé les deux premiers créanciers sur l'immeuble et fait rayer leurs inscriptions avant l'accomplissement des notifications à un créancier d'un rang inférieur (Arrêt du 22 nov. 1893, 8358 R. P.).

2° *Jugement d'adjudication.* — D'après la loi du 23 mars 1855, la *transcription* seule arrête le cours des inscriptions, et l'art. 717 Pr. civ., d'autre part, dispose que le jugement d'adjudication *dûment transcrit* purge toutes les hypothèques. C'est donc à la date de cette transcription que les inscriptions sont réputées avoir produit leur effet légal. Il en résulte que l'inscription prise depuis moins de 10 ans, lors de l'adjudication sur saisie, mais ayant dépassé la durée décennale lors de la transcription de cette adjudication sont atteintes par la péremption. L'opinion d'après laquelle l'inscription produit son effet légal du jour même du jugement d'adjudication (Bordeaux, 19 nov. 1868; Caen, 9 mai 1871) paraît abandonnée (Ajaccio, 5 déc. 1887; — C. Bastia, 30 avril 1888; — Cass. 22 janvier 1877, J. C. 3120, et 4 mai 1891, J. C. 4184; — Orthez, 3 janv. 1894, 8357 R. P.).

434-1. État des inscriptions ayant une existence légale au jour de la réquisition sur un immeuble vendu par acte antérieurement transcrit. — V. n° 744.

437. — V. *suprà* n° 201 *bis*.

444. Subrogation partielle. — Mention non opérée — Mainlevée totale par le créancier primitif. — Responsabilité respective des deux créanciers. — Nous avons fait ressortir au *Rép. gén.* l'intérêt qu'il y a à faire mentionner les subrogations en marge des inscriptions. Un arrêt cassation (Req.) du 19 fév. 1895 (8681 R. P.) est venu faire ressortir l'utilité pratique de cette recommandation. Il décide, en effet, que : 1° le créancier qui a cédé une partie de sa créance et a subrogé le cessionnaire dans l'effet de son hypothèque jusqu'à concurrence de la somme payée, commet une faute si, en recevant le solde de sa créance, il donne mainlevée entière et sans réserve de l'inscription garantissant la créance; et que, dès lors, il est responsable du préjudice causé au créancier subrogé par la radiation totale de l'inscription faite conformément à la mainlevée remise au conservateur; — 2° mais que le créancier subrogé a lui-même commis une faute s'il n'a pas fait mentionner sa subrogation en marge de l'inscription, et, dans ce cas, la responsabilité se trouve partagée entre lui et le créancier subrogeant (1).

(1) Les conservateurs doivent donc, autant que possible, libeller les radiations dans les *mêmes termes* que la mainlevée du créancier, pour éviter leur mise en cause dans les difficultés de l'espèce; et il importe également aux notaires de faire mentionner le plus tôt possible, en marge des inscriptions, les conventions qui apportent des changements dans la personne ou dans les droits des bénéficiaires de ces inscriptions, afin que ceux-ci ne puissent les accuser de négligence et aussi les mettre en cause.

444-1. Taxe proportionnelle. — L. 27 juill. 1900. — V. 1091 et suiv.

446. Mandataire ou gérant du créancier véritable. — Cession d'antériorité. — Nullité. — Le créancier apparent, qui n'est qu'un mandataire ou un gérant d'affaires du créancier véritable, n'a la faculté de disposer ni de la créance, ni du droit hypothécaire en dépendant, et la cession d'antériorité qu'il consentirait, postérieurement à l'inscription requise par lui, serait de nul effet à l'égard du créancier véritable (Nîmes, 9 janvier 1902; — C. Nîmes, 25 juin 1902). — V. *suprà*, n° 213.

462-1. Subrogation dans l'hypothèque légale de la femme. — Effets. — Absence de reprises. — Collocation du subrogé inadmissible. — L'effet de la subrogation à l'hypothèque légale de la femme étant subordonné à l'existence des créances que cette hypothèque doit garantir, il incombe à celui qui invoque la subrogation d'établir que ces créances existent. Dès lors, si le créancier subrogé est dans l'impossibilité de justifier que la femme ait droit à des reprises, sa demande en collocation doit être rejetée (Cass. req., 22 janv. 1900, 9912 R. P.).

2. Subrogation. — Clause générale. — Restriction contradictoire. — Interprétation. — Lorsque, dans une obligation souscrite solidairement par le mari et la femme, celle-ci déclare subroger le créancier « dans le montant de ses droits, reprises, créances et avantages quelconques qu'elle avait ou pourrait avoir contre son mari, en vertu soit de son contrat de mariage, soit de tous autres titres ou de la loi », cette clause est générale et doit recevoir ses effets sur tous les immeubles indistinctement du mari, encore bien que le contrat contienne une clause portant que l'inscription de l'hypothèque légale cédée pourra être prise par le créancier à son profit exclusif, mais seulement sur les biens frappés de l'hypothèque conventionnelle (C. Angers, 2 avr. 1895. — *Contrà* trib. Angers, 11 avr. 1893, 8663 R. P.).

463 *bis*. Subrogation. — Hypothèque légale de la femme. — Subrogations successives. — Publicité. — Ordre de préférence. — Lorsque la femme a subrogé successivement divers créanciers dans son hypothèque légale contre son mari, l'ordre de préférence entre ces créanciers subrogés se règle d'après les dates des inscriptions ou mentions de subrogation sur les registres des hypothèques (Cass. req.; 11 juill. 1894, 8700 R. P.).

464. Hypothèque légale. — Subrogation. — Inscription. — Mentions. — Forme. — Le créancier qui a été subrogé à l'hypothèque légale de la femme et qui, dans l'inscription de l'hypothèque conventionnelle à lui consentie, a négligé de requérir mention de la subrogation faite à son profit et d'insérer les indications nécessaires à l'in-

(1) Cet arrêt a été rendu contre le Crédit Foncier. La jurisprudence contraire ne peut être suivie que lorsqu'il s'agit d'actes ayant reçu date certaine antérieurement au 1er janv. 1856 (Aubry et Rau, t. III, § 288 *bis*, p. 461 et s.). — A rapprocher du n° 444 *suprà*, où nous avons déjà recommandé aux parties intéressées ou à leur notaire d'apporter une grande diligence à faire opérer les mentions de subrogation en temps utile.

438. Inscription. Indications défectueuses de la grosse et des bordereaux. Numéro de rue mal écrit. Doute sur la situation de l'immeuble. Responsabilité. — Le tribunal de Nantes avait décidé, le 12 déc. 1904, que lorsque le chiffre indiquant le numéro de rue d'une maison affectée en garantie hypothécaire est mal fait sur la grosse de l'acte d'obligation produite à l'appui des bordereaux sur lesquels le même chiffre a été également mal écrit, il incombe au conservateur soit de reproduire ce chiffre tel qu'il se trouve formé dans le bordereau, soit de laisser un blanc sur le registre des inscriptions et, en raison de l'incertitude existante, de se renseigner auprès du notaire rédacteur des bordereaux. Nous nous sommes élevé avec énergie contre cette extraordinaire décision dans des considérations qu'on retrouvera [illegible] R. P., et la Cour de Rennes, faisant entièrement siennes ces considérations, a nettement réformé le jugement de Nantes par un arrêt dont voici l'analyse :

Lorsque des bordereaux d'inscription contiennent des chiffres mal formés et qu'il est permis d'avoir des doutes sur le véritable numéro de la maison hypothéquée, le conservateur, dont le rôle est purement passif, n'a pas à s'ériger en expert et à procéder à des vérifications ou à des comparaisons d'écritures pour rechercher ce qu'on a voulu écrire; il n'encourt aucune responsabilité quant à la défectuosité des chiffres, il est dans l'impossibilité absolue de reproduire graphiquement sur ses registres la pièce à formaliser, et les parties ne peuvent s'en prendre qu'à elles-mêmes ou à leurs mandataires si leurs actes sont écrits d'une manière illisible. Il en est ainsi si, sur la foi d'un état postérieur à l'inscription dans lequel le conservateur a mentionné comme hypothéquée une maison autre que celle réellement affectée (n° 36 au lieu de n° 16), celle-ci paraissant au contraire libre d'hypothèques, un second créancier ouvre un crédit au débiteur déjà grevé (C. Rennes, 27 juill. 1905, 11095 R. P.).

444. Radiation de saisie. Requête de créanciers cessionnaires. Mainlevée ne mentionnant pas la cession et la subrogation. Radiation partielle du seul chef des cessionnaires. Opération régulière du Conservateur. — Lorsque deux personnes, en déclarant dans un acte notarié consentir la radiation entière et définitive, en tant qu'elles leur profitent, d'une transcription et d'une dénonciation de saisie opérée contre un tiers, n'indiquent pas à quel titre elles possèdent et ne relatent pas la cession avec subrogation à elles faites, le conservateur agit régulièrement en s'abstenant de mentionner dans la radiation et dans le certificat que ces personnes sont les cessionnaires des droits d'un tiers et que la mainlevée donnée produit effet tant pour elles qu'à l'égard de leur cédant. Il en est ainsi alors même qu'il eût été possible de suppléer au silence de l'acte de mainlevée à l'aide des mentions inscrites en marge de l'inscription hypothécaire et constatant les diverses subrogations consenties. — On ne saurait contraindre les conservateurs à rapprocher les unes des autres les diverses mentions inscrites sur leurs registres pour suppléer aux lacunes ou aux omissions des actes qui leur sont produits, car ces fonctionnaires doivent se conformer strictement aux énonciations de ces actes et aux termes des réquisitions qui leur sont régulièrement adressées, sans avoir à les compléter ou à les interpréter et sans être tenus de rechercher, en dehors de la mainlevée et de la réquisition, la preuve d'une cession dont il n'est fait aucune mention et d'en apprécier les effets à l'égard des tiers (C. Angers, 28 nov. 1906, 11480 R. P.).

464. Hypothèque légale de la femme. Cession. Inscription du créancier subrogé. Indications essentielles pour la validité de cette inscription. — Une inscription d'hypothèque légale, prise par un créancier subrogé aux droits de la femme, doit, pour maintenir son rang, être régulière et remplir le but de l'art. 2153 C. C. et de la L. 23 mars 1855, en portant à la connaissance des tiers la nature et l'étendue des droits cédés. Ne remplit pas ce but l'inscription qui ne dit même pas que le cessionnaire agit en vertu de la L. 1855 comme subrogé aux droits de la femme et si la priorité a été accordée ou réservée (Chambéry, 16 nov. 1902; C. Chambéry, 11 août 1903, 10766 R. P.).

cription de l'hypothèque légale elle-même, ne peut opposer aux tiers la subrogation dont il ne s'est pas assuré le bénéfice par une publicité régulière (L. 23 mars 1855, art. 9; — Cass. req. 11 juin 1894, 8902 R. P., D. 96-1-537. — Rappr. Baudry-Lacantinerie, t. II, n° 1539).

465. Authenticité. — Juge-commissaire. — Ordre amiable. — Prix emprunté par l'acquéreur à la Caisse des consignations. — Ordonnance du 3 juillet 1816. — Dans un ordre amiable, le juge-commissaire peut-il régulièrement subroger, dans l'inscription d'office concernant l'immeuble dont le prix est mis en distribution, un tiers qui, en vue de cette subrogation, a prêté, par acte sous seing privé, à l'acquéreur, le montant dudit prix immédiatement déposé à la Caisse des consignations? — Le conservateur doit-il obéir à l'ordonnance de radiation? — Pour que la subrogation par le *débiteur* soit valable, il faut, aux termes de l'art. 1250, § 2, que l'acte d'emprunt et la *quittance* soient passés devant notaire; de plus, l'acte d'emprunt doit indiquer que la somme a été empruntée pour faire le paiement, et, enfin, la quittance doit constater que le paiement a été fait avec les deniers fournis à cet effet par le nouveau créancier.

La collocation du juge pourrait être considérée comme équivalant à une quittance authentique dans les conditions prévues par l'art. 1250, § 2, s'il s'agissait d'un ordre judiciaire, et, dès lors, l'ordonnance de subrogation devrait être exécutée par le conservateur. Mais, en matière d'ordre amiable, un doute peut naître de ce que le juge n'est que le conciliateur des parties; son rôle n'étant pas celui d'un arbitre, il ne peut imposer sa volonté. La constatation du juge conciliateur et la subrogation prononcée par lui ne répondraient donc qu'imparfaitement aux formes prévues par l'art. 1250, § 2. Il est vrai que ces formes, d'abord substantielles, ont reçu de la jurisprudence certains tempéraments.

Quoi qu'il en soit, ce n'est pas à ce point de vue qu'il faut trancher la difficulté; sa solution se trouve, en effet, dans la dérogation apportée à l'art. 1250, § 2, par l'ordonnance du 3 juill. 1816 dont l'art. 12 est ainsi conçu : — « Les reconnaissances délivrées à Paris par le caissier, et dans les départements par les préposés de la caisse, énonceront sommairement les arrêts, jugements, actes ou causes qui donnent lieu auxdites consignations; et, dans le cas où les deniers consignés proviendraient d'un emprunt, et qu'il y aurait lieu à opérer une subrogation en faveur du prêteur, il sera fait mention expresse de la déclaration faite par le déposant, conformément à l'art. 1250 C. C., laquelle produira le même effet de subrogation que si elle était passée devant notaire... » — En conséquence, pour opérer la subrogation ordonnée dans un ordre amiable, le conservateur est simplement tenu de s'assurer que le dépôt à la Caisse des consignations a été fait dans les conditions prévues à l'art. 12 ci-dessus rapporté (*Rappr.*, Toullier, t. VII, n° 158; Merlin, v° *Consignations*, n° 13; Colmet de Santerre, t. V, n° 191 *bis*, XIII; Larombière, sur l'art. 1250, n° 73; Aubry et Rau, t. IV, § 324, p. 180; Demolombe, t. XXVI, n° 420; Laurent, t. XVIII, n° 50. — V. Cass. 11 juill. 1843, S. 44-1-370; D. 44-1-132).

465-1. (*Art. 1250, § 1*). — **Subrogation conventionnelle. — Conditions de validité.** — Pour être valable, la subrogation conventionnelle doit, outre la forme authentique, présenter les conditions exigées par l'art. 1250, § 1er C. civ. Le paiement doit être effectué par le tiers subrogé avec ses deniers et ce paiement et la subrogation doivent être simultanés (Bergerac, 7 août 1894; — C. Bordeaux, 23 avr. 1895, 8614 R. P.).

465-2. (*Art. 1250, § 2*). — **Simultanéité de l'emprunt et de la remise des deniers.** — Pour la validité de la subrogation conventionnelle au profit d'un prêteur, il n'est pas nécessaire que les deniers prêtés soient remis au moment même de l'acte d'emprunt et de celui de la constatation d'emploi; il suffit que l'acte d'emprunt et la quittance soient dressés dans la forme et avec les mentions prescrites par l'art. 1250, § 2, C. C., c'est-à-dire qu'ils soient l'un et l'autre reçus par un notaire, que l'acte d'emprunt indique l'emploi des deniers, et la quittance leur origine (Cass. req. 15 mars 1897, 9111 R. P. — V. *en ce sens* : Cass. req. 28 avr. 1863; D. 63-1-327; — 14 fév. 1865; D. 65-1-254; — Demolombe, t. XXVII, n°s 414 et s.; — Colmet de Santerre, t. V, n° 191 *bis*; — Laurent, t. XIII, n° 54; — *contrà* Aubry et Rau, t. IV, § 321 et note 34).

467-1. Renonciation à l'hypothèque légale au profit des acquéreurs. — Acte sous seings privés. — Renonciation extinctive. — Loi du 23 mars 1855. — La disposition de l'art. 9 L. 23 mars 1855, qui, sous le régime antérieur à la L. 13 fév. 1889, assujettit à l'authenticité les renonciations par la femme à son hypothèque légale, ne s'applique qu'aux renonciations translatives des droits hypothécaires de la femme; elle ne comprend pas les simples renonciations extinctives, consenties au profit des acquéreurs des immeubles grevés de cette hypothèque légale. — En conséquence, est valablement faite par acte s. s. p. la renonciation pure et simple par la femme à son hypothèque légale au profit d'un acquéreur d'un immeuble du mari ou de la communauté. — La loi du 13 fév. 1889, qui a modifié l'art. 9 L. 23 mars 1855, est inapplicable aux renonciations extinctives consenties sous l'empire de cette dernière loi, et la nullité de la renonciation pour défaut d'authenticité ne peut être invoquée, contre le tiers acquéreur, par la femme qui, dans un acte de vente sous seings privés, s'est obligée solidairement avec son mari à toutes les garanties de droit (C. Orléans, 21 mars 1894; — Cass. req. 30 juill. 1895, 8680 R. P.).

474. Renonciation dans un acte de société sous seings privés. — Dépôt aux minutes d'un notaire par un autre que la femme. — Défaut d'authenticité. — Loi du 13 fév. 1889. — Aux termes de la loi du 13 fév. 1889, la renonciation de la femme à son hypothèque légale au profit de l'acquéreur des biens grevés de cette hypothèque, n'en emporte l'extinction que si elle est contenue dans un acte authentique. — Par suite, cette renonciation ne peut résulter de l'apport en société, fait par des époux, d'immeubles propres au mari, si cet apport n'est constaté que par un acte sous seings privés, encore bien qu'il soit transcrit, et le dépôt de cet acte aux minutes d'un notaire ne peut conférer l'authenticité à la renonciation que si le dépôt a été effectué par la femme et non par le gérant de la Société agissant au nom de la Société, personne civile distincte de la personne civile de chaque actionnaire (C. Poitiers, 4 déc. 1899, 9936 *R. P.*).

478. Vente antérieure à la loi du 13 fév. 1889. — Concours de la femme. — Hypothèque légale. — Vente postérieure par l'acquéreur. — État sur transcription. — Malgré le concours de la femme à une vente faite par le mari avant la loi du 13 fév. 1889, le conservateur peut comprendre, dans l'état requis sur la transcription d'une vente ultérieure du même immeuble par le nouveau possesseur, l'inscription de l'hypothèque légale de la femme inscrite postérieurement à la première vente, c'est-à-dire après la dépossession à laquelle elle a concouru (Châlon-sur-Saône, 4 déc. 1900, *J. C.* 5271). Ce jugement précise bien le rôle qu'en principe le conservateur a sur l'appréciation de la valeur des inscriptions. « Attendu, y lit-on, que si, antérieurement à la loi du 13 fév. 1889 qui, ne pouvant avoir d'effet rétroactif, ne saurait être invoqué dans la cause, il était généralement admis, en doctrine et en jurisprudence, que la présence de la femme à un acte de vente d'immeubles emportait mainlevée de son hypothèque légale alors que cette présence ne pouvait autrement s'expliquer, la question n'en restait pas moins à l'état de controverse suffisamment caractérisée pour que le législateur ait jugé nécessaire d'intervenir et plusieurs décisions judiciaires (Dalloz, *Suppl.*, n° 1765 (1) avaient reconnu que le fait par le conservateur de comprendre dans un état sur transcription les inscriptions prises par les créanciers subrogés à l'hypothèque légale de la femme postérieurement à la transcription de la vente, n'engageait pas sa responsabilité; — attendu, en effet, qu'aux termes des art. 2196 et 2197 C. C., les conservateurs sont tenus, lorsqu'un état est requis en termes généraux et sans restriction, de délivrer copie des inscriptions existant sur tous registres, lesquelles, en dehors des cas où une disposition expresse de la loi exclut la possibilité d'une existence matérielle, sont réputées existantes tant qu'elles n'ont pas été radiées ou périmées, que, d'après des principes constants aussi bien en doctrine qu'en jurisprudence (*Pand. franc.* Privilèges, n° 10-112), les conservateurs ne sont pas juges du mérite des inscriptions, n'affirmant point dans leurs certificats l'existence du droit d'hypothèque, mais seulement l'existence du signe apparent de ce droit, devant, si quelque doute s'élève sur la valeur juridique de telle inscription, la comprendre dans l'état délivré (Baudry-Lacantinerie, *Priv. et Hyp.*, n° 2605; Guillouard, *Priv. et Hyp.*, n° 1061; Aubry et Rau, t. III, p. 293; — Cass. 6 déc. 1865, D. P. 66-1-34), sauf aux intéressés à exercer, non point contre le conservateur, mais contre le créancier du chef duquel existe l'inscription contestée, toute action tendant à son retranchement ou à sa radiation (*Pand. franc.*, n° 10118) ». — *Rappr. infrà*, n° 748.

489. Purge. — Sommation au nouveau propriétaire par un seul créancier. — Procédure, profitant aux autres créanciers. — La sommation, par un seul créancier inscrit, au nouveau propriétaire de faire les notifications prévues par l'art. 2183 C. C., profite à tous les autres créanciers (C. Paris, 17 mars 1896, 8892 R. P.).

(1) Seine, 14 juin 1868, D. P. 68-3-84; — La Flèche, 24 août 1878, D. P. 80-3-13; — Doullens, 26 août 1870. — Rapp. *Rép. g*[illegible], n° 407.

493 *bis*. Conservateur. — Responsabilité. — Dommages-intérêts. — Radiation erronée. — Vente par le débiteur. — Transcription. — Perte de la créance. — L'inscription hypothécaire radiée à tort par le Conservateur ne peut plus être rétablie après la transcription de la vente consentie par le débiteur. La radiation, dans cette hypothèse, éteint non seulement le droit de suite, mais encore le droit de préférence. — Dès lors, le conservateur qui a commis l'erreur doit indemniser le créancier de la perte de sa créance, sauf son recours contre le vendeur sur la partie du prix qui ne serait pas absorbée par d'autres créances hypothécaires (Yvetot, 28 juill. 1892, 9098 R. P.; 1803 R. H.

495. Partie pourvue d'un conseil judiciaire. — Incapacité non révélée par la mainlevée. — Annulation de la radiation. — Effets. — Non-responsabilité du conservateur. — Le conservateur ne saurait être rendu responsable des vices internes entachant les actes qui lui sont soumis, lorsque l'examen attentif de la teneur des actes ne peut en révéler l'existence. Par conséquent, il n'est pas obligé de se livrer à des recherches extrinsèques pour retrouver, en dehors de toute indication fournie par le requérant, soit dans les archives de la conservation, des documents déjà produits pour de précédentes opérations, soit au dehors, des justifications susceptibles d'infirmer ou de confirmer les énonciations des mainlevées et des inscriptions portées sur les registres et de révéler en particulier les causes d'incapacité qui pourraient vicier le consentement des intéressés. Spécialement, lorsque ni l'acte de mainlevée, ni l'inscription qu'il s'agit de radier ne renferment aucun indice de nature à faire supposer qu'une personne est pourvue d'un conseil judiciaire, le conservateur n'a pas à demander un certificat constatant qu'elle ne se trouve pas dans cette situation. Et si la mainlevée est ensuite annulée comme émanant d'un incapable, le conservateur n'encourt aucune responsabilité pour avoir radié, conformément à la mainlevée déposée. Une inscription radiée à tort dans les circonstances sus-indiquées peut être rétablie par toute personne y ayant intérêt, et elle reprend, vis-à-vis des créanciers inscrits ou de l'acquéreur ayant transcrit avant la radiation, son rang primitif, pourvu que l'inscription originaire ne fût pas périmée avant le rétablissement. Il appartient au créancier, même incapable, ou à ses représentants légaux de faire le renouvellement en temps opportun; du moment où ils l'ont négligé, ils sont mal fondés à se prévaloir d'une prétendue faute reprochée au conservateur pour actionner celui-ci à raison de la perte d'une créance qui eût été compromise, même en l'absence du fait reproché (Dieppe, 22 nov. 1899 et C. Rouen, 18 juill. 1900, 10007 R. P.).

496. — V. n° 594.

499. Radiation. — Certificat tardif. — Dommages-intérêts. — Un conservateur ne saurait être condamné à des dommages-intérêts pour remise tardive de certificats relatifs à des radiations dont l'examen exigeait un certain temps (Montluçon [Jug. de Paix], 16 avr. 1897, 9290 R. P.).

Il est généralement admis, en effet, que le conservateur peut prendre, pour examiner les dossiers, le temps propor-

489-3. Mainlevée exigée par le créancier remboursé. Acte non frustratoire. Frais à la charge du débiteur. — Le débiteur qui s'est libéré n'est pas le seul intéressé à la mainlevée de l'inscription qui frappe ses immeubles. Le créancier remboursé est lui-même en droit, à raison notamment de son grand âge et de l'opportunité d'éviter [illegible] à ses héritiers, d'exiger qu'un acte de mainlevée soit [illegible], sans que cet acte puisse être considéré comme frustratoire. — La mainlevée étant l'accessoire du paiement, les frais de cette mainlevée doivent être à la charge du débiteur qui s'est libéré (Chantilles, 5 fév. 1902, 10805 R. P.).

489-4. Ventes successives. Immeuble grevé d'inscription. Obligation de rapporter mainlevée et radiation. Recours contre le premier vendeur. — Quand un vendeur s'est engagé à rapporter mainlevée des inscriptions hypothécaires qui pourraient se révéler lors de l'accomplissement par l'acquéreur des formalités de transcription et de purge, il ne peut, à peine de résolution, se soustraire à cet engagement sous prétexte qu'il a toujours ignoré l'existence des inscriptions figurant sur l'état du conservateur et que ces inscriptions, ne semblant pas pouvoir grever l'immeuble, n'ont pu être délivrées que par l'effet d'une réquisition défectueuse et irrégulière. Mais son action en garantie est recevable contre le précédent vendeur qui lui avait transmis l'immeuble grevé desd. inscriptions et qui, lui-même, avait pris l'engagement de fournir les mainlevées et radiations des inscriptions qui pourraient se révéler lors de la transcription de son contrat. — Les dépens [illegible] à la charge de ce premier acquéreur (Seine, 14 juin 1903, 1088[illegible] R. P.).

534. Concordat. Formation. Délibérations des créanciers. L. 20 mars 1806 modifiant l'art. 509 C. comm. (1199 R. P.).

536 *bis*. Faillite. Clôture pour insuffisance d'actif. Non-réouverture. Offres réelles. Pouvoir du syndic. — Le failli, dont la faillite a été clôturée pour insuffisance d'actif et n'a pas été rouverte, est privé de l'exercice de ses droits quant à la détermination des créances et à leur recouvrement. Par suite, il ne peut utilement défendre, sans le concours du syndic, à une action en validité d'offres réelles, une telle défense nécessitant fixation de la créance quant à son quantum (Toulouse, 12 juin 1903, 10088 R. P.).

538 *bis*. Saisie immobilière. Inscription de masse. Dissolution de faillite. Radiation. Jugement nécessaire. — L'inscription de masse d'une faillite ne peut, après dissolution, être individualisée au profit des créanciers, et la radiation ne pouvant être consentie ni par le créancier, ni par le syndic, un jugement seul peut la prescrire (Auxerre, 2 mai 1900, 11186 R. P.).

522-1. Faillite. Résolution de concordat. Action du syndic pour faire remonter la cessation des paiements. Non-recevabilité après l'expiration des délais pour la vérification et l'affirmation des créances. — La résolution de concordat ne fait rentrer les créanciers que dans l'exercice de leurs droits et seulement à l'égard du failli; elle a pour effet de replacer les parties non dans la situation où elles étaient au début des opérations de la faillite, mais dans celle existant au moment de l'acceptation du concordat. Toute autre interprétation serait contraire à l'art. 533 C. comm. qui dispose que les créances une fois admises ne peuvent plus être discutées, et, d'après l'art. 581 du même code, aucune demande tendant à faire remonter la date de la cessation des paiements, en vue de l'annulation de l'inscription d'un créancier prise antérieurement à cette date, n'est plus recevable après l'expiration des délais pour la vérification et l'affirmation des créances (Trib. com. Seine, 13 mai 1905, 11085 R. P.).

543-4. Femme séparée. Hypothèque légale. Mainlevée. Mandat donné par la femme sans autorisation préalable du mari. Nullité de la mainlevée. Refus de radiation. Responsabilité du conservateur. — La femme mariée, même séparée de biens, ne peut, sans l'autorisation de son mari, donner mandat pour tous autres actes que ceux de simple administration; sa capacité pour d'autres actes doit exister au moment où elle donne mandat, et cette condition fait défaut si la femme séparée de biens donne mandat à un tiers à l'effet de consentir en son nom la mainlevée de son hypothèque légale sur certains biens sans être autorisée à signer cette procuration au moment où elle la souscrit; ce mandat est nul et cette nullité entraînant celle de la mainlevée, le Conservateur, requis de faire la radiation, est fondé à la refuser par suite de cette nullité (Seine, 5 fév. 1905, 10898 R. P.).

donne au nombre des pièces et aux difficultés qu'il rencontre (De France, nº 385; J. C. 3415; Boulanger, 975. — Rapp. Discussion L. 10 déc. 1874, M. Sébert. *J. off.* 11 déc. 1874; Circ. des Douanes, 28 avr. 1875 citée au *Rép. gén.*).

500-5. Hypothèque légale. — Droit à la charge du débiteur. — Radiation. — En matière d'inscription d'hypothèque légale, le droit de 1 p. 1000, qui incombe personnellement au débiteur (C. C. 2155), ne peut être exigé du créancier qui requiert la radiation, comme condition de l'accomplissement de cette dernière formalité. Un paiement effectué dans de telles conditions donnerait ouverture à une action en restitution (Sol. 2 mai 1902, 10367 R. P.).

503. Testament olographe déposé par l'exécuteur testamentaire. — Défaut d'authenticité. — Un testateur peut bien, par testament olographe, autoriser son exécuteur testamentaire à donner mainlevée sans paiement; mais, le dépôt de ce testament dans une étude ne conférant pas l'authenticité, le conservateur doit refuser la radiation, et les parties sont tenues de rapporter un jugement qui l'autorise (Lille, 19 mai 1892, 7960 R. P.).
Le dépôt en l'étude d'un notaire ne peut remplacer l'authenticité d'origine que tout autant que le dépôt a été reconnu par le signataire de l'acte s. s. p.; or, cette reconnaissance est impossible lorsque le signataire, le testateur, est décédé.

514-2. Radiation. — Inscription de renouvellement. — Justifications. — Pour obtenir la radiation de l'inscription qui en renouvelle une autre prise au profit d'un autre titulaire, il est nécessaire d'apporter au conservateur la justification de la transmission régulière de la créance que conservent les deux inscriptions (Saint-Omer, 20 mars 1894. — V. l'étude que nous avons faite en rapportant ce jugement au 8489 R. P.).

518. Obligation au porteur. — Grosse devant être bâtonnée et annexée. — Non-production au conservateur. — Non-responsabilité. — S'il est stipulé dans une obligation au porteur que, lors de la mainlevée définitive, la grosse sera bâtonnée et annexée à l'acte, le conservateur, pour faire la radiation, n'est pas tenu de se faire représenter la grosse et de vérifier lui-même si les conditions imposées au porteur ont été remplies, dès l'instant que le notaire a constaté, même inexactement, que le créancier, agissant en sa qualité de porteur de l'obligation, « en a justifié par la représentation des clauses exécutoires » dudit acte d'obligation (1), cette affirmation faisant foi jusqu'à inscription de faux (Trib. Dijon, 31 déc. 1891; — C. Dijon, 8 juill. 1892, 7934 R. P.; J. C. 4291).

528. Faillite. — Jugement. — Signification. — Délai. — Huissier commis. — Le délai d'appel de tout jugement en matière de faillite est de 15 jours à partir de la signification (582 C. com.), et, en matière commerciale, comme en matière ordinaire, la signification doit être faite par un huissier commis. — La signification du jugement en dehors des proscriptions de la loi ne peut faire courir les délais d'appel (C. Toulouse, 27 janv. 1896, 8780 R. P.).

543-2. Radiation. — L. 6 fév. 1893 modifiant le régime de la séparation de corps. — Art. 1er. — L'article 108 C. C. est complété ainsi qu'il suit :

« La femme séparée de corps cesse d'avoir pour domicile légal le domicile de son mari.

« Néanmoins, toute signification faite à la femme séparée, en matière de questions d'état, devra également être adressée au mari, à peine de nullité..... »

Art. 3. — L'art. 311 C. C. est complété ainsi qu'il suit :

« La séparation de corps emporte toujours la séparation de biens.

« Elle a, en outre, pour effet de rendre à la femme le plein exercice de sa capacité civile, sans qu'elle ait besoin de recourir à l'autorisation de son mari ou de justice.

« S'il y a cessation de la séparation de corps par la réconciliation des époux, la capacité de la femme est modifiée pour l'avenir et réglée par les dispositions de l'art. 1449. Cette modification n'est opposable aux tiers que si la reprise de la vie commune a été constatée par acte passé devant notaire avec minute, dont un extrait devra être affiché en la forme indiquée par l'art. 1445, et de plus par la mention en marge : 1º de l'acte de mariage; 2º du jugement ou de l'arrêt qui a prononcé la séparation, et enfin par la publication en extrait dans l'un des journaux du département recevant les publications légales. »

Cette réforme intéresse les conservateurs et a de fréquentes et immédiates applications en matière de radiations. — V. *infrà* nº 543-4.

543-3. Hypothèque légale de la femme. — Séparation de corps. — Pension alimentaire. — L'hypothèque de la femme garantit le paiement de la pension alimentaire que le mari a été condamné à lui servir par le jugement qui a prononcé la séparation de corps au profit de la demanderesse. Cette hypothèque prend rang du jour du mariage et non pas seulement du jour du jugement de séparation de corps (C. Dijon, 4 juin 1894, 8520 R. P.).

543-4. Séparation de corps. — Nouvel art. 311 C. C. — Mainlevée définitive, par la femme séparée, de son hypothèque légale. — Non-validité. — L'art. 3 L. 6 fév. 1893 a remplacé l'ancien art. 311 C. C. par les dispositions suivantes : « Art. 311. Le jugement qui prononce la séparation de corps... La séparation de corps emporte toujours la séparation de biens. Elle a, en outre, pour effet, de *rendre à la femme le plein exercice de sa capacité civile, sans qu'elle ait besoin de recourir à l'autorisation de son mari ou de justice...* ».

Certains jurisconsultes ont voulu induire des termes de cette nouvelle disposition que la femme séparée de corps peut valablement consentir mainlevée entière et définitive de l'inscription de son hypothèque légale. D'autres, au contraire, soutiennent que la loi de 1893 ne crée pas pour la femme un droit nouveau; qu'elle ne l'affranchit pas d'une

(1) « Attendu que les clauses exécutoires constituent essentiellement le caractère de la grosse, le conservateur devait nécessairement avoir la conviction que M. P... était détenteur de ladite grosse... qu'il était d'autant moins tenu d'exiger la production de la grosse que les mainlevées relataient l'énonciation que mention en a été faite par le notaire sur la grosse... » Arrêt.

manière définitive; qu'elle la dispense seulement de recourir à l'assistance et lui permet d'agir seule là où précédemment elle devait obtenir le concours de son mari ou des tribunaux, ils formulent, en conséquence, cette règle : La femme séparée de corps ne peut pas faire seule les actes qu'elle n'aurait pu faire précédemment avec l'autorisation de son mari ou de la justice et elle est, dès lors, incapable, sans recourir aux formalités des articles 2144 et 2145 C. C., de consentir une renonciation même partielle à son hypothèque légale en dehors des cas prévus par la loi du 23 mars 1855 et par celle du 13 fév. 1889. Cette dernière prétention a été défendue avec force dans des notes (J. C. 5455), dont nous avons donné la partie essentielle (R. P. 10306), par les conservateurs aux 7 premiers bureaux de Paris, et elle a été accueillie favorablement par un jugement de la Seine du 7 août 1901. Mais ce jugement a été réformé par un arrêt de la 1re chambre de la Cour de Paris du 16 mai 1902; R. P. avril 1903; La Cour suprême a été saisie de la difficulté.

Depuis lors, le tribunal de Mayenne s'est nettement rattaché à la jurisprudence du tribunal de la Seine par un jugement du 14 nov. 1902 (R. P. cahier d'avril 1903) longuement et fortement motivé. Si, dorénavant, dit en substance ce jugement, la femme séparée n'a plus besoin d'autorisation maritale ou judiciaire et a pleine capacité pour administrer sa fortune et même en disposer, il ne s'ensuit nullement qu'elle soit devenue habile à valablement consentir ce qu'avant la L. 6 fév. 1893, ni l'autorisation de son mari, ni même l'autorisation de justice ne pouvait l'habiliter à faire, spécialement à consentir, à l'égard de son mari, la radiation entière et définitive de son hypothèque légale; l'art. 2140 C. C. a, d'ailleurs, prohibé une pareille renonciation à hypothèque légale, puisque, en admettant avant son mariage la fille majeure et maîtresse de ses droits à restreindre contractuellement son hypothèque légale, il lui interdit cependant de consentir à n'en point avoir. De ce que, ajoute encore le tribunal de Mayenne, la femme aurait été entièrement remplie de ses reprises et qu'elle n'est bénéficiaire d'aucun gain de survie ni d'aucune pension alimentaire, on ne saurait conclure à la non-nécessité de l'hypothèque légale, car il faut considérer que les droits et obligations alimentaires restent inconnus au moment de la séparation, subordonnés qu'ils demeurent aux éventualités de l'avenir et aux incessants changements qui se peuvent produire dans la situation respective des époux. — Rappr. dans ce sens : Cabouat, p. 59; Margat, p. 80; Sarraud, *Commentaire*, p. 137 et s.; Bufnoir, *Annuaire de lég. fr.* 1893, p. 50; Baudry-Lacantinerie, *Précis*, n° 919.

On remarquera que, dans l'ensemble de l'opération demandée aux conservateurs de Paris, sinon dans chacun de leurs bureaux, il s'agissait, en réalité, d'une restriction d'hypothèque légale, tandis que, dans l'affaire soumise au tribunal de Mayenne, l'abandon d'hypothèque ne comportait aucune restriction et était, au contraire, entier et définitif. Bien que liée aux mêmes principes, cette seconde espèce se présentait néanmoins avec une apparence plus favorable pour justifier le refus de radiation opposé par le conservateur.

543 *bis*. **Femme divorcée. — Réduction de l'inscription prise pour sûreté d'une pension alimentaire. — Autorisation de justice nécessaire pour la radiation partielle.** — L'inscription d'hypothèque judiciaire, prise par la femme divorcée pour sûreté d'une pension que le mari a été condamné à lui payer pour l'entretien de leur enfant mineur dont la garde lui a été confiée, ne peut être réduite par la femme sans autorisation de justice, et le conservateur est fondé à refuser de radier l'inscription sur certains immeubles du mari sur la seule production de la mainlevée partielle consentie par la femme.

En effet, on ne peut donner mainlevée à défaut de paiement qu'autant que l'on a la capacité de disposer de la créance (Dalloz, v° *Privilèges*, Suppl., n° 1601); et, d'après le principe que la renonciation à la garantie hypothécaire équivaut, dans une certaine mesure, à l'abandon du droit lui-même (Boulanger, n° 480; Dalloz, v° *Mariage*, Suppl., n° 393), l'inscription prise pour sûreté d'une pension alimentaire stipulée incessible ne peut être rayée même du consentement de celui à qui sont dus les aliments (Dalloz, v° *Privilèges et Hypothèques*, nos 1466 et 1611), si ce n'est en ce qui concerne les arrérages échus dont le crédit-rentier a la disposition.

La question est donc de savoir si la pension, au cas dont il s'agit, est *alimentaire*, et si, de plus, elle est, à ce titre, *incessible*.

On semble généralement admettre la distinction suivante :

Pour les rentes créées par la volonté d'un testateur ou d'un donateur, sans conditions d'incessibilité, on s'accorde à reconnaître que l'insaisissabilité de ces pensions, qui résulte de l'art. 581 C. proc. civ., n'emporte pas leur incessibilité (Cass., 31 mai 1826, S. 26-1-447; — 22 fév. 1831, S. 31-1-107; — 1er avril 1844, S. 44-1-468; — Larombière, *Obl.* sur l'art. 1166, n° 10; — Guillouard, *Contr. de mar.*, t. I, n° 390; — *Contrà* Aubry et Rau, t. IV, § 350, p. 424, note 18.

Au contraire, pour les rentes qui résultent de la loi, la doctrine se prononce pour l'incessibilité du droit lui-même et, par suite, contre l'abandon des garanties de ce droit (Aubry et Rau, *loc. cit.*; *Rép. gén.*, v° *Hypothèque*, n° 825).

Dans notre cas, il s'agit bien d'une pension accordée en vertu de la loi (V. Dalloz, v° *Divorce*, Suppl., nos 587 et suiv. et 622). D'une part, en effet, la femme divorcée a droit à une pension alimentaire si elle en a besoin, et cela, même contre les héritiers du mari; d'autre part, l'époux divorcé doit continuer à contribuer à l'entretien des enfants; il y a donc bien là un caractère alimentaire certain, et cela est si vrai que l'époux contre lequel le divorce a été prononcé aurait droit de réclamer cette contribution s'il avait la garde des enfants (Paris, 20 oct. 1886; D. 88-2-101. — V. Arcis-sur-Aube, 20 nov. 1873, 9249 R. P., en note).

Le caractère alimentaire de la pension étant ainsi établi comme ayant son principe dans la loi, on est nécessairement amené à reconnaître également son caractère incessible qui en découle (V. Dalloz, v° *Mariage*, Suppl., n° 394; Demolombe, t. IV, n° 78; Guillouard, *Vente et cession de créance* sur l'art. 1690, t. I, n° 175, et sur l'art. 1689, t. II, n° 754; Larombière, t. I, sur l'art. 1128, n° 27; Aubry et Rau, *loc. cit.* — Paris, 11 mai 1892; D. 92-2-339).

Et puisque, comme nous l'avons vu ci-dessus, l'hypothèque qui garantit un droit incessible participe de son incessibilité, il s'ensuit que le crédi-rentier ne peut pas plus donner mainlevée que céder sa créance (Lyon, 28 avril 1870, S. 70-2-72; J. C. 2901, 4028, 4145, 4152; — Arcis-sur-Aube,

543-4. Séparation de biens. Action directe ou conséquence de la séparation de corps. Rétroactivité. — Les effets de la séparation de biens remontent au jour de la demande en justice, aussi bien lorsqu'elle a été prononcée à la suite d'une action directe que lorsqu'elle est la conséquence de la séparation de corps, et la dissolution de la communauté remonte aussi au même jour (C. Besançon, 21 janv. 1903, 10571 R. P.).

Id. Inaliénabilité. Créanciers de la femme. — La séparation de biens judiciairement prononcée ne fait pas disparaître l'inaliénabilité de la dot et ne modifie pas à cet égard la situation des créanciers de la femme (Cass. (civ.), 14 oct. 1903, 10635 R. P.).

543 bis. Pension alimentaire. Inscription. Mainlevée partielle par le crédi-rentier. Refus de radiation par le conservateur. — Les sûretés prises pour assurer le service d'une pension alimentaire participent de son inaliénabilité et ne peuvent être réduites qu'autant que cette réduction ne portera pas la moindre atteinte à leur efficacité. La doctrine que nous avons enseignée dans notre premier supplément s'affirme de plus en plus en jurisprudence. Au surplus, en présence de difficultés de droit, le conservateur est fondé à refuser d'opérer la radiation partielle de l'inscription prise en garantie d'une pension de cette nature, sur la seule production d'une mainlevée consentie par le crédi-rentier (Cahors, 29 nov. 1905, 10979 R. P.).

546. Régime dotal. Déclaration en termes généraux. Exclusion des biens présents. — *La simple déclaration que les futurs époux adoptent le régime dotal ne suffit pas pour frapper de dotalité et rendre inaliénables les biens qui appartiennent à la femme au moment du mariage. A défaut de constitution expresse, ces biens sont réputés paraphernaux (1574 C. C.) (Cass. 12 janv. 1904, 10833 R. P.).*

546-1. Établissement d'un enfant commun. Fraude. Quasi-délit de la femme. Validité ou nullité de l'hypothèque. — Si des époux mariés sous le régime dotal ont, par divers actes qui se succèdent et se complètent, frauduleusement fait croire à la réalité de l'établissement de leur enfant commun, dans le but de pouvoir engager les biens dotaux de la femme, les prêteurs de bonne foi ne sauraient voir échapper leur gage et les biens de la femme ne peuvent être déclarés libres de l'hypothèque consentie (Cass., 14 avril 1903, 11180 R. P.).

Contrôle possible. — Mais dans le cas où il est constant que l'enfant commun exerçait déjà un commerce ou une industrie bien antérieurement à l'emprunt, le prêteur doit s'imputer de n'avoir pas contrôlé, comme il en avait la possibilité, la déclaration de l'emprunteur, et la constitution d'hypothèque est sans effet (Cass., 15 janv. 1906, 11223 R. P.).

553-4, 5°. Remploi. Agent de change. Responsabilité. Intermédiaire complice. Tiers. Matérialité du remploi. — A défaut de remploi de valeurs dotales conformément aux dispositions du contrat de mariage, l'agent de change et l'intermédiaire qui s'est fait son complice sont solidairement responsables de la perte de ces valeurs, comme étant tenus de surveiller ce remploi, tout au moins au point de vue matériel. — Les tiers qui ont fait la remise de ces valeurs à l'agent de change ne sauraient être déclarés responsables alors que, d'après les stipulations du contrat de mariage, cette remise dûment consignée vaut pour eux décharge entière et sans réserve. — L'obligation pour les tiers de surveiller le remploi sous leur responsabilité déroge au droit commun et ne peut être admise que si elle résulte d'une disposition formelle du contrat (Toulouse, 5 mars 1903, 10538 R. P.).

553-4, 6°. Agent de change. Surveillance du remploi. Complexité du contrat de mariage. Prudence de l'agent de change. Absence de responsabilité. — Un agent de change ne commet aucune faute engageant sa responsabilité en refusant de se dessaisir des fonds provenant de la vente de valeurs dotales lorsque la quittance du notaire, chargé de l'acquisition d'immeubles en remploi, peut paraître suffisante pour dégager complètement sa responsabilité, alors surtout que la complexité des clauses du contrat de mariage est de nature à faire naître de sérieuses préoccupations sur leur portée (Cass. civ. 23 oct. 1906, 11467 R. P.).

554. Remploi. Vente de propres de la femme. Remboursement de créances. Doute sur la régularité de l'emploi. Refus de radiation de l'inscription d'office. Prudence justifiée. — Lorsqu'un conservateur a pris, au moment de la transcription d'une vente par une femme mariée, une inscription d'office pour conservation du prix de l'immeuble sujet à remploi, il agit plus tard avec prudence en refusant la radiation de cette inscription malgré la justification d'un emploi, si les clauses du contrat de mariage donnent lieu à interprétation sur la régularité de cet emploi. Les dépens de l'instance ne sauraient, dès lors, être mis à sa charge (Doullens, 24 juill. 1906, [illegible] R. P.).

Succession échue à la femme dotale. Honoraires de révélation payés à un généalogiste. Dispense de surveillance d'emploi. — La femme dotale, à qui est échue une succession qu'elle n'aurait pas connue sans la révélation d'un généalogiste, peut être dispensée de remploi à concurrence des sommes prélevées sur la succession pour le payement des honoraires non excessifs de ce généalogiste, et les tiers peuvent être dispensés de surveiller l'emploi des fonds versés au généalogiste et aux frais du jugement qui a prononcé la dispense (Rouen, 30 mai 1905, [illegible] R. P.).

précité, J. C. 2795 et 2824 ; — *Rappr.* Boulanger, n° 480).

Lorsque la femme ne donne pas mainlevée totale de l'inscription garantissant le service de la rente, c'est-à-dire lorsqu'elle réduit seulement l'hypothèque en donnant mainlevée sur certains biens du mari, on fait souvent valoir, en vue d'arriver à la radiation, que le surplus des biens du mari est suffisant pour garantir la pension. Mais c'est là un point dont le conservateur ne peut se faire juge ; diverses radiations partielles successives aboutissent, en fait, à une radiation totale. Par suite, le conservateur ne saurait opérer ces radiations, même partielles, que si elles sont autorisées par une réduction d'hypothèque régulièrement prononcée.

553. Hypothèque légale. — Régularité de remploi. — Le remploi, régulièrement fait, éteint la créance de la femme. Quand, au contraire, le remploi est vicié ou compromis en tout ou partie par la faute du mari, la créance de la femme reste garantie par l'hypothèque légale (C. Bourges, 8 janv. 1894 ; — Cass. civ., 4 déc. 1895, 8904 R. P. — V. *suprà* n° 388).

Les tiers ne sont garants que de l'existence du remploi effectué suivant un des modes spécifiés lorsque le contrat de mariage contient une clause ainsi conçue : « La future épouse sera seule juge de la validité et de la suffisance desdits emplois ou remplois, et son concours à tous les actes libérera d'une manière définitive et absolue tous ses débiteurs, acquéreurs et détenteurs qui seront sans droit ni qualité pour s'immiscer dans lesdites opérations, ces derniers devant être libérés par le seul fait d'un emploi ». — Les tiers dans ce cas ne sont nullement tenus de répondre ni de la validité, ni de l'utilité du remploi (Toulouse, 1er mai 1902, R. H. 2709).

De même, lorsqu'un contrat porte que la femme pourra, avec l'autorisation de son mari, faire tous emplois et remplois, échanger ses immeubles, les vendre, etc., et que tous emplois et remplois devront être acceptés par la femme, les juges peuvent décider que, si cette clause ne rend pas les tiers responsables de la valeur et de la suffisance du remploi, ceux-ci n'en restent pas moins soumis à l'obligation de s'assurer tout au moins de l'existence de ce remploi. — Une telle décision des juges du fond est souveraine (Cass. 12 mars 1902, J. C. 5465).

553-4. Agent de change. — Surveillance du remploi. — Dans la plupart des cas et en règle générale, les agents de change, — et après eux les conservateurs en matière de radiations — ne doivent accepter comme remploi que les opérations présentant les caractères extérieurs d'un placement véritable (Boulanger, n° 218). C'est ce qui résulte des litiges sur lesquels sont intervenues les décisions suivantes qui distinguent les circonstances qui peuvent engager ou non la responsabilité des agents de change.

1° Les agents de change, investis par la loi d'un monopole pour la négociation des effets publics, et, à ce titre, mandataires salariés et nécessaires, sont tenus des obligations spéciales que leur impose ce mandat, de sorte que lorsque l'effet, objet de la négociation, est une valeur dotale, dont l'aliénation n'est permise qu'à charge de remploi, l'agent de change doit, sous sa responsabilité, prendre toutes les précautions nécessaires pour s'assurer que les fonds provenant de la négociation reçoivent l'emploi auquel ils sont destinés. La responsabilité d'un agent de change est donc engagée lorsqu'il résulte, d'une série de circonstances, qu'il a fait preuve d'une imprudence et d'une négligence impardonnables (Cass. req., 23 mars 1898, 9499 R. P.).

2° Le remploi n'est valable que s'il est réel et complet et il doit être effectué par l'acquisition d'un bien suffisant sous peine de résolution du contrat, l'insuffisance équivalant en pareil cas au défaut de remploi. L'agent de change, comme détenteur des fonds, dispensé par le contrat de mariage de surveiller l'*utilité* du remploi, n'a pas qualité avant de s'en dessaisir, pour vérifier la valeur dudit remploi, et sa responsabilité ne pourrait être encourue que s'il avait omis par négligence de remplir les conditions du contrat de mariage (Seine, 19 avr. 1898, 9497 R. P.).

3° Lorsque, aux termes du contrat dotal, les tiers ne sont responsables que de l'existence du remploi et non de sa validité et de son utilité, et qu'il est constaté que le produit de la vente des valeurs dotales a été employé en un prêt garanti par une hypothèque, il appartient aux juges du fond de décider souverainement que l'agent de change n'était pas tenu, avant de se dessaisir des fonds, de vérifier si l'hypothèque consentie par l'emprunteur avait été inscrite (C. Paris, 23 janv. 1896 ; — Cass. req., 15 fév. 1898, 9498 R. P.).

4° Lorsqu'il est stipulé que la femme dotale pourra, avec l'autorisation de son mari, faire tous emplois et remplois, échanger ses immeubles, les vendre, etc... ou que tous emplois et remplois devront être acceptés par la femme pour être valables, les juges peuvent décider que, si cette clause ne rend pas les tiers responsables de la *valeur* et de la *suffisance* du remploi, ceux-ci n'en restent pas moins soumis à l'obligation de s'assurer tout au moins de l'*existence* de ce remploi (Cass. 12 mars 1902, 10355 R. P.).

553-5. Mandataire. — Nécessité d'un mandat exprès. — Les mandats aux fins d'acceptation, conférés d'avance en termes vagues et généraux, sont inconciliables avec la nature même de l'opération de remploi. Aussi, le mandataire qui accepte le remploi au nom d'une femme dotale doit-il être autorisé par un mandat spécial indiquant la nature, la contenance, la situation de la chose qui fait l'objet du remploi. A défaut de ce mandat spécial, l'acceptation de remploi est réputée inexistante (C. Bordeaux, 7 avr. 1897, 9496 R. P.).

554. Dotalisation. — Remploi. — Paiement du passif héréditaire. — La Cour de Bourges, infirmant un jugement de Clamecy du 27 avr. 1894 (8421 R. P.), a décidé que la dotalisation d'une somme à prendre sur les plus clairs biens de la succession ne s'exerce que sur l'actif net héréditaire et que l'emploi des valeurs de la succession au payement du passif de l'hérédité équivaut au remploi prescrit par le contrat de mariage et permet la radiation des inscriptions conservant les sommes ainsi employées (Arrêt du 9 août 1894, 8536 R. P.).

Ainsi que nous l'avons fait ressortir au *Rép. gén.*, la question est controversée et la Cour n'aurait pas dû condamner le conservateur à une partie des dépens (1). Le tribunal

(1) V. Nos observations sur ce point au n° 8536 R. P.

du Havre, mieux inspiré, a décidé qu'il appartient au juge du fait d'apprécier, d'après les termes du contrat de mariage et les circonstances de la cause, l'étendue que les parties ont entendu donner à la clause de dotalité et que le conservateur, ne pouvant faire cette appréciation sans engager sa responsabilité, peut à bon droit demander que la difficulté soit soumise à l'autorité judiciaire, et cela, sans encourir aucune condamnation aux dépens (Le Havre, 26 mars 1898, 9400 R. P. — (*Rappr.* les décisions citées au *Rép. gén.*).

559. Jugement de divorce. — Nullité. — 1° *Pour défaut de transcription.* — Il a été décidé qu'à l'égard des tiers, le mariage est dissous, non par le jugement de divorce, mais par la transcription de ce jugement en marge de l'acte de mariage. C'est seulement à partir de cette transcription que la femme divorcée peut valablement agir sans l'autorisation maritale (Brioude, 18 mars 1891, et C. Riom, 5 avr. 1892, 7992 R. P.).

2° *Pour délai non observé.* — Jugé de même que le délai de 2 mois, édicté par l'art. 252 C. C. pour la transcription de la décision prononçant le divorce, est d'ordre public, et le divorce est nul et non avenu lorsque ce délai n'a pas été observé, encore bien que cette déchéance soit due à la négligence ou à l'erreur d'un mandataire spécial (C. Caen, 29 juin 1896, 8878 R. P.).

3° *Décès du mari avant la transcription.* — Décidé aussi que si un mari meurt avant que le jugement prononçant son divorce ait été transcrit sur les registres de l'état civil, les époux doivent être considérés comme n'ayant jamais été divorcés et le domicile de la veuve est le domicile conjugal (C. Paris, 19 juin 1895, 8800 R. P.).

La restitution de la capacité de la femme par le divorce étant subordonnée à la régularité de ce divorce, on voit, par les décisions ci-dessus, que les conservateurs, lorsqu'ils sont requis d'opérer une radiation en vertu de la mainlevée consentie par une femme divorcée, doivent s'assurer avec soin que la procédure de divorce est de tous points régulière et notamment que la transcription prévue par les art. 251 et 252 C. C. a eu lieu dans les délais.

560-1. Femme étrangère. — Capacité. — Angleterre. — D'après la législation anglaise, les immeubles sont régis par les lois du pays où ils se trouvent. Cette législation ne donne pas aux tiers le moyen de s'assurer si les époux ont ou n'ont pas fait de contrat de mariage, en ce sens qu'il n'existe dans la loi anglaise aucune disposition analogue à la loi française du 10 juill. 1850, qui oblige les époux à déclarer dans leur acte de mariage s'ils ont fait ou n'ont pas fait de contrat de mariage; et une simple déclaration qu'il n'y a aucun contrat est suffisante pour les tiers qui peuvent ainsi valablement se libérer de toutes sommes entre les mains des époux sans être tenus, en aucune façon, de veiller à l'emploi ou au remploi des mêmes sommes. En conséquence et à défaut de disposition contraire dans le contrat de mariage, ou à défaut de contrat, la femme anglaise, avec la seule autorisation de son mari, a toute capacité pour vendre et aliéner un immeuble à elle propre sans formalité judiciaire, et pour en toucher le prix sans emploi ni remploi (J. C. 5302).

560-2. Belgique. — V. *Rép. gén.*, n° 560.

560-3. Californie. — La femme française qui épouse un citoyen de l'État de Californie (États-Unis d'Amérique), devient, par le fait de son mariage, citoyenne de cet État et soumise à ses lois. Les époux mariés sans contrat sont soumis à un régime de communauté réduite aux acquêts. La femme a l'administration de ses propres, meubles et immeubles, et peut en disposer et les aliéner sans le consentement ou le concours de son mari. — Elle peut notamment, sans le concours de son mari, et à plus forte raison avec le concours de son mari, toucher le montant ou capital et intérêts de toutes créances lui appartenant et peut également subroger un tiers dans les droits qui garantissent la créance et notamment dans l'effet de tous droits et inscriptions hypothécaires (J. C. 5277).

560-4 État de New-York. — Comme pour l'État de Californie, la femme qui épouse un citoyen de l'État de New-York en quelque pays que ce soit devient, par le fait de son mariage, citoyenne des États-Unis d'Amérique et de l'État de New-York et soumise aux lois de cet État. — Les époux qui se sont mariés sans avoir fait précéder leur union par un contrat de mariage sont soumis à un régime correspondant à la séparation de biens du droit français. — Il n'est délivré aux époux aucun certificat constatant qu'ils se sont mariés sans contrat. — La non-existence de conventions matrimoniales se prouve par la déclaration des époux eux-mêmes. — L'hypothèque légale de la femme n'existe pas sur les biens du mari. La loi de New-York ne lui confère qu'un droit de douaire qui s'applique à tous les immeubles dont son mari a pu avoir la propriété absolue pendant le mariage et la législation (J. C. 5278).

560-5. Hongrie. — En Hongrie, le régime des biens entre époux, à défaut de contrat de mariage, est celui de la séparation de biens. Chaque époux garde la libre disposition de sa fortune propre tant mobilière qu'immobilière.

560-6. Italie. — Le régime auquel sont soumis les sujets italiens, qui n'ont pas fait précéder leur mariage d'un contrat, est celui de la séparation de biens. Sous ce régime, tous les biens de toute nature des époux, tant ceux qu'ils apportent en se mariant que ceux qu'ils acquièrent au cours du mariage, soit à titre gratuit, soit à titre onéreux, restent propres à celui auquel ils sont advenus et, en ce qui concerne la femme, sont paraphernaux. — La femme conserve la propriété, l'administration et la jouissance de ses biens paraphernaux et, avec l'autorisation de son mari, elle a le droit de les aliéner, en toucher le prix, recevoir tous capitaux, les céder, consentir des hypothèques et en général faire tous actes d'aliénation sans être tenue à aucun emploi. — Le mari ne peut administrer les biens paraphernaux de sa femme, ni en toucher les créances sans avoir d'elle un pouvoir (J. C. 5303). — V. n°s 97-98.

560-7. Russie. — En Russie, le mariage n'établit pas la communauté de biens entre les époux : chacun d'eux peut posséder et acquérir séparément des biens comme lui appartenant en propre (art. 109 C. C. Russe).

559. — **Divorce. Séparation de corps. Convention internationale.** L. 18 avril 1904, portant approbation de la convention signée à La Haye le 12 juin 1902 entre l'Allemagne, l'Autriche-Hongrie, la Belgique, l'Espagne, la France, l'Italie, le Luxembourg, les Pays-Bas, le Portugal, la Roumanie, la Suède et la Suisse, pour régler les conflits de lois et de juridiction en matière de divorce et de séparation de corps. — 1288 R. P.

560. **Femme étrangère. Allemagne. Emploi ou remploi. Autorisation maritale. Hypothèque légale.** — D'après les dispositions du Code civil allemand, la femme allemande mariée, majeure, peut avec le concours ou l'autorisation de son mari, et sans recourir à aucune formalité judiciaire, recueillir toute succession à laquelle elle est appelée, procéder à toute liquidation et partage, aliéner des biens meubles et immeubles, donner quittance de toute somme et de toutes valeurs, et consentir tous désistements et mainlevées de privilèges, hypothèques, inscriptions et autres droits réels, avec ou sans constatation de paiement.

D'autre part, il n'existe aucun régime matrimonial, *soit légal*, *soit conventionnel, dans lequel il y ait une obligation d'emploi ou de remploi que les tiers auraient à surveiller, et dont ils pourraient être tenus.*

Par conséquent, les tiers peuvent payer ou vider leurs mains sur la simple quittance des époux sans aucune autre formalité et sans avoir à se préoccuper de l'emploi ou du remploi ultérieur des fonds ou des valeurs.

Le Code civil allemand ne connaît pas le système des hypothèques occultes, et il en résulte que ni la femme mariée allemande, ni les mineurs allemands n'ont d'hypothèque légale (1).

564. Tuteur. Pouvoirs. Action immobilière. Revendication de terrain. Autorisation du conseil de famille nécessaire. — Le tuteur ne peut, sans l'autorisation du conseil de famille, introduire en justice une action relative aux droits immobiliers du mineur, notamment une action tendant à obtenir la restitution au profit du mineur d'un terrain paraissant usurpé par un tiers. — Cass. (civ.), 8 avril 1903, 10653 R. P.

572 *bis*. Mineur étranger. Statut personnel. Russe. Convention franco-russe du 1er avril 1874. — Les règles de la tutelle faisant partie du statut personnel, c'est d'après la loi personnelle, c'est-à-dire la loi nationale du mineur, que cette tutelle doit être organisée. — La loi polonaise attribuant la tutelle légale du mineur polonais à sa mère naturelle, c'est à bon droit que, dans une procédure d'expropriation d'immeuble ayant abouti à une adjudication, un enfant mineur a été représenté par sa mère naturelle. La convention intervenue le 1er avril 1874 entre la France et la Russie ne contient aucune clause relative à l'organisation de la tutelle des mineurs russes se trouvant en France; par suite, le juge de paix a donc pu conférer à la mère naturelle la tutelle dative d'un enfant mineur de nationalité russe. En tout cas, une telle collation est valable en tant que mesure provisoire et urgente. — Nice, 2 fév. 1905, 10730 R. P.

575 *bis*. Père administrateur du mineur. Intérêts opposés. Suspension du droit d'administrer. — Bien que, en vertu de l'art. 389 C. C., le père soit, pendant le mariage, administrateur des biens personnels de ses enfants mineurs, les effets de cette administration se trouvent suspendus momentanément lorsqu'il surgit une contestation dans laquelle les intérêts du père sont en opposition avec ceux du mineur. Le père ne peut, dans ce cas, stipuler au nom des mineurs. — Cass. (req.), 18 juill. 1905, 10853 R. P.

(1) Certificat de coutume du 23 janv. 1905.

590. Mandat. Autorisation maritale en termes généraux. Défaut de spécialisation. Simples actes d'administration. — La procuration donnée par une femme à son mari pour consentir des actes d'aliénation ou de propriété doit être conçue en termes exprès et spécifier une opération déterminée et particulière; si elle est donnée en termes généraux, elle n'embrasse que les actes d'administration (C. C. 1988). Une telle procuration est encore sans valeur au point de vue de l'art. 223 C. C. qui déclare insuffisante, sauf pour des actes de pure administration, l'autorisation générale donnée à la femme par son mari. — Seine, 19 avril 1905, 10682 R. P.

592 *bis*. Radiation. Conséquence de paiement. Offres réelles. Réserve d'interjeter appel. — Des offres réelles ne peuvent être considérées comme l'équivalent d'un paiement que si elles sont seulement soumises à des conditions qui sont la conséquence d'un paiement réel et définitif; ainsi, des offres sous la réserve d'interjeter appel du jugement de condamnation sont inacceptables, et elles sont, au contraire, recevables lorsqu'elles sont faites sous condition de fournir la radiation d'une inscription hypothécaire. — Seine, 19 mars 1905, 1083 R. P. (*Rappr.*, 659-1).

La dot de la femme ainsi que les biens acquis par elle ou en son nom pendant le mariage, par achat, donation, héritage ou de toute autre façon légale, sont sa propriété personnelle (art. 110 C. C. Russe).

Chaque époux peut disposer de ses biens propres en les vendant, en les engageant ou de toute autre façon, directement en son propre nom, indépendamment de l'autre époux, et sans lui demander pour cela ni consentement écrit, ni procuration (art. 114 C. C. Russe).

560-8. Suisse. — Femme vaudoise. — En vertu de ce principe qu'une femme étrangère ne peut bénéficier en France de son hypothèque légale que si elle jouit des droits civils résultant de son admission à domicile ou de l'existence d'un traité international, il a été décidé que la femme vaudoise ne peut exercer un droit d'hypothèque légale sur les biens de son mari situés en France, car, d'une part, il n'existe pas de traité international, et, d'autre part, le système de garantie organisé sous le nom d'assignat, par le code civil du canton de Vaud, en faveur de la femme mariée, est essentiellement différent de celui de la loi française, notamment en ce que l'hypothèque qu'il permet d'exiger au profit de la femme doit être consentie par le mari dans certains délais, avec des formalités particulières (C. Chambéry, 10 juillet 1900; — Cass. req. 27 janvier 1903, J. C. 5528).

574. Tuteur. — Reddition de compte. — I. Gestion confiée a un tiers. — Aux termes des art. 469 et 471 C. C., tout tuteur est comptable de sa gestion et il en doit rendre le compte définitif au mineur lorsque celui-ci a atteint sa majorité. Il en est ainsi lors même que le tuteur prétendrait n'avoir jamais administré les biens de son fils mineur dont la gestion aurait été confiée par lui à l'aïeule du mineur (Lyon, 12 mai 1899, 9733 R. P.).

II. — Mineur devenu majeur. — Cautionnement du tuteur par le mineur avant la reddition de compte. — L'art. 472 C. C. n'annule que les traités se rattachant à la gestion tutélaire et ayant pour effet de soustraire le tuteur, en tout ou en partie, à son obligation de rendre compte. Par suite, ne tombe pas sous l'application de cet article et est valable l'acte par lequel le mineur devenu majeur cautionne son tuteur ou cède, à titre de nantissement, la créance éventuelle qu'il a contre lui (Cass. civ. 15 nov. 1898, 9544 R. P.).

588. Radiation. — Interdiction et conseil judiciaire. — Nouvelles formalités de publicité. — Une loi du 6 mars 1893 a modifié l'art. 501 C. C., les art. 896 et 897 C. proc., ainsi qu'il suit :

Art. 1. — Il est ajouté à l'art. 501 C. C. une disposition ainsi conçue :

« Un extrait sommaire du jugement ou arrêt sera, en outre, transmis, par l'avoué qui l'aura obtenu, au greffe du tribunal du lieu de naissance du défendeur, dans le mois du jour où la décision aura acquis l'autorité de la chose jugée. Cet extrait sera mentionné par le greffier, dans un délai de quinze jours, sur un registre spécial dont toute personne pourra prendre communication et se faire délivrer copie. Le greffier, dans un nouveau délai de quinze jours, adressera à l'avoué un certificat constatant l'accomplissement de la formalité.

« A l'égard des individus nés à l'étranger, les décisions seront mentionnées, dans les mêmes formes et délais, sur un registre tenu au greffe du tribunal de la Seine; ce registre mentionnera également les décisions relatives aux individus nés dans les colonies françaises, indépendamment du registre qui sera tenu au greffe de leur lieu d'origine. — Toute contravention aux dispositions ci-dessus, commises par les greffiers ou avoués, sera punie d'une amende de 50 fr. sans préjudice de tous dommages-intérêts. »

Art. 2. — Les art. 896 et 897 C. proc. sont modifiés ainsi qu'il suit : — « Le jugement qui prononcera défense de plaider, transiger, emprunter, recevoir un capital mobilier ou en donner décharge, aliéner ou hypothéquer sans assistance de conseil, sera affiché et inscrit au greffe (art. 896).

« Les demandes en mainlevée d'interdiction ou de conseil judiciaire seront soumises, quant à l'instruction et au jugement, et quant à la publicité de la décision, aux mêmes règles que les demandes en interdiction ou nomination de conseil (art. 897). »

En traitant dans notre mot *Hypothèque* (p. 975), de *l'interdiction* et du *conseil judiciaire*, nous avons dit que, la jurisprudence et la majorité des auteurs ayant admis la validité de l'interdiction et de la dation du conseil judiciaire, malgré le défaut d'accomplissement des formalités légales de publicité, les conservateurs ne paraissaient pas assujettis à exiger la justification de ces formalités. — Mais le législateur, en complétant ces formalités, en a accru l'importance. Il donne à la publicité de l'interdiction et du conseil judiciaire la base invariable que nous n'avons cessé de réclamer pour la publicité hypothécaire : le lieu de naissance. — Ces dispositions législatives nouvelles pourraient amener une modification dans la règle que nous avions empruntée à l'unanimité de la jurisprudence. — Dès lors, il nous paraît plus prudent, pour les conservateurs, de réclamer désormais la justification des formalités prescrites par l'art. 501 (complet) C. C., et par les nouveaux art. 896 et 897 C. proc., tant pour la capacité du tuteur à l'interdiction ou du conseil judiciaire que pour la restitution de capacité au prodigue ou à l'interdit.

589. — V. n° 614.

594. Mandat. — Gestion d'affaires. — Le tribunal de Lille a décidé que la gestion d'affaires, quand elle a été ratifiée par les intéressés, implique, pour le gérant, le pouvoir de radier une inscription hypothécaire prise à leur profit, mais que, toutefois, l'absence d'un mandat authentique exonère de tous dépens le conservateur qui a refusé la radiation (Lille, 13 juill. 1893).

Nous avons critiqué ce jugement au 8240 R. P. au double point de vue de la portée du mandat de gérer et du défaut d'authenticité du mandat (V. ce numéro et *Rappr. Rép. gén.*, n°s 496, 589 et 594).

594-1. Mandat « ad litem ». — V. *infra* n° 649.

598. — V. n° 614.

614. Sociétés commerciales. — Modifications à la loi de 1867. — Radiation. — Pouvoir authenticité. — La loi du 24 juill. 1867 a été modifiée par celle du 1er août 1893, qui soumet les sociétés commerciales à de nouvelles conditions (V. vº *Société* et 8206 R. P.) dont la répercussion se fait sentir en matière de radiation hypothécaire.

En nous référant à la loi de 1867, nous avons établi au *Rép. gén.*, vº *Hyp.*, nº 614, que le conservateur devait s'assurer de l'accomplissement des formalités pour la régularité du statut social; il importe donc de remarquer que la division minimum du capital en actions est abaissée de 100 à 25 fr. lorsque ce capital n'excède pas 200.000 fr. et de 500 fr. à 100 fr. pour un capital supérieur à 200.000 fr. Par contre, la constitution de la société qui, pour être définitive, nécessitait dans tous les cas le versement, par chaque actionnaire, du quart des actions par lui souscrites, sera désormais subordonnée à la libération totale de ces actions, lorsqu'elles ne dépasseront pas 25 fr., ou encore, quel qu'en soit le chiffre, lorsqu'elles représenteront des apports. Ce qui oblige le conservateur à demander la justification des formalités légales, c'est qu'elles doivent être exécutées à peine de nullité et que cette nullité vicierait la radiation effectuée en vertu d'une mainlevée de l'administrateur ou du gérant.

La loi nouvelle déclarant prescrite pour dix ans les actions en nullité, on serait tenté d'en inférer qu'après dix ans, toute société devra être tenue pour valablement constituée. Mais nous pensons que, même après ce délai, le conservateur devra demander les justifications habituelles parce qu'il ne pourra savoir si aucune action en nullité, interruptrice de la prescription, n'a été intentée.

Nous avions constaté (*cod. verb.*, nº 93) que la doctrine et la jurisprudence s'étaient mises d'accord pour exiger l'authenticité du pouvoir à l'effet d'hypothéquer, soit qu'il résultât de l'acte statutaire, soit qu'il eût été conféré par une délibération des actionnaires. L'art. 6 L. 1er août 1893 permet, dans les deux cas, la constitution d'hypothèque en la forme sous seing privé. Faut-il en conclure que la même forme sera recevable pour la délégation des pouvoirs à l'effet de donner mainlevée? Il est regrettable que le législateur ait omis d'accorder textuellement cette faculté, car elle déroge à l'une des plus importantes conséquences de l'art. 2158 C. C. (V. vº *Hyp.*, nº 589). Rigoureusement, on devrait décider que la loi du 1er août 1893 a bien abrogé, à l'égard des sociétés, l'art. 2127 C. C., puisqu'elle a statué sur la constitution de l'hypothèque, mais qu'étant restée muette à l'égard de la radiation, elle laisse en vigueur l'art. 2158. Et, dès lors, comment conseiller aux conservateurs de prendre l'initiative d'ajouter à la loi! La jurisprudence seule pourra suppléer aux lacunes de cette loi en l'interprétant. Dispenser de l'authenticité l'acte qui sert de point de départ à l'hypothèque et maintenir cette authenticité pour le même acte en tant qu'il doit conduire à l'anéantissement de l'inscription, ce serait avoir accompli seulement la moitié de la tâche de simplification qu'on se proposait; ce serait laisser subsister des embarras signalés maintes fois par les auteurs (Baudot, 968; — Boulanger, 1re éd., nº 274, *contrà* 2e éd., nº 367).

L'authenticité n'a pas été touchée en matière de sociétés purement civiles, même par actions : c'est ce qui résulte de l'art. 69 additionnel. Mais, aux termes de l'art. 68 additionnel, pour être commerciale, une association n'a plus besoin d'avoir pour objet des actes de commerce : il suffit qu'elle soit constituée dans les formes du code de commerce ou de la loi modifiée; et même, suivant l'art. 7 de la loi de 1893, les anciennes sociétés civiles pourront toujours être transformées en sociétés commerciales par une assemblée générale. — V. nº 934.

625-1. — Femme divorcée. — Pension pour l'entretien d'un enfant mineur. — Caractère alimentaire et incessible. — Le conservateur est-il fondé à refuser de radier l'inscription sur certains immeubles du mari sur la seule production de la mainlevée partielle consentie par la femme? — Voir *suprà* nº 543 *bis*. — *Rappr. infrà*, nº 738.

625-2. — Legs. — Prohibition absolue d'aliéner. — Aliments. — Conditions de validité. — Si l'art. 581 C. Proc. autorise le donateur ou le testateur à déclarer insaisissables les objets donnés ou légués, aucun texte de loi ne lui permet de les frapper d'indisponibilité entre les mains du bénéficiaire, alors même que la libéralité aurait été faite à titre alimentaire. — La prohibition *absolue* d'aliéner, contenue dans une libéralité, étant contraire à la libre circulation des biens et à l'ordre public, doit être réputée non écrite, à moins qu'elle n'ait été imposée dans *l'intérêt légitime du donateur ou d'un tiers* dans les limites de cet intérêt (Cass. civ. 8 nov. 1897. 9228 R. P.; *Gaz. Pal.* 97.538; *Rev. Not.* 9950 (1). — *Rappr. infrà*, nº 732.

630. Radiation. — Mainlevée par une délibération du conseil municipal. — Dispense d'autorisation préfectorale. — Par une délibération spéciale un conseil municipal a donné mainlevée d'hypothèque sur des immeubles affectés à la garantie d'une rente sur l'État léguée à la ville et à ses hospices, en tant que cette hypothèque grevait un champ dont la vente avait été consentie par la veuve du testateur. Le conservateur refusa d'opérer la radiation en prétendant que la mainlevée d'hypothèque était assimilée à une transaction et que la délibération municipale devait, par suite, être approuvée par le Préfet en conseil de préfecture, par application du nº 4 de l'art. 68 L. 5 avr. 1884. Une décision du ministre de l'Intérieur du 23 janv. 1892 (8178 R. P.) rejeta cette prétention par le motif qu'en abrogeant sans restriction l'Ordonnance du 15 juill. 1840, la loi municipale de 1884 (art. 168, nº 8) a eu pour effet de rendre exécutoires par elles-mêmes les délibérations des conseils municipaux ordonnant des mainlevées d'hypothèques inscrites au profit de la commune. Conformément à l'opinion que nous avons émise déjà au *Rép. gén.*, nous croyons que le ministre de l'Intérieur a commis une erreur en étendant aux mainlevées sans paiement la dispense d'autorisation : le capital de la rente aurait pu être payé par la veuve du testateur pour une portion correspondant à la valeur du champ dégrevé; la com-

(1) On trouvera sous le nº précité de la *Rev. Not.* un rapport de M. le conseiller Faye, contenant un résumé complet de la doctrine et de la jurisprudence sur les conditions d'inaliénabilité et d'incessibilité dont les conservateurs ont si souvent à se préoccuper en matière de radiation.

612 *bis*. Radiation. Société étrangère. Responsabilité du conservateur. Production d'une copie de l'acte social. — Le Conservateur a le droit d'exiger de ceux qui requièrent une radiation la preuve de leur qualité. Lorsqu'il s'agit de sociétés civiles ou commerciales, françaises ou étrangères, la production de copies régulières des statuts et des délibérations contenant nomination des personnes qui consentent la radiation peut seule permettre au Conservateur d'apprécier si la mainlevée a été régulièrement donnée.

Lorsque la société qui a consenti la mainlevée est étrangère, le Conservateur a d'autant plus d'intérêt à demander la copie de l'acte social et à la conserver dans ses archives que cet acte n'a pas été publié en France, et qu'il lui serait très difficile de se le procurer ultérieurement au cas où la validité de la radiation viendrait à être contestée (Pont-l'Évêque, 12 mars 1937, 11561 R. P.).

622. Radiation. Succession vacante. Pouvoirs du curateur. Paiement effectué antérieurement à l'ouverture de la succession. Hypothèque sans objet. Mainlevée par le curateur. — Le curateur, en reconnaissant qu'un paiement a été effectué aux mains de celui dont la succession est vacante, n'accomplit qu'un acte d'administration et peut donner mainlevée de l'hypothèque devenue sans objet par suite de ce paiement. — Lisieux, 13 janv. 1904, 10817 R. P.

625-1. V. *suprà* 543 *bis*.

642 *bis*. Congrégation reconnue. Vente d'immeuble. Condition du prix d'emploi en rente sur l'État. Surveillance. — Lorsque la vente d'un immeuble appartenant à une congrégation religieuse reconnue a été autorisée par le Gouvernement, à charge d'employer le produit de la vente en rente sur l'État au nom de la congrégation, l'emploi du prix est une mesure administrative imposée à la congrégation sous la garantie de la supérieure ; mais l'acquéreur et le notaire rédacteur du contrat de vente ne peuvent être responsables du défaut d'emploi (L. 24 mai 1825, art. 4). — Lille, 23 nov. 1905, 11265 R. P.

644 *bis*. Congrégation religieuse dissoute. Liquidation. Vente d'immeuble. Inscription d'office. Pouvoir du liquidateur. Versement du prix à la Caisse des consignations. Justification pour la radiation de l'inscription d'office. — Le liquidateur qui a reçu le prix et qui donne mainlevée de l'inscription d'office doit-il, pour requérir la radiation de cette inscription, justifier qu'il a versé le prix à la Caisse des consignations ? — aux termes de l'art. 5 du décret d'administration publique du 16 août 1901 rendu pour l'application de la 1. 1er juill. précédent « le liquidateur dépose à la Caisse des dépôts et consignations le produit des ventes au fur et à mesure de leur réalisation. Il prélève sur les fonds déposés les sommes nécessaires pour payer les dettes et pourvoir aux frais de liquidation.

Dans cette prescription du versement à la Caisse des consignations, certains Conservateurs ont cru pouvoir reconnaître l'existence, même au point de vue des tiers, d'une condition obligatoire de libération régulière de l'acquéreur, et ils en ont conclu que l'inscription d'office ne pourrait être radiée sans la justification par le liquidateur de l'accomplissement de cette formalité.

On a, dans ce sens, assimilé l'obligation du liquidateur à celle du curateur à succession vacante et l'on en a tiré la conséquence que, comme dans ce dernier cas (*Rép. gén.*, v° *Hypothèque*, n° 622), le Conservateur doit exiger la preuve que le prix a été versé à la Caisse des consignations.

« Objectera-t-on, dit la *Rev. Hyp.* (3287) à l'appui de cette thèse, que l'art. 489 C. Comm. oblige bien aussi le syndic de faillite à verser les sommes qu'il recouvre à la Caisse des consignations, mais que, suivant un arrêt C. Caen du 26 juill. 1867 (S. 68-2-281, J. E. 18508), le défaut de versement n'empêcherait pas le paiement d'être valable et libératoire ? Nous répondrons qu'il y a entre le liquidateur et le syndic cette différence capitale, qui sert de base à l'arrêt de Caen, que le premier ne peut que consentir à des paiements à effectuer par la Caisse par voie de *prélèvement sur les fonds déposés*, tandis que le second est chargé d'acquitter lui-même certaines dépenses, avant le versement, aux termes de l'art. 489 C. Comm. ainsi conçu : « les deniers provenant des ventes et recouvrements seront, *sous la déduction des sommes arbitrées par le juge-commissaire pour le montant des dépenses et frais*, versés immédiatement à la Caisse des dépôts ».

Malgré la valeur qui s'attache à l'opinion de notre savant confrère, nous pensons qu'en raison du but du décret, l'argumentation ci-dessus est peut-être trop littérale et trop rigoureuse. Nous préférons voir dans la prescription de l'art. 5 une mesure d'administration imposée aux liquidateurs à titre d'ordre et sans que l'acquéreur ait à en surveiller l'exécution pour la régularité de sa libération. Il importe peu, en effet, pour consacrer la libération aux yeux des tiers, que le prix passe fictivement à la Caisse des consignations publique, aux termes du même décret, le liquidateur a le droit d'en opérer le retrait sans aucune autorisation ni concours.

En fait, les liquidateurs refusent de produire aux Conservateurs la justification du dépôt du prix à la Caisse des consignations en invoquant les motifs que nous avons reproduits et que l'on trouvera au n° 11227 R. P. La C. de Nîmes, par un arrêt du 19 fév. 1907, a déclaré la légitimité de ce refus, et nous voyons adopter de plus en plus dans la pratique la doctrine que nous avions enseignée au n° précité du R. P.

649-1. — V. 502 *bis*.

668. Saisie immobilière. Visa. Absence du maire et de l'adjoint. Refus du conseiller délégué. Parquet. — L'original de la saisie immobilière doit être visé par le maire du lieu où l'acte de dénonciation a été signifié. En cas de refus du maire, cet acte est soumis au visa du Parquet. De même, si le maire ou l'adjoint de la commune étant absents, l'huissier a eu un refus de visa de la part du conseiller municipal délégué et le premier dans l'ordre du tableau, il n'est pas tenu de s'adresser aux autres conseillers municipaux et peut alors requérir le visa du Parquet. — C. Bastia, 17 mars 1902, 10547 R. P.

671 *bis*. Saisie immobilière. Subrogation. Jugement nécessaire. Caractère judiciaire de la subrogation. — Si, d'après le C. civ. (art. 1249 à 1252), la subrogation conventionnelle ou légale met aux lieu et place du créancier, pour l'exercice de ses droits de créance, la tierce personne qui le paie, le principe subit, au Code de procédure, une restriction en ce qui concerne les poursuites de saisie immobilière ; dans cette matière spéciale, lorsque l'instance est devenue commune à tous les créanciers inscrits par l'accomplissement des formalités prescrites aux art. 691 et 692, la subrogation à la poursuite n'a lieu (art. 721 et 722) qu'en vertu d'un jugement du tribunal et, d'après l'art. 723, le poursuivant, dépositaire légal des pièces de la poursuite, ne peut s'en dessaisir qu'entre les mains de la personne qui aura obtenu contre lui cette subrogation judiciaire. — Cass., 25 mai 1903, 10686 R. P.

674-676. Ordre par voie d'attribution devant le tribunal. Moins de quatre créanciers inscrits. Créanciers privilégiés non inscrits. Procédure. — V. *Ordre*, n° 101.

mune pouvait exiger ce paiement, et, quand elle en a dispensé la veuve tout en lui donnant mainlevée, elle a transigé sur un droit qui lui revenait (V. Dalloz, v° *Faillite*, 476 et 523). — Sur la question de savoir si une délibération d'un conseil municipal a le caractère authentique que doivent revêtir les actes de mainlevée, nous renvoyons au n° 8178 R. P.

641. Radiation. — Établissements de bienfaisance. — Mainlevée avec ou sans payement. — Autorisation du Conseil de préfecture nécessaire. — Les établissements de bienfaisance ne peuvent, d'après les termes généraux de l'art. 1er du Décr. 11 therm. an XII, donner mainlevée d'une inscription hypothécaire sans être, au préalable, autorisés par une décision du conseil de préfecture prise sur une proposition formelle de l'Administration et l'avis du comité consultatif établi près de chaque arrondissement communal en exécution de l'arrêté du 7 therm. an IX, et cela même après payement de la créance (Av. C. d'État, 21 janv. 1896, 8846 R. P.).

642. Radiation. — Fabriques et établissements ecclésiastiques. — Créance remboursée. — Mainlevée. — Décret non nécessaire. — Si les fabriques et autres établissements ecclésiastiques ne peuvent faire, sans y être, au préalable, autorisés par décret, aucun acte d'aliénation, et si le consentement à une radiation hypothécaire doit être assimilé à un acte de cette nature toutes les fois qu'il est donné avant l'extinction de la créance que l'inscription est destinée à garantir, cette mainlevée cesse d'être soumise à cette autorisation par décret lorsqu'elle n'est plus qu'une simple mesure de régularisation (Av. C. d'État, 18 juill. 1893, 8845 R. P.).

649-1. Mandat « ad litem. » — La radiation nécessite le consentement des créanciers titulaires ou un jugement rendu contre eux. Le mandat *ad litem* prévu par la loi du 24 juill. 1867 ne comporte pas pouvoir de donner mainlevée (Nantes, 1er juin 1891 et Rennes, 14 mars 1892, 8241 R. P.).

649-2. Inscription d'office. — Action en radiation contre le conservateur. — De ce que, lors de la transcription d'un acte de mutation, l'inscription d'office pour la conservation du prix ou l'exécution des charges est l'œuvre du conservateur, il n'en résulte pas que l'action en radiation de cette inscription puisse être dirigée contre lui sous prétexte que le nouveau propriétaire s'est libéré. C'est contre les créanciers qui refusent de donner mainlevée que l'instance en radiation doit être engagée (Bruxelles, 20 nov. 1895, 8705 R. P.).

651. Saisie. — Radiation. — Absence de consentement des créanciers intéressés. — Action contre le conservateur. — Le conservateur ne saurait être actionné directement en radiation de transcription de saisie sous prétexte que le consentement des créanciers intéressés n'a pu être obtenu. Ces derniers seuls doivent être mis en cause (Bruxelles, 4 déc. 1895, 8706 R. P.).

668. — V. n° 651.

668-1. Saisie immobilière. — Deuxième saisie. — Jugement de subrogation. — Mainlevée par le premier saisissant. — Sommation par le subrogé. — Troisième saisie. — Déchéance du subrogé. — Le conservateur doit-il refuser de mentionner, en marge de la transcription de la saisie, la sommation faite aux créanciers inscrits, par le motif soit qu'elle a déjà été rayée antérieurement, soit que les délais fixés par l'art. 692 C. Proc. étant expirés, cette sommation est nulle aux termes de l'art. 715 du même Code ? — Enfin, doit-il faire connaître aux requérants que l'opération effectuée est sans valeur ? — V. Consult. Jalouzet 8050 R. P. — *Rappr. infrà*, n° 846.

669-1. Adjudication sur saisie. — État complet sur transcription. — Absence d'ordre. — Paiement du prix à tous les créanciers révélés. — Radiation. — Lorsque, à la suite d'une adjudication sur saisie, tous les créanciers révélés par l'état des inscriptions, tant contre le saisi que contre tous les anciens propriétaires, s'entendent pour recevoir, sans formalités de justice, la totalité du prix absorbé par leurs créances, l'acquéreur est valablement libéré entre leurs mains, et la mainlevée qu'ils consentent d'un commun accord, avec le concours de la partie saisie, autorise le conservateur à opérer la radiation de l'inscription d'office et de la saisie. C'est ce qu'a décidé le tribunal de Nîmes par un jugement du 30 janv. 1896 (8822 R. P.) dont nous approuvons la doctrine. Il est vrai que l'inscription d'office profite, non seulement aux créanciers inscrits du saisi et comparants à l'ordre, mais encore aux créanciers non produisants ou omis, et même aux créanciers non inscrits qui peuvent faire valoir leurs droits sur le prix tant qu'il n'est pas distribué intégralement (Boulanger, t. II, p. 407). Mais si, comme dans l'espèce, tous les créanciers inscrits concourent avec le saisi à la quittance et reçoivent, d'un commun accord, la totalité du prix de vente, il ne paraît y avoir aucun danger pour le conservateur à admettre le payement comme libératoire et régulier et à opérer en conséquence la radiation de l'inscription d'office. Qui pourrait se plaindre de cette radiation ? Ce ne peut être un créancier non inscrit, car il méconnaîtrait les droits réels des créanciers hypothécaires aux mains desquels l'acquéreur a versé le prix. Si un créancier hypothécaire n'a pas été appelé à l'ordre et se trouve lésé par suite de l'omission de sa créance sur l'état du conservateur, il doit s'en prendre à ce dernier et l'actionner en responsabilité, comme il l'eût fait d'ailleurs en cas d'ordre, mais il est désormais sans droit sur le prix et n'a aucune action contre l'acquéreur ; c'est, en effet, le propre de l'état sur transcription de purger l'immeuble vendu et de l'affranchir des suites de l'omission d'une inscription sur l'état fourni par le conservateur (*Rép. gén.*, v° *Hyp.*, n° 727). — *Rappr.* n° 676, *infrà*.

676. Ordre. — Collocations. — Créancier omis — Droit hypothécaire subsistant par rapport aux autres créanciers non compris dans la procédure. — Avoué. — Défaut de production. — Responsabilité. — La déchéance du créancier hypothécaire qui, bien que régulièrement sommé, ne produit pas en temps utile, n'a d'effet qu'au regard des autres créanciers qui sont portés dans l'ordre. Par rapport aux créanciers non appelés dans la procédure et aux créanciers chirographaires, le droit hypothécaire de ce créancier subsiste; et ce dernier peut établir son rang de préférence pour la répartition des portions du prix qui ne seraient pas distribuées. Si le défaut de production est dû à la négligence de l'avoué, constitué mandataire du créancier omis dans la collocation, cet avoué est responsable du préjudice causé à son mandant. (C. Chambéry, 25 juin 1890; — Cass. req., 25 mars 1896, 8820 R. P.) — *Rappr. suprà*, n° 669-1.

685 *bis*. **Prestation de serment. — Receveur de l'enregistrement nommé receveur-conservateur. — Tarif.** — La prestation de serment d'un receveur de l'enregistrement nommé à une recette-conservation dont les remises et les salaires réunis dépassent 4.000 fr., donne lieu au tarif de 22 fr. 50, encore bien que les salaires soient inférieurs à 4.000 fr. (Sol. 28 août 1894, 9432 R. P.).

686-1. **Congés dans les conservations divisées.** — Dans les conservations divisées faisant partie d'un même groupe, le conservateur en congé peut être remplacé par un de ses collègues du même groupe.

686 *bis*. **Conservation d'hypothèques. — Remise du service entre le titulaire sortant et le titulaire entrant. — Répartition des salaires pour les formalités requises, mais non encore opérées.** — Les salaires, afférents aux formalités non accomplies le jour de la remise du service, se répartissent ainsi qu'il suit entre le conservateur sortant et le titulaire entrant : pour les formalités hypothécaires qui donnent lieu à une inscription sur le registre des dépôts et doivent être effectuées à la date et dans l'ordre des remises, telles que transcriptions, inscriptions, mentions de subrogation, etc. (2200 C. C.), les salaires appartiennent au titulaire sortant jusqu'à la prise du service par le titulaire entrant; à ce dernier, au contraire, appartiennent les salaires des radiations, des états et certificats qui, bien que requis avant la remise du service, resteraient à opérer ou à délivrer à la même époque (Sol. 5 oct. 1893, 8045 R. P.).

688-1. — 1° *Cautionnement envers les tiers. — Compétence des Directeurs.* — La procédure administrative pour l'examen et l'acceptation des cautionnements en immeubles des conservateurs était autrefois longue et compliquée; elle a été simplifiée d'une manière très heureuse aux termes de l'Inst. gén. du 30 avr. 1897, n° 2925, § 2, qui étend judicieusement la compétence des directeurs (1).

3° *Rentes affectées. — Dispositions diverses relatives à l'exécution de l'art. 31 L. de fin. 30 mai 1899.* — L'Administration a complété de la manière suivante, par une instruction du 31 mai 1901, n° 3057, les dispositions précédemment adoptées pour l'exécution de l'art. 31 L. 30 mai 1899 :

I. — Aux termes de l'Inst. n° 2998 : « Lorsque, d'après le mode de capitalisation prévu par la loi, le capital des rentes précédemment affectées à son cautionnement envers les tiers par un conservateur changé de résidence sera au moins égal au chiffre du cautionnement nouvellement fixé, aucun supplément de garantie ne sera exigé. S'il lui est supérieur, il pourra être procédé, sur la demande du conservateur, à la désaffectation des portions de rentes devenues libres ». — Par application de ces dispositions, chaque fois que les rentes primitivement affectées, capitalisées conformément à l'art. 31 L. 30 mai 1899, représentaient une somme égale ou supérieure au cautionnement nouveau, on s'est borné jusqu'à ce jour à exiger le dépôt d'une expédition de l'acte originaire d'affectation au greffe du tribunal civil de l'arrondissement dans lequel le conservateur a été nommé.

L'expérience ayant démontré que ce mode de procéder offrait certains inconvénients, les modifications suivantes y ont été apportées :

Rentes affectées appartenant à des tiers. — Lorsque la caution, dans l'acte passé avec l'agent judiciaire du Trésor, ne s'oblige que jusqu'à concurrence d'une somme fixe, son engagement ne vaut que pour la somme déterminée au contrat, quelle que soit la valeur attribuée à la rente affectée. — Un nouveau consentement doit donc être demandé, dans cette hypothèse, au tiers propriétaire des rentes affectées, si le chiffre du cautionnement est augmenté. Ce consentement est constaté au moyen d'un nouvel acte d'affectation dressé suivant les formes suivies pour la constitution d'un supplément de cautionnement. — Si le tiers se refuse à contracter un engagement supérieur à celui qu'il a déjà pris, le conservateur devra constituer, en se conformant aux règles ordinaires, le supplément qui lui a été imposé. — Les cautionnements fournis depuis la mise à exécution de la loi du 30 mai 1899 jusqu'à ce jour, en rentes affectées par des tiers avec engagement limité à une somme fixe, se trouvent ainsi incomplètement constitués dans tous les cas où le cautionnement a été augmenté sans que l'engagement du tiers le fût également. Il importe de régulariser cette situation. En conséquence, les Directeurs sont invités à reviser tous les cautionnements réalisés en rentes depuis la promulgation de

(1) « Les Directeurs seront désormais substitués à l'Administration pour apprécier, sous leur responsabilité, et sauf à en référer en cas de difficultés particulières, si les cautionnements en immeubles affectés à la gestion des conservateurs des hypothèques peuvent être considérés comme réguliers au point de vue tant du droit de propriété du constituant que de l'accomplissement des formalités destinées à assurer l'effet de l'affectation au profit des tiers. — Ils se borneront à rendre sommairement compte à la Direction générale du résultat de l'examen des justifications qui leur auront été produites, sans fournir aucune des copies dont l'envoi est prescrit par l'I. G. 2185. — Ils feront connaître les dates des inscriptions et des renouvellements d'inscriptions. — Si le cautionnement a été constitué en rentes, les Directeurs seront dispensés de joindre la copie du certificat de dépôt de l'acte de cautionnement au greffe du tribunal.

« En cas de substitution totale ou partielle d'immeubles à un cautionnement fourni en rentes (L. 26 déc. 1890, art. 31, 8700 R. P.), les Directeurs informeront le chef du service du contentieux, agent judiciaire du Trésor, de la substitution opérée, aussitôt que la régularité en aura été reconnue par eux. — Ils auront soin de lui donner en même temps toutes les explications nécessaires pour assurer la prompte remise à l'ayant droit des titres de rente primitivement affectés. — Avant de consentir au remboursement des cautionnements en numéraire fournis par les conservateurs qui ont affecté les bâtiments à la garantie de leur gestion envers les tiers, l'Administration a besoin de savoir si les prescriptions de la décision ministérielle du 11 août 1873 (I. G. 2471), relative à l'assurance des bâtiments et le paiement des primes, ont été accomplies... » (R. P. 9696).

679-1. Radiation. Bordereaux de collocation. Représentation au conservateur. Copie de la quittance notariée, à laquelle les bordereaux ont été annexés. Justification non équivalente. — Les bordereaux de collocation ne peuvent être abusivement annexés à un acte de quittance et doivent rester entre les mains des créanciers colloqués jusqu'à complète libération. Le conservateur est fondé à refuser la radiation des inscriptions, lorsque ces bordereaux ne lui sont pas représentés en conformité de l'art. 771 C. Pr. civ., sans qu'il puisse être obligé de considérer comme en tenant lieu la copie qui lui en a été précédemment déposée, à la suite de l'expédition d'un acte de quittance. — Nice, 1er février 1906, 11217 R. P.

679-2. Radiation. Prix d'immeubles vendus sur saisie. Créancier colloqué. Mainlevée sans payement par ce créancier sur partie revendue des immeubles. Refus de radiation par le conservateur. — Le créancier colloqué ne peut, sans payement, restreindre les effets de l'inscription d'office. — Lors même qu'on ferait abstraction des textes législatifs pour raisonner d'après le simple bon sens, on ne réussit pas à s'expliquer comment le créancier colloqué qui n'est ni héritier, ni cessionnaire du vendeur, ni habilité par une décision de justice, pourrait valablement renoncer au droit de ce vendeur et [illegible] en matière de privilège, admis comme partie intéressée dans le sens de l'art. 2157 C. C. — Par suite, le pouvoir du conservateur se borne, après l'inscription par lui faite d'office, à la radier lorsqu'il lui est justifié de l'extinction de la dette de l'acquéreur. — Bordeaux, 13 déc. 1905, 11653 R. P.

686 *bis*. **Receveurs-conservateurs. Classifications et avancement. Fusion dans un cadre unique des conservateurs des hypothèques et des receveurs-conservateurs.** — Arrêté Min. Fin. 13 déc. 1904, 10915 R. P.

688. Cautionnement des conservateurs. Rentes sur l'État 3 1/2 p. 100. Conversion. L. 9 juill. 1902. Conséquences. — La L. 9 juill. 1902 est sans influence sur la constitution des cautionnements des conservateurs, sauf dans le cas où un conservateur, appelé à un nouveau poste, avait fourni son cautionnement en rente sous le régime antérieur à la L. 30 mai 1899. — D. m. f. 6 déc. 1902, 10493 R. P.

Cautionnements des conservateurs des hypothèques et des receveurs des douanes chargés du service des hypothèques maritimes. Oppositions et significations. L. 6 nov. 1900. — 11365 R. P.

la loi précitée, à provoquer, le cas échéant, la rédaction d'un nouvel acte ou la constitution d'un supplément de gage et à rendre compte de l'exécution de ces mesures dans la forme tracée par l'I. G. 2925, § 2.

Rentes appartenant au conservateur. — Dès lors que le conservateur réclame l'application de la loi nouvelle, il accepte par là même que les rentes lui appartenant soient affectées au supplément de garantie qui lui est imposé. — Il convient, dans ces conditions, de faire connaître aux tiers la constitution du nouveau gage. A cet effet, l'acte qui constate le dépôt — au greffe du tribunal de la nouvelle résidence du conservateur — d'une expédition de l'acte originaire d'affectation, contiendra désormais un exposé sommaire des motifs pour lesquels le conservateur n'a pas eu à affecter de nouvelles rentes bien qu'un supplément de cautionnement lui ait été imposé. — Cet exposé sera accompagné de l'indication exacte : 1° du chiffre du cautionnement auquel le conservateur était précédemment assujetti et des rentes affectées, d'après l'ancien taux de capitalisation ; 2° du chiffre du nouveau cautionnement et des rentes qui y demeurent affectées d'après le nouveau mode de capitalisation. — Ces mesures ne s'appliquent d'ailleurs que pour l'avenir et seulement aux cas où, le capital des rentes primitivement affectées étant égal ou supérieur au chiffre du nouveau gage, aucun nouvel acte d'affectation n'est dressé. — Dans les cas ci-dessus, les Directeurs joindront à leur compte rendu, par dérogation à l'Inst. n° 2925, § 2, une copie de l'acte de dépôt.

II. — La question s'est posée de savoir si les conservateurs nommés et installés sous l'empire de l'ancienne législation, qui substituent un cautionnement en rentes à un cautionnement en immeubles constitué sous le régime antérieur, peuvent bénéficier du nouveau mode de capitalisation institué par l'art. 31 L. 30 mai 1899. Le ministre des finances a statué, dans le sens de la négative, le 16 mars 1900.

III. — Le bénéfice de la loi précitée s'applique, au contraire, d'après une autre décision ministérielle du 26 mars 1901, aux conservateurs élevés de classe sur place et assujettis, à ce titre, à un supplément de cautionnement. Les rentes précédemment affectées sont évaluées dans ce cas d'après le cours moyen de la Bourse de Paris au jour de l'arrêté de nomination du conservateur à la classe supérieure.

IV. — Un certain nombre de Directeurs ont perdu de vue les prescriptions de l'Inst. n° 2280 en autorisant l'installation de conservateurs qui n'ont pas justifié du dépôt au greffe du tribunal civil compétent d'un original ou d'une expédition de l'acte de cautionnement en rentes (Art. 29 L. 8 juin 1864). — Ces prescriptions n'ont pas été abrogées par l'arrêté ministériel du 2 juin 1898 qui dispense les agents nommés conservateurs de prêter le serment spécial auquel se réfère l'art. 4 L. 21 vent. an VII (Instr. n° 2957). — Les Directeurs doivent, en conséquence, et sauf les cas exceptionnels où il leur est prescrit d'installer d'urgence un conservateur, surseoir à l'installation jusqu'à ce qu'il leur soit justifié du dépôt au greffe de l'original ou de l'expédition de l'acte d'affectation.

2° *Cautionnement en immeubles. — Acceptation par le tribunal pour un chiffre correspondant à celui imposé lors d'un avancement ultérieur. — Nouveau jugement inutile. — Simple inscription nouvelle.* — Lorsque les immeubles donnés en gage par un conservateur ont été affectés, puis acceptés par le tribunal compétent, jusqu'à concurrence non seulement du cautionnement actuellement fixé, mais encore du cautionnement supplémentaire devant être fourni en cas de nomination à une conservation plus importante, il suffit, lorsque l'événement ainsi prévu se réalise, de faire prendre inscription pour le montant du nouveau cautionnement, sans provoquer un autre jugement (Sol. 12 fév. 1897, 9005 R. P.).

3° *Origine de propriété. — Actes s. s. p. non déposés.* — S'il est constant et s'il apparaît avec certitude que les intérêts des tiers sont réellement sauvegardés par le cautionnement immobilier offert par un conservateur, il n'y a pas lieu d'exiger le dépôt en l'étude d'un notaire des actes d'origine de propriété en la forme s. s. p. remontant à plus de trente ans et transcrits depuis plus de dix ans (Tulle, 13 janv. 1890, 9679 R. P.).

4° *Faculté de substituer totalement et partiellement aux cautionnements en rentes sur l'Etat des cautionnements en immeubles.* — La faculté accordée aux conservateurs de convertir, en tout ou en partie, en rentes sur l'Etat, les cautionnements primitivement fournis en immeubles, est étendue inversement à la substitution totale ou partielle d'immeubles aux cautionnements constitués en rentes sur l'Etat. (Loi fin., 28 déc. 1895, art. 51 : 8700 R. P.).

688-3. 1° *Cautionnement en rentes. — Capitalisation. — Supplément de cautionnement.* — L'art. 31 L. de fin. du 30 mai 1899 porte notamment : « A l'avenir, les rentes affectées par les conservateurs à leur cautionnement seront acceptées pour un capital nominal égal au cours moyen officiel de la Bourse de Paris au jour de leur nomination, mais sans que ce capital puisse être supérieur au pair, dans le cas où le cours moyen le dépasserait. Les suppléments à fournir en cas de changement de résidence seront calculés d'après les mêmes bases, et il sera fait état au même cours moyen des rentes précédemment affectées pour leur valeur d'après le cours moyen ci-dessus indiqué » (I. G. 2998 ; R. P. 9817). — Une décision ministérielle du 23 sept. 1899 a complété ce texte par les interprétations suivantes :

1° En aucun cas les conservateurs maintenus dans leur ancien poste ne peuvent obtenir la revision de leur cautionnement sur les nouvelles bases ;

2° Les conservateurs nouveaux ou changés de résidence sont appelés à bénéficier de l'application de la loi et, quelle que soit leur situation initiale, leurs cautionnements doivent être fixés d'après les nouvelles évaluations, sauf à procéder au remboursement partiel de l'ancien cautionnement, s'il y a lieu.

Pour le calcul du chiffre de rentes à affecter pour un cautionnement donné, ou une partie déterminée de cautionnement, les indications de la circulaire adressée, le 15 juillet 1898, aux trésoriers-payeurs généraux et aux receveurs des finances par le Directeur de la Dette inscrite et le Directeur général de la Comptabilité publique, au sujet des cautionnements envers l'Etat, serviront de règle (I. G. 2964, annexe IV).

Lorsque d'après le mode de capitalisation prévu par la loi, le capital des rentes précédemment affectées à son cautionnement envers les tiers par un conservateur changé de résidence, sera au moins égal au chiffre du cautionnement nouvellement fixé, aucun supplément de garantie ne sera exigé. S'il lui est supérieur, il pourra être procédé, sur la demande du conservateur, à la désaffectation des portions de rentes devenues libres. Cette désaffectation sera opérée par le service du Contentieux et de l'Agence judiciaire du Trésor, sur la production des deux pièces suivantes : 1° une lettre ou avis de l'Administration faisant connaître les dates des arrêtés de nomination du conservateur à ses différentes résidences, le chiffre en capital du cautionnement afférent à son nouveau poste et le mode de réalisation du ou des cautionnements; 2° le ou les bordereaux d'annuel des rentes précédemment affectées ».

2° *Changement de résidence nécessaire pour remplacer un cautionnement immobilier par un cautionnement en rentes.* — Les conservateurs qui ne changent pas de résidence ne peuvent pas plus être autorisés à substituer, d'après les nouvelles bases adoptées par l'art. 31 L. 30 mai 1899, un cautionnement en rentes à un cautionnement immobilier qu'ils ne peuvent faire réduire un cautionnement antérieurement fourni en rentes. (D. min. fin. 16 mars 1900, 9818 R. P.; — *Rappr.* le n° 688 du n° 785.)

697. Doubles des registres des dépôts. — Incendie dans un greffe. — Salaires. — Frais. — L'Administration doit reconstituer, sans aucune charge nouvelle pour les parties, les doubles des registres des dépôts incendiés dans un greffe. Le conservateur est remboursé de ses avances sur la production de mémoires réguliers et la dépense est imputée, en vertu d'une décision ministérielle, sur le chapitre des dépenses diverses (Sol. 3 déc. 1900, 9979 R. P.).

710 *bis*. Statistique des impôts et salaires perçus par les conservateurs (L. 23 déc. 1899, 3003 I. G.; 9761 R. P.).

712. Droit de prompte expédition. — Droits de correspondance. — Suppression. — Obligations des conservateurs. — Les droits de prompte expédition ne sont pas justifiés : interdiction de les percevoir. Les droits de correspondance pouvaient trouver leur justification dans le service rendu; mais leur perception, qui a donné lieu à des réclamations abusives, est supprimée. Devoirs des conservateurs dans leurs rapports avec le public (Lettre commune, n° 171, 23 fév. 1893, 8038 R. P. et *Commentaire*, 8039 R. P.).

714-1. Signature des états. — Adoptant l'opinion que nous avons exprimée au *Rép. gén.*, M. Jalouzet (*Rép. Alph.*, p. 159) observe justement que c'est la signature qui donne une valeur au certificat et qu'un notaire aurait tort d'accepter un état non signé. « C'est la signature seule, dit-il, qui engage le conservateur. Le principe contraire ne peut se soutenir. Les expéditions d'actes notariés dépourvues de signature ont-elles quelque valeur? et peut-on admettre qu'un commis d'hypothèque puisse engager le conservateur en dressant un état en dehors de la connaissance de ce fonctionnaire et le porte au registre des salaires après avoir reçu une provision? ».

Le jugement de Redon du 26 déc. 1888, maintenu par arrêt de la Cour de cassation du 27 oct. 1890 et que nous avons analysé au *Rép. gén.*, n'a que la valeur d'une décision d'espèce. Depuis lors, le tribunal de la Seine a jugé que les notes provisoires ou préalables remises officieusement aux parties en vue de donner un aperçu de la situation hypothécaire avant la délivrance de l'état complet, ne sont nullement obligatoires pour le préposé, n'ont pas un caractère juridique et n'engagent pas la responsabilité (16 fév. 1894, 8399 R. P.; — *Sic* : C. Rouen, 1er avr. 1890, 9702 R. P. (1); — *Rép.* Manutention Maguéro, v° *Hypothèque*, n° 211). La signature est, en effet, un des éléments constitutifs et essentiels de tout acte (C. C. 1318, 1323, 1324).

715. États d'inscriptions. — Extraits succincts. — Réquisition expresse. — L'Administration ayant précédemment reconnu (Sol. 4 fév. 1886; — 4 nov. 1890; — 23 mai 1894, citées dans la sol. reproduite ci-dessous en note) qu'il appartient aux conservateurs seuls d'apprécier s'ils peuvent, sans engager leur responsabilité, délivrer des extraits succincts de transcription limités à certaines indications spéciales, a, par une solution du 30 janvier 1896 décidé également et par les mêmes considérations (2), qu'elle s'abstiendrait, désormais, de s'opposer à la délivrance d'états succincts d'inscriptions aux parties qui les requièrent expressément. Ainsi disparaissent l'anomalie que nous avons signalée au *Rép. gén.*, et les craintes de peines disciplinaires; mais la responsabilité des conservateurs n'en est pas moins constante, et c'est seulement lorsqu'ils en sont formellement requis qu'ils peuvent restreindre les états à des renseignements succincts. Dans son traité antérieur à cette solution, M. de France de Tersant appelait, dans les termes suivants, l'attention des conservateurs sur ce point : « au point de vue de l'intérêt spécial du préposé, la copie intégrale seule le met à l'abri de tout danger. Comme elle est parfois onéreuse, certains conservateurs désireraient l'autorisation de délivrer des extraits succincts (V. en ce sens une brochure de M. Raclot). Mais il ne faut pas perdre de vue qu'au regard des tiers, les inscriptions se réduisent à ce qui est porté sur le registre et que, sous la législation actuelle, le contenu du registre n'est révélé que par l'état; que l'omission dans cet état d'un mot, d'une date, d'u

(1) Cet arrêt décide que si, au vu d'un bulletin non daté, ni [illegible] dénommé « Renseignement préalable », le notaire délivre une partie de la somme prêtée, sans attendre la remise d'un certificat régulier, il agit à ses risques et périls et ne saurait, plus tard, invoquer l'omission commise dans la note préalable. Il en est ainsi lors même que l'erreur se reproduirait dans le certificat régulier délivré postérieurement au versement des fonds.

(2) « Nonobstant cette disposition de l'art. 2196, portant la solution, la question de savoir si les conservateurs ont la faculté de remettre aux parties, sur leur demande, au lieu de copies littérales, de simples extraits analytiques, est fort controversée. (V. Flandin, *Transcr.*, 688 et s.; Pont, *Priv. et Hyp.* 909 et 1440; Baudot, 1783-1784.) — Dans ces circonstances, l'Administration a cru devoir décider, en ce qui concerne les états de transcription, qu'il appartient aux conservateurs seuls d'apprécier s'ils peuvent, sans engager leur responsabilité, délivrer sur réquisition expresse, au lieu de la copie entière et collationnée d'un acte, un extrait limité à certaines indications spéciales. (Sol. 4 fév. 1886. — 4 nov. 1890 et 23 mai 1894). — Elle doit, de même, par les mêmes considérations, s'abstenir de décider si ses agents sont fondés ou non à refuser la délivrance d'états succincts d'inscriptions aux parties qui les requièrent. — Mais l'Administration rappelle que les extraits analytiques ne peuvent, en tous cas, à supposer qu'ils soient réguliers, être délivrés que sur la réquisition expresse et [illegible] des parties. Les conservateurs, dans leur propre intérêt, ne doivent [illegible] immiscer en rien dans la préparation des réquisitions qui leur sont remises. »

695. États. — Le conservateur a le devoir de se conformer à la réquisition et sa responsabilité, au regard des intéressés, est à couvert par la réquisition, en tête du certificat, de la demande qui lui est adressée. — Perpignan, 10 juin 1897, [illegible] R. P.

chiffre, peut faire déclarer nulle une inscription; que certains tribunaux admettent que la responsabilité du conservateur est engagée par l'état, non seulement vis-à-vis du requérant, mais vis-à-vis de toutes autres personnes (C. Pau, 30 déc. 1890; — Orthez, 18 mars 1891; — *Contrà* Coron, 29 déc. 1852; — Orthez, 28 nov. 1888. — V. *infrà*, n° 705). — Quelque contestable que soit cette opinion, l'incertitude qui existe toujours sur l'usage que le requérant fera d'un état, les recours imprévus que les tribunaux autorisent quelquefois, commandent la plus grande prudence et exigent le maintien de la règle posée par l'art. 2196 C. C. » V. n° 403. — Si elles entrevoient en termes trop généraux la nullité d'une inscription par cela seul qu'un état ne contiendrait pas la révélation de certaines clauses essentielles de cette inscription, ces observations n'en sont pas moins fort judicieuses sur l'opportunité pour les conservateurs de n'user qu'avec une sage prudence de la faculté accordée par la solution du 30 janvier 1895 (V. aussi dans ce sens J. C. 4568). — *Rappr.* n° 274 *suprà*.

716. État d'inscription. — Inscription rayée partiellement et intégralement renouvelée. — Délivrance de l'inscription totale. — Le conservateur doit faire figurer comme entière l'inscription qui a été intégralement renouvelée malgré les radiations partielles précédemment faites en marge de l'inscription primitive (C. Paris, 17 juin 1899, 9706 R. P. *Conf. Rép. gén.* (*Rappr.* n° 274 *suprà*).

720-1. Limitation chronologique. — Période antérieure à dix ans. — Inscriptions périmées. — Demande en retranchement. — Rejet. — Les conservateurs doivent, pour la délivrance des états qui leur sont demandés, se conformer à la réquisition lorsqu'elle n'a rien d'illégal, et ils n'ont pas à rechercher le but, l'intérêt ou les convenances des parties requérantes, libres d'ailleurs de limiter leur demande à une partie des anciens propriétaires ou à une période déterminée. — Dès lors, si une réquisition tend clairement à obtenir l'état des inscriptions frappant sur un immeuble : 1° du chef de la demoiselle A... jusqu'au 2 sept. 1841; 2° du sieur B..., jusqu'au 13 mai 1857, le requérant n'est pas fondé à prétendre que le conservateur lui a délivré à tort des inscriptions périmées et que sa responsabilité est engagée (La Basse-Terre, 4 août 1896; — C. Guadeloupe, 5 juill. 1897, 9758 R. P.).

720-2. Exclusions. — Salaires. — Les inscriptions exclues et non délivrées dans un certificat hypothécaire ne donnent lieu à aucun salaire. Le conservateur est affranchi de toute responsabilité relativement à cette exclusion lorsqu'il a transcrit la réquisition en tête de son certificat pour avertir les intéressés (Cass. req. 5 avril 1894, 8334 R. P.; 4804 et 4904 J. C.).

727. — V. n° 609-1 *suprà* et 733-1 *infrà*.

731. Limitation. — Catégorie particulière d'inscriptions. — Inscriptions d'office. — Un conservateur ayant refusé de satisfaire à une réquisition d'état contenant exclusion des *inscriptions d'office*, à moins que le requérant ne désignât ces inscriptions par volume et numéro, sa prétention fut rejetée par un jugement de Montmédy du 14 août 1894 (8444 R. P.), maintenu en appel par un arrêt C. Nancy du 6 fév. 1895 (8546 R. P., 4592 J. C.), et cela par le motif que les inscriptions d'office sont « facilement reconnaissables ». La chambre des requêtes refusa elle-même, par arrêt du 29 avril 1897 (9083 R. P.), d'admettre le pourvoi en cassation formé par le conservateur. — Cet arrêt déclare d'abord en principe que les conservateurs ont le devoir de se conformer, pour la délivrance des états d'inscriptions, aux réquisitions qu'ils reçoivent des parties, et que celles-ci ont le droit de demander des états spéciaux aussi bien en ce qui touche les inscriptions que les transcriptions, et qu'elles peuvent exclure des états demandés telle ou telle catégorie d'inscriptions déterminée, par exemple « les inscriptions d'office »; il définit ensuite l'inscription d'office « celle-là seule qui peut et doit être prise par le conservateur dans les cas prévus, soit par l'art. 2108 C. C., soit par les art. 7 des L. L. 5 sept. 1807 et 21 vent. an VII, directement, sans réquisition et sans la production des bordereaux exigés par l'art. 2148 C. C. de tous ceux qui, à un titre quelconque, veulent prendre inscription »; et, enfin, il conclut en ces termes « qu'en conséquence le conservateur peut facilement la reconnaître, soit par le nom du bénéficiaire de l'inscription, soit par la nature de la créance, soit en se reportant au registre des inscriptions *et surtout à celui sur lequel en vertu de l'art.* 2200 *C. C. sont inscrits tous les bordereaux reçus à la Conservation* ».

Cet arrêt de rejet a soulevé les critiques d'éminents spécialistes; maintenant nous-même l'opinion que nous avons professée au *Rép. gén.*, nous le considérons aussi comme mal fondé. Ses motifs, rigoureusement analysés, ne semblent pas s'appliquer aux inscriptions prises en renouvellement d'inscriptions d'office, autrement dit aux inscriptions d'office renouvelées, puisque celles-ci, à l'inverse des inscriptions d'office proprement dites, sont portées au registre visé par l'art. 2200 C. C.; mais si on se reporte au rapport de M. le conseiller Marignan (1) que la Chambre

(1) « Aucun auteur, a-t-il dit, n'a déterminé la définition de l'inscription d'office. Seuls, MM. Baudry-Lacantinerie et de Loynes indiquent que c'est celle qui est prise en vertu de l'art. 2108; ils s'expriment ainsi : « Pour rendre le privilège du vendeur encore plus transparent... la loi impose au conservateur l'obligation de le rendre public par une inscription spéciale qu'il doit prendre sans en être requis, et qu'on appelle pour ce motif inscription d'office. » (*Priv. et Hyp.*, t. I, n° 816). — Mais il ne suffit pas d'avoir ainsi précisé le caractère particulier de l'inscription d'office, il *s'agit de savoir si le conservateur possède un critérium lui permettant de la distinguer facilement, et pour ainsi dire à première vue, des autres inscriptions couchées sur ses registres.* — En général, les conservateurs désignent par une note spéciale la nature des inscriptions. C'est ainsi qu'en vertu des instructions particulières de l'enregistrement, ils sont tenus de marquer d'un signe distinctif les inscriptions d'office, et qu'en marge de leurs registres ou en tête des inscriptions on trouve les indications suivantes : « inscription d'hypothèque judiciaire »; « inscription d'hypothèque conventionnelle »; « inscription d'hypothèque légale »; « inscription d'office ». Mais, comme ce sont là des annotations qui n'ont rien de légal, il est évident dès lors qu'il n'y a pas lieu d'en faire état, lorsqu'il s'agit d'apprécier la responsabilité civile des conservateurs. C'est donc dans les prescriptions de la loi qu'il faut rechercher si cet agent a un moyen sûr de se rendre compte de la nature des inscriptions qui figurent sur ses registres, et s'il peut discerner, sans avoir à faire une appréciation juridique, l'inscription d'office. En ce qui concerne les inscriptions prises en vertu des lois du 5 sept. 1807 au profit du Trésor sur les biens des receveurs généraux et autres agents comptables, et du 21 vent. an VII sur les biens des conservateurs, pas

des requêtes s'est simplement bornée à s'approprier, on voit que la regrettable doctrine inaugurée par elle tend inconsidérément à étendre la nouvelle mesure aux inscriptions renouvelées, qui ne sont cependant pas « facilement reconnaissables ». Au fond, il s'agit de savoir si toutes les inscriptions d'office forment ou non une catégorie particulière d'inscriptions facilement reconnaissables par les conservateurs. Or, le tribunal de Montmédy et après lui la C. de Nancy et la Chambre des requêtes ne se sont prononcés pour l'affirmative qu'en se basant sur des considérations qui révèlent, comme le rapport de M. le conseiller Marignan, une connaissance tout à fait imparfaite de la manutention et des formalités sur les registres hypothécaires. Si la question venait à être portée un jour devant la Chambre civile, un examen plus approfondi conduirait certainement à une solution différente et conforme à l'opinion que nous avons enseignée au *Rép. gén.* — *Rappr.* n° 833 *infrà*.

726-1. État sur transcription. — Omission. — Action en mainlevée contre le vendeur, non recevable. — En vertu de cette règle générale que l'omission, dans un état sur transcription, d'une ou plusieurs charges inscrites, affranchit l'immeuble de ces charges entre les mains de l'acquéreur, sauf la responsabilité du conservateur, il a été jugé que l'acquéreur n'est pas fondé à actionner le vendeur en mainlevée de l'inscription omise (C. Agen, 8 déc. 1896, 9185 R. P.).

de difficulté; la nature de la créance conservée et le nom des créanciers suffisent au conservateur pour lui révéler qu'il est en présence d'une inscription d'office. — Pour l'inscription du privilège du vendeur, il lui suffirait aussi de se reporter au registre des transcriptions. Mais l'art. 2200 a mis à sa disposition un moyen rapide et infaillible de se renseigner. Aux termes de cet article, le conservateur doit inscrire sur un registre spécial tenu en double et par ordre numérique toutes les remises d'actes de mutation qui lui sont faites, et tous les bordereaux qu'il reçoit. — Ainsi que nous l'avons vu pour les inscriptions d'office, il n'y a jamais ni remise de titres, ni remise de bordereaux. Par conséquent, *toutes les fois que le conservateur se trouvera en face d'une inscription, pour laquelle le registre de l'art.* 2200 *ne mentionnera ni remise de titres, ni bordereau, il pourra en conclure à coup sûr qu'il s'agit d'une inscription d'office*... Faut-il s'arrêter aux objections que soulève le pourvoi et aux hypothèses qu'il prévoit, et pour la solution desquelles il estime que le conservateur se trouverait en présence de difficultés d'appréciation fort délicates? L'arrêt attaqué a fait à cet égard une réponse topique et qui nous dispense d'insister : « que la subrogation, dit-il, n'a d'autre effet que de substituer un bénéficiaire à un autre; qu'elle ne modifie pas la nature de l'inscription; que, bien que la mention de la subrogation vaille inscription au profit du subrogé, cette mention n'est qu'une annexe de l'inscription d'office et, par conséquent, ne doit pas figurer dans un état dont celles-ci sont exclues; — qu'en ce qui concerne l'inscription prise en renouvellement d'une inscription d'office, de l'aveu même de Larroey, cette inscription s'identifie avec l'inscription d'office et fait corps avec elle; *qu'en excluant l'inscription d'office, le requérant a, par là même, exclu toutes les inscriptions de cette nature, de quelque façon qu'elles se présentent, et, par suite, l'inscription prise en renouvellement, puisque c'est l'inscription d'office qui persiste et réapparaît dans le renouvellement.* » — Et le conseiller rapporteur, oubliant ici le critérium qu'il a lui-même tracé plus haut et d'après lequel les conservateurs n'auraient à exclure que les inscriptions non portées au registre des dépôts, formule cette appréciation générale, manifestement fausse pour ce qui concerne les renouvellements : « Rien de plus logique et de plus juridique que cette réponse, et c'est avec raison que la Cour de Nancy en a conclu que, même au cas où il avait existé des subrogations à l'inscription d'office, ou des inscriptions prises en renouvellement de l'inscription d'office, le conservateur ne pouvait encourir aucune responsabilité en les excluant de son état, puisque la réquisition excluait toutes les inscriptions d'office, avec lesquelles s'identifiaient nécessairement les inscriptions dont il s'agit ».

728. Transcription de dépossession non indiquée. — Inscription générale postérieure. — Le conservateur des hypothèques est fondé à comprendre, dans un état sur transcription, l'inscription d'une hypothèque générale prise contre l'un des anciens propriétaires postérieurement à la dépossession de celui-ci, si la transcription de cette dépossession, encore bien qu'elle ait eu lieu, n'est pas relatée au contrat transcrit (C. Nancy, 2 juin 1900, J. C. 5206). — Conf. *Rép. gén.*

730. V. n° 776 *infrà*.

Foi due aux énonciations des actes notariés. — Constatations par le notaire lui-même. — Si l'acte authentique fait pleine foi, jusqu'à l'inscription de faux, des constatations qu'il renferme, ce n'est que relativement aux faits qui y sont énoncés par l'officier public comme s'étant passés en sa présence; mais la sincérité ou la vérité intrinsèque des déclarations des parties peut toujours être combattue par la preuve contraire (Cass. (req.), 25 mai 1898, 9478 R. P.).

État sur transcription. — Origine erronée. — Irresponsabilité. — N'est pas responsable le conservateur qui, par *suite d'une erreur commise dans un acte de vente relativement à l'origine de la propriété*, a, dans l'état de transcription, fait figurer une inscription qui en réalité ne frappait pas l'immeuble vendu (Le Havre, 28 déc. 1893, 8420 R. P.). — *Rappr.* n° 776 *infrà*.

731. État sur transcription. — Situation sur les vendeurs et précédents propriétaires. — Origine de propriété incomplète. — Omission d'inscription. — Responsabilité. — Conservateur. — Avoué. — Le conservateur, requis de délivrer l'état des inscriptions sur les vendeurs et les précédents propriétaires, n'est pas responsable de l'omission d'une inscription prise contre une personne que l'origine de propriété n'indiquait pas comme ayant possédé l'immeuble. Il en est de même de l'avoué qui a requis l'état comme mandataire de l'acquéreur, et cet officier ministériel n'encourt non plus aucune responsabilité s'il n'avait régulièrement à sa disposition, pour la rédaction de la réquisition, que le titre tel qu'il avait été expédié et transcrit. Mais le créancier dont l'inscription a été omise est déchu du droit de suite (2197 et 2198 C. C.; — Agen, 29 juin 1898, 9723 R. P.).

733-1. Réquisition limitative. — Manque de précision. — Les réquisitions limitatives doivent être précises et ne laisser place à aucune discussion ou interprétation. Si une réquisition n'est pas suffisamment précise, elle perd son caractère de spécialité et le conservateur est obligé de mentionner dans l'état toutes les transcriptions qui peuvent rentrer dans la réquisition générale dont il se trouve par là même saisi (C. Toulouse, 23 nov. 1898, 9566 R. P.).

Omission causée par la limitation. — Conséquences incombant au nouveau possesseur. — L'immeuble à l'égard duquel il y a omission, dans un état délivré par le conservateur, d'une ou plusieurs charges inscrites, ne s'en trouve affranchi dans les mains du nouveau possesseur qu'autant que l'omission ne résulte pas d'une faute ou négligence de nouveau possesseur. C'est ainsi que si l'état a été requis non des inscriptions existant généralement sur l'immeuble,

731-733. État sur les anciens propriétaires, tels qu'ils sont désignés au contrat. Caractère limitatif de l'état, art. 2198 C. C. non applicable. Inscription non délivrée sur un ancien propriétaire d'une parcelle insuffisamment désignée. Faute du tiers acquéreur ayant requis l'état. Non-responsabilité du conservateur. — Si, en principe et par application de l'art. 2198 C. C., la transcription suivie de la réquisition et de la délivrance d'un état opère, relativement à une inscription qui aurait été omise audit état, une véritable purge, de telle sorte que l'immeuble en demeure affranchi dans les mains du nouveau propriétaire, cette règle demeure sans effet lorsque l'omission provient du tiers acquéreur ou de l'insuffisance des énonciations de l'acte, ou encore de la façon dont est formulée la réquisition (Givray, 14 mars 1907, 11316 R. P.).

733-1. État. Réquisition de l'état complet et entier : 1° des inscriptions ayant une existence légale; 2° des transcriptions d'actes de mutation et des mentions prescrites par l'art. 4 L. 23 mars 1855. Prétendue erreur du requérant. — Lorsque, par une réquisition nette et précise, un notaire requiert un état complet des inscriptions ayant une existence légale et des transcriptions d'actes de mutation et des mentions, le conservateur doit délivrer un état sans limitation et sans avoir à rechercher les véritables intentions du requérant. En agissant ainsi, il ne commet aucun abus et l'Administration n'a pas à intervenir (D. m. f. 11 mars 1903, 10551 R. P.).

734-1 *bis*. Saisie. Étendue. Ferme. Parcelles composant différents domaines. Preuve de propriété. Conversion de saisie en adjudication volontaire. Remaniement des parcelles dans le cahier des charges. Saisi réputé auteur de ce remaniement à l'égard des tiers. — Pour contester aux adjudicataires sur conversion de saisie la propriété d'une parcelle regardée comme faisant partie de l'adjudication prononcée à leur profit, il faut, à leur titre, opposer un titre préférable ou une possession antérieure. — La conversion d'une saisie en adjudication volontaire a pour résultat de rendre au saisi la qualité de vendeur, et le notaire, chargé de procéder à l'adjudication, doit être considéré comme son mandataire, de sorte que si, aux termes du cahier des charges, des remaniements des parcelles ont été opérés, ce cahier des charges est, au regard des tiers, réputé fait par le mandant en personne (Cass. 22 oct. 1906, 11462 R. P.).

736-1°. *Partage. Effets de l'art. 883 C. C. Vente par un cohéritier non attributaire de l'immeuble vendu. Acquéreurs successifs du même immeuble. Effet de l'acte premier transcrit.* — Aux termes de l'art. 883 C. C., chaque cohéritier est censé avoir succédé seul et immédiatement à tous les biens compris dans son lot et n'avoir jamais eu la propriété des autres biens de la succession. Par suite, l'aliénation consentie pendant l'indivision, par l'un des cohéritiers, d'un immeuble dépendant de la succession, reste sans résultat à l'égard des autres cohéritiers si, par l'événement du partage, cet immeuble passe aux mains de ceux-ci au lieu de tomber dans le lot de celui qui l'a vendu (Cass. (req.), 7 fév. 1906, 10836 R. P.).

Décidé de même que le fils légataire de la quotité disponible est censé avoir succédé seul et immédiatement à tous les objets compris dans son lot; que, par suite, les inscriptions prises contre le père et contre le frère de ce légataire ne peuvent frapper valablement les immeubles ainsi attribués au légataire; mais que néanmoins si ces inscriptions figurent dans l'état sur transcription délivré à la suite de la vente de plusieurs des immeubles dont il s'agit, le légataire ne peut actionner en radiation le conservateur qui n'est pas l'une des parties intéressées de l'art. 2157 C. C. et qu'il ne peut davantage actionner en retranchement ce conservateur, alors que celui-ci, requis de « délivrer l'état sur transcription du chef du vendeur et précédents propriétaires dénommés au contrat », parmi lesquels figurent le père et le frère du légataire, s'est conformé à la réquisition. — Pont-l'Évêque, 4 juill. 1905, 11364 R. P.

État sur transcription. Inscription d'hypothèque judiciaire contre un héritier non attributaire de l'immeuble. Effets de l'art. 883 C. C. Existence matérielle de l'inscription. Délivrance. — L'inscription d'hypothèque judiciaire, qui est générale, s'étend aux biens à venir indépendamment de toute spécialisation et frappe ainsi les biens que le grevé recueille ultérieurement par succession. En droit, il est vrai, cette inscription est censée n'avoir jamais existé à l'égard d'un immeuble successoral attribué par partage à un héritier autre que le grevé, sauf l'action en rescision du créancier évincé; mais, nonobstant ce résultat, le conservateur ne pourrait s'abstenir de comprendre l'inscription dans un état sur transcription délivré sur les héritiers, car il ne peut radier une inscription que dans les deux cas limitativement prévus par l'art. 2157 C. C., de l'accord des parties et d'un jugement passé en force de chose jugée, et il y aurait véritablement radiation s'il écartait d'office une hypothèque qui, en fait, pendant toute la période de l'indivision, a porté sur le bien (Trévoux, 19 juill. 1905, 10915 R. P.).

Indivision entre cohéritiers. Hypothèque conférée par l'un d'eux pendant l'indivision. Licitation au profit d'un étranger. Partage postérieur. Application de l'art. 1220 C. C. et non de l'art. 883 C. C. — Lorsque au cours de l'indivision, un cohéritier a conféré une hypothèque sur les immeubles dépendant de la succession et que ces immeubles sont plus tard licités et adjugés à des tiers avant que les cohéritiers aient procédé au partage de leurs droits, on ne saurait, en arguant que la licitation est une opération préparatoire du partage, invoquer l'art. 883 C. C. pour soutenir que l'action du créancier est réduite à la portion de prix dont son débiteur est attributaire après rapport en moins prenant. Dans ce cas, le partage étant postérieur à l'aliénation, c'est l'art. 1220 C. C. qui est applicable, et le prix de la vente s'étant divisé de plein droit entre les cohéritiers proportionnellement à la part de chacun d'eux, l'hypothèque constituée doit être colloquée dans cette mesure (Cass. civ. 19 mars 1906, 11270 R. P.).

mais seulement de celles existant contre un précédent propriétaire, il n'y a pas affranchissement de l'immeuble relativement aux inscriptions frappant contre d'autres précédents propriétaires (Cass. civ. 13 juill. 1898, 9340 R. P.; J. C. 4996). Comme nous l'avons exprimé au *Rép. gén.*, un tel état n'est en réalité qu'un état individuel.

De même, la C. de Limoges, réformant un jugement de Tulle du 26 avr. 1892 que nous avons longuement critiqué au n° 7682 R. P., a décidé que lorsqu'un état sur transcription a été requis du chef du vendeur seulement, le conservateur n'a pas à certifier sur les précédents propriétaires et que, par suite, il doit être dégagé de toute responsabilité au sujet des inscriptions non comprises dans l'état, quoique grevant, du chef de ces anciens propriétaires, les immeubles aliénés (Arrêt 16 janv. 1893, 8070 R. P.)

734-1. État sur saisie. — Précédent propriétaire créancier non révélé ni sommé. — Action résolutoire éteinte. — Responsabilité du conservateur ou du poursuivant. — Le jugement d'adjudication sur saisie immobilière, dûment transcrit, éteint l'action résolutoire des précédents vendeurs, à moins que la demande en résolution n'ait été notifiée au greffe du tribunal avant l'adjudication (art. 717 C. pr. civ.); pour mettre ceux-ci en mesure de faire cette notification, l'art. 692, du même code prescrit au poursuivant de les avertir, par une sommation, de la forclusion qui les menace. La sommation étant prescrite à peine de nullité (art. 715 même code), l'action résolutoire demeurera-t-elle recevable toutes les fois que l'ancien vendeur n'aura pas reçu cette sommation? La Cour de Rouen a décidé l'affirmative aux termes d'un arrêt du 30 mars 1895 (8613 R. P.).

Le défaut de sommation peut résulter : 1° soit de la négligence du poursuivant; 2° soit de la faute du conservateur qui aurait omis l'inscription dans l'état sur saisie; 3° soit enfin de la force de certaines circonstances.

(1°) En ce qui concerne le conservateur, une action ne peut être utilement engagée contre lui que si l'omission lui est réellement imputable, c'est-à-dire que s'il a été mis à même, par la réquisition qui lui a été présentée ou par ses registres, de reconnaître et de révéler l'inscription prise au profit de l'un des précédents vendeurs. « La responsabilité du conservateur ne doit être engagée, dit M. Rodière (*Cours de compét. et proc.*, t. II, p. 277, 278) que lorsqu'il a pu connaître facilement tous les créanciers successivement inscrits sur les précédents propriétaires ». La C. de Cassation (civ., 26 avr. 1882; D. P. 82-1-331) a également jugé que « la loi n'impose pas au conservateur l'obligation de compléter, à l'aide de recherches extrinsèques ou de connaissances personnelles, les actes et les bordereaux à lui remis, et de suppléer aux indications des réquisitions ». « Si le conservateur, explique Dalloz dans le même sens (D. P. 95-1-209), a délivré exactement l'état des inscriptions existantes sur la partie saisie indiquée dans la réquisition, et si, au nom de cette personne, il n'a pas trouvé sur ses registres la mention du précédent propriétaire, il n'est point responsable de l'omission des créanciers inscrits sur cet ancien propriétaire, et les créanciers qui, par suite de cette omission, n'auraient point reçu la sommation prescrite par l'art. 692 C. proc., ne sauraient diriger contre lui l'action en responsabilité édictée par les art. 2197 et 2198 C. civil. » Aussi la C. de Rouen a-t-elle décidé, par l'arrêt précité, que la responsabilité du conservateur ne peut être engagée à raison de l'omission d'une inscription prise contre un précédent vendeur dont le nom ne lui est révélé ni par la réquisition, ni par les registres hypothécaires (*Conf.* C. Limoges, 16 janv. 1893, cité *suprà* n° 733-1)

(2°) A l'égard du créancier poursuivant, la question de savoir si une négligence peut lui être reprochée et s'il a été à même de connaître le précédent vendeur, ne laisse pas que d'être parfois délicate; il n'y a aucun doute lorsque le nom de l'ancien propriétaire est révélé par les énonciations même de son titre; mais les indications de la matrice cadastrale, qui sont si souvent inexactes, constituent-elles une source d'informations à laquelle un créancier poursuivant soit coupable de n'avoir pas recouru? L'affirmative a été adoptée dans l'espèce soumise à la cour de Rouen (1).

(3°) Si, par la force des circonstances, on est amené à écarter à la fois la responsabilité du créancier poursuivant et celle du conservateur, l'action du précédent vendeur semblerait devoir demeurer sans effet et cette solution serait bien rigoureuse à son égard. Une telle conclusion n'est cependant pas inacceptable. (Seligman, *Des saisies imm.*, sur l'art. 692; — Garsonnet, *Tr. de proc.*, t. IV, § 671, p. 139.) « La loi, dit cet auteur, qui veut, avant tout, et dans l'intérêt même de la masse des créanciers, donner à l'adjudicataire toute la sécurité possible, a dû sacrifier quelques intérêts particuliers à cette considération d'ordre général, et elle le pouvait d'autant mieux qu'une saisie immobilière est entourée, par elle-même, d'une telle publicité que les intéressés ne peuvent guère l'ignorer et sont presque toujours en faute de n'y être pas intervenus spontanément. »

734-2. Omission. — Défaut de collocation. — Responsabilité du conservateur. — Quantum du dommage. — Lorsque l'état, délivré sur transcription d'une adjudication sur saisie, a été requis expressément tant du chef des saisis que des précédents propriétaires, le conservateur est responsable à raison de l'omission d'une inscription existant contre l'un de ces précédents propriétaires. Toutefois, sa responsabilité n'est pas nécessairement engagée pour le montant de la créance, mais seulement jusqu'à concurrence de la collocation à laquelle eût été appelé le créancier s'il n'avait pas été omis dans le certificat hypothécaire (C. Alger, 11 déc. 1897, 9318 R. P. — *Rappr. Rép. gén.*, n° 758).

735. — V. n° 744.

736-1° État d'inscription. — Partage. — Inscription générale prise durant l'indivision contre un cohéritier non attributaire — Délivrance de l'inscription. — L'inscription d'hypothèque légale ou d'hypo-

(1) « Attendu qu'il eût été facile à L..., en se faisant délivrer un extrait de la matrice du rôle de la contribution foncière dont il a donné une copie littérale dans le procès-verbal de saisie conformément à l'art. 675 C. pr. c., de faire des recherches au cadastre; qu'il aurait appris ainsi que l'immeuble saisi avait appartenu antérieurement à M... et X... »

thèque conventionnelle, prise durant l'indivision contre l'un des copropriétaires d'un immeuble, doit figurer dans l'état requis sur cet immeuble, encore que, par l'effet d'une licitation postérieure à l'inscription, l'immeuble soit passé sur la tête d'un autre copropriétaire (La Rochelle, 9 déc. 1891, 7862 R. P.; — Nogent-le-Rotrou, 27 janv. 1899, 9707 R. P.; J. C. 5187. — *Conf.* C. Poitiers, 27 mars 1892. — *Rappr.* Mortagne, 26 mai 1898, *infrà* n° 736 *bis*). — *Rappr.* n° 783.

Décidé de même que si l'hypothèque conférée pendant l'indivision se trouve annulée par l'effet rétroactif d'un partage, le conservateur n'en doit pas moins faire figurer dans ses états l'inscription de cette hypothèque, tant qu'elle n'a pas été radiée (Nantes, 1er juin 1891; — C. Rennes, 14 mars 1892, 8241 R. P.).

736-8°. État sur transcription. — Inscription contre le fol enchérisseur. — Le conservateur doit délivrer, sur la transcription d'un jugement d'adjudication après folle enchère, les inscriptions prises par le fol enchérisseur (Guéret, 17 juin 1896, 8801 R. P.).

736 *bis*. Inscription prise après la transcription de la vente de l'immeuble. — Mainlevée de l'inscription prise à tort sur l'immeuble. — Dommages-intérêts au tiers détenteur. — Lorsqu'un créancier prend inscription sur un immeuble qui est déjà sorti du patrimoine de son débiteur au moyen d'un acte de vente transcrit, il doit rapporter la mainlevée de cette inscription et indemniser l'acquéreur à raison du retard qu'il éprouve pour toucher le prix de la revente qu'il a consentie de l'immeuble. — Si l'inscription est requise sur certains immeubles spécialement désignés, le conservateur ne peut se faire juge de la propriété de ces immeubles et des droits du créancier (Seine, 28 mai 1895, 8679 R. P.).

Décidé de même que l'inscription prise sur des biens dont le débiteur avait été dépossédé par acte transcrit antérieurement, doit être comprise par le conservateur dans son état, lorsqu'elle désigne ces biens et qu'ainsi elle les atteint en apparence (Montluçon, 14 août 1891; — C. Riom, 1er mars 1893, 8221 R. P. — V. discuss. sous ce n°).

Copartageant dépossédé. — Inscription d'hypothèque légale postérieure. — Délivrance de l'inscription. — Action en retranchement. — En faisant la délivrance des inscriptions subsistantes, le conservateur n'affirme pas leur valeur juridique, mais révèle simplement l'existence du signe apparent du droit hypothécaire, et c'est aux tribunaux seuls, en cas de doute ou de contestation, de décider si le signe correspond au droit et de juger si ce droit existe réellement encore ou n'existe plus. — Spécialement le conservateur, requis de délivrer les inscriptions grevant un immeuble du chef des précédents propriétaires dénommés en un contrat de vente, doit y comprendre l'inscription d'hypothèque légale prise contre l'un de ceux-ci, même postérieurement au partage qui l'a dépossédé si l'effet en remonte à une date antérieure. — Tout copartageant doit être considéré comme précédent propriétaire, alors surtout qu'il s'est écoulé un certain temps entre l'acte qui a créé l'indivision et l'acte de partage (Mortagne, 26 mai 1898, 9365 R. P.; 4949 J. C.) (1).

Inscription judiciaire postérieure à la transcription. — Spécialisation. — Nullité. — Bien que l'inscription judiciaire prise sur un immeuble désigné, contre le précédent propriétaire, postérieurement à la transcription, soit nulle, le conservateur ne peut se faire juge des droits du créancier et doit comprendre cette inscription dans l'état requis sur l'immeuble (Seine, 28 mai 1896, 8730 R. P. — *Rappr.* ci-dessus C. Riom, 1er mars 1893).

736 *ter*. Précédent propriétaire dépossédé par résolution. — Inscription contre lui. — Délivrance de l'inscription. — Action en retranchement. — Le conservateur ne peut se faire juge de la validité ou de l'efficacité d'une inscription sur un immeuble désigné et doit comprendre, dans l'état sur transcription du chef du vendeur et des précédents propriétaires, l'inscription prise contre l'un de ces précédents propriétaires, bien que celui-ci ait été dépossédé par voie de résolution (Narbonne, 9 juill. 1895, 8737 R. P.).

737. État sur transcription. — Hypothèque légale inscrite après le délai annal. — Quoique prise plus d'un an après le décès du mari, l'inscription d'hypothèque légale, requise contre celui-ci par sa veuve, doit être délivrée par le conservateur (Confolens, 13 août 1898, 7903 R. P.) (1).

738. Legs. — Insaisissabilité. — Créanciers du légataire antérieurs au décès du testateur. — Validité de la clause d'insaisissabilité. — La condition mise par un testateur à sa libéralité dans le but de rendre les immeubles par lui légués, et dont il a l'entière faculté de disposer, insaisissables par les créanciers du légataire antérieurs à l'ouverture du legs, n'est ni impossible, ni prohibée par la loi, ni contraire aux mœurs. Par suite, la clause d'insaisissabilité, écrite limitativement à l'encontre des créanciers personnels du légataire, peut être opposée à ces créanciers, et l'inscription prise par eux sur les biens frappés d'insaisissabilité est sans effet (Cass. (req.), 23 mars 1898, 9476 R. P. — *Rappr.* n° 625 *suprà*).

744. État des inscriptions ayant une existence légale au jour de la réquisition sur un immeuble vendu par acte antérieurement transcrit. — Réquisition non précise. — Le tribunal de Péronne, le 9 janvier

(1) A la différence de l'espèce dans laquelle est intervenu le jugement de La Rochelle du 9 déc. 1891, cité *suprà*, n° 730, l'inscription n'avait pas été prise durant l'indivision, mais seulement après la dépossession du copartageant; néanmoins, la solution devait être la même, puisque l'effet de l'inscription remontait à une date antérieure au partage, le jour du mariage du grevé. Ainsi que l'a très bien dit le conservateur dans ses conclusions, « l'hypothèque légale préexistante à son inscription, générale par sa nature, dont les effets remontent à la date du mariage, établie dans un intérêt d'ordre public, ne peut être restreinte que dans les limites et les conditions prescrites par les art. 2140 et 2144 C. C. et encore de la loi du 23 mars 1855, art. 9 et de celle du 13 fév. 1889 (Cass. 21 fév. 1849; D. 49-1-157; — 9 déc. 1863; D. 66-1-117; — C. Limoges, 1er fév. 1868; D. 71-2-173; — Cass. 29 janv. 1878; D. 78-1-134; — 23 juin 1893, *Rev. hyp.*, 1051; — Pont, *Priv. et Hyp.* 1140-1; — Aubry et Rau, t. III, § 265, p. 231 et § 282, p. 308).

(1) Attendu, lit-on dans ce jugement, que l'inscription, quoique tardive, de cette hypothèque légale, n'en constituait pas moins une inscription *subsistante* dans le sens que l'art. 2196 C. C. attache à ce mot; que le conservateur, tant que cette inscription n'était pas périmée ou radiée du consentement des intéressés ou par décision de justice passée en force de chose jugée, était en principe tenu de la mentionner sur l'état d'inscriptions.

736 *quater*. Propriété apparente. Congrégation non autorisée. Hypothèque. Créancier de bonne foi. — La L. 1er juill. 1901 sur les biens détenus par les congrégations non autorisées, n'a pas modifié pour le passé les règles générales du droit qui leur étaient et qui leur demeurent applicables; il suit de là que ces biens doivent être considérés, au regard de tous autres que les pouvoirs publics, comme ayant été uniquement la chose des propriétaires apparents qui ont pu valablement, sauf le cas de fraude constatée, les aliéner ou les hypothéquer au profit de tiers de bonne foi (Seine, 1er fév. 1905, 11963 R. P.).

736 *quint*. Société. — V. *infrà*, n° 916.

1901, et la C. d'Amiens, le 4 juill. suivant (10241 R. P.) ont jugé :

1° Que lorsque le conservateur est requis de délivrer « l'état des inscriptions ayant, à ce jour, une existence légale du chef de... etc... sur une maison adjugée à... par jugement du... transcrit le... vol... n°... », il doit comprendre dans cet état, bien qu'elle ait été atteinte par la péremption décennale entre la transcription du jugement d'adjudication et la date de la réquisition, l'inscription qui, par cette transcription, a produit son effet légal et s'est trouvée, dès lors, affranchie de l'obligation du renouvellement ;

2° Et que si le titulaire de l'inscription ne se présente pas, faute de sommation à l'ordre ouvert au vu de cet état, le conservateur est tenu de l'indemniser du préjudice que l'omission de l'inscription lui a causé.

Ces décisions, si elles étaient fondées, seraient des plus graves et elles créeraient, pour la responsabilité des conservateurs, des difficultés insurmontables. Heureusement, elles ne reposent, nous semble-t-il, que sur une appréciation superficielle des faits, sur une connaissance tout à fait imparfaite de la manutention hypothécaire et des conditions de précision que nécessitent les réquisitions d'état, et elles constituent un accident de jurisprudence plutôt qu'une décision de principe.

En effet, les conservateurs sont tenus de délivrer à tous ceux qui le requièrent copie des actes transcrits sur leurs registres et celle des inscriptions *subsistantes* ou certificats qu'il n'en existe aucune (2196 C. C.) ; et, par inscriptions subsistantes, il faut entendre, à l'exception des inscriptions du Crédit Foncier, celles qui tombent sous la définition de l'art. 2154 C. C. portant : « les inscriptions conservent l'hypothèque et le privilège pendant dix années, à compter du jour de leur date, et leur effet cesse si ces inscriptions n'ont été renouvelées avant l'expiration de ce délai ». — Voilà la règle générale, c'est-à-dire que les inscriptions, non renouvelées dans le délai de dix ans, sont censées non subsistantes et ne doivent pas, dès lors, figurer dans les états délivrés par les conservateurs. — Il est vrai qu'avant la péremption, certaines circonstances, qui font passer le droit du créancier hypothécaire de l'immeuble sur le prix et qui donnent à l'inscription, suivant le terme usité, son *effet légal*, peuvent affranchir une inscription de l'obligation du renouvellement. Nous avons indiqué sommairement (*Rép. gén.*, v° *Hypothèque*, n° 434) dans quels cas l'inscription est réputée avoir produit son effet légal. Lorsque l'un de ces cas se réalise, l'hypothèque, cessant de frapper l'immeuble pour s'exercer sur le prix, la publicité devient sans objet, et c'est là la raison de l'inutilité du renouvellement. « A partir du jour où cette transformation, expliquent Baudry-Lacantinerie et de Loynes, s'est opérée, à partir du jour où le droit du créancier a cessé de frapper l'immeuble et a été reporté sur une somme d'argent représentative de cet immeuble, l'hypothèque a produit son effet et la nécessité de renouveler les inscriptions cesse d'exister. L'inscription a pour but de porter à la connaissance des tiers l'hypothèque qui grève l'immeuble. Dès l'instant où, sans être éteinte, elle cesse de le frapper, et ne s'exerce plus que sur son prix, la publicité devient inutile ». (*Priv. et Hyp.*, t. III, §§ 1779 et 1791).

En cette matière si délicate, les termes doivent être entendus avec leur signification la plus précise et la plus restreinte, et nous nous refusons à admettre que les mots « les inscriptions *ayant une existence légale* sur... » s'étendent aux inscriptions n'ayant plus besoin d'être renouvelées, car, si elles n'ont pas besoin d'être renouvelées, ce n'est pas parce qu'elles ont une existence légale, mais au contraire parce que le droit du créancier d'immobilier qu'il était, s'est fixé sur le prix.

Si donc, plus de dix ans après la prise d'une inscription sur un immeuble, on requiert l'état des inscriptions ayant une existence légale sur cet immeuble, le conservateur n'est pas tenu de délivrer cette inscription non renouvelée et dont la publicité est éteinte, à moins que, dans un but spécial et déterminé, le requérant manifeste expressément son intention de connaître même les inscriptions dont l'effet s'est légalement, avant la péremption, reporté sur le prix.

Hors ce cas où la réquisition est expresse et trace au delà du délai de dix ans les limites des recherches à faire en vue de connaître les inscriptions d'une catégorie spéciale, le conservateur peut, sans engager sa responsabilité, se renfermer dans le délai prévu par l'art. 2154 C. C. (Rappr. *Rép. gén.*, *loc. cit.*).

Aussi, en matière d'ordre, est-il de pratique constante d'indiquer, dans la réquisition présentée postérieurement à la transcription, que l'état est destiné à régler *par voie d'ordre* la distribution du prix. MM. Grosse et Rameau, dont l'autorité est reconnue, recommandent sur ce cas particulier aux avoués de toujours indiquer que « leur réquisition est formulée afin d'arriver à la distribution par voie d'ordre amiable (ou judiciaire) du prix de l'adjudication » et ils font remarquer que « pour qu'une omission dans un état d'inscriptions, produise l'effet prévu par l'art. 2198 C. C., il faut que *l'état ait été levé pour parvenir à un ordre et qu'il en porte avec lui la preuve* ; autrement, disent-ils, ce ne serait qu'un état spécial auquel on aurait donné une destination qu'il ne devait pas avoir dans l'origine... ; c'est là le motif pour lequel nous avons énoncé, dans notre modèle de réquisition, que l'état d'inscriptions était levé afin d'arriver à la distribution, par voie d'ordre, d'un prix de vente que nous faisons connaître... (n°s 163 et s.). Depuis la transcription, telle inscription peut être tombée en péremption à défaut de renouvellement dans les dix années ; le conservateur ne doit délivrer ni l'une, ni l'autre » (n° 163).

Dans l'espèce, le tribunal de Péronne a voulu voir dans les termes de la réquisition, qui relataient que l'immeuble avait été « adjugé par jugement transcrit le... vol. et n°... » une extension de la demande aux inscriptions non renouvelées, ayant produit leur effet légal. Mais, l'indication qu'un immeuble, dont on désire connaître les charges, a été l'objet d'un acte transcrit, n'est qu'un moyen chaque jour employé pour préciser la consistance de l'immeuble et faciliter au conservateur la reconnaissance de son identité par la désignation complète qu'il peut trouver dans la transcription. Jamais, pour quiconque connaît la pratique hypothécaire, une telle désignation ne peut avoir la portée d'une réquisition d'état pour ordre. — *Rappr.* n° 434 *suprà*.

748. Hypothèque légale de la femme. — Renonciation prévue par la L. du 13 fév. 1889 au profit d'un tiers-acquéreur. — Transcription. — Inscription

postérieure de l'hypothèque de la femme sans restriction. — État sur transcription. — Délivrance de l'inscription. — La loi du 13 fév. 1889, en créant pour la renonciation par la femme à son hypothèque légale un nouveau mode de publicité, n'a en rien modifié la nature et le caractère de la mission conférée par la loi au conservateur des hypothèques qui, lorsqu'il est requis de délivrer un état hypothécaire sur un immeuble déterminé, doit y comprendre toutes les inscriptions subsistantes, même celles qui présentent un doute sur le point de savoir si elles peuvent ou non produire un effet utile. Spécialement, doit être délivrée comme susceptible de frapper tous les immeubles qui ont été la propriété du mari ou de la communauté depuis la célébration du mariage, même l'immeuble aliéné avec la renonciation de la femme, l'inscription de son hypothèque légale prise en termes généraux et sans restriction depuis cette aliénation. Dans le système de publicité organisé par la loi du 13 fév. 1880, les parties intéressées à connaître le sort de l'hypothèque légale d'une femme mariée doivent consulter, non plus seulement le registre des inscriptions, mais encore celui des transcriptions. C'est dans ce sens que la Cour de cassation (ch. civ.) a réformé le 15 mai 1901 (10063 R. P.) un arrêt C. de Rennes du 5 août 1897 (9398 R. P.) dont nous avons nous-même combattu la doctrine. On ne saurait affirmer, en effet, comme une règle générale et absolue, que l'inscription de l'hypothèque légale de la femme est inefficace sur un immeuble déterminé par le seul motif que, lors de la vente de cet immeuble effectuée antérieurement, la femme avait déjà renoncé à son hypothèque légale au profit du tiers-acquéreur; des causes d'incapacité notamment peuvent, en effet, vicier cette renonciation. — Rappr. *Rép. gén.*, n° 758.

749-1. État des transcriptions. — Réquisition non limitée chronologiquement. — Recherches au delà de la période trentenaire. — Dans un état des transcriptions, le conservateur qui n'a pas été limité par la réquisition dans ses recherches, doit les faire remonter au delà de trente ans; faute de cette extension, il est responsable de l'omission qui résulte de la limitation d'office (Alger, 17 janv. 1893, 8376 R. P.).

749-3. Servitude « non ædificandi ». — Omission. — Responsabilité du conservateur. — La loi du 23 mars 1855 soumet à la transcription les actes constitutifs de servitude; dès lors, si un état sur transcription ne révèle pas l'annulation d'une servitude *non ædificandi* concernant l'immeuble vendu et un immeuble voisin, et si, à raison de cette annulation non connue de l'acquéreur, celui-ci obtient la résolution de la vente, le conservateur est responsable de la restitution du prix qui avait déjà été versé aux créanciers inscrits (Seine, 28 mai 1898, 9568 R. P.; 2130 R. H.).

Le conservateur ne saurait valablement prétendre pour s'excuser, que, d'une part, l'état des transcriptions aurait dû être demandé avant la signature du contrat, au lieu de l'être seulement avant le paiement et que, d'autre part, les acquéreurs auraient dû requérir spécialement l'état des servitudes pouvant grever ou avoir cessé de grever l'immeuble vendu (Même jugement).

749-4. Transcriptions douteuses. — Retention du prix. — Obligation par le vendeur de fournir un état négatif. — Le vendeur d'un immeuble doit rapporter à l'acquéreur un certificat négatif des transcriptions grevant l'immeuble; en conséquence, l'acquéreur est en droit de différer le paiement de son prix tant que ce certificat négatif ne lui est pas fourni, sans avoir à se faire juge de la portée des transcriptions comprises en l'état. C'est au vendeur seul qu'il appartient de faire retrancher de l'état les transcriptions qu'il prétend y être portées indûment (C. Angers, 22 juin 1898, 0431 R. P.).

750. Salaires. — État des transcriptions. — Extraits. — La demande d'un état des transcriptions d'actes de mutation comporte la délivrance de ces transcriptions par simples extraits : le salaire exigible est d'un franc par rôle (Jug. (paix), Rambouillet, 3 juin 1892). — En rapportant cette décision (5227 R. P.), nous avons fait ressortir l'inconvénient des extraits au regard du conservateur et des parties. L'Administration prescrivait autrefois la délivrance de copies littérales des transcriptions; mais elle a abandonné cette prescription (Sol. 30 juin 1863 et 10 sept. 1868; — 4 fév. 1886; — 4 nov. 1890; — 23 mai 1891; — 30 janv. 1895; 8518 R. P.), surtout depuis que la loi du 27 juill. 1900 a supprimé le timbre des copies. Les difficultés de l'espèce doivent être évitées au moyen de réquisitions formulées d'une manière claire et précise. — *Rappr.* n° 715 *suprà*.

750 *bis*. Transcription erronée. — Désignation plus étendue que dans le contrat transcrit. — Action en responsabilité contre le conservateur. — Absence de préjudice. — L'acquéreur ne peut exiger la transmission de l'immeuble acquis que d'après la consistance et les limites établies dans le titre de vente. Il ne saurait invoquer la désignation erronée contenue dans la transcription de ce titre, ni actionner le conservateur pour cause de préjudice par ce dernier, puisque la transcription ne peut avoir pour effet, à l'encontre du titre, d'élargir l'étendue de la chose acquise (Chaumont, 14 mars 1899, 9707 R. P.). — Si, par la faute du conservateur, l'acquéreur avait été mis dans l'impossibilité de prendre librement possession de la totalité du domaine désigné et réellement transmis par son vendeur, et si, de ce fait, l'acquisition s'était trouvée amoindrie, on eût compris que cet acquéreur actionnât le conservateur à l'effet d'être indemnisé des conséquences de l'erreur. Nous avons vu *suprà* n° 749-3 dans cet ordre d'idées, qu'un conservateur avait été condamné à des dommages-intérêts pour avoir omis, dans un état sur transcription, de révéler à l'acquéreur l'annulation d'une servitude *non ædificandi*. Mais dans la situation inverse, on doit se demander comment l'acquéreur a pu avoir le projet téméraire et injuste d'assigner le conservateur en garantie pour obtenir la propriété d'une parcelle qui ne lui était pas transmise par son contrat. Invoquer une copie, parce qu'elle n'était pas conforme au titre, pour obtenir une possession qui n'était pas transmise par ce titre constituait un procédé que le tribunal a qualifié comme il convenait, en disant que « l'acquéreur s'était à tort prévalu d'une inexactitude flagrante pour élargir son domaine ».

752. Péremption. Incidents soulevés par le débiteur. Fraude. — La saisie immobilière transcrite cesse de plein droit de produire son effet si, dans les dix ans de la transcription, il n'est pas intervenu une adjudication mentionnée en marge de cette transcription; mais cette péremption n'est pas encourue lorsque le retard provient d'incidents soulevés frauduleusement par le débiteur (Cass. (req.), 19 déc. 1905, 11262 R. P.).

752 *bis*. Mainlevée. Créancier second saisissant. Défaut de radiation. Subrogation pouvant être mentionnée et valable. — Deux saisies ne peuvent être poursuivies concurremment; mais le second saisissant peut être subrogé au créancier qui a formé la première saisie, et la subrogation est valable en l'absence de radiation, lors même qu'il existerait une mainlevée du chef du premier saisissant (Cass., 31 oct. 1903, 10797 R. P.).

756. Certificat hypothécaire ancien. Prêt. Caution. Défaut de vérification nouvelle de la situation du débiteur. Responsabilité du notaire. — V. 200-5.

759. Vice d'une inscription. Défectuosités de la grosse et des bordereaux. — V. 458.

756. Note ou renseignement préalable. — Prêt garanti sur un immeuble vendu. — Responsabilité du notaire. — Un jugement du tribunal de la Seine du 16 fév. 1894 (8399 R. P.) avait reconnu que le certificat, délivré à l'effet de révéler les inscriptions et *transcriptions* grevant un immeuble affecté à la garantie d'un prêt, n'engage la responsabilité du conservateur que pour les parties du prêt versées par le notaire postérieurement à la remise effective de ce certificat, sans qu'on puisse étendre cette responsabilité aux sommes versées antérieurement et sur le vu d'une note préalable ou renseignement provisoire reconnu plus tard erroné. Dans un procès sur la même affaire, la C. de Rouen complète ce jugement en décidant, à l'égard du notaire, que s'il délivre une partie du prêt, sur la foi d'une simple note préalable et sans attendre le certificat « authentique et officiel », il le fait à ses risques et périls et demeure seul responsable de cette remise de fonds si l'emprunteur a aliéné l'immeuble par acte transcrit avant de le donner en garantie du prêt (Arrêt du 1er avril 1899, 9792 R. P. — *Rappr.* 8503 R. P. et *infrà*, n° 758).

756-1. Inscription renouvelée tardivement. — Retard attribué à une erreur de date dans un certificat de subrogation. — Non-responsabilité du conservateur. — Un jugement de Tulle du 5 avril 1892 (7881 R. P.) avait décidé que le conservateur qui, après avoir formalisé une inscription, en a mentionné exactement la date dans sa relation, n'en est pas moins responsable du défaut de renouvellement en temps utile, lorsque, dans le certificat de mention d'une subrogation ultérieure, il a reproduit inexactement la date de l'inscription émargée. Mais la C. de Limoges, par arrêt du 9 juin 1893 (8088 R. P.; 1085 R. H.), a justement infirmé ce jugement et reconnu que le conservateur n'est tenu de mentionner dans le certificat de subrogation que le volume et le numéro de l'inscription, l'addition de la date de l'inscription étant inutile, et que si cette date est erronée, on ne peut la critiquer puisque le certificat de subrogation n'avait pas pour objet de préciser cette date.

757. État sur transcription. — Inscription d'hypothèque judiciaire limitée à des bâtiments. — Action en retranchement. — Bien qu'en principe l'inscription, qui présente quelque ambiguïté, quelque obscurité, dans ses termes, doive être interprétée dans le sens de la généralité, le tribunal de Brioude a déclaré bien fondée l'action en retranchement dirigée contre un conservateur qui avait délivré l'inscription d'hypothèque judiciaire prise « sur tous les biens possédés consistant en bâtiments », alors que la réquisition, relative à une vente de mines et pièces de terre, excluait les inscriptions « prises limitativement sur des bâtiments » (9 déc. 1891, 8089 R. P. (1)). — *Rappr.* n° 782-5 *infrà*.

(1) Ce jugement porte cet intéressant considérant au point de vue des dommages qui étaient réclamés au conservateur : « attendu que la question était délicate et sérieuse; que le conservateur s'est entouré de conseils et a sollicité l'avis de ses collègues; que sa résistance a été motivée, non par l'ignorance ou un esprit difficultueux, mais par la crainte d'engager sa responsabilité et le désir de protéger les intérêts d'un tiers; que, dès lors, il serait excessif de lui faire supporter les dépens d'une instance où son intérêt personnel n'est pas directement engagé ».

757-2. Conservateur non mandataire des parties. — Les conservateurs ne peuvent être assimilés à des mandataires des parties; leur qualité de préposés de l'Administration nommés par elle et auxquels les parties sont forcées de s'adresser, exclut toute idée d'un mandat qui, de sa nature, est volontaire (*Conf.* Ploërmel, 15 juill. 1891, J. C. 4194). Ils ne sont pas non plus les conseils des parties et, par suite, ne sont aucunement tenus des devoirs qui incombent habituellement aux officiers ministériels (C. Paris, 26 janv. 1872; D. 72-2-121; — Cass. 25 nov. 1872; D. 73-1-134). Il a été jugé spécialement que l'élection de domicile au bureau de la conservation, faite par un créancier pour la validité d'une inscription, bien que cette élection de domicile ait été mentionnée par le conservateur sur ses registres, n'oblige pas celui-ci, au cas même où il reçoit copie des significations faites au créancier et en vise l'original, à transmettre les copies à l'intéressé, mais seulement à les garder et à les tenir à la disposition de qui de droit (C. Rennes, 23 fév. 1892; D. 92-2-517; J. C. 4288, *suprà*, n° 290).

758. État d'inscriptions. — Omission. — Mention marginale du volume et du numéro de l'inscription non délivrée. — Responsabilité du conservateur. — Note officieuse préalable. — Ce qui fait foi de la situation hypothécaire d'un immeuble, c'est l'état certifié par le conservateur et non les mentions marginales. En conséquence, le conservateur, qui a omis une inscription dans un état, doit réparation du préjudice causé à celui à qui l'état a été délivré et ne saurait échapper à cette responsabilité, soit parce qu'il aurait fourni, avant la délivrance de l'état, une note officieuse exacte, alors surtout qu'il n'en est pas justifié, soit parce que l'inscription omise aurait été indiquée par volume et numéro dans la marge de l'état, soit parce que le requérant aurait payé le salaire afférent à l'inscription non délivrée (C. Rouen, 11 avr. 1894, 8503 R. P.). — V. *suprà* nos 734-2 et 756.

760. Vente avec quittance du prix : prix non payé. — Quand le prix a été quittancé dans l'acte de vente, on ne peut alléguer ensuite à l'égard du conservateur que, en réalité, il avait été laissé aux mains du notaire rédacteur (Confolens, 13 août 1892, 7993 R. P.). — *Rappr.* n° 384 *suprà*.

761. — V. n° 756-1.

763. — V. n° 444.

765. Utilisation des états par un autre que le requérant. — Nous avons enseigné au *Rép. gén.* que le conservateur, qui a commis des erreurs dans un état, n'est responsable de ces erreurs qu'au regard de la personne qui l'a requis ou au nom de qui la délivrance en a été requise (Oloron, 29 déc. 1862; — Orthez, 28 nov. 1888, cités au *Rép. gén.*, — *Adde* Saint-Malo, 1er août 1891; — Dalloz, *Suppl.*, v° *Priv.*, n° 1784).

Toutefois, il importe de remarquer que l'opinion contraire a ses partisans (*Rép. gén. de droit français*, v° *Con-*

servateur, n° 373; — Dalloz, *Suppl.*, *loc. cit.* — V. Cass. civ. 16 nov. 1898, 9451 R. P. et *infra*, n° 780) (1).

767. Moyens de neutraliser les conséquences des omissions dans les états. — Nous avons parlé, sous le même numéro du *Rép. gén.*, des erreurs contenues dans les états sur transcription. Quant à l'erreur dont serait entaché un état individuel, on pourrait en prévenir ou arrêter les conséquences en faisant signifier à la personne qui l'a requis, ou à celle qui le détient lorsqu'il est possible de la découvrir, un nouvel état avec défense de se servir dorénavant du premier.

770. Action non recevable contre le conservateur — Dommages-intérêts. — Le conservateur, qu'une action en justice, reconnue vaine, a troublé dans ses occupations professionnelles et a obligé à certains déplacements, a droit à des dommages-intérêts (Dieppe, 22 nov. 1899 et C. Rouen, 18 juill. 1900, 10007 R. P. — *Sic* : Décisions citées au *Rép. gén.*; — Confolens, 13 août 1892, 7993 R. P.; 1043 R. H.; — Pont-l'Évêque, 29 déc. 1892 et 12 mai 1896, 1110 R. H.; — Narbonne, 9 juin 1895, 8737 R. P.; — Semur, 5 avr. 1898, 9366 R. P.; 4989 J. C.; — Mortagne, 26 mai 1898, 9306 R. P; 4919 J. C. — Baudry-Lacantinerie et de Loynes, III, 2623).

Toutefois, il a été jugé qu'il n'y avait pas lieu à dommages-intérêts dans une affaire où il était démontré que l'action dirigée à tort contre le conservateur l'avait été de bonne foi (Bruxelles, 20 nov. 1895, 8765 R. P.) et dans un cas où cette action n'avait causé au conservateur aucun préjudice appréciable (C. Bordeaux, 20 mai 1892, 7904 R. P.).

771. Durée de la responsabilité. — Un jugement d'Alger du 17 janv. 1893 (*suprà*, n° 749-1) a considéré la responsabilité d'un conservateur comme subsistant, même après la cessation de ses fonctions et la décharge de son cautionnement. Ce jugement que nous avons critiqué (8376 R. P.) est en contradiction formelle avec l'art. 8 L. 21 ventôse an VII (Cass. 22 juill. et 2 déc. 1816, S. 16-1-297 et 17-1-317, R. H. 1848; — *Rép. alph.* Jalouzet, n° 57. — V. aussi les motifs rapportés au 8376 R. P. d'un jugement de Clermont-Ferrand du 3 juill. 1891 et 8161 R. P.).

773-2. — V. n° 463.

774. — V. n° 765.

776. État sur transcription. — Date erronée dans l'origine de propriété. — Inscription non délivrée. — Créancier non appelé à l'ordre. — Responsabilité du conservateur. — Il a été décidé : 1° que le conservateur, qui délivre un état sur transcription, est responsable de l'omission d'une inscription grevant le vendeur, alors même que cette inscription serait antérieure à la date assignée, par le notaire rédacteur de l'acte transcrit, au décès de l'auteur du grevé, si cette date est reconnue erronée; 2° et que le notaire qui a indiqué la date erronée, en reproduisant la date même assignée à ce décès par le jugement ordonnant la vente, doit être considéré comme n'ayant commis aucune faute, même légère, et ne saurait, dès lors, être appelé en garantie par le conservateur (Mayenne, 20 déc. 1895; — C. Angers, 30 mars 1897, 9264 R. P.). — Cette décision constitue un des monuments les plus étranges de la jurisprudence hypothécaire et, malgré notre cadre restreint, nous sommes obligé d'y insister. À cause de la nature même de l'état sur transcription, le conservateur ne pouvait délivrer, du chef des vendeurs, que les inscriptions atteignant les immeubles vendus par une désignation entièrement concordante et n'ayant aucune contrariété d'origine avec l'établissement de propriété contenue dans l'acte à transcrire. C'est le propre de l'état sur transcription d'être intimement lié au contrat transcrit pour la consolidation de la propriété sur la tête de l'acquéreur; cet état fait nécessairement, avec les énonciations du contrat, un même tout pour l'accomplissement des formalités de purge. Si, au cas d'un état *sur immeuble désigné*, on peut faire un devoir au conservateur de délivrer une inscription, même douteuse, par exemple une inscription présentant seulement une légère différence de désignation avec la réquisition, c'est qu'aucun élément de recherche ne permet de lever le doute existant. Il en est tout autrement pour l'état sur transcription, basé à la fois sur la réquisition et sur l'acte de l'aliénation soumis à la transcription. Dans l'espèce, l'établissement de propriété contenue dans l'adjudication fournissait au conservateur un élément particulier pour approfondir sa recherche faite au vu de la réquisition; or, ce second élément venait non seulement ajouter au doute résultant déjà d'une différence de désignation, mais contenait la déclaration que le vendeur était seulement propriétaire depuis 1885, alors que l'inscription douteuse avait été prise en 1884. Le vendeur n'étant pas ainsi, aux yeux du conservateur, propriétaire de l'immeuble au moment de l'inscription, ne semblait donc pas pouvoir être atteint par cette inscription, quant à l'immeuble vendu; cette inscription devait donc être éliminée (V. *Rép. gén.*, n° 730).

Le tribunal et après lui la Cour ont pris motif de ce que, au dos de la réquisition, le conservateur avait noté l'inscription omise, et ont décidé que ce fait « indiquait sa prédisposition première à comprendre cette inscription dans l'état à délivrer ». Nous comprenons très bien que les juges connaissent peu ou point les difficultés et les détails de la manutention hypothécaire, mais il leur incombait de s'éclairer à cet égard, et ils eussent ainsi évité d'aggraver étrangement la rigueur de leur décision. — « Il faut ignorer, dit à ce sujet le *Journ. des Conserv.* (n° 4810), jusqu'au premier mot de la manutention hypothécaire pour voir, dans le fait que le conservateur avait relevé l'inscription au dos de la réquisition, sa prédisposition première à la délivrer ». (*Sic* : R. H. 1560 et 1800. — V. R. P. 9264, p. 382, *in fine*). Comme l'exprime M. Jalouzet (R. H., *loc. cit.*), la théorie de la C. d'Angers est la négation absolue de l'état sur transcription et on pourrait se demander si les conservateurs ne devraient pas dorénavant

(1) Cet arrêt déclare, en substance, que la responsabilité édictée par l'art. 2197 C. C. contre les conservateurs, en cas d'omission dans un état d'une ou plusieurs inscriptions, ne dérive pas d'un contrat qui interviendrait entre le conservateur et le requérant, mais a sa source dans un manquement à une obligation professionnelle, et sa base dans les art. 1382 et 1383 C. C.; d'où il suit qu'elle est engagée envers toute personne à qui la faute du conservateur a pu causer un dommage.

770. **Action en radiation. Dommages-intérêts.** — Le Conservateur qui, actionné à tort, ne justifie pas d'un préjudice sérieux, n'a pas droit à des dommages-intérêts (Alger, 7 juin 1902, 10534 R. P.).

778-1°. Nom différemment orthographié dans l'inscription omise et absence de prénoms. Non-responsabilité du conservateur. — L'omission d'un créancier dans un état d'inscriptions fait encourir à celui-ci la perte du droit de suite et cette omission peut entraîner la responsabilité du conservateur qui n'a pas délivré un état complet des inscriptions grevant la personne dénommée dans la réquisition d'état. Mais le conservateur, lié par les énonciations de la réquisition, n'est tenu de comprendre dans l'état que les inscriptions grevant d'une manière certaine la personne dénommée dans la réquisition, et il ne saurait être responsable lorsque la cause des erreurs se trouve dans les énonciations ou indications insuffisantes qui lui ont été fournies. Spécialement, le certificat requis sur Henri-Charles Guiraudén, époux de [illegible] Amélie Pommier, n'oblige pas le conservateur à donner une inscription prise contre Guiraudin (In) sans indication de prénoms, époux de [illegible] Pommiers (Ilos) (Nîmes, [illegible] juill. 1901; C. Nîmes, 18 fév. 1903, [illegible] R. P.).

vent, en pareille matière, diriger leurs recherches de la même manière que pour *les états individuels sur immeubles désignés*, sans avoir égard aux constatations de l'acte d'aliénation soumis à la transcription. Ce mode d'opérer produirait, dans la plupart des cas, un résultat contre lequel les notaires seraient les premiers à réclamer et qui serait la meilleure critique de la jurisprudence inaugurée par le tribunal de Mayenne et la C. d'Angers. Si les Conservateurs, en effet, ne doivent pas tenir compte des dates de dépossession des anciens propriétaires et des dates d'avènement des vendeurs, ils délivreront les inscriptions toutes les fois qu'il existera une certaine similitude entre les immeubles vendus et ceux désignés dans ces inscriptions; or, tous les praticiens savent qu'un état, dressé d'après cette similitude souvent trompeuse, aurait les plus graves dangers et les plus grands ennuis pour les hommes d'affaires qui seraient sans cesse obligés d'ouvrir des actions en retranchement d'inscriptions. — Dans l'espèce, et ce point est digne d'attention, le notaire n'était pas l'auteur direct de l'erreur; il avait lui-même copié la date erronée dans le jugement qui l'avait commis pour la vente. La condamnation ne pouvant se retourner contre les auteurs ou le rédacteur du jugement, on a cru bon d'atteindre le conservateur. « Il fallait une victime, dit le *Journ. des Conserv.*, elle était toute trouvée, on l'avait sous la main, et sous peine de laisser sans réparation un préjudice souffert, on ne pouvait dégager le conservateur puisque, d'une part, le notaire rédacteur de l'origine de propriété, en assignant au décès du *de cujus* une date erronée, cause initiale de l'omission, s'était conformé à la teneur du jugement qui l'avait commis, et que, d'autre part, l'erreur qui a eu sa répercussion sur la délivrance de l'état critiqué, a été commise par le tribunal lui-même » (n° 4809). « Il serait exorbitant de soutenir, observe également le *Rép. de Manutention* de Maguéro, v° *Hyp.*, n° 200, III, qu'entre deux personnes, dont l'une fournit aux recherches des données inexactes, tandis que l'autre, conformément à la réquisition adressée, base ses recherches sur ces données, la seconde fût en faute et dût supporter les conséquences de l'erreur. Tout au moins fallait-il rechercher qui avait induit le notaire en erreur et mettre en cause l'auteur de la déclaration inexacte. »

Nous croyons que le conservateur n'était pas nécessairement la victime à trouver; il paraît certain, en effet, que le créancier omis connaissait, en fait, la mutation de propriété avant la clôture de l'ordre, et qu'il aurait pu intervenir encore utilement à cet ordre pour recouvrer sa créance. Le préjudice souffert résulte donc, au moins en partie, de sa négligence et nous ne voyons pas qu'il eût été impossible de le condamner à le supporter proportionnellement aux conséquences de sa propre négligence. — « Aucun texte de loi, répond sur ce point le jugement de Mayenne, ne peut astreindre le créancier à entrer dans une procédure à laquelle il n'avait pas été appelé. » Mais cette affirmation de droit est très controversable : le conservateur eût été réellement fondé à arguer de la négligence du créancier s'il avait pu établir avec certitude que celui-ci, mis à même, avant la forclusion encourue, de veiller utilement à la conservation de ses droits, avait négligé de le faire (D. 98-2-13, note 1 à 4).

« Les créanciers omis, enseigne Mourlon (*Transcr.*, t. II, n° 407, p. 646), ne sont pas autorisés à rester dans l'inaction lorsqu'ils apprennent à temps l'ouverture de la purge ou de l'ordre. Si, au lieu de s'y présenter, pour veiller à leurs intérêts, ils laissent s'accomplir, en dehors d'eux, des actes dont ils auront à subir l'effet, la perte de leur droit s'analysera en un dommage *volontaire*, puisqu'ils ne pourront l'imputer qu'à eux-mêmes : ils n'auront donc, dans ce cas, à supposer le fait constant et établi, aucun recours contre le conservateur. » Dans les cas de l'espèce, lorsqu'un conservateur apprend l'omission d'une inscription, il pourrait donc sauvegarder encore sa responsabilité en mettant le créancier régulièrement en demeure d'avoir à défendre ses droits en temps utile, et, au besoin, en accomplissant lui-même, à titre de gérant d'affaires, tous actes utiles dans l'intérêt du créancier négligent. — En résumé, dans cette affaire, tout le monde était coupable d'erreur ou négligence, sauf le conservateur, et c'est ce dernier qui a été condamné à la réparation du dommage. — Voilà une décision qu'il faudrait mettre sous les yeux des réformateurs qui se refusent à reconnaître les dangers de la gestion d'un bureau d'hypothèques. — *Rappr.* n° 730 *suprà*.

776 *bis*. État des inscriptions ayant une existence légale. — Inscription ayant produit son effet légal et non renouvelée. — Omission. — Responsabilité. — (Distinctions entre l'état individuel et l'état pour ordre). — V. n° 434 et 744 *suprà*.

777. — V. n° 782-4 *infrà*.

778-1°. — Nom patronymique. — Altération. — Requis de certifier sur *Michoux* (Jean-Marie), le conservateur n'a pas à délivrer l'inscription prise contre *Michaud* (Jean-Marie). Cette règle ne saurait être modifiée par la double circonstance : 1° que la femme de l'individu, ainsi nommé de deux manières différentes, a été désignée dans les deux cas; 2° que le répertoire hypothécaire contenait une référence du compte de Michoux à celui de Michaud. Des réserves faites dans l'état, peuvent contribuer à dégager la responsabilité du conservateur. Le notaire qui a reçu l'acte d'obligation, étant tenu de vérifier l'état civil des parties, doit répondre des suites de l'omission causée par l'altération du nom du débiteur, alors surtout que les bordereaux, qui ont reproduit cette erreur, ont été rédigés par cet officier public (Lons-le-Saulnier, 10 août 1892, 8017 R. P. et C. Besançon, 14 juin 1893, 8179 R. P.).

De même, le conservateur qui délivre un état n'a pas à identifier *de la Force* (Gabriel) et *Mathieu de la Force* (Gabriel) (Clermont-Ferrand, 3 juill. 1891 et C. Riom, 15 mai 1893, 8161 R. P. cités *infrà*, n° 780.)

2° *Nom composé*. — Le notaire qui a requis ou utilisé un état contre *Jean-Baptiste Médus*, alors que le contrat de vente, rédigé par lui, désignait le vendeur sous le nom de *Jean Médus-Carme*, est seul responsable des suites de l'omission d'inscription occasionnée dans l'état hypothécaire par cette différence. Le conservateur, qui a certifié, doit être mis hors de cause, bien que son état comprenne à la fois des inscriptions contre Baptiste Médus et Médus-Carme (Tarbes, 28 fév. 1894, 8400 R. P.).

779-1°. — Domicile différent. — État d'inscription.

— **Domicile différent. — Identité de l'immeuble. — Action en retranchement.** — Est irrecevable l'action en retranchement formée contre un conservateur au sujet de la délivrance d'une inscription différant de la réquisition par le domicile du débiteur, mais identique quant aux immeubles (Montélimar, 12 août 1893, 8207 R. P.).

2° *Domicile différent. — Inscription délivrée mentionnant deux domiciles. — État sur transcription. — Omission. — Différence de domicile. — Responsabilité.* — Suivant un jugement de Montauban, bien que le domicile attribué au débiteur dans la vente transcrite et dans la réquisition qui en a été la suite, diffère du domicile indiqué dans l'inscription omise, le Conservateur est responsable lorsque son état hypothécaire comprenait une inscription mentionnant les deux domiciles et lui permettait ainsi de reconnaître les variations de domicile (18 janv. 1894, 8333 R. P.). — Cette décision, qui oblige le conservateur à des recherches extrinsèques, est en contradiction avec la jurisprudence. Elle n'a que la valeur d'une solution d'espèce et nous l'avons longuement critiquée au n° précité du R. P.

3° *Domicile différent. — Même nom avec un prénom semblable.* — Les conservateurs peuvent confondre et faire figurer dans le même état les inscriptions prises sous le même nom et avec un prénom semblable, quoique les domiciles soient différents, si d'ailleurs le nom de la rue était le même. Dans ces conditions, n'est pas recevable l'action en dommages-intérêts dirigée contre le conservateur (Seine, 19 fév. 1892, 7861 R. P.). — *Rappr.* n° 781 *infrà*.

780-1°. — Prénoms entièrement différents. — Désignation prénominale du débiteur. — État sur transcription. — Bordereau et réquisition attribuant au grevé des prénoms différents. — Omission de l'inscription. — Irresponsabilité. — Le conservateur, requis de délivrer l'état des inscriptions à la charge de *Renard Jean*, n'a pas à comprendre dans son état une inscription prise contre *Renard Baptiste*, encore qu'en réalité il s'agisse d'un même individu (Châtellerault, 4 août 1890, et Cass. 7 déc. 1892, 8137 R. P.).

2° *Différence dans l'un des prénoms. — Confusion du nom avec le prénom. — Sobriquet.* — La C. de Toulouse a jugé qu'un conservateur n'aurait pas dû comprendre, dans un état requis du chef d'un prénommé *Paul*, une inscription prise contre *Alfred-François-de-Paule* et l'a condamné au retranchement de l'inscription (8 avr. 1892, 7933 R. P.).

En sens contraire, la C. de Pau a décidé que le conservateur, requis de délivrer l'état des inscriptions contre *Jean-Baptiste Médus*, est responsable des conséquences de l'omission, dans cet état, d'une inscription contre *Jean-Médus Carme*, et les juges se sont basés sur ce que, par le rapprochement de certaines inscriptions, le conservateur aurait pu reconnaître que le débiteur était quelquefois désigné sous le seul prénom de Jean et que le sobriquet de Carme était spécial à sa famille. Cette décision est directement contraire à la règle générale suivant laquelle le conservateur ne peut suppléer, par des recherches extrinsèques, aux lacunes ou défectuosités des actes ou des réquisitions. Elle n'en a pas moins été maintenue par un arrêt de la Chambre civile du 16 nov. 1898 qui a voulu accepter comme souveraines les appréciations de fait relevées par les juges d'appel (V. nos observ. 9451 R. P.).

Il a été décidé plus judicieusement que la réquisition de l'état des inscriptions prises contre Robert Antoine, ne comporte pas la délivrance des inscriptions prises contre Robert Jean (Bergerac, 13 août 1891, 7004 et C. Bordeaux, 20 mai 1892, 7904 R. P.).

3° *Différence de prénoms et domiciles.* — Un conservateur requis de délivrer les inscriptions contre Jean Péricot, demeurant ci-devant à Paris, rue du Faubourg-Saint-Antoine et actuellement à Teulle ou Tanlu, commune de Rosiers-d'Egletons, ne doit pas comprendre, dans son état, les inscriptions prises contre Guillaume Péricot, armurier, demeurant à Paris, passage Raguinot, n° 7, et ayant demeuré au chef-lieu de la commune des Rosiers-d'Egletons (Tulle, 8 fév. 1898, 9708 R. P.).

États partiels employés comme état sur transcription. — Responsabilité du notaire. — Utilisation successive. — Altération du nom patronymique. — Omission. — Irresponsabilité. — L'état sur transcription prévu par l'art. 2198 C. C., ne peut être suppléé par une suite d'états partiels; ceux-ci n'affranchissent pas l'immeuble. Le notaire rédacteur de la vente, qui s'est contenté de ces états partiels, doit garantir l'acquéreur sommé de payer ou de délaisser. Le certificat hypothécaire, requis par l'une des parties, peut valablement servir à ses ayants cause. Le conservateur en exercice n'a aucun recours contre son prédécesseur lorsque le cautionnement de celui-ci est déchargé (Clermont-Ferrand, 3 juill. 1891 et C. Riom, 15 mai 1893, 8161 R. P. cités *suprà* n° 778-1°).

781. Similitude de noms et prénoms entre le vendeur et un autre débiteur. — Inscriptions. — Mainlevée par le créancier sans droit sur l'immeuble. — Frais et dépens. — Lorsque deux débiteurs domiciliés dans la même ville ont exactement les mêmes noms et prénoms et que, par suite, lors de la vente d'un immeuble par l'un d'eux, le conservateur se trouve obligé, faute de signes distinctifs, de délivrer l'inscription prise contre l'autre débiteur, le créancier de ce dernier doit donner amiablement son consentement à la mainlevée qui lui est demandée sans aucuns frais à sa charge. En cas de résistance, les frais d'instance doivent être supportés par lui (Nice, 11 fév. 1896, 8818 R. P.). — Il paraît bien évident, en effet, que la similitude des noms et prénoms des deux débiteurs ne peut être régulièrement établie, dans ce cas, qu'avec le concours et le consentement du créancier bénéficiaire de l'inscription dont le retrait de l'état est demandé. En tant que ce concours est sollicité du créancier « sans qu'il ait à supporter aucuns frais », il doit l'accorder; mais s'il oppose une inertie ou une résistance qui ne se justifie par aucune des circonstances de l'affaire, les frais qui en résultent doivent être logiquement supportés par lui. — *Rappr.* n° 778 et 779 *suprà*.

782-4. Inscriptions douteuses. — Généralité. — Certificat négatif sur une aliénation antérieure. — Le conservateur, requis de délivrer un état sur transcription, doit comprendre dans cet état toutes les inscriptions qui, par la généralité des désignations qu'elles contiennent, paraissent frapper les immeubles vendus, et, à cet égard, le conservateur ne peut être enchaîné dans les

780 — V. n° 774.

781. État d'inscriptions. Similitude de nom, prénoms et résidence. Action en retranchement. Justifications nécessaires pour établir le défaut d'identité. — La responsabilité du Conservateur étant engagée, aux termes de l'art. 2197 C. C., s'il y a préjudice résultant d'une omission d'inscription dans l'état qu'il est tenu de délivrer à tout requérant, on ne peut lui contester le droit, au cas de certaines similitudes de nom, prénoms et résidence, de mentionner audit état une inscription paraissant prise contre la personne désignée ; dans de telles circonstances, c'est au requérant de justifier du défaut d'identité, et le conservateur n'a pas à tenir compte de sommations qui ne seraient pas accompagnées de cette justification. Si l'intéressé fait seulement cette justification devant le tribunal où il a porté la question, le retranchement de l'inscription peut être ordonné à son profit, mais les frais de l'instance demeurent à sa charge (Lille, 6 mars 1905, 11103 R. P.)

793. **Payement des salaires avant la formalité.** — L. 21 ventôse an VII, art. 27. — V. *suprà*, n° 779.

799. **Salaires. Ordre. Action en répétition de l'indû.** — Les salaires payés au conservateur ont, dans les frais d'ordre, le caractère de simples déboursés comme les droits d'enregistrement et de timbre ou d'affiches, et une partie de ces salaires revient à l'État pour le service des pensions civiles; dès lors, la compétence du juge taxateur se borne, pour les uns comme pour les autres, à examiner si le dépôt a été faite conformément à la loi. Lorsque en elle-même et dans les détails d'application de la loi, la perception des salaires est excessive, elle ne peut être réformée que par le tribunal de première instance et le juge de paix suivant l'importance de l'affaire. Cette thèse, qui est conforme à la doctrine que nous avons défendue au *Rép. gén.* et qui est généralement observée dans la pratique, a été cependant méconnue par un jugement de Perpignan du 19 janv. 1907 qui décide que si le juge aux ordres n'a pas le droit de taxer les droits d'enregistrement, il en est autrement des états délivrés par le conservateur, toutes les fois qu'ils présentent un caractère frustratoire. L'officier ministériel, d'après ce jugement, est recevable à répéter contre le conservateur, comme indûment payés, les sommes qui ont été rejetées de son état de frais par le juge taxateur, à moins que la réquisition de l'officier ministériel étant faite sans limitation et ne renfermant aucune indication relative à l'origine de propriété, le conservateur ne soit, en réalité, conformé à cette réquisition 19 juin 1907. 11643 R. P.).

797-4. **Ventes judiciaires d'immeubles d'un prix ne dépassant pas 1.000 fr. Salaires des conservateurs. Réduction du quart.** — L'Administration s'est ralliée à l'opinion d'après laquelle les salaires des conservateurs doivent, en vertu de l'art. 3, § 2, L. 23 oct. 1884, subir la réduction du quart en matière de ventes judiciaires d'immeubles dont le prix ne dépasse pas 1.000 fr. (Lettre commune n° 231). Dans le même sens (Circ. Min. Justice, du 8 févr. 1905, 11044 R. P.).

faveur d'un certificat négatif dressé par son prédécesseur sur une aliénation antérieure (Parthenay, 18 déc. 1894, 8643 R. P.). — *Rappr.* n° 777, *Rép. gén.*

782-5. **Vente d'un terrain bâti. — Inscriptions sur une vigne. — Omission. — Similitude de confrontations. — Responsabilité du conservateur.** — Le tribunal de Périgueux et la C. de Bordeaux ont décidé qu'un conservateur est responsable du préjudice causé si, dans l'état requis sur la transcription de l'adjudication d'un immeuble bâti, il a omis de délivrer les inscriptions de privilège grevant une pièce de vigne sur laquelle les constructions ont été édifiées par le vendeur depuis sa propre acquisition; et que c'est, en effet, la situation topographique et les similitudes de confrontations qui doivent servir de guide au conservateur et non la nature de l'immeuble essentiellement variable au gré du propriétaire (Périgueux, 30 mai 1896; — Bordeaux, 29 déc. 1897, 9315 R. P.).

S'il était encore besoin de démontrer que les dangers auxquels se trouvent sans cesse exposés les conservateurs sont réels et inévitables, les décisions du tribunal de Périgueux et de la C. Bordeaux prouveraient que le travail le plus consciencieux ne saurait conjurer la responsabilité qui pèse sur ces fonctionnaires, car rien dans le contrat de vente n'indiquait *suffisamment* que l'immeuble vendu était primitivement en vigne. — *Rappr.* n° 757 *suprà*.

783. **État sur transcription. — Héritier renonçant. — Inscription judiciaire.** — L'effet rétroactif de la renonciation d'un héritier n'est pas opposable aux créanciers de celui-ci, lesquels peuvent attaquer cette renonciation. On a pu en conclure que le conservateur, requis de délivrer l'état des inscriptions grevant un immeuble, du chef des vendeurs et des anciens propriétaires, doit y comprendre les inscriptions existant du chef de l'héritier renonçant (V. n° 736-1° *suprà*. Dans ce cas, l'action en mainlevée de l'inscription doit être dirigée contre le bénéficiaire de l'inscription et non contre le conservateur qui, s'il est inutilement troublé dans ses occupations professionnelles, a droit à des dommages-intérêts (Seine, 5 avr. 1896, J. C. 4939).

785. **Cautionnement des conservateurs. — Faculté de transformer le cautionnement en numéraire en un cautionnement en rente sur l'État.** — Aux termes de l'art. 56 L. 13 avr. 1898, les cautionnements que les conservateurs doivent fournir, en qualité de comptables de deniers publics vis-à-vis de l'État, peuvent être constitués, non seulement en numéraire, mais aussi en rentes sur l'État.

Cet article est ainsi conçu :

« Les comptables de deniers publics et les autres fonctionnaires, assujettis à un cautionnement versé dans les caisses du Trésor, sont admis à le constituer, pour la totalité, soit en numéraire, soit en rentes sur l'État. — La nature du cautionnement, une fois réalisé, ne peut être modifiée pendant la durée des fonctions du titulaire. — Les titulaires de cautionnements, en fonctions à l'époque de la promulgation de la présente loi, seront admis à opter pour la transformation de leur cautionnement en numéraire en cautionnement en rentes. Cette transformation sera effectuée successivement et par séries; la division en séries sera déterminée par décrets rendus sur la proposition du Ministre des finances et suivant l'importance des cautionnements, en commençant par les plus faibles; ces décrets fixeront les délais accordés pour l'exercice du droit d'option... »

Cette disposition a été complétée par deux décrets du 2 juill. 1898 et du 5 juill. 1898 et par un arrêté du Min. des Fin. du même mois (V. v° *Cautionnement*; — J. C. 4964; 2004 I. G. et 9477, R. P.). — *Rappr.* n° 688.

788. **Instance contre le conservateur ou contre le Trésor. — Distinctions.** — V. n° 884 *infrà*.

792. **Salaires des conservateurs. — Prélèvements au profit du Trésor. — Mode de calcul.** — Circulaire comptabilité publique du 4 août 1800; — D. m. f. 8 juill. 1800. — V. n° 14 *suprà*.

Salaires dans les conservations divisées. — Décret du 23 nov. 1901, art. 11. — V. *suprà* n° 14-2 et 14-3, 4°.

793. — V. n° 884.

793-2°. **Droit de timbre de quittance. — Salaires.** — Le droit de timbre spécial de 10 centimes est dû sur les quittances de salaires dépassant 10 fr., soit que la quittance soit mise au pied ou à la suite du certificat du conservateur, soit qu'elle figure dans le certificat lui-même (Sol. 26 mars 1900, 9915 R. P.).

Nous avons critiqué la doctrine de cette solution dans notre commentaire de la loi du 27 juill. 1900 et nous maintenons notre opinion; mais nous devons constater que la pratique contraire est généralement suivie. — *Rappr.* n° 1093-6° *infrà*.

799. **Salaires. — Compétence.** — Les contestations relatives aux salaires de moins de 200 fr. sont de la compétence exclusive des juges de paix. (J. paix Lure, 9 janv. 1893 et Lure, 17 févr. 1893, 8109 R. P.)

797-3. **Assistance judiciaire. — Droits d'hypothèque. — Formalités. — Inscriptions. — États. — Copies de transcription. — Salaires. — L. 22 janv. 1851. — Interprétation.** — Étude, n° 9184 R. P.

Assistance judiciaire. — Conservateurs. — Copies de registres. — États d'inscription. — Gratuité. — Considérés comme « dépositaires publics », les conservateurs sont tenus à la délivrance gratuite des copies de tous les documents soumis à la transcription, réclamées par une personne admise à l'assistance judiciaire (Sol. 4 sept. 1897. V. *Critiques*, 9110 R. P. — V. égal. 4960 J. C.

797-4. **Salaires. — Ventes judiciaires n'excédant pas 1.000 fr.** — Revenant sur la doctrine qu'elle avait précédemment enseignée (I. G. 2704, § 17), l'Administration, influencée par les décisions contraires de la jurisprudence (citées au *Rép. gén.* — *Adde* : Guelma, 19 déc. 1901) déclare, dans sa Lettre comm. n° 231 du 16 juill. 1902, que les conservateurs sont atteints par la disposition de l'art. 3, § 2, L. 3 oct. 1884, aux termes de laquelle les émoluments des divers agents de la loi doivent être réduits du 1/4 pour les actes de la procédure d'une vente judiciaire d'immeubles, lorsque le prix de l'adjudication n'excède pas 1.000 fr. (1). — *Contrà* Jalouzet, *Rép. alph.*, p. 341.

801-8. Envoi des pièces par la poste. — L'Administration a décidé, par une Sol. 28 août 1894 (8565 R. P.) qu'un conservateur agit dans les limites de son droit lorsqu'il refuse de recevoir et de réexpédier par la poste les pièces envoyées à son bureau par les officiers publics et ministériels. Les conservateurs seraient donc conduits à refuser ce mode de remise de pièces si l'on voulait y voir autre chose qu'un acte de complaisance de leur part et s'il devait aggraver leur responsabilité, ou tout au moins les exposer à des procès qui ne sont pas seulement onéreux, mais qui énervent leur service difficile. Un jugement de Gap du 12 mars 1895 (8566 R. P.) a statué dans le même sens que la solution précitée, et, de plus, a décidé que lorsque le premier commis reçoit par la poste et remet au conservateur les bordereaux et autres documents qui lui sont adressés par les officiers publics, il agit comme mandataire direct de ces derniers et « qu'ainsi le conservateur, en recevant de ce mandataire lesdites pièces, n'en devient responsable que du jour où il est authentiquement établi qu'elles ont été versées entre ses mains ». Un arrêt de la C. de Grenoble du 8 nov. 1895 (8781 R. P.) a rejeté l'appel formé contre ce jugement, en se fondant sur ce qu'il était démontré en fait que les pièces adressées par la poste avaient été remises après la fermeture du bureau et avaient été régulièrement formalisées; à raison de ce motif, elle a déclaré « qu'il était inutile d'examiner si le premier commis était, en cette circonstance, le mandataire des parties ou le préposé du conservateur ».

805. Registre des dépôts. — Reconnaissances. — Mention de renonciation à l'hypothèque légale de la femme. — Formalité et timbre. — L'acte remis au conservateur pour mentionner, en marge d'une transcription, la renonciation à l'hypothèque légale de la femme, doit faire l'objet d'un enregistrement au registre des dépôts et d'une reconnaissance ou bulletin de dépôt. Les droits de timbre doivent être acquittés par les parties (Sol. 18 avr. 1895, 8615 R. P.). Ces droits de timbre se trouvent aujourd'hui supprimés par la L. 27 juill. 1900.

811. Inscriptions d'office. — Pluralité des lots. — Acquéreur unique. — Pluralité des inscriptions. — Lorsqu'aux termes d'un procès-verbal plusieurs lots ont été acquis par la même personne moyennant des prix distincts, il y a autant de privilèges particuliers qu'il y a de lots adjugés; par suite, il doit être pris, ainsi que nous l'avons enseigné au *Rép. gén.*, autant d'inscriptions d'office qu'il y a de lots vendus (Boulogne-sur-Mer, 17 oct. 1891, 8462 R. P.), il en serait ainsi lors même qu'on stipulerait l'indivisibilité des créances résultant des divers prix (Observ. *eod. mem.*, R. P.). Le tribunal de Boulogne statuait sur renvoi, dans l'affaire qui a donné lieu à l'arrêt de la Chambre civile du 11 mars 1891 rappelé au *Rép. gén.*

833. Etat d'inscriptions. — Réquisition avec exclusions. — Irresponsabilité et affranchissement des salaires. — L'exclusion d'inscriptions par le requérant ne donne lieu à aucun salaire. Réciproquement, le Conservateur n'encourt aucune responsabilité relativement aux inscriptions exclues. (J. paix, Lure, 9 janv. 1893 et Lure, 17 fév. 1893, 8109 R. P.; — *Rappr.* n° 721 *suprà*).

846. Saisie immobilière. — Deuxième saisie. — Refus de transcrire. — Le conservateur est-il en faute pour avoir rayé la transcription d'une saisie immobilière, alors qu'un second créancier saisissant avait été subrogé à la saisie, en vertu d'un jugement que rien ne faisait connaître, et qu'il n'existait aucune mention en marge de la saisie? Non. — (V. consult. 8959 R. P. et n° 668-1 *suprà*.

Saisie transcrite. — Réquisition de transcription d'une seconde saisie. — Mêmes requérants. — Mainlevée incomplète de la première saisie. — Refus de transcription. — Transcription ultérieure mais tardive. — Nullité de la saisie et de la transcription. — Le conservateur est fondé à refuser la transcription d'un procès-verbal de saisie immobilière et de l'exploit de dénonciation, tant qu'il ne lui est pas remis, à fin de radiation, une mainlevée régulière et complète d'une première saisie des mêmes biens. — Si la 2e saisie est transcrite après le délai fixé par l'art. 678 C. Proc., cette transcription doit être déclarée nulle lorsque les requérants de la 2e saisie sont ceux-là mêmes qui ont pratiqué la première et qui ont négligé d'en donner mainlevée complète et en temps utile pour faciliter la 2e transcription (Seine, 24 déc. 1896, 9006 R. P.).

846-2. Transcription simultanée de la saisie et de la dénonciation. — La simultanéité de la transcription de la saisie et de l'exploit de dénonciation n'est pas prescrite à peine de nullité (Trib. Chambéry, 8 sept. 1900; — C. Chambéry, 19 nov. 1900, 10216 R. P. — En ce sens : C. Grenoble, 22 janv. 1854; D. 55-2-75; J. C. 1011). — La question a cependant donné lieu à la controverse (V. Cass. 13 juin 1860; S. 61-1-321; J. C. 1681). Mais les conservateurs n'ont pas à se prononcer sur la difficulté et doivent transcrire le procès-verbal de saisie immobilière, même si l'exploit de dénonciation n'est pas présenté simultanément.

851-852. Certificat de non-transcription et de non-mention de résolution. — Nous avons soutenu au *Rép. gén.* la pluralité de salaires, pour le cas de non-mention de résolution joint à un certificat constatant l'absence de toute transcription, soit d'acte de mutation, soit d'acte désigné dans les art. 1 et 2 de la loi du 23 mars 1855. Notre opinion est aujourd'hui unanimement adoptée (De France, n° 479, p. 335; — Jalouzet, *Rép. Alph.*, p. 333 et

(1) « La doctrine admise par les tribunaux paraît, dit-elle, difficilement contestable. Les rapports faits à la Chambre des députés par M. Rameau, le 27 déc. 1880, et au Sénat par M. Marcel Barthe, le 22 déc. 1883, mentionnent expressément les conservateurs parmi les agents de la loi auxquels les dispositions du projet seraient susceptibles d'être appliquées. Le texte de la loi fournit lui-même d'ailleurs un sérieux argument à l'appui de cette thèse, car certains actes rentrant dans les attributions des conservateurs et relatifs à la procédure de vente sur saisie immobilière sont précisément mentionnés dans le tarif du 10 oct. 1841 auquel se réfère l'art. 3 de la loi. » Ce sont ces mêmes motifs que nous avions mis en relief au *Rép. gén.* V[o] *Vente jud.*, n° 111-1.

797-5. Renseignements administratifs. Trésoriers-payeurs généraux. Coupes des bois de l'Etat et coupes extraordinaires des bois des communes et des établissements publics. Etat de situation hypothécaire des adjudicataires. Gratuité. — Les conservateurs sont désormais tenus de délivrer gratuitement aux trésoriers-payeurs généraux les états de situation hypothécaire que ces comptables ont à leur réclamer pour se renseigner sur la solvabilité des adjudicataires des coupes des bois de l'Etat et des coupes extraordinaires des bois des communes et des établissements publics, ainsi que de leurs cautions. Toutefois, ces états, délivrés à titre de simples renseignements, ne sont pas signés, mais seulement revêtus de la griffe du bureau ou de celle en usage pour l'oblitération des timbres mobiles (D. m. f. 7 janv. 1903, 10467 R. P.).

839-1. Certificat d'inscriptions sur plusieurs personnes. Inscription unique commune à ces personnes. Pluralité de salaires. — Dans le mode d'organisation de notre régime hypothécaire, les inscriptions sont prises contre les personnes, c'est-à-dire que les registres et les recherches qu'on peut y faire n'ont pas pour base le cadastre (la *désignation des immeubles*), mais la *désignation des propriétaires* d'immeubles, aux noms desquels sont mentionnés tous les actes relatifs aux immeubles qu'ils possèdent. Il s'ensuit que, pour les certificats d'inscriptions, les recherches et les formalités ne sont pas déterminées par le nombre d'inscriptions, qu'un certificat nécessite autant de mentions particulières qu'il y a d'individus contre lesquels l'inscription a été prise, et qu'enfin un certificat, qu'il soit affirmatif ou négatif, est nécessairement *individuel*. Dès lors, s'il est admis qu'il y a autant de certificats négatifs donnant droit à autant de salaires distincts qu'il y a de personnes visées et de recherches faites, la même conclusion s'impose, par identité de motifs, quand il s'agit de certificats affirmatifs, le salaire alloué aux conservateurs devant être mis en rapport avec les recherches ou les formalités effectuées (Jug. paix Bruxelles (3e canton), 1er mai 1905, 11145 R. P.).

Ces règles, souvent méconnues, ont été également affirmées et mises en lumière par un jugement de paix de Guelma du 20 janv. 1906. La rémunération, est-il dit dans ce jugement, allouée aux conservateurs pour leurs divers actes, représente non seulement le travail matériel qu'ils fournissent, mais aussi la responsabilité qu'ils encourent. Si, d'après ce principe (résultant du préambule du décret du 21 sept. 1810), l'Administration reconnaît qu'il est dû un salaire de 1 fr. par chaque personne indiquée lorsque l'état demandé sur plusieurs personnes est négatif, il en est de même lorsque chacune de ces personnes est grevée d'une inscription collective, puisque, dans ce dernier cas comme dans le premier, il est nécessaire de rechercher et d'examiner soigneusement autant de comptes individuels que de personnes et que l'on rencontre autant de risques d'erreurs ou d'omissions (Trib. paix Guelma, 20 janv. 1906, 11154 R. P.).

844 *bis*. Transcription. Désignation des parcelles. Omission. Nullité. Copie du rôle de la matrice cadastrale. — En matière de saisie immobilière, la désignation des parcelles est une mention substantielle du procès-verbal de saisie. L'omission de cette désignation rend la saisie inexistante, et la copie littérale de la matrice du rôle des contributions foncières ne saurait suppléer à cette omission (Cass., 5 mars 1901, 10490 R. P.).

846-3. Saisie immobilière. Créancier inscrit après la saisie. Droit de se faire subroger. — Il ne résulte d'aucun texte de loi que le droit de demander la subrogation n'appartient qu'aux créanciers liés à la poursuite par l'accomplissement des formalités prescrites par les art. 692 et 693 C. proc. : au contraire, l'art. 722, qui permet de demander la subrogation en cas de collusion, fraude ou négligence, est conçu en termes généraux, et il n'y a pas de raison pour refuser ce droit au créancier inscrit après la saisie, qui se prétend lésé par la collusion, la fraude ou la négligence soit du créancier saisissant, soit de ceux qui avaient obtenu une première subrogation (Cass. (req.), 21 fév. 1906, 11258 R. P.).

850. Certificat de non-transcription de saisies et de non-transcription d'actes de mutation. — La double certification constatant tout à la fois qu'il n'existe aucune transcription d'acte de mutation ni aucune transcription de saisie entraîne des recherches séparées et une responsabilité distincte; par suite, elle justifie un double salaire (Jug. paix Bruxelles (3e canton), 1er mai 1905, 11145 R. P.).

871. Seconde inscription pour la même créance. Donateur et donataire de la créance. Seule personnalité. Un seul droit. — En principe, toute inscription ayant pour objet, soit la conservation du droit hypothécaire, soit le renouvellement d'une inscription antérieure, soit la rectification d'erreurs qui vicient une précédente inscription, donne ouverture au droit proportionnel. C'est ce qu'a encore récemment décidé le tribunal de la Seine dans un cas où une seconde inscription avait été prise en vertu de conventions postérieures à la première formalité dans le but de réparer la nullité dont celle-ci pouvait être affectée (Seine, 8 mars 1906, 11261 R. P.). Mais l'Administration renonce à exiger un nouveau droit lorsqu'une seconde inscription, prise à un très court intervalle de la première, n'a pour but que la réparation d'une omission ou la rectification d'une erreur non susceptible d'invalider la première inscription, c'est-à-dire lorsque la seconde formalité peut être considérée comme se confondant avec la première. Il en est ainsi lorsque, ayant été prise par erreur au profit du donateur devenu de la créance, l'inscription est formalisée par rectification quelques jours après au profit du donataire, les deux inscriptions procédant, dans ce cas, du même titre et profitant à deux créanciers qui, en droit, ne forment qu'une seule personnalité (Sol. 22 mars 1907, 11543 R. P.).

HYPOTHÈQUE. 349

334; *Rép. gén. de Dr. franç.*, v° *Conservateur des Hyp.*, n° 667).

« Peu importe, dit M. de France, que le certificat négatif de résolution soit délivré isolément ou concurremment avec l'état des transcriptions d'actes d'aliénation. Dans ce dernier cas, les deux actes du conservateur s'appliquent à des faits distincts; ils nécessitent des recherches différentes et entraînent une responsabilité particulière. Pour dresser l'état des transcriptions, le préposé recherche les actes emportant dépossession non mentionnés en l'origine de propriété. Pour le second, il examine les actes d'acquisition sur lesquels se fonde le droit de propriété et s'assure qu'ils n'ont pas été émargés d'une mention de résolution, ou même (car ces actes peuvent n'avoir pas été transcrits) vérifie s'il n'a été, depuis, transcrit aucun jugement de résolution. Si l'on se bornait à certifier qu'il n'existe pas de transcription d'actes d'aliénation, le droit du propriétaire ne se trouverait pas pour cela justifié. Il faut encore attester que les titres invoqués par lui ne sont pas infirmés. Il y a donc bien là deux actes de nature distincte. La situation ne diffère pas de celle que décrivait M. l'avocat général Desjardins devant la Cour de cassation (1). La conclusion doit être identique. »

« Lorsqu'on demande à un conservateur, observe aussi justement le *Rép. gén. de Dr. franç.*, un état des transcriptions du chef de tel ou tel propriétaire, son devoir consiste uniquement à examiner les actes de dépossession non mentionnés en l'origine de propriété, et ceux-là seuls; lorsqu'il est requis, en outre, de certifier sur les mentions de résolution éventuelle, il doit examiner les actes constatant les acquisitions faites par ces propriétaires et énoncées au contrat sur lequel il certifie, s'assurer que nul de ces actes n'est émargé d'une mention de résolution, et vérifier s'il n'existe sur ses registres aucun jugement de résolution. L'examen fait en ce cas est singulièrement plus complexe que celui fait dans le premier dont il est indépendant et tout à fait distinct. En résumé, le certificat de non-mention de résolution est passible d'un salaire spécial, dont le conservateur ne saurait être privé par cette circonstance que deux certificats auront été requis de lui et délivrés par lui d'une manière simultanée.

860. — V. n° 846.

863. Inscription. — Taxe. — V. n° 1091 et s. *infrà*.

866. Transcription dans plusieurs bureaux. — Ancien tarif dans le premier bureau. — Exemption de la taxe nouvelle dans le second. — V. n° 1118 *infrà*.

868. Inscriptions. — Taxe. — Base de perception. — Capital. — Accessoires. — Pour l'assiette de la taxe nouvelle, il faut adopter la même interprétation que celle qui était admise au sujet du droit d'inscription, c'est-à-dire que la perception doit atteindre non seulement le principal, mais encore les accessoires dus au jour de l'inscription (Sol. 12 sept. 1900, 9980 R. P.).

871. Inscription. — Modifications. — Prorogation. — Nouvelle inscription à valoir à sa date. — Nouveau droit de 1 p. 1000. — Par une sol. du 10 juill. 1899 (9847 R. P.), l'Administration rappelle que, si elle renonce à exiger un nouveau droit de 1 p. 1000 lorsqu'une nouvelle inscription, prise à un court intervalle de la première, n'a pour but que la réparation d'une omission ou la rectification d'une erreur, il en est autrement quand la seconde inscription doit valoir à sa date et produire des effets propres et distincts. — Par suite, elle décide spécialement, lorsque la double formalité a été nécessitée par de nouvelles conventions qui ont eu pour effet de réduire le taux d'intérêt et de proroger la période d'amortissement des prêts consentis par le Crédit Foncier, que le droit de 1 p. 1000 est dû sur l'ensemble des sommes comprises dans la nouvelle inscription.

Le tribunal de la Seine a pleinement adopté cette doctrine par un jugement du 10 nov. 1900 (9993 R. P.). Mais le Crédit Foncier a cru devoir déférer ce jugement à la C. de cassation pour violations des art. 19, 21, 22 L. 21 vent. an VII; 62, titre IV, L. 9 vend. an VI; 60 L. 28 avr. 1816; 1164 C. C. et 47 Décr. 28 fév. 1852, en ce qu'il a décidé que le droit d'hypothèque est le salaire de la formalité de l'inscription et doit être perçu sur toute inscription, tandis qu'au contraire il ne doit être payé qu'un seul droit pour chaque créance; que, dans l'espèce, la créance avait déjà été inscrite; que l'inscription nouvelle ne présentait aucune utilité pour le Crédit Foncier qui, par sa législation spéciale, est dispensé du renouvellement décennal. La Chambre des requêtes n'a pas admis ces considérations; son arrêt du 28 juill. 1902, que nous avons approuvé sous le 10325 R. P., porte en substance : la créance résultant d'une nouvelle convention aux termes de laquelle le Crédit Foncier réduit le taux de l'intérêt des prêts antérieurement consentis et proroge à 75 ans, à compter de la nouvelle convention, la période d'amortissement, se différencie notablement des créances antérieures et ne peut pas être confondue avec elles; dès lors, l'inscription prise pour sûreté de prêts ainsi modifiés afin de valoir tant à sa date que comme modification de l'inscription primitive, présente un intérêt nouveau et réel pour le Crédit Foncier et est assujettie au droit proportionnel; il est vrai que l'art. 47 Décr. 28 fév. 1852 dispense du renouvellement, pendant toute la durée du prêt, les inscriptions prises au profit du Crédit Foncier; mais cette exception ne peut s'entendre que du renouvellement applicable à une créance identique antérieurement inscrite et non d'une créance qui a subi des modifications rendant nécessaire ou simplement utile l'accomplissement de la nouvelle formalité.

874 *bis*. Créance conditionnelle. — Prêt différé. — Annulation. — Taxes d'inscription et de radiation non exigibles. — Aux termes d'une Sol. 21 déc. 1900 (10113 R. P.), l'inscription prise à l'occasion d'un prêt conditionnel du Crédit Foncier et, plus tard, la radiation de cette inscription effectuée en vertu d'un acte notarié qui a annulé ce prêt avant sa réalisation ne donnent lieu à la perception d'aucune taxe; et, si les taxes d'inscription

(1) V. *Rép. gén.*, n° 890 : M. l'avocat général Desjardins rappelait qu'il serait inique de réclamer gratuitement du conservateur un acte qui comporte un travail et entraîne une responsabilité; qu'il y a lieu de régler le salaire, comme dit Mourlon, « eu égard à l'analogie qu'il peut y avoir entre la formalité demandée et telle ou telle formalité énoncée au tarif » (*Transcrip.*, t. 370).

et de radiation ont été perçues, elles doivent être restituées, ainsi que le coût du timbre de la pétition, sans qu'il y ait lieu de retenir le minimum de 0 fr. 25 par formalité.

Cette solution est entièrement conforme aux principes; il convient, néanmoins, de remarquer qu'il est de pratique constante de percevoir le droit d'inscription (aujourd'hui la taxe) au moment même de la formalité, parce que, en fait, l'annulation des prêts se produit rarement et que l'inscription prend rang du jour de sa date.

877. Inscription d'hypothèque légale. — Acte de liquidation déterminant la créance. — Habilité de la femme séparée. — Absence d'homologation. — Droit proportionnel exigible. — En principe, une taxe proportionnelle de 1 fr. p. 1000 est due sur l'inscription des créances hypothécaires et si, aux termes des art. 1 et 2 L. 6 messidor an VII, l'inscription indéfinie qui a pour objet la conservation d'un droit simplement éventuel, actuellement indéterminé dans son émolument, n'est point sujette à la taxe proportionnelle, il y a ouverture à la perception de cette taxe dès que le droit indéterminé se précise en une créance certaine. — Il en est ainsi lorsqu'à la suite d'un jugement de séparation de biens une inscription d'hypothèque légale a été prise au profit de la femme pour sûreté de ses reprises et qu'ultérieurement un acte de liquidation, approuvé par les parties, a fixé le montant des émoluments revenant à la femme; on objecterait vainement, pour repousser le droit proportionnel : 1° que le procès-verbal de liquidation n'a pas été signifié à toutes les parties en cause si, en fait, les créanciers auxquels la notification n'a pas été faite ont déclaré se désister purement et simplement de toute intervention, et 2° que la liquidation n'a pas été homologuée en justice, cette homologation n'étant prescrite par aucun texte et la femme séparée étant habilitée à débattre et à fixer valablement, en contradiction avec son mari, le montant de ses reprises (Muret, 13 mai 1899, 9934 R. P.).

877 et 881. Créance éventuelle. — Compte de tutelle soldé. — Non-exigibilité du droit. — Quand le reliquat d'un compte de tutelle est payé comptant par le tuteur à son pupille, le droit de 1 fr. p. 1000 resté en suspens lors de l'inscription indéfinie, ne peut plus être exigé (Sol. 4 avr. 1892, 8027 R. P.). — V. n° 885 *infra*.

884. Payement d'avance des droits et salaires. — Procédure de recouvrement. — La règle générale que les droits d'hypothèque, et même les salaires, doivent être versés d'avance et au moment de la réquisition de la formalité, est incontestable; elle résulte expressément de l'art. 27 de la loi du 21 ventôse an VII, qui porte : « Hors les cas d'exception prononcés par la présente loi et par celle du 11 brum. dernier, les *droits* et *salaires*, dus pour les formalités hypothécaires, seront payés d'*avance* par les requérants ».

Cette même règle est affirmée encore, en ce qui concerne les salaires, par l'art. 2155 C. C. ainsi conçu : « Les frais des inscriptions sont à la charge du débiteur, s'il n'y a stipulation contraire; l'*avance* en est faite par l'inscrivant, si ce n'est quant aux hypothèques légales, pour l'inscription desquelles le conservateur a son recours contre le débiteur. Les frais de la transcription, qui peut être requise par le vendeur, sont à la charge de l'acquéreur. »

Enfin, la C. Paris en a fait indirectement l'application en décidant, aux termes d'un arrêt du 13 mars 1895, qu'on ne saurait faire un grief au conservateur de ne pas s'être conformé à l'art. 27 de la loi du 27 vent. an VII en n'exigeant pas le paiement des droits et salaires, cet article conférant un droit au conservateur à l'égard des tiers, mais ne lui imposant aucune obligation (J. C. 3884).

Aussi approuvons-nous un jugement de La Rochelle du 8 fév. 1899 (9543 R. P.) qui a décidé : « 1° Que le coût des formalités hypothécaires est exigible d'avance, et que le conservateur a le droit d'exiger, avant d'accomplir la formalité de transcription, la consignation de la somme à laquelle, sous sa responsabilité, il évalue les droits; 2° et que le fait de n'avoir pas exigé cette consignation ne saurait modifier sa situation ni porter atteinte à son droit absolu et qu'en conséquence la discussion, en ce qui concerne le droit d'hypothèque, doit être engagée par la partie envers le Trésor et non contre le conservateur personnellement. Sur ce dernier point, le jugement de La Rochelle a été infirmé par un arrêt du 5 juin 1899 (9645 R. P.), aux termes duquel la C. Poitiers a cru devoir faire la distinction suivante : si le conservateur a accordé des facilités, il faut, tant que le Trésor n'a pas été désintéressé, opérer par voie de *contrainte;* mais si le conservateur a versé lui-même les droits au fisc, il lui faudra recourir aux voies *ordinaires* pour obtenir le remboursement de ces droits ainsi que des salaires qui lui sont personnellement dus. Nous n'admettons pas cette distinction. Il ne peut y avoir deux modes de procédure pour discuter le calcul et l'exigibilité des droits dus au Trésor. De la circonstance que la discussion se produit, soit au moment du dépôt des pièces à formaliser, soit au moment du retrait de ces pièces, soit enfin dans l'intervalle entre le dépôt et le retrait, ne peuvent naître des distinctions non prévues par la loi fiscale et des exceptions à la règle générale.

1. CRÉANCE ÉVENTUELLE. — PAIEMENT DES DROITS D'INSCRIPTION LORS DE LA RADIATION RÉVÉLANT LA RÉALISATION. — En matière d'inscription d'hypothèque légale, le droit de 1 fr. p. 1000 qui, comme on l'a vu plus haut, incombe au débiteur, ne peut être exigé du créancier qui requiert la radiation, comme condition de l'accomplissement de cette dernière formalité. Un payement effectué dans de telles conditions donnerait ouverture à une action en restitution (Sol. 2 mai 1902, I. G. 3095, § 17, p. 47).

885. Créance éventuelle. — Tutelle. — Prescription biennale. — Suivant un arrêt de la C. de cassation du 27 déc. 1892, la prescription trentenaire n'est pas applicable au droit d'hypothèque resté en suspens lors de la formalité donnée par le conservateur à une inscription d'hypothèque légale prise contre un tuteur pour une somme indéterminée. Ce droit doit être exigé dans les deux années qui suivent l'enregistrement des actes fixant le montant de la créance des mineurs. Mais cet arrêt nous a paru critiquable, car les actes qui révèlent simplement la réalisation de l'éventualité ne constituent pas un titre de perception, mais des documents de rapprochement qui ne peuvent faire courir la prescription de deux ans (8026 R. P.). — V. n° 881 *supra*.

882. Inscription au profit du Trésor. Contributions n'excédant pas 30 fr. Opportunité d'inscrire. — A raison de la suppression des droits de timbre et d'inscription par la L. 27 juill. 1900 qui les a remplacés par une taxe de 0 fr. 25, les comptables des contributions directes doivent prendre inscription pour les sommes même inférieures à 30 fr., toutes les fois que cette mesure semble opportune pour sauvegarder les intérêts du Trésor (Circ. Compt. pub. 26 janv. 1901, 10080 R. P.).

884. V. 270. — Hypoth., n°s 793 et 1012-2.

912. **Hypothèque maritime. Algérie. Droit de 0.50 p. 100. Décr. 23 août 1904.** — V. v° *Colonies*, n°s 35, 81 et 115.

946. **Société en liquidation. Inscription d'hypothèque légale de la femme. Vente de l'immeuble social. État sur transcription ne mentionnant pas l'inscription. État sur réquisition individuelle contre le mari avec spécification de l'immeuble social. Délivrance de l'inscription.** — L'hypothèque légale de la femme ne frappe pas sur un immeuble acquis par une société commerciale, dont le mari était membre, et revendu pendant la période de liquidation de la société; dès lors, le conservateur ne doit pas faire figurer l'inscription d'hypothèque légale dans l'état demandé sur la transcription de la vente dud. immeuble faite par le liquidateur au nom de l'être moral. Mais si une réquisition est déposée au conservateur à l'effet de connaître sur l'immeuble dont il s'agit, spécialement désigné, les inscriptions frappant, du chef du mari, l'inscription d'hypothèque légale doit être délivrée, une telle réquisition considérant implicitement le mari comme propriétaire indivis, et le conservateur n'ayant pas à se faire juge de cette appréciation. — Il appartient aux tribunaux de rejeter l'inscription de l'état, mais sans dommages-intérêts ni dépens à la charge du conservateur (Seine, 26 janv. 1905, 13530 R. P.).

960. **Antichrèse. Transcription. Adjudicataire postérieur. Droits de l'antichrésiste.** — Si le droit de l'antichrésiste ne peut être opposé aux créanciers hypothécaires inscrits antérieurement à la transcription du contrat d'antichrèse, il est opposable, au contraire, à tous ceux qui ont acquis postérieurement des droits sur l'immeuble et notamment à l'acquéreur de l'immeuble. Il appartient à celui-ci, si le cahier des charges ne mentionne pas l'antichrèse, de demander réparation à l'auteur du préjudice résultant de ce défaut de mention (C. Lyon, 28 oct. 1903, 10816 R. P.).

Antichrèse. Préférence des créanciers antérieurement inscrits. Saisie. Extinction du droit de rétention de l'immeuble et des loyers. Immeuble libre entre les mains de l'adjudicataire. — A la différence des créanciers hypothécaires et privilégiés, l'antichrésiste n'a pas le droit de suite sur l'immeuble donné en antichrèse; son droit de rétention n'est opposable qu'aux tiers dont les droits sont postérieurs à la transcription de l'antichrèse. Quant aux créanciers inscrits sur l'immeuble avant l'accomplissement de cette formalité, ils peuvent le faire saisir comme bon leur semble et comme si l'antichrèse n'existait pas; ils exercent le recouvrement de leur créance au rang de leur inscription, non seulement sur le capital et les intérêts à provenir du prix de vente, mais encore sur le montant des loyers immobilisés par la transcription de la saisie. Il n'y a pas lieu de distinguer si l'adjudication a lieu sur saisie ou sur [illegible] judiciaire après jugement de conversion (Seine, 13 mai 1905, [illegible] R. P.).

968. **Bail de plus de 18 ans. Inopposable aux créanciers inscrits avant la transcription, même pour 18 ans seulement.** — Un bail de plus de 18 ans ne peut être invoqué contre un créancier qui a fait inscrire ses droits hypothécaires avant la date de la transcription de ce bail, et cela encore bien que cet acte ait acquis date certaine à raison de son enregistrement opéré antérieurement à l'inscription. — On ne saurait non plus soutenir que la postériorité de la transcription a simplement pour effet de réduire à 18 ans la durée pour laquelle il est opposable aux créanciers inscrits, les dispositions de la loi du 23 mars 1855 ne comportant pas une telle interprétation (C. Paris, 2 mars 1906, 11338 R. P.).

970. **Loyers à échoir. Cession non transcrite. Saisie immobilière. Réduction des effets de la cession à une somme inférieure à trois années de loyers.** — La cession de loyers ou fermages à échoir pour une somme supérieure à trois années est, bien que non transcrite, opposable aux créanciers hypothécaires dans la limite de 2 ans et 364 jours de loyers à partir de la transcription de la saisie des immeubles (Le Havre, 17 juill. 1903, 10619 R. P.).

Valeur équivalente à trois années. Durée non fixée. Obligation de la transcription déterminée par la valeur, et non par la durée. — En imposant la formalité de la transcription pour toute cession d'une somme « équivalente à trois années » de loyers ou fermages non échus, la L. 1855 n'a eu en vue que le rapport entre la somme transportée et le montant total des loyers. Dès lors, on ne saurait soutenir que la cession d'une somme inférieure à trois années de loyers doit être soumise à la transcription par le motif que la durée de la cession est restée indéterminée. — On ne doit pas, pour établir le rapport de la cession au chiffre du loyer, faire état d'une vacance de location survenue postérieurement à la notification de cette cession (C. Paris, 11 mars 1905, 10290 R. P.).

910. **Adjudication sur délaissement. — Droit de mutation.** — L'adjudication sur délaissement par hypothèque est sujette au droit de mutation sur la totalité du prix, sans qu'il y ait à tenir compte du droit perçu lors de l'enregistrement de l'acte de vente volontaire. — Le délaissant n'a d'ailleurs aucune action pour faire condamner l'Administration à lui restituer le droit d'enregistrement auquel l'adjudication sur délaissement a été assujettie (Seine, 24 juill. 1891, 7814 R. P.).

912. **Hypothèque maritime. — Droit de 1 fr. p. 1000.** — L. 10 juill. 1885, art. 2, Instr. n° 2834-9 du 1[illegible] mars 1893, 8104-14 R. P.

913. **Navire. — Ouverture et réalisation de crédit. — Constitution d'hypothèque maritime. — Exigibilité du seul droit de 1 fr. p. 1000.** — L'acte constatant la remise ou l'engagement de remettre des fonds destinés à l'achat ou la construction de navires et garantis par une hypothèque sur ces navires n'est passible, en vertu de la loi du 10 juill. 1885, pour ces stipulations corrélatives, que du droit de 1 fr. p. 1000 (Rouen, 22 déc. 1892, 8075 R. P.).

924. **Cession de droits successifs. — Non-transcription. — Notaire. — Responsabilité. — Défaut de mandat.** — Aucune loi n'impose aux notaires l'obligation de remplir les formalités intrinsèques destinées à assurer l'exécution ou l'efficacité des actes passés devant eux, à moins qu'ils n'aient reçu mandat à cet effet, et c'est ainsi qu'un notaire ne peut être déclaré responsable du défaut de transcription d'une cession de droits successifs s'il n'est pas établi qu'il eût reçu mandat de requérir cette formalité. — Au surplus, au cas spécial, à cause de l'absence de toute indication même sommaire des immeubles compris dans la cession de droits successifs, la transcription eût été inefficace au point de vue de la conservation du privilège (Cass. req., 22 fév. 1897, 9734 R. P. — Sur la question de conservation de privilège, *Rappr.* n° 359-5 supra).

931. **Vente conditionnelle. — Transcription. — Effet rétroactif. — Nullité des hypothèques.** — En cas de vente sous condition suspensive, le droit de propriété de l'acquéreur rétroagit au jour du contrat, et la transcription qui en aura été opérée empêche les hypothèques, prises dans l'intervalle, de produire aucun effet à l'égard de cet acquéreur (Lyon, 30 avr. 1902, 10356 R. P.; I. C. 5477).

944. **Société. — Apports immobiliers. — Utilité de la transcription. — Inscriptions judiciaires contre l'associé ou ses héritiers. — Délivrance de ces inscriptions.** — Bien que les actes de société ne soient pas nécessairement transcriptibles (V. *Rép. gén.*, v° *Hyp.*, n° 1037 et *Société*, n°s 245 et s.), l'utilité de la transcription ne s'en manifeste pas moins toutes les fois qu'il y a des apports immobiliers: en effet, tant que la transcription n'a pas eu lieu, celui qui a fait l'apport demeure, au regard des tiers, le seul et véritable propriétaire, alors cependant qu'il devrait garantir la libre disposition de l'immeuble à la société (*Sic* : Seine, 18 fév. 1896, 9153 R. P.). Aussi, le conservateur doit-il, à défaut de transcription d'un acte de société contenant des apports d'immeubles par deux époux, délivrer sur ces immeubles les inscriptions judiciaires prises individuellement contre l'héritier de la femme (Semur, 5 avr. 1898, 9866 R. P.).

944-1. **Renonciation à communauté.** — Et il en est ainsi lors même que, depuis les inscriptions, les héritiers auraient renoncé à la communauté de laquelle les immeubles dépendaient, car l'effet rétroactif de cette renonciation n'étant pas opposable aux créanciers des héritiers renonçants, le conservateur doit délivrer les inscriptions pour le cas où la renonciation serait révoquée (Même jugement. — *Rappr.* n° 1037 *infrà* et Cass. 25 avr. 1893).

960. **Constitution d'antichrèse. — Créanciers antérieurement inscrits. — Préférence.** — La dation d'un immeuble en antichrèse ne peut préjudicier aux droits des créanciers inscrits sur cet immeuble avant la transcription de l'acte d'antichrèse et ne leur est point opposable (Lyon, 23 janv. 1897, 9317 R. P. — V. n° 1076).

977. **Jugement de résolution. — Avoué. — Amende pour défaut de mention en marge de la transcription. — Mode de constatation et de recours gracieux.** — L'amende encourue par un avoué pour avoir omis de faire mentionner, dans le délai, un jugement de résolution en marge de la transcription de la vente, ne doit pas nécessairement être prononcée par un jugement rendu à la requête du ministère public.

Le contrevenant peut prévenir les poursuites en faisant opérer la mention et en payant l'amende, et, dans cette procédure, il appartient à l'Administration de statuer sur la demande en remise de l'amende (Sol. 28 janv. 1900, 10078 R. P.).

989. **Saisie. — Vente après transcription du procès-verbal de saisie. — Créanciers inscrits. — Nullité relative.** — La nullité de la vente d'immeubles frappés d'une saisie suivie de transcription du procès-verbal ne peut être invoquée par d'autres créanciers de la partie saisie que ceux dont les droits sont garantis par une hypothèque inscrite, puisque c'est à ces derniers seulement qu'il appartient, d'après l'art. 693 C. Proc., de s'opposer à la radiation de la saisie, et qu'aux termes de l'art. 687, il est loisible à l'acheteur de purger ladite nullité en désintéressant les créanciers inscrits (Cass. req., 24 janv. 1898, 9479 R. P.).

989 *bis*. **Vendeur inexactement dénommé. — Créancier postérieur. — Saisie à la requête de ce créancier. — État des transcriptions ne mentionnant pas la vente. — Inefficacité de la transcription.** — Les actes translatifs de propriété immobilière demeurent, jusqu'à la transcription, sans effet à l'égard des tiers, si bien même que la transcription d'une vente désignant le vendeur sous un nom tellement inexact que cette vente n'a pu être comprise par le conservateur dans l'état des transcriptions requis sur le vendeur par un créancier inscrit postérieurement à la vente, équivaut, à l'égard de ce

créancier, à l'absence de transcription. Il s'ensuit que, en cas de saisie des biens du vendeur pratiquée à la requête de ce créancier, l'acquéreur, dont le contrat transcrit désigne inexactement le vendeur, ne saurait demander la distraction de l'immeuble acquis par lui. Il en serait ainsi lors même que, en fait, le créancier saisissant aurait connu le dessaisissement de son débiteur, ce dessaisissement n'ayant pu être juridiquement accompli que par une transcription régulière de l'acte de vente, c'est-à-dire par une transcription faisant connaître aux tiers le véritable nom du vendeur (C. Montpellier, 14 juin 1897, 9341 R. P.).

990. Ventes distinctes du même immeuble. — Priorité. — 1° *Transcription du même jour.* — On admet généralement qu'entre deux transcriptions opérées le même jour, la priorité se détermine d'après le numéro sous lequel la remise des titres a été mentionnée au registre des dépôts (Paris, 9 fév. 1877, S. 77-2-55; D. 77-2-74; — Nice, 15 nov. 1883, J. E. 22308; — Bourges, 10 fév. 1887, J. E. 22833; — C. Bourges, 12 déc. 1887, *Rép. gén.*, n° 990; — C. Bordeaux, 3 mai 1888, *ibid.*; — Cass. 18 déc. 1888, J. E. 23657; — Périgueux, 5 déc. 1889, J. E. 22658; — C. Orléans, 4 mars 1896, 8745 R. P.; — Ducruet, *Transcrip.*, n° 14 *bis*; Fons, *id.*, n° 45; — Sellier, n° 170; — Flandin, t. II, n° 920 et s.; — Aubry et Rau, t. II, § 174, note 23, p. 62; — *Rev. Not.*, 5432). Cependant, Mourlon enseigne que la préférence entre deux acquéreurs, dont les titres auraient été transcrits le même jour, devrait se régler par l'ordre matériel dans lequel les deux transcriptions se trouvent portées au registre de transcriptions, sans égard à l'ordre dans lequel les pièces remises ont été inscrites au registre des dépôts. Suivant cet auteur, le registre des transcriptions forme la loi unique des parties, qui n'ont point à s'enquérir des mentions consignées au registre des dépôts (*Rép. prat.* 1856, p. 477 et suiv.). Cette théorie serait souvent inapplicable dans la pratique, puisque, dans la plupart des conservations, on ouvre à la fois et à la même date plusieurs registres de transcriptions, de sorte que deux contrats contenant vente du même immeuble et déposés le même jour peuvent être transcrits sur des registres différents. Or, comment reconnaître, dans ce cas, la priorité d'une transcription sur l'autre.

La règle qui découle de la jurisprudence précitée n'est, d'ailleurs, pas absolue, et la présomption légale résultant de l'ordre des transcriptions au registre des dépôts peut être détruite par la preuve contraire (*Rép. gén.*, n° 990; Flandin, *loc. cit.*; — Cass. 18 déc. 1888 précité).

2° *Actes reçus en même temps au bureau des hypothèques.* — Dans le cas où il y a simultanéité de deux réquisitions de transcription, l'inscription au registre des dépôts ne peut avoir lieu au même rang pour les deux actes et, par suite, le placement de l'un avant l'autre par le conservateur ne peut être qu'arbitraire et ne saurait engendrer une priorité quelconque de droits. C'est donc, en pareil cas, au moyen d'autres présomptions que la préférence de l'un des contrats doit être déterminée. Ainsi, dans une espèce particulière (R. P. 9152), la préférence a été accordée à l'acte le premier en date (C. Limoges, 20 juin 1894; — Cass. req. 11 mars 1896, R. P., *loc. cit.*). Ces deux décisions, sans ériger de règle absolue, se rapprochent du système défendu par quelques auteurs et d'après lequel la priorité appartient au titre qui le premier a acquis date certaine (Bressolles, *Transcrip.*, n° 45; — Rivière et Huguet, *Quest. sur la transcrip.*) — V. n° 1003 *infrà*.

1000. Transcription. — Acquéreurs successifs du même auteur. — Droits de l'acquéreur premier transcrit. — Prescription. — Tout conflit entre deux acquéreurs successifs d'immeubles, tenant leurs droits du même auteur, est spécialement prévu et réglé par les art. 1 et 3 L. 23 mars 1855, qui assurent la préférence à celui qui, le premier, a fait transcrire son titre, et le défaut de transcription ne peut être compensé, pour celui qui l'a négligée, par la prescription de 10 à 20 ans dont il est parlé dans l'art. 2265 C. C. (Saint-Sever, 16 déc. 1898, 9519 R. P.).

1003. Vente et affectation hypothécaire du même immeuble. — Transcription et inscription du même jour. — Priorité. — Suivant un arrêt de la C. Paris du 15 mai 1900 (9935 R. P.), la règle de l'art. 2147 C. C., d'après laquelle il faut placer au même rang les inscriptions prises le même jour, ne s'applique pas au cas de concours entre une transcription d'acte de vente et une inscription opérée le même jour. Les circonstances et l'ordre d'inscription au registre des dépôts, tenu conformément à l'art. 2200 C. C., doivent servir à déterminer laquelle des formalités a la priorité sur l'autre.

D'après les jugements de Nice du 15 nov. 1883 et de Bourges du 12 fév. 1887, analysés au *Rép. gén.*, c'est la priorité d'inscription sur le registre des dépôts du conservateur qui détermine le rang de l'une ou de l'autre des formalités. — Aubry et Rau enseignent que la priorité, entre une transcription et une inscription du même jour, est déterminée d'une façon absolue par le numéro d'ordre sur le registre des dépôts (t. II, p. 62, § 174, note 23. — En ce sens, Arras, 5 juill. 1860, S. 60-2-481; — Forcalquier, 30 déc. 1880, S. 81-2-47; — Flandin, n° 925).

Mais, en général, on admet la doctrine de l'arrêt précité du 15 mai 1900, c'est-à-dire que l'antériorité de la transcription sur l'inscription, ou inversement, peut être déduite des énonciations du registre des dépôts confirmées par les autres circonstances de la cause (Dio, 17 juin 1868, S. 69-2-153; D. 69-3-91. — V. Nancy, 10 mai 1894, *Gaz. Pal.*, 94-1-776), sans que les indications de ce registre aient un caractère d'authenticité ne permettant pas aux parties de faire la preuve contraire.

Deux autres systèmes, le premier d'après lequel l'inscription a la priorité sur la transcription, celle-ci n'ayant effet qu'à partir du lendemain de sa date (Bagnères-de-Bigorre, 24 fév. 1859, S. 60-2-427), le second, suivant lequel la préférence doit être basée sur les dates des titres (Pont, n° 54; *Journ. des Av.*, t. LXXX, art. 2213; Chauveau, art. 3377), paraissent aujourd'hui abandonnés. — V. n° 990 *suprà*.

1021. Transcription. — Taxe proportionnelle. — L. 27 juill. 1900 (9820, 9865 et 9884 R. P.; I. G. 3018. — V. n° 1004 et suiv. (*infrà*).

1024. Réversion — Acquisition conjointe. — Pacte aléatoire de réversion. — Renonciation. — Droit de

1000. Entre deux acquéreurs successifs d'un même immeuble, déclare la Cour suprême, la préférence est due à celui qui, le premier, a fait transcrire son acte d'acquisition, sauf le cas de concert frauduleux entre le second acquéreur et le vendeur (Cass. (req.), 20 fév. 1905, 10836 R. P.).

1002. Transcription. Vente. Créance contre le vendeur postérieure à l'acte de vente, mais inscrite avant la transcription de cet acte. Validité. — L'inscription prise par un créancier du vendeur avant la transcription de la vente par ce dernier est opposable à l'acquéreur, bien que le titre duquel résultent l'hypothèque et l'inscription soit postérieur en date à cet acte d'aliénation. — (Cass. req., 1er déc. 1903, 10796 R. P.).

1031. Droits de transcription. Décimes. — Le droit de transcription, étant un droit d'hypothèque, est passible de deux décimes et demi en vertu des LL. 6 prairial an VII, 23 août 1871 et 30 déc. 1873. — (Seine, 11 nov. 1905, 11116 R. P.).

1025. Taxes de transcription et de radiation. Résolution. Demande en restitution non recevable. — Les taxes de transcription et de radiation édictées par la L. 27 juillet 1900, constituent un impôt de remplacement des droits de timbre supprimés. Elles sont dues dès lors qu'il est procédé à l'accomplissement des formalités hypothécaires, et il importe peu qu'elles s'appliquent à des conventions soumises à une condition résolutoire ou constatant l'accomplissement de cette condition (Seine, 2 mars 1907, 11815 R. P.).

1027. Promesse de vente d'immeubles. Transcription. Vente réalisée dans des conditions différentes de celles de la promesse. Droit d'enregistrement. Non-imputation du droit de transcription précédemment perçu. — Le droit de 1.50 p. 100 perçu à la conservation des hypothèques pour la transcription d'une promesse de vente d'immeubles ne saurait être imputé sur le droit proportionnel auquel donne lieu l'enregistrement de l'acte de réalisation de la vente, lorsque cette réalisation s'opère dans des conditions différentes de celles de la promesse, que les parties ont d'ailleurs pris soin d'annuler expressément (Versailles, 28 mars 1905, 11610 R. P.).

1035. Bail. Promesse unilatérale de vente. Hypothèque consentie ultérieurement par le vendeur. Validité. Action en mainlevée non fondée avant l'acceptation de la promesse. — Lorsqu'un bail consitue au profit du preneur un contrat de louage avec simple promesse unilatérale de vente, les hypothèques consenties depuis par le bailleur sont valables, et le preneur ne peut contraindre celui-ci à en rapporter la mainlevée tant qu'il n'a pas manifesté son intention d'acquérir (Seine, 28 avril 1904, 10867 R. P.).

transcription. — L'acte par lequel trois acquéreurs conjoints et solidaires d'un immeuble, avec clause de réversion au profit du survivant, déclarent renoncer pour l'avenir au pacte aléatoire stipulé et vouloir être considérés comme copropriétaires indivis à raison d'un tiers chacun, est passible du droit de 1 fr. 50 p. 100, s'il est présenté à la transcription. Ce droit doit être liquidé sur le prix intégral de l'acquisition conjointe et solidaire. Bien que la formalité ait été requise par le notaire qui a instrumenté, le recouvrement du droit peut être poursuivi contre les parties, si les circonstances démontrent que le notaire avait mandat de requérir la transcription (Toulon, 24 mai 1898, 9405 R. P. — *Rappr.* nº 1070 *infra*).

1028. Transcription. — Partage. — Présentation par erreur au bureau des hypothèques. — Formalité commencée. — Droit de transcription exigible. — Lorsqu'un partage a été présenté, même sans réquisition, au bureau des hypothèques pour y être formalisé, et que la transcription a déjà reçu un commencement d'exécution, le déposant ne saurait, en alléguant que le dépôt a été le résultat d'une erreur, exiger le retrait de l'acte et se soustraire au paiement du droit proportionnel de transcription de 1 fr. 50 p. 100 (Sol. 9 sept. 1895, 9154 R. P.; — J. C. 4808). — Si rigoureuse que cette solution puisse paraître pour certains cas, elle est entièrement fondée en principe.

1029. Vente sous condition suspensive. — Présentation volontaire à la transcription. — Droit proportionnel exigible. — Hôtel. — Immeubles par destination. — Jugé que le droit proportionnel de transcription est dû sur un acte présenté volontairement à la transcription et contenant vente, sous condition suspensive, d'un hôtel et du mobilier garnissant cet immeuble. A défaut de réquisition contraire, la formalité est réputée demandée pour l'acte tout entier et, dès lors, le droit de transcription s'applique indistinctement au mobilier et à l'hôtel (Saint-Julien, 13 fév. 1895, 8537 R. P.). — Il est bien certain que le conservateur n'a pas à se faire juge des motifs ou de l'utilité de la transcription (Flandin, nº 1366; Demante, *Dissert.*, 4055 R. P.), et qu'il doit percevoir le droit de transcription qui n'a pas encore été acquitté à l'enregistrement. D'ailleurs, la transcription d'une vente conditionnelle peut avoir une utilité réelle et permettre à l'acquéreur, au moment où la propriété se consolidera rétroactivement entre ses mains, d'écarter les tiers auxquels le propriétaire aurait concédé des droits sur l'immeuble. C'est ainsi que la C. cass. a décidé que, si une donation faite sous condition suspensive est présentée à la transcription, le droit de 1 fr. 50 p. 100 est régulièrement exigible (Cass. 5 nov. 1867, 2559 R. P. — *Conf.* Fontainebleau, 14 janv. 1880, 5998 R. P.; J. C. 2302).

1035. Promesse de vente contenue dans un bail de plus de 18 ans. — Droit de transcription. — La Chambre des requêtes, rejetant un pourvoi formé contre un jugement de Chambéry du 17 fév. 1894 (8377 R. P.), a consacré, en principe, que la présentation volontaire à la transcription d'un contrat de promesse unilatérale de vente d'immeubles, autorise la perception du droit de 1 fr. 50 p. 100, et que si cette promesse est contenue dans un acte renfermant également un bail de plus de dix-huit ans et si l'expédition du contrat est présentée en entier à la transcription sans réquisition limitative, les parties sont censées avoir demandé la transcription de la promesse comme celle du bail et doivent acquitter les droits applicables à ces deux dispositions (Cass. req., 21 janv. 1896, 8714 et 8860-41 R. P.).

En droit, nous ne pouvons qu'approuver cette jurisprudence, et nous renvoyons sur ce point aux observations très documentées que nous avons publiées à la suite de l'arrêt du 18 juill. 1882 (5992 R. P.). Mais, comme nous l'avons dit, *loc. cit.*, *in fine*, et ainsi que nous l'avons encore fait ressortir 8501 R. P., une solution pratique qui mettrait fin aux procès de l'espèce, s'impose : que, d'une part, les notaires ou les intéressés fassent une réquisition limitative lorsqu'ils désireront ne faire porter la publicité de la transcription que sur le bail à l'exclusion de la promesse de vente, et que, d'autre part, les conservateurs mettent en pratique la règle très sage contenue dans l'I. G. 2324, § 4, en demandant aux intéressés une réquisition explicative lorsqu'il y aura doute sur l'étendue de la transcription. Il convient que l'impôt applicable à une formalité volontaire et facultative ne revête jamais l'apparence d'une surprise.

1037. Séparation des patrimoines. — Inscription en vertu d'une reconnaissance. — Droits d'enregistrement et de timbre. — L'inscription du privilège de la séparation des patrimoines, pris en vertu d'un acte s. s. p., nécessite l'enregistrement du titre. La prescription trentenaire est applicable au droit d'enregistrement. Toutefois, l'inscription pouvant être valablement opérée à la requête d'un tiers, le bénéficiaire de l'inscription et du titre non enregistré n'est pas nécessairement responsable des droits d'enregistrement (Argentan, 5 déc. 1893, 8315 R. P.). — V. nºˢ 944 et 1070.

1038. Acquisition par le mari comme porte-fort de sa femme dotale. — Acceptation ultérieure de dotalité. — Exigibilité du droit de 1 fr. 50 p. 100 de la taxe. — Si l'on peut discuter sur le point de savoir si un acte est de nature à être transcrit et, par suite, si le droit de transcription doit être perçu par le receveur lors de l'enregistrement, il en est autrement lorsque cet acte est volontairement présenté à la formalité de la transcription au bureau des hypothèques, car, dans ce cas, l'Administration n'a pas à apprécier le degré d'utilité de la formalité de la transcription requise, et le conservateur doit percevoir le droit de 1 fr. 50 p. 100 qui est la rémunération du service rendu (Sol. 19 avr. 1901, 10079 R. P.; — Saint-Calais, 27 déc. 1900, 10136 R. P.).

Spécialement, si le mari d'une femme dotale a acquis, au nom de celle-ci, des immeubles destinés à lui servir de remploi de valeurs propres à aliéner, l'acte ultérieur qui contient ratification par la femme de cette acquisition et déclaration de dotalité, doit être assujetti au droit de 1 fr. 50 p. 100 s'il est présenté à la formalité de la transcription. — On ne saurait contester la régularité de cette perception par le motif que l'acquisition ayant été faite par le mari se portant fort pour sa femme, la déclaration de ratification ne fait qu'un avec l'acquisition elle-même (Mêmes décisions).

La ratification ainsi présentée à la transcription donne également ouverture à la taxe hypothécaire de 0 fr. 25 p. 100 (Sol. précitée; point abandonné par le débiteur au cours de l'instance). — *Rappr.* n° 1113 *infrà*.

1040-1. Transcription. — Légataire particulier d'une part indivise d'immeuble, devenant adjudicataire du surplus. — Droit proportionnel exigible. — Lorsque le légataire particulier d'une part indivise d'immeuble acquiert le surplus par voie de licitation, comme il ne continue pas la personne du testateur, il a le droit de purger les hypothèques qui peuvent grever, du chef de ce dernier, la part dont il s'est rendu acquéreur. — En conséquence, il doit le droit de transcription à 1 fr. 50 p. 100, non sur le testament que la L. 23 mars 1855 n'a pas voulu comprendre parmi les actes assujettis à la transcription, mais sur l'acte de licitation, qui seul détermine d'une façon définitive ses droits sur l'immeuble (Cass. req. 28 déc. 1897, I. G. 2965, § 7, 9175 R. P.).

1042-2. Fortage. — Concessions. — Extractions de minerais. — L'Administration a décidé également que le droit de 1 fr. 50 p. 100 avait été régulièrement perçu lors de la transcription d'un contrat notarié contenant concession du droit d'extraire pendant 20 ans et moyennant une redevance proportionnelle aux quantités extraites, des sables et grès tendres dans des propriétés appartenant au cédant. « D'après des arrêts C. Cass. 27 juill. 1863, 6 déc. 1864 et 20 juill. 1886 (I. G. 2274, § 9, et 2324, § 4; J. E. 22708), rappelle la solution, la présentation à la transcription sans limitation ni réserve d'un acte contenant à la fois transmission de *meubles* et transmission d'*immeubles*, ne rend, il est vrai, le droit de 1 fr. 50 p. 100 exigible que sur les biens de cette dernière catégorie; mais ces décisions sont fondées sur ce que la transcription des contrats translatifs d'*objets mobiliers* étant inutile, les parties sont présumées, à moins d'intention contraire exprimée, avoir voulu limiter la formalité aux clauses concernant les immeubles. La jurisprudence dont il s'agit est donc sans application au cas spécial où la partie a formellement requis la transcription de la concession du droit de fortage. — V. le 1er considérant de l'arrêt du 6 déc. 1864 précité. » (Sol. 2 mai 1898, J. C. 4063.)

Dans le même sens, le tribunal de Nice a jugé que la transcription, sur la réquisition des parties ou de leur notaire, d'un acte contenant bail ou concession pour une durée de 20 ans, avec faculté de renouvellement pour quatre nouvelles périodes de même durée, moyennant le prix de 1.000 fr. pour la 1re période et celui de 1.200 fr. pour chaque autre période, du tréfonds d'un immeuble en vue d'y rechercher et d'en extraire des minerais, gangues, etc., donne ouverture au droit proportionnel de transcription de 1 fr. 50 p. 100 sur le montant cumulé des redevances afférentes à toutes les périodes de la concession (22 fév. 1902, 10159 R. P. (1). — *Conf.* Sol. 4 mai 1872, 3822 R. P.; — De France, n° 256-5).

1048-5. — 1° *Donation-Partage. — Présentation sous réquisition limitative. — Immeubles donnés et immeubles partagés. — Droit de transcription sur l'ensemble des immeubles. — Provision.* — On ne peut reprocher à un conservateur d'avoir transcrit *intégralement*, malgré l'absence d'une réquisition écrite ou verbale, l'expédition d'un acte de donation-partage que le déposant pensait ne devoir être formalisée qu'à l'égard des immeubles donnés, la transcription pour les autres immeubles partagés étant inutile. — Aucune disposition légale n'oblige, en effet, le conservateur à exiger et le déposant à remettre une réquisition pour la transcription d'un acte, la réquisition verbale existant, en réalité, par le seul fait du dépôt de la pièce à formaliser (Montluçon, Jug. de Paix, 10 avr. 1897, 9290 R. P. — V. 1048-5-3° *infrà*) les tempéraments qu'il convient d'apporter à cette décision de principe.

2° *Acte de Société. — Apports. — Plusieurs immeubles. — Présentation à la transcription pour un seul immeuble.* — Contrairement à la demande de l'Administration, un jugement de Marseille du 3 janv. 1895 (8564 R. P.) a décidé qu'en l'absence d'une réquisition spéciale, le texte même de l'extrait *in parte quâ* d'un acte de société contenant l'apport de plusieurs immeubles dont un seul est particulièrement désigné et évalué dans cet extrait, peut constituer une suffisante indication de limiter la transcription à cet immeuble, et que, dès lors, cet immeuble tombe seul sous l'application du droit de 1 fr. 50 p. 100. Plus tard, et ainsi qu'on le verra sous le n° ci-après, l'Administration a justement abandonné la rigueur de sa doctrine.

3° *Transcription. — Contrat de mariage contenant des apports immobiliers. — Droit proportionnel de transcription.* — La présentation à la transcription d'un contrat de mariage comprenant des apports immobiliers, sans réquisition indiquant que la transcription n'a pas pour objet les immeubles apportés, donne sur ces biens ouverture au droit proportionnel de 1 fr. 50 p. 100. Toutefois, cette règle comporte des tempéraments s'il apparait d'une manière certaine que, en fait, les parties n'ont pas entendu requérir la transcription en ce qui concerne ces immeubles (Sol. 27 nov. 1894, 8501 R. P.). — Dans l'espèce qui a donné lieu à l'arrêt du 12 mai 1891 (*Rép. gén.*, 1030 et 1048-5; R. P. 7620) prononçant l'exigibilité du droit, même sur les apports immobiliers, la transcription relativement à ces apports avait été formellement requise et cette circonstance « suffisait », suivant l'expression même de la Cour, pour que le conservateur dût exiger le paiement du droit proportionnel ». — Nous avons nous-même approuvé la doctrine de cet arrêt; mais nous pensons, cependant, que la Cour n'eût point réformé la décision des premiers juges si la transcription, au lieu d'être expressément demandée quant aux apports immobiliers, avait paru avoir au contraire, par le silence et l'intention des parties, pour seul et véritable objet la donation d'immeubles également comprise au contrat. Il en est ainsi lorsque la présentation à la transcription a lieu à raison de la donation d'une part indivise d'immeubles dont l'autre portion appartenait déjà au donataire et dont l'apport est nécessairement constitué en même temps que la donation. Il est vrai que, dans le

(1) Ce jugement décide, en outre, que lorsque le paiement du droit non perçu au moment de la transcription est réclamé à la fois contre les parties et contre le notaire, celui-ci doit être mis hors de cause si les parties reconnaissent qu'il a agi comme leur mandataire tacite.

1040-1. **Licitation. Part indivise d'immeuble. Légataire particulier adjudicataire du surplus. Droit proportionnel de transcription exigible.** — V. *Licitation*, n° 174.

1042-2. **Acte présenté à la transcription par le notaire. Droit de transcription de 1.50 p. 100. Supplément. Action en recouvrement. Notaire mis hors de cause.** — Conformément à la doctrine et à la jurisprudence rappelées dans notre précédent Supplément, il a été jugé que : 1° lorsqu'un acte contenant concession du droit d'extraire des pierres est présenté à la formalité de la transcription, le droit proportionnel de 1.50 p. 100 est dû indépendamment de la taxe de 0 fr. 25 p. 100; 2° et de plus, que l'action en recouvrement de ce droit de 1,50 p. 100, non perçu lors de la formalité contre le notaire requérant et contre les parties comme débiteurs solidaires, doit être écartée à l'égard du notaire (Le Vigan, 25 mai 1905, 11022 R. P.).

Algérie. — Le tribunal de Guelma a également fait application de ces principes. La transcription, déclare-t-il, d'un acte portant, sous une condition suspensive, concession pour une durée de 25 ans du droit de rechercher, extraire et exploiter les phosphates de chaux, donne ouverture au droit proportionnel de 0 fr. 25 p. 100 (tarif algérien; et à la taxe de 0 fr. 25 p. 100 calculée sur le montant cumulé des redevances afférentes à toute la durée de l'amodiation, à évaluer par les parties d'après les éléments du contrat, et sur les sommes fixes à payer par le concessionnaire aux concédants ou, à leur décharge, à des tiers, en sus de ces redevances. Il en est de même de la transcription de l'acte par lequel le concessionnaire originaire cède ses droits, *pendente conditione*, à un tiers qu'il charge d'acquitter, à l'événement de la condition, les prestations [illegible] (Guelma, 28 mars 1905, 10775 R. P.). — Le jugement ajoute que tous les intéressés sont solidairement obligés au payement des droits dus sur l'acte.

1044. — V. 1073.

1070. Échange. Taxe hypothécaire. — L'action ayant pour objet l'exigibilité de la taxe hypothécaire sur un échange est valablement dirigée par l'Administration contre le notaire qui a requis la transcription de l'échange (Autun, 28 juill. 1905; 11095 R. P.).

1086. Vente d'immeubles domaniaux. Droit de transcription et taxe hypothécaire. — Aux termes de l'art. 8 L. du 31 mars 1903 le droit d'enregistrement des ventes d'immeubles domaniaux est fixé à 5 fr. 50 p. 100, conformément à l'art. 52 L. 28 avril 1816. La formalité de la transcription au bureau des hypothèques ne donne plus lieu qu'au droit de 0 fr. 25 p. 100 établi par l'art. 3 L. 27 juill. 1900. Les droits et [illegible] frais de transcription sont, sauf convention contraire, à la charge des acquéreurs (10495 R. P.).

rigueur des principes, le conservateur n'a pas à apprécier l'utilité de la transcription des diverses dispositions d'un acte, ni à rechercher l'intention tacite des parties. Mais l'application de ces règles de droit étroit doit fléchir devant l'évidence des faits, c'est-à-dire lorsqu'il apparait d'une manière manifeste que l'intention des parties a été de limiter la transcription. — L'Administration a elle-même compris qu'elle devait se départir de ces règles rigoureuses dans trois affaires au sujet desquelles est intervenue la Solution précitée du 27 nov. 1894; elle a reconnu, en effet, pour ces trois affaires, que les circonstances étant « beaucoup moins favorables » que dans l'espèce de l'arrêt du 6 mai 1861, il importait de ne pas compromettre, dans une instance dont le succès paraissait douteux, « le principe même de l'exigibilité du droit sur les clauses de cette nature ». — En définitive, les distinctions en cette matière sont extrêmement délicates, et, si l'Administration n'engage d'instances qu'avec une sage prudence, les notaires devraient, de leur côté, mettre cette même prudence en pratique en formulant expressément leur intention dans les réquisitions limitatives qui auraient l'heureux effet d'écarter toute cause de conflit. — *Rappr.* 10485-1°.

4° *Partage testamentaire. — Substitution. — Autres biens partagés. — Droit dû seulement sur ceux grevés de substitution.* — Dans le même esprit d'interprétation, c'est-à-dire en admettant qu'au cas où un acte, dont la transcription ne peut être facilement scindée, la formalité est censée n'avoir été requise que pour celles des dispositions dont la transcription était utile, l'Administration a décidé que si un partage testamentaire, contenant des dispositions au profit des enfants nés et à naître, est présenté intégralement à la formalité, le droit de transcription n'est dû que sur les biens formant l'objet de ces dispositions à l'exclusion des autres biens partagés (Sol. 26 juill. 1800, 9818 R. P.).

1056. — V. n° 806.

1056 bis. Adjudication en plusieurs lots. — Minimum. — V. n° 1132 et 1133 *infrà*.

1066. Vente et quittance. — Présentation et formalités séparées dans un bureau incompétent. — Perception de la taxe de 0 fr. 25 p. 100 pour transcription et de celle de 0 fr. 10 p. 100 pour radiation. — Présentation unique des actes au bureau compétent. — Restitution de la taxe de 0 fr. 25 comme double emploi. — La transcription d'un acte de vente d'immeubles et de la quittance du prix portant mainlevée de l'inscription d'office, si elle est accomplie séparément pour chacun de ces actes, donne successivement ouverture aux deux taxes de 0 fr. 25 p. 100 et 0 fr. 10 p. 100. Mais la première de ces deux taxes est seule exigible, sur les deux mêmes actes, s'ils sont présentés simultanément à la formalité et transcrits en un même contexte. — Lorsque après avoir été transcrits séparément à une conservation autre que celle de la situation des biens et y avoir été respectivement soumis aux taxes de 0 fr. 25 p. 100 et 0 fr. 10 p. 100, deux actes de vente et de quittance ont été ensuite déposés simultanément à la conservation compétente où la taxe de 0 fr. 25 p. 100 a été de nouveau perçue, ce dernier droit, qui fait double emploi, est susceptible d'être restitué. — Quant à la taxe de 0 fr. 10 p. 100 perçue au premier bureau pour la radiation de l'inscription d'office, elle demeure acquise au Trésor malgré la nullité de l'inscription à laquelle elle s'applique, nullité dont le conservateur n'était pas juge (Sol. 30 avril 1902, I. G. 3095, § 18, 10366 R. P.).

1070. Droit de transcription sur un acte de société. — Notaire débiteur du supplément de droit. — Jugé, à l'occasion d'un acte de société contenant des apports immobiliers, que si le droit fixe seul a été perçu par le conservateur, le supplément de droit est exigible du notaire qui a requis la formalité hypothécaire (Saint-Quentin, 21 déc. 1892, 8288 R. P.). — Nous croyons, à l'encontre de ce jugement, que lorsque le notaire fait transcrire l'acte avec l'agrément des parties, celles-ci, qui profitent de la formalité, sont tenues des droits et sont soumises, comme le notaire requérant, à l'action de l'Administration (V. Toulon, 24 mai 1898, n° 1024 *suprà*).

Dans une espèce particulière, le tribunal de Montpellier s'est prononcé pour la mise hors de cause du notaire en relevant cette circonstance que les parties avaient manifesté dans l'acte même la volonté d'en faire transcrire une expédition : en requérant la formalité, le notaire avait agi comme mandataire de ses clients (Montpellier, 9 fév. 1891, 7870 R. P.).

1076. Transcription. — Antichrèse. — Renonciation. — Droit fixe. — Bien que la transcription d'un acte portant renonciation à un droit d'antichrèse ne rentre pas dans les prévisions de l'art. 12 L. 23 mars 1855, l'Administration ne croit pas devoir pousser la déduction rigoureuse des principes, posés en matière d'actes non soumis à la transcription, jusqu'à l'extrême limite et ne réclame que le droit fixe (Sol. 12 nov. 1898, 9800 R. P.). Aujourd'hui, la taxe serait exigible en vertu de la L. 27 juill. 1900. — V. n° 960 *suprà*.

1083. Transcription d'une adjudication. — Pluralité des acquéreurs. — Pluralité des droits fixes. — La transcription d'une adjudication prononcée au profit de plusieurs personnes rend exigibles autant de droits fixes d'un franc qu'il y a d'acquéreurs (Mirecourt, 18 juill. 1890. — Cass. civ. 13 avr. 1893, 8069 et 8194-30 R. P.).

1084. Expropriation pour cause d'utilité publique. — Restitution. — Timbre des états et certificats hypothécaires. — Le bénéfice de l'art. 58 L. 3 mai 1841, relatif à la restitution des droits perçus sur les actes d'acquisitions amiables passés avant les arrêtés de cessibilité, s'étend au droit de timbre des états et certificats hypothécaires requis par l'expropriant en vue de la purge, soit obligatoire, soit même facultative (Sol. 20 mai 1895, 8947 R. P.). — Cette Solution consacre le système d'interprétation que nous avons défendu, v° *Expropriation*, n° 213; la doctrine des Sol. 4 juin 1860 et 11 mai 1863, *cod. verb.*, n° 156, se trouve donc entièrement abandonnée.

1086. Vente de biens domaniaux. — Transcription. — Nous avons montré au *Rép. gén.*, v° *Hypothèque*, n° 1086, l'utilité que peut présenter pour un acquéreur la transcription d'un acte d'acquisition d'immeubles domaniaux, et nous avons exprimé l'avis que, lorsque cette transcription est requise, le droit de 1 fr. 50 p. 100, non perçu à l'enregistrement, devient exigible au bureau des hypothèques. Nous avons maintenu cette opinion, conformément à la thèse même de l'Administration, à l'encontre de la doctrine admise par un jugement de Céret du 12 mai 1897 (R. P. 9137. — V. nos observations à la suite de ce jugement). On objectait que la loi du 15 floréal an X avait déchargé tout acquéreur de biens domaniaux des droits autres que celui de 2 fr. p. 100 et, par suite, de celui de transcription en cas de formalité hypothécaire. A cet argument nous répondions : « Après avoir fixé à 2 fr. p. 100 la quotité du droit, le texte porte « tous autres frais de vente demeurent à la charge de la République ». Qu'est-ce donc que les frais de vente? Ce sont ceux qui incombent de plein droit au vendeur, à l'exclusion de ceux que l'art. 1593 C. C. met à la charge de l'acquéreur sous le nom de frais et loyaux coûts du contrat; ils ne comprennent pas, dès lors, les frais occasionnés par la transcription, pas plus que les frais de timbre et d'expédition (*Rappr.*, v° *Domaine*, n° 425; *Conf.* J. C. 4016).

Néanmoins, l'Administration semble disposée à abandonner elle-même cette interprétation peut-être rigoureuse : tout en déclarant, en principe, l'exigibilité du droit de transcription, la Direction générale admet que l'État en a dispensé l'acquéreur aux termes de la loi de floréal précitée, et qu'en conséquence il convient de le restituer à l'acquéreur lorsqu'il a été acquitté par lui (D. m. f. 23 juill. 1901) (1).

(1) Cette décision s'appuie sur des considérations qu'il importe de connaître : « Si l'adjudication devait être considérée comme un acte n'étant pas de nature à être transcrit, la demande de M. M... devrait être rejetée. La transcription, dans cette hypothèse, aurait été requise sans utilité, et il est incontestable que le Trésor ne devrait pas supporter les frais d'une formalité que l'acquéreur aurait été amené à remplir pour de simples raisons de convenance personnelle. — Mais, dans l'état actuel de la législation, les actes d'aliénation d'immeubles domaniaux rentrent dans la catégorie des actes de nature à être transcrits, c'est-à-dire des actes pour lesquels la formalité de la transcription présente une utilité incontestable. D'une part, la transcription de ces actes est aujourd'hui indispensable en vertu de l'art. 1er L. 23 mars 1855, pour que l'aliénation soit opposable aux tiers; d'un autre côté, elle est également utile comme préliminaire obligé de la purge (2181 C. C.). A supposer que les immeubles domaniaux ne puissent être hypothéqués du chef de l'État, du jour où ils sont entrés dans son patrimoine, — ce qui est d'ailleurs une proposition des plus contestables lorsqu'il s'agit d'immeubles du domaine privé, — ils peuvent l'avoir été antérieurement du chef des précédents propriétaires, et la clause du cahier des charges portant que les biens sont vendus « francs et libres de toutes dettes et hypothèques » ne saurait avoir pour effet de faire disparaître les droits réels qui les grevaient ainsi. Les acquéreurs ont donc un intérêt évident à procéder à la purge des hypothèques et, par suite, à faire transcrire leurs titres d'acquisition. — Il en résulte que les actes d'aliénation d'immeubles domaniaux rentrent dans la catégorie des actes assujettis au droit proportionnel de transcription au moment même de l'enregistrement, par l'art. 54 L. 28 avr. 1816. Or, si le droit de transcription avait, dans l'espèce, été perçu, comme il devait l'être, au moment de l'enregistrement, il eût fait partie des frais nécessaires de la vente et il aurait dû, par suite, être supporté par le Trésor puisque, d'après le cahier des charges, tous frais autres que le droit d'enregistrement à 2 fr. p. 100 restent à la charge de l'État. La situation ne saurait être différente parce que ce droit a été perçu au bureau des hypothèques, car le Conservateur, en l'exigeant, n'a fait que réparer l'erreur commise par le Receveur. On doit en conclure que l'Administration est tenue de rembourser à l'adjudicataire le droit de 1 fr. 50 p. 100 qu'il a payé. »

1086 *bis*. Institut de France. — Caractère de bien domanial. — L'Institut de France est un service de l'État et se confond avec lui; en conséquence, le tarif de 2 p. 100 est applicable, à l'exclusion de celui de 5 fr. 50 p. 100, à l'adjudication de biens immeubles dont il est propriétaire. Il en est ainsi lors même que les biens adjugés n'appartiennent à l'Institut qu'à titre de légataire universel sous bénéfice d'inventaire, l'acceptation bénéficiaire n'empêchant pas, en effet, la saisine légale de s'être produite à son profit et la propriété de s'être fixée entre ses mains (Perpignan, 22 avril 1896, 8940 R. P.) (1).

CINQUIÈME PARTIE. — TAXE HYPOTHÉCAIRE (2).

1091. Observation préliminaire. — Nous aurions déjà dû, si nous avions suivi la division telle qu'elle a été établie au *Rép. gén.*, traiter toutes les questions relatives à la nouvelle taxe hypothécaire dans les diverses parties précédemment examinées, suivant que les difficultés d'application de cette taxe se rapportent aux subrogations (444-449, 465-466), aux radiations (493-681), aux inscriptions (863-885) ou aux transcriptions (1021-1090); mais la taxe hypothécaire se distinguant, par sa nature spéciale, des droits d'inscription et de transcription proprement dits, il nous a paru opportun, pour l'intelligence de notre étude, de grouper sous un chapitre particulier les principales questions que soulève cette matière si délicate qui donne lieu, chaque jour, à de nombreuses controverses.

1092. Texte L. 27 juillet 1900, promulguée le 7 août suivant. — Article 1er. — Sont affranchis du timbre :

1° Les registres de toute nature tenus dans les bureaux d'hypothèques;

2° Les bordereaux d'inscription;

3° Les pièces produites par les requérants pour obtenir l'accomplissement de formalités hypothécaires et qui restent déposées au bureau des hypothèques;

4° Les reconnaissances de dépôts, remises aux requérants en exécution de l'art. 2200 C. C., et les états, certificats, extraits et copies dressés par les conservateurs.

Les pièces visées au n° 3 ci-dessus mentionneront expressément qu'elles sont destinées à être déposées au bureau des hypothèques pour obtenir l'accomplissement d'une formalité hypothécaire qui devra être spécifiée. Elles ne pourront servir à aucune autre fin, sous peine de 100 fr. d'amende, outre le payement des droits, contre ceux qui en auront fait usage.

(1) La personnalité civile que la loi reconnaît à certains établissements de l'État est un bénéfice qui leur est conféré pour assurer leur prospérité ou pour faciliter l'accomplissement des actes de leur vie civile; cette autonomie, dont le but est d'améliorer leur situation, ne saurait être invoquée en vue de les priver des faveurs que la loi fiscale réserve aux actes qui intéressent l'État lui-même. Une solution analogue a prévalu pour les Facultés et corps de Facultés que la loi du 28 avril 1893 a investis de la personnalité civile. Les Ministres des Finances et de l'Instruction publique ont reconnu que, malgré leur capacité juridique, ces établissements n'en restent pas moins rattachés à l'ensemble des services de l'État par des liens trop étroits pour être exclus des immunités fiscales dont jouit l'État et les établissements absorbés dans l'État (Déc. 2 avril 1895, 8820-81 R. P.).

(2) *Tout ce qui suit est une partie nouvelle, d'après la loi du 27 juillet 1900.*

Sont supprimés les droits d'inscription et les droits fixes de transcription.

Art. 2. — En remplacement des impôts supprimés par l'article précédent, il est établi une taxe proportionnelle non sujette aux décimes, qui sera perçue d'avance, au moment de la réquisition de la formalité et liquidée :

1° Pour les transcriptions, sur le prix ou la valeur des immeubles ou des droits qui font l'objet de la transcription, suivant les règles applicables à la perception des droits d'enregistrement ;

2° Pour les inscriptions, sur le capital de la créance inscrite.

Les inscriptions faites d'office, conformément à l'art. 2108 C. C., sont exemptes de la taxe ; celle-ci devra être acquittée lors du renouvellement desdites inscriptions ;

3° Pour les mentions des subrogations et radiations, sur la somme exprimée dans l'acte ; à défaut de somme, la taxe est perçue sur la valeur du droit hypothécaire faisant l'objet de la formalité. En cas de réduction de l'hypothèque, la taxe est liquidée sur le montant de la dette ou sur la valeur de l'immeuble affranchi, si cette valeur est inférieure. Si plusieurs créanciers consentent des réductions sur le même immeuble, la perception ne pourra excéder le montant de la taxe calculée sur la valeur de l'immeuble.

La perception suivra les sommes et valeurs de vingt francs en vingt francs inclusivement et sans fraction.

Il ne pourra être perçu moins de vingt-cinq centimes pour les formalités qui ne produiront pas vingt-cinq centimes de taxe proportionnelle.

Art. 3. — Le taux de la taxe établie par l'article précédent est fixé à 0 fr. 10 p. 100 pour les formalités désignées sous le n° 3 dudit article, et à 0 fr. 25 p. 100 pour toutes les autres formalités.

Toutefois, le taux de 0 fr. 25 p. 100 est réduit de moitié pour la transcription des actes visés dans l'article 12 de la loi du 23 mars 1855 et des actes de donation contenant partage, faits entre vifs, conformément aux art. 1075 et 1076 C. C., ainsi que pour l'inscription des hypothèques prises en vertu d'actes d'ouverture de crédit non réalisé ; le complément de la taxe de 0 fr. 25 p. 100 deviendra exigible lors de la réalisation ultérieure du crédit.

Art. 4. — Si les sommes et valeurs ne sont pas déterminées dans les actes ou extraits donnant lieu à la formalité, les requérants seront tenus d'y suppléer par une déclaration estimative, laquelle ne pourra être inférieure à celle fournie, le cas échéant, au bureau de l'enregistrement.

Art. 5. — Si, dans le délai de deux années à partir de la formalité, l'insuffisance ou la dissimulation des sommes ou valeurs ayant servi de base à la perception est établie conformément aux modes de preuve admis en matière d'enregistrement, il sera perçu au bureau des hypothèques, indépendamment des droits simples supplémentaires, un droit en sus, lequel ne pourra être inférieur à 50 fr.

Art. 6. — Sont applicables à la taxe établie par l'art. 2 les dispositions des lois concernant les droits d'hypothèque qui n'ont rien de contraire à la présente loi.

Si la même mention de subrogation ou radiation est requise dans plusieurs bureaux, le droit sera acquitté ainsi qu'il est porté aux art. 22 et 26 L. 21 vent. an VII pour les inscriptions et les transcriptions.

1092. Documents et travaux préparatoires. — Sur les travaux qui ont précédé la loi et qui permettent de reconnaître comment la proposition de loi de M. Bertrand, celle de M. Klotz et le projet du gouvernement se sont fondus dans le texte ci-dessus, nous avons publié sous le n° 9820 R. P. le rapport de M. Klotz à la Chambre des députés au nom de la commission de législation (Séance du 1er mars 1900), et sous le n° 9865 R. P. les passages les plus saillants du rapport fait par M. Boulanger au Sénat au nom de la commission des Finances ; de plus, nous avons réuni ces documents dans un tirage spécial de notre commentaire sommaire publié sous le n° 9864 R. P. — Nous y renvoyons.

§ 1er. — *Droits supprimés*

1093. Timbre. — 1° *Registres.* — L'art. 1er supprime le timbre « des registres de toute nature tenus dans les bureaux d'hypothèque ». Les formalités sur le *registre des dépôts* et sur ceux des *inscriptions*, des *transcriptions d'actes de mutation* et des *transcriptions de saisies* ne donnent donc plus lieu au paiement d'aucun droit de timbre, puisqu'il n'y a plus consommation de papier timbré.

2° *Bordereaux.* — Le droit de timbre sur les « *bordereaux d'inscription* » est également supprimé, sans distinction entre le bordereau qui est conservé au bureau des hypothèques et celui qui est rendu à l'inscrivant.

La loi ne parle pas des bordereaux que les avoués sont tenus de remettre au conservateur des hypothèques, en conformité de l'art. 4 L. 23 mars 1855, pour les mentions de résolution, ni du récépissé de ces bordereaux, mais on doit reconnaître que, d'après l'esprit général de la loi, ces pièces se trouvent également exemptes du timbre.

Si le timbre est supprimé, on n'en doit pas moins continuer à conserver la dimension réglementaire du papier ; c'est ce que l'Administration a prescrit elle-même pour les pièces et certificats délivrés aux requérants par les conservateurs (I. G. 3018, p. 11).

3° *Pièces produites et conservées au bureau.* — Sont également dispensées du timbre « les pièces produites par les requérants pour obtenir l'accomplissement de formalités hypothécaires et qui restent déposées au bureau des hypothèques » (n° 3 de l'art. 1er). — Il importe de remarquer qu'aux termes du n° 4 du même article, cette dispense n'existe qu'à la condition que les pièces « *mentionneront expressément qu'elles sont destinées à être déposées au bureau des hypothèques, pour obtenir l'accomplissement d'une formalité hypothécaire qui devra être spécifiée* » ; la même disposition frappe d'une amende de 100 francs toute manœuvre qui aurait pour but d'utiliser ces pièces pour une autre destination (V. n° 1133 *infrà*).

Les grosses et expéditions dispensées du timbre n'en conservent pas moins leur caractère, et il convient de les écrire sur du papier de la même dimension que si ce papier était timbré (*Rapp.* du 2° ci-dessus).

4° *Pièces produites devant être rendues aux intéressés.* — La dispense du timbre ne s'applique pas aux pièces qui doivent être simplement représentées au conservateur et que celui-ci est tenu de rendre après avoir constaté le titre ou les justifications qu'elles contiennent : tels sont les brevets et expéditions des actes ou jugements qui ont donné naissance au privilège ou à l'hypothèque et qui sont produits au conservateur en conformité de l'art. 2148 C. C. (Rapport précité de M. Klotz; I. G. 3018, p. 2).

5° *Reconnaissance de dépôt, états, certificats extraits, copies collationnées.* — Le n° 4 de l'art. 1er affranchit du timbre « les reconnaissances de dépôt (1) remises aux requérants en exécution de l'art. 2200 C. C. et les états, certificats extraits et copies dressés par les conservateurs ».

« La dispense, porte l'I. G. 3018, p. 3, est générale; elle s'applique, comme celle dont bénéficient les pièces produites, même aux écrits relatifs à des formalités pour lesquelles la taxe de remplacement n'est pas exigible, même aux certificats négatifs. »

Les *copies collationnées* d'actes transcrits délivrées par les conservateurs bénéficient aussi de cette dispense de timbre (I. G. 3018 *eod. loc.*).

6° *Quittance de la taxe et des salaires.* — « La dispense doit profiter, ajoute l'Administration (*eod. loc.*) à la quittance de la taxe de remplacement ou du droit proportionnel de transcription qui est maintenu, attendu que cette quittance doit être considérée comme faisant corps avec le certificat de formalité. » — La mention portée au bas des actes transcrits, des bordereaux ou autres pièces, pour relater à la fois l'accomplissement d'une formalité et la quittance des droits et salaires, ne donnait lieu à l'apposition du timbre de quittance, sous la législation antérieure, que si le chiffre des *salaires* seuls excédait 10 francs, sans égard aux droits fiscaux; à plus forte raison ne saurait-il être question, aujourd'hui, d'apposer un timbre de quittance dans les cas où la *taxe* et les *droits de transcription* dépasseraient 10 fr., car la nouvelle loi est une loi de dégrèvement de timbre sur tous les documents hypothécaires. Le passage précité n'en est pas moins à retenir, car l'Administration y reconnait que la mention contenant quittance fait corps avec l'acte au point de vue des droits d'inscription ou de transcription; or, s'il en est ainsi, la mention fait corps au même titre avec l'acte au point de vue des salaires, et il faut en conclure que le timbre de quittance n'est pas plus dû à raison des salaires qu'à raison des droits fiscaux. D'ailleurs, le salaire a pour partie, un caractère fiscal, puisqu'il ne revient au conservateur qu'après prélèvement d'un quantum au profit du Trésor pour les pensions civiles. (*Contrà* Sol. 26 mars 1900, — V. n° 793-2 *suprà*).

1094. Droits d'hypothèque. — 1° *Droit proportionnel d'inscription.* — 2° *Droit fixe de transcription.* — Le droit proportionnel d'inscription de 1 p. 1000 et les droits fixes de transcription sont entièrement supprimés par l'art. 1er *in fine*.

3° *Droit proportionnel de transcription.* — Seul le droit proportionnel de transcription de 1 fr. 50 p. 100 n'est pas touché par la nouvelle loi et continuera à être perçu, dans tous les cas où il était dû auparavant, au bureau des hypothèques, et cela même *cumulativement* avec la nouvelle taxe dont nous expliquerons plus loin les applications.

§ 2. — *Nouveaux droits ou taxes de remplacement.*

1095. Remplacement des droits supprimés. — Les droits de timbre sur les documents hypothécaires, le droit proportionnel d'inscription de 1 p. 1000 et le droit fixe de transcription de 1 fr. étant supprimés, le législateur, en vue d'une péréquation plus équitable de ces impôts, a cherché une taxe proportionnelle de remplacement et il l'a fixée à différents taux, suivant les cas et les distinctions que nous allons faire connaître.

1096. Inscriptions. — *Taxes de 0 fr. 25 et 0 fr. 125 p. 100.* — Au lieu du droit de 1 p. 1000 *avec décimes*, les inscriptions hypothécaires sont assujetties au droit de 0 fr. 25 p. 100 *sans décimes*, sur le capital de la créance inscrite (Art. 2, 2°, et art. 3).

Ce droit n'est que de moitié, c'est-à-dire de 0 fr. 125 p. 100 pour les inscriptions prises en vertu d'actes d'ouverture de crédit non réalisé (art. 3). V. n° 1101 *infrà*.

1097. Renouvellements. — Les renouvellements d'inscription sont assujettis aux mêmes taxes; c'est ce qu'explique le rapport de M. Boulanger en ces termes :

« En ce qui concerne les inscriptions, il est bien entendu que la taxe proportionnelle sera due lors des renouvellements comme lors de l'inscription originaire. Il a paru nécessaire de l'exprimer dans le texte qu'à propos des inscriptions d'office parce que l'exemption accordée à l'inscription qui suit la transcription du contrat pouvait laisser des doutes lors du renouvellement de cette inscription. Mais, pour les autres inscriptions, le renouvellement est, sans contestation possible, soumis à ce droit. »

1098. Base de perception. — Accessoires. — Frais faits ou à faire. — Le nouveau droit est perçu sur le *capital* de la créance inscrite, dit l'art. 2; le mot *capital* est le terme également employé dans l'art. 20 de la loi du 21 ventôse an VII; il faut donc adopter, pour l'assiette de l'impôt, la même interprétation que sous la législation antérieure, c'est-à-dire que la perception doit être assise, non seulement sur le principal de la créance, mais encore sur les frais, intérêts et accessoires indiqués comme dus ou échus au moment de l'inscription (*Rép. gén.*, v° *Hyp.*, n°s 867 et suiv. — *Conf.* Sol. 12 sept. 1900, 9980 R. P. et n° 808 *suprà*). — A défaut d'une ventilation déterminant distinctement dans l'inscription les frais faits des frais éventuels, la taxe est perçue sur le montant des frais confondus dans une seule et même évaluation (Sol. 24 oct. 1900, 10000 R. P.). — *Rappr.* n° 1121 *infrà*.

1099. Inscriptions d'office. — Renouvellement. — Les inscriptions d'office, prises en conformité de l'art. 2108 C. C., ne donnaient lieu à aucun droit d'hypothèque sous l'ancienne législation; elles sont aussi dispensées de la taxe de remplacement, mais cette taxe est exigible sur les renouvellements des inscriptions d'office. L'art. 2, 2° est précis sur ce point et ne peut prêter à aucune difficulté d'interprétation.

(1) Les reconnaissances de dépôt qui étaient consommées dans un but fiscal, mais qui n'étaient jamais demandées par les parties, n'ont plus leur raison d'être.

1095. V. [illegible]

1100. Inscriptions d'hypothèque légale. — Les articles 1 et 2 L. 6 messidor an VII sont ainsi conçus :

« (Art. 1er). L'inscription indéfinie, qui a pour objet la conservation d'un simple droit d'hypothèque éventuel, sans créance existante, n'est point sujette au droit proportionnel établi par les lois des 9 vendémiaire an VI et 21 ventôse an VII. » — (Art. 2.) « Si le droit éventuel qui a donné lieu à l'inscription indéfinie se convertit en créance réelle, le droit proportionnel est dû sur le capital de la créance. »

Ces dispositions restant en vigueur pour l'application de la taxe actuelle, en vertu de l'art. 6 de la nouvelle loi qui maintient « les dispositions des lois concernant les droits d'hypothèque qui n'ont rien de contraire à la présente loi ». Par conséquent, le droit de 0 fr. 25 p. 100 ne devient exigible sur les inscriptions prises pour garantie de créances éventuelles que lorsque des documents viennent démontrer que les créances sont devenues réelles.

C'est ce qu'a déclaré M. Boulanger dans son rapport au Sénat :

« L'application du projet de loi, a-t-il dit, aux hypothèques légales comporte quelques explications. — Le droit nouveau n'est pas plus dû pour l'inscription de l'hypothèque légale que ne l'était le droit proportionnel ancien auquel il est substitué (art. 1er L. messidor an VII). C'est la disposition du premier paragraphe de l'art. 6 du projet de loi. — Ce droit ne devient exigible que quand le droit éventuel se convertit en créance réelle. — Si l'inscription d'hypothèque légale est rayée avant cette conversion, la radiation n'est sujette à aucune taxe. Si la radiation intervient après, le droit commun devient applicable. »

Cette interprétation est confirmée par l'Administration (I. G. 3018, p. 4).

1101. Ouvertures de crédits. — Bien qu'en cas d'ouverture de crédit non réalisé, il s'agisse en réalité d'une créance éventuelle, l'art. 3 de la nouvelle loi frappe de la taxe l'inscription au moment même où elle est prise en garantie de cette créance éventuelle ; mais cette taxe n'est appliquée qu'à demi-tarif, c'est-à-dire à 0 fr. 125 p. 100 jusqu'au moment où la réalisation rend exigible le surplus de la taxe entière de 0 fr. 25 p. 100. Cette tarification anormale d'une créance qui n'est pas encore née a été calquée sur les lois d'enregistrement, et l'historique des droits proportionnels, dans laquelle nous ne pouvons entrer ici, a été retracée dans le rapport de M. Boulanger (V. aussi *Rép. gén.*, v° *Crédit*, nos 15 et suiv.).

L'Administration a déterminé de la manière suivante le mode d'après lequel le complément de la taxe serait recouvré en cas de réalisation de crédit : « Le conservateur fera le renvoi de la recette du 0 fr. 125 p. 100 au Receveur qui aura enregistré l'acte d'ouverture de crédit. Cet agent indiquera, soit en marge de l'enregistrement, soit en marge de l'article ouvert au sommier de surveillance de son bureau, la date de l'inscription hypothécaire, ainsi que le bureau où elle a été prise. Dès que la réalisation totale ou partielle du crédit aura été constatée, il s'empressera d'en informer le conservateur intéressé, au moyen d'un renvoi, en ayant soin de lui fournir tous les renseignements nécessaires pour lui permettre de réclamer le complément de taxe devenu exigible » (I. G. 3018, p. 11).

Il va sans dire que si, au moment de l'inscription, une partie de l'ouverture de crédit est réalisée, le droit de 0 fr. 25 p. 100 est dû sur cette partie réalisée, et celui de 0 fr. 125 p. 100 sur la partie non réalisée.

1101 *bis*. **Prêts différés. — Taxe d'inscription non exigible.** — V. n° 874 *bis*.

1102. Transcriptions. — *Disposition générale. — Taxe entière et taxe réduite.* — A la seule exception des saisies (Rapport de M. Klotz à la Chambre des Députés ; Rapport de M. Boulanger au Sénat ; I. G. 3018, p. 4), l'art. 3 de la nouvelle loi assujettit à la taxe tous les actes soumis à la transcription.

En règle générale, ce droit est de 0 fr. 25 p. 100 ; « toutefois, le taux de 0 fr. 25 p. 100 est réduit de moitié » (c'est-à-dire à 0 fr. 125 p. 100), savoir :

Pour la transcription des *actes visés dans l'art.* 12 *L.* 23 *mars* 1855 ;

Pour les actes de *donation contenant partage*, faits entre vifs, conformément aux art. 1075 et 1076 C. C.

1° — *Donation à titre de partage anticipé.* — Pour les donations contenant partage, il n'y a aucune difficulté ;

2° — *Actes visés par l'art.* 12 L. 23 *mars* 1855. — En réalité, l'art. 12 L. 23 mars 1855 ne vise explicitement aucun acte :

« Jusqu'à ce qu'une loi spéciale, porte-t-il, détermine les droits à percevoir, la transcription *des actes ou jugements qui n'étaient pas soumis à cette formalité avant la présente loi* est faite moyennant le droit fixe de 1 fr. »

Il importe donc de reconnaître, comme devant bénéficier de la taxe réduite, les actes que l'art. 12 plaçait dans une catégorie de faveur, comme le fait la loi actuelle, en les exemptant alors du droit proportionnel pour les soumettre seulement au droit fixe. Cela revient à déterminer quels sont les actes qui ont été assujettis pour la première fois à la formalité de la transcription par la loi de 1855. Or, il est admis sur ce point, et nous avons nous-même démontré au *Rép. gén.*, v° *Hyp.*, nos 958, 1026 et 1072, que les actes soumis pour la première fois à la transcription par ladite loi de 1855 sont ceux *limitativement* énumérés dans l'art. 2 de cette loi ainsi conçu :

« Sont également transcrits (*les actes désignés en termes généraux dans l'art. 1er étaient déjà assujettis à la transcription par le Code civil, art.* 2181) : 1° tout acte constitutif d'*antichrèse*, de *servitude*, d'*usage* et d'*habitation* ; — 2° tout acte portant renonciation à ces mêmes droits ; — 3° tout jugement qui en déclare l'existence en vertu d'une convention verbale ; — 4° *les baux d'une durée de plus de 18 ans* ; — 5° tout acte ou jugement constatant, même pour un bail de moindre durée, *quittance* ou cession d'une somme équivalente à *trois années de loyers ou de fermages non échus*. »

Il s'ensuit que la taxe réduite de 0 fr. 125 p. 100 s'applique seulement et limitativement à ces actes ainsi désignés dans l'art. 2, L. 23 mars 1855.

1103. Actes constitutifs d'antichrèse, d'usage et d'habitation ou renonciations à ces mêmes droits. — C'est-à-dire : 1° aux actes constitutifs d'antichrèse, d'usage et d'habitation et aux actes portant renonciation à ces mêmes droits.

1104. Bail de plus de 18 ans. — Bail à vie. — 2° Aux baux de plus de 18 ans et même aux baux à vie (V. *Rép. gén.*, v° *Bail*, n° 457, et *Hyp.*, n° 1077, pour l'assimilation du bail à vie aux baux de plus de 18 ans et pour les cessions).

1105. Bail de moins de 18 ans. — 3° Et, enfin, mais par une mesure de faveur seulement, aux baux de moins de 18 ans. — V. sur ce point nos observations au *Rép. gén.*, v° *Hyp.*, n° 1079.

1106. Bail de plus de 18 ans. — Fractionnement requis pour la perception du droit d'enregistrement. — Taxe exigible sur toute la durée du bail. — Le bénéfice du fractionnement admis en matière d'enregistrement ne peut s'étendre à l'acquit des droits de la taxe hypothécaire, et la transcription d'un bail immobilier de dix-huit ans donne ouverture à la taxe de 0 fr. 125 p. 100 sur le montant cumulé des loyers pendant toute la durée du bail (Sol. 25 mars 1901, 10054 R. P.) (1).

1107. Bail emphytéotique. — Une loi du 25 juin 1902 a défini le bail emphytéotique et l'a soumis à de nouvelles règles (V. v° *Bail*, *Suppl.*). Bien qu'il soit translatif de droit réel immobilier, l'acte *constitutif* de l'emphytéose n'est assujetti, d'après l'art. 14 de la loi précitée, qu'aux droits d'enregistrement et de transcription établis pour les baux à ferme ou à loyer d'une durée limitée. Cet acte est, dès lors, passible, en l'état actuel de la législation, savoir : au bureau de l'enregistrement, du droit proportionnel de 0 fr. 20 p. 100 en principal (art. 69, § 3, n° 2 L. 22 frim., 8 L. 27 vent. an IX et 1er L. 16 juin 1824), et au bureau des hypothèques, en cas de présentation volontaire à la transcription, du droit proportionnel de 0 fr. 125 p. 100, substitué par la loi du 27 juill. 1900 au droit fixe de 1 fr., auquel étaient sujets antérieurement les baux excédant dix-huit ans et les actes soumis pour la première fois à la formalité par la loi du 23 mars 1855.

Les droits d'enregistrement et d'hypothèque doivent être liquidés sur le montant cumulé des redevances stipulées pour toutes les années du bail. Le bénéfice du paragraphe 8 de l'art. 11 L. 23 août 1871, qui autorise les parties à acquitter par périodes triennales le droit de 0 fr. 20 p. 100, n'est pas applicable aux actes constitutifs d'emphytéose. Une disposition en sens contraire figurait au projet primitif voté par le Sénat le 28 fév. 1882, mais elle a été supprimée par la Commission de la Chambre des députés, chargée d'examiner ce projet, sur l'observation faite par le Directeur général de l'enregistrement que le fractionnement entraînerait des difficultés de perception (V. I. G. 3091).

1108. Transmissions de l'emphytéose autres que celle résultant de l'acte constitutif. — Le bénéfice de la demi-taxe n'appartient qu'à l'acte constitutif de l'emphytéose. Les cessions ou autres mutations du domaine utile sont soumises, au bureau d'enregistrement, au droit de mutation ordinaire, c'est-à-dire au droit de 5 fr. 50 p. 100 et, aux hypothèques, à la taxe entière de 0 fr. 25 p. 100. C'est ce qui semble résulter de cette disposition de l'art. 14 précité portant : « les mutations de toute nature ayant pour objet, soit le droit du bailleur, soit le droit du preneur, sont soumises aux dispositions de la loi du 22 frim. an VII et des lois subséquentes concernant les transmissions de propriété d'immeubles. Le droit est liquidé sur la valeur vénale déterminée par une déclaration estimative des parties ».

1109. Renonciation à action résolutoire au profit d'un ou plusieurs créanciers. — Transcription. — Assiette de la taxe. — L'Administration a décidé que la renonciation par le titulaire d'une inscription d'office à son action résolutoire en faveur d'un créancier, auquel il cède son antériorité, est sujette à la taxe, non sur une estimation de la valeur de la renonciation, ni sur le prix encore dû au vendeur renonçant, mais sur la somme due au bénéficiaire de la renonciation, cette renonciation ayant réellement pour effet de consolider sa créance (Sol. 1er mai

(1) Dans l'espèce qui a donné lieu à cette Solution, le bail avait été fait pour 6, 12, 18 ou 21 ans à la volonté du preneur. On lit notamment dans les motifs de la Solution : « Le caractère de taxe de remplacement qui appartient à la taxe hypothécaire, serait peut-être susceptible de justifier le fractionnement si, parmi les impôts auxquels elle se trouve substituée, figurait le droit d'enregistrement du bail. — Mais il n'en est pas ainsi. — La taxe de transcription est surtout destinée à tenir lieu des droits de timbre supprimés par la loi du 27 juill. 1900 et elle laisse complètement subsister le droit de bail de 0 fr. 20 p. 100 dont elle diffère par sa nature comme par son objet. — Il faut donc reconnaître que, à défaut d'une disposition expresse dans cette dernière loi, on ne saurait étendre à la taxe hypothécaire le bénéfice du fractionnement qui a été édicté par la loi du 23 août 1871 pour le droit de mutation de jouissance immobilière. — La taxe a été régulièrement calculée, dans l'espèce, sur le montant des loyers cumulés pendant 21 ans, d'autant mieux que l'acte paraît avoir été soumis à la transcription en raison même de la faculté de prolonger les périodes successives prévues au contrat jusqu'à ce total de 21 ans (art. 2 L. 23 mars 1855).

(1) M. D..., créancier d'une somme de 300.000 fr. pour solde d'un prix de vente d'immeubles restant dû par M. P..., a consenti à ce que l'inscription faite d'office de son privilège fût primée par celle prise au profit du Crédit Foncier et de la Banque hypothécaire pour sûreté de deux prêts montant à 100.000 fr. consentis à M. P... En même temps, M. D... a renoncé à son action résolutoire en faveur de ces deux créanciers. Un extrait de l'acte a été déposé au bureau des hypothèques avec une déclaration marginale portant réquisition de transcrire la renonciation à l'action résolutoire et estimant à 300 fr. la valeur de cette renonciation. Le conservateur a perçu la taxe à 0 fr. 25 p. 100 sur 300 fr. Un sous-inspecteur a critiqué cette perception et a proposé de la liquider sur 300.000 fr. La Direction générale n'a adopté ni l'un ni l'autre de ces modes de perception et a prescrit de réclamer le droit sur 100.000 fr., par les motifs suivants :

La renonciation consentie par M. D... a eu pour objet de dégrever l'immeuble vendu à M. P... d'un droit qui pouvait paralyser les hypothèques consenties par ce dernier au Crédit Foncier et à la Banque hypothécaire. Elle constitue un acte additionnel à l'acte de vente primitif ayant pour effet de consolider le droit de l'acquéreur. — Dans des circonstances analogues, l'Administration a reconnu, par une Sol. 9 fév. 1880, que la transcription de la renonciation ne saurait être assujettie au droit de 1 fr. 50 p. 100 par la raison qu'une mutation unique ne peut donner lieu à plus d'un droit de l'espèce et que ce droit a déjà été acquitté sur la valeur entière de l'immeuble que la renonciation tend, en somme, à transmettre intégralement (Inst. n° 2011, p. 22, in fine). — Mais ce motif ne saurait trouver son application, en ce qui concerne la taxe de 0 fr. 25 p. 100 édictée par l'art. 3 L. 27 juill. 1900.

Ainsi que le fait ressortir une Sol. 21 nov. 1900, rendue au sujet de la transcription de la ratification d'un acte de vente, la taxe à 0 fr. 25 p. 100 est presque exclusivement destinée à compenser la perte résultant pour le Trésor de la suppression des droits de timbre des registres et pièces hypothécaires. A ce titre, elle est exigible, sauf exception formellement prévue, pour tout acte présenté à la formalité, sans qu'il y ait à rechercher s'il se rattache, ou non, à un autre acte déjà transcrit

1109. — La doctrine administrative a été adoptée par le tribunal de la Seine qui a formellement décidé que la taxe hypothécaire exigible lors de la transcription de l'acte constatant la renonciation, par le vendeur d'un immeuble à l'action résolutoire que la loi lui confère, à défaut de paiement du prix de la vente, doit être liquidée sur le montant de ce prix et non sur une évaluation fournie par les parties. — Seine, 9 juin 1905, 10562 R. P.

1111. — Par deux jugements du 23 oct. 1903 (10700 R. P.) et du 28 juill. 1905 (11068 R. P.) le tribunal d'Autun a jugé que la taxe hypothécaire établie par la L. 27 juill. 1900 n'est pas due sur les échanges de biens ruraux, par le motif que, sous la législation antérieure, les actes de cette nature n'étaient passibles, au bureau des hypothèques, ni du droit de transcription ni du droit de timbre. Or, ce motif est complètement inexact, car les échanges supportaient le droit de timbre au bureau des hypothèques sous l'empire de la L. 3 nov. 1884. — Sans doute, la faveur justifiée dont jouissaient les échanges au point de vue des droits d'enregistrement et de transcription aurait dû se continuer dans les dispositions de la L. 27 juill. 1900; mais, dans l'état actuel des textes, nous ne pouvons que critiquer la jurisprudence du tribunal d'Autun.

1901, 10028 R. P.) (1). — V. en faveur de la perception sur la valeur de la renonciation : De France, 308. — *Rappr.* aussi du n° 1130 *infrà*, où l'on voit que les cessions d'antériorité sont exemptes de la taxe; deux situations à peu près équivalentes reçoivent donc un traitement différent.

1110. **Usufruit et nue propriété.** — Lorsqu'un acte présenté à la transcription contient mutation d'usufruit ou de nue propriété, l'assiette de la perception a lieu comme en matière d'enregistrement. Rappelons à cet égard que la loi de finance du 25 fév. 1901 a, par son art. 13, entièrement modifié le mode de détermination de la valeur imposable des biens transmis en nue propriété ou en usufruit. On trouvera ces modifications sous le mot *Usufruit* de notre supplément. — V. aussi I. G. 3049, § 2 et 3.

1111. **Échanges.** — En matière d'échange d'immeubles, la taxe de 0 fr. 25 p. 100 doit être établie sur le revenu capitalisé de 20 ou 25, suivant qu'il s'agit d'immeubles urbains ou ruraux. Si les immeubles échangés ont un revenu égal et s'il n'y a aucune soulte, la perception se fera sur l'un des revenus capitalisés. S'il y a plus-value d'un lot sur l'autre, c'est la capitalisation la plus élevée qui servira de base à cette perception. Si, enfin, il y a soulte, la taxe sera perçue sur le plus faible revenu capitalisé augmenté de la soulte, le plus faible revenu étant imposé comme échange, et la soulte comme prix de vente.

La soulte imposable n'est pas seulement celle qui consiste en une somme d'argent, c'est aussi celle qui résulte d'une charge quelconque, frais d'acte ou autres, que l'un des échangistes doit supporter sans en être légalement tenu et à la décharge de l'autre échangiste.

La diversité des cas pour les actes d'échanges est très grande; nous avons prévu ces cas au *Rép. gén.*, v° *Échange*, n° 41 et suiv., où nous avons indiqué les différents modes de perception à suivre, lesquels sont aujourd'hui applicables à la taxe nouvelle de transcription. Nous renvoyons donc à cette partie de notre ouvrage.

1112. **Immeubles contigus.** — Faisons remarquer, toutefois, que les échanges d'immeubles contigus sont, comme les autres, soumis à la nouvelle taxe, bien qu'ils jouissent à l'enregistrement d'un tarif de faveur et que la loi du 3 nov. 1884 les ait exemptés du droit fixe de transcription de 1 fr. — Sous la nouvelle loi, en effet, la transcription de ces actes de *mutation* bénéficie de la suppression du timbre des registres et, à défaut d'une exemption expresse de la taxe dite de remplacement, la perte du timbre pour le Trésor entraîne la perception de la taxe, à titre de compensation, suivant l'esprit général de la loi.

1113. **Ratifications.** — Sous la législation antérieure à la loi du 27 juill. 1900, les ratifications ne pouvaient être assujetties qu'au droit fixe lorsque l'acte ratifié avait déjà été transcrit et avait subi le droit proportionnel (V. *Rép. gén.*, v° *Hyp.*, n°s 1027 et suiv. et 1075). « Le droit de transcription, faisions-nous remarquer, établi comme salaire de la formalité, ne peut jamais être exigé deux fois pour le même objet. » (*Sic* : De France, n° 332-5). De même aujourd'hui et par les mêmes motifs, il semble que les ratifications présentées à la transcription échappent à la taxe proportionnelle lorsque l'acte ratifié a déjà été transcrit et a subi, soit la taxe, soit l'ancien tarif (*Rappr.* n° 1118 *infrà*).

Il est vrai qu'en supprimant les droits fixes et le timbre, le législateur les a remplacés par la taxe proportionnelle et que là où disparaît l'ancien impôt semble devoir apparaître le nouveau; mais, si séduisant que puisse sembler cet argument que nous retrouverons plus loin dans les solutions de l'Administration, nous estimons qu'il ne peut faire échec au principe *non bis in idem* par la superposition de deux taxes successives sur deux actes dont l'un n'est que le complément de l'autre.

Cette opinion que nous avons déjà défendue sous le n° 9684-15 R. P. est approuvée dans le *Rép. de manutention* de M. Maguéro, v° *Hyp.*, n° 134, mais elle n'a pas prévalu jusqu'ici dans les décisions administratives.

1° *Droits du ratifiant sur la totalité des biens.* — Au contraire, une Sol. 7 fév. 1901 (10114 R. P.), déclare que la ratification d'une vente, même si cette vente a été précédemment transcrite, donne lieu à la taxe de 0 fr. 25 p. 100 et que cette taxe doit être liquidée sur le prix et non sur l'estimation qui serait faite de la valeur de l'action à laquelle le ratifiant a renoncé.

2° *Droits du ratifiant sur partie des biens.* — Une précédente Sol. 24 nov. 1900 avait déjà été rendue dans le même sens, mais avec cette particularité qu'elle décidait, en outre, que la taxe nouvelle ne doit être liquidée *que sur la part faisant l'objet de la ratification*, à l'exclusion des autres droits immobiliers compris dans la vente (10115 R. P.).

Comme nous venons de le dire, ces solutions s'appuient sur ce principal motif que la taxe nouvelle étant un impôt de *remplacement*, il suffit, pour occasionner son exigibilité, que l'acte présenté à la transcription ait donné lieu à un droit quelconque de timbre ou d'hypothèque sous la législation antérieure. Autant déclarer d'une manière absolue que la taxe est toujours due, puisque toujours la transcription donnait lieu, au moins, à la consommation de timbre des registres (1).

(1) [continued] ...oit. — Mais, comme l'explique la même Sol., l'impôt doit être liquidé, d'après l'art. 9, n° 1, de la loi, sur « ce qui fait l'objet de la transcription ». Or, dans l'espèce, la formalité a eu pour objet de consolider le droit de l'acquéreur en faveur du Crédit Foncier et de la Banque hypothécaire, le vendeur conservant le droit d'exercer son action résolutoire à l'encontre de tous autres créanciers. La mutation intervenue entre MM. P... et B... se trouve donc confirmée jusqu'à concurrence des sommes garanties par les inscriptions prises au profit des deux établissements dont il s'agit, et la taxe devait être perçue sur le montant de ces inscriptions, en principal et accessoires, et non sur une déclaration estimative de la valeur de la renonciation (Inst. n° 2810, § 3. — Trib. Tonlon, 21 mai 1898, 9408 R. P.; 25097 J. E.).

(1) Les discussions en cette matière sont si subtiles qu'il paraît important d'avoir sous les yeux les motifs des principales solutions administratives. On lit dans celle du 24 nov. 1900 ci-dessus citée :

La taxe de 0 fr. 41 p. 100 est une taxe de remplacement; mais ce qu'elle remplace, ce n'est pas le droit de 1 fr. 50 qu'elle laisse subsister entièrement et dont elle est indépendante, ce sont les impôts supprimés par l'article 1er de la loi du 27 juill. 1900. Et il est évident que, de ces impôts abolis, le droit fixe de transcription ne constitue qu'une très faible part et que la plus forte de beaucoup consiste dans les droits de *timbre* qui, d'après l'exposé des motifs de la loi précitée, entrent pour 6 fr. 34 dans le total, montant à 7 fr. 40, des frais de transcription d'une vente de 150 fr. On peut à peu près dire à ce sujet ce que M. Boulanger, rapporteur de la loi au Sénat, disait à propos des radiations et subrogations : « Quel est l'objet de la taxe de

Pourquoi, dès lors, si cette règle est si impérative, l'Administration a-t-elle cru pouvoir décider :

1° Que si un acte a été transcrit dans un bureau, même à l'ancien tarif, la transcription, sous la nouvelle législation, dans un autre bureau, ne donne pas lieu à la taxe (V. n° 1118 et *Rappr.*, n° 1118 *bis*);

2° Que si une mention de radiation en vertu d'un acte notarié est requise en marge d'une inscription déjà émargée d'une pareille radiation en vertu d'un ordre du juge, on ne saurait percevoir une seconde fois la taxe, attendu qu'il s'agit d'une « *formalité complémentaire* » (V. n° 1124, note 1).

Pourquoi aussi, si l'esprit général de la loi était vraiment celui invoqué dans diverses solutions, les ouvertures de crédits ne sont-elles pas imposées à plein tarif (V. n° 1101), et pourquoi les mentions relatives aux saisies, celles de changement de domicile, de jugement de résolution, de nullité ou de rescision d'actes transcrits et surtout celles de cession d'antériorité (*Rappr.*, n° 1103) ne sont-elles pas atteintes (I. G. 3018, p. 5) par la taxe nouvelle, ces mentions constituant simplement, dit-on, de « pures formalités d'ordre et de procédure » (V. n° 1130).

3° *Autres actes complémentaires ou explicatifs.* — De même que les ratifications, tous actes simplement explicatifs, qui ne contiennent en eux-mêmes aucun titre de mutation ou qui ne font que compléter ou expliquer des actes antérieurement transcrits et ayant supporté la taxe, ne nous semblent sujets qu'à la taxe minima de 0 fr. 25, fixe. « Il arrive assez souvent, est-il exprimé conformément à notre opinion au *Rép. de manutention* de M. Maguéro, (*verb. cit.*, n° 134 *bis*), que l'on présente à la transcription des actes relatifs à des immeubles, mais qui n'ont pourtant pour effet de ne transférer aucun droit. Tels sont les actes explicatifs ou complémentaires ayant pour objet de préciser ou de développer des conventions antérieures contenues dans des actes transcrits : les actes contenant établissement de propriété, qui servent de complément à une vente, à une obligation, etc... — Ces actes ne sont pas susceptibles d'une déclaration estimative; il n'en est pas exigé pour l'enregistrement, et l'on ne saurait les assujettir à la taxe sur la valeur des immeubles dont il y est question. Autrefois, ils étaient admis à la transcription moyennant le tarif fixe de 1 fr. Aujourd'hui, le seul droit applicable paraît être le minimum de 0 fr. 25 c. »

4° *Acte d'acquisition par le mari, comme porte-fort de sa femme dotale. — Acceptation ultérieure de dotalité. — Droit de 1 fr. 50 p. 100 et taxe de 0 fr. 25 exigibles.* — L'acte notarié, par lequel la femme dotale accepte la dotalité d'un immeuble acquis pour elle par son mari comme porte-fort, ne peut être considéré comme étant juridiquement identique à l'acte d'acquisition et donne ouverture à la taxe, bien qu'elle ait déjà été perçue lors de la transcription de l'acte d'acquisition (Sol. 19 avr. 1901, 10079 R. P. — *Rappr.* n° 1038 *supra*). On peut faire, à propos de cette solution, les critiques que nous avons formulées ci-dessus au sujet des ratifications et actes complémentaires.

1114. Adjudication sur surenchère. — Transcription. — Liquidation de la taxe sur le prix intégral de l'adjudication définitive. — On avait cru pouvoir soutenir qu'en cas de surenchère relative à une adjudication déjà transcrite, la taxe n'est due que sur la différence des deux prix. A l'appui de cette opinion, on faisait, d'une part, valoir que, d'après l'exposé des motifs de la nouvelle loi, l'importance de la taxe nouvelle doit être exactement mesurée à l'intérêt qui s'attache à la formalité requise et que l'intérêt que comporte, en fait et en droit, l'accomplissement des diverses formalités nécessitées par le jugement sur surenchère, ne dépasse pas la différence entre les deux adjudications; on ajoutait, d'autre part, que du caractère de « taxe de remplacement », assigné au nouvel impôt, résultait une assimilation avec la taxe judiciaire créée par la loi du 26 janv. 1892 et que le montant de la taxe judiciaire perçue sur une adjudication surenchérie étant imputé sur le droit afférent à l'adjudication définitive, le même mode d'imputation devait être appliqué à la taxe hypothécaire. Mais, par un jugement du 20 juin 1902 (10326 R. P.), le tribunal de la Seine déclare, au contraire, que d'après l'économie de la L. 27 juill. 1900 et les travaux préparatoires de cette loi, le législateur a, en remplacement du droit fixe et du droit de timbre supprimés, établi une taxe proportionnelle sur le prix ou sur la valeur des immeubles faisant l'objet de la transcription, et que, sans avoir à discuter le caractère juridique de la surenchère, on doit admettre que la taxe perçue sur une première formalité ne peut être imputée sur la taxe d'une seconde, pas plus que n'aurait pu l'être le timbre de dimension qu'elle remplace.

A notre avis, ce jugement ne satisfait ni la raison, ni la justice. En décidant d'une manière absolue que là où il y avait un droit quelconque de timbre, il doit nécessairement y avoir une taxe, même par superposition et succ-

remplacement? C'est uniquement de tenir lieu des droits de *timbre* qui sont actuellement dus sur les actes, pièces ou registres qui sont nécessaires à l'accomplissement de la formalité ». — Or, s'il est vrai que la taxe de 0 fr. 25 p. 100 soit, en ce qui concerne les transcriptions, presque exclusivement destinée à compenser la perte résultant pour le Trésor de la suppression des droits de timbre des registres et pièces hypothécaires, il faut reconnaître que, sauf exception formellement prévue, cette cause d'exigibilité existe pour tout acte présenté à la formalité, sans qu'il y ait à rechercher s'il se rattache ou non à un autre acte déjà transcrit. En effet, les droits de timbre que sa transcription eût fait percevoir sous l'empire de la législation antérieure et dont la taxe de 0 fr. 25 p. 100 doit être l'équivalent, eussent été les mêmes en toute hypothèse, que cet acte fût isolé ou qu'il se reliât à un autre acte précédemment soumis à la même formalité. Le fait qu'au cas actuel la ratification se réfère à une vente transcrite ne saurait donc la soustraire à la taxe de 0 fr. 25 p. 100; car, si elle en était affranchie, elle bénéficierait, sans compensation, de la suppression des droits de timbre des registres et pièces hypothécaires, ce qui ne serait pas plus conforme à l'esprit qu'au texte de la loi; — dans cet ordre d'idées, il n'y a aucun motif d'imputer, comme vous proposez de le faire, sur la taxe, le droit fixe de transcription et les droits de timbre perçus à l'occasion de la transcription de l'acte ratifié; — quant à l'assiette de la taxe, j'estime avec vous qu'il y avait lieu de déduire du prix des biens vendus la valeur de l'usufruit de Mme G., mère : — Comme l'explique l'exposé des motifs de la loi, « l'importance de la taxe nouvelle est exactement mesurée à l'intérêt qui s'attache à l'accomplissement de la formalité requise; et l'article 2, n° 1, de la loi limite expressément l'application de l'impôt à la valeur de ce qui fait « l'objet de la transcription ». Or, la ratification dont il s'agit dans l'espèce émane de Mlle G... seule et concerne la vente consentie en son nom pendant sa minorité; elle ne porte pas et ne peut pas porter sur l'usufruit de la mère que celle-ci était libre d'aliéner sans le concours de sa fille et dont la vente a été parfaite dès l'origine. Percevoir la taxe sur la valeur de cet usufruit, ce serait donc l'étendre à autre chose que ce qui fait « l'objet de la transcription », contrairement aux termes de la disposition susvisée.

1117. — V. 16:2 2.

tenir compte d'une perception antérieure, laquelle était en quelque sorte aussi provisoire que la dépossession elle-même, le tribunal ajoute gratuitement, croyons-nous, aux travaux préparatoires qu'il invoque (V. Docum. et Trav. prép. publiés à la suite du tirage spécial de notre Commentaire de la loi (*Rappr.* n° 1113 *suprà*) et il dépasse le but de la loi. Il croit bon d'affirmer qu'il n'a pas besoin d'étudier le caractère juridique de la surenchère. Il a tort, et nous préférons les motifs invoqués par l'Administration dans une solution du 6 mai 1901 (10036 R. P.), à savoir que « lorsque la transcription requise est appelée à produire un effet primordial et complet par elle-même, comme celle de l'adjudication sur surenchère qui, tranchée au profit d'un autre acquéreur, opère, d'après la doctrine et la jurisprudence, résolution de la première mutation (*Rép. gén.*, v° *Adjudication*, n° 1501).... l'intérêt qui s'attache à la transcription atteint le prix intégral de l'adjudication nouvelle, puisque la première se trouve résolue, anéantie ».

Au moins, ce dernier motif peut laisser place à la compensation du droit lorsque le premier acquéreur demeure adjudicataire définitif.

1115. Taxe — Licitation. — Base de perception. — Totalité du prix. — L'Administration a décidé que la taxe de 0 fr. 25 p. 100 due pour la transcription d'une adjudication sur licitation tranchée au faveur d'un colicitant, doit être calculée sur la totalité de l'enchère, sans déduction de la part virile de l'adjudicataire (Sol. 5 juin 1901, I. G. 3080, § 27, 10214 R. P.).

Sous l'empire de la loi du 21 ventôse an VII, explique la Solution, la jurisprudence a reconnu, dans des espèces identiques, que le droit de transcription à 1 fr. 50 p. 100 était exigible sur le prix intégral de l'adjudication, et cela par le motif que la formalité de la transcription ne peut être effectivement accomplie pour une portion seulement de l'immeuble (V. R. G., v° *Hyp.*, n° 1038 et v° *Licitation*, n° 104, et les autorités qui y sont citées). — Il y a même raison de décider en ce qui concerne la taxe hypothécaire à 0 fr. 25 p. 100 établie par la loi du 27 juillet 1900. — La disposition de l'art. 2, n° 1 de cette dernière loi est analogue à celle contenue dans l'art. 25 L. 21 ventôse an VII et comporte la même interprétation. — Les deux taxes devant être établies sur ce qui fait l'objet de la transcription, laquelle s'applique nécessairement à l'adjudication de l'intégralité des immeubles adjugés. Il en résulte que l'indivisibilité de cette transcription suffit à justifier l'indivisibilité corrélative de la perception (V. notamment l'arrêt du 6 déc. 1871, I. G. 2434, § 4, et les conclusions de M. l'avocat général Blanche, R. P. 3377). — La Cour de cassation (même arrêt) a déclaré en outre que si, d'après l'art. 25 L. 21 ventôse an VII, le droit de transcription est établi sur le prix des mutations, « suivant qu'il aura été réglé à l'enregistrement », il ne s'ensuit nullement que le même droit, — différent du droit d'enregistrement par sa nature et son objet — soit nécessairement assis sur les mêmes valeurs. Ces considérants sont, de tous points, applicables à la nouvelle taxe de transcription.

1116. Saisies. — Les transcriptions de saisie ne sont pas soumises à la nouvelle taxe (V. n° 1102 ci-dessus).

1117. Actes non assujettis par la loi de 1855 à la formalité de la transcription. — Taxe et droit proportionnel de transcription cumulés. — Les actes qui ne sont assujettis à la transcription ni par l'art. 1er, ni par l'art. 2 L. 23 mars 1855 donnaient lieu au droit proportionnel de transcription lorsque cette formalité était volontairement requise. (V. *Rép. gén.*, v° *Hyp.*, n° 1026 et s.). La nouvelle loi laisse survivre l'exigibilité de ce droit proportionnel, puisqu'elle n'a supprimé que le *droit fixe* de transcription. C'est ce que fait, d'ailleurs, remarquer l'I. G. 3018, p. 8 : « La loi, dit l'Administration, laisse subsister le droit proportionnel de transcription (LL. 28 avril 1816, art. 54 et 61 ; — 21 juin 1875, art. 1er). Ce droit continuera d'être perçu, soit par le receveur, soit par le conservateur, suivant les règles actuelles ; il se cumulera avec la taxe établie par l'art. 2 de la loi nouvelle.

Parmi ces actes, citons notamment les promesses de vente et les actes contenant apports en mariage ou en société.

1118. Transcription dans plusieurs bureaux. — Ancien tarif dans le premier bureau. — Exemption de la taxe nouvelle dans le second. — L'art. 6 de la L. 27 juill. 1900 a, par voie de référence, rendu applicable à la perception de la nouvelle taxe l'exemption d'impôt accordée par les art. 22 et 26 de la L. 21 ventôse an VII aux transcriptions d'un même acte effectuées dans plusieurs bureaux lorsqu'une première transcription a déjà subi l'impôt et il n'y a pas lieu de distinguer entre le cas où la première formalité a été donnée à l'ancien tarif et celui où elle a motivé l'application de la loi nouvelle (Sol. 16 nov. 1900, 9956 R. P.) (1).

1118 *bis*. Vente et quittance formalisées ensemble ou séparément. — Bureau incompétent. — Inscription d'office. — La transcription d'un acte de vente d'immeubles et de la quittance du prix portant mainlevée de l'inscription d'office, si elle est accomplie séparément pour chacun de ces actes, donne successivement ouverture aux deux taxes de 0 fr. 25 p. 100 et de 0 fr. 10 p. 100. Mais la première de ces deux taxes est seule exigible, s'ils sont présentés simultanément à la formalité et transcrits en un même contexte (Sol. 30 avr. 1902, I. G. 3095, § 18).

Lorsque, après avoir été transcrits séparément à une conservation autre que celle de la situation des biens et y avoir été respectivement soumis aux taxes de 0 fr. 25 p. 100 et de 0 fr. 10 p. 100, deux actes de vente et de quittance ont été ensuite déposés simultanément à la conservation compétente où la taxe de 0 fr. 25 p. 100 a été de nouveau perçue, ce dernier droit, qui fait double emploi, est susceptible d'être restitué. Quant à la taxe de 0 fr. 10 p. 100 perçue au premier bureau pour radiation de l'inscription d'office, elle

(1) Motifs principaux de cette Sol. : « ..... La loi du 27 juill. 1900, art. 6, a, par voie de référence, rendu applicable à la perception de la nouvelle taxe l'exemption d'impôt accordée par la loi de ventôse aux transcriptions d'un même acte effectuées dans plusieurs bureaux lorsqu'une première transcription a déjà subi l'impôt et cela sans distinguer entre le cas où la formalité a été donnée à l'ancien tarif et celui où elle a motivé l'application de la loi nouvelle. — Dans les deux hypothèses, les transcriptions requises ultérieurement pour le même acte dans des bureaux différents *sont couvertes par le droit perçu lors de la première transcription...* »

demeure acquise au Trésor, malgré la nullité de l'inscription à laquelle elle s'applique, nullité dont le conservateur n'était pas juge (Même Solution).

1119. Radiations et subrogations. — Règle générale. — Outre les formalités principales sur les registres hypothécaires, c'est-à-dire les inscriptions et transcriptions, la nouvelle loi frappe, mais d'un droit de 0 fr. 10 p. 100 seulement, les radiations et subrogations à opérer par des mentions en marge de ces formalités.

Le droit de 0 fr. 10 p. 100 est sans décimes comme ceux de 0 fr. 25 et 0 fr. 125. Son application particulièrement délicate est sujette à des difficultés qui ne pourront être toutes résolues que lorsque la loi aura subi une longue épreuve de la pratique.

1120. Radiations totales. — Pour les mainlevées totales, le droit de 0 fr. 10 p. 100 est perçu sur le montant de la somme garantie par l'inscription; c'est là, en effet, la valeur du droit hypothécaire faisant l'objet de la formalité. Si la mainlevée comprend, pour la même somme garantie, plusieurs inscriptions dans le même bureau, ou dans des bureaux différents, la taxe ne peut être perçue qu'une seule fois sur cette somme. Au cas d'inscriptions dans divers bureaux, les règles de manutention tracées par les art. 22 et 26 L. 21 ventôse an VII sont appliquées. Nous croyons devoir reproduire à ce sujet, pour les officiers publics, les prescriptions de l'I. G. 3018 :

« Le droit sera acquitté ainsi qu'il est porté auxdits articles 22 et 26 L. 21 ventôse an VII, pour les inscriptions et transcriptions, c'est-à-dire en totalité dans le premier bureau. Dans les autres bureaux, il ne sera payé que le simple salaire du conservateur sur la représentation de la quittance constatant le payement entier du droit lors de la première mention. En conséquence, le conservateur dans le premier bureau sera tenu de délivrer à celui qui payera le droit, indépendamment de la quittance insérée dans le certificat de formalité, autant de duplicata de ladite quittance qu'il lui en sera demandé. Ces duplicata rentrent dans la catégorie des actes affranchis du timbre par l'art. 1er, n° 4, de la loi; ils ne donneront lieu qu'à la perception du salaire de 0 fr. 25 c. »

Par application de la règle ci-dessus, il a été décidé que lorsqu'une mainlevée est définitive, la taxe est due sur la valeur entière des droits abandonnés, c'est-à-dire sur le montant du capital et de l'évaluation des accessoires portés dans les inscriptions, et cela quelles que soient les sommes quittancées (Sol. 24 nov. 1900, 10000 R. P.) (1).

Dans le même sens, si un créancier reçoit de son débiteur une somme garantie pour partie par une inscription et pour le surplus par une autre inscription, la perception doit être faite distinctement sur le principal et les accessoires conservés séparément par chaque inscription (Sol. 13 fév. 1901, 10017 R. P.).

1121. Taxe. — Rente viagère. — Quittance de prorata. — Mainlevée définitive. — Taxe due sur le capital entier de la rente et accessoires. — Frais faits ou à faire. — Si, lors du payement du dernier prorata couru d'une rente viagère, il est donné mainlevée définitive de l'inscription prise pour sûreté du service de la rente, le droit de 0 fr. 10 p. 100 est exigible sur le capital de la rente et le montant des frais faits ou à faire évalué en l'inscription. La radiation définitive embrassant, en effet, l'ensemble du droit hypothécaire, la taxe est due sur la valeur entière de ces droits, c'est-à-dire sur le capital garanti et les accessoires; à défaut de ventilation, on ne peut distinguer entre les frais faits et ceux à faire (Sol. 24 nov. 1900, 10000 R. P.). — *Rappr.* n° 1098 *suprà*.

1122. Inscription d'office. — Au point de vue de l'exigibilité de la taxe, il faut établir une corrélation entre l'inscription d'office et les créances inscrites sur l'immeuble vendu qui en absorbent le prix. Lorsque, de cette corrélation, il résulte que les inscriptions se confondent en quelque sorte sur le prix, la radiation de l'inscription d'office échappe à la taxe, laquelle est perçue sur les inscriptions particulières. C'est ce que l'Administration a reconnu en décidant :

1° Que la taxe n'est exigible que sur les sommes payées aux créanciers privilégiés non inscrits, la radiation des inscriptions particulières prises au profit des créanciers colloqués et celle de l'inscription d'office devant être considérées comme formant une opération unique passible d'une seule taxe (Sol. 13 fév. 1901, 10017 R. P.);

2° Que la radiation de l'inscription d'office prise au profit des vendeurs ou de leurs créanciers *inscrits* ne saurait donner ouverture à un droit particulier, attendu qu'elle profite à ces créanciers et se confond avec celles qu'ils avaient précédemment requises (Sol. 29 avril 1901, 10057 R. P. et n° 1127 *infrà*). « Relativement aux radiations des inscriptions d'office, porte la Sol. 13 fév. 1901, la taxe ne paraît exigible que sur les sommes payées aux créanciers privilégiés, lesquelles n'étaient garanties par aucune inscription particulière. — Sans doute, il est dû un droit particulier pour la radiation de chaque inscription distincte grevant le même immeuble, alors même que le total des sommes garanties par ces inscriptions excéderait la valeur de l'immeuble; mais l'inscription d'office, qui profite aux créanciers hypothécaires colloqués, se confond jusqu'à un certain point avec les inscriptions prises au profit de ces créanciers. C'est pourquoi, au fur et à mesure du paiement des collocations, le conservateur, sur la représentation du bordereau et de la quittance du créancier, décharge d'office l'inscription jusqu'à concurrence de la somme acquittée et

(1) Voici les principaux motifs de cette solution :

D'après l'art. 2 L. 27 juill. 1900, la taxe est perçue : « ... 3° pour les mentions des subrogations et radiations, sur la somme énoncée dans l'acte ; à défaut de somme, sur la valeur du droit hypothécaire faisant l'objet de la formalité ». Ce texte vise ainsi deux ordres de faits différents : d'une part, les subrogations et radiations *partielles* consenties jusqu'à concurrence d'un *chiffre déterminé* ; pour ces formalités, l'impôt est liquidé sur le chiffre visé ; d'autre part, les subrogations *entières* et les radiations *définitives* ; pour ces mentions, c'est la valeur du *droit hypothécaire* qui sert d'assiette à la taxe. La raison de cette distinction est que le législateur a entendu proportionner le nouvel impôt à l'importance de la formalité accomplie. — Or, à ce point de vue, il importe peu qu'une radiation totale ait été consentie en vertu d'un payement partiel ou d'un payement intégral ; quel que soit le montant des sommes quittancées, *on doit envisager uniquement l'opération effectuée au bureau des hypothèques, et dès l'instant qu'elle a trait à l'ensemble du droit hypothécaire, la taxe est due sur la valeur entière de ces droits, c'est-à-dire sur la somme garantie par l'inscription.*

1126. Taxes hypothécaires. Affectation de plusieurs immeubles. Ventes partielles. Remboursements partiels à raison d'une somme déterminée par chaque mètre vendu. Liquidation de la taxe sur les radiations partielles. — Lorsque, dans le cas de ventes partielles d'immeubles donnés en garantie, le créancier use de la faculté qu'il s'est réservée d'exiger le remboursement, à valoir sur le montant du prêt, d'une somme de 100 fr. par mètre carré vendu, et donne en conséquence mainlevée de l'inscription en tant qu'elle grève les parties vendues et à concurrence des sommes payées sur le surplus, la taxe de 0,10 p. 100 doit être liquidée soit sur le montant de la dette à l'époque de la mainlevée, soit sur la valeur du terrain vendu quand cette valeur est inférieure au montant de la dette. — Seine, 9 nov. 1906, 11339 R. P.

cette inscription est rayée définitivement lorsque l'adjudicataire a payé la totalité de son prix aux créanciers colloqués (C. Proc. 771). »

1123. **Inscription d'office dans un bureau incompétent. — Radiation.** — V. n° 1118 *bis suprà*.

1124. **Radiation. — Deux mentions de radiation définitive. — Une seule taxe exigible.** — Lorsqu'une radiation définitive, faite en vertu de l'ordonnance contenue dans un procès-verbal de clôture d'ordre, a été assujettie à la taxe, la seconde mention de radiation, mise en marge de la même inscription sur la présentation du consentement du créancier, ne donne pas lieu à la perception d'une seconde taxe (Sol. 28 fév. 1901, 10040 R. P.) (1).

1125. **Prêts différés. — Radiation. — Taxe non exigible.** — V. *suprà* n° 874 *bis*.

1126. **Radiations partielles.** — Les mainlevées partielles sont de deux sortes : 1° celles qui réduisent l'inscription, quant à une somme et proportionnellement au chiffre d'un remboursement partiel, en laissant subsister le droit hypothécaire sans restriction et sans division quant à l'ensemble des immeubles primitivement affectés : la perception de la taxe, dans ce cas, ne peut être assise que sur la « somme exprimée », c'est-à-dire quittancée dans l'acte ; 2° celles qui, soit comme conséquence d'un remboursement partiel, soit sans cause d'un tel remboursement, effacent le privilège ou l'hypothèque sur certains immeubles en les laissant subsister restrictivement sur les autres immeubles affectés ; l'objet de la formalité est alors d'affranchir certains immeubles ; le droit, dans ce cas, est dû, soit sur la somme quittancée s'il y a eu remboursement partiel, soit sur la valeur des immeubles dégrevés, quand cette valeur est inférieure à la somme quittancée, ou quand il n'y a pas de quittance.

Lorsqu'il ne peut être référé à un acte récent révélant la valeur de l'immeuble, il importe que les officiers publics laissent, en cas de réduction d'hypothèque, une évaluation des biens affranchis.

1127. **Plusieurs créanciers.** — *Mainlevée par un même acte.* — Aux termes de l'art. 2, 3° de la loi, « si plusieurs créanciers consentent des réductions sur le même immeuble, la perception ne pourra excéder le montant de la taxe calculée sur la valeur de l'immeuble ». Ce texte est évidemment incomplet et laisse place à plusieurs interprétations. « Il ne peut s'agir dans ce texte, disions-nous dans notre Commentaire, que des créanciers titulaires d'une même inscription, c'est-à-dire ayant une affectation commune ou au même rang sur les mêmes immeubles ; les réductions simultanées ou successives consenties par les créanciers affranchissent un seul et même gage et la taxe ne saurait équitablement atteindre une valeur supérieure à ce gage. — Il n'en est plus ainsi lorsqu'un immeuble a été affecté successivement par des inscriptions distinctes au profit de plusieurs créanciers ayant chacun un rang particulier. Le maximum de la taxe, dont l'application d'ailleurs nécessiterait des rapprochements impossibles sur les registres hypothécaires, ne serait plus justifié. Dans le premier cas, l'immeuble n'a été affecté qu'une fois ; dans le second cas, il a été affecté plusieurs fois : l'unité de taxe se justifie dans le premier cas comme la pluralité s'impose dans le second. »

Mais, suppléant à la défectuosité du texte par l'addition des mots « par le même acte », l'Administration a déclaré que « si plusieurs créanciers consentent *par le même acte* des réductions sur le même immeuble, la perception ne peut dépasser la valeur de l'immeuble dégrevé » (I. G. 3018, p. 6 ; Sol. 29 avr. 1901, 10037 R. P.) ; qu'il n'en est plus de même quand le consentement a lieu par *plusieurs actes*, et que, dans ce cas, la taxe de 0 *fr.* 10 c. p. 100, calculée au maximum sur la valeur de l'immeuble dégrevé, est exigible autant de fois qu'il y a d'actes distincts portant réduction d'hypothèque. (Même Sol.) (1).

(1) On lit dans cette solution : « Il est vrai que divers auteurs contestent au juge-commissaire le pouvoir d'ordonner la radiation des inscriptions prises au profit des créanciers colloqués dans un ordre (V. notamment Boulanger, *Radiations*, n°s 774, *in fine*, et 781). Mais, même dans cette doctrine, on reconnaît que le conservateur, requis de radier en vertu de l'ordonnance du juge, ne saurait s'y refuser (V. *loc. cit.*, n°s 771 et 778. *Adde* : Cass. civ., 11 juillet 1865 ; D. P. 65-1-...). Dès lors, la première radiation des dix inscriptions dont il s'agit doit être tenue comme régulière. — Au surplus, il n'y a pas lieu de rechercher si M. G... était fondé à attaquer l'ordonnance de clôture d'ordre comme entachée d'excès de pouvoir et à contester la radiation opérée en conséquence. Par le fait même du consentement contenu dans l'acte notarié du 20 sept. dernier, le vice qui affectait la formalité précédemment remplie a disparu et cette radiation se trouve définitivement régularisée avec effet à la date où elle a été accomplie. — Dès lors, la seconde mention mise en marge de chacune des dix inscriptions ne saurait être envisagée comme une mention de radiation dans le sens de la loi du 27 juillet 1900 ; c'est une formalité complémentaire qui échappe à tout impôt ».

(1) Cette solution a une importance particulière d'abord parce qu'elle tend à compléter extra-légalement notre texte, et ensuite parce qu'elle a trait à d'autres difficultés pour la solution desquelles nous l'avons plusieurs fois citée. Les praticiens devant fréquemment s'y reporter, nous croyons utile de la reproduire ici :

« M. le Directeur, suivant procès-verbal dressé par Me G..., notaire à P..., le 27 juin 1900, M. G... a été déclaré adjudicataire d'un immeuble à P..., appartenant aux époux C..., moyennant le prix de 171.400 fr. payable après l'accomplissement des formalités hypothécaires.

Cet immeuble se trouvant grevé de dix-sept inscriptions dont le montant était supérieur au prix d'adjudication, a été distribué aux créanciers qui ont donné mainlevée jusqu'à concurrence de leur collocation, dans un ordre amiable établi devant le même notaire le 28 sept. 1900.

L'expédition de cet acte a été déposée au bureau des hypothèques de P... le 17 oct. 1900 en vue de la radiation des inscriptions.

D'autres créanciers ne venant pas en ordre utile ont également consenti la mainlevée de leurs inscriptions sur cet immeuble, aux termes de divers actes reçus, savoir : par Me B..., notaire à P... le 27 août 1900, par Mes G... et R..., notaires à P..., L... notaire à C..., V..., notaire à T..., et T..., notaire à L..., en août et sept. 1900. Des expéditions de ces actes ont été déposées au bureau des hypothèques de P... les 3 sept. et 18 oct. suivants.

Dans une pétition du 26 fév. 1901, M. C... expose que le droit de radiation à 0 fr. 10 p. 100 a été liquidé par le conservateur, pour chaque mainlevée, sur le montant de la créance si elle était inférieure au prix de l'immeuble ou sur ce dernier prix dans le cas contraire, et qu'il a été ainsi perçu :

1° lors du dépôt effectué le 17 oct. 1900 de l'ordre amiable..	[illegible]
2° le 3 sept. 1900 (acte du 27 août 1900. B... notaire)..........	11.96
3° et le 18 oct. 1900 (mainlevées données en août et sept. 1900, sans indication de la date et des dispositions de chaque acte)........	309.10
Total..........	[illegible]

Cette perception lui paraît exagérée. A son avis, il était dû un seul droit de 0 fr. 10 p. 100 à calculer sur la valeur de l'immeuble pour les

1128. Ordre ou répartition du prix. — Réductions d'hypothèque. — Dans un ordre consensuel, la taxe, en ce qui concerne les créanciers partiellement désintéressés, doit être perçue uniquement sur les sommes quittancées, la réduction de l'hypothèque étant, en effet, une disposition dépendante de la mainlevée consentie à la suite du paiement partiel et l'ensemble de l'opération donnant ouverture à la taxe sur la somme garantie par la partie radiée de l'inscription, c'est-à-dire sur la somme quittancée (Sol. 13 fév. 1901, 10017 R. P.).

1° *Prix consigné. — Radiation des inscriptions n'arrivant pas en ordre utile.* — Supposons le prix consigné et le juge ordonnant sur l'immeuble la radiation des inscriptions qui n'arrivent pas en ordre utile, celles en rang utile devant être radiées avec l'inscription d'office lors du paiement des collocations; c'est là une réduction d'hypothèques par le même acte et sans paiement; la taxe est donc exigible sur le montant des inscriptions radiées, ou sur la valeur de l'immeuble si elle est inférieure; et plus tard, au fur et à mesure du paiement aux créanciers colloqués, la radiation faite en conséquence de ce paiement donnera lieu à la taxe sur les sommes quittancées, c'est-à-dire une seconde fois sur le prix.

2° *Prix payé. — Mainlevée de toutes les inscriptions sur l'immeuble en rang utile ou non.* — On présente au conservateur un acte ou un ordre consensuel constatant la libération de l'acquéreur entre les mains des créanciers inscrits qui tous, sans distinction entre ceux qui ont reçu et ceux qui n'arrivent pas en rang utile, adhèrent à la mainlevée sur l'immeuble; cette mainlevée par le même acte étant, dans son ensemble, la conséquence du paiement du prix, la taxe ne sera due qu'une seule fois sur le prix quittancé.

1129. Subrogations. — Les mentions de subrogations en marge du registre des inscriptions sont atteintes par la taxe sur la somme exprimée dans l'acte, c'est-à-dire sur la somme pour laquelle le nouveau créancier prend la place du premier. Ces mentions ne peuvent soulever de difficultés sérieuses (1).

1130. Exceptions. — *Mentions de radiations et subrogations de saisie, de changement de domicile, cession d'antériorité, résolutions.* — Les mentions des subrogations et radiations de *saisies*, ainsi que toutes celles qui ne sont pas expressément tarifées, doivent être effectuées sans donner lieu à aucune perception au profit du Trésor. Telles sont les mentions de changement de domicile, de cession d'antériorité, de jugement prononçant la résolution, la nullité ou la rescision d'un acte transcrit (I. G., 3018, p. 5).

Suivant l'observation de M. Boulanger, ces mentions sont de pures formalités d'ordre et de procédure et celle des jugements de résiliation a pour but de restituer l'ancien propriétaire contre un contrat annulé. Pas plus que les mentions relatives aux saisies, elles ne justifient la perception de la taxe.

1131. Radiations ou subrogations non opérées. — Restitution des droits. — Les mentions de subrogations ou radiations doivent être effectuées à la date où les mainlevées ou autres titres sont déposés pour obtenir ces formalités (V. I. G. 3018, p. 10); le dépôt en est constaté

mainlevées données par les créanciers colloqués et un second de 0 fr. 10 p. 100 sur la même valeur en ce qui concerne les réductions d'hypothèques consenties par les créanciers non colloqués, soit 171 × 2 = 342.

Il estime que « le dépôt des mainlevées partielles fait le même jour au bureau des hypothèques permettait de faire une perception conforme à la loi, aussi bien que si les réductions avaient été consenties par le même acte, ainsi que l'exige l'I. G. 3018, § 2 ».

En me transmettant cette demande, vous faites observer que l'I. G. 3018 (p. 8) contient une addition à l'art. 2, § 3, de la loi du 27 juill. 1900 lorsqu'elle dit que « si plusieurs créanciers consentent, *par le même acte*, des réductions sur le *même immeuble*, la perception ne pourra pas dépasser la valeur de l'immeuble dégrevé. — Vous ajoutez qu'en matière hypothécaire, c'est moins l'acte que le dépôt à la conservation qui doit régler la perception de la taxe, par le motif que le dépôt détermine le rang des inscriptions et les droits des tiers. — Vous en concluez que c'est d'après la *date du dépôt* que la perception doit être opérée; que, dès lors, « si des radiations sont requises à *des dates différentes*, si c'est le sens le plus exact de la disposition législative, la pluralité est applicable, et on ne saurait tenir compte des droits précédemment acquittés ». — Il vous semble, d'ailleurs, que la radiation de l'inscription d'office prise au profit des vendeurs ou de leurs créanciers inscrits, ne saurait donner ouverture à un droit particulier, attendu qu'elle profite à ces créanciers et se confond avec celles qu'ils avaient précédemment requises et que, d'autre part, il n'y a jamais eu qu'un droit hypothécaire représenté par le montant de chaque créance.

Sur ce dernier point vos observations sont fondées.

Mais l'interprétation que vous proposez du § 3 de l'art. 2 de la loi du 27 juill. 1900 ne me paraît pas susceptible d'être adoptée.

« En cas de réduction de l'hypothèque, — porte cet article, — la taxe est liquidée sur *le montant de la dette*, ou sur *la valeur de l'immeuble affranchi*, si cette valeur est inférieure. Si *plusieurs créanciers* consentent des réductions sur le même immeuble, la perception ne pourra excéder le montant de la taxe calculée sur la *valeur de l'immeuble*. »

Et l'Administration explique dans l'I. G. 3018 (p. 8) que « si *plusieurs créanciers* consentent *par le même acte* des réductions sur le *même immeuble*, la perception *ne peut dépasser* la valeur de l'immeuble dégrevé ».

Or, ce n'est pas sans motif qu'elle a ainsi considéré comme devant influer sur l'assiette de l'impôt le fait qu'il aura été dressé un seul acte ou qu'il en aura été dressé plusieurs pour constater les mainlevées des divers créanciers. — La taxe de 0 fr. 10 c. p. 100 est, en effet, une taxe de remplacement. — C'est ce que M. Boulanger, rapporteur de la loi au Sénat, disait précisément à propos des radiations et subrogations : « Quel est l'objet de la taxe de remplacement? C'est uniquement de tenir lieu des droits de timbre qui sont actuellement dus sur les *actes, pièces* ou registres qui sont nécessaires à l'accomplissement de la formalité. »

La perception devant ainsi tenir lieu des droits de timbre des actes et pièces produits à l'appui de la réquisition de radiation et surtout de l'acte portant consentement à radiation, la taxe hypothécaire calculée au maximum sur la valeur de l'immeuble dégrevé, doit être exigée autant de fois qu'il y a d'actes distincts, et cela quelle que soit la date de leur dépôt à la conservation. »

(1) Une controverse s'est cependant élevée à ce sujet dans la *Rev. Hyp.* : l'auteur de l'art. 9702 pense que la taxe de 0 fr. 10 p. 100 ne doit s'appliquer qu'aux seules mentions de subrogations résultant de paiements effectués en conformité des art. 1250 et 1251 C. C., et que, par suite, doivent être exemptes de l'impôt toutes les autres mentions de subrogations, lorsque la substitution d'un créancier à un autre résulte, soit d'un acte translatif, comme une cession de créances ou une donation, soit d'un acte simplement déclaratif, comme un partage, une déclaration d'apports en mariage ou en société, etc. — Au contraire, l'auteur de l'art. 9728 donne au mot *subrogation* un sens plus général et conclut à l'exigibilité de la taxe suivant la règle ci-dessus formulée dans notre texte : « Les jurisconsultes qui ont commenté, dit-il, les art. 1249 et s. emploient également le mot subrogation dans le sens restreint de subrogation résultant d'un paiement, mais ils ne disent nulle part que la subrogation ne pourra pas avoir une autre origine. Dans le cas qui nous occupe, nous sommes fondé à dire qu'il y a subrogation d'une façon générale, toutes les fois qu'un nouveau créancier est substitué à un autre en vertu d'un acte quelconque... »

1132 *bis*. Taxes de transcription et de radiation. Résolution. Demande en restitution non recevable. — V. 1015 *supra*.

1135. Pièces produites pour l'accomplissement des formalités hypothécaires. Exemption de timbre. L. 27 juill. 1900. Mention obligatoire de la destination. Omission. Exigibilité du droit et de l'amende. — En prononçant l'exemption du timbre pour les pièces produites en vue de l'accomplissement des formalités hypothécaires et qui restent déposées au bureau des hypothèques, la L. 27 juill. 1900 a spécifié que les pièces dont il s'agit devraient porter la mention expresse de leur destination. Cette condition est de rigueur et l'omission de la mention prescrite entraîne l'exigibilité du droit de timbre et de l'amende de contravention. — Sol. 17 fév. 1903, Instr. 3128, § 3, 10552 R. P.

1135 *bis*. Vente d'immeuble. Insuffisance de prix. Soumission. Taxe hypothécaire de transcription. Exigibilité du droit en sus. — V. *Soumission*, n° 51.

sur un registre spécial et la perception y est immédiatement établie. Si, par suite d'insuffisance de justifications, le conservateur ne croit pas pouvoir procéder à la formalité, le droit perçu pourra être restitué suivant les prescriptions suivantes de l'I. G. précitée :

« Dans le cas où une formalité requise, spécialement une mention de radiation ou de subrogation, ne pourra être accomplie par suite de l'insuffisance des justifications fournies, la taxe acquittée sera restituée, si la demande en est faite avant que la prescription biennale soit acquise au Trésor (Art. unique L. 24 mars 1806). » (V. égal. dans le même sens I. G. 3082.)

1132. **Perception de 20 fr. en 20 fr. — Minimum de 0 fr. 25. — Dispositions distinctes.** — L'art. 2 qui prescrit d'établir les perceptions sur « les sommes et valeurs de 20 fr. en 20 fr. inclusivement et sans fractions » ne fait que maintenir la règle générale antérieure.

Quant à la disposition du même article d'après laquelle « il ne pourra être perçu moins de 0 fr. 25 pour les formalités qui ne produiraient pas 0 fr. 25 de taxe proportionnelle », elle est calquée sur l'art. 3 de la loi du 27 vent. an IX relatif au droit proportionnel d'enregistrement et doit recevoir la même interprétation (*Conf.* I. G. 3018, § 3, p. 8).

Or, il a été reconnu que ce dernier article a pour objet la formalité donnée, non à chacune des dispositions distinctes d'un même acte, mais à l'acte tout entier, et que la perception de 0 fr. 25 ne doit avoir lieu, comme minimum, qu'autant que le total des droits exigibles sur les différentes dispositions n'atteindrait pas cette quotité (I. G. 1187, § 3; — Sol. 27 sept. 1901, I. G. 3080, § 7, R. P. 10215).

1133. **Adjudication en plusieurs lots. — Acquéreurs distincts.** — Lorsqu'une adjudication en plusieurs lots est prononcée au profit d'acquéreurs distincts, la taxe doit être liquidée, sauf l'application du minimum total ci-dessus, séparément sur chacun des lots. — Même Sol.

1134. **Déclarations estimatives.** — Si les sommes et valeurs ne sont pas déterminées dans les actes ou extraits donnant lieu à la formalité, les requérants sont, d'après la prescription de l'art. 4, tenus d'y suppléer par une déclaration estimative : c'est l'application de l'art. 16 L. 22 frim. et elle doit être interprétée dans le même sens.

« La déclaration estimative doit être fournie *avant la formalité* puisqu'elle est nécessaire pour la liquidation du droit dont le payement doit avoir lieu d'*avance* » (I. G. 3018, p. 8).

Cette déclaration ne peut être inférieure à celle fournie, le cas échéant, au bureau de l'enregistrement (art. 4 préc.).

1135. **Amendes et droits en sus.** — *Pièces justificatives non timbrées détournées de leur destination. — Insuffisances et dissimulations.* — La loi édicte deux sortes de pénalités :

1° Une amende de 100 fr., outre le paiement des droits, contre ceux qui auront affecté à un autre usage les pièces écrites sur papier non timbré comme destinées à être déposées au bureau des hypothèques ;

2° Un droit en sus, ne pouvant être inférieur à 50 fr. si, dans le délai de deux années à partir de la formalité, l'insuffisance ou la dissimulation des sommes ou valeurs ayant servi de base à la perception est établie conformément aux modes de preuves admis en matière d'enregistrement.

1136. **Décimes.** — Tandis que le droit en sus minimum de 50 fr. est perçu sans l'addition de décimes, puisque le droit simple n'y est pas soumis (I. G. 3018, p. 9), l'amende de 100 fr., au contraire, doit être augmentée de ces décimes.

Cette interprétation du texte est conforme aux observations du rapporteur devant le Sénat.

« Cette pénalité (droit en sus de 50 fr.) qui constitue, en réalité, un droit supplémentaire, ne doit pas être augmentée de décimes plus que ne l'est le droit principal. — Mais il n'en saurait être de même à l'égard de l'amende de 100 fr. établie par l'art. 1er pour usage illégal de pièces non timbrées. Cette amende devait être assujettie aux décimes en vigueur au moment de la contravention, comme toutes les amendes de timbre. »

1137. **Instances.** — *Frais.* — La procédure tendant à la preuve des insuffisances ou dissimulations est suivie comme en matière d'enregistrement (art. 4).

« Il sera inutile d'y recourir, porte l'I. G. 3018, p. 9, lorsque, la taxe hypothécaire devant s'effectuer sur les mêmes bases que celle du droit d'enregistrement, l'insuffisance aura été dûment reconnue ou constatée pour l'application de ce dernier droit. »

Les frais de la procédure ne tomberont à la charge du redevable et celui-ci ne sera passible du droit en sus qu'autant que l'insuffisance constatée excédera de 1/8 au moins la valeur exprimée dans l'acte ou déclarée (I. G. 3018, *loc. cit.*).

1138. **Dispositions transitoires.** — *Imputation sur les taxes nouvelles du timbre inutilement employé.* — Les officiers publics produisent, à l'appui des réquisitions de radiations ou subrogations, des pièces que la nouvelle loi exempte du timbre et qui, cependant, ont été écrites sur le papier timbré parce que la loi n'avait pas été prévue. Il en est de même des bordereaux d'inscriptions. Par mesure de bienveillance, l'Administration a prescrit aux conservateurs d'imputer, pendant le premier mois d'application de la loi, sur la taxe nouvelle et jusqu'à concurrence, le montant du timbre inutilement consommé.

A raison même de son caractère de mesure de bienveillance, ce délai a été rigoureusement maintenu dans ses limites et n'a pu être augmenté (Sol. 13 *fév.* 1901, 10017 R. P.).

1139. **Recette de la taxe de radiation. — Statistique. — Comptabilité.** — Une circulaire du Directeur général de la comptabilité publique du 30 déc. 1900 (n° 1781. — Circ. de l'Enreg. du 26 janv. 1901) détermine diverses règles relatives à la taxe hypothécaire en ce qui concerne : 1° le classement des recettes dans la comptabilité ; 2° les restitutions ; 3° l'échange des formules timbrées ; 4° et la statistique quinquennale des formalités hypothécaires.

La recette de la taxe, provisoirement effectuée sur le

registre du visa pour timbre s'établit, depuis le 1er sept. 1902, sur un registre spécial qui, tant pour les recettes du Trésor que pour les renseignements statistiques (Circ. précitée du 26 janv. 1901, § 2, p. 10) doit être servi de la manière prescrite par l'I. G. 3082. — V. cette Instruction).

IMPOT SUR LE REVENU.

1-4 bis. Textes de lois. — *Lois des 28 avr. et 26 juill. 1893.* — La première exempte de la taxe « les emprunts contractés par les Sociétés en nom collectif pures et simples » (art. 36) (8053 R. P., 2837 I. G.).

La seconde dispose qu'il ne sera pas insisté sur le recouvrement des sommes qui peuvent être encore dues par ces sociétés à raison de leurs emprunts (art. 22). Elle soumet, en outre, à la prescription de cinq ans l'action en recouvrement de la taxe et à la même prescription l'action en restitution contre le Trésor (art. 21) (8102 R. P., 2846 et 2892 I. G.).

Loi du 5 nov. 1894. — Cette loi exempte de l'impôt les Sociétés de crédit agricole (art. 4) (8550 R. P., 2874 et 2889 I. G.).

Loi du 30 nov. 1894. — Cette loi dispense de la taxe le revenu attribué à certaines actions et parts d'intérêts des sociétés de construction de maisons à bon marché et des sociétés de crédit ayant pour objet de faciliter l'achat ou la construction de ces maisons (8448 R. P., 2901 I. G.).

Loi du 28 déc. 1895. — Cette loi affranchit de l'impôt les avances faites aux sociétés au moyen d'endossements de Warrants (art. 31) (8664 R. R., 2897 I. G.).

Loi du 25 fév. 1901. — Cette loi a porté, par son art. 20, de 4 à 8 p. 100 la taxe établie sur les *lots* payés aux créanciers et porteurs d'obligations, effets publics et tous autres titres d'emprunts, *les primes de remboursement* restant soumises à l'ancien tarif (9995 R. P. 3049 I. G.).

3. Indivision. — Les simples indivisions ou communautés, qui laissent à chacune des parties la copropriété des biens indivis, ne tombent pas sous l'application de la loi du 29 juin 1872 (Trévoux, 5 août 1890, 7573 R. P.).

5-1. Société civile immobilière. — On ne saurait considérer comme un pacte de famille le contrat intervenu entre des propriétaires indivis d'immeubles et une autre personne, qui se réfère aux articles du C. civ. applicables aux sociétés, indique la mise en commun pour réaliser un gain et dont le but est la spéculation, alors même qu'il serait stipulé que les propriétaires apporteurs resteront en indivision pour les immeubles demeurés invendus à l'expiration du contrat. Un tel contrat est constitutif d'une société civile, qui tombe sous l'application de la loi du 29 juin 1872 (Seine, 28 nov. 1896, 8975 R. P., 25140 J. E.).

Société commerciale transformée en société civile immobilière. — Lorsqu'une société commerciale modifie l'objet de son entreprise et cesse de se livrer à des opérations commerciales, elle se transforme en société civile et, comme telle, devient passible de la taxe. Il en est ainsi notamment d'une société commerciale qui, créée dans le but d'acquérir et mettre en valeur des immeubles et d'exploiter un théâtre-concert, abandonne l'entreprise des spectacles publics et loue à un tiers le théâtre qu'elle faisait valoir (Lyon, 3 fév. 1892, 7845 R. P.).

6. Sociétés minières. — Une société civile, ayant pour objet d'exploiter une concession de mines, doit acquitter l'impôt sur les bénéfices qu'elle distribue, encore bien qu'elle supporte la redevance foncière de 5 p. 100, cette redevance n'ayant rien de commun avec la taxe sur le revenu (Cass. civ., 26 oct. 1892, 7978 R. P.; 23934 J. E., 2834-5 I. G.).

La redevance foncière établie par la loi du 21 avr. 1810 et la taxe sur le revenu sont, en effet, entièrement distinctes l'une de l'autre. La redevance foncière est due par les propriétaires d'une mine, en leur qualité de propriétaires, qu'ils soient ou non constitués en société. « Il est juste, exposait le rapporteur de la loi de 1810, que les propriétaires de mines payent une redevance à titre de propriétaires ». Elle représente à la fois la contribution de la patente, que devraient acquitter les concessionnaires et dont ils ont été exemptés (L. 21 avr. 1810, art. 32), et le prix de la concession qui leur est accordée par l'État. « Les redevances dont sont passibles les propriétaires des mines, enseigne Cabantous, leur ont été imposées par la loi du 21 avr. 1810, en échange des droits de patente dont elle les affranchit expressément, et comme prix de la concession qu'ils sont tenus de demander au Gouvernement ». (*Rép. de Droit adm.*, n° 527.) Quant à la taxe sur le revenu, elle a un caractère essentiellement fiscal et elle peut être exigible concurremment avec l'impôt des patentes; elle ne frappe que les sociétés, mais elle s'ajoute aux autres taxes que ces sociétés sont tenues de supporter. Il n'y a donc aucun rapport entre la redevance qui est due par tout propriétaire de mines sur les produits nets de l'extraction et l'impôt sur le revenu qui se perçoit sur les bénéfices distribués par les sociétés minières; ces deux taxes s'appliquent à des objets différents et ne se confondent pas; selon l'expression de la Cour, la redevance ne fait pas double emploi avec l'impôt sur le revenu. Au reste, il n'a pas échappé à l'attention du législateur de 1872 que les sociétés minières étaient déjà soumises à un impôt de 5 p. 100 de leur revenu, et néanmoins il n'a pas cru devoir les exempter de la taxe de 3 p. 100 : « On ne sait pas assez, lit-on dans le rapport de la commission du budget, que les valeurs mobilières, avant d'arriver au revenu qui se distribue, ont acquitté largement leur part dans les contributions publiques. On ignore qu'une houillère, par exemple, a payé, outre les autres impôts, une redevance à l'État de 5 p. 100 de son produit net... Quand le titre mobilier, qui représente une partie de la propriété de ces industries, vient s'acquitter entre les mains du porteur, pourrait-on donc oublier, sans injustice, quelle quantité d'impôts a été payée avant d'arriver à cette distribution pour l'actionnaire ou l'obligataire? Les mêmes observations s'appliquent avec non moins de force à toutes les valeurs mobilières qui représentent le capital de nos chemins de fer et de la plupart de nos entreprises. » (*J. off.* du 7 juin 1874, p. 3891; — 4330 R. P., p. 90.) Bien plus, lors de la discussion de la loi du 1er déc. 1875, il a été formellement reconnu que les sociétés de mines tombent sous l'application directe de la loi du 29 juin 1872. « Dans les sociétés civiles, disait le rapporteur de la loi, sont comprises les sociétés de mines;

IMPÔT SUR LE REVENU.

1-2. Séparation des Églises et de l'État. Associations et unions cultuelles. — Les associations et unions cultuelles sont exemptes de la taxe sur le revenu (L. 9 déc. 1905, art. 24). — 11065 R. P.

5-6. Société en nom collectif pour l'exploitation de carrières. Caractère civil. Exigibilité de la taxe. — Constitue une société civile, assujettie comme telle à l'impôt sur le revenu, la société en nom collectif ayant pour objet principal l'acquisition et l'exploitation de carrières de kaolin. Il importe peu qu'elle ait été qualifiée de société commerciale en nom collectif, qu'elle soit assujettie à la patente et qu'elle soumette ses produits, avant de les vendre, à un traitement déterminé, cette opération ne constituant qu'un accessoire de l'exploitation (Bourges, 22 mars 1904, 11285 R. P.).

Société civile par actions. Mise en commun de redevances tréfoncières. Distribution de sommes supérieures à l'évaluation originaire du titre. — Constitue une véritable société, assujettie à la taxe sur le revenu, et non une simple association, la collectivité constituée sous la forme d'une société civile par actions par des personnes, propriétaires à titre de tréfonds, qui ont déclaré, dans l'acte constitutif, mettre en commun la propriété et la jouissance de ces droits en vue de partager le bénéfice qui pouvait en résulter. La taxe est exigible sur les sommes distribuées qui excèdent la valeur des actions telle qu'elle a été fixée dans les déclarations d'abonnement au timbre, alors surtout que l'exactitude de l'estimation n'a été contredite par aucun document versé au [illegible] (Saint-Étienne, 29 déc. 1903, 10812 R. P.) — Cass. (req.), 27 nov. [illegible], 11069 R. P.

6. Société minière. — Les produits des mines rentrent dans la catégorie des fruits. Par suite, la répartition qui en est faite aux actionnaires d'une société donne lieu à l'application de la taxe sur le revenu, alors même qu'elle aurait été considérée comme destinée à tenir compte de la dépréciation des mines exploitées, si le remboursement partiel des actions n'a pas été prévu par les statuts qui en autorisent seulement l'amortissement par voie de tirage au sort (Seine, 9 juin 1905, 11127 R. P.).

9-1. Société en commandite par actions. Apport d'industrie. Bénéfices attribués à l'associé gérant en sus de son traitement. Taxe exigible. — Lorsque les statuts d'une société en commandite par actions allouent à l'associé gérant une part de bénéfices tant à titre de traitement et de rémunération de son travail que comme représentation de son apport d'industrie, la taxe sur le revenu est exigible sur la fraction des bénéfices payée en considération de cet apport, l'autre fraction échappant à la perception (Bordeaux, 11 fév. 1902; Cass. (req.), 2 fév. 1904, 10700 R. P.).

9. Sociétés coopératives formées exclusivement entre ouvriers ou artisans. Exemptions. L. 30 déc. 1903. — 10653 R. P.

Cette disposition a été rendue exécutoire en Algérie par un décret du 23 août 1904 (10905 R. P.), et dans les territoires du Sud de cette colonie par un autre décret du 16 déc. 1905 (10680 R. P.).

9 bis. Sociétés d'habitation à bon marché. Exemption de l'impôt sur le revenu. L. 12 avril 1906 (art. 15). — 11202 R. P.

10-1. Sociétés de crédit maritime. L. 23 avril 1906. Exemption de l'impôt sur le revenu. — Instr. 3200, 11225 R. P.

11. Sociétés en participation. — *Société civile constituée pour le recouvrement d'une participation. Capital social divisé en parts au porteur de fractions égales. Exigibilité de la triple taxe.* — Ne peut être considérée comme une simple participation la société civile constituée pour le recouvrement d'une participation dans les bénéfices d'une autre société, qui est administrée par un conseil investi des pouvoirs les plus étendus et dont les parts, divisées en fractions égales, ont été émises au porteur. Les titres représentatifs de ces parts sont passibles, par suite, de la taxe d'abonnement, du droit de transmission et de l'impôt sur le revenu (Seine, 1er août 1902, 10505 R. P.).

Présente, au contraire, le caractère de la participation l'association que trois personnes ont formée pour rester occulte, qui n'a jamais été dotée d'une raison sociale ni d'une signature sociale, et dans laquelle le participant qui dirigeait l'association a toujours traité avec les tiers en son nom personnel. Cette participation n'est pas soumise, par conséquent, à la taxe de 4 p. 100 (Châtellerault, 17 déc. 1906, 11377 R. P.).

Société civile constituée pour le recouvrement d'une participation. Parts de fondateur cédées par la société à une autre moyennant une part de bénéfices. Apport et non vente. — L'attribution à une autre société des parts de fondateur appartenant à une société civile, moyennant la répartition d'une fraction des dividendes à prendre sur les bénéfices réalisés, présente le caractère d'un apport, et non d'une vente, dès l'instant qu'une organisation spéciale a été stipulée avec les porteurs de parts comme s'il s'agissait d'une société distincte et notamment, qu'il doit être fait des inventaires et bilans spéciaux. Les dividendes distribués sont donc passibles de la taxe sur le revenu (Cass. (req.), 21 juin 1904, 10806 R. P.).

évidemment on ne peut pas avoir l'intention de les excepter. » — « Je ne parle pas, déclarait de son côté le Ministre des finances, de sociétés de mines, puisque nous sommes d'accord pour les laisser soumises à l'impôt; mais je parle, par exemple, des sociétés civiles pour la gestion des immeubles qui ont payé le droit jusqu'à présent. » (Séance du 1er déc. 1875. — 4273 R. P., p. 36 et 38.)

Il faut considérer comme une société commerciale la société, formée pour l'exploitation d'une mine, qui ne livre au commerce la matière extraite qu'après l'avoir transformée par l'addition d'une autre matière achetée (Seine, 24 fév. 1893, 8043 R. P., 24104 J. E.). De même, la société, qui a pour objet, non seulement l'extraction des produits d'une mine, mais encore l'achat et la vente de produits de même nature, constitue une Société commerciale (Saint-Jean-de-Maurienne, 28 janv. 1897, 9189 R. P.). Les règles applicables aux sociétés commerciales doivent donc être appliquées aux sociétés minières de l'espèce.

8. Sociétés commerciales en nom collectif. — **Sociétés de mines.** — Lorsqu'une société minière, présentant un caractère commercial, n'a pas de raison sociale, que son capital est divisé en un certain nombre de parts cessibles, que les obligations des associés sont limitées à leurs apports et que l'administration est confiée à un conseil élu, elle ne peut être considérée que comme une société anonyme, passible de la taxe sur le revenu (Saint-Jean-de-Maurienne préc., 9189 R. P.).

1° *Société en commandite.* — Dans une société en commandite simple, les parts du gérant sont, par conséquent, dispensées de la taxe tant qu'elles sont restées sa propriété; mais elles deviennent sujettes à l'impôt à partir du jour elles ont été aliénées, si, d'après les statuts, les cessionnaires de parts deviennent associés commanditaires (Seine, 11 août 1893, 8196 R. P.).

2° *Société en nom collectif transformée en commandite.* — Lorsqu'il est convenu, dans l'acte constitutif d'une société en nom collectif, que, arrivant le décès de l'un des associés, son fils aura, dans le mois du décès, la faculté de le remplacer comme associé en nom, à la condition de manifester sa volonté dans le délai d'un mois et que, faute par lui de profiter du droit qui lui est réservé, la société continuera avec les héritiers de l'associé prédécédé qui deviendront simples commanditaires, la société doit être considérée comme étant en commandite à l'égard de ces héritiers, dès lors que le fils n'a pas exercé son option dans le délai imparti : il n'y a pas à s'arrêter à cette circonstance qu'il était, au moment du décès, encore mineur non émancipé. La taxe est donc exigible sur les produits de la commandite, et la société se trouve tenue de communiquer à la Régie le dernier inventaire social qui, d'après les statuts, doit servir à déterminer le montant de cette commandite (Lille, 6 mai 1897, 25219 J. E.).

9. Société coopérative entre patrons. — La société coopérative, constituée entre patrons charcutiers pour acheter en gros et revendre en détail et dont le capital a été formé au moyen d'une souscription d'actions, ne rentre pas dans l'exception prévue par l'art. 2 L. 1er déc. 1875 (Seine, 22 fév. 1902, 10322 R. P.).

10-1. Autres Sociétés. — SOCIÉTÉS AGRICOLES. — Aux termes de l'art. 4 L. 5 nov. 1894, les sociétés de crédit autorisées par la nouvelle loi sont exemptes de l'impôt sur les valeurs mobilières.

Cette disposition, conçue en termes généraux, a pour effet d'affranchir de la taxe de 4 fr. p. 100 les intérêts payés, au cours de la société, aux titulaires de parts d'intérêt, ainsi que les bénéfices qui, à la dissolution, leur proviendront du partage du fonds social. Elle s'étend également aux intérêts des emprunts contractés par les sociétés de l'espèce.

Quant aux répartitions effectuées entre les sociétaires au prorata des prélèvements faits sur leurs opérations, elles échappent de plein droit à l'application de la loi du 29 juin 1872, comme constituant, non un revenu des parts d'intérêt, mais une restitution partielle des commissions perçues par la société (2874 I. G.).

4. SOCIÉTÉS FROMAGÈRES. — Les sociétés fromagères, constituées généralement sous le nom de fruiteries dans certaines régions de la France en vue de permettre aux habitants d'une même localité ou de localités voisines de tirer parti du lait de leurs troupeaux, forment des associations d'une nature particulière échappant à l'application de la taxe (Sol. 19 juill. 1881).

5. HABITATIONS A BON MARCHÉ. — Les sociétés de construction de maisons à bon marché et les sociétés de crédit ayant pour objet de faciliter l'achat ou la construction de ces maisons, que visent les lois des 30 nov. 1894 et 31 mars 1896 (8448 R. P., 2901 I. G.) sont, en principe, assujetties au régime du droit commun. Toutefois, l'art. 13 de la loi de 1894 exempte de la taxe le revenu attribué aux actions et aux parts d'intérêt appartenant aux associés dont les versements, constatés par le dernier inventaire, ne dépassent pas 2.000 fr., à la condition que les statuts imposent pour ces titres la forme nominative. La dispense d'impôt est acquise à tout associé qui n'a pas versé un capital supérieur à 2.000 fr., alors même que sa souscription s'élèverait à une somme plus forte (2901 I. G.).

On doit admettre à profiter des immunités concédées par la loi de 1894, non seulement les sociétés constituées postérieurement à sa promulgation, mais aussi les sociétés créées antérieurement, à la condition par celles-ci de modifier leurs statuts, le cas échéant, conformément à ses prescriptions (art. 13).

Il appartient aux sociétés de justifier du montant des déductions qu'elles réclameraient, sauf aux agents à contrôler, par tous les moyens autorisés par la législation en vigueur, l'exactitude des renseignements fournis (2901 I. G.).

11. Sociétés en participation. — *Société commerciale à responsabilité illimitée.* — Les sociétés en participation sont, en principe, assujetties à l'impôt sur le revenu. — Toutefois, les sociétés commerciales échappent à la perception de la taxe, par application de la loi du 1er déc. 1875, comme rentrant dans la catégorie des associations en nom collectif, lorsque, d'après les statuts, les participants sont, dans leurs rapports entre eux, tenus personnellement et solidairement de tous les engagements sociaux (Sol. 22 juin 1892, 7926 R. P.; 23800 J. E.).

1° *Société civile en participation.* — Le caractère de

contrat de société appartient à la convention par laquelle les porteurs de parts de fondateur, donnant droit à une quotité déterminée des bénéfices nets réalisés par une société, ont déclaré constituer entre eux une société civile par actions ayant pour objet le recouvrement, la surveillance et la défense des droits de la participation. Une telle société doit dès lors acquitter la taxe sur les bénéfices qu'elle distribue, c'est-à-dire sur les sommes qui excèdent le montant des apports (Seine, 9 nov. 1900; — Cass. req., 15 avr. 1902, 10219 R. P.; 26283 J. E.).

12-1. Société en liquidation. — Les produits distribués par une société en liquidation sont passibles de la taxe sur le revenu, l'être moral se continuant pour les besoins directs et indirects de la liquidation (Seine, 11 août 1893, 8196 R. P.).

14-6. Tontines. — Les associations tontinières autorisées, dont l'objet est de procurer aux adhérents, moyennant une mise de fonds déterminée, des rentes viagères qui iraient toujours croissant à mesure que des extinctions se produiraient par le décès des crédi-rentiers, et dont le fonds commun doit appartenir aux derniers survivants, ne constituent pas de véritables sociétés. Elles ne sont pas dès lors soumises au payement de la taxe pendant leur existence ni au cours de leur liquidation (Sol. 6 juill. 1892, 23975 J. E.).

16. Sociétés étrangères. — Valeurs en France. — La société étrangère, qui a pour objet des biens meubles et immeubles situés sur le territoire français, est passible de la taxe, quand bien même ses titres ne seraient pas cotés en France ou n'y circuleraient pas. Il en est ainsi, spécialement, de la société qui exploite des immeubles en France en vertu d'une concession consentie par l'État et dont elle est devenue cessionnaire, la jouissance de ces immeubles constituant entre ses mains un bien mobilier (Alger, 22 nov. 1890, 7640 R. P.; — Blida, 10 mai 1898; Cass. req. 15 nov. 1899, 9737 R. P.; 25771 J. E.; 3011-2 I. G.). — V. nº 18 *infrà*.

Toutefois, on doit considérer comme un simple louage d'ouvrage ou d'industrie, ne tombant pas sous l'application de la loi d'impôt, la convention par laquelle une compagnie de chemin de fer français a concédé à une compagnie étrangère l'exploitation de tronçons de chemins de fer situés sur notre territoire, moyennant le payement à la société exploitante d'une redevance annuelle déterminée (Pontarlier, 2 août 1892; Cass. civ. 31 juill. 1895, 8616 R. P.; 24696 J. E.).

La taxe est due par une société étrangère pour les biens qu'elle possède en France et qui servent à son exploitation, mais non pour ceux qu'elle a acquis à titre de placement en vue de faire emploi de ses capitaux (Sol. 16 juin 1893, 24262 J. E.).

17. Nationalité d'une société. — V. *Droit de transmission*, nº 60.

18. Opérations commerciales en France. — Les sociétés étrangères, qui exécutent en France des opérations industrielles ou commerciales, sont passibles de la taxe sur le revenu. Il en est spécialement ainsi de la société étrangère qui a établi une agence en France et fournit des cautionnements aux fonctionnaires français, l'agence et les contrats de prêts présentant, au sens de la loi fiscale, le caractère de biens français. Il est indifférent que, d'après leur contexte, les contrats soient indiqués comme passés à l'étranger, dès l'instant que l'opération est faite en France et que les capitaux sont prêtés en France à des Français (Seine, 27 mars 1902, 10343 R. P.).

Mais n'est pas assujettie à l'impôt la société étrangère qui se livre à des opérations commerciales en France, si elle n'y a établi ni agence, ni succursale, n'y possède pas de droits à un bail d'immeubles et n'y est pas imposée à la patente. Il importe peu qu'elle ait consenti un prêt, s'il s'agit d'un fait accidentel qui ne rentre pas dans les opérations ordinaires de la société (Sol. 19 fév. 1895, 24[illegible] J. E.).

Si une société étrangère qui doit la taxe à raison de ses opérations en France, cède son actif à une autre société, elle cesse d'être assujettie au payement de l'impôt à partir du jour où elle a terminé ses opérations, alors même qu'elle posséderait un certain nombre d'actions ou de parts de fondateur dans une société française. Les bénéfices qu'elle distribue postérieurement à cette date échappent, par conséquent, à la perception (Sol. 12 fév. 1896).

19, 20 et 21. Titres étrangers. — Faits d'émission. — V. le mot *Étranger*.

22. Assiette légale des biens d'une société étrangère. — L'art. 3 Décr. 6 déc. 1872 qui soumet à la taxe les sociétés étrangères qui possèdent des biens en France, est conçu dans les termes les plus généraux; il n'y a pas à distinguer, pour son application, entre les biens meubles et immeubles, les valeurs corporelles et incorporelles. Un droit à un bail d'immeubles, un portefeuille d'assurances ou la clientèle d'une agence en France constituent des biens français dans le sens du décret (2801-1 I. G.).

Il n'y a pas lieu de considérer comme une valeur française, rendant la taxe exigible, la créance souscrite au profit d'une société étrangère par un débiteur étranger et payable au domicile du débiteur, quand bien même elle aurait été hypothéquée sur des immeubles situés en France. De plus, si les fonds ont été remis à l'étranger, on ne saurait soutenir que la société se livre à des opérations d'emprunt sur notre territoire (Sol. 2 mai 1894, 24[illegible] J. E.).

La taxe n'est pas applicable à un emprunt consenti par un créancier français à une société étrangère, s'il n'est pas établi que l'emprunt a été réalisé en France (Sol. 18 mai 1894).

Mais l'emprunt hypothécaire contracté en France par une société étrangère la rend passible de la taxe (Sol. 12 juin 1894, 24579 J. E.).

L'Administration ne considère pas comme des valeurs françaises les subventions ou rétributions que verse le Gouvernement français à des sociétés étrangères pour un service public (Sol. 22 juin 1893).

23. Règles spéciales aux sociétés étrangères. — La loi du 13 avr. 1898, art. 12, autorise les sociétés, compagnies et entreprises étrangères à s'affranchir de l'obliga-

16. Société étrangère. Exploitation de biens en France. — Les sociétés étrangères qui exploitent leur industrie en France dans des locaux par elles loués à cet effet, ont pour objet des biens situés en France et sont, de ce chef, assujetties au payement de la taxe de 4 p. 100 sur une quotité de leur capital fixée par le Ministre des Finances sur avis de la commission des valeurs mobilières. — Elles doivent, en conséquence, avant toute opération dans notre pays, faire agréer un représentant responsable ou constituer un cautionnement (La Rochelle, 8 mai 1907, [illegible] R. P.).

22. Assiette légale des biens d'une société étrangère. — Constituent des valeurs françaises, les créances hypothécaires consenties en France au profit d'une société étrangère, dont le but principal est de faire des opérations de prêts sur hypothèques. Quant aux immeubles hypothéqués qu'elle se trouve dans l'obligation d'acquérir en cas de poursuites, elle ne les possède que transitoirement, et, dès lors, ils rentrent dans les objets accessoires de son exploitation. Par suite, une telle société est tenue au payement de la taxe sur les prêts qu'elle a consentis en France, alors même qu'elle n'a ni succursale ni établissement dans notre pays (Seine, 3 mars 1908, 11365 R. P.).

23-4. Engagement du représentant responsable. — Le représentant responsable, dont l'engagement est général, est tenu solidairement, et non pas comme une simple caution, au payement des droits et amendes (Seine, 3 mars 1906, 11303 R. P.).

26. Détermination du revenu imposable. — Les sociétés étrangères, qui possèdent en France des biens meubles ou immeubles servant à l'exploitation de leur entreprise, doivent la taxe sur le revenu à raison de toutes les valeurs françaises qui en dépendent. Par suite, bien qu'elles n'aient pas de titres circulant sur le marché français, elles sont tenues au payement de l'impôt sur les revenus de tous leurs titres et, notamment, sur ceux de leurs titres d'emprunts ou d'obligations, en quelque lieu qu'ils aient été émis, et dans la mesure de la quotité imposable déterminée par la décision ministérielle (Besançon, 24 mai 1901; — Cass. (req.), 10 février 1903, 10468 R. P.; — Avesnes, 27 fév. 1901; — Cass. (req.), 11 nov. 1903, 10667 R. P.).

La décision ministérielle, prévue par l'art. 3, Décr. 6 déc. 1872, fixe d'une manière générale la proportion dans laquelle les revenus d'une société étrangère, qui possède en France des biens servant à l'exploitation de son entreprise, sont soumis à l'impôt. C'est d'après cette base que doit être perçue la taxe sur les revenus de tous ses titres, en quelque lieu qu'ils aient été émis, sans exception entre les actions et les obligations (Rouen, 30 nov. 1899; Cass. civ. 16 déc. 1906, 10867 R. P.).

Emprunt contracté à l'étranger. — Les sociétés étrangères qui exploitent des biens en France, doivent la taxe du revenu, dans la mesure de la quotité imposable régulièrement fixée, non seulement sur les intérêts des emprunts qu'elles ont contractés en France, mais encore sur ceux des emprunts qu'elles ont réalisés à l'étranger (Cass. 16 fév. 1903, 10646 R. P.).

tion de faire agréer un représentant responsable en fournissant un cautionnement en numéraire. Les conditions auxquelles se trouve subordonnée la constitution de ce cautionnement ont été réglées par un décret du 22 juin 1883 (2961 I. G.; 9202 R. P.). — V. *Etranger.*

Le représentant responsable est agréé par le ministre des finances, ou, en vertu de sa délégation, par le Directeur général de l'Enregistrement (Décr. 10 août 1896, art. 2; — 8918 R. P.).

Pour permettre à l'Administration de s'assurer si les sociétés, compagnies et sociétés étrangères, dont les titres ne circulent pas en France, sont tenues de faire agréer, avant toute opération, un représentant responsable et n'échappent pas par leur nature à la perception de la taxe, comme les sociétés commerciales en nom collectif, le § 5 de l'art. 12 de la loi précitée impose à toutes les sociétés, compagnies et sociétés étrangères, sans exception ni distinction, qui se proposent d'acquérir des biens en France ou d'y faire des opérations, de déposer, préalablement à leur établissement en France, au bureau de l'enregistrement dans le ressort duquel se manifeste, pour la première fois, leur existence, un exemplaire certifié de leur acte d'association, sous peine d'une amende de 100 à 5000 fr. en principal (I. G. 2953, § 1-7). « Sont astreintes, porte le § 6 du même article, à la même obligation et sous la même peine, dans le délai de trois mois à partir de la promulgation de la présente loi, celles de ces sociétés, compagnies ou entreprises qui, pour une cause quelconque, n'ont pas actuellement de représentant responsable. »

Les sociétés étrangères ne peuvent se soustraire à l'obligation à laquelle elles sont soumises, en offrant d'y suppléer par le dépôt d'extraits ou de certificats délivrés par les autorités de leur pays. Mais, s'il était prouvé qu'il n'existe pas d'acte d'association, la Régie ne serait pas fondée à exiger le dépôt d'une pièce équivalente (Sol. 16 mai 1899, 9630 R. P.; 25708 J. E.).

Ainsi que nous venons de le rappeler, les sociétés commerciales en nom collectif ne sont pas tenues au payement de la taxe. Elles doivent être admises à bénéficier des immunités accordées par les lois des 1er déc. 1875 et 28 avr. 1893 (9630 R. P., *obs.*; — *Rappr.* 2804-1 I. G.).

Dans cet ordre d'idées, il a été reconnu qu'une compagnie d'assurances anglaise constituée par actions, mais dont les membres sont indéfiniment responsables (*unlimited*) échappe à l'application de la loi du 29 juin 1872, comme présentant le caractère d'une société en nom collectif (Sol. 20 déc. 1893).

Lorsqu'une société étrangère possède ou exploite des biens situés dans des parties différentes du territoire français, la quotité imposable du capital d'après laquelle elle doit acquitter la taxe est déterminée par une décision unique; et c'est au bureau du siège administratif ou de l'agence qu'elle a établi en France, qu'elle doit payer l'impôt. A défaut du siège administratif ou d'agence, le bureau compétent est celui du lieu où s'est produit le premier fait donnant lieu à la perception (Sol. 20 avr. 1891, 24031 J. E.).

Les délégations de la Compagnie du canal de Suez constituent des actions d'une nature particulière, assimilables à des actions de jouissance temporaire et soumises, comme telles, à la perception de la taxe. L'impôt est exigible sur tous les produits de ces titres; il frappe, non seulement les intérêts et bénéfices périodiques, mais aussi les primes de remboursement. On ne saurait prétendre que la taxe applicable à ces primes forme double emploi avec celle déjà payée pour des bons de coupons consolidés, affectés à l'amortissement des délégations, si, en fait, les bons affectés n'ont pas été compris dans la quotité imposable de ceux présumés circulant en France (Seine, 29 janv. 1892, 7795 R. P.; — Cass. req. 24 juill. 1893, 8140 R. P.; 24162 J. E.; 2854-7 I. G.).

1. Biens en France. — Quotité imposable. — Lorsqu'une société étrangère a en France l'objet de son exploitation, la fraction du capital social, servant de base à la perception de l'impôt sur le revenu, doit être déterminée d'après la valeur des biens français comparée avec l'ensemble des valeurs sociales qui concourent à la production des bénéfices, abstraction faite du capital des actions non appelé. — Par suite, si la société ne possède, en dehors de son capital-actions non versé, d'autres biens que des meubles et immeubles situés en France, il y a lieu de fixer la quotité imposable à la totalité du capital social (D. m. f. 10 mars 1892, 7840 R. P.; 24675 J. E.).

Toutefois, il n'y aurait pas lieu de fixer la quotité imposable à la totalité du capital d'une société étrangère, s'il était établi que les produits réalisés proviennent en partie de placements faits à l'étranger (D. m. f. 21 nov. 1893).

Quand une société étrangère détient des actions d'une société française qui acquittent déjà l'impôt sur le revenu, ces actions ne doivent pas entrer en ligne de compte pour la détermination de la quotité imposable (D. m. f. 23 mai 1893).

S'il était établi qu'une société étrangère par actions n'a jamais distribué de dividendes depuis qu'elle procède à des opérations en France, il ne serait pas possible de fixer la quotité imposable de son capital : toute base manquerait à l'application de l'impôt (Sol. 21 mars 1894).

26. Détermination du revenu imposable. — La taxe sur le revenu, à laquelle sont assujetties les sociétés étrangères qui font circuler leurs titres sur le marché français ou qui possèdent des biens en France, est soumise aux mêmes règles d'exigibilité et de perception que la taxe due par les sociétés françaises. Par suite, lorsqu'une société étrangère vient d'émettre des titres en France ou d'y commencer ses opérations, le revenu, qui doit servir de base à la perception de l'impôt, est déterminé d'après la totalité des dividendes distribués à partir du jour où elle existe juridiquement en France, et non pas seulement d'après la portion des dividendes correspondant au laps de temps écoulé depuis l'émission ou le commencement des opérations. Mais, à l'inverse, la taxe n'est pas exigible sur les dividendes distribués après que la société a retiré ses titres du marché français ou cessé ses opérations en France (Sol. 8 nov. 1892, 8036 R. P., et 19 août 1892, 23959 J. E.).

Lorsque la quotité imposable vient à être rehaussée en vertu d'une nouvelle décision ministérielle, les dividendes distribués postérieurement doivent supporter la taxe d'après la quotité modifiée, qu'ils aient été acquis ou non à une époque antérieure (Sol. 6 août 1894).

Les sociétés étrangères, qui exploitent des biens en

France, étant assimilées, dans la mesure de la quotité déterminée, à des sociétés françaises, sont tenues d'acquitter la taxe d'après cette quotité sur tous les produits distribués, sans distinction entre les actions et obligations ou emprunts, que les emprunts aient été contractés à l'étranger ou que les obligations circulent à l'étranger (Sol. 6 juill. 1898, 9443 R. P., 25531 J. E.; — 3 août 1898, 9770 R. P., 25540 J. E.; — Rouen, 30 nov. 1899, 25830 J. E.; — Tulle, 18 janv. 1900, 25831 J. E.; — Belley, 6 fév. 1901, 10244 R. P.; — Seine, 27 mars 1902, 10343 R. P.).

C'est d'après la quotité fixée pour la période triennale pendant laquelle les dividendes sont réellement distribués que la taxe doit être calculée sur ces dividendes, bien qu'ils aient été répartis comme s'appliquant à un exercice d'une période antérieure (Belley, préc. 6 fév. 1901).

Lorsque les produits distribués sont fixés en monnaie étrangère, la société doit en évaluer le montant en monnaie française, lors de l'acquittement de la taxe. Sa déclaration est contrôlée à l'aide, soit des décrets rendus en exécution de la loi de 13 mai 1863, soit des bulletins de la Bourse ou par d'autres moyens analogues (Sol. 7 juill. 1898, 25531 J. E.).

Les sociétés par actions n'étant sujettes au payement de la taxe que sur les produits effectivement distribués, la société étrangère de l'espèce, qui n'a pas réparti de dividendes, est fondée à réclamer la restitution de la taxe qu'elle aurait acquittée, sans être tenue d'établir qu'elle n'a pas réalisé de bénéfices. Il lui suffit de justifier qu'elle n'a distribué aucun revenu. Cette justification, en cas de faillite de la société, peut être produite par un certificat de liquidateur étranger ou toute autre pièce suffisamment probante. Le document justificatif n'a pas besoin d'être visé par l'agent diplomatique ou consulaire français : il n'est pas non plus sujet au timbre (Sol. 30 janv. 1896, 24957 J. E.).

30. Commandite. — Une société en commandite qui a son siège principal en France, constitue une société française, alors même qu'elle aurait un siège social à l'étranger, pour les affaires traitées à l'étranger, et des comptabilités différentes. — Par conséquent, une telle société doit acquitter l'impôt du revenu sur l'intégralité de la commandite et non pas seulement sur la portion de la commandite afférente aux opérations faites en France (Seine, 27 mars 1896, 8878 R. P., 25010 J. E.).

31. Obligations. — Société d'assurances mutuelles; parts de fonds de garantie. — Les titres qu'une société d'assurances mutuelles sur la vie émet, sous forme de parts de fonds de garantie au porteur, pour couvrir ses dépenses d'organisation et de premier établissement, doivent la taxe sur les intérêts qu'ils produisent. Le fait qu'aucune garantie n'aurait été donnée aux prêteurs pour le remboursement de leurs avances est indifférent, le législateur ne s'étant aucunement préoccupé du plus ou moins de garantie offert par l'emprunteur (Lyon, 13 déc. 1899, 25867 J. E.).

Titres frauduleusement créés. — Si des titres ont été créés faussement par un receveur municipal infidèle, il n'y a pas lieu d'exiger la taxe, alors même qu'ils auraient été remboursés par la commune civilement responsable (Sol. 30 juin 1893, 24185 J. E.).

1. Obligations amorties par un tiers. — La charge, imposée au tiers acquéreur d'une partie de l'actif d'une société, en dehors du concours des obligataires, d'amortir les obligations de cette Compagnie jusqu'à concurrence du prix de la cession, constitue une simple indication de payement et n'a pas pour effet de libérer, par voie de novation, la société venderesse de sa dette vis-à-vis des obligataires. — En conséquence, ces titres d'obligations restent passibles de l'impôt sur le revenu (Cass. req. 19 janv. 1892, 7769 et 7974-51 R. P.; 23738 J. E., 2820-3 I. G.).

4. Obligations attribuées à des caisses ou services spéciaux de la société. — Rachat. — L'impôt sur le revenu n'est dû qu'autant qu'il s'agit d'une opération d'emprunt. Par suite, la taxe ne saurait être exigée sur les intérêts produits par les obligations d'une société, si ces obligations sont attribuées, pour l'ordre de la comptabilité, à des services spéciaux de cette société, qui n'ont pas de personnalité juridique distincte, tels que les caisses de retraites de prévoyance constituées par une Compagnie de chemins de fer pour venir en aide à ses agents (Cass. ch. 6 mars 1895, 8505 R. P. 24566 J. E.).

De même, les obligations rachetées par une société par le Crédit foncier notamment, ne donnent lieu à la perception de la taxe que sur les coupons, primes ou lots encaissés par le public : les revenus revenant à la société ne doivent pas supporter l'impôt (Seine, 17 nov. 1893, 24427 J. E.).

32-1. Emprunts. — La loi assujettit à la taxe toutes les opérations à l'aide desquelles les sociétés se procurent d'une manière quelconque, par la voie de l'emprunt, les fonds dont elles ont besoin, sans aucune distinction à raison, soit de la qualité du prêteur, soit de la durée du prêt (Cass. civ. 29 oct. 1894 (3 arr.), 8426, 8427 et 8428 R. P., 24464 J. E., 2886-1 I. G.).

2. Dettes ordinaires. — Subvention. — La convention par laquelle une ville s'engage à rembourser dans un délai déterminé les frais des constructions nouvelles qu'un hospice s'oblige à faire élever sur un terrain lui appartenant, et à lui verser, jusqu'au remboursement, une somme annuelle égale au revenu des frais payés, ne présente pas le caractère d'un emprunt sujet à la taxe (Sol. 19 avr. 1895, 4449 *Rev. prat.*).

8. Dépôt. — Sommes remboursables après avis. — Intérêt minime. — Les dépôts, productifs d'un intérêt inférieur au taux de l'escompte, qui sont effectués dans les sociétés de crédit et peuvent être retirés après un avis donné quelques jours à l'avance, ne constituent pas des emprunts assujettis à la taxe (Sol. 8 fév. 1900, 25673 J. E.).

10. Compte courant. — Le compte courant comportant des opérations réciproques, on ne saurait considérer comme ayant ce caractère la convention par laquelle une société s'engage à avancer à une autre des sommes destinées à être rendues immédiatement indisponibles. Par suite, cette convention constitue un véritable contrat de prêt, tombant sous l'application de l'impôt sur le revenu (Montpellier, 20 juin 1898, 9619 R. P.).

Mais, par contre, il y a lieu de ranger, dans la catégorie des comptes courants exempts de l'impôt, le crédit ouvert à une société anonyme par une maison de banque, remboursable au moyen de délégations sur l'État français.

31-2. Obligations représentant un prix de vente. Exigibilité de la taxe. — Les titres d'obligations, émis par une société en représentation d'un prix de vente, sont passibles de la taxe sur le revenu (Seine, 9 janv. 1903, 10785 R. P.; Nantes, 27 déc. 1904, 11057 R. P.; — Cass. (req.), 20 mars 1906, 11150 R. P.).

32-1. Emprunts. — *Prêt fait par une société étrangère à une société française. Intérêts payables à l'étranger.* — La taxe sur le revenu est exigible sur les intérêts d'un prêt fait à une société en commandite française par une société étrangère, quand bien même le payement de ces intérêts devrait avoir lieu à l'étranger (Wassy, 24 juin 1903, [illegible] R. P.).

Emprunt. Dépôt irrégulier. — Présentent le caractère de prêts assujettis à l'application de l'impôt sur le revenu, les remises de sommes versées à une société sous la dénomination de « dépôts fixes », dès lors qu'un délai de six mois ou d'un an a été stipulé pour le remboursement (Lyon, 18 fév. 1903, 10666 R. P.).

Dépôts faits par les actionnaires dans les caisses d'une société. Absence de délais de remboursement. Comptes courants. — Lorsque des actionnaires versent à volonté, dans la caisse de la société qui leur sert un intérêt de 5 p. 100, des fonds qu'ils peuvent retirer à toute réquisition, les dépôts ainsi effectués n'ont pas le caractère d'un prêt qui suppose des échéances et des délais déterminés pour le remboursement, mais celui d'un compte courant échappant à l'application de l'impôt sur le revenu, alors qu'il est établi, en fait, que la société se trouve dans une situation assez prospère pour n'avoir pas besoin des sommes reçues, et que l'allocation d'un intérêt relativement élevé est consentie au profit des déposants à titre de faveur spéciale et personnelle (Senlis, 23 mars 1903, 10647 R. P.).

Dépôts faits par des actionnaires ou employés dans les caisses de la société. Délai de remboursement. — Présentent au contraire le caractère de prêts assujettis à l'application de la taxe sur le revenu les dépôts dans les caisses d'une société par ses actionnaires, employés, ouvriers ou des personnes étrangères, de sommes remboursables moyennant un préavis minimum de six mois et productives d'un intérêt variant de 3 à 3.50 p. 100 (Nevers, 31 juill. 1905, 11103 R. P.).

Société en commandite. Dépôts de sommes. Délais de remboursement. — Présente aussi le caractère d'un prêt tombant sous l'application de l'impôt sur le revenu, et non pas celui d'un compte courant ou d'un dépôt irrégulier, la remise par un commanditaire à une société en commandite simple de sommes importantes, productives d'un intérêt de 6 p. 100 réduit ensuite à 5 p. 100, et remboursables annuellement par fractions déterminées, alors surtout qu'il est établi, en fait, que les fonds ainsi confiés étaient nécessaires au développement de la société (Limoges, 31 mars 1905, 11061 R. P.).

Sommes remises à une société anonyme et remboursables à vue. Dépôt en compte courant. — Lorsque des fonds remis à une société industrielle par ses employés, gérant, membres du conseil d'administration ou leurs proches, sont remboursables à vue, à première réquisition, en totalité ou en partie, les sommes ainsi confiées doivent être considérées comme faisant l'objet d'un dépôt en compte courant et, par suite, comme échappant à la perception de la taxe de 4 p. 100, alors même qu'elles produisent un intérêt élevé (Troyes, 13 janv. 1904, n° 10623 R. P.).

32-10, 11 et 12. Ouverture de crédit. Prétendu compte courant. Exigibilité de la taxe de 4 p. 100. — La disposition de l'art. 1, § 2, L. 29 juin 1872, qui embrasse dans la généralité de ses termes toutes les opérations à l'aide desquelles les sociétés se procurent, par la voie de l'emprunt, les fonds dont elles ont besoin, atteint notamment les avances consenties par une compagnie de chemins de fer à une autre société de même nature sous forme d'ouverture de crédit, et remboursables au moyen d'annuités comprenant les intérêts et une partie du capital. — La circonstance que, d'après les conventions arrêtées entre les parties, l'excédent des recettes d'exploitation et les subventions de la compagnie créditée sont affectées, à due concurrence, au remboursement des avances effectuées, ne peut avoir pour résultat d'attribuer à l'opération le caractère d'un compte courant échappant à la taxe de 4 p. 100, attendu que l'essence du compte courant suppose une réciprocité de remises se confondant dans un compte indivisible, dont le solde seul est exigible, particularités qui ne se rencontrent pas dans l'hypothèse prévue (Seine, 11 mai 1907, 11575 R. P.).

32-13. Avances sur nantissement remboursables à 90 jours. — La taxe sur le revenu est exigible sur les intérêts des avances sur nantissement ou *marchandises*, consenties *pour une* durée de 90 jours, au profit d'une société *par* une maison de banque (Péronne, 17 fév. 1906, 11243 R. P.; — Cass. (req.) 23 juillet 1907, 11602 R. P.).

32-14. Emprunt hypothécaire. — Conf. Seine, 3 janv. 1911, 14573 R. P.

alors même que la société ne devrait rembourser le surplus des avances qu'après le terme fixé pour l'expiration du crédit (Seine, 26 fév. 1898, 9328 R. P., 25497 J. E.).

11. Crédit. — La taxe est applicable aux avances faites à une société en vertu d'une ouverture de crédit, et dont le remboursement s'effectue au moyen d'annuités comprenant à la fois une fraction du capital et les intérêts échus (Arras, 6 juin 1889; Cass. req. 13 juill. 1892, 7887 R. P., 2385 J. E.; 2834-1 I. G.).

12. Crédit en compte courant. — La convention par laquelle un établissement de crédit s'engage envers une société à lui fournir des fonds sous forme de prêt, constitue, à partir du jour où le crédité a usé du crédit ouvert, un véritable emprunt dont les intérêts sont passibles de la taxe sur le revenu, alors même que les parties ont eu recours, pour régler le fonctionnement de leurs opérations, à la forme du compte courant, du moment que la convention n'a que l'apparence du compte courant et ne comporte pas la réciprocité de remises qui est de l'essence de ce dernier contrat (Cass. civ. 3 déc. 1901, 10096 R. P., 26192 J. E. 3060-28 I. G.; — Lyon 17 nov. 1896, 25065 J. E.).

— Le contrat ne dégénère pas en compte courant par cela seul que le créancier est autorisé à prélever ces annuités sur les recettes appartenant à la société, du moment où la société doit, sauf payement anticipé, rester débitrice de l'annuité fixée jusqu'au dernier versement (Cass. req. 13 juill. 1892, préc.).

Il est également indifférent que des acomptes soient remboursés au créancier et les crédits réalisés en tout ou en partie contre la remise au créditeur d'effets négociables souscrits ou passés à son ordre par le crédité (Constantine, 27 mai 1896, 8960 R. P., 25067 J. E.; — Lyon, préc., 17 nov. 1896).

13. Avals en pension. — Prêt sur nantissement. — Effets de complaisance. — Les opérations financières, désignées sous le nom d'avals en pension, par lesquelles les compagnies de chemin de fer remettent à des sociétés de crédit leurs fonds disponibles contre le dépôt de bons du Trésor et sous la retenue d'une somme déterminée pour intérêts, ne peuvent être assimilées à un dépôt irrégulier ou à des reports. Elles présentent tous les caractères du prêt sur nantissement, et les intérêts payés sont, par suite, passibles de la taxe (Seine, 31 juill. 1891, 7706 R. P.; 23731 J. E.; — Cass. civ. 24 oct. 1894, 8246 R. P.; 24464 J. E.; 2886-1 I. G.).

De même, lorsque des sommes portant intérêts sont versées à une société contre remise de valeurs commerciales dont le montant est supérieur au total des sommes et que le remboursement en est fixé à une époque antérieure à l'échéance des valeurs, la convention présente le caractère d'un prêt sur gage motivant la perception de l'impôt (Seine, 15 avr. 1899, 9633 R. P.; 23748 J. E.).

Mais les fonds qu'une société se procure, par la négociation d'effets de complaisance souscrits par un tiers, ne sauraient être considérés comme provenant d'un emprunt : la taxe n'est donc pas exigible (Sol. 27 août 1885).

Avances sur titres. — Les avances sur titres, consenties par les sociétés de crédit, constituent de véritables emprunts, quelque courte que soit la durée du prêt : elles donnent lieu, par conséquent, à la perception de la taxe sur les intérêts qu'elles produisent (Cass. civ. 29 oct. 1894, 8426 R. P., 24464 J. E.; 2886-1 I. G.; — Melun, 10 juill. 1896, 8810 R. P.; 24955 J. E.; — *Contra*, Seine, 18 juin 1892, 7917 R. P.; 23703 J. E.).

Malgré les décisions qui précèdent, nous persistons à penser que les opérations, connues sous le nom d'avals en pension, avances sur titres à court terme, etc., rentrent dans la catégorie des opérations de banque ordinaires et qu'elles sont, à ce titre, affranchies de l'impôt. La jurisprudence nous paraît avoir donné à la loi une portée compréhensive, qu'elle ne comporte pas.

Warrants. — Endossement. — Il a été jugé que le premier endossement d'un warrant, renfermant tous les éléments du contrat de prêt, n'est autre chose que l'acte de réalisation d'un emprunt sur gage et que les intérêts servis au bailleur de fonds devaient dès lors supporter la taxe (Seine, 31 juill. 1891, 7707 R. P.; 23740 J. E.; — Cass. civ. 29 oct. 1894, 8427 R. P.; 24464 J. E.; 2886-1 I. G.).

Mais la loi du 28 déc. 1895 les a affranchis de l'impôt. Elle dispose, art. 31 : « La loi du 29 juin 1872 n'est pas applicable aux avances faites aux sociétés au moyen d'endossements de warrants » (8604 R. P.; 2897 I. G.).

14. Emprunts hypothécaires. — Les emprunts hypothécaires des sociétés sont assujettis à la taxe sur le revenu (Seine, 18 janv. 1895, 8609 R. P.; 24547 J. E.; — Cass. civ. 9 mars 1896, 8710 R. P.; 24824 J. E.; 2910-5 I. G.; — Seine, 31 juill. 1896, 8952 R. P.; 25039 J. E.; — Lyon, 17 nov. 1896, 25065 J. E.; — Seine, 2 avr. 1898, 9461 R. P.; 25477 J. E.; — *Contra* Seine, 4 août 1893, 8254 R. P.; 24206 J. E.).

La question, longtemps controversée, a été tranchée définitivement dans le sens de l'exigibilité de l'impôt par les Chambres réunies de la Cour de Cassation le 21 mars 1901 (10019 R. P.; 26003 J. E.; 3070-3 I. G.).

17. Emprunts des sociétés en nom collectif. — Par une extension de la mesure de faveur édictée par la loi du 1er déc. 1875, qui a exonéré de l'impôt les parts d'intérêt dans les sociétés commerciales en nom collectif, la loi du 28 avr. 1893 a décidé, par son art. 30, que « la loi du 29 juin 1872 n'est pas applicable aux emprunts des sociétés en nom collectif pures et simples » (8053 R. P.).

Il résulte de cette disposition que les sociétés commerciales en nom collectif pures et simples, c'est-à-dire celles dont le capital est entièrement représenté par des parts d'intérêt, sans adjonction de commanditaires, échappent désormais d'une façon absolue à l'action de la loi du 29 juin 1872, tant au point de vue de leurs emprunts que des produits de leurs parts d'intérêt. Le mot « emprunt » a, d'ailleurs, dans la loi du 28 avr. 1893, le sens général que lui assigne la jurisprudence établie en matière de taxe sur le revenu. Bénéficient de la nouvelle exemption introduite en faveur des sociétés en nom collectif, non seulement les emprunts ordinaires qu'elles contractent sans délivrance de titres spéciaux, mais encore ceux qu'elles réaliseraient par voie d'émission d'obligations. En un mot, tous les emprunts des sociétés en nom collectif, quelle qu'en soit la forme, profitent indistinctement de l'immunité d'impôt spécifiée par l'art. 30 L. 28 avr. 1893.

Mais l'exemption se restreint, d'après le texte même de la loi, aux sociétés en nom collectif *pures et simples*. Elle ne saurait, par suite, être étendue aux emprunts des sociétés en commandite simple, bien que ces associations comptent parmi leurs membres, indépendamment des commanditaires, des associés en nom indéfiniment responsables. Les emprunts et obligations de ces dernières sociétés restent passibles de la taxe sur le revenu conformément aux principes de la loi générale du 29 juin 1872.

Les seules sociétés en parts d'intérêt qui puissent prétendre au bénéfice des dispositions libérales de la loi de 1893 sont les sociétés *commerciales* en nom collectif, à l'exclusion des sociétés *civiles*. Quant aux associations qui offrent le caractère civil, les règles d'exigibilité antérieures ne subissent aucun changement (2837-1 I. G.).

La loi précédente n'avait pas d'effet rétroactif. Mais une nouvelle loi du 26 juill. 1893 a décidé qu'il n'y aura pas lieu au recouvrement des sommes qui peuvent être encore dues sur les intérêts des emprunts dont il s'agit (8162 R. P., 2846 I. G.).

18. DÉLÉGATION DU PRIX D'IMMEUBLES HYPOTHÉQUÉS AU CRÉANCIER INSCRIT. — Lorsque les immeubles d'une société ont été vendus par adjudication et que le prix en a été délégué aux créanciers inscrits qui n'ont pas accepté, la société ne cesse pas d'être débitrice personnelle des emprunts, et les payements effectués par l'adjudicataire sont faits pour le compte de la société. La taxe est dès lors exigible sur l'intégralité des intérêts touchés par les prêteurs de la société, et non pas seulement sur la portion des intérêts d'emprunt provenant du prix d'adjudication (Sol. 19 juin 1891, 3228 *Rev. prat.*; 23929 J. E.).

21. SOCIÉTÉ DISSOUTE. — APPORT A UNE SOCIÉTÉ NOUVELLE. — Si les membres d'une société civile font apport à une nouvelle société de l'actif social sous la condition par cette dernière d'assurer le service d'un emprunt contracté par l'ancienne société, il n'y a plus lieu à perception de la taxe sur les intérêts de ce prêt. L'ancienne société étant dissoute, l'emprunt ne présente plus, en effet, que le caractère d'une dette de simples particuliers, au payement de laquelle la nouvelle société n'est tenue qu'en qualité de tiers détenteur des immeubles hypothéqués. Si on admet qu'une novation s'est opérée, il faut reconnaître encore que la taxe n'est plus exigible, attendu que l'obligation de la nouvelle société résulterait d'un prix de vente (Sol. 7 sept. 1891, 3229 *Rev. prat.*; 23779 J. E.).

22. RENTE PERPÉTUELLE. — La taxe de 3 fr. p. 100 sur le revenu est applicable aux rentes perpétuelles dont un hospice se trouve grevé, comme substitué aux dettes d'un ancien mont-de-piété (Marseille, 28 mai 1890, 7479 R. P.; — Cass. req. 25 avr. 1892, 7847 R. P.; 23809 J. E.; 2820-5 I. G.).

24. PREUVE DE L'EXISTENCE D'UN EMPRUNT. — Quand une société non divisée par actions communique, pour établir son improductivité, ses livres et registres, l'Administration est fondée à réclamer la taxe sur les intérêts des emprunts dont elle est amenée à constater l'existence (Sol. 22 déc. 1888, 2801 *Rev. prat.*).

33. **Produits prélevés sur le fonds social.** — La loi assujettit, par la généralité de ses termes, à la taxe sur le revenu les intérêts et tous autres produits des actions, sans égard à l'origine des sommes distribuées. Spécialement, les sommes versées à des actionnaires, à titre d'intérêts statutaires prélevés sur le capital social, constituent des produits des actions passibles de l'impôt (Seine, 1er juill. 1892, 7916 R. P.; 23908 J. E.; et Cass. req. 2 juill. 1894, 8367 R. P.; 24408 J. E.; 2872-7 I. G.; — Cass. civ. 26 oct. 1892, 7978 R. P.; 23954 J. E.; 2834-5 I. G.).

Particulièrement, la taxe est exigible sur toutes les sommes distribuées aux actionnaires à titre de dividendes, alors même que, en fait, une partie des sommes représenterait l'amortissement du capital social (Blida, 10 mai 1898; Cass. req. 15 nov. 1899, 9737 R. P.; 3011-2 I. G.).

L'impôt frappe non seulement les intérêts et bénéfices périodiques, mais aussi les primes de remboursement que toucheraient les porteurs des actions (Seine, 29 janv. 1892, 7795 R. P.; 24102 J. E.).

2. RÉPARTITION D'ACTIONS. — Lorsqu'un traité de fusion, intervenu entre deux sociétés, attribue aux anciens actionnaires de la société qui disparaît, en échange des titres dont ils sont nantis, des actions nouvelles de l'autre société, dont la valeur dépasse celle des versements faits par ces actionnaires, cet excédent constitue un bénéfice distribué et donne lieu à la perception de la taxe sur le revenu (Cass. 13 mars 1895, 8524 R. P.; 24567 J. E.; 2890-6 I. G.; — Seine, 22 mars 1889, 7890 R. P.; — 24 fév. 1891, 8043 R. P.; 24104 J. E.).

De même, si des parts de fondateur sont rachetées par une société à un prix supérieur à la valeur assignée originairement à ces parts pour le payement du droit de timbre par abonnement, la taxe sur le revenu est exigible sur la différence qui représente l'importance des bénéfices distribués (Seine, 26 mars 1898, 9442 R. P.; 25504 J. E.; — 7 avr. et 5 mai 1900, 26047 J. E.; — 8 fév. 1901).

Il a été jugé également que, lorsque l'actif d'une société civile, divisée en parts sans expression de valeur nominale, est apporté à une société anonyme par actions et qu'il est attribué aux porteurs de parts un certain nombre d'actions entièrement libérées, plus une créance sur la nouvelle société, l'opération constitue une véritable distribution de bénéfices, pour tout ce qui excède la valeur des parts telle qu'elle a été fixée dans la déclaration relative à la perception de la taxe d'abonnement au timbre. Mais si l'attribution des actions allouées aux membres de la société civile n'a été acceptée que quelque temps après la constitution de la société anonyme, c'est au moment où elle est devenue définitive qu'il faut se placer pour apprécier la valeur de ces actions, sans qu'il y ait à se préoccuper du sort qu'elles ont pu avoir par la suite; cette valeur peut d'ailleurs être déterminée d'après la déclaration faite pour la liquidation du droit de transmission (Seine, 4 avr. 1901, 10342 R. P.).

Cette jurisprudence reconnaît que l'estimation donnée aux parts, créées sans expression de capital, pour la perception de la taxe d'abonnement, détermine la valeur originaire de ces titres. Toutefois, cette règle n'est pas absolue. Si la société était à même de prouver que l'estimation se trouve en désaccord avec celle résultant de délibérations régulièrement prises avant sa constitution, des premiers bilans établis, etc., on ne pourrait plus tenir compte de la déclaration faite au point de vue du timbre, qui ne constitue qu'une simple présomption susceptible d'être combattue par la preuve ou des présomptions contraires. Le droit de timbre et la taxe sur le revenu étant régis par des textes distincts, il est d'ailleurs sans difficulté que les déclarations intervenues pour la liquidation de l'un de ces impôts ne servent pas nécessairement de base à l'autre.

33 [illegible]. **Société par actions. Répartition de sommes supérieures à la valeur originaire des actions. Actions appartenant à un établissement de l'État.** — Constituent des produits des actions passibles de la taxe sur le revenu, les sommes, distribuées aux actionnaires, qui excèdent la valeur originaire des apports. On doit d'ailleurs [illegible] pour exacte l'évaluation des apports, contenue dans le décret [illegible] d'une société, s'il n'est pas établi que cette évaluation est insuffisante. Mais, en ce qui concerne les actions émises postérieurement, il y a lieu, pour leur estimation, de tenir compte de la moyenne des [illegible] distribués depuis la constitution de la société, quel que soit le capital nominal indiqué sur les titres et bien que, par la suite, ce [illegible] ait figuré dans la déclaration souscrite pour l'abonnement au timbre. La taxe est exigible sur le revenu de toutes les actions, sans [illegible] distinction d'après la qualité des actionnaires. Spécialement, elle est due pour les actions appartenant à un établissement de l'État (Seine, [illegible] 1906, [illegible] R. P.).

33-2. **Répartition d'actions.** — Il n'y a pas distribution tombant sous l'application de l'impôt lorsque le rachat des parts de fondateurs a lieu par l'intermédiaire d'un banquier ou d'un agent de change (Seine, 19 mai 1902, 11332 R. P.; *Contra* Cass. civ. 17 déc. 1906, 11387 R. P.). D'autre part, si le prix de rachat provient non de bénéfices sociaux, mais d'une nouvelle émission d'actions, il ne saurait donner ouverture à la perception de la taxe, puisqu'il ne constitue pas un bénéfice réalisé par la société et distribué entre ses membres (Cass. civ. 19 nov. 1906, 11412 R. P.).

33-4. Société pour la reconstitution de capitaux. Parts de fondateur. — Constitue une véritable société l'association ayant pour objet la reconstitution de capitaux, qui a été constituée dans les formes prescrites par la loi du 24 juill. 1867 et le décret du 22 janv. 1868. Par suite, les parts de fondateur, créées par l'acte social, doivent être considérées comme de véritables parts d'intérêts, dont les produits sont soumis à l'impôt sur le revenu, sans qu'il y ait lieu de se préoccuper de rechercher si les sommes réparties ont ou non réellement le caractère de bénéfices (Lyon, 21 nov. 1905, 14217 R. P.).

33-5. Parts de fondateur. Rachat. Prix supérieur à la valeur déclarée à l'origine. Différence. Exigibilité de la taxe. — Les parts de fondateur, émises par une société en représentation d'une obligation de faire, constituent des actions *sui generis*, qui sont traitées par la loi fiscale comme de véritables actions, alors même qu'elles ne donnent pas droit au capital social, ni accès aux assemblées générales. En cas de rachat, elles donnent ouverture à la taxe du revenu sur la différence entre l'évaluation qui en a été faite à l'origine pour la perception des droits d'enregistrement et le prix de remboursement, qui constitue un produit réel, l'application de la loi n'étant pas restreinte aux revenus annuels et périodiques (Seine, 10 mai 1902, 16187 R. P.).

Les seuls caractères essentiels de l'action étant la participation aux bénéfices et la libre cessibilité à des tiers, les parts de fondateurs, créées par une société sous forme de titres négociables par les voies commerciales, sont passibles de la taxe sur le revenu, bien qu'elles ne confèrent aux porteurs ni accès aux assemblées générales, ni droit à l'actif social. En cas de rachat, elles donnent ouverture à l'impôt sur la différence entre le prix de remboursement et l'évaluation faite à l'origine, pour la perception de l'enregistrement, des droits qu'elles représentent (Cass. (req.), 16 nov. 1905, 10886 R. P.).

Dans le cas où la société s'est mise directement en relations avec les porteurs pour le rachat des parts de fondateur, la taxe sur le revenu est exigible sur la différence entre le prix de remboursement de ces parts et l'évaluation faite à l'origine pour la perception du droit de timbre par abonnement (Seine, 19 nov. 1904, 1166 R. P.).

V. ci-dessus, nos 5, 6 et 33.

34-2. Actions de jouissance transformées en parts de propriété. Distribution indirecte. — Lorsqu'une société, après avoir amorti ses actions de capital, qu'elle a remplacées par des actions de jouissance, délivre aux porteurs, en échange de ces dernières, des parts de propriété donnant droit aux bénéfices et au partage de l'actif social, l'opération équivaut à une véritable distribution de bénéfices rendant exigible la taxe sur le revenu (Cass. (req.), 12 fév. 1907, [illegible]).

C'est donc avec raison que le tribunal de la Seine a jugé, le 1er mars 1901, que, lorsque des parts d'intérêt créées sans expression de capital sont remboursées à un taux supérieur à la valeur qui leur a été assignée pour le payement des droits d'abonnement, la taxe n'est pas exigible sur la différence, s'il est suffisamment établi que la valeur originaire des titres était égale au prix de remboursement (10008 R. P.).

Il importe peu, d'ailleurs, pour la perception, que les parts aient été rachetées au moyen de fonds que la société s'est procurés par l'émission d'actions nouvelles et non pas au moyen des bénéfices qu'elle aurait réalisés (Seine, 8 fév. 1901).

Mais, quand une société rachète les parts bénéficiaires, qu'elle a émises en vue d'un placement de fonds, il n'y a pas lieu à l'application de la taxe, si les titres ne sont pas amortis, la société se réservant d'en disposer ultérieurement (Lyon, 27 juill. 1900).

3. AMORTISSEMENT. — La taxe sur le revenu n'est pas exigible lorsque la répartition faite à des actionnaires a lieu à titre de remboursement d'apport, d'amortissement du capital. Il en est ainsi spécialement quand, en conformité de ses statuts et des délibérations des assemblées générales, une société amortit une partie de ses actions et les remplace par des actions de jouissance (Sol. 11 juill. 1895, 8622 R. P.; 24907 J. E.).

Lorsque des actions ont été amorties à l'aide de bénéfices ou d'emprunts réalisés par la société et converties en actions de jouissance, la taxe ne saurait être réclamée aux actionnaires, s'il ne résulte pas des faits et des circonstances que les actions de jouissance ont été réellement reconstituées en actions de capital (Nice, 2 août 1897, 9309 R. P.).

Les titres qualifiés « délégations de bénéfices », qu'une société remet à ses actionnaires qui ont fait apport d'obligations d'une autre société en liquidation, ne sauraient être assimilés à des titres d'apports, dès l'instant que, d'après les statuts, leur valeur n'a pas été comprise dans le capital social. Les répartitions faites aux porteurs ne présentent donc pas le caractère d'amortissement d'apports; elles constituent des bénéfices assujettis à l'impôt (Seine, 2 nov. 1900; — Cass. req. 27 nov. 1901, 10094 R. P.; 26190 J. E.; 3050-59 I. C.).

Si une société rachète un apport en nature, qui donnait lieu au profit de l'associé à une part déterminée dans les bénéfices, l'excédent de la somme remboursée sur la valeur originaire de l'apport est passible de la taxe. A défaut d'évaluation de cet apport au moment de la constitution de la société, le tribunal est fondé à en déterminer la valeur d'après les documents de la cause (Seine, 9 nov. 1900).

5. SOCIÉTÉ DISSOUTE. — Si une société civile par actions distribue à ses membres, après sa dissolution, des valeurs supérieures au capital social, la taxe est due sur la somme excédant les apports statutaires (Seine, 9 nov. 1900; — Cass. req. 15 avr. 1902, 10219 R. P.; 26283 J. E.).

6. SOCIÉTÉ COOPÉRATIVE. — REMISES A DES CONSOMMATEURS ACTIONNAIRES. — V. no 35-1 *infrà*.

7. ORIGINE DE LA SOMME DISTRIBUÉE. — BÉNÉFICES PROVENANT DE CONVENTIONS CONCLUES AVEC L'ÉTAT. — Les bénéfices qu'une société retire d'une convention conclue avec l'État rentrent, comme tout autre, à défaut d'une exception prévue, dans la catégorie des produits qui, en cas de distribution, doivent acquitter la taxe sur le revenu (Alger, 22 nov. 1890, 7647 R. P.; — Cass. civ. 19 fév. 1894, 8253 R. P.; 24317 J. E.).

34-1. Fonds de réserve. — Distribution. — Si une société en commandite se dissout et se reconstitue de suite en société anonyme, les bénéfices qu'elle a réalisés sont passibles de la taxe; ce n'est, en effet, qu'après avoir fait l'objet d'une appropriation de la part des associés qu'ils ont été apportés à une société nouvelle (Seine, 8 déc. 1900).

Mais quand une société, qui se transforme sans donner naissance à un être moral nouveau, incorpore au capital social le montant des bénéfices qu'elle a réalisés et délivre aux actionnaires des titres en représentant la valeur, les bénéfices ne sauraient être considérés comme ayant été l'objet d'une distribution faite aux associés; ils échappent, par suite, à l'application de la taxe (Lyon, 2 fév. 1892, 7087 R. P.).

Ce dernier jugement est manifestement erroné.

Comme nous l'avons enseigné au *Rép. gén.*, il n'est pas nécessaire, pour donner ouverture à la taxe, que la répartition des bénéfices soit effectuée directement en deniers; il n'y a point, en effet, à se préoccuper de la forme adoptée par la société pour la répartition des dividendes : qu'elle ait lieu d'une manière indirecte, par voie de compensation, au moyen de l'attribution d'actions ou autrement, la distribution des bénéfices motive, en toute hypothèse, l'application de l'impôt. Il suffit, en un mot, que les bénéfices sortent du patrimoine personnel de la société et s'incorporent à celui des actionnaires pour que la taxe soit acquise au Trésor. Or, il est certain que les bénéfices, que les actionnaires d'une société emploient à augmenter le capital social, ont été l'objet d'une appropriation de leur part; ce n'est que par suite de la distribution qui leur en a été faite que ces actionnaires ont pu en disposer et leur donner une pareille affectation. Sans doute, la distribution et l'affectation ont été concomitantes; mais ce fait est sans importance. Il faut seulement, pour justifier l'exigibilité de la taxe, que les bénéfices aient été mis en la possession des associés, ne fût-ce qu'un instant de raison. C'est ce que font très nettement ressortir deux rapports de M. le conseiller Voisin que nous avons publiés au *Rép. pér.* (nos 5605 et 5532). La jurisprudence de la Cour de cassation est d'ailleurs contraire à la décision du tribunal de Lyon.

Lorsqu'un fonds de réserve a été constitué au moyen d'apports des associés, la restitution qui en est faite, au cours de l'existence de la société, en vertu d'une délibération de l'assemblée générale des actionnaires, constitue un véritable remboursement d'apports exempt de la taxe, encore que le même fonds de réserve ait été immédiatement reconstitué avec les bénéfices réalisés (Cass. 11 janv. 1899, 9453 R. P.; 25583 J. E.; 2997-1 I. G.; — *Contrà* Lyon, 9 juill. 1895, 8796 R. P.; 24785 J. E.).

2. BÉNÉFICES LAISSÉS EN PAYEMENT DE L'APPORT. — ACTIONS AMORTIES ET RECONSTITUÉES SANS APPEL DE FONDS. — Si une société, après avoir employé ses bénéfices à amortir toutes les actions de son capital, continue de fonctionner au même capital représenté par les actions amorties, mais laissées entre les mains des associés, l'opération équivaut

à une véritable distribution des bénéfices sous forme d'actions (Sol. 14 mai 1891, 7762 R. P., 23654 J. E.).

De même, lorsqu'une société, après avoir amorti ses actions de capital au moyen de bénéfices réalisés, renouvelle ses statuts et, au lieu de déclarer que son capital-action est amorti, maintient les dispositions de l'ancien texte relatives à la constitution du capital social, les actions délivrées aux associés constituent de véritables actions de capital et non pas de simples actions de jouissance; il en résulte que le capital primitif n'a jamais été amorti ou a été reconstitué. Par suite, la taxe est exigible, soit sur les sommes remises aux actionnaires à titre d'amortissement, soit sur les bénéfices mis en réserve qui ont été employés à la reconstitution du capital social (Seine, 29 juin 1894, 8396 R. P.; — Cass. civ. 8 mars 1898, 9235 R. P.; 25376 J. E.; 2967-3 I. C.).

La taxe est due également, quand une société, après avoir amorti ses actions de capital qu'elle a remplacées par des actions de jouissance, délivre à ses actionnaires, en échange de ces dernières, des « parts de propriété », donnant droit aux bénéfices et au partage de l'actif social (Seine, 18 mai 1901, 10245 R. P.).

On doit encore considérer comme une distribution indirecte assujettie au payement de la taxe l'opération par laquelle une société qui, après avoir émis des actions de 1.000 fr. libérées jusqu'à concurrence de 400 fr., les a déclarées ensuite entièrement libérées, puis les a fait ultérieurement figurer au passif du bilan comme des actions au capital de 1.000 fr., à l'aide d'un prélèvement opéré sur les fonds de roulement (Béthune, 31 juill. 1901). Mais il n'y a pas distribution de revenus, quand une société double le nombre de ses actions et délivre, pour chaque action ancienne de 500 fr., deux actions libérées de la même somme et remboursables par voie de tirage au sort, si, en fait, la création des nouveaux titres ne correspond pas à une plus-value du fonds social : c'est seulement à l'époque de l'amortissement des actions que la condition à laquelle la loi subordonne l'exigibilité de la taxe se trouvera remplie (Sol. 21 nov. 1884 et 11 mai 1894).

35 Gérant. - Cautionnement. - Le cautionnement, imposé à un gérant et qu'il verse dans la caisse sociale, ne constitue pas un emprunt; il échappe dès lors à la perception de la taxe (Sol. 22 juill. 1884).

1. Société coopérative entre patrons. — Si, d'après les statuts d'une société coopérative constituée entre patrons charcutiers pour acheter en gros et revendre en détail et dont le capital est fondé par actions, il est réparti aux actions libérées un intérêt de 5 p. 100 et que les bénéfices restants doivent être divisés en 100 fractions égales attribuées, partie aux consommateurs actionnaires au prorata des achats, partie aux actionnaires, et pour le surplus au fonds de réserve et à l'administration, les allocations faites aux actionnaires, à quelque titre que ce soit, représentent toutes les rémunérations de capital social et sont, dès lors, assujetties à l'impôt (Seine, 22 fév. 1902, 10322 R. P.). Cette décision appelle quelques réserves. Il semble, en effet, que la taxe n'est pas applicable aux bénéfices distribués aux consommateurs actionnaires au prorata des achats, ces bénéfices représentant moins des dividendes ou un revenu qu'une restitution d'une fraction du prix des achats faits à la société.

5. Apport d'industrie. — Part de bénéfices en sus de dividendes. — Lorsque, dans l'acte constitutif d'une société anonyme, il est attribué à l'un des associés, en représentation de son apport d'industrie, un certain nombre d'actions et, en outre, 10 fr. p. 100 des bénéfices au minimum de 25.000 fr., avec stipulation que ce minimum sera pris sur les frais généraux, la somme que cet associé reçoit annuellement en sus des 25.000 fr. ainsi garantis par la société, constitue un produit de son apport, c'est-à-dire un bénéfice passible de la taxe sur le revenu (Cass. civ. 26 avril 1893, 8084 R. P.; 24076 J. E.; 2842-11 I. G.).

Mais si les statuts d'une société en commandite par actions allouent aux associés gérants une portion des bénéfices réalisés, la taxe n'est pas exigible sur les sommes ainsi payées, s'il est constant que les avantages concédés ont été stipulés, non pas en considération d'un apport d'industrie, mais à titre d'honoraires (Lille, 16 avril 1896, 8990 R. P.).

Ce jugement est intervenu au sujet de bénéfices, alloués aux associés gérants d'une société en commandite par actions, en dehors du produit des actions qu'ils possèdent. Or, la question se pose de savoir si de tels bénéfices peuvent, en aucuns cas, être frappés de l'impôt. Elle nous paraît devoir être tranchée négativement.

La loi du 1er déc. 1875 déclare, en effet, que les dispositions de la loi du 29 juin 1872 « ne sont pas applicables aux parts d'intérêts dans les sociétés commerciales en nom collectif et qu'elles ne s'appliquent, dans les sociétés en commandite dont le capital n'est pas divisé par actions, qu'au montant de la commandite ».

La Régie a donné de cette loi l'interprétation suivante : « On continuera, porte l'Inst. n° 2534, à percevoir la taxe... sur les actions des sociétés en commandite, même sur celles attribuées aux associés responsables. Sont seules exemptées du droit les parts d'intérêt appartenant aux associés en nom collectif ou aux associés indéfiniment responsables dans les commandites » (4273 R. P.). De son côté, le législateur a nettement précisé le but qu'il visait, en déclarant vouloir « exempter l'industriel ou le commerçant qui travaillant ou seul, ou en société en nom collectif, engage dans une entreprise sa fortune tout entière, son crédit et même son honneur ». (*Rapport de la Commission, J. off.* du 27 nov. 1875.) Si donc, comme le décide la jurisprudence, l'immunité résultant de la loi de 1875 ne saurait, en raison de leur nature, être étendue aux actions appartenant aux gérants, elle nous paraît néanmoins applicable aux parts d'intérêts qui sont alloués à ces associés. Les gérants sont, en effet, tenus personnellement et indéfiniment des engagements sociaux ; ils engagent dans l'entreprise, suivant les expressions mêmes du législateur, leur fortune tout entière, leur crédit et même leur honneur; et c'est en leur qualité d'associés en nom que des parts spéciales d'intérêt leur sont allouées. Il n'y a donc aucun motif de ne pas les admettre à profiter de l'exemption de la taxe.

Il est d'ailleurs sans difficulté que la part des bénéfices attribuée à des associés, nommés pour un temps déterminé administrateurs d'une société anonyme, ne constitue pas des produits d'actions ou de parts sociales, mais le prix d'un louage d'industrie, et qu'elle échappe dès lors à l'impôt (Sol. 6 avril 1895).

35-5. Société anonyme ou Société en commandite par actions. Bénéfices attribués aux associés gérants. — Lorsque les statuts d'une société anonyme ou en commandite par actions allouent aux associés gérants, indépendamment d'un traitement fixe, une portion des bénéfices réalisés, la taxe du revenu n'est pas exigible sur la fraction des bénéfices qui leur est payée, dès lors qu'elle leur a été concédée, non pas en représentation d'un apport, mais en rémunération de leurs services (Lyon, 12 janvier 1905, 11006 R. P.; — Nancy, 16 mai 1906; Saint-Étienne et Nevers, 31 juill. 1906, 11194 R. P.; Limoges, 16 mai 1907, 11507 R. P. — *Contra* Montluçon, 31 mars 1905, 11194 R. P.).

35-6. Société étrangère. Actions de direction. — La taxe de 4 p. 100 est exigible sur les dividendes attribués aux actions de direction qu'une société anglaise a remises, entre les mains d'un « trust », pour assurer la rémunération des administrateurs ou gouverneurs pendant la durée de leurs fonctions (Seine, 9 nov. 1906, 11436 R. P.).

37. Primes et lots. — *Bons de l'Exposition de 1900. Lot sorti au tirage.* — Les lots attribués, par voie de tirage, aux porteurs de bons de l'Exposition de 1900 sont passibles de la taxe sur le revenu (Seine, 1er août 1902, 10500 R. P.).

Obligations rachetées, puis remises en circulation. — Nouvelle émission. Prix de remboursement égal au taux de cette émission. — Lorsqu'une société met de nouveau en circulation ses propres obligations qu'elle avait rachetées, l'opération constitue une véritable émission, absolument indépendante de la première. Par suite, si, en cas de liquidation, il est versé aux obligataires une somme égale au prix de la seconde émission, il n'existe aucune prime donnant lieu à l'application de la taxe sur le revenu (Seine, 30 janv. 1904, 10822 R. P.).

36. Bénéfices laissés en dépôt dans la caisse sociale. — Si les bénéfices, laissés en compte courant par un associé dans la caisse sociale, échappent à la perception, il en est différemment, quand les sommes confiées à la société par les actionnaires ne peuvent être, d'après les conventions intervenues, ni augmentées dans le cours d'un exercice, ni entamées durant la même période par les demandes de remboursement des titulaires. Il importe peu que les versements ne se composent que des dividendes revenant aux sociétaires qui se sont abstenus de les toucher, attendu que, par l'effet de l'inscription à un compte nouveau de la créance primitive, cette créance se trouve novée et transformée en un véritable prêt (Belfort, 9 juin 1896, 8951 R. P.; 25102 J. E.; — Cass. req. 3 mai 1898, 9168 R. P.; 25400 J. E.; 2967-8 I. G.).

De même, lorsque les bénéfices ou intérêts revenant à un associé, laissés dans la caisse sociale, ne peuvent être retirés que lorsque la situation de la caisse le permet, ils forment les éléments d'un prêt assujetti à l'impôt, et non pas d'un compte courant (Seine, 27 nov. 1897, 9323 R. P.).

37. Primes et lots touchés par les obligataires. — D'après l'art. 20 L. 25 février 1901, « la taxe établie par l'art. 5 L. 21 juin 1875 sur les lots payés aux créanciers et aux porteurs d'obligations, effets publics et tous autres titres d'emprunt, est fixée à 8 p. 100. — Il n'est pas innové en ce qui concerne les droits applicables aux primes de remboursement » (9903 R. P.).

Cette disposition se résume en une simple modification de tarif. La liquidation et le recouvrement de la nouvelle taxe doivent avoir lieu conformément aux dispositions législatives ou réglementaires intervenues au sujet de la taxe de 4 p. 100 qu'elle remplace et à la jurisprudence qui décide que la mise en payement constitue le fait générateur de l'impôt (3049 I. G.).

1. Portée de la législation. — Sociétés du canal de Panama. — La loi du 1er juillet 1893, art. 12, qui a affranchi des droits de timbre et de transmission les actions et obligations des sociétés de canal de Panama, n'édicte aucune immunité en ce qui concerne la taxe sur le revenu. Cette taxe est donc exigible sur les lots et primes de remboursement payés aux porteurs d'obligations (2844 I. G.).

2. Emprunt départemental. — Base de la perception. — Lorsqu'un établissement financier prend ferme, pour un chiffre inférieur à leur valeur nominale, les titres d'un emprunt émis par un département, et les place ensuite dans sa clientèle à un taux plus élevé, il y a lieu, pour déterminer la prime de remboursement passible de la taxe sur le revenu, de distinguer suivant que, au jour de l'amortissement, les obligations se trouvent encore ou non dans le portefeuille de l'établissement. Dans le premier cas, la prime de remboursement est représentée par la somme qu'il reçoit pour chaque titre en sus de son versement effectif; dans le second, par la différence entre la somme remboursée et le taux d'émission des titres dans le public. Sont d'ailleurs assujettis à l'impôt les intérêts payés par le département emprunteur à l'établissement financier pour le temps écoulé entre le versement des fonds et le point de départ de la jouissance des titres (Sol. 12 déc. 1898, 9553 R. P., 25738 J. E.).

On s'explique difficilement que la valeur de la prime de remboursement demeure incertaine jusqu'au jour où les titres seront amortis, et qu'elle varie suivant que les titres se trouveront, à cette époque, en telles ou telles mains. Le décret du 15 déc. 1875, qui détermine le mode d'évaluation du taux d'émission, ne se préoccupe aucunement des personnes qui détiennent les obligations. Il s'attache exclusivement au taux d'émission et distingue entre l'hypothèse où ce taux est unique et celle où il a varié. Lorsque le taux est unique, il doit seul servir « de base à la liquidation du droit sur les primes ». Or, tel est le cas de l'espèce examinée par la Solution. Les titres ont été attribués pour une somme déterminée à l'établissement financier; et ils ont été placés dans le public à un taux uniforme. La seule difficulté qui se pose est celle de savoir si le taux d'émission est représenté, pour la fixation de la prime de remboursement, par la somme déboursée pour chaque titre par l'établissement ou plutôt par le prix moyennant lequel les titres ont été offerts au public. Il faut se prononcer dans un sens ou dans l'autre; et il ne saurait être question d'adopter une solution différente, selon les circonstances diverses qui peuvent se produire, car ce serait ajouter aux textes et admettre un mode de liquidation qui n'a été ni prévu ni autorisé. On pourrait soutenir sans doute, avec quelque apparence de raison, que les titres ayant été souscrits par le département, qui doit les rembourser, il y a lieu de considérer comme taux d'émission la somme qui lui a été versée par la maison de banque. Les titres ont été émis, en effet, dès l'instant qu'ils ont été déposés entre les mains de cet établissement (Cass. 6 avr. 1897, 8963 R. P.), qui se trouve, par suite, le véritable souscripteur. Ces motifs ne sont pas toutefois déterminants. C'est comme intermédiaire entre le département et le public qu'une maison de banque se charge d'émettre les titres. Il en résulte que l'émission publique doit être réputée avoir été faite par le département, et, par voie de conséquence, que le taux d'émission n'est autre que le prix de la souscription publique. Il est vrai que le département n'encaisse pas effectivement la totalité de ce prix; mais s'il n'en fait pas recette, c'est que, par ses conventions antérieures, il a abandonné à l'intermédiaire, pour le rémunérer de son concours, la différence, à titre de frais de commission, entre la somme réellement touchée et le prix de la souscription. Or, il est de toute évidence que des frais de commission ne sont pas atteints par la loi du 29 juin 1872.

3. Avances faites a une ville. — Remboursement par annuités. — La taxe est due sur les intérêts compris dans les annuités qu'une ville s'est engagée à payer à une Compagnie en remboursement des avances faites par celle-ci pour la construction d'un réseau d'égouts. Ces avances ne sauraient, en effet, être considérées comme le prix des avantages assurés à la Compagnie par le traité intervenu, puisque, au lieu de lui être définitivement acquises, la ville s'est engagée à les rembourser au moyen d'annuités (Rennes, 20 fév. 1889, Cass. civ. 15 nov. 1893, 8215 R. P.; 24230 J. E.; 2872-8 I. G.).

Toutefois, il n'y a pas lieu de comprendre, parmi les sommes servant de base à la liquidation de l'impôt, les droits d'abonnements, pour chutes à l'égout, dont la ville a fait abandon à la Compagnie, s'il n'est pas constaté qu'ils ont contribué au service des intérêts (Cass. préc.).

6. Conversion d'emprunt. — Obligations amorties. — Lorsque, dans le but d'unifier sa dette, une société contracte un emprunt et délivre aux porteurs d'obligations antérieures de nouveaux titres différents des premiers, l'opération ne peut être considérée comme aboutissant à un simple remplacement de titres : l'emprunt primitif doit être tenu pour remboursé. En conséquence, la taxe est immédiatement exigible sur les primes de remboursement afférentes aux obligations amorties, c'est-à-dire sur la différence entre le capital des obligations primitives et le montant de celles remises en échange, le payement de l'impôt ne pouvant être reporté à l'époque du remboursement des nouveaux titres (Seine, 10 juill. 1891, 7068 R. P.; 23691 J. E.).

Il a été également jugé que, si une société émet un emprunt destiné à amortir des emprunts antérieurs et réserve aux porteurs des anciennes obligations la faculté, soit d'exiger le remboursement intégral de leurs titres, soit de réclamer, en échange d'un titre primitif, une obligation nouvelle évaluée au taux d'émission, plus une soulte en argent, les emprunts antérieurs doivent être tenus pour entièrement remboursés, bien qu'un certain nombre de porteurs des obligations anciennes soient devenus porteurs d'obligations nouvelles et qu'ils soient ainsi restés créanciers de la société. Par suite, la taxe est due immédiatement sur les primes de remboursement, représentées par la différence entre le taux d'émission des emprunts primitifs et les sommes remboursées (Seine, 11 juin 1896, 8911 R. P.; 25107 J. E.; — Cass. req. 24 janv. 1898, 9234 R. P.; 25345 J. E.; 2965-9 I. G.).

La même règle est applicable aux titres des sociétés étrangères.

En cas d'amortissement anticipé des obligations émises par une société étrangère, la taxe est exigible sur la prime de remboursement, c'est-à-dire sur la somme formant la différence entre le taux d'émission des titres et le montant du remboursement, alors même que les fonds qui ont servi au payement de la prime proviennent, non pas d'intérêts réservés, mais d'un emprunt. Elle est également due sur la même prime, pour celles des obligations primitives qui ont été échangées, par suite de conversion, contre des obligations nouvelles remboursables au même chiffre que les anciennes (Seine, 3 avr. 1897, 9160 R. P.; 25385 J. E.; — Cass. req. 5 déc. 1899, 9728 R. P.; 25787 J. E.; 3011-4 I. G.).

Dans l'espèce qui a donné lieu à ces dernières décisions, les nouvelles obligations avaient été émises à 465 fr. et stipulées remboursables à 505 fr. Il semble que le prix d'émission aurait dû seul entrer en ligne de compte pour la détermination de la prime de remboursement sujette à l'impôt. Les porteurs n'ont, en effet, réellement touché, pour chaque titre ancien, qu'une somme de 465 fr. représentant la valeur de l'obligation nouvelle au moment de la conversion. La différence entre le taux d'émission et le taux de remboursement constituait une nouvelle prime qui ne deviendra passible elle-même de la taxe que lors de l'amortissement du nouveau titre. Constatons cependant que cette thèse a été soumise à l'appréciation de la Cour, qui l'a rejetée.

Dans le même ordre d'idées, il a été décidé que l'indemnité qu'une société, dissoute par anticipation, a été condamnée à verser à ses obligataires, en outre du remboursement du prix de la souscription, pour tenir lieu de la partie de la prime qui leur était déjà acquise, constitue une véritable prime de remboursement assujettie à la taxe (Sol. 26 févr. 1891, 25359 J. E.).

38-1. Droit de transmission supporté par la société. — Lorsqu'une société, après être restée improductive pendant plusieurs années, distribue un dividende et abandonne tout recours contre les actionnaires du chef des droits de transmission payés au cours des exercices infructueux, il y a lieu de faire entrer en ligne de compte, pour la liquidation de la taxe sur le revenu, le montant de ces droits, qui constituent un revenu supplémentaire des actions (Seine, 30 janv. 1897, 9063 R. P.; 25203 J. E.).

Mais si une société acquitte les droits de transmission exigibles sur ses actions en se réservant d'exercer son recours contre les actionnaires, la taxe ne saurait être exigée sur le montant de ces droits (Vassy, 21 avr. 1891, 7078 R. P.).

L'impôt n'est pas non plus exigible sur les droits de transfert à 0 fr. 50 p. 100, qu'une société prend à sa charge personnelle, alors qu'il est établi, en fait, qu'il s'agit pour elle d'un sacrifice, d'une dépense, et que ce sacrifice a été consenti, en vertu d'un contrat spécial, en considération de la personne des nouveaux cessionnaires et non pas au profit de tous les actionnaires, la loi n'imposant que les produits des actions, c'est-à-dire les revenus ou bénéfices alloués au capital engagé, abstraction faite de la personnalité des porteurs d'actions (Sol. 4 mars 1892, 23850 J. E.).

4. Société étrangère. — Lorsqu'une société étrangère prend à sa charge l'impôt du revenu et le droit de transmission sans recours contre les porteurs, les bénéfices qu'elle affecte au payement de ces contributions constituent des produits passibles de la taxe sur le revenu (Seine, 18 déc. 1896, 9015 R. P.; 3 avr. 1897, 9160 R. P.; 25385 J. E.; — Cass. req. 5 déc. 1899, 9728 R. P.; 25787 J. E.; 3011-4 I. G. et Seine, 18 déc. 1896, 10093 R. P.).

L'interprétation admise par la jurisprudence donne prise à la controverse. Les lois de 23 juin 1857 et 29 juin 1872 qui ont établi les taxes de transmission et du revenu, sont muettes au sujet de l'incidence des impôts acquittés par les sociétés étrangères. L'art. 3 du décret du 6 déc. 1872 porte, il est vrai, que les dispositions des art. 1 et 2, relatifs aux sociétés françaises, sont applicables aux sociétés étrangères; mais ces articles déterminent exclusivement le mode d'établissement et de perception du droit. L'art. 1er déclare sans doute que la taxe est « avancée » par les sociétés; mais on lui attribuerait une portée qu'il n'a pas en l'interprétant comme fixant l'incidence de l'impôt, qui se trouve réglée par la loi même. Ce qui démontre que le décret de 1872 a entendu laisser l'impôt à la charge des sociétés étrangères, et, en tout cas, qu'il n'a eu nullement la pensée de les autoriser à exercer un recours quelconque, c'est le fait qu'il a assujetti à la taxe, non seulement les sociétés dont les titres sont cotés ou circulent en France, mais encore celles qui ont pour objet des biens, soit mobiliers, soit immobiliers situés en France. Si l'on admet que la référence à l'art. 1er, contenue dans l'art. 3, a pour effet d'obliger seulement les sociétés étrangères à faire l'avance de la taxe, il faut reconnaître, par voie de conséquence, que les sociétés qui ont pour objet des biens situés

37-7. Prise ferme d'obligations par un établissement financier. Placement dans le public. Détermination du taux d'émission. — Pour la perception de la taxe sur les primes de remboursement, la valeur imposable est déterminée par la différence entre le taux d'émission et la somme remboursée. Spécialement, quand un emprunt est pris ferme par un établissement financier, le taux d'émission est déterminé par le montant de la prise ferme, quel que soit le prix moyennant lequel les titres sont ensuite écoulés dans le public (Seine, 21 déc. 1906, 11307 R. P.).

38-4. Société étrangère. — Lorsqu'une société étrangère, abonnée aux taxes françaises, retient, soit sur les coupons des dividendes ou des intérêts, soit sur l'importance de la prime de remboursement, les impôts étrangers par elle avancés pour le compte personnel de ses actionnaires ou obligataires, il n'y a pas lieu de déduire ces impôts du montant de la prime, de l'intérêt ou du dividende, pour la liquidation de la taxe de 4 p. 100 (Seine, 2e jug. 20 juill. 1906, 11275 R. P.; Seine, 11 mai 1907, 11463 R. P.).

9. Participation partielle. Bénéfices répartis à une Société civile et distribués par elle. Double taxe. — L'attribution à une autre société des parts de fondateur revenant à la société civile présente le caractère d'un apport et non d'une vente, alors même que la société civile n'aurait droit qu'à une fraction des bénéfices réalisés sur une partie des opérations de la première, dès l'instant qu'il est tenu pour ces opérations une comptabilité spéciale soumise à des règles nettement déterminées. Les bénéfices répartis à la société civile sont donc sujets à la taxe sur le revenu.

Cette taxe ne forme pas d'ailleurs double emploi avec celle payée sur les distributions faites par la société civile à ses membres (Seine, 1er août 1902, 10565 R. P.).

40 4. Intérêts capitalisés. Distribution. — *Conf.* Limoges, 31 mars 1905, 11081 R. P.

42. Obligations du Crédit foncier. — Les actes de prêts consentis aux communes par le Crédit foncier et les obligations communales correspondantes, émises par cet établissement, forment les duplicata d'un seul contrat, dont le Crédit foncier est l'intermédiaire légal. D'où la conséquence que la taxe sur le revenu, payée pour les obligations communales, couvre l'ensemble de l'opération et que les intérêts des prêts faits aux communes échappent à la perception. Toutefois, la dispense d'impôt dont ces intérêts bénéficient ne saurait être étendue aux prêts communaux, dont la réalisation a eu lieu avec des fonds d'une autre origine et notamment avec les fonds provenant de l'émission de bons à lots faite en 1887. L'affectation de ces fonds à des prêts communaux est suffisamment établie par les situations publiées par le Crédit foncier et ses bilans, sans qu'il y ait lieu de s'arrêter à cette considération que statutairement le Crédit foncier se trouvait dans l'impossibilité d'employer les fonds des bons à lots à des prêts communaux (Seine, 2 déc. 1905, 10956 R. P.).

42-1. Crédit foncier. Fonds provenant du remboursement d'emprunts d'une Société en liquidation. — Lorsque le Crédit foncier consent à une Société des prêts sur les fonds des obligations et lettres de gage qu'il a émises en équipollence de ses prêts hypothécaires, les intérêts de ces prêts échappent, en raison du caractère d'intermédiaire légal qui lui est conféré, à la perception de la taxe qui ferait double emploi avec celle payée pour les obligations ou lettres de gage. Mais, comme on ne saurait assimiler aux obligations foncières ou lettres de gage les obligations émises par la Banque hypothécaire, dont l'actif a été appréhendé par le Crédit foncier à la charge de payer le passif, il en résulte que les prêts consentis sur hypothèques par ce dernier établissement agissant en qualité de liquidateur de la Banque hypothécaire doivent, en toute hypothèse, acquitter l'impôt sur le revenu (Seine, 3 janv. 1905, 10573 R. P.).

en France ne sont pas tenues pour leur compte. Mais dès lors il y a lieu de se demander pour le compte de quels débiteurs définitifs elles avancent l'impôt, contre quels actionnaires elles exerceront leur recours? Il semble donc que le législateur a voulu frapper les sociétés étrangères elles-mêmes, sans se préoccuper de leurs actionnaires, et, par suite, qu'il n'y a pas lieu d'ajouter, pour le calcul de la taxe, les impôts qu'elles conservent à leur charge.

39. Emprunts. — Fonds provenant de sommes déjà soumises à la taxe. — Les emprunts consentis par une société à une autre sont passibles de la taxe, alors même que les fonds de cette opération proviendraient d'emprunts réalisés par l'établissement prêteur et assujettis eux-mêmes à la taxe (Arras, 6 juin 1889, Cass. req. 13 juill. 1892, 7887 R. P.; 23885 J. E.; 2834-1 I. G.).

Il en est de même des avances faites par une ville à une société à l'aide de fonds que la ville se serait procurés par un emprunt contracté au Crédit Foncier (Senlis, 11 janv. 1899, 9786 R. P.; 25616 J. E.). Il est à remarquer que, dans l'espèce, ce n'est pas le Crédit Foncier qui a servi d'intermédiaire entre la ville et la société (V. n° 42 *infrà*).

Les sociétés étrangères qui se procurent, au moyen d'emprunts effectués en France, des fonds destinés à consentir des prêts à des communes ou autres collectivités françaises doivent acquitter la taxe sur les intérêts des emprunts qu'elles contractent, bien que les communes supportent également l'impôt pour les prêts qui leur sont faits (D. m. f. 11 fév. 1893).

40 4. Intérêts capitalisés. — Distributions. — Lorsque les intérêts d'un emprunt sont capitalisés, cette affectation toute volontaire accroît le patrimoine personnel du créancier et constitue une véritable distribution motivant l'application de la taxe (Arras, 6 juin 1889; Cass. req. 13 juill. 1892, préc.; — Constantine, 27 mai 1896, 8969 R. P.; 25067 J. E.; — Cass. civ. 3 déc. 1901, 10096 R. P.; — *Rapp.* Seine, 27 nov. 1897, 9323 R. P.).

42. Obligations du Crédit Foncier. — Les prêts, faits par le Crédit Foncier aux communes à l'aide des fonds provenant d'une émission d'obligations communales, ne donnent pas lieu à la perception de la taxe : la raison en est que le Crédit Foncier agit, dans la circonstance, en qualité d'intermédiaire légal et autorisé entre les souscripteurs des obligations communales et les communes (Seine, 30 avr. 1892, 23975 J. E., et 31 juill. 1896, 8952 R. P.; 25030 J. E.; — Dél. Ch. des dép. 11 mars 1898, *J. off.* du 12, 25208 J. E.).

Il en est encore ainsi quand le Crédit Foncier fait usage des fonds des obligations et lettres de gage qu'il a émises en équipollence de ses prêts hypothécaires. Toutefois, il ne peut invoquer la situation d'intermédiaire légal et réclamer la dispense d'impôt que s'il prouve que les prêts ont eu immédiatement pour contre-partie les émissions d'obligations ou de lettres de gage.

La taxe est donc exigible sur les prêts faits par le Crédit Foncier à une société avec les fonds provenant de ses réserves (Seine, 18 janv. 1895, 8500 R. P.; 24547 J. E.), ou avec des sommes provenant, soit de son fonds social, soit de ses réserves (Seine, préc., 31 juill. 1896).

C'est aux sociétés emprunteuses, qui invoquent la dispense d'impôt, qu'il appartient de prouver l'origine des fonds, qui justifierait l'exemption : si cette preuve n'est pas fournie, la taxe doit être perçue (Même jug. — V. n°s 31-4 et 39 *suprà*).

43. Distribution indirecte. — Lorsque, en exécution d'une délibération de l'assemblée générale d'une société dissoute, une partie des bénéfices réalisés est remise à une société nouvelle, créée par les actionnaires de l'ancienne association, pour constituer un fonds de réserve, l'apport ainsi effectué a le caractère d'une véritable distribution passible de la taxe sur le revenu (Lyon, 17 nov. 1891, 7838 R. P.).

Constitue également une véritable distribution la remise aux actionnaires, en payement des intérêts statutaires échus, de bons différés, négociables productifs d'intérêts et remboursables par voie de tirage au sort. Dès lors, la taxe est immédiatement exigible sur la valeur nominale des bons, représentant les intérêts dus, quelle que soit la date fixée pour leur remboursement et quelle que soit leur valeur en bourse au jour de l'émission (Seine, 26 fév. 1898, 9328 R. P.; 25407 J. E.; — Cass. req. 24 juill. 1899, 9615 R. P., 25704 J. E.; 3004-6 I. G.). Malgré cette jurisprudence, nous croyons que l'impôt ne doit être liquidé que sur la valeur réelle des titres donnés en payement; c'est cette valeur qui représente le montant des sommes passées dans le patrimoine des actionnaires et qu'ils ont effectivement touchées. La question sera certainement posée de nouveau devant la Cour; elle ne saurait être considérée comme tranchée définitivement (V. n°s 37 6 et 41-7).

43 *bis*. 1. Point de départ de l'exigibilité de la taxe de 4 p. 100. — La loi du 26 déc. 1890, qui a porté à 4 p. 100 la taxe sur le revenu des valeurs mobilières, n'a pas modifié les conditions d'exigibilité de l'impôt. Le fait générateur de la taxe consiste : pour les actions, dans la mise en distribution des bénéfices réalisés; pour les obligations, dans la mise en payement des coupons et des primes de remboursement; la date du versement effectif entre les mains de chaque actionnaire ou obligataire n'est d'aucune influence. Par suite, le tarif de 4 p. 100 est applicable : 1° aux dividendes des actions, distribuées à partir du 1er janv. 1891, alors même qu'ils auraient été réalisés antérieurement; 2° aux coupons venant à échéance le 1er janv. 1891 et autres jours suivants, bien que l'intérêt qu'ils représentent ait couru, en tout ou en partie, sous l'empire du tarif de 3 p. 100; et 3° aux primes de remboursement payables à dater du 1er janv. 1891, quand même le tirage des lots aurait eu lieu précédemment. Mais la taxe de 3 p. 100 doit seule être exigée sur les dividendes, intérêts et primes de remboursement, mis en distribution ou en payement avant le 1er janv. 1891, quoique, par une circonstance quelconque, ils n'aient pas été payés à cette époque (Sol. 14 janv. 1891, 7588 R. P.; 23526 J. E.).

Il a été jugé, dans le même sens, que la surtaxe de 1 p. 100 est exigible : 1° sur les dividendes dont le payement n'a été commencé qu'après le 1er janv. 1891, bien qu'ils aient été fixés par une délibération antérieure de l'assemblée générale des actionnaires (Seine, 28 avr. 1894, 8381 R. P.; 24394 J. E.); 2° sur les coupons des obligations échus postérieurement au 1er janv. 1891, et sur les dividendes des actions fixés et distribués à partir de cette date, bien que les intérêts des obligations aient couru antérieurement et que les produits des actions aient été réalisés avant la même époque (Seine, 9 janv. 1897, 9062 R. P.; 25139 J. E.).

L'impôt sur le revenu n'étant pas exigible d'avance au commencement de chaque trimestre, mais à terme échu, dans les vingt jours qui suivent l'expiration de ce trimestre, le terme, payable dans les vingt premiers jours de janv. 1891, n'a pas dû supporter la surtaxe de 1 fr. p. 100 (Sol. 30 janv. 1892, 7770 R. P., 23843 J. E.). Cette solution ayant soulevé des difficultés, une règle définitive de perception a été tracée par une délibération du conseil d'administration du 19 juill. 1893 et une autre solution du 12 sept. suivant, qui portent en substance : Le terme d'impôt exigible dans les vingt premiers jours de chaque trimestre comprend la taxe afférente au trimestre précédent. Par conséquent, les sociétés existantes en 1872, qui ont effectué en déc. 1872 et janv. 1873 les versements relatifs à la taxe due pour l'année 1872, ont supporté tout ce qu'elles devaient acquitter pour cette dernière année, la perception de la taxe applicable à l'année 1873 n'ayant été entamée qu'en avr. 1873. Mais, d'autre part, comme les revenus distribués postérieurement au 31 déc. 1890 sont passibles de la surtaxe de 1 fr. p. 100, il en résulte, pour les sociétés qui paient les arrérages de leurs emprunts les 1er janv. et 1er juill., que le coupon du 1er janv. 1891, qui représente le revenu du 2e semestre de 1890, doit supporter cette surtaxe (8808 R. P., 24782 J. E.).

En ce qui concerne les sociétés civiles ou en commandite dont le capital n'est pas divisé par actions et qui ne sont pas pourvues d'un conseil d'administration, le fait générateur de l'impôt consiste dans la réalisation d'un bénéfice par exercice social : d'où la conséquence que la taxe prend naissance au moment même de la clôture de l'exercice. Par suite, si un exercice social a été clôturé avant le 1er janv. 1891, la taxe n'est due qu'au taux de 3 fr. p. 100; mais elle doit être calculée à 4 fr. p. 100, quand l'exercice a expiré postérieurement à cette date (Sol. 25 fév. 1892, 7839 R. P.; 23800 J. E.).

Il en est ainsi, que l'exercice social soit d'une durée de plus ou de moins d'un an. Dès lors, si une société, qui règle ses comptes de semestre en semestre, a clos le premier exercice d'une année le 31 déc. 1890 et le second le 30 juin 1891, la taxe doit être calculée à 3 fr. p. 100 pour le deuxième semestre de 1890 et à 4 fr. p. 100 pour le premier semestre de 1891 (Sol. 19 mai 1892, 23860 J. E.).

44-6. Commandite. — Insuffisance d'évaluation. — Preuve. — L'Administration est fondée, pour prouver l'insuffisance commise dans l'évaluation d'une commandite, à recourir à toutes les présomptions tirées des actes parvenus légalement à sa connaissance. Spécialement, lorsque la part revenant dans une société à un associé en nom collectif se trouve transformée, par suite de son décès, en simple commandite, l'insuffisance dont est entachée l'estimation de cette commandite peut être établie à l'aide des indications contenues dans un acte de liquidation et partage intervenu entre les héritiers de l'associé décédé (Seine, 27 nov. 1897, 9323 R. P.).

7. Distribution sous forme d'attribution de valeurs industrielles. — Évaluation. — Quand des bénéfices sont répartis entre des membres d'une société dissoute sous forme d'attribution d'actions d'une nouvelle société en voie de constitution, la taxe est due sur la valeur réelle des actions remises. Il appartient aux parties de fixer cette valeur par une déclaration estimative, sauf le droit de contrôle de l'Administration (Seine, 22 mars 1889 et 18 mars 1892, 7890 R. P.). C'est, du reste, la valeur des actions, à l'époque de la distribution, c'est-à-dire de la formation de la nouvelle société, qui doit servir de base à la perception (Seine, préc. 18 mars 1892).

Dans le cas où les actions sont cotées à la Bourse, leur valeur est déterminée, soit par le cours de la Bourse, soit par une déclaration estimative, s'il était prouvé que le cours de la Bourse ne traduit pas leur valeur réelle (Sol. 14 mai 1891, 7762 R. P.; 23664 J. E.; — Lyon, 17 nov. 1891, 7838 R. P.).

45-1. Forfait. — Prix de cession : insuffisance. — Les sociétés à parts d'intérêts, dont le conseil d'administration ne prend pas de délibération sur les dividendes à distribuer, doivent la taxe sur le forfait à 5 fr. p. 100. Le forfait doit être déterminé d'après le capital social et non pas calculé sur l'actif brut (Sol. 30 déc. 1894, 24698 J. E.).

Il a été jugé que la taxe n'est exigible que sur les bénéfices réellement distribués, au cours de sa durée, par une société universelle de biens (Toulon, 30 nov. 1897, 9322 R. P.). Cette décision ne paraît pas exacte. Dès l'instant qu'une société à parts d'intérêts a réparti des bénéfices, la taxe est due sur le forfait à 5 fr. 100, qui représente une base exclusive et obligatoire de la perception, sans que la société puisse être admise à prouver le montant du revenu effectivement distribué.

L'Administration n'est pas fondée à établir l'insuffisance des prix de cessions de parts d'intérêt qui servent de base à la liquidation de la taxe sur le revenu due par les sociétés en commandite dont le capital n'est pas divisé par actions et qui ne sont pas pourvues d'un conseil d'administration (Seine, 10 janv. 1894, 8364 R. P.; 24278 J. E.; — contrà Sol. 1 août 1889, 2850 *Rev. prat.*). Ce serait, en effet, se mettre en opposition avec les intentions du législateur que d'admettre la Régie à prouver les insuffisances de l'espèce, puisque ce résultat ne pourrait être obtenu qu'au moyen de recherches extérieures, d'investigations qui présenteraient plus ou moins un caractère inquisitorial. Mais si elle ne peut démontrer l'insuffisance des prix de cession, on ne saurait cependant lui refuser le droit de contester la sincérité de ces prix, quand la fraude résulte de documents parvenus régulièrement à sa connaissance.

46-1. Société à parts d'intérêts. — Fixation des dividendes. — Assemblée générale. — Conseil des associés en nom collectif. — Le revenu est déterminé, pour les parts d'intérêts et commandites, par la délibération de l'assemblée générale des intéressés, lorsque les statuts confèrent à cette assemblée le pouvoir de fixer les dividendes, à l'exclusion du conseil d'administration (Lyon, 12 avr. 1897; — Cass. civ. 27 fév. 1900, 9764 R. P.; 25858 J. E.; — contrà Sol. 9 mars 1891, 7751 R. P.; 23652 J. E., et 16 déc. 1897, 25409 J. E.). La règle de perception

40-1. Société en commandite. Dividendes. Assemblée générale. Base de la perception. Compte rendu et extrait de délibération. Dépôt obligatoire. — Dans les sociétés en commandite simple, le revenu est déterminé, pour la perception de la taxe spéciale, par la délibération de l'assemblée générale des intéressés, lorsque les statuts confèrent à cette assemblée le pouvoir de fixer les dividendes. Par suite, la Régie est fondée à réclamer le dépôt des comptes rendus et extraits des délibérations qui fixent les dividendes à distribuer, sans avoir à faire préalablement la preuve de leur existence (Seine, 1er juill. 1905, 11185 R. P.).

49. Société civile constituée entre deux personnes. Forfait. Improductivité. Défaut de déclaration. — La société civile en participation, constituée entre deux personnes, n'est pas tenue au payement de la taxe sur le revenu, si elle prouve, par la production de sa comptabilité, qu'elle n'a réalisé aucun bénéfice ni distribué aucun dividende. Elle n'encourt pas d'amendes pour défaut de payement de l'impôt à chaque trimestre d'une année, dès l'instant que, pour l'année précédente, il n'y avait pas de bénéfices; mais elle est passible d'une amende pour défaut de déclaration d'absence de bénéfices dans les vingt premiers jours du mois de mai (Nice, 11 fév. 1905, 11284 R. P.).

Société civile. Forfait. Improductivité. Exigibilité de la taxe de 4 p. 100. — Les sociétés à parts d'intérêt dépourvues de conseil d'administration, et dans lesquelles l'assemblée générale des intéressés n'est pas appelée statutairement à fixer le montant des dividendes à distribuer, sont passibles de la taxe du revenu sur le forfait à 5 p. 100 du capital appelé ou du prix moyen des cessions de parts consenties pendant l'année précédente, sans qu'il y ait lieu de considérer si elles ont, en fait, réalisé des bénéfices (Seine, 23 mars 1907, 11474 R. P.).

que nous avons constamment soutenue se trouve ainsi consacrée par la Cour.

Il y a lieu de considérer comme un véritable conseil d'administration le conseil des associés en nom collectif qui, dans les sociétés en commandite simple, est chargé d'administrer les affaires sociales et de déterminer l'importance des dividendes à distribuer. Les délibérations de ce conseil doivent donc servir de base à la liquidation de la taxe exigible sur la commandite, qui ne saurait être perçue sur le forfait de 5 fr. p. 100; et la société est tenue de les déposer dans les vingt jours de leur date. Peu importe que le conseil tienne son pouvoir des statuts et non des associés et que les décisions sur les bénéfices à distribuer soient prises irrégulièrement (Seine, 10 juin 1899; — Cass. req. 20 mai 1901, 10058 R. P.; 26139 J. E.; 3070-8 I. C.).

48-3. Documents à déposer. — Extraits des délibérations. — Comptes rendus. — Les sociétés par actions sont tenues de déposer, avec les extraits des délibérations des assemblées générales d'actionnaires, qui fixent le dividende à distribuer, les comptes rendus *in extenso* présentés par les gérants (Boulogne, 23 nov. 1900; — Cass. req. 29 avr. 1902, 10221 R. P.; 26285 J. E.; — *contrà* Seine, 12 juill. 1895, 8623 R. P.; 24751 J. E., Béthune, 17 mars 1898, 25626 J. E. et Seine, 22 fév. 1902, 10311 R. P.). Cette règle est des plus contestables. La disposition finale de l'art. 2 L. 29 juin 1872, d'après laquelle « les comptes rendus et extraits de délibérations des conseils d'administration ou des actionnaires », doit, pour être exactement interprétée, être rapprochée de la première, portant que le revenu est déterminé « par le dividende fixé d'après les délibérations, les comptes rendus ou tous autres documents analogues ». Ce dont la loi a entendu exiger le dépôt, c'est le document, extrait de délibération, compte rendu ou autre document analogue, qui doit servir de base à la perception de la taxe; on exagère sa portée et même son sens grammatical, lorsqu'on déclare qu'elle a entendu imposer le dépôt simultané de l'extrait de la délibération et du compte rendu (10221 R. P. *obs.*).

Ajoutons toutefois que la question, bien que n'ayant pas été explicitement soulevée, paraît avoir été déjà tranchée dans le sens de la thèse que nous combattons (Lyon, 9 juill. 1895, 8796 R. P.; 24783 J. E.; — Cass. civ. 11 janv. 1899, 9453 R. P.; 25583 J. E.; 2007-1 I. C.).

En tout cas, les extraits des délibérations des conseils d'administration ou des actionnaires ne sauraient, sans contravention, être remplacés par une déclaration contenant une simple analyse des délibérations (Boulogne, 24 juill. 1896, 9065 R. P.; 25049 J. E.).

49. Forfait. — Société improductive. — Une société civile, qui n'a ni assemblée générale d'actionnaires, ni conseil d'administration des intéressés, est tenue d'acquitter la taxe sur le forfait à 5 p. 100 du capital social, sans qu'il y ait lieu de considérer si elle n'a pas fait réellement de bénéfices (Seine, 28 nov. 1896, 8975 R. P.; 25140 J. E.). Cette décision est contraire à la doctrine que nous avons enseignée au *Rép. gén.* et qui a été consacrée par la Cour de cassation : elle constitue un simple accident de jurisprudence.

Il a été jugé, par contre, qu'une société soumise au forfait n'est dispensée du payement de la taxe que tout autant qu'elle prouverait, par tous les moyens légaux, qu'elle est demeurée infructueuse. Toutefois, l'exonération ne s'applique qu'aux exercices sociaux, pris séparément, pour lesquels l'improductivité serait établie. Chaque exercice doit, en effet, être envisagé séparément pour la perception; et il ne saurait être établi une compensation entre les pertes et les bénéfices de divers exercices pour démontrer que, en définitive, l'entreprise a donné des résultats négatifs. La preuve de l'improductivité incombant à la société, la Régie, qui n'a pas à établir s'il y a eu des bénéfices, est en droit d'exiger le payement de la taxe calculée sur le forfait, tant qu'il ne lui a pas été justifié du défaut de réalisation de bénéfices (Bône, 12 nov. 1897, 23356 J. E.).

Si une société, soumise au forfait, règle ses comptes de semestre en semestre et qu'elle se trouve en bénéfice lors du règlement du premier exercice, la taxe demeure exigible, quand bien même l'autre exercice serait improductif ou se solderait en perte. L'impôt étant dû par année sociale, c'est-à-dire pour chaque année d'existence de la société, on ne saurait, en effet, considérer l'année comme improductive, puisque le bénéfice produit par le premier semestre est censé distribué (Sol. 19 mai 1892, 23860 J. E.). Cette décision peut être fondée en principe. Mais si la société justifiait que l'année sociale a été en réalité improductive et qu'il n'a été fait aucune répartition, elle échapperait à l'application de l'impôt (V. le n° suivant).

1. Bénéfices réalisés. — Défaut de distribution. — Les conditions d'exigibilité de la taxe sont les mêmes pour toutes les sociétés; le mode de liquidation diffère seul, suivant que les sociétés ont ou non un conseil d'administration ou des assemblées générales appelées à fixer le dividende à distribuer. Par suite, les sociétés non divisées par actions, qui acquittent la taxe sur le revenu évalué à 5 p. 100 du capital ou de la commandite, ne sont pas tenues au payement de l'impôt, non seulement lorsqu'elles n'ont pas réalisé de bénéfices, mais encore quand elles s'abstiennent de distribuer les bénéfices réalisés. Elles peuvent justifier de ce défaut de distribution par tous les moyens légaux (Cass. civ., 27 mars 1893, 8065 R. P.; 24056 J. E.).

Il a été jugé toutefois que si cette règle est exacte quand les bénéfices, au lieu d'être distribués, sont employés dans la forme prévue par les statuts, notamment à la reconstitution du capital social, elle ne saurait être suivie et l'Administration serait fondée à soutenir qu'il y a eu distribution passible de la taxe, si les produits réalisés recevaient, du consentement tacite ou exprès des associés, une affectation quelconque non prévue par le pacte social (Libourne, 26 déc. 1893, 8353 R. P.; 24430 J. E.).

L'Administration n'accepte pas la doctrine de l'arrêt du 27 mars 1893. Elle persiste à soutenir que les sociétés, passibles du forfait de 5 p. 100, ne sont affranchies de l'impôt que dans le cas où elles n'ont réalisé aucune espèce de bénéfices (Sol. 30 janv. 1895, 24045 J. E.; — Sol. 10 nov. et 16 déc. 1897, 25409 J. E.).

Pour apprécier si l'année sociale n'a donné aucun bénéfice, il faut déterminer la valeur de l'actif existant à la fin de chaque exercice, en déduire le passif et comparer la différence avec l'actif net de la dernière année. Il y aura bénéfice pour la première année sociale si l'actif net est supérieur au capital social, et pour les années suivantes si l'actif est supérieur à la fois à l'actif constaté à la fin de l'année précédente et au capital social. C'est d'ailleurs aux sociétés qu'il appartient de justifier de leur improductivité par la communication complète de leurs livres (Sol. préc. 10 nov. et 16 déc. 1897).

En ce qui nous concerne, nous persistons à considérer comme seule juridique la doctrine enseignée au *Rép. gén.* et qui se trouve consacrée par l'arrêt précité du 27 mars 1893 : toute base manque, en effet, à la perception de la taxe si la société prouve qu'elle n'a pas réparti de dividendes.

50. Versements provisoires. — Société en liquidation. — La mise en liquidation d'une société n'a pas pour effet de la soustraire aux obligations imposées par le décret du 6 déc. 1872. Une pareille société reste tenue d'effectuer les versements provisoires de la taxe sur les 4/5 des produits du dernier exercice social, jusqu'à ce que l'improductivité d'un exercice ait été régulièrement constatée (Sol. 31 oct. 1891, 23845 J. E.).

51. Commandites simples ou par actions. — Caractère distinctif. — Il faut reconnaître le caractère d'une société en commandite par actions à la société qualifiée de société en commandite simple, dont le capital est divisé en parts égales, cessibles par la seule volonté du possesseur, alors même que leur cession ne pourrait avoir lieu que par les voies civiles. Par conséquent, une telle société est tenue d'acquitter la taxe sur le revenu réel de toutes ses actions, y compris celles qui appartiennent aux associés gérants et qui, affectées à la garantie de leur gestion, sont frappées d'inaliénabilité. (Seine, 20 janv. 1892, 7797 R. P.; — Cass. req. 31 janv. 1893, 8022 R. P.; 24021 J. E.; 2842-4 I. G.).

Il a été jugé également que les divisions du capital d'une société sont des actions et non des parts d'intérêt, lorsqu'il résulte des documents de la cause et des circonstances de fait, dont la plus décisive est la cessibilité des titres dans les termes du droit commun, par la seule volonté du possesseur, que la société n'a pas été formée *intuitu personæ* et qu'elle constitue une association de capitaux. Dès lors, une telle société doit acquitter la taxe, non pas sur le forfait de 5 p. 100, mais sur son revenu déterminé par les délibérations, comptes rendus ou autres documents analogues (Avesnes, 20 juin 1895, 8624 R. P.).

Mais il y a lieu de considérer comme présentant le caractère d'une société en commandite simple et non d'une société en commandite par actions, l'association qualifiée dans l'acte social de commandite simple, qui n'a ni assemblée générale, ni conseil de surveillance ou d'administration émanant de l'assemblée générale, dont le gérant a les pouvoirs les plus étendus et dont les titres, sans expression de valeur nominale, ont été émis dans le public par les associés apporteurs (Seine, 11 août 1893, 8196 R. P.).

Constitue, de même, une association de personnes la société anonyme, formée entre un petit nombre d'associés unis par une communauté d'opinions et dont les parts, qui ne sont pas représentées par des titres individuels, ne sont cessibles qu'avec le consentement du conseil d'administration. Si elle n'est pas pourvue d'un conseil d'administration chargé de fixer les dividendes à distribuer, elle doit donc acquitter la taxe sur le forfait à 5 p. 100 du capital social, à défaut de cession de parts consenties pendant l'année précédente (Sol. 24 mai 1894, 8358 R. P.).

Lorsqu'une société minière, présentant un caractère commercial, a été formée entre les propriétaires des mines exploitées agissant en considération des personnes, que les parts ne sont pas représentées par des titres distincts et séparés circulant dans le public, mais par l'acte de société lui-même et que leur cession doit être exceptionnelle, elle ne saurait être assimilée à une société par actions; elle constitue une société de personnes divisées en parts d'intérêts (Saint-Jean-de-Maurienne, 28 janv. 1897, 9189 R. P.).

Le même caractère doit être attribué à la société constituée entre un petit nombre de personnes habitant la même ville, se connaissant entre elles, et divisée en parts d'un chiffre élevé, qui ne sont pas représentées par des titres individuels et n'ont été libérées que jusqu'à concurrence d'un cinquième représentant le fonds de roulement nécessaire. Il importe peu que ces parts puissent être cédées dans la forme prévue par l'art. 1690 C. civ. avec l'agrément des gérants et de la majorité des commanditaires et même sans cette restriction dans le cas où elles viendraient à être intégralement libérées, toutes les clauses des statuts prouvant qu'elles ne constituent pas de véritables valeurs de circulation (Marseille, 16 juill. 1890, 23635 J. E.).

2. Société en commandite simple. — Usufruit de la commandite appartenant à un associé en nom. — Lorsqu'une part commanditaire, dans une société non constituée par actions, est cédée, léguée ou transmise de tout autre manière à un associé en nom collectif, la taxe cesse d'être applicable à cette part. Il en est ainsi, alors même que l'associé en nom recueille seulement l'usufruit de cette part (Sol. 7 juill. 1892, 7027 R. P.; 23977 J. E.).

55. Payement de l'impôt. — La taxe sur le revenu n'est pas exigible d'avance au commencement de chaque trimestre, mais à terme échu, dans les vingt jours qui suivent l'expiration de ce trimestre (Sol. 30 janv. 1892, 7770 R. P.; 23843 J. E.; — 12 sept. 1895, 8868 R. P.; 24782 J. E.).

Une société anonyme est définitivement constituée quand un procès-verbal de l'assemblée générale des actionnaires constate la nomination des premiers administrateurs et commissaires et leur acceptation, après la souscription du capital et le versement du quart. Par suite, une telle société doit acquitter, dans les vingt premiers jours du trimestre qui suit l'époque de sa constitution, l'impôt sur le revenu applicable aux actions qu'elle a émises (Seine, 5 juin 1891, 7645 R. P.; 23800 J. E.).

4. Recouvrement de la taxe. — Action directe du Trésor. — L'Administration est fondée, pour assurer le recouvrement de la taxe, à agir contre les actionnaires d'une société dissoute, qui sont débiteurs directs de l'impôt (Seine, 28 mars 1889, 7800 R. P.).

Elle peut également suivre contre une société le recouvrement de l'impôt, sans que l'associé, qui n'a pas été reçu partie intervenante devant les premiers juges, ait

51. Commandites simples ou par actions. Caractère distinctif. — Constitue une société en commandite par actions la société, qualifiée de société en nom collectif dans l'acte constitutif, dont le capital est divisé en parts égales cessibles par la seule volonté du possesseur [illegible] les formes prescrites par les art. 1690 et suiv. C. civ., et qui est pourvue d'une gérance, d'un conseil de surveillance et d'assemblées générales. Par suite, les dividendes distribués aux porteurs des parts sont passibles de la taxe sur le revenu (Marseille, 6 juin 1905, 11158 R. P.; — Cass. req., 12 fév. 1907, 11367 R. P.).

55. Fusion entre deux sociétés. Taxe due sur les emprunts et obligations de la société absorbée. Poursuites contre la société absorbante. Régularité. — En cas de fusion de deux sociétés, la société absorbante, chargée d'acquitter le passif de la société dissoute, est tenue d'avancer, en exécution de l'art. 3 L. 29 juin 1872, la taxe du revenu sur les intérêts payés aux créanciers de cette société (Seine, 21 nov. 1903, 10813 R. P.).

55-2. Payement de l'impôt. Receveur compétent. — Est compétent pour décerner la contrainte en recouvrement de la taxe sur le revenu due par le Crédit foncier pour ses prêts communaux, le receveur du bureau où les droits ont toujours été acquittés (Seine, 2 déc. 1904, 10958 R. P.).

55-4. Emprunt. Poursuites et recouvrement de la taxe. Prêteur. — La Régie est fondée à suivre le recouvrement de la taxe sur le revenu contre le prêteur qui légalement en est le débiteur définitif, bien que, d'après les conventions intervenues, la société emprunteuse se soit engagée à la supporter, la perception des impôts intéressant l'ordre public et ne pouvant faire l'objet d'un contrat opposable à la Régie (Wassy, 25 juin 1903, 10703 R. P.).

57. Restitution. Dividendes fictifs. — Lorsqu'il est établi par des documents judiciaires que les dividendes distribués aux actionnaires d'une société mise en liquidation étaient fictifs et prélevés sur le capital, la perception de la taxe sur le revenu manque de base légale et doit être restituée. Peu importe que la répartition n'ait pas été annulée juridiquement et que les actionnaires aient conservé les dividendes distribués, dès l'instant qu'il est constant, en fait, que les dividendes ne représentent qu'une faible partie du capital versé (Dijon, 12 déc. 1905, 11218 R. P.).

57-2. Taxes éteintes par compensation. Instance. Chose jugée. — Lorsqu'une société a réclamé la restitution de taxes sur le revenu acquittées indûment et que sa demande a été rejetée, comme s'appliquant à des droits éteints par la prescription quinquennale édictée par l'art. 9 L. 29 janv. 1831, par des décisions ayant acquis l'autorité de la chose jugée, elle n'est pas fondée à se faire rembourser les excès de perception par voie d'imputation sur les taxes de même nature [illegible] ultérieurement (Cass. (civ.), 6 déc. 1905, 10896 R. P.).

La société, qui a réclamé, par voie d'assignation, la restitution de taxes indûment perçues et payé l'intégralité des termes trimestriels sans effectuer aucune retenue, n'est pas fondée à compenser des taxes ultérieurement exigibles avec celles atteintes par la prescription; elle doit être réputée avoir renoncé, d'une façon tacite, mais absolue, à toute compensation (Seine, 2 déc. 1903, 10003 R. P.).

Taxes indûment perçues. Compensations successives avec les termes des trimestres suivants. Inadmissibilité. Restitution. Prescription biennale. — V. *Droit de transmission*, n° 16.

qualité pour se pourvoir contre le jugement (Cass. civ. 26 avr. 1893, 8084 R. P.; 24076 J. E.; 2842-11 I. G.).

D'autre part, si, après la dissolution d'une société civile par actions, il est attribué aux actionnaires des valeurs supérieures au montant des apports, la Régie peut actionner, en payement de la taxe due sur l'excédent, les associés personnellement et le liquidateur comme détenteur des deniers sociaux (Seine, 9 nov. 1900, 10219 R. P.).

Si le payement de la taxe exigible sur les intérêts d'un emprunt peut être poursuivi contre les prêteurs, il y a lieu cependant de reconnaître que le jugement, qui aurait condamné la société, serait, à leur égard, *res inter alios acta*.

Pour être autorisée à les mettre en cause, la Régie devait donc être en mesure d'établir que les intérêts ont été effectivement versés par voie de payement, de compensation ou de novation (Seine, 17 mars 1894, 24450 J. E.).

Lorsque l'Administration a été admise, sur sa demande, au passif d'une faillite, qui a abouti à un concordat, au marc le franc pour l'impôt afférent aux obligations émises par la société en déconfiture, elle ne peut plus être admise à exiger le versement de la taxe retenue aux obligataires par une autre société chargée du service des titres. Le montant de la taxe ainsi retenue appartient à la masse active de la faillite (Cass. civ. 7 mars 1900, 9763 R. P.; 25865 J. E.).

8. Recours de la société. — Le prêteur, qui prend fait et cause pour la société poursuivie, peut être retenu en la cause et condamné à garantir la société de la condamnation au payement des droits; mais il ne saurait être responsable des amendes qui demeurent à la charge exclusive de celle-ci (Senlis, 11 janv. 1899, 9786 R. P.; 25616 J. E.; — *Rappr.* Seine, 11 août 1893, 8196 R. P.).

Pour l'appel en garantie, voir « Instances », n° 201.

9. Avertissement préalable. — Les amendes prononcées pour retard dans le payement de la taxe aux échéances, sont exigibles de plein droit sans qu'un avertissement préalable soit nécessaire (Seine, 15 avr. 1899, 9633 R. P.; 25748 J. E.; — Rouen, 30 nov. 1899, 25830 J. E.).

57. Restitution. — Dividendes fictifs. — Lorsqu'une décision judiciaire, tout en reconnaissant que les comptes et bilans produits par le conseil d'administration d'une société présentent un caractère frauduleux, n'annule pas la répartition des dividendes distribués, cette répartition doit être considérée comme subsistant juridiquement. Par suite, la société ne peut être réputée improductive, et la taxe ne saurait être restituée comme indûment perçue (Seine, 13 mai 1899, 9331 R. P.; 25781 J. E.).

C'est du jour du payement des droits que court l'action en restitution de droits payés indûment par suite de distribution de dividendes fictifs, quelles que soient les difficultés de fait que peuvent rencontrer les associés à prouver l'existence des fraudes ou erreurs commises. Les jugements ne faisant que constater les droits et ne les créant pas, on ne saurait admettre, en effet, que le droit à la restitution n'existe que depuis les décisions judiciaires qui ont reconnu la fictivité des dividendes (Coulommiers, 24 avr. 1896; Seine, 13 août 1896, 8940 R. P.; 24868 et 25036 J. E.).

1. Déchéance et prescription. — L'art. 21 L. 26 juill. 1893 porte : « L'action des redevables contre le Trésor, en restitution des taxes indûment perçues, se prescrit également par cinq ans à compter de l'indue perception. — Toute prescription commencée avant la promulgation de la présente loi sera acquise dans le délai de cinq ans à partir de cette promulgation » (8162 R. P.; 2892 I. G.).

S'il s'agit d'une perception régulièrement effectuée, mais à titre provisoire et sauf règlement ultérieur, la prescription ne court pas tant que l'action en restitution n'a pas pris naissance; en d'autres termes, le délai de cinq ans ne commence qu'à partir du jour où cette action a pu être valablement exercée. La disposition régit les actions en restitution nées antérieurement à la loi de 1893, mais non encore atteintes par la déchéance quinquennale au moment où cette loi est devenue exécutoire (Cf. Aubry et Rau, t. I, p. 69). A une action en restitution supposée ouverte le 10 janv. 1891, le Trésor se trouve donc en droit d'opposer la prescription le 10 janv. 1896, à moins que celle-ci n'ait été interrompue valablement, c'est-à-dire suivant l'un des modes admis en matière d'enregistrement (art. 5 L. 29 juin 1872). — L'action en restitution des amendes exigées à tort est soumise au même délai et aux mêmes règles que l'action en restitution des sommes versées à titre de taxe (2892, § 2, I G.).

Les sociétés soumises au forfait étant tenues de faire procéder chaque année à une liquidation définitive de la taxe, dans les 20 premiers jours du mois de mai qui suit la clôture du dernier exercice, attendu que les cessions de parts sociales réalisées dans les derniers jours de l'année imposable ont pu modifier le montant de l'impôt à percevoir, c'est à l'époque de cette liquidation définitive que l'action en remboursement prend naissance au profit d'une société de cette nature (Sol. 19 mai 1892, 23869 J. E.).

Cependant, si une telle société est improductive, c'est à dater du jour de la clôture de l'exercice que court la prescription de l'action en remboursement; et, dans le cas où elle continuerait à effectuer des versements dont elle se trouverait dispensée, c'est à compter du jour du payement de l'indû que part cette prescription (Limoges, 25 mai 1901).

Antérieurement à la loi du 26 juill. 1893, l'action en restitution de la taxe sur le revenu était, d'après la jurisprudence, soumise à la déchéance quinquennale. Sous l'empire de cette législation, il était de règle que, lorsque le ministre des finances avait opposé la déchéance à une demande en remboursement, les tribunaux civils étaient incompétents pour statuer sur cette demande (Alger, 22 nov. 1890, 7647 R. P.; 24317 J. E.).

Il appartient actuellement à l'autorité judiciaire de statuer sur les contestations que soulèvent les questions de prescription (2892-2 I. G.).

La prescription établie par la loi de 1893 est régulièrement interrompue par une demande en restitution signifiée avant l'expiration du délai de cinq ans, bien que l'exploit n'ait été enregistré que postérieurement : l'art. 61 L. 22 frim. an VII demeure ici, à défaut d'une référence spéciale, sans application. Si le délai expire un jour férié, il n'est pas d'ailleurs prorogé au lendemain (Sol. 8 juill. 1899, 25960 J. E.).

2. Compensation. — La compensation s'établit entre la taxe d'abonnement au timbre due pour les obligations et

les droits de transmission, d'une part, et la taxe d'abonnement payée pour les actions et l'impôt sur le revenu, d'autre part (Vassy, 23 avr. 1891, 7678 R. P.).

Cette décision nous paraît des plus contestables. On ne saurait admettre, en effet, comme nous l'avons enseigné au *Rép. gén.*, que des droits de transmission puissent se compenser avec des droits de timbre par abonnement ou des sommes représentant l'impôt sur le revenu, puisqu'il s'agit de contributions absolument différentes.

La déchéance quinquennale n'opère pas de plein droit; elle doit être prononcée. Une société, créancière d'une somme versée au Trésor pour taxe sur le revenu depuis plus de cinq ans, est donc fondée à opposer la compensation à la demande en payement de la taxe devenue ultérieurement exigible, si le ministre des finances n'a pas prononcé la déchéance dont la créance serait atteinte. Il est d'ailleurs indifférent que l'impôt indûment acquitté s'applique à des exercices périmés au moment de la promulgation de la loi du 26 juill. 1893, cette loi n'ayant pas d'effet rétroactif. Le tribunal est, au surplus, compétent pour fixer l'époque à laquelle la société se trouvait en droit de réclamer la restitution de la taxe (Bordeaux, 21 déc. 1898, 9556 R. P.; 25737 J. E.).

Une société qui, après avoir acquitté des taxes non exigibles, a continué de payer, chaque trimestre, les taxes dues pour les titres qu'elle a émis, est-elle fondée à prétendre que les excès de perception se compensaient de plein droit avec les termes ouverts ultérieurement au profit du Trésor et que l'effet de cette compensation a été de substituer, chaque trimestre, une nouvelle créance à celle résultant de la liquidation erronée du trimestre précédent et de reporter ainsi de trimestre en trimestre le point de départ de l'action en restitution? Nous ne le pensons pas. Les règles de la comptabilité financière s'opposent à ce qu'une compensation puisse s'établir entre des taxes appartenant à des exercices différents. L'art. 1 décret 6 déc. 1872 autorise, il est vrai, l'imputation sur l'exercice courant de la taxe reconnue perçue en trop après la clôture de l'exercice précédent; mais c'est là une disposition exceptionnelle qui doit être restreinte au seul cas exprimé. Au reste, l'une des conditions essentielles de la compensation est qu'elle s'opère entre les mêmes parties (*Rép. gén.*, v° *Compensation*, n°s 87 et suiv.); or, il paraît impossible qu'une société se trouve en mesure généralement d'établir que les taxes applicables à des exercices différents soient dues par les mêmes débiteurs.

La question de compensation des taxes appartenant à des exercices différents n'a pas été directement tranchée par la jurisprudence, qui a statué seulement en matière de droits de timbre par abonnement et de droits de transmission (V. *Abonnement*, n° 169, et *Droit de transmission*, n° 40).

Toutefois, il a été jugé que la société, qui a réclamé directement et obtenu le remboursement des taxes indûment perçues qu'elle avait pu imputer sur les premiers termes à échoir, doit être considérée comme ayant renoncé tout au moins tacitement à la compensation, et qu'elle ne saurait plus être admise à compenser des taxes ultérieurement exigibles avec celles qu'une décision régulière a refusé de restituer comme étant atteintes par la déchéance quinquennale (Seine, 10 mai 1899, 9632 R. P.; 25747 J. E.).

58. Prescription. — Antérieurement à la loi du 26 juill. 1893, l'action en recouvrement de la taxe était soumise à la prescription trentenaire (Arras, 6 juin 1889, 7867 R. P.; — Seine, 29 janv. 1892, 7795 R. P.; 24102 J. E.; — 31 juill. 1896, 8952 R. P.; 25030 J. E.; — Senlis, 11 janv. 1899, 9786 R. P.; 25616 J. E.), — à l'exclusion des prescriptions spéciales de deux ans et de trois ans établies en matière d'enregistrement et de contributions directes et de la prescription quinquennale de l'art. 2277 C. civ. (Seine, 11 août 1893, 8196 R. P.).

L'art. 21 L. 26 juill. 1893 est ainsi conçu : « L'action en recouvrement de la taxe sur le revenu des valeurs mobilières est soumise à la prescription de cinq ans. Ce délai a pour point de départ la date de l'exigibilité des droits et amendes. — Toutefois, dans les sociétés dont l'existence n'a pas été portée à la connaissance des tiers par les publications légales, ainsi que dans toutes sociétés et établissements non soumis par les lois existantes aux investigations des agents de l'Enregistrement, la prescription ne court contre l'Administration que du jour où elle a pu constater l'exigibilité de l'impôt, au vu d'un acte soumis à l'enregistrement ou au moyen des documents régulièrement déposés au bureau compétent pour la perception de l'impôt. — En outre, dans les sociétés et établissements soumis aux investigations de l'Administration de l'Enregistrement, la prescription est suspendue par un procès-verbal dressé pour constater le *refus de communication* et suivi de poursuites dans le délai d'une année, à moins que l'Administration ne succombe définitivement dans cette poursuite exercée en vertu de ce procès-verbal. Elle ne commence à courir, en pareil cas, que du jour où il est constaté, au moyen d'une mention inscrite par un agent de contrôle sur un des principaux livres de la société ou de l'établissement, que l'Administration a repris le libre exercice de son droit de vérification... Toute prescription commencée avant la promulgation de la présente loi sera acquise dans le délai de cinq ans à partir de cette promulgation » (8162 R. P.).

La prescription établie par cette disposition est applicable, qu'il s'agisse d'un droit principal ou d'un supplément de droit et, dans ce dernier cas, que l'insuffisance de perception résulte du fait du receveur ou du fait du contribuable. Elle a pour point de départ, quant aux droits, la date de l'exigibilité, c'est-à-dire la date du lendemain de l'expiration du terme accordé pour en effectuer le versement (2892 I. G.).

L'enregistrement d'un acte, révélant par lui-même l'existence d'un emprunt productif d'intérêts passibles de l'impôt, suffirait pour *faire courir* la prescription de la taxe exigible sur ces intérêts, tandis que la formalité donnée à un acte qui laisserait seulement soupçonner l'existence de l'emprunt et des conditions dans lesquelles il a été contracté, ne saurait entraîner la même conséquence (même Inst.).

La loi prononce, en cas de *refus de communication*, la suspension et non l'interruption de la prescription. Dès lors, quand celle-ci a repris son cours, il est nécessaire de tenir compte du temps pendant lequel elle a couru antérieurement à la rédaction du procès-verbal qui l'a suspendue, pour déterminer l'époque de son accomplissement définitif.

58. Prescription. Législation antérieure à 1893. — *Conf.* Rouen, 30 nov. 1899; Cass. civ. 16 déc. 1904, 10887 R. P.

Prescription quinquennale. Société étrangère n'ayant pas déposé ses statuts au bureau compétent. — La prescription de cinq ans, établie par l'art. 21 L. 26 juillet 1893, ne court à l'égard des sociétés étrangères exploitant des biens en France, qui n'ont pas déposé leurs statuts au bureau du siège de leur exploitation, que du jour où la Régie a pu constater l'exigibilité de l'impôt au moyen d'actes soumis à l'enregistrement, ou de documents régulièrement déposés au bureau compétent. — Toutefois, l'enregistrement du bail, consenti à une société étrangère, de magasins situés en France et destinés à servir à son exploitation, est suffisant pour faire courir la prescription, lors même que cet acte ne ferait pas connaître que la société a été constituée par actions (La Rochelle, 8 mai 1907, 11463 R. P.).

58-2. Amendes. Prescription. Association religieuse. — La prescription biennale, applicable aux droits en sus, ne court que du jour où les préposés ont été mis à même de constater la contravention au vu des actes soumis à l'enregistrement. Elle ne saurait donc, en tout état de cause, s'appliquer aux amendes encourues en matière d'impôt sur le revenu, dès l'instant qu'aucun acte révélant le caractère religieux de l'association débitrice n'a été présenté à la formalité (Toulon, 20 mars 1898 et 20 déc. 1900; Cass. (req.), 9 déc. 1903, 10676 R. P.).

Défaut de déclaration d'absence de bénéfices. Société en participation. — Le défaut de déclaration d'absence de bénéfices rend exigible une amende soumise à la prescription de deux ans, par application de l'art. 14 L. 16 juin 1824 (Nice, 11 fév. 1905, 11288 R. P.).

60. Documents à déposer. — *Amende. Défaut de déclaration.* — V. ci-dessus, n° 49.

Défaut de dépôt des extraits des délibérations des assemblées générales et des comptes rendus du Conseil d'administration. Omissions et insuffisances. Pénalités. — Les sociétés françaises ou étrangères qui s'abstiennent de déposer, pour le règlement de la taxe du revenu, les extraits des délibérations des assemblées générales et les comptes rendus in extenso du conseil d'administration, sont passibles des amendes de 100 à 5.000 fr., applicables en vertu de l'art. 5 L. 29 juin 1872, sans préjudice du droit en sus dont sont punies les omissions ou insuffisances constatées dans les documents produits (Seine, 9 nov. 1906, 11435 R. P.).

59.1. Retard de payement. Amendes. — Le défaut de payement de la taxe afférente aux obligations aux échéances trimestrielles rend exigibles les amendes de retard (Rouen, 30 nov. 1900; Cass. ch. 30 déc. 1903, 10887 R. P.; — Seine, 3 mars 1906, 11303 R. P.). — L'exception de bonne foi, du reste, n'est pas admissible en cette matière (Saint-Étienne, 20 déc. 1903, 10613 R. P.; Seine, 3 mars 1906, 11303 R. P.). Mais le payement d'un trimestre de taxe provisoire ne peut être refusé sous le prétexte que la somme offerte ne paraît pas représenter la totalité des droits exigibles (Limoges, 10 mai 1907, 11507 R. P.).

59.2. Amendes. Décimes. — Bien que l'impôt sur le revenu ne soit pas soumis aux décimes, les amendes encourues pour retard dans le payement de la taxe n'en sont pas moins passibles de deux décimes et demi (La Flèche, 4 mars 1903, 10762 R. P.; — Nantes, 13 fév. 1904; Cass. (req.) 17 juillet 1905, 11025 R. P.).

62. Poursuites. — *Liquidation subordonnée à une déclaration. Estimation.* — Lorsque la liquidation des droits est subordonnée à une déclaration des redevables, la Régie est fondée, en cas de poursuites, à évaluer provisoirement le montant des sommes à payer (La Flèche, 4 mars 1903, 10762 R. P.).

Contrainte. Interruption de la prescription. — Doivent être considérées comme indiquant suffisamment l'objet de la demande et, par suite, comme ayant interrompu la prescription les contraintes par lesquelles il a été réclamé la taxe exigible sur le revenu des prêts communaux du Crédit foncier, non représentés par des obligations négociables, et [illegible] s'appliquant nécessairement aux prêts communaux représentés par les bons à lots (Seine, 2 déc. 1905, 10958 R. P.).

Contrainte. Signification irrégulière. — La prescription quinquennale, établie par l'art. 21 L. 26 juillet 1893 en ce qui concerne l'action en recouvrement de l'impôt sur le revenu, n'est pas régulièrement interrompue si la signification de la contrainte n'a pas été faite dans les conditions prescrites par l'art. 68 C. pr. Il en est ainsi spécialement lorsque la copie de la contrainte a été remise à un actionnaire d'une société, qui n'a pas qualité pour la recevoir (Versailles, 19 déc. 1903, 10630 R. P.).

Société étrangère. Titres d'obligations ne circulant pas en France. Taxe exigible. Contrainte. — Si la taxe exigible sur les obligations a été liquidée sur les bases fixées par la décision ministérielle qui a déterminé la quotité imposable, la contrainte signifiée est régulière et a valablement interrompu la prescription (Rouen, 30 nov. 1900; Cass. (civ.) 30 déc. 1903, 10887 R. P.).

63. Instance. Contrainte. Péremption annale. — La péremption annale, établie par l'art. 61 L. 22 frim. an VII en cas de poursuites commencées et interrompues pendant plus d'un an, n'est pas applicable à la taxe sur le revenu (Seine, 21 nov. 1903, 10618 R. P.; — 2 déc. 1905, [illegible] R. P.).

La suspension de la prescription, attachée au refus de communication, ne s'étend ni aux droits ni aux amendes dont l'exigibilité pouvait être constatée sans investigation au siège de la société ou de l'établissement débiteur, au vu d'actes enregistrés ou de documents déposés pour l'assiette de l'impôt (même Instr.).

Pour toute action ayant pris naissance sous l'empire de la loi de 1872, la prescription de cinq ans ne court qu'à dater de la promulgation de la loi du 26 juillet 1893 (Seine, 2 avril 1898, 9461 R. P.; 25477 J. E.; — Senlis, 11 janv. 1899, 9186 R. P.; 25616 J. E.; — Rouen, 30 nov. 1899, 25830 J. E.).

Antérieurement à la loi de 1893, la question s'était posée de savoir si la prescription trentenaire était opposable à l'associé liquidateur d'une société de commerce, à l'exclusion de celle de cinq ans résultant de l'art. 64 C. comm.? Elle avait été résolue négativement : il avait été décidé, en effet, que l'action en recouvrement était régie, dans ce cas, par la prescription de cinq ans à compter de la clôture des opérations de liquidation (Seine, 24 fév. 1893, 8043 R. P.; 24104 J. E.; — Sol. 10 mai 1893, 24178 J. E.). Nous avons approuvé cette doctrine.

1. Droits supplémentaires. — Le recouvrement des droits supplémentaires se prescrit, de même que le droit principal, par la durée de cinq ans : le texte de la loi du 26 juillet 1893 n'admet aucune espèce de distinction (2892 I. G. — V. le n° précédent).

2. Pénalités. — La prescription quinquennale, applicable aux droits, est également applicable aux amendes : c'est ce qui ressort du deuxième alinéa de l'art. 21 L. 26 juillet 1893, d'après lequel le délai de cinq ans « a pour point de départ la date de l'exigibilité des droits et amendes », c'est-à-dire, quant aux amendes, celle du lendemain du jour où la pénalité s'est trouvée définitivement encourue (2257 C. C.; 2892 I. G.).

Toutefois, dans les sociétés dont l'existence n'a pas été portée à la connaissance des tiers par les publications légales, ainsi que dans toutes les sociétés et établissements non assujettis au droit de communication, la prescription ne court, pour les droits comme pour les amendes, que du jour où les agents ont pu constater l'exigibilité de l'impôt au vu d'un acte soumis à l'enregistrement ou au moyen de documents régulièrement déposés au bureau compétent pour la perception de la taxe (même Inst.). Ajoutons que, avant la loi de 1893, la question de savoir à quelle prescription étaient soumises les amendes était controversée. Il a été jugé que cette prescription était de trente ans (Seine, 11 août 1893, 8196 R. P.), puis qu'elle n'était que de deux ans (Seine, 31 juillet 1896, 8952 R. P.; 25030 J. E.).

59. Documents non déposés. — Extrait de délibération. — L'extrait de la délibération de l'assemblée générale des actionnaires, qui détermine le revenu à distribuer, doit être déposé dans les vingt jours de la date de la délibération sous peine d'une amende de 100 à 5.000 fr., et non pas seulement dans les vingt jours qui suivent le jour fixé pour la distribution (Seine, 30 janv. 1897, 9003 R. P., 25203 J. E.).

Il est dû une amende distincte pour défaut de dépôt de chaque compte rendu ou extrait de délibération (Cass. civ. 11 janv. 1899, 9453 R. P.; 25583 J. E.; 2997-1 I. G.; — Boulogne, 23 nov. 1900; — Cass. req. 29 avr. 1902, 10221 R. P.; 26285 J. E.). — V. n° 48-3 *suprà*.

1. Retard de payement. — Le défaut de payement de la taxe donne lieu à une amende spéciale par chaque trimestre de retard (Seine, 31 juill. 1891, 7706 et 7707 R. P.; 23731 et 23746 J. E.; — Seine, 18 janv. 1895, 8609 R. P.; 24547 J. E.; — Lyon, 9 juill. 1895, 8706 R. P.; 24783 J. E.; — Cass. civ. 11 janv. 1899, 9453 R. P.; 25583 J. E.; 2997-1 I. G.).

Les pénalités sont applicables, encore qu'il serait ensuite établi que l'exercice a été improductif (Cass. préc. 11 janv. 1899).

Les amendes de retard sont à la charge de la société (Seine, 11 août 1893, 8196 R. P.). Elles sont dues par la société emprunteuse, tenue à l'avance de la taxe, alors même que le prêteur aurait commis des fautes en ne prenant pas certaines mesures qui eussent pu écarter l'application de l'impôt (Seine, 31 juill. 1896, 8952 R. P.; 25039 J. E.).

Lorsqu'une société répartit, après sa dissolution, une somme supérieure au montant des apports, elle encourt une amende de 100 à 5.000 fr., si la déclaration des bénéfices et le payement de la taxe ne sont pas effectués dans les délais prescrits par les art. 2 L. 29 juin 1872 et 2 Décret 6 déc. 1872 (Seine, 9 nov. 1900; — Cass. req. 15 avr. 1902, 10219 R. P.; 26283 J. E.).

La même amende est due par la société, qui, ayant racheté des parts de fondateur à un prix supérieur à leur valeur originaire, omet de déclarer le rachat et d'acquitter dans le délai légal la taxe applicable aux bénéfices ainsi répartis (Seine, 7 avr. et 5 mai 1900, 26047 J. E.; — 9 nov. 1900). Mais, si les copies ou extraits des délibérations ordonnant le rachat ont été déposés dans le délai légal, l'amende ne peut plus être réclamée, attendu que le receveur a été mis à même de percevoir la taxe exigible (Seine, 18 fév. 1901). Cette dernière décision se justifie peut-être par les circonstances de la cause; mais elle ne saurait être considérée comme traçant une règle générale de perception (V. Cass. req. 2 déc. 1890, 7507 R. P., cité au *Rép. gén.*).

5. Droit en sus. — Insuffisance. — L'insuffisance commise dans l'estimation d'une commandite dont le montant n'est pas déterminé dans le contrat de société, est passible d'un droit en sus. Il en est ainsi spécialement de l'insuffisance d'évaluation de la part d'un associé en nom collectif qui se trouve transformée, par suite de son décès, en simple commandite (Seine, 27 nov. 1897, 9323 R. P.).

La même pénalité est exigible dans le cas où les bénéfices, répartis à la suite du rachat des parts de fondateurs, auraient été insuffisamment évalués, sans qu'il y ait lieu de s'arrêter à cette circonstance que l'insuffisance proviendrait de la majoration attribuée à la valeur originaire des titres (Seine, 7 avr. 1900, 26047 J. E.).

61. Droit de communication. — V. *Communication*.

62. Instance. — Contrainte. — Si les sommes et valeurs soumises à l'impôt sur le revenu ne sont pas exactement déterminées, la contrainte, qui fixe par approximation les droits exigibles, sauf à augmenter ou à diminuer, doit être considérée comme régulière (Lyon, 17 nov. 1891, 7838 R. P.).

INDEMNITÉ.

33. Caractère transactionnel. — Tarif de 1 fr. p. 100. — La convention par laquelle les fondateurs et administrateurs d'une société en faillite s'engagent à payer aux créanciers sociaux une somme fixée à forfait pour éteindre une action en responsabilité dirigée contre eux, est une transaction passible du droit de 1 fr. p. 100, et non un contrat d'indemnité soumis au tarif de 50 cent. p. 100 (Seine, 18 avr. 1890, 7548 R. P.).

47. Indemnités. — Dommages-intérêts. — Distinctions. — Tarif. — V. *Jugement*, nos 123 à 139.

INSTANCE.

24. Contributions indirectes. — Jugement. — Inscription hypothécaire. — Demande en radiation. — Procédure de droit commun non applicable. — Les contestations qui s'élèvent, en matière de contributions indirectes, entre la Régie et un contribuable, doivent être portées devant le trib. civil qui prononce, sans appel, dans les mêmes formes qu'en matière d'enregistrement (L. frim. art. 65; L. 5 vent. an XII, art. 88). Ces règles sont applicables à l'action tendant à faire prononcer la radiation d'une hypothèque prise par le Trésor pour la garantie de ses droits, en vertu d'un jugement validant une contrainte (Cass. 20 janv. 1902, 10208 R. P.).

31. Assignation en restitution. — Défaut de réclamation administrative préalable. — Les contribuables ne sont pas tenus, avant d'assigner l'Administration en restitution de droits indûment perçus, de présenter une réclamation administrative (Nérac, 22 nov. 1901, 10250 R. P.).

32-33. Solutions de l'Administration. — Leurs effets. — Les lois d'impôt étant d'ordre public, aucune autorité ne saurait en modifier l'application, ni transiger à l'égard des droits qu'elles établissent. Les Solutions rendues en matière de timbre ne lient donc pas l'Administration d'une manière irrévocable; elles peuvent être rétractées, tant que la prescription n'est pas acquise (2 Jug. Seine, 19 nov. 1892, 8011 et 8012 R. P.).

La perception des impôts intéressant essentiellement l'ordre public ne peut être la matière d'un contrat ni d'une transaction. D'autre part, les décisions et solutions que la L. frim. donne à l'Administration le droit d'émettre, ne sont que des actes de gestion ayant un caractère provisoire qui ne lient pas plus le Trésor public que les contribuables; le premier comme les seconds, nonobstant toute décision ou solution administrative intervenue, ont toujours le droit de s'adresser aux tribunaux civils auxquels seuls appartient le pouvoir de rendre, en cette matière, des décisions définitives, qui sont interdites à toutes autres autorités constituées ou administratives. Il s'ensuit que les décisions et solutions autorisées par l'art. 63 de la loi précitée peuvent toujours être rétractées, tant qu'il n'est pas intervenu une décision judiciaire passée en force de chose jugée ou que la prescription n'est pas acquise (Cass. 3 arrêts 13 mars 1895, 8523, 8524 et 8525 R. P.).

35. Amendes de retard. — Avertissement préalable. — Les amendes de retard dans le paiement de la taxe sur le revenu sont exigibles de plein droit, sans qu'un avertissement préalable soit nécessaire (Seine, 15 avr. 1899, 9633 R. P.).

40. Contrainte. — Receveur-Contrôleur. — Un receveur-contrôleur des successions peut valablement décerner une contrainte, en vue du recouvrement de droits dans un bureau auquel il est attaché (Rouen, 15 nov. 1894, 8550 R. P.).

Contrainte. — Receveur intérimaire. — En matière d'enregistrement, la contrainte visée et rendue exécutoire par le juge de paix est valable, bien qu'elle ait été décernée par un intérimaire n'ayant pas prêté serment (Rambouillet, 28 janv. 1898, 9275 R. P.).

43. Bureau compétent. — Mutation par décès. — L'art. 16 L. 25 fév. 1901 porte que les mutations par décès seront enregistrées au bureau du domicile du décédé, quelle que soit la situation des valeurs mobilières ou immobilières à déclarer, et, qu'à défaut de domicile en France, la déclaration sera passée au bureau du lieu du décès ou, si le décès n'est pas survenu en France, à ceux des bureaux qui seront désignés par l'Administration. Nous avons donné, vo *Etranger*, no 84, la liste de ces bureaux.

Contrainte. — Receveur compétent. — Le receveur compétent pour décerner une contrainte en vue du recouvrement de droits de m. p. d. est le receveur de la situation des biens à déclarer (Seine, 29 juill. 1898, 9703 R. P.; Rouen, 14 déc. 1899, 9805 R. P.).

51. Père administrateur légal. — Il n'y a pas nullité dans le fait que la contrainte est décernée contre le père des héritiers, pris comme tuteur légal, au lieu de l'être comme administrateur légal (Béziers, 25 juin 1895, 9043 R. P.).

52. Mari administrateur légal. — Il n'y a pas nullité, quand la femme étant débitrice personnelle des droits, la contrainte a été signifiée à cette dernière et au mari pris tant en son nom personnel, au besoin, que comme administrateur des biens de sa femme (Béziers, 25 juin 1895, 9043 R. P.).

56. Contrainte. — Société. — Gérant. — Droit de communication. — Est régulière la contrainte décernée directement contre une société, dont le gérant a refusé de laisser prendre des copies des registres de cette société (Senlis, 22 mars 1899, 10020 R. P.).

57. Commune. — Mémoire préalable. — Quand, à une action en restitution engagée par une commune, l'Administration répond par une demande reconventionnelle en paiement des droits, elle est tenue d'effectuer le dépôt d'un mémoire préalable entre les mains du préfet. Ce mémoire doit être sur papier timbré, et le récépissé qui en est délivré est soumis au timbre de 0 fr. 10 (Sol. 24 août 1899, 2455 R. E.).

INDEMNITÉ.

INSTANCE.

32-33. Solutions de l'Administration. Leurs effets. — *Conf.* Idem. 21 déc. 1906, 11397 R. P.

35. Contrainte. Avertissement préalable non obligatoire. — L'Administration n'est pas tenue d'adresser un avertissement aux redevables avant de décerner contrainte (Nevers, 24 mars 1904, 10770 R. P.).

40. Contrainte. Signification à la requête du Directeur départemental, et non du Directeur général. Régularité. — L'exploit de signification d'une contrainte n'est pas nul par le fait qu'il a été dressé à la requête du Directeur départemental, et non à celle du Directeur général (La Roche-sur-Yon, 10 fév. 1905, 10997 R. P.).

41. Impôt sur le revenu. Crédit foncier. Prêts communaux. Contrainte. Receveur compétent. — Est compétent pour décerner la contrainte en recouvrement de la taxe sur le revenu, due par le Crédit foncier pour ses prêts communaux, le receveur du bureau où les droits ont toujours été acquittés (Seine, 2 déc. 1900, 10058 R. P.).

Congrégations. Taxe d'accroissement. Association tontinière. Contrainte. Receveur compétent. Instance. Tribunal compétent. — La taxe d'accroissement due par une association tontinière est exigible au bureau de l'établissement principal de l'association, bien que la plupart des associés soient domiciliés en dehors de la circonscription de ce bureau. C'est donc au receveur du même bureau qu'il appartient de décerner les contraintes en vue du recouvrement de la taxe, et, par voie de conséquence, c'est au tribunal auquel ce bureau ressortit qu'il incombe de statuer sur les oppositions à ces contraintes (Chartres, 8 avril 1903, 10571 R. P.).

52. Droits dus personnellement par une femme mariée. Contrainte décernée contre elle, et non contre le mari. Régularité de la poursuite. — Le recouvrement des droits ou suppléments de droits exigibles sur une succession échue à une femme mariée, en qualité de légataire universelle du défunt, peut être poursuivi contre la femme, seule débitrice personnelle vis-à-vis du Trésor. En conséquence, est valable la contrainte décernée contre cette femme, et non contre le mari (Orléans, 24 mai 1905, 11019 R. P.).

55. Débiteurs solidaires. Procédure suivie contre l'un d'eux. Nullité invoquée par l'autre. Irrecevabilité. — Lorsque, après avoir fait notifier une contrainte à un redevable et pratiquer une saisie-arrêt à son préjudice, l'Administration se désiste de cette saisie-arrêt et décerne, tant contre le redevable primitif que contre le tiers saisi, une nouvelle contrainte qu'elle ne fait signifier qu'à ce dernier, pris comme débiteur solidaire des droits dus au Trésor, le tiers saisi ainsi actionné personnellement n'a pas qualité pour discuter la validité de la procédure suivie contre son codébiteur (Seine, 31 mars 1905, 11239 R. P.).

70. Contrainte. Droits subordonnés à la déclaration des parties. — Le tribunal peut ordonner l'exécution provisoire d'une contrainte d'après les évaluations d'office de l'Administration, du moment où il réserve à la partie le droit de faire les déclarations nécessaires pour la perception (Seine, 6 mars 1903, 10584 R. P.).

43. Contrainte. Copie signifiée. Visa du juge de paix. — *Conf.* Cusset, 24 juin 1904, 10802 R. P.

89. Contrainte. Prétendues irrégularités dans la signification à la partie. Preuve. Nullité couverte par le payement des droits. — La demande en nullité de la signification d'une contrainte, basée sur les irrégularités qui auraient été commises dans la copie laissée à la partie, doit être justifiée par la production de cette copie elle-même, dès lors qu'aucun vice de forme n'est constaté sur l'original. Quand bien même, d'ailleurs, l'exploit de notification serait nul, sa nullité se trouve couverte par le payement des droits qui ont fait l'objet de la contrainte (Oloron, 10 août 1904, 10976 R. P.).

90. Exploit. Date. Surcharge et interligne dans la copie. Absence de nullité. — Une surcharge et un interligne dans la date de la copie de la signification d'une contrainte ne sont pas une cause de nullité de l'exploit, bien que cette surcharge et cet interligne n'aient pas été approuvés par l'huissier, s'il ne peut y avoir doute sur la véritable date à laquelle la notification a eu lieu (Châtillon-sur-Seine, 1er juill. 1902, 10551 R. P.).

92. Signification de contrainte ne portant pas commandement exprès de payer. Énonciations équivalentes. Interruption de la prescription. — Il n'est pas nécessaire, pour l'interruption de la prescription en ce qui concerne l'action de l'Administration tendant au recouvrement d'un supplément de droit, que l'exploit de signification de la contrainte contienne commandement exprès de payer la somme due au Trésor, surtout lorsque ce commandement se trouve suppléé par des énonciations de la contrainte et de l'acte de notification qui équivalent à une injonction de payement (La Roche-sur-Yon, 10 fév. 1905, 10997 R. P.).

Autorisation d'ester. — Lorsqu'une commune a intenté une action en justice sans s'être munie de l'autorisation exigée par l'art. 121 L. 5 avril 1884, il suffit que l'autorisation intervienne avant le jugement pour valider rétroactivement l'acte introductif d'instance (Compiègne, 11 août 1897, 9319 R. P.).

59. Contrainte irrégulière. — Conséquences. — Quand une contrainte a été irrégulièrement décernée, l'Administration doit en supporter les frais ainsi que ceux des actes de procédure qui en ont été la conséquence (Béziers, 25 juin 1896, 9043 R. P.).

61. Contrainte non motivée. — Régularité. — Une contrainte, n'étant pas un acte introductif d'instance, est valable, alors même qu'elle ne serait ni motivée, ni explicite; il en est ainsi, à plus forte raison, quand elle énonce le montant et la nature du droit réclamé et les motifs de la réclamation (Bordeaux, 27 mai 1896, 9050 R. P.).

Une contrainte est régulière lorsqu'elle est décernée et signifiée conformément aux prescriptions de la loi. Les parties ne sont pas fondées à prétendre qu'elle est nulle pour vice de forme, alors surtout qu'aucun cas de nullité n'est spécifié (Grasse, 13 juill. 1898, 9575 R. P.).

La circonstance que l'Administration n'a pas cité, dans la contrainte, tous les textes sur lesquels elle appuie sa réclamation, ne porte aucune atteinte à la validité de cet acte (Pau, 19 mai 1899, 9622 R. P.).

Aucune forme n'ayant été prévue pour la rédaction des contraintes, l'Administration satisfait largement au vœu de la loi, en faisant connaître aux intéressés : 1° la nature de la réclamation ; 2° les lois qui viennent à l'appui de sa demande (Bar-le-Duc, 14 mars 1900, 9967 R. P. ; — Alger, 7 déc. 1901, 10146 R. P.).

67. Contrainte. — Détail des droits. — Est valable la contrainte décernée contre plusieurs héritiers de différents ordres, lorsque, après avoir indiqué le montant des droits réclamés, elle permet, par ses énonciations, de liquider aisément la part incombant à chacun des héritiers (Lesparre, 2 déc. 1897, 9215 R. P.).

70. Évaluation d'office des droits. — N'est pas sujet à cassation le jugement qui ordonne l'exécution d'une contrainte d'après les évaluations d'office de l'Administration, du moment où il réserve aux parties la faculté de faire des déclarations exigées par la loi fiscale (Cass. req. 23 janv. 1893, 8020 et 8194-22 R. P.).

82. Contrainte. — Juge de paix empêché. — Visa. — Les dispositions du décr. 30 mars 1808 et L. 20 avril 1810 ne sont pas applicables aux juges de paix ni à leurs suppléants qu'elles ne visent pas. En conséquence, est valable la contrainte visée par le second suppléant du juge de paix, étant simplement constaté que le magistrat agit pour le juge de paix empêché, sans qu'il soit ajouté qu'il agit également en remplacement du premier suppléant empêché (Mauriac, 7 août 1895, 8717 R. P. ; — Cass. 24 mai 1897, 9075-4 R. P.).

Est régulier et ne saurait être argué de nullité l'exploit de signification d'une contrainte dans lequel la mention d'exécution est suivie de l'indication : « *Pour le juge de paix empêché (illisible)* ». Cette mention établit, en effet, que l'exécutoire a été signé par un magistrat compétent, sans qu'il y ait lieu de se préoccuper de son nom, l'indication de sa qualité suffisant, puisqu'il s'agit d'un acte de la puissance publique (Caen, 1er juin 1896, 9064 R. P.).

N'est pas nulle la contrainte visée par le deuxième suppléant du juge de paix, sans mentionner qu'il a agi par empêchement ou absence du juge de paix et du premier suppléant (Valenciennes, 10 mars 1897, 9347 R. P.).

N'est pas nulle la contrainte visée et rendue exécutoire par le deuxième suppléant du juge de paix, sans mentionner qu'il a agi par empêchement ou absence du juge de paix (Seine, 20 juill. 1899, 9703 R. P.).

83. Contrainte. — Copie. — Signature du receveur. — Visa du juge de paix. — Les formalités édictées par l'art. 64 L. 22 frim., notamment la signature du receveur et le visa du juge de paix ne sont prescrites qu'en ce qui concerne l'original de la contrainte. Quant à la copie de cette contrainte, il suffit, pour être régulière, qu'elle relate l'accomplissement de ces formalités sur l'original (Bordeaux, 16 déc. 1891, 7835 R. P. ; — Oran, 24 déc. 1894, 8604 R. P. ; — Guingamp, 15 juill. 1897, 9172 R. P. ; — Valence, 23 mars 1898, 9417 R. P. ; — Seine, 20 juill. 1899, 9703 R. P.).

85. Contrainte. — Erreur de date. — Une contrainte n'est pas nulle, parce que, dans la copie signifiée, l'huissier a porté par erreur, comme date de cet acte de poursuites, une date postérieure au visa exécutoire du juge de paix (Caen, 26 fév. 1896, 8786 R. P.).

89. Contrainte. — Nullité. — Défense au fond. — La prétendue nullité d'une contrainte est couverte, si le moyen de forme n'a pas été proposé avant toute défense au fond (Valenciennes, 10 mars 1897, 9347 R. P.).

91. Contrainte. — Actes de poursuite et de procédure. — Formule. — Depuis le 10 mai 1898, les actes de poursuites et de procédure concernant l'Administration doivent être faits et signifiés à la requête de *M. le Conseiller d'État* (s'il y a lieu), *Directeur Général de l'Enregistrement, des Domaines et du Timbre, au Ministère des finances, palais du Louvre, rue de Rivoli*, etc... (Circ. 30 avr. 1898).

98. Contrainte. — Élection de domicile. — L'Administration étant censée avoir une demeure chez les préposés chargés de poursuivre le recouvrement des droits exigibles, n'a pas à faire l'élection de domicile prévue par l'art. 584 C. proc., dans les commandements signifiés aux redevables (Montpellier, 9 fév. 1891, 7870 R. P.).

Direction départementale supprimée. — Dans le cas où une direction départementale a été supprimée et transférée par décret au chef-lieu d'un autre département, la signification extrajudiciaire de la modification ainsi apportée suffit pour régulariser la suite d'une procédure engagée à la requête du titulaire de la direction supprimée. Mais il est encore préférable de spécifier plus formellement le changement d'élection de domicile (Sol. 24 mai 1897, 9578 R. P.).

94. Contrainte. — Signification. — Huissier. — La signification d'une contrainte peut être valablement faite par un huissier du tribunal du domicile du débiteur. Il n'est pas nécessaire de recourir à l'un des huissiers audienciers du juge de paix qui a rendu cette contrainte exécutoire (Lyon, 17 nov. 1891, 7838 R. P.).

99. Contrainte. — Copie incomplète. — Régularité de la poursuite. — La contrainte ne constituant pas un acte introductif d'instance, et formant un titre exécutoire indépendant de l'exploit par lequel elle est signifiée au redevable, interrompt régulièrement la prescription, bien que la copie remise à l'opposant contienne des lacunes, si toutefois elle ne laisse aucun doute dans son esprit sur la nature et le montant des droits réclamés (Toul, 26 fév. 1895, 8618 R. P.).

101 *bis*. Contrainte. — Signification au parquet. — La signification d'un exploit (et notamment d'une contrainte) ne peut être valablement faite au parquet du procureur de la République que lorsque tous les renseignements propres à faire penser que la partie n'a ni domicile ni résidence connus, en France, ont été suffisamment pris par l'huissier. Quand, au contraire, il suffisait de quelques recherches pour découvrir le domicile actuel de la partie, la signification faite au parquet est nulle (Seine, 10 mai 1901, 2783 R. E.).

103. Héritiers du défunt. — Lorsque le débiteur d'un droit réclamé décède après la signification de la contrainte, l'Administration ne saurait mettre en cause ses héritiers par voie de simple commandement; elle est tenue, par application de l'art. 877 C. civ., de leur notifier la contrainte originaire (Valence, 23 mars 1898, 9417 R. P.).

114 *bis*. Contrainte. — Bureau de bienfaisance. — Représentant légal. — N'est pas nulle la contrainte décernée contre tous les membres d'un bureau de bienfaisance personnellement pour avoir paiement de droits dus par un établissement de cette nature, lorsqu'il résulte de la contrainte elle-même que les membres ainsi poursuivis ne l'ont été qu'en qualité de membres du bureau; mais le maire, président de la commission administrative, étant compétent pour représenter l'établissement, les frais exposés par suite de la mise en cause intempestive de tous les membres doivent rester à la charge de l'Administration (Montmédy, 2 mars 1898, 9353 R. P.).

115. Contrainte. — Remise de la copie. — Enveloppe cachetée. — Lorsque la copie d'un exploit doit être remise à une personne autre que la partie elle-même ou le procureur de la République, l'huissier est tenu de la délivrer sous enveloppe fermée, ne portant d'autre indication, d'un côté, que les nom et demeure de la partie, et, de l'autre, que le cachet de l'étude de l'huissier apposé sur la fermeture du pli. L'huissier est, en outre, obligé de constater, tant sur l'original que sur la copie, l'accomplissement de ces formalités (L. 15 fév. 1899. — V. *C. des lois* et *Exploit*).

117. Procès-verbal de saisie. — Visa du maire. — Apposition d'une griffe non équivalente au visa. — Nullité. — L'art. 673 C. proc., en même temps qu'il précise les formalités substantielles à la validité du commandement qui doit précéder la saisie immobilière, exige que l'huissier fasse dans le jour viser l'original par le maire du lieu où le commandement est signifié, ce visa est également exigé sur l'original de l'acte de dénonciation de saisie par l'art. 677. L'un et l'autre des visas ainsi prescrits ne remplissent le vœu de la loi qu'autant qu'ils émanent du fonctionnaire désigné ou de ceux qui sont chargés légalement de le remplacer : c'est la signature de la main même du fonctionnaire qui est l'élément essentiel du visa, parce qu'elle est la preuve certaine de la communication ordonnée : l'apposition de cette signature au moyen d'une griffe dont l'usage peut être confié à un employé, ne présente pas les mêmes garanties. Si les art. 673 et 677 C. P. C. ne prononcent pas la nullité pour omission des prescriptions qu'ils édictent, l'art. 715 y supplée en disposant que les formalités et délais prescrits par les art. 673 et 677 seront observés à peine de nullité (Cass. 17 avr. 1893, 8413 R. P.).

123. Contrainte. — Administration des Douanes — Exception d'incompétence. — Nullité de forme après défense au fond. — Non-recevabilité. — Quels que soient les effets que la loi y attache, la contrainte décernée en matière de douanes n'en est pas moins un acte préalable de poursuite judiciaire. Dès lors, les nullités d'exploit ou d'acte de procédure qu'elle peut soulever doivent être invoquées avant toute exception de forme et toute défense au fond. Est, notamment, non recevable l'exception motivée sur l'incompétence du receveur qui a décerné la contrainte ou du juge de paix qui l'a visée, quand l'opposant a déjà soulevé des moyens de fond (Seine, 20 juill. 1899; — Cass. 19 mars 1901, 10122 R. P.).

Il est presque inutile d'ajouter que, bien que rendues en matière de douane, les décisions qui précèdent sont entièrement applicables en matière d'enregistrement.

127. Itératif commandement. — Un itératif commandement signifié au redevable avant l'expiration de l'année à partir de la signification de la contrainte interrompt, suivant l'art. 2244 C. civ., la prescription établie par l'art. 61 L. frim. (Valence, 23 mars 1898, 9417 R. P.).

133. Contrainte. — Désistement. — L'Administration peut se désister d'une réclamation formulée par une contrainte : aucune loi ne la prive de cette faculté qui est de droit commun. L'acte de désistement est valablement signé par le directeur départemental; il n'a pas besoin, pour être régulier, de porter la signature du directeur général (Caen, 26 fév. 1896, 8786 R. P.).

Doit être considérée comme valable la contrainte décernée sans désistement régulier, mais après désistement implicite d'une contrainte précédente, aucun texte n'en prononçant la nullité (Seine, 3 déc. 1896, 8954 R. P.).

Le désistement d'une contrainte peut être utilement signifié par exploit d'huissier, sans être signé d'un agent de l'Administration (Ploërmel, 11 nov. 1896, 8953 R. P.).

Lorsque l'opposition à une contrainte est motivée sur une simple nullité de cet acte de poursuite, le tribunal, saisi de l'incident, peut en même temps ordonner la re-

96. Erreur de date dans le corps de l'exploit. Rectification au moyen de l'en-tête de l'acte et de la relation d'enregistrement. Absence de nullité. — Une erreur matérielle de date commise dans le corps d'un exploit ne rend pas cet acte nul, lorsque l'erreur, d'ailleurs sans importance, se trouve suffisamment rectifiée par l'en-tête de l'exploit et par la mention de l'enregistrement (Cass. (crim.), 13 sept. 1905, 10965 R. P.).

102. Exploit. Étranger. Résidence en France. Signification au Parquet. Nullité. — V. *Exploit*, n° 50.

106. Assignation directe de deux époux en paiement de droits dont ils sont débiteurs solidaires. Assignation du mari en son nom personnel. Absence d'autorisation maritale. Jugement de condamnation par défaut. Autorisation judiciaire implicite. Nullité couverte, dans tous les cas, par une instance régulière sur opposition au jugement de défaut. — Quand une assignation directe en paiement de droits d'enregistrement dus solidairement par deux époux a été signifiée à chacun d'eux par copie séparée et que l'assignation donnée au mari ne porte pas qu'elle a eu lieu, en outre, pour le mettre en demeure d'autoriser sa femme à ester en justice, on doit néanmoins admettre que le mari a été assigné tant en son nom personnel que pour la validité de la procédure à l'égard de sa femme; mais, s'il fait défaut, il doit être considéré comme ayant refusé de donner son autorisation. Toutefois, l'absence d'autorisation maritale se trouve suffisamment suppléée par un jugement de défaut qui prononce une condamnation contre la femme, ce jugement autorisant nécessairement, quoique implicitement, cette dernière à ester en justice. Au surplus, l'opposition faisant tomber de plein droit le jugement par défaut, il n'y a pas à s'arrêter au prétendu vice de forme allégué de ce chef, lorsque le mari, dans l'instance sur opposition, donne à sa femme l'autorisation nécessaire et conclut avec elle par les mêmes moyens (Belley, 29 déc. 1903, 10849 R. P.).

108 et 110. Société civile par actions. Assignation. Absence de siège social. Signification au domicile des administrateurs. Validité. — Une société civile immobilière, constituée par actions, peut revendiquer le bénéfice de l'art. 69, n° 6, C. proc., qui prescrit d'assigner les sociétés de commerce en leur maison sociale. Mais il en est différemment lorsqu'il n'existe plus de siège social. Dans ce cas, les divers actes de procédure peuvent être signifiés au domicile respectif des administrateurs (C.A Flèche, 3 mars 1903, 10762 R. P.).

115. Congrégation. Impôt sur le revenu. Prescription quinquennale. Contrainte. Signification irrégulière. — La prescription quinquennale, établie par l'art. 24 L. 16 juillet 1875 en ce qui concerne l'action en recouvrement de l'impôt sur le revenu, n'est pas régulièrement interrompue, si la signification de la contrainte n'a pas été faite dans les conditions prescrites par l'art. 68 C. proc. Il en est ainsi spécialement lorsque la copie de la contrainte a été remise à un ... d'une société, qui n'a pas qualité pour la recevoir (Versailles, 8 déc. 1903, 10870 R. P.).

Contrainte. Notification. Défaut d'indication, sur la copie signifiée, de la personne à qui cette copie a été remise. Irrégularité couverte par les énonciations de l'original. Absence de nullité. — Le défaut d'indication, dans la copie de l'exploit de signification d'une contrainte, de la personne à qui cette copie a été laissée, n'entraîne pas la nullité de l'exploit, lorsque l'original renferme des énonciations pouvant suppléer à cette indication et ne laissant subsister aucun doute sur la régularité de la remise (Marseille, 23 nov. 1904, 10906 R. P.).

129. Contrainte. Opposition. Conclusions de l'Administration tendant à la condamnation du redevable. Recevabilité. — Dans une instance engagée par un redevable au moyen d'une opposition à contrainte contenant assignation, l'Administration est fondée à conclure à la condamnation formelle de ce redevable au payement des droits réclamés, et non pas seulement à un simple débouté d'opposition; elle a, d'ailleurs, intérêt à obtenir un jugement de condamnation lui assurant, sur les biens de son débiteur, une hypothèque qu'une contrainte ne saurait lui procurer (Niort, 11 août 1905, 11116 R. P.; — Seine, 11 nov. 1905, 11116 R. P.; — Seine, 31 mars 1906, 11299 R. P.).

133. Contrainte. Désistement. — Est valable la contrainte décernée après désistement implicite d'une contrainte précédente (Seine 23 déc. 1905, 11292 R. P.).

138 bis. Assignation en restitution. Droits perçus sur des actes d'acquisition. Mandataire de l'acquéreur. Défaut de qualité. — Une demande en restitution de droits d'enregistrement n'est recevable que si elle émane des *parties*, c'est-à-dire des contribuables auxquels incombait le payement de l'impôt. *Le fait* par une personne d'avoir figuré comme *mandataire* dans des actes d'acquisition ne lui donne aucune qualité pour formuler, en son nom personnel, une assignation en remboursement de droits qu'elle prétend avoir été perçus en trop sur ces actes (Seine, 18 mars 1905, 11111 R. P.).

143. Assignation directe. — *Conf. Seine.* 20 fév. 1905, 11374 R. P. *Débiteurs solidaires. Opposition à contrainte formée par l'un des redevables. Assignation directe de l'autre débiteur. Défaut profit-joint.* — Lorsque, dans une instance dirigée contre deux redevables solidaires, l'une des parties forme seule opposition à la contrainte, le tribunal, déjà saisi par l'opposition avec assignation, ne peut plus, en ce qui la concerne, être saisi par l'Administration assignant directement. Dans ce cas, on ne rencontre point l'assignation directe à laquelle on puisse joindre le défaut prononcé contre la partie qui n'a pas fait opposition; et comme, d'autre part, le défaut ne peut être joint à l'opposition avec assignation, il en résulte que le tribunal ne peut autoriser la jonction du défaut et qu'il doit statuer immédiatement sur l'opposition (Seine, 1er août 1902, 10668 R. P.).

147. Étranger. Assignation en restitution. Caution « judicatum solvi ». — L'Administration est fondée à exiger de l'étranger qui l'a assignée en restitution, la caution *judicatum solvi*, et il ne peut être donné suite à l'instance tant que cette caution n'a pas été fournie (Seine, 27 oct. 1906, 10575 R. P.).

150. Opposition à contrainte. Saisie-exécution pratiquée par l'Administration. Faute. Dommages-intérêts. — Lorsque, malgré l'opposition à contrainte formée par un redevable, l'Administration fait procéder à une saisie-exécution contre ce dernier, elle commet une faute de nature à motiver sa condamnation à des dommages-intérêts (Seine, 23 fév. 1906, 11266 R. P.).

153. Péremption d'instance. — *Demande en péremption. Mémoire écrit. Régularité.* — Est régulière la demande, formée par la Régie par voie de simple mémoire-requête, en péremption d'une instance engagée contre elle à l'effet d'obtenir la restitution de taxes considérées comme indûment payées (Lyon, 21 nov. 1905, 11217 R. P.).

Opposition à contrainte. Interruption de la péremption annale. — La péremption annale qu'entraîne, en vertu de l'art. 61 L. frim., l'interruption des poursuites commencées, ne peut être opposée au Trésor lorsqu'une instance est liée par l'opposition du redevable avec assignation devant le tribunal compétent (Libourne, 2 avril 1903, 10592 R. P.).

Péremption triennale. — Lorsque les héritiers d'un contribuable, avec lequel une instance se trouvait engagée, n'ont pas repris cette instance, et que, d'autre part, aucun acte de procédure n'a été signifié, depuis plus de trois ans et six mois, ni à leur requête, ni à celle de leur auteur, la Régie est fondée à demander, par application de l'art. 397 C. proc., la péremption de l'instance (Seine, 7 fév. 1902, 10175 R. P.).

tinuation des poursuites. Spécialement, si deux contraintes successives ont été signifiées par le même bureau, l'incident de nullité peut être joint au fond pour être statué par un seul et même jugement (Seine, 31 déc. 1897, 9226 R. P.).

La contrainte signifiée en payement de droits d'accroissement antérieurement à la loi du 16 avr. 1895, ne peut recevoir son exécution depuis la promulgation de cette loi. Par suite, l'Administration est fondée à décerner une nouvelle contrainte, sans la faire précéder ou accompagner d'un désistement régulier des poursuites résultant de la première (Seine, 6 août 1898, 9508 R. P.).

Est régulière, comme emportant désistement de l'instance engagée sous l'empire de la loi de 1884, la nouvelle contrainte décernée par un receveur en vue du recouvrement de la taxe annuelle d'accroissement (Seine, 19 nov. 1898, 9508 R. P.).

Lorsque l'Administration fait signifier une contrainte tendant au recouvrement d'un droit réclamé sur un acte dont l'annulation est déjà poursuivie en justice, elle doit supporter les frais exposés, alors même qu'après l'annulation judiciairement prononcée, elle déclare se désister de sa demande (Mamers, 14 mars 1898, 9579 R. P.).

137. Désistement émané du ministre sans l'assentiment de l'Administration. — Inefficacité de ce désistement. — D'après les dispositions des art. 64 et 65 L. frim., il appartient à la Régie seule, c'est-à-dire au Directeur général et à ses agents, qui agissent en son nom, de poursuivre en justice le recouvrement des droits édictés par la loi. Il en résulte que le Directeur général, étant seul partie, a seul aussi qualité pour consentir le désistement des instances engagées, et qu'un tel acte émanant du ministre est sans valeur juridique (Cass. 13 mars 1895 (3 arrêts), 8523, 8524, 8525 et 8860-4, 5 et 6 R. P.; — Seine, 7 juin 1899; — Cass. 6 mai 1896, 8709 et 9125-25 R. P.).

Il en résulte également que si une restitution a été illégalement ordonnée dans ces conditions, l'Administration peut exercer l'action en répétition de l'indû, tant que la prescription n'est pas acquise à la partie (Seine, 19 nov. 1892, 8919 R. P.).

143. Assignation directe. — Les contraintes décernées en matière d'enregistrement n'emportant pas hypothèque, l'Administration est fondée à agir par voie d'assignation directe contre le redevable qui s'abstient de former opposition à une contrainte signifiée (Castres, 20 juill. 1897, 9212 R. P.; — Arbois, 24 déc. 1898, 9609 R. P.; — Seine, 11 mars 1899, 9607 R. P.; — Cass. (2 arrêts) 5 déc. 1899, 9712 et 9940-34 R. P.; — 4 avr. 1900, 9822 R. P.; — 26 fév. 1901 (2 arrêts) 10009 et 10010 R. P.; — *contrà* Reims, 8 déc. 1893 (2 jug.) 9712 R. P.; — Cherbourg, 11 août 1897, 9522 R. P.; — Seine, 9 août 1901, 10312 R. P.).

Dans ce cas, l'assignation n'a pas besoin d'être donnée à jour fixe, conformément à l'art. 65 L. *frim.* Elle rentre dans le droit commun de la huitaine franche (Seine, 4 janv. 1902, 10229 R. P.).

148. Partie non poursuivie. — Intervention. — Intérêt éventuel. — Est recevable, bien qu'aucune poursuite n'ait été dirigée pour le recouvrement du droit simple contre les parties, l'action intentée par celles-ci conjointement avec le greffier auquel les amendes avaient été réclamées et tendant à contester l'exigibilité des droits simples, attendu que la légitimité de la réclamation des amendes est liée à celle de l'exigibilité des droits simples (Châlons, 15 déc. 1899, 9830 R. P.).

149. Opposition. — Absence de mandat régulier. — Le particulier, qui ne justifie pas d'un mandat régulier, n'a pas qualité pour représenter les redevables et former opposition à l'exécution des contraintes qui leur ont été signifiées (Rouen, 6 déc. 1894, 8617 R. P.).

153. Péremption d'instance. — I. La péremption d'instance peut-elle être invoquée, dans les termes de l'art. 397 C. proc., contre la Régie, à la suite d'une contrainte suivie d'opposition avec ajournement devant le tribunal?

La négative a été jugée, le 5 mars 1891 (7641 R. P.) par le tribunal de Limoges. Ce jugement décide que la péremption d'instance, édictée par l'art. 397 C. proc., ne pouvant être invoquée que par le défendeur, ne saurait être valablement opposée par le débiteur qui, en formant opposition à la contrainte décernée contre lui et en assignant l'Administration, est devenu demandeur à l'instance (*Conf.* Sol. 22 mars 1892, 7859 R. P.).

L'affirmative a été au contraire, reconnue par le tribunal Seine, dans un jugement du 20 juill. 1893 (8743 R. P.) motivé, en substance, sur ce que doit être considéré, dans toute instance, comme le véritable demandeur celui qui demande une chose, qui réclame l'exécution d'une obligation ou qui poursuit le paiement d'une dette. Spécialement, en matière d'enregistrement, le rôle de demandeur appartient à la Régie qui poursuit par voie de contrainte le payement d'un droit. En formant opposition à l'exécution de la contrainte avec assignation devant le tribunal, le redevable ne perd pas la qualité de défendeur. Il est fondé, en conséquence, à invoquer la péremption d'instance dans les termes de l'art. 397 C. proc.

Cette décision tranche la question, dans un sens absolument opposé à la doctrine qui a toujours prévalu et à la jurisprudence la plus récente des tribunaux secondaires. Elle repose sur des considérations très graves, mais elle ne laisse pas, cependant, que de soulever de sérieuses critiques.

Il faut écarter, en premier lieu, l'argument tiré du texte des lois des 17 déc. 1894 et 16 avr. 1895. Pour lui enlever toute valeur, il suffit de constater que les poursuites en matière d'enregistrement peuvent se trouver atteintes, soit par la péremption annale résultant de l'art. 61 L. frim., qui est applicable aux contraintes, soit par la péremption de droit commun qui peut être opposée à l'Administration en cas d'assignation directe (*Rép. gén.*, v° *Prescription*, n°s 324 et 345).

D'un autre côté, si pour régler la compétence en premier ou en dernier ressort, quelques décisions judiciaires ont été amenées à considérer comme demandeur la partie qui agit contre son débiteur par voie de commandement ou de saisie et comme défendeur celle qui se borne à former opposition au commandement ou introduit une instance en validité d'opposition à une saisie, c'est, ce semble, en étendre et exagérer la portée que de les appliquer à la péremption. En cette matière, la difficulté a été très nettement tranchée par un arrêt Cass. du 10 déc. 1839, dont les termes ne prêtent à aucune équivoque : « Attendu que pour connaître quel est dans un procès le demandeur, c'est à l'exploit introductif qu'il faut s'attacher, quelle que soit d'ailleurs la cause de la demande; que l'ajournement, en effet, qui seul saisit un tribunal de la connaissance d'un litige, détermine la qualité de chacune des parties, et constitue demandeur celui qui forme l'action » (S. 40 1-46).

Suivant la jurisprudence même de la C. cass., il faut donc considérer comme demandeur celui qui fait signifier l'exploit introductif d'instance ou, en d'autres termes, « qui a lancé l'exploit d'ajournement » (Garsonnet, *Proc. civ.*, t. V, § 1197). La question se réduit, par conséquent, à examiner quelle est, dans les instances engagées après la signification d'une contrainte, la partie qui lance l'acte introductif d'instance, qui défère au tribunal le point litigieux. Il semble que la réponse s'impose d'elle-même : la partie qui intente l'action judiciaire n'est autre que l'opposant à la contrainte qui assigne l'Administration à comparaître devant le tribunal qu'il entend faire juge de son opposition.

L'art. 64 L. frim. ne permet aucun doute : « L'exécution de la contrainte ne pourra être interrompue que par une opposition motivée, avec assignation, à jour fixe, devant le tribunal civil du département ». D'après cette disposition, si un redevable estime que la réclamation faite par voie de contrainte n'est pas fondée, il doit, pour arrêter les poursuites, ajourner la Régie devant le tribunal : la loi lui laisse ainsi la charge d'engager l'action, de saisir les juges du différend.

Quant à la contrainte, elle ne présente aucunement le caractère d'un exploit d'ajournement; qualifiée par le législateur d'acte de poursuite, elle précède l'instance, mais elle ne la constitue pas. « Quel est, en effet, en matière d'enregistrement, le véritable caractère de la contrainte décernée par la Régie? a fait observer M. le conseiller Voisin lors de l'instance terminée par l'arrêt du 7 mars 1883... La contrainte est un titre exécutoire que l'Administration de l'Enregistrement et des Domaines se délivre à elle-même; elle est un acte de poursuite, mais elle ne lie pas l'instance. Quand l'Administration a décerné une contrainte contre une personne quelle qu'elle soit, individu ou personne morale, il n'y a pas encore d'instance; aucun tribunal n'est saisi, car on ne sait pas encore si la personne contre laquelle la contrainte a été décernée s'y soumettra ou ne s'y soumettra pas... Ce n'est que l'opposition à la contrainte formée par la partie touchée par la signification de la contrainte qui constitue l'instance. » C'est le redevable qui, selon qu'il juge à propos de payer ou de ne pas payer, engage ou n'engage pas l'instance. » Conformément à ces observations, la Cour a reconnu, par l'arrêt précité, que, par la contrainte qu'elle décerne, l'Administration n'intente pas d'action (6129 R. P.). Il est donc incontestable que la contrainte ne constitue pas l'exploit d'ajournement qui commence l'instance; elle saisit d'autant moins le tribunal que, si l'Administration veut obtenir un jugement, elle doit procéder par voie d'assignation directe. (*Rép. gén.*, v° *Instances*, n° 143). A ce sujet, il importe de remarquer qu'en déclarant « que la Régie qui poursuit le payement de ce qu'elle croit dû est *obligée* d'intenter son action, non sous la forme d'un ajournement, mais sous celle d'une contrainte », le tribunal de la Seine se met en contradiction avec une jurisprudence constante et notamment avec deux arrêts Cass. du 18 messidor an X et 20 mars 1839, suivant lesquels l'art. 64 L. frim. ne prononce pas la nullité de la procédure non précédée d'une contrainte (*Rép. gén.*, *loc. cit.*).

Il est sans doute inutile de s'arrêter au motif fondé sur la prétendue analogie qui existerait entre une contrainte visée par le juge de paix et un jugement par défaut. Comment assimiler, en effet, une contrainte soumise au visa du juge de paix, sans que l'Administration ait à appeler le redevable à un jugement par défaut, qui ne peut être rendu qu'après que la partie qui ne comparaît pas a été dûment assignée?

Il est plus exact de dire que la procédure, établie en matière d'enregistrement, est une procédure spéciale qui bouleverse de la façon la plus complète tout le mécanisme du Code. Mais, dès lors, n'est-on pas en droit de prétendre que, par cela seul qu'il imposait des règles de poursuites exceptionnelles, le législateur a entendu placer la Régie dans une situation toute particulière, en quelque sorte privilégiée, et qu'il a voulu, en obligeant le redevable à saisir lui-même le tribunal civil de la contestation, lui fixer précisément le rôle de demandeur? L'esprit comme le texte de la loi nous paraissent donc condamner la doctrine adoptée par le tribunal de la Seine.

Comme correctif, ce tribunal a admis, le 2 avr. 1898 (9401 R. P.) que la péremption triennale ne court qu'à partir de la signification de l'opposition à la contrainte.

2. Jugé, en matière d'expertise, que l'État, défendeur à l'instance, ne perd pas cette qualité, encore bien qu'il ait demandé un supplément d'expertise, la première expertise provoquée à la requête de la partie adverse, demanderesse principale, étant incomplète. D'où la conséquence que l'État peut invoquer la péremption triennale (Autun, 30 nov. 1897, 9203 R. P.).

Assignation en restitution. — L'Administration est fondée à demander au tribunal la péremption d'une instance en restitution de droits, si plus de trois ans se sont écoulés depuis l'assignation, sans que la partie n'ait signifié aucun mémoire, ni aucun acte de procédure (Le Havre, 17 juin 1899, 9600 R. P.).

Décidé également que lorsque les héritiers d'un contribuable, avec lequel une instance se trouvait engagée, n'ont pas repris cette instance, et que, d'autre part, aucun acte de procédure n'a été signifié depuis plus de trois ans et six mois, ni à leur requête, ni à celle de leur auteur, la Régie est fondée à demander, par application de l'art. 397 C. proc., la péremption de l'instance (Seine, 7 févr. 1908).

La liquidation amiable ou judiciaire de la société qui a demandé la restitution, ne peut avoir pour effet d'augmenter de six mois, au vœu de l'art. 397, 2e alinéa C. proc., le délai de la péremption (Seine, 13 juill. 1894, 8434 R. P.).

Actes interruptifs. — La péremption d'instance, établie par l'art. 397 C. proc., n'a d'autre base que la présomption de l'abandon de son droit que la loi fait résulter d'un silence prolongé pendant plus de trois ans; elle se couvre d'ailleurs, par des actes valables faits avant la demande en

164. Opposition non motivée. — *Conf.* Béziers, 5 juill. 1902, 1067 R. P.; — Lyon, 17 janv. 1900, 11360 R. P.

péremption, sans qu'il soit nécessaire que l'acte interrupté résulte de la procédure relative à l'instance même pour laquelle la péremption est demandée (399 C. proc.). — Spécialement, lorsqu'une instance est engagée entre l'Administration et des héritiers sur le point de savoir si un bail doit être considéré comme étant ou non en cours à l'époque du décès du bailleur, et que, subsidiairement, à titre de mesure conservatoire destinée à éviter la prescription qui pourrait être acquise à l'insuffisance de revenu commise dans la déclaration de succession, l'Administration a fait signifier une requête tendant à l'expertise de l'immeuble loué, les héritiers ne sont pas fondés à demander la péremption de l'instance engagée par la requête, et laissée sans suite pendant trois ans. — Il en est surtout ainsi quand, avant l'expiration des trois ans, l'Administration a indiqué dans un mémoire, notifié au cours de la procédure qui se rattache à la question principale, les motifs pour lesquels elle a fait signifier la requête en expertise (Vienne, 14 janv. 1892, 7351 R. P.).

Mais, en thèse générale, une expertise en cours ne suffit pas, en l'absence de toute procédure, pour interrompre la péremption triennale d'une instance engagée (Autun, 9 nov. 1897, 9203 R. P.). La plupart des auteurs s'accordent, en effet, à reconnaître que la péremption n'est pas suspendue par les incidents qui doivent être vidés préalablement au jugement sur le fond même de l'instance (Chauveau sur Carré, t. III, *Quest.* 1421), et, notamment, qu'elle continue de courir pendant la durée d'une expertise ordonnée par le tribunal (Rousseau et Laisney, v° *Péremption*, n° 132; Carré et Chauveau, *cod. v°*, n° 62; — C. Montpellier, 9 nov. 1844, S. 45-2-457; — *contrà* Raynaud, n° 64; Bioche, v° *Péremption*, n° 54).

Décidé : 1° que la péremption d'une instance ayant pour objet le recouvrement des droits d'accroissement se trouve régulièrement interrompue par un exploit signifié à la requête de l'Administration et dans lequel celle-ci a déclaré maintenir expressément sa réclamation (Seine, 21 mai 1898, 9370 R. P.);

2° Que constitue un acte de poursuite, ayant pour effet d'interrompre la péremption, l'exploit signifié à la requête de l'Administration et dans lequel celle-ci déclare maintenir expressément sa réclamation, les arguments développés et les conclusions prises dans un mémoire antérieur (Cass. 28 mars 1900, 9821 R. P.).

Conséquences de la péremption. — La péremption d'instance n'éteint pas l'action, mais emporte seulement extinction de la procédure. En conséquence, si la Régie a laissé périmer l'instance engagée pour avoir payement du droit d'accroissement établi par la loi de 1884, elle n'en est pas moins fondée à réclamer la taxe annuelle créée par la loi du 16 avr. 1895, et cela à compter de la plus ancienne créance du Trésor (Seine, 19 nov. 1898, 9558 R. P.).

153 bis. Débiteur ayant formé opposition décédé. — Inutilité d'un acte de reprise d'instance contre les héritiers. — Lorsqu'un contribuable auquel une contrainte a été décernée décède après y avoir formé opposition, l'instance est en état et l'Administration n'a pas à faire signifier l'acte en reprise prévu par le titre XVII C. proc. aux héritiers du débiteur décédé (Sol. 20 juin 1893, 8380 R. P.).

156. Femme mariée. — Autorisation. — La femme, même séparée de corps et de biens, ne peut ester en justice sans l'autorisation de son mari, ou, en cas de refus de celui-ci, sans l'autorisation de la justice. Ce principe est d'ordre public et la femme est admise à s'en prévaloir en tout état de cause et même pour la première fois devant la C. cass. (Cass. 1er mai 1894, 8414 R. P.).

N'est pas recevable l'opposition à une contrainte formée par une femme mariée, lorsque l'opposante n'a pas été autorisée par son mari (Seine, 2 juill. 1898, 9325 R. P.).

Si la femme mariée qui este en justice ne justifie pas de l'autorisation maritale, la nullité qui en résulte ne peut être opposée que par elle-même ou par son mari ou par ses héritiers et ne peut être prononcée d'office par le juge. La partie adverse n'a que le droit d'assigner le mari aux fins d'autorisation. La simple déclaration d'une femme mariée qui, dans un acte, s'est déclarée veuve, ne met pas obstacle à ce qu'elle poursuive ultérieurement la nullité de cet acte à raison du défaut d'autorisation maritale. Chacun doit s'assurer de la capacité de celui avec qui il contracte (Cass. civ. 6 avr. 1898, 9396 R. P.).

160. Opposition. — Absence d'élection de domicile. — Le défaut d'élection de domicile dans la commune où siège le tribunal ne rend pas nulle l'opposition à une contrainte (Mauriac, 7 août 1895, 8717 R. P.).

Mais, dans ce cas, l'opposition ne saurait arrêter la mise à exécution de la contrainte (Seine, 24 janv. 1895, 8692 R. P.).

Décidé, en sens contraire, que l'Administration est fondée à réclamer l'annulation d'un exploit d'opposition qui ne renferme pas élection de domicile dans la commune où siège le tribunal (Vervins, 14 fév. 1902, 10231 R. P.).

164. Opposition non motivée. — Est nulle en la forme l'opposition uniquement motivée sur ce que les droits réclamés ne sont pas dus (Marseille, 9 avr. 1891, 7826 R. P.; — Toulon, 10 juill. 1895, 8708 R. P.); — ou sur ce que la contrainte et l'action qui en dérive ne sont pas fondées (Toulon, 8 juin 1897, 9201 R. P.).

Décidé, en sens contraire, qu'est suffisamment motivée l'opposition qui, pour repousser l'exigibilité d'un supplément de droit réclamé, se fonde sur ce que la perception originaire est régulière (Reims, 14 août 1898, 9513 R. P.).

Même décision pour l'opposition motivée seulement sur ce que la somme réclamée n'est pas due, alors surtout qu'au cours de l'instance, les parties ont indiqué leurs moyens dans des mémoires signifiés à leur requête (Dijon, 19 juill. 1899, 9824 R. P.).

166. Visa du receveur. — Copie. — Le défaut de mention du visa du préposé sur la copie d'un ajournement, ne vicie pas la procédure, lorsque ce visa existe sur l'original (Gourdon, 4 avr. 1889, 7351 R. P.).

168. Opposition non motivée. — Nullité non invoquée par la Régie. — L'absence de motifs dans une opposition permet seulement à la Régie d'en demander la nullité, mais cette nullité peut être couverte par la volonté de la Régie de ne pas l'invoquer (Seine, 19 fév. 1897, 9163 R. P.).

170. Désistement. — Instance liée. — Si l'instance est liée, le désistement doit, pour être valable, être signé de la partie ou de son mandataire : il y a lieu, par suite, de déclarer insuffisant le désistement fait par voie d'exploit, sans mandat spécial donné à l'huissier (Ploërmel, 11 nov. 1896, 8053 R. P.).

La question de savoir si, après que le contrat judiciaire est formé, le désistement signifié par exploit d'huissier doit être signé de la partie ou de son mandataire, est controversée en doctrine et en jurisprudence (Rousseau et Laisney, *Dict. Proc. civ.*, v° *Désistement*, n° 71). A notre avis, elle doit être résolue négativement, attendu, comme le dit très bien M. Garsonnet, que l'affirmation de l'huissier fait « foi jusqu'à inscription de faux que le demandeur ou son mandataire ont entendu se désister, et l'ont chargé de signifier et de certifier leur volonté. » (*Proc. civ.*, t. V, n° 1170).

174. Opposition. — Assignation. — Compétence. — Tribunal. — L'exécution d'une contrainte ne peut être interrompue que par une opposition avec assignation devant le tribunal de l'arrondissement dans le ressort duquel est établi le bureau d'où émane la contrainte (Seine, 31 janv. 1890, 7387 R. P.; — 24 déc. 1897, 9192 R. P.; — 30 avr. 1898, 9276 R. P.; — 23 juin 1900, 9872 R. P.).

Les lois qui établissent un impôt de mutation appartenant au statut réel, les biens qu'une association religieuse, ayant son siège en Algérie, possède en France doivent acquitter en France la taxe d'accroissement. En disposant que cette taxe est payable au bureau du siège social, l'art. 4 L. 16 avril 1895 a voulu éviter, dans les bureaux de la métropole, des déclarations multiples; mais elle n'a pas eu pour résultat d'imposer aux associations religieuses une déclaration unique pour les biens situés en France et ceux qu'elles possèdent dans les colonies. Il en résulte que le tribunal français de la situation des biens est compétent pour statuer sur l'exigibilité de la taxe, à l'exclusion des tribunaux de la colonie (Millau, 25 juin 1902, 10321 R. P.).

178. Instance. — Litispendance. — Si la contrainte établit le commencement des poursuites, c'est l'opposition du redevable, contenant assignation, qui constitue l'instance. Par suite, lorsqu'une contrainte n'a été suivie d'aucun ajournement et qu'il en est signifié une nouvelle, l'exception de litispendance ne saurait être invoquée (Seine, 5 déc. 1896, 8054 R. P.).

Lorsque l'opposition à une contrainte est motivée sur une simple nullité de cet acte de poursuite, le tribunal, saisi de l'incident, peut en même temps ordonner la continuation des poursuites. Spécialement, si deux contraintes successives ont été signifiées par le même bureau, l'incident de nullité peut être joint au fond pour être statué par un seul et même jugement (Seine, 31 déc. 1897, 9326 R. P.).

Quand une association religieuse, ayant son siège dans une colonie, possède des biens en France, le tribunal français de la situation de ces biens est compétent, à l'exclusion des tribunaux de la colonie, pour statuer sur l'exigibilité de la taxe d'accroissement dont les biens dont il s'agit sont passibles.

Si l'association a été ajournée auparavant devant un tribunal d'Algérie, l'exception de litispendance ne saurait être admise, dès que la Régie a eu le soin de faire des réserves relativement aux biens situés en France. — Quant à l'exception de connexité, elle n'est pas applicable en matière d'enregistrement. Les instances concernant la perception des droits doivent être portées devant le tribunal du lieu où doit se faire la recette, c'est-à-dire devant le tribunal auquel ressortit le bureau d'où émane la contrainte (Millau, 25 juin 1902, 10321 R. P.).

179. Demande incidente. — Tribunal compétent. — Le tribunal, saisi d'une opposition à une contrainte, n'est pas compétent pour statuer sur la demande incidente tendant à la restitution d'un droit d'enregistrement perçu à un bureau du ressort d'un autre tribunal (Orac, 24 déc. 1894, 8606 R. P.).

181. Connexité. — Jonction. — Lorsque des instances engagées entre les mêmes parties par des exploits distincts sont connexes, le tribunal peut en prononcer la jonction et statuer sur le tout par un seul et même jugement (Nice, 9 mars 1897, 9210 R. P.).

184. Faillite. — Tribunal de commerce. — Compétence. — Quand l'Administration, après avoir été admise au passif d'une faillite, réclame ultérieurement le versement dans ses caisses de sommes dont les syndics poursuivent le recouvrement, le tribunal de commerce est compétent à l'exclusion du tribunal civil, pour statuer sur la demande qui se rattache étroitement aux opérations de la faillite (C. Aix, 20 juill. 1896, 9763 R. P.).

Le tribunal de commerce est incompétent pour connaître des difficultés soulevées à l'occasion de l'exigibilité et de la liquidation des droits de m. p. d. réclamés à la succession vacante d'un débiteur décédé en état de faillite (Bordeaux (Comm.), 11 nov. 1901, 10156 R. P.).

191. Chambre des vacations. — Les instances en matière d'enregistrement étant rangées au nombre de celles qui requièrent célérité, peuvent être jugées par les chambres des vacations des tribunaux (Cass., 23 janv. 1891, 8020 et 8194-23 R. P.).

193. Acte administratif. — Juridiction. — Compétence. — La compétence que l'art. 65 L. frim. attribue aux tribunaux civils en matière d'enregistrement, à l'exclusion de toutes autres autorités constituées ou administratives, comporte le pouvoir d'apprécier le caractère des conventions qui donnent lieu à la perception du droit. — Il n'est fait aucune exception à cette règle pour les conventions formées en exécution d'actes administratifs. Il appartient donc aux tribunaux d'apprécier ces actes, soit pour régler les droits d'enregistrement, soit pour en déduire l'applicabilité de l'impôt aux conventions auxquelles ils ont donné naissance. En conséquence, le jugement qui interprète dans ce but les décisions d'une Commission départementale relatives au classement d'un chemin vicinal, ne viole aucune loi ni ne porte aucune atteinte au principe de la séparation des pouvoirs (Cass. 24 oct. 1899, 9775 et 9946-32 R. P.).

La Cour a également décidé, dans le même ordre d'idées, que, pour reconnaître l'exigibilité de droits de mutation à titre onéreux et de mutation par décès dus en conséquence

174. Opposition. Assignation. Compétence. Tribunal. — *Conf.* Seine, 14 nov. 1902, 10642 R. P.

Congrégation. Taxe d'accroissement. Congrégation ayant son siège en Algérie. Biens de France. Instance. Tribunal compétent. — Les instances concernant la perception de la taxe d'accroissement doivent être portées devant le tribunal auquel ressortit le bureau d'où émane la contrainte. La L. 16 avril 1895 n'étant pas applicable en Algérie, l'association religieuse ayant son siège dans cette colonie ne peut être assignée devant le tribunal de son siège social. C'est le tribunal du bureau d'où émane la contrainte qui est compétent pour statuer, l'art. 4 de la loi ayant eu seulement pour but d'éviter aux congrégations et associations religieuses l'obligation des déclarations multiples (Cass. (req.), 1 mars 1905, 10941 R. P.).

176. Assistance judiciaire. Payement des dépens au bureau du domicile de la partie condamnée, par virement pour le compte du bureau établi près la juridiction qui a prononcé la condamnation. Assignation en restitution. Tribunal compétent. — Le tribunal compétent pour statuer sur une demande en restitution de frais d'assistance judiciaire est le tribunal dans le ressort duquel se trouve le bureau d'enregistrement établi près la juridiction qui a prononcé la condamnation aux dépens, et non pas celui du bureau du domicile du redevable, où les frais dont il s'agit n'ont été payés que par virement, pour le compte du receveur du premier de ces bureaux, qui avait seul qualité pour en poursuivre le recouvrement (Le Puy, 12 nov. 1905, 10991 R. P.).

178. Contrainte. Opposition. Plusieurs bureaux intéressés. Tribunal compétent. — Le seul tribunal compétent pour connaître de l'opposition à une contrainte est le tribunal de l'arrondissement dans le ressort duquel est établi le bureau d'où émane la contrainte. Si le litige intéresse des bureaux situés dans des arrondissements différents, les tribunaux de chacun de ces arrondissements doivent en être saisis séparément pour les bureaux placés dans leur ressort (Seine, 4 mai 1905, 10924 R. P.).

179. Impôt sur le revenu indûment acquitté. Non-compensation avec les suppléments de droits d'enregistrement exigibles sur l'acte de société. Bureaux différents. Restitution. Tribunal compétent. — Le tribunal saisi de l'instance relative au payement des suppléments de droits d'enregistrement auxquels donne lieu un acte de société n'est pas compétent pour statuer sur la question d'exigibilité de l'impôt sur le revenu acquitté dans un bureau situé hors de son arrondissement; il ne peut, dès lors, ordonner la compensation demandée à ce sujet par les parties, sauf à celles-ci à engager directement une instance en restitution de la taxe du revenu devant le tribunal auquel il appartient d'en connaître (Gaillac, 28 mars 1906, 11900 R. P.).

201. **Acte produit en justice. Payement des droits. Contestation entre parties. Recours. Disjonction.** — V. *Acte produit en justice*, n° 52.

Recours des parties entre elles. — Dans les instances en matière d'enregistrement, le tribunal n'a pas à statuer sur le recours des parties entre elles (Sainte-Menehould, 1er déc. 1903, 10766 R. P.).

Il n'y a pas lieu de disjoindre de l'instance principale, pour être instruit et jugé séparément suivant les règles de la procédure de droit commun, le recours en garantie formé par un redevable du droit contre un tiers non poursuivi par l'Administration (Saint-Jean-de-Maurienne, 19 mai 1905, 11066 R. P.).

d'une transaction autorisée par décret, les premiers juges n'ont pas eu besoin d'interpréter le décret d'autorisation dont les termes étaient clairs et précis, et se sont bornés à en faire une exacte application aux faits de la cause (Cass. civ., 9 janv. 1890, 9481 et 9675-47 R. P.).

198. **Produits domaniaux. — Recouvrement. — Caution. — Instance. — Procédure spéciale.** — Aux termes de l'art. 17 L. 27 vent. an IX, les instances suivies par la Régie, pour toutes les perceptions qui lui sont confiées, doivent s'instruire par simples mémoires respectivement signifiés, sans plaidoiries et avec le ministère facultatif des avoués. Si cette règle de procédure cesse de recevoir son application, lorsqu'il s'agit d'interpréter les clauses et la portée d'un contrat servant de base aux réclamations de l'Administration, et si ce sont les règles de procédure de droit commun qui doivent être appliquées, il n'en est plus ainsi quand il s'agit de rechercher et de décider si le Domaine a valablement mis une personne en demeure de remplir ses engagements comme caution d'un marché, d'une part, et si cette personne devait être tenue pour déchargée de ses engagements envers ladite Administration parce que celle-ci l'aurait, par une faute à elle imputable, mise dans l'impossibilité de bénéficier de la subrogation visée par l'art. 2037 C. civ., d'autre part; cette double discussion n'atteignant pas les clauses mêmes du contrat en vertu duquel l'Administration agissait, et se rattachant seulement à son exécution, ne soulève aucune question relative à son interprétation. — La demande en dommages-intérêts formulée par la caution, à l'encontre du Domaine, est également étrangère à l'interprétation du contrat, et elle ne peut, non plus, modifier les règles de la procédure à suivre (Cass. 25 juin 1902, 10324 R. P.).

199. **Action en garantie contre le receveur. — Disjonction.** — L'action en garantie exercée par un notaire contre un receveur qui a retenu des actes, déposés pour être enregistrés, au delà du délai de 24 heures fixé par l'art. 56 L. frim., doit être suivie d'après les formes ordinaires de la procédure spéciale tracée par l'art. 65 L. frim. qui ne s'applique qu'aux instances engagées entre l'Administration et les redevables (Gaillac, 16 déc. 1896, 9076 R. P.).

Le notaire qui croit avoir à se plaindre d'un agent de l'Enregistrement ne peut demander reconventionnellement des dommages-intérêts contre lui, au cours d'une instance qu'il suit contre l'Administration dans la forme tracée par la L. frim. (Gaillac, 22 mars 1898, 9358 R. P.).

200 *bis*. **Restitution après la déchéance quinquennale. — Dépense rejetée. — Receveur. — Action personnelle contre les parties. — Non-recevabilité.** — Le receveur qui a effectué le remboursement de frais de vente judiciaire d'immeubles sur la production d'un ordre de restitution atteint par la déchéance quinquennale et qui a dû reverser ensuite dans sa caisse le montant de la dépense rejetée de sa comptabilité mensuelle, n'a pas d'action en répétition contre les parties, par le motif qu'il n'a agi que comme préposé de l'Administration, que les parties n'ont rien reçu de lui personnellement et que, dès lors, elles n'ont rien à lui restituer (Gap, 4 fév. 1902, 10305 R. P.).

Cette décision est manifestement erronée.

La dépense ayant été rejetée de la comptabilité du receveur, celui-ci en a supporté la responsabilité et a dû verser dans sa caisse, *de ses deniers personnels*, la somme qu'il avait payée par erreur.

Le Trésor était ainsi complètement désintéressé, et c'est, en définitive, du receveur *personnellement* que les parties se trouvaient avoir reçu la somme à elles remboursée. Le receveur était, dès lors, devenu leur créancier direct, et il était fondé à agir en répétition contre elles en son nom personnel.

Le jugement du tribunal de Gap restera certainement sans écho dans la jurisprudence, car il méconnaît, de la façon la plus absolue, les principes qui régissent la responsabilité personnelle des comptables.

201. Action en garantie contre un tiers. — Lorsque le tiers, appelé en garantie par l'adversaire de l'Administration, conteste au fond le mérite de la demande principale et prend ainsi fait et cause pour la partie adverse, il se constitue, par cela même, débiteur direct et personnel du droit réclamé. Par suite, l'action introduite contre lui, suivant les règles tracées par l'art. 65 L. 22 frim. doit être considérée comme régulièrement formée et jugée avec la cause principale (Cass. 15 nov. 1893; — *contrà* Rennes, 20 fév. 1889, 8215 R. P.).

Les débiteurs de droits, poursuivis solidairement par l'Administration, ne sauraient être admis à intenter, par voie incidente, une action en garantie et en dommages-intérêts l'un contre l'autre, la procédure de la loi de frim. ne pouvant être étendue à des questions de recours entre parties (Lyon, 7 juin 1892, 8408 R. P.).

Les art. 65 L. frim. et 17 L. 27 ventôse an IX ne s'appliquent qu'aux instances intéressant l'Administration, à l'exclusion de toute demande en garantie constituant une instance ordinaire et soumise aux règles du droit commun. En conséquence, le tribunal ne saurait examiner la prétention émise par les légataires de se faire rembourser par les héritiers le montant des droits afférents à leurs legs, ni leur donner acte des réserves qu'ils formulent en vue d'agir ou de recourir à cet effet contre les héritiers (Soissons, 22 avr. 1896, 8838 R. P.).

Dans les instances engagées avec l'Administration, la demande en garantie ne saurait être jugée avec l'action principale, lorsque l'appelé en garantie se borne à invoquer des moyens personnels et ne se joint pas à l'appelant dans son opposition à la contrainte (Sainte-Menehould, 17 nov. 1896, 9061 R. P.).

Dans une instance ayant pour objet le recouvrement de droits d'enregistrement, l'Administration peut exiger que le tribunal prononce la disjonction d'une demande en garantie intentée par un redevable contre un autre (Seine, 12 fév. 1898, 9377 R. P.).

Il y a lieu de disjoindre, de l'instance relative à l'exigibilité même du droit, la demande du défendeur tendant à ce que la totalité du droit proportionnel soit mise à la charge du demandeur qui a engagé le procès. Il s'agit là, en effet, d'un recours en garantie sur lequel il ne peut être statué que suivant les formes de la procédure de droit commun (Arras, 3 mai 1899, 9636 R. P.).

Les héritiers, chargés par le testament de payer le droit

de succession sur un legs, peuvent être appelés en garantie, par la fabrique, dans l'instance engagée entre elle et l'Administration, au sujet de la réclamation de ce droit (Mortain, 31 déc. 1891, 7834 R. P.).

Le créditeur poursuivi par voie de contrainte n'est pas recevable à former, dans la même instance, une demande en garantie contre le crédité. Cette demande doit être introduite séparément et suivant les formes du droit commun (Versailles, 6 fév. 1891, 7635 R. P.).

La procédure spéciale de la L. 22 frim. est applicable, en principe, aux demandes en garantie formées par l'un des redevables contre l'autre; mais le Tribunal peut surseoir à statuer lorsque le mérite de l'action récursoire est subordonné à la décision à intervenir sur un débat pendant entre les parties (Gray, 14 fév. 1896, 6884 R. P.).

Dans une instance en matière de taxe sur le revenu, le prêteur, qui prend fait et cause pour la société poursuivie, peut être retenu en la cause et condamné à garantir la société de la condamnation au payement des droits; mais il ne saurait être responsable des amendes qui demeurent à la charge de cette société (Senlis, 11 janv. 1899, 9786 R. P.).

Lorsque le créancier, auquel le droit de quittance est judiciairement réclamé, appelle en garantie son débiteur, ce recours doit être instruit et jugé conformément aux règles du droit commun et disjoint, par suite, de l'instance pendante avec l'Administration (Lille, 6 juill. 1899, 9747 R. P.).

Le recours en garantie, exercé contre le demandeur non poursuivi par l'Administration, doit être disjoint pour être jugé selon les règles du droit commun (Le Havre, 7 déc. 1900, 10076 R. P.).

Si, au cours d'une instance relative à l'exigibilité de droits d'enregistrement, la partie adverse appelle un tiers en garantie, l'Administration et ce tiers sont fondés à conclure à ce que la demande en garantie soit disjointe de l'instance principale, pour être instruite et jugée séparément, suivant les formes de procédure du droit commun. Il n'en serait autrement que si le tiers avait consenti à discuter la réclamation contradictoirement avec l'Administration et à accepter les règles de la procédure spéciale (Cass. 25 mars 1902, 10161 R. P.).

206. Constitution d'avoué. — Frais. — En matière d'enregistrement, le plaideur qui emploie le ministère d'un avoué doit, en tout état de cause, supporter les frais résultant de cette constitution (Vervins, 28 janv. 1899, 7525 R. P.; — St-Etienne, 6 mars 1899, 7415 R. P.; — Barbezieux, 22 juill. 1890, 7578 R. P.; — Lons-le-Saulnier, 29 juill. 1890, 7590 R. P.; — Grasse, 1er déc. 1890, 7590 R. P.; — Romorantin, 8 mai 1891, 7849 R. P.; — Lyon, 17 nov. 1891, 7838 R. P.; — Cambrai, 19 nov. 1891, 7843 R. P.; — Seine, 5 fév. 1892, 7792 R. P.; — Perpignan, 12 déc. 1892, 8167 R. P.; — St-Etienne, 29 déc. 1892, 8124 R. P.; — Toulouse, 5 juill. 1893, 8232 R. P., — Castres, 28 fév. 1894, 8350 R. P.; — Verdun, 1er juin 1894, 8453 R. P.; — Besançon, 5 mars 1895, 8693 R. P.; — Toulon, 10 juill. 1895, 8708 R. P.; — Gaillac, 5 nov. 1895, 8892 R. P.; — Castres, 19 déc. 1895, 8742 R. P.; — Nérac, 18 août 1896, 9040 R. P.; — Gaillac, 5 nov. 1896, 9042 R. P.; — Valenciennes, 10 mars 1897, 9347 R. P.; — Nice, 2 août 1897, 9335 R. P.; — Aurillac, 29 juin 1898, 9410 R. P.; — Figeac, 13 août 1898, 9403 R. P.; — St-Quentin, 6 déc. 1899, 9802 R. P.; — Cass. 17 juin 1901, 10044 R. P.).

208. Plaidoiries. — Régularité du jugement. — Ne viole pas les dispositions des art. 65 L. frim. et 17 L. ventôse an IX, applicables aux instances en matière d'enregistrement, le jugement qui porte, dans ses qualités, que les parties ont comparu et plaidé par leurs avocats défenseurs, lorsque ces mentions générales insérées dans les qualités, avant même l'exposé du point de fait, ont eu pour unique but d'indiquer par qui les parties étaient représentées, et, surtout, si, dans le passage où elles relatent le rôle actif des parties, ces mêmes qualités ne font aucune mention des plaidoiries et constatent seulement l'audition du juge en son rapport et du ministère public en ses conclusions (Cass. 23 juill. 1895, 8653 R. P.).

Lorsque le tribunal s'est borné à viser les conclusions des redevables tendant à l'annulation de la contrainte, rien, dans cette mention, n'est de nature à établir qu'il y ait eu débat oral (Cass. 21 fév. 1898, 9809 R. P.).

217. Exploit d'opposition motivé. — Mémoire des parties non signifié. — Jugement. — Prétendu vice de forme. — Doit être considéré comme ayant satisfait aux prescriptions de la loi le jugement qui, en l'absence de mémoire signifié par la partie opposante à la contrainte, vise des motifs indiqués tant dans l'opposition que dans la contrainte et dans le mémoire notifiés à la requête de l'Administration. — La partie qui n'a pas fait signifier de mémoire ne peut, dans ces conditions, arguer de son abstention pour demander la nullité de ce jugement (Cass. civ. 13 avr. 1891, 7002, 7974-9 R. P.; et (req.) 2 mai 1893, 8091 et 8194-33 R. P.).

218. Mémoire. — Étendue des moyens. — L'Administration est libre de donner à sa défense la forme qui lui convient. Elle peut donc fournir, dans le mémoire qu'elle fait signifier, tous les développements qu'elle juge utiles à sa cause (La Flèche, 12 déc. 1895, 8809 R. P.).

Lorsque, pour répondre aux objections d'une association religieuse tirées de ce que, depuis son expulsion, elle n'existe plus en tant que congrégation, la Régie s'attache, dans ses mémoires, à résumer l'histoire de l'association dans le but d'établir qu'elle est bien la continuation de l'ancienne, elle ne fait qu'un exercice légitime de son droit (Cass., 14 avr. 1897, 8091 et 9675-3 R. P.).

223. Demande additionnelle. — La Régie est fondée, au cours d'une instance, à ajouter à sa demande originaire, par des conclusions additionnelles, sans être tenue de décerner une nouvelle contrainte, lorsque ces conclusions ne sont pas distinctes de la demande primitive et n'en sont que le complément (Cass. 23 janv. 1893, 8020 et 8194-22 R. P.; — 2 mai 1893, 8091 et 8194-23 R. P.; — Avesnes, 21 mai 1896, 8395 R. P.; — Nice, 9 mars 1897, 9210 R. P.; — Vannes, 18 fév. 1897, 9211 R. P.; — Blois, 9 mars 1898, 9329 R. P.; — Seine, 25 mars 1902, 10343 R. P.).

Spécialement, elle procède régulièrement, en réclamant, dans un mémoire additionnel, à titre de complément d'impôt, la taxe annuelle créée par la L. 16 avr. 1895, aux lieu

204 bis. Instance en matière fiscale. Demande en reconstitution d'un acte de l'état civil. Irrecevabilité. — Dans une instance en matière fiscale, le tribunal ne peut statuer sur une demande en reconstitution d'un acte de l'état civil, cette demande étant étrangère au recouvrement de l'impôt (Seine, 6 mars 1903, 10584 R. P.).

206. Constitution d'avoué. Frais. — *Conf.* Chinon, 22 janv. 1907, [illegible] R. P.; — Seine, 19 mai 1906, 11391 R. P.; — Tours, 10 janv. 1907, [illegible] R. P.; — Besançon, 28 mars 1907, 11609 R. P.; — Limoges, 10 mai [illegible], 11567 R. P.

208. Aliéné. Frais de pension. Recouvrement. Instance. Jugement. Plaidoiries. Conclusions du Ministère public. Mention. Nullité. — Les instances relatives au recouvrement de frais de pension d'aliénés doivent être instruites et jugées dans les formes prescrites par les art. 65 L. frim. et 17 L. 27 vent. an IX. En conséquence, est nul le jugement rendu en cette matière, qui constate que l'avoué des parties a été entendu *en ses plaidoiries* et qui n'établit pas que les conclusions du Ministère public aient suivi le rapport du juge et précédé immédiatement le prononcé du jugement (Cass. (civ.) 27 juill. 1905, 11053 R. P.).

223. Demande additionnelle. — *Conf.* Seine, 6 nov. 1903, 10785 R. P.; — La Rochelle, 8 mai 1907, 11663 R. P.

Demande nouvelle introduite par voie de mémoire ampliatif. Irrecevabilité. — La cession, par acte s. s. p. déposé en l'étude d'un notaire, d'une somme due par une compagnie d'assurances sur la vie aux termes d'une police s. s. p., constitue l'usage de ce dernier contrat au sens de l'art. 23 L. frim. et en rend, par suite, l'enregistrement obligatoire. Mais il n'est pas possible d'admettre que l'acte de dépôt est passé en conséquence de la police, cet acte étant dressé uniquement en vertu de l'acte de cession. Dès lors, si l'Administration réclame, par une contrainte, le payement des droits afférents à la police à raison de l'usage qui en aurait été fait dans l'acte de dépôt, puis qu'ultérieurement elle expose, dans un mémoire ampliatif, que ces droits sont dus par suite de l'usage qui a été fait de la police dans l'acte de cession devenu authentique, la réclamation telle qu'elle est formulée dans la contrainte n'est pas fondée, et celle qui résulte des conclusions du mémoire de l'Administration constitue une demande nouvelle qui n'est pas recevable comme différant complètement de celle faisant l'objet de la contrainte (Jonzac, 13 mai 1902, 10628 R. P.).

225. Chose jugée. Jugement préparatoire. — Lorsque, sur les poursuites exercées par l'Administration pour le recouvrement des droits d'un jugement non enregistré, un tribunal a, par une décision préparatoire, ordonné qu'un précédent jugement enregistré en débet avec le bénéfice de l'assistance judiciaire serait, pour que toutes les parties puissent le discuter, régularisé par les soins de la Régie qui avait dénié à son adversaire le droit d'en faire usage avant le payement des droits au comptant, ce tribunal ne viole pas l'autorité de la chose jugée en statuant au fond sur le mérite de la réclamation, bien que le jugement soumis à la formalité en débet n'ait pas été régularisé, si l'Administration a déclaré renoncer à refuser à son adversaire le droit de l'invoquer et que, dans des conclusions nouvelles, elle a donné à la partie toute satisfaction à cet égard (Cass. (req.), 30 mars 1904, 10733 R. P.).

Abonnement. Impôt sur le revenu. Taxes éteintes par compensation. — V. *Impôt sur le revenu*, n° 57-2.

Société par actions substituée à une association tontinière religieuse. Taxes d'accroissement et sur le revenu. Jugement antérieur ayant statué sur une question de déchéance. Exception de la chose jugée. Défaut d'application. — Bordeaux, 13 juillet 1903 ; Cass. (req.) 3 avril 1906, 11178 R. P.

226. Droits dus sur des actes produits. Opposition à contrainte. Dommages-intérêts réclamés à l'Administration par voie de conclusions additionnelles. Action non recevable. — Il n'existe aucune identité de cause et d'origine entre l'opposition formée à la contrainte qui tend au recouvrement des droits afférents à des pièces produites en justice, et la demande en restitution, à titre de dommages-intérêts, du droit en sus perçu lors de l'enregistrement d'un jugement auquel l'instance a donné lieu. Cette dernière demande ne peut, dès lors, être introduite par de simples conclusions additionnelles et doit être formée par voie principale. Aucune compensation ne peut, d'ailleurs, être opérée, lorsque le redevable n'a pas encore fait établir son droit à la restitution, et que, d'un autre côté, les sommes réclamées par l'Administration ne sont pas encore liquidées (Seine, 5 déc. 1902, 10941 R. P.).

228. Compensation. Supplément de droit. Imputation de droits dont la restitution est prescrite. Demande reconventionnelle. Irrecevabilité. — La prescription biennale de l'action tendant à la restitution d'un droit que la partie prétend avoir été indûment perçu sur une disposition particulière d'un acte, s'oppose à ce qu'elle puisse demander, par voie reconventionnelle, l'imputation de ce droit sur un supplément de droit réclamé par l'Administration à raison d'une autre disposition du même acte (Chartres, 8 juill. 1903, 10992 R. P.).

229. Mémoire. Signification irrégulière. Défense au fond. — Est irrégulière la signification d'un mémoire à la requête de la Régie faite par un huissier à une partie au domicile par elle élu en son étude ; mais cette irrégularité est couverte par le silence de l'opposante et par les défenses qu'elle a fournies au fond (Cass. (req.), 11 nov. 1903, 10602 R. P.).

et place des droits d'accroissement faisant l'objet de la contrainte. — Orléans, 26 fév. 1895, 8893 R. P. ; — Seine, 10 août 1899 et Cass. 17 juill. 1901, 10050 R. P.).

Mais comme il n'existe aucune identité de cause et d'origine entre les droits dus sur les dispositions intrinsèques d'un jugement et ceux qui peuvent être exigibles sur les actes dont ce jugement constate la production en justice, lorsqu'une contrainte a été décernée pour le recouvrement des droits applicables aux actes produits, l'Administration ne peut introduire, par voie de simples conclusions additionnelles, une réclamation ayant pour objet un supplément de droit afférent au jugement lui-même, alors surtout que ce jugement est enregistré depuis plus de deux ans (Seine, 17 déc. 1897, 9834 R. P.).

225. Chose jugée. — La portée d'une décision de justice est restreinte aux faits préexistants et prévus dans la demande. En cas de faits résultant de la même cause, mais postérieurs à la décision, il ne saurait y avoir chose jugée (Cass. 3 fév. 1897, 9115 R. P.).

Lorsqu'un jugement, ayant acquis l'autorité de la chose jugée, a reconnu que les divisions du capital d'une société constituent des actions et non des parts d'intérêt et décidé, par suite, que les titres appartenant aux associés gérants ont acquitté avec raison l'impôt sur le revenu bien qu'ils soient frappés d'inaliénabilité, la demande tendant à obtenir la restitution de la taxe perçue sur les mêmes titres pour une autre période postérieure est irrecevable et ne peut qu'être écartée (Belfort, 9 juin 1896, 8951 R. P. ; — Cass. 3 mai 1898, 9368 et 9373-20 R. P.).

Ces deux décisions sont fondées. L'art. 1351 C. civ. subordonne, en effet, l'exception de la chose jugée à trois conditions : l'identité d'objet, l'identité de cause et l'identité de personnes. Or, il y a bien identité de personnes ; il y a également identité de cause, puisque le fait juridique qui sert de base à l'action est le même dans les deux cas. Enfin, quant à l'identité de l'objet, on ne saurait non plus en nier l'existence, bien que les sommes réclamées s'appliquent à des périodes différentes. L'objet est identique non seulement quand il s'agit de la même chose, mais aussi lorsque la demande présente à juger une seule et même question, reposant l'une et l'autre sur le même motif (Dalloz, J. G. v° *Chose jugée*, n° 153). « Au point de vue de la chose jugée, enseignent MM. Aubry et Rau, le tout doit être considéré comme ayant été virtuellement engagé dans le litige portant sur l'une de ses parties, de telle sorte que celui qui aurait succombé sur la demande d'une partie ne serait plus recevable à réclamer le tout, même sous la déduction de cette partie. » (*Dr civ.*, t. VIII, § 769, p. 376.)

Reconnu également que lorsqu'à la suite d'un jugement ayant ordonné l'enregistrement d'un acte s. s. p. produit en justice, la partie fait signifier à l'Administration des offres réelles insuffisantes, en donnant une portée inexacte aux énonciations du jugement, le Tribunal porterait atteinte à l'autorité de la chose jugée s'il modifiait ou restreignait sa précédente décision sous couleur de l'interpréter, et s'il accueillait les offres comme suffisantes (Gaillac, 22 mars 1898, 9358 R. P.).

Mais il a été jugé que la taxe annuelle, établie par la L. 16 avr. 1895, ne constituant pas un impôt nouveau, une congrégation qui a fait décider judiciairement que le droit d'accroissement fixé par la Loi du 29 déc. 1884 n'est pas dû, pour une période déterminée, pour les biens qu'elle possède dans l'arrondissement du tribunal saisi de l'instance, est fondée à invoquer l'exception de la chose jugée contre une demande tendant au payement de la taxe annuelle sur les mêmes biens pour la même période. Elle ne saurait être admise, toutefois, à prétendre qu'il y a chose jugée pour la totalité de ses biens et pour les droits applicables à d'autres périodes (Seine, 4 déc. 1896, 9060 R. P. ; — Cass. (civ.) 10 juill. 1901, 10050 R. P.).

Sur ce dernier point, nous ne saurions approuver la décision rendue, qui est contraire à celle qui se dégage de l'arrêt du 3 mai 1898 reproduit *suprà*. La doctrine qu'elle sanctionne aboutit, d'ailleurs, à des conséquences véritablement inadmissibles et qui les condamnent. Elle implique, en effet, que, à chaque trimestre, l'exigibilité d'une taxe (abonnement, transmission, revenu, accroissement) pourra être contestée, quand bien même elle aurait été reconnue par une décision judiciaire passée en force de chose jugée. Chaque trimestre, la même difficulté pourra donc être soulevée de nouveau, qui remettra en discussion une décision antérieure. Or, n'est-ce pas ce qu'a voulu éviter le législateur par l'art. 1351 C. C. ? « Que signifierait l'autorité judiciaire, dit excellemment Marcadé, si deux plaideurs, après avoir fait juger deux fois, quatre fois, la difficulté qui les divise, pouvaient revenir toujours à la remettre en question ? » (Marcadé, sur l'art. 1351 C. C.) Nous persistons donc à penser que l'interprétation de l'arrêt du 3 mai 1898 est plus conforme au texte comme à l'esprit de la loi.

227. Demande reconventionnelle. — La voie de la contrainte n'étant pas exclusivement prescrite par les lois fiscales, l'Administration, qui se défend contre une action intentée par un redevable, peut former dans l'instance une demande reconventionnelle. Spécialement, quand une société provoque l'établissement du compte général de la taxe sur le revenu dont elle est débitrice, elle est fondée à réclamer les amendes reconnues exigibles qui forment l'un des éléments de ce compte (Lyon, 9 juill. 1895, 8706 R. P.).

229. Mémoire. — Signification. — Irrégularité. Cassation. — La signification respective des mémoires étant, dans les instances en matière d'enregistrement, une formalité substantielle, l'observation doit en être constatée, à peine de nullité, par les jugements qui doivent porter en eux-mêmes la preuve de leur régularité. — Est nul, en conséquence, le jugement qui, rendu contradictoirement, ne mentionne ni la signification ni même la production de mémoires de la part de la partie défenderesse. (Cass. 19 nov. 1901, 10095 R. P.).

230. Mémoire. — Mention de signification. — Est régulier le jugement qui constate qu'il a été rendu sur le vu des mémoires respectivement signifiés. (Cass. 4 nov. 1891, 7739 R. P.).

Mais est nul, le jugement qui ne mentionne, dans aucune de ses parties, la signification d'un mémoire en réplique aux arguments duquel il répond dans ses motifs. (Cass. 2 juin 1897, 9010 R. P.).

Est également nul le jugement qui, après avoir indiqué que quatre mémoires ont été échangés entre les parties, n'énonce que la signification d'un mémoire seulement. (Cass. 4 juill. 1898, 9318 et 9675-21 R. P.).

230-1. Action en garantie. — Disjonction. — Tiers. — Mémoires. — Signification non mentionnée. — La mention de la signification des mémoires, dans les jugements rendus en matière d'enregistrement, n'est obligatoire qu'en ce qui concerne les mémoires relatifs à l'action en recouvrement des droits dirigée par l'Administration contre le débiteur direct du Trésor; elle n'est pas imposée par la loi en ce qui concerne les conclusions en disjonction notifiées à ce redevable par un tiers qu'il a appelé en garantie des condamnations qui pourraient être prononcées au profit de l'Administration (Cass. 25 mars 1902, 10161 R. P.).

232. Mémoire. — Signification. — Défaut de mention. — De même, est nul le jugement qui se borne à indiquer que les mémoires ont été présentés, sans mentionner que ces mémoires ont été respectivement signifiés (Cass. 24 juill. 1894, 8359 R. P.).

233. Contrainte. — Congrégation religieuse. — Droits d'accroissement. — Taxe annuelle. — Conclusions additionnelles. — Régularité. — Lorsque la Régie a fait signifier une contrainte à une congrégation religieuse pour avoir payement des droits d'accroissement dus à raison des décès survenus pendant la période d'application de la loi du 29 déc. 1884, elle est fondée à réclamer, par voie de conclusions additionnelles, sans être tenue de décerner une nouvelle contrainte, la taxe annuelle créée par la loi du 16 avr. 1895 aux lieu et place des droits d'accroissement (Riom, 23 juill. 1898; — Cass. 23 avr. 1902, 10290 R. P.)

234. Mémoire. — Mention dans les qualités. — S'il faut, pour la validité des jugements rendus en matière d'enregistrement, que mention soit faite de la signification des mémoires respectivement signifiés, il suffit que cette mention existe, soit dans le jugement lui-même, soit dans les qualités; il importe donc peu que le contexte même du jugement ne vise pas la signification de tous les mémoires, s'il y est suppléé par les qualités (Cass. 13 janv. 1890, 7334 R. P.; — 10 nov. 1891, 7737 et 7974-24 R. P.; — 10 mai 1893, 8074 R. P.; — 20 déc. 1899, 9739 et 9946-36 R. P.).

236. Mémoires dont le jugement ne fait pas état. — Mention non obligatoire. — Si l'art. 17 L. 27 vent. an IX dispose que les instances en matière d'enregistrement ont lieu sur mémoires respectivement signifiés et si le jugement doit, à peine de nullité, constater l'observation de cette formalité, il ne suit pas de là que tous les mémoires produits dans une instance de ce genre doivent être mentionnés dans le jugement, ainsi que les significations, alors qu'il n'en est pas spécialement fait état dans le jugement. En conséquence, satisfait au vœu de la loi le jugement qui porte qu'il a été signifié deux mémoires à la requête de l'Administration, et deux mémoires à la requête des parties, sans qu'il y ait lieu de rechercher s'il y a eu, dans l'affaire, d'autres mémoires, ni s'ils ont été soumis aux juges, alors que le jugement n'en fait pas état (Cass., 26 juin 1895, 8005 R. P.).

Satisfait aux prescriptions légales le jugement qui vise en même temps que la signification du mémoire de l'Administration, les oppositions notifiées par les redevables aux contraintes décernées contre eux, et qui constate que ces oppositions renferment le développement des considérations invoquées à leur soutien. Et lorsque le tribunal s'est borné à viser les conclusions des redevables tendant à l'annulation des contraintes, rien, dans cette mention, n'est de nature à prouver que les redevables ont produit un mémoire dont la signification ne serait pas constatée (Cass., 21 fév. 1898, 9200 et 9675-42 R. P.).

240. Mémoires. — Défaut de mention de production au Tribunal. — Les art. 65 L. frim. et 17 L. 27 vent. an IX qui règlent, seuls, le mode spécial d'instruction auquel sont soumises les instances relatives à la perception des droits d'enregistrement, n'exigent pas, à peine de nullité, qu'il soit fait mention, dans la rédaction des jugements, de la production des mémoires au tribunal; ils prescrivent seulement que mention y soit faite des mémoires respectivement signifiés et que les jugements soient rendus sur le rapport d'un juge (Cass. 14 juin 1895, 8557 et 8860-21 R. P.).

245 *bis*. Mémoire. — Outrages. — Suppression. — Jugement. — Affichage. — Dans les instances en matière d'enregistrement, le tribunal peut, par application de l'art. 1036 C. proc., supprimer d'office les passages injurieux des mémoires (Lisieux, 13 déc. 1895, 8903 R. P.).

Un notaire méconnait les devoirs de sa profession quand il attaque, par d'outrageuses imputations contenues dans un mémoire, la considération et l'honorabilité incontestées d'un employé supérieur de l'Enregistrement; le Directeur de l'Enregistrement et le Ministère public sont fondés à demander la suppression des passages injurieux et l'affichage du jugement ordonnant cette suppression (Gaillac, 22 mars 1898, 9358 R. P.).

Dans les instances en matière d'enregistrement, le tribunal peut, conformément aux art. 1036 C. proc., et 41 § 4, L. 29 juill. 1881, supprimer d'office les passages injurieux des mémoires (Rouen, 20 janv. 1898, 9524 R. P.).

246. Document produit. — Mention dans les actes de procédure. — La loi n'exige pas la signification des pièces et documents versés au procès à l'appui des prétentions des parties; il suffit que ces pièces et documents soient portés à la connaissance de la partie adverse par leur mention dans les mémoires signifiés. Par suite, doit être considéré comme régulier le jugement rendu sur une pièce produite mentionnée dans les exploits signifiés à l'Administration (Cass. 4 fév. 1896, 8707 et 8860-17 R. P.).

249. Pièce produite tardivement. — Refus par le Tribunal d'en tenir compte. — Le tribunal peut valablement refuser de tenir compte d'une pièce produite après que le rapport du juge a été fait, que le ministère public a été entendu dans ses conclusions, et que l'affaire a été mise en délibéré pour la prononciation du jugement (Cass. req., 15 fév. 1893, 8032 et 8194-28 R. P.).

233. Conclusions additionnelles. — *Conf.* Tours, 15 mars 1907, [illegible] R. P.

234. Jugement. Mention de signification des mémoires. — Les art. 65 L. frim. et 17 L. vent. an IX, qui disposent que l'instruction des instances en matière d'enregistrement doit être faite sur mémoires respectivement signifiés, prescrivent seulement la mention, dans le jugement, de l'accomplissement de cette formalité; ils n'exigent pas que le jugement énonce la date de la signification de chacune des copies délivrées aux parties en cause. En conséquence, un jugement constatant que le tribunal a statué « au vu des mémoires respectivement signifiés » porte en lui-même la preuve de sa régularité (Cass. (civ.), 11 avril 1905, [illegible] R. P.).

Il suffit, du reste, que la mention de signification des mémoires existe dans les qualités (Cass. (civ.) 4 mai 1905, 10973 R. P.).

236. Mémoires dont le jugement ne fait pas état. Mention non obligatoire. — *Conf.* Cass. (req.), 8 avril 1903, 10468 R. P.

245 *bis*. Assignation de la partie. Passages injurieux. Suppression demandée par l'Administration. Absence de caractère diffamatoire. — Il n'y a pas lieu, pour le tribunal, d'ordonner la suppression, comme diffamatoires à l'égard de la Régie, des passages intempestifs d'une assignation en restitution, lorsque les expressions critiquées ne visent aucune personne déterminée et qu'elles ne peuvent, en réalité, nuire à l'Administration (Angoulême, 14 fév. 1906, 11200 R. P.).

246. Document produit. Mention dans les actes de procédure. — *Conf.* Cass. (civ.), 4 fév. 1903, 10539 R. P.

Document non mentionné dans les mémoires et non déposé au greffe. Cause déterminante de la décision. Nullité du jugement. — Est nul le jugement rendu sur une pièce produite par l'Administration, et qui n'a été ni mentionnée dans les mémoires notifiés à la partie ni déposée au greffe avec les mémoires, lorsqu'il résulte de la teneur même de ce jugement que les arguments déduits par le tribunal du document en question ont été une des causes déterminantes de sa décision (Cass. (civ.), 21 nov. 1904, 10862 R. P.).

249. Production tardive. Refus par le tribunal d'en tenir compte. Régularité du jugement. — Aucune disposition de la loi fiscale ne prescrit aux juges, quand leur conviction est formée par les mémoires respectivement signifiés et par les pièces déjà produites, de surseoir à statuer pour laisser à l'une des parties le temps de faire une production nouvelle qu'ils estiment superflue; il appartient aux intéressés de faire, dans les délais fixés par les tribunaux, toutes les productions qu'ils considèrent comme utiles à la défense de leurs intérêts, sans que les juges aient à leur donner à cet égard un avertissement quelconque (Cass. (req.), 17 mai 1905, 10983 R. P.).

251. Signification des mémoires. Délai. — L'art. 65 L. frim., d'après lequel les tribunaux ont la faculté d'accorder soit aux parties, soit à l'Administration, pour produire leurs moyens de défense, un délai qui ne peut excéder trois décades, n'a attaché à l'inobservation de ce délai aucune péremption ni aucune déchéance (Libourne, 2 avril 1903, 10590 R. P.).

267. Plusieurs audiences. Magistrats ayant concouru au jugement. — Aucune disposition ne prescrivant, en matière d'enregistrement, que le nom du juge rapporteur soit indiqué, et les juges, qui ont concouru au jugement dans le cas où plusieurs audiences ont été consacrées à la même affaire, étant réputés, à défaut de constatation ou de preuve contraire, avoir assisté à ces diverses audiences, le jugement qui mentionne que le juge commis a été entendu en son rapport, doit être considéré comme régulier (Cass. (req.), 4 déc. 1906, 11336 R. P.).

270. Juge rapporteur. Nom. Défaut de mention. — *Conf.* Cass. (req.) 4 déc. 1906, 11336 R. P. V. *Suprà*, n° 267.

277. Audiences successives. Rapport du juge commis. Publicité. Mention générale. — Lorsqu'un jugement se termine par la mention générale « jugé et prononcé en audience publique », cette mention s'applique à toutes les audiences consacrées au jugement de la cause et atteste, par conséquent, au vœu de l'art. 65 L. frim., la publicité de l'audience où le juge commis a fait son rapport (Cass. civ., 21 oct. 1902, 10395 R. P.). — *Comp.* req. 4 déc. 1906, 11336 R. P. — V. *Suprà* n° 267.

251. Péremption. — Délai de trois mois. — Péremption non applicable. — L'instance qui n'est pas jugée dans les trois mois du jour où elle a été introduite n'est pas, pour cela, périmée. Il en résulte que le désistement, intervenu après l'expiration de ce délai, est valable (Seine, 10 fév. 1888; Cass. 2 déc. 1889, 7344 R. P.).

L'art. 65 L. 22 frim., d'après lequel les jugements doivent être rendus dans le délai de trois mois à partir du jour de l'introduction de l'instance, n'a attaché à l'inobservation de ce délai aucune péremption ni aucune déchéance (Seine, 10 déc. 1892, 8100 R. P.; — 22 mars 1902, 10342 R. P.).

Ne viole pas les droits de la défense, le jugement rendu six mois après la signification de la défense, alors que les défendeurs se sont bornés à signifier une opposition et n'ont sollicité aucun délai (Cass. 26 juill. 1899, 9686 et 9846-24 R. P.).

Le tribunal n'a pas, d'ailleurs, à tenir compte d'une lettre écrite par la partie au président, en vue d'obtenir un sursis indéterminé pour développer ses moyens de défense, un semblable sursis étant contraire aux prescriptions de l'art. 65 L. frim. (Cass. 11 juin 1902, 10292 R. P.).

255. Audience. — Avertissement. — Aucune disposition légale n'oblige à donner un avertissement aux parties pour les mettre en mesure d'assister à l'audience où sera fait le rapport du juge et où seront prises les conclusions du ministère public (Cass. 26 juill. 1899, 9686 et 9846-24 R. P.).

259. Jugement. — Ministère public. — Fonctions remplies par un avocat. — Vice de forme. — Viole l'art. 84 C. proc. le jugement qui énonce que les fonctions du ministère public ont été remplies à l'audience « par un avocat appelé dans l'ordre du tableau, à défaut du titulaire empêché ». Ce jugement ne constate pas, en effet, l'empêchement de tous les magistrats désignés par la loi qui devaient être appelés au siège du ministère public, avant que le tribunal pût y faire monter un membre du barreau (Cass. 27 déc. 1893, 8224 et 8418-37 R. P.).

267. Plusieurs audiences. — Magistrats ayant concouru au jugement. — Quand deux audiences ont été consacrées à la même affaire, les juges qui ont concouru au jugement sont réputés, à défaut de constatation ou de preuve contraire, avoir assisté à ces diverses audiences. Il importe peu que, à la seconde de ces audiences, le ministère public ait été représenté par un membre du parquet autre que celui qui avait siégé à la première, puisque, d'une part, l'art. 7 L. 20 avr. 1810 ne s'applique qu'aux juges, et, d'autre part, le ministère public est un et indivisible (Cass. 16 janv. 1894, 8229 R. P.).

268. Contributions indirectes. — Jugement. — Concours du juge rapporteur. — En matière de contributions indirectes, est nul le jugement auquel le juge rapporteur n'a pas concouru par son vote (Cass. civ. 14 avr. 1891, 7603 R. P.).

270. Juge rapporteur. — Nom. — Défaut de mention. — Aucune disposition ne prescrivant, en matière d'enregistrement, que le nom du juge rapporteur soit indiqué, le jugement, qui mentionne que le juge délégué a été entendu en son rapport, doit être considéré comme régulier (Cass., 14 nov. 1898, 9486 et 9675-44 R. P.).

274. Rapport du juge. — Instance accessoire. — La règle prescrite, à peine de nullité, par l'art. 65 L. frim., et en vertu de laquelle, dans les instances en matière d'enregistrement, les jugements doivent être rendus sur le rapport d'un juge fait en audience publique, s'applique non seulement à l'instance principale, mais encore aux instances accessoires à la poursuite en paiement de l'impôt, spécialement au débat engagé entre l'Administration et le redevable relativement aux frais mis à sa charge par le jugement sur l'instance principale (Cass. 3 mai 1893, 8092 et 8418-14 R. P.).

275. Rapport du juge. — Mention substantielle. — En matière de contributions indirectes (comme en matière d'enregistrement), les jugements doivent être précédés d'un rapport fait par le juge et l'observation de cette formalité doit être constatée, à peine de nullité, par le jugement lui-même (Cass. 21 avr. 1898, 9385 R. P.).

Dans les instances en matière d'enregistrement, les jugements doivent être rendus sur le rapport fait par un juge en audience publique et l'accomplissement de cette formalité substantielle doit être constatée, à peine de nullité, dans le jugement lui-même (Cass. civ., 15 juill. 1901, 10048 R. P.).

Les jugements doivent, en matière d'enregistrement, être rendus sur le rapport fait par un juge en audience publique et constater, à peine de nullité, l'accomplissement de cette formalité substantielle. Est nul, par conséquent, comme ayant violé les prescriptions formelles de l'art. 65 L. 22 frim. an VII, le jugement qui constate que le juge commis s'est trouvé dans l'impossibilité de faire son rapport (Cass. civ., 6 mai 1902, 10243 R. P.).

277. Audiences successives. — Publicité. — Mention générale. — Lorsqu'un jugement se termine par la mention générale : « jugé et prononcé, en audience publique tenue au Palais de justice, le..., » cette mention s'applique à toutes les audiences consacrées au jugement de la cause et atteste, par conséquent, au vœu de l'art. 65 L. frim., la publicité de l'audience où le juge commis a fait son rapport et où le ministère public a donné ses conclusions (Cass. 2 mai 1893, 8091 et 8194-33 R. P.; — 14 juin 1895, 8552 et 8860-24 R. P.).

286. Conclusions du ministère public. — Mention. — Est régulier le jugement qui constate qu'il a été rendu en audience publique, le ministère public entendu (Cass. 4 nov. 1891, 7739 R. P.).

La règle prescrite, à peine de nullité, par l'art. 65 L. 22 frim., et en vertu de laquelle, dans les instances relatives à la perception des droits d'enregistrement, les jugements doivent être rendus sur les conclusions du ministère public données en audience publique, s'applique non seulement à l'instance principale, mais encore aux instances accessoires à la poursuite en paiement de l'impôt, — spécialement au débat engagé entre l'Administration et le redevable, relativement aux frais mis à sa charge par le jugement sur l'instance principale (Cass. civ. 3 mai 1893, 8002 et 8418 R. P.).

Manque en fait le moyen de cass. consistant à soutenir qu'un jugement rendu en matière d'enregistrement, par cela même qu'il contient la mention : « ouï le demandeur par l'organe de M. le substitut du procureur de la République » a violé les prescriptions de l'art. 65 L. frim. en ce que cette mention établit, d'une part, que l'Administration demanderesse a pu présenter des observations orales à l'audience, par l'organe du ministère public, et d'autre part, que ce dernier n'a pas donné ses conclusions comme ministère public. En effet, bien que les mots « le demandeur » désignent l'Administration, — improprement qualifiée demanderesse alors qu'en réalité, elle est défenderesse, — la mention précitée n'a pu, cependant, avoir pour résultat d'attribuer au substitut une qualité qui ne lui appartient pas, ni de prouver qu'il a agi en cette qualité, du moment qu'il résulte également des autres énonciations du jugement que le litige a été suivi par l'Administration, poursuites et diligences du directeur général représenté par le directeur départemental (Cass. 21 oct. 1896, 8802 et 9395-1 R. P.).

288 *bis*. **Ministère public. — Rôle. — Dépôt de pièces.** — N'est pas nul le jugement dont les qualités portent que le procureur de la République, agissant au nom de l'Administration, a déposé sur le bureau les pièces du procès, une telle énonciation ne pouvant pas avoir pour effet d'attribuer à ce magistrat une qualité que la loi lui refuse, ni de prouver qu'il a agi en cette qualité, du moment où il résulte également des qualités du jugement que le litige a été suivi par l'Administration, poursuites et diligences du directeur départemental (Cass. 20 mai 1890, 7409 et 7733-1 R. P.).

297. Audience. — Publicité. — Le jugement constatant que le tribunal a statué contradictoirement en audience publique atteste suffisamment la publicité de l'audience pour tout ce qui s'y est passé et notamment pour les conclusions du ministère public (Cass. 26 juill. 1899, 9086 et 9916-24 R. P.).

298 *bis*. **Jugement. — Double date.** — Manque en fait le moyen de cassation tiré de ce qu'un jugement porte deux dates différentes, si ce jugement mentionne qu'après la première audience, dans laquelle ont été entendus le rapport du juge et les conclusions orales du ministère public, l'affaire a été mise en délibéré pour le jugement être prononcé à une autre audience déterminée, les deux dates ayant ainsi leur explication naturelle et n'impliquant entre elles aucune contradiction (Cass. 24 juill. 1895, 8653 R. P.).

302. Jugement. — Motifs. — N'est point sujet à cassation le jugement qui expose sommairement le motif sur lequel la partie appuie son opposition à la contrainte (Cass. 10 nov. 1891, 7737, 7974-24 R. P.).

303. Jugement. — Points de fait et de droit. — Un jugement remplit le vœu de l'art. 141 C. proc., lorsqu'il fait connaître, dans son contexte, l'objet de la contestation (Cass. req. 22 mars 1892, 7836 R. P.).

De même, doit être considéré comme ayant satisfait aux prescriptions de la loi, le jugement qui, dans une instance en matière de droit d'accroissement dirigée contre une congrégation religieuse, mentionne le nombre des congréganistes décédés sans indiquer leurs noms (Cass. req. 10 mai 1893, 8074 R. P.).

307. Instances sans ministère d'avoué. — Signification et règlement de qualités. — Formalités non obligatoires. — Les dispositions légales relatives à la signification et au règlement des qualités sont sans application aux instances dans lesquelles le ministère des avoués n'est pas obligatoire, et spécialement aux instances suivies en matière de douanes dans la forme tracée par la Loi du 4 germinal an II. Dans ces instances, les qualités sont rédigées par le greffier sur les notes à lui remises par la partie qui veut lever le jugement. Dès lors, aucune irrégularité de ce chef ne peut entraîner la cassation du jugement (Cass. 23 juin 1896, 9119 R. P.).

309. Qualités. — Inexactitude. — La rédaction des qualités n'étant pas proscrite en matière d'enregistrement, l'erreur commise dans l'exposé des points de fait et de droit contenue dans la grosse d'un jugement ne peut nuire à la régularité de cette grosse si les motifs et le dispositif sont conformes au texte rédigé par le juge (Rouen, 5 avr. 1900, 10069 R. P.).

313. Jugement. — Motifs. — Chefs de demande sans dépendance — Lorsqu'une Société soutient que les sommes versées à ses membres ne constituent pas une distribution de bénéfices, mais le remboursement d'une créance, le jugement ne répond pas à ce chef de conclusions, en disant que « les termes clairs et précis des art. 1 et 4 L. 29 juin 1872 ne permettent aucun doute sur son applicabilité à la Société demanderesse » (Cass. 19 fév. 1894, 8253 R. P.).

Est nul pour défaut de motifs le jugement qui ne répond pas à un chef précis de conclusions, et particulièrement au moyen tiré de ce que la Régie n'est pas recevable à agir par voie d'assignation (Cass. civ. 17 juill. 1901, 10047 R. P.).

Lorsque, dans son mémoire, l'Administration a offert une restitution partielle que la partie, sans demander acte des offres qui lui étaient faites, a refusée comme étant frustratoire, on ne saurait valablement soutenir que, dans ces conditions, il est intervenu entre l'Administration et la partie un contrat judiciaire dont le juge aurait à tort refusé de tenir compte. D'autre part, le tribunal n'avait pas à s'expliquer sur des offres expressément déclinées. En se bornant à donner des motifs sur le rejet de la demande en restitution intégrale, la seule dont il était saisi, il n'a donc pas violé l'art. 7 L. 20 avr. 1810 (Cass. 21 oct. 1896, 8831 et 9395-2 R. P.).

314. Jugement. — Motifs. — Objections principales. — Est suffisamment motivé le jugement qui, statuant en matière d'expertise sur une demande en homologation du rapport des experts, répond aux objections principales de la partie opposante à l'homologation, en montrant que l'opposition n'est pas fondée : le tribunal

290. Jugement. Conclusions du ministère public et rapport [illegible] — Le jugement rendu en matière d'enregistrement doit, à peine de nullité, établir que les conclusions orales du ministère public ont suivi le rapport du juge et précédé immédiatement le prononcé du jugement (Cass. civ., 8 août 1906, 11269 R. P.).

303. Jugement. Points de fait et de droit. — *Conf.* Cass. (req.), 3 déc. 1905, 10976 R. P.

312. Jugement. Motifs. — Est suffisamment motivé le jugement qui décide qu'une erreur de perception commise au préjudice de la partie n'est pas restituable comme s'étant compensée légalement, à due concurrence, avec une erreur de perception plus importante commise au préjudice du Trésor, surtout lorsque l'erreur, visée par les conclusions de l'Administration, n'a soulevé aucune objection de la part du redevable et n'a été, dans le dernier état de la procédure, l'objet d'aucunes conclusions (Cass. req., 22 oct. 1902, 10390 R. P.).

Lorsque, dans une instance engagée contre l'Administration, la partie a, dans un chef de ses conclusions, émis la prétention de faire considérer comme contenant de simples opérations de compte courant les contrats d'avances sur nantissement intervenus entre elle et une maison de banque, le jugement qui déclare que ces contrats présentent tous les caractères juridiques du prêt à intérêt répond de la sorte, par des motifs implicites et en en démontrant le mal fondé, à la prétention qui fait l'objet de ce chef spécial de conclusions. La décision du tribunal satisfait, par conséquent, aux prescriptions de l'art. 7 L. 20 avril 1810 (Cass. req., 23 juillet 1907, 11792 R. P.).

315. Jugement. Conclusions des parties. Motifs. — Lorsque dans une instance engagée contre l'Administration, la partie a demandé au tribunal de reconnaître qu'une convention soumise à la formalité n'est que le renouvellement d'un contrat antérieur et que, par application de l'art. 68, § 1er, nos 6 et 7 L. frim., elle ne donne ouverture qu'au droit fixe, le jugement qui constate l'existence entre les deux actes de dissemblances essentielles à raison de leur objet même, de certaines clauses absolument nouvelles, et de dispositions spéciales indépendantes, et qui en déduit que la convention à tarifer constitue un acte distinct du premier contrat, répond aux conclusions telles qu'elles ont été posées, et la décision du tribunal se trouve justifiée au vœu de l'art. 7 L. 20 avril 1810 (Cass. req., 5 mai 1905, 10408 R. P.).

318. Jugement. Conclusions subsidiaires. Défaut de motifs. — Est nul le jugement qui rejette des conclusions subsidiaires sans donner, à l'appui de ce rejet, aucun motif exprès ou implicite (Civ. rej., 6 fév. 1905, 10430 R. P.).

325. Condamnation. Intérêts moratoires. — Conf. Seine, 16 ... 1906, 11391 R. P.).

326. Dommages-intérêts. — La circonstance qu'une réclamation de l'Administration n'a pas été reconnue fondée par le tribunal ne saurait servir de base à l'allocation de dommages-intérêts au profit du redevable qui a été déchargé des fins de la contrainte (Seine, 13 fév. 1905, 10480 R. P.).

L'Administration n'a commis aucune faute et ne saurait, dès lors, être condamnée à des dommages-intérêts, lorsqu'au lieu d'actionner directement un légataire universel en payement des droits de succession par décès dont il est le débiteur personnel, elle a poursuivi le recouvrement de ces droits sur les valeurs de la succession (Seine, 23 juill. 1905, ... R. P.).

n'est pas obligé d'aller au delà et de répondre à tous les arguments de la partie opposante (Cass. req. 17 juill. 1893, 8... et 8418-12 R. P.).

De même, les juges n'ont pas à motiver leur décision sur un point que les parties ont signalé pour mémoire seulement au tribunal, en déclarant s'abstenir intentionnellement d'en faire un chef distinct de conclusions (Cass. 25 mars 1896, 8739 et 9125-24 R. P.).

315. Jugement. — Motifs implicites. — Le jugement qui motive implicitement, mais suffisamment le rejet d'un chef de conclusions, satisfait au vœu de l'art. 7 L. 20 avr. 1810, d'après lequel les jugements doivent être motivés, à peine de nullité (Cass. 5 janv. 1891, 7545 R. P.).

Ne peut être attaqué, pour défaut de motifs en ce qui concerne le rejet des conclusions des parties, le jugement qui homologue le rapport de l'un des experts dans lequel les conclusions ont été visées. Par l'homologation pure et simple, le jugement adopte, en effet, les motifs de ce rapport. — En outre, en déclarant qu'il n'y a pas lieu de procéder à une nouvelle expertise, le jugement répond suffisamment au grief tiré de ce qu'une pièce produite n'a été communiquée qu'à l'un des experts, et n'a pas été mise sous les yeux des deux autres (Cass. req. 9 mai 1892, 7888 R. P.).

Le jugement qui, s'appuyant sur les énonciations d'un acte postérieur à la dissolution de la société, reconnaît que ces énonciations sont incompatibles avec l'existence de la société dont il constate la disparition complète, est suffisamment motivé au vœu de l'art. 7 L. 20 avr. 1810. On ne saurait lui faire grief de n'avoir pas formellement indiqué que les opérations de la liquidation étaient terminées (Cass. 28 janv. 1895, 8485 et 8800-1 R. P.).

Est suffisamment motivé, au vœu de l'art. 7 L. 20 avr. 1810, le jugement d'homologation qui, pour répondre aux conclusions tirées de ce que l'expertise serait entachée d'erreur sur la nature des objets à expertiser, constate, dans ses motifs, que l'Administration s'est conformée aux règles tracées par les art. 17 et 19 L. frim., et que les experts ont formellement déclaré avoir pris comme base de leur estimation la valeur locative de l'usine et des immeubles faisant l'objet de l'expertise (Cass. 8 mai 1895, 8543 R. P.).

Quand, après avoir reconnu l'exigibilité du droit de transcription sur une promesse unilatérale de vente présentée volontairement à la formalité, le tribunal décide que la liquidation de ce droit doit se faire d'après le prix exprimé dans l'acte, il répond ainsi suffisamment à la prétention des parties de ne payer, en tous cas, le droit dont il s'agit que sur une évaluation par eux faite de la valeur de l'aliénation consentie en leur faveur, et il ne viole pas l'art. 7 L. 20 avr. 1810 (Cass. 21 janv. 1896, 8714 et 8800-41 R. P.).

Le jugement, qui s'appuie sur des faits constants d'après les termes mêmes de l'acte constitutif d'une société civile pour attribuer à cette société le caractère d'association religieuse, ne saurait être considéré comme ayant pris la notoriété de fait pour la base de la condamnation. Il répond, du reste, suffisamment ainsi aux conclusions de la partie qui prétendait que l'Administration ne prouvait sa demande que par la commune renommée (Cass. 4 fév. 1896, 8707 et 8800-42 R. P.).

Un arrêt de Cour d'Appel, qui contient une réponse au moins implicite aux moyens invoqués par l'une des parties, satisfait suffisamment au vœu de l'art. 7 L. 20 avr. 1810 (Cass. req. 15 nov. 1897, 9205 R. P.).

Lorsque, devant les juges du fond, l'Administration a soutenu que des meubles et des immeubles, apportés à une société, sont devenus, à la suite de la dissolution de cette société, la propriété de tiers cessionnaires, jusqu'à concurrence d'une quotité déterminée, et qu'elle a demandé, en conséquence, au tribunal d'enjoindre aux parties de souscrire la déclaration de tous les biens dont la mutation s'est ainsi opérée à leur profit, les motifs du jugement qui ordonne de faire ladite déclaration s'appliquent manifestement à l'ensemble des rapports mobiliers et immobiliers, et la décision du tribunal se trouve justifiée au vœu des art. 141 C. proc. et 7 L. 20 avr. 1810 (Cass. 25 nov. 1901, 10083 R. P.).

316. Jugement. — Motifs. — Conclusions dépendant les unes des autres. — Le jugement qui établit, par des motifs explicites, l'exigibilité d'un droit de mutation par décès, donne, par là même, des motifs implicites à l'appui de la condamnation au payement du demi-droit en sus encouru pour défaut de déclaration dans le délai prescrit (Cass. req., 10 mai 1893, 8074 R. P.).

Satisfait à l'art. 7 L. 20 avr. 1810 le jugement qui, ayant à statuer sur deux chefs de demandes, les repousse par un moyen unique s'appliquant aux deux (Cass. 14 juin 1895, 8598 et 8860-11 R. P.).

Est suffisamment motivé le jugement, rendu en matière d'impôt sur le revenu, qui, constatant le défaut de paiement de la taxe à plusieurs échéances déterminées, prononce un nombre égal d'amendes (Cass. 11 janv. 1899, 9453 et 9946 5 R. P.).

320. Jugement. — Motif erroné. — Un motif erroné ne suffit pas pour entraîner la cassation d'un jugement dont le dispositif est conforme à la loi (Cass. 20 mai 1890, 7409 et 7783-1 R. P.).

321. Jugement. — Défaut de motifs. — Le recours en cassation est ouvert contre une décision judiciaire qui a statué *ultra petita*, quand l'irrégularité se complique d'une violation de la loi. Il en est ainsi particulièrement du chef d'un jugement qui prononce une condamnation sans indication de motif (Cass. 28 fév. 1898, 9252 et 9675-16 R. P.).

325. Condamnation. — Intérêts moratoires. — L'Administration ne peut être condamnée à payer les intérêts moratoires des sommes qu'elle a indûment perçues, et qu'elle est forcée de restituer (Vervins, 28 janv. 1887, 7520 R. P.; — Seine, 13 mars 1891, 7658 R. P.; — 8 mai 1896, 8867 R. P.; — Perpignan, 6 fév. 1900, 9923 R. P.).

326. Dommages-intérêts. — L'Administration admet, en principe, qu'elle est soumise, comme tous les plaideurs, à la règle générale de l'art. 1382 C. civ. et qu'elle peut être condamnée à des dommages-intérêts dans tous les cas où la jurisprudence de droit commun autoriserait une condamnation de cette nature. C'est là une concession susceptible de produire de singulières conséquences.

Et d'abord, la discussion du préjudice qui sert de base à la demande de dommages-intérêts nécessite fréquemment une procédure incompatible avec la procédure de l'art. 65 L. frim.

C'est ainsi que les tribunaux peuvent employer toutes les voies légales d'instruction pour fixer les dommages-intérêts. (Rousseau et Laisney, *Dict. de proc. civ.*, t. IV, v° *Dommages-intérêts*, n° 21; Berriat Saint-Prix, p. 403, n° 9; Carré, 9, 1841).

Ils peuvent encore, s'ils se jugent insuffisamment éclairés, statuer sur le fond du droit et renvoyer la liquidation des dommages jusqu'après la production des pièces nécessaires, conformément aux art. 523 à 525 C. proc. civ.

Comment concilier ces mesures d'instruction avec la prohibition de procéder autrement que par voie de mémoires?

En second lieu, le droit d'interjeter appel n'existe pas en matière d'enregistrement. Lors donc que l'Administration se croira injustement condamnée à des dommages-intérêts, quelle voie suivra-t-elle pour faire réformer la décision des premiers juges?

Dans la plupart des cas, le recours en cassation lui sera fermé : car les condamnations de cette nature reposent généralement sur des appréciations de fait qui échappent à la censure de la Cour suprême.

Une difficulté analogue se présentera quand, même en admettant le principe de la condamnation, la Régie se trouvera en présence d'une décision qui lui paraîtra avoir alloué à la partie un chiffre excessif de dommages.

A quelle juridiction s'adressera-t-elle pour demander une réduction que tout plaideur peut solliciter, d'après les règles de droit commun? Ici encore, elle sera désarmée, et les garanties que la loi lui a accordées, pour suivre ses instances, tourneront à son plus grand préjudice.

On ne comprend pas, du reste, comment les redevables auraient le droit de réclamer des dommages, tandis que la réciproque n'existerait pas en faveur de l'Etat, et que la jurisprudence n'accorde d'intérêts moratoires, ni aux parties, ni à la Régie.

Ces quelques observations suffisent à donner un aperçu des difficultés inattendues qui surgiront certainement si l'Administration ne cherche pas à opposer une fin de non-recevoir absolue aux demandes de dommages-intérêts dont le nombre tend à se multiplier.

Il nous semble qu'elle arriverait à ce résultat, en se retranchant derrière le texte même de la loi de frim. et les règles d'ordre public qui gouvernent le vote, l'ordonnancement et le payement des dépenses de l'Etat.

D'après l'art. 65 L. frim., il n'y a d'autres frais à supporter, pour la partie qui succombe, que ceux du papier timbré des significations et du droit d'enregistrement des jugements. Cette disposition est impérative : elle a permis à l'Administration de soutenir que, dans aucune hypothèse, le Trésor ne peut être condamné à payer ni les frais occasionnés par l'intervention des avoués constitués par les redevables, ni les intérêts moratoires des droits à restituer aux parties.

La même interprétation s'impose à l'égard des dommages-intérêts, et, sur ce point capital, la jurisprudence ne peut dévier de la ligne qu'elle a constamment suivie relativement aux points accessoires que nous venons de signaler.

Mais ce n'est pas la seule considération que l'Administration peut faire valoir; les principes fondamentaux qui gouvernent le budget et la comptabilité lui fournissent encore de très sérieux arguments.

On sait que l'Etat ne peut acquitter aucune dépense sans l'imputer sur un crédit prévu au budget et voté par le Parlement (Déc. 31 mai 1862, art. 81; — Régl. du 26 déc. 1866, art. 80).

Ce point est mis nettement en relief dans le passage suivant que nous empruntons à un savant traité sur le régime financier de la France :

« Il convient de faire ressortir le caractère particulier que revêtent les évaluations de dépenses, caractère très différent de celui que nous venons de constater pour les évaluations de recettes. La loi de finances, en effet, pour autoriser la perception des recettes, désigne individuellement par son nom chaque nature d'impôts. A titre subsidiaire seulement, elle accompagne cette désignation d'un chiffre d'évaluation. Mais cette évaluation ne constitue qu'un renseignement. Si le rendement de l'impôt dépasse les prévisions, les percepteurs laisseront entrer l'excédent librement dans leurs caisses; aucun d'eux ne songera jamais à solliciter une autorisation nouvelle pour le recevoir. C'est donc l'impôt nominativement désigné que la loi autorise sans que son chiffre d'évaluation ne représente une limitation législative.

« Pour les dépenses, il en est tout autrement. Leur inscription budgétaire se compose aussi de deux éléments : d'une part, le nom de la dépense, et de l'autre, son chiffre. Mais ici les deux éléments ont une importance égale : tous deux deviennent au même degré des prescriptions législatives. Le nom de la dépense indique son objet, objet auquel l'argent voté doit être exclusivement employé. Le chiffre de la dépense détermine la somme que le Parlement lui consacre ». (Stourm, *Le Budget, son histoire et son mécanisme*.)

La règle est donc certaine : il ne peut y avoir de dépenses pour le Trésor que celles qui sont votées par des lois et que dans les limites fixées par ces lois.

Or, si nous parcourons le budget, nous cherchons vainement un article sur lequel il soit possible de prélever la somme nécessaire pour faire face à une condamnation à des dommages-intérêts. Les sommes qui sont accordées à l'Administration, pour intenter les actions judiciaires et pour y défendre, figurent sous la rubrique : *Frais de poursuites et d'instances* (Règlem. de 1866, chap. 40, §§ 279 à 283.)

On ne saurait, sans dénaturer le sens des mots, faire rentrer sous cette rubrique les dommages-intérêts qui, dans le langage du droit civil comme dans la terminologie fiscale, ont toujours occupé une place distincte des frais et dépens proprement dits.

Les Chambres qui, chaque année, votent les dépenses et les recettes de l'Etat seraient-elles donc assez imprévoyantes pour mettre le Trésor dans l'impossibilité d'exécuter les condamnations régulièrement prononcées à son préjudice? Personne n'oserait porter une pareille accusation; la vérité est que les lois annuelles de finances, de même que la L. frim., considèrent avec raison que si l'Etat peut succomber dans ses procès, il ne saurait, en aucune hypothèse, encourir les peines pécuniaires que les tribu-

328. Supplément de droit. Opposition à contrainte reconnue partiellement fondée. Dépens mis en totalité à la charge de la partie. — Lorsque les parties n'ont pas payé, sauf restitution, un supplément de droit qui leur est réclamé par l'Administration, elles doivent être condamnées à la totalité des dépens, bien que leur opposition à contrainte soit reconnue fondée par le tribunal pour la plus grande partie (Seine, 1er janv. 1906, 11133 R. P.).

Succession. Déduction du passif. Justifications non fournies au moment de la déclaration de succession. Instance. Justifications produites postérieurement à la signification du mémoire de l'Administration. Restitution. Dépens. — Lorsqu'une demande en déduction de dettes héréditaires n'est pas appuyée, au moment de la déclaration de succession, des justifications prescrites par l'art. 4 L. 25 fév. 1901, c'est à bon droit que le receveur refuse de faire état de ces dettes pour la liquidation de l'impôt de mutation par décès. Si les justifications nécessaires sont ultérieurement fournies au tribunal saisi par voie d'assignation en restitution, cette demande doit être accueillie; mais la partie est tenue au payement des dépens de l'instance jusqu'au jour où elle a produit lesdites justifications (Angoulême, 14 fév. 1906, 11280 R. P.).

368. Opposition motivée. Mémoire de l'Administration laissé sans réponse par le redevable. Jugement contradictoire. — Le jugement qui statue sur une opposition motivée du redevable doit être considéré comme contradictoire et ne tombe pas sous l'application de l'art. 156 C. pr. civ. (Versailles, 5 déc. 1903, 10652 R. P.).

327. Réclamation abandonnée. Dépens. — Lorsque, dans un mémoire, l'Administration a fait porter la discussion sur une réclamation qu'elle a ensuite abandonnée et sur une demande en restitution formée par la partie qui est déboutée de cette demande, les frais de signification dudit mémoire doivent être mis en partie à la charge de la Régie (Seine, 2 nov. 1906, 11364 R. P.).

ment infligent aux plaideurs coupables d'avoir commis des actes de malice, de mauvaise foi ou d'erreur grossière équivalente à un dol.

En résumé, non seulement l'Administration ne peut être condamnée à des dommages-intérêts, mais encore elle doit à sa propre dignité de repousser catégoriquement toute demande de cette nature et d'épuiser, si cela est nécessaire, tous les moyens pour faire triompher ce principe.

Jusqu'à ce jour, elle n'a jamais contesté le principe, et elle s'est bornée, chaque fois que la question a été soulevée, à la placer sur le terrain du fait.

Voici les décisions intervenues en cette matière.

Jugé que l'Administration, bien qu'étant déboutée de sa demande, ne saurait être condamnée à des dommages-intérêts, lorsque la réclamation n'a causé aucun préjudice aux parties (Saint-Gaudens, 6 août 1890, 7457 R. P.; — Dieppe, 13 déc. 1890, 7615 R. P.; — Seine, 6 fév. 1891, 7697 R. P.; — Coulommiers, 30 déc. 1892, 8216 R. P.; — Seine, 12 mai 1893, 8120 R. P.; — Toulouse, 5 juill. 1893, 8232 R. P.; — Seine, 6 avr. 1895, 8557 R. P.; — Caen, 26 fév. 1896, 8786 R. P.; — Seine, 20 nov. 1896, 9085 R. P.; — 17 déc. 1897, 9334 R. P.; 13 mai 1898, 9527 R. P.; — Cahors, 13 juin 1898, 9400 R. P.; — *contrà* Pontivy, 14 mai 1890, 7671 R. P.; — Bagnères, 21 fév. 1896, 8941 R. P.).

Reconnu, dans le même ordre d'idées, qu'en pratiquant une saisie-arrêt contre le débiteur d'une amende, avant que la demande en remise déposée par lui ait été examinée par l'autorité compétente, l'Administration ne fait qu'user de son droit légal, et ne saurait être, de ce chef, condamnée à des dommages-intérêts (Limoges, 25 juin 1892; — Cass. 27 nov. 1895, 8684 et 8860-29 R. P.).

Jugé également, en matière d'assistance judiciaire, que l'Administration, qui a été de bonne foi en poursuivant le recouvrement de frais d'assistance faisant l'objet d'un exécutoire irrégulier et qui n'a fait qu'user de son droit, ne saurait être condamnée à des dommages-intérêts lorsqu'elle succombe dans sa réclamation (Bône, 10 juin 1902, 10351 R. P.).

Décidé : 1° en matière de contributions indirectes, que la Régie peut être légalement condamnée à des dommages-intérêts en vertu de l'art. 1382 C. civ., lorsqu'elle a pratiqué une saisie contre un particulier qui ne devait rien au Trésor, et qu'elle a suivi une procédure vexatoire (Cass. 21 avr. 1891, 7959 R. P.);

2° En matière civile, que le défendeur à une instance ne peut être condamné à des dommages-intérêts sous le prétexte que sa résistance à l'action ne s'explique pas, la résistance, en l'absence de toute fraude constatée, ne constituant que l'exercice d'un droit (Cass. 9 juin 1898, 9603 R. P.; — 12 fév. 1900, 9944 R. P.).

327. Remboursement offert. — Réserves. — Préjudice. — Dépens. — Lorsqu'au cours d'une instance engagée sur une demande en restitution de droits d'enregistrement, l'Administration s'est déclarée prête, sous certaines réserves, à effectuer le remboursement sollicité, le jugement qui lui donne acte de son offre peut, tout en accueillant ses réserves, la condamner à l'intégralité des dépens, si la partie a subi un préjudice à raison tant de l'importance de la somme indûment perçue que du retard apporté au remboursement (Bayonne, 7 janv. 1902, 10147 R. P.).

340. Débiteurs non solidaires. — Mémoire signifié à chacun des débiteurs. — Signification régulière. — Lorsque des parties non solidaires pour le payement d'un supplément de droit ont élu domicile chez un même avoué, mais n'ont pas demandé que les significations leur soient faites à ce domicile par une seule et même copie, l'Administration est fondée à fournir autant de copies qu'il y a de parties en cause (Dieppe, 9 mars 1898, 9355 R. P.).

358. Dépens. — Frais de signification. — La condamnation aux dépens de la partie qui succombe comprend tous les frais de signification exposés par l'adversaire pour sa défense (Rouen, 5 avr. 1900, 10069 R. P.).

362. Défaut profit-joint. — Lorsque, à la suite d'une contrainte, décernée entre deux débiteurs, l'un d'eux seulement a formé opposition et que le second, assigné directement par l'Administration, n'a pas comparu, le Tribunal peut donner défaut contre ce dernier, joindre le défaut à l'instance, ordonner la réassignation à huitaine; puis, à défaut de comparution, donner itératif défaut et passer outre au jugement (Lons-le-Saulnier, 6 mars 1889, 7300 R. P.; — Seine, 25 fév. 1893, 8130 R. P.).

Mais lorsque, dans une instance dirigée contre deux redevables solidaires, l'une des parties forme seule opposition à la contrainte, le tribunal, déjà saisi par l'opposition avec assignation, ne peut plus, en ce qui la concerne, être saisi par l'Administration assignant directement. Dans ce cas, on ne rencontre point l'assignation directe à laquelle on puisse joindre le défaut prononcé contre la partie qui n'a pas fait opposition, et comme, d'autre part, le défaut ne peut être joint à l'opposition avec assignation, il en résulte que le tribunal ne peut autoriser la jonction de défaut et qu'il doit statuer immédiatement sur l'opposition (Seine, 9 août 1901, 10312 R. P.).

368. Défense de la partie. — Assignation motivée. — Jugement contradictoire. — L'opposition à une contrainte, lorsqu'elle est motivée, contient par cela même la défense du redevable à la demande formée contre lui. En conséquence, le jugement qui statue sur cette opposition doit être considéré comme contradictoire (Arras, 13 août 1890, 7576 R. P.; — Tours, 27 nov. 1896, 9006 R. P.; — Constantine, 2 nov. 1897, 9174 R. P.; — Pau, 19 mai 1899, 9322 R. P.; — Amiens, 7 déc. 1900, 10098 R. P.).

La contrainte de la Régie et l'opposition du redevable suffisent pour la décision du tribunal; le redevable ne peut tirer argument de ce qu'il s'est abstenu de répondre à un mémoire de la Régie (Cass. 7 mai 1901, 10064 R. P.; — 11 juin 1902, 10292 R. P.).

383. Appel. — Irrecevabilité. — Les jugements rendus en matière d'enregistrement ne peuvent être attaqués que par voie de cassation. Il en est de même de la décision, relative à l'application de l'art. 1036 C. proc., qui, prononcée incidemment, est un accessoire de la décision principale et se trouve soumise aux mêmes règles de compétence et de juridiction (C. Caen, 30 juin 1896, 8803 R. P.).

Le jugement qui statue sur une question relative à la perception du droit d'accroissement ne peut, de même que la demande en défense à exécution, être attaqué par la voie de l'appel. Il en est différemment du jugement qui tranche une question de validité de saisie immobilière. Par suite, les deux instances qui ont donné lieu à ces décisions ne sauraient être jointes et doivent faire l'objet de procédures distinctes (C. Nancy, 5 juin 1897, 9053 R. P.).

Le jugement qui statue sur une question d'exigibilité du droit d'accroissement ne peut, alors même qu'il serait qualifié de jugement en premier ressort, être attaqué par les voies de l'appel (C. Montpellier, 21 fév. 1898, 9506 R. P.).

386. Cassation. — Interprétation de fait. — La C. cass., à laquelle il appartient, en matière d'enregistrement, de vérifier si un jugement attaqué a donné aux actes et pièces invoqués par l'une des parties leur caractère légal susceptible de justifier la perception de l'impôt, ne peut exercer son contrôle, en l'absence de production, par cette partie, des documents sur lesquels le pourvoi s'appuie, et dont le jugement attaqué aurait mal apprécié la nature et la valeur juridiques (Cass. civ., 8 fév. 1893, 8031 R. P.).

Un jugement, motivé en fait, ne saurait être réformé par la C. Cass. dès l'instant qu'il n'est pas établi que les juges du fond ont inexactement interprété la convention qui leur était soumise (Cass. 20 juill. 1896, 8789 R. P.).

388. Pourvoi. — Défaut d'intérêt. — Irrecevabilité. — Quand un jugement rendu en matière d'omission commise dans une déclaration de succession, reconnait, en ce qui concerne certaines valeurs pour lesquelles la conviction du tribunal n'est pas suffisamment établie, qu'elles ont fait partie de l'hérédité, et se borne à condamner l'héritier à faire, à cet égard, une déclaration complémentaire, sans prononcer aucune sanction à son injonction, le chef de sa décision ne portant aucun préjudice à l'héritier, ce dernier est sans intérêt, et, par suite, sans qualité pour s'en prévaloir dans un pourvoi (Cass. 4 juill. 1901, 10066 R. P.).

395. Cassation. — Délai. — Point de départ. — Le délai pour se pourvoir en Cassation court du jour où la signification de la décision attaquée a été faite à personne ou à domicile (Cass. 20 juill. 1898, 9661 R. P.).

399. Pourvoi. — Signification. — Domicile élu. — Administration publique. — La signification à une administration publique, dans un lieu où elle n'a pas son siège, doit être faite à la personne ou au bureau de son préposé; la signification faite au domicile élu pour les actes de l'instance est irrégulière (Cass. civ., 20 juill. 1898, 9661 R. P.).

409. Moyen nouveau. — Prescription. — Est irrecevable le moyen relatif à la prescription, qui n'a pas été produit devant les premiers juges (Cass. 26 oct. 1892, 7978 et 8191-10 R. P.; — 10 juill. 1901, 10060 R. P.).

Est non recevable, comme n'ayant pas été opposé devant les juges du fond et comme étant produit pour la première fois devant la Cour, le moyen consistant à prétendre que la réclamation des droits simple et en sus sur le legs de la créance, est atteinte par la prescription biennale, attendu qu'elle a été formulée plus de deux ans après la déclaration dans laquelle les légataires universels ont fait connaître à l'Administration que le legs était caduc (Cass. 17 mars 1896, 8748 et 8860-45 R. P.).

412. Droits. — Contestation avant déclaration. — Moyen irrecevable. — Quand, après avoir décidé, en principe, qu'il s'est opéré une mutation définitive de propriété, soumise au droit proportionnel, et prescrit aux parties d'en faire la déclaration, sous l'astreinte du paiement des droits réclamés par la Régie, la liquidation de ces droits n'est que provisoire et doit être modifiée au vu de la déclaration faite par les parties. Ces dernières ne sont donc pas recevables à discuter devant la C. Cass. les bases de la liquidation de droits faisant l'objet d'une instance dont la Cour n'est pas actuellement saisie (Cass. 25 nov. 1901, 10083 R. P.).

413. Moyen nouveau. — Interprétation d'acte ou de fait. — Est irrecevable le moyen soulevant une question de fait, qui n'a pas été présenté devant les premiers juges (Cass. 29 oct. 1894, 8427 et 8650-27 R. P.).

Est irrecevable comme nouveau le moyen produit pour la première fois devant la C. cass. et qui consiste à refuser aux titres émis le caractère d'actions sous le prétexte, à l'appui duquel aucune preuve n'est d'ailleurs apportée, que la Société n'a suivi aucune des règles tracées par la loi de 1867, pour la constitution des sociétés par actions (Cass. 21 déc. 1895, 8687 et 8860-39 R. P.).

Est irrecevable comme nouveau le moyen produit pour la première fois devant la Cour par une congrégation religieuse et qui consiste à prétendre que les biens appartenant à la congrégation et placés sous séquestre ne doivent pas la taxe sur le revenu (Cass. 14 avr. 1897, 8991 et 9075-3 R. P.).

Un moyen nouveau, mélangé de fait et de droit, ne saurait être présenté, pour la première fois, devant la C. cass. (Cass. 26 juill. 1899, 9680 et 9916-24 R. P.).

421. Cassation. — Associés n'ayant pas été parties au procès. — Intervention. — Irrecevabilité. — L'Administration est fondée à suivre directement contre une société le recouvrement de l'impôt sur le revenu. Par suite, l'associé, qui n'a pas été roear partie intervenante devant les juges dont la décision est attaquée et n'établit pas qu'il soit en droit d'agir contre l'Administration, n'a pas qualité pour se pourvoir contre le jugement (Cass. civ., 26 avr. 1893, 8084 et 8194-32 R. P.).

429. Arrêt d'admission. — Défendeurs. — Pluralité. — Signification. — Copies séparées. — L'arrêt (req.), qui prononce l'admission d'un pourvoi, doit être signifié, par copies séparées, à chacune des parties défenderesses. Il est frappé de déchéance en ce qui concerne la partie à laquelle la signification par copie séparée n'a pas été faite (Cass. 26 juin 1895, 8605 R. P.).

413. Moyen nouveau. Irrecevabilité. — Est irrecevable le moyen de cassation tiré de la prescription biennale des droits en sus et des amendes afférents à un acte produit en justice, lorsque les parties ne justifient pas, par la production de la signification de la contrainte, qu'il leur a été demandé le payement de *pénalités* et qu'il résulte, au contraire, des constatations du jugement de première instance que la Régie n'a réclamé que *des droits simples* et que le tribunal n'a été saisi que de la question de la prescription biennale *de ces mêmes droits* (Cass. (req.), 22 mai 1906, 11220 R. P.).

491. Timbre. Procès-verbal. Époque de la rédaction. — Est régulier le procès-verbal qui constate une contravention au timbre, bien qu'il n'indique pas la date de la découverte de cette contravention, laquelle était antérieure à celle du procès-verbal lui-même (Philippeville, 18 janv. 1906, 11237 R. P.).

504. Dépôt public. — Si les pièces en contravention à la loi du timbre sont déposées au greffe du tribunal, leur saisie n'est point nécessaire pour la poursuite des droits et amendes (Seine, 23 déc. 1905, 11702 R. P.).

513. Timbre. Procès-verbal. Signification. — *Conf.* Seine, 23 déc. 1905, 11702 R. P.

540. Vente publique de meubles. Omission de lots adjugés. Demande d'enquête. Procédure ordinaire. — L'Administration doit suivre les règles de la procédure ordinaire pour être admise à établir au moyen d'une enquête que les lots mis aux enchères et adjugés ont été omis dans un procès-verbal de vente publique de meubles (Montreuil, 13 avril 1904, 10852 R. P.).

571. Amende de procédure civile. Recouvrement. — Pour le recouvrement des amendes de procédure civile, après que le jugement ou l'arrêt de condamnation a été signifié à la requête du Ministère public, l'Administration est fondée à agir par voie de commandement sans avoir à faire procéder à une nouvelle notification du jugement ou de l'arrêt (Auch, 5 avril 1905, 11014 R. P.).

578 *bis*. Arrêté du Garde des sceaux prescrivant le reversement au Trésor de frais de justice indûment ordonnancés. Commandement. Opposition. Incompétence du tribunal civil. — Le tribunal civil est incompétent pour statuer sur l'opposition faite par la partie au commandement qui lui a été signifié à la diligence du service de l'enregistrement, en vertu d'un arrêté du Garde des Sceaux lui enjoignant de reverser au Trésor le montant des frais de justice indûment ordonnancés à son profit; le litige doit être porté devant l'autorité administrative compétente pour apprécier la validité de l'arrêté ministériel (Troyes, 7 juin 1905, 11090 R. P.).

610. Biens situés dans le ressort de plusieurs tribunaux. — Lorsqu'il y a lieu à l'expertise de divers immeubles situés dans plusieurs arrondissements différents et ayant fait l'objet d'une vente moyennant un prix unique, l'Administration doit présenter sa demande devant le tribunal dans le ressort duquel se trouve l'immeuble qui a le plus fort revenu matriciel; il n'est pas nécessaire qu'elle produise des justifications à cet égard avant l'assignation, il suffit qu'elle les fournisse avant le jugement. Dans la même hypothèse, le tribunal compétent pour statuer sur la demande d'expertise doit, à peine de nullité, désigner des experts domiciliés dans le ressort des tribunaux de la situation de chacun des immeubles, sans pouvoir, en vue de diminuer les frais, nommer un seul expert pour la partie, bien que celle-ci ait présenté des conclusions dans ce sens (Seine, 12 avril 1906, [illegible] R. P.).

431. Arrêt d'admission. — Signification. — Exploit. — Copie. — Indications erronées. — L'arrêt (req.) qui admet un pourvoi doit être signifié dans les deux mois de sa date, sous peine de déchéance. L'omission ou l'inexactitude de la date indiquée dans la copie ne peut être couverte par les autres énonciations de cette copie. La régularité de l'original ne couvre pas le vice dont la copie est entachée (Cass. 14 mars 1900, 9797 R. P.).

451. Arrêt d'admission. — Signification. — Société en liquidation. — La signification d'un arrêt d'admission est régulièrement faite à la personne et au domicile indiqués dans tous les actes de la procédure antérieure. Spécialement, les sociétés commerciales dissoutes continuant d'exister pour les besoins de la liquidation, la signification faite au siège d'une société en commandite est régulière sans qu'il soit besoin d'indiquer que le gérant était pris en qualité de liquidateur, alors que dans toute la procédure il n'a jamais indiqué un domicile autre que celui de la société dont il était le gérant (Cass. civ., 7 nov. 1898, 9663 R. P.).

484. Acte non timbré produit en justice. — Représentation exigée par le receveur. — Constatation de la contravention. — Moyen licite. — La contravention est régulièrement constatée, lorsque le reçu non timbré, ayant été produit en justice, a été remis à l'Administration sur sa demande par le créancier lui-même pour l'examen d'une pétition déposée par lui (Seine, 15 juin 1895, 8630 R. P.).

491. Timbre. — Procès-verbal. — Époque de la rédaction. — Les procès-verbaux de contravention en matière de timbre ne doivent plus être rédigés et signifiés dans le délai de trois jours fixé par l'art. 32 L. brum. an VII; il suffit qu'ils soient rapportés avant la contrainte et signifiés en même temps qu'elle (Seine, 19 mai 1893, 8204 R. P.).

Ce jugement doit être approuvé. Il est, en effet, de jurisprudence que le mode de poursuites établi, en matière de timbre, par l'art. 32 L. 13 brum. an VII, a été abrogé par la L. 28 avr. 1816, qui a substitué la poursuite par voie de contrainte à la poursuite par voie de signification du procès-verbal (*Rép. gén.*, v° *Instances*, n° 513). Il en résulte qu'il n'est plus nécessaire de rapporter le procès-verbal constatant la contravention, dans un délai déterminé : il suffit qu'il soit dressé avant l'échéance de la prescription applicable aux droits et amendes de timbre, et, en tout cas, avant la signification de la contrainte.

513. Timbre. — Procès-verbal. — Signification. — Les procès-verbaux de contravention, en matière de timbre, ne doivent plus être signifiés dans le délai de trois jours fixé par l'art. 32 L. 13 brum. an VII; il suffit qu'ils soient rapportés avant la contrainte et signifiés en même temps qu'elle (Seine, 19 mai 1893, 8204 R. P.).

En matière de contravention au timbre, il n'est pas nécessaire de faire précéder la signification de la contrainte de la copie du procès-verbal (Valognes, 10 août 1893, 8307 R. P.). — V. n° 491 *suprà*.

517. Timbre. — Recouvrement des droits et amendes. — Receveur compétent. — Le recouvrement des droits et amendes de timbre doit être poursuivi par le receveur du bureau dans la circonscription duquel la contravention a été constatée (Valognes, 10 août 1893, 8307 R. P.).

541. Enquête. — Contributions indirectes. — Les enquêtes ordonnées en matière de contributions indirectes doivent avoir lieu en la forme prescrite par les enquêtes ordinaires (Cass. civ. 14 fév. 1900, 9943 R. P.).

581. Expertise. — Droit exclusif de l'Administration. — Le droit de requérir l'expertise d'un immeuble transmis par décès, pour en fixer la valeur locative, appartient à l'Administration seule, à l'exclusion de l'héritier (Nice, 21 déc. 1898, 9068 R. P.).

588. Expertise. — Biens non productifs de revenu. — Délai. — L'art. 12 L. 25 fév. 1901 (V. *Expertise*) dispose que les droits de mutation à titre gratuit, entre vifs et par décès, seront liquidés sur la valeur vénale, en ce qui concerne les immeubles dont la destination actuelle n'est pas de procurer un revenu. Il ajoute que les insuffisances d'évaluation en valeur vénale seront constatées par voie d'expertise et réprimées selon les règles actuellement en vigueur. Bien que ces règles n'aient pas été expressément rappelées, il ne nous paraît pas douteux qu'on ne peut invoquer que celles qui concernent les insuffisances de prix, à l'exclusion de celles qui sont relatives aux insuffisances de revenu. Telle est, du reste, l'interprétation admise par M. Mesureur, dans son rapport sur la loi (p. 110). Il en résulte, notamment, que l'expertise prévue par l'article précité ne peut être requise que dans le délai d'un an fixé par l'art. 17 L. frim.

602. Expertise. — Frais à la charge du vendeur. — Si l'action en expertise doit être dirigée contre le nouveau possesseur, alors même que les frais de la vente sont mis à la charge du vendeur, ce dernier peut cependant être autorisé à intervenir à l'instance (Seine, 22 juill. 1893, 8149 R. P.).

610. Biens situés dans le ressort de plusieurs tribunaux. — L'art. 17 L. 25 fév. 1901 a étendu aux mutations par décès l'art. 1er L. 15 nov. 1808 spécial aux mutations entre vifs à titre gratuit ou à titre onéreux. Il a prescrit que, lorsqu'il y aura lieu de requérir l'expertise d'un immeuble ou d'un corps de domaine, ne formant qu'une seule exploitation, situé dans le ressort de plusieurs tribunaux, la demande en sera portée au tribunal de première instance dans le ressort duquel se trouve le chef-lieu de l'exploitation ou, à défaut de chef-lieu, la partie des biens présentant le plus grand revenu, d'après la matrice du rôle (V. *Code des lois*).

Cette disposition laisse subsister toutes les règles antérieures relatives à l'expertise des biens entièrement situés dans le ressort de plusieurs tribunaux. Par suite, bien que, sous l'empire du nouveau régime établi par la L. 25 fév. 1901, les déclarations de succession doivent être faites au bureau du domicile du décédé, quelle que soit la situation des valeurs mobilières ou immobilières à déclarer, l'expertise, pour les immeubles situés dans le ressort du même tribunal, devra être suivie, comme antérieurement, devant le tribunal de la situation de ces biens, sans avoir égard au lieu où la déclaration a été souscrite (L. frim. art. 18).

Mais, en cas de recouvrement des droits applicables à l'insuffisance, la recette devra toujours être effectuée au bureau du domicile du défunt, où la déclaration a été faite.

L'art. 17 est conçu d'une manière générale ; il s'applique, par conséquent, à toutes les expertises d'immeubles situés dans le ressort de plusieurs tribunaux, sans qu'il y ait à distinguer si l'expertise doit porter sur le revenu ou sur la valeur vénale, et s'il s'agit de mutations entre vifs ou par décès.

1. *Procédure.* — L'art. 17 précité L. 25 fév. 1901 ajoute que les experts et, le cas échéant, le tiers expert prêteront serment devant le juge de paix du canton dans lequel se trouve le chef-lieu de l'exploitation ou, à défaut du chef-lieu, la partie des biens présentant le plus grand revenu d'après la matrice du rôle. Le tiers expert sera nommé par ce juge de paix, si les experts ne peuvent en convenir (V. *Code des lois*).

Il est à peine besoin de faire remarquer que, contrairement aux dispositions de l'art. 1er L. 15 nov. 1808, il n'est pas nécessaire que les experts soient domiciliés dans le ressort des tribunaux de la situation des biens.

2. *Date d'application de la nouvelle procédure.* — Les règles édictées par l'art. 17 doivent s'appliquer à toutes les instances en expertise, à compter de la mise en vigueur de la nouvelle loi, quelle qu'ait été la date de la déclaration.

613 614. Expertise. — Prescription. — Interruption. — La prescription biennale à laquelle est soumis, en vertu des art. 19 et 61 nº 1 combinés L. frim., le droit qui appartient à l'Administration de faire constater, par voie d'expertise, une fausse évaluation dans une déclaration de transmission d'immeubles à titre gratuit, est valablement interrompue par la signification et l'enregistrement, avant l'échéance du délai de deux ans à compter de la déclaration, d'un exploit portant notification aux parties de la requête en expertise, avec sommation de nommer leur expert dans les trois jours et assignation devant le tribunal dans l'arrondissement duquel les biens sont situés (Cass. civ. 12 nov. 1901. — *Contrà* Valenciennes, 28 oct. 1896, 10080 R. P.).

624. Rapport du juge. — Expertise. — La loi n'exige pas que le jugement qui ordonne l'expertise et nomme d'office l'expert, soit précédé du rapport d'un juge (Tarbes, 27 mars 1889, 7349 R. P.).

626 et 635. Expertise. — Nomination d'expert par le tribunal. — Jugement par défaut. — Opposition. — Le jugement qui nomme d'office un expert à la partie défaillante qui n'a pas fait cette désignation, est simplement préparatoire et non interlocutoire, et n'est, par suite, susceptible ni d'appel ni d'opposition (Romorantin, 25 juill. 1891, 7681 R. P.).

635. Expertise. — Jugement ordonnant l'expertise. — Huissier commis. — Opposition. — Il n'est pas nécessaire que le jugement, qui nomme d'office l'expert de la partie, ordonne expressément l'expertise, si ce jugement a précisément pour objet de remplacer l'expert non acceptant qu'avait déjà désigné la partie. On doit d'autant mieux le décider ainsi que, en donnant mission aux experts de rechercher le véritable revenu des biens litigieux à l'époque de la transmission, le tribunal statue, par cela même, au sujet de l'expertise. Un tel jugement constitue un simple acte préparatoire, non susceptible d'opposition et dont la signification n'a pas besoin d'être faite par un huissier commis par le tribunal dans les conditions de l'art. 156 C. proc. (Villefranche, 15 juill. 1891, 7711 R. P.).

640. Domicile de l'expert. — Biens situés dans le ressort de plusieurs tribunaux. — V. nº 610 *supra*.

665. Expertise. — Serment des experts. — Requête. — Compétence du receveur. — La requête au juge de paix, pour faire fixer par ce magistrat la date à laquelle les experts pourront prêter serment, a le caractère d'un acte d'exécution et peut être valablement présentée et signée par tous les agents de l'Administration, notamment par le receveur de la situation des biens (Villefranche, 15 juill. 1891, 7711 R. P.).

Décidé, en sens contraire, qu'un receveur n'a pas qualité pour présenter au magistrat, appelé à recevoir le serment des experts, la requête en fixation du jour du serment (Argentan, 10 déc. 1896, 9054 R. P.).

672. Serment des experts. — Désignation du magistrat. — L'usage s'est établi, dans les expertises en matière d'enregistrement, de ne présenter effectivement la requête au tribunal que lorsqu'il y a lieu, sur le refus de la partie, de pourvoir d'office à la nomination de son expert. Cette pratique remonte à un arrêt C. Cass. 8 août 1836 (Instr. nº 1528, § 24), aux termes duquel il serait inutile et frustratoire de faire ordonner l'expertise par un jugement, dès lors que la partie consent à y prendre part volontairement et fait elle-même choix d'un expert, à la suite de la sommation contenue dans l'exploit de signification de la requête.

Par voie de conséquence, les experts sont généralement cités, sans jugement préalable, devant le juge de paix du canton où sont situés les biens à expertiser et au jour fixé par ce magistrat sur simple requête, pour prêter le serment prescrit par la loi.

Ces errements ont été condamnés par un arrêt C. Cass. 13 nov. 1901 (10081 R. P.), décidant que, d'après l'art. 305 C. proc., lequel est applicable en la matière à défaut de dispositions particulières de la loi fiscale, c'est au tribunal qu'il appartient exclusivement de désigner le magistrat chargé de recevoir le serment des experts, aussi bien lorsque ceux-ci sont choisis par les parties que lorsqu'ils sont nommés d'office :

« Attendu, porte l'arrêt, que les dispositions spéciales relatives aux formes de procéder dans les litiges concernant les droits d'enregistrement, constituent des exceptions dérogatoires au C. proc. et n'en excluent l'application que pour les cas qu'elles prévoient expressément ; — Que, par suite, le droit commun reprend son empire sur tous les points que la loi fiscale n'a pas exceptionnellement spécifiés ;

642. Première expertise annulée. Nouvelle expertise ordonnée par le tribunal. Même expert désigné par l'Administration. Récusation. — Il appartient aux tribunaux qui ont annulé une première expertise et en ont ordonné une nouvelle d'apprécier, d'après les faits et circonstances de la cause, s'il est opportun de confier la seconde opération aux experts précédemment commis ou d'en nommer de nouveaux. Spécialement, il y a lieu d'accueillir la demande de la partie tendant à la récusation de l'expert choisi par l'Administration pour procéder à une seconde expertise, lorsque cet expert est le même que celui qu'elle avait choisi pour la première expertise et que cette opération a été annulée parce que son rapport était incomplet et défectueux (Nevers, 7 déc. 1904, 10907 R. P.).

672. Experts. Serment. Magistrat chargé de le recevoir. Désignation. — Quand les biens sont situés dans le ressort du même tribunal, c'est à ce tribunal qu'il appartient, par application de l'art. 305, C. proc., de désigner le magistrat chargé de recevoir le serment des experts (Vitry-le-François, 17 avril 1902, 10378 R. P.).

685. Expertise. Tiers expert. Défaut d'évaluation. — Lorsque, au cours d'une expertise poursuivie par l'Administration pour établir l'insuffisance du prix de vente d'un fonds de commerce, — dans l'espèce, un café-concert, — le tiers expert n'a pas cru devoir évaluer led. fonds, sous le prétexte qu'il n'existe pas d'éléments lui permettant de se faire une opinion à ce sujet, sa mission ne saurait être considérée comme remplie : à défaut de comparaison possible avec des fonds de même nature, il devait, en effet, se guider d'après les considérations diverses que pouvaient lui suggérer ses lumières et sa conscience, telles que l'importance de la clientèle, la situation du fonds, la variété et l'intérêt des spectacles que l'installation de l'établissement permet d'offrir au public, le produit certain, approximatif ou probable, des bénéfices. On ne saurait, en conséquence, prétendre que l'expertise est défavorable à la Régie, par le motif que le tiers expert a déclaré, dans son rapport, que la perception du droit de mutation ne peut, au cas particulier, être basée que sur la déclaration des parties, et que, dès lors, son avis concorde avec celui de l'expert de l'acquéreur, d'après lequel le prix indiqué au contrat représente la valeur réelle du fonds vendu ; le tiers expert n'a pas, en effet, émis sur la valeur de ce fonds une opinion de nature à former l'avis de la majorité des experts, puisque, en réalité, il n'en a exprimé aucune (Lyon, 2 nov. 1905, 11112 R. P.).

« Attendu que, si l'art. 18 L. frim. détermine la forme à suivre dans les expertises provoquées par la Régie, à l'effet d'évaluer les revenus des immeubles transmis en propriété ou en usufruit, les règles du Code de procédure demeurent applicables à ces expertises pour toutes les formalités auxquelles il n'a pas été formellement dérogé ;

« Attendu qu'il en est notamment ainsi pour la prestation de serment des experts, la loi fiscale ne contenant, sauf le cas prévu par l'art. 1er L. 15 nov. 1808, aucune disposition spéciale à cet égard ; — Qu'en conséquence, conformément à l'art. 305 C. proc., c'est au tribunal, auquel la Régie a fait la demande en expertise, qu'il appartient exclusivement de désigner le magistrat chargé de recevoir le serment des experts, qu'ils soient nommés d'office par lui ou choisis par les parties... » (*Conf.* Argentan, 16 déc. 1896, 9054 R. P. ; — Pont-l'Évêque, 25 janv. 1900, 9976 R. P. ; — Vitry-le-François, 17 avr. 1902).

L'Administration ayant décidé de prendre pour règle la doctrine de cet arrêt, les experts ne seront désormais appelés à prêter serment que devant le magistrat qui aura été préalablement désigné par un jugement du tribunal compétent.

A cet effet, les directeurs n'omettront pas d'insérer, dans la requête en expertise, des conclusions tendant à la désignation par le tribunal, conformément à l'art. 305 C. proc. civile, du magistrat chargé de recevoir le serment des experts.

Cette requête sera présentée au tribunal, dès que la partie aura notifié la nomination de son expert ou que le délai de trois jours, dans lequel cette nomination aurait dû avoir lieu, sera expiré (3078 I. G.).

Les règles qui précèdent sont, d'ailleurs, applicables au serment du tiers expert (Sol. 19 avr. 1902, 3089-33 I. G. ; 10290 R. P.).

Biens situés dans le ressort de plusieurs arrondissements. — Toutefois, cette règle ne sera pas appliquée, lorsque l'expertise aura pour objet un immeuble ou corps de domaine ne formant qu'une seule exploitation et situé dans le ressort de plusieurs tribunaux. Un jugement du tribunal serait, en effet, sans utilité, dans ce cas spécialement prévu par l'art. 17 L. 25 fév. 1901 (V. n° 610 supra) aux termes duquel « les experts et, le cas échéant, le tiers expert prêteront serment devant le juge de paix du canton dans lequel se trouve le chef-lieu de l'exploitation ou, à défaut de chef-lieu, la partie des biens présentant le plus grand revenu d'après la matrice du rôle » (3078 I. G.).

Règle spéciale à Paris. — A Paris, le canton n'existant pas, en tant que circonscription territoriale, le tribunal ne peut déléguer le juge de paix pour recevoir le serment des experts, et le serment doit être reçu par un magistrat du siège (Seine, 4 janv. 1902, 10229 R. P.).

676. Expertise. — Présence des parties. — Ne saurait être admis le moyen du redevable tendant à soutenir qu'il n'a pas assisté aux opérations de l'expertise, lorsqu'il est constaté, en fait, que toutes les mesures ont été prises pour que ce redevable puisse suivre les opérations et présenter ses observations (Cass. req. 17 juill. 1893, 8145 et 8178-12 R. P.).

L'expertise est valable, bien que le rapport n'indique pas que la partie ait assisté à sa rédaction, s'il est constant, en fait, que le redevable a connu toute la procédure et a fourni les justifications utiles à sa cause (Béziers, 15 fév. 1894, 8327 R. P.).

Bien que l'observation des formalités établies, en matière d'expertise, par les art. 315 et suiv. C. proc., ne soit pas prescrite à peine de nullité, leur omission pourrait, cependant, entraîner la nullité des expertises comme portant atteinte à la libre défense, si elle avait eu pour effet d'enlever aux parties la possibilité de faire aux experts les observations et réquisitions utiles à leurs intérêts. Spécialement, quand les parties, sommées de comparaître aux opérations des deux premiers experts et à la première vacation des opérations du tiers expert, n'ont comparu qu'à cette seule vacation, sans ignorer, à cette date, que les opérations porteraient sur la question de savoir quelle nature il convient d'assigner à l'immeuble expertisé (habitation en état d'être louée, ou, au contraire, à raison de la vétusté des bâtiments, terrain susceptible de lotissement et destiné à des constructions nouvelles), elles ne peuvent, dans ces circonstances, soutenir que le défaut d'indications données pour se présenter aux vacations successives et suivantes des experts ou du tiers expert a eu pour résultat de leur enlever la possibilité de faire toutes observations utiles, de leur causer un préjudice et d'entraver leur droit de défense (Seine, 20 mai 1897 ; — Cass., 15 fév. 1899, 9504 et 9916 9 R. P.).

685. Expertise. — Bases d'évaluation. — L'art. 17 L. frim. ne déterminant pas, d'une manière précise, les bases que les experts doivent suivre dans leurs évaluations, ces derniers peuvent choisir celles que leurs lumières et leur conscience leur suggèrent, sauf aux juges à les apprécier (Seine, 27 fév. 1891, 7608 R P. ; — Bar-sur-Aube, 8 juin 1893 ; — Cass. 8 mai 1895, 8543 et 8860-11 R. P. ; — Seine, 4 janv. 1902, 10229 R. P.).

L'art. 17 L. frim. ne prescrit aucun mode spécial d'appréciation que les experts soient nécessairement obligés d'employer ; il ne fait qu'accorder à la Régie le droit d'exiger une expertise, lorsqu'il lui paraît, par la comparaison des immeubles vendus avec les fonds voisins de même nature, que le prix déclaré dans l'acte est inférieur à la valeur vénale des immeubles. Et, pour procéder à leurs évaluations, les experts peuvent choisir, comme bases d'estimation, celles que leurs lumières et leur conscience leur suggèrent. Ne commet, en conséquence, aucune violation de la loi, le jugement qui se refuse à prendre comme terme de comparaison les ventes de terrains et bâtiments indiquées par les parties, et dont les experts n'ont pas fait état dans leur travail.

Manque, en fait, le moyen consistant à soutenir que le tiers expert n'a pas tenu compte, dans son évaluation, de la valeur de constructions à expertiser, lorsqu'il est constant que, dans son rapport, il ne s'est pas uniquement attaché à la valeur du terrain nu.

C'est vainement, d'ailleurs, que les parties font grief au tribunal d'avoir violé les principes de la matière en acceptant, dans une partie de ses motifs, l'évaluation d'après le revenu, dès lors qu'il résulte du rapport du tiers expert, tel qu'il a été homologué, que l'évaluation en revenu a été uniquement faite pour corroborer celle de la valeur vénale du terrain nu et du terrain bâti expertisés (Seine, 1er juill. 1899; — Cass. 22 oct. 1901, 10082 R. P.).

N'est pas plus fondé le moyen tiré de ce que le tribunal n'aurait pas déduit la valeur d'une servitude grevant les immeubles soumis à l'expertise, lorsque les constatations du rapport dûment homologué établissent que l'existence de la servitude a été prise en considération et regardée comme ne pouvant être une cause de dépréciation de la propriété (Cass. 22 oct. 1901, 10082 R. P.).

694. Expertise. — Valeur vénale. — Époque de la transmission. — Évaluation du revenu. — Lorsque des experts chargés de fixer la valeur locative d'une usine et des terrains compris dans un acte de donation, déterminent d'une façon exclusive, dans leur rapport, la valeur locative de ces immeubles, le jugement qui homologue le rapport dont il s'agit ne saurait être valablement attaqué, sous le prétexte que les experts ont pris pour base de leur évaluation le produit de l'exploitation de l'industrie exercée dans l'usine, et ont ainsi estimé, non un revenu foncier, mais un revenu commercial (Bar-sur-Aube, 8 juin 1893; — Cass. 8 mai 1895, 8543 et 8860-11 R. P.).

Manque, en fait, le moyen des parties tendant à prétendre, d'une part, que les experts se sont fondés, pour faire leurs calculs, sur l'état du domaine tel qu'il était plus d'un an après l'époque du décès, au lieu de se placer à la date même du décès; d'autre part, qu'ils ont pris pour base de leurs calculs la valeur vénale et non la valeur locative de cet immeuble, dès lors qu'il résulte des rapports des experts que ces derniers n'ont, à aucun moment de leur travail, méconnu le caractère et la portée de la mission qui leur avait été confiée, en considérant l'immeuble dans son état au jour de la transmission, et en cherchant à se rendre compte de la valeur vénale uniquement pour contrôler l'estimation qu'ils ont faite de la valeur locative, cette valeur, fixée par comparaison avec celle des immeubles voisins ayant été la base réelle de leur estimation (Seine, 29 mai 1897; — Cass. (req.), 15 fév. 1899, 9504 et 9946-9 R. P.).

698. Expertise. — Promesse de vente. — Valeur vénale. — Époque de la réalisation de la promesse. — Lorsqu'un immeuble a fait l'objet d'une promesse de vente, le droit exigible lors de la réalisation de cette promesse doit être liquidé sur la valeur vénale, au jour de la réalisation et non sur la valeur vénale à la date de la promesse (Seine, 28 déc. 1901, 10228 R. P.).

702. Terrain à bâtir. — Lorsque la propriété expertisée comprend, au jour du décès, une maison en ruines avec un grand parc, et que, peu de temps après le décès, l'acquéreur auquel elle a été vendue fait démolir les bâtiments et met en vente le terrain par lots, la propriété présente les caractères de terrain à bâtir et doit être évaluée comme telle (Seine, 29 mai 1897, 9504 R. P.; — V. no 676 *suprà*.

Faisons remarquer, à ce sujet, que, s'il s'agit d'une mutation à titre gratuit, entre vifs ou par décès, c'est la valeur vénale seule, à l'exclusion de la valeur locative, qui, depuis la L. 25 fév. 1901, art. 12, doit servir de base à la perception, et, par suite, à l'expertise. — V. no 568 *suprà*.

708. Expertise. — Frais de garde. — Charges. — On ne saurait faire grief au jugement de ce qu'il a refusé de déduire du revenu constaté les frais de garde de la propriété expertisée, sans ordonner une nouvelle expertise, quand il a considéré comme dilatoire ce moyen non soulevé lors des opérations de l'expertise et produit, pour la première fois, devant lui. On ne peut non plus reprocher au jugement de n'avoir pas tenu compte des servitudes et charges grevant la propriété si, en fait, il est établi que ces servitudes ont servi à fixer le revenu déterminé par les experts (Cass. (req.) 17 juill. 1893, 8145 et 8418-12 R. P.).

743. Expertise. — Rapport rédigé dans un lieu autre que le lieu contentieux. — Notification non faite au défaillant. — L'art. 317 C. proc. qui permet que le rapport des experts soit rédigé dans un lieu autre que le lieu contentieux, n'exige nullement que cette indication soit notifiée spécialement au défaillant. Ce dernier ne saurait, dès lors, se prévaloir du défaut de notification, surtout quand il est constant, en fait, qu'il a été exactement informé de toutes les opérations des experts (Cass. 21 oct. 1895, 8667 et 8860-27 R. P.).

744. Rapport des experts. — Lieu de rédaction. — Omission. — L'omission, dans le rapport des experts, du lieu où ce rapport a été rédigé ne constitue pas une cause de nullité, surtout quand l'omission n'a porté aucune atteinte aux droits de la partie contre laquelle l'expertise était suivie (Béziers, 15 fév. 1894, 8327 R. P.).

748. Expertise. — Rapports. — Dépôt. — Délai. — Le fait que les rapports n'ont été déposés, ni dans le mois prévu par l'art. 18 L. frim., ni dans les trois mois impartis par l'art. 1012 C. proc., n'entraîne pas la nullité des opérations de l'expertise (Seine, 4 janv. 1902, 10229 R. P.).

752. Rapports distincts. — S'il est admis que les deux experts peuvent séparément rédiger leur avis dans deux rapports distincts, est également licite la rédaction d'un rapport unique, dans lequel chacun des experts développe son avis (Béziers, 15 fév. 1894, 8327 R. P.).

755. Expertise. — Estimation au jour de la transmission. — V. no 676 *suprà*.

764 *bis*. Expertise. — Rapport. — Signification à avoué. — Formalité sans application dans les expertises en matière d'enregistrement. — S'il est dit, dans l'art. 321 C. proc., que le rapport sera levé et signifié à avoué par la partie la plus diligente, la nullité de l'expertise n'est pas prononcée par la loi, à raison de l'inaccomplissement de cette formalité. D'ailleurs, si, pour les règles générales de procédure concernant les expertises en matière d'enregistrement, il est de principe que ce sont celles du C. de proc. qui doivent être suivies dans le silence de la loi spéciale (art. 18, L. frim.), ce principe n'est vrai que pour celles des dispositions du Code qui sont compatibles avec l'instruction particulière aux affaires d'enregistrement, et, comme dans ces affaires, le ministère d'avoué n'est pas obligatoire, l'art. 321 C. proc., qui prescrit la signification du rapport à avoué, est sans application possible (Cass. 21 oct. 1895, 8667 et 8860-27 R. P.).

724. Insuffisance. Mutation à titre gratuit. Baux courants. Arbres épars et en bordure. Revenu distinct. Expertise. — V. *Insuffisance*, no 21.

747. Expertise. Dire de la partie. Défaut de mention spéciale dans le rapport du tiers expert. — Aucune disposition légale n'oblige les experts à donner le détail des pièces et documents qui leur ont été confiés et des dires qui leur ont été soumis (Seine, 13 mai 1905, 11194 R. P.).

748. Expertise. Rapport du tiers expert. Dépôt. Délai. — Le fait que le rapport du tiers expert n'a pas été déposé dans le délai d'un mois fixé par l'art. 18 L. frim. n'entraîne pas la nullité des opérations d'expertise (Seine, 13 mai 1905, 11194 R. P.).

775. Désaccord entre les deux premiers experts. Tentative de conciliation non prévue par la loi. — Lorsque l'expert de l'Administration et celui de la partie ne sont pas d'accord dans leurs appréciations, il n'y a pas lieu de recourir, préalablement à la nomination d'un tiers expert, à une tentative de conciliation entre eux à laquelle la partie doive être convoquée, cette tentative de conciliation n'étant pas prévue par la loi (Seine, 13 mai 1905, 11194 R. P.).

782. Expertise. Nomination du tiers expert. Initiative de l'Administration. Adhésion implicite de la partie. — Dès que le désaccord entre les deux premiers experts est constaté, l'Administration ne fait qu'user de son droit en provoquant immédiatement la désignation d'un tiers expert, et la partie ne saurait être admise à s'en plaindre, alors surtout qu'elle a implicitement approuvé cette désignation en se faisant représenter à la prestation de serment et aux opérations du tiers expert (Seine, 13 mai 1905, 11194 R. P.).

813. Expertise. Pouvoir des juges. — *Conf.* Seine, 4 avril 1903, 10611 R. P.; — Seine, 6 fév. 1905, 10757 R. P.

Critique contre le tiers expert. Irrecevabilité. — Le tribunal, qui est lié par l'opinion des experts, ne saurait s'arrêter aux critiques dirigées contre la compétence et l'impartialité du tiers expert, dès lors que celui-ci s'est inspiré du mode d'évaluation que ses lumières et sa conscience lui suggéraient (Seine, 13 mai 1905, 11196 R. P.).

818. Expertise. Bases diverses d'évaluation présentées par le tiers expert. Estimation intermédiaire. — Lorsque l'expert de l'Administration a évalué à 19.957 fr. le revenu d'immeubles somptueux au moment du décès, — que l'expert de la partie a déclaré que ces biens n'étaient à cette époque susceptibles d'aucun revenu, — et que le tiers expert a fourni trois évaluations distinctes se tenant entre ces deux extrêmes, l'une établissant le revenu moyen, tous frais d'exploitation déduits, l'autre le prix d'un bail de courte durée, et la troisième le produit d'un bail à moitié fruits, — c'est la première des estimations ainsi faites par le tiers expert qui constitue l'avis de la majorité et fixe, par suite, les résultats de l'expertise (Perpignan, 3 mars 1903; Cass. (req.), 19 avril 1905, 10972 R. P.).

820. Expertise faite à la requête de la partie seule. Frais à sa charge. — Alors même que, dans une instance, l'administration succombe sur le fond du débat, elle ne saurait être condamnée aux frais d'une expertise faite à la seule requête de la partie et en dehors de toute décision judiciaire (Albi, 6 juill. 1905, 10870 R. P.).

769. Nouvelle expertise. — Les juges sont liés par l'avis de la majorité des experts; ils ne peuvent qu'ordonner une nouvelle expertise, s'ils pensent que la première a été mal faite et qu'elle renferme des erreurs (Limoges, 5 mars 1891, 7041 R. P. — V. nº 813 *infrà*).

Lorsque le tribunal, se rendant lui-même compte des motifs qui ont déterminé les premiers experts, a examiné l'inutilité d'une nouvelle expertise, les parties ne sauraient valablement prétendre que, sans sortir des limites fixées par la loi, il n'a pas exercé le droit de contrôle qui lui appartient (Cass. 22 oct. 1901, 10082 R. P.).

777 *bis*. Opposition à tierce expertise. — Ne forme pas un cas de nullité le fait par l'Administration de suivre la tierce expertise malgré l'opposition formulée par la partie contre la validité des opérations des premiers experts (Béziers, 15 fév. 1894, 8327 R. P.).

778. Désaccord des premiers experts. — Tierce expertise. — Il y a lieu à la tierce expertise, quand les deux premiers experts ne sont d'accord ni sur les défalcations à effectuer pour obtenir le revenu net, ni sur les contenances des immeubles expertisés (Béziers, 15 fév. 1894, 8327 R. P.). — Manque en fait le moyen consistant à soutenir que le tiers expert a fait porter ses investigations sur un point au sujet duquel l'expert de l'Administration et celui de la partie s'étaient mis d'accord, alors qu'il est établi qu'aucun rapport d'ensemble et d'accord n'a pu être adressé; — que deux avis distincts ont été formulés; — qu'au moment où le tiers expert a eu à se rendre compte de l'importance de sa mission, il s'est trouvé en présence, soit d'un désaccord apparent des experts entre eux sur le rendement de certains des biens expertisés, soit d'une erreur matérielle de l'expert de la partie, soit d'une contradiction de l'expert de l'Administration avec lui-même sur le même point, — et, en outre, que le désaccord des experts sur le nombre des hectares exploités comme champs de culture a été complet, ledit désaccord étant de nature à exercer son influence sur le revenu adopté comme moyenne par l'un et par l'autre (Cass. 8 oct. 1895, rejetant le pourvoi contre le jug. Béziers, précité; 3667 et 8860-27 R. P.).

781. Nomination du tiers expert. — Biens situés dans le ressort de plusieurs tribunaux. — V. nº 610 *suprà*.

788. Dissentiment des parties. — Nomination du tiers expert. — Il suffit que le dissentiment des experts sur le choix du tiers expert soit constant, pour que le juge de paix procède à la nomination du tiers expert (Béziers, 15 fév. 1894, 8327 R. P.).

790. Domicile du tiers expert. — Biens situés dans le ressort de plusieurs tribunaux. — V. nº 610 *suprà*.

798. Serment du tiers expert. — V. nº 672 *suprà*.

799. Rapport du tiers expert. — Communication. — Dépôt au greffe. — Le dépôt au greffe du rapport du tiers expert tient lieu de la communication à la partie (Béziers, 15 fév. 1894, 8327 R. P.).

813. Expertise. — Pouvoir des juges. — Dans les expertises en matière d'enregistrement, le rapport des experts fait la loi des parties et lie le tribunal qui ne peut qu'ordonner une nouvelle expertise, s'il pense que la première renferme des erreurs (Seine, 24 oct. 1890, 7532 R. P.; — 27 fév. 1891, 7608 R. P.; — Limoges, 5 mars 1891, 7041 R. P.; — Seine, 20 déc. 1894, 8574 R. P.; — 13 mai 1898, 9332 R. P.; — Orthez, 15 juill. 1898, 9411 R. P.).

Décidé, dans cet ordre d'idées, que : 1º Si le tribunal est lié par le résultat de l'expertise, en ce qui concerne les points de fait vérifiés par les experts, il a qualité pour rectifier les erreurs de droit qu'ils ont pu commettre. Mais il n'a pas qualité pour attribuer d'office un revenu quelconque à l'un des immeubles expertisés, quand les experts ne lui ont reconnu aucune valeur locative (Moissac, 28 juill. 1893, 8284 R. P.);

2º Doit être rejetée comme moyen dilatoire l'objection de la partie tendant à alléguer, après les opérations de l'expertise, que quelques-uns des biens expertisés ne sont pas compris dans la transmission opérée à son profit et lui appartiennent personnellement, alors surtout qu'il n'en est pas justifié (Béziers, 15 fév. 1894, 8327 R. P.);

3º Le tribunal ne peut s'arrêter à l'objection tendant à soutenir que le rapport procède de données inexactes et d'une fausse appréciation des faits (Seine, 4 janv. 1902, 10229 R. P.).

818. Expertise. — Résultat de l'expertise. — Estimation intermédiaire. — Dans les expertises en matière d'enregistrement, le tribunal ne peut substituer sa propre évaluation à celle fournie par le tiers expert, et c'est l'estimation intermédiaire faite par l'un des experts qui fixe le résultat de l'expertise (Seine, 26 fév. 1892, 7801 R. P.).

Si un tiers expert a été appelé, le résultat de l'expertise se trouve toujours dans l'estimation intermédiaire formulée par l'un des trois experts et résumant l'avis partagé de la majorité des experts (Vitry-le-François, 18 juill. 1890, 7848 R. P.; — Moissac, 28 juill. 1893, 8284 R. P.).

Lorsque les deux premiers experts sont divisés et qu'une tierce expertise a été ordonnée, l'avis du tiers expert doit être suivi (Béziers, 15 fév. 1894, 8327 R. P.).

Dans les expertises en matière d'enregistrement, le résultat de l'expertise à laquelle il a été procédé par deux experts et par un tiers expert est représenté par l'évaluation intermédiaire, et cette évaluation fait la loi des parties sans qu'il soit possible au tribunal de s'en écarter (Orthez, 15 juill. 1898, 9411 R. P.; — Seine, 1er juill. 1899; Cass., 22 oct. 1901, 10082 R. P.).

818 *bis*. Expertise. — Rapports. — Homologation. — Pièces. — Production au tribunal. — L'Administration, qui a provoqué l'expertise de l'immeuble, n'a pas à fournir au tribunal les pièces établissant la comparaison avec les fonds voisins de même nature. C'est aux experts seuls que ces pièces doivent être fournies, au cours de leurs opérations (Seine, 28 déc. 1901, 10228 R. P.).

829. Expertise par un seul expert. — Immeuble indivis. — Lorsque la fraction indivise d'un immeuble a été déclarée d'une valeur n'excédant pas 2.000 fr., l'expertise doit être faite par un seul expert, alors même que la propriété entière à expertiser serait supérieure à 2.000 fr. (Sol. 29 sept. 1891, 7938 R. P.).

835. Saisie-arrêt. — Contrainte. — Est régulière la saisie-arrêt pratiquée par l'Administration en vertu d'une contrainte (Seine, 22 mars 1902, 10342 R. P.).

837. Saisie-arrêt. — Permission du juge. — Congrégation. — L'Administration est fondée, pour assurer le recouvrement de la taxe d'accroissement, à saisir-arrêter, avec la permission du juge, les sommes dues à une congrégation religieuse (Lons-le-Saulnier, 14 déc. 1897, 9325 R. P.).

841. Saisie-arrêt. — Objets saisissables. — Congrégation. — Traitement d'aumônier. — Pour assurer le recouvrement de la taxe d'accroissement, l'Administration peut former une saisie-arrêt sur une somme léguée à la congrégation, à l'effet de servir un traitement à son aumônier, lorsque la créance du Trésor est postérieure à l'ouverture de la succession du testateur (Lons-le-Saulnier, 14 déc. 1897, 9325 R. P.).

842. Saisie-arrêt. — Requête du Directeur général. — Tiers saisi. — Domicile du directeur départemental. — Election spéciale de domicile non obligatoire. — Si, dans la matière de l'enregistrement, la saisie-arrêt est faite nominalement au nom du directeur général, demeurant à Paris, en fait et en droit, d'après l'art. 14, Décr. des 8-27 mai 1791, toute la procédure de validité est suivie, soit en demandant, soit en défendant, par le directeur du département dans lequel l'instance est engagée. En conséquence, est régulière la saisie-arrêt pratiquée au nom de l'Administration, à la requête du directeur général, poursuites et diligences du directeur demeurant au chef-lieu du département, où le tiers saisi est également domicilié. Dans ces circonstances, les prescriptions de l'art. 559 C. proc., qui imposent au saisissant l'obligation d'élire domicile dans le lieu où demeure le tiers saisi, se trouvent exécutées, sans qu'il soit nécessaire de faire une élection spéciale de domicile (Rodez, 21 juill. 1899; — Cass. 4 juill. 1901, 10066 R. P.).

848. Saisie-arrêt. — Validité. — Droits dus au Trésor. — Procédure L. frim. — La procédure de saisie-arrêt, pour le recouvrement de sommes dues au Trésor, doit être instruite et jugée dans les formes établies par la loi de l'enregistrement, lorsque le débiteur saisi est seul contestant et que le tiers saisi n'est pas mis en cause par une assignation directe (Mamers, 6 mars 1894, 8308 R. P.; — ou ne conteste pas l'existence de sa dette (Lons-le-Saulnier, 14 déc. 1897, 9325 R. P.; — Castres, 15 juill. 1898, 9383 R. P.).

Lorsqu'une saisie-arrêt a été pratiquée par l'Administration des Contributions indirectes pour assurer le recouvrement de droits dus au Trésor, la demande en validité soulève entre la Régie et le redevable une contestation sur le fond de ces droits : elle doit, dès lors, aux termes de l'art. 88 L. 5 ventôse an XII, être instruite et jugée dans les formes prescrites par l'art. 65, L. 22 frim. et par l'art. 17 L. 17 ventôse an IX, c'est-à-dire sur simples mémoires respectivement signifiés, après rapport d'un juge et sans plaidoiries; les parties ne peuvent renoncer à un mode de procéder qui a été institué dans un intérêt public, pour assurer le prompt et économique recouvrement de l'impôt. — Doit être annulé, par conséquent, le jugement qui a statué, dans les formes ordinaires de la procédure, sans rapport d'un juge et sur plaidoiries (Cass., 22 avr. 1898, 9387 R. P.).

La demande en validité d'une saisie-arrêt, n'étant qu'un accessoire des poursuites exercées contre le redevable, doit être instruite et jugée selon les formes prescrites par les art. 65 L. frim. et 17 L. 27 vent. an IX; mais ce principe n'est pas méconnu par un jugement qui refuse de joindre une instance en validité de saisie-arrêt à une instance engagée sur la question d'exigibilité des droits, les juges ayant, en matière de connexité, un pouvoir discrétionnaire (Cass., 25 mars 1902, 10161 R. P.).

Décidé, dans le même ordre d'idées, que le jugement qui valide une saisie-arrêt n'a pas besoin de prononcer de condamnation principale (Seine, 22 mars 1902, 10342 R. P.).

850. Saisie-arrêt. — Créance. — Exigibilité. — Fabrique. — Les revenus des fabriques étant insaisissables, comme ceux des communes, il y a lieu de considérer comme illégalement pratiquée une saisie-arrêt faite au préjudice d'une fabrique, dès l'instant que cette saisie-arrêt a été opérée avant que la créance du Trésor ait été reconnue et liquidée, et que, pour le payement, des fonds aient été assignés sur les revenus de l'établissement par l'autorité administrative (Sol. 19 avr. 1900, 9882 R. P.).

858. Saisie-arrêt. — Congrégation. — Tiers créancier. — Intervention. — Lorsque l'Administration a saisi-arrêté les revenus des immeubles légués à une communauté religieuse à charge d'entretenir des infirmes, la congréganiste, qui ne justifie pas qu'elle est l'une des religieuses tenant l'établissement, l'une des femmes qui y sont soignées ou l'une des jeunes filles qui y sont élevées, n'a pas qualité pour demander la nomination d'un séquestre judiciaire chargé de percevoir les revenus et d'en faire emploi. Elle ne saurait non plus être admise à intervenir en qualité de créancière, s'il n'est pas établi que sa créance soit compromise (Neufchâtel, 11 avr. 1894, 8406 R. P.).

862. Saisie-arrêt. — Tiers saisi. — Poursuites. — Saisie immobilière. — Lorsqu'un créancier a obtenu contre son débiteur un jugement de validité de saisie-arrêt prononcé par défaut, il est fondé, pour rendre la décision définitive, à en poursuivre l'exécution par voie de saisie immobilière, dès l'instant que le tiers saisi refuse de se libérer, tant qu'il ne lui est pas justifié d'un acquiescement ou d'une exécution dans les termes de l'art. 159 C. proc. (C. Caen, 26 juill. 1897, 9303 R. P.).

878. Saisie immobilière. — Nous croyons utile de grouper v° *Saisie immobilière* les nombreuses décisions rendues, en cette matière, au sujet du recouvrement de la taxe d'accroissement. Nous renvoyons nos lecteurs *loc. cit.*

V. SAISIE-ARRÊT. — SAISIE-EXÉCUTION. — SAISIE IMMOBILIÈRE.

[illegible]. Procédure du droit commun. — La procédure spéciale organisée par l'art. 65 L. 22 frim. ne peut être suivie que dans les instances relatives à la perception de l'impôt. Lorsque les litiges ont pour objet des saisies ou des moyens d'exécution, le droit commun reprend son empire (Avignon, 21 nov. 1905, [illegible] R. P.).

[illegible]. Saisie-arrêt. Contrainte. — *Conf.* Niort, 11 août 1905, [illegible] R. P.

Créance évaluée à un chiffre provisoire. Contestation. — N'est pas susceptible de nullité la saisie-arrêt pratiquée par l'Administration pour [illegible] payement d'une somme due pour taxe sur le revenu, « sauf à augmenter ou à diminuer ». Il en est ainsi, au cas où la créance du Trésor serait contestée, dès lors qu'elle repose sur des probabilités suffisantes (Vassy, 2[illegible] juin 1903, 10763 R. P.).

[illegible]. Juges de paix. Extension de leur compétence. Réorganisation des justices de paix. L. 12 juill. 1905. — D'après les art. 12 et 6 de la L. 12 juill. 1905, les juges de paix connaissent des actions en validité et en nullité d'offres réelles, des demandes en validité, en nullité et en mainlevée de saisies-arrêts et oppositions, « *autres que celles concernant les Administrations de l'Enregistrement ou des Contributions [illegible]* ». Celles de ces actions et demandes qui intéressent l'Administration échappent donc, comme par le passé, à la compétence des juges de paix, quel que soit le chiffre de la somme en litige (Instr. [illegible] § 1er, 11[illegible] R. P.).

[illegible] et 847. Saisie-arrêt. Validité. Procédure spéciale. — Quand le débiteur saisi est seul contestant, et que le tiers saisi n'a pas été mis en cause, la demande en validité d'une saisie-arrêt pratiquée par l'Administration pour obtenir le payement de droits d'enregistrement et [illegible] des instances auxquelles la réclamation de ces droits a donné [illegible], doit être instruite et jugée dans les formes prescrites par les art. 65 L. frim. et 17 L. 27 vent. an IX, alors même que l'Administration [illegible] dans l'exploit d'assignation en validité : les parties ne peuvent, en effet, renoncer à ce mode de procéder qui a été institué dans [illegible] public (Bastia, 27 juin 1903, 10[illegible]2 R. P.).

854. Saisie-arrêt. Tiers saisi. Assignation en déclaration affirmative. Formes du droit commun. — En matière de saisie-arrêt pratiquée par l'Administration pour le recouvrement de droits d'enregistrement, le tiers saisi doit être assigné en déclaration affirmative avec constitution d'avoué, suivant les règles du droit commun : l'Administration n'est pas recevable à l'assigner par l'exploit de contre-dénonciation dans une instance suivie avec les formes spéciales tracées par la loi fiscale (Seine, 6 déc. 1902, 10941 R. P.).

Somme déposée à la Caisse des consignations. — En l'absence de dispositions spéciales, les formes prescrites par le Code de procédure civile doivent être observées pour toutes les saisies-arrêts pratiquées sur des sommes déposées à la Caisse des consignations. En admettant que le préposé de cette caisse ne puisse plus se libérer que sous sa responsabilité personnelle lorsqu'il a été formé entre ses mains une opposition par lettre administrative émanant d'un agent d'une Régie financière, il n'en est pas moins certain que, dans les rapports du saisissant et du saisi, les formalités prescrites pour les saisies-arrêts par les art. 559 et suiv. C. proc. civ. doivent être accomplies à peine de nullité : à l'égard du saisi, l'opposition administrative n'a aucune valeur. L'Administration de l'Enregistrement qui poursuit la nullité de la cession d'une somme déposée à la Caisse des consignations, parce que cette cession aurait été faite en fraude de ses droits, doit mettre en cause le tiers cessionnaire et engager son action, non pas suivant les règles spéciales aux matières d'enregistrement, mais dans les formes prescrites par le Code de procéd. civile (Gannat, 31 juill. 1905, 10717 R. P.).

855. Saisie-arrêt. Tiers saisis débiteurs solidaires du saisi. Déclaration affirmative. Sincérité de cette déclaration contestée par l'Administration. Tribunal compétent. — Lorsque l'Administration, qui a pratiqué une saisie-arrêt pour assurer le recouvrement de droits dus au Trésor, conteste la sincérité de la déclaration affirmative souscrite par deux tiers saisis débiteurs solidaires du saisi, c'est régulièrement, par application de l'art. 69, § 3, C. proc. civ., qu'elle assigne ces tiers saisis devant le tribunal du domicile de l'un d'eux pour les faire condamner comme débiteurs purs et simples des causes de la saisie-arrêt (Alger, 29 janv. 1906, 11172 R. P.).

857. Droits de mutation par décès afférents à des legs particuliers. Privilège sur les revenus des biens héréditaires. Saisie-arrêt pratiquée par l'Administration. Héritiers saisis contestant au fond l'exigibilité des droits. Irrecevabilité de la demande. — Lorsque, en vue d'assurer le recouvrement de droits de mutation par décès afférents à des legs particuliers, l'Administration a pratiqué une saisie-arrêt à l'encontre des héritiers, pris comme détenteurs des biens de la succession, ceux-ci ne sont pas recevables à contester au fond l'exigibilité des droits réclamés, bien qu'ils soient tenus, par les termes du testament, de supporter le payement des droits de mutation par décès dus pour les legs; les légataires particuliers sont, en effet, d'après la L. frim., les seuls débiteurs directs du Trésor, et la clause testamentaire relative à la charge des droits de mutation confère simplement à l'Administration, à défaut de payement de ces droits par les légataires eux-mêmes, la faculté d'exercer contre les héritiers l'action indirecte prévue par l'art. 1166 C. civ. (Seine, 5 mai 1905, 11163 R. P.).

864. Cession d'une créance sur l'État en garantie du payement de droits d'enregistrement. Subrogation de l'Administration dans les droits du créancier. Notification au Trésorier général. Réquisition de distribution par contribution non recevable. — Lorsque, pour assurer le payement de droits d'enregistrement (dans l'espèce, des droits de mutation par décès), un redevable a cédé à l'Administration, avec subrogation dans tous ses droits, une créance à lui due par l'État et que cette cession a été signifiée au Trésorier général, la Régie se trouve investie, au regard des tiers, de la propriété de lad. créance qui ne peut plus, par suite, faire l'objet d'une distribution par contribution. Il importe peu que l'acte qui constate cette cession énonce qu'elle est faite « à titre de couverture et garantie » et que l'Administration ait ultérieurement poursuivi et obtenu la condamnation du redevable au payement des droits par lui dus, l'intention évidente des parties ayant été de transférer à la Régie la propriété de la créance cédée sans qu'il en résultât de novation éteignant la créance du Trésor; une telle interprétation s'induit nécessairement de l'emploi des termes « cède et transporte », de la convention de subrogation, et surtout de l'autorisation donnée à l'Administration de toucher directement « la somme cédée » (Agen, 11 juin 1904, 11038 R. P.).

Distribution par contribution. — Lorsque l'Administration a produit à une distribution par contribution dans le délai légal pour le montant de droits d'enregistrement, les autres créanciers ne sont pas fondés à demander sa forclusion, faute par elle d'avoir joint le titre de sa créance à son acte de produit; l'art. 660 C. proc. civ., qui prononce la peine de la forclusion contre les créanciers non produisants dans le délai d'un mois, s'applique seulement aux créanciers qui n'ont fait aucune demande, mais non à ceux qui, ayant formé leur production en temps utile, ont omis de joindre leurs titres à l'appui. — Si la jurisprudence admet qu'à défaut de déclaration régulière d'une succession, l'Administration peut réclamer une somme arbitrée d'office pour droits de mutation par décès, cette règle ne s'applique qu'aux héritiers ou légataires qui sont les débiteurs du Trésor; mais elle ne s'étend pas aux créanciers de la succession, qui n'ont pas d'ailleurs qualité pour souscrire la déclaration. — D'autre part, l'Administration n'est pas fondée à se créer à elle-même, à l'encontre des autres créanciers, un titre résultant d'une simple évaluation des droits qu'elle prétend lui être dus; elle est tenue d'établir la réalité de sa créance dans les termes du droit commun. Si donc, dans une distribution par contribution de deniers provenant d'une succession, distribution à laquelle l'Administration a produit pour le montant de droits de mutation par décès arbitrés d'office, il est constant qu'on se trouve en présence d'un passif déductible au sens de la L. 25 fév. 1901, que ce passif est supérieur à l'actif héréditaire, et que, par suite, il n'est pas dû de droits de mutation par décès, la production de l'Administration doit être rejetée (Seine, 13 fév. 1906, 11163 R. P.).

877. Recouvrement de droits dus au Trésor. Distribution par contribution. — L'Administration est tenue, lorsqu'elle prend part à une distribution par contribution, de suivre la procédure de droit commun et de constituer avoué, et il est indispensable que cet officier public soit mis à même de remplir sa mission en parfaite connaissance de cause. Les agents doivent, par suite, non seulement lui transmettre des indications précises sur l'objet de la demande, mais encore surveiller la rédaction des actes de la procédure. Il importe, d'ailleurs, à raison de la brièveté des délais de recours, que la décision du tribunal soit examinée avec célérité dès qu'elle a été rendue (Sol. 8 août 1902, instr. 3099, § 4, 16597 R. P.).

878. Congrégations. Association religieuse. Taxe d'accroissement. Jugement de condamnation rendu contre un membre de l'association. Procédure de saisie immobilière suivie contre tous les membres. Régularité. — V. *Congrégations*, 51 *bis*.

Saisie immobilière. Commandement. Copie du titre. Certification. — La certification de la copie entière du titre, qui, d'après l'art. 673 C. proc., doit être donnée en tête du commandement précédant la saisie immobilière, n'est pas prescrite à peine de nullité; elle est suffisamment assurée par la signature de l'huissier mise au bas de l'exploit. Un avoué a d'ailleurs qualité pour certifier la copie d'un jugement auquel il est resté étranger (La Flèche, 4 mars 1903, 10562 R. P.).

881. Dissimulation de prix. — Instances. — Ministère des avoués. — Dans les instances en matière de dissimulation de prix le ministère des avoués n'est pas obligatoire, mais il peut cependant être admis en vertu de l'art. 13, § 3 L. 23 août 1871. Par conséquent, si l'Administration a obtenu un jugement par défaut contre le défendeur, au mépris d'une constitution d'avoué régulièrement signifiée par celui-ci à l'avoué ordinaire de la Régie, cette dernière doit supporter les frais du jugement de défaut et de sa signification (Seine, 21 déc. 1905, 11417 R. P.).

INSUFFISANCE

21. Mutation à titre gratuit. Baux courants. Arbres épars et en bordure. Revenu distinct. Expertise. — Le revenu à déclarer, pour la perception du droit de mutation à titre gratuit, comprend, en outre du prix des baux courants, le produit de la croissance annuelle des arbres épars et en bordure qui, en l'absence de stipulation contraire formellement exprimée dans les baux, profite au propriétaire; le défaut de déclaration de cette portion du revenu imposable constitue une insuffisance d'évaluation à constater par voie d'expertise (Bayeux, 23 nov. 1905, 11113 R. P. — Cass. req., 30 avril 1907, 11430 R. P.).

INSUFFISANCE.

4. **Bail courant.** — Le prix des baux courants qui doivent déterminer la valeur locative des immeubles, en exécution des art. 15, nos 7 et 19 L. frim., s'entend exclusivement du prix des baux courants de l'immeuble même assujetti à l'impôt, et non du prix des baux afférents à un immeuble servant de terme de comparaison (Cass. req. 17 juill. 1893, 8145 et 8418-12 R. P.).

Non-distraction des charges. — V. *Donation*, n° 208.

6. **Bail. — Prix exagéré.** — Le bail courant lors du décès doit servir de base à l'évaluation des immeubles, alors même qu'il serait le résultat d'une transaction, qu'il stipulerait un loyer exagéré et qu'il s'appliquerait, non seulement à des immeubles par nature, mais encore à des immeubles par destination (Pont-l'Evêque, 11 mars 1890, 7493 R. P.).

6-2. **Succession. — Immeuble. — Bail courant. — Prix exagéré. — Maison de tolérance.** — Le bail courant au jour du décès doit servir de base à la liquidation du droit de succession, lors même que le prix en serait exagéré par suite de la destination spéciale de l'immeuble et bien que le bail soit susceptible d'annulation comme contraire à l'ordre public. Ne doit pas être diminuée du prix du bail l'indemnité que le propriétaire de l'immeuble est tenu de payer aux voisins, à titre de réparation du préjudice causé par l'exploitation particulière de l'immeuble, cette indemnité constituant une charge absolument personnelle (Grenoble, 6 déc. 1893, 8330 R. P.).

6-3. **Bail courant. — Usine. — Portion du loyer affectée à l'amortissement.** — Le bail courant d'une usine doit servir de base exclusive à la liquidation du droit de mutation par décès, sans aucune déduction à raison de la portion du loyer qui représente l'amortissement du matériel industriel (Montpellier, 23 avr. 1888, 7392 R. P.).

14-3. **Succession. — Bail frauduleux. — Annulation à la requête des héritiers.** — Lorsque, postérieurement au décès du bailleur, un jugement rendu à la requête des héritiers a annulé, comme fait en fraude de leurs droits, un bail consenti par le défunt, pour un prix inférieur à la valeur locative constatée dans un rapport des experts commis par le tribunal, c'est cette valeur locative, à l'exclusion du prix du bail, qui doit être prise pour base du droit de mutation par décès. Il en est ainsi, bien qu'à la suite de l'appel porté contre le jugement, les héritiers se soient désistés de l'instance, le désistement n'ayant pas eu pour effet d'empêcher l'Administration de se servir de la décision judiciaire pour déterminer, au vœu de l'art. 19 L. frim., le véritable revenu des biens (Nogent-le-Rotrou, 16 juin 1893, 8309 R. P.).

16. **Bail pour une saison. — Bases de l'impôt de mutation par décès.** — Les locations d'immeubles consenties pour une saison ne constituent pas une base légale pour la perception des droits de mutation par décès, soit qu'elles résultent de conventions verbales, soit qu'elles fassent l'objet d'un contrat écrit. Dans ces conditions, il faut recourir à la déclaration estimative du revenu, sauf à l'Administration à la contrôler par la voie de l'expertise (Sol. 5 mars 1897, 8988 R. P.).

19. **Succession. — Bail courant. — Assolement. — Levée des guérets.** — Le bail d'immeubles ruraux, consenti pour une durée qui doit prendre fin lors de la levée des guérets, ne doit pas être considéré comme courant et comme devant servir de base légale à la liquidation de l'impôt, quand l'époque fixée, d'après l'usage des lieux, pour la levée des guérets, est antérieure au décès. Il en est ainsi, bien que, par la nature spéciale des terres soumises à l'assolement périodique, le fermier sortant conserve le droit d'enlever, après l'expiration du bail, la portion des récoltes correspondant à l'assolement (Dreux, 10 janv. 1899, 9576 R. P.).

21. **Succession. — Immeuble. — Valeur locative. — Loge de concierge.** — Quand un concierge est placé dans un immeuble par le propriétaire, la valeur locative de la loge de ce concierge avec ce qui en dépend nécessairement est comprise dans l'ensemble des loyers de la maison et ne peut, par suite, entrer en ligne de compte pour la détermination du revenu de l'immeuble (Sol. 4 déc. 1895, 8668 R. P.).

23. **Constructions. — Locataire. — Charge.** — Le locataire tenu d'élever sur le terrain loué des constructions dont la valeur minimum a été fixée et qui appartiendront, à la fin du bail, au propriétaire, doit être considéré, pendant le cours du bail, comme propriétaire de ces constructions. Si le bailleur décède au cours de la location, l'obligation imposée au preneur d'élever les constructions constitue une charge à ajouter au prix du bail.

Cette charge peut être équitablement estimée en divisant par le nombre d'années du bail l'évaluation des travaux de construction contenue dans le devis annexé au contrat de bail. — A défaut de paiement amiable du supplément de droit exigible d'après cette base, la réclamation de la Régie doit être suivie par voie d'expertise (Sol. 17 fév. 1898, 9311 R. P.).

24-1. **Bail. — Prix payable en nature ou en argent. — Mercuriales.** — Quand un bail est consenti moyennant une quantité fixe de grains qui est stipulée payable en argent d'après le cours d'un certain marché ou que le bailleur se réserve d'exiger, soit en nature, soit en argent, à un prix convenu, l'Administration soutient que la valeur des grains doit être déterminée d'après les mercuriales, de la manière prescrite par l'art. 75 L. 15 mai 1818 (Sol. 19 août 1898, 9400 R. P.).

24-3. **Bail. — Redevance indéterminée. — Base légale de la perception. — Insuffisance de revenu. — Expertise.** — L'expression « *bail courant* » employée par l'art. 15, n° 7 L. frim., s'applique à la convention par laquelle le propriétaire ou l'usufruitier d'un immeuble en concède la jouissance à un locataire ou fermier, moyennant un loyer nettement déterminé ou facile à déterminer par référence à des documents précis, tels que mercuriales. Ne constitue pas un bail courant dans le sens de cette loi la convention en vertu de laquelle le prix de jouissance de la propriété immobilière est soumis soit à des modalités, soit à des estimations périodiques qui le rendent essentiellement variable et indéterminé. Spécialement, lorsque les preneurs, ayant été autorisés à créer des vignobles, restent libres, néanmoins, de se livrer à tel genre de culture qu'ils jugeront convenable et que la redevance doit être établie d'après le mode de culture adopté, avec stipulation que, pour les terres ensemencées en prairies, fourrages et céréales, le chiffre du fermage ne sera fixé que d'après une production moyenne, de telle sorte que la question de savoir si cette production moyenne est atteinte ou non se trouvera périodiquement sujette à une interprétation nécessairement arbitraire, l'évaluation attribuée, dans l'acte de location, à la redevance dont il s'agit, ne saurait lier l'Administration et servir de base légale à la perception des droits de mutation dus par suite du décès du bailleur (Nîmes, 26 nov. 1896, 9075 R. P.).

27. Bail. — Fermage réduit au décès du bailleur. — Quand un bail a été consenti pour une durée ferme, moyennant un fermage qui doit être réduit, en cas de décès du bailleur, on ne saurait, lorsque cet événement se réalise, prendre pour base de la perception du droit le fermage afférent à la période qui s'est terminée avec le décès du bailleur. Dans la rigueur des principes, l'héritier serait même fondé à déclarer le revenu des biens comme s'il n'existait pas de bail, sauf à l'Administration à requérir l'expertise si l'évaluation lui paraît insuffisante (Sol. 28 sept. 1897, 9975 R. P.).

36. Location verbale faite suivant l'usage des lieux. — Bail courant. — Une location verbale d'immeubles faite suivant l'usage des lieux, régulièrement déclarée et dont les droits ont été payés pour une période non encore échue à l'époque du décès du bailleur, doit être réputée courante à ce moment, et servir, par conséquent, de base pour la perception du droit de mutation par décès (Saint-Mihiel, 10 mai 1893, 8272 R. P.).

36-1. Bail courant. — Location verbale. — La déclaration de location verbale souscrite par le défunt en conformité de l'art. 11 L. 23 août 1771, est de nature à prouver, directement par elle-même et sans le secours de l'expertise, l'insuffisance commise dans l'évaluation du revenu des biens transmis par décès (Seine, 25 oct. 1889, 7417 R. P.; — Grenoble, 20 juill. 1893, 8766 R. P.).

53. Déclaration des deux parties. — Jugement. — Dans la première partie du *Rép. gén.*, ajoutez : — V. *Jugement*, n° 976, et *Supplément de prix*, n° 13.

57. Meubles. — Mutation. — Expertise. — L'expertise n'est admise qu'en matière de transmission d'immeubles; elle ne saurait être provoquée lorsqu'il s'agit de la mutation d'objets mobiliers (Tours, 7 nov. 1890, 7534 R. P.; — Lyon, 17 nov. 1891, 7838 R. P.).

Une exception existe, à cet égard, en ce qui concerne les fonds de Commerce (V. *Mutation*).

59. Vente. — Sol et superficie. — Actes séparés. — Preuve testimoniale. — V. *Preuve*, n° 33.

67. Cession, par acte authentique, de parts d'intérêt. — Insuffisance du prix. — La Régie ne saurait être admise à établir l'insuffisance du prix exprimé dans un acte soumis à l'enregistrement et constatant la transmission de biens meubles à titre onéreux. Spécialement, elle ne peut être autorisée à démontrer l'insuffisance du prix porté dans un acte authentique ayant pour objet la cession d'une part d'intérêt dans une société en commandite (Seine, 19 janv. 1894, 8245 R. P.).

69. Droit gradué. — Remplacement par un droit proportionnel. — Nous avons vu, v° *Droit gradué*, n° 3, que le droit gradué établi par l'art. 1er L. 28 fév. 1872 a été remplacé par un droit proportionnel (L. 28 avr. 1893, art. 20). L'art. 21 de cette dernière loi reproduit, dans les mêmes termes, les dispositions contenues dans l'art. 3 L. 28 fév. 1872, relativement au droit en sus. Il est ainsi conçu : « Si, dans le délai de 2 années, à partir de l'enregistrement, la dissimulation des sommes ou valeurs ayant servi de base à la perception du droit proportionnel, est établi par des actes ou écrits émanés des parties ou par des jugements, il sera perçu, indépendamment des droits supplémentaires, un droit en sus, lequel ne pourra être inférieur à 30 francs. Les explications données dans la première partie de notre *Rép. gén.* continuent donc à s'appliquer à la législation nouvelle.

V. — Expertise. — Présomption. — Preuve. — Succession.

INTERDICTION.

13. Tarif. — Jugement. — Le tarif des jugements des tribunaux civils portant interdiction a été maintenu à 22 fr. 50 par la loi du 26 janv. 1892 (art. 17-7°).

14. Arrêt. — Et celui des arrêts des cours d'appel à 37 fr. 50 (Même loi, art. 17-10°).

17. Rejet de la demande. — Le jugement ou l'arrêt qui rejette la demande en interdiction est passible du droit fixe majoré de débouté de demande (L. 1892, art. 17-8° et 9°).

20 et 21. Extraits et certificats. — V. *Conseil judiciaire.*

INTÉRÊT.

3. Taux légal. — Une L. 7 avr. 1900 (V. *C. des lois*) a réduit à 4 p. 100 le taux de l'intérêt en matière civile. Ce taux est, notamment, applicable aux créances de l'État, telles que les portions payables à terme des prix de vente d'immeubles domaniaux (Sol. 3 mai 1900, 2379 R. E.).

Mais, provisoirement, il ne s'applique pas aux débets des comptables (Circ. Compt. Publ. 8 oct. 1900, n° 1775-153).

Prix de vente payable à terme. — Taux supérieur au taux légal. — Les dispositions de la loi du 3 sept. 1807

34. Faculté d'appréciation laissée aux juges. — Le tribunal n'a pas à ordonner d'expertise lorsqu'il a en mains des documents qui établissent de façon certaine le véritable revenu des immeubles, tels qu'un acte de société dont la date est assez rapprochée de la transmission pour que le revenu ne puisse avoir subi aucune modification (Orléans, 25 juill. [illegible] R. P.).

64. Cession conditionnelle de droits sociaux. Réalisation. Prix à déterminer d'après les résultats du dernier inventaire. Absence d'inventaire. Évaluation provisoire pour la perception. Insuffisance. Preuve. — Pour établir l'insuffisance de l'évaluation qui a servi de base à la perception du droit de mutation, l'Administration peut s'appuyer sur les présomptions résultant d'une transaction intervenue entre les héritiers de l'associé prédécédé et l'un des représentants de l'associé cessionnaire (Seine, 10 nov. [illegible] R. P.).

INTERDICTION.

INTÉRÊT.

INVENTAIRE.

JUGEMENT.

gé, en matière civile, limitent à 5 p. 100 le taux des intérêts conventionnels, ne sauraient être étendues aux intérêts stipulés dans un contrat de vente dont le prix est payable à diverses échéances. Par suite, est valable l'engagement pris par l'acquéreur de payer des intérêts supérieurs à ce taux (Cass. civ., 13 mars 1890, 9604 R. P.).

114. **Intérêts échus.** — La reconnaissance d'intérêts échus, contenue dans un acte autre que le titre de l'obligation, donne lieu au droit de 1 p. 100 (Soissons, 5 juin 1889, 7435 R. P.).

INVENTAIRE.

4. **Validité. — Délai.** — L'art. 928 C. proc., qui prescrit d'observer, après l'inhumation, un délai de trois jours avant de procéder aux inventaires des objets mobiliers placés sous scellés, n'est pas applicable dans le cas où il n'y a pas eu apposition de scellés (Vervins, 13 fév. 1891, 7606 R. P.).

18-3. **Notaire. — Vacation de quatre heures. — Déclaration pour la perception. — Un seul droit fixe exigible.** — Lorsque, dans un inventaire dressé par lui, un notaire déclare, pour la perception seulement, qu'il a fait une vacation d'une durée de quatre heures, conformément à la faculté que lui accorde le décret du 10 brum. an XIV, cette déclaration doit être acceptée comme base de la perception, et un seul droit fixe peut être réclamé (Sol. 7 nov. 1892, 7984 R. P.).

37 *bis*. **Clause renfermant un partage. — Droit de 0 fr. 15 pour 100 exigible.** — La clause par laquelle des cohéritiers fixent, au cours d'un inventaire, la part revenant à chacun d'eux dans une des valeurs de la succession, équivaut à un partage. Elle donne, par suite, ouverture au droit proportionnel de 0 fr. 15 p. 100 sur le montant de la valeur partagée (Grenoble, 3 janv. 1895, 8579 R. P.).

JUGEMENT.

DIVISION

Titre Ier. — **Dispositions générales**, 1-2.

CHAPITRE Ier. — **Principes généraux**, 1.

CHAPITRE II. — **Des diverses espèces de jugements**, 2.

Titre II. — **Ancienne législation fiscale**, 3-8.

Titre III. — **Taxe des frais de justice**, 9-181.

CHAPITRE Ier. — **Observations préliminaires**, 9-12.

CHAPITRE II. — **Jugements et arrêts en matière civile, commerciale et répressive**, 13-153.

SECTION Ire. — *Observations générales; application de la taxe aux différents jugements et arrêts*, 13-23.

SECTION 2. — *Des dispositions indépendantes*, 24-29.

SECTION 3. — *Tarifs*, 30-38.

Article Ier. — Jugements et arrêts interlocutoires et préparatoires, 40-44.

Article 2. — Jugements définitifs autres que les jugements de débouté de demande, 45-67.

§ 1er. — Justices de paix, 47-49.

§ 2. — Prud'hommes, 50.

§ 3. — Tribunaux civils et de commerce, 51-61.

§ 4. — Arrêts des cours d'appel, 62-67.

Article 3. — Déboutés de demande, 68-76.

Article 4. — Décisions confirmatives et infirmatives, 77-85.

Article 5. — Juridictions répressives, 86-87.

SECTION 4. — *Exigibilité et assiette de la taxe*, 88-139.

Article Ier. — Condamnation de sommes et valeurs mobilières, 88-122.

§ 1er. — Dispositions générales, 88-104.

§ 2. — Séparations de biens, 105-106.

§ 3. — Valeurs mobilières, 107-109.

§ 4. — Questions diverses, 110-122.

Article 2. — Condamnation à des dommages-intérêts 123-139.

§ 1er. — Dispositions générales, 123-126.

§ 2. — Applications diverses, 127-138.

§ 3. — Assiette de la taxe, 139.

Article 3. — Collocation, 140-142.

Article 4. — Liquidation, 143-153.

§ 1er. — Exigibilité de la taxe, 143-147.

§ 2. — Assiette de la taxe, 148-153.

CHAPITRE III. — **Jugements et arrêts portant homologation de partages ou d'états liquidatifs**, 154-174.

SECTION Ire. — *Dispositions générales*, 154-157.

SECTION 2. — *Exigibilité de la taxe*, 158-164.

SECTION 3. — *Assiette de la taxe*, 165-174.

CHAPITRE IV. — **Dispositions transitoires**, 175-181.

Titre IV. — **Droit de titre**, 182-220.

CHAPITRE Ier. — **Dispositions générales**, 182-192.

CHAPITRE II. — **Conventions verbales**, 193-207.

CHAPITRE III. — **Titre écrit soustrait à la formalité**, 208.

CHAPITRE IV. — **Titre enregistré**, 209.

CHAPITRE V. — **Titre exempt d'enregistrement**, 210.

CHAPITRE VI. — **Titre non susceptible d'être enregistré**, 211-213.

CHAPITRE VII. — **Objet de la demande**, 214-220.

Titre V. — **Questions diverses**, 221-226.

SOMMAIRE

A

Absence de condamnation, 90, 124.
Abus de confiance, 127.
Acte d'avoué, 12.
Acte de l'étranger (partage), 162.
Acte initial de la procédure. Appel 176-5.
— Conseil judiciaire, 176-2.
— Incidents, 178.
— Instance, 176.
— Interdiction, 176-1.
— Jonction d'instances, 176-4.
Acte initial de la procédure. Opposition à sentence arbitrale, 176-3.
— Partage et liquidations, 177.
— Sentences arbitrales, 177-1.
Acte produit et non représenté, 128.
Actions et obligations, 109.
Adjudication. Droits fixes, 30 à 38.
— Droits minima, 39.
— Bourse, 43.
Administrateur. Dommages-intérêts, 138.
Administration, 118, 122.
— Enregistrement, 11, 91.

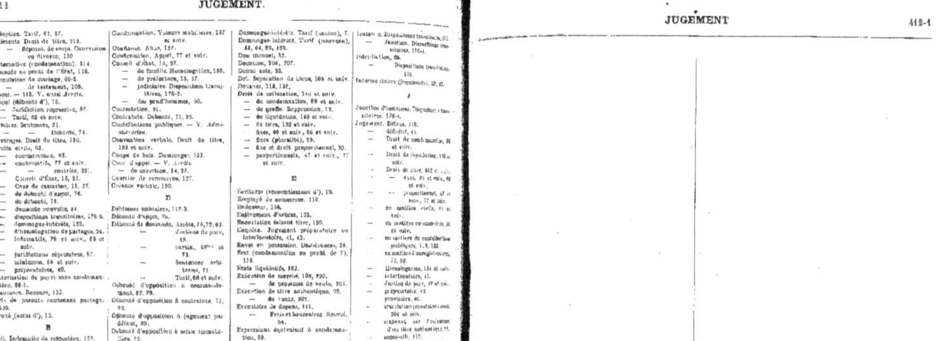

Adoption. Tarif, 61, 87.
Aliments. Droit de titre, 212.
— Séparat. de corps. Conversion en divorce, 130.
Alternative (condamnation), 114.
Amende au profit de l'État, 118.
Annulation de mariage, 60-2.
— de testament, 109.
Appel. — 113. V. aussi *Arrêts*.
Appel (débouté d'), 76.
— Juridiction répressive, 87.
— Tarif, 82 et suiv.
Arbitres. Sentences, 21.
— — Débouté, 74.
Arrérages. Droit de titre, 130.
Arrêts civils, 63.
— commerciaux, 62.
— confirmatifs, 77 et suiv.
— — contrôle, 221.
Conseil d'État, 15, 27.
— Cour de cassation, 15, 27.
— de débouté d'appel, 76.
— de débouté, 78.
— demande nouvelle, 84.
— dispositions transitoires, 176-5.
— dommages-intérêts, 123.
— d'homologation de partages, 34.
— infirmatifs, 79 et suiv., 83 et suiv.
— juridictions répressives, 87.
— minimum, 64 et suiv.
— préparatoires, 40.
Autorisation de payer sans condamnation, 88-1.
Assurance. Recours, 135.
Avis de parents contenant partage, 130.
Avoué (actes d'), 13.

B

Bail. Indemnité de résiliation, 123.
— Résiliation, 21, 28, 120.
— verbal. Droit de titre, 197.

C

Caisse des Dépôts et Consignat., 89-1.
Cassation (arrêts), 15, 27.
Collocation. Principes, 141 et suiv.
— Tarif, 140.
Commandement. Débouté, 70.
Commission (contrat de), 193.
Compensation judiciaire, 222.
Compétence (jugement sur), 41-1.
— (prorogation de), 48.
Compte. Droit de liquidation, 148, 160 et suiv.
Compte. Droit de titre, 213 et suiv.
Conciliation, 13.
Condamnation alternative, 114.
— à restituer, 106.
— au profit de l'État, 115.
— compensation, 222.
— Déchéance du terme, 98.
— Définition, 89.
— Exécution de titre authentique, 95.
— Exigibilité du droit, 89 et suiv.
— Expressions équivalentes, 90.
— Legs, 223.
— principale, 115.
— récursoire, 116, 131.
— secondaire, 118.
— successive, 117.
— Titres d'actions ou d'obligations, 109.
Condamnation. Valeurs mobilières, 137 et suiv.
Confiance. Abus, 127.
Confirmation. Appel, 77 et suiv.
Conseil d'État, 15, 27.
— de famille. Homologation, 150.
— de préfecture, 15, 17.
— judiciaire. Dispositions transitoires, 176-2.
— des prud'hommes, 50.
Contestation, 91.
Contrainte. Débouté, 71, 92.
Contributions publiques. — V. *Administration*.
Convention verbale. Droit de titre, 193 et suiv.
Coupe de bois. Dommages, 133.
Cour d'appel. — V. *Arrêts*.
— de cassation, 14, 27.
Courtier de commerce, 127.
Créance verbale, 190.

D

Débiteurs solidaires, 117-3.
Débouté d'appel, 76.
Débouté de demande. Arrêts, 76, 79, 84.
— Justices de paix, 69.
— partie, 68bis et 73.
— Sentences arbitrales, 71.
— Tarif, 68 et suiv.
Débouté d'opposition à commandement, 67, 70.
Débouté d'opposition à contrainte, 71, 92.
Débouté d'opposition à jugement par défaut, 69.
Débouté d'opposition à saisie immobilière, 72.
Décisions confirmatives, 77.
— — Exemple, 81.
Décisions confirmatives. Exigibilité de la taxe, 80.
Décisions confirmatives, partielles ou implicites, 82.
Décisions confirmatives, sur appel de jugements de paix et de prud'h., 78.
Décisions infirmatives, 77.
— — Exemple, 83.
Défaut (jugement par), 119.
Défendeur s'en rapportant à justice, 91.
Défaillé. — V. *Jugement*.
Délibérations de conseil de famille. Homologation, 150.
Délit forestier, 133.
Délivrance de legs, 223.
Demande (débouté de). — V. *Débouté*.
Dépens, 110.
— Définition, 112.
— (exécutoire de), 111.
Désistement, 24.
Désistement, 122.
Dette (reconnaissance de), 102.
Dispositions indépendantes, 34 à 38.
— transitoires, 175 à 181.
Distinction entre les droits perçus sur les jugements, 7.
Divorce, 31, 57, 60-1, 130.
Dommages-intérêts. Condamnat. récursoire, 131.
Dommages-intérêts, à fixer par état. Évaluation, 130.
Dommages-intérêts. Indemnité. Distinction, 125 et suiv.
Dommages-intérêts. Tarif (ancien), 7.
Dommages-intérêts. Tarif (nouveau), 55, 64, 80, 123.
Don manuel, 32.
Donation, 206, 207.
Donné acte, 23.
Dot. Séparation de biens, 105 et suiv.
Douanes, 118, 132.
Droit de collocation, 140 et suiv.
— de condamnation, 88 et suiv.
— de greffe. Suppression, 12.
— de liquidation, 143 et suiv.
— de titre, 182 et suiv.
fixes, 40 et suiv., 68 et suiv.
— fixes (pluralité), 29.
— fixe et droit proportionnel, 30.
— proportionnels, 47 et suiv., 77 et suiv.

E

Écritures (reconnaissance d'), 10.
Employé de commerce, 116.
Endosseur, 116.
Enlèvement d'arbres, 133.
Énonciation faisant titre, 180.
Enquête. Jugement préparatoire ou interlocutoire, 41, 42.
Envoi en possession. Désistement, 26.
État (condamnation au profit de l'), 115.
États liquidatifs, 163.
Exécution de marché, 198, 220.
— de promesse de vente, 201.
Exécution de titre authentique, 95.
— de vente, 207.
Exécutoire de dépens, 111.
— Frais et honoraires. Renvoi, 94.
Expressions équivalent à condamnation, 90.

F

Faillite. Dépens, 112.
— Indemnité aux syndics, 112-1.
— Jugement d'admission, 224.
Folle enchère, 30-2 et 3, 99.
Forêts, 133.
Formules équivalant à condamnation, 90.
Fourniture. — V. *Marché*.

G

Garantie, 131, 135.
Greffe (suppression des droits de), 12.

H

Homologation de partage. Droits fixes, 35.
Homologation de partage. Droit proportionnel, 151 et suiv.
Homologation de partage. Exigibilité de la taxe, 158 et suiv.
Honoraires. Notaire, 112-2.
Hors compétence. Jugement, 48.

I

Incendie, 134, 135.
Incidents (jugements sur), 121.
— Dispositions transitoires, 178.
Indemnité. Dommages-intérêts, 125 et suiv.
Indemnité. Mines, 213.
— Relocation, 129.
— Syndics de faillites, 112-1.
Instance. Dispositions transitoires, 177.
— Jonction. Dispositions transitoires, 176-4.
Interdiction, 58.
— Dispositions transitoires, 176.
Interlocutoires (jugements), 10, 41.

J

Jonction d'instances. Dispositions transitoires, 176-4.
Jugement. Défaut, 119.
— définitif, 43.
— Droit de condamnation, 88 et suiv.
— Droit de liquidation, 143 et suiv.
— Droit de titre, 182 et suiv.
— — fixes, 40 et suiv., 68 et suiv.
— — proportionnel, 47 et suiv., 77 et suiv.
— en matière civile, 61 et suiv.
— en matière commerciale, 51 et suiv.
— en matière de contributions publiques, 1, 3, 132.
— en matière d'enregistrement, 71, 92.
— Homologation, 150 et suiv.
— interlocutoire, 41.
— Justice de paix, 47 et suiv.
— préparatoire, 42.
— provisoire, 46.
— [illegible] 204 et suiv.
— statuant sur l'exécution d'un titre authentique, 95.
— successif, 117.
— sur compétence, 41-1, 48.
— sur incidents, 121, 178.
Juridictions répressives, 16, 86, 87.
— — Appel, 87.
— — Tarif, 85.
Justice de paix. Débouté de demande, 69.
— Jugement définitif.
— — Incompétence, 48.
— Minimum, 57-3.

L

Legs (délivrance de), 223.
Licitation (jugement ordonnant une), 41.
Liquidation. Dispositions transitoires, 177.
— (Droit de), 143 et suiv.
— Partage. Homologation, 158 et suiv.
Liquidation judiciaire. Dépens, 112-1.
Location verbale. Droit de titre, 197.
— Résiliation, 21.
Locataire. Responsabilité, 134, 135, 141.
Loi-accord transactionnel, 142 [illegible].

M

Main-levée définitive, 179.
Marchandises destinées, 127.
Marché. Droit de liquidation, [illegible] 155 et suiv.
— Droit de titre, 198, 220 et suiv.
Mariage. Annulation, 60-2.
Mines. Indemnité, 213.

Minimum. Droit de condamnation. Cour d'appel, 65 et suiv.
— Droit de condamnation. Justice de paix, 47-3.
— Droit de condamnation. Tribunaux civils, 66.
— Droit de condamnation. Tribunaux de commerce, 51.
— Jugements d'adjudication, 69.

N

Nullité d'une condamnation, 56, 174.
Notaire. Dommages-intérêts, 136.
— Honoraires, 113-1.
Nue propriété (Réunion d'usufruit à), 38.

O

Objet de la demande, 214 et suiv.
Offres réelles. Jugement de validité, 91.
Opposition. Débouté, 52, 69, 70, 71, 99.
— à contrainte. Débouté, 77.
— à sentence arbitrale. Dépôt. transit., 176-1.
Ordonnance. Renvoi, 92.

P

Partage. Dépens, 112-2.
— Droit de liquidation, 158-2.
— Homologation. Absence d'indivision, 163.
— Homologation antérieure au partage, 167.
— Homologation. Avis de parents, 159.
— Homologation. Cumul du droit de partage, 157.
— Homologation. Dispositions indépendantes, 38.
— Homologation. Dispositions accessoires, 177.
— Homologation. Définition, 158.
— Homologation différée, 160.
— Homologation, inutile, 61.
— Homologation. Honoraires du notaire, 175.
— Homologation. Indemnité de nourriture, 171.
— Homologation. Liquidation de la taxe, 168.
— Homologation. Lotissement transactionnel, 159 *bis*.
— Homologation. Mandat de payer le passif, 95.
— Homologation. Minimum, 173.
— Homologation. Partage passé à l'étranger, 162.
— Homologation. Partage testamentaire, 161-3.
— Homologation. Passif déductible, 166.
— Homologation. Préciput, 171.
— — Prix de ventes mobilières, 167.
— Homologation. Rapport de donation, 169.
— Homologation. Reprises en deniers, 163.
— Homologation. Reprises en nature, 170.
— Homologation. Soultes ou licitation, 166.
— Homologation. Soultes, 168.
— — Tarif, 155.
Partage. Homologation. Tirage au sort différé, 161.
— Homologation, transactionnel, 161-2.
— (jugement ordonnant), 64.
Pension alimentaire, 120.
— alimentaire. Evaluation. Contrôle, 225.
Perception, 120.
Pluralité des droits, 29 et 30.
Police correctionnelle, 89.
— simple, 86.
Prélèvement en nature, 170.
Préparatoire (jugement), 40 et 42.
Procès-verbaux, 20.
— de conciliation, 18.
Promesse de vente, 201.
Propres. Reprises en nature, 170.
Prorogation de compétence, 18.
Provisoire (jugement), 46.
Prud'hommes, 50.
Publication de séparation de biens, 23.

Q

Quittance. Compensation judiciaire, 222.

R

Rapport à liquidation, 146.
Recevabilité d'opposition, 92-2.
Reconnaissance de dépôt dissimulant une donation, 206.
Reconnaissance de dette, 192.
— de don manuel, 22.
— d'écritures, 100.
Réforme des frais de justice, 9 et suiv.
Réforme des frais de justice. Economie générale, 12.
Réforme des frais de justice. Nécessité, 10.
Réforme des frais de justice. Portée, 9.
Rente constituée. Condamnation, 85.
— sur l'État. Séparation de biens, 105.
Reprises. Titres enregistrés, 96.
Résiliation de baux, 33, 34, 95, 128.
— de marchés (rejet de demande en), 220.
Responsabilité. Locataire. Incendie, 134, 145.
Responsabilité. Locataire. Réparations locatives, 137.
Responsabilité. Notaire, 136.
Restitution de dot, 106.
— des droits. Dispositions transitoires, 180.
— de titres, 103.
Réunion d'usufruit à nue propriété, 38.

S

Saisie-arrêt. Salaires et petits traitements. — V. *Aide judiciaire*, n. 114 *bis*.
Saisie-arrêt. Validité. Droit de condamn., 101 et suiv.
Saisie-arrêt. Validité. Droit de liquidation, 147.
Saisie-arrêt. Validité. Droit de titre, 226.
Sentences arbitrales, 21.
— Débouté, 74.
— Partage. Homologation, 160.
Sentences arbitrales. Partage. Homologation. Disposit. transit., 177-1.
Séparation de biens. Arrêt, 66.
— Donné acte, 23.
— Droit de condamnation, 106.
Séparation de biens. Jugement, 60.
Séparation de corps. Arrêt, 66.
Séparation de corps. Conversion en divorce. Pension alimentaire, 130.
Séparation de corps. Jugement, 60.
Servitude, 203.
Simple police, 86.
Simulation, 131, 204, 206 et 207.
Société. Fondateurs. Dommages-intérêts, 138.
Successions en déshérence (jugements collectifs), 37.
Syndics. Indemnité, 112-1.

T

Tarifs. Arrêts des cours d'appel, 92 et suiv.
Tarifs. Déboutés de demande, 68 et suiv.
Tarifs. Jugements préparatoires et interlocutoires, 40 et suiv.
Tarifs. Jugements définitifs. Justices de paix, 47 et suiv.
Tarifs. Jugements définitifs. Prud'hommes, 50.
Tarifs. Jugements définitifs. Tribunaux civils, 51.
Tarifs. Jugements définitifs. Tribunaux de commerce, 51.
Tarifs. Juridictions répressives, 86, 87.
— Séparation de corps et de biens, 103.
Taxe des frais de justice, 9 et suiv.
Termes équipollents à condamnation, 66.
Testament. Annulation, 109.
Tiers saisi, 102 et suiv.
Titre authentique. Exécution, 96.
— enregistré, 93 et suiv.
— non contesté. Droit de condamnation, 98.
Titre (droit de), 182 à 226.
Titre (droit de). Conventions verbales, 193 à 207.
— Créance verbale, 195.
— Cumul avec la taxe, 185.
— Énonciation faisant titre, 189.
— Exigibilité, 186.
— Nature, 188.
— Objet de la demande, 214.
— Titre écrit soumis à la formalité, 209.
Titre (Droit de). Titre enregistré, 208.
— Titre exempt d'enregistrement, 210.
Titre (Droit de). Titre libéré, 187.
— Titre non susceptible d'être enregistré, 211.
Transactions, 122.
Transport de marchandises. Condamnations récursoires, 116.
Tribunaux administratifs, 11.
Tribunaux administratifs. Dispositions indépendantes, 27.

U

Usufruit (réunion d') à une propriété, 38.

V

Valeurs mobilières, 107.
Validité de saisie-arrêt. Droit de condamnation, 101 et suiv.
Validité de saisie-arrêt. Droit de liquidation, 147.
Validité de saisie-arrêt. Droit de titre, 226.
Vente. Droit de titre, 203.
— (Promesse de), 200, 201.

TITRE I. — DISPOSITIONS GÉNÉRALES.

[1-2]

CHAPITRE PREMIER. — PRINCIPES GÉNÉRAUX.

[1]

1. Observations. — Nous n'avons, en ce qui concerne les principes généraux, rien à ajouter ou à modifier à ce que nous avons indiqué au *Rép. gén.*, v° *Jugement*, sous les n°s 1 à 63.

CHAPITRE II. — DES DIVERSES ESPÈCES DE JUGEMENTS.

[2]

2. Observations. — Il y a un très grand intérêt, au point de vue de la perception, à connaître les distinctions existant entre les diverses espèces de jugements, puisque les tarifs minima établis par la loi du 26 janv. 1892 (art. 17) varient suivant qu'il s'agit de jugements préparatoires ou interlocutoires et de jugements définitifs.

Nous ne pouvons que nous référer, relativement aux

signes caractéristiques de ces différentes décisions, aux observations présentées sous les nos 99 à 286 du *Rép. gén.*, v° *Jugement*.

Nous ferons seulement remarquer que si, aux termes des art. 44 et 45 L. 28 avr. 1816, les jugements des tribunaux de première instance rendus en *dernier ressort* étaient soumis à un droit fixe différent de ceux rendus en *premier ressort*, lorsque ni les uns ni les autres ne contenaient de dispositions spéciales donnant lieu à un droit proportionnel plus élevé, il n'en est plus de même aujourd'hui. La loi du 26 janv. 1892 a, en effet, supprimé, en ce qui concerne le tarif, toute distinction entre ces deux sortes de jugements. Il est donc actuellement sans intérêt, pour la perception, de rechercher si les jugements sont ou non susceptibles d'appel.

TITRE II. — ANCIENNE LÉGISLATION FISCALE.

[3-8]

3. Droits fixes et proportionnels. — La loi du 22 frimaire an VII avait divisé les droits d'enregistrement à percevoir sur les actes judiciaires en deux catégories correspondant à celles qui régissent les actes civils. Ainsi les jugements donnaient ouverture, suivant leur objet, soit à un droit fixe, soit à un droit proportionnel, soit à tous les deux à la fois, suivant la nature des dispositions qu'ils renfermaient.

4. Droit fixe. — Le *droit fixe* s'appliquait aux jugements qui ne contiennent ni obligation, ni libération, ni condamnation, collocation ou liquidation de sommes et valeurs, ni transmission de propriété, d'usufruit ou de jouissance de biens meubles ou immeubles (L. 22 frim. an VII, art. 3).

5. Surtaxe. — Tous ces droits fixes avaient été augmentés de moitié par l'art. 4 L. 28 fév. 1872.

6. Droit gradué. — Quelques-uns d'entre eux avaient été gradués en raison des sommes et valeurs énoncées dans les jugements (L. 28 fév. 1872, art. 1er et 2).

7. Droits proportionnels. — Les jugements sont susceptibles de donner ouverture à toutes les natures de droits proportionnels que peuvent engendrer les conventions qu'ils renferment. Mais il est trois espèces de droits qui leur sont propres : ce sont les droits de *condamnation*, de *collocation* et de *liquidation*.

La *condamnation* est l'injonction, faite par le juge à la partie qui succombe, d'accomplir une dation, une prestation, un fait quelconque.

La *liquidation* est la détermination des droits d'une partie, non contestés dans leur principe.

La *collocation* est une espèce de liquidation particulière à la procédure d'ordre.

L'art. 69, § 2, n° 9, L. 22 frim. soumettait au droit de 0 fr. 50 p. 100 « les jugements contradictoires ou par défaut, des juges de paix, des tribunaux civils, de commerce et d'arbitrage, de la police ordinaire, de la police correctionnelle et des tribunaux criminels, portant condamnation, collocation ou liquidation de sommes et valeurs mobilières, intérêts et dépens entre particuliers », excepté les dommages-intérêts, dont le droit proportionnel était fixé à 2 p. 100 par le § 5, n° 8, du même article. — Dans aucun cas, et pour aucun de ces jugements, le droit proportionnel ne pouvait être au-dessous du droit fixe, tel qu'il était réglé pour les jugements des divers tribunaux.

Le même article ajoutait : « Lorsque le droit proportionnel aura été acquitté sur un jugement rendu par défaut, la perception sur le jugement contradictoire, qui pourra intervenir, n'aura lieu que sur le supplément de condamnation : il en sera de même des jugements rendus sur appel et des exécutoires. — S'il n'y a pas de supplément de condamnation, le jugement sera enregistré pour le droit fixe, qui sera toujours le moindre droit à percevoir ».

8. Dispositions indépendantes. — Enfin, on appliquait aux jugements le principe de la pluralité édicté par l'art. 11 L. frim., d'après lequel il doit être perçu un droit particulier (fixe ou proportionnel) sur chaque disposition indépendante contenue dans le même acte.

TITRE III. — TAXE DES FRAIS DE JUSTICE.

[9-181]

CHAPITRE Ier. — OBSERVATIONS PRÉLIMINAIRES.

[9-12]

9. Portée de la réforme. — La loi de finances du 26 janv. 1892 a réalisé une réforme qui a pris, dans les annales parlementaires et dans le langage courant, le nom de réforme des frais de justice. Il y a quelque exagération à la qualifier ainsi. Les frais de justice comprennent, non seulement les taxes qui se perçoivent au profit du Trésor sur les différents actes de la procédure et sur les jugements, mais encore les sommes qui reviennent aux officiers ministériels dont le ministère est indispensable aux plaideurs. La réforme de 1892 n'a porté que sur les droits dus au Trésor : elle n'embrasse donc qu'une partie de la matière.

10. Nécessité de la réforme. — Le 21 déc. 1889, M. Brisson, en sa qualité de Garde des sceaux, et au nom de la commission extra-parlementaire instituée près du ministre de la justice, présentait un rapport concluant à la revision du Code de procédure, à la suppression de certaines formalités et à la simplification de certaines autres. Ce rapport fut l'objet d'un projet de loi déposé le 6 mars 1890, par M. Thévenet, son successeur.

La revision du Code, qui garde trop l'empreinte surannée de la pratique du Châtelet et de l'Ord. de 1667, était arrêtée par la question fiscale : les actes multiples de la procédure étant frappés d'un droit fixe de timbre, d'un droit fixe d'enregistrement et souvent d'un droit de greffe fixe ou proportionnel, on avait toujours reculé, chaque fois qu'il s'était agi d'éliminer de nos Codes quelques-uns de ces actes, notamment les actes d'avoué à avoué, et les conclusions grossoyées.

Il importait donc de commencer par remanier les bases de l'impôt, pour aboutir plus facilement à la réforme, si ardemment désirée, du Code de procédure.

Tel fut l'objet de la proposition déposée le 27 janv. 1891 à la Chambre des députés par M. Brisson et 105 de ses collègues.

Il fut facile à M. Brisson de faire ressortir les causes de l'impopularité des frais de justice. « Vous n'ignorez pas, disait-il à la Chambre (séance du 12 déc. 1891), quels sont les deux vices principaux des frais de justice actuels. Le premier est une criante improportionnalité que la multiplicité des droits fixes, par cela seul qu'ils sont fixes, a entraînée de tout temps. Ces droits fixes, d'ailleurs, ont été singulièrement aggravés par nos lois successives, le prix du papier timbré, le droit d'enregistrement, les droits de greffe eux-mêmes. L'improportionnalité de l'impôt est facile à chiffrer : je l'avais fait dans l'exposé des motifs de la première proposition. On peut évaluer de 38 à 39 millions environ le produit actuel des frais de justice, timbre, enregistrement et greffe, et sur ces 38 à 39 millions, les droits proportionnels représentent une somme de 3.500.000 fr. seulement. Vous voyez dans quelle faible mesure la proportionnalité, c'est-à-dire l'équité, la justice, règle la matière ; et encore faut-il se rappeler que, même dans cette faible mesure, l'improportionnalité vient prendre sa part, car, dans une espèce que vous connaissez bien, le droit proportionnel est de 50 cent. p. 100 jusqu'aux premiers 5.000 fr. et de 25 cent. p. 100 au-dessus de 5000 fr. Aussi peut-on dire, avec plus de raison encore pour cet impôt que pour d'autres, que c'est un véritable impôt progressif à rebours. Tel est le caractère principal de nos frais de justice actuels.

« Le second, c'est la superposition d'une série d'impôts frappant le même litige, le même objet, c'est-à-dire la même valeur, sous la forme de droits sur les actes de procédure, de droits d'enregistrement, de droits de timbre, de droits de greffe, de droits de jugement proportionnels et fixes, ces derniers droits fixes sur les jugements aggravés jusqu'à en être ridicules par ce qu'on appelle les dispositions indépendantes.

« De tous ces droits fixes, en vertu de leur fixité même, il résultait que, lorsqu'un plaideur acquittait un droit de 10 fr., si le litige était de 100 fr., l'impôt était de 10 p. 100; si la valeur était de 1.000 fr., l'impôt descendait à 1 p. 100; si elle était de 10.000 fr., l'impôt n'était plus que de 10 cent. pour 100 fr. Quand de pareils vices ont été mis à jour par une polémique prolongée, il faut tâcher de les faire disparaître. L'esprit de justice qui nous anime tous et qui doit guider un gouvernement démocratique ne peut pas supporter longtemps de pareils abus. »

A ces deux vices de la législation existante, improportionnalité et superposition de plusieurs impôts frappant le même objet, c'est-à-dire la même valeur, la proposition de M. Brisson apportait un remède radical.

Ce projet supprimait tout impôt, tous frais de justice entre l'assignation et le jugement. De l'assignation au jugement, point d'enregistrement, point de timbre, point de droit de greffe. L'état de frais, en ce qui concerne les droits à payer au Trésor, n'aurait compris que deux articles, le coût de l'assignation et le coût du jugement sur lequel aurait été perçue une taxe proportionnelle à la valeur du litige. Cette taxe était, en outre, graduée suivant le tribunal appelé à connaître du litige et calculée de façon à dégrever, dans une mesure assez large, les procédures engagées devant les tribunaux inférieurs. D'autre part, les tarifs étaient établis de manière à faire supporter les droits les plus élevés par les instances introduites volontairement pour consacrer un droit contesté, tandis que les instances qu'il est impossible d'éviter et qui ne sont, en réalité, qu'une série de formalités destinées à protéger les droits des mineurs et des incapables, n'avaient à supporter qu'un droit excessivement réduit. Enfin, pour les faillites, le droit était abaissé aux dernières limites. Quant à la formalité même de l'enregistrement, elle ne constituait plus qu'une entrave à la procédure par les retards qu'entraîne son accomplissement, et l'auteur du projet la supprimait.

La réforme proposée substituait donc à toute la série des droits fixes une taxe proportionnelle, sans arcanes et sans mystère, et d'une simplicité telle que le plaideur pouvait, d'avance, faire lui-même son état de frais; en outre, elle était établie de façon à abaisser autant que possible les droits sur des petits procès; enfin, elle était graduée de telle sorte qu'elle procurait au Trésor un excédent évalué à plus de 2.000.000 fr. L'adoption de ce projet aurait eu pour conséquence de réduire à 3.500.000 fr. le montant des droits fixes et d'élever les droits proportionnels à 38.000.000 fr., c'est-à-dire de renverser la proportion résultant de la législation ancienne.

11. Objections du Gouvernement. — Ce projet, qui supprimait 35.000.000 fr. environ de droits fixes, était très séduisant, mais le Gouvernement ne crut pas devoir l'accepter à cause des dangers qu'il présentait au point de vue des intérêts du Trésor en concentrant l'impôt sur la décision finale : on pouvait craindre, en effet, de graves mécomptes, résultant des transactions qui auraient pu se produire à la veille du jugement, et de la difficulté de recouvrer, en une seule fois, la totalité des taxes qui se payent aujourd'hui par acomptes échelonnés sur les différents actes de la procédure. D'autre part, il a paru qu'il y aurait quelque injustice à frapper des mêmes droits deux plaideurs qui, poursuivant le recouvrement de la même somme, y arriveraient par des voies différentes, l'un poursuivant par les voies les plus directes, l'autre se complaisant dans toutes les arguties de la chicane. Enfin la suppression de la formalité pour les significations entre parties pouvait avoir de graves inconvénients. D'une part, ces actes sont une source féconde de renseignements et contiennent notamment des indices précieux permettant de contrôler les déclarations de successions; d'autre part, les parties auraient pu, au moyen de significations réciproques, constater entre elles leurs conventions et leur donner ainsi date certaine sans payement d'aucun droit.

En présence de l'opposition du ministère, et dans la crainte de voir la réforme ajournée, M. Brisson s'est rallié au projet du Gouvernement qui, tout en différant sensiblement du sien, renferme néanmoins de notables améliorations.

12. Économie générale de la loi. — Les principales innovations apportées à la législation ancienne sont les suivantes :

1° Dégrèvements

A. Enregistrement

1. Droits de greffe. — L'article 4 de la loi supprime totalement les droits de greffe perçus dans les justices de paix, les tribunaux civils ou de commerce et les cours d'appel (V. *Supplément*, v° *Greffe*).

2. Suppression de la formalité de l'enregistrement. — Une autre réforme importante est la suppression de la formalité de l'enregistrement :

1° Pour les actes de procédure d'avoué à avoué devant les tribunaux de première instance et les cours d'appels, et les exploits de signification de ces mêmes actes (art. 5). Toutefois, l'art. 18 oblige l'huissier instrumentaire à présenter au visa du receveur de l'enregistrement, dans les 4 jours de la signification, les originaux des conclusions respectivement signifiées, et les art. 19 et 20 l'astreignent à créer un répertoire spécial qui doit être visé tous les 5 jours par le receveur de l'enregistrement (V. *Supplément*, v^is *Avoué* et *Exploit*);

2° Pour les actes rédigés en exécution des lois relatives aux faillites et liquidations judiciaires énumérés dans l'art. 8 (V. *Supplément*, v° *Faillite*).

3. Maintien de la formalité. Dispense de tout droit. — 1° *Mineurs et interdits.* — La loi affranchit des droits de toute nature les avis de parents de mineurs dont l'indigence est constatée, conf. aux art. 6 et 8 L. 10 déc. 1850, et les actes nécessaires pour la convocation et la constitution des conseils de famille et l'homologation des délibérations prises dans ces conseils dans le cas d'indigence des mineurs. Elle assimile, en outre, aux mineurs les personnes dont l'interdiction est demandée et les interdits. Ces actes doivent néanmoins être portés à un répertoire spécial (V. *Supplément*, v° *Avis de parents*).

2. *Ventes judiciaires inférieures à 2.000 fr.* — De même, l'art. 16 affranchit de la taxe proportionnelle les jugements d'adjudication de meubles ou d'immeubles, soit devant le tribunal, soit devant notaire commis, lorsque le prix de la vente est inférieur à 2.000 fr. (V. *Supplément*, v^is *Adjudication* et *Ventes judiciaires*).

4. Réduction de certains droits fixes. — Les droits fixes sur les actes de procédure sont réduits dans la proportion suivante :

A 0 fr. 20, le droit d'enregistrement du bulletin n° 2 du casier judiciaire délivré aux particuliers (art. 5) (V. *Supplément*, v° *Casier judiciaire*);

A 0 fr. 60, le droit d'enregistrement des actes de produit avec demande en collocation en matière d'ordre et de contribution (art. 9) (V. *Supplément*, v° *Ordre*);

A 1 fr., le droit d'enregistrement des exploits relatifs aux procédures en matière civile, devant les juges de paix jusques et y compris les significations des jugements définitifs (art. 6). Réduction d'un tiers pour tous les autres exploits relatifs aux instances suivies en matière civile ou commerciale devant les conseils de prud'hommes, les tribunaux de 1re instance, les cours d'appel, depuis l'exploit introductif d'instance inclusivement, jusques et y compris la signification à partie des jugements et arrêts. La même réduction profite aux déclarations d'appel faites autrement que par exploit (art. 7) (V. *Supplément*, v^is *Appel* et *Exploit*).

La réduction du tiers s'applique également aux exploits relatifs aux procédures d'ordre judiciaire, de contributions judiciaires et de ventes judiciaires (art. 8) (V. *Supplément*, v° *Exploit*).

5. Dispositions indépendantes. — Pluralité. — Un dégrèvement important résulte de l'art. 11 qui affranchit de la pluralité édictée par l'art. 11 L. 22 frim. dans les jugements et arrêts, les dispositions non sujettes au droit proportionnel, et qui édicte, d'autre part, qu'aucun droit fixe ne devra être perçu sur les jugements et arrêts renfermant une ou plusieurs dispositions passibles du droit proportionnel (V. *infrà*, chap. II, section 2).

B. — Timbre.

1. Dispense. — Pour porter « un premier coup à la superstition du papier timbré », M. Brisson dispensait de la formalité du timbre un certain nombre d'actes. Ses propositions ont été adoptées en partie et la loi du 26 janv. 1892 a exempté de tous droits :

1° Les actes de procédure d'avoué à avoué devant les tribunaux de 1re instance et les cours d'appels, ainsi que les exploits de signification de ces mêmes actes (art. 9) (V. *Supplément*, v^is *Avoué* et *Exploit*);

2° Le bulletin n° 2 du casier judiciaire délivré aux particuliers (même art.) (V. *Supplément*, v° *Casier judiciaire*);

3° Les actes rédigés en exécution des lois relatives aux faillites et liquidations judiciaires désignés dans l'art. 10 (V. *Supplément*, v° *Faillite*);

4° Les expéditions délivrées par les greffiers des justices de paix en matière civile et par les secrétaires des conseils de prud'hommes (art. 12) (V. *Supplément*, v° *Expédition*);

5° Les avis de parents de mineurs et interdits indigents (art. 12) (V. *Supplément*, v° *Avis de parents*).

2. Réduction. — Pour d'autres actes, le droit est seulement réduit; tels sont :

1° Les expéditions visées par l'art. 6 L. 21 vent. an VII qui pourront contenir de 12 à 14 syllabes à la ligne, compensation faite entre les lignes (art. 13) (V. *Supplément*, v° *Expédition*);

2° Les mandements ou bordereaux de collocation délivrés aux créanciers par les greffiers, en matière d'ordre ou de contribution, qui pourront être rédigés sur du petit papier au tarif ordinaire de 60 cent. ou 1 fr. 20, contenant 35 lignes à la page et de 20 à 25 syllabes à la ligne, compensation faite d'une feuille à l'autre (art. 14) (V. *loc. cit.*).

3. Taxe de remplacement. — Pour tenir lieu des droits supprimés ou réduits, les art. 15 à 17 de la loi du 26 janv. 1892 ont établi une taxe de remplacement.

Nous allons examiner la nature de cette taxe, ainsi que les modifications qu'elle a apportées à la législation antérieure, en ce qui concerne les jugements et arrêts.

Les autres applications de la nouvelle taxe sont étudiées aux mots *Adjudication*, *Faillite* et *Ordre* de notre *Supplément*.

CHAPITRE II. — JUGEMENTS ET ARRÊTS PORTANT CONDAMNATION ET LIQUIDATION EN MATIÈRE CIVILE, COMMERCIALE ET RÉPRESSIVE

[13-153]

SECTION I. — OBSERVATIONS GÉNÉRALES. — APPLICATION DE LA TAXE AUX DIFFÉRENTS JUGEMENTS ET ARRÊTS.

[13-23]

13. **Objet et caractère de la taxe.** — L'art. 15 L. 26 janv. 1892 porte : « En remplacement des impôts supprimés ou réduits par les articles précédents, des droits proportionnels de condamnation, collocation ou liquidation et des droits fixes auxquels les jugements ou arrêts sont actuellement soumis en matière civile ou commerciale, un *droit proportionnel* est perçu, savoir :.... » Ainsi que l'indique le texte, cette taxe est destinée à combler le déficit qui résulte, tant de la suppression ou réduction des droits fixes ou de timbre que des droits proportionnels de condamnation, collocation ou liquidation qui cesseront d'être perçus. On a vu, en effet, plus haut, que le but de la loi n'était pas d'arriver à un dégrèvement proprement dit, mais de substituer aux anciens droits une taxe de remplacement établie sur des bases plus équitables.

Par cela même que le nouveau droit a pour fonction de remplacer des droits d'enregistrement, il prend le caractère qui s'attachait à ces derniers. Un sénateur avait fait remarquer qu'il y aurait intérêt, pour prévenir toute espèce de doute à cet égard, de spécifier dans l'art. 15 que le nouveau droit était un droit d'enregistrement. C'est une taxe nouvelle, disait-il, et, tant au point de vue de la compétence qu'au point de vue des différentes formalités, il était nécessaire de s'en expliquer pour bien fixer la nature du droit. Mais le Sénat jugea inutile d'affirmer par une déclaration explicite un point qui était de toute évidence, et qui, au besoin, était mis hors de doute par la référence établie à l'art. 22 entre la loi nouvelle et les lois de l'enregistrement.

14. **Cour de cassation.** — Le projet du Gouvernement englobait dans la réforme les arrêts de la Cour de cassation. Mais, lors du vote de l'article 5 du projet qui exemptait de la formalité du timbre et de l'enregistrement les actes de procédure d'avocat à avocat devant la Cour de cassation, ainsi que les exploits de signification de ces mêmes actes, il a été convenu que ce projet, écartant toutes les juridictions exceptionnelles, ne s'appliquerait pas à la Cour de cassation qui resterait régie par la législation ancienne. Il n'est donc rien innové en la matière.

15. **Tribunaux administratifs.** — Plusieurs députés et sénateurs avaient proposé d'appliquer la nouvelle loi aux décisions rendues par les tribunaux administratifs. Les arguments invoqués ont ému le Parlement, et le Commissaire du Gouvernement avait pris l'engagement de rechercher dans quelle mesure ces juridictions pourraient être atteintes, et de faire servir les ressources, qui proviendraient des taxes à établir, à corriger ce que l'expérience aurait révélé d'excessif dans quelques-uns des nouveaux tarifs.

Cette promesse est jusqu'à présent restée sans suite.

16. **Juridictions répressives.** — D'après le projet Brisson, l'exemption des droits d'enregistrement et de la formalité du timbre s'appliquait, pour les exploits, significations, etc., tant aux instances engagées devant les tribunaux civils ou de commerce qu'aux tribunaux de police et cours criminelles (art. 1er du projet). Comme conséquence, les jugements et arrêts étaient soumis à une taxe de remplacement par les art. 10 et 11.

Le projet du Gouvernement et la loi du 26 janv. 1892 ont laissé en dehors de la réforme les jugements et arrêts rendus en matière répressive et ces décisions ne sont visées que par deux dispositions, qui sont relatives aux dommages-intérêts (V. n° 85 *infrà*) et par l'art. 11, concernant l'abrogation de la pluralité des droits sur les dispositions indépendantes (V. n° 27 *infrà*).

17. **Principe.** — Les droits de condamnation institués par les art. 15, 16 et 17 L. 26 janv. 1892 atteignent les jugements émanant des juges de paix, des conseils de prud'hommes, des tribunaux civils de première instance et des tribunaux de commerce, — les sentences d'arbitres, — les arrêts de cours d'appel en matière civile et commerciale.

18. **Jugements des juges de paix.** — Tous les jugements des juges de paix tombent sous l'application du nouveau régime, à l'exception de ceux de simple police qui restent soumis à la législation antérieure (2816 I. G., p. 28).

19. **Procès-verbaux de conciliation et de non-conciliation.** — Les procès-verbaux de conciliation n'étaient passibles, sous l'ancienne législation, ni du droit de condamnation, ni du droit de liquidation. L'art. 16 de la loi nouvelle, qui fixe le taux de la taxe proportionnelle de remplacement, ne fait pas mention de ces procès-verbaux. Ils restent donc soumis, comme par le passé, au droit fixe, mais ce droit est réduit à 1 fr. par l'art. 17, § I.

20. **Actes et procès-verbaux non visés par la loi de 1892.** — Les anciens tarifs restent naturellement en vigueur pour tous les actes et procès-verbaux, autres que les jugements et procès-verbaux de conciliation ou de non-conciliation qui, seuls, sont visés par la loi de 1892.

21. **Sentences arbitrales.** — En ce qui concerne les décisions des arbitres, un amendement avait été déposé au Sénat (séance du 19 janv.), pour les dispenser de la taxe proportionnelle lorsqu'elles interviendraient avant l'exploit introductif d'instance. Cet amendement était basé sur une double considération : d'abord, sur ce que la taxe proportionnelle n'étant que le rachat d'un dégrèvement, ne pouvait atteindre les sentences arbitrales qui ne bénéficient d'aucune réduction, et, d'autre part, sur ce fait que la mention d'exequatur « mandons et ordonnons », mise par le président du tribunal, ne pouvait avoir pour effet de convertir en jugement le contrat d'arbitrage. Cet amen-

dement a été repoussé. Le Commissaire du Gouvernement a fait remarquer à juste titre que la décision de l'arbitre, revêtue de la mention d'exequatur, était une véritable décision de justice, et qu'il n'y avait par conséquent aucune raison d'affranchir ces sentences d'un droit qui atteint toutes les autres décisions.

I. DÉCISIONS NON REVÊTUES DE L'ORDONNANCE D'EXEQUATUR. — Mais les sentences arbitrales, qui ne passent pas sous les yeux du juge, qui sont acceptées et exécutées volontairement, ne sont pas soumises à la nouvelle taxe. Le rapporteur l'a formellement reconnu à la séance du Sénat du 19 janv. 1892. C'est qu'en effet les arbitres n'ont aucun caractère public et, quand leurs sentences ne sont pas revêtues de l'ordonnance d'exequatur, elles ne peuvent être considérées que comme des actes sous seings privés pour l'enregistrement desquels aucun délai de rigueur n'est prescrit. — *Rép. gén.*, 7e édit., vo *Arbitrage*, no 36.

22. Ordonnances du juge. — V. ce mot.

23. Donné acte par un tribunal des lecture et publications, en matière de séparation de biens. — On s'est demandé quel tarif il y a lieu d'appliquer à une décision par laquelle un tribunal de commerce, *après en avoir délibéré*, a « donné acte » des lecture et publications d'un jugement de séparation de biens (C. C. 872 et C. Comm. 66). Il a été reconnu que ce « donné acte » constitue, non un procès-verbal, mais un jugement passible du droit fixe de 5 fr. en principal (Sol. 26 juin 1894, 8488 R. P.).

SECTION II. — DES DISPOSITIONS INDÉPENDANTES

[24-38]

24. Abrogation du principe de la pluralité. — L'art. 11 L. 22 frim. disposait qu'il serait perçu un droit particulier sur chaque disposition indépendante contenue dans le même acte : l'application de ce principe conduisait, pour les jugements, à des résultats abusifs, dont M. Brisson donna un exemple frappant à la séance de la Chambre du 14 déc. 1891 :

« Le tribunal dit que c'est à tort et sans droit que X... fait figurer le nom de... (coût 7 fr. 50);

« Lui donne acte de sa déclaration de supprimer ce nom dans... (coût : 7 fr. 50);

« Ordonne l'insertion du présent jugement à la première page du... dans le prochain numéro... (coût : 7 fr. 50);

« Dit qu'il n'y a lieu à d'autres insertions (coût : 7 fr. 50);

« Et, comme il y a deux condamnations s'élevant à 200 fr., on ajoute 4 fr., plus 1 fr., de décimes, soit 5 fr. de droit proportionnel. Donc, 37 fr. 50 de droit fixe et 5 fr. de droit proportionnel, voilà un abus considérable entre beaucoup d'autres. »

L'art. 11 L. 1892 a remédié à ces abus : il a affranchi de la pluralité, dans les jugements et arrêts, les dispositions indépendantes et non sujettes au droit proportionnel ; de plus, il a érigé en principe qu'aucun droit fixe ne pourra jamais être perçu sur un jugement ou arrêt renfermant une ou plusieurs dispositions passibles du droit proportionnel. (Voir toutefois, en ce qui concerne les jugements et arrêts portant débouté total de demande avec condamnation à des dommages-intérêts, le no 68 *bis infrà*).

25. Jugements collectifs d'envoi en possession de successions en déshérence. — La pluralité des droits fixes doit cependant continuer à être appliquée aux jugements qui interviennent sur les requêtes collectives d'envoi en possession de successions présumées en déshérence. Il s'agit là, en effet, non d'une décision unique présentant plusieurs dispositions indépendantes, mais de jugements différents réunis dans un même contexte (Sol. 17 nov. 1896, 9446 R. P.).

26. Cumul du droit de titre et des droits de condamnation. — Le droit de titre, exigible en vertu de l'art. 69, § 2, no 9, L. 22 frim. ou de l'art. 22, L. 11 juin 1859, est indépendant des droits spéciaux auxquels donne lieu le jugement ou l'arrêt. Il convient donc d'en faire abstraction pour l'application du principe formulé par la loi nouvelle; en d'autres termes, l'art. 11 ne s'oppose pas à la perception simultanée de ce droit et des droits fixes ou proportionnels sur la même sentence (2816 I. G). (V. no 185 *infrà*).

27. Bénéfice de la loi nouvelle applicable aux décisions de toutes juridictions. — L'art. 11. L. 26 janv. 1892 profite à tous les jugements et arrêts sans distinction, quelle que soit la juridiction dont ils émanent. Son application s'étend, dès lors, aux décisions rendues en matière civile, criminelle, correctionnelle et de police et même aux arrêts de la Cour de cassation et du Conseil d'État qui, sous les autres rapports, ne sont pas touchés par la loi nouvelle (2816 I. G.).

28. Actes judiciaires ne constituant ni des arrêts ni des jugements. — Mais le bénéfice n'en est acquis qu'aux jugements et arrêts et doit être refusé à tous les actes judiciaires auxquels ce caractère n'appartient pas

1. ORDONNANCES SUR REQUÊTE. — Aux yeux de la loi fiscale, ces ordonnances sont de simples actes s. s. p. (V. *Ordonnances du juge*); par une conséquence logique, elles doivent être exclues du bénéfice de l'art. 11 de la loi nouvelle et restent soumises au principe de la pluralité édicté par l'art. 11 de la loi de frim. Telle est la doctrine enseignée dans l'I. G. 2816 (p. 10) et consacrée depuis par une Sol. 20 janv. 1893 (8078 R. P.).

2. ORDONNANCE DE RÉFÉRÉ. — D'après l'I. G. 2816, l'art. 11 de la loi de 1892 s'appliquerait de plein droit aux ordonnances de référé qui constituent, aux yeux de l'administration, de véritables jugements. Cette interprétation a été confirmée par une Sol. 20 janv. 1893, écartant la pluralité sur une ordonnance de cette nature qui nommait d'office un expert dispensé du serment (8078 R. P.).

Nous devons signaler toutefois une objection qui ne manque pas de gravité : d'une part, l'Administration a reconnu que la loi de 1892 n'a pas modifié le tarif des ordonnances de référé qui restent soumises à la législation antérieure; d'autre part, comme le porte un jugement du tribunal de Bagnères du 21 fév. 1896 (8941 R. P.), les ordonnances de référé sont, aux yeux de la loi fiscale, des actes *sui generis* complètement distincts des jugements. Dans ces conditions, on peut douter de l'exactitude de l'interprétation adoptée par l'Administration et se demander si la loi de 1892 a réellement dispensé de la pluralité les ordonnances de référé. Mais, comme cette doctrine est favorable aux contribuables, nous aurions mauvaise grâce à la critiquer.

3. ACTES JUDICIAIRES DIVERS. — La suppression de la pluralité ne s'applique pas à des actes, tels que les procès-verbaux d'enquête, d'interrogatoires sur faits et articles, et ceux qui sont dressés en matière d'ordre et de contributions. Cette distinction nous a permis (8195-33 R. P.) de résoudre la question de savoir à quels droits donnerait ouverture un procès-verbal d'enquête dressé par un juge de paix, lequel, dans le cours du procès-verbal, admettrait le reproche invoqué contre un témoin et rejetterait le reproche d'un autre. En tant qu'enquête, la pluralité serait applicable au procès-verbal, de telle sorte que le droit de 1 fr. 50 dû pour l'enquête n'exclurait pas celui de 1 fr. exigible pour les dispositions relatives aux reproches. Il y aurait donc lieu de percevoir 1 fr. 50 pour enquête et 1 fr. pour jugement.

Dans ce sens, une solution du 12 oct. 1900 a reconnu que la prestation de serment d'un commis greffier temporaire constitue une disposition indépendante du procès-verbal d'enquête qui la renferme et que, comme telle, elle donne ouverture à un droit fixe particulier de 1 fr. 50 (10014 R. P.).

29. Pluralité de droits fixes. — Droit le plus fort. — Au Sénat (séance du 19 déc. 1891), un amendement a été proposé pour stipuler qu'en cas de pluralité de droits fixes, le droit le plus élevé serait perçu. Le paragraphe additionnel proposé dans ce but a été rejeté comme inutile, puisque c'est le principe constant de l'Administration (2836 I. G., p. 9 et 10; *Conf.* D. m. f. 22 août 1901, 3080, § 11, I. G.).

30. Droit fixe et droit proportionnel. — Minimum. — Le 2e § de l'art. 11 est ainsi conçu : « Aucun droit fixe ne pourra jamais être perçu sur un jugement ou arrêt renfermant une ou plusieurs dispositions passibles du droit proportionnel ».

En prenant ce texte à la lettre, on pourrait conclure que, si le jugement est passible d'un droit proportionnel, ce droit seul devra être perçu, lors même qu'il ne serait que de 25 centimes. L'expression *jamais* semblerait le faire croire.

Mais, si l'on rapproche cet article de l'article 17 qui établit en ces termes le minimum du droit à percevoir sur les jugements, « il ne pourra être perçu moins de... », si, d'autre part, on se reporte à la discussion dont ce dernier article a été l'objet (Sénat, séance du 19 janv. 1892), on voit qu'il faut comprendre l'art. 11 en ce sens que la taxe proportionnelle devra être perçue à l'exclusion de tout droit fixe, lorsqu'elle excédera l'importance de ce dernier droit. Le dernier § de l'art. 17, qui stipule que, « dans aucun cas, l'ensemble des droits proportionnels ne pourra être inférieur au minimum déterminé par le présent article », ne laisse aucun doute sur ce point.

31. Droit proportionnel de mutation, d'obligation ou de liquidation dû sur le jugement. — Si, comme nous l'avons expliqué *suprà*, n° 26, il n'y a pas à tenir compte, pour l'application de l'art. 11, des droits de titre perçus sur le jugement, il en est autrement des droits exigibles sur les dispositions intrinsèques des jugements qui réalisent, dans certains cas, des mutations de propriété, des résolutions, des obligations et des quittances par l'effet direct de leurs dispositions.

Il en est ainsi des jugements qui sont, par eux-mêmes, translatifs de propriété. Dès l'instant que la mutation est opérée par le jugement, ce dernier en devient l'instrument, comme le contrat notarié est l'instrument de la vente qu'il renferme. De part et d'autre, il s'agit d'une *disposition* nettement caractérisée, et il convient de faire état du droit proportionnel de mutation pour exclure, s'il y a lieu, l'exigibilité d'un droit fixe de condamnation.

De même, lorsqu'un jugement emporte, par lui-même, libération, le droit de quittance est dû, non pas comme droit de titre, mais comme droit applicable aux dispositions intrinsèques du jugement (*Comp.* 3321 R. P.) C'est ce qui arrive, par exemple, dans le cas où un jugement valide des offres réelles et la consignation qui s'en est suivie, puis déclare le débiteur quitte et libéré des causes des dites offres. Il serait contraire à l'art. 11 de percevoir cumulativement le droit fixe minimum et le droit proportionnel de quittance.

32. Don manuel. — Reconnaissance judiciaire. — Le droit de reconnaissance judiciaire de don manuel étant un droit de jugement, la perception de ce droit exclut celle d'un droit fixe quelconque sur le jugement qui contient la reconnaissance.

33. Résiliation de baux verbaux. — Condamnation à payer les loyers. — L'application de l'art. 11 aux jugements qui condamnent un locataire au payement de loyers échus et résilient le bail, a fait l'objet d'un examen particulier. On sait que, d'après la doctrine administrative, les résiliations de baux opèrent, en principe, le droit proportionnel de 0 fr. 20 p. 100, sans que ce droit puisse excéder le droit fixe de 3 fr., quand elles sont contenues dans un acte civil; — celui de 1 fr., quand elles résultent d'une sentence du juge de paix; — celui de 5 fr., quand elles sont prononcées par un tribunal de première instance en matière commerciale, et celui de 7 fr. 50 quand elles sont renfermées dans un jugement de première instance en matière civile.

Ce droit n'est pas un droit de titre : il s'applique au jugement lui-même (Sol. 7 oct. 1887); mais comme il est tantôt fixe, tantôt proportionnel, il était assez embarrassant de savoir si on pouvait le percevoir concurremment avec le droit proportionnel de condamnation exigible sur les jugements. L'Administration a admis l'affirmative par plusieurs Solutions, qui reposent sur les motifs suivants : « Le droit de 0 fr. 20 p. 100, exigible sur le montant des loyers restant à courir au jour de la résiliation, ne perd nullement son caractère de *droit proportionnel* parce que la liquidation et la perception en ont été limitées, *benigniter*, à une somme maxima. Or, l'art. 11 L. 26 janv. 1892 se borne à affranchir de la pluralité, édictée par l'art. 11 L. 22 frim., les dispositions indépendantes des jugements *non sujettes* au *droit proportionnel* et à interdire la perception d'aucun *droit fixe proprement dit* sur un jugement qui contient une ou plusieurs dispositions passibles du droit proportionnel. Cet article ne saurait donc être invoqué dans l'espèce ». (Sol. 22 déc. 1882, 8079 R. P.) La même Sol. ajoute que le droit fixe minimum déterminé par l'art. 17 devrait seul être perçu aux lieu et place des deux droits proportionnels de condamnation et de résiliation, si ces deux droits cumulés donnaient un total inférieur à ce minimum.

L'Administration soutient toutefois qu'il n'y a résiliation de bail que lorsque le bailleur reprend lui-même possession de sa chose et qu'il y a, au contraire, rétrocession quand le cessionnaire du bail le cède de nouveau à son propre cédant; d'où la conséquence que c'est alors le droit proportionnel de 0 fr. 20 p. 100 qui est dû sur le montant des loyers restant à payer, sans qu'il y ait lieu d'appliquer les droits fixes maxima de 1 fr., 5 fr. ou 7 fr. 50, dont la faveur est réservée aux seules résiliations de baux proprement dites (Seine, 10 avril 1897, 9131 R. P.).

34. Bail et sous-bail résiliés judiciairement. — La résiliation d'un bail et d'une cession de bail prononcée par un même jugement ne donne ouverture qu'à un seul droit fixe (Sol. 1er juin 1900, 9900 R. P.).

35. Homologation de partage. — Dispositions passibles du droit fixe. — Les droits auxquels donnent ouverture les partages homologués en justice sont dus sur le jugement même d'homologation et non sur l'acte homologué. Il a été admis, il est vrai, à titre exceptionnel, pour les actes de liquidation et partage dressés par les notaires de Paris et de la banlieue, que ces droits pourraient être acquittés au bureau des actes de notaires où les projets auraient été soumis à la formalité; mais cette dérogation aux règles générales ne peut avoir pour effet de modifier la quotité de la perception.

La loi du 26 janv. 1892, art. 11, § 2, prohibant la perception de droits fixes sur un jugement donnant ouverture au droit proportionnel, cette disposition s'oppose à ce que les dispositions indépendantes contenues dans un partage homologué soient frappées de droits fixes cumulativement avec les droits proportionnels ou avec le droit gradué qui est remplacé aujourd'hui par un droit proportionnel (Art. 19, L. 28 avril 1893; — I. G. 2816, p. 10; — Sol. 15 déc. 1893, 8305 R. P.).

Par application de cette règle, le jugement d'homologation qui a supporté la taxe de 0 fr. 25 p. 100 ne peut être assujetti à aucun droit fixe à raison du mandat donné au notaire, dans le partage, de transférer des valeurs et d'acquitter le passif (Sol. 24 juill. 1895, 8658 R. P.).

L'art. 16-2° de cette loi porte, il est vrai, *in fine*, que le « droit de 0 fr. 25 p. 100 sera perçu indépendamment de ceux auxquels les liquidations et partages sont assujettis par les lois en vigueur ». Mais cette réserve, qu'il convient de combiner avec les prescriptions générales et précises de l'art. 11, ne doit s'entendre que des *droits proportionnels dus sur le jugement* (Inst. n° 2834) à raison de la liquidation ou du partage homologué.

36. Adjudication en deux lots. — Surenchère unique. — Un jugement, portant adjudication au profit de deux acquéreurs distincts, avait été présenté à l'enregistrement après une surenchère du sixième frappant les deux lots.

Deux droits fixes de 4 fr. 50 ayant été perçus, l'un de ces droits a été restitué.

L'art. 11 L. 26 janv. 1892, qui prohibe la perception de plusieurs droits fixes sur un *jugement*, a paru applicable aux jugements d'adjudication frappés de surenchère (Sol. 26 juin 1894, 8488 R. P.).

37. Adjudication comprenant des lots surenchéris et des lots adjugés définitivement. — Cumul du droit fixe et du droit proportionnel. — De même, lorsqu'une adjudication judiciaire d'immeubles comprend des lots adjugés définitivement et des lots frappés de surenchère, l'art. 11 L. 26 janv. 1892 s'oppose à ce que la perception du droit fixe de 4 fr. 50 soit faite concurremment avec celle du droit proportionnel (Sol. 30 août 1899, 9776 R. P.).

38. Adjudication simultanée d'usufruit et de nue propriété. — Dans le même ordre d'idées, il y a lieu de décider que si une adjudication *à la barre du tribunal*, portant sur la nue propriété et l'usufruit, a pour effet de réunir la pleine propriété entre les mains d'un acquéreur unique, la perception du droit proportionnel sur la valeur de la nue propriété fait obstacle à celle du droit fixe de 4 fr. 50 pour réunion de l'usufruit.

Mais ce dernier droit est exigible si l'adjudication a lieu *devant un notaire commis*, à moins que le prix principal ne dépasse pas 2.000 fr. (L. 25 fév. 1901, art. 21).

SECTION III. — TARIFS.

[39-88]

39. Division. — Pour étudier l'application des tarifs institués par la loi du 25 janv. 1892, nous diviserons les différentes décisions rendues par les tribunaux, arbitres et cours d'appel en quatre catégories principales qui comprennent :

1° Les jugements interlocutoires et préparatoires, toujours assujettis aux droits fixes;

2° Les jugements définitifs, passibles, en principe, du droit proportionnel, avec application d'un minimum;

2° Les jugements de débouté de demande, comportant un droit fixe spécial;

4° Les décisions infirmatives ou confirmatives donnant ouverture à une taxe spéciale de superposition;

5° Les jugements et arrêts des juridictions répressives

ART. 1er. — JUGEMENTS ET ARRÊTS INTERLOCUTOIRES ET PRÉPARATOIRES.

[40-44]

40. Tarif. — Le droit est de 4 fr. 50 pour tous les jugements interlocutoires ou préparatoires des tribunaux de première instance et de commerce; il est de 7 fr. 50 pour les arrêts interlocutoires ou préparatoires des Cours d'appel (art. 17, §§ 2 et 4). Quant aux décisions interlocutoires ou préparatoires des juges de paix, elles ne font pas l'objet d'une tarification spéciale : c'est donc le droit minimum de 1 fr. qui leur est applicable.

41. Jugements interlocutoires. — D'après M. Garsonnet (*Proc. civ.*, n° 603), les jugements interlocutoires sont des jugements d'avant faire droit dont on peut appeler immédiatement et sans attendre le jugement définitif : c'est par là qu'ils ressemblent aux jugements provisoires et qu'ils diffèrent de ceux qui sont simplement préparatoires. La définition de l'art. 452, 2e alin., C. proc., qui répute interlocutoire tout jugement ordonnant, avant dire droit, une preuve, une vérification ou une instruction qui préjuge le fond, ne paraît pas exacte au même auteur, car en la prenant à la lettre, il faudrait trois conditions pour qu'un jugement fût interlocutoire : 1° qu'il fût relatif à la preuve; 2° qu'il ordonnât un moyen de preuve; 3° qu'il préjugeât le fond. Or, si cette dernière condition est essentielle, il en est autrement des deux autres. Il suffit, pour s'en assurer, de ne pas oublier que l'art. 452 définit ce jugement au point de vue de l'appel, et que la faculté d'en appeler immédiatement est le principal et même le seul intérêt pratique qu'il y ait à le distinguer du jugement préparatoire. Or, cette faculté ne peut provenir que du préjudice immédiat pouvant résulter du jugement interlocutoire. On doit donc considérer comme interlocutoire tout jugement d'avant faire droit qui cause un préjudice à une partie en préjugeant contre elle la solution définitive.

En vertu de ce principe, sont interlocutoires : 1° les jugements qui ordonnent un moyen de preuve de nature à préjuger le fond, par exemple une inscription de faux, une vérification d'écriture, une enquête, une prestation de serment. Il est vraisemblable, en effet, que la partie à la charge de laquelle ils sont rendus succombera, s'il résulte de l'instruction qu'elle s'appuie sur un faux acte authentique ou qu'elle conteste à tort sa signature, si les faits qu'elle nie sont établis par l'enquête, ou si enfin son adversaire prête et qu'elle-même refuse de prêter le serment ordonné par le tribunal; 2° les jugements qui refusent à une partie d'administrer la preuve par elle offerte et dont le refus repose sur des motifs d'où l'on peut induire que cette preuve est inutile parce que l'opinion du tribunal est déjà faite; 3° enfin, les jugements qui préjugent le fond sans avoir trait à la preuve : par exemple, ceux qui, ordonnant de surseoir jusqu'à ce qu'un autre tribunal ait statué sur une demande connexe au sujet de laquelle l'exception de connexité n'a pas été opposée, montrent par leurs motifs que la décision du litige dépend, dans la pensée du juge, de la solution que recevra l'affaire connexe.

42. Jugements préparatoires. — L'art. 452 C. de proc. est ainsi conçu : « Sont réputés préparatoires les jugements rendus pour l'instruction de la cause et qui tendent à mettre le procès en état de recevoir jugement définitif ».

Ainsi, la différence caractéristique entre ces deux espèces de jugements consiste en ce que les jugements interlocutoires *préjugent le fond*, c'est-à-dire que le juge, admettant ou rejetant les conclusions de l'une des parties, laisse apercevoir et pressentir, soit dans les motifs, soit dans le dispositif l'opinion qu'il a préconçue, tandis que les jugements préparatoires n'ont pour objet qu'une *instruction à faire*, de nature à mettre le procès en état de recevoir un jugement définitif.

43. Adjudication frappée de surenchère. — Une adjudication frappée de surenchère ne peut être assimilée qu'à un jugement préparatoire; comme telle, elle n'est passible que du droit fixe de 4 fr. 50 (Sol. 26 juin 1891, 8488 R. P.).

44. Instance en licitation et partage. — Jugement ordonnant la licitation ou le partage. — Les tribunaux civils ont fréquemment à statuer des actions en partage introduites en exécution de l'art. 815 C. C. et ils ordonnent soit des liquidations de communautés ou de successions, soit des licitations avec partage du prix entre les ayants droit. Tantôt des mineurs ou des incapables sont intéressés à ces opérations, et tantôt tous les copropriétaires sont majeurs et maîtres de leurs droits.

D'après une pratique généralement suivie, tous les jugements étaient uniformément enregistrés au droit fixe de 7 fr. 50 en principal établi pour les jugements définitifs, lorsque l'Administration a rendu une solution aux termes de laquelle le tarif de 4 fr. 50 est applicable, en raison de leur caractère préparatoire, aux jugements ordonnant la licitation d'immeubles dépendant d'une succession intéressant des mineurs (Sol. 20 oct. 1893, 9472 R. P.). On s'est demandé s'il n'y avait pas lieu d'introduire une distinction entre les jugements ordonnant une liquidation avec ou sans licitation incidente et ceux qui prescrivent isolément une licitation suivie du partage du prix. La question s'est également posée de savoir si les jugements comportent un traitement différent selon que l'affaire dans laquelle ils interviennent concerne des majeurs ou des mineurs.

Ces difficultés se présentant constamment, voici comment elles nous paraissent devoir être résolues.

La loi du 26 janv. 1892 maintient, dans son art. 17, relatif à la quotité du droit, les différences déjà admises par la législation antérieure et, notamment, par la loi du 28 avr. 1816 (art. 44, n° 10, et 45, n° 5) entre les jugements interlocutoires ou préparatoires et les jugements définitifs. Mais aucune de nos lois fiscales ne fournissant la définition de ces divers jugements, il faut donc la chercher dans les règles du droit commun (V. nos 41 et 42 *suprà*, et 45 *infrà*).

On s'accorde généralement à faire rentrer dans la première catégorie les jugements ordonnant un partage. Il n'en serait autrement qu'autant que, répondant à des conclusions contradictoires, le tribunal réglerait un point contesté et fixerait, par exemple, le mode du partage (Cass. civ. 8 juin 1859, D. P. 59-1-225). Sa décision, dans ces cas spéciaux, n'aurait rien de préparatoire ou d'interlocutoire.

Mais il est rare que les juges soient, dès le début, appelés à se prononcer sur de semblables questions. Les difficultés qui divisent les parties ayant trait, ordinairement, moins à la nécessité du partage, — auquel celles-ci ne peuvent, presque jamais, utilement s'opposer, — qu'à l'étendue et à l'application de leurs droits, ne naissent ou plutôt ne se présentent guère avant le commencement des opérations. Le plus souvent, la demande n'est, à la barre, l'objet d'aucune contestation; si le défendeur y paraît, c'est uniquement pour s'en rapporter à la justice. Le tribunal se borne alors à constater l'absence de toute contradiction et à ordonner la liquidation. Son jugement laisse entières les prétentions des parties qui les font ultérieurement valoir à leur guise.

Plus fréquemment encore, le tribunal statue par défaut ou à la demande d'un tuteur, l'absence ou l'incapacité des parties nécessitant seules son intervention.

Dans toutes ces hypothèses, la décision des juges apparaît avec le caractère préparatoire : elle ordonne simplement des mesures pour arriver au partage. Loin de terminer l'instance, elle n'en est que le prélude.

Il n'y a, bien entendu, aucune distinction à faire selon la nature des biens à partager ou l'état des ayants droit. Ce sont des circonstances purement accidentelles, sans influence sur la portée ni sur les effets de la sentence. Elles ne peuvent avoir d'autre conséquence que de nécessiter certaines opérations préliminaires ou, au contraire, d'en dispenser. Ainsi, le partage sera précédé, soit d'une expertise, soit d'une licitation, quand tous les objets héréditaires ne pourront être, ni évalués amiablement, ni répartis en nature entre les cohéritiers. Si l'objet licité compose, à lui seul, toute l'indivision, le partage se trouvera limité au prix. Mais, qu'il embrasse directement les objets indivis ou que la masse se compose, exclusivement, des prix provenant de leur licitation, le partage n'en demeure pas moins soumis aux mêmes règles et la nature de la décision, en vertu de laquelle il est effectué, ne change pas.

C'est ainsi que le caractère de jugement préparatoire a été récemment reconnu à la sentence ordonnant l'adjudication d'immeubles dépendant d'une succession et le partage du prix (Sol. 20 oct. 1898, précitée). Des mineurs, il est vrai, se trouvaient intéressés dans cette affaire et l'on a pu faire remarquer, à juste titre, que le partage restait nécessairement soumis à l'homologation du tribunal (840 C. C., 981 proc.). Toutefois il ne faut pas en conclure *a contrario* qu'il doit en être autrement quand tous les cohéritiers sont maîtres de leurs droits. Sans doute, il leur est alors loisible d'abandonner, à un moment quelconque, les formes judiciaires, puisqu'ils pouvaient s'en abstenir (985 Proc. civ.); mais les actes de la procédure n'en conservent pas moins le caractère spécial à chacun d'eux. Un semblable raisonnement reviendrait à dire que, dans une instance quelconque, le jugement d'avant faire droit restera préparatoire s'il survient une décision définitive et qu'il perdra sa nature si la cause vient, antérieurement à la solution, à être rayée du rôle. On ne saurait, d'ailleurs, admettre que le caractère d'un jugement puisse varier suivant la condition juridique des parties et qu'une même décision doive être considérée comme préparatoire ou comme définitive selon qu'elle concerne des mineurs ou des majeurs.

Il semble donc que tout jugement ordonnant un partage, soit dans le cas de l'article 823, soit dans le cas de l'article 838 C. civ., revêt le caractère d'une décision préparatoire passible du droit de 4 fr. 50, que l'affaire ait été introduite par voie d'assignation ou par voie de requête.

ART. 2. — JUGEMENTS DÉFINITIFS AUTRES QUE LES JUGEMENTS DE DÉBOUTÉ DE DEMANDE

[45-67]

45. Définition. — Nous avons exposé au *Rép. gén.*, v° *Jugement*, n°s 215 à 280, les caractères qui distinguent les jugements définitifs.

Nous rappellerons seulement que, par opposition aux jugements interlocutoires qui se bornent à *préjuger*, on appelle *définitif* le jugement qui *juge*. Mais on tomberait dans l'erreur si l'on donnait à l'expression *définitif* une acception trop littérale, si l'on pensait, par exemple, que ce jugement est celui qui termine la contestation d'une manière *définitive*. Ce n'est pas seulement, en effet, lorsqu'il juge sur le fond que le jugement est *définitif*; il l'est encore lorsqu'il prononce sur les *incidents*, sur les *exceptions*, sur les *nullités*, sur les *fins de non-recevoir*, etc., en premier comme en dernier ressort. Le jugement définitif, en un mot, est celui qui ne se borne pas à *préjuger*, comme l'interlocutoire, mais qui *juge* un point, une question quelconque du procès.

1. JUGEMENTS STATUANT SUR UNE QUESTION DE COMPÉTENCE. — C'est donc avec raison que le tarif des jugements définitifs a été appliqué au jugement par lequel un tribunal accueille ou rejette une exception d'incompétence (Sol. 4 mai et 29 nov. 1894, 8404 P. R.).

La loi nouvelle, qui édicte un tarif particulier pour les déboutés de demande, avait fait naître la question de savoir si les jugements de cette catégorie donnent ouverture aux droits fixes majorés prévus par l'art. 17, n°s 5 et 6, sous le prétexte que le demandeur se trouve débouté. Mais la négative a été admise avec raison : le tribunal qui se déclare compétent ou incompétent ne statue pas sur une demande, mais sur un moyen opposé à cette demande; il n'emporte donc *débouté de demande*, ni au sens grammatical, ni au sens juridique de ce mot.

46. Jugements provisoires. — La loi du 22 frim. ne parlait nulle part des jugements provisoires; mais, comme ils sont définitifs sur le point qu'ils règlent, à l'exemple de tous ceux qui prononcent sur les incidents, on avait été amené à faire à cette sorte de jugements l'application du tarif déterminé pour les jugements définitifs proprement dits (V. *Rép. gén.*, v° *Jugement*, n°s 281 et suiv.).

De même que sa devancière, la loi du 26 janv. 1892, passe sous silence les jugements provisoires; le raisonnement qui les assimilait aux jugements définitifs conserve donc toute sa valeur.

Il a été jugé cependant que le jugement qui, statuant au provisoire, au cours d'une instance en séparation de corps intentée par une femme, lui enjoint de restituer au mari des titres appartenant, soit à elle-même, soit à son mari, soit à la communauté, qu'elle avait emportés du domicile conjugal, ne donne pas ouverture au droit proportionnel de condamnation sur la valeur des titres, par les motifs que ce jugement ne confère au mari aucun droit de propriété sur les titres et qu'il se borne à sanctionner le droit que celui-ci possède, en qualité d'administrateur de la communauté, de détenir ces titres et d'en percevoir les arrérages pendant la durée de l'instance (Beauvais, 18 juill. 1895, 9213 R. P.). Mais cette décision ne saurait être suivie, le juge appelé à trancher un différend ayant pour mission, non pas de créer ou de transmettre un droit, mais de constater et de faire respecter, là où il se trouve, un droit injustement contesté, et le droit de condamnation étant dû, abstraction faite de tout déplace-

50. **Prud'hommes. Gens de travail et de service. Payement des nourrices. Actes et jugements.** — V. *Acte judiciaire*, n° 1041.

ment de propriété (V. n° 89 *infrà*). — V. aussi *Ordonnance du juge*.

§ 1er. *Justices de paix.*

[47-49]

47. **Tarifs.** — 1. Droit de 1 fr. pour 100. — Le taux du droit sur le montant des condamnations ou liquidations prononcées et les *intérêts*, est fixé à 1 pour 100 par l'article 16, § 4.

2. Droit de 2 fr. pour 100. — Dommages-intérêts. — Le même article, § 6, édicte que les dommages-intérêts prononcés par les juges de paix, tant en matière civile qu'en matière de police, sont soumis au droit de 2 p. 100.

3. Minimum. — L'art. 17 porte que le minimum du droit à percevoir sur les jugements des juges de paix est de 1 fr. Ce minimum s'applique à l'ensemble des droits exigibles sur le jugement, abstraction faite naturellement des droits de titre.

48. **Jugements sur prorogation de compétence.** — La législation antérieure avait tarifé spécialement les jugements définitifs des juges de paix rendus en dernier ressort, d'après la volonté expresse des parties, au delà des limites de la compétence ordinaire (*Rép. gén.*, 7e édit., v° *Jugement*, n° 72) : Le droit était de 4 fr. 50, au lieu de 3 fr., lorsqu'ils ne contenaient pas de dispositions donnant ouverture à un droit proportionnel supérieur (LL. 28 avril 1816, art. 44-9°, et 28 fév. 1872, art. 4).

La loi nouvelle ne contenant aucune disposition analogue, il est logique d'en conclure que les jugements hors compétence ne sont plus assujettis à aucune surtaxe. C'est ce que l'Administration a reconnu par une Sol. du 8 août 1893 (8400 R. P.).

49. **Déboutés de demande.** — La loi n'ayant pas visé spécialement les jugements de débouté prononcés par les juges de paix, on a dû se demander s'il convenait de leur appliquer, par analogie, les tarifs fixés pour les jugements similaires de première instance ou de les assujettir simplement au droit fixe de 1 fr. que l'article 17, n° 1, a établi, d'une manière générale, pour tous les jugements émanant des juges de paix. C'est cette dernière interprétation qui a été consacrée par une Sol. du 6 janv. 1893.

§ 2. *Prud'hommes.*

[50]

50. **Tarif.** — Les décisions des conseils de prud'hommes sont assujetties, soit au point de vue du droit fixe ou minimum (art. 17, n° 1), soit au point de vue des droits proportionnels (art. 16, §§ 4 et 6), aux mêmes tarifs que les jugements des juges de paix.

Ces décisions continuent, d'ailleurs, à bénéficier des dispositions exceptionnelles qui leur sont octroyées par la législation antérieure. Ainsi la loi nouvelle n'apporte aucune dérogation à la D. m. f. du 20 juin 1809 (437 I. G.) qui prescrit d'enregistrer *gratis* les jugements, quand l'objet de la demande n'excède pas 25 fr. (Rapport de M. Trarieux, Sénat, 18 janv. 1892.)

§ 3. *Tribunaux civils et de commerce.*

[51-61]

1° *Droits proportionnels.*

51. **Tarifs.** — Aux termes de l'art. 16, le droit proportionnel est payé aux taux ci-après :

§ 5 — à 1 fr. 25 p. 100 fr., pour les jugements, arrêts et sentences arbitrales rendus en matière commerciale ;

§ 6 — à 2 fr. p. 100 fr., pour les jugements des tribunaux de première instance, les sentences d'arbitres et les arrêts des cours d'appel, en matière civile, sauf l'exception édictée relativement aux dommages-intérêts.

La différence de tarif entre les jugements des tribunaux de commerce et des tribunaux civils a donné lieu, à la Chambre, à une vive controverse (séances des 12 et 14 déc. 1891). Les partisans de l'unification de taxe faisaient remarquer que la juridiction commerciale bénéficie de grands avantages résultant de ce que la procédure est moins coûteuse et qu'il semblait illogique de soumettre à une taxe plus forte les affaires civiles dont les frais sont déjà beaucoup plus élevés. Mais le commissaire du Gouvernement a objecté que les conventions commerciales, qui roulent souvent sur de gros chiffres, ne représentent pas un bénéfice acquis, qu'elles sont aléatoires et souvent essentiellement éphémères, ce qui justifie le traitement de faveur dont elles ont toujours joui.

Il a ajouté qu'au surplus la taxe nouvelle, étant une taxe de remplacement, il était juste de ne pas frapper les procédures commerciales, qui ne profitent presque d'aucun dégrèvement, d'un droit égal à celui qui atteint les affaires civiles.

Ce droit s'applique à tous les jugements portant condamnation ou liquidation.

52. **Débouté d'opposition à commandement.** — Les déboutés d'opposition à commandement ne donnent ouverture qu'au droit fixe de débouté de demande. Cette question est examinée n° 70 *infrà*, dans tous ses détails.

53. **Jugement statuant sur l'exécution d'un titre authentique.** — V. n° 98 *infrà*.

54. **Exécutoires de frais et honoraires.** — V. *Exécutoire*.

55. **Droit de 3 fr. pour 100. — Dommages-intérêts.** — Le tarif de condamnation à des dommages-intérêts, qui était autrefois de 2 p. 100, est élevé à 3 p. 100. Ce droit ne s'applique qu'aux dommages-intérêts proprement dits, c'est-à-dire aux condamnations qui ont pour objet la réparation d'un préjudice causé par un délit, un quasi-délit ou généralement par toute faute imputable au condamné, et qui est prononcée en vertu de l'art. 1382 C. C. qui oblige celui qui a causé un dommage à autrui à le réparer.

2° *Droits minima.*

56. **Objet.** — L'art. 17 L. 26 janv. 1892 édicte une série de droits minima. Comme le porte l'I. G. 2816, il a un double objet : il détermine, pour les décisions sujettes au

droit proportionnel, le minimum de la taxe à percevoir, et, pour celles qui sont passibles du droit fixe seulement, la quotité du droit exigible.

En ce qui concerne le droit proportionnel, à l'égard duquel subsiste la règle édictée par l'art. 11, L. 22 frim. relativement aux dispositions indépendantes, le minimum s'applique à l'ensemble des droits dus en vertu des art. 15 et 16, et non à chacun de ceux qui peuvent être exigibles, si la sentence renferme plusieurs dispositions indépendantes les unes des autres.

57. Tribunaux de commerce; sentences d'arbitres en matière commerciale. — Droit de 5 fr. — Ce droit s'applique à tous les jugements définitifs, qu'ils soient en premier ou en dernier ressort (art. 17, § 5). Ce tarif comporte donc une réduction pour les jugements en premier ressort qui étaient auparavant soumis au droit de 7 fr. 50.

58. Tribunaux civils; sentences d'arbitres en matière civile. — Droit de 7 fr. 50. — Sous l'ancienne législation, les droits fixes à percevoir sur les jugements définitifs variaient suivant le ressort (V. *Rép. gén.*, v° *Jugement*, n° 91).

L'art. 17, § 4, de la loi nouvelle fait cesser cette distinction en stipulant que tous les jugements définitifs, qu'ils soient en premier ou en dernier ressort, seront uniformément soumis au tarif minimum de 7 fr. 50.

59. Jugements d'adjudication. — 1. ADJUDICATION DONNANT OUVERTURE A UN DROIT PROPORTIONNEL INFÉRIEUR AU DROIT FIXE DE 7 FR. 50. — D'après une Sol. 26 juin 1894 (8488, § 9 R. P.), les jugements d'adjudication sont soumis aux mêmes règles que les jugements proprement dits (V. n°s 36 et 43). Il en résulterait que si le droit proportionnel ou l'ensemble des droits proportionnels exigibles sur un jugement d'adjudication est inférieur à 7 fr. 50, ce droit est dû, à titre de droit minimum.

Nous ne pensons pas toutefois qu'il faille pousser jusque-là l'assimilation des adjudications judiciaires aux jugements proprement dits. Les droits minima édictés par l'art. 17 ont été établis en considération des droits proportionnels fixés par l'art. 16 et pour fixer la limite au-dessous de laquelle la perception ne saurait descendre. Les anciens tarifs proportionnels étant restés en vigueur pour les adjudications, il semble qu'il n'existe aucune raison de leur appliquer ces minima. D'ailleurs, bien qu'il soit perçu sur un jugement, le droit dû sur l'adjudication conserve son caractère propre de droit de mutation à titre onéreux, et il nous paraît contraire à l'économie de la législation fiscale de lui assigner une base autre que le prix exprimé en principal et charges (L. 22 frim., art. 15 — 6°).

2. ADJUDICATION SUR FOLLE ENCHÈRE DONNANT OUVERTURE A UN DROIT PROPORTIONNEL INFÉRIEUR AU DROIT FIXE DE 7 FR. 50. — Le même raisonnement nous conduit à penser que le droit minimum n'est pas davantage applicable à l'adjudication sur folle enchère qui ferait ressortir une différence de prix trop faible pour motiver la perception d'un droit proportionnel inférieur à 7 fr. 50.

En effet, l'art. 69, § 7, n° 1, L. 22 frim. dispose que les adjudications à la folle enchère donnent ouverture au droit, mais seulement sur ce qui excède le prix de la précédente adjudication, si le droit en a été acquitté. Il semble donc qu'ici encore, le minimum devrait être écarté.

3. ADJUDICATION SUR FOLLE ENCHÈRE NE DONNANT PAS OUVERTURE AU DROIT PROPORTIONNEL. — Toujours, dans le même ordre d'idées, nous ne pensons pas que le minimum de 7 fr. 50 s'applique, lorsque l'adjudication sur folle enchère a lieu pour un prix qui ne dépasse pas celui de la précédente adjudication. Le tarif exigible, dans cette hypothèse spécialement prévue par les lois fiscales, reste celui de 4 fr. 50 (LL. 22 frim., art. 68, § 1er, n° 8; 28 avril 1816, art. 44, n° 1; 28 fév. 1872, art. 4).

L'exigibilité du droit minimum de 7 fr. 50 a cependant été consacrée dans cette hypothèse par une solution du 18 avr. 1899 (9056 R. P.).

60. Droit de 22 fr. 50. — Séparation de biens — Séparation de corps. — Un député avait proposé, à la séance du 14 déc. 1891, de soumettre à un tarif différent les jugements de séparation de corps et les jugements de séparation de biens, en se basant sur ce que ces derniers jugements ne faisaient que dissoudre l'association d'intérêts, tandis que ceux qui prononcent la séparation de corps ont pour effet de relâcher les liens conjugaux et de briser l'association conjugale. Sa proposition n'a pas été adoptée. Les jugements de l'espèce restent soumis, comme par le passé, au droit minimum de 22 fr. 50 (art. 17, § 7).

1. JUGEMENT PRÉPARATOIRE. — Mais ce tarif ne s'applique qu'aux décisions *définitives* et non aux jugements préparatoires ou interlocutoires (V. *Rép. gén.*, v° *Jugement*, n° 628) qui ne sont soumis qu'au droit de 4 fr. 50.

2. ANNULATION DE MARIAGE. — Le jugement prononçant la nullité d'un mariage n'est passible que du droit de 7 fr. 50, car, dans ce cas, la séparation n'est que la conséquence du jugement (V. *Rép. gén.*, v° *Jugement*, n° 630).

3. TAXE PROPORTIONNELLE. — Il convient de remarquer que le droit de 22 fr. 50 n'est qu'un minimum et qu'il ne doit être perçu qu'autant que le droit proportionnel ne s'élèverait pas à ce chiffre. Quant au taux de ce droit, il est fixé par l'art. 16, § 6, à 2 fr. p. 100.

Cette taxe proportionnelle devant être perçue chaque fois que le jugement porte condamnation ou liquidation (art. 15, § 1), nous renvoyons le lecteur au *Rép. gén.*, v° *Jugement*, n°s 613 et s., où nous avons fait connaître dans quels cas les décisions de l'espèce sont passibles des droits de condamnation ou de liquidation (V. aussi n° 105, *infrà*).

61. Droit de 75 fr. — Adoption. — Divorce. — Les jugements de première instance, déclarant qu'il y a lieu à adoption ou prononçant le divorce, restent soumis au droit de 75 fr.

En ce qui concerne le divorce, la loi du 26 janv. 1892 avait maintenu (art. 17, § 12) la disposition de l'art. 49 L. 28 avr. 1816 stipulant que, si le jugement prononçant le divorce n'est pas frappé d'appel, le droit de 150 fr. sera perçu sur la première expédition, soit de la transcription soit de la mention du dispositif du jugement effectuée sur les registres de l'état civil. Mais cette disposition a été abrogée par l'art. 62 de la loi du 25 fév. 1901 (3050, § 2, I. G. — V. *Divorce*).

60-3. Séparation de biens. Condamnation du mari à restituer la dot de la femme. Droit proportionnel. L'art. 68, § 6, n° 2 L. frim. ne tarife au droit fixe (actuellement 22 fr. 50) les jugements de séparation de biens qu'autant qu'ils ne portent pas condamnation ou liquidation de sommes et valeurs, ou que le droit proportionnel ne s'élève pas à 22 fr. 50. Spécialement, le jugement de séparation de biens qui ordonne au mari de restituer à sa femme tout ce qu'il a reçu d'elle ou à cause d'elle, donne ouverture au droit proportionnel de condamnation; ce droit doit être calculé sur le montant des reprises de la femme, tel qu'il est fixé par l'acte de liquidation dressé en exécution du jugement (Chambon, 29 oct. 1903, 10518 R. P.).

68. Instance en validité d'offres réelles. Demande rejetée. Droit minimum de 20 fr. — Le jugement de première instance qui rejette une demande en validité d'offres réelles et de la consignation qui les a suivies, constitue un débouté de demande passible du droit minimum de 20 fr. établi par l'art. 17 § 6 L. 26 janv. 1892. Il importe peu que, par un second jugement rendu le même jour entre les mêmes parties, le même tribunal ait opéré d'office une compensation légale entre la somme faisant l'objet de la demande en validité de consignation et une autre somme d'un chiffre supérieur due par le défendeur au demandeur; chacun de ces deux jugements doit, pour la perception des droits, être envisagé isolément, abstraction faite des motifs qui les ont justifiés (Nevers, 24 mars 1904, 10770 R. P.).

la législation ancienne ne subissant aucune modifications, voir au *Rép. gén.*, v^is *Adoption* et *Divorce*.

§ 4. — *Arrêts des cours d'appel.*

[62-67]

1° *Droits proportionnels.*

62. Droit de 1 fr. 25 p. 100. — Affaires commerciales. — L'art. 16, § 5, frappe d'un droit de 1 fr. 25 p. 100 les arrêts rendus en matière commerciale. Ce droit est exigible d'après le principe exposé plus haut sur le montant des condamnations ou liquidations prononcées et les intérêts, mais non sur les dépens. Il ne doit être calculé que sur le supplément des condamnations ou liquidations prononcées. Lorsque l'arrêt est purement confirmatif, le seul droit exigible est le droit de 0 fr. 50 p. 100 (V. n°s 77 à 85).

63. Droit de 2 fr. p. 100. — Affaires civiles. — En matière civile, le droit est, dans la même hypothèse, de 2 fr. p. 100 (art. 16, § 2). Ce tarif est le même que pour les jugements civils et doit se percevoir dans les mêmes conditions, avec cette différence qu'il ne doit être calculé que sur le supplément de condamnation comme en matière de jugements par défaut, sauf perception du droit de 0 fr. 50 p. 100 qui atteint les jugements confirmatifs (V. n°s 77 à 85).

64. Droit de 3 fr. p. 100. — Dommages-intérêts. — Les arrêts d'appel prononçant des dommages-intérêts sont passibles du droit de 3 fr. p. 100 (art. 16, § 7).

2° *Droits minima.*

65. Droit de 25 fr. — Les arrêts définitifs des Cours d'appel sont soumis au droit de 25 fr. (art. 17, § 8). Ce droit n'était, sous l'ancienne législation, que de 15 fr. (L. 28 avr. 1816, art. 46, L. 28 fév. 1872, art. 4).

66. Droit de 37 fr. 50. — Séparation. — Interdiction. — Ce droit doit être appliqué aux arrêts portant interdiction ou séparation de corps et de biens, lorsqu'ils ne portent point condamnation de sommes et de valeurs ou lorsque le droit proportionnel ne s'élève pas à ce chiffre (art. 17, § 10). Le droit est exigible, même sur les arrêts de séparation de biens, alors que l'ancien tarif ne s'appliquait qu'aux jugements d'interdictions et de séparation de corps (V. *Rép. gén.*, v° *Jugement*, n° 84).

67. Droit de 150 fr. — Adoption. — Divorce. — L'art. 17, § 12, soumet au droit de 150 fr. les arrêts des Cours d'appel confirmant une adoption ou prononçant un divorce.

ART. 3. — DÉBOUTÉS DE DEMANDE

[68-76]

68. Tarif. — Dans le système de la Chambre, les jugements de débouté étaient simplement soumis au droit fixe. Le Sénat, à deux reprises, a voté un droit proportionnel de 50 centimes sur ces jugements; mais, en présence du refus persistant de la Chambre, il s'est décidé à renoncer à cette taxe.

Les motifs qui ont fait repousser l'établissement d'un droit proportionnel sur les jugements de débouté sont les suivants : la taxe eût été fort difficile à appliquer, et, d'autre part, elle aurait eu, comme conséquence, d'atteindre, non les jugements, mais les demandes d'instance. Enfin, elle était contraire au principe de perception posé dans l'art. 15, en ce sens qu'elle aurait atteint, non pas la condamnation elle-même, mais le chiffre de la demande.

La quotité du droit minimum à percevoir sur les jugements et arrêts de débouté est fixée : à 10 fr. pour les jugements de première instance en matière commerciale; à 20 fr. pour les jugements en matière civile; à 30 fr. pour les arrêts des Cours d'appel (art. 17, §§ 5, 6 et 9).

68 *bis*. Débouté partiel et débouté total. — Dommages-intérêts. — Mais ce tarif majoré ne vise que les décisions qui rejettent entièrement les prétentions du demandeur, à l'exclusion de celles qui les repoussent pour une partie et les accueillent pour le surplus (V. n° 73 *infrà*). Par contre, il est applicable à tous les jugements et arrêts déboutant complètement le demandeur, alors même qu'ils prononcent, contre celui-ci, une condamnation à des dommages-intérêts et sont, à cet égard, passibles d'un droit proportionnel (D. m. f. 22 août 1901, 3089, § 11, I. G.; 10273 R. P.).

Cette décision est ainsi motivée : « L'art. 11 L. 1892 porte, sans doute, que le droit fixe ne pourra jamais être perçu sur un jugement renfermant une ou plusieurs dispositions sujettes au droit proportionnel. Mais il ne dit pas que, pour la perception du droit minimum établi par l'art. 17 sur l'ensemble du jugement, on devra, lorsqu'il s'agira d'une décision contenant à la fois des dispositions passibles du droit fixe et d'autres, sujettes au droit proportionnel, faire abstraction des premières. On ne saurait suppléer au silence du législateur à cet égard, car l'art. 11 étant dérogatoire au droit commun doit être interprété restrictivement. Malgré la restriction apportée par cette disposition aux règles de l'art. 11 L. frim. an VII, les jugements ou arrêts de l'espèce n'en restent donc pas moins, au point de vue fiscal, des jugements et arrêts de débouté, et cela suffit pour que ces jugements et arrêts ne puissent être soumis à un droit inférieur au droit majoré établi par la loi du 26 janv. 1892, non sur la disposition relative à ce débouté, mais sur l'ensemble du jugement qui contient le débouté. — Des diverses dispositions de la loi du 26 janv. 1892 il semble, d'ailleurs, résulter que le législateur a voulu qu'au cas de jugements contenant plusieurs dispositions indépendantes, l'impôt ne fût perçu que sur l'une de ces dispositions, mais qu'il a entendu, en même temps, que la perception fût toujours établie sur la disposition donnant ouverture au droit le plus élevé. Cette interprétation est la seule qui permette de concilier entre eux les art. 11, 15, 16 et 17 de la loi » (V. n° 29 *suprà*).

69. Débouté d'opposition à jugement par défaut. — La loi de 1892 désigne nommément les déboutés de demande, c'est-à-dire ceux qui rejettent les prétentions dont un demandeur a saisi la justice; mais la loi n'a pas prévu les *déboutés d'opposition*. Dès le début de l'application de la loi, on s'est posé la question de savoir si les tarifs applicables aux déboutés de demande régissent également les déboutés d'opposition à jugements par défaut. L'Administration s'est prononcée dans le sens de la négative par deux Solutions, des 4 janv. et 18 avr. 1893, décidant que les jugements de débouté d'opposition ne donnent ouverture qu'aux droits fixes *minima* ordinaires prévus par l'art. 17.

1. DIVORCE. — DÉBOUTÉ D'OPPOSITION A UN JUGEMENT DE DIVORCE PAR DÉFAUT. — Le jugement contradictoire portant débouté d'opposition à un jugement par défaut, qui a prononcé un divorce, n'est pas passible d'un nouveau droit fixe de 75 fr., indépendant de celui qui a été perçu sur le jugement par défaut. Il ne donne ouverture qu'au droit fixe de 7 fr. 50 applicable aux jugements de débouté d'opposition (Seine, 7 nov. 1890; Sol. 13 déc. 1890, 7505 R. P.).

70. Débouté d'opposition à commandement. — Sous l'empire de la loi de frimaire, la question de savoir si les jugements de débouté d'opposition à un commandement signifié en vertu d'un titre exécutoire donnaient ou non ouverture au droit proportionnel, était des plus controversées (V. *Rép. gén.*, v° *Jugement*, n° 558 à 566).

Mais, dans le dernier état de la jurisprudence de la Cour de cassation (req. 26 fév. 1878, 4966 R. P.; D. P. 78-1-308; S. 78-1-473; — civ. 26 mars 1880, 7243 R. P.), le droit fixe établi par l'art. 68, § 3, n° 7, pouvait seul être perçu.

Depuis la mise en vigueur de la loi de 1892, l'Administration paraît avoir définitivement renoncé à faire prévaloir la perception du droit proportionnel; elle admet actuellement qu'il y a lieu d'appliquer, dans cette hypothèse, les droits fixes auxquels l'art. 17 soumet les déboutés de demande (Sol. 8 déc. 1893, 8256 R. P.; — 20 juin 1894, 8488 R. P.). Cette interprétation se justifie par différents motifs qui sont déduits dans les termes suivants par la Sol. précitée du 8 déc. 1893 :

« Le commandement ne donne pas naissance à une instance; le titre en vertu duquel il est signifié constate une obligation dont le bénéficiaire poursuit l'exécution, mais sans formuler une demande en justice. Celui qui formule cette demande et qui engage l'instance, c'est l'opposant, soit qu'il conteste les droits du créancier apparent, soit qu'il critique simplement la régularité de la procédure d'exécution. Une demande en justice peut avoir pour objet de faire établir une libération aussi bien que d'obtenir une condamnation, et, quel que soit l'objet de la demande, si elle est rejetée, il n'y a pas de motif pour ne pas appliquer, sans distinction, le droit majoré de débouté de demande qui, dans la pensée du législateur, doit frapper le « plaideur téméraire auquel ce droit est infligé comme amende ». Il n'y a, du reste, aucune analogie à établir entre le débouté d'opposition à un commandement et le débouté d'opposition à un jugement par défaut. Dans le second cas, la procédure sur opposition est la suite de la contrainte et la continuation de la procédure qui a donné lieu au jugement par défaut; il n'y a qu'une seule instance dans laquelle l'opposant n'a cessé d'être défendeur, de sorte que le débouté de l'opposition est, en réalité, l'admission de la demande portée devant le tribunal. Celui qui fait opposition à un commandement est, au contraire, demandeur aussi bien au fond que dans la forme, et il n'existe pas de motif pour distinguer entre le débouté prononcé contre lui et le rejet de toute autre demande. »

On pourrait se demander si l'Administration n'a pas ultérieurement tenté de revenir sur les tendances libérales accusées par cette Solution, en lisant un jugement du tribunal de Barcelonnette du 27 mai 1896 portant que le droit de condamnation est exigible sur un jugement qui, après avoir débouté un débi-rentier d'une demande en restitution d'arrérages déjà versés, le condamnait à servir désormais la rente dont le service avait été suspendu sous le prétexte que le crédi-rentier ne se conformait pas à ses engagements (8974 R. P.). Mais cette décision s'explique par la circonstance relevée, d'ailleurs, par le tribunal, que le débi-rentier n'avait pas été seulement débouté de ses prétentions, mais encore condamné, sur la demande reconventionnelle des crédi-rentiers, à exécuter une obligation dont il contestait la validité. On ne saurait donc voir là un revirement de jurisprudence.

Au surplus, une Sol. du 20 mars 1897 a reconnu, depuis lors, par application des arrêts du 26 fév. 1878 et 26 mars 1889 (5045 et 7243 R. P.), qu'il serait difficile de faire consacrer l'exigibilité du droit de condamnation sur un jugement décidant qu'une donation de rente contenue dans un contrat de mariage au profit d'une veuve devra recevoir son plein et entier effet nonobstant les contestations de l'héritier du mari (9011 R. P.). Il a paru qu'un tel jugement consacrant le droit de la donataire, sans prononcer de condamnation explicite, ne donnait pas ouverture au droit proportionnel.

71. Débouté d'opposition à une contrainte. — Aux termes de l'art. 39 L. 28 avr. 1816, les jugements des tribunaux en matière de contributions publiques ou locales et autres sommes dues à l'État et aux établissements locaux sont assujettis aux mêmes droits d'enregistrement que ceux rendus entre particuliers. Or, d'après la jurisprudence de la Cour de cassation, le jugement qui déboute un débiteur de son opposition à un commandement fait en vertu d'un titre exécutoire, ne constitue qu'un simple débouté passible seulement du droit fixe (V. le n° précédent et les n°s 92 et 98, *infrà*). Bien que cette doctrine nous paraisse sujette à critique, elle doit évidemment être appliquée, puisqu'elle a prévalu, aux jugements portant débouté d'opposition à une contrainte qui a le caractère d'un titre exécutoire.

Dans ce sens, le tribunal de Lille a décidé, par un jugement du 30 juin 1898 (9536 R. P.), que le jugement rendu, en matière d'enregistrement, qui déboute un redevable de son opposition à contrainte et qui lui enjoint de souscrire une déclaration de mutation de biens immeubles, sous peine de payer une somme arbitrée d'office, est un jugement de débouté d'opposition à poursuites et ne donne ouverture qu'au droit fixe.

72. Débouté d'opposition à saisie immobilière. — Le débiteur qui forme opposition à une saisie immobilière étant défendeur à l'instance, le jugement qui le déboute de son opposition n'emporte pas débouté de demande et n'est pas, dès lors, passible du droit fixe majoré (Sol. 14 oct. 1899, 9760 R. P.).

73. Débouté partiel. — Demande accueillie pour le surplus. — Il serait inexact de croire que la majoration de tarif imposée aux jugements de débouté ne doit atteindre que le débouté total.

Lorsqu'un jugement accueille les prétentions du demandeur sur un point et les rejette sur un autre, il peut arriver : 1° que le montant des droits proportionnels auxquels il donne ouverture soit inférieur au droit fixe spécial aux jugements de débouté ; 2° que toutes ses dispositions ne soient passibles que du droit fixe.

La question de savoir si, dans ces deux cas, le droit fixe de débouté est exigible est résolue par l'Inst. 2816, p. 9.

Il résulte, en effet, de cette instruction, que, si un jugement contient une ou plusieurs dispositions sujettes au droit proportionnel, ce droit dont le minimum a été d'ailleurs expressément fixé (Inst. 2816, p. 26 et 27), doit seul être perçu, sans qu'il y ait à tenir compte des dispositions indépendantes qui pourraient donner lieu au droit fixe.

Dans le cas, par exemple, où des contestations se sont élevées entre les parties au sujet d'un compte ou d'un marché et que l'une d'elles est condamnée sur certains points, le droit de condamnation peut seul être réclamé, à l'exclusion du droit fixe relatif aux chefs rejetés, sans qu'il y ait lieu, d'ailleurs, de distinguer à cet égard entre la demande principale et la demande reconventionnelle (*Conf.* D. m. f. 22 août 1901, 3089, § 11, I. G.).

74. Sentences arbitrales. — La loi ne tarife pas nommément les sentences arbitrales portant débouté de demande : elle ne parle que des jugements et arrêts de débouté. Ce silence a fait naître la question de savoir si les sentences de débouté de demande sont passibles, comme les jugements, des droits fixes majorés. La difficulté a été résolue dans le sens de l'affirmative par une Sol. 8 mars 1894 (3006 R. P.).

75. Arrêts de débouté. — A l'occasion du vote du § 9 de l'art. 17 de la loi, un sénateur fit remarquer qu'il n'existait point d'arrêts de débouté, mais simplement des arrêts confirmatifs ou infirmatifs, et, comme ces arrêts sont déjà tarifés au droit de 0 fr. 50 p. 100 par l'art. 16, § 2, il a demandé si le droit de 30 fr. serait perçu cumulativement.

Voici les explications qui ont été échangées, à cet égard, à la séance du 19 janvier 1892 :

M. Munier. — Je demande à M. le rapporteur ce qu'il entend par arrêt de débouté.

M. le rapporteur. — Un arrêt de débouté est une décision de cour qui repousse une demande.

M. Munier. — Je ne connais, moi, que des arrêts qui confirment des jugements ou les réforment. Par conséquent, vous avez, dans un paragraphe précédent, voté un droit de 50 centimes proportionnel : cela fait double emploi avec ce numéro.

M. le rapporteur. — Non, c'est un chiffre minimum.

M. Munier. — Je crois qu'on commet une erreur absolue, et je ne comprends pas que M. le Directeur des Domaines n'ait pas frappé de mon observation. J'ai obtenu des arrêts pendant près de quarante ans, et j'affirme qu'il n'y a point d'arrêts de débouté, mais simplement des arrêts confirmatifs ou infirmatifs.

Vous venez de décider que les arrêts confirmatifs paieraient un droit proportionnel de 50 centimes... (*Bruit et interruptions à gauche.*) — Vous ne pouvez pas contester cela...

M. le rapporteur. — Vous faites une confusion !

M. Munier. — ... et, dans le n° 9, vous proposez maintenant un droit fixe de 30 fr. pour les mêmes arrêts. Il y a donc un double emploi évident.

Un sénateur à gauche. — C'est un droit minimum.

M. Munier. — Confondez-vous ces deux droits? Si oui, dites-le dans votre article.

M. le président. — La parole est à M. le rapporteur.

M. le rapporteur. — Messieurs, notre honorable collègue ne se rend évidemment pas bien compte du jeu simultané, permettez-moi cette expression, qu'a dans la loi le droit proportionnel et que peut avoir, à côté, le droit fixe.

Nous avons créé un droit proportionnel de 50 centimes, sur quoi? Sur des arrêts confirmant des jugements qui condamnent. En pareil cas, le jugement de condamnation acquitte, en première instance, le droit de 2 p. 100, s'il s'agit d'une affaire ordinaire ; de 3 fr., s'il s'agit de dommages-intérêts, et, un arrêt de confirmation intervenant après, cet arrêt est soumis à la perception de 50 centimes supplémentaires.

Voilà pour les 50 centimes. Mais si leur application portait sur une matière qui ne lui fît pas atteindre le chiffre du droit fixe, alors ce droit fixe serait seul appliqué.

L'art. 17 le dit, du reste, expressément. Ce droit fixe est un minimum...

M. le ministre des finances. — C'est cela!

M. le rapporteur. — ... et, pour qu'il ne reste aucun doute sur ce caractère de minimum, voici le texte même du paragraphe final de cet article :

« Dans aucun cas, l'ensemble du droit proportionnel ne pourra être inférieur au minimum déterminé par le présent article. »

Donc, c'est le droit minimum qui serait dû toutes les fois que le droit proportionnel n'en atteindrait pas le chiffre ; toutes les fois que le droit fixe serait dépassé, au contraire, par le droit proportionnel, c'est ce dernier qui devrait se percevoir. (*Très bien !*)

M. Munier. — Nous sommes d'accord, après cette explication.

76. Débouté d'appel. — L'appel n'est pas l'introduction d'une demande, mais un recours contre la décision des premiers juges, qui remet simplement en cause la demande primitive. C'est, dès lors, le rejet de cette demande qui, seul, constitue, soit en première instance, soit en appel, le débouté passible du droit majoré.

Ce principe doit servir de guide pour déterminer quels sont les cas dans lesquels les jugements rendus sur appel donnent ouverture au droit de débouté.

1. Appel émanant du défendeur qui a succombé devant le premier degré de juridiction. — Lorsqu'un jugement ayant accueilli les conclusions du demandeur est déféré à la juridiction supérieure et confirmé par elle, la décision confirmative n'emporte, pas plus que la décision primitive, débouté de demande. La demande qui est soumise aux juges d'appel ne consiste pas, en effet, dans le point de savoir si l'appel est ou non fondé ; la cause est simplement transportée devant une juridiction d'un ordre supé-

rieur (*Rép. gén.*, 7e éd., v° *Appel*, n° 7), et, sauf cette différence, elle reste ce qu'elle était devant les juges du degré inférieur. Il est donc vrai de dire que, si, après avoir prévalu en première instance, les conclusions du demandeur prévalent encore en appel, la décision confirmative qui déboute l'appelant n'est pas un débouté de demande.

C'est ce que l'Administration a reconnu par une Sol. 29 sept. 1894 (8491 R. P.).

2. APPEL ÉMANANT DU DEMANDEUR DÉJA DÉBOUTÉ DEVANT LE PREMIER DEGRÉ DE JURIDICTION. — A l'inverse, la décision sur appel qui confirme le débouté de demande prononcé par les premiers juges est, elle-même, passible d'un droit de débouté (Sol. 18 avr. 1895, 8680 R. P.).

ART. 4. — DÉCISIONS CONFIRMATIVES OU INFIRMATIVES.

[77-85].

77. Tarif de 0 fr. 50 p. 100. — Un droit proportionnel de 0 fr. 50 p. 100 atteint :

1° Les décisions confirmant sur appel un jugement rendu en premier ressort (art. 16, § 2, n° 1);

2° Les décisions infirmatives de jugements de débouté. La total des droits à percevoir sur ces décisions doit égaler ceux qui eussent été exigibles sur une condamnation de première instance confirmée en appel (art. 16, § 2, n° 2).

78. Appel des jugements de juges de paix et de prud'hommes. — Un sénateur avait proposé un amendement tendant à ce que les jugements de première instance statuant sur appel de jugements rendus par les juges de paix ou les prud'hommes, ne fussent soumis qu'au droit de 0 fr. 25 p. 100. Il faisait remarquer que ces juridictions avaient été traitées plus favorablement que les autres en ce qui concerne les droits de condamnation et que la disposition proposée, en soumettant les jugements confirmatifs ou infirmatifs de jugements de débouté au même tarif que les arrêts rendus par les Cours sur l'appel des jugements des tribunaux civils, créait une inégalité en ce sens que le droit de 0 fr. 50 p. 100 sur les arrêts des Cours d'appel ne représente que le quart de la taxe de condamnation, tandis qu'elle sera de moitié pour les jugements des juges de paix. Cet amendement a été repoussé par la raison que les appels des jugements des juges de paix ou des conseils de prud'hommes sont portés devant le tribunal civil ou le tribunal de commerce et qu'ils profitent des mêmes réductions que les instances ordinaires suivies devant ces juridictions.

79. Arrêts confirmatifs. — Arrêts infirmatifs de jugements de débouté. — La Chambre avait voté un droit de 1 fr. p. 100 sur les jugements et arrêts confirmant sur appel une décision en premier ressort. Le Sénat a réduit ce droit à 0 fr. 50, mais il a rectifié une contradiction choquante qui a été relevée en ces termes par le rapporteur : « La Chambre, en ne frappant que les arrêts de confirmation, aboutissait à cette conséquence que le justiciable qui avait gagné son procès en première instance et qui le gagnait encore en appel, était plus mal traité par le Trésor que celui qui, ayant perdu en première instance, obtenait une réformation en appel. Cela était non seulement injuste, mais irrationnel, car c'était plus accabler le plaideur qui semblait avoir un procès douteux que celui pour les prétentions duquel il ne s'était élevé aucune incertitude. Nous avons voulu, Messieurs, qu'on ne considérât que l'issue finale de l'instance pour la perception des droits, et nous avons dit que, quel que soit le résultat du procès, qu'il s'agisse d'un arrêt de confirmation ou d'un arrêt infirmatif de condamnation, les droits à percevoir par le Trésor resteraient les mêmes en toute hypothèse. Nous avons donc, sous ce rapport, à la fois atténué les chiffres excessifs dont cette procédure était grevée par les propositions qui nous venaient de la Chambre et, en même temps, nous avons fait disparaître une contradiction qui aurait accusé un manque de précision dans la loi ».

La loi n'établit donc aucune distinction entre les décisions rendues sur appels, de sorte que toutes ces décisions sont soumises au même régime, quelle que soit la juridiction de laquelle ils émanent (2816 I. C., p. 22).

80. Conditions d'exigibilité de la taxe. — L'exigibilité du droit de 0 fr. 50 p. 100 est subordonnée, comme celle du droit principal de condamnation, à la condition que la condamnation ou la liquidation porte sur des sommes ou valeurs mobilières (2816 I. C., p. 22).

81. Décisions confirmatives. — Pour faire saisir l'économie de l'innovation introduite par la loi de 1892, l'I. C. 2816 donne l'exemple suivant :

Un tribunal civil, statuant en matière commerciale, condamne le défendeur à payer au demandeur une somme de 50.000 fr. pour prix de marchandises. Cette décision donne ouverture, indépendamment du droit de titre, s'il y a lieu, au droit de 1 fr. 25 p. 100 sur 50.000 fr. (art. 16, § 5). Si, frappée d'appel, elle est confirmée purement et simplement, l'arrêt confirmatif est passible d'un second droit, qui doit être également calculé sur 50.000 fr., mais au taux réduit de 0 fr. 50 p. 100.

82. Confirmation partielle ou implicite. — Lors du vote par la Chambre de la disposition relative aux décisions confirmant sur appel une décision en premier ressort, M. de Ramel a posé au Commissaire du Gouvernement la question suivante relativement aux confirmations partielles : « Le droit de 1 fr. s'applique-t-il seulement aux arrêts qui confirment pour le tout ou même à ceux qui ne confirment que pour partie et dans la mesure de cette confirmation? Supposez un jugement confirmé pour partie : admettez qu'il y a eu en première instance une condamnation inférieure à celle prononcée en appel, ou, à l'inverse, que la Cour ait restreint la condamnation. Il n'y a, dans les deux cas, que confirmation partielle. Y a-t-il lieu de payer sur l'ensemble de la condamnation le droit de 2 fr. ultérieurement indiqué au § 5? En un mot, faut-il une confirmation intégrale, faut-il que le juge dise simplement : « Confirme... » pour que s'applique le droit de 1 fr. porté au § 4? Par exemple, s'il y a eu condamnation à 50.000 fr. en première instance et que la condamnation en appel soit de 75.000 fr., il y a évidemment confirmation jusqu'à concurrence de 50.000 fr. Faudra-t-il payer le droit de 2 fr. sur les 75.000 fr., malgré le droit qui a déjà été acquitté en première instance, ou seulement le droit de 1 fr. sur 50.000 fr. et de 2 fr. sur 25.000 fr.? »

M. le Commissaire du Gouvernement. — « Il va sans dire que nous ne taxerons pas les confirmations implicites. »

Il semblerait résulter de cette réponse que, dans l'hypothèse ci-dessus, l'arrêt ne devrait être passible que du droit de 2 fr. p. 100 sur 25.000 et qu'il ne serait rien dû pour les 50.000 fr. pour lesquels il y a confirmation implicite, pas même le droit réduit de 0 fr. 50 p. 100. Mais ce serait donner à la déclaration du Commissaire du Gouvernement une interprétation beaucoup trop extensive; il a, sans doute, entendu dire seulement que les confirmations implicites ne seront soumises qu'au droit de 0 fr. 50 p. 100 et ne seront pas assujetties à un nouveau droit de condamnation au taux ordinaire.

D'ailleurs, l'I. G. 2816 explique très nettement que les confirmations partielles donnent ouverture exclusivement au droit de 0 fr. 50 p. 100. Si, dit-elle, une condamnation à 50.000 fr. n'est maintenue que jusqu'à concurrence de 40.000 fr., la taxe de 0 fr. 50 p. 100 n'est exigible que sur cette dernière somme.

Lorsqu'un arrêt réduit une condamnation prononcée par un jugement exécuté provisoirement et ordonne le remboursement de la somme payée en trop en exécution de ce jugement, il ne donne ouverture qu'au droit de 0 fr. 50 p. 100 sur le montant de la condamnation maintenue. Quant au chef portant condamnation à restituer la somme payée en trop, il n'est pas passible du droit proportionnel (Sol. 30 nov. 1898, 9741 R. P.).

83. **Décisions infirmatives.** — L'I. G. 2816 trace en ces termes la règle à suivre dans l'hypothèse d'une demande rejetée en première instance et accueillie en appel :

Une demande tendant au payement de 50.000 fr., à titre de dommages-intérêts, est rejetée en première instance. Le jugement de rejet ne donne lieu qu'au droit fixe. Mais, sur l'appel du demandeur, la Cour réforme la décision des premiers juges et condamne l'intimé au payement de la somme réclamée. Cette dernière condamnation donne alors ouverture, non seulement au droit de 3 fr. p. 100 (art. 16, § 7), mais encore à la taxe additionnelle de 0 fr. 50 p. 100 sur 50.000 fr. — La même demande accueillie, au contraire, en première instance jusqu'à concurrence de 20.000 fr., est rejetée pour le surplus. Le jugement doit supporter le droit de 3 fr. p. 100 sur 20.000 fr. Mais, sur l'appel simultané du demandeur et du défendeur, qui ont tous deux succombé sur partie de leurs prétentions, la Cour élève le chiffre de la condamnation à 30.000 fr. En cette hypothèse, l'arrêt comporte le droit de 0 fr. 50 p. 100 sur 30.000 fr. et celui de 3 fr. p. 100 sur le supplément de condamnation, c'est-à-dire sur 10.000 fr.

84. **Demande nouvelle formée en appel.** — Le tarif ordinaire est seul applicable, sans adjonction du droit complémentaire de 0 fr. 50 p. 100, quand le tribunal d'appel statue sur une demande nouvelle dont les premiers juges n'avaient pas été saisis (C. proc. civ., art. 464 et s.). Dans ce cas, la décision rendue n'étant ni confirmative ni infirmative d'une décision antérieure, ne rentre pas, en effet, dans la catégorie de celles que prévoit limitativement l'art. 16, § 2, n°s 1 et 2 (2816 I. G., p. 23).

85. **Arrêt confirmatif de débouté de demande.** — V. n° 76.

Art. 5. — Juridictions répressives.

[86-87]

86. **Tarifs.** — La loi du 22 frim. an VII, art. 68, § 1er, n° 48, a tarifé au droit fixe de 1 fr. (porté à 1 fr. 50 par l'art. 4 L. 28 fév. 1872) les actes et jugements de la police ordinaire et des tribunaux de police correctionnelle et criminelle, soit entre parties, soit sur la poursuite du ministère public, avec partie civile, lorsqu'il n'y a pas condamnation de sommes et valeurs ou lorsque le droit proportionnel ne s'élève pas à 1 fr. (aujourd'hui 1 fr. 50).

Cette disposition s'applique aux arrêts des Cours d'appel rendus sur les mêmes matières. La loi du 28 avr. 1816 n'a, en effet, rien innové relativement aux dispositions de l'article 68, § 1er, n° 48, L. 22 frim. an VII qui ont tarifé au droit fixe de 1 fr. les actes judiciaires des Cours d'appel en matière de police correctionnelle, comme ceux des tribunaux inférieurs (Dél. 25 oct. 1817, 5948 J. E.).

Le droit de 0 fr. 50 p. 100 est dû sur les condamnations de sommes et valeurs prononcées par les juridictions répressives toutes les fois que ce droit est supérieur au droit fixe de 1 fr. (1 fr. 50) (L. 22 frim. an VII, art. 69, § 2, n° 9).

Enfin, la loi de frimaire avait fixé à 2 fr. p. 100 la quotité du droit proportionnel applicable aux dommages-intérêts prononcés par les tribunaux criminels, correctionnels et de police (art. 69, § 5, n° 8).

Sauf en ce qui concerne les dommages-intérêts et l'abrogation du principe de la pluralité (V. n°s 16 et 27 *suprà*), la loi du 26 janv. 1892 n'a pas modifié les tarifs antérieurs qui subsistent pour les décisions, jugements et arrêts rendus en matière, soit de simple police, soit correctionnelle, soit criminelle. Il en est ainsi alors même que ces procédures auraient lieu avec intervention de partie civile.

Décidé en ce sens que les arrêts correctionnels, alors même qu'ils prononcent des dommages-intérêts, ne sont pas soumis au minimum de 25 fr. établi par l'art. 17, n° 8, L. 1892, et qu'ils doivent être seulement assujettis au droit de 1 fr. 50 (Sol. 30 juin 1893).

Relativement aux dommages-intérêts, l'art. 16, § 6, n° 2, L. 1892, maintient à 2 fr. p. 100 le droit dû sur ceux qui sont prononcés par les juges de paix en matière de police; quant aux dommages-intérêts prononcés par les juridictions criminelles ou correctionnelles, le tarif est porté à 3 p. 100 (V. n° 55 *suprà*).

87. **Décisions sur appel.** — La taxe spéciale de 0 fr. 50 p. 100, exigible sur les décisions confirmatives ou infirmatives, ne s'applique pas aux décisions rendues sur appel de jugements émanant de la juridiction répressive (Sol. 30 juin 1893).

SECTION IV. — EXIGIBILITÉ ET ASSIETTE DE LA TAXE

[88-139]

ART. I. — CONDAMNATION DE SOMMES ET VALEURS MOBILIÈRES

[88-122]

§ 1. — *Dispositions générales.*

[88-104]

88. Fait générateur et assiette de la taxe. — Les règles relatives à l'exigibilité et, sauf en ce qui concerne les dépens, à l'assiette des droits de condamnation et de liquidation sous l'empire de la loi du 22 frimaire an VII sont applicables à la taxe qui les remplace depuis la loi du 26 janv. 1892. Les principes de la perception ont été maintenus, le tarif seul a été modifié (2816 I. G., p. 19).

Nous allons exposer ci-après la signification du mot « *condamnation* », en faisant remarquer que les décisions rendues antérieurement à la législation actuelle n'ont rien perdu de leur valeur, puisque le fait générateur de l'impôt est resté le même.

89. Sens du mot « condamnation ». — Les jugements portant *condamnation* sont ceux qui renferment une injonction du juge en vertu de laquelle le demandeur peut exiger du défendeur le payement d'une somme ou la livraison d'une valeur mobilière.

« L'absence d'une contestation réelle, dit Dalloz, exclut l'idée d'une condamnation dans le sens de la loi » (n° 4294). — Si donc le tribunal intervient simplement pour donner à tel ou tel fait la consécration judiciaire, il ne saurait être perçu de droit de condamnation (*Comp.* Seine, 5 avr. 1878, 5217 R. P.; 21491 J. E.).

1. SIMPLE AUTORISATION DONNÉE PAR LE TRIBUNAL. — Par application de ce principe, il a été reconnu que le droit n'est pas dû sur le jugement portant que la Caisse des Dépôts et Consignations sera tenue de remettre, sans le concours du débiteur, à un créancier dont les droits ne sont pas contestés, le montant d'une somme qui a fait l'objet d'un dépôt (Sol. 6 oct. 1894, 8489 R. P.); un semblable jugement ne renferme, en effet, qu'une simple autorisation donnée au détenteur des fonds de se libérer valablement en dehors des conditions exigées par les règlements spéciaux (Comp. *Rép. gén.*, 7e édit., v° *Jugement*, n° 612).

90. Nécessité d'une condamnation. — La loi du 26 janv. 1892, comme celle du 22 frim., demande, il est vrai, une condamnation pour autoriser la perception du droit proportionnel, mais elle ne la demande pas formulée en termes sacramentels et tellement consacrés qu'il serait défendu d'en prendre d'autres présentant le même sens. Tout ce qu'il faut, c'est que le juge *ait créé* un titre au profit du demandeur, que les termes dont il s'est servi, appréciés par l'ensemble des faits, produisent tous les effets d'une condamnation telle que nous venons de la définir, c'est-à-dire fournissant un moyen d'exécution (*Comp.* Cass. 4 juin 1851; D. P. 51-1-171; S. 51-1-668; 1900 § 1er, I. G.; — Cass., 10 août 1853; S. 53-1-767; *Bull. civ.*, 124, 1986 § 5, I. G.; — Cass., 4 déc. 1854; *Bull. civ.*, 124, 2033 § 4, I. G.; — Cass., 7 fév. 1865, 2022 R. P.; *Bull. civ.*, 38; — 2325 § 5 I. G.; — Cass., 2 janv. 1878, 4856 R. P.; S. 78-1-129; D. P. 78-1-177; 2592 § 7, I. G.; — Cass., 20 fév. 1883, cité au n° suivant).

Citons à ce sujet un jugement de Barcelonnette du 27 mai 1896 (8974 R. P.), décidant que le droit de condamnation établi par la loi de 1892 est exigible sur le jugement qui, après avoir débouté un débi-rentier d'une demande en restitution d'arrérages déjà versés, le condamne à servir désormais la rente dont le service avait été suspendu sous le prétexte que le crédi-rentier ne se conformait pas à ses engagements.

Quant au point de savoir si les expressions employées par le juge expriment la condamnation, il est clair que ce n'est plus là une question de droit fiscal; c'est une question de grammaire, que la saine appréciation de l'ensemble des faits qui auront provoqué le jugement fera toujours résoudre d'une manière exacte. — Nous ne pouvons sur ce point que donner, à titre d'exemple, les différentes espèces soumises aux tribunaux et prier nos lecteurs de se reporter à ce sujet au *Rép. gén.*, v° *Jugement*, nos 579 et suiv.

Il n'est pas douteux, d'ailleurs, comme l'a reconnu le tribunal de Caen, le 20 juill. 1866, qu'on n'a pas à distinguer ici entre les condamnations prononcées en vertu d'un texte précis et celles pour lesquelles la loi laisse aux juges un certain pouvoir d'appréciation : dans les deux cas, le droit proportionnel est également exigible (2405 R. P.).

91. Nécessité d'une contestation. — D'autre part, il faut se garder d'exagérer ce principe que l'absence d'une contestation réelle exclut l'idée d'une condamnation dans le sens de la loi.

Ainsi, la déclaration de s'en rapporter à la justice sur la difficulté portée devant le tribunal n'empêche pas que la décision des juges sur cette difficulté ne présente le caractère d'une condamnation au sens de la législation fiscale. En effet, la déclaration de s'en rapporter au juge n'est point un acquiescement à la demande de la partie adverse et elle ne retire point à celui qui l'a faite la faculté de se pourvoir contre la décision à intervenir. Ce point, enseigne Merlin, « ne paraît pas susceptible de la moindre contradiction » (*Quest.*, v° *Acquiescement*, § 3. — Voy. aussi v° *Appel*, § 14, art. 1er, et section des *Tribunaux*, § 2). — S'en rapporter au juge, porte un arrêt Cass. 17 mars 1869, « ce n'est point acquiescer à la demande, c'est la contester au contraire, en tant qu'il y a lieu » (S. 69-1-273). La jurisprudence était d'ailleurs fixée en ce sens par une longue série d'arrêts (Cass. civ., 18 germinal an XI; S. *Coll. nouv.* 1-1-787; — Req., 10 mai 1827; S. *Coll. nouv.*, 8-1-395; — Civ., 7 mai 1834; S. 35-1-382; — Civ., 25 janv. 1841; S. 41-1-105; — Civ., 27 juin 1845; S. 42-1-769; — Civ., 19 déc. 1842; S. 43-1-250; — Req., 27 nov. 1848; S. 49-1-12; — Civ., 12 juill. 1852; D. P. 52-1-202; — Civ., 31 déc. 1855; S. 56-1-209; — Civ., 19 juin 1865; S. 65-1-298).

D'une manière générale, il y a condamnation, au point de vue fiscal, lorsque la reconnaissance, l'aveu ou l'acquiescement du débiteur poursuivi fait défaut et que la décision judiciaire y supplée. Il importerait peu, pour l'exigibilité du droit, que les parties aient pu se dispenser d'obtenir un ordre de justice pour faire reconnaître les droits du demandeur. La perception est justifiée dès qu'il existe une sentence ayant la forme extrinsèque et les ré-

90. Condamnation. — Le jugement qui enjoint à l'acquéreur d'un fonds de commerce de réaliser la rétrocession qu'il a consentie au vendeur n'est pas [illegible] acte authentique, donne ouverture au droit proportionnel de condamnation sur le prix total de la rétrocession (Lyon, [illegible] 1906, 11360 R. P.)

[illegible] apparents d'une condamnation de valeurs mobilières. C'est, en effet, un principe fondamental de la législation fiscale que les droits se perçoivent d'après les dispositions des actes, sans égard à leur utilité réelle et sans qu'il y ait lieu d'examiner s'il était possible d'obtenir un résultat identique au moyen d'autres combinaisons. La jurisprudence l'a ainsi reconnu par de nombreux arrêts. Il suffira de rappeler ceux des 23 fév. 1824 (B. C., n° 21; — S., *Coll. nouv.*, 7-1-402); 26 mai 1836 (S. 36-1-498); 1er juin 1853 (B. C., n° 64; — 1982 § 6, I. G.); 1er fév. 1850 (B. C., n° 22; 2100 § 3, I. G.) et 27 déc. 1876 (4999 R. P.; 20268 J. E.; 2570 § 4, I. G.; B. C., n° 152; S. 77-1-81) : « La perception du droit d'enregistrement, ont dit très exactement les chambres réunies, est établie sur les dispositions matérielles des actes judiciaires et sur leur effet légal, indépendamment des motifs qui ont pu déterminer les parties à faire prononcer ces actes, ou à faire prononcer ultérieurement leur annulation » (S., *Coll. nouv.*, 9-1-183). C'est dans ce sens que s'est prononcée la Cour de cassation, Ch. civ., le 20 fév. 1883 (6113 R. P.; 22000 J. E.; 22870 J. N.; 6645 R. N.; 2083 § 1er, I. G.; B. C., n° 39).

92. Débouté d'opposition à une contrainte. — La loi du 22 frim. an VII avait par son art. 68, § 1er, n° 49, soumis au droit fixe les jugements rendus pour toutes sommes dues à la nation. Mais la loi du 28 av. 1816 a modifié ces dispositions. Elle porte que : « Les jugements des tribunaux en matière de contributions publiques ou locales et autres sommes dues à l'Etat et aux établissements locaux seront assujettis aux mêmes droits d'enregistrement que ceux rendus entre particuliers » (art. 39).

Suivant une D. m. f. 14 fév. 1817 (5710 J. E.), les jugements qui déboutent les parties d'une opposition à contrainte décernée en payement de droits d'enregistrement n'étaient soumis qu'au droit fixe établi pour les déboutés, par le motif principal que la contrainte est le titre légal de la créance et qu'il suffit de faire prononcer simplement le débouté pour que les poursuites puissent être continuées. Ces motifs ont paru inexacts et l'on a fait observer que lorsque le redevable a formé opposition, la contrainte n'est, en quelque sorte, que la demande de l'Administration, demande que le juge doit admettre ou rejeter après examen, par une décision qui formera désormais le titre de l'Administration. D'un autre côté, le jugement qui prononce un débouté d'opposition décide réellement que les causes de la contrainte ont été vérifiées et que le redevable est tenu de payer la somme demandée. C'est donc une condamnation implicite qui suffirait pour motiver la perception du droit proportionnel (18725 J. E.).

Mais la règle posée par la décision du 14 fév. 1817 n'en a pas moins été maintenue par une solution du 14 août 1869 qui dispose que le droit fixe est seul dû sur les jugements portant débouté d'opposition à la contrainte, soit purement et simplement, soit en ordonnant l'exécution de la contrainte ou la continuation des poursuites (V. n° 71 *suprà*).

Toutefois, suivant la même solution et conformément à une délibération du 24 avr. 1834, le droit proportionnel de condamnation serait exigible si, indépendamment du débouté d'opposition à la contrainte, le jugement portait encore *condamnation formelle au payement des droits réclamés par la contrainte.*

Cette règle a été confirmée par une solution du 14 janv. 1901 qui a décidé que le jugement condamnant une société au payement des droits simples et des amendes de retard, en matière de taxe sur le revenu, donne ouverture au droit de 2 fr. p. 100 sur l'ensemble de ces condamnations.

1. Assignation directe. — Est passible du droit proportionnel de condamnation le jugement par lequel un tribunal, statuant sur une assignation directe de l'Administration, condamne par défaut le débiteur à payer les droits réclamés (Cholet, 24 fév. 1898, R. P. 9537). Le jugement qui intervient en pareil cas au profit du Trésor n'a plus, en effet, le caractère d'un jugement de débouté; c'est un jugement de condamnation pur et simple, et, par application de l'art. 39 L. 28 avril 1816, il donne ouverture aux mêmes droits que s'il avait été rendu entre particuliers.

2. Annulation de la contrainte. — Suivant la solution précitée du 14 août 1869, le jugement qui annule la contrainte est passible du droit fixe. Ce droit est aujourd'hui de 7 fr. 50.

93. Demande non contestée. — Titre enregistré. — C'est une question controversée que celle de savoir si le droit proportionnel est exigible quand le jugement prononce une condamnation en vertu d'un titre enregistré dont le débiteur ne conteste ni l'existence ni la validité.

La négative résulte de plusieurs décisions.

Ainsi, il a été jugé par la C. de cass., le 24 nov. 1829, qu'il n'y a pas lieu de percevoir le droit de condamnation sur le jugement qui, sans qu'il y ait contestation à cet égard, se borne à ordonner le payement de certaines sommes, ou l'acquit de certains droits réclamés en vertu d'un acte précédemment enregistré (S. 30-1-337; 1307-7 I. G.; 9480 J. E. — V. *Rép. gén.*, v° *Jugement*, n° 877).

94. — La même règle a été appliquée au jugement rendu sans contestation, qui déclare une femme créancière de son mari de sommes dues en vertu d'un acte précédemment enregistré (Cass. 10 mai 1837, S. 37-1-556; 1562-13 I. G.; 11816 J. E.).

Il a été décidé également que le jugement qui se borne à débouter le défendeur de son opposition à un commandement de payer une somme due par acte enregistré, n'est pas passible du droit de 50 cent. pour 100, parce que la condamnation n'ajoute rien au débouté d'opposition (Cass. 20 frim. an XII, arrêt rapporté au *Rép. gén.*, v° *Jugement*, n° 563); — et que le jugement qui, après avoir reconnu l'existence d'une dette établie par titre enregistré, ne porte pas condamnation contre le débiteur et se borne à admettre le créancier à l'exercice de ses droits, ne donne pas ouverture au droit de condamnation (Sol. 31 déc. 1832, 10591 J. E.; — *Conf.* Senlis, 13 juin 1876, 4503 R. P.; 20270 J. E.).

95. — Mais cette jurisprudence est contredite par d'autres décisions.

Ainsi, il a été reconnu que le droit de condamnation est dû, quoique la condamnation intervienne sur un titre enregistré ou même sur un jugement antérieur (Cass., 1er vent. an VIII) : « Attendu, porte cet arrêt, qu'il est dû un droit proportionnel sur la minute des jugements portant condamnation de sommes déterminées, sans obligation antérieure par acte public ou privé, attendu qu'indépendamment de ce droit proportionnel, l'art. 44 L. 9 vendémiaire an VI en établit un de 2 fr., et de 0 fr. 50 par 100 fr. sur les expéditions des jugements de condamnation, ce qui s'applique indéfiniment à toutes les expéditions des jugements portant condamnation au payement de sommes fixes, quoique cette condamnation résulte, soit d'actes publics ou privés qui ont été soumis au droit proportionnel, soit de jugements qui y ont été assujettis sur la minute » (118, 398 J. E.).

96. — La chambre civile a également jugé que le jugement qui condamne le défendeur à restituer au demandeur des titres d'actions ou d'obligations qu'il retenait indûment, et qui devaient rester en la possession du demandeur pour garantie d'avances, en vertu d'une convention antérieure, porte condamnation et donne lieu au droit proportionnel de 0 fr. 50 p. 100 : « Attendu qu'il est vainement objecté que le jugement du 22 août 1871 n'aurait fait qu'assurer l'exécution du contrat de gage antérieurement formé ; qu'en effet, ce jugement a eu pour résultat non seulement de reconnaître l'existence du contrat de gage, mais encore de conférer au créancier gagiste un titre particulier en vertu duquel il a pu obtenir le bénéfice d'une convention neutralisée par la contradiction du débiteur, et agir contre ce dernier avec toute l'autorité qui s'attache aux décisions judiciaires ; qu'ainsi la demande du droit proportionnel de 50 cent. p. 100 fr. était pleinement justifiée (2 janv. 1878, 4856 et 5118-10 R. P. ; 20850 J. E. ; 2592-7 I. G. ; — *Comp.* arrêt du 20 fév. 1883, cité *suprà*, n° 91).

D'autre part, de nombreux arrêts ont reconnu que le droit proportionnel est exigible sur les jugements qui condamnent le mari à rembourser à sa femme, après une séparation de biens, le montant des reprises de celle-ci résultant de titres enregistrés (V. *Rép. gén.*, v° *Jugement*, n°s 613 et suiv).

97. — Cette seconde interprétation nous paraît préférable. En effet, qu'il y ait ou non contestation sur le titre antérieur de la dette, que cette dette repose ou non sur un acte particulier, le tribunal n'en a pas moins conféré au créancier un titre distinct qui produit des résultats particuliers et ajoute au titre précédent. Le jugement met désormais l'existence et la validité de ce titre à l'abri de toute contestation. Il confère au créancier une hypothèque judiciaire qu'il ne possédait pas auparavant. Ces deux conséquences sont considérables, et, s'il est vrai que le droit de condamnation soit, comme l'a reconnu la C. de cass. dans un arrêt du 17 mai 1830, une indemnité du service rendu (V. *Rép. gén.*, v° *Jugement*, n° 544), il faut admettre que sa perception dans l'espèce est bien justifiée.

Il a été reconnu dans ce sens que le droit de 50 cent. est exigible sur le jugement qui enjoint à un beau-père de payer à son fils la dot qu'il lui a promise dans un contrat de mariage authentique : « Attendu que le droit de 50 cent. pour 100 n'est pas un droit de transmission d'une main dans une autre, mais un droit *sui generis* indépendant de toute autre cause étrangère au fait juridique constaté par le jugement... » (Le Blanc, 12 mars 1872).

Décidé également que si le tribunal détermine le montant du reliquat incertain du prix d'une vente constatée par acte enregistré, il est dû un droit de liquidation ou de condamnation sur la somme liquidée par le tribunal (Pontarlier, 14 mai 1878, 5045 R. P. ; 20821 J. E.).

Cette interprétation a été nettement consacrée pour le droit de liquidation (V. *Rép. gén.*, v° *Jugement*, n°s 856 et suiv.).

Si le titre est contesté, l'exigibilité du droit de condamnation ne fait pas doute (Carcassonne, 9 juillet 1877, 4763 R. P. ; 20831 J. E.).

98. Jugement statuant sur l'exécution d'un titre authentique. — Déchéance du terme. — Suivant plusieurs décisions, la déclaration judiciaire que le débiteur d'une obligation résultant d'un titre authentique est déchu du bénéfice du terme a été considérée comme une condamnation implicite, passible du droit proportionnel, non seulement quand le juge *autorisait* le créancier à poursuivre le recouvrement de la dette (Sol. 9 juill. 1832, ou qu'il *ordonnait* au débiteur de se libérer (Boulogne, 4 août 1876, 3241 R. P. ; — Le Mans, 30 juin 1875, 4429 R. P.), mais encore au cas où il se bornait à déclarer la dette immédiatement exigible (Marseille, 5 avril 1851, J. E. 15137).

Mais ces décisions, auxquelles on peut, d'ailleurs, opposer un jugement du tribunal de Blois du 18 déc. 1897 (R. P. 8907), ont perdu une grande partie de leur autorité et ne paraissent plus susceptibles de servir de règle, du moins dans la dernière hypothèse, en présence des arrêts plus récents rendus en matière de débouté d'opposition à commandement (V. n° 70 *suprà*). Si, en effet, il n'est pas indispensable, pour l'exigibilité du droit, que le mot « condamnation » soit prononcé dans la sentence, il faut cependant que la décision du tribunal renferme, sous une forme ou sous une autre, une injonction d'avoir à exécuter l'obligation. Ainsi que l'exprime l'arrêt du 26 mars 1888, « lorsque le jugement n'ajoute rien aux moyens d'exécution que le créancier trouvait dans le titre primitif », il ne contient pas, à proprement parler, une condamnation, et il ne comporte, dès lors, que la perception du droit fixe.

La doctrine de ces arrêts a, du reste, été signalée au Parlement lors de la discussion de la loi du 26 janv. 1892, comme servant de règle de perception : « Actuellement, » dit le Rapporteur général de la Commission des finances du Sénat (M. Boulanger), les décisions (de l'espèce) (celles statuant sur l'exécution de jugements antérieurs ou de titres authentiques) ne sont point assujetties au droit proportionnel, parce qu'elles n'ajoutent rien à la vertu du titre, déjà doué par lui-même de la force exécutoire » (séance du 24 déc. 1891).

Par application de ces principes, le droit proportionnel n'a pas paru exigible sur un jugement qui déclarait déchu du bénéfice du terme le débiteur d'une obligation contractée en vertu d'un titre authentique à raison de dégradations commises sur le fonds hypothéqué en garantie de la dette (Sol. 4 sept. 1895, 8656 R. P.) ou de diminutions des sûretés données par le contrat au créancier (Lyon, 17 nov. 1896, 9257 R. P.).

Dans les espèces de ces deux décisions, la seule question soumise par le créancier au tribunal était celle de savoir si l'une des conditions prévues comme devant, de

98. Obligation résultant d'un titre authentique. Déchéance du bénéfice du terme. Droit proportionnel de condamnation. — Est passible du droit proportionnel de condamnation sur le montant de la somme déclarée exigible, le jugement qui, prononçant contre le débiteur d'une obligation authentique la déchéance du bénéfice du terme, le condamne, en outre, expressément au payement, alors même que cette condamnation n'a pas été demandée par le créancier (Seine, 1er mai 1903, 10575 R. P.).

102. **Saisie-arrêt. Validité.** — Le jugement qui valide une saisie-arrêt pratiquée par un créancier avec l'autorisation du juge en vue d'arriver au recouvrement d'une somme due sans titre écrit, renferme une condamnation implicite contre le débiteur saisi. Ce jugement donne, en conséquence, ouverture aux droits de titre et de condamnation, quand bien même le tiers saisi n'aurait pas été mis en cause, et l'arrêt qui le confirme est passible de la taxe de 0 fr. 50 p. 100 établie par l'art. 6 § 3, n° 1 L. 28 janv. 1892 (Amiens, 19 déc. 1903, 10750 R. P.; Séz., 20 fév. 1904; Lyon, 29 mars 1906, 10613 R. P.).

plein droit, rendre le montant de l'obligation immédiatement exigible, se trouvait rempli. Le tribunal s'était simplement prononcé pour l'affirmative, sans ordonner au débiteur de se libérer; sa décision n'ajoutait donc rien à la vertu de l'acte authentique et le droit fixe de 7 fr. 50, exigible sur tout jugement définitif ne donnant pas ouverture à un droit proportionnel supérieur, était seul dû.

Il a été décidé encore, dans le même sens : 1° que le jugement qui résilie un bail et une cession de bail authentiques et reconnaît, à l'encontre du locataire et du cessionnaire, *mais sans prononcer de condamnation*, l'exigibilité immédiate de fermages échus et à échoir, ne donne pas ouverture au droit de condamnation (Sol. 1er juin 1900, 5208 R. P.);

2° Que le jugement qui condamne un débi-rentier à payer les arrérages échus d'une rente constituée par titre authentique ne donne ouverture au droit de 2 fr. p. 100 que sur ces arrérages, et qu'on ne saurait réclamer le droit proportionnel sur le capital au denier 10 de la rente par le motif qu'il y a condamnation implicite au payement de cette rente qui était contestée (Sol. 20 mars 1897, 9011 R. P.).

Décidé, au contraire, qu'il y a lieu d'assujettir au droit proportionnel de condamnation, sur le montant de la somme déclarée exigible, le jugement qui prononce contre le débiteur d'une obligation authentique la déchéance du terme *et le condamne au payement* (Nantes, 17 nov. 1899, 5516 R. P.).

99. **Folle enchère.** — Nous avons exposé au *Rép. gén.*, v° *Jugement*, n° 601, que la condamnation du fol enchérisseur à payer la différence entre le prix de son adjudication et celui de la revente, nous paraît s'appliquer réellement à un prix de vente et ne donner ouverture qu'au droit ordinaire de condamnation, à l'exclusion de celui de dommages-intérêts.

Cette interprétation a été admise par l'Administration aux termes d'une Sol. du 24 août 1900 (*Rev. prat.*, 4874).

100. **Reconnaissance d'écritures.** — Les jugements portant reconnaissance d'écritures ont été spécialement prévus par l'art. 68, § 3, n° 7 L. 22 frim. an VII, et assujettis au droit fixe de 3 fr., porté à 4 fr. 50 par l'art. 4 L. 28 fév. 1872. La quotité de ce droit doit être actuellement déterminée d'après les distinctions posées par la loi du 26 janv. 1892 (V. n°s 56 et suiv., *suprà*). Mais il tombe sous le sens que cela ne peut s'entendre que des jugements qui tiennent purement et simplement les écritures et signatures d'un acte pour reconnues.

La circonstance qu'après avoir reconnu l'écriture, le tribunal autoriserait le créancier à prendre inscription, sans prononcer d'ailleurs aucune condamnation, ne suffirait pas pour motiver la perception du droit proportionnel, car il n'y a pas eu litige (8266 J. E.; — Alençon, 24 fév. 1892).

Si les jugements de reconnaissance d'écriture ordonnent l'exécution de l'acte et le payement ou l'attribution des sommes et valeurs mobilières faisant l'objet de l'engagement qu'ils renferment, ils donnent évidemment ouverture au droit de condamnation. C'est ce qu'a jugé le tribunal de la Seine le 22 fév. 1854 (174 R. P.).

101. **Saisie-arrêt. — Validité.** — Une D. m. f. 5 août 1833 a posé en ces termes les règles de la perception du droit sur les jugements de validité de saisie : « 1° Si la saisie-arrêt est fondée sur un titre authentique, le jugement qui statue, toutes parties présentes et consentantes, n'est passible que du droit fixe; — 2° S'il y a titre sous seing privé, ou s'il n'existe pas de titre, le jugement de validité qui donne à la convention force d'exécution est sujet au droit proportionnel de condamnation, indépendamment, dans ce dernier cas, du droit auquel cette convention aurait donné ouverture si elle eût été établie par acte ».

L'Administration, en transmettant la décision précédente aux préposés, dans l'I. G. 1097, ajouta pour l'expliquer :

« Si le créancier a un titre authentique, il n'y a pas, en effet, de condamnation, mais seulement force d'exécution à requérir. Le jugement qui intervient n'est qu'un acte de surveillance de l'autorité judiciaire pour assurer la régularité des poursuites ou un jugement de forme ou d'homologation qui ne peut donner ouverture au droit proportionnel. Au contraire, quand la saisie est faite en vertu d'un titre sous seing privé, le jugement est passible du droit de 50 cent. pour 100, attendu que, dans ce cas, la demande principale tend à obtenir condamnation de la somme énoncée dans le titre non exécutoire, et que le jugement de validité porte condamnation au payement de cette somme. »

102. — Ces principes servent toujours de règle.

Ainsi, il a été décidé que le jugement de validité d'une saisie-arrêt donne ouverture au droit de condamnation sur le total des créances saisies, bien qu'aucune condamnation ne soit expressément prononcée contre le tiers saisi débiteur, attendu qu'il y a chose jugée sur la qualité de créancier produisant condamnation, dessaisissement et dévolution (Bordeaux, 8 mai 1850, 14961 J. E.; — Charleville, 1er mai 1851, 15323-1 J. E.; — Seine, 19 août 1865, 2200 R. P.; — C. Bruxelles, 19 avril 1880, 5898 R. P.).

La Cour de cassation a reconnu, le 1er août 1881, que le jugement qui prononce la validité d'une saisie-arrêt constatant à la charge du saisi l'existence d'une dette et tendant à en assurer l'acquittement, implique essentiellement la condamnation du *débiteur saisi* et permet de prendre inscription sur ses biens (R. P., table alphab. 1884, p. 770; 21813 J. E.; S. 82.1.337; D. P. 82.1.410; P. 82.833).

L'Administration est donc fondée à assujettir au droit de condamnation le jugement qui valide une saisie-arrêt et enjoint au tiers saisi de se libérer entre les mains du saisissant.

Il devrait en être ainsi, non seulement quand le créancier procède en vertu d'un acte s. s. p., mais encore quand son titre est exécutoire (Sol. 20 oct. 1883, 6292 R. P.; 22388 J. E.; — Saint-Étienne, 19 mars 1878, 4919 R. P.; 20781 J. E.). Mais cette solution ne saurait plus être admise dans l'état actuel de la jurisprudence, lorsque la saisie-arrêt est faite en vertu d'un titre exécutoire (V. n° 98 *suprà*).

Elle ne doit pas d'ailleurs, du moins à notre avis, être appliquée lorsque le tiers saisi n'a pas été mis en cause, car alors, ainsi que l'a reconnu un arrêt de la Cour de Paris du 17 mars 1836 (S. 36-2-205), le jugement ne produit pas ses effets ordinaires. Il n'y a, en pareil cas, ni transfert au saisissant de la créance du saisi, ni constatation de la dette du saisi, et la condamnation de ce dernier n'existe pas, comme dans la première hypothèse (Rousseau et Laisney, v° *Saisie-arrêt*, n°s 607 et s.).

C'est dans ce sens que l'Administration s'était elle-même prononcée par la solution précitée du 20 oct. 1883 (6292 R. P.) et une autre solution du 7 déc. 1889. Mais, depuis, elle est revenue sur cette interprétation; elle a réclamé et obtenu le droit de condamnation sur le jugement de validité d'une saisie-arrêt procédant d'un titre verbal ou s. s. p., quand bien même le tiers saisi n'a pas été mis en cause (Saint-Yrieix, 30 déc. 1890, 7583 R. P.; — Seine, 29 nov. 1901, 10150 R. P.; — *Conf.* Sol. 12 juin 1899, *Rev. prat.*, 4054). Nous ne croyons pas que, dans cette hypothèse, le jugement de validité puisse emporter, au profit du créancier, dévolution du gage saisi, ce qui est indispensable pour justifier l'exigibilité du droit proportionnel.

103. Mise en cause du tiers saisi. — Le droit proportionnel n'est pas exigible sur un jugement rendu en l'absence de toute contestation, qui valide une saisie-arrêt pratiquée en vertu d'*un titre exécutoire*, admet la déclaration du tiers saisi et l'autorise à se libérer entre les mains du saisissant. D'une part, en effet, s'il y a condamnation implicite à l'égard du débiteur saisi, cette condamnation n'ajoute rien à l'autorité du titre exécutoire que possède le créancier. D'autre part, l'injonction faite au tiers saisi de se libérer n'emporterait condamnation de ce dernier que dans le cas de contestation ou de refus de payement (Sol. 28 oct. 1893, 8257 R. P.).

Mais, comme le rappelle cette Solution, le droit n'est pas dû parce que le jugement ne renferme pas de condamnation contre le tiers saisi lorsqu'il n'y a eu, de sa part, ni contestation ni refus de paiement et que le tribunal lui indique seulement à qui il devra verser la somme dont il se trouvera débiteur. C'est là une conséquence nécessaire de la disposition qui valide la saisie et on ne saurait y trouver les éléments d'une condamnation.

A l'inverse, le droit devrait être perçu sur le jugement qui, à la suite, soit de contestations soulevées relativement au chiffre de la dette du tiers saisi, soit de refus de paiement, serait rendu pour fixer la somme à verser ou pour contraindre le tiers saisi à se libérer ou bien encore sur le jugement qui le déclarerait débiteur pur et simple des causes de la saisie (Inst. 1097, n° 8).

104. Tiers saisi constitué débiteur pur et simple. — Le tribunal d'Issoudun a décidé, le 12 mai 1856, que le jugement qui *condamne* le tiers saisi à payer la somme due à la partie saisie, suivant titre en forme, n'est passible que du droit fixe.

Dans nos précédentes éditions, nous avions émis des doutes sur l'exactitude de cette décision. L'impôt, disions-nous, se percevant d'après les stipulations des actes, l'Administration qui trouve dans un jugement l'expression d'une condamnation formelle n'a point à examiner si cette condamnation était nécessaire et ajoute quelque chose aux effets du titre exécutoire. L'application du tarif est alors justifiée par l'existence matérielle d'une condamnation judiciaire.

Ce point a été, depuis lors, précisé par la Direction générale suivant une solution du 8 juill. 1881 ainsi conçue :

« La décision ministérielle du 6 août 1823 (citée *suprà*, n° 101) renferme la disposition suivante :

« Le jugement qui condamne le tiers saisi comme débiteur pur et simple des causes de la saisie doit être assujetti au droit proportionnel de condamnation, outre celui perçu sur le jugement obtenu contre le tiers saisi. »

« Cette disposition suppose que deux condamnations distinctes ont été prononcées contre le tiers saisi, l'une, à la requête du saisi ou de son ayant cause pour faire constater la créance de ce saisi contre son débiteur; la seconde, à la requête du saisissant pour faire exécuter la saisie contre le débiteur du saisi. Ces deux condamnations ayant un objet distinct et s'appliquant à des parties différentes, sont passibles chacune d'un droit de condamnation » (6040 R. P.; *Rev. prat.*, n° 902). — V. cependant n° 117-3 *infrà*.

Dans l'hypothèse d'une condamnation unique ne formant pas titre contre le tiers saisi, la disposition du jugement qui indiquerait simplement à qui devra être versée la somme dont ce dernier est débiteur constituerait la conséquence nécessaire de celle validant la saisie et ne pourrait donner ouverture au droit proportionnel (Sol. 7 déc. 1889).

En ce qui concerne le droit de titre, voir n° 236 *infrà*.

§ 2. *Séparation de biens.*

(105-106)

105. Tarif. — Nous avons vu *suprà*, n° 60, que les jugements de séparation de corps ou de biens sont assujettis au droit fixe de 22 fr. 50 lorsqu'ils ne portent pas condamnation ou liquidation de sommes et valeurs ou lorsque le droit proportionnel ne s'élève pas à 22 fr. 50.

Si le jugement de séparation contient condamnation à restituer la dot de la femme, le droit proportionnel de 2 fr. p. 100 est exigible avec application, le cas échéant, du minimum de 22 fr. 50.

Nous avons enseigné au *Rép. gén.*, v° *Jugement*, n° 621 et suiv., qu'il n'est pas nécessaire que le mot sacramentel de condamnation soit prononcé pour que le jugement donne ouverture au droit proportionnel; il suffit que le jugement confère à la femme tous les pouvoirs nécessaires pour contraindre le mari à lui tenir compte de ses droits (Cass. 7 juill. 1851, 1900, § 6, I. G.; S. 51. 1.450).

Il importe peu, d'ailleurs, que le jugement, n'ayant eu à statuer sur aucune contestation spéciale, n'ait fait qu'exprimer d'une façon générale les conséquences légales de toute séparation; le droit proportionnel est exigible par le seul fait que le jugement contient la condamnation, alors surtout que cette condamnation a été expressément demandée dans les conclusions de la femme (Montmorillon, 14 juin 1899, et sur pourvoi Cass. req., 22 avr. 1901, 10058 R. P.).

Le droit de condamnation est dû quand bien même les valeurs à restituer consistent en une rente sur l'État (Sol. 31 janv. 1866).

106. Nous croyons devoir faire remarquer à ce sujet que la rigueur avec laquelle les lois fiscales doivent être interprétées impose aux avoués qui rédigent les conclusions et aux tribunaux qui sont appelés à prononcer les condamnations, le devoir de bien peser les termes dont ils se servent. Il nous semble, en effet, que, dans la plupart des

105. Séparation de biens. Condamnation du mari à restituer la dot de la femme. Droit proportionnel. — Donne ouverture au droit proportionnel de condamnation le jugement de séparation de biens qui condamne le mari à restituer à sa femme tout ce qu'il a reçu d'elle ou pour elle lors et depuis leur contrat de mariage; ce droit doit être calculé sur le montant des reprises de la femme, tel qu'il est fixé par l'acte de liquidation dressé en exécution du jugement, quand bien même, en fait, une partie de ces reprises serait irrecouvrable par suite de l'insolvabilité du mari (Lyon, 26 mai 1900, 11273 R. P.).

109. Titres d'actions et d'obligations. — Le jugement qui, au cours d'une instance en séparation de corps, enjoint à la femme de restituer à son mari un titre de rente sur l'État qu'elle avait emporté du domicile conjugal, est passible du droit proportionnel de condamnation sur la valeur de ce titre (Rouen, 29 mai 1902. 10925 R. P.).

Le droit de condamnation à 2 p. 100 sur la valeur des titres au jour du jugement, a été également reconnu exigible sur :

1° Le jugement qui enjoint à un établissement de crédit de remettre soit au demandeur, soit au service de la Dette inscrite, pour en faire opérer le transfert, des titres de rente sur l'État dont il est dépositaire (Seine, 20 juin 1902. 10375 R. P. ; Cass. (req.), 20 juin 1905. 10902 R. P.) ;

2° Le jugement qui enjoint à un établissement de crédit de remettre à une femme dotale des valeurs paraphernales déposées par le mari dans les caisses de cet établissement (Seine, 26 mars 1904, 10766 R. P.).

Le droit est dû, alors même que le défendeur condamné à la restitution n'eût les titres en sa possession que par suite d'un engagement entaché de nullité (Seine, 26 nov. 1905. 11126 R. P.), ou qu'il s'en rapporterait à justice (Seine, 18 janv. 1907. 11450 R. P.).

Appel. Arrêt infirmatif. Droits de 2 p. 100 et de 0 fr. 50 p. 100. Défaut de déclaration estimative. Évaluation d'office. — Donne ouverture au droit de condamnation de 2 fr. p. 100 et à la taxe de 0 fr. 50 p. 100 l'arrêt de cour d'appel qui, en infirmant un jugement de première instance, condamne le défendeur à la restitution de valeurs mobilières. Si l'importance de ces valeurs n'est pas déterminée dans l'arrêt, les parties doivent y suppléer au moyen d'une déclaration estimative ; à défaut de cette déclaration, l'Administration est fondée à arbitrer d'office et provisoirement la base de la liquidation de l'impôt (Nancy, 26 juillet 1907. 10988 R. P.).

cas, la condamnation expresse du mari à la restitution de la dot est absolument surabondante et qu'elle découle virtuellement de la disposition qui a statué sur la séparation. Il dépend donc, en général, des parties elles-mêmes et des magistrats d'éviter la perception d'un droit qui, depuis la loi de 1892, se fait lourdement sentir.

§ 3. — *Valeurs mobilières.*

[107-109]

107. Règle. — L'art. 69, § 2, n° 9 L. frim. ne soumettait pas seulement au droit proportionnel les condamnations de sommes, mais encore celles de valeurs mobilières. D'après l'Administration, « les *valeurs mobilières* » ce sont les biens meubles, le mobilier, les effets mobiliers de l'art. 535 du Code civil. Dans l'acception la plus générale, ces mots comprennent les valeurs qui ne sont pas immeubles, par conséquent les meubles corporels ou incorporels, fongibles ou non fongibles. Il en est ainsi dans la législation fiscale, où le mot *valeur*, employé toujours comme synonyme de *bien*, s'entend des objets mobiliers corporels ou incorporels comme les choses fongibles. Les mots « sommes et valeurs mobilières » avaient incontestablement la même signification dans la disposition de l'art. 69, § 2, n° 9, relative aux condamnations » (*Rapport de M. Pont*, 4850 R. P. ; 2659 J. E. — V. Inst. 2597, § 7, et 2083, § 1°.

Mais tandis que la loi du 22 frimaire an VII limitait expressément la perception du droit proportionnel aux condamnations de sommes et valeurs *mobilières*, la loi du 26 janv. 1892 vise toutes les condamnations sans distinction. Faut-il en conclure que les condamnations ne portant pas sur des sommes et valeurs mobilières se trouvent désormais frappées de l'impôt ? L'Administration elle-même enseigne la négative. Les condamnations ou liquidations de sommes et valeurs mobilières qui étaient seules atteintes par la loi organique, sont également seules frappées par la loi nouvelle, porte l'I. G. 2816, p. 18. Telle paraît, en effet, avoir été l'intention du législateur.

Le projet de M. Brisson portait : « Si le jugement ou l'arrêt, ou la sentence, a statué sur des questions de propriété, jouissance ou usufruit, de biens meubles ou immeubles, de droits réels ou personnels, le droit sera assis sur la valeur de la partie des biens dont la propriété, possession ou jouissance était contestée ».

Le Gouvernement, dans son projet, avait modifié cette disposition dont le principe est extrêmement juste, et, après discussion à la Chambre (séance du 14 déc.), le texte suivant avait été adopté :

« En cas d'action, pour quelque cause que ce soit, en restitution, remise ou revendication, résiliation, révocation, résolution, nullité ou rescision de contrat ou de clause de contrat, délivrance, livraison ou exécution de contrat ou de clause de contrat, et généralement toutes les fois que l'instance a pour objet la propriété, l'usufruit ou la jouissance de biens meubles ou immeubles, de droits réels ou personnels, le droit sera liquidé sur la valeur, en propriété, usufruit ou jouissance, des biens ou droits, dont la restitution, remise ou délivrance aura été ordonnée au profit du demandeur, ou faisant l'objet de la partie du contrat révoquée, annulée, résiliée, résolue, confirmée, reconnue ou validée à sa requête ».

Le Commissaire du Gouvernement avait expliqué en ces termes le sens et la portée de la disposition qu'il proposait :

« Nous voulons, par notre projet, proportionner l'impôt aux valeurs, ce que commandent à la fois l'équité et les principes démocratiques. Nous disons : plus de droit fixe en pareil cas ! Du moment qu'il s'agit de droits susceptibles d'être évalués, peu importe que l'action tende à obtenir la restitution de ces droits et à mettre ainsi leur valeur en mouvement ou qu'elle tende à faire consacrer la propriété de ces droits au profit de celui qui la détient déjà.

« Quelques membres de la Chambre ont paru craindre que les termes de notre première rédaction atteignissent les *déboutés de demande*. Le Gouvernement va ainsi au-devant de l'observation de M. Vallé. Il est bien établi que les déboutés de demande restent passibles du simple droit fixe, puisque nous avons eu soin de dire, dans notre texte, *à sa requête*, c'est-à-dire à la requête du demandeur. La requête du demandeur qu'on déboute reste donc passible du seul droit fixe. »

La disposition ci-dessus, qui formait un paragraphe de l'art. 10 voté par la Chambre, a été repoussée par la commission du Sénat, et le texte proposé au vote de cette haute Assemblée ne comportait plus ce paragraphe. Quant au motif invoqué pour sa suppression, on le trouve dans le rapport fait par M. Trarieux au nom de la Commission des finances du Sénat (Annexe n° 135 à la séance du 7 janv. 1892). « Nous avons écarté, dit le rapport, l'idée d'une perception de droit sur les instances s'appliquant à des valeurs immobilières. La jurisprudence a constamment refusé l'assimilation qu'on nous demandait d'accepter et nous avons maintenu la jurisprudence. Les valeurs immobilières engagées dans un procès ont presque toujours, en effet, été assujetties à des droits considérables (droits de vente, de donation, de transaction, etc.), par les actes donnant naissance aux difficultés dont elles peuvent être l'objet, et nous avons trouvé que la propriété foncière était assez grevée pour ne pas ajouter à ses charges. »

108. — Le sens des mots étant ainsi déterminé, il est évident que l'injonction faite par le juge de restituer au légitime propriétaire des objets individuels ou corps certains détenus pour un motif quelconque par un tiers rentre dans la catégorie des condamnations de valeurs mobilières donnant ouverture au droit proportionnel.

Cette règle, directement applicable aux choses fongibles, s'étend également aux titres d'actions ou d'obligations.

109. Titres d'actions et d'obligations. — C'est ainsi qu'il a été reconnu, depuis l'application de la loi du 26 janvier 1892 :

1° Que le jugement qui condamne le défendeur à restituer des titres qui lui avaient été remis en gage et qu'il refusait de rendre en se fondant sur l'acte de nantissement, donne ouverture au droit de 2 fr. p. 100, alors même qu'il n'avait les valeurs en sa possession que par suite d'un engagement contracté par un incapable, si le tribunal, se conformant aux conclusions du demandeur, n'a pas eu à prononcer la nullité du nantissement et qu'il a seulement statué sur la remise des titres (Cass. req. 5 nov. 1901. 10084 R. P. ; 3080 § 10. I. G. ; — Seine, 12 janv. 1900, 9854 R. P.) ;

2° Que l'arrêt de cour d'appel qui, en infirmant un jugement de première instance, a prononcé l'annulation d'un testament et condamné le légataire institué à remettre aux héritiers les valeurs successorales dont il avait été envoyé en possession, est passible du droit de condamnation à 2 fr. p. 100 et de la taxe de 0 fr. 50 p. 100 (Sol. 13 déc. 1901, 3060, § 9, I. G.);

3° Que le jugement qui condamne un défendeur à restituer des valeurs mobilières détenues par lui en vertu d'un mandat, donne ouverture au droit proportionnel de 2 fr. p. 100 sur ces valeurs (Seine, 28 déc. 1901, 10300 R. P.).

§ 4. — *Questions diverses.*

[110-122]

110. Dépens liquidés. — La loi du 22 frim. art. 69, § 2, n° 9, frappait d'un droit de 0 fr. 50 p. 100, non seulement le principal et les intérêts de la condamnation prononcée, mais encore « *les dépens* ». Le projet du Gouvernement atteignait également les « *dépens liquidés* ». Ces mots ont été rayés de la loi sur un amendement présenté à la Chambre (1re séance du 14 déc. 1891), qui a donné lieu à l'échange des observations suivantes :

M. Royer (Aube). — Messieurs, l'Administration demande que le droit proportionnel soit assis, pour les jugements, sentences d'arbitres et arrêts des cours d'appel, sur le montant des « condamnations, collocations ou liquidations prononcées, et les intérêts et dépens liquidés ».

Je demande la suppression des mots « et dépens liquidés ».

En effet, d'une part, ce serait faire payer l'impôt sur l'impôt, puisque dans les dépens liquidés se trouvent les droits d'enregistrement qui ont été précédemment acquittés; par conséquent, le Trésor percevrait deux fois l'impôt, ce qui équivaudrait à une iniquité. (*Très bien !*)

En second lieu, il n'y a de dépens liquidés qu'en matière sommaire dans les petites affaires jugées en dernier ressort, tandis que, dans les affaires ordinaires, dans lesquelles rentrent toutes les affaires importantes, les dépens ne sont pas liquidés; de telle sorte que les petites affaires, celles qui frappent les malheureux, payeraient l'impôt sur l'impôt *déjà payé*, tandis qu'au contraire les affaires importantes ne le payeraient pas. Il y aurait là une inégalité absolument choquante. (*Très bien! très bien!*)

M. le Commissaire du Gouvernement. — Le Gouvernement accepte l'amendement.

M. le Président. — En conséquence, les mots « et dépens liquidés » sont supprimés.

111. Exécutoires de dépens. — Par une conséquence de cette exemption, l'Administration considère que les exécutoires de dépens se trouvent, eux-mêmes, affranchis de la perception du droit proportionnel (2815 I. G., p. 18) et ne donnent plus ouverture qu'au droit fixe de 1 fr. 50.

« Cette opinion de la Régie, dit M. Zeglicki, dans son Commentaire, nous paraît empreinte d'un large désintéressement; aussi, quant à nous, nous n'hésitons pas à la repousser. En effet, du moment où la loi nouvelle ne comprend pas les dépens, ceux-ci demeurent régis par la législation antérieure qui les frappait d'un droit de 0 fr. 50 p. 100. Cette solution est en harmonie avec le but que s'est proposé le législateur de graduer les droits suivant l'importance de la matière grevée. »

§ 5. — *Exécutoire de dépens.*

112. Ce qu'il faut entendre par dépens. — Suivant la définition de Boitard, les dépens sont les frais qu'un plaideur a été contraint de faire pour arriver à la reconnaissance, à la constatation de son droit (t. Ier, n° 273; *Conf.* Merlin, *Rép. gén.*, v° *Dépens*; Garsonnet, t. III, § 496; Dalloz, *Jur. Gén.*, v° *Dépens*, n° 1er).

Ce sont ces frais, c'est-à-dire ceux dont il est question dans l'art. 130 C. proc., et exclusivement ces frais, que M. Royer (de l'Aube) a visés; les paroles qu'il a prononcées à l'appui de son amendement le montrent assez.

L'immunité fiscale dont jouissent les dépens sous l'empire de la loi nouvelle ne concerne donc pas tous les frais auxquels une procédure quelconque peut donner lieu, mais seulement ceux qui viennent d'être spécifiés.

1. Faillites et liquidations. — Émoluments des syndics et liquidateurs. — On ne saurait comprendre, sans abus de langage, parmi les dépens, l'indemnité que le tribunal de commerce a la faculté d'allouer aux syndics d'une faillite pour la rémunération de leur mandat (C. Com., art. 462).

Une faillite, en effet, peut incidemment soulever des instances ou des procès, mais elle ne constitue par elle-même ni une instance ni un procès. Les honoraires des syndics rentrent dans la catégorie des frais d'administration de la faillite et sont, à ce titre, privilégiés, mais ils ne prennent pas pour cela le caractère de dépens. Cela est si vrai que ceux qui seraient attribués à un syndic en représentation des soins qu'il aurait donnés à un procès soutenu par ou contre la faillite, ne sauraient figurer dans la liquidation des dépens de ce procès (*Comp.* Garsonnet, t. III, p. 360 et suiv.). Aussi Dalloz distingue-t-il nettement les honoraires dont il s'agit des dépens proprement dits (Supp. v° *Faillite*, nos 1193 et suiv.).

En résumé, l'indemnité accordée aux syndics en vertu de l'art. 462 du Code de Commerce est assimilable par sa nature à celle qui est allouée, pour sa gestion, au curateur nommé à une succession vacante. Celle-ci jouit également d'un privilège, celui des frais de justice, et cependant il est de toute évidence qu'elle n'est à aucun titre susceptible d'être rangée dans la classe des dépens.

Il a été décidé, en conséquence, que la disposition d'un jugement portant fixation des honoraires dus au syndic d'une faillite demeure soumise au droit commun et ne saurait profiter de l'exemption octroyée par la loi du 26 janv. 1892 aux liquidations de dépens (Sol. 29 juill. 1896, 2595 J. E.).

Il doit en être de même, pour les jugements qui fixent les émoluments et indemnités revenant aux liquidateurs en matière de liquidation judiciaire.

2. Partage. — Honoraires du notaire. — Au contraire, dans les instances en partage, les honoraires du notaire commis en conformité de l'art. 969 C. proc., font partie des frais du procès (Dalloz, v° *Dépens*, n° 850) et constituent, dès lors, de véritables dépens d'instance.

Il s'ensuit que la liquidation de ces honoraires par une

115. Condamnation principale à payer le prix d'une mitoyenneté. Condamnation subsidiaire à démolir. Droit de mutation de 5 fr. 50 p. 100. — Donne ouverture au droit de 5 fr. 50 p. 100, comme constituant le titre d'une cession de mitoyenneté sous condition résolutoire, le jugement qui condamne le défendeur à payer au demandeur une somme déterminée pour prix de la mitoyenneté d'un mur et, à défaut de payement de la somme dans un délai fixé, à démolir les constructions appuyées contre ce mur (Seine, 11 déc. 1905, 10710 R. P.).

116. Condamnation récursoire. — Lorsque, après avoir été condamnée à payer au créancier la dette qu'elle a garantie, une caution exerce son action récursoire contre le débiteur principal, le jugement qui condamne ce dernier envers elle rend exigible un second droit proportionnel de condamnation indépendamment de celui auquel le jugement de condamnation de la caution a été assujetti. Ce droit doit être liquidé, non pas seulement sur le principal de la dette, mais encore sur les intérêts et dépens mis à la charge du débiteur principal, attendu que ces intérêts et dépens perdent leur caractère propre pour devenir des éléments de la condamnation en garantie (Valenciennes, 18 juill. 1905, 11165 R. P.).

disposition du jugement d'homologation doit bénéficier de l'immunité dont jouissent, depuis la loi du 26 janv. 1892, les condamnations et liquidations qui ont trait aux dépens (même Sol.).

113. Affaires portées en appel. — Il a paru juste de percevoir un droit complémentaire sur les affaires portées en appel. En effet, la procédure d'appel étant dégrevée au même titre que la procédure de première instance, il était logique de frapper de la taxe les jugements et arrêts confirmant une décision rendue en premier ressort. C'est ce que l'art. 15 L. 1892 exprime en ces termes : « Il en sera de même pour les jugements et arrêts rendus sur appel, sauf l'exception édictée ci-après pour les jugements et arrêts confirmatifs ».

114. Condamnation alternative. — Un jugement qui condamne à une chose et, à défaut de celle-ci, à une autre, c'est-à-dire qui prononce une condamnation alternative, n'opère de droit que sur l'une des dispositions. Le droit est dû actuellement sur celle des deux dispositions qui doit être immédiatement exécutée, sauf à percevoir un supplément de droit quand il est démontré juridiquement que c'est l'autre disposition qui a été suivie d'effet (V. *Rép. gén.*, v° *Jugement*, n° 678).

115. Condamnations principale et secondaire. — Il ne faut pas confondre la condamnation alternative avec la condamnation principale et la condamnation secondaire. Dans ce second cas, il n'y a qu'une disposition proprement dite, et le deuxième terme du jugement n'est qu'un mode d'exécution du premier. Il n'est pas *in obligatione*, mais *in facultate solutionis*. D'où il suit que le droit ne peut être régulièrement perçu que sur la première disposition.

Il va de soi que si l'Administration peut, ultérieurement, fournir la preuve que la disposition secondaire ou conditionnelle est celle qui a été exécutée, elle est fondée à réclamer le droit complémentaire exigible (Montmédy, 7 mars 1898, 9353 R. P.).

D'après un jugement du tribunal de Lons-le-Saulnier du 29 juill. 1890, le supplément de droit auquel peut donner ouverture l'exécution de la condamnation secondaire se prescrit par deux ans, à partir de l'enregistrement des actes qui révèlent cette exécution (7529 R. P.). Cette décision ne nous paraît pas fondée; mais elle trouve cependant à s'appuyer sur un arrêt de la Chambre des requêtes du 20 mai 1898 (2737 R. P.; — V. *Rép. gén.*, v° *Prescription*, n° 506), aux termes duquel, si le droit de condamnation d'un jugement de liquidation de reprises a été perçu d'après une déclaration provisoire des parties, le supplément qui peut devenir exigible, par suite de la liquidation ultérieure des reprises, se prescrit par deux ans à partir du jour où l'acte de liquidation définitive a été enregistré.

116. Condamnation récursoire. — La condamnation principale, au profit du porteur d'un effet de commerce et les condamnations secondaires au profit de chacun des endosseurs, sont des dispositions dérivant nécessairement les unes des autres, et ne donnent ouverture qu'à un seul droit de condamnation (11844-1, 13217-4, 13404-2 J. E.; — Dél. 23 mai 1845, 13012-2 J. E.; 1747 § 4, I. C.).

De même, il n'est dû qu'un seul droit pour un jugement qui condamne : 1° un endosseur à acquitter le montant d'une traite; 2° et le tireur à garantir et indemniser l'endosseur de l'effet de cette condamnation, parce que le recours contre le tireur est de droit, quand même la garantie qui dérive nécessairement de la nature de l'acte n'aurait pas été prononcée (Dél. 26 therm. an XII, 1461 et 1807 J. E.).

Dans le même ordre d'idées, il a été jugé que :

1° Les condamnations récursoires, en vertu desquelles chacun des entrepreneurs qui ont successivement transporté des marchandises doit garantir l'entrepreneur précédent, se confondent avec la condamnation principale contenue dans le même jugement et, par suite, sont exemptes d'un droit particulier (Cass., 28 juin 1876, 4419 R. P.; 20096 J. E.; Inst. 2512 § 3; B. C. 80, 90);

2° Lorsqu'un jugement, après avoir condamné un employé de commerce à payer à son patron la valeur d'une collection d'échantillons perdue, condamne une compagnie de chemins de fer, à qui la perte est imputable, à garantir et indemniser l'employé de la condamnation prononcée contre lui, l'Administration n'est pas fondée à percevoir sur la condamnation secondaire un droit proportionnel indépendant de celui qui est dû sur la condamnation principale (Lille, 31 déc. 1897, 9306 R. P. — V. n° 131 *infrà*).

117. Condamnations successives au payement de la même somme. — A la différence du droit de transmission, qui ne peut frapper qu'une seule fois chaque mutation, quelque nombreux que soient les actes qui la constatent, le droit de condamnation, qui est un droit d'acte, se perçoit sur chaque condamnation qui est prononcée, sans qu'il y ait à se préoccuper de savoir si une condamnation identique ne résultait pas déjà d'un précédent jugement (*Rapp.* Demante, *Principes*, t. II, n° 556). Ce principe est tellement certain et résulte avec une telle évidence de la loi et de la nature de l'impôt de condamnation que le législateur a cru devoir énumérer les cas dans lesquels il n'y aurait pas lieu à double perception, malgré la pluralité des condamnations. Ces cas sont au nombre de deux et se rapportent : le premier, aux jugements contradictoires rendus sur opposition aux jugements par défaut précédemment enregistrés (V. n° 119 *infrà*); le second, aux décisions qui statuent, en appel, sur des jugements déjà assujettis à la formalité.

1. MÊME DÉBITEUR. — Mais en dehors de ces exceptions, le principe de la pluralité reprend son empire. Par un jugement du 30 déc. 1887, le tribunal de la Seine en a fait une exacte application en décidant que, lorsqu'une condamnation au payement de la même somme était prononcée, à des titres différents, par deux juridictions distinctes, le tribunal civil et le tribunal de commerce, chacun de ces jugements donnait ouverture au droit de condamnation (7007 R. P.).

Ces règles demeurent applicables sous l'empire de la loi du 26 janv. 1892 : il a été reconnu, en conséquence, que le droit de condamnation est dû sur le jugement d'un tribunal de commerce qui condamne un plaideur à payer, à titre de dommages-intérêts, une certaine somme, solidairement avec un autre plaideur déjà condamné par un jugement correctionnel à raison de faits délictueux n'ayant rien de commun avec les faits qui motivant la condamnation prononcée par le tribunal de commerce (Sol. 8 sept. 1894). En rapportant textuellement cette Solution, sous l'art. 8403 du R. P. nous avons émis quelques doutes sur le point de savoir s'il y avait lieu d'appliquer, au cas particulier qu'elle avait en vue, le principe de la double perception; mais, comme nous l'avons fait remarquer, le principe lui-même est à l'abri de toute contestation.

Par application de la même règle, il y a lieu de reconnaître que lorsque après un jugement de séparation de corps, allouant à la femme une pension alimentaire en exécution des art. 212 et 214 C. civ., celle-ci fait convertir la séparation de corps en divorce, par un second jugement qui maintient la pension en vertu de l'art. 301 C. civ., la seconde condamnation est passible du droit proportionnel qui, dans l'espèce, est de 3 fr. p. 100 (dommages-intérêts) (Sol. 25 fév. 1899, 10038 R. P.).

1. Résolution judiciaire d'une vente pour défaut de paiement du prix. — La résolution judiciaire d'une vente pour défaut de paiement du prix donne ouverture au droit proportionnel de mutation, lorsque l'acquéreur est entré en jouissance.

Si la résolution a été prononcée par deux jugements successifs et que le premier n'ait pas été assujetti au droit de mutation, ce droit peut être réclamé sur le second (Angers, 22 mars 1902, 10348 R. P.).

2. Débiteurs distincts. — Décidé, sous l'empire de la loi de frimaire, que lorsque deux condamnations au payement de la même somme sont prononcées successivement par le même tribunal, à des titres différents, contre des parties ayant des intérêts distincts, chacune des condamnations est passible d'un droit proportionnel de 50 cent. p. 100 (Seine, 21 nov. 1890, 7516 R. P.).

3. Débiteurs solidaires. — La pluralité est-elle applicable quand les condamnations font l'objet de jugements distincts? L'Administration a voulu le soutenir dans le cas où les condamnations sont prononcées contre les codébiteurs solidaires de la même obligation. Mais sa prétention a été écartée par un jugement du tribunal de la Seine du 11 novembre 1850 portant : « Attendu que le droit proportionnel est dû, non à raison de la pluralité des débiteurs, mais à raison de l'importance de la créance et qu'il est de principe que, lorsqu'un jugement a subi la formalité, s'il intervient un second jugement sur la même créance, le droit proportionnel ayant été acquitté sur le premier jugement, la perception de ce droit n'a lieu que sur le supplément des condamnations que contiendrait le deuxième jugement ». (1259 R. P.; 11677 C.).

Il a été reconnu, dans le même sens, que lorsqu'un jugement prononce solidairement, contre le coauteur ou complice d'un délit civil, une condamnation identique à celle qu'il a antérieurement prononcée contre un autre coauteur ou complice et se borne ainsi à sanctionner, vis-à-vis d'un même demandeur, le principe de la responsabilité solidaire virtuellement encourue par tous les deux, il ne forme pas, au profit du demandeur, le titre d'une créance nouvelle et distincte et ne donne pas ouverture à un nouveau droit proportionnel; il importe peu que la solidarité des débiteurs soit parfaite ou imparfaite, une distinction de cette nature ne pouvant influer sur l'exigibilité de l'impôt (Vassy, 6 août 1900, 10031 R. P.).

118. Condamnation au profit de l'État. — Depuis la loi de 1892, comme sous l'empire de la loi de frimaire, les amendes et confiscations prononcées au profit de l'État ne donnent pas ouverture au droit proportionnel (V. *Rép. gén.*, v° *Jugement*, n° 729; — 2816 I. G., p. 20).

Mais les condamnations qui, antérieurement à la loi nouvelle, étaient passibles du droit de dommages-intérêts, continuent à le supporter avec la majoration qui atteint les jugements en matière criminelle et correctionnelle (V. n° 132 *infra*; — 2816 I. G., p. 20).

119. Jugement par défaut. — La loi du 26 janv. 1892 reproduit, en la complétant, une disposition déjà contenue dans l'art. 69, § 2, n° 9, L. 22 frim., en stipulant que « lorsque le droit proportionnel aura déjà été acquitté sur un jugement rendu par défaut, la perception sur le jugement contradictoire qui pourra intervenir n'aura lieu que sur le supplément des condamnations, collocations ou liquidations » (art. 15, 1°, 2e alinéa).

Si le receveur a omis de percevoir le droit proportionnel sur le jugement de défaut, ce droit peut être réclamé sur le jugement contradictoire qui le confirme (Seine, 25 oct. 1901, 10140 R. P.).

120. Péremption. — L'art. 15, 1°, 2e alinéa, L. 1892 n'a fait aucune distinction. Aussi, quoique l'art. 156 C. de proc. porte qu'un jugement par défaut qui n'est pas exécuté dans les six mois doit être considéré comme ne subsistant plus, on ne peut ranger le jugement qui intervient après ces six mois dans la classe des jugements soumis au droit ordinaire.

C'est ce qui avait été décidé sous la législation antérieure (Sol. 5 janv. 1831, 9918 J. E.); cette règle doit encore être appliquée aujourd'hui.

D'un autre côté, la péremption d'un jugement par défaut, faute d'exécution dans les six mois, ne fait pas obstacle à la réclamation des droits (Seine, 10 déc. 1892, 8077 R. P.).

121. Jugements sur incidents. — Les jugements sur incidents ont particulièrement attiré l'attention des préparateurs de la loi de 1892. « Il existait, lit-on dans le rapport fait au Sénat, une autre partie du projet sur laquelle également il nous était impossible de nous rencontrer avec les membres de l'autre Assemblée. C'est celle dans laquelle on nous proposait d'établir des droits proportionnels sur les jugements relatifs à l'exécution d'actes authentiques ou de jugements et sur tous les incidents de cette procédure, droits proportionnels qui étaient fixés à 1 fr. p. 100. Avec une disposition de cette nature, il était impossible de prévoir jusqu'où l'on pouvait aller. Voici un plaideur qui va devant la justice pour obtenir une condamnation. Il l'obtient, mais cela ne lui suffit pas; il faut qu'elle soit exécutée; il doit signifier son jugement, lancer un commandement et menacer son débiteur. Mais le débiteur fait opposition au commandement, il use de toutes les ressources dilatoires que peut lui offrir la procédure. Il multiplie les difficultés, soulève incidents sur incidents, et nécessite d'innombrables décisions pour repousser ces exceptions successives. On peut supposer des procédures dans lesquelles il y a 2, 4, 5 jugements d'incidents.

« Nous nous sommes demandé notamment si, dans les

120. Péremption. — *Conf.* (Seine, 7 août 1903, 10769 R. P.; Seine, 8 mars 1907, 11454 R. P.).

procédures sur saisies immobilières, la simple demande de sursis à la vente ne constituerait pas un de ces incidents sur lesquels la perception du droit aurait pu être réclamée, et vous voyez d'ici quelles en auraient été les conséquences. On recule effrayé devant les effets incalculables d'une pareille loi, qui pourrait, dans ses résultats, rappeler la fable de l'huître et des plaideurs, et nous avons mis une limite prudente à la possibilité d'abus qui n'auraient pas manqué, un jour, de soulever les plus vives critiques. Nous avons déclaré que, si un droit était possible et pouvait être perçu, il ne devait, dans tous les cas, porter que sur les jugements qui terminent ces sortes de procédures, et nous n'admettons, en aucun cas, qu'on puisse atteindre leurs incidents. Nous avons sur ce point atténué le chiffre de la taxe de remplacement qui nous était proposée, et, au lieu de 1 fr., nous vous aurions proposé de ne voter que 50 cent. J'annonce même à l'Assemblée que, par une décision dernière de votre commission, nous serons conduits très probablement à accepter un amendement qui tendrait à faire disparaître dans le projet, non pas seulement les perceptions de taxe sur les incidents d'exécution, mais aussi celles qui sont proposées sur les jugements mettant fin aux poursuites d'exécution elles-mêmes » (Sénat, 19 janv. 1892).

Le projet du Gouvernement ayant été modifié dans ce sens, les jugements sur incidents ne seront donc en général passibles que du droit fixe, et, s'ils contiennent des dispositions passibles de la taxe proportionnelle, le droit perçu ne pourra être répété une seconde fois sur le jugement définitif.

122. Désistements. — Transactions. — Le projet du Gouvernement imposait aux plaideurs l'obligation de verser une provision dans la crainte qu'on évitât les droits au moyen de transactions conclues au dernier moment, ou de désistements à la dernière heure. « Il est incontestable, disait un député à la séance du 12 déc. 1891, que le désistement constituera un moyen efficace et facile de tourner la loi, et tout porte à croire qu'il sera employé très fréquemment. Même après les plaidoiries, lorsque les plaideurs auront pu se rendre compte du sentiment du tribunal, il se produira des transactions et des désistements à la dernière heure; de sorte que le justiciable, qui aura profité au cours du procès de tous les abaissements de droits que vous aurez consentis, qui aura été dispensé du timbre pour certains actes, dispensé des droits de greffe, qui aura obtenu la réduction pour un tiers de certains autres actes, qui, en un mot, aura bénéficié des avantages de la loi, abandonnera le procès et, au moment de payer, s'empressera de recourir au désistement : et ainsi, par sa retraite à la dernière heure, il vous privera de la légitime compensation que vous étiez en droit d'attendre. »

Le Gouvernement ayant renoncé à exiger la provision, on proposa de soumettre les désistements à un droit proportionnel de 0 fr. 50 ainsi que les radiations du rôle. Mais ce droit fut également repoussé : il a paru illogique de faire subir au plaideur qui ne suit pas son procès une taxe proportionnelle, alors que les déboutés de demande n'étaient soumis qu'au droit fixe. Un amendement ayant pour but d'élever à 10 fr. le droit fixé à exiger sur les désistements a également été rejeté.

Les désistements restent donc soumis, comme par le passé, au droit fixe.

ART. II. — CONDAMNATION A DES DOMMAGES-INTÉRÊTS

[123-139]

§ 1er. — *Dispositions générales.*

[123-126]

123. Tarif. — La loi du 22 frim. (art. 69, § 5, n° 8) avait tarifé au droit de 2 fr. p. 100 les condamnations à des dommages-intérêts en matière *criminelle, correctionnelle* et *de police*. — Celle du 27 ventôse an IX, art. 11, avait assujetti au même droit le montant des dommages-intérêts en matière *civile*. — En outre, comme les mots *en matière civile* étaient employés ici par opposition aux matières criminelles, correctionnelles et de police, on considérait que le même tarif s'appliquait aux dommages-intérêts prononcés par les tribunaux de commerce.

Il résultait donc de ces deux lois que les jugements qui prononçaient des dommages-intérêts, en quelque matière que ce fût, donnaient lieu au droit de 2 fr. p. 100.

La loi du 26 janv. 1892 a maintenu ce tarif en ce qui touche les dommages-intérêts prononcés par les juges de paix, en matière civile et de police et par les conseils de prud'hommes (art. 16, § 6).

Mais elle l'a porté à 3 fr. p. 100 pour les dommages-intérêts prononcés, soit en matière de police, par les juridictions correctionnelles ou criminelles, soit en matière civile ou commerciale, par les tribunaux de première instance civils ou de commerce, les arbitres et les cours d'appel (art. 16, § 7).

124. Nécessité d'une condamnation. — Il n'y a dommages-intérêts qu'autant qu'il y a *condamnation* par le tribunal à réparer un dommage; l'exigibilité du droit spécial de 3 fr. p. 100 est donc subordonnée à une condamnation judiciaire. Par application de cette règle, il a été décidé que le droit fixe est seul dû, à l'exclusion de celui de 3 fr. p. 100, sur le jugement qui homologue une transaction par laquelle un patron s'engage à payer une indemnité aux héritiers mineurs d'un ouvrier victime d'un accident (Sol. 12 juin 1895. *Rev. prat.*, n° 4142. — Voir *Rép. gén.*, v° *Jugement*, n° 785).

Mais il n'est pas nécessaire que la condamnation soit expressément formulée; il suffit que la décision judiciaire porte liquidation ou reconnaissance de dommages-intérêts (Amiens, 17 mai 1901).

125. Distinction entre les dommages-intérêts et les indemnités. — Les indemnités proprement dites, c'est-à-dire les sommes allouées en dehors de l'existence d'un tort imputable au défendeur, restent soumises au tarif de 0 fr. 50 p. 100 édicté par l'art. 69, § 2, n° 8 L. 22 frim. Nous avons exposé au *Rép. gén.*, v° *Jugement*, nos 734 à 835, les caractères qui distinguent les dommages-intérêts des indemnités, et cité les nombreuses décisions judiciaires ou administratives rendues en la matière. Comme le droit nouveau de 3 fr. p. 100 est applicable dans tous les cas où l'ancien droit de 2 fr. p. 100 était exigible, nous ne pouvons que renvoyer le lecteur aux nos précités du mot *Jugement*.

126. Jurisprudence fiscale. — Dans l'état actuel de la jurisprudence, le tarif établi pour les condamnations à des dommages-intérêts est applicable à toute condamnation qui a pour objet la réparation d'un préjudice causé par un délit, un quasi-délit, ou généralement par toute faute imputable au condamné et qui est prononcée en vertu de l'art. 1382 du Code civil, d'après lequel « tout fait quelconque de l'homme qui cause à autrui un dommage oblige celui par la faute duquel il est arrivé à le réparer » (Cass. ch. réunies, 23 juin 1875, 4121 et 4173 R. P. ; 19823 J. E. ; 2531 § 2, I. G. ; S. 75-1-430 ; D. P. 75-1-421 ; P. 55-1071 ; B. C. 90 ; — 28 juin 1876, 3 arrêts, 4419 R. P., 20095 J. E. ; 2562 § 3, I. G. ; S. 76-1-428 ; D. P. 76-1-490 ; P. 76-1084 ; — 20 nov. 1889, 7341 R. P. ; 23324 J. E. ; 2791 § 3, I. G.).

Nous allons indiquer ci-après les décisions rendues par la jurisprudence sur cette matière depuis la publication de notre 7e édition :

§ 2. — *Applications diverses.*

(127-138)

127. Abus de confiance. — Marchandises détournées. — Le jugement qui condamne un courtier à payer au négociant dont il était le mandataire la valeur des marchandises qu'il a détournées et dissipées au préjudice de celui-ci, est passible du droit de dommages-intérêts à 2 p. 100 (Seine, 24 janv. 1900, 7388 R. P.).

128. Acte non représenté. — Somme arbitrée d'office. — Ne constitue pas une condamnation à dommages-intérêts la décision judiciaire qui condamne un contribuable à payer une somme arbitrée d'office au Trésor, faute par lui de représenter, dans un délai déterminé, un acte non enregistré dont l'Administration réclame la production (Toulouse, 20 juin 1892 ; — Cass. 24 mai 1894, 8361 R. P.).

129. Bail. — Résiliation. — Indemnité de relocation. — Le droit de 3 p. 100 est applicable à la disposition par laquelle un jugement de première instance condamne un locataire à payer au bailleur une indemnité de relocation, lorsque la résiliation du bail a été prononcée aux torts du locataire (Seine, 10 avril 1897, 9131 R. P. Sol. 24 août 1900. *Rev. prat.*, 4872).

130. Conversion de séparation de corps en divorce obtenue par la femme. — Condamnation du mari à continuer la pension alimentaire précédemment allouée. — Lorsque, après un jugement de séparation de corps, allouant à la femme une pension alimentaire en exécution des art. 212 et 214 C. civ., celle-ci fait convertir la séparation en divorce, par un second jugement qui maintient la pension en vertu de l'art. 301 C. civ., la seconde condamnation est passible du droit de 3 p. 100 (Sol. 25 fév. 1899, 10083 R. P.).

131. Condamnation récursoire. — Une Sol. 27 mai 1896 (8826 R. P.) porte, en substance, que, lorsque, après avoir condamné un employé de commerce à payer à son patron la valeur d'une collection d'échantillons perdus, un jugement condamne une Compagnie de chemins de fer, comme étant l'auteur de la perte, à garantir l'employé de la condamnation prononcée contre lui, cette seconde condamnation en garantie est passible d'un second droit de 3 p. 100, indépendant de celui qui est dû sur la condamnation principale. Si la Compagnie est tenue de rembourser, indépendamment de la valeur de la collection, les intérêts et les dépens mis à la charge du défendeur principal, c'est encore le droit de 3 p. 100 qui est dû de ce chef, attendu qu'intérêts et dépens perdent leur caractère propre en devenant l'un des éléments de la condamnation en garantie.

Mais le tribunal de Lille, saisi de l'affaire, a décidé que les condamnations dérivant d'un fait unique dont elles sont toutes une conséquence légale, ne peuvent pas constituer autant de dispositions indépendantes passibles d'un droit particulier et qu'il n'était dû, dans l'espèce, qu'un seul droit de 3 p. 100 (9306 R. P. ; — V. no 116 *suprà*).

132. Condamnation au profit de l'État. — Comme par le passé, les dommages-intérêts prononcés au profit de l'État, sous forme d'amende ou de confiscation, ne donnent ouverture à aucun droit. — V. au *Rép. gén.*, *Jugement*, nos 729, 826 et s.

Mais les condamnations qui, antérieurement à la loi de 1892, étaient passibles du droit de dommages-intérêts, continuent à le supporter avec la majoration qui atteint les jugements en matière criminelle et correctionnelle.

133. Délit forestier. — Décidé dans ce sens que le droit de 3 p. 100 frappe maintenant les dommages-intérêts, accordés par les tribunaux correctionnels à l'Administration des forêts, en réparation de délits commis dans les bois de l'État, de même que l'ancien droit de 2 p. 100 leur avait été reconnu applicable par l'I. G. du 27 février 1860, no 2167, § 2 (D. m. f. 11 déc. 1898). Les sommes allouées à l'État, même à titre de restitution, ont le caractère de dommages-intérêts, si elles représentent la valeur de bois enlevés par les délinquants et restés en leur possession (Même décision ; — *Conf.* Toulon, 10 mai 1895, 9444 R. P.).

134. Incendie. — Locataire. — Responsabilité. — L'Administration soutient que le jugement, qui condamne le locataire responsable d'un incendie à payer au bailleur une somme d'argent pour réparer le préjudice provenant de son fait, est passible du droit applicable aux dommages-intérêts, parce que la condamnation dérive uniquement des art. 1733 et 1734 C. civ., qui donnent au propriétaire le droit de poursuivre le locataire en réparation du préjudice qui lui a été causé.

Cette appréciation ne nous semble pas exacte.

Il s'agit avant tout, en effet, de déterminer le caractère de l'obligation imposée au locataire par l'art. 1733 C. civ. Que l'obligation de répondre des conséquences du sinistre repose sur une présomption de faute imputable au locataire, c'est ce que personne ne méconnaît. Mais elle résulte aussi d'une autre cause qui tient à la convention elle-même et découle d'une clause de garantie. La responsabilité du

[illegible]. **Condamnation en garantie ne procédant pas de la même cause que la condamnation principale. Disposition indépendante.** — Le jugement qui, après avoir prononcé une condamnation principale, ordonne que le défendeur sera indemnisé par un tiers de cette condamnation, renferme deux dispositions distinctes, donnant chacune ouverture à un droit proportionnel particulier, lorsqu'il est établi, en fait, que les deux condamnations dérivent de causes différentes. Spécialement, il en est ainsi dans le cas où : 1° le défendeur est condamné à payer des dommages-intérêts pour défaut d'exécution d'un marché de fournitures dans le délai convenu ; 2° un sous-traitant, étranger au défendeur principal et cause du retard apporté à la livraison des objets, est tenu, sur le recours en garantie du défendeur, d'indemniser ce dernier de la condamnation principale (Seine, 7 fév. 1903, 10582 R. P.).

135. Incendie. Condamnation du locataire à rembourser à une compagnie d'assurances le montant de l'indemnité payée par elle au propriétaire de l'immeuble. Dommages-intérêts. — Lorsque, après avoir indemnisé le propriétaire d'un immeuble des dommages causés par un incendie, une compagnie d'assurances invoque contre le locataire la responsabilité dont il est tenu en vertu de l'art. 1733 C. civ., la condamnation qu'elle obtient contre ce dernier a le caractère de dommages-intérêts et donne, en conséquence, ouverture au droit de 3 p. 100 édicté par l'art. 16, § 7, L. 26 janv. 1892 (Lyon, 5 déc. 1899; — Cass. (civ.), 5 mai 1903, 10973 R. P.).

138. Gérant d'une société en commandite. Fautes de gestion. Dommages-intérêts. Condamnation au payement d'une provision. Droit de 3 p. 100 exigible sur la totalité de la somme fixée par le tribunal. — Le jugement qui, sur les conclusions des **demandeurs**, détermine le chiffre total des sommes dues par le gérant d'une société à des commanditaires, pour fautes commises dans sa gestion, contient une liquidation de dommages-intérêts et donne, en conséquence, ouverture au droit de 3 p. 100 sur l'intégralité des sommes fixées par le tribunal, bien qu'il ne prononce de condamnation formelle qu'au payement d'une provision. Le fait par le tribunal de décider que les sommes allouées aux commanditaires porteraient intérêt à partir de la demande en justice ne saurait leur enlever le caractère de dommages-intérêts (Seine, 3 déc. 1903, 11039 R. P.).

locataire est précisément fondée sur l'existence de cette garantie conventionnelle superposée à la responsabilité légale dont elle modifie les caractères.

En effet, si les rapports du locataire avec le bailleur étaient uniquement régis par les dispositions générales des art. 1382 et 1383 C. civ., le locataire ne répondrait que de la faute lourde et il n'en répondrait que si le bailleur en administrait la preuve contre lui. Telle n'est pas sa situation. D'après l'art. 1733 C. civ., interprété par la jurisprudence, le locataire répond de toute faute, même légère et très légère. De plus, c'est à lui à établir qu'il n'est pas coupable.

Pourquoi cette grave différence? Parce que le locataire n'est pas seulement considéré comme un détenteur de la chose d'autrui, soumis à l'art. 1283 C. civ., il a contracté, en vertu de son bail, des obligations spéciales de garantie qui ont un effet différent. Le preneur s'est engagé par le contrat à conserver la chose et à la restituer intégralement au propriétaire. L'action en réparation intentée par ce dernier en cas de sinistre se fonde principalement sur cette clause de garantie, stipulée expressément ou implicitement dans tous les baux. C'est ce qui justifie tout à la fois l'étendue de la responsabilité et la procédure exceptionnelle qui la détermine.

On est donc en présence d'une réparation dont le principe réside dans l'obligation purement contractuelle résultant du bail.

La jurisprudence est divisée sur la question. Plusieurs tribunaux se sont prononcés en faveur de la perception du droit ordinaire de condamnation (Seine, 26 juin 1869, 3132 R. P.; — Dreux, 3 juillet 1888, *Rép. gén.*, v° *Jugement*, n° 314; — Périgueux, 12 fév. 1892, 8006 R. P.); d'autres, au contraire, ont admis l'application du tarif des dommages-intérêts (Lyon, 17 mai 1881, 5748 R. P.; — Avignon, 15 mars 1882, 6033 R. P.; — Nîmes, 4 août 1900, 10075 R. P.).

Il serait à désirer que la Cour de cassation fût appelée à mettre fin à ces incertitudes sur la solution d'une question aussi importante dans la pratique.

135. **Incendie. — Locataire. — Recours de la compagnie d'assurances.** — Il a été décidé, par le tribunal de Nice, le 11 fév. 1896, que le jugement qui, après avoir condamné une compagnie d'assurances à payer au propriétaire d'un immeuble loué le montant de dommages causés par un incendie, condamne le locataire responsable de l'incendie à garantir la compagnie, donne ouverture, sur le montant de cette condamnation récursoire, au droit de 0.50 p. 100, à l'exclusion de celui de 2 p. 100 (ancien tarif) applicable aux dommages-intérêts (Nice, 11 fév. 1896, 9439 R. P.).

Dans l'affaire qui a donné lieu à ce jugement, l'Administration prétendait que, lorsqu'un immeuble est assuré, la police ne modifie en rien la nature juridique des droits et actions du propriétaire contre le locataire; elle substitue simplement la compagnie d'assurances au propriétaire pour exercer ces droits. L'action dirigée contre le locataire n'étant autre que celle qu'eût fait valoir le propriétaire en cas de non assurance, a donc pour base les art. 1733 et 1734 C. civ., et non le contrat d'assurance auquel le locataire est resté étranger. C'est nécessairement des mêmes textes que procède la condamnation obtenue contre le locataire: d'où la conséquence que cette condamnation, qui a pour base la réparation d'un préjudice causé par une faute, donne ouverture au droit spécial édicté pour les dommages-intérêts.

Nous avons réfuté cette thèse sous le numéro précédent.

136. Notaire. — Responsabilité. — Le tarif des dommages-intérêts est applicable à l'égard des sommes auxquelles un notaire est condamné pour faits ayant engagé sa responsabilité.

Ainsi décidé pour le jugement qui condamne un notaire à désintéresser une personne du préjudice qu'il lui a causé par suite d'un mauvais placement (Nîmes, 19 mars 1892, 8014 R. P.; — Dieppe, 9 mars 1898, 9355 R. P.), ou pour avoir remis à un tiers, muni d'une fausse procuration, le montant d'une obligation pour prêt passée devant lui (Rennes, 23 avr. 1890, 7445 R. P.).

137. Réparations locatives. — Renferme une condamnation à dommages-intérêts le jugement qui condamne un locataire à payer au bailleur une somme représentative de la valeur des réparations locatives qu'il devait faire et qu'il n'a pas faites (Sol. 18 fév. 1897, 9440 R. P.).

On peut contester que l'obligation de faire les réparations locatives ait son fondement exclusif dans une faute présumée du locataire, du moment où elle dérive du contrat de bail (V. n° 134, *suprà*). Mais il semble bien que, si le locataire ne se conforme pas à son bail et que si, faute d'exécuter les réparations auxquelles il est tenu, il cause un préjudice au bailleur, la condamnation prononcée contre lui, à l'effet de réparer ce préjudice par le payement d'une somme d'argent, a le caractère de dommages-intérêts et donne ouverture au droit proportionnel majoré prévu pour ces sortes de condamnations.

138. Société. — Fondateurs. — Manœuvres dolosives. — Le jugement qui condamne les fondateurs d'une société à payer aux acheteurs des actions de cette société le montant des dommages résultant pour ceux-ci des manœuvres dolosives de ces fondateurs, donne ouverture au droit établi pour les dommages-intérêts (Cass. civ. 20 nov. 1889, 7341 R. P.).

C'est le même droit qui est exigible sur le jugement condamnant les administrateurs et commissaires d'une société anonyme à rembourser aux actionnaires une somme que le fondateur a prélevée, avec autorisation du Conseil d'administration, sur l'actif social en vue de subvenir à des besoins personnels; mais le tarif de 0 fr. 50 p. 100 est seul applicable jusqu'à concurrence des intérêts mis à la charge des parties condamnées (Seine, 17 juin 1893, 8513 R. P.).

§ 3. — *Assiette de la taxe.*

[139]

139. Dommages-intérêts à fixer par état. — Évaluation. — Contrôle. — Le jugement portant condamnation à des dommages-intérêts à fixer par état est immédiatement passible du droit proportionnel sur la valeur déterminée par la déclaration des parties. Mais l'Administration est fondée à établir l'insuffisance de cette déclaration à l'aide de toutes les présomptions de droit commun compatibles avec la procédure de l'Enregistrement (Cass. civ. 20 nov. 1889, 7341 R. P.; — Seine, 12 fév. 1898, 9377 R. P.).

ART. III. — COLLOCATION.

[140-142]

140. Tarif. — De même que les jugements qui prononcent une condamnation, les jugements portant collocation étaient assujettis autrefois, par l'art. 69, § 2, n° 9, L. frim., au droit proportionnel de 0 fr. 50 p. 100.

L'art. 16 L. 26 janv. 1892 a fixé à 1 fr. p. 100 la quotité du droit applicable aux ordres judiciaires, aux contributions de même nature et aux distributions de prix réglées à l'audience (§ 4, n° 2).

Le tarif des jugements qui contiennent une collocation est donc aujourd'hui de 1 fr. p. 100.

141. Assiette du droit. — D'après l'art. 15-2° L. 1892, la nouvelle taxe ne doit être liquidée que « *sur le montant des sommes mises en distribution* ».

142. Renvoi. — Dans ces indications, nous n'avons en vue que les jugements de collocation ou les distributions de prix réglées à l'audience.

C'est au mot *Ordre* que nous exposerons les règles générales de l'application de la taxe des frais de justice aux ordres et aux distributions par contribution.

ART. IV. — LIQUIDATION.

[143-153]

§ 1er. — *Exigibilité de la taxe.*

[143-147]

143. Principe. — La question de savoir dans quels cas le droit de liquidation est exigible sur les jugements et la mesure dans laquelle ce droit doit être perçu est une des plus délicates du droit fiscal.

Pendant longtemps l'Administration avait tenté d'appliquer ce droit avec un esprit d'extrême fiscalité. Mais la jurisprudence, et notamment celle de la Cour de cassation, s'est toujours efforcée de réagir contre cette tendance.

Un arrêt du 25 mai 1875, qui contient la dernière expression de la Cour suprême en matière de droit de liquidation, pose en principe « que la perception de ce droit se fonde sur ce que la décision judiciaire intervenue constitue désormais le titre commun des parties et n'est subordonnée qu'à la seule condition que la liquidation s'applique à des valeurs mobilières jusque-là indéterminées et incertaines dans leur quotité, soit qu'il y ait eu ou non contestation sur le fond du droit » (4093 R. P.; 19811 J. E.; 2519 § 5 I. C.; S. 75-1-377; D. P. 75-1-426; P. 75-900).

Dans l'état actuel de la jurisprudence, la perception du droit de liquidation peut être ramenée à deux règles principales.

Il faut, tout d'abord, que la sentence contienne à la fois la fixation de valeurs incertaines et indéterminées dans leur quotité, et leur attribution privative à l'une des parties.

En second lieu, il est indispensable que la liquidation ait été expressément requise par les plaideurs et qu'elle constitue l'objet même du débat : si le tribunal y procède en quelque sorte d'office pour justifier sa décision, sans y être forcé par les conclusions expresses des parties, la cause de l'exigibilité du droit fait défaut (9126 R. P.).

144. Contestation portant sur l'existence même, et non sur le quantum d'une créance. — Il a été reconnu, dans cet ordre d'idées, que le droit de liquidation n'est pas exigible sur un jugement statuant à l'occasion d'un litige qui a pour objet l'existence même d'une créance sans porter sur le *quantum* de cette créance. Le droit proportionnel de condamnation ne saurait, d'un autre côté, être réclamé si le jugement se borne à déclarer que l'une des parties était fondée à se créditer, vis-à-vis de l'autre, d'une somme portée en son contrat de mariage, le tribunal ne faisant ainsi que maintenir sans y rien ajouter les droits résultant de ce titre au profit de la partie qui l'invoquait (Sol. 10 mars 1899, 9603 R. P.).

145. Compte. — Éléments de calcul. — Décidé également :

1° Que le droit de liquidation n'est pas exigible sur un jugement qui, tout en résolvant certaines difficultés, ne fixe pas la situation respective des parties et se borne à poser les bases d'une liquidation à faire ultérieurement (Lille, 6 mai 1897, 9127 R. P.);

2° Que lorsqu'un expert, commis judiciairement pour établir un compte, s'est borné à relever les chiffres et à dépouiller des écritures dont il a constaté la régularité ou l'exactitude, le jugement homologatif ne donne pas ouverture au droit de liquidation (Sol. 27 juin 1899, 9772 R. P.);

3° Que lorsque, dans une instance engagée par une compagnie d'assurances pour obtenir paiement de primes d'assurances contre les accidents, le tribunal a dû rechercher le montant des salaires payés par le débiteur des primes à ses ouvriers, le droit de liquidation n'est point exigible sur le montant des salaires qui ne faisaient nullement l'objet de la demande, et le seul droit à percevoir, le cas échéant, est celui de condamnation sur le montant des primes à payer à la compagnie (Sol. 22 fév. 1900, 9831 R. P.).

146. Rapports. — Liquidation de droits contestés sans attribution privative de ces droits. — Un jugement qui, sans opérer par lui-même un partage complet et définitif d'une succession, fixe irrévocablement certains éléments litigieux de la masse, et particulièrement les rapports dont les héritiers contestaient soit les causes soit le montant, renferme une véritable liquidation passible du droit proportionnel. Il importe peu que la fixation des rapports litigieux n'ait pas été suivie d'une attribution effective de ces valeurs, du moment où le tribunal a créé *hic et nunc* un titre particulier en faveur des héritiers (Saumur, 17 mars 1898, 9361 R. P.).

Cette décision est contraire à la règle posée par la Cour de cassation suivant laquelle ce n'est point assez pour l'exigibilité du droit de liquidation, que le tribunal éta-

144. Cession d'office. Réduction judiciaire du prix. Droit fixe. — La décision judiciaire qui réduit le prix de cession d'un office de notaire, à raison de la déconfiture du cédant et de ses manœuvres frauduleuses à l'égard du cessionnaire, comporte une résolution, pour cause de nullité radicale, de l'engagement du cessionnaire, en tant que cet engagement s'applique à la portion du prix excédant la valeur réelle de l'office; d'où la conséquence qu'une semblable décision est passible seulement du droit fixe en vertu de l'art. 68, § 1, n° 7, L. frim., à l'exclusion du droit proportionnel de liquidation (Orléans, 10 mai 1905, 11130 R. P.).

146. Liquidation de communauté. Contestations portant sur la valeur de l'actif commun. Droit de liquidation exigible sur la totalité de l'actif brut, sans déduction du passif. — Le jugement qui, statuant sur les contestations respectives de deux époux divorcés, détermine l'importance de l'actif brut de la communauté d'acquêts ayant existé entre eux, donne ouverture au droit proportionnel de liquidation sur la totalité de cet actif, sans qu'il y ait lieu d'en déduire le montant du passif commun (Saint-Jean-de-Maurienne, 10 mai 1905, 11060 R. P.).

[illegible] les droits respectifs des parties; il faut encore qu'il attribue aux uns ou aux autres les valeurs litigieuses (Conf. Châteauroux, 16 nov. 1897). Mais il est parfaitement inutile à notre avis, car, ainsi que nous l'avons toujours enseigné, la théorie consacrée par la Cour suprême confond deux opérations parfaitement distinctes : la liquidation, qui consiste à déterminer le montant d'une valeur indéterminée, et le partage, qui désigne l'attribution de cette valeur (V. *Rép. gén.*, v° *Jugement*, n° 857 à 866, et l'étude que nous avons publiée sous le n° 9126 R. P.).

147. **Saisie-arrêt. — Fixation d'une pension alimentaire à prélever sur les deniers saisis.** — Un jugement du tribunal de la Flèche du 14 juin 1892 a décidé que le jugement qui, à la suite d'une saisie-arrêt pratiquée sur les revenus des biens d'un mineur par les créanciers de sa mère, nomme un administrateur judiciaire et le charge de servir à sa mère, nonobstant toutes saisies-arrêts, une pension alimentaire dont il détermine le chiffre, ne donne pas ouverture au droit de liquidation. — Mais cette décision ne saurait être approuvée. Le droit de liquidation est, en effet, exigible sur tout jugement qui constitue le titre individuel et spécial sur la présentation duquel le créancier obtiendra le payement de ce qui lui est attribué. Or, c'est précisément le résultat qui se produit dans l'espèce (7940 R. P.).

§ 2. — *Assiette de la taxe.*

[148-153]

148. **Régie.** — De même que sous l'empire de la loi de frim. (art. 14, n° 10), le droit de liquidation est assis aujourd'hui sur « le montant des liquidations prononcées » (L. 1892, art. 15-1°).

149. **Observations.** — D'après la doctrine de l'arrêt du 25 mai 1875 (*suprà*, n° 143), la perception du droit de liquidation se fonde sur ce que la décision judiciaire intervenue constitue désormais le titre commun des parties et n'est subordonnée qu'à la seule condition que la liquidation s'applique à des valeurs mobilières jusque-là indéterminées et incertaines dans leur quotité, qu'il y ait eu ou non contestation sur le fond du droit.

Lorsque le débat engagé entre les parties ne porte que sur un article unique, que les faits n'ont rien de complexe, il est facile d'apprécier si la valeur au sujet de laquelle a statué le tribunal était ou non incertaine dans sa quotité. On se trouve, au contraire, aux prises avec les difficultés les plus grandes lorsque l'autorité judiciaire est appelée à statuer sur la fixation d'un solde ou d'un reliquat, en matière de marché, de compte ou de société. Cette fixation implique, dans un grand nombre de cas, la reconstitution intégrale des opérations multiples et successives qui se sont accomplies pendant toute la durée des rapports juridiques ayant existé entre les plaideurs. Le droit de liquidation est-il dû alors sur le solde seulement ou sur l'intégralité du marché, du compte ou des opérations sociales?

150. **Compte. — Marché de travaux ou de fournitures.** — Trois récents arrêts posent à cet égard une règle assez précise, bien qu'ils aient été rendus en matière de droit de titre (V. n° *infrà*) et qu'ils ne s'appliquent, dès lors, qu'indirectement au droit de liquidation. « Attendu, a dit la Chambre civile, que le jugement attaqué déclare lui-même que, si les dernières conclusions prises par Wanderpepen devant le tribunal de commerce de Vervins limitaient le chiffre de ses réclamations à la somme de 9.592 fr. 50 formant le solde créditeur de ses comptes avec Fétro et que ledit Fétro a été effectivement condamné à lui payer par le jugement du 22 sept. 1884, le rapport de l'expert commis qui avait arrêté ce chiffre et le jugement qui, en entérinant ce rapport, s'en était approprié le contenu, constituaient une véritable liquidation nécessaire pour régler la situation des parties; — Que cette liquidation impliquait la reconstitution de toutes les opérations intervenues entre Wanderpepen et Fétro depuis 1874 et portant sur une valeur mobilière de 51.580 fr. 23;... Qu'il suit de là que *le litige embrassait en réalité l'ensemble des fournitures de denrées respectivement effectuées.....*; que le jugement devait, dès lors, être soumis pour le tout au droit proportionnel de titre, en même temps qu'au droit spécial de liquidation... » (Arrêt 24 déc. 1890, 7525 R. P.).

En 1892, la Chambre des requêtes a rendu une décision analogue. La Compagnie des chemins de fer de Clermont à Tulle avait présenté un décompte de travaux de plus de 15 millions, et les entrepreneurs, un autre supérieur à 18 millions; le tribunal de commerce de la Seine avait fixé le chiffre définitif à 17.737.156 fr. 30 et condamné la Compagnie à payer à l'entrepreneur un solde de 2.311.770 fr. 43.

Comme les juges de première instance, la Cour a décidé que le droit de titre était dû non sur le solde, mais sur le prix total, « attendu que l'arbitre, pour rechercher les causes nombreuses et variées de cette différence, a dû classer les travaux d'après leur nature, en 55 chefs *qu'il a successivement vérifiés dans tous leurs détails*; qu'ainsi la liquidation intégrale du marché, *réclamée d'ailleurs par l'une des parties*, ayant été faite et les résultats de cette opération ayant dû être constatés par le dispositif du jugement, ce jugement a fourni le titre nécessaire pour l'exécution dudit marché qui était contesté sur tous les chefs, même sur les sommes déjà payées (Arrêt du 26 déc. 1892, 8007 R. P.).

Même décision dans une autre affaire où la réclamation d'un solde de 8.500 fr. avait occasionné la reconstitution d'un marché dont le prix total s'était élevé à 67.708 fr. D'accord avec l'expert commis, les parties avaient reconnu qu'il était utile de procéder à la vérification complète des quantités calculées article par article de façon à reprendre les comptes de fourniture dans tous leurs éléments. Conformément à sa jurisprudence, la Chambre civile a décidé que le litige avait embrassé l'ensemble des fournitures et que le droit de titre était par conséquent exigible sur le chiffre total de 67.708 fr. (Arrêt du 20 nov. 1893, 8214 R. P.).

151. — Après cet exposé, il est facile de saisir la doctrine de la Cour. Pour que l'impôt soit dû sur le total du marché, il faut que le litige ait porté sur la convention tout entière, que la vérification du tribunal se soit exercée sur tous les articles, en d'autres termes que tous les éléments du compte aient été incertains et indéterminés dans leur

quotité, suivant la formule de l'arrêt de 1875. Si, au contraire, les parties étaient, dès avant l'instance, d'accord sur la quotité de tous les éléments du compte, si elles n'ont demandé au tribunal aucune vérification à cet égard, le droit ne saurait être perçu que jusqu'à concurrence du solde et il se confond alors presque toujours avec le droit de condamnation au payement de ce solde.

152. — Cette distinction a été parfaitement mise en lumière par deux jugements du tribunal de la Seine du 13 mars 1891 (7658 et 7659 R. P.). L'un a reconnu qu'il n'y avait pas eu liquidation intégrale d'un marché bien que, pour arriver à dégager le solde du prix, le tribunal eût cru nécessaire de rechercher le montant total des travaux, « attendu que l'intérêt du litige se résumait, pour l'une et l'autre partie, à l'importance du solde qu'elles demandaient au tribunal de déterminer; que, pour faire cette détermination, le juge a été, il est vrai, amené, comme il arrive presque toujours en pareil cas, à interroger la convention, à rechercher quel avait été le montant total des travaux et à constater, dans les motifs de son jugement, les résultats de son examen; mais que cette constatation n'a été qu'un élément et l'une des bases de son appréciation et ne constitue pas, par elle-même, la décision de justice dans les limites de laquelle le droit proportionnel est dû; qu'elle n'a été qu'une des opérations préliminaires de cette décision... » (*Conf.* Oran, 17 fév. 1896, 9084 R. P.; Châteauroux, 12 juill. 1897, 9128 R. P.).

L'autre jugement du même jour a statué sur l'hypothèse inverse de la précédente. La liquidation intégrale du marché avait été réclamée par les plaideurs, à raison des désaccords qui s'étaient produits sur presque tous les articles, et les résultats de cette opération avaient dû être constatés par le dispositif de la décision judiciaire qui avait mis fin au débat. L'exigibilité du droit de liquidation se déduisait, dès lors, des motifs mêmes qui avaient suggéré la solution contraire admise dans l'autre cas. C'est ce jugement qui a donné lieu à l'arrêt précité du 26 déc. 1892 (*Conf.* Besançon, 10 juin 1896, 8986 R. P.; — Rethel, 27 déc. 1899, 9878 R. P.; — Sol. 30 avr. 1895, 8794 R. P.).

153. — Ajoutons que, s'il y avait désaccord sur quelques chefs seulement, l'impôt ne serait dû que dans la mesure des chefs contestés (Seine, 25 juin 1898, 9435 R. P.).

CHAPITRE III. — JUGEMENTS ET ARRÊTS PORTANT HOMOLOGATION DE PARTAGES OU D'ÉTATS LIQUIDATIFS

[154-174]

SECTION I. — DISPOSITIONS GÉNÉRALES.

[154-157]

154. Ancienne législation. — La loi du 22 frim. an VII (art. 68, § 3, n° 7) n'avait prévu qu'une sorte de jugement d'homologation, celui qui intervient sur les actes d'union et les atermoiements, et elle l'avait tarifée à 3 fr... Ce droit avait été porté ensuite à 5 fr. par la disposition générale de l'art. 45, n° 5, L. 28 avr. 1816, puis à 7 fr. 50 par l'art. 4 L. 28 fév. 1872.

On avait conclu de la désignation spéciale faite par la loi des homologations des contrats d'union et des atermoiements, et de son silence pour tous les autres actes, que ceux des jugements d'homologation qui n'avaient pas été spécifiés par la loi, devaient être rangés dans la catégorie des actes innomés dont s'occupe l'art. 68, § 1er, n° 51, L. 22 frim. et, par suite, ne devaient être soumis qu'au droit fixe de 1 fr. 50.

Mais un pareil raisonnement ne pouvait avoir aucun fondement. L'homologation est un véritable jugement qui valide un acte quelconque. Ce jugement est incontestablement définitif, puisqu'il termine l'affaire qui lui est commise et qu'il n'a aucune somme pour objet. Dès lors, sous l'empire de la loi de frim., il devait, comme tout jugement définitif, être soumis au droit fixe de 7 fr. 50 ou de 4 fr. 50, suivant le ressort. C'est ce qui avait été décidé par une délibération du 3 juill. 1822 (7245 J. E.).

155. Tarif actuel. — La loi du 26 janv. 1892 (art. 16, § 1er, 2°) a substitué au droit fixe une taxe proportionnelle de 0 fr. 25 p. 100 sur « les jugements ou arrêts prononçant l'homologation de liquidations ou de partages et les sentences arbitrales ayant le même objet, sans qu'il puisse y avoir ouverture à double perception en cas d'appel ».

La Chambre avait voté une taxe de 0 fr. 50 p. 100. Mais ce tarif a été réduit à 0 fr. 25 p. 100 sur la proposition du Sénat qui a demandé un tarif uniforme pour les adjudications ou licitations et les partages. Il s'applique, non seulement aux jugements d'homologation, mais aussi aux arrêts. Toutefois, les arrêts ne devront jamais « donner ouverture à une double perception ». En cas d'appel, le droit n'est donc exigible que sur les valeurs qui n'auraient pas supporté le droit, au moment de l'enregistrement du jugement de première instance.

156. Homologation suspendue ou ajournée. — La Chambre avait également voté une disposition en vertu de laquelle le droit proportionnel restait exigible et devait être versé au Trésor si, dans les deux ans de la clôture de l'état liquidatif ou du partage, il n'était pas intervenu de jugement d'homologation. D'autre part, elle frappait de la même taxe les actes et liquidations dressés par un notaire commis, lorsqu'il n'y a pas lieu à homologation.

Ces deux dispositions n'ont pas été reproduites dans la loi; la première, du reste, se trouvait en contradiction avec le principe de l'exemption de tout droit proportionnel sur les désistements.

157. Cumul avec les droits de partage et autres. — Aux termes de l'art. 16, § 1er, n° 2, le droit de 0 fr. 25 p. 100 doit être perçu « indépendamment de ceux auxquels les liquidations et les partages sont assujettis par les lois en vigueur (Voir *Rép. gén.*, v° *Jugement*, nos 239 et suiv.).

Cette disposition a donné lieu à un échange d'explications entre M. Lacombe et le rapporteur du projet au Sénat, explications qui en indiquent nettement la portée :

« M. Lacombe. — Le texte proposé par la commission porte : « Ce droit sera perçu indépendamment de ceux auxquels les liquidations et partages sont assujettis par les lois en vigueur ».

158. Homologation proprement dite. — Lorsqu'un arrêt de cour d'appel, tout en modifiant sur divers points le procès-verbal de liquidation-partage établi par un notaire commis et en prescrivant le redressement d'après des bases qu'il indique, décide toutefois que certains héritiers entreront en possession immédiate de valeurs héréditaires dont le notaire a proposé l'attribution à leur profit, la décision de la Cour rend le procès-verbal définitif à l'égard de toutes les parties en ce qui concerne ces valeurs; elle emporte, dès lors, homologation de partage sur ce point et est, en conséquence, passible de la taxe de 0.25 p. 100 établie par la loi du 26 janv. 1892 (Pau, 6 août 1900, 11293 R. P.).

Je propose de dire : « Ce droit sera perçu indépendamment des droits gradués et des droits de soulte auxquels les liquidations et partages sont assujettis par les lois en vigueur ».

Je crois que nous sommes d'accord au fond, mais mon texte me paraît meilleur en ce sens que l'art. 69 L. 22 frim. prévoit déjà un droit de liquidation de 50 cent. par 100 fr. sur les jugements comportant liquidation et que, d'après le texte qui est proposé par la commission, on pouvait croire que ce même droit figure parmi ceux dont la commission a entendu cumuler la perception avec la taxe proportionnelle des frais de justice.

M. LE RAPPORTEUR. — Mon collègue nous demande de rédiger, autrement que nous ne l'avons fait, le second paragraphe, et il voudrait spécifier que les droits qui seront perçus indépendamment des 25 cent. que nous créons sur les homologations des partages, le seront indépendamment des « droits gradués et des droits de soulte » auxquels les liquidations et partages sont assujettis par les lois en vigueur. Sur ce point, il ne nous est pas possible d'acquiescer à son désir. D'abord, cette disposition est inutile, et ensuite elle serait dangereuse. Elle est inutile, et effectivement, quand nous avons dit, d'une manière générale, que le droit serait à percevoir indépendamment de ceux auxquels les liquidations et partages sont soumis par les lois en vigueur, nous avons entendu maintenir « les droits gradués et les droits de soulte », qui résultent des lois existantes auxquelles nous ne portons pas atteinte. Cette disposition serait, ajouté-je, en outre, dangereuse, car elle pourrait paraître avoir un caractère limitatif et semblerait restreindre « aux droits de soulte et aux droits gradués » l'ensemble des droits qui pourraient être perçus en sus des 25 cent. de droit proportionnel. Or, en dehors de ces droits gradués et de soulte, il en est un très grand nombre, — je ne pourrais pas les énumérer tous, — que nous entendons maintenir : tels sont les droits d'obligation, les droits de vente, les droits de quittance, tous ceux, en un mot, qui peuvent ressortir de l'examen d'un état liquidatif. La rédaction que propose notre collègue est donc superflue; elle pourrait, d'autre part, jeter de l'ambiguïté dans la rédaction de la loi, et c'est pour ce double motif que nous vous demandons de l'écarter.

M. LACOMBE. — Je n'aurais qu'un mot à dire sur le texte proposé par la commission. Si M. le rapporteur me disait qu'il l'interprète dans le sens qu'il n'y aura pas dualité entre le droit de liquidation et celui que prévoit l'art. 69 L. 22 frim., je me déclarerais satisfait.

M. LE RAPPORTEUR. — Permettez-moi de vous dire qu'il ne peut pas y avoir doute à cet égard, puisque, dans une disposition déjà votée, nous avons fait disparaître ce droit. Rappelez-vous le texte de l'article 15, dans lequel nous avons dit qu'en remplacement des droits supprimés ou réduits et des autres droits fixes ou proportionnels auxquels les actes, jugements ou arrêts sont assujettis, etc..., nous avons à dessein fait disparaître le droit auquel vous faites allusion.

M. LACOMBE. — Dans ces conditions, je retire mon amendement. »

Décidé dans ce sens que l'arrêt, qui homologue un état rectificatif de liquidation dressé par un notaire commis, donne ouverture au droit proportionnel de partage à 0 fr. 15 p. 100 sur les valeurs dont l'attribution définitive résulte de l'état homologué (Douai, 26 janv. 1900, 9896 R. P.).

SECTION II. — EXIGIBILITÉ DE LA TAXE.

[158-164]

158. Définition. — L'homologation est l'approbation que la justice donne, dans des cas déterminés par la loi, à certains actes qui n'ont de force qu'autant qu'ils ont reçu cette approbation. Tels sont notamment les partages faits en justice.

Lorsque le tribunal statue sur un partage soumis à son homologation, il peut se présenter deux situations différentes qui ont chacune leur influence particulière sur la perception.

1. HOMOLOGATION PROPREMENT DITE. — Si l'homologation intervient uniquement pour consacrer l'opération du notaire et des parties en se bornant à lui imprimer la sanction judiciaire, elle donne au contrat antérieur la force exécutoire qui lui manquait, ce que les docteurs appelaient autrefois l'*imperium*, et le seul tarif applicable est alors le droit d'homologation.

Ainsi, sous l'empire de la législation qui tarifait au droit fixe seulement les jugements d'homologation, il a été décidé : 1° que le jugement qui se borne à rectifier, du consentement des parties, les erreurs de calcul d'une liquidation notariée homologuée par un jugement antérieur attaqué par opposition n'est pas passible du droit de 50 cent. pour 100, mais du droit fixe (Cass., 10 mai 1837) : « Attendu que le jugement du 22 janv. 1833 s'est borné à réduire, du consentement des parties, le chiffre de la liquidation précédemment consommée; qu'il n'a été ni un jugement portant condamnation, ni un jugement portant liquidation; que, d'ailleurs, le jugement attaqué constate que la somme dont la dame de Bouville est déclarée créancière de son mari lui est due en vertu d'actes précédemment enregistrés, et que le contraire n'est pas justifié devant la cour. » (9710 J. N.; S. 37-1-556, 1562-13 I. C.);

2° Que lorsque le tribunal, appelé à homologuer un projet de liquidation de communauté, décide qu'une rente propre à la femme figurera dans ses reprises pour sa valeur au jour de l'aliénation et non à une époque antérieure, il ne fait aucune liquidation de sommes passible du droit de 50 cent. par 100 fr., alors que les parties étaient complètement d'accord pour attribuer à la veuve la reprise de la rente qui lui appartenait personnellement et avait été aliénée durant le mariage. Il s'agissait seulement de savoir si la valeur de cette rente serait fixée au jour de l'aliénation ou à une époque antérieure (Falaise, 24 août 1870, 3238 R. P.).

2. LIQUIDATION VÉRITABLE. — Mais il arrive souvent que le juge n'a pas un rôle aussi passif. Quand la liquidation n'est point acceptée par les plaideurs, il s'élève des contredits plus ou moins importants qui mettent en cause la régularité du projet de contrat soumis à la sanction judiciaire et obligent le tribunal à reprendre les opérations discutées devant lui. Dans ce cas, le jugement qui statue sur les prétentions contradictoires des parties, fait autre chose qu'un entérinement. Le magistrat a remplacé le no-

taire et c'est sa sentence qui va désormais servir exclusivement de titre pour le règlement des intérêts contestés. Aussi doit-on, dans ces limites, écarter le premier procès-verbal demeuré sans suite et traiter la décision du tribunal comme un jugement ordinaire directement rendu pour trancher un conflit survenu entre des communistes ou des cohéritiers. Si le tribunal détermine le montant de certains droits litigieux ou incertains, s'il procède à une liquidation de sommes ou de valeurs mobilières, le droit de 2 pour 100 devient exigible sur le total des sommes ou valeurs ainsi liquidées.

Ce principe a été appliqué plusieurs fois par la jurisprudence. Nous citerons notamment des jugements de Confolens du 14 mai 1864, 2046 R. P.) et d'Yvetot du 10 mars 1865 (2165 R. P.) : « Attendu, porte ce dernier jugement, que c'est sur les contredits élevés à l'occasion du projet de liquidation qu'est intervenu le jugement; que ce jugement fixe d'une manière définitive le chiffre des indemnités dues par Duret père à la société, celui des récompenses à payer à la dame Duret, et rectifie, par addition et retranchement qu'il ordonne, la masse active et passive de la société d'acquêts; qu'un tel jugement opère incontestablement une liquidation sujette au droit proportionnel ».

Le tribunal d'Ussel a fait une application du même principe, le 15 février 1872 (3468 R. P.).

La distinction que nous rappelons ici a été parfaitement mise en lumière par deux arrêts rendus en matière civile :

« Attendu, *en droit*, dit l'un de ces arrêts en date du 11 juin 1838, qu'il ne faut pas confondre le cas où la justice, autorisant le partage qui ne présente à juger aucun différend, ne fait qu'en supposer l'égalité requise par la loi entre les copartageants, avec le cas où la même justice, en statuant définitivement sur les contestations dont elle a été saisie par ces derniers, établit et prononce elle-même l'égalité du même partage; que, *dans le premier cas*, il n'y a point de jugement qui puisse acquérir l'autorité de la chose jugée, puisque *supposer* ce n'est pas *juger*, tandis que, dans le second cas, il y a jugement, lequel, s'il est passé en force de chose jugée, élève, en matière de partage, comme en toute autre matière, une fin de non recevoir contre toute action y portant atteinte, et, par conséquent, contre l'action en rescision pour cause de lésion de plus du quart, accordée par les articles 887 et 888 C. C. »

« Attendu, porte l'autre, que l'autorité de la chose jugée n'est attachée qu'aux jugements rendus en matière de juridiction contentieuse; qu'elle ne résulte pas des actes de juridiction gracieuse, tels que les jugements et arrêts qui homologuent des partages sur lesquels il ne s'est élevé aucune contestation » (Req. 3 mai 1897).

En résumé, il ne faut pas confondre l'homologation avec la liquidation, c'est-à-dire avec l'opération qui a pour objet de déterminer une valeur qui était incertaine, et indéterminée dans sa quotité (*Rép. gén.*, v° *Jugement*, n° 857, et *suprà*, n° 149). Lorsqu'il y a liquidation dans le sens de cette définition, c'est le droit de liquidation proprement dit (2 p. 100; art. 16, § 6-1°) qui est exigible, à l'exclusion de la taxe de 0 fr. 25 p. 100. Cette dernière taxe n'atteint donc que l'homologation des actes de liquidation et partage qui ne donnent lieu à aucune contestation. Dans le cas où le partage soumis au tribunal est accepté sur certains points et contesté sur d'autres, il y a lieu d'appliquer distributivement les deux tarifs, savoir : le droit de 0 fr. 25 p. 100 sur les valeurs qui font l'objet de l'homologation pure et simple et celui de 2 p. 100 sur les valeurs contestées ou indéterminées. Mais ces deux droits ne sauraient être exigés cumulativement sur les mêmes sommes, et la perception de l'un exclut celle de l'autre.

159. Avis de parents contenant un partage. — Homologation. — La taxe de 0 fr. 25 p. 100 est due sur un jugement qui homologue un avis de parents contenant un projet de partage entre un incapable et ses cohéritiers (Valence, 10 juill. 1897, 9256 R. P.; — Seine, 16 déc. 1899). — Cette décision se justifie par la généralité des termes de la loi qui ne comportent aucune distinction.

159 *bis*. Lotissement transactionnel. — Constitue un partage dont l'homologation donne ouverture au droit de 0 fr. 15 p. 100 et à la taxe judiciaire de 0 fr. 25 p. 100 sur l'actif net partagé et liquidé, la convention, qualifiée de transaction, par laquelle le mari survivant, institué légataire de la quotité disponible des biens composant la succession de sa femme, est investi d'une somme fixe qui doit être prélevée sur le prix à provenir de l'adjudication d'un immeuble de la succession et qui doit, en cas d'insuffisance de ce prix, être parfaite par les enfants mineurs, ceux-ci demeurent propriétaires exclusifs du surplus des valeurs héréditaires (Die, 18 juin 1902, 10301 R. P.).

160. Sentences arbitrales. — La taxe de 0 fr. 25 p. 100 s'applique, non seulement aux jugements et arrêts prononçant l'homologation de liquidations ou de partages, mais également aux « sentences arbitrales ayant le même objet ». Cette dernière disposition a été ajoutée sur un amendement de M. Lacombe qui en a indiqué l'objet dans les termes suivants : « La première partie de mon amendement a pour but de ne pas faire peser, sur les instances arbitrales opérant un partage, des taxes supérieures à celles qui frappent les jugements ou arrêts ayant le même objet. D'après le texte de la commission, cet inconvénient se produirait, puisqu'il se contente de soumettre à un droit de 25 centimes les jugements et arrêts prononçant l'homologation des partages, sans aucune mention des sentences arbitrales, tandis qu'un paragraphe subséquent édicte le droit de 2 fr. sur les sentences arbitrales, sans distinction entre celles qui statuent sur des partages et celles qui ont un tout autre objet. M. le rapporteur a bien voulu me dire, lorsque j'ai fait cette observation au cours de la discussion générale, qu'au fond il y avait accord entre la commission et moi; je présume donc qu'il ne s'opposera pas à l'addition que je demande et dont je viens de démontrer la nécessité ».

I. Partage effectué par l'arbitre lui-même. — Lorsqu'au lieu de statuer sur un projet qui lui est soumis, l'arbitre procède lui-même aux opérations de partage, se se trouve en présence d'une situation un peu différente de celle qui est prévue par le texte : la sentence ne prononce pas, dans cette hypothèse, l'homologation qui est le fait générateur de l'impôt. Elle tient lieu du partage ou de la liquidation dont elle renferme tous les éléments. La question s'est élevée de savoir si le droit de liquidation à 2 p. 100

161. Substitution. État liquidatif des biens grevés de substitution. Homologation judiciaire. Taxe de 0 fr. 25 p. 100 non exigible. — Lorsqu'une personne ayant légué à son unique enfant la quotité disponible de ses biens à charge de substitution au profit de ses petits-enfants nés ou à naître, le grevé a requis du tribunal la désignation d'experts pour estimer les immeubles héréditaires et celle d'un notaire pour procéder à la liquidation de la succession, en vue de déterminer la valeur des biens frappés de restitution, et qu'il demande ensuite au même tribunal d'entériner le rapport des experts et d'homologuer l'état liquidatif dressé par le notaire, le jugement qui fait droit à cette demande ne constitue pas, à proprement parler, un jugement d'homologation, quand l'état liquidatif a été approuvé par le grevé et par les tuteurs à la substitution : c'est, en quelque sorte, un acte de juridiction gracieuse dans lequel l'autorité judiciaire n'intervient que pour constater l'accord des parties. Ce jugement échappe, en conséquence, à l'application de la taxe de 0 fr. 25 0/0 qui n'atteint que les jugements comportant homologation de partages ou d'états liquidatifs au sens juridique du mot, c'est-à-dire lorsque la sanction du tribunal est nécessaire pour conférer à l'acte un caractère définitif entre les parties (Troyes, 3 déc. 1903, 10576 R. P.).

163. Liquidation de reprises. Communauté et succession en déficit. — Quand un notaire judiciairement commis pour effectuer la liquidation et le partage d'une communauté et d'une succession, examine au préalable l'importance exacte des reprises ou deniers de la veuve qui a accepté la communauté, c'est là une opération de compte qui ne peut donner matière à la perception de la taxe de 0 fr. 25 p. 100 sur le jugement homologatif, si le passif de la communauté et celui de la succession absorbent tout l'actif, puisqu'il n'y a pas, en ce cas, d'actif net partagé ou liquidé (Bar-le-Duc, 21 déc. 1901, 10... R. P.).

est alors exigible, à l'exclusion de celui de 0 fr. 25 p. 100. L'Administration ne l'a pas pensé (Sol. 2 oct. 1894, 8 juill. 1896, 8492, 8600 R. P.). Comme le reconnaît cette dernière Sol., il est évident qu'une sentence arbitrale a le même objet qu'un jugement d'homologation de partage toutes les fois qu'elle en tient lieu et en produit les effets, c'est-à-dire lorsqu'elle rend un partage définitif. La circonstance que l'arbitre procède lui-même aux opérations relatives à la formation de la masse et à la composition des lots ne saurait modifier le caractère de la sentence. Celle-ci contient alors deux parties distinctes : 1° les opérations prévues par les art. 975, 978 et s. du C. de pr. civ. ; 2° la décision proprement dite qui rend ces opérations définitives. Mais, en réalité, elle n'en produit pas moins les mêmes effets qu'un jugement d'homologation ; elle doit, par conséquent, être assujettie aux mêmes droits.

161. Partages ne comportant pas homologation. — 1. PARTAGE DÉFINITIF *inter partes*. — CONTESTATIONS DES CRÉANCIERS. — Il n'y a, à proprement parler, « homologation d'un acte » que lorsque la sanction de l'autorité judiciaire est nécessaire pour qu'il soit définitif *inter partes* et qu'il produise tous ses effets (v° *Homologation*, I). Cette formalité comporte, du reste, pour le tribunal, un droit de modification ou de désapprobation des projets qui lui sont soumis.

En matière de partage, l'homologation est obligatoire quand les opérations ont lieu en justice et d'après les formes spécialement tracées par la loi. Mais elle est sans intérêt lorsque les indivisaires majeurs et maîtres de leurs droits sont tous présents et d'accord pour procéder par les voies amiables.

Dans cette dernière hypothèse, d'ailleurs, on s'accorde à reconnaître que les créanciers ne sauraient contraindre les copartageants à faire un partage judiciaire (Aubry et Rau, t. VI, p. 538 ; Laurent, t. X, n° 300, p. 333 ; — Cass. civ., 2 janv. 1843 ; S. 43-1-119).

Dès lors, la circonstance que des créanciers opposants ont soulevé des contestations sur le lotissement effectué *à l'amiable* n'est pas de nature à transformer le caractère de l'opération et à en subordonner les effets à la formalité de l'homologation exigée pour les partages en justice. Le tribunal, dans ce cas, est appelé à statuer sur des difficultés soulevées par des tiers et qui n'ont qu'un rapport indirect avec les conventions arrêtées entre les copartageants.

Il peut évidemment annuler le partage s'il préjudicie aux créanciers ou s'il a été fait en fraude de leurs droits, mais il n'a pas à *approuver* l'opération en elle-même et il ne lui appartiendrait pas de prescrire une modification du lotissement.

Si le partage est maintenu, le jugement n'ajoute rien à sa valeur ou à ses effets juridiques entre les cohéritiers ; il le rend simplement exécutoire à l'égard des créanciers contestants.

On ne saurait, dans ces conditions, considérer la décision judiciaire comme un jugement d'homologation.

Ces considérations ont déterminé l'Administration à écarter la perception de la taxe de 0 fr. 25 dans une espèce où des ayants droit présents, maîtres de leurs droits, avaient soumis un partage à la sanction judiciaire à raison des contestations élevées par des créanciers et dans le seul but de mettre cet acte à l'abri de toute attaque ultérieure de la part de ces derniers (Sol. 27 nov. 1894, 8574 R. P.).

2. PARTAGE TRANSACTIONNEL PRODUISANT LES EFFETS D'UN PARTAGE ANTICIPÉ. — L'Administration a été consultée sur la question de savoir si la taxe de 0 fr. 25 devait être appliquée à un acte par lequel une veuve avait abandonné à ses enfants et petits-enfants, ces derniers en état de minorité, différents biens lui provenant de la succession d'un frère. Après avoir reconnu que, en fait, l'acte produisait les effets d'une donation à titre de partage anticipé, une Sol. 19 avr. 1894 s'est prononcée dans le sens de la négative. Il est difficile, porte cette décision (8573 R. P.), de soutenir que la taxe de 0 fr. 25 p. 100 établie par l'art. 16, § 1, n° 2 L. 26 janv. 1892 sur les homologations de partage ou liquidations, est applicable dans l'espèce, attendu que si l'acte produit les effets d'une donation-partage, il présente en même temps un caractère transactionnel et que c'est à raison de cette circonstance seulement qu'il a été soumis au tribunal en vertu de l'art. 467 C. civ., tandis que l'homologation n'eût pas été nécessaire pour un partage anticipé ordinaire, même intéressant des mineurs représentés, comme au cas actuel, par leur père et tuteur légal (C. civ. 935 ; — Cass. 25 juin 1812. Rivière C. A. ; — Dall. v° *Disp. entre vifs et test.*, 4530 ; — C. Besançon, 16 janv. 1846).

3. PARTAGE TESTAMENTAIRE HOMOLOGUÉ EN JUSTICE. — Les partages testamentaires n'étant pas soumis à l'homologation judiciaire, même lorsqu'ils intéressent des mineurs, le jugement qui homologue un partage comprenant des biens ayant fait l'objet d'un partage testamentaire et d'autres biens, n'est passible de la taxe de 0 fr. 25 p. 100 qu'en ce qui concerne ces derniers (Sol. 17 janv. 1899, 9627 R. P.).

162. Partage passé à l'étranger et homologué par un tribunal étranger. — Extrait délivré par un notaire étranger. — On ne saurait assujettir à la taxe de 0 fr. 25 p. 100 l'extrait dressé par un notaire étranger et comprenant : 1° les clauses d'un acte de partage relatives à la répartition de valeurs dépendant d'une succession entre les divers ayants droit ; 2° la mention que le partage a été approuvé par l'autorité judiciaire du pays où il a eu lieu. — Un semblable extrait ne peut, en effet, être assimilé à une expédition régulière du jugement homologatif de partage, lorsqu'il n'est pas démontré que, dans le pays où le jugement a été rendu, les notaires sont autorisés à suppléer les greffiers pour la délivrance des expéditions de cette nature (Sol. 11 juill. 1896, 9255 R. P.).

163. États liquidatifs. — Absence d'indivision. — La loi du 26 janv. 1892 frappe indistinctement de la taxe de 0 fr. 25 p. 100 les jugements homologatifs de partage et ceux d'états liquidatifs ; elle ne fait donc pas dépendre la perception de la cessation de l'indivision ; et l'attribution privative, qui est la cause efficiente du droit de partage proprement dit, n'est pas le fait générateur de l'exigibilité de la nouvelle taxe.

Par application de ce principe, le droit a été considéré comme étant dû sur un état liquidatif qui, faute d'actif à partager, se bornait à fixer le quantum des reprises d'une femme renonçant à la communauté ayant existé entre elle et son mari. On objectait que la taxe ne saurait frapper autre chose qu'un actif liquidé, de nature à être partagé et que les reprises en deniers ne constituent pas un actif de ce genre puisqu'elle ne constatent, au contraire, qu'un actif disparu ayant servi à la conservation de l'actif de communauté ou de succession. Mais l'Administration a répondu que les dispositions formelles des art. 15, n° 5 et 16, n° 2, L. 26 janv. 1892 ne souffraient aucune exception et que la taxe des frais de justice, frappant tous les jugements prononçant l'homologation d'états liquidatifs, atteint ceux qui, ayant pour objet les reprises de la femme renonçante, ont déterminé l'importance de la créance de cette dernière à l'encontre de tous héritiers ou créanciers, liquidant ainsi un actif réel dans le sens de l'art. 16, n° 2 L. 1892; c'est, en effet, la solution qui a prévalu (Loches, 22 mai 1896, 8937 R. P.).

De même, quand, pour déterminer l'importance des droits du légataire à titre universel d'une quotité indivise de la nue propriété d'une succession, l'état liquidatif homologué fixe la valeur en pleine propriété de tous les biens héréditaires, la taxe de 0 fr 25 p. 100 est exigible sur l'intégralité de la masse active ainsi liquidée, malgré l'absence d'indivision à l'égard de l'usufruit entre l'héritier saisi et le légataire à titre universel (Seine, 2 nov. 1901, 10103 R. P.). — La taxe de 0 fr. 25 p. 100 atteint, en effet, non pas seulement l'actif partagé, mais encore l'*actif simplement liquidé* (art. 15-5° L. 1892); et par ces mots *« actif liquidé »*, il faut entendre l'actif dont l'acte homologué par le tribunal constate l'existence et la nature, en établissant les droits du propriétaire ou de l'usufruitier sur son ensemble ou sur ses divers éléments. « La liquidation que vise l'art. 15, n° 5, L. 26 janv. 1892, c'est la détermination, par application des principes généraux du droit, du montant de l'actif et du passif, *et aussi de la nature et de la quotité des droits des intéressés dans une communauté ou dans une succession* » (Louviers, 31 juill. 1896, 8980 R. P.; — V. n° 170 *infra*). Cette liquidation n'est donc nullement subordonnée à la cessation ou même à l'existence d'un état d'indivision.

164. Tirage au sort et délivrance des lots différés. — Du principe que l'exigibilité de la taxe de 0 fr. 25 p. 100 n'est pas subordonnée à la cessation d'une indivision, on a conclu que cette taxe est due sur le jugement qui entérine un rapport d'experts rédigé conformément à l'art. 975 C. P. civ. et renvoie les parties devant un notaire pour le tirage au sort des lots formés dans ce rapport: un tel jugement consacre et rend définitif le travail des experts dont il s'approprie le contenu et présente, dès lors, le caractère d'un état liquidatif (Montluçon, 24 avr. 1896 25064 J. E.; — Abbeville, 9 mars 1897, 8979 R. P.).

Rigoureusement, ces décisions paraissent fondées; mais du moment où le procès-verbal de tirage au sort est, en quelque sorte, le dernier acte de la procédure de partage judiciaire, c'est au vu de cet acte seulement que devrait être exigée la taxe compensatrice qui forme la rançon de tous les dégrèvements accordés aux différentes phases de l'instance en partage. Cette opinion ne procède peut-être pas, nous le reconnaissons, d'un raisonnement aussi rigoureux que celle admise par les tribunaux de Montluçon et d'Abbeville, mais elle répond mieux à la conception générale de la loi qui est de reculer la perception de la taxe proportionnelle jusqu'à l'acte final de la procédure. C'est, d'ailleurs, dans ce sens que s'est prononcé le tribunal de Lorient par un jugement du 11 juin 1901.

SECTION III. — ASSIETTE DE LA TAXE.

[165-174]

165. Liquidation de la taxe. — Comme le porte textuellement l'art. 15, n° 5, la taxe de 0 fr. 25 p. 100 est due sur l'actif net partagé ou liquidé. On pourrait en inférer qu'elle doit être perçue sur la même base que le droit de partage lui-même; mais, ainsi que nous allons le montrer, il n'en est pas toujours ainsi.

166. Passif. — En ce qui concerne le passif qui grève la masse partageable, la déduction s'impose puisque la loi n'assujettit à la taxe que l'actif net liquidé ou partagé (Sol. 15 déc. 1893, 8305 R. P.).

1. DÉDUCTION DES LEGS. — Un jugement du tribunal de Nancy du 22 avril 1902 (10319 R. P.) a décidé que la délivrance, contenue dans l'acte de partage d'une succession, de legs particuliers faits à des cohéritiers est indépendante du partage et qu'elle donne ouverture au droit de 0 fr. 20 p. 100 (droit de délivrance de legs), et non à celui de 0 fr. 15 p. 100 (droit de partage); d'où la conséquence que les legs dont il s'agit constituent un passif déductible pour la liquidation de la taxe des frais de justice.

Le principe formulé nous paraît exact lorsque l'objet du legs consiste en un corps certain, parce qu'en pareil cas il ne peut y avoir, relativement à cet objet, indivision entre le copartageant légataire et ses cohéritiers.

Mais s'il s'agit d'un legs de quotité, la règle semble devoir être différente. Dans cette hypothèse, en effet, l'acte présente *pour le tout* le caractère prédominant d'un partage, le but immédiat et direct poursuivi par la partie étant la cessation d'un état d'indivision et la délivrance de legs qui est concomitante au partage, se confondant avec lui dans une seule et même opération. La doctrine administrative est depuis longtemps fixée dans ce sens (V. *Rép. gén.*, 7e édit., v° *Délivrance de legs*, n° 28-1).

167. Prix de ventes judiciaires. — Aux termes de l'art. 15, n° 5, « lorsque les états liquidatifs ou partages comprendront des prix de meubles ou d'immeubles ayant supporté le droit proportionnel prévu aux § 3 et 4 ci-dessus (c'est-à-dire le droit de 0 fr. 25 p. 100), ces prix devront être déduits de l'actif net qui sert de base à la perception des droits prévus par le § 5 ».

1. VENTE JUDICIAIRE ENREGISTRÉE AVANT LE PARTAGE. — Lorsque la vente a été enregistrée avant le partage, point de difficulté; le montant du prix, déjà assujetti à la taxe de 0 fr. 25 p. 100 qui atteint les ventes judiciaires, est déduit pour la perception de la taxe de même quotité qui frappe les homologations de partages: c'est l'application pure et simple de la loi.

2. VENTE JUDICIAIRE EFFECTUÉE, MAIS NON ENREGISTRÉE AVANT LE PARTAGE. — Quand le partage est présenté à l'enregistrement avant la vente judiciaire dont le prix entre dans la masse partageable, comment doit-on procéder?

167. Partage de succession. Homologation judiciaire. Valeurs détenues en usufruit par le défunt. Prix d'adjudications judiciaires affectés au payement du passif. — Pour l'assiette de la taxe de 0 fr. 25 p. 100 établie par l'art. 16, § 1er, L. 26 janv. 1892 sur les jugements prononçant l'homologation de partages ou d'états liquidatifs, il y a lieu de déduire de l'actif : 1° le montant des valeurs qui étaient détenues en usufruit par le défunt et qui ne se retrouvent pas en nature dans la masse successorale sur laquelle portent les opérations de partage; 2° les prix d'adjudication qui ont déjà supporté la taxe, bien que ces prix soient affectés au payement du passif (Beauvais, 12 fév. 1904, 10852 R. P.). Pour l'assiette de la taxe de 0,25 p. 100 établie par l'art. 16 L. 26 janv. 1892 sur les jugements prononçant l'homologation de partages ou d'états liquidatifs, il y a lieu de déduire de l'actif, concurremment avec le passif, les prix de vente déjà imposés, lorsque ces prix sont affectés au payement du passif (Sol. 10 juin 1904, Instr. 3167, § 10, 11007 R. P.).

Licitation judiciaire. Présentation simultanée à l'enregistrement d'un jugement homologatif de partage. — La taxe judiciaire de 0 fr. 25 p. 100 est exigible sur la totalité du prix d'une licitation judiciaire d'immeubles, alors même que le jugement d'adjudication est présenté à la formalité en même temps qu'un jugement homologatif de partage; il y a lieu seulement, pour la liquidation de la taxe afférente au jugement d'homologation, de déduire de l'actif net partagé le prix des immeubles qui ont fait l'objet de la licitation et qui, à ce titre, ont déjà supporté la taxe lors de l'enregistrement du procès-verbal d'adjudication (Rouen, 30 juin 1908, 10772 R. P.).

La loi s'est référée au cas le plus fréquent où les adjudications ayant été présentées à l'enregistrement avant le jugement prononçant l'homologation des partages, la taxe de 0 fr. 25 p. 100 se trouve déjà effectivement perçue sur le prix des biens licités ; mais la règle à suivre ne paraît pas devoir être différente dans l'hypothèse où, contrairement à ces prévisions, les jugements d'homologation sont soumis à la formalité avant les procès-verbaux d'adjudication. Le but du législateur a été manifestement d'éviter la superposition d'une double taxe de 0 fr. 25 p. 100 sur les mêmes valeurs. Or, c'est à ce résultat qu'on arriverait si le jugement d'homologation était assujetti à la taxe sur les prix de licitation, lorsque la licitation n'a pas encore été enregistrée. En effet, tout acquéreur tient compte, pour la fixation du prix qu'il offre, des charges qui lui incombent en sus du prix, et il n'est pas douteux spécialement que, depuis la mise en vigueur de la loi du 26 janv. 1892, les adjudicataires font état du droit de 0 fr. 25 p. 100 qu'ils ont à acquitter indépendamment de celui de mutation à titre onéreux : ce sont donc les colicitants qui supportent, en réalité, quoique d'une façon *indirecte*, le payement de la nouvelle taxe, puisque les enchères sont déterminées en conséquence : on ne saurait, dès lors, admettre qu'ils soient exposés à la supporter *directement* une seconde fois, lors du jugement d'homologation, quand, par suite de circonstances fortuites, ce jugement est présenté à la formalité avant la licitation.

En outre, lorsque les acquéreurs sont des tiers, ce serait les favoriser au détriment des colicitants que d'exonérer la licitation d'un impôt auquel elle doit normalement être assujettie.

Telles sont les considérations d'après lesquelles l'Administration a reconnu qu'en tout état de cause, le prix de la vente judiciaire doit être déduit, pour la perception de la taxe d'homologation de partage. Dès lors, il n'y a pas à distinguer entre le cas spécialement prévu par la loi, où la licitation a été enregistrée, et celui, non prévu, où elle n'a pas encore été soumise à l'enregistrement, lorsque le jugement d'homologation est lui-même présenté à la formalité (Solution du 18 janv. 1894, 8262 R. P.).

2. PRIX D'UN IMMEUBLE VENDU JUDICIAIREMENT POUR CAUSE D'UTILITÉ PUBLIQUE. — Lorsqu'un acte de liquidation homologué judiciairement comprend le prix d'un immeuble dû par une Compagnie de chemin de fer qui l'a acquis à la barre du tribunal et qui a ultérieurement poursuivi la déclaration d'utilité publique, la circonstance que la taxe de 0 fr. 25 p. 100 applicable à la vente judiciaire est sujette à restitution n'autorise pas l'Administration à exiger la taxe de même quotité sur l'homologation de la liquidation (Sol. 1 mars 1900, 9807 R. P.).

168. Biens cédés à titre de soulte. — Pour l'application aux partages avec soulte du droit gradué établi par la loi de 1872 et remplacé actuellement par le droit proportionnel de 0 fr. 15 p. 100 (L. 28 avr. 1893, art. 19), on s'est demandé si les biens cédés à titre de soulte ou de licitation font partie de l'actif net soumis à la perception. La négative a été admise. Les biens dont il s'agit dépendent, il est vrai, de la masse commune. Mais ils ne sont pas partagés entre les indivisaires, puisque la cession a précisément pour objet de les éliminer de l'opération. Ils sont dans la même situation que ceux dont les héritiers commenceraient par faire collectivement la vente à un étranger ou qu'ils emploieraient à une dation en payement à un tiers. Ils ont cessé de figurer dans la masse indivise sur laquelle portent les attributions ou les lotissements en nature, c'est-à-dire l'actif net partagé (V. *Rép. gén.*, 7e édit., v° *Partage*, n° 91).

De même que la loi du 28 fév. 1872, celle du 26 janv. 1892 fixe comme base de la perception l'actif net partagé. Il paraîtrait naturel de penser que la taxe de 0 fr. 25 ne doit pas plus que celle de 0 fr. 15, substituée à l'ancien droit gradué, atteindre la valeur des biens cédés à titre de soulte.

Par une singulière anomalie, l'Administration soutient cependant que, malgré l'identité de leurs termes, les lois de 1872 et de 1892 comportent deux interprétations différentes. Le *Dict. de l'Enregistrement* qui s'est rallié à cette opinion (2e Suppl., v° *Partage judiciaire*, n° 649), cherche à la justifier par deux motifs. Le premier, c'est que, d'après les termes de la loi, le droit de 0 fr. 25 p. 100 sera perçu indépendamment de ceux auxquels les liquidations et partages sont assujettis par les lois en vigueur, et par conséquent des droits de soulte. Mais cet argument nous semble purement spécieux. Comme l'a déclaré le rapporteur de la loi au Sénat, la disposition dont il s'agit signifie que la loi maintient les droits gradués et les droits de soulte résultant des lois existantes auxquelles il n'est pas porté atteinte (V. n° 157). En d'autres termes, on a voulu spécifier que la nouvelle taxe serait une taxe de superposition et que rien ne serait changé aux perceptions antérieures. Or, on chercherait vainement le rapport qui peut exister entre les perceptions antérieures et la question de savoir si le droit de 0 fr. 25 p. 100 doit atteindre les biens cédés à titre de soulte.

La distraction des soultes, dit en second lieu le *Dictionnaire*, aurait pour conséquence de soustraire une partie de l'actif net indivis et partagé à l'application de la taxe spéciale. Pour répondre à ce motif, il suffit de rappeler que ce n'est pas *l'actif net indivis et partagé* qui forme la base de la perception : c'est l'actif net partagé ou liquidé. Le mot *indivis* n'est pas dans la loi, et, si on le supprime de l'argumentation du *Dictionnaire*, on détruit la conclusion, car les biens cédés à titre de soulte font assurément partie de l'actif indivis, mais non de l'actif partagé, la cession à titre de soulte ayant pour conséquence de les soustraire à l'attribution à titre de partage.

Enfin, on ajoute que la déduction serait contraire à l'esprit d'une loi qui soumet les licitations à la barre ou devant notaire commis à une taxe semblable à celle qu'elle établit sur l'homologation des partages. Cette raison peut être facilement écartée. La taxe de 0 fr. 25 p. 100 édictée par la loi de 1892 atteint les adjudications judiciaires ou devant notaire commis. Nous avons défini ce que c'est que l'adjudication : toute opération de cette nature comporte une forme et une procédure qui la distinguent très nettement des cessions à titre de soulte, lesquelles sont des opérations tout à fait volontaires et amiables. Concluons donc très fermement que la déduction des biens cédés à titre de soulte s'impose aussi manifestement pour l'application de la taxe nouvelle que pour celle du droit de partage.

169. Rapports de donations en avancement d'hoirie. — Le droit gradué de partage établi par l'art. 1, n° 5 L. 28 févr. 1872 et transformé en droit proportionnel de 0 fr. 15 p. 100 par la loi du 28 avr. 1893 doit être liquidé d'après la valeur tant des biens rapportés à la masse que des biens existants. La raison en est que le rapport, soit en nature, soit en moins prenant, a pour but et pour résultat de faire rentrer d'une manière effective, à l'égard des copartageants, la chose qui en forme l'objet ou la valeur qui la représente dans la masse des biens indivis à partager (Civ. 15 mars 1875, 4071 R. P.). La même règle doit être observée, par identité de motifs, pour l'assiette de la taxe de 0 fr. 25 p. 100 (Coutances, 15 mai 1900, 9901 R. P.; Sol. 11 nov. 1893, 8263 R. P.).

170. Reprises en nature. — Dans le cas d'un partage de communauté, la taxe de 0 fr. 25 p. 100 atteint-elle la valeur des objets repris en nature par la veuve? L'Administration s'est prononcée dans le sens de l'affirmative par une Sol. du 25 mai 1893, motivée sur ce que l'actif liquidé embrasse tout ce que la femme veuve, divorcée ou séparée, retire des mains de son mari ou des héritiers de celui-ci. Mais cette doctrine n'a pas prévalu devant l'autorité judiciaire (Louviers, 31 juill. 1896, 8980 R. P.), et l'Administration l'a abandonnée en autorisant l'exécution de ce jugement par une Sol. 19 nov. 1896 qui est ainsi motivée :

« Toute la difficulté réside dans l'interprétation des mots « actif liquidé ». Ni les travaux préparatoires de la loi du 26 janv. 1892, ni les explications fournies au cours de la discussion par les orateurs qui se sont succédé à la tribune de la Chambre des Députés ou du Sénat, ne renferment à cet égard aucune indication bien précise. Il semble cependant résulter de certaines déclarations (voir notamment celles du commissaire du gouvernement à la Chambre des Députés [Séance du 14 déc. 1891, *J. off.* du 15, p. 2 650, col. 3], — et de M. Lacombe, au Sénat [Séance du 19 janv. 1892, *J. off.* du 20, p. 50, col. 2]) que les états liquidatifs visés par l'art. 15, n° 5, de la loi du 26 janv. 1892 sont ceux-là seuls qui sont dressés par des notaires commis préalablement à un partage judiciaire de biens indivis. Et cette induction trouve encore à s'appuyer sur la juxtaposition des mots « état liquidatif ou partage », « actif net liquidé ou partagé », « liquidations ou partages », que l'on constate dans toutes les dispositions de la loi de 1892 qui ont trait à cette matière (art. 15, n°s 5 et 6; art. 16, n° 2). L'idée qui se dégage de ces textes, c'est que les auteurs de la loi ne voulaient assujettir à la taxe que les jugements homologuant un partage. Et s'ils ont assimilé les états liquidatifs aux partages, au point de vue de l'impôt, c'est parce que ces deux catégories d'actes, bien que juridiquement distinctes, concourent au même but qui est de faire cesser l'indivision entre des communistes; c'est aussi et surtout pour éviter que, une fois l'état liquidatif homologué, les parties vinssent à éluder la perception du droit proportionnel de 0 fr. 25 p. 100 en s'abstenant de requérir l'homologation du partage ultérieurement effectué à l'amiable.

Dans ce système, les états liquidatifs de reprises établis après un jugement de séparation de biens et après renonciation de la femme à la société d'acquêts ayant existé entre elle et son mari, ne pourraient être, dans aucune mesure, soumis à la taxe de 0 fr. 25 p. 100 puisque, aucune indivision n'existant entre les époux, ces sortes de liquidations sont exclusives de tout partage.

Le tribunal de Louviers n'est pas allé jusqu'à admettre une solution aussi radicale, qui, il faut bien le reconnaître, semblerait quelque peu inconciliable avec la disposition de l'art. 15, n° 5, de la loi du 26 janv. 1892, laquelle vise d'une manière générale et sans aucune restriction apparente, les jugements homologuant un état liquidatif quelconque. Aussi bien, la partie adverse n'avait pas placé le débat sur ce terrain. Mais, à supposer que toutes les liquidations, de quelque nature qu'elles soient et à quelque but qu'elles tendent, tombent sous l'application de la disposition précitée par cela seul qu'elles sont sanctionnées par l'autorité judiciaire, il paraîtrait difficile de soutenir, comme l'a fait l'Administration dans l'instance soumise aux juges de Louviers, que, dans un état liquidatif de reprises établi conformément à l'art. 1444 du Code civil, le droit d'homologation doit atteindre non seulement les reprises en deniers, mais aussi la valeur des biens propres existant en nature. En pareil cas, en effet, l'objet exclusif de la liquidation ordonnée par le tribunal consiste dans le règlement des comptes respectifs des époux séparés de biens, c'est-à-dire dans la fixation du reliquat en argent, reliquat jusqu'alors indéterminé, dont le mari, administrateur de la communauté et de la dot, est redevable envers sa femme. Et si, comme dans l'espèce actuelle, le notaire liquidateur fait mention, dans l'état liquidatif, des biens mobiliers et immobiliers appartenant en propre à la femme et qui n'ont jamais cessé d'être sa propriété exclusive, ce n'est pas pour déterminer la valeur de l'entier patrimoine de la femme, ce qui ne pourrait rentrer dans les termes de sa mission, c'est uniquement pour constater, suivant la remarque du tribunal de Louviers, que les biens propres de la femme ne doivent ni indemnité ni récompense à la communauté ou au mari. Ces biens ne sont donc l'objet d'aucune liquidation proprement dite. Simplement énoncés dans l'état liquidatif sans évaluation d'aucune sorte, ils n'y figurent que pour montrer au tribunal que le notaire n'a négligé aucun des éléments qui pourraient entrer en ligne de compte dans la fixation du reliquat des sommes dues à la femme par le mari, c'est-à-dire dans la détermination du chiffre de ses reprises en argent. Il y a donc lieu d'en faire abstraction pour la liquidation de la taxe de 0 fr. 25 p. 100. »

171. Préciput et avantages matrimoniaux. — Indemnité de nourriture. — Lorsqu'un procès-verbal de liquidation constate qu'une veuve a droit, d'après son contrat de mariage, à ses effets personnels, à titre de préciput et à une rente viagère, à titre de douaire, la taxe de 0 fr. 25 p. 100 est exigible sur le préciput et sur le capital, au denier dix, de cette rente (Sol. 6 avr. 1861).

De même, l'indemnité de nourriture allouée à la veuve est passible du droit de 0 fr. 25 p. 100, indépendamment de celui d'obligation à 1 fr. p. 100, qui est dû, si le montant de cette indemnité est fixé et arrêté pour former créance au profit de la femme (même Sol.).

172. Honoraires du notaire liquidateur. — Sous l'empire de la loi du 22 frim., on percevait le droit de

169. Rapports de dots. Règlement particulier. Passif de la succession supérieur à l'actif. — Si, dans le partage de la succession de leur père, les enfants procèdent entre eux, par une disposition particulière de l'acte, à la répartition des dots inégales qu'ils ont reçues de leur auteur et se règlent entre eux à ce sujet, cette clause constitue un partage partiel qui rend exigible le droit de 0 fr. 15 p. 100 sur les dots ainsi rapportées, alors même que le passif de la succession serait supérieur à l'actif y compris les rapports. Ces rapports doivent être également soumis à la taxe judiciaire de 0 fr. 25 p. 100 lors de l'enregistrement du jugement qui homologue les opérations de partage (Bordeaux, 2[illegible] déc. 1903, 10[illegible] R. P.).

0 fr. 50 p. 100 sur la disposition du jugement d'homologation de partage qui fixait le montant des frais et honoraires du notaire rédacteur. Actuellement, cette disposition échappe à toute perception. L'art. 15, § 1, de la loi nouvelle affranchit, en effet, du droit proportionnel les dépens, parmi lesquels il y a lieu de ranger les frais et honoraires dus au notaire commis. (Sol. 24 juill. 1895, 8658 R. P.). — V. nos 110, 112-2 *suprà*.

173. Droit minimum. — Dans l'état actuel de la jurisprudence, les partages dont l'effet entre les contractants est subordonné à l'homologation de la justice, soit en vertu d'une clause expresse de l'acte, soit par application des dispositions de la loi (466 et 840 C. civ. et 984 C. proc.) constituent de simples projets dont l'enregistrement doit avoir lieu au tarif des actes innomés; les droits auxquels les dispositions du partage donnent ouverture ne deviennent exigibles que lorsque cet acte est homologué et ils sont dus sur le jugement qui renferme l'homologation et réalise le partage (V. *Rép. gén.*, v° *Jugement*, n° 539). Tous ces droits sont donc de véritables droits de jugement, et doivent, par suite, entrer en ligne de compte pour l'application du minimum à percevoir, lequel est de 7 fr. 50, comme pour tous les jugements définitifs de première instance en matière civile.

Dans ce sens, une Sol. 24 juill. 1895 a reconnu avec raison qu'il n'était dû, indépendamment du droit de partage à 0 fr. 15 p. 100, aucun droit sur un jugement homologuant un partage comprenant les éléments suivants :

Actif :	
1° Prix de vente d'immeubles.	29 630 »
2° Prorata de fermages.	405 90
Total.	30.035 90
Passif.	3.524 10
D'où un actif net de.	26.511 80

inférieur, par conséquent, aux prix de vente partagés, qui avaient supporté la taxe de 0 fr. 25 p. 100, lors de l'enregistrement du procès-verbal d'adjudication.

Du moment où le droit de partage, perçu sur l'actif net, soit 26.511, 80, et s'élevant à 39 fr. 78, était supérieur au minimum de 7 fr. 50, il n'y avait rien à percevoir en dehors (8698 R. P.).

174. Dispositions indépendantes. — Comme nous l'avons expliqué *suprà*, n° 35, l'art. 11 L. 26 janv. 1892 s'oppose à ce que les dispositions indépendantes contenues dans un partage homologué soient frappées de droits fixes cumulativement avec les droits proportionnels.

CHAPITRE IV. — DISPOSITIONS TRANSITOIRES.

[175-181]

175. Point de départ de l'application de la loi de 1892. — L'art. 24 stipule que les dispositions des articles 4 à 21 ne sont pas applicables aux minutes, copies ou expéditions d'actes, jugements, sentences ou arrêts relatifs à des procédures commencées avant le 1er juill. 1892.

Il pose ensuite une série de règles qui déterminent l'époque à laquelle la procédure est réputée commencée.

176. Instances. — Pour les instances, c'est la date de l'acte introductif qu'il faut considérer; la nature de l'acte introductif varie suivant les instances.

1. Interdiction. — Les instances en interdiction s'ouvrent soit par la requête présentée au Président du Tribunal... (Cass. Req., 23 mai 1860; Civ., 17 janv. 1876; D. P. 60-1-350 et 76-1-152; — Rousseau et Laisney, v° *Interdiction*, n° 32), soit surtout par la signification faite au défendeur, en vertu de l'art. 893 C. proc. (Carré et Chauveau, *Quest.* 3.018, et Commentaire à la suite de l'arrêt du 23 mai 1860; — Sol. 7 oct. 1892, 8208 R. P.).

2. Dation de conseil judiciaire. — L'instance s'ouvre par la requête présentée au président du tribunal (Sol. 20 juin 1894. 8488 R. P.).

3. Opposition a une sentence arbitrale. — Une instance arbitrale se termine par l'ordonnance d'exequatur, et les oppositions dont celle-ci est frappée constituent des actes qui servent de point de départ à une instance nouvelle.

En effet, ces oppositions ne sauraient être assimilées ni aux simples incidents d'instance que prévoit le 7e alinéa de l'art. 14 L. 26 janv. 1892, ni au recours se rapportant à une même affaire qui passe successivement par tous les degrés de la juridiction (V. Inst., n° 2816, p. 12). Toutes différentes des oppositions aux jugements par défaut (V. C. Proc. 1016), elles ne peuvent être présentées par actes d'avoué à avoué ; elles doivent nécessairement être formées par exploits d'ajournement, comme introductives d'une instance nouvelle (Rennes, 13 mai 1812; Lyon, 31 juill. 1852; Fuzier-Herman, *loc. cit.*, n° 561; Dalloz, J. G., v° *Arbitrage*, n° 319; Pandectes fr., *cod. verb.*, n° 1700; Carré et Chauveau, *Quest.* n° 3384).

En pareil cas, ce qu'il faut considérer, ce n'est donc pas la date du compromis qui a donné naissance à l'instance arbitrale, mais celle des oppositions (Sol. 20 août 1895, 8716 R. P.).

4. Jonction de deux instances, ouvertes l'une avant le 1er Juillet 1892, l'autre après. — Au point de vue de la procédure, la jonction de deux instances, même lorsqu'elle est sollicitée par le demandeur, ne modifie en rien l'objet de chacune de ces instances qui n'en demeurent pas moins distinctes et séparées dans leur origine (Dall., J. G., v° *Degrés de juridiction*, n° 168).

Il s'ensuit que les dispositions d'un jugement joint qui a deux instances ouvertes, l'une avant, l'autre après l'application de la loi de 1892, doivent être tarifées différemment, suivant qu'elles sont relatives à la 1re ou à la 2e instance et cela, d'après le régime en vigueur à la date de l'acte initial de chaque demande (Sol. 26 juin 1894, 8488 R. P.; — Bordeaux, 20 juin 1898, 9437 R. P.).

5. Appel. — Pour l'application de la loi, c'est toujours à l'acte initial de procédure qu'il faut se référer et cet acte est l'exploit introductif d'instance. Or, l'acte introductif d'instance ne pouvant jamais être l'acte d'appel, on ne peut considérer l'instance d'appel comme une nouvelle instance (Sénat, séance du 19 janv. 1892). Il importe donc peu que l'appel soit antérieur ou postérieur au 1er juillet 1892.

177. Partage et liquidation. — C'est l'assignation en partage qui forme ici le point de départ de la procédure.

Il a été spécialement reconnu que la procédure ne se divise pas en deux instances, l'une qui finirait à la liquidation, et l'autre qui prendrait naissance dès qu'une des parties requiert l'homologation. Il n'y a, en réalité, qu'une procédure unique dont l'assignation en partage et le jugement d'homologation sont les deux termes extrêmes et dans laquelle la requête en homologation ne constitue qu'un des chaînons intermédiaires (Sol. 21 fév. 1893, 8208 R. P.).

1. SENTENCE ARBITRALE. — Quand le partage résulte d'une sentence arbitrale, c'est la date du compromis qui fixe l'époque à laquelle la procédure est réputée commencée ; mais, pour qu'il en soit ainsi, il faut que cette date soit devenue certaine par l'un des modes légaux. — V. *Arbitrage*.

178. Incidents d'instance. — Les incidents des instances et procédures, les ventes sur surenchère du sixième ou sur folle enchère sont considérés comme donnant lieu, non à une procédure distincte, mais à la continuation de la procédure antérieure (même article).

179. Conditions d'application de la loi nouvelle. — Pour être admis au bénéfice des suppressions et réductions d'impôts prononcées par la loi de 1892, les actes, jugements, sentences, arrêts et expéditions devaient, aux termes de l'art. 24, rappeler la date et la nature de l'acte initial de l'instance ou de la procédure à laquelle ils se rapportaient.

Les surtaxes établies devaient être perçues toutes les fois que les actes, jugements, sentences ou arrêts ne renfermeraient pas cette mention (même article).

Le sens et la portée de ce paragraphe avaient été précisés par le rapporteur dans les termes suivants : « Dans la période transitoire qui va s'ouvrir, il se produira des actes qui seront soumis à l'enregistrement sans qu'on sache exactement s'ils appartiennent à des procès antérieurs à l'application de la loi, et qui devraient comporter l'application des anciens tarifs, ou s'ils se rattachent à des instances postérieures et qui pourraient se réclamer des nouveaux.

« Dans ce cas, l'Administration dit que, *dans le doute, ses agents percevront les droits les plus élevés qui leur seront indiqués par l'un ou l'autre de ces tarifs*. C'est le principe que nous avons posé dans les deux alinéas précédents » (Sénat, 23 janvier 1892).

Ces prescriptions étaient devenues sans objet et étaient à considérer, par suite, comme abrogées à l'égard des exploits dont il est question dans les articles 7 et 8 L. 28 avril 1893 (2838 I. G.).

1. JUGEMENT NE RAPPELANT PAS LA DATE DE L'ACTE INITIAL. — JUSTIFICATIONS. — L'Administration avait admis que la production de justifications suffisantes pouvait tenir lieu de la mention que devaient renfermer les jugements. « Si, porte une Sol. du 24 août 1892, il n'est pas possible, sans violation de la loi, d'avoir égard à des mentions inscrites en dehors du texte même des jugements, rien ne s'oppose à ce que les receveurs les admettent lorsqu'elles seront accompagnées de justifications suffisantes, notamment de la représentation de l'exploit d'assignation. Mais, alors, la pièce représentée devra toujours être énoncée dans l'enregistrement, de manière à faciliter le contrôle (7080 R. P.). »

180. Restitution. — Délai. — L'Administration aurait voulu (dans le cas où, l'acte ne renfermant pas les justifications nécessaires, elle aurait perçu le droit le plus fort) n'accorder la restitution que dans l'hypothèse où elle aurait appliqué les nouveaux tarifs, et refuser tout recours quand l'ancien tarif aurait été appliqué. L'art. 24 stipulait au contraire que « restitution pourra être ordonnée, dans les deux cas, au profit des parties, s'il est fourni des justifications suffisantes *dans les six mois* de la perception ».

181. Modification de l'art. 24 L. 26 janv. 1892. — Décret du 15 août 1900. — Le dernier alinéa de l'art. 24 L. 1892 permettait au Gouvernement de supprimer ou modifier, à partir du 1er janvier 1893, par un règlement d'administration publique, l'obligation imposée de rappeler, dans les décisions judiciaires, la date de l'acte initial de l'instance.

La suppression était déjà, en fait, réalisée depuis longtemps déjà par suite d'un accord tacite entre les officiers ministériels et les agents de l'Administration qui avaient ainsi, en quelque sorte, devancé l'action du pouvoir réglementaire (V. 9570 R. P.), lorsqu'elle a été définitivement consacrée par un décret du 15 août 1900 ainsi conçu :

« Est supprimée l'obligation, édictée par l'art. 24 L. 26 janv. 1892, de rappeler sur les actes, jugements, sentences ou arrêts, la date et la nature de l'acte initial de l'instance ou de la procédure à laquelle ils se rapportent. — Toutefois, cette mention devra être faite lorsque l'acte initial sera antérieur au 1er juillet 1892. La nouvelle tarification sera établie à défaut de mention. — La restitution pourra être ordonnée au profit des parties, s'il est fourni des justifications suffisantes dans les six mois de la perception » (9937 R. P.).

TITRE IV. — DROIT DE TITRE.

[182-220]

CHAPITRE I. — DISPOSITIONS GÉNÉRALES.

[182-192]

182. Perception indépendante. — Le droit de titre est perçu accessoirement au jugement, c'est-à-dire que, tandis que pour le droit de condamnation, le jugement est la *cause* de la perception, il n'en est que l'*occasion* pour le droit de titre. Ainsi ce droit est indépendant du droit fixe du jugement ou du droit de condamnation. C'est ce qui ressort d'ailleurs formellement de l'art. 69, § 2, n° 9, L. 22 frimaire an VII qui, soumettant au droit proportionnel de 50 cent. pour 100 les expéditions des jugements portant condamnation, collocation, liquidation de sommes et valeurs mobilières, ajoute : « Lorsqu'une condamnation sera rendue sur une demande non établie par un titre enregistré et *susceptible de l'être*, le droit auquel l'objet de la demande aurait donné lieu, s'il avait été convenu par acte public, *sera perçu indépendamment du droit dû pour l'acte ou le jugement qui aura prononcé la condamnation* ». C'est aussi dans ce sens que la question a été jugée par la C. cass. (arr. 21 frim. an XIII, 1915 J. E. ; S. 5-2-42 ; — 9 août

185. Mandat salarié. Jugement de condamnation. Droit de titre de 1 fr. p. 100. — Le mandat n'est passible du droit fixe de 3 fr. que lorsqu'il est pur et simple. S'il est conféré moyennant salaire, il est assimilable au louage de services ou d'industrie et rentre dans la catégorie des marchés soumis au droit proportionnel de 1 fr. p. 100. C'est, en conséquence, à ce droit que donne ouverture, comme droit de titre, le jugement qui condamne un mandant à payer la rémunération due à un mandataire de l'espèce (Nancy, 29 déc. 1903, 16739 R. P.).

1809, 3714 J. E.; S. 10-1-455; — 17 juin 1811; — 10 août 1848; S. 48-1-050; — 4 déc. 1854).

Ce dernier arrêt est ainsi conçu : « Attendu que tout jugement portant condamnation de sommes et valeurs mobilières est soumis, lorsque la condamnation a été prononcée sur une demande non établie par un titre enregistré, mais susceptible d'être établie dans cette forme, à la perception simultanée de deux droits de nature différente, savoir : 1° du droit de condamnation, tel qu'il est défini et réglé par les deux premiers alinéas de la disposition ci-dessus visée; — 2° du droit de titre, c'est-à-dire du droit auquel l'objet de la demande aurait donné lieu s'il avait été convenu par acte public; qu'en effet, dans le cas d'une convention ou d'une obligation non constatée par un titre et résultant seulement d'un traité verbal, le jugement qui intervient, pour reconnaître l'existence et ordonner l'exécution de cette convention ou obligation, constitue désormais pour les parties un titre légal dans la mesure de ce qui est ainsi déclaré obligatoire entre elles, et doit, par conséquent, dans la même mesure, donner ouverture au droit de titre » (284 et 313 R. P.; 15955 J. E.; Inst. 2033, § 4; S. 55-1-67; D. P. 55-1-58; P. 54-2-508).

183. Dispositions prohibitives. — L'art. 11 L. 19 déc. 1790, après avoir prescrit l'enregistrement de tout acte sous seing privé, en vertu duquel il était formé quelque demande principale, incidente ou en reconvention, ajoutait : « Toutes poursuites et significations faites au préjudice de cette disposition seront nulles; les juges n'y auront aucun égard et ne pourront rendre aucun jugement avant que ces actes n'aient été enregistrés ». Aussi l'on décidait, sous l'empire de cette loi, que le jugement qui prononce l'exécution de conventions écrites sur papier libre, sous signature privée, et qui n'ont pas été soumises à la formalité de l'enregistrement, doit être annulé (Cass., 9 vend. an III).

La loi du 22 frim. n'est pas allée si loin. Elle s'est bornée, dans son art. 47, à défendre aux juges et aux arbitres de rendre aucun jugement sur des actes non enregistrés, à peine d'être personnellement responsables des droits. Nous avons donné à cette disposition, au *Rép. gén.*, v° *Acte passé en conséquence*, tous les développements qu'elle comporte. Nous y renvoyons nos lecteurs.

184. Jugement de condamnation, collocation, liquidation. — D'après le texte de l'art. 69, § 2, n° 9, L. 22 frim., le droit de titre est dû lorsqu'une *condamnation* est rendue sur une convention verbale non enregistrée. Mais il ne faut pas entendre ce mot *condamnation* dans un sens limitatif. Il fut reconnu, peu après la promulgation de la loi de l'an VII, que la même règle était applicable aux jugements de collocation, de liquidation ou autres qui constatent l'existence de la convention et peuvent en servir de titre (D. m. f. 21 mars 1809, 420 § 3, I. G.; — 5 août 1823, 1077 § 2, I. G.; — Cass., 24 mars 1812, 4213 J. E.; S. 12-1-225).

185. Loi du 26 janv. 1892. — Cumul de la nouvelle taxe avec le droit de titre. — Le droit de titre doit, sous l'empire de la loi de 1892, continuer à être perçu concurremment avec la taxe des frais de justice. Sur ce point, il ne saurait y avoir de doute, car, non seulement le Commissaire du Gouvernement a déclaré que les droits de titre étaient maintenus, mais la Chambre elle-même l'a formellement reconnu, en repoussant la proposition d'un de ses membres qui demandait, par voie d'amendement, l'extension aux affaires civiles du bénéfice réservé aux affaires commerciales par la loi du 11 juin 1859. Au surplus, l'art. 22, en édictant que « toutes les dispositions des lois sur l'enregistrement et le timbre qui ne sont pas contraires à la présente loi continueront à être exécutées », autorise la perception de ces droits. Il n'y avait, d'ailleurs, aucune raison pour modifier, sur ce point, les lois antérieures. Le droit de titre s'applique à la convention verbale intervenue avant le jugement et dont le tribunal constate l'existence ou la validité. Il n'y a là que l'énonciation plus ou moins explicite d'un contrat antérieur; et, dans la pureté des principes, cette mention n'autoriserait pas l'Administration à percevoir le droit afférent à un acte dont l'instrument ne lui est pas présenté. La loi en a décidé autrement, néanmoins. Déterminée par cette considération que la convention verbale antérieure trouvait dans le jugement sa consécration et son titre, elle a déclaré : « que le droit auquel l'objet de la demande aurait donné lieu, s'il avait été convenu par acte public, *serait perçu* indépendamment du droit dû pour l'acte ou le jugement qui aura prononcé la condamnation ». (L. 22 frim., art. 69, § 2, n° 9).

Comme l'explique Championnière, on ne voit pas pourquoi le législateur aurait affranchi les titres judiciaires, lorsqu'il atteint les titres écrits. C'eût été engager les parties à se soustraire au droit au moyen de procès simulés et à substituer les jugements aux actes notariés (*Traité*, n° 851).

Le législateur, pour être conséquent avec lui-même, devait donc frapper d'un impôt particulier, indépendamment du droit exigible sur l'ordre de justice proprement dit, tout jugement destiné à servir de titre à une convention.

186. Exigibilité du droit de titre. — Le droit de titre devient exigible parce que la reconnaissance renfermée dans le jugement assure aux parties tous les avantages d'une convention écrite enregistrée. Il était juste, par conséquent, de percevoir le droit, auquel le titre lui-même, que le jugement remplace, aurait donné lieu. Or, il importe peu dans quelle sentence se trouve la consécration judiciaire de la convention : dès l'instant que cette sentence peut servir de titre à l'une des parties contre l'autre, il n'en faut pas davantage pour justifier la perception.

Cette interprétation a été consacrée par la jurisprudence : « Attendu, porte un arrêt de Cass. 4 juin 1851, qu'il résulte de l'économie et de l'ensemble des dispositions du n° 9, § 2 de l'art. 69, que le législateur a voulu soumettre au droit proportionnel de titre tous les actes qui ont servi de base à la condamnation, et que, par cette expression de condamnation, on doit entendre toute décision, quelle que soit d'ailleurs sa dénomination, de collocation ou de liquidation, qui forme titre en faveur de l'une des parties contre l'autre ». (15222 J. E.; Inst. 1900, § 1er; D. P. 51-1-171; P. 51-1-668.)

C'est ce qui a été décidé également par d'autres arrêts dont : 7 juin 1848 (Inst. 1825, § 6; 14515 J. E.; S. 48-1-572; D. P. 48-1-126; P. 48-2-120); — 10 août 1853 (Inst. 1986,

§ 5; 15751 J. E.; S. 53-1-767; D. P. 54-1-302; P. 54-1-33); — 4 déc. 1854, cité *suprà*, n° 182. — 7 fév. 1865 (2022 R. P.; 17970 J. E.; 12803 C.; 18213 J. N.; Inst. 2325 § 5; S. 65-1-95; D. P. 65-1-149; P. 65-177); — 18 juin 1884 (6340 R. P.; 22365 J. E.; Inst. 2700 § 8; S. 85-1-227; D. P. 85-1-26; P. 85-539).

Arrêt du 10 *août* 1853 : « Attendu qu'on ne peut réduire l'application du droit proportionnel au cas où la décision judiciaire intervenue par suite d'une vente non enregistrée donne à la partie qui gagne son procès le droit d'exiger quelque chose de la part de celui qui le perd; attendu que le mot *condamnation*, dont se sert la loi, doit être entendu dans un sens plus large, et s'applique à tous les cas où la décision judiciaire, quelles qu'en puissent être les conséquences, est basée sur un titre non enregistré et susceptible de l'être ».

Arrêt du 7 *fév.* 1865 : « Attendu que, pour donner ouverture au droit de titre, il n'est pas nécessaire que le jugement qui prescrit l'exécution de la vente soit fondé sur un acte antérieurement souscrit et non enregistré; qu'il suffit que l'existence du marché soit constatée par la décision judiciaire qui devient alors elle-même le titre des parties ».

187. Titre apparaissant comme un titre libéré. — Mais le droit de titre n'est pas dû si le titre n'apparait que comme un titre libéré. Décidé en ce sens que le droit de titre n'est pas exigible sur le prix de fournitures mobilières non contestées, liquides et pour lequel le tribunal a admis une compensation immédiate (Seine, 14 janv. 1899, 9055 R. P.).

188. Nature et base du droit de titre. — Dans la défense qu'elle a présentée au sujet d'une affaire qui a donné lieu à un arrêt du 30 oct. 1888, l'Administration a précisé en ces termes la règle à suivre : « Pour déterminer la nature du droit de titre exigible sur un jugement, en même temps que la base de sa perception, l'on doit discerner : 1° quelle est la convention que les plaideurs, dans leurs conclusions respectives, ont soumise à l'examen du tribunal pour que celui-ci en reconnaisse l'existence, la validité ou en ordonne l'exécution et fournisse ainsi aux parties le titre qu'elles sont venues demander à la justice; 2° dans quelle mesure cette convention a été ainsi soumise à l'autorité judiciaire et reconnue par elle » (7106 R. P.; 23124 J. E. — *Rappr.* 7430 R. P.; 23450 J. E.).

Il suit de là que, si l'existence et la validité de la convention sont en dehors du litige et si la discussion ne porte, par exemple, que sur une des clauses d'un marché, on ne peut assujettir au droit de titre l'intégralité du prix ou des valeurs stipulées. La perception ne se justifie que jusqu'à concurrence de l'utilité juridique que la convention retire du jugement.

C'est ce qu'exprime formellement un arrêt du 24 juin 1890, aux termes duquel le droit proportionnel de titre établi sur les jugements par les dispositions de l'article 69, § 2, n° 9, L. 22 frim. et 22 L. 11 juin 1859, n'est dû que dans la mesure de l'utilité juridique qu'assure à la convention litigieuse le jugement qui en reconnait l'existence; c'est seulement dans la limite où il la déclare obligatoire et fournit ainsi le titre nécessaire à son exécution, que le jugement est passible de ce droit proportionnel. En conséquence, lorsqu'un tribunal, appelé à interpréter l'une des clauses soit d'un marché verbal, soit d'un marché de commerce enregistré au droit de 3 fr., fixe le sens de cette clause en déterminant les conditions de livraison de la marchandise vendue, alors que ni l'existence, ni la validité du marché ne sont contestées par les plaideurs, le jugement n'a d'autre effet que de régler un certain mode d'exécution sur lequel les parties étaient en désaccord; ce n'est donc que dans cette mesure et sous ce rapport qu'il donne ouverture au droit proportionnel de titre (7430 R. P.; 23450 J. E.).

Cet arrêt restreint dans des limites assez étroites l'application du droit de titre, contrairement à la théorie que l'Administration avait cherché à faire prévaloir.

189. Énonciation faisant titre. — Il n'est pas nécessaire, pour donner ouverture au droit de titre, que le jugement ait directement prononcé sur la convention : il suffit que cette convention ait reçu un corps des dispositions du jugement, qu'elle ait acquis une existence qui était jusque-là restée à l'état occulte (Cass. 10 août 1853, 15751 J. E.; 1986 § 5, I. G.; S. 53-1-767; D. P. 54-1-302; P. 54-1-33; — Seine, 7 juill. 1860, 1364 R. P.).

Nous indiquons ci-après les applications particulières dont les règles qui précèdent ont été l'objet depuis la publication de notre 7e édition.

190. Créance verbale. — Intérêts. — Un jugement du tribunal de la Seine du 11 juill. 1849 avait décidé que, dans l'hypothèse d'une condamnation à payer les intérêts d'une créance verbale, le droit de titre est exigible, bien que la créance ne soit pas l'objet de la demande, attendu qu'il importe peu qu'il n'y ait pas de condamnation prononcée sur le capital, la reconnaissance de la dette en principal résultant suffisamment du jugement pour faire titre à celui qui l'a obtenu (14802 J. E.; — *Conf.* Sol. 2 août 1877; 27 mai 1889, *Rev. prat.* 2835).

Mais, par un jugement du 1er déc. 1900, il est revenu sur cette thèse : « Attendu, il est vrai, — porte ce jugement, — qu'on peut, au moyen d'inductions, prétendre qu'on a reconnu indirectement que le capital stipulé par simple convention verbale était dû; que, toutefois, cette circonstance n'équivaut pas, pour le capital, à un titre susceptible de remplacer la convention verbale et d'agir directement sans nouvelle action judiciaire » (10074 R. P.).

191. Débouté de demande de résiliation. — Marché. — Par contre, le droit de titre a été reconnu exigible sur le jugement qui déboute l'une des parties d'une demande de résiliation d'un marché verbal. Il importe peu que le tribunal ait statué sur une convention déjà exécutée par la livraison des fournitures et le règlement du prix : il suffit qu'en rejetant les allégations de dol et de fraude articulées par le demandeur, il ait maintenu l'existence du marché conclu verbalement (Seine, 24 oct. 1890, 7517 R. P.).

192. Reconnaissance de dette. — Décidé encore que lorsque la seule utilité juridique d'un jugement est de fixer d'une manière définitive le chiffre d'une dette qu'aucun

191. Demande en résiliation d'une convention verbale. Débouté. Droit de titre. — Le jugement qui déboute un plaideur de sa demande en résiliation d'une convention verbale donne ouverture au droit de titre lorsqu'il détermine la nature de cette convention et en maintient l'existence (Seine, 9 nov. 1904, 10007 R. P. et 23 déc. 1905, 1127 R. P.).

195. Condamnation à payer le prix de vente d'un fonds de commerce. Mutation non déclarée. Droit de titre. Droit en sus. Production ultérieure d'un acte s. s. p. de vente sous condition suspensive. — Lorsqu'il résulte d'un jugement qui condamne le défendeur au payement du prix d'un fonds de commerce que la vente s'est opérée depuis plus de trois mois, l'Administration est fondée à réclamer, sur ce jugement, les droits simples et en sus afférents à la mutation du fonds de commerce. Les parties [illegible] en vain, pour résister à cette réclamation, un acte s. s. p. qui n'a acquis date certaine que postérieurement au jugement et duquel il résulterait que la vente du fonds de commerce n'a eu lieu que sous une condition suspensive non réalisée (Seine, 7 août 1903, 16700 R. P.).

acte enregistré ne constatait jusqu'alors et de permettre au curateur à une faillite d'opposer à tous les créanciers la propriété de la faillite sur le montant de cette dette, la décision du tribunal constitue le titre légal de la reconnaissance et donne ouverture au droit de titre (Seine, 15 juil. 1899, 9638 R. P.).

CHAPITRE II. — CONVENTIONS VERBALES.

(193-207)

193. Principe. — La première question qui se présente ici est celle de savoir si la loi a voulu atteindre toutes les conventions écrites ou verbales et dont un titre n'aurait pas été soumis à l'enregistrement. On a soutenu, et on cherche encore souvent à soutenir que le droit de titre n'est pas dû sur les conventions autres que celles portant transmission de propriété ou d'usufruit d'immeubles, si le jugement est rendu sur convention verbale ou dont le titre n'a été ni produit ni indiqué, et l'on dit, à l'appui de ce système, que la loi, ne parlant que des conventions non enregistrées *et susceptibles de l'être*, ne peut évidemment s'appliquer qu'aux transmissions de propriété ou d'usufruit d'immeubles, parce qu'elles seules sont *susceptibles d'enregistrement*.

194. — Cette prétention n'est pas fondée. Voici la réfutation que nous en avons faite dans nos éditions antérieures et que M. Demante a bien voulu trouver péremptoire (522, § 1er).

Le but du législateur, en édictant les art. 41 et 42 L. 22 frimaire an VII, a été d'empêcher, autant que possible, que les actes fussent soustraits à la formalité de l'enregistrement et du timbre. Ce but serait manqué du moment que l'enregistrement pourrait devenir sans utilité pour un acte quelconque, et c'est ce qui arriverait si l'on pouvait faire usage d'un acte dans un autre, ou faire le second en conséquence ou en vertu du premier, sans qu'il y eût nécessité pour lui d'être timbré et enregistré, car cet acte prendrait alors un corps certain, recevrait une existence indubitable par sa constatation dans un acte authentique, ce qui rendrait évidemment son enregistrement tout à fait inutile. Or, l'inconvénient que le législateur a voulu éviter dans les actes civils, pour les conventions faites par acte sous seing privé, se présenterait plus grave encore pour les conventions qui peuvent faire l'objet des jugements. Les actes judiciaires offriraient un moyen très facile de se procurer un titre même exécutoire, sans acquitter le droit d'enregistrement à raison de la convention constatée.

Supposons, en effet, que je vous fasse assigner devant le tribunal en payement de la somme de 10.000 fr. que vous me devez verbalement. Vous reconnaissez la dette. Le juge me donne acte de votre aveu. Comme le jugement ne contient ni condamnation, ni collocation, ni liquidation, le seul droit fixe est exigible, et je me trouve ainsi nanti d'un titre exécutoire sans avoir eu à acquitter le droit de notre convention.

Il est vrai que, toutes les fois qu'il ne s'agit pas d'un acte portant transmission de propriété ou d'usufruit d'immeubles, les parties pouvant énoncer leurs conventions verbales dans des actes civils, sans que la plupart du temps l'Administration soit en droit de s'autoriser de cette énonciation pour réclamer les droits de titre, on peut se demander pourquoi il n'en serait pas de même en matière de jugement. La réponse à cette objection est facile.

Du moment que la convention fait l'objet d'un jugement, les parties peuvent sans inconvénient supprimer l'acte originaire sans compromettre leurs intérêts : le jugement tient véritablement lieu du titre; tandis que la simple énonciation dans un exploit ou dans un acte quelconque, d'une convention verbale, ne dispenserait pas celui qui l'invoquerait d'en représenter la preuve écrite, s'il y avait contestation sur son existence.

Si, donc, l'on admettait que le droit de titre ne peut être perçu à raison des conventions verbales autres que celles portant transmission de propriété ou d'usufruit d'immeubles, il arriverait que le principe fondamental en matière fiscale, qui veut que la loi de l'impôt ne puisse, en aucune façon, être rendue illusoire, cesserait de recevoir son application du moment que la justice interviendrait pour régler les conventions.

D'ailleurs, qu'importe, pour la perception du droit de titre, l'état de la convention? Ce n'est pas, en effet, en considération de son état antérieur, ni à cause du titre qu'elle a pu avoir jusque-là, mais à raison du titre qu'elle acquiert dans le jugement, que le droit est perçu. L'acte judiciaire forme le titre de l'obligation; ce titre est authentique : la loi exige qu'il soit enregistré dans un délai et que le droit de la convention qu'il contient soit perçu; la disposition contraire fausserait évidemment les principes du droit d'enregistrement.

195. — C'est ce que l'Administration a officiellement consigné dans l'I. G., nº 132, et ce qui a été reconnu, en thèse, par un arrêt Cass. 4 déc. 1834 : « Attendu, porte cet arrêt, que tout jugement portant condamnation de sommes et valeurs mobilières est soumis, lorsque la condamnation a été prononcée sur une demande non établie par un titre enregistré, mais susceptible *d'être établie en cette forme*, à la perception simultanée de deux droits d'une nature différente, savoir : 1º du droit de condamnation; — 2º du droit de titre, c'est-à-dire du droit auquel l'objet de la demande aurait donné lieu s'il avait été convenu par acte public; qu'en effet, dans le cas d'une convention non constatée par un titre et résultant seulement d'un traité verbal, le jugement qui intervient pour reconnaître l'existence et ordonner l'exécution de cette convention ou allégation, constitue désormais, pour les parties, un titre légal dans la mesure de ce qui est déclaré obligatoire entre elles, et doit, par conséquent, dans la même mesure, donner ouverture au droit de titre » (313 R. P.; 15053 J. E.; S. 35-1-63; 2033-4, I. G.).

196. Opérations commerciales. — Dans cet ordre d'idées, la Cour de cassation, ch. civ., a jugé, le 18 juin 1894, que le droit de titre édicté par l'art. 69, § 2, nº 9, de la loi du 22 frimaire an VII est exigible sur la disposition d'un jugement qui, en liquidant le compte de travaux effectués en vertu d'un traité verbal et en fixant la somme due à l'entrepreneur, a non seulement constaté les conventions, mais en a aussi déterminé les effets. Il importe peu, d'après la Cour, qu'il s'agisse d'opérations commerciales simplement constatées par des registres ou mémoires, de travaux faits au jour le jour, sans que des devis aient été préalablement dressés. Le droit de titre est, en effet, applicable aux conventions commerciales comme à toutes autres, sans qu'il y ait lieu de se préoccuper de leur mode de preuve, les conventions purement verbales étant soumises à la perception, du moment qu'elles sont constatées par un acte judiciaire formant titre entre les parties. En fait, le demandeur était dépourvu de titre écrit, puisqu'il était obligé d'en demander un à la justice, afin d'être à même de suivre le recouvrement de sa créance (6340 R. P.; 22365 J. E.; 2700 § 8 J. G.; S. 85-1-227; D. P. 85-1-26; P. 85-530; — *Rappr.* Cass., 24 juin 1890, 7430 R. P.; 23450 J. E.; — 24 déc. 1890, 7525 R. P.; — 31 nov. 1893, 8214 R. P.).

197. Location verbale. — Droit de titre et amende. — D'après deux Solutions des 12 mars 1881 et 23 juill. 1883 (5686 et 6190 R. P.; — V. *Rép. gén.*, v° *Jugement*, n° 945), les jugements qui portent condamnation au payement de loyers dus en vertu de conventions verbales, sans qu'il soit justifié de la déclaration de location, donnent ouverture au droit de bail comme droit de titre et dans les limites établies par l'art. 69, § 2, n° 9, L. 22 frim. an VII.

L'application de cet article comporte la perception, non seulement du droit simple, mais encore, le cas échéant, de la pénalité, attendu qu'il est certain que c'est à cette double perception que « l'objet de la demande aurait donné lieu s'il avait été convenu par acte public ».

Ces règles ont été confirmées par une Solution du 18 avr. 1891 (7624 R. P.).

Si donc un jugement condamne à payer 200 fr. pour six mois de location verbale d'un immeuble, sans autres indications ou justifications, le receveur qui donne la formalité doit percevoir le droit de 0 fr. 20 p. 100 sur 200 fr., ainsi que l'amende de 50 fr., et faire un renvoi de l'enregistrement à son collègue chargé des locations verbales, afin que celui-ci assure, s'il y a lieu, le recouvrement du surplus des droits.

Il s'ensuit, d'autre part, que le délai de prescription de l'amende est de deux ans à compter de l'enregistrement du jugement (art. 61-1° L. frim.).

Rien ne s'oppose, d'ailleurs, à ce qu'avant l'enregistrement du jugement, le bailleur souscrive au bureau des locations verbales une déclaration dont le receveur des actes judiciaires doit tenir compte (Sol. 18 avr. 1891 précitée).

198. Marché. — Exécution ordonnée. — Le jugement qui, statuant sur les contestations soulevées par l'exécution d'un marché commercial, dit que le défendeur sera tenu d'effectuer des livraisons de marchandises à des époques qu'il détermine et, au besoin, l'y condamne, doit être assujetti, non seulement au droit de condamnation, mais encore au droit de titre, bien que le marché dont le tribunal ordonne l'exécution n'ait pas été constaté par écrit (Alger, 7 déc. 1901, 10133 R. P.).

199. Prétendu contrat de commission. — Caractère de vente reconnu par le tribunal. — Lorsque, sur une action en reddition de compte intentée par un demandeur, à titre de commettant, contre un défendeur pris en qualité de commissionnaire, un tribunal reconnaît qu'il n'y a pas eu contrat de commission, mais bien contrat de vente verbale, librement agréé et indépendant des obligations imposées au commissionnaire, le droit de titre est exigible sur le prix de la vente verbale dont il reconnaît l'existence (Le Havre, 7 déc. 1900, 10076 R. P.).

200. Mutation. — Donné acte de l'offre faite par un vendeur de considérer une vente verbale comme nulle et non avenue. — Le jugement qui donne acte à un vendeur de son offre de considérer une vente verbale comme nulle et non avenue et réserve à l'acquéreur le droit d'accepter cette offre dans un certain délai, ne fait qu'admettre les parties à résilier cette vente à l'amiable; il en reconnaît donc l'existence et donne ouverture au droit de mutation. Si les faits de la cause démontrent que la vente, au lieu d'avoir été conclue verbalement, a fait l'objet de conventions écrites, il convient de réclamer la représentation de ces conventions et, à défaut, une somme arbitrée d'office, pour tenir lieu du droit de mutation. Enfin, l'exploit par lequel l'acquéreur déclare accepter l'offre de considérer la vente comme nulle constitue, par son rapprochement avec le jugement, le titre d'une résiliation amiable et donne ouverture, en principe, au droit de rétrocession (Sol. 13 juill. 1898, 9535 R. P.).

201. Promesse par un copropriétaire indivis de vendre un immeuble. — Refus des autres copropriétaires. — Condamnation à exécuter la vente. — Non-exigibilité du droit de mutation. — Le droit de mutation n'est pas exigible sur le jugement condamnant l'un des copropriétaires indivis à exécuter la promesse qu'il a personnellement consentie de vendre la totalité d'un immeuble lui appartenant avec d'autres copropriétaires qui sont restés étrangers à la promesse de vente et qui refusent leur consentement. Le promettant a pris seulement, en effet, l'engagement de déterminer ses cohéritiers à consentir à la vente et ne s'est porté fort que d'un fait dont l'accomplissement ne dépendait pas de sa propre volonté; il a contracté une simple obligation de faire, précédant la transmission de la propriété, distincte d'elle et résoluble en dommages-intérêts en cas d'inexécution (Sol. 26 mars 1892, 7907 R. P.).

202. Condamnation à réaliser une vente et à payer le prix. — Si le droit de mutation peut être immédiatement perçu sur une vente, dont le prix sera fixé ultérieurement par un arbitre, c'est seulement lorsque l'estimation doit présenter un caractère obligatoire pour toutes les parties. Il n'est pas exigible, dès lors, sur le jugement préparatoire qui enjoint à un plaideur d'acquérir un terrain litigieux, dont le prix sera déterminé par le tribunal au vu d'une expertise confiée à des experts désignés. La perception doit en être réservée jusqu'au jugement définitif qui fixe le prix et condamne l'acquéreur à le payer. Par voie de conséquence, ce jugement ne donne pas ouverture au droit de condamnation sur l'injonction de payer le prix qui est, en réalité, une disposition dépendante de la condamnation à réaliser la vente (Sol. 21 mai 1896, 8841 R. P.).

202. Vente d'immeubles sous condition suspensive. Accomplissement de la condition. Condamnation à passer acte public de la vente. Appel. — Est passible du droit proportionnel de mutation immobilière, comme acte judiciaire translatif de biens immeubles, le jugement qui, constatant l'accomplissement d'une condition à laquelle une vente d'immeubles était subordonnée, ordonne à l'acquéreur de réaliser cette vente devant notaire dans un délai fixé, faute de quoi le jugement tiendra lieu de l'acte notarié, et détermine en même temps le point de départ des intérêts, des impôts et des termes de payement du prix, sans que le tribunal, pas plus que la convention à laquelle il se réfère, fasse du payement du prix, au moment de la passation de l'acte authentique, la condition suspensive de la transmission de la propriété. — Ce droit ne devient, d'ailleurs, pas restituable, par suite de l'infirmation sur appel du jugement sur lequel il a été perçu (Chambéry, 2 mai 1903, [illegible] R. P.).

203. Servitude. — Est passible du droit de 5 fr. 50 p. 100 le jugement qui condamne un propriétaire à payer au propriétaire voisin une somme déterminée pour la valeur de la mitoyenneté d'un mur, faute de quoi les constructions appuyées contre ce mur devront être démolies dans un délai fixé. Le droit de condamnation ne peut être perçu, à raison de l'injonction de payer le prix, cumulativement avec celui de mutation (Seine, 4 juill. 1896, 9032 R. P.).

204. Simulation. — Lorsque des jugements constatent des simulations commises dans le caractère des actes ou des mutations, les droits résultant de cette reconnaissance sont-ils dus sur le jugement lui-même, ou bien doivent-ils être réclamés distinctement comme ceux des mutations secrètes?

Deux situations se présentent qui sont soumises à des règles différentes : ou l'acte n'a pas été enregistré avant le jugement, ou il a été présenté à la formalité.

S'il n'a pas été enregistré, on retombe sous l'application des art. 48 L. 22 frim. et 57 L. 28 avr. 1816. Ainsi que le dit Dalloz, « l'énonciation du jugement avertit alors suffisamment le préposé qui doit se faire représenter l'acte indiqué... et, au refus du contribuable, percevoir le droit provisoirement, sauf restitution si l'acte était réellement enregistré » (J. G. 5541).

Si l'acte simulé a été soumis à la formalité, les articles précédents demeurent hors de cause; mais les principes généraux conduisent à la même conclusion. En effet, le droit supplémentaire qu'il s'agit de percevoir est dû sur une *disposition* même du jugement. Il n'était pas antérieurement exigible, et il cesserait de l'être si le jugement n'existait plus. La raison en est que la décision du tribunal ne se borne pas à énoncer le contrat ou à en rappeler les stipulations. Au point de vue du tarif, elle fait quelque chose de plus. Elle en modifie le caractère et change, par conséquent, les éléments de la perception. Entre les parties, elle devient le titre direct, non pas de la mutation qui s'est antérieurement opérée, mais de sa véritable nature et de ses effets réels. C'est donc une disposition nettement caractérisée, et il est juridique de l'assujettir, lors de son enregistrement, au droit qu'elle comporte.

205. — Cette interprétation, admise par Champ. et Rig., t. Ier, n° 103, peut s'appuyer sur un A. Cons. d'Et. 24 nov. 1835. Il y a été reconnu que si la nature d'une convention simulée se trouve rétablie dans un second acte, le complément de droit exigible se prescrit par deux ans à compter de l'enregistrement du second. C'est décider très virtuellement que le supplément de droit est exigible et doit être perçu *sur le second acte ou sur le second jugement* (V. aussi Dalloz, n° 5541).

Il a été reconnu, en ce sens, que quand un jugement constate qu'une vente dissimule une donation, le droit de donation est dû, sauf imputation du droit de vente perçu (Epernay, 27 avr. 1877, 4741 R. P.; 20692 J. E.; — *Comp.* Incl., 23 janv. 1867, 2774 R. P.).

Dans le même ordre d'idées, l'insuffisance de déclaration du prix indéterminé du bail, résultant d'un acte passé à la même époque, et non enregistré dans les trois mois de sa date, serait passible du double droit si elle était constatée judiciairement (Seine, 19 mai 1866, 2398 R. P.; 18235 J. E.; 1882 *Rev. not.*). Sous l'empire de la loi du 23 août 1871, le droit en sus au minimum de 50 fr. sera exigible, même en l'absence d'une convention écrite.

206. Reconnaissance de dépôt dissimulant une donation. — Caractère de l'acte restitué par les motifs, mais non par le dispositif d'un jugement. — Droit complémentaire non exigible sur le jugement. — Le tribunal de la Seine a cru pouvoir s'écarter de cette règle dans une affaire où la validité d'une reconnaissance de dépôt, enregistrée au droit de 1 fr. p. 100, avait été contestée en justice et où le tribunal avait maintenu cette reconnaissance sans en préciser le caractère dans le dispositif même du jugement. Il a décidé que l'Administration n'était pas fondée à invoquer, pour percevoir sur ce jugement un droit complémentaire de donation, les constatations contenues dans les motifs et portant que la reconnaissance produite renfermait en réalité une libéralité déguisée; que ces motifs fournissaient simplement des éléments d'appréciation pour un supplément de perception à réclamer sur le titre déjà enregistré (jug. du 2 juill. 1897, 9307 R. P.), sans que les parties pussent d'ailleurs opposer la prescription biennale (jug. du 21 juill. 1899, 9832 R. P.).

La circonstance que la simulation de l'acte soumis à l'appréciation du tribunal n'était pas établie par le dispositif du jugement, mais résultait seulement des motifs, ne nous paraît pas concluante. Sans doute, en principe, c'est sur le dispositif que la perception doit être assise, mais on ne peut isoler le dispositif des motifs qui lui servent de fondement, et comme, dans l'espèce, le dispositif du jugement découlait entièrement des constatations de fait contenues dans les motifs sur le véritable caractère de la convention, il nous paraît impossible de soutenir que le jugement n'avait pas nové le titre simulé produit par les plaideurs.

207. Vente déguisant une donation. — Caractère de l'acte rétabli judiciairement. — Droit complémentaire exigible sur le jugement. — Décidé, dans le sens de notre opinion (V. n° 204 *suprà*), que, lorsque la validité d'une vente est contestée en justice et qu'un arrêt maintient la convention, en tant que donation déguisée, l'Administration est fondée à exiger sur cet arrêt la différence entre le droit de vente et celui de donation; elle peut même percevoir l'intégralité du droit de donation s'il n'est pas justifié de l'enregistrement de la vente (Douai, 11 août 1897, 9528 R. P.).

CHAPITRE III. — TITRE ÉCRIT SOUSTRAIT A FORMALITÉ.

[208]

208. Cours d'instance. — Le sujet est traité avec tous les développements qu'il comporte, tant dans notre *Répertoire général* que dans notre *Supplément*, v° *Acte produit en cours d'instance*. Nous prions nos lecteurs de vouloir bien s'y reporter.

CHAPITRE IV. — TITRE ENREGISTRÉ.

[209]

209. Principe. — Le droit de titre est exigible sur tout jugement portant condamnation, collocation et liquidation de sommes et valeurs mobilières, qui repose sur un titre écrit ou verbal. Mais la loi devait faire une exception en faveur des condamnations fondées sur un titre enregistré. Dans ce cas, on ne pouvait, en effet, percevoir le droit de la convention sans le percevoir deux fois, sans violer la maxime *non bis in idem*; lorsqu'une convention a subi les droits auxquels elle donne ouverture par sa nature, elle peut être indéfiniment répétée dans de nouveaux actes sans donner lieu au droit de la convention. Aussi cette exception résulte-t elle formellement du texte même de l'art. 69, § 2, n° 9, L. an VII : « lorsqu'une condamnation sera rendue sur une demande non établie par un titre enregistré... ».

La jurisprudence a fait de ce principe de nombreuses applications que nous avons indiquées au *Rép. gén.*, v° *Jugement*, n°s 982 à 1012.

CHAPITRE V. — TITRE EXEMPT D'ENREGISTREMENT.

[210]

210. Principe. — Les expressions *demande non établie par un titre enregistré et susceptible de l'être*, insérées dans l'art. 69, § 2, n° 9, L. 22 frim. an VII, signifient encore que si, pour une cause quelconque, le titre de la convention est dispensé de l'enregistrement ou affranchi du droit, le jugement de condamnation qui intervient sur la demande ne peut donner ouverture au droit de titre. — C'est ce que décide une Circ. 8 germinal an XII portant que, par titres non susceptibles d'être enregistrés, *il faut entendre* ceux qu'une disposition expresse de la loi dispense de l'enregistrement, comme les transferts d'inscription, les quittances de leurs intérêts, les rescriptions, les mandats et ordonnances sur les caisses publiques, et que les jugements de condamnation rendus sur les demandes de cette nature ne seraient sujets qu'au droit de condamnation (*Voir Rép. gén.*, v° *Jugement*, n°s 1013 à 1021).

CHAPITRE VI. — TITRE NON SUSCEPTIBLE D'ÊTRE ENREGISTRÉ.

[211-213]

211. Principe. — Nous avons démontré, aux n°s 938 et s. du *Rép. gén.*, v° *Jugement*, que les expressions de l'art. 69 L. 22 frim. an VII, *demande non établie par un titre enregistré et susceptible de l'être*, ne signifiaient pas que le droit de titre ne devait pas être perçu sur les conventions verbales autres que les transmissions de propriété ou d'usufruit d'immeubles. Que veulent donc dire ces mots? Ils signifient que toutes les fois que la demande, par sa nature, est indépendante, exclusive même de toute convention, comme dans les obligations naturelles et les obligations légales, il ne peut être perçu de droit de titre. Ils signifient encore que la perception du droit de titre ne peut avoir lieu qu'autant qu'il est possible de supposer l'existence d'une convention antérieure non enregistrée. « Une demande est susceptible d'être enregistrée, dit également M. Demante, toutes les fois qu'elle est fondée sur une convention. Lors, au contraire, que l'obligation invoquée découle d'un quasi-contrat, d'un délit, d'un quasi-délit ou de l'autorité seule de la loi (V. 1370 C. C.), l'impôt de l'enregistrement ne peut atteindre l'obligation elle-même, mais seulement la condamnation » (n° 552).

212. Aliments. — Ascendants. — L'obligation pour les enfants de fournir des aliments à leurs père et mère se trouve dans la loi (205 C. civ.). Aussi a-t-il été reconnu que, lorsque cette obligation légale existe, le jugement de condamnation ne donne pas ouverture au droit de titre (D. m. f. 14 juin 1808, 390 § 7, I. G.).

Un jugement du tribunal de Gaillac du 21 nov. 1901 a cependant décidé que le droit de titre est exigible quand le tribunal sanctionne une convention verbale intervenue entre les parties, *antérieurement à l'instance*, au sujet du chiffre de la pension à servir par les enfants à leur père. Mais cette décision ne saurait être approuvée. La convention n'a fait, en effet, que régler le mode d'exécution de l'obligation légale, mais elle n'a rien ajouté au titre du créancier qui, après comme avant, réside toujours dans la loi (10128 R. P.).

213. Mines. — Privation de jouissance. — Indemnité. — Décidé que le jugement qui condamne, en vertu des lois des 28 avr. 1810 et 27 juill. 1880, une compagnie minière à payer au propriétaire d'un terrain qu'elle occupe une indemnité de privation de jouissance égale au double du produit net de ce terrain, n'est pas passible du droit de titre (Sol. 21 mai 1890, 8841 R. P.).

CHAPITRE VII. — OBJET DE LA DEMANDE.

[214-220]

214. Principe. — Objet de la demande. — L'art. 69 § 2, n° 9, L. 22 frimaire an VII veut que, lorsqu'une condamnation est rendue sur une demande non établie par un titre enregistré et susceptible de l'être, le droit à percevoir soit celui auquel l'*objet de la demande* aurait donné lieu s'il avait été convenu par acte public. — Il résulte, entre autres choses, de cette disposition : 1° que ce n'est jamais que l'objet direct de la demande, quelle que soit d'ailleurs la cause à laquelle cette demande puisse être rattachée, qui doit déterminer la *nature* du droit proportionnel; — 2° qu'il faut faire abstraction du titre originaire de la dette pour reconnaître la somme sur laquelle le droit doit être perçu; la portion de cette dette qui motive l'instance, et, par conséquent, fait l'objet de la demande, doit seule être atteinte par la perception du droit de titre.

Ainsi, le droit proportionnel frappera tantôt la dette entière, tantôt une fraction de cette dette, suivant que la contestation aura porté sur le tout ou sur la partie (2821 § 2 I. G., p. 20 et 21).

En outre, on doit entendre par *objet* de la demande.

dans le sens légal du mot, non pas les prétentions ordinairement exagérées dans l'exploit introductif de l'instance, mais l'objet réel du litige réduit par les débats ou par le juge à sa juste expression. Pour en donner un seul exemple, si un individu en assigne un autre en payement d'une somme de 50.000 fr. pour droit de commission et devant le tribunal réduit sa demande à 1.000 fr. qui lui sont adjugés, le droit de titre n'est dû que sur 1.000 fr. (Sol. 11 août 1850).

D'après la jurisprudence de la Cour de cassation, le droit de titre n'est dû que « dans la mesure de l'utilité juridique qu'assure à la convention litigieuse le jugement qui en reconnaît l'existence et dans la limite où il l'a déclarée obligatoire et a fourni ainsi le titre nécessaire pour son exécution » (Arrêt du 24 juin 1890, 7430 R. P.; S. 91-1-132; — Seine, 13 mars 1891, 7658 R. P.).

215. Compte. — **Marché. — Condamnation au payement d'un acompte ou du solde.** — L'objet de la demande doit s'entendre, même au delà des limites de la condamnation directement requise, de tout ce qui a été expressément compris dans les contestations soumises au juge *par les conclusions respectives des parties et sur lesquelles il a statué.*

L'Administration a longtemps soutenu, en matière de marchés commerciaux, et, par voie d'analogie, en matière de comptes résultant de conventions verbales, qu'il y a reconnaissance totale d'un marché ou, plus généralement, d'un contrat quelconque, lorsque, pour déterminer le montant du solde litigieux, le tribunal a dû procéder à un examen complet de toutes les opérations accomplies en exécution du contrat. Cette prétention a été formulée dans une Solution du 5 fév. 1876 (4755 R. P.). Mais nous l'avons immédiatement critiquée. Il n'y a véritablement de reconnu et de constaté, avons-nous dit en substance, que la portion des engagements sur lesquels la contestation s'est élevée et se trouve tranchée. C'est donc au solde qu'il convient de limiter la perception de l'impôt.

Néanmoins, certains tribunaux secondaires avaient paru un instant disposés à entrer dans la voie d'extrême fiscalité dans laquelle l'Administration cherchait à les entraîner (Seine, 15 janvier 1876, 4332 R. P.; — Clermont, 13 février 1878, 4904 R. P.; — La Roche-sur-Yon, 8 avril 1878, 5098 R. P.; — Compiègne, 13 février 1878, 5015 R. P.).

Mais, devant les conséquences rigoureuses d'un pareil système, la jurisprudence ne tarda pas à réagir contre la doctrine administrative.

216. — Un jugement du tribunal de la Seine du 6 mai 1887 (5903 R. P.) décida qu'il est impossible de dire qu'il y a reconnaissance totale d'un marché, lorsque l'existence et la validité n'étant pas contestées, le litige porte uniquement sur le règlement de la portion due à l'entrepreneur. Il importe peu que, dans ce cas, le tribunal vise le marché, en reproduise les principales clauses et détermine le prix total acquis à l'entrepreneur en vertu de la convention. Du moment où les conclusions des plaideurs ont restreint le litige à la somme formant le solde du prix, la reconnaissance judiciaire ne s'opère que jusqu'à concurrence de cette somme, seule contestée, et c'est dans la même limite que doit s'effectuer la perception du droit de titre.

217. — Un second jugement du même tribunal, en date du 13 mars 1891 (7658 R. P.) a formulé, en cette matière, une règle d'une grande simplicité et d'une application pour ainsi dire matérielle. La doctrine se résume en cette proposition que, pour donner ouverture au droit de titre, la liquidation ou la reconnaissance doivent être contenues dans le dispositif du jugement.

C'est à ce principe que nous nous sommes rallié pour l'assiette du droit de liquidation (V. n° 151, *suprà*); nous croyons devoir également l'adopter en ce qui concerne la perception du droit de titre.

Le dispositif est la partie finale du jugement qui, formant comme la sanction des motifs, contient la condamnation prononcée par le tribunal et l'indication de la mesure que les parties sont tenues d'accomplir. C'est le dispositif seul qui forme le jugement et qui, par suite, constitue la chose jugée (*Rép. gén.*, 7e édit, v° *Jugement*, n°s 29 et suiv.). Si, dans certains cas, il faut rapprocher les motifs du dispositif pour fixer le véritable sens du jugement, on ne peut aller jusqu'à confondre ces deux parties essentiellement distinctes : cela est tellement vrai que, dans le cas où les motifs sont erronés tandis que le dispositif est conforme à la loi, le jugement n'en est pas moins valable et ne saurait donner ouverture à cassation (*Rép. gén.*, 7e édit., v° *Instance*, n° 320). Il n'en serait autrement que dans le cas exceptionnel où les considérants, perdant leur caractère énonciatif, formeraient une reconnaissance véritable dans le sens de la loi. Mais, en général, les motifs ne renferment que la discussion du point litigieux; le dispositif seul en donne la solution. Or, la discussion n'offre d'utilité pour les parties que dans la mesure de la solution au débat. C'est donc le dispositif qui constitue, à vraiment parler, le jugement et qui, par suite, doit servir de base à l'impôt.

218. — Décidé, dans cet ordre d'idées :

1° Que lorsque, pour liquider le solde d'un compte litigieux, l'expert commis reconstitue toutes les opérations intervenues entre les parties, et que le tribunal, entérinant le rapport, s'en approprie le contenu, le droit de titre est exigible sur le montant intégral des opérations liquidées, et non pas seulement sur le solde formant l'objet de la condamnation (Cass. civ., 24 déc. 1890, 7525 R. P., 2811 § 2 I. G.; S. 91-1-353; D. P. 91-1-279);

2° Que le droit proportionnel est dû sur l'importance totale d'un marché, lorsque les parties ont demandé au tribunal, non seulement de fixer le solde, mais encore de liquider entièrement leurs opérations, et que le dispositif du jugement renferme, à la fois cette liquidation et la condamnation au jugement du solde (Seine, 13 mars 1891, 7659 R. P., et sur pourvoi, Cass. req. 26 déc. 1892, 8007 R. P.);

3° Que lorsque, pour liquider le solde d'un compte litigieux, un expert commis judiciairement s'est vu, à raison des contestations soulevées par le défendeur sur le montant et sur le prix de fournitures, dans la nécessité de procéder à la liquidation de toutes les opérations intervenues entre les parties, le droit de titre est exigible sur l'ensemble des opérations (Cass. civ. 20 nov. 1893, 8214 R. P.; — Besançon, 16 juin 1896, 8986 R. P.).

219. — Par contre, il a été reconnu :

1° Que si les plaideurs demandent uniquement au tribunal de fixer le solde du prix, le droit de titre n'est dû que sur ce solde tel qu'il est déterminé par le dispositif du jugement (Seine, 13 mars 1891, précité);

2° Que le droit de titre n'est pas dû sur la partie *réglée* d'un marché (Rouen, 12 mars 1891; — Sol. 4 mai 1893);

3° Que si le chiffre de la demande se trouve réduit par des conclusions additionnelles, le droit de titre ne doit être liquidé que sur le chiffre réduit (Sol. 8 janv. 1894).

220. Rejet d'une demande en résiliation de marché. — Lorsqu'un jugement reconnaît l'existence d'un marché commercial et décide que, le cas du retard étant prévu avec clause pénale, il n'y a pas lieu d'en prononcer la résiliation, à raison de retards, mais d'en ordonner la complète exécution dans un délai fixé, ce jugement renferme reconnaissance totale du marché qu'il rend obligatoire pour le tout; il s'ensuit que le droit de titre est exigible sur la totalité du prix du marché ainsi reconnu (Lyon, 7 nov. 1895, et, sur pourvoi, Cass. req., 11 janv. 1898, 9216 R. P., 2965 § 8, I. G.; S. 98-1-371; D. P. 98-1-226; — *Conf.* 26 juill. 1899, 2 arrêts, 3004 § 7, I. G.; S. 1900-1-49 § 2; D. P. 1900-1-57 § 2).

TITRE V. — QUESTIONS DIVERSES.

(221-226)

221. Appel. — Décision confirmative. — Contrôle de la perception. — Le contrôle de la perception sur les décisions judiciaires qui confirment, en appel, un jugement rendu en premier ressort, est assuré au moyen de renvois échangés entre le receveur chargé de l'enregistrement de la décision confirmative et son collègue du bureau où a été enregistré le jugement confirmé. La forme et le mode de transmission de ces renvois sont indiqués par l'Instr. 2909.

222. Compensation judiciaire. — La compensation prononcée par le juge entre la condamnation au profit du demandeur principal et celle obtenue par le défendeur, demandeur reconventionnel, donne ouverture au droit de 0 fr. 50 p. 100 pour libération sur le montant de la compensation (V. *Compensation*). Le droit de condamnation n'est dû que sur la différence mise à la charge de l'une des parties, s'il y a lieu.

223. Délivrance de legs. — L'Administration admet que le droit de délivrance de legs (0 fr. 20 p. 100) est seul applicable, à l'exclusion du droit de condamnation, aux jugements ou arrêts qui, sur la demande d'un légataire particulier, ordonnent la délivrance d'un legs, *même contesté par les héritiers du testateur*.

La solution est la même lorsque les juges, après avoir ordonné la délivrance, condamnent, même expressément, les héritiers au payement du legs.

Dans les deux cas, en effet, c'est la demande en délivrance qui constitue l'objet du litige; et la condamnation à payer le montant du legs contesté n'étant qu'une conséquence de la délivrance préalablement ordonnée, est exempte d'un droit particulier, comme disposition dépendante (Sol. 12 mai 1898, *Rev. prat.* 4448; — *Conf.* Sol. 22 mars 1899, *Rev. prat.*, 4615).

Mais s'il n'y a pas de contestation sur la délivrance proprement dite et s'il s'agit de vaincre la négligence ou la résistance que l'héritier apporte au payement de la somme ou à la remise de l'objet, la sentence tendant à le contraindre donne ouverture au droit de condamnation (V. au *Rép. gén.*, v° *Jugement*, n° 643; — D. E., *eod. verbo*, n° 682).

La contestation sur la quotité des intérêts d'un legs non contesté engendre le droit de liquidation sur le montant de ces intérêts dont le tribunal a fixé le quantum (Sol. 22 mars 1899, précitée).

224. Faillite. — Dommage causé par le failli à un tiers. — Jugement reconnaissant le dommage et admettant le tiers au passif de la faillite. — Le bénéfice du droit fixe accordé par l'art. 13 L. 24 mai 1834 aux procès-verbaux d'affirmation et de vérification de créance ne peut être étendu aux jugements qui reconnaissent, au profit d'une partie contre le failli, un droit de créance qui ne résultait pas de titres antérieurs et dont la reconnaissance judiciaire était indispensable pour lui conférer le titre primordial de sa créance (Villeneuve, 21 nov. 1896, 9095 R. P.).

225. Pensions alimentaires. — Droits supplémentaires. — Les jugements préparatoires qui, en matière de séparation de corps ou de divorce, accordent une pension alimentaire à l'un des époux pour la durée de l'instance, constituent des titres de créance et doivent, comme tels, être assujettis au droit de condamnation sur le montant *intégral* de la pension. Lors de l'enregistrement, la perception ne peut être établie, en règle générale, que d'après une déclaration estimative (art. 16 L. frim.) fondée sur la durée probable du procès (1732-3 I. G.); mais cette perception doit être complétée, si l'évaluation qui lui sert de fondement est reconnue insuffisante.

Des mesures de contrôle ont été prises par l'Administration pour assurer le recouvrement des droits supplémentaires qui peuvent devenir exigibles dans ces circonstances. A cet effet, tout receveur qui enregistre un acte modifiant ou déterminant la durée, soit de l'instance, soit du service effectif d'une pension alimentaire allouée, en matière de séparation de corps ou de divorce, par un jugement provisoire ayant reçu la formalité dans un autre bureau, doit adresser, au moyen d'un renvoi, le renseignement à son collègue de ce dernier bureau (3027 I. G.).

226. Saisie-arrêt. — Droit de titre. — Nous avons émis l'avis, au *Rép. gén.*, v° *Jugement*, n° 1190, que le jugement de condamnation contre le tiers saisi ne donne ouverture au droit de titre que quand il forme titre au profit du saisi contre le tiers saisi. Or, ce résultat ne se produit en principe que quand, par suite des incidents de l'instance, il y a chose jugée entre le tiers saisi et le saisi sur le montant et l'existence de la créance saisie. C'est ce qui a lieu, notamment, lorsque le saisi intervient lui-même à la procédure pour contrôler la déclaration du tiers saisi et le faire condamner à payer, en son acquit, au saisissant le montant des sommes réclamées par ce dernier. Le saisissant a lui-même qualité pour contester, au nom de son

226. Saisie-arrêt. Droits de titre et de condamnation. — Le jugement qui valide une saisie-arrêt pratiquée par un créancier avec l'autorisation du juge en vue d'arriver au recouvrement d'une somme due sans titre écrit, renferme une condamnation implicite contre le débiteur saisi. Ce jugement donne, en conséquence, ouverture aux droits de titre et de condamnation, quand bien même le tiers saisi n'aurait pas été mis en cause (Amiens, 19 déc. 1903, 10750 R. P.; — Seine, 26 fév. 1904; — Lyon, 20 mars 1905, 10813 R. P.).

Le droit de titre doit être liquidé sur la totalité de la créance pour le recouvrement de laquelle est formée la saisie-arrêt, alors même que les sommes saisies-arrêtées seraient insuffisantes pour désintéresser complètement le créancier saisissant (Amiens, 19 déc. 1903, 10738 R. P.).

LÉGITIMATION.

LEGS.

8. Legs conditionnels. — *Legs payables à la majorité des légataires. Condition suspensive. Droits de mutation par décès dus, « pendente conditione », par l'héritier naturel saisi de la succession.* — Constitue un legs sous condition suspensive, et non un legs à terme, la disposition testamentaire par laquelle une personne, après avoir légué à sa mère l'usufruit de tous ses biens, stipule que l'actif héréditaire restant disponible après l'accomplissement de ses dernières volontés sera réparti, au prorata de leurs legs, entre ceux de ses légataires particuliers qui seront vivants et majeurs au décès de la légataire de l'usufruit; les biens faisant l'objet de cette disposition se trouvent, en conséquence, provisoirement dévolus aux héritiers naturels du défunt, et les droits dus par les légataires particuliers qui recueillent le bénéfice des libéralités supplémentaires ainsi faites ne deviennent exigibles que dans les six mois à partir du décès de l'usufruitière (Limoges, 30 octobre 1903, 10769 R. P.).

Condition résolutoire. Caractères. — Présente les caractères d'un legs sous condition résolutoire la disposition testamentaire par laquelle une personne a légué à un tiers la quotité disponible de sa succession, en stipulant que ce legs serait payable à la majorité ou au jour du mariage du bénéficiaire et que jusque-là les intérêts seront capitalisés à son profit, et en ajoutant que si le légataire mourait avant d'avoir atteint sa majorité ou sans être marié, le legs reviendrait à l'un des enfants du de cujus et qu'à défaut de celui-ci il serait caduc. Les héritiers naturels ne sont, en effet, investis d'aucun droit immédiat sur la chose léguée, et la clause relative à la capitalisation des intérêts jusqu'à la majorité ou au mariage du légataire constitue, non pas une condition suspensive, mais simplement un mode d'exécution de la libéralité (Seine, 26 fév. 1905, 11002 R. P.).

Présente également les caractères d'un legs sous condition résolutoire la disposition testamentaire par laquelle une personne a légué à un tiers la quotité disponible de ses biens, sous la condition que ce legs deviendrait nul si l'héritier naturel atteignait l'âge de trente ans ou s'il se mariait avant cet âge (Lyon, 19 mai 1906, 11330 R. P.).

10. Terme. — Constitue un legs à terme le legs d'une rente fait à un bureau de bienfaisance pour en jouir après le décès d'un premier légataire. Le décès de ce dernier est, en effet, un terme et non une condition, étant donné le caractère de pérennité de l'établissement bénéficiaire de la libéralité (Seine, 4 août 1905, 11304 R. P.).

40. Immeuble légué à titre particulier. Constructions non achevées. Obligation imposée au légataire universel de payer le solde du prix de ces constructions. Interprétation du testament. Charge de la succession, et non legs particulier. — L'obligation imposée par le testateur à sa succession de payer le solde restant dû sur le prix de constructions commencées sur un immeuble légué à titre particulier ne constitue, au profit du légataire particulier, ni un legs de libération, puisque celui-ci n'était tenu d'aucune dette envers le de cujus, ses héritiers ou ses entrepreneurs, ni un legs de somme d'argent, puisqu'il n'a aucune action directe pour en obtenir le paiement; on ne peut y voir qu'une simple charge héréditaire (La Rochelle, 22 juill. 1903, 10703 R. P.).

LETTRE MISSIVE.

débiteur, en vertu de l'art. 1166 C. C., la déclaration du tiers saisi et faire aussi prononcer une condamnation directe contre ce dernier. Dans ces différents cas, le jugement se prononçant sur l'existence d'une créance contestée emporte réellement titre au profit du saisi contre le tiers saisi, dans le sens de la décision du 6 août 1823 : le droit de titre est exigible. Mais, lorsque le jugement se borne, soit à ordonner que le tiers saisi payera au saisissant le montant de ce qu'il a déclaré devoir, soit à le condamner, faute de déclaration, comme débiteur pur et simple des causes de la saisie, la question d'existence de la créance reste entière. La condamnation prononcée n'a pas, en ce qui la concerne, l'autorité de la chose jugée et ne s'oppose nullement à ce que le tiers saisi en conteste ultérieurement, soit le chiffre, soit même l'existence. Elle ne forme donc pas titre au profit du saisi (6247 R. P.; — *Rev. prat.*, 930).

L'Administration a cependant fait décider par le tribunal de Saint-Yrieix, le 30 déc. 1890, que le jugement rendu, *même en l'absence des tiers saisis*, à la requête du créancier saisissant contre le débiteur saisi, qui valide une saisie-arrêt pratiquée sans titre et ordonne que les tiers saisis seront assignés en déclaration, doit être assujetti au droit de titre (7584 R. P.; — *Conf.* Seine, 29 nov. 1901, 10150 R. P.; — Sol. 12 juin 1899; — *Rev. prat.*, 4054). Cette décision ne nous a pas paru exacte en ce qui concerne le droit de condamnation dont l'exigibilité a été reconnue par le même jugement (V. n° 102, *suprà*); les critiques que nous avons formulées à cet égard s'appliquent, par identité de motifs, au droit de titre.

LÉGITIMATION.

8. Enregistrement. — V. *Enfant*, Titre III.

LEGS.

15. Quotité disponible. — Legs d'usufruit. — Lorsqu'après la liquidation d'une succession, il ne reste dans la quotité disponible que des valeurs en nue propriété, les legs d'usufruit deviennent caducs; si, pour le calcul de la quotité disponible, l'usufruit peut être converti en nue propriété, cette conversion, purement fictive, n'est qu'un procédé de calcul et ne saurait être admise quand il s'agit de la délivrance des legs (Cass. 14 juin 1893, 8416 R. P.).

21. Légataire universel. — Saisine. — Ordonnance du président. — Effets juridiques. — Aux termes de l'art. 1006 C. C., le légataire universel, lorsqu'il n'y a pas d'héritiers à réserve, est saisi de plein droit, par le décès du testateur, sans être tenu de demander la délivrance; s'il est tenu de se faire envoyer en possession par ordonnance du président, lorsque le testament est en la forme olographe (art. 1008), c'est afin d'obtenir un titre exécutoire qui lui permette d'appréhender les objets de la succession et de mettre la vérification de l'écriture à la charge des contestants; mais ce n'est pas pour obtenir la saisine qui lui a été acquise par le décès du testateur (Cass. 28 mai 1894, 8415 R. P.).

25. Quotité disponible en nue propriété. — Le légataire en nue propriété de la quotité disponible ne continue pas la personne du défunt, lorsqu'il se trouve en présence d'un héritier réservataire (Muret, 29 déc. 1894; — Cass. 12 mai 1897, 9009 et 9046-18 R. P.).

37. Legs d'usufruit. — Caractère juridique. — Le légataire d'un usufruit portant sur l'universalité des biens d'une succession est un légataire à titre universel; par suite, il tombe sous l'application de l'art. 792 C. civ., et encourt la déchéance édictée par cet article sur les valeurs successorales qu'il a diverties ou recélées (Cass. civ., 10 juin 1895, 8642 R. P.).

V. Délivrance de legs. — Renonciation.

LETTRE MISSIVE.

7. Lettre formant titre ou reconnaissance. — Les lettres missives tombent, en principe, sous l'application de l'art. 30 L. 13 brum. an VII, qui n'assujettit au timbre, qu'en cas de production en justice, les écritures privées faites sans contravention sur papier non timbré, attendu que, dans la plupart des cas, elles ne sont pas rédigées en vue de constituer de véritables titres au profit du destinataire. Mais il en est différemment et elles sont soumises à l'impôt au moment de leur rédaction, conformément aux dispositions des art. 1 et 12 de la loi de brumaire, lorsqu'elles présentent le caractère de titres ou d'écrits susceptibles d'être invoqués, soit en demande, soit en défense (V. Seine, 25 juin 1896, 8870 R. P.; — 3008 I. G.).

Ainsi, la lettre missive, par laquelle un négociant confirme un marché convenu verbalement, en indiquant les clauses et conditions du traité, est sujette au timbre de dimension par le fait même de sa rédaction (Seine, 3 avr. 1897, 9096 R. P.).

1. Lettres missives commerciales. — La règle de perception, qui vient d'être rappelée, s'applique aux lettres commerciales, comme à celles échangées entre non commerçants.

Dans la pratique courante, en effet, les lettres commerciales ne sont pas rédigées dans le but de servir d'instrument à un contrat, et font le plus souvent double emploi avec les mentions portées sur les livres de commerce. D'autre part, dès lors qu'une lettre missive considérée isolément n'est pas passible du timbre par le seul fait de sa rédaction, l'exigibilité de l'impôt ne peut résulter du rapprochement de cet écrit avec une autre lettre missive qui, réunie à la première, constituerait la preuve complète d'un contrat synallagmatique.

En résumé, les lettres missives, quel que soit leur objet, ne sont, en principe, passibles du timbre qu'en cas d'usage en justice.

Cette règle cesse, toutefois, d'être applicable et le droit de timbre est immédiatement exigible lorsque, s'agissant d'une convention unilatérale, les termes de la lettre font très nettement ressortir l'intention de fournir au destinataire un titre pouvant faire preuve en justice et tenir lieu d'un acte régulier.

Un écrit ne saurait également être rédigé sans contravention sur une feuille de papier non timbré, bien que libellé dans la forme d'une lettre missive, s'il contient des stipulations expressément assujetties au timbre par une disposition spéciale de la loi fiscale, telles que celles relatives aux contrats de transports, aux effets négociables ou non négociables, aux quittances, reçus et décharges de sommes ou d'objets (3068 I. C.).

LICITATION.

21. Étranger acquéreur. — Attribution du prix à l'un des colicitants. — Effet déclaratif. — Lorsqu'un partage attribue à l'un des cohéritiers le prix d'un immeuble indivis adjugé sur licitation à un tiers, cette attribution a pour conséquence de faire considérer celui qui reçoit comme ayant été seul propriétaire de l'immeuble à partir du jour de l'ouverture de la succession. Il en résulte que l'hypothèque, constituée avant la licitation par un autre cohéritier, s'évanouit (C. Orléans, 25 juill. 1890, 7721 R.P.).

51. Usufruitier. — Nu propriétaire. — Il a été décidé, avant la L. 25 fév. 1901, que lorsque les immeubles d'une succession sont adjugés, avant le payement du droit de mutation par décès, au profit du légataire du quart en nue propriété, la valeur du quart en usufruit ne doit pas être déduite de la valeur imposable, pour le calcul du droit proportionnel exigible sur le procès-verbal d'adjudication (Le Puy, 18 avr. 1888, 7380 R. P.)

Mais nous verrons, v° *Usufruit*, que cette loi a établi de nouvelles règles pour la perception du droit en matière de mutation d'usufruit et de nue propriété.

D'après ces règles, lors du démembrement de la pleine propriété, le droit est liquidé séparément sur la valeur de l'usufruit et de la nue propriété, de manière que le total des taxes payées par l'usufruitier et le nu propriétaire égale l'impôt dû pour la toute propriété.

D'autre part, le droit n'étant plus, comme sous le régime de la L. frim., exigé pour l'expectative de la réunion ultérieure de l'usufruit à la nue propriété, il en résulte que si la consolidation s'effectue autrement que par l'expiration naturelle de l'usufruit, le nu propriétaire n'a plus à payer, comme autrefois, qu'un simple droit fixe, mais qu'il doit le droit proportionnel sur la valeur de l'usufruit qu'il acquiert.

Ces règles trouvent leur application en matière de licitation.

Ainsi, quand l'un des cohéritiers de la nue propriété achète de l'usufruitier et de ses cohéritiers la totalité d'un immeuble à titre de licitation, il n'y a lieu de déduire du prix, pour la liquidation du droit de 4 fr. p. 100, que la part revenant en nue propriété au colicitant acquéreur. En d'autres termes, le droit est dû sur les parts acquises tant en nue propriété qu'en usufruit.

Dans un autre ordre d'idées, quand il s'agit de biens dont la propriété est démembrée, on sait que, pour déterminer la part acquise par le colicitant, on tient seulement compte de ses droits en nue propriété ou en usufruit sur les biens acquis par lui, à l'exclusion de ses droits de même nature sur les biens vendus à d'autres adjudications (Cass. 9 août 1870, 3228 R. P.). Comment, dans cette hypothèse, devra-t-on fixer la valeur imposable de la part acquise, seule passible du droit de mutation?

Par exemple, une veuve, légataire de l'usufruit de la moitié de la succession de son mari, se rend adjudicataire d'un des immeubles grevés de son usufruit; il est certain que, pour la liquidation de l'impôt de mutation, elle ne peut exiger que la défalcation du prix afférent à la valeur de son usufruit sur la moitié de cet immeuble.

Dans ce cas, si la nue propriété a fait l'objet d'un prix distinct, cette déduction pourra être facilement calculée. Mais, lorsque la licitation a été prononcée pour un prix unique, s'appliquant indistinctement à l'usufruit et à la nue propriété, de quelle manière doit être évaluée la moitié de l'usufruit immobilier exempt de l'impôt de mutation?

On ne saurait évidemment invoquer la règle précédemment suivie sous le régime de la L. frim., d'après laquelle l'usufruit devait être évalué à la moitié de la pleine propriété, l'exonération du droit portant sur un quart du prix.

On ne peut davantage recourir au barème établi par l'art. 13, 2° alinéa, L. 25 fév. 1901 (V. *Usufruit*) puisque ce barème ne vise limitativement que les échanges et les transmissions entre vifs à titre gratuit et celles qui s'opèrent par décès. Il semble, dès lors, que la seule base légale de la perception est la déclaration estimative prévue par l'art. 16 L. frim., et qu'il appartient aux parties de déterminer, par une ventilation, sous le contrôle de l'Administration, la fraction du prix afférente à l'usufruit du colicitant et représentant la valeur de sa jouissance.

La question soulève encore de réelles difficultés si la licitation porte sur des biens de diverse nature, tels que créances, rentes, immeubles. Pour les créances et les rentes, la L. 25 fév. 1901, art. 13-3°, a établi un mode spécial d'évaluation. D'après cet article, la valeur de l'usufruit et la nue propriété de ces sortes de biens est déterminée par une quotité de la valeur de la propriété entière, fixée conformément au barème adopté pour les transmissions à titre gratuit (V. *Usufruit*).

Nous pensons donc, dans l'hypothèse que nous venons de prévoir, qu'après la détermination de l'usufruit des rentes et créances, opérées conformément à l'art. 13-3° L. 25 fév. 1901, les parties seront fondées à faire connaître, par une ventilation, la portion du prix applicable à l'usufruit des autres valeurs.

61. Immeuble indivis entre trois légataires, adjugé à l'un d'eux. — Partage entre deux des colégataires. — Attributions sans influence sur la liquidation du droit de licitation. — Lorsqu'une succession recueillie par trois légataires universels, chacun pour un tiers, comprend, indépendamment de biens de diverse nature, un immeuble acquis sur licitation par l'un d'eux, l'adjudicataire ne peut éviter le payement du droit de 4 p. 100 sur les deux tiers du prix qui excèdent sa part virile en produisant un partage passé avec l'un de ses deux colégataires et lui attribuant le tiers revenant à ce dernier. Un tel partage, fait sans le concours du troisième légataire, ne présente pas le caractère définitif et obligatoire auquel est attachée l'exemption du droit proportionnel sur les parts acquises (Toulouse, 27 mai 1891 et Cass. req., 7 mars 1893, 8044 et 8194-29 R. P.).

69. Partage entre héritiers bénéficiaires non homologué. — On ne saurait considérer comme définitif le

LICITATION.

[illegible] à bon marché. L. 12 avril 1906. — 11202 R. P.

[illegible] Licitation d'immeubles. Cahiers des charges. Suppression des droits de timbre. L. fin. 22 avril 1905. 10950 R. P. — V. [illegible], n° 26 et 26 *bis*.

Ces dispositions ont été rendues applicables à l'Algérie par décr. [illegible] 1905. — 11207 R. P.

[illegible] Licitation. Adjudication non prononcée. Promesse d'attribution au profit d'un colicitant. Droit fixe. Jouissance exclusive du colicitant attributaire. Droit de bail. — Lorsque le cahier des charges préalable à l'adjudication d'un immeuble sur licitation dispose que l'adjudication ne sera pas prononcée si la plus forte enchère est portée par un colicitant, mais que le fait même de l'extinction des feux vaudra engagement de la part de ce colicitant d'accepter et de celle de ses coïndivisaires de lui consentir, pour la somme fixée par l'enchère, l'attribution de l'immeuble dans le partage définitif, le procès-verbal d'enchères a le caractère, non d'une licitation proprement dite, mais d'une simple promesse d'attribution; il n'est, en conséquence, passible que du droit fixe de 3 fr., à l'exclusion du droit de mutation. — Si le cahier assure au colicitant dernier enchérisseur la jouissance exclusive de l'immeuble depuis le jour de la promesse d'attribution jusqu'à celui du partage définitif, à charge par lui de faire compte à la masse de l'intérêt à 5 fr. p. 100 de la valeur de cet immeuble telle qu'elle a été fixée par l'enchère, il est dû de ce chef le droit de 0 fr. 20 p. 100 pour cession de jouissance d'après la durée que les parties ont à évaluer (Sol. 8 nov. 1899; Nantes, 18 fév. 1901, 10567 R. P.).

83. Partage. Attribution au colicitant adjudicataire du principal de son prix. Charges et frais accessoires laissés en dehors de cette attribution. Droit de mutation. — Alors même qu'un procès-verbal d'adjudication sur licitation est présenté à l'enregistrement en même temps qu'un acte de partage attribuant à chaque adjudicataire le prix principal de son adjudication, le droit de mutation est dû sur la portion des frais ou charges accessoires qui ne suit pas le sort du prix principal (Seine, 5 mai 1906, 11252 R. P.).

91. Substitution. Adjudication, au profit du grevé, d'immeubles grevés partiellement de substitution. Droit de transcription non exigible. — Entre le grevé de substitution et l'appelé, il existe une indivision éventuelle subordonnée à l'ouverture de la substitution; cette indivision éventuelle suffit pour que l'adjudication, au profit du grevé, d'immeubles grevés partiellement de substitution présente les caractères d'une licitation mettant fin à une indivision et soit affranchie, dès lors, du droit de transcription (Seine, 6 juill. 1905, 11167 R. P.).

92. Licitations de meubles et d'immeubles. Suppression des droits de timbre. — Sont affranchies du droit de timbre, en vertu de l'art. 6 L. 22 avril 1905, tant sur les minutes ou originaux que sur les expéditions, les licitations de biens meubles et immeubles ou de droits mobiliers et immobiliers, lorsqu'elles supportent le droit d'enregistrement au tarif des immeubles sur l'intégralité du prix ou de la partie imposable du prix, faute de stipulation d'un prix distinct et d'une estimation détaillée pour les meubles (art. 9 L. frim.). — 11238 R. P.).

93. Indivision prenant fin. Imputation du prix faite par les parties. Mode de liquidation du droit de soulte. — V. *Droits successifs (Cession de)*, n° 48.

Acte équipollent à partage. Cession faisant cesser l'indivision. Non-application de l'Instr. 342. — V. *Société*, n°s 305 et 354.

101. Droit de transcription. Décimes. — Le droit de transcription, étant un droit d'hypothèque, est passible de deux décimes et demi en vertu des LL. 6 prairial an VII, 23 août 1871 et 30 déc. 1873 (Seine, 11 nov. 1905, 11119 R. P.).

104 et 106. Époux survivant légataire de la quotité disponible, en concours avec des héritiers à réserve. Adjudication à son profit, moyennant un prix unique, d'immeubles de communauté et de succession. Ventilation faite par le notaire dans un acte de partage enregistré simultanément. Droit de transcription exigible sur l'intégralité du prix. — L'époux survivant, légataire de la quotité disponible, ne continuant pas la personne de son conjoint prédécédé lorsqu'il existe des héritiers à réserve, a le droit de faire transcrire pour purger les hypothèques pouvant grever, du chef du défunt, les immeubles de la succession dont il se rend adjudicataire sur licitation. Le procès-verbal d'adjudication à son profit, moyennant un prix unique, d'immeubles dépendant tant de la communauté que de la succession de son conjoint prédécédé est, en conséquence, passible du droit de transcription sur la totalité du prix. Il importe peu, d'ailleurs, que ce procès-verbal soit enregistré en même temps qu'un acte de partage contenant une ventilation du prix entre les immeubles de succession et ceux de communauté, si cette ventilation ne résulte ni du cahier des charges ni du procès-verbal d'adjudication, qu'elle est l'œuvre exclusive du notaire et n'a aucun caractère obligatoire à l'égard des créanciers inscrits sur les immeubles de succession (Seine, 5 mai 1906, 11252 R. P.).

131. Usufruitier et nu propriétaire. Absence d'indivision. Lotissements en pleine propriété. Caractère translatif, et non déclaratif, de la convention. Droit de mutation à titre onéreux. — V. *Échange*, n° 50-3, et *Partage*, n° 126.

138. Cession de droits successifs. Usufruit partiel. Indivision continuant entre le cessionnaire et l'usufruitier. Droit de transcription. — *Conf.* Gap, 29 juin 1906, 11532 R. P.

partage fait entre deux héritiers bénéficiaires tant qu'il n'a pas été homologué en justice, alors même que ces héritiers ont déclaré renoncer, quant à présent, à poursuivre l'homologation, se réservant de la demander plus tard s'ils le jugent à propos. Un semblable partage ne peut, en conséquence, servir de base à la perception des droits dus sur une adjudication prononcée au profit des héritiers (Seine, 25 mai 1893, 8360 R. P.).

90. Command. — Droit de 4 p. 100. — Bases. — Lorsque les commands élus, entre lesquels l'adjudicataire partage les immeubles acquis et divise le prix de la vente, sont des colicitants, le droit de 4 p. 100 est exigible sur la valeur de chaque lot, déduction faite de la part virile du colicitant dans ce lot et non dans l'ensemble des biens adjugés (Brest, 10 déc. 1899, 9925 R. P.).

93. Prix distincts. — Règles d'imputation. — La règle de perception admise, pour l'imputation la plus favorable, en matière de soultes de partage, ne saurait être étendue aux prix de licitation (Bourgoin, 4 août 1890, 9960 R. P.).

Jugé, en sens contraire, que lorsque deux copropriétaires mettent fin à l'indivision existant entre eux, par une licitation attribuant à l'un d'eux la totalité des valeurs communes, à charge de payer à l'autre un certain prix, le prix doit s'imputer, pour la perception du droit proportionnel, de la manière la plus favorable aux parties (Lesparre, 30 déc. 1897, 25103 J. E.).

94. Greffe. — Les droits de greffe ont été supprimés et remplacés par une taxe spéciale. — L. 26 janv. 1892. V. *Taxe des frais de justice*. Mot fondu dans *Jugement* : V. *suprà*.

98. Rentes. — Créances. — Immeubles. — V. n° 51 *suprà*.

104. Apport en société. — Parts acquises. — V. n° 43 *suprà*.

130. Usufruit. — Nue propriété. — Indivision. — Vente au nu propriétaire. — Droit de transcription. — Il n'existe pas entre le nu propriétaire et l'usufruitier une indivision qui puisse rendre nécessaire entre eux la licitation des immeubles dont l'un a la nue propriété et l'autre l'usufruit (Cass. civ., 10 déc. 1889, 7493 R. P.; Seine, 19 déc. 1890, 7596 R. P.).

Dès lors, la licitation prononcée au profit du nu propriétaire est de nature à être transcrite, et le droit de transcription doit être perçu, au moment de l'enregistrement, sur la totalité du prix (Seine, 19 déc. 1890, 7596 R. P.).

Le droit d'usufruit, même renfermé dans le droit de propriété, conserve, tant qu'il n'en est pas détaché, une existence propre et indépendante, qui permet de le distinguer de la nue propriété. — Il en résulte qu'aucune indivision n'existe, en ce qui concerne l'usufruit, entre le propriétaire de la moitié d'un immeuble, qui est en même temps usufruitier de l'autre moitié, et les ayants droit à la nue propriété de cette seconde moitié. — Par suite, l'adjudication réalisée au profit de l'un des nus propriétaires ne présente pas les caractères d'une licitation, et, comme elle est de nature à être transcrite, elle donne ouverture, au moment de l'enregistrement, à la perception du droit de transcription sur l'intégralité du prix (Seine, 18 déc. 1891, 7805 R. P.).

132. Immeubles grevés d'usufruit. — Licitation. — Prix payable au décès de l'usufruitier sans intérêts. — Droit de 4 fr. p. 100. — Liquidation. — Lorsque des immeubles grevés d'usufruit sont licités entre les nus propriétaires et que le prix est stipulé payable après le décès de l'usufruitier, sans intérêts jusque-là, le droit de 4 fr. p. 100 est exigible sur la totalité de ce prix, le terme fixé pour le paiement ne pouvant être assimilé à un véritable usufruit (Sol. 8 fév. 1902, 3080-13 I. C.; 10182 R. P.).

133. Usufruit et nue propriété. — Adjudication portant sur la nue propriété. — Promesse d'attribution au profit de nus propriétaires. — Droit de transcription. — Si, dans le cahier des charges préalable à l'adjudication sur licitation d'un immeuble héréditaire, il est stipulé que la déclaration de command passée par l'avoué adjudicataire au profit de colicitants n'aura d'autre effet que d'obliger ceux-ci à accepter et leurs cohéritiers à leur faire l'attribution de l'immeuble, dans le partage définitif de la succession, pour le prix déterminé par la plus forte enchère, la promesse d'attribution dont se trouvent ainsi bénéficier plusieurs nus propriétaires derniers enchérisseurs ne donne pas ouverture au droit de transcription, lorsque l'adjudication n'a pour objet que la nue propriété et que l'usufruit ne doit pas être reporté sur le prix (Lille, 22 fév. 1902, 10294 R. P.).

139. Cession de droits successifs. — Usufruit partiel. — Indivision continuant entre le cessionnaire et l'usufruitier. — Droit de transcription. — L'acte aux termes duquel un héritier acquiert de ses cohéritiers tous les droits leur revenant dans la succession de leur père, ne présente pas les caractères d'une licitation produisant les effets déclaratifs du partage, lorsque la jouissance continue à être indivise entre le cessionnaire et la veuve du *de cujus*, donataire de l'usufruit de la moitié des biens de son conjoint. Cet acte est passible du droit de transcription à 1 fr. 50 p. 100, lors de sa présentation à la formalité de l'enreg. (Saint-Flour, 26 oct. 1892, 8062 R. P.).

147. Sol et constructions. — Adjudication au propriétaire du sol. — Prix unique. — Droit de transcription exigible sur l'intégralité du prix. — L'adjudication qui est prononcée, moyennant un prix unique, au profit du propriétaire du sol, des constructions et du sol sur lequel elles sont élevées, donne ouverture au droit de transcription, non pas seulement sur la valeur restreinte des constructions, mais sur l'intégralité du prix (Seine, 18 déc. 1891, 7802 R. P.; — Seine, 2 fév. 1894 (3 jugements) 8424 R. P.; — Cass. 10 juin 1895, 8596 et 8860-25 R. P.).

151. Titre non commun. — Tout acte, qualifié licitation, qui n'établit pas l'existence d'un titre commun, est susceptible d'être transcrit et donne ouverture, lors de l'enregistrement, au droit de 5 fr. 50 p. 100, auquel sont tarifées les ventes immobilières (Amiens, 3 déc. 1892, 8055 R. P.).

152. Tiers acquéreur d'une portion indivise d'immeuble cessionnaire du surplus. — Indivision ne résultant pas d'un titre commun. — Droit de transcription. — L'acquisition que le tiers acquéreur d'une portion d'immeuble indivis fait ultérieurement des parts et portions des autres cohéritiers, ne constitue pas, lors même qu'elle met complètement fin à l'indivision, la licitation entre cohéritiers ou copropriétaires régie par l'art. 883 C. C. Elle a le caractère d'une vente pure et simple et elle est passible du droit proportionnel de transcription à 1 fr. 50 p. 100 (Seine, 25 mars 1892, 7852 R. P.; — Guingamp, 15 juill. 1897, 9712 R. P.).

Colicitant. — Cessionnaire d'un communiste. — Adjudicataire du surplus. — Attributaire du prix. — Droit de transcription. — Le colicitant qui est entré dans l'indivision en se rendant cessionnaire à titre onéreux des droits successifs appartenant à plusieurs cohéritiers, n'est point un copartageant, mais un acquéreur ordinaire; en conséquence, l'acquisition qu'il fait ultérieurement des parts indivises des autres cohéritiers, est de nature à être transcrite et donne ouverture au droit de 1 fr. 50 p. 100, alors même qu'un partage, présenté à la formalité en même temps que la licitation, lui attribue son prix d'adjudication pour le remplir de ses droits jusqu'à due concurrence (Saint-Étienne, 1er avr. 1890. — Cass. req. 10 nov. 1891, 7737 et 7974-24 R. P.).

Tiers acquéreur. — Titre commun. — Société de fait. — Droit de transcription. — L'adjudication sur licitation d'immeubles indivis prononcée au profit d'un colicitant qui est entré dans l'indivision au moyen d'une cession à titre onéreux des droits d'un précédent co-propriétaire, ne donne pas ouverture au droit proportionnel de transcription, lorsqu'il est démontré, en fait, que ce n'est pas pour éluder l'application de ce droit à la licitation que le colicitant adjudicataire s'est rendu originairement acquéreur d'une part indivise des immeubles.

La transcription de la licitation est, d'ailleurs, sans utilité pour le tiers acquéreur qui se rend adjudicataire des immeubles licités, ces immeubles se trouvant affranchis de toute charge hypothécaire du chef de ses colicitants, par suite de l'effet déclaratif de la licitation. — La licitation d'immeubles dépendant d'une société n'est pas assujettie au droit de transcription, alors même que cette société n'aurait qu'une existence de fait (Castellane, 14 mars 1902, 10209 R. P.).

Ce jugement est contraire aux principes maintes fois affirmés par la Cour de cassation, tant en matière civile qu'en matière fiscale, au sujet des licitations prononcées au profit d'un tiers acquéreur d'une portion d'immeubles indivis.

Il ne peut être considéré que comme un accident de jurisprudence, aussi ne nous attarderons-nous pas à le discuter.

Nous nous bornerons simplement à rappeler :

1° Que lorsqu'un tiers acquéreur d'une portion d'immeubles indivis acquiert ultérieurement les parts et portions des autres copropriétaires, l'acquisition ainsi faite ne constitue pas, quand bien même elle met complètement fin à l'indivision, la licitation entre les cohéritiers ou copropriétaires *à titre commun* régie par l'art. 883 C. civ.; elle est assujettie à la transcription comme ayant le caractère d'une vente pure et simple et donne, en conséquence, ouverture, lors de son enregistrement, au droit de 1 fr. 50 p. 100 sur l'intégralité du prix (V. les nombreux arrêts cités au *Rép. gén.* 7e édit., v° *Licitation*, n° 152; — *Adde* Cass. req. 10 nov. 1891, 7737 R. P.);

2° Que les sociétés verbales ou de fait ne créent, à l'égard du Trésor, qu'un simple état d'indivision, tout au moins lorsque l'existence n'en a jamais été reconnue à aucun titre par l'Administration (V. *Rép. gén.*, 7e édit., v° *Société*, n° 310).

158. Enfant naturel adjudicataire. — Droit de transcription non exigible. — L'adjudication sur licitation prononcée au profit de l'enfant naturel du défunt n'est pas passible du droit de transcription à 1 fr. 50 p. 100 (Seine, 6 mai 1893, 8085 R. P.).

Il en est surtout ainsi aujourd'hui, depuis la L. 25 mars 1896, dont nous avons rapporté les principales dispositions v° *Enfant* et qui reconnaît à l'enfant naturel la qualité d'héritier. Depuis cette loi, l'enfant naturel n'est plus assimilable à un simple légataire particulier, et la jurisprudence qui admet l'exigibilité du droit de transcription sur les licitations opérées au profit de ces légataires, cesse de lui être applicable.

160. Société anonyme. — Actionnaire acquéreur. — Dans la première partie du *Rép. gén.*, 2e ligne, au lieu de : C. Comm. art. 38, lire : C. Comm. art. 33.

168. Légataire à titre universel. — Héritiers réservataires. — Légataire de la quotité disponible. — Le légataire, en nue propriété, de la quotité disponible, ne continue pas la personne du testateur lorsqu'il se trouve en présence d'un héritier réservataire. Il a, dès lors, le droit de faire transcrire, pour purger les hypothèques pouvant grever les biens héréditaires qu'il acquiert, — soit du chef du testateur, — soit du chef de l'héritier réservataire, — soit, le cas échéant, du chef du légataire de l'usufruit de la quotité disponible. En conséquence, le droit proportionnel de transcription doit être perçu lors de l'enregistrement de l'adjudication par laquelle il se rend acquéreur des immeubles de la succession (Muret, 29 déc. 1894; — Cass. 12 mai 1897, 9009 et 9046-18 R. P.).

Décidé également : 1° que le droit de transcription est dû sur la licitation, tranchée au profit d'un légataire à titre universel, d'un immeuble indivis entre lui et les héritiers réservataires (Sol. 22 janv. 1901, 2706 R. E.);

2° Que le légataire d'un usufruit et d'une rente réduits à la quotité disponible, conformément aux dispositions de l'art. 917 C. civ., étant légataire à titre universel, ne continue pas la personne du testateur, lorsqu'il se trouve en présence d'héritiers réservataires. Il a, dès lors, la faculté de purger les hypothèques pouvant grever, du chef du défunt, les immeubles qu'il acquiert. En conséquence, le droit proportionnel de transcription doit être perçu lors de l'enregistrement du procès-verbal d'adjudication par lequel ce légataire se rend acquéreur, à titre de licitation.

166 *bis*. Algérie. Héritier musulman. Adjudication à son profit. Droit de transcription. — L'héritier musulman, ne continuant pas la personne de son auteur et n'étant pas tenu des dettes *ultra vires*, a le droit de faire transcrire, pour purger les hypothèques pouvant grever, du chef du défunt, les immeubles de la succession dont il se rend adjudicataire sur licitation. Il en résulte que le procès-verbal d'adjudication doit être assujetti, lors de l'enregistrement, à la perception du droit proportionnel de transcription (Alger, 23 janv. 1906, 10736 R. P.; — Constantine, 8 févr. 1906, 11163 R. P.).

168. Légataire de la quotité disponible en concours avec des héritiers à réserve. Adjudication à son profit. Droit de transcription. — Le légataire d'un usufruit et d'une rente réduits à la quotité disponible, conformément aux dispositions de l'art. 917 C. civ., étant un légataire à titre universel, ne continue pas la personne du testateur, lorsqu'il se trouve en présence d'héritiers réservataires. Il a, dès lors, la faculté de purger les hypothèques pouvant grever, du chef du défunt, les immeubles qu'il acquiert. En conséquence, le droit proportionnel de transcription doit être perçu, lors de l'enregistrement du procès-verbal d'adjudication par lequel le légataire se rend acquéreur, à titre de licitation, d'un immeuble de la succession. Il en est ainsi bien que, postérieurement à l'enregistrement de ce procès-verbal, mais avant la réclamation du droit de transcription non exigé à cette époque, les parties aient réglé leurs droits par un partage, soumis à la formalité, et qui attribue à l'adjudicataire son prix d'acquisition (Seine, 16 mai 1902, 10376 R. P.).

Époux survivant, donataire ou légataire de la quotité disponible, en concours avec des héritiers à réserve. Adjudication à son profit d'immeubles dépendant de la succession de son conjoint prédécédé. Droit de transcription. — L'époux survivant, donataire ou légataire de la quotité disponible, ne continuant pas la personne de son conjoint prédécédé lorsqu'il existe des héritiers à réserve, a le droit de faire transcrire, pour purger les hypothèques pouvant grever, du chef du défunt, les immeubles de la succession dont il se rend adjudicataire sur licitation. Il en résulte que le procès-verbal d'adjudication doit être assujetti, lors de l'enregistrement, à la perception du droit proportionnel de transcription (Seine, 6 nov. 1903, 10365 R. P.; — Montpellier, 13 juill. 1903; — Versailles, 18 déc. 1903, 10520 R. P.). Il en est ainsi alors même que la libéralité procède d'une donation par contrat de mariage (Seine, 17 déc. 1904, 11037 R. P.).

Épouse survivante légataire de la quotité disponible de la succession de son mari. Concours avec des héritiers à réserve. Adjudication d'immeubles tranchée, pour l'usufruit, au profit de la veuve, et, pour la nue propriété, au profit des enfants parmi lesquels se trouve un mineur. Partage enregistré simultanément. Droit de transcription. — L'adjudication, par voie de licitation, d'immeubles dépendant de la succession du mari, tranchée, pour l'usufruit, au profit de la veuve légataire de la quotité disponible, et, pour la nue propriété, au profit des enfants parmi lesquels se trouve un mineur, héritier bénéficiaire, est de nature à être transcrite du chef de la veuve et du chef de l'héritier bénéficiaire, au point de vue de la purge des hypothèques; elle donne, en conséquence, ouverture au droit de 1,50 p. 100, alors même que le jugement d'adjudication a été suivi d'un acte de partage présenté en même temps que lui à l'enregistrement, cet acte de partage ne portant aucune atteinte aux qualités dans lesquelles l'adjudication a été effectuée au profit des parties (Seine, 11 nov. 1905, 11110 R. P.).

168. Étranger. Immeubles situés en France. Dévolution héréditaire. Statut réel. — Le légataire de la quotité disponible d'une succession, ne continuant pas la personne du défunt lorsqu'il existe des héritiers à réserve, a le droit de faire transcrire pour purger les hypothèques pouvant grever, du chef du défunt, les immeubles de l'hérédité dont il se rend adjudicataire sur licitation. Il en résulte que le procès-verbal d'adjudication donne lieu, lors de l'enregistrement, à la perception du droit proportionnel de transcription. — C'est en vain que le légataire, alléguant que le défunt et lui sont de nationalité italienne, soutient qu'en vertu de la loi civile italienne, il est tenu personnellement des dettes et charges de la succession au prorata de son émolument; du moment où il s'agit d'immeubles situés en France, la dévolution de ces biens est réglée d'après la loi *française* (Seine, 28 juin 1902, 10458 R. P.).

174. Part indivise d'immeuble. Légataire particulier adjudicataire du surplus. Droit proportionnel de transcription exigible. — *Conf.* Seine, 16 mai 1902, 10375 R. P.

d'un immeuble de la succession. — Il en est ainsi, bien que, postérieurement à l'enregistrement de ce procès-verbal, mais avant la réclamation du droit de transcription non exigé à cette époque, les parties aient réglé leurs droits par un partage, soumis à la formalité, et qui attribue à l'adjudicataire son prix d'acquisition (Seine, 16 mai 1902).

Jugé, cependant, que le droit de transcription n'est pas exigible sur l'adjudication au profit de l'époux survivant, donataire de la quotité disponible, qui se trouve en concours avec des héritiers réservataires (Remiremont, 8 nov. 1900, 10204 R. P.; 2796 R. E.). — Mais ce jugement est actuellement déféré à la C. Cass.

174. Légataire particulier d'une part indivise d'immeuble, devenant adjudicataire du surplus. — Droit de transcription exigible. — Lorsque le légataire particulier d'une part indivise d'immeuble acquiert le surplus par voie de licitation, il puise dans l'adjudication prononcée à son profit la faculté de procéder à la purge, seul et sans le concours de son ancien colégataire. La licitation est, dès lors, de nature à être transcrite comme présentant un intérêt au point de vue de la purge, et le droit proportionnel de 1 fr. 50 p. 100 lui est applicable. En vain objecterait-on que ce droit est prescrit, sous le prétexte qu'il aurait dû être perçu plus de deux ans auparavant, lors de l'enregistrement du testament : l'immeuble ayant été légué indivisément, la purge n'aurait pu avoir lieu avant la licitation qu'en vertu d'une entente commune établie entre les colégataires indivis, et cette entente étant étrangère au testament, aucun des colégataires ne trouve dans cet acte un titre complet et suffisant pour procéder à la purge (Seine, 14 fév. 1896, 8874 R. P.; — 16 mai 1902; — Cass. 28 déc. 1897, 9175 et 9675-7 R. P.).

Dans cette affaire, d'après le système des parties, le testament contenant legs particulier d'un immeuble rentrerait dans la catégorie des actes de nature à être transcrits que l'art. 54, L. 28 avr. 1816 assujettit au droit de transcription, au moment même de leur enregistrement. Il y aurait donc insuffisance de perception régie par la prescription biennale lorsqu'un testament de l'espèce est enregistré au droit fixe : d'où la conséquence que si, plus de deux ans après, le légataire particulier d'une portion indivise d'immeuble acquiert, sur licitation, l'autre portion, la prescription s'opposerait à la perception du droit proportionnel de transcription sur le jugement d'adjudication.

L'Administration soutenait, au contraire, qu'elle n'est pas fondée à percevoir le droit de transcription lors de l'enregistrement d'un testament contenant legs particulier d'immeubles et que, par suite, aucune prescription ne pouvait être invoquée contre elle.

La question évoquée par l'argumentation développée de part et d'autre est des plus délicates.

Tout acte de nature à être transcrit est passible, lors de l'enregistrement, du droit de 1 fr. 50 p. 100 : c'est la disposition expresse de l'art. 54, L. 28 avr. 1816.

La transcription est nécessaire à un double point de vue; d'abord, comme moyen de consolider l'acquisition de la propriété immobilière, en rendant le titre opposable aux tiers qui auraient intérêt à la contester; en second lieu, comme préliminaire de la purge. Il en résulte qu'un acte translatif ou déclaratif de droits réels immobiliers comporte la perception immédiate du droit de 1 fr. 50 p. 100, dès que la transcription offre une utilité juridique sous l'un ou l'autre de ces rapports.

Les testaments contenant legs particuliers d'immeubles rentrent-ils dans la catégorie des actes pour lesquels la transcription est utile?

Non, au point de vue de la consolidation de la propriété à l'égard des tiers; car, à ce point de vue, la transcription a été organisée par la L. 23 mars 1855 qui ne comprend pas les testaments parmi les actes sujets à cette formalité.

Au point de vue de la purge, la réponse est moins simple. A la différence de l'héritier, le légataire n'est pas tenu des dettes de la succession sur son propre patrimoine, les créanciers n'ont contre lui que l'action hypothécaire, le cas échéant (C. C. 871 et 1024). Or celui qui n'est pas tenu personnellement de la dette et qui n'en répond qu'à cause de la détention de l'immeuble, a le droit de limiter son obligation à la valeur de cet immeuble en remplissant les formalités de la purge (art. 2181). D'un autre côté, le légataire particulier, ne représentant pas le défunt et étant, par conséquent, étranger au contrat d'affectation hypothécaire, n'est pas obligé de respecter la constitution d'hypothèque consentie par le débiteur. A ce point de vue encore, il peut purger.

Tous les auteurs sont d'accord sur la question. « Le légataire particulier, enseigne P. Pont, ne représente pas la personne du testateur; il est absolument étranger au contrat qui a donné naissance à l'hypothèque dont est grevé l'immeuble à lui légué; il n'est tenu qu'à raison de sa détention de l'immeuble; la voie de la purge lui est donc ouverte : à son égard la faculté de purger et celle de délaisser sont entièrement corrélatives » (*Priv. et Hyp.*, t. II, nº 1276; — *Conf.* Merlin, *Rép.* vº *Transc.*, § 1, Grenier, t. II, nº 356; Troplong, t. IV, nº 903; Marton, t. IV, nº 1378; Labbé, *Revue crit.*, 1850, VIII, p. 217; Aubry et Rau, § 293 *bis*, 3º; Demolombe, *Succ.*, t. V, nº 70; Laurent, t. XXXI, nº 425).

Cette faculté étant ainsi reconnue au légataire particulier, il reste à déterminer quel est le titre dans lequel il la puise. Est-ce le testament?

L'affirmative ne paraît pas douteuse dans la majorité des cas, par exemple, dans celui où l'immeuble est légué purement et simplement à un légataire unique. Néanmoins, l'Administration a toujours concédé jusqu'à présent, même dans cette hypothèse, que les testaments ne donnent pas ouverture, lors de leur enregistrement, au droit de transcription : La raison en est qu'au point de vue fiscal, c'est la déclaration de la succession et non le testament qui consomme la transmission. C'est ce que M. Flandin explique en ces termes : « Lorsque le legs d'immeubles n'est pas accompagné de la charge de rendre, le testament est enregistré au droit fixe : ainsi le veut l'art. 45, nº 4, L. 28 avr. 1816. Ce n'est pas que le légataire soit dispensé pour cela d'acquitter le droit proportionnel de mutation; mais la perception, au lieu de se rattacher, comme dans le cas de vente ou de donation, à l'acte même qui constate la mutation, ne s'opère dans ce cas particulier que sur la déclaration que le légataire est tenu de passer, dans les six mois à compter du jour du décès, des biens à lui transmis conformément à l'art. 24 L. 22

frim ; on ne se trouve plus conséquemment dans les termes de l'art. 54 L. 28 avr. 1816 pour la perception simultanée du droit proportionnel de transcription et du droit d'enregistrement puisqu'il n'existe pas d'acte qui soit de nature à être transcrit » (*De la transcription*, n° 1388).

Bien que nous nous soyons abstenus de critiquer cette doctrine (*Rép. gén.*, 7e éd., v° *Hyp.*, n° 1040-1), nous reconnaissons la fragilité du motif qui est invoqué pour la justifier. Dire que le droit de transcription n'est pas dû sur les testaments parce que les testaments ne sont pas, fiscalement parlant, des actes translatifs, c'est reconnaître que ce droit ne peut être exigé sur un acte qu'autant que l'acte est translatif. Or, rien n'est plus inexact. « Attendu, dit la Cour de cassation, qu'à la différence de la loi du 21 ventôse an VII qui, par son article 25, n'imposait le droit de transcription de 1 1/2 p. 100 que sur les actes emportant mutation de propriétés immobilières, la loi du 28 avr. 1816 (art. 52 et 54) impose ce droit, lors de l'enregistrement, aux actes qui seront de nature à être transcrits; qu'ainsi sous l'empire de cette dernière loi, le droit de transcription peut être perçu, lors de l'enregistrement, sur les actes dont, quoi qu'ils ne soient pas translatifs, mais simplement déclaratifs de propriété, la transcription peut avoir, en droit, un véritable intérêt » (Civ. 28 juill. 1862, 1682 R. P.).

Nous serions donc assez disposé à penser que, dans la rigueur des principes, les testaments contenant legs particuliers d'immeubles devraient être assujettis au droit porportionnel de transcription toutes les fois qu'ils renferment un titre complet par lui-même et susceptible de servir de point de départ à la procédure de purge; l'argumentation que développent à cet égard les jugements des 14 fév. 1896 et 16 mai 1902, et l'arrêt du 28 déc. 1897 ne nous paraît pas contestable.

Mais, comme le tribunal et la C. l'ont judicieusement établi, le légataire ne trouve pas toujours, dans le testament qui l'institue, un titre régulier et complet pouvant former la base exclusive de la purge. Il en était ainsi notamment au cas particulier, parce que les legs portant sur une part de propriété indivise, chacun des légataires ne pouvait purger *proprio motu* sans l'assentiment et le concours de l'autre; cela est si vrai que le testament ne paraît pas avoir été transcrit effectivement, autant du moins qu'on peut l'induire des circonstances de la cause telles qu'elles sont exposées dans le jugement.

Dans ces conditions, le véritable titre préliminaire de la procédure de purge consistait dans le jugement d'adjudication, et, comme la Cour l'avait précédemment reconnu (Civ. 6 fév. 1880, 7223 R. P.), c'est sur ce jugement que le droit de transcription devait être perçu.

Légataire particulier du quart d'un immeuble. — Acquisition du surplus. — Droit de transcription. — Lorsque le légataire, à titre particulier, du quart d'un immeuble, acquiert le surplus par voie d'adjudication, le jugement d'adjudication est passible du droit de transcription sur l'intégralité du prix. L'adjudicataire ne saurait objecter que le droit aurait dû être perçu sur le testament et que, ce testament ayant été enregistré depuis plus de deux ans, la prescription biennale lui est acquise (Civray, 31 mars 1898, 9466 R. P.).

175. Légataire particulier de part indivise. — Acquisition de la totalité de l'immeuble. — Droit de transcription. — L'adjudication d'immeubles prononcée au profit du légataire particulier d'une part indivise de ces immeubles, étant de nature à être transcrite aux fins de la purge, donne ouverture au droit proportionnel de transcription de 1 fr. 50 p. 100 (Villefranche, 27 juin 1890, 7461 R. P.).

176. Donataires par actes distincts. — Cession de part indivise. — Droit de transcription. — Lorsqu'un immeuble a été donné, par moitié, à deux enfants du donateur, par deux contrats distincts passés à des dates différentes, l'acte par lequel l'un des donataires cède ses droits à l'autre est passible, lors de l'enregistrement, du droit proportionnel de transcription de 1 fr. 50 p. 100 (Cass. 4 juin 1890, 7412 et 7733-2 R. P.).

181. Majeurs et mineurs. — Droits de transcription. — Lorsque, parmi les acquéreurs, se trouvent des mineurs, le droit de transcription n'est pas dû si les mineurs n'ont pas qualité pour offrir aux créanciers inscrits le prix de leur acquisition (Yvetot, 16 mars 1894, 8335 R. P.).

182. Veuve en état d'interdiction, commune en biens et donataire de son mari décédé. — Immeuble de la communauté adjugé à son profit. — Droit de transcription. — Lorsqu'une veuve commune en biens et donataire d'un quart en propriété et d'un quart en usufruit de la succession de son mari, en vertu d'une institution contractuelle contenue dans son contrat de mariage, se trouve en état d'interdiction, l'adjudication prononcée à son profit d'un immeuble dépendant de la communauté donne ouverture au droit de transcription à 1 fr. 50 p. 100 (Sol. 30 janv. 1893, 8175 R. P.).

183. Immeubles apportés en société. — Droit de transcription. — L'acte aux termes duquel, après la dissolution d'une société en nom collectif, l'un des associés ayant perdu, au cours de l'association, son épouse commune en biens, est déclaré adjudicataire, moyennant un prix unique, conjointement et indivisément avec deux de ses enfants : 1° des immeubles apportés par deux de ses associés personnellement; 2° des droits de ceux-ci dans les immeubles acquis au cours de l'association; 3° de ceux appartenant, du chef de sa mère, au 3e enfant, tant dans ces derniers biens que dans les apports personnels, est passible du droit de mutation sur les parts acquises et du droit de transcription sur l'intégralité du prix (Nancy, 20 oct. 1900, 10142 R. P.).

185. Tiers étranger à l'indivision. — La licitation n'a pas d'effet déclaratif, lorsque l'adjudicataire est un tiers étranger à l'indivision. Dès lors, l'hypothèque inscrite pendant l'indivision, du chef de l'un des colicitants, sur les immeubles licités, persiste, quelle que soit l'attribution ultérieure du prix (Cass. civ., 7 juin 1899, 9806 R. P.).

186. Société. — Apports indivis et acquêts. — Adjudication sur surenchère. — Donne ouverture au droit

197. Immeubles. Indivision subsistant. Droit de transcription. — La licitation d'immeubles indivis, consentie au profit de plusieurs colicitants conjointement, donne ouverture au droit de transcription, lorsqu'elle n'est pas soumise à l'enregistrement en même temps qu'un partage définitif (Guingamp, 18 fév. 1903, 10588 R. P.; — Louhans, 15 juill. 1905, 10837 R. P.; — Lyon 2 août 1907, 11690 R. P.; — Contrà Saint-Jean-d'Angély, 25 mai 1903, 10500 R. P.; — Seine, 26 avril et 28 oct. 1905, 11071 et 11115 R. P.; — Chinon, 22 janv. 1907, 11580 R. P.).

Lorsque l'indivision ne cesse pas, la licitation constitue une vente et non un partage. Il en résulte qu'elle doit être assujettie au droit de 7 p. 100 sur les parts acquises. Le droit de 1 fr. 50 p. 100 est dû, en outre, sur le surplus du prix, à raison de l'indivisibilité de la formalité (Sol. 10 oct. 1906, 11352 R. P.; — Contrà Lyon, 2 août 1907, 11690 R. P.).

de transcription, l'adjudication tranchée au profit de l'un des associés et qui a pour objet, en même temps que des acquêts sociaux, des immeubles apportés indivisément à la société, par l'acquéreur et par son coassocié, alors que l'indivision provient de la cession antérieure faite, par l'un des futurs associés à l'autre, de ses droits dans la propriété intégrale des biens apportés. Le fait que l'adjudication a eu lieu après surenchère du sixième ne s'oppose pas, d'ailleurs, à ce que cette adjudication soit de nature à être transcrite (Toulouse, 28 mars 1899, 25679 J. E.).

196. Adjudicataires conjoints représentant leur auteur commun. — Constitue un acte purement déclaratif dans le sens de l'art. 883 C. C., l'adjudication sur licitation prononcée conjointement au profit de deux cohéritiers appelés à la succession par représentation de leur auteur commun (C. Douai, 1er juill. 1889, 7404 R. P.).

197. Adjudication au profit de plusieurs des copropriétaires. — Indivision ne cessant pas. — Droit de transcription. — En matière de licitation, le droit de transcription à 1 fr. 50 p. 100 est exigible du moment que l'indivision ne cesse pas d'une manière absolue. Spécialement, ce droit est dû quand l'adjudication est prononcée au profit de plusieurs des communistes originaires qui continuent à rester dans l'indivision (Amiens, 3 déc. 1892, 8025 R. P.; — Seine, 5 mai 1893, 8086 et 8258 R. P.).

Décidé, cependant, en sens contraire, que la licitation d'un immeuble indivis, prononcée au profit de plusieurs colicitants conjointement, ne donne pas ouverture au droit de transcription, l'indivision nouvelle existant entre les colicitants adjudicataires ayant sa cause, non plus dans le titre commun originaire, mais dans l'accord particulier intervenu entre eux (Libourne, 25 juill. 1900; — Ribérac, 6 avr. 1902).

Ces dernières décisions ne nous paraissent pas fondées. Pour que le droit de transcription ne soit pas exigible, il faut, ainsi que nous l'établissons *infrà*, nos 198 et 199, que l'on présente à l'enregistrement, en même temps que le procès-verbal de licitation, un partage régulier attribuant au cohéritier adjudicataire son prix d'acquisition.

198. Indivision ne cessant pas. — Jurisprudence civile. — Cependant, par un arrêt du 21 mai 1895 (8645 R. P.), marquant un revirement complet dans sa jurisprudence, la C. Cass. a décidé, en matière civile, que le partage partiel qui maintient deux héritiers dans l'indivision, mais fait cesser l'indivision vis-à-vis d'un troisième, produit son effet déclaratif à l'égard de ce dernier. L'indivision subsistant entre les deux autres est une indivision nouvelle, qui a sa cause, non plus dans la dévolution héréditaire, mais bien dans la convention des parties et n'intéresse plus que les rapports respectifs des communistes.

Conséquences au point de vue fiscal. — Nous avons examiné, au no 9505 R. P., les conséquences que cet arrêt est de nature à produire en ce qui concerne l'exigibilité du droit de transcription, et nous en avons déduit les conclusions suivantes :

On sait que, d'après l'art. 54 L. 28 avril 1816, le droit est dû, au moment même de l'enregistrement, sur tous les actes pour lesquels la transcription est obligatoire.

Doit-on conclure de l'arrêt du 21 mai 1895 que toute licitation, alors même qu'elle laisserait subsister l'indivision entre quelques-uns des cohéritiers, produit l'effet déclaratif attaché au partage par l'art. 883 C. C., et, comme telle, n'est point de nature à être transcrite ?

Ce serait, à notre avis, une conclusion trop absolue. La C. Cass. s'est, si souvent, prononcée dans un sens opposé, qu'on doit se garder d'étendre la nouvelle décision au delà des limites que lui assignent, à la fois, et son texte et les circonstances de l'affaire.

Les successions des époux Erard avaient été judiciairement réglées, en 1877, au moyen d'une licitation et d'un partage. La licitation dégageait, à l'aide des enchères, la valeur des biens qui n'étaient pas commodément divisibles. Le partage fixait, d'après les résultats ainsi obtenus, les droits des héritiers, puis les en remplissait définitivement. Le notaire avait formé, en partie au moins, leurs lots respectifs avec les prix pour lesquels ils étaient, au cours des opérations, devenus propriétaires exclusifs, l'un Philippe de la maison sise à Belfort, rue des Nouvelles, les deux autres, Casimir et sa sœur la veuve Chapuis, de la forêt de la Charme, au territoire d'Anjoutay, canton de Giromagny.

C'est dans ces conditions que le tribunal de Belfort s'est trouvé, le 16 juin 1891, appelé à statuer sur le mérite de la subrogation requise, en 1888 et 1889, par 2 créanciers personnels de Philippe Erard dans l'hypothèque légale de la femme de leur débiteur sur le domaine de la Charme qui appartenait, pour le tout, à la veuve Chapuis, depuis le 31 déc. 1887, date de la cession à son profit des droits de son frère Casimir.

Le jugement déclare que « Philippe Erard qui s'était rendu adjudicataire d'une maison, rue des Nouvelles, laquelle dépendait, ainsi que la Charme, de la succession de son père, est censé avoir possédé cette maison à partir du décès de celui-ci, sans avoir jamais eu aucun droit sur les valeurs non comprises dans son lot; qu'il ne peut, en particulier, en revendiquer aucun sur le domaine de la Charme et que c'est indûment, dès lors, qu'a été prise l'inscription dont la radiation est sollicitée, l'hypothèque légale d'une femme n'étant susceptible de frapper que les immeubles appartenant divisément ou indivisément à son mari ».

C'est encore le même principe que proclament successivement la Cour de Besançon en confirmant la décision des premiers juges et la Chambre civile en rejetant le pourvoi formé contre l'arrêt d'appel.

Il en résulte nettement que, suivant l'expression de M. le Procureur général Paul Fabre, « quand la licitation au profit d'un des cohéritiers a été suivie d'un partage, attribuant au lot de ce cohéritier l'excédent de sa part dans le prix de son adjudication, ou, pour parler plus exactement, l'immeuble à lui adjugé, puisque c'est cet immeuble qui figurait dans l'hérédité, .. la licitation ne doit pas être envisagée isolément du partage » (Conclusions présentées aux Chambres réunies antérieurement à l'arrêt solennel du 12 mai 1870, Instruction no 2403, pages 4 et suiv.) C'est une théorie souvent consacrée par la jurisprudence (Cass. 1er déc. 1840, 5 mars 1855, 31 janv. 1860, 30 mai 1866, 20 déc. 1869, 12 mai 1870 précité, 22 juillet 1872, *Rép. gén.*, 7e éd., vo *Licitation*, no 53). On admet que, dans cette hypothèse, la licitation et le partage ne se distinguent pas; ils constituent les éléments d'un même tout, une opération unique, scindée seulement quant à sa rédaction.

Mais, tout en faisant une constante application de cette règle en ce qui concerne la perception du droit de mutation — qu'on liquide d'après les résultats combinés de la licitation et du partage — la jurisprudence avait, jusqu'alors, refusé de l'étendre au droit de transcription lorsque l'indivision ne cessait pas complètement (*Rép. gén.*, v° *Licitation*, n° 199).

L'arrêt du 21 mai 1895 supprime cette différence de traitement. Chaque fois que l'on présentera à l'enregistrement, en même temps que le procès-verbal de licitation, un partage régulier attribuant au cohéritier adjudicataire son prix d'acquisition, il n'y aura, désormais, pas plus de motifs d'exiger le droit de transcription que le droit de mutation, sans que le préposé de l'Administration ait à se préoccuper de la cessation ou du maintien partiel de l'indivision. C'est, d'ailleurs, ce que la C. Cass. a formellement reconnu, depuis, par un arrêt du 12 mars 1900, cité n° 199 *infra*. Bien plus, lorsque, d'après les principes qui régissent la matière, le second de ces droits devra être perçu, — par exemple si tout ou partie du prix est attribué à des cohéritiers autres que les adjudicataires — le tarif de 4 fr. p. 100 restera seul applicable, car les soultes de partage ne sont, en aucun cas, passibles du droit de transcription (*Rép. gén.*, v° *Partage*, n°s 298-303).

C'est dans cette mesure seulement que l'arrêt du 21 mai 1895 doit exercer une influence sur la perception.

Il ne définit ni le caractère que revêt, en droit civil, la licitation restrictive de l'indivision, si on la considère isolément, ni les effets qu'elle se trouve, par elle-même, appelée à produire. Il se borne — ce qui est bien différent — à rapprocher la licitation d'un partage simultanément produit, dont elle emprunte la nature et avec lequel elle se confond. En d'autres termes, la Cour ne statue pas directement sur la licitation. Elle reconnaît simplement qu'en présence du partage complet et définitif qui la suit, cette licitation perd son individualité propre pour devenir l'un des éléments du partage.

On conçoit, dès lors, l'impossibilité d'appliquer une telle décision en dehors du cas spécial dans lequel elle a été rendue. On ne saurait, notamment, en invoquer le bénéfice pour soustraire au droit de transcription des licitations qui, sans mettre elles-mêmes fin à l'indivision, ne seraient pas accompagnées d'un partage leur conférant le caractère déclaratif.

199. Indivision ne cessant pas. — Partage du prix. — L'arrêt du 21 mai 1895, cité au n° précédent, nous avait amenés à penser que, chaque fois que l'on présentera à l'enregistrement, en même temps, que le procès-verbal de licitation, un partage régulier attribuant au cohéritier adjudicataire son prix d'acquisition, il n'y aura, désormais, pas plus de motifs d'exiger le droit de transcription que le droit de mutation, sans que le préposé de l'Administration ait à se préoccuper de la cessation ou du maintien partiel de l'indivision.

Mais l'Administration n'a pas, tout d'abord, adopté cette doctrine. Elle a décidé que la présentation simultanée à l'enregistrement d'un acte de licitation d'immeubles et d'un acte renfermant le partage du prix de la licitation, n'autorise pas à considérer cette opération complexe comme un partage pur et simple. En conséquence, lorsque la licitation ne fait pas cesser l'indivision des immeubles entre les acquéreurs colicitants, elle donne ouverture au droit de transcription sur la totalité du prix d'adjudication (Sol. 8 nov. 1895, 8820 R. P.).

Le tribunal de la Seine s'est rangé à cet avis par un jugement du 15 janv. 1897 (8933 R. P.).

Mais le trib. Marseille a consacré l'opinion contraire par un jug. 11 août 1899 (9919 R. P.), et c'est cette dernière opinion qui a prévalu devant la C. Cass. Par un arrêt du 12 mars 1900 (9919 R. P.), dont l'Administration a adopté la doctrine, la C. Cass. a décidé que la licitation d'un immeuble dépendant d'une succession et adjugé à plusieurs des cohéritiers ne constitue qu'une opération du partage lui-même, avec lequel elle se confond, lorsqu'elle est présentée à la formalité simultanément avec le partage qui comprend, dans la masse partageable, le prix dudit immeuble et règle, d'une manière définitive, les droits de tous les héritiers. La circonstance que les héritiers adjudicataires conservent la propriété indivise de l'immeuble n'empêche pas le partage, avec lequel la licitation se confond, de produire ses conséquences légales, puisque l'indivision nouvelle existant entre eux a sa cause, non plus dans la dévolution héréditaire, mais bien dans leurs accords particuliers. En réalité, les deux actes, licitation et partage, forment, par leur réunion, une convention unique qui, ayant un effet purement déclaratif, n'est pas de nature à être transcrite, et ne saurait, par suite, donner ouverture au droit de transcription.

Indivision ne cessant pas complètement. — Droit de transcription réclamé. — Partage produit mettant fin à l'indivision. — Réclamation abandonnée. — Le droit de transcription, non perçu sur un acte de licitation qui ne faisait pas cesser complètement l'indivision, ne peut plus être perçu, lorsque, postérieurement à la réclamation de ce droit, les parties justifient d'un partage qui a mis définitivement fin à l'indivision (Sol. 6 juill. 1893, 8146 R. P.).

Indivision subsistant. — Absence de partage du prix. — Décidé que la licitation d'un immeuble indivis prononcée au profit de plusieurs colicitants conjointement ne donne pas ouverture au droit de transcription; l'indivision nouvelle existant entre les colicitants adjudicataires a, en effet, sa cause, non plus dans le titre commun originaire, mais dans l'accord particulier intervenu entre eux (Libourne, 25 juill. 1900; Ribérac, 17 avr. 1902, 10150 R. P.).

Nous ne saurions approuver ces décisions.

Par l'arrêt du 12 mars 1900 cité *suprà*, la C. a décidé que lorsqu'une licitation ne faisant pas cesser l'indivision est présentée à l'enregistrement en même temps qu'un acte réglant le partage du prix, il y a lieu de considérer les deux actes comme formant, par leur réunion, une convention unique qui, ayant un effet purement déclaratif, n'est pas de nature à être transcrite et, par suite, échappe à la perception du droit de 1 fr. 50 p. 100.

Mais les motifs mêmes de cette décision font très nettement ressortir qu'elle ne doit s'appliquer qu'au cas tout spécial où la licitation, bien que ne mettant pas fin à l'indivision, est soumise à la formalité en même temps qu'un

LOI.

7. Publication. Insertion au « Journal officiel ». Délai de mise à exécution. — Aux termes du décr. 5 nov. 1870, les lois ne sont exécutoires, dans chaque arrondissement, qu'un jour franc après que le *Journal officiel* qui les contient est parvenu au chef-lieu de cet arrondissement. La date d'arrivée du *Journal officiel* au chef-lieu de l'arrondissement peut d'ailleurs être officiellement constatée par tous les modes de preuve. Spécialement, en matière d'enregistrement, le tarif établi par une loi nouvelle ne saurait être appliqué à un acte notarié passé le lendemain du jour où le *Journal officiel*, qui contient la promulgation de cette loi, est parvenu au chef-lieu du département, alors qu'à [illegible] d'une allégation du Préfet; l'acte dont il s'agit doit, en conséquence, être assujetti à l'ancien tarif (Nantes, 8 août 1905, 10877 R. P.).

21. Lois fiscales. Interprétation. — En matière d'impôts, c'est avant tout dans le texte de la loi qu'il faut rechercher quelle a été l'intention du législateur; quand la loi est claire, il convient de l'appliquer dans ses termes, sans la modifier ni la restreindre par aucune considération si puissante qu'elle soit. Spécialement, le bénéfice de l'art. 21 L. 26 fév. 1877, qui a autorisé la ville de Marseille à contracter un emprunt de 80 millions destiné à la conversion de sa dette et disposé que tous les actes auxquels donnerait lieu cet emprunt ne seraient passibles que du droit fixe de 3 fr., est applicable aux quittances de remboursement des emprunts convertis; il en résulte que, si ces quittances sont produites en justice, elles échappent à la perception du droit proportionnel de 0,50 p. 100 (Marseille, 3 juillet 1902, 10921 R. P.).

MAGASINS GÉNÉRAUX.

LIQUIDATIONS JUDICIAIRES.

LIVRE DE COMMERCE.

13. Procès-verbaux de cote et paraphe. Exemption d'enregistrement. L. fin. 22 avril 1905. — D'après l'art. 9 L. fin. 22 avril 1905, les procès-verbaux de cote et paraphe des livres de commerce, quelle qu'en soit la forme, sont aujourd'hui exempts du droit et de la formalité de l'enregistrement; il n'y a pas lieu au recouvrement des sommes qui peuvent être encore dues en vertu de l'art. 73 L. 28 avril 1816 relatif à ces procès-verbaux. — 10930 R. P.

Cette disposition a été rendue applicable à l'Algérie par décr. du 4 sept. 1906. — 11267 R. P.

partage définitif. Elle ne peut, dès lors, être étendue aux licitations restrictives d'indivision qui ne sont pas accompagnées d'un partage.

208. **Droits successifs. — Indivision subsistant quant à l'un des immeubles cédés.** — Est passible du droit de vente de 5 fr. 50 p. 100 la cession de droits successifs immobiliers qui laisse subsister l'indivision, quant à l'un des immeubles cédés, entre le cessionnaire et un tiers copropriétaire en vertu d'un titre différent (Marseille, 13 août 1880, 7426 R. P.; — Cass. 3 déc. 1890, 7502 et 7974-5 R. P.).

209. **Usufruit et nue propriété. — Prix unique. — Adjudication de la nue propriété au profit d'un héritier mineur. — Droit de transcription sur l'intégralité du prix. — Renonciation ultérieure par le mineur devenu majeur, au bénéfice d'inventaire. — Droit de transcription non restituable.** — L'adjudication, par voie de licitation, prononcée au profit d'un mineur, donne ouverture au droit de transcription, sans qu'il y ait lieu de se préoccuper des considérations de fait qui seraient de nature à rendre inutile la formalité de la transcription. — Quand l'adjudication a eu lieu, pour un prix unique, au profit du mineur, en ce qui concerne la nue propriété, et au profit de sa mère, en ce qui concerne l'usufruit, le droit de transcription est dû sur l'intégralité du prix. — Ce droit ne saurait être restitué, bien que le mineur, devenu majeur après l'enregistrement du procès-verbal d'adjudication, ait renoncé au bénéfice d'inventaire (Seine, 19 fév. 1892, 7787 R. P.).

243. **Bien indivis entre deux époux. — Acquisition par le mari.** — Lorsqu'un immeuble, indivis entre deux époux communs en biens, d'une part, et deux autres époux également communs en biens, d'autre part, est licité entre eux et acquis par le mari, chef de l'une des communautés, l'opération constitue une licitation qui fait cesser l'indivision et ne donne ouverture qu'au droit de 4 fr. p. 100, à l'exclusion du droit de transcription (Sarlat, 3 août 1898, 1830 R. E.; — Bourganeuf, 17 janv. 1901, 2805 R. E.).

L'Administration s'est ralliée à la doctrine de ces jugements. Elle a reconnu que lorsqu'un mari, commun en biens, se rend cessionnaire des droits qu'un tiers possédait sur des immeubles acquis conjointement avec lui, au cours du mariage, la cession opère la cessation de l'indivision, et l'acte qui la constate est exempt du droit de transcription. — Il en est de même de la licitation intervenue entre deux acquéreurs conjoints, mariés l'un et l'autre sous le régime de la communauté (Sol. 9 et 26 juill. 1901, 3080-12 I. G.; 10181 R. P.).

LIQUIDATIONS JUDICIAIRES. — V. *Faillites.*

LOI.

7. **Publication.** — La date d'arrivée du *J. off.* au chef-lieu de chaque arrondissement, qui sert de point de départ au délai de mise à exécution des lois, doit, en principe, être constatée sur un registre *ad hoc* tenu dans les préfectures et les sous-préfectures. Dans le silence du décr. 5 nov. 1870, qui ne s'explique pas sur ce point, on admet généralement qu'il convient d'appliquer l'art. 4 Ord. 27 nov. 1816 (Dall., v° *Lois*, n° 93; — Aubry et Rau, t. I, n° 88; — Fuzier-Herman, *Lois et décrets*, n° 195; — M. Baudant, *Cours de droit civil*, fasc. 1er, n° 93). Les auteurs enseignent, d'ailleurs, que ce mode de constatation n'est pas exclusif de tout autre, et qu'il serait suffisant que l'arrivée du *J. off.* fût officiellement établie par un moyen équivalent. Si donc le registre spécial n'est pas tenu, la date d'arrivée peut être officiellement constatée par tous les modes de preuves (Sol. 25 avr. 1901, 2682 R. E.).

MAGASINS GÉNÉRAUX.

4. **Cautionnement. — Les textes législatifs ne déterminent pas l'autorité à laquelle incombe la mission de recevoir les cautionnements imposés aux concessionnaires des magasins généraux. La marche suivante est conseillée par l'Administration.**

La valeur des immeubles destinés à former le gage est vérifiée par le Directeur de l'Enregistrement qui s'assure, en outre, par l'examen des titres de propriété et des autres pièces justificatives, que ces immeubles sont entièrement libres entre les mains de la caution. Le Directeur adresse ensuite au Préfet un rapport contenant ses observations et son avis au point de vue de la solidité du gage. Enfin, avec l'autorisation du Préfet, il fait préparer l'acte notarié à intervenir et en examine le projet avant qu'il soit soumis à la signature de ce magistrat et des parties. L'intervention de l'Administration en dehors des limites tracées par l'art. 2 L. 31 août 1870 est purement officieuse et ne saurait engager sa responsabilité. C'est au Préfet qu'appartient l'acceptation du cautionnement, et le Directeur ne doit pas figurer comme partie à l'acte d'affectation hypothécaire : il lui incombe seulement de requérir l'inscription (Sol. 30 janv. 1896).

1. Marchandises en gros. — Salles de ventes publiques. — Cautionnement. — Un décret du 9 juin 1896 a soumis les exploitants des salles de ventes publiques à l'obligation d'un cautionnement variant de 3.000 à 30.000 fr. — Ce cautionnement peut être exceptionnellement élevé jusqu'à un maximum de 100.000 fr. sur la demande expresse de la chambre de commerce ou, à son défaut, du tribunal de commerce. Il peut être fourni, en totalité ou en partie, en argent, en rentes, en obligations cotées à la Bourse, ou par une première hypothèque sur des immeubles d'une valeur double de la somme garantie. S'il est représenté par une hypothèque, la valeur des immeubles est estimée par le Directeur de l'Enregistrement sur les bases établies pour la perception des droits de mutation par décès. Pour la conservation de cette garantie, une inscription est prise, dans l'intérêt des tiers, à la diligence et au nom du Directeur de l'Enregistrement (24972 J. E.).

Il doit être procédé, pour la constitution du cautionnement, d'après les règles tracées par la loi du 31 août 1870, relative aux magasins généraux.

5 *bis*. Warrants agricoles. — La loi du 18 juill. 1898 sur les warrants agricoles a pour objet de fournir un nouvel instrument de crédit aux agriculteurs en leur permettant de donner en gage d'un emprunt, sans les déplacer, des produits agricoles ou industriels qu'ils ne pouvaient warranter, sous l'empire de la législation antérieure, qu'en les transportant dans les magasins généraux.

Le produit agricole warranté reste, jusqu'au remboursement des sommes avancées, le gage du porteur du warrant. Le cultivateur est responsable de la marchandise qui reste confiée à ses soins et à sa garde, et cela sans indemnité (art. 1).

Le cultivateur, lorsqu'il n'est pas propriétaire ou usufruitier de son exploitation doit, avant tout emprunt, aviser le propriétaire du fonds loué de la nature, de la valeur et de la quantité des marchandises qui doivent servir de gage pour l'emprunt, ainsi que du montant des sommes à emprunter. Cet avis est donné au propriétaire, à l'usufruitier ou à leur mandataire légal désigné par l'intermédiaire du greffier du juge de paix du canton du domicile de l'emprunteur. La lettre d'avis est remise au greffier qui doit la viser, l'enregistrer et l'envoyer sous forme de lettre recommandée comportant accusé de réception. Le propriétaire, l'usufruitier ou le mandataire légal désigné pourront, dans le cas où des termes échus leur seraient dus, dans un délai de douze jours francs à partir de la lettre recommandée, s'opposer au prêt sur lesdits produits par une autre lettre adressée au greffier du juge de paix et également recommandée (art. 2).

Le greffier de la justice de paix inscrit sur les deux parties d'un registre à souche établi spécialement à cet effet, et d'après la déclaration de l'emprunteur, la nature, la quantité et la valeur des produits qui doivent servir de gage à son emprunt, ainsi que le montant des sommes à emprunter. Dans le cas où l'emprunteur n'est point propriétaire ou usufruitier de l'exploitation, le greffier du juge de paix doit, outre les indications ci-dessus, mentionner la date de l'envoi de l'avis au propriétaire ou usufruitier ainsi que la non-opposition de leur part après douze jours francs à partir de l'envoi de la lettre recommandée (art. 3).

La feuille détachée de ce registre devient le warrant qui permettra au cultivateur de réaliser son emprunt (même art.).

Les établissements publics de crédit peuvent recevoir les warrants comme effets de commerce avec dispense d'une des signatures exigées par leurs statuts (art. 8).

L'escompteur ou réescompteur d'un warrant sera tenu d'en donner avis immédiatement au greffier du juge de paix par lettre recommandée avec accusé de réception (art. 9).

A défaut de payement à l'échéance, et après avis préalable transmis par lettre recommandée à l'emprunteur, pour laquelle un avis de réception doit être demandé, le porteur du warrant, huit jours après l'avertissement et sans aucune autre formalité de justice, mais avec les formes de publicité prévues par les art. 617 et s. C. proc., peut faire procéder par un officier ministériel à la vente publique aux enchères de la marchandise engagée (art. 10).

Le créancier est payé directement de sa créance sur le prix de vente, par privilège et préférence à tous créanciers, sans autre déduction que celle des contributions directes et des frais de vente, et sans autres formalités qu'une ordonnance du juge de paix (art. 11).

Le porteur du warrant perd son recours contre les endosseurs s'il n'a pas fait procéder à la vente dans le mois qui suit la date de l'avertissement. Il n'a de recours contre l'emprunteur et les endosseurs qu'après avoir exercé ses droits sur les produits warrantés. En cas d'insuffisance, le délai d'un mois lui est imparti, à dater du jour où la vente de la marchandise est réalisée, pour exercer son recours contre les endosseurs (art. 12).

28 *bis*. Warrants agricoles. — Enregistrement. — La feuille détachée du registre à souche tenu au greffe de la justice de paix et qui est destinée à constituer le warrant au moyen duquel le cultivateur réalisera son emprunt, n'est obligatoirement soumise à l'enregistrement, comme les effets de commerce en général, que dans le cas de protêt. Le tarif applicable est celui de 0 fr. 50 p. 100 édicté pour ces effets (L. 18 juill. 1898, art. 16 ; 9342 R. P. ; 2962 I. G.).

Sont dispensés, aux termes de l'art. 16 L. 18 juill. 1898, de la formalité de timbre et de l'enregistrement : les lettres prévues aux art. 2, 9 et 10 et leurs accusés de réception, la souche du registre institué par l'art. 3, la copie des inscriptions d'emprunt, le certificat négatif et le certificat de radiation (9342 R. P. ; 2962 I. G.).

28 et 30. Récépissé et Warrant. — Endossement. — L'endossement simultané d'un récépissé et d'un warrant réunis ne rend pas exigible le droit de timbre proportionnel. Le warrant ne jouant dans ce cas aucun rôle, le récépissé est seul passible du timbre de dimension (Sol. 11 mai 1896, 4194 *Rev. prat.*).

30 *bis*. Warrants agricoles. — Timbre. — La feuille détachée du registre à souche prévu par l'art. 3 L. 18 avr. 1898 et qui est destinée à constituer le warrant au moyen duquel le cultivateur réalisera son emprunt, reste soumise au droit commun. En d'autres termes, exempte de tout droit de timbre jusqu'au moment de sa transformation en warrant et de sa remise comme tel au prêteur, elle devient, à ce moment même, passible du droit de timbre des effets de commerce au tarif ordinaire (0 fr. 05 p. 100. art. 16 de la loi ; 9343 R. P. ; 2962 I. G.).

38. Bons, bulletins et autorisations de sortie. — Les bons, bulletins ou autorisations de sortie ou de livraison, remis aux magasins généraux contre la livraison de tout ou partie des marchandises déposées, constituent de véritables décharges assujetties au droit de timbre de 0 fr. 10 (Seine, 10 nov. 1893, 8283 R. P. ; 25071 J. E. ; — 5 avr. 1895, 8606 R. P. ; 24660 J. E.).

Le même droit est applicable aux bons de livraison que des magasins généraux inscrivent au dos des reçus délivrés par l'entrepreneur chargé de transporter les marchandises pour constater la remise de ces marchandises, soit dans ses magasins, soit aux emprunteurs et consignataires (Seine, 2 avr. 1896, 8860 R. P. ; 25100 J. E.).

1. Autorisations de sortie délivrées avant l'enlèvement des marchandises. — Lettres missives. — Mais l'autorisation de sortie, adressée par lettre missive aux ma-

5 *bis*. Warrants agricoles. Modification de la L. 18 juill. 1898. L. 30 avril 1906. — L'art. 17 de cette dernière loi notamment, est ainsi conçu : « Sont dispensés de la formalité du timbre et de l'enregistrement les lettres et accusés de réception, les renonciations, acceptations et consentements prévus aux art. 2, 3, 10 et 11, le registre sur lequel les warrants sont inscrits, la copie des inscriptions d'emprunt, le certificat négatif et le certificat de radiation mentionnés aux art. 6 et 7. — Le warrant est passible du droit de timbre des effets de commerce (0,05 p. 100). — L'enregistrement (0,50 p. 100) ne deviendra obligatoire qu'en cas de vente [illegible] en vertu de l'art. 11. — Le droit à percevoir sur le prix de ladite vente sera de 0,10 p. 100 (comme pour les marchandises [illegible]) » (11260 I. G.).

MAINLEVÉE.

42. Hypothèque maritime. Droit de 0 fr. 20 p. 100. — Les mainlevées d'hypothèque maritime sont passibles du droit de 0 fr. 20 p. 100 comme les mainlevées d'hypothèque terrestres. les dispositions des art. 1er L. 28 fév. 1872 et 19 L. 28 avril 1893 s'appliquent à toutes les mainlevées d'hypothèque sans exception (Cass. (civ.), 26 oct. 1903; *Contrà* Saint-Nazaire, 19 janv. 1900, 10631 R. P.).

Ce droit a été réduit à 0, 20 p. 1000 par la loi du 13 juillet 1907. 11409 R. P..

82. Hypothèque légale non inscrite. Désistement. Droit fixe. — La disposition par laquelle une femme mariée renonce à son hypothèque légale sur certains immeubles déterminés est passible du droit fixe de 3 fr. comme désistement d'hypothèque, et non du droit maximum de 5 fr. applicable aux réductions d'inscription, lorsqu'en fait cette hypothèque n'a été l'objet d'aucune inscription (Château-Chinon, 16 mai 1907, 11549 R. P.).

93. Inscription d'office. Mainlevée comme conséquence de la résolution d'un contrat. Droit proportionnel exigible. — La mainlevée de l'inscription d'office prise lors de la transcription d'un acte de vente et donnée en conséquence de l'accomplissement d'une condition résolutoire expressément stipulée dans un acte est soumise au droit proportionnel de 0,20 p. 100 (Seine, 2 mars 1907, 11515 R. P.).

gasins généraux avant l'enlèvement des marchandises, n'opère pas décharge par elle-même; elle n'est donc pas soumise au timbre de 0 fr. 10. Elle établit toutefois la validité de la décharge donnée postérieurement par le cheminier désigné. Elle rentre, à ce point de vue, dans la catégorie des écritures qui peuvent faire titre et être produites en justice pour défense ou justification et que l'art. 12 L. 13 brum. an VII assujettit au timbre de dimension (Seine, 25 juin 1896, 8870 R. P.; 25109 J. E.).

2. Bons de sortie partielle. — Inscription à la suite des récépissés. — Les bons de sortie partielle, mentionnés sur des récépissés délivrés par des magasins généraux et restant en la possession des propriétaires des marchandises déposées jusqu'au retrait total, n'ont pas le caractère de titres libératoires assujettis au droit de timbre de 0 fr. 10. Ils ne constituent que de simples énonciations, modificatives de l'endossement, affranchies également du timbre de dimension (Rouen, 21 mars 1895; Cass. 2 janv. 1900, 9729 R. P.; 25789 J. E.; 3011-6 I. G.).

MAINLEVÉE.

10. **Mainlevée totale ou partielle. — Tarif.** — Le droit gradué pour les mainlevées totales ou partielles d'hypothèques est supprimé et remplacé par un droit proportionnel de 0 fr. 20 p. 100 (L. 28 avr. 1893, art. 19, 8053 et 8194-18 R. P. V. C. *des lois*). Le nouveau droit se perçoit, d'ailleurs, dans les mêmes conditions et d'après les mêmes bases que l'ancien droit gradué.

18. **Mainlevée judiciaire. — Droit de 0 fr. 20 p. 100 non exigible.** — Les art. 1er, n° 7, L. 28 fév. 1872 et 19 L. 28 avr. 1893 ne frappent que les consentements volontaires à mainlevée; ils ne s'appliquent pas aux mainlevées judiciaires (Alger, 7 déc. 1901, 10146 R. P.).

58. **Mainlevée conditionnelle. — Rente viagère.** — Lorsque, dans un contrat de constitution de rente viagère le débi-rentier fournit une affectation hypothécaire et stipule que l'inscription prise en vertu de cette affectation sera radiée sur la simple représentation de l'acte de décès du crédi-rentier, cette clause n'a pas le caractère d'une mainlevée sous condition suspensive: lors de l'événement, elle ne donne pas ouverture au droit de 0 fr. 20 p. 100 (Sol. 22 fév. 1900, 2636 R. E.).

78. **Réduction d'hypothèque. — Tarif.** — La L. 28 avr. 1893, qui a remplacé le droit gradué par un droit de 0 fr. 20 p. 100, pour les mainlevées totales ou partielles d'hypothèques, a maintenu (art. 20) le droit fixe de 5 fr. pour les mainlevées partielles d'hypothèques en cas de simple réduction de l'inscription, et disposé que ce droit ne peut excéder le droit proportionnel qui serait exigible pour la mainlevée totale (8053 et 8194-18 R. P. — V. *C. des lois*).

82. **Hypothèque legale. — Réduction. — Droit à percevoir. — Minimum.** — L'art. 20 L. 28 avr. 1893 portant que le droit fixe de 5 fr., auquel sont assujetties les réductions d'hypothèque « ne pourra excéder le droit proportionnel qui serait exigible pour la mainlevée totale », doit être entendu en ce sens que si le droit de 0 fr. 20 p. 100 dû sur la créance totale garantie par l'hypothèque est inférieur à 5 fr. en principal, c'est le droit proportionnel qui devra être perçu; mais si la créance, au sujet de laquelle la réduction est consentie, se trouve indéterminée, c'est le droit fixe maximum de 5 fr. qui est exigible (Sol. 12 sept. 1894, 24588 J. E.)

93. **Inscription d'office. — Confusion. — Droit proportionnel exigible.** — Le droit proportionnel établi par l'art. 19 L. 28 avr. 1893, sur les consentements à mainlevées d'hypothèque doit être perçu, comme aurait dû l'être antérieurement le droit gradué (L. 28 fév. 1872, art. 1er, n° 7 et art. 2) sur toute stipulation qui contient, de la part du créancier, le désistement constitutif de la mainlevée, pourvu, toutefois, que cette stipulation ne dérive pas d'une disposition principale déjà tarifée. Spécialement, l'acte qui constate le paiement partiel d'une dette et l'extinction du surplus par voie de confusion, et qui contient mainlevée entière de l'hypothèque, est passible du droit de 0 fr. 20 p. 100 sur la partie de la dette qui ne supporte pas le droit de libération et pour laquelle la confusion s'est produite (Seine, 10 juin 1900, 9870 R. P.).

Décidé également que le droit de 0 fr. 20 p. 100 est dû sur l'acte constatant qu'un vendeur, déclaré adjudicataire de son propre bien, fait confusion sur sa tête du prix qu'il se doit à lui-même et donne mainlevée de l'inscription d'office prise par le conservateur pour sûreté du prix (Seine, 11 nov. 1899, 23838 J. E.).

Jugé, dans le même sens, que la mainlevée contenue dans un acte de partage qui attribue à un cohéritier le montant de sa dette et qui constate en même temps sa libération par voie de confusion, constitue une disposition dépendante de ce partage et ne saurait, dès lors, être assujettie au droit proportionnel de 0 fr. 20 p. 100 (0 fr. 10 p. 100 en Algérie) en vertu des art. 1er, n° 7, L. 28 février 1872 et 19 L. 28 avril 1893 (Alger, 7 déc. 1901, 10146 R. P.).

105. **Absence d'ordre. — Créancier unique. — Mainlevée totale. — Disposition dépendante.** — Lorsque des immeubles, grevés d'inscriptions au profit d'un seul créancier, pour une somme supérieure à leur valeur, sont revendus et que le paiement du prix est effectué par les tiers acquéreurs entre les mains du créancier, l'acte qui constate ce paiement et la mainlevée de toutes les inscriptions n'est passible que du droit de quittance (Sol. 8 juin 1898, 4480 *Rev. prat.*).

112. **Hypothèque légale. — Réduction. — Disposition dépendante.** — Lorsque le mari reçoit le prix de vente d'un immeuble à lui propre et que, dans l'acte de quittance, sa femme comparait pour renoncer, en faveur de l'acquéreur, à son hypothèque légale, en tant qu'elle grèverait l'immeuble vendu, cette renonciation constitue une disposition dépendante de la quittance, et elle ne donne pas ouverture à un droit particulier pour réduction d'hypothèque (Sol. 8 juin 1896, 25214 J. E.).

131. **Quittance partielle. — Mainlevée sur un immeuble déterminé. — Droit de libération seul exigi-**

ble. — Lorsqu'un créancier donne quittance d'une partie de la dette, et consent la mainlevée de l'inscription hypothécaire sur un immeuble déterminé affecté à la garantie de la créance, la convention n'est passible que du droit de libération; elle ne rend pas exigible un droit particulier pour la mainlevée (Sol. 27 juill. 1892, 7997 R. P.).

144. Rente viagère. — Quittance, sans réserve, du dernier terme des arrérages. — Mainlevée totale de l'inscription. — Lorsque le représentant du créancier décédé d'une rente viagère donne quittance du dernier terme des arrérages de la rente, et consent la mainlevée pure et simple de l'inscription hypothécaire prise en garantie du service de la rente, cette dernière stipulation constitue une disposition indépendante de la quittance et rend exigible le droit gradué (Sol. 19 oct. 1891, 7700 R. P.).

160. Intérêts à échoir. — En ce qui concerne les intérêts, ceux dont la loi conserve le rang ne doivent pas être ajoutés au capital de la créance, pour le calcul du droit de mainlevée, alors même qu'ils seraient évalués dans le bordereau d'inscription (Sol. 27 mai 1890, 25213 J. E.).

163. Frais. — Dans la première partie du *Rép. gén.*, au lieu de « si le droit gradué fait mention », lire : si l'acte de mainlevée fait mention.

165. Frais de mise à exécution. — Pour la liquidation du droit de mainlevée, il y a lieu d'ajouter, au montant de la créance inscrite, les frais de l'acte et de mise à exécution, lorsque ces frais ont fait l'objet d'une évaluation spéciale dans le bordereau d'inscription (Rocroi, 28 nov. 1890, 7356 R. P.; — Compiègne, 12 mars 1890, 7398 R. P.; — Vesoul, 13 juin 1890, 7444 R. P.; — Le Mans, 10 sept. 1890, 7480 R. P.; — Moulins, 17 déc. 1890, 7570 R. P.).

Mais en est-il de même, quand l'acte de mainlevée ne fait pas mention de ces frais?

Nous avons toujours enseigné la négative, et notre opinion a été adoptée par les tribunaux suivants (Seine, 17 mai 1889, 7356 R. P.; — Dôle, 13 nov. 1890, 7530 R. P.; — Trévoux, 5 fév. 1891, 7608 R. P.).

Mais l'opinion contraire, qui est celle de l'Administration, a été adoptée par un arrêt Cass. du 9 mai 1893 (8073 et 8418-8 R. P.).

Cet arrêt ne modifie pas notre sentiment.

Les droits d'acte doivent se percevoir, non sur des présomptions, mais sur la substance même des conventions présentées à la formalité. Or, la mainlevée consentie sans réserve opère le dégrèvement de l'immeuble, pour les accessoires de la créance comme pour le principal, et, en ce qui concerne ces accessoires, l'effet libératoire se produit indépendamment de toute stipulation particulière. C'est pour ce motif que le montant de ces accessoires ne nous a pas paru de nature à être ajouté au principal de la créance, pour la liquidation du droit gradué, lorsque l'acte de mainlevée n'en fait pas mention.

Quoi qu'il en soit, depuis la L. 28 avr. 1893, qui a substitué le droit proportionnel au droit gradué, la question a perdu, au point de vue pratique, une partie de l'intérêt qui s'y attachait. En effet, sous l'empire de la loi du 28 fév. 1872, les accessoires, lorsqu'on les ajoutait au principal, avaient très souvent pour résultat d'augmenter la perception du double. Ce résultat se produisait, notamment, chaque fois que le principal de la créance s'élevait exactement à 5.000 fr. ou à 10.000 fr. Il aggravait ainsi, d'une manière fort sensible, les frais de l'acte de mainlevée. Avec le droit proportionnel de 0 fr. 20 p. 100 édicté par la L. 28 avr. 1893, la rigueur de la perception sera considérablement atténuée, eu égard à la minime importance de l'évaluation faite, pour les frais éventuels, dans les bordereaux d'inscription.

174. Créances garanties. — Chiffre. — Indication. — Pouvoir annexé. — Lorsque l'indication du chiffre des créances garanties par une inscription indéterminée se trouve, non dans l'acte de mainlevée, mais dans un pouvoir y annexé, la mainlevée est passible du droit de 0, 20 p. 100 sur le chiffre ainsi fixé (Sol. 20 fév. 1895, 8573 R. P.).

177. Faillite. — Réduction d'hypothèque. — Lorsque la mainlevée, consentie par un liquidateur judiciaire, de l'inscription hypothécaire prise au profit de la masse des créanciers, en vertu de l'art. 490 C. Com., a uniquement pour objet de dégrever certains immeubles, et réserve l'effet des inscriptions sur les autres biens, il n'est dû que le droit fixe de 5 fr., à l'exclusion du droit de 0 fr. 20 p. 100. Peu importe, qu'en fait, le débiteur se trouve libéré par l'abandon consenti à ses créanciers des immeubles dégrevés, la perception devant être exclusivement réglée d'après les dispositions de l'acte (Sol. 14 août 1895, 4041 *Rev. prat.*).

Donne ouverture au droit proportionnel de 0 fr. 20 p. 100 (ancien droit gradué) l'acte contenant mainlevée, par un liquidateur judiciaire, de l'inscription hypothécaire qu'il avait prise, en vertu de l'art. 490 C. Comm., au profit de la masse des créanciers, et qui, d'après les énonciations d'un pouvoir annexé à cet acte, garantissait des créances, pour une somme déterminée (Sol. 20 fév. 1895, 8573 R. P.).

188-189 *bis*. Mainlevée. — Inscription et saisie. — Pluralité des droits. — Plusieurs saisies. — Mêmes créancier et débiteur. — Un seul droit exigible. — L'acte par lequel un créancier consent à son débiteur la mainlevée d'une inscription hypothécaire et celle d'une saisie contient deux dispositions distinctes assujetties chacune à la perception d'un droit particulier. — Il ne peut être exigé qu'un seul droit fixe de 3 fr. sur la mainlevée de saisies donnée par un même acte par un seul créancier, quel que soit le nombre de saisies dont il se désiste à l'égard de son débiteur (Sol. 16 janv. 1893; — Mortain, 29 déc. 1893, 8276 R. P.).

L'acte par lequel un créancier donne à la fois mainlevée d'une inscription hypothécaire et d'une saisie immobilière ne contient qu'une seule disposition passible du droit, à savoir la mainlevée de l'inscription hypothécaire, celle relative à la saisie constituant une disposition essentiellement dépendante de la première (Château-Chinon, 21 janv. 1898, 9267 R. P.).

214. Faillite. — Inscription au profit de la masse. — Quand une inscription a été prise au profit de la masse

MAJORAT.

20. Dotations et majorats. Rachat par l'État. L. fin. 22 avril 1905. — 10903 R. P.

des créanciers d'une faillite, en vertu de l'art. 490 C. Com., la mainlevée de cette inscription ne peut donner lieu qu'à un seul droit, quel que soit le nombre des créanciers et quand même la solidarité qui les liait aurait cessé par suite de l'homologation du concordat (Sol. 10 juill. 1894, 24495 J. E.).

242. **Désistement de tous droits, privilège et hypothèque. — Droit de quittance non exigible.** — Donne ouverture au seul droit gradué (aujourd'hui proportionnel) et non au droit de quittance l'acte par lequel un créancier déclare « faire mainlevée pure et simple, avec désistement de tous ses droits, privilège et hypothèque », d'une inscription d'office prise à son profit (Sol. 20 nov. 1893, 8441 R. P.).

Désistement de tous droits de privilège, hypothèque et autres. — Mais présente les caractères d'un titre de libération et se trouve, en conséquence, assujetti au droit de 50 cent. p. 100, l'acte par lequel le créancier hypothécaire déclare faire mainlevée pure et simple avec désistement de tous droits de privilège, d'hypothèque, d'action résolutoire, de surenchère, de folle enchère *et autres*, et consentir la radiation entière et définitive des inscriptions prises à son profit. Les mots « *et autres* » ajoutés à l'énumération des droits réels ne peuvent, en effet, s'appliquer qu'à l'action personnelle, et, par la stipulation précitée, le créancier manifeste nettement sa volonté, non seulement de donner mainlevée, mais encore de renoncer à tous ses droits contre son débiteur (Cass. (Ch. civ.), 1er fév. 1898, 9087 et 9375-10 R. P.; — Lille, 6 juill. 1890, 9747 R. P.; — Comp. Pont-Audemer, 3 août 1892, et Evreux, 28 mai 1895, 9183 R. P.).

De même, donne ouverture au droit de quittance et non au droit gradué, l'acte par lequel un créancier déclare renoncer aux droits résultant d'une obligation de somme souscrite à son profit, et faire mainlevée de l'inscription hypothécaire prise pour en assurer le remboursement (Saint-Dié, 17 avr. 1891, 7054 R. P.).

MAJORAT.

35. **Lettres-patentes. — Droits de greffe.** — Les lettres de patentes enregistrées dans les tribunaux ne sont plus soumises aux droits de greffe, mais à une taxe des frais de justice (V. *Taxe des frais de justice*, vo *Jugement*, *supra*).

37-38. **Donation. — Liquidation du droit.** — Le majorat étant assimilé à un véritable usufruit, il nous semble, depuis la L. 25 fév. 1901, qui a établi de nouvelles bases d'évaluation pour les usufruits et les nues propriétés, qu'il y a lieu, en cas de donation d'un majorat, de liquider le droit, non sur le capital au denier 10, comme anciennement, mais sur la valeur réelle du majorat, telle qu'elle est déterminée par le barème de l'art. 13 L. 25 fév. 1901 (V. no 52 *infrà* et vo *Usufruit*).

41. **Droits de greffe.** — Les droits de greffe ont été supprimés et remplacés par une taxe des frais de justice. L. 26 janv. 1892 (V. *C. des lois* et *Taxe des frais de justice*, vo *Jugement*, *suprà*).

52. **Mutation par décès. — Quotité du droit. — Ligne collatérale. — L. 25 fév. 1901.** — L'art. 6 du décr. 24 juin 1808 a soumis la transmission des majorats, même lorsqu'elle s'effectue en ligne collatérale, au droit des mutations en ligne directe. Cette disposition n'a pas été modifiée par la L. 25 fév. 1901 qui, ainsi que nous le verrons vo *Succession*, a établi, pour les successions, un tarif progressif et autorisé la déduction des dettes. Sous l'empire de la loi nouvelle, la disposition précitée continue donc à recevoir son application en ce sens que le tarif progressif pour la ligne directe doit, seul, être exigé sur les biens faisant l'objet du majorat, sans distinguer si ce majorat est recueilli par des héritiers en ligne directe ou en ligne collatérale. Mais, dans cette dernière hypothèse, la valeur du majorat, qui constitue une succession d'un caractère spécial, n'est pas ajoutée à la part héréditaire de l'héritier qui le recueille pour déterminer le tarif auquel cette part donne ouverture, ou bien elle représente la dernière tranche imposable, ce qui, en fait, aboutit au même résultat.

Ajoutons, toutefois, que le majorat étant, au point de vue du droit de mutation par décès, assimilé à un véritable usufruit, il y a lieu, à notre avis, d'appliquer en cette matière les règles d'évaluation, établies par l'art. 13 de la loi nouvelle, pour les usufruits (V. *Usufruit*).

60 *bis* (*à ouvrir*). **Dotation. — Mont de Milan — Droit de mutation par décès. — Liquidation.** — Le droit de mutation par décès, exigible en cas de transmission d'une dotation provenant du Mont de Milan, doit être liquidé sur le capital au denier 10 du montant de la dotation, et non sur la valeur de l'usufruit du titre de rente affecté à cette dotation (Sol. 6 sept. 1899, 9648 R. P.).

D'après les motifs indiqués no 52 *suprà*, nous estimons que, sous le régime de la L. 25 fév. 1901, il y aurait lieu, désormais, dans l'hypothèse de la solution précitée, d'évaluer le montant de la dotation, d'après l'âge de l'usufruitier, conformément au barème fixé par l'art. 13 de la loi.

61. **Rentes sur l'État. — Compte d'accroissement. — Retenue du dixième. — Dédoublement. — Droit de mutation par décès.** — Lors de la transmission par décès des rentes comprises dans un majorat de propre mouvement, le droit n'est exigible que sur la valeur imposable, d'après les règles tracées par l'art. 6 Décr. 24 juin 1808 et L. frim., — des rentes immatriculées au nom du majorataire défunt, à l'exclusion des accroissements en formation et du fonds de retenue du dixième portés au compte d'accroissement. Lors du dédoublement du compte d'accroissement, au cours de l'existence d'un majorataire, il y a lieu de considérer les portions de rente qui étaient inscrites à ce compte, au moment du décès du précédent majorataire et qui en sont distraites pour être réunies à des distractions postérieures, comme constituant un bien rentré dans l'hérédité du précédent titulaire du majorat. Le droit de mutation par décès doit être, en conséquence, acquitté dans les six mois de l'événement, à peine d'un demi-droit en sus. Mais la fiction de la rentrée dans l'hérédité du précédent majorataire, et, par suite, la réclamation du droit de mutation par décès, ne peuvent être étendues aux portions de rente produites par l'accumulation des arrérages du

dixième de retenue depuis le décès de ce majoratnire et inscrites, postérieurement à ce décès, au compte d'accroissement jusqu'au dédoublement effectué (Sol. 21 oct. 1808, 9420 R. P.).

67. Majorat de propre mouvement. — Extinction. — Attribution aux ayants cause des anciens propriétaires. — Lorsque les biens affectés à un majorat de propre mouvement reviennent aux représentants des anciens propriétaires, à l'extinction de ce majorat, conf. à la loi du 5 déc. 1814, les bénéficiaires de cette reversion puisent leur droit non dans la qualité d'héritiers de leurs auteurs, mais dans la vocation qui leur est conférée directement et personnellement par la loi de 1814. Les biens faisant l'objet de cette attribution de propriété ne sauraient donc être considérés comme rentrant dans l'hérédité des auteurs des ayants droit actuels, ni, par conséquent, être assujettis, comme tels, au droit de mutation par décès (Sol. 16 mai 1888, 7396 R. P.).

MANDAT.

29. Acte authentique. — Forme. — Les procurations pour consentir les actes contenant donation entre vifs ou donation entre époux, autres que celles insérées dans un contrat de mariage, révocation de testament ou de donation, reconnaissance d'enfant naturel, doivent, à peine de nullité, être reçus par deux notaires ou par un notaire assisté de deux témoins (L. 12 août 1902, art. 1er. — V. *Acte notarié*, n° 16).

59. Procuration à l'effet de vendre un titre de rente. — Mandat donné à deux mandataires pour agir l'un à défaut de l'autre. — Un seul droit exigible. — Donne ouverture à un seul droit fixe le mandat conféré à deux employés du Crédit Lyonnais devant agir l'un à défaut de l'autre, à l'effet de vendre un titre de rente sur l'État (Sol. 22 nov. 1895, 8094 R. P.).

68. Usufruitier. — Nu propriétaire. — Rente sur l'État. — Le mandat de vendre un titre de rente sur l'État grevé d'usufruit, ne donne ouverture qu'à un seul droit, alors même qu'il émane du nu propriétaire et de l'usufruitier (Sol. 7 mars 1898, 25641 J. E.).

107. Location aux enchères. — Acte notarié. — Loyer annuel à verser entre les mains du notaire. — Droit fixe, pour pouvoir, non exigible. — Lorsque, dans un acte de location aux enchères publiques, il est stipulé que les preneurs devront payer le loyer annuel, soit entre les mains du bailleur, soit entre les mains et en l'étude du notaire rédacteur de l'acte, cette stipulation constitue une simple indication du lieu de payement, et elle ne confère pas au notaire le pouvoir spécial de toucher et de donner quittance. — Par suite, le droit fixe de 3 fr., pour mandat, ne saurait être exigé (Sol. 27 janv. 1892, 7807 R. P.).

122 *bis*. Caisse nationale des retraites pour la vieillesse. — Procurations. — Droits de timbre et d'enregistrement. — Exemption. — V. *suprà*, *Caisse nationale des retraites pour la vieillesse*, n° 25.

133. Militaires. — Actes de procuration, consentement et autorisation. — Timbre et enregist. gratuits 8194-36 R. P..

136 *bis*. Société de secours mutuels. — Les mandats conférés par les sociétaires pour les assemblées générales sont affranchis des droits de timbre et d'enregistrement (L. 1er avr. 1898, art. 6, 9295 R. P.).

136 *ter*. Avoué. — Matière correctionnelle. — La constitution d'un avoué en matière correctionnelle ne donne pas ouverture au droit de procuration (Sol. 15 fév. 1900, 25081 J. E.).

143. Cession de créance. — Passif à acquitter. — Caractère mixte. — Évaluation. — Constitue, tout à la fois une cession de créance et un mandat l'acte qui constate le transport d'une créance litigieuse et indéterminée dans son quantum et stipule que le cessionnaire : 1° appliquera le montant, à fixer par un jugement ultérieur, au paiement, jusqu'à due concurrence, des sommes dues au cessionnaire par le cédant, sommes non déterminées dans l'acte de cession, mais dont le montant doit être fixé par un règlement entre parties; — 2° affectera l'excédent, s'il y a lieu, à l'extinction des obligations contractées par le cédant envers d'autres créanciers.

Lors de son enregistrement, cet acte doit, en conséquence, être assujetti, en ce qui concerne la cession de créance, au droit de 1 fr. p. 100 à liquider d'après une évaluation fournie par les contractants, tant de la partie de la créance litigieuse, objet de la cession, que des sommes non encore liquidées et en paiement desquelles la cession a été consentie, sauf le droit pour l'Administration d'exiger un supplément de droit, si elle est à même d'établir que l'évaluation fournie par les parties est insuffisante; — cette preuve ne saurait résulter du jugement qui fixe le quantum de la créance litigieuse à un chiffre supérieur à l'estimation fournie par les parties, dès lors que les sommes, en paiement desquelles cette créance n'avait été cédée que jusqu'à due concurrence, ne sont pas encore déterminées. L'Administration est seulement autorisée, en pareil cas, à demander aux parties une déclaration estimative des sommes encore indéterminées dues par le cédant au cessionnaire et à exiger, le cas échéant, le supplément de droit de cession exigible d'après cette évaluation. Et, faute par elle d'avoir requis cette évaluation par une mise en demeure régulière, la réclamation, par voie de contrainte, d'un supplément de droit arbitré d'office, doit être déclarée irrecevable (Montauban, 20 déc. 1899, 9801 R. P.).

164. Mandat salarié. — Droit fixe. — Présente, au point de vue de l'impôt, les caractères d'un mandat et non ceux d'un marché, le traité par lequel une personne s'engage, moyennant des honoraires déterminés, à en représenter une autre devant tous tribunaux pour répondre, tant en demandant qu'en défendant, à une action intentée contre un tiers. Un pareil traité est, en conséquence, passible du droit fixe de 3 fr., à l'exclusion du droit de 1 fr. p. 100 (Sol. 20 avril 1893, 8562 R. P.).

V. Succession. — Vente.

MANDAT.

11. Prête-nom. — L'acte par lequel le cessionnaire d'une créance déclare n'avoir été que le prête-nom d'une autre personne, pour le compte et avec les deniers de laquelle il a agi, opère une nouvelle transmission de créance passible du droit proportionnel de 1 p. 100 (Seine, 30 juill. 1906, 11397 R. P.).

19. Faillite de la Caisse des familles. Procurations données dans le même acte par plusieurs créanciers au même mandataire. Exigibilité d'un seul droit. — L. 2 juill. 1904 (Instr. 3153, 10955 R. P.).

119. Justices de paix. L. 12 juill. 1905. — Aux termes de l'art. 20 L. 12 juill. 1905, « les avocats régulièrement inscrits à un barreau sont dispensés de présenter une procuration devant les juges de paix. Les avoués près le tribunal de première instance sont dispensés de présenter une procuration devant les justices de paix du ressort du tribunal où ils exercent leurs fonctions ». Toutes personnes autres que celles désignées cet article ne peuvent, par conséquent, agir comme mandataires en justice de paix sans une procuration écrite (Instr. 3173, § 1er, 11046 R. P.).

135 *bis*. Prud'hommes. Juridiction d'appel. L. 15 juill. 1905. — L'art. 3 L. 15 juill. 1905 dispose, en ce qui concerne l'instance d'appel, en matière de prud'hommes, que les parties peuvent se faire assister et, en cas d'absence ou de maladie, se faire représenter par un ouvrier ou un patron exerçant la même profession, et que les chefs d'industrie peuvent se faire représenter par le directeur gérant de leur établissement ou par un employé. Le mandataire, ajoute cet article, doit être porteur d'un pouvoir *sur papier libre*. Ce pouvoir pourra être donné au bas de l'original ou de la copie de l'assignation. » Les parties peuvent, en outre, se faire représenter ou assister par un avocat régulièrement inscrit au barreau ou par un avoué exerçant près du tribunal civil de l'arrondissement. L'avocat et l'avoué sont dispensés de présenter une procuration ». Dans tous les cas qui ne sont pas prévus par cette disposition, les mandataires des parties doivent représenter une procuration écrite, qui reste assujettie aux règles ordinaires de perception (Instr. 3173, § 2, 11047 R. P.).

136 *quater*. Sociétés d'habitation à bon marché. Pouvoirs en vue de la représentation aux assemblées générales. Exemption du droit de timbre. L. 12 avril 1906 (art. 11). — 11302 R. P.

136 *quinquies*. Saisie-arrêt. Salaires et petits traitements. Procurations. Exemption des droits de timbre et d'enregistrement. — Sont dispensés du timbre et doivent être enregistrés gratis, en vertu de l'art. 8 L. 23 avril 1905, les pouvoirs donnés par le créancier saisissant, le saisi ou le tiers saisi aux personnes chargées de les représenter dans les divers actes de la procédure organisée par la L. 12 janv. 1895, relative à la saisie-arrêt sur les salaires et petits traitements (Sol. 7 août 1905, 11093 R. P.).

145. Procuration pour souscrire une reconnaissance de dette. Droit d'obligation non exigible. — La procuration donnée au gérant d'une société par l'assemblée générale des actionnaires, en vue de reconnaître la société débitrice, envers un tiers désigné, d'une somme déterminée pour arrêté de compte de fournitures et de travaux, n'est pas sujette au droit d'obligation de 1 p. 100 : cette procuration est destinée, en effet, non pas à constituer le titre immédiat de la reconnaissance au profit du créancier, mais à donner les moyens de passer ultérieurement l'acte de cette reconnaissance (Seine, 29 déc. 1905, 11145 R. P.).

165. Mandat salarié. Jugement de condamnation. Droit de titre de 1 fr. p. 100. — Le mandat n'est passible du droit fixe de 3 fr. que lorsqu'il est pur et simple. S'il est conféré moyennant salaire, il est assimilable au louage de services ou d'industrie et rentre dans la catégorie des marchés soumis au droit proportionnel de 1 fr. p. 100. C'est, en conséquence, à ce droit que donne ouverture, comme droit de titre, le jugement qui condamne un mandant à payer la rémunération due à un mandataire de l'espèce (Nancy, 29 déc. 1903, 10730 R. P.).

MARCHÉ.

11. Marché de fournitures. Marché de travaux. Distinction. — Constitue un marché de fournitures, passible comme tel du droit de 2 p. 100, la convention par laquelle un entrepreneur s'engage à livrer dans un port de France, moyennant un prix à régler immédiatement, un plancher et une charpente en fer qui doivent être expédiés dans un pays d'outremer, aux risques et périls de la personne qui a fait la commande, alors même que l'entrepreneur doit, à leur arrivée à destination, procéder à l'assemblage des pièces démontées. Présentent, au contraire, le caractère de marché de travaux, donnant ouverture au droit de 1 p. 100, les stipulations relatives au transport à pied d'œuvre du plancher et de la charpente, aux modifications apportées à la convention originaire dans la construction de la charpente, ainsi qu'aux fournitures complémentaires occasionnées par la pose de cette charpente sur place (Seine, 5 août 1905, 11275 R. P.).

30. Mandat salarié. Droit de 1 fr. p. 100. — V. *Mandat*, n° 165.

88. Traité administratif. Convention complexe. Dispositions indépendantes. — Renferme quatre dispositions distinctes et indépendantes : 1° un bail, 2° un marché, 3° une cession à titre onéreux, et 4° une promesse de vente, — donnant, chacune, ouverture au droit qui lui est propre suivant sa nature, — le traité intervenu entre une ville et une compagnie de gaz, aux termes duquel : 1° la ville, propriétaire de canalisations et de branchements placés dans le sous-sol tant de la voirie urbaine que des routes nationales, concède à la compagnie pour un temps déterminé et moyennant certaines annuités, redevances et charges, la jouissance de ces canalisations et branchements, le droit de distribuer le gaz et l'électricité et le droit d'occuper la portion du domaine public communal où sont et où seront placés, au fur et à mesure des besoins, les conduites et appareils conducteurs ; 2° la compagnie s'engage à fournir à la ville, à des prix déterminés, les quantités de gaz et d'électricité nécessaires pour les services publics et, en outre, à pourvoir à l'allumage, à l'extinction et à l'entretien des lanternes servant à l'éclairage par le gaz ; 3° la ville abandonne à la compagnie, pour se libérer envers celle-ci de dettes reconnues ou litigieuses, ses droits de propriété sur les biens dépendant d'une société dissoute ; 4° la ville se réserve la faculté d'acquérir à dire d'experts, à la fin de l'entreprise, les usines de la compagnie (Lyon, 6 mai 1902, 10373 R. P.).

Pour soustraire à la pluralité des droits les dispositions diverses d'un même acte, il ne suffit pas que ces dispositions aient été liées entre elles dans l'intention des parties contractantes ; il faut encore qu'elles soient les unes par rapport aux autres dans une dépendance juridique telle qu'elles soient toutes ensemble les éléments corrélatifs et nécessaires d'un contrat unique. — Spécialement, renferme trois dispositions distinctes et indépendantes : 1° un bail, 2° un marché, 3° une cession à titre onéreux, — donnant, chacune, ouverture au droit qui lui est propre suivant sa nature, — le traité intervenu entre une ville et une compagnie de gaz et d'électricité, aux termes duquel : 1° la ville, propriétaire de canalisations et de branchements, concède à la compagnie, pour une durée de 50 ans et moyennant une redevance déterminée, la jouissance de ces canalisations et branchements, ainsi que le droit d'utiliser les voies publiques dépendant de son domaine pour y placer de nouvelles canalisations ; 2° la compagnie s'engage à fournir à la ville, à des prix fixés par le contrat, les quantités de gaz et d'électricité nécessaires pour les services municipaux et, en outre, à pourvoir à l'allumage, à l'extinction et à l'entretien des lanternes, alors que la ville se réserve le droit de s'adresser, quand il lui plaira, à un autre entrepreneur, sans que la résolution du marché entraîne celle de la jouissance des canalisations ; 3° la ville cède à la compagnie divers droits indivis. — A défaut de déclaration des parties pour dégager l'importance de chacune des dispositions dont il s'agit, le tribunal a le droit d'évaluer provisoirement le montant des droits dus au Trésor (Cass. req., 17 mai 1905, 10983 R. P.).

L'acte par lequel une ville vend à un particulier une usine électrique et lui concède, pour une durée déterminée, le monopole de l'éclairage public et privé, à charge par elle de payer le prix de l'éclairage nécessaire aux services municipaux sur des bases arrêtées dans le contrat, contient deux dispositions indépendantes, une vente d'immeuble et un marché de fournitures, donnant chacune ouverture au droit qui lui est propre (Draguignan, 13 déc. 1905, 11163 R. P.).

106. Marché administratif. Colonies et pays de protectorat. Enregistrement obligatoire. Tarif. L. 13 mars 1903. — Les marchés de l'espèce sont soumis par la loi au même régime fiscal que les marchés administratifs intéressant la métropole, tant en ce qui concerne l'obligation de l'enregistrement que la quotité du droit exigible (10??? R. P.).

Algérie. Colonies. Les marchés dont le prix est supporté par le budget d'une colonie doivent être assimilés, pour la perception, aux marchés dont le prix est payé par l'État (D. m. f. 23 mars et 17 août 1903, Instr. 3143, 10715 R. P.).

110. Marché administratif. Prix payable avec des fonds provenant du prélèvement de 2 fr. p. 100 sur le produit du pari mutuel. Droit de 1 p. 100. — *Contrà* : Ploërmel, 4 mars 1903, 10??? R. P.

122-1 et 124. Marché de l'État. Subvention fournie par une commune et non mentionnée dans les actes préparatoires et dans le procès-verbal d'adjudication. Tarifs à appliquer. — Lorsque le prix d'un marché passé au nom de l'État doit être payé en partie à l'aide d'une subvention fournie par une ville, le droit de 1 p. 100 est exigible, à l'exclusion du droit gradué (aujourd'hui droit de 0.20 p. 100), sur la partie du prix payable au moyen de cette subvention. Il importe peu que ni les actes préparatoires ni le procès-verbal d'adjudication ne mentionnent la participation de la ville à la dépense et que, par suite, l'adjudicataire ait pu l'ignorer et ne pas prévoir la perception du droit de 1 p. 100 ; cette omission autorise seulement l'adjudicataire à exercer un recours en garantie contre l'Administration qui l'a commise, au cas où elle l'aurait amené à consentir un rabais plus important que celui qu'il aurait soumissionné s'il avait été mis à même de calculer exactement les droits dus au Trésor (Lons-le-Saunier, 21 déc. 1905, 11051 R. P. — Bordeaux, 25 mars 1907, 11151 R. P.).

122. Marché de l'État. Subvention fournie par une commune. Répartition de cette subvention au point de vue de la perception des droits. — Quand l'État a entrepris, avec le concours financier d'une ville, une opération qui comporte une acquisition de terrains et la construction de bâtiments sur ces terrains, il n'y a pas lieu de faire une ventilation pour la perception des droits de 1 p. 100 et de 0.20 p. 100 afférents au marché passé pour les constructions ; il est, en effet, rationnel d'admettre que les terrains ont été payés avant les constructions et, par suite, avec les fonds provenant de la subvention municipale, d'où la conséquence que le droit de 1 p. 100 ne peut être dû que sur l'excédent de la subvention, s'il y a lieu (Lons-le-Saunier, 21 déc. 1905, 11051 R. P.).

MARCHÉ.

11. Marché de travaux. — Expropriation. — Si un propriétaire exproprié contracte l'obligation d'exécuter dans sa propriété, moyennant une somme déterminée, des travaux, aux lieu et place d'une compagnie de chemin de fer expropriante, la convention renferme un marché de travaux passible du droit de 1 fr. p. 100 (Sol. 21 fév. 1893, 8272 R. P.).

31-1. Contrat de louage d'ouvrage. — Contre-maîtres. — Exonération des droits de timbre et d'enreg. établie par la loi du 2 juillet 1890 non applicable. — L'exemption des droits de timbre et d'enregistrement édictée par la loi du 2 juill. 1890 pour les contrats de louage d'ouvrage des ouvriers, ne s'applique qu'aux contrats passés par les ouvriers qui se trouvaient soumis à l'obligation du livret par la loi du 22 juin 1854. Cette obligation n'ayant pas été imposée aux individus qui sont au-dessus ou en dehors de la position d'ouvriers, notamment comme les contre-maîtres, il en résulte que les contrats de louage d'ouvrage passés par ces derniers restent soumis au droit commun et ne peuvent bénéficier de l'exonération d'impôt édictée par la loi du 2 juill. 1890 (Sol. 4 janv. 1892, 7780 R. P.).

101. Marchés de toute nature. — L'art. 78 L. 15 mai 1818 qui assujettit à l'enregistrement, dans le délai de vingt jours, les marchés de toute nature passés par les autorités administratives, atteint les soumissions approuvées par l'Administration supérieure, aux termes desquelles un architecte, chargé des travaux ordinaires d'une Ville, s'engage à faire exécuter sous sa responsabilité, pour le compte de cette Ville, des travaux extraordinaires moyennant une allocation convenue à forfait, indépendante du traitement fixe attaché à la fonction permanente qu'il exerce. Le délai de vingt jours court à partir de l'acceptation des soumissions (Seine, 16 mars 1894, 8402 R. P.).

Lorsqu'un particulier s'engage à céder à une ville des terrains considérables et à lui payer des sommes importantes pour se procurer en échange certains avantages, tels que l'établissement de voies de communication larges, bien éclairées et traversées par un tramway, qui doivent donner à des terrains riverains une incontestable plus-value, la convention contenant les engagements réciproques des contractants présente tous les caractères d'un acte constitutif d'un marché et doit subir le droit propre à cette sorte d'actes. A défaut de l'accomplissement des formalités d'expropriation, cette convention ne peut être admise au bénéfice de la gratuité prononcée par l'art. 58 L. 3 mai 1841 ; elle ne peut davantage prétendre à l'enregistrement au droit fixe de 1 fr. édicté par la loi du 11 juin 1880 en faveur des concessions et des rétrocessions de tramways, les engagements pris par la ville au sujet de la construction d'un tramway ne rentrant pas dans les termes de la loi de 1880 (Lille, 31 déc. 1897, 9354 R. P.).

103. Travaux et avances. — Indivisibilité du contrat. — V. n° 201 *infrà*.

106. Prix payé par l'État. — Tarif. — L'art. 19 L. 28 avr. 1893 a substitué au droit gradué établi par la loi du 28 fév. 1872 un droit proportionnel de 0 fr. 20 p. 100 sur les adjudications et marchés pour constructions, réparations, entretien, approvisionnement et fournitures dont le prix doit être payé directement par le Trésor public et les cautionnements relatifs à ces marchés (8053 R. P., 2838 I. G.).

107. Caisse des Invalides de la Marine. — La caisse ne constituant pas un établissement distinct de l'État, il y a lieu d'assujettir au droit gradué (aujourd'hui, droit de 0 fr. 20 p. 100) les marchés dont elle doit payer indirectement le prix (Sol. 22 juill. 1892, 7916 R. P.).

110. Marché départemental. — Prix payé au moyen d'une somme provenant du prélèvement de 2 fr. p. 100 sur le produit du pari mutuel. — Droit de 1 fr. p. 100. — Les marchés départementaux, dont le prix est payé au moyen d'une somme provenant du prélèvement de 2 fr. p. 100 sur le produit du pari mutuel, sont passibles du droit proportionnel de 1 fr. p. 100 ; les prélèvements ainsi effectués n'entrent pas dans les caisses de l'État, et ne sauraient par conséquent être assimilés à des subventions fournies par le Trésor public (Sol. 29 nov. 1892, 8035 R. P. ; — *Contrà* : Villeneuve-sur-Lot, 1er août 1901, 10297 R. P.).

123-1. Prix payable en partie par l'État et en partie par une commune. — Liquidation des droits. — Un marché de construction dont le prix est payable en partie par l'État et, pour le surplus, par une commune, est passible du droit gradué sur la somme à la charge de l'État, et du droit de 1 fr. p. 100 sur la somme incombant au budget municipal, alors surtout que le procès-verbal d'adjudication mentionne le mode de répartition de la dépense entre l'État et la Ville (Lyon, 12 mars 1890, 7423 R. P. ; — Cass. civ., 28 déc. 1892, 8013 R. P., 2834, § 8, I. G.).

Il en est ainsi alors même que les entrepreneurs ont contracté vis-à-vis de l'État seulement et n'ont pas été avertis de l'existence des subventions fournies au Trésor par les départements, les communes et les établissements publics (Bordeaux, 23 juin 1890, 7558 R. P., — Toulouse, 29 juin 1892, 7913 R. P. ; — Neufchâtel, 30 mars 1892, 8000 R. P. ; — Seine, 8 nov. 1901, 10101 R. P. ; Nice, 13 mai 1902, 10296 R. P.). — V. n° 124 *infrà*.

Lorsqu'une chambre de commerce s'engage à contribuer, pour une somme déterminée, au payement du prix des travaux à exécuter dans un port et que l'État lui concède la faculté de percevoir des droits de jauge jusqu'à concurrence de la somme qu'elle aura fournie, il y a lieu d'admettre que le fonds de concours promis par cet établissement constitue une simple avance remboursable au moyen de taxes spéciales abandonnées par l'État. En conséquence, la portion du prix du marché payée au moyen de ce fonds de concours ne doit être assujettie qu'au droit afférent aux marchés dont le prix est acquitté par le Trésor public (autrefois droit gradué et actuellement droit proportionnel de 0 fr. 20 p. 100) (Sol. 20 avr. 1898, 9270 R. P.).

124. Subvention non mentionnée dans l'acte. — Le tarif applicable aux marchés dont le prix doit être payé directement par le Trésor public ne peut être étendu en dehors du cas spécialement prévu. Pour en faire l'application, il faut rechercher par qui le prix du marché doit être payé, et c'est seulement quand le Trésor public doit supporter la dépense engagée et dans la mesure où il la supporte que ce droit doit être perçu. Il suit de là que si le paiement du prix incombe partie à l'État, partie à une commune, le droit proportionnel de 1 fr. p. 100 reste exigible sur la somme mise à la charge de celle-ci. Il importe peu que le marché lui-même ne mentionne pas la participation de la commune à la dépense, si cette participation résulte d'un acte parvenu à la connaissance de l'Administration (résolu implicitement) (Cass. civ. 13 nov. 1900, 10003 R. P.). — V. nº 122-1 *suprà*.

2. Prescription. — La prescription trentenaire est seule applicable au recouvrement de la différence entre le droit gradué, qui a été perçu, et le droit proportionnel, qui est exigible sur le montant de la subvention, lorsque l'existence de cette subvention, ne résultant pas du procès-verbal d'adjudication, a été constatée au moyen de recherches extérieures (Bordeaux, 23 juin 1890, 7558 R. P.; — Neufchâtel, 30 mars 1892, 8009 R. P.; — Nice, 13 mai 1902, 10296 R. P.).

Décidé cependant que lorsque le prix d'un marché passé au nom de l'État doit être payé en partie à l'aide de fonds de concours fournis par une ville, la réclamation du droit de 1 fr. p. 100 exigible sur le montant de la subvention est soumise à la prescription biennale, si l'existence de cette subvention est constatée dans une convention homologuée par une loi antérieure au marché (Lille, 7 nov. 1901, 10151 R. P.); mais ce jugement nous paraît manifestement erroné.

126. Réunion d'actes. — V. *Actes administratifs*, nº 23.

131-2. Mémoires de travaux et fournitures joints à la comptabilité communale. — Ne tombent pas sous l'application de l'art. 78 L. 15 mai 1818 les mémoires d'entrepreneurs dressés après l'exécution des travaux et des fournitures, approuvés par l'autorité compétente, et joints à la comptabilité communale (D. m. f. 14 janv. 1890, 7372 R. P.; — 24 déc. 1891, 7951 R. P.; — Sol. 8 juill. 1892, 7942 R. P.).

142-1. Déclaration estimative non admissible. — Lorsque, dans un traité de concession des eaux municipales, le prix du mètre cube à fournir pour les services publics a été fixé à une somme déterminée, c'est le prix qui doit servir de base à la perception; il n'y a pas lieu à déclaration estimative, alors même que ce prix est un maximum susceptible de réduction dans certains cas (Villefranche, 10 déc. 1890, 7568 R. P.).

146. Déclaration estimative non requise. — Constitue un traité ferme et actuel, pour le tout, l'acte par lequel une Compagnie s'engage à fournir à une commune, *gratuitement* une quantité d'eau déterminée, et *à prix d'argent* les quantités supplémentaires qui seraient nécessaires si les besoins municipaux l'exigeaient ou si le chiffre de la population augmentait. En s'abstenant d'exiger, lors de l'enregistrement du contrat, la déclaration estimative des quantités supplémentaires, le receveur commet une insuffisance de perception prescriptible par deux ans. L'Administration n'est pas fondée à soutenir qu'il y avait condition suspensive pour les livraisons de ces fournitures et que le droit exigible de ce chef ne s'ouvre qu'à partir du jour où les livraisons ont été effectuées (Seine, 29 juill. 1893, 8403 R. P.). Mais nous estimons que cette décision ne doit pas être suivie, car l'incertitude pèse, en pareil cas, non pas sur le *quantum* des fournitures, mais sur le point de savoir s'il y aura lieu à la prestation de fournitures gratuites. — V. nº 214 *infrà*.

150. Droits d'octroi compris dans le prix. — Non-déduction. — Lorsque le fournisseur de bois à brûler livrables dans l'intérieur d'une ville où les combustibles sont soumis à l'octroi, doit payer les droits d'entrée sans avoir stipulé aucun remboursement de ce chef, la totalité du prix du marché est passible du droit d'enregistrement et l'on ne saurait admettre que le payement des taxes d'octroi a lieu à titre de simple avance de fonds (Sol. 20 juill. 1897, 9500 R. P.).

151. Honoraires d'architecte. — Le montant des honoraires d'architecte ne doit pas être ajouté au prix des travaux pour la perception du droit de marché (Sol. 12 juin 1902, 3093, § 5, I. G., 10331 R. P.).

164. Marchés passés directement par les corps de troupe ou conclus par le Ministre. — Distinctions à observer. — Les marchés dont le prix est payable par les corps de troupe sur les fonds des ordinaires ou de la masse sont considérés comme des actes s. s. p. non assujettis à l'enregistrement dans un délai déterminé, quand ils sont passés directement entre les corps de troupe et les entrepreneurs; ils constituent, au contraire, des actes administratifs soumis à la formalité dans le délai de 20 jours, s'ils sont conclus par le Ministre de la Guerre ou par son délégué (1re décision). La circonstance que les corps font appel à la concurrence par voie d'affiches ou d'insertions dans les journaux ne modifie pas le caractère de ces marchés, tel qu'il vient d'être défini (2e décision) (D. m. f. 21 nov. 1890, et 10 août 1893, 8407 R. P.). — V. *Actes administratifs*, nº 17.

166. Désinfection des effets militaires. — Si les traités passés par l'Administration de la Guerre en exécution de la loi du 7 juill. 1877 pour le traitement des malades de l'armée, peuvent être enregistrés gratis comme ayant le caractère de baux à nourriture dont le prix est payé par l'État, il en est autrement des conventions conclues pour la désinfection des effets militaires qui constituent de véritables marchés assujettis à l'impôt par l'art. 78 L. 15 mai 1818 (D. m. f. 28 déc. 1896, 9039 R. P.).

169. Entretien des approvisionnements militaires. — Clause de reprise d'approvisionnements. — Le cahier des charges des marchés passés par le Ministre de la Guerre pour l'entretien des approvisionnements en denrées du service des subsistances militaires contient diverses clauses aux termes desquelles l'entrepreneur

181. Marchés à périodes. — *Bail. Exploitation de carrière. Vente. Périodes. Faculté de résiliation. Base de la perception.* — Constitue une vente le contrat qualifié bail, portant concession du droit d'exploiter une carrière. — Si la durée de la concession a été fixée à 5, 10, 15 ou 18 ans, à la volonté de la partie preneuse seulement, à la condition par elle de prévenir le bailleur, un an avant l'expiration de chaque période, de son intention de faire cesser le bail, la convention n'est ferme que pour la première période, et c'est dans cette limite que le droit de 2 p. 100 est dû (Cherbourg, 23 juillet 1902, 10374 R. P.). — V. *Bail*, nos 110 et 320.

Marché. Périodes. Fractionnement de la perception obligatoire. — Pour les marchés à périodes, comme pour les baux d'immeubles, le fractionnement de la perception par période constitue le droit commun. En conséquence, lorsqu'un marché est consenti pour 3, 6 ou 9 ans, à la volonté respective de chacune des parties, le droit d'enregistrement n'est immédiatement exigible que sur la première période, pour la durée de laquelle seulement les parties sont irrévocablement engagées (Saumur, 16 mars 1907, 11640 R. P.). Ce jugement est contraire à la jurisprudence et ne saurait être pris comme règle de perception.

182-1 et 2. Marché administratif. Eaux municipales. Fournitures d'eau et travaux de canalisation. Redevance annuelle à la charge de la ville. Assiette du droit de 1 fr. p. 100. Fournitures d'eau et travaux supplémentaires subordonnés à l'extension du territoire de la ville. Exigibilité immédiate du droit proportionnel. Déclaration estimative. — Lorsqu'une ville concède à une compagnie le monopole de la canalisation et de la distribution de l'eau, et s'engage à lui verser une redevance annuelle, à raison de la fourniture d'une quantité d'eau déterminée et de l'exécution de travaux qui font retour à la ville en fin de concession, cette redevance constitue le prix du marché; le droit proportionnel de 1 fr. p. 100 doit, en conséquence, être liquidé sur le montant cumulé des redevances à payer par la commune. Il importe peu que le chiffre de la redevance soit susceptible de réduction dans certains cas prévus au contrat; malgré l'éventualité de cette réduction, la redevance n'en représente pas moins le prix du marché sur lequel l'impôt doit être calculé, et les parties ne sauraient, dès lors, être admises à fournir une déclaration estimative de la valeur des prestations promises. — Constitue un marché ferme et actuel, et non une convention conditionnelle, la clause du même contrat qui prévoit les travaux d'extension de canalisations et d'aménagement ainsi que les fournitures supplémentaires d'eau, à des conditions de prix d'ores et déjà fixées, pour le cas où le territoire de la ville viendrait à être augmenté par suite de nouvelles délimitations. L'importance de ce marché, qui seule est conditionnelle, doit faire l'objet d'une déclaration estimative pour servir de base provisoire à la perception du droit proportionnel de 1 fr. p. 100 (Brest, 6 nov. 1903, 10682 R. P.).

186. Concession par une commune du monopole d'une distribution d'eaux. Fournitures d'eau subordonnées à l'importance des besoins municipaux. Travaux à exécuter par le concessionnaire. Droit de 1 fr. p. 100 immédiatement exigible. Déclaration estimative. Prévisions dépassées. Supplément de droit. — Le traité par lequel une compagnie, en échange du privilège exclusif qui lui est accordé par une commune, d'établir des conduites d'eau sous le sol des voies publiques, s'engage à fournir, à des prix déterminés, toute l'eau nécessaire aux services et aux établissements de la commune, constitue un marché ferme et actuel dont l'importance seule est indéterminée; par suite, c'est à juste titre que, lors de la présentation de cet acte à l'enregistrement, le Receveur a exigé de la compagnie une déclaration estimative du prix de l'eau à fournir pendant la durée du traité et qu'il a perçu le droit proportionnel de 1 fr. p. 100 sur cette évaluation. Une semblable évaluation doit être fournie pour les travaux d'installation et d'entretien que la compagnie a pris l'engagement d'effectuer pour le compte et aux frais de la commune, et le droit proportionnel de 1 fr. p. 100 est dû sur cette évaluation, de même que sur l'évaluation de la fourniture d'eau. — Des suppléments de droit deviennent exigibles, dès lors qu'il est constaté que les fournitures prévues au traité ont dépassé l'évaluation primitive (Seine, 5 déc. 1903, 10720 R. P.).

00.

187. Marché administratif. Substitution d'entrepreneur avec cautionnement de l'entrepreneur substitué par l'entrepreneur originaire. Droit de cautionnement. — L'acte, dûment approuvé par l'autorité administrative compétente, aux termes duquel un entrepreneur de travaux publics se substitue, pour l'exécution d'un marché, un autre entrepreneur, avec lequel il doit demeurer solidairement responsable des obligations imposées par le cahier des charges, renferme indépendamment d'une substitution d'entrepreneur passible seulement du droit fixe de 3 fr., un cautionnement qui donne ouverture au droit proportionnel; le marché cédé s'identifiant avec le marché principal, le cautionnement garantit une convention principale qui a subi le droit proportionnel de marché, et la réclamation d'un droit distinct de cautionnement n'a rien de contraire à l'art. 69, § 2, n° 8, L. frim. (Seine, 2 fév. 1906, 11181 R. P.).

Substitution d'entrepreneurs. Reprise éventuelle du marché par le cédant. Droit de cautionnement non exigible. — L'acte par lequel un entrepreneur, dûment autorisé par l'autorité compétente, se substitue un tiers pour l'exécution d'un marché passé avec une administration publique, sous la condition de reprendre la continuation du marché pour son compte au cas où le cessionnaire ferait défaut à ses engagements, constitue une substitution pure et simple d'entrepreneur, sans cautionnement de la part du cédant, puisque ce dernier n'est nullement garant des obligations contractées par son remplaçant et qu'il [illegible] responsable, pour l'avenir, de sa propre gestion, dans l'éventualité où il devrait reprendre la continuation du marché, faute par son [illegible] de remplir les obligations résultant de ce marché; un tel acte ne saurait, en conséquence, donner ouverture au droit de cautionnement (Seine, 2 mars 1906, 11169 R. P.).

entrant est tenu de prendre à son propre compte, ou en remboursant la valeur à l'entrepreneur sortant, les marchandises laissées en magasin par celui-ci. Cette convention particulière est passible, par application des règles générales inscrites dans la loi du 22 frim. an VII, du droit de mutation à titre onéreux, au taux de 2 fr. p. 100 en principal. Une loi du 26 déc. 1901, a prononcé l'exemption du droit proportionnel de 2 fr. p. 100 sur les clauses de l'espèce ainsi que sur les actes ou procès-verbaux, tels que ceux constatant la reprise, passés en exécution de ces clauses. En conséquence, il ne doit plus être perçu que le droit fixe sur les actes d'exécution dont il s'agit, lorsqu'ils ne contiennent pas d'autre disposition sujette au droit (3072 I. G.).

170. **Marchés du génie. — Travaux et avances.** — Lorsqu'un entrepreneur s'engage, non seulement à exécuter des travaux déterminés moyennant un prix fixé, mais encore à procurer, s'il y a lieu, les ouvriers ou les fournisseurs nécessaires pour des travaux ou fournitures imprévus dont il ne sera pas chargé, et à payer, sauf remboursement ultérieur, le montant des dépenses, le droit de marché n'est pas exigible sur les avances ainsi faites et remboursées (Lorient, 31 mars 1886; — Charleville, 6 mai 1887; — *Contrà* Rouen, 27 nov. 1890, 7590 R. P.).

176. **Écoles professionnelles.** — Leurs marchés sont passibles du droit gradué (actuellement, 0 fr. 20 p. 100), sauf l'application du droit proportionnel de 1 fr. p. 100 au montant des subventions allouées par les départements et les communes (Sol. 4 juill. 1889, 7974-41 R. P. ; 2817-10 I. G.).

177. **Écoles normales.** — Leurs marchés donnent lieu au droit gradué (actuellement, 0 fr. 20 p. 100) sur le prix payable par le Trésor. Mais le droit de 1 fr. p. 100 est applicable aux marchés relatifs à l'entretien des bâtiments, du mobilier et du matériel d'enseignement, attendu que le prix en est payable sur les ressources ordinaires des départements (L. 19 janv. 1889, D. m. f. 29 janv. 1890, 7974-42 R. P. ; 2817-11 I. G.).

182. **Caisse des Invalides de la Marine.** — V. n° 107 *suprà*.

182 *bis*. **Navire de guerre. — Marché de construction passé par l'État.** — La loi du 29 janv. 1881 qui a tarifé à 3 fr. les mutations de navires s'applique exclusivement à la marine marchande et ne saurait être étendue à la marine de guerre. Spécialement, un marché passé par l'État pour la construction de torpilleurs est passible du droit gradué (actuellement, 0 fr. 20 p. 100) auquel sont assujettis les marchés pour construction dont le prix doit être payé directement par le Trésor public (Sol. 29 juin 1892, 7995 R. P.). Mais l'Administration nous semble avoir commis une erreur en appliquant les dispositions de la loi de 1872. En effet, s'il est vrai que les marchés pour construction de navires sont de véritables ventes à livrer (Cass. 10 juill. 1888; D. P. 89-1-107), l'État a fait, en concluant un traité de l'espèce, non pas un marché, mais une *acquisition*. Or, l'art. 70, § 2, L. frim. prescrit d'enregistrer gratis les acquisitions faites par la République.

183. **Service télégraphique. — Conventions avec les piétons pour la distribution des télégrammes.** — Ces conventions constituent des marchés assujettis au timbre et à l'enregistrement (D. m. f. 21 sept. 1899, 3019-2 I. G.; 9946-45 R. P.).

187. **Postes et télégraphes. — Substitution sans prix d'un entrepreneur à un autre. — Cautionnement.** — L'acte par lequel l'entrepreneur d'un service de dépêches cède, sans prix, son marché à un tiers, en se portant caution de celui-ci, renferme deux dispositions indépendantes, savoir : une cession sans prix passible du droit fixe de 3 fr., et un cautionnement passible du droit gradué. L'approbation de cet acte par le Ministre ou le Directeur général des Postes lui confère le caractère d'un acte administratif tombant sous l'application de la loi du 15 mai 1818 (D. m. f. 24 fév. 1890, 7640 R. P.; 2817-14 I. G.).

188. **Téléphone. — Abonnements.** — Les déclarations d'abonnement au téléphone, souscrites par les administrations publiques, sont exemptes de timbre et d'enregistrement (D. m. f. 28 avr. 1890, 7974-37 R. P.; 2817-6 I. G.).

189. **Établissement d'un bureau télégraphique.** — V. n° 183 *suprà*.

196. **Autorisation de construire et d'exploiter des chalets sur la voie publique. — Permission de voirie.** — Doit être réputé comme constitutif d'une permission de voirie l'acte par lequel une ville autorise un particulier à construire sur le domaine public municipal et à exploiter, pendant un délai fixé, des chalets de nécessité, en lui imposant le payement d'une redevance annuelle et en se réservant le droit d'ordonner la suppression complète des constructions sans avoir à dédommager le constructeur. La circonstance que les chalets doivent être remis en état d'entretien et sans indemnité à l'expiration du délai ne saurait avoir pour conséquence de donner au traité le caractère d'un contrat de concession de travaux publics proprement dit (C. d'État, 20 nov. 1890, 7725 R. P.).

198. **Privilège de la fabrication et de la vente de l'opium au Tonkin. — Concession à charge de payer une redevance.** — Présente le caractère d'un marché et non celui d'un bail, le traité par lequel une Société obtient le monopole de l'introduction, du transport, de la fabrication et de la vente de l'opium dans tout le territoire du Tonkin, à charge, par elle, de verser : 1° une redevance fixe ; 2° une redevance supplémentaire pour le cas où les bénéfices de la concession atteindraient un chiffre déterminé (Hanoï, 30 déc. 1891 ; — Cass., 11 déc. 1893, 8378 R. P.).

199-2. **Concession de travaux publics. — Terrains à acquérir par la compagnie concessionnaire. — Promesse de vente.** — La clause du traité qui stipule la remise par le concessionnaire aux mains de la ville, à l'expiration de la concession, de tous les terrains qu'il devra acquérir de ses deniers pour l'établissement du service, ainsi que des constructions édifiées sur ces terrains, constitue une promesse de vente passible du droit fixe de 3 fr. (Saint-Nazaire, 23 juill. 1887, 7400 R. P.).

199-4. Concession des travaux d'installation et de l'exploitation d'une exposition. — Caractère juridique. — Constitue un contrat unique et indivisible le traité par lequel une ville charge un entrepreneur de construire les bâtiments nécessaires à une exposition, puis de la diriger et de l'exploiter, et lui abandonne, en échange, les produits de l'exploitation jusqu'à concurrence d'une certaine somme au delà de laquelle les recettes se partageront, par égales parts, entre la ville et le concessionnaire. — Un semblable traité rentre dans la catégorie des marchés de toute nature assujettis à l'enregistrement par l'art. 78 L. 15 mai 1818 et passibles du droit proportionnel sur le montant total des travaux formant l'objet du marché (Lyon, 13 mai 1896, 9086 R. P.).

201. Bains et lavoirs municipaux. — Concession du monopole à un entrepreneur. — Lorsque le concessionnaire d'un établissement de bains et lavoirs municipaux s'engage d'une part à exécuter tous les travaux nécessaires, d'autre part à remettre à la ville un certain nombre de cachets de bains destinés aux enfants des écoles, le droit de marché n'est pas dû sur la valeur de ces cachets de bains, alors même que la ville s'obligerait à servir au concessionnaire une annuité correspondante à la valeur de ces cachets (Lille, 29 juin 1894, 8758 R. P.).

Le traité par lequel une société s'engage envers une ville, moyennant une subvention annuelle payable pendant toute la durée de la concession, à établir et à exploiter, dans des conditions déterminées et suivant un tarif convenu, des établissements de bains publics sur les dépendances du domaine communal, constitue un marché unique et indivisible qui donne lieu à la perception du droit de 1 fr. p. 100, non pas sur la valeur des constructions, mais sur le prix exprimé, c'est-à-dire sur le montant cumulé des subventions fournies par la ville pendant toute la durée de la concession (Lyon, 17 déc. 1901, 10124 R. P.).

202. Concession moyennant redevance et participation aux bénéfices. — Lorsqu'une ville concède à un particulier la fourniture de l'éclairage électrique et s'engage d'une part à lui payer une somme déterminée, d'autre part à lui abandonner l'exploitation du service concédé, le droit de marché doit être calculé, en ce qui concerne ce second élément, sur la valeur des travaux imposés au concessionnaire; mais il n'est dû aucun droit sur la disposition par laquelle la ville stipule à son profit une redevance annuelle à titre de participation aux bénéfices. La clause d'après laquelle les terrains nécessaires à l'usine de distribution de force électrique seront fournis gratuitement par la ville, ne donne pas ouverture à un droit particulier de marché (Sol. 1er juin 1900, 9904 R. P.). — V. n° 199-4 *suprà*.

202 *bis*. Concession. — Prorogation et modification. — Novation. — Un traité qui modifie et proroge une concession d'éclairage valable encore pour plusieurs années, n'emporte pas novation, alors même qu'une clause porterait que le traité modificatif remplace et annule le précédent, s'il résulte de l'ensemble de l'acte que les parties n'ont pas entendu nover la convention primitive (Tours, 13 avr. 1900, 9918 R. P.).

205. Rachat anticipé de concession. — L'acte par lequel une ville rachète la concession d'une distribution d'eaux avant l'expiration de la concession, moyennant une somme d'argent, donne ouverture au droit de 1 fr. p. 100 sur la somme payée au concessionnaire. Le droit de mutation à 5 fr. 50 p. 100 n'est pas exigible sur la valeur des terrains que le concessionnaire avait acquis pour le compte de la ville et dont il lui fait la remise (Sol. 27 juill. 1892, 8076 R. P.).

Si une ville qui a concédé, pour soixante-quinze ans, le service des eaux à un entrepreneur en s'engageant à lui abandonner les produits de l'exploitation et à lui payer, en outre, une subvention variable, rachète la concession avant l'expiration du terme moyennant une annuité déterminée et invariable, l'acte qui réalise cette opération a pour effet de rémunérer le concessionnaire de ses travaux au moyen de l'annuité invariable qui est substituée à la subvention variable et aux produits aléatoires de l'exploitation : il ne fait, en somme, que changer le mode de paiement du prix originaire et ne donne ouverture qu'au droit de marché à 1 fr. p. 100. Si l'annuité comprend à la fois le capital et les intérêts du prix déboursé par la ville, le droit n'est exigible que sur la portion correspondant au capital, pourvu que cette portion soit dégagée dans le contrat (Compiègne, 11 août 1897, 9310 R. P.).

Lorsqu'une ville résilie une concession de travaux publics et s'engage à payer au concessionnaire des annuités déterminées en échange de l'abandon du droit d'exploitation qu'elle avait primitivement concédé, le traité constatant la résiliation et fixant le montant des annuités ne présente aucun caractère translatif et se trouve, dès lors, affranchi de l'enregistrement, s'il est passé dans la forme administrative (Seine, 12 avril 1900, 9908 R. P.).

Contrà : Le traité, par lequel une ville rachète, avant l'expiration du délai fixé dans l'acte constitutif d'une concession de travaux publics, tous les droits du concessionnaire moyennant un prix en argent, donne ouverture au droit de 2 fr. p. 100 sur ce prix, déduction faite, s'il y a lieu, de la valeur des constructions qui devait être payée par la ville lors de l'expiration de la concession et qui est passible du droit de 1 fr. p. 100 seulement, comme correspondant au prix d'un marché (Déc. min. fin., 18 oct. 1898, 9530 R. P.).

212. Eaux municipales. — Travaux de canalisation. — Quotité et assiette du droit. — Le traité par lequel une ville concède à un particulier le privilège exclusif de conduire et de distribuer les eaux de la commune pendant une durée déterminée, à la charge, par le concessionnaire, de fournir quotidiennement au service de la voirie un certain volume d'eau moyennant une redevance annuelle et, en outre, d'exécuter tous les travaux d'adduction et de canalisation nécessaires à la conduite de ces eaux, constitue un contrat unique dont les différentes dispositions dépendent nécessairement les unes des autres, et, par suite de cette indivisibilité, donne ouverture au droit de marché de 1 fr. p. 100 sur tous les éléments du prix convenu. Ce prix ne consiste pas seulement dans la redevance annuelle que la ville doit payer au concessionnaire

201. Concession du service des eaux. Fournitures d'eau supplémentaires à la ville, moyennant une redevance annuelle, en vertu d'une convention additionnelle au contrat originaire. Participation éventuelle de la ville dans les bénéfices. Droit de 1 p. 100. — Constitue un marché de fournitures et doit être taxé en conséquence l'acte par lequel une société concessionnaire du service des eaux dans une ville s'engage, moyennant le payement par la ville d'une redevance annuelle et d'un prix déterminé par bouche d'arrosage, à fournir, pour les services municipaux et l'arrosage public, une quantité d'eau supérieure à celle fixée dans le contrat de concession : il importe peu que l'acte prévoie la participation éventuelle de la ville dans les bénéfices, cette clause ne pouvant modifier la situation actuelle des contractants. Le droit proportionnel de 1 p. 100 est exigible sur le montant cumulé des sommes à payer par la ville pendant toute la durée du traité (Saint-Omer, 3 août 1905, 11100 R. P.).

205. Marché administratif. Concession de travaux publics. Rachat au cours de la concession moyennant indemnité. Droit de 2 p. 100. — Le traité par lequel une ville résilie une concession de travaux publics et s'engage à payer au concessionnaire des annuités déterminées en échange de l'abandon du droit d'exploitation qu'elle lui avait primitivement concédé, constitue une rétrocession à titre onéreux de valeur mobilière et donne, en conséquence, ouverture au droit proportionnel de 2 p. 100 (Cass. (civ.), 17 juill. 1905, 11036 R. P.; Seine, 20 avril 1907, 11507 R. P.).

pour la fourniture de l'eau, mais encore dans l'avantage qu'elle procure à celui-ci l'exercice de son privilège. En conséquence, le droit de 1 fr. p. 100 doit se liquider, d'une part, sur les redevances de la fourniture d'eau capitalisées pendant la durée de la concession; d'autre part, sur l'évaluation du coût des travaux de canalisation à effectuer par le concessionnaire. Lorsque le prix fixé, par le cahier des charges, comme prix du mètre cube de l'eau à fournir pour le service de la voirie, est un maximum susceptible de réduction dans certains cas spécifiés, c'est ce prix maximum et non pas la déclaration estimative des parties qui doit servir de base à la déclaration du droit de 1 fr. p. 100 (Saint-Nazaire, 29 juill. 1887; — Cass. civ., 20 mai 1890, 7409 R. P.; — Villefranche, 19 déc. 1890, 7508 R. P.).

Le traité par lequel le concessionnaire de la canalisation et de la distribution des eaux municipales s'engage à exécuter des travaux d'adduction devant revenir à la ville sans indemnité lors de l'expiration de la concession, moyennant une subvention en argent et une part dans les abonnements à recueillir par la ville, constitue un marché passible du droit de 1 fr. p. 100, tant sur le montant de la subvention pécuniaire que sur celui de la portion des abonnements attribuée à l'entrepreneur (Bayeux, 11 août 1892, 8650 R. P.).

214. Eaux. — Fournitures stipulées par la commune. — Lorsqu'une commune concède à une compagnie le monopole de la canalisation et de la distribution de l'eau et s'engage à lui verser une redevance annuelle, moyennant la livraison d'un certain nombre de mètres cubes d'eau, le droit de marché est exigible non seulement sur la redevance, si elle est inférieure au prix de l'eau, mais encore sur la valeur du monopole concédé. Cette valeur est représentée par la différence entre le prix réel du mètre cube d'eau et la redevance payée à la société concessionnaire (Corbeil, 11 fév. 1892, 7912 R. P.). — V. n° 146 supra.

Lorsqu'une compagnie, concessionnaire du service municipal des eaux, s'est engagée à fournir à la commune toute l'eau nécessaire, — à titre gratuit jusqu'à concurrence d'un certain nombre de litres par jour, et à prix d'argent pour le surplus, d'après les quantités qui seront ultérieurement fixées par des polices, — le traité contient un engagement ferme et actuel tant pour les fournitures gratuites que pour les fournitures à prix d'argent. Les uns et les autres sont, dès lors, immédiatement passibles du droit de marché, sauf à établir la perception sur une déclaration estimative pour celles de la seconde catégorie dont la quantité est variable et incertaine. — Le traité, qui annule et remplace un précédent traité de concession qui n'était pas encore arrivé à expiration, donne lieu à une perception entièrement distincte de la première; il n'y a pas à se préoccuper de la date à laquelle l'ancien traité aurait dû finir s'il avait eu sa durée normale et, pour la période qui restait à accomplir, on ne peut ni imputer sur les droits afférents au nouvel acte les droits perçus sur l'acte primitif, ni considérer comme prescrits des droits nouvellement exigibles, sous prétexte que la convention originaire contenait des clauses analogues qui n'avaient été assujetties à aucune perception. — Si le traité pose en principe que les travaux de modification de pose et d'entretien des appareils seront à la charge de la ville et si un règlement annexe stipule que le concessionnaire aura le monopole de l'exécution de ces travaux, le rapprochement du traité et de l'annexe forme le titre d'un marché de travaux passibles du droit de 1 fr. p. 100 (Seine, 8 mai 1897, 9135 R. P.).

Lorsqu'une compagnie, concessionnaire du service municipal des eaux, s'est engagée à fournir toute l'eau nécessaire aux besoins publics, — à titre gratuit jusqu'à concurrence de 500 litres par jour et à prix d'argent pour le surplus, d'après les quantités qui seront ultérieurement fixées par des polices, — le traité constitue un contrat unique dont les dispositions sont dépendantes les unes des autres et reliées par une corrélation nécessaire; par suite, le droit proportionnel de marché à 1 fr. p. 100 dont il est passible doit être perçu sur la totalité des fournitures, sauf déclaration estimative de celles qui doivent être faites à prix d'argent. Si les travaux, nécessaires pour desservir les abonnements que la commune pouvait souscrire, sont exécutés par la compagnie, en vertu d'un règlement sur les abonnements auquel le traité de concession se réfère, il n'y a pas lieu, pour la perception, de séparer le règlement sur les abonnements du traité lui-même, et le droit de marché est exigible de ce chef sur une évaluation à fournir (Cass. req., 7 déc. 1898, 9454 R. P.; 2986, § 4, I. C.).

215. Régie intéressée. — Convention modifiant l'allocation du régisseur. — N'emporte pas novation la convention par laquelle une ville diminue le prix alloué par un précédent traité à la compagnie chargée de la régie intéressée des eaux municipales et substitue une prime proportionnelle décroissante à une prime fixe qui lui était supérieure. En conséquence, si la prime fixe n'a pas été assujettie au droit proportionnel lors de l'enregistrement du traité primitif, et si deux ans se sont écoulés depuis la date de cet enregistrement, la prescription biennale s'oppose à la perception de l'impôt sur la prime proportionnelle décroissante. L'Administration se trouve, par suite, déchue du droit de réclamer des suppléments, quand les primes porportionnelles payées annuellement atteignent un chiffre supérieur à celui qui a supporté le droit de marché au moment de l'enregistrement du premier traité. Il en est ainsi, alors même qu'on donnant la formalité à la convention modificative, l'Administration s'est réservé la faculté de réclamer ces suppléments (Seine, 1er avril 1892, 7943 R. P.).

215 *bis*. Eaux municipales. — Concession de l'exploitation à une compagnie. — Charges ayant fait l'objet d'une déclaration estimative. — Prescription. — Constitue un bail le traité par lequel une ville concède à une compagnie l'exploitation d'une distribution d'eaux déjà établie, à charge par le concessionnaire : 1° de payer une redevance fixe; 2° de verser la moitié des bénéfices; 3° d'exécuter divers travaux. La déclaration estimative au vu de laquelle la perception a été faite sur la moitié des bénéfices réservés par la ville, est soumise au contrôle de l'Administration, et des suppléments deviennent exigibles lorsque la déclaration est dépassée. La prescription trentenaire est seule applicable au recouvrement de ces suppléments (Sol. 6 avril 1883, Rouen, 4 mai 1893, 8116 R. P.).

216. Éclairage au gaz. — Travaux de canalisation à la charge de l'entrepreneur. — Constitue un marché passible du droit de 1 fr. p. 100 et non un bail, le traité par lequel une ville concède à un particulier la jouissance d'une usine à gaz avec le monopole de l'éclairage public et privé, à la charge, par le concessionnaire, de faire à ses frais toutes les constructions et canalisations nécessaires et de fournir le gaz à la ville, gratuitement jusqu'à concurrence d'une quantité déterminée, et moyennant un prix pour l'excédent. Le droit de 1 fr. p. 100 se liquide : d'une part, sur l'évaluation des travaux à effectuer par le concessionnaire; d'autre part, sur le total des redevances stipulées de la ville pour l'éclairage public, sans qu'il soit permis de suppléer à cette base de perception par une déclaration estimative des parties (Langres, 7 mai 1890, 7441 R. P.).

219. Éclairage par le gaz. — Bâtiments municipaux. — Lorsqu'une ville a concédé à un entrepreneur, en même temps que l'éclairage des voies publiques, celui des bâtiments municipaux, en spécifiant que ces bâtiments ne seront éclairés qu'autant que l'Administration, qui se réserve toute latitude à cet effet, le jugera à propos, l'éclairage de ces bâtiments est soumis à une condition suspensive, et le droit proportionnel devient exigible si la Ville use de la faculté qu'elle s'était réservé (Sol. 29 nov. 1892, 8147 R. P.).

Au contraire, il n'y a pas d'engagement, même conditionnel, relativement à l'éclairage des bâtiments municipaux, dans le traité qui concède uniquement l'éclairage de la voie publique et se borne à fixer les tarifs applicables au théâtre, aux écoles communales et aux établissements communaux, sans que la Ville s'engage immédiatement ou conditionnellement à recourir à l'industrie du concessionnaire pour ces établissements. Le droit proportionnel n'est donc pas dû, quoiqu'en fait l'éclairage soit fourni par l'entrepreneur. L'installation du gaz dans les bâtiments municipaux ne donne ouverture au droit de marché que si elle a fait l'objet de conventions écrites résultant soit du traité lui-même, soit d'actes postérieurs (Sol. 5 déc. 1892, 8147 R. P.).

225. Concession d'établissements de bains de mer et de casinos. — Renferme deux dispositions indépendantes assujetties à deux droits particuliers, l'un de bail, l'autre de marché, l'acte par lequel une ville concède à un particulier la jouissance d'un terrain communal situé au bord de la mer moyennant une redevance annuelle, à charge par le concessionnaire d'y construire à ses frais : 1° un établissement de bains de mer et une installation hydrothérapique qui appartiendront de suite à la ville et qu'elle exploitera directement; 2° un casino dont la jouissance appartiendra au concessionnaire pendant une durée déterminée, à l'expiration de laquelle il deviendra, sans indemnité, la propriété de la ville (Sol. 5 oct. 1898, 9484 R. P.).

Présente le caractère d'un louage d'ouvrage, et non celui d'un louage de chose, le traité par lequel une ville concède l'exploitation de ses établissements de bains de mer à une société soumise à son contrôle et appelée seulement à participer aux bénéfices (Bayonne, 27 mars 1900, 9811 R. P.).

226. Travaux de viabilité. — Bail et marché. — Le droit de marché à 1 *fr.* p. 100 est exigible sur l'acte administratif par lequel un entrepreneur s'engage envers une ville à exécuter des travaux de viabilité et de construction dont il est rémunéré au moyen d'une combinaison consistant à lui laisser la jouissance des constructions et la perception des loyers pendant soixante ans; l'impôt doit être provisoirement liquidé sur la valeur présumée des travaux, sauf le droit de contrôle ultérieur de l'Administration, et le payement ne saurait en être retardé jusqu'après leur exécution. La ville et le concessionnaire sont solidaires pour le paiement du droit. — La disposition du même acte aux termes de laquelle la ville loue pour soixante ans, à l'entrepreneur, moyennant une redevance annuelle, les délaissés des immeubles expropriés, des voies publiques déclassées et des immeubles communaux, constitue une disposition indépendante s'analysant en un bail d'immeubles. Si cette disposition a été affectée, dans le contrat, d'une condition suspensive, le droit de 0 fr. 20 p. 100 doit être acquitté dans les trois mois à partir de l'événement de la condition, sous les peines portées par l'art. 11 L. 23 août 1871 (Lyon, 9 juin 1893, 8309 R. P.).

Pour soustraire à la pluralité des droits les dispositions diverses d'un même acte, il ne suffit pas que ces dispositions aient été liées entre elles dans l'intention des parties contractantes; il faut encore qu'elles soient, les unes par rapport aux autres, dans une dépendance juridique telle qu'elles forment toutes les éléments corrélatifs et nécessaires d'un contrat unique. Il y a donc indépendance, au sens de la loi fiscale, entre les deux stipulations d'un contrat qui renferme : — d'une part, l'engagement par un entrepreneur d'élever des constructions sur des terrains qui lui sont loués par une ville; — d'autre part, le bail par la ville des terrains servant d'assiette aux constructions. Par suite, le droit de marché et celui de bail sont cumulativement exigibles sur un traité de cette nature (Cass. 14 déc. 1896, 8907 R. P.; — *Conf.* Lyon, 6 mai 1902).

232. Boues et vidanges. — Renferme deux dispositions indépendantes et passibles chacune d'un droit particulier, l'acte par lequel un entrepreneur a, d'une part, pris à bail une usine municipale moyennant un loyer déterminé et, d'autre part, contracté l'obligation d'acquérir d'une ville des matières de vidange qui doivent lui être remises par cette ville. Si la première disposition ne donne ouverture qu'au droit de bail, la seconde doit être assujettie au droit de vente mobilière sans que l'entrepreneur puisse soutenir que les matières à traiter sont *res nullius*, n'acquérant de valeur que par son travail industriel, puisque ces matières ont cessé d'être *res nullius* par suite de la circonstance que la ville se les est appropriées et les a remises à l'entrepreneur (Seine, 4 déc. 1897; — Cass. req. 9 mai 1899, 9604 R. P.; 3004-3 I. G.).

233 *bis*. Chaises des jardins publics. — Les éléments constitutifs de la vente mobilière se rencontrent dans la clause d'un marché administratif ayant pour objet le fermage du droit de placer des sièges dans les squares publics, qui oblige l'adjudicataire à acquérir du précédent fermier, moyennant un prix à fixer par expert, le matériel

218. Éclairage électrique. — Travaux de canalisation à la charge de l'entrepreneur. — *Conf.* (Béziers, 6 déc. 1906, 11408 R. P.).

228. Bail et marché. — Le traité par lequel une ville donne à bail à une société un terrain communal pour une durée de 99 ans, moyennant une redevance annuelle nominale et diverses charges et, en outre, l'obligation par la société d'édifier sur ce terrain des constructions d'une valeur déterminée qui appartiendront à la ville sans indemnité à l'expiration du bail, ne renferme pas deux dispositions distinctes et indépendantes, un bail de terrain et un marché de constructions; il constitue pour le tout un bail de terrain, dans lequel l'obligation d'élever des constructions forme le véritable prix, et il n'est, en conséquence, passible que du droit de 0 fr. 20 p. 100, à liquider à la fois sur le montant cumulé des redevances annuelles et des charges accessoires et sur la valeur des constructions (Seine, 12 fév. 1905, 10706 R. P.).

Renferme, au contraire, deux dispositions distinctes et indépendantes s'analysant, l'une en un marché de travaux, l'autre en un bail de terrain, l'acte par lequel un entrepreneur s'engage envers une ville : 1° à construire des chalets de nécessité, dont la jouissance lui est concédée pendant une durée déterminée; 2° à payer, en outre, une redevance annuelle pour la location des emplacements. Ce contrat est, en conséquence, passible : 1° du droit de marché à 1 p. 100 sur l'importance des travaux à exécuter; 2° du droit de bail à 20 p. 100 sur le montant cumulé des redevances annuelles, sauf faculté pour les parties de requérir le fractionnement triennal (Seine, 12 avril 1906, 11360 R. P.).

248. Théâtre municipal. Traité pour la direction. — *Conf.* (Cass. civ., 27 oct. 1903 et 5 juillet 1905, 10582 et 10893 R. P.).

existant, lorsque, d'ailleurs, le concessionnaire sortant était, lui-même, tenu par son traité de céder ce matériel à son successeur. Il importe peu que le fermier sortant ne soit pas présent à l'acte et que la détermination du prix ait été laissée à l'arbitrage d'un tiers, lorsque, d'une part, le fermier sortant est représenté par le Maire avec lequel il avait précédemment traité et que, d'autre part, l'expert est tenu de statuer en dehors même de la convention des parties (Bordeaux, 27 mai 1896, 9050 R. P.).

238. École. — Traité pour l'instruction et l'entretien de boursiers. — Présente le caractère d'un louage d'ouvrage ou d'industrie, et non celui d'un bail de nourriture, la convention par laquelle une commune s'engage envers le directeur d'une école à maintenir dans cet établissement un certain nombre d'élèves moyennant un prix déterminé, à la condition que les élèves y reçoivent, au point de vue matériel et au point de vue pédagogique, tous les soins nécessaires (Seine, 27 mai 1898, 9374 R. P.).

242. Établissement public. — Traité relatif au service intérieur. — Le traité, passé avec une congrégation pour assurer le service intérieur d'une école militaire préparatoire, est obligatoirement sujet à la formalité de l'enregistrement (D. m. f. 25 sept. 1892, 7974-33 R. P.; 517-2 I. G.).

243. Jeux et bals publics. — Le traité par lequel une commune concède à un industriel le droit exclusif d'installer des jeux et bals dans l'enceinte d'un champ de foire moyennant un prix à verser à la caisse municipale renferme un bail immobilier passible du tarif de 0 fr. 20 p. 100 (Sol. 28 janv. 1888, 8475 R. P.).

Il y a également bail, mais portant seulement sur un droit mobilier, quand le concessionnaire ne reçoit la jouissance d'aucun emplacement déterminé et qu'il acquiert seulement le droit de tenir les jeux et bals partout où il lui conviendra dans la circonscription de la commune (Sol. 13 sept. 1888, 8475 R. P.).

244-1. Pompes funèbres. — Constitue non un marché, mais un simple bail la convention par laquelle les fabriques des paroisses d'une ville concèdent à une compagnie le monopole de toutes les fournitures relatives au service extérieur des inhumations à charge de leur payer une redevance variable sur toute somme perçue par elle (Sol. 5 août 1895, 8791 R. P.).

246. Services religieux. — L'acte qui constate une fondation de services religieux, moyennant le versement d'un capital, donne ouverture au droit de 1 fr. p. 100; mais ce droit n'est exigible qu'après l'approbation de l'acte par l'autorité compétente (Sol. 11 juin 1902, 3005, § 2, I. G.; 10579 R. P.).

248. Théâtre municipal. — Traité d'exploitation. — Constitue un marché dans le sens de l'art. 78 L. 15 mai 1818, l'acte par lequel une ville concède à un particulier l'exploitation d'un théâtre municipal en lui consentant, avec une subvention pécuniaire, la location gratuite de la salle et du matériel scénique, tandis que le directeur s'engage à donner un nombre déterminé de représentations par semaine, à fournir une troupe et un orchestre et à remplir toutes les obligations prévues au cahier des charges (Nice, 11 fév. 1896; — Cass. 21 mai 1900, 9852 R. P.).

3. LIQUIDATION DU DROIT. — L'acte administratif par lequel un entrepreneur s'engage à exploiter un théâtre municipal, moyennant une subvention à recevoir de la ville, est un marché passible du droit de 1 fr. p. 100 sur le montant de cette subvention (Toulouse, 27 mai 1889, 7371 R. P.; — Rennes, 30 avril 1890, 7471 R. P.; — Bordeaux, 8 fév. 1893 (entre parties), 8131 R. P.).

Lorsqu'il est alloué une subvention fixe et une subvention facultative qui ne sera versée qu'au gré de la ville, et si la troupe donne toute satisfaction, le droit de 1 fr. p. 100 ne doit être liquidé que sur la subvention fixe, à l'exclusion de la subvention facultative qui constitue non un prix, mais une gratification purement volontaire de la part de la ville (Rennes, 30 avril 1890, 7471 R. P.).

Le traité par lequel une ville concède à un particulier la direction d'un théâtre municipal, sans lui accorder de rémunération pécuniaire, est passible du droit de marché sur l'importance des engagements de toute nature contractés par le Directeur. Si l'importance de ces engagements n'est pas déterminée par la convention elle-même, il y a lieu d'en requérir la déclaration estimative (Sol. 18 août 1893, 8199 R. P.).

250. Prévisions dépassées. — Droit supplémentaire. — Lorsque la valeur réelle des travaux est supérieure à la déclaration estimative souscrite au moment de l'enregistrement, un supplément de droit est dû sur la différence (Villefranche, 19 déc. 1890, 7568 R. P.; — Rouen, 18 juin 1891, 7941 R. P.; — Saint-Étienne, 29 déc. 1892, 8121 R. P.).

260. Mesures administratives pour la surveillance des droits supplémentaires. — Ne doivent plus être fournis que dans les dix premiers jours du mois de mai les relevés annuels que les Receveurs transmettent aux Directeurs, en vue d'assurer la surveillance des droits supplémentaires exigibles sur les marchés administratifs dont le prix est acquitté par des comptables non astreints à dresser les relevés semestriels prescrits par les déc. min. fin. 11 mars 1865 et 30 janv. 1875 (3005-26 I. G.; 10340 R. P.).

263. Travaux supplémentaires. — Tarif insuffisant à l'origine. — Lorsqu'un marché de travaux, passible du droit de 1 fr. p. 100, n'a été enregistré qu'au droit de 0 fr. 20 p. 100, d'après l'évaluation provisoire des parties, l'Administration conserve sans doute le droit de répéter, plus de deux ans après cette première perception, le droit proportionnel sur les travaux excédant les prévisions de la déclaration estimative, mais elle ne peut le réclamer qu'au taux de 0 fr. 20 p. 100, l'interprétation qui a motivé l'application de ce tarif erroné étant, par suite de la prescription biennale, acquise aux parties pour l'avenir comme pour le passé (Grasse, 28 janv. 1890, 7420 R. P.). Mais cette décision ne nous paraît pas exacte. La prescription biennale ne s'applique qu'aux droits dont la perception a été *entamée*; elle est étrangère aux droits de marché qui n'étaient pas acquis au Trésor au jour de la perception insuffisamment effectuée et qui ne sont devenus exigibles qu'ultérieurement.

267. Résiliation de marché par l'autorité supérieure. — Droits restituables. — Les droits perçus sur un marché de fournitures passé avec l'État (dans l'espèce le Ministère de la Guerre) deviennent restituables, si le marché est annulé par la volonté du Gouvernement (Sol. 28 mai 1897, 9014 R. P.).

273. Résiliation volontaire. — Maintien des droits perçus. — La résiliation amiable n'autorise pas la restitution de la portion des droits afférents aux travaux qui n'ont pas été exécutés (Toulouse, 29 juin 1892, 7913 R. P.).

276 et 281. Minimum. — Postes et télégraphes. — Pour les substitutions d'entrepreneurs de services de dépêches, le droit gradué de cautionnement doit être liquidé sur le prix à toucher par le cessionnaire, sauf réduction au droit proportionnel de 0 fr. 50 p. 100, dans le cas où la liquidation du droit gradué donnerait un résultat supérieur à celle du droit proportionnel (D. m. f. 5 janv. 1891, 7049 R. P.).

281-1. Assiette du droit. — Lorsqu'un marché administratif laisse à l'adjudicataire la faculté, soit de présenter une caution solidaire, — soit de fournir un cautionnement en numéraire, valeurs ou immeubles, calculé à raison du dixième du service à exécuter, — soit de subir, jusqu'au payement du solde, une retenue du dixième du montant du marché, et que l'adjudicataire, usant de sa faculté d'option, présente une caution solidaire, le droit de cautionnement est exigible sur le montant total du prix du marché et non pas seulement sur le dixième de ce prix (Le Havre, 3 fév. 1894, 8397 R. P.).

286. Cautionnement. — Substitution d'entrepreneur. — L'acte par lequel une ville, qui avait concédé le service de l'éclairage public à un entrepreneur, accepte la substitution d'un nouvel entrepreneur à l'ancien, en imposant à celui-ci l'obligation de garantir la stricte exécution du cahier des charges, renferme, indépendamment d'une substitution de marché, un cautionnement passible du droit proportionnel (Nantes, 1er août 1898, 9520 R. P.).

288. Cessions sans prix. — Les cessions de marché ne donnent pas ouverture à un droit distinct de celui qui a été perçu sur le marché cédé, lorsqu'elles ont eu lieu sans stipulation de prix. Le droit fixe leur est seul applicable (D. m. f. 24 fév. 1890, 7049 R. P.).

MARQUES ET DESSINS DE FABRIQUE.

14. Dépôt. — La loi du 3 mai 1890 a été reproduite au n° 7567 du *Rép. pér.* (V. *Code des Lois*).

17, 18 et s. Forme du dépôt. — Modèle à fournir. — Le texte du décret du 28 fév. 1891, qui a déterminé les formalités à remplir pour le dépôt et la publicité des marques et toutes les autres mesures nécessaires pour l'exécution de la loi du 3 mai 1890, a été inséré au n° 7567 du *Rép. pér.* (V. *Code des Lois.*)

MÉMOIRE.

21 *bis*. Société de secours mutuels. — Les mémoires rédigés dans les contestations relatives aux opérations électorales, lors des assemblées générales, sont dispensés du timbre et enregistrés gratis (L. 1er avril 1898, 9265 R. P.). — V. *Code des Lois*.

MESURES MÉTRIQUES.

8. Acte notarié. — Emploi d'anciennes dénominations, à titre de renseignements. — Contravention à la L. 4 juillet 1837. — Le notaire qui, dans un acte passé devant lui, emploie une dénomination de mesures autres que celles portées dans le tableau annexé à la loi du 4 juill. 1837, encourt l'amende prononcée par l'art. 5 de cette loi alors même qu'il explique en même temps l'équivalent de la mesure d'après le système métrique. Il en est spécialement ainsi, lorsque la dénomination dont il a été fait usage est celle de *boisselat* ou celle de *sac* (Gourdon, 27 déc. 1891, 8004 R. P.).

MILITAIRE.

2. École de Brest. — École des mousses de Marseille. — Engagements. — Le droit de timbre est applicable aux expéditions des délibérations des conseils de famille autorisant les engagements à l'École des mousses de Marseille; mais les expéditions destinées aux élèves de l'École de Brest, qui sont considérés comme gens de guerre, sont exemptées de l'impôt (D. m. f. 8 août 1891, 7074-73 R. P.; 2823-14 I. G.).

V. CERTIFICAT ET MANDAT.

MINES. — V. *Concession, Prescription, Vente.*

MINIMUM. — V. *Droit proportionnel.*

MONNAIE.

9. Monnaies étrangères. — Cours légal en France. — Une nouvelle convention monétaire a été passé en 1894 entre la France, l'Italie, la Grèce, la Suisse et la Belgique, relativement à la monnaie divisionnaire (Décr. 24 mars 1894, 2863 I. G.). Aux termes de cet arrangement, les pièces italiennes ont cessé d'avoir cours en France, à partir du 25 juill. 1894. Les pièces des autres États, signataires de l'arrangement, y sont reçues.

Toutes les monnaies de billon étrangères sont refusées dans les caisses publiques (Circ. 6 janv. 1893).

10. Effets publics étrangers. — Fixation de la valeur. — V. décr. 31 déc. 1891, 7974-12 R. P.; — 31 déc. 1892, 8194-3 R. P.; — 31 déc. 1893, 8118-26 R. P.; — 31 déc. 1894, 8630-13 R. P.; — 9 janv. 1896, 8860-20 R. P.; 15 janv. 1897.

MARQUES ET DESSINS DE FABRIQUE.

MÉMOIRE.

MESURES MÉTRIQUES.

MILITAIRE.

MINES.

76. Droit de vente immobilière. — Les mines ayant en Tunisie le caractère d'immeuble par nature, il en résulte que l'apport à une société de la pleine propriété d'une mine dans le territoire de la Régence, moyennant l'attribution d'actions et le payement d'une certaine somme en numéraire, donne ouverture au droit de mutation immobilière sur la partie de l'apport faite à titre onéreux (Cass. civ., 3 déc. 1900, 11318 R. P.).

MINIMUM.

MONNAIE.

MONT-DE-PIÉTÉ.

MUTATION.

185. Séparation des Églises et de l'État. — *Associations et unions cultuelles. Attribution des biens des établissements ecclésiastiques supprimés. Immunités fiscales.* L. 9 déc. 1905 (art. 16). — 11086 R. P.

Biens affectés à l'exercice public d'un culte. Attribution à des associations cultuelles. Immunités fiscales. L. fin. 17 avril 1906 (art. 87). — 11155 R. P.

109. Bois. Sol et superficie. Vente simultanée. Présomptions. Droit de 5 fr. 50 p. 100 exigible sur le prix total. — Les mutations secrètes de propriété peuvent être prouvées par de simples présomptions dans les termes de l'art. 1353 C. civ. Spécialement, un tribunal peut, en se fondant sur des présomptions graves, précises et concordantes, résultant de renseignements, notes et documents qui lui ont été produits, et de comptes homologués auxquels a procédé un notaire liquidateur dans les limites de ses pouvoirs, déclarer qu'il y a eu, antérieurement à l'acte notarié contenant vente du sol d'un bois, une mutation portant sur la pleine propriété de ce bois, sol et superficie réunis, que cette mutation non enregistrée dans les délais légaux rend exigibles les droits simples et en sus au taux de 5 fr. 50 p. 100 sur l'intégralité du prix convenu tant pour le sol que pour la superficie, et que l'acte notarié n'a, en réalité, eu pour but que de dissimuler une partie des objets compris dans la vente, afin d'éluder le payement du droit de vente immobilière sur la portion du prix afférente à la superficie (Ambert, 10 juin 1901, 10370 R. P.; — Cass. (req.), 23 déc. 1903, 10877 R. P.).

150. Actes de propriétaire. Présomptions contraires. — Les présomptions invoquées par l'Administration pour établir l'existence d'une mutation secrète d'immeubles peuvent être combattues par la preuve contraire. Spécialement, la qualité de propriétaire d'un immeuble, prise dans un acte d'échange et au cours d'un procès par le locataire auquel une promesse de vente a été consentie, ne suffit pas à prouver la mutation, quand le véritable propriétaire est resté étranger à ces agissements et qu'il en a obtenu la rectification par une décision de justice lorsqu'il en a eu connaissance (Poitiers, 12 mars 1906, 11126 R. P.).

151. Présomption. Inscription au rôle et payement des impôts. Énonciations de déclarations de successions. Preuve contraire. — L'existence d'une mutation secrète est suffisamment établie, à l'égard de l'Administration, par la présomption légale résultant de l'inscription au rôle et du payement des impôts, surtout lorsque cette présomption se trouve corroborée par les énonciations de déclarations de successions, sans que les parties puissent opposer utilement que le payement des impôts n'a pas été effectué par la personne inscrite au rôle s'il a été fait en son nom et à sa connaissance, que la convention serait entachée de nullité à raison de l'incapacité des parties, et que, pour les biens indivis, il est d'usage de ne faire figurer sur les rôles de la contribution foncière que le nom de l'un des indivisaires (Alais, 2 avril 1903, 10555 R. P.).

304. Aveu du prétendu acquéreur. Erreur alléguée. Enquête ordonnée par le tribunal. — Lorsque l'aveu fait par un prétendu acquéreur, dans un écrit produit au cours d'une instance, peut provenir d'un malentendu avec le propriétaire de l'immeuble, le tribunal a le droit, pour éclairer sa religion, d'ordonner la preuve par témoins du fait qu'il n'y a jamais eu accord des parties sur la chose et sur le prix, sous réserve de la preuve contraire par l'Administration (Rochefort, 2 mars 1905, 11038 R. P.; — 30 nov. 1905, 11300 R. P.). Ces jugements, contraires à une jurisprudence constante, ne peuvent faire autorité.

306. Aveu judiciaire émané du vendeur seul et contredit par les circonstances de la cause. Preuve insuffisante. — L'aveu judiciaire, émané seulement du prétendu vendeur, est insuffisant à établir l'existence d'une mutation immobilière s'il n'est pas justifié par l'intérêt personnel que l'autre partie, qui soutient n'avoir jamais été qu'un mandataire intéressé, aurait eu à la réalisation d'une vente plutôt qu'à la concession d'un mandat, et s'il n'est pas corroboré par une prise de possession effective de l'immeuble, surtout quand cet aveu est contenu dans des qualités qui sont en contradiction à la fois avec les motifs d'une décision judiciaire et les énonciations d'actes authentiques (Limoux, 2 avril 1903, 10554 R. P.).

392. Folle enchère suivie d'une surenchère du sixième abandonnée. Fol enchérisseur resté en possession. Mutation secrète. — V. *Adjudication*, n° 117.

428. Jugement constatant une interposition de personnes. Exigibilité du droit de mutation. Décès du propriétaire apparent. Non-restitution des droits de mutation par décès. — Le jugement qui déclare qu'une acquisition d'immeubles faite au nom d'une personne l'a été en réalité pour le compte d'un tiers qui est le véritable propriétaire des biens acquis est passible du droit de mutation à titre onéreux, à raison du déplacement qu'il opère dans la propriété apparente. Ce droit doit être perçu sur le prix exprimé dans l'acte constatant la vente consentie au prête-nom. — Il n'y a pas lieu de restituer les droits de mutation par décès acquittés, pour les immeubles, par les héritiers du propriétaire apparent, lors du décès de ce dernier (Bordeaux, 15 mai 1904, 10794 R. P.).

9125-5 R. P.; — 28 janv. 1898, 9395-28 R. P.; — 30 janv. 1899, 9675-30 R. P.; — 12 janv. 1900, 9946-27 R. P.; — 22 janv. 1901, 3044 I. G.; — 14 janv. 1902, 3077 I. G.

18. Monnaies nationales ayant cours légal. — Les pièces d'or de 20 fr., portant un millésime compris entre 1803 et 1818, sont retirées de la circulation (2993 I. G., 9946-2 R. P.).

Il a été créé de nouveaux types, pour la monnaie de billon (Décr. 3 mars 1898, Circ. 7 mai 1898) et pour la monnaie divisionnaire d'argent (Décr. 25 nov. 1897; — Circ. 10 janv. 1898).

MONT-DE-PIÉTÉ.

10. Obligations souscrites par les monts-de-piété. — Nous avons cité au *Rép. gén.* une D. m. f. 17 février 1851, qui a reconnu que les obligations dont il s'agit sont dispensées du droit de timbre établi par la loi du 5 juin 1850. Nous avons ajouté que cette décision doit être étendue aux droits de transmission exigibles en vertu de la loi du 23 juin 1857. Mais l'Administration n'a pas partagé notre sentiment. Suivant elle, les droits de transmission sont dus pour les obligations ou bons négociables émis par les monts-de-piété par le motif qu'ils sont à la charge des porteurs (D. m. f. 14 février 1873). Cette interprétation semble difficile à justifier en présence de la disposition de l'art. 8 L. 24 juin 1851, d'après laquelle « les obligations, reconnaissances et tous actes concernant l'administration des monts-de-piété sont exempts des droits de timbre et d'enregistrement ».

12 bis. Marché. — V. *Marché*, n° 151.

MUTATION.

42. Vente d'immeuble. — Condition suspensive. — Réalisation. — Droits simples et en sus. — La perception du droit de mutation étant attachée à la transmission même de la propriété, il s'ensuit, dans le cas d'une vente conditionnelle qui devient seulement définitive par l'événement de la condition, que c'est cet événement qui doit être porté à la connaissance de l'Administration, de la manière et dans les délais fixés par la loi (Limoges, 25 juin 1892; — Cass. 27 nov. 1895, 8684 et 8860-29 R. P.).

75. Déclaration. — Obligation de l'ancien possesseur. — L'Administration est fondée (art. 14 L. 23 août 1871) à réclamer à l'ancien possesseur le montant du droit simple et du droit en sus à sa charge personnelle, lorsque cet ancien possesseur n'a pas présenté l'acte de vente à la formalité, dans les délais fixés par les LL. frim. et 27 ventôse an IX, ni, dans le mois courant de l'expiration de ces délais, usé de la faculté de s'affranchir du droit en sus et du paiement immédiat du droit simple, en se conformant, par le dépôt de l'acte de vente, aux prescriptions de l'art. 14, alinéa 2, L. 23 août 1871 (Limoges, 25 juin 1892; — Cass. 27 nov. 1895, 8684 et 8860-29 R. P.).

109. Présomptions simples. — L'existence de la mutation secrète d'un immeuble peut être établie, non seulement par tout acte, quelle qu'en soit la nature, qui constate cette mutation, mais encore par de simples présomptions, dans les termes de l'art. 1353 C. civ. (Lunéville, 4 déc. 1890, 7607 R. P.; — Cass. 18 janv. 1897, 8929 et 9305-6 R. P.; — Dijon, 24 déc. 1900, 10143 R. P.; Cass. 7 mai 1901, 10064 R. P.).

116. Vente. — Condition de passer acte notarié. — Convention parfaite. — Droit proportionnel exigible. — V. *Vente*, n° 94.

151. Preuve contraire. — Enquête. — L'enquête étant incompatible avec la procédure spéciale admise en matière d'enregistrement, les parties ne sauraient être autorisées à repousser, au moyen de la preuve testimoniale, la réclamation des droits dus à raison de la mutation présumée (Lunéville, 4 déc. 1890, 7607 R. P.).

280. Bien vendu deux fois à des acquéreurs distincts. — Pluralité du droit de mutation. — La copie collationnée d'un acte s. s. p. translatif d'immeuble suffit pour autoriser la réclamation des droits simples et en sus sur l'acte qui n'a pas été enregistré dans le délai. — Pour se soustraire au payement de ces droits, l'acquéreur alléguerait vainement que, depuis la présentation de l'acte s. s. p. au bureau de l'enregistrement, la majeure partie des immeubles a été aliénée, par le vendeur, au profit d'un tiers, et que cette aliénation, ayant été constatée par un contrat notarié et ayant, par suite, acquitté l'impôt, l'Administration ne peut plus réclamer, de nouveau, le droit sur cette portion d'immeubles. — Il s'agit, en effet, de deux mutations distinctes assujetties chacune à l'impôt (Valognes, 13 août 1891, 7750 R. P.).

325. Aveu de l'acquéreur. — Exploit. — L'existence d'une mutation d'immeubles est suffisamment établie, au regard de l'acquéreur, par l'aveu de la mutation obtenu dans un exploit signifié à la requête de ce dernier. — Pour se soustraire à la réclamation des droits, l'acquéreur n'est pas fondé à soutenir qu'aucune valeur juridique ne saurait être attribuée aux énonciations renfermées dans l'exploit, par le double motif que l'aveu, émanant de l'huissier, qui n'a pas reçu pouvoir de le faire, ne lui est pas opposable, et, d'autre part, que l'assignation donnée par l'exploit n'a pas été suivie d'effet (Besançon, 19 juin 1890, 7653 R. P.).

368. Prise de qualité. — Vente de récoltes. — Pour prouver qu'un individu s'est rendu acquéreur d'un immeuble, l'Administration peut se fonder sur un ensemble d'indices résultant d'actes dans lesquels l'individu, devenu acquéreur de l'immeuble, a pris la qualité de propriétaire de cet immeuble et de ce fait qu'il a vendu les récoltes en provenant (Lunéville, 4 déc. 1890, 7607 R. P.).

428. Jugement. — Prête-nom. — Lorsqu'un jugement constate qu'une personne ayant acquis un fonds de commerce n'a agi que comme prête-nom du véritable acquéreur, il opère une mutation passible du droit proportionnel (Sol. 21 juill. 1898, 10032 R. P.).

Il n'y a résolution d'un contrat qu'autant que les choses sont remises au point où elles étaient avant la conclusion de ce contrat ; on ne saurait, dès lors, soutenir qu'une vente est résolue lorsqu'un jugement, tout en maintenant l'aliénation, décide qu'une femme au nom de laquelle l'acquisition a eu lieu n'est en réalité que le prête-nom de son mari. Un tel jugement ne peut donc bénéficier du droit fixe dont l'application est réservée aux jugements portant résolution pour cause de nullité radicale; il est, au contraire, passible du droit de mutation à raison du déplacement qu'il opère dans la propriété apparente. C'est, d'ailleurs, le tarif de 5 fr. 50 p. 100 qui est applicable, la translation de la propriété ne pouvant avoir d'autre caractère que celui de la vente (Seine, 20 déc. 1896, 9106 R. P.).

445. Vente résiliée. — Mutation immobilière. — Preuve. — La preuve d'une mutation de propriété immobilière peut être faite, pour la perception des droits, par tout acte de nature à constater la mutation. Spécialement, la convention portant que la vente d'un domaine est annulée, fournit la preuve que cette vente avait eu lieu, et justifie la réclamation tant du droit de vente que du droit de rétrocession (Vannes, 13 août 1886; — Cass. civ., 5 janv. 1891, 7545 et 7974-49 R. P.).

456. Vente constatée par jugement. — Convention remontant à une époque antérieure. — Motifs du jugement. — Présomptions. — Droits en sus. — Lorsqu'un jugement, rendu entre le vendeur et l'acquéreur d'un immeuble, déclare parfaite la promesse de vente et d'achat résultant des correspondances échangées, l'Administration peut prouver que la perfection de la convention remonte à une époque antérieure à celle qui est indiquée dans le dispositif du jugement. Elle est fondée, à cet égard, à invoquer les motifs de ce jugement et les faits de la cause, et à réclamer les droits en sus exigibles (Seine, 15 mai 1896, 8774 R. P.).

Vente déguisée. — Echange. — Présomptions insuffisantes. — Le droit de 5 fr. 50 p. 100 ne saurait être perçu sur un jugement dont les motifs ne renferment que de simples indices qui peuvent seulement laisser soupçonner une vente immobilière, surtout quand cette vente, tenue secrète par les parties, a été déguisée sous la forme d'un échange soumis à la formalité (Angers, 10 mai 1902, 10316 R. P.).

473. Procuration à l'effet de vendre. — Mutation secrète immobilière. — Instance entre le nouveau possesseur et un tiers. — Dires d'un rapport d'expert. — Enonciations d'un arrêt de C. d'appel. — Présomptions opposables à l'ancien possesseur. — Lorsqu'une mutation immobilière a été déguisée sous l'apparence d'une procuration à l'effet de vendre, l'Administration est fondée à établir l'existence de cette mutation, à l'égard de l'ancien possesseur, en invoquant contre lui tant les dires et déclarations consignés dans un rapport d'expert, au cours d'un procès engagé entre le nouveau possesseur et un tiers, que les énonciations d'un arrêt de Cour d'appel constatant expressément l'existence de la transmission, bien que cet arrêt soit rendu dans l'instance à laquelle l'ancien possesseur est demeuré étranger. Les documents dont il s'agit, sans renfermer une preuve complète dans les termes des art. 1319 et 1320 C. civ., fournissent, toutefois, conf. à l'art. 1353 du même Code, une présomption de nature à établir la fraude (Cass. 18 janv. 1897; — *Contrà* : Poitiers, 21 nov. 1892, 8020 et 9395-6 R. P.).

507. Renonciation translative. — Droits en sus. — Les droits en sus sont exigibles si la mutation qui résulte d'une renonciation translative n'est pas déclarée dans les délais fixés par les LL. 27 ventôse an IX, art. 4 et 23 août 1871, art. 14 (Saint-Amand, 10 mai 1894, 8557 R. P.).

508-542-545-546. Mutation secrète d'immeuble. — Vente réalisée par acte authentique. — Acte s. s. p. d'une date antérieure et non enregistré. — Différence dans l'indication du prix. — Supplément de droit simple. — Droits en sus. — Dissimulation. — Amende du quart. — L'acte s. s. p. par lequel un copropriétaire d'immeuble vend seul cet immeuble en garantissant le fait des autres intéressés et stipule, de la part de l'acquéreur, l'entrée en jouissance immédiate et le paiement des contributions, devient sujet à l'enregistrement dans les trois mois de sa date, et donne, par lui-même, ouverture au droit proportionnel de mutation. Si donc une vente consentie dans ces termes et tenue secrète a été réalisée plus de trois mois après par un acte authentique, moyennant un prix inférieur à celui stipulé dans la première convention, il y a lieu d'exiger, lors de la découverte de l'acte s. s. p. effectuée après l'enregistrement de la vente notariée, outre le droit simple et les droits en sus sur le prix résultant de l'acte non présenté à la formalité, déduction faite du droit simple acquitté sur l'acte public, une amende égale au quart de la somme dissimulée dans ce dernier contrat (Bagnères, 13 fév. 1893, 8561 R. P.).

555. Renonciation après acceptation. — Immeubles. — Droit de mutation. — Si, après une renonciation postérieure à l'acceptation, le cohéritier du renonçant prend possession des droits héréditaires appartenant à ce dernier, ce fait renferme la preuve d'une mutation entre vifs réalisée du renonçant au profit du cohéritier acceptant, et autorise l'Administration, quand la mutation porte sur des immeubles, à réclamer des droits exigibles (Saint-Claude, 27 fév. 1896, 8834 R. P.).

576. Rétrocession secrète. — Immeubles saisis. — Adjudication. — Partage. — Baux. — Rôles des contributions. — Lorsqu'à la suite de l'adjudication d'un immeuble frappée d'une surenchère qui n'a pas été suivie de revente et que tous les intéressés ont annulée d'un commun accord, les anciens possesseurs ont continué à être inscrits à la matrice cadastrale et au rôle de la contribution comme propriétaires de l'immeuble adjugé à un tiers et à acquitter l'impôt foncier et ont, en outre, loué cet immeuble par des baux écrits ou des locations verbales déclarées et l'ont compris dans un partage judiciaire poursuivi entre eux, il y a présomption légale qu'ils sont redevenus propriétaires, verbalement ou par un acte tenu secret, de l'immeuble dont ils avaient été dépossédés. L'Administration est, par suite, fondée à poursuivre contre eux, à défaut de déclaration de cette rétrocession au bureau de l'enregistrement dans le délai légal ou de présentation à la formalité de l'acte qui la constate, le paiement des droits simples et en sus auxquels la mutation donne ouverture (Grasse, 10 avr. 1899, 9574 R. P.).

577. Rétrocession secrète. — Preuve contraire. — La présomption de rétrocession, résultant de la revente

438. Revendication par une personne interposée de biens précédemment occupés par une congrégation dissoute. Jugement de débouté. Droit de mutation non exigible. — L'art. 17 L. 1er juillet 1901 a édicté contre les propriétaires apparents des biens détenus par les congrégations déclarées illicites une présomption d'interposition de personnes qu'ils n'ont été autorisés à détruire, par la preuve contraire, qu'au moyen d'une instance en revendication faite devant les tribunaux compétents. Ces prescriptions ont eu pour effet d'enlever aux propriétaires apparents des biens détenus par les congrégations la propriété desdits biens et d'en transférer au liquidateur la possession légale. — Par conséquent, le jugement qui déboute le propriétaire apparent de son action en revendication ne change pas la situation juridique des parties et ne fait que consacrer la dépossession dont le prête-nom avait été l'objet par le seul effet de la loi. Ce jugement, dès lors, ne peut donner ouverture au droit de mutation, puisque la translation de propriété est la conséquence de la loi (Lille, 5 avril 1905, 11572 R. P.; Auxerre, 27 mars 1907, 11573 R. P.).

466. Considérants d'un jugement. — L'Administration ne peut se fonder sur les considérants d'un jugement pour conclure à l'existence d'une mutation secrète de propriété d'immeuble, quand cette mutation n'y a été relatée que d'une façon incidente et qu'elle ne touchait pas directement au litige (Rochefort, 2 mars 1905, 11038 R. P.).

490. Acquisition en commun sans assignation de parts. — Répartition inégale des biens acquis. Droit de mutation. — Lorsque deux personnes ont acheté conjointement, sans détermination de part, un immeuble et le cheptel y attaché, elles sont censées avoir fait l'acquisition chacune pour moitié; par conséquent, l'acte ultérieur dans lequel elles reconnaissent que l'immeuble et le cheptel leur appartiennent dans des proportions différentes, emporte mutation, au profit de celle qui est déclarée attributaire de la plus forte part, de tout ce qui excède la moitié (Lyon, 1er mars 1906, 11333 R. P.).

495. Abandon de jouissance par l'acquéreur d'un immeuble au profit de ses père et mère, et stipulation que si, au décès de ces derniers, l'immeuble n'avait pas été aliéné, il serait vendu et le prix partagé entre l'acquéreur et ses frères et sœurs. Mutation secrète en ce qui concerne l'usufruit, mais non en ce qui concerne la nue propriété. — L'acte s. s. p. aux termes duquel un enfant, adjudicataire d'un immeuble saisi sur ses père et mère, s'engage à laisser ces derniers jouir dudit immeuble, à la condition qu'ils supportent toutes les charges et qu'en échange de cet abandon d'usufruit, il se trouve, quant à lui, complètement indemnisé, constitue une cession d'usufruit nettement caractérisée. Mais la stipulation du même acte portant que si, après le décès des père et mère, l'immeuble n'avait pas été réalisé, l'enfant acquéreur le vendrait et en partagerait le prix avec ses frères et sœurs par portions égales, ne saurait être considérée comme impliquant une mutation de la nue propriété au profit des frères et sœurs; il ne peut, en effet, en résulter pour ceux-ci qu'un droit personnel à l'encontre de leur cohéritier adjudicataire, à l'exclusion de tout droit réel sur l'immeuble (Seine, 3 mars 1905, 11059 R. P.).

583 à 585. Actes de société. — *Conf.* — Tours, 16 mars 1907, 11611 R. P.

603 et 604. Acquisition pour le compte d'une société en formation. Stipulation pour autrui. Apport à la société de la promesse de vente. — D'après les principes qui régissent les stipulations pour autrui (art. 1121 et 1121 C. civ.), une promesse d'acquisition peut être contractée pour le compte d'une société en formation. Par conséquent, lorsque les fondateurs d'une société font apport d'une promesse de cette nature et que l'acquisition est ultérieurement réalisée au profit de la société, il ne s'opère pas deux mutations successives, l'une du vendeur originaire aux fondateurs, l'autre de ceux-ci à la société; il n'y a qu'une mutation unique entre le vendeur et la société, celle-ci ne faisant que ratifier l'engagement pris en son nom (Rouen, 27 fév. 1902, 10541 R. P.).

619. Preuve. Décisions judiciaires ordonnant la réalisation d'une promesse de vente faite par l'acquéreur à un tiers. — Une mutation d'immeubles est suffisamment établie, au regard de l'Administration, par les énonciations d'un jugement de première instance et d'un arrêt de cour d'appel enjoignant à l'acquéreur de réaliser la promesse de vente de ces biens qu'il a consentie à un tiers (Pithiviers, 26 juin 1902, R. P. 10545).

651. Location d'un établissement municipal de bains de mer. Cession par le concessionnaire à un tiers. Clientèle. Mutation de jouissance, et non de propriété. L. 28 fév. 1872 non applicable. — Les dispositions de la L. 28 fév. 1872 ne s'appliquent qu'aux mutations de *propriété* de fonds de commerce et de clientèle. Par suite, la cession du bénéfice de son contrat que le locataire d'un établissement municipal de bains de mer consent à un tiers, ne donne ouverture qu'au droit de 0 fr. 20 p. 100 pour cession de bail, et non pas au droit de 2 fr. p. 100 pour mutation de clientèle, s'il résulte des actes et de faits constants que la ville s'est réservé la *propriété* de la clientèle attachée à l'établissement; le concessionnaire n'a pu, en effet, dans ces conditions, que céder la *jouissance* de l'exploitation, mais non la *propriété* (Boulogne-sur-Mer, 19 déc. 1903, 10609 R. P.).

659. Faillite. — Résolution judiciaire d'une vente de fonds de commerce. — Rétrocession. Droit de 2 p. 100 à l'exclusion du tarif réduit de 0,50 p. 100. — Le jugement portant, à l'encontre d'un failli, résolution d'une vente de fonds de commerce pour défaut de paiement du prix, après une rétrocession passible du droit de 2 p. 100, à l'exclusion du tarif réduit de 0,50 p. 100, est applicable aux ventes d'effets mobiliers dépendant d'une faillite (Seine, 4 janv. 1907, 11512 R. P.).

655. Marchandises. Cession. Actes distincts. — V. *Infra*, nº 1xx.
Établissement industriel. Apport en société. Cession corrélative des marchandises. L. 28 fév. 1872. — Tombe sous l'application de la L. 28 fév. 1872 la vente à une société des marchandises et matières premières dépendant d'un établissement industriel, quand elle a lieu en même temps que l'apport de l'établissement fait à la société (Lille, 3 août 1905, 11306 R. P.).

660. Société. Dissolution. — Fonds de commerce. — Attribution. — *Conf.* Marseille, 19 mars 1907, 11600 R. P.).

663. *Fonds de commerce situé à l'étranger. Vente par acte public passé en France ou en Algérie. Marchandises neuves. Application du tarif de 0 fr. 50 p. 100 (0 fr. 25 p. 100 en Algérie).* — Les marchandises neuves comprises dans la vente, par acte public passé en France ou en Algérie, d'un fonds de commerce situé à l'étranger, bénéficient, comme les *marchandises neuves* qui dépendent de fonds de commerce situés sur le territoire français, du tarif réduit de 0 fr. 50 p. 100 établi par l'art. 7 L. 28 fév. 1872 (0 fr. 25 p. 100 en Algérie), lorsqu'elles sont détaillées et estimées article par article et qu'il est stipulé pour elles un prix particulier (Bône, 31 mars 1903, 10301 R. P.).
Établissement commercial situé en France. — Entreprise exploitée tant en France qu'à l'étranger. — L'acte de cession d'un établissement commercial situé en *France* est passible du droit de 2 p. 100, alors même que cet établissement appartiendrait à des étrangers et dépendrait d'une entreprise exploitée tant à l'étranger qu'en France (Reims, 28 janv. 1907, 11613 R. P.).

d'un immeuble par le précédent propriétaire, n'est pas absolue et cède à la preuve contraire; les tribunaux peuvent, notamment, écarter cette présomption lorsque la revente d'où elle se déduit a eu lieu contre le gré et malgré l'opposition du possesseur actuel (Cosne, 3 avr. 1890, 7362 R. P.).

645. Fonds de commerce. — Cession parfaite. — L'entrée en jouissance n'étant qu'une disposition accessoire du contrat de vente, la convention est parfaite dès qu'il y a accord sur la chose et le prix. D'autre part, lorsque le prix se compose de deux éléments, l'un certain et définitif, l'autre éventuel, mais à régler sur des bases prévues et déterminées, on ne saurait contester qu'il y a accord sur le prix. C'est donc à juste titre que le droit de mutation de fonds de commerce a été perçu sur une convention par laquelle le propriétaire d'un cabinet d'affaires a cédé son cabinet moyennant un prix principal payable le jour même de l'entrée en jouissance, et la moitié des bénéfices qui seront réalisés pendant les deux premières années, avec garantie d'un minimum (Seine, 7 août 1897, 9221 R. P.).

L'acte s. s. p., qui a pour objet de régler la mutation à titre onéreux d'un fonds de commerce, doit, sous peine des droits en sus, être enregistré dans les trois mois de sa date, lorsqu'il présente la forme d'un écrit constatant les conventions des parties. Il importe peu qu'il soit annulable quant au fond, et qu'à la suite de poursuites correctionnelles intentées contre le vendeur, ce dernier ait consenti, à titre de transaction amiable, à réduire le prix du fonds et des marchandises. La transaction, qui ne peut produire les effets d'une décision judiciaire, n'exerce aucune influence sur la perception à laquelle donne ouverture l'acte primitif (Seine, 2 avril 1895, 8838 R. P.).

649. Fonds de commerce. — Mutation à titre gratuit. — Les présomptions de mutation autorisées par la loi du 28 fév. 1872, en matière de cession de fonds de commerce, ne concernent que les transmissions à titre onéreux, et sont étrangères aux cessions qui procèdent d'une donation. En conséquence, ces présomptions sont inefficaces, lorsque les parties, poursuivies en payement du droit, déclarent que la transmission présumée a eu lieu, à titre gratuit, sans que l'Administration soit en mesure de prouver l'inexactitude de cette déclaration (Dieppe, 18 déc. 1890, 7615 R. P. ; — Seine, 22 juill. 1893, 8166 R. P.).

Décidé, en sens contraire, que lorsque l'Administration a établi l'existence d'une mutation de fonds de commerce, c'est aux parties qui excipent du caractère gratuit de la transmission à prouver cette allégation (Saint-Dié, 26 juill. 1895, 8721 R. P. ; — Villefranche, 1er avr. 1898, 9486 R. P. ; — Seine, 2 déc. 1899, 9861 R. P.).

653. Fonds de commerce. — Faillite. — Matériel et marchandises. — Vente d'objets mobiliers et non-transmission du fonds. — Droit de 0 fr. 50 p. 100. — Enregistrement non obligatoire. — Lorsque le syndic d'une faillite, judiciairement autorisé à vendre le mobilier et les marchandises dépendant de la faillite, les cède à un tiers, la cession ne saurait être considérée comme ayant eu, en outre, pour objet la valeur de la clientèle, c'est-à-dire le fonds de commerce lui-même exploité par le failli, bien que l'acquéreur ait été inscrit au rôle de la patente à la place de ce dernier. Une telle convention n'est pas soumise à l'enregistrement dans un délai déterminé, et elle n'est tarifée qu'au droit de 0 fr. 50 p. 100 établi par l'art. 12 L. 24 mai 1834 (Bordeaux, 1er août 1898, 9488 R. P.).

657. Fonds de commerce. — Société. — Apport onéreux. — Droit au bail. — Tarif de 2 fr. p. 100. — V. *Société*, nº 244.

660. Société. — Dissolution. — Fonds de commerce. — Attribution. — Si, lors de la dissolution et de la liquidation d'une société, la propriété d'un fonds de commerce apporté est attribuée à un associé autre que l'ancien propriétaire, le droit proportionnel, demeuré en suspens tant que durerait la société, devient exigible (Seine, 15 juin 1900, 9869 R. P.).

662 *bis*. Société. — Dissolution. — Fonds de commerce : clientèle, matériel, marchandises neuves. — Cession. — Apport. — Droit dû sur les marchandises. — Quand, à la dissolution d'une société formée entre deux associés, l'un des associés, usant de la faculté que lui confèrent les statuts, déclare conserver, — à charge de payer le prix stipulé dans le pacte social — la clientèle, le matériel et les marchandises apportés par son coassocié, le droit de cession est dû même sur la portion du prix applicable aux marchandises existant au jour de la dissolution et qui sont censées représenter celles qui avaient fait l'objet de l'apport (Lille, 23 nov. 1899, 9873 R. P.).

666. Établissement industriel situé en France. — Société venderesse ayant son siège à l'étranger. — Pour savoir si un fonds de commerce est situé à l'étranger ou en France, il y a lieu d'envisager seulement la situation réelle de ce fonds, pris en lui-même et dans les éléments qui le constituent exclusivement, abstraction faite du statut personnel de ceux qui l'exploitent. — Spécialement, un fonds de commerce, bien qu'appartenant à une société ayant son siège à l'étranger, doit être considéré comme situé en France, lorsque les immeubles et le matériel d'exploitation qui en dépendent sont situés en France, lorsque tout l'actif commercial est en France, et que, pour assurer à la marque de fabrique la protection de la loi française, la société, propriétaire du fonds, s'est bornée à faire le dépôt de la marque de fabrique au seul greffe du tribunal français de la situation des biens. En vertu du principe de la territorialité de l'impôt, la mutation du fonds dont il s'agit est, dès lors, réglée par la loi française (Pontarlier, 26 nov. 1889; — Cass. 9 nov. 1891, 7741 et 7974-23 R. P.).

671. Fonds de commerce. — Éléments constitutifs. — Usine. — Bail. — Quand l'ancien propriétaire du fonds de commerce a loué au nouveau l'usine servant à fabriquer les marchandises dont la vente est assurée par l'exploitation même du fonds, on ne saurait soutenir que la location comprend à la fois l'usine et le fonds de commerce, s'il est établi, en fait, que ces deux éléments sont complètement distincts, le fonds de commerce possédant son individualité propre et l'usine ne constituant que l'instrument de production et le lieu où se fabriquent les produits vendus par l'établissement commercial (Villefranche, 1er avr. 1898, 9486 R. P.).

673. Clientèle civile. — Cession par actes séparés de la clientèle et du matériel. — Enregistrement obligatoire des deux actes. — Lorsque, par contrat authentique, le cessionnaire de la clientèle civile attachée à un établissement industriel, acquiert, aux termes d'un autre acte s. s. p. passé le même jour, le matériel et le privilège d'exploitation qui font partie intégrante de cette clientèle, ce second acte doit être enregistré dans les trois mois de sa date, sous peine des droits en sus, conf. à l'art. 8 L. 28 fév. 1872 (Bordeaux, 7 août 1889, 7436 R. P.).

677. Fonds de commerce. — Cabinet d'affaires. — La mutation à titre onéreux d'un cabinet d'affaires tombe sous l'application de la L. 28 fév. 1872. Elle doit être déclarée ou l'acte qui la constate doit être enregistré dans le délai fixé par l'art. 8 de cette loi, à peine d'un droit en sus à la charge personnelle de chacun des cédant et cessionnaire (Avesnes, 21 mai 1896, 8996 R. P.).

679 *bis*. Fonds de commerce. — Brevet d'invention. — Élément constitutif du fonds. — Exigibilité du droit. — Lorsqu'une cession de fonds de commerce comprend, indépendamment du matériel, du droit au bail, de la clientèle et de l'achalandage, des commandes et marchés en cours d'exécution, le droit d'exploiter un brevet d'invention, ce droit fait nécessairement partie intégrante du fonds de commerce, et le prix de la cession s'applique, nécessairement aussi, à celui de la licence. En conséquence, le droit de mutation est dû, en exécution de l'art. 7 L. 28 fév. 1872, sur l'ensemble du prix, sans qu'il y ait lieu de distinguer entre une fraction de ce prix qui serait afférente à la licence et une fraction applicable aux autres éléments de la cession (Cass. 12 juill. 1897. — *Contrà* : Seine, 4 août 1893, 9036 et 9375-5 R. P.).

687. Nom commercial. — Achalandage. — Constitue une cession d'achalandage ou de clientèle la convention par laquelle le fondateur d'une société anonyme transmet, à titre onéreux, à cette société, la pleine propriété du titre d'un indicateur qu'il a créé (Lyon, 27 mai 1898, 9487 R. P.).

Marque de fabrique. — Usage. — Renonciation. — Ne constitue pas une cession de clientèle passible du droit de 2 p. 100 en vertu L. 28 fév. 1872 la transaction par laquelle un industriel renonce, moyennant une somme d'argent qui lui est payée par un concurrent, à faire usage d'une marque de fabrique, s'il résulte des circonstances de fait que la suppression de cette marque de fabrique ne peut avoir pour objet et pour effet que d'éviter la confusion entre produits similaires sans opérer de déplacement de clientèle entre les parties contractantes (Grenoble, 26 fév. 1902, 10252 R. P.).

689-690. Débit de tabac. — Gérance. — Dans la première partie du *Rép. gén.*, au lieu de Sol. 24 sept. 1885, lire : Sol. 24 sept. 1889, 7508 R. P.

Si l'acte stipule un prix unique pour l'ensemble de l'exploitation qui comprenait un fonds et une gérance de débit de tabac, l'impôt est dû au taux de 2 fr. p. 100 sur la totalité du prix. Quant aux marchandises neuves, il convient d'appliquer le taux de 0 fr. 50 p. 100, étant observé que la cession des tabacs, timbres et autres articles de régie n'est passible d'aucun droit (Sol. 21 juill. 1898, 10032 R. P.).

Si un débit de tabac ne peut pas être considéré comme un fonds de commerce, tombant sous l'application de la L. 28 fév. 1872, la gérance n'en constitue pas moins une propriété mobilière de nature spéciale, susceptible de transmission. En conséquence, lorsque la cession à titre onéreux de cette gérance est constatée dans un acte soumis à l'enregistrement, elle donne ouverture au droit de 2 fr. p. 100 (L. frim. art. 69, § 5, n° 1), sans qu'il y ait à se préoccuper de savoir si la cession ne peut avoir lieu qu'avec l'autorisation du titulaire du débit et avec l'agrément de l'État. Les parties ne sont pas d'ailleurs fondées à prétendre que la gérance n'est que l'accessoire d'un fonds de commerce de vins et liqueurs, transmis en même temps qu'elle, et que par suite la cession constitue, de ce chef, un acte de commerce passible du seul droit fixe (L. 11 juin 1859, art. 22; Seine, 25 janv. 1902, 10140 R. P.).

693. Réassurance. — Cession de portefeuille. — L'acte qualifié réassurance, par lequel une compagnie d'assurances à primes est substituée dans tous les droits et dans toutes les obligations d'une autre compagnie similaire vis-à-vis de ses assurés, constitue une véritable cession de portefeuille, c'est-à-dire une cession de clientèle ou de fonds de commerce (Seine, 22 juill. 1893, 8166 R. P.; — 5 juill. 1902, 10349 R. P.).

C'est vainement que les parties soutiendraient qu'en admettant même qu'il y ait cession de clientèle, aucun prix n'a été stipulé pour cette cession, et que la somme, portée au contrat, s'applique aux assurances considérées comme marchandises. Les contrats, qui constituent le portefeuille d'une compagnie d'assurances, représentent, en effet, son achalandage et ne sauraient être assimilés à des marchandises. Par conséquent, le droit est dû, au taux de 2 fr. p. 100, sur la somme, indiquée au contrat, qui forme le prix principal de la cession. Il doit, en outre, être liquidé sur l'évaluation estimative des charges accessoires, qui se résument dans le risque complémentaire provenant de l'obligation, prise par la compagnie cessionnaire, de payer tous les sinistres, même ceux garantis par les primes échues antérieurement à la cession. C'est également en vain que les parties prétendraient que le prix, dans son ensemble, serait actuellement indéterminé, et qu'il résulterait d'une balance à faire, après l'expiration de la dernière police cédée, balance dans laquelle entreraient, d'une part, les primes reçues, d'autre part la somme versée à la compagnie cédante et les sinistres réglés. Une telle prétention serait en contradiction avec la réalité des faits, et confondrait les risques résultant de l'acquisition opérée par la compagnie cessionnaire avec le prix même de cette acquisition (Seine, 5 juill. 1902, précité).

698. Cession de fonds de commerce sans droit au bail. — L. 28 fév. 1872 applicable. — Si le droit au bail constitue un des éléments d'un fonds de commerce, on ne saurait, cependant, soutenir que la cession du fonds

679 *bis*. Fonds de commerce. Établissement créé pour l'exploitation d'un brevet d'invention. Cession. Licence d'exploiter le brevet. Universalité juridique. Exigibilité du droit de 2 fr. p. 100 sur le prix total. — Lorsqu'un fonds de commerce a été créé pour l'exploitation d'un brevet d'invention, le droit d'exploiter ce brevet fait nécessairement partie intégrante de l'universalité juridique qui constitue le fonds de commerce, puisque, sans cette licence, l'exploitation du fonds serait, en fait, impossible. En conséquence, l'apport à titre onéreux fait à une société du droit d'exploiter le brevet ainsi que du fonds de commerce créé pour cette exploitation donne ouverture, sur la totalité du prix, au droit de mutation établi par l'art. 7 L. 28 fév. 1872, sans qu'il y ait lieu de distinguer entre la fraction de ce prix qui serait afférente à la licence et celle qui serait applicable au surplus des biens apportés. La licence du brevet ne pourrait, d'ailleurs, bénéficier du tarif de 3 fr. comme acte de commerce, en vertu de la L. 11 juin 1859, si elle est constatée dans des délibérations dont les procès-verbaux ont été déposés aux minutes d'un notaire, puisqu'il a été ainsi fait usage de ces délibérations par un acte public (Lyon, [illegible] 1903, 10085 R. P.).

Société. Apport d'un fonds de commerce présenté comme pur et simple. Paiement du passif par la société. Présomptions. Droit de mutation [illegible]. — V. Société, n° 367.

689. Fonds de commerce. Vins et liqueurs. Gérance de débit de tabac. Prix spécial pour cette gérance. Exigibilité du droit proportionnel de 2 fr. p. 100. — Si un débit de tabac ne peut pas être considéré comme un fonds de commerce tombant sous l'application de la L. 28 fév. 1872, la gérance n'en constitue pas moins une propriété mobilière de nature spéciale, susceptible de transmission. En conséquence, lorsque la cession à titre onéreux de cette gérance est constatée dans un acte soumis à l'enregistrement, elle donne ouverture au droit de 2 fr. p. 100 (L. frim., art. 69, § 5, n° 1; Seine, 25 janv. 1902, 10140 R. P.; — Cass. req. 13 mars 1905, 10930 R. P.).

693. Réassurance. Cession de portefeuille. — *Conf.* (Cass. [illegible], 3 juill. 1905, 11027 R. P.).

703. Fonds de commerce. Apport en société. Cession corrélative des marchandises. L. 28 fév. 1872. — Lorsqu'un fonds de commerce a été apporté à une société purement et simplement et que, par une seconde convention corrélative à la première et s'y rattachant, l'apporteur de ce fonds cède les marchandises qui en dépendent à la même société moyennant un prix déterminé, les deux contrats concourent à la réalisation d'une transmission unique des divers éléments composant le fonds de commerce, au moyen d'un apport en société qui a le caractère onéreux quant aux marchandises. L'acte qui constate la cession de ces marchandises est, en conséquence, obligatoirement soumis à la formalité de l'enregistrement en vertu des dispositions de la L. 28 fév. 1872 (Seine, 15 juin 1901; Lille, 26 mars 1903, 10502 R. P.).

Fonds de commerce. Dation en nantissement. Réalisation de gage sans l'accomplissement des formalités prescrites par la L. 23 mai 1858 et le décret du 12 mars 1859. Exigibilité du droit de 2 p. 100, à l'exclusion de celui de 0,10 p. 100. — V. *Adjudication*, 420.

Apport en société d'un fonds de commerce. Cession corrélative des marchandises. Application de la L. 28 fév. 1872. Ville de Paris. Taxe municipale. — La vente à une société des marchandises dépendant d'un fonds de commerce, quand elle a lieu simultanément avec l'apport pur et simple du fonds fait à la société, tombe sous l'application de la L. 28 fév. 1872. Par voie de conséquence, si le fonds est exploité à Paris, cette vente est également passible de la taxe municipale établie par la L. 31 déc. 1900 (Seine, 13 mai 1904, 10703 R. P.).

704. Compagnie d'assurances. Cession de portefeuille. Taxe municipale à Paris. Bases de la perception. — La taxe municipale établie par la L. 31 déc. 1900 est due sur l'intégralité du prix de la cession de portefeuille consentie par une compagnie d'assurances à primes fixes ayant son siège à Paris, et non pas seulement sur la portion de ce prix applicable à la clientèle parisienne, — la clientèle formant un tout indivisible, alors surtout que les représentants établis en province ne sont que des agents de transmission et n'ont qualité pour signer les contrats qu'après approbation par l'Administration centrale (Cass. (req.), 3 juill. 1905, 11027 R. P.).

Fonds de commerce exploité à Paris au moment de la vente. Taxe municipale. — La taxe municipale perçue au profit de la ville de Paris en remplacement des droits d'octroi sur les boissons hygiéniques (L. 31 déc. 1900) frappe les cessions de fonds de commerce situés à Paris au moment de la vente, sans distinction entre ceux qui sont destinés à y rester et ceux qui doivent être transportés dans une autre localité (Ambert, 7 juin 1906, 11650 R. P.).

Fonds de commerce. Marchandises neuves. Défaut d'évaluation détaillée. Production d'un état estimatif ultérieur non admissible. Tarif ordinaire. Taxe municipale au profit de la ville de Paris. Clientèle, matériel et marchandises. Assiette de la perception. — Pour que les marchandises neuves comprises dans une cession de fonds de commerce puissent bénéficier du tarif réduit de 0 fr. 50 p. 100, il est indispensable non seulement qu'il soit stipulé pour elles un prix particulier, mais encore qu'elles soient désignées et estimées article par article dans le contrat ou la déclaration; il ne peut être suppléé à cette seconde condition par la production d'un état estimatif dressé postérieurement à la rédaction et à l'enregistrement de l'acte de vente. — La taxe municipale perçue au profit de la Ville de Paris en remplacement des droits d'octroi sur les boissons hygiéniques (L. 31 déc. 1900) frappe les cessions de fonds de commerce exploités ou établis à Paris, sans qu'il y ait lieu de faire de distinction entre la clientèle locale et la clientèle extérieure qui se recrute par correspondance, par voyageurs ou par agences, l'achalandage d'une maison de commerce formant un ensemble juridique unique et indivisible. Toutefois, à raison de sa nature spéciale d'impôt communal et de remplacement, elle ne saurait atteindre les marchandises et le matériel dont l'assiette matérielle se trouve en dehors des limites territoriales de Paris (Seine, 4 avril 1905, 10978 R. P.).

709. Fonds de commerce. Bail. Cession. Périodes. Majoration des loyers. Droit de 2 fr. p. 100. Fractionnement. — Lorsque la cession du droit au bail stipulée dans une vente de fonds de commerce est faite à charge par le cessionnaire de payer au cédant une location plus forte que celle dont ce dernier est tenu envers son propre bailleur, la différence constitue le prix de la cession du droit au bail et donne ouverture au droit de 2 fr. p. 100, à l'exclusion du droit de 0 fr. 20 p. 100 dû seulement sur le montant des loyers à payer au bailleur primitif. Mais ce droit ne doit être liquidé que sur la majoration de loyers afférente à la première période si la cession du droit au bail a été consentie pour 3, 3, 6, 9 ou 12 ans à la volonté de l'acquéreur, ce dernier n'étant engagé d'une façon ferme que pour les deux premières années (Cherbourg, 19 mai 1904, 10851 R. P.).

714. Société. Dissolution. Fonds de commerce. Taxe municipale au profit de la Ville de Paris. — V. *Société*, n° 200.

Marchandises neuves. Défaut d'évaluation détaillée. Déclaration détaillée et estimative ultérieure non admissible. — Pour que les marchandises neuves comprises dans une cession de fonds de commerce puissent bénéficier du tarif de 0 fr. 50 p. 100 (et, à Paris, de la taxe municipale réduite de 0 fr. 32 p. 100), il est indispensable, non seulement qu'il ait été stipulé pour elles un prix particulier, mais encore qu'elles aient été désignées et estimées article par article dans le contrat ou la déclaration; il ne peut être suppléé à cette seconde condition par une déclaration détaillée et estimative ultérieure (Seine, 13 mai 1905, 10793 R. P.).

échappe aux dispositions de la loi du 28 fév. 1872, par cela seul qu'elle n'est pas accompagnée de la cession du droit au bail (Seine, 13 fév. 1896, 8725 R. P.).

703. Fonds de commerce. — Usine, marchandises, approvisionnements. — Simultanéité des cessions. — Preuve. — La cession de marchandises et d'approvisionnements dépendant d'un fonds de commerce n'est obligatoirement assujettie à l'impôt, par application L. 28 fév. 1872, que lorsqu'elle est corrélative à la cession du fonds de commerce lui-même. Spécialement, quand il est établi qu'une société, après avoir acheté une usine, a également acquis les marchandises et approvisionnements qui en dépendent, il faut, pour justifier la réclamation des droits sur les marchandises et approvisionnements, que l'Administration démontre que les deux cessions ont été concomitantes.

La simultanéité ne saurait résulter de ce seul fait que l'acquisition des marchandises a été prévue tant dans les statuts de la société que dans une délibération de l'assemblée générale des actionnaires, alors que l'ancien propriétaire ne figure pas au nombre de ces derniers et qu'on ne peut lui opposer aucun engagement de vendre contracté envers la société (Nantes, 22 fév. 1897, 9144 R. P.).

Lorsqu'une société, après avoir acheté par acte notarié une usine et ses dépendances, acquiert, par actes s. s. p., le matériel de l'usine et les marchandises et approvisionnements, l'Administration est fondée à soutenir que les cessions sont concomitantes. — En conséquence, l'acte relatif à la transmission des marchandises donne ouverture au droit de 0 fr. 50 p. 100, à l'exclusion du droit fixe de 3 fr. applicable aux actes de commerce, et il doit être soumis obligatoirement à l'enregistrement, dans le délai légal (3 mois par l'acquéreur, 4 mois pour le vendeur), à partir de la date à laquelle a eu lieu la prise de possession de l'usine (Seine, 26 nov. 1897, 9200 R. P.).

703 *bis*. Fonds de commerce. — Maison de tolérance. — Droit de mutation exigible. — La seule existence des actes suffit pour donner ouverture au droit d'enregistrement, même dans le cas où ces actes pourraient être annulés pour un vice absolu et d'ordre public. En conséquence, est passible du droit proportionnel l'acte constatant la cession d'un fonds de commerce, alors même qu'il mentionnerait qu'il s'agit d'une maison de tolérance (Seine, 6 juill. 1900, 9931 R. P.).

704. Fonds de commerce. — Clientèle. — Ville de Paris. — Surtaxe. — Une L. 31 déc. 1900 (9983 R. P. — V. *C. des Lois*) a établi une surtaxe de 1 fr. 25 p. 100 pour les mutations de propriété à titre onéreux de fonds de commerce ou de clientèles établis sur le territoire de la commune de Paris.

Spécialement, lorsqu'une compagnie d'assurances, qui a son siège à Paris, cède son portefeuille, la taxe municipale établie par la L. 31 déc. 1900 est due sur l'intégralité du prix de la cession, et non pas seulement sur la portion de ce prix, applicable à la clientèle parisienne (Seine, 5 juill. 1902, 10349 R. P.).

705. Fonds de commerce. — Droits exigibles. — Somme arbitrée d'office. — En matière de cession verbale de fonds de commerce, l'Administration est fondée à arbitrer d'office le montant des droits exigibles, sauf aux parties à fournir les justifications qui sont à leur disposition (Villefranche, 1er avril 1898, 9486 R. P.).

Compagnie d'assurances. — Cession de portefeuille. — Prix ou valeur. — V. n° 603 *supra*.

709. Fonds de commerce. — Bail. — Cession. — Majoration des loyers. — Droit de 2 fr. p. 100. — Lorsque, en même temps que la cession d'un fonds de commerce, s'opère la cession du bail des locaux où s'exploite ce fonds, et que le cédant impose au cessionnaire une majoration des loyers à courir, cette bonification donne ouverture au droit de 2 fr. p. 100, à l'exclusion du droit de 0 fr. 20 p. 100 dû sur les loyers à payer au bailleur primitif. Le droit de 2 fr. p. 100, afférent à la bonification dont il s'agit, est exigible, non seulement lors de la première cession du bail, mais encore sur toutes les cessions successives qui sont concomitantes à la vente du fonds (Seine, 20 juill. 1898, 9489 R. P.).

714. Marchandises neuves. — Tarif. — Ville de Paris. — Surtaxe. — Une L. 31 déc. 1900 (9983 R. P. — V. *Code des Lois*) a établi une surtaxe de 0 fr. 32 p. 100 pour les cessions de marchandises neuves garnissant les fonds de commerce situés sur le territoire de la commune de Paris, lorsque le droit d'enregistrement proprement dit n'est dû qu'au taux de 0 fr. 50 p. 100.

716. Marchandises neuves. — Evaluation détaillée. — Prix particulier. — La disposition de l'art. 7 L. 28 fév. 1872, qui réduit au tarif de 0 fr. 50 p. 100 le droit à percevoir sur les cessions de marchandises neuves garnissant un fonds de commerce ou de clientèle, à condition qu'il soit stipulé pour elles un prix particulier et qu'elles soient désignées et estimées article par article dans le contrat, est conçue en termes absolus et ne comporte aucune restriction (Lyon, 27 mai 1898, 9487 R. P.).

A défaut d'une évaluation détaillée des marchandises, le droit est dû au taux de 2 fr. p. 100 (Seine, 2 avr. 1895, 8838 R. P.; — Montauban, 12 août 1898, 9550 R. P.; — Vassy, 10 août 1898, 9552 R. P.; — Lille, 23 nov. 1899, 9873 R. P.).

716 *bis*. Marchandises neuves. — Référence au détail estimatif. — En matière de cession de fonds de commerce, l'absence de stipulation d'un prix particulier pour les marchandises neuves ne met pas obstacle à l'application du tarif réduit de 0 fr. 50 p. 100, dès lors que les parties se sont implicitement référées, pour la fixation de ce prix, à l'évaluation distincte assignée à ces marchandises neuves dans le contrat (Mayenne, 13 nov. 1890, 7377 R. P.).

718. Marchandises neuves. — Inventaire dressé antérieurement. — Défaut de concordance. — Tarif ordinaire. — Pour que les marchandises neuves comprises dans une cession de fonds de commerce puissent être assujetties au droit de 0 fr. 50 p. 100, il est indispensable que les parties en fournissent une évaluation détaillée. La référence à un inventaire antérieur ne saurait suffire, alors que les marchandises vendues ne sont plus les mêmes que celles qui ont été inventoriées (Bourgoin, 4 août 1890, 9860 R. P.).

La cession de marchandises neuves consentie par des enfants à leur mère, au prix de l'inventaire dressé après le décès du mari, n'est passible que du droit de 0 fr. 50 p. 100, alors même que le contrat ne contient pas un détail estimatif article par article, si l'inventaire, auquel l'acte de cession se réfère expressément, remplit les conditions requises par la loi de 1872 (Nérac, 22 nov. 1901, 10250 R. P.).

724. Fonds de commerce. — Location de baraques en planches. — Cession du fonds et des baraques. — Prix unique. — Tarif de 0 fr. 50 p. 100 non applicable à la cession des baraques. — Lorsqu'un fonds de commerce a pour objet la location de baraques en planches, ces baraques ne peuvent être considérées comme des marchandises neuves, et leur cession, en même temps que celle du fonds, ne saurait profiter du tarif réduit de 0 fr. 50 p. 100. Il en est surtout ainsi quand aucun prix distinct n'a été fixé pour cette cession (Seine, 5 nov. 1892, 7999 R. P.).

728. Marchandises neuves. — Matières de fabrication. — Sont considérées comme des marchandises neuves, dans le sens de la loi du 28 fév. 1872, les matières destinées à entrer dans la fabrication des produits d'un fonds de commerce, et à être vendues après leur mise en œuvre ou leur transformation (Sol. 10 fév. 1895, 8584 R. P.).

Papeterie. — Charbons, huiles, graisses, bâches, sacs, caoutchouc, pièces de rechange, métaux pour réparations, toiles métalliques, feutres. — Marchandises neuves. — Doivent être considérés comme des marchandises neuves dont la cession est assujettie au tarif de 0 fr. 50 p. 100 établi par l'art. 7 L. 28 fév. 1872, les objets tels que charbons, huiles, graisses, bâches, sacs et caoutchouc, dépendant d'un établissement industriel à usage de papeterie et vendus avec cet établissement. Présentent les mêmes caractères, à l'exclusion de ceux d'immeubles par destination, les pièces de rechange, métaux pour réparations, toiles métalliques et feutres cédés avec la papeterie (Saint-Omer, 27 juill. 1899, 9858 R. P.).

Fûts perdus. — Les fûts neufs dépendant d'un fonds de commerce de négociant en vins, constituent des marchandises neuves au sens de l'art. 7, L. 28 fév. 1872, lorsqu'ils sont destinés à servir à des expéditions à fûts perdus (Nérac, 22 nov. 1901, 10259 R. P.).

740 *bis*. Cession de marchandises corrélative à celle du fonds. — Enregistrement obligatoire. — La mutation des marchandises et approvisionnements d'un fonds de commerce, dès lors qu'elle est corrélative à la cession de ce fonds, est assujettie obligatoirement à l'impôt proportionnel et doit être déclarée dans les trois mois de sa date, à peine des droits en sus. Les parties ont le droit de fournir, lors de leur déclaration, le détail estimatif des marchandises neuves comprises dans la cession, afin de bénéficier du tarif réduit de 0 fr. 50 p. 100 (Draguignan, 29 juill. 1890, 7477 R. P.).

741 *bis*. Fonds de commerce. — Marchandises neuves. — Cession concomitante au bail du fonds. — Lorsque la cession de marchandises neuves dépendant d'un fonds de commerce est concomitante, non pas à la vente, mais au bail seulement de ce fonds, elle ne peut bénéficier du tarif réduit de 0 fr. 50 p. 100, et tombe sous l'application de celui de 2 fr. p. 100 (Rouen, 10 sept. 1890, 7585 R. P.).

743. Bail de fonds de commerce. — Vente de marchandises neuves. — Droit de 2 fr. p. 100. — Lorsque la cession de marchandises neuves dépendant d'un fonds de commerce est concomitante, non pas à la vente, mais seulement au bail de ce fonds, elle ne peut bénéficier du tarif réduit de 0 fr. 50 p. 100, et tombe sous l'application du tarif général de 2 fr. p. 100 (Sol. 11 juin 1894, 8439 R. P.).

Buffet d'une gare. — Marchandises neuves. — Cession. — Tarif ordinaire. — Bien qu'en principe les marchandises neuves constituent, comme le matériel, un élément du fonds de commerce, le tarif réduit de 0 fr. 50 p. 100 établi par la L. 28 fév. 1872 ne profite qu'aux marchandises vendues dans les conditions prévues par cette loi, c'est-à-dire concurremment avec le fonds dont elles font partie. — Spécialement, il ne saurait être appliqué aux marchandises neuves cédées par le gérant du buffet d'une gare à celui qui le remplace dans l'exploitation du buffet, en vertu d'un contrat de location passé avec la compagnie de chemin de fer (Sol. 10 juin 1897, 9286 R. P.; — *Contrà*, Vervins, 23 mars 1899, 9584 R. P.).

748. Compagnie d'assurances. — Réassurance. — Cession de portefeuille. — Délai. — Dans le cas cité *suprà*, n° 693, lorsque la cession a été soumise à la ratification à donner par une assemblée générale des actionnaires de la compagnie cédante, la condition qui, de ce chef, la tenait en suspens, se trouve réalisée par le fait même de la ratification consentie par cette assemblée, et cette ratification, qui rend exigible le droit proportionnel, doit, sous peine d'un droit en sus à la charge de la cédante et de la cessionnaire, être portée à la connaissance de la Régie, dans le délai imparti par la L. 28 fév. 1872 (Seine, 5 juill. 1902, 10349 R. P.).

753. Droit en sus. — Pluralité. — Lorsque rien ne démontre que la cession d'un fonds de commerce a été constatée par écrit, l'Administration ne peut réclamer que le droit en sus à la charge du cédant (Seine, 28 oct. 1898, 9490 R. P.).

Compagnie d'assurances. — Cession de portefeuille. — V. n° 748 *suprà*.

753 *bis*. Droits en sus. — Contrevenant décédé. — Extinction. — Les droits en sus, encourus par suite de mutation verbale non déclarée dans le délai, constituent une peine personnelle aux contrevenants et ne peuvent, par conséquent, être réclamés à leurs héritiers (Cass. 3 avr. 1889, 7302 R. P.).

757. Fonds de commerce. — Droit au bail. — Fonds sans valeur. — Extinction. — Lorsque le propriétaire

[illegible] *bis*. Scierie mécanique. Marchés d'achat de bois restant à exécuter. Obligation pour l'adjudicataire de les continuer. Marchandises neuves. Droit de 0 fr. 50 p. 100. — L'obligation prise par l'adjudicataire d'une scierie mécanique de continuer les marchés d'achat de bois passés par l'ancien propriétaire et qui restent à exécuter [illegible] une mutation à titre onéreux des bois qui font l'objet de ces marchés et qui présentent le caractère de marchandises neuves; elle tombe, par conséquent, sous l'application de l'art. 7 L. 28 fév. 1872 ([illegible], 14 juin 1904, 10839 R. P.).

743. Bail de fonds de commerce. Vente des marchandises neuves. Droit de 2 fr. p. 100. — *Conf.* [illegible], 5 fév. 1903, 10556 R. P.

747 *bis*. Cession de fonds de commerce. Engagement pris par le vendeur de donner son concours à l'acquéreur pendant le temps que celui-ci jugera convenable, moyennant un traitement annuel. Disposition dépendante. — L'engagement pris par le vendeur, dans un acte de cession de fonds de commerce, de donner son concours à l'acquéreur pendant le temps que celui-ci jugera convenable, moyennant un traitement annuel, forme une disposition dépendante de la cession, affranchie comme telle de tout droit particulier, lorsqu'il résulte des circonstances que ce concours constitue un des éléments corrélatifs et nécessaires de la vente en ce qui concerne l'achalandage (Ambert, 7 juin 1905, 11050 R. P.).

748. Compagnies d'assurances. Cession de portefeuille. Ratification par l'assemblée générale. Délai. — *Conf. Cass. req.* 3 juill. 1905, 11027 R. P.

762. Clientèle et achalandage d'un fonds de commerce. Présomptions de fait. — La mutation de la clientèle et de l'achalandage d'un fonds de commerce, dont la preuve est déjà consacrée à l'égard de l'acquéreur par un jugement ayant acquis l'autorité de la chose jugée, peut être établie à l'égard du vendeur au moyen des présomptions de fait de l'art. 1353 C. civ., les présomptions indiquées par l'art. 9 L. 28 fév. 1872 étant purement énonciatives et non limitatives. Spécialement, lorsque l'immeuble où s'exploite un fonds de commerce ainsi que le matériel de ce fonds ont fait l'objet d'un bail de 20 ans, sans qu'aucune précaution ait été prise par le bailleur pour s'assurer la conservation de la clientèle à l'expiration du bail et qu'ultérieurement le preneur a apporté à une société la pleine propriété de cette clientèle, c'est que, dans l'esprit des parties, la clientèle devait suivre une destination distincte de celle des lieux loués et du matériel et qu'elle a été cédée par le bailleur au preneur (Seine, 16 avril 1904, 10894 R. P.).

767. Fonds de commerce. Mutation. Rôle des patentes. Inscription. Payement. — *Conf.* Seine, 4 août 1906, 11330 R. P.; — Tours, 10 janv. 1907, 11585 R. P.

768. Fonds de commerce. Présomptions. Inscription au rôle et payement de l'impôt. Apport en société. — La mutation de la propriété d'un fonds de commerce est suffisamment établie, pour la réclamation du droit d'enregistrement, par les présomptions tirées, d'une part, de l'inscription du nouveau possesseur au rôle de la patente et des payements effectués en vertu de ce rôle; d'autre part, du fait que ce nouveau possesseur a apporté à une société la pleine propriété du fonds (Seine, 27 nov. 1902, 10499 R. P.).

d'un fonds de commerce exploité dans un local occupé à titre de bail, cède son bail à un tiers qui s'engage à lui payer une somme fixe et prend à sa charge la portion des loyers restant à courir, le droit de 2 fr. p. 100 n'est pas exigible s'il résulte des circonstances de la cause que le cessionnaire du bail n'a acheté le fonds de commerce que pour l'éteindre, sans tirer un bénéfice de cette extinction (Seine, 10 juin 1891, 7698 R. P.).

Mais les parties ne peuvent s'exonérer du versement des droits exigibles, en alléguant, sans le prouver, que le fonds n'avait pas de valeur (Seine, 1er déc. 1899, 9861 R. P.).

767. Fonds de commerce. — Mutation. — Rôle des patentes. — Inscription. — Paiement. — La mutation d'un fonds de commerce est suffisamment établie au regard du Trésor, par l'inscription au rôle de la patente du nom du nouveau possesseur et les payements faits en vertu de ces rôles (Seine, 7 nov. 1890, 7397 R. P.).

L'existence d'une mutation de fonds de commerce est suffisamment établie au regard du Trésor par l'inscription au rôle de la patente du nouveau possesseur et des payements faits en vertu de ce rôle, alors même que les marchandises et le matériel dépendant de ce fonds auraient été vendus à des tierces personnes (Seine, 25 oct. 1889, 7399 R. P.).

La rétrocession d'un fonds de commerce est suffisamment établie, au regard du Trésor, tant par la publication faite dans un journal d'annonces que par le rétablissement du nom du précédent possesseur sur le rôle des patentes et par les payements que celui-ci a effectués en conséquence (Seine, 25 oct. 1889, 7416 R. P.).

L'inscription au rôle des patentes et les payements de l'impôt effectués en conséquence cessent de faire présumer légalement l'existence d'une mutation de fonds de commerce au profit du nouvel inscrit, lorsque les circonstances de fait sont de nature à établir que celui-ci a purement et simplement continué, indépendamment de toute cession, l'exploitation du fonds dépendant d'une société antérieurement formée entre lui et un coassocié, et actuellement dissoute (Savlat, 21 déc. 1890, 7628 R. P.).

Lorsque, dans un acte constatant la formation d'une société entre deux frères pour l'exploitation d'un fonds industriel, ceux-ci déclarent faire l'apport, par moitié entre eux, du matériel et des marchandises, alors que ce matériel et ces marchandises avaient été intégralement apportés par leur père seul, dans une société antérieurement constituée avec l'un des nouveaux associés, la déclaration de l'apport fait à la nouvelle société révèle la cession, au profit des associés actuels, du matériel et des marchandises apportés par le père dans l'ancienne société. Cette cession est suffisamment établie, pour la demande et la poursuite des droits d'enregistrement, par l'inscription au rôle de la patente et le paiement effectué en vertu de ce rôle, alors surtout que les nouveaux associés exercent la même industrie que l'ancienne société dans les locaux occupés précédemment par elle, et qu'ils ont fait assurer, en qualité de propriétaires, les mêmes objets pour la même valeur (Saint-Dié, 26 juill. 1895, 8724 R. P.).

La mutation d'un fonds de commerce est suffisamment établie, pour la demande et la poursuite du droit d'enregistrement, par l'inscription du nouveau possesseur au rôle des patentes et par les paiements faits en vertu de ce rôle, alors surtout qu'elle est corroborée par la présomption tirée d'un bail aux termes duquel l'ancien propriétaire du fonds de commerce a loué au nouveau l'usine servant à fabriquer les marchandises dont la vente est assurée par l'exploitation même du fonds (Villefranche, 1er avr. 1898, 9488 R. P.).

La mutation à titre onéreux d'un fonds de commerce est légalement établie par l'inscription du nouveau possesseur au rôle de la patente et par les paiements par lui faits d'après ce rôle (Seine, 2 déc. 1899, 9861 R. P.).

Le fait de l'attribution d'un fonds de commerce apporté en société résulte suffisamment, pour la demande du droit d'enregistrement, de l'inscription au rôle de la patente de l'associé devenu le continuateur de l'ancienne société et des paiements de l'impôt faits d'après ce rôle ainsi que des baux résiliés ou renouvelés par cet associé (Seine, 15 juin 1900, 9869 R. P.).

771. Fonds de commerce. — Mutation. — Annonces. — La vente d'un fonds de commerce est suffisamment établie pour la réclamation des droits simple et en sus tant au vendeur qu'à l'acquéreur, par un ensemble de présomptions tirées de l'insertion de cette vente au journal des *Petites Affiches*, de l'inscription du nom de l'acquéreur au rôle de la patente en remplacement du nom du vendeur, et du paiement de l'impôt effectué en vertu de ce rôle, enfin de la location par le cédant au cessionnaire de l'immeuble où s'exploite le fonds de commerce (Seine, 5 nov. 1892, 8005 R. P.).

788. Fonds de commerce. — Cession dissimulée. — Apport social. — Caractère. — Rapport d'expert et jugement. — En matière de cession de fonds de commerce, les juges peuvent admettre la preuve de la mutation secrète, quelle que soit la nature de l'acte qui la fournit. Spécialement, lorsqu'il résulte d'un rapport d'expert et d'un jugement que les parties ont dissimulé une cession de cette espèce sous la forme d'un apport en société présenté comme pur et simple tandis qu'il était fait à titre onéreux, l'Administration est fondée à réclamer le droit proportionnel qu'elle n'avait pu percevoir sur l'acte de société, à raison de la dissimulation du caractère de l'apport. La circonstance que le jugement a été frappé d'appel importe peu, alors surtout que l'appel ne porte pas sur les faits constituant la mutation (Seine, 4 mars 1899, 9635 R. P.).

789. Fonds de commerce. — Apport en société. — Doit être considéré comme étant seul propriétaire d'un fonds de commerce celui qui l'a acquis, encore bien que, dans l'acte d'achat, il ait déclaré réaliser l'acquisition tant en son nom personnel que pour le compte d'une société qu'il se proposait de constituer. Il en est spécialement ainsi alors que l'acquéreur s'est fait personnellement agréer par le propriétaire des lieux où s'exploite le fonds et a obtenu en son nom personnel, la prorogation du bail, et qu'il a, en outre, été inscrit au rôle des patentes. En conséquence, si le fonds de commerce est mis, postérieurement, en société, et fait l'objet, dans des proportions déterminées, de l'apport collectif de tous les associés, il y a, dans ces circonstances, des présomptions suffisantes pour établir l'existence d'une mutation secrète entre l'acquéreur originaire et les autres associés, et pour justifier la réclamation des droits simples sur les parts cédées (Seine, 28 oct. 1898, 9490 R. P.).

792. Fonds de commerce. — Mutation. — Associé liquidateur. — La mutation d'un fonds de commerce est suffisamment établie par l'inscription au rôle des patentes, et le payement fait en vertu de ce rôle. La présomption légale résultant de ces faits est opposable à l'associé, nommé liquidateur, alors surtout qu'il est, en outre, cessionnaire du bail des lieux primitivement occupés par la société propriétaire du fonds de commerce (Lyon, 7 août 1891, 7779 R. P.).

801 *bis*. Fonds de commerce. — Jugement. — Prête nom. — Le jugement qui constate qu'une personne, ayant figuré à un acte d'acquisition d'un fonds de commerce, n'était que le prête-nom d'un tiers, opère, dans la propriété apparente, une mutation passible du droit proportionnel (Sol. 21 juill. 1898, 2520 R. E.).

808. Fonds de commerce. — Vente. — Établissement industriel situé en France. — Société venderesse ayant son siége à l'étranger. — Expertise. — Estimation des experts devant porter sur la valeur même des éléments constitutifs du fonds. — Pour savoir si un fonds de commerce est situé à l'étranger ou en France, il y a lieu d'envisager seulement la situation réelle de ce fonds, pris en lui-même et dans les éléments qui le constituent exclusivement, abstraction faite du statut personnel de ceux qui l'exploitent. — Spécialement, un fonds de commerce, bien qu'appartenant à une société ayant son siège à l'étranger, doit être considéré comme situé en France, lorsque les immeubles et le matériel d'exploitation qui en dépendent sont situés en France, lorsque tout l'actif commercial est en France, et que, pour assurer à la marque de fabrique la protection de la loi française, la société, propriétaire du fonds, s'est bornée à faire le dépôt de la marque de fabrique au seul greffe du tribunal français de la situation de ce fonds. En vertu du principe de la territorialité de l'impot, la mutation du fonds dont il s'agit est, dès lors, régie par la loi française, et, en cas de vente, si l'Administration provoque l'expertise, l'estimation des experts doit comprendre, non seulement la valeur des immeubles et des meubles ayant leur assiette matérielle en France, mais encore la valeur des éléments constitutifs du fonds de commerce, tels que la clientèle, la marque de fabrique et le nom commercial (Pontarlier, 26 nov. 1889; — Cass. (req.) 9 nov. 1891, nos 7741, 7974-23 R. P.).

808. Fonds de commerce. — Mutation déclarée comme verbale, quoique constatée par un acte. — Dissimulation des titres de la convention et d'une partie du prix. — Lorsque, après avoir signé un acte sous seing privé portant acquisition d'un fonds de commerce moyennant un prix déterminé, les acquéreurs déclarent au bureau de l'enregistrement avoir acheté ce fonds verbalement pour un prix inférieur à celui du contrat, l'Administration est fondée à leur réclamer : 1° le droit de 2 fr. p. 100 sur la portion du prix dissimulée dans la déclaration; 2° l'amende égale au quart de la somme dissimulée; 3° le droit en sus résultant du défaut de présentation de l'acte à la formalité dans le délai de trois mois. — Il importe peu que la déclaration entachée de dissimulation ait été souscrite par un mandataire, quand celui-ci a représenté directement le mandant et agi d'après ses instructions (Seine, 22 juill. 1892, 7914 R. P.; — 6 août 1892, 7988 R. P.).

815. Fonds de commerce. — Vente. — Acte notarié. — Lecture des art. 12 et 13 L. 23 août 1871. — V. *Acte notarié*.

CHAPITRE X. — SUCCESSION. EXPERTISE DES FONDS DE COMMERCE (1).

819. L. 25 fév. 1901. — Texte. — L'art. 11 L. 25 fév. 1901 (V. *C. des lois*) est ainsi conçu : « Les dispositions des deux derniers § de l'art. 8 L. 28 fév. 1872 sont applicables aux déclarations comprenant des fonds de commerce ou des clientèles dépendant de la succession ».

820. Objet et conséquences de cette disposition. — Lors de la discussion de la loi au Sénat (Séance du 28 janv. 1901, 9994 R. P., p. 193), M. Dufoussat, après avoir fait ressortir que l'Administration était désarmée et impuissante pour la répression des insuffisances d'évaluation et des fraudes qui se commettant dans les déclarations de successions comprenant des fonds de commerce ou de clientèles, a proposé d'appliquer à ces sortes de biens les prescriptions des deux derniers paragraphes de l'art. 8 L. 28 fév. 1872. Cet amendement est devenu le dernier alinéa de l'art. 11, pour la rédaction duquel le législateur s'est attaché à reproduire fidèlement les termes mêmes de la L. 28 fév. 1872 (Sénat, séance du 28 janv. 1901, décl. du rapporteur, 9994 R. P., p. 193).

Aux termes de cette loi « l'insuffisance de prix de vente du fonds de commerce ou de la clientèle peut être constatée par expertise dans les trois mois de l'enregistrement de l'acte ou de la déclaration de la mutation. Il sera perçu un droit en sus sur le montant de l'insuffisance outre les frais de l'expertise, s'il y a lieu, et si l'insuffisance excède un huitième ».

Ces dispositions, qui étaient spéciales aux transmissions de fonds de commerce à titre onéreux, seront désormais étendues, dans les mêmes conditions, aux mutations par décès de ces mêmes biens.

Ainsi, le droit en sus et les frais ne pourront être réclamés qu'autant que l'insuffisance constatée ou reconnue sera supérieure au huitième de la valeur déclarée. De même, l'expertise devra, comme sous le régime de la L. 1872, être requise dans les trois mois de la déclaration dans laquelle se trouvera compris le fonds de commerce. Après l'expiration de ce délai de trois mois, l'évaluation du fonds n'est plus susceptible d'aucun contrôle et la prescription se trouvera définitivement acquise pour toute insuffisance, l'expertise étant le seul moyen qui permette à

(1) Ce chapitre est nouveau.

808. Fonds de commerce. Cession déclarée comme verbale, quoique constatée par un acte. Dissimulation du titre de la convention et d'une partie du prix. Droit en sus. Amende du quart. — *Conf.* Seine, 9 fév. 1906, 11160 R. P.; — Seine, 31 déc. 1906, [illegible] R. P.; — Seine, 18 janvier 1907, 11518 R. P.

NAVIRE

la Régie d'établir légalement la valeur réelle du fonds transmis.

Le législateur ne s'est pas dissimulé que l'expertise d'un fonds de commerce était une opération très délicate, à laquelle l'Administration n'aura pas sans doute souvent recours, mais il lui a semblé qu'il n'y avait pas de raison de lui refuser, en cas de transmission par décès de cette valeur, le même moyen d'action que pour les mutations à titre onéreux de ces biens, et l'adoption de cette mesure lui a paru tout au moins avoir une portée morale comme moyen préventif des dissimulations (Déclaration de M. Dubousset, Sénat, 28 janv. 1901, 9994 R. P., p. 193).

821. Biens sur lesquels doit porter l'expertise. — D'après le dernier alinéa de l'art. 11, conforme littéralement au texte de l'art. 8, L. 1872, l'expertise peut s'appliquer « aux fonds de commerce *ou* aux clientèles » indépendantes de tout fonds. Il n'est, d'ailleurs, fait aucune distinction entre les clientèles commerciales et les clientèles civiles; les unes et les autres sont également soumises aux dispositions des lois de 1872 et de 1901, quelles que soient les difficultés que présentent l'expertise de la valeur des biens de cette nature et l'incertitude du résultat d'une semblable opération. Aussi pensons-nous que ces expertises, surtout en matière de clientèles civiles, seront extrêmement rares, sinon à peu près impossibles.

Quant aux fonds de commerce, le rapporteur de la loi au Sénat a déclaré qu'on devait entendre par cette expression « le droit au bail, le matériel et la clientèle ou l'achalandage » (Séance du 28 janv. 1901, 9994 R. P., p. 194).

Les marchandises ne figurent pas dans cette énumération et ce mot a été intentionnellement supprimé lors de la discussion de la loi et remplacé par celui de « clientèles » (R. P., *loc. cit.*). Il en résulte que les marchandises ne tombent pas sous l'application du dernier alinéa de l'art. 11 et qu'elles ne peuvent, en aucun cas, faire l'objet d'une expertise.

Telle est, du reste, l'interprétation admise lors de la séance du Sénat du 22 janv. 1901 (9984 R. P., p. 141) : « En ce qui concerne les fonds de commerce, a dit M. Cordelet, qui comportent souvent cession d'une quantité très importante de marchandises, *la Régie ne peut réclamer l'expertise que pour le fonds de commerce lui-même, qui comprend seulement le droit au bail, la clientèle et le matériel.* Il est certain que la Régie ne peut pas recourir à l'expertise pour établir la consistance et la valeur des marchandises ni l'importance des créances ».

L'application de ces règles n'est pas de nature à soulever des difficultés lorsque les marchandises et les autres éléments d'un fonds de commerce auront fait l'objet d'une évaluation distincte; si l'estimation porte en bloc sur les marchandises, le droit au bail, le matériel et la clientèle, nous pensons que l'Administration sera fondée à demander aux parties de fixer, par une ventilation, la fraction afférente aux marchandises et au fonds proprement dit et à contrôler ensuite la sincérité de l'évaluation du fonds par la voie de l'expertise et celle des marchandises par l'un des moyens autorisés par la loi fiscale, et, notamment par les livres de commerce du défunt, dans les conditions prévues par l'art. 13, L. 25 fév. 1901, dont nous donnons le commentaire v° *Succession* (Explications de M. Cordelet, Sénat, 22 janv. 1901, R. P., *loc. cit.*).

822. Date d'application de la loi. — L'expertise autorisée par l'art. 11 constitue simplement un moyen de contrôle destiné à assurer le paiement de l'impôt sur la valeur exacte du fonds de commerce transmis par décès.

Conformément à la doctrine et à la jurisprudence, elle pourra donc porter sur tous les fonds de commerce compris dans une déclaration de succession, quelle que soit la date du décès ou celle de la déclaration, et sans qu'il y ait à rechercher si cette date est antérieure ou postérieure à la mise en vigueur de la L. 25 fév. 1901.

V. Prescription. — Société. — Vente.

NAVIRE.

37 *bis*. L. 30 janv. 1893. — La L. 30 janv. 1893, art. 10, dispose que les actes et procès-verbaux constatant les mutations de propriété des navires, soit totales, soit partielles, ne seront passibles à l'enregistrement que du droit fixe de 3 fr. Elle ajoute que ces prescriptions seront applicables aux ventes de bateaux de toute nature servant à la navigation intérieure.

37 *ter*. L. 7 avr. 1902. — Ces dispositions ont été confirmées et complétées par la L. 7 avr. 1902, sur la marine marchande, dont l'art. 22 est ainsi conçu : « L'enregistrement de tout marché de constructions, acte de vente ou mutation de propriété de navires ne sera passible que du droit fixe de 3 fr. L'art. 5, n° 2, L. 28 fév. 1872 est abrogé en ce qu'il a de contraire à la présente disposition. Les dispositions du présent article sont également applicables aux ventes de bateaux de toute nature servant à la navigation intérieure ».

63. Bâtiments servant à la navigation intérieure. — Il a été reconnu que la faveur du droit fixe établie, par l'art. 3 L. 29 janv. 1881, pour les actes ou procès-verbaux constatant les mutations de propriété de navires, ne s'applique qu'aux bâtiments de mer. Elle ne saurait être étendue aux ventes ou échanges des bâtiments servant à la navigation intérieure sur les fleuves, rivières et canaux. Les mutations, à titre onéreux, des bâtiments de cette espèce demeurent soumises au droit proportionnel (Laon, 26 mars 1892, 7826 R. P.).

Droit fixe. — Mais, depuis, sont intervenues les LL. 30 janv. 1893 et 7 avr. 1902 (V. *suprà*, n° 37 *bis* et *ter*), qui disposent que « les actes ou procès-verbaux constatant les mutations de propriété des navires, soit totales, soit partielles, ne seront passibles à l'enregistrement que du droit fixe de 3 fr., et que les dispositions du présent article sont applicables aux ventes des bateaux de toute nature servant à la navigation intérieure.

Ces dispositions ont pour but d'étendre le tarif de faveur créé par la L. 29 janv. 1881 (art. 3) aux ventes de bateaux servant à la navigation intérieure, lesquelles, à défaut de disposition exceptionnelle, se trouvaient passibles du droit de 2 fr. p. 100, par application de l'art. 69, § 5, n° 1, L. frim. (2833 et 3085 I. G.).

En conséquence, les actes et procès-verbaux constatant des mutations de propriété de bateaux de toute nature servant à la navigation intérieure sont dorénavant assujettis au droit fixe de 3 fr., sous la réserve qu'il s'agira de transmission à titre onéreux, les transmissions qui résultent de donations ou de mutations par décès restant soumises au droit proportionnel.

Il n'y a pas lieu d'insister sur le recouvrement des droits encore dus au Trésor pour les actes de vente de l'espèce qui ont été par erreur enregistrés, avant la loi du 30 janv. 1893, moyennant le simple droit fixe, sous la seule réserve que ces suppléments n'auront pas fait l'objet de condamnations définitives (D. m. f., 1er fév. 1894, 2859 I. G.; 8418-27 R. P.).

84. Construction. — Primes. — Cession conditionnelle. — Réalisation. — Droit de 1 fr. p. 100. — Lorsqu'une société de construction de navires cède à un armateur les primes que lui devra l'État, à raison de la construction, pour le compte de cet armateur, de deux bâtiments, et que la cession est subordonnée à l'acceptation d'un tiers, l'acte qui constate ces conventions n'est passible que du droit fixe. Mais si, ultérieurement, l'Administration acquiert la preuve de la réalisation du transport, — notamment au moyen des écritures sociales dont elle a pris régulièrement connaissance en vertu de son droit de communication dans les sociétés par actions, — elle est fondée à réclamer le droit de 1 fr. p. 100 édicté par l'art. 69, § 3, n° 3, L. frim.

Pour contester l'exigibilité de ce droit, les parties ne peuvent utilement soutenir que la cession dérivant nécessairement d'un marché de construction et concernant simplement le mode de paiement du prix, forme une disposition accessoire du marché, et est affranchie d'un droit particulier, par application des art. 10 et 11 L. frim., dès lors, qu'en l'espèce, l'acte ne constitue aucunement le titre du marché de construction, qui, en fait, a d'ailleurs été précédemment arrêté entre les parties (Rouen, 25 avril 1901, 10225 R. P.).

95. Donations et Successions. — Nous avons vu *suprà*, n° 63, que les mutations à titre gratuit de navires restent soumises au droit proportionnel.

105. Marché passé par une Chambre de Commerce pour la construction d'un remorqueur. — Droit fixe. — Donne ouverture au droit fixe de 3 fr. seulement, en vertu de la loi du 29 janv. 1881, le marché passé dans la forme administrative par une Chambre de commerce pour la construction d'un remorqueur (Sol. 24 mars 1890, 7980 R. P.).

105-106. Marché de construction. — D'après l'art. 22 L. 7 avr. 1902, l'enregistrement de tout marché de construction de navires n'est passible que du droit fixe de 3 fr.

En notifiant cette disposition au service, l' I. G. 3085 l'a fait suivre des observations suivantes : « La disposition dont il s'agit doit, à raison de son caractère exceptionnel, être interprétée restrictivement. C'est ainsi que l'exemption prononcée au profit des marchés de construction ne peut être étendue aux marchés de réparation, et que, même parmi les marchés de construction, ceux-là seuls bénéficieront de la dispense du droit proportionnel qui auront trait à des navires destinés à la navigation intérieure. La L. 7 avr. 1902, en effet, ne soumet au droit fixe que les « actes de vente » des bateaux servant à la navigation intérieure, à l'exclusion des marchés les concernant. Cette interprétation est, du reste, conforme à l'intention formelle du législateur qui n'a entendu dispenser du droit proportionnel que les marchés dont l'enregistrement serait rendu nécessaire par les dispositions du règlement d'administration publique prévu par l'art. 7 de la loi. Les marchés non compris dans les prévisions de la loi continueront, d'ailleurs, à bénéficier, le cas échéant, de l'exemption provisoire du droit proportionnel, toutes les fois qu'ils remplissent les conditions déterminées par l'art. 22 L. 11 juin 1859 (V. *Commerçant. Acte de commerce*).

119. Rapports de capitaines. — Lorsqu'un capitaine de navire fait son rapport d'arrivée au Tribunal de commerce et que ce rapport est signé par le président, il n'y a pas lieu de dresser acte du dépôt ; mais il en est autrement lorsque le rapport d'arrivée a été fait devant le juge de paix du canton et qu'il est ultérieurement déposé au greffe du Tribunal de commerce. Le rapport fait au Tribunal de commerce est passible du droit de 4 fr. 50, et celui fait devant le juge de paix ne donne ouverture qu'au droit de 1 fr. 50 (Sol. 18 mai 1899, 9900 R. P.).

126. Navires naufragés. — Inventaire. — Dans la première partie du *Rép. gén.*, *in fine*, ajouter : ces décisions, exactes au moment où elles ont été rendues, ne peuvent plus être appliquées depuis la L. 15 mai 1818, art. 78 et 80. — V. *Commissaire de la Marine*, n° 16.

Procès-verbaux de sauvetage. — Timbre. — Enregistrement. — Exemption. — Les procès-verbaux de sauvetages maritimes dressés par les agents des douanes et les syndics des gens de mer ne constituent ni des actes translatifs ni des marchés ; ils sont exempts du timbre et d'enregistrement comme tombant sous l'application de l'art. 80 L. 15 mai 1818 (Déc. min. fin. 26 fév. 1900, 3019-1 I. G.; 9940-41 R. P.).

131. Rôles d'équipage. — Embarquement et débarquement des navires. — Marché. — L'exemption d'enregistrement prononcée par l'art. 70, § 3, n° 13 L. frim., en faveur des rôles d'équipage et des engagements de matelots et de gens de mer, ne peut être étendue au contrat passé par un armateur avec un entrepreneur pour l'embarquement et le débarquement de ses navires (Alger, 10 mars 1894; — Cass. 20 juill. 1896, 8823 R. P.).

V. Hypothèque.

NOTAIRE.

11. Législation qui régit le notariat. — Une L. 12 août 1902 a modifié, sur certains points, les LL. 25 vent. an XI et 21 juin 1843 (V. *Code des lois* et 10307 R. P.).

14. Ressort. — V. *Acte notarié*, n° 16.

16. Nombre. — Le nombre des notaires pour chaque département, leurs placement et résidence seront déter-

78. Vente de navires étrangers ou destinés à devenir étrangers. Droit fixe. — Les art. 3 L. 29 janv. 1881 et 16 L. 30 janv. 1893, qui soumettent au droit fixe de 3 fr. les actes ou procès-verbaux constatant les mutations de propriété de navires, s'appliquent sans distinction aux ventes de navires étrangers ou destinés à devenir étrangers comme à celles des navires français (Marseille, 17 juill. 1903, 10529 R. P.; — Seine, 1er août 1903, 10585 R. P.; — Sol. 9 oct. 1902, Instr. 3090-1, 10358 R. P.).

NOTAIRE.

11. Écoles de notariat. Reconnaissance et organisation des écoles. Régime des études. Examens de sortie et délivrance du diplôme. Décret du 1er mai 1905. — 10976 R. P.

08.

cinés par le Gouvernement de manière : 1° que, dans les villes de 100.000 habitants et au-dessus, il y ait un notaire au plus par 6.000 habitants ; 2° que, dans les autres communes, il y ait un notaire au moins par canton. Toutefois, en cas de décès ou d'empêchement justifié du titulaire, le président du tribunal pourra, à la requête du procureur de la République ou du titulaire empêché, désigner comme suppléant un notaire d'un des ressorts de justice de paix limitrophes du même arrondissement (L. 12 août 1902, art. 1er).

20. Conditions requises pour être nommé notaire. — L'art. 1er L. 12 août 1902 a modifié de la manière suivante les art. 35 et suiv. L. 25 ventôse an XI :

« ART. 35. — Pour être admis aux fonctions de notaire, il faudra : 1° jouir de l'exercice des droits de citoyen ; 2° avoir satisfait aux lois sur le recrutement de l'armée ; 3° être âgé de vingt-cinq ans accomplis ; 4° justifier du temps de travail prescrit par les articles suivants ; 5° et avoir subi avec succès l'examen professionnel prescrit par les articles 42 et 43 ci-après. »

« ART. 36. — Le temps de travail ou de stage sera, sauf les exceptions ci-après, de six années entières et non interrompues, dont deux au moins en qualité de premier clerc. Une de ces deux années devra être accomplie dans un office d'une classe au moins égale à celle de l'office dont le titulaire sera à remplacer.

« Le temps de stage ne sera que de quatre années, dont une au moins en qualité de premier clerc, si le candidat justifie du diplôme de docteur ou de licencié en droit, ou du certificat d'élève diplômé d'une école de notariat reconnue par l'État.

« ART. 37. — Les membres des tribunaux civils ou des cours ayant au moins deux ans de fonctions, les avoués et les avocats ayant au moins deux ans d'inscription au tableau, les receveurs et les agents supérieurs de l'enregistrement, les greffiers en chef des cours et tribunaux civils licenciés en droit, ayant exercé leurs fonctions pendant cinq ans au moins, pourront être admis aux fonctions de notaire en vertu d'une dispense expresse du garde des sceaux, en justifiant d'une année de stage dans une étude de notaire d'une classe égale à celle à laquelle aspire le candidat et après avoir subi avec succès l'examen prescrit par les articles 42 et 43 ci-après :

« ART. 38. — Le notaire en exercice n'aura besoin d'aucune nouvelle justification pour être admis à une place de notaire vacante, même dans une classe supérieure à celle à laquelle il appartient. »

« ART. 39. — Nul ne sera admis à l'inscription de stage, s'il ne justifie qu'il est âgé de dix-sept ans accomplis et s'il ne produit un certificat de bonnes vie et mœurs. »

« ART. 40. — L'aspirant au notariat n'obtiendra un avancement de grade que sur la production d'un certificat délivré par le notaire chez lequel il travaillera.

« Ce certificat renfermera des renseignements précis et détaillés sur les aptitudes, la capacité et la moralité de l'aspirant.

« Si la mutation de grade s'effectue dans un autre arrondissement que celui où l'aspirant était déjà inscrit, celui-ci devra joindre au certificat ci-dessus un certificat de capacité et de moralité délivré par la chambre de discipline dans le ressort de laquelle il travaillait. »

« ART. 41. — Aucun aspirant au notariat ne pourra être admis à prendre l'inscription de premier clerc, s'il n'a préalablement subi avec succès, devant la chambre dans le ressort de laquelle il travaille, un examen après lequel il sera déclaré apte à ces fonctions.

« L'examen comprendra une épreuve écrite et une épreuve orale. La délibération motivée qui sera prise par la chambre visera la capacité et la moralité du candidat. »

« ART. 42. — L'aspirant qui voudra être investi des fonctions de notaire produira, avec le diplôme d'aptitude, un avis de la chambre de discipline du ressort dans lequel il se propose d'exercer, et un certificat de chaque chambre dans le ressort de laquelle il aura travaillé, constatant la durée de son stage et sa moralité.

« Aucun aspirant ne sera admis aux fonctions de notaire s'il ne justifie avoir subi avec succès un examen professionnel.

« Cet examen comprendra deux épreuves : l'une écrite, dans laquelle l'aspirant rédigera au moins deux formules d'actes ; l'autre orale, qui portera sur l'ensemble des connaissances juridiques nécessaires à l'exercice du notariat.

« Les épreuves orales seront subies publiquement. L'examen sera passé au chef-lieu du département dans lequel l'aspirant sera au stage, devant une commission spéciale réunie, sur la convocation du président de la chambre des notaires du chef-lieu, composée de cinq membres au moins, et comprenant :

« Le président ou le syndic de la chambre des notaires du chef-lieu du département, qui en aura la présidence ; et un ou plusieurs notaires délégués par chacune des chambres du département ;

« Et un agent supérieur de l'enregistrement désigné par la direction. »

« ART. 43. — L'examen devra être passé avant tout traité de cession d'office ; mais le diplôme d'aptitude ne sera délivré par le secrétariat de la chambre dépositaire du rapport de la commission d'examen qu'au moment de la confection, par le parquet, du dossier de présentation du candidat.

« A Paris, la chambre des notaires fera fonctions de commission spéciale ; il lui sera adjoint un agent supérieur de l'enregistrement désigné par le directeur.

« Il en sera de même dans les départements où il n'existerait qu'une seule chambre des notaires.

« Tout candidat dont l'insuffisance aura été constatée dans l'une et l'autre des deux épreuves sera ajourné et ne pourra subir un nouvel examen avant le délai d'un an. »

67. Honoraires et vacations. — Des décrets du 25 août 1898, rendus en exécution de la L. 20 juin 1896 (V. *Code des lois*) ont fixé, pour le ressort de chaque Cour d'appel, le tarif des honoraires, vacations, frais de rôles et de voyages et autres droits qui peuvent être dus aux notaires, à raison des actes de leur ministère.

État de frais. — Avis du président. — Le président de la chambre des notaires peut inscrire, sans contravention, à la suite d'un état de frais rédigé sur timbre, l'avis préliminaire à la taxe exigé par l'art. 51 L. 25 ventôse an XI (Sol. 20 déc. 1894, 25007 J. N.).

84. Exercice des fonctions. — Responsabilité. — Dans l'exercice régulier de leurs fonctions, et en dehors d'un mandat ou d'une gestion d'affaires, les notaires ne peuvent être rendus responsables de l'inefficacité des actes de leur ministère qu'en cas de faute caractérisée par une impéritie ou par une négligence inexcusable (C. Rouen, 19 mars 1902, 10250 R. P.)

88. Établissements publics. — Legs. — Testament. — Dépôt. — Obligations des notaires. — Décr. 24 déc. 1901. — Tout notaire constitué dépositaire d'un testament concernant des libéralités en faveur de l'État, des départements, des communes, des établissements publics ou reconnus d'utilité publique et des associations religieuses autorisées, est tenu, aussitôt après l'ouverture du testament, d'adresser aux représentants des établissements institués, ainsi qu'au préfet du département du lieu d'ouverture de la succession, la copie intégrale des dispositions faites au profit de chacun de ces établissements et un état des héritiers dont l'existence lui aura été révélée, avec leurs nom, prénoms, profession, degré de parenté et adresse. La copie est écrite sur papier libre et il est délivré récépissé des pièces transmises (art. 1er). 10116 R. P. (V. *C. des lois*).

95. Déclaration de succession. — Dissimulation. — Faute. — Action disciplinaire. — Le notaire qui, dans une déclaration à l'enregistrement des biens et valeurs d'une succession à lui échue, omet sciemment de comprendre des valeurs ou titres au porteur, commet un acte contraire à la délicatesse et de nature, par suite, à diminuer la considération indispensable à l'exercice de ses fonctions, quand bien même ce notaire, après l'aveu de sa fraude, aurait payé à l'Administration les doubles droits mis à sa charge. — Peu importe, d'ailleurs, que ladite fraude ne se rattache pas aux fonctions notariales; la juridiction disciplinaire a le devoir de réprimer toute fraude, même commise dans la vie privée, lorsqu'elle est de nature à compromettre la dignité du notaire (C. Caen, 7 juill. 1896, 9388 R. P.).

96. Transcription. — Cession de droits successifs immobiliers. — Responsabilité. — Le notaire qui a reçu un acte translatif d'immeubles n'est pas tenu de faire opérer la formalité de la transcription, s'il n'a pas reçu mandat à cet effet. Spécialement, il ne saurait être déclaré responsable du défaut de transcription d'un acte de cession de droits successifs, alors surtout qu'en l'absence de désignation des immeubles compris dans cette cession, la transcription aurait été inefficace pour conserver le privilège (Cass. (req.), 22 fév. 1897, 9380 R. P.).

NOTORIÉTÉ (ACTE DE). — V. *Acte de notoriété.*

NOVATION.

91. Acte s. s. p. — Cession à titre de garantie d'une somme due en vertu d'effets négociables enregistrés. — Reconnaissance de dette. — Droit de 1 fr. p. 100. — Lorsque le souscripteur d'effets négociables régulièrement enregistrés consent, par un acte s. s. p., au profit du bénéficiaire des effets arrivés à leur échéance, une cession en garantie du paiement de la dette, le droit de 1 fr. p. 100 pour obligation de somme est dû sur l'acte s. s. p. indépendamment du droit de 0 fr. 50 p. 100 perçu sur les effets (Seine, 25 fév. 1893, 8119 R. P.).

V. Intérêts. — Subrogation.

NULLITÉ.

18. Nullité relative. — Dans la première partie du *Rép. gén.*, au lieu de « il est de toute controverse », lire : il est hors de toute controverse.

35. Vente s. s. p. non faite en double. — La circonstance qu'un acte s. s. p., emportant vente d'immeuble, ne contient pas la mention de sa rédaction en autant d'originaux qu'il y a de parties et a été rédigé effectivement en simple original, ne met pas obstacle à la perception du droit de mutation, alors surtout que cet acte n'a pas été judiciairement annulé (Figeac, 13 août 1898, 9403 R. P.).

39. Vice absolu. — La seule existence des actes suffit pour donner ouverture au droit d'enregistrement, même dans le cas où ces actes pourraient être annulés pour un vice absolu et d'ordre public (Seine, 6 juill. 1900, 9931 R. P.).

46. Nullité non opposable. — Les droits applicables à une convention sont acquis au Trésor par le seul fait de l'existence d'un acte revêtu de toutes les formes extérieures propres à constater la convention, bien que l'acte puisse être annulé à raison des causes de nullité qu'il renferme ou qui sont nées postérieurement (Guéret, 9 nov. 1893, 8297 R. P.).

V. Enregistrement. — Prescription.

OBLIGATION.

60. Jugement. — Dommages-intérêts. — Réduction judiciaire. — Codébiteur solidaire. — La chose jugée à l'égard d'un débiteur solidaire s'applique à tous ses codébiteurs dont il est le représentant légal et nécessaire. Par suite, si un jugement réduit le montant de dommages-intérêts réclamés à l'un de ces débiteurs, la réduction profite à tous les autres. Il en résulte que l'Administration doit tenir compte de cette réduction pour la liquidation des droits complémentaires exigibles sur des dommages-intérêts qui, d'après un jugement de condamnation, devaient être fixés par état et qui ont fait, lors de l'enregistrement de ce jugement, l'objet d'une déclaration estimative (Cass. civ. 25 mars 1902, 10161 R. P.).

160. Avance temporaire. — Engagement de prêter un capital après remboursement de l'avance. — Double disposition. — Acte ultérieur. — Constatation du remboursement de l'avance. — Droit de libération. — L'acte qui constate la remise d'une somme à

95. Dissimulation de prix. Complicité. Peine disciplinaire. — Est passible d'une peine disciplinaire le notaire qui, connaissant l'existence d'une dissimulation commise au préjudice du Trésor dans le prix d'une vente d'immeuble, s'associe à cette fraude en énonçant dans l'acte un prix inférieur au chiffre réel et en se rendant dépositaire d'une partie du véritable prix (Marseille, 27 juin 1904, 11105 R. P.).

NOTORIÉTÉ (ACTE DE).

NOVATION.

NULLITÉ.

30. Vice absolu. — *Conf.* Belley, 29 déc. 1903, 10819 R. P. Spécialement, l'Administration est fondée à réclamer le droit de donation sur un acte qui présente les caractères d'une constitution de rente viagère à titre gratuit, bien que cet acte n'ait pas été passé dans les formes prescrites par la loi pour les donations (Les Andelys, 26 juin 1906, 11406 R. P.).

OBLIGATION.

194. Mandat. Procuration pour souscrire une reconnaissance de dette. Droit d'obligation non exigible. — La procuration donnée au gérant d'une société par l'assemblée générale des actionnaires, en vue de reconnaître la société débitrice, envers un tiers désigné, d'une somme déterminée pour arrêté de compte de fournitures et de travaux, n'est pas sujette au droit d'obligation de 1 p. 100; cette procuration est destinée, en effet, non pas à constituer le titre immédiat de la reconnaissance au profit du créancier, mais à donner les moyens de passer ultérieurement l'acte de cette reconnaissance (Seine, 29 déc. 1905, 11115 R. P.).

248. Reconnaissance de dette contenue dans un contrat de société. Droit de 1 p. 100. — V. *Société*, n° 150-3.

OFFICE

244. Contrat de mariage. Déclaration d'apport. Somme due par une société en liquidation, dont l'un des membres est présent au contrat en qualité de père du futur époux. Non-exigibilité du droit de 1 p. 100. — La déclaration contenue dans un contrat de mariage et d'après laquelle le futur époux se constitue en dot le montant d'une somme portée au crédit de son compte dans la maison de banque de son père, ne constitue pas, à l'encontre de ce dernier, présent au contrat pour donner seulement son agrément au mariage, un titre de reconnaissance de dette sujet au droit de 1 p. 100, alors surtout qu'en fait la maison de banque appartient, non pas au père du futur personnellement, mais à une société dont la liquidation ne paraît pas encore terminée et qui ne peut être engagée par les associés que pour les affaires sociales (Domfront, 13 juill. 1906, 10871 R. P.).

titre d'avance temporaire, et l'engagement par le prêteur de verser à l'emprunteur, à des échéances déterminées et après le remboursement de cette somme, un capital remboursable dans un délai déterminé, forme le titre de deux obligations passibles, l'une et l'autre, du droit de 1 fr. p. 100. Lorsque, dans un acte ultérieur, le prêteur reconnaît avoir été remboursé du montant de son avance temporaire, cette constatation donne ouverture au droit de libération de 0 fr. 50 p. 100 (Seine, 10 fév. 1890, 9580 R. P.).

218. Prêt de valeur au porteur. — Prêt à usage ou commodat et non prêt de consommation. — Droit de 1 fr. p. 100 non exigible. — Constitue un prêt à usage ou commodat, et non un prêt de consommation, la convention par laquelle une des parties prête à une autre, gratuitement et pour une durée déterminée, des valeurs au porteur, lorsque l'emprunteur est obligé de restituer les titres mêmes qui lui ont été livrés, et dont les numéros sont indiqués dans l'acte d'obligation. — En conséquence, la convention est passible du droit fixe, à l'exclusion du droit proportionnel de 1 p. 100 (Seine, 26 juin 1891, 7751 R. P.).

238. Société anonyme. — Versement du quart des actions souscrites. — Somme due par une maison de banque. — Ecrit constatant la délégation de cette somme, en compte courant, au crédit de la société. — Reconnaissance de dette. — Droit de 1 fr. p. 100. — L'écrit par lequel le président d'une société de banque reconnaît qu'il doit, en compte courant, une somme déterminée, et constate que, sur l'ordre du créancier, il la porte au crédit d'un tiers désigné, renferme l'acceptation pure et simple d'une délégation. Cette acceptation constitue, de la part du débiteur, une reconnaissance formelle de la dette, qui suffit pour justifier l'exigibilité du droit de 1 fr. p. 100, auquel sont soumises les obligations de sommes (Marseille, 9 avr. 1891, 7626 R. P.).

241. Société. — Reconnaissance de dette. — Les droits afférents à un acte ou à une déclaration sont acquis au Trésor par le seul fait de l'existence de cet acte ou de cette déclaration présentant les caractères apparents propres à en constater la réalité; spécialement, lorsqu'une reconnaissance de dette intervient d'une façon incidente dans un acte auquel sont parties à la fois le débiteur et le créancier, il s'agit uniquement de rechercher si l'intervention du débiteur à l'acte a eu pour but et pour effet de créer un titre de la créance. — En conséquence, le droit de reconnaissance de dette est exigible lorsque, dans un acte de société, la société reçoit de diverses personnes représentées par l'un des fondateurs une créance sur un tiers, en échange de laquelle elle alloue aux apporteurs un certain nombre d'actions, et lorsque, d'autre part, elle s'entend avec le tiers débiteur pour un mode de représentation de la créance par voie d'obligations qui lui en facilitent la disposition (Seine, 12 mars 1898, 9372 R. P.).

Société. — Sommes laissées en compte courant par les tiers. — Reconnaissance de dette. — Droit de 1 fr. p. 100. — S'il résulte des énonciations d'un acte notarié que les parties, après avoir indiqué la somme pour laquelle le compte courant est transformé en commandite, laissent à la disposition de la société le solde du compte courant, cet acte notarié donne ouverture au droit de 1 fr. p. 100, pour reconnaissance de dette, sur la partie du compte transformée en commandite (Lille, 14 déc. 1894, 8575 R. P.).

246. Reconnaissance de dette. — Créancier partie à l'acte. — Droit de 1 fr. p. 100. — Est passible du droit de 1 fr. p. 100, pour reconnaissance de dette, l'acte de partage de la succession du mari qui détermine le montant d'avances dont les enfants sont débiteurs envers leur mère, partie présente au contrat, lorsqu'il n'est pas justifié d'un titre antérieur enregistré (Nancy, 22 avr. 1902, 10319 R. P.).

263. Somme dotale. — Emploi au paiement partiel d'un prix de vente. — Opération d'administration et non prêt au mari. — Lorsqu'un mari acquiert un immeuble et que l'acte d'acquisition auquel la femme a concouru constate que le prix a été payé en partie avec une somme dotale appartenant à cette dernière, les énonciations formulées de ce chef ne constituent pas le titre d'un prêt consentit par la femme au mari, et le droit de 1 fr. p. 100 n'est pas exigible (Seine, 3 juin 1899, 9650 R. P.).

V. Antichrèse. — Commerçant. — Contrat de mariage. — Quittance (timbre).

OFFICE.

54. Époux mariés sous le régime de la séparation de biens avec société d'acquêts. — Office acquis par le mari au cours de la communauté. — Bien propre au mari. — L'office de notaire, dont le mari était titulaire au jour de son décès, doit être réputé propre au défunt, lorsque, dans le contrat de mariage portant adoption du régime de la séparation de biens avec société d'acquêts, le mari a exclu de la communauté l'office qu'il se proposait d'acquérir. Il en est ainsi bien que l'office possédé par le mari au moment de son décès, et acquis au cours du mariage, ne soit pas le même que celui qui a été acheté immédiatement après le mariage. Mais la succession doit récompense à la communauté du prix des deux acquisitions (Sol. 24 juill. 1898, 8320 R. P.).

64. 66. Communauté. — Office propre au mari. — Estimation dans le contrat de mariage. — Plus-value. — La simple estimation, dans le contrat de mariage, de l'office appartenant en propre au mari ne suffit pas pour transmettre à la communauté la propriété de l'office, si cette estimation n'est pas accompagnée d'une intention clairement manifestée. La plus-value que cet office a acquise, au cours de la communauté, appartient exclusivement au mari (Arras, 31 janv. 1894, 8303 R. P.).

96. Transmission à titre onéreux. — Tarif. — Ville de Paris. — Surtaxe. — Une surtaxe de 1 fr. 25 p. 100 a été créée pour les transmissions à titre onéreux de tout office ou clientèle, visé par l'art. 91 L. 28 avr. 1816, et établi sur le territoire de la commune de Paris (L. 31 déc. 1900, 9983 R. P. — V. *Code des Lois*).

116. Transmission à titre gratuit. — Tarif. — Ville de Paris. — Surtaxe. — La même surtaxe frappe les transmissions à titre gratuit des mêmes offices ou clientèles (L. précitée).

122 à 128. Transmission par décès. — L. 25 fév. 1901. — La L. 25 fév. 1901 qui a établi de nouveaux tarifs et admis la déduction des dettes, en matière successorale (V. *Succession*), n'a pas abrogé l'art. 9 L. 25 juin 1841 qui fixe à 2 fr. p. 100 le droit minimum à percevoir sur les transmissions d'offices. Cette dernière disposition, qui reste en vigueur, a pour effet de faire considérer l'office comme une valeur distincte des autres biens héréditaires et de le soumettre à un tarif spécial. En cas de mutation en ligne directe, il n'y aura donc pas lieu de comprendre cette valeur dans la déclaration, lorsque l'impôt aura été acquitté, au taux de 2 fr. p. 100, sur une déclaration spéciale ou sur le traité, suivant qu'il existera un ou plusieurs héritiers. Mais le droit de 2 fr. p. 100 n'étant qu'un minimum, il conviendra d'appliquer aux transmissions de cette nature, qui s'effectuent en ligne collatérale, les nouveaux droits édictés par la L. 25 fév. 1901.

Si les droits de mutation par décès ont été payés avant la perception du droit de 2 fr. p. 100, l'imputation prévue par le 3e alinéa de l'art. 9 devra être faite de la manière la plus favorable aux parties et porter, par suite, sur les droits calculés d'après le taux afférent à la dernière tranche.

Ajoutons que le droit de 2 fr. p. 100 dont il s'agit devra être assujetti ou non aux décimes, suivant qu'il constituera un droit de mutation par décès ou un droit de transmission à titre onéreux.

129. Transmission par décès. — Héritier cessionnaire. — Legs d'usufruit. — Imputation des droits. — Sont inapplicables aux donataires ou légataires les dispositions de l'art. 9, § 3, L. 25 juin 1841, d'après lesquels le droit perçu sur le traité fait entre les cohéritiers, pour la transmission à l'un d'eux de l'office appartenant à leur auteur, sera imputé, jusqu'à due concurrence, sur celui que les héritiers auront à payer, lors de la déclaration de la succession, sur la valeur estimative de l'office. En conséquence, la veuve, donataire en usufruit, ne saurait invoquer le bénéfice des dispositions précitées (Riom, 29 juill. 1893, 8235 R. P.).

158. Titulaire destitué. — Successeur nommé. — Prestation de serment. — Ordonnance de nomination non préalablement enregistrée. — Droit simple et droit en sus. — Prescription. — Le droit d'enregistrement de 2 fr. p. 100, exigible sur la valeur d'un office transmis après destitution du titulaire, n'est soumis qu'à la prescription trentenaire, à l'exclusion de la prescription de deux ans de l'art. 61, no 1, L. frim., nonobstant la mention du décret de nomination du successeur dans le jugement donnant acte de la prestation de serment de celui-ci. Ce jugement ne peut faire courir que la prescription biennale de l'art. 14 L. 16 juin 1824, applicable au droit en sus encouru par suite du défaut de paiement du droit simple avant la prestation de serment (Seine, 30 mars 1901, 10100 R. P.).

159. Suppression. — La L. 13 août 1902 (10307 R. P.) a modifié ainsi qu'il suit l'art. 32 L. 25 vent. an XI. « Les suppressions d'office ne seront effectuées que par mort, démission ou destitution, ou à la suite d'un accord intervenu entre les parties intéressées, et après avis de la chambre de discipline et du tribunal.

« En cas de démission du titulaire, avec présentation d'un successeur, le Gouvernement pourra toujours refuser la nomination, si la suppression du titre est jugée nécessaire, après avis de la chambre et du tribunal.

« L'indemnité due après suppression d'un office, en cas de mort ou de démission, sera convenue entre les intéressés, sous le contrôle du Gouvernement, ou fixée par le décret prononçant la suppression, après avis de la chambre des notaires et du tribunal.

« Dans tous les cas, elle sera mise à la charge des notaires qui devront bénéficier de la suppression, quelle que soit leur résidence.

« La répartition en sera faite par le garde des sceaux, sur la proposition de la chambre des notaires de l'arrondissement auquel appartient l'office supprimé. »

162 *bis*. Suppression. — Payement des droits. — Lorsqu'un décret, portant suppression d'un office, règle l'indemnité à payer à l'ancien titulaire et la répartit entre les titulaires de plusieurs offices maintenus, il n'existe pas, entre ces derniers, de solidarité pour le payement des droits dus sur le décret. L'Administration doit réclamer à chacun d'eux les droits afférents à sa part dans l'indemnité (Sol. 18 fév. 1889, 7521 R. P.).

163. Délai. — Point de départ. — Le délai d'un mois pour l'enregistrement du décret part du jour de sa notification par l'entremise du parquet (Sol. 18 fév. 1889, 7521 R. P.).

175. Réduction. — Droit d'enregistrement. — L'officier public qui, dans l'état qu'il dresse pour la Chancellerie, lors de la transmission de sa charge, porte comme légitimes des produits dépassant ceux qu'il avait le droit de percevoir, commet une faute qui l'oblige à rembourser au cessionnaire, non seulement la portion du prix excédant la véritable valeur de l'office, mais encore les droits d'enregistrement perçus sur cette portion (Cass. (req.), 7 janv. 1891, 7970 R. P.).

195. Succession. — Office. — Cession postérieure à la déclaration de succession. — Prix inférieur à l'évaluation fournie par les héritiers. — Droit de mutation par décès perçu sur la différence non restituable. — Quand un office a été évalué, dans la déclaration de la succession du titulaire décédé, à une somme plus forte que le prix fixé par la Chancellerie, dans le traité postérieur à cette déclaration, le droit de mutation par décès perçu sur la différence ne saurait être restitué (Sol. 20 mars 1892, 7851 R. P.).

199. Cession. — Nouveau titulaire nommé. — Ancien titulaire ultérieurement destitué. — Nomination du cessionnaire rapportée. — Restitution du droit proportionnel. — Est restituable, en exécution de l'art. 11 L. 25 juin 1841, le droit perçu sur un contrat de cession d'office, lorsque la nomination du nouveau titulaire, bien

[illegible]-141 et 142. Simulation de prix. Preuve. Droits simples et en sus. Solidarité des parties. — L'Administration est fondée, pour établir la preuve d'une dissimulation commise dans le prix de la cession d'un office ministériel, à invoquer les énonciations d'un jugement rendu en matière disciplinaire contre le cessionnaire de l'office [illegible] que l'aveu fait par le cédant dans une lettre adressée au Procureur de la République. Les droits simples et en sus auxquels donne lieu cette dissimulation sont dus solidairement par les deux parties (Foix, 28 juin [illegible], [illegible] R. P.).

158. Titulaire destitué. Successeur nommé. Prestation de serment. Décret de nomination non préalablement enregistré. Droit simple. Prescription trentenaire. Droit en sus. Prescription biennale. — La prescription de deux ans édictée par l'art. 61, § 1, L. frim. est restreinte, par les termes mêmes de cet article, aux omissions et aux insuffisances de perception des actes précédemment soumis à l'enregistrement. Quant aux droits simples ou principaux dont la prescription n'est réglée par aucune loi spéciale, ils restent à cet égard sous l'empire du droit commun et ne sont, dès lors, soumis qu'à la prescription trentenaire. Spécialement, constitue non un droit supplémentaire, mais un droit simple, en principal, auquel le § 1er de l'art. 61 L. frim. n'est pas applicable, le droit de 2 fr. p. 100 dû sur la valeur d'un office dont un nouveau titulaire a été investi par décret, alors que, par suite de la non-présentation du décret à l'enregistrement, aucun acte [illegible] ne forme le titre de la perception de ce droit (Cass. (req.), [illegible] 1903, 10465 R. P.).

30. Offres non acceptées. Droit d'obligation. — Les offres réelles de sommes dues à un employé pour appointements et indemnités diverses et dont l'exigibilité n'est établie par aucun titre enregistré, sont passibles du droit proportionnel d'obligation, alors même qu'elles ne sont pas acceptées par le créancier, puisqu'elles font titre au profit de ce dernier jusqu'à concurrence des sommes offertes (Seine, 6 nov. [illegible], 10683 R. P.).

OPÉRATIONS DE BOURSE.

OPPOSITION.

OFFRES RÉELLES.

ORDONNANCE DU JUGE.

n'ayant été approuvée par décret, est rapportée par un décret ultérieur, avant la prestation de serment, et comme conséquence de la destitution de l'ancien titulaire (Blois, 13 mars 1897, 9019 R. P.).

201. **Cessionnaire décédé avant la prestation de serment. — Droit non restituable.** — Le droit perçu sur la cession d'un office est définitivement acquis au Trésor par le fait même de la nomination du cessionnaire, et la circonstance que ce dernier est décédé avant d'avoir prêté serment et d'avoir reçu la notification du décret de nomination, ne saurait rendre restituable le droit dont il s'agit (Sol. 13 nov. 1894, 8450 R. P.).

211. **Réduction de prix. — Action en restitution. — Point de départ de la prescription.** — La prescription biennale applicable à la restitution du droit perçu, en matière de cession d'office, sur la portion du prix réduite par la chancellerie, court du jour de l'enregistrement de l'acte ou de la déclaration constatant la cession et non du jour de l'enregistrement du traité rectificatif passé en exécution de l'injonction émanant de la chancellerie (Seine, 23 fév. 1894, 8268 R. P.).

212. **Réduction de prix. — Pièces à fournir.** — Les prescriptions de l'I. G. 1677 ont été rappelées dans l'I. G. 2551 qui recommande aux agents de l'Enregistrement d'exiger, non pas une copie ou un extrait de la décision ministérielle, mais la lettre officielle notifiant la décision du Min. aux intéressés, ou, à défaut, un simple certificat du parquet.

Il arrive, parfois, que les prix de cession d'offices sont réduits sur l'avis des magistrats du parquet, avant l'envoi des pièces au ministère. Dans ce cas, les droits perçus sont sujets à restitution partielle (Sol. 7 fév. 1893), et la restitution peut être opérée au vu d'une lettre des magistrats du parquet affirmant que la réduction a eu lieu conformément à leurs injonctions (2833 J. G.).

Mais les justifications exigées par les I. G. 1640, 1677 et 2551, à l'appui de la demande en restitution des droits perçus lors de l'enregistrement d'une cession d'office non suivie d'effet, sont inutiles et sans objet quand, avant tout décret de nomination, la caducité du traité de cession résulte d'événements qui l'ont produite, d'une manière indiscutable, tels que le décès du cessionnaire ou la nomination d'un autre titulaire de l'office (Sol. 25 janv. 1898, 9366 R. E.).

OFFRES RÉELLES.

13. **Procès-verbal — Coût.** — Le débiteur doit offrir à son créancier toutes les sommes énumérées au § 3, art. 1258 C. civ.; mais il n'est pas tenu d'offrir, en outre, le coût du procès-verbal qui contient les offres (Cass. 7 juill. 1893, 9685 R. P.).

14. **Tarif — Droit fixe.** — Par suite de la réduction des tarifs prononcée par l'art. 22 L. 28 avr. 1893, en ce qui concerne les actes extrajudiciaires, le tarif des « offres ne faisant pas titre au créancier et non acceptées » est actuellement de 2 fr.

30. **Offres réelles non acceptées. — Compte.** — Donne ouverture au droit de 1 fr. p. 100 le procès-verbal d'offres par le débiteur d'une somme déterminée pour solde d'un compte courant et d'intérêts échus, même lorsque ces offres ne sont pas acceptées (Seine, 26 avr. 1894, 8331 R. P.).

OPÉRATIONS DE BOURSE.

— V. *infrà* le mot nouveau *Taxe des opérations de bourse*.

OPPOSITION.

7. **Droits d'enregistrement. — Tarif.** — En général, les oppositions qui ne se rattachent pas à une procédure engagée devant les juges de paix, les prud'hommes, les tribunaux de simple police, correctionnels ou criminels, les Cours d'appel et la Cour de cassation, sont actuellement assujetties au droit fixe de 2 fr. (LL. 22 frim. art. 68, n° 30; — 28 avr. 1816, art. 43, n° 13; — 19 fév. 1874, art. 2; — 28 avr. 1893, art. 22).

8. **Oppositions relatives à des instances. — Actes extrajudiciaires.** — Les exploits contenant des oppositions ayant trait à des instances sont tarifés aujourd'hui de la manière suivante :

9. **Prud'hommes.** — 50 cent., pour les oppositions aux décisions des conseils de prud'hommes, lorsque l'objet de la contestation excède 25 fr. (LL. 28 avr. 1816, art. 41, n° 2, 19 fév. 1874, art. 2; — 26 janv. 1892, art. 7);

10. **Tribunaux correctionnels.** — 1 fr., pour les oppositions aux jugements émanant des juridictions répressives, telles que tribunaux de simple police, correctionnels et criminels (LL. 22 frim., art. 68, § 1er, n° 48; — 19 fév. 1874, art. 2; — 28 avr. 1893, art. 22);

11. **Justices de paix.** — 1 fr. pour les oppositions aux jugements des justices de paix (L. 26 janv. 1892, art. 6);

12. **Tribunaux de commerce et de première instance.** — 2 fr. pour les oppositions aux jugements des tribunaux de commerce ou de première instance (L. 26 janv. 1892, art. 7);

13. **Cours d'appel.** — 3 fr. pour les oppositions aux arrêts des Cours d'appel (L. 26 janv. 1892, art. 7).

14. **Contrainte.** — L'opposition à une contrainte ayant pour objet le recouvrement d'une somme inférieure à 100 fr. doit être enregistrée gratis. Elle donne, au contraire, ouverture au droit fixe de 1 fr., si la somme excède 100 fr. (Sol. 2 sept. 1831, 10112 J. E.).

15. **Scellés.** — Les oppositions, signifiées aux juges de paix pour leur faire défense d'apposer des scellés, ou de les lever, sont passibles du droit de 2 fr. (5502 et 13026-1 J. E.).

ORDONNANCE DU JUGE.

49. **Ordonnances de référé.** — Les ordonnances de référé sont, au provisoire, de véritables jugements; en

général, elles ne préjugent rien sur le fond, et n'ont d'autre but que d'ordonner ou d'empêcher une mesure, d'arrêter ou de hâter une exécution (Chauveau et Carré, t. VI, p. 539, sur l'art. 806; — Dalloz, v° *Référé*, n° 67; — Rousseau et Laisney, t. VII, p. 249, n° 6, et p. 253, n° 22). Aussi avons-nous enseigné qu'en principe elles ne sont passibles que du droit fixe et que, sauf des cas exceptionnels, elles ne donnent pas ouverture aux droits proportionnels de titre ou de condamnation (*Rép. gén.*, 7e éd., v° *Jugement*, n° 589, et *Ordonnance*, n°s 48 et 49).

La jurisprudence de l'Administration a créé une certaine confusion sur le point de savoir si la loi de 1892 s'applique à ces ordonnances. Dans le paragraphe relatif à l'interprétation de l'art. 11 de la loi nouvelle en matière de dispositions indépendantes, l'I. G. n° 2816 déclare que les référés constituent de véritables jugements et doivent, à ce titre, être affranchis de la pluralité des droits (p. 16). D'autre part, lorsqu'elle examine la question de savoir si les nouveaux tarifs leur sont applicables, elle s'exprime ainsi (p. 27 et 28) : « Les jugements, sentences d'arbitre et arrêts de cours d'appel, ainsi que les procès-verbaux de conciliation ou de non-conciliation dressés par les juges de paix, sont seuls visés par l'art. 17. Il en résulte que les autres actes judiciaires restent soumis à la législation en vigueur, quant à la quotité du droit fixe et quant au minimum du droit proportionnel. Il en est ainsi notamment des *ordonnances autres que celles de référé* (Voir p. 10)... »

Ainsi, l'Administration pensait que la loi nouvelle s'appliquait, dans toutes ses dispositions, aux ordonnances de référé; mais elle n'a pas persisté dans cette appréciation. Dès le 18 août 1892, elle a rendu la Solution suivante : « Les ordonnances de référé (art. 806 et s. C. proc.), bien que rentrant avec les jugements parmi les actes de juridiction contentieuse, ont toujours reçu dans le langage de la procédure et du droit fiscal une dénomination particulière qui est commune à toutes les décisions rendues par un juge seul. La loi du 22 frim., art. 68, § 2, n° 6, les a tarifées, sous cette dénomination d'ordonnances, au droit fixe de 2 fr. élevé à 3 fr. par la loi du 28 avr. 1816, art. 44, n° 10, et à 4 fr. 50 par celle du 28 fév. 1872, art. 4. Ce tarif ne paraît pas avoir été modifié par l'art. 17 L. 26 janv. 1892 qui est spécial aux jugements, aux arrêts, aux procès-verbaux de conciliation et de non-conciliation. Il y a lieu, dès lors, de continuer à l'appliquer » (7981 R. P.).

Après une décision aussi nette, on s'explique difficilement comment l'Administration a pu réclamer le droit de condamnation au tarif de 2 fr. p. 100, édicté par la loi nouvelle, sur une ordonnance de référé contenant injonction à une partie de remettre à une autre partie des titres de valeurs mobilières. C'était se mettre en contradiction, d'un côté, avec le principe que les ordonnances de référé, ne statuant que sur des mesures provisoires, échappent au droit proportionnel de condamnation, — d'un autre côté, avec la Solution de 1892 reconnaissant que les tarifs de la loi nouvelle ne s'appliquent pas à cette catégorie d'actes judiciaires. Aussi la réclamation a-t-elle été rejetée péremptoirement par le tribunal (Bagnères-de-Bigorre, 21 fév. 1896, 8941 R. P.) En présence de cette décision, contre laquelle l'Administration ne s'est pas pourvue, on doit tenir pour certain que les tarifs institués par la loi de 1892 n'atteignent pas les ordonnances de référé. La logique commanderait peut-être de leur refuser, par voie de conséquence, le bénéfice de l'art. 11 qui abroge le principe de la pluralité des droits en matière d'actes judiciaires; mais l'Administration n'a pas été jusque-là (V. n° 54 *infrà*, et *Jugement*, n° 28-2).

53. Exécutoire. — V. *Exécutoire de dépens*, n°s 3 et 4.

54. Ordonnances sur requête. — Les ordonnances sur requête ne sont pas nommément visées par la loi nouvelle; d'autre part, la législation fiscale les a assimilées aux simples actes s. s. p., soit au point de vue du délai dans lequel elles doivent être enregistrées, soit en ce qui concerne le mode de payement des droits qui leur sont applicables (*Rép. gén.*, v° *Ordonnance du juge*, n°s 69 et 72). On doit en conclure qu'elles restent soumises aux tarifs antérieurs. C'est ce que l'Administration a formellement reconnu par une Sol. 20 janv. 1893 (8078 R. P.). Par voie de conséquence, le bénéfice de l'art. 11 de la loi de 1892 est refusé aux ordonnances de cette espèce, bien qu'il soit cependant accordé aux ordonnances de référé. — V. n° 49 *suprà*, et *Jugement*, n° 28-1.

54 *bis*. Ordonnances en matière de divorce. — Dans la procédure de divorce, il existe des ordonnances qui présentent un caractère tout particulier et qui se distinguent à la fois des ordonnances sur requête et des ordonnances de référé.

Sous l'empire du C. C., le tribunal était compétent, à l'exclusion du Président, pour statuer sur les mesures provisoires destinées à régler la situation des époux pendant l'instance en divorce (C. civ. 268); il lui appartenait spécialement de fixer la provision alimentaire à payer par le mari (*Conf.* C. proc., 878 *in fine*). La loi des 19-27 juill. 1884 a maintenu cette règle, et c'est seulement la loi du 18 avr. 1886 qui a délégué au Président la compétence dont le tribunal était antérieurement investi. Ce magistral exerce donc aujourd'hui, en vertu d'un droit propre, les pouvoirs que le tribunal possédait précédemment, et l'ordonnance qu'il rend équivaut à un véritable jugement. C'est ainsi qu'aux termes de l'art. 238-3°, cette ordonnance est exécutoire par provision et susceptible d'appel dans les délais fixés par l'art. 809 C. proc. « A notre sens, dit M. Carpentier, l'ordonnance ne sera jamais susceptible d'opposition, et devra être traitée, à cet égard, comme l'ordonnance de référé à laquelle elle paraît être assimilée. » (*Traité du Divorce*, 2e partie, p. 100. Il est vrai que les ordonnances de l'espèce peuvent être modifiées par le tribunal au cours de la procédure; mais cela ne leur enlève pas le caractère de jugements. C'est ainsi que la réformation ou l'infirmation ne peuvent s'obtenir que par la voie de l'appel.

Des divergences s'étaient produites à cet égard dans la jurisprudence des Cours d'appel; mais la Cour de cassation a tranché nettement la difficulté par un arrêt du 29 juin 1892 (S. 93-1-242) : « Attendu que de la combinaison des §§ 3 et 5 de l'art. 238 C. civ., il résulte que, jusqu'au jour où le tribunal est saisi de la demande en divorce, le Président statue par voie d'ordonnance sur les mesures provisoires que l'introduction de l'instance rend nécessaires, après quoi les pouvoirs de ce magistral passent au

ORDRE.

90. Ordres amiables et judiciaires. Caractère définitif. — Les ordres amiables ou judiciaires ont un caractère définitif et ne sauraient être rectifiés lorsqu'ils ont acquis l'autorité de la chose jugée, lors même qu'il s'agirait de demandes en restitution de sommes [illegible] indûment touchées pour défaut d'autorisation maritale (Cass. civ., 13 [illegible] 1905, 10020 R. P.).

tribunal, lequel, s'il y a lieu, modifie ou complète, sous forme de jugements d'incidents, les mesures provisoires déjà prescrites : — Attendu que cette dernière disposition ne saurait avoir pour effet de supprimer le droit d'appel que le § 3 consacre expressément au profit de la partie intéressée contre les ordonnances du Président ; que cette suppression ne résulte ni expressément ni implicitement des termes employés par le § 5, dont le seul but a été d'autoriser le tribunal à pourvoir aux changements qui, durant l'instance, peuvent survenir dans la situation des parties et nécessiter des changements correspondants dans les moyens provisoires primitivement prescrits... ; que, dès lors, l'appel en cette matière reste soumis aux principes généraux sous la seule restriction du délai dans lequel il doit être formé... »

En rapportant cette décision, l'arrêtiste des Pandectes précise clairement la doctrine qui s'en dégage : « Les §§ 3 et 5 de l'art. 238 ont été édictés en vue de situations et de besoins parfaitement distincts. Le 1er de ces paragraphes confère au Président un droit nouveau, celui de statuer, dès le début de l'instance, par voie d'ordonnance, sur certaines mesures d'une indispensabilité incontestable, et il ajoute que cette ordonnance est susceptible d'appel dans les délais fixés par l'art. 809 C. P. civ., c'est-à-dire que la Cour appréciera si les mesures prescrites par le Président répondaient aux besoins, aux nécessités que comportait la situation des parties au moment même où il a statué. Mais cette situation peut se modifier pendant le cours du procès, et, en cas d'affirmative, la conséquence peut en être que les mesures ordonnées par le Président aient besoin aussi d'être modifiées ou complétées, pour satisfaire aux exigences du nouvel état de choses. Alors, c'est le tribunal qui y pourvoira, le § 5 de l'art. 238 le dit très nettement. Ainsi, pas de conflit à redouter entre la Cour et le tribunal. La Cour n'aura pas à se préoccuper des compléments ou modifications qui, par suite des changements survenus dans la position originaire des parties, pourraient être apportés aux mesures provisoires ordonnées par le Président ; et, par contre, si cette situation est restée la même, le tribunal devra respecter les mesures prescrites par ce magistrat ».

En présence de cette interprétation de l'art. 238, il est manifeste que, comme le disait M. Denormandie, lors de la discussion au Sénat de la loi de 1886, le Président est, en pareil cas, « un juge dans toute la force du terme..., le juge du contentieux » (Sirey, *Lois annotées*, 1886, p. 52, note 10) ; que ses ordonnances équivalent à de véritables jugements et qu'elles portent en elles l'autorité de la chose jugée, sauf l'exercice du droit d'appel (*Comp.* Cass., 11 avril 1865 ; D. P. 66-1-66). Ce sont donc les règles des jugements qu'il faut leur appliquer au point de vue de la perception de l'impôt.

Ces considérations ont déterminé l'Administration à soutenir que les ordonnances de l'espèce ne diffèrent pas, quant à leur caractère et à leur autorité, des jugements rendus par les tribunaux et qu'elles doivent être assujetties aux mêmes droits de condamnation qu'eux (Sol. 20 janv. 1893 et 27 fév. 1894, 8078 et 8264 R. P.).

Cependant, sans contester le caractère qui s'attache à ces décisions, on peut se demander si elles emportent condamnation au sens juridique de ce mot. Le tribunal de la Seine a reconnu, le 1er fév. 1894, que l'ordonnance du magistrat conciliateur, qui accorde une pension alimentaire pendant l'instance en divorce, ne peut être assimilée à un jugement emportant condamnation et qu'elle ne saurait, dès lors, conférer l'hypothèque judiciaire : « Attendu, porte le jugement, que le législateur, en conférant au juge conciliateur, par application de l'art. 238 nouveau du C. civ., le pouvoir de statuer provisoirement sur les aliments dus aux époux, a voulu seulement assurer à ceux-ci les ressources nécessaires pour subsister pendant la période préparatoire de l'instance ; que, sur ce point, la décision du juge conciliateur a un caractère essentiellement provisoire, puisque le tribunal doit, à peine de déchéance pour le demandeur, être saisi de la demande principale dans les vingt jours qui suivent l'ordonnance, et, dans ce délai, être appelé à statuer sur le même objet ; que le pouvoir du Président, dans cette matière, est donc exactement le même que celui qu'il exerce en matière de référé ; — qu'un acte de cette nature ne peut être assimilé à un jugement emportant condamnation ni à aucun des actes auxquels les art. 2117 et 2123 C. civ. attribuent seuls le pouvoir de conférer l'hypothèque judiciaire... »

Par un jugement du 6 nov. 1897 (9271 R. P.), le même tribunal, se plaçant sur le terrain de la stricte interprétation des textes législatifs, a décidé que l'art. 69, § 2, n° 9 L. 22 frim., qui a établi le droit proportionnel de condamnation dont le taux a été majoré par la loi du 26 janv. 1892, ne vise que les jugements sans parler des ordonnances. Les dispositions des lois fiscales ne pouvant être étendues sous prétexte d'analogie, il en résulte que ce droit n'atteint pas les ordonnances du Président qui, au cours d'une instance en divorce, fixent la pension alimentaire à servir par le mari à sa femme.

Mais que l'on envisage la difficulté au point de vue que nous avons signalé ou que l'on s'en tienne, comme le tribunal, à la lettre de la loi, l'Administration ne peut, ce semble, que s'incliner devant la décision du tribunal de la Seine.

Toutefois, les mêmes motifs, spéciaux aux ordonnances, ne sauraient s'appliquer aux jugements. Décidé, en conséquence, que le droit proportionnel de condamnation est exigible sur le jugement par lequel un tribunal, prononçant un divorce, condamne le mari à servir à la femme une pension alimentaire jusqu'à l'issue de la liquidation. Il importe peu que le jugement se borne à confirmer, sur ce point, une ordonnance du Président antérieurement rendue, du moment où la condamnation contenue dans le jugement a été formellement provoquée par les conclusions de la demanderesse (Seine, 28 mai 1900, 9902 R. P.).

74. Droits de greffe. — Les droits de greffe ont été supprimés par l'art. 4 L. 26 janv. 1892.

ORDRE.

80. Distribution. — Juge-commissaire. — Compétence. — Le juge-commissaire, chargé de procéder au règlement des sommes à distribuer par voie de contribution, est compétent pour déduire les droits de mutation par décès indûment réclamés, de ce chef, à l'hoirie (Marseille, 11 mai 1900, 9933 R. P.).

115 *bis*. — **Exploits**. — 1. Réduction du tiers. — L'art. 8 L. 26 janv. 1892 avait réduit d'un tiers le droit d'enregistrement des exploits relatifs aux procédures d'ordre judiciaire et de contribution judiciaire; il étendait ainsi la modération de tarif, accordée par l'art. 7 en matière d'instances, à tous les actes extrajudiciaires signifiés au cours de ces procédures, qui ne constituent pas des instances. Cette réduction est devenue la règle générale depuis l'article 22 L. 28 avril 1893.

2. Suppression de la pluralité. L. 28 avril 1893. — La loi de 1892 laissait subsister le principe de la pluralité des droits déterminés par le nombre des parties (L. 22 frim., art. 68, § 1er, n° 30). L'art. 23 L. 28 avril 1893 a complété sur ce point l'œuvre commencée en 1892, en abrogeant expressément ce principe en matière d'ordre et de contributions judiciaires. En conséquence, il n'est plus dû qu'un seul droit pour ces exploits, quel que soit le nombre des demandeurs et des défendeurs.

117 et 130. Droits de greffe. — Les droits de greffe ont été supprimés par l'art. 4 L. 26 janv. 1892.

132. Tarif. — **L. 26 janv. 1892**. — L'art. 16, qui établit le droit proportionnel compensateur des dégrèvements, en fixe la quotité, savoir : à 0 fr. 75 p. 100 pour les ordres amiables (§ 3); — à 1 fr. p. 100 pour les ordres judiciaires, les contributions de même nature et les distributions de prix réglées à l'audience (§ 4, n° 2).

132 *bis*. **Exigibilité du droit**. — Le droit compensateur de 0 fr. 75 pour les ordres amiables et de 1 fr. p. 100 pour les ordres judiciaires, les contributions de même nature et les distributions de prix réglées a l'audience, est exigible, suivant les cas, comme l'était le droit de collocation qu'il remplace, soit sur le jugement qui règle la distribution du prix en exécution de l'art. 773 C. proc., soit sur l'acte par lequel le juge-commissaire ordonne la délivrance des bordereaux ou mandements aux créanciers utilement colloqués (Inst. n° 2816).

138. Assiette du droit. — En toute hypothèse, le droit est perçu sur le montant des sommes mises en distribution.

1. Règlement partiel. — En cas de règlement partiel, comme dans l'hypothèse prévue par l'art. 758 C. proc., l'impôt doit être liquidé seulement sur les sommes définitivement attribuées, à l'exclusion de celles qui sont réservées pour désintéresser les créanciers contestés et sur lesquelles l'impôt ne sera perçu qu'au moment de leur distribution effective (2816 I. G., p. 23).

2. Créanciers privilégiés. — La taxe doit être liquidée comme l'était, sous l'empire de la loi du 28 fév. 1872, le droit de collocation qu'elle remplace (Déclarations faites au cours des débats parlementaires, *J. Off.* 20 janv. 1892, Sénat, p. 52, col. 3; — Inst. 2816, p. 18 et 23), c'est-à-dire sur le montant total des sommes attribuées aux créanciers sans distinction entre eux, qu'ils soient hypothécaires, privilégiés ou seulement chirographaires.

Ce principe a été spécialement mis en lumière dans les décisions rendues en matière de faillites — V. *Faillites*, n° 155.

138 *bis*. **Minimum**. — **Ordres amiables**. — D'après la doctrine et la jurisprudence, les ordres amiables ne constituent pas des injonctions judiciaires proprement dites (Boitard, *Leçons de proc.*, t. II, n° 1025; — Cass. 9 mars 1863, Inst. 2244, § 5). Le minimum du droit dû sur les *jugements* en vertu, soit de la loi du 22 frim., soit de celle du 26 janv. 1892, est, dès lors, inapplicable à ces actes.

Considérés comme actes *judiciaires innomés*, ils étaient assujettis au droit fixe de 1 fr. antérieurement à la loi du 28 fév. 1872 (Sol. 21 juin 1864). Comme cette dernière loi et celle du 26 janv. 1892 ont eu pour seule conséquence de soumettre au droit proportionnel les ordres amiables et n'édictent aucun minimum, il y a lieu d'admettre que les ordres amiables ne sont pas assujettis aux droits minima fixés par l'art. 17. C'est donc le minimum de 0 fr. 25 établi par l'art. 3 L. 27 vent. an IX qui serait applicable, le cas échéant (Sol. 26 juin 1894, 8488 R. P.).

146. Délai d'enregistrement. — V. n° 168 *infrà*.

160. Actes de produit. — L'art. 754 C. proc., au titre de l'ordre judiciaire, porte que, dans les 40 jours de la sommation faite aux créanciers inscrits de produire leurs titres pour parvenir à l'ordre judiciaire, tout créancier est tenu de produire ses titres avec acte de produit signé de son avoué et contenant demande en collocation. L'art. 660 contient une disposition analogue en matière de contribution judiciaire.

Ces actes de produit comportaient le droit fixe d'enregistrement de 1 fr. 50, auquel sont soumis les actes judiciaires non spécialement tarifés (620 I. G.). L'art. 9 L. 26 janv. 1892 a réduit le droit à 0 fr. 50.

162. Droits de greffe. — V. n° 117 et 130 *suprà*.

167 *bis*. **Ordre judiciaire**. — **Tarif, exigibilité et assiette du droit**. — V. nos 132, 132 *bis* et 138 *suprà*.

1. Minimum. — Les ordres et contributions judiciaires se trouvent soustraits tout à la fois aux anciens droits fixes par l'abrogation de la législation antérieure (art. 15), et aux nouveaux droits minimum, puisqu'ils sont passés sous silence par l'art. 17. Il y a donc lieu d'adopter la même solution que pour les ordres amiables. — V. n° 138 *bis*, *suprà*.

167 *ter*. **Contredit**. — **Rejet**. — Constitue un débouté de demande la disposition du jugement qui, au cours de la procédure d'ordre, rejette un contredit. Le jugement qui, statuant sur un contredit formé collectivement par plusieurs créanciers, le rejette en ce qui concerne les uns, et l'admet en ce qui concerne les autres, contient deux dispositions indépendantes, et, comme le droit de débouté est le droit fixe le plus élevé, c'est lui qui doit être perçu (Sol. 17 avr. 1897, 9273 R. P.).

168. Délai d'enregistrement. — L'I. G. 2816 rappelle qu'il n'y a pas de délai de rigueur pour l'enregistrement des procès-verbaux d'ordre ou de contribution et qu'il suffit que ces procès-verbaux soient présentés à la formalité avant la délivrance des bordereaux ou mandements de collocation (436, § 60 et 1701, n° 8, I. G.).

[illegible]. Ordre par voie d'attribution devant le tribunal. Moins de quatre créanciers inscrits. Créanciers privilégiés non inscrits. Procédure. — La loi déclare qu'on doit régler les ordres devant le tribunal dans les conditions des litiges ordinaires s'il y a moins de quatre créanciers inscrits, ce qui exclut les créanciers privilégiés qui n'ont pas d'inscription au moyen de laquelle ils puissent se faire connaître. Il ne peut y avoir incompétence *ratione materiæ*, lorsque plus de quatre créanciers se sont révélés au cours de l'ordre, puisque la juridiction du tribunal et celle du juge commissaire sont identiques de leur nature, ce dernier ne procédant que par délégation du tribunal. Une irrégularité de forme peut, dès lors, être couverte par une défense au fond (Chambéry, 19 janv. 1904, 10559 R. P.).

[illegible]-138 et 138. Partie du prix d'un immeuble réservée dans un règlement d'ordre. Collocation ultérieure opérée par jugement. Droit de 1 p. 100. — En cas de règlement partiel d'ordre, le droit proportionnel ne doit être liquidé que sur les sommes définitivement attribuées, à l'exclusion de celles qui sont réservées pour désintéresser un créancier contesté et sur lesquelles l'impôt ne devient exigible qu'au moment de leur collocation effective. L'attribution ultérieure des sommes ainsi réservées donne lieu à la perception du droit proportionnel, alors même qu'elle est effectuée par un jugement, au lieu de l'être par un règlement d'ordre complémentaire, la loi assujettissant à l'impôt tout règlement d'attribution de prix, quelle qu'en soit la forme (Mauriac, [illegible] 1923, 15053 R. P.).

197 et 198. Collocation en sous-ordre. Disposition indépendante. Droit particulier. — Au point de vue de la perception de la taxe des frais de justice établie par la L. 26 janv. 1892, les collocations en sous-ordre doivent être considérées comme indépendantes des collocations principales, et donnent ouverture à un droit particulier comme faisant l'objet d'un second ordre (Pontoise, 25 oct. 1903, 1970 R.P.; Cass. (civ.), 27 mars 1905, 1006 R. P.).

171. Bordereaux de collocation. — Timbre. — Indépendamment des dégrèvements relatifs aux droits d'enregistrement, la loi du 26 janv. 1892 a réformé la perception des droits de timbre sur les mandements ou bordereaux de collocation délivrés aux créanciers par les greffiers. Considérés comme des extraits du procès-verbal d'ordre ou de contribution, ces bordereaux ne pouvaient être dressés que sur du papier frappé du timbre d'expédition et ne pouvaient pas contenir plus de 20 lignes à la page et de 8 à 10 syllabes à la ligne.

La loi de 1892 a apporté une double innovation : en premier lieu, elle a prescrit l'usage de papier de dimension au tarif ordinaire (0 fr. 60 ou 1 fr. 20); en second lieu, elle a permis d'écrire 35 lignes à la page, et de 20 à 25 syllabes à la ligne, compensation faite d'une feuille à l'autre.

Ces dégrèvements profitent aussi bien aux ordres amiables qu'aux ordres et contributions judiciaires. Mais ils sont limités aux bordereaux de collocation. Aucun autre extrait du procès-verbal d'ordre ne saurait en bénéficier (2816 I. G., p. 12). Un député avait demandé, par voie d'amendement, que la même faculté fût accordée pour l'ordonnance du juge qui clôt l'ordre et ordonne la radiation des inscriptions hypothécaires.

Le Commissaire du Gouvernement a fait remarquer que la réduction accordée pour les bordereaux de collocation était motivée sur ce fait que ces pièces ne constituent pas des expéditions proprement dites, mais plutôt de simples actes du greffier, et que le même motif ne pouvait s'appliquer à l'expédition de l'ordonnance. L'amendement a été repoussé (Séance du 14 déc. 1891).

173. Droits de greffe. — Suppression totale. — Tout droit de greffe a été supprimé par l'art. 4 L. 1892. Pour tenir lieu aux greffiers de la remise qui leur était précédemment accordée, un décret du 23 juin 1892 (7863 R. P.) leur a alloué 0 *fr.* 05 par page pour les mandements ou bordereaux de collocation qu'ils délivrent.

176-183. L. 26 janv. 1892. — La loi du 26 janv. 1892 n'a rien innové en ce qui concerne les ordres consensuels et les contributions amiables (2816 I. G., p. 23).

194. Consignation de prix. — Ordonnance de validité. — Quittance. — L'ordonnance insérée dans un procès-verbal judiciaire et qui, conformément à l'art. 777 C. P. civ., déclare valable, à défaut de contestation, la consignation des prix effectuée à la Caisse des Consignations par l'adjudicataire des biens saisis, n'est pas passible du droit de 0 fr. 50 p. 100 pour libération; elle ne donne ouverture qu'au droit de collocation, à raison de la distribution, entre les créanciers inscrits, de la somme déposée. Il en est ainsi, soit que la validité de la consignation et la collocation aient été prononcées simultanément (Louviers, 23 mai 1893; — Sol. 28 août 1893, 8362 R. P.), soit qu'elles aient été prononcées à des dates différentes (Sol. 6 avr. 1894, 8362 R. P.). La raison en est que les diverses parties du procès-verbal d'ordre ne forment qu'une seule opération, un seul acte, et que cet acte, pris dans son ensemble, est sujet au droit de collocation à 0 fr. 50 p. 100.

Toutefois, lorsque l'ordonnance de validité est présentée isolément à la formalité et avant enregistrement du règlement définitif, elle est passible du droit de libération de 0 fr. 50 p. 100. On ne saurait, en effet, objecter, dans cette hypothèse, que l'ordonnance est une disposition dépendante de la procédure d'ordre et qu'à ce titre elle ne peut donner ouverture à un droit de libération distinct du droit proportionnel perçu lors du règlement définitif (Seine, 3 juill. 1897, 9320 R. P.) : « Il ne saurait être question, dit ce jugement, de disposition dépendante, alors qu'au point de vue fiscal, la disposition principale n'existe pas encore et peut ne jamais exister ».

196 à 198. Sous-ordre. — Sous l'empire de la législation antérieure à 1892, la doctrine administrative a varié sur le point de savoir si la distribution en sous-ordre est indépendante de l'ordre proprement dit. Une Sol. 24 mars 1860 (1334 R. P.) avait d'abord admis la négative; mais l'opinion contraire a ensuite prévalu (Dieppe, 3 mai 1866, 2235 R. P.; — Sol. 22 mars 1879 et 29 mars 1887, *Rép. gén.*, 7e éd., v° *Ordre*, n° 198). A nos yeux, l'exigibilité d'un droit particulier était et est encore aujourd'hui complètement justifiée; lorsque le montant d'une collocation est distribué aux créanciers du créancier colloqué à l'ordre, cette opération, qui s'effectue entre un nouveau débiteur et des créanciers spéciaux, est, en réalité, un second ordre passible, comme le premier, de l'impôt sur la somme distribuée.

Un jugement du tribunal de Saint-Yrieix du 24 mai 1899 (9626 R. P.) a cependant décidé que les collocations en sous-ordre ne sont pas passibles d'un droit particulier indépendant de celui qui est dû sur les collocations principales, et que si un doute pouvait exister à cet égard sous l'empire de la L. du 22 frim., il devrait disparaître en présence de la L. du 26 janv. 1892 qui, en établissant l'impôt sur le montant des sommes mises en distribution, ne permet pas de liquider la perception sur une somme supérieure à celle qui est distribuée.

Mais l'Administration n'a pas accepté la doctrine de ce jugement et elle continue à soutenir, conformément à notre avis, que les collocations en sous-ordre doivent toujours être soumises à la taxe comme faisant l'objet d'un second ordre (Sol. 8 juin 1899, 9746 R. P.).

205 *bis*. L. 26 janv. 1892. — Point de départ. — L'art. 24 L. 26 janv. 1892 édicte que les dispositions des art. 4 à 21 ne sont pas applicables aux minutes, copies ou expéditions d'actes, jugements, sentences ou arrêts relatifs à des procédures commencées avant le 1er juill. 1892.

Pour les ordres, le point de départ de la procédure est le procès-verbal du juge qui en constate l'ouverture, et qui commet un ou plusieurs huissiers à l'effet de sommer les créanciers de produire (C. proc., 752).

Ordres amiables. — En matière d'ordre amiable, le juge procède généralement, sous forme de procès-verbal ou d'ordonnance, à la rédaction d'un acte analogue par lequel il prescrit la convocation des créanciers inscrits et fixe le jour, l'heure et le lieu de la réunion (Chauveau, n° 2550 *ter*; — Grosse et Rameau, t. Ier, p. 201, nos 171 et 172; — Dutruc, v° *Ordre*, n° 83; — Rousseau et Laisney, v° *Ordre*, n° 185 et formule 4, vol. 6, p. 621; — Dalloz, *Jur. gén.*, v° *Ordre*, n° 153).

C'est cet acte qui doit être considéré comme opérant l'ouverture de l'ordre amiable et fixant le commencement de la procédure pour l'application de la loi du 26 janv. 1892.

Mais, lorsqu'il n'est pas rédigé, son équivalent se trouve dans l'envoi des avertissements par le greffier, envoi dont la date se trouve toujours constatée par le récépissé du receveur de la poste annexé au procès-verbal et qui constitue alors le début des opérations de l'ordre (Sol. 29 août 1892, 7982 R. P.).

206. Contributions de deniers. — Règle. — Toutes les règles précédemment indiquées sont applicables à la contribution de deniers qui, en droit fiscal, est régie par les mêmes principes que l'ordre.

PARTAGE.

3. Indivision. — Partage différé. — Habitations à bon marché. — La L. 30 nov. 1894, sur les habitations à bon marché (8448 R. P. — V. *C. des Lois*) renferme, en ce qui concerne les habitations à bon marché, les dispositions suivantes :

Art. 8. — Lorsqu'une maison individuelle, construite dans les conditions édictées par la présente loi, figure dans une succession, et que cette maison est occupée, au moment du décès de l'acquéreur ou du constructeur, par le défunt, son conjoint, ou l'un de ses enfants, il est dérogé aux dispositions du Code civil, ainsi qu'il est dit ci-après :

1° Si le défunt laisse des enfants, l'indivision peut être maintenue, à la demande du conjoint ou de l'un de ses enfants, pendant cinq années à partir du décès.

Dans le cas où il se trouverait des mineurs parmi les descendants, l'indivision pourra être continuée pendant cinq années à partir de la majorité de l'aîné des mineurs, sans que sa durée totale puisse, à moins d'un consentement unanime, excéder dix ans.

Si le défunt ne laisse pas de descendants, l'indivision pourra être maintenue pendant cinq ans à compter du décès, à la demande et en faveur de l'époux survivant, s'il en est copropriétaire au moins pour moitié et s'il habite la maison au moment du décès.

Dans ces divers cas, le maintien de l'indivision est prononcé par le juge de paix, après avis du conseil de famille.

40. Licitation. — Colicitants adjudicataires conjoints. — Effet déclaratif. — Le partage partiel qui maintient deux héritiers dans l'indivision, mais fait cesser l'indivision vis-à-vis d'un troisième, produit son effet déclaratif vis-à-vis de ce dernier. L'indivision subsistant entre les deux autres est une indivision nouvelle qui a sa cause, non plus dans la dévolution héréditaire, mais bien dans la convention des parties, et n'intéresse plus que les rapports respectifs des communistes (Cass. 21 mai 1895, 8645 R. P.).

Nous avons examiné v° *Licitation*, n° 198, les conséquences fiscales de cet arrêt. Nous renvoyons *loc. cit.*

56 à 60. Tarif. — Le droit fixe gradué a été supprimé et remplacé par un droit proportionnel de 0 fr. 50 p. 100, qui se perçoit, dans les mêmes conditions et sur les mêmes bases que l'ancien droit gradué (L. 28 avr. 1893, art. 19, 8053 R. P. — V. *C. des lois*).

Le droit est dû sur la valeur des biens au jour où, par l'effet du partage, ils sortent de la masse indivise et deviennent la propriété de chacun des copartageants (Sol. 18 janv. 1896, 1492 R. E.).

58. Liquidation de communauté et de succession. — Attribution de valeurs divises aux ayants droit. — Partage. — Constitue un partage l'acte — d'ailleurs ainsi qualifié par les parties — intervenu entre un mari commun en biens et l'héritier de la femme prédécédée, et qui a pour résultat de liquider la communauté et la succession, de fixer le prélèvement des reprises et d'approprier chacun des copartageants de droits distincts et spécialisés lui permettant de disposer, sans le concours de l'autre, des objets ou valeurs mis dans son lot (Bordeaux, 21 déc. 1887; — Cass. civ. 13 avr. 1891, 7692 R. P.).

61. Meubles. — Règlement antérieur. — *Lorsque*, dans l'acte contenant le partage d'une succession, les parties reconnaissent qu'elles se sont réglées antérieurement, de la main à la main, au sujet des meubles meublants et objets mobiliers qui dépendaient de l'hérédité, cette énonciation rend exigible le droit de partage, d'après la déclaration que les parties ont, seules, qualité pour souscrire, à l'exclusion du notaire, à moins que ce dernier ne se porte fort (Sol. 30 mars 1899, 9696 R. P.).

64. Rapport en moins prenant. — Dans une liquidation partage de communauté et succession, le droit de 0 fr. 15 p. 100 est exigible, non seulement sur les valeurs qui font l'objet du partage, mais encore sur les sommes données en avancement d'hoirie et qui sont rapportées en moins prenant, afin de déterminer la part de la succession dans la communauté d'acquêts (Rouen, 9 juin 1898, 9456 R. P.)

72. Cession. — Prix. — Droit de partage. — Non-déduction. — La valeur de la part acquise à titre de licitation ne doit pas être déduite de l'actif partagé pour la liquidation du droit de partage (Bordeaux, 18 déc. 1899, 9880 R. P.).

77. Partages judiciaires. — Taxe de 0 fr. 25 p. 100. — La L. 26 janv. 1892 (V. *C. des lois*) a créé une taxe de 0 fr. 25 p. 100 sur les partages judiciaires. Toutes les décisions relatives à l'application de cette taxe sont rapportées v° *Jugement* contenant le mot *Taxe des frais de justice*.

165. Échange. — Nue propriété. — Usufruit. — V. *Échange*, n° 30-3.

174. Veuve donataire en usufruit. — Transformation de l'usufruit en rente viagère. — Cession à titre onéreux. — L'acte par lequel les cohéritiers s'obligent à servir à la veuve une rente viagère pour lui tenir lieu des droits d'usufruit qu'elle possédait comme donataire dans la succession de son mari, alors qu'il ne contient aucune division des biens héréditaires ni aucune

PARTAGE.

3. Habitations à bon marché. — L'art. 8 de la loi du 30 nov. 1894 [a] été modifié par l'art. 8 de celle du 12 avril 1906. — 11202 R. P.

11. Ordre des opérations. Parties majeures. Faculté d'intervertir l'ordre légal. — Si, en principe, dans les partages de succession, les prélèvements à faire par les cohéritiers auxquels des rapports sont dus doivent s'effectuer avant la composition des lots, et si les lots doivent être constitués sur ce qui reste dans la masse à partager après ces prélèvements, les parties, lorsqu'elles sont majeures, peuvent déroger à cette procédure en intervertissant l'ordre légal des opérations (Cass. civ. 27 mai 1903, 10671 R. P.).

56. Modification de tarif. L. fin. 22 avril 1905. — L'art. 5 L. 22 avril 1905 a porté à 0,20 p. 100 le droit de 0,5 p. 100, édicté pour les partages par l'art. 19 L. 28 avril 1893 (10939 R. P.).

Algérie. Modification de tarif. Décr. 4 sept. 1905. (11267 R. P.).

59. Constructions édifiées au cours de l'indivision. Présomption de copropriété au profit de tous les communistes. Attribution à un seul. Liquidation du droit de soulte. — Les constructions élevées sur un terrain indivis sont présumées faites au profit de tous les communistes. Il en résulte que, si un acte de partage attribue à l'un d'eux la totalité de ces constructions, il y a lieu de percevoir le droit de soulte sur ce qui excède la part virile de l'attributaire, lorsqu'il n'est pas justifié que c'est par ce dernier seul et dans son intérêt exclusif que les constructions ont été édifiées (Nantes, 27 nov. 1902, 10601 R. P.).

61. Rapports de dots. Règlement particulier. Passif de la succession supérieur à l'actif. Droit de 0 fr. 15 p. 100. — Si, dans le partage de la succession de leur père, les enfants procèdent entre eux, par une disposition particulière de l'acte, à la répartition des dots inégales qu'ils ont reçues de leur auteur et se règlent entre eux, à ce sujet, cette clause constitue un partage partiel qui rend exigible le droit de 0 fr. 15 p. 100 sur les dots ainsi rapportées, alors même que le passif de la succession serait supérieur à l'actif, y compris les rapports (Bar-le-Duc, 24 déc. 1902, 10679 R. P.).

74. Société. Retrait partiel d'apports. Lotissement. Droit de 0 fr. 15 p. 100. — V. *Société*, n° 262-1 et 271.

75. Colonies. Partage passé et enregistré en France. Immeubles situés en Algérie. Droit de 0.15 p. 100. — L'acte passé et enregistré en France, contenant un partage d'immeubles situés en Algérie, est passible du droit de 0.15 p. 100 (Rochefort, 25 janv. 1905, 10932 R. P.).

100. Valeurs partagées antérieurement. Rétablissements à la masse demeurée indivise. Licitation déguisée sous les apparences d'un partage pur et simple. Restitution au contrat de son véritable caractère. Droit de mutation. — Lorsque, dans un partage de succession, des cohéritiers font à la masse restée indivise, et pour une importance égale à celle de cette masse, le rétablissement de valeurs mobilières qu'ils déclarent avoir partagées antérieurement, et qu'ils s'attribuent réciproquement, sans soulte ni retour, à l'un le montant des rétablissements et à l'autre la totalité d'un immeuble resté dans l'indivision, l'acte constitue, en réalité, sous les apparences d'un partage pur et simple, une véritable licitation de l'immeuble resté indivis et doit être, en conséquence, assujetti comme tel à la perception du droit de mutation (Seine, 25 mars 1905, 1077[illegible] R. P.).

120. Usufruitier et nu propriétaire. Absence d'indivision. Lotissements en pleine propriété. Caractère translatif, et non déclaratif, de la convention. Droit de mutation à titre onéreux. — Aucune indivision n'existant entre l'usufruitier et le nu propriétaire, l'acte par lequel ils conviennent de transformer, l'un son usufruit, l'autre sa nue propriété, en une portion de la pleine propriété, constitue, non pas un partage, mais une convention translative de propriété. Spécialement, lorsque le mari usufruitier des biens dépendant de la succession de sa femme prédécédée et les héritiers nus propriétaires se répartissent cette succession et prennent chacun une part de la pleine propriété en se faisant abandon réciproque de leurs droits à l'usufruit ou à la nue propriété des biens non compris dans leur lot, la convention présente les caractères juridiques d'un échange et est, en conséquence, passible du droit de mutation à titre onéreux auquel sont assujettis les contrats de cette nature (Le Havre, 15 déc. 1902, 10564 R. P.).

148. Emprunt contracté par les copartageants quelques jours auparavant. Fonds provenant de l'emprunt attribués à l'un d'entre eux. Remboursement de l'emprunt mis à la charge d'un autre copartageant, attributaire des immeubles affectés à la garantie de cet emprunt. Restitution au contrat de son véritable caractère. Droit de soulte. — Si l'Administration n'est pas fondée à réclamer le droit de soulte sur un acte de partage pur et simple qui comprend des biens de diverses origines, ce n'est qu'autant que les valeurs partagées appartiennent réellement à la masse commune. Spécialement, lorsque, dans le partage des biens dépendant d'une succession, les fonds provenant d'un emprunt contracté solidairement par les copartageants peu de jours auparavant sont compris dans la masse à répartir et attribués à l'un des héritiers, et que le remboursement de l'emprunt est mis à la charge d'un autre copartageant qui reçoit dans son lot les immeubles affectés à la garantie de cet emprunt, il y a lieu, pour la perception des droits, de faire abstraction de la somme empruntée, cette somme n'ayant été introduite dans la masse que pour éluder l'application du droit de soulte (Seine, 8 juill. 1904, 10630 R. P.).

191. Droits successoraux. Renonciation partielle. Libéralité. — *Conf.* Chartres, 27 fév. 1907, 11451 R. P.

207. Partage partiel. — Constitue un véritable partage partiel en ce qui concerne les valeurs sorties de l'indivision et donne ouverture au droit de 0.20 p. 100, l'arrêt d'une cour d'appel qui, tout en modifiant sur divers points le procès-verbal de liquidation-partage établi par un notaire commis et en prescrivant le redressement d'après des bases qu'il indique, décide toutefois que certains héritiers entreront en possession immédiate de valeurs héréditaires dont le notaire a proposé l'attribution divise à leur profit (Pau, 4 août 1906, 11383 R. P.).

219. Promesse d'attribution au profit d'un colicitant dernier enchérisseur. Partage réalisant cette attribution. Droit de soulte. — Le partage définitif qui réalise, au profit du colicitant dernier enchérisseur, la promesse d'attribution de biens indivis contenue dans un procès-verbal d'adjudication sur licitation, donne ouverture au droit de soulte sur les sommes que le copartageant doit verser à ses copropriétaires, ainsi que sur la part de passif qu'il est tenu d'acquitter à leur décharge (Lille, 18 juill. 1902, 10506 R. P.).

237. Soulte. Mode de liquidation des droits. — En matière de soulte de partage, le droit proportionnel à percevoir doit être liquidé de la façon la plus favorable aux parties, à moins que celles-ci n'aient entendu faire porter la soulte sur des valeurs déterminées; mais, dans cette hypothèse, c'est à l'Administration qu'il incombe de rapporter la preuve de l'imputation spéciale faite par les copartageants. Spécialement, lorsqu'un jugement d'adjudication sur licitation d'un immeuble héréditaire a été présenté à l'enregistrement en même temps qu'un acte de partage de tout l'actif de la succession, et que ce partage a expressément attribué à l'un des héritiers la totalité du prix de l'immeuble dont il s'est rendu adjudicataire, ainsi que des valeurs mobilières dépendant de la masse indivise, à charge de payer une soulte à ses copartageants, sans spécifier les valeurs auxquelles s'applique cette soulte, l'Administration n'est pas fondée à prétendre que les intéressés ont considéré la soulte comme formant exclusivement la contre-partie de l'attribution de l'immeuble, si son appréciation ne repose que sur des obscurités ou des contradictions dans la rédaction des clauses accessoires du partage et qu'elle se trouve nettement contredite par les dispositions principales de cet acte (Seine, 17 déc. 1905, [illegible] R. P.).

238. Soulte payable à terme. Lot comprenant du numéraire et des effets en portefeuille. Droit de 1 p. 100. — Lorsque, dans un acte de partage, il a été convenu que l'attributaire d'un lot comprenant notamment des espèces et des effets en portefeuille payerait à terme une somme déterminée à son copartageant, cette stipulation ne peut être considérée comme une délivrance pure et simple du numéraire et des effets faisant partie du lot du débiteur de la soulte, mais comme une obligation contenant promesse de payer et donnant, en conséquence, ouverture au droit de 1 p. 100 (Bordeaux, 5 juill. 1905, [illegible] R. P.).

239. Rentes sur l'État. — V. *infra*, n° 335.

240. Soulte. Imputation sur le prix d'adjudication d'immeubles. Droit de 4 fr. p. 100. — Le mode d'imputation admis par l'Inst. 342 n'est applicable que dans le cas où la soulte, dont se trouve grevé un lot comprenant des valeurs mobilières et immobilières, n'est pas considérée par les parties comme formant exclusivement le prix de valeurs immobilières. En conséquence, lorsqu'un jugement d'adjudication d'immeubles sur licitation est présenté à la formalité de l'enregistrement en même temps qu'un acte de partage qui attribue expressément, à titre de soulte, une partie du prix des immeubles à l'un des colicitants autre que l'adjudicataire, le droit de 4 fr. p. 100 est dû sur l'excédent d'attribution, alors même que le lot du copartageant grevé de la soulte comprend des valeurs dont la mutation donnerait ouverture à un droit moins élevé (Rouen, 30 juin 1903, 10772 R. P.).

Imputation faite par les parties. — V. *Droits successifs* (Cession de), n° 58, et *Partage d'ascendant*, n°s 172 et 233.

247. Soultes réciproques. Compensation. — Lorsque, dans un partage, des lots payent et reçoivent en même temps des soultes, il faut, pour la perception, compenser ces soultes, et le droit proportionnel n'est exigible que sur la différence qui seule, en définitive, représente l'excédent d'un lot sur l'autre (Meaux, 3 mai 1907, [illegible] R. P.).

attribution des lots, a le caractère d'une cession à titre onéreux et non d'un partage et confère à la crédi-rentière le privilège de vendeur (Cass. (req.), 5 juin 1899, [illegible] R. P.)

191. Droits successoraux. — Renonciation gratuite. — Libéralité. — La renonciation gratuite que fait un copartageant à une partie de ses droits dans un succession, constitue une libéralité et non une transaction. Si cette renonciation résulte d'un acte unilatéral concomitant à une liquidation-partage sujette à homologation dans laquelle il en est tenu compte pour la composition des lots, l'approbation de l'état liquidatif par les parties équivaut à une acceptation de la libéralité, et la perception du droit de donation doit, en conséquence, être effectuée lors de l'enregistrement du jugement d'homologation (Arras, 7 [illegible] 1901, 10153 R. P.).

200. Partage judiciaire. — Taxe des frais de justice. — V. observation faite *suprà*, n° 77.

205. Tirage au sort et délivrance des lots. — Le procès-verbal de tirage au sort et de délivrance des lots, qui fait cesser l'indivision, investit chaque copartageant de sa part dans la masse indivise et donne ouverture au droit de 0 fr. 15 p. 100 édicté par l'art. 19 L. 28 avril 1893. (Abbeville, 9 mars 1897, 8979 R. P.).

218. Lotissement transactionnel. — Constitue un partage dont l'homologation donne ouverture au droit de 0 fr. 15 p. 100 et à la taxe judiciaire de 0 fr. 25 p. 100 sur l'actif net partagé et liquidé, la convention, qualifiée transaction, par laquelle le mari survivant, institué légataire de la quotité disponible des biens composant la succession de sa femme, est investi d'une somme fixe qui doit être prélevée sur le prix à provenir de l'adjudication d'un immeuble de la succession et qui doit, en cas d'insuffisance de ce prix, être parfaite par les enfants mineurs, ceux-ci demeurant propriétaires exclusifs du surplus des valeurs héréditaires (Die, 18 juin 1902, 10001 R. P.).

220. Partage partiel. — Lotissement entre cohéritiers. — Bases de la perception. — Nous avons vu *suprà*, n° 56, que le droit gradué a été remplacé par un droit proportionnel de 0 fr. 15 p. 100. Sauf cette différence de tarif, les explications contenues dans la première partie de notre *Rép. gén.* restent en vigueur.

L'acte de lotissement qui attribue définitivement une part de la chose commune à l'un des propriétaires, pour le remplir de ses droits, sans faire cesser l'indivision à l'égard des autres intéressés, est passible du droit, non pas seulement sur les valeurs faisant l'objet du lotissement mais sur la totalité de la masse partageable que l'acte met en évidence, y compris l'attribution collective faite aux autres copropriétaires (Marseille, 30 avril 1889, 7463 R. P.).

Dans une espèce où il s'agissait d'une transaction sur procès par laquelle des héritiers attribuaient à certains d'entre eux, pour les remplir de leurs droits, un immeuble de la succession et leur versaient, en outre, une somme d'argent, il a été décidé que l'opération constitue un partage donnant ouverture au droit de 0 fr. 15 p. 100, alors même que l'indivision continue de subsister entre tous les héritiers autres que ceux lotis par l'acte de transaction. En conséquence, les parties sont tenues de déclarer, pour l'assiette de l'impôt, le montant total net des valeurs héréditaires, et non pas seulement celui des valeurs divises abandonnées (Caen, 11 mars 1896, 24836 J. E.).

Passif. — Mode de déduction. — Lorsqu'une hérédité fait l'objet d'un partage partiel, il y a lieu, pour la liquidation du droit de 0 fr. 15 p. 100, d'imputer le passif, en premier lieu, sur les biens restés indivis (Sol. 21 avr. 1896, 25190 J. E.).

224. Immeuble indivis attribué à l'un des héritiers. — Imputation de la valeur de cet immeuble sur le partage ultérieur. — Constitue un lotissement passible du droit gradué, et non pas une licitation sujette au droit proportionnel, l'acte par lequel un immeuble indivis est attribué à l'un des héritiers, sauf à lui à tenir compte de la valeur de cet immeuble dans le partage ultérieur de la succession (Reims, 11 fév. 1890; — Sol. 3 mars 1890, 7462 R. P.).

242. Soulte. — Fonds de commerce. — Marchandises neuves. — Absence d'évaluation détaillée. — Tarif de 0 fr. 50 p. 100 non applicable. — Lorsque, dans un partage, les biens sur lesquels porte une soulte comprennent des marchandises neuves et des matières premières dépendant d'un fonds de commerce, le droit dû pour cette soulte ne peut être liquidé, en ce qui concerne les marchandises et matières premières, au tarif réduit de 0 fr. 50 p. 100 qu'autant que se trouvent remplies les conditions exigées pour l'application de ce tarif, et, notamment, que l'acte renferme le détail estimatif des marchandises et des matières premières (Charleville, 29 nov. 1900, 10232 R. P.).

244. Biens français et étrangers. — Répartition inégale. — Soulte. — V. *Etranger*, n° 50.

246. — Soulte. — Imputation sur des immeubles. — Le mode d'imputation tracé par l'Inst. n° 342 n'est applicable que dans le cas où la soulte, grevant un lot composé de valeurs mobilières et immobilières, n'est pas considérée par les parties comme formant exclusivement le prix de valeurs immobilières (Sol. 15 déc. 1893, 8305 R. P.; — Seine, 2 nov. 1901, 10103 R. P.).

En conséquence, lorsqu'un jugement d'adjudication d'immeubles sur licitation est présenté à la formalité de l'enregistrement en même temps que le partage qui attribue expressément à titre de soulte une partie du prix des immeubles à l'un des colicitants autre que l'adjudicataire, le droit de 4 fr. p. 100 est dû sur l'excédent d'attribution, alors même que le lot du copartageant grevé de la soulte comprend des valeurs dont la mutation donnerait ouverture à un droit moins élevé (Seine, 2 nov. 1901, 10103 R. P.).

268 *bis*. Usufruit et nue propriété. — Fonds de commerce. — Mobilier, matériel, marchandises. — Attribution à l'usufruitier. — Charge d'en payer la valeur. — Vente. — Lorsque, dans un partage intervenu entre le mari propriétaire de la moitié de la communauté et usufruitier de l'autre moitié, et les enfants, nus propriétaires de cette dernière moitié, le mari demeure attributaire du mobilier, du matériel et des marchandises dépendant d'un fonds de commerce appartenant à la communauté, à charge de remplir les enfants de leurs droits dans ce fonds, au moyen de l'abandon en nue propriété d'une somme égale à la valeur du fonds, la convention présente les caractères d'une cession mobilière pour le mobilier et le matériel, à l'exclusion des marchandises qui doivent être réputées choses fongibles, dont l'usufruitier est seulement tenu de rendre la valeur, à l'expiration de sa jouissance (Saint-Quentin, 6 déc. 1899, 9602 R. P.).

269. Créances. — Solvabilité. — Garantie. — La clause d'un partage, par laquelle, en vue de maintenir l'égalité entre eux, les copartageants stipulent, à l'égard des créances respectivement comprises dans chaque lot, que la garantie s'étendra à la solvabilité des débiteurs, n'est pas passible d'un droit particulier (Sol. 17 nov. 1899, 2417 R. E.).

288. Communauté. — Transaction. — Veuve chargée de payer le passif avec les créances actives de la succession du mari. — Caractère juridique. — Mandat. — Contient un simple mandat, et non une cession de créance passible du droit de 1 fr. p. 100, la transaction intervenue entre une veuve qui a renoncé à la communauté et le père et la mère de cette dame, d'une part, et les héritiers du mari, d'autre part, aux termes de laquelle la veuve et ses parents « prennent pour leur compte » les créances actives de la succession du mari, à la charge d'en employer le montant à acquitter le passif de l'hérédité (Alençon, 19 déc. 1899, 9890 R. P.).

289. Mandat de payer le passif. — Cession. — Soulte. — Lorsqu'un acte de partage constate que l'un des successibles est attributaire des valeurs mobilières de la succession, à charge de payer le passif héréditaire, cette attribution doit être considérée comme une mutation à titre onéreux, et non comme un mandat de réaliser les valeurs indivises et d'en employer le prix au paiement du passif, s'il ressort des termes de l'acte que l'attributaire a été définitivement approprié des valeurs dont il s'agit et n'est pas tenu de rendre compte (Sol. 9 juin 1797, 9048 R. P.; 25290 J. E.)

313. Rapport en nature effectué en argent. — Soulte. — Le copartageant, qui a reçu, par voie de donation entre vifs, un immeuble qu'il est tenu de rapporter, peut effectuer le rapport en numéraire, alors même que l'immeuble existe encore dans son patrimoine, sans qu'un droit de soulte devienne exigible (Tours, 30 déc. 1898, 1980 R. E.).

317-318. Rapport réel. Rapport en moins prenant. — Soulte. — Liquidation du droit. — C'est seulement quand le rapport a lieu réellement, et lorsque la créance est comprise dans l'établissement de la masse ou figure, sans explications, dans le lot du copartageant, que la soulte est imputable sur le rapport. Si le rapport est effectué en moins prenant, la soulte doit être liquidée d'après la nature des biens attribués par le partage (Sol. 3 nov. 1894, 8629 R. P.).

320. — Rapport. — Renonciation par le cohéritier. — Libéralité. — Lorsque, par le résultat d'un partage, un héritier reçoit gratuitement dans son lot des valeurs excédant sa part dans la succession, il s'opère à son profit une transmission sujette au droit de donation. Spécialement, en matière d'enregistrement, on doit considérer comme une libéralité la renonciation de l'un des héritiers à exiger de son cohéritier le rapport des sommes que celui-ci a reçues en avancement d'hoirie de l'auteur commun et qui auraient dû être comprises dans la masse héréditaire pour calculer la quotité disponible léguée au renonçant ainsi que sa réserve (Lyon, 9 août 1894, 8681 R. P.).

De même, la clause d'un acte de partage par laquelle un héritier renonce à exiger le rapport d'une somme d'argent donnée en avancement d'hoirie à son cohéritier par leurs auteurs communs, constitue une acceptilation passible du droit de donation (Montdidier, 29 mars 1900, 9959 R. P.).

Lorsqu'une rente viagère a été constituée, à titre de donation, par une mère au profit de sa fille, avec arrérages non rapportables, on ne peut considérer comme procédant d'une libéralité la convention par laquelle la donatrice rachète cette rente moyennant le versement d'un capital inférieur à celui qu'une compagnie d'assurances aurait demandé pour assurer le service de la rente. En conséquence, le capital ainsi versé n'est pas rapportable à la succession de la donatrice, et la renonciation par les cohéritiers du crédirentier à exiger le rapport ne renferme aucune donation (Seine, 28 fév. 1896, 8740 R. P.).

335. Dépôt de sommes. — Reconnaissance. — Droit de titre. — La reconnaissance par un des copartageants d'avoir reçu en dépôt de l'auteur de la succession une somme déterminée, est passible du droit de 1 fr. p. 100 sur le montant de cette somme, déduction faite de la portion attribuée au débiteur et dont celui-ci se trouve dès lors libéré par confusion (Saint-Brieuc, 18 déc. 1889, 7795 R. P.).

344. Rapport. — Attribution. — Droit d'obligation. — Lorsqu'une somme, rapportable à une succession sans titre enregistré, est mise dans le lot d'un copartageant autre que le débiteur du rapport, le droit d'obligation est exigible si l'acte de partage ne constate pas le payement immédiat de la somme due (Alger, 7 déc. 1901, 10136 R. P.).

345. Prix d'immeubles licités. — Cohéritier adjudicataire. — Paiement. — Droit de quittance. — La clause d'un partage constatant qu'un cohéritier, adjudicataire d'immeubles de la succession, a payé une partie du prix à ceux des cohéritiers auxquels cette portion était attribuée, ne constitue pas une disposition indépendante, passible du droit de quittance (Brest, 23 juin 1897, 9108 R. P.).

385. Valeurs recouvrées. — Obligation. — Lorsqu'un partage attribue à un copartageant des sommes à recevoir de ses copartageants sur celles dont ceux-ci sont en possession pour avoir recouvré une créance indivise de la succession et réalisé des biens communs, une telle stipulation confère

277. Héritier prenant à sa charge la part de passif qui incombe à son copartageant. Droit de soulte. — La clause d'un acte de partage par laquelle un héritier s'engage à payer sans recours la part de passif et de charges incombant à son cohéritier, constitue, au point de vue fiscal, une soulte passible du droit proportionnel de mutation à titre onéreux (Mamers, 30 nov. 1903, 10629 R. P.).

288. Attribution à un copartageant de valeurs affectées au paiement du passif. Mandat. — Constitue un simple mandat, et non une soulte, l'attribution faite à un copartageant, en sus de sa part, de valeurs indivises qu'il est chargé de réaliser pour en affecter le produit à l'acquit du passif, alors qu'il n'est pas dispensé de rendre compte (Lesparre, 21 mai 1902, 10160 (R. P.).

334. Sommes prêtées. — L'attribution d'un rapport dû sans titre au copartageant, débiteur de ce rapport, qui est chargé d'acquitter à terme une partie du passif excédant sa part virile, donne lieu à la perception du droit de 1 p. 100 pour reconnaissance de dette. Le droit de soulte de 4 p. 100 est dû sur le capital de la rente sur l'État mise dans le lot de ce copartageant (Caen, 11 avril 1900, 11338 R. P.).

345. Prix d'immeuble licité. Payement par le cohéritier adjudicataire. Droit de quittance. — *Conf.* (Seine, 7 avril 1905, 11602 R. P.).

350. Rapport de dette. Droit de 0,15 p. 100. — Le droit de 0 fr. 15 p. 100 est dû sur toutes les valeurs qui entrent, à un titre quelconque, dans la composition de la masse indivise faisant l'objet d'un partage et, par conséquent, sur la somme avancée à un héritier et dont celui-ci fait le rapport à la masse successorale (Nantes, 27 nov. 1902, 10601 R. P.).

360. Partage de communauté. Administration de l'époux survivant. Avances consenties par celui-ci, au cours de l'indivision, aux héritiers de son conjoint prédécédé. Remboursement. Droit de quittance. — Lorsque l'époux survivant, qui a été chargé, après le décès de son conjoint, d'administrer un immeuble dépendant de la communauté et indivis avec ses enfants, a payé de ses deniers personnels une dette hypothécaire grevant l'immeuble et avancé à ses enfants des sommes importantes excédant leur part dans les revenus encaissés, le remboursement de ces avances par les enfants constitue, non pas le règlement d'un compte d'administration, mais le payement d'une créance ordinaire; la constatation de ce payement dans l'acte de partage doit être, en conséquence, assujettie au droit de 0,50 p. 100 pour quittance (Seine, 7 avril 1905, 11602 R. P.).

362. Compte. Arrêté. Exécuteur testamentaire. Reliquat non soldé immédiatement. Partage de ce reliquat. Droit de 1 p. 100. — Lorsque, dans un partage, les héritiers et l'exécuteur testamentaire arrêtent le compte de ce dernier qui est constitué reliquataire d'une certaine somme et que ce reliquat, non immédiatement soldé, est réparti entre les ayants droit avec les biens en nature provenant de la succession, c'est en vertu d'une convention nouvelle, et non plus en sa qualité d'exécuteur testamentaire, que celui-ci conserve les fonds entre ses mains; l'acte renferme ainsi un titre d'obligation à sa charge et donne de ce chef ouverture au droit de 1 p. 100 (Seine, 17 mars 1905, 11076 R. P.).

377. Copartageant créancier. Attribution, en sus de sa part, pour le remplir de sa créance. Droit de soulte. — Donne ouverture au droit de soulte, à liquider d'après les règles tracées par l'Instr. 307, l'attribution de valeurs indivises faite à un copartageant, en sus de sa part, pour le remplir d'une créance qu'il possède contre la succession faisant l'objet du partage (Luchon, 24 avril 1902, 10583 R. P.).

385. Rapports de dots. Règlement particulier. Passif de la succession supérieur à l'actif. Droit de 0 fr. 15 p. 100. — V. n° 61 *suprà*.

Partage de communauté. Séparation de biens. Revenus des biens communs échus postérieurement à la demande en séparation. Déclaration de règlement entre les époux. Droit de partage non exigible. — Le droit de partage n'est pas dû sur le montant des revenus des biens communs qui sont échus depuis la demande en séparation et à l'égard desquels les époux déclarent se reconnaître définitivement réglés : ces revenus ne pouvaient être compris dans la masse partageable, puisque les effets de la séparation de corps remontent, quant aux biens, à la date de la demande en séparation (Montdidier, 11 août 1905, 11150 R. P.).

402. Certificat de propriété. Titre de rente indivis. Réquisition à un notaire de demander la division du titre suivant les droits respectifs des copropriétaires. Partage. Droit de 0,15 p. 100. — L'acte par lequel des copropriétaires requièrent la délivrance d'un certificat destiné à faire immatriculer divisément en leurs noms, et conformément à leurs droits respectifs, un titre de rente indivis entre eux, constitue un partage passible du droit de 0,15 p. 100 (Château-Chinon, 2 déc. 1904, 10923 R. P.).

Licitation. Résolution, à titre de transaction, par un acte de partage ultérieur. Droit de mutation. — V. *Transaction*, n° 46.

534. Partage immeubles. Rectification postérieure. Attributions modifiées. Échange. Droit proportionnel exigible. Revenu. Évaluation d'office. — Ne saurait être considéré comme un acte rectificatif pur et simple, donnant seulement ouverture au droit fixe, l'acte s. s. p. qui, sous prétexte de rectifier une erreur commise dans un partage immobilier antérieurement enregistré, modifie complètement les attributions de ce partage et intervertit les abandonnements primitivement opérés. Un pareil acte renferme un échange passible du droit proportionnel sur le revenu capitalisé des biens qui en font l'objet. Si les parties refusent de souscrire les déclarations de ce revenu, le receveur est autorisé à arbitrer d'office le revenu dont il s'agit (Meaux, 9 mai 1902, 10391 R. P.).

PARTAGE D'ASCENDANT

11. Donation d'une somme en avancement d'hoirie faite antérieurement à la L. 25 fév. 1901. Donation ultérieure d'immeubles à titre de partage anticipé. Exigibilité du droit de transcription de 0,30 p. 100. — Le droit de transcription de 0,30 p. 100 est exigible sur les immeubles qui, compris dans un acte de donation-partage intervenu depuis la L. 25 fév. 1901, représentent les sommes données par un acte entre vifs antérieurement à cette loi et non payées au jour du second contrat (Poitiers, 28 nov. 1906, 10838 R. P.).

l'attributaire un titre contre ses copartageants et donne lieu au droit proportionnel d'obligation (L. frim., art. 69, § 3, n° 3) (Saint-Jean-d'Angély, 6 janv. 1898, 9297 R. P.).

377. Dation en payement. — L'attribution faite à un copartageant d'une partie de l'immeuble, en payement de sa créance, constitue une transmission passible du droit proportionnel sur tout ce qui excède la part lui incombant personnellement dans la dette (Seine, 19 déc. 1890, 1206 R. P.).

De même, l'attribution à un cohéritier, dans un acte de partage, d'une somme qu'il doit à la succession pour le remplir d'une créance qu'il a lui-même contre cette succession, opère une compensation conventionnelle donnant ouverture au droit de libération sur tout ce qui excède la part virile de cet héritier dans la dette de la succession (Alger, 1 déc. 1901, 10146 R. P.).

389. Compte courant. — Cohéritier débiteur. — Attribution aux autres cohéritiers. — Obligation. — Droit de 1 fr. p. 100. — Quand un partage de succession comprend, parmi les valeurs actives, le montant du compte courant du défunt dans la maison de commerce exploitée par un des héritiers, le droit d'obligation à 1 fr. p. 100 est dû sur la portion de ce compte courant attribuée aux autres cohéritiers, si le débiteur de la portion attribuée n'est pas en mesure d'établir qu'il s'est libéré (Marseille, 22 juin 1893, 9373 R. P.).

390. Jugement. — Homologation de partage. — Reconnaissance de dette. — Mari assistant sa femme. — Le jugement homologatif d'un partage, qui attribue à l'un des héritiers une somme due par le mari d'une copartageante, ne donne pas ouverture au droit de reconnaissance de dette, si le débiteur assiste à l'instance en homologation dans le but exclusif d'habiliter son épouse (Sol. 20 sept. 1896, 9088 R. P.).

434. Partage modifié. — Vente. — Échange. — Le droit d'échange ou de vente est dû sur l'acte par lequel des copartageants modifient les attributions définitives qui leur ont été faites par un partage antérieur, alors même que l'acte modificatif aurait eu pour but d'éviter l'exercice de l'action en garantie de la part de l'un des copartageants (Tarbes, 5 août 1895, 1210 R. E.).

De même, ne saurait être considéré comme un acte rectification pur et simple, donnant seulement ouverture au droit fixe, l'acte s. s. p. qui, sous prétexte de rectifier une erreur commise dans un partage immobilier antérieurement enregistré, modifie complètement les attributions de ce partage et intervertit les abandonnements primitivement opérés. Un pareil acte renferme un échange passible du droit proportionnel sur le revenu capitalisé des biens qui en font l'objet; si les parties refusent de souscrire la déclaration de ce revenu, le receveur est autorisé à arbitrer d'office le revenu dont il s'agit (Meaux, 9 mai 1902).

Attribution de biens. — Lot partiellement cédé. — Licitation. — Quand, dans le même acte et après que la division matérielle des biens a été opérée, l'un des copartageants cède à un autre les immeubles compris dans son lot, cette cession ne peut être considérée comme une conséquence nécessaire du partage, mais comme une vente distincte des opérations du partage, et le droit de licitation à 4 fr. p. 100 est exigible sur la part acquise, lorsque la vente a pour résultat de faire cesser l'indivision partielle créée par le partage entre le cédant et le cessionnaire (Bordeaux, 18 déc. 1890, 9880 R. P.).

435-436. Valeurs mobilières attribuées à un copartageant. — Pouvoir de gérer et d'aliéner confié à un autre copartageant. — Droit de vente non dû. — Quand l'héritière est lotie au moyen d'une somme à prendre sur l'estimation d'objets (dans l'espèce, des vins en barriques ou en bouteilles) que le mari, qui en reste dépositaire, peut aliéner à ses risques et périls, à charge de payer à l'héritière dans un délai fixé, la somme à elle attribuée, ces stipulations n'établissent pas que le droit de créance de l'attributaire a été transformé en un droit de propriété sur une quotité déterminée, et que, jusqu'à due concurrence, les objets dont il s'agit ont été vendus au mari. Dès lors, le droit de 2 fr. p. 100 n'est pas exigible (Cass. civ. 13 avr. 1891; — *Contrà* : Bordeaux, 21 déc. 1887, 7602 R. P.).

V. Inventaire. — Licitation. — Rapport. — Retour. — Société.

PARTAGE D'ASCENDANT.

9 à 12. Tarif. — L'art. 18 L. 25 fév. 1901 (V. *C. des Lois*) dispose que « les droits d'enregistrement des donations entre vifs de biens meubles ou immeubles sont affranchis de tout décime; ils seront perçus selon les quotités ci-après, et la formalité de la transcription au bureau du conservateur des hypothèques ne donnera plus lieu à aucun droit proportionnel autre que la taxe établie par la L. 27 juill. 1900 :

« En ligne directe :

« 1° Pour les donations portant partage, faites conformément aux art. 1075 et 1076 C. C., par les père et mère ou autres ascendants, entre leurs enfants ou descendants, 1 fr. 70 p. 100. »

Droit de transcription. — Ainsi que nous venons de le voir, le droit de transcription ne doit plus, depuis la L. 25 fév. 1901, être perçu, comme autrefois, au moment de l'enregistrement de l'acte de partage anticipé. Mais si la formalité est requise à la conservation des hypothèques, elle donne ouverture au droit de 0 fr. 12,50 p. 100 (L. 27 juill. 1900, art. 3). — V. *Hypothèque* et *C. des Lois*.

L'exemption de tous droits de transcription, sur les donations entre vifs, est, d'ailleurs, intimement liée, dans l'art. 18 L. 25 fév. 1901, à l'élévation du tarif des droits d'enregistrement. Les LL. 28 avr. 1816 (art. 54) et 21 juin 1875 (art. 1er) conservent leur empire dans tous les cas où les nouvelles quotités des droits d'enregistrement ne sont pas appliquées. Spécialement, le droit de transcription est exigible sur les immeubles qui, compris dans un acte de donation-partage intervenu depuis la loi nouvelle, représentent les sommes données par actes entre vifs antérieurement à cette loi, et non payées au jour du contrat (Sol. 17 avr. 1902, 10270 R. P.).

13. Droit gradué de partage. — Aucune modification aux explications données dans la première partie de notre

Rép. gén. sauf que le droit gradué a été remplacé par un droit proportionnel de 0 fr. 20 p. 100 (L. 28 avr. 1893, art. 19. — V. *Droit gradué* et *C. des Lois*).

31. Enfants de deux lits. — La donation, à titre de partage anticipé, par deux époux des biens de leur seconde communauté, à l'enfant unique que chacun d'eux avait d'un précédent mariage, est passible du droit des donations ordinaires (Sol. 3 nov. 1898, 4376 *Rev. prat.*).

49. Enfants naturels et collatéraux. — Donation ordinaire. — Constitue une donation ordinaire, et, par suite, ne peut jouir du tarif réduit édicté pour les partages d'ascendant, la donation de biens consentie par un donateur au profit de ses deux enfants naturels reconnus et de son frère germain (Sol. 25 août 1891, 7753 R. P.).

Faisons remarquer que les enfants naturels reconnus ayant, aujourd'hui, la qualité d'héritiers (V. *Enfant*), leur présence ne saurait enlever au partage d'ascendant son caractère. C'est ce qui avait été décidé autrefois, et c'est, *à fortiori*, ce qu'on doit admettre actuellement.

57. Dot. — Imputation. — Créance abandonnée. — Lorsque deux époux ont solidairement constitué à l'un de leurs enfants une dot stipulée imputable sur la succession du prémourant, le survivant, qui a personnellement acquitté cette dot, se trouve, en vertu de la subrogation légale, créancier de la succession de son conjoint prédécédé, et s'il comprend cette créance parmi les biens qu'il abandonne, à titre de partage anticipé, à ses enfants, le droit de donation à 1 fr. p. 100 devient exigible (Aurillac, 26 juin 1898, 9410 R. P.).

76. Mineurs. — Soultes. — Droit proportionnel exigible. — Les droits applicables à une convention sont acquis au Trésor par le seul fait de l'existence d'un acte revêtu de toutes les formes extérieures propres à constater la convention, bien que l'acte puisse être annulé à raison des vices et des causes de nullité qu'il renferme ou qui sont nées postérieurement. Cette règle est applicable à la réclamation du droit de soulte, non perçu à l'occasion d'une donation à titre de partage anticipé, consentie à six enfants dont trois mineurs, pour lesquels un ascendant a accepté (935 C. C.), sur la disposition qui constate l'obligation imposée aux trois donataires majeurs, attributaires de la totalité des biens abandonnés, de payer à chacun de leurs trois codonataires mineurs, à leur majorité, une somme déterminée pour leur tenir lieu de leur part héréditaire, et d'acquitter toutes les dettes des donateurs; il en résulte que : 1° la minorité de trois des donataires ne peut tenir en suspens l'exigibilité des droits jusqu'à leur majorité ou jusqu'à la ratification; 2° la survenance d'un autre enfant des donateurs, postérieurement à la donation, n'est pas de nature à arrêter l'action du Trésor pour le recouvrement du droit non perçu sur cette disposition (Guéret, 9 nov. 1893, 8297 R. P.).

81. Charges. — Caractères de l'acte. — Libéralité et non-vente. — La libéralité n'étant pas, d'une manière absolue, une condition indispensable du partage anticipé, l'acte par lequel un père fait donation, à titre de partage anticipé, de tous ses immeubles à ses enfants, ne saurait être considéré comme une vente par cela seul que le donateur impose aux donataires des charges supérieures à la valeur des biens donnés (Sol. 21 sept. 1896, 8931 R. P.).

88. Rapport. — Donation ordinaire. — Constitue une donation entre vifs l'acte qualifié partage d'ascendant, lorsqu'il y est stipulé que les enfants donataires seront tenus d'effectuer le rapport des valeurs données (Sol. 26 fév. 1900, 9813 R. P.).

Les deux clauses d'un contrat qualifié partage anticipé, dont l'une impose aux donataires l'obligation de rapporter réellement les sommes données, et l'autre prescrit leur imputation sur la succession du donateur, sont inconciliables avec le partage d'ascendant. Elles caractérisent, au contraire, la donation ordinaire en avancement d'hoirie. En conséquence, le contrat ne saurait profiter du tarif réduit spécial aux partages anticipés; il demeure assujetti au tarif général des donations (Quimper, 8 août 1900, 10138 R. P.).

Mais, s'il est certain que la clause de rapport, insérée dans un acte qualifié partage d'ascendant, est incompatible avec l'essence même de cet acte, — l'obligation de rapporter, au sens strict du mot, laissant la quotité de la succession incertaine jusqu'après le décès du disposant, et le partage d'ascendant ayant pour effet de saisir irrévocablement la personne en faveur de laquelle il est fait; — il en est autrement quand le rapport peut n'être que fictif et pour faciliter les opérations d'un partage ultérieur.

Telle est la clause, contenue dans un contrat qualifié partage anticipé, ayant pour objet des sommes d'argent et qui impose aux donataires l'obligation de rapporter les sommes données, alors surtout qu'il est à présumer que, par l'expression « rapport », les parties ont voulu spécifier simplement que, dans le partage définitif de la succession de leur auteur, les donataires auraient à tenir compte de ces sommes (Orthez, 10 déc. 1901, 10130 R. P.).

93. Partage conjonctif. — Le partage d'ascendant par lequel les donataires partagent, en même temps que les immeubles donnés, ceux qui leur proviennent de la succession de leur mère prédécédée, est passible du droit gradué (aujourd'hui proportionnel) sur la valeur de ces derniers biens, indépendamment du droit de donation applicable aux immeubles abandonnés par l'ascendant donateur (Sol. 10 fév. 1890, 7118 R. P.).

110. Nue propriété. — Rente viagère. — Double libéralité. — Lorsqu'un partage d'ascendant contient donation par une veuve à ses enfants : 1° de la nue propriété de ses biens, meubles et immeubles; 2° d'une rente annuelle et viagère, à charge notamment, par les donataires, de lui laisser l'usufruit des biens provenant de la succession de leur père, l'acte renferme deux libéralités bien distinctes, afférentes l'une à la nue propriété des biens meubles et immeubles, l'autre à la rente viagère. Cette dernière libéralité est, en conséquence, passible d'un droit de donation indépendant de celui auquel la donation en nue propriété demeure assujettie (Vitré, 17 janv. 1906, 9874 R. P.).

111. Usufruit. — Réserve au profit du conjoint du donateur. — Donation éventuelle. — Réalisation

183. Absence de qualification. Tarif réduit. — Bien qu'un acte de donation par des père et mère à leurs enfants n'ait pas été qualifié de partage d'ascendant, il doit néanmoins, s'il en présente tous les caractères, bénéficier du tarif réduit (Saint-Nazaire, 1er juill. 1904, 10956 R. P.).

102. Créance de certains donataires sur les donateurs. Attribution spéciale. Dation en payement. — Lorsque, dans un acte de donation-partage, les père et mère font abandon à deux de leurs enfants, à titre de préciput et hors part, d'une somme déterminée, dans l'intention évidente de se libérer de la part de bénéfices revenant à ces derniers dans une société en participation formée entre eux quatre, et qu'ensuite ils procèdent également entre tous leurs enfants au partage du surplus de leurs biens, en se réservant l'usufruit de ce surplus seulement, le contrat renferme deux dispositions distinctes, une dation en payement et une donation, donnant chacune ouverture au droit qui lui est propre (Lille, 8 juin 1905, 11160 R. P.; — Cass. req. 5 mars 1907, 11380 R. P.).

111. Réserve par chaque donateur de l'usufruit de la totalité des biens donnés. Donation éventuelle. Donation antérieure d'usufruit par contrat de mariage entre les ascendants donateurs. Droit fixe non exigible. — Lorsqu'il est stipulé, dans un acte de donation à titre de partage anticipé, que chaque ascendant donateur aura l'usufruit de la totalité des biens donnés, même de ceux propres à son conjoint, il n'y a pas lieu de percevoir sur cette clause le droit fixe de donation éventuelle (7 fr. 50) si les époux se sont déjà fait donation par contrat de mariage de l'usufruit de leurs biens propres (Sol. 4 nov. 1905, 11222 R. P.).

134. Donation d'usufruit. Droit de transcription de 0,50 0/0. — V. *Communauté*, n° 373.

170. Droit de soulte. L. 25 fév. 1901. — Les droits de soulte établis par l'art. 5 L. 18 mai 1850 sur les donations à titre de partage anticipé continuent à être exigibles sous l'empire de la L. 25 fév. 1901, l'art. 18 de cette dernière lui n'ayant fait que modifier le tarif des droits de donation entre vifs, sans apporter aucun changement à la perception des droits de soulte (Saint-Omer, 17 déc. 1903, 10701 R. P.).

172. Immeubles du père. Reprises de la mère. Confusion. Soulte. Imputation faite par les parties. Droit de 4 p. 100. — Lorsque, dans un acte de partage anticipé contenant donation à des enfants, par leur père, des immeubles qu'il possède, et par leur mère, de ses reprises matrimoniales, il a été spécifié que les reprises de la mère se trouvaient éteintes par confusion et que la soulte mise à la charge de l'un des donataires représentait le « prix de licitation » des immeubles paternels, il n'y a pas lieu de tenir compte des reprises de la mère pour la liquidation du droit de soulte; cette soulte s'appliquant exclusivement à des immeubles, d'après les termes mêmes du contrat, doit, en conséquence, être assujettie au droit de 4 p. 100 (Cass. (civ.), 27 mars 1905; — *Contra* Saint-Étienne, 31 juill. 1899, 10962 R. P.).

175. Préciput. Charge. Non-exigibilité du droit de soulte. — Toutes les fois que la clause de préciput est formelle et que la charge imposée au préciputaire est la condition de la donation faite à son profit, cette charge ne donne pas ouverture au droit de soulte et il n'y a pas à rechercher si le payement dont le préciputaire est tenu doit être fait au donateur, à des tiers ou aux autres donataires. — A défaut de préciput stipulé, la charge n'est passible du droit de soulte que s'il s'agit d'un payement à faire à d'autres personnes qu'aux donateurs (Sol. 10 mai 1905, 11581 R. P.).

230. Partage testamentaire sous forme de legs par préciput. Soulte. Exécution. — Constitue l'exécution d'un partage testamentaire avec soulte, et non pas la délivrance d'un legs avec charge, l'acte par lequel, conformément aux dispositions de dernière volonté du défunt, certains immeubles dépendant de la succession sont attribués à l'un des héritiers qui est tenu de rapporter à la masse la valeur de ces immeubles et qui se trouve, en conséquence, avoir à payer une soulte à son cohéritier. Il en est ainsi alors même que le défunt a qualifié tad. attribution de legs par préciput, si l'héritier attributaire ne recueille, en définitive, aucun avantage pécuniaire dans la succession (Toulouse, 9 avril 1906, 11253 R. P.).

238. Partage testamentaire sous forme de legs par préciput. Soulte. Imputation faite par les parties. — Constitue un partage testamentaire partiel avec soulte, et non pas un legs préciputaire avec charge, la disposition d'un testament par laquelle un père déclare léguer par préciput et hors part à l'un de ses deux enfants, dans le but d'éviter une licitation, une propriété d'une valeur de 78.000 fr., à charge par le légataire de payer à son frère une somme de 40.000 fr. pour lui tenir lieu de sa part dans l'immeuble dont il s'agit.

Ce testament donne, en conséquence, ouverture au droit de 0 fr. 25 p. 100 sur l'actif net partagé (38.000 fr.) ainsi qu'au droit de soulte (sur 40.000 fr.). — Pour la perception du droit de soulte exigible, il n'y a pas lieu de tenir compte d'un partage présenté à l'enregistrement en même temps que le testament et aux termes duquel les deux héritiers ont procédé entre eux et par égales parts à l'attribution amiable de toutes les autres valeurs mobilières et immobilières de la succession, dès lors que les parties ont imputé elles-mêmes la soulte sur l'immeuble faisant l'objet du partage testamentaire et qu'elles en ont constaté le payement avant de passer au partage du surplus des biens héréditaires (Vienne, 1er juill. 1904, 10880 R. P.).

— Droit de m. p. d. — La clause d'un partage d'ascendants par laquelle les père et mère donateurs se réservent l'usufruit des biens donnés (propres ou communs) jusqu'au décès du survivant d'eux, contient une libéralité éventuelle et réciproque entre époux passible, lors de l'événement, du droit de mutation par décès, quand bien même la réserve d'usufruit aurait été présentée comme une condition imposée par les ascendants donateurs à leurs enfants donataires. Encore que cette clause de réversion, stipulée par deux époux à leur profit dans un même acte, soit susceptible d'être annulé comme contraire à l'art. 1097 C. C., elle n'en est pas moins passible du droit de mutation par décès à l'événement, la mission de l'Administration consistant à percevoir l'impôt et nullement à contrôler la régularité des conventions (Guingamp, 15 janv. 1902, 1930 R. P.).

154. Renonciation à l'usufruit des biens du conjoint décédé. — L'acte constatant uniquement l'abandon, moyennant une rente viagère, par un ascendant en faveur de ses enfants ou petits-enfants, de l'usufruit qui lui a été légué par son conjoint décédé, n'étant pas le complément d'une donation à titre de partage anticipé, ne peut bénéficier du tarif réduit et donne ouverture au droit ordinaire de transcription de 1 fr. 50 p. 100 (Rouen, 18 juill. 1889, 808 R. P.; — *Contrà* : Saint-Pol, 2 juin 1896, 8915 R. P.).

171 *bis*. **Prétendue nullité.** — Lorsque, dans un acte de donation à titre de partage anticipé, un des donataires est, à raison de son insanité d'esprit, exclu du partage en nature des biens donnés et reçoit, en compensation, de ses codonataires qui se portent forts pour lui, une pension annuelle et viagère, la nullité qui peut affecter une telle stipulation ne saurait faire obstacle à la perception du droit de soulte auquel elle donne ouverture, pas plus qu'à l'expertise ultérieure de la valeur sur laquelle a été liquidé le droit de soulte (Montluçon, 10 août 1888; — Cass. req. 8 janv. 1890, 7354 R. P.).

Il y a lieu surtout d'en décider ainsi lorsque le partage argué de nullité a reçu son exécution, que les parties se sont mises en possession, ont fait opérer la mutation au rôle foncier et acquitté l'impôt en conséquence, enfin ont affecté hypothécairement les biens ayant fait l'objet de leurs attributions (Montluçon, 10 août 1888, 7354 R. P.).

172. Immeubles et reprises. — Lorsqu'une mère fait donation, à titre de partage anticipé, à ses enfants de tous ses biens, parmi lesquels figurent ses reprises dotales, y a-t-il lieu de tenir compte de ces reprises pour le calcul du droit de soulte exigible sur le retour de lot imposé à un des donataires?

Après avoir adopté l'affirmative, dans une Sol. 12 fév. 1895, l'Administration, revenant sur cette Sol., soutient, aujourd'hui, la négative.

La nouvelle théorie a été accueillie par le trib. d'Aurillac, le 29 juin 1898 (9400 R. P.).

Mais elle a été repoussée par les jugements suivants : Tarbes, 20 nov. 1897, 9265 R. P.; — Cahors, 13 juin 1898, 9400 R. P.).

186. Cession de lot. — Immeubles. — Licitation. — Droit de 4 fr. p. 100. — Lorsque, après l'attribution des lots dans un partage anticipé, l'un des donataires cède à un autre donataire les immeubles qui lui ont été attribués, cette cession présente les caractères d'une licitation passible du droit de 4 fr. p. 100, et non ceux d'une vente ordinaire assujettie au droit de 5 fr. 50 p. 100 (Gourdon, 17 juill. 1895, 8840 R. P.).

De même, quand un père et une mère font abandon à leurs enfants de leurs biens, par voie de partage anticipé, à charge de payer toutes leurs dettes, si, dans le même acte, les biens sont abandonnés à l'un des enfants sous la condition d'acquitter l'intégralité du passif, le droit de soulte est dû sur le passif, déduction faite de la part virile de l'enfant attributaire (Saint-Jean-de-Maurienne, 14 déc. 1900, 2742 R. E.).

188. Bail à vie. — Dans la première partie du *Rép. gén.*, 30ᵉ ligne, au lieu de : « n'avait été concédée au *donataire* », lire : n'avait été concédée au *donateur*.

Même rubrique, *in fine*, après V. *Bail*, ajouter : n° 471 et *Rapp.* v° *Partage*, n° 354.

214 à 216. Partage testamentaire. — Tarif. — Aucun changement dans les explications qui font l'objet des nᵒˢ 214 à 216 de la première partie de notre *Rép. gén.*, sauf que le droit gradué a été remplacé par un droit proportionnel de 0 fr. 15 p. 100 (L. 28 avr. 1893. — V. *Droit gradué*, *Partage* et *C. des Lois*).

230. Partage sous forme de legs. — Préciput. — Constitue un partage testamentaire, passible du droit gradué (aujourd'hui proportionnel) et du droit de soulte, le testament par lequel une mère déclare léguer, par préciput et hors part, à trois de ses enfants, la totalité de ses immeubles, à charge, par les légataires, de payer au quatrième enfant de la testatrice une somme qui devra représenter le quart de la valeur des immeubles légués (Le Havre, 30 oct. 1890, 7577 R. P.).

On doit considérer comme renfermant un partage avec soulte, et non un legs préciputaire, le testament par lequel une mère déclare léguer par préciput et hors part à l'un de ses quatre enfants des immeubles d'une valeur de 16.000 fr., à charge par le légataire de tenir compte à la succession de la testatrice de pareille somme de 16.000 fr. sur laquelle il prendra lui-même sa part héréditaire. Le testament donne, en conséquence, ouverture au droit gradué (aujourd'hui droit proportionnel) et au droit de soulte (Yvetot, 16 mars 1894, 8343 R. P.).

Renferme un partage avec soulte, et non un legs préciputaire, le testament par lequel une mère déclare léguer, avec dispense de rapport en nature, à son fils, un immeuble estimé 48.000 fr. à charge, par le légataire, de verser la somme de 24.000 fr., représentant la moitié de la valeur de cet immeuble, savoir : jusqu'à concurrence de 16.000 fr. à sa sœur, son unique cohéritière, et, pour le surplus, aux enfants de cette dernière, auxquels la testatrice lègue la somme de 8.000 fr. à titre particulier. Le testament donne, en conséquence, ouverture au droit gradué (aujourd'hui droit proportionnel), et au droit de soulte (Chalon-sur-Saône, 10 déc. 1895, 8721 R. P.).

238. Partage testamentaire. — Soulte. — Mode d'imputation. — La soulte ne saurait être affranchie du droit proportionnel, sous le prétexte qu'il existe, dans la succession de la testatrice, des rentes sur l'État, dès lors que le testament comprend uniquement les immeubles héréditaires (Le Havre, 30 oct. 1890, 7377 R. P.).

PARTAGE DE COMMUNAUTÉ.

13. Fonds de commerce. — Reprise en nature. Lorsqu'un époux stipule, par contrat de mariage, le droit de reprendre à la dissolution de la communauté un fonds de commerce dont il a fait l'apport, la reprise s'applique à tout ce qui constitue le fonds suivant son état au jour de la dissolution. La plus value acquise par le fonds et les marchandises qui en dépendent ne sont donc pas des valeurs actives de communauté (Lyon, 27 mai 1892, 8184 R. P.).

37. Reprises. — Récompenses. — Excédent d'attribution. — Sous le régime de la communauté, les reprises et les récompenses de chacun des époux ne sauraient être considérées comme des dettes distinctes, indépendantes les unes des autres et soumises aux règles de la compensation; elles constituent les éléments d'un compte unique et indivisible, dont le reliquat final est seul à considérer, lorsqu'il s'agit de régler la situation réciproque des parties. Il en résulte que si, lors du partage de la communauté, les copartageants, au lieu de faire figurer, soit à l'actif, soit au passif de cette communauté, la différence entre les reprises et les récompenses, comprennent, dans la masse active, le montant brut des récompenses et déterminent les attributions en conséquence, l'Administration est fondée à rétablir la liquidation, conformément aux principes établis par la loi, à faire ressortir l'excédent d'attribution consenti au profit d'un des copartageants, et à réclamer sur cet excédent le droit de mutation à titre onéreux d'après la nature des valeurs composant le lot du copartageant loti en trop (Seine, 9 déc. 1898, 9492 R. P.).

§ 51-52. Reprises. — Caractères. — Liquidation du droit de partage. — En cas d'acceptation de la communauté, la femme, ou ses héritiers agissant de son chef, exercent le droit de reprise en la double qualité de créanciers et de copartageants, et les prélèvements qu'ils effectuent constituent une des opérations du partage, avec lequel ils se confondent, pour la perception des droits d'enregistrement (Cass. civ. 13 avr. 1891, 7602 R. P.).

Faisons observer que le droit applicable, en cette matière, n'est plus le droit gradué, mais le droit proportionnel de 0 fr. 15 p. 100, établi pour les partages par l'art. 19 L. 28 avr. 1893 (V. *Droit gradué*, *Partage* et *C. des Lois*).

58. Communauté. — Attribution totale de la femme. — L'acte par lequel la femme, après avoir accepté la communauté, reçoit l'attribution de tous les biens communs pour se couvrir de ses reprises, présente le caractère d'un véritable partage (C. Agen, janv. 1890, 8852 R. P.).

67. Renonciation. — Droit gradué. — V., en ce qui concerne la substitution du droit proportionnel au droit gradué, l'observation faite *suprà* n° 51.

81. Séparation de biens. — Acceptation tardive. — Le droit proportionnel de mutation n'est pas exigible sur l'adjudication d'immeubles de la communauté prononcée, en cas de séparation de biens, au profit de la femme acceptante, encore bien que celle-ci n'ait accepté qu'après le délai imparti par l'art. 1463 C. C., dès lors que les circonstances de la cause ne permettent pas d'accorder au jugement de séparation le caractère définitif voulu par la loi, pour faire courir le délai de trois mois et quarante jours après lequel la femme séparée est réputée renonçante (Dinan, 2 nov. 1889, 7374 R. P.).

Femme divorcée. — Délai d'acceptation. — Point de départ. — C'est seulement à partir de la transcription sur les registres de l'état civil que le divorce prononcé par une décision judiciaire définitive produit ses effets entre les époux divorcés. Il en résulte que c'est également à compter de ce jour que commence à courir le délai de trois mois et quarante jours accordé à la femme divorcée pour accepter la communauté (C. Paris, 12 janv. 1892, 8188 R. P.).

84. Séparation de biens. — Reprises de la femme. — Abandon de valeurs propres au mari. — Dation en payement. — Droit de mutation. — L'acte par lequel un mari, séparé de biens, cède à sa femme, pour se libérer des reprises dont il est débiteur, des parts sociales lui appartenant personnellement, en déclarant subroger la cessionnaire dans tous ses droits et actions, emporte transmission de propriété; il est, en conséquence, assujetti au droit de 0 fr. 50 p. 100 établi par l'art. 69, § 2, n° 6, L. 22 frim., alors même que la cession est qualifiée de nantissement (Marseille, 5 août 1891, 7742 R. P.).

94. Régimes exclusifs de communauté. — Droit gradué. — Aucune modification aux explications fournies dans la première partie de notre *Rép. gén.*, sauf que le droit proportionnel a été substitué au droit gradué (V. n° 51 *suprà*).

PAYS ANNEXÉ.

1. Congrégation religieuse. — Taxe d'accroissement. — V. *Congrégation*.

PERMIS DE CHASSE.

11. Débits des permis de chasse. — Les règlements relatifs aux approvisionnements des préfectures et sous-préfectures ont été modifiés par une D. m. f. du 9 oct. 1893 (2852 I. G.).

12. Restitution du prix. — Permis retiré par mesure de police. — Le droit ne peut être restitué, lorsque le permis, après avoir été délivré, est retiré par mesure de police. Il ne saurait notamment être imputé sur le montant des condamnations pécuniaires qui seraient dues par le titulaire (D. m. f. 2 mars 1896, Circ. min. Int. 4 août 1860, 25022 J. E.).

17. Formules soustraites ou perdues dans les bureaux de la préfecture. — Les formules peuvent être

PARTAGE DE COMMUNAUTÉ.

1. Communauté non liquidée. Attributions aux enfants pour remplir partiellement chacun d'eux de sa part dans les reprises en deniers de la succession du père prédécédé. Partage partiel. Usufruit de l'épouse survivante. Droit de partage. Mode de liquidation de ce droit. — Constitue un partage partiel l'acte par lequel l'épouse survivante, détentrice de toutes les valeurs de communauté [illegible] commune en biens que comme usufruitière, remet à chacun de ses enfants une somme égale à valoir sur les reprises en deniers de la succession de leur père prédécédé; le droit de partage doit être liquidé sur la totalité de la somme ainsi distribuée, sans aucune déduction pour la valeur de l'usufruit de l'épouse survivante (Lille, 1 juin 1903, 11208 R. P.).

21. Séparation de biens. Obligation prise par le mari de payer [illegible] une somme déterminée à sa femme pour la part revenant à celle-ci dans l'actif de communauté et pour ses reprises. Droit de 1 p. 100 non exigible. Revenus des biens communs [illegible] postérieurement à la demande en séparation. Déclaration de règlement entre les époux. Droit de partage non exigible. — Lorsque, dans un partage de communauté dressé après séparation de corps et de biens, il est attribué à la femme, pour la remplir tant de sa part dans la communauté que de ses reprises, une somme déterminée dont une partie lui est versée comptant et que le mari s'engage, pour le surplus, à la régler dans des délais fixés, avec constitution d'hypothèque sur ses biens propres, le droit d'obligation ou de reconnaissance de dette n'est pas exigible sur la portion de la somme payable à terme par le mari, puisque c'est dans le partage lui-même que la femme puise son titre de créance. — Le droit de partage n'est pas dû sur le montant des revenus des biens communs qui sont échus depuis la demande en séparation et à l'égard desquels les époux déclarent se reconnaître définitivement réglés; ces revenus ne pouvaient être compris dans la masse partageable, puisque les effets de la séparation de corps remontent, quant aux biens, à la date de la demande en séparation (Montdidier, 11 août [illegible] R. P.).

25. Obligation contractée par la femme solidairement avec son mari. Décès de ce dernier. Dette non payée. Insolvabilité de l'héritier du mari. Attribution à la femme de biens de communauté pour faire face au règlement de la dette. Simple prélèvement. Droit de soulte non exigible. — Lorsqu'une femme s'est obligée solidairement avec son mari pour le compte de la communauté, l'attribution de biens communs qui, avant tout partage entre elle et l'héritier du mari, lui est faite pour l'indemniser de l'engagement qu'elle a contracté, présente les caractères d'un simple prélèvement ne donnant pas lieu à la perception du droit de mutation, bien que la dette n'ait pas encore été payée par la femme. Il en est ainsi surtout quand il résulte de l'acte de liquidation-partage de la communauté qu'elle devra certainement acquitter elle-même le montant de cette dette, par suite de l'insolvabilité de l'héritier du mari (Troyes, 30 mars 1904, 10837 R. P.).

72 bis. Dot. Constitution par les père et mère conjointement. Clause d'imputation sur la succession du prémourant. Renonciation par l'ascendant survivant à demander cette imputation et payement par lui de l'intégralité des dots promises. Droit de mutation non exigible. — V. *Dot*, nos 2-3.

Dot constituée par un époux et fournie en biens propres à son conjoint [illegible]. Indemnité due à ce dernier. Attribution à celui-ci des biens [illegible] constitués en dot. Dation en payement. — Lorsque des père et mère ont constitué à leur enfant une dot imputable sur la succession du prémourant, cette dot doit être considérée comme émanant du prédécédé seul, et l'époux survivant, qui l'a fournie sur ses biens propres, [illegible] contre la succession de son conjoint de l'indemnité prévue par l'art. 1438, § 2, C. civ.; en conséquence, l'attribution à l'époux survivant des biens qui ont servi à la constitution dotale présente les caractères d'une dation en payement, et non ceux d'une opération de partage ([illegible], 19 janv. 1903, 10087 R. P.).

Dot conjointe. Indemnité à l'époux qui l'a fournie. Attribution de la totalité de la communauté à charge de payer les dettes. Soulte. — Lorsqu'une dot, constituée conjointement par deux époux à l'enfant commun, a été fournie en biens propres à l'un d'eux et que, pour remplir ce dernier [illegible] du montant de sa créance contre l'autre époux, il lui est attribué, dans le partage de la communauté, une part plus forte que ses droits de copropriété dans la masse commune, cette attribution [illegible] une soulte et doit être tarifée en conséquence. Il en est de même de l'attribution à l'un des époux de la totalité de l'actif commun à charge d'acquitter toutes les dettes de communauté (Villeneuve-sur-Lot, [illegible], 10557 R. P.).

52. Reprises. Non-déduction pour la liquidation du droit de 0 fr. 15 p. 100. — Les reprises que des époux communs en biens ont à prélever sur la communauté ne doivent pas être déduites de la masse active pour la liquidation du droit de partage (Villeneuve-sur-Lot, 18 fév. 1903, 10557 R. P.).

73 et 74. Fonds de commerce. Reprise par la veuve en vertu d'une clause spéciale du contrat de mariage. Renonciation ultérieure à la communauté. Droit de mutation. Prescription. — La renonciation par la femme à la communauté a pour effet de lui faire perdre ses droits de copropriété sur les acquêts qui sont réputés avoir toujours appartenu exclusivement au mari. Il en résulte que l'option par la veuve pour la reprise d'un fonds de commerce de communauté, en vertu d'une clause spéciale de son contrat de mariage, rend exigible le droit de mutation quand, postérieurement à cette option, la veuve renonce à la communauté. La prescription biennale édictée par l'art. 61 L. frim. n'a pu, en pareil cas, commencer à courir ni à partir de l'enregistrement de l'acte d'option, puisque cet acte était antérieur à la renonciation à communauté, ni à partir de l'enregistrement d'un état liquidatif sujet à homologation qui constate à la fois l'option et la renonciation, puisque cet état liquidatif ne constituait qu'un simple projet susceptible d'être modifié par le tribunal (Coulommiers, 6 mai 1903, 10556 R. P.).

84 et 86. Biens propres au mari. Attribution à la femme pour la couvrir de ses reprises. Échange. Dation en payement. — Lorsque, dans un partage de communauté et de succession, des immeubles de la succession du mari sont attribués à la veuve pour la couvrir de ses reprises qui excèdent les valeurs de la communauté, il y a : 1° échange des immeubles de communauté que la veuve avait le droit de prélever contre les immeubles de la succession revenant aux héritiers; 2° dation en payement pour le surplus (Loches, 24 avril 1902, 10580 R. P.).

97. Immeubles communs attribués au mari à charge de servir des rentes viagères qui les grèvent. Droits d'usage et d'habitation attribués à la femme sur un de ces immeubles; impositions des locaux à la charge du mari. Droit de soulte non exigible. — On ne saurait considérer comme une soulte passible du droit proportionnel l'obligation prise par le mari, dans un partage de communauté : 1° de payer l'impôt foncier et la contribution des portes et fenêtres des locaux sur lesquels la femme reçoit, à titre de partage, un droit d'usage et d'habitation; 2° de prendre seul à sa charge le service de rentes viagères qui grèvent les immeubles communs compris dans son lot (Montdidier, 11 août 1905, 11160 R. P.).

99. Frais de liquidation supportés en totalité par la veuve survivante. Soulte. — Lorsque, dans un acte de liquidation de communauté, la veuve prend à sa charge l'intégralité des frais de la liquidation qui incombent pour moitié aux héritiers du mari prédécédé, cet engagement revêt le caractère d'une véritable soulte pour tout ce qui excède la part contributive de la femme dans les frais dont il s'agit (c'est-à-dire pour moitié) et donne lieu, en conséquence, à la perception du droit de mutation dans la même mesure (Bar-le-Duc, 24 déc. 1902, 10090 R. P.).

Dette pure et simple de communauté. Attribution à la femme de biens communs en sus de sa part, à charge de payer cette dette. Droit de soulte. — L'attribution à la femme d'une part plus forte que ses droits dans la masse commune, à charge par elle de payer l'intégralité d'une dette pure et simple de communauté, rend exigible le droit de soulte sur l'excédent de sa part contributive dans cette dette (Troyes, 30 mars 1905, 10837 R. P.).

110. Donation. — Lorsque, dans un contrat de mariage, le père a constitué en dot à la future épouse, sa fille, une somme déterminée à imputer d'abord sur les *droits* de celle-ci dans la succession de sa mère prédécédée, et que, dans un acte de liquidation-partage ultérieur, il consent à ce que la somme par lui remise en mariage à sa fille ne s'applique qu'aux *droits mobiliers* de cette dernière dans la succession de sa mère, cette disposition de l'acte de liquidation-partage constitue de sa part, au profit de sa fille, une nouvelle libéralité égale à l'importance des *droits immobiliers* de la donataire dans l'hérédité maternelle et donne, en conséquence de ce chef, ouverture au droit de donation ordinaire (Meaux, 7 janv. 1905, 10766 R. P.).

PAYEMENT DES DROITS.

3. Compagnie du canal de Panama. Remise de droits d'enregistrement. L. fin. 17 avril 1906 (art. 6). — 11155 R.

3-1. Habitations à bon marché. L. 12 avril 1906. — 11207 R. P.

3-5 bis. Versement d'acomptes. Imputation sur les droits simples. — Les acomptes versés sur le montant des droits simples et en sus d'un jugement non enregistré doivent s'imputer en premier lieu sur les droits simples (Saint-Étienne, 10 août 1905, 10738 R. P.).

PAYS ANNEXE.

PENSION.

12 bis. Pensions et secours attribués aux victimes de l'expédition de Chine. Actes nécessaires. Exemption des droits de timbre et d'enregistrement. L. 31 mars 1903. — La L. 6 déc. 1901 (*J. off.* du 7) relative à la régularisation des dépenses de l'expédition de Chine, a confié à une commission spéciale le soin d'attribuer des pensions et secours aux militaires et marins victimes de cette expédition e, en cas de mort, à leurs veuves, à leurs ascendants et descendants.

L'art. 62 L. finances 31 mars 1903 autorise la Caisse des dépôts et consignations à se charger du payement de ces pensions et secours et à recevoir, à cet effet, les capitaux constitutifs nécessaires.

Les pensions et secours sont payables par trimestre. Ils sont incessibles et ne sont saisissables, du vivant du titulaire, que jusqu'à concurrence d'un cinquième dans les cas exceptionnels spécifiés par l'art. 69. Les arrérages se prescrivent par cinq ans.

Les jugements, significations, actes de notoriété, procurations, certificat, quittances et, en général, tous actes concernant le service de ces pensions et secours doivent être délivrés gratuitement et sont dispensés des droits de timbre et d'enregistrement; ils doivent seulement être visés pour timbre et enregistrés gratis, lorsqu'il y aura lieu à la formalité de l'enregistrement (3117-§ 7, I. G. — V. 10519 R. P.).

PERMIS DE CHASSE.

9. Timbre. Demandes de permis de chasse. Timbres mobiles. Apposition par les percepteurs. — Les percepteurs, appelés à encaisser le prix des permis de chasse, sont autorisés à apposer des timbres mobiles sur les formules imprimées destinées à la rédaction des demandes de permis de chasse, ou sur ces demandes elles-mêmes lorsqu'elles sont manuscrites (D. m. f. 30 oct. 1905, Instr. 3180, § 14; Circ. Compt. publ. 20 nov. 1905, 11215 R. P.).

PÉTITION.

...principales, lorsqu'il est justifié qu'elles ont disparu par cas de force majeure (D. m. f. 16 sept. 1887) et, notamment, en cas de vol (D. m. f. 30 juin 1891).

PÉTITION.

2-1. Demande de bulletin n° 2 du casier judiciaire. — D'après l'art. 37 L. 28 avril 1892, « est dispensée du droit de timbre la demande de bulletin n° 2 du casier judiciaire délivré aux particuliers » (8053 R. P.; 2837-2 I. G.).

4. Pétition sur papier libre. — Nullité. — Toute pétition adressée aux administrations publiques est assujettie au timbre par la loi du 13 brum. an VII et il résulte de l'arrêté des consuls du 15 fruct. an VIII, rendu le Conseil d'État entendu, à l'occasion d'une pétition individuelle, qu'il ne doit être statué sur une pétition qu'autant qu'elle est présentée sur papier timbré. En conséquence, l'Adm. des Contributions indirectes peut légalement renvoyer à son auteur et considérer comme non avenue une demande d'abonnement qui lui a été adressée sur papier non timbré par un débitant de boissons (Cass. crim., 10 déc. 1898, 9598 R. P.).

36. Droit de timbre. — Restitution. — Le droit de timbre, étant un impôt de consommation, demeure, en principe, définitivement acquis au Trésor et ne saurait être restitué ni admis en compensation. Un tempérament a été apporté à cette règle, en ce qui concerne les pétitions, par l'art. 42 L. 29 mars 1897, ainsi conçu :

« Lorsque, à la suite d'une réclamation reconnue fondée, il y aura lieu de rembourser des contributions, droits ou taxes quelconques indûment perçus, le Trésor, le département, la commune ou l'établissement public pour le compte duquel la perception aura été faite, remboursera au pétitionnaire, en même temps que le principal, le montant des droits de timbre auxquels aura été assujettie la pétition conformément à l'art. 12 L. 13 brum. an VII.

« En ce qui concerne les réclamations en décharge ou en réduction de contributions directes ou de taxes y assimilées, les frais de timbre de la demande introductive d'instance, sauf le cas d'exemption de ces frais prévu par l'art. 28 L. 21 avril 1832, sont compris dans les dépens de l'instance, et les art. 62 et 65 L. 22 juill. 1880 leur sont applicables » (8961 R. P.).

Cette disposition ayant un caractère limitatif ne peut recevoir son application qu'autant qu'il s'agit de pétitions tendant au remboursement de droits ou taxes indûment perçus et seulement lorsque ces demandes ont été reconnues fondées en tout ou en partie. Par conséquent, en ce qui concerne spécialement les impôts dont le recouvrement est confié à l'Administration, le bénéfice ne saurait en être étendu aux pétitions adressées pour obtenir, après l'abandon d'une réclamation, soit la remise ou la restitution à titre de remise de droits en sus ou d'amendes (2934-6 I. G.).

1. Expropriation pour cause d'utilité publique. — Droits perçus avant la déclaration. — C'est seulement dans le cas où la perception est irrégulière dans son principe que le droit de timbre de la pétition peut être restitué. Il en résulte que si les taxes ou contributions ont été l'objet d'une perception régulière, ou, en d'autres termes, si l'Administration a « fait une exacte application du tarif et une juste application de la loi aux actes produits et aux déclarations des redevables », le droit ne saurait être remboursé, quels que fussent les motifs qui justifieraient la demande.

Par suite, le prix du timbre d'une pétition n'est pas remboursable, quand il s'agit de droits qui, régulièrement acquittés sur des actes passés avant la déclaration d'expropriation pour cause d'utilité publique, ne sont devenus restituables que par le fait prévu par l'art. 58 L. 3 mai 1841 et postérieur à la perception (Sol. 20 août 1897, 25324 J. E.; — 16 juillet 1901, 3080-6 I. G.; 10179 R. P.).

2. Contrat de mariage non suivi de célébration. — De même, le droit de timbre d'une pétition tendant à obtenir le remboursement des droits régulièrement perçus lors de l'enregistrement d'un contrat de mariage qui n'a pas été suivi de célébration ne peut être l'objet d'une restitution (Sol. 8 sept. 1897, 25324 J. E.; 4363 *Rev. prat.*).

3. Frais de poursuites et d'instances. — La loi ne vise que les demandes en remboursement des contributions, droits ou taxes. Elle ne s'applique pas dès lors aux pétitions qui ont pour objet la restitution de frais des poursuites et d'instances; le coût du timbre de ces pétitions ne peut donc être remboursé (Sol. 19 avril 1900, 26005 J. E.).

4. Contributions directes. — En matière de contributions directes et de taxes assimilées, il y a lieu de refuser le bénéfice de l'art. 42 de la loi précitée à toutes les demandes en remise ou en modération et même à celles des demandes en décharge ou en réduction qui s'appuient sur des faits que l'Administration n'a pu connaître par suite de la négligence du contribuable ou qui reposent sur des conditions que le contribuable est libre de remplir ou de ne pas remplir; telles sont, par exemple, la réclamation tendant soit à une mutation de cote, soit à une exemption temporaire d'impôt (D. m. f. 21 juin 1897, Circ. cont. dir. 5 août 1897, 25307 J. E.).

Les demandes en transfert de droits de patente ne peuvent donner lieu au remboursement des frais de timbre.

Mais il en est différemment de la réclamation faite par un contribuable qui a été imposé, par suite d'une mutation faite d'office et sans sa participation, pour un immeuble qui ne lui appartient pas et n'a jamais appartenu ni à lui ni à ses auteurs, et de celle ayant pour objet de faire décider que son auteur, mis personnellement en demeure de payer une cotisation imposée au nom d'un tiers, n'est pas redevable ou n'est pas responsable de cette cotisation.

Les droits de timbre ne sont pas restituables dans le cas où le contribuable avait la faculté de présenter sa demande sur papier libre (même Circ.).

5. Indue perception. — Date de la pétition. — La décision qui reconnait l'indue perception rend seule restituable le timbre de la pétition. Lorsqu'elle est postérieure à la mise en vigueur de la loi de 1897, le coût de ce timbre doit être remboursé, quelle que soit la date de la demande (Sol. 14 mai 1897).

53 bis. Navires naufragés. — Consuls étrangers. — Réclamations. — Lorsque des consuls étrangers réclament, en vertu d'une convention internationale, le produit net d'un sauvetage ou d'un naufrage, ils n'agissent pas en qualité de mandataires des ayants droit, mais en exécution de la convention et en leur qualité officielle. Les demandes qu'ils adressent à l'autorité maritime sont dès lors affranchies du timbre, comme ayant le caractère de simples correspondances échangées entre fonctionnaires publics régulièrement autorisés (D. m. f. 19 fév. 1894. 2887-1 I. G.; 8650-37 R. P.; 24704 J. E.).

PLAN.

9 et 12. Communes. — Plans signés et non signés. — V. *Acte administratif.*

10-2. Plusieurs feuilles. — Le plan composé de plusieurs feuilles de papier, collées les unes à la suite des autres, n'est soumis qu'à un seul droit de timbre au maximum de 3 fr. 60, alors même que la dimension totale dépasserait le format du papier de cette quotité (Sol. 11 juill. 1895, 4006 *Rev. prat.*).

POLICE.

3-2. Police judiciaire. — *Police rurale.* — Dans la première partie du *Rép. gén.*, *in fine*, au lieu de : « *157* C. Instr. Crim. », lire : « *137* C. Instr. Crim. ».

POSSESSION.

31. Possession publique. — Dans la première partie du *Rép. gén.*, au lieu de : « la possession est *publique* », lire : « la possession *n'est pas* publique ».

PRESCRIPTION.

11 à 33. Succession. — Dettes prescrites. — Déduction. — L. 25 fév. 1901. — La L. 25 fév. 1901 autorise, pour la liquidation des droits de mutation par décès, la déduction du passif. *Quid* lorsque les dettes sont prescrites? Nous renvoyons aux explications que nous donnons sur ce point vº *Succession.*

40. Juge. — Moyen tiré de la prescription. — Interdiction d'y suppléer d'office. — Le juge ne peut suppléer d'office au moyen tiré de la prescription et non proposé par des parties. Cette règle est absolue et s'applique aux prescriptions *brevis temporis* comme aux autres (spécialement à l'action des domestiques qui se louent à l'année pour le payement de leurs salaires) (Cass. 17 mars 1897, 9120 R. P.).

102 à 185. Succession. — Déduction du passif. — Causes qui interrompent ou qui suspendent la prescription. — L. 25 fév. 1901. — V. observation faite *suprà*, nº 11.

228. Créance indéterminée. — Intérêts. — La prescription quinquennale des intérêts d'une somme due ne peut être opposée par celui qui en est tenu que lorsque le montant de cette somme est déterminé (C. Lyon, 1er avr. 1897; — Cass., 6 déc. 1898, 9516 R. P.).

234. Impôt sur le revenu. — Prescription de cinq ans. — V. nº 534 *infrà.*

300. Prescription de trois mois. — Fonds de commerce. — Expertise. — La L. 25 fév. 1901, art. 11, a étendu les dispositions de la L. 28 fév. 1872 aux déclarations de succession comprenant des fonds de commerce ou des clientèles (V. *Mutation*).

301. Prescription d'un an. — Immeubles non productifs de revenus. — Transmission à titre gratuit. — V. *Instance*, nº 588.

304. Action en restitution. — Usufruit successif. — Nu propriétaire. — Age de l'usufruitier. — Justifications. — L. 25 fév. 1901. — V. nº 403 *bis, infrà.*

Action en restitution. — Succession. — Déduction du passif. — Justifications ultérieures. — L. 25 fév. 1901. — V. nº 403 *ter, infrà.*

307. Droit gradué. — Remplacement par un droit proportionnel. — L'art. 20 L. 28 avr. 1893, qui a remplacé le droit gradué par un droit proportionnel, reproduit textuellement les dispositions de l'art. 8 L. 28 fév. 1872 en ce qui concerne le délai accordé à l'Administration pour poursuivre la répression des dissimulations.

313. Succession. — Déduction du passif. — Déclaration inexacte. — Prescription de cinq ans. — L. 25 fév. 1901. — V. nº 426 *bis, infrà.*

319. Titres des départements, communes, établissements publics, sociétés. — Droits de mutation par décès. — La disposition de l'art. 26 L. 8 juill. 1852, d'après laquelle les droits de mutation par décès et les peines encourues en cas de défaut de déclaration ou d'omission de rentes sur l'État ne se prescrivent que par trente ans, n'a pas été étendue par la L. 25 fév. 1901 aux titres des départements, communes, établissements publics et sociétés. Il en résulte que ces valeurs continuent, comme par le passé, à être réglées par les prescriptions quinquennale ou décennale, en cas d'omission ou de déclaration tardive (V. *Succession*).

336, 339 et 343. Requête en expertise. — Assignation. — Prescription annale. — Péremption triennale. — La prescription annale prévue par l'art. 61 L. 22 frim. au profit des redevables, pour les cas où les poursuites commencées ont été interrompues pendant un an, reste sans application lorsqu'il ne s'agit pas de poursuites pures et simples, mais d'actes qui ont pour effet d'ouvrir immédiatement une instance devant l'autorité judiciaire. Spécialement, la signification d'une requête en expertise, qui contient assignation devant le tribunal, n'étant pas un simple acte de poursuite, mais un acte introductif d'instance, l'action qui en résulte échappe à la prescription annale et se trouve seulement soumise à la péremption ordinaire de trois ans prévue par l'art. 397 C. proc. (Villefranche, 15 juill. 1891, 7711 R. P.).

344. Contrainte. — Saisie-arrêt. — Péremption. — La saisie-arrêt pratiquée entre les mains de l'usufruitier, pour assurer, par l'exercice du privilège du Trésor sur

PLAN.

11 et 12. Minutes. Copies et expéditions. Timbre. — Tout plan complet, c'est-à-dire daté et signé, devant être établi sur timbre, ne peut bénéficier de l'exemption accordée par l'art. 6 L. 23 avril 1905, même quand il est annexé à la minute de l'un des actes spécialement désignés par cet article. Au contraire, l'exemption doit profiter au plan non signé qui est annexé à l'un de ces actes, parce qu'il a pu régulièrement être établi sur papier non timbré et qu'il ne constitue pas un acte distinct de celui auquel il est joint et qui est lui-même exempt de l'impôt du timbre. — Quant aux expéditions ou copies des plans annexés aux contrats de vente, licitation ou échange d'immeubles, elles peuvent être expédiées à la suite de ces contrats, sur la même feuille de papier libre, sans qu'il y ait à rechercher si les originaux de ces plans, formant ou non un titre complet, étaient ou non assujettis au timbre (11238 R. P.).

PLANTATIONS.

1. Plantations sur un terrain loué. Vente par le locataire au cours du bail. Droit de 5 fr. 50 p. 100. — Les plantations faites par le locataire sur le terrain du bailleur sont immeubles par nature, alors même que le bail stipule l'obligation de les faire disparaître à l'expiration de la jouissance. La vente de ces plantations consentie par le locataire pendant le cours du bail est, en conséquence, passible du droit de 5 fr. 50 p. 100 (Chalon-sur-Saône, 16 déc. 1902, 10557 R. P.).

POLICE.

POSSESSION.

12. Vente par l'État d'un immeuble appartenant à un tiers. Éviction de l'acquéreur par le véritable propriétaire. Restitution des fruits. Plus-value apportée à l'immeuble par l'acquéreur. Garantie de l'État. — V. *Domaine*, nº 517.

34. Possession équivoque. Prescription acquisitive non justifiée. — V. *Domaine*, nº 181.

POSTES (ADMINISTRATION DES).

5 et 6. Procès-verbaux de contraventions. Enregistrement. Bureau compétent. Délai. Loi 31 mars 1903. — D'après l'art. 26, L. frim., les procès-verbaux de contravention aux lois postales devaient être enregistrés au bureau de la résidence de l'agent verbalisateur ou du lieu où ils avaient été dressés.

Par suite de cette attribution de compétence, l'agent des postes, auquel incombait l'obligation de faire enregistrer un procès-verbal, n'était pas toujours celui qui était chargé de recouvrer les frais sur le contrevenant. Il en résultait, pour le service des postes, des complications d'écritures qu'il a paru nécessaire de supprimer.

Dans ce but, l'art. 10 L. finances 31 mars 1903 dispose qu'à l'avenir, les procès-verbaux de contraventions aux lois postales sont enregistrés aux bureaux dans l'arrondissement desquels résident les contrevenants.

Cette modification à la législation existante en a entraîné une seconde. Le délai de 4 jours, imparti par l'art. 20 L. frim. pour l'enregistrement des procès-verbaux, ne peut plus courir, en effet, de la date de la signature de l'acte par l'agent verbalisateur (2363, § 2, I. G.) que dans le cas où cet agent est celui de la résidence du contrevenant. En dehors de cette hypothèse, le délai court, aux termes de l'art. 10 L. 31 mars 1903, à compter de la réception du procès-verbal par le receveur des postes chargé de requérir la formalité. La date de cette réception est constatée par une mention inscrite sur le procès-verbal, signée par le receveur des postes et revêtue du timbre à date du bureau (V. 10346 R. P.).

A défaut d'enregistrement du procès-verbal dans le délai prescrit, le receveur des postes chargé de requérir la formalité encourt la peine prononcée par l'art. 34 L. frim., c'est-à-dire l'amende réduite à 5 fr. en principal par l'art. 10 L. 16 juin 1824, indépendamment du droit exigible sur le procès-verbal non enregistré (3117, § 3, I. G.).

Dispositions applicables à l'Algérie. Décr. 23 août et 19 déc. 1905, 10885 et 10896 R. P.

PRESCRIPTION.

121. Exploit de signification de contrainte ne portant pas commandement exprès de payer. Énonciations équivalentes. Interruption de la prescription. — Il n'est pas nécessaire, pour l'interruption de la prescription en ce qui concerne l'action de l'Administration tendant au recouvrement d'un supplément de droit, que l'exploit de signification de la contrainte contienne commandement exprès de payer la somme due au Trésor, surtout lorsque ce commandement se trouve suppléé par des énonciations de la contrainte et de l'acte de notification qui équivalent à une injonction de payement (La Roche-sur-Yon, 19 fév. 1905, 10997 R. P.).

136 *bis*. Caisse d'épargne. Livret. Prescription. Interruption. Inscription des intérêts échus. — La prescription trentenaire applicable aux déposants dans les caisses d'épargne est interrompue par le fait de l'inscription sur le livret des intérêts échus (L. 20 juill. 1895, art. 20. — Cass. (req.), 7 janv. 1905, 10997 R. P.).

333. Impôt sur le revenu. Contrainte. Péremption annale non applicable. — La péremption annale, établie par l'art. 61 L. frim. en cas de poursuites commencées et interrompues pendant plus d'un an, n'est pas applicable en matière de taxe sur le revenu (Seine, 2 déc. 1905, 10968 R. P.).

378 **Condition suspensive.** — L'acte par lequel deux personnes s'engagent envers une autre à lui servir une rente viagère à partir du décès d'un tiers est affecté d'une condition suspensive, celle de la survie du crédi-rentier; cet acte est, en conséquence, passible du droit fixe de 3 fr. seulement et le droit proportionnel ne devient exigible que lorsque la condition se réalise. Il en résulte que si cet acte a été, lors de l'enregistrement, tarifé comme constitution de rente viagère à titre onéreux alors qu'il présente les caractères d'une libéralité, l'Administration est, à l'événement de la condition, fondée à réclamer le complément de droit de mutation à titre gratuit, sans que les parties puissent lui opposer la prescription biennale (Les Andelys, 20 juin 1906, 11305 R. P.).

Partage de communauté. Fonds de commerce. Reprise par la veuve en vertu d'une clause spéciale du contrat de mariage. Renonciation ultérieure à la communauté. Droit de mutation. Prescription. — V. *Partage de communauté*, n° 78 et 75.

le revenu des biens de la succession, le recouvrement des droits de mutation par décès dus par le légataire de la nue propriété, a pour résultat, lorsqu'elle est suivie d'assignation en validité, de lier l'instance en ce qui concerne l'usufruitier. Mais elle ne produit pas le même effet à l'égard du nu propriétaire, débiteur personnel du droit de mutation par décès. La signification de la contrainte au nu propriétaire doit, dès lors, être renouvelée, avant l'expiration de l'année, pour éviter la péremption édictée par l'art. 61 L. frim. (Sol. 27 août 1896, 8030 R. P.).

363. **Action en restitution. — Sommation. — Péremption annale.** — La simple sommation signifiée à l'Administration, sans ajournement devant le tribunal, à l'effet d'obtenir la restitution d'un droit indûment perçu, est atteinte par la péremption de l'art. 61 L. frim., si l'instance n'est pas régulièrement introduite dans l'année (Seine, 9 déc. 1898, 9492 R. P.).

364. **Poursuites cessées et reprises pour un autre motif. — Péremption annale.** — Lorsque l'Administration, après avoir réclamé par voie de contrainte le payement des droits de mutation par décès sur une succession non déclarée, décerne ultérieurement une nouvelle contrainte tendant au payement des droits simples et en sus exigibles à raison de l'omission commise par les héritiers dans leur déclaration de succession, les redevables ne peuvent opposer au Trésor la péremption annale de l'art. 61 L. 22 frim., sous le prétexte que plus d'un an s'est écoulé entre les deux contraintes, puisque ces actes de poursuite relatifs, le premier à une succession non déclarée, le second à une omission, avaient, chacun, un objet différent (Cass. (req.) 2 déc. 1889, 7343 et 7344 R. P.).

367 *bis* (*à ouvrir*). **Usufruitier. — Date et lieu de naissance. — Indication inexacte. — L. 25 fév. 1901.** — La L. 25 fév. 1901 a établi, pour l'évaluation des usufruits transmis à titre gratuit, de nouvelles règles que nous faisons connaître v° *Usufruit*. Elle prescrit, notamment, de faire connaître la date et le lieu de naissance de l'usufruitier, et elle édicte des pénalités en cas de déclaration inexacte. Quelle est la prescription applicable, en cette matière, aux droits supplémentaires et aux pénalités exigibles? C'est un point que nous examinons v° *Usufruit*.

368. **Prescription biennale. — Mutation. — Acte en faisant soupçonner l'existence.** — La prescription biennale de l'art. 61, n° 1, L. frim., ne saurait atteindre les droits dont un acte enregistré ne constitue pas le titre d'exigibilité (Seine, 2 déc. 1899, 9861 R. P.).

En toute hypothèse, lorsqu'il s'est écoulé moins de deux ans entre l'enregistrement d'un rapport d'expert révélant une mutation secrète et la contrainte réclamant le paiement des droits simples, la prescription biennale ne peut être opposée à l'Administration (Cass. 7 mai 1901, 10664 R. P.).

371-373. **Droits de greffe. — Mise au rôle.** — Faisons remarquer que les droits de greffe ont été supprimés par la L. 26 janv. 1892 (V. *Jugement, suprà*, contenant le texte *des frais de justice*).

380. **Réserve d'usufruit. — Prescription biennale.** — L'hypothèse que nous avons prévue dans la première partie de notre *Rép. gén.* (2ᵉ alinéa du n° 380) n'est plus de nature à se produire sous l'empire de la L. 25 fév. 1901, puisque, d'après le régime créé par cette loi, en cas d'usufruit réservé par le vendeur, il n'y a plus lieu, pour la perception, d'ajouter la valeur de l'usufruit au prix stipulé (V. v° *Usufruit*).

383. **Société anonyme. — Apport à titre onéreux. — Droit de mutation non perçu. — Prescription biennale. — Point de départ.** — La mutation, résultant d'apports à titre onéreux faits à une société anonyme, est subordonnée à la condition suspensive de la constitution définitive de la société par l'effet de l'approbation des statuts. — Tant que cette approbation n'a pas été donnée par l'assemblée générale des actionnaires, le droit proportionnel ne saurait être perçu. — Mais l'extrait du procès-verbal de l'assemblée générale des actionnaires qui constate l'approbation des statuts et s'y réfère en termes exprès, établit la réalisation de la condition suspensive et constitue le titre même de l'exigibilité du droit proportionnel sur les apports à titre onéreux. — En conséquence, si ce droit n'a pas été perçu lors de l'enregistrement de l'extrait précité, l'action tendant à son recouvrement est régie par la prescription biennale, qui commence à courir du jour de l'enregistrement de cet extrait (L. 22 frim., art. 61, n° 1; — Cass. 16 janv. 1894; *Contrà* : Cahors, 28 juin 1886, 8229 R. P.).

L'arrêt précité nous paraît inattaquable.

La prescription de deux ans créée par l'art. 61, n° 1, L. frim. atteint les prescriptions entamées, c'est-à-dire les droits ouverts par l'enregistrement même des actes soumis à la formalité. Elle est applicable aux omissions et aux insuffisances de perception.

Quant à la prescription trentenaire, elle régit l'action en recouvrement des droits principaux, c'est-à-dire des droits qui ne se rattachent à aucune perception entamée ou ayant dû l'être, lors de l'enregistrement d'un contrat assujetti à la formalité.

Telles sont les règles qui se dégagent des enseignements de la doctrine et de la jurisprudence (*Rép. gén.*, 7 éd., v° *Prescription*, n°ˢ 356 et s.).

En thèse générale, il faut ranger dans la catégorie des droits principaux, régis, dès lors, par la prescription de trente ans, ceux qui deviennent exigibles par suite de la réalisation d'une condition suspensive, à moins que la réalisation ne soit constatée dans un contrat présenté à l'enregistrement et qui constitue, par lui-même, le titre de la perception du droit. Dans cette dernière hypothèse, en effet, la perception est entamée; il ne s'agit plus d'un droit principal, mais d'un supplément de droit résultant d'une omission ou d'une insuffisance de perception, et la prescription biennale se substitue à la prescription trentenaire.

C'est ce qui a été maintes fois décidé en matière de réalisation de crédit (*Rép. gén.*, *loc. cit.*, n°ˢ 480 et s.).

Ces principes posés, il nous semble que l'application que la Cour en a faite dans son arrêt précité est pleinement justifiée.

D'après l'art. 25 L. 24 juillet 1867, les sociétés anonymes ne sont constituées qu'à partir de la réunion de l'assemblée générale des actionnaires appelés : 1° à vérifier la déclaration de souscription et de versement du capital social; 2° à nommer les administrateurs et les membres du conseil de surveillance — et qu'après l'acceptation de ces derniers.

Jusqu'à l'accomplissement de ces formalités, les statuts ne forment qu'un simple projet passible du seul droit fixe de 3 fr. Les autres droits proportionnels auxquels ils peuvent donner ouverture ne deviennent exigibles que lors de l'enregistrement de l'acte ou du dépôt de l'acte constatant la constitution définitive de la société.

Spécialement, nous avons enseigné, v° *Société*, n° 234, que lorsque les fondateurs d'une société anonyme apportent des immeubles en représentation desquels il leur est attribué des obligations à émettre par la société, la vente n'est formée que par l'effet de la délibération de l'Assemblée générale des actionnaires qui déclare la société définitivement constituée. D'où la conséquence que le droit proportionnel de mutation à titre onéreux est dû sur cette délibération.

Au cas particulier, le droit proportionnel aurait donc dû être exigé, au moment de l'enregistrement de l'extrait du procès-verbal constatant la constitution de la société. A cette époque, la perception a été réellement entamée; la réclamation ultérieure de la Régie ne portait pas, dès lors, sur un droit principal, mais sur un supplément de droit; elle avait pour objet de rectifier une perception insuffisante.

Il en résulte que la réclamation était soumise à la prescription biennale, et que cette prescription était accomplie lorsque la réclamation s'est produite.

388. Déclaration estimative non requise. — Vente. — Charge non déclarée. — Prescription annale. — A le caractère d'une charge susceptible d'être ajoutée au prix, pour la perception du droit de mutation, l'obligation imposée à l'acquéreur de payer, à la décharge du vendeur, entre les mains des locataires ou concessionnaires du terrain vendu, la valeur de constructions édifiées par ces derniers. La prescription annale de l'art. 17 L. frim. régit la réclamation du droit exigible et non perçu, lors de l'enregistrement du contrat, sur l'importance de la charge (Toulon, 26 avr. 1899, 9649 R. P.).

En ce qui concerne le chef relatif à la prescription, le jugement renferme une erreur certaine de principe.

La prescription qui régit les insuffisances de prix et celle qui gouverne l'action tendant au recouvrement d'un supplément de droit ayant pour objet une perception irrégulière ou insuffisante, ne sont pas les mêmes: le mode de poursuites est également différent dans les deux cas.

Dans le premier cas, la Régie n'a qu'un an, à compter de l'enregistrement du contrat de vente, pour formuler sa demande, et elle doit agir par voie de requête en expertise (L. frim., art. 17 et 18). Dans le second cas, elle a deux ans, à partir de la même époque (L. frim., art. 61, n° 1), et le premier acte de poursuites est la contrainte (même loi, art. 64).

Au cas particulier, la question soulevée n'était pas de savoir si le prix exprimé dans l'acte de vente était inférieur à la valeur vénale de l'immeuble vendu, mais si le droit de mutation avait été perçu conformément à la loi.

D'après l'art. 15, n° 6, L. frim., le droit de vente doit être liquidé sur le prix exprimé, en y ajoutant toutes les charges en capital. Si ces dernières ne sont pas évaluées, il y a lieu, par application de l'art. 16 de la même loi, de recourir, pour établir la perception, à la déclaration estimative des parties (*Rép. gén.*, v^is *Déclaration pour la perception*, n° 121, et *Vente*, n° 589).

En s'abstenant, lors de l'enregistrement du contrat, de requérir cette déclaration, le receveur avait commis une perception irrégulière ou insuffisante, qui ne pouvait être couverte que par la prescription applicable à ces sortes de perceptions, c'est-à-dire par la prescription biennale, et, tant que cette prescription n'était pas acquise, la Régie était fondée à réclamer, comme elle l'a fait, par voie de contrainte, la déclaration que les parties auraient dû fournir à l'origine. C'est ce que la C. de Cass. a fréquemment reconnu (Arrêts des 20 mai 1863, 1811 R. P., et 12 avr. 1881, 5727 R. P.).

398 *bis*. Jugement. — Condamnation principale et secondaire. — Droit perçu sur la condamnation principale. — Condamnation secondaire exécutée. — Supplément de droit. — Lorsqu'un jugement, prononçant une condamnation principale et une condamnation secondaire, a été assujetti au droit exigible sur la condamnation principale, le supplément de droit auquel peut donner ouverture l'exécution de la condamnation secondaire se prescrit par deux ans, à partir de l'enregistrement des actes qui révèlent cette exécution (Lons-le-Saulnier, 29 juill. 1890, 7320 R. P.).

399. Réunion de l'usufruit à la nue propriété. — D'après la L. 25 fév. 1901, que nous commentons v° *Usufruit*, le droit de mutation, en cas de démembrement de la pleine propriété, n'est plus perçu que séparément sur la valeur respective de l'usufruit et de la nue propriété, et la consolidation ultérieure de l'usufruit à la nue propriété donne lieu au droit de mutation, lorsqu'elle s'opère autrement que par l'extinction normale de l'usufruit.

Il en résulte que, sous l'empire de la loi nouvelle, les hypothèses prévues dans la première partie de notre *Rép. gén.* ne trouvent plus leur application.

400. Restitution faite indûment. — Lorsqu'une restitution de droits a été illégalement ordonnée, l'Administration peut exercer l'action en répétition de l'indû, tant que la prescription n'est pas acquise aux parties (Seine, 10 nov. 1892, 8019 R. P.).

403. Action en restitution. — Prescription biennale. — Est atteinte par la prescription de l'art. 61, n° 1, L. frim. l'action en restitution intentée plus de deux ans après la perception du droit dont le remboursement est demandé (Verdun, 1er juin 1894, 8453 R. P.).

L'action en restitution de droits perçus par double emploi est soumise à la prescription biennale établie par l'article 61, n° 1, L. frim. (Seine, 10 nov. 1894, 8586 R. P.).

Acte produit et non représenté. — Somme arbitrée d'office. — Demande en restitution. — L'Administration ne peut opposer la prescription biennale de l'art. 61 L. 22 frim., pour repousser la demande en restitution d'une somme arbitrée d'office qu'elle a perçue pour tenir lieu des droits exigibles sur un acte produit en justice et non représenté. Par

398. Déclaration estimative irrégulière. Droits supplémentaires. Prescription biennale. — La déclaration estimative souscrite par l'ingénieur en chef du contrôle au nom d'un département, sans mandat spécial, est irrégulière. Il en résulte que, s'il s'est écoulé plus de deux ans depuis l'enregistrement du contrat, la prescription biennale de l'art. 61 L. frim. s'oppose à ce que l'Administration puisse réclamer les droits supplémentaires exigibles (Tours, 13 avril 1906, 11296 R. P.).

[illegible] Cession de fonds de commerce. Prix variable d'après les bénéfices de l'exploitation. Complément de droit. Déclaration. Fausse évaluation. Prescription biennale. — Lorsqu'il a été stipulé, à l'occasion d'une cession de fonds de commerce, que le prix serait augmenté ou diminué en raison des bénéfices de la première année d'exploitation, et que, d'après une déclaration estimative des parties, il a été perçu des droits complémentaires sur le supplément de prix résultant de l'application de la clause relative aux bénéfices, l'insuffisance d'évaluation commise dans la déclaration est prescriptible par deux ans à compter de la perception. Par suite, les parties sont fondées à demander la restitution des droits qui, à l'occasion de cette insuffisance, ont été perçus après l'expiration du délai de deux ans (Seine, 8 fév. 1907, [illegible] R. P.).

396. Cession conditionnelle de droits sociaux. Réalisation. Prix à déterminer d'après les résultats du dernier inventaire. Absence d'inventaire. Évaluation provisoire pour la perception. Insuffisance. Preuve. Prescription trentenaire. — Quand il a été stipulé, dans un acte de société, qu'en cas de décès de l'un des associés, le survivant aurait la faculté de conserver tout l'actif pour son compte personnel en remboursant aux héritiers de son coassocié la valeur de la part de ce dernier telle qu'elle serait déterminée par les résultats de l'inventaire de l'exercice social en cours au moment du décès, et qu'après le décès de l'un des associés, le survivant, ayant usé du droit qui lui était réservé, a fait dresser un acte d'option en y joignant, à défaut de l'inventaire qui n'a pu être établi en temps utile par suite de difficultés entre les parties, un état certifié par lui contenant le détail et l'estimation de l'actif social, état au vu duquel les droits de mutation ont été perçus, la perception ainsi opérée n'a qu'un caractère provisoire, le prix de la cession étant incertain et subordonné à l'accord à intervenir entre l'associé survivant et les héritiers de son coassocié. L'Administration est, dès lors, fondée à réclamer un supplément de droit, même après l'expiration du délai de deux ans, si elle vient à constater que le prix de la cession s'est élevé à une somme supérieure à celle sur laquelle les droits de mutation ont été liquidés, la seule prescription applicable en pareil cas étant la prescription trentenaire (Seine, 16 déc. 1901, 10753 R. P.).

397. Ouverture de crédit. Réalisation. Complément de droit. Fausse déclaration. Prescription trentenaire. — Lorsque, dans l'acte d'ouverture d'un second crédit, il a été énoncé que le reliquat dû à la date de cet acte, sur un premier crédit ouvert par le même créditeur au même crédité, montait à une somme déterminée, et qu'il résulte des recherches faites par l'Administration au siège de la société créditrice, en vertu de son droit de communication, que ce reliquat s'élevait, en réalité, à une somme plus importante, le complément de droit d'obligation exigible sur la portion réalisée du crédit qui n'a pas été déclarée est soumis seulement à la prescription trentenaire, et non pas à la prescription biennale de l'art. 61 L. frim., puisqu'il s'agit d'une déclaration dont le contrôle échappe à l'expertise (Seine, 19 janv. 1906, 11133 R. P.).

403. Action en restitution. Prescription biennale. — *Conf.* Cass. req. 16 avril 1907, 11510 R. P.

Supplément de droit. — Est atteinte par la prescription biennale, en vertu de l'art. 61 L. frim., l'action en restitution d'un supplément de droit intentée plus de deux ans après la perception, lorsque cette perception a été régulièrement opérée d'après une déclaration estimative souscrite par la partie (Oloron, 16 août 1905, 10876 R. P.).

426. Succession. Omission. — Le délai de la prescription a été porté à dix ans (L. 30 janv. 1907, art. 4; — 11391 R. P.).

426 bis. Succession. Déduction du passif. Déclaration inexacte. Le délai de la prescription a été porté à dix ans (L. 30 janv. 1907, art. 4; 11331 R. P.).

438. Succession. Déclaration souscrite par l'héritier. Legs non déclaré. Prescription décennale. — V. Succession, nº 1512.

Succession. Exécuteur testamentaire. Émolument. Legs particulier. Droits de mutation par décès. Déclaration souscrite par les héritiers sans la participation de l'exécuteur testamentaire. Droits perçus d'après leur degré de parenté sur l'intégralité de l'actif successoral. Prescription biennale des droits afférents au legs fait à l'exécuteur testamentaire. — V. Succession, nº 999.

459. Acte notarié passé en conséquence de contrats conclus à l'étranger. Dissimulation de ces contrats. Prescription biennale non applicable. — La prescription biennale ne peut être opposée à la réclamation, par l'Administration, des droits afférents à des contrats conclus à l'étranger et en vertu desquels un acte notarié a été passé en France, lorsque l'existence même de ces contrats [illegible] dans l'acte notarié, comme des actes [illegible] (Seine, 8 fév. 1906, 11160 R. P.).

[illegible], si les parties démontrent que l'acte dont la production a été présumée n'existe pas en réalité, elles peuvent obtenir le remboursement de la somme arbitrairement fixée, bien que plus de deux ans se soient écoulés depuis la date de la perception (Seine, 20 nov. 1896, 9065 R. P.; — Cass. 8 avr. 1901, 10037 R. P.).

L'art. 61, nº 1, L. frim., qui fixe à deux ans le délai accordé aux parties pour obtenir la restitution des droits indûment perçus, renferme une disposition corrélative de celle qui a été établie contre le Trésor en cas de perception omise ou insuffisante.

Dans les deux hypothèses, le point de départ du délai est le même : c'est le jour de l'enregistrement.

Or, l'Administration a soutenu et fait décider que la perception d'une somme arbitrée d'office, pour tenir lieu des droits dus sur un acte non représenté, n'équivaut pas à l'enregistrement de cet acte. « C'est en vain, disait-elle dans un mémoire produit devant la C. Cass., que le Crédit foncier prétend que l'évaluation arbitraire des droits qui a été faite dans la contrainte notifiée le 10 nov. 1878, a suppléé à l'enregistrement du traité de fusion, qu'elle remplace la perception qui aurait été établie sur cet acte s'il avait été soumis à la formalité et, par suite, qu'elle peut servir de point de départ à la perception biennale. L'art. 61 de la L. frim. fait courir la perception biennale à compter du jour de l'enregistrement. Cette disposition, claire, précise et formelle, ne comporte pas d'interprétation; sa portée est expressément limitée à l'enregistrement même de l'acte; il n'y a pas lieu dès lors de l'étendre par voie d'analogie à un autre événement, tel que l'évaluation d'office des droits dans une contrainte. » (8504 R. P., p. 202 et 203). Et la Chambre civile a sanctionné cette thèse par un arrêt 30 janv. 1885. Ce que l'Administration disait au sujet de la signification de la contrainte s'applique, avec la même force, à l'encaissement par le Trésor d'une somme arbitrée d'office. Cet encaissement n'est pas l'enregistrement prévu par l'art. 61 L. frim., et du moment où cet article doit être interprété rigoureusement à l'encontre des parties, la même rigueur est opposable au Trésor.

C'est donc avec raison que le tribunal de la Seine et la C. Cass. ont écarté la prescription biennale que l'Administration invoquait pour repousser, *de plano*, la demande en restitution d'une somme indûment perçue d'office à raison d'un prétendu usage en justice qui, en réalité n'avait pas eu lieu. En pareil cas, la durée de l'action en restitution n'est, dès lors, limitée que par les règles de la déchéance quinquennale.

Marché administratif. — Droits supplémentaires. — Liquidation d'office. — Action en restitution. — Prescription biennale non applicable. — Lorsque l'Administration a perçu des droits supplémentaires de marché liquidés d'office au vu des écritures, soit du receveur municipal, soit de l'entrepreneur, sans exiger de celui-ci une déclaration estimative, elle ne peut opposer la prescription biennale à l'action en restitution de ces droits; le motif en est qu'il n'y a eu ni présentation d'un acte à l'enregistrement ni déclaration souscrite par les parties et que, par suite, le point de départ exigé par l'art. 61 L. frim. pour faire courir la prescription biennale fait défaut. L'Administration est fondée à demander acte au tribunal de la réserve qu'elle formule sur le point de savoir si l'autorité judiciaire est ou non compétente pour trancher les contestations soulevées par l'application de la déchéance quinquennale à la demande de remboursement (Seine, 13 mai 1898, 9527 R. P.).

403 *bis*. Usufruitier. — Nu propriétaire. — Restitution. — L'art. 13 L. 25 fév. 1901, dont nous donnons le commentaire vº *Usufruit*, dispose qu'en cas d'usufruits successifs, si l'usufruit éventuel vient à s'ouvrir, le nu propriétaire aura droit à la restitution d'une somme égale à celle qu'il aurait payée en moins, si le droit acquitté par lui avait été calculé sur l'évaluation de la nue propriété, d'après l'âge de l'usufruitier éventuel.

L'action en remboursement, ouverte au profit du nu propriétaire, se prescrit par deux ans, à compter du jour du décès de l'usufruitier, sans qu'il y ait à se préoccuper de savoir si le nu propriétaire a eu ou non connaissance de ce décès.

Usufruitier. — Age. — Justifications. — Lorsque, dans le cas prévu à l'art. 14 L. 25 fév. 1901 (V. *Usufruit*), à défaut de justifications sur l'âge de l'usufruitier, le droit le plus élevé a été perçu, la différence peut être restituée sur la présentation ultérieure de l'acte de naissance de l'usufruitier. L'action en remboursement se prescrit par deux ans, à compter du jour de la perception.

403 *ter*. Succession. — Passif. — Déduction. — Justifications ultérieures. — L. 25 fév. 1901. — La L. 25 fév. 1901, qui autorise la déduction du passif, pour la liquidation du droit de mutation par décès, porte (art. 5) : « Toute dette au sujet de laquelle l'agent de l'Administration aura jugé les justifications insuffisantes, ne sera pas retranchée de l'actif de la succession, sauf aux parties à se pourvoir en restitution, s'il y a lieu, dans les deux années à compter du jour de la déclaration ».

Nous commentons cette disposition vº *Succession*.

419. Amendes de timbre. — L'action de l'Administration pour le recouvrement des amendes de timbre est prescriptible par deux ans (Rouen, 7 fév. 1895, 8619 R. P.).

426 *bis*. Succession. — Déduction du passif. — Déclaration inexacte. — Prescription de 5 ans. — Ainsi que nous le verrons vº *Succession*, la L. 25 fév. 1901 autorise la déduction du passif pour la liquidation du droit de mutation par décès. L'art. 10 de cette loi ajoute que l'action en recouvrement des droits et amendes exigibles par suite de l'inexactitude d'une attestation ou déclaration de dette se prescrit par 5 ans à partir de la déclaration de succession. Nous commentons cette disposition vº *Succession*.

452. Jugement non enregistré. — Prescription trentenaire. — La prescription trentenaire est seule applicable au droit simple exigible sur un jugement qui n'a pas été enregistré (Seine, 6 fév. 1891, 7638 R. P.; — Toulouse, 20 juin 1892; — Cass. 24 mai 1894, 8361 R. P.).

459. Acte en conséquence. — Partage s. s. p. — Prescription trentenaire. — Les droits exigibles sur un partage s. s. p. énoncé dans un acte notarié ne se prescrivent que par trente ans (Nevers, 27 nov. 1899, 9927 R. P.).

462. Colonies. — Immeubles. — Acte enregistré en France. — Droit proportionnel. — Prescription biennale non applicable. — Si à l'occasion d'un litige pendant devant un tribunal de la métropole, et en vue de la production à ce tribunal, les parties présentent à l'enregistrement un acte s. s. p. par lequel une société minière cède à des particuliers : 1° tous les permis de recherches et demandes de concession qu'elle a ou peut obtenir, dans la province de Constantine; 2° la propriété des travaux exécutés sur les mines, bâtiments, galeries, puits, outillage de toute espèce, ainsi que la propriété des terrains à elle appartenant, le droit fixe comme salaire de la formalité est seul exigible (art. 68, § 1, n° 51, L. frim.). Mais le droit proportionnel est dû au bureau de l'enregistrement de la situation des biens, sans qu'on puisse opposer à la réclamation la prescription biennale de l'art. 61 L. frim., le receveur de la métropole n'ayant commis ni omission ni insuffisance de perception, en s'abstenant d'exiger le paiement d'un droit de mutation qu'il ne lui appartenait pas de percevoir, ni sur l'acte s. s. p., ni sur le jugement qui a ultérieurement précisé le sens et la portée de cet acte (Bougie, 22 déc. 1898; — Cass. (civ.) 21 janv. 1901, 10012 R. P.).

De même, lorsqu'il a été fait usage en France, dans une procédure en liquidation et partage d'une succession, d'un acte d'obligation passé en Algérie et enregistré au tarif de la colonie, mais non représenté au receveur qui a enregistré en France l'acte de liquidation et partage, le complément de droit exigible d'après le tarif métropolitain n'est pas soumis à la prescription biennale, puisque, d'une part, la perception faite en Algérie n'a pas été insuffisante et que, d'autre part, l'acte n'a pas été présenté à la formalité en France. C'est, dès lors, la prescription trentenaire qui est seule applicable (Valence, 28 fév. 1898, 9360 R. P.).

467. Acte produit en justice. — Prescription trentenaire. — Le droit exigible sur un acte non enregistré dont il est fait usage en justice ne se prescrit que par trente ans (Seine, 19 nov. 1892, 8019 R. P.).

L'action de l'Administration en payement du droit exigible sur un acte s. s. p. produit en justice n'est soumise à la prescription biennale que si les parties ont présenté à la formalité, soit l'acte lui-même, soit un jugement susceptible d'être considéré comme constituant le titre de la convention et, par suite, celui de l'exigibilité du droit. En dehors de ces deux cas, la prescription trentenaire est seule applicable (Cass. 13 mars 1895, 8525 et 8860-6 R. P.).

La mention qui est faite, dans un rapport d'arbitre commis judiciairement, d'un acte produit à l'arbitre et non enregistré, ne constitue pas une disposition du rapport lui-même, indépendante dans le sens de l'art. 11 L. frim. et passible d'un droit particulier. Le rapport est et demeure un acte distinct de ceux qui y sont visés; s'il constate la production en justice et, par conséquent, la cause de l'exigibilité de l'acte produit, il n'est pas le titre même des conventions sur lesquelles doit être assise la perception, il permet seulement à la Régie d'exiger la représentation de l'acte et, à son défaut, le payement d'une somme arbitrée d'office. La constatation de l'usage ainsi fait en justice n'équivaut pas à la représentation elle-même, qui, seule, fournit aux préposés la connaissance de toutes les dispositions de l'acte et de tous ses éléments, et, seule aussi, peut faire courir la prescription des droits non perçus sur une disposition particulière ou des suppléments de perception insuffisamment faite. Dès lors, aucune prescription autre que celle de trente ans ne peut courir contre la Régie à raison des droits simples dus sur les actes mentionnés dans un rapport d'arbitre et non représentés (Seine, 29 juin 1895, 8627 R. P.).

Les dispositions d'un acte s. s. p. simplement relaté dans un acte judiciaire ne constituant pas une disposition particulière de cet acte, la prescription biennale ne s'applique pas au recouvrement des droits auxquels l'usage de l'acte peut donner ouverture (Seine, 20 nov. 1896, 9130 R. P.).

470. Jugement restituant à une reconnaissance de dépôt le caractère d'une donation. — Complément de droit. — Prescription biennale non applicable. — Lorsqu'un jugement a restitué à un acte présentant les apparences d'une reconnaissance de dépôt le caractère de donation que dissimulait la reconnaissance, l'Administration est fondée à réclamer, sur la reconnaissance enregistrée au droit de 1 fr. p. 100 seulement, un complément de droit de donation, bien que plus de deux ans se soient écoulés depuis l'enregistrement de la reconnaissance (Seine, 21 juill. 1899, 9832 R. P.).

474. Société. — Prorogation. — Droit non perçu. — Quand la Régie n'a pu reconnaître la prorogation d'une société qu'en rapprochant l'acte qui la constate des statuts originaires, la perception du droit dû à raison de cette prorogation est régie par la prescription trentenaire, à l'exclusion de la prescription de deux ans (Seine, 16 mars 1894, 8323 R. P.).

477. Succession. — Degré de parenté. — Indication inexacte. — Le droit complémentaire, exigible dans cette hypothèse, ne se prescrit que par trente ans (Sartène, 15 mars 1898, 24574 J. E.).

480. Crédit. — Acte d'ouverture passé en Algérie. — Usage en France. — Réalisation du crédit. — Droit complémentaire. — Le complément de droit perçu en Algérie, à la suite de la réalisation du crédit, ne peut rendre la prescription biennale applicable au complément de droit de même nature exigible en France (Seine, 27 nov. 1896, 8987 R. P.).

488. Donation éventuelle. — Réalisation. — Prescription trentenaire. — Lorsqu'une donation faite par contrat de mariage à l'enfant du donateur doit profiter à son conjoint en cas de survie, la réalisation de cette condition rend exigible le droit de donation, et l'exigibilité de ce droit ne se prescrit que par trente ans (Bordeaux, 26 mai 1897, 25229 J. E.).

492. Société. — Réversion au survivant. — V. *Société*, n° 364.

498. Partage soumis à homologation. — D'après une pratique suivie à Paris, les droits auxquels donnent ouverture les partages et les liquidations sujets à homolo-

467. Acte produit en justice. Prescription trentenaire de droits simples. — La prescription biennale ne peut être opposée à la réclamation de l'Administration, alors même qu'il s'est écoulé plus de deux ans depuis l'enregistrement du rapport d'experts, ce rapport n'ayant [illegible] le titre sur lequel, sans recherches ultérieures de la Régie, les droits afférents à l'acte produit pouvaient et devaient être perçus; en pareil cas, c'est la prescription trentenaire qui est seule applicable en ce qui concerne les droits simples (Tarascon, 5 août 1904 : Cass. (req.), [illegible] 1905, 11229 R. P.).

Acte produit en justice. Droits simples : prescription trentenaire. Droits en sus : prescription biennale. — L'action de l'Administration en recouvrement des droits simples exigibles sur un acte s. s. p. produit en cours d'instance et analysé tant dans un rapport d'arbitre que dans un jugement, n'est soumise qu'à la prescription trentenaire; mais, en ce qui concerne les droits en sus, la prescription biennale de l'art. 14 L. 16 juin 1824 commence à courir à partir du jour où la Régie a été à portée de constater la contravention par l'enregistrement du rapport d'arbitre (Seine, 5 août [illegible] R. P.).

470. Donations déguisées sous la forme de ventes d'immeubles et de cessions de créances. Restitution aux contrats de leur véritable caractère. Prescription trentenaire seule opposable à l'action du Trésor. — Lorsque l'Administration établit, au moyen de présomptions, que des contrats revêtant les apparences de ventes d'immeubles et de cessions de créances constituent, en réalité, des donations déguisées sous la forme de conventions à titre onéreux en vue de frauder les droits du Trésor, son action tendant au recouvrement des droits supplémentaires exigibles n'est soumise qu'à la prescription trentenaire, conformément aux dispositions de l'art. 2262 C. civ., et non pas à la prescription biennale de l'art. 61, n° 1, L. frim. qui ne s'applique qu'aux omissions ou aux insuffisances de perception (Laon, 11 juill. 1901 ; Cass. (req.), 9 nov. 1903, 10656 R. P.).

492. Société. Adjonction d'un nouvel associé. Retraite ultérieure de l'un des associés apporteurs. Création d'un nouvel être moral. Mutation d'apports. Prescription biennale. — L'adjonction d'un nouvel associé et la cession ultérieure par les héritiers des droits d'un associé décédé à ses coassociés entraînent la constitution d'une société nouvelle, ce qui a pour effet de rendre exigibles les droits de mutation sur les transmissions d'apports qui se trouvent ainsi mises en évidence. L'action du Trésor pour le recouvrement de ces droits est, par suite, atteinte par la prescription biennale, si l'Administration a négligé de formuler sa réclamation dans le délai de deux ans à partir de l'enregistrement de l'acte constatant la cession par les héritiers de l'associé décédé des droits de leur auteur à ses coassociés (Corbeil, 17 déc. 1903, 10743 R. P.).

505. Contrat de mariage. Constitution de dot pour une somme déterminée. Imputation sur les droits de la future épouse dans la succession non liquidée de sa mère. Donation du surplus par le père. Importance de cette donation établie par une liquidation-partage ultérieure. Prescription biennale non applicable. — La donation par contrat de mariage de sommes ou valeurs dont le montant est encore indéterminé doit être assujettie au droit proportionnel sur une évaluation à fournir par les parties, sauf à compléter ultérieurement la perception lorsque le chiffre de la libéralité est définitivement fixé. La prescription biennale édictée par l'art. 61 L. frim. n'est pas opposable à la réclamation du droit qui peut alors devenir exigible, cette disposition ne s'appliquant qu'aux faits accomplis et connus le jour où l'acte est soumis à la formalité, et non aux faits postérieurs qui n'ont pu être connus de l'Administration qu'après l'enregistrement (Meaux, 7 janv. 1905, 10746 R. P.).

509. Marché. Évaluation provisoire. *Conf.* Bordeaux, 25 mars 1907, 11551 R. P.

ption sont perçus, dès que l'homologation a été prononcée, savoir : la taxe des frais de justice au bureau des actes judiciaires, et les autres droits au bureau des actes civils.

Décidé, dans cette hypothèse, que la première perception effectuée à l'un de ces bureaux fait courir la prescription biennale du droit supplémentaire qui peut être dû sur la perception faite à l'autre bureau (Seine, 9 nov. 1899, 25840 J. E.).

505. Acte non enregistré. — Évaluation d'office. — Prescription trentenaire. — Les droits d'un acte non enregistré ne sont soumis qu'à la prescription de trente ans. Une évaluation provisoire des droits faite d'office par le receveur, à défaut de représentation de l'acte, ne peut tenir lieu de l'enregistrement de cet acte ni, par conséquent, faire courir le délai de la prescription de deux ans (Bordeaux, 19 mars 1900, 9823 R. P.).

C'est par identité de motifs, ainsi que nous l'avons vu supra, n° 403, que l'Administration ne peut opposer la prescription biennale pour repousser la demande en restitution d'une somme arbitrée d'office qu'elle a perçue pour tenir lieu des droits exigibles sur un acte produit en justice et non représenté.

Estimation provisoire. — Bail. — Charges variables. — L'art. 61 L. 22 frim., en renfermant dans un délai de deux ans la prescription de l'action de la Régie pour compléter une perception insuffisante, n'a entendu parler que des faits accomplis et connus le jour où l'acte est soumis à la formalité, et non des faits postérieurs n'ayant été et n'ayant pu être connus de la Régie qu'après l'enregistrement. Par conséquent, lorsqu'une ville a affermé à une compagnie la concession du service des eaux, en lui imposant le payement d'une redevance fixe, le versement de la moitié des bénéfices et l'exécution de divers travaux, la prescription biennale ne peut être opposée à la réclamation d'un supplément de droit sur la différence qui est constatée au fur et à mesure de la continuation du traité, entre l'évaluation de la moitié des bénéfices provisoirement souscrite au moment de l'enregistrement de l'acte et le chiffre réel de la moitié effectivement versée par la compagnie à la caisse municipale (Cass. 18 fév. 1895, 8507 et 8800-3 R. P.).

Assurance à vie entière. — Droit de 1 fr. p. 100. — Liquidation. — Déclaration estimative. — La perception du droit de 1 fr. p. 100 effectuée lors de l'enregistrement d'une police d'assurance à vie entière, sur la déclaration estimative du montant des primes dues, est essentiellement provisoire, à l'égard de l'Administration, qui est fondée à réclamer ultérieurement un supplément de droit, quand elle établit que le total des primes réellement versées au décès de l'assuré se trouve supérieur au chiffre qui a servi de base à la perception originaire. Ce supplément de droit est régi par la prescription trentenaire de l'art. 2262 C. C., à l'exclusion de la prescription biennale de l'art. 61 L. frim. (Seine, 15 avr. 1899, 9597 R. P.).

509. Marché. — Évaluation provisoire. — Le supplément de droit, exigible sur la différence constatée entre le prix déclaré par les parties et l'estimation de l'expert, n'est soumis qu'à la prescription trentenaire (Bordeaux, 11 mai 1896, 9050 R. P.).

Lorsque le prix d'un marché passé au nom de l'État doit être payé en partie à l'aide de fonds de concours fournis par une ville, la réclamation du droit de 1 fr. p. 100 exigible sur le montant de la subvention est soumise à la prescription biennale, si l'existence de cette subvention est constatée dans une convention homologuée par une loi antérieure au marché (Lille, 7 nov. 1901, 10151 R. P.).

510. Mines. — Droit d'exploitation. — Cession. — Évaluation provisoire. — Suppléments de droits. — Lorsque le concessionnaire d'une mine cède son droit d'exploitation et d'extraction jusqu'à entier épuisement, moyennant la prestation de redevances proportionnelles à la quantité de houille qui viendrait à être extraite chaque année, il y a lieu, pour établir la perception, de recourir à la déclaration estimative des parties. La créance résultant, au profit du Trésor, de l'acquittement, au cours de l'exploitation, de redevances supérieures à la déclaration estimative, ne prend naissance qu'à la date de chaque paiement. C'est à cette date seule que s'ouvre l'action du Trésor et que commence à courir la prescription qui, à défaut de dispositions particulières dans la loi fiscale, ne peut, conformément au droit commun, être acquise que par trente ans (Saint-Étienne, 29 mai 1893; — Cass. 12 janv. 1897, 8908 et 9325-5 R. P.).

Cession de créance. — Évaluation provisoire. — En matière de cession de créance dont le montant est indéterminé, au jour de l'enregistrement qui constate la cession, le droit doit être liquidé sur l'évaluation provisoire fournie par les parties, et le supplément de droit qui peut devenir exigible, lorsque l'évaluation primitive a été insuffisante, se trouve régi par la prescription trentenaire (2262 C. civ.), à l'exclusion de la prescription biennale de l'art. 61 L. frim. (Seine, 16 déc. 1898, 9509 R. P.).

514. Rétrocession secrète. — Prescription trentenaire. — Le droit simple dû à raison d'une rétrocession secrète d'immeuble ne se prescrit que par trente ans (Grasse, 10 avr. 1899, 9574 R. P.).

517. Société. — Mutation d'apport. — V. *Société*, n° 285.

519. Mutation. — Jugement. — Prescription trentenaire. — La prescription biennale établie par l'art. 61, n° 1, L. frim., ne peut être opposée à l'Administration, lorsqu'elle poursuit le recouvrement d'un droit dû sur une mutation immobilière dont l'instrument n'a jamais été soumis à la formalité, et dont l'existence est révélée par un jugement ne constituant pas, par lui-même, le titre de la perception (Seine, 20 janv. 1887; — Cass. 30 janv. 1893, 8504 et 8800-2 R. P.).

Décidé, au contraire, que pour faire courir la prescription biennale à l'encontre du Trésor, il suffit de la présentation à la formalité d'un acte révélant la matière imposable assez clairement pour être considéré comme étant non pas l'instrument passé entre les parties, mais le titre prouvant l'événement juridique donnant ouverture à l'action de la Régie. — Spécialement, en matière de mutation secrète d'immeubles, la prescription de deux ans est applicable, s'il a été présenté à l'enregistrement un jugement fournissant par lui seul la preuve complète de la mutation (Limoges, 13 juin 1895, 8639 R. P.).

Au point de vue des principes, l'argumentation du tribunal trahit une certaine confusion entre le titre de la mutation, qui est en même temps le titre de l'exigibilité de l'impôt et la preuve de la mutation qui autorise seulement la réclamation des droits, sans servir de base directe et exclusive à la perception. C'est seulement dans le cas où l'Administration se trouve en présence d'un titre formel qu'elle est mise en demeure de percevoir, sous peine d'encourir les conséquences de la prescription biennale.

Dans les questions de cette nature, tout se réduit donc à savoir si l'acte révélateur de la mutation tenue secrète autorise à exiger *hic et nunc* le payement de l'impôt.

Au cas particulier, l'interprétation de fait admise par le tribunal n'a rien d'inadmissible si l'on considère que le jugement servant de base à la réclamation avait pour objet des difficultés relatives précisément aux conditions de la vente dissimulée et que le débat s'agitait entre les personnes mêmes qui avaient figuré dans la vente.

Nous inclinons donc à penser, tout en faisant nos réserves sur la partie doctrinale de la décision, que la question a été exactement résolue.

524. Droits de timbre. — L'action de l'Administration en réclamation de droits de timbre n'est soumise qu'à la prescription trentenaire (Rouen, 7 fév. 1805, 8610 R. P.; — Cass. 17 juill. 1805, 8590 R. P.; — Mantes, 7 déc. 1805, 8832 R. P.).

530. Rente sur l'État. — Succession. — Les droits de mutation par décès exigibles sur les inscriptions de rente sur l'État et les peines encourues en cas d'omission de ces valeurs ne sont soumis qu'à la prescription de trente ans (Rouen, 15 nov. 1894, 8550 R. P.).

534. Impôt sur le revenu. — Prescription de cinq ans. — L'art. 21 L. 27 juill. 1893 a établi la prescription de cinq ans pour l'action du Trésor en recouvrement de la taxe sur le revenu (V. *Code des lois* et *Impôt sur le revenu*, n° 58).

538. Prescription. — Calcul du délai. — Point de départ. — Le jour à partir duquel la prescription commence à courir ne doit pas être compris dans le délai nécessaire pour prescrire (Perpignan, 6 fév. 1900, 9923 R. P.).

552. Succession. — Droits litigieux. — Déclaration pour mémoire. — Prescription biennale. — La déclaration de succession souscrite pour mémoire et qui a pour objet des biens litigieux, pour lesquels le droit de mutation par décès n'est pas actuellement exigible, ne saurait faire courir la prescription biennale de l'art. 61, n° 1, L. frim. (Limoges, 27 avr. 1900, 9920 R. P.).

557. Condition suspensive. — Réalisation. — Délai de deux ans. — Point de départ. — Si le bailleur d'une usine s'engage à payer au preneur la plus-value du matériel qui sera constatée à l'expiration du bail, le droit d'indemnité à 0 fr. 50 p. 100, qui peut devenir exigible sur cette plus-value, se prescrit par deux ans à partir du jour où l'Administration a été mise à même d'en connaître l'importance au moyen de l'enregistrement et du dépôt au greffe du rapport dressé par des experts judiciairement commis, en présence de toutes les parties (Seine, 17 juill. 1891, 7813 R. P.).

562. — Don manuel. — Reconnaissance judiciaire. — Prescription biennale. — Point de départ. — Le droit dû pour la reconnaissance judiciaire d'un don manuel étant exigible sur le jugement qui constate la libéralité, la prescription biennale ne peut commencer à courir que du jour de la présentation de ce jugement à la formalité (Annecy, 25 juin 1902).

566. Jour férié. — Calcul du délai. — Le délai de prescription qui expire un jour férié n'est pas prorogé au lendemain. La L. 13 avr. 1895, qui proroge au lendemain des jours fériés l'expiration des délais de procédure, est, en effet, étrangère à la matière des prescriptions (Sol. 8 juill. 1899, 25960 J. E.).

Pour interrompre la prescription biennale, une demande en restitution doit non seulement être signifiée, mais encore enregistrée dans les deux ans à partir de la prescription. Le *dies ad quem* se trouve compris dans ce délai (Corbeil, 3 déc. 1901, 10148 R. P.).

584. Succession. — Dévolution héréditaire contestée. — Action en restitution. — Prescription biennale. — Point de départ. — Le délai de deux ans accordé aux parties par l'art. 61 L. frim., pour obtenir la restitution de droits d'enregistrement indûment perçus, court du jour du paiement de ces droits. Il en est ainsi, spécialement en matière d'impôt de mutation par décès, alors même que, par suite de contestation sur la dévolution de tout ou de partie de l'hérédité, les redevables n'auraient pu intenter utilement leur action en restitution avant l'échéance de la prescription. Les réserves insérées à cet égard dans la déclaration de la succession ne sauraient, d'ailleurs, empêcher la prescription de courir (Seine, 23 fév. 1894, 8292 R. P.).

Le délai de deux ans, accordé pour demander la restitution d'un droit de mutation par décès perçu lors d'une déclaration de succession, court du jour de cette déclaration, malgré les obstacles de toute nature qui empêchent les intéressés d'agir efficacement, et, notamment, malgré l'existence d'un litige entre les ayants droit à tout ou partie de la succession. Il en est ainsi pour le droit acquitté sur un legs d'usufruit par l'administrateur d'une succession quand, avant la déclaration, le légataire, sommé de réaliser la renonciation qu'il avait antérieurement promise, s'y est refusé (Seine, 8 mai 1896, 8867 R. P.).

588. Legs à un établissement public. — Droits versés par l'héritier. — Action en restitution. — Lorsqu'un héritier a payé les droits de mutation sur toutes les valeurs de l'hérédité et qu'ultérieurement, un établissement de l'État (exempt du droit de mutation) est autorisé à accepter le legs consenti en sa faveur par l'auteur de la succession, l'action en restitution de l'héritier est prescrite si plus de deux ans se sont écoulés depuis la déclaration de succession (Sol. 31 oct. 1900, 2781 R. E.).

[illegible]. Droits de timbre. — *Conf.* (Tours, 30 déc. 1905, [illegible] R. P.).

[illegible]. Succession. Partages de communauté et de succession ultérieurs à la déclaration. Liquidation des droits de mutation par décès d'après les attributions de ces deux partages. Prescription biennale non applicable. — Lorsqu'une déclaration de succession aurait dû être faite sur les bases d'un partage ultérieur, la prescription biennale de l'art. 61 L. frim. ne peut être opposée à la réclamation de l'Administration si cet acte de partage n'est pas mentionné dans la déclaration (Seine, 7 avril 1906, [illegible] R. P.).

612. Décès antérieur à la L. 25 fév. 1901. Renonciation à communauté postérieure. Prescription décennale. Point de départ. — La loi applicable pour la perception de l'impôt de mutation par décès exigible est celle sous l'empire de laquelle la succession s'est ouverte, et non pas celle en vigueur au jour de la renonciation à communauté. La prescription décennale applicable aux droits ainsi dus au Trésor a son point de départ au jour de la renonciation qui a fait rentrer dans la succession du mari l'intégralité des biens communs (Charolles, 18 janv. 1906, [illegible] R. P.).

646. Acte s. s. p. Mutation immobilière. Prescription trentenaire. Point de départ de cette prescription. — *Conf. Sol.* 8 mars 1905, 11120 R. P.

667. Mutation. Bois. Sol et superficie. Vente simultanée. Présomptions. Droit de 5 fr. 50 p. 100 exigible sur le prix total. Droit en sus. Prescription. — La prescription biennale des droits en sus ne peut commencer à courir que du jour où l'Administration a la preuve complète de la contravention qu'elle poursuit, et non pas quand elle ne possède que de simples indices qui la mettent seulement à portée de soupçonner la contravention, de la rechercher et de la découvrir à l'aide d'autres actes et de rapprochements ultérieurs. Cette prescription ne saurait, dès lors, être opposée par un acquéreur d'immeuble à la réclamation des droits en sus dus à raison de son acquisition non soumise à l'enregistrement dans les délais légaux, sous le prétexte que des décisions judiciaires rendues dans une instance engagée entre lui et un tiers auraient constaté, depuis plus de deux ans, son droit de propriété sur l'immeuble, si ces décisions ne donnaient aucune indication sur l'origine de sa propriété ni sur la date de la transmission de cette propriété, et ne fournissaient ainsi à l'Administration que de simples indices lui permettant seulement de soupçonner la contravention commise, sans la mettre à même de l'établir directement par leurs seules énonciations (Ambert, 19 juin 1901, 10370 R. P.; — Cass. (req.), 23 déc. 1903, [illegible] R. P.).

588. Somme versée à titre d'acompte sur des droits de succession. — Déclaration ultérieure. — Demande en restitution. — Point de départ de la prescription. — Lorsqu'une somme a été versée, à titre d'acompte, sur des droits de mutation par décès à liquider définitivement d'après la déclaration qui devra être ultérieurement souscrite, la prescription de deux ans, applicable à la restitution de la différence entre la somme versée et le montant des droits exigibles, court non du jour du versement de l'acompte, mais de la date à laquelle la déclaration régulière a été faite. — A défaut de déclaration régulièrement souscrite, l'action en remboursement de l'acompte n'est soumise qu'à la déchéance quinquennale qui atteint, en l'absence de textes spéciaux, toutes les créances contre l'État (Seine, 27 mars 1896, 8770 R. P.).

Mais la déclaration doit servir de point de départ à la prescription, à l'exclusion de versements ultérieurement effectués à titre de droits complémentaires pour omission ou insuffisance de revenu, et qui n'ont pas les caractères de paiements par acompte (Seine, 8 mai 1896, 8807 R. P.).

594 *bis* (*à ouvrir*). Succession. — Déduction du passif. — Prescription de 5 ans. — Point de départ. — V. observation faite *suprà*, n° 426 *bis*.

598. Succession non déclarée. — Les droits d'une succession non déclarée se prescrivent par dix ans à compter du décès (Périgueux, 22 juillet 1891, 7691 R. P.).

610. Succession. — Biens rentrés dans l'hérédité. — Les valeurs mobilières détournées par le légataire au préjudice d'un défunt et qu'une décision judiciaire a fait rentrer dans la succession de ce dernier, ne sauraient être considérées comme ayant été omises dans la déclaration souscrite par les héritiers. La prescription applicable aux droits dont elles sont passibles court, en conséquence, non du jour de la déclaration de succession, mais de la date de la décision judiciaire qui les fait rentrer dans l'hérédité (Versailles, 29 déc. 1893, 9232 R. P.).

610. Bien rentré dans l'hérédité. — Droit simple. — Prescription. — Point de départ. — L'annulation d'un contrat de vente, consenti moyennant le paiement d'une rente viagère, reconnue et prononcée en vertu des dispositions de l'art. 1975 C. C., a pour effet de faire rentrer dans l'hérédité du vendeur les biens ayant fait l'objet de la vente. Ces biens doivent, en conséquence, être déclarés, pour la perception du droit de mutation par décès, dans les six mois de la date de l'acte ou jugement qui a reconnu ou prononcé la nullité.

La prescription décennale, établie en ce qui concerne le droit simple par les art. 61, § 3, L. frim. et 11, L. 18 mai 1850, court de cette date et non de celle du décès du vendeur (Saint-Omer, 13 juill. 1900, 10152 R. P.).

613. Succession. — Legs — Renonciation frauduleuse. — Quand un héritier ou un légataire s'est soustrait au paiement du droit de mutation par décès en opposant une renonciation régulière en la forme, et que cette renonciation est ultérieurement reconnue frauduleuse, la prescription de dix ans opposable à l'action du Trésor, en paiement des droits dus par le renonçant, a pour point de départ le jour du décès (Mamers, 17 mai 1899, 2135 R. E.).

622. Contumax décédé. — Droit de mutation. — Prescription. — Point de départ. — Les dispositions exceptionnelles de l'art. 24 L. frim. régissent les successions des contumax. Par conséquent, le délai et, par suite, la prescription pour le paiement des droits de mutation par décès courent seulement du jour de la mise en possession effective des héritiers (Sol. 6 mai 1899, 9542 R. P.).

635. Décès à l'étranger. — L'action du Trésor, à l'effet d'obtenir le paiement du droit dû sur un legs, est soumise à la prescription décennale, et si la succession s'est ouverte à l'étranger, le point de départ de la prescription remonte, non au jour du décès, mais seulement à la date à laquelle l'Administration a eu légalement connaissance du décès (Bagnères, 11 fév. 1896, 9282 R. P.).

Spécialement, lorsque le décès a été constaté, à sa date, par le Consul de France, qu'une expédition de l'acte de décès a été envoyée par cet agent au ministère des affaires étrangères et transmise par ce dernier à la préfecture du département où le défunt avait son dernier domicile, la Régie doit être considérée comme ayant eu, par ces faits, la connaissance légale du décès. Il importe peu, dès lors, que ce décès n'ait pas été transcrit sur les registres de l'état civil du domicile d'origine du *de cujus*; si plus de dix ans se sont écoulés depuis la date de la notification du décès au ministère des affaires étrangères, les droits de succession sont prescrits, alors surtout que les héritiers ont pris possession, depuis un plus long délai, des biens du défunt (Figeac, 9 mars 1899, 25681 J. E.).

Militaire. — Décès à l'étranger. — Quand un militaire décède à l'étranger, la prescription des droits de succession ne court, à défaut de l'inscription de ce décès sur le registre de l'état civil de la commune où le défunt était domicilié, que du jour de l'enregistrement d'un acte public révélant la date du décès (Sol. 28 mars 1894, 8347 R. P.).

646. Acte s. s. p. — Mutation d'immeuble. — Prescription trentenaire. — Point de départ. — Les droits exigibles sur un acte sous seing privé constatant une mutation d'immeuble et qui n'a pas été soumis à la formalité de l'enregistrement, sont régis par la prescription trentenaire. Cette prescription commence à courir, non de la date de l'acte, mais du jour où cet acte a acquis date certaine (Sol. 17 avril 1891, 7627 R. P.).

658. Société. — Réversion. — V. *Société*, n° 364.

667. Droits en sus et amendes. — Prescription biennale. — Point de départ. — Si les droits en sus et amendes sont soumis à la prescription biennale, le délai ne commence à courir que du jour où la Régie a été à même de constater, d'une façon complète, la contravention, au vu des actes présentés à l'enregistrement, et non pas seulement par le rapprochement et la combinaison ultérieure de plusieurs actes ou par des recherches diverses (Cass. 4 fév. 1901, 9096 R. P.).

668. Droit en sus. — Mutation. — Acte révélateur. — La prescription de deux ans, établie par l'art. 14 L. 16 juin 1824, ne s'applique pas aux pénalités résultant d'une contravention qu'un acte enregistré ou une déclaration souscrite ont permis de soupçonner, sans qu'il soit possible de l'établir directement, au vu de cet acte ou de cette déclaration (Seine, 2 déc. 1899, 9851 R. P.).

669. Jugement non enregistré. — Droit en sus. — En cas de jugement non enregistré, la prescription biennale est applicable au droit en sus, à partir du jour où le greffier du tribunal a remis à l'Administration l'extrait prévu par l'art. 37 L. frim. (Seine, 6 fév. 1891, 7638 R. P.; — Toulouse, 20 juin 1892; — Cass. 24 mai 1894, 8361 R. P.).

673. Acte produit en cours d'instance. — Droit en sus. — Prescription. — Point de départ. — La prescription biennale de l'art. 14 L. 16 juin 1824 est applicable au droit en sus édicté par l'art. 57 L. 28 avril 1816 et commence à courir du jour où les préposés ont été mis à portée de constater la production, au vu des rapports d'arbitre soumis à l'enregistrement (Seine, 10 juill. 1891 et 4 mars 1892, 7820 R. P.).

Mutation secrète. — Rapport d'expert. — Droit en sus. — Prescription biennale. — Point de départ. — Lorsqu'il s'est écoulé moins de deux ans entre l'enregistrement d'un rapport d'expert révélant une mutation secrète et la contrainte réclamant le paiement des droits en sus, la prescription biennale ne peut être opposée à l'Administration (Cass. 7 mai 1901, 10064 R. P.).

Mais la prescription des droits en sus courant du jour où les préposés ont été mis à même de constater les contraventions au vu de chaque acte présenté à l'enregistrement, l'enregistrement d'un rapport d'expert constatant une revente suffit pour faire courir le délai (Cass. précité).

678. Jugement. — Location verbale. — Droit de titre et amende. — Le jugement, portant condamnation au payement de sommes dues en vertu d'une location verbale d'immeubles, est sujet non seulement au droit de titre dans tous les cas où il n'est pas justifié de la déclaration de location, mais encore au droit en sus minimum de 50 fr. en principal, lorsque l'entrée en jouissance de la location remonte à plus de trois mois. — Il en résulte que le délai de prescription de l'amende est de deux ans, à compter de l'enregistrement du jugement (Sol. 18 avr. 1891, 7624 R. P.).

698. Mutation secrète. — Droit en sus. — Acte de procédure. — Les actes de procédure, qui font présumer l'existence d'une mutation secrète d'immeubles, ne peuvent servir de point de départ à la prescription biennale du droit en sus, lorsqu'ils n'ont pas été soumis à la formalité et qu'ils ne contiennent pas la preuve complète de la contravention (Saint-Gaudens, 6 nov. 1889, 7390 R. P.).

700. Rétrocession secrète d'immeuble. — Droit en sus. — Prescription biennale. — Le droit simple dû à raison de la rétrocession secrète ne se prescrit que par trente ans. Mais le droit en sus est atteint par la prescription biennale (L. 16 juin 1824, art. 14), si la réclamation de l'Administration se produit plus de deux ans après que les immeubles ont été compris dans la déclaration de la succession de l'ancien possesseur, cette déclaration ayant permis de constater l'existence de la rétrocession (Grasse, 10 avril 1899, 9374 R. P.).

716. Société. — Apport. — Mutation. — Droit en sus. — V. *Société*, n° 285.

717. Société. — Cession conditionnelle. — Réalisation. — Droit en sus. — V. *Société*, n° 364.

723. Déclaration de succession. — Omission. — Droit en sus. — Prescription biennale. — Point de départ. — La prescription biennale applicable à la pénalité ne peut courir du jour de la déclaration de la succession, lorsque cette déclaration, mentionnant uniquement la renonciation et n'indiquant ni la demande en délivrance ni le jugement qui l'a autorisée, ne permettait pas de découvrir l'existence de l'omission, sans recherches ultérieures (Vouziers, 25 mai 1892, 8063 R. P.).

Bien rentré dans l'hérédité. — Vente annulée. — Demi-droit en sus. — La prescription biennale édictée par l'art. 14 L. 16 juin 1824 est acquise, en ce qui concerne le demi-droit en sus, si la réclamation de cette pénalité n'a été faite que plus de deux ans après l'enregistrement du jugement qui a annulé la vente (Saint-Omer, 13 juill. 1900, 10152 R. P.).

729. Amendes de timbre. — Point de départ de la prescription. — La prescription de deux ans applicable aux amendes de timbre commence seulement à courir du jour où la Régie a été mise à même de constater la contravention (Rouen, 7 fév. 1895, 8619 R. P.).

Spécialement, lorsque le registre à souche des actions d'une société contient des décharges non timbrées de titres remis à l'actionnaire, l'amende encourue de ce fait est prescrite, si le registre a été visé depuis plus de deux ans par un employé supérieur, alors que les infractions étaient déjà commises (Sol. 6 mars 1896, 25154 J. E.).

740. Interruption. — Contrainte. — Conseil judiciaire. — La contrainte décernée contre un redevable pourvu d'un conseil judiciaire n'a pas besoin d'être signifiée à ce conseil judiciaire pour être interruptive de la prescription biennale (Rouen, 18 juill. 1889, 7449 R. P.).

744. Interruption. — Requête en expertise. — Lorsque la requête en expertise portant nomination de l'expert du Trésor a été présentée au Tribunal et notifiée à la partie dans le délai, l'action doit être considérée comme engagée, et la prescription comme régulièrement interrompue, encore bien que la Régie n'ait pas fait inscrire au rôle et appeler à l'audience la requête par elle notifiée (Seine, 4 janv. 1902, 10229 R. P.).

752. Demande signifiée et enregistrée. — Prescription. — Point de départ. — Interruption. — Le jour à partir duquel la prescription commence à courir ne doit pas être compris dans le délai nécessaire pour prescrire. En conséquence, pour interrompre la prescription bien-

673. Acte produit en cours d'instance. Droit en sus. Prescription. Point de départ. — *Conf.* Epernay, 14 fév. 1907, 11653 R. P.

729 et 733. Timbre. Amende. Prescription biennale. Point de départ. — La prescription de deux ans applicable aux amendes de timbre commence seulement à courir du jour où la Régie a été mise à même de constater la contravention, et non pas de la date à laquelle les écrits incriminés auraient été déposés dans un greffe (Philippeville, 18 janv. 1906, 11237 R. P.).

740. Contrainte. Interruption de la prescription. — Doivent être considérées comme indiquant suffisamment l'objet de la demande et, par suite, comme ayant interrompu la prescription, les contraintes par lesquelles il a été réclamé au Crédit foncier la taxe exigible sur le revenu des prêts communaux non représentés par des obligations négociables, ces contraintes s'appliquant nécessairement aux prêts communaux représentés par les bons à lots (Seine, 2 déc. 1904, 10978 R. P.).

747. Instance. Assignation en restitution. Interruption de la prescription. Signification au chef-lieu du département. — Une assignation en restitution ne peut être valablement signifiée, dans un chef-lieu de département, qu'au Directeur. Signifiée à un autre agent de la résidence, et même au Receveur qui a perçu les droits, l'assignation est nulle et n'interrompt pas le cours de la prescription (Nancy, 29 juill. 1893, 10058 R. P.; — Bar-le-Duc, 15 déc. 1904, 10912 R. P. — *Contra* Auch, 11 juin 1903, 10376 R. P.).

751. Demande en restitution. Objet non précisé. Prescription. — L'assignation en remboursement qui ne précise pas l'objet de la demande, n'interrompt pas valablement la prescription (Seine, 2 déc. 1904, 10978 R. P.).

752. Prescription biennale. Interruption. Assignation en restitution signifiée dans les deux ans de la perception, mais enregistrée seulement le lendemain de l'expiration de ce délai. — Pour interrompre la prescription biennale, une demande en restitution doit être non seulement signifiée, mais encore enregistrée dans les deux ans à partir du jour de la perception (Péronne, 23 mars 1905, 10780 R. P.).

764. Assignation en restitution. Interruption de la prescription. Signification au chef-lieu de département. Compétence exclusive du directeur. Nullité. — *Conf.* — Le Puy, 19 oct. 1906, 11319 R. P.).

769. Legs particuliers. Droits de mutation par décès réclamés à un seul des héritiers. Indue perception. Assignation en restitution par l'héritier qui a effectué le payement. Interruption de la prescription à l'égard de ses cohéritiers. — Lorsque l'Administration a exigé d'un héritier le payement de droits de mutation par décès pour des legs particuliers faits par l'auteur de la succession tant à lui qu'à des tiers, droits qui d'ailleurs n'étaient pas dus, l'assignation en restitution signifiée à la requête de cet héritier interrompt la prescription pour la totalité de la somme qu'il a été obligé de verser, et non pas seulement à concurrence de sa part héréditaire, bien que la quittance ait été délivrée moitié en son nom, moitié au nom de son cohéritier. L'Administration ne peut, en effet, modifier, au point de vue de la répétition de l'indû, la situation qu'elle a elle-même créée au point de vue du payement ; à défaut de solidarité légale, cette situation imposée par le prétendu créancier et acceptée par les prétendus débiteurs a constitué entre ces derniers une solidarité conventionnelle dont ils sont fondés à réclamer le bénéfice comme ils en ont assumé la charge (Seine, 30 avril 1903, 11200 R. P.).

779. Prescription. Interruption. Réclamation virtuellement comprise dans la demande originaire. Même droit, mêmes biens, mêmes parties, même contrat. — Lorsque l'Administration a réclamé par voie de contrainte, avant l'échéance de la prescription biennale, les droits de mutation, d'après la nature des biens transmis, sur un acte qui, lors de l'enregistrement, a été assujetti à la perception du droit de 0 fr. 50 p. 100, et que le tribunal, tout en reconnaissant à cet acte le caractère de cession de part d'intérêt, a décidé qu'il n'en était pas moins passible du droit de mutation parce qu'il réalisait, au profit d'associés autres que l'apporteur, la mutation conditionnelle résultant de l'apport, les parties ne sont pas fondées à exciper de la prescription de deux ans, puisqu'il s'est toujours agi du droit proportionnel de mutation frappant les mêmes biens, réclamé aux mêmes personnes, à l'occasion du même contrat (Ruffec, 5 juin 1901 ; Cass. (req.), 19 mai 1903, 10622 R. P.).

781 et 782. Compensation. Supplément de droit. Imputation de droits dont la restitution est prescrite. Demande reconventionnelle. Irrecevabilité. — V. *Compensation*.

La société, qui a réclamé, par voie d'assignation, la restitution de taxes indûment perçues et payé l'intégralité des taxes trimestrielles sans effectuer aucune retenue, n'est pas fondée à compenser ces taxes ultérieurement exigibles avec celles atteintes par la prescription ; elle doit être réputée avoir renoncé, d'une façon tacite mais absolue, à toute compensation (Seine, 7 déc. 1904, 10908 R. P.).

844. Déchéance. Compétence exclusive de l'autorité administrative. — V. *Déchéance*, n° 25.

PRÉSOMPTION

... applicable aux droits indûment perçus sur un acte soumis à l'enregistrement le 2 juill. 1897, il suffit que la demande en restitution soit signifiée et enregistrée le 3 juill. 1899 (Perpignan, 6 fév. 1900, 9923 R. P.).

Pour interrompre la prescription biennale, une demande en restitution doit être, non seulement signifiée, mais encore enregistrée dans les deux ans à partir de la perception (Corbeil, 3 déc. 1901, 10148 R. P.).

764. Interruption. — Demande signifiée. — Enregistrement. — Délai. — Une demande en restitution de droits indûment perçus, bien que signifiée dans le délai de deux ans, n'interrompt pas la prescription, si elle n'est pas enregistrée avant l'expiration de ce délai (Seine, 28 janv. 1898, 9350 R. P.).

155. Interruption. — Assignation en restitution. — Enregistrement. — Visa du receveur. — Le visa du receveur, apposé sur l'original de l'exploit, ne saurait suppléer à la formalité de l'enregistrement (Corbeil, 3 déc. 1901, 10148 R. P.).

764. Assignation en restitution. — Interruption de la prescription. — Signification au chef-lieu de département. — Compétence exclusive du Directeur. — Nullité. — Une assignation en restitution ne peut être valablement signifiée, dans un chef-lieu de département, qu'au Directeur. Signifiée à un autre agent de la résidence, et même au receveur qui a perçu les droits, l'assignation est nulle et n'interrompt pas le cours de la prescription (Sol. 25 avr. 1902, 3080-9 I. G. ; 10272 R. P.).

776. Interruption par un seul des ayants droit. — La prescription biennale de la demande en restitution des droits indûment perçus sur un jugement est interrompue, pour la totalité des droits, par l'assignation faite à l'Administration par un seul des héritiers de l'un des défendeurs (Mortain, 21 nov. 1889, 7424 R. P.).

778. Demande additionnelle. — Prescription acquise. — Les demandes signifiées et enregistrées dans les délais fixés par l'art. 61-3° L. 22 frim. n'interrompent la prescription qu'en ce qui concerne les droits expressément désignés par l'acte interruptif. Spécialement, l'assignation en restitution de droits de vente, résiliation et garantie, qui n'ont pas été perçus en réalité sur un jugement déterminé, n'interrompt pas la prescription à l'égard du droit de condamnation exigé sur le même jugement (Troyes, 30 sept. 1890, 7585 R. P.).

De même, l'Administration est fondée à opposer la prescription biennale à une demande de restitution qui se produit sous forme de demande additionnelle à la demande contenue dans l'assignation introductive d'instance, lorsque plus de deux ans se sont écoulés depuis la perception critiquée (Seine, 14 janv. 1899, 9635 R. P.).

778. Demande additionnelle. — Prescription non acquise. — La demande additionnelle faite par les parties, au cours d'une instance, plus de deux ans après la perception, n'est pas atteinte par la prescription biennale, dès l'instant qu'elle se trouve virtuellement comprise dans les conclusions de l'exploit introductif d'instance, signifié avant l'expiration du délai de prescription (Seine, 4 déc. 1891, 7809 R. P.).

783. Droit dû et non perçu sur un acte. — Perception effectuée moins de deux ans après sur un second acte. — Prescription. — Reconnaissance du débiteur. — Lorsque la Régie a omis de percevoir un droit proportionnel de mutation sur un acte soumis à l'enregistrement et que, moins de deux ans après, elle perçoit ce droit sur un second acte qui confirme la mutation, sans que le redevable élève de protestation, la prescription biennale se trouve interrompue par la reconnaissance que fait le débiteur du droit du Trésor public, son créancier ; l'action du fisc reste alors, dans les termes du droit commun, réglée par l'art. 2262 du Code civil d'après lequel les actions tant personnelles que réelles sont prescrites par trente ans (Troyes, 13 mai 1896 ; — Cass., 21 avr. 1898, 9278 et 9675-19 R. P.).

840. Mandat de restitution délivré et non touché. — Déchéance quinquennale. — Lorsqu'un mandat, pour restitution de droits indûment perçus au cours d'un exercice antérieur, a été délivré à un particulier et que ce mandat est annulé à la clôture de l'exercice, le bénéficiaire ne s'étant pas présenté pour en toucher le montant, la déchéance quinquennale court contre le créancier de l'Etat seulement à partir du commencement de l'exercice sur lequel le mandat a été ordonnancé, et non à partir du premier jour de l'exercice au cours duquel a pris naissance le droit à restitution (Sol. 10 avr. 1900, 25041 J. E.).

844. Déchéance quinquennale. — Autorité administrative. — Compétence. — L'autorité administrative a qualité exclusive pour prononcer la déchéance quinquennale édictée par l'art. 9 L. 29 janv. 1831 à l'égard des créances contre l'Etat. Spécialement, si l'autorité judiciaire est compétente pour statuer sur les demandes en restitution des droits de timbre et de taxe sur le revenu, c'est au Ministre des finances qu'il appartient de faire, le cas échéant, application de la déchéance établie par la loi précitée (Cass. (civ.), 6 mars 1901, 10011 R. P.).

Déchéance quinquennale non prononcée. — V. *Déchéance* et *Impôt sur le revenu*.

V. Abonnement. — Déchéance. — Impôt sur le revenu. — Licitation. — Marché et Société.

PRÉSOMPTION.

46-7. Omissions et insuffisances. — Présomptions. — Bien qu'en prévoyant et punissant les omissions et les insuffisances dans les déclarations, l'art. 39 L. frim. n'ait rien précisé quant au genre de la preuve à l'aide de laquelle ces omissions et ces insuffisances seraient constatées, on ne doit pas conclure, du silence de cet article à cet égard, qu'il y ait lieu d'admettre toutes les preuves du droit commun, et, spécialement, celles qui, comme l'enquête ou la preuve testimoniale, sont contraires au texte ou à l'esprit de la loi fiscale, mais il est juste, tout au moins, d'en induire que la preuve peut résulter, soit des actes des parties ou de leurs ayants cause, soit même des présomptions tirées des faits constants au procès et des actes qui parviennent, par l'enregistrement, à la connaissance de l'Administration, ou que la loi soumet à son droit d'investigation et qui la mettent ainsi à même d'exercer son droit de contrôle (Yvetot, 20 avr. 1894; — Cass. 17 mars 1896, 8748 et 8860-45 R. P.).

Si les omissions ou insuffisances dans les déclarations de succession peuvent être établies par l'Administration au moyen des présomptions tirées des faits constants au procès ou des actes qui parviennent à sa connaissance par l'enregistrement ou l'exercice du droit d'investigation que la loi lui confère, elle doit fournir la preuve que les valeurs omises existaient réellement dans la succession au moment du décès ou à une époque assez rapprochée pour qu'on soit fondé à présumer qu'elles se trouvaient encore dans le patrimoine du défunt à la date de son décès (Cass., 21 fév. 1898, 9209 R. P.).

En prévoyant et punissant les omissions et les insuffisances dans les déclarations, l'art. 39 L. frim. n'a rien précisé quant au genre de la preuve à l'aide de laquelle ces omissions ou ces insuffisances seraient constatées. Si, du silence de cet article à cet égard, on ne doit pas conclure qu'il y a lieu d'admettre toutes les preuves du droit commun, et, spécialement, celles qui, comme l'enquête ou la preuve testimoniale, sont contraires au texte ou à l'esprit de la loi fiscale, il est juste, tout au moins, d'en induire que la preuve peut résulter, soit des actes des parties ou de leurs ayants cause, soit même des présomptions tirées des faits constants au procès et des actes qui parviennent, par l'enregistrement, à la connaissance de l'Administration ou que la loi soumet à son droit d'investigation et qui la mettent à même d'exercer son contrôle (Rodez, 21 juill. 1899; — Cass. 4 juill. 1901, 10066 R. P.).

V. SUCCESSION.

PRESTATION DE SERMENT. — V. *Serment.*

PRÊT SUR DÉPOT.

4. Dépôt par un tiers. — Droit fixe. — La loi du 8 sept. 1830 a eu pour but de procurer aux commerçants des moyens faciles de crédit en leur permettant d'emprunter sans frais, sur consignation ou nantissement de valeurs mobilières ou de marchandises, et ne distingue pas entre le cas où le dépôt est fait par l'emprunteur commerçant lui-même et celui où il est fait par un tiers. En conséquence, le bénéfice du droit fixe est applicable à l'acte constatant une avance de fonds faite à un banquier par une société sur le dépôt d'actions de cette société effectué par tous ses membres agissant chacun en son propre nom (Meaux, 22 nov. 1892; — Cass. 11 mars 1896, 8715 et 8860-44 R. P.).

Marchandises. — Défaut de mise en possession. — Droit de 1 fr. p. 100. — Le tarif de faveur de 3 fr., établi par la L. 8 sept. 1830, pour les actes de prêt sur dépôt ou consignation de marchandises, ne s'applique qu'aux prêts sur nantissement réel, et non pas à ceux pour lesquels le créancier gagiste n'acquiert pas la possession caractérisée par les art. 2076 C. civ. et 92 C. com.; ces derniers prêts sont soumis, comme prêts ordinaires, au droit proportionnel de 1 fr. p. 100 (Bordeaux, 7 mai 1902, 10317 R. P.).

21-25. Fonds de commerce. — Marchandises. — Le bénéfice de la L. 8 sept. 1830 ne saurait être étendu au prêt sur nantissement d'un fonds de commerce. Sans doute, une L. 1er mars 1898 a réglementé les nantissements de cette nature; mais, comme elle ne contient aucune référence à la L. 8 sept. 1830, il n'est pas possible de prétendre qu'elle a eu pour résultat d'en étendre, en quoi que ce soit, la sphère d'application, au point de vue du tarif. Il importe peu, d'ailleurs, que le cautionnement soit fourni pour partie en marchandises, dès l'instant où il l'est également au moyen d'autres biens non compris dans la catégorie de ceux visés par la L. 1830 (Sol. 26 juill. 1900, 2404 R. E.).

PREUVE.

33. Vente. — Sol et superficie. — Actes séparés. — Preuve par témoins. — Le tribunal, saisi de la demande en restitution du droit perçu d'après le tarif immobilier sur une vente de bois consentie, par acte séparé, le même jour que l'aliénation du fonds, peut autoriser les parties, demanderesses en remboursement, à établir, par témoins, que la vente de bois a été arrêtée avant la vente du fonds, sans se préoccuper des conditions relatives à la transmission de ce fonds (Jonzac, 14 nov. 1899, 9850 R. P.).

PRIVILÈGE.

13. Succession. — Deuil de la veuve. — Frais de nourriture et de loyer. — Les privilèges étant de droit étroit, on ne saurait comprendre dans les frais funéraires que l'art. 2101-2° C. civ. range au second rang des privilèges généraux sur les meubles, ni la créance que l'art. 1465 accorde à la veuve pour ses frais d'habitation et de nourriture pendant les 3 mois et 40 jours qu'elle a pour faire inventaire et délibérer, ni celle de son deuil (art. 1481): ce serait étendre la portée de l'art. 2101-2° au delà de son sens naturel d'après lequel les frais funéraires ne s'appliquent qu'aux frais de l'inhumation et de la cérémonie qui l'accompagne (Cass. (civ.), 15 mars 1897, 9075-11 R. P.).

46. Contribution foncière. — Saisie. — Immobilisation des revenus. — Le privilège que l'art. 1er, § 1, L. 12 nov. 1808 accorde au Trésor public, pour le recouvrement de la contribution foncière de l'année échue et de l'année courante, sur les récoltes, fruits, loyers et revenus des biens immeubles sujets à cette contribution, s'exerce avant tout autre. L'immobilisation des fruits naturels ou civils qui résulte, aux termes des art. 682 et 685 C. proc., de la transcription de la saisie pratiquée sur l'immeuble, ne saurait faire obstacle à l'exercice de ce privilège. En conséquence, si les fruits et récoltes de l'immeuble encore pendants par branches et par racines ont été compris dans l'adjudication sur saisie, le Trésor public peut demander à être colloqué sur la partie du prix qui représente leur valeur, par préférence aux créanciers ayant privilège ou hypothèque sur l'immeuble (Cass. 1er août 1898, 9368 R. P.).

PRESTATION DE SERMENT.

PRÊT SUR DÉPOT.

4. Défaut de mise en possession du créancier gagiste. L. 8 sept. 1830 non applicable. Droit de 1 p. 100. — Le tarif de faveur de 3 fr., établi par la L. 8 sept. 1830 pour les actes de prêts sur dépôts et consignations de marchandises, ne s'applique qu'aux prêts sur nantissement réel, et non pas à ceux pour lesquels le créancier gagiste n'acquiert pas la possession caractérisée par les art. 2076 C. civ. et 92 C. com.; ces derniers prêts sont soumis, comme prêts ordinaires, au droit proportionnel de 1 p. 100. Si une convention de cette nature, validée comme prêt sur nantissement par un jugement de première instance qui a été assujetti à la perception du droit de 1 p. 100, est ensuite annulée par un arrêt de cour d'appel qui lui attribue le caractère de prêt ordinaire, le droit proportionnel de 1 p. 100, indûment perçu sur le jugement, se compense avec celui devenu exigible à la suite de l'arrêt (Cass. (req.), 8 nov. 1905, 10940 R. P.).

26. Actions industrielles. Cession, par le même acte, de créances ordinaires à titre de garantie. L. 8 sept. 1830 non applicable. — L'acte qui constate une ouverture de crédit garantie à la fois par un dépôt d'actions industrielles et par une cession de créances, n'a pas le caractère du prêt sur dépôt tarifé au droit fixe par la L. 8 sept. 1830. Le droit proportionnel de 1 fr. p. 100 est, en conséquence, exigible sur la totalité du prêt, dès lors que le crédit a été intégralement réalisé (Seine, 8 janv. 1905, 10721 R. P.).

PRÊTE-NOM.

3. Cession de créance. — L'acte par lequel le cessionnaire d'une créance déclare n'avoir été que le prête-nom d'une autre personne, pour le compte et avec les deniers de laquelle il a agi, opère une nouvelle transmission de créance passible du droit proportionnel de 1 p. 100 (Auxerre, 30 juill. 1906, 11297 R. P.).

PREUVE.

PRIVILÈGE.

PROCÈS-VERBAL.

21 et 45. Postes. Procès-verbaux de contraventions. Enregistrement. Bureau compétent. Délai. L. 31 mars 1903. — V. *Postes.*

PROROGATION DE DÉLAI.

31. Subrogation. Prorogation de délai. Disposition indépendante. — La prorogation de délai consentie dans le cas de subrogation prévu par l'art. 1250-1 C. civ., constitue une disposition indépendante de cette subrogation et, comme telle, donne lieu à la perception d'un droit particulier (Saint-Pol, 10 juill. 1906, 16855 R. P.).

36. Ouverture de crédit consentie par un sous-comptoir de garantie. Prétendu compte courant. Droit de 0 fr. 20 p. 100. — La disposition exceptionnelle de l'art. 10 du décret du 24 mars 1848, qui affranchit du droit proportionnel d'enregistrement les prêts consentis par les sous-comptoirs de garantie, doit être restreinte aux seuls actes qu'elle vise. Par suite, l'acte aux termes duquel le Sous-Comptoir des Entrepreneurs proroge le délai accordé à un débiteur pour le remboursement d'un crédit réalisé est passible du droit de 0 fr. 20 p. 100. Il importe peu que, pour régler le fonctionnement de leurs opérations, les parties aient eu recours à la forme d'un compte courant, si la convention n'a du compte courant que l'apparence et ne comporte pas la réciprocité des remises qui est de l'essence de ce dernier contrat (Seine, 20 nov. 1903, 10722 R. P.).

PROTECTION DES ENFANTS MORALEMENT ABANDONNÉS.

PROTÊT.

PRUD'HOMMES.

3 et 14. Composition des bureaux de jugement. Organisation de la juridiction d'appel. L. 15 juill. 1905. (Instr. 3175, § 2, 11047 R. P.).

PURGE.

QUALITÉS.

QUITTANCE (ENREGISTREMENT).

72. Vente constatée par jugement. Acte postérieur établissant le payement du prix. Droit de 0 fr. 50 p. 100. — Lorsqu'en exécution d'un jugement qui reconnaît l'existence d'une vente, il est dressé un acte notarié constatant cette vente, et portant, en outre, quittance d'une partie du prix par voie de payement ou de compensation, le droit de libération est exigible sur la somme dont l'acte notarié établit le payement ou la compensation. C'est, en effet, le jugement qui forme le titre de la mutation et l'acte notarié n'a d'autre but que d'assurer plus efficacement le mode de preuve et d'exécution d'une mutation déjà opérée et reconnue (Seine, 1er août 1902, 10388 R. P.).

76. Cession conditionnelle de droits sociaux. Transaction postérieure à la réalisation de la cession et constatant le paiement d'une partie du prix. Droit de quittance. Non-imputation sur le droit de cession. — Il n'y a pas lieu d'imputer, sur les droits de mutation auxquels donne lieu la réalisation d'une cession conditionnelle de droits sociaux, le droit de 0 fr. 50 p. 100 pour libération perçu sur un acte de quittance d'une partie du prix, passé postérieurement à l'acte qui constate la réalisation de la cession (Seine, 18 nov. 1905, 10933 R. P.).

PROCÈS-VERBAL.

36. Gardes particuliers. — Procès-verbaux. — Bureaux où ils peuvent être enregistrés. — Les gardes particuliers peuvent faire enregistrer leurs procès-verbaux au bureau le plus voisin de leur résidence, eu égard, le cas échéant, aux facilités de transport et de communication, lors même que ce bureau ne serait pas celui de leur arrondissement (Déc. min., 21 fév. 1898, 2950 I. G.; 9603 R. P.).

67. Tarif. — Par suite de la réduction d'un tiers prononcée par l'art. 22 L. 28 avril 1893, en ce qui concerne les actes extrajudiciaires, le tarif des procès-verbaux de contravention ou de délit est aujourd'hui de 2 fr. (2838 I. G., p. 7).

98. Police de la navigation. — Les procès-verbaux dressés par les gardes maritimes pour constater les infractions au Décret-loi du 19 mars 1852 sur la police de la navigation, sont exempts de timbre et d'enregistrement (D. m. f. 13 fév. 1891, 7621 R. P.).

PROROGATION DE DÉLAI.

3. Tarif. — Le droit gradué est remplacé par un droit proportionnel de 0 fr. 20 p. 100 (L. 28 avr. 1893, art. 19. — V. *Droit gradué* et *Code des lois*).

16. Obligation de somme. — Disposition indépendante. — Constitue une disposition indépendante, passible du droit de prorogation de délai, la stipulation insérée dans un acte d'obligation, aux termes de laquelle le créancier et le débiteur conviennent de proroger le délai primitivement fixé pour l'exigibilité d'une somme antérieurement prêtée par le premier au second (Sol. 30 août 1893, 8302 R. P.).

PROTECTION DES ENFANTS MORALEMENT ABANDONNÉS. — V. *Déchéance paternelle.*

PROTÊT.

18. Tarif. — Le tarif des protêts est actuellement de [illegible] (L. 28 avr. 1893, art. 22, 2838 I. G., p. 7).

PRUD'HOMMES.

1. Expéditions. — Timbre. — Toutes les expéditions délivrées par les secrétaires de conseils de prud'hommes sont actuellement exemptées du timbre (L. 26 janv. 1892, art. 12). Il résulte du rapport de M. Trarieux (Sénat, 18 janv. 1892) que l'exemption s'applique aussi bien aux jugements rendus sur contestations entre patrons qu'aux jugements entre patrons et ouvriers.

12. Actes de procédure. — On a vu au *Rép. gén.*, v° *Prud'hommes*, nos 12 et 13, d'une part, que les citations doivent être enregistrées *gratis* toutes les fois que l'objet de la contestation n'excède pas 25 fr., et moyennant le droit de 0 fr. 75 lorsque l'objet de la contestation excède ce chiffre; d'autre part, que la formalité doit être donnée en débet, sauf recouvrement après jugement sur la partie qui succombe. Ces distinctions sont maintenues par la loi de 1892; mais le tarif de 0 fr. 75 a été réduit d'un tiers par l'art. 7 de ladite loi; il n'est donc plus que de 0 fr. 50.

Dans la pensée du législateur, la réduction doit porter sur tous les actes visés par l'art. 41, n° 1, L. 28 avr. 1816; en d'autres termes, sur les assignations et tous autres exploits devant les conseils de prud'hommes, sans distinguer entre les diverses attributions conciliatoires ou contentieuses de cette juridiction spéciale (2816 I. G., p. 6).

16 et 19. Jugement suivi de transaction. — Recouvrement des droits. — Lorsque l'Administration poursuit le recouvrement des droits de timbre et d'enregistrement exigibles sur les actes de procédure concernant les conseils de prud'hommes ainsi que sur les jugements et actes nécessaires à leur exécution, elle agit en vertu d'un droit propre résultant de la loi et de la condamnation prononcée à son profit, et son titre ne peut être anéanti par une transaction faite entre les parties, en dehors de son assentiment (Seine, 5 déc. 1893, 8373 R. P.).

PURGE. — V. *Exploit* et *Hypothèque.*

QUALITÉS.

13. Jugements et arrêts contradictoires. — Dispense du timbre et de l'enregistrement. — L. 26 janv. 1892. — V. *Avoué*, n° 3-2.

13 *bis*. Jugements par défaut. — Dispense d'impôt non applicable. — Les qualités de jugements par défaut, ne rentrant pas dans la catégorie des actes d'avoué à avoué, ne profitent pas de la dispense d'impôt accordée par l'art. 5 L. 26 janv. 1892. *Elles* doivent être rédigées sur papier timbré de dimension (Sol. 13 déc. 1894, 8495 R. P.).

Toutefois, si, en fait, elles ont été signifiées aux avoués des parties adverses, il y a lieu de les considérer comme rentrant dans l'exception prévue (Sol. 3 sept. 1895, 8709 R. P.). — V. *Avoué*, n° 4 *bis*.

QUITTANCE (ENREGISTREMENT).

76. Promesse de vente. — Réalisation. — Acte ultérieur. — Payement du prix. — Droit de libération. — Lorsque le bénéficiaire d'une promesse de vente d'immeuble fait, en présence du vendeur, qui le dispense de toute notification, dresser un acte notarié pour constater son intention de réaliser la promesse, la mutation s'accomplit par l'effet de cet acte, et le droit de 5 fr. 50 p. 100 devient exigible.

Par suite, le contrat ultérieurement passé, même en exécution d'un jugement qui l'a ordonné, pour rappeler les clauses et conditions de la vente et indiquer la libération du prix, donne ouverture au droit de quittance, sans que les dispositions de l'art. 10 L. frim. soient applicables (Seine, 22 mars 1901, 10100 R. P.).

78. Vente sous condition suspensive. — Acte ultérieur constatant la réalisation de la vente et la quittance du prix. — Droits de vente et de libération. — Lorsqu'une vente de fonds de commerce a été subordonnée à l'événement d'une condition suspensive, l'acte qui constate la réalisation de la condition en même temps que le paiement d'une partie du prix, donne ouverture au droit de libération, indépendamment du droit de mutation devenu exigible par l'accomplissement de la condition (Sol. 24 janv. 1895, 8587 R. P.; — Compiègne, 4 déc. 1895, 8828 R. P.).

Mais si l'acquéreur était tenu de reprendre les marchandises existant à l'époque fixée pour l'entrée en jouissance du fonds de commerce, d'après l'estimation qui en serait faite, la cession de ces marchandises ne devient parfaite qu'au moment de l'estimation. Par suite, l'acte qui renferme cette évaluation et constate le paiement de la somme due de ce chef au vendeur, n'est passible que du droit de vente et ne rend pas exigible un droit particulier de libération (L. frim. art. 10; — Compiègne, 4 déc. 1895, 8828 R. P.).

Décidé, en sens contraire, que lorsque, dans une vente consentie sous la condition suspensive du payement du prix, les parties ont fait dépendre de cette condition la transmission de la propriété, l'acte qui mentionne ultérieurement la réalisation de la condition n'entraîne aucune rétroactivité dans la transmission de la propriété. — Cet acte ne donne, par suite, ouverture qu'au droit de mutation à titre onéreux, et la quittance du prix qu'il constate est affranchie d'un droit particulier, en vertu de l'art. 10 L. 22 frim. (Saint-Omer, 7 août 1891, 7868 R. P.).

Société. — Part sociale. — Cession conditionnelle. — Réalisation. — Acte ultérieur. — Cession et paiement du prix. — Droit de quittance exigible — V. *Société*, n° 3193.

120. Créance cédée en garantie. — Payement par le débiteur cédé en présence du cédant. — Double libération. — Lorsqu'une créance a été cédée en garantie d'une dette, à titre de simple nantissement et sans délégation, le payement effectué par le débiteur cédé entre les mains du cessionnaire, en présence et avec l'assentiment du cédant, produit deux libérations distinctes passibles chacune d'un droit particulier de 0 fr. 50 p. 100 (Rambouillet, 18 avril 1890, 7442 R. P.).

121. Prix de vente. — Créancier inscrit. — Intervention du vendeur. — Disposition dépendante. — Lorsque, dans l'acte constatant la quittance d'un prix de vente d'immeuble, il est déclaré que l'acquéreur verse, en présence et du consentement du vendeur, le montant, en principal et intérêts, de son prix d'acquisition entre les mains d'un créancier inscrit non délégataire, l'intervention du vendeur ne constitue pas une disposition indépendante. Elle ne saurait donner ouverture à un droit particulier (Sol. 2 oct. 1899, 9647 et 9946-25 R. P.).

155. Avance temporaire. — Engagement de prêter un capital après remboursement de l'avance. — Acte ultérieur. — Constatation du remboursement de l'avance. — Droit de libération. — L'acte qui constate la remise d'une somme, à titre d'avance temporaire, et l'engagement par le prêteur de verser à l'emprunteur à des échéances déterminées et après le remboursement de cette somme, un capital remboursable dans un délai déterminé, forme le titre de deux obligations. Lorsque, dans un acte ultérieur, le prêteur reconnaît avoir été remboursé du montant de son avance temporaire, cette constatation donne ouverture au droit de libération de 0 fr. 50 p. 100 (Seine, 10 fév. 1899, 9580 R. P.).

QUITTANCE (TIMBRE).

10. Reçu contenant une obligation de somme. — Timbre proportionnel. — Le reçu qui constate une obligation de somme, ne rentre pas dans la catégorie des reçus purs et simples que l'art. 18 de la loi du 23 août 1871 assujettit au droit de timbre de 0 fr. 10. Il est passible du timbre proportionnel et, en cas de contravention, il donne lieu à la perception d'une amende de 6 fr. p. 100 par application de l'art. 19 L. 24 mai 1834 (Seine, 15 juin 1895, 8630 R. P.).

18 *bis*. Brocanteur. — Bulletin d'inscription. — Le bulletin d'inscription, remis au brocanteur qui a fait la déclaration prescrite par la loi du 15 février 1898, est sujet au timbre de dimension (D. m. f. 22 août 1898, 3038-4 I. G.).

30. Quittance contenant d'autres dispositions. — L'écrit qui, bien que signé du vendeur seul, constate une vente à forfait de valeurs de bourse et le payement du prix, est assujetti au timbre de dimension, à l'exclusion du droit de 0 fr. 10, du moment où il indique que les titres appartiennent au vendeur et qu'il mentionne l'engagement contracté par ce dernier de rembourser le prix des valeurs dont la négociation serait empêchée par suite d'amortissement, d'opposition, de déchéance ou de toute autre cause (Seine, 24 mars 1893, 8007 R. P.; 24082 J. E.).

32. Quittance subrogative. — Timbre de dimension. — La quittance qui contient une clause de subrogation, ne constitue pas une quittance pure et simple. Elle est sujette, par suite, au droit de timbre de dimension à l'exclusion du droit spécial de 0 fr. 10 (Lisieux, 18 déc. 1895, 8803 R. P.; 24828 J. E.).

83 et 85. Fabriques d'église et consistoires. — Quittances délivrées par les comptables directs ou indirects. — Les quittances délivrées, depuis le 1er janv. 1894, par les comptables directs ou indirects des fabriques ou consistoires, sont passibles du droit de timbre de 25 centimes, comme émanant de comptables publics, quel que soit le caractère des deniers recouvrés. Mais sont exempts d'impôt, comme documents d'ordre intérieur: 1° les récépissés auxquels donnent lieu les mouvements de fonds entre les régisseurs et le comptable en titre, et 2° les quittances qui sont délivrées par le trésorier de la fabrique que pour les sommes extraites de la caisse à trois serrures ou qui lui sont remises pour les sommes versées dans cette caisse (Lettre à la Compt. pub. du 7 août 1893, 8154 R. P.; 24290 J. E.).

133 *bis*. Produits et revenus publics. — Quittances qui s'expédient sur les actes. — Taxes perçues

36. Vente sous condition suspensive du payement d'une partie du prix. Acte ultérieur constatant ce payement. Droit de mutation à titre onéreux seul exigible. Droit de libération non dû. — Lorsque, dans une vente consentie sous la condition suspensive du payement d'une portion déterminée du prix, les parties ont fait dépendre de ce payement la transmission de la propriété *sans effet rétroactif au jour de la vente*, l'acte ultérieur qui constate ce payement donne ouverture seulement au droit de mutation à titre onéreux, la quittance qu'il énonce étant affranchie de tout droit particulier en vertu de l'art. 10 L. frim. (Le Puy, 3 nov. 1905, 11254 R. P.).

144. Dissolution de société. Cession antérieure d'apports. Constatation, dans l'acte de dissolution, de versements d'acomptes. Droit de quittance. — V. *Société*, n° 365.

147. Transport d'une somme restant due sur une créance. Déclaration incidente du créancier. Débiteur non partie au contrat. Droit de libération non exigible. — Le droit de quittance n'est pas exigible sur l'acte de transport d'une somme *restant due* sur une créance d'un chiffre supérieur, la différence ayant pu être éteinte de toute autre façon que par un payement ou avoir fait l'objet d'un autre transport, et la déclaration purement incidente du créancier n'ayant pas pour but de conférer un titre libératoire de cette différence au débiteur qui ne figure pas au contrat. Il importe peu que l'acte de transport ait été par la suite signifié au débiteur, puisqu'il s'agit là d'un fait postérieur à l'enregistrement et que la perception doit être réglée d'après la substance et les constatations de l'acte soumis à la formalité, abstraction faite des événements ultérieurs (Caen, 30 mai 1905, 11030 R. P.).

184. Assistance obligatoire aux vieillards, infirmes et incurables. L. 14 juill. 1905. — D'après l'art. 38 L. 14 juill. 1905, les quittances faites en vertu de cette loi et ayant exclusivement pour objet le service de l'assistance aux vieillards, aux infirmes et aux incurables, sont dispensées du timbre et doivent être enregistrées gratis, lorsqu'il y a lieu à la formalité de l'enregistrement (Instr. 3173, 11024 R. P.).

Enfants assistés. — D'après l'art. 54 L. 27 juin 1904, les quittances rédigées en vertu de cette loi et des LL. 24 juill. 1889 et 19 avril 1898, et exclusivement relatives au service des enfants assistés, sont dispensées du timbre et doivent être enregistrées gratis, lorsqu'il y a lieu à la formalité de l'enregistrement (Instr. 3152, 10790 R. P.).

V. Compensation et Réhabilitation.

QUITTANCE (TIMBRE).

16 *bis*. Associations. Déclarations d'existence et documents à l'appui. Récépissés. Expéditions. Timbre de dimension. — Toutes les pièces se rapportant aux déclarations d'existence des associations (L. 1er juill. 1901, art. 5) sont soumises au timbre de dimension. Pour les déclarations elles-mêmes et les documents déposés à l'appui (exemplaires des statuts), ainsi que pour les récépissés qui en sont délivrés, la quotité du droit est déterminée uniquement par la dimension du papier employé, sans autre minimum que celui de 0 fr. 60. Quant aux expéditions et extraits des déclarations et des statuts, dont toute personne peut requérir la délivrance, ils comportent l'emploi du moyen papier de 1 fr. 80 (D. m. f. 13 fév. 1903, Inst. 3128-1, Circ. Min. int. 20 mars 1903, 10506 R. P.).

119 et 120. Receveur municipal. Prix de location. Termes distincts. Quittances à la suite. — La L. 8 juill. 1896 ayant laissé subsister la prescription générale de l'art. 23 L. 13 brum. an VII, les quittances successives délivrées à la suite l'une de l'autre par un receveur municipal pour constater le payement de termes distincts de location, sont passibles chacune d'un droit de timbre de 0,25 si chaque terme est supérieur à 10 fr. (Sol. 8 avril 1904, 11651 R. P.).

135-137 et 139. Comptables de l'État. Perceptions complémentaires. Droits de succession. Droits de statistique commerciale. Quittances exemptes du timbre. Distinctions. — Sont exemptes de l'impôt du timbre, que la quittance primitive soit ou non représentée par les parties, les quittances délivrées par les comptables de l'État à l'occasion des perceptions complémentaires, sous la double condition : 1° qu'il s'agisse d'une somme versée pour compléter une perception dont l'insuffisance est due à une faute de l'agent de recouvrement; 2° et que la quittance primitive ait elle-même été timbrée, ou bien que le montant du versement nouveau ajouté au premier payement ne forme pas un total supérieur à 10 fr. Il en est spécialement ainsi en matière de quittances de droits de mutation par décès ou de quittances de droits de statistique commerciale émanant des agents des douanes (Instr. 3167, § 15, 11010 R. P.).

214. Écrit libératoire saisi entre les mains du débiteur. Dénégation d'écriture. — Pour qu'un écrit, emportant quittance, reçu ou décharge, présente un caractère libératoire, il faut : 1° qu'il ait été remis au débiteur, soit par le créancier lui-même, soit par un tiers ayant mandat de le délivrer; et 2° que l'intention de fournir au débiteur une preuve de sa libération ait été la cause déterminante de la remise du titre. Échappe, par suite, à l'application du timbre de 0,10 l'écrit libératoire saisi entre les mains du débiteur, délivré par le fils mineur du créancier à l'insu et sans le consentement de son père, et revêtu de la signature de ce dernier qui la désavoue (Quimperlé, 25 janv. 1905, 11008 R. P.).

230. Bordereaux de coupons au porteur. Exigibilité du timbre de 0 fr. 10. — L'art. 18 L. 23 août 1871 assujettit au droit de timbre de 0 fr. 10, dans sa généralité, toutes les écritures constatant un payement, sous quelque forme qu'elles se présentent, qu'elles soient ou non signées du créancier, qu'elles aient ou non le caractère d'un acte, dès qu'elles constituent pour le débiteur un titre libératoire susceptible de remplacer la quittance. Spécialement, l'impôt est applicable au bordereau signé que le détenteur de coupons d'actions et d'obligations présente avec les coupons pour obtenir le payement. Il importe peu que les coupons ne soient pas détachés de titres émis par la société à laquelle le bordereau a été déposé, s'il résulte des indications du bordereau qu'ils ont été payés par cette société (Seine, 18 janv. 1902, 10825 R. P. — Cass. (req.), 5 juill. 1905, 11028 R. P.).

235. Compagnie de transports maritimes. Accusé de réception de colis. — V. *Transports (contrats de)*, 216.

250 et 251. Facture. Mentions d'acompte. Exigibilité du droit de timbre de 0 fr. 10. — La facture émanée du créancier, qui contient la mention du payement d'un acompte, forme titre au profit du débiteur. Elle rentre, par suite, dans la catégorie des écrits libératoires que l'art. 18 L. 23 août 1871 assujettit au droit de timbre de 0 fr. 10, si elle dépasse 10 fr. Il en est ainsi, alors même qu'il aurait été délivré précédemment une quittance particulière, dûment timbrée, constatant le payement de l'acompte (Seine, 22 avril 1905, 10825 R. P. — Cass. (req.), 26 mars 1906, 11170 R. P.).

pour le compte de la ville de Paris. — Les quittances de taxes additionnelles d'enregistrement établies au profit de la ville de Paris par la loi du 31 déc. 1900 profitent de l'exemption du timbre, dès lors qu'elles sont inscrites sur les minutes des actes enregistrés (D. m. f. 30 janv. 1901, 26260 J. E.).

141. **Cadis. — Quittances. — Exemption.** — Sont exempts de timbre, comme pièces d'ordre exigées dans un intérêt purement administratif, les quittances de droits d'enregistrement dont la délivrance est imposée aux cadis par l'arrêté du Gouv. gén. de l'Algérie du 30 mars 1889, relatif à l'exécution du Décr. 22 déc. 1888 sur l'enregistrement des actes et jugements de leur ministère (Sol. 25 août 1893, 8273 R. P.; — *Rappr.* n° 678 *bis infra*).

151. **Comptables publics. — Timbres de 0 fr. 25. — Carnet d'achat.** — Les employés supérieurs doivent constater le nombre des timbres qui n'auraient pas été employés, contrairement aux dispositions réglementaires, par les comptables munis d'un carnet d'achat de timbres mobiles, et mettre immédiatement ces comptables en demeure de désintéresser le Trésor. Les prescriptions de l'Inst. n° 2326 sont formelles à ce sujet (Sol. 4 sept. 1894, 5008 *Rec. prat.*).

Il est interdit aux percepteurs et receveurs municipaux d'échanger entre eux ou avec les receveurs des finances des timbres mobiles de 0 fr. 25 pour se couvrir d'avances, pour former l'appoint des versements, etc. Ces timbres ne sauraient être employés à un usage autre que celui auquel ils sont destinés; autrement, toute efficacité serait enlevée au contrôle, car il deviendrait impossible de savoir dans quelle proportion les timbres auraient été apposés sur les quittances, et, par conséquent, de reconnaître si des omissions de perception n'auraient pas été commises (Circ. compt. publ. 27 avr. 1895).

178. **Congé intervenu entre un régisseur et un locataire. — Ecrit signé du locataire seul. — Timbre de dimension.** — Est passible, comme constituant un acte synallagmatique, du droit de timbre et de dimension, à l'exclusion du timbre de 0 fr. 10 qui ne frappe que les quittances et décharges, le congé intervenu entre un propriétaire et son locataire, bien qu'il ne soit signé que de ce dernier, s'il se trouve entre les mains du propriétaire (Seine, 9 nov. 1893, 8812 R. P.).

188. **Entrepreneurs de transports. — Bons de livraison.** — Les bons de livraison, délivrés par le propriétaire des marchandises transportées à l'entrepreneur de transports constituent de véritables décharges assujetties au droit de timbre de 0 fr. 10 (Seine, 2 avr. 1896, 8839 R. P.; 25100 J. E.).

190 *bis*. **Chemins de fer. — Cartes, bons et permis de circulation.** — La loi du 29 mars 1897, art. 5, assujettit à un droit de timbre spécial « les cartes, bons et permis de circulation, soit entièrement gratuits, soit avec réduction du prix des places, délivrés par les compagnies de chemins de fer subventionnées et par l'administration des chemins de fer de l'État, en dehors des cas prévus par les cahiers des charges et les tarifs homologués ou lorsque la gratuité ou la réduction de prix n'est pas le résultat d'une mesure d'ordre général préalablement approuvée par le Ministre des travaux publics » (8961 R. P.; 2924-2 I. G.).

Un décret du 31 juill. 1897 a fixé le mode de perception de ce droit (2931 I. G.). — V. *Chemin de fer*.

214. Écrit libératoire saisi entre les mains du débiteur. — Dénégation d'écriture. — Constitue un véritable écrit libératoire la quittance rédigée sur un imprimé de la maison de commerce du créancier, signée du nom de ce créancier et saisie entre les mains du débiteur, alors même que la signature serait désavouée. — Par conséquent, cette quittance est sujette au droit de timbre de 0 fr. 10 et, en cas de contravention, passible de l'amende de 50 fr. prononcée par l'art. 23 L. 23 août 1871 (Bordeaux, 18 déc. 1895, 8831 R. P.; 24902 J. E.).

216. Factures. — Estampille de payement. — Droit de timbre. — La facture, revêtue d'une estampille contenant le nom du créancier et le mot « payé », comporte libération; elle est assujettie, par suite, au droit de timbre de 0 fr. 10, lorsque la somme qui en est l'objet est supérieure à 10 fr. (Marseille, 29 juill. 1897, 9241 R. P.).

233 à 236. Reçus d'objets ayant un caractère libératoire. — Les reçus d'objets qui n'ont pas un caractère libératoire ne tombent pas sous l'application de la loi du 23 août 1871. Il en est ainsi spécialement des écrits par lesquels une entreprise de transports reconnaît avoir reçu des colis à transporter. Mais ces écrits sont passibles du timbre de dimension, dès lors qu'ils sont de nature à constituer des titres entre les mains de l'expéditeur (Le Havre, 27 juill. 1901, 10371 R. P.).

252. Facture. — Mention de réception d'objets restitués. — Déduction du prix d'objets rendus. — La mention de réception, dans une facture de sacs vides, dont le client a été constitué débiteur, a le caractère d'une véritable décharge d'objets, passible du droit de timbre de 0 fr. 10, alors même que la valeur des sacs rendus n'excéderait pas 10 fr. (Sol. 23 déc. 1898, 9540 R. P.; 25083 J. E.; — Cass. (req.) 23 avr. 1901, 10021 R. P.; 26110 J. E.; 3070-6 I. G.).

La facture constatant la déduction du prix d'objets qui, après avoir été vendus au client, ont été rachetés par l'auteur de la facture, est passible du timbre de 0 fr. 10 (Rouen, 1er déc. 1898, 9716 R. P.; 25571 J. E. — Cass. (req.) 23 avr. 1901, 10021 R. P.; 26110 J. E.; 3070-6 I. G.; — Seine, 8 nov. 1901, 10105 R. P.).

Il en est ainsi, quand bien même la remise des objets aurait été constatée par une décharge séparée et notamment résulterait de récépissés de chemins de fer ou de traites adressées en règlement de compte (Rouen, 26 juill. 1894, 8391 R. P.; 24495 J. E.).

Le droit de timbre est exigible sur les factures dont il s'agit, que les objets aient été à l'origine vendus au client ou remis seulement en dépôt (Versailles, 5 juill. 1895, 8620 R. P.; 24787 J. E.; — Montbéliard, 25 nov. 1896, 8967 R. P.).

254. Facture. — Déduction pour erreur de compte ou rabais. — Est passible du timbre de 0 fr. 10 la facture qui constate la déduction d'une somme supérieure à 10 fr. pour erreur de compte ou rabais (Châlon-sur-Saône, 2 juin 1896, 8872 R. P.; 25112 J. E.).

256. Comptes. — Prélèvement de remises, honoraires et avances. — Les relevés, dans lesquels un courtier de commerce porte en dépense une somme de plus de 10 fr. prélevée à titre d'honoraires et qu'il adresse à son commettant, sont assujettis au droit de timbre de 0 fr. 10, lorsque, bien entendu, ils ne constituent pas des bordereaux ou arrêtés visés par la loi du 2 juill. 1862. Le droit est exigible, alors même qu'il s'agirait de sommes prélevées en remboursement d'avances ou de frais (Sol. 3 avr. 1896, 24830 J. E.).

257. Banquiers. — Bordereaux d'effets escomptés. — Prélèvement des frais d'escompte. — Sont dispensés du droit de timbre de 0 fr. 10 par l'art. 4 L. 30 mars 1872 les bordereaux délivrés par les banquiers pour constater la remise d'effets à escompter, bien qu'ils mentionnent le prélèvement de frais d'agio ou de commission supérieurs à 10 fr. (Seine, 18 nov. 1898, 9740 R. P.; 25061 J. E.).

260. Facture. — Imputation d'un mandat télégraphique. — L'écrit, en forme de lettre missive, qu'une société adresse à une autre et qui mentionne le versement d'un acompte payé au moyen d'un mandat télégraphique, donne lieu à l'application du droit de timbre de 0 fr. 10 (Sol. 21 août 1893, 3697 *Rev. prat.*).

310. Timbre à 0 fr. 10. — Plusieurs débiteurs. — Un seul créancier. — Quittance unique. — Lorsque plusieurs débiteurs se réunissent pour payer un même créancier, la quittance unique, qui leur est délivrée, est passible d'un seul droit de timbre de 0 fr. 10 (Sol. 24 juin 1898, 9446 R. P.; 25040 J. E.).

333. Créance divise ou indivise. — Héritiers et communistes. — Les acquits, donnés par plusieurs cohéritiers ou communistes sur un même mandat de payement, sont passibles d'un seul droit de timbre de 0 fr. 10 si la créance est restée dans l'indivision. — Mais, si l'indivision a cessé, il est dû un droit de 0 fr. 10 par chaque acquit supérieur à 10 fr. — L'omission dans le mandat des mots *conjointement* et *indivisément* n'implique pas que la créance ne soit pas restée indivise. — On ne saurait induire, également, que la créance a été partagée, de ce que le mandat indique la part (telle que moitié, tiers ou quart) revenant à chaque ayant-droit. — Mais il y a lieu de considérer les cointéressés comme sortis de l'indivision, lorsque les sommes revenant à chacun sont nettement déterminées, soit dans le certificat de propriété, soit dans le mandat, soit dans un état de répartition (Circ. Compt. publ. 1er sept. 1891, 7761 R. P.; 24117 J. E.; — Circ. Compt. 30 déc. 1897, § 4; Circ. Adm. 15 janv. 1898).

364. Chèque remis en payement. — Accusé de réception par lettre. — Les accusés de réception, sous forme de lettres missives, de chèques remis en payement, constituent de véritables écrits libératoires tombant sous l'application de l'art. 18 L. 23 août 1871, alors même qu'ils auraient un caractère provisoire et que le payement aurait été l'objet d'une quittance ultérieure dûment timbrée (Rouen, 7 fév. 1895, 8619 R. P.; 24743 J. E.).

365. Effets de commerce. — Reçus non libératoires. — Exemption de timbre. — Les reçus d'effets de commerce, qui ne fournissent pas par eux-mêmes la preuve d'une libération, sont affranchis du droit de timbre de 0 fr. 10, par application de l'art. 4 L. 30 mars 1872 (Sol. 24 août 1896, 8921 R. P.; 24207 J. E.).

368. Créance excédant 10 fr. — Quittance d'à-compte. — La quittance, même non signée, d'une somme inférieure à 10 fr., est sujette au droit de timbre de 0 fr. 10, lorsqu'elle est délivrée pour à-compte ou pour solde d'une créance excédant ce chiffre (Cambrai, 19 nov. 1891, 7813 R. P.).

1. SOMME NON EXPRIMÉE. — PREUVE DE LA CONTRAVENTION. — La lettre missive ainsi conçue : « Nous avons l'honneur de vous accuser réception de votre lettre du ... ainsi que de son contenu conforme, dont nous vous créditons pour solde de notre facture », constitue un véritable écrit libératoire tombant sous l'application de la loi du 23 août 1871. Elle est donc assujettie au timbre de 0 fr. 10, si la somme quittancée est supérieure à 10 fr. Mais c'est à l'Administration qu'il appartient, pour formuler une réclamation, d'établir que le droit est exigible. Elle peut administrer cette preuve à l'aide de tous les moyens compatibles avec l'économie de la loi fiscale et, en particulier, à l'aide des renseignements qu'elle recueille dans les vérifications extérieures qu'elle est fondée à exercer (Sol. 30 mars 1896, 24829 J. E.).

407. Quittances de secours. — Indigents. — Les quittances de secours payés aux indigents ne sont admises à profiter de l'exemption du timbre qu'autant que les mandats sont revêtus d'une attestation de l'ordonnateur portant que le titulaire est indigent (Circ. Compt. publ. 9 mars 1901).

Mais lorsqu'une telle attestation est donnée, la quittance est affranchie de l'impôt (Circ. Compt. publ. 24 mars 1893; — Circ. Adm. 5 avr. 1893).

416. Instance en matière d'enregistrement. — Condamnation de l'Administration aux dépens. — Quittances des frais. — Prix des timbres de 0 fr. 10 à la charge de la partie. — Lorsque les quittances de frais d'actes de procédure, mis à la charge de l'Administration dans une instance en matière d'enregistrement, sont délivrées directement par les officiers ministériels ou les parties, le prix des timbres de 0 fr. 10 auxquels elles donnent lieu doit être supporté, conformément aux prescriptions de l'art. 29 L. 13 brum. an VII, par les officiers ministériels ou les parties (Sol. 7 fév. 1899, 9893 R. P.).

434. Timbre mobile de 0 fr. 10 employé à tort. — Timbre de dimension. — Non-imputation. — Il n'y a pas lieu d'imputer sur le droit de timbre de dimension exigible la valeur du timbre mobile spécial de 0 fr. 10, qui a été apposé à tort (Seine, 24 mars 1893, 8097 R. P.; 24058 J. E.).

405 à 408. Assistance obligatoire aux vieillards, infirmes et incurables privés de ressources. Exemption. L. 14 juill. 1905. — Instr. 3172, 11029 R. P.

410. Algérie. Colonies. — Les créanciers de l'Algérie sont tenus de supporter le prix du timbre à 0 fr. 10 apposé sur les quittances de sommes supérieures à 10 fr., conformément à l'art. 29 L. 13 brum. an VII, d'après lequel le timbre des quittances, fournies à la République ou délivrées en son nom est à la charge des particuliers qui les donnent ou les reçoivent (D. m. f. 25 mars 1903). — Cette règle est applicable aux autres colonies (D. m. f. 17 août 1903. — Instr. 3143, 10715 R. P.).

(a).

628. Droits de statistique. — V. suppl. n° 13.

446. Quittance revêtue d'une seule signature sur le timbre mobile. — Libération. — La signature, apposée par le créancier sur le timbre mobile dont une quittance est revêtue, ne prouve la libération du débiteur qu'autant qu'elle n'est pas écrite uniquement sur le timbre (Saint-Claude, 15 juill. 1891, 7705 R. P.).

451. Timbres de quittances. — Oblitération par les trésoriers généraux, les receveurs particuliers, les percepteurs et les receveurs des communes et des établissements de bienfaisance. — Une décision ministérielle du 29 nov. 1897 a autorisé les trésoriers généraux, les receveurs particuliers et les percepteurs à employer, pour oblitérer les timbres mobiles de dimension et de quittance qu'ils sont autorisés à apposer, soit les griffes spéciales dont le modèle est déterminé par l'arrêté ministériel du 20 juill. 1863 (Inst. n° 2260), soit la griffe acquit que une Circ. Compt. 15 mai 1858 leur prescrit d'appliquer sur les mandats au moment même du payement.

Cette autorisation ne modifie en rien les autres conditions exigées pour l'oblitération, c'est-à-dire que, comme par le passé, il doit être fait usage d'une encre grasse de couleur noire et que la griffe doit être appliquée de telle sorte qu'une partie de l'empreinte porte sur la feuille de papier de chaque côté du timbre (Circ. Compt. publ. du 21 sept. 1863, § 2, et du 21 mars 1892, § 7).

La même faculté a été accordée aux receveurs des communes et des établissements de bienfaisance pour l'annulation des timbres de quittance par une décision nouvelle du 16 août 1897 (2941 I. G.).

482. Budgets départementaux. — Mandats de payement. — Timbrage à l'extraordinaire. — Les formules de mandat de payement délivrés sur les budgets départementaux peuvent être soumises au timbrage à l'extraordinaire pour le payement du droit de timbre des quittances, dans les conditions fixées par l'art. 4 Décret 25 nov. 1871 (Circ. min. Int. 6 mars 1900, 3014 I. G.).

Les mandats annulés en clôture d'exercice par suite de non payement doivent être échangés dans la première quinzaine du mois d'août (3014 I. G.).

La quittance des droits est donnée par le receveur sur le mandat émis à son nom. Elle n'est pas sujette au timbre (même Inst.).

510. Payement des droits de timbre par états. — Omissions. — Chemins de fer. — L'omission, sur les états déposés par les Compagnies de chemins de fer qui acquittent les droits de timbre de leurs billets de place sans apposition de timbres, d'un certain nombre de billets, ne constitue pas une contravention passible d'amende. Il s'agit là d'une simple erreur qui donne lieu seulement à la réclamation des droits non versés (Sol. 20 sept. 1892, 3041 Rec. prat.).

517. Timbre mobile de 0 fr. 10. — Oblitération irrégulière. — Quotité de l'amende. — L'oblitération irrégulière d'un timbre mobile spécial de 0 fr. 10 rend exigible, indépendamment d'un nouveau droit de timbre, l'amende de 50 fr. en principal (Seine, 10 mai 1893, 8204 R. P.; 24141 J. E., — Rouen, 1er déc. 1898, 9716 R. P.; 25971 J. E.).

Jugé cependant que, en cas d'oblitération irrégulière, il n'est dû, avec un nouveau droit de timbre, que l'amende de 20 fr. en principal (Rouen, 7 fév. 1895, 8619 R. P.; 24743 J. E.).

546. Receveurs municipaux. — Responsabilité des contraventions. — Quittances délivrées à un régisseur. — Un receveur municipal n'est pas responsable des droits et amendes exigibles pour défaut d'oblitération ou pour oblitération irrégulière des timbres mobiles apposés sur un état d'émargement joint à sa comptabilité, si les payements ont été effectués par un régisseur et, en particulier, par un garde général des forêts comme régisseur de travaux exécutés dans des bois communaux. La réclamation doit être faite, soit aux créanciers signataires, soit au régisseur, si ce dernier avait été muni d'une griffe destinée à l'oblitération des timbres (Sol. 3 nov. 1891, 24324 J. E.).

559. Découverte des contraventions. — Opération domaniale. — Si l'Administration n'est pas fondée à saisir les pièces non timbrées dont elle a connaissance à l'occasion d'une opération domaniale et, notamment, celles annexées au dossier d'un contumax, il y a exception cependant pour les quittances et reçus assujettis au droit de 0 fr. 10 (Sol. 19 oct. 1896, 25126 J. E.).

583. Timbre à 0 *fr.* 10. — Contravention. — Poursuites. — Les magistrats du parquet n'ont pas qualité pour poursuivre les infractions à la loi du 23 août 1871 sur le timbre des quittances. L'Administration de l'enregistrement est seule fondée à assurer la répression des contraventions de l'espèce (Prades, 20 oct 1891, 7946 R. P.; 23964 J. E.).

586. Droits et amendes. — Prescription. — L'action en recouvrement des droits de timbre n'est soumise qu'à la prescription trentenaire. En ce qui concerne les amendes, elle est prescriptible par deux ans; mais la prescription court seulement à partir du jour où la Régie a été mise à même de constater la contravention (Rouen, 7 fév. 1895, 8619 R. P.; 24743 J. E.).

Spécialement, il a été reconnu que le visa, apposé par un employé supérieur de l'Enregistrement sur le registre à souche des actions d'une société, sert de point de départ à la prescription biennale applicable aux amendes qui seraient exigibles sur les décharges antérieures constatant la livraison des titres (Sol. 6 mars 1896, 25134 J. E.).

628. Douanes. — Droits de statistique. — L'art. 8 L. 20 mars 1897 porte que les quittances de droits de statistique délivrées par l'Administration des douanes ne sont pas passibles du droit de timbre spécial de douane édicté par l'art. 19 L. 28 avril 1816, et qu'elles sont soumises, pour les perceptions supérieures à 10 fr., au droit de timbre de 0 fr. 10, institué par l'art. 18 L. 23 août 1871.

Cette disposition consacre la pratique suivie jusqu'à ce jour; elle a eu pour objet de faire disparaître les divergences d'opinion qui s'étaient produites sur la solution de la difficulté (2924-3 J. C.; 8961 R. P.).

678 *bis*. Droits d'enregistrement. — Quittances provisoires. — Les reçus provisoires délivrés par les agents de l'Enregistrement aux particuliers qui déposent des fonds pour des formalités qui ne peuvent être immédiatement accomplies (déclarations de succession, enregistrements d'actes sous seings privés), ne sont pas assujettis à l'impôt du timbre (2832-4 I. G. *Rappr.* nº 141 *suprà*).

697. Chemins de fer. — Cartes d'abonnement. — Les cartes d'abonnement qui accordent seulement le droit de circulation sur les chemins de fer sont sujettes au droit de timbre de 0 fr. 10, quand la somme payée excède 10 fr. La mention dont elles sont revêtues et d'après laquelle, à défaut de la remise dans un délai déterminé à partir du jour où elles cessent d'être valables, la somme de 10 fr., déposée par le titulaire, restera acquise à la Compagnie, n'en modifie pas le caractère et ne rend pas exigible le droit de timbre de dimension (Sol. 24 juin 1892, 4602 *Rev. prat.*).

Les cartes mensuelles délivrées par une compagnie de chemins de fer aux voyageurs abonnés pour un an, mais qui payent l'abonnement en douze termes, constituent de véritables quittances d'à-compte, passibles chacune du timbre de 0 fr. 10, lorsque le prix total dépasse 10 fr. (Sol. 30 janv. 1899, 4661 *Rev. prat.*).

704. Caisse des Dépôts et Consignations. — Récépissés délivrés par la Caisse. — Incidence de l'impôt. — Le droit de timbre de la quittance, que délivre à la Caisse des Dépôts et Consignations le créancier porteur d'un bordereau de collocation, doit, par application de l'Ord. du 3 juill. 1816, être supporté par la Caisse (Bayeux, 20 nov. 1890; — Cass. civ., 22 fév. 1893, 8041 R. P.; 24011 J. E.).

La décision de la Cour est fondée sur ce motif que l'Ordonnance du 3 juill. 1816 laisse à la charge de la caisse tous les frais et risques relatifs à la garde, conservation et mouvement des fonds consignés. Il semble en résulter qu'elle doit être restreinte aux cas où la Caisse agit pour le compte d'intérêts privés, et qu'elle ne saurait être étendue au droit de timbre des quittances délivrées à la Caisse comme débitrice personnelle.

745. Caisse des Dépôts et Consignations. — Terrains expropriés. — Consignation du prix. — Les récépissés constatant la consignation, à la Caisse des Dépôts, des sommes dues aux propriétaires de terrains expropriés et qui ne peuvent leur être versées à cause des inscriptions hypothécaires grevant les immeubles, sont affranchis du timbre de 0 fr. 25, en exécution de l'art. 58 L. 3 mai 1841, auquel la loi du 8 juill. 1865 n'a nullement dérogé (Sol. 12 janv. 1899, 9715 R. P.; 25638 J. E.).

764 *bis*. Mandats frappés d'opposition. — Retenues. — Versement à la Caisse des Dépôts et Consignations ou à ses préposés. — Les récépissés délivrés à un receveur municipal par le trésorier-payeur général, en qualité de préposé de la Caisse des Dépôts et Consignations, lors de l'encaissement des retenues opérées sur des mandats frappés d'oppositions, sont exempts du timbre (D. m. f. 19 fév. 1898, 25465 J. E.; — *Contrà:* 25 nov. 1896, 25047 J. E.).

775. Caisse nationale des retraites pour la vieillesse. — Arrérages de rentes viagères. — Les quittances des arrérages de rentes viagères et de pensions de retraites, délivrées à la Caisse nationale des retraites pour la vieillesse, sont exemptes du droit de timbre (L. 1er avril 1898, art. 19, 2958 I. G.; 9293 R. P.; — L. 30 mai 1899, art. 3, 2987 I. G.).

778. Remboursement de capitaux. — Les quittances de capitaux réservés, données à la même Caisse, sont également affranchies d'impôt (L. 30 mai 1899, art. 3, 2987 I. G.).

786. Caisse des offrandes nationales en faveur des armées de terre et de mer. — Récépissés délivrés par la Caisse des Consignations. — En principe, les récépissés, délivrés par la Caisse des Dépôts et Consignations sont assujettis au timbre de 0 fr. 25 par application des art. 4 L. 8 juill. 1865 et 2 L. 23 août 1871. Mais ces lois ne sont applicables qu'autant qu'il s'agit de recettes effectuées par ces comptables en leur qualité de justiciables de l'une ou l'autre des juridictions établies pour juger les comptes publics. Or, la Caisse des offrandes nationales jouit d'une complète autonomie et les opérations qui la concernent, tant en recette qu'en dépense, ont lieu exclusivement sous le contrôle du comité supérieur institué par l'art. 4 Décr. 9 janv. 1873. Les préposés de la Caisse des Dépôts et Consignations qui concourent à ces opérations, notamment en encaissant le montant des sommes versées à titre de dons et libéralités, ne peuvent, dès lors, être considérés comme agissant, dans la circonstance, en qualité de comptables publics. Il en résulte que les récépissés qu'ils délivrent pour constater ces encaissements ne doivent pas être timbrés à 0 fr. 10 (D. m. f. 20 juin 1901, 3073-2 I. G.; — *Rapp.* D. m. f. 25 août 1887, 2794-11 G.).

788. Caisse d'assurances en cas d'accident ou de décès. — L'art. 10 L. 1er avril 1898 reproduit en termes identiques l'art. 19 L. 11 juillet 1868 relative à la création de deux caisses d'assurances, l'une en cas de décès et l'autre en cas d'accidents résultant de travaux agricoles et industriels; il n'apporte, par conséquent, aucune modification à la législation antérieure (2958 I. G.; 1925 R. P.).

790 *bis*. Caisses de retraites et de secours des ouvriers mineurs. — Statuts. — Récépissé. — Le récépissé, délivré par l'ouvrier mineur lors de la remise des statuts de la caisse de retraites en exécution de l'art. 14 L. 29 juin 1894, constitue une simple pièce d'ordre intérieur affranchie du timbre (Sol. 22 juin 1895, 24900 J. E.).

Les caisses de secours et de retraites des ouvriers mineurs, régulièrement constituées en conformité de la loi du 29 juin 1894, jouissent des immunités accordées par l'art. 19 L. 1er avril 1898 aux sociétés de secours mutuels approuvées (V. nos 1160 et s. *infrà*).

800. Caisses d'épargne. — Traitement des employés. — Fournisseurs. — La dispense d'impôt, stipulée dans l'art. 20 L. 9 avril 1881, ne s'applique qu'aux opérations des Caisses d'épargne auxquelles participent les déposants eux-mêmes. Il en résulte que les quittances données par les employés et par les fournisseurs des caisses

7[illegible] Caisse des Dépôts et Consignations. Receveurs des douanes. Reliquats disponibles sur consignations. — Sont exempts du [illegible] comme documents d'ordre intérieur, les récépissés délivrés par les Trésoriers-Payeurs généraux aux receveurs des douanes en échange du versement des reliquats de consignations de douane restés disponibles depuis plus d'un an et destinés, par suite, à être versés à la Caisse des dépôts et consignations (Circ. Compt. publ., 19 avril 1905. [illegible] R. P.).

976. Accidents du travail. Frais d'hospitalisation. — L'exemption du droit de timbre, prononcée par l'art. 29 L. 29 avril 1898 sur les accidents du travail, s'applique aux quittances de frais d'hospitalisation d'ouvriers victimes d'accidents, délivrées par les receveurs des hospices à des compagnies d'assurances (Sol. 18 juin 1902, Inst. 3115-1, 10471 R. P.).

Hospices. Frais d'entretien payés par des tiers. — Les reçus de sommes payées par des tiers dans le but de subvenir à l'entretien des malades, soit en vertu de l'obligation alimentaire, soit en dehors de toute obligation naturelle ou légale, sont passibles du droit de 0 fr. 25 (Sol. 29 avril 1903, Inst. 3128-5, 10660 R. P.).

983 et 984. Hospices. Dépôt réglementaire lors de l'admission du malade. Payements faits par des tiers. — Les récépissés que délivrent les receveurs des hôpitaux, hospices et asiles pour constater la remise entre leurs mains des sommes d'argent, objets précieux et autres valeurs en la possession des malades lors de leur admission, sont exempts de tout droit de timbre comme se rapportant à une formalité obligatoire qui constitue une mesure d'ordre intérieur et de police. Le droit de timbre spécial des quittances est, au contraire, exigible pour les reçus relatifs aux dépôts et payements volontaires faits par des tiers pendant le séjour des malades dans l'établissement. C'est le droit de 0 fr. 10 qui est applicable lorsqu'il s'agit de dépôt d'objets ou valeurs autres que des sommes d'argent à quelque titre que ce soit ou de payements de sommes effectués par des débiteurs des hospitalisés pour toute autre cause qu'à titre de prestation d'aliments (Sol. 29 avril 1903, Inst. 3128-5, 10509 R. P.).

Fonctionnaires aliénés. Encaissement des appointements par le receveur de l'asile. — Échappent à l'application de l'impôt, mais à la condition de rester annexées à l'original revêtu du timbre, les quittances à souche délivrées par les receveurs d'asiles d'aliénés à l'occasion de l'encaissement de mandats établis à leur nom pour payement d'appointements de fonctionnaires ou d'agents internés dans ces établissements (Circ. compt. publ., 10 avril 1905, 10990 R. P.).

l'épargne, pour constater le payement de leurs traitements et de leurs factures, sont passibles du timbre de 0 fr. 10 (D. m. f. 4 mai 1889, 31 janv. 1890, 2823-3 I. G.; — Av. Cons. d'État, 3 avril 1900, 3029 I. G.).

809-1. Taxes communales. — Taxes de remplacement des droits d'octroi. — La taxe, imposée par une ville en remplacement de droits d'octroi, ne peut être assimilée aux contributions directes, bien qu'elle soit soumise au même mode d'assiette et de recouvrement; elle revêt un caractère local et privé. Les quittances en constatant sont dès lors assujetties au timbre de 0 fr. 25, quand il y a lieu (Lyon, 15 juillet 1902, 10352 R. P.).

810 et 811. Excédent de versement sur produits communaux. — Taxes assimilées ou non assimilées. — Restitution. — Les quittances relatives aux remboursements d'excédents provenant de taxes communales assimilées, telles que la taxe sur les chiens ou celle des prestations, sont exemptes du droit de timbre de 0 fr. 10. — Mais l'impôt est applicable aux quittances de restitution de taxes non assimilées (Circ. compt. publ. 8 déc. 1891, 7863 R. P.; 24236 J. E.).

841. Affouage communal. — Rôles séparés pour le taillis et la futaie. — Créances distinctes. — Lorsqu'il a été dressé deux rôles distincts, l'un pour la taxe afférente au taillis, l'autre pour la cotisation relative à la futaie, les deux taxes, bien que dues par le même affouagiste, sont juridiquement indépendantes l'une de l'autre; elles constituent des créances distinctes et non les éléments d'une créance unique. Il en résulte que les récépissés délivrés à l'affouagiste, lors du versement de ces taxes, ne sont soumis au timbre de 0 fr. 25 qu'autant que chacune d'elles excède 10 fr. (D. m. f. 13 juin 1891, 2823-13 I. G.).

869 *bis*. Droits d'octroi supprimés. — Taxes de remplacement. — V. n° 809-1 *suprà*.

879. Rentes 3 fr. p. 100 amortissables. — Remboursement. — Récépissé du titre et acquit. — Sont exempts du timbre, soit en vertu de l'art. 16 L. 13 brum. an VII, soit par application des art. 1 et 2 L. 26 frim. an VIII : 1° le récépissé délivré par le trésorier-payeur général ou le receveur des finances, pour constater le dépôt de titres de rente 3 fr. p. 100 amortissable appelés au remboursement, et 2° la quittance du capital remboursé, ultérieurement souscrite par le rentier à la suite du récépissé (Sol. 16 avr. 1897, 2932-7 I. G.).

979. Hospices. — Quittances délivrées par les économes. — Économe et receveur. — Les quittances délivrées par l'économe d'un hospice, pour le compte du receveur spécial, sont passibles du timbre de 0 fr. 25. Mais les quittances particulières que donne ce receveur spécial à l'économe, lors du versement des sommes encaissées par celui-ci, rentrent dans la catégorie des documents d'ordre exempts de l'impôt (Sol. 20 juill. 1896, 4105 Dr. prat.)

986. Hospice. — Objets précieux. — Remise aux héritiers. — Décharge. — Les reçus d'objets, remis aux héritiers de personnes décédées dans un hospice, sont passibles du droit de timbre de 10 cent., bien qu'ils soient présentés sous forme de quittances inférieures à 10 fr. (Sol. 28 août 1890, 9961 R. P., 26197 J. E.).

1014. Collèges communaux. — Économe et receveur municipal. — Sont affranchies du timbre, comme pièces d'ordre intérieur, les quittances délivrées au receveur municipal par l'économe d'un collège communal administré au compte direct de la commune, pour constater, soit le versement de la subvention de la ville, soit l'encaissement des sommes payées à la ville pour compléments de traitement des professeurs à la charge de l'État ou pour pensions de boursiers nationaux et départementaux (Sol. 1er août 1892, 7919 R. P.; 24727 J. E.).

1034. Ministère de la guerre. — Fournitures. — Acquit du fournisseur. — L'exemption d'impôt, accordée par l'art. 16 L. 13 brum. an VII aux quittances concernant les gens de guerre, ne profite pas aux quittances de fournitures intéressant les services de l'Administration militaire. Par suite, l'acquit, donné au bas d'un mandat de payement pour fournitures faites à une place de guerre, est sujet au droit de timbre de 0 fr. 10, si le montant du mandat est supérieur à 10 fr. (Montbéliard, 22 nov. 1893, 8282 R. P.).

1035. Gens de guerre. — Ouvriers d'État et gardiens de batterie. — Les ouvriers d'État et les gardiens de batterie appartenant à l'armée ayant rang de sous-officiers, les acquits qu'ils délivrent en cette qualité sont affranchis du droit de timbre de 0 fr. 10 (D. m. f. 4 juill. 1893, 2856-6 I. G.).

1. CHEMINS DE FER. — LIVRETS MILITAIRES DES AGENTS. — RÉCÉPISSÉS. — Les récépissés délivrés par les compagnies de chemins de fer à leurs agents qui déposent entre leurs mains les livrets militaires dont ils sont porteurs, sont exempts de timbre (Sol. 17 août 1893, 8807 R. P.).

1069. Guerre. — Vente de matériel à des particuliers. — Récépissé de livraison. — Le droit de timbre à 0 fr. 10 est exigible sur le récépissé délivré par la partie prenante lors de la remise, qui lui est faite par le département de la Guerre, de matières et d'objets divers; mais il n'est dû qu'une seule fois, bien que la facture de cession soit établie en trois expéditions destinées, l'une au représentant de l'Administration militaire, l'autre à la partie prenante et la troisième au receveur des Domaines. Le timbre à apposer doit être placé sur la facture laissée entre les mains du service de la Guerre (D. m. f. 3 avr. 1901, 3080-26 I. G.; 10102 R. P.).

1075. Officiers mariniers et marins. — Solde. — Mandats de délégations. — Les délégations, consenties par les marins sur leur solde, sont assimilées à la solde elle-même dont elles ne sont qu'une portion; les mandats de ces délégations sont, par suite, exempts du droit de timbre de 0 fr. 10 (Circ. Compt. publ. 30 juin 1890, § 15, 2823-5 I. G.; 7974-64 R. P.).

1078. Anciens militaires. — Pension et allocations supplémentaires. — Quittance unique. — Il n'est dû qu'un seul droit de timbre sur la quittance comprenant à la fois les arrérages de la pension due à un ancien militaire, marin ou douanier et ceux des suppléments de pension alloués notamment par l'art. 49 L. 26 janv. 1892 (Circ. Compt. publ. 21 mai 1892, § 8, 2823-10 I. G.; 7074-75 R. P.).

1085. Famille des réservistes. — Secours. — Défaut de constatation de l'indigence. — Les quittances de secours alloués aux familles des réservistes sont affranchies de l'impôt, bien que l'indigence des parties prenantes ne soit pas constatée sur les pièces comptables (Sol. 12 nov. 1894, 8621 R. P.; 24817 J. E.).

1103 *bis*. Caisse de prévoyance des marins. — Reçus et quittances. — La loi du 21 avr. 1898 a créé, au profit des marins français, une caisse nationale de prévoyance contre les risques et accidents de leur profession, annexée à la caisse des invalides. Les récépissés des demandes d'allocations formées par les ayants droit, les reçus des cotisations versées par les inscrits, les propriétaires, armateurs et patrons de bateaux, les quittances d'indemnités, de secours ou d'arrérages de pensions viagères profitent de l'exemption d'impôt accordée par l'art. 27 de la loi (2947 I. G.; 9204 R. P.).

1104 et 1108. Caisse des invalides de la marine. — Trésorier et préposés. — Aux termes d'un décret du 31 mai 1902 (*J. off.* 15 août 1902), les récépissés délivrés par le trésorier général, les trésoriers et les préposés des trésoriers de l'établissement des invalides de la marine doivent, pour être libératoires et former titre contre cet établissement, avoir été détachés d'une formule à talon conforme à un modèle déterminé (art. 1).

La délivrance des récépissés à talon est obligatoire pour toutes les opérations de recettes autres que les simples recettes d'ordre (art. 2).

Les quittances sont assujetties au timbre de 0 fr. 25. Le droit est à la charge de la partie versante; il est perçu au moyen de timbres mobiles dûment oblitérés au moyen d'une griffe (art. 2).

1117. Dépôts de mendicité. — Sortie. — Reçus divers. — La quittance, donnée par un indigent à sa sortie d'un dépôt de mendicité, du prix de ses journées de travail, est affranchie du timbre, par application de l'art. 16 L. 13 brumaire an VII. Quant aux reçus des versements volontaires effectués par l'interné, il y a lieu de distinguer : s'il s'agit de versements constitués sous forme de retenues consenties par l'ayant droit sur les sommes lui revenant ou sus de celles attribuées à son fonds de masse et laissées à sa disposition, l'acquit est également exempt de l'impôt; mais le droit de timbre est, au contraire, exigible, quand le versement a été fait par le détenu de ses deniers personnels. Quant à la décharge, donnée à sa sortie par le détenu, des objets ou valeurs saisis sur lui par mesure de police, lors de son internement, elle n'est pas sujette au timbre (Sol. 7 nov. 1894, 3884 *Rev. prat.*).

1118. Théâtres. — Droits des pauvres. — Les quittances remises par le comptable d'un établissement de bienfaisance à un directeur de théâtre, lors du versement des droits des pauvres, sont sujettes au droit de timbre de 0 fr. 25, quand elles excèdent 10 fr. (Sol. 10 mai 1900).

1160 et s. Sociétés de secours mutuels approuvées. — Nouvelles règles de perception. — L'art. 19 L. 1er avr. 1898 dispose que « tous les actes intéressant les sociétés (de secours mutuels) approuvées sont exempts des droits de timbre et d'enregistrement. Il porte, en outre : « sont également exempts du droit de timbre de quittance les reçus de cotisations des membres honoraires ou participants, les reçus des sommes versées aux pensionnaires, ainsi que les registres à souche qui servent au payement des journées de maladies » (2958 I. G.; 9235 R. P.).

La première disposition vise tous les actes qui intéressent directement les Sociétés de secours mutuels approuvées, considérées comme personnes morales, sans en excepter les quittances qui leur sont délivrées. Quant aux quittances concernant les sociétaires individuellement, celles-là seules sont appelées à bénéficier de l'immunité d'impôt qui sont limitativement mentionnées dans la seconde disposition (2958 et 3073-4 I. G.).

1. SOCIÉTÉS ADMISES A PROFITER DE L'EXEMPTION D'IMPÔT. — Les sociétés de secours mutuels approuvées et celles qui ont été reconnues comme établissements publics (L. 1er avr. 1898, art. 33) sont admises à profiter des avantages concédés par cette loi. En sont exclues toutefois « les sociétés de secours mutuels qui accordent à leurs membres ou à quelques-uns seulement des indemnités moyennes ou supérieures à 5 fr. par jour, des allocations annuelles ou des pensions supérieures à 360 fr. et des capitaux en cas de vie ou de décès supérieurs à 3.000 fr. » (même loi, art. 28).

1165. Journées de maladies. — *Les* registres à souche, qui servent à constater le payement des journées de maladies aux membres des sociétés de secours mutuels approuvées, sont exemptés du timbre par l'art. 19 L. 1er avr. 1898.

L'exemption s'applique aux simples feuilles volantes sur lesquelles sont portés les payements de l'espèce (D. m. f. 19 déc. 1898, 2989-2 I. G.; 9675-51 R. P.).

1165 *bis*. Hospices. — Frais de séjour des mutualistes. — La question de savoir si les quittances délivrées par les économes des hospices pour frais de séjour des mutualistes dans ces établissements se résout par une distinction. Si les frais sont à la charge de la société elle-même et lui incombent directement, les quittances sont affranchies de l'impôt comme rentrant dans la catégorie des actes intéressant les sociétés de secours mutuels approuvées que vise expressément le 1er alinéa de l'article 19 de la loi de 1898; si, au contraire, les mutualistes doivent pourvoir personnellement à la dépense résultant de leur séjour à l'hôpital, sauf à recevoir de la société à laquelle ils appartiennent une indemnité ou un secours, la quittance délivrée par l'économe à la partie versante doit être timbrée à 25 centimes (Loi du 8 juill. 1865, art. 4), comme intéressant personnellement et individuellement les sociétaires et ne rentrant pas, d'ailleurs, dans la catégorie des actes dont le 2e alinéa du même article contient l'énumération (D. m. f. 17 juill. 1901, 3073-4 I. G.).

1137. Accidents du travail. Honoraires de médecin. — L'exemption d'impôt prononcée par la loi du 9 avril 1898 s'applique aux quittances d'honoraires de médecin pour soins donnés à la victime d'un accident, dès lors qu'elles ont pour objet d'assurer l'exécution de la loi spéciale (D. m. f. 6 janv. 1903, Inst. 3115-1, 10471 R. P.).

1181. **Gardes forestiers. Préposés mixtes. Traitements payés par les communes. Timbre de 0 fr. 10.** — La dispense du droit de timbre de 0 fr. 10, qui a été reconnue pour les quittances des traitements des gardes forestiers domaniaux payés sur le Trésor public (Instr. nº 2887, § 2), ne saurait être étendue aux quittances des cotisations communales ou particulières allouées aux préposés mixtes (Circ. Compt. 12 déc. 1902, § 8. — Sol. 23 sept. 1902, Inst. 3115-3, 10472 R. P.).

Gardes forestiers des communes et établissements publics. Indemnités allouées par l'État. Exemption d'impôt. — Sont dispensées du timbre les quittances données par les brigadiers et gardes forestiers des communes et établissements publics pour les indemnités et allocations qui leur sont payées par l'État (D. m. f. et Circ. Compt. publ. 10 sept. 1903. Instr. 3125-3, 10668 R. P.).

1233. **Ouvriers. Bons de travail au dehors. Attestation du client. Timbre de dimension. Exemption.** — Sont affranchis du timbre de dimension les formules ou bons que des ouvriers, mis par un entrepreneur à la disposition de ses clients en dehors des ateliers, font remplir par ces derniers pour justifier, vis-à-vis du patron, de la durée du travail effectué (Sol. 10 fév. 1903, Inst. 3115-3, 10578 R. P.).

1307. **Cautionnement constitué en rentes. Excédent versé par les comptables. Remboursement. Timbre à 0,10.** — Lorsque la somme versée par un comptable pour un achat de rente en vue de la constitution de son cautionnement, laisse un excédent [illegible] possible à rembourser, la quittance constatant le remboursement n'est assujettie au timbre de 0,10 que dans le cas où cet excédent est supérieur à 10 fr. (Circ. Compt. 20 juin 1906, [illegible] R. P.).

1418. **Compte courant. Avis de versement d'une somme payée par un tiers. Timbre de 0,10 non exigible.** — L'écrit, sous forme de lettre missive, adressé par une banque à un client pour le prévenir qu'elle a porté à son compte une somme versée par un de ses débiteurs, a pour objet principal, non de créer un titre, mais de renseigner le client sur l'état de son compte. Par suite, il échappe à la perception du droit de timbre de 0 fr. 10 (Sol. 13 mai 1905, 10930 R. P.).

1479. **Voirie communale. Acquisitions réalisées en vertu de plans d'alignement. Loi du 13 avril 1900. Quittances de prix d'acquisition. Timbre de 0 fr. 10. Exemption.** — Par suite de l'assimilation établie, au point de vue des immunités fiscales, entre les acquisitions réalisées par les communes en vertu de plans d'alignement et celles poursuivies dans les formes de l'expropriation pour cause d'utilité publique (L. 13 avril 1900, art. 3), les quittances [illegible] de sommes supérieures à 10 fr. demeurent dans le premier cas [illegible] dans le second, assujetties au droit de timbre de 0 fr. 10 (Circ. Compt. publ. 12 déc. 1902, § 7. — Sol. 10 sept. 1902, Inst. 3115-3, 10525 R. P.).

1167. **Pensions de retraites ou viagères.** — Les quittances des arrérages de pensions de retraites, payées aux membres de sociétés de secours mutuels approuvées, sont dispensées du timbre (L. préc. 1er avr. 1898, art. 19; — L. 30 mai 1899, art. 3, 2987 I. G.; 9675-48 R. P.; — Contra : D. m. f. 28 mars 1891, 2823-11 I. G.; 7974-70 R.P.).

1168. **Lycées. — Enfants des sociétaires : pension et trousseau.** — La dispense d'impôt, accordée par l'article 19 L. 1er avr. 1898, n'est pas applicable à la quittance délivrée par l'économe d'un lycée pour constater le paiement, par une société de secours mutuels, du prix de trousseau ou de la pension de l'enfant d'un sociétaire. La décision nouvelle du 8 nov. 1867, citée au *Rép. gén.*, doit continuer à être suivie (2958 I. G.).

1169. **Caisse des Consignations. — Versements. — Récépissés et déclarations.** — Les récépissés et déclarations de versement remis par les préposés de la Caisse des Consignations aux trésoriers des sociétés de secours mutuels approuvées, pour les dépôts effectués par ces sociétés, sont affranchis du timbre (D. m. f. 27 mai 1891, 2812 I. G.; 7974-71 R. P.; — L. 1er avr. 1898, art. 19, 2958 I. G.).

1170 *bis*. **Syndicats professionnels. — Secours mutuels.** — D'après l'art. 40 L. 1er avr. 1898, les syndicats professionnels constitués légalement aux termes de la loi du 21 mars 1884, qui ont prévu dans leurs statuts les secours mutuels entre leurs adhérents, bénéficient des avantages accordés aux sociétés de secours mutuels approuvées (2958 I. G. — V. n°s 1160 et s. *suprà*).

1181-1196. **Brigadiers et gardes forestiers domaniaux. — Préposés des douanes. — Assimilation aux gens de guerre pour l'application des lois sur le timbre.** — Les douaniers et les agents forestiers entrent dans la composition des forces militaires du pays et restent à la disposition du ministre de la guerre pendant toute la durée de leurs fonctions. En conséquence, les brigadiers et gardes forestiers domaniaux et les préposés des douanes seront, à l'avenir, considérés comme gens de guerre et exemptés du timbre pour tous les actes relatifs au service (D. m. f. 3 avr. 1894, 8050-38 R. P.; 2887-2 I. G.).

1248. **Impositions communales. — Frais de perception. — Mandats pour solde.** — Les quittances, délivrées par un percepteur ou receveur municipal pour frais de perception d'impositions communales, doivent être considérées comme s'appliquant à des créances distinctes et indépendantes. Il en est ainsi de l'acquit donné sur le mandat pour solde : le droit de timbre de 0 fr. 10 n'est dès lors exigible que dans le cas où la somme énoncée est supérieure à 10 fr. (D. m. f. 2 avr. 1895, 25288 J. E.; 4097 *Rev. prat.*).

1250. **Pompiers.** — La règle de perception, enseignée au *Rép. gén.*, a été consacrée par un arrêt de la C. des Comptes du 19 déc. 1901.

1275 à 1277. **Agents de change. — Bordereaux. — Mentions de règlements.** — L'Administration considère actuellement les reçus de titres ou quittances de sommes, contenus dans le contexte même des bordereaux délivrés en exécution de la loi du 28 avr. 1893, comme passibles du droit de timbre spécial de 0 fr. 10 (Sol. 12 juin 1893). Mais, si le montant des frais de courtage était simplement déduit du prix de vente sans mention de paiement ou de règlement, il n'y aurait pas lieu cependant à la perception de ce droit (Sol. 21 janv. 1895).

1286. **Amendes attribuées. — Fonds commun.** — Le versement par les percepteurs du produit des amendes attribuées au fonds commun constitue une opération d'administration intérieure : les quittances qui en sont délivrées sont, par suite, affranchies du timbre (Sol. 29 avr. 1893, 3639 *Rev. prat.*).

1319. **Communes. — Avances. — Secrétaire de mairie.** — Les quittances données par un secrétaire de mairie, lors du remboursement des avances qu'il a faites dans l'intérêt de la commune, constituent des documents d'ordre et de comptabilité administrative dispensés du timbre (Sol. 22 avr. 1895, 3981 *Rev. prat.*).

1356. **Écoles normales primaires.** — La loi du 19 juill. 1889 ayant mis à la charge de l'État les dépenses de l'instruction primaire, et notamment les frais d'entretien des élèves des écoles normales primaires (art. 2), il en résulte que les économes de ces écoles ont actuellement le caractère de comptables de l'État. Les quittances qu'ils échangent avec d'autres comptables de l'État à l'occasion des dépenses imposées à l'État, constituent donc de véritables pièces d'ordre et de comptabilité intérieure, exemptes de l'impôt; il en est ainsi spécialement des quittances constatant le versement par l'État des prix de pension des élèves maîtres (Sol. 30 juill. 1891, 3287 *Rev. prat.*). Cette décision confirme l'opinion exprimée au *Rép. gén.*

1375. **Chambre de commerce. — Droits de tonnage. — Agents des douanes.** — Les quittances de droits de tonnage encaissés par les préposés des douanes pour le compte des chambres de commerce sont passibles du droit de timbre de 0 fr. 10 (Sol. 16 déc. 1899, 25082 J. E.).

1463. **Établissements pénitentiaires. — Fonds déposés par les détenus.** — V. nº 1117 *suprà*.

1477. **Acquit daté de l'étranger. — Contravention. — Preuve.** — Une quittance souscrite en France est sujette au droit de timbre de 0 fr. 10, alors même qu'elle serait datée de l'étranger. En cas de contravention, elle est passible d'une amende de 50 fr. — La preuve de la contravention peut être établie au moyen de présomptions (Remiremont, 14 août 1889, 7740 R. P.; 23397 J. E.).

1484 et 1486. **Fabriques et consistoires. — Quittances délivrées par les comptables et les régisseurs de recettes.** — L'art. 78 L. 26 janvier 1892 et les décrets du 27 mars 1893 ayant soumis les comptes et budgets des fabriques et consistoires aux règles de la comptabilité publique, les quittances délivrées par les comptables sont sujettes au timbre de 0 fr. 25, par application de l'art. 4 L.

8 juillet 1865. Par dérogation aux prescriptions des décrets des 29 oct. 1862 et 21 juill. 1865, suivant lesquelles les timbres mobiles doivent être apposés et annulés immédiatement au moyen d'une griffe, les trésoriers et receveurs spéciaux des fabriques et consistoires sont autorisés par décret du 29 juin 1894 à annuler les timbres mobiles de 0 fr. 25 par l'apposition, à l'encre noire, en travers du timbre, de leur signature ainsi que de la date de l'oblitération. C'est là, bien entendu, une simple faculté accordée aux fabriques, conseils presbytéraux et consistoires israélites; ces établissements ont le droit d'opter entre les deux modes d'oblitération.

Il n'y a pas lieu d'apposer le timbre sur les quittances qui sont données pour ordre, notamment pour les recettes ci-après : produit des quêtes, produit des troncs, produit de la location des bancs et chaises lorsqu'il est perçu en régie par un préposé de l'établissement public.

Les oblations ou offrandes, ainsi que les droits perçus à l'occasion des cérémonies du culte conformément aux tarifs régulièrement approuvés, peuvent être reçus par les ministres du culte ou par leurs délégués, moyennant la délivrance aux parties versantes d'une quittance détachée d'un registre à souche. Cette quittance, n'émanant pas d'un comptable public, est passible seulement du timbre de 0 fr. 10, lorsqu'il y a lieu à l'exigibilité du droit (2868 I. G.; 8650-2 R. P.).

Le droit de timbre de 0 fr. 25 est exigible sur les quittances délivrées par les comptables directs, quelle que soit la nature de la recette et la destination des sommes recouvrées, qu'elles reviennent à la fabrique ou doivent être versées au clergé et aux serviteurs de l'église (Lettre Compt. publ. 7 août 1893, 24299 J. E.).

1485. Quittances délivrées aux fabriques. — Les quittances, délivrées aux comptables directs des fabriques ou aux régisseurs de recette par les membres du clergé ou les serviteurs de l'église lors de la répartition des sommes leur revenant à l'occasion des cérémonies du culte, sont passibles du timbre de 0 fr. 10, lorsqu'elles dépassent 10 fr. — Le prix du timbre est à la charge de la fabrique (Sol. 5 février 1895, 24636 J. E.).

1487. Trésorier de la fabrique et bureau des marguilliers. — Les quittances délivrées par le trésorier de la fabrique ou qui lui sont données pour les sommes versées dans la caisse à trois clefs ou qui en sont extraites, constituent des documents d'ordre exempts d'impôt (Lettre Compt. publ., 7 août 1893, 24299 J. E.).

1489. Faillites. — États de répartition. — Le droit de timbre de 0 fr. 10 continue d'être exigible sur les quittances de répartition dans les faillites et liquidations judiciaires (L. 26 janv. 1892, art. 10, 2816 I. G.).

1520. Frais de poursuites et d'instances. — Administration de l'Enregistrement. — V. n° 416 *suprà*.

1545. Facteurs aux halles. — Achats au comptant. — Bulletins remis aux acheteurs. — Les bulletins remis aux acheteurs par les facteurs et commissionnaires aux halles, en cas d'achats au comptant, ne présentant pas le cas d'écrits libératoires : ils constituent de simples documents de contrôle échappant, par suite, à la perception du droit de timbre de 0 fr. 10 (Seine, 2 déc. 1893, 8306 R. P.; 25072 J. E.).

1609. Magasins généraux. — Bons de livraison et de sortie. — V. *Magasins généraux*.

1641. Algérie. — Comptables communaux. — Retenues pour pensions civiles. — Versement aux receveurs des finances. — Sont exempts du timbre, comme se rapportant à une simple opération de trésorerie, les récépissés que délivrent les receveurs des finances aux receveurs des contributions diverses en Algérie, afin de constater le versement, dans les caisses du Trésor, des retenues exercées, pour le compte du service des pensions civiles, sur les remises proportionnelles allouées à ces derniers comptables à raison de la gestion financière des communes dont les revenus sont inférieurs à 50.000 fr. (D. m. f. 10 avril 1893, 2850-8 I. G.; 8418-24 R. P.).

1645 *bis*. Pensions aux vieillards, aux infirmes et aux incurables indigents. — Quittances d'arrérages. — L'art. 43 L. 29 mars 1897 a déterminé la part contributive de l'État dans les pensions constituées par les départements ou les communes au profit des vieillards, des infirmes et des incurables. Il résulte des termes mêmes de cette loi que les pensions dont elle autorise la constitution sont toujours révocables et que les personnes appelées à en bénéficier sont uniquement les vieillards, infirmes et incurables privés de ressources et incapables de subvenir par leur travail aux nécessités de l'existence. Ces allocations ont donc en réalité le caractère de secours accordés à des indigents. Les quittances qui en constatent le payement sont exemptes de timbre par application de l'art. 16 L. 13 brum. an VII (D. m. f. 6 fév. 1899, 2980-4 I. G.; 9075-53 R. P.).

1654 *bis*. Primes. — Destruction des hannetons. — Les quittances des primes payées pour la destruction des hannetons ne rentrent ni dans la catégorie des quittances de secours payés aux indigents ni dans celle des quittances d'indemnités pour incendies, inondations et autres cas fortuits. Elles sont assujetties au droit de 0 fr. 10 lorsqu'elles excèdent 10 fr., que les parties prenantes soient ou non indigentes (Sol. 4 avril 1893, 24133 J. E.).

1657. Commune. — Instance. — Mémoire préalable. — Récépissé. — Est passible du droit de timbre à 0 fr. 10 le récépissé du mémoire que l'Administration est tenue d'adresser au Préfet, avant toute signification d'une demande reconventionnelle formée contre une commune qui a réclamé judiciairement la restitution des droits perçus (Sol. 24 août 1899, 9767 R. P.; 25956 J. E.).

1663. Réhabilitation. — Quittances par duplicata. — Le payement des amendes et frais de justice mis à la charge des condamnés peut être attesté par la production de quittances délivrées par duplicata et timbrées seulement au droit de 0 fr. 25 (Sol. 28 oct. 1899, 9980 R. P.).

1670 et s. Restitution. — Taxes indirectes — Droits indûment perçus pour le compte du Trésor. — Une

1681 bis. Sociétés d'habitations à bon marché. Quittances. Maintien du droit de timbre de 0 fr. 10. L. 12 avril 1906 (art. 11). — 11303 R. P.

1692. Séparation des Églises et de l'État. Associations et unions cultuelles. Immunités fiscales. L. 9 déc. 1905. — 11080 R. P.

1696. Secours aux familles de réservistes et de territoriaux. Subventions de l'État aux communes. Timbre non exigible. — Les quittances constatant le versement des subventions allouées par l'État aux communes pour être attribuées aux familles des soldats de la réserve ou de l'armée territoriale, sont affranchies du droit de timbre, à la condition de mentionner la destination des sommes versées (Sol. 11 oct. 1903; Circ. Compt. 27 janv. 1905, 10807 R. P.).

1701 et 1702. Successions. Perceptions complémentaires. — V. n° 135 *suprà*.

1734. Récépissés des receveurs des Finances. Dépôt de valeurs remises à l'encaissement. Droit de timbre de 0 fr. 25 ou de 0 fr. 10. Distinction. — Les récépissés délivrés par les receveurs des Finances à l'occasion du dépôt de titres ou valeurs remises à l'encaissement sont passibles du droit de timbre de 0 fr. 25 ou de celui de 0 fr. 10 seulement, suivant que le dépositaire y exprime avoir reçu le titre lui-même (action, obligation, mandat de payement) ou la somme que ce titre représente (Circ. Compt. publ. 12 déc. 1902, § 9. — Sol. 9 juillet 1902. Inst. 3115-4, 10479 R. P.).

V. Établissements publics.

QUOTITÉ DISPONIBLE.

L. c. f. du 16 août 1808 (397-3 I. G.) a exempté du droit de timbre les quittances de restitution de droits indûment perçus. Cette décision, qui n'a pas cessé d'être appliquée, même depuis la promulgation de la loi du 23 août 1871, est fondée sur ce que la restitution étant la réparation d'une erreur commise par l'agent du Trésor au détriment des parties, il serait contraire à l'équité d'exiger un droit qui ne ferait qu'aggraver le dommage qu'elles ont déjà souffert.

C'est surtout la nature du droit à rembourser plutôt que la cause du remboursement qu'il faut considérer pour reconnaître si la quittance est ou n'est pas passible du timbre.

En ce qui concerne les contributions indirectes et les autres droits résultant de l'application des taxes fiscales, il y a lieu de distinguer.

Si les droits ont été indûment perçus, c'est-à-dire si l'excès de perception provient de l'interprétation erronée du préposé dans l'application de la taxe ou d'une erreur commise par lui dans le calcul des droits, la quittance de restitution est exempte du timbre.

Si, au contraire, il s'agit d'un simple excédent de versement, susceptible d'être considéré comme une avance du contribuable, le reçu reste soumis au timbre (Circ. Compt. 1 déc. 1890, § 2, 2823-9 I. G., 7974-68 R. P.).

1675. Reversement de trop payé. — Traitements. — Les quittances, qu'un comptable se délivre à lui-même pour constater le reversement dans sa caisse des sommes qu'il a prélevées en trop pour son traitement, sont dispensées du timbre (Sol. 17 oct. 1894).

1681 *bis*. Sociétés ou caisses d'assurances mutuelles agricoles. — Les actes intéressant ces collectivités, qui emportent libérations, reçu ou décharge, demeurent passibles du timbre de 0 fr. 10 (L. 4 juill. 1900, 3017 I. G.).

1681 *ter*. Sociétés de construction et de crédit. — Habitations à bon marché. — Les sociétés de construction de maisons à bon marché et les sociétés de crédit ayant pour objet de faciliter l'achat ou la construction de ces maisons, qui répondent aux conditions indiquées par les lois des 30 nov. 1894 et 31 mars 1896, restent soumises au droit de timbre-quittance établi par l'art. 18 L. 23 août 1871 (L. 30 nov. 1894, art. 11, 2901 I. G.).

1701 et 1702. Successions. — Droits complémentaires. — Toute recette de droits de succession doit donner lieu à la délivrance d'une quittance détachée du registre à souche spécial. En cas de versement de droits complémentaires, l'Administration a tracé les règles suivantes pour l'application du timbre :

« Si le versement complémentaire a pour cause, soit une omission, soit une insuffisance d'évaluation ou de revenu commise par les parties dans la déclaration de succession, la quittance nouvelle doit être timbrée à 0 fr. 25 dès lors qu'elle constate le payement d'une somme supérieure à 10 fr., et cela alors même que la quittance primitive serait représentée.

« S'il s'agit d'une insuffisance de perception ou d'une déclaration complémentaire faite dans le délai légal, et si la quittance primitive n'est pas représentée, le timbre de 0 fr. 25 est apposé toutes les fois que le payement a pour objet une somme supérieure à 10 fr. ou un acompte sur une somme totale de droits de mutation excédant ce chiffre.

« Si, au même cas d'insuffisance de perception ou de déclaration complémentaire, la quittance primitive est représentée, il n'y a pas lieu de timbrer la quittance munie de chiffres-contrôle. Celle-ci est délivrée pour ordre à la partie versante et revêtue de la mention : « Délivré pour ordre à M. . . . . à l'appui de la quittance de la somme de . . . . inscrite sur la quittance primitive en date du . . . . représentée au receveur soussigné. »

De plus, le receveur inscrit la quittance du payement complémentaire sur la formule primitive et y mentionne la délivrance de la quittance pour ordre (2996, § 1. I. G.).

I. Quittances provisoires. — Les reçus provisoires que délivrent parfois les receveurs de l'enregistrement lors du dépôt des fonds, ne doivent pas être timbrés (2832-4 I. G.; — V. n° 678 *bis suprà*).

1718 *bis*. Téléphones. — Redevances. — La décision nouvelle du 3 juin 1890, citée au *Rép. gén.*, d'après laquelle les quittances des redevances téléphoniques à la charge d'un Lycée sont affranchies du timbre, a été reproduite par l'Inst. n° 3823-2.

1734. Trésoriers-payeurs généraux. — Valeurs à encaisser. — Ainsi qu'il est expliqué au *Rép. gén.*, les récépissés délivrés, sous forme de quittances de sommes, par les trésoriers généraux lors du dépôt des traites, mandats et autres valeurs du Trésor remises à l'encaissement, sont assujettis au timbre de 0 fr. 25; le droit de timbre de 0 fr. 10 est exigible lors de la remise des fonds (Circ. Compt. publ. 30 juin 1890, § 3, 2823-4 I. G.).

QUOTITÉ DISPONIBLE.

38. Héritier indigne. — Calcul de la réserve. — L'héritier déclaré indigne et exclu comme tel de la succession doit être compté pour le calcul de la quotité disponible (C. Douai, 25 juin 1891, 7727 R. P.).

44. Aïeul en concours avec un légataire universel. — Frères et sœurs renonçants. — Les aïeuls, en présence des frères et sœurs du défunt et d'un légataire universel, ont droit à la réserve si les frères et sœurs renoncent à la succession (Cass. 3 fév. 1897, 9121 R. P.).

60. Usufruit. — Rente ou pension alimentaire. — Dans la première partie du *Rép. gén.*, *in fine*, ajouter : V. I. G. 6 juin 1891, n° 2805.

61. Quotité disponible entre époux. — Art. 1094 C. civ. modifié. — Une L. 14 fév. 1900 (9981 R. P. — V. *C. des Lois*) a modifié ainsi qu'il suit l'art. 1094 C. civ. : « Art. 1er. — L'époux pourra, soit par contrat de mariage, soit pendant le mariage, pour le cas où il ne laisserait point d'enfants ni descendants, disposer en faveur de l'autre époux, en propriété, de tout ce dont il pourrait disposer en favour d'un étranger. — Art. 2. — Conserveront leur plein et entier effet les dispositions constatées par contrat de mariage antérieurs à la promulgation de la présente loi, contenant donation de l'usufruit de la totalité ou de partie de la portion dont la loi prohibe la disposition au préjudice des ascendants. »

En interdisant à l'époux la faculté de laisser à son conjoint, outre le disponible ordinaire, l'usufruit réservé aux ascendants, la L. 14 fév. 1900 a eu pour objet de s'opposer aux conséquences que produisait souvent la faculté antérieurement permise dont l'exercice aboutissait à transformer la part des ascendants en une une propriété presque sans valeur, étant donné que l'usufruit reposait sur la tête du conjoint, dans la plupart des cas de beaucoup plus jeune qu'eux.

79. Époux survivant. — Legs d'usufruit. — Les libéralités faites par acte entre vifs ou testamentaires ne peuvent entamer la réserve que la loi assure aux héritiers du disposant et, suivant les termes mêmes de la loi du 9 mars 1891, l'usufruit attribué au conjoint survivant sur les biens composant la succession du conjoint prédécédé, ne peut ni préjudicier à cette réserve ni s'exercer sur les biens dont le prédécédé aurait disposé par donations entre vifs ou testamentaires. En conséquence, la veuve instituée légataire de l'usufruit d'une certaine somme ne peut exiger de l'héritier la délivrance de son legs, ni même l'usufruit du quart à elle attribué par la loi, si la quotité disponible avait été épuisée du vivant du *de cujus* par des libéralités entre vifs (Cass. 24 juill. 1895, 8644 R. P.).

86. Donation, par préciput, du quart en pleine propriété à l'un des enfants. — Usufruit revenant à l'époux survivant. — L. 9 mars 1891. — Quotité disponible. — Calcul de l'usufruit. — Quand la pleine propriété du quart de la succession a été donnée à titre de préciput, à l'un des enfants, le conjoint survivant peut encore, sans préjudicier aux droits de réserve, revendiquer l'usufruit d'un autre quart. Toutefois, ce dernier quart, lorsqu'il advient à l'époux survivant en vertu de la L. 9 mars 1891, doit être calculé, non sur la masse totale de la succession, mais seulement sur les biens non donnés par préciput (Sol. 16 fév. 1894, 8269 R. P.).

150. Réunion fictive des biens donnés entre vifs. — Il y a lieu de réunir fictivement à la masse les biens donnés entre vifs par le défunt, pour déterminer la consistance du legs de la quotité disponible (Cass. (req.) 6 janv. 1890, 7726 R. P.).

159. Quotité disponible. — Assurance sur la vie. — Réduction. — Lorsque le bénéfice d'une assurance sur la vie a été transmis à un tiers par une libéralité sujette à réduction, on doit, pour déterminer la quotité disponible et fixer dans quelles proportions doit avoir lieu le partage de l'assurance, prendre pour base la valeur de la police au jour du décès de l'assuré (Cass. (civ.) 27 janv. 1902, 10367 R. P.).

180. Dot constituée à un enfant commun. — Imputation sur la succession du prémourant des donateurs. — Usufruit légué au survivant. — Rapport fictif. — Lorsque des père et mère ont constitué à un enfant commun une dot stipulée imputable sur la succession du prémourant des donateurs, et, subsidiairement, sur celle du survivant, il n'y a pas toujours lieu, pour le calcul de la quotité disponible léguée par l'époux prédécédé au survivant, de rapporter fictivement à la masse la dot ainsi constituée. Spécialement, le rapport ne doit pas être opéré dans le cas où les droits de l'enfant doté dans la succession du donateur étant inférieurs au montant de la donation, ceux de l'époux survivant dans la succession de son conjoint sont, lors du partage de cette succession, réduits de telle manière que l'enfant donataire reçoit l'intégralité de la dot qui lui avait été constituée (Caen, 26 fév. 1896, 8786 R. P.).

201. Biens laissés sans exception ni réserve. — Calcul du disponible. — Pour calculer, au point de vue de la liquidation du droit de mutation par décès, l'étendue d'un legs, réductible à la quotité disponible, qu'un époux a consenti au profit de son conjoint, et qui porte sur tous les biens que le testateur laisserait, sans exception ni réserve, il convient de réunir aux valeurs existant réellement dans l'hérédité, le montant des biens donnés entre vifs par le défunt à ses successibles, sans dispense de rapport (Quimper, 22 mai 1902).

206. Époux survivant. — Legs de quotité disponible. — Rapport fictif des dons en avancement d'hoirie. — Lorsqu'un époux a légué à son conjoint la quotité disponible la plus étendue de toute sa fortune, au jour de son décès, il y a lieu, pour calculer l'étendue de cette disposition, au point de vue de la perception des droits de mutation par décès, de rapporter fictivement aux valeurs existant réellement dans la succession, le montant des biens donnés entre vifs par le défunt (Besançon, 6 août 1895, 8720 R. P.).

217. Legs. — Rapports fictifs. — Interprétation des parties. — Lorsqu'un époux a légué à son conjoint « tout ce dont la loi lui permet de disposer en sa faveur », il n'y a pas lieu, pour liquider l'importance du legs, d'ajouter aux biens existants au décès le rapport fictif des dots constituées aux enfants communs, si les parties ont, dans un acte de partage, admis cette interprétation, dont la sincérité n'est pas de nature à être suspectée par l'Administration (Sol. 3 fév. 1891, 8440 R. P.).

V. Legs. — Succession.

RAPPORT A SUCCESSION.

15. Petits-enfants venant à la succession de leur aïeul. — Sommes données à leur père. — Les petits-enfants venant à la succession de leur aïeul comme représentant leur père, dont ils ont répudié l'hérédité, doivent rapporter à la succession les sommes dont leur père était débiteur ou donataire (C. Paris, 14 mai 1892, 8189 R. P.).

28. Dot. — Constitution conjointe. — Lorsqu'un enfant, ayant reçu de ses père et mère une dot rapportable

90. Deux enfants. Usufruit légué à l'époux survivant. Legs de nue propriété en faveur de l'un des enfants. Limite des libéralités. — Lorsqu'une personne, laissant deux enfants, a légué à son conjoint l'usufruit de la quotité disponible de sa succession et à l'un de ses enfants la nue propriété de certains meubles et immeubles grevés de l'usufruit du conjoint, la limite de ces libéralités doit être déterminée au profit des légataires d'après la quotité disponible applicable à chacun [illegible] que, dans aucun cas, la mesure de la quotité la plus [illegible] puisse être dépassée; en conséquence, le conjoint survivant a [illegible] moitié en usufruit, et l'enfant au quart en nue propriété (Cass. [illegible] déc. 1903, 10622 R. P.).

124. Legs excédant la quotité disponible. Réduction requise par le bénéficiaire lors de la déclaration de succession. Acte ultérieur révélant l'exécution intégrale de la libéralité. Supplément de droit de mutation par décès. — Quand un legs excède la quotité disponible et que, lors de la déclaration de la succession du [illegible], le bénéficiaire en a demandé la réduction à cette quotité, pour la liquidation du droit de mutation par décès, l'Administration est fondée à réclamer un supplément de droit si un acte ultérieur, intervenu entre l'héritier réservataire et le légataire, lui fournit la preuve que ce dernier est entré en possession du legs dans toute sa plénitude, tel qu'il a été spécifié par le testateur (Niort, 11 août 1906, [illegible] R. P.).

17?-179 et 182. Dot imputable sur la succession du prémourant des père et mère donateurs et subsidiairement sur celle du survivant. Succession du prémourant des donateurs. Legs de la quotité disponible au conjoint survivant. Imputation de la dot sur la part de l'enfant doté dans la réserve. Exécution intégrale de la libéralité testamentaire. — Lorsque deux époux ont constitué à un enfant commun une dot stipulée imputable sur la succession du prémourant et subsidiairement sur celle du survivant, le premier mourant doit être réputé donateur jusqu'à concurrence seulement des droits de l'enfant doté dans la réserve de sa succession, et le conjoint survivant, donataire ou légataire de la quotité disponible, peut toujours exercer intégralement la libéralité faite à son profit, puisque la donation en avancement d'hoirie n'a pu dépasser la réserve; la perception des droits de mutation par décès doit être réglée en conséquence (Sol. 28 sept. 1905, 11135 R. P.).

201. Legs. Biens laissés par le testateur. Quotité disponible. Étendue. Calcul. Rapport fictif. — Pour calculer, au point de vue de la liquidation du droit de mutation par décès, l'étendue d'un legs réductible à la quotité disponible qu'un époux a consenti au profit de son conjoint, et qui porte sur tous les biens que le testateur laisserait, sans aucune exception ni réserve, il convient de réunir aux valeurs existant réellement dans l'hérédité le montant des biens donnés entre vifs par le défunt à ses successibles sans dispense de rapport (Quimper, 22 mai 1902, 10430 R. P.).

RAPPORT A SUCCESSION.

31. **Dot imputable sur la succession du prémourant des père et mère donateurs et subsidiairement sur celle du survivant. Succession du prémourant des donateurs. Legs de la quotité disponible au conjoint survivant. Imputation de la dot sur la part de l'enfant doté dans la réserve. Exécution intégrale de la libéralité testamentaire.** — V. *Quotité disponible*, n° 175.

45. **Dot. Somme d'argent. Payement en immeubles.** — Lorsqu'une dot constituée en une somme d'argent est ultérieurement payée en immeubles, le rapport à effectuer aux successions des donateurs consiste seulement dans la somme d'argent donnée, alors qu'il n'en résulte aucun avantage indirect (Cass. (civ.), 20 mai 1902, 10523 R. P.).

RECÈLÉ.

RÉCÉPISSÉ.

17. **Association. Déclaration d'existence.** — V. *Quittance-timbre*, n° 16bis.

RECONNAISSANCE D'ÉCRITURE.

RECRUTEMENT.

5. **Art. 9 et 28 L. 21 mars 1905. Immunités fiscales.** — 11[illegible] R. P.

RÉFÉRÉ.

RÉGIME DOTAL.

REGISTRE.

37. **Établissements de l'État. Maison nationale de Charenton. Exemption du timbre.** — L'exemption du timbre, qui a été accordée pour tous les registres de comptabilité, sans exception, aux administrations publiques, est acquise non seulement aux administrations de l'État, mais encore à tous les établissements qui constituent une émanation directe de l'État, lui appartiennent et sont entretenus sur son budget. Il en est ainsi alors même qu'il est attribué à certains établissements une personnalité civile distincte qui leur permet d'avoir des ressources propres. La maison nationale de Charenton étant [illegible] dans ce cas, ses registres de comptabilité peuvent être tenus sur papier non timbré (D. m. f. 24 avril 1903, Inst. 3129-4, 10366 R. P.).

RÉHABILITATION.

2, 3, 8. **Réhabilitation en matière de faillite. Quittances. Pièces produites. Enregistrement non obligatoire. L. 31 mars 1903 (nouvel art. 606 C. com.).** — Instr. 3180, 11203 R. P.

par moitié à la succession de chacun d'eux, rapporte à la succession maternelle, ouverte la première, la totalité de sa dot. Il fait, dans la mesure où le rapport n'était pas obligatoire, une véritable libéralité à son cohéritier. Une semblable disposition ayant pour résultat de procurer à ce cohéritier la jouissance immédiate d'une somme qui devait lui revenir seulement au décès du survivant des donateurs, le droit proportionnel n'est dû que sur la valeur de l'usufruit du rapport (Rouen, 25 juin 1896, 8981 R. P.).

Lorsque les père et mère d'un futur époux lui ont constitué en dot, solidairement entre eux, une certaine somme en avancement d'hoirie sur la succession du premier mourant, et subsidiairement, s'il y a lieu, sur la succession du survivant, ce dernier est tenu de la garantie édictée par l'art. 1440 C. civ., pour la portion qui excède l'émolument recueilli par le donataire dans la succession du donateur prédécédé. Le donataire a donc immédiatement contre le survivant et non pas seulement contre la succession de celui-ci, une action directe pour se faire rembourser tout ce qu'il a été obligé de rapporter à ses cohéritiers dans la première succession et qui représente la part incombant définitivement au survivant dans la libéralité (Cass. (civ.) 7 mai 1899, 9699 R. P.).

34. **Choses pour lesquelles le rapport est dû. — Art. 843 C. civ. modifié.** — Une L. 24 mars 1898 (9230 R. P. — V. *C. des Lois*) a ajouté à l'art. 843 C. C. la disposition suivante : « Les legs faits à un héritier sont réputés faits par préciput et hors part, à moins que le testateur n'ait exprimé la volonté contraire, auquel cas le légataire ne peut réclamer son legs qu'en moins prenant ».

Décidé que lorsqu'une donation a été faite en avancement d'hoirie, sans dispense de rapport, l'héritier donataire doit tenir compte à la succession de tout ce qu'il a reçu en sus de la réserve. — Les valeurs qui font l'objet de ce rapport se partagent par égales parts entre tous les cohéritiers. — Ne doit pas être exclu de ce partage l'héritier qui a reçu une libéralité préciputaire postérieurement à la donation susdite. Mais ce cohéritier n'a pas le droit de prélever son préciput sur les valeurs qui ont fait l'objet de ce rapport (Cass. (civ.) 8 fév. 1898, 9390 R. P.).

45. **Mode de rapport. — Legs.** — Lorsque, par une disposition expresse du testateur, le legs consenti par lui n'est pas fait par préciput et hors part, ce legs ne peut être réclamé par le légataire qu'en moins prenant (V. n° 34 *suprà*).

56. **Volontariat d'un an.** — On ne peut assimiler aux frais d'entretien, d'éducation ou d'équipement, dispensés du rapport par l'art. 852 C. C., la somme de 1.500 fr. exigée par l'État pour l'admission au volontariat. — Tournon, 5 mars 1887; Saint-Étienne, 24 janv. 1890; — *Contrà* : Charolles, 17 nov. 1888; C. Orléans, 2 août 1890, 7405 R. P.).

118 et s. **Rapport des legs.** — L'obligation du rapport s'applique-t-elle aux legs? Cette question, qui divisait la doctrine, est aujourd'hui résolue par la L. 24 mars 1898, dont nous avons rapporté *suprà*, n° 34, les dispositions.

RECÈLÉ.

18. **Communauté. — Usufruit.** — L'époux survivant qui a diverti ou recélé des valeurs de la communauté est privé, non seulement de la part qui lui appartenait comme commun en bien, mais aussi de ses droits en qualité de légataire en usufruit de son conjoint sur la part revenant à ce dernier dans ces valeurs (Cass. 8 mai 1889, 7496 R. P.).

RECONNAISSANCE D'ÉCRITURE.

4. **Droits de greffe.** — Les droits de greffe ont été supprimés par l'art. 4 L. 26 janv. 1892.

RÉFÉRÉ. — V. *Ordonnance*.

RÉGIME DOTAL.

96. **Aliénation de valeurs mobilières dotales. — Agent de change. — Responsabilité.** — Les agents de change investis par la loi d'un monopole pour la négociation des effets publics et, à ce titre, mandataires salariés et nécessaires, sont tenus des obligations spéciales que leur impose ce mandat. Notamment lorsque l'effet négocié est une valeur dotale dont l'aliénation n'est permise qu'à charge de remploi, l'agent de change doit prendre toutes les précautions nécessaires pour s'assurer que les fonds provenant de la négociation reçoivent l'emploi auquel ils sont destinés (Cass. 20 mars 1894, 8646 R. P.).

105. **Biens dotaux. — Revenus. — Succession. — Privilège du Trésor.** — Les revenus, intérêts et produits des biens dotaux d'une femme décédée sont affectés en totalité et par privilège (*L. frim.* art. 32) au recouvrement des droits de mutation, dont les héritiers de la défunte sont tenus envers le Trésor (*Nice*, 2 août 1897, 9335 R. P.).

110. **Assistance judiciaire. — Dotalité. — Exception.** — L'exception de totalité des immeubles grevés ne saurait être invoquée, lorsque l'hypothèque a pour objet de garantir le recouvrement des frais d'une condamnation prononcée pour cause de quasi-délit (Bernay, 25 mars 1902, 10315 R. P.).

V. COMMUNAUTÉ. — REMPLOI.

REGISTRE. — V. *Établissement public. — Fabrique. — Quittance (Timbre)*.

RÉHABILITATION.

9 *bis*. **Réhabilitation de droit.** — D'après l'art. 15 L. 11 juill. 1900 sur le casier judiciaire et sur la réhabilitation de droit, le bénéfice du visa pour timbre et de l'enregistrement en débet est accordé aux actes, jugements et arrêts, en cas de contestation ou de difficultés soulevées par l'application de cette loi ou par l'interprétation d'une loi d'amnistie (3021 I. G.).

RÉMÉRÉ.

9. Vendeur. — Action en réméré. — Exercice nonobstant cession à un tiers. — Quand, après avoir cédé son action en réméré à un tiers, le vendeur exerce le retrait par acte public, dans le délai de cinq ans, l'acte qui constate ce retrait n'est passible que du droit de 0 fr. 50 p. 100. Alors même qu'il serait établi qu'il y a présomption suffisante de rétrocession de l'action en réméré du cessionnaire au cédant qui a exercé le retrait, cette rétrocession ne constituerait qu'une mutation mobilière non assujettie à l'enregistrement dans un délai déterminé (Sol. 17 déc. 1895 : 24832 J. E.).

50-1. Délai pour le retrait expirant un dimanche. — Prorogation. — Lorsque le délai fixé pour exercer un retrait de réméré expire un dimanche et a été prorogé par acte s. s. p. du même jour, enregistré le lendemain seulement, l'acte notarié constatant l'exercice de ce réméré donne ouverture au droit de vente de 5 fr. 50 p. 100 (Versailles, 7 juin 1889, 7446 R. P.).

72. Mutation. — Nature. — Droit à percevoir. — Dans la première partie du *Rép. gén.*, le jugement de Grenoble du 14 août 1889 a été indiqué, à tort, comme rapporté au nº 7293 R. P.; c'est 7393 qu'il faut lire.

Tiers cessionnaire. — Le droit de mutation est exigible sur le retrait opéré par le tiers cessionnaire, à titre onéreux, du vendeur (Grenoble, 14 août 1889, 7393 R. P.).

79. Action en réméré sur un immeuble. — Donation. — Tarif et liquidation du droit. — Réméré exercé par le donataire. — Droit de 5 fr. 50 p. 100. — La cession à titre gratuit d'une action en réméré, ayant pour objet un immeuble déterminé, donne ouverture au droit de donation mobilière sur la valeur estimative de cette action, et non sur la valeur de l'immeuble lui-même, qui n'est pas transmis. — Au regard de l'acquéreur de l'immeuble, le donataire est un tiers. Par suite, lorsqu'il exerce le réméré et rembourse à l'acquéreur le prix fixé, le retrait doit être considéré comme une vente passible du droit proportionnel de 5 fr. 50 p. 100 (Sol. 13 janv. 1892, 7806 R. P.).

87. Succession de l'acquéreur. — Retrait antérieur à la déclaration de succession. — Valeur passible du droit de mutation par décès. — Dans le cas de vente à réméré, lorsque le vendeur exerce le retrait avant que les héritiers de l'acquéreur aient souscrit la déclaration de succession de leur auteur, le droit de mutation par décès doit être acquitté, non sur l'objet même de l'acquisition, mais sur la somme remboursée par le vendeur (Sol. 9 janv. 1894, 8247 R. P.).

REMPLOI.

57. Acquêts. — Cession à la femme au cours du mariage. — Renonciation à la communauté. — Droit de mutation. — Lorsque, après la cession de biens de communauté faite par le mari à la femme en remploi de ses propres, celle-ci renonce à la société d'acquêts, le droit de mutation non perçu au moment du remploi devient exigible (Seine, 5 juin 1891, 7885 R. P.; — Cass. 15 oct. 1893, 8202 et 8418-32 R. P.).

Quand un mari commun en biens, après avoir acquis des immeubles, déclare, dans un acte postérieur au contrat d'acquisition, que l'achat a été fait, à titre de remploi, pour le compte de la femme, la déclaration a pour objet de transférer à cette dernière les immeubles qui avaient, depuis le jour de l'acquisition, appartenu à la communauté. En conséquence, le droit de mutation devient exigible si, après un jugement de séparation de biens, la femme renonce à la communauté (Lille, 14 déc. 1894, 8474 R. P.).

66. Immeuble de communauté. — Abandon. — Remplacement d'un bien dotal. — Droit de transcription. — Est passible du droit de transcription, lors de l'enregistrement, l'acte par lequel, au cours du mariage contracté sous le régime dotal avec société d'acquêts, le mari abandonne à la femme, en remploi d'un bien dotal aliéné, des immeubles dépendant de la communauté (Figeac, 12 janv. 1899, 9607 R. P.).

70. Régime dotal. — Acceptation par acte ultérieur. — Droit de transcription. — L'acte portant acceptation par la femme de l'acquisition d'un immeuble faite antérieurement par le mari en remploi de ses deniers dotaux, est de nature à être transcrit et, par suite, donne ouverture, lors de l'enregistrement, au droit proportionnel de 1 fr. 50 p. 100. Ce droit est définitivement acquis au Trésor par le seul fait de l'acte d'acceptation et, en conséquence, peut être réclamé nonobstant la décision judiciaire qui, ultérieurement, a déclaré l'inexistence du remploi (Albi, 7 fév. 1890, 7427 R. P.).

78. Régime dotal. — Immeuble acquis par la femme en remploi de valeurs à aliéner. — Remploi *in futurum* non réalisé. — Décès de la femme. — Biens à déclarer. — Lorsque la femme mariée sous le régime dotal a acquis, en son nom personnel, des immeubles, en déclarant vouloir en payer le prix au moyen de l'aliénation de valeurs dotales, ces immeubles font partie de son patrimoine et doivent être compris dans la déclaration de sa succession, même quand les valeurs destinées, *in futurum*, au payement du prix, n'ont pas été aliénées (Tarascon, 14 nov. 1890, 7535 R. P.).

Régime dotal. — Biens paraphernaux de la femme. — Aliénation. — Emploi ou remploi. — Absence de justifications. — Lorsque des immeubles paraphernaux de la femme, mariée sous le régime dotal, ont été aliénés par elle, avec l'assistance et l'autorisation de son mari, le prix de vente doit, à défaut de justification d'emploi ou de remploi, être compris dans la déclaration de sa succession (1450 C. C. — Albi, 17 mars 1898, 9344 R. P.).

V. Communauté.

RENONCIATION.

14. Renonciation à succession. — Acte au greffe. — Dans la première partie du *Rép. gén.*, 5e ligne, au lieu de : « l'art. 781 C. Civ. », lire : l'art. 784 C. Civ.

RÉMÉRÉ.

REMPLOI.

31. Immeubles acquis pour un prix de beaucoup supérieur à la somme à remployer. Excédent constituant acquêt de communauté. — Si la différence entre le prix d'immeubles acquis par un époux en remploi de propres aliénés et le prix de vente de ceux-ci est très importante, les biens acquis à titre de remploi n'ont le caractère de propres que jusqu'à concurrence de la somme pour laquelle il y avait lieu à remploi; ils constituent des acquêts pour l'excédent ([illegible], 21 avril 1903, 10084 R. P.).

56-4. Régime dotal. Immeubles acquis par le mari seul. Affectation ultérieure de ces immeubles au remploi des biens dotaux de la femme. Exigibilité du droit de mutation. — Lorsque, d'après le contrat de mariage de deux époux mariés sous le régime dotal, la femme est tenue de faire le remploi en immeubles, jusqu'à concurrence d'une somme déterminée, des biens dotaux qu'elle est autorisée à aliéner, l'acte intervenu entre les deux conjoints pour désigner les immeubles affectés au remploi prescrit fait preuve, au regard du mari, des droits de propriété de la femme sur les immeubles dont il s'agit. Dès lors, si ces immeubles ont été antérieurement acquis par le mari seul, la déclaration de remploi établit l'existence d'une mutation de ces biens de la tête du mari sur celle de la femme et donne, en conséquence, ouverture au droit de 3 fr. 50 p. 100. Il importe peu, d'ailleurs, que, postérieurement à la déclaration de remploi et au payement du droit proportionnel, les mêmes immeubles aient fait l'objet d'une donation-partage par le mari au profit de ses enfants; cet événement, postérieur à la perception du droit de vente, ne peut avoir aucune influence sur cette perception et est même de nature à faire présumer une rétrocession de la femme au mari (Bourgoin, 12 juin 1905, 10773 R. P.).

RENONCIATION.

11. Héritier renonçant. Frais de poursuites. — L'héritier qui ne renonce qu'en cours d'instance à une succession pour laquelle il a été actionné en payement des droits de mutation par décès est tenu des frais de poursuites régulièrement faits par l'Administration jusqu'à cette renonciation (Charolles, 18 janv. 1906, 11258 R. P.).

27. Legs à un enfant mineur. Renonciation par le père administrateur légal. Validité. — Le père, en sa qualité d'administrateur légal des biens de son enfant mineur, peut, sans autorisation, renoncer à un legs particulier qui a été fait à cet enfant, pourvu que la renonciation soit exempte de collusion et de fraude (Cass. (req.), 5 janv. 1903, 10525 R. P.).

15. **Legs universel ou à titre universel. — Renonciation. — Validité.** — La renonciation à un legs universel ou à titre universel n'est valable vis-à-vis des tiers que si elle est faite par acte au greffe; elle ne leur est pas opposable si elle résulte d'un acte notarié (Narbonne, 17 juin 1890, 7491 R. P.; — C. Besançon 25 mars 1891, 7756 R. P.).

19. **Succession. — Usufruit dévolu à l'époux survivant. — Renonciation par acte notarié.** — L'époux survivant peut valablement renoncer, par acte notarié, le cas de fraude ou de simulation excepté, à l'usufruit que la loi du 9 mars 1891 lui accorde sur la succession de son conjoint (*Commentaire* de la loi, 7782 R. P.; — Sol. 1er avril 1892, 7853 R. P.).

20. **Succession. — Renonciation. — Légataire universel en usufruit.** — La renonciation tacite à un legs universel d'usufruit peut s'induire de tous actes révélant suffisamment l'intention de renoncer, notamment d'actes contenant cession des objets légués et consentis par les légataires en nue propriété au profit du légataire en usufruit, moyennant un prix immédiatement payé par ce dernier (Péronne, 27 mai 1892, 7888 R. P.).

23. **Actes s. s. p. — Effets entre les époux.** — L'obligation, pour la femme renonçante, de faire sa renonciation au greffe du tribunal civil n'est prescrite qu'au regard des tiers. Le mari est donc fondé à se prévaloir de la renonciation faite par sa femme, aux termes d'un acte s. s. p. passé avec lui après la prononciation du divorce (Seine, 11 mars 1892, 8190 R. P.).

33. **Renonciations passées au greffe. L. 28 avril 1893.** — Après avoir tarifé la renonciation au droit fixe, l'art. 68, § 1er, n° 1 L. 22 frim. an VII ajoute : « Il est dû un droit pour chaque renonçant ».

Cette règle a été modifiée, en ce qui concerne les renonciations *passées au greffe*, par l'art. 25 L. 28 avril 1893 qui porte : « Il ne sera perçu qu'un seul droit fixe d'enregistrement pour chaque acte distinct d'acceptation de succession ou de renonciation à succession passé au greffe, quel que soit le nombre des acceptants ou des renonçants et celui des successions acceptées ou répudiées ».

Le même article ajoute : « Il en sera de même pour les renonciations à communauté par acte au greffe ».

Deux conditions sont nécessaires pour l'application de la nouvelle disposition : il faut, d'une part, qu'il s'agisse d'une acceptation ou d'une renonciation *par acte au greffe*, ce qui exclut les acceptations ou renonciations *notariées* ou *sous seings privés* : d'autre part, que l'acceptation ou la renonciation ait pour objet une *communauté* ou une *succession*, c'est-à-dire émane, non pas d'un simple légataire particulier, mais d'un successeur universel ou à titre universel (2838 I. G., p. 5).

35. **Successions distinctes.** — L'art. 25 L. 1893 supposant une certaine communauté de but entre les parties, il est manifeste que le bénéfice n'en saurait être invoqué par des personnes étrangères les unes aux autres qui se réuniraient pour accepter ou répudier des successions dans lesquelles leurs droits ne seraient confondus ni en totalité ni en partie (2838 I. G., p. 6).

37. **Procuration à l'effet de renoncer.** — La règle consacrée par cet article implique l'abandon des perceptions multiples sur les procurations que plusieurs héritiers ou successeurs universels ou à titre universel donnent par le même acte, à l'effet de souscrire une renonciation elle-même affranchie de la pluralité.

40. **Mère survivante. — Renonciation à communauté. — Pension alimentaire constituée par la fille. — Actes concomitants. — Donation.** — La renonciation, soit par l'époux survivant à ses avantages matrimoniaux, soit par les héritiers à une succession qui leur est dévolue, est l'exercice d'un droit légitime et ne peut être critiquée par l'Administration, alors même qu'elle serait faite pour éviter des droits de mutation. Mais elle doit être prise en considération à l'effet de déterminer le caractère juridique d'un autre acte juridique, s'il est établi que ce dernier acte a été, dans la commune intention des contractants, la condition du premier. Spécialement, lorsqu'une constitution de pension alimentaire faite par une fille à sa mère est concomitante à la renonciation de celle-ci à la communauté et que la pension est inférieure au revenu des avantages répudiés, l'Administration est fondée à prétendre que, dans leur ensemble, ces actes se résument en une libéralité consentie par la mère à sa fille, moyennant une charge dont la pension est le prix. En conséquence, le droit de donation est exigible sur l'acte de constitution de cette pension (Reims, 28 mars 1900, 10013 R. P.).

42-43. **Réunion d'usufruit à la nue propriété. Droit de mutation. — Droit de transcription.** — Sous le régime de la L. frim., lorsque, à l'époque du démembrement de la pleine propriété, le droit avait été perçu, par anticipation, sur l'expectative de la réunion ultérieure de l'usufruit à la nue propriété, un nouveau droit de mutation ne pouvait plus être exigé sur la renonciation translative de l'usufruit, qui avait pour objet de réunir cet usufruit à la nue propriété. Le droit fixe de 4 fr. 50 était seul exigible, avec addition, suivant les cas, du droit proportionnel de transcription.

Cette perception a été modifiée par la L. 25 fév. 1901, dont nous donnons le Commentaire v° *Usufruit*. D'après cette dernière loi, le nu-propriétaire n'a pas à payer l'impôt par anticipation, lors du démembrement, sur la valeur de la pleine propriété, et la nue propriété qu'il recueille est simplement tarifée selon sa valeur actuelle. Par conséquent, lorsque, par l'effet d'une convention quelconque, il entre en possession de l'usufruit, *avant l'expiration du terme normal ou convenu*, il ne peut se dispenser d'acquitter un droit proportionnel sur la valeur de l'usufruit qu'il acquiert, et cette valeur doit être déterminée conformément aux règles tracées par l'art. 13 L. précitée. — V. *Usufruit*. — La nouvelle perception est applicable à la renonciation à usufruit. Mais pour motiver l'exigibilité du droit de mutation à titre onéreux ou à titre gratuit, nous pensons qu'il est nécessaire que la renonciation puisse être considérée comme *translative*, c'est-à-dire comme ayant été acceptée par le nu propriétaire (Sol. 23 fév. 1892, 7950 R. P.).

Aujourd'hui, pas plus que sous le régime antérieur, une renonciation purement *extinctive*, c'est-à-dire non acceptée par le nu propriétaire, ne saurait engendrer le droit de mutation, car, révocable au gré de l'usufruitier, elle n'emporte pas aliénation (Sol. préc.).

Droit de transcription. — Il va de soi, d'ailleurs, que la L. 25 fév. 1901 vise uniquement l'impôt de mutation à percevoir sur les actes constatant la réunion anticipée de l'usufruit à la nue propriété, et n'atteint, en aucune façon, le droit de transcription auquel peut donner lieu l'application de l'art. 54, L. 28 avr. 1816, dont toutes les dispositions restent en vigueur. Mais, pour que ce droit puisse être exigible, il est indispensable qu'il ne soit pas compris dans le tarif afférent à l'acte ou à la convention qui opère la consolidation de l'usufruit. L'hypothèse sera très rare, sous l'empire de la législation nouvelle, puisque le droit de transcription se trouve englobé dans le tarif des mutations à titre onéreux aussi bien que des transmissions entre vifs à titre gratuit.

52. Partage. — Renonciation gratuite. — Libéralité. — V. *Partage*, n° 191.

59. Legs d'usufruit. — Renonciation partielle *in favorem*. — Droit de m. p. d. sur la totalité du legs. — La renonciation gratuite que fait l'un des héritiers au profit d'un ou de plusieurs de ses cohéritiers emporte, de sa part, acceptation de la succession et rend exigibles les droits de mutation sur l'hérédité tout entière. Cette règle s'applique au légataire en usufruit qui renonce à une partie de son usufruit au profit d'un seul des héritiers du défunt. Il est réputé légataire pour le tout et doit, dès lors, acquitter l'impôt de succession, non seulement sur la portion du legs qu'il s'est réservé, mais encore sur la portion à laquelle il a renoncé *in favorem* (Civray, 10 mai 1900, 9908 R. P.).

71. Usufruit légal. — Époux survivant. — Renonciation et constitution de pension alimentaire. — Actes simultanés. — Fraude. — La renonciation à l'usufruit légal par le conjoint survivant doit être réputée frauduleuse, lorsque, le même jour et par acte passé devant le même notaire, l'héritier constitue une pension alimentaire au profit du renonçant, alors que ce dernier n'avait pas de ressources suffisantes en dehors de l'usufruit répudié. L'Administration peut, dès lors, réclamer le droit de mutation par décès sur cet usufruit (Lure, 6 déc. 1894, 8577 R. P.).

La preuve qu'une renonciation à un legs d'usufruit a été consentie à titre onéreux et qu'en vertu d'accords, tenus secrets, avec les nu propriétaires, le légataire a reçu, sous la forme d'une rente viagère, le prix de sa renonciation, résulte suffisamment des écritures d'une société de crédit soumise aux investigations des agents de l'Administration, lorsque ces écritures mentionnent : d'une part, la conversion du porteur au nominatif de certaines valeurs de bourse appartenant au défunt et l'immatriculation de ces valeurs pour l'usufruit au nom du légataire renonçant, jusqu'à concurrence de la moitié incombant à l'un des héritiers de la rente viagère, et, pour la nue propriété, au nom de ce dernier; d'autre part, le versement effectif par l'intermédiaire de la société, de nombreux trimestres d'arrérages de la rente tant pour le compte de l'héritier dont il s'agit, jusqu'au jour de l'immatriculation des titres, que pour le compte d'un autre héritier, à concurrence de la seconde moitié de la rente (Vassy, 6 janv. 1898, 9260 R. P.).

72. Legs d'usufruit. — Renonciation par le légataire. — Constitution postérieure d'une pension alimentaire au profit du renonçant. — Renonciation frauduleuse. — Droits exigibles. — La renonciation à usufruit faite par le conjoint survivant doit être réputée frauduleuse, lorsque, par un acte intervenu un mois après, l'héritière et son mari constituent, à titre alimentaire, une rente viagère au profit du renonçant, alors surtout que ce dernier ne paraît pas avoir de ressources personnelles. Une pareille renonciation affecte un caractère translatif. Elle donne, en conséquence, ouverture au droit de mutation par décès, et l'acte qui la constate rend exigibles : 1° le droit fixe de 4 fr. 50 pour réunion d'usufruit à la nue propriété ; 2° le droit proportionnel de transcription à 1 fr. 50 p. 100 (Pontoise, 31 oct. 1892, 8003 R. P.).

73 *bis*. Legs universel. — Demande d'annulation. — Inexécution des conditions. — Renonciation après prise de qualité. — Droit de mutation. — Si un légataire universel institué par testament authentique et ayant, dès lors, la saisine, renonce après avoir pris qualité, au bénéfice du legs au profit de ses colégataires qui en ont demandé l'annulation pour inexécution des conditions imposées par le testateur, il s'opère une mutation de propriété à titre onéreux passible du droit proportionnel (Amiens, 16 juin 1898, 9404 R. P.).

74. Communauté. — Usufruit. — Renonciation. — Partage. — Attribution de valeurs. — Lorsqu'une veuve, instituée légataire en usufruit de tous les biens de son mari, renonce à cet usufruit, pour s'en tenir à ses droits dans la communauté, et partage ensuite les biens communs avec l'héritier, l'attribution qui lui est faite dans ce partage, en représentation de ses droits, de l'usufruit auquel elle avait renoncé, ne suffit pas pour établir que la renonciation était frauduleuse, alors surtout que la Régie ne réclame pas les droits de mutation par décès sur le legs d'usufruit, mais seulement un droit de donation sur le partage et ne s'adresse qu'à l'héritier, en laissant la veuve hors de cause (Clermont, 19 avr. 1901, 2718 R. E.).

77. Partage anticipé. — Avantages conservés. — Fraude établie. — Lorsqu'une veuve, après avoir renoncé à l'usufruit qui lui a été donné par son mari, fait donation à titre de partage anticipé, à ses enfants, du montant de ses reprises, en stipulant aux donataires l'obligation de lui servir annuellement une pension et des prestations de beaucoup supérieures à l'importance des biens abandonnés, il y a lieu de considérer ces avantages comme constituant l'équivalent, tant de l'usufruit objet de la renonciation que des reprises comprises dans la donation-partage. En conséquence, la renonciation de la veuve à son usufruit, étant translative et non purement abdicative, donne ouverture au droit de transcription de 0 fr. 50 p. 100 et rend

[illegible]. **Renonciation à succession faite par un fils pour indemniser ses père et mère cohéritiers de dépenses faites pour lui. Acceptation des père et mère. Caractère onéreux du contrat. Droit de mutation.** — La renonciation faite par une personne à une succession qui lui est dévolue pour une moitié et à ses père et mère pour l'autre moitié revêt un caractère translatif, lorsqu'il est spécifié, dans l'acte qui la constate, qu'elle a lieu « en considération des dépenses considérables faites pour le renonçant par ses père et mère » et qu'elle a, d'ailleurs, été acceptée par ces derniers. Le fils renonçant doit, dès lors, acquitter le droit de mutation par décès sur la moitié de la succession qui lui est dévolue; d'autre part, l'acte de renonciation, qui constitue en réalité une cession de droits successifs, est passible du droit de mutation à titre onéreux, et non pas du droit fixe (Loches, 3 nov. [illegible] R. P.).

73 *bis*. Renonciation transactionnelle. Droit de mutation à titre onéreux. — V. *Transaction*, n° 23.

71. **Constitution de pension alimentaire. Actes simultanés. Fraude.** — Doit être considérée comme simulée la renonciation faite par une veuve tant à la communauté d'entre elle et son mari qu'à la donation qui lui a été consentie par ce dernier, quand, par un acte intervenu le jour même de sa renonciation, sa fille unique, qui profite seule de cette renonciation, lui a abandonné la jouissance d'un immeuble et constitué à titre alimentaire une pension annuelle et viagère, jouissance et pension dont l'importance équivaut aux avantages répudiés, alors surtout que le service de la pension est garanti par une affectation hypothécaire, que le chiffre en est fixé invariablement pour toute la durée de la vie de la crédirentière, et que cette dernière ne possédait pas de ressources personnelles (Melun, 23 nov. 1905, 10012 R. P.).

82. Renonciation à legs universel. Contestations sur le caractère pur et simple de cette renonciation. Caractère onéreux non établi. — L'Administration n'est pas fondée à prétendre que les renonciations faites au greffe par des légataires universels n'ont pas été pures et simples et qu'elles ont eu lieu, en réalité, à titre de transaction entre ces légataires et les héritiers naturels, si elle n'est pas en mesure d'établir d'une façon certaine le caractère onéreux de ces renonciations. La preuve de l'existence d'une transaction ne saurait résulter ni d'un motif d'un jugement rendu dans une instance entre les héritiers naturels et un tiers usufruitier des biens de la succession, alors surtout que ce motif n'avait aucun rapport avec le litige pendant entre les parties au procès, — ni de lettres missives relatives à des projets ou pourparlers qualifiés de transaction ou de convention à intervenir, quand rien ne démontre que ces projets aient été réalisés, — ni d'une déclaration émanant d'un second légataire universel qui avait été institué à défaut du premier et qui est resté étranger aux difficultés survenues entre l'usufruitier et les héritiers naturels, — ni même du terme de « transaction » employé par des personnes peu au courant du langage juridique (Fontenay-le-Comte, 2 mars 1904, 10776 R. P.).

exigible le droit d'enregistrement du testament, ainsi que le droit de mutation par décès de 3 fr. p. 100 sur la valeur de l'usufruit (Montauban, 22 fév. 1889, 7363 R. P.).

La renonciation par l'époux survivant à l'usufruit des biens composant la succession de son conjoint prédécédé doit être réputée frauduleuse, lorsque, par un acte concomitant, suivi, peu de temps après, d'un partage d'ascendant qui en confirme les stipulations, les enfants constituent au renonçant une rente viagère, à titre de pension alimentaire, s'il résulte de la combinaison de ces actes, de leur nature et de leurs effets et des autres circonstances de fait, que la pension constituée représente, en réalité, le prix de la renonciation. En conséquence, l'Administration est fondée à exiger les droits de mutation par décès sur les avantages répudiés, et les droits fixe et proportionnel dus pour la réunion anticipée de l'usufruit à la nue propriété (Marmande, 12 déc. 1894, 8476 R. P.).

78. Partage anticipé. — Avantages conservés. — Fraude non établie. — Lorsque l'époux survivant, après avoir renoncé à son usufruit légal sur les biens de son conjoint prédécédé, fait quelque temps après sa renonciation le partage anticipé de ses propres biens entre ses enfants, et stipule à son profit un droit d'usufruit partiel d'une rente viagère hors de proportion avec l'importance des biens donnés, le juge du fait peut décider, par appréciation des termes des conventions et des circonstances de la cause, qu'une telle renonciation est pure et simple, et, par suite, ne donne ouverture ni au droit de transcription, ni au droit de succession entre époux sur la valeur de l'usufruit (Mâcon, 31 juill. 1894, 8456 R. P.).

81. Succession. — Veuve légataire en usufruit. — Renonciation et vente. — Actes simultanés. — La renonciation par une veuve aux avantages en usufruit que son mari prédécédé lui a légués, ne saurait être considérée comme frauduleuse et comme ne dispensant pas, dès lors, du paiement de l'impôt de mutation par décès, par cela seul qu'elle est accompagnée, le même jour, d'un acte aux termes duquel la renonçante achète les droits des héritiers nus propriétaires, moyennant un prix de beaucoup inférieur à la valeur de la pleine propriété de ces droits, alors que les circonstances démontrent que le prix a été déterminé par des considérations spéciales, soit de famille, soit autres (Clermont, 11 avr. 1900, 9928 R. P.).

86. Acceptation formelle de l'usufruit. — Renonciation postérieure inopérante. — Quand un droit de transcription n'a pas été perçu au moment de l'enregistrement de l'acte qui donnait ouverture à ce droit, les parties ne sauraient opposer à la réclamation ultérieure une renonciation faite par la veuve, postérieurement à cette réclamation, alors surtout qu'il est nettement établi que la donataire avait formellement accepté l'usufruit (Saint-Flour, 26 oct. 1892, 8062 R. P.).

Lorsque deux personnes sont appelées à jouir successivement d'un même usufruit, le droit de mutation par décès est dû à la mort du premier usufruitier par le second, alors même que celui-ci aurait antérieurement cédé son droit éventuel aux nus propriétaires. L'abandon ainsi fait par le second usufruitier de ses droits héréditaires a emporté de sa part acceptation définitive et irrévocable de la libéralité en usufruit et rend, par suite, inopérante toute renonciation ultérieure (Mortagne, 9 mars 1899, 9596 R. P.).

95. Prise de qualité. — V. n°s 73 *bis*, 105, 108, 109, 113 *infrà*.

97. Legs d'usufruit. — Renonciation frauduleuse. — Bail ultérieur. — Énonciations de contrat de mariage. — Quand une veuve, donataire en usufruit des biens de son mari décédé, a, par acte notarié, renoncé purement et simplement à l'effet de la donation, l'Administration est fondée à soutenir que la renonciation a été simulée ou rétractée, en se fondant sur les énonciations contenues dans le contrat de mariage de la fille de la donataire et qui rappellent les droits d'usufruit appartenant à cette dernière, et en invoquant cette circonstance que la renonçante a affermé, seule, sans le concours de ses enfants majeurs, un immeuble dépendant de la communauté d'entre elle et son mari, avec stipulation que les fermages seraient versés intégralement entre ses mains. La renonciation devant être considérée comme fictive pour le tout, les droits sont dus sur l'intégralité du legs d'usufruit, et non pas seulement sur la portion des biens mentionnés dans les actes qui servent de base à la réclamation de la Régie (Le Havre, 5 mai 1894, 8438 R. P.).

103. Legs. — Demande en délivrance. — Acceptation. — Renonciation ultérieure inopérante. — L'acceptation expresse d'une succession ou d'un legs est définitive et ne peut être annulée en dehors des cas prévus par l'art. 783 C. civ. Spécialement, un légataire qui a demandé et obtenu du tribunal, au cours d'une instance engagée par un héritier, la délivrance de l'usufruit dont il avait été gratifié, a fait un acte d'addition d'hérédité, et cet acte rend inopérante, au regard de la réclamation des droits de mutation par décès, toute renonciation ultérieure (Marseille, 5 août 1897, 9408 R. P.).

Le legs de l'usufruit de tous les biens meubles et immeubles composant une succession embrasse également l'usufruit des valeurs dépendant d'une hérédité dont le testateur était saisi au moment de son décès, lors même qu'il ne l'avait acceptée que sous bénéfice d'inventaire. La délivrance que le légataire a demandée et obtenue judiciairement, sans réserve, implique, de sa part, une acceptation formelle de la totalité du legs, et le bénéficiaire n'est pas fondé à invoquer, à l'appui de son allégation contraire, la déclaration qu'il a souscrite pour la perception du droit gradué applicable à la délivrance du legs. L'acceptation ainsi formulée rend inopérante la renonciation ultérieure faite par le légataire à l'usufruit des valeurs dépendant de la succession bénéficiaire. En conséquence, si cet usufruit n'a pas été compris dans la déclaration passée pour le payement du droit de mutation, il en résulte une omission passible du droit en sus (Vouziers, 25 mai 1892, 8063 R. P.).

105. Renonciation à communauté. — Demande en partage antérieure. — Lorsqu'une veuve forme une demande en liquidation et partage de la communauté ayant existé entre elle et son mari et de la succession de celui-ci, ainsi qu'une demande en licitation d'immeubles sur lesquels elle ne pouvait avoir un droit qu'à titre de commune en biens ou d'héritière, elle doit être réputée avoir pris une qualité qui l'empêche de se porter ultérieurement renonçante, malgré les réserves insérées dans son assignation, ces réserves étant contredites par l'objet même de l'acte qui les renferme (Cass. 14 avr. 1899; D. P. 99-1-402).

Legs alternatif. — Prise de qualité. — Assignation en partage. — Renonciation ultérieure. — Inefficacité. — Quand un testateur a légué à une personne le quart en propriété de ses biens ou une somme déterminée, le légataire ne peut s'affranchir du paiement du droit de m. p. d. sur le legs du quart en propriété, quand il résulte d'actes émanant de lui, et, spécialement, d'une assignation en partage, qu'il a pris la qualité de légataire à titre universel. Cette prise de qualité emporte acceptation du legs du quart en propriété et rend inopérante toute renonciation ultérieure (Grenoble, 12 janv. 1901, 10129 R. P.).

108. Succession. — Quotité disponible. — Donation au profit du survivant. — Renonciation. — Prise de qualité antérieure. — Inventaire. — Cession de droits successifs. — Renonciation présumée frauduleuse. — Présomptions insuffisantes. — Lorsque l'époux survivant, donataire de la quotité disponible des biens de son conjoint, renonce au bénéfice de cette donation, l'Administration, pour établir que la renonciation est frauduleuse et pour réclamer le droit de mutation par décès sur les avantages répudiés, ne saurait trouver des présomptions suffisantes dans les énonciations d'un inventaire et d'un acte de cession de droits successifs dans lesquels le renonçant a antérieurement pris la qualité de donataire, alors que cette simple prise de qualité a été faite avec les plus expresses réserves. — Il en est ainsi, encore bien que le prix de la cession consentie au profit du renonçant semble ne représenter que la valeur des droits cédés, déduction faite du montant de la donation, les calculs établis par l'Administration pour déterminer cette valeur ne portant que sur l'actif brut héréditaire (Dijon, 19 juill. 1809, 9824 R. P.).

109. Usufruit. — Renonciation. — Mainlevée antérieure. — Acte de notoriété. — Lorsqu'une veuve, commune en biens et usufruitière légale du quart de la succession de son mari, renonce, par acte au greffe, à son usufruit, la renonciation doit être considérée comme sincère et valable, nonobstant la qualification d'usufruitière donnée à cette veuve dans un acte notarié antérieur à la renonciation et portant : 1° mainlevée par elle et l'héritier d'une créance de communauté; 2° notoriété confirmant la double qualité de commune et d'usufruitière, si les circonstances permettent de reconnaître que la mainlevée n'est qu'un acte d'administration et que l'énumération des qualités de la veuve est l'œuvre personnelle et exclusive du rédacteur de l'acte qui n'avait pas reçu d'instructions à cet égard (Neufchâteau, 24 mai 1894, 8345 R. P.).

113. Legs. — Acceptation résultant d'un mandat. — Renonciation ultérieure inopérante. — Lorsqu'un successible prend la qualité d'héritier dans un acte relatif à l'aliénation des biens de la succession, il doit être considéré comme ayant accepté la succession expressément et tacitement, et cette acceptation est irrévocable. Spécialement, quand une personne agissant comme usufruitière de l'universalité des biens du défunt, a donné pouvoir, avec le nu propriétaire, à l'effet de vendre des rentes sur l'État dépendant de la succession, elle doit le droit de mutation par décès sur l'ensemble de l'hérédité, nonobstant toute renonciation ultérieure, et alors même que le mandat n'aurait pas été exécuté (Maurine, 7 août 1895, 8717 R. P.).

Lorsqu'un successible prend la qualité d'héritier dans une procuration authentique donnée par lui à l'effet de toucher les sommes et valeurs revenant à l'hérédité, il accepte ainsi la succession à laquelle il est appelé, et rend inopérante sa renonciation ultérieure (Saint-Claude, 27 fév. 1896, 8834 R. P.).

Celui à qui une succession est échue l'a tacitement acceptée, s'il a donné mandat de disposer d'un bien qui en dépend, et si ce mandat a été exécuté avant toute révocation. Ses héritiers ne sont plus, dès lors, recevables à y renoncer de son chef (Gex, 20 déc. 1900, 10130 R. P.).

119. Renonciation. — Vente ultérieure d'un immeuble de la succession. — Prise de qualité. — Droits de mutation par décès exigibles. — Quand, après avoir renoncé à l'usufruit qui lui a été légué par son mari prédécédé, la veuve vend, conjointement et solidairement avec les héritiers, un immeuble de la succession, aux termes d'un contrat rappelant, dans l'origine de propriété, la donation d'usufruit faite à la veuve, l'Administration est fondée à soutenir que la renonciation antérieure a été rétractée. Mais, en l'absence de toute présomption, la rétractation de la renonciation ne saurait être considérée comme générale. Elle doit être limitée à l'usufruit qui grève l'immeuble vendu, alors surtout que rien ne s'oppose à ce que l'acceptation d'un legs d'usufruit n'ait lieu que partiellement. C'est dans ces seules limites que les droits de mutation par décès peuvent être réclamés (Vienne, 12 janv. 1898, 8128 R. P.).

Lorsque l'héritier, après avoir renoncé à une succession, fait un acte emportant acceptation, par exemple en concourant comme copropriétaire à la vente d'immeubles dépendant de cette succession, il est tenu de passer, dans les six mois de cet acte, une déclaration complémentaire, pour la part qu'il a recueillie, à peine d'un demi-droit en sus (Arras, 17 juill. 1895, 1075 R. E.). — La déclaration souscrite dans Ies six mois du décès par le cohéritier acceptant ne peut, en présence de la renonciation, être considérée comme faite au nom du renonçant; les effets doivent en être limités au déclarant qui, seul, a accepté (Combrai, 13 mai 1808, 1797 R. E.).

121. Communauté. — Usufruit. — Convention de mariage. — Renonciation translative. — Droits de transcription. — L'acceptation de la communauté, par la femme, est irrévocable. En conséquence, lorsque la femme, après avoir accepté la communauté, renonce, au profit de ses enfants, à l'usufruit dont elle était attributaire, à titre de convention de mariage, sur la part revenant à son mari dans les valeurs communes, sa renonciation doit être considérée comme translative; elle donne

134. Communauté. Acquêts. Usufruit de la part de l'époux prédécédé attribué au conjoint survivant. Convention de mariage. Renonciation à cet usufruit concomitante à une donation à titre de partage anticipé. Caractère translatif. — V. *Communauté*, n° 373.

137. Legs universel. — Renonciation partielle. — Dans l'état actuel de la jurisprudence, la renonciation partielle à un legs n'emporte acceptation de la totalité de ce legs que dans le cas où le légataire, ayant la saisine, représente le défunt *in universum jus*, sauf, bien entendu, quand la libéralité est indivisible en fait ou par la volonté du testateur. Dès lors, par application de la doctrine de l'arrêt de la Cour de cassation du 12 mai 1897 (9069 R. P.), il y a lieu d'admettre que le légataire universel en concours avec des héritiers réservataires et le légataire à titre universel qui n'a jamais la saisine peuvent accepter ou renoncer partiellement sans être réputés, à moins de circonstances s'opposant à la divisibilité, avoir accepté pour le tout (V. 11386 R. P.; — Chartres, 27 fév. 1907, 11431 R. P.).

183. Renonciation à succession du chef d'un tiers décédé. Usufruit attribué au conjoint de ce dernier. Droit de mutation par décès sur la part du défunt dans la succession répudiée. — Quand une personne est décédée sans avoir pris parti au sujet d'une succession qui lui est échue, le droit d'accepter ou de répudier l'hérédité de son chef n'appartient qu'à ses successeurs investis de la saisine, à l'exclusion des simples successeurs aux biens qui sont obligés de supporter les conséquences du parti ainsi pris en dehors d'eux. Par suite, si l'héritier du sang, après avoir renoncé du chef du défunt à la succession transmise à laquelle il se trouve lui-même appelé directement pour le tout, abandonne au légataire de l'usufruit, à titre de partage, l'usufruit de la part du défunt dans les biens composant l'hérédité répudiée, cette attribution est incompatible avec sa renonciation qui doit être considérée soit comme simulée, soit comme anéantie par une acceptation ultérieure, et l'Administration est fondée à exiger de lui le payement des droits de mutation par décès sur la nue propriété de la même part (Châteauroux, 30 janv. 1906, 11186 R. P.).

ouverture au droit fixe de 4 fr. 50 et au droit de transcription, si l'usufruit porte sur des immeubles (Sol. 23 févr. 1892, 7956 R. P.; — Dunkerque, 5 nov. 1897, 9100 R. P.).

La renonciation par la veuve à l'usufruit qui lui revient, en vertu d'une convention de mariage, sur la part de la succession de son mari dans les bénéfices de la communauté, présente toujours un caractère translatif. Acceptée par les nus propriétaires, cette renonciation donne ouverture au droit fixe de 4 fr. 50 et au droit proportionnel de transcription (Saint-Pol, 10 mai 1900, 9990 R. P.).

Faisons remarquer que le droit fixe est seul dû, avec le droit de transcription, quand le démembrement de la pleine propriété s'est opéré sous l'empire de la L. frim. Mais s'il a eu lieu sous le nouveau régime institué par la L. 25 fév. 1901, la transmission de l'usufruit doit donner ouverture au droit proportionnel de mutation. C'est un point que nous établissons v° *Usufruit*.

122. Communauté. — Renonciation. — Reprises. — Paiement. — La renonciation à la communauté étant irrévocable, comme l'acceptation, l'abandon fait à la veuve renonçante d'immeubles de la communauté, pour la remplir de ses reprises, constitue une dation en paiement, passible du droit de 5 fr. 50 p. 100, alors même que la veuve aurait rétracté sa renonciation antérieurement à l'attribution (Saint-Quentin, 30 déc. 1898, 25570 J. E.)

137. Legs universel. — Renonciation partielle. — Le légataire universel est, en l'absence de réservataires, saisi de plein droit, au décès du testateur, de tous les biens de celui-ci, et, notamment, de l'usufruit des sommes léguées à titre particulier et payables seulement à son décès. La renonciation du légataire universel à ce dernier usufruit n'est pas valable, et ne saurait être utilement opposée à la Régie qui réclame le droit de mutation par décès sur l'usufruit (Remiremont, 23 nov. 1899, 25812 J. E.).

142. Legs de quotité disponible. — Rapports. — Renonciation. — Lorsqu'un époux a institué, par disposition testamentaire, sa femme légataire de la quotité disponible la plus étendue en propriété et en usufruit de tous ses biens, y compris les rapports, et que, postérieurement, il fait avec son épouse donation à titre de partage anticipé de divers immeubles aux enfants communs, à charge de substitution du quart en faveur des descendants, la femme peut être admise à renoncer à son legs du quart en propriété et du quart en usufruit sur les rapports, et à ne payer les droits de mutation par décès que sur le quart en propriété et le quart en usufruit des biens existants au décès (Sol. 2 avr. 1898, 2191 R. E.).

Quotité disponible. — Libéralités dépassant cette quotité. — Retenue des libéralités. — La renonciation faite par des enfants à la succession de leur père, pour s'en tenir aux dots qui leur avaient été constituées en avancement d'hoirie, n'est pas pure et simple, lorsque les dots excèdent la quotité disponible, par suite de l'existence de dettes réduisant d'autant l'actif de l'hérédité. Une telle renonciation déguise une cession, au profit du cohéritier qui n'a pas renoncé, de tout ce qui excède sa part virile dans les biens de la succession, à charge du paiement des dettes, et l'Administration est fondée à réclamer sur cet excédent le droit de mutation à titre onéreux (Castres, 23 janv. 1901, 2639 R. E.).

152. Legs d'usufruit. — Renonciation partielle. — L'Administration continue d'admettre qu'une renonciation partielle à un legs d'usufruit universel est valable et peut servir de base à la liquidation du droit de mutation par décès (Sol. 18 août 1896, 8998 R. P.).

158. Legs universel. — Conjoint survivant. — Existence d'enfants. — Renonciation partielle. — L'époux, institué légataire universel par son conjoint, peut, en cas d'existence d'enfants communs, limiter son acceptation de la libéralité au quart en propriété et renoncer à tout ou partie du quart en usufruit (Sol. 27 sept. 1897, 9109 R. P.).

183. Succession. — Renonciation du chef d'un tiers décédé. — Usufruit légal au conjoint du défunt. — Droit de mutation par décès sur l'usufruit des biens dépendant de la succession répudiée. — Quand une succession est échue à une personne qui est décédée sans l'avoir acceptée, ni répudiée, la renonciation faite, de son chef, par son héritier, ne saurait exonérer le mari de la défunte de l'impôt de mutation par décès dû sur l'usufruit légal des biens que sa femme aurait pu recueillir dans l'hérédité ouverte à son profit. Il en est surtout ainsi, lorsqu'en fait, des immeubles provenant de cette succession ont été attribués en usufruit au mari, et que l'héritier renonçant a lui-même acquitté les droits à sa charge sans se prévaloir de sa renonciation (Confolens, 10 août 1895, 8751 R. P.).

185. Mineur. — Legs universel. — Acceptation par le père, administrateur légal. — Renonciation par le mineur lors de sa majorité. — Mutation. — L'acceptation faite par l'administrateur légal, même sans l'accomplissement des formalités inhérentes aux acceptations sous bénéfice d'inventaire, est irrévocable, et si, lors de sa majorité, le mineur renonce à son legs, la renonciation doit être considérée comme translative. En conséquence, elle donne ouverture au droit de mutation sur les immeubles compris dans le legs (Saint-Amand, 10 mai 1896, 8557 R. P.).

187. Communauté. — Mari légataire universel de la femme. — Renonciation inopérante. — Droits de mutation par décès dus sur la part revenant au mari, du chef de la femme, dans la communauté. — Le droit de renoncer à la communauté, accordé par l'art. 1453 C. civ. à la femme et à ses héritiers, constitue une dérogation aux principes du droit commun. Ce droit n'appartient pas au mari, même lorsque celui-ci est légataire universel de sa femme. — Par suite, la renonciation du mari ne saurait produire aucun effet civil, ni dispenser le renonçant d'acquitter le droit de mutation par décès sur la part qu'il recueille, en qualité de légataire universel de la défunte, dans les valeurs communes (Domfront, 24 avr. 1890; Saint-Dié, 13 nov. 1890, 7775 R. P.).

193. Succession. — Donation d'usufruit entre époux. — Renonciation. — Prise de qualité anté-

rieure à la renonciation. — Sincérité et validité de la renonciation. — Lorsqu'une veuve commune en biens et donataire en usufruit de la succession de son mari renonce au bénéfice de la donation, la renonciation doit être considérée comme sincère et valable, nonobstant la qualification d'usufruitière donnée à cette veuve dans un acte notarié antérieur à la renonciation, et portant cession par elle et l'héritier d'une créance de communauté, si les circonstances permettent de reconnaître que c'est seulement comme commune en biens et non comme donataire qu'elle a concouru à la cession (Saint-Nazaire, 25 juin 1892, 7925 R. P.).

V. PARTAGE D'ASCENDANT. — SUCCESSION.

RENTE.

31. **Rente viagère. — Abandon de créances, de meubles et d'immeubles. — Déclaration estimative des immeubles en marge de l'acte. — Tarif immobilier sur l'importance totale des valeurs abandonnées par le crédi-rentier.** — Lorsqu'une rente viagère est constituée moyennant l'abandon de valeurs mobilières, de créances et d'immeubles, le droit de vente au taux de 5 fr. 50 p. 100 est dû sur l'intégralité des biens abandonnés, quand les prescriptions de l'art. 9 L. 22 frim., relatives à la désignation des objets mobiliers, article par article, et à la stipulation d'un prix particulier, ne sont pas remplies. — Une simple ventilation, faite en marge de l'acte, pour fixer la valeur des immeubles, ne saurait suppléer à l'indication d'un prix particulier (Montpellier, 5 juill. 1891, 7774 R. P.).

53. **Libéralité déguisée.** — Lorsqu'une personne abandonne un capital à ses héritiers présomptifs, en leur imposant l'obligation de lui servir une rente viagère, dont les arrérages n'excédent pas le taux ordinaire des intérêts afférents aux prêts d'argent, la convention présente les caractères d'une libéralité et non ceux d'une constitution de rente viagère à titre onéreux. Elle est, en conséquence, passible du droit de donation (Melle, 30 mars 1895, 8582 R. P.).

Renferme une libéralité et non une transmission à titre onéreux l'acte improprement qualifié vente, par lequel la cédante, âgée de 58 ans, transmet à sa sœur, son unique héritière, moyennant une rente annuelle et viagère de 1.800 fr., la propriété de deux maisons louées 2.835 fr. par an, et déclarées, par les parties elles-mêmes, d'une valeur vénale de 35.000 fr. L'acte dont il s'agit est, en conséquence, passible du droit de donation à 6 fr. 50 p. 100 (Brest, 12 déc. 1895, 8722 R. P.).

Doit être considéré comme contenant une mutation entre vifs à titre gratuit et non une vente, l'acte notarié par lequel une personne âgée de 76 ans cède à son neveu et présomptif héritier tous les immeubles qui lui appartiennent moyennant un prix exprimé de 15.000 fr., dont 1.000 fr. compensés avec une prétendue dette verbale de la venderesse envers l'acquéreur, 1.000 fr. payables au décès de la venderesse, sans intérêt, et 13.000 fr. convertis en une rente viagère de 660 fr. et des charges de minime importance; — lesdits immeubles étant, au surplus, affermés pour 600 fr. par an (Bayonne, 4 août 1898, 9191 R. P.).

Constitue une libéralité et non une transmission à titre onéreux, l'acte, improprement qualifié vente, par lequel le cédant transmet à son frère, son présomptif héritier, moyennant une rente annuelle et viagère de 6.000 fr., des immeubles affermés pour un prix égal à la rente (Lannion, 24 janv. 1898, 9330 R. P.).

Lorsqu'une personne, âgée de 85 ans, cède des rentes sur l'État, des valeurs de bourse et des créances pour un prix immédiatement converti en une rente viagère (30.000 fr.) de beaucoup inférieure à celle (83.000 fr.) qu'une compagnie d'assurances aurait servie, en échange de l'abandon du même capital, l'Administration est fondée à prétendre que le contrat se résume en une libéralité déguisée sous la forme d'une cession à titre onéreux, et à percevoir, en conséquence, le droit de donation (Mâcon, 26 mai 1897; — Cass. req., 25 janv. 1899, 9482 et 9946-7 R. P.).

55. **Contrat à titre onéreux et non-libéralité déguisée.** — On ne peut reconnaître une libéralité dans la constitution d'une rente viagère de 2.650 fr. au profit d'une personne âgée de 74 ans et 11 mois, moyennant l'abandon par la crédi-rentière d'un capital de 35.000 fr., alors surtout que la convention met à la charge du débirentier un service d'intérêts très lourd, eu égard au capital réellement touché par lui, déduction faite des frais qu'il a eu à débourser et qu'il est exposé à un aléa important provenant de ce que le service des arrérages peut absorber la presque totalité du capital versé, si on tient compte des conditions d'âge et de bonne santé de la crédi-rentière. — Il importe peu, d'ailleurs, que cette dernière eût pu obtenir d'une compagnie d'assurances une rente plus élevée, puisqu'elle était libre de préférer des tiers aux compagnies réputées les plus solides, et d'accorder sa confiance à ceux qu'il lui plaisait de choisir (Beauvais, 13 nov. 1891, 7779 R. P.).

Lorsque des immeubles sont aliénés moyennant un prix immédiatement converti en une rente viagère qui représente un intérêt supérieur au taux de placement normal des capitaux, l'Administration n'est pas fondée à prétendre que le contrat dissimule une véritable donation sous les apparences d'un contrat à titre onéreux (Toulouse, 5 juill. 1893, 8212 R. P.).

La constitution d'une rente viagère de 6.000 fr., faite moyennant un capital de 100.000 fr., n'a pas le caractère d'une libéralité et ne comporte que le droit de 2 fr. p. 100, lorsqu'il est établi que le capital aliéné n'aurait pu être placé hypothécairement à 5 fr. p. 100 et ne rapportait, en fait, au crédi-rentier, qu'un revenu de 3 fr. à 3 fr. 50 p. 100 (Besançon, 23 janv. 1890, 7406 R. P.).

58. **Titre de rente italienne. — Cession.** — Donne ouverture au droit de 2 fr. p. 100 la stipulation aux termes de laquelle la Compagnie cessionnaire s'oblige à rembourser à la Compagnie cédante, au cours de la Bourse de Paris, le montant d'un titre de rente d'un gouvernement étranger, déposé comme cautionnement (Seine, 29 juill. 1893, 8166 R. P.).

64-69. **Débi-rentier. — Délégation non acceptée. — Droit de 2 fr. p. 100.** — Constitue une délégation de

RENTE.

19. **Usufruit. Conversion en rente viagère. Droit de 2 p. 100.** — Renferme une constitution de rente viagère à titre onéreux et est, en conséquence, passible du droit de 2 p. 100 l'acte par lequel l'usufruitier d'une somme d'argent, abandonne ses droits d'usufruit au nu propriétaire moyennant le service d'une rente viagère (Versailles, 16 mars 1900, [illegible] R. P.).

31. Rente viagère. — **Abandon de créances.** — V. *Cession de créances*, n° [illegible].

44. **Donation d'une rente annuelle pour une durée de 30 ans. Valeur imposable. L. 25 fév. 1901 inapplicable. Capitalisation par 10.** — L'art. 13 L. 25 fév. 1901 vise uniquement les mutations de nue propriété et d'usufruit démembrés l'un de l'autre et reste, par suite, étranger au mode d'évaluation de la pleine propriété des rentes viagères ou perpétuelles; la valeur imposable de la pleine propriété de ces rentes continue donc à être déterminée conformément aux §§ 6, 7 et 9 de l'art. 14 L. frim. En cas de donation d'une rente annuelle pour une durée déterminée, la perception du droit proportionnel doit être établie sur le produit du chiffre de la rente multiplié par le nombre des années à servir, sans toutefois que ce nombre puisse être inférieur à 10 ni supérieur à 20 (Auch, 9 mars 1905, 10777 R. P.).

53. **Libéralité déguisée.** — Lorsqu'une personne, âgée de 7[illegible] ans, cède moyennant un prix de 20.000 fr. immédiatement converti en une rente viagère de 1.800 fr., un immeuble dont le revenu minimum est au moins égal au chiffre de la rente, — rente qui est d'ailleurs inférieure à celle qu'une compagnie d'assurances aurait servie en échange de l'abandon du même capital, — l'Administration est fondée à prétendre que le contrat constitue une libéralité déguisée sous la forme d'une transmission à titre onéreux et à réclamer, en conséquence, le droit de donation (Châlons, 28 juin 1904; Cass. (req.), 26 juin 1905, 10521 R. P.).

— Quand une personne âgée abandonne à sa nièce des immeubles et des valeurs mobilières à charge par celle-ci de pourvoir à son entretien et, en cas de prédécès de cette dernière, moyennant le service par ses héritiers d'une rente viagère, et que cette charge et cette pension sont inférieures de plus d'un tiers à la rente que la cédante eût pu obtenir d'une compagnie d'assurances sur la vie par le versement d'une somme équivalente, l'Administration est fondée à prétendre que le contrat constitue en réalité une donation avec des charges qui ne lui enlèvent pas son caractère de libéralité et à réclamer, en conséquence, le droit de donation entre vifs à titre gratuit (Libourne, 2 avril 1903, 1050[illegible] R. P.).

Constitue une libéralité déguisée passible du droit de donation, et non pas un bail à nourriture sujet au droit de 0 fr. 20 p. 100, l'abandon consenti par une mère à sa fille du montant de ses reprises s'élevant à 17.000 fr., à charge par la cessionnaire de la loger, de la nourrir et de l'entretenir ou, en cas d'incompatibilité d'humeur, de lui servir une rente annuelle de 600 fr., sans qu'aucune garantie ait été stipulée pour assurer le service de cette pension (Bordeaux, 2 fév. [illegible] R. P.).

Constitue une libéralité passible du droit de donation, et non pas une transmission à titre onéreux, la convention par laquelle deux époux s'engagent à loger avec eux leur tante et belle-tante, âgée de 77 ans, à la nourrir, à l'entretenir et à la soigner tant en santé qu'en maladie jusqu'à son décès, moyennant l'abandon en pleine propriété de valeurs mobilières représentant un capital de 10.019 fr. et la cession des arrérages d'une rente annuelle et viagère de 2.210 fr., lorsqu'il est constaté que le revenu des biens abandonnés est plus que suffisant pour subvenir aux besoins de la cédante et que, dans tous les cas, le capital des valeurs mobilières comprises dans la cession, ne trouvant sa contre-partie dans aucune charge, n'est exposé à aucun risque, ce qui enlève au contrat tout caractère aléatoire (Coulommiers, 19 fév. 1904, 10863 R. P.).

L'Administration est fondée à réclamer le droit de donation sur une convention s. s. p. qui a été tarifée par le receveur comme constitution de rente viagère à titre onéreux, si cette convention ne présente aucun caractère aléatoire pour le débirentier qui ne peut éprouver aucune perte, et bien qu'elle n'ait pas été revêtue des formes solennelles prescrites par la loi pour les donations (Montdidier, 22 déc. 1905, 1100[illegible] R. P.).

Rente viagère. Constitution par une mère, usufruitière des biens de la succession de son mari, au profit de sa fille, nue propriétaire. Prétendue renonciation à usufruit. Libéralité déguisée. — Renferme une constitution de rente viagère à titre gratuit passible du droit de donation, et non pas une simple réunion d'usufruit à la nue propriété soumise seulement au droit fixe de 3 fr. 50, la clause d'un contrat de mariage par laquelle la mère de la future épouse s'oblige à payer à cette dernière une rente annuelle et viagère, alors que cette clause, bien que qualifiée de renonciation à usufruit par la mère sur des biens dont elle a la jouissance, ne contient en réalité aucun abandon de cette jouissance. Il en est ainsi surtout lorsque les intérêts des valeurs dont la future est nue propriétaire sont bien inférieurs au chiffre de la rente (Blaye, 22 mars 1905, 11117 R. P.).

Constitue également une libéralité passible du droit de mutation entre vifs à titre gratuit d'après le tarif entre frères et sœurs, l'acte par lequel deux légataires s'engagent, comme condition formelle des legs à eux faits par un oncle, à servir une rente viagère à leur sœur qui a été exclue du testament dudit oncle, alors même que cette constitution de rente aurait été imposée par les héritiers du testateur, qui sont en même temps les ascendants des débirentiers et de la crédirentière (Les Andelys, 20 juin 1906, 11305 R. P.).

Lorsqu'une personne, âgée de 72 ans, cède à titre de licitation à son frère et seul présomptif héritier tous ses droits, d'une valeur de 600.000 fr. au moins, dans les biens meubles et immeubles indivis entre eux et que le prix de la licitation consiste en une somme de 213.450 fr. et en une rente viagère de 18.000 fr., de beaucoup inférieure à celle (40.000 fr.) qu'une compagnie d'assurances aurait servie en échange de l'abandon d'un capital de 375.000 fr., l'Administration est fondée à prétendre que le contrat se résume en une libéralité déguisée sous la forme d'une mutation à titre onéreux et à percevoir, en conséquence, le droit de donation (Saint-Brieuc, 10 avril 1907, 11577 R. P.).

Constitue une libéralité déguisée passible du droit de donation, et non du contrat de rente viagère sujet au droit de 2 p. 100 la convention par laquelle deux époux abandonnent un capital de 8.300 fr. pour obtenir le service d'une rente viagère de 400 fr., alors que le placement hypothécaire de cette somme, dans la région habitée par les contractants, produirait un revenu à peu près égal au chiffre de la rente, laquelle, d'ailleurs, eu égard à l'âge des crédirentiers, est très inférieure à celle qu'une compagnie d'assurances aurait servie en échange de l'abandon du même capital (Fontainebleau, 29 mai 1907, 11478 R. P.).

55. **Convention à titre onéreux et non-libéralité.** — On ne peut reconnaître le caractère de libéralité à l'acte par lequel une personne, âgée de 73 ans, vend à des parents divers immeubles et objets mobiliers moyennant un prix de 30.000 fr. converti immédiatement en une rente viagère de 2.000 fr., alors que le chiffre de la rente est tout au moins égal, sinon supérieur, au taux du placement normal des valeurs mobilières de tout repos, qu'il est, dans tous les cas, supérieur au revenu net des biens transmis, et que le contrat assure au crédi-rentier un revenu certain, tandis que les débi-rentiers sont exposés à subir des mécomptes dans leurs rapports avec le fermier des immeubles et à se trouver, pour effectuer le service de la rente, dans la nécessité d'entamer le capital des biens qu'ils ont acquis; il importe peu, au surplus, que le crédi-rentier eût pu obtenir d'une compagnie d'assurances une rente plus élevée, puisqu'il était libre de traiter avec qui bon lui semblait (Barbezieux, 12 mai 1903, 10563 R. P.).

On ne peut également reconnaître le caractère d'une libéralité à la constitution d'une rente viagère de 300 fr. au profit d'une personne âgée de 66 ans, moyennant l'abandon par elle d'un capital de 6.000 fr.; le chiffre de cette rente est, en effet, supérieur au taux du placement normal des valeurs de tout repos, et le débi-rentier se trouve ainsi, pour assurer le service des arrérages, dans la nécessité d'entamer le capital à lui versé, d'où il résulte que l'opération a pour lui un caractère éminemment aléatoire, la vie du crédi-rentier pouvant se prolonger pendant de longues années. Il importe peu, au surplus, que le crédi-rentier eût pu obtenir d'une compagnie d'assurances une rente plus élevée, puisqu'il avait le droit incontestable de traiter avec qui bon lui semblait (Barbezieux, 9 mars 1905, 10985 R. P.).

rcile et donne, par suite, ouverture au droit de 2 fr. p. 100, l'acte par lequel le débiteur d'une rente perpétuelle se substitue, pour le service de cette rente, un tiers, moyennant le versement d'une somme déterminée. Le défaut d'acceptation de la délégation par le crédi-rentier ne met pas obstacle à l'exigibilité du droit de 2 fr. p. 100 (Sol. 5 déc. 1898, 9457 R. P.).

82. Cession. — Délégation. — Transport de rentes. — Usufruit et nue propriété. — L. 25 fév. 1901. — Principes. — La L. 25 fév. 1901 a modifié les règles édictées par la législation antérieure en ce qui concerne la valeur imposable de l'usufruit et de la nue propriété. Nous faisons connaître ces règles v° *Usufruit*.

En ce qui concerne l'usufruit et la nue propriété des rentes, la loi nouvelle renferme, dans son art. 13, les dispositions suivantes :

« La valeur de la nue propriété et de l'usufruit des biens meubles et immeubles est déterminée, pour la liquidation et le paiement des droits, ainsi qu'il suit : n° 3 pour les rentes perpétuelles ou non perpétuelles et les pensions créées ou transmises, à quelque titre que ce soit, et pour l'amortissement de ces rentes ou pensions, par une quotité de la valeur de la propriété entière, établie suivant les règles indiquées au paragraphe précédent, d'après le capital déterminé par les §§ 2, 7 et 9 de l'art. 14 L. frim. »

En l'état actuel de la législation fiscale, pour les cessions et transports des rentes ou pensions, et pour leur amortissement ou rachat, la liquidation du droit est opérée sur le capital constitué, quel que soit le prix stipulé pour le transport ou l'amortissement (L. frim., art. 14, n° 7), et, quand les rentes ont été créées sans expression de capital, à raison d'un capital formé de 20 fois la rente perpétuelle et de 10 fois la rente viagère, quel que soit le prix stipulé pour le transport ou l'amortissement (L. frim., art. 14, n° 9).

La L. 25 fév. 1901 n'a nullement modifié ces règles ; elle a seulement prescrit, en cas de transmission de la nue propriété ou de l'usufruit de créances, de rentes ou de pensions, de tenir compte du capital imposable de la pleine propriété de ces valeurs, tel que ce capital a été fixé par l'art. 14, n°s 2, 7 et 9 L. frim., et d'évaluer la nue propriété et l'usufruit à une fraction de la pleine propriété ainsi déterminée, cette fraction étant calculée d'après l'âge de l'usufruitier ou la durée de l'usufruit, conformément aux règles tracées pour les échanges ou les transmissions entre vifs à titre gratuit ou par décès (V. *Usufruit*).

Décidé que, par la L. 25 fév. 1901 (art. 13), le législateur a entendu régler uniquement le cas de séparation entre la nue propriété et l'usufruit, de manière à égaliser le total des taxes payées par le nu propriétaire et l'usufruitier au montant de l'impôt dû par la pleine propriété. Il n'a apporté aucune modification aux bases servant à déterminer la valeur de la propriété telles qu'elles ont été fixées par la loi fondamentale de frim., pour les diverses catégories de biens meubles ou immeubles. Spécialement, en ce qui concerne les rentes et pensions, le § 3, art. 13 L. 25 fév. 1901 se réfère, pour la détermination du capital, aux dispositions de l'art. 14, §§ 7 et 9 L. frim., et il ne renvoie au barème établi par la loi nouvelle que pour la répartition, entre la nue propriété et l'usufruit, de la valeur du capital ainsi déterminé. — En conséquence, la L. 25 fév. 1901 est inapplicable à la donation d'une rente viagère, consentie depuis sa mise en vigueur, et la valeur imposable de cette rente doit être déterminée par la capitalisation au denier 10, conformément à l'art. 14, § 9 L. frim. (Seine, 25 janv. 1902, 10104 R. P.).

82-1. Modifications apportées à la L. frim. — Toutefois le texte de l'article 13-3° présente deux légères différences avec les dispositions de la L. frim. auxquelles il se rapporte. Tandis que cette dernière ne prévoit que les rentes perpétuelles et les rentes viagères, la loi nouvelle en a élargi la portée en remplaçant le mot « rente viagère » par celui de « rente non perpétuelle », qui comprend à la fois, sans contestation possible, les rentes viagères proprement dites et les rentes temporaires.

D'autre part, la L. 25 fév. 1901, au lieu de viser spécialement « les cessions ou transports de créances, rentes, etc., s'applique aux créances, rentes, pensions créées ou transmises à quelque titre que ce soit », ce qui s'entend des donations, des mutations par décès comme des transports et cessions.

Mais ces modifications de détail, introduites dans le but d'éviter à l'avenir des difficultés d'interprétation, n'ont porté aucune atteinte aux règles fondamentales d'évaluation prescrites par les n°s 2, 7 et 9 de l'art. 14 L. frim. pour les mutations en pleine propriété : ces règles s'appliquent, par suite, aux transmissions de l'usufruit ou de la nue propriété dont la valeur imposable est fixée à une quote-part de cette pleine propriété.

Il en résulte qu'en cas de transmission de l'usufruit d'une rente, la valeur imposable de cet usufruit sera fixée, d'après l'âge de l'usufruitier, à une partie du capital constitué et aliéné ou du capital par 20 ou par 10 de cette rente, suivant qu'il s'agira d'une rente perpétuelle ou non perpétuelle.

La même règle s'appliquera à la cession d'une rente perpétuelle ou viagère sous réserve d'usufruit, et inversement à la cession de l'usufruit de la rente à un tiers pendant la vie de celui-ci.

Enfin, les amortissements et les rachats de la nue propriété ou de l'usufruit des rentes ou pensions sont entièrement assimilés aux transmissions de la nue propriété ou de l'usufruit de ces biens, tant en ce qui concerne la détermination de la fraction imposable de la pleine propriété que l'évaluation de cette pleine propriété.

82-2. Transmissions de rentes et pensions en pleine propriété. — Il convient de remarquer que l'art. 13 L. 25 fév. 1901 est spécial aux mutations de la nue propriété ou de l'usufruit des créances, rentes et pensions, et que les transmissions en pleine propriété de ces biens continuent à être tarifées conformément aux paragraphes 2, 7 et 9 art. 14 L. frim., soit sur le capital aliéné et constitué, soit sur le capital formé de 20 fois la rente perpétuelle ou de 10 fois la rente viagère.

Ce mode d'évaluation n'a pas été sans soulever quelques critiques et il a semblé peu logique de ne pas étendre à la rente viagère les règles adoptées pour l'usufruit.

Supposons, en effet, deux personnes âgées de soixante-dix ans révolus et donataires, la première d'une rente viagère de 1.000 fr., l'autre de l'usufruit d'une maison louée moyennant un loyer de 1.000 fr.

Celle-ci n'aura à acquitter l'impôt que sur 2.000 fr., tandis que la première devra payer le droit sur une valeur de 10.000 fr., soit cinq fois plus que l'autre.

Malgré ces considérations, l'adaptation à la rente viagère des règles tracées pour l'usufruit n'est pas désirable par ces motifs que la rente viagère, en l'état actuel de la législation fiscale, n'est pas plus estimée que si le crédi-rentier avait une vie probable de dix ans, qu'ainsi le forfait résultant de la capitalisation par 10 est favorable aux parties, et qu'enfin l'extension à la rente viagère des règles d'évaluation adoptées pour l'usufruit aurait pour conséquence une réforme, dans le sens de l'aggravation des taxes, du mode de capitalisation de la rente perpétuelle et du revenu des immeubles.

Nous croyons devoir ajouter que la question ne présente qu'un intérêt purement théorique, et que nous ne la signalons qu'au point de vue didactique.

90. Cession d'usufruit. — En cas de cession d'usufruit d'une rente, le droit doit être liquidé, depuis la L. 25 fév. 1901, d'après les bases indiquées n° 82 *suprà*.

91. Donation de nue propriété. — Il en est de même pour les donations de nue propriété.

92. Rentes créées sans expression de capital. — Transport ou amortissement. — V. n° 82 *suprà*.

108. Succession. — Rente remboursable au capital au denier 20. — Droit de donation perçu sur ce capital. — Deduction pour la liquidation du droit de mutation par décès. — Si, lors de l'enregistrement du contrat de mariage par lequel les père et mère de la future épouse lui ont constitué en dot une rente de 2.000 fr. au capital de 40.000 fr. stipulés imputables sur la succession du prémourant des donateurs, le droit de donation a été perçu sur le capital de 40.000 fr., il y a lieu, au décès du prémourant des donateurs, de déduire ce capital de l'actif héréditaire pour le paiement du droit de succession (Sol. 5 juill. 1899, 8275 R. P.).

113. Mutation à titre gratuit entre vifs et par décès. — Liquidation des droits. — V. n° 82 *suprà*.

Rente viagère. — Réversion. — Décès du bénéficiaire. — Arrérages réellement transmis. — Dans le cas où la personne à la vie de laquelle le service d'une rente viagère avait été limité vient à décéder, et où, par suite, le chiffre des arrérages échus est exactement déterminé, l'Administration admet, par des considérations d'équité, que le droit proportionnel dû à raison de la réversion de cette rente peut être exigé sur le montant seulement des arrérages *réellement transmis*, au lieu de l'être sur le capital au denier 10 (Sol. 7 avr. 1898, 9349 R. P.).

Il nous paraît que cette interprétation doit être appliquée sans difficulté sous le régime de la L. 25 fév. 1901.

152. Donation de rente viagère. — Faculté de rachat au denier 20. — Capital remboursé d'après ce denier. — Complément de droit de donation non exigible. — Lorsque des père et mère ont constitué en dot à leur enfant une rente viagère, en se réservant la faculté de l'éteindre, moyennant un capital au denier 20, le versement ultérieur de ce capital ne saurait être considéré comme l'exécution d'une libéralité alternative. — En conséquence, le droit de donation à 1 fr. 25 p. 100 n'est pas dû sur la différence entre le capital au denier 10 de la rente qui a primitivement supporté ce droit, et le capital de remboursement. — Cette opération ne constitue qu'un simple remboursement de rente passible du droit de 0 fr. 50 p. 100 sur la différence entre le capital au denier 10 de la rente primitivement assujettie à l'impôt et le capital de remboursement (Nantes, 1er déc. 1891, 7807 R. P.; — Orléans, 15 juill. 1896, 9025 R. P.).

171. Transfert des rentes dépendant des successions. — Certificat. — L. 25 fév. 1901. — Nouvelles mesures. — V. *Succession*, n° 1712.

Valeurs nominatives. — Droits prescrits. — Certificats. — V. *Succession*, n° 653.

175. Rentes sur l'État grevées d'usufruit. — Transmission de la nue propriété. — La L. frim. avait soumis les transmissions de nue propriété ou d'usufruit à des conditions très rigoureuses en évaluant, à forfait, l'usufruit à la moitié de la valeur de la propriété entière, abstraction faite de l'âge de l'usufruitier, et en taxant, lors du démembrement, la nue propriété comme si la mutation s'appliquait à la pleine propriété. Ces règles ont été modifiées par la L. 25 fév. 1901, dont nous donnons le commentaire v° *Usufruit*. Elles sont applicables aux rentes sur l'État comme aux autres valeurs.

176. Rentes sur l'État. — Usufruit et nue propriété. — Réunion. — Nous examinons v° *Usufruit* les principes qui, sous l'empire de la L. 25 fév. 1901, régissent la perception en cas de réunion de l'usufruit à la nue propriété.

196. Rente viagère. — Legs. — Délivrance. — Abandon de l'usufruit d'une rente sur l'État. — V. *Délivrance de legs*.

V. Donation.

205. Rente sur l'État 3 1/2 p. 100. — Conversion. — Actes et pièces. — Timbre et enregistrement gratis. — Tous actes ou expéditions à produire, pour le remboursement ou la conversion des rentes 3 1/2 p. 100, pourvu que cette destination y soit exprimée, et tant qu'ils serviront uniquement à ces opérations, ont dû être visés pour timbre et enregistrés gratis (L. 9 juill. 1902, 10290 R. P.). — V. *C. des Lois*.

RÉPERTOIRE.

2. Répertoire spécial. — L. 26 janv. 1892. — Afin de conserver la trace des actes qui sont désormais dispensés d'enregistrement, la loi du 26 janv. 1892 impose aux officiers ministériels, huissiers et greffiers, chargés de dresser ces actes, l'obligation de tenir un répertoire spécial.

152. Constitution de rente viagère à titre gratuit. Faculté de rachat moyennant un capital supérieur au denier 10. Amortissement. Complément de droit de donation non exigible. — *Conf.* Marseille, 24 mai 1905, 11050 R. P.; — Moulins, 28 mars 1906, 11210 R. P.

RÉPERTOIRE.

96. Copies collationnées délivrées par les notaires en exécution de l'art. 4 L. 25 fév. 1901. Inscription obligatoire. — Les notaires doivent inscrire sur leur répertoire, bien qu'elles soient dispensées du timbre et de l'enregistrement, les copies collationnées de titres de créances s. s. p. qu'ils délivrent aux héritiers du débiteur dans les conditions spécifiées par l'art. 4 L. 25 fév. 1901, pour la justification du passif susceptible d'être admis en déduction du montant de l'actif successoral passible des droits de mutation par décès (Sol. 20 fév. 1903, Instr. 3100, § 3, 10551 R. P.).

5 et 8. Cote et paraphe. — Ce répertoire doit être coté et paraphé par le président du tribunal civil (art. 19).

11. Forme. — Il est divisé en colonnes; les officiers publics doivent y inscrire, jour par jour, sans blanc ni interligne et par ordre de numéros, tous les actes, exploits, jugements et arrêts qui sont dispensés, par la loi de 1892, des formalités du timbre et de l'enregistrement. — Chaque article du répertoire doit contenir : 1° son numéro; 2° la date de l'acte; 3° sa nature; 4° les noms et prénoms des parties et leur domicile. — Chaque acte porté sur ce répertoire doit être annoté de son numéro d'ordre (art. 19).

37. Timbre. — Le répertoire spécial est sur papier non timbré (même article).

58 et 59. Infractions. — Pénalités. — La loi édicte une amende de 10 fr. pour contravention à la tenue de ce répertoire (même art.).

Mais aucune pénalité ne sanctionne :

1° L'obligation de détailler, pour chaque article, le numéro, la date et la nature de l'acte, ainsi que les noms, prénoms et domicile des parties (2e alinéa de l'art. 19);

2° Celle d'annoter chaque acte du numéro d'ordre du répertoire.

99. Notaire. — Frais de timbre. — Les notaires n'ont droit à aucun émolument pour le travail que leur occasionne chaque inscription d'acte à leur répertoire. Ils n'ont pas même le droit de se faire rembourser le prix du papier timbré employé pour cette formalité (Seine, 12 déc. 1892; — Cass. 16 avril 1894, 8310 R. P.).

116. Acte reçu par deux notaires. — Quand un acte est reçu par deux notaires en nom, la conservation de la minute appartient au notaire en premier; mais le notaire en second a le droit de l'inscrire sur son répertoire (Lunéville, 28 fév. 1890, 7497 R. P.).

121. Notaire. — Testament olographe. — Dépôt. — Le notaire est constitué dépositaire public d'un testament olographe par l'effet de la déclaration contenue dans le procès-verbal dressé au greffe du tribunal et constatant que le dépôt du testament a été ordonné par le président et que le notaire en a pris charge. — Par une conséquence nécessaire, et pour obéir aux dispositions formelles de l'art. 49 L. frim., le notaire doit inscrire le testament dont il s'agit au répertoire de ses minutes, le jour même où il le reçoit. — En ne le faisant pas, sans même alléguer qu'il en a été empêché par une force majeure, il encourt l'amende qui punit cette contravention à la loi (Troyes, 29 déc. 1892, 8142 R. P.; — Cass. 21 oct. 1896, 8869 et 9235-I R. P.).

Ces décisions nous semblent fondées. Il résulte, en effet, de la jurisprudence rapportée dans la première partie de notre *Rép. gén.*, v° *Dépôt*, n°s 117 et 176, que le notaire auquel le président du tribunal remet directement un testament olographe, n'est pas tenu de dresser un acte particulier de ce dépôt. Spécialement, d'après l'arrêt du 5 déc. 1890 (1417 R. P.), quand le notaire assiste à l'ouverture du testament, soit parce qu'il l'a présenté au président du tribunal, soit parce qu'il a été mandé auprès de ce magistrat, ce dernier doit nécessairement remettre le testament au notaire qui est présent et dresser procès-verbal de la remise; de son côté, le notaire doit reconnaître sur le procès-verbal qu'il a reçu le testament et signer sa déclaration. Le dépôt du testament est donc suffisamment constaté par la décharge mentionnée au procès-verbal que dresse le président; le notaire n'est pas tenu de rédiger un acte distinct de dépôt. Mais, dès l'instant qu'il prend charge du testament, il est obligé, en vertu de l'art. 49 L. frim., d'inscrire cet acte sur son répertoire, le jour même où il le reçoit.

131. Actes de greffe à porter sur le répertoire spécial. — Ce sont ceux relatifs aux faillites et aux liquidations judiciaires. — V. *Faillites et liquidations judiciaires*, n° 150, et *Greffe-Greffier*, n° 36 *bis*.

136. Procès-verbaux. — Greffiers de paix. — Gardes champêtres illettrés. — Inscription non obligatoire. — Les greffiers ne sont pas tenus d'inscrire sur le répertoire des actes du greffe les procès-verbaux par lesquels ils reçoivent les déclarations qui leur sont faites par des gardes champêtres illettrés à l'effet de tenir lieu de procès-verbaux pour les contraventions constatées par ces derniers (Sol. 16 fév. 1897, 9230 R. P.).

148. Greffiers. — Petits traitements. — Saisie-arrêt. — Les greffiers de justice de paix sont tenus d'inscrire sur le répertoire timbré, institué par l'art. 49 L. frim., les jugements rendus en exécution de la L. 12 janv. 1895, relative aux saisies-arrêts des salaires et petits traitements des ouvriers et employés (Sol. 19 août 1897, 25323 J. E.).

161. Huissiers. — Significations d'avoué à avoué. — Aux termes de l'art. 19 L. 1892, les huissiers doivent inscrire jour par jour, sur le répertoire spécial, les actes de leur ministère qui sont dispensés des formalités de timbre et d'enregistrement par cette loi, c'est-à-dire tous les actes d'avoué à avoué sans distinction, les conclusions comme les autres actes de palais. La destination toute particulière de ce répertoire indique suffisamment que la tenue n'en est pas imposée aux officiers ministériels qui, par la nature de leurs attributions, n'ont pas à dresser ou à signifier d'actes exemptés de l'impôt par la loi nouvelle; elle n'incombe pas, dès lors, aux huissiers qui ne sont pas chargés de significations d'avoué à avoué (Sol. 21 juill. 1892, 7896 R. P.).

168. Secrétaires des Administrations publiques. — Poursuites à exercer. — La déc. min. 28 avr. 1897, citée dans la première partie du *Rép. gén.*, est aujourd'hui sans objet, non pas, comme nous l'avons inexactement indiqué parce que les secrétaires généraux ne sont pas assujettis à la tenue du répertoire, mais parce que l'art. 75 de la Constitution de l'an VIII a été abrogé par le Décr. 19 sept. 1870.

177. Visa du répertoire. — Les huissiers et les greffiers doivent, à peine d'une amende de 10 fr., présenter le répertoire spécial au visa du receveur de leur résidence, savoir : les huissiers, les 1er, 6, 11, 16, 21 et 26, et les greffiers, les 1er et 16 de chaque mois. — Le receveur doit apposer un visa dans lequel il énonce le numéro du dernier acte inscrit (art. 20 L. 1892).

215. Notaire. — Double du répertoire. — Dépôt. — Délai. — Jour férié. — Contravention. — Si le dernier jour du délai de deux mois imparti aux notaires pour déposer au greffe du tribunal de leur arrondissement le double de leur répertoire est férié, le délai ne doit pas être prorogé jusqu'au lendemain. En conséquence, est passible de l'amende de 10 fr. (LL. 29 sept.-6 oct. 1791, art. 16, et 16 juin 1824, art. 10) le notaire qui dépose son répertoire le 1er mars seulement, bien que le dernier jour du mois de février soit férié (C. Dijon, 28 juill. 1897; — *Contra* : Charolles, 30 avr. 1897, 9167 R. P.).

RÉSOLUTION.

1. Obligation. — Révocation. — Conséquences juridiques. — La résolution d'un contrat opère la révocation de l'obligation et remet les choses au même état que si elle n'avait jamais existé (1183 C. civ.). En conséquence, les prestations déjà effectuées deviennent caduques et doivent être restituées. Il importe peu que les effets de la convention se soient produits sous forme de règlements périodiques, ces règlements ne pouvant être considérés comme constituant des contrats successifs, mais n'étant qu'un mode d'exécution d'un seul et même contrat (Cass. civ. 4 mai 1898, 9670 R. P.).

49. Donation. — Résolution amiable. — Transaction. — Droit de mutation à titre onéreux. — L'acte par lequel une donation antérieurement acceptée est résolue, d'un commun accord entre le donateur et les donataires, pour mettre fin, à titre de transaction, aux difficultés relatives à l'exécution des charges imposées à ces derniers, a le caractère d'un contrat intéressé ou commutatif, passible du droit de mutation à titre onéreux (dans l'espèce 5 fr. 50 p. 100). — (Mayenne, 17 déc. 1896, 9030 R. P.).

Si, en principe, la résolution volontaire d'une donation entre vifs doit être assujettie, comme l'a été lui-même l'acte résolu, au droit de transmission à titre gratuit, il en est autrement quand, d'après les circonstances de la cause, la résolution affecte les caractères d'un contrat intéressé de la part des contractants. Elle donne, dès lors, ouverture au droit proportionnel des actes translatifs à titre onéreux (Figeac, 14 août 1897, 9198 R. P.).

60. Résolution amiable de partage anticipé. — Droit de mutation à titre onéreux. — L'acte par lequel un partage anticipé est résilié, même d'un commun accord, par les père et mère et leurs enfants, a le caractère d'un contrat intéressé ou commutatif, passible non du droit de donation, mais du droit de mutation à titre onéreux. Le droit de donation ne devient exigible que si l'intention de libéralité apparaît nettement dans l'acte, et que s'il résulte des énonciations de cet acte que les enfants, en renonçant au bénéfice du partage anticipé, ont entendu faire, au profit de leurs auteurs, une véritable donation des biens qu'ils en avaient reçus (Sol. 20 mai 1893, 8083 R. P.).

76. Usufruit. — On verra vo *Usufruit* que, depuis la L. 25 fév. 1901, la réunion de l'usufruit à la nue propriété, lorsqu'elle s'opère autrement que par l'extinction normale de l'usufruit et qu'elle est translative, donne ouverture au droit de mutation.

La nouvelle règle de perception justifie *a fortiori* les Solutions que nous avons rapportées dans la première partie de notre *Rép. gén.*, et qui visent le cas où le propriétaire, après avoir aliéné l'usufruit, opère ensuite, de concert avec l'acquéreur, la résolution de cette aliénation.

78. Fonds de commerce. — Cession parfaite. — Résolution amiable. — La circonstance que la cession d'un fonds de commerce a été résiliée par accord verbal des parties et que cette résiliation a servi de base à une décision judiciaire statuant sur une demande d'indemnité née de cette résiliation, ne constitue pas une résiliation judiciaire et ne met pas obstacle au recouvrement du droit de mutation (Seine, 7 août 1897, 9221 R. P.).

120. Donation. — Résiliement dans les 24 heures. — Une donation entre vifs, quoique résiliée dans les 24 heures, n'en est pas moins passible du droit proportionnel. L'acte de résiliement seul est assujetti au droit fixe (Déc. min. fin. 11 déc. 1895, 24924 J. E.).

130-133. Jugement d'expédient. — Vente. — Absence de nullité radicale. — Acompte payé sur le prix. — Droit proportionnel. — Le droit proportionnel de rétrocession est exigible, à l'exclusion du droit fixe, sur le jugement d'expédient qui prononce, d'après le consentement réciproque des parties, la résolution d'une vente, alors surtout que, d'une part, la vente n'était pas entachée de nullité radicale et que, d'autre part, l'acte constatait qu'un acompte avait été payé sur le prix (Nantes, 16 juin 1898, 9534 R. P.).

143. Cession d'office. — Réduction judiciaire du prix. — Nullité radicale. — Droit fixe. — La réduction du prix d'un office de notaire prononcée par un arrêt de Cour d'appel réformant un jugement de première instance, à raison de la déconfiture du cédant qui était ignorée de la Chancellerie au moment où elle a autorisé la cession, constitue une résolution de clause du contrat pour cause de nullité radicale en ce qui concerne le prix de la cession; d'où la conséquence que cet arrêt n'est passible ni du droit de liquidation ni de la taxe d'information, mais seulement du droit fixe majoré en vertu des art. 68, § 3, no 7, L. frim., et 17, § 8, L. 26 janv. 1892 (Agen, 14 nov. 1901, 10251 R. P.).

188. Vente d'immeubles. — Résolution judiciaire. — Vices cachés. — Fait du vendeur. — Nullité radicale. — Droit de mutation non exigible. — Constitue une résolution de vente pour cause de nullité radicale celle qui est prononcée à raison de vices cachés provenant du fait du vendeur et dissimulés par lui. Le jugement qui

RÉSOLUTION.

Habitations à bon marché. Résolution de contrats de ... **Droit fixe.** L. 12 avril 1906 (art. 10). — 11202 R. P.

143. Cession d'office. Réduction judiciaire du prix. Droit fixe. — *Conf.* Orléans, 10 mai 1905, 11130 R. P.

257. Vente résolue pour défaut de payement du prix, mais après versement par l'acquéreur des frais stipulés payables en déduction de ce prix. Exigibilité du droit proportionnel. — Donne ouverture au droit proportionnel de rétrocession, à l'exclusion du droit fixe, le jugement qui prononce la résolution d'une adjudication pour défaut de payement du prix, dès lors qu'il est constaté que l'adjudicataire s'est libéré des frais antérieurs à la vente qui étaient stipulés payables en déduction de ce prix. Les frais en question font, en effet, partie intégrante du prix, et l'acquéreur qui les a versés se trouve avoir payé, par le fait même, un acompte sur son prix d'adjudication (Montauban, 28 nov. 1902, 10488 R. P.).

388 et 390. Vente. Condition résolutoire formellement exprimée. Événement de la condition. Résolution constatée par un acte. Droit proportionnel de mutation non exigible. — Lorsqu'une vente d'immeubles a été consentie sous une condition résolutoire formellement stipulée, l'acte qui constate l'événement de la condition n'emporte pas mutation et n'est passible que du droit fixe (Seine, 2 mars 1907, 11615 R. P.). Nous avons approuvé ce jugement et abandonné la distinction que nous avions proposée au *Rép. gén.*

413. Contrat de mariage passé à l'étranger. Usage en justice. Donations entre vifs consenties par le mari au profit de la femme contre laquelle le divorce a été prononcé. Annulation de ces libéralités en vertu de l'art. 299 C. civ. Droit de donation non exigible. — En cas d'usage en justice d'un contrat de mariage passé à l'étranger et contenant des donations entre vifs par le mari au profit de sa femme, l'Administration n'est pas fondée à percevoir le droit proportionnel de mutation à titre gratuit à raison de ces libéralités, lorsqu'au moment de la présentation de l'acte à l'enregistrement le divorce a été prononcé contre la femme, tous les avantages faits à celle-ci par son mari s'étant trouvés, par l'effet même du jugement de divorce, annulés de plein droit en vertu de l'art. 299 C. civ. (Saint-Jean-de-Maurienne, 19 mai 1905, 11000 R. P.).

417. Bail. Résolution amiable. Droits. — La résiliation amiable d'un bail de carrière, alors surtout qu'elle n'a pas été prévue dans l'acte, ne met pas obstacle à la réclamation des droits dus et non perçus sur l'acte résilié (Seine, 10 avril 1906, 11364 R. P.).

[illegible] dans ces termes est affranchi de tout droit de mutation, par application de l'art. 68, § 3, n° 7 L. frim. (Sol. 4 nov. 1901, 3060-23 I. G.; 10190 R. P.).

224. Éviction. — Droit proportionnel. — La résolution d'une mutation immobilière, prononcée en justice pour cause d'éviction sur la demande de la partie évincée, n'est pas fondée sur une nullité radicale et donne, dès lors, ouverture au droit proportionnel (Toulouse, 20 juin 1892; Cass. 24 mai 1894, 8361 R. P.).

238. Donation. — Inexécution des conditions. — Résolution judiciaire. — Droit de condamnation. — Lorsque la donation d'un immeuble a été faite à une commune, à charge d'y établir une école dirigée par des congréganistes, le jugement qui, à la requête du légataire universel du donateur décédé, annule la libéralité pour inexécution de la charge et condamne la commune à rembourser le prix de l'immeuble vendu par elle, ne donne ouverture qu'au droit de condamnation à 0 fr. 50 p. 100 (Sol. 28 oct. 1890, 7575 R. P.).

257. Vente résolue. — Défaut de paiement du prix. — Acompte. — Entrée en jouissance. — Le jugement qui résout une vente pour défaut de payement du prix, ne bénéficie du droit fixe qu'à la double condition que le vendeur n'ait reçu aucun acompte et que l'acquéreur ne soit pas entré en jouissance (Tours, 10 janv. 1895; — Cass. 16 mars 1898, 9253 et 9675-18 R. P.).

Décidé également : 1° que la résolution judiciaire d'une vente pour défaut de paiement du prix donne ouverture au droit proportionnel de mutation, lorsque l'acquéreur est entré en jouissance (Seine, 25 oct. 1901, 10149 R. P.; — Angers, 22 mars 1902, 10348 R. P.);

2° Que le droit proportionnel de rétrocession est exigible, à l'exclusion du droit fixe, sur le jugement qui prononce la résolution de la vente d'une coupe de bois, pour défaut de paiement du prix, lorsqu'il est établi que l'acquéreur avait versé un acompte (Grenoble, 28 déc. 1901, 10132 R. P.).

262. Cession de portefeuille d'assurance. — Prix payé partiellement. — Droit proportionnel. — Le droit fixe établi par l'article 12 L. 27 ventôse an IX en faveur des résolutions pour défaut de payement du prix, lorsque l'acquéreur n'est pas entré en jouissance, doit faire place au droit proportionnel, dès qu'une portion quelconque a été payée sur le prix, quand bien même l'acquéreur ne serait pas entré en jouissance (Lyon, 18 mars 1896, 9003 R. P.).

268. Vente résolue. — Défaut de paiement du prix. — Preuve. — La preuve qu'une partie du prix a été payée peut être puisée par l'Administration dans tout acte parvenu à sa connaissance par les voies légales et opposable au débiteur (Tours, 10 janv. 1896; — Cass. 16 mars 1898, 9253 et 9675-18 R. P.).

305. Vente. — Résolution. — Terrain et Constructions. — Droit de mutation. — Bases. — Il résulte de l'art. 69, § 7, n° 1 L. 22 frim., que le prix des immeubles pour les rétrocessions est indépendant du prix de leur vente et doit être fixé d'après leur valeur vénale au jour des contrats ou jugements. Par suite, lorsqu'un jugement prononce la résolution d'une vente de terrains sur lesquels l'acquéreur avait élevé des constructions, le droit proportionnel de mutation est dû, tant sur la valeur des terrains que sur celle des constructions, alors surtout que le vendeur avait obligé l'acquéreur à édifier ces constructions qui devaient lui être abandonnées moyennant indemnité, en cas de non-payement du prix (Nice, 19 juill. 1898, 9533 R. P.; — Cass. 13 fév. 1900, 9795 et 9866 R. P.).

317. Droit de rédaction. — Le droit de rédaction, qui est un droit de greffe, a été supprimé par la L. 26 janv. 1892, et remplacé par une taxe spéciale. (V. *Code des Lois et Jugement* comprenant le mot *Taxe des frais de justice*.

319 et 320. Droit de transcription. — Résolution amiable. — Vente. — Non-payement du prix. — L'acte, constatant la résolution volontaire d'une vente d'immeubles pour défaut de payement du prix, n'est pas susceptible de transcription et, par suite, ne donne ouverture qu'au droit de mutation de 4 fr. p. 100 (Sarlat, 7 mars 1890, 7410 R. P.).

405. Don manuel réalisé partiellement. — Droit réduit à la portion réalisée. — Quand un arrêt ordonnant l'enregistrement de la reconnaissance d'un don manuel de 20.000 fr. dispose, en même temps, que par suite d'une transaction le donataire n'a reçu que 15.000 fr., c'est seulement dans la limite où la transmission mobilière s'est réalisée que le droit est exigible (Cass. 23 mars 1896, 8739 R. P.).

415. Mutation de fonds de commerce. — Résiliation. — Réclamation du droit de 2 fr. p. 100 sur la cession résiliée. — Non-exigibilité. — Le jugement résiliant une mutation de fonds de commerce qui n'a pas été soumise à l'impôt, anéantit la créance du Trésor, relativement au droit exigible sur la mutation; mais il est passible du droit de rétrocession. — Ce droit ne peut, de même que celui de condamnation, être réclamé qu'à la partie qui profite du jugement, c'est-à-dire à celle qui a demandé et obtenu la résiliation (Seine, 26 fév. 1892, 7821 R. P.).

417. Jugement reconnaissant à une vente le caractère d'une donation. — Droit de donation non perçu. — Jugement frappé d'appel par l'une des parties et suivi du désistement de l'autre. — Action du Trésor éteinte. — En principe, le jugement qui reconnaît à un acte présentant les apparences d'une vente le caractère de donation, donne ouverture au droit de donation. Mais si ce droit n'a pas été perçu immédiatement sur le jugement, l'action du Trésor s'éteint lorsque le jugement se trouve privé de tout effet juridique par suite de l'appel formé par la partie condamnée et du désistement émané de celle qui avait triomphé (Evreux, 9 juin 1896, 9094 R. P.).

Vente résolue. — Défaut de paiement du prix. — La résolution de la vente prononcée judiciairement pour défaut de payement du prix ne saurait être assimilée à l'annulation d'un contrat prononcée en justice pour cause de nullité radicale et n'empêche pas le Trésor de réclamer le droit de transmission resté dû et non encore perçu sur la vente résolue (Tours, 10 janv. 1896; — Cass 16 mars 1898, 9253 R. P.).

Don manuel. — Jugement réformé en appel. — V. *Don manuel.*

Acte. — Annulation judiciaire poursuivie. — Contrainte. — Désistement. — Frais. — V. *Instance.*

Fonds de commerce. — Cession résiliée. — La résiliation volontaire de la cession ne saurait s'opposer à l'exigibilité du droit et de l'amende dus sur le montant de la dissimulation, alors même qu'elle serait mentionnée dans le procès-verbal du commissaire de police, le procès-verbal ne pouvant la transformer en résolution judiciaire (Seine, 24 avr. 1896, 8761 R. P.).

Fonds de commerce. — Vente. — Prix amiablement réduit. — La transaction amiable, ayant pour objet de réduire le prix d'une cession de fonds de commerce, ne peut produire les effets d'une décision judiciaire; elle n'exerce aucune influence sur la perception à laquelle donne ouverture l'acte qui renferme la cession (Seine, 2 avr. 1895, 8808 R. P.).

V. ACTE PRODUIT.

RESTITUTION.

5. Perception régulière. — Sens de cette expression. — Les perceptions régulières qui, d'après l'art. 60 L. frim., ne peuvent être restituées, quels que soient les événements ultérieurs, sont celles opérées en appliquant exactement le tarif aux actes présentés ou aux déclarations faites par les contribuables (Cass. 26 déc. 1894, 8463 et 8650-33 R. P.).

6. Impôts. — Contribuables. — Action en répétition. — Taxes non autorisées. — Le contribuable a une action personnelle en répétition contre les agents de perception, s'il s'agit de la perception d'une taxe non autorisée. Par là, il faut uniquement entendre les taxes qui n'ont été ni votées ni autorisées par les pouvoirs publics compétents et qui ne sont pas appliquées dans les formes prescrites avec les approbations de droit (Cass., 28 mars 1895, 8630 R. P.).

45 *bis*. Vente. — Fonds de commerce de pharmacien. — Dédit. — Cession ferme et actuelle. — Exigibilité du droit proportionnel. — Cessionnaire non diplômé. — Résiliation de la convention. — Droit non restituable. — Présente les caractères d'une vente ferme et actuelle la cession d'un fonds de commerce de pharmacien, moyennant un prix convenu, payable à l'époque de l'entrée en possession, qui doit avoir lieu dans un délai maximum de trois mois, avec stipulation d'un dédit pour celle des parties qui ne tiendrait pas ses engagements. — En conséquence, la résiliation ultérieure de la convention, même lorsque le cessionnaire n'a pas obtenu le diplôme nécessaire pour exercer, ne saurait rendre restituable le droit proportionnel régulièrement perçu sur l'acte de vente (Sol. 10 fév. 1892, 7788 R. P.).

69. Usufruit. — Perception. — Justifications ultérieures. — Restitution. — L. 25 fév. 1901. — Nous verrons v° *Usufruit* que la L. 25 fév. 1901 a établi de nouvelles règles pour la perception des droits sur les usufruits et les nues propriétés et que la fixation de la valeur imposable repose sur l'âge de l'usufruitier. A cet effet, les justifications nécessaires doivent être faites par les parties, au moment de la perception. Si ces justifications ne sont pas produites, le droit le plus élevé est exigé, sauf restitution dans les deux ans de la perception, en cas de justification postérieure. Nous commentons ces règles v° *Usufruit.*

74. Erreur de fait. — Pouvoir de l'Administration. — L'Administration est seule juge de la question de savoir si elle doit autoriser le remboursement des droits perçus par suite des erreurs de fait commises par les héritiers dans les déclarations de succession; les tribunaux ne peuvent ordonner ce remboursement (Bourgoin, 9 août 1890, 7509 R. P.; — Lectoure, 16 avr. 1895, 9210 R. P. — *Comp.* Cass. 26 déc. 1894, n° 105 *bis infrà*).

88. Revenu exagéré. — L'art. 60 L. frim., qui interdit la restitution des droits régulièrement perçus, s'applique aux droits perçus par suite d'une erreur provenant de ce que les parties ont, dans une déclaration de succession, attribué à un immeuble un revenu supérieur au loyer exprimé dans un bail courant au décès, alors surtout que l'Administration n'admet pas la sincérité de la déclaration dans son ensemble (Bordeaux, 7 juin 1890, 2137 R. E.).

103. Succession. — Erreur de fait non démontrée. — Perception régulière. — Restitution refusée. — L'art. 60 L. 22 frim. s'oppose, d'une manière absolue, à la restitution de tout droit régulièrement perçu sur la déclaration des parties. — Il en est ainsi, alors surtout que les redevables n'établissent pas l'existence d'une erreur de fait qu'ils prétendent avoir commise dans leur déclaration (Tarbes, 9 nov. 1891, 7785 R. P.).

105. Succession. — Biens n'appartenant pas au défunt. — Erreur de fait. — Perception régulière. — Action en restitution non recevable. — La perception du droit de mutation par décès est régulière, au vœu de l'art. 60 L. frim., lorsqu'elle a été établie conformément à la déclaration faite par l'héritier ou par le légataire. Le droit ainsi perçu ne saurait, en conséquence, être restitué, pour quelque cause que ce soit, quand bien même la déclaration renfermerait une erreur prouvée (Seine, 5 avril 1893, 8571 R. P.).

105 *bis*. Succession. — Créances irrecouvrables. — Avances. — Rapports. — Lorsque, dans une déclaration de succession, il a été compris des créances héréditaires pour avances faites par le défunt à l'un de ses successibles, le droit de mutation par décès est régulièrement perçu sur ces créances. La renonciation à la succession, faite postérieurement par l'héritier débiteur, ne peut, même

RESTITUTION.

7 *bis*. Fraction de centime. — Lorsque l'Administration est tenue [illegible] une restitution, elle doit rembourser tout ce qu'elle a effectivement encaissé, et spécialement la fraction de centime qu'elle a perçue en [illegible] l'art. 5 L. frim. (Lille, 18 juill. 1903, 10598 R. P.).

[illegible] Droits indûment perçus. Timbre de la quittance non restituable. — En matière de remboursement de droits indûment perçus, il n'y a pas lieu de restituer le droit de timbre de la quittance délivrée par le receveur, cette quittance ayant, tout au moins provisoirement, produit un effet juridique et le droit de timbre étant, par suite, acquis au Trésor (Nantes, 31 janv. 1905, 11096 R. P.).

88. Revenu exagéré. — *Conf.* Orléans, 25 juill. 1906, 11340 R. P.

103. Succession. Perception régulière. Demande en restitution non recevable. — En matière d'impôt de mutation par décès, la perception est régulière et ne peut donner lieu à restitution, lorsque le receveur a fait à la déclaration des redevables une exacte application du tarif et de la loi fiscale, quelle que soit l'erreur alléguée par les déclarants. (Seine, 6 mai 1903, 10897 R. P.; — Orléans, 25 juill. 1906, 11369 R. P.).

105. Succession. Biens détenus en usufruit par le défunt, déclarés comme lui appartenant en pleine propriété. Régularité de la perception. Opinion officieuse du Receveur. Déclaration œuvre exclusive de la partie. Restitution refusée. — La perception du droit de mutation par décès est régulière, au sens de l'art. 60 L. frim., lorsqu'elle a été établie conformément à la déclaration faite par l'héritier ou par le légataire.

Le droit ainsi perçu ne saurait être restitué sous le prétexte que certains des biens compris dans l'actif comme appartenant en pleine propriété au défunt n'étaient, en réalité, détenus par lui qu'à titre d'usufruitier. Il importe peu d'ailleurs, que, pour souscrire sa déclaration, la partie se soit inspirée d'une opinion officieuse émise par le Receveur qu'elle avait consulté au préalable; la déclaration étant son œuvre exclusive, il lui appartenait de la faire telle qu'elle l'entendait, sous sa propre responsabilité (Moissac, 11 juin 1903, 10603 R. P.).

Mutation. Jugement constatant une interposition de personnes. Décès du propriétaire apparent. Non-restitution des droits de mutation par décès. — V. *Mutation*, n° 428.

112. Succession. Légataire universel se présentant comme non parent lors de la déclaration. Revendication ultérieure de la qualité d'enfant naturel reconnu. Application du tarif entre étrangers. Demande en restitution non recevable. — Lorsque, après avoir fait dresser un acte de notoriété attestant qu'il n'existe pas de descendant du testateur et reproduit cette énonciation dans la requête présentée au président du tribunal en vue d'obtenir l'envoi en possession, une personne, instituée légataire universel, a souscrit la déclaration de son legs en s'abstenant d'indiquer son degré de parenté avec le défunt et qu'elle a acquitté, sans faire de réserves, l'impôt de mutation par décès d'après le tarif applicable aux personnes non parentes, elle n'est pas fondée à former ultérieurement une demande en restitution en revendiquant sa qualité d'enfant naturel reconnu du *de cujus*, alors que la reconnaissance est contenue dans son propre contrat de mariage et qu'elle a personnellement accepté la donation en avancement d'hoirie de laquelle résulte cette reconnaissance (Seine, 3 nov. 1905, 10916 R. P.; — Cass. (req.), 28 janv. 1907, 11500 R. P.).

115. Legs. Réduction ultérieure. Réserves faites lors de la déclaration. — Lorsqu'en comprenant pour la totalité, dans une déclaration de succession, un immeuble légué à titre particulier au *de cujus*, l'héritier a formulé toutes réserves pour le cas où cette libéralité viendrait à être réduite par application de l'art. 926 C. civ., et qu'ultérieurement les droits du défunt sur le prix de la licitation de l'immeuble sont fixés à une somme inférieure au revenu capitalisé dudit immeuble, l'héritier est fondé à demander la restitution des droits de mutation par décès qu'il a payés en trop, sans que l'Administration puisse lui opposer l'art. 60 L. frim. — La réduction des legs par suite de l'insuffisance de l'actif héréditaire procède, en effet, non pas d'une condition résolutoire, mais d'un fait existant au moment du décès (Seine, 8 déc. 1905, 11304 R. P.).

123. Droits de mutation par décès à la charge d'un légataire universel versés par un tiers saisi avec les fonds provenant d'une succession bénéficiaire et attribués, dans le partage de cette succession, à des enfants mineurs institués également légataires universels. Régularisation ultérieure de ce payement par une déclaration souscrite, en pleine connaissance de cause, par le représentant légal des mineurs. Irrecevabilité de l'action en répétition exercée par ce dernier contre l'Administration. — Lorsque le montant des droits de mutation par décès dus par un légataire universel a été versé au Trésor par un tiers saisi au moyen des fonds provenant d'une succession bénéficiaire et attribués, dans le partage de cette succession, à des enfants mineurs institués également légataires universels, puis qu'ultérieurement le représentant légal de ces mineurs a régularisé le versement ainsi effectué en souscrivant, en complète connaissance de cause, une déclaration correspondant au payement, aucune action en répétition n'est ouverte à cet administrateur contre le Trésor; il ne peut qu'exercer un recours contre le légataire universel pour le compte duquel le payement a été opéré et qui est, en définitive, le véritable débiteur de l'impôt (Seine, 23 juill. 1904, 1[illegible] R. P.).

Déclaration de succession négative. Droits de mutation par décès exigés par le receveur sur certaines valeurs. Art. 60 L. frim. non applicable. — Lorsqu'en souscrivant une déclaration de succession négative, le légataire universel a indiqué que des titres et valeurs au porteur déposés dans une banque au nom du défunt étaient sa propriété personnelle et n'appartenaient pas au *de cujus*, et que, malgré cette déclaration, le receveur a exigé le payement des droits de mutation par décès sur les titres et valeurs en question, la perception ainsi opérée ne peut être considérée comme régulière au sens de l'art. 60 L. frim.; rien, dès lors, ne s'oppose, en droit, à ce que la demande en restitution de la partie soit accueillie, si elle est justifiée (Saint-Omer, 8 juin 1905, 1[illegible] R. P.).

ciale à son insolvabilité, autoriser les parties à réclamer la restitution des droits perçus. Les parties ne sont pas davantage fondées à se pourvoir en restitution, en alléguant que c'est à tort que les sommes à rapporter ont été qualifiées d'avances, et qu'elles avaient, en réalité, le caractère de donations en avancement d'hoirie (Seine, 31 juill. 1896, 1[illegible]4 R. E.).

Rente viagère. — Capital non déduit. — Si, postérieurement à la déclaration qu'il a souscrite et qui a été assujettie à l'impôt conformément au taux légal, l'héritier soutient que c'est par suite d'une erreur qu'il a fait figurer dans sa déclaration une somme déterminée, représentant le capital d'une rente viagère dont le *de cujus* était tenu, la découverte de cette erreur ne saurait avoir aucune influence sur la perception régulièrement opérée, et motiver la restitution des droits afférents au capital de la rente viagère (Grenoble, 18 mai 1892; — Cass. 26 déc. 1894, 8463 et 8[illegible]33 R. P.).

112. Dévolution de l'hérédité. — Changement — Absence. — Les droits payés par un héritier, tant en son nom qu'au nom de son cohéritier, dont l'existence était alors présumée, ne sont pas restituables, bien que, par un jugement ultérieur, l'héritier absent ait été, à défaut de preuve établissant son existence au moment de l'ouverture de la succession, déclaré inhabile à y prendre part et qu'ainsi, l'auteur de la déclaration ait été reconnu fondé à recueillir les biens en toute propriété. On ne devrait même pas avoir égard aux réserves insérées dans la déclaration (Marseille, 12 avr. 1894, 24393 J. E.).

115. Legs. — Quotité disponible. — Erreur. — Quand une femme mariée décède après avoir institué pour légataire universel, alors qu'elle était encore mineure, mais âgée de plus de seize ans, son frère, et en laissant pour héritière réservataire une fille unique, le frère, légataire universel, a droit au quart de la succession, la testatrice mineure n'ayant pu lui léguer que la moitié de la quotité disponible, qui était de la moitié de l'hérédité; l'époux survivant a droit, en vertu de la L. 9 mars 1891, à l'usufruit du 1/4 des 3 autres quarts, soit aux 3/16es, et l'héritière réservataire au surplus des biens. Si les parties ont porté, par erreur, à moitié de l'hérédité, au lieu du quart, dans la déclaration, la quotité recueillie par le frère, légataire universel, les droits perçus, en trop, de ce chef, sont restituables (Sol. 12 mars 1894, 1640 R. E.).

118 *bis*. Succession. — Erreur de fait. — Billets de banque étrangers. — Lorsque des billets de banque étrangers, dépendant d'une succession ouverte en France, ont été déclarés pour leur valeur nominale, sans tenir compte de la perte au change, il y a là une erreur de fait de nature à justifier la demande en restitution des droits indûment acquittés sur l'excédent de la valeur nominale des billets, par rapport à leur valeur, au cours du change (Sol. 23 nov. 1899, 2641 R. E.).

118 *ter*. Succession. — Erreur de fait. — Reprises et récompenses. — Lorsqu'il s'agit de reprises et de récompenses, la preuve d'une erreur de fait pouvant justifier une restitution ne peut résulter que d'une liquidation de l'ensemble des reprises et récompenses des deux conjoints, c'est-à-dire d'un acte constatant définitivement les droits respectifs des parties. Les déclarations contenues à cet égard dans les inventaires peuvent suffire, quand elles fixent contradictoirement les droits des intéressés, mais il n'en saurait être de même lorsqu'elles émanent d'une seule des parties et restent sujettes à contestation de la part des autres (Sol. 24 nov. 1897 et 20 juin 1900, 1959 et 2640 R. E.).

160. Partage d'ascendant. — Défaut d'acceptation d'un des donataires. — Droit régulièrement perçu. — Annulation postérieure. — Droit non restituable. — Le droit proportionnel d'après le tarif établi pour les partages d'ascendant, régulièrement perçu sur un acte notarié contenant partage anticipé, ne saurait être restitué nonobstant le défaut d'acceptation de l'un des donataires et l'annulation postérieure de ce contrat prononcée par jugement (Mortain, 26 juill. 1900, 10141 R. P.).

167. Contrat de mariage. — Apports immobiliers. — Transcription à la conservation des hypothèques. — Erreur de fait. — Droit perçu non restituable. — Le droit de transcription perçu lors de la présentation volontaire d'un contrat de mariage à la formalité, sur la valeur des apports immobiliers des futurs époux, ne saurait être restitué, encore bien que le dépôt à la transcription soit le résultat d'une erreur (Sol. 18 avril 1900, 9811 R. P.).

177. Vente amiable. — Saisie antérieure. — Annulation judiciaire. — Droits non restituables. — Ne sont pas restituables les droits régulièrement perçus sur une vente volontaire d'immeubles, bien que, le jour même de l'enregistrement du contrat, la vente ait été judiciairement annulée par suite de l'adjudication prononcée en conséquence d'une saisie antérieure (Sol. 18 déc. 1893, 8295 R. P.).

182 *bis*. Usufruits successifs. — Age de l'usufruitier. — Justifications postérieures. — L. 25 fév. 1901. — La L. 25 fév. 1901, qui a établi de nouvelles règles de perception, en matière de transmission d'usufruit et de nue propriété, dispose, dans son art. 13, que, dans le cas d'usufruits successifs, l'usufruit éventuel venant à s'ouvrir, le nu propriétaire aura droit à la restitution d'une somme égale à ce qu'il aurait payé en moins si le droit acquitté par lui avait été calculé d'après l'âge de l'usufruitier éventuel.

L'art. 14 porte, qu'à défaut d'indication de la date et du lieu de naissance de l'usufruitier, ou de justification de la date de cette naissance, si l'usufruitier est né hors de France ou d'Algérie, il sera perçu les droits les plus élevés qui pourraient être dus au Trésor, sauf restitution dans les deux ans de la perception.

Nous donnons le commentaire de ces dispositions v° *Usufruit*.

184. Licitation. — Renonciation postérieure. — Lorsqu'il est procédé à la licitation de biens héréditaires indivis entre deux cohéritiers et qu'après l'enregistrement de l'adjudication prononcée au profit de l'un d'eux, l'autre renonce à la succession, cet événement postérieur ne peut motiver la restitution du droit proportionnel de mutation perçu sur la licitation, bien que, par suite de la renonciation, l'adjudicataire doive être rétroactivement considéré comme ayant été seul propriétaire, *ab initio*, des biens réclamés. Le fait que l'événement de la renonciation était prévu, et même réservé dans le procès-verbal d'adjudication, ne peut justifier une dérogation à la prescription formelle de l'art. 60 L. frim. (Seine, 20 juin 1896, 25084 J. E.).

186. Assurance contre les accidents. — Contrat résilié. — Le droit perçu sur un contrat d'assurance contre les accidents est définitivement acquis au Trésor (L. frim., art. 60), sans que les parties puissent se prévaloir de la résiliation du contrat amiablement intervenue avant l'enregistrement, si, lors de cette formalité, elles n'ont pas indiqué la résiliation (Seine, 27 fév. 1897, 8978 R. P.).

218 *bis*. Succession. — Passif. — Déduction. — Justifications ultérieures. — L. 25 fév. 1901. — Nous verrons, v° *Succession*, que la L. 25 fév. 1901 a autorisé la déduction du passif pour la liquidation du droit de mutation par décès, et admis, dans certains cas, la restitution du droit perçu, lorsque des justifications, non produites au moment de la déclaration de succession, sont faites ultérieurement.

Nous examinerons *loc. cit.* les différentes questions que soulève, en cette matière, la restitution.

222. Legs particulier. — Déclaration. — Personne sans qualité. — Renonciation ultérieure. — Droits irrégulièrement perçus. — Restitution. — Aucune solidarité n'existant, pour le paiement des droits de mutation par décès, entre les héritiers et les légataires, il appartient exclusivement à ces derniers de souscrire la déclaration des libéralités consenties en leur faveur. La perception des droits afférents à un legs particulier, qui aurait été effectuée d'après la déclaration souscrite par un héritier légitime, serait donc entachée d'irrégularité, et si le legs venait à être répudié ultérieurement, les droits perçus seraient sujets à restitution (Sol. 30 avr. 1901, 3080-10 I. G. 10184 R. P.).

223. Legs d'usufruit. — Droits payés. — Renonciation. — Restitution. — Le jugement qui, statuant sur la validité de la renonciation promise par le légataire de l'usufruit, la confirme et la déclare définitive à compter de la sommation faite pour en obtenir la réalisation, ne saurait rentrer dans la catégorie des événements ultérieurs que vise l'art 60 L. frim. En conséquence, les droits de mutation par décès payés pour l'usufruit sont restituables s'ils ne sont pas couverts par la prescription biennale (Seine, 8 mai 1896, 8807 R. P.).

224. Legs universel. — Jugement ultérieur. — Réduction de la libéralité. — Les droits de mutation par décès, perçus conf. à la déclaration souscrite par le légataire universel, ne sont pas restituables, alors même que, ultérieurement, une décision judiciaire réduirait la libéralité faite à ce légataire (Niort, 16 juill. 1891, 7880 R. P.) ou l'annulerait (Déc. min. fin. 5 oct. 1893; — Sol. 11 oct. 1893, 8311 R. P.).

227. Succession régie par la loi française. — Fonds de commerce exploité à l'étranger. — Valeur incorporelle. — Droit de mutation par décès non exigible en France. — Perception indûment faite. — Restitution. — Quand la valeur de la clientèle et de l'achalandage d'un fonds de commerce sis à l'étranger a été comprise dans la déclaration de la succession avec indication de la nature et de la situation du fonds de commerce, le droit, liquidé de ce chef, ne peut être considéré comme ayant été régulièrement perçu, et l'art. 60 L. frim. ne s'oppose pas à ce qu'il soit restitué (Seine, 27 janv. 1899, 9480 R. P.).

290. Jugement réformé sur appel. — Le droit régulièrement perçu sur un jugement n'est pas restituable, lors même que le jugement est réformé sur appel (Rouen, 20 sept. 1890, 7585 R. P.; — Seine, 11 mars 1892, 7906 R. P.).

311. Partie non contractante. — La restitution de droits indûment perçus sur un acte ne peut être autorisée au profit d'une personne qui n'y a pas comparu (Morlaix, 29 déc. 1893, 8270 R. P.).

321. Avoué. — Justifications. — Lorsque les droits d'un jugement ont été acquittés par l'avoué du demandeur qui a obtenu gain de cause, et que, sur la réclamation du défendeur condamné, appelé à supporter définitivement l'impôt, l'Administration reconnaît un excès de perception, le payement du mandat de restitution délivré au profit du défendeur peut être subordonné à la justification, par ce dernier, du remboursement de l'avance faite par l'avoué de la partie adverse (Seine, 6 fév. 1891, 7697 R. P.).

325. Mandat de restitution. — Acte s. s. p. — Les restitutions de droits indûment perçus sur les actes s. s. p. doivent être mandatées au profit de toutes les parties contractantes. Si l'une d'elles allègue, sans d'ailleurs en justifier, que le paiement des droits a été fait de ses deniers personnels, et si les parties ne s'accordent pas pour donner quittance, au pied du mandat, il est indispensable qu'une décision judiciaire intervienne pour permettre à l'Administration de se libérer valablement entre les mains du demandeur (Grasse, 5 déc. 1898, 25574 J. E.).

RETOUR.

25. Retour conventionnel. — Donation de somme d'argent. — Retour exercé sur un immeuble. — Droits de mutation à titre onéreux et par décès. — Lorsqu'une somme d'argent a été donnée avec stipulation du droit de retour, l'acte par lequel les héritiers du donataire cèdent au donateur, exerçant le droit de retour, un immeuble acquis par le défunt avec la somme donnée, constitue une dation en payement passible du droit de transmission à titre onéreux. L'immeuble cédé en payement doit être compris en nature dans la déclaration souscrite avant le décès du donataire (Seine, 17 juill. 1891, 7702 R. P.).

226. Succession. L. 25 fév. 1901. Faute professionnelle. Action en responsabilité contre le défunt. Dette non constatée par titre au jour du décès. Déduction non admissible. Transaction ultérieure. Perception régulière. Restitution refusée. — V. *Succession*, n° 1585.

218. Constitution de dot. Droit de retour. Avantages réservés au futur époux. Décès de la femme. Déclaration de succession souscrite par le mari conformément à la stipulation faite à son profit dans le contrat de mariage. Renonciation ultérieure au bénéfice de cette stipulation. Régularité de la perception. Demande en restitution des droits de mutation par décès non recevable. — Lorsque, dans le contrat de mariage de leur fille, les père et mère se sont réservé sur les biens constitués en dot un droit de retour conventionnel, en stipulant que ce droit ne ferait pas obstacle à l'effet des avantages en usufruit qui pourraient résulter pour le futur époux, soit de la loi, soit de donation consentie à son profit par sa femme, — et qu'après le décès de celle-ci sans postérité, le mari survivant, mandataire légal, comprend, dans la déclaration de succession de la défunte, la moitié en usufruit de tous les biens laissés par la défunte, y compris ceux soumis au droit de retour conventionnel des donateurs, — le mari n'est pas recevable à demander ultérieurement la restitution des droits de mutation par décès acquittés par lui sur ces derniers biens, en se fondant sur ce que, d'après la jurisprudence de la Cour de cassation, la stipulation contenue dans le contrat de mariage constituait un pacte sur succession future prohibé par l'art. 791 C. civ. et qu'il a, en conséquence, renoncé à exercer son usufruit légal sur les biens grevés du droit de retour au profit de ses donateurs. Il s'agit, en effet, d'une perception régulière, faite par le receveur conformément à la déclaration de la partie, et qui, par suite, ne peut donner lieu à remboursement (art. 60 L. frim.), alors surtout que la nullité de la stipulation litigieuse n'a pas été prononcée par l'autorité judiciaire et que c'est de sa propre volonté que le bénéficiaire y a renoncé (Abbeville, 8 mai 1906, 11277 R. P.)

235. Succession. Payement par le légataire universel de l'intégralité des legs particuliers supérieurs à l'actif déclaré. Droits de mutation par décès acquittés volontairement sur le montant total de ces legs. Demande ultérieure en restitution non recevable. — V. *Succession*, nos 898-1 et 1556.

270. Adjudication judiciaire d'immeubles annulée en justice. — Lorsqu'une adjudication judiciaire d'immeubles a été annulée en justice à la requête du véritable propriétaire comme ayant porté sur la chose d'autrui, il y a lieu de restituer les droits de mutation perçus lors de l'enregistrement de cette adjudication (Clermont-Ferrand, 18 nov. 1933, 10780 R. P.).

312. Ayants droit. — Lorsque le représentant légal de l'héritier naturel et le légataire à titre universel de la quotité disponible ont souscrit simultanément la déclaration de la succession du défunt et que la quittance du payement des droits de mutation par décès ne renferme pas la mention de l'origine des deniers, le représentant de l'héritier naturel est recevable, en vertu de l'art. 1235 C. C., à demander la restitution des droits de mutation par décès qui auraient été indûment perçus sur le legs à titre universel, à la condition d'établir que le payement de ces droits a eu lieu de ses deniers personnels ou de ceux de l'héritier (Lyon, 16 mai 1906, 11530 R. P.).

42 et 49. Constitution de dot. Droit de retour. Stipulation. Avantages réservés au futur époux. Pacte sur succession future. Nullité. — La succession anomale de l'art. 747 C. civ. constitue au profit des ascendants donateurs une vocation héréditaire spéciale aux choses par eux données à leurs enfants décédés sans postérité, lorsque ces objets se retrouvent en nature. C'est une véritable succession, et tout accord intervenu du vivant du donataire, par lequel le donateur renoncerait à son droit, constituerait un pacte sur succession future prohibé par l'art. 791 C. civ. et devrait être annulé. Par suite, lorsque, dans le contrat de mariage de leur fille, les père et mère se sont réservé sur les biens constitués en dot un droit de retour conventionnel, en promettant que ce droit ne ferait pas obstacle à l'effet de tous avantages qui pourraient résulter pour le futur époux, soit du contrat de mariage, soit de la loi, cette stipulation n'a pas pour conséquence de dépouiller les ascendants donateurs du droit de réclamer le retour légal, auquel ils n'ont pas pu renoncer par avance. D'autre part, l'époux survivant n'a pas le droit de réclamer la part d'usufruit qui lui est accordée par la loi, car, d'après l'art. 767, l'exercice du droit successoral de l'époux survivant ne doit pas préjudicier au droit de retour (Cass. (Ch. réun.), 2 juill. 1903, 10075 R. P.).

V. Restitution, n° 219.

ROLE D'ÉQUIPAGE.

SAISIE-ARRÊT OU OPPOSITION

18. Tiers saisis débiteurs solidaires du saisi. Déclaration affirmative. Sincérité de cette déclaration contester. Tribunal compétent. — V. *Instance*, n° 855.

20. Somme déposée à la Caisse des consignations. Opposition administrative. Nullité à l'égard du saisi. — V. *Instance*, n° 60.

RETRAIT.

4849. Retour légal. — Constitution de dot. — Droit de retour. — Stipulation. — Avantages réservés au futur époux. — La stipulation d'un droit de retour conventionnel faite en conformité de l'art. 951 C. civ. ne peut pas dépouiller les ascendants donateurs du droit de retour légal qui leur est assuré par l'art. 747 du même Code, lorsque les circonstances prévues par ce dernier article se trouvent réunies.

Le droit de retour légal crée au profit des ascendants donateurs une vocation héréditaire spéciale sur les choses par eux données à leurs enfants ou descendants décédés sans postérité, lorsque les objets donnés se retrouvent en nature dans la succession, et tout accord intervenu du vivant du donataire, par lequel l'ascendant renoncerait à son droit ou consentirait à le restreindre ou à en ajourner l'exercice, serait nul comme constituant un pacte sur succession future prohibé par les art. 791 et 1130 C. civ.

Il ne peut être fait d'exception à cette règle sous le prétexte d'une disposition faite par des père et mère en faveur du mariage de leur enfant, et dans le but d'assurer à son conjoint survivant la part d'usufruit qui lui est attribuée par l'art. 767 C. civ. modifié par la loi du 9 mars 1891 (Cass. civ. 21 juill. 1901, 10368 R. P.).

16. Retour légal. — Partage anticipé. — Donataire attributaire d'une soulte. — Le droit de retour légal qui appartient au donateur dans la succession du donataire ne peut s'exercer que sur les objets donnés qui existent en nature ou sur leur prix encore dû au moment du décès. En conséquence, lorsque, dans une donation à titre de partage anticipé, il a été attribué à l'un des copartageants, pour le remplir de sa part dans les biens donnés, une somme d'argent et une soulte payées comptant, l'ascendant donateur ne saurait exercer son droit de retour ni sur la somme ni sur la soulte (Sol. 19 juin 1897, 9048 R. P.).

Partage anticipé. — Répartition inégale. — Mode d'exercice du droit de retour. — Quand le droit de retour conféré à un ascendant par l'art. 747 C. civ. a son origine dans une donation à titre de partage anticipé ayant eu pour objet tant les biens donnés que ceux provenant de la succession d'un autre ascendant prédécédé, le retour s'exerce sur la totalité des biens donnés qui se retrouvent en nature dans la succession du donataire, lors même que ces biens seraient seuls entrés dans la composition du lot échu au donataire. L'ascendant donateur est, en principe, fondé à exercer le retour légal sur la totalité des biens, même grevés d'une soulte qui ont été compris dans l'attribution du donataire, et qui se retrouvent, en nature, au décès de ce dernier. — Mais si la soulte a été acquittée par le donataire, le droit de retour ne s'exerce que déduction faite du montant de cette soulte, sur laquelle l'impôt est dû d'après la dévolution héréditaire du droit commun (Sol. 30 sept. 1896, 8801 R. P.).

RETRAIT.

23 bis. Retrait successoral. — Communauté entre époux. — La faculté de retrait établie par l'art. 841 C. civ., en faveur des successibles et à l'occasion de la cession de droits héréditaires, ne peut être exercée par un époux commun en biens ou ses représentants, à l'encontre du cessionnaire de la part de communauté dévolue à l'autre époux ou à ses ayants cause (Cass. 12 déc. 1894, 24614 J. E.).

V. Succession.

ROLE D'ÉQUIPAGE.

1. Embarquement et débarquement d'un navire. — Traité. — L'exemption d'enregistrement prononcée par l'art. 70, § 3, n° 13 L. 22 frim. en faveur des rôles d'équipage et des engagements de matelots et gens de mer, ne peut être étendue au contrat passé par un armateur avec un entrepreneur pour l'embarquement et le débarquement de ses navires (Alger, 10 mars 1894; — Cass. 20 juill. 1896, 8823 et 9125-26 R. P.).

SAISIE-ARRÊT OU OPPOSITION.

12. Administration. — Tiers saisi. — Directeur départemental. — Domicile identique. — Élection spéciale de domicile non obligatoire. — V. *Instance*, n° 842.

20. Cautionnement d'officier ministériel. — Péremption quinquennale. — Les saisies-arrêts pratiquées sur les cautionnements des officiers ministériels sont, de même que toute opposition sur des sommes dues par l'État, périmées au bout de cinq ans, si elles n'ont pas été renouvelées (L. 9 juill. 1836, art. 14). Cette péremption peut être opposée aussi bien par les tiers cessionnaires ou créanciers que par l'État lui-même (Cass. civ. 9 août 1892, 8191 R. P.).

Fonctionnaire. — Traitement inférieur à 2.000 fr. — Signification au Percepteur. — Nullité. — L. 12 janv. 1895. — Aux termes de l'art. 13, §§ 1 et 3 L. 9 juill. 1836, toute saisie-arrêt sur des sommes dues par l'État doit, à peine de nullité, être faite entre les mains des payeurs, agents ou préposés sur la caisse desquels les ordonnances ou mandats sont délivrés et le paiement des ordonnances et mandats délivrés sur les caisses des payeurs étant effectué, dans chaque département, par un payeur unique, qui est le trésorier-payeur général (Décret 31 mai 1862, art. 352), c'est ce dernier qui a seul qualité pour recevoir la signification des oppositions formées sur les traitements des fonctionnaires qu'il est chargé de payer. Il n'a pas été dérogé à ces dispositions par l'art. 6, § 3, L. 12 janv. 1895, qui permet de signifier l'exploit de saisie-arrêt au représentant du tiers saisi dans le lieu où travaille le débiteur saisi. En conséquence, est nulle la saisie-arrêt pratiquée sur le traitement d'un instituteur et signifiée au percepteur des contributions directes (Cass. civ. 11 mai 1896, 8853 R. P.). — V. n° 48 *infrà*.

23. Aliéné. — Notaire mandataire. — La saisie des valeurs appartenant à l'aliéné peut être valablement pratiquée entre les mains du notaire considéré, à raison des pouvoirs restreints qui lui ont été conférés et malgré l'honoraire qu'il reçoit, comme le mandataire de l'interdit et de son tuteur (Issoire, 6 nov. 1901, 10091 R. P.).

25. Cession transport. — Saisies postérieures. — La saisie-arrêt ne frappant la créance saisie-arrêtée que d'une indisponibilité relative à l'égard de ce qui concerne le créancier saisissant, il s'ensuit que le débiteur saisi conserve la faculté de céder à un tiers la créance en question, pour toute la quotité excédant le droit et l'intérêt personnel de ce créancier, de telle sorte que si, postérieurement à la signification de cette cession, il intervient d'autres saisies-arrêts sur la même créance qui n'a encore été l'objet d'aucune attribution exclusive au premier saisissant, ces nouvelles oppositions ne peuvent faire obstacle à l'exécution du transport (Cass. civ. 15 juin 1898, 9573 R. P.).

28. Validité. — Transport judiciaire. — Le jugement qui, validant une saisie-arrêt, enjoint au tiers saisi de se libérer entre les mains du saisissant, n'opère au profit de ce dernier un transport judiciaire, dont l'effet est de le rendre propriétaire des deniers arrêtés jusqu'à concurrence des causes de la saisie, qu'autant qu'il a acquis l'autorité de la chose jugée (Cass. req. 2 fév. 1891, 7971 R. P.).

30. Détenu. — Pécule réservé. — Caractère alimentaire. — Si, avant la loi du 12 janv. 1895, les salaires des ouvriers n'étaient pas déclarés insaisissables par la loi, il appartenait aux tribunaux d'apprécier si ces salaires pouvaient être considérés comme alimentaires et affranchis, à ce titre, des effets de la saisie, soit pour le tout, soit pour partie. On ne saurait donc critiquer le jugement portant qu'une saisie-arrêt ne frappera, en aucun cas, le pécule réservé d'un détenu, mais sera exécutée sur son pécule disponible, le pécule réservé se composant du produit du travail du détenu et étant destiné à lui assurer des ressources pour les premiers besoins de sa libération, ce qui lui donne un caractère alimentaire (Cass. 18 fév. 1893, 8647 R. P.).

33. Donation d'immeuble à charge de fonder un asile de vieillards. — Fermages. — Saisie-arrêt. — Ne peuvent être considérés comme insaisissables les fermages d'un immeuble donné à une congrégation à charge de fonder un asile de vieillards indigents, s'il appert de l'acte de donation que la congrégation a la libre disposition de l'immeuble et le choix des bénéficiaires (Mamers, 6 mars 1894, 8308 R. P.).

35. Aliéné. — Rente sur l'État. — Les LL. 8 nivôse an VI, art. 4, et 28 floréal an VII, art. 7, qui déclarent insaisissables les rentes sur l'État, doivent être entendues en ce sens que les saisies-arrêts de ces rentes ne peuvent être pratiquées entre les mains du Trésor public; ces lois n'ont porté aucune atteinte aux droits des créanciers de faire saisir-arrêter les rentes dont il s'agit entre les mains des tiers et d'en faire ordonner par justice la réalisation à leur profit (Issoire, 5 nov. 1901, 10091 R. P.).

45. Tarif. — Le tarif des exploits de saisie-arrêt est actuellement de 2 fr. (L. 28 avr. 1893, art. 22).

Salaires et petits traitements. — L. 12 janv. 1895. — Traitement supérieur à 2.000 fr. — Procédure irrégulière. — Droits de timbre et d'enregistrement. — Exemption. — L'exemption des droits de timbre et d'enregistrement, qui a été prononcée par l'art. 15 L. 12 janv. 1895 en faveur des actes de la procédure relative aux saisies-arrêts sur les salaires et les petits traitements n'excédant pas 2.000 fr. par an, est acquise à toute action judiciaire suivie dans les conditions déterminées par ladite loi, quel qu'en soit le résultat et alors même que le saisissant serait contraint d'abandonner la poursuite, parce que l'action aurait été indûment engagée. — C'est ainsi, notamment, qu'une opposition pratiquée sur un traitement même supérieur à 2.000 fr. devrait participer à l'immunité d'impôt, bien que ne rentrant pas dans les prévisions de la loi de 1895, si, d'ailleurs, les conditions de forme exigées par cette loi avaient été remplies (Sol. 28 juin 1902. 3095-11 I. G.; 10337 R. P.).

48. Comptable public. — Traitement inférieur à 2.000 fr. — L. 12 janv. 1895 non applicable. — Le certificat constatant l'importance des sommes dues par l'État à un fonctionnaire saisi, et délivré par les trésoriers-payeurs en qualité de préposés à la Caisse des dépôts et consignations, doit être rédigé *sur papier timbré*, alors même qu'il intervient au cours d'une procédure de saisie-arrêt sur les salaires et petits traitements des ouvriers ou employés. — Ce certificat étant rédigé, non pas en exécution de la loi du 12 janv. 1895, mais pour satisfaire au décret du 18 août 1807, ne saurait, en effet, bénéficier des exemptions résultant de ladite loi (Sol. 3 janv. 1898, 9238 R. P.).

56. Salaires et petits traitements. — La L. 12 janv. 1895 (V. *C. des Lois*) n'autorise la saisie-arrêt des salaires des ouvriers et gens de service que jusqu'à concurrence du dixième, quel que soit le montant de ces salaires. D'après cette loi, les appointements ou traitements des employés ou commis et des fonctionnaires ne sont également saisissables que jusqu'à concurrence du dixième, lorsqu'ils ne dépassent pas 2.000 fr. par an.

L'art. 15 de la loi précitée prononce l'immunité d'impôt du timbre et de l'enregistrement en faveur des actes de la procédure de la saisie-arrêt faite en cette matière (2875 I. G.). Mais elle ne saurait être étendue aux procédures qui sont la suite de celles prévues par la loi, dès lors qu'elles ne remplissent pas les conditions prévues pour jouir de l'immunité.

Spécialement, l'immunité n'est pas applicable aux saisies pratiquées à l'encontre du patron, déclaré débiteur direct des causes de la saisie originaire, ni à la saisie pratiquée sur toutes les sommes que le patron doit ou devra à son ouvrier, à quelque titre et pour quelque cause que ce soit (Sol. 12 août et 23 déc. 1897, 2098 R. E.), ni à l'exploit portant signification de cession amiable de salaires et traitements ne dépassant pas 2.000 fr. (Sol. 10 nov. 1900, 2609 R. E.).

De même, la mainlevée, donnée par le créancier saisissant, d'une saisie-arrêt pratiquée conformément à la L. 12 janv. 1895, est soumise aux droits de timbre et d'enregistrement, dès lors qu'elle revêt la forme d'un acte s. s. p. (Sol. 7 sept. 1895, 25215 J. E.).

SAISIE-BRANDON.

9. Tarif. — Le tarif des procès-verbaux de saisie-brandon est actuellement de 2 fr. (L. 28 avr. 1893, art. 22).

56. Salaires et petits traitements. Exemption des droits de timbre et d'enregistrement. L. fin. 22 avril 1905. — 10650 R. P.

Disposition rendue applicable à l'Algérie par décr. du 5 sept. 1906. — 11367 R. P.

Salaires et petits traitements. Procurations. Exemption des droits de timbre et d'enregistrement. — Sont dispensés du timbre et doivent être enregistrés gratis, en vertu de l'art. 8 L. 22 avril 1905, les pouvoirs donnés par le créancier saisissant, le saisi ou le tiers saisi aux personnes chargées de les représenter dans les divers actes de la procédure organisée par la L. 12 janv. 1895, relative à la saisie-arrêt sur les salaires et petits traitements (Sol. 7 août 1905, 11093 R. P.).

SAISIE-BRANDON.

SAISIE-EXÉCUTION.

8. **Mobilier indivis. Art. 2205 C. civ.** — L'art. 2205 C. civ. n'interdit pas la saisie-exécution d'un mobilier indivis; il ne prohibe que sa mise en vente. Cet article n'a pas d'ailleurs d'application lorsque le mobilier saisi dépend d'une communauté entre époux et que la saisie-exécution est pratiquée pour le recouvrement de droits dus personnellement par le mari et par la femme (Châtillon-sur-Seine, 1er juill. 1902, 10530 R. P.).

SAISIE FORAINE.

SAISIE-GAGERIE.

SAISIE IMMOBILIÈRE.

9. **Association religieuse. Taxe d'accroissement. Jugement de condamnation rendu contre un membre de l'association. Procédure de saisie immobilière suivie contre tous les membres. Régularité.** — V. *Congrégation*, n° 52 *bis*.

13. **Commandement. Copie du titre. Certification.** — La certification de la copie entière du titre, qui, d'après l'art. 673 C. proc., doit être donnée en tête du commandement précédant la saisie immobilière, n'est pas prescrite à peine de nullité; elle est suffisamment assurée par la signature de l'huissier mise au bas de l'exploit. Un avoué a d'ailleurs qualité pour certifier la copie d'un jugement auquel il est resté étranger (La Flèche, 3 mars 1903, 10704 R. P.).

SAISIE-EXÉCUTION.

14. **Saisie mobilière. — Moyen tiré par le saisi d'un droit de propriété appartenant à des tiers. — Absence de revendication. — Validité de la saisie.** — Si, à la suite d'une saisie mobilière pratiquée contre le débiteur du Trésor, aucune revendication n'a été introduite, le saisi ne peut soutenir qu'il n'est pas propriétaire des meubles trouvés en sa possession (Reims, 13 juil. 1897, 9173 R. P.).

16. **Tarif.** — Le tarif des procès-verbaux de saisie-exécution est, aujourd'hui, de 2 fr. (L. 28 avr. 1893, art. 22).

SAISIE FORAINE.

5. **Tarif.** — Le tarif des procès-verbaux de saisie foraine est actuellement de 2 fr. (L. 28 avr. 1893, art. 22).

SAISIE-GAGERIE.

5. **Tarif.** — Les procès-verbaux de saisie-gagerie ne sont plus assujettis qu'au droit de 2 fr. (L. 28 avr. 1893, art. 22).

SAISIE IMMOBILIÈRE.

1. **Congrégation. — Discussion antérieure du mobilier.** — La disposition de l'art. 2206 C. civ., d'après laquelle les immeubles d'un mineur ou d'un interdit ne peuvent être mis en vente avant la discussion du mobilier, n'est pas susceptible d'être étendue aux congrégations (C. Nancy, 5 juin 1897, 9053 R. P.; — C. Dijon, 20 janv. 1898, 9305 R. P.; — Cholet, 5 août 1898; — C. Angers, 23 déc. 1898, 9357 R. P.).

Congrégation non reconnue. — Taxe d'accroissement. — Poursuite contre l'un des membres. — L'action en recouvrement de la taxe d'accroissement, que la L. 16 avr. 1895 autorise à diriger contre tout membre agrégé à une congrégation non reconnue, comprend nécessairement les moyens d'exécution par lesquels le recouvrement peut être assuré. Par suite, la procédure de saisie immobilière peut être régulièrement suivie contre l'un quelconque des membres de la congrégation (Rochechouart, 20 sept. 1898; — C. Limoges, 20 mars 1899; — Cass. 13 nov. 1900, 9985 R. P.).

Congrégation reconnue. — Exploits signifiés à la congrégation. — Pour avoir paiement de la taxe d'accroissement, l'Administration peut valablement saisir, sur une congrégation reconnue, un immeuble dépendant de l'une quelconque de ses succursales. En autorisant la Régie à diriger l'action en recouvrement de la taxe due par les congrégations reconnues contre le supérieur ou la supérieure, la loi du 16 avril 1895 n'a pas entendu lui interdire de procéder contre elles dans les formes tracées par le Code de procédure. Par suite, doit être considérée comme régulière la procédure de saisie immobilière suivie directement contre une congrégation reconnue (C. Nancy, 31 mars 1900, 10030 R. P.).

Congrégation reconnue. — Autorisation gouvernementale. — L'Administration peut, pour avoir payement de droits d'accroissement, poursuivre la saisie des immeubles appartenant à une congrégation autorisée sans être tenue de solliciter l'autorisation du gouvernement (Avis Cons. d'Etat, 7 mai 1896; — Seine, 13 août 1896, 8905 R. P.).

La loi du 24 mai 1825, abrogeant implicitement la disposition de l'art. 14 Décret 18 fév. 1809, a soumis toutes les congrégations de femmes à des règles nouvelles et uniformes. — Par suite, et conf. à l'avis du Conseil d'Etat du 7 mai 1896, l'Administration peut, pour avoir payement de droits d'accroissement, poursuivre la saisie d'immeubles appartenant aux congrégations hospitalières de femmes autorisées sans en avoir, au préalable, obtenu l'autorisation du gouvernement (Avis Cons. d'Etat, 24 fév. 1897, 8090 R. P.; — C. Nancy, 5 juin 1897, 9053 R. P.; — Cholet, 5 août 1898; — C. Angers, 23 déc. 1898, 9357 R. P.).

Les dispositions de l'art. 4 L. 24 mai 1825, qui interdisent d'aliéner les immeubles et les rentes appartenant aux congrégations de femmes autorisées, sans autorisation du gouvernement, ne sont applicables qu'aux aliénations volontaires et ne sauraient être étendues à la vente forcée en suite de saisie. Il n'y a, du reste, aucune distinction à établir entre les communautés hospitalières et les autres congrégations de femmes, l'art. 8 L. 24 mai 1825 qui a implicitement abrogé l'art. 14 Déc. 18 fév. 1809 ayant soumis toutes les congrégations autorisées de femmes à un régime uniforme. En conséquence, l'Administration est fondée, pour avoir payement des droits d'accroissement, à poursuivre la saisie des immeubles appartenant à ces congrégations sans être tenue de provoquer un décret préalable d'autorisation (Cass. civ., 21 mars 1899, 9512 R. P.; — 4 avr. 1900, 9823 R. P.; — 5 fév. 1901, 9986 R. P.; — 19 mars 1901, 10023 R. P.).

De même, est régulier le jugement qui, après avoir reconnu l'exigibilité des droits d'accroissement réclamés à une congrégation de femmes autorisée, frappe d'hypothèque judiciaire, sans autorisation du gouvernement, les immeubles appartenant à cette congrégation (Cass. civ. 17 juin 1901, 10044 R. P.).

12. **Poursuites. — Continuation par voie de saisie-arrêt.** — L'Administration est fondée à recourir à la saisie-arrêt, alors même qu'elle aurait commencé les poursuites par voie de saisie immobilière, si ce mode d'exécution lui paraît plus avantageux (Castres, 15 juill. 1898, 9583 R. P.).

Poursuites. — Saisie-arrêt. — Continuation par voie de saisie immobilière. — Lorsqu'un créancier a obtenu contre son débiteur un jugement de validité de saisie-arrêt rendu par défaut, il est fondé, pour rendre la décision définitive, à en poursuivre l'exécution par voie de saisie immobilière, dès l'instant que le tiers saisi refuse de se libérer tant qu'il ne lui a pas été justifié d'un acquiescement ou d'une exécution dans les formes de l'art. 159 C. proc. (C. Caen, 26 juill. 1897, 9303 R. P.).

13. **Congrégation. — Appel. — Notification au greffier. — Qualités.** — Est irrecevable l'appel interjeté contre un jugement intervenu en matière de saisie immo-

bilière, qui n'a pas été notifié au greffier du tribunal de 1re instance dans le délai prescrit par les art. 731 et 732 C. proc. — La circonstance que la signification du jugement n'a pas été précédée de celle des qualités réglées entre avoués, ne saurait entacher de nullité cette signification ni rendre valable une tardive notification d'appel au greffier, attendu que l'art. 142 C. proc. n'est pas applicable à la procédure sur incidents de saisie immobilière et que l'exécution des jugements rendus sur ces incidents requiert une célérité incompatible avec les formalités exigées par cette disposition (C. Angers, 3 mars 1897, 9302 R. P.).

Congrégation. — Jugement par défaut. — Exécution. — Saisie-arrêt. — Appel. — Le jugement qui statue à la fois sur un incident de saisie immobilière, sur une demande en nullité d'inscription hypothécaire et sur une demande en mainlevée de saisie-arrêt, présente un caractère complexe de droit commun et d'exception. C'est dès lors au droit commun que doivent être empruntées les formalités de procédure nécessaires pour l'exécution ou la réformation d'une pareille décision. Lorsqu'un créancier a obtenu contre son débiteur un jugement de validité de saisie-arrêt rendu par défaut, il est fondé, pour rendre la décision définitive, à en poursuivre l'exécution par voie de saisie immobilière, dès l'instant que le tiers saisi refuse de se libérer tant qu'il ne lui a pas été justifié d'un acquiescement ou d'une exécution dans les termes de l'art. 159 C. proc. (C. Caen, 20 juill. 1897, 9303 R. P.).

Congrégation. — Jugement par défaut. — Délai de grâce. — Commandement signifié pendant ce délai. — L'Administration est fondée, pour avoir payement de droits d'accroissement, à poursuivre la saisie des immeubles appartenant à une congrégation de femmes autorisée sans être tenue de solliciter l'autorisation du gouvernement. — Lorsqu'un jugement rendu par défaut a accordé à une congrégation un délai de grâce pour se libérer des droits dont elle est débitrice, l'Administration peut régulièrement et valablement faire signifier, avant l'expiration de ce délai, un commandement tendant à une saisie immobilière, ce commandement ne constituant ni un acte d'exécution ni un acte de poursuite, mais un acte conservatoire destiné à interrompre la péremption (C. Caen, 13 déc. 1897, 9304 R. P.; — Cass. 4 avr. 1900, 9823 R. P.).

19. Dénonciation. — Copie. — Visa. — L'art. 677 C. proc. n'exige pas que la copie d'un exploit de dénonciation de saisie immobilière contienne la transcription ou la mention du visa donné par le maire. Par suite, le défaut de mention du visa sur la copie n'entraîne pas la nullité de la saisie, alors qu'il est constant, en fait, que l'original a été régulièrement visé (C. Nancy, 5 juin 1897, 9053 R. P.; — Cass. 19 mars 1901, 10023 R. P.).

40. Adjudication non prononcée au jour fixé. — N'est pas annulable la procédure de saisie immobilière pour le motif que l'adjudication n'a pas été prononcée au jour indiqué par le jugement de remise et que le poursuivant n'a pas procédé aux publications prescrites par l'art. 704 C. pr., alors surtout que celui-ci a signifié postérieurement avenir aux fins de continuation des poursuites (C. Nancy, 10 janv. 1899; — Cass. req., 26 juin 1901, 10043 R. P.).

55. Tarif. — Les procès-verbaux de saisie immobilière ne sont plus assujettis qu'au droit de 2 fr. (L. 28 avr. 1893, art. 22).

SCELLÉ.

23. Tarif. — L'art. 24 L. 28 avril 1893 a réduit de moitié, c'est-à-dire fixé à 3 fr., le droit de 6 fr., établi par les art. 5 L. 19 juillet 1845 et 4 L. 28 fév. 1872 pour les procès-verbaux d'apposition, de reconnaissance et de levée de scellés (2838 I. G., p. 7).

SERMENT (PRESTATION DE).

20 et 23. L. 28 avril 1893. — Les actes de prestation de serment des gardes des particuliers et des agents salariés par l'État, les départements, communes, établissements publics ou d'utilité publique, dont le traitement et ses accessoires n'excèdent pas 4.000 fr., ne sont plus assujettis qu'à un droit de 4 fr. 50 (L. 28 avril 1893, art. 20, 8053 R. P.).

21. Fabriques. — Prestation de serment des comptables. — Aux termes des décrets du 27 mars 1893, les trésoriers remplissant les fonctions de comptables ou, à leur défaut, les receveurs spéciaux prêtent, devant les conseils de fabriques, les conseils presbytéraux ou les consistoires, le serment professionnel des comptables publics; les percepteurs, seuls, ne sont pas astreints à cette obligation. La prestation de serment est constatée sur le registre des délibérations de l'établissement.

Ces prestations de serment ne présentent pas, dès lors, le caractère de solennité qui a contribué à faire classer les procès-verbaux de l'espèce dans la catégorie des actes obligatoirement soumis au timbre et à l'enregistrement, et l'on peut ainsi les considérer comme constituant de simples mesures de réglementation intérieure. Il n'y a pas lieu, par suite, de les assujettir au timbre et à l'enregistrement (D. m. f. 27 oct. 1894, 2860 I. G.; 8630-2 R. P.).

31. Serment administratif. — Les actes de prestation de serment devant l'autorité administrative sont assujettis à l'enregistrement dans le délai de 20 jours. C'est ce qui a été reconnu pour les procès-verbaux de prestation de serment des inspecteurs des enfants assistés, des économes des écoles normales, des professeurs d'agriculture (Déc. min. fin. 17 janv. 1889, 3 déc. 1890, 2 juin 1891, 15 déc. 1893, 7531, 7974-39 et 8509 R. P., 2817, § 8, I. G.).

Ce sont les minutes mêmes des procès-verbaux, et non des duplicata ou expéditions, qui doivent être présentées à l'enregistrement et, quels que puissent être les inconvénients qui résultent du déplacement des minutes, on ne saurait admettre, sur ce point, aucune dérogation au texte précis de la loi.

Chaque procès-verbal constituant, au point de vue du timbre, un acte distinct, deux procès-verbaux ne peuvent être écrits sur la même feuille de papier timbré sans contravention; mais rien ne s'oppose à ce que les procès-verbaux soient rédigés sur un registre non timbré, à condi-

SCELLÉ.

SÉMINAIRE.

1. **Séparation des Églises et de l'État.** — V. ce mot.

SÉPARATION DES ÉGLISES ET DE L'ÉTAT.

L. 9 déc. 1905, concernant la séparation des Églises et de l'État. — 11080 R. P.

Décr. 29 déc. 1905, portant règlement d'administration publique en ce qui concerne l'inventaire prescrit par l'art. 3 L. 9 déc. 1905 sur la séparation des Églises et de l'État. — 11086 R. P.

Décr. 16 mars 1906, relatif à la formation des associations et unions cultuelles, à l'attribution des biens des établissements ecclésiastiques supprimés, au séquestre, au droit de retour de l'État et au contrôle financier des associations et des unions. — 11146 R. P.

L. fin. 17 avril 1906 (art. 37), édictant des immunités fiscales pour l'attribution à des associations cultuelles de biens qui, sans appartenir à des établissements publics du culte, étaient affectés, avant la L. 9 déc. 1905, à l'exercice public d'un culte. — 11155 R. P.

SERMENT (PRESTATION DE).

SERVITUDE.

128, 129, 130, 131, 133 et 148. — **Agents des Administrations financières. Surnuméraires.** — La réglementation organisée par l'arrêté ministériel du 2 juin 1898 a été consacrée par l'art. 20 L. 30 janv. 1907 (11332 R. P.).

tion d'être revêtus, au moment de leur enregistrement, d'un timbre mobile de dimension représentant le coût du timbre du papier employé. Quant aux expéditions délivrées aux parties, elles sont passibles du timbre de 1 fr. 80 (D. m. f. 8 fév. 1894, 8509 R. P.).

34 et 36. **Surnuméraires.** — Les surnuméraires, qui ne reçoivent, en cette qualité, ni traitement ni salaires proprement dits, ne peuvent être rangés dans la catégorie des agents salariés dont les prestations de serment sont soumises aux droits de 2 fr. 50 ou 4 fr. 50. Les procès-verbaux de prestation de serment de ces agents constituent des actes judiciaires innomés assujettis seulement au droit de 1 fr. 50 (Sol. 12 août 1898).

42. **Accessoires du traitement. — Frais de bureau et de tournée.** — On doit considérer comme accessoires du traitement : l'*indemnité pour frais de bureau allouée à un agent de chemins de fer* (Sol. 17 janv. 1891, 7556 R. P.); les *frais de tournées accordés à un vérificateur-adjoint des poids et mesures* (D. m. f. 22 mars 1892, 7908 R. P.).

Lorsque les actes de prestation de serment ne mentionnent pas le chiffre du traitement et des accessoires, il y a lieu d'inviter la partie à fournir ces indications au moyen d'une déclaration souscrite en conformité de l'art. 16, L. 22 frim. (Sol. 17 janv. 1891, 7556 R. P.).

47. **Chemin de fer.** — V. nos 20 et 42 *suprà*.

53. **Surnuméraires de l'enregistrement.** — V. no 34 *suprà*, et no 128 *infrà*.

76. **Vérificateur des poids et mesures.** — V. nos 20 et 42 *suprà*.

78 *bis*. **Établissements publics.** — V. no 21 *suprà*.

96. **Commis-greffier temporaire.** — Constitue une disposition indépendante du procès-verbal d'enquête la prestation de serment d'un commis-greffier temporaire; comme telle, elle donne ouverture à un droit particulier dont la quotité est de 1 fr. 50 (Sol. 12 oct. 1900, 10014 R. P.).

100. **Huissiers de justice de paix.** — Les procès-verbaux de prestation de serment des huissiers de justice de paix ne donnent ouverture qu'au droit fixe de 4 fr. 50, à l'exclusion de celui de 22 fr. 50 (Sol. 5 mai 1898, 9208 R. P.).

103. **Interprètes.** — Les procès-verbaux de prestation de serment des interprètes, qui ne sont pas des agents salariés, constituent des actes judiciaires innomés assujettis comme tels au droit fixe de 1 fr. 50 (Sol. 21 juill. 1898, 25282 J. E.).

128, 129, 130, 131, 133 et 148. **Agents des Administrations financières. — Surnuméraires.** — Aux termes d'un arrêté du 2 juin 1898, le Ministre des finances a réglementé sur de nouvelles bases, et d'après les dispositions uniformes pour toutes les administrations financières, la prestation de serment des agents.

D'après l'art. 1er de cet arrêté, les agents sont tenus de prêter serment lors de leur entrée dans l'Administration en qualité de surnuméraires, sous réserve des conditions d'âge établies par les lois en vigueur. En conséquence, les surnuméraires ne sont plus astreints au serment spécial qui leur était précédemment imposé; mais ils doivent prêter serment, *en qualité de préposés de l'Administration*, dès leur installation, s'ils sont âgés de 21 ans, et, dans le cas contraire, aussitôt qu'ils ont atteint cet âge. Cette formalité a lieu devant le tribunal civil de l'arrondissement de leur résidence. La prestation de serment est mentionnée et certifiée par le greffier, à la suite ou en marge du brevet du surnuméraire (334 I. G.).

Le serment, une fois prêté dans ces conditions, n'a pas besoin d'être renouvelé à chaque changement de grade ou de fonction, *quelle que soit d'ailleurs la nature des attributions successivement confiées aux agents* (art. 2).

Cette dispense de renouvellement du serment est formulée dans les termes les plus larges; aucune restriction n'en limite la portée. Il s'ensuit que, actuellement, dans l'Administration de l'Enregistrement spécialement, les surnuméraires nommés receveurs, les préposés promus aux grades de sous-inspecteur, d'inspecteur ou de directeur, les agents de la Direction générale appelés à un emploi quelconque du service départemental, ne sont plus assujettis à un nouveau serment. Il en est de même des agents nommés conservateurs des hypothèques; ils sont dispensés de prêter le serment spécial auquel se réfère l'article 4 de la loi du 21 vent. an VII. Les agents ont seulement à justifier, dans ces différents cas, de la prestation primitive de serment prévue par l'article 1er de l'arrêté du 2 juin 1898; ils doivent, à cet effet, faire enregistrer au greffe du tribunal, conformément aux Instructions no 269 et 438, la commission ou le brevet mentionnant l'accomplissement antérieur de cette formalité, et faire constater par le greffier cet enregistrement sur leur nouvelle commission.

Toutefois, dans ces diverses hypothèses, la dispense de renouvellement du serment n'est applicable que tout autant qu'il n'y a pas eu d'interruption dans les fonctions (art. 2).

Les agents réintégrés dans le cadre d'activité dès la cessation des causes pour lesquelles ils ont dû être mis en disponibilité ou ont suspendu leur service, ne sont pas considérés comme ayant interrompu leurs fonctions; ils n'ont donc pas à prêter serment de nouveau (art. 3 de l'arrêté). Mais un nouveau serment est exigé, notamment des préposés démissionnaires ou rayés des cadres, qui sont rappelés à un poste d'activité, et même de ceux qui, mis en non-activité, sont restés volontairement dans cette situation, après la disparition des circonstances ayant motivé l'interruption de leur service (2957 I. G.).

SERVITUDE.

45-2. **Transmission directe. — Droit actuel. — Principe.** — Dans la première partie du *Rép. gén.*, *in fine*, au lieu de : « Cass. 5 fév. 1885 », lire : Cass. 4 fév. 1885.

48-3. **Droit de passage. — Forêts domaniales. — Concession.** — Les concessions de passage dans les forêts domaniales ou communales, faites à perpétuité, à titre de servitude, sont passibles du droit de 5 fr. 50 p. 100

Si ces concessions sont accordées à titre temporaire et révocable, par arrêté préfectoral, elles sont considérées comme emportant mutation de jouissance et sont assujetties à l'enregistrement dans le délai de 20 jours (Déc. min. fin. 18 mars 1895, 1134 R. E.).

Lorsque le prix n'est pas fixé dans l'arrêté de concession, il y a lieu de faire évaluer par les parties la valeur de la concession. La pétition du concessionnaire, la minute de l'acte synallagmatique ou de l'arrêté constatant la concession et les expéditions ou ampliations de ces actes sont soumises au timbre de dimension. Quant aux pièces d'ordre intérieur (ampliation de l'arrêté, avis d'autorisation, procès-verbal de délivrance), qui sont transmises au receveur pour lui tenir lieu de titres de recouvrement, elles sont exemptes de timbre (Sol. 30 déc. 1895, 24756 J. E.).

49. Indemnité. — Droit d'édifier des constructions. — Terrain dont l'accès doit être maintenu libre. — Tarif applicable. — Lorsque l'acquéreur d'un immeuble contigu à une impasse a stipulé un droit de passage sur l'impasse, — que, d'autre part, il s'est engagé, vis-à-vis du vendeur, à maintenir toujours le passage libre, — et qu'ultérieurement, il consent à laisser édifier par un tiers des constructions obstruant le fond de l'impasse, moyennant le payement d'une somme déterminée, le tribunal peut décider que cette somme ne représente pas le prix de l'abandon d'une servitude et reconnaître qu'il s'agit là d'une simple indemnité à l'effet d'indemniser l'acquéreur de l'inobservation de l'obligation prise par lui vis-à-vis du vendeur de maintenir libre la voie appartenant à ce dernier (Seine, 27 fév. 1897, 9218 R. P.).

50. Rachat d'un droit immobilier. — Indemnité. — Tarif. — Quand une Compagnie de chemins de fer a acquis, par voie d'expropriation pour cause d'utilité publique, une bande de terrain dans une propriété, à charge d'établir un passage à niveau à un endroit déterminé de la ligne, la convention ultérieure aux termes de laquelle le propriétaire accepte, moyennant une indemnité à payer par la Compagnie, que le passage soit reporté à un autre emplacement de la voie ferrée, constitue un rachat de droit immobilier et donne ouverture à l'impôt de 5 fr. 50 p. 100 (Seine, 21 fév. 1898, 8322 R. P.).

SOCIÉTÉ.

10-3. Société civile. — Être moral. — Hypothèque consentie par un associé sur un immeuble social. — Inefficacité. — La société civile constitue, tant qu'elle dure, une personne morale qui est propriétaire du fonds social; par suite, est sans valeur et inopérante l'hypothèque consentie par un associé sur des immeubles qui n'étaient pas la copropriété par indivis des associés, mais la propriété exclusive de la société (Cass. req. 23 fév. 1891, 7729 R. P.).

Société civile. — Exploitation de mines — Être moral. — La société civile, constituée par différents propriétaires pour l'exploitation d'une mine leur appartenant indivisément, ne donne pas naissance à une personne morale distincte de la personne même des associés, si elle ne revêt pas la forme commerciale (Castres, 19 déc. 1895, 6712 R. P.).

Société civile. — Achat d'immeuble. — Personnalité morale. — Créancier personnel d'un associé. — Conséquence. — La société qui a pour objet l'achat et la mise en valeur d'un immeuble est une société civile (non sujette, à ce titre, à l'application des art. 55 et 56 de la loi du 24 juill. 1867), qui prend, par le seul effet de la convention des parties, le caractère d'une personne morale, capable d'acquérir et de posséder en propre un patrimoine distinct des biens de chacun des associés. Par suite, si cette société se transforme, après l'achat de cet immeuble, en une société commerciale constituée entre les mêmes personnes, l'immeuble doit être réputé n'avoir jamais été, à aucune époque, depuis son acquisition la propriété indivise des membres de la société, et il n'a pu être atteint par une hypothèque légale du chef de l'un d'eux (Cass. req. 22 fév. 1898, 9672 R. P.).

38. Impôt sur le revenu. — Soumission signée du président du conseil d'administration. — Régularité. — Est valable la soumission souscrite par le président du conseil d'administration d'une société civile, qui tient de sa qualité le droit de signer tout extrait des délibérations du conseil, alors surtout que, d'après les statuts, le conseil peut lui conférer tous les pouvoirs qu'il juge convenables (Dreux, 4 juill. 1893; — Cass. 4 fév. 1895, 8707 R. P.).

62. Société en commandite par actions. — Constitution. — Une L. 2 août 1893, art. 1er (8139 R. P. — V. *Code des Lois*), a modifié ainsi qu'il suit les §§ 1 et 2 de l'art. 1er L. 24 juill. 1867 : « Les sociétés en commandite ne peuvent diviser leur capital en actions ou coupures d'actions de moins de 25 fr., lorsque le capital n'excède pas 200.000 fr., de moins de 100 fr., lorsque le capital est supérieur à 200.000 fr. — Elles ne peuvent être définitivement constituées qu'après la souscription de la totalité du capital et le versement en espèces, par chaque actionnaire, du montant des actions ou coupures d'actions souscrites par lui, lorsqu'elles n'excèdent pas 25 fr., et du quart au moins des actions lorsqu'elles sont de 100 fr. et au-dessus ».

63-64. Forme des actions — Responsabilité. — Les actions sont nominatives jusqu'à leur entière libération. Les actions représentant des apports doivent toujours être intégralement libérées au moment de la constitution de la société. Ces actions ne peuvent être détachées de la souche et ne sont négociables que deux ans après la constitution définitive de la société. Pendant ce temps, elles doivent, à la diligence des administrateurs, être frappées d'un timbre indiquant leur nature et la date de cette constitution. Les titulaires, les cessionnaires intermédiaires et les souscripteurs sont tenus solidairement du montant de l'action. Tout souscripteur ou actionnaire, qui a cédé son titre, cesse, deux ans après la cession, d'être responsable des versements non encore appelés (L. précitée, art. 2).

78. Assemblées. — Représentation. — L'art. 4 L. 2 août 1893 ajoute les dispositions suivantes à l'art. 27 L.

SOCIÉTÉ.

10. Époux et tiers. Nullité. Immeubles sociaux. Hypothèque légale. — La société en nom collectif formée entre un tiers et deux époux est nulle, lorsque la femme y a figuré avec une personnalité distincte de celle de son mari; en conséquence, les immeubles acquis au nom de la société sont la propriété individuelle des associés apparents et soumis à l'hypothèque légale du chef de chacun d'eux (Cass. (req.), 2 avril 1902, 10626 R. P.).

21. Succession. Apport d'un immeuble en société par le *de cujus*. Décès arrivé avant la date fixée comme point de départ de la société. Droits de mutation par décès dus sur le revenu capitalisé de l'immeuble. — V. *Succession*, n° 1168.

127-3. Sous-société. Cession partielle de part d'intérêt. — Constitue, non pas une formation de société en participation, mais une cession de part sociale, la convention par laquelle un associé, débiteur du prix d'acquisition d'un fonds de commerce apporté par lui à une société en nom collectif, cède en payement aux créanciers du prix de ce fonds une partie de ses droits dans la société; cette convention est, en conséquence, passible du droit de 0.50 p. 100 (Seine, 5 avril 1906, 11230 R. P.).

91. Actions, obligations ou titres. Émission. Exposition. Mise en vente. — Préalablement à toute mesure de publicité, les émetteurs, exposants, metteurs en vente et introducteurs doivent faire insérer dans un bulletin annexe au *Journal officiel* une notice contenant diverses indications relatives à la situation de la société (L. 30 janv. 1907, art. 3, 11331 R. P.).

115. Société de crédit agricole. — Présente les caractères d'une véritable société, au sens de l'art. 1832 C. C., l'association constituée entre propriétaires ruraux, en vue de se procurer au meilleur marché le crédit dont ils ont besoin. L'acte de formation de cette société est, en conséquence, passible du droit de 0,20 p. 100, à l'exclusion du droit fixe de 3 fr. (Annecy, 28 juin 1906, 11366 R. P.).

138. Prorogation. Droit proportionnel. Bases de la perception. Déclaration estimative. — En cas de prorogation pure et simple d'une société, le droit proportionnel (ancien droit gradué) exigible doit être liquidé, non pas sur les apports originaires, mais sur la valeur nette de l'actif social tel qu'il existe au jour où intervient l'acte de prorogation. Si la valeur de cet actif n'est pas déterminée dans l'acte, la perception doit être établie sur une déclaration estimative conformément à l'art. 16 L. frim., sous réserve du droit de contrôle de l'Administration (Seine, 20 janv. 1906, Belley, 1er avril 1905, 11031 R. P. — V. n° 134 *infra*).

21 juill. 1867 : « Tous propriétaires d'un nombre inférieur à celui déterminé pour être admis dans l'assemblée pourront se réunir pour former le nombre nécessaire et se faire représenter par l'un d'eux ».

83. Administrateurs. — Responsabilité. — L'art. 5 L. 1 août 1893 renferme les dispositions ci-après : « Dans le § 1er de l'art. 42 L. 24 juill. 1867, aux mots « responsables solidairement envers les tiers, sans préjudice du droit des actionnaires », sont substitués les termes suivants : « responsables solidairement envers les tiers et les actionnaires du dommage résultant de cette annulation ». Au même article est ajouté le § suivant : « L'action en nullité et celle en responsabilité en résultant sont soumises aux dispositions de l'art. 8 ci-dessus ».

88. Sociétés à capital variable. — Actions. — Valeur minima. — L'art. 71 L. précitée a supprimé, dans l'art. 50, § 1er, L. 24 juill. 1867, les mots : « ils ne pourront être inférieurs à 50 fr. ».

94-1 et 4. Association en participation. — Dissolution. — Liquidation. — Par sa nature et en l'absence de stipulations contraires, l'association en participation n'établit entre les contractants aucun lien de copropriété susceptible de donner lieu, après la dissolution, à des opérations de partage; il n'existe sous ce régime ni actif ni passif social distincts des patrimoines personnels des participants, lesquels sont seulement comptables les uns envers les autres des résultats d'opérations que, vis-à-vis des tiers, chacun d'eux est réputé avoir suivies en son propre et privé nom (Cass. req. 7 mai 1902, 10369 R. P.).

98 1. Association en participation. — Société de capitaux. — Constitue une véritable société de capitaux, donnant naissance à un être moral, et non une simple association en participation, la société dont le capital a été divisé en actions négociables en bourse, et dont le fonctionnement a été organisé par la création d'un conseil d'administration et d'un personnel salarié, auxquels sont attribués des pouvoirs et une responsabilité minutieusement déterminés (Seine, 15 déc. 1893, 8250 R. P.; — Cass. 31 déc. 1895, 8687 et 8860-39 R. P.).

109 à 112. Tarif. — Droit gradué. — Suppression. — L'art. 19 L. 28 avr. 1893 a supprimé le droit gradué qu'elle a remplacé par un droit proportionnel de 0 fr. 20 p. 100. Ce droit se perçoit, d'ailleurs, dans les mêmes conditions que celui auquel il est substitué (8053 et 8198-16 R. P. — V. *Droit gradué* et *Code des Lois*).

120. Société en participation. — Passif postérieur à la constitution de la société. — Non-déduction. — Les actes constatant la formation d'une société en participation sont passibles du droit gradué (aujourd'hui droit proportionnel). Le passif à déduire pour la liquidation de ce droit ne peut être que celui qui existe au moment de l'apport et non celui qui se produit dans la suite par les conséquences plus ou moins bonnes de l'opération (Seine, 19 nov. 1892, 8089 R. P.; — Cass. 13 mars 1893, 8525 et 8860-6 R. P.).

125. Société. — Convention verbale. — Bailleur de fonds. — Participation aux bénéfices. — Non assujettissement aux pertes. — On ne peut attribuer le caractère d'acte de société à une convention verbale par laquelle un bailleur de fonds met une somme déterminée à la disposition d'un industriel pour l'exécution d'une commande, sous la condition que le remboursement en sera effectué au fur et à mesure des bénéfices réalisés, que jusqu'au remboursement le bailleur de fonds sera constamment couvert par la remise d'effets de commerce, et qu'il aura droit à une portion des bénéfices sans pouvoir jamais être tenu de contribuer aux pertes. La stipulation par laquelle le capital remis est soustrait aux risques ne permet pas de voir dans cet acte autre chose qu'un prêt commercial avec modalités particulières. Par suite, le jugement qui condamne l'emprunteur à rembourser le capital dû en vertu de cette convention verbale, donne ouverture au droit de titre à 1 fr. p. 100 (Seine, 7 janv. 1899, 9605 R. P.).

134. Formation et prorogation de société. — Droit proportionnel. — Nous avons vu n° 109 *suprà* que la L. 28 avr. 1893 a substitué le droit proportionnel de 0 fr. 20 p. 100 au droit gradué pour les actes de formation et de prorogation de société.

Ce droit se perçoit dans les mêmes conditions que le droit gradué.

135-2. Société anonyme. — Constitution. — Date de l'exigibilité du droit. — Les divers droits d'enregistrement dus sur les apports faits à une société anonyme doivent être perçus sur le procès-verbal de la délibération constatant la constitution définitive de la société, d'après la valeur des apports, telle qu'elle est fixée par cette délibération, et non sur l'acte notarié antérieur constatant l'accomplissement des formalités préalables à la constitution de la société. Ce dernier acte n'est sujet qu'au droit fixe (Sol. 29 nov. 1898, 4578 *Rev. prat.*).

Nous avons indiqué n° 62 *suprà* les modifications apportées à la L. 24 juill. 1867 par la L. 2 août 1893, en ce qui concerne notamment les conditions requises pour la constitution des sociétés anonymes.

136. Apport. — Condition suspensive. — L'apport fait sous condition suspensive, qu'il soit pur et simple ou à titre onéreux, ne peut, tant que la condition n'est pas réalisée, donner ouverture au droit proportionnel (Seine, 21 janv. 1899, 9571 R. P.).

137-138-139-140. Apports purs et simples. — Assiette du droit proportionnel. — Aucune modification aux explications contenues dans la première partie du *Rép. gén.*, sauf que le droit proportionnel de 0 fr. 20 p. 100 a été substitué au droit gradué (V. n° 109 *suprà*).

Décidé que ce droit, exigible en cas de formation d'une société, doit être liquidé sur le montant des biens qui composent le fonds social, c'est-à-dire sur le capital-actions et sur les apports en nature (Seine, 21 janv. 1899, 9571 R. P.).

138. Apports. — Valeur aléatoire. — Déclaration estimative. — Si la valeur des apports dépend d'événements futurs et incertains et est, par conséquent, aléatoire, la perception doit être établie sur la déclaration estimative des parties conformément à l'art. 16 L. frim., sauf à l'Administration à en démontrer l'insuffisance par les moyens légaux dont elle dispose (Seine, 21 janv. 1899, 9571 R. P.).

139. Société. — Constitution à l'étranger. — Siège transféré en France. — Capital augmenté. — Statuts définitifs. — Assiette du droit. — L'acte passé dans un pays de protectorat, devenu ensuite pays annexé, est et reste un acte passé en pays étranger, sauf dans le cas où les lois de promulgation contiennent des dispositions spéciales; un pareil acte est inexistant au point de vue fiscal.

Spécialement, lorsqu'une société a été constituée au Tonkin, sous le régime du protectorat, et, qu'après l'annexion, une délibération de l'assemblée générale des actionnaires a décidé que le siège de la société serait transféré en France et le capital augmenté, sous réserve de l'approbation par une nouvelle assemblée générale tenue en France, la délibération de cette dernière assemblée qui arrête le texte entier des statuts et fixe l'importance du capital social comprenant les apports d'origine et l'augmentation, doit être considérée comme le titre même de la constitution définitive d'une nouvelle société. En conséquence, quand elle est soumise à l'enregistrement, par suite de son dépôt dans l'étude d'un notaire en France, elle donne ouverture au droit de 0 fr. 20 p. 100 sur la totalité du capital social (ancien et nouveau) (Seine, 11 fév. 1898; — Cass. 15 mars 1899, 9505 R. P.).

140. Apports. — Passif. — Déduction. — V. n° 120 *suprà*.

140-3. Apport. — Charge de l'apporteur. — Non-déduction. — Ne doit pas être déduit de la valeur des apports, pour la liquidation du droit proportionnel de 0 fr. 20 p. 100 dû sur l'acte constitutif d'une société, le montant du passif dont les biens apportés sont grevés, lorsque ce passif est resté à la charge des associés (Grenoble, 29 déc. 1900, 10089 R. P.).

140-5. Apport. — Passif. — Capital social. — En aucun cas, le droit de 0 fr. 20 p. 100 ne peut être perçu sur une valeur inférieure à celle du capital social représenté par l'ensemble des actions émises. Il n'y a donc pas lieu de déduire du capital-actions le passif grevant un apport et qui est mis à la charge de la société (Bar-le-Duc, 22 fév. 1899, 25678 J. E.).

142-3. Apport en numéraire. — Apport d'industrie. — Bénéfices également répartis. — La clause du partage égal des bénéfices, dans une société en nom collectif, constitue une présomption en faveur de l'égalité des mises des associés. Mais pour pouvoir être utilement invoquée, en ce qui concerne l'assiette du droit dû sur les apports, il est nécessaire que cette présomption ne demeure pas isolée et soit corroborée par d'autres indices opposables aux parties (Sol. 27 juill. 1896, 8910 R. P.).

144. Dissimulation de la valeur de l'apport. — La L. 28 avr. 1893 qui a substitué le droit proportionnel au droit gradué (V. n° 109 *suprà*) dispose (art. 20) que la dissimulation des sommes ou valeurs ayant servi de base à la perception sera punie d'un droit en sus, au minimum de 50 fr.

C'est la reproduction intégrale de la disposition similaire contenue dans l'art. 3 L. 28 fév. 1872.

Les explications données, sur ce point, dans la première partie du *Rép. gén.* continuent, donc, à être applicables.

147. Adhésion d'associés. — Droit proportionnel. — Le droit proportionnel de 0 fr. 20 p. 100 a remplacé le droit gradué sur les actes d'adhésion qui se produisent entre les anciens associés et les nouveaux adhérents (V. n° 109 *suprà*); sauf cette modification de tarif, toutes les règles applicables à ces actes restent en vigueur.

148. Sociétaire nouveau. — Adhésion. — Cession de part sociale. — Si les associés survivants s'adjoignent, en qualité d'associé, le fils de leur co-associé décédé, sans aucune modification dans les clauses des statuts originaires, et, notamment, dans l'importance du capital social, cette convention révèle une cession de part sociale et donne, en conséquence, ouverture au droit de 0 fr. 50 p. 100 (Seine, 30 oct. 1896, 9016 R. P.).

152. Prorogation. — Tarif. — Nous avons vu n° 109 *suprà* que la L. 28 avr. 1893 a substitué le droit proportionnel de 0 fr. 20 p. 100 au droit gradué.

153. Date de dissolution. — Modification. — Prorogation. — Quand un acte intervenu entre des associés énonce que la société existant entre eux doit prendre fin à une date postérieure à celle qui a été indiquée dans les statuts, la Régie est autorisée à percevoir le droit applicable à la prorogation de la société, et, comme la perception se règle d'après les énonciations contenues dans les actes assujettis à la formalité, les parties ne sauraient valablement soutenir que l'indication de la nouvelle durée de la société est le résultat d'une erreur (Seine, 16 mars 1894, 8323 R. P.).

154. Prorogation. — Droit proportionnel. — Bases de la perception. — En cas de prorogation pure et simple d'une société, le droit proportionnel (ancien droit gradué) exigible doit être liquidé sur l'actif net de la société au moment de la prorogation, et non pas seulement sur le montant des appels constatés à l'époque de la formation de la société (Seine, 25 juin 1897, 9100 R. P.; — Lille, 4 juill. 1901, 10428 R. P., 2786 R. E.; — *Contrà* : Soissons, 10 juill. 1901, 10428 R. P.).

Le droit de 0 fr. 20 p. 100 exigible en matière de prorogation de société doit être liquidé, non sur les apports originaires, mais sur la valeur nette de l'actif social, tel qu'il existe au jour où intervient le contrat de prorogation, sans qu'il y ait lieu de tenir compte de ce qu'il sera à la date à laquelle ce contrat doit produire ses effets (Seine, 21 mai 1898, 9402 R. P.).

159. Société anonyme. — Transformation. — Commandite. — La substitution de la forme en commandite à la forme anonyme, lorsqu'elle n'a pas été prévue par les statuts primitifs, entraîne, dans les éléments essentiels d'une société, un changement qui a pour résultat la création d'un être moral entièrement nouveau, surtout quand les conventions intervenues entre les parties n'ont pas

[illegible] Apport. Déduction des charges. Droit de 0,20 p. 100. — [illegible] ou simple mandat, et non une soulte, l'attribution faite à un [illegible] en sus de sa part, de valeurs indivises qu'il est chargé de [illegible] pour en affecter le produit à l'acquit du passif, alors qu'il n'est [illegible] de rendre compte. Si, à la suite du partage, les valeurs [illegible] à un copartageant sont comprises avec leur affectation [illegible] dans les apports que fait celui-ci à une société formée avec un [illegible] copartageant, il n'y a pas lieu de les assujettir au droit de 0,20 p. 100, puisqu'elles ne doivent pas entrer dans la composition de l'actif [illegible] (Guingamp, 21 mai 1902, 10606 R. P.).

[illegible] Apport. Passif. Capital social. — Pour la liquidation du [illegible] de 0,20 p. 100 exigible sur l'acte de formation d'une société par [illegible], le passif mis à la charge de cette société doit être déduit du [illegible] des apports de toute nature effectués par les associés, et non [illegible] du capital représenté par les actions émises : ce capital [illegible] la valeur nette de la mise sociale et doit, en conséquence, être [illegible] tout entier au droit proportionnel (Marseille, 27 juill. 1904, 10801 [illegible]; — Pontarlier, 13 déc. 1905, 11371 R. P.).

[illegible] Apport en numéraire. Apport d'industrie. Bénéfices [illegible] répartis. — *Conf.* Seine, 23 mars 1907, 11436 R. P.

[illegible] Dissimulation d'apports. Preuve. — Lorsque deux personnes [illegible] entre elles une société qui vient de se dissoudre et continue [illegible] les affaires, la preuve d'une dissimulation dans le chiffre des [illegible] apports est suffisamment établie par les présomptions tirées [illegible] de l'Administration des contributions indirectes, d'après [illegible] aucune modification n'a été apportée dans le stock des marchandises [illegible] que les parties n'auraient pu alimenter leur commerce [illegible] capital réduit qu'elles ont indiqué dans le nouvel acte de société [illegible], 5 juin 1906, 10522 R. P.).

154. Prorogation. Droit proportionnel. Bases de la perception. — *Conf.* Cass. (civ.), 17 mars 1903, 10569 R. P.; — Seine, 29 janv. 1904; — Belley, 1er avril 1904, 10821 R. P.; — Cass. (civ.), 11 avril 1905, 10074 R. P.

Société par actions. Prorogation. Bases de la perception. Capital non appelé. Droit de 0,20 p. 100. — En cas de prorogation pure et simple d'une société par actions, le droit de 0,20 p. 100, qui doit être liquidé sur l'actif net de la société au jour de la prorogation, est exigible sur la fraction non appelée du capital social; cette portion du capital constitue, en effet, au profit de la société contre les actionnaires, une créance certaine et déterminée, et forme, d'autre part, au même titre que les autres valeurs sociales, le gage des créanciers de la société (Le Havre, 18 mai 1905, 11118 R. P.; — Seine, 16 juin 1906, 11255 R. P.).

154-1. Prorogation. Fonds de réserve. Droit de 0 fr. 20 p. 100. — En cas de prorogation d'une société anonyme, le droit de 0 fr. 20 p. 100 (ancien droit gradué) doit être liquidé, non pas seulement sur le capital représenté par les actions, mais encore sur la valeur du fonds de réserve constitué au moyen des bénéfices réalisés par la société antérieurement à cette prorogation, alors même que le fonds de réserve est spécialement affecté aux frais d'entretien et de réparation des usines et du matériel (Grenoble, 11 juin 1903, 10677 R. P.).

159. Société anonyme. Transformation. Commandite. — *Conf.* Cass. (civ.), 11 avril 1905, 10074 R. P.

162. Société en nom collectif. Transformation en société en commandite. Augmentation du capital social. Continuation de la société originaire. Droit de 0,20 p. 100 dû seulement sur l'augmentation du capital. — La transformation d'une société en nom collectif en société en commandite à part d'intérêt, même accompagnée d'une augmentation du capital, ne saurait être considérée comme donnant naissance à un être moral nouveau, lorsque cette transformation a été prévue par les statuts dans certaines éventualités déterminées, que la société, continuant entre les mêmes associés, conserve son caractère de société de personnes, et que l'augmentation du capital social résulte de versements successifs effectués par les associés, conformément au pacte originaire, soit à titre de complément d'apports, soit à titre de compte courant; une modification de cette nature rentre, en effet, sinon dans les termes, du moins dans l'esprit des statuts primitifs. Il en résulte que le droit de 0,20 p. 100 auquel l'acte de transformation donne ouverture doit être liquidé seulement sur l'augmentation du capital (Reims, 14 mars 1905, 11015 R. P.).

[...]ent le caractère d'une simple modification de forme, [...] portent atteinte aux bases mêmes du pacte social originaire. L'acte qui constate la transformation donne, en conséquence, ouverture au droit de 0 fr. 20 p. 100 sur le montant net des apports (Seine, 21 mai 1898, 9402 R. P.).

Société en commandite par actions. — Transformation. — Société anonyme. — De même, entraînent la dissolution d'une société et donnent naissance à un être moral nouveau les modifications apportées aux statuts, alors que ces changements ont pour effet, non seulement de transformer la société, qui était en commandite par actions, en société anonyme, mais encore d'apporter aux opérations de l'association primitive une extension qui, sans avoir été ni prévue ni autorisée par les statuts, a été telle que l'objet de la société s'est trouvé complètement changé (Nord, 10 juill. 1893, 8278 R. P.).

163. Société en nom collectif. — Transformation. — Société anonyme ou en commandite. — Quand la conversion d'une société en nom collectif en société anonyme coïncide avec le changement du siège social, la réduction du capital, l'extension et la transformation de l'objet de la société, de telles modifications entraînent la dissolution du pacte primitif et la création d'un être moral nouveau. Le droit gradué (aujourd'hui proportionnel) est, dès lors, exigible (Seine, 4 déc. 1891, 7800 R. P.).

En principe, la conversion d'une société en nom collectif en une société en commandite paraît constituer un changement radical dans l'objet de la société, et, par conséquent, substituer à la société originaire un être moral entièrement nouveau. Mais il cesse d'en être ainsi quand l'acte modificatif, qui porte, d'ailleurs, uniquement sur l'augmentation du capital social et sur la qualification de la société, n'a pas pour résultat de substituer à des associés responsables des associés seulement tenus à concurrence de leurs mises, ou à une société de personnes une simple association de capitaux. Dans ces conditions, le droit de 0 fr. 20 p. 100, auquel l'acte modificatif donne ouverture, est dû non sur la totalité du capital social, mais seulement sur l'augmentation de ce capital (Sol. 6 avr. 1896, 8990 R. P.).

De même, la transformation d'une société en nom collectif en société anonyme ne saurait être considérée comme donnant naissance à une société nouvelle, lorsque d'une part, elle a été prévue dans les statuts originaires, et que, d'autre part, aucune modification n'a été apportée dans l'objet, la durée, ni le capital de l'ancienne société, alors que la société continue entre les mêmes associés. — En conséquence, les nouveaux statuts ne sont passibles que du droit fixe (Sol. 3 avr. 1897, 9027 R. P.).

Décidé également que la conversion d'une société en nom collectif en société en commandite, même lorsqu'elle coïncide avec l'augmentation du capital social et l'engagement pris par les associés de conserver à leur charge l'actif et le passif de la société primitive et d'assurer les frais et risques de la transformation de l'établissement industriel qui en avait été l'objet, n'a pas pour effet d'entraîner la dissolution du premier pacte social et la création d'un être moral nouveau, s'il résulte des termes formels du contrat et des circonstances que les parties n'ont pas eu l'intention de créer une société nouvelle ni de substituer une association de capitaux à une association de personnes (Remiremont, 25 janv. 1900, 9855 R. P.).

Reconnu, en sens inverse, que lorsque plusieurs associés ont fondé, entre eux, pour une durée déterminée, une société à laquelle ils ont apporté des immeubles, en stipulant qu'à l'expiration de la durée convenue les biens sociaux seraient partagés par égales parts, entre les survivants; — que cette société a été, tout d'abord, prorogée sur les mêmes bases, avec adjonction d'autres membres, puis remplacée par une société nouvelle, divisée en parts et constituée tant avec de nouveaux sociétaires qu'avec les membres survivants de la société originaire, ces circonstances établissent qu'à l'ancienne société de personnes s'est substituée une société de capitaux absolument distincte (Saint-Omer, 5 mars 1897; — Cass. 4 fév. 1901, 9906 R. P.).

163. Société civile par actions. — Transformation en société anonyme. — Droit fixe seul exigible. — La transformation d'une société civile par actions en société anonyme ne donne pas naissance à une société nouvelle, lorsque cette transformation, à laquelle, d'ailleurs, les statuts originaires ne font pas obstacle, n'entraîne aucune modification ni dans le fonds social, ni dans la nature, l'objet ou la durée de l'entreprise, ni dans le personnel des associés. En conséquence, l'acte qui la constate ne rend exigible que le droit fixe de 3 fr. (Sol. 23 fév. 1895, 8588 R. P.).

164. Prorogation. — Capital et personnel modifiés. — Être moral nouveau. — Lorsque des associés augmentent, dans de notables proportions, le capital de la société existant entre eux, et s'autorisent à céder tout ou partie de leurs parts sociales, ces stipulations, qui entraînent la transformation complète du capital et du personnel, peuvent être considérées comme renfermant non la prorogation de la société originaire, mais la création d'un être moral nouveau (Lille, 4 avr. 1895; — Cass. 25 nov. 1901, 10083 R. P.).

164-1. Société en nom collectif. — Adjonction d'un nouveau membre. — Ancienne société subsistant. — Droit proportionnel de 0 fr. 20 p. 100 non exigible. — L'adjonction d'un nouveau membre dans une société en nom collectif, alors même qu'elle n'a pas été prévue par les statuts, n'entraîne pas nécessairement la dissolution de la société primitive et la formation d'une société nouvelle, surtout quand il résulte des circonstances que les parties ont entendu maintenir la société originaire. En conséquence, l'acte qui constate cette adjonction n'est pas passible du droit gradué (aujourd'hui droit proportionnel) (Lille, 29 juin 1894, 8457 R. P.).

Veuve et héritiers d'un associé admis comme commanditaires. — Lorsque la veuve et les héritiers de l'un des membres d'une société en nom collectif deviennent, conformément aux prévisions des statuts, associés commanditaires, cette modification n'entraîne pas la dissolution de la société, et, par suite, l'acte qui la constate ne saurait donner ouverture au droit gradué sur l'intégralité de l'actif social. Ce droit n'est exigible que sur l'augmentation provenant de la différence entre la valeur de l'actif actuel et les apports primitifs (Sol. 3 oct. 1888, 7352 R. P.).

165. Apport. — Substitution. — Quand une veuve commune en biens succède à son mari comme associée, la substitution par celle-ci d'un apport immobilier à l'apport mobilier originairement effectué par le mari, donne ouverture au seul droit fixe de 3 fr., à l'exclusion du droit de 0 fr. 20 p. 100 (Sol. 20 avr. 1896, 1470 R. E.).

171-173. Apports. — Théorie générale des droits à percevoir. — La L. 28 avril 1893, qui a remplacé le droit gradué par un droit proportionnel de 0 fr. 20 p. 100 (V. n° 109 *suprà*), n'a pas modifié la théorie générale des droits à percevoir sur les apports, puisque le nouveau droit proportionnel se perçoit dans les mêmes conditions que se percevait le droit gradué sous l'empire de la L. 28 fév. 1872.

188. Société en commandite. — Apport du commanditaire. — Contribution aux pertes. — Commandite et non prêt. — Constitue une commandite et non un prêt passible du droit de 1 fr. p. 100, l'apport fait par un associé qualifié commanditaire, lorsqu'il résulte des stipulations de l'acte de société que cet associé ne demeure pas étranger aux risques de l'entreprise et peut, au contraire, perdre sa mise (Barbezieux, 22 juill. 1890, 7578 R.P.).

De même, l'apport en société d'une somme d'argent, à titre de commandite, par deux associés, dont l'un est encore et l'autre a été associé en nom collectif, n'a pas le caractère de prêt, et n'est pas soustrait aux risques de l'entreprise, par cela seul qu'il ne donne droit à aucune participation dans les bénéfices, alors qu'il est stipulé remboursable annuellement, sans intérêts, au moyen d'un prélèvement sur les bénéfices (Seine, 1er juill. 1899, 2193 R. E.).

189-2. Apport de travaux. — Charge imposée à la société d'en rembourser le prix à un associé autre que l'apporteur. — Droit de vente à 2 fr. p. 100 et droit de délégation à 1 fr. p. 100. — Lorsque, dans le contrat constitutif d'une société formée pour l'exploitation d'un chemin de fer d'intérêt local, l'un des associés, auquel se joint, en tant que de besoin, le concessionnaire du chemin de fer, apporte les travaux déjà exécutés, à charge par la société de lui en payer le montant, il se dégage de l'ensemble de ces clauses deux stipulations nettement distinctes : l'une, constatant un apport à titre onéreux effectué par le concessionnaire lui-même au profit de la société ; l'autre, révélant une délégation de prix consentie par le concessionnaire au coassocié, son bailleur de fonds et son créancier. La première stipulation donne ouverture au droit de 2 fr. p. 100, la seconde au droit de 1 fr. p. 100, si le titre de la créance n'a pas été enregistré (Lyon, 30 juill. 1891 ; — Cass. req., 24 avril 1893, 8054 et 8194-31 R. P.).

189-3. Apport. — Frais et dépenses. — Remboursement. — Obligation et quittance. — Constitue une obligation de somme donnant ouverture au droit de 1 fr. p. 100 la convention insérée dans un contrat de société, par laquelle la société s'engage à rembourser le montant des avances que l'un des associés a faites pour elle (Seine, 5 mai 1893, 8127 R. P.).

De même, lorsque le fondateur d'une société stipule, comme condition de son apport, que la société lui remboursera le montant des frais de travaux et de dépenses faites par lui avant la constitution de la société et dans l'intérêt de sa formation, cette clause donne lieu à la perception du droit d'obligation à 1 fr. p. 100, sur la partie des avances remboursables à terme, et au droit de quittance à 0 fr. 50 p. 100 sur la partie de ces avances qui a été payée comptant (L. frim. art. 69, § 3, n° 3 et § 2, n° 1) — (Lyon, 17 mai 1900, 9924 R. P.).

195. Apport par un associé de la mise de l'autre. — Prêt. — Droit de 1 fr. p. 100. — Constitue une obligation, assujettie au droit de 1 fr. p. 100, la disposition d'un acte de société fait entre deux personnes par laquelle l'apport en argent, qu'un associé s'engage à verser le plus tôt possible, est provisoirement fourni par l'autre associé (Saint-Dié, 7 nov. 1890, 7553 R. P.).

Mais lorsque, dans un acte de société entre un père et son fils, il est stipulé que le fils paiera l'intérêt à 5 fr. p. 100 d'une partie de l'apport fait par le père, cette stipulation ne constitue qu'un règlement dans les apports effectués par les deux associés, et non un prêt consenti par le père au fils. En conséquence, elle ne rend pas exigible le droit de 1 fr. p. 100 (Bonneville, 21 juin 1892, 7986 R. P.).

197. Reconnaissance de dette. — Délégation. — Quand, en échange de l'apport, la société prend l'engagement de payer, à la décharge de l'apporteur, une créance due par ce dernier à un tiers, sans titre enregistré, la convention constitue une délégation passible du droit de 1 fr. p. 100 (Seine, 21 janv. 1899, 9571 R. P. ; — Cass. 16 juin 1902 ; — V. n° 189 *suprà*).

200. Établissement industriel. — Apport de jouissance. — Compte de dépréciation. — Droit de vente. — Lorsqu'il est stipulé, dans un acte de société, que, le jour où l'un des associés deviendra propriétaire de l'établissement industriel loué et exploité par la société, il sera ouvert, au nom de cet associé, un compte spécial qui sera crédité de la valeur en capital de l'usine ainsi que des dépenses d'amélioration, et débité, à titre de dépréciation, d'une somme de 4 fr. p. 100 l'an et d'un intérêt calculé au même taux, la réalisation de l'événement prévu n'a pas pour résultat de constituer une vente, même partielle, de l'établissement industriel au profit de la société (Lille, 31 déc. 1897, 9345 R. P.).

201. Apport. — Passif mis à la charge de la société. — Vente. — Le droit de vente est dû lorsque la société prend à sa charge le remboursement des emprunts hypothécaires grevant les immeubles apportés. Mais si la Régie peut invoquer, à cet égard, tous les moyens de preuve compatibles avec l'économie des lois fiscales, elle ne saurait être autorisée à réclamer le droit de mutation que si elle établit, d'une manière suffisante, l'existence de l'obligation contractée par la société (Seine, 2 avr. 1896, 8760 R. P.).

Lorsque des associés apportent à une société des carrières à exploiter ou en cours d'exploitation dans des terrains à eux concédés, et subrogent, en même temps, cette société dans toutes les obligations leur incombant par suite des conventions passées avec les propriétaires des terrains,

181. Apport grevé de dettes. Réserve de jouissance stipulée au profit de l'apporteur. Payement du passif au moyen d'un prélèvement sur les recettes sociales avant toute distribution de bénéfices. Interprétation du contrat. Droit de mutation à titre onéreux. — Le droit de mutation à titre onéreux est exigible sur les apports qui ne sont pas faits purement et simplement, mais moyennant un équivalent à fournir ou à payer par la société ; d'autre part, l'administration est fondée, pour établir le caractère onéreux d'un apport, à rechercher et à restituer au pacte social la véritable portée des dispositions qu'il renferme. Spécialement, lorsqu'il a été stipulé dans un acte de société que le payement du passif qui grève l'apport du fondateur sera assuré au moyen d'un prélèvement opéré sur les recettes sociales avant toute distribution de bénéfices, cette clause a pour effet de mettre à la charge de la société le passif grevant cet apport, quand bien même le contrat porterait que le fondateur se réserve la jouissance d'une partie des biens apportés par lui jusqu'à ce que les revenus de ces biens aient produit une somme suffisante pour amortir le passif grevant son apport. L'obligation de supporter les dettes personnelles du fondateur s'étend, en effet, à tous les apports, y compris même ceux effectués par les autres associés, et la réserve de jouissance au profit du fondateur ne constitue, en réalité, qu'une affectation des revenus de son apport au payement du passif. L'apport du fondateur n'étant pas ainsi fait purement et simplement, il en résulte qu'il doit être assujetti au droit de mutation à titre onéreux (Seine, 24 juill. 1906 ; — Cass. (civ.), [illegible] 1908, 10[illegible] R. P.).

189. Prétendue commandite. Intérêts servis à époques fixes et à un taux déterminé. Remboursement du capital garanti par une assurance sur la vie. Droit de provoquer la dissolution anticipée de la société. Absence de contribution aux pertes. Prêt. Droit de 1 p. 100. Allocation d'un traitement au prétendu commanditaire. Disposition indépendante. Louage d'industrie. Droit de 1 p. 100. — Lorsque, dans un acte portant constitution de société en commandite entre deux personnes pour une durée de 15 ans, il est stipulé que le commanditaire touchera, quels que soient les résultats des exercices sociaux, l'intérêt à 5 p. 100 de sa mise, — que le remboursement du capital lui est garanti à l'expiration de la durée de la société et même avant, en cas de prédécès de son coassocié, par une assurance sur la vie contractée à son profit par l'associé en nom, — qu'il a le droit de provoquer seul la dissolution de la société à la fin de la 3e année, — et qu'enfin toutes les précautions sont prises pour soustraire le montant de la commandite aux risques de perte de l'entreprise, — la mise de fonds du commanditaire présente les caractères d'un prêt, et non pas ceux d'un apport social, alors même que le commanditaire est appelé à recevoir une participation de 10 p. 100 dans les bénéfices, cette participation ne pouvant être considérée que comme un supplément d'intérêts ; la prétendue commandite donne, en conséquence, ouverture au droit de 1 p. 100, à l'exclusion du droit de 0,25 p. 100. — La clause du contrat qui attribue un traitement fixe annuel au prétendu commanditaire, à raison de l'engagement pris par lui de donner tout son temps et d'employer toute son activité aux affaires de la société, forme une convention indépendante du prêt ; elle constitue un louage d'industrie passible du droit de 1 p. 100 (Gaillac, [illegible] 1905, 11009 R. P.).

189-2. Apport. Avances. Remboursement. Droit de 2 p. 100. — Le remboursement par la société des avances faites par les apporteurs, pour la mise en exploitation de l'apport (une mine dans l'espèce) donne ouverture au droit de 2 p. 100, à l'exclusion de celui de 1 p. 100 ([illegible], 5 févr. 1906, 11355 R. P.).

189-3. Prise en charge par la société d'engagements personnels aux membres fondateurs. Reconnaissance de dette. Délégation. — Le droit d'obligation de 1 fr. p. 100 est exigible sur la délibération annexée à un acte authentique, par laquelle une société anonyme, représentée par son conseil d'administration, décide le remboursement des avances faites par les membres fondateurs, présents à la délibération, et déclare prendre pour son compte les engagements qu'ils ont contractés antérieurement à la constitution de la société ([illegible], 20 mars 1902, 10562 R. P.).

195. Sous-société. Cession partielle de part d'intérêt. Engagement par l'associé cédant d'avancer aux cessionnaires une somme déterminée. Droit de 1 p. 100. — L'engagement, pris par un associé qui cède une partie de ses droits sociaux, d'avancer aux cessionnaires une somme déterminée, donne ouverture au droit d'obligation, lorsque cet engagement n'est soumis à aucun aléa ni à aucune condition de réalisation de bénéfices (Seine, 7 avril 1906, 11230 R. P.).

Statuts prévoyant le remboursement à terme à l'un des associés par ses coassociés d'une partie de son apport consistant en un fonds de commerce et en espèces. Droits de mutation et d'obligation. — Lorsque, dans l'acte constitutif d'une société formée entre trois personnes, le capital social, fixé à 300.000 fr., a été fourni en entier par l'un des associés au moyen de l'apport d'un fonds de commerce pour 250.000 fr. et d'espèces pour 50.000 fr., et qu'il a été convenu que les deux autres associés devront, avant l'expiration de la société, réaliser les apports par eux promis, qui s'élèvent à 100.000 fr., soit par des versements en espèces à leur convenance, soit en laissant à la société une partie de leurs bénéfices, versements et bénéfices qui seront retirés par l'associé apporteur du capital originaire de manière que le capital social reste toujours le même, l'apport de cet associé n'est pur et simple que jusqu'à concurrence de 200.000 fr. ; pour le surplus, qui doit lui être remboursé, il s'agit d'un apport à titre onéreux de fonds de commerce passible du droit de mutation, et d'une avance à ses coassociés donnant ouverture au droit d'obligation (Seine, 3 nov. 1904, 10906 R. P.).

199. Vente. Prix payable partiellement en actions de la société. Droit de mutation à titre onéreux sur la totalité de ce prix. — La vente consentie à une société anonyme définitivement constituée est passible du droit proportionnel de mutation sur l'intégralité du prix exprimé, alors même qu'une partie de ce prix serait payée en actions de la société, si les titres donnés en payement ont été antérieurement émis et attribués (Draguignan, 12 mars 1903, 10[illegible] R. P.).

207. Apport d'un fonds de commerce présenté comme pur et simple. Éléments constitutifs de ce fonds. Brevets d'invention. Payement du passif par la société. Présomptions invoquées par l'Administration. Droit de mutation à titre onéreux. — L'Administration est fondée à établir, au moyen de présomptions qu'un apport en société, présenté comme pur et simple, déguise en réalité un apport à titre onéreux et est, en conséquence, passible du droit de mutation. Spécialement, lorsqu'une société anonyme a déclaré faire apport pur et simple à une société nouvelle de son fonds de commerce et d'un brevet d'invention pris en France, à l'exclusion des brevets étrangers, et qu'ultérieurement l'Administration établit que, dès le moment même de la constitution de la nouvelle société, celle-ci a pris en charge tout le passif de l'ancienne et a, par contre, fait figurer à son actif l'ensemble des brevets français et étrangers, l'apport a eu en réalité pour objets tous les éléments constitutifs du fonds de commerce, y compris les brevets étrangers qui font partie intégrante de ce fonds dont ils n'ont jamais été séparés, et il doit, par suite, être considéré comme ayant été effectué à titre onéreux à concurrence du passif que la société nouvelle a pris à sa charge comme contre-partie de la remise à son profit des brevets étrangers. Le droit de mutation est, dès lors, exigible sur le montant de ce passif (Seine, 25 juill. 1902, 10529 R. P.).

l'apport n'est pas pur et simple. Il est affecté d'un caractère onéreux et donne ouverture au droit de 0 fr. 20 p. 100 sur le montant des formages à payer pour la jouissance des terrains, et au droit de 2 fr. p. 100 sur le total des redevances applicables à l'exploitation même des carrières (Lyon, 21 mars 1896, 8907 R. P.).

De même, quand il ressort d'un contrat de société qu'un des associés, après avoir fait apport, pour une somme équivalent à sa mise sociale, d'immeubles à lui adjugés, apporte également des marchandises acquises par lui et subroge la société aux droits et charges de l'adjudication qui lui imposait l'obligation de reprendre les marchandises et d'en solder le prix, il y a, en réalité, par l'effet même des stipulations dont il s'agit, revente des marchandises par l'apporteur à la société, laquelle est tenue d'en rembourser le prix aux ayants droit. Dès lors, l'apport, en ce qui concerne les marchandises, est à titre onéreux et rend exigible le droit de mutation (Lyon, 11 nov. 1892; — Cass. 15 janv. 1895, 8703 et 8860-40 R. P.).

De même encore, il y a transmission de biens par un associé à la société dont il fait partie, lorsque l'apport en société n'est pas fait purement et simplement, moyennant une part de droits sociaux, mais moyennant un équivalent à fournir ou à payer par la société. Spécialement, lorsqu'un associé apporte à la société tous les droits et obligations attachés à un procès-verbal d'adjudication, en vertu duquel il est devenu acquéreur de la concession d'un casino municipal, et qu'en échange, la société s'engage à payer le prix à la décharge de l'adjudicataire et à libérer complètement ce dernier de toutes les obligations contractées par lui et par le fait de l'adjudication, l'apport revêt un caractère translatif. Il donne ouverture au droit de 2 fr. p. 100 sur le prix de la cession de la concession et sur le capital des charges à déterminer par une déclaration estimative. Il importe peu, d'ailleurs, qu'au moment où l'apport a été fait, l'adjudication se soit trouvée sous le coup d'un arrêté du conseil de préfecture en prononçant la résiliation, dès lors que cet arrêté, déféré à cette époque au Conseil d'État, a été ultérieurement annulé par un arrêt qui maintient l'apporteur comme adjudicataire (Marseille, 6 juill. 1896; — Cass. req. 27 déc. 1898, 9405 et 9675-46 R. P.).

Décidé également que lorsqu'un associé apporte un traité à une société, qui doit en assumer les charges, l'apport est à titre onéreux et donne ouverture au droit de mutation (Seine, 13 janv. 1900, 9876 R. P.).

203. Apport représenté par des actions et par une somme déterminée. — Lorsque les membres d'une société dissoute apportent à une nouvelle société la totalité de l'actif social, moyennant l'attribution d'un certain nombre d'actions et le paiement d'une somme déterminée, l'apport revêt un caractère onéreux jusqu'à concurrence de cette somme, et il donne ouverture au droit de mutation, d'après la déclaration à fournir par les parties, en ce qui concerne les biens qui font l'objet de cet apport. Pour la liquidation de ce droit il y a lieu de tenir compte de l'impôt payé par anticipation sur la valeur de l'usufruit des droits sociaux revenant à l'un des associés apporteurs et compris dans l'apport à titre onéreux, bien que ces droits aient été transformés, depuis le payement de l'impôt effectué sur l'usufruit, en une quote-part indivise des biens de toute nature appartenant à la société (Seine, 4 déc. 1891, 7809 R. P.).

Faisons remarquer, sur ce dernier point, que la décision du tribunal rendue sous l'empire des principes établis par la L. frim. ne sera plus applicable sous le régime nouveau inauguré par la L. 25 fév. 1901, en matière d'usufruit et de nue propriété (V. *Usufruit*).

Actions payées par l'apporteur. — Passif demeurant à la charge de la société. — L'immunité du droit proportionnel, établie par l'art. 68, § 3, n° 4, L. frim. en faveur des actes de société, n'existe qu'autant que les apports sont faits purement et simplement moyennant une part des droits sociaux; et le droit de cession est, au contraire, exigible sur les apports dont la société s'oblige à payer la valeur à l'associé directement ou en son acquit. Spécialement, ce droit est dû s'il résulte de l'examen des livres de la société que, contrairement aux énonciations de l'acte constitutif, les actions attribuées aux propriétaires des immeubles apportés ont été payées par eux et ne leur ont pas été données en échange de leur apport immobilier, et que la société a dû ou doit payer le prix d'acquisition de ces immeubles et les frais, aux lieu et place des acquéreurs primitifs ou à eux-mêmes (Péronne, 10 janv. 1896, 8760 R. P.).

204. Apport. — Actions attribuées. — Cession à un tiers. — Lorsqu'en échange de son apport, un associé reçoit des parts de fondateur dans une société en voie de constitution, et qu'il en cède un certain nombre à des tiers avant la constitution de la société, la cession est passible, non du droit de 0 fr. 50 p. 100, mais du droit de transmission d'après la nature des biens apportés. Ce droit est dû solidairement par le cédant et les cessionnaires (Rocroi, 6 mars 1891, 7683 R. P.).

207. Apport. — Seconde société payant le passif de la première. — Vente. — Lorsqu'une société en liquidation apporte son actif et son passif à une société anonyme qui lui attribue un certain nombre d'actions libérées et contracte l'obligation de payer le passif, l'apport revêt un caractère onéreux et donne ouverture au droit de mutation. Pour contester l'exigibilité de ce droit, les parties ne sauraient alléguer, d'une part, que l'apport a été fait libre de toutes dettes et charges; d'autre part, que c'est seulement après la constitution de la société qu'un syndicat de capitalistes, en échange des actions qui lui ont été remises, s'est chargé d'amortir le passif, si la déclaration relative à l'apport est contredite par les faits, et s'il est constant que le syndicat de capitalistes a été créé antérieurement à la formation de la société anonyme, en vue de cette formation et pour assurer le bon fonctionnement du remboursement des dettes (Saint-Julien, 3 août 1892; — Cass, 5 fév. 1894, 8244 et 8418-40 R. P.).

De même, la clause suivant laquelle tout l'actif et tout le passif d'une société dissoute sont apportés à une société nouvelle, opère une transmission passible du droit proportionnel (Vitré, 19 juill. 1893, 8278 R. P.).

De même, encore, est sujet au droit proportionnel le traité intervenu entre deux sociétés quand il résulte, tant de ses termes que des documents parvenus par les voies légales à la connaissance de l'Administration que l'apport fait à l'une de ces sociétés par l'autre, qui allait être dissoute par suite de sa fusion avec la première, n'est pas pur et simple en ce sens que la société absorbante prend, en échange de l'actif mis à sa disposition, l'engagement d'acquitter le passif de la société dissoute. On ne saurait, d'ailleurs, valablement prétendre que la société absorbante agit comme liquidatrice de la société absorbée par cela même qu'elle remet aux anciens actionnaires de cette dernière société des actions nouvelles émises par elle, — faisant ainsi la distribution des bénéfices qu'elle espère réaliser comme conséquence de la liquidation, — alors que, d'autre part, elle doit, à ses risques et périls, apurer le passif de la société dissoute et qu'elle profite, seule, des bénéfices pouvant résulter de la réalisation de l'actif. Si la liquidation a, en effet, pour but de dégager de l'actif brut l'actif net que les associés auront à se partager, et si, d'ordinaire, cette opération comporte l'achèvement des affaires en cours, l'acquittement des dettes et le recouvrement des créances, rien n'empêche les associés de convenir que l'actif sera attribué soit à l'un d'eux, soit à une autre société, à charge par elle de payer des dettes sociales et de remettre aux membres de la société dissoute une certaine valeur qui représente le bénéfice évalué à forfait aux risques et périls comme au profit éventuel du cessionnaire (Cass. 6 mai 1896. — *Contrà* : Seine, 7 juin 1889, 8760 et 9125-25 R. P.).

214. Vente à un associé. — Lorsque, dans le contrat ayant pour objet de constater la formation d'une société entre deux associés, l'un des associés apporte un fonds de commerce ainsi que le matériel et les marchandises en dépendant, à charge par l'autre associé de lui rembourser, pour sa mise sociale, la moitié de cet apport, la stipulation constitue une vente par l'associé apporteur à son coassocié, jusqu'à concurrence de la moitié de la valeur de l'apport. — En conséquence, le droit proportionnel de vente est dû sur cette portion, indépendamment du droit gradué exigible sur l'intégralité de l'apport fait à la société (Seine, 1er avr. 1892, 7824 R. P.).

Apports inégaux. — Prévision de partage égal du fonds social. — Droit de cession non dû. — En principe, le droit proportionnel de mutation est exigible toutes les fois qu'une transmission s'opère entre les associés en vertu du pacte social, et cela bien qu'il soit stipulé un terme, tel que la dissolution de la société, qui retarde la réalisation de la transmission. Mais ne constitue pas une cession d'une partie des biens mis en société le fait de stipuler que, nonobstant l'inégalité entre les apports, le partage du patrimoine social se fera par moitié entre les deux associés, sans qu'aucun d'eux ou de leurs ayants droit aient à prélever spécialement le montant de ses apports. Dans ce cas, en effet, outre qu'aucun prix n'a été stipulé, il peut arriver qu'aucune transmission ne se réalise jamais, si, par exemple, le plus faible apporteur reçoit en partage le tiers par lui apporté et une part de bénéfices suffisante pour compléter la moitié de l'actif net à laquelle il aura droit (Saint-Étienne, 8 mai 1897, 9133 R. P.).

215-8. Marché. — Apport onéreux. — Lorsque, dans un contrat de société relatif à l'exploitation d'une imprimerie, la société se substitue à l'un des associés pour l'exécution des obligations prises envers un tiers, en vertu d'un traité ayant pour objet la direction de l'imprimerie, cet engagement contracté par la société à la décharge de l'associé forme une disposition indépendante se résumant en une cession de marché passible du droit proportionnel (Valenciennes, 10 mars 1897, 9347 R. P.).

217-4. Copropriétaires. — Biens indivis. — Apport. — Charge du passif. — Mutation. — Ne saurait être considéré comme pur et simple et comme exempt, à ce titre, du droit proportionnel, l'apport à une société anonyme d'immeubles adjugés collectivement aux apporteurs, à la charge par la société de payer une dette grevant ces immeubles, alors surtout que le capital social comprend, en outre, d'autres apports faits privativement par quelques uns des fondateurs et consistant en immeubles, créances et numéraires. Dans ces conditions, l'apport des immeubles indivis constitue une transmission à titre onéreux, donnant ouverture au droit proportionnel de vente à 5 fr. 50 p. 100 sur le montant de la dette dont la société prend le paiement à sa charge (Bagnères-de-Bigorre, 27 déc. 1889; — Cass. 14 nov. 1893, 8213 et 8418-33 R. P.; — *Contrà* : Seine, 5 fév. 1892, 7792 R. P.).

221. Apport onéreux. — Caractère déguisé. — Droit en sus non dû. — La fraude consistant à déguiser le véritable caractère de l'apport présenté comme étant pur et simple, alors qu'il est onéreux, n'est passible d'aucune pénalité (Sol. 13 janv. 1894, 8700 R. P.).

233-2. Fonds de commerce. — Apport onéreux. — Marché. — Lorsqu'il a été fait apport à titre onéreux, à une société, d'un fonds de commerce comprenant, indépendamment du matériel et des marchandises, le droit et l'obligation d'exécuter tous les travaux et marchés en cours, ce dernier droit fait partie intégrante du fonds de commerce dans lequel il se trouve confondu. En conséquence, l'impôt de mutation est dû sur l'ensemble du prix stipulé, sans qu'il y ait lieu de distinguer entre la fraction de ce prix qui serait afférente à la cession des traités et marchés et celle qui serait applicable aux autres éléments du fonds (Lyon, 23 mars 1899, 2028 R. E.).

233-4. Apport à titre onéreux. — Immeubles et marchandises. — Art. 9 L. frim. applicable. — Droit de 5 fr. 50 p. 100 exigible. — Lorsqu'il ressort des stipulations d'un contrat de société qu'un des associés après avoir fait apport, pour une somme équivalente à sa mise sociale, d'immeubles à lui adjugés, apporte également des marchandises acquises par lui et subroge la société aux droits et charges de l'adjudication qui lui imposait l'obligation de reprendre les marchandises et d'en solder le prix, il y a, en réalité, par l'effet même des stipulations dont il s'agit, revente des marchandises par l'apporteur à la société, laquelle est tenue d'en rembourser le prix aux ayants droit. Dès lors, l'apport, en ce qui concerne les marchandises, est à titre onéreux et rend exigible le droit de mutation. Et comme l'apport, envisagé dans son ensemble, porte sur des immeubles et sur des meubles, le droit de mutation doit être liquidé au tarif immobilier, conformément à l'article 9 L. frim., dès l'instant que la transmission des valeurs

209. Apport de fonds de commerce et de marchandises. Passif grevant cet apport. Réserve par l'apporteur de la partie d'actif nécessaire pour acquitter ce passif. — Lorsque, dans un acte de société, l'un des associés a fait apport pur et simple d'un fonds de commerce et de marchandises sous déduction de la partie d'actif [illegible] pour acquitter lui-même le passif dont est grevé son apport [illegible] que la société ait à s'immiscer dans le règlement de ce passif, [illegible] stipulation ne peut être considérée comme ayant le caractère d'un apport à titre onéreux en ce qui concerne la partie des marchandises réservée pour le payement du passif. La clause excluant de l'apport la somme suffisante pour faire face au passif est licite, et, [illegible] d'ailleurs que la société eût réalisé toutes les marchandises, elle n'aurait pu le faire qu'en qualité de mandataire de l'apporteur pour la partie de ces marchandises affectée au payement du passif qui [illegible] l'apport, puisque la volonté des parties a été de ne la rendre [illegible] que du surplus de cet apport (Beauvais, 2 juin 1903, 11214 R. P.).

212. Acquisition pour le compte d'une société en formation. Stipulation pour autrui. Apport à la société de la promesse de vente. — D'après les principes qui régissent les stipulations pour autrui (art. 1112 et 1121 C. civ.), une promesse d'acquisition peut être consentie pour le compte d'une société en formation. Par conséquent, lorsque les fondateurs d'une société font apport d'une promesse de cette [illegible] et que l'acquisition est ultérieurement réalisée au profit de la société, il ne s'opère pas deux mutations successives, l'une du vendeur [illegible] aux fondateurs, l'autre de ceux-ci à la société; il n'y a [illegible] mutation unique entre le vendeur et la société, celle-ci ne faisant que ratifier l'engagement pris en son nom (Rouen, 27 fév. 1902, [illegible] R. P.).

214. Cession actuelle d'apports constatée dans l'acte constitutif. Droit de mutation non perçu. Prescription biennale. — Lorsque, dans l'acte constitutif d'une société formée entre deux personnes pour l'exploitation d'un fonds de commerce, il est convenu que l'apport de l'un des associés, consistant en marchandises et matières [illegible], lui sera remboursé par son coassocié à l'aide de prélèvements sur la part de ce dernier dans les bénéfices jusqu'à ce que l'apport du premier soit réduit à une somme déterminée, et qu'à [illegible] de la société, le capital resté dû au cédant lui sera remboursé en espèces par son coassocié qui restera seul propriétaire du fonds social, cette stipulation constitue une cession ferme et actuelle d'apport entre associés, qui rend immédiatement exigible le droit proportionnel de mutation. En conséquence, si ce droit n'a pas été acquitté lors de l'enregistrement du contrat de société, il s'agit d'une insuffisance de perception soumise à la prescription biennale (Grasse, 5 mai 1903, [illegible] R. P.).

223. Apport à titre onéreux de biens de différente nature situés à l'étranger. Absence d'indications, dans l'acte de société, sur la consistance et l'importance de ces biens. Nécessité d'une déclaration estimative. — Pour régler la perception et fixer la quotité des droits proportionnels exigibles en cas d'apport à titre onéreux de biens de différente nature situés à l'étranger, il y a lieu, à défaut d'indications dans l'acte de société, de faire déterminer par la partie la consistance et l'importance de chaque nature de biens compris dans cet apport, au moyen d'une déclaration souscrite conformément à l'art. 16 L. frim., et sous réserve pour l'Administration du droit d'exercer son contrôle sur cette déclaration (Pau, 15 mai 1905, 10991 R. P.).

225 *bis*. Concession de mine. — Lorsqu'aux termes des statuts d'une société constituée pour l'exploitation d'une mine, la société doit payer des redevances annuelles aux apporteurs de la concession, à leurs cédants et aux propriétaires de la surface, le droit de 2 p. 100 afférent à cet apport à titre onéreux doit être liquidé sur le montant cumulé des redevances annuelles pendant toute la durée de la concession, et non pas d'après une déclaration estimative basée sur la durée probable de l'exploitation, alors même qu'il a été stipulé, dans les conventions passées par les apporteurs de la mine ou leurs cédants avec les propriétaires de la surface, ainsi que dans l'acte de société, que les redevances cesseraient d'être payées dans certaines circonstances déterminées. Il s'agit là, en effet, d'une éventualité de cessation d'exploitation résultant d'une condition résolutoire, laquelle est sans influence sur la perception (Seine, 8 déc. 1906, 11355 R. P.).

236. Apport à titre onéreux. Marché. — *Conf.* Besançon, [illegible] mai 1907, [illegible] R. P.

239-1. Prétendue commandite. Absence de contribution aux pertes. Prêt. Droit de 1 p. 100. Allocation d'un traitement au prétendu commanditaire. Disposition indépendante. Louage d'industrie. Droit de 1 p. 100. — V. *supra*, n° [illegible].

241. Concession des droits de place et de stationnement dans une ville. Apport à titre onéreux. Droit de 0,20 p. 100. Liquidation de ce droit. — Constitue un apport à titre onéreux [illegible] au bail et donne, en conséquence, ouverture au droit de 0,20 p. 100, l'apport en société de la concession des droits de place et de stationnement dans une ville, moyennant des prélèvements périodiques que l'apporteur se réserve sur les recettes à provenir de l'exploitation de l'entreprise, alors surtout que ces prélèvements représentent, en fait, la redevance due par l'apporteur à la ville. Le droit proportionnel doit être liquidé sur la totalité des prélèvements dont il s'agit, sans aucune déduction pour la part de l'associé apporteur (Seine, 13 janv. [illegible], [illegible] R. P.).

mobilières a eu lieu sans stipulation d'un prix particulier ni détail estimatif. Il importe peu que les parties contractantes, en se référant dans l'acte de société au cahier des charges de l'adjudication, se soient appropriées les constatations de ce document si, pas plus que dans le pacte social, on n'y trouve ni l'énonciation d'un prix pour les meubles compris dans la cession, ni leur détail estimatif (Lyon, [illegible] nov. 1892; — Cass. 15 janv. 1896, 8705 et 8860-40 R. P.).

Le chef de l'arrêt qui reconnaît l'exigibilité du tarif de 5 fr. 50 p. 100, sous le prétexte que l'apport englobait des meubles et des immeubles et que les conditions prévues par l'art. 9 L. frim., pour l'application du tarif mobilier, n'avaient pas été remplies, nous paraît d'une rigueur excessive.

Sans doute, en l'état actuel de la jurisprudence, il faut renoncer à l'espoir de faire triompher la théorie que nous avons soutenue (1937 R. P.), et qui tend à assimiler la transmission résultant d'un apport à titre onéreux à une soulte de partage, à laquelle, dès lors, les dispositions de l'art. 9 L. frim. ne sont pas applicables. Les transmissions de cette nature sont, aujourd'hui, considérées comme des ventes; elles demeurent, en conséquence, soumises aux règles qui régissent, au point de vue de l'impôt, ces sortes de contrats, et elles ne peuvent notamment échapper à l'application des prescriptions impératives de l'art. 9 précité (V. *Rép. gén.*, 7e éd., v° *Société*, n° 233-1).

Mais il n'est pas moins vrai que si la rigueur de ces prescriptions se comprend pour les ventes proprement dites, de sérieux motifs existent pour la tempérer lorsqu'il s'agit d'apports en société. En cette matière, en effet, la convention qui donne lieu au droit de mutation n'est pas comme une vente ordinaire, dans laquelle l'ancien propriétaire réalise pour obtenir du numéraire, et où le contrat est essentiellement spéculatif. L'apport, même onéreux, est un des éléments de la formation du pacte social, et, pour ainsi dire, la première base de l'association. Celui qui apporte son actif et son passif dans une société dont il veut faire partie établit entre lui et ses coassociés des relations qui ressemblent mieux à celles de communistes ordinaires qu'aux rapports entre vendeur et acheteur. L'obligation que prend la société de supporter les charges de l'actif dont elle profite, ne saurait donc être comparée à un prix de vente véritable.

Aussi peut-on, sans violer aucun principe du droit fiscal, reconnaître aux parties la faculté de déclarer, conformément à l'art. 16 L. frim., avant l'enregistrement du contrat de société, sur quels biens porte le passif, en vue de régler la perception en conséquence. Et si le passif peut être exclusivement imputé sur les meubles, toute cause à l'application de l'art. 9 L. frim. disparaît, puisque cet article [illegible] seulement les transmissions simultanées de meubles et d'immeubles.

Tel est le tempérament que l'Administration elle-même semble avoir admis, ainsi qu'en témoignent les nombreuses solutions que nous avons mentionnées à la 7e éd. du *Rép. gén.* (*loc. cit.*, n° 233-4).

L'affaire actuelle donne lieu de penser que l'Administration entend ne plus persister dans cette interprétation [illegible].

L'exemple qu'elle a choisi pour affirmer le revirement [illegible] doctrine ne nous semble pas heureux.

On peut se demander, en effet, avec raison, si, en droit strict, les prescriptions de l'art. 9 L. frim. étaient applicables au cas particulier. Les faits de la cause semblent, à cet égard, justifier une solution tout autre que celle soutenue par l'Administration et sanctionnée par la Cour.

L'apport effectué faisait l'objet de deux articles séparés du contrat de société. Aux termes de l'art. 6, l'associé apportait uniquement, jusqu'à concurrence de sa mise sociale, fixée à 200.000 fr., des valeurs immobilières. Aucun doute ne subsistait sur la nature de cet apport, déclaré entièrement libéré et qui ne pouvait, par suite, être considéré que comme étant pur et simple.

Mais l'article 11, ajoutant à l'énumération des immeubles déjà visés dans l'article 6, les marchandises acquises par l'associé apporteur, et la société étant subrogée aux droits et charges de l'acquisition, il était évident que cette partie de l'apport qui affectait un caractère onéreux, englobait seulement les marchandises, c'est-à-dire des valeurs mobilières.

C'est, d'ailleurs, ce que la Cour a reconnu, en termes formels, dans le premier chef de sa décision.

Il en résultait que la vente n'ayant eu et ne pouvant avoir pour objet que des meubles, les dispositions de l'art. 9 L. frim. restaient inapplicables.

La solution admise par l'arrêt, en ce qui concerne la quotité du droit de mutation, est donc inconciliable avec les motifs sur lesquels la Cour s'est appuyée pour sanctionner l'exigibilité de ce droit.

234. Société anonyme. — Apport onéreux. — Droit de mutation non perçu. — Perscription biennale. — Point de départ. — V. *Prescription*, n° 383.

236. Apport à titre onéreux. — Marché. — Renferme un marché de travaux passible du droit de 1 fr. p. 100, la stipulation d'un contrat de société aux termes de laquelle l'un des associés s'engage à édifier, pour le compte de la société, des constructions qu'il doit livrer moyennant un prix déterminé (Seine, 5 mai 1893, 8127 R. P.).

239-4. Société en nom collectif. — Femmes mariées sous le régime de la communauté. — Maris institués gérants. — Traitement fixe. — Droit de 1 fr. p. 100 non exigible. — Lorsque, dans l'acte d'une société en nom collectif établie entre plusieurs femmes mariées sous le régime de la communauté, il est stipulé qu'un traitement fixe sera alloué aux maris institués gérants non associés, cette stipulation ne constitue pas une disposition indépendante, passible du droit de 1 fr. p. 100, quand, malgré la qualification contraire contenue dans l'acte de société, l'économie même du pacte social et la qualité d'époux commun en biens établissent que les maris sont de véritables associés (Seine, 6 mars 1891, 7640 R. P.).

243. Bail à un associé. — Lorsqu'il est stipulé, dans un contrat de société, que l'associé qui apporte son industrie aura, sa vie durant, la jouissance du château et du parc dépendant de l'établissement industriel mis en société, sans que cette jouissance puisse dépasser la durée de la société, et sous la condition que l'associé restera intéressé pour un certain nombre d'actions, cette stipulation renferme un bail à terme et donne, en conséquence, ouverture au droit de 0 fr. 20 p. 100 (Lille, 23 déc. 1892, 8174 R. P.).

244. Apport onéreux. — Concession. — Eaux thermales. — Droit au bail. — Tarif de 2 fr. p. 100. — Lorsque le concessionnaire, à titre de bail, de sources thermales apporte à une société, — qui demeure tenue du paiement des loyers à échoir, — son droit au bail, le matériel d'exploitation et divers objets mobiliers et reçoit, en échange, des actions et une somme déterminée, le droit de 2 fr. p. 100 est exigible, à l'exclusion du droit de 0 fr. 20 p. 100, sur la portion de la somme qui, d'après la déclaration des parties, représente le prix du droit au bail (Pontoise, 6 déc. 1899, 9806 R. P.)

245. Transcription. — Apports immobiliers. — L'apport d'immeubles fait à une société anonyme et rémunéré par l'attribution d'un certain nombre d'actions de cette société, est un acte translatif de propriété soumis par l'art. 1er L. 23 mars 1855 à la transcription. Lorsque cette formalité n'a pas été remplie, la société est réputée n'avoir jamais été acquéreur des immeubles dont l'apport lui a été fait (Cass. 25 avril 1898, 8417 R. P.).

248. Disposition indépendante. — Assurance contre le non-payement des factures. — Droit de 1 fr. p. 100. — Constitue une disposition indépendante passible d'un droit particulier et soumise au tarif de 1 fr. p. 100 qui atteint les contrats d'assurance, la clause d'un acte de société, aux termes de laquelle l'un des associés s'engage à régler les factures impayées par les acheteurs moyennant une prime calculée à raison de 2 fr. p. 100, du montant net des factures (Seine, 16 juill. 1894, 8479 R. P.).

256. Dissolution de société. — Règle de perception. — Aucune modification aux explications données dans la première partie du *Rép. gén.*, sauf que le droit proportionnel de 0 fr. 20 p. 100 a été substitué, par la L. 28 avr. 1893, au droit gradué (V. n° 109 *suprà*).

262. Retraite d'un associé. — Dissolution. — Lotissement. — Décidé que lorsqu'un des membres d'une société en nom collectif se retire et que la société, dissoute par cette retraite, se reconstitue entre les membres restants, l'attribution d'un acquêt social faite au membre sortant rend exigible le droit de partage sur la valeur de cet acquêt et sur celle du surplus de la masse indivise (Sol. 24 juill. 1895, 1690 R. E.).

263. Rachat partiel d'actions. — Partage. — La convention par laquelle une société rachète, au cours de son existence, un certain nombre d'actions nominatives, constitue non un partage assujetti au droit gradué (aujourd'hui droit de 0 fr. 15 p. 100), mais une cession passible du droit de transmission à 0 fr. 50 p. 100 (Seine, 6 mars 1896, 8839 R. P.).

265. Dissolution. — Liquidation. — Assignation. — Il est de principe que toute société dissoute continue d'exister pour les besoins de la liquidation : d'où il suit que l'assignation donnée à une société en liquidation, dans les termes de l'art. 69, § 6, C. Proc., au domicile de l'un des associés, est régulière, bien qu'elle n'ait pas été notifiée à la personne du liquidateur (Cass. 28 fév. 1894, 8648 R. P.).

268. Société en liquidation. — Cession de part sociale. — Droit de mutation. — Passif. — Déduction. — Dans la première partie du *Rép. gén.*, 23e ligne, au lieu de : « ... par un arrêt 3 mars 1820 », lire : par un arrêt 30 mars 1829. — V. n° 1326, *Succession*.

271. Partage. — Le partage des sociétés, autrefois assujetti au droit gradué, donne ouverture au droit proportionnel de 0 fr. 15 p. 100, depuis la L. 28 avr. 1893 (V. *Droit gradué* et *C. des Lois*). Mais, sauf la différence de tarif, les règles de perception n'ont pas été modifiées.

Apport de biens à une société en formation. — Actions et parts de fondateurs attribuées en échange. — Réduction du capital social. — Distribution entre les associés des actions et parts de fondateurs attribuées. — Partage. — Lorsque, comme conséquence de l'apport qu'elle a fait d'une partie de ses biens à une société en formation, et en échange duquel elle a reçu des actions et des parts de fondateurs de la société nouvelle, une société anonyme, tout en continuant à fonctionner, réduit son capital social du montant des biens abandonnés par elle et distribue à ses propres actionnaires, au prorata de l'émolument revenant à chacun d'eux, les actions et les parts de fondateurs qui lui ont été remises, cette opération présente les caractères juridiques d'un partage entre associés. La délibération de l'assemblée générale des actionnaires qui l'approuve donne, par suite, ouverture au droit gradué (aujourd'hui droit proportionnel) quand elle est soumise à l'enregistrement (Lyon, 1er juill. 1890 ; — Cass. req. 19 oct. 1892, 7977 et 8194-9 R. P.).

Assemblée générale d'actionnaires. — Délibération. — Actif social réduit. — Distribution aux actionnaires. — Partage. — Renferme un véritable partage ou lotissement la délibération d'une assemblée générale d'actionnaires qui décide le remboursement, entre tous les porteurs d'actions, d'une somme déterminée provenant de l'aliénation d'une partie de l'actif de la société. En conséquence, lorsqu'un extrait de cette délibération est soumis à l'enregistrement, par suite du dépôt qui en est fait en l'étude d'un notaire, le droit qui lui est applicable est celui de 0 fr. 15 p. 100 (Seine, 2 mars 1900, 9891 R. P.).

Société anonyme. — Annulation partielle d'actions. — Remboursement d'une somme déterminée par titre annulé. — Délibération de l'assemblée générale des actionnaires. — Acte innomé. — Droit fixe. — N'est passible, comme acte innomé, que du droit fixe de 3 fr., la délibération d'une assemblée générale d'actionnaires qui décide l'annulation d'actions et le remboursement d'une somme déterminée pour tous droits revenant aux possesseurs des actions annulées, lorsqu'elle ne désigne pas quelles sont les actions dont le porteur anonyme aura tout à la fois le droit d'exiger et l'obligation de subir le remboursement. — Une pareille délibération ne saurait être considérée comme renfermant un véritable partage ou lotissement et assujettie, à ce titre, au droit gradué (aujourd'hui droit proportionnel) (Marseille, 8 fév. 1894, 8330 R. P.).

Ce jugement, motivé sur les circonstances de l'affaire-

[illegible] **Reconnaissance de dette contenue dans un acte de société. Droit de 1 fr. p. 100.** — Lorsque, dans un acte de constitution [illegible] des associés font apport de créances dues sans titre enregistré par une société en liquidation dont les liquidateurs sont membres [illegible] de la nouvelle société, l'acceptation par ces derniers de l'apport de leurs coassociés emporte reconnaissance de dette par la société [illegible] au profit des apporteurs ; le droit de 1 fr. p. 100 est, en [illegible], exigible, — indépendamment de celui de 0 fr. 20 p. 100. — [illegible] de la dette ainsi constatée et reconnue (Seine, 5 déc. 1903, [illegible] R. P.).

[illegible] **Retrait partiel d'apports. Lotissement. Droit de 0 fr. 15 p. 100.** — Lorsqu'au cours d'une société, l'un des membres retire purement et simplement une partie des biens dont il avait fait apport et que le capital social est réduit en conséquence, ce retrait constitue un lotissement passible du droit de partage de 0 fr. 15 p. 100 (Seine, 13 nov. 1903, [illegible] R. P.).

[illegible] *prévoyant, d'une part, le retrait de son apport par l'un des [illegible], et, d'autre part, une augmentation correspondante de leurs apports par les autres associés. Stipulations distinctes ne constituant pas [illegible] à terme de droits sociaux. Non-exigibilité du droit de 0 fr. 50 [illegible] sur l'acte de société.* — Ne constitue pas une cession à terme de [illegible] sociaux, donnant lieu à la perception du droit de 0 fr. 50 p. 100 [illegible] l'enregistrement du pacte social, la clause des statuts d'une [illegible] stipulant, d'une part, que l'un des associés retirera, à la clôture [illegible] exercice social, une certaine somme à valoir sur le montant [illegible] apport effectué en numéraire, de façon à avoir retiré l'intégralité [illegible] apport à l'expiration de la société, et, d'autre part, que d'autres [illegible] verseront aux mêmes époques une somme d'égale importance [illegible] (Seine, 20 avril 1905, [illegible] R. P.).

266. Liquidation. — *Dissolution. Cession par un associé de tous ses droits à ses coassociés. Liquidation terminée « ipso facto ». Apport du cédant attribué à ses coassociés cessionnaires. Droit de mutation. Application de l'art. [illegible] L. frim.* — La cession, faite par un associé à ses coassociés, de tous ses droits dans une société en liquidation, ne donne ouverture qu'au droit de 0 fr. 50 p. 100 comme cession de part d'intérêt, et non pas au droit de transmission suivant le tarif déterminé par la nature des biens cédés, quoiqu'elle ait pour effet d'opérer l'extinction immédiate de l'être moral en rendant la liquidation désormais inutile. Il en est autrement toutefois si le cédant avait fait apport à la société d'une part indivise dans des immeubles et un fonds de commerce qui, par suite de la cession, se trouve attribuée à ses coassociés. Dans cette hypothèse, la mutation conditionnelle résultant de l'apport est devenue définitive et rend, en conséquence, exigible le droit de mutation. Ce droit doit être liquidé au taux de 5 fr. 50 p. 100 si, dans l'acte soumis à la formalité, les parties ne se sont pas conformées aux prescriptions de l'art. 9 L. frim. (Ruffec, 5 juin 1900, 10522 R. P.).

Société. Expiration. Cession par un associé de ses droits au profit de l'autre. Liquidation inutile. Tarif de 5 fr. 50 p. 100 non applicable. Droits réglés d'après la nature des biens compris dans la part cédée. — Lorsqu'une société commerciale s'est trouvée dissoute par l'expiration du terme fixé pour sa durée et qu'il est établi, en fait, qu'elle n'a pas survécu pour les besoins de sa liquidation, la cession qu'un des associés fait à un autre d'une partie de ses droits a pour objet, non pas une part sociale, mais une fraction correspondante de tous les biens meubles ou immeubles composant l'actif social. L'acte qui constate cette cession est, dès lors, passible du droit proportionnel de mutation, calculé aux divers taux propres à la nature de chacun des biens cédés (Seine, 4 avril 1903, 10376 R. P. ; — 23 mars 1907, 11058 R. P.).

271. Partage. — *Apport par une société en commandite d'une partie de son actif à une société anonyme. Attribution directe d'actions aux membres de la première société. Droit de partage. Excédent d'attribution. Soulte. Actions d'apport non négociables.* — Lorsqu'une société en commandite fait apport d'une partie de son actif à une société anonyme et que les actions représentatives de cet apport sont attribuées, non pas à la première société considérée comme être moral, mais privativement aux associés qui la composent, cette attribution constitue une disposition indépendante du contrat de société ; elle présente les caractères juridiques d'un partage et donne, en conséquence, ouverture à la perception du droit de 0 fr. 15 p. 100 sur la valeur des biens apportés à la nouvelle société. En outre, si l'un des membres de la société en commandite reçoit des actions de la société anonyme pour une valeur supérieure à ses droits dans la première société, il est dû sur cet excédent d'attribution, qui forme soulte, un droit de 0 fr. 50 p. 100 pour cession d'actions, en vertu de l'art. 69, § 2, n° 6, L. frim. (c'est-à-dire 0 fr. 50 p. 100 avec décimes) (Cambrai, 25 juin 1903, 10597 R. P.).

Assemblée générale d'actionnaires. Délibération. Réduction de l'actif social. Distribution aux actionnaires. Partage. — Est passible du droit de 0 fr. 15 p. 100, comme constituant un véritable partage partiel ou lotissement, la délibération d'une assemblée générale d'actionnaires qui décide la réduction du capital social au moyen du remboursement, entre tous les porteurs d'actions, d'une somme déterminée provenant de l'aliénation d'une partie de l'actif de la société. Ce partage ne peut être considéré comme une disposition dépendante de la réduction du capital social et doit être tarifé comme constituant la disposition principale (Seine, 29 janv. 1905, 10743 R. P. ; — *Contrà* Amiens, 30 déc. 1905, 11366 R. P.).

Assemblée générale d'actionnaires. Délibération. Dissolution. Répartition de l'actif net entre les actionnaires. Partage. — Renferme un véritable partage, la délibération d'une assemblée générale d'actionnaires qui, après avoir voté la dissolution de la société, décide que l'actif net disponible, dont elle arrête le chiffre, sera employé au remboursement d'une somme déterminée par action, contre remise du titre. — En conséquence, lorsqu'un extrait de cette délibération est soumis à l'enregistrement par suite du dépôt qui en est fait dans l'étude d'un notaire, le droit qui lui est applicable est celui de 0 15 p. 100. — L'Administration est fondée à poursuivre le recouvrement de ce droit contre chacun des associés, non seulement pour sa part dans la dette sociale, mais encore pour toutes les sommes qu'il a retirées de la liquidation et jusqu'à concurrence de ces sommes (Seine, 8 fév. 1907, 11457 R. P.).

272. Société nouvelle. Retraite de l'un des associés originaires. Mutation d'apport. — Quand un des associés, qui avait apporté à la société primitive une portion indivise des immeubles et du fonds de commerce exploités, ne figure plus parmi les associés existants au moment où la transformation de cette société a donné naissance à un être moral nouveau, ce fait établit que l'apport a été l'objet d'une mutation entre l'apporteur et les autres associés et autorise l'Administration à réclamer de ce chef le droit proportionnel (Cass. (civ.), 11 avril 1905, 10975 R. P.).

soumise au tribunal, ne fait pas échec aux décisions rapportées *suprà*. Dans l'espèce actuelle, la délibération prise par l'assemblée générale des actionnaires avait bien eu pour résultat d'opérer la dissolution de la société, au regard des porteurs des actions annulées et de créer, pour ceux-ci, un état d'indivision leur donnant droit à la portion d'actif correspondant à la valeur des titres annulés.

Mais cette vocation au partage, au profit des actionnaires éliminés en exécution de la délibération ne pouvait constituer le fait générateur de l'exigibilité du droit gradué. Pour que ce droit fût exigible, il eût fallu que la délibération, au lieu de se borner à indiquer qu'un titre sur quatre serait amorti, contînt le partage lui-même, c'est-à-dire qu'il désignât, tout au moins par leur numéro, les actions appelées au remboursement. A défaut de cette indication, la délibération précitée n'apparaissait, ainsi que le tribunal l'a décidé, que comme un acte préparatoire au partage. Au point de vue fiscal, elle présentait les caractères d'un acte innomé, passible seulement du droit fixe.

272. Société dissoute. — Apport attribué à un associé autre que l'apporteur. — Droit de mutation. — En principe, toute mutation de propriété est soumise au droit proportionnel. C'est par une faveur spéciale que la loi n'assujettit qu'au droit fixe l'apport de biens fait dans une société; mais si, à la suite de la dissolution, la propriété de ces biens est attribuée à d'autres personnes qu'à celui qui les a apportés, il s'opère alors une mutation définitive passible du droit proportionnel (Cass. 28 janv. 1895, 8485 et 8860 R. P.; — 3 juill. 1899, 9502 et 9940-22 R. P.; — 18 déc. 1899, 9727 R. P.; — 4 fév. 1901, 9906 R. P.; — Lille, 4 avr. 1895; Cass. 25 nov. 1901, 10083 R. P.).

Spécialement, lorsque, dans un contrat de société, originairement intervenu entre deux associés auxquels s'est adjoint, plus tard, un troisième associé, conformément aux prévisions statutaires, il a été stipulé que la société pourrait, en cas de décès de l'un des associés, continuer entre les survivants, mais que la dissolution serait la conséquence forcée de ce décès, et que les survivants auraient le droit de conserver, pour leur compte collectif, l'actif social mobilier ou immobilier de la société, à charge de rembourser aux héritiers du prédécédé le montant de sa part, la dissolution se produit, en vertu de cette clause formelle, lors du décès du prémourant des associés. En conséquence, si les survivants exercent leur droit de préemption sur la part revenant au défunt, la cession qui leur est consentie par les héritiers de ce dernier a pour objet de rendre la société nouvelle formée entre les cessionnaires seule propriétaire de tout ce qui composait la société dissoute, et, par suite, des biens mobiliers et immobiliers que le défunt avait apportés à la société dissoute. Cette cession réalise, dès lors, la mutation définitive de l'apport, et elle donne ouverture au droit de mutation sur la valeur de cet apport et eu égard à sa nature (Dieppe, 24 déc. 1895; — Cass. 18 déc. 1899, 9727 R. P.).

De même, lorsque plusieurs associés ont fondé entre eux, pour une durée déterminée, une société à laquelle ils ont apporté des immeubles, en stipulant qu'à l'expiration de la durée convenue les biens sociaux seraient partagés, par égales parts, entre les survivants; — que cette société a été, tout d'abord, prorogée sur les mêmes bases, avec adjonction d'autres membres, puis remplacée par une société nouvelle, divisée en parts et constituée tant avec de nouveaux sociétaires qu'avec les membres survivants de la société originaire qui ont fait apport des immeubles appartenant à l'être moral dissous, ces circonstances établissent qu'à l'ancienne société de personnes s'est substituée une société de capitaux absolument distincte, et que la dissolution a eu pour effet de transférer la propriété des immeubles sociaux à d'autres qu'aux apporteurs. Les sociétaires survivants sont donc tenus de faire à la Régie la déclaration prescrite par les art. 22 et 48 L. frim. et 4 L. 27 ventôse an IX, et d'acquitter le droit de mutation devenu exigible, dès lors, d'ailleurs, qu'il ne s'agit pas de la transmission d'immeubles par l'ancienne société à la nouvelle, mais bien de l'apport personnel qu'ont fait les anciens sociétaires de biens apportés dans la société dissoute par d'autres qu'eux et dont ils sont devenus propriétaires par l'effet de la dissolution (Saint-Omer, 5 mars 1897, Cass. civ. 4 fév. 1891, 9906 R. P.).

Décidé également que lorsque des associés augmentent, dans de notables proportions, le capital de la société existant entre eux (au cas particulier, capital porté de 200.000 fr. à 4 millions), et s'autorisent à céder tout ou partie de leurs parts sociales, ces stipulations, qui entraînent la transformation complète du capital et du personnel, peuvent être considérées comme renfermant non la prorogation de la société originaire, mais la création d'un être moral nouveau. Et si les termes du nouvel acte de société indiquent clairement la volonté des associés d'apporter à la société ainsi formée les biens acquis antérieurement et devenus leur propriété personnelle, on ne saurait considérer ces biens comme des acquêts sociaux; par suite, leur attribution à d'autres qu'aux apporteurs donne ouverture au droit de mutation (Lille, 4 avr. 1895; — Cass. 25 nov. 1901, 10083 R. P.).

Mais il n'en est ainsi que dans l'hypothèse où la transformation de la société a eu pour résultat de donner naissance à un être moral entièrement nouveau et distinct de la société originaire (V. nº 159 *suprà* et suiv.).

Si l'ancienne société n'est pas dissoute et continue de subsister, la mutation d'apport ne se réalise pas.

Décidé dans ce sens que la conversion d'une société en nom collectif en société en commandite, même lorsqu'elle coïncide avec l'augmentation du capital social et l'engagement pris par les associés de conserver à leur charge l'actif et le passif de la société primitive et d'assurer les frais et risques de la transformation de l'établissement industriel qui en avait été l'objet, n'a pas pour effet d'entraîner la dissolution du premier pacte social et la création d'un être moral nouveau, s'il résulte des termes formels du contrat et des circonstances que les parties n'ont pas eu l'intention de créer une société nouvelle ni de substituer une association de capitaux à une association de personnes. En conséquence, quand, à la dissolution de la société transformée, l'établissement industriel fondé par la société originaire, avant la transformation, reste la propriété exclusive de l'un des associés primitifs, il ne s'opère, au profit de celui-ci, aucune transmission des parts et portions qui avaient appartenu à ses coassociés, et il n'est dû, de ce chef, aucun droit de mutation (Remiremont, 25 janv. 1900, 9856 R. P.).

273. Société dissoute. — Immeuble apporté. — Attribution partielle. — Mutation. — Quand, dans un acte constatant la formation d'une société entre un père, son fils et une tierce personne, pour l'exploitation d'un fonds de commerce, le fils déclare apporter la moitié lui appartenant, conjointement avec son père, dans la clientèle et l'achalandage du fonds de commerce, ainsi que dans un immeuble où ce fonds est exploité, alors que la clientèle, l'achalandage et l'immeuble avaient été intégralement apportés par le père seul, dans une société antérieurement constituée entre lui et son fils, et dissoute le même jour que la création de la nouvelle société, la déclaration de l'apport fait à cette dernière société révèle la cession, au profit du fils, de la moitié de l'apport primitif du père. Elle autorise, en conséquence, la réclamation des droits de mutation exigibles, sauf la faculté réservée aux parties de souscrire la déclaration qui doit fixer l'assiette de ces droits (Romorantin, 8 mai 1891; — Cass. 4 mai 1892, 7849 et 7974-54 R. P.).

275. Apport. — Tiers cessionnaire. — Attribution. — Quand le capital d'une société, comprenant le fonds de roulement, un matériel industriel et un immeuble a été apporté par deux associés qui, au cours de la société, usant de la faculté qu'ils s'étaient réservé, ont cédé à des tiers une fraction de leur part sociale, et qu'à la suite de la dissolution de la société, les cédants et les cessionnaires ont formé une association nouvelle, à laquelle ils ont apporté l'immeuble et les meubles provenant de la société dissoute, la Régie, constatant par le rapprochement des divers actes de cession la transmission définitive des biens apportés au profit d'associés autres que les apporteurs, est fondée à inviter les cessionnaires à souscrire la déclaration de toutes les valeurs à eux attribuées, à l'effet de déterminer le montant des droits dus au Trésor sur le contrat originaire de société, devenu rétroactivement le titre de perception de l'impôt sur les apports mobiliers aussi bien que sur les apports immobiliers. Dans ces conditions, en validant la contrainte, et en enjoignant aux redevables de comprendre dans leur déclaration les meubles comme les immeubles, le tribunal, saisi de la réclamation, fait une juste application des dispositions légales qui régissent la matière (Lille, 4 avr. 1895; — Cass. 25 nov. 1901, 10083 R.P.).

276. Immeuble apporté. — Transcription du contrat. — Droit de 1 fr. 50 p. 100 perçu. — Vente de l'immeuble par la société à un tiers. — Droit de 5 fr. 50 p. 100 exigible. — Droit de transcription non imputable. — Lorsqu'un immeuble apporté en société est, au cours de cette société, vendu à un tiers, le droit de 1 fr. 50 p. 100, perçu sur la valeur de l'apport, lors de la formalité matérielle de la transcription, requise au bureau des hypothèques pour le contrat de Société, ne saurait être imputé sur le droit de 5 fr. 50 p. 100 auquel donne lieu la vente, en vertu de l'art. 52 L. 28 avril 1816 (Seine, 26 oct. 1901, 10145 R. P.).

278. Société dissoute. — Fonds de commerce apporté. — Attribution partielle. — Mutation. — V. n° 273 *suprà* et n°s 660 et 660 *bis*, *Mutation*.

280. Société dissoute. — Apport. — Mutation. — Valeur imposable. — Lorsque des immeubles originairement apportés à une société passent, à la dissolution de la société, sur la tête d'un associé autre que l'apporteur et font ainsi l'objet d'une mutation, c'est sur la valeur et sur la consistance de ces immeubles, au jour de l'apport et non à la date à laquelle se réalise la transmission, que la perception du droit de mutation doit être établie (Cass. 28 janv. 1895, 8485 R. P.; — 4 fév. 1901, 9996 R. P.; — 25 nov. 1901, 10083 R. P.).

Le même principe est applicable quand l'apport, objet de la mutation, consiste en un fonds de commerce (Seine, 9 juill. 1891, 7744 R. P.; — 29 oct. 1897, 9193 R. P.; — Montauban, 12 août 1898, 9550 R. P.; — Seine, 25 oct. 1901, 10122 R. P. et 22 nov. 1901, 10123 R. P.; — Lyon, 29 janv. 1902).

Décidé, cependant, dans ce cas, que le droit est dû sur la valeur du fonds à la date de la mutation et non au jour de l'apport (Coulommiers, 30 déc. 1892, 8216 R. P.).

Mais cette décision ne saurait être admise.

La mutation qui s'opère, après la dissolution de la société, par le résultat de l'attribution à l'un des associés d'un bien apporté par son coassocié, dérive de la réalisation d'une condition suspensive : elle rétroagit, dès lors, au jour même de l'acte de société qui en forme le titre. En conséquence, c'est la valeur du bien à cette même date qui doit servir de base à la liquidation du droit proportionnel.

Sans doute, la perception à effectuer dans l'hypothèse précitée est le résultat d'une fiction, mais cette fiction doit être appliquée avec toutes les conséquences qu'elle entraîne. Créée par la loi fiscale, en dérogation aux principes du droit civil, il y a lieu de l'admettre, non seulement au moment de l'apport en société, mais encore lorsque cet apport, à la dissolution de la société, passe sur la tête d'un associé autre que l'apporteur. C'est ce qu'enseigne Demante (t. III, n° 785), dans les termes suivants : « D'après la théorie de Pothier, suivie par les auteurs de la loi de 22 frim., dit le savant auteur, l'apport en société n'opère mutation que sauf l'événement ultérieur du partage; dans ce système, la transmission étant provisoirement suspendue par une condition, il est conforme aux principes généraux de suspendre aussi la perception du droit proportionnel. Quand le partage m'attribue le fonds apporté par vous dans la société, *la condition s'accomplit, la mutation s'opère alors rétroactivement.* »

280-3. Fonds de commerce et marchandises. — Apport. — Mutation. — Valeur imposable. — Lorsqu'un fonds de commerce apporté en société et comprenant des marchandises et des matières fabriquées passe, à la dissolution de la société, sur la tête d'un associé autre que l'apporteur, il se produit une mutation passible du droit proportionnel. Les marchandises et matières fabriquées qui existent en nature au jour de la dissolution de la société sont censées représenter jusqu'à due concurrence celles qui dépendaient du fonds de commerce au moment de l'apport (Seine, 17 mars 1894, 8317 R. P. et 18 janv. 1901, 10122 R. P.).

284. Apports. — Mutation. — Délai. — Droit en sus. — Lorsqu'une mutation d'apport se produit à la dis-

272. Dissolution de société. Apport à une société nouvelle, par des associés autres que l'ancien propriétaire, d'immeubles provenant de la société dissoute. Droit de mutation. — Lorsque, dans un acte constatant la formation d'une société nouvelle entre deux associés et une tierce personne, les deux associés déclarent faire apport, chacun pour moitié, d'immeubles apportés par un associé prédécédé à la société qui existait entre eux et dont la dissolution est la conséquence de la création de la nouvelle société, cette déclaration établit que les immeubles dont il s'agit sont passés sur la tête d'associés autres que l'ancien propriétaire; elle autorise, par suite, la perception du droit proportionnel de mutation sur l'acte de formation de la société nouvelle si les énonciations de cet acte renferment en elles-mêmes la preuve complète de la mutation. Le droit proportionnel exigible doit être liquidé sur la valeur des immeubles en question au jour de l'apport qui en a été fait à la société dissoute, déduction faite de la valeur à la même époque de la partie de ces immeubles qui a pu être aliénée au cours de la société (Chartres, 6 juill. 1905, 10063 R. P.).

275. Dissolution de société. Fonds de commerce. Marchandises neuves. Apport indivis. Attribution de la totalité du fonds et des marchandises à l'un des apporteurs cessionnaire de la part d'intérêt d'un de ses coassociés. Preuve. Droits de mutation. Bases de la liquidation de l'impôt. Prescription biennale non applicable. — Lorsqu'à la suite de la dissolution d'une société en commandite simple, l'un des associés en nom vend à une société nouvelle le fonds de commerce dont il avait fait l'apport conjointement avec un autre associé en nom prédécédé et dont il ne possédait, par conséquent, que la moitié, cette vente fournit la preuve qu'il s'est opéré à son profit une mutation de la part de son coassocié dans le fonds de commerce et autorise, dès lors, l'Administration à réclamer les droits proportionnels d'après la valeur du fonds au jour de sa mise en société; les marchandises qui se sont retrouvées en nature à la dissolution de la société sont, d'ailleurs, censées représenter à due concurrence celles comprises dans les apports. La partie ne peut se soustraire à la réclamation en invoquant, soit une cession de droits sociaux qui lui aurait été consentie par son coassocié au cours de la société, puisque cette cession ne pouvait avoir pour objet que l'action purement mobilière du défunt, et non pas la transmission d'objets déterminés, — soit la prescription biennale, puisque cette cession ne constituait pas le fait générateur de la perception de l'impôt de mutation (Lille, 2 mars 1905, 11920 R. P.).

277. Société. Expiration. Continuation de fait. Cession à un associé du fonds de commerce apporté par son coassocié. Cession de bail. Liquidation du droit. — Si le bail du local où s'exploite un fonds de commerce a été consenti au profit de deux associés personnellement au cours de la prorogation verbale de la société formée entre eux, la cession faite par un associé à l'autre de ses droits dans le bail ne donne ouverture au droit de 0 20 p. 100 que sur la moitié seulement du montant des loyers à échoir (Seine, 4 mai 1906, 11231 R. P.).

280. Société dissoute. Apport. Mutation. Valeur imposable. — *Conf.* Lyon, 29 janv. 1902, 10626 R. P.; — Evreux, 31 janv. 1906, 11000 R. P.; — Marseille, 19 mars 1907, 11690 R. P.; — *Contrà* Montbrison, 11 juin 1904, 10830 R. P.; — Avesnes, 30 avril 1903, 10590 R. P.

Fonds de commerce. Marchandises neuves. Licitation du fonds et des marchandises au profit d'un associé cessionnaire, au cours de la société, des droits de l'auteur de l'apport. Bases de la liquidation de l'impôt. Taxe municipale au profit de la Ville de Paris. — Lorsqu'à la suite de la dissolution d'une société en nom collectif, le fonds de commerce apporté par un associé qui s'est retiré antérieurement est adjugé à un autre associé, qui est entré dans la société au cours de son existence, le droit de mutation est dû sur la valeur du fonds au jour de l'apport. Il importe peu que l'associé adjudicataire ait acquis, au cours de la société, les droits de l'auteur de l'apport, si l'apport de ce dernier, bien que supérieur à celui qu'il avait promis, n'a pas été effectué à titre onéreux, qu'il a, au contraire, conservé le caractère d'apport pur et simple, et que la cession faite au cours de la société par l'associé apporteur à l'associé adjudicataire n'a pu avoir pour objet qu'une part sociale, à l'exclusion d'objets déterminés. — Le droit de mutation est dû sur les marchandises neuves à concurrence de la valeur intégrale pour laquelle elles figuraient dans l'apport originaire; en ce qui concerne l'excédent, ce droit ne doit être liquidé que déduction faite de la part de l'associé adjudicataire. — Si l'acte de société est antérieur à la L. 31 déc. 1900, la taxe municipale à percevoir au profit de la Ville de Paris ne peut être calculée que sur l'excédent des marchandises qui constitue un acquêt social (déduction faite, bien entendu, de la part de l'associé adjudicataire); la mutation est, en effet, réputée s'être réalisée, pour le surplus de ces marchandises, au jour de l'apport en société (Seine, 5 mai 1906, 11256 R. P.).

Cession par un associé de tous ses droits à un autre. Immeubles apportés par le cédant et acquêts sociaux mobiliers et immobiliers. Prix global. Droit de transcription. Droit de mutation. Application de l'art. 9, L. frim. Prescription. — Dans le cas d'une société constituée entre deux personnes, l'acte qui constate la cession par l'un des associés à l'autre, moyennant un prix unique, de tous ses droits dans l'actif social comprenant, d'une part, des immeubles apportés par le cédant et, d'autre part, des acquêts sociaux mobiliers et immobiliers, emporte dissolution de la société et présente le caractère d'une vente pure et simple en ce qui concerne les immeubles devenus ainsi la propriété d'un associé autre que l'apporteur. Ce contrat est, en conséquence, de nature à être transcrit, et, par suite de l'indivisibilité de la formalité, le droit de transcription est exigible sur la totalité du prix. — A défaut de stipulation de prix distincts pour les immeubles apportés par le cédant et pour les acquêts sociaux, il y a lieu de déterminer au moyen d'une déclaration estimative ce qui, dans le prix global, représente la valeur, au jour de la cession, des immeubles propres au cédant, ces immeubles n'étant passibles du droit de mutation que sur leur valeur au moment de l'apport. Mais le tarif immobilier est exigible, par application de l'art. 9 L. frim., sur la fraction du prix afférente à la transmission de la part du cédant dans les meubles et immeubles composant les acquêts sociaux (Cusset, 28 juin 1905, 10892 R. P.).

285. Immeubles. Retraite ultérieure de l'un des associés apporteurs. Création d'un nouvel être moral. Mutation d'apports. Prescription biennale. — L'adjonction d'un nouvel associé et la cession ultérieure par les héritiers des droits d'un associé décédé à ses coassociés entraînent la constitution d'une société nouvelle, ce qui a pour effet de rendre exigibles les droits de mutation sur les transmissions d'apports qui se trouvent ainsi mises en évidence. L'action du Trésor pour le recouvrement de ces droits est, par suite, atteinte par la prescription biennale, si l'Administration a négligé de formuler sa réclamation dans le délai de deux ans à partir de l'enregistrement de l'acte constatant la cession par les héritiers de l'associé décédé des droits de leur auteur à ses coassociés (Corbeil, 17 déc. 1903, 10743 R. P.).

Si, en matière de mutations d'apports entre associés, le titre de la transmission réside dans le contrat de société, c'est néanmoins l'acte constatant l'attribution de l'apport à un associé autre que l'apporteur qui constitue le fait générateur de l'impôt; par suite, les parties ne sont pas fondées à prétendre que les droits de mutation et de transcription exigibles à raison d'une transmission d'apport auraient dû être perçus sur l'acte de société et à invoquer de ce chef la prescription biennale (Cass. 24 juin 1904, 10893 R. P.).

...lution d'une société, le droit en sus devient exigible si cette mutation n'est pas déclarée dans les trois mois (Vernon, 13 juill. 1898, 9575 R. P.).

Décidé que lorsque l'existence de la mutation se trouve prouvée par le rapprochement de divers actes (constitution de société anonyme, transformation en commandite, délibérations des assemblées générales des actionnaires) qui, tous, ont été soumis à l'enregistrement, en temps opportun, aucun droit en sus ne saurait être exigé des parties (Seine, 21 mai 1898, 9402 R. P.).

Nous ne saurions approuver cette décision. Aucun des actes soumis à l'enregistrement ne constituait, dans l'espèce, le titre de la mutation; de leur ensemble se dégageaient seulement les présomptions tendant à l'établir. Dans ces circonstances, les parties ne pouvaient se soustraire à la pénalité qu'à la condition de souscrire, dans le délai légal, la déclaration de la mutation. A défaut d'avoir passé cette déclaration et acquitté l'impôt exigible, elles avaient encouru les droits en sus.

285. Apport. — Mutation. — Prescription. — Par de nombreux arrêts, la Cour de cass. a nettement fixé les règles d'interprétation de l'art. 61, n° 1, L. frim.

Il résulte de sa jurisprudence que la prescription biennale édictée par cet article ne vise que les *omissions* et les *insuffisances* de perception, c'est-à-dire les droits dont l'acte enregistré forme le *titre*, à l'exception de ceux dont il fait simplement soupçonner l'existence (*Rép. gén.*, v° *Prescription*, n°s 357 et s.; — Cass. 30 janv. 1895, 8504 R. P.; — 13 mars 1895, 8525 R. P.; — 12 janv. 1897, 1903 R. P.).

Les droits qui deviennent exigibles sur les transmissions d'apports, quand, à la dissolution de la société, les biens apportés passent sur la tête d'un associé autre que l'apporteur, ne sont, en principe, soumis à la prescription biennale que s'il est présenté à la formalité un acte constituant le titre de leur perception.

En cette matière, la prescription trentenaire, qui régit l'action en recouvrement des droits auxquels donne ouverture l'accomplissement d'une mutation conditionnelle (*Rép. gén.*, *loc. cit.*, n°s 378 et 480), est, le plus souvent, applicable.

Mais, il n'est pas moins certain que cette prescription fait place à celle de deux ans, lorsque la réalisation de la condition est révélée à l'Administration par un acte qui, présenté à la formalité, contient la preuve complète de la mutation et la constatation expresse du fait générateur de l'impôt.

Ce résultat se produit, notamment, dans le cas où la mutation résulte d'un partage enregistré aux termes duquel l'apport est attribué à un autre que celui qui l'avait fait. La raison en est que ce partage, tout en n'étant pas l'instrument de la mutation qui, d'après une fiction de la loi fiscale, rétroagit au jour de la constitution de la société, renferme, cependant, le titre de la perception du droit applicable à la mutation, et que ce droit fait partie intégrante de ceux auxquels donnent lieu les différentes dispositions du partage. D'où il suit que si, lors de l'enregistrement de cet acte, le droit dû pour la transmission n'a pas été perçu, il y a insuffisance de perception prescriptible par deux ans (*Rép. gén.*, v° *Société*, n° 285).

De même, il est admis, sans contestation, que la prescription biennale des droits en sus ne s'ouvre, au vœu de l'art. 14 L. 16 juin 1824, que du jour où l'Administration a pu connaître complètement et sans recherches ultérieures l'existence de la mutation, au vu d'un acte présenté à la formalité. Pour que cet acte puisse servir de point de départ à la prescription, il faut qu'il contienne en lui-même les preuves de la mutation, sans le secours d'aucune constatation étrangère à ses énonciations. S'il ne fournit que de simples indices, s'il ne constitue qu'un élément de présomption à corroborer par des recherches ou des rapprochements ultérieurs, il ne saurait être considéré comme fixant le point de départ de la prescription (*Rép. gén.*, v° *Prescription*, n°s 667 et s.).

Tels sont les principes qui continuent à être en vigueur.

Décidé, dans ce sens, que, lorsqu'à la dissolution d'une société, l'immeuble et le fonds de commerce apportés en société sont attribués à un autre que l'apporteur, le droit de mutation exigible est régi par la prescription trentenaire, à l'exclusion de la prescription biennale, à partir de l'enregistrement de l'acte qui révèle la mutation (Romorantin, 8 mai 1891, 7849 R. P.).

Reconnu également que la prescription de deux ans édictée par l'art. 61, n° 1, L. frim. est restreinte, par son objet, aux omissions et insuffisances de perception sur des actes présentés à l'enregistrement. Quant aux droits simples ou principaux, dont la prescription n'est régie par aucune loi spéciale, ils restent, à cet égard, sous l'empire du droit commun et ne sont, dès lors, soumis qu'à la prescription trentenaire. En conséquence, si la transmission de propriété qui s'est opérée par l'effet de la dissolution de l'ancienne société n'a pu être constatée, au seul vu de l'acte constitutif de la société nouvelle, et si cet acte ne pouvant être considéré comme contenant la preuve complète de la mutation et le titre de l'exigibilité du droit, la réclamation n'a pour objet ni une omission, ni une insuffisance de perception, mais un droit principal, elle ne se prescrit que par trente ans (Saint-Omer, 5 mars 1897; — Cass. civ. 4 fév. 1901, 9996 R. P.).

Jugé aussi que quand, au cours d'une société et par suite de cessions, soit à titre onéreux, soit à titre gratuit, réalisées à son profit, un des associés réunit sur sa tête la pleine propriété d'une fraction de l'actif social et la nue propriété du surplus, — l'usufruit de cette dernière portion appartenant à un autre associé qui, en cédant sa part en nue propriété, a stipulé expressément qu'il entendait vouloir continuer à faire partie de la société, — la situation créée par ces conventions n'a pas pour résultat de mettre fin à la société. La dissolution de l'entreprise ne se produit que par l'effet du partage ultérieur intervenu entre les deux associés restants, et c'est ce partage qui, seul, révèle l'existence de la mutation provenant de ce que des apports sont définitivement attribués à un associé autre que l'apporteur. Par voie de conséquence, la prescription biennale, applicable à l'action en recouvrement du droit exigible à raison de cette mutation, commence à courir du jour de l'enregistrement de l'acte de partage et non du jour où la formalité a été donnée aux différents actes de cession antérieurs (Bar-le-Duc, 9 mars 1898; — Cass. 28 janv. 1902, 10137 R. P.).

La Cour a, il est vrai, décidé que lorsque, dans l'acte

constitutif d'une société créée pour l'exploitation d'un fonds de commerce, une veuve apporte, comme les ayant faits siens, le matériel roulant et l'outillage mobile provenant de ce fonds primitivement exploité par son mari, ainsi qu'une somme à prendre sur le prix de la vente des matières premières et marchandises fabriquées, cette déclaration d'apport fournit la preuve complète de la transmission qui s'est opérée, en ce qui concerne le fonds dont il s'agit, de la tête des héritiers du mari sur celle de la veuve. — L'Administration est ainsi mise en situation de réclamer le droit exigible sur cette transmission, bien qu'il ne soit pas justifié du consentement donné à la vente par les héritiers encore mineurs. En conséquence, la prescription biennale s'oppose à la réclamation de ce droit, si cette déclaration se produit plus de deux ans après l'enregistrement du contrat de société (Cass. 26 fév. 1894. — *Contrà :* Saint-Étienne, 3 mars 1892, 8267 R. P.).

De même, elle a jugé que lorsqu'une société, originairement formée entre trois associés, qui ont apporté les biens meubles et immeubles leur appartenant indivisément, se trouve dissoute par l'expiration du terme fixé pour sa durée, — qu'une nouvelle société se forme ayant pour objet de continuer l'exploitation industrielle de la précédente, — et que les nouveaux associés, qui comprennent deux des associés originaires et les représentants du troisième associé, prédécédé, apportent tout l'actif mobilier et immobilier de l'ancienne société, et, par conséquent, la part, — devenue leur propriété même de l'associé décédé, — l'acte constitutif de la nouvelle société constate l'accomplissement de la condition suspensive à laquelle était subordonné le paiement du droit proportionnel sur la mutation de l'apport, du chef de l'associé défunt. Il fournit la preuve complète de la mutation, et autorise la Régie, sur la présentation de cet acte à l'enregistrement, à exiger le paiement du droit. D'où il suit que, si ce droit n'est pas perçu, dans les deux ans de l'enregistrement, la prescription de l'art. 61, n° 1, L. frim. s'oppose à ce qu'il puisse être réclamé (Lure, 8 juill. 1897; — Cass. 20 janv. 1900, 9738 R. P.).

Mais ces dernières décisions ne mettent pas en échec les principes que nous avons rappelés *suprà*.

Dans ses arrêts précités, la Cour les reconnait, au contraire, formellement, puisqu'elle affirme que la prescription biennale de l'art. 61, n° 1, L. frim., n'est applicable que si l'acte constatant l'accomplissement du fait générateur de la transmission constitue, en lui-même, un titre à l'exigibilité du droit. Elle ajoute toutefois que, dans les espèces qui lui étaient soumises, cette prescription opère non seulement pour le droit en sus, mais encore en ce qui concerne le droit simple, parce que l'acte enregistré fournit la preuve complète de la mutation. La décision repose, donc, sur une affirmation de fait, et cette affirmation semble, d'ailleurs, des plus contestables.

L'acte constitutif de la nouvelle société fournissait-il la preuve de la mutation d'apport? Il est permis d'en douter.

Il est bien évident, en effet, que l'acte dont il s'agit n'avait pas été dressé pour constater la transmission de propriété qui s'était opérée. D'autre part, il manquait de tous les éléments essentiels nécessaires pour constituer un titre nouveau de la transmission, puisqu'il ne contenait pas la manifestation du consentement des héritiers de l'auteur de l'apport et qu'il ne renfermait pas les stipulations des parties contractantes relativement à cet apport.

Dans ces conditions, le contrat précité, non seulement ne constatait pas littéralement la mutation, mais il ne fournissait même pas la preuve complète de l'existence de cette mutation. Il permettait simplement de la soupçonner. Pour l'établir il fallait, de toute nécessité, se reporter à l'acte où se trouvaient contenus les statuts de la société originaire, c'est-à-dire se livrer à des rapprochements, à des constatations en dehors du contrat révélateur de la mutation d'apport.

Ce dernier contrat ne pouvait, dès lors, servir de titre à la perception du droit simple ni rendre la prescription biennale applicable à ce droit. Il était, en outre, inopérant pour faire courir la prescription de deux ans en ce qui concerne le droit en sus.

Par identité de motifs, nous ne saurions approuver le jugement de Béthune, du 17 avr. 1890 (7425 R. P.) qui décide que le partage de société qui attribue à l'un des associés la propriété des immeubles dont un autre associé avait fait l'apport, est, par lui-même, translatif de propriété et constitue, au regard du Trésor, le titre de la perception du droit de mutation de 5 fr. 50 p. 100. En conséquence, si l'Administration omet de percevoir ce droit de mutation, lors de l'enregistrement du partage, et n'exige que le droit gradué (aujourd'hui droit proportionnel), elle fait une perception insuffisante et son action en payement du droit non perçu est soumise à la prescription biennale.

Droit en sus. — Mais si l'acte qui constate une attribution translative d'apports est présenté à l'enregistrement dans le délai légal et permet, par les énonciations qu'il renferme, d'établir, sans recherches ultérieures, l'existence de la mutation, aucun droit en sus ne peut être encouru (Seine, 17 mars 1894, 8317 R. P.).

De même, le droit en sus est prescrit après deux ans, en vertu des dispositions de l'art. 14 L. 16 juin 1824, lorsque les préposés de l'Enregistrement ont été mis à même, au vu de la présentation des statuts d'une nouvelle société à la formalité, de constater, sans recherches ultérieures, la mutation d'apport (Lure, 8 juill. 1897. — Cass. 20 janv. 1900, 9738 R. P.).

Il en serait autrement si la mutation n'a pu être découverte, au seul vu de l'acte constitutif de la nouvelle société, mais seulement par le rapprochement et la combinaison ultérieure de plusieurs actes et par des recherches diverses; dans ce cas, la prescription biennale n'est pas opposable à la réclamation du droit en sus (Saint-Omer, 5 mars 1897; — Cass. 4 fév. 1901, 9996 R. P.).

288. Société dissoute. — Apports indivis. — Mutation. — C'est par une faveur spéciale que la loi de l'enregistrement, en cas de société, permet qu'il ne soit perçu qu'un droit fixe, quand un associé apporte, comme mise sociale, la propriété d'un immeuble, chaque associé étant censé retenir conditionnellement la propriété de son apport jusqu'à l'événement du partage. Mais si, lorsque cet événement s'accomplit, le partage attribue tout ou partie des apports à un ou plusieurs associés autres que l'ancien propriétaire, la condition suspensive étant désormais réalisée dans le sens d'une mutation définitive, le droit

288. Apport indivis. Attribution à un seul des apporteurs. Mutation. — C'est par une faveur spéciale, édictée dans l'intérêt de la formation des sociétés, que la loi fiscale n'a soumis qu'à un droit fixe les actes de société purs et simples dans lesquels un associé apporte, comme mise sociale, la propriété d'un immeuble ; mais si, à la suite de la dissolution de la société, la propriété de cet immeuble est attribuée à un associé autre que l'ancien propriétaire, la mutation définitive est ainsi réalisée, et le droit proportionnel, non encore perçu, doit être acquitté. Il en est de même lorsque l'immeuble a été apporté conjointement par les associés qui le possédaient indivisément. En conséquence, si cet immeuble est attribué par le partage à un seul des associés, il s'opère à son profit une transmission de propriété des portions de l'immeuble excédant la part dont il était propriétaire par indivis et sur lesquelles il doit, dès lors, être perçu le droit proportionnel de mutation (Cass. (ch. réunies), 22 déc. 1906 ; — *Contrà* Cambrai, 22 nov. 1900, 10898 R. P.).

290. Dissolution de société. Reprise d'apports immobiliers. Droit de transcription. Société par actions. — Le droit de transcription à 1 fr. 50 p. 100 n'est pas exigible lors de l'enregistrement d'un acte qui constate la reprise, par un associé, de son apport immobilier, pour le montant de ses droits dans la société dissoute. Il n'y a pas à distinguer, à cet égard, entre les membres des sociétés civiles ou en nom collectif et les simples commanditaires ou actionnaires, attendu que ni les uns ni les autres ne sont autorisés à purger contre la société (Sol. 12 juill. 1901, Instr. 3099-10, 10403 R. P.).

291-1. Société. Expiration. Continuation de fait. Cession à un associé du fonds de commerce apporté par son coassocié. Droit de mutation. Application du tarif en vigueur au jour de la cession, et non au jour de la prorogation. Taxe municipale au profit de la Ville de Paris. — Lorsqu'une société commerciale dissoute par l'expiration du temps pour lequel elle avait été contractée, a été liquidée et qu'elle a continué, comme simple association de fait, l'existence de cette société verbale ne peut être opposée à l'Administration. Par suite, si l'associé, qui a apporté à l'origine le fonds de commerce exploité par la société, cède sa part dans l'actif à son associé, l'Administration est fondée à appliquer à cette cession, non pas le tarif existant au jour de l'apport, mais celui en vigueur au jour de la cession. Spécialement, s'il s'agit d'un fonds de commerce sis à Paris et que la cession soit postérieure à la L. 31 déc. 1900, il y a lieu de percevoir sur le prix du fonds et sur celui des marchandises neuves la taxe municipale établie au profit de la Ville de Paris par lad. L. 31 déc. 1900, bien que la prorogation verbale de la société soit antérieure à la promulgation de cette loi (Seine, 5 mai 1906, 11231 R. P.).

293. Acte équipollent à partage. Cession faisant cesser l'indivision. Non application de l'Instr. 342. — Lorsque deux personnes procédant au partage d'une société qui existait entre elles et que l'une d'elles reçoit l'attribution de la totalité de l'actif est à charge de payer à l'autre une somme égale au montant de ses droits sociaux, l'opération ne constitue pas un partage, mais une licitation. Il y a lieu, en conséquence, pour la liquidation du droit de mutation, d'imputer le prix proportionnellement sur chaque catégorie de biens et d'appliquer à chacune des fractions ainsi déterminées le tarif établi pour la valeur qui la compose, la règle tracée par l'instruction 342 étant spéciale aux soultes de partage (Grenoble, 22 mars 1906, 11276 R. P.).

proportionnel doit être acquitté sur la valeur, au jour de l'apport en société des biens ainsi transmis d'une tête à une autre. Cette règle est applicable au cas où un immeuble ayant été apporté conjointement par plusieurs associés, la part indivise de l'un des copropriétaires a été attribuée à un autre coassocié. La preuve de l'attribution peut résulter des énonciations contenues dans un acte postérieur à la dissolution de la société, par lequel l'associé vend, en son propre et privé nom, la totalité de l'immeuble à une tierce personne. Ces énonciations peuvent également établir qu'à l'époque à laquelle a été passé l'acte qui les renferme, la société n'existait plus, et que le partage a été définitivement consommé (Valenciennes, 25 mai 1892; — Cass. 28 janv. 1895, 8485 et 8860-1 R. P.).

Décidé, de même, que si des immeubles possédés et apportés indivisément sont attribués par le partage de la société à un seul des associés, il s'opère, au profit de l'attributaire, une transmission des portions des immeubles excédant la part dont il était propriétaire par indivis et sur lesquelles le droit proportionnel doit, dès lors, être perçu (Cass. 3 juill. 1899. *Contrà* : Lille, 5 mai 1897, 9592 et 9846-22 R. P.).

288-3. Société dissoute. — Fonds de commerce. — Apport indivis. — Mutation. — Même décision, lorsque l'apport originaire a eu pour objet un fonds de commerce (Seine, 9 juill. 1891, 7744 R. P.; — 17 mars 1894, 8317 R. P.; — 29 oct. 1897, 9193 R. P.; — 21 mai 1898, 9274 R. P.).

Décidé, dans ce cas, que la preuve de la mutation résulte suffisamment de l'inscription au rôle d'un seul des associés et des paiements faits en vertu de ce rôle (Seine, 9 juill. 1891), ou des énonciations contenues dans un acte intervenu entre les deux associés survivants, après la mise en liquidation de la société, et par lequel l'un de ceux-ci reconnaît être rempli de ses droits au moyen de l'abandon d'une somme à prendre sur les deniers comptants de la liquidation (Seine, 29 oct. 1897).

Reconnu également que lorsqu'un des associés, qui avait apporté à la société primitive une portion indivise du fonds de commerce exploité, ne figure plus parmi les associés existants au moment où la transformation de cette société a donné naissance à un être moral nouveau, ce fait établit que l'apport a été l'objet d'une mutation entre l'apporteur et les autres associés (Seine, 21 mai 1898).

290-1. Société anonyme. — Dissolution. — Partage. — Immeuble attribué à l'apporteur. — Droit de transcription non dû. — Bien que le partage effectué à la dissolution d'une société par actions et contenant attribution à un actionnaire des immeubles dont il avait fait l'apport soit de nature à être transcrit, l'Administration n'est pas, cependant, fondée à percevoir le droit proportionnel de transcription à 1 fr. 50 p. 100, lors de l'enregistrement de ce partage (Castres, 11 avr. 1900, n° 9950).

L'Administration a renoncé à se pourvoir contre ce jugement dont la doctrine doit être prise pour règle de perception.

Elle a décidé que le droit de transcription à 1 fr. 50 p. 100 n'est pas exigible lors de l'enregistrement d'un acte qui constate la reprise, par un associé, de son apport immobilier, pour le montant de ses droits dans la société dissoute. Et il n'y a pas à distinguer, à cet égard, entre les membres des sociétés civiles ou en nom collectif et les simples commanditaires ou actionnaires, attendu que ni les uns ni les autres ne sont autorisés à purger contre la société (Sol. 12 juill. 1901, 3099, § 10, I. G.; 10403 R. P.).

291-1. Société verbale. — Partage. — Immeuble acquis par l'un des associés. — Attribution à un autre que l'acquéreur. — Droit de mutation exigible. — Lorsque, par l'acte réglant le partage des biens d'une société de fait qui a existé entre deux frères, un immeuble acquis par l'un des frères en son nom personnel est attribué à l'autre, l'attribution a pour résultat d'opérer une mutation dans la propriété apparente de l'immeuble, et elle donne ouverture au droit de vente, au taux de 5 fr. 50 p. 100 (Perpignan, 12 déc. 1892, 8167 R. P.).

292. Partage. — Attribution. — Paiement du passif. — Soulte. — Lorsque, dans le partage des biens dépendant d'une société en nom collectif, il est attribué à l'un des associés la totalité du fonds social, à charge de libérer son coassocié de la fraction du passif dont celui-ci était tenu, l'attribution a pour résultat d'opérer une transmission passible du droit de soulte sur l'excédent de la part du cessionnaire dans l'actif brut. Il en est ainsi même quand le passif comprend en tout ou en partie des sommes versées à la société, autrement qu'à titre de capital social, par l'associé attributaire, le prélèvement effectué présentant, dans ce cas, les caractères d'une dation en paiement (Lille, 3 déc. 1896, 8990 R. P.).

293. Partage. — Soulte. — Imputation des droits. — Si, dans un partage de société, un copartageant est chargé d'acquitter le passif et reçoit, en plus de sa part, des biens qu'il peut conserver, il y a soulte, passible du droit de cession sur ce qui excède sa part de dettes. La décision ministérielle du 22 sept. 1807 (Inst., n° 342), aux termes de laquelle la soulte s'impute, pour la perception du droit de mutation, de la façon la plus avantageuse aux parties, s'applique aux partages de sociétés comme aux partages de successions (Compiègne, 14 mars 1894; — Sol. 9 mai 1894, 8326 R. P.).

Acte équipollent à partage. — Cession faisant cesser l'indivision. — De même, lorsque, dans l'acte de liquidation d'une société en nom collectif qui comprend un fonds de commerce apporté par l'un des associés auquel son coassocié en a payé la moitié, l'ancien propriétaire du fonds reçoit, pour ses droits, une somme à prendre sur du numéraire et des créances, sans indication spéciale et privative de ces dernières valeurs, et l'autre associé reste attributaire du surplus et demeure seul chargé du recouvrement des créances, sans obligation de rendre compte et avec la faculté de verser immédiatement à son coassocié le montant de ses droits, la convention constitue non un partage, mais une licitation à forfait de la part du cédant dans les différentes valeurs composant le fonds social.

La liquidation des droits de mutation sur ces valeurs doit être effectuée de la manière la plus favorable aux parties, conformément aux règles d'imputation de l'I. G. 342 (Montauban, 12 août 1898, 9550 R. P.).

Nous croyons devoir ajouter que, d'après la doctrine qu'elle suit actuellement, en matière de cession de droits successifs faisant cesser l'indivision (V. *Droits successifs*, nos 43), l'Administration n'admet plus que les règles d'imputation de l'I. G. 342 soient applicables aux cessions de parts sociales qui mettent fin à l'indivision (V. n° 354-2 *infrà*).

296-2. Société. — Dissolution. — Partage. — Attribution à l'un des associés. — Paiement à forfait à l'autre associé. — Lorsque, dans l'acte de liquidation d'une société en nom collectif qui comprend un fonds de commerce apporté par l'un des associés auquel son coassocié en a payé la moitié, l'ancien propriétaire du fonds reçoit, pour ses droits, une somme à prendre sur du numéraire et des créances, sans indication spéciale et privative de ces dernières valeurs, et l'autre associé reste attributaire du surplus et demeure seul chargé du recouvrement des créances, sans obligation de rendre compte et avec faculté de verser immédiatement à son coassocié le montant de ses droits, la convention constitue, non un partage, mais une licitation à forfait de la part du cédant dans les différentes valeurs composant le fonds social (Montauban, 12 août 1898, 9550 R. P.).

307. Société en nom collectif. — Adjonction d'un nouveau membre. — Ancienne société continuant d'exister. — Cession de part consentie par les anciens associés à l'associé nouveau. — Tarif de 0 fr. 50 p. 100. — La disposition de l'acte, par laquelle les deux anciens associés cèdent à l'associé nouveau le tiers de leurs droits dans la société, constitue une cession de part sociale assujettie au tarif de 0 fr. 50 p. 100 (Lille, 20 juin 1894, 8457 R. P.).

310. Société de fait. — Immeubles. — Licitation. — Droit de transcription. — V. n° 152, *Licitation*.

310-1. Société civile. — Exploitation de mines. — Cession de part. — Tarif immobilier. — Le droit des associés dans une société constituée par divers propriétaires pour l'exploitation d'une mine leur appartenant en commun, ne saurait être assimilé à un intérêt de nature mobilière, au vœu de l'art. 529 C. civ.; il se résume en une quote-part de la propriété indivise de la mine. La cession de ce droit à titre onéreux ne peut donc profiter du tarif de 0 fr. 50 p. 100 établi par l'art. 69, § 2, n° 6, L. frim.; elle est passible du droit de 5 fr. 50 p. 100 auquel sont tarifées les ventes d'immeubles (Castres, 19 déc. 1895, 8742 R. P.).

310-2. Société. — Expiration. — Continuation de fait. — Cession de droits. — Tarif. — Lorsqu'une société commerciale, dissoute par l'expiration du temps pour lequel elle avait été contractée, n'a été prorogée régulièrement, ni mise en liquidation, mais a continué, à l'état de simple association de fait, l'acte par lequel un des associés cède ses droits à ses coassociés, constitue une vente de part indivise et donne ouverture, non pas au droit de 0 fr. 50 p. 100, mais au droit de mutation d'après la nature particulière de chacun des biens composant le fonds de la société dissoute. — Quand la part cédée comprend des meubles et des immeubles, le droit de mutation est dû au taux de 5 fr. 50 p. 100 sur l'intégralité du prix, à moins qu'il ne soit stipulé un prix particulier pour les objets mobiliers et que ceux-ci ne soient désignés et estimés article par article dans le contrat (Lyon, 19 fév. 1890, 7407 R. P.; — Cass. 24 mai 1892, 7858 et 7974-36 R. P.).

310-3. Succession. — Société. — Prorogation verbale. — Associé décédé. — Biens à déclarer. — Une société, arrivée au terme fixé pour sa durée et continuée verbalement entre les associés, n'a pas d'existence légale vis-à-vis des tiers et doit être considérée comme créant une simple indivision. — Par conséquent, la part de chacun des communistes dans l'entreprise a pour objet la copropriété même des biens dépendant de la communauté, et ce qui doit être déclaré, à leur décès, c'est la valeur même de cette copropriété, sans distraction des charges (Seine, 18 mars 1892, 7833 R. P.).

328. Société dissoute. — Cession de droits. — Tarif. — V. n° 310-2 *suprà*.

337. Dissolution. — Associé cessionnaire. — Base des droits. — La cession à un associé de la part entière du seul coassocié restant met fin complètement et de plein droit, dès le moment où elle a lieu, à l'existence de la société. L'être moral qui personnifiait l'entreprise disparaît avec elle. Par suite, c'est la propriété même des biens composant le fonds social qui se trouve directement acquise par le cessionnaire (Seine, 22 nov. 1901, 10123 R. P.).

341. Cession conditionnelle. — Réalisation. — Le jugement Rouen, 7 mars 1888, cité dans la première partie du *Rép. gén.*, a été indiqué, à tort, comme étant reproduit sous le n° 7540 R. P.; c'est 7543 qu'il faut lire.

342. Contrat de mariage. — Société constituée au cours de l'union conjugale. — Part au survivant des époux. — Convention de mariage et non cession éventuelle de part sociale. — Réalisation. — Aucun droit exigible. — La clause d'un contrat de mariage portant qu'au décès du prémourant des époux, le survivant aura la faculté d'entrer dans une société constituée, pendant la communauté, entre l'époux prédécédé et des tiers, à charge de payer aux héritiers du défunt la part leur revenant dans la société, constitue non une cession éventuelle de part sociale, mais une simple convention de mariage. En conséquence, aucun droit n'est dû lors de la réalisation de l'éventualité prévue (Lille, 27 déc. 1900, 10207 R. P.).

348. Cession conditionnelle. — Droit fixe. — Constitue une promesse de vente conditionnelle, soumise au droit fixe de 3 fr., la clause en vertu de laquelle il est convenu qu'au cas de retraite de l'un des deux associés, avant l'expiration de la société, l'associé restant aura la propriété des marchandises et de l'outillage dépendant du fonds de commerce exploité par la société moyennant paiement d'après expertise (Bonneville, 21 juin 1892, 7086 R. P.).

349. Cession conditionnelle obligatoire. — Réalisation. — Droit exigible. — Renferme une cel-

[illegible]. Parts d'intérêt. Cession. Décimes non exigibles. — L'art. [illegible] L. [illegible] juin 1857, d'après lequel les cessions d'actions dans les sociétés sont assujetties au droit de 0 fr. 20 p. 100 (aujourd'hui 0 fr. 50 p. 100), *sans décimes*, embrasse, dans la généralité de ses termes, toutes les cessions de [illegible], quel que soit le mode employé pour la transmission; il est applicable, par conséquent, aussi bien aux cessions de parts d'intérêt dans les sociétés en nom collectif qu'aux cessions d'actions proprement dites (Seine, [illegible] avril 1903, 10[illegible] R. P.; — Seine, 12 fév. 1905, 10778 R. P.; — Lille, 9 juin 1905, 11[illegible] R. P.; — Lille, 19 janv. 1906, 11350 R. P.; — [illegible], 27 avril 1906, 11180 R. P.; — Seine, 7 avril 1906, 11[illegible] R. P.; — [illegible], 25 juin 1903, 10[illegible] R. P.; — Saumur, [illegible] janv. 1906, [illegible] R. P.).

[illegible]-50. Cession d'action avant la constitution de la société. [illegible] du tarif applicable. — Est passible du droit de 2 p. 100, à [illegible] et [illegible] de 0.50 p. 100, la cession d'action consentie à un tiers [illegible] associé qui a fait un apport mobilier à une société, lorsque cette société n'est pas encore définitivement constituée (Toulouse, 10 août 1905, [illegible] R. P.).

343. Compte courant libre ou obligé. — V. *infrà*, n° [illegible].

349. Cession conditionnelle obligatoire de part sociale. Réalisation. Droit proportionnel. Prix fixé par les résultats du dernier inventaire. Défaut de production de ce document. Droits arbitrés d'office. — Lorsqu'il a été stipulé, dans un acte de société, que le décès d'un des associés n'entraînerait pas la dissolution de la société qui continuerait entre les associés survivants, et que les héritiers du prédécédé auraient seulement droit au remboursement de la part de leur auteur et de toutes les sommes dont ce dernier se trouverait créditeur d'après les résultats de l'exercice social en cours au jour du décès, cette clause renferme une cession conditionnelle dont la réalisation s'opère par le fait même de l'événement prévu, c'est-à-dire du décès du prémourant des associés, et rend, en conséquence, exigible le droit proportionnel de 0.50 p. 100. — A défaut de la production de l'inventaire social qui doit fixer les bases de la perception, l'Administration est fondée à arbitrer d'office le montant des droits dus au Trésor (Marseille, 25 nov. 1904, [illegible] R. P.).

350-2 et 3. Cession facultative de droits sociaux. Réalisation. Droit proportionnel. — *Conf.* Seine, 14 nov. 1905, 10963 R. P.

351. Augmentation du matériel social. Cession conditionnelle obligatoire. Preuve de l'augmentation du matériel non rapportée. Réclamation du droit de mutation non justifiée. — La clause d'un acte de société portant que les augmentations de matériel réalisées pendant la société seront reprises par l'un des associés, à charge de payer à son coassocié la moitié du prix de revient, n'autorise pas l'Administration à exiger, lors de l'enregistrement de l'acte de dissolution de la société, une évaluation de ces augmentations de matériel, si elle n'est pas en mesure d'établir que le matériel a été réellement augmenté, et que cette augmentation entre pour une valeur quelconque dans le compte arrêté entre les deux associés par l'acte de dissolution (Grasse, 4 mai 1903, 10652 R. P.).

sion de part sociale, soumise à une condition suspensive, la clause d'un acte de société en nom collectif, portant que, en cas de décès de l'un des associés, avant la dissolution de la société, la part du défunt appartiendra aux associés survivants à charge, par ceux-ci, d'en rembourser le prix, fixé d'après les résultats du dernier inventaire. Le décès réalise, *ipso facto*, la condition qui rétroagit à l'époque de la constitution de la société (Rouen, 7 mars 1888, 7543 R. P.; — Grasse, 1er déc. 1890, 7590 R. P.; — Limoges, 12 nov. 1892, 8006 R. P.; — Lyon, 17 juin 1891 et Cass. req. 25 juill. 1893, 8156 et 8418-13 R. P.; — Villefranche, 4 mai 1894; — Cass. 13 juin 1895, 8551 R. P.; — Marseille, 20 déc. 1895, 8731 R. P.; — Seine, 21 fév. 1896, 8729 R. P.).

De même, lorsqu'il est convenu dans un contrat de société passé entre deux associés, que si l'un des deux vient à décéder avant l'expiration de la société, l'usine et ses dépendances indivisément apportées à la Société appartiendront exclusivement au survivant, en vue d'éviter les inconvénients qui pourraient résulter d'une licitation, cette convention renferme une cession conditionnelle dont la réalisation s'opère par le fait même de l'événement prévu, c'est-à-dire du décès du prémourant des associés. Les parties ne sauraient, d'ailleurs, soutenir valablement que la transmission est subordonnée, non seulement au décès, mais encore à l'éventualité de la licitation, alors que la crainte, pour l'avenir, de la licitation de l'usine n'a été indiquée, dans le contrat de société, que comme une considération déterminant les contractants à conclure un pacte aléatoire, et non comme une des conditions essentielles de la réalisation même de la clause d'accroissement. Il importe peu, d'autre part, que les associés aient réservé à la veuve du prémourant la faculté de remplacer son mari dans la Société, cette faculté qui permet à la veuve de rester associée aux chances de gain et de perte et qui lui interdit tout droit de s'immiscer dans les affaires sociales, n'ayant apporté aucune modification aux stipulations relatives à la cession conditionnelle (Villefranche, 14 mai 1894; — Cass. 13 juin 1895, 8551 et 8860-22 R. P.).

La disposition d'un acte de société qui attribue tout l'actif à l'associé survivant, moyennant le paiement aux héritiers du prémourant d'une somme représentant la valeur de la part de ce dernier, constitue une vente sous condition suspensive, passible du droit proportionnel, lors de sa réalisation (Marseille, 20 déc. 1895, 8731 R. P.).

Lorsque, dans un contrat de société formé entre 3 associés, il a été convenu qu'au décès de l'un des associés, la part revenant à ce dernier serait conservée par les deux autres, à charge d'en rembourser la valeur d'après le dernier inventaire social, cette clause renferme une cession conditionnelle qui se réalise par le fait de l'événement prévu, et dont le titre se trouve dans le contrat de société lui-même. Le droit proportionnel demeuré en suspens devient donc exigible lors de l'accomplissement de l'événement prévu (Seine, 30 oct. 1896, 9016 R. P.).

Renferme une cession conditionnelle la clause d'un contrat de société portant que la part d'un associé prédécédé appartiendra à son fils, sauf à ce dernier à régler le montant des droits revenant à ses cohéritiers. En conséquence, la cession se réalise par l'accomplissement de l'événement prévu, et elle donne ouverture au droit de 0 fr. 50 p. 100, si la société continue entre les associés survivants. Le titre de la perception de ce droit réside, d'ailleurs, dans le contrat de société et non dans l'acte ultérieur par lequel les parties consentent l'abandon de la part sociale, aux conditions statutaires, et reconnaissent avoir reçu le prix de la cession. Ce dernier acte ne peut être, au point de vue de l'impôt, considéré que comme un acte de quittance, passible du droit de libération (Seine, 1er fév. 1902, 10347 R. P.).

350-2 et 3. Cession facultative de part sociale. — Réalisation de l'événement prévu. — Acceptation des cessionnaires. — Mutation portant sur des valeurs mobilières. — Conditions d'exigibilité du droit de vente. — La clause d'un acte de société qui, en cas de prédécès de l'un des associés, attribue aux associés survivants la faculté de conserver la part revenant au défunt, à charge de rembourser aux héritiers de ce dernier la valeur de cette part, renferme une simple promesse unilatérale de vente. La cession se réalise seulement par l'option des associés survivants; elle ne rétroagit pas au jour du contrat de société. Par suite, quand la part transmise est mobilière, le droit proportionnel de mutation ne devient exigible que par la présentation à la formalité de l'enregistrement d'un acte constatant l'acceptation des cessionnaires (Seine, 23 janv. 1891, 7643 R. P.).

351. Cession facultative. — Réalisation. — Preuves. — Quand une clause d'un acte de société formée entre deux associés a stipulé, qu'en cas de décès de l'un des deux associés, il serait facultatif à l'associé survivant de continuer, seul, les affaires pour son compte personnel, à charge de payer aux héritiers du prédécédé la valeur de sa part, d'après les résultats du dernier inventaire, et, en cas de décès avant le premier inventaire, de rembourser l'apport social du défunt augmenté des intérêts, l'acceptation de la promesse de cession et la réalisation de la cession qui en est la conséquence, sont suffisamment établies, pour l'exigibilité du droit de mutation, par des écrits émanés du survivant et constatant qu'il a conservé les valeurs dépendant de l'apport de son coassocié et qu'il a pris la qualité de successeur de la société (Rouen, 27 janv. 1891, 7022 R. P.).

De même, lorsqu'il est stipulé dans un acte de société, qu'en cas de prédécès de l'un des associés, la veuve de cet associé aura la faculté de continuer la société, aux lieu et place de son mari, à la charge de rembourser aux héritiers du défunt la valeur de la part revenant à leur auteur, cette stipulation renferme une cession éventuelle, qui se réalise par l'option de la cessionnaire dans les conditions que prévoit le pacte social. Le droit de 0 fr. 50 p. 100 devient, dès lors, exigible par l'effet de cette option constatée dans un inventaire et dans un acte de partage, bien que la veuve allègue, sans d'ailleurs en apporter la preuve, qu'elle n'a continué la société qu'en qualité de mandataire des héritiers (Périgueux, 13 avril 1894, 8437 R. P.).

De même encore, quand il a été stipulé, dans un acte de société intervenu entre deux personnes, qu'au décès du prémourant l'associé survivant aura la faculté de conserver le fonds social en désintéressant les héritiers du prédécédé sur les bases du dernier inventaire, la cession devient définitive, s'il résulte d'un jugement rendu après la mort de l'un des associés, contradictoirement entre sa veuve et ses héritiers d'une part, et l'associé survivant d'autre part, que ce dernier a opté pour la conservation du fonds social. On ne saurait objecter que cette cession est restée imparfaite pour défaut de prix, le prix étant certain dès que les parties ont convenu de s'en référer à un inventaire auquel elles étaient tenues de procéder; le défaut de représentation de l'inventaire ou l'allégation qu'il n'en existe pas ne saurait mettre obstacle à la perception, la Régie ayant le droit de demander une déclaration estimative et, à défaut, de puiser des éléments d'appréciation dans les documents de la cause (Troyes, 13 mai 1896; — Cass. 21 av. 1898, 9278 R. P.).

354 Société dissoute. — Décès de l'un des associés. — Cession au survivant. — Copropriété et non part sociale. — Droits dus eu égard aux valeurs cédées. — Si, aux termes de l'art. 529 C. civ., les actions ou intérêts dans les sociétés financières, commerciales ou industrielles, sont meubles par la détermination de la loi, à l'égard de chaque associé seulement, il n'en est ainsi que tant que dure la société. Lorsque l'être moral qui la constituait a disparu, par l'effet de la dissolution, chaque associé devient propriétaire exclusif de sa part dans les biens sociaux et son droit, s'appliquant alors directement à ces biens, devient mobilier suivant leur nature. Par suite, s'il vient à céder sa part, cette vente opère la transmission, non plus d'une fraction d'intérêt social, mais bien de sa part de propriété, et elle est passible du droit de mutation sur la totalité du prix, d'après la nature des biens cédés. En conséquence, quand, dans un acte de société intervenu entre trois associés, pour l'exploitation d'un fonds de commerce, il a été stipulé que la *société serait dissoute de plein droit par le décès de l'un d'eux*, et que les survivants auraient la faculté de garder l'établissement commercial, les héritiers de l'associé décédé étant obligés, en cas d'exercice de cette faculté, de s'en tenir au dernier inventaire, et ne pouvant réclamer que les droits qu'il attribuerait à leur auteur, plus un prorata proportionnel à la moyenne des trois dernières années sur les bénéfices de l'année courante, si, le décès d'un des associés survenant, les associés survivants, usant de la faculté que leur accordaient les statuts, conservent, pour leur compte personnel, la maison de commerce, sans qu'il soit nécessaire de procéder à une liquidation, puisque les droits du défunt sont fixés par le pacte social, d'après les résultats du dernier inventaire, la part ainsi cédée par les héritiers constitue une part de propriété de l'actif social, et elle est passible du droit de mutation à titre onéreux, eu égard à la nature des valeurs qui la composent (Reims, 11 juill. 1896; — Cass., 3 janv. 1900, 9726 R. P.).

Ces décisions nous paraissent entièrement justifiées. Elles font, à l'espèce actuelle, une exacte application des règles qui régissent la perception en matière de cession conditionnelle de part sociale.

Il est de jurisprudence constante que lorsqu'il a été convenu, dans un acte de société, qu'au décès de l'un des associés, tout l'actif social appartiendra aux survivants, à charge de payer le passif et de rembourser aux héritiers du défunt les sommes revenant à celui-ci, d'après les résultats du dernier inventaire, cette stipulation a le caractère d'une vente conditionnelle des droits du décédé dans la société (*Rép. gén.*, vº *Société*, nºˢ 349 et s.).

Si la société n'est pas dissoute par le décès de l'associé prémourant, et continue entre les associés survivants, l'objet de la cession conditionnelle réalisée par ce décès n'est pas la copropriété des valeurs en nature composant le fonds social; c'est la part d'intérêt ou l'action qui appartenait au défunt, en sa qualité d'associé et qui, tant que dure la société, conserve son caractère mobilier, quelle que soit la nature des biens dépendant de la société (529 C. civ.). Le tarif applicable à la réalisation d'une telle mutation est donc celui des cessions de parts d'intérêt dans les sociétés et le droit n'est assis, comme pour toutes les cessions d'actions, que sur la valeur nette de l'intérêt cédé (*Rép. gén., loc. cit.*, nº 355).

Mais ce tarif et ce mode de liquidation cessent de s'appliquer quand la société est dissoute à l'égard de tous les associés par le décès du prémourant. Dans ce cas, l'être moral auquel appartenait les valeurs en nature du fonds social a disparu. Chaque associé devient propriétaire de ces valeurs, et quand, dans cette situation, sa part est transmise, soit à un tiers, soit aux autres associés, cette part ne constitue plus un simple droit incorporel mobilier, sujet au tarif réduit des cessions d'actions; elle représente une copropriété dans tous les meubles et immeubles du fonds social; la mutation à titre onéreux de cette copropriété donne, par conséquent, ouverture à l'impôt, comme toutes les ventes, sur le prix augmenté des charges, et eu égard à la nature des biens cédés (*Rép. gén., loc. cit.*, nº 354).

On sait, d'autre part, que lorsqu'une société dissoute entre en liquidation, l'être moral continue de subsister pendant toute la durée de cette liquidation. D'où la conséquence que les cessions de leurs droits consenties par les associés, dans cet intervalle, ont pour objet une valeur incorporelle représentée par une part d'intérêt dans la société, et non une fraction indivise des biens de diverse nature composant le fonds social (*Rép. gén., eod. verbo*, nºˢ 205 et s.).

Toutefois, pour qu'il en soit ainsi, il faut que la liquidation soit effective et sérieuse, et que la cession de part sociale ne rende pas la liquidation inutile ou n'y mette pas fin, *ipso facto*, lorsqu'elle est commencée.

C'est ce que la C. de cass. a reconnu dans les hypothèses les plus diverses (*Rép. gén.*, vº *Société*, nº 205-1; — Cass. 23 fév. et 21 avr. 1898; — 14 juin 1898, nº 354-1 *infrà*).

Dans l'espèce actuelle, la société s'est trouvée dissoute, de plein droit, le jour du décès de l'associé prémourant, en vertu d'une disposition formelle des statuts (art. 12). En exécution du même article, les survivants pouvaient, à leur gré, ou reprendre pour leur compte personnel l'établissement qu'exploitait la société en payant aux héritiers du prédécédé, pour prix de leur part, une somme fixe à forfait, ou liquider, c'est-à-dire terminer les affaires commencées, procéder au recouvrement des créances, à l'acquit du passif, à la réalisation des valeurs, et répartir ensuite le reliquat net entre tous les ayants droit, associés survivants et héritiers du prédécédé. Par acte des 15, 16 et 21 mars 1892, passé dans les trois mois du décès con-

354. Cession conditionnelle. Biens de diverses natures. — En [illegible] de cession conditionnelle de part sociale mettant fin à la société, les droits exigibles doivent être liquidés sur le prix, d'après la nature des biens composant le fonds social et proportionnellement aux [illegible] de l'associé, dont la part est transmise, dans chacun de ces biens, sans qu'on puisse appliquer les règles d'imputation spéciales aux soultes de partage (Seine, 11 nov. 1904, 10963 R. P.).

354-2. Cession conditionnelle de part sociale. Réalisation. Société dissoute. Liquidation des droits. — La cession conditionnelle obligatoire d'une part sociale étant réputée rétroagir au jour de la formation de la société, le droit de mutation est dû au tarif immobilier, si cette cession porte à la fois sur des meubles et sur des immeubles dont l'associé prédécédé a fait apport et qui n'ont pas été estimés article par article, avec stipulation d'un prix particulier, dans l'acte constitutif de la société (Orléans, 7 août 1906, 11324 R. P.).

354-6. Cession conditionnelle de part sociale. Réalisation. Effets de commerce. Tarif. — La cession d'effets de commerce compris dans une cession de part sociale doit être assujettie au droit de 1 p. 100 (Orléans, 7 août 1906, [illegible] R. P.).

formément à l'article 12 des statuts, les survivants ont déclaré conserver pour leur compte personnel l'établissement de commerce... ainsi que les immeubles, matériel, marchandises, etc., en dépendant. Ils ont manifesté par là, de la façon la plus claire, leur intention de ne pas procéder à la liquidation. Cette opération, en effet, eût été contraire aux prévisions des statuts qui ne la prescrivaient que pour le cas où les survivants ne reprendraient pas l'établissement pour leur compte. Elle était, de plus, inconciliable avec cette reprise.

Les parties ont, il est vrai, cherché à soutenir que la société n'a pas été dissoute, ou, du moins, qu'elle ne l'a été que transitoirement, sous la condition que les associés survivants ne la continueraient pas. Ils ajoutaient que ces derniers, ayant opté pour la continuation de la société, celle-ci, par l'effet rétroactif de la condition, devait être considérée comme n'ayant jamais été dissoute, et, à l'appui de cette prétention, ils invoquaient l'art. 12 des statuts qui, disaient-ils, offrait aux survivants l'alternative ou de continuer la société ou de liquider.

Mais l'Administration a répondu avec raison que l'article dont il s'agit accorde aux survivants la faculté, non pas de continuer la société, mais de garder l'établissement exploité par celle-ci, et que, commençant par prononcer d'une façon formelle et absolue la dissolution de la société, en cas de décès de l'un de ses membres, on ne peut admettre qu'il se contredise au point d'ajouter immédiatement que la société continuera cependant de subsister si les survivants en manifestent l'intention.

En résumé, la dissolution de la société étant nettement établie et la cession consentie à forfait aux associés survivants ayant rendu toute liquidation inutile, l'exigibilité du droit de mutation, eu égard à la nature des biens transmis, ne pouvait être mise en doute.

Le même principe a été affirmé dans l'arrêt Cass. du 18 déc. 1899, cité nº 272 *suprà*.

354-1. Société constituée entre deux associés. — Cession. — Copropriété et non part sociale. — Droits dus eu égard aux valeurs cédées. — La cession à un associé de la part entière de son associé unique met fin complètement et de plein droit, à l'instant même où elle a lieu, à l'existence de la société qui avait été constituée entre eux. L'être moral, qui personnifiait l'entreprise, disparaissant avec elle, c'est la propriété des valeurs mêmes composant le fonds social qui se trouve ainsi directement acquise par le cessionnaire. — Spécialement, quand, au cours de la liquidation d'une société établie entre deux associés et dissoute par le décès de l'un d'eux, les héritiers de ce dernier cèdent à l'associé survivant toute la part sociale de leur auteur, à la charge par lui de faire face à tout le passif, la cession termine immédiatement la liquidation pour les besoins de laquelle la société avait jusque-là subsisté, et fait disparaître l'être moral. Dans ces circonstances, la mutation qui s'opère au profit de l'associé survivant constitue non pas une cession de part d'intérêt social, passible du droit de 0 fr. 50 p. 100 seulement, mais une transmission de la part des cédants dans la propriété même des biens et valeurs qui avaient appartenu à la société dissoute. Elle donne, en conséquence, ouverture à l'impôt sur le prix augmenté des charges et eu égard à la nature des biens vendus (Cass. 23 fév. 1898, 9251 et 9675-14 R. P.; — *Contrà* : Caen, 13 août 1894, 8558 R. P.).

La cession à un associé survivant de la part revenant à son coassocié prédécédé met fin, *ipso facto*, à toute liquidation commencée et rend inutile toute liquidation postérieure; d'où il suit que l'être moral cessant d'exister avec la société, c'est la propriété même des biens composant le fonds social qui est acquise par le cessionnaire. En conséquence, la mutation ne constitue point une cession d'actions passible du droit de 0 fr. 50 p. 100, mais une transmission assujettie au tarif déterminé par la nature des biens vendus (Troyes, 13 mai 1896; — Cass. 21 avr. 1898, 9278 et 9675-19 R. P.).

Lorsqu'un associé acquiert tous les droits de son unique associé dans la société constituée entre eux, la cession, consentie moyennant un prix qui comprend le désintéressement, pour le cédant, de toute contribution au passif social, a pour objet, non une part d'intérêt dans la société, mais une fraction de copropriété du fonds social. — L'acte qui la constate donne, en conséquence, ouverture à l'impôt, eu égard à la nature des valeurs cédées, à l'exclusion du droit de 0 fr. 50 p. 100 établi pour les cessions d'actions. — Il en est ainsi, bien qu'au moment de la cession, la société soit en liquidation et le passif non intégralement amorti, le règlement des dettes par l'associé cessionnaire, qui les a toutes prises à sa charge, ne représentant plus qu'un intérêt personnel et ne pouvant constituer l'état de liquidation avec ses effets juridiques (Cass. 2 arrêts 14 juin 1898; — *Contrà* : Seine, 4 nov. 1893 et 6 avril 1895, 9296 et 9675-14 R. P.).

Lorsqu'au moment de la dissolution d'une société et par l'effet de cette dissolution la propriété d'un immeuble a cessé de reposer sur la tête de l'être moral pour passer aux mains d'associés autres que ceux qui en avaient fait l'apport, il s'opère une mutation définitive qui rend le droit de mutation exigible sur la valeur de l'immeuble, au jour de l'apport. Le payement de ce droit ne peut être éludé sous prétexte que la société s'est trouvée en liquidation, dès sa dissolution, alors que les faits de la cause démontrent qu'il n'y a pas eu de liquidation (Grasse, 13 juill. 1898, 9575 R. P.).

354-2. Cession conditionnelle de part sociale. — Réalisation. — Société dissoute. — Droits. — Mode d'imputation. — En cas de réalisation d'une cession conditionnelle qui met fin à la société, les droits exigibles doivent être liquidés sur le prix, eu égard à la nature des biens cédés (Rouen, 27 janv. 1891, 7622 R. P.).

Décidé, en sens contraire, que le prix à payer représente une soulte de partage et qu'il y a lieu d'imputer les droits exigibles de la manière la plus favorable aux parties, conformément à l'I. G. 342 (Le Mans, 19 mars 1891, 7784 R. P.; — Vassy, 10 août 1898, 9552 R. P.; — Bayeux, 1er déc. 1899, 25957 J. E.).

Mais l'Administration n'accepte pas cette doctrine (V. nº 203 *suprà*).

354-5. Cession conditionnelle de part sociale. — Réalisation. — Valeurs en portefeuille. — Tarif. — Lorsque la cession porte sur des valeurs en portefeuille et sur des espèces en caisse, sans qu'aucune distinction ait été faite entre ces divers biens, le droit de transport de créance est exigible sur le tout (Montauban, 12 août 1898, 9550 R. P.).

Décidé, en sens contraire, que la cession des valeurs en portefeuille, pas plus que celle des espèces en caisse, ne donne ouverture au droit de transport (Le Mans, 19 mars 1891, 7784 R. P.).

355-1. Plusieurs associés. — Cession conditionnelle obligatoire, en cas de prédécès de l'un. — Réalisation de la cession. — Prétendu partage. — Droit de 0 fr. 50 p. 100 exigible. — Lorsque, dans un contrat de société intervenu entre plusieurs associés, il a été stipulé qu'en cas de décès de l'un d'eux, la société continuera entre les survivants qui seront tenus de compléter leurs mises pour que le capital soit toujours le même, les héritiers du défunt devant être remboursés de la part revenant à leur auteur, d'après la liquidation effectuée par les associés survivants, ces stipulations renferment une cession conditionnelle de part sociale. La cession se réalise par le décès prévu, et l'acte, passé après cet événement, entre les héritiers du défunt et les associés survivants, pour confirmer les stipulations précitées, donne ouverture au droit de 0 fr. 50 p. 100 sans qu'on puisse soutenir valablement qu'il constate une simple opération de partage (Seine, 28 déc. 1893, 8252 R. P.).

355-2. Cession conditionnelle. — Réalisation. — Dissolution de la société. — Partage. — Liquidation. — Lorsqu'une société en nom collectif est formée entre deux personnes avec stipulation que le survivant des associés aura la faculté de conserver tout le fonds social, sauf à rembourser la part du défunt telle qu'elle sera déterminée par l'inventaire dressé après son décès, la réalisation de cette cession conditionnelle donne ouverture, non pas au droit de vente d'après la nature des biens compris dans le fonds social, mais au droit de 0 fr. 50 p. 100, du moment que l'associé survivant a exercé son option à une époque où les droits sociaux à rembourser aux héritiers du défunt n'étaient pas encore réglés et où, par suite, la société, bien que dissoute, subsistait cependant pour les besoins de la liquidation, en temps qu'être moral (Dieppe, 22 mai 1890, 7463 R. P.).

De même, quand un jugement d'un tribunal de Commerce a ordonné la liquidation d'une société en nom collectif, primitivement constituée entre trois associés, puis continuée entre deux, et dissoute par le décès de l'un de ces derniers, la cession consentie par la légataire universelle du défunt, au profit de l'unique associé survivant, n'a pas pour effet de mettre à néant le jugement précité, ni d'enlever au liquidateur les pouvoirs qui doivent continuer tant que la liquidation n'a pas pris fin. — Il en est surtout ainsi, lorsque les représentants du premier associé originaire qui devaient être réglés, à la dissolution de l'entreprise, de la part revenant à leur auteur, n'ont abandonné leurs droits à l'associé survivant que quelques jours après la cession consentie, au profit de ce même associé, par la légataire universelle du second associé. — En conséquence, cette dernière cession doit être considérée comme étant intervenue pendant la période de la liquidation, c'est-à-dire à une époque où l'être moral, qui personnifiait l'entreprise, n'avait pas disparu. — Elle est, dès lors, assujettie au seul droit de 0 fr. 50 p. 100 (Cass. civ. 13 janv. 1892; — *Contrà* : Boulogne, 9 mars 1888, 7740 R. P.).

357. Cession conditionnelle. — Réalisation. — Cessionnaires héritiers du défunt. — Droit de mutation par décès. — La circonstance que les associés survivants au profit desquels s'accomplit la cession sont, en même temps, les héritiers de l'associé décédé, ne met pas obstacle à l'exigibilité du droit de mutation par décès dû sur le prix de la cession, indépendamment du droit de vente dont la cession elle-même est passible (Rouen, 7 mars 1888, 7543 R. P.; — Lyon, 17 juin 1891 et Cass. req. 25 juill. 1893, 8156 et 8418-13 R. P.).

Il n'y a pas lieu, pour la liquidation de ce dernier droit, de déduire de la somme versée par les enfants cessionnaires la fraction qu'ils prétendent recueillir à titre héréditaire (Grasse, 1er déc. 1890, 7500 R. P.; — Seine, 22 juill. 1892, 7947 R. P.; — 17 déc. 1892, 8049 R. P.).

Mais si l'associé survivant se trouve l'unique héritier de l'associé défunt, le seul droit exigible est le droit de mutation par décès, à l'exclusion du droit de mutation à titre onéreux (Sol. 9 mars 1897, 9025 R. P.).

358. Cession conditionnelle. — Réalisation. — Prix à fixer par inventaire. — Production de ce document. — Somme arbitrée d'office. — Lorsque le prix de la cession doit être réglé par les résultats du dernier inventaire social, l'Administration peut, à défaut de production de ce document, fixer d'office l'assiette de l'impôt (Limoges, 12 nov. 1892, 8006 R. P.; — Seine, 17 déc. 1892, 8049 R. P.).

359. Cession actuelle à terme. — Quand, dans les statuts d'une société formée entre deux associés, pour l'exploitation d'un fonds de commerce apporté par l'un d'eux, il est convenu qu'à l'expiration de la société, celui qui n'a pas fait l'apport restera propriétaire de tout l'actif social, à la charge de payer le passif et la part revenant à l'autre associé dans l'actif, en stipulant, en outre, que les constructions, le mobilier industriel, la clientèle et l'achalandage entreront, dans la composition de cet actif, pour une somme déterminée, tandis que les autres biens, notamment les marchandises, seront évalués, le cas échéant, à dire d'experts, ces stipulations renferment une vente à terme, en ce qui concerne les éléments dont le prix est actuellement fixé, et une simple promesse de vente pour les marchandises. — En conséquence, si, à l'expiration de la société, les parties renoncent à l'exécution de la convention, l'associé, qui devait rester propriétaire de tout l'actif, doit être considéré comme rétrocédant à l'apporteur les constructions, le mobilier industriel, la clientèle et l'achalandage, mais non les marchandises, pour lesquelles la vente avait été subordonnée à l'accord sur le prix (Seine, 12 fév. 1892, 7790 R. P.).

Lorsque, dans un acte de société formé entre six personnes, il est convenu que l'immeuble apporté par trois d'entre elles restera, à la dissolution, la propriété indivise de tous les associés, et qu'il entrera dans l'actif social pour une valeur actuellement déterminée et invariable, cette

358. Cession conditionnelle. Réalisation. Prix à fixer par inventaire. — C'est le dernier inventaire social dressé avant le décès qui doit servir de base à la liquidation de l'impôt, et non pas le résultat d'une balance à établir au décès du prémourant des associés. Les parties ne sont pas, dès lors, recevables à prétendre que certaines valeurs ont été partagées entre le dernier inventaire et le décès et que, par suite, ces valeurs ne faisaient plus partie de l'actif social (Orléans, 7 août 1906, 11323 R. P.).

358-1. Cession conditionnelle de droits sociaux. Réalisation. Prix à déterminer d'après les résultats du dernier inventaire. Absence d'inventaire. Évaluation provisoire pour la perception. Insuffisance. Prescription trentenaire. — Quand il a été stipulé, dans un acte de société, qu'en cas de décès de l'un des associés, le survivant aurait la faculté de conserver tout l'actif pour son compte personnel en remboursant aux héritiers de son coassocié la valeur de la part de ce dernier telle qu'elle serait déterminée par les résultats de l'inventaire de l'exercice social en cours au moment du décès, et qu'après le décès de l'un des associés, le survivant, ayant usé du droit qui lui était réservé, a fait dresser un acte d'option en y joignant, à défaut de l'inventaire qui n'a pu être établi en temps utile par suite de difficultés entre les parties, un état certifié par lui contenant le détail et l'estimation de l'actif social, état au vu duquel les droits de mutation ont été perçus, la perception ainsi opérée n'a qu'un caractère provisoire, le prix de la cession étant incertain et subordonné à l'accord à intervenir entre l'associé survivant et les héritiers de son coassocié. L'Administration est, dès lors, fondée à réclamer un supplément de droit, même après l'expiration du délai de deux ans, si elle vient à constater que le prix de la cession s'est élevé à une somme supérieure à celle sur laquelle les droits de mutation ont été liquidés, la seule prescription applicable en pareil cas étant la prescription trentenaire (Seine, 10 nov. 1904, 10963 R. P.).

359. Cession actuelle à terme. — Lorsque, dans l'acte constitutif d'une société formée entre deux personnes pour l'exploitation d'un fonds de commerce, il est convenu, qu'à la dissolution de la société, pour quelque cause que ce soit, tout l'actif social sera *repris* par l'un des associés ou ses héritiers, moyennant un prix qui doit se composer : 1° d'une somme fixée à forfait pour la clientèle, le droit au bail, le matériel et les brevets d'invention; 2° du prix d'achat, déduction faite d'un amortissement annuel, pour le gros matériel ou l'outillage acquis au cours de la société; et 3° d'une estimation amiable des intéressés ou, à défaut, d'une estimation par experts, pour les marchandises alors existantes, — cette stipulation ne constitue pas une cession actuelle à terme de part sociale, les parties ayant entendu différer jusqu'à la dissolution de la société la translation de la propriété de tous les éléments de l'actif. Le droit de mutation ne saurait, en conséquence, être réclamé sur le contrat de société (Seine, 4 août 1906, 11357 R. P.).

361. Compte courant. — Lorsqu'il a été stipulé, dans l'acte constitutif d'une société formée entre deux personnes, qu'en cas de décès de l'une d'elles avant la dissolution de la société, sa part appartiendrait au survivant à charge pour celui-ci d'en payer le prix aux héritiers du défunt d'après les résultats du dernier inventaire social, il y a lieu de comprendre, pour la détermination de cette part, le compte courant de l'associé prédécédé, s'il résulte des stipulations du pacte social et des circonstances de l'affaire que ce compte courant avait, en réalité, le caractère d'un supplément d'apport (Orléans, 7 août 1908, 11323 R. P.; Lille, 19 janv. 1906, 11340 R. P.).

365. Dissolution de société. Cession antérieure d'apports. Constatation, dans l'acte de dissolution, de versements d'acomptes. Droit de quittance. — L'acte de dissolution d'une société contenant arrêté de compte entre deux associés, et aux termes duquel l'un d'eux se reconnaît débiteur envers l'autre d'une somme déterminée à laquelle se trouve finalement réduite, après déduction des acomptes versés, la valeur des apports de son coassocié qui lui ont été cédés par le pacte social, forme, pour l'associé débiteur, un titre libératoire de la différence entre le montant originaire des apports de son coassocié et la somme dont il est constitué reliquataire; cet acte donne par suite ouverture, dans la même mesure, au droit de quittance (Grasse, 5 mai 1903, 10653 R. P.).

clause constitue une vente à terme des 3/6es de l'apport, donnant ouverture, lors de l'enregistrement du contrat de société, au droit de cession immobilière sur la moitié de la valeur de l'immeuble (Annecy, 2 août 1892, 8117 R. P.).

Renferme également une vente ferme et actuelle la stipulation contenue dans un contrat de société et portant qu'à une date déterminée, au cours de la société, l'un des associés se retirera, et que sa part sociale lui sera remboursée moyennant un prix dont les bases sont arrêtées. En conséquence, le droit de mutation est immédiatement exigible (Sol. 17 mars 1894, 8308 R. P.).

De même, lorsque, dans un contrat de société formé pour vingt ans, entre deux associés qui apportent le capital social, l'un pour les trois quarts et l'autre pour le surplus, il est stipulé qu'à l'expiration de la première période de dix ans, l'associé qui n'a apporté que le quart devra compléter son apport, jusqu'à concurrence de la moitié du capital social, tandis que son coassocié retirera une fraction équivalente au quart de ce même capital, de manière qu'à cette époque les droits des deux associés soient égaux, cette stipulation renferme une cession de part sociale. Mais la cession ne saurait être considérée comme faite à terme: elle est, au contraire, soumise à une condition suspensive, quand d'autres conventions insérées dans le contrat de société prévoient différentes éventualités dont la réalisation peut dissoudre le pacte social avant l'expiration des dix premières années. En conséquence, le droit de 0 fr. 50 p. 100 pour la cession n'est pas dû lors de l'enregistrement du contrat (Seine, 25 fév. 1893, 8118 R. P.).

363. Cession conditionnelle. — Réalisation. — Délai — Droit en sus. — Lorsque la part cédée consiste dans un immeuble ou dans un fonds de commerce, la déclaration doit être faite et l'impôt de mutation payé, sous peine d'un droit en sus, dans les trois mois de l'événement qui réalise la cession (Limoges, 12 nov. 1892, 8006 R. P.; — Villefranche, 4 mai 1894; Cass. 13 juin 1895, 8551 et 8800-22 R. P.; — Marseille, 20 déc. 1895, 8731 R. P.).

Cession obligatoire. — Délai. — Point de départ. — Si la cession se réalise, *ipso facto*, par le fait même du décès de l'associé prémourant, le délai pour la déclarer court du jour de ce décès et non de la date d'un acte postérieur aux termes duquel les parties ont procédé à la liquidation de la société et attribué le fonds de commerce à l'associé survivant. — Décisions précitées.

364. Cession conditionnelle de part sociale. — Réalisation. — Prescription. — Lorsqu'il est stipulé, dans un contrat de société, qu'en cas de décès de l'un des associés, sa part viendra aux associés survivants, à charge d'en rembourser le prix aux héritiers du défunt, le droit proportionnel exigible sur la cession qui se réalise, par l'événement prévu, tombe sous l'application de la prescription trentenaire, à l'exclusion de la prescription biennale établie par l'art. 61 L. frim. Il en est ainsi même quand un acte constatant l'exécution, par les associés survivants, de la cession conditionnelle stipulée à leur profit, a été soumis à l'enregistrement (Seine, 21 fév. 1896, 3720 R. P.).

Décidé, cependant, que le droit afférent à une cession de part sociale réalisée par le décès d'un sociétaire, est atteint par la prescription biennale s'il est réclamé plus de deux ans après l'enregistrement de l'inventaire ou du procès-verbal de liquidation qui, dressé entre les héritiers de l'associé défunt, a rappelé, pour régler les intérêts de ces héritiers entre eux, la clause de cession conditionnelle insérée dans l'acte de société (Bordeaux, 12 fév. 1894, 8341 R. P.).

Reconnu également que lorsque les associés survivants exercent, conformément aux dispositions statutaires, leur droit de préemption sur la part de l'associé prédécédé, l'impôt de mutation dû sur la cession consentie par les héritiers du défunt se trouve atteint par la prescription s'il n'est pas réclamé dans le délai de deux ans imparti par l'art. 16, n° 1, L. frim. (Dieppe, 26 déc. 1895; — Cass. 18 déc. 1899, 9727 R. P.).

Ces décisions ne nous paraissent pas fondées.

Ainsi que nous l'avons rappelé n° 285 *suprà*, la prescription de deux ans est étrangère au recouvrement des droits simples qui ne s'ouvrent pas par l'enregistrement même d'un acte soumis à la formalité, mais qui deviennent exigibles sur des faits ou sur des conventions extérieures dont l'acte enregistré révèle ou fait soupçonner l'existence. Les droits dont il s'agit constituent des droits principaux, au sens de la terminologie fiscale; ils tombent sous la prescription de droit commun, c'est-à-dire de la prescription trentenaire.

Cession actuelle à terme. — Mais si la cession, au lieu d'être conditionnelle, est actuelle et seulement à terme, et donne immédiatement ouverture au droit qui doit être perçu sur l'acte qui la constate, la prescription biennale peut se substituer à la prescription trentenaire.

Décidé, en ce sens, que renferme une vente ferme et actuelle la stipulation contenue dans un contrat de société et portant qu'à une date déterminée, au cours de la société, l'un des associés se retirera, et que sa part sociale lui sera remboursée moyennant un prix dont les bases sont arrêtées. En conséquence, le droit de mutation est immédiatement exigible, et s'il n'a pas été exigé, lors de l'enregistrement du contrat de société, il s'agit d'une insuffisance de perception soumise à la perception biennale de l'art. 61, n° 1, L. 22 frim. (Sol. 17 mars 1894, 8308 R. P.).

372. Timbre. — Actions d'apports détenues par la société. — Certificat de propriété remis aux apporteurs. — Timbre de dimension. — Les certificats qu'une société délivre aux apporteurs pour leur permettre de justifier de la propriété des actions qui leur ont été attribuées, en attendant la délivrance de leurs actions qui doivent rester attachées pendant deux ans à la souche en exécution de la loi du 1er août 1893, ne peuvent être admis à bénéficier de la dispense d'impôt accordée par l'art. 17 L. 5 juin 1850. Ils doivent être rédigés sur papier timbré de dimension, par application de l'art. 12 L. 13 brum. an VII (Sol. 26 oct. 1895, 8772 R. P.).

402. Timbre. — Prescription. — L'impôt, établi par la loi du 5 juin 1850 sur les actions des sociétés, rentre dans la catégorie des droits de timbre dont le recouvrement est soumis à la prescription trentenaire, qu'il soit perçu au comptant ou par abonnement (Seine, 19 nov. 1892, 8012 R. P.).

446 *bis*. Sociétés de prévoyance à partage et à durée illimitée. — Déclaration. — Exemption de droit. — Les sociétés de prévoyance actuellement existantes qui ont pour objet de partager entre les adhérents, à partir d'une certaine durée de sociétariat, une part des intérêts du capital social, et dont la durée est illimitée, sont autorisées à fonctionner dans les termes de l'art. 5 L. 1er janv. 1901, à condition de faire, dans le délai d'un mois, à partir de la promulgation de la présente loi, les déclarations exigées par ledit article. Celles de ces sociétés qui auront fait la déclaration ci-dessus prévue continueront à jouir des exemptions de droit dont elles ont, en fait, bénéficié jusqu'à ce jour (L. 3 fév. 1902, 10160 R. P.).

454. Sociétés de secours mutuels. — Exemption de droits. — L. 1er avr. 1898. — La L. 1er avr. 1898 (9295 R. P. - V. *C. des Lois*) réglemente l'organisation des sociétés de secours mutuels et édicte certaines immunités fiscales.

Cette loi divise les sociétés de secours mutuels en trois catégories : les sociétés libres, les sociétés approuvées et les sociétés reconnues d'utilité publique.

455. Règles communes à toutes les sociétés. — Les pouvoirs (notariés ou s. s. p.), présentés à l'assemblée générale des membres des sociétés de secours mutuels, sont *affranchis* de tous droits de timbre et d'enregistrement (art. 6).

Sont *dispensés* du timbre et *enregistrés gratis* tous les actes des instances relatives aux contestations sur la validité des opérations électorales (art. 6).

La même immunité est applicable aux actes de la procédure d'homologation de la dissolution des sociétés de l'espèce, y compris les jugements et arrêts et leur signification, tant en première instance qu'en appel (art. 11).

Les sociétés de secours mutuels sont soumises au droit commun en ce qui concerne le bénéfice de l'assistance judiciaire, sauf les immunités spéciales d'impôts qui leur sont acquises de plein droit (art. 13).

Les unions de sociétés de secours mutuels ont droit aux mêmes avantages que les sociétés de même catégorie (libres, autorisées ou reconnues d'utilité publique) qui les composent (art. 8, 16 et 32).

455 *bis*. Sociétés approuvées. — Sociétés reconnues d'utilité publique. — En principe, tous les actes intéressant les sociétés de secours mutuels approuvées sont exempts de timbre et d'enregistrement (art. 19).

Les sociétés reconnues comme établissements d'utilité publique sont placées, au point de vue fiscal, sur le même pied que les sociétés approuvées (art. 33).

Mais ne participent pas aux exemptions de droits les sociétés de l'espèce qui accordent à leurs membres ou à quelques-uns d'entre eux des indemnités moyennes ou supérieures à 5 fr. par jour, des allocations annuelles ou des pensions supérieures à 360 fr. et des capitaux, en cas de vie ou de décès, supérieurs à 3.000 fr., ou qui refusent d'exclure les sociétaires qui s'affilient à plusieurs sociétés en vue de se constituer une pension supérieure à 360 fr., ou des capitaux, en cas de vie ou de décès, supérieurs à 3.000 fr. (art. 28).

Cette dernière disposition ne concerne pas les sociétés *libres*.

Recours au Conseil d'État. — Le recours au Conseil d'État, formé au sujet du refus d'approbation ou du retrait de l'autorisation, est affranchi de tout droit (art. 16 et 30).

456. Transmission de biens. — L'exemption des droits ne s'applique pas aux transmissions de propriété, d'usufruit ou de jouissance de biens meubles ou immeubles, soit entre vifs, soit par décès (art. 19).

457. Bail. — Le bail des immeubles exclusivement affectés à l'Administration des sociétés de secours mutuels ne saurait, donc, jouir de l'immunité. Les explications données, à ce sujet, dans la première partie du *Rép. gén.* n'ont rien perdu de leur actualité.

458. Dispense de la formalité. — Les immunités accordées par la loi nouvelle n'ont trait qu'aux droits de timbre et d'enregistrement; elles ne s'étendent pas à la formalité de l'enregistrement qui, de même que sous la législation antérieure, devra être requise, toutes les fois qu'elle sera nécessaire, sauf à être donnée gratuitement, s'il y a lieu.

459. Succession. — Les transmissions par décès, au profit des sociétés de secours mutuels, ne sont pas affranchies des droits (art. 19).

460-461. Expéditions des actes de l'état civil. — Affiches. — Sans changement.

461 *bis*. Récépissés et déclarations de versement. — Les récépissés et déclarations de versement délivrés aux trésoriers des sociétés de secours mutuels par la Caisse des dépôts et consignations sont exempts des droits (2823, § 12, I. G.).

463. Vente de valeurs. — Extraits des délibérations du conseil d'administration. — Sans modification.

464. Indemnités. — Extraits de jugements. — Sans changement.

465. Quittances. — Sont exempts du timbre de quittance les reçus de cotisations des membres honoraires ou participants, les reçus des sommes versées aux pensionnaires ainsi que les registres à souche qui servent au paiement des journées de maladie (art. 19).

466. Mandats de subvention. — Sans changement.

467. Quittances de pension. — V. n° 465 *supra*.

467 *bis*. Actes de notoriété. — Certificats de propriété. — Les actes de notoriété et les certificats de propriété concernant les sociétés de secours mutuels sont exempts des droits de timbre et d'enregistrement (art. 19).

468. Nouveau projet de loi. — Le projet de loi auquel nous faisions allusion dans la première partie de

468 bis. Sociétés d'habitations à bon marché. Immunités fiscales. L. 12 avril 1906. — 11203 R. P.

Actes constitutifs. Étendue de l'exemption d'impôt accordée par l'art. 11 des Lois des 30 nov. 1894 et 12 avril 1906. — Si la disposition d'un acte de constitution de construction de maisons à bon marché constate un apport à titre onéreux, c'est-à-dire une véritable transmission mobilière ou immobilière, cet acte est passible du timbre et de l'enregistrement; mais cette circonstance ne s'oppose pas à ce que tous les autres actes dressés en vue de la constitution définitive de la société (statuts, liste de souscription des actions et versement du quart, déclaration notariée constatant ces souscriptions et versements, procès-verbaux de délibération des deux assemblées générales constitutives, etc.) profitent de l'exemption des droits de timbre et d'enregistrement accordée par l'art. 11 L.L. 30 nov. 1894 et 12 avril 1906 (Sol. 6 fév. 1907, Instr. 3110, § 7; 11508 R. P.).

SOLUTION.

SOMMATION.

SOUMISSION.

32. Notaire se portant fort pour ses clients. Poursuites. Débiteurs directs non mis en demeure de payer. Prescription. Faute de l'Administration. — Le notaire qui, à la suite d'une réclamation adressée à ses clients au sujet d'une insuffisance d'évaluation de revenu, a souscrit, pour valoir soumission et éviter ainsi l'expertise, un engagement contenant simplement un « bon pour... » et sa signature, a évidemment entendu se porter fort pour ses clients; le fait que le libellé même de la soumission a été ultérieurement rédigé par l'agent du Trésor seul ne saurait altérer la portée juridique de cet engagement. Mais si, avertie par le porte-fort que les débiteurs directs refusent de ratifier son engagement, l'Administration néglige de mettre ceux-ci en demeure de payer avant l'échéance de la prescription, le préjudice qu'elle éprouve est imputable à son inaction, et le porte-fort ne saurait, par suite, être tenu envers elle à des dommages-intérêts (Saint-Marcellin, 14 août 1903, 10723 R. P.).

37. Refus de réalisation. Erreur alléguée, mais non démontrée. — La soumission souscrite pour éviter une expertise lie la partie lorsqu'elle a été régulièrement acceptée par l'Administration; elle constitue un aveu extrajudiciaire qui, de même que l'aveu judiciaire, ne peut être révoqué que pour cause d'erreur de fait matériellement établie, conformément à la disposition de l'art. 1356 C. civ. (Saint-Amand, 26 mars 1902, 10535 R. P.).

40. Dissimulation. Soumission. Refus de réalisation. Poursuites. — Lorsque l'existence d'une dissimulation dans le prix d'une vente d'immeuble a été reconnue par une soumission, le tribunal ne peut, à défaut de règlement amiable, que condamner la partie au payement des droits et amende afférents à cette dissimulation (Libourne, 2 avril 1903, 10554 R. P.).

41. Vente d'immeuble. Insuffisance de prix. Soumission. Droit en sus de mutation non exigible. Taxe hypothécaire de transcription; exigibilité du droit en sus. — Lorsque, dans un acte de vente d'immeuble, le prix énoncé est inférieur à la valeur vénale, le droit en sus de mutation n'est encouru par la partie qu'autant que la procédure d'expertise a été engagée et que le relèvement excède d'un huitième le prix exprimé au contrat; ce droit en sus n'est pas exigible si l'insuffisance a été reconnue par soumission avant tout commencement d'expertise, et le redevable n'est pas lié de ce chef par la soumission qu'il a souscrite. Mais il n'en est pas de même en ce qui concerne la taxe hypothécaire de transcription établie par la L. 27 juill. 1900; il suffit que l'insuffisance ait été reconnue avant l'expiration du délai de deux ans à partir de la formalité pour qu'elle fasse encourir au redevable la pénalité du droit en sus, laquelle ne peut être inférieure à 50 fr. (Seine, 4 août 1906, 11286 R. P.).

SOUSCRIPTION.

... *Rép. gén.* est devenu la L. 1er avr. 1898, dont nous avons fait connaître, sous les numéros qui précèdent, les dispositions principales.

468 bis. Caisse des ouvriers mineurs. — Syndicats professionnels. — Les avantages fiscaux accordés par la loi nouvelle aux sociétés de secours mutuels approuvées sont étendus aux caisses de secours et de retraites des ouvriers mineurs (art. 38), ainsi qu'aux syndicats professionnels, constitués légalement au vœu de la L. 21 mars 1884 et qui ont prévu, dans leurs statuts, les secours mutuels entre leurs adhérents (art. 40).

468 ter. Habitations à bon marché. — La L. 30 nov. 1894 (8448 R. P. — V. *C. des Lois*), qui a pour objet d'encourager la construction des habitations à bon marché, accorde certaines immunités fiscales, en faveur des associations formées en vue de la construction des habitations de ce type.

Elle a disposé (art. 11) que les actes nécessaires à la constitution et à la dissolution des associations de construction ou de crédit, telles qu'elles sont définies dans la présente loi, sont dispensés du timbre et enregistrés gratis, s'ils remplissent les conditions prévues par l'art. 68, § 3, n° 4, L. frim.

Le même article ajoute que les pouvoirs en vue de la représentation aux assemblées générales sont dispensés du timbre.

Toutefois, ne sont admises au bénéfice de ces exonérations que les sociétés dont les statuts, régulièrement approuvés, limitent les dividendes à un chiffre maximum.

Société à capital variable. — Retraite d'un associé. — Attribution d'une maison. — Droit de partage. — Constitue une opération de lotissement, dépourvue de tout caractère translatif, l'attribution qui est faite à un associé sortant, en représentation de ses droits dans l'actif social, d'une maison bâtie par une société de construction d'habitations à bon marché établie sous forme de société à capital variable. Et si cette attribution est pure et simple, l'acte qui la constate est uniquement passible du droit de partage de 0 fr. 15 p. 100 (Déc. min. fin. 18 mars 1902, 3089-8 I. G.; 10271 R. P.).

470. Sociétés anonymes. — Autorisation. — Traité diplomatique. — Clause de la nation la plus favorisée. — Société allemande. — Les sociétés anonymes étrangères peuvent être autorisées à exercer leurs droits et ester en justice en France, non seulement par décret en vertu de la loi du 30 mai 1857, mais encore par traité. Pour les sociétés allemandes, cette autorisation résulte de l'art. 11 du traité de Francfort et de l'art. 18 de la convention additionnelle du 11 déc. 1871 qui stipulent le traitement réciproque de la nation la plus favorisée, au profit des sujets des deux nations et font revivre les traités antérieurs entre la France et certains États de la Confédération germanique portant autorisation réciproque de leurs sociétés de commerce (Cass. 14 mai 1895, 8649 R. P.).

V. Abonnement. — Dépôt. — Droit de transmission. — Impôt sur le revenu. — Instance. — Obligation. — Mutation. — Prescription.

SOLUTION. — V. *Instance.*

SOMMATION.

2. Enregistrement. — Par suite de la réduction d'un tiers édictée par l'art. 22 L. 28 avril 1893, les exploits contenant sommation ne sont plus passibles aujourd'hui que du droit fixe de 2 fr. — V. *Exploit*, n° 33 *bis*.

SOUMISSION.

29. Succession. — Biens situés dans plusieurs départements. — Insuffisance de revenu. — Soumission. — Acceptation. — Droits. — Recette. — Lorsqu'une insuffisance de revenu est reconnue, en matière de mutation par décès, pour des immeubles situés dans un autre département que celui où le défunt avait son domicile, le directeur du département de la situation des biens a seul qualité pour approuver la soumission souscrite par les héritiers. D'autre part, le receveur du bureau du domicile du défunt, où la succession a été déclarée, demeure seul compétent pour effectuer la recette des droits simples et en sus, exigibles en vertu de la soumission (3080-4 I. G.; 10196 R. P.).

35. Soumission liant les parties. — V. n° 42 *infra*.

40-41. Droit en sus. — Remise. — Contrainte. — La soumission par laquelle les parties reconnaissent une insuffisance de prix et s'engagent à payer les droits simples et en sus applicables à cette insuffisance, constitue, du jour où elle est acceptée par l'Administration, un titre définitif de perception qui peut être ramené à exécution par voie de contrainte. En se laissant poursuivre, les débiteurs perdent le bénéfice de la décision gracieuse qui leur avait accordé la remise du droit en sus (Seine, 29 oct. 1897, 9162 R. P.).

42. Offres en cours d'expertise. — La procédure d'expertise indiquée par les art. 17 et 18 L. frim. ne s'oppose, en rien, à ce que les parties, maîtresses de leurs droits, reconnaissent la valeur vénale véritable des biens expertisés. — Les parties, qui ont souscrit une soumission pour reconnaître cette valeur, ne sauraient exciper du rejet de leur demande en remise du droit en sus pour se refuser au paiement des droits résultant de l'insuffisance reconnue, alors que la soumission ne contenait aucune réserve relative à une diminution pour le cas où la pénalité encourue ne serait pas remise (Seine, 30 juill. 1898, 9371 R. P.).

SOUSCRIPTION.

2. Cession de terrains à une commune en vue d'ouvrages d'utilité publique. — Contrat commutatif. — Il y a contrat à titre onéreux dans la cession d'une certaine étendue de terrain consentie par un propriétaire à une commune pour la construction d'une église, lorsque le cédant a agi en vue d'avantages équivalents, notamment en perspective de la plus-value que devaient acquérir, par suite de la construction de l'église, d'autres terrains lui appartenant. En conséquence, la forme authentique n'est pas nécessaire à la validité d'une pareille cession (Cass. civ. 19 juill. 1894, 8859 R. P.).

Chapelle. — *Dons et offrandes en nature.* — V. *Don manuel.*

3. Chemin vicinal. — Propriétaire riverain. — Fonds de concours. — V. *Chemin vicinal.*

SUBROGATION.

73. Créancier substitué à un autre. — Débiteur présent. — Droit d'obligation. — Si la novation, même par substitution de créancier, ne se présume pas, il n'est pas nécessaire qu'elle soit expresse ; il suffit que la volonté de l'opérer ressorte clairement de l'acte. Spécialement, cette intention résulte du paiement qu'un tiers effectue entre les mains du créancier, à la libération du débiteur, lorsque la présence de ce dernier à l'acte ne peut s'expliquer que par sa volonté de s'obliger envers le tiers qui désintéresse le créancier primitif. Le paiement opéré dans ces conditions est, en conséquence, passible du droit d'obligation (C. Guadeloupe, 6 août 1894 ; Cass. 19 mai 1896, 8784 R. P.).

SUBSTITUTION.

32. Legs. — Charge morale de transmettre. — N'a pas le caractère d'une substitution prohibée la disposition par laquelle le testateur impose à son légataire le devoir de conscience de transmettre ses biens à un tiers, celui-ci n'ayant aucune action pour réclamer le bénéfice de la charge imposée en sa faveur (Cass. civ. 5 juin 1899, 9673 R. P.).

48. Interdiction d'aliéner. — Renferme une substitution prohibée le testament contenant le legs d'un immeuble, à condition que cet immeuble ne pourra être ni changé ni vendu et qu'il restera perpétuellement à la famille du testateur (Cass. civ. 10 fév. 1891, 7972 R. P.).

58. Legs conditionnel. — Nue propriété. — Mineur. — Condition d'atteindre un âge déterminé. — A défaut, legs au légataire de l'usufruit. — Validité. — N'est pas entaché de substitution prohibée le legs de l'usufruit de la quotité disponible fait au profit d'un mineur sous la condition qu'il atteindra un âge déterminé et, à son défaut, au légataire de l'usufruit sous la condition que le mineur décéderait avant d'avoir atteint l'âge fixé (Cass. req. 2 avril 1895, 8854 R. P.).

119. Quotité disponible. — Legs à charge de rendre. — Usufruit. — La disposition testamentaire par laquelle un père lègue, par égales parts, à ses enfants la quotité disponible, à charge par les légataires de la rendre, sous réserve de l'usufruit, à leurs enfants nés ou à naître, constitue une substitution permise, au vœu de l'art. 1048 C. civ. (Sol. 5 juill. 1897, 9179 R. P.).

155-160. Legs « de eo quod supererit. » — Quand un testateur a légué à un premier gratifié l'usufruit de ses biens avec pouvoir de les vendre en cas de besoin, et à un second appelé ce qui restera de sa succession, au décès du premier, il ne s'opère qu'une seule mutation soumise, pour le premier gratifié, à une condition résolutoire, et, pour le second appelé, à une condition suspensive (Sables-d'Olonne, 19 oct. 1897, 9190 R. P.).

La disposition *de eo quod supererit* constitue, au profit du second gratifié, un legs affecté de la condition suspensive que le premier appelé n'aura pas, au jour de son décès, usé de la faculté de disposer que le testament lui concède, et, par une conséquence nécessaire, elle constitue, au profit du gratifié de premier rang, un legs affecté de la condition résolutoire corrélative. — Elle n'opère qu'une seule mutation. D'où il suit qu'il y a lieu d'imputer, sur le droit dû par le second gratifié, en cas de différence dans les tarifs d'après son degré de parenté avec le testateur, l'impôt acquitté, à l'origine, par le gratifié de premier rang (Seine, 7 déc. 1901, 10108 R. P.).

165. Ouverture anticipée. — Donation. — Constitue une libéralité l'acte par lequel le grevé, voulant anticiper la jouissance des appelés, leur abandonne, à titre gratuit, les biens grevés ; le droit de donation est, dès lors, exigible sur la valeur de la pleine propriété de ces biens (Melun, 22 fév. 1901, 10263 R. P.).

186. Droit de transcription. — Le droit de transcription, exigible à raison de la substitution contenue dans deux testaments identiques, ne peut être perçu sur chacun des deux testaments ; il n'est dû que sur l'un d'eux (Sol. 25 oct. 1893, 8300 R. P.).

Renferme une substitution la clause d'un testament portant que tous les biens du testateur, réunis en état par lui, resteront inaliénables pour être laissés indemnes, un jour, à ses petits-enfants. En conséquence, lors de l'enregistrement de ce testament, le droit de transcription est exigible, par application de l'art. 54 L. 28 avr. 1816 (Rennes, 10 mars 1902, 10223 R. P.).

198. Droit de transcription. — Nue propriété. — Donne ouverture au droit de transcription à 1 fr. 50 p. 100 sur la valeur de la pleine propriété le testament qui grève de substitution la nue propriété d'immeubles que le testateur lègue (Seine, 10 nov. 1893, 8285 R. P.).

Cette décision ne doit plus être appliquée, sous l'empire de la L. 25 fév. 1901 qui a modifié les bases de l'impôt, en assignant à la nue propriété et à l'usufruit une valeur distincte (V. *Usufruit*).

205-206. Immeubles grevés partiellement. — Adjudication. — Droit de transcription. — Le jugement par lequel le grevé se rend adjudicataire d'immeubles qui lui ont été légués à charge de les vendre à ses enfants dans la limite de la quotité disponible, n'est pas sujet à la transcription et le droit de 1 fr. 50 p. 100 ne doit pas être perçu au moment de l'enregistrement (Seine, 23 juin 1900, 10054 R. P.).

210. Substitution prohibée. — Droit de transcription non exigible. — Le droit de transcription n'est pas

STIPULATION POUR AUTRUI.

[illegible] Fonds de commerce. Cession de bail. Promesse de rapporter le consentement du propriétaire de l'immeuble. Exigibilité immédiate du droit proportionnel. — Ne peut être considéré comme imparfait ni comme affecté d'une condition suspensive l'acte par lequel une personne cède à une autre un fonds de commerce comprenant l'achalandage, le matériel, des marchandises neuves et le droit au bail, en s'engageant expressément à faire accepter, dans un délai déterminé, la cession de bail par le propriétaire de l'immeuble où le fonds est exploité ; cet acte est, en conséquence, immédiatement passible du droit proportionnel (Auch, 11 juin 1903, 10570 R. P.).

SUBROGATION.

[illegible] Subrogation conventionnelle. Créancier. Simultanéité du paiement et de la subrogation. — Lorsqu'un tiers paie un créancier [illegible] obtenir la subrogation contre le débiteur, il est indispensable que le paiement et la subrogation consentie par le créancier soient simultanés (Cass. [illegible]), [illegible] déc. 1902, 10637 R. P.).

[illegible] Immeuble acquis par le mari. Payement du prix par la femme. Remploi de deniers dotaux. Subrogation dans le privilège du vendeur. Droit proportionnel non exigible. — Lorsque [illegible] acquitte, en remploi de ses deniers dotaux, le prix d'un immeuble acquis par le mari et obtient la subrogation dans le privilège du vendeur, cette subrogation, étant une suite nécessaire et forcée du remploi qui lui a donné naissance, ne peut, aux termes de la L. frim., rendre exigible un droit proportionnel en sus de celui qui est perçu sur le prix de l'acquisition dont elle est la conséquence (Toulouse, 30 mai 1902, 10615 R. P.).

[illegible] Prorogation de délai. Disposition indépendante. — La prorogation de délai consentie dans le cas de subrogation prévu par l'art. 1251 C. civ. constitue une disposition indépendante de cette subrogation et, comme telle, donne lieu à la perception d'un droit particulier ([illegible] 26 juill. 1904, 10853 R. P.).

[illegible] Quittance subrogative simulée. — Constitue, en réalité, une cession de créance dissimulée sous les apparences d'une subrogation [illegible] l'acte par lequel une personne, présentée comme créancière d'une [illegible] pour une somme modique — dans l'espèce 100 fr., — rembourse [illegible] hypothécaire du même débiteur une somme importante [illegible] fr.) dans le but déclaré d'acquérir la subrogation de l'art. 1251, 1° C. C., alors qu'il est établi, en fait, que le débiteur disposait de [illegible] importantes pour se libérer de la somme due à son précédent créancier de 100 fr., qu'il est intervenu à l'acte pour se le tenir [illegible] et dûment signifié », et que les frais de l'opération ont été [illegible] ; cet acte est, en conséquence, passible du droit de 1 p. 100, [illegible] de celui de 0,50 p. 100 (Caen, 20 juin 1906, 11307 R. P.).

SUBSTITUTION.

[illegible] Substitution prohibée. Interdiction d'aliéner. — Le legs [illegible], fait au profit des nièces du testateur, à la condition que [illegible] ne sera jamais vendu et reviendra à la descendance des [illegible], est nul comme renfermant une substitution prohibée (Cass. [illegible] fév. 1903, 10638 R. P.).

[illegible]-152. Substitution. Décès du grevé. Biens recueillis par l'appelé. Droit de mutation par décès. — Lorsque s'ouvre la substitution, les biens substitués passent de la tête du grevé sur celle de l'appelé indépendamment de la volonté du grevé et par l'effet de la volonté du disposant ; mais cela n'empêche point que, si l'appelé tient son titre du disposant, il ne reçoive la propriété du grevé, de même que l'héritier [illegible] reçoit du défunt, en vertu de la loi, la propriété des biens qui [illegible]. — Par conséquent, à raison de la mutation nouvelle qui [illegible], l'appelé est tenu de souscrire la déclaration des biens substitués et d'acquitter le droit proportionnel de mutation par décès, alors même [illegible] renoncé à la succession du grevé dont il est l'héritier (Agen, [illegible] 1907, 11721 R. P.).

180. Legs à charge de restitution. Immeubles grevés d'usufruit. Droit de transcription sur la valeur de la nue propriété. Mode d'évaluation. L. 25 fév. 1901. — Le droit de transcription exigible sur la disposition d'un testament portant legs de la quotité disponible en faveur d'un enfant du testateur, à charge de restitution aux enfants nés ou à naître du légataire (C. civ. 1048), d'immeubles grevés d'usufruit au profit d'un tiers en vertu d'une clause du même testament, doit être liquidé sur la valeur de la nue propriété déterminée, en raison de l'âge de l'usufruitier, suivant la règle tracée par l'art. 13-2° L. 25 fév. 1901 (Sol. 5 sept. 1902, Instr. 3099-11, 10443 R. P.).

205. Adjudication, au profit du grevé, d'immeubles grevés partiellement de substitution. Droit de transcription non exigible. — *Conf.* Seine, 8 juill. 1905, 11167 R. P.

SUCCESSION.

110. **Conjoint survivant. Usufruit légal. Retour conventionnel ou légal.** — Les biens qui reviennent à l'ascendant donateur, à titre de retour conventionnel ou légal, ne doivent pas être compris dans la masse sur laquelle se calcule l'usufruit légal auquel a droit l'époux survivant dans la succession de son conjoint prédécédé (Cass. [civ.], 22 juill. 1903, 10629 R. P.). — V. *Retour*, n° 42 et 49.

régie, indépendamment du droit fixe de 7 fr. 50, sur le revenu capitalisé des immeubles légués par un frère à sa sœur, à charge de substitution au profit d'un étranger (Montdidier, 24 déc. 1896, 8966 R. P.).

SUCCESSION (1).

6. **Décès dans un même évènement ou dans des évènements simultanés.** — Lorsque les victimes d'un même évènement ne sont pas appelées respectivement à la succession l'une de l'autre, il n'y a pas à tenir compte, pour établir l'ordre des décès, des présomptions légales de l'art. 720 C. C. — S'il s'agit d'ailleurs d'assassinats commis successivement, les victimes ne sauraient être considérées comme ayant succombé dans un même évènement et, par suite, l'ordre des décès doit être établi d'après les indices et renseignements fournis à cet égard (Seine, 2 août 1889; — C. Paris, 11 juin 1891, 7663 R. P.).

Les présomptions de survie (C. civ. 720 à 722) s'appliquent lorsque deux personnes appelées à se succéder réciproquement ont été assassinées par le même individu, à l'aide du même instrument, dans le même lieu, et que tous ces faits ont été souverainement constatés par une décision passée en force de chose jugée (Cass. 6 nov. 1895, 8922 R. P.).

18-2. **Successeurs. — Enfants naturels.** — La L. 25 mars 1896 a modifié la situation des enfants naturels reconnus auxquels elle a conféré la qualité d'héritiers (V. n° 85, *Enfant*).

19. **Saisine.** — Les enfants naturels reconnus ont, depuis cette loi, la saisine (V. *Enfant, loc. cit.*).

108. **Époux survivant. — Droit de succession en usufruit. — Quotité.** — Nous avons fait connaître, dans la première partie du *Rép. gén.*, l'étendue du droit d'usufruit accordé à l'époux survivant par la L. 9 mars 1891 qui a modifié l'art. 767 C. civ. Nous n'avons à ajouter que quelques explications complémentaires.

108-2. **Enfants naturels.** — L'usufruit du conjoint survivant ne peut diminuer la réserve des enfants naturels. Ainsi, lorsque le défunt n'a pas d'autres héritiers qu'un enfant naturel, cet enfant a une réserve de la moitié de la succession (913 C. civ., modifié par la L. 25 mars 1896); l'usufruit du conjoint, qui porte sur une moitié de la succession, peut donc s'exercer en entier.

S'il y a deux enfants naturels, leur réserve est des deux tiers, l'usufruit du conjoint ne s'exercera donc que sur le troisième tiers.

S'il y a trois enfants naturels ou davantage, leur réserve est des trois quarts; l'usufruit ne portera donc que sur le quatrième quart (Baudry-Lacantinerie, *Droit civil, Successions*, t. II, n° 567).

(1) Un nouveau Titre (XII) *infra*, n° 1576 à 1747, a été ouvert pour commenter ce qui, dans la Loi 25 fév. 1901, se rapporte à la matière des Successions. — Il est fait état, également, de la Loi 31 mars 1903. Le lecteur trouvera un barème — jusqu'à 30 millions et plus — 1904, n° 111 et s.

109-1. **Époux survivant. — Usufruit. — Formation de la masse.** — Les legs, aujourd'hui dispensés du rapport par la L. 24 mars 1898, n'entrent pas dans la masse, pour le calcul de l'usufruit dévolu au conjoint survivant, à moins qu'une clause formelle du testament ne les soumette au rapport.

Les libéralités visées par l'art. 851 C. civ. (frais de nourriture, d'entretien, d'éducation, etc.) et que ce texte dispense du rapport en se basant sur la volonté présumée du défunt, ne doivent pas non plus être ajoutées à la masse (Baudry-Lacantinerie, v° *Successions*, t. II, n° 546).

109-2. **Usufruit légal. — Époux survivant. — Libéralités antérieures. — Imputation.** — Pour liquider la part revenant en usufruit à l'époux survivant, en vertu de la loi du 9 mars 1891, il y a lieu de précompter les libéralités entre vifs ou par décès qui lui ont été faites par l'époux prédécédé. Le calcul nécessaire à cet effet, pour la perception des droits, doit être établi en évaluant l'usufruit légal et les libéralités à imputer sur cet usufruit, d'après les règles de la loi fiscale (Sol. 14 janv. 1892, 8407 R. P.).

Pour calculer la masse sur laquelle le droit d'usufruit du conjoint survivant doit être liquidé, il y a lieu de faire entrer en ligne de compte les biens existants au décès de l'époux prédécédé, sans distinction entre ceux qui composent la succession ordinaire et ceux qui peuvent lui avoir été donnés par un ascendant et composent la succession anomale (C. Nancy, 20 juill. 1895, 8857 R. P.).

Les biens, dont un époux s'est dessaisi par une donation à titre de partage anticipé, ne sont pas soumis au rapport fictif établi par l'art. 1er, § 6, L. 9 mars 1891, pour la fixation de l'usufruit légal revenant au conjoint survivant (Sol. 10 août 1896, 8935 R. P.).

Lorsqu'une dot constituée à un enfant commun par deux époux, dans la proportion de moitié chacun, et en avancement d'hoirie sur leurs successions futures, a été versée en biens personnels au survivant des donateurs, l'enfant doit le rapport fictif de la moitié de la dot à la succession de l'époux prédécédé, pour le calcul de l'usufruit légal revenant au conjoint qui survit (Sol. 15 sept. 1896, 8936 R. P.).

110. **Usufruit légal. — Époux survivant. — Héritier réservataire et collatéraux.** — Quand le défunt laisse pour héritiers sa mère et des frères et sœurs, l'usufruit légal revenant à sa veuve porte sur la moitié de toute la succession et non pas seulement sur la moitié de la part des collatéraux (Sol. 19 juin 1897, 9048 R. P.).

113. **Conjoint survivant. — Retrait successoral.** — L'époux survivant n'a, d'après la loi du 9 mars 1891, qu'un droit d'usufruit; cette loi, ainsi que le démontrent les travaux préparatoires, n'a pas entendu faire de lui le continuateur de la personne de l'époux prédécédé, ni lui accorder les qualités et prérogatives d'un héritier légitime; elle ne lui confère donc pas la faculté de retrait successoral, à l'encontre du cessionnaire, de la part de communauté dévolue à l'héritier de son conjoint prédécédé (Seine, 18 fév. 1896, 8856 R. P.).

Conjoint survivant. — Usufruit légal. — Exhérédation.

— D'après la loi du 9 mars 1891, le conjoint survivant n'a pas la qualité d'héritier avec les effets qui se rattachent à cette qualité pour l'attribution ou la délivrance de ce droit. — Il ne peut donc se prévaloir des dispositions édictées par l'article 815 du Code civil en faveur des héritiers du sang pour réclamer la liquidation et le partage. — Un acte de dernière disposition ainsi conçu : « Ceci est mon testament ; ma femme ayant une fortune personnelle suffisante, j'entends qu'elle n'ait aucun droit dans ma succession », suffit à priver le conjoint survivant de son droit d'usufruit légal (C. Paris, 18 fév. 1898, 9392 R. P.).

114. Époux survivant. — Donation. — Condition de ne pas convoler. — Convol. — Droit à l'usufruit légal. — L'époux survivant qui a recueilli l'usufruit de l'universalité des biens de l'époux prédécédé en vertu d'une donation subordonnée à la condition expresse de ne pas convoler en secondes noces, ne perd pas, en cas de convol, ses droits à l'usufruit légal établi en sa faveur par l'art. 767 C. C. modifié par la loi du 9 mars 1891 (C. Bourges, 3 fév. 1896, 8858 R. P.; — *Contrà* : même Cour, 29 mars 1897, 9123 R. P.).

La veuve légataire de l'usufruit de l'universalité des biens de son mari sous la condition de ne pas convoler, est obligée d'opter, avant le partage définitif, entre cet usufruit total, mais résoluble, et l'usufruit partiel mais non résoluble que lui attribue la loi. Elle n'est pas recevable à réclamer le bénéfice du legs en se réservant d'exercer, après l'événement de la condition, l'usufruit légal. Faute d'avoir opté en faveur de l'usufruit légal, elle doit être présumée comme ayant renoncé à cet usufruit, même au cas où, par l'événement de la clause résolutoire, l'usufruit testamentaire viendrait à s'éteindre (Seine, 26 juin 1896, 9123 R. P.).

116. Conjoint survivant. — Usufruit légal. — Pension alimentaire. — Le droit d'usufruit, accordé par la loi du 9 mars 1891 à l'époux survivant sur une quotité de la succession de son conjoint prédécédé, constitue un véritable droit successif d'où suit pour cet usufruitier tout à la fois le droit et l'obligation d'être partie aux opérations de liquidation et partage. — L'art. 1er L. 9 mars 1891 autorise les héritiers à convertir l'usufruit de l'époux survivant en une rente viagère. A supposer qu'ils pussent également le convertir en une pension alimentaire, en tous cas ce droit d'option ne pourrait appartenir qu'à eux seuls et non à l'époux survivant. — Le droit à une pension alimentaire créé par l'art. 2 L. 9 mars 1891 a le caractère d'un secours accordé à celui dont les ressources sont insuffisantes pour subvenir à ses besoins. Il ne saurait donc être accordé à l'époux qui peut exercer son droit d'usufruit que si cet usufruit est insuffisant pour assurer son existence (C. Lyon, 16 juill. 1896, 9394 R. P.).

153. Héritier du sang. — Renonciation limitée. — Dispositions testamentaires. — Le frère d'une personne décédée sans ascendants ni descendants ne peut être considéré comme ayant abdiqué sa qualité d'héritier légitime, lorsque la renonciation par lui faite au greffe est limitée aux dispositions testamentaires dont il a été l'objet. C'est donc à bon droit que, nonobstant cette renonciation, il est condamné à faire en son nom personnel la délivrance d'un legs particulier (Civ. 27 déc. 1899, 9945 R. P.).

156. Mineur. — Acceptation tacite par le tuteur. — L'autorisation donnée par un conseil de famille à un tuteur de faire certains actes qui, pour un majeur, emporteraient adition d'hérédité, doit être considérée comme une autorisation implicite d'accepter la succession échue au mineur (Aubusson, 29 juill. 1896, 9028 R. P.).

182. Acte d'héritier. — Jugement ordonnant le partage. — Renonciation ultérieure des défendeurs. — N'implique pas adition d'hérédité, de la part des cohéritiers défendeurs, le jugement qui ordonne le partage d'une succession et la licitation d'un immeuble qui en dépend : d'où il suit que ces cohéritiers défendeurs peuvent valablement renoncer à la succession postérieurement au jugement (Cass. req., 18 mars 1896, 8855 R. P.).

184. Legs universel. — Renouvellement de bail. — Acceptation. — Le concours du légataire universel à un acte de bail, dont le renouvellement s'imposait dans l'intérêt de la succession, n'implique pas de sa part acceptation pure et simple de l'hérédité, et ne le prive pas du droit d'accepter ultérieurement son legs sous bénéfice d'inventaire (Cass. req., 4 nov. 1890, 7730 R. P.).

188. Acceptation tacite. — L'acceptation tacite d'une succession ne peut résulter du silence ou de l'inaction de l'héritier qui n'aurait pas protesté ou qui n'aurait pas agi en justice contre la voie de fait par laquelle un légataire particulier se serait mis en possession de la chose à lui léguée (Cass. req., 18 déc. 1889, 7498 R. P.).

221. Acte d'héritier. — Partage du mobilier. — Des héritiers ne peuvent plus valablement renoncer à une succession dont ils se sont partagé entre eux le mobilier (Cass. 15 mars 1897, 9391 R. P.).

224. Acceptation tacite. — Actes de disposition et de jouissance. — Lorsqu'en exécution de délibérations du conseil de famille, un tuteur a employé le prix de l'aliénation de biens dépendant de l'hérédité à l'acquit de dettes contractées dans l'intérêt exclusif de ses pupilles et qu'en vertu de ces mêmes délibérations, il a accompli des actes répétés de disposition et de jouissance au profit des mineurs, il doit être réputé avoir tacitement accepté la succession en leur nom (Aubusson, 29 juill. 1896, 9028 R. P.).

240. Acceptation. — Mineur. — L'aliénation des biens d'une succession échue à un mineur, consentie par le tuteur autorisé par une délibération du conseil de famille homologuée, emporte acceptation de l'hérédité et rend les héritiers du mineur non recevables à renoncer pour éviter les droits de mutation par décès (Périgueux, 24 juill. 1891, 7690 R. P.).

241. Héritier bénéficiaire. — Renonciation inopérante. — L'héritier qui a accepté une succession sous bénéfice d'inventaire ne peut plus y renoncer (Cass. 5 déc. 1895, 9000 R. P.).

499. Usufruit légal de la mère. Second mariage. Modification de l'art. 386 du Code civil. L. 21 fév. 1906. — Cette loi comporte un article unique ainsi conçu : « L'art. 386 C. civ. est modifié ainsi qu'il suit : cette jouissance n'aura pas lieu au profit de celui des père et mère contre lequel le divorce aura été prononcé ». La mère qui contracte un second mariage ne perd donc plus, comme autrefois, l'usufruit des biens des enfants qui sont issus de sa première union (V. 11175 R. P.).

l'acceptation tacite d'une succession faite par un tuteur au nom des mineurs, en exécution de délibérations du conseil de famille, rend les héritiers de ces mineurs irrecevables à renoncer, du chef de ces derniers, à l'hérédité qui leur était échue, afin d'éviter le paiement du droit de mutation par décès (Aubusson, 29 juill. 1896, 9028 R. P.).

256-1. Usufruit dévolu à l'époux survivant. — Renonciation par acte notarié. — L'époux survivant peut valablement renoncer, par acte notarié, le cas de fraude et de simulation excepté, à l'usufruit que la loi du 9 mars 1891 lui accorde sur la succession de son conjoint (Sol. 1er avr. 1892, 7853 R. P.).

258. Débiteur en déconfiture. — Créance. — Dispense provisoire de l'impôt. — Étendue. — La dispense provisoire de l'impôt de mutation par décès, pour les créances dues à une succession par un débiteur non commerçant en état de déconfiture, est applicable, non seulement lorsqu'une distribution par contribution a été ouverte entre les créanciers du débiteur, mais dans les cas où il est établi que ce dernier se trouve dans l'impossibilité de faire face à ses engagements (Sol. 14 mai 1902, 3095, § 1, I. C.; 10372 R. P.).

267. Acceptation. — Héritiers les plus proches — Inaction — Héritiers du degré subséquent. — Lorsque les héritiers les plus proches auxquels est dévolue une succession demeurent inactifs, les héritiers du degré subséquent sont en droit d'accepter la succession tant qu'il ne s'est pas écoulé trente ans depuis son ouverture (Cass. civ., 20 juin 1898, 9674 R. P.).

278. Conjoint survivant. — Divertissement. — Recel. — Libéralités. — Don manuel. — Rapport. — Dissimulation. — Peine du recel. — Les libéralités (dans l'espèce un don manuel) que le conjoint survivant aurait reçues de son époux et qu'il doit rapporter, ou moins prenant, à la succession de ce dernier pour le calcul des droits que lui attribue le nouvel art. 767 C. civ., constituent des « effets de la succession » au sens de l'art. 792 du même Code. Par suite, la pénalité édictée par ce dernier article est encourue par le conjoint survivant qui a recélé ou dissimulé ces libéralités dans le but de spolier la succession en se procurant un avantage illicite, et, notamment, de restreindre, à son profit, la réserve des héritiers. — L'application de ce principe ne souffre aucune restriction dans le cas où la libéralité aurait été prise sur l'actif de la communauté et dans une mesure excédant la part du conjoint donateur dans ladite communauté : en effet, la dissimulation par l'époux survivant a pour conséquence de le priver de tous les droits auxquels il aurait pu prétendre sur les valeurs dissimulées, soit comme donataire, soit comme commun en biens (Cass. civ., 8 fév. 1898, 9304 R. P.).

302. Pacte sur succession future. — Enfant naturel. — L'arrêt C. Bruxelles, 18 fév. 1813, s'applique avec d'autant plus de force, aujourd'hui, que, depuis la L. 25 mars 1896, les enfants naturels reconnus sont devenus des héritiers.

441 à 448. Nouveaux tarifs. — LL. 25 fév. 1901 et 30 mars 1902. — En exécution des LL. 25 fév. 1901, art. 2, et 30 mars 1902, art. 11, les droits de mutation par décès de biens, meubles ou immeubles, sont liquidés sur la *part nette* recueillie par chaque ayant droit. Ils sont perçus, *sans addition d'aucun décime*, pour chacune des fractions de cette part suivant les tarifs portés au tableau ci-après :

Indication des degrés de parenté	Taux applicables à la fraction de part nette comprise entre :											
	1 fr. à 2.000 fr.	2.001 fr. à 10.000 fr.	10.001 fr. à 50.000 fr.	50.001 fr. à 100.000 fr.	100.001 fr. à 250.000 fr.	250.001 fr. à 500.000 fr.	500.001 fr. à 1 million de fr.	1 million de fr. à 2 millions de fr.	2 millions de fr. à 5 millions de fr.	5 millions de fr. à 10 millions de fr.	10 millions de fr. à 50 millions de fr.	50 millions de fr. et au delà
	0/0	0/0	0/0	0/0	0/0	0/0	0/0	0/0	0/0	0/0	0/0	0/0
1° Ligne directe	1 »	1 25	1 50	1 75	2 »	2 25	2 50	3 »	3 50	4 »	4 50	5 »
2° Entre époux	3 75	4 »	4 50	5 »	5 50	6 »	6 50	7 »	7 50	8 »	8 50	9 »
3° Entre frères et sœurs	8 50	9 »	9 50	10 »	10 50	11 »	11 50	12 »	12 50	13 »	13 50	14 »
4° Entre oncles ou tantes et neveux ou nièces	10 »	10 50	11 »	11 50	12 »	12 50	13 »	13 50	14 »	14 50	15 »	15 50
5° Entre grands-oncles ou grand'tantes, petits neveux ou petites nièces, et entre cousins germains	12 »	12 50	13 »	13 50	14 »	14 50	15 »	15 50	16 »	16 50	17 »	17 50
6° Entre parents aux 5e et 6e degrés	14 »	14 50	15 »	15 50		16 50	17 »	17 50	18 »	18 50	19 »	19 50
7° Entre parents au delà du 6e degré et entre personnes non parentes	15 »	15 50	16 »	16 50	17 »	17 50	18 »	18 50	19 »	19 50	20 »	20 50

En outre, l'art. 11 L. 30 mars 1902 dispose que, par dérogation à l'art. 2 L. 27 ventôse an IX, le droit suivra les sommes *de franc en franc*, lorsqu'il s'agira de *parts nettes ne dépassant pas 500 fr.* Nous donnons *infra*, nos 1682 et s., le commentaire de ces nouvelles dispositions.

Pour faciliter la liquidation des droits et éviter des calculs compliqués, nous donnons, dans les tableaux ci-après, le *barème* des droits à percevoir.

Tableau I. — Parts nettes héréditaires ne dépassant pas 500 fr.

Part successorale nette	Ligne directe 1 0/0	Entre époux 3 75 0/0	Entre frères et sœurs 8 50 0/0	Entre oncles ou tantes, neveux ou nièces 10 0/0	Entre grands-oncles ou grand'tantes, petits-neveux ou petites nièces et entre cousins-germains 12 0/0	Entre parents au 5e et au 6e degrés 14 0/0	Entre parents au delà du 6e degré et entre personnes non parentes 15 0/0
1	0.01	0.0375	0.085	0.10	0.12	0.14	0.15
2	0.02	0.075	0.17	0.20	0.24	0.28	0.30
3	0.03	0.1125	0.255	0.30	0.36	0.42	0.45
4	0.04	0.150	0.34	0.40	0.48	0.56	0.60
5	0.05	0.1875	0.425	0.50	0.60	0.70	0.75
6	0.06	0.225	0.51	0.60	0.72	0.84	0.90
7	0.07	0.2625	0.595	0.70	0.84	0.98	1.05
8	0.08	0.30	0.68	0.80	0.96	1.12	1.20
9	0.09	0.3375	0.765	0.90	1.08	1.26	1.35
10	0.10	0.375	0.85	1 »	1.20	1.40	1.50
20	0.20	0.75	1.70	2 »	2.40	2.80	3 »
30	0.30	1.125	2.55	3 »	3.60	4.20	4.50
40	0.40	1.50	3.40	4 »	4.80	5.60	6 »
50	0.50	1.875	4.25	5 »	6 »	7 »	7.50
60	0.60	2.25	5.10	6 »	7.20	8.40	9 »
70	0.70	2.625	5.95	7 »	8.40	9.80	10.50
80	0.80	3	6.80	8 »	9.60	11.20	12 »
90	0.90	3.375	7.65	9 »	10.80	12.60	13.50
100	1 »	3.75	8.50	10 »	12 »	14 »	15 »
200	2 »	7.50	17.	20 »	24 »	28 »	30 »
300	3 »	11.25	25.50	30 »	36 »	42 »	45 »
400	4 »	15	34.	40 »	48 »	56 »	60 »
500	5 »	18.75	42.50	50 »	60 »	70 »	75 »

Tableau II. — Part nette héréditaire comprise entre 1 fr. et 2,000 fr.

Part successorale nette	Ligne directe	entre époux	entre frères et sœurs	entre oncles ou tantes neveux ou nièces	entre grands oncles ou grand'tantes petits neveux ou petites nièces et cousins germains	entre parents aux 5e et 6e degrés	entre parents au delà du 6e degré et étrangers
	1 0/0	3 75 0/0	8 50 0/0	10 0/0	12 0/0	14 0/0	15 0/0
20	0.20	0 75	1 70	2 »	2 40	2 80	3 »
40	0.40	1 50	3 40	4 »	4 80	5 60	6 »
60	0 60	2 25	5 10	6 »	7 20	8 40	9 »
80	0 80	3 »	6 80	8 »	9 60	11 20	12 »
100	1 »	3 75	8 50	10 »	12 »	14 »	15 »
200	2 »	7 50	17 »	20 »	24 »	28 »	30 »
300	3 »	11 25	25 50	30 »	36 »	42 »	45 »
400	4 »	15 »	34 »	40 »	48 »	56 »	60 »
500	5 »	18 75	42 50	50 »	60 »	70 »	75 »
600	6 »	22 50	51 »	60 »	72 »	84 »	90 »
700	7 »	26 25	59 50	70 »	84 »	98 »	105 »
800	8 »	30 »	68 »	80 »	96 »	112 »	120 »
900	9 »	33 75	76 50	90 »	108 »	126 »	135 »
1.000	10 »	37 50	85 »	100 »	120 »	140 »	150 »
2.000	20 »	75 »	170 »	200 »	240 »	280 »	300 »

Tableau III. — Part nette héréditaire comprise entre 2,000 fr. et 10,000 fr.

Part successorale nette	Ligne directe	entre époux	entre frères et sœurs	entre oncles ou tantes neveux ou nièces	entre grands oncles ou grand'tantes petits neveux ou petites nièces et cousins germains	entre parents aux 5e et 6e degrés	entre parents au delà du 6e degré et étrangers
	1 25 0/0	4 0/0	9 0/0	10 50 0/0	12 50 0/0	14 50 0/0	15 50 0/0
2.000	20 »	75 »	170 »	200 »	240 »	280 »	300 »
20	0 25	0 80	1 80	2 10	2 50	2 90	3 10
40	0 50	1 60	3 60	4 20	5 »	5 80	6 20
60	0 75	2 40	5 40	6 30	7 50	8 70	9 30
80	1 »	3 20	7 20	8 40	10 »	11 60	12 40
100	1 25	4 »	9 »	10 50	12 50	14 50	15 50
200	2 50	8 »	18 »	21 »	25 »	29 »	31 »
300	3 75	12 »	27 »	31 50	37 50	43 50	46 50
400	5 »	16 »	36 »	42 »	50 »	58 »	62 »
500	6 25	20 »	45 »	52 50	62 50	72 50	77 50
600	7 50	24 »	54 »	63 »	75 »	87 »	93 »
700	8 75	28 »	63 »	73 50	87 50	101 50	108 50
800	10 »	32 »	72 »	84 »	100 »	116 »	124 »
900	11 25	36 »	81 »	94 50	112 50	130 50	139 50
3.000	32 50	115 »	260 »	305 »	365 »	425 »	455 »
4.000	45 »	155 »	350 »	410 »	490 »	570 »	610 »
5.000	57 50	195 »	440 »	515 »	615 »	715 »	765 »
6.000	70 »	235 »	530 »	620 »	740 »	860 »	920 »
7.000	82 50	275 »	620 »	725 »	865 »	1.005 »	1.075 »
8.000	95 »	315 »	710 »	830 »	990 »	1.150 »	1.230 »
9.000	107 50	355 »	800 »	935 »	1.115 »	1.295 »	1.385 »
10.000	120 »	395 »	890 »	1.040 »	1.240 »	1.440 »	1.540 »

Tableau IV. — Part nette héréditaire comprise entre 10.000 fr. et 50,000 fr.

Part successorale nette	Ligne directe	entre époux	entre frères et sœurs	entre oncles ou tantes neveux ou nièces	entre grands oncles ou grand'tantes petits neveux ou petites nièces et cousins germains	entre parents aux 5e et 6e degrés	entre parents au delà du 6e degré et étrangers
	1 50 0/0	4 50 0/0	9 50 0/0	11 0/0	13 0/0	15 0/0	16 0/0
10.000	120 »	395 »	890 »	1.040 »	1.240 »	1.440 »	1.540 »
20	0 30	0 90	1 90	2 20	2 60	3 »	3 20
40	0 60	1 80	3 80	4 40	5 20	6 »	6 40
60	0 90	2 70	5 70	6 60	7 80	9 »	9 60
80	1 20	3 60	7 60	8 80	10 40	12 »	12 80
100	1 50	4 50	9 50	11 »	13 »	15 »	16 »
200	3 »	9 »	19 »	22 »	26 »	30 »	32 »
300	4 50	13 50	28 50	33 »	39 »	45 »	48 »
400	6 »	18 »	38 »	44 »	52 »	60 »	64 »
500	7 50	22 50	47 50	55 »	65 »	75 »	80 »
600	9 »	27 »	57 »	66 »	78 »	90 »	96 »
700	10 50	31 50	66 50	77 »	91 »	105 »	112 »
800	12 »	36 »	76 »	88 »	104 »	120 »	128 »
900	13 50	40 50	85 50	99 »	117 »	135 »	144 »
1.000	15 »	45 »	95 »	110 »	130 »	150 »	160 »
2.000	30 »	90 »	190 »	220 »	260 »	300 »	320 »
3.000	45 »	135 »	285 »	330 »	390 »	450 »	480 »
4.000	60 »	180 »	380 »	440 »	520 »	600 »	640 »
5.000	75 »	225 »	475 »	550 »	650 »	750 »	800 »
6.000	90 »	270 »	570 »	660 »	780 »	900 »	960 »
7.000	105 »	315 »	665 »	770 »	910 »	1.050 »	1.120 »
8.000	120 »	360 »	760 »	880 »	1.040 »	1.200 »	1.280 »
9.000	135 »	405 »	855 »	990 »	1.170 »	1.350 »	1.440 »
20.000	270 »	845 »	1.840 »	2.140 »	2.540 »	2.940 »	3.140 »
30.000	420 »	1.295 »	2.790 »	3.240 »	3.840 »	4.440 »	4.740 »
40.000	570 »	1.745 »	3.740 »	4.340 »	5.140 »	5.940 »	6.340 »
50.000	720 »	2.195 »	4.690 »	5.440 »	6.440 »	7.440 »	7.940 »

Tableau V. — Part nette héréditaire comprise entre 50,000 fr. et 100,000 fr.

Part successorale nette	Ligne directe	entre époux	entre frères et sœurs	entre oncles ou tantes neveux ou nièces	entre grands oncles ou grand'tantes petits neveux ou petites nièces et cousins germains	entre parents aux 5e et 6e degrés	entre parents au delà du 6e degré et étrangers
	1 75 0/0	5 0/0	10 0/0	11 50 0/0	13 50 0/0	15 50 0/0	16 50 0/0
50.000	720 »	2.195 »	4.690 »	5.440 »	6.440 »	7.440 »	7.940 »
20	0 35	1 »	2 »	2 30	2 70	3 10	3 30
40	0 70	2 »	4 »	4 60	5 40	6 20	6 60
60	1 05	3 »	6 »	6 90	8 10	9 30	9 90
80	1 40	4 »	8 »	9 20	10 80	12 40	13 20
100	1 75	5 »	10 »	11 50	13 50	15 50	16 50
200	3 50	10 »	20 »	23 »	27 »	31 »	33 »
300	5 25	15 »	30 »	34 50	40 50	46 50	49 50
400	7 »	20 »	40 »	46 »	54 »	62 »	66 »
500	8 75	25 »	50 »	57 50	67 50	77 50	82 50
600	10 50	30 »	60 »	69 »	81 »	93 »	99 »
700	12 25	35 »	70 »	80 50	94 50	108 50	115 50
800	14 »	40 »	80 »	92 »	108 »	124 »	132 »
900	15 75	45 »	90 »	103 50	121 50	139 50	148 50
1.000	17 50	50 »	100 »	115 »	135 »	155 »	165 »
2.000	35 »	100 »	200 »	230 »	270 »	310 »	330 »
3.000	52 50	150 »	300 »	345 »	405 »	465 »	495 »
4.000	70 »	200 »	400 »	460 »	540 »	620 »	660 »
5.000	87 50	250 »	500 »	575 »	675 »	775 »	825 »
6.000	105 »	300 »	600 »	690 »	810 »	930 »	990 »
7.000	122 50	350 »	700 »	805 »	945 »	1.085 »	1.155 »
8.000	140 »	400 »	800 »	920 »	1.080 »	1.240 »	1.320 »
9.000	157 50	450 »	900 »	1.035 »	1.215 »	1.395 »	1.485 »
60.000	895 »	2.695 »	5.690 »	6.590 »	7.790 »	8.990 »	9.590 »
70.000	1.070 »	3.195 »	6.690 »	7.740 »	9.140 »	10.540 »	11.240 »
80.000	1.245 »	3.695 »	7.690 »	8.890 »	10.490 »	12.090 »	12.890 »
90.000	1.420 »	4.195 »	8.690 »	10.040 »	11.840 »	13.640 »	14.540 »
100.000	1.595 »	4.695 »	9.690 »	11.190 »	13.190 »	15.190 »	16.190 »

Tableau VI. — Part nette héréditaire comprise entre 100,000 fr. et 250,000 fr.

Part successorale nette	Ligne directe	entre époux	entre frères et sœurs	entre oncles ou tantes neveux ou nièces	entre grands oncles ou grand'tantes petits neveux ou petites nièces et cousins germains	entre parents aux 5e et 6e degré	entre parents au-delà du 6e degré et étrangers
	2 0/0	5 50 0/0	10 50 0/0	12 0/0	14 0/0	16 0/0	17 0/0
100.000	1.695 »	4.695 »	9.690 »	11.190 »	13.190 »	15.190 »	16.190 »
20	0 40	1 10	2 10	2 40	2 80	3 20	3 40
40	0 80	2 20	4 20	4 80	5 60	6 40	6 80
60	1 20	3 30	6 30	7 20	8 40	9 60	10 20
80	1 60	4 40	8 40	9 60	11 20	12 80	13 60
100	2 »	5 50	10 50	12 »	14 »	16 »	17 »
200	4 »	11 »	21 »	24 »	28 »	32 »	34 »
300	6 »	16 50	31 50	36 »	42 »	48 »	51 »
400	8 »	22 »	42 »	48 »	56 »	64 »	68 »
500	10 »	27 50	52 50	60 »	70 »	80 »	85 »
600	12 »	33 »	63 »	72 »	84 »	96 »	102 »
700	14 »	38 50	73 50	84 »	98 »	112 »	119 »
800	16 »	44 »	84 »	96 »	112 »	128 »	136 »
900	18 »	49 50	94 50	108 »	126 »	144 »	153 »
1.000	20 »	55 »	105 »	120 »	140 »	160 »	170 »
2.000	40 »	110 »	210 »	240 »	280 »	320 »	340 »
3.000	60 »	165 »	315 »	360 »	420 »	480 »	510 »
4.000	80 »	220 »	420 »	480 »	560 »	640 »	680 »
5.000	100 »	275 »	525 »	600 »	700 »	800 »	850 »
6.000	120 »	330 »	630 »	720 »	840 »	960 »	1.020 »
7.000	140 »	385 »	735 »	840 »	980 »	1.120 »	1.190 »
8.000	160 »	440 »	840 »	960 »	1.120 »	1.280 »	1.360 »
9.000	180 »	495 »	945 »	1.080 »	1.260 »	1.440 »	1.530 »
10.000	200 »	550 »	1.050 »	1.200 »	1.400 »	1.600 »	1.700 »
20.000	400 »	1.100 »	2.100 »	2.400 »	2.800 »	3.200 »	3.400 »
30.000	600 »	1.650 »	3.150 »	3.600 »	4.200 »	4.800 »	5.100 »
40.000	800 »	2.200 »	4.200 »	4.800 »	5.600 »	6.400 »	6.800 »
50.000	1.000 »	2.750 »	5.250 »	6.000 »	7.000 »	8.000 »	8.500 »
60.000	1.200 »	3.300 »	6.300 »	7.200 »	8.400 »	9.600 »	10.200 »
70.000	1.400 »	3.850 »	7.350 »	8.400 »	9.800 »	11.200 »	11.900 »
80.000	1.600 »	4.400 »	8.400 »	9.600 »	11.200 »	12.800 »	13.600 »
90.000	1.800 »	4.950 »	9.450 »	10.800 »	12.600 »	14.400 »	15.300 »
200.000	3.695 »	10.195 »	20.190 »	23.190 »	27.190 »	31.190 »	33.190 »
250.000	4.695 »	12.945 »	25.440 »	29.190 »	34.190 »	39.190 »	41.690 »

Tableau VII. — Part nette héréditaire comprise entre 250,000 fr. et 500,000 fr.

Part successorale nette	Ligne directe	entre époux	entre frères et sœurs	entre oncles ou tantes neveux ou nièces	entre grands oncles ou grand'tantes petits neveux ou petites nièces et cousins germains	entre parents aux 5e et 6e degrés	entre parents au delà du 6e degré et étrangers
	2 50 0/0	6 0/0	11 0/0	12 50 0/0	14 50 0/0	16 50 0/0	17 50 0/0
250.000	4.595 »	12.945 »	25.440 »	29.190 »	34.190 »	39.190 »	41.800 »
20	0 50	1 20	2 20	2 50	2 90	3 30	3 50
40	1 »	2 40	4 40	5 »	5 80	6 60	7 »
60	1 50	3 60	6 60	7 50	8 70	9 90	10 50
80	2 »	4 80	8 80	10 »	11 60	13 20	14 »
100	2 50	6 »	11 »	12 50	14 50	16 50	17 50
200	5 »	12 »	22 »	25 »	29 »	33 »	35 »
300	7 50	18 »	33 »	37 50	43 50	49 50	52 50
400	10 »	24 »	44 »	50 »	58 »	66 »	70 »
500	12 50	30 »	55 »	62 50	72 50	82 50	87 50
600	15 »	36 »	66 »	75 »	87 »	99 »	105 »
700	17 50	42 »	77 »	87 50	101 50	115 50	122 50
800	20 »	48 »	88 »	100 »	116 »	132 »	140 »
900	22 50	54 »	99 »	112 50	130 50	148 50	157 50
1.000	25 »	60 »	110 »	125 »	145 »	165 »	175 »
2.000	50 »	120 »	220 »	250 »	290 »	330 »	350 »
3.000	75 »	180 »	330 »	375 »	435 »	495 »	525 »
4.000	100 »	240 »	440 »	500 »	580 »	660 »	700 »
5.000	125 »	300 »	550 »	625 »	725 »	825 »	875 »
6.000	150 »	360 »	660 »	750 »	870 »	990 »	1.050 »
7.000	175 »	420 »	770 »	875 »	1.015 »	1.155 »	1.225 »
8.000	200 »	480 »	880 »	1.000 »	1.160 »	1.320 »	1.400 »
9.000	225 »	540 »	990 »	1.125 »	1.305 »	1.485 »	1.575 »
10.000	250 »	600 »	1.100 »	1.250 »	1.450 »	1.650 »	1.750 »
20.000	500 »	1.200 »	2.200 »	2.500 »	2.900 »	3.300 »	3.500 »
30.000	750 »	1.800 »	3.300 »	3.750 »	4.350 »	4.950 »	5.250 »
40.000	1.000 »	2.400 »	4.400 »	5.000 »	5.800 »	6.600 »	7.000 »
50.000	1.250 »	3.000 »	5.500 »	6.250 »	7.250 »	8.250 »	8.750 »
60.000	1.500 »	3.600 »	6.600 »	7.500 »	8.700 »	9.900 »	10.500 »
70.000	1.750 »	4.200 »	7.700 »	8.750 »	10.150 »	11.550 »	12.250 »
80.000	2.000 »	4.800 »	8.800 »	10.000 »	11.600 »	13.200 »	14.000 »
90.000	2.250 »	5.400 »	9.900 »	11.250 »	13.050 »	14.850 »	15.750 »
260.000	4.845 »	13.545 »	26.540 »	30.440 »	35.640 »	40.840 »	43.440 »
270.000	5.095 »	14.145 »	27.640 »	31.690 »	37.090 »	42.490 »	45.190 »
280.000	5.345 »	14.745 »	28.740 »	32.940 »	38.540 »	44.140 »	46.940 »
290.000	5.595 »	15.345 »	29.840 »	34.190 »	39.990 »	45.790 »	48.690 »
300.000	5.845 »	15.945 »	30.940 »	35.440 »	41.440 »	47.440 »	50.440 »
400.000	8.345 »	21.945 »	41.940 »	47.940 »	55.940 »	63.940 »	67.940 »
500.000	10.845 »	27.945 »	52.940 »	60.440 »	70.440 »	80.440 »	85.440 »

Tableau VIII. — Part nette héréditaire comprise entre 500,000 fr. et 1 million

Part successorale nette	Ligne directe	entre époux	entre frères et sœurs	entre oncles ou tantes neveux ou nièces	entre grands oncles ou grand'tantes petits neveux ou petites nièces et cousins germains	entre parents aux 5e et 6e degrés	entre parents au delà du 6e degré et étrangers
	2 50 0/0	6 50 0/0	11 50 0/0	13 0/0	15 0/0	17 0/0	18 0/0
500.000	10.845 »	27.945 »	52.100 »	60.140 »	70.440 »	80.440 »	85.140 »
20	0 50	1 30	2 30	2 60	3 »	3 40	3 60
40	1 »	2 60	4 60	5 20	6 »	6 80	7 20
60	1 50	3 90	6 90	7 80	9 »	10 20	10 80
80	2 »	5 20	9 20	10 40	12 »	13 60	14 40
100	2 50	6 50	11 50	13 »	15 »	17 »	18 »
200	5 »	13 »	23 »	26 »	30 »	34 »	36 »
300	7 50	19 50	34 50	39 »	45 »	51 »	54 »
400	10 »	26 »	46 »	52 »	60 »	68 »	72 »
500	12 50	32 50	57 50	65 »	75 »	85 »	90 »
600	15 »	39 »	69 »	78 »	90 »	102 »	108 »
700	17 50	45 50	80 50	91 »	105 »	119 »	126 »
800	20 »	52 »	92 »	104 »	120 »	136 »	144 »
900	22 50	58 50	103 50	117 »	135 »	153 »	162 »
1.000	25 »	65 »	115 »	130 »	150 »	170 »	180 »
2.000	50 »	130 »	230 »	260 »	300 »	340 »	360 »
3.000	75 »	195 »	345 »	390 »	450 »	510 »	540 »
4.000	100 »	260 »	460 »	520 »	600 »	680 »	720 »
5.000	125 »	325 »	575 »	650 »	750 »	850 »	900 »
6.000	150 »	390 »	690 »	780 »	900 »	1.020 »	1.080 »
7.000	175 »	455 »	805 »	910 »	1.050 »	1.190 »	1.260 »
8.000	200 »	520 »	920 »	1.040 »	1.200 »	1.360 »	1.440 »
9.000	225 »	585 »	1.035 »	1.170 »	1.350 »	1.530 »	1.620 »
10.000	250 »	650 »	1.150 »	1.300 »	1.500 »	1.700 »	1.800 »
20.000	500 »	1.300 »	2.300 »	2.600 »	3.000 »	3.400 »	3.600 »
30.000	750 »	1.950 »	3.450 »	3.900 »	4.500 »	5.100 »	5.400 »
40.000	1.000 »	2.600 »	4.600 »	5.200 »	6.000 »	6.800 »	7.200 »
50.000	1.250 »	3.250 »	5.750 »	6.500 »	7.500 »	8.500 »	9.000 »
60.000	1.500 »	3.900 »	6.900 »	7.800 »	9.000 »	10.200 »	10.800 »
70.000	1.750 »	4.550 »	8.050 »	9.100 »	10.500 »	11.900 »	12.600 »
80.000	2.000 »	5.200 »	9.200 »	10.400 »	12.000 »	13.600 »	14.400 »
90.000	2.250 »	5.850 »	10.350 »	11.700 »	13.500 »	15.300 »	16.200 »
600.000	13.345 »	31.445 »	61.440 »	73.140 »	85.440 »	97.440 »	103440 »
700.000	15.845 »	40.945 »	75.940 »	86.140 »	100440 »	114440 »	121440 »
800.000	18.345 »	47.445 »	87.440 »	99.140 »	115440 »	131440 »	139440 »
900.000	20.845 »	53.945 »	98.940 »	112440 »	130440 »	148440 »	157440 »
1.000.000	23.345 »	60.445 »	110440 »	125440 »	145440 »	165440 »	175440 »

Tableau IX. — Part nette héréditaire comprise entre 1 million et 2 millions

Part successorale nette	Ligne directe	Entre époux	Entre frères et sœurs	Entre oncles ou tantes et neveux ou nièces	Entre grands-oncles ou grand'tantes, petits-neveux ou petites-nièces, et entre cousins germains	Entre parents au 5e et au 6e degrés	Entre parents au-delà du 6e degré et entre personnes non parentes
	3 0/0	7 0/0	12 0/0	13 50 0/0	15 50 0/0	17 50 0/0	18 50 0/0
1.000.000	23.345 »	80.445 »	110.440 »	125.440 »	145.440 »	105.440 »	175.440 »
20	0 60	1 4	2 4	2 70	3 10	3 50	3 70
40	1 20	2 80	4 80	5 40	6 20	7 »	7 40
60	1 80	4 20	7 20	8 10	9 30	10 50	11 10
80	2 40	5 60	9 60	10 80	12 40	14 »	14 80
100	3 »	7 »	12 »	13 50	15 50	17 50	18 50
200	6 »	14 »	24 »	27 »	31 »	35 »	37 »
300	9 »	21 »	36 »	40 50	46 50	52 50	55 50
400	12 »	28 »	48 »	54 »	62 »	70 »	74 »
500	15 »	35 »	60 »	67 50	77 50	87 50	92 50
600	18 »	42 »	72 »	81 »	93 »	105 »	111 »
700	21 »	49 »	84 »	94 50	108 50	122 50	129 50
800	24 »	56 »	96 »	108 »	124 »	140 »	148 »
900	27 »	63 »	108 »	121 50	139 50	157 50	166 50
1.000	30 »	70 »	120 »	135 »	155 »	175 »	185 »
2.000	60 »	140 »	240 »	270 »	310 »	350 »	370 »
3.000	90 »	210 »	360 »	405 »	465 »	525 »	555 »
4.000	120 »	280 »	480 »	540 »	620 »	700 »	740 »
5.000	150 »	350 »	600 »	675 »	775 »	875 »	925 »
6.000	180 »	420 »	720 »	810 »	930 »	1.050 »	1.110 »
7.000	210 »	490 »	840 »	945 »	1.085 »	1.225 »	1.295 »
8.000	240 »	560 »	960 »	1.080 »	1.240 »	1.400 »	1.480 »
9.000	270 »	630 »	1.080 »	1.215 »	1.395 »	1.575 »	1.665 »
10.000	300 »	700 »	1.200 »	1.350 »	1.550 »	1.750 »	1.850 »
20.000	600 »	1.400 »	2.400 »	2.700 »	3.100 »	3.500 »	3.700 »
30.000	900 »	2.100 »	3.600 »	4.050 »	4.650 »	5.250 »	5.550 »
40.000	1.200 »	2.800 »	4.800 »	5.400 »	6.200 »	7.000 »	7.400 »
50.000	1.500 »	3.500 »	6.000 »	6.750 »	7.750 »	8.750 »	9.250 »
60.000	1.800 »	4.200 »	7.200 »	8.100 »	9.300 »	10.500 »	11.100 »
70.000	2.100 »	4.900 »	8.400 »	9.450 »	10.850 »	12.250 »	12.950 »
80.000	2.400 »	5.600 »	9.600 »	10.800 »	12.400 »	14.000 »	14.800 »
90.000	2.700 »	6.300 »	10.800 »	12.150 »	13.950 »	15.750 »	16.650 »
100.000	3.000 »	7.000 »	12.000 »	13.500 »	15.500 »	17.500 »	18.500 »
200.000	6.000 »	14.000 »	24.000 »	27.000 »	31.000 »	35.000 »	37.000 »
300.000	9.000 »	21.000 »	36.000 »	40.500 »	46.500 »	52.500 »	55.500 »
400.000	12.000 »	28.000 »	48.000 »	54.000 »	62.000 »	70.000 »	74.000 »
500.000	15.000 »	35.000 »	60.000 »	67.500 »	77.500 »	87.500 »	92.500 »
600.000	18.000 »	42.000 »	72.000 »	81.000 »	93.000 »	105.000 »	111.000 »
700.000	21.000 »	49.000 »	84.000 »	94.500 »	108.500 »	122.500 »	129.500 »
800.000	24.000 »	56.000 »	96.000 »	108.000 »	124.000 »	140.000 »	148.000 »
900.000	27.000 »	63.000 »	108.000 »	121.500 »	139.500 »	157.500 »	166.500 »
2.000.000	53.345 »	130.445 »	230.440 »	260.440 »	300.440 »	340.440 »	360.440 »

Tableau X. — Part nette héréditaire comprise entre 2 millions et 5 millions

Part successorale nette	Ligne directe 3.50 0/0	Entre époux 7.50 0/0	Entre frères et sœurs 12.50 0/0	Entre oncles ou tantes et neveux ou nièces 14 0/0	Entre grands-oncles ou grand'tantes petits-neveux ou petites-nièces et entre cousins germains 16 0/0	Entre parents au 5e et au 6e degrés 18 0/0	Entre parents au-delà du 6e degré et entre personnes non parentes 19 0/0
2.000.000	53.345 »	130.445 »	230.440 »	260.440 »	300.440 »	340.440 »	360.440 »
20	0 70	1 50	2 50	2 80	3 20	3 60	3 80
40	1 40	3 »	5 »	5 60	6 40	7 20	7 60
60	2 10	4 50	7 50	8 40	9 60	10 80	11 40
80	2 80	6 »	10 »	11 20	12 80	14 40	15 20
100	3 50	7 50	12 50	14 »	16 »	18 »	19 »
200	7 »	15 »	25 »	28 »	32 »	36 »	38 »
300	10 50	22 50	37 50	42 »	48 »	54 »	57 »
400	14 »	30 »	50 »	56 »	64 »	72 »	76 »
500	17 50	37 50	62 50	70 »	80 »	90 »	95 »
600	21 »	45 »	75 »	84 »	96 »	108 »	114 »
700	24 50	52 50	87 50	98 »	112 »	126 »	133 »
800	28 »	60 »	100 »	112 »	128 »	144 »	152 »
900	31 50	67 50	112 50	126 »	144 »	162 »	171 »
1.000	35 »	75 »	125 »	140 »	160 »	180 »	190 »
2.000	70 »	150 »	250 »	280 »	320 »	360 »	380 »
3.000	105 »	225 »	375 »	420 »	480 »	540 »	570 »
4.000	140 »	300 »	500 »	560 »	640 »	720 »	760 »
5.000	175 »	375 »	625 »	700 »	800 »	900 »	950 »
6.000	210 »	450 »	750 »	840 »	960 »	1.080 »	1.140 »
7.000	245 »	525 »	875 »	980 »	1.120 »	1.260 »	1.330 »
8.000	280 »	600 »	1.000 »	1.120 »	1.280 »	1.440 »	1.520 »
9.000	315 »	675 »	1.125 »	1.260 »	1.440 »	1.620 »	1.710 »
10.000	350 »	750 »	1.250 »	1.400 »	1.600 »	1.800 »	1.900 »
20.000	700 »	1.500 »	2.500 »	2.800 »	3.200 »	3.600 »	3.800 »
30.000	1.050 »	2.250 »	3.750 »	4.200 »	4.800 »	5.400 »	5.700 »
40.000	1.400 »	3.000 »	5.000 »	5.600 »	6.400 »	7.200 »	7.600 »
50.000	1.750 »	3.750 »	6.250 »	7.000 »	8.000 »	9.000 »	9.500 »
60.000	2.100 »	4.500 »	7.500 »	8.400 »	9.600 »	10.800 »	11.400 »
70.000	2.450 »	5.250 »	8.750 »	9.800 »	11.200 »	12.600 »	13.300 »
80.000	2.800 »	6.000 »	10.000 »	11.200 »	12.800 »	14.400 »	15.200 »
90.000	3.150 »	6.750 »	11.250 »	12.600 »	14.400 »	16.200 »	17.100 »
100.000	3.500 »	7.500 »	12.500 »	14.000 »	16.000 »	18.000 »	19.000 »
200.000	7.000 »	15.000 »	25.000 »	28.000 »	32.000 »	36.000 »	38.000 »
300.000	10.500 »	22.500 »	37.500 »	42.000 »	48.000 »	54.000 »	57.000 »
400.000	14.000 »	30.000 »	50.000 »	56.000 »	64.000 »	72.000 »	76.000 »
500.000	17.500 »	37.500 »	62.500 »	70.000 »	80.000 »	90.000 »	95.000 »
600.000	21.000 »	45.000 »	75.000 »	84.000 »	96.000 »	108.000 »	114.000 »
700.000	24.500 »	52.500 »	87.500 »	98.000 »	112.000 »	126.000 »	133.000 »
800.000	28.000 »	60.000 »	100.000 »	112.000 »	128.000 »	144.000 »	152.000 »
900.000	31.500 »	67.500 »	112.500 »	126.000 »	144.000 »	162.000 »	171.000 »
3.000.000	88.845 »	205.445 »	355.440 »	400.440 »	460.440 »	520.440 »	550.440 »
4.000.000	123.845 »	280.445 »	480.440 »	540.440 »	620.440 »	700.440 »	740.440 »
5.000.000	158.345 »	355.445 »	605.440 »	680.440 »	780.440 »	880.440 »	930.440 »

Tableau XI. — Part nette héréditaire comprise entre 5 millions et 10 millions

Part successorale nette	Ligne directe	Entre époux	Entre frères et sœurs	Entre oncles ou tantes et neveux ou nièces	Entre grands oncles ou grand'tantes petits-neveux ou petites-nièces et entre cousins germains	Entre parents au 5e et au 6e degré	Entre parents au-delà du 6e degré et entre personnes non parentes
»	4 0/0	8 0/0	13 0/0	14 50 0/0	16 50 0/0	18 50 0/0	19 50 0/0
5.000.000	158.315 »	363.415 »	605.440 »	680.440 »	780.440 »	880.440 »	930.440 »
20	0 80	1 60	2 60	2 90	3 30	3 70	3 90
40	1 60	3 20	5 20	5 80	6 60	7 40	7 80
60	2 40	4 80	7 80	8 70	9 90	11 10	11 70
80	3 20	6 40	10 40	11 60	13 20	14 80	15 60
100	4 »	8 »	13 »	14 50	16 50	18 50	19 50
200	8 »	16 »	26 »	29 »	33 »	37 »	39 »
300	12 »	24 »	39 »	43 50	49 50	55 50	58 50
400	16 »	32 »	52 »	58 »	66 »	74 »	78 »
500	20 »	40 »	65 »	72 50	82 50	92 50	97 50
600	24 »	48 »	78 »	87 »	99 »	111 »	117 »
700	28 »	56 »	91 »	101 50	115 50	129 50	136 50
800	32 »	64 »	104 »	116 »	132 »	148 »	156 »
900	36 »	72 »	117 »	130 50	148 50	166 50	175 50
1.000	40 »	80 »	130 »	145 »	165 »	185 »	195 »
2.000	80 »	160 »	260 »	290 »	330 »	370 »	390 »
3.000	120 »	240 »	390 »	435 »	495 »	555 »	585 »
4.000	160 »	320 »	520 »	580 »	660 »	740 »	780 »
5.000	200 »	400 »	650 »	725 »	825 »	925 »	975 »
6.000	240 »	480 »	780 »	870 »	990 »	1.110 »	1.170 »
7.000	280 »	560 »	910 »	1.015 »	1.155 »	1.295 »	1.365 »
8.000	320 »	640 »	1.040 »	1.160 »	1.320 »	1.480 »	1.560 »
9.000	360 »	720 »	1.170 »	1.305 »	1.485 »	1.665 »	1.755 »
10.000	400 »	800 »	1.300 »	1.450 »	1.650 »	1.850 »	1.950 »
20.000	800 »	1.600 »	2.600 »	2.900 »	3.300 »	3.700 »	3.900 »
30.000	1.200 »	2.400 »	3.900 »	4.350 »	4.950 »	5.550 »	5.850 »
40.000	1.600 »	3.200 »	5.200 »	5.800 »	6.600 »	7.400 »	7.800 »
50.000	2.000 »	4.000 »	6.500 »	7.250 »	8.250 »	9.250 »	9.750 »
60.000	2.400 »	4.800 »	7.800 »	8.700 »	9.900 »	11.100 »	11.700 »
70.000	2.800 »	5.600 »	9.100 »	10.150 »	11.550 »	12.950 »	13.650 »
80.000	3.200 »	6.400 »	10.400 »	11.600 »	13.200 »	14.800 »	15.600 »
90.000	3.600 »	7.200 »	11.700 »	13.050 »	14.850 »	16.650 »	17.550 »
100.000	4.000 »	8.000 »	13.000 »	14.500 »	16.500 »	18.500 »	19.500 »
200.000	8.000 »	16.000 »	26.000 »	29.000 »	33.000 »	37.000 »	39.000 »
300.000	12.000 »	24.000 »	39.000 »	43.500 »	49.500 »	55.500 »	58.500 »
400.000	16.000 »	32.000 »	52.000 »	58.000 »	66.000 »	74.000 »	78.000 »
500.000	20.000 »	40.000 »	65.000 »	72.500 »	82.500 »	92.500 »	97.500 »
600.000	24.000 »	48.000 »	78.000 »	87.000 »	99.000 »	111.000 »	117.000 »
700.000	28.000 »	56.000 »	91.000 »	101.500 »	115.500 »	129.500 »	136.500 »
800.000	32.000 »	64.000 »	104.000 »	116.000 »	132.000 »	148.000 »	156.000 »
900.000	36.000 »	72.000 »	117.000 »	130.500 »	148.500 »	166.500 »	175.500 »
6.000.000	198.315 »	443.415 »	735.440 »	825.440 »	945.440 »	1.065.440 »	1.125.440 »
7.000.000	238.315 »	523.415 »	865.440 »	970.440 »	1.110.440 »	1.250.440 »	1.320.440 »
8.000.000	278.315 »	603.415 »	995.440 »	1.115.440 »	1.275.440 »	1.435.440 »	1.515.440 »
9.000.000	318.315 »	683.415 »	1.125.440 »	1.260.440 »	1.440.440 »	1.620.440 »	1.710.440 »
10.000.000	358.315 »	763.415 »	1.255.440 »	1.405.440 »	1.605.440 »	1.805.440 »	1.905.440 »

Tableau XII. — Part nette héréditaire comprise entre 10 et 50 millions

Part successorale nette	Ligne directe 4.50 0/0	Entre époux 8.50 0/0	Entre frères et sœurs 13.50 0/0	Entre oncles ou tantes et neveux ou nièces 15 0/0	Entre grands-oncles ou grand'tantes petits-neveux ou petites-nièces et entre cousins germains 17 0/0	Entre parents au 5e et au 6e degré 19 0/0	Entre parents au-delà du 6e degré et entre personnes non parentes 20 0/0
10.000.000	358.345 »	755.445 »	1.255.440 »	1.405.440 »	1.605.440 »	1.805.440 »	1.905.440 »
20	0 90	1 70	2 70	3 »	3 40	3 80	4 »
40	1 80	3 40	5 40	6 »	6 80	7.60	8 »
60	2 70	5 10	8 10	9 »	10 20	11.40	12 »
80	3 60	6 80	10 80	12 »	13 60	15 20	16 »
100	4 50	8 50	13 50	15 »	17 »	19 »	20 »
200	9 »	17 »	27 »	30 »	34 »	38 »	40 »
300	13 50	25 50	40 50	45 »	51 »	57 »	60 »
400	18 »	34 »	54 »	60 »	68 »	76 »	80 »
500	22 50	42 50	67 50	75 »	85 »	95 »	100 »
600	27 »	51 »	81 »	90 »	102 »	114 »	120 »
700	31 50	59 50	94 50	105 »	119 »	133 »	140 »
800	36 »	68 »	108 »	120 »	136 »	152 »	160 »
900	40 50	76 50	121 50	135 »	153 »	171 »	180 »
1.000	45 »	85 »	135 »	150 »	170 »	190 »	200 »
2.000	90 »	170 »	270 »	300 »	340 »	380 »	400 »
3.000	135 »	255 »	405 »	450 »	510 »	570 »	600 »
4.000	180 »	340 »	540 »	600 »	680 »	760 »	800 »
5.000	225 »	425 »	675 »	750 »	850 »	950 »	1.000 »
6.000	270 »	510 »	810 »	900 »	1.020 »	1.140 »	1.200 »
7.000	315 »	595 »	945 »	1.050 »	1.190 »	1.330 »	1.400 »
8.000	360 »	680 »	1.080 »	1.200 »	1.360 »	1.520 »	1.600 »
9.000	405 »	765 »	1.215 »	1.350 »	1.530 »	1.710 »	1.800 »
10.000	450 »	850 »	1.350 »	1.500 »	1.700 »	1.900 »	2.000 »
20.000	900 »	1.700 »	2.700 »	3.000 »	3.400 »	3.800 »	4.000 »
30.000	1.350 »	2.550 »	4.050 »	4.500 »	5.100 »	5.700 »	6.000 »
40.000	1.800 »	3.400 »	5.400 »	6.000 »	6.800 »	7.600 »	8.000 »
50.000	2.250 »	4.250 »	6.750 »	7.500 »	8.500 »	9.500 »	10.000 »
60.000	2.700 »	5.100 »	8.100 »	9.000 »	10.200 »	11.400 »	12.000 »
70.000	3.150 »	5.950 »	9.450 »	10.500 »	11.900 »	13.300 »	14.000 »
80.000	3.600 »	6.800 »	10.800 »	12.000 »	13.600 »	15.200 »	16.000 »
90.000	4.050 »	7.650 »	12.150 »	13.500 »	15.300 »	17.100 »	18.000 »
100.000	4.500 »	8.500 »	13.500 »	15.000 »	17.000 »	19.000 »	20.000 »
200.000	9.000 »	17.000 »	27.000 »	30.000 »	34.000 »	38.000 »	40.000 »
300.000	13.500 »	25.500 »	40.500 »	45.000 »	51.000 »	57.000 »	60.000 »
400.000	18.000 »	34.000 »	54.000 »	60.000 »	68.000 »	76.000 »	80.000 »
500.000	22.500 »	42.500 »	67.500 »	75.000 »	85.000 »	95.000 »	100.000 »
600.000	27.000 »	51.000 »	81.000 »	90.000 »	102.000 »	114.000 »	120.000 »
700.000	31.500 »	59.500 »	94.500 »	105.000 »	119.000 »	133.000 »	140.000 »
800.000	36.000 »	68.000 »	108.000 »	120.000 »	136.000 »	152.000 »	160.000 »
900.000	40.500 »	76.500 »	121.500 »	135.000 »	153.000 »	171.000 »	180.000 »
1.000.000	45.000 »	85.000 »	135.000 »	150.000 »	170.000 »	190.000 »	200.000 »
2.000.000	90.000 »	170.000 »	270.000 »	300.000 »	340.000 »	380.000 »	400.000 »
3.000.000	135.000 »	255.000 »	405.000 »	450.000 »	510.000 »	570.000 »	600.000 »
4.000.000	180.000 »	340.000 »	540.000 »	600.000 »	680.000 »	760.000 »	800.000 »
5.000.000	225.000 »	425.000 »	675.000 »	750.000 »	850.000 »	950.000 »	1.000.000 »
6.000.000	270.000 »	510.000 »	810.000 »	900.000 »	1.020.000 »	1.140.000 »	1.200.000 »
7.000.000	315.000 »	595.000 »	945.000 »	1.050.000 »	1.190.000 »	1.330.000 »	1.400.000 »
8.000.000	360.000 »	680.000 »	1.080.000 »	1.200.000 »	1.360.000 »	1.520.000 »	1.600.000 »
9.000.000	405.000 »	765.000 »	1.215.000 »	1.350.000 »	1.530.000 »	1.710.000 »	1.800.000 »
20.000.000	808.345 »	1.605.445 »	2.605.440 »	2.905.440 »	3.305.440 »	3.705.440 »	3.905.440 »
30.000.000	1.258.345 »	2.455.445 »	3.955.440 »	4.405.440 »	5.005.440 »	5.605.440 »	5.905.440 »
40.000.000	1.708.345 »	3.305.445 »	5.305.440 »	5.905.440 »	6.705.440 »	7.505.440 »	7.905.440 »
50.000.000	2.158.345 »	4.155.445 »	6.655.440 »	7.405.440 »	8.405.440 »	9.405.440 »	9.905.440 »

Tableau XIII. — Part nette héréditaire supérieure à 50 millions

Part successorale nette	Ligne directe 5 0/0	Entre époux 9 0/0	Entre frères et sœurs 14 0/0	Entre oncles ou tantes, neveux ou nièces 15 50 0/0	Entre grands-oncles ou grand'tantes petits-neveux ou petites-nièces et entre cousins germains 17 50 0/0	Entre parents aux 5e et 6e degrés 19 50 0/0	Entre parents au-delà du 6e degré et entre étrangers 20 50 0/0
50.000.000	2.158.345 »	4.155.445 »	6.055.440 »	7.405.440 »	8.405.440 »	9.405.440 »	9.905.440 »
20	1 »	1 80	2 80	3 10	3 50	3 90	4 10
40	2 »	3 60	5 60	6 20	7 »	7 80	8 20
60	3 »	5 40	8 40	9 30	10 50	11 70	12 30
80	4 »	7 20	11 20	12 40	14 »	15 60	16 40
100	5 »	9 »	14 »	15 50	17 50	19 50	20 50
200	10 »	18 »	28 »	31 »	35 »	39 »	41 »
300	15 »	27 »	42 »	46 50	52 50	58 50	61 50
400	20 »	36 »	56 »	62 »	70 »	78 »	82 »
500	25 »	45 »	70 »	77 50	87 50	97 50	102 50
600	30 »	54 »	84 »	93 »	105 »	117 »	123 »
700	35 »	63 »	98 »	108 50	122 50	136 50	143 50
800	40 »	72 »	112 »	124 »	140 »	156 »	164 »
900	45 »	81 »	126 »	139 50	157 50	175 50	184 50
1.000	50 »	90 »	140 »	155 »	175 »	195 »	205 »
2.000	100 »	180 »	280 »	310 »	350 »	390 »	410 »
3.000	150 »	270 »	420 »	465 »	525 »	585 »	615 »
4.000	200 »	360 »	560 »	620 »	700 »	780 »	820 »
5.000	250 »	450 »	700 »	775 »	875 »	975 »	1.025 »
6.000	300 »	540 »	840 »	930 »	1.050 »	1.170 »	1.230 »
7.000	350 »	630 »	980 »	1.085 »	1.225 »	1.365 »	1.435 »
8.000	400 »	720 »	1.120 »	1.240 »	1.400 »	1.560 »	1.640 »
9.000	450 »	810 »	1.260 »	1.395 »	1.575 »	1.755 »	1.845 »
10.000	500 »	900 »	1.400 »	1.550 »	1.750 »	1.950 »	2.050 »
20.000	1.000 »	1.800 »	2.800 »	3.100 »	3.500 »	3.900 »	4.100 »
30.000	1.500 »	2.700 »	4.200 »	4.650 »	5.250 »	5.850 »	6.150 »
40.000	2.000 »	3.600 »	5.600 »	6.200 »	7.000 »	7.800 »	8.200 »
50.000	2.500 »	4.500 »	7.000 »	7.750 »	8.750 »	9.750 »	10.250 »
60.000	3.000 »	5.400 »	8.400 »	9.300 »	10.500 »	11.700 »	12.300 »
70.000	3.500 »	6.300 »	9.800 »	10.850 »	12.250 »	13.650 »	14.350 »
80.000	4.000 »	7.200 »	11.200 »	12.400 »	14.000 »	15.600 »	16.400 »
90.000	4.500 »	8.100 »	12.600 »	13.950 »	15.750 »	17.550 »	18.450 »
100.000	5.000 »	9.000 »	14.000 »	15.500 »	17.500 »	19.500 »	20.500 »
200.000	10.000 »	18.000 »	28.000 »	31.000 »	35.000 »	39.000 »	41.000 »
300.000	15.000 »	27.000 »	42.000 »	46.500 »	52.500 »	58.500 »	61.500 »
400.000	20.000 »	36.000 »	56.000 »	62.000 »	70.000 »	78.000 »	82.000 »
500.000	25.000 »	45.000 »	70.000 »	77.500 »	87.500 »	97.500 »	102.500 »
600.000	30.000 »	54.000 »	84.000 »	93.000 »	105.000 »	117.000 »	123.000 »
700.000	35.000 »	63.000 »	98.000 »	108.500 »	122.500 »	136.500 »	143.500 »
800.000	40.000 »	72.000 »	112.000 »	124.000 »	140.000 »	156.000 »	164.000 »
900.000	45.000 »	81.000 »	126.000 »	139.500 »	157.500 »	175.500 »	184.000 »
1.000.000	50.000 »	90.000 »	140.000 »	155.000 »	175.000 »	195.000 »	205.000 »
2.000.000	100.000 »	180.000 »	280.000 »	310.000 »	350.000 »	390.000 »	410.000 »
3.000.000	150.000 »	270.000 »	420.000 »	465.000 »	525.000 »	585.000 »	615.000 »
4.000.000	200.000 »	360.000 »	560.000 »	620.000 »	700.000 »	780.000 »	820.000 »
5.000.000	250.000 »	450.000 »	700.000 »	775.000 »	875.000 »	975.000 »	1.025.000 »
6.000.000	300.000 »	540.000 »	840.000 »	930.000 »	1.050.000 »	1.170.000 »	1.230.000 »
7.000.000	350.000 »	630.000 »	980.000 »	1.085.000 »	1.225.000 »	1.365.000 »	1.435.000 »
8.000.000	400.000 »	720.000 »	1.120.000 »	1.240.000 »	1.400.000 »	1.560.000 »	1.640.000 »
9.000.000	450.000 »	810.000 »	1.260.000 »	1.395.000 »	1.575.000 »	1.755.000 »	1.845.000 »
60.000.000	2.658.345 »	5.055.445 »	8.055.440 »	8.955.440 »	10.155.440 »	11.355.440 »	11.955.440 »
70.000.000	3.158.345 »	5.955.445 »	9.455.440 »	10.505.440 »	11.905.440 »	13.305.440 »	14.005.440 »
80.000.000	3.658.345 »	6.855.445 »	10.855.440 »	12.055.440 »	13.655.440 »	15.255.440 »	16.055.440 »
90.000.000	4.158.345 »	7.755.445 »	12.255.440 »	13.605.440 »	15.405.440 »	17.205.440 »	18.105.440 »
100.000.000	4.658.345 »	8.655.445 »	13.655.440 »	15.155.440 »	17.155.440 »	19.155.440 »	20.155.440 »
200.000.000	9.658.345 »	17.655.445 »	27.655.440 »	30.655.440 »	34.655.440 »	38.655.440 »	40.655.440 »

450. Décès antérieur à la L. 25 fév. 1901. Renonciation à communauté postérieure. Législation applicable. Prescription décennale. Point de départ. — La loi applicable pour la perception de l'impôt de mutation par décès exigible est celle sous l'empire de laquelle la succession s'est ouverte, et non pas celle en vigueur au jour de la renonciation à communauté. La prescription décennale applicable aux droits ainsi dus au Trésor a son point de départ au jour de la renonciation qui a fait rentrer dans la succession du mari l'intégralité des biens communs (Charolles, 18 janv. 1906, 11258 R. P.).

452. Usufruit successif. — Lorsqu'un testateur, décédé sous le régime institué par la loi de frim., a légué l'usufruit d'un immeuble à sa sœur et à un neveu pour en jouir successivement, et que le second usufruit s'est ouvert postérieurement à la promulgation de la loi du 25 fév. 1901, c'est cette dernière loi qui doit être appliquée à la transmission du second usufruit. Il en résulte qu'au décès du premier usufruitier, il n'est pas dû de droit de succession par le second quand, lors de la déclaration de la succession du testateur, l'impôt de mutation a été perçu au taux de 6,50 p. 100, sur une fois et demie la valeur de la propriété entière; il en est ainsi surtout lorsque le second usufruitier avait, antérieurement à l'ouverture de son usufruit, acquis les droits du nu propriétaire. — En toute hypothèse, il ne saurait être réclamé de demi-droit en sus (Béziers, 11 juill. 1906, 11296 R. P.). — Dès l'instant que le tribunal admettait, conformément à des principes constants, qu'en matière d'usufruit successif, la mutation qui se réalise après le décès du premier usufruitier doit être regardée comme s'opérant directement du défunt au second usufruitier, il devait logiquement décider, comme l'ont fait les décisions judiciaires rappelées au *Rép. gén.*, 7e éd., vo *Succession*, no 802, que c'était la loi en vigueur au moment où s'est ouverte la succession qui était applicable à la transmission du second usufruit. Nous estimons, par conséquent, que le jugement de Béziers est sans autorité.

459 *bis*. Époux divorcés. Donation entre vifs. Ex-conjoint. Tarif entre étrangers. — Il est de principe, en matière fiscale, que ce sont les liens de parenté ou d'alliance existant au moment du décès entre le défunt et ses héritiers, légataires ou donataires, qui déterminent la quotité du droit de succession dû au Trésor. Par conséquent, lorsqu'un époux divorcé recueille, après la mort de son ex-conjoint contre lequel le divorce a été prononcé, le bénéfice d'une libéralité qui lui a été faite par ce dernier, la transmission donne ouverture au tarif des mutations entre étrangers, à l'exclusion du tarif des mutations entre époux, quand bien même cette libéralité procéderait d'une donation entre époux consentie par acte entre vifs (Rambouillet, 21 juin 1906, 11093 R. P.).

Succession de l'ex-conjoint contre lequel le divorce a été prononcé. Avantages recueillis par l'autre époux en vertu du contrat de mariage. Tarif des mutations par décès entre époux. — Les donations entre époux conservent nécessairement, après la dissolution du mariage par le divorce, les caractères qui leur sont propres, et la qualité d'époux survit par rapport à ces libéralités dont elle est la condition constitutive. En conséquence, lorsqu'un époux divorcé recueille, après la mort de son ex-conjoint contre lequel le divorce a été prononcé, le bénéfice d'une libéralité qui lui a été faite par ce dernier aux termes de son contrat de mariage, la transmission donne ouverture au tarif des mutations par décès entre époux, et non pas à celui des mutations par décès entre étrangers (Seine, 19 janv. 1906, 11142 R. P.).

449. Usufruit. — Nue propriété. — Tarifs. — Les tarifs ci-dessus s'appliquent, non seulement à la pleine propriété, mais encore à l'usufruit et à la nue propriété. Mais la L. 25 fév. 1901 a modifié, pour ces démembrements de la pleine propriété, les bases de la valeur imposable. Nous faisons connaître ces bases vo *Usufruit*.

452. Usufruit successif. — La L. 25 fév. 1901 a établi de nouvelles bases de perception pour les transmissions de l'usufruit et de la nue propriété. Ses dispositions s'appliquent aux transmissions successives de l'usufruit. Nous les avons indiquées vo *Usufruit*.

456. Communes et établissements publics. — Tarif. — V. no 1685 *infrà*.

457. Enfant naturel. — Tarif. — Nous avons vu no 102 et s., vo *Enfant naturel*, que la L. 25 mars 1896 a attribué aux enfants naturels reconnus la qualité d'héritiers.

Il en résulte que, lorsque l'enfant naturel est appelé à recueillir la succession, à défaut des successibles, le tarif applicable est celui qui est établi pour l'héritier en ligne directe (V. no 164, *loc. cit.*).

458. Conjoint recueillant à défaut d'héritiers au degré successible. — Tarif. — V. no 1684 *infrà*.

458-2. Époux antérieurement nanti de l'usufruit. — Si l'époux se trouve déjà saisi de l'usufruit, par une disposition entre vifs, par exemple, lorsque vient s'y joindre la nue propriété, il ne doit le droit de mutation par décès que sur la valeur de la nue propriété, et, si la transmission s'opère sous l'empire de la L. 25 fév. 1901, cette valeur doit être fixée conformément aux règles édictées par cette dernière loi. Nous indiquons ces règles vo *Usufruit*.

459. Conjoint recueillant un usufruit ou une rente viagère en vertu de la L. 9 mars 1891. — Tarif. — L'art. 2 *in fine*, L. 25 fév. 1901, en abrogeant les dispositions de l'art. 53 L. 28 avr. 1816, a fait disparaître les difficultés auxquelles donnait lieu la question de savoir quel tarif était applicable lorsque le conjoint arrivait à la succession à défaut de parents successibles, puisque, aujourd'hui, le tarif, dans toutes les hypothèses où l'époux survivant recueille des biens, du chef de son conjoint décédé, est le même. — V. no 1684 *infrà*.

459 *bis*. Époux divorcés. — Legs. — Ex-conjoint. — Tarif entre étrangers. — Par deux jugements, l'un du 4 janv. 1893, l'autre du 10 juin de la même année (8045 et 8103 R. P.), les tribunaux de Fougères et de la Seine ont reconnu que l'époux, en faveur duquel le divorce a été prononcé, qui recueille une succession consentie à son profit par son ex-conjoint, soit aux termes de leur contrat de mariage, soit au cours de leur union, doit être considéré comme tenant cette libéralité de sa qualité d'époux; d'où la conséquence que le tarif afférent aux libéralités entre époux est seul applicable.

Cette doctrine est, aujourd'hui, admise par l'Administration.

Elle repose sur l'application de l'art. 300 C. civ. qui maintient au profit de l'époux, bénéficiaire du divorce, les libéralités que son ex-conjoint lui a faites. Or, on sait que les donations de biens à venir, interdites en principe (943 C. civ.) ne sont exceptionnellement autorisées qu'entre époux (947, 1082 et s., 1091 et 1093 C. civ.). D'autre part, les donations de cette espèce procèdent d'une véritable convention; elles assurent au gratifié, dès l'instant où elles interviennent, un droit qui survit aux effets du divorce. Le conjoint qui les recueille ne peut donc les tenir que de sa qualité d'époux, et cette raison est suffisante pour justifier le tarif réduit applicable aux libéralités de cette nature.

Disposition testamentaire. — Tout autre est la situation lorsqu'il s'agit de libéralités testamentaires.

Ces libéralités, qui sont exclusives de toute convention et qui, jusqu'au décès du testateur, n'assurent au gratifié qu'une simple expectative, ne sont pas nécessairement attachées, pour ce dernier, à sa qualité d'époux. Le gratifié est habile à les recevoir au même titre qu'une personne étrangère au testateur. On ne saurait donc soutenir que c'est en sa qualité de conjoint survivant que le bénéficiaire les recueille quand, à l'époque à laquelle elles sortent à effet par la mort du gratifiant, le divorce a rompu les liens du mariage.

On oppose vainement à cette théorie les considérations déduites de l'art. 299 C. civ., qui prive l'époux gratifié, contre lequel le divorce a été prononcé, de tous les avantages que son conjoint lui avait faits, soit par contrat de mariage, soit pendant le mariage. Cet article, dit-on, est la contre-partie de l'art. 300. Les avantages visés dans ces deux articles sont identiquement les mêmes et il n'existe aucun motif pour établir une distinction entre eux. Or, il est admis que l'art. 299 embrasse les libéralités testamentaires aussi bien que les dispositions entre vifs à titre gratuit (Cass. 5 déc. 1849; D. 50-1-33). L'art. 300 doit, dès lors, avoir la même étendue. On ajoute que, si les libéralités testamentaires n'étaient pas considérées comme recueillies à titre d'avantages matrimoniaux, elles seraient susceptibles d'être ramenées au disponible ordinaire, — que l'époux gratifié risquerait, dès lors, de ne pouvoir les « conserver » intégralement, et que, par suite, le vœu de l'art. 300 ne se trouverait pas rempli.

Ces objections ne nous semblent pas de nature à prévaloir. D'une part, en effet, si la sanction attachée au divorce par l'art. 299 résultait seulement de la perte de la qualité d'époux, il faudrait l'appliquer indistinctement aux deux conjoints, à celui qui bénéficie du divorce comme à celui aux torts duquel il a été prononcé. Mais cette sanction a pour base d'autres considérations qui sont l'ingratitude du gratifié et la violation, par lui, du pacte conjugal (Exposé des motifs de Treilhard, Locré, *Lég. civ.*, t. V, no 32, p. 311). On ne peut donc tirer argument de l'article précité pour démontrer que les avantages dont il prive le conjoint coupable sont inhérents à la qualité même d'époux.

D'autre part, dès l'instant que l'on reconnaît, — et nous croyons l'avoir établi, — que les dispositions testamentaires ne sont pas comprises parmi les avantages que l'art. 300 conserve à l'époux, bénéficiaire du divorce, il faut, par voie de conséquence, décider que ces dispositions doivent être renfermées dans les limites du disponible ordinaire et ne peuvent profiter du disponible entre époux.

On est ainsi amené à conclure que l'époux divorcé, qui recueille un legs consenti en sa faveur par son conjoint, en vertu d'un testament fait avant le divorce et non révoqué depuis, doit le droit de mutation par décès au tarif entre étrangers.

En ce sens : Sol. 27 oct. 1897, 9132 R. P.; — Seine, 17 mars 1899, 9549 R. P.; — Cass. 4 août 1902, 10127 R. P.

460. Heritier. — Double qualité. — Tarif. — Les explications fournies à ce sujet, dans la première partie du *Rép. gén.*, sont toujours en vigueur, depuis la L. 25 fév. 1901, sauf, en ce qui concerne les tarifs (*V.* n° 441 *suprà*) et la valeur imposable de l'usufruit et de la nue propriété (V. *Usufruit*).

461. Dévolution à défaut de successibles dans une ligne. — Tarif. — L'opinion que nous avons exprimée dans la première partie de notre *Rép. gén.* est, actuellement, d'autant moins discutable que, pour les tarifs, les enfants naturels et le conjoint survivant ont cessé d'être assimilés à des étrangers.

464. Succession vacante. — Frais de justice. — Privilège du curateur. — Le curateur à une succession vacante jouit, en vertu de l'art. 2104 C. C., d'un privilège pour le remboursement des frais de justice qu'il a exposés, ainsi que des droits de mutation par décès qu'il a avancés (Saint-Nazaire, 4 juill. 1891, 7973 R. P.).

464 *bis* (*à ouvrir*). **Contumax décédé. — Reliquat de compte.** — Les droits de mutation exigibles à la suite du décès d'un contumax peuvent être, conformément à la règle admise en matière de succession en déshérence, prélevés sur le montant du reliquat du compte rendu par le Domaine (Sol. 6 mai 1899, 9542 R. P.).

468. Légataire universelle non parente. — Qualité revendiquée. — Filiation naturelle repoussée. — Tarif entre étrangers. — Le droit de mutation par décès au taux de 9 fr. p. 100 est exigible sur l'importance des valeurs composant le legs universel fait à une personne qui a judiciairement contesté qu'on puisse lui attribuer la qualité d'enfant légitime ou d'enfant naturelle de la testatrice et qui a obtenu, en justice, au titre de légataire universelle, non parente, l'exécution intégrale de la libéralité à elle consentie (Seine, 15 janv. 1897, 8909 R. P.; — Cass. civ., 27 juin 1899, 9593 et 9946-2 R. P.).

476. Délai. — Prorogation. — Pouvoir des tribunaux. — Il n'appartient pas aux tribunaux de proroger les délais fixés par la loi pour le paiement des droits de mutation par décès (Dieppe, 12 janv. 1898, 9346 R. P.).

492. Héritier bénéficiaire. — Paiement des droits. — L'exigibilité du droit de mutation par décès sur une succession ouverte en France prend naissance au décès et doit être acquitté dans les six mois de cet événement, encore bien que les héritiers prétendent, d'une part, qu'ils n'ont pris possession d'aucun des biens, et, d'autre part, que la succession, acceptée seulement sous bénéfice d'inventaire, ne présentera probablement aucun reliquat actif (Rouen, 3 juin 1891, 7667 R. P.).

L'héritier bénéficiaire est tenu du payement des droits de mutation par décès, au même titre que l'héritier pur et simple. Il ne peut s'affranchir de ce payement, en se fondant sur ce qu'il n'existe pas de fonds disponibles dans la succession (Tarbes, 12 nov. 1890, 7582 R. P.).

493-4. Legs universel. — Testament contesté. — Payement des droits de mutation par décès. — Le légataire universel est tenu d'acquitter le droit de mutation par décès sur son legs, dans les délais fixés par l'art. 24 L. 22 frim., alors même qu'une action en nullité serait intentée contre le testament (Versailles, 9 déc. 1892, 8066 R. P.).

494. Légataire particulier. — Testament contesté. — Paiement des droits. — Le légataire particulier est tenu d'acquitter, dans les six mois du décès du testateur, le montant du droit de mutation dû, à raison de son legs, encore bien que la validité du testament soit contestée et que la délivrance du legs n'ait pas été obtenue (Seine, 25 mars 1893, 8067 R. P.).

499. Legs conditionnel. — Déclaration. — Délai. — Quand un usufruit a été légué sous la condition suspensive du prédécès d'un premier usufruitier, si le bénéficiaire éventuel renonce à son droit au profit de l'acquéreur des biens soumis à usufruit, cette renonciation *in favorem* emporte de sa part acceptation du legs. Le renonçant est, en conséquence, tenu de payer le droit de succession sur la valeur du legs, dans les six mois du décès du premier usufruitier (Rouen, 14 déc. 1899, 2501 R. E.).

500. Legs conditionnel. — Usufruit. — Nue propriété. — Déclaration. — Délai. — Lorsqu'un testateur a légué à son frère l'usufruit immédiat de ses biens et la nue propriété des mêmes biens, sous la condition suspensive de survenance d'un enfant et de survie de celui-ci jusqu'à sa majorité, les droits de mutation par décès ne peuvent être exigés, dans les six mois de la mort du testateur, que sur l'usufruit, si la condition apposée au legs de nue propriété n'est pas réalisée. D'autre part, le legs de la nue propriété consenti par le même testateur à un établissement public, sous la condition que son frère décéderait sans postérité, est également sous condition suspensive et ne peut donner ouverture au droit de mutation, aussi longtemps que la condition n'est pas réalisée (Marseille, 8 août 1901, 2813 R. E.).

510. Établissement public. — Legs. — Délai. — Point de départ. — La L. 25 fév. 1901 a édicté, en cas de legs à des établissements publics, de nouvelles règles pour le paiement des droits dus, soit par les héritiers, soit par les légataires. — V. n° 1692 *infrà*.

518. Usufruit successif. — Premier usufruitier décédé. — Usufruit éventuel du second usufruitier. — Cession antérieure aux nus propriétaires. — Droit de mutation par décès exigible. — Renonciation

464. Succession vacante. Droits de mutation par décès. Poursuites contre le curateur. — L'impôt de mutation par décès est dû sur les biens dépendant d'une succession vacante et l'Administration est fondée à en poursuivre le recouvrement contre le curateur (Bordeaux, [illegible] nov. 1902, 10463 R. P.).

468. Légataire universel se présentant comme non parent lors de la déclaration. Revendication ultérieure de la qualité d'enfant naturel reconnu. Application du tarif entre étrangers. Demande en restitution non recevable. — Lorsque, après avoir fait dresser un acte de notoriété attestant qu'il n'existe pas de [illegible] du testateur et reproduit cette énonciation dans la requête présentée au président du tribunal en vue d'obtenir l'envoi en possession, une personne, instituée légataire universelle, a souscrit la déclaration de son legs en s'abstenant d'indiquer son degré de parenté avec le défunt et qu'elle a acquitté, sans faire de réserves, l'impôt de mutation par décès d'après le tarif applicable aux personnes non parentes, elle n'est pas fondée à former ultérieurement une demande en restitution en revendiquant sa qualité d'enfant naturel reconnu du *de cujus*, alors que la reconnaissance est contenue dans son propre contrat de mariage et qu'elle a personnellement accepté la donation en avancement d'hoirie [illegible] résulte cette reconnaissance (Seine, 3 nov. 1905, 10910 R. P.; — [illegible] 18 janv. 1907, 11368 R. P.).

Legs universel à un prétendu époux. Décès du légataire universel. Défaut de représentation de l'acte de mariage. Enfant naturel alléguant la possession d'état d'enfant légitime et la possession par ses père et mère de l'état d'époux. Possession d'état contredite par les faits. Droits de mutation par décès au tarif entre étrangers sur les 3/4 de la succession. — La possession d'état d'époux légitime ne peut suppléer à la représentation de l'acte de mariage pour prouver le mariage qu'en cas de perte ou de non-existence des registres de l'état civil. D'autre part, si l'enfant issu de père et mère décédés et dont l'acte de mariage [illegible] représenté, peut établir sa légitimité par la possession d'état, c'est à la condition de justifier à la fois qu'il a la possession d'état d'enfant légitime et que ses père et mère avaient la possession d'état d'époux. Spécialement, le fils naturel qui représente sa mère, décédée après avoir été instituée légataire universelle de son père naturel, ne peut invoquer la possession d'état pour prétendre que sa mère avait la qualité d'épouse légitime du testateur et pour se soustraire au payement des droits de mutation par décès au tarif des personnes non parentes sur les trois quarts de la succession, alors que cette possession d'état se trouve formellement contredite par les déclarations et les actes [illegible] des intéressés (Seine, 6 mars 1903, 10584 R. P.).

492. Héritier bénéficiaire. Payement des droits. — L'héritier bénéficiaire, étant tenu personnellement au payement des droits de mutation par décès au même titre que l'héritier pur et simple, ne peut être admis à différer ce payement jusqu'à la reddition de son compte de bénéfice d'inventaire. Tant qu'il n'a pas souscrit la déclaration des biens [illegible] par décès, il n'est pas recevable à contester le chiffre des droits qui lui sont provisoirement réclamés (Seine, 20 déc. 1902, 10470 R. P.).

L'héritier bénéficiaire est, comme l'héritier pur et simple, tenu personnellement au payement des droits de mutation par décès, quelle que soit l'importance des charges de la succession et alors même que le [illegible] aurait institué un légataire du reliquat actif qui pourrait exister après le remboursement de toutes ses dettes (Versailles, 6 juin, 1905, [illegible] R. P.).

501. Legs payables à la majorité des légataires. Condition suspensive. Droits de mutation par décès dus, « pendente conditione », par l'héritier naturel saisi de la succession. — V. *Legs*, n° 8 et 10.

Legs. Condition résolutoire. Caractères. — Présente les caractères d'un legs sous condition résolutoire la disposition testamentaire par laquelle une personne a légué à un tiers la quotité disponible de sa succession, en stipulant que ce legs serait payable à la majorité ou au jour du mariage du bénéficiaire et que, jusque-là, les intérêts seront capitalisés à son profit, et en ajoutant que, si le légataire mourait avant d'avoir atteint sa majorité ou sans être marié, le legs reviendrait à l'un des enfants du *de cujus* et qu'à défaut de celui-ci il serait caduc. Les héritiers naturels ne sont, en effet, investis d'aucun droit immédiat sur la chose léguée, et la clause relative à la capitalisation des intérêts jusqu'à la majorité ou au mariage du légataire constitue, non pas une condition suspensive, mais simplement un mode d'exécution de la libéralité (Seine, 25 fév. 1906, 11062 R. P.).

502. Legs à terme. — Doit être déclaré dans les six mois de l'autorisation d'accepter, le legs d'une rente fait à un bureau de bienfaisance pour en jouir après le décès d'un premier légataire ; le décès de ce dernier constitue, en effet, un terme et non une condition, étant donné le caractère de pérennité de l'établissement bénéficiaire de la libéralité (Seine, 4 août 1905, 11304 R. P.).

504. Créance. Jugement de condamnation obtenu par le défunt contre le débiteur. Appel. Cession de la créance par les héritiers pour un prix inférieur au capital nominal. Droits de mutation par décès dus sur le capital nominal. Délai pour la déclaration. — L'impôt de mutation est dû sur le capital nominal des créances transmises par décès, à moins que le débiteur ne soit insolvable et que, dans la déclaration de succession, les héritiers aient expressément renoncé à tout recouvrement. Il en est ainsi spécialement d'une créance résultant d'un jugement de condamnation obtenu par le défunt, quoique ce jugement ait été frappé d'appel avant le décès et qu'ultérieurement les héritiers aient cédé la créance pour un prix inférieur au capital nominal. D'autre part, le jugement constituant, malgré l'appel, un titre apparent de la propriété du *de cujus*, cette créance doit être déclarée dans les six mois du décès (Tours, 21 juill. 1906, 10632 R. P.).

518. Legs d'usufruit successif ou d'usufruit conjoint. Interprétation de la volonté du testateur. — Doit être considérée comme un legs d'usufruit successif, et non pas comme un legs d'usufruit conjoint, la disposition d'un testament par laquelle le testateur a légué l'usufruit de tous ses biens à une femme mariée et, après elle, à son mari, si ce dernier lui survivait, alors surtout qu'il a été spécifié par le testateur que l'usufruit ainsi légué à la femme lui était personnel et ne tomberait pas dans la communauté, et que, par ailleurs, les parties ont elles-mêmes interprété et exécuté la clause du testament comme constituant un legs d'usufruit actuel au profit de la femme et un legs d'usufruit éventuel au profit du mari. En conséquence, lors du décès de la femme première usufruitière instituée, le mari survivant est tenu d'acquitter dans les six mois de ce décès et sous peine d'un demi-droit en sus, les droits de mutation sur la valeur de l'usufruit des biens tels qu'ils existent à ce moment (Versailles, 20 fév. 1903, 10513 R. P.).

inadmissible. — Lorsque deux personnes sont appelées à jouir successivement d'un même usufruit, le droit de mutation par décès est dû, à la mort du premier usufruitier, par le second, alors même que celui-ci aurait antérieurement cédé son droit éventuel aux nus propriétaires. L'abandon ainsi fait par le second usufruitier de ses droits héréditaires a emporté de sa part acceptation définitive et irrévocable de la libéralité en usufruit et rend, par suite, inopérante toute renonciation ultérieure (Mortagne, 9 mars 1900, 9596 R. P.)

532. Rente viagère. — Réversion. — Assurance. — Prime unique. — Capital imposable. — Lorsqu'une personne a constitué sur sa tête une rente viagère, avec réversion sur la tête d'un tiers, moyennant le versement d'une prime unique à une Compagnie d'assurances sur la vie, le droit de succession auquel la réversion donne ouverture, au décès du crédi-rentier, doit se calculer, non sur la rente capitalisée au denier 10, mais sur la prime unique représentant le capital constitué (Sol. 30 mars 1900, 2502 R. E.).

537. Décès à l'étranger. — Preuve. — Prise de possession de l'hérédité. — Déclaration à souscrire. — Délai. — L'héritier d'une personne décédée hors de France a un délai de six mois à partir de la prise de possession des biens du *de cujus* pour déclarer, au bureau du domicile, les valeurs qu'il a recueillies dans la succession. — A défaut de déclaration dans ce délai, un demi-droit en sus est encouru. La preuve de la prise de possession résulte suffisamment d'un acte authentique par lequel l'héritier cède, en cette qualité, des créances dépendant de l'hérédité. Si le décès n'a pas été constaté par une déclaration faite sur les registres de l'état civil, il peut être établi par des présomptions graves et précises tirées d'actes opposables aux héritiers (Le Puy, 2 déc. 1899, 9839 R. P.).

Décès à l'étranger. — Prise de possession. — Testament olographe. — Dépôt en France. — Tuteur. — Compte de gestion. — Payement des droits. — Délai. — La présentation au président du tribunal d'un testament olographe fait par une personne décédée à l'étranger et le dépôt de ce testament en l'étude d'un notaire ne constituent pas, au regard du légataire institué, une preuve de possession de l'hérédité lorsque les formalités ont été accomplies sans le concours de ce légataire. Les formalités dont il s'agit ne peuvent, en conséquence, faire courir contre le légataire le délai de six mois, imparti par l'art. 24 L. frim., pour souscrire la déclaration de son legs. Mais, au regard des héritiers, le délai pour passer la déclaration de la succession court du jour où le tuteur du défunt a rendu son compte de gestion des deniers pupillaires (Sol. 1er mars 1900, 9388 R. P.).

542. Bien rentré dans l'hérédité. — Déclaration. — Délai. — Point de départ. — Les biens qui font retour à une succession, par suite de la consécration en justice d'une action ou d'un droit litigieux, doivent être déclarés et assujettis à l'impôt de mutation par décès dans les six mois de la date du jugement de première instance qui les fait rentrer dans l'actif héréditaire, lorsque ce jugement n'est pas frappé d'appel, et quand bien même le délai d'appel ne serait pas expiré (Lyon, 8 août 1898, 1911 R. E.).

543. Valeurs mobilières détournées. — Biens rentrés dans l'hérédité. — Prescription. — Point de départ. — Les valeurs mobilières détournées par le légataire en usufruit d'un défunt et qu'une décision judiciaire a fait rentrer dans la succession de ce dernier, ne sauraient être considérées comme ayant été omises dans la déclaration souscrite par les héritiers. La prescription applicable aux droits dont elles sont passibles court, en conséquence, non du jour de la déclaration de succession, mais de la date de la décision judiciaire qui les fait rentrer dans l'hérédité (Versailles, 29 déc. 1898, 9232 R. P.)

555-1. Contumax décédé. — Droits de mutation. — Délai. — Les dispositions exceptionnelles de l'art. 24 L. frim. régissent les successions des contumax. Par conséquent, le délai pour le paiement des droits de mutation par décès court seulement du jour de la mise en possession effective des héritiers (Sol. 6 mai 1899, 9542 R. P.).

558. Usufruit successif. — Décès du premier usufruitier. — Renonciation inopérante. — Exigibilité du droit de mutation par décès. — Point de départ du délai de prescription. — Prétendue transaction intervenue pour l'abandon du droit. — Moyen irrecevable. — Quand une succession se compose à la fois de biens en toute propriété et de valeurs dont le défunt ne possédait que la nue propriété, au jour de son décès, le legs de l'usufruit d'une quotité de cette succession comprend virtuellement l'expectative de l'usufruit des biens en nue propriété. — L'acceptation de l'usufruit actuel emporte acceptation de l'usufruit éventuel, qui s'ouvre effectivement au profit du légataire, lors du décès du premier usufruitier. Cette acceptation rend, par suite, inopérante la renonciation ultérieure que fait le légataire, après la mort du premier usufruitier. — Est irrecevable le moyen invoqué par ce légataire et qui consisterait à prouver qu'il est intervenu entre lui et l'Administration une transaction aux termes de laquelle la réclamation aurait été abandonnée (Guéret, 27 déc. 1892, 8081 R. P.).

560. Succession non déclarée. — Demi-droit en sus. — Acompte versé. — Pénalité. — Liquidation. — En cas de versement, dans le délai légal, d'un acompte sur les droits de mutation par décès, le demi-droit en sus se liquide seulement sur la portion du droit simple restant due (Sol. 17 juill. 1899, 2806 R. E.; — Cass. 4 août 1902, R. P. 10327).

Ce dernier arrêt décide que la déclaration du redevable et sa signature sur les registres de la Régie constituent des formalités de rigueur auxquelles il ne peut être suppléé et qui doivent être accomplies, sous peine d'un demi-droit en sus, dans le délai fixé par l'art. 24 L. frim., et, dans le cas où une prorogation a été accordée par l'Administration, avant l'expiration du nouveau délai imparti, et qu'il en est ainsi, alors même que le redevable aurait versé, comme condition de la prorogation de délai consentie, un acompte à valoir sur les droits exigibles.

563. Prorogation de délai. — Acompte versé — Déclaration postérieure à l'expiration du délai im-

parti. — Demi-droit en sus exigible — La déclaration du redevable et sa signature sur les registres de la Régie constituent des formalités de rigueur auxquelles il ne peut être suppléé et qui doivent être accomplies, sous peine d'un demi-droit en sus, dans le délai fixé par l'art. 24 L. frim., et, dans le cas où une prorogation a été accordée par l'Administration, avant l'expiration du nouveau délai imparti. Il en est ainsi, alors même que le redevable aurait versé, comme condition de la prorogation de délai qui lui a été consentie, un acompte à valoir sur les droits exigibles (Cass. 4 août 1902, 10327 R. P.).

574. Tuteur. — Demi-droit en sus. — Le tuteur peut être poursuivi personnellement en paiement du demi-droit en sus qui lui incombe pour n'avoir pas effectué, dans le délai légal, la déclaration d'une succession échue à son pupille (Gray, 26 nov. 1897, 1018 R. E.; — *Contrà :* Bordeaux, 7 avr. 1897, 1540 R. E.).

576. Administrateur judiciaire. — Droit de mutation par décès. — Bien que la succession soit pourvue d'un administrateur judiciaire, ce n'est pas à ce dernier que l'impôt peut être réclamé (Périgueux, 4 juin 1898, 9581 R. P.).

582 à 587. Bureau où la déclaration doit être faite. — L'art. 16 L. 25 fév. 1901 impose aux parties l'obligation de faire à un bureau unique les déclarations de succession, quelle que soit la situation des biens héréditaires. Ce bureau est celui du domicile du défunt. La plupart des règles que nous avons indiquées dans la première partie du *Rép. gén.*, sous les nos 582 et suiv., se trouvent ainsi abrogées. Nous commentons les nouvelles dispositions, nos 1687 et 1688 *infrà*.

589. Bureau compétent. — Détermination du domicile du défunt. — Initiative des héritiers. — Contrôle de l'Administration. — C'est aux héritiers qu'il appartient d'apprécier, sous leur responsabilité et sauf à l'Administration à exercer son contrôle, en quel lieu le défunt était domicilié au moment de son décès et, par suite, à quel bureau la déclaration de la succession doit être souscrite (Sol. 4 mai 1899, 3089-12 I. G.; 10274 R. P.).

626. Déclaration. — Régularité. — Les agents doivent veiller à ce que les déclarations de succession soient souscrites par les personnes ayant qualité pour le faire, ou par des tiers pourvus d'un mandat spécial (Sol. 30 avr. 1901, 3080-16 I. G.; 10184 R. P.).

628. Légataires universels. — Paiement des droits. — Les légataires universels, entre lesquels il n'existe aucun lien de solidarité, doivent tous participer à la déclaration (Sol. 28 avr. 1902, 3089-13 I. G.; 10275 R. P.).

632. Père administrateur légal. — Paiement des droits. — Le père, administrateur légal des biens de son enfant mineur, est, de même que le tuteur ou le curateur visé dans l'art. 39 L. frim., tenu du paiement des droits de m. p. d. auxquels donne ouverture un legs fait à cet enfant (Seine, 1er fév. 1902, 10421 R. P.).

638. Mari. — Paiement des droits. — Le mari est tenu au paiement du droit de m. p. d. dû sur un legs fait à sa femme, lorsqu'il est établi que cette disposition constitue un legs de libération au profit de la communauté (Seine, 1er fév. 1902, 10421 R. P.).

639. Exécuteurs testamentaires. — Déclaration de succession. — Les exécuteurs testamentaires n'ont pas qualité pour déclarer la succession (Sol. 28 avr. 1902, 3089-13 I. G.; 10275 R. P.).

649. Forme de la déclaration. — La déclaration n'est plus, aujourd'hui, faite et signée sur un registre spécial; depuis la L. 6 déc. 1897, art. 11, elle doit être rédigée sur des formules spéciales. — V. n° 661 *infrà*.

650. Nécessité de la déclaration. — Tant qu'il n'a pas satisfait à la nécessité de la déclaration sur le registre du receveur compétent, le débiteur n'est pas recevable à contester judiciairement la réclamation des droits (Nice, 11 juill. 1892, 7959 R. P.; — Toulon, 10 juill. 1895, 8706 R. P.; — Nice, 21 déc. 1896, 9008 R. P.; — 2 août 1897, 9335 R. P.; — Dieppe, 12 janv. 1898, 9346 R. P.; — Trévoux, 26 mai 1898, 9415 R. P.; — Gex, 26 déc. 1900, 10130 R. P.; — Bourges, 20 fév. 1902).

653. Valeurs nominatives. — Droits prescrits. — Certificats. — Déclaration pour ordre. — Quand, à raison de la prescription, les droits de mutation par décès ne peuvent plus être exigés sur les valeurs françaises nominatives dépendant d'une succession, le receveur ne peut refuser de délivrer des certificats constatant qu'il n'est dû aucun droit, afin de permettre aux compagnies de comprendre les transferts effectués au nom des héritiers ou légataires parmi ceux qui sont exempts du droit de transmission. Mais la délivrance de ces certificats doit être précédée d'une déclaration pour ordre régulièrement souscrite par le redevable (Sol. 12 mai 1900, 9828 R. P.).

657. Offres réelles. — Non-recevabilité. — L'Administration n'est pas tenue d'accepter les offres extrajudiciaires faites pour le paiement d'un droit de mutation par décès, lorsque ces offres ne renferment pas l'indication détaillée des biens composant la succession. Elle ne saurait être condamnée à des dommages-intérêts, à raison des poursuites qu'elle a intentées, quand il n'est relevé, à sa charge, aucune faute ayant occasionné un préjudice dont elle doive réparation (Seine, 12 mai 1893, 8120 R. P.).

De même l'héritier qui a commis une omission dans une déclaration de succession est tenu, pour l'acquit des droits dus à raison de cette omission, de souscrire une déclaration complémentaire. Des offres réelles faites au receveur ne peuvent suppléer à cette déclaration et libérer l'héritier, alors surtout qu'elles n'ont pas été suivies de consignation et qu'elles ne comprenaient qu'une partie des droits réclamés (Nice, 11 juill. 1892, 7959 R. P.).

659. Paiement des droits. — Bureau unique. — La déclaration de succession devant, depuis la L. 25 fév. 1901, être souscrite à un bureau unique (V. n° 1687 *infrà*) les explications fournies dans la première partie de notre *Rép. gén.* ont cessé d'être applicables.

590. Héritier décédé avant l'expiration du délai de six mois. Déclaration à souscrire par le successeur de cet héritier. Demi-droit en sus. — L'impôt de mutation par décès, qui est exigible dans les six mois de l'ouverture de la succession à peine d'un demi-droit en sus, constitue une charge personnelle de l'héritier. Par suite, si l'héritier décède lui-même avant l'expiration du délai légal, son obligation [illegible] avec ses caractères et sa sanction à ses propres héritiers, qui encourent personnellement la pénalité du demi-droit en sus s'ils ne se libèrent pas dans le délai imparti à leur auteur. Il en est ainsi spécialement lorsque l'héritier laisse un légataire universel investi de la saisine [illegible] continuant la personne du défunt, succède, dès l'instant du décès, à toutes ses actions actives et passives (Toulouse, 23 juill. 1904, 10854 R. P.).

576. Legs. Enfant mineur. Père administrateur légal. Obligation de souscrire la déclaration. — De même que le tuteur ou le curateur visé dans l'art. 39 L. frim., le père, administrateur légal des biens de ses enfants mineurs, est tenu, à peine d'un demi-droit en sus, [illegible], dans les six mois du décès, les droits de succession auxquels donne ouverture le legs fait à ses enfants (Béziers, 14 mai 1904, [illegible] R. P.).

580. Déclaration. Exécuteur testamentaire. Administrateur provisoire. — L'exécuteur testamentaire n'a pas qualité pour faire une déclaration de succession au nom des légataires. Il en est de même de l'administrateur provisoire d'une succession en ce qui concerne les bénéficiaires d'un legs *de eo quod supererit*, dès lors que ses pouvoirs ont [illegible] par l'ouverture même du droit des légataires au bénéfice de la [illegible] (Limoges, 30 oct. 1903, 10750 R. P.).

628. Restitution. Droits de mutation par décès à la charge du légataire universel versés par un tiers saisi avec les fonds provenant d'une succession bénéficiaire et attribués, dans le partage de cette succession, à des enfants mineurs institués [illegible] légataires universels. Régularisation ultérieure [illegible] paiement par une déclaration souscrite, en pleine connaissance de cause, par le représentant légal des mineurs. Irrecevabilité de l'action en répétition exercée par ce dernier contre l'Administration. — V. *Restitution*, n° 133.

Legs particulier. Déclaration passée par le légataire universel et ratifiée ultérieurement par le légataire particulier. Omission. Droit en sus. — Lorsque le légataire particulier a, tant par une lettre adressée à l'Administration qu'en se joignant à l'opposition à contrainte formée par le légataire universel, ratifié la déclaration irrégulièrement faite en son nom par ce légataire universel, il se trouve responsable des omissions commises dans cette déclaration et devient, en conséquence, personnellement passible du droit en sus (Tours, 21 juill. 1905, 10932 R. P.).

632. Legs. Mineur. Femme mariée. Père et mari administrateur légal. Paiement des droits. — Le père, administrateur légal des biens de son enfant mineur, est, de même que le tuteur ou le curateur visé dans l'article 39 L. frim., tenu au paiement des droits de mutation par décès auxquels donne ouverture un legs fait à cet enfant. Le mari est, en fait, soumis à la même obligation pour le legs consenti à sa femme, lorsqu'il est établi que ce legs constitue un legs de libération au profit de la communauté (Seine, 1er fév. 1902, 10421 R. P.).

642. Faillite du défunt. Action contre le syndic. — La déclaration de faillite n'ayant pour effet que d'enlever au failli l'administration, mais non la propriété de ses biens, il en résulte qu'au cas de décès de celui-ci, ces biens doivent être assujettis aux droits de mutation par décès. Pour le recouvrement de ces droits, le syndic peut être mis en cause en tant que de besoin, tant à raison de sa mission de surveillance sur les intérêts de la masse que pour assurer le versement des droits exigibles d'après le résultat des collocations (Bordeaux, 17 nov. 1902, 10603 R. P.).

650. Nécessité de la déclaration. — *Conf.* (Seine, 20 déc. 1902, 10479 R. P.; — Condom, 20 juin 1903, 10604 R. P. — Perpignan, 4 août 1903, 10856 R. P.; Béziers, 14 mai 1904, 10506 R. P.).

Distribution par contribution. Droits de mutation par décès. Somme arbitrée d'office à défaut de déclaration de succession. Évaluation non opposable aux autres créanciers. L. 25 fév. 1901. Actif absorbé par le passif déductible. Production de l'Administration non justifiée au fond. — Si la jurisprudence admet qu'à défaut de déclaration régulière d'une succession, l'Administration peut réclamer une somme arbitrée d'office pour droits de mutation par décès, cette règle ne s'applique qu'aux héritiers ou légataires qui sont les débiteurs du Trésor; mais elle ne s'étend pas aux créanciers de la succession, qui n'ont pas d'ailleurs qualité pour souscrire la déclaration. D'autre part, l'Administration n'est pas fondée à se créer à elle-même, à l'encontre des autres créanciers, un titre résultant d'une simple évaluation des droits qu'elle prétend lui être dus; elle est tenue d'établir la réalité de sa créance dans les termes du droit commun. Si donc, dans une distribution par contribution de deniers provenant d'une succession, distribution à laquelle l'Administration a produit pour le montant de droits de mutation par décès arbitrés d'office, il est constant qu'on se trouve en présence d'un passif déductible au sens de la L. 25 fév. 1901, que ce passif est supérieur à l'actif héréditaire, et que, par suite, il n'est pas dû de droits de mutation par décès, la production de l'Administration doit être rejetée (Seine, 13 fév. 1906, 11163 R. P.).

665-4. Évaluation donnée par les parties aux valeurs mobilières énoncées dans un inventaire. Droit de contrôle de l'Administration. — L'estimation contenue dans un inventaire ne peut servir de base à la liquidation des droits de mutation par décès que si elle émane d'un officier public compétent ; les évaluations qui sont données par les parties elles-mêmes pour les valeurs inventoriées et que le notaire se borne à consigner dans l'inventaire, ne font pas obstacle au droit de contrôle de l'Administration (Montargis, 6 avril 1905, 11168 R. P.).

711. Déduction du passif. Assurance sur la vie. — D'après l'art. 6 L. 21 juin 1875, le capital des assurances sur la vie contractées à titre gratuit doit être soumis au droit de mutation par décès comme s'il *faisait partie de la succession de l'assuré*, sans qu'il y ait à se préoccuper de l'effet dévolutif du contrat en droit civil ; il en résulte que, pour la liquidation de l'impôt à la charge du bénéficiaire, il y a lieu, depuis la L. 25 fév. 1901, de déduire du montant de l'assurance le passif justifié qui grève la succession, lorsque le bénéficiaire de la police se trouve être en même temps le successible tenu au payement de ce passif (Seine, 17 mars 1906, 11176 R. P.).

711-2. Assurance sur la vie contractée par un mari commun en biens. Femme bénéficiaire du capital assuré. Gratuité du contrat. Droit de mutation par décès. — Le bénéfice d'une assurance sur la vie, contractée par un mari commun en biens, sur sa tête, au profit de sa femme et, à défaut de celle-ci, au profit de ses enfants, constitue une libéralité passible du droit de mutation par décès. C'est en vain que, pour combattre la présomption légale de gratuité de la transmission, il est allégué que l'assurance a été contractée à titre onéreux, les primes ayant été payées au moyen de deniers personnels de la femme pour garantir la restitution de ses *reprises*, si la police ne contient aucune indication à cet égard et si, d'autre part, il a été stipulé qu'à défaut de la femme et des enfants, le capital assuré serait payable à la sœur du défunt (Toulon, 3 juin 1903, 10535 R. P.).

Indemnité stipulée au profit de sa veuve par un adhérent à une société civile d'assistance mutuelle en cas de décès. Caractère d'assurance sur la vie. Gratuité du contrat. Droit de mutation par décès. — Est considérée comme faisant partie de la succession du stipulant et passible du droit de mutation par décès, sous la réserve des droits de la communauté, par application de l'art. 6 L. 21 juin 1875, l'indemnité stipulée au profit de sa veuve par un adhérent à une société civile d'assistance mutuelle en cas de décès, dès lors que cette société présente tous les caractères d'une association d'assurances mutuelles en cas de décès et que la veuve bénéficiaire, commune en biens, n'a pas fourni la contre-partie du bénéfice stipulé à son profit (Seine, 6 mai 1904, 10807 R. P.).

710. Assurance sur la vie. Époux mariés sous le régime dotal sans société d'acquêts. Primes payées par le mari bénéficiaire de l'assurance contractée par la femme. Présomption de gratuité du contrat. Droit de mutation par décès. — Lorsqu'une femme mariée sous le régime dotal sans société d'acquêts a contracté une assurance sur sa tête au profit de son mari, le fait seul du payement des primes par ce dernier n'est pas de nature à détruire la présomption de gratuité du contrat et à le rendre propriétaire ou bénéficiaire à titre onéreux du capital assuré. Le droit de mutation par décès est exigible sur la somme touchée par le mari, déduction faite toutefois des primes qu'il a acquittées de ses deniers personnels (Saint-Marcellin, 6 déc. 1902, 10462 R. P.).

661. Déclarations. — Formules imprimées. — Les déclarations de mutation par décès doivent être écrites sur des formules imprimées fournies par l'Administration. Elles sont signées par les héritiers, donataires et légataires, leurs tuteurs ou curateurs. Les receveurs sont tenus de les écrire, si les parties le requièrent (L. 6 déc. 1897, art. 11, Inst. G., 9395-37 R. P. ; Décr. 10 janv. 1898, 9186 R. P. — V. *C. des Lois*).

D'abord fournies gratuitement, ces formules sont aujourd'hui délivrées moyennant paiement de cinq centimes par feuille double et de deux centimes et demi par feuille simple (L. 25 fév. 1901, art. 22. — V. *C. des Lois* et n° 2069 *infrà*).

673. Déclaration. — Œuvre exclusive du receveur. — Restitution. — Lorsqu'une déclaration de succession est faite à l'instigation du receveur, et qu'elle est en quelque sorte son œuvre exclusive, les droits auxquels elle a servi de base peuvent, s'ils ne sont pas dus, être restitués sans qu'il soit, pour cela, fait échec aux dispositions de l'art. 60 L. 22 frim., d'après lequel tout droit régulièrement perçu n'est pas restituable (Péronne, 27 mai 1892, 7888 R. P.).

Legs particulier. — Déclaration. — Personne sans qualité. — Renonciation ultérieure. — Droits irrégulièrement perçus. — Restitution. — V. *Restitution*, n° 222.

679-3 à 680. Usufruit conjoint. — Accroissement. — Liquidation des droits. — Nous verrons v° *Usufruit* que la L. 25 fév. 1901 a créé un système nouveau pour la liquidation des droits dus en matière de transmission des usufruits et des nues propriétés. C'est conformément à ces règles que nous indiquons *loc. cit.*, que la perception doit être établie en cas de transmission d'usufruits successifs ou conjoints.

696 et suiv. Assurances. — La L. 25 fév. 1901 renferme, au sujet des obligations imposées aux compagnies d'assurances, un ensemble de dispositions que nous indiquons n°s 1731 et suiv. *infrà*.

708. Assurance sur la vie. — Capital assuré. — Droit personnel du tiers bénéficiaire. — Calcul de la réserve. — Rapport des primes. — Le contrat d'assurance sur la vie, par lequel il est purement et simplement stipulé que, moyennant le paiement de primes annuelles, une somme déterminée sera, à la mort du stipulant, versée à une personne spécialement désignée, confère au bénéficiaire un droit personnel, ne reposant que sur sa tête, et ne constituant pas, dès lors, une valeur successorale, susceptible d'entrer en compte pour le calcul de la réserve. D'autre part, le bénéficiaire de l'assurance ne saurait être soumis au rapport des primes, dès l'instant qu'il n'est pas héritier et qu'il ne peut être considéré comme débiteur de ces primes, ni en vertu d'un contrat, ni en vertu d'un quasi-contrat (C. Paris, 30 mai 1894 ; — Cass. 29 juin 1896, 8807 R. P.).

Assurance sur la vie. — Époux. — Quotité disponible. — Usufruit légal. — Imputation. — Le bénéfice d'une assurance sur la vie contractée par un mari au profit de sa femme doit être imputé, pour la perception de l'impôt de mutation par décès, sur l'usufruit que la loi attribue à la femme. Par suite, si le capital assuré est supérieur à la valeur imposable de l'usufruit légal, la veuve n'a, en principe, aucune jouissance à revendiquer sur l'actif héréditaire (Sol. 5 juin 1897, 9038 R. P.).

Quotité disponible. — Assurance sur la vie. — Réduction. — Lorsque le bénéfice d'une assurance sur la vie a été transmis à un tiers par une libéralité sujette à réduction, on doit, pour déterminer la quotité disponible et fixer dans quelles proportions doit avoir lieu le partage de l'assurance, prendre pour base la valeur de la police au jour du décès de l'assuré (Cass. civ. 27 janv. 1902, 10367 R. P.).

712. Assurance sur la vie. — Primes restant dues. — Prêts sur police. — Déduction. — En matière d'assurance sur la vie, le droit de mutation par décès n'est exigible que sur la somme nette payée par la compagnie, après déduction des primes qui restent dues. Mais il n'y a pas lieu de déduire de cette somme le montant des avances touchées, à titre de prêts, par l'assuré, de son vivant, et retenues par la Compagnie, lors du versement du bénéfice de l'assurance (Sol. 16 août 1897, 9242 R. P.).

712-5. Assurances. — Prime unique. — Rente viagère. — Réversion. — Droit de mutation par décès. — Bases. — Lorsqu'une compagnie d'assurances s'est engagée, moyennant le versement d'une prime unique, à servir une rente viagère à la personne qui a versé la prime, et, à défaut de cette personne, à ses deux neveux par alliance, le droit de mutation par décès exigible, à la mort de la crédi-rentière, à raison de la réversion de la rente, doit être liquidé sur le montant de la prime, considérée comme un capital constitué, et non sur la rente capitalisée au denier 10 (Sol. 30 mars 1900, 9857 R. P.).

721. Communauté. — Assurance sur la vie. — Enfants nés ou à naître. — Testament postérieur. — Enfants légataires. — Lorsque, sous le régime de la communauté, un mari a contracté une assurance sur sa vie au profit de ses enfants nés ou à naître, cette assurance, ayant été souscrite en faveur de bénéficiaires incertains, dépend de la communauté, et le legs qu'il en ferait postérieurement en faveur de ses enfants ne pourrait être exécuté que jusqu'à concurrence de sa part dans la communauté (Cass. civ. 24 fév. 1902, 10361 R. P.).

723. Assurance sur la vie. — Mari commun en biens. — Femme bénéficiaire du capital assuré. — Acquêt de communauté. — Droit de mutation par décès. — Le bénéfice d'une assurance sur la vie contractée par un mari commun en biens, sur sa tête, au profit de sa femme, constitue un acquêt de communauté. Par suite, l'attribution, qui en est faite à la femme non renonçante, renferme une libéralité pour la part afférente au mari, et le droit de mutation par décès est dû sur cette part (Saint-Omer, 9 août 1894, 8452 R. P.).

Décidé également que le mari qui a contracté une assurance à son profit, pour le cas où il existerait encore à une époque déterminée, et au profit de sa femme, pour le cas où il viendrait à décéder avant cette époque, et qui paie les primes de ses deniers personnels, ne saurait être considéré comme ayant agi en qualité d'administrateur des biens de sa femme.

La stipulation constitue, en faveur de cette dernière, une libéralité soumise à l'événement du décès du disposant, et, bien qu'après la mort du mari, la femme, bénéficiaire de la police, ait remboursé à la succession du défunt le montant des primes payées par celui-ci, la restitution de ces primes ne peut avoir pour effet de modifier le caractère gratuit du contrat fixé au moment de sa formation. En conséquence, le droit de mutation par décès est exigible sur le capital de l'assurance recueilli par la femme (Arras, 17 mai 1893; — Cass 21 oct. 1896, 8861 et 9395-2 R. P.).

747. Assurance sur la vie. — Associés. — Contrat à titre onéreux. — L'associé, au profit duquel son coassocié a souscrit une police d'assurance sur la vie, doit être considéré comme recueillant le bénéfice de cette assurance, en vertu d'un contrat aléatoire, à titre onéreux, et non par l'effet d'une transmission à titre gratuit, lorsque les faits et, notamment, la circonstance que le bénéficiaire de la police a également contracté une assurance en faveur de son coassocié, établissent que le but des deux associés a été de se garantir mutuellement et individuellement des conséquences qui pouvaient résulter de la dissolution du pacte social, au décès de l'un d'eux. Le capital ainsi recueilli échappe, dès lors, au droit de mutation par décès (Verdun, 1er juin 1894, 8453 R. P.).

748. Assurance sur la vie. — Capital exigible à date fixe. — Exigibilité subordonnée à la vie d'un tiers. — Prédécès de l'assuré. — Droit de mutation par décès non dû. — Lorsque le capital d'une assurance sur la vie a été stipulé payable, à une date fixe, à l'assuré ou à des tiers désignés, si une personne indiquée est vivante à cette date, aucun droit de mutation n'est exigible au décès de l'assuré, le capital n'étant pas dû à raison de ce décès (Sol. 24 août 1896, 8916 R. P.).

751. Assurances contractées à l'étranger. — V. n° 1738 et s. *infrà*.

755. Assurances. — Droit de communication. — V. n° 1729 *infrà*.

759. Vente de récoltes sur pied. — Bail. — Constitue une vente de récolte sur pied, conformément d'ailleurs à la qualification qui lui a été donnée par les parties, et non un bail, l'acte portant adjudication de la récolte en foin et regain d'une prairie, pour l'année courante, sans attribution d'aucun droit de jouissance affectant le sol lui-même. Dès lors, le prix de l'adjudication ne saurait être considéré comme un revenu devant servir de base légale pour le payement du droit de mutation par décès (Cass. req., 9 mai 1892, 7848 R. P.).

775. Biens indivis. — Déclaration obligatoire. — Les légataires sont tenus de souscrire, dans les six mois du décès du testateur, la déclaration des biens à eux transmis, alors même que ces biens sont indivis entre eux et d'autres légataires ou ayants droit du défunt (Béziers, 25 juin 1896, 9043 R. P.).

782. Valeurs. — Banque. — Dépôt. — Bien litigieux. — Jugement d'attribution. — Droit de m. p. d. — Délai. — Point de départ. — Lorsqu'une femme mariée a déposé des fonds en compte courant dans une maison de banque, sous son seul nom de famille, en dissimulant son véritable état civil, et qu'elle est décédée, laissant pour légataire universel son mari, également décédé depuis, le délai de six mois pour déclarer les fonds déposés ne court que du jugement, rendu à la requête des héritiers, qui reconnaît la parfaite identité de la déposante et de la défunte et ordonne le remboursement du dépôt aux ayants droit (Marseille, 7 mai 1902).

784. Bien rentré dans l'hérédité. — Vente annulée. — L'annulation d'un contrat de vente consenti moyennant le paiement d'une rente viagère, reconnue et prononcée en vertu de l'art. 1975 C. civ., a pour effet de faire rentrer dans l'hérédité du vendeur les biens ayant fait l'objet de la vente. Ces biens doivent, en conséquence, être déclarés, pour la perception du droit de mutation par décès, dans les six mois de la date de l'acte ou du jugement qui a reconnu ou prononcé la nullité (Saint-Omer, 13 juill. 1900, 10152 R. P.).

785. Titres héréditaires volés ou perdus. — Doivent être compris dans la déclaration de la succession, sous peine d'un droit en sus pour omission, les titres appartenant au défunt et qui ont été volés aux héritiers quelque temps après le décès, encore bien que les oppositions tardivement faites sur ces titres ne permettent pas aux héritiers de rentrer en possession des valeurs dérobées (Sol. 9 août 1893, 8111 R. P.).

Lorsque des titres détruits dans un incendie et non reconstitués au décès ont été compris, pour mémoire, dans une déclaration de succession et pour 2/3 de leur valeur dans un partage postérieur, l'Administration est fondée à réclamer le droit de mutation par décès sur la valeur nominale (Amiens, 23 janv. 1897, 9098 R. P.).

795. Biens rentrés dans l'hérédité. — Les biens rentrés dans l'hérédité par l'effet d'un acte ou d'un jugement qui en ordonne la réintégration à la masse doivent, sous peine d'un demi-droit en sus, faire l'objet d'une déclaration supplémentaire dans les six mois de l'acte ou du jugement (Gaillac, 5 nov. 1895, 8892 R. P.).

803. Établissement sans existence légale. — Caducité. — Les héritiers d'un légataire universel doivent comprendre dans la déclaration de sa succession la totalité d'un legs particulier, que le défunt était tenu de délivrer en sa qualité de légataire universel et qui est devenu caduc par suite du défaut d'existence légale de l'établissement légataire (Cass. civ. 22 juill. 1891, 7677, 7974-21 R. P.).

806. Donation à un non-successible. — Réduction judiciaire. — Biens rentrés dans l'hérédité. — Construction. — Lorsqu'une donation entre vifs consentie au profit d'un non-successible a été judiciairement réduite comme portant atteinte à la réserve légale d'un héritier, la réduction a pour conséquence la rentrée dans l'hérédité du donateur des biens dont ce dernier s'était dessaisi en dehors des limites de la quotité disponible. Le droit de mutation par décès est dû, dès lors, sur les biens dont il s'agit,

744. Assurance sur la vie. Femme bénéficiaire en garantie. Contrat à titre onéreux. Instance en séparation de biens. Résiliation. — L'attribution à la femme, à titre de garantie, du montant d'une assurance sur la vie contractée par le mari et l'acceptation par la femme constituent, à son profit, un contrat à titre onéreux qui ne pourrait être révoqué par le mari, ni résilié en fraude des droits de la femme en cas d'instance en séparation de biens (C. Paris, 2 janv. 1902, [illegible] R. P.).

745. Créance hypothécaire exigible avant le décès. Mainlevée partielle par les héritiers en ce qui concerne certains immeubles du débiteur et réserve expresse de l'hypothèque sur les autres immeubles grevés. Présomption d'omission. — Bien que le terme d'exigibilité d'une créance soit échu avant le décès du créancier, si les héritiers de celui-ci donnent mainlevée de l'hypothèque qui frappe certains immeubles du débiteur en réservant expressément les effets de cette hypothèque sur les autres immeubles grevés, ce fait constitue une présomption suffisante pour établir que la créance n'a pas été remboursée du vivant du de cujus et qu'elle a été omise dans la déclaration de la succession de ce dernier (Toulon, 8 juin 1902, 10538 R. P.).

772. Droit de marché ou de jouissance fermière. Succession du fermier. Droits de mutation par décès. — Le droit de marché ou de jouissance fermière, tel qu'il existe dans certaines régions du Nord de la France, constitue une valeur mobilière d'une nature spéciale qui doit être comprise dans la déclaration de la succession du fermier et qui est passible de l'impôt de mutation par décès comme les autres biens recueillis par les héritiers (Péronne, 24 mars 1904, 10780 R. P.).

782. Valeurs. Banque. Dépôt. Bien litigieux. Jugement d'attribution. Droit de mutation par décès. Délai. Point de départ. — *Conf.* Marseille, 7 mai 1902, 10380 R. P.

784. Bien rentré dans l'hérédité. Donation annulée. — Lorsqu'une donation consentie par une personne décédée a été annulée par un jugement rendu à la requête de ses héritiers, puis que ce jugement a été infirmé par la Cour d'appel dont l'arrêt a été ultérieurement cassé par la Cour de cassation, et qu'il intervient enfin entre le donataire et les héritiers une transaction d'après laquelle la donation ne doit être considérée comme valable et produire ses effets que pour moitié, l'autre moitié devant être regardée comme n'ayant jamais cessé d'appartenir au défunt ou à ses héritiers, ces derniers sont tenus de déclarer, dans les six mois de la transaction, à peine d'un demi-droit en sus, la partie des biens ainsi rentrés, par l'effet de cette transaction, dans l'hérédité du *de cujus*; mais on ne saurait admettre que le jugement de première instance a fait rentrer dans la succession la totalité des biens compris dans la donation et que la perception des droits de mutation par décès doit être établie en conséquence, puisque, en raison de l'appel interjeté, ce jugement n'a pu produire tous ses effets et que, par le fait même de la transaction, les parties ont manifesté l'intention très nette de l'empêcher d'acquérir l'autorité de la chose jugée (Clermont-Ferrand, 6 juin 1906, [illegible] R. P.).

806-1. Omission. Preuve. Énonciations du testament du défunt. Payement par le légataire universel de l'intégralité des legs particuliers supérieurs à l'actif déclaré. Droits de mutation par décès acquittés volontairement sur le montant total de ces legs. Demande ultérieure en restitution non recevable. — La preuve d'omissions dans une déclaration de succession peut résulter des indications fournies par le défunt au sujet de sa fortune dans un testament de quelques années seulement antérieur au décès et de la circonstance que le légataire universel a spontanément payé l'intégralité des legs particuliers dont le montant était de beaucoup supérieur à l'ensemble de l'actif héréditaire déclaré, alors surtout que le légataire universel a pu à son gré interrompre ou arrêter la marche de l'inventaire des biens de la succession. L'Administration est fondée à exciper de l'existence d'omissions résultant de ces présomptions pour refuser la restitution des droits de mutation par décès acquittés volontairement par le légataire universel sur le montant total des legs particuliers, quoiqu'il excédât l'actif successoral déclaré (Lyon, 25 mars 1903; Cass. (req.), 5 mai 1905, 10922 R. P.).

Lorsqu'une succession comprend des legs de sommes d'argent faits au *de cujus* et susceptibles de réduction en vertu de l'art. 926 C. civ., par suite de l'insuffisance de l'actif héréditaire, et que l'héritier n'en fait figurer qu'une partie dans sa déclaration, pour une somme totale d'ailleurs inférieure à la réduction ultérieurement opérée, la différence entre l'ensemble des legs déclarés et la somme globale à laquelle les divers legs ont été réduits constitue une omission passible du droit en sus (Seine, 8 déc. 1906, 11354 R. P.).

807. Remboursement en espèces des reprises de la veuve. — *Conf.* Marmande, 17 mai 1905, 11010 R. P.; Bordeaux, 26 mars 1905, 11070 R. P.

Renonciation à communauté par la veuve survivante. Rentrée des valeurs communes dans l'hérédité du mari. Droits simples et en sus de mutation par décès. — Lorsque la femme survivante renonce à la communauté, le droit de mutation exigible par suite du décès du mari (arrivé, dans l'espèce, avant la promulgation de la L. 25 fév. 1901), doit être liquidé sur l'intégralité des valeurs communes devenues propres au défunt par l'effet de cette renonciation, sans déduction des reprises de la veuve. Il s'ensuit que si les héritiers du mari ont, antérieurement à la renonciation de la femme, acquitté le droit de succession sur la valeur des biens personnels au défunt seulement, les valeurs communes étant absorbées par les reprises de la veuve, ils doivent, dans les six mois de cette renonciation, à peine d'un demi-droit en sus, souscrire une déclaration complémentaire pour les biens de communauté que cet événement a fait rentrer dans l'hérédité du de cujus (Charolles, 18 janv. 1906, 11258 R. P.).

831. Faillite du défunt. Droits de mutation par décès. — La déclaration de faillite n'ayant pour effet que d'enlever au failli l'administration mais non la propriété de ses biens, il en résulte qu'en cas de décès de celui-ci l'actif de la faillite, faisant nécessairement partie de son patrimoine, doit être assujetti à l'impôt de mutation par décès (Cass. (req.), 9 janv. 1905, 10863 R. P.).

distraction faite, toutefois, des constructions qui avaient été édifiées par le donataire dépossédé et qui n'adviennent à l'héritier réservataire qu'en vertu du droit d'accession et à charge d'indemniser le constructeur (Sol. 31 mars 1897, 9161 R. P.).

807. Remboursement en espèces des reprises de la veuve. — Lorsqu'il a été déclaré, après le décès du mari, que les reprises de la veuve absorbent les biens de la communauté, l'acte ultérieur qui constate le remboursement en espèces, par les héritiers, des reprises de la veuve, fait rétroactivement rentrer dans l'hérédité du mari les valeurs de communauté qui avaient été absorbées par les reprises, lors de la déclaration, et, de ce chef, donne ouverture à un nouveau droit de mutation par décès (Agen, 19 déc. 1889, 7394 R. P.).

816. Bien rentré dans l'hérédité. — Legs annulé. — Inexécution des charges. — Si un legs particulier est résolu, à la requête de l'héritier, pour cause d'inexécution des charges, cette révocation a lieu *ex causa nova* et ne fait pas rétroactivement rentrer dans l'hérédité l'objet légué. Par suite, l'héritier ne doit pas de droit de mutation par décès complémentaire sur ce legs, mais seulement sur l'action en résolution recueillie par lui dans la succession de son auteur (Sol. 14 oct. 1895, 1420 R. E.).

Legs particulier. — Testament détruit par le légataire universel. — Décision judiciaire condamnant le légataire universel à payer le montant du legs particulier. — Droit de mutation par décès exigible. — Rend exigible le droit de mutation par décès la décision judiciaire qui constate qu'un testament olographe renfermant un legs particulier a été dissimulé et anéanti par le légataire universel, et condamne, en conséquence, ce dernier à payer au légataire particulier une somme déterminée, à titre de réparation du préjudice causé, lorsque les conclusions des parties et les motifs mêmes de la décision démontrent que la condamnation demandée et prononcée n'a eu d'autre base que l'existence établie, la consistance et la validité reconnues du legs particulier (Le Puy, 18 mai 1893; — Cass. 26 avr. 1895, 8553 et 8860-10 R. P.).

893. Fonds de commerce. — Étranger. — Valeur incorporelle. — La clientèle d'un fonds de commerce qui, bien que situé à l'étranger, dépend d'une succession régie par la loi française, forme une valeur incorporelle passible, en France, du droit de mutation par décès, abstraction faite du matériel, des marchandises et autres éléments corporels servant à la constitution de ce fonds (Sol. 22 juin 1897, 9285 R. P.; — *Contrà* : Seine, 27 janv. 1899, 9183 R. P.).

Nous n'hésitons pas à approuver le jugement.

En principe, les biens qui ont leur assiette matérielle à l'étranger ou dans nos possessions coloniales ne sont soumis, en France, à aucun droit de mutation par décès, lors même qu'ils dépendent de la succession d'un Français ou sont recueillis par un Français habitant la Métropole. Mais, par un principe inverse, tous les biens indistinctement, situés en France, demeurent assujettis à cet impôt, bien que la succession à laquelle ils appartiennent se soit ouverte à l'étranger ou dans les colonies, et même que les héritiers qui la recueillent soient des étrangers, domiciliés à l'étranger.

L'exigibilité du droit de mutation par décès, dans cette hypothèse, se justifie par cette raison particulière que l'impôt est le prix de la garantie qui protège tous les biens situés en France, quel qu'en soit le propriétaire. Ainsi que le dit M. Demante, « l'impôt, attribut de la souveraineté, ne peut dépasser les limites du territoire de chaque nation. Mais, en même temps, l'impôt étant une charge de la propriété, atteint tout possesseur indépendamment de sa nationalité personnelle » (n° 785).

C'est pour ce motif que la L. frim. a assujetti au droit proportionnel le mobilier trouvé en France, quel qu'en soit le propriétaire.

Il en est de même pour les objets incorporels, lorsqu'ils peuvent être considérés comme étant placés sous la protection de la loi française.

La question de savoir quand des valeurs de cette nature, sans assiette déterminée, doivent être réputées soumises à cette protection, a, pendant longtemps, donné matière à de sérieuses controverses. Fallait-il, pour la résoudre, avoir exclusivement égard au domicile du débiteur ou à celui du créancier? Au lieu d'exécution ou à celui du paiement? La jurisprudence, appelée à statuer, n'a pu formuler une règle uniforme. Aussi, pour mettre un terme aux décisions contradictoires, le législateur a-t-il pris le parti d'intervenir.

Une loi du 18 mai 1850, art. 7, a, d'abord, soumis aux droits de mutation par décès « les fonds publics et les actions des compagnies ou sociétés d'industrie et de finances étrangères dépendant d'une succession régie par la loi française ».

Une autre loi du 13 mars 1863, art. 11, a étendu ces dispositions « aux obligations des compagnies ou sociétés d'industrie et de finances étrangères ».

Enfin, la L. 23 août 1871, art. 3, a complété la matière en décidant : « Les dispositions de l'art. 7 L. 18 mai 1850, concernant les valeurs mobilières étrangères dépendant des successions régies par la loi française..., sont étendues aux créances, parts d'intérêt, obligations des villes, établissements publics et généralement à toutes les valeurs mobilières étrangères, de *quelque nature qu'elles soient* ».

L'Administration a cherché à soutenir que ces dernières expressions, employées par le législateur, visent toutes les valeurs mobilières, sans exception, les objets corporels aussi bien que les biens incorporels. Mais son système a été repoussé par la C. de Cass. dans un arrêt du 28 janv. 1880 (5442 R. P.), dont l'Administration a accepté la doctrine. « Attendu, porte cet arrêt, que l'énumération (de l'art. 3 L. 23 août 1871), de même que celle des LL. de 1850 et 1863, comprenant uniquement des valeurs incorporelles, les seules qui, à raison de leur importance et de leur circulation sur le marché français, ont, à la date de ces diverses lois, appelé l'attention du législateur et provoqué son intervention, il y a lieu d'induire que, dans la formule générale qui la termine, le législateur a eu en vue les valeurs de même nature que celles qui sont visées, c'est-à-dire toutes valeurs mobilières incorporelles qui auraient été omises dans l'énumération ou qui pourraient être créées, et que rien n'indique que, dérogeant au principe du statut réel de l'impôt, il ait entendu atteindre les autres biens meubles, et, notamment, les meubles meublants ayant une situation matérielle à l'étranger. »

La pensée du législateur avait, d'ailleurs, été clairement exprimée dans l'exposé des motifs du projet de loi. « En principe, dit cet exposé, les valeurs mobilières incorporelles n'ont point, par leur nature, de situation absolue; elles sont, pour ainsi dire, inhérentes à la personne du créancier; elles se meuvent avec lui et font partie du patrimoine de ce créancier, en quelque lieu qu'il se trouve. Ces valeurs ne pourraient donc échapper aux taxes fiscales sans que le principe de l'égale répartition de l'impôt fût violé. »

Il résulte des explications qui précèdent que le législateur de 1871 n'a pas entendu modifier le principe du statut réel de l'impôt, et que les valeurs incorporelles ne sont soumises au droit de mutation par décès que tout autant que leur transmission s'accomplit sous la protection de la loi française. Il en est ainsi lorsque, par leur nature, les valeurs dont il s'agit n'ayant aucune assiette matérielle, suivent le domicile de leur possesseur. Mais la règle cesse d'être applicable quand ces valeurs ont une assiette matérielle, une existence propre à l'étranger. Pas plus que les immeubles ou les biens corporels situés hors de France, elles ne sauraient, dans ce cas, être assujetties au droit de mutation par décès; le principe de la territorialité de l'impôt s'y oppose.

C'est précisément cette dernière hypothèse qui se présentait dans l'affaire soumise au tribunal de la Seine.

Sans doute, un fonds de commerce, envisagé dans son ensemble, constitue une valeur incorporelle, indépendante des éléments qui composent le fonds (V. les autorités citées dans la Sol. du 22 juin 1897; *Adde* Cass. 13 mars 1888, S. 88-1-302). Mais, à notre avis, c'est exagérer les conséquences de la fiction de prétendre que cette valeur incorporelle n'a pas d'assiette déterminée. Elle a, au contraire, une assiette matérielle complètement indépendante du domicile de son possesseur et qui se trouve là où le fonds lui-même est exploité, où se concentrent le mouvement des produits et les relations d'affaires. Dans cet ordre d'idées, la C. Cass. a reconnu, par un arrêt du 9 nov. 1891 (7741 R. P.) que, pour fixer la nationalité d'un fonds de commerce, il faut s'attacher à la situation réelle du fonds pris en lui-même et dans les divers éléments qui le composent, abstraction faite du statut personnel de ceux qui l'exploitent. S'il en était autrement, c'est-à-dire si le fonds de commerce considéré comme valeur incorporelle devait suivre le domicile de son propriétaire, il faudrait décider, en cas de transmission à titre onéreux d'un fonds sis à l'étranger, que les dispositions de l'art. 7 L. 28 fév. 1872 sont applicables, dès lors que le cédant ou le cessionnaire sont Français et domiciliés en France.

Une semblable théorie n'a jamais été émise; elle ne saurait, d'ailleurs, être soutenue.

De même, en cas de mutation par décès d'un fonds de commerce situé en France, la déclaration devrait être souscrite au bureau du domicile du défunt, et non au bureau de la situation du fonds. Or, la pratique est nettement établie dans le sens de la déclaration à ce dernier bureau. Et c'est avec raison, parce que le fonds de commerce a son assiette matérielle au siège même de son exploitation.

Par identité de motif, on est amené à reconnaître, avec le jugement précité, que si le fonds est situé à l'étranger, il échappe, bien que dépendant d'une succession régie par la loi française, au droit de mutation par décès, en France.

En toute hypothèse, un fonds de commerce, constituant une entité juridique, il n'y aurait pas lieu, pour la perception de l'impôt, de distinguer entre les divers éléments qui le composent, et si l'exigibilité de l'impôt était admise, c'est la valeur globale du fonds, comprenant non seulement la clientèle et l'achalandage, mais encore le droit au bail, le matériel, les marchandises, etc., qui devrait être assujettie au droit.

841. Grand-père et petite-fille. — Libéralité imputable par la donataire ou par son père. — Succession du donateur. — Donation ne formant pas créance contre le fils héritier. — Lorsqu'un grand-père consent une donation à sa petite-fille, en stipulant que la libéralité sera imputée, soit par la petite-fille, soit par le père de cette dernière sur leurs droits dans la succession du donateur, la convention n'opère pas une avance à titre de prêt par le grand-père au père de la donataire. Il n'y a donc pas lieu de comprendre, dans la déclaration de la succession du donateur, le capital donné comme une créance du défunt contre son fils (Sol. 26 fév. 1897, 9078 R. P.).

Héritier renonçant. — Constitution dotale excédant la quotité disponible. — Réduction. — Excédent revenant aux cohéritiers. — Droit de mutation par décès. — L'héritier renonçant à la succession de son auteur ne peut conserver que jusqu'à concurrence de la quotité disponible la constitution dotale que ce dernier lui avait faite en avancement d'hoirie. L'excédent revient aux cohéritiers acceptants qui le recueillent à titre héréditaire et ne sauraient être dispensés d'acquitter le droit de mutation par décès (Sol. 27 fév. 1897, 9012 R. P.).

859-3. Tontine. — Rente sur l'État. — Lorsqu'une tontine possédant une rente sur l'État est dissoute et mise en liquidation, l'action qui appartenait aux membres de cette association se transforme en une part indivise de la rente. En conséquence, si l'un des membres vient à décéder après la dissolution de la tontine et avant la répartition de la rente, on doit comprendre dans la déclaration de succession, non la valeur de l'action, mais la part revenant au défunt dans la rente dont il s'agit. La prescription de trente ans est seule applicable aux droits exigibles pour cette transmission (Sol. 23 avril 1891, 8344 R. P.).

860. Sociétés de secours mutuels. — Legs. — Les legs consentis au profit des sociétés de secours mutuels sont assujettis, par la L. 25 fév. 1901, à un tarif de faveur (V. *Donation*, n° 204).

863. Immeuble. — Surenchère. — Lorsqu'un immeuble dépend de la succession d'un acquéreur surenchéri, le droit de mutation par décès ne peut plus être réclamé après que le jugement d'adjudication sur surenchère est prononcé au profit d'un tiers, l'acquéreur surenchéri étant censé, par l'effet de ce jugement, n'avoir jamais été pro-

propriétaire de l'immeuble. Mais, dans ce cas, l'hérédité comprend tous les avantages mobiliers résultant de l'acquisition faite par le défunt, notamment les frais et loyaux coûts remboursés, conformément à l'art. 2188 C. civ., par l'adjudicataire sur surenchère. Elle comprend, en outre, les fruits de l'immeuble jusqu'à l'adjudication sur surenchère. L'acquisition définitive de ces fruits équivaut à un usufruit temporaire à évaluer, pour la perception de l'impôt, d'après les règles applicables aux usufruits de l'espèce (Sol. 6 nov. 1896, 8981 R. P.).

895. **Legs particulier. — Renonciation. — Transaction. — Paiement des droits.** — La renonciation à des legs ne met pas obstacle à l'exigibilité des droits de mutation par décès dus par les légataires, lorsque ces derniers reçoivent, à titre de transaction, une somme d'argent qui représente leurs legs (Soissons, 22 avr. 1896, 8959 R. P.).

896. **Constructions. — Locataire. — Charge.** — Le locataire, tenu d'élever sur le terrain loué des constructions dont la valeur minimum a été fixée et qui appartiendront, à la fin du bail, au propriétaire, doit être considéré, pendant le cours de la location, comme propriétaire des constructions ainsi édifiées, lorsqu'il résulte des circonstances et, notamment, de la longue durée du bail et de la nature même du terrain donné à bail que la pensée des parties a été de lui conférer un droit de propriété *ad tempus*. En conséquence, si le bailleur décède au cours du bail, le terrain seul dépend de sa succession, mais l'obligation imposée au preneur d'élever des constructions constitue une charge à ajouter au prix de la location (Sol. 17 fév. 1898, 9310 R. P.).

904-3. **Rente sur l'État. — Coupon détaché.** — V. n° 1491 *infrà*.

906. **Créancier hypothécaire acquéreur de l'immeuble. — Compensation.** — Lorsqu'un créancier se rend acquéreur de l'immeuble sur lequel il a une inscription, en stipulant qu'il « retient et compense son prix, à due concurrence, sur sa créance contre le vendeur », mais qu'ils ne se trouveront, l'un et l'autre, libérés que par l'effet de l'ordre à intervenir pour la distribution du prix consacrant la collocation de l'acquéreur au premier rang des créanciers hypothécaires, le contrat ne constate, ni une compensation légale, ni une compensation conventionnelle, immédiatement extinctives des deux dettes. — Par conséquent, si le créancier meurt avant le règlement de son prix d'acquisition, sa créance fait intégralement partie de sa succession et doit être soumise à la perception du droit de mutation par décès (Libourne, 27 janv. 1892, 7825 R. P.; — Draguignan, 19 juill. 1897, 9168 R. P.).

De même les héritiers ne peuvent se dispenser d'acquitter le droit de mutation sur une créance appartenant à leur auteur, sous prétexte que cette créance serait éteinte avant le décès, par suite d'acquisition faite par le défunt de l'immeuble hypothécairement affecté à la garantie de sa créance, du moment que le décès est survenu avant le règlement de l'ordre (Nice, 11 juill. 1893, 8228 R. P.).

Décidé qu'en principe, le créancier, qui se rend acquéreur d'un immeuble affecté hypothécairement à la garantie de sa créance, ne peut s'attribuer sur son prix ce qui lui est dû par le vendeur, en retenant, par voie de compensation, tout ou partie du prix dont il est débiteur, et qui est le gage commun de tous les créanciers. En conséquence, s'il décède avant la clôture de l'ordre, sa créance subsiste dans son patrimoine et doit être assujettie à l'impôt de mutation par décès. Mais cette doctrine ne saurait toujours être appliquée, quel que soit le nombre des créanciers inscrits. Spécialement, une compensation s'opère de plein droit, jusqu'à due concurrence, entre le prix d'une adjudication au profit d'un créancier inscrit et la créance de ce dernier : 1° dès le jour de l'adjudication, lorsque l'immeuble est uniquement grevé de l'inscription prise au profit de l'acquéreur; 2° dès le jour où les autres créanciers, entre lesquels l'ordre aurait pu être ouvert, ayant renoncé ou reçu satisfaction, l'acquéreur est resté le seul créancier inscrit. La créance de l'acquéreur, décédé après la date à laquelle la compensation s'est opérée, ne doit être comprise dans la déclaration de sa succession que pour la portion non compensée (Sol. 24 mai 1897, 9046 R. P.).

908-4. **Propriété apparente. — Créances au nom du défunt. — Prétendue société.** — Le droit de mutation par décès est perçu d'après la propriété apparente. — En conséquence, les créances qui, au jour du décès, reposaient exclusivement sur la tête du défunt en vertu de titres authentiques, doivent supporter intégralement le droit de succession, sans aucune déduction de part, à raison de la prétendue société que les héritiers allèguent avoir existé, relativement à ces créances, entre le défunt et une autre personne (Montmorillon, 12 fév. 1891, 7629 R. P.; — Cass. req. 18 juill. 1892, 7885 R. P.).

De même également, la créance qui, au jour du décès, reposait nominativement sur la tête du défunt en vertu d'un titre authentique, doit supporter le droit de mutation par décès, sans qu'aucune déduction, à raison de la société en nom collectif existant entre le défunt et ses héritiers, puisse être faite, soit sur la créance elle-même, soit sur les droits sociaux du défunt, et cela, encore bien qu'on allègue, pour démontrer le caractère personnel de la créance, que le défunt a signé l'acte qui la constate de son nom seulement, alors qu'il signait ordinairement de ses nom et prénoms les pièces concernant ses affaires privées (Grenoble, 13 août 1891, 7710 R. P.).

908-6. **Effets endossés au profit du défunt. — Mandat.** — Lorsque, au décès d'un banquier, on trouve en portefeuille des effets à recouvrer, non encore arrivés à échéance et endossés au profit dudit banquier par la mention : « Payez à l'ordre de..., valeur en compte », cette mention, ne contenant aucune indication de valeur fournie, ne transfère pas forcément la propriété, et, suivant les circonstances, on peut admettre, au contraire, que l'endossement est simplement destiné à conférer un mandat et à établir entre les parties les rapports d'une comptabilité réciproque, surtout s'il s'agit d'une banque qui s'intitule « banque de recouvrement ». — En conséquence, l'Administration n'est pas fondée, en pareil cas, à réclamer le droit de mutation par décès sur le montant des effets endossés, alors surtout que les héritiers lui offrent de prouver par les livres et papiers domestiques, qu'il n'y avait réellement pas transfert, mais simple mandat (Provins, 6 août 1891, 7709 R. P.).

908-7. Propriété apparente. — Immeuble. — Prétendue société. — L'immeuble acheté par une personne, en son nom personnel, doit être compris dans la déclaration de la succession de l'acquéreur, et les héritiers ne sauraient être admis à soutenir que l'acquisition a été faite, en réalité, pour le compte d'une Société existant entre leur auteur et des tiers (Moulins, 11 janv. 1894, 8301 R. P.).

908-12. Propriété apparente. — Titres immatriculés au nom du défunt. — Le droit de mutation par décès est perçu d'après la propriété apparente. Par conséquent, les titres d'action immatriculés au nom du défunt doivent supporter, pour la totalité de leur valeur, le droit de succession, alors même qu'il résulterait des énonciations de l'inventaire et d'un jugement rendu entre parties que la moitié de ces actions appartient à une tierce personne (Vienne, 5 déc. 1889, 7447 R. P.).

Le titre d'action dans une société, immatriculé au nom du défunt et qui lui était nécessaire pour faire partie du Conseil d'administration de cette société, est réputé appartenir au *de cujus* : les héritiers ne peuvent se dispenser d'acquitter le droit de mutation par décès en produisant des écrits signés du défunt et par lesquels il reconnait qu'il a transféré cette action à une tierce personne (Dieppe, 25 oct. 1894, 8576 R. P.).

Il peut y avoir omission, passible du droit en sus, dans le fait de comprendre comme absorbé par les reprises de la femme prédécédée un titre de rente immatriculé au nom du défunt et dépendant de sa succession (Amiens, 23 janv. 1897, 9098 R. P.).

Mais lorsque, pour être valable, la transmission d'un titre nominatif doit faire l'objet d'une déclaration de transfert sur les registres de la Société, le transfert, qui n'est pas opéré dans ces conditions, n'a pas pour effet d'enlever la propriété du titre à celui au nom duquel il est inscrit. En conséquence, ce titre n'en continue pas moins d'appartenir au titulaire primitif et il doit être compris dans la déclaration de sa succession (Sol. 29 avr. 1897, 9287 R. P.).

910-1. Titres au porteur. — Dépôt. — Propriété apparente. — Le dépôt de titres au porteur affectué par le défunt, en son nom, dans une banque, établit à son profit une présomption de propriété de ces valeurs qui doivent, dès lors, être considérées comme dépendant de sa succession, sauf preuve contraire à fournir par les héritiers (Sol. 20 avr. 1900, 9887 R. P.).

Jugé également que les valeurs mobilières (titres d'actions ou d'obligations au porteur), déposées dans un établissement financier, sont présumées appartenir au déposant. En conséquence, lors du décès de ce dernier, elles sont passibles des droits de succession, à moins que la présomption de propriété existant au nom du déposant ne soit détruite par des présomptions contraires suffisamment précises et concordantes.

Spécialement, les héritiers ne peuvent être admis à repousser la réclamation des droits en prétextant, sans rapporter la preuve de leur allégation, que le défunt était détenteur des titres, comme mandataire, dépositaire ou administrateur des biens d'autrui (La Réole, 20 déc. 1901, 10126 R. P.).

Décidé, cependant, que la simple possession de valeurs au porteur, constatée par le dépôt à la Banque de France, ne suffit pas pour obliger les héritiers du déposant à comprendre ces titres dans la déclaration de succession, s'il est démontré par les circonstances qu'ils n'appartenaient pas au défunt (Pontoise, 30 avr. 1894, 8431 R. P.).

915. Prix de vente délégué. — La délégation du prix d'un immeuble que vend un débiteur, alors même qu'elle est faite par lui à des créanciers inscrits sur cet immeuble, n'est parfaite et n'opère novation qu'autant qu'elle a été acceptée (Pontoise, 15 janv. 1894, 8429 R. P.).

Quand un office a été cédé par le titulaire à un successeur qui n'a été nommé qu'après le décès du cédant, les héritiers de ce dernier sont fondés à soutenir que les fractions du prix de la cession déléguée par le défunt doivent être réputées n'avoir jamais fait partie de l'hérédité, et se trouvent, dès lors, exonérées du droit de mutation par décès (Sol. 9 mars 1898, 9281 R. P.).

917. Cession. — Transport. — Ne fait pas partie de la succession d'un comptable de deniers publics, et, par suite, n'est pas passible du droit de mutation par décès, la portion du cautionnement en numéraire que ce comptable a cédée à un tiers (Marseille, 11 mai 1900; — Sol. 10 juin 1900, 9933 R. P.; — *Contrà* : Sol. 2 juin 1896, 8785 R. P.).

923. Créance de prix de vente. — Annuités capital et intérêts. — Le droit de mutation par décès, exigible sur une créance de prix de vente représentée par des annuités stipulées payables sans intérêts, doit être calculé sur le montant des annuités restant dues à l'ouverture de la succession. Les héritiers ne sont pas recevables à évaluer, par une déclaration estimative, la portion de l'indemnité pouvant représenter la valeur de la créance en capital, abstraction faite des intérêts à échoir (Valenciennes, 31 juill. 1895, 8097 R. P.).

926. Créances. — États taxés. — Poursuites exercées par l'héritier. — Les héritiers doivent comprendre, dans la déclaration de succession qu'ils sont tenus de souscrire, toutes les valeurs composant l'actif héréditaire. — Spécialement, lorsqu'il dépend de cet actif des créances dont l'existence est établie par des actes de poursuites contre les débiteurs ou par des états régulièrement taxés, les héritiers ne peuvent se dispenser de les déclarer et d'acquitter le droit de mutation par décès, sous le prétexte que les créances ne résultent pas de titres et qu'elles sont irrecouvrables (Lesparre, 26 fév. 1890 et Cass. req. 24 mai 1892, 7876 et 7974-57 R. P.).

928. Créances irrecouvrables. — Droit dû sur la valeur nominale. — Le droit proportionnel pour les transmissions de créances par décès est dû sur la totalité du capital exprimé dans l'acte passé entre les parties (L. frim. art. 14, § 2). — Il n'y a pas lieu, pour l'application

908-12. Propriété apparente. Titres immatriculés au nom du défunt. — Le titre d'action dans une société, immatriculé au nom du défunt, est réputé appartenir à ce dernier et doit, en conséquence, supporter le droit de mutation par décès sur la totalité de sa valeur. La présomption de propriété qui résulte de l'immatriculation ne saurait être détruite par les énonciations d'un acte s. s. p. aux termes duquel le de cujus aurait cédé une partie du titre à son héritier, si le millésime inscrit en filigrane dans la pâte du papier timbré sur lequel l'acte de cession a été rédigé donne lieu de constater que cet acte a été antidaté (Nice, 15 janv. 1904, 10785 R. P.).

L'immatriculation d'une personne sur le Grand Livre de la Dette publique forme la preuve complète à son profit de la propriété du titre; elle autorise, dès lors, l'Administration à exiger que la valeur de l'inscription soit comprise dans la déclaration de la succession du titulaire pour être assujettie au droit de mutation par décès. Il en est ainsi alors même que le titre en question aurait constitué à l'origine un propre de la femme du défunt, que ce dernier aurait renoncé à tous droits quelconques sur la succession de son épouse prédécédée, et que ses héritiers excipent d'une erreur commise, au moment du renouvellement du titre primitif, dans la réquisition de délivrance d'une nouvelle inscription (Agen, 22 déc. 1904, 10915 R. P.).

910. Époux séparés de biens. Titres et valeurs appartenant à la femme et déposés dans une banque au nom du mari décédé. Propriété apparente. Preuve contraire. — Si le dépôt de titres et valeurs effectué par le défunt en son nom, dans une maison de banque, constitue une présomption de propriété en sa faveur, cette présomption cède à la preuve contraire, lorsqu'il est dûment établi que les titres et valeurs en question appartiennent à sa femme d'avec laquelle il était séparé de biens (Saint-Omer, 8 juin 1905, 11357 R. P.).

913. Avance sur titres de rente consentie au défunt par la Banque de France. Transfert des titres au nom de cet établissement. — L'impôt de mutation par décès est dû sur les titres nominatifs de rente sur l'État qui ont été remis par le défunt à la Banque de France en garantie d'une avance et qui ont été transférés au nom de cet établissement; si, en effet, l'art. 2 de l'ordonnance du 15 juin 1834 prescrit que les titres donnés en nantissement à la Banque de France doivent être transférés à son nom, il ne résulte pas moins des art. 4 et 5 de lad. ordonnance que ce transfert a uniquement pour but de faciliter la réalisation du gage, sans dépouiller l'emprunteur de la propriété des titres. Il en est ainsi alors même que l'échéance du prêt est antérieure au décès si, en fait, la Banque de France n'a pas usé du droit de réalisation de son gage. Enfin, les héritiers ne peuvent se soustraire au payement des droits de mutation par décès en invoquant les principes relatifs à la propriété apparente : l'Administration a le droit incontestable de rétablir la situation réelle pour asseoir en conséquence la perception de l'impôt (Seine, 31 mars 1906, 11233 R. P.).

925. Créance déclarée pour un chiffre inférieur à sa valeur nominale. Prétendue novation. Preuve non rapportée. — En dehors des cas où il s'agit de créances sur des débiteurs en état de faillite, de liquidation judiciaire ou de déconfiture notoire antérieurement au décès du *de cujus*, l'impôt de mutation est dû, par application de l'art. 14-2° L. frim., sur le capital nominal des créances transmises par décès, quelle que soit la situation du débiteur, et non pas d'après une déclaration estimative; cette règle ne fléchit, en vertu d'une décision ministérielle du 12 août 1806, — dont l'Administration est d'ailleurs maîtresse d'accorder ou de refuser le bénéfice, — que pour les créances entièrement irrecouvrables et à la condition expresse par les héritiers de renoncer, dans la déclaration de succession, à tout recouvrement. — Commet, dès lors, une omission passible du droit en sus l'héritier qui a déclaré une créance pour un chiffre inférieur au capital nominal, en ajoutant que le surplus a été quittancé du vivant du défunt, et qui, en présence de l'inexactitude de cette allégation, démontrée par l'Administration, prétend, sans en rapporter la preuve, qu'au moment de l'ouverture de la succession, il avait été consenti au débiteur la remise d'une partie de sa dette sous la condition résolutoire du payement immédiat de la portion comprise dans la déclaration, d'où la conséquence que la créance originaire s'était trouvée novée en une autre d'un chiffre inférieur (Toulouse, 29 juin 1904, 10981 R. P.).

936. **Reprises. Débiteurs héritiers.** — La portion des reprises de la femme qui n'a pu être prélevée sur les valeurs de la communauté, constitue une créance de la défunte contre le mari ou les héritiers de celui-ci, créance qui doit être comprise dans la déclaration de sa succession. Cette créance est passible du droit de mutation par décès sur sa valeur nominale, alors même que le recouvrement en est plus ou moins compromis, la L. 25 fév. 1901 n'ayant pas exonéré de l'impôt les créances irrecouvrables. — Il en est ainsi surtout lorsque, par suite du décès du mari, le débiteur desdites reprises se trouve être l'héritier des deux époux (Draguignan, 13 fév. 1906, 11358 R. P.).

966. **Donation. Somme à prendre sur les plus clairs et apparents biens du donateur. Donation éventuelle. Décès du donateur. Droits de mutation par décès.** — La clause d'un contrat de mariage portant donation au futur par sa belle-sœur d'une somme déterminée « à prendre sur les plus clairs et apparents biens que celle-ci laissera à son décès », avec stipulation que l'importance de la libéralité serait réduite au cas où la donatrice décéderait avant sa mère et réserve par lad. donatrice de la faculté de disposer, en faveur de son mari, de l'usufruit de la somme faisant l'objet de la donation, constitue une donation éventuelle qui n'est passible que du droit fixe lors de l'enregistrement du contrat de mariage et qui rend exigible, dans les six mois du décès de la donatrice, le payement des droits de mutation par décès sur la somme donnée (Périgueux, 17 mars 1906, 11270 R. P.).

983. **Établissements publics. Legs.** — Lorsque, à la suite du refus par l'autorité compétente d'autoriser l'acceptation de prétendus legs verbaux faits à des établissements publics, il intervient entre le représentant du défunt et ces établissements un acte de donation destiné à suppléer à l'absence de testament, la perception sur cet acte du droit de transmission entre vifs à titre gratuit, entre étrangers, n'a pas pour conséquence de rendre restituable l'impôt de mutation par décès payé par l'héritier ou le légataire universel, d'après son degré de parenté avec le de cujus, sur les valeurs faisant l'objet des prétendus legs verbaux (Seine, 25 juill. 1902, 10589 R. P.).

Lorsqu'un héritier ou légataire universel comprend, dans la déclaration qu'il souscrit pour le payement du droit de mutation par décès, des biens qui ont fait l'objet, au profit d'établissements publics, de legs particuliers non encore autorisés, sans réclamer en même temps le bénéfice du § 5 de l'art. 19 L. 25 fév. 1901, l'impôt doit être calculé, sans déduction, sur l'ensemble des biens déclarés d'après les relations de parenté qui unissaient le défunt à l'héritier ou au légataire universel. — En déduisant d'office de la masse imposable les biens ainsi légués, le receveur commet, en conséquence, une insuffisance de perception susceptible d'être atteinte par la prescription biennale (Sol. 23 mai 1903, Instr. 3133-2, 10636 R. P.).

Point de départ de l'exigibilité des droits. — En ce qui concerne les legs faits aux départements, aux communes, aux établissements publics et d'utilité publique, le délai pour le payement du droit de mutation par décès ne court qu'à partir de l'expiration du délai de trois mois accordé aux héritiers, par l'art. 5 du décr. du 1er fév. 1896, pour présenter leurs réclamations. — En cas de réclamation des familles, ou s'il s'agit d'un legs soumis en toute hypothèse à l'autorisation, le payement de l'impôt n'est obligatoire que dans les six mois à compter du jour où l'autorité compétente a statué sur la demande en autorisation (Inst. 3135, 10600 R. P.).

cette règle, de distinguer entre les créances dont le recouvrement est considéré comme certain et celles dont le recouvrement se trouve, en tout ou partie, compromis à raison de l'état d'insolvabilité des débiteurs. Spécialement, l'impôt est exigible sur le chiffre nominal des créances sur débiteurs en faillite ou en déconfiture. En conséquence, lorsque, en fait, il n'est nullement justifié de l'état de faillite ou de déconfiture des débiteurs, et que, par suite, l'Administration refuse d'apporter aucun tempérament à la perception et use du droit qui lui appartient de réclamer l'impôt sur la totalité du capital de la créance, les parties n'ont aucune action pour la contraindre à n'asseoir provisoirement le droit que sur une évaluation de la créance au jour du décès (Besançon, 6 août 1895, 8720 R. P.).

La créance de l'acquéreur décédé après la date à laquelle la compensation avec le prix d'achat s'est opérée, ne doit être comprise dans la déclaration de sa succession que pour la portion non compensée. Même pour cette portion, si la déconfiture du débiteur est régulièrement établie, le droit de mutation par décès peut être limité à la somme recouvrée dans la distribution du produit d'autres biens (Sol. 24 mai 1897, 9046 R. P.).

Mais lorsqu'une créance n'a pas été comprise dans une déclaration de succession, les parties ne sauraient se soustraire au paiement des droits simples et en sus auxquels cette omission donne ouverture, en prétendant que la créance est irrecouvrable et qu'elles ont offert d'y renoncer, au moment de la déclaration. Il en est spécialement ainsi quand les parties ne produisent aucune justification de la prétendue insolvabilité du débiteur (Chambon, 17 fév. 1900, 9909 R. P.).

933. **Créance non payée. — Défaut de renonciation.** — L'Administration est fondée à suivre le recouvrement des droits de mutation par décès exigibles sur une créance dont l'existence a été constatée, tant que le successible n'a pas renoncé à la succession, et quand bien même cette créance n'aurait pas été recouvrée (Chambon, 11 juill. 1891, 7672 R. P.).

934. **Créances irrecouvrables. — Déclaration acceptée par le receveur. — Droit refusé à l'Administration de contester cette déclaration.** — Lorsqu'un receveur a accepté la déclaration des héritiers affirmant qu'une créance qui dépend de l'hérédité est irrecouvrable, en s'engageant à acquitter les droits de mutation par décès, au fur et à mesure des paiements qu'ils obtiendraient de leur débiteur, l'Administration ne peut ultérieurement contester l'assentiment donné par son préposé. Il s'agit d'une véritable convention qui doit être respectée, et dont les légataires sont fondés à se prévaloir (Orthez, 8 mars 1894, 8451 R. P.).

935. **Créances d'un recouvrement douteux. — Mode de liquidation des droits.** — Les dispositions prises par l'Administration au sujet des créances sur un débiteur en faillite ou en état de déconfiture, à l'effet d'exiger de l'héritier ou du légataire un engagement formel d'acquitter les droits exigibles, au fur et à mesure de la répartition des dividendes, doivent être restreintes aux cas exceptionnels qu'elles visent. — On ne saurait les étendre aux créances dues par des débiteurs plus ou moins insolvables (Sol. 22 mars 1893, 8121 R. P.).

Prix d'acquisition inférieur à la créance. — Exemption provisoire de l'impôt. — Engagement à souscrire. — Lorsqu'un créancier décédé avant le règlement de l'ordre s'est rendu acquéreur de l'immeuble hypothécairement affecté à la garantie de la créance, et que le prix d'acquisition est inférieur à cette créance, l'Administration est fondée à ne dispenser les héritiers du paiement du droit de mutation par décès sur l'excédent que s'ils prennent l'engagement d'acquitter l'impôt sur les sommes qu'ils pourraient ultérieurement recouvrer (Nice, 11 juill. 1893, 8298 R. P.).

957. **Failli. — État d'union. — Non-dessaisissement des biens.** — L'état d'union ne dépossède le failli que de l'administration et non de la propriété de ses biens. En conséquence, si le failli décède pendant l'état d'union, lesdits biens tombent sous l'application du droit de mutation par décès. — De même, le Trésor peut exercer sur le revenu de ces biens, et notamment sur les intérêts des sommes déposées à la Caisse des consignations, le privilège qui lui est accordé par l'art. 32 L. 22 frim. (Grasse, 15 juin 1892, 7011 R. P.).

985. **Époux survivant. — Bénéfices nets de communauté. — Convention de mariage. — Propres du prédécédé. — Usufruit. — Legs.** — La clause d'un contrat de mariage attribuant, à titre de convention de mariage, au survivant des époux, l'usufruit de la part revenant au prédécédé dans les bénéfices nets de la communauté, ne s'applique pas à la portion des biens communs servant à l'imputation des apports et capitaux tombés dans l'association conjugale, du chef de l'époux prédécédé. — Le survivant, qui se trouve, en même temps, légataire ou donataire en usufruit de son conjoint, ne peut recueillir l'usufruit de cette portion qu'en vertu du legs ou de la donation et il doit, en conséquence, acquitter le droit de mutation par décès sur l'émolument qui lui échoit à ce titre (Coutances, 2 déc. 1897, 9250 R. P.).

988. **Établissement public. — Legs.** — La L. 25 fév. 1901 a édicté de nouvelles mesures pour le paiement des droits afférents aux legs faits aux établissements publics. Nous les faisons connaître nos 1685 et 1692 *infrà*.

Il résulte de ces mesures, qu'à l'égard de tous les biens légués aux départements, communes et établissements publics ou d'utilité publique, le délai, pour le paiement des droits de mutation ne courra, désormais, contre les héritiers ou légataires saisis de la succession, qu'à compter du jour où l'autorité compétente aura statué sur la demande en autorisation d'accepter le legs, sans, toutefois, que le paiement des droits puisse être différé au delà de deux années, à compter du jour du décès.

Décidé, sous l'empire de la législation antérieure, que : 1° les legs faits aux établissements publics sont soumis à la condition suspensive de l'autorisation. Jusqu'à ce que cette autorisation soit intervenue, les objets légués font partie de la succession. Les héritiers ou légataires universels sont, en conséquence, tenus d'acquitter les droits exigibles sur ces objets d'après leur degré de parenté (Dieppe, 12 janv. 1898, 9546 R. P.).

2° Jusqu'au jour de l'acceptation, par l'autorité compétente, d'un legs fait à un établissement public (910 C. civ.), les valeurs léguées restent, sous condition résolutoire, dans le patrimoine de l'héritier qui est tenu de payer, dans les six mois du décès, l'impôt de mutation sur ces valeurs (Périgueux, 4 juin 1898, 9581 R. P.).

Ces décisions ne doivent plus, aujourd'hui, être suivies.

988-9. Transaction. — Lorsqu'à la suite d'un testament olographe par lequel une personne, décédée sans laisser d'héritiers réservataires, a légué tous ses biens en nue propriété à un hospice et en usufruit à l'un de ses héritiers, intervient : 1° une transaction entre le nu propriétaire et l'usufruitier, portant, de la part de ce dernier, consentement à l'exécution du testament, à concurrence de la moitié en toute propriété de la fortune du défunt, et, de la part de l'hospice, renonciation à réclamer davantage; 2° un décret autorisant, par un article spécial, le legs fait à l'hospice et approuvant, par un autre article, la transaction, il en résulte les conséquences suivantes : Par l'effet rétroactif de l'autorisation obtenue, l'hospice se trouve, à défaut d'héritiers réservataires, saisi, à compter du jour du décès, de l'entière libéralité faite à son profit. Dès lors, il est tenu d'acquitter, pour l'intégralité de la nue propriété, les droits de mutation par décès, indépendamment des droits de même nature dus par l'usufruitier sur la valeur de l'usufruit universel qui lui a été légué (Abbeville, 2 juill. 1895; Cass. civ., 9 janv. 1899, 9481 et 9675-47 R. P.).

Il importe peu, d'ailleurs, que l'hospice n'ait pas formé la demande d'envoi en possession prévue par l'art. 1008 C. civ. Sans doute, cet article oblige le légataire universel, saisi de plein droit, aux termes de l'art. 1006, à se faire envoyer en possession par ordonnance du président, mais cette formalité n'est exigée que pour donner à son titre la force exécutoire et non pour conférer au légataire universel la saisine légale qui lui est acquise, dès le jour de l'ouverture de la succession. — Cass. (arr. précité).

Cette doctrine est applicable sous l'empire de la nouvelle législation.

988-14. Legs à l'État. — Jugé, antérieurement à la L. 25 fév. 1901, que les legs au profit de l'État étant soumis à l'autorisation préalable du Gouvernement, les héritiers du testateur restent saisis des biens légués tant que l'autorisation n'est pas intervenue. Pour le paiement du droit de mutation par décès, ils ne sont pas admis à déduire de l'actif imposable le montant des legs dont l'acceptation n'a pas encore été autorisée. Mais, si l'autorisation intervient dans les deux ans de la perception, le droit acquitté par les héritiers sur la valeur du legs peut être restitué (Sol. 5 août 1893, 8157 R. P.).

Actuellement, le droit de mutation par décès ne pourrait être réclamé aux héritiers que si plus de deux ans s'étaient écoulés, depuis l'ouverture de la succession, sans que l'autorisation d'accepter fût intervenue.

988-15. Héritiers de l'héritier. — Décidé, sous le régime antérieur à la L. 25 fév. 1901, que : 1° tout legs fait à un établissement public est soumis à la condition suspensive de l'autorisation d'accepter qui doit être donnée par l'autorité compétente. Jusqu'à cette autorisation, l'établissement public n'a sur les biens légués qu'un droit éventuel et suspendu, et ces biens restent, sous condition résolutoire, dans le patrimoine des héritiers ou des légataires universels saisis de la succession du testateur. — En conséquence, lorsqu'un légataire universel, chargé de payer un legs à un établissement public, et ayant la saisine légale, décède avant que cet établissement ait été autorisé à accepter, le montant du legs ne doit pas être déduit de l'actif de la succession pour le payement du droit de mutation par décès (Dieppe, 3 mars 1892; — Cass., 28 nov. 1893, 8212 et 8418-34 R. P.).

2° Quand un héritier, saisi sous condition résolutoire des biens légués par son auteur à un établissement public, décède avant que cet établissement ait été autorisé à accepter, le droit de mutation par décès est dû sur les biens dont il s'agit d'après le degré de parenté existant entre le défunt et ses héritiers, bien que l'établissement public ait, en fait, provisoirement accepté le legs, antérieurement à la mort de l'héritier du testateur. Le droit de mutation ainsi payé ne saurait être imputé sur le complément du droit de même nature dû par l'établissement public, lorsque l'autorisation d'accepter lui a été donnée (Sol. 8 août 1894, 8555 R. P.).

Mais, depuis la L. 25 fév. 1901, ces décisions ne sont applicables que si le décès de l'héritier saisi ne se produit que plus de deux ans après la mort du testateur, puisque, avant l'expiration de ce délai, l'héritier n'est pas tenu d'acquitter le droit afférent au legs consenti au profit de l'établissement public.

Il va de soi, d'ailleurs, qu'aujourd'hui comme autrefois, le droit ne pourrait plus être réclamé à l'héritier après l'autorisation d'accepter donnée à l'établissement public. Ainsi reconnu par une Sol. 28 sept. 1894 (8438 R. P.) dont la doctrine, sur ce point, demeure en vigueur.

992. Legs conditionnel. — Lorsqu'un testateur a institué pour légataire universelle sa présomptive héritière, en stipulant qu'au cas où elle n'atteindrait pas l'âge de 25 ans ou ne se marierait pas avant cette époque, elle n'aurait eu que l'usufruit de ses biens, la nue propriété revenant alors aux héritiers qui, à son défaut, eussent été appelés à la succession, au moment du décès, cette disposition constitue un legs sous condition résolutoire de la toute propriété au profit de la présomptive héritière, et sous condition suspensive en faveur des autres héritiers habiles à succéder, à défaut de cette dernière. Il importe peu, d'ailleurs, que, dans l'inventaire, ces héritiers aient figuré comme habiles à se dire et porter héritiers en nue propriété, puisque, loin de compromettre leurs droits, cette énonciation les réservait, et qu'ainsi, ils étaient recevables à soutenir qu'ils se trouvaient légataires sous condition suspensive (Reims, 23 déc. 1891; — Cass., 26 juin 1895, 8605 R. P.).

De même, constitue un legs sous condition résolutoire la disposition testamentaire par laquelle une personne lègue une somme en toute propriété à une enfant mineure, avec stipulation que les revenus seront affectés à l'entretien et à l'éducation de cette enfant; que le capital et les intérêts non employés lui seront remis à l'époque de sa majorité et qu'en cas de décès de la légataire avant cette date, cette somme reviendra à une petite fille non héritière ou aux ayants droit de celle-ci, ou, enfin, sera partagée

988-9. Transaction. — Lorsqu'un testateur, laissant un héritier à réserve, a, par un premier testament, institué comme légataire universelle sa femme et, par un testament postérieur, un établissement public, — que, sur l'action en nullité du second testament intentée par la femme, l'établissement public a été reconnu, par un jugement de première instance, légataire en pleine propriété de la quotité disponible, — que, sur l'appel interjeté de la femme, qui s'est rendue entre temps cessionnaire des droits de l'héritier réservataire, une transaction intervient entre elle et l'établissement public, aux termes de laquelle les droits de ce dernier sont fixés à une somme déterminée, tout le surplus de la succession appartenant en pleine propriété à la femme tant comme légataire universelle de son mari qu'en qualité de cessionnaire de l'héritier à réserve, — enfin, que cette transaction est approuvée par l'autorité préfectorale, — le droit de mutation par décès ne doit être perçu au tarif entre étrangers que sur la somme revenant à l'établissement public et à laquelle se réduit, en définitive, le legs fait à cet établissement (Orléans, 5 janv. 1905, 11151 R. P.).

Si une personne, décédée sans laisser d'héritiers réservataires, a, par testament olographe, institué une ville sa légataire universelle sous une charge déterminée (dans l'espèce, fondation d'un prix annuel destiné à doter un couple de gens), et qu'il intervient : 1° une transaction entre la ville et les héritiers naturels, aux termes de laquelle ces derniers renoncent, moyennant l'abandon d'une certaine somme, à exiger de la ville l'exécution de la charge imposée par le défunt et acceptent la substitution d'une autre fondation à celle prévue dans le testament; 2° un décret autorisant, par un article spécial, la ville à accepter le legs fait à son profit, et approuvant, par un second article, la transaction. — Il en résulte les conséquences suivantes : d'une part, en vertu de l'effet rétroactif de l'autorisation obtenue, la ville se trouve saisie, à compter du jour du décès, de l'intégralité du legs à elle fait, et, d'autre part, la somme que reçoivent les héritiers naturels leur provient, non pas de la dévolution légale, par suite de la caducité partielle du legs, mais d'un abandon consenti par la ville, à titre de transaction, en retour d'avantages déterminés. La ville est, en conséquence, tenue d'acquitter les droits de mutation par décès sur l'ensemble des biens faisant l'objet de son legs universel (Seine, 5 mai 1900, 11281 R. P.).

989. Enfants assistés. L. 27 juin 1904. Successions. Droits du département. Envoi en possession. Droits de mutation par décès non exigibles. — La L. 27 juin 1904 s'étant bornée à transférer aux départements le droit qui appartenait auparavant aux hospices sur les successions des enfants assistés, il convient de continuer à ces successions le bénéfice de la décision ministérielle du 23 juin 1858 et de ne pas les assujettir aux droits de mutation par décès (Sol. 7 fév. 1905, 11089 R. P.).

990. Exécuteur testamentaire. Émolument. Legs particulier. Constitue un legs particulier passible de l'impôt de mutation *par décès* l'émolument alloué par un testateur à son exécuteur testamentaire, dès lors qu'un jugement rendu entre ce dernier et les héritiers du défunt a formellement reconnu à cet émolument le caractère d'une libéralité. Mais l'Administration ne peut formuler aucune réclamation de ce chef après l'expiration du délai de deux ans à partir de la déclaration de succession souscrite par les héritiers et bien que l'exécuteur testamentaire n'y ait pas participé, si, dans cette déclaration, la disposition du testament relative à l'émolument alloué à l'exécuteur testamentaire a été intégralement reproduite et si le Receveur, la considérant comme une charge, et non comme un legs, a perçu les droits de mutation par décès d'après le degré de parenté des héritiers avec le défunt sur la totalité de l'actif de succession; il s'agit, en effet, dans cette hypothèse, d'une insuffisance de perception soumise à la prescription biennale édictée par l'art. 61 L. frim. (Bourgoin, 30 nov. 1903, 10724 R. P.).

992. Legs conditionnel. — *Présente les caractères d'un legs sous condition résolutoire et non ceux d'un legs sous condition suspensive*, la disposition testamentaire par laquelle une personne a légué à un tiers la quotité disponible de ses biens, sous la condition que ce legs deviendrait nul si l'héritier naturel atteignait l'âge de trente ans ou s'il se mariait avant cet âge (Lyon, 16 mai 1906, 11380 R. P.).

De même, la clause d'un testament par laquelle le défunt, qui laisse deux héritiers, lègue à l'un d'eux : 1° une somme déterminée en pleine propriété; 2° l'usufruit pur et simple du surplus de sa part héréditaire; 3° la nue propriété de la portion à lui léguée en usufruit, sous la condition qu'il laissera à son décès des enfants légitimes, — et à l'autre cette même nue propriété en cas de non-réalisation de l'événement prévu, — doit être interprétée comme renfermant un legs de la nue propriété sous condition suspensive au profit du premier héritier et sous condition résolutoire en faveur du second. En conséquence, ce dernier, se trouvant actuellement et réellement saisi de la nue propriété dont il s'agit, la transmet à son décès à ses héritiers qui doivent la comprendre dans la déclaration de sa succession et acquitter sur sa valeur les droits de mutation par décès (Mayenne, 26 mai 1903, 10579 R. P.).

1004 2. Dot de la femme. Célébration du mariage comportant libération. Déclaration de non-payement. Simples allégations du mari et d'un héritier ultérieurement renonçant. Reprise à exercer. — Lorsqu'il est stipulé dans un contrat de mariage que le futur époux consent à demeurer chargé de l'apport de la future épouse par le fait seul du mariage, cette clause, suivie de la célébration du mariage, a pour effet de constituer le mari débiteur de la dot s'il ne peut rapporter la preuve certaine qu'il ne l'a pas touchée. En conséquence, lors du décès de la femme, l'existence de la reprise résultant de sa constitution dotale est suffisamment établie, pour la perception du droit de mutation par décès, par les énonciations du contrat de mariage, malgré les allégations du mari et celles d'un héritier à réserve ultérieurement renonçant, consignées dans l'inventaire et d'après lesquelles l'apport de la femme n'aurait, en réalité, jamais été remis au mari. A plus forte raison, ce dernier n'est-il pas fondé à prétendre que, loin d'avoir une reprise à exercer, la succession de sa femme est, au contraire, débitrice d'une récompense envers la communauté pour la privation des revenus de l'apport promis, mais non effectué (Pontoise, 21 avril 1903, 10614 R. P.).

1005. Dot constituée solidairement. — *Dot conjointe fournie en biens propres à l'époux prédécédé. Indemnité due à sa succession par le conjoint survivant. Omission.* — Lorsqu'une dot constituée conjointement par deux époux à un enfant commun a été fournie en biens propres au conjoint prédécédé, la succession de ce dernier est créancière de l'autre époux d'une indemnité égale à la moitié de la valeur de la dot ; en ne déclarant pas cette indemnité, les héritiers commettent une omission passible du droit en sus (Marseille, 28 juin 1905, 11119 R. P.).

Constitution de rente en avancement d'hoirie. — Lorsque des père et mère ont constitué en dot une rente perpétuelle à un enfant commun, en stipulant que cette donation était faite en avancement d'hoirie sur leurs successions, à charge de rapport par moitié à chacune d'elles, et que, lors du décès du premier mourant, la rente subirait une réduction proportionnelle aux droits en revenu du crédi-rentier dans sa succession, il y a lieu de déduire de la succession du prémourant l'intégralité de cette rente, si le revenu des biens recueillis dans la succession par l'enfant doté est supérieur au chiffre de la rente et que, dans l'acte de partage de la succession, ladite rente a été imputée en totalité sur ses droits héréditaires (Caen, 11 avril 1906, 11338 R. P.).

1057. Époux survivant. Usufruit légal. Conversion en rente viagère (*Conf.* Seine, 12 déc. 1901, 10585 R. P.). Il en est ainsi alors même que la conversion de l'usufruit en rente viagère a été immédiatement suivie du rachat par les héritiers du service de cette rente au moyen de l'abandon d'un immeuble de la succession, et l'Administration n'est pas en mesure de démontrer que les actes intervenus aient été faits que pour frustrer les droits du Trésor (Beauvais, 16 fév. 1903, 10508 R. P.).

Conversion partielle en rente viagère. Droit de mutation par décès. — La conversion en rente viagère d'une partie seulement de l'usufruit légal du conjoint survivant est une opération de partage affectée d'un caractère déclaratif et rétroactif au même titre que la conversion en rente qui a pour objet la totalité de cet usufruit, et la perception du droit de mutation par décès doit être établie en conséquence (Mayenne, 11 juin 1907, 10512 R. P.).

Donation éventuelle. Partage d'ascendants. Biens propres et biens communs. Usufruit réservé pour chacun des donateurs. Conversion ultérieure en rente viagère. Réversibilité au profit du survivant. Prédécès du mari auquel appartenait la majeure partie des biens donnés. Libéralité réalisée au profit de la femme. Droit de mutation par décès. Mode de liquidation. — Lorsque, dans un acte de donation à titre de partage anticipé, les père et mère se sont réservé, chacun en ce qui le concerne, l'usufruit des biens donnés dont la majeure partie appartenait au mari, puis que, par un acte ultérieur, les ascendants donateurs renoncent à cet usufruit moyennant le service d'une rente viagère stipulée réversible sans réduction sur la tête du survivant, ce dernier acte contient, en faveur de la femme, une libéralité éventuelle soumise à la condition du prédécès du mari ; par suite, en cas de réalisation de cette éventualité, le droit de mutation par décès est exigible sur la fraction de la rente correspondant à l'usufruit que le mari s'était primitivement réservé. Comme il s'agit de la transmission d'une rente viagère créée sans expression de capital, l'impôt dû à raison du prédécès du mari doit être assis sur un capital formé de dix fois la fraction de rente en question, conformément à l'art. 14, § 9, L. frim., et non pas d'après les règles spéciales aux transmissions d'usufruit (Gannat, 21 déc. 1905, 11120 R. P.).

entre tous les petits enfants de la testatrice. Il importe peu que, dans l'acte de délivrance, le legs ait été qualifié comme fait sous condition suspensive. En conséquence, le droit de m. p. d. est dû sur ce legs au taux fixé pour la parenté existant entre la légataire et le testateur (Seine, 31 janv. 1900, 10070 R. P.).

De même, quand un testateur a légué à titre particulier une somme déterminée, sous la condition que cette somme fera retour à ses héritiers naturels si le légataire meurt sans enfant, la condition est résolutoire en ce qui concerne le légataire particulier, et suspensive en ce qui concerne les héritiers naturels. Il en résulte que, lors de l'accomplissement de la condition ainsi prévue, l'Administration n'est pas fondée à réclamer, sur la somme faisant l'objet du legs, le droit de m. p. d. à raison des transmissions qui se sont rétroactivement opérées tant au décès du testateur qu'à la mort des héritiers successivement appelés à recueillir le bénéfice du legs résolu (Mâcon, 18 janv. 1898 ; — Cass. civ. 28 oct. 1900, 10055 R. P.).

L'Administration ne saurait davantage être admise à considérer le légataire qui a joui, pendant sa vie, de la somme à lui léguée sous condition résolutoire, comme ayant eu rétroactivement l'usufruit de cette valeur, et à réclamer l'impôt de m. p. d. sur cet usufruit (Mâcon, 18 janv. 1898, 10055 R. P. ; — *Contrà* : Sables-d'Olonne, 19 oct. 1897, 9190 R. P., dont la doctrine, abandonnée par l'Administration elle-même, ne doit plus être suivie.)

Nue propriété. — Legs universel sous condition résolutoire. — Renonciation par les légataires. — Succession vacante. — Lorsqu'une personne a légué la nue propriété de ses biens aux enfants mineurs de sa légataire en usufruit sous la condition que ces enfants atteindront leur majorité, et à ses parents collatéraux pour le cas où lesdits enfants décéderaient avant d'avoir accompli leur vingt-unième année, ce legs est fait sous condition résolutoire au profit des parents collatéraux. Si, à la suite de la renonciation de ces parents, la succession est déclarée vacante pour la nue propriété des biens, la transmission sous condition résolutoire de cette nue propriété s'opère au profit de l'hérédité vacante qui est tenue d'acquitter les droits de mutation par décès (Nice, 27 déc. 1898, 9557 R. P.).

983. Remise de dette. — Legs. — La remise d'une dette faite dans son testament, par le créancier au débiteur constitue un legs passible du droit de mutation par décès (Bagnères-de-Bigorre, 11 fév. 1898, 9282 R. P.).

996. Testament. — Bureau de bienfaisance. — Charge de distribuer du pain et de la viande. — Aumône et non legs. — La disposition par laquelle un testateur charge le bureau de bienfaisance de distribuer aux indigents de la commune, le jour de ses obsèques, du pain et de la viande pour une somme déterminée, a les caractères d'une aumône et non ceux d'un legs destiné à accroître le patrimoine du bureau de bienfaisance. En conséquence, elle ne saurait être assujettie au droit de mutation par décès (Sol. 21 mars 1897, 9049 R. P.).

1002. Service religieux. — Charge. — Ne constitue pas un legs la clause d'un testament aux termes de laquelle le testateur, après avoir disposé, à titre particulier, d'un immeuble, au profit de ses neveu et nièce, leur impose la charge de verser au curé de sa paroisse une somme déterminée, en représentation des frais de son enterrement et des messes et prières pour le repos de son âme, alors qu'il résulte du testament que le défunt n'a entendu conférer au curé aucun droit qui puisse lui donner une action en délivrance, et que, d'autre part, le montant de la charge ne dépasse pas sensiblement les frais ordinaires d'enterrement joints aux services religieux en usage dans le pays (Sol. 28 janv. 1898, 9348 R. P.).

1005. Dot constituée solidairement. — Biens communs et biens propres. — Indemnités et récompenses. — Lorsque deux époux, mariés sous le régime dotal avec société d'acquêts, ont constitué solidairement des dots à leurs enfants au moyen de biens propres et de communauté, ils sont réputés avoir donné par moitié, et, lors de la déclaration de la succession du prémourant, il y a lieu de tenir compte dans ce sens des indemnités et récompenses dues, soit à la succession, soit à la communauté, suivant l'origine des biens ayant servi à la constitution des dots par moitié (Toulouse, 29 juin 1892, 7923 R. P.).

A défaut d'avoir mentionné dans la déclaration de la succession de son mari ou d'avoir produit au receveur la disposition testamentaire par laquelle le défunt prenait à sa charge la totalité de la dot constituée à un enfant commun, la veuve survivante commet une omission passible du droit en sus (Laval, 19 nov. 1897, 9202 R. P.).

1010. Régime dotal. — Biens paraphernaux. — Aliénation. — Emploi ou remploi. — Absence de justifications. — Lorsque des immeubles paraphernaux de la femme, mariée sous le régime dotal, ont été aliénés par elle, avec l'assistance et l'autorisation de son mari, le prix de vente doit, à défaut de justification d'emploi ou de remploi, être compris dans la déclaration de sa succession (1450 C. civ.) (Albi, 17 mars 1898, 9344 R. P.).

1057. Époux survivant. — Usufruit légal. — Conversion en rente viagère. — Droit de mutation par décès. — Lorsque l'héritier, usant du droit d'option que lui accorde la loi du 9 mars 1891, attribue au conjoint du défunt une rente viagère, en représentation de l'usufruit qui lui est légalement dévolu, ce conjoint doit être réputé tenir la rente viagère du défunt lui-même, et n'avoir jamais été saisi de l'usufruit. La perception du droit de mutation par décès doit être liquidée en conséquence (Mayenne, 5 déc. 1894, 8469 et 8650-36 R. P.).

Après avoir admis l'opinion contraire (Sol. 12 janv. 1894, 8249 R. P.), l'Administration s'est ralliée à cette dernière doctrine. Elle a décidé que la conversion de l'usufruit légal dévolu au conjoint survivant en une rente viagère ayant lieu, de plein droit, si tous les héritiers sont d'accord pour la faire, cette conversion ne peut être repoussée, lors de la déclaration de la succession de l'époux prédécédé. Si, à ce moment, le chiffre de la rente n'est pas encore déterminé, les parties doivent souscrire une déclaration estimative, d'après le principe général de l'art. 16 L. frim., sauf contrôle ultérieur, dès que le quantum de la rente sera définitivement fixé (Sol. 21 mars 1898, 9351 R. P.).

1061. Manière d'évaluer les biens. — La valeur de la propriété, de l'usufruit et de la jouissance des biens transmis par décès est déterminée, pour la liquidation et le paiement des droits, savoir :

1. Meubles. — Pour les meubles : 1° par l'estimation contenue dans les inventaires ou autres actes passés dans les deux ans du décès; 2° par le prix exprimé dans les actes de vente, lorsque cette vente a lieu publiquement et dans les deux années qui suivent le décès. Cette disposition s'applique aux objets inventoriés et estimés, conformément au § 1er, et dont l'évaluation serait inférieure au prix de vente; 3° à défaut d'inventaire, d'actes ou de ventes, en prenant pour base 33 fr. p. 100 de l'évaluation faite dans les polices en cours au jour du décès et souscrites par le défunt ou ses auteurs, moins de cinq ans avant l'ouverture de la succession. Cette disposition ne s'applique pas aux polices d'assurances concernant les récoltes, les bestiaux et les marchandises; 4° enfin, à défaut de toutes les bases d'évaluation établies aux trois § précédents, par la déclaration faite conformément au § 8, art. 14, L. frim. (L. 25 fév. 1901, art. 11. — V. nos 1064 et suiv.).

En ce qui concerne les créances et les valeurs négociables, les bases de l'impôt n'ont pas été modifiées par la L. 25 fév. 1901.

L'art. 11 de cette loi porte, en effet, que « les dispositions adoptées pour les meubles ne sont applicables ni aux créances, ni aux rentes, actions, obligations, effets publics et autres biens meubles dont la valeur et le mode d'évaluation sont déterminés par des lois spéciales ».

Quant à l'usufruit, la valeur en est fixée, non plus à forfait à la moitié de la pleine propriété, mais d'après une quotité basée sur la durée probable de cet usufruit, eu égard à l'âge de l'usufruitier (L. 25 fév. 1901, art. 13. — V. *Usufruit*).

2. Immeubles. — Pour les immeubles, transmis en toute propriété, la L. 25 fév. 1901 n'a changé les bases d'évaluation antérieures qu'en ce qui concerne ceux de ces biens dont la destination actuelle n'est pas de procurer un revenu. Dans ce cas, le droit est liquidé sur la valeur vénale, à l'exclusion du revenu capitalisé (V. *Expertise*, nos 72 et suiv.).

Mais le système de perception a été complètement transformé, lorsque la transmission a pour objet la nue propriété ou l'usufruit. Les principes établis, à cet égard, par la L. 25 fév. 1901, sont exposés vo *Usufruit*.

Saline. — Immeuble urbain. — Revenu. — Capitalisation par 20. — Lorsque la production du sel est l'unique destination d'une saline et que le sol, non recouvert par les eaux salées, n'est affecté à aucune culture, on ne saurait attribuer le caractère rural à l'exploitation de la saline, qui n'a nullement pour objet la récolte d'un produit naturel ou artificiel de la terre. En conséquence, pour la perception des droits d'enregistrement, le revenu de la saline doit être capitalisé par 20 et non par 25 (Sol. 19 fév. 1900, 9754 R. P.).

Usine et matériel industriel. — Revenu brut. — Le revenu brut annuel, sans distraction des charges c'est-à-dire tel que l'évaluation en est déterminée par l'art. 15, no 7 L. frim., doit servir de base exclusive à la liquidation du droit de mutation par décès, sans qu'il y ait lieu, lorsqu'il s'agit d'une usine, de déduire de ce revenu une somme quelconque pour l'usure et la dépréciation du matériel industriel (Angoulême, 9 mars 1896, 8886 R. P.).

1064 à 1067. Meubles. — Propriété. — Évaluation. — Inventaire. — Vente publique. — Déclaration estimative. — Créances et rentes. — V. no qui précède.

1111. Société. — Mobilier industriel et nom de la maison. — La clientèle, le mobilier industriel et le nom ou le titre de la maison doivent être compris dans la déclaration de succession et faire l'objet d'une évaluation pour déterminer l'importance de la part laissée par l'associé décédé (Nice, 1er août 1892, 7939 R. P.).

1170. Société dissoute. — Évaluation de la part sociale. — La L. 25 fév. 1901 ayant admis la déduction des dettes, pour la liquidation du droit de mutation par décès, il va de soi que ce principe est applicable à la part du défunt dans une société dissoute. Par suite, dans cette hypothèse, ce n'est plus, comme sous la législation antérieure, la part *brute*, mais la part *nette* qui doit supporter l'impôt. — V. no 1607 et suiv. *infrà*.

Décidé, avant la loi précitée, que lorsqu'une société, formée entre deux personnes seulement, est dissoute par le décès de l'une d'elles, l'associé survivant institué légataire universel, doit acquitter le droit de mutation par décès sur la *part brute* de l'associé décédé, sans distraction des charges ou passif (Nice, 1er août 1892, 7939 R. P.).

1170-2. Deux associés. — Fonds de commerce. — Cession au survivant. — L'attribution exclusive et sans prix de la clientèle et des marques de fabrique, consentie par l'un des associés à l'autre, en cas de prédécès, constitue une mutation gratuite de propriété commerciale; elle doit être déclarée dans les six mois du décès (Marseille, 20 déc. 1895, 8731 R. P.).

1172. Société inexistante en droit. — Faisons remarquer que le projet de loi auquel nous faisions allusion dans la première partie de notre *Rép. gén.* est devenu la L. 25 fév. 1901, dont nous donnons le Commentaire no 1576 et suiv. *infrà*.

1182. Quotité disponible. — Legs à charge de rendre. — Usufruit. — La disposition testamentaire par laquelle un père lègue, par égales parts, à ses enfants la quotité disponible, à charge par les légataires de la rendre, sous réserve de l'usufruit, à leurs enfants nés ou à naître, constitue une substitution permise au vœu de l'art. 1048 C. civ. En conséquence, l'impôt de mutation par décès est dû sur les biens qui font l'objet de cette disposition, tant à la mort du testateur qu'à la mort des grevés (Sol. 5 juill. 1897, 9179 R. P.).

1184 à 1226. Usufruit. — Nue propriété. — Valeur imposable. — La L. frim. avait soumis les transmissions de nue propriété et d'usufruit à des conditions très rigoureuses, en évaluant, à forfait, l'usufruit à la moitié de la valeur de la pleine propriété, abstraction faite de l'âge de

1061. Château. L. 25 fév. 1901, art. 13. Liquidation des droits de mutation par décès sur la valeur vénale, et non sur le revenu capitalisé. — Les droits de mutation par décès exigibles à raison de la transmission d'un château doivent être calculés sur la valeur vénale, et non pas sur le revenu capitalisé; il y a lieu à restitution quand, de ce chef, des droits ont été perçus en trop (Seine, 5 mai 1906, 11281 R. P.).

1064-1. Meubles meublants. Partage. Estimation supérieure à celle indiquée dans la déclaration de succession. Mobilier acquis depuis le décès. Insuffisance d'évaluation non établie. — L'estimation contenue dans un partage, passé dans les deux années du décès, des objets mobiliers autres que les créances, rentes, actions et obligations, ne peut servir de base légale à la perception des droits de succession lorsque ce partage comprend non seulement le mobilier existant au décès, mais encore des meubles acquis postérieurement (Clamecy, 7 juill. 1905, 10900 R. P.).

1126 et 1127. Négociant en vins. Machineries, foudres, cuves, pompes, matériel fixe et roulant. Immeubles par destination. Évaluation en revenu, et non en capital. — Constituent des immeubles par destination les machineries, foudres, cuves, pompes, matériel fixe et roulant, installés à perpétuelle demeure par le propriétaire d'un immeuble qui se livre au commerce des vins. En conséquence, au décès de ce dernier, ils ne doivent pas faire l'objet d'une déclaration et d'une évaluation particulières, comme objets mobiliers distincts de l'immeuble : il y a lieu d'en ajouter le revenu à celui de l'immeuble lui-même, de façon que le droit de succession soit liquidé sur un capital formé de vingt fois la valeur locative dud. matériel et de l'immeuble réunis (Montpellier, 3 juill. 1905, 11101 R. P.).

1165. Immeuble. Base de la perception. Capitalisation du revenu. — Pour les transmissions par décès de la pleine propriété d'immeubles, l'impôt doit obligatoirement être liquidé sur le revenu capitalisé par 20 (ou 25), et non pas sur la valeur vénale (Seine, 25 juill. 1905, 10838 R. P.).

1168. Apport d'un immeuble en société par le « de cujus ». Décès arrivé avant la date fixée comme point de départ de la société. Droit de mutation par décès dus sur le revenu capitalisé de l'immeuble. — Lorsqu'une société en nom collectif a été constituée pour prendre cours à compter d'une date déterminée et que l'un des associés, qui a fait l'apport d'un immeuble, décède avant cette époque, les héritiers doivent comprendre, dans la déclaration de la succession du défunt, non pas la part sociale de ce dernier envisagée comme une valeur purement mobilière et déterminée conformément à l'art. 14, no 8, L. frim., mais l'immeuble lui-même qui n'était pas encore sorti de son patrimoine au moment de son décès, et ils sont tenus, en conséquence, d'acquitter les droits de mutation par décès sur le revenu capitalisé de l'immeuble conformément à l'art. 15, no 7, L. frim. (Cass. (civ.), 7 mai 1906; Contrà Lille, 27 déc. 1902, 11181 R. P.).

1184-2. Legs à titre universel payable au décès d'un autre légataire à titre universel. Prétendue constitution d'usufruit. Fruits devant accroître au capital. Interprétation du testament. — Quand un testateur a institué une mère et sa fille ses légataires à titre universel, en stipulant que la fille « ne pourra rien » demander de sa part avant le décès de sa mère », cette clause n'implique pas une constitution d'usufruit au profit de la mère; elle doit être interprétée en ce sens que la fille ne pourra, en fait, obtenir la délivrance de son legs avant le décès de sa mère, mais que les fruits produits jusqu'à cette époque accroîtront au capital dudit legs (Seine, 8 août 1903, 11617 R. P.).

1191-1193. Usufruit successif. Cession par le second usufruitier. Ouverture du second usufruit. Droit de mutation par décès non exigible. — V. Contrà Béziers, 11 juillet 1906, 11295 R. P. — V. Supra, nº 552.

1214. Legs. Somme à verser à une compagnie d'assurances sur la vie pour constituer, au profit d'un tiers désigné, une rente viagère d'un chiffre déterminé. Rente viagère objet de la libéralité. — A le caractère d'un legs de rente viagère, et non d'un legs de somme, la clause d'un testament par laquelle le de cujus a stipulé qu'il devrait être prélevé sur les plus clairs biens de sa succession une somme suffisante pour constituer, à l'aide d'une compagnie d'assurances sur la vie, au profit d'un tiers désigné, une rente viagère d'un chiffre déterminé ; l'impôt de mutation par décès doit, par suite, être liquidé sur le chiffre de cette rente capitalisé par 10, et non pas sur le capital déboursé pour l'acquérir (Limoges, 30 oct. 1905, 10790 R. P.).

1237-5. Prétendus apports en mariage déguisés sous les apparences de donations en avancement d'hoirie. Preuve non admissible. Rapports à la succession du donateur. — Lorsqu'une succession comprend les droits du défunt dans la succession d'un de ses auteurs prédécédés, il y a lieu, pour déterminer l'importance de ces droits, de rapporter à la succession de cet auteur les sommes qu'il a données en avancement d'hoirie à ses enfants par contrat de mariage. Ceux-ci ne sauraient être admis à démontrer qu'ils n'ont pas à effectuer ces rapports, en établissant que, contrairement aux termes formels de leurs contrats de mariage, les sommes qui ont été indiquées dans ces actes, comme données en avancement d'hoirie par leur auteur, étaient en réalité leur propriété personnelle ; il s'agit, en effet, de simples allégations dont les parties ne pourraient fonder l'exactitude que sur leurs propres agissements (Bordeaux, 28 oct. 1901 ; — Cass. (req.), 28 déc. 1903, 10800 R. P.).

usufruitier, et en taxant, lors du démembrement, la nue propriété comme si la mutation s'appliquait à la pleine propriété. Ces règles ont été entièrement modifiées par la L. 25 fév. 1901, dont l'économie consiste à envisager séparément les deux éléments qui composent une propriété démembrée, c'est-à-dire, d'une part, la nue propriété, et, de l'autre, l'usufruit, et à assujettir à l'impôt la valeur respective de chacun d'eux, au moment de la transmission.

Nous avons indiqué et commenté les principes de la législation nouvelle vº *Usufruit*. Nous y renvoyons.

1187. **Usufruit temporaire. — Immeuble rural. — Mode d'évaluation.** — Lorsqu'un usufruit temporaire, transmis par décès, porte sur un immeuble rural, il y a lieu, pour en déterminer la valeur imposable, de tenir compte du rehaussement d'un quart édicté, en ce qui concerne le taux de capitalisation, par la loi du 21 juin 1875 (Sol. 26 nov. 1890, 7536 R. P.).

Evaluation. — L. 25 fév. 1901. — Maximum. — V. Usufruit.

1191-1193. **Usufruit successif. — Cession par le second usufruitier. — Ouverture du second usufruit. — Droit de mutation par décès exigible.** — Le légataire d'un usufruit qui n'a pu exercer ses droits qu'au décès d'un premier usufruitier, est tenu d'acquitter l'impôt de mutation par décès, dans les six mois de l'événement qui tenait son legs en suspens. Il en est ainsi alors même qu'il aurait, avant le décès du premier usufruitier, cédé ses droits éventuels (Rouen, 14 déc. 1899, 9805 R. P.).

1199-1. **Legs. — Nue propriété sous condition résolutoire. — Usufruit sous condition suspensive.** — Lorsqu'un testateur a institué un légataire universel et a légué à une autre personne un immeuble et une somme d'argent, pour en avoir la jouissance immédiate et la toute propriété seulement si elle atteint l'âge de 25 ans, le droit de mutation par décès dû pour la transmission, sous condition résolutoire, de la nue propriété de cet immeuble et de cette somme d'argent, au profit du légataire universel, doit être liquidé sur la valeur entière de ces biens (L. frim., art. 15, nº 7). Il importe peu, en effet, que le legs de la nue propriété soit fait sous condition résolutoire et le legs de l'usufruit sous condition suspensive, puisqu'au moment de l'ouverture de la succession, le légataire de la nue propriété acquiert tout à la fois la nue propriété et l'expectative de l'usufruit qui en est inséparable (Cass. 29 oct. 1895. — *Contrà* : Loudun, 18 juill. 1891, 8066 et 9047 R. P.).

Sous l'empire de la L. 25 fév. 1901, le droit ne devrait plus être perçu, dans l'espèce précitée, que sur la valeur de la nue propriété. — V. *Usufruit*.

1210. **Nue propriété. — Valeurs mobilières. — Modifications survenues pendant la durée de l'usufruit. — Bases de la perception.** — Quand, à l'époque de la première transmission de la nue propriété, le droit a été perçu sur la valeur entière de la pleine propriété, il ne doit plus, pour les transmissions subséquentes et tant que l'usufruit reste séparé, être assis que sur la valeur de la nue propriété seule. Ce principe ne cesse pas d'être appliqué, bien que les biens soumis à l'usufruit aient subi, pendant la durée de la jouissance, des changements qui en ont altéré la nature, si d'ailleurs ces biens ont conservé un cachet d'origine qui ne permette pas de douter de leur provenance (Sol. 23 sept. 1893, 8296 R. P.).

1217. **Rentes viagères. — Immatriculation de rentes sur l'État. — Usufruit. — Déduction du capital des rentes viagères.** — Au décès d'un débi-rentier, les rentes sur l'État affectées au service de rentes viagères auxquelles il était tenu de son vivant, en vertu d'un titre prescrivant cette affectation, doivent figurer dans la masse des biens composant son patrimoine pour la valeur intégrale qu'elles représentent, et c'est cette valeur diminuée seulement du capital au denier 10 des rentes viagères qui sert de base à la liquidation de l'impôt de mutation par décès applicable à la quotité des biens héréditaires dont l'usufruit a été légué par le débi-rentier (Guéret, 24 mai 1893, 8204 R. P. ; — Trévoux, 22 déc. 1898, 9693 R. P.).

1222. **Legs. — Rente sur l'État. — Usufruit et non rente viagère.** — La disposition par laquelle un testateur stipule qu'un titre de rente française sera acheté et inscrit au grand livre de la Dette publique au nom d'un de ses neveux comme usufruitier et au nom de ses légataires universels comme nus propriétaires, constitue le legs de l'usufruit d'une rente sur l'État et non le legs d'une rente viagère. En conséquence, la valeur de ce legs ne doit pas être déduite de l'actif héréditaire pour la perception des droits à la charge des légataires universels (Saint Palais, 30 déc. 1899, 9744 R. P.).

1227 à 1250. **Charges. — Déduction. — Réforme. — L. 25 fév. 1901.** — La L. 25 fév. 1901 a réalisé l'innovation la plus importante qui ait été introduite, depuis la L. frim., dans la législation de l'enregistrement, en admettant la déduction du passif, pour la liquidation des droits de mutation par décès.

Nous donnons *infrà*, nºˢ 1576 et suiv., le commentaire des dispositions nouvelles. Les explications fournies dans la première partie de notre *Rép. gén.* sont, pour la plupart, devenues sans application sous l'empire de la nouvelle législation. Celles dont l'actualité subsiste doivent être mises en harmonie avec les règles actuelles. Nos lecteurs trouveront, à cet égard, toutes les indications désirables sous les numéros qui suivent. Nous y renvoyons.

1236-1. **Société. — Prorogation verbale.** — Une société, arrivée au terme fixé pour sa durée et continuée verbalement entre les associés, n'a pas d'existence légale vis-à-vis des tiers, et doit être considérée comme créant une simple indivision. — Par conséquent, la part de chacun des communistes dans l'entreprise a pour objet la copropriété même des biens dépendant de la communauté, et ce qui doit être déclaré, à leur décès, c'est la valeur même de cette copropriété, sans distraction des charges (Seine, 18 mars 1892, 7833 R. P.).

Faisons remarquer que, dans cette espèce, les charges doivent être déduites sous le régime établi par la L. 25 fév. 1901.

1244. **Mandat. — Déduction.** — Il a été décidé, avant la L. 25 fév. 1901, que sont non déductibles de la succession de la veuve les créances qu'elle aurait, en continuant le commerce de son mari, recouvrées pour le compte de ceux de ses enfants majeurs, en vertu d'un prétendu mandat tacite (Sol. 5 juill. 1892, 7922 R. P.).

De même, la disposition testamentaire par laquelle une femme dotale, après avoir légué à son mari l'usufruit de tous ses biens, avec dispense de caution et d'inventaire, exprime la volonté que, sur les fonds de sa succession, celui-ci prélèvera une somme déterminée qu'il devra employer en totalité à améliorer ou à embellir à son gré un immeuble propre à la testatrice, revêt le caractère de mandat et constitue une charge de la succession dont le montant ne doit pas, pour la perception, être déduit des valeurs héréditaires. Il en est ainsi, bien que le mandataire puisse agir à son gré et sans contrôle, et quelles que soient les circonstances qui suivent le testament (Toulouse, 3 juin 1896, 8994 R. P.).

Dans les espèces ci-dessus, dès l'instant qu'il s'agit de dettes ou de charges, la déduction devrait être opérée sous le régime nouveau établi par la L. 25 fév. 1901.

1245. Tuteur. — Deniers pupillaires — Déduction. — Il en est de même des deniers pupillaires détenus par le tuteur.

Reconnu, antérieurement à la L. précitée : 1° que les deniers pupillaires conservés par un tuteur, pour le compte d'un de ses enfants mineurs, ne doivent, lors du décès du tuteur, être déduits que jusqu'à concurrence du numéraire ou des valeurs assimilables existant dans sa succession (Sol. 5 juill. 1892, 7922 R. P.);

2° Que, pour la liquidation du droit de mutation par décès, on peut déduire de la communauté ayant existé entre un mari et sa femme prédécédée, les valeurs mobilières échues aux enfants mineurs et réalisées par le père, au cours de cette communauté, qui en est débitrice. Ces valeurs étant soumises à la jouissance légale du père ont, en effet, le caractère de valeurs usufructuaires (Sol. 24 nov. 1893, 2851 R. P.).

1248-1. Rente viagère. — Legs. — Valeurs remises au crédi-rentier en garantie. — Décès du crédi-rentier. — Jugé, dans le même ordre d'idées, avant la L. 25 fév. 1901, que ne peuvent être considérées comme détenues en usufruit les valeurs remises par l'héritier, en exécution d'une clause du testament, au légataire d'une rente viagère, pour assurer le service de cette rente, lorsqu'il est manifeste que le testateur n'a pas entendu créer un droit d'usufruit au *profit* du légataire, mais régler seulement le mode de prestation de la rente viagère dont les arrérages ne doivent ni s'accroître par la plus-value ni diminuer par la dépréciation des titres donnés en garantie. En conséquence, quand le crédi-rentier a réalisé les valeurs qui lui ont été remises et en a fait emploi en titres inscrits à son nom, il n'est pas possible, pour la liquidation du droit de mutation par décès, de déduire de sa succession une somme égale au montant des valeurs dont il s'agit. Cette somme représente, en effet, une dette de l'hérédité (Aubusson, 30 déc. 1893, 8349 R. P.).

Cette décision ne serait plus justifiée sous l'empire de la loi nouvelle.

1250. Titre remis en gage. — Fait partie de la succession du nu propriétaire le titre de rente sur l'État que ce nu propriétaire a déposé au Trésor de Belgique pour garantir le paiement des droits qui seront dus, conformément à la législation belge, au décès de l'usufruitier (Beaune, 16 fév. 1894, 8338 R. P.).

De même, les valeurs déposées à la Banque de France en garantie d'avances consenties au déposant doivent être comprises dans la déclaration de succession de ce dernier, bien que les avances fussent exigibles antérieurement au décès du débiteur, si, en fait, le gage, qui en garantissait le remboursement, n'a été réalisé que postérieurement à ce décès (Lesparre, 2 déc. 1897, 9215 R. P.).

1253. Usufruit. — Valeurs. — Déduction. — Les valeurs usufructuaires sont déductibles sur tous les biens successoraux quelle qu'en soit la nature (Sol. 5 juill. 1892, 7922 R. P.).

1254-1. Reprises de la femme. — Mari usufruitier et débiteur. — Depuis la L. 25 fév. 1901, il n'y a plus à rechercher, pour la liquidation du droit de mutation par décès, en quelle qualité de débiteur ou d'usufruitier le mari détient les valeurs de la succession de la femme prédécédée, puisque, dans l'une comme dans l'autre hypothèse, la déduction doit avoir lieu (Rappr. n° 1240 *infra*).

C'est sous cette réserve que nous indiquons les décisions suivantes rendues sous le régime antérieur :

1. Ne doivent pas être déduites de la succession du mari, pour le calcul du droit de mutation par décès, les reprises dont il est débiteur envers les héritiers de la femme, lorsqu'il n'est pas établi que le défunt détenait ces reprises, non plus comme débiteur, mais en vertu de l'usufruit que lui avait légué sa femme (Seine, 3 nov. 1894, 8460 R. P.).

2. Décidé, dans le même sens, que le mari, institué légataire en usufruit, des reprises de sa femme, doit être considéré, envers les héritiers ou légataires de la nue propriété qui ont renoncé à la communauté, comme étant resté débiteur et non usufruitier de ces reprises, à moins qu'il ne soit justifié d'un acte ayant produit l'interversion de son titre et novation de la dette : il en est surtout ainsi, lorsque les nus propriétaires ont, pour garantir le paiement des reprises, fait inscrire l'hypothèque légale de leur auteur. Il en résulte que, lors du décès du mari, ses héritiers ne sont pas admis à déduire les reprises du montant des valeurs à déclarer pour le paiement des droits de mutation (Mâcon, 27 déc. 1899, 9826 R. P.).

3. Reconnu, au contraire, que doivent être déduites de la succession du mari, pour le calcul du droit de mutation par décès, les reprises dont il était débiteur envers les héritiers de sa femme, lorsqu'il résulte de présomptions suffisamment graves et précises que le défunt détenait ces reprises, non plus comme débiteur, mais en vertu de l'usufruit qui lui avait été légué par sa femme (Tarbes, 28 juill. 1890, 7460 R. P.; — Castres, 28 fév. 1891, 8250 R. P.).

4. De même, il a été jugé que lorsqu'un mari est tout à la fois débiteur des reprises de sa femme prédécédée, usufruitier des biens de cette dernière et tuteur de ses enfants mineurs, il y a lieu de déduire de sa succession

[illegible] Somme détenue par le défunt à titre de dépôt. Preuve. Déduction. — Lorsqu'il résulte d'un écrit émanant du défunt que celui-ci [illegible] d'une certaine somme qui lui avait été remise à titre de [illegible], cette somme doit, pour la perception du droit de mutation par décès, être déduite de l'argent comptant dépendant de la succession ou des valeurs en tenant lieu (Cognac, 3 août 1903, 10582 [illegible]).

1262. Reprises. Déduction. — Lorsque, dans un acte de liquidation-partage de communauté, antérieur à la déclaration de la succession du mari, il a été stipulé que les reprises de la veuve lui seraient payées à terme par les héritiers du *de cujus*, ces héritiers ne peuvent, pour la perception des droits de mutation par décès, être admis à imputer ces reprises sur l'actif commun suivant l'ordre réglé par le Code civil; ils doivent comprendre la moitié des acquêts dans la déclaration de la succession de leur auteur, et, faute de ce faire, ils commettent une omission passible du droit en sus (Caen, 11 avril 1906, 11338 R. P.).

1288-1. Rente viagère. Extinction. Non-déduction. — *Conf.* Vannes, 28 juill. 1904, 10856 R. P.; — Parthenay, 31 juill. 1906, 1136. R. P.; — Seine, 5 janv. 1907, 11373 R. P.

les reprises comme détenues à titre précaire (Amiens, 8 janv. 1897, 9008 R. P.).

1256. Legs de somme grevé d'usufruit. — Insuffisance des valeurs héréditaires. — Décès ultérieur de l'usufruitier. — Déduction à admettre quant à la somme détenue à titre d'usufruit. — Quand, au décès d'une personne ayant institué un légataire universel et ayant fait un legs particulier de somme d'argent grevé de l'usufruit de ce légataire universel, les droits de mutation par décès n'ont été acquittés que sur partie de cette somme à raison de l'insuffisance des biens héréditaires d'après la déclaration de succession, il y a lieu, au décès du légataire en usufruit, de ne déduire de la succession de ce dernier, pour la perception de l'impôt, que la somme effectivement frappée du droit, lors de la constitution de l'usufruit (Saint-Mihiel, 11 août 1896, 9067 R. P.).

1257. Usufruit. — Prix de vente. — Charge. — Il a été jugé, avant la L. 25 fév. 1901, que lorsque la nue propriété d'un immeuble est vendue à l'usufruitier moyennant une somme déterminée, payable sans intérêts à l'extinction de l'usufruit, le prix de la vente consiste dans la pleine propriété de cette somme, qui constitue une créance à recouvrer par le vendeur à l'époque fixée pour son exigibilité. L'usufruitier en est débiteur, en exécution de la vente et il ne la détient pas en vertu de son usufruit. Par suite, cette somme doit être considérée comme une charge, non susceptible d'être déduite de l'actif héréditaire, pour le payement du droit de mutation dû au décès de l'usufruitier (Laon, 5 mars 1891, 7639 R. P.).

De même, quand la nue propriété de valeurs mobilières et immobilières est cédée à l'usufruitier moyennant une somme payable sans intérêts à l'extinction de l'usufruit, le prix de la cession constitue une dette de l'acquéreur, et, par conséquent, une charge non susceptible d'être déduite de l'actif de sa succession pour le paiement du droit de mutation par décès (Montargis, 3 juin 1897, 9103 R. P.).

Faisons remarquer que ces décisions ne sont plus applicables sous l'empire de la législation nouvelle.

1261 à 1269. Reprises. — Déduction. — Les reprises de la femme sont-elles, depuis la L. 25 fév. 1901, susceptibles d'être déduites de la succession du mari, pour la liquidation du droit de mutation par décès?

Nous avons traité cette question nos 1589, 1593, 1605 et 1658 *infra*.

Sauf sur ce point, la L. 25 fév. 1901 laisse entières les autres questions dont l'examen fait l'objet des nos 1261 à 1269 de la première partie de notre *Rép. gén.*

1270 à 1293. Sommes données entre vifs et encore dues au décès du donateur. — La L. 25 fév. 1901 n'a pas modifié, en cette matière, les règles en vigueur sous la législation antérieure. — V. n° 1649 *infra*.

1282. Somme donnée entre vifs. — Terme d'exigibilité expiré. — Preuve du paiement incombant à l'Administration. — Déduction. — L'échéance du terme de paiement d'une obligation ne constitue pas une présomption suffisante pour établir que cette obligation a été remboursée au jour convenu. En conséquence, l'Administration ne peut pas s'appuyer sur ce seul fait pour prétendre qu'une mère n'était plus, au jour de son décès, débitrice de la dot par elle constituée à son fils, et stipulée payable à un terme dont l'échéance était depuis longtemps arrivée, et, par suite, pour refuser de déduire cette dot de l'actif de la succession de la donatrice (Lesparre, 22 mai 1895, 8695 R. P.).

1283. Somme donnée entre vifs. — Paiement à la volonté du donataire. — Preuve. — Déduction. — Lorsque, dans un contrat de mariage, il a été stipulé que la dot constituée à la future épouse lui serait remise, à sa première demande, à charge de prévenir le donateur trois mois d'avance, l'Administration ne saurait, pour la perception du droit de mutation par décès, se refuser à déduire cette dot de l'actif de la succession du donateur, en prétendant, sans en fournir la preuve, qu'elle a été payée du vivant du donateur. C'est à l'Administration et non aux parties que cette preuve incombe (Seine, 11 août 1898, 9370 R. P.).

1287. Somme donnée entre vifs et encore due au décès. — Legs du donataire. — Condition de ne pas réclamer la somme primitivement donnée. — Déduction. — Quand, après avoir donné, par acte entre vifs, une somme dont il s'est réservé l'usufruit, le donateur lègue divers meubles et immeubles au donataire, à charge par celui-ci de ne pas réclamer à la succession le montant de la donation, il y a lieu, pour la liquidation du droit de mutation par décès, de déduire de la valeur imposable des biens légués la somme primitivement donnée (Sol. 7 déc. 1893, 8433 R. P.).

1288-1. Rente viagère. — Extinction. — Non-déduction. — La rente annuelle et viagère constituée en dot à titre d'avancement d'hoirie par des père et mère à leur enfant commun et stipulée imputable, d'abord sur la succession du prémourant des donateurs et, subsidiairement, sur celle du survivant, s'éteint, *ipso facto*, au décès du prémourant, lorsque le donataire recueille, dans la succession de celui-ci, des valeurs supérieures au capital de cette rente. Il n'y a donc pas lieu, pour la liquidation du droit de mutation par décès, de déduire de l'actif héréditaire le capital au denier 10 de la rente dont il s'agit (Sol. 30 nov. 1891, 7828 R. P.; — Laval, 12 nov. 1897, 9260 R. P.; — La Roche-sur-Yon, 7 mars 1899, 9695 R. P.; — *Contrà* : Saint-Amand, 11 janv. 1901, 10107 R. P.).

1288-2. Somme donnée entre vifs. — Payement. — Deniers empruntés. — Subrogation du prêteur. — Déduction. — Quand une somme donnée entre vifs a été payée au donataire par le donateur, avec des deniers empruntés par celui-ci à un tiers qui est subrogé à l'effet de la donation, le donateur se trouve libéré vis-à-vis du donataire, mais l'obligation résultant de la donation n'a pas disparu pour faire place à une dette nouvelle contractée par le donateur envers le tiers prêteur. Malgré le paiement au donataire, c'est toujours la même dette qui subsiste sur la tête du tiers prêteur, et qui a pour cause juridique la donation. En conséquence, lorsque la dette n'est pas remboursée, au décès du donateur, il y a lieu, pour la liquidation du droit de succession, de la déduire de l'actif héréditaire, au même titre que toute autre somme donnée entre vifs et non payée au décès (Lectoure, 16 avr. 1896; — Sol. 2: fév. 1898, 9210 R. P.).

Dot. — Constitution solidaire. — Paiement intégral par le survivant des donateurs. — Subrogation légale. — Créance. — Déduction. — Lorsque deux époux ont solidairement constitué à l'un de leurs enfants une dot stipulée imputable sur la succession du prémourant, le survivant qui a personnellement acquitté cette dot se trouve, en vertu de la subrogation légale, créancier de la succession de son conjoint prédécédé. Pour la perception du droit de mutation par décès, la créance doit être déduite des valeurs composant la succession de l'époux prédécédé (Aurillac, 20 juin 1898, 9410 R. P.).

1294 à 1314. Legs. — Déduction. — La L. 25 fév. 1901 n'a pas davantage modifié les règles antérieures, en ce qui concerne la déduction des legs. — V. nº 1649 *infrà*.

1303-3. Legs particulier. — Acte héréditaire insuffisant. — Droit payé sur l'intégralité du legs. — Restitution. — Lorsque les droits de mutation par décès ont été acquittés sur l'intégralité des legs particuliers, bien que ces legs excèdent le montant de l'actif successoral déclaré, aucune restitution ne saurait avoir lieu, s'il résulte des circonstances que la déclaration de succession renferme des omissions et s'il est établi que l'hérédité comprend des valeurs au moins suffisantes pour faire face au paiement intégral des legs (Fontainebleau, 11 nov. 1896, 9045 R. P.).

1306. Rente viagère. — Legs. — Charge. — Décidé, avant la L. 25 fév. 1901, que constitue une charge, et, par suite, ne saurait être déduite des valeurs héréditaires, pour la liquidation du droit de mutation par décès, la rente viagère que le défunt s'était engagé à servir à sa mère, comme condition d'une donation à titre de partage anticipé (Seine, 5 fév. 1898, 9243 R. P.).

Sous l'empire de la loi nouvelle, la déduction, dans l'espèce précitée, devrait être admise.

1310-3. Rente viagère. — Legs successifs. — Réversion. — Lorsque, par l'effet d'une réversion stipulée par le testateur, une rente viagère passe, au décès du premier bénéficiaire, sur la tête d'une seconde personne, cette nouvelle transmission de la rente donne ouverture à l'impôt de mutation, sans qu'il y ait lieu d'imputer le droit payé par le légataire universel sur une quote-part de l'hérédité représentant le capital au denier 10 de la rente. — Il en est de même quand, tout en créant deux rentes distinctes, l'une actuelle, l'autre conditionnelle, le testateur a stipulé que la seconde ne serait payable qu'après l'extinction de la première (Sol. 9 avr. 1892, 7877 R. P.).

1311. Legs. — Paiement à terme. — Usufruit. — La stipulation d'un testament portant que les legs particuliers seront payables sans intérêt dans les deux ans qui suivront le décès de la veuve usufruitière, attribue l'usufruit des legs à l'héritier, lorsque la veuve renonce à la disposition faite en sa faveur. En conséquence, l'usufruit de ces legs doit être assujetti au droit de mutation par décès (Montreuil, 4 nov. 1892, 8197 R. P.).

1313. Legs. — Droit de mutation. — Déduction. — Jugé, antérieurement à la L. 25 fév. 1901, que lorsque le testateur, après avoir fait divers legs particuliers tant en nue propriété qu'en pleine propriété, et légué, sous la restriction des legs en pleine propriété, l'usufruit de tous ses biens, meubles et immeubles, dispose que les frais du testament et des actes qui en seront la conséquence, ainsi que les droits de mutation applicables aux legs, resteront à la charge de sa succession, ces frais et ces droits constituent une dette de l'hérédité; ils ne doivent pas être déduits de l'actif héréditaire pour le calcul du droit de mutation incombant au légataire à titre universel de l'usufruit (Bourges, 12 juin 1891; — Cass. req., 31 janv. 1893, 8033 R. P.).

Cette doctrine ne doit plus être suivie sous l'empire de la loi nouvelle.

1315-1317-4. Actif apparent. — Défaut de déclaration. — Recouvrement. — Poursuites. — Toutes les fois qu'une succession comprendra un actif apparent, les receveurs, sans rechercher si cet actif est grevé de passif, auront soin d'établir, aussitôt après l'expiration du délai légal, une consignation dans laquelle ils énuméreront tous les biens qui, à leur connaissance, dépendent de la succession, sauf à laisser provisoirement en suspens la liquidation des droits.

Pour les avertissements qu'ils enverront immédiatement, ils inviteront simplement les redevables à se présenter au bureau, personnellement ou par un mandataire spécial, pour y souscrire la déclaration et acquitter les droits.

En cas de poursuites, la contrainte procèdera, en ce qui concerne chaque débiteur non solidaire ou chaque groupe de débiteurs solidaires, pour une somme fixe, déterminée provisoirement par le maximum des droits simples et du demi-droit en sus présumés exigibles, sur les valeurs actives de la succession, mais sans déduction du passif, et sauf à augmenter ou à diminuer d'après la déclaration à souscrire (3067-10 I. G.; 10171 R. P.).

1319. Immeubles. — Capitalisation du revenu. — V. nº 1061-2 *suprà* le mode d'évaluation, en ce qui concerne les immeubles dont la destination actuelle n'est pas de produire des revenus.

1321-3. Meubles et immeubles. — Liquidation du droit. — Reconnu, avant la L. 25 fév. 1901, que la liquidation du droit de mutation par décès doit être effectuée sur le montant cumulé des meubles et immeubles échus aux mêmes héritiers ou légataires (Sol. 11 sept. 1893, 8233 R. P.).

A fortiori, doit-il en être de même sous l'empire de la législation nouvelle, puisque le droit est dû sur la valeur de la part nette recueillie (V. nᵒˢ 1603 et suiv. *infrà*).

1325. Partage. — Influence sur le droit de succession. — L'impôt de mutation par décès est dû, d'après la dévolution héréditaire, sur une créance constatée dans un état liquidatif de la communauté qui a existé entre le débiteur décédé et sa femme, sans qu'il y ait lieu de se préoc-

1310-3. Rente viagère. Legs successifs. Reversion. — Lorsque, tout en créant deux rentes viagères distinctes, l'une actuelle, l'autre conditionnelle, le testateur a stipulé que la seconde ne serait payable qu'après l'extinction de la première, le légataire de la rente conditionnelle doit, au décès du premier légataire, acquitter l'impôt de mutation par décès sur le capital de cette rente. Toutefois, si le chiffre de la seconde rente excède celui de la première, il y a lieu d'imputer le droit de mutation par décès précédemment acquitté par le légataire universel sur la quote-part de l'actif de succession représentant le capital au denier 10 de l'augmentation de rente (Étampes, 28 fév. 1900, 11221 R. P.).

1318. Legs. Droits de mutation. Déduction. — Lorsqu'un testateur, décédé antérieurement à la loi du 25 fév. 1901, a légué l'usufruit conjoint de ses biens à deux personnes, dont l'une a été instituée en même temps légataire de la nue propriété, et que les droits de mutation par décès à la charge de celle-ci ont été prélevés sur les valeurs héréditaires et compris dans ses attributions en usufruit, il y a lieu, en cas de décès de ce légataire avant son co-usufruitier, de déduire de l'actif de sa succession, pour la liquidation de l'impôt, une somme représentant l'usufruit des droits de mutation par décès compris dans ses attributions, à évaluer suivant les règles établies par la loi du 25 fév. 1901, c'est-à-dire d'après l'âge de l'usufruitier survivant (Blois, 8 mars 1906, 11295 R. P.).

1327-1. Partages de communauté et de succession antérieurs à la déclaration. Soulte. Liquidation des droits de mutation par décès d'après les attributions de ces deux partages. Prescription biennale non applicable. — L'effet déclaratif de l'art. 883 C. civ. s'applique aussi bien à l'indivision entre cohéritiers qu'à l'indivision résultant d'une communauté entre époux; lorsque ces deux sortes d'indivisions se succèdent par suite de décès non suivis de partages de succession, c'est à l'origine même de ces indivisions qu'il faut remonter pour établir l'effet déclaratif du partage. Il en résulte qu'il y a lieu de prendre pour base d'une déclaration de succession : 1° le partage antérieur qui a attribué aux représentants du de cujus, à charge de payement d'une soulte, un immeuble dépendant d'une succession échue pour partie au défunt; 2° le partage antérieur de communauté qui a attribué aux héritiers une soulte à recevoir de la veuve du défunt, cette soulte devant être regardée comme ayant appartenu au de cujus avant son décès et les biens meubles et immeubles attribués en contre-partie à la femme étant censés n'être jamais entrés dans la succession. — Lorsqu'une déclaration de succession aurait dû être faite sur les bases d'un partage antérieur, la prescription biennale de l'art. 61 L. frim. ne peut être opposée à la réclamation de l'Administration si cet acte de partage n'est pas mentionné dans la déclaration (Seine, 7 avril 1906, 11236 R. P.).

1330-3. Partage. Usufruitier et nu propriétaire. Absence d'indivision. Lotissements en pleine propriété. Caractère translatif et non déclaratif de la convention. Déclaration de succession. — Aucune indivision n'existant entre l'usufruitier et le nu propriétaire, l'acte par lequel ils conviennent de transformer, l'un son usufruit, l'autre sa nue propriété, en une portion de la pleine propriété constitue, non pas un partage, mais une convention translative de propriété. Spécialement, lorsque le mari usufruitier des biens dépendant de la succession de sa femme prédécédée et les héritiers nus propriétaires se répartissent cette succession et prennent chacun une part de la pleine propriété en se faisant abandon réciproque de leurs droits à l'usufruit ou à la nue propriété des biens non compris dans leur lot, la convention présente les caractères juridiques d'un échange et est, en conséquence, passible du droit de mutation à titre onéreux auquel sont assujettis les contrats de cette nature. Un tel acte, ne constituant pas un partage ayant les effets déclaratifs de l'art. 883 C. civ., ne peut servir de base à la perception des droits de mutation par décès qui doivent être liquidés d'après la dévolution testamentaire et légale des biens héréditaires (Le Havre, 15 déc. 1903, 10546 R. P.).

1333. Partage antérieur à la déclaration. Biens étrangers. — Lorsqu'un partage de communauté et de succession, comprenant à la fois des biens français et des biens étrangers, attribue ces derniers aux héritiers de l'époux prédécédé dans une proportion supérieure à leur part, il ne peut être pris pour base de la déclaration de la succession dud. époux; en pareil cas, c'est la dévolution héréditaire qui doit régler la perception des droits de mutation par décès (Seine, 1er déc. 1905, 11130 R. P.).

1352. Omission. Preuve. Cession de droits successifs. — Pour établir l'existence d'une omission commise dans une déclaration de succession, l'Administration peut invoquer la cession que les héritiers ont consentie de leurs droits successifs au profit de la veuve du défunt, moyennant un prix supérieur au montant des valeurs déclarées pour le paiement de l'impôt de mutation par décès (Jonzac, 13 mai 1902, 10416 R. P.; — Saint-Mihiel, 17 juin 1903, 10663 R. P.).

1380. Communauté. Reprises. Justifications. — V. *Communauté*, n° 338-2.

1393-3. Légataire particulier. Droits de mutation mis à la charge du légataire universel. — *Conf.* Coutances, 20 juin 1903, 1066 R. P.

1398. Plusieurs branches d'héritiers. Droits de mutation par décès. Solidarité des héritiers. — Les droits d'une succession échue à plusieurs branches d'héritiers peuvent être réclamés en totalité à un seul de ses héritiers (Seine, 31 mars 1906, 11259 R. P.).

ruper de l'attribution qui pourra être faite ultérieurement, lors du partage entre la femme du créancier et les cohéritiers du mari (Bastia, 30 déc. 1891, 7831 R. P.).

1330-3-1336-1344. Donataire universel en usufruit. — Héritier du sang nu propriétaire. — Partage. — Lotissement en pleine propriété. — Effet translatif et non déclaratif. — Lorsqu'une succession est échue à un donataire, pour l'usufruit, et à l'héritier du sang, pour la nue propriété, il n'y a pas d'indivision entre eux. Dès lors, l'acte par lequel ils conviennent de transformer, l'un sa nue propriété, l'autre son usufruit, en une portion de la pleine propriété, n'est pas un partage ayant les effets rétroactifs de l'art. 883 C. civ. Un tel acte, qui constitue un échange, ne peut servir de base à la perception des droits de mutation par décès qui doivent être liquidés d'après la dévolution testamentaire et légale des biens héréditaires. Il en est ainsi, bien que le donataire de l'usufruit soit l'époux commun en biens du défunt. Il suffit, en effet, que l'une des parties possède exclusivement, à quelque titre que ce soit, le droit de jouissance, pour que l'autre partie, qui n'a qu'un droit de nue propriété, ne puisse venir partager ce qui n'est pas commun (Bayeux, 1er juill. 1898, 9604 R. P.).

1347. Partage ultérieur. — Supplément de droit. — L'Administration est fondée à réclamer un complément de droit de mutation par décès, en vertu du partage intervenu depuis la déclaration de la succession, entre l'héritier et l'époux survivant. — Il en est ainsi, alors même que la différence dans la consistance des biens recueillis proviendrait du mode adopté pour l'évaluation des immeubles (Pontoise, 13 juill. 1891, 7704 R. P.).

De même, un partage postérieur à la déclaration de succession peut donner lieu à la perception d'un supplément de droit, non seulement quand il développe la matière imposable en démembrant la propriété, mais encore lorsqu'un héritier reçoit une part de la succession excédant ses droits d'après la saisine, et que cette dévolution est assujettie à un tarif plus élevé que celle qui s'effectue au profit des autres héritiers (Seine, 28 juill. 1890, 2458 R. E.).

Mais un partage avec soulte, postérieur à la déclaration de succession, ne peut servir de base à la perception du droit de m. p. d. (Lille, 9 août 1895, 1061 R. E.).

1357. Immeubles. — Capitalisation légale. — V. n° 1061-2 *suprà*.

1375. Dot. — Mariage. — Libération. — Reprise. — La clause d'un contrat de mariage portant que le futur époux reconnaît l'apport de la future épouse et consent à en demeurer chargé par le seul fait de la célébration du mariage, a pour effet d'attribuer à l'événement prochain du mariage la force d'une simple présomption libératoire qui peut céder à la preuve contraire. Mais cette preuve ne saurait résulter de l'écrit s. s. p. par lequel la femme déclare qu'elle n'a pas apporté la dot indiquée dans le contrat de mariage, alors surtout que, dans ce contrat, l'apport avait été indiqué comme étant en sa possession. En conséquence, l'apport dont il s'agit doit être compris, à titre de reprises, dans la succession de la femme prédécédée (Dijon, 13 avr. 1897, 9983 R. P.).

1388. Paiement des droits. — Légataire. — Renonciation. — Le légataire est tenu, dans le délai imparti par la loi, de souscrire la déclaration de son legs et de payer le droit de mutation par décès. Il ne saurait se soustraire à cette obligation qu'en produisant un acte de renonciation. L'acceptation tacite rendrait, d'ailleurs, cette renonciation inopérante (Seine, 29 juill. 1899, 9703 R. P.).

1389. Héritiers. — Saisine légale. — Absence d'acceptation et de prise de qualité. — Droits de mutation par décès exigibles. — Lorsque le défunt laisse pour héritiers ses père et mère pour moitié et des frères et sœurs pour l'autre moitié, les droits de mutation par décès sont dus par tous ces héritiers aux taux qui les concernent, à défaut de renonciation, quand bien même il serait allégué que le père et la mère ont appréhendé, pour eux seuls, l'intégralité de la succession, et se sont mis en possession régulière des biens qui la composent, à défaut, par les frères et sœurs, de prendre qualité (Compiègne, 24 mars 1897, 9099 R. P.).

1391. Héritier bénéficiaire. — Paiement des droits. — L'héritier bénéficiaire est, comme l'héritier pur et simple, tenu au paiement des droits de mutation par décès (Ussel, 5 déc. 1896, 9000 R. P.; — Trévoux, 26 mai 1898, 9415 R. P.).

1393-3. Légataire particulier. — Droit de mutation mis à la charge de l'héritier. — L'action de la Régie contre le légataire particulier ne saurait être arrêtée par une clause du testament qui aurait mis à la charge de l'héritier l'impôt de mutation exigible à raison du legs (Seine, 25 mars 1893, 8067 R. P.).

1398. Solidarité. — Héritier le plus solvable. — L'Administration est fondée, d'après les principes de la solidarité, à poursuivre le recouvrement des droits contre celui des héritiers qu'elle considère comme le plus solvable, sauf recours de celui-ci contre ses cohéritiers pour le remboursement de leur part et portion virile (Rouen, 3 juin 1891, 7667 R. P.).

1402. Enfant naturel. — Paiement des droits. — L'enfant naturel reconnu étant rangé, depuis la L. 25 mars 1896, au nombre des héritiers (V. *Enfant*, n° 85), il y a lieu de décider, aujourd'hui, qu'il est solidairement tenu avec les héritiers légitimes du paiement des droits (V. *Enfant*, n° 182).

1413. Usufruit successif. — Premier usufruitier décédé. — Héritiers du second usufruitier. — Droit de mutation. — Paiement. — Si le second usufruitier meurt avant le premier, sans avoir souscrit, dans les six mois du décès de celui-ci, la déclaration de l'usufruit successif, ses héritiers sont tenus d'acquitter, chacun pour sa part et portion virile, le droit exigible (Mortagne, 9 mars 1899, 9596 R. P.).

1416 *bis*. Héritiers et usufruitier légal. — Non solidarité. — Aucune solidarité n'existe, pour le paiement des droits de mutation par décès, entre les héritiers et l'époux survivant, usufruitier légal (Sol. 19 juin 1897, 9048 R. P.).

1420 Privilège du Trésor. — Revenus. — Pour le recouvrement des droits dus par le nu propriétaire, le Trésor a un privilège sur les fruits et revenus encaissés par le légataire en usufruit (Nice, 27 déc. 1898, 9577 R. P.).

1422. Recouvrement des droits. — Inscription du privilège de séparation de patrimoine. — Délai de six mois. — Forme. — L'Administration est autorisée et peut avoir intérêt à requérir l'inscription du privilège de séparation de patrimoine, sur les immeubles dépendant d'une succession, pour assurer le recouvrement des droits de mutation par décès, même après l'expiration du délai de six mois à compter de la mort du *de cujus*. Si, passé ce délai, l'inscription ne confère plus au Trésor un droit de préférence vis-à-vis des créanciers privilégiés et hypothécaires des héritiers (C. C. 2111), elle lui procure encore les avantages d'une hypothèque ordinaire prenant rang de la date même de la formalité hypothécaire. L'inscription du privilège de séparation de patrimoine est prise dans les formes ordinaires (C. C. 2148 et 2149) (Sol. 8 juin 1901, 3089-22 I. G., 10284 R. P.).

1423. Droit sur les capitaux. — L'Administration, à qui la loi a conféré une double action pour le recouvrement de ces droits, l'une contre les héritiers, l'autre sur les biens de la succession, ne saurait être astreinte à exercer la première plutôt que la seconde, et à demander une collocation, qui pourrait être inefficace, dans un ordre ouvert sur le prix des immeubles héréditaires. Tant que les héritiers n'ont pas souscrit la déclaration des biens à eux transmis par décès, ils ne sont pas recevables à contester le chiffre des droits qui leur sont provisoirement réclamés (Trévoux, 26 mai 1898, 9415 R. P.).

1431. Bailleur de fonds. — Privilège de second ordre. — Le privilège que l'art. 32 L. frim. accorde sur les intérêts de la partie du cautionnement demeurée disponible entre les mains du comptable, est primé par le privilège réservé aux frais de justice, lorsque ces frais ont été faits dans l'intérêt de tous les créanciers. D'autre part, le privilège du bailleur de fonds frappe la totalité du cautionnement et ne saurait être restreint à la partie du cautionnement qu'il a fournie (Marseille, 11 mai 1900; — Sol. 16 juin 1900, 9933 R. P.).

1433 et 1434. Legs d'usufruit. — Renonciation après acceptation. — Transmission de l'usufruit sur la tête du nu propriétaire. — Droit de mutation par décès sur l'usufruit. — Privilège de l'art. 32 L. frim. non applicable. — Le légataire de la nue propriété, qui reçoit, par voie de cession ou de donation, l'usufruit des mains mêmes du légataire de cet usufruit, a la qualité de tiers acquéreur, au préjudice duquel l'action réelle, prévue par l'art. 32 L. frim., pour le recouvrement du droit de mutation par décès dû à raison du legs de l'usufruit, ne peut pas être exercée tant que vit l'usufruitier (Sol. 21 mai 1896, 8833 R. P.).

Privilège du Trésor. — Sommes cédées à titre de garantie. — Intérêts. — Le privilège, conféré au Trésor par l'art. 32 L. frim., s'exerce sur les intérêts des sommes cédées par le défunt, à titre de garantie (Sol. 2 juin 1896, 8785 R. P.).

1436 et 1437-2. Prix de récoltes. — Immobilisation. — Saisie non pratiquée. — Les créanciers inscrits sur un immeuble n'ont un droit de préférence sur le prix des récoltes de cet immeuble, après qu'elles ont été vendues, que si elles ont conservé leur caractère immobilier, et il n'en est ainsi qu'autant qu'une saisie de l'immeuble a été pratiquée et transcrite. Il ne peut être suppléé à cette formalité par la signification d'un commandement aux fins de saisie effectuée, à la requête des créanciers inscrits, au curateur de la succession vacante dont dépendent les immeubles et non suivi de saisie. Il importe peu que, à la demande du curateur, une ordonnance du président du tribunal ait autorisé la vente des récoltes et ordonné le versement de leur prix à la Caisse des dépôts, sous la réserve du droit de créanciers hypothécaires (C. Angers, 30 nov. 1898; — Cass. req. 26 nov. 1900, 10045 R. P.).

1438. Délégation de prix. — Opposition avant acceptation. — L'opposition notifiée par l'Administration à l'acquéreur d'un immeuble héréditaire, avant l'acceptation de la délégation du prix consentie aux créanciers inscrits, conserve le privilège de l'art. 32 L. frim. (Pontoise, 15 janv. 1894, 8429 R. P.; — C. Caen, 1er fév. 1897, 9196 R. P.).

1444. Ordre. — Immobilisation des intérêts. — L'immobilisation, en faveur des créanciers inscrits, des intérêts du prix d'un immeuble dépendant d'une succession, s'opère, non du jour de l'adjudication volontaire au profit de l'un de ces créanciers, mais seulement du jour de l'ouverture de l'ordre pour la distribution de ce prix. — L'adjudicataire de l'immeuble, dont la créance inscrite est égale ou supérieure au prix, ne saurait prétendre que, par l'effet de l'adjudication, il s'est opéré une confusion qui a rendu le prix improductif d'intérêts, et qu'en conséquence l'Administration de l'Enregistrement n'est pas fondée à exercer, pour le recouvrement du droit de mutation par décès, le privilège de l'art. 32 L. 22 frim. sur les intérêts du prix courus jusqu'à l'ouverture de l'ordre (Boulogne, 11 juin 1891, 7708 R. P.).

1446. Prix de vente d'un office. — Intérêts. — Distribution par contribution. — Le privilège de l'Administration, pour le paiement du droit simple de mutation par décès auquel donne ouverture la succession du titulaire d'un office, peut s'exercer sur les intérêts du prix de vente de cet office courus jusqu'au jour du règlement définitif qui détermine les droits de chacun des créanciers (Marseille, 3 av. 1895, 8591 R. P.).

1450-2. Faillite du défunt. — Abandonnement de biens. — En matière de droits de mutation par décès, le privilège conféré au Trésor par l'art. 32 L. frim., sur tous les fruits et revenus de la succession, s'exerce alors même qu'il est intervenu, entre les héritiers et les créanciers de la succession, un abandonnement de biens auquel l'Admi-

1422. Séparation des patrimoines. Droits de mutation par décès. — Les droits de mutation par décès constituant non seulement une dette de l'héritier, mais encore une dette de la succession, l'Administration est autorisée à requérir une inscription de séparation des patrimoines sur les immeubles héréditaires (Cass. req., 9 nov. 1904, 10863 [illegible]). Mais cette formalité est inutile quand il s'agit d'une succession vacante, la séparation des patrimoines ayant lieu de plein droit en pareil cas (Bordeaux, 17 nov. 1902, 10965 R. P.).

1454. Droits de mutation par décès afférents à des legs particuliers. Privilège sur les revenus des biens héréditaires. Saisie-arrêt. — Lorsque, en vue d'assurer le recouvrement de droits de mutation par décès afférents à des legs particuliers, l'Administration a pratiqué une saisie-arrêt à l'encontre des héritiers, pris comme détenteurs des biens de la succession, ceux-ci ne sont pas recevables à contester au fond l'exigibilité des droits réclamés, bien qu'ils soient tenus, par les termes du testament, de supporter le payement des droits de mutation par décès dus pour les legs; les légataires particuliers sont, en effet, d'après la loi de frimaire, les seuls débiteurs directs du Trésor, et la clause testamentaire relative à la charge des droits de mutation confère simplement à l'Administration, à défaut de payement de ces droits par les légataires eux-mêmes, la faculté d'exercer contre les héritiers l'action indirecte prévue par l'art. 1166 C. civ. (Seine, 5 mai 1905, 11162 R. P.).

1459 et 1462. Usufruitier. Droits dus par le nu propriétaire. Privilège de l'art. 32 L. frim. Action en reddition de compte. Procédure de droit commun. Jugement par défaut. Acquiescement. Validité. — Le privilège conféré au Trésor par l'art. 32 L. frim. est général et s'exerce indistinctement sur les revenus de tous les biens de la succession, pour le recouvrement des droits dus par les différents héritiers ou légataires; par suite, les produits des biens dévolus à un héritier ou à un légataire répondent du payement des droits dus par tout autre héritier ou légataire. Spécialement, pour assurer le recouvrement des droits de mutation par décès dus par le légataire de la nue propriété, l'Administration est fondée à exercer, contre le légataire de l'usufruit, son action *privilégiée* sur les revenus des biens héréditaires. — L'usufruitier n'étant tenu que *propter rem*, et non pas personnellement, des droits simples de mutation par décès dus par le nu propriétaire, l'action en reddition de compte dirigée contre lui par la Régie, pour obtenir le payement de ces droits, doit être suivie dans les formes du droit commun, et non pas d'après les règles spéciales des art. 65 L. frim. et 17 L. 27 vent. an IX. La nature de cette action ne peut, d'ailleurs, être modifiée par le fait que, dans l'exploit introductif d'instance, il a été indiqué par erreur que l'Administration demandait une condamnation personnelle contre l'usufruitier, alors que les termes mêmes de cette assignation tendent très explicitement à la condamnation de l'usufruitier seulement comme détenteur de revenus grevés du privilège du Trésor. — Lorsque l'Administration agit contre un usufruitier pris comme détenteur des revenus grevés du privilège du Trésor, en vue d'assurer le recouvrement des droits dus par tout autre légataire ou héritier, elle est tenue d'observer les formes du droit commun; le jugement de condamnation qu'elle a obtenu dans ces conditions est, dès lors, parfaitement régulier, et l'usufruitier a pu très valablement y acquiescer, sans être ultérieurement fondé à exciper que ce jugement est nul pour ne pas avoir été rendu dans les formes prescrites en matière d'enregistrement, que cette nullité est substantielle et d'ordre public, et que, par suite, son acquiescement est sans valeur. — Cet acquiescement ne saurait davantage être annulé comme entaché d'erreur malgré les expressions « condamnation personnelle » introduites par erreur dans l'exploit d'assignation, lorsque cette erreur a été rectifiée dans des conclusions ultérieures, qu'il est constant que l'action dirigée par l'Administration contre l'usufruitier était une instance en reddition de compte des revenus grevés du privilège du Trésor, et que le jugement auquel il a été acquiescé établit nettement que l'usufruitier a été condamné, non pas comme débiteur personnel tenu sur ses biens propres du payement des droits de mutation par décès dus par le nu propriétaire, mais seulement comme détenteur des revenus des biens héréditaires. — En validant l'acquiescement donné dans ces circonstances par l'usufruitier à un jugement de défaut rendu contre lui au profit de l'Administration, un arrêt de Cour d'appel ne valide pas un acquiescement ou une transaction en matière d'impôt, ce qui serait contraire aux principes de notre droit public; il déboute simplement l'usufruitier de sa résistance à une demande en reddition de compte (Montmorillon, 28 nov. 1900 et 8 août 1901; Cass. (req.), 23 juill. 1903, 10565 R. P.).

1479. Décès du mari. Majoration des reprises de la veuve. Insuffisance de perception et omission. — Constitue seulement une insuffisance de perception prescriptible par deux ans, et non pas une omission passible du droit en sus et soumise à la prescription quinquennale, le cas où, dans une déclaration de succession, les héritiers du mari ont énoncé, après l'énumération des reprises de la veuve, un titre de rente sur l'État immatriculé au nom de cette dernière, en spécifiant que led. titre a été acquis au moyen de fonds recueillis dans une succession à elle échue au cours du mariage et en ajoutant des indications suffisantes pour mettre le Receveur à même de s'apercevoir que les parties ont omis de déduire du chiffre total des reprises de la veuve le montant du prix d'achat du titre en question. — Il y a omission passible du droit en sus dans le fait par les héritiers du mari de ne pas avoir déduit des valeurs qui ont été recueillies par la veuve au cours du mariage dans la succession de sa mère et qui forment reprises à son profit, le montant d'un legs particulier fait par la mère et qui a été payé au légataire avant le décès du de cujus, ce fait ayant eu pour résultat de majorer les reprises de la veuve et de diminuer, par suite, l'importance de l'émolument imposable lors de la déclaration de la succession du mari (Bordeaux, 10 mars 1903, 11079 R. P.).

...stration est restée étrangère (C. Caen, 1er fév. 1897, 9196 R. P.).

Décidé que l'abandonnement de biens, consenti par l'héritier aux créanciers du défunt, ne produit effet qu'à l'égard des créanciers qui y ont concouru, à moins qu'il n'ait été homologué par un jugement rendu par défaut contre les créanciers non adhérents. L'Administration, créancière non adhérente, conserve donc, en principe, la faculté d'exercer le privilège de l'art. 32 L. frim., et l'immobilisation des fruits des immeubles, que le contrat d'abandonnement entraîne de plein droit, ne lui est pas opposable (Sol. 11 juill. 1896, 9047 R. P.).

1450-3. Faillite. — Intérêts d'une somme déposée à la Caisse des consignations. — Le Trésor peut, pour le recouvrement du droit de mutation par décès sur la succession d'un failli, exercer le privilège de l'art. 32 L. 22 frim., sur les intérêts produits par le montant, versé à la Caisse des consignations, d'une créance héréditaire (Sol. 9 juill. 1891, 7716 R. P.).

1450-4. Faillite. — Affirmation de créance. — L'action du Trésor est affranchie des formalités préliminaires de l'affirmation et de la vérification (Grasse, 15 juin 1892, ... R. P.).

1456. Demi-droit en sus. — Privilège du Trésor. — Le privilège conféré au Trésor par l'art. 32 L. frim. garantit la totalité des droits de succession exigibles. Il s'étend, par suite, au demi-droit en sus encouru par l'héritier qui n'a pas souscrit la déclaration et acquitté le droit simple dans le délai légal (C. Bordeaux, 16 juin 1891, 7086 R. P.; — Seine, 26 déc. 1894, 8580 R. P.).

Décidé, en sens contraire, que le privilège est restreint au droit simple et ne s'applique pas au demi-droit en sus qui constitue une pénalité (Pontoise, 15 janv. 1894, 8420 R. P.; — Sol. 27 août 1896, 8930 R. P.).

1462. Usufruitier. — Droits dus par le nu propriétaire. — Privilège de l'art. 32 L. frim. — Action en reddition de compte. — Procédure de droit commun. — L'usufruitier étant tenu *propter rem* et non personnellement des droits simples de mutation par décès dus par le nu propriétaire (L. frim., art. 32), l'action en reddition de compte dirigée contre lui par la Régie, pour obtenir le paiement de ces droits, doit être suivie conformément à la procédure de droit commun, et non d'après les règles spéciales de l'art. 65 L. frim. — Le caractère de cette action ne saurait, d'ailleurs, être modifié par le fait que la Régie a pris des conclusions tendant à ce que l'usufruitier soit personnellement condamné, à titre d'astreinte, au paiement des droits, pour le cas où il chercherait à éluder l'exécution du jugement requis contre lui (C. Poitiers, 11 mars 1902, 10227 R. P.).

L'action privilégiée que l'Administration est fondée à exercer sur les revenus des immeubles héréditaires pour le recouvrement des droits incombant aux héritiers de la nue propriété, doit être intentée suivant les formes du droit commun. La saisie ayant lieu en vertu de la permission du juge, il est inutile de faire signifier au préalable une contrainte. — Il convient, au surplus, de ne recourir en pareil cas à la procédure de la saisie-arrêt qu'après avoir épuisé tous les autres moyens susceptibles d'amener une solution amiable et autant seulement que la solvabilité des locataires ou fermiers garantit l'efficacité de la saisie (Sol., 2 avr. 1902, 3080-21 I. C., 10283 R. P.).

1467. Délai non expiré. — Mesures conservatoires. — Bien que le délai de 6 mois pour déclarer le bénéfice d'une assurance sur la vie ne soit pas expiré, l'Administration a la faculté de conserver la créance par une saisie-arrêt pratiquée entre les mains de la Compagnie d'assurances (Seine, 4 mai 1900, 9879 R. P.).

1470. Privilège. — Distribution par contribution. — Forclusion. — La forclusion prononcée par l'art. 660 C. proc. est générale et absolue; elle a lieu, à l'égard des créanciers non opposants comme à l'égard de tous les autres, à défaut de production dans le mois de la sommation faite aux créanciers opposants. Cette déchéance est opposable au Trésor pour sa créance résultant des droits de mutation par décès, encore bien que cette créance ait pris naissance après le délai légal de production. Il en est ainsi, non seulement pour l'action sur les capitaux provenant du prix d'une vente de meubles et qui, déposés à la Caisse des dépôts, font l'objet d'une distribution par contribution, mais encore pour l'action sur les intérêts de ces capitaux (Sol. 29 déc. 1899, 9745 R. P.).

1471. Omission et insuffisance. — Sanction de la loi. — L'art. 11 L. 25 fév. 1901, qui a modifié les règles de perception établies par l'art. 3 L. 21 juin 1875, en ce qui concerne l'évaluation des meubles autres que les créances, rentes, actions et obligations (V. nos 1051 *suprà*) reproduit, pour la pénalité applicable dans ce cas, une disposition identique à celle qui fait l'objet de l'art. 3 L. 21 juin 1875. Cette disposition est ainsi conçue : « L'insuffisance dans l'estimation des biens déclarés sera punie d'un droit en sus, si elle résulte d'un acte antérieur à la déclaration. Si, au contraire, l'acte est postérieur à cette déclaration, il ne sera perçu qu'un droit simple sur la différence existant entre l'estimation des parties et l'évaluation contenue aux actes. »

Les explications fournies à cet égard dans la première partie de notre *Rép. gén.* n'ont donc rien perdu de leur actualité.

1472. Usufruit successif. — Premier usufruitier décédé. — Héritiers du second usufruitier. — Droit en sus. — Si le second usufruitier, en faveur duquel s'ouvre l'usufruit successif, décède avant l'expiration du délai de six mois accordé pour souscrire la déclaration, ses héritiers encourent également un demi-droit en sus, à défaut de paiement du droit simple dans le délai légal (Mortagne, 9 mars 1899, 9595 R. P.).

1479. Omission. — Caractère. — Appréciation. — Le tribunal peut décider, d'après les circonstances, que les parties n'ont pas commis une omission passible du droit en sus (Libourne, 27 janv. 1892, 7825 R. P.).

1481. Omission et non-insuffisance. — Présomptions. — Cession de droits successifs. — Pour établir qu'une déclaration de succession est entachée d'omission et pour réclamer les droits éludés, l'Administration peut invoquer les dispositions d'un acte de cession de droits successifs passé entre les cohéritiers. Ces derniers ne sauraient, d'ailleurs, être admis à soutenir que la cession de droits successifs révèle uniquement une insuffisance d'évaluation prescriptible par 2 ans, à l'exclusion d'une omission soumise à la prescription de 5 ans, alors qu'en fait la déclaration de succession comprenait des valeurs faciles à estimer et ne pouvant, en aucun cas, acquérir la plus-value résultant de la différence entre le prix porté dans la cession de droits successifs et l'estimation faite dans la déclaration de succession (Caen, 1er juin 1896, 9064 R. P.).

1484. Interprétation. — Référence à un testament. — Caducité. — Les héritiers d'un légataire universel doivent comprendre dans la déclaration de sa succession la totalité d'un legs particulier que le défunt était tenu de délivrer en sa qualité de légataire universel, et qui est devenu caduc par suite du défaut d'existence légale de l'établissement légataire, surtout si le testament porte expressément que le légataire universel sera attributaire de tout legs ou part de legs « qui ne serait pas recueilli ». — La non-déclaration des biens compris dans ce legs devenu caduc constitue une omission passible du droit en sus, bien que les déclarants se soient référés au testament et à l'inventaire, dès l'instant qu'il n'est pas établi que ces pièces aient été produites et soumises au Receveur, lors de la déclaration (Cass. civ. 22 juill. 1891, 7677 et 7974-21 R. P.).

1486. Omission. — Projet de déclaration retiré et remplacé par une déclaration définitive incomplète. — Le défaut d'indication, dans une déclaration de succession, de certaines valeurs héréditaires, sous prétexte de contestation sur l'exigibilité des droits auxquels le Receveur prétendait assujettir ces valeurs, constitue une omission passible du droit en sus (Guéret, 24 mai 1893, 8294 R. P.).

1488. Legs. — Modalité. — L'héritier commet une omission passible du droit en sus s'il n'indique pas, dans sa déclaration, la modalité qui affecte le payement des legs (Montreuil, 4 nov. 1892, 8197 R. P.).

1491. Rente sur l'État. — Coupon détaché. — Le défaut d'énonciation dans une déclaration de succession de la valeur du coupon détaché d'une rente sur l'État, antérieurement au décès, constitue, non une insuffisance de perception de la part du receveur, mais une véritable omission commise par les héritiers et passible du droit en sus (Sol. 7 août 1891, 7714 R. P.; — Thiers, 12 janv. 1900, 9809 R. P.).

1509. Omission. — Quotité disponible. — Commet une omission passible d'un droit simple et d'un droit en sus l'époux survivant, légataire de la quotité disponible la plus étendue de la fortune de sa femme au jour de son décès, qui, s'abstenant de mentionner dans la déclaration de succession les valeurs dont le défunt a disposé par acte entre vifs à titre gratuit, n'acquitte l'impôt de mutation que sur une partie des biens dont le décès l'a investi (Besançon, 6 août 1895, 8720 R. P.).

Lorsque, dans une déclaration de succession comprenant une libéralité qui excède la quotité disponible, les intéressés ont opté pour la quotité disponible et qu'un acte ultérieur constate la prise de possession de la libéralité entière, la prescription pour la réclamation d'un supplément de droit court seulement de la date de ce dernier acte. Mais, *a contrario*, quand, dans des cas analogues, les parties n'ont pas exprimé leur option et indiqué, en termes nets et précis, la manière dont elles opéreront, le receveur a le devoir d'établir sa perception de la manière la plus avantageuse au Trésor, et, s'il agit autrement, tout droit complémentaire auquel peut donner ouverture le mode de réduction ultérieurement adopté par les parties en ce qui concerne la libéralité excessive, se prescrit par deux ans, à compter de la déclaration de succession (Sol. 29 déc. 1896, 8964 R. P.).

1513. Institution contractuelle. — Nue propriété ultérieurement donnée à un tiers. — Usufruit réservé. — Décès du donateur. — Double qualité de l'héritier. — Usufruit non déclaré. — Omission. — L'irrévocabilité des donations faites par contrat de mariage n'est pas telle que le bénéficiaire ne puisse y renoncer partiellement pour rendre valable une libéralité subséquente (1083 C. civ.). — Les dispositions consenties au préjudice d'une institution d'héritier universel ne sont donc pas nulles de plein droit; elles continuent de produire effet tant que l'intéressé ne s'est pas prévalu de leur nullité. Mais, au cas où ces dispositions consistent en une nue propriété sous réserve expresse de l'usufruit au profit de l'héritier contractuel, ce dernier reste bénéficiaire du droit d'usufruit en vertu de la donation contenue dans son contrat de mariage et non à un titre nouveau, indépendant de son institution d'héritier. En conséquence, s'il déclare les biens à lui dévolus en toute propriété, à l'exclusion de l'usufruit réservé, il se rend coupable d'une omission passible du droit en sus et prescriptible par cinq ans, et non d'un défaut de déclaration donnant seulement ouverture au demi-droit en sus et prescriptible par dix ans (Aubusson, 10 nov. 1897, 9309 R. P.).

1518. Omission. — Preuve testimoniale. — L'art. 65 L. 22 frim. an VII et l'art. 17 L. 27 ventôse an IX ont créé, pour les affaires d'enregistrement, une procédure exceptionnelle qui doit être observée à peine de nullité, et qui exclut nécessairement certains modes de preuves incompatibles avec les formes de l'instruction écrite, notamment la preuve testimoniale, dont l'admission, en matière fiscale, ne serait pas sans danger, en dehors des cas où le législateur a cru pouvoir l'autoriser expressément. En conséquence, viole les dispositions des articles précités le jugement qui ordonne une enquête sur le point de savoir si une créance trouvée dans une succession est encore due ou si elle a été payée par anticipation (Cass. 8 janv. 1894; *Contrà* : Le Blanc, 20 avril 1891, 8226 et 8418-39 R. P.).

1521-1. Omission. — Présomption. — Citation en conciliation. — Notes d'audience. — Procès-verbal de non-conciliation. — La preuve de l'omission d'une créance dans une déclaration de succession ne résulte pas suffisamment de ce que l'héritier, sous le motif que le titre

1486 et 1487. Inventaire et liquidation mentionnés dans la déclaration, mais non représentés au receveur. Créance indiquée dans ces actes et non comprise dans la déclaration. Omission. Droit en sus. — Bien que, dans une déclaration de succession, les héritiers aient mentionné un inventaire et une liquidation établissant la consistance de l'actif héréditaire, le défaut d'indication d'une des créances énumérées dans ces actes n'en constitue pas moins une omission passible du droit en sus, et non pas une simple insuffisance de perception, si les parties n'ont pas représenté au receveur l'inventaire et la liquidation (Tours, 21 juill. 1905, 10953 R. P.).

1492. Créance. Intérêts. Ordre clos après le décès. Omission des intérêts échus au décès et pour lesquels le légataire universel a été colloqué comme représentant du défunt. — Le légataire universel doit, à peine d'un droit en sus, comprendre, dans la déclaration de la succession du testateur, le montant intégral des intérêts d'une créance échus au décès et pour lesquels il a été colloqué, comme représentant du défunt, dans un règlement définitif d'ordre clos postérieurement au décès (Espalion, 26 déc. 1904, 10906 R. P.).

1497. Baux courants. Arbres épars et en bordure. Revenu [illegible]. Expertise. — Le revenu à déclarer, pour la perception du droit de mutation à titre gratuit, comprend, en outre du prix des baux courants, le produit de la croissance annuelle des arbres épars et en bordure, qui, en l'absence de stipulation contraire formellement exprimée dans les baux, profite au propriétaire; le défaut de déclaration de cette portion du revenu imposable constitue une insuffisance d'évaluation à constater par voie d'expertise (Bayeux, 23 nov. 1906, 11113 R. P.; — Cass. req., 30 avril 1907, 11636 R. P.).

1508. Partages de communauté et de succession antérieurs à la déclaration. Omission. — Il y a omission passible du droit en sus dans le fait de comprendre, dans une déclaration de succession, la demi-indivise d'un immeuble et la moitié des valeurs mobilières d'une succession échue dans cette proportion au *de cujus*, alors que, par un acte de partage antérieur à la déclaration, l'immeuble a été attribué aux héritiers du défunt et les valeurs mobilières à leur copartageant et que la valeur imposable de l'immeuble est supérieure à celle des valeurs mobilières (Sedan, 7 avril 1906, 11234 R. P.).

1509. Legs excédant la quotité disponible. Réduction requise par le bénéficiaire lors de la déclaration de succession. Acte ultérieur révélant l'exécution intégrale de la libéralité. Supplément de droit de mutation par décès. — Quand un legs excède la quotité disponible et que, lors de la déclaration de la succession du défunt, le bénéficiaire en a demandé la réduction à cette quotité, pour la liquidation du droit de mutation par décès, l'Administration est fondée à réclamer un supplément de droit si un acte ultérieur intervenu entre l'héritier réservataire et le légataire, lui fournit la preuve que ce dernier est entré en possession du legs dans toute sa plénitude, tel qu'il a été spécifié par le testateur (Niort, 11 août 1903, 11116 R. P.).

1513. Déclaration souscrite par l'héritier. Legs non déclaré. Prescription décennale. — Aucune solidarité n'existant, pour le payement des droits de mutation par décès, entre les héritiers et les légataires, il en résulte que la prescription décennale est seule applicable, à l'exclusion de celle de cinq ans, aux droits exigibles sur un legs non déclaré, alors même que l'héritier a souscrit une déclaration de succession pour les valeurs qu'il recueille (Seine, 6 mars 1905, 10565 R. P.).

1522. Omission. Présomptions. — La preuve de l'omission de valeurs mobilières dans une déclaration de succession résulte suffisamment des énonciations d'une requête présentée par un légataire universel au président du tribunal à l'occasion d'une instance introduite par lui contre un tiers détenteur desd. valeurs, ainsi que des qualités du jugement intervenu dans cette instance, énonciations d'après lesquelles les valeurs litigieuses appartenaient au demandeur en sa qualité de légataire universel du défunt, alors que ces énonciations se trouvent corroborées par le dispositif même du jugement. Dans ces circonstances, le légataire universel ne peut se soustraire à la réclamation de l'Administration en arguant d'un prétendu don manuel qui lui aurait été fait par le *de cujus* quelque temps avant sa mort et qu'il invoque seulement pour la première fois (Cahors, 11 mars 1903, 11018 R. P.).

De même, la preuve d'une omission dans la déclaration de la succession du mari prédécédé résulte suffisamment du fait que la veuve, usufruitière des biens de cette succession, a souscrit, au profit des héritiers naturels nus-propriétaires, une obligation pour prêt remboursable dans l'année de son décès, sans intérêts jusque-là, alors que lesd. héritiers naturels sont dans une situation de fortune peu aisée, que les biens de l'un d'eux sont grevés d'une hypothèque, et que les autres circonstances de fait viennent corroborer le caractère simulé de l'acte d'obligation (Baume-les-Dames, 19 juill. 1905, 11107 R. P.).

1526. Valeurs non cotées. Insuffisance d'évaluation. Présomptions. — Pour établir l'insuffisance, l'Administration est fondée à invoquer notamment les présomptions résultant des bilans de la société, des délibérations de l'assemblée générale des actionnaires, des déclarations faites pour le payement du droit de transfert sur les titres nominatifs ou de la taxe annuelle de transmission sur les titres au porteur, des évaluations contenues dans des actes voisins du décès, ainsi que de celles tirées de faits constants au procès. Mais le tribunal, appréciant ces présomptions, peut déterminer lui-même la véritable valeur des titres insuffisamment estimés et réduire ainsi l'importance de la réclamation adressée à l'héritier (Laon, 5 mars 1903, 10663 R. P.; — Seine, 12 avril 1906, 11373 R. P.).

Toutefois, la preuve que des actions d'une société anonyme non cotées à la Bourse ont été insuffisamment évaluées ne saurait résulter, soit des prix auxquels ces actions ont été vendues à l'étranger par un banquier qui était actionnaire et qui a pu se livrer à une spéculation, — soit de transferts effectués un an après le décès, alors que la société était devenue plus prospère, — soit des déclarations de successions faites à une époque voisine de l'émission des actions, ou par des étrangers qui pouvaient être peu renseignés sur la valeur des actions d'une société française, — surtout si le bilan de la société établi deux jours avant le décès du *de cujus* n'accusait qu'un bénéfice absolument insignifiant (Doullens, 27 nov. 1903, 10766 R. P.).

1529. Part d'intérêt dans une société. Insuffisance d'évaluation. Présomptions insuffisantes. — La preuve de l'insuffisance de l'évaluation attribuée, dans une déclaration de succession, à une part d'intérêt appartenant au défunt dans une société en commandite n'est pas suffisamment établie par les indications qui peuvent être tirées tant de l'inventaire social dressé dix jours avant le décès que d'un acte de cession de cette part d'intérêt consentie un an et demi après par les héritiers, lorsque les circonstances démontrent, d'une part, que le bilan de l'inventaire social était manifestement exagéré en ce qui concerne l'actif et, d'autre part, qu'après la mort du *de cujus*, il s'est ouvert pour la société, par suite d'événements exceptionnels, une période de prospérité incontestable (Montargis, 6 avril 1905, 11106 R. P.).

1532. Omission. Présomptions. Partage. — Si l'omission de valeurs mobilières dans une déclaration de succession peut être établie par les énonciations du partage des biens dépendant de cette succession, elle ne saurait cependant résulter d'une simple différence entre les valeurs indiquées dans la déclaration et celles portées dans le partage, lorsque cet acte est intervenu assez longtemps après le décès (Chinon, 7 juill. 1906, 10909 R. P.).

est admis, a cité le débiteur en conciliation pour le mettre en demeure de reconnaître sa dette, alors même que de simples notes d'audience tenues par le greffier mentionneraient l'aveu du débiteur, dès l'instant que la citation n'a abouti qu'à un procès-verbal de non-conciliation (Tarbes, 27 mai 1891, 7715 R. P.).

1521-2. Omission. — Interrogatoire sur faits et articles. — La preuve des omissions et insuffisances dans les déclarations de succession peut résulter, soit des actes des parties ou de leurs ayants cause, soit même des présomptions tirées des faits constants au procès et des actes qui parviennent, par l'enregistrement, à la connaissance de l'Administration, ou que la loi soumet à son droit d'investigation et qui la mettent ainsi à même d'exercer son droit de contrôle. — Spécialement, l'Administration peut établir l'omission de titres et valeurs dépendant d'une hérédité, en se fondant, d'une part, sur le fait que ces titres et valeurs ont été remis par le défunt au légataire universel constitué son légataire, sans que ce dernier justifie d'une reddition de compte ou d'un emploi, d'autre part, sur l'aveu fait par ce légataire universel et consigné dans un procès-verbal d'interrogatoire sur faits et articles, parvenu à la connaissance de l'Administration par la formalité de l'enregistrement. — En formant sa conviction sur des présomptions tirées de faits constants au procès, et en interprétant le silence absolu volontairement gardé par le légataire universel sur le sort des valeurs litigieuses, le tribunal, appelé à se prononcer sur l'existence de l'omission, reste dans les limites de l'appréciation qu'il avait le droit de faire. — Il a pu également constater valablement que les déclarations contenues dans le procès-verbal d'interrogatoire sur faits et articles sont générales et absolues. Cette constatation ne saurait, à défaut de la production d'une expédition de ce procès-verbal, être contredite devant la Cour de Cass. par des allégations pures et simples (Cass. 9 avr. 1900, 9794 R. P.).

1526. Actions non cotées. — Insuffisance d'évaluation. — Présomptions. — L'insuffisance dans l'évaluation d'actions non cotées à la Bourse, dépendant d'une succession, peut être établie par tous les modes de preuve de droit commun compatibles avec la procédure spéciale en matière d'enregistrement, tels que la preuve littérale et les présomptions. — Spécialement, l'Administration, est fondée à invoquer, comme établissant la véritable valeur d'actions non cotées, les prix d'actions de la même société vendues par adjudications publiques à une date peu éloignée du décès, les évaluations faites dans des déclarations de successions ouvertes depuis peu de temps, le chiffre de revenu produit par les actions et enfin les documents de comptabilité de la société (Lunéville, 21 juill. 1892, 7954 R. P.; — 14 fév. 1895, 8570 R. P.; — 1er août 1895, 8718 R. P.; — 30 oct. 1897, 9280 R. P.).

Le tribunal, appréciant les présomptions et les circonstances de fait invoquées par l'Administration, peut, d'ailleurs, déterminer lui-même la valeur des actions et réduire ainsi l'importance des droits réclamés aux héritiers (Jugement précité, 14 fév. 1895).

Décidé également qu'en prévoyant et punissant les omissions et insuffisances dans les déclarations de succession, l'art. 39 L. frim. n'a rien précisé quant au genre de preuve à l'aide de laquelle ces omissions ou ces insuffisances seraient constatées. Mais, si du silence de cet article à cet égard, on ne doit pas conclure qu'il y a lieu d'admettre toutes les preuves du droit commun et, spécialement, celles qui, comme l'enquête ou la preuve testimoniale, sont contraires au texte et à l'esprit de la loi fiscale, il est juste, au moins, d'en induire que la preuve peut résulter soit même des présomptions tirées des faits constants au procès et des actes qui parviennent, par l'enregistrement, à la connaissance de l'Administration, ou que la loi soumet à son droit d'investigation et qui la mettent ainsi à même d'exercer son droit de contrôle. — Spécialement, la valeur des actions dépendant d'une succession et non cotées à la Bourse peut être établie, tant par les bilans déposés pour la perception de la taxe sur le revenu que par le montant des dividendes qui ont servi à asseoir cette taxe. — Pour démontrer l'insuffisance d'évaluation commise par les héritiers dans la déclaration de la succession, l'Administration est fondée à invoquer les présomptions graves, précises et concordantes qui se dégagent des éléments précités (Cass. 7 juill. 1898; *Conf.* Belfort, 21 juill. 1896, 9343 et 9675-22 R. P.).

Obligations non cotées à la Bourse. — Insuffisance d'évaluation. — Présomptions. — L'insuffisance commise dans l'évaluation donnée, pour le paiement des droits de mutation par décès, à des obligations non cotées à la Bourse qui dépendent d'une succession, peut être établie par tous les modes de preuve admis en matière d'enregistrement. Elle peut ressortir, notamment, de la comparaison entre l'évaluation et les prix de vente indiqués dans des transferts (Seine, 11 août 1898, 9407 R. P.).

1529 *bis*. Immeuble déclaré pour partie. — Présomptions de propriété intégrale sur la tête du défunt. — Inscription au rôle. — Quand la déclaration de succession ne comprend qu'une portion indivise d'un immeuble, l'Administration est fondée à invoquer l'inscription au rôle, la qualité de propriétaire prise dans un bail écrit, dans une déclaration de location verbale et dans une procuration, pour établir que le défunt possédait la totalité de l'immeuble, et pour poursuivre le payement : 1° des droits simple et en sus de mutation par décès sur la portion non déclarée; 2° de l'impôt afférent à la mutation secrète de cette même portion au profit du défunt. — Les allégations tendant à soutenir que le défunt n'a agi qu'en qualité de mandataire, dans les actes invoqués par la Régie, ne sauraient être admises, quand elles résultent de titres dont l'existence légale est postérieure à la mutation (Toulouse, 14 juin 1883 et Cass. civ. 8 fév. 1893, 8081 R. P.).

1532. Cession de droits successifs. — Omission. — Insuffisance d'évaluation. — L'insuffisance dans l'évaluation des biens meubles dépendant d'une succession peut être établie par tous les genres de preuves qu'admet le droit commun, à l'exception du serment et de la preuve testimoniale. — Spécialement, elle résulte légalement d'un acte de cession aux termes duquel l'un des héritiers abandonne sa part dans les biens dont il s'agit, moyennant un prix supérieur à l'estimation portée dans la déclaration de succession (Seine, 5 juin 1891, 7656 R. P.).

De même, pour établir l'existence d'une omission commise dans une déclaration de succession, l'Administration peut invoquer la cession que l'un des héritiers a consentie de ses droits successifs à un cohéritier, moyennant un prix supérieur à sa part dans les valeurs déclarées pour le paiement des droits de mutation par décès. Il en est surtout ainsi : 1° lorsque, avant de fixer le prix de la cession, les parties ont eu soin de spécifier que, d'un commun accord entre elles, il avait été établi un compte des droits du cédant dans la succession et que le montant de ces droits avait été déterminé d'après ce compte ; 2° lorsque ces premières présomptions sont corroborées par les dires consignés dans l'inventaire où le cédant a énoncé que les valeurs de bourse analysées appartenaient en propre au défunt, — par les indications d'une note annexée à cet inventaire et dans laquelle le même cédant a énuméré en détail toutes les valeurs de bourse recueillies par le défunt dans les successions de ses auteurs, — par la déclaration que ledit cédant a souscrite, pour mémoire, en vue du paiement ultérieur de l'impôt sur les biens omis (Limoges, 27 avr. 1900, 9929 R. P.; — V. n° 1481 *suprà*).

1536. Omission. — Compte. — Mandataire. — L'Administration a le droit de prouver les omissions commises dans les déclarations de successions par tous les actes qui peuvent parvenir à sa connaissance au moyen de leur enregistrement et par des documents assujettis à l'exercice du droit de communication, au siège d'une société. Spécialement, elle peut établir l'omission de titres et valeurs dépendant de l'hérédité, en se fondant, d'une part, sur le fait que ces titres et valeurs ont été remis par le défunt au légataire universel, constitué son mandataire, sans que ce dernier justifie d'une reddition de compte ou d'un emploi; d'autre part, sur l'aveu fait par ce légataire universel et consigné dans un procès-verbal d'interrogatoire sur faits et articles, au cours d'une instance à laquelle l'Administration est demeurée étrangère (Draguignan, 23 juin 1898, 9416 R. P. — V. nos 1521-2 *suprà*).

1538. Omission. — Preuve. — Apport en mariage. — Lorsqu'un époux, mineur et sans fortune personnelle, légataire universel d'une personne non parente, a déclaré, pour la perception du droit de mutation par décès, que la succession de cette personne comprend seulement 220 fr d'argent comptant, et qu'un an après la mort, il se constitue en dot une somme de 43.000 fr., en argent ou en valeurs qu'il possède et dont il a justifié à son futur époux, il y a preuve suffisante d'une omission mobilière dans la déclaration de succession (Bourganeuf, 1er juin 1899, 9653 R. P.).

1539. Créance non échue au décès. — Présomption d'omission. — L'omission d'une créance dans une déclaration de succession est suffisamment établie, pour la réclamation des droits simples et en sus, par les attestations d'un procès-verbal de la gendarmerie constatant que le titre de la créance a été soustrait, au domicile du défunt, quelques jours avant le décès. — Les héritiers ne peuvent faire tomber la réclamation de l'Administration en invoquant une quittance notariée, par laquelle ils ont reconnu que le défunt avait touché, avant sa mort, le montant de la créance, lorsque les circonstances de fait abandonnées à la prudence des magistrats, et notamment une clause mettant les frais de la quittance à la charge des héritiers, établissent que cette quittance a été imaginée dans le but d'échapper aux conséquences de l'omission. — La présomption d'omission se trouve, d'ailleurs, corroborée par cette circonstance qu'aucune somme représentant le montant de la créance, indiquée comme remboursée quinze jours avant le décès, n'a été comprise dans la déclaration de succession, alors surtout que le défunt n'a pu faire emploi, avant sa mort, des deniers touchés (Mayenne, 14 janv. 1892, 7811 R. P.).

Décidé, de même, que lorsqu'une créance a été constituée par acte authentique avec stipulation d'un terme de remboursement non encore échu lors de l'ouverture de la succession du créancier, le terme stipulé fait présumer que cette créance était encore exigible au moment du décès. Cette présomption suffit pour infirmer la déclaration contraire des héritiers, sauf à ces derniers à établir, par les moyens compatibles avec la procédure en matière fiscale, que la créance a été remboursée par anticipation. Ne saurait, à cet égard, constituer une preuve suffisante de la libération anticipée, la sommation extrajudiciaire notifiée aux héritiers, à la requête du débiteur, à l'effet d'obtenir la mainlevée de l'inscription hypothécaire, et motivée sur ce que la créance a été réellement remboursée par lui au défunt, bien que ce dernier n'en ait pas donné quittance (Châteauroux, 10 nov. 1895, 8860 R. P.).

Jugé également que lorsqu'une personne décédée a légué une créance au fils du débiteur de cette créance et que le légataire n'a pas souscrit, dans les six mois du décès, la déclaration prescrite par l'art. 24 L. frim., l'Administration est fondée à exiger le paiement du droit simple et du demi-droit en sus sur le montant de la créance léguée, s'il résulte d'actes et de faits constants au procès que la créance dont il s'agit existait encore dans le patrimoine de la testatrice, au moment de son décès (Yvetot, 20 avr. 1894; — Cass. 17 mars 1896, 8748 et 8800-15 R. P.).

Le légataire ne saurait se soustraire à la réclamation en soutenant que, s'il n'a pas fait sa déclaration à l'Enregistrement, c'est parce que les légataires universels, dans la déclaration par eux souscrite, ont constaté l'inexistence du legs et légitimé par là même son abstention, alors qu'il n'est pas permis, en matière fiscale, d'introduire une distinction non écrite dans la loi, et qu'il résulte, d'ailleurs, des faits de la cause que la déclaration des légataires universels est demeurée étrangère à la résolution prise par le légataire de la créance de ne pas déclarer cette créance (Cass. 17 mars 1896, précité).

1542. Sommes touchées peu de temps avant le décès. — Omission. — Présomptions suffisantes — Lorsque diverses ventes et un échange avec soulte ont été contractés par des mandataires du défunt la veille de son décès et dans un département autre que celui qu'il habitait, et que ces mandataires ont touché comptant le prix et la soulte, il y a présomption que ces sommes dépendaient encore de l'hérédité, soit qu'elles n'aient pu parvenir au défunt avant sa mort, soit que celui-ci n'ait pas eu le temps d'en disposer. — L'allégation, sans preuve à l'ap-

1536. Omission. Titres et valeurs. Mandataire. — Si l'Administration est autorisée à prouver, au moyen de présomptions, l'existence [illegible] dans une déclaration de succession, encore faut-il que les présomptions invoquées soient telles qu'elles ne laissent aucun doute sur [illegible] de la fraude commise. C'est ainsi qu'on ne saurait voir la preuve suffisante d'une omission dans le fait que la légataire universelle et son mari ont, depuis l'ouverture de la succession, touché les coupons de titres au porteur qui avaient été déposés par le défunt en son nom dans un établissement de crédit et qui en avaient été retirés quelques [illegible] son décès par le mari de la légataire universelle en vertu [illegible] sans décharge, lorsqu'il résulte des circonstances [illegible], et notamment d'un procès-verbal d'enquête, que le *de cujus* [illegible] opérer le retrait de ces valeurs, afin de pouvoir en disposer [illegible] comme le prétendent les parties, à titre de don manuel ([illegible], 20 mai 1905, 10002 R. P.).

1539. Créance non échue au décès. Quittance notariée donnée par les héritiers du créancier. Omission dans la déclaration de succession. Présomptions. — Si les actes authentiques font pleine foi, jusqu'à inscription de faux, des constatations qu'ils renferment, ce n'est que relativement aux faits qui y sont énoncés par l'officier public comme s'étant passés en sa présence ; mais la sincérité des déclarations des parties peut toujours être combattue par la preuve contraire. Spécialement, lorsqu'une créance a été stipulée payable à un terme non encore échu lors du décès du créancier, les héritiers de ce dernier ne sauraient prétendre que la force probante des actes authentiques est due aux énonciations d'un acte notarié postérieur au décès, par lequel ils [illegible] reconnu que la créance avait été remboursée du vivant du défunt. L'Administration peut, dès lors, soutenir, nonobstant les énonciations [illegible] acte, que la créance dont il s'agit existait dans le patrimoine du *de cujus*, alors surtout qu'à la date du prétendu remboursement, l'hypothèque prise pour garantie de la créance n'avait point été radiée ([illegible], 28 oct. 1901 ; — Cass. (req.), 28 déc. 1905, 10990 R. P.).

Créance non échue au décès. Omission. Quittance simulée. Présomptions. — La production d'une quittance subrogative s. s. p., antérieure au décès de quelques jours seulement et aux termes de laquelle le défunt [illegible] avoir reçu de la femme de son débiteur, qu'il a instituée sa légataire universelle, le montant des sommes à lui dues par le mari de [illegible] en vertu d'actes authentiques, ne peut faire obstacle à la réclamation des droits de mutation par décès sur les créances dont il s'agit, lorsqu'il est constant, en fait, que la femme du débiteur n'avait pas les ressources suffisantes pour effectuer le payement allégué, qu'il ne s'est trouvé dans la succession du défunt aucune somme d'argent, et que [illegible] remboursement ne peut s'expliquer que par une simulation [illegible] entre le *de cujus* et sa légataire universelle en vue d'éluder la perception des droits de mutation par décès sur les créances en [illegible] ([illegible], 30 déc. 1906, 10991 R. P.).

Créance de loyers payables d'avance. Terme d'exigibilité non échu. — Lorsque les loyers sont stipulés payables d'avance et que, conformément aux usages locaux, il est convenu que le payement aura lieu, soit le 8, soit le 15 de chaque trimestre, si, par une tolérance admise en pratique, les locataires ont la faculté d'occuper les locaux vacants dès le 1er du [illegible], il n'est, en droit, ni créance de jouissance, ni dette de loyer avant le 8 ou le 15. Par suite, la créance de loyers ne doit pas être comprise dans la déclaration de la succession du bailleur dont le décès est survenu postérieurement au 1er du mois, mais antérieurement au 8 ou au 15 ([illegible], 2 mai 1907, 11980 R. P.).

1543. Somme touchée l'avant-veille du décès. Omission. Présomptions insuffisantes. — Lorsqu'une somme, formant le prix d'une cession de créance, a été touchée l'avant-veille du décès par le mandataire du défunt, qui est en même temps le mari de son unique héritière, ces circonstances ne sauraient, en l'absence d'autres présomptions, constituer à elles seules la preuve que la somme dont il s'agit existait encore dans l'hérédité au moment du décès et qu'elle aurait dû, par conséquent, être comprise dans la déclaration de succession (Mayenne, 21 juill. 1905, 10868 R. P.).

1546. Omission. Preuve. Énonciations du testament du défunt. Payement par le légataire universel de l'intégralité des legs particuliers supérieurs à l'actif déclaré. Droits de mutation par décès acquittés volontairement sur le montant total de ces legs. Demande ultérieure en restitution non recevable. — La preuve d'omissions dans une déclaration de succession peut résulter des indications fournies par le défunt au sujet de sa fortune dans un testament de quelques années seulement antérieur au décès et de la circonstance que le légataire universel a spontanément payé l'intégralité des legs particuliers dont le montant était de beaucoup supérieur à l'ensemble de l'actif héréditaire déclaré, alors surtout que le légataire universel a pu, à son gré, interrompre ou arrêter la marche de l'inventaire des biens de la succession. L'Administration est fondée à exciper de l'existence d'omissions résultant de ces présomptions pour refuser la restitution des droits de mutation par décès acquittés volontairement par le légataire universel sur le montant total des legs particuliers, quoiqu'il excédât l'actif successoral déclaré (Lyon, 25 mars 1903 ; — Cass. (req.), 5 mai 1905, 10975 R. P.).

1548. Part d'intérêt dans une société. Insuffisance d'évaluation. Présomptions. — L'Administration peut établir par tous les modes de preuve compatibles avec la législation fiscale, et notamment au moyen de présomptions, l'insuffisance de l'évaluation attribuée, dans une déclaration de succession, à une part d'intérêt appartenant au défunt dans une société commerciale, sans avoir à recourir à l'expertise du fonds de commerce exploité par cette société et sans qu'il y ait à faire de distinction à cet égard entre les successions ouvertes antérieurement à la L. 25 fév. 1901 et celles ouvertes postérieurement (Montargis, 6 juill. 1906, 11168 R. P.).

soit que les mandataires avaient, dès avant la vente ou l'échange, fait des avances au défunt sur le prix ou la soulte, est insuffisante pour détruire cette présomption. — Dès lors, ces prix et soulte doivent, à peine d'un droit en sus, être compris dans la déclaration de succession (Châtellerault, 11 juill. 1892, 7924 R. P.).

De même, lorsque l'héritière, fille unique d'une personne décédée, n'a pas compris dans la déclaration de succession de celle-ci une somme touchée cinq jours avant le décès et formant le prix d'une vente d'immeubles, l'Administration est fondée à réclamer les droits simples et en sus de mutation exigibles en raison de cette omission, quand il résulte des présomptions tirées d'actes et faits constants au procès que la somme en question n'a pu être dissipée ou employée par le défunt avant sa mort (Guéret, 9 fév. 1898, 9333 R. P.).

Décidé dans cet ordre d'idées, que le jugement qui constate que le défunt a recueilli des successions à lui échues des valeurs supérieures à celles déclarées à la suite de son décès et qui reconnaît, en conséquence, l'omission, viole les dispositions de l'art. 39 L. frim., quand il ne mentionne pas la date à laquelle le *de cujus* est entré en possession de ces valeurs, et ne s'explique pas sur le point de savoir si des présomptions tirées à l'appui de l'omission ressort la preuve que les valeurs dont il s'agit faisaient encore partie du patrimoine du défunt au moment de l'ouverture de sa succession (Cass. 21 fév. 1898 ; — *Contrà* : Toulon, 1er août 1898, 9209 R. P.).

1543. Sommes touchées peu de temps avant le décès. — Omission. — Présomptions insuffisantes. — Lorsqu'une somme formant le prix d'une cession de créance a été touchée par le défunt 5 jours avant son décès, cette circonstance ne saurait constituer, à elle seule, la preuve que la somme dont il s'agit existait encore dans l'hérédité au moment du décès, et aurait dû, par conséquent, être comprise dans la déclaration de succession. — Spécialement, si le cessionnaire de la créance était le neveu du défunt et l'un de ses héritiers, il y a présomption non moins grave que le cédant a voulu faire passer une partie de sa fortune sur la tête de ce neveu, en déguisant sa libéralité sous la forme d'un contrat destiné à affranchir le bénéficiaire du paiement de droits onéreux (Angoulême, 11 mars 1896, 8808 R. P.).

1544. Marchands de vins en gros. — Déclaration de successions. — Mutations de fonds de commerce. — Contrôle. — Bulletins de renseignements. — Nouveau modèle (Inst. 20 avr. 1899, no 2982 ; 9675-38 R. P.).

1544 *bis*. Préposés des douanes. — Prorata de traitement ou reliquat du solde. — Les directeurs des douanes doivent créer, au moment de la délivrance de tout mandat de payement ayant pour objet un prorata de traitement ou un reliquat de solde dépendant de la succession d'un agent des douanes, un bulletin de renseignements faisant connaître le montant net de la somme à payer, déduction faite de toute retenue au profit du Trésor. Ce bulletin est transmis au directeur de l'Enregistrement (3016 I. G. ; 9946-41 R. P.).

Trésoriers des départements, communes et établissements publics. — Payement aux héritiers. — Relevés trimestriels. — Ces relevés doivent être établis par les percepteurs, receveurs municipaux, receveurs spéciaux et trésoriers généraux et adressés aux directeurs de l'Enregistrement (Déc. min. fin. 8 juill. 1899, 9946-15 R. P.).

1545. Omission. — Déclaration de succession antérieure. — Lorsque deux époux mariés sous le régime de la communauté d'acquêts et ne possédant que des biens personnels peu importants, décèdent à 15 mois d'intervalle et que le survivant laisse une fortune mobilière considérablement supérieure à celle qu'il a déclarée après le décès de son conjoint, l'Administration est autorisée à en induire que cette différence importante provient de la communauté dissoute et dépend, par moitié, de la succession de l'époux prédécédé (Auxerre, 30 déc. 1896, 9074 R. P.).

De même, l'omission de valeurs mobilières provenant au *de cujus* de la succession de son père est suffisamment établie par les énonciations de la déclaration souscrite après le décès de la mère survivante et constatant que l'actif de la Société d'acquêts, non liquidée, ayant existé entre les auteurs du *de cujus*, présentait, au décès de la mère, une importance notablement supérieure au montant des valeurs déclarées à la mort du père. — Les parties ne sauraient contester l'existence de l'omission, en se bornant à arguer que la différence provient, soit d'une plus-value de titres cotés à la Bourse, soit des revenus capitalisés par la mère depuis le décès du père. — Elles peuvent encore moins, à raison du caractère définitif de la déclaration souscrite pour la succession du *de cujus*, faire état, en vue de paralyser la réclamation de l'Administration, d'une prétendue récompense qui aurait été due par le *de cujus* à sa propre communauté et qui diminuerait l'actif héréditaire d'une somme supérieure au montant de l'omission (Lille, 31 déc. 1897, 9244 R. P.).

1546. Inventaire. — Omission de valeurs. — Une omission de valeurs dans une déclaration de succession est établie par les indications de l'inventaire dressé après le décès (Toulouse, 14 juin 1888 et Cass. civ. 8 fév. 1893, 8031 R. P. ; — *Rappr.* no 1532 *suprà*).

1548. Omission. — Part d'intérêt dans une société. — Évaluation. — Reprises établies. — La preuve des insuffisances d'évaluation de biens meubles, dans les déclarations de succession, peut être établie au moyen de simples présomptions de fait. Spécialement, lorsqu'il dépend de la communauté dissoute par le décès du *de cujus* la part d'intérêt acquise, par le mari, dans une société commerciale, l'Administration est fondée à soutenir que l'estimation, attribuée à cette part d'intérêt par les héritiers, est au-dessous de sa valeur réelle, eu égard à l'importance de l'apport social, fait par le mari, dans l'acte constitutif de la société (Tulle, 6 fév. 1890, 7383 R. P. et Cass. civ. 19 juill. 1892, 7886 R. P.).

1549. Omission. — Créance figurant dans un état liquidatif entre le débiteur et sa femme. — Partage ultérieur. — Pour établir l'omission d'une créance dans une déclaration de succession, l'Administration peut invoquer les constatations d'un état liquidatif de la communauté qui a existé entre le débiteur décédé et sa femme. — L'impôt de mutation par décès est, d'ailleurs, dû sur cette créance, d'après la dévolution héréditaire, et sans qu'il y ait lieu de se préoccuper de l'attribution qui pourra être faite ultérieurement, lors du partage entre la femme du créancier et les cohéritiers du mari (Bastia, 30 déc. 1891, 7831 R. P.).

1552. Reprises. — Omission. — L'Administration est autorisée à rechercher, dans les actes qui parviennent légalement à sa connaissance, les éléments nécessaires pour constater les omissions dans les déclarations de succession. Spécialement, l'omission, dans une déclaration de succession, de titres de rentes sur l'État français est suffisamment établie lorsque, dans un acte de liquidation de reprises, après un jugement de séparation de biens, la légataire universelle énonce que les titres dont il s'agit lui proviennent du legs qu'elle a recueilli (Rouen, 15 nov. 1894, 8556 R. P.).

Décidé également que lorsque l'Administration démontre l'existence de reprises non déclarées, et que, de leur côté, les héritiers soutiennent qu'il existe des récompenses formant compensation, mais sans le démontrer, il y a défaut de motifs à l'égard de l'allégation des parties, si le jugement se borne à déclarer « qu'il n'y a aucun doute » sur l'existence des reprises et leur omission, sans parler des récompenses (Cass. 19 juill. 1892, 7886 R. P.).

1553. Omission. — Rentes sur l'État. — Relevés à fournir. — Les receveurs doivent relever sur des formules spéciales, au fur et à mesure que les déclarations ont été souscrites, toutes les rentes nominatives dont les titres ne leur auraient pas été représentés, ou qui ne seraient pas mentionnés dans les inventaires, partages ou autres actes authentiques, désignant les dernières échéances encaissées par le défunt.

Ils peuvent s'abstenir d'y faire figurer les rentes inférieures à 50 fr., à moins que la même succession ne comprenne divers titres dont le total dépasse ce chiffre de 50 fr., ou qu'il n'y ait de graves présomptions de fraude, à raison notamment de ce que la succession se serait ouverte peu de jours après la dernière échéance d'arrérages.

Les relevés sont arrêtés, à l'expiration de chaque semestre et transmis en expédition par les receveurs au directeur, les 15 des mois de janv. et de juill. Ils sont remplacés, le cas échéant, par un certificat négatif.

Les directeurs transmettent immédiatement ces relevés aux trésoriers généraux qui doivent les renvoyer annotés, dans le délai d'un mois.

A Paris, les relevés sont transmis directement au payeur central de la Dette publique (Déc. min. fin. 20 oct. 1892, 2827 I. G.; 8194-I R. P.).

Après avoir été annotés et renvoyés par le service de la Trésorerie, ces relevés doivent être enliassés par les directeurs, avec les renvois d'enregistrement, pour qu'ils soient utilisés de la même manière et soumis à la même surveillance (3080-45 I. G.; 10197 R. P.).

1555. Banque de France. — Actions immobilisées. — Capitalisation du revenu. — Pour les actions immobilières de la Banque de France, le droit de mutation par décès doit être liquidé sur le revenu de l'année du décès, capitalisé par 20, conformément à l'art. 15, n° 7, L. 22 frim. an VII (Sol. 5 déc. 1892, 8120 R. P.).

1556 *bis*. Omission. — Coupons détachés par le défunt et par l'héritier. — Identité. — L'Administration peut prouver l'existence d'une omission de valeurs dans une déclaration de succession, par la communication régulièrement obtenue, au siège d'une société par actions, de pièces de comptabilité établissant que des coupons touchés par le défunt sont identiques, par leurs numéros et par leur nombre, aux coupons encaissés par l'héritier (Rodez, 21 juill. 1899; — Cass. 4 juill. 1901, 10066 R. P.).

Pour combattre les présomptions qui se dégagent de ces faits, l'héritier ne saurait soutenir valablement que le jugement attaqué a pour base les déclarations du chef du contentieux de la société et, par conséquent, un témoignage verbal incompatible avec la procédure fiscale, alors qu'en dehors même de ces déclarations, le jugement constate qu'il n'est nullement établi que, dans les comptes tenus par la société, il y ait une confusion entre les opérations faites pour le défunt et celles faites pour l'héritier, et que les déclarations du chef du contentieux ne sont invoquées que surabondamment et comme simple complément de preuve à l'appui de cette constatation (Cass. 4 juill. 1901, 10066 R. P.).

1557. Biens meubles. — Vente. — Lorsqu'un fonds de commerce dépendant d'une succession a été évalué dans l'inventaire dressé après le décès du propriétaire de ce fonds, c'est cette estimation qui doit servir de base à la perception du droit de mutation par décès à l'exclusion du prix porté dans un acte de vente ultérieur, quand la vente a eu lieu à l'amiable et que le prix est inférieur à la prisée de l'inventaire (Sol. 4 janv. 1893, 8113 R. P.).

Quand un fonds de commerce dépendant d'une succession a été évalué dans l'inventaire dressé après le décès du propriétaire de ce fonds, c'est cette estimation qui doit servir de base à la perception du droit de mutation par décès, à l'exclusion du prix porté dans un acte de vente ultérieur, lorsque ce prix est inférieur à la prisée de l'inventaire. Il importe peu, d'ailleurs, que, dans l'inventaire, la veuve ait protesté contre l'estimation donnée au fonds par l'expert (Sol. 1er mai 1894, 8348 R. P.).

Lorsque des meubles dépendant d'une succession ont été évalués dans un inventaire dressé après le décès, c'est cette estimation qui doit servir de base à l'impôt de mutation par décès, à l'exclusion du prix porté dans un acte de vente ultérieur, si ce prix est inférieur à la prisée de l'inventaire et bien que les héritiers aient fait établir un inventaire rectificatif. Mais le prix de vente doit fixer la base de l'impôt, en ce qui concerne les meubles pour lesquels il est supérieur à la prisée de l'inventaire. Dans les déclarations de succession où les prix de vente ne sont acceptés que pour certains objets seulement, on ne doit déduire de ces prix que la fraction y afférente des frais de la vente (Sol. 25 août 1894, 8454 R. P.).

Quand des marchandises neuves faisant partie d'un fonds de commerce qui dépend d'une succession ont été évaluées

1550. Meubles. Décès antérieur à la L. 25 fév. 1901. Police d'assurance. Insuffisance d'évaluation. Présomptions. — Si, en matière de mutations par décès, les estimations d'objets mobiliers contenues dans les polices d'assurances ne peuvent servir de base légale d'évaluation que pour les successions ouvertes postérieurement à la L. 25 fév. 1901, l'Administration est néanmoins fondée à utiliser les énonciations de ces polices, à titre de présomptions simples, en ce qui concerne les successions ouvertes antérieurement à la loi dont il s'agit, pour établir les insuffisances qui auraient été commises dans les déclarations de ces successions (Bonneville, 23 déc. 1903, 10781 R. P.).

1552. Décès du mari. Majoration de certaines reprises de la veuve. Réclamation de l'Administration. Omission d'autres reprises alléguée par les parties. Déclaration de succession remontant à plus de deux ans. Compensation non admissible. — Lorsque, dans la déclaration de la succession du mari prédécédé, certaines reprises de la veuve ont été majorées, l'héritier n'est pas fondé à opposer à la réclamation qui lui est faite de ce chef par l'Administration la compensation qui se serait opérée avec d'autres reprises de la femme non déclarées, si la déclaration de succession remonte à plus de deux ans avant la signification du mémoire dans lequel est formulée la demande de compensation (Mortagne, 3 août 1905, 11165 R. P.).

1553. Omission. Présomptions. Titres nominatifs de rente sur l'État. Conversion en titres au porteur peu de temps avant le décès. Coupons échus encaissés postérieurement au décès par le légataire universel. Coupons non touchés. — L'omission de titres de rente sur l'État dans une déclaration de succession résulte suffisamment de ce que ces titres, qui étaient précédemment nominatifs, ont été convertis au porteur peu de temps avant le décès, qu'ils ont été remis après la conversion, par la Trésorerie générale, au légataire universel en sa qualité de mandataire du défunt, que ce légataire universel a encaissé, antérieurement ou postérieurement au décès, la plupart des coupons échus, et qu'aucun ordre de vente n'a été donné pour les titres dont les arrérages n'ont pas été touchés depuis le décès (Rodez, 13 juin 1899, 9382 R. P.; — Espalion, 6 févr. 1900, 11236 R. P.).

Mais il n'en est pas de même en ce qui concerne ceux des titres pour lesquels l'Administration n'est pas en mesure d'établir que les coupons ont été touchés après le décès par le légataire universel (Espalion, 6 févr. 1900, précité).

1573. Valeurs déposées au nom du défunt dans un établissement de crédit et déclarées comme numéraire. Omission non établie. — Il n'y a pas omission dans le fait par des héritiers d'avoir déclaré comme numéraire des valeurs qui, lors du décès, étaient déposées au nom du défunt dans un établissement de crédit, si rien ne vient contredire leur affirmation sur ce point et que les circonstances de l'affaire rendent au contraire cette allégation très admissible (Cognac, 5 août 1903, 10781 R. P.).

dans l'inventaire dressé après le décès du propriétaire de ce fonds, c'est cette estimation qui doit servir de base à la perception du droit de mutation par décès, à l'exclusion du prix porté dans un procès-verbal d'adjudication ultérieur, lorsque ce prix est inférieur à la prisée de l'inventaire (Lyon, 7 juin 1895, 8727 R. P. ; — Le Havre, 19 juin 1895, 9195 R. P.).

TITRE XII. — RÉFORME DU RÉGIME FISCAL DES SUCCESSIONS.

(L. 25 fév. 1901, 30 mars 1902 et 31 mars 1903 (1576-1748).

DIVISION

SECTION 1re. — *Déduction du passif*, 1577-1681.

CHAPITRE Ier. — **Généralités**, 1577.

CHAPITRE II. — **Dettes déductibles**, 1578-1581.

CHAPITRE III. — **Conditions requises pour la déduction**, 1582-1611.

Article 1er. — Première condition : dette existant au jour du décès, 1583-1595.

Article 2. — Deuxième condition : nécessité d'un titre susceptible de faire preuve en justice contre le défunt, 1596-1611.

§ 1er. — Dispositions applicables à toutes les dettes, 1597-1598.

§ 2. — Nature et caractère des titres. — Dettes civiles. Dettes commerciales, 1599-1611.

Article 1er. — Dettes civiles, 1600-1606.

Article 2. — Dettes commerciales, 1607-1611.

CHAPITRE IV. — **Justification du passif**, 1612-1628.

§ 1er. — Dettes résultant d'actes authentiques, 1612-1614.

§ 2. — Dettes non constatées par des actes authentiques, 1615-1621.

§ 3. — Attestation du créancier, 1622-1623.

§ 4. — Justifications. Pouvoir d'appréciation de l'Administration, 1624-1628.

CHAPITRE V. — **Dettes non déductibles**, 1629-1646.

§ 1er. — Dettes échues depuis plus de trois mois, 1630.

§ 2. — Dettes consenties par le défunt au profit de ses héritiers ou de personnes interposées, 1631-1633.

§ 3. — Dettes reconnues par testament, 1634.

§ 4. — Dettes hypothécaires garanties par une inscription périmée depuis plus de trois mois, 1635-1637.

§ 5. — Dettes étrangères, 1638-1643.

§ 6. — Dettes prescrites, 1644-1646.

CHAPITRE VI. — **Biens sur lesquels doit porter la déduction**, 1647-1649.

CHAPITRE VII. — **Détermination du quantum de la déduction**, 1650-1662.

§ 1er. — Évaluation des dettes à déduire, 1651-1656.

§ 2. — Fixation de la part incombant au défunt dans la dette, 1651-1658.

§ 3. — Dettes de communauté, 1659-1662.

CHAPITRE VIII. — **Liquidation de l'impôt sur la part nette de chaque ayant droit**, 1663-1674.

§ 1er. — Détermination de la part de chaque ayant droit dans l'actif, 1664-1667.

§ 2. — Détermination de la part de chaque ayant droit dans le passif héréditaire, 1668-1674.

CHAPITRE IX. — **Inexactitude des déclarations ou attestations de dettes**, 1675-1681.

§ 1er. — Preuve de l'inexactitude, 1675-1676.

§ 2. — Pénalités, 1677-1679.

§ 3. — Prescription, 1680-1681.

SECTION 2e. — *Liquidation et mode de paiement des droits*, 1682-1695.

CHAPITRE Ier. — **Nouveaux tarifs**, 1682-1686.

CHAPITRE II. — **Forme de la déclaration**, 1687-1691.

CHAPITRE III. — **Délais spéciaux en cas de legs à des établissements publics**, 1692-1695.

SECTION 3e. — *Mesures destinées à prévenir les omissions et les insuffisances d'évaluation dans les déclarations de meubles et de valeurs mobilières*, 1696-1746.

CHAPITRE Ier. — **Évaluation de la propriété des biens meubles**, 1696-1710.

§ 1er. — Polices d'assurances, 1697-1701.

§ 2. — Déclaration estimative, 1705.

§ 3. — Dispositions communes aux divers modes d'évaluation, 1706-1710.

CHAPITRE II. — **Précautions contre la fraude en matière de valeurs mobilières**, 1711-1746.

§ 1er. — Transfert ou mutation de rentes sur l'État, 1712.

§ 2. — Titres nominatifs des sociétés, départements, communes et établissements publics, 1713-1715.

§ 3. — Titres, sommes ou valeurs dont les sociétés, agents de change, etc., sont dépositaires, détenteurs ou débiteurs, 1716-1730.

§ 4. — Sommes, rentes ou émoluments dus par les Compagnies d'assurances sur la vie, 1731-1737.

§ 5. — Assurances contractées à l'étranger, 1738-1742.

§ 6. — Pénalités, 1743-1746.

§ 7. Dispositions spéciales aux comptes joints, indivis ou collectifs. L. 31 mars 1903, 1747.

SECTION 4e. — *Successions de personnes domiciliées en Corse ou y possédant des biens*, 1748.

SOMMAIRE

A

Abandon de biens, 1611.
Absence, 1581.
Acceptation bénéficiaire, 1594.
— de la communauté, 1659.
Accessoires des dettes, 1619.
Achalandage, 1706.
Acquéreur, 1600.
Acte administratif, 1612.
— authentique, 1597, 1603, 1613, 1623.
— en brevet, 1613.
— en minute, 1613.
— extrajudiciaire, 1612, 1614.
— judiciaire, 1613, 1614.
— non sujet à l'enreg. dans un délai déterminé, 1617.
— notarié, 1613.
— passé à l'étranger, 1627.
Acte postérieur au décès, 1601, 1611, 1612.
— régulier, 1597.
— s. s. p. passé à l'étranger, 1638.
— sujet à l'enreg. dans un délai déterminé, 1617.
Affirmation de créance, 1611, 1612.
Agences, 1727.
— étrangères, 1642.
Agent d'affaires, 1716 et s., 1720.
— de change, 1614, 1716 et s., 1720.
— de contrôle, 1610.
— de l'Administration, 1624.
— d'une compagnie, 1740.
Aliments, 1584, 1605.
Amende, 1621, 1744.
— Décès du contrevenant, 1679.
— Déclarer, 1678.
— répartition, 1679.
— solidarité, 1679.

Amortissement, 1651.
Annuités, 1651.
Appel, 1592, 1614.
Apport ou prêt, 1566.
Application de la loi nouvelle, 1551, 1709, 1718, 1742.
Apprentissage, 1570.
Arrérages, 1575, 1594.
Arrêté. Compte de tutelle, 1589.
Arrêts. Tribunaux administratifs, 1614.
Ascendant, 1552, 1670.
Associé, 1773.
Assurances. (Primes), 1594.
— au profit d'un étranger, 1781.
— diverses, 1697, 1781.
— maritimes, 1697.
sur la vie, 1667, 1574.
Assurés, 1699, 1731.
Atermoiement, 1611, 1614.
Attestation. Créancier, 1622 et s., 1635, 1676, 1679.
Auteurs de l'assuré, 1699.
Authenticité. Titre, 1580.
Aval, 1561.
Avances, 1578.
— Droits et amendes, 1745.
Avancement d'hoirie, 1662.
Avenant, 1698.
Aveu, 1676.
Avis de paiement, 1699, 1718 et s.
— parents, 1614.
— retrait, 1718 et s.
Avoué, 1614.
Ayant cause. Assuré, 1699.

B

Banquier, 1710 et s.
Barème, 1582 *bis*.
Bénéfice d'émolument, 1660, 1661.
— d'inventaire, 1611, 1612, 1655, 1665.
Bestiaux, 1704.
Biens coloniaux, 1643.
— corses, 1747.
— détenus en usufruit, 1648.
— étrangers, 1640, 1731.
— français et corses, 1747.
— légués. Établissement public, 1662.
meubles, 1696 et s.
— rentrés dans l'hérédité, 1664, 1691.
— sur lesquels doit porter la déduction, 1647.
Bijoux, 1703.
Billets, 1570, 1607, 1602.
— au porteur, en blanc, 1618, 1622.
Bureau compétent, 1588.

C

Calcul de la retenue par les Compagnies, 1733.
des droits, 1582 *bis*, 1586.
Capital. Obligation, 1644, 1661.
Capitalisation. Revenu, 1647.
Cautionnement solidaire, 1591, 1654.
Certificat, 1603.
— Paiement des droits, 1712, 1713, 1733.
Changeur, 1717.
Charges, déduction, 1577 et s.
— Dettes, 1594, 1603, 1649.
— Legs, 1562, 1581, 1692.
— proprement dites, 1578, 1552.
Coffre-fort, 1710.
Cohéritiers. Engagement, 1566.
Colonies, 1638, 1640, 1643.
Commencement de preuve, 1606.
Commerçant, 1602.
Commissaire-priseur, 1614.
Commissionnaire, 1717.
Communauté, 1652 et s.
Communication (droit de), 1720.
— Livres de commerce, 1619, 1621, 1624.
Compagnies, 1716 et s.
Compensation, 1595.
Comptable. Deniers publics, 1593.
Compte, 1595, 1607, 1604.
— Bénéfice d'inventaire, 1611, 1614.
— Courant, 1720, 1737.
— Curateur, 1611, 1614.
joint, 1723, 1747.
— Tutelle, 1589.
Concordat, 1637, 1614.
Condition résolutoire. Dettes, 1586.
— suspensive. Dettes, 1586.
Confusion, 1506, 1631, 1658.
Conjoint, 1664, 1633, 1684, 1731.
Conservation. Pièces produites, 1624.
Contestation. Dettes. Existence, 1585, 1623.
Contravention (Art. 15), 1745 et s.
Contribution. Dettes, 1644, 1650, 1569, 1668.
— Impôt, 1581.
Contrôle, 1594.
Sommes. Titres, 1714, 1729, 1730.
Convention avec un non-commerçant, 1610.
— de mariage, 1671.
Conversion. Titres nominatifs, 1711, 1712.
Copie collationnée, 1615 et s.
— de lettres, 1609.
— de livres de commerce, 1619.
— figurée, 1616.
Copropriétaire. Engagement, 1598.
Corps certains. Dettes, 1578.
Correspondance commerciale, 1597.
Corse, 1747.
Coulissier, 1717.
Créancier (obligations du), 1615, 1617.
— de la femme, 1660.
— étranger, 1638.
— privilégié, 1604, 1606.

D

Date. Application des nouvelles dispositions, 1709, 1718, 1742.
Date certaine, 1635.
— du titre, 1580, 1637.
Décès à l'étranger, 1638.
— Contrevenant, 1679.
Déchéance. Bénéfice du terme, 1639.
Décimes, 1578, 1582.
— minimum de perception, 1586.
Déclaration. Faillite, 1614.
— Ferme, 1627 et s.
— Liquidation judiciaire, 1614.
— Témoin, 1623.
Déclaration estimative. Cote, 1651.
— Meubles, 1700.
— Perception, 1593.
— Rentes, 1653, 1653.
Déclaration partielle, 1681, 1686, 1687.
— unique, 1587.
Déduction erronée. Charges, 1677.
Dettes, 1676.
— non justifiée, 1675.
Défaut. Mention, 1623.
Représentation du titre, 1621.
Degré successible, 1682.
Délai. Avis de paiement ou de retrait, 1728.
— de communication de titres, 1610.
— de restitution, 1627, 1618.
— pour prouver la simulation, 1620.
— pour rectifier une déduction, 1675.
— spécial aux établissements publics, 1622.
Délit (Dette résultant d'un), 1580.
Dentelles, 1703.
Dépenses. Luxe, 1578.
— Ménage, 1601, 1604.
— professionnelles, 1601, 1604.
Dépositaire, 1719, 1540.
Dépôt conjoint, 1723.
— Livres de commerce, 1619.
Titres, 1718.
Descendants. Personnes interposées, 1632.
Détail. Biens, 1688.
— Dettes, 1690.
Détention. Titres, 1718.
Dette. Agricole, 1602, 1605.
— à la charge du défunt, 1582.
— alternative, 1651.
— amortissable, 1651.
— au profit de personnes interposées, 1632.
— au profit de successibles, 1632.
— Charge. Distinction, 1578.
— civile, 1580, 1600 et s.
— conditionnelle. Réalisation, 1588, 1589.
— conjointe, 1667.
— constatée par acte authentique, 1634, 1635.
— contractée en France par un étranger, 1642.
— contractée sans terme, 1680.
— de communauté, 1652 et s.
déductible, 1578 et s.
— diverse, 1578.
— divisible, 1655.
— Division, 1655.
— échue. Moins de 3 mois, 1630.
Plus de 3 mois, 1622, 1630, 1636.
— étrangère, 1638 et s.
— éventuelle, 1555, 1664.
— exagérée, 1677.
— exigible au décès, 1651.
— facultative, 1651.
— hypothécaire. Inscription périmée, 1627, 1633.
— Biens étrangers, 1640.
— incertaine, 1583.
— indéterminée, 1593.
— indivisible, 1660.
— judiciaire, 1580.
— litigieuse, 1589.
non déductible, 1679 et s.
— non liquide, 1583, 1658.
non mentionnée dans l'inventaire, 1626.
personnelle, 1580.
préexistante, sans écrit, 1590, 1604.
prescrite, 1641.
privilégiée, 1604, 1606.
— pure et simple, 1651.
— reconnue par testament, 1634.
— rurale, 1580.
— sociale, 1638.
— solidaire, 1667.
— future, 1558, 1583.
— verbale, 1600, 1604.
Deuil, 1578.
Devoirs du mourant, 1584.
Distribution par contribution, 1604, 1611, 1614, 1628.
Divertissement, 1664.
Division. Dettes, 1634, 1668.
Domicile. Assuré, 1730, 1741.
— étranger, 1641.
Dommages-intérêts, 1583, 1615, 1621.
Donation ou prêt, 1576, 1632.
Dot (Paiement), 1586.
Droit au bail, 1708.
— de communication, 1770.
Droits des parties, 1624.
— en sus, 1743.
— progressifs, 1689 et s.
Durée. Police d'assurances, 1695.
— encaissée, Legs, 1673.

E

Échéances des termes, 1630, 1631.
Écritures commerciales, 1609, 1620.
— postérieures à l'ouverture de la succession, 1604, 1611.
privées, 1671.
Exécution. Frais, 1579.
Effet rétroactif. Condition, 1586
— Loi, 1581, 1693, 1710, 1711, 1730.
Effets corporels, 1703.
Émolument. Cie d'assurances, 1731.
— communauté, 1660.
Enfant naturel, 1664.
Enquête, 1676.
Enregistrement. Attestation, 1623.
— Pièces produites, 1627, 1624.
Entretien (Frais), 1578.
Envoi en possession, 1581.
Épreuve photographique, 1614.
Erreur de fait, 1593, 1695, 1626.
Escompteur, 1717.
Estimation. Insuffisance, 1583.
— Inventaire, 1626.
Établissement public. Délai, 1622.
— Tarif, 1682.
État. Dettes, 1580.
— Fournitures, 1598, 1602.
— Union, 1611.
Étendue de la déduction, 1580, 1651 et s.
Étranger (Assurances à l'), 1738.
— Dettes contractées en France, 1642.
— Succession, 1641.
— Titre, 1648.
Évaluation. Actif, 1617, 1645, 1661.
— Biens rapportés, 1665.
— exagérée, 1593, 1677.
— insuffisante, 1677.
— Meubles, 1696 et s.
— Passif, 1650 et s.
— Polices d'assurances, 1696 et s.
Événement ultérieur, 1632, 1628.
Excédent de reprises, 1660.
Exécutoire, 1676.
Exequatur, 1638, 1678.
Exercice. Droit de contrôle, 1601, 1621.
Existence de la dette. Décès, 1580 et s.
Expertise. Fonds de commerce, 1593.
Extinction. Dette, 1593.
— Hypothèque, 1633.

F

Factures, 1598.
Faillite, 1589, 1611, 1612, 1628, 1594.
Fausse attestation, 1628.

[illegible] mortes, 1589, 1690.
[illegible]. Dette. Part du défunt, 1660, 1661 et s.
Fonds de commerce. Expertise, 1710.
[illegible]. Pièces produites, 1608, 1609 et s.
[illegible]. Attestation, 1693.
— Certificat, 1721.
— Déclaration, 1687 et s.
[illegible], 1689.
[illegible], 1670, 1606.
[illegible]. Accessoires, 1579.
— Actes, 1578, 1606.
— Apprentissage, 1578.
— Contrat de mariage, 1578.
— Dernière maladie, 1602, 1604, 1605.
— Éducation. Ecoles, 1578.
— Entretien, 1578.
— [illegible], 1578, 1583.
— Inventaire, 1578, 1583.
— Justice, 1666.
— Liquidation, 1578, 1606.
— [illegible], 1578.
— Scellés, 1578, 1583.
— Stage, 1578.

G

[illegible]. Créancier, 1617.
— Élu à l'étranger, 1610.
[illegible], 1568.
[illegible] d'affaires, 1633.
[illegible], 1614, 1616.

H

[illegible], 1670.
— Bénéficiaire, 1685.
— (Bons au profit d'un), 1661.
— Incapable, 1684, 1690.
— Indigne, 1664, 1690.
— Renonçant, 1644, 1692.
[illegible], 1666.
[illegible], 1644.
Hypothèque. Biens étrangers, 1640.
— Radiation, 1635.

I

Immeuble non productif de revenu, 1646.
Impôts, 1594, 1603.
Indivision. Droits, 1692, 1693.
[illegible], 1644, 1696.
[illegible]. Taxes, 1650.
[illegible]. Assurance, 1697.
— Volontariat, 1578.
[illegible]. Dettes attestées, 1673, 1675 et s.
— Dettes déclarées, 1673, 1675 et s.
Formalisme, 1677 et s.
[illegible] privée, 1596.
[illegible], 1669, 1673.
[illegible]. Communauté, 1580.
— Évaluation, 1675, 1706 et s.
— Perception, 1675, 1677, 1706.
[illegible], 1695.
[illegible]. Dettes, 1579, 1594, 1644, 1661.
— de personnes, 1633.
[illegible] en faits et articles, 1676.
[illegible]. Prescription, 1646.
[illegible], 1601, 1601.
— Communauté, 1660.
— Livres, 1608.
— Meubles, 1688.
— Passif, 1697, 1690.

J

Journal, 1609.
Jugement. Condamnation, 1601, 1592, 1609.
— Dettes, 1612, 1613, 1614.
— Étranger, 1638.
Justifications. Dettes civiles, 1600, 1608, 1619 et s., 1624 et s., 1633.
— Dettes commerciales, 1608 et s.
— Dettes non échues, 1629.
— postérieures à la déclaration, 1628.

L

Légataire à titre universel, 1670, 1699.
— Particulier, 1671, 1699.
— Universel, 1670, 1699.
Legs, 1578.
— Condition suspensive, 1691.
— Dettes, 1634.
— Établissement public, 1688, 1692.
— Sommes consistantes en nature, 1580.
Lettres de change, 1579, 1507, 1609.
— Missives, 1588.
Liquidation, 1578, 1601, 1604.
— Communauté, 1666.
— Judiciaire, 1589, 1611, 1614, 1628, 1630.
— Reprises, 1569, 1603.
Liste. Sommes, titres déposés ou retirés, 1716 et s., 1747.
Livres de commerce, 1597, 1598, 1601, 1602, 1607, 1608, 1612.
— Communication, 1619, 1620.
— Conséquences de la représentation, 1620.
— Dépôt au bureau, 1619.
— Du créancier, 1609, 1619.
— Du défunt, 1619.
— Facultatifs, 1609, 1610.
— Irréguliers, 1600, 1610.
— Obligatoires, 1609.
— Produits, 1620.
Loi (Titre résultant de la), 1605.

M

Mainlevée, 1636, 1637.
— Partielle, 1637.
Majorat, 1583.
Mandat, 1586, 1649.
Mandataire, 1578, 1580, 1649.
Marchandises, 1604.
Mari, 1578, 1588, 1605, 1606, 1723.
Matériel. Agricole, 1703.
Mention. Attestation. Pénalités, 1683.
Meubles. Évaluation, 1695 et s.
— Incorporels, 1707.
Mineur, 1690.
Minimum de perception, 1650.
Mobilier. Évaluation, 1696 et s.
— Industriel, 1703.
Moyens de contrôle, 1686 et s.
Mutation. Rentes sur l'État, 1711, 1712.

N

Non-commerçant, 1609.
Non-échéance. Terme, 1620, 1635.
Notaire. Copie, 1614.
Notes. Fournisseurs, 1602, 1604.
— Médecin. Pharmacien, 1602, 1604.
Notoriété publique, 1721.
Nourriture. Frais, 1578.
Novation. Dette, 1579.
Nu propriétaire. Passif, 1672.

O

Objet d'art, 1703.
Obligation à terme, 1580.
— aux débiteurs, 1634, 1650, 1665.
— conditionnelle, 1586.
— conjointe, 1637.
— divisible, 1655.
— du défunt, 1578.
— indivisible, 1646, 1637.
— principale, 1581.
— solidaire, 1648, 1637.
Obligations des officiers publics, 1710, 1731 et s.
— des parties, 1671.
— des sociétés, banquiers, etc., 1716 et s.
— du créancier, 1616.
— du receveur, 1621, 1630.
Offices, 1653.
Officiers publics et ministériels, 1613, 1710, 1731 et s.
Omission, 1604, 1675 et s., 1687.
Opérations commerciales, 1607.
— Décès d'un tiers, 1732.
Option laissée aux compagnies d'assurances, 1734.
Ordonnance, 1614.
Ordre amiable, 1611, 1614.
— consensuel, 1611, 1614.
— judiciaire, 1611, 1614.
Original. Titre, 1616, 1617.
Ouverture. Crédit, 1590.

P

Paiement. Amende, 1670.
— Dot, 1589.
— partiel, 1724.
Papiers domestiques, 1601.
Part saisie, 1663.
Partage, 1601, 1604.
— Communauté, 1639 et s., 1658.
— Passif, 1673.
— Souches, 1660.
— Succession, 1660, 1669.
Passif, 1578 et s.
— commercial, 1607 et s.
— de communauté, 1661.
— Justifications, 1619 et s.
— non mentionné dans l'état des dettes, 1676.
— social, 1658.
Pénalités, 1677 et s., 1742 et s.
— concernant les assujettis, 1743.
— Fausse attestation, 1679.
— Insuffisance d'évaluation, 1708.
— Omission de communication, 1621.
Pension, 1590.
— alimentaire, 1581, 1603.
Péremption. Hypothèque, 1635.
Personne interposée, 1631, 1612.
Perte. Objets assurés, 1702.
Perte. Titre, 1600.
Pièces postérieures au décès, 1601, 1611, 1612, 1627-1.
— présentées, 1588.
Polices d'assurances, 1686, 1697, 1697 bis.
— antérieures à la loi, 1701.
— dotées, 1698.
— en cours au décès, 1698.
— plus de 5 ans, 1698.
Pourvoi en cassation, 1593.
Pouvoir d'appréciation, 1634 et s.
Précautions contre la fraude, 1711 et s.
Préciput, 1600, 1668, 1670, 1671.
Prescription. Dette, 1644 et s., 1637.
— Droits et amendes, 1680, 1734.
— Interrompue, 1645.
Présentation. Certificat de paiement, 1714, 1733, 1730.
Présomption, 1670.
— Existence de la dette, 1595, 1608, 1610, 1633, 1650.
— Libération, 1635, 1636.
Prestations arriérées, 1581.
— périodiques, 1594.
Prêt. Apport, 1668.
— Donation, 1578, 1651.
— Garanti. Assurance, 1578.
— Successible, 1651.
Preuve contraire, 1595, 1596, 1610.
— contraire, 1701, 1702.
— en justice, 1596 et s.
— Inexactitude. Attestation ou déclaration, 1675.
— littérale, 1608, 1676.
— Simulation de dette, 1626.
— Sincérité de dette, 1633, 1651.
— testimoniale, 1576.
Primes. Assurances, 1694, 1698.
Prise de possession, 1581.
Prisée. Meubles, 1696.
Privilège. Trésor, 1694.
Production. Acceptation, 1622.
— Livres. Créancier, 1609.
— Livres. Défunt, 1609.
— Pièces justificatives, 1612, 1616.
Procès-verbal. Affirmation ou vérification de créances, 1607, 1612, 1613.
Progression. Tarif, 1662.
Protectorat, 1638, 1640, 1643.

Q

Qualité. Déclarants, 1680.
Quantum. Dette, 1569.
Quasi-contrat. Dette, 1581.
Quasi-délit. Dette, 1581.
Quotité disponible, 1603, 1605.

R

Radiation. Inscription, 1635, 1636.
Rapports, 1631, 1663, 1665.
Recel, 1664.
Receveur. Devoirs, 1633, 1634.
Récépissé, 1725.
Récoltes, 1704.
Récompenses, 1659, 1660.
Reconnaissance. Dette, 1598.
— par testament, 1631.
Recours des parties, 1604.
Reçus de sommes, 1597.
Réduction. Inscription, 1636, 1637.
— Libéralité, 1663.

Refus. Communication, 1621.
Registres commerciaux, 1600.
— domestiques, 1598.
Règlement. Contribution. Ordre, 1611.
Relevé. Sommes retirées ou payées, 1727.
Reliquat. Compte, 1595.
Remplacement militaire, 1578.
Renonciation. Communauté, 1580, 1563.
— prescription, 1645, 1646, 1647.
Rente viagère. Conversion, 1662.
— Due par le défunt, 1672.
Répartition. Dettes, 1624, 1630, 1665, 1673.
Représentation. Pièces produites, 1622, 1675 et s.
Reprises, 1578, 1593, 1604, 1659, 1661.
Résiliation. Police, 1598.
Restitution, 1588, 1593, 1603, 1632 et s.
— Dette conditionnelle, 1578.
— Justifications postérieures, 1627.
— Titre confirmé en appel, 1614.
Rôle du receveur, 1674.
— des agents de contrôle, 1674.

S

Salaires, 1720.
Scellés. Frais, 1578.
Séparation de patrimoine, 1505, 1560.
Serment, 1576.
Simulation de dettes, 1625, 1629, 1674 et s.
— Amende, 1678.
— Prescription, 1680, 1681.
— Procédure, 1676.
Sincérité de la dette. Preuve, 1653.
Société commerciale, 1600.
— Dette, 1658.
— Etrangère, 1642.
Solidarité, 1673.
Sommes données et non payées, 1550, 1640.
— dues ou déposées, 1718 et s.
Stage, 1578.
Successeur. Irrégulier, 1670.
Ligne directe, 1731.
Successible. Dette, 1670.
Succession bénéficiaire, 1611, 1614.
— étranger, 1641.
— vacante, 1611, 1614.
Succursale. Société. Avis, 1727.
— — étranger, 1736.
Supplément de droit, 1646, 1674.
Surnumerariat. Frais, 1578.

T

Tarif, 1682 et s.
Taxe militaire, 1578.
reléguée par l'Etat, 1603.
Terme courant, 1594.
— expiré, 1604.
— incertain, 1578.
Tiers acquéreur, 1589.
Timbre. Pièces produites, 1617, 1627-1.
Titres au porteur, 1714.
— authentiques, 1580, 1619.
— (Conséquence de la production des), 1690.
— définition, 1587.
— déposés, 1716 et s.
— écrits, 1508.
— étrangers, 1614, 1625.
— faisant preuve, 1596 et s.
délits, 1570 et s.
— non authentiques, 1615 et s.
— passés en France, 1643.
— postérieurs au décès, 1604, 1611, 1613.
— résidant dans la loi, 1596.
Traitements. Employés, 1720.
Tranches imposables, 1686.
Transfert. Rentes sur l'État, 1711, 1712.
Titres, 1711, 1712.
Tribunaux consulaires, 1628.
Tuteur, 1578, 1580, 1606, 1609.

U

Union des créanciers, 1611.
Usage en justice. Pièces produites, 1616.
Usufruit légal, 1572.
— successif, 1651.
Usufruitier, 1679.

V

Valeurs déposées ou dues, 1716 et s., 1723.
— incorporelles, 1707.
— confructionnaires, 1578, 1640.
Vente, objets mobiliers, 1702.
— publique de meubles, 1656 et s.
Ventilation. Dettes, 1651.
Vérification. Livres de commerce, 1612.
— Passif, 1694.
Volontariat (Frais de), 1578.

1576. Observation préliminaire. — La L. 25 fév. 1901 (*V. C. des Lois*) complétée par les L. L. 30 mars 1902 (10135 R. P.) et 31 mars 1903 (10446 R. P.), a introduit, dans le régime fiscal des successions, des modifications profondes qui portent, non seulement sur le taux des droits de mutation par décès, mais encore sur le mode de liquidation et de paiement de cet impôt. Dans son ensemble, elle a autorisé la déduction du passif héréditaire, établi un droit progressif sur la part nette recueillie par chaque héritier ou légataire, créé de nouvelles règles au sujet de la forme des déclarations de successions, édicté des mesures spéciales destinées à assurer le contrôle de la matière imposable, et, enfin, déterminé, au point de vue de l'impôt, une assiette nouvelle pour la valeur de l'usufruit et de la nue propriété.

Nous étudierons successivement, dans les numéros qui suivent, ces diverses réformes, en nous attachant à mettre en lumière les dérogations apportées aux lois antérieures.

SECTION I. — DÉDUCTION DU PASSIF.

[1577-1681]

CHAPITRE I. — GÉNÉRALITÉS.

[1577]

1577. Portée de la loi. — Le but principal et l'œuvre capitale de la L. 25 fév. 1901 consistent dans la déduction du passif, pour la liquidation du droit de succession. Cette distraction est formellement consacrée par les art. 2 et 3 qui disposent, le premier, que « les droits de mutation par décès des biens, meubles ou immeubles, seront liquidés sur la *part nette recueillie par chaque ayant droit*; l'autre que, pour la liquidation et le paiement des droits de mutation par décès, seront déduites les *dettes* à la *charge du défunt*, dont l'existence au *jour de l'ouverture de la succession* sera dûment justifiée par des *titres* susceptibles de faire *preuve en justice contre le défunt* ».

Il convient d'examiner : 1° quelles sont les dettes susceptibles d'être défalquées de l'actif héréditaire et comment elles doivent être justifiées; 2° quelles sont celles dont la distraction n'est pas autorisée; 3° et enfin de quelle manière doit être déterminée la fraction revenant à chaque ayant droit dans l'actif net sur laquelle l'impôt doit être liquidé.

CHAPITRE II. — DETTES DÉDUCTIBLES.

[1578-1581]

1578. Définition du mot dettes. — Dettes déductibles. — Charges proprement dites. — La première question à résoudre est de préciser ce qu'on entend par dettes. Le passif héréditaire comprend deux éléments bien distincts : les *dettes*, c'est-à-dire les obligations dont le défunt était tenu de son vivant, et les *charges*, c'est-à-dire les obligations qui ne prennent naissance qu'après ou au moment de son décès, comme les legs, les frais funéraires, les frais de scellés, d'inventaire, de liquidation de l'hérédité, les droits de mutation *par* décès, le deuil de la femme (C. C. 1481), celui des domestiques, etc., etc. (Pand. franc., v° *Succession*, n° 9234).

1. Dettes prenant naissance dans la personne de l'héritier. — Il ne saurait évidemment être question de déduction, en ce qui concerne les obligations de cette seconde catégorie qui ne se forment, au plus tôt, qu'au jour de l'ouverture de la succession et que le Code, dans les art. 724 et 873, désigne expressément par le mot « charges »; ces obligations n'ont jamais été dues par le défunt; elles naissent seulement *dans la personne de l'héritier*, qui n'est obligé qu'en vertu du quasi-contrat résultant de son acceptation de la succession (Demolombe, t. XIX, n° 507).

2. Dettes dont l'héritier est tenu comme représentant son auteur. — L'expression générique « dettes » s'applique, au contraire, à toutes les obligations dont l'héritier est tenu comme représentant de son auteur.

78

1579. Loyers payés d'avance. Succession du bailleur. Non-déduction. — Les loyers payés d'avance par le preneur entre les mains du bailleur ne constituent pas, en cas de décès de ce dernier, une dette déductible de sa succession, pour la liquidation du droit de mutation par décès (Seine, 30 oct. 1903, 10835 R. P.; — Cass. (req.), 25 juillet 1905, 11029 R. P.).

Succession d'un usufruitier. Justification de la dette. Bail enregistré. — Si aucune déduction ne peut être admise de la succession du bailleur à raison de loyers payés d'avance, lorsque ce bailleur est propriétaire des immeubles loués, il en est différemment quand le bail émane d'un simple usufruitier : celui-ci ayant exclusivement droit aux fruits courus pendant la durée de son usufruit, sa succession est redevable envers les nus propriétaires du montant des loyers afférents à la période qui en a suivi l'extinction, et la déduction de cette dette doit être opérée de l'actif successoral dès lors que son existence et, s'il y a lieu, sa sincérité se trouvent démontrées dans les conditions prévues par la L. 25 fév. 1901. Il y a lieu notamment de déduire de la succession d'un usufruitier le montant des loyers que celui-ci a reçus d'avance à raison de la location d'un immeuble appartenant pour la nue propriété à ses héritiers, si le fait du payement se trouve consigné dans un bail enregistré antérieurement au décès, un pareil acte établissant à la fois l'existence de la dette et sa sincérité (Sol. 20 juin 1905. Instr. 3133-1er, 10635 R. P.).

Telles sont, notamment, les sommes dont ce dernier était personnellement débiteur, celles dont il pouvait être simplement comptable en qualité de mari, d'usufruitier, de tuteur, de mandataire, de dépositaire, etc.

Aucune distinction n'est, d'ailleurs, établie par la loi, entre les dettes de sommes d'argent et les dettes de corps certains, comme celles résultant de condamnation à livrer des valeurs mobilières ou des marchandises déterminées ; les obligations de cette nature constituent, au même titre que les dettes en numéraire, une charge susceptible de réduire l'émolument net recueilli par l'héritier.

Mais il est manifeste que la déduction ne peut s'appliquer qu'aux sommes ayant incontestablement le caractère d'une véritable dette, c'est-à-dire aux sommes ou valeurs dont le défunt n'était pas propriétaire et qu'il était tenu de payer, rembourser ou remettre à un tiers.

Or, il n'est pas toujours facile d'apprécier à quel titre une somme a été touchée par une personne et, par suite, de reconnaître si celle-ci est obligée ou non de la rembourser. A cet égard, des difficultés fréquentes peuvent, notamment, se présenter en matière de sommes versées par un ascendant à un successible, lorsque l'acte ou le reçu constate simplement la remise de la somme, sans indiquer à quel titre le versement a été effectué, ni sans stipuler des intérêts ou un terme pour le remboursement. La solution est alors d'autant plus délicate que la question est, en général, sans intérêt pour la fixation des droits des parties, le rapport, lorsqu'il est dû, frappant aussi bien les sommes données que les sommes prêtées (C. C. 851).

3. Sommes rapportables ou non. — Dans ce cas, ce qu'il importe d'élucider, c'est de savoir si la somme avancée est sujette ou non au rapport. On ne saurait, en effet, déduire les sommes non rapportables, telles que les frais de nourriture, d'entretien, l'indemnité payée pour le volontariat (C. Orléans, 2 août 1890, D. P. 91-2-200 ; — Seine, 30 juill. 1891, Gaz. Pal., 91-2-375 ; — Baudry-Lacantinerie, *Droit civil*, t. II, n° 259 ; — Colmet de Santerre, III, n° 188 bis ; Defrénois, *Form. du not.*, 7e éd. n° 3112 ; *Contrà* : Saint-Étienne, 24 janv. 1890 ; — Limoges, 15 fév. 1891, Gaz. Pal., 91-2-52), les frais d'éducation et d'études (C. Orléans, 2 août 1890, *loc. cit.* ; — Demolombe, *Succ.*, t. IV, n° 425 ; — Aubry et Rau, 4e éd., t. VI, § 631, texte et note 33 ; Marcadé, sur l'art. 852, n° 3 ; — Baudry-Lacantinerie, *Succ.*, t. III, n° 3639) ; les frais d'apprentissage, de surnumérariat (Tournon, 15 mars 1887, D. P. 19-2-209), de stage d'un clerc de notaire (Demolombe, *op. cit.*, n° 426).

Décidé, en ce sens, que les père et mère sont personnellement tenus de pourvoir à la nourriture, à l'entretien et à l'éducation de leurs enfants (C. civ. 203) jusqu'à ce que ceux-ci soient en état de se suffire. Les frais qui en résultent doivent, il est vrai, lorsque les enfants ont un patrimoine qui leur est propre, être prélevés tout d'abord sur les revenus de ce patrimoine, notamment lorsque le père ou la mère en ont la jouissance légale (C. civ. 384) ; mais, en cas d'insuffisance de ces revenus, l'excédent retombe à la charge des parents. Si même le père ou la mère ont été déchus de la jouissance légale des biens de leurs enfants mineurs, faute d'avoir fait inventaire (C. civ. 1442), ils ne doivent pas, pendant la période correspondante à la durée normale de cette jouissance, imputer, sur les revenus des biens desdits mineurs, les frais nécessités par la nourriture, l'entretien et l'éducation de ces derniers. C'est seulement lorsque les parents sont eux-mêmes hors d'état de faire face à ces frais au moyen de leurs propres ressources, que le capital des mineurs peut être entamé, en vertu d'une autorisation du conseil de famille (C. civ. 457).

Hormis ce dernier cas, les dépenses faites par les père et mère pour élever leurs enfants ne sauraient engendrer une créance susceptible, lors de l'ouverture de la succession de ces derniers, d'être déduite de l'actif héréditaire pour le paiement des droits de mutation par décès (Sol. 25 juin 1902, 3095-9 I. G. ; 10335 R. P.).

Mais on doit rapporter : les sommes payées pour le remplacement militaire (Demolombe, *op. cit.*, n° 350 ; — C. Orléans, 2 août 1890, préc. ; — C. Amiens, 21 oct. 1891, Baudry-Lacantinerie, *op. cit.*, n° 3645), la taxe militaire due en vertu de la loi du 15 juill. 1889 (Baudry-Lacantinerie, n° 3646), les frais de contrat de mariage (Seine, 30 juill. 1891, Gaz. Pal., 91-2-345), les sommes qui ont servi à payer des dépenses de luxe (C. Nancy, 7 juill. 1873, D. P. 75-2-107), etc., etc.

Relativement aux sommes rapportables, la déduction devra en être admise, toutes les fois qu'à défaut d'indications précises, il ne sera pas possible de déterminer avec certitude si le versement a été fait à titre de prêt ou de donation. Il est, en effet, de principe qu'une libéralité ne se présume pas ; jusqu'à preuve contraire, le successible doit donc être réputé débiteur pur et simple des sommes qui lui ont été avancées et dont il est légalement tenu de faire le rapport.

Par conséquent, s'il vient à décéder, il y aura lieu d'admettre la déduction de ces sommes, par les mêmes motifs et dans les mêmes conditions que s'il s'agissait de réclamer l'impôt de mutation par décès sur les mêmes valeurs, en cas d'ouverture de la succession de l'ascendant.

1579. Intérêts et autres accessoires des dettes. — Loyers et fermages. — Bien que le texte ne parle que des « dettes », la déduction doit s'appliquer, non seulement au capital des obligations, mais encore à leurs accessoires tels qu'intérêts, frais exposés contre le défunt, etc.

Le projet de 1894 (8445 R. P., p. 79) exceptait expressément « les intérêts, arrérages, loyers, fermages excédant le terme courant ». Cette restriction n'a pas été maintenue dans la loi, qui a étendu la déduction à tout le passif dont les héritiers pouvaient démontrer l'existence, aucune distinction n'étant établie entre les intérêts, arrérages, loyers, fermages et les autres dettes, ni entre les intérêts, arrérages, loyers arriérés et ceux de l'année courante.

Décidé, cependant, qu'aucune déduction ne peut être admise dans la succession du bailleur, à raison des loyers payés d'avance par le preneur (Sol. 14 août 1902, 3095-10 I. G. ; 10356 R. P.).

Il n'est pas inutile de rappeler, à ce sujet, qu'en cas d'acceptation par un créancier ordinaire d'effets de commerce comme règlement de sa créance, on admet généralement qu'en principe et à défaut de convention spéciale, c'est d'après la nature des titres (lettre de change, billets, etc.) que le créancier a acceptés en paiement de sa créance, que doit se résoudre la question de savoir s'il est dû ou non des intérêts, et, à partir de quelle date ils ont commencé à courir ; c'est, d'ailleurs, une question, toute d'interprétation, dont la solution est laissée à l'appréciation souveraine du tribunal (Cass. 29 nov. 1852 D. P. 52-1-320; — 13 juin 1853, S. 53-1-497, D. P. 53-1-183; — Larombière sur l'art. 1273, n° 8; — Demolombe, t. V, n° 288).

1580. Étendue de la déduction. — Antérieurement à la L. 25 fév. 1901, la doctrine et la jurisprudence se sont efforcées d'atténuer, toutes les fois que cela a paru possible, la rigueur des dispositions législatives qui prohibaient la distraction des charges pour le payement de l'impôt de mutation par décès.

Ainsi la déduction a été admise : 1° pour les legs particuliers de sommes n'existant pas en nature dans la succession du testateur (Cass. civ. 30 mars 1858, S. 58-1-381, D. P. 58-1-151, Inst. n° 2234, § 1; *Rép. gén.*, 1re partie, v° *Succession*, n° 1294); 2° pour les legs de sommes d'argent non payées au décès de l'héritier ou du légataire universel (Cass. civ. 16 et 22 août 1859, S. 59-1-346; D. P. 59-1 21; S. 60-1-76; D. P. 59-1-337; — 25 juin 1862, S. 62-1-855, D. P. 62-1-370; *Rép. gén.*, *loc. cit.*); 3° pour les sommes données entre vifs et non payées au décès du donateur (Cass. civ. 29 juill. 1862, 1696 R. P.; D. P. 62-1-369; *Rép. gén.*, *loc. cit.*, nos 1270 et suiv.); 4° pour les biens ou valeurs detenus par le défunt à titre précaire, comme usufruitier (Cass. 28 fév. 1865, 2053 R. P. S. 65-1-220, Inst. gén. n° 2307, § 1, *Rép. gén.*, *loc. cit.*, nos 1251 et suiv.), comme mandataire tuteur (jusqu'à concurrence du numéraire ou des valeurs au porteur), comme dépositaire, administrateur d'une hérédité, gagiste, etc.; 5° pour les reprises dues à la femme, en cas d'insuffisance des biens de la communauté, ou à celles d'une femme mariée sous le régime dotal ou sous celui de la séparation de biens, mais seulement, dans ces divers cas, jusqu'à concurrence du numéraire ou des valeurs assimilées (*Rép. gén.*, *loc. cit.*, nos 1261 et s.).

D'autre part, en matière de société, comme les associés, tant que l'être moral subsiste, n'ont qu'un droit incorporel représenté par l'émolument net à recueillir dans le fonds social, le droit de mutation par décès était calculé sur la part de l'associé décédé, non dans l'actif brut de la société, mais dans le reliquat net représenté par l'excédent de l'actif sur le passif (Cass. 3 mars 1820, Inst. n° 1293, § 6; — 9 mai 1864, 1898 R. P.; S. 64-1-239; D. P. 64-1-233; *Rép. gén.*, 1re partie, v° *Succession*, nos 1168 et suiv.; — *infrà* n° 1608-1).

Cette règle était même suivie pour la liquidation de l'impôt sur la part revenant au défunt dans l'actif dépendant d'une société dissoute, mais encore en état de liquidation, l'être moral ne cessant pas d'exister jusqu'à l'entière liquidation (Pont, *Sociétés*, t. II, nos 1930 et s.; — *Comp.* Cass. 12 fév. 1890, S. 91-1-230; Inst. n° 2790, § 7). Ce n'était qu'autant que la dissolution ne motivait pas une liquidation que la taxe était exigée sur les droits bruts du défunt dans les biens sociaux (*Rép. gén.*, *loc. cit.*, n° 1170).

La L. 25 fév. 1901, se dégageant de ce cercle étroit, ouvre résolument la porte de la déduction à toutes les dettes ou charges incombant, à un titre quelconque, au défunt.

« L'art. 2, dit le Rapport de M. Mesureur (p. 22), pose pour la déduction du passif, un principe général, une sorte de droit commun pour toutes les dettes. »

Cette disposition, éminemment compréhensive, embrasse toutes les obligations dont le défunt était tenu, quelles qu'en soient la nature ou l'origine, qu'il s'agisse de dettes civiles, commerciales ou judiciaires, que les titres qui les constatent soient nominatifs ou au porteur, qu'elles dérivent de contrats ou de quasi-contrats, de délits ou de quasi-délits.

Par application des nouvelles dispositions, la déduction doit, notamment, être étendue aux récompenses dues par le défunt, lors même qu'elles devraient être défalquées de ses biens propres, — à l'excédent des reprises de la femme, en cas d'insuffisance de la communauté, — aux reprises de la femme dotale ou séparée de biens ou renonçante à la communauté, — aux sommes dues à l'époux survivant par son conjoint, à raison du payement d'une dot simple imputable sur la succession du prémourant, etc.

Contrairement à ce qui avait été proposé dans divers projets antérieurs et spécialement dans ceux de M. Burdeau, du 8 fév. 1894 (8408 et 8422 R. P.) et de M. Poincaré, du 10 nov. 1894 (8652 R. P.), la L. 25 fév. 1901 ne s'attache nullement à l'authenticité de l'acte constitutif de la dette, ni ne recherche si le titre a acquis ou non date certaine avant le décès. Elle ne se préoccupe pas, non plus, de savoir si le défunt était débiteur personnel ou simplement tenu au payement à raison des biens possédés par lui, comme dans le cas d'acceptation bénéficiaire d'une succession ou de détention d'un immeuble hypothéqué.

Dès l'instant qu'il est établi qu'une somme était due par le *de cujus*, à un titre quelconque, qu'il s'agisse d'une charge réelle ou personnelle, la défalcation doit en être autorisée si la dette se trouve dans les conditions requises par la loi, sauf en ce qui concerne les exceptions qui ont été expressément prévues, ainsi qu'il sera expliqué *infrà* (nos 1628 et s.).

Ainsi, notamment, au cas de décès d'une femme commune en biens, la dette résultant d'un acte s. s. p. signé du mari, seul, pourra entrer en ligne de compte pour déterminer l'émolument net revenant à la succession dans l'actif commun, s'il est justifié que cette dette grevait réellement la communauté au moment où elle a été dissoute (3058 J. C.; — *Rappr.* nos 1659 et s. *infrà*).

1581. Absence. — Nous avons traité v° *Absence*, nos 92 et 93, la question de savoir si les règles établies par la L. 25 fév. 1901 sont applicables aux dettes grevant la succession d'un absent. Nous renvoyons aux explications données, à cet égard, *loc. cit.*

CHAPITRE III. — CONDITIONS REQUISES POUR LA DÉDUCTION.

[1582-1611]

1582. Règle générale. — Pour que la déduction d'une dette sur l'actif successoral puisse être admise, il faut, mais il suffit qu'il soit établi : 1° que le défunt était débiteur, *lors de l'ouverture de sa succession*; 2° que la dette résulte d'un *titre* susceptible de faire *preuve en justice contre lui*.

1585. Faute professionnelle. Action en responsabilité contre le défunt. Dette non constatée par titre au jour du décès. Déduction non admissible. Transaction ultérieure. Perception régulière. — L'action en responsabilité qui peut être exercée contre un huissier, à raison de la nullité d'un protêt qu'il a dressé, ne constitue pas une dette déductible de sa succession, dès lors qu'au moment de son décès le *de cujus* n'avait pas reconnu amiablement et qu'aucune décision judiciaire rendue contre lui n'avait constaté la nullité du protêt et fixé l'importance du préjudice dont il devait réparation. La transaction intervenue à ce sujet, postérieurement à la déclaration de succession, entre le légataire universel et la personne à laquelle a préjudicié la nullité du protêt, constitue un événement ultérieur qui, d'après l'art. 60 L. frim., ne saurait autoriser la restitution des droits, lesquels ont été régulièrement perçus (Seine, 24 juin 1904, 10686 R. P.).

ART. 1er. — *Première condition : Dette existant au jour du décès.*

[1583-1595]

1583. **Frais funéraires, de scellés, d'inventaire, charges, etc.** — L'art. 3 porte notamment : « Seront déduites les dettes à *la charge du défunt*, dont l'*existence au jour de l'ouverture de la succession* sera dûment justifiée, etc. ».

La loi exigeant ainsi que les dettes déductibles soient à la charge personnelle du *de cujus*, la distraction ne saurait être appliquée aux charges héréditaires (frais funéraires, de scellés, d'inventaire, droits de mutation par décès) qui, ainsi qu'on l'a vu précédemment (*suprà* n° 1578), incombent exclusivement aux héritiers en cette qualité.

Elle ne paraît pas, non plus, pouvoir être étendue aux charges qui peuvent grever les legs faits par le défunt, puisque, de même que ces legs, elles ne sont susceptibles de prendre naissance qu'au moment du décès. Ainsi il y a lieu, comme par le passé, d'assujettir à l'impôt, sans aucune déduction (L. frim. art. 14, n° 7, n° 8 et 15), le legs de valeurs mobilières ou d'un immeuble fait, par exemple, avec obligation d'employer une certaine somme en diverses œuvres de bienfaisance non nominativement désignées, ou, encore, de prélever une somme déterminée pour faire dire des messes.

1584. **Pension alimentaire due au conjoint survivant en vertu de la L. du 9 mars 1891.** — On peut se demander si on doit ranger parmi les charges, ou bien parmi les dettes proprement dites de la succession, la pension alimentaire accordée à l'époux survivant par l'art. 205 C. C., modifié par la L. 9 mars 1891.

Cette pension, qui ne constitue point un droit successoral (discours de M. Delsol au Sénat, *J. off.* 4 mars 1891, p. 1670; Zeglicki, *Revue critique* 1892, p. 253) doit être prélevée sur l'hérédité et supportée par tous les héritiers et, en cas d'insuffisance, par les légataires particuliers.

A l'appui de la première solution, on pourrait soutenir que cette dette alimentaire s'ouvre après le décès, puisqu'elle est distincte de celle qui pesait sur le défunt, et qu'elle naît avec l'hérédité, laquelle est la véritable débitrice de la pension.

D'autre part, l'assimilation de cette pension aux dettes héréditaires n'est pas absolue, car l'époux ne peut exercer son droit qu'après paiement des autres dettes de la succession.

L'interprétation contraire nous paraît cependant préférable.

La dette d'aliments est, en effet, une dette de la succession, puisque la cause en résidait dans la personne du défunt, à raison même de la qualité de ce dernier. Il n'est donc pas complètement exact de dire que la pension alimentaire a pris naissance après l'ouverture de la succession. V. dans ce sens le rapport de M. Delsol au Sénat, *J. off.*, *loc. cit.* Conf. Gerbault et Dubourg, *Droits succ. des époux*, n° 66).

Nous pensons donc que la défalcation prévue par la L. 25 fév. 1901 doit s'étendre à la pension alimentaire due à l'époux survivant, comme à toute autre dette de l'hérédité, incombant aux héritiers en qualité de représentants de leur auteur.

1585. **Dettes incertaines, éventuelles.** — L'art. 3 exige encore, pour qu'une dette soit déductible, qu'elle ait, *au moment du décès*, une existence certaine et que, dès cette époque, le défunt se soit trouvé définitivement engagé, en un mot qu'il s'agisse d'une dette ferme. Si, lors de l'ouverture de la succession, la dette n'était pas née ou n'avait qu'une existence incertaine et éventuelle, comme celle qui résulte d'un compte courant dont la balance n'est pas faite (Garsonnet, *Proc.*, § 592, p. 680), la déduction n'en saurait être admise pour la liquidation de l'impôt.

Le législateur, pour déterminer le montant du passif susceptible d'être déduit, s'est uniquement arrêté à la consistance de ce passif au jour du décès, sans avoir égard aux événements ultérieurs pouvant en modifier l'importance.

Cette interprétation résulte clairement du texte de la loi et des travaux préparatoires qui l'ont précédée. « On a voulu, a dit M. Cordelet dans son Rapport au Sénat (R. P. 8881, p. 72), par ces mots : « au jour de l'ouverture de la succession » exclure les dettes éventuelles, c'est-à-dire subordonnées à une condition « non encore réalisée au moment du décès ».

Cette restriction est logique. S'il est de règle, en effet, qu'on ne doit pas tenir compte, dans la déclaration d'une succession, des droits éventuels ou litigieux possédés activement par le défunt, il est de toute évidence que les mêmes raisons s'opposent, par une juste réciprocité, à ce qu'il soit fait état, lors de cette déclaration, des sommes dues également par le *de cujus*, d'une manière éventuelle.

1586. **Dettes conditionnelles.** — Il en est de même, par identité de motifs, des dettes affectées d'une condition suspensive, c'est-à-dire qui ne doivent prendre naissance que lors d'un événement futur et incertain.

Ainsi, en cas de vente sous condition suspensive consentie au profit du défunt, on ne peut avoir égard à la dette formée par le prix d'acquisition, si la vente n'a pas été réalisée du vivant de l'acquéreur.

Quant aux obligations contractées sous une condition résolutoire, la déduction ne saurait en être écartée lors de la déclaration, puisque, tant que la condition prévue ne s'est pas réalisée, elles produisent les mêmes effets que si elles étaient pures et simples.

Toutefois, dans l'hypothèse où la condition se réalise, l'obligation étant réputée inexistante *ab initio*, le Trésor serait fondé à réclamer l'impôt non acquitté par suite de cette déduction, mais la réclamation devrait être formulée dans les deux ans de la déclaration, car il s'agirait de la rectification de la perception originairement opérée et de la demande d'un véritable supplément de droit, sans qu'on puisse assimiler ce cas à la nouvelle transmission résultant de la rentrée de certains biens dans l'hérédité.

Ajoutons qu'il importe essentiellement d'observer la distinction qui existe entre les obligations à terme et les obligations conditionnelles, et de rechercher avec soin, d'après les termes de l'acte, si le défunt a entendu s'engager sous condition ou simplement à terme, la dette, dans ce dernier cas, devant être considérée, au point de vue spécial qui nous occupe, comme pure et simple.

1587. Dette conditionnelle réalisée avant la déclaration de la succession. — De même qu'on doit avoir égard, dans une déclaration, aux droits actifs conditionnels, dont la réalisation s'est opérée dans l'intervalle compris entre le décès et la déclaration de la succession, de même il convient de déduire les dettes conditionnelles qui sont devenues effectives avant le payement de l'impôt.

En droit, en effet, l'accomplissement de la condition rétroagit au jour où l'obligation a été contractée et, par suite, dès sa réalisation, la dette conditionnelle est légalement réputée avoir eu une existence ferme au décès.

D'autre part, d'après l'arrêt Cass. du 28 janv. 1890 (*Rép. gén.*, 1re partie, v° *Résolution*, n° 410 *bis*), « l'obligation de payer les droits dus au Trésor se trouve, conformément au droit commun, *subordonnée à la condition résolutoire qu'il ne soit pas justifié*, avant la perception, que le *contrat qui la motive a cessé d'exister*, par suite d'une annulation prononcée en justice; si cette preuve est fournie, l'obligation née au profit du Trésor se trouvant *anéantie à partir de l'instant où elle a commencé, la perception ne peut plus être exigée* ».

La doctrine de cet arrêt a été appliquée aux droits de mutation par décès, notamment en cas d'annulation de legs (Sol. 27 août 1892) ou de réalisation d'une condition effaçant rétroactivement une mutation non encore imposée (Sol. 29 déc. 1894).

Il en résulte que si, avant la déclaration de la succession ou le payement du droit de mutation par décès, une dette conditionnelle est réalisée et se trouve régulièrement constatée, la déduction doit en être admise, bien qu'au moment de l'ouverture de la succession, le défunt n'en fût pas encore, en fait, débiteur pur et simple (*Comp.* Déclaration faite par le min. fin.; séance du Sénat du 22 janv. 1901, 9984 R. P., p. 147).

1588. Dette conditionnelle réalisée après la déclaration de la succession. — L'assimilation, au point de vue fiscal, des dettes conditionnelles aux droits actifs de même nature (V. n° 1585 *suprà*) conduit naturellement à rechercher si, de même que la réalisation d'un droit éventuel permet à l'Administration de formuler une réclamation, à raison des valeurs rentrées ainsi effectivement dans l'hérédité, la réalisation, après le payement des droits, d'une dette contractée à titre éventuel ou conditionnel par le défunt, ouvre à ses héritiers une action en restitution.

Cette question paraît devoir être résolue dans le sens de la négative.

En effet, il est incontestable que la perception effectuée lors de la déclaration, sans tenir compte d'une dette éventuelle, est régulière et conforme à l'état tant actif que passif existant réellement au jour de l'ouverture de la succession.

Or l'art. 60 L. frim. dispose que tout droit régulièrement perçu ne peut être restitué, quels que soient les événements ultérieurs.

La L. 25 fév. 1901 ne contient aucune dérogation à cette règle, sauf en matière de faillite, de liquidation judiciaire ou de distribution par contribution, hypothèses pour lesquelles l'article 5 autorise les héritiers ou légataires à réclamer, dans le délai de deux ans à compter du jour de la déclaration, la déduction des dettes établies dans les formes prescrites. Mais cette faculté, comme toute exception, doit être restreinte aux cas expressément prévus par le législateur.

Il faut donc en conclure que, sauf les restrictions édictées par l'art. 5, la réalisation, après l'ouverture de la succession, d'une dette contractée éventuellement par le *de cujus*, ne saurait, en droit, motiver le remboursement de l'impôt indûment acquitté, par suite de l'impossibilité où se sont trouvées les parties de demander la déduction de cette dette, lors de la déclaration.

1589. Reprises, arrêté du compte de tutelle. — S'il est vrai qu'en principe, on ne peut faire état que du passif existant réellement au décès, il convient d'admettre que la fixation du montant de ce passif peut être utilement opérée, tant que la déclaration n'a pas été souscrite, si les actes d'où résulte cette fixation n'ont fait que constater des dettes préexistantes, sans en former le titre constitutif, ni les affranchir de l'éventualité ou des conditions dont elles pouvaient être précédemment affectées.

Ainsi il conviendra de déduire, sur les biens de toute nature, les reprises dues par un mari défunt à son épouse ou les dettes d'un tuteur envers son pupille, lorsqu'une liquidation ou un arrêté de compte, fixant le montant des reprises ou le reliquat passif du compte à la date de l'ouverture de la succession, sera intervenu avant la déclaration de la succession.

C'est ce qui a été expressément admis par l'art. 5 en matière de faillite, de liquidation judiciaire ou de distribution par contribution.

Or, les motifs qui ont inspiré cette disposition s'appliquent, avec la même énergie, à toutes les dettes qui, comme les reprises matrimoniales, tout en n'étant pas parfaitement déterminées au moment de l'ouverture de la succession, n'en avaient pas moins une existence effective, dès cette époque, et ont été définitivement liquidées avant la déclaration de la succession.

L'Administration admet même que la demande en déduction, dans la succession d'un tuteur, de la dette dont il était tenu envers ses pupilles comme conséquence de sa gestion, est recevable même à défaut de compte de tutelle, dès lors que les éléments de la créance des pupilles sont établis par des titres susceptibles de faire foi en justice contre le défunt, l'Administration conservant, d'ailleurs, la faculté de démontrer, par tous les moyens dont elle dispose, l'existence des créances corrélatives du tuteur, de manière à déterminer le reliquat qui serait résulté d'un compte régulièrement rendu (Sol. 18 avr. 1902, 3080-15 I. G.; 10277 R. P. — V. n° 1630 *infrà*).

1590. Ouverture de crédit. — S'il s'agit d'une ouverture de crédit au profit du défunt, la déduction ne peut évidemment être admise que jusqu'à concurrence de la somme pour laquelle le crédit a été réalisé, au moment du décès, car le surplus des fonds, que le créditeur s'est engagé à fournir au *de cujus*, constitue une dette soumise à une éventualité dont la réalisation, au compte du défunt, est devenue désormais impossible.

1591. Cautionnement solidaire, aval. — Le cautionnement, même solidaire, qu'il ne faut pas confondre avec

1589. Récompense due à la communauté par l'époux prédécédé. Absence de justifications. Non-déduction sur les biens propres. — La récompense due à la communauté par l'époux prédécédé ne peut être déduite de la valeur des biens propres de sa succession, pour la liquidation des droits de mutation par décès, si elle n'est pas justifiée par des titres susceptibles de faire preuve en justice contre le défunt, conformément à l'art. 3 L. 25 fév. 1901 (Angoulême, 14 fév. 1906, 11276 R. P.).

1591. Caution solidaire. Succession de la caution. — Ne doivent pas être déduites de l'actif héréditaire, pour la perception des droits de mutation par décès, les dettes au payement desquelles le défunt s'était engagé en qualité seulement de caution solidaire (Sol. 18 août 1903, instr. 3099 § 7, 10488 R. P.).

Débiteur principal en faillite ou en déconfiture. Dette non échue. Non-déduction. — Ne doit pas être déduite de l'actif héréditaire, pour la perception des droits de mutation par décès, la dette au paiement de laquelle le défunt s'était engagé en qualité seulement de caution solidaire, alors même qu'au moment du décès le débiteur principal était en faillite ou en déconfiture, si cette dette n'était pas encore devenue exigible par l'échéance du terme stipulé; la faillite ou la déconfiture du débiteur principal est insuffisante, en effet, pour transformer en obligation principale et directe l'obligation de la caution qui reste, en droit, éventuelle et accessoire, quel que soit le caractère de probabilité ou de certitude que revêt, en fait, la réalisation de l'éventualité (Seine, 27 juill. 1906, 11260 R. P.).

1594. **Succession échue au défunt. Droits de mutation restant dus à son décès. Droits simples et droits en sus. Distinction.** — Constituent une dette susceptible d'être admise en déduction de l'actif d'une succession pour la perception de l'impôt de mutation par décès les droits restant dus à la mort du défunt sur une autre succession précédemment échue à celui-ci. Toutefois, si les héritiers avaient personnellement encouru la peine du demi-droit en sus pour n'avoir pas souscrit la déclaration dans le délai légal, non encore expiré au décès de leur auteur, la déduction à opérer sur la succession de ce dernier devrait être limitée au montant du droit simple (Sol. [illegible] 1902, Instr. 3102, § 8, 10515 R. P.).

l'obligation solidaire, n'est qu'une obligation accessoire à une autre qui forme, seule, l'objet direct de l'engagement, la caution n'étant tenue au paiement de la dette qu'à défaut du débiteur principal.

Il s'ensuit nécessairement, d'après les principes exposés ci-dessus, qu'on ne saurait avoir égard, pour la détermination du passif, au cautionnement solidaire ou à l'aval donnés par une personne décédée, avant d'avoir été constituée débitrice directe, à la suite de l'insolvabilité du débiteur principal ou pour toute autre cause.

Décidé, en ce sens, que ne doivent pas être déduites de l'actif héréditaire, pour la perception des droits de mutation par décès, les dettes au payement desquelles le défunt s'était engagé en qualité seulement de caution solidaire (Sol. 13 août 1902, 3009, § 7, I. G.; 10400 R. P.).

Mais il en serait autrement si les héritiers avaient été condamnés, avant la déclaration de la succession, comme débiteurs purs et simples, en vertu du cautionnement fourni par leur auteur.

1592. **Dettes litigieuses.** — Une dette est *litigieuse* lorsque son existence est contestée. Si la contestation porte non sur l'existence de la dette, mais simplement sur sa quotité, l'obligation est *indéterminée*.

L'obligation litigieuse doit, en ce qui concerne la déduction du passif, être soumise aux mêmes règles que l'obligation conditionnelle, puisque, de même que cette dernière, elle n'a pas une existence certaine au jour de l'ouverture de la succession, son principe même faisant l'objet d'un procès pendant au moment du décès.

Ainsi que l'enseigne M. Demante (t. II, n° 283) « la décision du procès doit être assimilée à l'événement de la condition. Jusque-là, le droit n'a pas de consistance actuelle, puisque son existence est en question ».

De même que l'Administration n'est pas fondée à réclamer l'impôt sur des valeurs litigieuses, tant que la propriété n'en est pas judiciairement fixée, de même, par une juste réciprocité, les parties ne sauraient, sans se mettre en opposition avec elles-mêmes, revendiquer, encore bien qu'à titre éventuel, la déduction d'une somme dont elles prétendent précisément n'être pas débitrices.

Cependant, si un jugement de condamnation était rendu contre les héritiers, avant le paiement des droits, nous pensons, par les raisons exposées *suprà* (n° 1587), qu'il conviendrait de déduire le montant de la condamnation, car le jugement, ne créant pas l'obligation et n'ayant qu'un effet déclaratif, établirait l'existence d'une dette antérieure au décès, et permettrait ainsi de la faire rentrer dans l'hypothèse prévue par la loi.

Si le jugement de condamnation se trouvait frappé d'appel lors de la déclaration de la succession, la dette devrait être considérée comme conservant son caractère litigieux, à raison de l'effet suspensif attaché à l'appel. Mais si le jugement était déféré à la C. Cass., la nature de la dette devrait être déterminée d'après la décision attaquée, abstraction faite du pourvoi, qui n'est pas suspensif.

1593. **Dettes indéterminées.** — Les différents projets qui ont précédé le vote de la L. 25 fév. 1901 n'admettaient que la déduction « des dettes liquides au jour du décès », c'est-à-dire des dettes non seulement certaines dans leur principe, mais encore déterminées dans leur quantum.

L'art. 3 autorise, au contraire, la défalcation des « dettes existant au jour de l'ouverture de la succession ».

La différence entre les deux textes est essentielle : on ne retrouve plus, dans le second, la nécessité de la fixation définitive de la quotité préalablement au décès.

On doit en conclure que les dettes indéterminées ont été formellement visées par les nouvelles dispositions et qu'elles doivent être distraites de l'actif héréditaire au même titre que les dettes pures et simples. Cette interprétation résulte d'ailleurs expressément des explications fournies au cours de la discussion de la loi.

Lors de la séance du Sénat du 22 janv. 1901 (9984 R. P. p. 140), M. Cordelet, rapporteur, avait cité, comme exemple de dettes de cette nature, celles d'un tuteur envers son pupille ou d'un mari envers son épouse, et envisagé l'hypothèse d'un jugement condamnant une personne à des dommages-intérêts *à faire par état*.

Dans sa réponse (R. P., *loc. cit.*, p. 141) le ministre a admis que si, dans les six mois du décès du tuteur, du mari ou de la personne condamnée, il existait un compte de tutelle, ou une liquidation de reprises, ou un jugement déterminant le montant exact des dommages-intérêts, ces intérêts, ces dettes devraient être considérées, non seulement comme certaines, mais encore comme liquides au jour de la déclaration de la succession et que cela suffisait pour en justifier la déduction.

Si le montant de la dette n'est pas fixé lors de la déclaration, les parties devront y suppléer par une déclaration estimative, par analogie avec ce qui a lieu en matière de saisie-arrêt, pour les créances non liquides (C. proc. 559), et sauf le droit réservé à l'Administration de contrôler la sincérité de la déclaration.

Ainsi, au cas où des coupes de bois achetées sur pied, par unités de produits, ne seraient pas dénombrées au décès de l'acquéreur, la déduction du prix n'en devrait pas moins être admise, jusqu'à concurrence de la somme évaluée par les parties.

Si l'évaluation d'une dette encore indéterminée, au moment de la déclaration de la succession, est ultérieurement reconnue excessive, l'Administration sera fondée à exiger de nouveaux droits, ainsi qu'il sera expliqué *infrà* (n° 1677).

Par contre, en cas d'estimation insuffisante, il eût été équitable d'accorder aux parties le droit de se faire rembourser l'impôt indûment acquitté sur les biens correspondant à la partie de la dette dont la déduction, quoique justifiée en fait, n'avait pas été opérée. Mais, à défaut d'une disposition formelle à cet égard, la perception, comme nous avons vu *suprà* (n° 1588), est régulière, et se trouve régie par l'art. 60 L. frim. Nous pensons, toutefois, que les règles adoptées en matière d'erreurs de fait (*Rép. gén.*, 1re partie, v° *Restitution*, n° 49 et suiv.) pourraient être appliquées à l'espèce et justifieraient la restitution, si l'erreur était nettement établie.

Telle est, d'ailleurs, la doctrine admise par l'Administration elle-même (3007-11 I. G.).

1594. **Loyers. — Fermages. — Intérêts. — Arrérages de rentes. — Primes d'assurances.** — Le principe d'après lequel la défalcation ne peut s'étendre qu'aux dettes existant au jour de l'ouverture de la succession, [illegible] traîne comme conséquence la nécessité d'opérer une ventilation relativement aux prestations dues périodiquement par le défunt, telles que loyers, fermages, intérêts, arrérages de rentes, etc., de manière à ne comprendre, dans le passif à déduire, que le prorata du terme courant incombant personnellement au *de cujus* et calculé, de même que les valeurs de cette nature dépendant activement de sa succession, selon la durée comprise entre la dernière échéance et la date du décès.

Ces proratas de fruits civils qui s'acquièrent jour par jour (C. C. 584) constituent, en effet, quoique non exigibles, une dette certaine, qui doit être déduite pour la liquidation de l'impôt de mutation par décès. Lorsqu'une somme a été versée à un propriétaire, pour des loyers payés d'avance, elle est la représentation du droit conféré au locataire de jouir d'un immeuble pendant un temps déterminé. Elle forme, ainsi, le prix d'une valeur sortie du patrimoine du propriétaire et ne peut, dès lors, même sous le régime de la loi nouvelle, et pas plus qu'un prix de vente ordinaire, être assimilée à une dette susceptible d'être déduite de sa succession (Sol. 20 nov. 1888).

Quant aux prestations arriérées ou excédant le terme courant, elles constituent des dettes civiles, régies par le droit commun, et soumises aux mêmes règles que toute autre charge, en ce qui concerne leur déduction de l'actif imposable.

Relativement aux contributions, charges publiques et communales, la distraction ne saurait, par les mêmes considérations, excéder, en toute hypothèse, le prorata dû au jour du décès, le surplus représentant la dette propre des héritiers.

S'il s'agit d'une assurance sur la vie, contre l'incendie, la grêle, etc., la prime ou la fraction de prime non encore acquittée, au moment du décès de l'assuré, est seule à la charge de ce dernier, à l'exclusion des primes subséquentes, dont le service incombe personnellement aux héritiers ou légataires. Rappelons qu'en matière d'assurances sur la vie, l'Administration autorisait en quelque sorte la déduction des primes dues au décès, en admettant jusqu'à due concurrence une compensation entre ces primes et le capital assuré. Cette compensation sera désormais de droit.

Décidé que constituent une dette susceptible d'être admise en déduction de l'actif d'une succession pour la perception de l'impôt de mutation par décès les droits restant dus à la mort du défunt sur une autre succession précédemment échue à celui-ci. Toutefois, si les héritiers avaient personnellement encouru la peine du demi-droit en sus pour n'avoir pas souscrit la déclaration dans le délai légal, non encore expiré au décès de leur auteur, la déduction à opérer sur la succession de ce dernier devrait être limitée au montant du droit simple (Sol. 10 nov. 1902, 3102, § 4, I. G., 10413 R. P.).

1595. Preuves de l'existence de la dette au décès. — Présomptions. — Il appartient aux intéressés, qui réclament la déduction d'une dette de fournir, par l'un des moyens prévus par la loi, la preuve que cette dette existait toujours au décès du défunt, et l'Administration ne saurait s'arrêter à des présomptions à cet égard, quelle qu'en soit la valeur.

De son côté, le receveur devra s'assurer, par les moyens légaux en son pouvoir, que la dette ne s'est pas éteinte antérieurement à cette date, par suite de paiement, novation, remise volontaire, compensation, confusion, nullité, résolution, etc.

Les difficultés qui peuvent naître de la question de savoir si telle ou telle dette faisait ou non réellement partie du passif du *de cujus* à l'époque de son décès, doivent être résolues d'après les principes généraux du droit. Ainsi, en cas de créances et de dettes réciproques entre le défunt et son héritier, l'impôt n'est dû, comme précédemment, que sur le reliquat actif du compte. D'autre part, lorsque l'Administration n'est pas autorisée à exiger l'impôt sur le montant d'une assurance sur la vie considérée comme dévolue à titre onéreux à un créancier du défunt, les parties ne sauraient demander la défalcation, sur l'actif héréditaire, de la dette réputée éteinte par l'effet de l'attribution au créancier du bénéfice de l'assurance.

Rappelons, en outre, qu'en cas de séparation de patrimoines ou d'acceptation bénéficiaire d'une succession échue au défunt, il ne s'opère aucune confusion entre la créance et la dette de ce dernier vis-à-vis de la personne dont le *de cujus* a recueilli l'hérédité (*Rapp.* Aubry et Rau, t. IV, § 330, p. 242; Demolombe, t. V, n° 703; Larombière, sur l'art. 1300, n° 6).

ART. 2. — *Deuxième condition : nécessité d'un titre susceptible de faire preuve en justice contre le défunt.*

(1596-1611)

§ I. — DISPOSITIONS APPLICABLES A TOUTES LES DETTES.

(1596-1598)

1596. Principes. — Indépendamment de l'existence de la dette au jour du décès, la loi exige encore, pour que la déduction en soit admise, que cette dette soit « *dûment justifiée* par des *titres susceptibles de faire preuve en justice contre le défunt* ».

Le projet de M. Burdeau n'autorisait que la déduction des dettes justifiées par un jugement ou par des actes authentiques; il exigeait, en outre, qu'elles fussent liquides au jour de l'ouverture de la succession (8422 R. P.). Celui de M. Poincaré était plus limitatif encore : il imposait la condition que les actes authentiques fussent antérieurs d'un mois au moins au décès (8445 R. P.).

Ces restrictions n'ont pas été maintenues par la L. 25 fév. 1901 qui a étendu le principe de la déduction à toutes les dettes, civiles ou commerciales, justifiées par des titres susceptibles de faire preuve en justice, sans avoir égard à la nature ni à la date de ces documents.

1597. Définition du mot titre. — Ainsi que le porte l'art. 3, la justification des dettes peut être faite par toute espèce de titres, du moment où ils sont « *susceptibles de faire preuve en justice* » de l'existence de la dette.

En principe, on entend par « titres » les actes instrumentaires constatant toute cause d'acquisition d'un droit réel ou personnel (Aubry et Rau, t. II, § 173, texte).

Il résulte des explications fournies au cours des débats parlementaires que le mot *titre*, dans la L. 25 fév. 1901,

1595. **Déduction du passif. Justifications.** — *Enonciations d'une déclaration de succession antérieure. Déduction non admissible.* — Lorsqu'une femme veuve décède plusieurs années après son mari, son fils et seul héritier qui souscrit la déclaration de sa succession, ne peut être admis à déduire des biens héréditaires le montant des sommes dont il se prétend créancier sur la défunte à raison de la réalisation par cette dernière et de l'emploi qu'elle en aurait fait en acquisitions personnelles d'une partie des valeurs communes et de celles dépendant en propre de la succession du père, dès l'instant que l'existence de la dette n'est pas justifiée par un titre susceptible de faire preuve en justice contre le *de cujus*. Spécialement, les énonciations de la déclaration de succession souscrite après le décès du mari par son héritier ne sauraient constituer un titre de créance opposable à la mère qui n'y a pas participé, non plus qu'à sa succession (Rennes, 5 déc. 1904, 10944 R. P.).

Reliquat d'un compte de gestion de biens indivis entre le défunt et son légataire universel. — Pour la perception des droits de mutation par décès, il n'y a pas lieu de déduire de l'actif de succession la somme dont le *de cujus* serait débiteur envers son légataire universel pour reliquat d'un compte de gestion de biens indivis entre eux, lorsque le légataire universel ne fournit aucune preuve régulière soit du mandat, soit de la réalité de sa créance, et que cette créance est constatée simplement par une déclaration de sa part contenue dans un acte notarié postérieur au décès (Nevers, 7 août 1905, 11121 R. P.).

Ordres de bourse donnés par le défunt. — Doit être admise la déduction, sur l'actif de la succession, des sommes dues par le *de cujus* à un établissement de crédit pour achat de valeurs de bourse, en vertu d'ordres qu'il lui a donnés quelques jours avant son décès et qui n'ont fait l'objet d'aucune provision ou couverture, lorsque l'existence de la dette est justifiée par une copie collationnée de ces ordres de bourse et une attestation de l'établissement créancier (Montpellier, 25 mai 1906, 11270 R. P.).

Registres domestiques. Relevés de compte adressés par le défunt à son créancier. Force probante. — Doit aussi être admise la déduction, sur l'actif de la succession d'un associé d'agent de change, de sommes confiées au défunt par son frère pour être placées en reports, lorsque l'existence de la dette est appuyée sur les registres domestiques du défunt et les relevés de compte adressés par lui périodiquement à son frère, le rapprochement de ces pièces établissant que le défunt a entendu conférer à ce dernier un titre de créance, que la multiplicité et la complexité des opérations faites rendaient difficile de fournir sous une autre forme (Seine, 13 fév. 1903, 10486 R. P.).

n'est pas pris dans son sens purement juridique, visant uniquement l'acte régulier, soit authentique, soit s. s. p., dressé dans le seul but de constater légalement un fait et d'en fournir la preuve formelle en justice. Autrement, on serait arrivé à exclure de la déduction une grande partie du passif héréditaire, notamment toutes les dettes commerciales établies par la correspondance (Discours de M. Ribot, séance du 15 nov. 1900, 9947 R. P., p. 29).

Dans la pensée du législateur, le terme « titre » doit être pris dans une acception aussi large que possible; il s'applique « à toutes les pièces aptes à faire preuve en justice » (Explications de M. Ribot, séance de la Ch. du 15 nov. 1900, 9947 R. P., p. 28).

« C'est, a encore dit M. Mesureur, rapporteur de la L. à la Ch. (R. P., *loc. cit.*, p. 31), toute pièce qui pourra, vis-à-vis du juge, faire preuve de la créance invoquée. Ces pièces sont celles qui peuvent nettement et clairement établir la réalité d'un fait.

« Le mot « titre », a ajouté M. Monestier, rapporteur de la L. au Sénat (*loc. cit.*, p. 40), est employé dans la large acception de pièce écrite; il vise, notamment, les actes authentiques s. s. p., livres de commerce, billets à ordre, lettres de change, reçus de sommes, procès-verbaux de vérification ou d'affirmation de créances en cas de faillite et de liquidation judiciaire susceptibles de faire preuve en justice contre le défunt ».

En résumé, le mot « titre » doit s'entendre de tout acte, de tout écrit, authentique ou s. s. p., ayant ou non date certaine, qui est de nature à établir, par lui-même, la réalité de la dette, et, par suite, à permettre au créancier de poursuivre devant les tribunaux le recouvrement de sa créance.

1596. **Présomptions — Force probante des titres.** — Toutefois, il est indispensable que la pièce, invoquée par les parties à l'appui de leur demande en déduction, fasse par elle-même une preuve certaine de l'existence de la créance. Elle ne pourrait être considérée comme un titre, dans le sens de la L. 25 fév. 1901, ni susceptible, dès lors, d'être utilement produite à l'appui de la demande en déduction, si elle ne constituait qu'un commencement de preuve par écrit, alors même que la partie offrirait de compléter les indications qui en résultent par des présomptions graves, précises et concordantes (Discours de Cordelet, séance du Sénat du 22 janv. 1901, 9984 R. P., p. 140).

Dans la pratique, l'application de cette règle est de nature à soulever les plus sérieuses difficultés, à raison des doutes qui peuvent s'élever, fréquemment, sur le point de savoir si un document présente les caractères d'une preuve complète ou simplement ceux d'un commencement de preuve par écrit.

Remarquons, tout d'abord, qu'il ne saurait être question, en matière de déduction de dettes, des moyens de preuve autres que la preuve littérale, puisque la L. 25 fév. 1901 exige impérativement la production d'un titre écrit.

La preuve est complète lorsqu'il résulte des pièces produites un degré de certitude suffisant pour faire tenir comme vrai le fait allégué (Aubry et Rau, t. VIII, § 749-5°, p. 160).

Au contraire, on entend par commencement de preuve par écrit tout document de nature à rendre simplement vraisemblable le fait allégué (C. C. 1347, 2e al.). La loi n'a pas réglé la force probante de tous les genres d'écrits susceptibles de faire preuve en justice. Elle n'a déterminé cette force que pour les actes proprement dits, les livres de commerce, les registres domestiques et les mentions inscrites à la suite, en marge ou au dos d'un acte (Aubry, et Rau, *op. cit.*, § 754, p. 198).

Relativement aux actes proprement dits, c'est-à-dire aux écrits rédigés ou dressés dans le but de constater un fait juridique, ils constituent, qu'ils soient authentiques ou s. s. p., la preuve complète de l'obligation, lorsqu'ils remplissent les conditions prévues par les art. 1317 et s. C. C.

La force probante des livres de commerce fait l'objet de dispositions spéciales qui seront examinées ci-après (nos 1607 et s.).

Quant aux registres et papiers domestiques, ils ne font foi, *contre* ceux qui les ont tenus, que lorsqu'ils contiennent la déclaration ou la reconnaissance d'une dette avec mention expresse que l'énonciation a été faite pour suppléer au défaut de titre en faveur du créancier (C. C. 1331). Si l'annotation ne contient pas la mention requise par la loi, elle ne fait pas preuve complète contre celui qui s'est déclaré débiteur, et ne peut être considérée que comme un commencement de preuve par écrit (Demolombe, t. XXIX, nos 630 et 631; — Aubry, et Rau, *op. cit.*, § 758, note 6), ou comme un simple aveu susceptible, comme tel, d'être rétracté (Demolombe, *loc. cit.*, no 635).

Enfin, en ce qui concerne les mentions qui font l'objet de l'art. 1332 C. C., elles cessent de faire foi lorsqu'elles sont biffées (Demolombe, *op. cit.*, no 651; — Cass. civ. 23 déc. 1828, S. 29-1-7).

Pour les écrits dont la loi n'a pas expressément prévu la force probante, l'appréciation de leur valeur juridique devra être faite d'après les règles suivies par la doctrine et la jurisprudence en matière de preuve.

Ainsi, il y a lieu de considérer, comme un simple commencement de preuve par écrit, une lettre missive mentionnant une avance à faire par celui qui allègue que cette avance a été effectivement faite, un billet portant promesse de payer le prix de marchandises à livrer par celui qui prétend en avoir effectué la livraison, une reconnaissance de dette qui n'en mentionne pas la quotité (Larombière, art. 1347, no 30) ou qui n'en indique pas la cause, les reconnaissances extrajudiciaires qui ne réunissent pas toutes les conditions essentielles à l'existence d'un aveu proprement dit, les obligations constatées uniquement par la transcription des titres authentiques sur des registres publics, les simples factures, les états de fournitures ou de dettes diverses remis par le fournisseur ou le créancier à l'acheteur ou au débiteur et non revêtues de la signature de ces derniers, etc.

Tous ces documents n'établissant pas, par eux-mêmes et en dehors de tout autre moyen de preuve, la réalité de la dette, ne sauraient constituer, au point de vue fiscal, la justification régulière du passif héréditaire, au vœu de l'art. 3 L. 25 fév. 1901.

Reconnu, dans cet ordre d'idées, que doit être rejetée la demande en déduction d'une dette résultant d'une simple note du créancier non acceptée (Sol. 18 avr. 1902, 3089-15 I. G.; 10277 R. P.).

Il ne semble pas, cependant, que la distinction établie par la loi civile entre la preuve complète et le commencement de preuve par écrit doive, dans tous les cas, servir de règle absolue pour déterminer les titres de créance susceptibles d'être admis et ceux qui doivent être écartés, et qu'il y ait lieu de rejeter rigoureusement tous les écrits auxquels la loi n'a pas attaché le caractère d'une preuve parfaite et complète.

Spécialement, font légalement partie des commencements de preuve par écrit : les actes privés d'authenticité, soit pour vice de forme, soit par incompétence ou incapacité de l'officier public qui les a reçus, les énonciations contenues dans les actes authentiques ou s. s. p., quand elles n'ont point un rapport direct avec la disposition principale, les actes s. s. p. contenant des conventions synallagmatiques, lorsqu'ils n'ont pas été faits en autant d'originaux qu'il y a de parties ayant un intérêt distinct ; les billets non revêtus du « bon pour » ou « approuvé », les reconnaissances résultant d'un interrogatoire sur faits et articles, les déclarations constatées dans les qualités ou les motifs d'un jugement, etc. (Aubry et Rau, t. VIII, § 764, texte, p. 335 et 340).

Bien qu'en droit strict, de tels actes, pris isolément, ne forment pas un titre parfait, au vu duquel le juge est *toujours obligé* de prononcer une condamnation, il n'en est pas moins vrai qu'ils sont de nature à permettre au créancier de poursuivre utilement le recouvrement de sa créance, en ce sens qu'ils peuvent, par eux-mêmes, déterminer la conviction du juge. Or, l'écrit dont le législateur de 1901 a prescrit la production consiste moins dans le titre régulier de l'obligation que dans le document susceptible de démontrer la réalité de la dette et de déterminer la condamnation du débiteur (Rappr. *suprà*, n° 1597).

Aller au delà et rejeter, par exemple, un billet non revêtu du « bon pour », une obligation signée par le débiteur mais reçue par un notaire incompétent, la dette du prix d'une vente s. s. p. non rédigée en double exemplaire, sous prétexte que ces écrits ne constituent que des commencements de preuve par écrit, ce serait dépasser le but que s'est proposé le législateur qui a pris soin de spécifier que le mot « titre » ne devait pas être pris dans son acception juridique et s'entendre exclusivement d'un acte régulier et parfait.

Au surplus, quelle que soit l'autorité qui s'attache aux explications fournies par les rapporteurs ou échangées au cours de la discussion, elles ne sauraient prévaloir contre les dispositions claires et précises de la loi.

Or, l'article 3 n'exige pas impérieusement que l'écrit invoqué fasse preuve complète de la créance ; il suffit, ce semble, qu'il soit susceptible d'entraîner la conviction du juge pour qu'il puisse être admis.

On peut donc conclure que les dettes héréditaires pourront être établies, au regard de l'impôt, non seulement par des titres parfaits et réguliers, mais encore par tous autres documents de nature à démontrer d'une manière certaine leur réalité et qu'il s'agira, dès lors, en définitive, d'une question de fait à résoudre sous le contrôle des tribunaux, suivant les circonstances de chaque affaire, la nature des dettes alléguées et le caractère des justifications produites.

La dette qui résulte d'une pièce émanant d'un mandataire du défunt peut être défalquée, comme tout autre passif héréditaire, s'il est justifié d'un mandat formel du *de cujus*.

Remarquons, à ce sujet, que l'engagement souscrit par un mari ne forme pas en général preuve contre la femme (Aubry et Rau, t. VIII, § 764, p. 338) et que l'écrit émané de l'un des copropriétaires indivis d'un immeuble ou de l'un des cohéritiers du débiteur ne peut être opposé ni aux autres copropriétaires, ni aux cohéritiers (Cass. civ. 15 nov. 1858, S. 59-1-905 ; — Caen, 19 juin 1866, S. 67-2-49).

§ II. — NATURE ET CARACTÈRES DES TITRES. DETTES CIVILES. DETTES COMMERCIALES

[1599-1611]

1599. Observation préliminaire. — La force probante des pièces destinées à constater le passif déductible diffère selon le caractère civil ou commercial des dettes. Il importe donc d'examiner séparément les règles spéciales à chacune de ces deux catégories d'obligations.

ARTICLE 1er. — DETTES CIVILES.

[1600-1606]

1600. Titre écrit. — Non-déduction des dettes verbales. — Ainsi qu'on vient de l'expliquer, une dette ne peut être défalquée qu'autant qu'elle résulte d'un titre régulier et que ce titre est opposable au défunt. Il n'y a pas lieu, dès lors, d'admettre au bénéfice de la déduction les dettes verbales, puisque leur existence n'est pas constatée par un écrit (Obs. de M. Dufoussat, et explications du min. fin., séance du Sénat du 22 janv. 1901, 9684 R. P., p. 147).

Cette règle est applicable à toutes les dettes, même à celles qui sont inférieures à 150 fr. (*Rapp.* 1341 C. C.), ou à celles pour lesquelles il est impossible, soit de se procurer une preuve littérale, comme en cas de gestion d'affaires, soit de suppléer à la perte ou à la suppression de la preuve que possédait le créancier (C. C. 1348), comme en cas d'incendie des papiers de ce dernier. La L. 25 fév. 1901 n'admet, en effet, aucune distinction entre les diverses sortes de dettes et l'art. 3 exige formellement que tout passif, quels qu'en soient le montant ou la nature, soit justifié par une pièce écrite.

Faisons observer, à ce point de vue, que le législateur de 1901, obéissant à la pensée de prévenir la fraude, s'est montré moins libéral que la commission chargée en 1892 d'examiner le projet de loi en cette matière et qui avait admis la défalcation des dettes résultant de simples conventions verbales déclarées à l'enregistrement avant le décès (8408 R. P., p. 674).

Mais nous devons ajouter que la règle, d'après laquelle il n'y a pas lieu de tenir compte des dettes verbales, n'est pas absolue et doit être appliquée avec un certain tempérament.

Nous avons vu, en effet, précédemment (nos 1587 et 1589) que, par application de la doctrine résultant de l'arrêt Cass. 28 janv. 1890, il doit être fait état, lors de la déclaration de la succession, des dettes préexistantes au décès.

1600. Loyers dus en vertu d'une location verbale déclarée. — Une déclaration de location verbale ne forme pas un titre de créance opposable au preneur. Les loyers dont ce dernier se trouve débiteur à son décès constituent donc une dette purement verbale qui ne doit pas être admise en déduction de l'actif pour la perception des droits de succession (Sol. 6 mai 1903, Instr. 3122, § 3, 10526 R. P.).

1603. Sommes dues à des entrepreneurs. Mémoires. Justifications insuffisantes. Non-déduction. — Ne sauraient être déduites de l'actif successoral en exécution de l'art. 3 L. 25 *fév.* 1901, les sommes présentées comme dues à divers entrepreneurs, pour travaux effectués avant le décès, lorsque la dette, même attestée par les créanciers, ne résulte que des mémoires des entrepreneurs, réglés depuis la mort du *de cujus* (Seine, 14 nov. 1902, 10524 R. P.).

Notes de médecins et de pharmaciens. — Même décision (Trévoux, 16 juin 1904, 10884 R. P.).

tion que leur constatation ne résulte que de documents postérieurs à l'ouverture de l'hérédité.

Les mêmes motifs conduisent à reconnaître que la justification d'une dette peut valablement résulter d'un titre dressé après le décès du débiteur, mais avant la déclaration de la succession, si ce titre a simplement pour effet de révéler une obligation existant déjà antérieurement, d'en fournir une preuve écrite, et que, par suite, il importe peu que la dette ait été reconnue ou non par écrit, du vivant du débiteur, quand la pièce qui la constate établit en même temps, qu'il s'agit d'une obligation née dans la personne du défunt et non dans celle de ses héritiers.

Telle est, du reste, l'interprétation qui se dégage des travaux préparatoires de la loi.

« Si des poursuites, a dit M. Cordelet dans son premier rapport au Sénat (8881 R. P., p. 71) ont été commencées sans titre contre le défunt et si un jugement intervient contre les héritiers, ce jugement n'ayant qu'un effet déclaratif établira l'existence de la dette antérieure au décès, et cette dette se trouvera ainsi rentrer dans les termes du paragraphe premier. »

Ces explications, confirmées par les déclarations de l'honorable sénateur lors de la séance du 22 janv. 1901, et approuvées formellement par le Min. fin. (9984 R. P., p. 140 et 141) nous amènent à penser que, par suite de l'effet déclaratif attaché aux jugements, la déduction d'une dette verbale devra être opérée, lors même que le jugement serait intervenu après le décès du débiteur, toutes les fois que des poursuites auront été commencées contre ce dernier.

Ce commencement de poursuites ne paraît pas, d'ailleurs, indispensable pour faire attribuer un caractère déclaratif au jugement ; la même solution devrait être adoptée, alors même que l'instance aurait été engagée contre les héritiers, si ces derniers ne sont pas pris en leur nom personnel, mais comme représentants du débiteur.

Concluons donc qu'une dette verbale, n'ayant pas fait l'objet d'un titre écrit, du vivant du débiteur, pourra être défalquée, au vu du jugement de condamnation rendu contre les héritiers avant la déclaration de la succession.

1601. Dépenses de ménage ou relatives à la profession du défunt. — Relativement aux dépenses de ménage et à celles qui sont motivées par la profession du défunt, la question de déduction doit être résolue par une distinction, suivant que ces dettes n'ont été constatées par aucun écrit émanant du *de cujus* ou qu'elles ont, au contraire, été relatées dans des papiers domestiques, des écritures privées, des livres de comptabilité, etc.

Dans le premier cas, la défalcation devra en être refusée, puisque les dettes ne résultent pas d'une pièce opposable au défunt et qu'elles ne remplissent pas ainsi l'une des conditions spécialement exigées par la loi. Il n'en sera autrement que si les héritiers, ainsi qu'il vient d'être expliqué (V. n° précédent) ont été condamnés, en cette qualité, à en payer le montant, par un jugement rendu avant le paiement des droits, ou bien encore quand les dettes dont il s'agit auront été mentionnées dans des inventaires, partages, comptes, liquidations, etc., dressés après le décès et avant la déclaration de la succession (V. n° 1604 *infrà*).

Dans la seconde hypothèse, la difficulté est toute d'appréciation et elle doit être résolue, en fait, en recherchant d'après les circonstances de chaque affaire, et par application des règles exposées (n° 1598 *suprà*) au sujet de la valeur juridique des papiers domestiques, si le créancier est muni ou non d'un titre suffisamment probant pour pouvoir poursuivre en justice le recouvrement de sa créance et obtenir la condamnation de son débiteur.

Il est superflu d'ajouter, qu'en cas de jugement entre parties, toute incertitude relativement au degré de force probante des pièces invoquées comme titres, sera aplanie par la décision même du tribunal.

1602. Frais de dernière maladie. — Notes des fournisseurs. — Médecins. — Pharmaciens. — Dettes agricoles. — Salaires de gens de service, etc. — Les mêmes règles doivent, à notre avis, être appliquées aux frais de dernière maladie, aux notes des fournisseurs, des médecins, pharmaciens, aux dettes agricoles, aux salaires de gens de service, etc. « Lorsqu'une note sera produite, a dit le Min. fin. au cours de la séance du Sénat du 22 janv. 1901 (9984 R. P., p. 147), il appartiendrait au receveur d'apprécier au vu, soit de cette note, soit des autres documents qu'il pourra être amené à réclamer, si la dette est établie par des titres susceptibles de faire foi en justice. »

Mais l'Administration n'admet pas cette doctrine. Elle a décidé que les dettes résultant de simples notes, factures ou mémoires, non acceptés par le défunt, ne sont pas susceptibles d'être déduites de l'actif successoral, pour le paiement des droits de mutation par décès, alors même que ces documents auraient été revêtus de l'acquit des créanciers, postérieurement à l'ouverture de la succession. Il en est ainsi, notamment, des honoraires dus au médecin qui a donné ses soins au défunt pendant sa dernière maladie, le carnet des visites du médecin ne pouvant faire titre en justice (Sol. 13 déc. 1901 et 15 fév. 1902, 3080-19 I. G. 10187 R. P. — V. n° 1604 *infrà*).

Faisons remarquer que les dettes agricoles pour fournitures de bestiaux, de graines, d'engrais, de machines, d'instruments, etc., pourront, bien que non constatées, en tant que dettes civiles, par des reconnaissances régulières, être admises en déduction, lorsqu'elles auront fait, par exemple, l'objet d'une lettre de change acceptée par le défunt ou d'un billet à ordre souscrit par lui.

Le projet voté par le Sénat le 2 mars 1900 sur le rapport de M. Dauphin du 12 juillet 1898 (9433 R. P.) contenait, relativement à ces dettes, une disposition ainsi conçue : « Les dettes contractées par des non-commerçants envers des commerçants et relatives au commerce de ces derniers pourront, à défaut de titres, être justifiées par les livres du créancier ».

Il avait paru à la commission des finances que ce mode de justification, moins suspect qu'une inscription sur les livres du débiteur, avait l'avantage de mettre tous les contribuables sur un pied d'égalité, et, notamment, les cultivateurs pour leurs achats de semences, d'engrais, d'outils agricoles et de bestiaux, lorsqu'ils les font dans des maisons de commerce munies d'une comptabilité régulière. Mais cette disposition n'ayant pas été maintenue dans le projet définitivement adopté, les dettes dont il s'agit se trouvent soumises aux mêmes règles que les dettes ordinaires.

Or, il n'est pas douteux que la simple inscription des fournitures sur les livres du créancier ne peut être considérée comme formant le titre de la créance de ce dernier, puisque les livres de commerce du créancier ne font foi en justice qu'entre commerçants (C. comm., art. 12) et non contre un non-commerçant (Dalloz, v° *Commerce*, n° 246), même lorsqu'il s'agit de faits de commerce (C. comm. annoté, art. 12, n° 17; Aubry et Rau, t. VIII, § 757, p. 259).

Dès lors, en l'état actuel de la législation, les héritiers d'un non-commerçant ne sauraient se prévaloir uniquement des mentions figurant sur les livres du fournisseur, pour exiger la déduction des dettes contractées envers lui par le défunt.

1603. Impôts et charges fiscales. — Primes d'assurances. — En ce qui concerne les sommes dues pour impôts, charges publiques et communales, primes d'assurances, elles constituent les fractions successives d'une dette plus étendue et contractée incontestablement du vivant du défunt.

En conséquence, il y a lieu d'assimiler à un titre opposable au *de cujus*, au moins quant à la partie de ces dettes lui incombant personnellement (V. n° 1501 *suprà*), soit la feuille d'imposition à son nom ou la quittance des droits payés pour une succession dont il serait décédé saisi pour le tout ou pour partie, soit la quittance des primes, ces documents permettant de s'assurer, d'une manière non équivoque, de la réalité des dettes alléguées et de leur antériorité au décès et de déterminer, en même temps, la portion à la charge du défunt, seule susceptible d'être déduite.

Lors de la discussion de la loi à la Ch. (séance du 15 nov. 1900, 9947 R. P., p. 27), M. Lebret, envisageant l'hypothèse des droits réclamés par l'État au défunt, mais non acquittés par ses héritiers, en avait demandé la déduction, même au cas où ils feraient l'objet d'un procès pendant au moment du décès et où l'État n'aurait pas de titre permettant à l'héritier d'opérer la défalcation.

Cet amendement a été rejeté, parce qu'il a paru inadmissible qu'un héritier, lorsqu'il conteste la réclamation du Trésor et prétend ne pas être débiteur des droits, puisse néanmoins invoquer cette prétendue dette pour en obtenir la déduction.

Cet argument est loin d'être péremptoire.

En effet, l'État ne peut jouer un double rôle, en se prévalant, d'une part, de son titre de créancier pour adresser une réclamation aux héritiers du défunt, et, d'un autre côté, en refusant de tenir compte de cette même qualité de créanciers, lors de la déclaration de la succession de ce dernier. Il semble plus logique de décider qu'il doit opter entre les deux solutions et que, s'il persiste à se prétendre créancier du défunt, il doit, comme conséquence, admettre la distraction de sa créance.

1604. Dettes constatées par des titres postérieurs au décès. — L'art. 3 n'autorise que la défalcation des dettes existant au jour de l'ouverture de la succession et établies par des titres susceptibles d'être opposés au défunt.

A s'en tenir au sens littéral de cette disposition, il paraît incontestable qu'en principe, et sauf ce qui sera dit ci-après (V. nos 1605 et 1606), on doit exclure de la déduction, comme insuffisamment établies, au moins à l'égard du *de cujus*, toutes les dettes dont la justification résulte uniquement d'actes dressés après l'ouverture de l'hérédité, tels qu'inventaires, partages, liquidations, comptes, etc., sans distinction entre les obligations contractées personnellement par le défunt et celles qui n'ont pris naissance qu'après son décès.

Cette solution devra spécialement être appliquée aux dettes verbales, aux dépenses domestiques et agricoles, aux frais de toute sorte, en un mot, à toutes les dettes qui, abstraction faite des mentions contenues dans les actes postérieurs au décès, ne seraient pas, en outre, constatées par un écrit en vertu duquel le créancier aurait pu actionner efficacement le défunt.

En fait, cependant, il est douteux que le législateur ait entendu rejeter globalement toutes les justifications formées par des documents postérieurs au décès. En effet, lors de la séance du Sénat du 22 janv. 1901 (9984 R. P., p. 141 et s.), M. Dufoussat avait déposé un amendement tendant à autoriser expressément, après justification, la déduction des créances privilégiées sur la généralité des meubles, désignées dans l'art. 2101 C. civ., ainsi que les dettes du mari, du tuteur, du comptable de deniers publics, des frais médicaux, pharmaceutiques et funéraires, ainsi que des indemnités allouées en vertu de la L. 9 avr. 1898 aux victimes d'accidents du travail.

Cette proposition a donné lieu à une discussion dont nous extrayons quelques passages caractéristiques :

M. Dufoussat. — La fraude dans ces espèces n'est guère possible ni à craindre, *bien que la justification d'un titre fasse d'ordinaire défaut*, etc... Souvent *ces sortes de dettes* seront constatées dans des actes d'inventaires, de liquidations, de comptes, de partages, enregistrés avant la déclaration. Dans ces divers cas, la Régie sera mise à même de contrôler la sincérité des déclarations et je *ne puis douter que la défalcation de ce passif sera admise*... Du moment où nous admettons le principe de la déduction des dettes, nous devons l'admettre avec toutes ses conséquences, et accepter la distraction de tous les passifs *à la seule condition d'avoir la certitude de l'existence de la dette*.

M. le Ministre. — *Tout est là.*

M. Dufoussat. — En dernier lieu, mon amendement comprend les dettes résultant de fonctions emportant hypothèque légale. *Bien que ces dernières dettes puissent ne pas provenir de titres écrits émanant du de cujus, je demande qu'elles soient admises* à la déduction, sans difficulté, à la condition que les titres justificatifs soient produits, avant ou en même temps que la déclaration de la succession.

M. le Ministre. — Qu'est-ce qu'entend M. Dufoussat par ces termes « après justification? » Si ces mots signifient pour lui : « après production de titres susceptibles de faire preuve en justice », l'amendement est inutile. Si, au contraire, M. Dufoussat entend que les dettes *visées par son amendement* pourront être déduites sans qu'elles résultent de titres susceptibles de faire preuve en justice, nous ne pouvons que repousser sa proposition. *Il faut en effet que nous soyons certains des dettes dont on demande la déduction*... Le texte de l'article est conçu de telle façon que *l'auteur de l'amendement* a d'avance pleine satisfaction ».

Il résulte, de la manière la plus claire, des explications

qui précèdent qu'on a entendu, non pas écarter *a priori* toutes les dettes non constatées par des écrits antérieurs au décès, mais, au contraire, admettre, même à défaut d'un titre créé du vivant du défunt, la déduction de dettes qui seraient justifiées par des titres postérieurs à l'ouverture de la succession, si la fraude n'est pas prouvée.

Or, il n'est pas douteux que les inventaires, partages, liquidations, etc., constituent des actes de nature à révéler avec certitude l'existence des dettes héréditaires et satisfont ainsi pleinement au but que s'est proposé le législateur, tel qu'il ressort des déclarations mêmes du Min. fin.

Dans ces conditions, il paraîtrait logique de décider que ces actes peuvent, au même titre que les écrits émanant du défunt, servir de justifications pour les dettes nées dans la personne de ce dernier et non constatées par d'autres pièces. On ne saurait, cependant, méconnaître que cette interprétation est en opposition formelle avec le texte de l'art. 3, qui exige la production d'un titre faisant preuve contre le *de cujus*, c'est-à-dire nécessairement antérieur à son décès.

Aussi l'Administration, s'en tenant à l'interprétation rigoureuse du texte de cet article, déclare-t-elle insuffisantes, comme pièces justificatives des dettes, toutes pièces postérieures à l'ouverture de la succession (V. n° 1602 *suprà*).

Jugé, conformément à cette doctrine, que ne sauraient être déduites de l'actif successoral en exécution de l'art. 3 L. 25 fév. 1901, les sommes présentées comme dues à divers entrepreneurs, pour travaux effectués avant le décès, lorsque la dette, même attestée par les créanciers, ne résulte que des mémoires des entrepreneurs, réglés depuis la mort du *de cujus* (Seine, 14 nov. 1902, 10124 R. P.).

En présence de cette contradiction entre l'œuvre et l'intention du législateur, on ne peut que regretter que l'amendement de M. Dufoussat n'ait pas été inséré dans l'art. 3 et exprimer le vœu que la loi soit complétée à cet égard.

1605. Dettes dont le titre réside dans la loi. — Quoi qu'il en soit, en l'état actuel de la législation, une exception au principe édicté par l'art. 3 doit être admise sans difficulté relativement aux dettes qui existent réellement au jour du décès et sont susceptibles d'être déduites de l'actif héréditaire, bien que non constatées par des écrits antérieurs au décès. Ces dettes sont celles dont le titre réside dans la loi elle-même, ce qui exclut, dès lors, toute possibilité de les établir par des titres émanant du défunt.

Telles sont celles qui résultent de la qualité de mari, de tuteur d'un mineur ou d'un interdit, de comptable de deniers publics, en un mot de toute fonction emportant hypothèque légale; telle est encore la pension alimentaire accordée à l'époux survivant par l'art. 205 C. civ., modifié par la L. 9 mars 1891 (V. n° 1584 *suprà*).

« La commission des finances, a dit M. Dufoussat (séance précitée), a été unanimement d'avis d'admettre le principe de la déduction de ces sortes de dettes, alors même qu'il n'y aurait pas de titre écrit provenant du *de cujus*, la loi elle-même devant tenir lieu d'écrit. »

Toutes les dettes dont le titre se trouve dans la loi doivent donc être déduites, soit que le montant n'en ait pas été régulièrement arrêté, auquel cas il conviendra d'appliquer les règles suivies en matière de dettes indéterminées (V. n° 1593 *suprà*), soit que la quotité en ait été fixée dans des inventaires, liquidations, partages, comptes, jugements, etc., intervenus après le décès.

Spécialement, pour les reprises matrimoniales ou le reliquat à la charge d'un tuteur, la déduction en sera admissible, même à défaut de toute liquidation ou arrêté de compte, car, dans ces hypothèses, la dette existe par l'effet de la loi à compter de l'acte qui est l'origine du droit à reprise ou de l'obligation du tuteur et, si elle est indéterminée jusqu'à la clôture de la liquidation ou du compte, elle n'en est pas moins certaine dans son principe et susceptible, dès lors, d'être déduite.

Décidé, en ce sens, que, pour que la portion des reprises de la femme, qui ne peut être prélevée sur la masse commune, soit déduite de la succession du mari, il n'est pas nécessaire qu'un acte de liquidation soit intervenu entre les parties. Le vœu de l'art. 3 L. 25 fév. 1901 est suffisamment rempli du moment où les reprises mentionnées dans la déclaration sont établies par des titres, quelle qu'en soit la nature, susceptibles de faire preuve en justice contre le défunt. Il en est de même, quel que soit le régime matrimonial des époux, de toutes les reprises ou indemnités dues par le défunt à son conjoint survivant (3067-7 I. G.; 10169 R. P.).

Dans le cas où les deux époux sont l'un et l'autre décédés et où leurs successions, dévolues aux mêmes héritiers, n'ont fait l'objet d'aucun partage, la règle à suivre, pour la déduction, varie suivant l'époque à laquelle la créance des reprises est devenue exigible. Non échue ou échue depuis moins de trois mois, lors de l'ouverture de la succession, la dette doit être admise à déduction, lorsqu'elle résulte de titres de nature à faire preuve en justice contre le défunt.

Quand la dette remonte à une époque plus ancienne, la dette est, en principe, non déductible, puisque l'attestation exigée par le législateur doit toujours émaner d'une personne autre que l'héritier (V. n° 1622 *infrà*). Mais ce dernier peut être autorisé, par application de la disposition finale du § 2, n° 7, L. 25 fév. 1901, à prouver, à l'aide de tous les moyens compatibles avec la procédure spéciale en matière d'enregistrement, que le défunt ne s'était pas libéré avant son décès des reprises ou indemnités dont il était resté débiteur envers la succession de son conjoint (3067-7 I. G.; 10169 R. P.).

On peut ajouter que les reprises de la femme sont exigibles, dès la dissolution du mariage, sous le régime de la communauté, et, dans le délai d'un an, à partir de la même date, sous le régime dotal (1565 C. civ.).

En toute hypothèse, si les justifications produites, dans les deux ans à partir de la recette, faisaient ressortir un excès de perception, le remboursement des droits indûment perçus pourrait être autorisé, comme en matière d'erreurs de fait (V. *suprà* n° 1503).

1606. Frais de justice et autres créances privilégiées. — Les mêmes solutions paraissent également devoir être adoptées relativement aux créances privilégiées énumérées dans les art. 2101 et s. C. civ., lorsqu'elles ne sont pas susceptibles d'être établies par un titre opposable au défunt et que leur titre est constitué par la loi elle-même. Mais le droit commun reprend son empire en ce qui concerne toutes les autres dettes de cette nature qui, avant l'ouverture de la succession, auraient pu faire l'objet d'une convention écrite entre le défunt et son créancier, d'un jugement rendu contre lui, etc...

Tels sont les frais de dernière maladie (art. 12 L. 30 nov. 1892); les salaires des gens de service; les sommes dues pour fournitures de subsistances faites au débiteur ou à sa famille; les mois de nourrice (art. 14 L. 23 déc. 1874); les créances des bailleurs, ouvriers, fabricants d'instruments aratoires, architectes, entrepreneurs, etc.

Pour ces diverses sortes de dettes, et sous réserve des observations présentées ci-dessus (n° 1604), il ne semble pas que leur simple constatation dans des actes passés après le décès (inventaires, partages, comptes, etc.) puisse équivaloir au titre opposable au défunt, exigé par l'art. 3 et suffise pour en permettre la déduction.

Un amendement présenté à ce sujet par M. Dufoussat lors de la séance du Sénat du 22 janv. 1901 (9684 R. P., p. 144 et s.) et tendant à étendre la déduction aux créances privilégiées indiquées dans les art. 2101 et s. C. civ., *même dans le cas où il n'existerait pas d'inventaire régulier*, n'a pas été pris en considération (V. *suprà* n° 1604).

Rappelons que, s'il s'agit de frais de justice, le titre devra généralement consister dans l'état exécutoire sans lequel le recouvrement ne peut être poursuivi par le créancier (C. Amiens, 7 nov. 1888, Pandectes franç., v° *Obligation*, n° 5729), et qu'il en est de même des frais et honoraires dus aux officiers publics ou ministériels (Cass. 7 mai 1850, S. 50-1-615; D. P. 50-1-161).

ART. 2. — *Dettes commerciales.*

[1607-1611]

1607. Caractères des dettes commerciales. — Avant d'aborder l'étude des règles relatives à la déduction du passif commercial, nous ferons remarquer qu'un commerçant est fondé à réclamer, comme tout autre contribuable et dans les mêmes conditions que ce dernier, la déduction des dettes civiles établies par un acte authentique, s. s. p. ou judiciaire opposable au défunt; il bénéficie, en outre, d'une facilité particulière pour la distraction du passif commercial, à raison précisément des moyens de preuve spéciaux admis en cette matière par le C. comm., et qui *ne peuvent être invoqués que par des commerçants et pour des actes faits en cette qualité*. Mais un commerçant est irrecevable à se prévaloir de ses registres comme preuve d'une obligation civile (Dalloz, v° *Oblig.*, n° 4208, et *Comm.*, n° 253).

Il importe donc de rechercher, tout d'abord, pour apprécier la nature des justifications prescrites par la loi et la force probante des titres produits, si la dette dont on sollicite la déduction a été contractée par un commerçant ou un non-commerçant et, dans le premier cas, si elle se rapporte ou non à une opération commerciale.

Ne sont pas commerçants : le propriétaire d'une mine ou d'une carrière par cela seul qu'il l'exploite (Cass. 31 janv. 1865, D. P. 65-1-390), le propriétaire qui vend les coupes de ses bois (D. P. 84-2-70), le propriétaire d'une saline (Aix, 7 juin 1858, D. P. 59-5-12), le pépiniériste (Cass. 13 mars 1878, S. 78-1-312), le concessionnaire d'eaux minérales ou thermales (Metz, 16 mars 1865, S. 65-2-265), le champignonniste (Paris, 16 fév. 1880, S. 81-2-68), etc. (V. *Rép. gén.*, 1re partie, v° *Commerçant, Acte de Comm.*).

Dans ces diverses hypothèses, les héritiers ne sauraient obtenir la déduction des dettes contractées par leur auteur qu'en fournissant les justifications exigées pour la déduction des dettes civiles; ils ne peuvent se prévaloir des livres du défunt, quelque réguliers qu'ils soient, sauf ce qui a été dit *suprà* (n° 1598), en ce qui concerne les annotations de ces registres prévues par l'art. 1331 C. civ.

D'un autre côté, s'il s'agit d'un commerçant, son obligation doit, jusqu'à preuve contraire et à moins que le caractère civil apparaisse, être réputée commerciale et soumise, dès lors, aux règles spéciales à cette matière.

1608. Justification du passif commercial. — Livres de commerce. — Ces distinctions établies, il reste à examiner quelles sont les justifications prescrites par la loi pour la déduction du passif commercial.

L'art. 3, 1er al. L. 25 fév. 1901 a édicté un principe général applicable, indistinctement, aux dettes civiles comme aux dettes commerciales; d'après ce principe, la déduction est autorisée lorsque les dettes résultent d'un titre susceptible de faire preuve en justice contre le défunt.

Comme nous l'avons vu (n° 1597), le mot « titre » vise notamment les « actes authentiques... livres de commerce, billets à ordre, lettres de change, reçus des sommes, procès-verbaux de vérification et d'affirmation de créances ».

M. Monestier, dans son rapport au Sénat (p. 30 et 31), en avait conclu que, — « pour établir l'existence des dettes, l'héritier avait le *choix des moyens* parmi les pièces écrites susceptibles de faire preuve en justice contre le défunt au nombre desquelles pouvaient se trouver les livres de commerce tenus conformément à la loi. La production de ces livres, tantôt imposée, tantôt exclue, restait ainsi *facultative* ».

Mais, lors de la séance du 22 janv. 1901 (9684 R. P., p. 139), M. Cordelet a fait remarquer qu'un commerçant qui aurait des livres irrégulièrement tenus et non conformes à la loi pourrait être en mesure de produire des billets à ordre, des lettres de change, et justifier ainsi d'un passif sans que l'Administration n'eût rien à critiquer, si elle se trouvait en face d'une déclaration d'actif correspondant seulement au passif déclaré.

Pour remédier à cet inconvénient et donner au Trésor l'assurance que la déduction du passif ne se ferait pas sur un actif incomplètement déclaré, il lui a paru indispensable d'autoriser l'Administration à exiger la production des livres du défunt, et il a déposé, à cet effet, un amendement qui, accepté par la commission des finances et le Ministre, est devenu les 2e et 3e paragraphes de l'article ainsi complété : « S'il s'agit de dettes commerciales, l'Administration *pourra* « exiger, sous peine de rejet, la production des livres de commerce *du défunt*. Ces livres seront déposés, » etc. (V. texte de la loi, 9905 R. P., p. 220 et *C. des Lois*).

Il est manifeste, en effet, que la situation d'un commerçant ne peut être déterminée que dans son ensemble, et qu'en ce qui concerne, notamment, les dettes commerciales, on ne saurait avoir égard à tous les genres de preuves, car un passif dont le montant serait indiqué cor-

1608 Dette commerciale. Compte courant. Justifications. Représentation des livres du débiteur. — L'Administration a toujours la faculté, lorsque les héritiers requièrent, dans une déclaration de succession, la déduction d'une dette commerciale, d'exiger, sous peine de rejet de la demande, la représentation des livres de commerce du défunt. A cet égard, le caractère commercial doit être attribué à la dette qui procède d'un compte courant, comme à toute autre dette contractée par un commerçant; le fait, par le débiteur, de s'être, dans la suite, retiré des affaires, n'est pas, d'ailleurs, de nature à modifier la nature originaire de l'engagement (Sol. 27 oct. 1902. Instr. 3122, § 1er, 10524 R. P.).

1609. **Succession d'un commerçant. Dette commerciale. Livres de commerce. Force probante.** — Pour la perception des droits de mutation par décès, il y a lieu de déduire de l'actif de la succession d'un commerçant la dette constatée au profit d'un autre commerçant par les énonciations d'un registre carnet du défunt qui, bien qu'irrégulièrement tenu, aurait pu faire preuve en justice contre lui, dès lors que l'existence de cette dette est corroborée par une copie collationnée du livre-journal du créancier (Saint-Nazaire, 12 août 1906, 10910 R. P.).

représente, en général, un actif qu'il serait difficile, à défaut de livres, de saisir. Par exemple, les traites qui engagent le défunt ont pour contre-partie des marchandises ou des traites qui engagent des tiers envers lui. La déduction des dettes commerciales n'est donc légitime que si elle porte sur l'actif réel, lequel ne peut être déterminé sans le secours des livres de commerce du défunt.

Il n'est pas inutile de constater, à cet égard, que, par l'effet du deuxième paragraphe de l'art. 3, la production des livres de commerce a cessé, contrairement aux explications contenues dans le rapport de M. Monestier, d'être facultative pour les héritiers et qu'elle peut être la condition *sine qua non* de la déduction du passif commercial, à l'exclusion de tout autre écrit, billet à ordre, lettre de change, susceptible de constater l'existence d'une dette déterminée.

Toutefois, l'article n'étant pas conçu en termes impératifs, il faut en conclure que, sous ce rapport, il n'y a pas de réciprocité entre les héritiers et le Trésor qui peut, s'il le juge à propos, se borner à demander la production d'un titre autre que les livres de commerce.

Décidé, par application des principes que nous venons d'exposer, que lorsque des héritiers requièrent la déduction d'une dette commerciale, pour le payement des droits de mutation par décès, l'Administration a la faculté d'exiger, nonobstant toute autre justification, la représentation des livres de commerce du défunt. Cette règle concerne généralement et exclusivement les dettes commerciales, c'est-à-dire celles contractées par un commerçant et à l'égard desquelles il n'est pas démontré par les intéressés que les fonds empruntés ont été affectés par le débiteur à d'autres besoins qu'à ceux de son commerce (Sol. 28 avr. 1902, 3089-13 I. G.; 10275 R. P.).

1608-1. **Part sociale. — Société en liquidation. — Émolument net. — Détermination du passif. — L. nouvelle non applicable.** — Lorsqu'une succession comprend des parts ou actions dans une société régulièrement constituée et non encore liquidée, les droits de mutation par décès doivent être calculés d'après l'émolument du défunt dans le reliquat net représenté par l'excédent de l'actif sur le passif. Dans ce cas, les héritiers ne sont pas tenus de se conformer, pour la détermination du passif social, aux prescriptions de l'article 3 L. 25 fév. 1901, relatives à la justification des dettes susceptibles d'être admises en déduction de la masse imposable de la succession (Sol. 26 avr. 1902, 3089-19 I. G.; 10283 R. P.).

1609. **Nature des livres à produire.** — L'art. 3, 2e alinéa, L. 25 fév. 1901 ne prévoit que la production des livres de commerce du défunt et permet à l'Administration de l'exiger dans tous les cas (V. n° précédent).

Il n'en résulte pas nécessairement qu'une dette commerciale ne pourra pas être établie par d'autres pièces, notamment au moyen des livres de commerce du créancier, abstraction faite des écritures tenues par le défunt.

Le 1er alinéa de l'art. 3 édicte, en effet, un principe absolu en vertu duquel doivent être défalquées toutes les dettes qui résultent d'un titre de nature à faire preuve en justice contre le défunt. Or, ainsi qu'il sera dit ci-après (n° 1610), les livres d'un commerçant peuvent, dans certains cas, faire preuve *à son profit*. C'est ainsi qu'un négociant est, parfois, fondé à se prévaloir de ses propres écritures pour poursuivre le recouvrement d'une somme à lui due pour fait de commerce par un autre négociant.

Il est, dès lors, logique d'admettre qu'en cas de décès de ce dernier, ses héritiers peuvent opposer à l'Administration les livres du créancier qui font foi contre eux et requérir la déduction de la dette que ces livres constatent légalement.

Telle est du reste l'interprétation qui se dégage de la discussion qui a eu lieu à cet égard au Sénat le 22 janv. 1901 (9984 R. P., p. 142 et s.).

Toutefois, dans cette hypothèse, il est évident que la Régie ne sera pas en droit d'exiger la production des livres du créancier, cette production ayant été expressément écartée par le législateur comme susceptible de soulever les plus sérieuses difficultés, et la justification de la dette résultera suffisamment, ainsi que l'a fait remarquer M. le sénateur Cordelet, de la copie des mentions inscrites sur les livres, que le créancier ne pourra se refuser à communiquer à l'héritier (art. 4, 4e alinéa).

Mais, même lorsque la dette commerciale sera justifiée par une copie des livres du créancier, l'Administration aura toujours la faculté, en vertu du 2e alinéa de l'art. 3, soit de se contenter de cette justification, soit d'exiger, en outre, la représentation des livres du défunt.

En ce qui concerne les livres dont la production a été prévue par la loi, il s'agit de ceux qui sont régulièrement tenus, conformément aux dispositions C. comm. (Explications fournies à la Commission du Sénat par le Min. fin. et le Directeur général de l'Enregistrement. Rapport de M. Cordelet, 8881 R. P., p. 73, et Rapport de M. Monestier (p. 31).

Aux termes des art. 8 et 9 C. comm., trois livres seulement sont obligatoires : le livre journal, le livre copie de lettres et le livre d'inventaires.

Le premier présente, jour par jour, les dettes actives et passives du commerçant, les opérations de son commerce, ses négociations, acceptations et endossements d'effets, et généralement tout ce qu'il reçoit et paie (art. 8, 1er al.). Le négociant doit, en outre, conserver copie des lettres et des télégrammes qu'il envoie (Lyon-Caen et Renault, *Droit comm.*, t. I, n° 281) et mettre en liasse les documents de même nature qu'il reçoit (art. 8, 2e al.). Enfin, il est tenu de dresser, tous les ans, un inventaire de ses effets mobiliers ou immobiliers et de toutes ses dettes actives ou passives (art. 9).

En outre, des lois spéciales imposent, pour certaines professions, des registres particuliers; c'est ce qui a lieu pour les entrepreneurs de transports (C. C. 1785), les commissionnaires (C. comm., art. 102), les agents de change et les courtiers (C. comm., art. 84), les changeurs (L. des 15-27 mai 1791), etc.

En dehors de ces livres, strictement obligatoires, et qui doivent constituer des registres cotés et parafés (art. 11), les commerçants tiennent d'autres livres facultatifs ou auxiliaires qui sont : le livre brouillard, le grand livre, le livre de caisse, le livre des traites et billets ou le livre de portefeuille, le livre d'achats et ventes, le livre de magasin, etc.

A s'en tenir aux déclarations ministérielles et aux explications du rapporteur de la loi au Sénat, on ne saurait avoir égard, pour la déduction du passif commercial, ni aux livres facultatifs, ni aux livres obligatoires irrégulièrement tenus.

Telle est la règle d'interprétation que l'Administration adopte. Elle a décidé que la disposition de l'article 3 L. 25 fév. 1901, qui admet les héritiers d'un commerçant à invoquer les livres de commerce du défunt pour justifier l'existence des dettes susceptibles d'être déduites de l'actif imposable, vise uniquement les livres obligatoires à l'exclusion de ceux, tels que le grand livre, dont la tenue est facultative et qui ne sont pas, à eux seuls, de nature à faire titre en justice contre le défunt. Les demandes en déduction fondées sur les livres de cette dernière catégorie sont donc irrecevables, et il ne peut être suppléé à l'insuffisance de leurs mentions au moyen de l'attestation des créanciers (même loi, art. 6) (Sol. 8 mars 1902, Inst. 3089-14 I. G.; 10270 R. P.).

Une semblable interprétation nous paraît trop absolue et, comme l'a signalé M. le sénateur Cordelet, lors de la séance du 22 janv. 1901 (9084 R. P., p. 143), la question doit être résolue par une distinction :

Si les dettes sont justifiées par un extrait des livres du créancier, il est de toute nécessité que ces livres soient ceux que le C. comm. a expressément prescrits et qu'ils soient, en outre, régulièrement tenus, car, ainsi que nous le verrons ci-après (n° 1610), ce n'est qu'autant qu'ils réunissent ces deux conditions qu'ils peuvent faire titre au profit du créancier et être invoqués contre le débiteur défunt.

Quant aux livres de ce dernier, quelles que soient leur nature et l'imperfection de leur forme, ils sont susceptibles de faire foi *contre lui*; ils constituent donc, à son égard, un titre de créance suffisamment probant pour entraîner sa condamnation en cas d'instance, et peuvent, dès lors, servir de pièce justificative à l'appui de la demande en déduction de sa dette.

Il n'est guère probable que cette faculté laissée aux parties d'invoquer des livres irréguliers soit de nature à augmenter dans des proportions considérables la création d'un passif fictif, car, outre qu'il paraît difficile d'admettre qu'une personne consente à souscrire plusieurs reconnaissances imaginaires au profit de tiers qui pourraient s'en prévaloir effectivement, l'Administration sera toujours fondée à puiser dans les livres produits tous les renseignements qui lui seront utiles pour déterminer la consistance de l'actif formant la contre-partie du passif et elle trouvera, d'ailleurs, une garantie sérieuse de sincérité dans l'attestation du créancier qu'elle est autorisée à exiger, en toute hypothèse (art. 6).

Ajoutons d'ailleurs que, si générale que paraisse l'obligation imposée par l'art. 8 C. comm. à tous les négociants de tenir certains livres, les auteurs et la jurisprudence reconnaissent qu'elle comporte des exceptions résultant, par exemple, du peu d'importance du commerce exercé ou des déplacements continuels nécessités par la profession (Bédarride, t. 1, n° 204; Pandectes, v° *Commerç.*, n° 1080; — Cass. 18 déc. 1827, D. P. 28-1-63).

Dans ces divers cas, il semble que l'Administration ne sera pas fondée à se prévaloir des dispositions du deuxième alinéa de l'art. 3 pour écarter toute dette commerciale, à défaut de production des livres, et qu'elle devra obligatoirement admettre les dettes de commerce non constatées par des livres, mais suffisamment établies par un titre opposable au défunt, tel que lettre de change, billet à ordre, reçu de sommes, lettre, etc.

Contrairement aux explications contenues dans le premier rapport de M. Cordelet au Sénat (8881 R. P., p. 73), il n'est donc nullement certain qu'à défaut de livres régulièrement tenus, « le bénéfice de la déduction du passif sera souvent refusé au petit commerce » puisque, dans certains cas, il sera sans doute possible d'admettre que le défunt n'était pas légalement astreint à tenir une comptabilité régulière et que, par suite, son passif, même commercial, sera régulièrement constaté par des documents autres que les livres.

Enfin, lorsque le défunt fait partie d'une société commerciale, la question de savoir s'il y a lieu ou non d'exiger la production de ses livres de commerce doit être résolue affirmativement ou négativement, suivant que le décédé est associé en nom ou simplement commanditaire (Comp. Lyon-Caen et Renault, *op. cit.*, n° 276).

1610. Force probante des livres obligatoires, facultatifs ou irrégulièrement tenus. — Ainsi que nous l'avons vu *suprà* (n° 1596 et s.), le titre produit comme justification d'une dette doit s'entendre d'un document susceptible de faire preuve en justice contre le défunt.

Les règles relatives à la force probante des livres de commerce sont tracées par les art. 1329 et 1330 C. C. et 12 et s. C. comm. Pour étudier ces dispositions, il faut envisager deux hypothèses bien distinctes que les deux Codes régissent séparément :

S'il s'agit d'une convention entre un commerçant et un non-commerçant, l'art. 1329 C. C. dispose : « les registres des marchands ne font point *contre les personnes non marchandes*, preuve des fournitures qui y sont portées » et l'art. 1330 ajoute : « les livres des marchands font preuve *contre eux*, mais celui qui veut en tirer avantage ne peut les diviser ». Cette règle s'applique même aux obligations qu'un négociant aurait contractées envers un non-marchand pour des causes purement civiles (Aubry et Rau, t. VIII, § 757, p. 269 et s.; — *contrà* Demolombe, t. XXIX, 616).

Il est indifférent, sous ce rapport, que la convention soit purement civile quant à la partie non commerçante ou qu'elle ait pour objet une opération qui constitue, pour les deux parties, un acte de commerce si le commerce ne forme pas la profession habituelle de l'une d'elles (Aubry et Rau, *loc. cit.*, p. 269). Au surplus, lorsque la créance est civile pour le créancier et commerciale pour le débiteur, c'est uniquement de sa nature en la personne de ce dernier qu'il y a lieu de se préoccuper (Lyon-Caen et Renault, t. VII, n° 62).

Au contraire, entre commerçants, et s'il s'agit de faits de commerce (Cass. 21 oct. 1890, S. 90-1-504; D. P. 91-1-174), les livres régulièrement tenus font foi d'après les distinctions suivantes :

Lorsque les deux parties ont des livres régulièrement tenus et que leurs écritures sont conformes, la preuve qui en résulte peut être admise comme complète (art. 12 C. comm.). Si les écritures ne sont pas d'accord, elles doi

1611. Dette hypothécaire échue et garantie par une inscription périmée depuis plus de trois mois. Présomption légale de remboursement. Non-recevabilité de la preuve contraire résultant des opérations d'une faillite, d'une liquidation judiciaire ou d'une distribution par contribution. — Les héritiers ou légataires ne sauraient se prévaloir des opérations d'une faillite, d'une liquidation judiciaire ou d'une distribution par contribution pour obtenir la déduction, sur le montant de l'actif possible des droits de mutation par décès, de dettes dont le délai d'exigibilité est échu et qui étaient garanties par une inscription hypothécaire périmée depuis plus de trois mois. La réunion de ces deux dernières circonstances constitue, en effet, une présomption de remboursement contre laquelle aucune preuve contraire n'est admise (Sol. 18 décembre 1902, instr. 3103, § 2, 10311 R. P.).

vent en général être considérées comme se neutralisant respectivement. Lorsqu'une des parties seulement possède des registres régulièrement servis, le juge peut tenir pour constants, en faveur de cette partie, les faits qui y sont énoncés (art. 12 préc.). En cas de différence entre les livres, c'est le journal, dont les autres livres ne sont, en quelque sorte, que le relevé, qui fait foi (Dalloz, v° *Comm.*, n° 246).

Quant aux livres irrégulièrement tenus, ils ne peuvent faire foi en justice, même entre commerçants et pour faits de commerce, *au profit* de ceux qui les ont tenus; mais ils peuvent être invoqués quand il s'agit de faire preuve *contre eux* (art. 13), même pour des opérations purement civiles (Cass. req. 10 août 1859, D. P. 59-1-441).

Relativement aux livres auxiliaires, ils n'ont pas, en principe, d'autorité par eux-mêmes, ils peuvent cependant être admis comme preuve entre commerçants pour faits de commerce, s'ils sont régulièrement tenus et si leurs énonciations concordent avec celles du livre journal (Dalloz, C. comm. annoté, art. 12, n° 7; Ruben de Couder, *Dic. de Comm.*, n° 61, Bédarride, t. I, n° 241; — *Comp.* Cass. 23 juillet 1873, S. 74-1-12).

En résumé, les livres de commerce ne pourront être invoqués s'ils ne fournissent que des présomptions d'existence de la dette du défunt; ils constitueront, au contraire, la justification prévue par la loi, sans distinguer s'ils sont obligatoires ou facultatifs, régulièrement ou irrégulièrement tenus, toutes les fois qu'ils suffiront pour faire légalement preuve contre le *de cujus*.

L'Administration a tracé, à cet égard, dans son I. G. 3058, p. 17, les règles suivantes : si aucun article des livres produits n'infirme la valeur des mentions de dettes invoquées par les héritiers, si les livres sont dûment cotés, lorsqu'il y a lieu à cette formalité, si leurs écritures paraissent irréprochables, et si, d'ailleurs, aucune circonstance particulière ne permet de supposer qu'on se trouve en présence d'une comptabilité fictive, les déductions réclamées pourront être accordées sans autre justification.

Mais, pour peu que certaines mentions apparaissent contradictoires, ou même simplement confuses, pour peu que la tenue des livres ne semble pas parfaitement régulière, le receveur ne devra pas hésiter, même en l'absence de tout indice particulier de fraude, à réclamer l'attestation du créancier (V. n°s 1622 et suiv. *infrà*).

1611. Règles spéciales en matière de faillite. — Liquidation judiciaire. — Distribution par contribution. — Ordre. — Succession bénéficiaire, etc. — La règle d'après laquelle toute dette doit être établie par un titre opposable au défunt, c'est-à-dire antérieur à l'ouverture de sa succession (V. n°s 1596 et s. *suprà*), comporte une exception spécialement édictée en matière de faillite, de liquidation judiciaire et de distribution par contribution.

Il résulte en effet des art. 4, 2e al., et 5, 3e al., L. 25 fév. 1901 que la déduction d'une dette, quels qu'en soient la cause, le caractère et le mode de constatation, doit être admise si cette dette est établie par les opérations d'une faillite, d'une liquidation judiciaire, ou d'une distribution par contribution.

Il importe peu que ces opérations soient antérieures ou postérieures au décès; dès l'instant qu'elles font ressortir l'existence d'une dette à la charge du défunt, la justification s'en trouve suffisamment fournie pour que l'Administration, même à défaut de tout autre document, soit tenue d'en subir la déduction.

Ces dispositions répondent directement au but que s'est proposé le législateur en cherchant surtout à appliquer la défalcation au passif dont l'existence au décès était certaine (V. explications de M. le sénateur Dufoussat, approuvées par le Ministre, séance du Sénat du 22 janv. 1901, 9984 R. P., p. 147).

Or, en matière de faillite ou de liquidation judiciaire, tous ceux dont les créances ont été vérifiées, affirmées et admises, sont réputés véritablement créanciers. L'admission de la créance après affirmation régulière forme, en effet, un contrat judiciaire entre tous les intéressés (Cass. 28 avril 1891, D. P. 92-1-202; — 28 nov. 1894, S. 95-1-405, D. P. 95-1-243). La procédure de l'affirmation s'applique, d'ailleurs, à toutes les créances privilégiées, hypothécaires, chirographaires (Lyon-Caen et Renault, t. VII, n° 527, p. 431), à moins que les créanciers se bornent à faire valoir leurs droits sur les biens formant spécialement leur gage (Cass. 19 juin 1889, D. P. 89-1-377).

« Dès lors, explique M. Mesureur, dans son rapport (9947 R. P., p. 25), si un commerçant est décédé en état de faillite ou de liquidation judiciaire, on peut, sans aucun danger pour le Trésor, accepter la déduction de toutes les dettes (privilégiées ou non, authentiques ou verbales), régulièrement admises au passif de la faillite ou de la liquidation judiciaire et pour lesquelles le procès-verbal de vérification constitue un titre. »

Peu importe de quelle manière la faillite ou la liquidation judiciaire ait été close : concordat, atermoiement, état d'union, etc. Dès l'instant qu'une dette sera reconnue, dans le procès-verbal de vérification et d'affirmation de créances, la distraction devra en être admise sans autre justification.

En cas de concordat amiable ou d'atermoiement, la consistance du passif héréditaire résultera clairement des conventions intervenues entre le défunt et ses créanciers.

Si la faillite d'un commerçant n'est déclarée qu'après son décès, le jugement, ne faisant que reconnaître une situation antérieure (Cass. 22 fév. 1888, D. P. 88-1-198), permet de faire remonter cette faillite avant le décès et à la date de la cessation des paiements (C. comm., art. 437). Dans cette hypothèse, le passif constaté par les opérations de la faillite sera nécessairement celui qui existait lors de l'ouverture de la succession et devra, par suite, être intégralement déduit.

Enfin, bien que le failli soit dessaisi de l'administration de ses biens par le jugement déclaratif de la faillite (C. com., art. 443), il ne devient pas pour cela incapable de s'obliger (Cass. 6 juin 1831, S. 31-1-238; D. P. 31-1-311); seulement ses obligations ne peuvent être exécutées sur l'actif de la faillite. Il suit de là que, pour déterminer la consistance exacte du passif d'un failli, on ne saurait s'arrêter uniquement aux opérations de la faillite, et il peut arriver qu'indépendamment des dettes constatées dans les procès-verbaux de vérification et d'affirmation, le défunt se trouve encore débiteur d'autres sommes dont la déduction pourra être justifiée par tout autre moyen légal.

De même qu'en matière de faillite, il est possible, en

cas de contribution ouverte, que les titres des créanciers ne consistent pas en actes réguliers ou même en écrits; d'après les termes des articles précités, cette circonstance ne saurait être prise en considération pour déterminer si une dette est ou non susceptible d'être défalquée.

Si la contribution a lieu judiciairement, la déduction devra être appliquée à toutes les dettes de la succession, sans rechercher si les représentants du défunt l'ont ou non acceptée, le règlement arrêté par le juge leur étant opposable et formant titre contre l'hérédité au profit de ses créanciers.

La même interprétation sera adoptée si la contribution a lieu amiablement, du consentement respectif des débiteurs et des créanciers. Mais il est manifeste que si les débiteurs n'étaient pas représentés à l'arrangement amiable, cet acte ne leur serait pas opposable et ne pourrait, dès lors, servir de justification du passif.

Bien que la loi ne vise expressément que la faillite, la liquidation judiciaire et la distribution par contribution, il semble, par identité de motifs, qu'il convient d'appliquer les mêmes règles à tous les cas où l'existence du passif incombant à une personne décédée est établie, d'une manière certaine, par des documents analogues.

Ainsi, en matière d'ordre ou d'attribution devant le tribunal (C. proc., 773), le bénéfice de la distraction devra être étendu à certaines dettes privilégiées qui peuvent ne pas résulter nécessairement d'un écrit opposable au défunt et dont le titre réside uniquement dans le règlement définitif de l'ordre.

Dans l'hypothèse d'un ordre consensuel, la question de savoir si l'acte constituera ou non une justification régulière devra être résolue d'après les distinctions établies ci-dessus, en matière de contribution amiable, suivant que le débiteur a ou non concouru au contrat. L'ordre judiciaire entraîne également, à cet égard, les mêmes conséquences que la contribution judiciaire.

La question est plus délicate en ce qui concerne l'ordre amiable; nous pensons, néanmoins, que cet acte pourra être utilement invoqué à l'appui de la déduction du passif, car si le juge n'agit pas, dans ce cas, avec un pouvoir contentieux et n'oblige pas l'une des parties, il n'intervient pas moins pour imprimer la force exécutoire aux arrangements entre les créanciers et en faire un véritable titre à l'égard du débiteur, présent ou absent (*Rép. gén.*, 1re partie, v° *Ordre*, n° 143).

D'après les mêmes principes, si une succession a été acceptée sous bénéfice d'inventaire, la justification du passif pourra résulter suffisamment de l'acte par lequel l'Administration procède conformément à l'art. 803 C. C., *en la présence des créanciers*, à l'établissement du compte de l'actif et du passif héréditaire, et fixe ensuite, du consentement de toutes les parties, le dividende revenant à chacun des créanciers, cette répartition conférant un véritable titre à ces derniers.

Les mêmes règles s'appliquent également au compte rendu par le curateur d'une succession vacante.

Enfin, il en est de même, en cas d'abandon de biens (C. C. 802) consenti au profit de tous les créanciers de la succession et accepté par eux.

Nous verrons *infrà* n° 1635 que l'art. 7 L. 25 fév. 1901 prohibe la déduction des dettes garanties par une inscription hypothécaire périmée depuis plus de trois mois. Décidé, à cet égard, que les héritiers ou légataires ne sauraient se prévaloir des opérations d'une faillite, d'une liquidation judiciaire ou d'une distribution par contribution pour obtenir la déduction, sur le montant de l'actif passible des droits de mutation par décès, de dettes dont le délai d'exigibilité est échu et qui étaient garanties par une inscription hypothécaire périmée depuis plus de trois mois. La réunion de ces deux dernières circonstances constitue, en effet, une présomption de remboursement contre laquelle aucune preuve contraire n'est admise (Sol. 18 déc. 1902, 3102, § 2, I. G.; 10411 R. P.).

CHAPITRE V. — JUSTIFICATION DU PASSIF.

[1612-1628]

§ I. — *Dettes résultant d'actes authentiques.*

[1612-1614]

1612. Considérations générales. — D'après l'art. 4 L. 25 fév. 1901, le mode de justification du passif varie suivant que la dette dont la déduction est demandée résulte ou non d'un titre dont l'Administration a pu préalablement avoir connaissance. Dans la première hypothèse, il suffit aux parties d'indiquer, soit la date de l'acte, le nom et la résidence de l'officier public qui l'a reçu, soit la date du jugement et la juridiction qui l'a rendu, soit la date du jugement déclaratif de la faillite ou de la liquidation judiciaire, ainsi que la date du procès-verbal des opérations de vérification et d'affirmation de créances ou du règlement définitif de la distribution par contribution.

Aucune condition n'est, d'ailleurs, imposée par la loi pour que le titre invoqué constitue une justification suffisante de la dette. Il n'est pas nécessaire, notamment, comme cela avait été proposé dans le projet élaboré en 1894 (8422 R. P., p. 7), que l'acte ait été enregistré trois mois au moins avant le décès du débiteur.

Nous pensons même qu'à défaut de disposition spéciale sur ce point, l'Administration ne serait pas autorisée à écarter un titre postérieur à l'ouverture de la succession. Par exemple, il peut arriver qu'en se basant sur des actes s. s. p. opposables au défunt et plus ou moins probants ou sur des faits survenus de son vivant, un tribunal ait condamné les héritiers au paiement d'une dette née dans la personne de leur auteur; les parties n'en seront pas moins fondées à se prévaloir du jugement pour se dispenser de fournir toute justification autre que la date de la décision, ainsi que l'indication de la juridiction qui l'a rendue (*Rapp.* n° 1600 *suprà*).

Dans le même ordre d'idées, il n'est pas douteux que les procès-verbaux des opérations de vérification et d'affirmation de créances ou du règlement définitif de la distribution par contribution n'interviendront souvent qu'après le décès du débiteur; l'article 5, dernier alinéa, prévoit même le cas où ces actes seront dressés postérieurement à la déclaration de la succession.

Enfin, il importe peu que l'acte ait été enregistré au bureau où la déclaration est souscrite ou dans tout autre bureau et qu'en fait, toute vérification immédiate soit rendue impossible; en fournissant les indications réglementaires, les parties satisfont pleinement au vœu de la loi et la Régie n'est pas autorisée à leur demander en outre la production de l'original ou de l'expédition du titre authentique. Seulement, comme nous le verrons ci-après (n° 1623) le receveur a toujours le droit d'admettre ou de refuser la déduction, sauf aux intéressés à se pourvoir en restitution, le cas échéant.

1613. Dettes constatées par actes notariés, administratifs, jugements, etc. — En disposant que les parties pourront se borner à indiquer, à l'appui de leur demande en déduction d'une dette, la date de l'acte qui la constate, le nom et la résidence de l'officier public qui l'a reçu, la loi a entendu évidemment viser tous les actes authentiques puisque précisément on attribue ce caractère aux actes dressés par un officier public dûment qualifié à cet effet et avec les formalités prescrites par la loi (C. C. 1317). Il est même à remarquer que le terme « authentique » n'étant pas expressément mentionné dans le texte, la disposition paraît applicable aux actes qui ont pu être reçus par un officier public incompétent et qui pour ce motif, se trouvent, en droit strict, dépourvus d'authenticité.

Aucune distinction n'est, d'ailleurs, faite entre les actes en minute et ceux en brevet, bien que, relativement à ces derniers, toute vérification soit, le plus souvent, impossible.

Les actes authentiques auxquels s'applique l'art. 4 comprennent les actes notariés, les actes administratifs, les actes judiciaires et les actes extrajudiciaires.

Remarquons qu'un acte s. s. p. devient authentique lorsqu'il est déposé dans l'étude d'un notaire par toutes les parties qui l'ont signé et que le dépôt en est régulièrement constaté (Cass., 22 juin 1824, D. P. 25-1-112). S'il n'est déposé que par la partie qui est constituée débitrice, le dépôt lui confère l'authenticité à l'égard du déposant (Aubry et Rau, t. VIII, n° 756, p. 234).

Dans ces hypothèses, il suffira donc d'indiquer la date de l'acte s. s. p. ainsi que celle de l'acte de dépôt dont il forme l'annexe, et le nom du notaire qui a constaté le dépôt.

En ce qui concerne les actes administratifs, l'approbation de l'autorité supérieure est appelée, en certains cas, à leur donner, leur confère, en même temps que la force juridique, le caractère de l'authenticité (Cass. 28 janv. 1868, S. 68-1-328; — 19 juin 1882, S. 83-1-305; D. P. 83-1-136). Leur production ne sera pas, dès lors, indispensable et les héritiers pourront simplement faire connaître la date de l'acte, l'autorité devant laquelle il a été passé et, s'il y a lieu, la date de l'approbation.

1614. Dettes constatées par des actes judiciaires ou extrajudiciaires. — Les jugements, qui constituent incontestablement des titres authentiques, ont été expressément visés par l'art. 4, 2e alinéa, qui s'applique aux décisions de toutes les juridictions contentieuses, quelles que soient leurs attributions, le mot « jugement » devant être entendu, pour l'application de la loi, dans un sens général et absolu et avec la signification de sentence judiciaire. Les jugements des conseils de prud'hommes, les arrêtés des Conseils de préfecture, du Conseil d'État, de la Cour des Comptes, etc., figurent donc incontestablement dans les prévisions du législateur.

Si la décision invoquée est frappée d'appel au moment de la déclaration de la succession, elle ne saurait être prise en considération, puisque l'appel est suspensif et a pour effet de remettre les choses en l'état où elles se trouvaient avant la décision attaquée; mais, au cas où le titre serait confirmé en appel, les parties seraient fondées à exiger la restitution des droits qu'elles auraient indûment acquittés par suite du refus de déduction d'une dette réellement existante (V. n° 1626 *infrà*).

Quant à la décision déférée à la C. cass., elle n'en garde pas moins, tant qu'elle n'est pas infirmée, toute sa valeur probante, le pourvoi n'ayant pas d'effet suspensif.

Il n'est nullement nécessaire, pour que l'art. 4, 2e alinéa, puisse être invoqué, qu'il s'agisse d'un jugement proprement dit; les mêmes règles devront être suivies toutes les fois que la dette résultera d'actes du juge, tels qu'ordonnances, avis de parents, procès-verbaux, etc., les actes de cette nature ayant incontestablement le caractère d'actes authentiques.

Une décision identique doit être admise pour les actes extrajudiciaires qui ont été reçus ou dressés par les officiers publics ou ministériels désignés à cet effet.

Bien que le texte de l'art. 4 ne mentionne que les officiers publics, cette expression, dans la pensée du législateur, embrasse également les officiers ministériels, c'est-à-dire tous ceux qui sont légalement qualifiés pour donner la force probante et l'authenticité aux conventions ou aux faits qu'ils constatent dans l'exercice de leurs fonctions; elle s'applique spécialement, non seulement aux notaires, mais encore aux greffiers, huissiers, avoués, avocats au Conseil d'État ou à la C. cass., agents de change, commissaires-priseurs, courtiers de commerce, etc.

Par conséquent, si une dette est établie, par exemple, par un procès-verbal d'offres, un aveu extrajudiciaire, un ordre de Bourse, une vente mobilière, etc., les parties ne seront tenues que de faire connaître la date de l'acte et le nom de l'officier ministériel qui a instrumenté. « Pour les titres, explique M. Monestier dans son rapport au Sénat (p. 32), dont l'Administration peut prendre connaissance chez les greffiers des tribunaux *ou les officiers ministériels*, il suffit que l'héritier indique leur résidence et la date de l'acte ou du jugement. »

L'Administration a, d'ailleurs, elle-même, reconnu que la disposition qui fait l'objet du 2e alinéa de l'art. 4 vise toutes les dettes résultant d'un acte authentique, et non pas uniquement celles qui sont constatées par un acte dressé par un officier public proprement dit (3049 I. C., p. 4).

En cas de faillite ou de liquidation judiciaire, les héritiers doivent fournir, indépendamment de la date du procès-verbal des opérations de vérification et d'affirmation de créances, la date du jugement déclaratif de la faillite ou de la liquidation judiciaire.

Il résulte de cette prescription inscrite formellement dans la loi que le bénéfice de l'art. 4, 2e alinéa, ne pourra être invoqué lorsque le défunt, après la cessation de ses paiements, mais avant la déclaration de faillite ou de liquidation judiciaire, aura obtenu un concordat amiable ou un atermoiement; dans ce cas, les héritiers ne seront pas admis à rappeler seulement la date de ces actes s'ils n'ont pas été passés en la forme authentique.

Il n'est, du reste, pas douteux qu'on devra rappeler également le nom du tribunal qui a prononcé la déclaration de faillite ou de liquidation judiciaire, car bien que la disposition spéciale à ce cas n'en fasse pas une obligation expresse, il n'en est pas moins vrai que l'article a précédemment obligé les parties, d'une manière générale, à indiquer, pour toute décision judiciaire invoquée, la juridiction dont elle émane.

Enfin, s'il s'agit d'une distribution par contribution, les mêmes indications devront être fournies au sujet du règlement définitif.

Décidé que les dispositions des articles 4 et 5 L. 25 fév. 1901 autorisant la déduction, pour le payement des droits de mutation par décès, des dettes établies par le règlement définitif d'une distribution par contribution, visent exclusivement le cas de la contribution judiciaire. Une distribution amiable, réalisée devant un notaire, serait inopérante à cet égard, et les héritiers ne sauraient, dans ce cas, se dispenser de fournir la justification du passif, dans les formes ordinaires, alors même, d'ailleurs, qu'il s'agirait d'une succession bénéficiaire (Sol. 28 avr. 1902, 3095-8 I. G.; 10334 R. P.).

L'énumération contenue dans l'art. 4, 2e alinéa, ne paraissant pas limitative, mais simplement énonciative, les mêmes prescriptions semblent, par identité de motifs, devoir être étendues : 1° à l'ordre amiable ou judiciaire, dont le règlement définitif présente, au même titre que celui de la distribution par contribution, toutes les garanties désirables relativement à la sincérité du passif; 2° au compte de bénéfice d'inventaire ou à celui qui est rendu par le curateur à une succession vacante, si ces comptes sont constatés par actes notariés ou s'ils ont été homologués par le tribunal (V. n° 1611 *suprà*).

Il est superflu de faire remarquer que les observations qui précèdent ne s'appliquent qu'aux titres passés en France, les dettes résultant de titres étrangers ayant fait l'objet de dispositions particulières (art. 7, § 5, nos 1637 et s. *infrà*).

§ II. — *Dettes non constatées par des actes authentiques.*

[1615-1621]

1615. Production des titres non authentiques. — Si la dette est constatée par un acte dépourvu d'authenticité, l'art. 4, 3e alinéa, oblige les parties, soit à représenter l'original, soit à en produire une copie collationnée. Pour permettre aux héritiers de satisfaire à cette prescription, la loi dispose que le créancier ne pourra, sous peine de dommages-intérêts, se refuser à communiquer, sous récépissé, son titre au débiteur, ou à en laisser prendre sans déplacement une copie collationnée. A défaut de l'une ou de l'autre de ces justifications, la déduction de la dette devra être refusée.

Aucune distinction n'est, d'ailleurs, établie entre les actes enregistrés ou non enregistrés, entre ceux qui ont ou n'ont pas acquis date certaine, etc... Dès l'instant qu'une dette n'a pas fait l'objet d'un acte authentique (acte notarié, administratif, judiciaire, etc.), elle ne peut être défalquée qu'autant que le titre qui la constate est produit en original ou en copie collationnée à l'agent de perception.

En cas de refus de la part du créancier de se dessaisir de son titre ou d'en laisser prendre copie, le Trésor n'a évidemment pas à s'immiscer dans la contestation que ce refus peut soulever avec le débiteur et les dommages-intérêts prévus par l'art. 4, 4e alinéa, représentent exclusivement la réparation du préjudice qui peut être causé aux parties par suite du défaut de déduction de la dette. En fait, ce préjudice sera sensiblement égal au montant des droits indûment payés de ce chef et dont la restitution pourra, dans certains cas, ne pas être autorisée.

Lorsque l'original du titre sera représenté, le receveur devra s'en tenir à cette production; il ne sera notamment pas fondé, à défaut d'une prescription formelle sur ce point, à exiger, en outre, soit une légalisation quelconque, soit la vérification de l'écriture, soit la preuve de l'authenticité des signatures ou de la véracité des conventions. En cas de doute ou si l'écrit ou les circonstances de la cause fournissent des présomptions de fraude, il ne pourra que rejeter la déduction de la dette, sauf le recours des parties devant l'Administration supérieure ou les tribunaux (*Rapp.* 8445 R. P., p. 66).

Ajoutons que si, en général, le titre produit doit être écrit en français, rien ne s'oppose à ce qu'on remette également un titre rédigé en langue étrangère, accompagné d'une traduction française, la validité d'un semblable document ne pouvant être contestée (*Rapp.* Cass. 17 janv. 1876, S. 76-1-164; — 22 janv. 1879, S. 79-1-170; D. P. 79-1-219; — C. Paris, 6 déc. 1889, Pand. franç., v° *Faillite*, n° 6080).

1616. Copie collationnée. — Si l'héritier ne peut ou ne veut pas représenter l'original du titre constitutif de sa dette, la loi l'autorise à produire une copie collationnée prise sans déplacement chez le créancier par un notaire ou le greffier de la justice de paix.

Le terme « copie collationnée » employé dans l'art. 4 L. 25 fév. 1901, ne doit pas être pris dans son sens purement juridique et s'entendre d'un acte véritable, dressé dans des conditions de forme déterminée.

La copie collationnée dont il s'agit au cas particulier « n'est qu'un renseignement fiscal » (Rapport de M. Dauphin, sénateur, 9433 R. P., p. 68). Elle consiste simplement dans la transcription littérale des titres, actes, documents invoqués à l'appui de la demande en déduction et revêtue d'un certificat de l'officier public attestant sa conformité avec la pièce au vu de laquelle elle a été levée.

Mais, à raison de sa destination spéciale, dont il doit être expressément fait mention, elle est dispensée du timbre et de l'enregistrement, tant qu'il n'en est pas fait usage, soit par acte public, soit en justice ou devant toute autre autorité constituée.

En cette matière, la loi a réservé aux notaires et greffiers de justices de paix le soin de délivrer la copie collationnée, à l'exclusion des greffiers des tribunaux civils et des cours d'appel, des avoués, huissiers, avocats, qui, en droit commun, ont également qualité pour rédiger les actes de cette nature.

En ce qui concerne les copies dressées par les parties, elles ne peuvent constituer que des attestations ou des certificats dénués de toute force probante, à moins qu'elles ne puissent être considérées comme une attestation du créancier (V. nos 1622 et s. *infrà*).

1616. Dettes commerciales. Justifications. Livres de commerce des créanciers. Copies collationnées « par extraits ». Abrogation de la règle tracée par l'Instr. 3058. — Contrairement à la règle tracée par l'Instr. 3058 (p. 12), les copies collationnées et *par extraits* des livres de commerce des créanciers du défunt pourront, si celui-ci était lui-même commerçant, être admises désormais comme titres justificatifs du passif successoral sujet à déduction, à la condition de constater, d'une part, le caractère obligatoire et la tenue régulière de ces livres; d'autre part, l'absence, sur ces mêmes livres, de toute mention susceptible de détruire l'effet d'une mention de dette à la charge du défunt (Instr. 3175, § 13, 11095 R. P.).

1617. Copie collationnée. Billet insuffisamment timbré. Déclaration du notaire rédacteur. Art. 24 L. 13 brum. an VII non applicable. — Le notaire qui dresse une copie collationnée d'un billet s. s. p. souscrit par une personne décédée, en vue de permettre aux héritiers de requérir la déduction d'une dette successorale, par application de l'art. 4 L. 25 fév. 1901, n'agit pas en vertu de cet acte au sens de l'art. 24 L. 13 brum. an VII. Il n'encourt donc aucune amende en déclarant que le billet a été rédigé sur timbre insuffisant (Château-Gontier, 3 juin 1907, 11506 R. P.).

Il paraît indispensable, d'ailleurs, d'après les termes mêmes de l'art. 4, de fournir une copie *in extenso* du titre de l'obligation ; un simple extrait, qui pourrait ne rappeler les conventions des parties que d'une manière incomplète, ne saurait autoriser la déduction de la dette.

D'autre part, le notaire ou le greffier doivent se borner à certifier la conformité de la copie avec l'original ; ils n'ont pas, notamment, à se prononcer sur la réalité de la dette ou la véracité des signatures ; en outre, il semble qu'à défaut d'une disposition formelle sur ce point, ils n'encourraient personnellement aucune responsabilité au cas où la pièce dont ils dresseraient la copie, tout en présentant les apparences de la sincérité, serait en réalité fictive.

Quoique la loi ne s'occupe que des copies collationnées, les mêmes effets doivent *a priori* être attachés aux copies figurées, qui sont assimilées de tous points aux copies collationnées et reproduisent, en outre, la forme extérieure et l'état matériel de l'original avec toutes les garanties d'authenticité désirables.

Quant aux épreuves photographiques, le texte de l'art. 4, 3e alinéa, qui exige une « copie » collationnée par un officier public, paraît trop formel pour qu'elles puissent, par elles-mêmes, suppléer à la production de l'original ; mais nous pensons que si elles étaient complétées par une mention rédigée par un notaire ou un greffier de la justice de paix et attestant leur conformité avec le titre, il n'y aurait pas de motifs légitimes pour ne pas les considérer comme une justification suffisamment probante.

1617. Timbre et enregistrement des pièces produites. — En ce qui concerne le timbre et l'enregistrement des documents produits, il convient d'établir une distinction entre les originaux et les copies des titres.

En principe, et sauf le cas où les pièces représentées constituent des écritures privées que l'art. 30 L. 13 brum. an VII déclare susceptibles d'être rédigées sans contravention sur papier non timbré, les originaux devront être revêtus du timbre. Le droit de timbre est, en effet, acquis au Trésor par le seul fait de la rédaction d'un écrit et indépendamment de tout usage, dès l'instant que cet écrit peut faire titre.

En droit strict, les agents seraient donc fondés à réclamer, non seulement le montant du droit de timbre qui n'aurait pas été acquitté, mais encore les amendes qui pouvaient avoir été encourues pour contravention aux lois sur le timbre. Mais, dans ce cas, la partie pourrait toujours éviter la pénalité en renonçant à se prévaloir du titre produit à l'appui de la demande en déduction de la dette et le receveur ne serait pas fondé à retenir cette pièce si l'héritier déclarait ne pas vouloir en faire état (Rapport de M. le sénateur Cordelet (8881 R. P., p. 74).

Relativement à l'enregistrement, il est incontestable que si les actes produits ne sont pas sujets à la formalité dans un délai déterminé, ils peuvent être représentés sans avoir été préalablement enregistrés, l'Administration n'étant pas substituée, à cet égard, à une autorité constituée. Ils bénéficient de cette immunité, même au cas où ils seraient produits au cours d'une instance engagée entre l'héritier et le Trésor (Explications de M. Cordelet, séance du Sénat du 21 janv. 1901, 9984 R. P., p. 148).

Si, par sa nature, l'acte invoqué était sujet à l'enregistrement dans un délai déterminé, la représentation qui en sera faite pourrait, en principe, justifier la réclamation des droits d'enregist. (Rapport de M. Cordelet au Sénat, *loc. cit.*). Cependant, nous ne doutons pas que l'Administration, pour répondre à l'intention libérale exprimée par le législateur (V. séance du Sénat préc.), et ainsi d'ailleurs qu'elle l'a fréquemment admis sous l'ancienne législation, n'use avec la plus grande modération du droit qui lui appartient, dans certains cas, de réclamer les droits et amendes de timbre ainsi que les droits d'enregistrement applicables aux pièces produites comme justification du passif et n'insiste pas pour en obtenir le paiement.

Cette tolérance serait d'autant plus justifiée que les parties pourraient toujours se dispenser légalement d'acquitter les droits et amendes de timbre et d'enregistrement en se bornant à produire, au lieu de l'original du titre, une copie collationnée qui, en toute hypothèse et quels que soient le caractère et la forme de ce titre, ne pourrait, par elle-même, en rendre l'enregistrement obligatoire (art. 4, 4e alinéa), tout en étant suffisante pour constituer une justification régulière de la dette.

L'application stricte de la loi aboutirait donc, en fait, à la suppression de la représentation de la plupart des originaux et diminuerait ainsi, d'une manière notable, les garanties d'existence de la dette.

Ajoutons que le notaire ou le greffier de la justice de paix chargés de délivrer la copie collationnée ne sont pas tenus de se conformer aux prescriptions de l'art. 49 L. 5 juin 1850 et d'indiquer si l'original est ou non revêtu du timbre prescrit. En effet, au cas particulier, il ne saurait être question de l'usage prévu par les art. 24 L. 13 brum. an VII et 41-42 L. frim., et il ne s'agit pas non plus, à proprement parler, d'une copie, mais d'un simple renseignement, devant d'autant moins servir par lui-même de base à une perception que sa production n'a lieu que pour permettre de déterminer le montant des droits réellement exigibles.

Si la copie ne fait pas mention de sa destination, nous pensons, néanmoins, qu'elle pourra, bien que ne remplissant pas absolument les conditions de forme exigées par la loi, constituer une justification suffisante, car cette irrégularité n'altère en rien la substance même du titre et, d'un autre côté, la prescription dont il s'agit n'a été introduite dans la loi que dans le but exclusif de dispenser l'héritier d'acquitter, à l'occasion du paiement de droits de mutation par décès, d'autres droits de timbre ou d'enregistrement.

Rien ne semble du reste s'opposer à ce que les mêmes pièces produites lors d'une déclaration puissent également être invoquées à l'appui de déductions requises dans d'autres déclarations.

On peut enfin se demander si l'Administration ne pourrait pas se prévaloir, à l'encontre des créanciers ou de leurs héritiers, des productions de titres faites par les représentants du débiteur. En droit, il n'est pas douteux que les déductions, admises lors de la déclaration de la succession du débiteur, ne peuvent pas être opposées aux créanciers qui n'ont pas été parties à cette déclaration ; mais les justifications produites, si le créancier ou ses représentants n'en contestent pas l'exactitude, n'en constitueront pas moins, dans certains cas, des présomptions susceptibles d'être utilement invoquées, par exemple si la créance, qui fait l'objet d'une réclamation après le décès du créancier, a précisément été déduite de l'actif dépendant de la succession du débiteur.

1618. Actes s. s. p. — Billets en blanc ou au porteur. — Les règles relatives à la représentation du titre ou à la production d'une copie collationnée s'appliquent à tous les actes ou documents autres que les titres authentiques dont l'Administration peut avoir connaissance dans les dépôts publics.

L'exécution de ces dispositions pourra peut-être présenter de réelles difficultés lorsque la dette résultera de titres susceptibles de se transmettre de la main à la main sans formalité, comme en cas de billets au porteur ou en blanc, mais la loi est trop formelle pour que la déduction d'une dette de cette nature puisse être exceptionnellement autorisée sans la représentation de l'original ou de la copie du titre.

1619. Livres de commerce. — *Nous avons vu précédemment* (n°s 1607 et s.) que la justification du passif commercial peut légalement résulter des livres de commerce.

Si cette preuve est fournie par les livres de commerce du créancier, ces documents se trouvent régis par la disposition générale de l'art. 4, 4e alinéa, en vertu de laquelle le créancier est tenu, soit de communiquer aux héritiers les écritures qui forment le titre constitutif de la créance, soit, ce qui aura lieu le plus souvent, de leur laisser prendre une copie collationnée de la partie de ces documents qui concerne le défunt.

S'il s'agit, au contraire, du passif établi par les livres de commerce de ce dernier, l'Administration pourra exiger la production de ces documents eux-mêmes (art. 3, 2e alinéa) et écarter toute copie ou extrait qui pourrait en être fait.

D'après l'I. G. 3058, p. 17, la représentation des livres de commerce du défunt doit toujours s'étendre à la période courue depuis la date de la plus ancienne dette dont la déduction sera demandée jusqu'au jour du décès.

Aux termes de l'art. 3, 3e alinéa, ces livres seront déposés, pendant cinq jours, au bureau où la déclaration est souscrite.

Ce délai est un délai maximum qui ne saurait être étendu si le cinquième jour est férié (3058, p. 12, I. G.).

L'Instr. précitée recommande aux agents de veiller, sous leur responsabilité, à ce que les livres ne puissent pas, pendant leur séjour au bureau, être consultés par des personnes étrangères au service. Elle leur prescrit d'observer, de la façon la plus étroite, à leur égard, la discrétion professionnelle à laquelle ils sont tenus.

En outre, les livres peuvent être communiqués, une fois, sans déplacement, aux agents du service du contrôle, pendant deux ans à compter de la déclaration.

La communication sans déplacement, autorisée en faveur des agents du contrôle, reste facultative pour l'Administration; elle devra nécessairement avoir lieu chez celui des héritiers qui sera resté dépositaire des livres et qui doit les conserver pendant dix ans (C. comm., art. 11). Cette disposition pourra, dans la pratique, soulever de réelles difficultés lorsqu'il y aura plusieurs héritiers et que la Régie ne saura pas lequel d'entre eux sera resté détenteur des livres (V. Rapport de M. Mesureur, 9947 R. P., p. 21). Il n'existe, en effet, aucun texte qui confère plus spécialement à l'un des héritiers le soin de conserver les livres de leur auteur et les parties, autres que celle qui possède ces documents, ne sont nullement obligées de fournir des indications à cet égard à l'agent du Trésor.

Après cette vérification, quand la communication légalement autorisée aura été opérée, quels qu'en aient été le but et les résultats, une nouvelle communication amiable ne pourra plus être requise et la partie ne sera plus tenue de fournir une justification quelconque que dans le cas où une instance serait engagée (art. 3, 4e alinéa, *in fine*). Ajoutons que la communication à domicile ne pourra être demandée par le receveur et qu'elle reste expressément réservée, d'après le texte même de la loi, à l'agent du contrôle. En outre, elle devra porter exclusivement sur les livres obligatoires qui ont seuls une existence légale et sera même restreinte à ceux de ces documents qui ont été communiqués au receveur (Explications de M. Cordelet, auteur de l'amendement, séance du Sénat du 22 janv. 1901, 9984 R. P., p. 142). L'agent de contrôle ne sera donc pas fondé à demander à prendre connaissance des autres écritures commerciales, notamment du grand livre, du livre de caisse, etc.

Le refus de communication sera, le cas échéant, constaté par un procès-verbal dressé conformément aux art. 22 L. 23 août 1871 et 7 L. 21 juin 1875 (V. *Rép. gén.*, 1re partie, v° *Communication*).

Enserré dans ces limites, le droit de communication ne produira que de faibles résultats. En l'établissant, la loi n'en a pas moins consacré une innovation importante et dangereuse, et nous voulons espérer que la Régie saura apporter la plus grande circonspection et les plus grands ménagements dans l'exercice d'une faculté qui présente un caractère essentiellement inquisitorial.

En fait, d'ailleurs il est avéré que la garantie offerte par la production ou la représentation des livres de commerce sera, le plus souvent, illusoire pour le Trésor et vexatoire pour les contribuables.

En effet, comme l'a fait remarquer M. Mesureur dans son rapport (9947 R. P., p. 21), la simple représentation des livres de commerce, à l'appui de la déclaration, ne saurait constituer une justification sérieuse. Les personnes versées dans les affaires commerciales, les syndics habituels de faillites, par exemple, mettent un temps fort long à vérifier les bilans déposés par les commerçants qui cessent leurs paiements. On peut se demander comment le receveur pourra utilement déterminer, pendant le faible délai de cinq jours qui lui est concédé, la véritable situation du défunt vis-à-vis de ses créanciers ou débiteurs.

Dans la pratique, il se trouvera toujours placé dans l'alternative ou d'accepter sans contrôle effectif les déclarations des parties ou d'user du moindre prétexte pour écarter comme insuffisantes les justifications produites et établir la perception sans tenir compte du passif allégué, sauf aux parties à se pourvoir en restitution.

Ces considérations s'appliquent encore avec plus de force au contrôle de l'employé supérieur qui ne peut exiger qu'une seule communication des livres.

1620. Conséquences de la représentation des livres de commerce. — Nous avons vu (n° 1608 *suprà*) que les

1619. Livres de commerce. Dettes résultant de livres tenus par le régisseur d'une société. Non-déduction. — Les énonciations contenues dans les livres d'une société ne sauraient être invoquées par les héritiers de la personne chargée de la tenue de ces livres: elles n'ont aucune force probante à l'encontre de l'Administration (Seine, 16 mars 1907, 11505 R. P.).

1622. Décès des deux époux. Mêmes héritiers. Reprises dues par le dernier mourant à la succession de son conjoint prédécédé. Défaut de justifications de l'existence de la dette. Déduction non admissible. — Ne peuvent être déduites de l'actif héréditaire, pour la perception des droits de mutation par décès, les reprises dont le défunt serait, au dire de ses héritiers, resté débiteur envers la succession de son épouse prédécédée, lorsque la dette est échue depuis près de 16 ans et que son existence au jour du décès n'est pas prouvée, mais simplement attestée par les héritiers qui en sont en même temps les créanciers (Lure, 8 juin 1904; Instr. [illegible], § 1, [illegible] R. P.).

raisons, pour lesquelles la production des livres était indispensable à l'appui de la demande en déduction du passif, reposaient sur la nécessité d'assujettir à l'impôt la totalité de l'actif héréditaire. Ce résultat ne pouvait évidemment être atteint que par l'autorisation accordée à l'Administration d'utiliser les éléments actifs aussi bien que les éléments passifs révélés par les livres de commerce.

Du moment où les mentions inscrites sur les livres peuvent être opposées au Trésor, lorsqu'elles constatent l'existence d'un passif, une juste réciprocité exigeait que le Trésor pût invoquer, de son côté, celles des mentions des mêmes livres qui révélaient un actif. Afin de prévenir toute difficulté, ce droit a été formellement consacré par l'art. 3, 4e alinéa, qui n'est du reste qu'une application du principe de l'indivisibilité de l'aveu.

« L'Administration, porte cet article, aura le droit de puiser dans les *titres ou livres produits* les renseignements permettant de contrôler la sincérité de la déclaration de l'actif dépendant de la succession et, en cas d'instance, la production de ces titres ne pourra être refusée. »

Cette disposition concerne, non seulement les livres de commerce, mais encore tous les « titres », de quelque nature qu'ils soient, produits à l'appui de la demande en déduction d'une dette quelconque.

Au surplus, bien que la loi ne mentionne que les titres et livres « produits », il semble que, pour répondre au but que s'est proposé le législateur (V. séance du Sénat du 21 janv. 1901, 9984 R. P., p. 141 et suiv.), la règle qu'elle édicte doit s'étendre aux livres « communiqués » aux agents de contrôle et que les déclarations passives ne peuvent évidemment être prises en considération qu'autant que la sincérité des déclarations actives qui leur correspondent se trouve également contrôlée.

En cas d'instance, la production de ces titres ou livres n'est pas rigoureusement prescrite; mais, suivant qu'elle sera offerte par la partie ou requise par l'Administration, elle ne pourra être écartée par la Régie ou refusée par l'héritier.

1621. Pénalité à défaut de communication des livres de commerce. — Si l'héritier, détenteur des livres de commerce, ne consent pas à laisser l'agent de contrôle en prendre communication sans déplacement, l'art. 3, 3e alinéa, le frappe d'une amende égale aux droits qui n'auront pas été perçus par « suite de la déduction du passif ».

Le terme « passif » ne paraît pas devoir s'entendre de toutes sortes de dettes, mais simplement des dettes commerciales, puisque la communication prévue par la loi ne s'applique qu'aux livres de commerce, c'est-à-dire aux documents susceptibles de déterminer l'importance de l'actif et du passif commercial. D'un autre côté, cet alinéa se réfère expressément au précédent où « il s'agit » exclusivement des « dettes commerciales ».

Concluons donc qu'à défaut de communication, le redevable sera passible d'une amende égale aux droits qui auraient été perçus si la déduction des dettes commerciales admise par le receveur n'avait pas eu lieu.

Il importe peu que la totalité ou une partie de ce passif soit réellement justifiée; en toute hypothèse, le refus de communication fait présumer que la distraction du passif commercial a été accordée à tort et autorise en conséquence la Régie à exiger, indépendamment du droit simple liquidé en faisant complètement abstraction de ce passif, un droit en sus d'égale importance, sauf à abandonner la réclamation de ces sommes ou à en autoriser le remboursement au cas où la communication ultérieure des livres ou leur production en justice démontrerait que la déduction a été légitimement admise et qu'en réalité, tous les droits exigibles avaient été perçus. Si cette vérification permettait de reconnaître qu'une fraction seulement du passif aurait dû être déduite, les droits simple et en sus devraient être liquidés à la somme représentant la différence entre l'impôt qui a été acquitté et celui qui était réellement dû.

Ajoutons que les conditions, dans lesquelles la communication à domicile sera effectuée ou le refus constaté, auront lieu de la même manière que pour les communications autorisées en matière de sociétés (art. 22 L. 23 août 1871 et 7 L. 21 juin 1875), mais l'agent de contrôle, en dressant procès-verbal pour défaut de communication, devra prouver que sa demande a été adressée à celui des héritiers qui était réellement détenteur des livres du défunt (V. n° 1618 *suprà*).

§ III. — *Attestation du créancier.*

[1622-1623]

1622. But de cette prescription. — Les justifications de l'art. 4 eussent été évidemment insuffisantes et inefficaces par elles-mêmes pour mettre obstacle à la défalcation de dettes fictives ou éteintes, dès l'instant que ces justifications consistent en documents émanant du débiteur et qu'il n'est pas possible de déterminer *à priori*, sans le concours du créancier, la valeur juridique et les effets véritables de titres se trouvant entre ses mains.

Pour remédier à cet inconvénient, il a paru indispensable d'obtenir également du créancier la confirmation de la réalité de la dette.

A cet effet, l'art. 6 autorise « l'*agent de l'Administration* à exiger de l'héritier *dans tous les cas* » la production d'une attestation du créancier certifiant l'existence de la dette à l'époque de l'ouverture de la succession.

« Cette attestation, expliquait le min. fin. lors du projet de 1894 (8445 R. P., p. 6), est évidemment de nature à empêcher une personne de souscrire au profit d'un tiers, d'un inconnu quelquefois, un billet qu'elle ferait enregistrer, qu'elle garderait ensuite par devers elle, de manière à ne pas constituer un titre dans les mains de ce dernier et que ses héritiers représenteraient plus tard afin d'obtenir la déduction. »

D'après le texte même de la loi, quelles que soient la nature de la dette et les justifications produites, le receveur sera toujours fondé à exiger, en outre, l'attestation du créancier. Cette règle est générale et absolue et elle s'applique, lors même que les parties, sans être tenues de représenter des titres, pourraient se borner à fournir les indications prescrites par l'art. 2 et qu'il s'agirait d'une dette constatée par acte authentique et non échue (art. 5, n° 1625 *infrà*). C'est là un mode essentiel de contrôle accordé d'une manière générale à l'Administration chaque fois qu'elle le jugera nécessaire (9133 R. P., p. 68).

Il ne fait pas, d'ailleurs, double emploi avec les autres modes de justification qui sont rigoureusement prescrits et auxquels vient s'ajouter, dans des cas dont le receveur reste seul juge, l'attestation du créancier. La loi n'impose, en effet, une obligation qu'à la partie et elle accorde à l'Administration une simple faculté dont celle-ci est libre d'user ou de ne pas user suivant son appréciation.

Cependant, le receveur ne peut se dispenser d'exiger cette pièce dans les deux cas suivants : 1° quand la dette est échue depuis plus de trois mois avant le décès (art. 7-1°, V. *infrà*, nos 1030 et s.); 2° quand une dette hypothécaire est garantie par une inscription périmée depuis plus de trois mois (art. 7-4°, V. *infrà*, n° 1035). Dans ces deux hypothèses, la déclaration devra constater la production de l'attestation du créancier, sans laquelle la perception serait irrégulière.

D'après l'art. 6, l'attestation dont il s'agit doit être produite par l'héritier et non par le créancier, auquel l'Administration n'est pas autorisée à s'adresser directement. Mais elle doit toujours émaner d'une personne autre que l'héritier (3067-7 I. G., 10169 R. P.).

L'agent de perception n'est nullement obligé d'alléguer un motif pour justifier la demande de ce complément de preuve; il peut, à sa volonté, l'exiger ou s'abstenir de le faire pour chacune des dettes dont l'héritier demande la distraction.

Il y aura même des cas dans lesquels l'attestation prévue par la loi ne pourra être obtenue par l'héritier. C'est ce qui aura lieu en matière de billets rédigés en la forme authentique, dont la transmission peut s'opérer de la main à la main, même à l'égard des tiers (C. Pau, 6 avril 1886, D. P. 86-1-230; — Trib. comm. Seine, 16 oct. 1891, *Le Droit*, 13 nov. 1891) et qui sont susceptibles d'appartenir, au moment du décès, à des personnes inconnues des héritiers. Dans cette hypothèse, il est à espérer que l'Administration n'insistera pas pour obtenir la production d'une attestation que les parties seraient dans l'impossibilité de se procurer.

Nous avons soutenu, dans le commentaire de la L. 25 fév. 1901 (n° 103, 10018 R. P., année 1901), que l'attestation du créancier ne peut être exigée qu'une seule fois, et que cette pièce doit être fournie au moment où la déduction est acquise, c'est-à-dire lors de la déclaration, d'où la conséquence que les agents de contrôle ne sont pas autorisés à demander la représentation de ce document que les héritiers ont la faculté de détruire immédiatement après son utilisation.

Mais l'Administration n'adopte pas cette opinion. Elle soutient (3058 I. G., p. 13, et 3068, § 8, I. G.), qu'à la différence des titres ou copies collationnées qui sont simplement représentées au receveur, les attestations des créanciers doivent être retenues au bureau qui reçoit la déclaration. Ce n'est pas, en effet, à l'héritier ou au légataire, mais à l'Administration que l'existence de la dette, au jour de l'ouverture de la succession, est certifiée, et cette attestation constitue le titre qui permet, en cas d'inexactitude reconnue, de réclamer au créancier la pénalité, prononcée contre lui, par l'art. 9.

1023. Formes de l'attestation. — La L. 25 fév. 1901 ne soumet l'attestation du créancier à aucune condition de forme, si ce n'est que cette attestation doit être fournie par écrit, l'hypothèse d'une attestation verbale étant en contradiction formelle avec le texte de l'art. 6 qui prévoit précisément la rédaction de cette pièce sur papier non timbré.

L'attestation du créancier peut être délivrée, suivant les règles du droit commun, soit devant notaire, soit dans la forme s. s. p. Lorsqu'elle fait l'objet d'un acte s. s. p., la loi ne prescrit pas que la signature du créancier soit légalisée. Toutefois, dans les cas exceptionnels où, pour des motifs très sérieux, l'attestation paraîtrait suspecte au receveur, ce dernier peut, en vertu du pouvoir d'appréciation que lui reconnaît l'art. 5 L. 25 fév. 1901, refuser de déduire la dette, à moins que les parties ne consentent à lui fournir le supplément de garantie nécessaire. Si les directeurs étaient en mesure d'établir qu'il y a eu faux ou usage de faux, tombant sous l'application de la loi pénale (art. 150 et suiv. C. pén.), ils ne doivent manquer de soumettre à la direction générale des propositions tendant à ce qu'il en soit donné avis au procureur de la République, dans les conditions déterminées par l'art. 29 C. Instr. crim. (3067-8 I. G.; 10169 R. P.).

En Italie, la déclaration du créancier doit être visée, en ce qui concerne l'attestation des signatures, par un notaire ou par le syndic local (Rapport de M. Carlelet, n° 8881 R. P., p. 71), mais on n'a pas cru devoir prescrire, en France, une semblable règle.

Si le créancier ne sait ou ne peut signer, l'attestation doit être rédigée par un notaire ou par le maire du domicile de ce créancier. Elle peut même être reçue par le receveur dans la déclaration de succession au cas où ce préposé sera requis de la rédiger, et, au cas contraire, sur une formule distincte. Dans l'une et l'autre hypothèse, si le créancier n'est pas personnellement connu du receveur, son identité doit être certifiée par deux témoins qui signent l'attestation (3067-8 I. G.; 10169 R. P.).

L'attestation requise dans les termes de l'art. 6 L. 25 fév. 1901, pour la déduction, dans une déclaration de succession, d'une dette contractée envers une personne décédée depuis, doit, d'ailleurs, émaner de tous les ayants droit et non pas seulement de l'un des héritiers du créancier (Sol. 4 sept. 1902, 3099-9 I. G.; 10407 R. P.).

L'attestation du créancier sera rédigée sur papier libre, et elle ne sera pas soumise à l'enregistrement, même au cas où elle serait produite dans une instance relative aux droits de mutation exigibles par suite du décès du débiteur. D'autre part, la loi exige simplement que le créancier « certifie l'existence de la dette au jour de l'ouverture de la succession ». Le déclarant peut donc s'en tenir à cette simple constatation, sans entrer dans d'autres détails, et il n'est même pas obligé, à défaut de prescription formelle, de préciser dans son attestation la date du décès du défunt.

La pièce dont il s'agit ne saurait être refusée à l'héritier par le créancier, sous peine de dommages-intérêts, toutes les fois qu'elle sera légitimement réclamée, c'est-à-dire lorsque le receveur aura invité la partie à la produire. Le quantum de ces dommages-intérêts n'a pas été réglé par la loi; il est laissé, par suite, à l'appréciation des tribunaux : il pourra, dans la majeure partie des cas, être arbitré au préjudice éprouvé par l'héritier, c'est-à-dire au montant des droits que celui-ci aura dû payer à défaut de déduction de la dette (*Rapp.* n° 1015 *suprà*).

1023. Créancier décédé. Attestation de tous les ayants droit. — L'attestation requise, dans les termes de l'art. 6 L. 25 fév. 1901, pour la déduction, dans une déclaration de succession, d'une dette contractée envers une personne décédée depuis, doit émaner de tous les ayants droit et non pas seulement de l'un des héritiers du créancier (Sol. 4 sept. 1902, Instr. 3099, § 9, 10462 R. P.).

Aux termes de l'art. 6, 2e alinéa, le créancier doit, par une mention expresse, analogue à celle qui a été prescrite par l'art. 23 L. 13 août 1871 en matière de vente d'immeubles, déclarer, dans son attestation, connaître les dispositions de la L. 25 fév. 1901 relatives aux peines en cas de fausse attestation.

Cette mention doit être faite, quel que soit le rédacteur de l'attestation (3067, § 8, I. G. — V. nº qui précède).

Il a paru, en effet, nécessaire que le créancier se rendit parfaitement compte de l'importance de la déclaration qui lui était demandée et des pénalités auxquelles elle l'exposait si elle était reconnue inexacte (Rapport de M. Mesureur, p. 32).

Bien que la loi parle d'une « mention », il semble que rien ne s'oppose à ce que cette déclaration soit formulée par acte séparé, puisque, dans cette hypothèse, le but que s'est proposé le législateur se trouve incontestablement rempli. Aucune pénalité n'a, du reste, été édictée pour le défaut de la mention dont il s'agit.

La circonstance que l'attestation est dépourvue de cette mention ne met pas obstacle à la réclamation au créancier des peines édictées par l'art. 9 et qui se trouvent encourues par le seul fait de l'inexactitude de l'attestation.

Ajoutons, à titre documentaire, que le projet soumis aux délibérations du Sénat portait que toute déclaration d'existence de dettes, corroborée par l'attestation du créancier, vaudrait titre pour ce dernier; mais, sur l'initiative de M. Cordelet, cette disposition a été définitivement supprimée comme contraire aux principes de la loi civile (V. séance du Sénat du 24 janv. 1901, 9984 R. P., p. 150 et s.).

§ IV. — *Justifications. — Pouvoirs d'appréciation de l'Administration.*

[1624-1628]

1624. Rôles respectifs du receveur et des agents de contrôle. — Aux termes de l'art. 5, « l'agent de l'Administration » est autorisé à apprécier la valeur de la justification qui lui est fournie et, lorsqu'il la juge insuffisante, à ne pas tenir compte de la dette, sauf aux parties à se pourvoir en restitution, s'il y a lieu. Ce n'est là que l'application du principe général établi par l'art. 28 L. frim., d'après lequel les droits d'enregistrement doivent être payés immédiatement, tels qu'ils sont liquidés par le receveur, sans atténuation ni délai sous prétexte de contestation (Séance Ch. des Dép. du 16 nov. 1895, déclarations du Commissaire du Gouv., *J. off.* du 17 nov. 1895, p. 2371 et 8695 R. P., p. 69).

« La manière de procéder actuellement en usage pour l'actif est étendue à la déduction des dettes. Le receveur apprécie, décide et perçoit; si le contribuable se trouve lésé, il peut en appeler à l'Administration supérieure d'abord, aux tribunaux ensuite » (Rapport de M. Monestier, p. 31).

Par conséquent, de même que les parties peuvent faire la déclaration à leur gré et y comprendre les valeurs qu'elles jugent convenables, sans que le receveur ait rien à dire sur ce point, quelles que soient les insuffisances et les omissions dont cette déclaration peut se trouver entachée, sauf le droit qui lui appartient d'exercer ultérieurement son contrôle, de même les héritiers n'ont pas, *au moment de la déclaration*, à contester les motifs pour lesquels l'agent du Trésor juge insuffisante telle ou telle justification et repousse la déduction requise. Après avoir acquitté les droits qui leur sont réclamés, ils peuvent seulement se pourvoir en remboursement en rapportant la preuve de la réalité de la dette qu'ils prétendent avoir été indûment écartée.

Il n'était pas possible de surseoir, dans ce cas, au recouvrement immédiat des droits sans risquer, en fait, de laisser l'impôt à la discrétion des contribuables qui auraient pu à leur gré en retarder indéfiniment le paiement en alléguant un passif quelconque (déclarations du Directeur général à la Commission du Sénat, 9433 R. P., p. 80).

C'est au moment où la déclaration est souscrite, et à ce moment-là seulement, que les héritiers fournissent les indications nécessaires ou présentent les pièces requises pour qu'une dette puisse être déduite. Ces pièces doivent leur être rendues avec la quittance des droits et elles peuvent être immédiatement détruites puisqu'en aucun cas l'Administration n'est fondée à exiger une nouvelle représentation.

La même règle s'applique également à l'attestation du créancier, qui ne doit être produite qu'au moment de la déclaration (art. 6) et ne peut être réclamée une seconde fois (V. cependant, à cet égard, la doctrine contraire de l'Administration, — nº qui précède).

Il en résulte que c'est l'agent de perception, c'est-à-dire le receveur, qui aura seul à décider si la justification est ou non suffisante, si l'écrit mis sous ses yeux se présente ou non avec des apparences de sincérité, d'authenticité d'écriture et de signatures, s'il offre ou non les garanties de forme et de fond nécessaires, s'il y a lieu d'exiger ou non une attestation du créancier, etc.

Par cette expression, « l'agent de l'Administration » employée dans les art. 5 et 6, par opposition avec les mots « agents du service de contrôle » dont se sert l'art. 3, la loi a entendu désigner exclusivement le receveur et lui conférer ainsi, pour la plus grande partie des dettes, un droit d'appréciation immédiate et en dernier ressort, à l'abri de tout contrôle ultérieur.

Ce droit a été constaté implicitement par le Min. fin. lui-même, lors de la séance du Sénat du 22 janv. 1901 (9984 R. P., p. 147) : « Lorsqu'une note de médecin ou de pharmacien sera produite, a dit M. Caillaux, il appartient au *receveur* d'apprécier au vu soit de cette note, etc. »

Sans doute, en principe, l'Administration n'est pas liée par l'interprétation erronée de ses agents; mais, en fait, sauf pour les dettes résultant d'actes authentiques et le passif commercial, tout contrôle relatif à la déduction des dettes sera à peu près impossible, dès l'instant que les employés supérieurs ne seront pas fondés à exiger, une seconde fois, les pièces produites à l'appui de cette déduction, et dont la conservation n'est prescrite par aucun texte.

Pour assurer la vérification de la défalcation du passif commercial, il a fallu que l'art. 3 autorisât formellement la communication des livres de commerce aux agents du service de contrôle, et cette communication doit même être restreinte à une partie des livres obligatoires (V nº 1619 *suprà*), à l'exclusion des livres facultatifs et des billets à ordre, lettres de change, et autres documents qui ont pu être invoqués comme pièces justificatives à l'appui de la déduction d'un passif.

Mais, pour toutes les autres dettes constatées par des actes non authentiques ou ne résultant pas des livres obligatoires communiqués au receveur, aucune obligation n'a été imposée par la loi, de sorte qu'une immense catégorie de dettes échappera à toute vérification ultérieure. Il ne pouvait d'ailleurs en être autrement sans autoriser les agents à se livrer à une inquisition que tous les principes de notre droit fiscal repoussent.

En résumé, pour une grande partie du passif à déduire, le receveur est constitué, par la seule force des choses, arbitre définitif des justifications. Une fois que les parties lui auront fait passer sous les yeux les attestations, billets, reconnaissances, engagements de toutes sortes, et qu'il aura admis la déduction, sa perception sera de ce chef irrévocable, les agents de contrôle ne pouvant évidemment revenir sur un dégrèvement opéré en vertu de documents qui ne pourront plus être à leur disposition.

Si, au contraire, le receveur refuse la déduction, les parties seront toujours en droit d'en référer à l'Administration supérieure, sauf recours aux tribunaux, si satisfaction ne leur est pas donnée (art. 63, L. frim.).

1625. Dettes constatées par actes authentiques et non échues. — La règle d'après laquelle l'agent de l'Administration reste juge d'admettre ou de refuser la déduction d'une dette suivant qu'il estime suffisantes ou non les justifications qui lui ont été produites, comporte une exception en matière de dettes constatées par actes authentiques et non échues au jour de l'ouverture de la succession (art. 5, 2e alinéa).

Dans ce cas, la distraction de la dette doit être admise de plein droit, à moins que l'Administration ait fait décider judiciairement que cette dette est simulée, c'est-à-dire qu'elle est fictive, ou qu'elle a été remboursée avant le décès du débiteur. En effet, « quand les parties se sont rendues chez un officier public pour faire constater une reconnaissance de dette, il y a présomption de sincérité. Le plus souvent, l'acte contient des clauses d'hypothèque, de privilège, de solidarité donnant toutes garanties de vérité » (Rapport de M. Dauphin, 9433 R. P., p. 69).

L'exception dont il s'agit s'applique, en principe, à toutes les dettes constatées par acte authentique, sans distinction entre les dettes civiles ou commerciales, privilégiées, hypothécaires ou chirographaires. Cependant, dans certains cas, les dettes hypothécaires sont l'objet de règles spéciales (V. n° 1635 *infrà*).

Lors de la discussion de la loi au Sénat (séance du 24 janv. 1901, 9984 R. P., p. 149), les mots « toute dette *consentie* par acte authentique » ont été remplacés par les suivants « toute dette *constatée* par acte authentique ». Il résulte de cette modification qu'il n'est nullement nécessaire, pour qu'une dette bénéficie de la disposition spéciale édictée par le deuxième alinéa de l'art. 5, que son titre constitutif soit authentique, et qu'il suffit que cette dette, quelle qu'en soit l'origine, ait ultérieurement fait l'objet d'un acte authentique. Par exemple, il y aura lieu d'admettre, de plein droit, la déduction d'une dette verbale au paiement de laquelle le défunt ou ses héritiers auront été condamnés par jugement, la créance se trouvant, dans cette hypothèse, sinon consentie, du moins constatée par acte authentique. Il en serait de même si la dette non échue se trouvait mentionnée dans un partage notarié ou tout acte authentique établissant que cette dette n'avait pas été remboursée du vivant du débiteur.

Dès l'instant que toute dette authentique et non échue au décès ne peut être écartée tant que l'Administration n'a pas fait juger qu'elle est simulée, il en résulte que les parties ne sont pas tenues de fournir d'autres justifications que l'indication de la date de l'acte et le nom de l'officier public qui l'a reçu ou la juridiction d'où il émane (art. 4, 2e alinéa) et qu'il n'y aura pas lieu d'en refuser la déduction lors même que les parties ne consentiraient pas à produire l'attestation du créancier que le receveur est toujours fondé à leur réclamer (art. 6, V. *suprà*, n° 1622).

1626. Preuves de la simulation. — La présomption d'existence de la dette, tirée par l'art. 5 de la non-échéance du terme, constitue une présomption de droit (Cass. 30 mars 1870, S. 70-1-319; D. P. 70-1-418), susceptible cependant d'être détruite par la preuve contraire. C'est ce que reconnaît expressément le deuxième alinéa du même article en réservant à l'Administration le droit de faire juger la simulation d'une dette constatée par acte authentique, non échue au décès, et dont les parties demandent la déduction.

La preuve de cette simulation pourra être faite pendant cinq ans à compter du jour de la déclaration et l'instance devra être suivie dans la forme prévue par l'art. 8 de la loi. Il est superflu de faire remarquer qu'il n'est pas indispensable que la simulation soit déclarée par jugement si la partie consent à la reconnaître à l'amiable.

1627. Restitution au cas de justifications fournies après la déclaration. — Lorsque la demande en déduction d'une dette a été rejetée parce que les parties n'ont pu fournir, préalablement à leur déclaration, soit l'attestation du créancier si elle leur a été réclamée, soit des justifications jugées suffisantes par le receveur, l'art. 5, 1er alinéa, autorise les héritiers à se pourvoir en restitution dans les deux ans à compter de la déclaration.

A l'appui de leur demande, les intéressés paraissent fondés à produire toutes sortes de documents, même des pièces autres que celles qui ont déjà été représentées au receveur, pourvu que ces justifications soient de la nature de celles que la loi a prévues.

L'art. 60 L. frim. n'est pas, en effet, applicable au cas particulier, car les justifications produites tendent précisément à permettre de vérifier si l'appréciation du comptable a été ou non exacte et si, par suite, l'impôt a été ou non régulièrement liquidé. On saurait d'autant moins voir, dans cette production, un événement ultérieur qu'elle n'a pas pour effet de modifier la consistance tant active que passive de l'hérédité, mais simplement de constater, d'une manière aussi certaine que possible, un état de fait préexistant.

S'il était permis d'écarter toutes les pièces qui n'ont pas été produites lors de la déclaration, le contribuable serait dans la nécessité d'être toujours muni de l'attestation des créanciers, puisqu'il risquerait, à défaut de cette attesta-

1627. Restitution en cas de justifications fournies après la déclaration. — *Déduction non demandée lors de la déclaration de succession. Application de l'art. 60 L. frim.* — Si l'art. 5, 1er alinéa, L. 25 fév. 1901 autorise les parties à se pourvoir en restitution, dans le délai de deux ans, pour les déductions de passif non admises par le receveur, ce n'est qu'autant qu'il est constaté, soit dans l'état du passif, soit dans la déclaration de succession, que le déclarant a affirmé l'existence d'une dette déductible et en a déterminé le chiffre; mais au cas où la déduction n'a pas été demandée lors de la déclaration, l'art. 60 L. frim. s'oppose, en principe, à tout remboursement, la perception étant régulière, puisque le receveur n'a pas été mis en mesure d'apprécier si et pour quel chiffre la déduction pouvait être opérée (Seine, 12 mars 1906, 16760 R. P.; — Seine, 2 nov. 1906, 11391 R. P.).

Justifications non fournies au moment de la déclaration de succession. Instance. Justifications produites postérieurement à la signification du mémoire de l'Administration. Restitution. Dépens. — Lorsque la demande en déduction de dettes héréditaires n'est pas appuyée, au moment de la déclaration de succession, des justifications prescrites par l'art. 5 L. 25 fév. 1901, c'est à bon droit que le receveur refuse de faire état de ces dettes pour la liquidation de l'impôt de mutation par décès. Si les justifications nécessaires sont ultérieurement fournies au tribunal saisi par voie d'assignation en restitution, cette demande doit être accueillie; mais la partie est tenue au payement des dépens de l'instance jusqu'au jour où elle a produit lesd. justifications (Angoulême, 13 fév. 1906, 11208 R. P.).

tier, de voir rejeter la défalcation de la dette et de ne pouvoir ultérieurement se pourvoir en restitution. Une semblable conséquence est trop contraire au texte des art. 5 et 6 et aux intentions du législateur pour qu'elle puisse être admise.

En fait, d'ailleurs, la nomenclature des justifications fournies à l'appui de la demande en déduction du passif n'est ordonnée par aucune disposition législative ; il serait, dès lors, difficile à l'Administration d'établir juridiquement que tel ou tel document a ou n'a pas été représenté.

Pour qu'une action en remboursement soit ouverte, il suffit donc que les parties aient demandé, lors de la déclaration, la déduction d'une dette, ce fait se trouvant seul légalement constaté dans l'inventaire du passif produit à l'appui de la déclaration (art. 4, 1er alinéa).

1627-1. Justifications. — Pièces produites. — Timbre et enregistrement. — Les pièces justificatives, que les parties ont à produire à l'appui des demandes en restitution de droits de mutation par décès fondées sur des erreurs de fait, doivent être préalablement soumises au timbre et à l'enregistrement, lorsque, à raison de leur nature, elles sont sujettes à ces formalités. Il n'y a lieu, toutefois, d'exiger ces formalités que pour les documents qui y sont sujets à raison de leur nature. Spécialement, on ne saurait obliger les parties à faire enregistrer un acte, s'il n'est pas, par lui-même, soumis à l'enregistrement dans un délai déterminé (Cf. Instr. n° 3058, p. 11, 3e alinéa). Quant à la copie de la déclaration dans laquelle l'erreur a été commise, il n'y a pas lieu de l'exiger des redevables dans la forme prescrite par l'article 58 L. frim. ; elle est fournie sans frais par l'Administration (Sol. 13 janv. 1902, 3030-21, I. G. ; 10189 R. P.).

1628. Dettes non mentionnées dans l'inventaire. — En ce qui concerne les dettes réellement existantes au décès, mais non mentionnées dans cet inventaire, elles ne peuvent, en droit strict, motiver une restitution, lors même que leur existence au décès serait établie dans les deux ans à compter de la déclaration.

Il ne saurait être question, pour ces dettes, comme dans le cas prévu par le premier alinéa de l'art. 5, de justifications jugées plus ou moins suffisantes, et du redressement de l'appréciation du receveur ; d'autre part, la perception a été incontestablement régulière puisqu'elle a été basée sur la déclaration même de la partie, qui n'a nullement fait état de ces dettes. En droit, cette perception est donc définitive.

Dans notre commentaire L. 25 fév. 1901 (n° 100, 10018 R. P.), nous avons exprimé l'espoir que, par application des règles suivies en matière d'erreur de fait, l'Administration n'hésiterait pas à consentir au remboursement des droits indûment payés par suite du défaut de déduction d'une dette non comprise dans la déclaration, lorsque la preuve de l'existence de cette dette au moment du décès ne serait pas douteuse (*Rapp.* n° 1593 *suprà*).

Cet espoir s'est réalisé : l'Administration admet qu'elle peut tempérer, selon ses appréciations, la rigueur des principes, en accordant le remboursement, pour erreur de fait, des droits acquittés par suite du défaut de déduction (3047-12 I. G. ; 10172 R. P.).

Afin de prévenir toute difficulté, elle a prescrit à ses agents (I. G. précitée), lorsqu'ils refuseront de déduire une dette insuffisamment justifiée, de veiller à ce que la demande en déduction formulée par les héritiers ou légataires soit mentionnée dans l'état du passif ou dans la déclaration elle-même.

Aux termes de l'art. 5, 3e alinéa, la restitution sera de droit en cas de faillite, de liquidation judiciaire ou de distribution par contribution, lors même que les dettes seraient constatées par des documents postérieurs à la déclaration et qu'elles n'auraient préalablement fait l'objet d'aucune demande en déduction (*Rapp.* nos 1604 et 1611 *suprà*). Mais, en toute hypothèse, la demande en remboursement devra être présentée dans le délai de deux ans à compter du jour de la déclaration.

CHAPITRE V. — DETTES NON DÉDUCTIBLES.

(1629-1646)

1629. Considérations générales. — La loi a exclu du bénéfice de la déduction une série de dettes qu'elle a présumées fictives, mais elle a, dans certains cas, apporté aux règles édictées à cet égard des atténuations importantes, en autorisant les héritiers à prouver la sincérité de ces dettes et leur existence, au jour de l'ouverture de la succession.

L'art. 7 énumère ces diverses exceptions au principe général de la distraction du passif et les range dans dix catégories que nous allons successivement examiner.

§ I. — *Dettes échues depuis plus de trois mois.*

[1630]

1630. Règles relatives à ces dettes. — En principe, l'échéance du terme constitue une présomption de libération du débiteur. Cependant la L. 25 fév. 1901 ne considère plus comme éteinte une dette arrivée à échéance et l'art. 7-1° autorise la déduction d'une dette échue depuis plus de trois mois avant l'ouverture de la succession, s'il est produit une attestation du créancier en certifiant l'existence au décès, dans la forme et suivant les règles déterminées par l'art. 6.

Dans le projet de loi, cette disposition avait été motivée par ce fait que la production de l'attestation, pouvant obliger les héritiers ou légataires à rembourser le montant de la dette, semblait une garantie suffisante contre toute fraude (8052 R. P., p. 16). Bien que cette considération ait perdu toute sa valeur par suite de la suppression des effets civils qu'on avait proposé d'attacher à l'attestation du créancier (*suprà* n° 1023, *in fine*), la règle relative aux dettes échues depuis plus de trois mois n'en a pas moins été maintenue dans le texte définitif.

Contrairement à l'art. 5, 2e alinéa, qui ne vise que les dettes non échues constatées par acte authentique, l'art. 7-1° s'applique à toutes les dettes échues depuis plus de trois mois, sans qu'il y ait à rechercher si elles résultent de titres authentiques ou s. s. p., si elles sont hypothécaires ou chirographaires. Mais, dans les cas régis par cette disposition et quelles que soient les justifications fournies, la production de l'attestation est indispensable pour que la déduction de la dette puisse être effectuée; le receveur ne peut pas plus se dispenser de l'exiger que la partie n'est fondée à y suppléer par la production d'autres documents. La faculté laissée, en général, à l'agent de l'Administration par l'art. 6 se transforme, dans cette hypothèse, en une obligation rigoureuse, dont l'exécution devra être nécessairement mentionnée dans la déclaration pour que la perception puisse être considérée comme régulière.

Si la dette est échue antérieurement au décès, mais moins de trois mois avant cette date, l'attestation du créancier cessera d'être obligatoire pour devenir facultative (argument *a contrario* tiré du texte de l'art. 7-1°); la dette sera alors assimilée, au point de vue de la déduction, aux autres dettes héréditaires non échues au jour de l'ouverture de la succession avec cette seule différence que, si elle est constatée par un acte authentique, elle pourra néanmoins être provisoirement écartée, sans que l'Administration soit tenue de prouver préalablement la simulation (V. art. 5, 2e alinéa).

Quant à la dette échue trois mois exactement avant le décès, elle est soumise aux mêmes règles que la dette échue depuis moins de trois mois, la disposition exceptionnelle établie par l'art. 7-1° s'appliquant exclusivement aux dettes échues « depuis *plus* de trois mois ».

Enfin, lorsqu'une dette a été contractée sans stipulation de terme, elle est réputée exigible dès le jour où elle prend naissance et, si le titre dont elle résulte est antérieur de plus de trois mois au décès, elle ne peut, comme toute autre dette échue depuis la même époque, être déduite que sur la production de l'attestation du créancier.

On peut se demander si, pour l'application de la règle édictée par l'art. 7-1°, il y a lieu de comprendre, dans la désignation générale de « dettes échues », celles qui ne sont pas encore arrivées à échéance, mais pour lesquelles le débiteur est déchu du bénéfice du terme depuis plus de trois mois avant son décès. L'affirmative nous paraît devoir être admise, la faillite, la liquidation judiciaire ou la déconfiture du débiteur ayant pour effet de rendre toutes ses dettes immédiatement exigibles (C. C. 1188, C. comm. 444 et L. 4 mars 1898, art. 8) et de les assimiler ainsi à de véritables dettes échues. En fait, d'ailleurs, l'existence au décès des dettes de cette nature sera, le plus souvent, régulièrement établie par les opérations de la faillite, de la liquidation judiciaire ou de la distribution par contribution (V. n° 1611 *suprà*).

1. JUSTIFICATIONS POSTÉRIEURES A LA DÉCLARATION. — Lorsque, dans une déclaration de succession, des dettes échues depuis plus de trois mois avant l'ouverture de l'hérédité ont été admises en déduction par le receveur, nonobstant le défaut de production d'une attestation du créancier, la perception établie sur ces bases est insuffisante, et l'Administration est fondée à exiger un supplément de droit. Mais la réclamation devient sans objet si les héritiers produisent ultérieurement la justification requise (Sol. 7 avr. 1902, 3095-7 I. G.; 10333 R. P.).

2. DENIERS PUPILLAIRES. — ABSENCE DE COMPTE. — CESSATION DE TUTELLE. — CRÉANCE DES PUPILLES. — DATE D'EXIGIBILITÉ. — DOT DE LA MÈRE. — DOUBLE CARACTÈRE DE LA CRÉANCE. — FACULTÉ D'OPTION. — La dette du tuteur devient exigible, non au moment de la reddition du compte, mais à l'expiration même de la tutelle. Par suite, lorsque la tutelle a légalement pris fin plus de trois mois avant le décès du tuteur, la déduction ne peut plus être autorisée, alors même que le compte de tutelle n'a pas été rendu, qu'à la charge par les héritiers de se conformer aux prescriptions de l'article 7, n° 1, de la loi précitée (Sol. 18 avr. 1902, 3089-15 I. G.; 10277 R. P.).

Remarquons, toutefois, que si la double qualité d'héritiers du tuteur et de créanciers du reliquat de la gestion pupillaire se trouvait réunie dans les mêmes personnes, la dette ne serait pas déductible, l'attestation ne pouvant émaner, comme le veut la loi, d'un créancier *étranger* à la succession (V. n° 1633 *infrà*).

Si la dette a pour principe la dot de la femme prédécédée du défunt, dont ce dernier était redevable aussi bien en sa qualité de mari que comme tuteur légal des héritiers, ceux-ci sont fondés, selon l'avantage qu'ils peuvent retirer de l'option, à la revendiquer, soit comme dette de reprise, soit comme dette pupillaire. Par suite, en cas de demande en déduction, l'Administration ne peut, ni se prévaloir de la prohibition de l'article 7, n° 1, si la dette n'est pas, à ce double point de vue, échue depuis plus de trois mois, ni opposer aux héritiers la prescription extinctive tant qu'elle n'est pas acquise à raison du double caractère de la dette (Sol. 18 avr. 1902, 3089-15 I. G., 10277 R. P.).

§ II. — *Dettes consenties par le défunt au profit de ses héritiers ou de personnes interposées.*

[1631-1633]

1631. Héritiers. — La présomption de fraude qui résulte de tout acte passé entre une personne et ses héritiers présomptifs (*Comp.* C. C. 918) permet de supposer que le prêt fait à un successible déguise vraisemblablement une libéralité (Baudry-Lacantinerie et Wahl, v° *Succ.*, t. III, n° 3829). Le véritable caractère d'une disposition de cette nature est d'autant plus difficile à déterminer qu'il existe une assimilation complète, au point de vue des rapports, entre les dons et les dettes (Aubry et Rau, t. VI, § 627, p. 605; — Fuzier-Herman, art. 829, n° 2; — Baudry-Lacantinerie, *op. cit.*, n° 3882) et que, par suite, les parties n'ont généralement aucun intérêt à établir dans leurs conventions une distinction à cet égard.

C'est à raison de ces considérations que le législateur de 1901, dans l'art. 7-2°, a, en principe, exclu du bénéfice de la déduction « les dettes consenties par le défunt au profit de ses héritiers ». Il y a, dit M. Dauphin dans son rapport au Sénat (9433 R. P., p. 70), des dettes sérieuses et légitimes consenties dans l'intérieur des familles. Cependant les rapports « intimes de la parenté ou de l'affection rendent les combinaisons frauduleuses trop faciles et trop secrètes pour obliger l'Administration à les découvrir et à les prouver. D'autre part, le fisc ne pourrait avoir recours à l'attestation du créancier, puisque le créancier n'est autre que le bénéficiaire de l'obligation » (V. égal. Rapports de M. Mesureur, p. 33, et de M. Monestier, p. 36).

L'exclusion édictée par l'art. 7-2° est générale et absolue; elle s'étend à toutes les dettes échues et non échues, hypothécaires ou chirographaires, établies par actes authentiques ou s. s. p. ou par des livres de commerce.

Le mot « héritiers » comprend, d'ailleurs, les donataires

1631. Héritiers. — L'art. 7-2° L. 25 fév. 1901, qui exclut du bénéfice de la déduction « les dettes consenties par le défunt au profit de ses héritiers » et n'ayant pas acquis date certaine avant l'ouverture de la succession, s'applique, non seulement aux dettes contractées par le défunt envers tous ses cohéritiers, mais encore à celles contractées envers quelques-uns seulement ou un seul d'entre eux. (Seine, 10 juill. 1903, 10665 R. P.).

Il s'applique aussi alors même que les billets auraient été cédés à un tiers par l'héritier au profit de qui ils ont été souscrits à l'origine (Seine, 31 janv. 1907, 11518 R. P.).

Dette contractée envers un légataire. Non-déduction. — L'art. 7-2° L. 25 fév. 1901, qui, pour la perception des droits de mutation par décès, exclut du bénéfice de la déduction « les dettes consenties par le défunt au profit de *ses héritiers* » et n'ayant pas acquis date certaine avant l'ouverture de la succession, s'applique, non seulement aux dettes contractées par le défunt envers *les héritiers proprement dits*, mais encore à celles contractées envers les *légataires* (Fontenay-le-Comte, 3 mars 1905, 10981 R. P.; — Orléans, 24 mai 1905, 11049 R. P.; — Reims, 21 juin 1905, 11156 R. P.; — Béziers, 27 déc. 1905, 11158 R. P.; — Seine, 23 fév. 1906, 11312 R. P.; — *Contra* Versailles, 6 avril 1906, 11253 R. P.).

Dette contractée par le défunt envers un de ses héritiers. Constatation résultant de livres de commerce. Déduction non admissible, malgré la preuve de la réalité de la dette. — Pour la liquidation et le payement des droits de mutation par décès, il n'y a pas lieu de déduire la dette contractée par le défunt envers un de ses héritiers, à moins qu'elle ne résulte d'un acte authentique ou d'un acte s. s. p. ayant acquis date certaine autrement que par le décès de l'une des parties contractantes, et sauf à en prouver la sincérité et l'existence au jour de l'ouverture de la succession (art. 7-2° L. 25 fév. 1901). Par suite, on ne saurait admettre la déduction d'une dette du défunt envers son père qui n'est constatée que par les livres d'une société commerciale ayant existé entre le de cujus, son père et son beau-frère, alors même que la réalité de cette dette peut s'induire de la teneur d'actes authentiques produits à l'Administration et du rapprochement desdits actes avec les écritures sociales (Besançon, 23 nov. 1905, 11106 R. P.).

1632. Personnes interposées. — *Dette de communauté contractée par le mari au profit de son père. Succession de la femme. Mari usufruitier. Déduction.* — Il y a lieu de déduire de la succession de la femme commune en biens, sauf à fournir les justifications nécessaires, la dette contractée par le mari pendant le mariage au profit de son propre père, bien que le mari soit donataire de l'usufruit d'une partie de la succession; l'interposition de personnes qui, d'après l'art. 7-2° L. 25 *fév.* 1901, fait obstacle à la déduction du passif ne doit, en effet, s'entendre que des dettes auxquelles le *de cujus* a *personnellement concouru* (Seine, 13 mars 1904, 10766 R. P.).

Dette contractée par le défunt au profit du père ou de la mère du conjoint de son héritier. Déduction. — L'art. 7-2° L. 25 fév. 1901, qui, pour la perception des droits de mutation par décès, prohibe la déduction des dettes consenties par le défunt au profit de ses héritiers et des personnes réputées interposées, ne s'applique pas aux dettes contractées par le de cujus envers le père ou la mère du conjoint de son héritier, ceux-ci ne pouvant être considérés comme personnes interposées aux termes des art. 911 et 1100 C. civ (Seine, 24 mars 1905, 11150 R. P.).

1633. Preuve de la sincérité des dettes. *Dette contractée envers un successible ou une personne interposée. Présomption légale de simulation. Preuve contraire. Actes notariés postérieurs au décès.* — La présomption légale de simulation qui fait obstacle à la déduction, pour le calcul des droits de mutation par décès, de toute dette contractée envers un successible ou une personne interposée, ne peut être combattue par la preuve contraire que si la dette résulte d'un titre authentique ou d'un acte s. s. p. ayant acquis date certaine avant l'ouverture de la succession autrement que par le décès d'une des parties contractantes. Si cette condition n'est pas remplie, la dette ne peut être déduite, alors même qu'elle serait constatée par des actes authentiques postérieurs à l'ouverture de la succession (Sol. 25 juill. 1902. Instr. 3090, § 6, 10390 R. P.).

Dettes contractées envers des héritiers par actes s. s. p. n'ayant acquis date certaine que par le décès du « de cujus ». Déduction non admissible malgré la preuve de la sincérité de ces dettes. — Pour la liquidation et le payement des droits de mutation par décès, il n'y a pas lieu de déduire les dettes contractées par le défunt envers quelques-uns de ses héritiers, à moins qu'elles ne résultent d'actes authentiques ou d'actes s. s. p. ayant acquis date certaine autrement que par le décès de l'une des parties contractantes, et sauf à en prouver la sincérité et l'existence au jour de l'ouverture de la succession (art. 7-2° L. 25 fév. 1901). Par suite, on ne saurait admettre la déduction de dettes de l'espèce constatées par des billets s. s. p. qui n'ont acquis date certaine que par le décès du *de cujus*, alors même que l'existence de ces dettes aurait été reconnue, après le décès, dans un partage notarié intervenu entre tous les héritiers antérieurement à la déclaration de succession (Seine, 26 mars 1906, 10752 R. P.).

Dette contractée par le « de cujus » envers le mari d'une de ses légataires universelles. Caractère commercial de cette dette. Mention sur les livres de commerce du défunt. Présomption d'existence d'un écrit. Déduction admissible. — La disposition de l'art. 7, § 2, L. 25 fév. 1901, qui prohibe la déduction des dettes contractées par le défunt envers ses héritiers ou légataires et les personnes interposées, ne vise que les dettes civiles, à l'exclusion des dettes commerciales. En conséquence, il y a lieu de déduire, quoiqu'elle ait été consentie au profit du mari d'une des légataires universelles du *de cujus*, la dette régulièrement constatée par les livres de commerce de ce dernier conformément à la L. 25 fév. 1901, ce qui écarte toute idée de fraude. Il doit en être ainsi surtout lorsque l'importance de la dette est de nature à laisser présumer qu'elle a fait l'objet d'une reconnaissance écrite émanant du défunt et se trouvant entre les mains du créancier, laquelle reconnaissance a acquis date certaine par suite de l'inscription de la dette sur les livres de commerce (Nantes, 31 janv. 1905, 11806 R. P.).

les légataires, ainsi que le constate expressément le deuxième alinéa de la même disposition.

Mais pour que l'Administration puisse se prévaloir de cette exception, il est indispensable que la dette ait été consentie par le défunt ». Par exemple, s'il s'agissait non d'une reconnaissance souscrite par ce dernier, mais d'une dette grevant des biens acquis par lui à la suite d'une succession, d'une donation, d'une vente, etc., la déduction devrait en être admise, conformément aux principes établis par les art. 2 et suiv., abstraction faite de la qualité du créancier. Toutefois, dans cette hypothèse, il n'y aurait pas lieu de demander l'attestation prévue par l'art. 6, puisque la personnalité du créancier se confondrait avec celle du débiteur.

L'application de la règle édictée par l'art. 7-2° ne présente aucune difficulté si le défunt n'a laissé qu'un héritier ou si le donataire ou légataire perd, par l'effet de la confusion, la totalité du bénéfice de sa créance sur le défunt. Mais, si ce dernier a laissé plusieurs héritiers et si sa dette n'avait été consentie qu'au profit de l'un d'eux, la déduction devrait porter sur la partie de cette dette qui ne s'est pas éteinte par confusion sur la tête du créancier, et pour laquelle celui-ci conserve tous ses droits contre ses cohéritiers, pris comme représentants du défunt. Il n'existe, en effet, en ce qui concerne ces derniers, aucune présomption de fraude, et ils ne se trouvent nullement, pour les part et portion qui leur incombent légalement dans la dette, dans les conditions prévues par l'art. 7-2°, puisque aucune créance n'a été consentie à leur profit.

Il en serait de même si la dette consentie en faveur d'un légataire ou d'un donataire restait à la charge de l'héritier ou réciproquement. Dans cette hypothèse, la déduction en devrait être admise, comme s'il s'agissait d'une dette ordinaire.

1632. Personnes interposées. — L'article 7-2° excepte également de la déduction les dettes consenties par le défunt au profit, non seulement de ses héritiers, mais encore « de personnes interposées », en ajoutant que « sont réputées interposées les personnes désignées dans les art. 911 et 1100 C. civ. ».

Ces personnes sont : les père et mère, les enfants et descendants, les conjoints des héritiers, donataires ou légataires (art. 911), et les parents dont ces héritiers, donataires ou légataires, sont héritiers présomptifs au jour du décès du débiteur (art. 1100).

On comprend, dans la désignation de conjoint, l'époux séparé de corps (Demolombe, *Don. et test.*, t. I, n° 658; — Marcadé, t. II, n° 400) et dans celle d'enfants, les enfants adoptifs (Aubry et Rau, t. VII, § 650 *bis*, p. 51; — Demolombe, *op. cit.*, n° 654); — les enfants naturels (Aubry et Rau, *loc. cit.*, texte et note 10; — Demolombe, *op. cit.*, n° 655; — Cass. 25 juillet 1881, D. P. 82-1-271, S. 82-1-417; — 30 janvier 1883, D. P. 83-1-201; — 22 janvier 1884, D. P. 84-1-117; — C. Poitiers, 27 fév. 1888, S. 89, 2, 8) et même les enfants adultérins ou incestueux (Aubry et Rau, *loc. cit.*, Demolombe, *op. cit.*, n° 656).

Le mari d'une héritière, au profit duquel le défunt avait contracté une dette, rentre dans la catégorie des personnes interposées (Sol. 12 mars 1902, 3089-18 I. G.; 10280 R. P.).

Mais les présomptions légales établies par les art. 911 et 1100 C. civ. ne peuvent, sous quelque prétexte que ce soit, être étendues à d'autres personnes que celles qui ont été nominativement désignées par les textes, et, notamment, aux ascendants autres que les père et mère (Aubry et Rau, *loc. cit.*; — Demolombe, *op. cit.*, n° 652), aux frères et sœurs (Demolombe, *op. cit.*, n° 661), etc.

L'Administration est d'autant plus tenue de se conformer strictement à ces règles que la disposition qui fait l'objet de l'article 7-2° constitue une exception qui doit, dès lors, être interprétée limitativement et ne saurait être étendue par voie d'analogie à d'autres cas que ceux qui ont été expressément prévus.

Il pourrait cependant arriver, en dehors des cas d'interposition résultant d'une présomption légale, que les juges reconnussent *en fait* une interposition frauduleuse de toutes autres personnes. Dans ce cas, nous pensons que, si l'interposition de fait était judiciairement établie, l'Administration serait autorisée à s'en prévaloir et à écarter la dette consentie en faveur de la personne interposée, quelle que soit sa qualité, si cette dette profitait réellement à un héritier, donataire ou légataire.

Ajoutons que la présomption de simulation qui résulte, d'après l'art. 7, n° 2, L. 25 fév. 1901, de ce qu'une dette a été contractée envers un héritier ou une personne interposée, est opposable à l'ensemble des successibles et non pas seulement à celui au profit duquel cette dette a été consentie directement ou par personne interposée. Telle est le cas de la dette qu'un mari appelé, en qualité d'usufruitier, à la succession de sa femme commune en biens, en concurrence avec des héritiers directs, aurait contractée, pendant le mariage, envers son père (Sol. 12 mars 1902, 3089-18 I. G.; 10280 R. P.).

La présomption de simulation, qui fait obstacle à la déduction d'une dette contractée par le défunt envers un légataire, subsiste, même après la renonciation au legs; elle ne peut être combattue que par les moyens de preuve spécifiés par l'art. 7, et que nous indiquons dans le numéro qui suit (Sol. 18 art. 1902, 3089-15 I. G.; 10277 R. P.).

1633. Preuve de la sincérité des dettes. — Le projet primitif adopté par la Ch. des députés le 22 nov. 1895 (8665 et 8083 R. P.) écartait d'une manière absolue la déduction des dettes consenties par le défunt au profit de ses héritiers ou de personnes interposées.

Il n'en est pas moins vrai qu'il est des cas où l'héritier est légitimement créancier de la personne à laquelle il succède et où toute présomption de fraude doit être écartée (Rapport de M. Mesureur, p. 33).

Aussi, la Loi, tout en prononçant, en principe, l'exclusion des dettes consenties par le défunt en faveur de ses héritiers ou de personnes interposées, a-t-elle apporté une atténuation fort importante en autorisant les parties à prouver la sincérité de ces dettes et leur existence au décès, lorsqu'elles ont été consenties par un acte authentique ou par acte s. s. p. ayant acquis date certaine avant l'ouverture de la succession autrement que par le décès d'une des parties (art. 7-2°, 2e alinéa).

Cette disposition s'applique à toutes les dettes, quelle qu'en soit la cause, mais elle ne peut être invoquée que pour le passif dont le titre réside dans un acte authentique ou s. s. p. formant le titre constitutif de la dette, enregistré avant le décès ou relaté dans un acte authentique rédigé avant cette date. Pour toutes les dettes établies par d'autres documents, notamment par des livres de commerce, des reconnaissances ou des billets ayant acquis date certaine par suite du décès du débiteur, les héritiers, donataires ou légataires se trouvent privés de la faculté d'en prouver la sincérité et, en aucune hypothèse, ces dettes ne peuvent être défalquées. Décidé, à cet égard, que, lorsque la dette résulte de billets s. s. p., la circonstance que ces titres auraient été mentionnés sur les livres de commerce du débiteur serait insuffisante pour leur faire acquérir date certaine avant l'ouverture de la succession (Sol. 28 mars 1902, 3080-15 I. G.; 10278 R. P.).

D'ailleurs, les garanties résultant de la confection d'un acte authentique ou d'un acte ayant acquis date certaine avant le décès, ne suffisent pas pour justifier la déduction de la dette; il faut encore que l'héritier, le donataire ou le légataire prouvent à la fois la sincérité de l'obligation et son existence au jour de l'ouverture de la succession.

La première de ces preuves résultera des circonstances de chaque affaire et pourra être fournie, par exemple, en démontrant que la dette a été contractée pour l'usage et au profit du défunt et dans son intérêt exclusif.

La seconde sera faite au moyen des justifications prévues par les art. 3 et 4 L. 25 fév. 1901, ainsi que par les énonciations des liquidations-partages, inventaires et autres actes authentiques dressés après le décès et présentant toutes les garanties de sincérité désirables.

L'art. 7-2°, 2e alinéa, n'a pas, en effet, prévu à cet égard un mode spécial de justification. Il s'en suit que la réalité de la dette et son existence au décès peuvent être établies par tous les moyens de preuve compatibles avec la procédure spéciale en matière d'enregistrement.

Reconnu également que la présomption légale de simulation qui fait obstacle à la déduction, pour le calcul des droits de mutation par décès, de toute dette contractée envers un successible ou une personne interposée, ne peut être combattue par la preuve contraire que si la dette résulte d'un titre authentique ou d'un acte s. s. p. ayant acquis date certaine avant l'ouverture de la succession autrement que par le décès d'une des parties contractantes. Si cette condition n'est pas remplie, la dette ne peut être déduite, alors même qu'elle serait constatée par des actes authentiques postérieurs à l'ouverture de la succession (Sol. 25 juill. 1902, 3099, § 6, I. G.; 10309 R. P.).

Ajoutons qu'en cette matière, on ne saurait recourir à l'attestation du créancier (V. nos 1622 et suiv.).

Les termes des art. 6 et 9, auxquels l'art. 7 se réfère, et les travaux préparatoires de la loi démontrent, en effet, clairement que l'attestation prévue doit toujours émaner d'une personne autre que l'héritier; elle n'est opérante qu'à l'égard du créancier étranger à la succession (3067-7 I. G.).

§ III. — *Dettes reconnues par testament.*

[1634]

1634. Dettes visées par la loi. — Le troisième numéro de l'art. 7 relatif aux dettes exclues du bénéfice de la déduction concerne les dettes reconnues par testament.

En principe, les reconnaissances de dettes insérées dans un testament sont présumées être des legs (Aubry et Rau, t. VII, p. 515, texte et note 14; — Demolombe, t. XX, n° 13). Elles demeurent révocables au gré du testateur (Cass. 4 mai 1841, S. 41-1-401; — C. Bordeaux, 27 août 1872, S. 72-1-193).

Eu égard à leur caractère, le législateur n'a pas cru devoir en autoriser la déduction. « Sans cela, explique M. Monestier dans son rapport, il suffirait de transformer les légataires en créanciers pour les dispenser du droit de succession. »

Le projet du Gouvernement (8445 R. P., p. 78), après avoir excepté de la déduction « les dettes reconnues par testament », ajoutait même : « lesquelles sont considérées comme des legs », mais ce membre de phrase, qui aurait autorisé le Trésor à réclamer le droit de mutation par décès, a paru inutile et dangereux et a été supprimé (Rapport de M. Cordelet, 8881 R. P., p. 75).

La règle tracée par l'art. 7-3° ne comporte aucune exception et s'applique aux dettes de toute nature reconnues par toutes sortes de dispositions testamentaires.

En outre, les parties n'ont plus, comme dans la disposition précédente (n° 1633 *suprà*), la faculté de prouver la réalité de la dette qui, en toute hypothèse, devra être écartée.

Toutefois, pour qu'il en soit ainsi, il est indispensable que la reconnaissance de la dette résulte du testament même et que cet acte forme le titre originaire et constitutif de l'obligation du défunt. Si le testament se bornait à rappeler, comme une charge de la succession ou du legs, une dette dont le testateur était déjà tenu et qui serait établie par un titre indépendant de l'acte de dernière volonté, cette dette ne serait pas, à proprement parler, « reconnue par testament », elle devrait, dès lors, être déduite, comme toute autre obligation, sous les justifications prévues par les art. 3 et 4.

§ IV. — *Dettes hypothécaires garanties par une inscription périmée depuis plus de trois mois*

[1635-1637]

1635. Généralités. — Dans la pratique, le remboursement d'une créance hypothécaire n'est pas toujours accompagné de la radiation de l'inscription. L'existence de l'inscription ne suffit donc pas toujours pour prouver que la dette subsiste. Il a, dès lors, paru nécessaire, pour la déduction, d'exiger que l'inscription ne soit pas périmée ou qu'elle l'ait été depuis moins de trois mois avant le décès.

Lorsque la dette hypothécaire est garantie par une inscription périmée depuis plus de trois mois, la défalcation ne saurait en être autorisée, à moins qu'il ne s'agisse d'une dette non échue et que l'existence en soit attestée par le créancier (art. 7, 4°).

En effet « généralement, ce n'est pas sans avoir été payé que le créancier abandonne les garanties hypothécaires accordées par son débiteur. Quand à cette présomption s'ajoute celle de l'échéance du terme, la dette est

1635. Dette hypothécaire échue. Inscription périmée et renouvelée soit avant, soit après le décès. Distinction. — Si les dettes hypothécaires échues et garanties par une inscription périmée depuis plus de trois mois doivent être éliminées du passif à déduire pour la perception des droits de mutation par décès (L. 25 fév. 1901, art. 7, n° 4), ce n'est qu'autant que l'inscription périmée n'a pas été renouvelée du vivant de l'auteur de la succession. Mais on ne saurait avoir égard, à ce point de vue, au renouvellement opéré après le décès du *de cujus* (Sol. 20 fév. 1903, Instr. 3112, § 2, 10525 R. P.).

actuellement présumée fictive » (Rapport de M. Monestier, p. 37). Dans ce cas, le débiteur n'est pas autorisé à détruire la présomption d'extinction de la dette en rapportant une attestation du créancier.

Si la dette n'est pas échue, le défaut de renouvellement de l'hypothèque n'est pas une preuve, ni même une présomption *juris et de jure* de la libération du débiteur, car il peut provenir de la négligence du créancier ou de son mandataire, de la confiance dans le débiteur ou d'une complaisance pour ses intérêts (Rapports de M. Cordelet, 9381 R. P., p. 75 et de M. Dauphin, 9433 R. P., p. 70).

Dans cette hypothèse, « la dette peut subsister avec le caractère chirographaire et, dès lors, il doit être permis d'en établir l'existence au jour du décès par l'attestation du créancier » (Rapport de M. Dauphin, *loc. cit.*).

A s'en tenir au texte littéral de l'art. 7-4°, cette attestation ne paraît même pas toujours indispensable.

En effet, bien que la première partie de cette disposition semble exclure de la déduction toutes les dettes hypothécaires, garanties par une inscription périmée depuis plus de trois mois, elle ne saurait être séparée de la seconde qui, en ajoutant « ...à moins qu'il ne s'agisse d'une dette non échue », en restreint l'application aux seules dettes échues.

Quant aux dettes hypothécaires non échues, mais qui ont cessé d'être garanties par une inscription, elles constituent, sans doute, des dettes chirographaires, mais comme elles ont nécessairement été constatées par actes authentiques, il en résulterait, dans la rigueur des principes, qu'elles tombent sous l'application de l'art. 5, 2e alinéa, qui n'établit aucune distinction entre les dettes hypothécaires et les dettes chirographaires et que les parties seraient fondées à en réclamer la défalcation, sans aucune justification, tant que l'Administration n'aura pas fait juger qu'elles sont simulées.

D'après les passages cités ci-dessus des rapports de MM. Cordelet et Dauphin, il semble cependant que cette solution serait contraire aux intentions du législateur qui a pensé que la péremption de l'inscription, sans détruire la présomption d'existence de la dette résultant de la non-échéance du terme, donnait lieu de supposer que cette dette, bien que non échue, avait été remboursée par anticipation et, en présence de ces deux présomptions se détruisant mutuellement, a cru devoir recourir obligatoirement à l'attestation du créancier. On ne saurait méconnaître que les dettes hypothécaires non échues sont ainsi soumises à un régime plus défavorable que les dettes chirographaires se trouvant dans les mêmes conditions, mais cette conséquence a été formellement prévue par les auteurs de la loi.

« La péremption de l'inscription, a déclaré M. le Commissaire du Gouvernement à la Commission du Sénat (9433 R. P., p. 70), implique l'extinction de la dette, sauf dans les cas assez rares pour qu'il soit permis d'en faire abstraction. Si on semble traiter l'héritier du débiteur hypothécaire plus rigoureusement que celui du débiteur chirographaire, ce n'est qu'en apparence. Cette différence de traitement tient à ce que l'expérience interdit de considérer la simple échéance du terme comme étant de nature à en faire présumer le paiement, mais qu'elle permet, en général, de tenir pour désintéressé le créancier qui, après avoir pris une inscription, la laisse périmer. »

En résumé, lorsque la dette est échue et que l'inscription est périmée depuis plus de trois mois, la déduction ne peut avoir lieu, en aucun cas, et quelles que soient les justifications fournies (art. 7-4°).

Si la dette est échue depuis plus de trois mois, et que l'inscription ne soit pas périmée, la dette tombe sous l'application du n° 1 de l'art. 7 et peut être distraite sur la production de l'attestation du créancier.

Si la dette n'est pas échue et que l'inscription soit périmée depuis plus de trois mois, la défalcation en sera admise au vu de l'attestation du créancier (art. 7-4°).

Enfin, si la dette n'est pas échue et que l'inscription ne soit pas périmée, la déduction devra être opérée *de plano* sans pièces justificatives (art. 5, 2e alinéa).

En toute hypothèse, la disposition de l'art. 7, n° 4 L. 25 fév. 1901, qui interdit la déduction, pour le payement des droits de m. p. d., des dettes hypothécaires échues, lorsque l'inscription qui les garantissait est périmée depuis plus de trois mois, ne saurait être étendue par analogie; elle est, notamment, inapplicable au cas où le créancier a négligé de faire inscrire l'hypothèque attachée à son titre (Sol. 12 mars 1902, 3089-18 I. G.; 10280 R. P.).

1636. Radiation de l'hypothèque. — L'art. 7-4° ne vise expressément que la péremption de l'hypothèque, mais il résulte nécessairement de la disposition finale de cet article que la radiation de l'inscription a paru au législateur constituer une présomption d'extinction de la dette suffisante pour mettre obstacle à sa déduction.

Cette disposition porte, en effet, que « si l'inscription n'est pas périmée, mais si le chiffre en a été réduit, l'excédent sera seul déduit, s'il y a lieu ». Par le même motif, s'il s'agit, non d'une réduction, mais d'une extinction totale de l'hypothèque, aucune déduction ne pourra être autorisée.

Il n'est pas, d'ailleurs, apporté d'atténuation à cette règle et les représentants du débiteur ne paraissent pas autorisés, comme en cas de péremption de l'hypothèque et lors même qu'il s'agirait d'une dette non échue, à détruire la présomption de libération résultant de la radiation de l'hypothèque et à prouver l'existence de la dette au moyen de l'attestation du créancier.

Il est incontestable qu'une semblable interprétation est très rigoureuse et qu'elle ne se justifie que si la mainlevée de l'inscription hypothécaire constate le désistement de tous droits de privilège, hypothèque, action résolutoire et autres et produit ainsi tous les effets d'un acte libératoire (Cass. civ. 1er fév. 1898, S. 98-1-309; D. P., 98-1-227, 9187 R. P.), mais lorsque la mainlevée de l'hypothèque n'établit pas la libération du débiteur, il eût été plus conforme aux principes du droit civil et du droit fiscal de considérer la dette comme n'étant pas nécessairement éteinte par le seul fait de la radiation de l'hypothèque ou, tout au moins, de permettre aux parties de justifier de son existence au décès.

Quoi qu'il en soit, le texte est trop formel pour prêter à ambiguïté et il ne paraît pas possible d'établir, entre les effets des différents actes de mainlevée, des distinctions que le législateur n'a pas prévues.

1637. Réduction de l'inscription. — Ce qui vient

d'être dit au sujet de la radiation totale de l'hypothèque s'applique à la réduction du chiffre de l'inscription, mais seulement jusqu'à concurrence de ce chiffre.

Il est manifeste, d'ailleurs, dans cet ordre d'idées, que, pour qu'il en soit ainsi, la réduction doit porter sur le montant de l'inscription et non sur les biens qui forment le gage de la créance. Il n'y aurait pas lieu, dès lors, au point de vue de la déduction du passif, de prendre en considération la mainlevée partielle par laquelle un immeuble se trouve dégrevé complètement, tant qu'aucune modification n'est apportée au capital de l'inscription.

§ V. — *Dettes étrangères.*

[1638-1643]

1638. Dettes résultant de titres passés ou de jugements rendus à l'étranger. — L'article 7-5° prohibe la déduction des dettes résultant de titres passés ou de jugements rendus à l'étranger. Ces titres, tant qu'ils ne sont pas devenus exécutoires en France, n'ont pas de sanction civile et les dettes qu'ils constatent ne peuvent être considérées comme existantes (V. Rapport de M. Monestier, p. 37).

Par « titres passés à l'étranger », on entend les actes reçus par les officiers publics étrangers et que l'art. 546 C. proc. assimile, au point de vue de l'exécution forcée, aux jugements rendus par les tribunaux étrangers. Comme ces jugements, les contrats passés devant les officiers publics étrangers ne sont susceptibles d'exécution en France et ne peuvent emporter hypothèque sur les biens français qu'autant qu'ils ont été déclarés exécutoires par un tribunal français, à moins de dispositions contraires dans les lois politiques ou dans les traités (V. Rapport de M. Cordelet, 8881 R. F., p. 76).

Les dispositions de l'art. 7-5° s'appliquant à tous les titres passés ou jugements rendus à l'étranger, sans qu'il y ait à distinguer s'ils concernent des Français ou des étrangers, dès l'instant que les Français peuvent, comme les étrangers, contracter des dettes par des titres passés hors les limites du territoire.

Si la dette est constatée par un acte s. s. p. souscrit à l'étranger par un Français, elle est soumise aux mêmes règles que si l'écrit avait été passé en France (Rapport de M. Cordelet, *loc. cit.*).

La loi ne s'occupant que des titres passés ou des jugements rendus « *à l'étranger* », l'exception ne saurait être étendue aux actes ou jugements intervenus dans les colonies, lesquelles font partie intégrante du territoire français (Cass. 12 août 1857, S. 58-1-77; D. P. 57-1-340). Cette interprétation résulte clairement du texte même de l'art. 7-5°, qui prévoit les cas où les actes dont il s'agit ont été rendus exécutoires en France, ce qui ne saurait évidemment s'entendre des titres passés aux colonies.

Les pays sur lesquels la France exerce son protectorat, bien que placés, à certains égards, sous sa dépendance, n'en doivent pas moins être considérés comme étrangers au point de vue fiscal (Sol. 4 déc. 1801, *Rev. prat.*, 3339). Les règles qui gouvernent les titres passés ou les jugements rendus à l'étranger sont donc applicables aux actes de cette nature intervenus dans les pays de protectorat. Cependant, au cas où il existerait dans ces pays des tribunaux français rendant la justice au nom de la souveraineté française et dont les décisions seraient de plein droit exécutoires en France (V. *Rép. du Droit français*, v° *Jug. étranger*, n° 18), la dette qui en résulterait devrait être déduite comme toute autre dette française. Il en serait de même des dettes établies par les jugements rendus par les tribunaux consulaires français en Orient et qui sont également exécutoires en France au simple vu de la légalisation de la signature du consul (Demolombe, t. I, n° 262; — Aubry et Rau, t. III, p. 251; — Pont, *Priv. et Hyp.*, t. I, n° 583).

1639. Exceptions. — Après avoir écarté du bénéfice de la déduction les dettes établies par des titres passés ou des jugements rendus à l'étranger, la loi ajoute « à moins qu'ils n'aient été rendus exécutoires en France ».

Cette addition s'explique d'elle-même. Lorsque des actes ou des jugements intervenus à l'étranger ont été rendus exécutoires en France, ce n'est qu'après une procédure spéciale suivie devant les tribunaux français. Ils deviennent de véritables jugements français et peuvent à ce titre constituer, en France, la justification légale d'une dette.

L'exequatur doit être donné par un tribunal français (C. civ. 2123). Le tribunal compétent est celui du domicile du défendeur en France, ou, à défaut de domicile, celui de sa résidence, ou enfin, à défaut de domicile et de résidence, celui de la situation des biens sur lesquels l'exécution serait poursuivie.

En autorisant la défalcation des dettes constatées par des titres étrangers rendus exécutoires en France, la loi n'a formulé aucune réserve; elle a édicté une règle générale concernant tous les cas de l'espèce. D'un autre côté, par l'effet de l'exequatur accordé aux titres étrangers, les dettes qui en font l'objet sont réputées résulter de jugements français.

Il s'en suit qu'il importe peu, pour la déduction du passif, que la décision où l'acte étrangers aient été rendus exécutoires en France avant ou après le décès du débiteur (Comp. n° 1604 *suprà*); au cas même où l'exequatur serait intervenu après la déclaration, les parties pourraient, par application de l'art. 5, obtenir la restitution des droits indûment acquittés par suite de l'insuffisance des justifications produites à l'appui de la demande en déduction de la dette étrangère, lors de la déclaration (V. n° 1620 *suprà*).

1640. Dettes hypothéquées exclusivement sur des immeubles situés à l'étranger. — L'art. 7-5° écarte encore du bénéfice de la déduction les dettes hypothéquées exclusivement sur les immeubles situés à l'étranger.

En édictant cette règle, le législateur paraît s'être inspiré du principe d'après lequel les biens situés à l'étranger sont, au point de vue fiscal, réputés inexistants et il en a conclu qu'il convenait d'adopter la même interprétation pour la dette qu'ils garantissent.

« Les dettes hypothéquées, explique M. Monestier dans son rapport (p. 37) sur des immeubles situés hors du territoire national, ne sont pas déduites : ces derniers n'étant pas assujettis en France à l'impôt de mutation par décès, il n'y a pas lieu de retrancher des créances en formant la contre-partie. »

Cette disposition, qui fait abstraction de la nationalité

le débiteur et n'établit aucune distinction entre le cas où il est ou non domicilié de droit ou de fait en France et où il possède ou non des valeurs mobilières ou d'autres immeubles, peut difficilement se justifier.

En effet, il est de principe qu'un débiteur répond de son passif sur la totalité de son patrimoine. Il n'est donc nullement certain qu'une dette, lors même qu'elle serait exclusivement hypothéquée sur des immeubles situés à l'étranger, ne sera pas recouvrée sur le produit des valeurs françaises, et, dans tous les cas, elle n'en grève pas moins, d'une manière effective, les biens de toute nature dépendant de la succession du débiteur. La logique commanderait donc d'en autoriser la déduction, au même titre que les autres dettes héréditaires, alors surtout que la dette peut concerner la succession d'un français domicilié en France. On ne saurait, d'ailleurs, écarter la déduction par le motif que l'autorité française ne peut se faire juge de la validité d'un engagement exécutoire à l'étranger, puisque l'acte portant constitution d'hypothèque a parfaitement pu être passé en France et que rien ne s'oppose à ce qu'il soit également exécuté en France. Enfin, il est à remarquer que si le débiteur ne possédait pas d'autres biens que les immeubles situés à l'étranger et qui servent de garantie à la créance, la question ne présenterait aucun intérêt pratique, attendu que, dans ce cas, aucun droit de mutation par décès ne serait dû en France.

Quelle que soit la valeur de ces considérations, le texte de l'art. 7-5°, deuxième partie, est trop précis pour qu'un doute puisse être élevé au sujet de son application.

Seulement, pour que la déduction d'une dette hypothéquée à l'étranger puisse être écartée, il est indispensable que l'hypothèque porte *exclusivement* sur des immeubles étrangers. Si elle frappait également des biens français ou situés dans les colonies, la dette dont le paiement pourrait être poursuivi sur cette sorte de biens au même titre que sur les immeubles étrangers, serait déductible intégralement, comme tout autre passif, quelle que soit l'importance des biens étrangers par rapport aux biens français et au montant de la dette.

En pareil cas, en Italie, lorsque les dettes ne sont pas assignées spécialement sur les immeubles situés en Italie ou à l'étranger, la déduction a lieu en proportion des deux parts composant l'actif héréditaire (Rapport de M. Cordelet, 8881 N. P., p. 91). Mais le législateur français n'a pas cru devoir entrer dans cette voie.

Comme il s'agit d'une exception, et qu'en cette matière tout est de droit étroit, il semble qu'on pourrait soutenir que la disposition qui fait l'objet de la deuxième partie de l'art. 7-5° ne régit pas les dettes garanties par un gage mobilier situé à l'étranger et que leur déduction devra, par suite, être opérée conformément aux règles ordinaires.

Ajoutons, enfin, qu'en ce qui concerne l'application de cet article, il y a lieu, comme nous l'avons indiqué précédemment (n° 1638), d'assimiler les colonies à la France et généralement les pays de protectorat à l'étranger.

1641. Dettes grevant des successions d'étrangers. — En cas de décès d'un étranger qui n'avait, en France, ni domicile de fait, ni domicile de droit, les seules valeurs héréditaires qui soient soumises à l'impôt sont les immeubles français, les meubles corporels situés en France et les valeurs mobilières françaises, titres de rentes, actions, obligations, etc. — Quant à l'étranger qui, à l'époque de son décès, était domicilié en France, avec ou sans autorisation, il est complètement assimilé au Français au point de vue du droit de succession. Tout ce qu'il laisse est passible de l'impôt, à la seule exception des immeubles et des meubles corporels situés à l'étranger.

Dans l'une et l'autre hypothèse, le législateur a cru devoir ne déduire des biens soumis à l'impôt, en France, que les dettes revêtues en quelque sorte du caractère de dettes françaises (V. Rapport de M. Mesureur, p. 34). C'est ce qu'exprime la troisième partie de l'art. 7-5°, en excluant du bénéfice de la déduction les dettes qui grèvent les successions d'étrangers, à moins qu'elles n'aient été contractées en France et envers des Français, ou envers des sociétés ou des compagnies étrangères ayant une succursale en France.

Cette disposition, qui n'établit aucune distinction entre les étrangers domiciliés de droit ou de fait en France et ceux qui ont conservé leur domicile à l'étranger est très rigoureuse. En effet, dès l'instant que toutes les valeurs incorporelles dépendant d'une succession régie par la loi française sont soumises aux mêmes droits de mutation par décès que les valeurs délaissées par un Français (art. 3 et 4 L. 23 août 1871), il est illogique d'en faire abstraction, lorsqu'il s'agit de liquider l'impôt exigible par suite du décès du débiteur de ces mêmes valeurs.

Le législateur paraît avoir été guidé par cette considération que l'Administration, n'ayant pas le droit, en matière fiscale, d'étendre ses recherches sur ce qui a pu se passer à l'étranger (Cass. 18 nov. 1844, Inst. n° 1732, § 6) serait, le plus souvent, dépourvue de tout moyen de contrôle pour déjouer la fraude, mais la première partie de l'art. 7-5° paraissait constituer une sauvegarde suffisante, à cet égard, et il semble qu'il eût été possible, dans bien des cas, notamment lorsqu'il s'agit d'une succession régie par la loi française, d'autoriser les parties à exciper du passif autre que les dettes résultant de titres passés à l'étranger.

Quoi qu'il en soit, en présence de la généralité du texte, la prohibition doit comprendre toutes les dettes dues par un étranger à un étranger, lors même qu'elles auraient été consenties par un acte passé en France, qu'elles seraient hypothéquées en France et que le paiement en devrait être poursuivi en France. Il importe peu, également, que la succession de l'étranger se soit ouverte ou non en France, qu'elle soit dévolue à des Français ou à des étrangers, la loi n'établissant aucune distinction à cet égard.

1642. Exceptions. — La déduction des dettes grevant les successions d'étrangers n'est autorisée qu'autant que ces dettes ont été contractées en France *et* envers des Français ou envers des sociétés et des compagnies étrangères ayant une succursale en France.

Il est manifeste que, dans ces hypothèses, l'exécution de l'obligation est garantie par la loi française et que des poursuites pourraient être utilement exercées dans les limites du territoire, mais cette double conséquence n'est pas exclusivement attachée aux créances dues à des Français et on ne peut que regretter que le traitement de faveur accordé à ces dettes n'ait pas été étendu à toutes celles dont le paiement pourrait être poursuivi en France, sans avoir égard à la nationalité des parties.

Ainsi que le porte le texte, deux conditions sont indispensables pour qu'une dette grevant la succession d'un étranger puisse être déduite : 1° il faut que le titre dont elle résulte ait été passé en France ; mais, à défaut d'une prescription spéciale sur ce point, il n'est pas nécessaire que le titre soit authentique ou même qu'il ait été préalablement enregistré ; 2° la dette doit avoir été contractée envers un Français ou envers une société ou une compagnie étrangère ayant une succursale, une agence ou un établissement en France. Comme la loi se place ainsi, pour apprécier si une dette est déductible ou non, au moment où l'obligation a pris naissance, on peut soutenir, en se basant sur le sens littéral des termes de l'art. 7-5°, troisième partie, qu'il y aurait lieu d'admettre la distraction d'une dette consentie à l'origine, au profit d'un Français ou d'une société étrangère ayant un établissement en France, mais transmise ultérieurement à un étranger.

Relativement aux obligations dues aux sociétés et compagnies étrangères ayant une succursale en France, aucune distinction ne doit être établie entre celles de ces sociétés qui ont été autorisées par le Gouvernement et celles qui n'ont pas reçu cette autorisation.

1643. Successions ouvertes dans les colonies. — Dettes garanties sur des biens coloniaux. — Nous avons vu précédemment (n° 1638) que les colonies font partie intégrante du territoire français ; d'autre part, les exceptions prévues par l'art. 7-5°, concernent exclusivement les titres passés à l'étranger, les dettes garanties par des biens étrangers et les successions d'étrangers.

Par conséquent, il convient, pour la déduction du passif, d'assimiler complètement les colonies à la France, sans rechercher si l'enregistrement y est ou non organisé. Par exemple, si la succession d'un Français décédé en Algérie comprend des biens en France, on devra admettre, pour la liquidation du droit de mutation par décès dû sur ces biens, la déduction de toutes les dettes du défunt résultant de titres passés en France, en Algérie ou dans toute autre colonie. De même, lorsqu'il s'agira d'une succession ouverte en France, il y aura lieu de défalquer les dettes dues à des Français habitant les colonies ou hypothéquées sur des immeubles coloniaux.

Toutefois, ces règles sont spéciales aux colonies et elles ne peuvent être étendues aux pays de protectorat qui, à cet égard, sont entièrement assimilés aux pays étrangers (V. n° 1638 *suprà*).

§ VI. — *Dettes prescrites.*

[1644-1646]

1644. Considérations générales. — Aux termes de l'art. 7-6°, « ne sont pas déduites les dettes, en capital et intérêts, pour lesquelles le délai de prescription est accompli, à moins qu'il ne soit justifié que la prescription a été interrompue ».

Cette disposition n'est qu'une nouvelle application du principe qui a motivé les prescriptions de l'art. 7-1° et 4°, en ce qui concerne les dettes échues ou garanties par une inscription périmée et qui a été étendu aux dettes atteintes par la prescription, en faisant produire à la prescription extinctive les mêmes effets qu'à l'échéance du terme ou à la péremption de l'inscription, en ce qui concerne les dettes échues ou les créances hypothécaires (V. Explications de M. Garreau, séance du Sénat du 24 janv. 1901, 9984 R. P., p. 157).

Il est évident que si l'hérédité ne doit plus rien par suite de l'extinction par prescription de l'obligation qui la grevait, on ne saurait avoir égard à une dette qui ne subsiste plus que comme obligation naturelle. Mais, pour que la déduction puisse être rejetée, il est indispensable que la prescription se soit trouvée acquise antérieurement à l'ouverture de la succession.

La loi indique suffisamment quelles sont les dettes pour lesquelles le cours de la prescription est suspendu et celles qui sont effectivement atteintes par la prescription. D'autre part, la prescription est acquise, de plein droit, et ses effets subsistent tant que le débiteur n'a pas renoncé à s'en prévaloir. Pour chaque dette dont la distraction sera requise, le receveur n'aura donc qu'à se référer au texte de la loi qui vise les cas d'extinction de la dette par prescription et à déterminer en conséquence les dettes qui se trouvent ou non prescrites au décès et dont il devra, par suite, refuser ou admettre la déduction.

Cette règle s'applique non seulement au capital de l'obligation, mais encore aux intérêts et autres accessoires qui suivent le sort du principal et sont atteints en même temps par la prescription. Si certains intérêts ou arrérages se trouvaient seuls prescrits au moment du décès, la déduction du capital ou des arrérages non prescrits aura lieu dans la forme et suivant les règles tracées par les art. 3 et 4.

Enfin, lorsque la prescription n'a été accomplie qu'après l'ouverture de la succession, la déduction de la dette n'en doit pas moins être admise, lors même que cette prescription serait survenue avant la déclaration de la succession, car, dans ce cas, la déchéance ne se produit qu'à l'égard des héritiers pris en leur nom personnel et non comme représentants du débiteur.

1645. Exceptions. — L'art. 7-6° réserve expressément aux parties le droit de demander la déduction d'une dette prescrite en justifiant que la prescription a été interrompue.

Cette interruption peut résulter d'une citation en justice, d'un commandement ou d'une saisie (C. civ., 2244), d'une citation en conciliation pourvu que la citation soit suivie, dans le mois, d'une demande en justice (C. civ., 2245), ou même de la reconnaissance expresse ou tacite du droit du créancier (C. civ., 2248, Aubry et Rau, t. II, § 215, p. 356).

La loi n'a pas expressément prévu le mode suivant lequel les héritiers devront justifier de l'interruption de la prescription et qui pourra varier indéfiniment selon les circonstances de chaque affaire, notamment en cas de reconnaissance tacite de la dette, mais il faut en conclure qu'il y aura lieu de considérer comme une justification suffisante toute pièce, quelles qu'en soient la date et la nature, susceptible d'établir le défaut d'extinction du droit du créancier au moment de l'ouverture de la succession du débiteur.

Il peut arriver que l'interruption de la prescription soit

considérée comme non avenue lorsque, par exemple, le créancier se désiste de sa demande ou laisse prononcer la péremption de l'instance ou lorsque la demande est rejetée (C. civ., 2247; C. proc., 399, 402 et 403). Si ces faits surviennent après la déclaration, lors de laquelle les parties auraient justifié de l'interruption de la prescription et obtenu la déduction de la dette pour laquelle le délai de prescription était accompli, l'Administration sera fondée à réclamer un supplément de droit simple, pourvu que sa demande soit formulée dans les deux ans à partir de la date de la perception dont la rectification est poursuivie.

Enfin, bien que l'article 7-6° ne vise formellement que l'interruption de la prescription, il n'existe aucun motif pour ne pas appliquer les mêmes règles à la renonciation à prescription, dont l'effet est également de faire considérer la dette comme non éteinte.

Sans doute, d'après l'art. 2225 C. civ., toute personne ayant intérêt à ce que la prescription soit acquise peut l'opposer, encore que le débiteur y renonce, même sans intention de fraude (Aubry et Rau, t. VIII, § 775, p. 410, texte et notes 5, 6 et 7; — Demolombe, t. XXV, n° 219 et s.; — Laurent, t. XXXII, n° 210). Mais il est douteux que le Trésor puisse se prévaloir de cette disposition lorsqu'il s'agit précisément d'apprécier les véritables rapports existant entre le créancier et le débiteur et de reconnaître si la dette, au décès de ce dernier, était effectivement éteinte ou si elle ne continuait pas à subsister et à grever son patrimoine.

Toutefois, pour que la déduction de la dette puisse être admise, il est indispensable que la renonciation à la prescription émane du défunt lui-même. Si elle est l'œuvre de ses héritiers qui ont renoncé à se prévaloir de la prescription déjà accomplie au moment du décès, la dette leur devient personnelle et celle qui grevait la succession de leur auteur tombe sous l'application de la première partie de l'art. 7-6° et ne peut être défalquée.

1646. Interruption de la prescription et renonciation à la prescription en matière d'obligations solidaires, indivisibles, etc. — En cas d'interruption de la prescription, et s'il s'agit d'obligations solidaires ou indivisibles, il importe de déterminer les effets de l'acte interruptif à l'égard du défunt, afin de rechercher si une déduction doit ou non être admise et, le cas échéant, jusqu'à concurrence de quelle somme elle doit être opérée.

En matière d'obligation solidaire, les poursuites faites contre l'un des débiteurs interrompent la prescription à l'égard de tous (C. civ., 1206). Mais, si elles sont dirigées contre l'un des héritiers d'un débiteur, l'obligation, quoique due solidairement, se divise et la prescription n'est interrompue qu'à l'égard de l'héritier et pour sa portion virile (C. civ., 2249).

Par conséquent, dans le premier cas, la dette devra être déduite dans la proportion de la part incombant au défunt (V. n° 1653 *infra*), tandis que, dans le second cas, la prescription étant acquise pour la fraction à la charge du *de cujus*, aucune déduction ne pourra être admise.

Lorsque l'obligation est indivisible, il résulte de l'art. 2249 C. civ. que l'interruption opérée, soit contre l'un des débiteurs, soit contre l'un de ses héritiers, conserve intégralement le droit du créancier contre tous les autres, l'indivisibilité produisant à cet égard des effets plus étendus que la solidarité (Demolombe, t. III, n° 626; — Aubry et Rau, t. IV, § 301, p. 53).

Il s'en suit qu'en matière de dette indivisible, la déduction devra porter sur la part du défunt dans la dette (V. n° 1650 *infra*), de quelque manière que la prescription ait été interrompue.

En cas de renonciation à une prescription acquise, la reconnaissance faite par l'un des anciens débiteurs est inopérante à l'égard des autres, car la prescription accomplie, en éteignant la dette commune, a éteint en même temps la solidarité ou l'indivisibilité (Limoges, 19 déc. 1842, S. 43-2-495; Demolombe, t. III, n° 357).

Dans cette hypothèse et si la renonciation à la prescription n'émane pas du défunt, la dette se trouvera définitivement éteinte en ce qui le concerne et aucune déduction ne pourra, par suite, être opérée de ce chef; si, au contraire, la renonciation est l'œuvre du *de cujus*, la déduction devra avoir la même étendue que cette renonciation et porter sur la totalité ou une fraction de la dette, suivant que la reconnaissance du débiteur s'appliquera elle-même à tout ou partie de la créance.

CHAPITRE VI. — BIENS SUR LESQUELS DOIT PORTER LA DÉDUCTION.

(1647-1649)

1647. Règles générales. — La totalité du patrimoine du débiteur forme le gage du créancier qui peut, à son gré, poursuivre le recouvrement de sa créance sur tel bien qu'il jugera convenable. Il en résulte que la dette du défunt, grevant tous les biens héréditaires, doit être indistinctement déduite de l'ensemble de la succession et non pas, spécialement, des biens qui ont pu être affectés privativement à sa garantie.

Ainsi une dette hypothécaire peut être défalquée de la succession mobilière, quelle que soit l'importance respective de la dette et des valeurs mobilières de la succession et, réciproquement, une dette chirographaire sera déduite du capital des immeubles. Il n'en serait autrement que si le défunt avait spécifié les dettes devant incomber à chaque ayant droit.

Relativement à l'évaluation de l'actif successoral, la L. 25 fév. 1901 n'a généralement pas modifié les règles antérieures qui continueront par suite à être appliquées, sauf dans certains cas dont il sera question n° 1648 *infra*.

En matière immobilière, notamment, la base de liquidation résidera, comme par le passé, sauf pour les immeubles non productifs de revenus, dans le capital par 20 ou 25 du produit annuel, suivant qu'il s'agira d'immeubles urbains ou ruraux. On avait longtemps pensé que la distraction du passif impliquait la perception de l'impôt sur la valeur intégrale de l'actif libéré de toutes charges et qu'il y avait lieu dès lors, la distraction des charges étant admise, de substituer la valeur vénale à la valeur arbitraire et conventionnelle obtenue par la capitalisation du revenu (Rapport de M. le sénateur Cordelet, 8028 R. P., p. 198).

Le projet de M. Poincaré portait même que la valeur vénale déclarée ne pourrait, en aucun cas, être inférieur au revenu capitalisé (Rapport de M. Mesureur, p. 36), et laissait ainsi au Trésor le droit d'asseoir la perception, suivant son intérêt, tantôt sur la valeur vénale, tantôt sur le revenu capitalisé.

Mais les deux systèmes soulevaient de sérieuses critiques et, pour des raisons de fait, le législateur s'en est tenu au maintien pur et simple de l'état de choses actuel. « Substituer la valeur vénale au revenu capitalisé, lit-on dans le rapport supplémentaire de M. Doumer du 22 oct. 1895 (8928 R. P., p. 199), c'était « imposer un surcroît de charges à la propriété rurale dont le revenu est presque toujours inférieur à 4 fr. p. 100 et dont la situation, à l'heure présente, n'est pas tellement prospère qu'on ait le droit de la surcharger ».

Il est certain, en effet, ainsi que le Ministre l'a fait ressortir lors des séances du Sénat des 16 et 25 janv. 1901 (9934 R. P., *J. off.* des 16 et 26 janv., p. 24 et 101), que le maintien dans la loi de la règle de la capitalisation par 25 ne peut qu'être avantageuse pour les biens ruraux.

1648. Nouveau mode d'évaluation de certaines valeurs. — Les seules modifications introduites par la loi nouvelle, en ce qui concerne le mode d'évaluation des biens héréditaires, portent :

1° Sur les immeubles dont la destination, au moment de l'ouverture de l'hérédité, n'est pas de procurer un revenu et qui, aussi bien en matière de successions que de donations, devront être estimés en valeur vénale, à l'exclusion du capital obtenu en multipliant par 20 ou 25 leur valeur locative (art. 12 de la loi);

2° Sur l'usufruit et la nue propriété de biens mobiliers et immobiliers, dont la valeur se détermine d'après l'âge de l'usufruitier et du nu propriétaire (art. 13, 2° et 3°) ;

3° Sur l'usufruit temporaire, qui est estimé aux deux dixièmes de la valeur de la propriété entière pour chaque période de dix ans (art. 13, 2°, 3° alinéa).

Nous avons fourni, au sujet de ces modifications, toutes les explications nécessaires v^{is} *Expertise* et *Usufruit*.

Signalons simplement que, pour être logique, le législateur, après avoir, pour les immeubles non productifs de revenu, basé la perception sur la valeur vénale, aurait également dû, en sens inverse, prescrire la liquidation de l'impôt sur cette même valeur vénale lorsque le revenu est manifestement exagéré par rapport à la valeur réelle, comme il arrive fréquemment pour une certaine catégorie d'immeubles urbains. Mais un amendement dans ce sens a formellement été repoussé lors de la séance du Sénat du 28 janv. 1901 (9984 R. P., p. 198 et s.).

1649. Biens grevés de charges. — La loi 25 fév. 1901, en étendant la déduction du passif à toutes les dettes héréditaires, n'a nullement dérogé aux règles antérieures relatives à la détermination de l'actif imposable au cas où la succession se trouve grevée de charges dont la distraction était déjà autorisée sous l'empire de la législation précédente, comme en cas de legs non encore dus au décès, de sommes données et non payées, de biens détenus en usufruit ou en vertu d'un mandat, d'un dépôt, etc. (V. n° 1560 *suprà*).

Ces règles continueront à être appliquées, et à la défalcation des valeurs que le défunt était réputé détenir à titre précaire, viendra s'ajouter celle de tout le surplus du passif successoral proprement dit.

CHAPITRE VII. — QUANTUM DE LA DÉDUCTION.

[1650-1662]

1650. Généralités. — Après avoir déterminé les dettes susceptibles d'être déduites, il reste à rechercher quelle doit être l'étendue de la déduction.

La quotité de la déduction dépend à la fois du mode d'évaluation de la dette et de la fixation de la part incombant au défunt dans cette dette.

Nous examinerons successivement ces deux points dans les cas les plus usuels, car il n'est guère possible de prévoir toutes les hypothèses qui pourront se présenter.

§ I. — ÉVALUATION DES DETTES A DÉDUIRE.

[1651-1653]

1651. Dettes diverses : Pures et simples, amortissables, facultatives, alternatives, etc. — Si la dette est *pure et simple* et porte sur une somme d'argent déterminée, la question ne peut soulever de difficultés : la distraction doit englober le capital de la dette et les intérêts dus et non prescrits au jour de l'ouverture de la succession.

S'il s'agit de dettes *amortissables*, c'est-à-dire composées d'annuités comprenant tout à la fois l'intérêt et la fraction du capital nécessaire pour éteindre la dette dans un certain nombre d'années d'après un tableau d'amortissement dressé à l'avance, on ne saurait déduire les intérêts qui n'avaient pas encore pris naissance au moment du décès. Dans cette hypothèse, le seul mode légal d'évaluation consiste dans une déclaration estimative de la fraction du total des annuités représentant le capital de la dette, à l'exclusion des intérêts postérieurs au décès. D'ailleurs, les tarifs des compagnies d'assurances, de la Caisse des dépôts et du Crédit Foncier permettront d'opérer la ventilation de ces deux éléments de la dette et serviront de base ou, tout au moins, de contrôle à cette ventilation (V. réponse du Commissaire du Gouvernement à une question de M. Darlan; Rapport de M. Cordelet 8665 R. P., p. 70).

L'obligation peut également être *facultative* lorsque le débiteur a la faculté, soit par l'effet de la loi, soit en vertu d'une convention, de se libérer en payant une chose autre que *celle qui fait l'objet de l'obligation*.

Dans cette éventualité, une seule chose se trouve due, et cette chose doit seule être prise en considération pour reconnaître si la déduction est fondée ou non et, le cas échéant, dans quelle proportion elle doit être admise.

La solution est plus délicate lorsqu'il s'agit d'une dette *alternative*, c'est-à-dire d'une obligation portant sur deux ou plusieurs choses *également dues*, comme en cas de promesse de payer une somme convenue ou de délivrer certains objets déterminés.

Dans cette hypothèse, la nature de la dette demeurant en suspens tant que le créancier ou le débiteur n'a pas manifesté son choix (Demolombe, t. III, n° 15), et aucune option pouvant n'avoir eu lieu avant la déclaration, il con-

1648. Terrains à bâtir utilisés provisoirement pour la culture. Revenu très faible. Droits de mutation par décès. Liquidation sur la valeur vénale. — Des immeubles destinés à être [illegible] terrains à bâtir doivent être considérés comme immeubles dont la destination actuelle n'est pas de procurer un revenu et sur lesquels les droits de mutation par décès doivent, en conséquence, être liquidés sur la valeur vénale, alors même que ces immeubles, utilisés provisoirement pour la culture, produiraient, au moment du décès, un certain revenu d'ailleurs très faible et sans proportion avec leur valeur réelle (Corbeil, 18 mai 1904, [illegible] R. P.).

1649. Biens grevés de charges. — *Rente viagère due par le défunt en sa qualité de représentant de son auteur prédécédé. — Capital à déduire.* — Lorsque la succession d'une personne est grevée d'une rente viagère due par le *de cujus* en sa qualité de représentant de son auteur prédécédé, il y a lieu de déduire de l'actif héréditaire, pour la perception des droits de mutation par décès, le capital de la rente au denier [illegible] et non la valeur de cette rente au jour du décès, d'après une estimation des parties ([illegible] R. P.).

1652. Rente viagère due par le défunt. — Lorsqu'une succession est grevée d'une rente viagère dont l'existence est antérieure à l'ouverture de la succession, le capital à déduire, pour la liquidation de l'impôt de mutation par décès, doit être évalué par les héritiers d'après l'âge du crédi-rentier, sous réserve du droit de contrôle de l'Administration (Seine, 12 déc. 1902. 10565 R. P.).

1652 *bis*. Conversion en rente viagère de l'usufruit légal du conjoint survivant. Étendue de la déduction. — La rente viagère, substituée au droit d'usufruit légal du conjoint survivant, ne constitue pas une dette à la charge personnelle du défunt, déductible en vertu de la loi du 25 fév. 1901 ; elle procède d'une vocation successorale et doit, dès lors, être évaluée suivant le mode prescrit par l'art. 14 n° 9 L. frim. Par suite, c'est le capital au denier 10 de cette rente, et non sa véritable valeur d'après l'âge du crédi-rentier, qu'il y a lieu de déduire de l'actif héréditaire pour le calcul des droits de mutation par décès incombant aux héritiers de l'époux prédécédé (Seine, 12 déc. 1902. 10585 R. P.).

vient, pour fixer l'étendue de la déduction du passif, d'appliquer les règles d'interprétation tracées par les art. 1100 et s. C. civ., et d'admettre, en général, le choix fait par les héritiers du débiteur de la dette, conformément au droit qui leur appartient (1190 C. civ.).

1652. Rentes perpétuelles ou viagères. — Pensions. — Aux termes des § 2, 7 et 9 de l'art. 14 L. frim., les transmissions de rentes perpétuelles ou viagères ou de pensions doivent être tarifées, soit sur le capital aliéné et constitué, soit sur le capital formé de 20 fois la rente perpétuelle ou de 10 fois la rente viagère. Si la mutation porte simplement sur l'usufruit ou la nue propriété de ces biens, la valeur de cet usufruit ou de cette nue propriété est, d'après l'art. 13-3° Loi 25 fév. 1901, fixée suivant l'âge de l'usufruitier à une quotité de la pleine propriété déterminée comme il sera dit *infrà*, v° *Usufruit*.

Il est douteux que le même mode d'évaluation puisse être étendu aux rentes perpétuelles ou viagères ou aux pensions dues par le défunt.

En effet, l'art. 14, §§ 2, 7 et 9 L. frim., auquel l'art. 13-3° de la loi 25 fév. 1901 se réfère expressément, gouverne exclusivement les transmissions des valeurs actives, et les différents rapports qui ont précédé le vote de la nouvelle loi, de même que les explications échangées lors de la discussion, ne permettent pas d'admettre qu'on ait entendu adopter, pour le passif héréditaire, les mêmes bases d'évaluation que pour l'actif. Il est rationnel, au contraire, de présumer que, puisqu'il s'agit d'imposer l'actif net effectivement transmis, on ne doive avoir égard qu'à une situation active et passive, se rapprochant autant que possible de l'actif et du passif réels.

Or, l'estimation des rentes viagères ou perpétuelles faite conformément aux lois fiscales et qui consiste dans la capitalisation par 10 ou par 20 du montant des prestations annuelles est tout à fait arbitraire et ne représente nullement la valeur réelle de ces rentes ou pensions. Elle ne saurait donc être prise pour base relativement à la déduction du passif.

Dans ce cas, comme aucune prescription légale n'impose un mode spécial d'évaluation, il conviendra de recourir à la déclaration estimative des parties (*Comp.* Cass. 31 déc. 1872, S. 73-1-78 ; D. P. 73-1-420), qui en détermineront l'importance d'après l'âge et les chances de mortalité du crédi-rentier, sauf à l'Administration à exercer son droit de contrôle, comme en matière de dettes amortissables, au moyen des tarifs des compagnies d'assurances.

Telle est du reste l'interprétation adoptée par le Commissaire du Gouvernement lui-même, dans les explications fournies à la Commission du Sénat (8861 R. P., p. 78) : « Si la succession est grevée de rentes viagères, a dit M. Fernand Faure, ces rentes seront évaluées par les héritiers, d'après l'âge du crédi-rentier, sauf contrôle de l'Administration. Ce droit s'exercera comme il s'exerce aujourd'hui lorsque l'Administration est amenée à examiner le caractère gratuit ou onéreux d'un contrat de constitution de rente viagère moyennant l'aliénation d'un certain capital ».

1653. Dettes non liquides au décès. — En ce qui concerne les dettes dont l'existence est certaine, au moment de l'ouverture de la succession, et dont la quotité seule n'est pas exactement déterminée, il y a lieu, comme nous l'avons expliqué précédemment (n° 1593), de fournir également une évaluation que l'Administration est tenue d'accepter, sous réserve de son droit ultérieur de contrôle.

§ II. — *Fixation de la part incombant au défunt dans la dette.*

[1654-1658]

1654. Principes. — L'ouverture d'une succession, en même temps qu'elle opère, au profit des divers successeurs, la transmission de tous les droits actifs du défunt, soumet les héritiers aux mêmes obligations que ce dernier et de la même manière qu'il était lui-même tenu.

Or, pour déterminer le caractère et l'étendue des engagements du *de cujus*, il importe de tenir compte de la distinction établie par la loi entre l'obligation et la contribution aux dettes. La première concerne les rapports des débiteurs avec les créanciers, la seconde les rapports des débiteurs entre eux. Il est manifeste que cette dernière doit seule être prise en considération pour la déduction du passif et qu'il y a lieu, dans tous les cas, de rechercher de quelle manière l'obligation doit être répartie entre les différents débiteurs et dans quelle proportion elle se trouvera définitivement supportée par la succession.

Quant au passif que les représentants du défunt pourraient, en vertu de l'obligation aux dettes, être obligés d'acquitter, sauf recours contre les véritables débiteurs, il constitue, à leur égard, une dette éventuelle ou simplement cautionnée, non susceptible, dès lors, d'être prise en considération pour la fixation de l'actif déductible (V. n° 1585 *suprà*). Il en est ainsi lors même qu'en cas d'insolvabilité d'un des codébiteurs, sa part dans la dette serait répartie entre tous les autres. Dans ce cas, la fraction de cette part, mise provisoirement à la charge du défunt, ne pourra être défalquée, car rien ne démontre que le remboursement ne pourra pas en être ultérieurement effectué par celui des débiteurs à qui cette part incombe définitivement.

Ces principes posés, il ne reste plus qu'à en faire l'application aux différentes sortes d'obligations que le défunt a pu contracter.

1655. Obligation divisible. — Lorsque ce dernier était débiteur avec d'autres personnes d'une obligation divisible, la question ne présente pas de difficultés, la dette se divisant de plein droit en autant de portions égales qu'il y a de débiteurs, à moins qu'une division inégale ait été prévue dans l'acte constitutif.

Dans ce cas, la déduction devra évidemment être restreinte à la part qui est à la charge personnelle du défunt. Il n'en serait autrement que s'il s'agissait d'une dette due par ce dernier en tant qu'héritier bénéficiaire d'une autre personne. Dans ce cas, il y aurait lieu de déduire la fraction lui incombant dans la dette, mais sans que cette fraction puisse excéder la valeur des biens recueillis par lui dans la succession. Si c'est le cohéritier de l'héritier bénéficiaire qui est décédé, la déduction sera réglée en tenant compte de la réduction apportée dans la contribution de l'héritier bénéficiaire.

1656. Obligation indivisible. — La même interprétation doit être admise lors même qu'il s'agirait d'une dette indivisible. En effet, si envers le créancier chacun des codébiteurs d'une obligation indivisible est obligé pour le tout, il n'est tenu envers ses codébiteurs que pour sa part. Cette conclusion résulte des art. 1221 et 1225 C. civ. qui prévoient le recours contre les codébiteurs. Par conséquent, cette part seule peut être prise en considération pour la déduction du passif, lors même qu'à raison de la clause d'indivisibilité, la succession aurait dû acquitter la totalité de la dette, en faisant ainsi l'avance des parts incombant aux autres débiteurs, le défunt étant, à cet égard, réputé n'avoir fourni qu'un simple cautionnement ne pouvant motiver aucune déduction (V. n° 1591 *suprà*).

1657. Obligation solidaire. — L'obligation, qui est solidaire dans les rapports du créancier avec les codébiteurs, est simplement conjointe dans les rapports de ceux-ci entre eux (C. C. 1213). Dès lors, à moins que la quote-part de chacun soit expressément fixée dans le contrat d'obligation, la dette se divise de plein droit entre les débiteurs qui n'en sont tenus chacun que pour sa part et portion, et, à la mort de l'un d'eux, la solidarité passe à ses héritiers en se divisant également entre eux si l'obligation est divisible (C. civ. 1220).

Dans cette hypothèse, comme dans les précédentes, la distraction ne pourra donc porter que sur la fraction devant être supportée par le défunt, tout le surplus n'étant dû par ce dernier qu'à titre de caution solidaire et ne devant pas, par suite, entrer en ligne de compte pour la défalcation (V. n° précédent). Comme l'a fait remarquer M. Fernand Faure dans ses explications à la Commission du Sénat (8881 R. P., p. 73), « si l'on admettait la déduction d'une part plus forte, l'héritier de chacun des débiteurs solidaires pouvant s'autoriser de cette circonstance, on arriverait ainsi à déduire de l'ensemble des successions des débiteurs une somme supérieure au montant de la dette ».

Il n'en serait autrement que s'il était démontré que la dette ne concernait que l'un des obligés solidaires. L'art. 1213 C. civ. établit, d'ailleurs, seulement une présomption n'excluant pas un recours entre les débiteurs solidaires, s'il est prouvé que la dette est personnelle à l'un d'eux (Cass. 23 juill. 1889, D. P. 91-1-342).

Dans ce cas, il y aura lieu d'admettre la déduction de l'intégralité de la dette ou de l'écarter complètement, suivant que les circonstances démontreront que le défunt était seul intéressé ou ne l'était nullement dans la dette contractée solidairement avec d'autres débiteurs.

Ajoutons qu'en matière d'obligations conjointes, divisibles, indivisibles ou solidaires, les effets de la prescription doivent être réglés d'après les principes exposés précédemment (n° 1646) et qu'il n'y aura lieu de déduire la part du défunt dans ces dettes qu'autant que la prescription, en ce qui concerne cette part, ne se trouvera pas acquise ou aura été valablement interrompue.

La femme qui s'est engagée solidairement avec son mari est réputée, à l'égard de celui-ci, ne s'être obligée que comme caution (1431 C. C.), quel que soit le régime matrimonial adopté, et même si les époux sont mariés sous le régime de la séparation de biens; la femme est alors présumée avoir contracté, non dans son intérêt personnel, mais dans celui de la communauté, s'il en existe une, ou de son mari. Doivent, par conséquent, être déduites, pour la totalité, de la succession du mari séparé de biens, comme incombant exclusivement à ce dernier, les dettes contractées solidairement par les deux époux au cours de leur union, si, d'ailleurs, il ne résulte ni des actes d'obligation ni de faits probants parvenus légalement à la connaissance de l'Administration, que les deniers empruntés auraient été employés dans l'intérêt commun de l'un et de l'autre époux (Sol. 11 déc. 1902, 3102-1 I. G.; 10410 R. P.).

1658. Dettes sociales. — S'il s'agit de dettes sociales, de même que dans les espèces précédentes, on ne peut tenir compte que du passif devant rester définitivement à la charge du défunt.

La proportion dans laquelle chacun des associés doit contribuer au paiement des dettes est généralement fixée dans l'acte de société. En l'absence de toute disposition à cet égard dans le pacte social, le passif doit être supporté par chacun des associés dans la même proportion que les bénéfices, et non pas proportionnellement aux apports (P. Pont, *Soc.*, n° 434).

La part du défunt dans le passif, telle qu'elle est ainsi déterminée, doit seule être déduite de l'actif héréditaire, lors même que le décédé serait responsable vis-à-vis des tiers de toutes les dettes sociales (déclarations du Commissaire du Gouvernement à la Commission du Sénat, 8881 R. P., p. 73).

Remarquons, à ce sujet, que les sommes versées en compte courant par les associés peuvent ne pas constituer une augmentation d'apports, mais de véritables prêts à la société, lorsque, par exemple, celle-ci en sert l'intérêt et s'oblige à les rembourser dans un certain délai ou après un préavis. La déduction de la part incombant au défunt dans ces prêts devra être admise de la même manière que pour toute autre dette sociale et en tenant compte, s'il y a lieu, des effets de la confusion qui pourrait s'opérer sur sa tête.

§ III. — *Dettes de communauté.*

(1659-1682)

1659. Partage du passif de la communauté. — Ainsi que nous l'avons vu précédemment (n° 1534), on ne peut avoir égard, pour la détermination du passif déductible, qu'à la contribution aux dettes, c'est-à-dire, s'il s'agit de dettes dépendant d'une communauté conjugale, au règlement du passif entre les époux et leurs représentants, à l'exclusion de l'obligation aux dettes, c'est-à-dire du règlement du passif entre chaque époux ou ses représentants, d'une part, et leurs créanciers, d'autre part.

En cas d'acceptation de la communauté par la femme ou ses héritiers, c'est le principe de l'égalité que, dans les rapports des époux entre eux, l'art. 1482 C. civ. applique pour le partage du passif. « Les dettes de la communauté, porte cet article, sont pour moitié *à la charge* des époux ou de leurs héritiers. »

1657. Obligation solidaire. — La femme qui s'est engagée solidairement avec son mari est réputée, à l'égard de celui-ci, ne s'être obligée que comme caution (1431 C. C.), quel que soit le régime matrimonial adopté, et même si les époux sont mariés sous le régime de la séparation de biens; la femme est alors présumée avoir contracté, non dans son intérêt personnel, mais dans celui de la communauté, s'il en existe une, ou de son mari. Doivent, par conséquent, être déduites, pour la totalité, de la succession du mari séparé de biens, comme incombant exclusivement à ce dernier, les dettes contractées solidairement par les deux époux au cours de leur union, si, d'ailleurs, il ne résulte ni des actes d'obligation ni de faits probants parvenus légalement à la connaissance de l'Administration, que les deniers empruntés auraient été employés dans l'intérêt commun de l'un et de l'autre époux (Sol. 11 déc. 1902, Instr. 3102, § 1er, 10410 R. P.).

D'après la L. 25 févr. 1901, il n'y a lieu de déduire de l'actif héréditaire, pour la liquidation des droits de mutation par décès, que les dettes à la charge du défunt, c'est-à-dire celles qui doivent être supportées par lui personnellement et sans recours contre un tiers; la déduction ne saurait, par suite, être admise en ce qui concerne les dettes au payement desquelles le *de cujus* n'était engagé qu'en qualité de caution solidaire. Il en est spécialement ainsi, par application de l'art. 1216 C. civ., lorsqu'il résulte des énonciations mêmes d'un acte d'obligation que la totalité des deniers empruntés a été retirée par un seul des coobligés solidaires et que le défunt n'est intervenu au contrat que pour garantir le remboursement (Rodez, 11 nov. 1905, 10920 R. P.).

1659. Partage du passif de la communauté. — Les dettes de la communauté étant pour moitié à la charge de chacun des époux, il n'y a lieu de déduire, pour la liquidation du droit de mutation par décès dû sur la succession d'une femme commune en biens, que la moitié du passif de communauté contracté solidairement par la défunte envers son mari (Draguignan, 13 fév. 1906, 11358 R. P.).

Lorsqu'une communauté présente un actif inférieur à l'ensemble des reprises des époux et des dettes contractées envers les tiers pour le compte de l'union conjugale, les droits respectifs du mari et de la femme consistent dans la moitié de l'excédent de l'actif brut sur le montant des reprises, et chacun d'eux participe également pour une moitié aux dettes communes, sous réserve pour la femme d'user de la faculté de limiter sa part contributive à l'émolument qu'elle tire de la communauté, mais seulement s'il a été fait inventaire. C'est en conformité de ce mode de répartition de l'actif et du passif que doivent le cas échéant, être liquidés les droits de mutation par décès (Sol. 19 déc. 1902, Instr. 3103, § 3, 10412 R. P.).

1660. Bénéfice d'émolument. — Le passif de communauté incombe par égales parts à chacun des époux, sauf faculté pour la femme, en faisant inventaire, de limiter sa part contributive au montant de son émolument dans l'actif. La déduction à opérer pour la liquidation des droits de mutation par décès exigibles sur la succession du mari doit, par conséquent, être limitée à la moitié de ce passif, bien que la communauté soit en déficit, du moment où il n'a pas été fait d'inventaire (Saint-Nazaire 12 août 1904, 10019 R. P.). Il en est ainsi alors même que la femme, appelée à la succession en qualité de légataire universelle et tenue en toute hypothèse de l'intégralité des dettes de communauté, n'aurait eu aucun intérêt à revendiquer le bénéfice d'émolument ni, par suite, à faire inventaire (Sol. 16 sept. 1902, Instr. 3099, § 6, 10461 R. P.).

Mais si la veuve instituée légataire universelle a fait procéder à un inventaire exact et sincère, les dettes communes doivent être déduites en totalité de la succession du mari, quand bien même l'inventaire aurait été dressé plus de trois mois après le décès, l'art. 1483 C. civ. n'imposant aucun délai fatal à peine de déchéance (Mortagne, 3 août 1906, 11186 R. P.).

Toutefois, il est loisible aux époux ou à leurs représentants de déterminer la proportion dans laquelle chacun d'eux concourra à l'extinction du passif; mais, à défaut de conventions particulières, c'est le principe d'égalité qui domine, et toutes les dettes communes doivent, sans distinction, rester pour moitié à la charge de chacun des époux ou de leurs héritiers.

Il en est ainsi, même pour celles de ces dettes dont l'un des époux serait tenu pour la totalité envers les créanciers (Aubry et Rau, t. V, § 520, p. 441; — Laurent, t. XXIII, n° 38; — Guillouard, t. III, n° 1409; — Baudry-Lacantinerie, t. III, n° 234; — Colmet de Santerre, t. VI, n° 182 *bis*). Mais les dettes qui n'entrent dans le passif de la communauté qu'à charge de récompense doivent être définitivement supportées par l'époux débiteur (Aubry et Rau, *op. cit.*, p. 443; — Guillouard, t. III, n° 1411; — Baudry-Lacantinerie, *loc. cit.*).

Conformément à ces principes, si la division du passif n'a fait l'objet d'aucun acte, et s'il ne s'agit pas d'une dette motivant une récompense par l'un des époux, il y aura lieu d'admettre la déduction de la moitié des dettes communes sans distinguer entre la succession du mari et celle de la femme (*Comp.* Explications du commissaire du gouvernement à la commission du Sénat, 8881 R. P., p. 73). — Décidé, en ce sens, que les dettes de la communauté, étant pour moitié à la charge de chacun des époux, il convient de déduire, pour la liquidation du droit de mutation par décès dû sur la succession d'une femme commune en biens, la moitié du passif de communauté contracté par la défunte solidairement avec son mari (Sol. 22 janv. 1902, 3080-18 I. G.; 10186 R. P.; — 28 mars 1902, 3080-16 I. G.; 10278 R. P.; — *Comp.* n° 1057 *suprà*).

Si ces dettes ont été inégalement réparties dans un partage ou une liquidation, ces actes devront servir de base pour la fixation du quantum à déduire, pourvu que toutes les dettes constatées dans ces actes soient susceptibles d'être distraites.

On s'est demandé s'il fallait comprendre parmi les dettes de communauté dont parle l'art. 1482 les reprises dues par la communauté au mari et si la femme qui a accepté la communauté sans faire inventaire est tenue pour moitié de ces reprises. L'affirmative a été soutenue (Rodière et Pont, t. II, n° 1120; — *Conf.* Douai, 12 déc. 1861, S. 62-2-67; — 6 août 1864, S. 64-2-207; — Agen, 4 déc. 1866, S. 67-2-217); mais la négative est généralement admise (Aubry et Rau, t. V, § 520, p. 441-442, texte et note 30; — Guillouard, t. III, n° 1410; — Cass. 18 fév. 1867, S. 67-1-222; D. P. 67-1-61; — 16 nov. 1868, S. 69-1-14; D. P. 68-1-476; — Besançon, 17 janv. 1883, S. 84-2-45; D. P. 83-2-168).

Conformément à cette dernière opinion, nous pensons qu'il n'y aura pas lieu de faire état des reprises du mari pour déterminer le montant du passif commun déductible lors de la déclaration de la succession de la femme.

1660. Bénéfice d'émolument. — Les règles précédentes comportent une exception, en faveur de la femme, à raison du bénéfice d'émolument que lui confère l'art. 1483 C. civ. Aux termes de cet article, « la femme n'est tenue des dettes de la communauté, *soit à l'égard du mari*, soit à l'égard des créanciers, que jusqu'à concurrence de son émolument, pourvu qu'il y ait eu bon et fidèle inventaire et en rendant compte tant du contenu de cet inventaire que de ce qui lui est échu par le partage ». Le même bénéfice appartient aux héritiers de la femme.

Lorsque la femme a fait dresser inventaire, le droit que lui confère l'art. 1483 lui est acquis *de plano* (Nancy, 7 avr. 1859, S. 59-2-475; — Aubry et Rau, t. V, § 520, p. 438; — Laurent, t. XXIII, n° 65; — Guillouard, t. III, n° 1386; — Baudry-Lacantinerie, t. III, n° 243). L'inventaire peut, d'ailleurs, être remplacé à l'encontre du mari ou de ses héritiers par un partage ou un acte émané d'eux (Aubry et Rau, *op. cit.*, p. 443; — Guillouard, t. III, n° 1414).

L'émolument dont il est question dans l'art. 1483 comprend tous les biens dont la femme s'enrichit par le partage de la communauté, même ceux qui lui ont été attribués à titre de préciput (Aubry et Rau, p. 436; — Guillouard, n° 1395; — Baudry-Lacantinerie, n° 242), ainsi que les sommes dont elle était débitrice envers la communauté et qui ont été précomptées sur sa part, mais il ne s'applique point aux biens qu'elle prélève à titre de paiement de ses reprises ou des indemnités qui lui sont dues par la communauté (Marcadé, sur l'art. 1483, n° 3; — Aubry et Rau, p. 437, texte et note 13; — Laurent, t. XXIII, n° 71; — Guillouard, t. III, n° 1396; — Baudry-Lacantinerie, n° 242).

Les biens recueillis par la femme doivent être appréciés d'après leur valeur au jour du partage; toutefois, la femme ou ses héritiers sont liés par l'estimation faite dans l'inventaire (Aubry et Rau, *op. cit.*, p. 438; — Guillouard, t. III, n° 1398; — Baudry-Lacantinerie, n° 242).

Le bénéfice d'émolument, accordé à la femme vis-à-vis du mari ou de ses héritiers, est plus étendu que celui qu'elle peut opposer aux créanciers. Il y a, en effet, des dettes dont elle est tenue intégralement vis-à-vis de ces derniers et dont elle n'est tenue que jusqu'à concurrence de son émolument vis-à-vis du mari ou de ses héritiers. Il en est ainsi des dettes que la femme a contractées solidairement avec son mari, de celles qui sont entrées en communauté de son chef et pour lesquelles elle ne doit pas de récompense. Vis-à-vis de son mari, elle n'y contribue qu'à titre de commune en biens, c'est-à-dire pour moitié et encore dans la limite de son émolument (Aubry et Rau, *op. cit.*, p. 443, texte et note 34; — Guillouard, *op. cit.*, n° 1415; — Laurent, t. XXIII, n° 92). La déduction de ces dettes doit, dès lors, être admise, dans la succession de la femme, jusqu'à concurrence de moitié. Elle doit, d'ailleurs, être restreinte à l'émolument de la succession dans l'actif commun, mais à la condition qu'il ait été fait inventaire (Sol. 22 janv. 1902, 3080-18 I. G., 10186 R. P.; — 28 mars 1902, 3080-16 I. G.; 10278 R. P.; — 19 déc. 1902, 3102-3 I. G.; 10412 R. P.).

Reconnu également que le passif de communauté incombe par égales parts à chacun des époux, sauf faculté pour la femme, en faisant inventaire, de limiter sa part contributive au montant de son émolument dans l'actif. La déduction à opérer pour la liquidation des droits de mutation par décès exigibles sur la succession du mari doit, par conséquent, être limitée à la moitié de ce passif, bien que la communauté soit en déficit, du moment où il n'a pas été fait inventaire. Il en est ainsi alors même que la femme, appelée à la succession en qualité de légataire universelle et tenue en toute hypothèse de l'intégralité des dettes de communauté, n'aurait eu aucun intérêt à revendiquer le bénéfice d'émolument ni, par suite, à faire inventaire (Sol. 16 sept. 1902, 3099, § 8, I. G.; 10401 R. P.).

1661. Effets du bénéfice d'émolument. — L'art. 1483 C. civ., accordant à la femme le droit de ne contribuer au passif commun que jusqu'à concurrence du profit qu'elle tire de la communauté, la déduction ne saurait, en ce qui concerne sa succession, excéder cet émolument. Par contre, on défalquera de la succession du mari toute la portion de la dette n'incombant pas à la femme.

Ainsi, s'il s'agit d'une communauté dont l'actif brut est inférieur au total des dettes et des reprises, il faut commencer par prélever le montant des reprises sur l'actif brut et, ce prélèvement effectué, partager l'excédent par moitié entre les époux ou leurs ayants droit; la part revenant à la femme constitue son émolument, au chiffre duquel est limitée son obligation de payer les dettes de la communauté. La différence entre cet émolument et le total de ces dettes reste à la charge exclusive du mari et doit être déduite de l'intégralité des biens composant sa succession.

Il est manifeste que ces règles ne peuvent recevoir leur application que lorsque la communauté a été infructueuse, car, dans l'hypothèse contraire, l'émolument de la femme est supérieur à la moitié du passif commun jusqu'à concurrence de laquelle elle est alors obligée.

Comme le bénéfice d'émolument est subordonné à la rédaction d'un inventaire, la détermination de l'importance mobilière de cet émolument ne présentera pas de difficultés, puisque l'estimation contenue dans cet acte ou dans le partage servira également de base à la déclaration; mais il n'en est pas de même pour les immeubles qui pourront être évalués en valeur vénale dans l'inventaire ou le partage, tandis que leur estimation dans la déclaration sera fournie par la capitalisation du revenu.

Toutefois, la L. 25 fév. 1901 ayant expressément autorisé la déduction du passif sur la valeur des immeubles ainsi déterminée, rien ne paraît s'opposer à ce que la valeur imposable de cette sorte de biens serve également de base à la fixation du montant de l'émolument revenant à la femme.

En définitive, comme l'a fait remarquer le Commissaire du Gouvernement à la Commission du Sénat (8881 R. P., p. 73), cet émolument sera calculé sur l'actif et le passif de la communauté compris dans la déclaration de la succession et l'importance de ces éléments sera établie comme pour la liquidation de l'impôt.

Cette interprétation présentera, sans doute, l'inconvénient de faire assigner à l'émolument de la femme une valeur différente en droit civil et en droit fiscal, mais elle n'en paraît pas moins devoir être seule suivie si la part incombant à la femme dans le passif commun n'a pas été définitivement fixée par un acte opposable aux divers intéressés. Il n'en serait autrement que si la détermination de cette part avait fait l'objet d'une convention entre les parties, auquel cas nous pensons que l'Administration serait tenue d'en accepter les résultats, au point de vue de la détermination du quantum du passif déductible.

1662. Renonciation à la communauté. — Aux termes de l'art. 1494, 1er alinéa, C. civ., la femme renonçante est déchargée de toute *contribution* aux dettes de la communauté, tant *à l'égard du mari* qu'à l'égard des créanciers. Ainsi, dans les rapports des époux entre eux, toutes les dettes de la communauté, même celles qui y étaient tombées du chef de la femme, doivent être définitivement supportées par le mari, qui recueille également tout l'actif, y compris le mobilier qui y était entré du chef de la femme.

Par conséquent, lors de la déclaration de la succession de la femme renonçante, aucune déduction ne pourra être admise relativement aux dettes communes, tandis que la totalité de ces dettes devra, au contraire, être défalquée de l'hérédité du mari.

Cette règle comporte cependant une exception pour les dettes tombées dans la communauté du chef de la femme à charge de récompense. Lorsqu'en effet la femme a retiré un profit personnel au détriment des biens communs, elle reste tenue, malgré sa renonciation, d'indemniser la communauté qui se confond alors avec le patrimoine du mari (Aubry et Rau, t. V, § 521, p. 445. — Laurent, t. XXIII, n° 112; — Baudry-Lacantinerie, t. III, n° 246).

Il a été jugé dans ce sens que la femme renonçante est tenue de rapporter à la communauté la moitié des valeurs communes employées à doter un enfant né du mariage, si elle a pris l'engagement exprès de contribuer à la constitution de dot (Cass. 22 déc. 1880, S. 81-1-321; D.P. 81-1-156, *J. Not.* 22507).

Dans les cas de l'espèce, la dette qui incombe définitivement à la femme devra être déduite de sa succession, malgré la renonciation de ses héritiers à la communauté.

CHAPITRE VIII. — LIQUIDATION DE L'IMPOT SUR LA PART NETTE DE CHAQUE AYANT DROIT.

[1663-1674]

1663. Considérations générales. — Sous l'empire de la L. frim., l'impôt de mutation par décès était liquidé sur le montant cumulé des parts héréditaires dévolues à une même classe d'héritiers liés par la solidarité au point de vue du paiement des droits.

La L. 25 fév. 1901 a consacré une innovation importante, à cet égard, en prescrivant de calculer la taxe, non plus sur une masse de biens, abstraction faite de la qualité et du nombre des ayants droit, « mais séparément » sur la part nette recueillie par « chacun d'eux » et en édictant un tarif spécial suivant l'importance respective de leurs parts, ainsi qu'il sera expliqué *infra* (n° 1682).

Il importe donc, pour fixer cette part, de déterminer, d'abord, l'émolument revenant à chaque héritier, légataire, donataire, dans l'actif successoral, en tenant compte de ses droits légaux, des rapports auxquels il peut être tenu, de la quotité disponible dont il est susceptible de bénéficier, etc., puis la fraction, pour laquelle il doit contribuer au paiement des dettes héréditaires, d'après sa qualité et l'étendue ou la nature de ses droits.

Cette double détermination devra être faite conformément aux règles de la loi civile qui gouvernent entièrement les transmissions par décès, l'impôt ne pouvant être dû que sur les valeurs réellement recueillies à ce titre.

1665. Rapport des dons en avancement d'hoirie. Détermination de la part nette recueillie par chaque ayant droit. Modification des règles tracées par l'Instr. 3058. — Il y a lieu de tenir compte des donations sujettes à rapport pour la détermination de la part nette recueillie par chaque ayant droit dans l'actif d'une succession ; ces rapports doivent, par conséquent, être mentionnés dans les déclarations que les parties ont à souscrire pour le payement de l'impôt de mutation par décès. Si, par suite de leur omission, la perception effectuée se trouvait insuffisante, il serait dû un droit en sus par application de l'art. 39 L. frim. En ce qui concerne le calcul de l'impôt sur la part du donataire, le droit de mutation par décès est dû sur sa part dans la masse totale de la succession, déduction faite des rapports ; mais, pour l'application du tarif, c'est le complément seul de cette part qui doit entrer en ligne de compte, et non pas cette part envisagée dans son ensemble (Instr. 3186, § 1er, 10711 R. P. ; — Orléans, 19 déc. 1906, 11395 R. P. ; — Beauvais, 18 mai 1907, 11561 R. P. ; — Contrà Lombez, 30 janv. 1907, 11568 R. P.).

Il ne saurait entrer dans le cadre de cette étude purement fiscale d'exposer ces diverses règles, qui sont exclusivement du domaine du droit civil. Nous nous bornerons à rappeler les principales et à faire ressortir, à titre d'exemples, leurs conséquences au point de vue de la liquidation des droits de mutation par décès.

Ajoutons que, toutes les fois qu'une succession comprend un actif apparent, les receveurs doivent, à l'expiration du délai légal, réclamer les droits, sans déduction du passif. (V. nos 1315 et 1317-4 suprà).

§ 1. — *Détermination de la part de chaque ayant droit dans l'actif.*

[1664-1667]

1664. Héritier incapable, indigne, renonçant. — De ce que l'impôt doit être liquidé sur la part dévolue à chaque ayant droit et considérée isolément, et que le taux en varie suivant le montant de cette part, il résulte que, pour le calcul des droits, on devra avoir égard aux causes susceptibles d'augmenter l'émolument d'un héritier, telles que l'incapacité, l'indignité, la renonciation d'un de ses cohéritiers, la déchéance pour cause de recel ou de divertissement, etc...

De même, en cas d'existence d'un enfant naturel, il conviendra de déterminer exactement, conformément à la loi du 25 mars 1896 (*V. Enfant*), l'étendue de ses droits, suivant qu'il se trouvera en concours avec des enfants légitimes ou des ascendants, qu'il y aura ou non un testament en sa faveur, etc...

Si les circonstances qui motivent l'augmentation de la part d'un successible existaient au moment de la déclaration et qu'elles n'aient pas été signalées par les parties, il semble que l'Administration sera fondée à considérer comme omises les valeurs portées au compte d'un héritier alors qu'elles revenaient effectivement à un autre et à réclamer, avec addition d'un droit en sus et dans les cinq ans de la déclaration, la différence entre l'impôt réellement dû par ce dernier et celui qui a été payé à tort sur les mêmes biens par son cohéritier.

En effet, d'après l'art. 2, L. 25 fév. 1901, chaque fraction recueillie par un successible est, au point de vue du paiement de l'impôt, considérée isolément et constitue, pour ainsi dire, une sorte de succession spéciale et distincte, à laquelle il convient de faire l'application des principes ordinaires.

Par les mêmes motifs, lorsque la renonciation d'un héritier, la déchéance par suite de recel ou de divertissement, etc., ne surviennent qu'après la déclaration, les valeurs qui reviennent ainsi à la part de chaque ayant droit constituent, à leur égard, des biens rentrés dans l'hérédité et donnent ouverture à un droit supplémentaire calculé, comme il a été dit *suprà*, en tenant compte des droits payés indûment par l'héritier renonçant ou évincé, et avec addition d'un demi-droit en sus, au cas où le droit simple ne serait pas acquitté dans les six mois de l'événement.

1665. Rapports. — Quotité disponible. — Réserve. — Les opérations préliminaires, nécessaires pour la détermination de la part héréditaire revenant à chaque ayant droit, consistent dans la reconstitution du patrimoine héréditaire, le calcul de la réserve et de la quotité disponible. Sous l'ancienne législation, ces questions ne présentaient pas grand intérêt au point de vue des droits de mutation par décès, tant qu'il ne s'agissait pas de répartir l'hérédité entre des héritiers de degrés différents ou de régler l'étendue des droits en propriété ou en usufruit du conjoint survivant. Elles seront, sous le régime de la loi nouvelle, d'une application constante, toutes les fois qu'une succession se trouvera dévolue à plusieurs personnes.

Nous avons soutenu, dans notre *Commentaire*, L. 25 fév. 1901 (n° 140, 10029 R.P.) que, pour calculer l'émolument de chaque ayant droit, il y a lieu de faire figurer, dans la déclaration, non seulement toutes les sommes ou valeurs rapportables par tous les héritiers, lors même qu'elles ne seraient sujettes par elles-mêmes à aucun droit et seraient entièrement conservées par le donataire, mais encore les libéralités de toute nature, qu'elles excèdent ou non la quotité disponible.

Nous ajoutions, toutefois, que, pour la détermination des tarifs applicables à chaque part successorale, il ne pourra cependant être tenu compte que des valeurs réellement transmises par décès, et qu'il conviendra de défalquer de chaque lot les biens provenant de rapports ou de libéralités entre vifs réduites, sans qu'il y ait à distinguer si ces biens ont été ou non attribués à un cohéritier autre que le donataire, ou s'il s'agit de dons en avancement d'hoirie ou de libéralités par préciput (Périgueux, 8 août 1891, 7884 R. P.).

Notre opinion n'est pas celle que l'Administration préconise dans son I. G. 3058, p. 21. « Si l'un des héritiers, porte cette Instr., a reçu du défunt une donation sujette à rapport, il n'y a pas lieu de tenir compte de ce rapport pour la détermination de la part de chacun des héritiers assujettie à l'impôt. Les biens donnés sont, en effet, irrévocablement sortis du patrimoine du donateur, et, au point de vue de l'application du droit de mutation par décès, les valeurs rapportées ne peuvent pas être comprises dans la masse héréditaire. La mutation entre vifs réalisée par la donation et qui a supporté l'impôt, d'après le tarif spécial aux contrats de cette nature, est complètement distincte de la transmission qui s'opère par le décès du *de cujus*; chacune de ces mutations doit être considérée isolément pour l'application des tarifs. »

Ajoutons que, quelle que soit l'opinion qui doive prévaloir, le legs fait à un héritier et qui est réputé consenti par préciput et hors part, à moins que le testateur n'ait exprimé la volonté contraire (843 C. civ. modifié par la L. 24 mars 1898) devra être ajouté à la part virile de cet héritier, dans le surplus de la masse héréditaire, pour calculer l'émolument net passible du droit de m. p. d.

Rappelons également que si les héritiers réservataires sont fondés à demander la réduction des libéralités faites par le défunt et qui dépassent la quotité disponible, cette réduction n'a pas lieu de plein droit et que, par suite, si elle n'est pas requise par les parties, elle ne pourra pas être effectuée d'office par le receveur qui devra maintenir, dans le lot de l'héritier gratifié, le montant de la donation consentie à son profit, quelle qu'en soit l'importance (Cass. 10 juil. 1860, Inst. n° 2185, § 7).

1666. Partage. — Lorsqu'il existe un partage purement déclaratif, cet acte servira, comme par le passé, de base à la liquidation des droits en vertu de l'art. 883 C. civ., suivant lequel le partage rétroagit au jour du décès et détermine la fraction légale que chaque cohéritier est censé tenir directement du défunt. C'est de cette fraction, ainsi composée et diminuée préalablement, comme nous l'avons vu au numéro précédent, des biens provenant de libéralités entre vifs, que devra être déduite la part des dettes à la charge du copartageant. L'importance du reliquat réglera la progression des tarifs applicable.

Il est à remarquer que, par suite de la liquidation de l'impôt sur la part recueillie par chaque ayant droit et considérée isolément, il pourra arriver que des cohéritiers, lotis également dans un partage, soient obligés d'acquitter des droits inégaux et calculés à des tarifs différents, suivant que leurs lots respectifs se composeront d'immeubles ordinaires, évalués d'après une capitalisation de leur produit, ou d'immeubles non productifs de revenus et de meubles estimés en valeur vénale.

Mais comme les dispositions de l'art. 32, L. de frim., n'ont pas été modifiées, les cohéritiers n'en seront pas moins, comme autrefois, tenus solidairement de l'ensemble des droits, bien que la part dévolue à chacun d'eux constitue, pour ainsi dire, une succession distincte au point de vue du calcul des droits.

1667. Assurances sur la vie au profit d'un successible. — L'impôt de mutation par décès devant être assis sur tous les biens réellement recueillis par un successible, il y a lieu de comprendre, dans la fraction imposable revenant à chaque héritier, tout ce qu'il reçoit, directement ou indirectement, par l'effet du décès de son auteur et qui est de nature à augmenter son émolument.

Il convient par suite, pour la liquidation des droits, d'ajouter à la part dévolue à l'un des héritiers ou à un légataire dans les biens héréditaires, le montant de l'assurance sur la vie qui a pu être contractée à son profit par le défunt.

Le doute, en cette matière, pourrait provenir de ce que, d'après la loi civile, le bénéficiaire d'une assurance, lorsqu'il est nominativement désigné, en acquiert le montant *jure proprio* et n'est pas tenu d'en faire le rapport (V. Cass. 29 juin 1896, S. 96-1-361; — Paris, 3 juin 1898, S. 1900-2-1.).

Mais l'art. 6, L. 21 juin 1875 a, au point de vue fiscal, complètement assimilé les assurances sur la vie aux valeurs successorales et on ne saurait, en conséquence, les tarifer séparément comme une succession distincte et se dispenser de les faire figurer dans la part imposable, lors même que les parties n'en auraient pas fait état dans le partage ou dans leurs conventions.

L'art. 2, L. 25 fév. 1901 prescrit, d'ailleurs, de liquider l'impôt « sur la part *recueillie* par chaque ayant droit », sans se préoccuper du titre en vertu duquel la dévolution s'opère ou est censée s'opérer. C'est donc sur le total de cette part que le droit doit être calculé.

§ II. — *Détermination de la part de chaque ayant droit dans le passif héréditaire.*

[1668-1674]

1668. Obligation et contribution aux dettes. — De même que lorsqu'il s'agit de déterminer la part incombant au défunt dans une dette commune à diverses personnes (V. n° 1654 *suprà*), la répartition du passif héréditaire entre les divers successibles doit être examinée à un double point de vue, suivant qu'il s'agit de l'obligation ou de la contribution aux dettes. Les règles sur l'obligation aux dettes ont pour but de fixer la proportion dans laquelle les créanciers héréditaires peuvent poursuivre chacun des successeurs; celles de la contribution font connaître la proportion dans laquelle les dettes de la succession doivent être définitivement supportées par les différentes personnes appelées à recueillir l'hérédité.

Comme nous l'avons expliqué au sujet des dettes dues partiellement par le *de cujus* (n° 1655 *suprà*), la contribution aux dettes doit seule être prise en considération en ce qui concerne la déduction des dettes.

Pour calculer la fraction du passif susceptible d'être déduite de la valeur brute d'un lot, il conviendra donc de déterminer la part des dettes qui devra être définitivement supportée par l'attributaire de ce lot, proportionnellement à ses droits.

Bien que cette question soit plutôt du domaine de la loi civile, nous allons donner quelques indications générales sur le mode de détermination de la quote-part de dettes incombant aux divers successibles et dont la défalcation pourra être admise pour l'assiette de l'impôt de mutation par décès.

1669. Division des dettes. — Les dettes comme les créances du défunt se divisent de plein droit entre ses héritiers, qui en sont tenus dans la mesure de leur vocation héréditaire et proportionnellement à la part qu'ils recueillent dans la succession, abstraction faite de la nature et du caractère de ces dettes et sans distinguer si elles sont divisibles ou indivisibles, chirographaires ou hypothécaires, et si elles résultent de contrats ou de quasi-contrats, de délits ou de quasi-délits.

Les règles relatives à la transmission des dettes et charges d'une hérédité font l'objet des art. 870 à 882 C. civ.

La division des dettes s'opère, quel que soit le mode d'acceptation des héritiers et lors même qu'ils auraient accepté sous bénéfice d'inventaire ou que les créanciers de la succession auraient requis la séparation des patrimoines. Il en est de même en cas de partage par souches. Ainsi, lorsqu'un successible meurt en transmettant son droit héréditaire à ses propres héritiers, ceux-ci ne sont tenus chacun que pour la portion qu'ils prennent dans la succession de leur auteur (Aubry et Rau, t. VI, n° 636, p. 672; — Laurent, t. XI, n° 64; — Baudry-Lacantinerie, t. III, n° 3043; — Demolombe, t. XVII, n° 47). Enfin on admet que le principe de la division des dettes entre copartageants s'applique également au partage de communauté (Cass. req. 11 nov. 1878, S. 79-1-457; D. P. 80-1-323; — Guillouard, III, n° 1378. — *Contrà* : Bourges, 22 fév. 1876, S. 76-2-135; D. P. 78-2-77; — Rennes, 12 nov. 1891, D. P. 92-2-296).

L'application en matière fiscale du principe de la division des dettes ne présente pas de difficultés si aucun règlement n'est intervenu entre les parties. Dans cette hypothèse, l'actif et le passif devront être évalués comme il a été dit précédemment et répartis proportionnellement aux droits de chacun. En cas de partage, la division des dettes s'opérera de la même manière, ainsi qu'il sera expliqué *infrà* (n° 1673).

1670. Successibles tenus des dettes. — Le passif héréditaire est une charge de l'universalité qui constitue le patrimoine et non de chaque objet dont se compose ce patrimoine. Le passif ne peut donc être supporté que par ceux qui succèdent à l'universalité ou à une quote-part de cette universalité, et proportionnellement à la fraction qu'ils en recueillent *comme héritiers*; il n'est pas à la charge de ceux qui succèdent à des objets particuliers dépendant du patrimoine (Baudry-Lacantinerie et Wahl, *Succ.*, t. III, n° 3930).

En conséquence, sont seuls tenus de contribuer aux dettes : les héritiers légitimes ou naturels, les successeurs irréguliers, les légataires universels ou à titre universel et les héritiers contractuels. Les successeurs anormaux, comme les ascendants donateurs, sont considérés comme de véritables héritiers à titre universel (Aubry et Rau, t. VI, § 608, p. 352, texte et note 32 ; — Baudry-Lacantinerie et Wahl, *op. cit.*, n° 530) et contribuent également à l'acquittement des dettes dans la proportion des biens recueillis comparée à la valeur intégrale des biens laissés par le défunt (Lyon, 8 mars 1900, *Pand. franç.*, v° *Succ.*, n° 9318).

Au contraire, les légataires à titre particulier, qui ne succèdent qu'à des biens déterminés, sont dispensés de contribuer aux dettes.

Supposons, par exemple, que le défunt laisse deux fils et que l'un d'eux soit légataire d'une somme équivalente au tiers de la succession. Chacun des fils étant appelé à recueillir, *à titre d'héritier*, la moitié de la succession contribuera au passif pour moitié (Laurent, t. XI, n° 77 ; — Baudry-Lacantinerie, t. III, n° 871). Par conséquent, lors de la déclaration de la succession, on devra déduire la moitié du passif de la part revenant à chaque ayant droit dans l'actif héréditaire, bien que cette part se réduise, en fait, à un tiers pour l'enfant non légataire.

Il en serait encore de même si le bénéficiaire du legs, au lieu de profiter d'une disposition préciputaire, avait été chargé exclusivement par le défunt de délivrer un legs particulier à un tiers. Dans ce cas, la moitié du passif n'en devrait pas moins être défalquée de la part qu'il conserve comme héritier.

Quelques auteurs soutiennent que le légataire universel ou à titre universel contribue seulement aux dettes dans la proportion de l'actif qui lui revient, déduction faite des legs particuliers (Duranton, t. VII, n° 433; — Troplong, *Don. et Test.*, t. IV, n° 1838; — Demante, t. III, n° 205) ; mais on admet généralement l'opinion contraire d'après laquelle le légataire universel ou à titre universel contribue comme les héritiers, dans la proportion de la quotité héréditaire qu'il est appelé à recueillir d'après la nature de son titre (Cass. 13 août 1851, S. 51-1-657, D. P. 51-1-281 ; — Aubry et Rau, t. VII, § 723, p. 301 ; — Demolombe, t. XVII, n° 33; — Laurent, t. XI, n° 78; — Baudry-Lacantinerie, t. III, n° 3933).

Prenons, par exemple, le cas où un légataire universel se trouve en concours avec un héritier réservataire, déjà donataire à titre de préciput ou légataire particulier. Si la réserve est de moitié, l'héritier ne doit contribuer au paiement des dettes que dans la proportion de sa réserve, c'est-à-dire de moitié, abstraction faite des biens qu'il recueille comme donataire préciputaire ou légataire particulier; l'autre moitié du passif est à la charge du légataire universel, quelle que soit la réduction que son legs puisse éprouver par suite de la disposition préciputaire faite à l'héritier.

La même doctrine doit être suivie dans le cas où le legs à titre universel est d'une certaine espèce de biens, comme de tous les meubles ou de tous les immeubles. Ainsi, en supposant que le défunt ait laissé tous ses meubles à *Primus* et disposé en outre de quelques immeubles à titre particulier, la répartition des dettes entre le légataire à titre universel des meubles et l'héritier appelé à recueillir l'universalité des immeubles, devra s'opérer proportionnellement à la valeur des meubles comparée à celle des immeubles, sans aucune déduction au profit de l'héritier à raison des legs particuliers d'immeubles mis à sa charge (Cass. 30 avr. 1884, S. 84-1-281 ; D. P. 85-1-373; — 4 déc. 1895, D. P. 96-1-393; — Demolombe et Aubry et Rau, *loc. cit.*; — Baudry-Lacantinerie, t. III, n° 3934).

1671. Légataires particuliers. — Aux termes de l'art. 871 C. civ., le légataire particulier n'est pas tenu des dettes et charges de l'hérédité, sauf toutefois l'action hypothécaire sur l'immeuble légué : mais, dans ce dernier cas, le légataire particulier qui, en vertu de l'obligation aux dettes, a payé de ses deniers une dette hypothécaire, est légalement subrogé (C. civ. 874) dans les droits des créanciers, qu'il a désintéressés, contre l'héritier ou les légataires universels ou à titre universel tenus de supporter définitivement la dette (Cass. 4 déc. 1895, D. P. 96-1-393).

Il en résulte, qu'en toute hypothèse, aucune déduction ne peut être admise sur les biens recueillis à titre préciputaire ou de legs particulier, lors même que ces libéralités profiteraient à un héritier ou à un légataire universel ou à un titre universel.

Il est manifeste, cependant, que si les valeurs dévolues à ces derniers étaient insuffisantes pour faire face au passif héréditaire, les legs particuliers devraient, par application du principe *nemo liberalis nisi liberatus*, être réduits proportionnellement à l'importance de la fraction des dettes successorales non couvertes par les biens revenant aux héritiers ou légataires universels ou à titre universel et, dans ce cas, la défalcation devrait en être opérée, jusqu'à due concurrence, même sur les legs préciputaires ou à titre particulier.

De même, il semble incontestable que le testateur a la faculté de modifier l'étendue de ses libéralités en imposant certaines charges aux bénéficiaires; dans ce cas, la déduction devra être opérée conformément à l'intention du disposant.

Par exemple, si un assuré a institué son créancier légataire du montant de l'assurance à la condition qu'il ne réclamera pas sa créance, ce dernier, s'il accepte le legs à son profit, ne sera tenu d'acquitter l'impôt que sur la différence entre le capital assuré et le montant de la dette du défunt.

1672. Usufruitier et nu propriétaire. — En principe, le légataire particulier n'est pas tenu des dettes héréditaires, mais cette règle n'est pas applicable au légataire de l'usufruit universel ou à titre universel, lors même qu'on le considérerait comme un légataire particulier (V. sur ce point Cass. 19 juin 1895, S. 95-1-336; D. P. 95-1-470 et notes).

En droit civil, la question de la quotité de passif dont l'usufruitier est tenu est réglée par l'art. 612 C. civ., duquel il résulte que les dettes doivent être supportées en capital par les héritiers et en intérêts par l'usufruitier, proportionnellement à l'importance de son usufruit.

La loi prévoit notamment trois combinaisons différentes pour aboutir à ce but : ou bien le nu propriétaire débourse le capital nécessaire et l'usufruitier lui en sert les intérêts tant que dure son usufruit; ou bien le nu propriétaire et l'usufruitier vendent des biens grevés d'usufruit en quantité suffisante pour couvrir le passif; ou bien encore, l'usufruitier fait l'avance du capital que le nu propriétaire lui rembourse sans intérêts à la fin de son usufruit.

Les rentes viagères font l'objet de règles spéciales.

Le législateur de 1901 a tenu également, au point de vue de la liquidation du droit de mutation par décès, à faire supporter le passif héréditaire par l'usufruitier et le nu propriétaire, proportionnellement à l'importance des biens qu'ils recueillent.

A cet effet, l'art. 3, 5e alinéa, porte que, « s'il s'agit d'une dette grevant une succession dévolue à une personne pour la nue propriété et à une autre pour l'usufruit, le droit de mutation sera perçu sur l'actif de la succession diminué du montant de la dette, dans les conditions de l'art. 13 ».

Il résulte de cette disposition, qu'en principe, le passif héréditaire doit être considéré comme grevant la succession tout entière, abstraction faite de son démembrement en nue propriété et en usufruit, et qu'il y aura lieu, dès lors, de le déduire, avant de calculer la part revenant à chacun des bénéficiaires. Après cette défalcation préliminaire, la valeur de l'usufruit de la différence sera déterminée conformément aux règles tracées par l'art. 13 et tarifée en conséquence; de leur côté, les nus propriétaires acquitteront l'impôt sur le reliquat net de la succession diminué de la valeur de l'usufruit.

On procédera de même si l'usufruitier est en même temps attributaire d'une part en pleine propriété dans l'hérédité.

Ainsi, prenons une succession composée de biens d'une valeur de 20.000 fr., grevée de dettes s'élevant à 8.000 fr., et recueillie, pour un quart en propriété et un quart en usufruit, par le conjoint survivant âgé de 27 ans et, pour le surplus, par les enfants du défunt.

La liquidation de l'impôt devra être établie de la manière suivante :

Actif brut	20.000
Passif déductible . . .	8.000
Reliquat . .	12.000

Le droit sera dû par le conjoint :

1° Sur la propriété du quart de 12.000, soit. . .	3.000
2° Sur la valeur de l'usufruit d'une même quotité, c'est-à-dire sur les 6/10 de 3.000 fr., ci. . .	1.800
Somme imposable.	4.800

D'autre part, chaque enfant devra l'impôt sur le tiers de la somme de 12.000 fr. diminuée des droits de l'époux survivant montant à 4.800 fr., c'est-à-dire sur le tiers de 7.200 fr., soit sur 2.400 fr.

Cette somme de 2.400 fr. se trouve ainsi composée :

1° Du tiers en pleine propriété de la moitié de 12.000, soit.	2.000
2° Du tiers de la nue propriété de 3.000 fr., représentant une valeur imposable de 1.200 fr., soit pour un tiers	400
Total égal	2.400

Il est à remarquer que cette déduction du passif successoral sur l'ensemble de l'hérédité, même pour les dettes dont un usufruitier peut être tenu en capital, à raison de ses droits en pleine propriété sur la succession, ne se trouve nullement en contradiction avec le principe rappelé au n° 1663, d'après lequel il y a lieu de déduire de la part brute de chaque ayant droit dans l'actif la fraction du passif qui lui incombe.

Ainsi, dans l'exemple ci-dessus, la part brute dévolue en pleine propriété au conjoint est d'un quart, c'est-à-dire de 5.000 fr., ci. 5.000
à charge d'acquitter une part correspondante du passif, soit 1/4 de 8.000 ou 2.000

Reliquat net en pleine propriété . . . 3.000

D'autre part, les 5.000 fr. revenant en usufruit à l'époux survivant et en nue propriété aux enfants sont également grevés d'une dette de 2.000 fr., de sorte que le reliquat net de 3.000 fr. est recueilli par le conjoint en usufruit, c'est-à-dire jusqu'à concurrence des 6/10, soit 1.800

Total égal à celui qui a été obtenu dans la liquidation précédente 4.800

Ainsi, le résultat est identique, soit qu'on défalque de l'actif total l'intégralité du passif et qu'on répartisse la différence proportionnellement aux droits de l'usufruitier et du nu propriétaire, soit qu'on procède à une liquidation distincte pour les biens recueillis en pleine propriété et pour ceux dont la propriété se trouve démembrée.

L'article 3 L. 25 fév. 1901 n'établit, d'ailleurs, aucune distinction entre les différentes sortes de dettes héréditaires; il s'applique, dès lors, aux rentes viagères dues par le défunt ou aux dettes non productives d'intérêts comme aux dettes ordinaires.

Toutefois, les règles ci-dessus ne pourraient être invoquées s'il résultait des termes du testament ou des circonstances de la cause que la charge de telle dette ou de telle rente a été exclusivement imposée au bénéficiaire de l'usufruit ou de la nue propriété. Dans cette hypothèse, le montant de la dette ou de la rente devrait s'imputer conformément aux stipulations du testament.

Les dispositions de l'art. 3 s'appliquent à l'usufruitier légal comme à l'usufruitier testamentaire. Il en est de même si l'usufruit résulte d'une convention de mariage. Mais comme, dans ce cas, la transmission de cet usufruit est exonérée de tout droit et que l'impôt atteint seulement la nue propriété des biens, c'est-à-dire une fraction de la pleine propriété, il sera nécessaire, après avoir procédé à la déduction du passif, d'opérer une ventilation de reliquat et de le répartir proportionnellement à l'importance des biens faisant l'objet de la convention de mariage et ceux dont l'usufruit résulte d'une libéralité proprement dite.

1673. Effets du partage au point de vue du passif. — Les effets de la division des dettes sont indépendants des stipulations qui ont pu intervenir entre les parties et de l'attribution qu'elles peuvent se faire de leurs dettes.

Les conventions de ce genre ne sont pas opposables aux tiers et ceux-ci sont toujours reçus à faire valoir les droits qui résultent de la division opérée par la seule force de la loi entre les héritiers du débiteur (Aubry et Rau, t. IV, § 301, p. 55, note 29 et t. VI, § 636, p. 668, note 6; — Demolombe, t. XVII, n° 9; — Laurent, t. XI, n° 77; — Baudry-Lacantinerie, t. III, n° 3957, note 7; — C. Bourges, 18 janv. 1892, D. P. 92-2-272; — Cass. req. 27 nov. 1893, S. 94-1-407, D. P. 94-1-436).

Sans doute, les héritiers, pour faciliter les opérations du partage ou dans un but de convenance réciproque, peuvent répartir entre eux les dettes héréditaires autrement que ne le fait la loi, mais cette répartition ne constitue pas un partage, les héritiers n'ayant pas à partager ce qui a été déjà partagé par la loi, et l'art. 832 C. civ. n'ayant pas disposé que les dettes seront comprises au partage (Baudry-Lacantinerie, t. III, n° 4288).

Il en résulte qu'il n'y a pas lieu d'étendre au passif héréditaire l'effet déclaratif attaché par l'art. 883 C. civ. au partage des valeurs actives et, qu'en toute hypothèse, la répartition de ce passif devra être opérée, entre les intéressés, suivant les règles sur la contribution aux dettes, c'est-à-dire proportionnellement à la part que chacun d'eux recueille dans l'universalité (*Rapp.* n° 1668 et s. *suprà*).

Il conviendra donc, au point de vue de la liquidation des droits de mutation par décès, de faire abstraction de la division inégale du passif faite dans le partage et la convention par laquelle les héritiers chargeraient l'un d'eux de payer la totalité d'une dette de la succession ou une portion supérieure à sa part héréditaire n'empêcherait nullement la déduction sur les biens revenant aux autres héritiers de la part leur incombant légalement dans cette dette.

Par conséquent, comme sous le régime de la législation antérieure, un partage ne pourra servir de base à la déclaration de la succession et à la perception de l'impôt que s'il est pur et simple et ne contient ni soulte ni retour.

Les règles précédentes seront d'autant plus utiles à observer que les partages de successions comprennent habituellement un certain nombre de dettes (frais funéraires, frais de scellés, d'inventaire, d'actes, etc...), dont la déduction n'est pas autorisée (V. n° 1578 et 1583 *suprà*) et que, par suite, la défalcation sur chaque lot des seules dettes mises à la charge de l'attributaire présenterait de réelles difficultés et aboutirait, en fait, à de profondes inégalités entre les taxes payées par des cohéritiers recueillant une même quotité de biens.

1674. Assurance sur la vie. — Prêts. — Lorsque le prêt consenti par une compagnie d'assurances sur la vie à un assuré n'a pas été stipulé imputable sur le capital assuré, la somme prêtée constitue un passif ordinaire dont la distraction doit s'opérer sur l'ensemble de l'actif héréditaire et être répartie proportionnellement entre tous les ayants droit.

Il en est de même au cas où le prêt doit être prélevé sur le montant du capital assuré, lorsque l'assurance a été stipulée au profit de personnes incertaines ou indéterminées et profite ainsi, d'une manière générale, à la succession de l'assuré. Lorsque l'assurance est souscrite au profit d'une personne nominativement désignée, la dette qui la grève spécialement reste à la charge du bénéficiaire, puisqu'elle frappe une valeur qui, en droit, ne fait pas partie de l'hérédité. Dans ce cas, elle devra être intégralement déduite de la seule part du bénéficiaire ou plutôt ce dernier ne sera tenu, à cet égard, que d'acquitter l'impôt sur le capital de l'assurance diminué de la somme prêtée.

CHAPITRE IX. — INEXACTITUDE DES DÉCLARATIONS OU ATTESTATIONS DE DETTES.

[1675-1681].

§ 1. — *Preuve de l'inexactitude.*

[1675-1676].

1675. Considérations générales. — Les art. 8 et 10 concernent la constatation des inexactitudes des déclarations ou attestations des dettes, leur mode de répression et les pénalités qu'elles entraînent.

Dans le projet primitif du gouvernement, ces dispositions avaient été étendues aux omissions et insuffisances d'évaluation de meubles ou valeurs mobilières, mais cette aggravation de nos lois fiscales n'a pas été sanctionnée par le Parlement (V. 8652, p. 24, et 8665, p. 81 R. P.). Les fausses déclarations relatives aux valeurs continuent à être régies par les lois antérieures, tant au point de vue des modes de preuves que des pénalités et des délais de prescription.

Les art. 8 et 10 ne visent d'ailleurs « que l'inexactitude des déclarations ou attestations de dettes », c'est-à-dire le fait par les redevables d'avoir déclaré ou attesté l'existence d'une dette fictive en totalité ou en partie, et de n'avoir pas ainsi permis à l'agent du Trésor d'établir, au moment de la déclaration, une perception intégrale et conforme à l'importance nette de l'hérédité.

Ces prescriptions ne sont pas applicables au cas où le receveur a admis une déduction sans exiger les justifications nécessaires ou s'est mépris sur le caractère et la portée des renseignements ou pièces qui lui ont été fournis. Aux termes de l'art. 5 de la loi, en effet, il est libre d'admettre ou d'écarter de la déduction toute dette au sujet de laquelle les justifications lui paraissent insuffisantes (V. n° 1624 *suprà*); par conséquent, s'il consent à opérer une défalcation que ne justifiaient pas suffisamment les documents produits lors de la déclaration, il commet une véritable insuffisance de perception prescriptible par deux ans et qui ne peut être établie que conformément à l'art. 65 L. frim. et non par tous les moyens de preuve autorisés par l'art. 8 de la nouvelle loi.

Il est à remarquer, dans cet ordre d'idées, que l'art. 3, 3e alinéa, n'a accordé qu'un délai de deux ans aux agents du service du contrôle pour vérifier, au vu des livres de commerce du défunt, si la déduction du passif commercial admise par le receveur se trouvait effectivement justifiée et pour réclamer, dans le cas de la négative, un supplément de droit.

En d'autres termes, les nouvelles dispositions ne régissent que les faits qui sont l'œuvre exclusive des parties et n'atteignent pas les déductions indûment opérées par suite d'une erreur commune aux redevables et au receveur ou spéciale à ce dernier. Elles ne pourraient, par exemple, être appliquées, au cas où l'agent aurait admis, sans exiger l'attestation du créancier, la déduction d'une dette échue depuis plus de trois mois ou garantie par une inscription périmée depuis la même époque (art. 7, 1° et 4°), ou bien aurait défalqué, à tort, une dette, sur la demande du déclarant, sans aucune justification ou sur des justifications insuffisantes, et sans qu'aucune faute ait été commise par la partie. Les suppléments de droit exigibles dans ces diverses hypothèses restent soumis à la prescription biennale et le recouvrement ne peut en être poursuivi que conformément aux lois antérieures.

1676. Moyens de preuve. Procédure. — En cas de réclamation pour cause d'inexactitude d'une déclaration ou attestation de dette, l'Administration est tenue de prouver la simulation de cette dette par les différents moyens de preuve que la loi met à sa disposition ; elle ne peut, d'ailleurs, que contester la sincérité du titre produit ou de l'attestation en se basant sur les différents faits parvenus légalement à sa connaissance et elle n'est pas autorisée, pour compléter cette preuve, à exiger, soit la représentation des titres que le receveur a considérés comme suffisamment probants, soit la production de nouvelles justifications (V. n° 1624 *supra*).

D'après les art. 65 L. frim. et 17 L. 27 ventôse an IX, l'instruction des instances en matière d'enregistrement doit avoir lieu exclusivement par mémoires respectivement signifiés et tout débat oral est interdit à peine de nullité. La jurisprudence en a conclu que la Régie ou les parties ne peuvent invoquer, parmi les preuves de droit commun, que celles dont l'emploi se concilie avec les exigences de l'instruction par écrit. De ce nombre sont la preuve littérale, les présomptions et l'aveu, s'il est consigné par écrit. Au contraire, se trouvent prohibés la preuve testimoniale et le serment, qui supposent nécessairement un débat ou la comparution personnelle de la partie.

En matière de déduction de dettes, le projet primitif du gouvernement du 10 nov. 1894 (8652 R. P., p. 11 et 24) autorisait l'Administration à établir l'inexactitude du passif par tous les moyens de preuve admis par le droit commun, sans aucune exception, mais cette faculté n'a été définitivement maintenue que pour la preuve testimoniale et l'art. 8 a formellement exclu le serment.

Cette disposition s'applique expressément à l'attestation du créancier comme à la déclaration de l'héritier et atteint, par suite, dans la généralité de ses termes, toute infraction commise par les parties.

Pour établir l'inexactitude d'une déclaration ou d'une attestation de dette, la Régie pourra donc invoquer, soit les énonciations des actes constatant la situation passive de l'hérédité, soit l'aveu direct ou indirect de la simulation, soit de simples présomptions, comme celles qui pourraient résulter du rapprochement de la déclaration de la succession du créancier et celle de la succession du débiteur, si les deux décès se sont produits à un intervalle rapproché. Mais les faits allégués doivent être de nature à démontrer, par eux-mêmes, la simulation de la dette, sans qu'il soit nécessaire de recourir, en outre, à la représentation des titres au vu desquels la déduction a été admise.

L'art. 8 ajoute qu'il n'est pas dérogé, en cette matière, aux dispositions des art. 65 L. frim. et 17 L. 27 ventôse an IX, sauf dans les instances ne comprenant pas la procédure spéciale établie par ces articles.

Par conséquent, toutes les fois que l'Administration invoquera la preuve littérale, les présomptions tirées d'actes et de faits constants au procès ou l'aveu écrit de la partie, la procédure devra, exclusivement, être faite par écrit, quelle que soit la nature de la réclamation, et lors même qu'il s'agirait de démontrer l'inexactitude d'une déclaration ou attestation de dette.

Mais lorsqu'en matière de déduction erronée du passif, la Régie aura recours à la preuve testimoniale, à l'enquête ou à l'interrogatoire sur faits et articles, elle devra, nécessairement, observer les formes tracées par le Code de proc., puisque l'emploi de ce genre de preuve est incompatible avec la procédure spéciale organisée par les lois de l'an VII et de l'an IX.

De leur côté, les parties sont incontestablement fondées à opposer la preuve contraire aux faits articulés par l'Administration et à se prévaloir, à cet effet, de tous les moyens de preuve admis par le droit commun, à l'exception du serment. Les dispositions de l'art. 8 sont, en effet, aussi générales que possible et peuvent, par suite, être invoquées par les redevables comme par la Régie. Nous pensons donc qu'au cas où cette dernière se baserait sur des énonciations d'actes parvenus légalement à sa connaissance ou sur des présomptions et engagerait l'instance dans les formes de la L. frim., la partie pourrait présenter sa défense au moyen de la preuve testimoniale, de l'enquête ou de l'interrogatoire sur faits et articles, et employer, par suite, la procédure de droit commun.

§ II. — *Pénalités.*

[1677-1679]

1677. Cas où une pénalité peut être exigée. — Ainsi que nous l'avons vu précédemment (n° 1675), les mesures édictées par le législateur en vue de réprimer les inexactitudes en matière de dettes, ne s'appliquent qu'aux déductions obtenues frauduleusement par les parties, au moyen d'indications ou de titres incomplets ou erronés.

Cette interprétation, en ce qui concerne les pénalités, trouve sa confirmation dans le texte même de l'art. 9 qui, loin de reproduire l'expression « inexactitude des déclarations de dettes », contenue dans les art. 8 et 10, et susceptible, jusqu'à un certain point, de prêter à ambiguïté, porte, au contraire, que « toute déclaration ayant *indûment entraîné* la déduction d'une dette, sera punie d'une amende, etc. ».

Pour que la pénalité puisse être encourue, il est donc indispensable que la déduction n'ait été obtenue que par une fraude résultant, soit de la production de documents altérés ou simulés, soit de l'attestation d'une créance fictive. Tel serait, par exemple, le cas où l'Administration aurait la preuve du remboursement anticipé d'une dette déclarée non échue au décès.

Cette nécessité du caractère frauduleux de la déclaration, pour motiver une pénalité, ressort avec la dernière évidence des travaux préparatoires de la loi.

« *Le concert frauduleux*, porte le rapport de M. Cordelet (8881 R. P., p. 77), qui s'établirait entre l'héritier et un ancien créancier pour présenter comme subsistant encore une dette qui a été remboursée, mérite d'être réprimé rigoureusement, etc. »

« Si la *fraude* est découverte, a dit M. Chaumié, lors de la séance du 24 janv. 1901 (9984 R. P., p. 154), l'art. 9 règle la pénalité. C'est le triple du droit *évité par la déclaration mensongère*. »

Dans la même séance, le ministre a lui-même déclaré « qu'il serait possible d'éluder à peu près l'impôt au moyen de la déduction de *dettes simulées* et que, pour prévenir de telles *fraudes*, des collusions nettement caractérisées, etc... », et M. Cordelet a ajouté qu'il s'agissait de « la *simulation d'une dette, acte essentiellement frauduleux*, qui appelle même le concours d'un tiers, etc. » (*loc. cit.*, R. P., p. 160).

Cependant, de même qu'en nature d'omission ou d'insuffisance d'évaluation, la Régie n'est pas tenue, pour exiger une pénalité, de démontrer la mauvaise foi des parties, il suffit, pour qu'une déclaration ou attestation de dette tombe sous le coup de l'art. 9, qu'elle soit fausse en totalité ou en partie, sans qu'il y ait à rechercher si la fraude a été commise intentionnellement ou par inadvertance (V. rapport de M. Cordelet, 8881 R. P., p. 78). Toute distinction entre le cas où la mauvaise foi n'est pas démontrée et celle où elle est manifeste a formellement été écartée lors de la discussion de la loi à la Chambre des députés (V. séance de la Chambre des dép. du 16 nov. 1895. Discours de M. Mougeot et explications du rapporteur, 8665 R. P., p. 80 et s.).

L'art. 9 devra, d'ailleurs, être appliqué, soit que la déduction ait porté sur une dette entièrement fictive, soit qu'une dette ait été déclarée d'après de faux documents, pour un chiffre supérieur à son importance réelle.

Mais aucune pénalité ne pourra être exigée si l'évaluation d'une créance indéterminée (V. n° 1593 *suprà*) est ultérieurement reconnue excessive, car, au moment de la liquidation, le comptable a été mis à même d'apprécier les justifications produites ainsi que le quantum de la déduction sollicitée, et aucune faute ou fraude ne saurait être reprochée aux parties. Nous pensons donc que, dans ce cas, la constatation ultérieure du montant exact de la dette permettra seulement à l'Administration de réclamer un supplément de droit simple dans les deux ans de la déclaration.

Ajoutons également que les pénalités prévues par l'art. 9 sont spéciales à la déduction des dettes et ne peuvent être étendues, par voie d'analogie, aux déductions de charges admises sous le régime antérieur, telles que sommes données et non payées, legs encore dus au décès, reprises, etc...

1678. Amendes. — Aux termes de l'art. 9, 1er alinéa, toute déclaration frauduleuse de dette est punie d'une amende égale au triple du supplément de droit exigible, sans que cette amende puisse être inférieure à 500 fr., sans décimes.

Cette sanction a été empruntée en partie à l'art. 12 L. 23 août 1871 (Rapport de M. Cordelet, 8881 R. P., p. 77) avec cette différence que la quotité de l'amende, fixée d'abord, comme dans cette dernière loi, au quart du montant de la dette dissimulée (8652 R. P., p. 5) a été ensuite réduite à une somme en rapport avec le droit fraudé (Rapport de M. Cordelet, *loc. cit.*).

La loi exige, en premier lieu, que le préjudice éprouvé par le Trésor, par suite de la déduction d'une dette fictive, soit réparé au moyen du versement des droits simples qui auraient dû être perçus si cette déduction n'avait pas été opérée, et elle ajoute à ces droits simples une pénalité égale au triple de leur montant, avec fixation d'un minimum de 500 fr. adopté après une longue discussion (V. séance du Sénat du 24 janv. 1901, 9984 R. P., p. 158).

Par conséquent, une pénalité (triple droit au minimum) ne sera due qu'autant que la déclaration, prise dans son ensemble, fera ressortir l'exigibilité d'un complément de droit. Il en résulte, notamment, que si la déclaration était entachée, en même temps que de fausses déclarations de dettes, d'autres erreurs susceptibles de compenser le préjudice résultant pour le Trésor de la déduction injustifiée de ces dettes, aucune pénalité ne pourrait être réclamée.

D'autre part, bien que l'art. 9 édicte « une *amende* égale au triple du supplément de droit exigible » et non pas simplement « un triple droit », cette pénalité n'en est pas moins exempte de décimes qui, à défaut de dispositions contraires, s'ajoutent, en principe, aux droits d'enregistrement et aux amendes de toute nature.

Il est manifeste, en effet, que si l'amende était augmentée de décimes alors que le droit simple en est exonéré, elle ne serait plus *égale* au triple du supplément de droit simple; on ne comprendrait pas, d'ailleurs, pour quels motifs le législateur aurait maintenu, pour les pénalités, les décimes qu'il a supprimés sur les droits simples; enfin, son intention résulte clairement de la disposition finale qui a fixé le minimum de l' « amende » à une somme de 500 fr. « sans décimes ».

1679. Paiement des amendes. — Solidarité des héritiers et du créancier. — L'art. 12 L. 23 août 1871, qui a servi de modèle à l'art. 9 L. 25 fév. 1901, n'édicte qu'une seule amende due solidairement par le vendeur et l'acheteur et répartie entre eux par égales parts. De même, en cas de déclaration frauduleuse d'une dette, dont l'existence a été faussement attestée par un créancier, il n'y a qu'un fait préjudiciable, perpétré par le concours de l'héritier et du prétendu créancier et il n'y a lieu qu'à une seule amende (Rapport de M. Cordelet, *loc. cit.*). Mais, comme dans la L. 23 août 1871, la totalité de cette amende est due solidairement par l'héritier qui a déclaré une dette fictive et par le prétendu créancier qui en a faussement attesté l'existence (art. 9, 2e alinéa).

Quant à la répartition de cette amende, il a paru juste de limiter au tiers la part à supporter définitivement par celui qui a donné l'attestation fausse et qui, à la différence du vendeur, n'a pas agi dans un but personnel (Rapport de M. Cordelet, *loc. cit.*). L'Administration n'a pas, d'ailleurs, à s'immiscer dans cette répartition, puisque l'héritier et le prétendu créancier sont, à son égard, tenus solidairement au paiement de l'amende. Malgré cette répartition, la Régie a la faculté d'exiger le paiement intégral de la pénalité d'un seul des contrevenants à son choix (C. C. 1203), lorsque la fraude est légalement établie à l'encontre de l'héritier et du créancier. Si la fraude n'est prouvée que vis-à-vis de l'héritier, l'Administration ne peut s'adresser qu'à lui, mais elle est fondée à l'obliger à payer la totalité du triple droit.

D'autre part, comme chacun des contrevenants ne doit, en définitive, supporter que les 2/3 ou le 1/3 de l'amende, cette amende, en cas de décès de l'un d'eux, est éteinte, à son égard, et il n'y a plus lieu de réclamer la fraction qui lui incombait, ni à ses héritiers (*Comp.* Sol. 20 mars 1882, 5917 R. P.) ni aux autres intéressés (*Comp.* Sol. 17 mai 1876, 5028 R. P., et 19 avril 1882, 6331 R. P.).

Lorsque la succession est dévolue à plusieurs héritiers, la question peut s'élever de savoir si la solidarité existant entre eux en vertu de l'art. 32 L. frim., pour le paiement des droits simples, doit être étendue à l'amende prononcée par l'art. 9 de la nouvelle loi.

Le doute peut provenir de ce que le texte définitivement adopté est muet sur ce point, alors que l'art. 3 du projet de 1894 (8445 R. P., p. 79) constatait expressément que les « cohéritiers seraient solidaires pour le paiement de la pénalité ». Il est, en outre, à remarquer que le 2e alinéa de l'art. 9 n'édicte la solidarité du prétendu créancier qu'avec « *le déclarant* », ce qui semblerait exclure les autres cohéritiers. Enfin, la solidarité ne se présume point et il s'agit d'une matière nouvelle et d'une contravention ne pouvant être commise sous le régime antérieur et à laquelle, par suite, ne sauraient être appliquées, par analogie, les dispositions prévues dans des cas à peu près semblables.

Tout en reconnaissant que ces arguments ne sont pas sans valeur, nous pensons que, par application des principes généraux qui gouvernent les obligations solidaires, tous les cohéritiers sont tenus solidairement au paiement de l'amende comme des droits simples.

En effet, quand une obligation solidaire a été contractée sous une clause pénale, les auteurs s'accordent à reconnaître que la contravention de l'un des codébiteurs les soumet tous à l'application de la peine (Aubry et Rau, t. IV, p. 27 et s.; — Laurent, t. XVII, n° 294 et 312; — Demolombe, t. XXVI, n° 345). Il ne peut évidemment pas en être autrement, car il y a même raison de décider, lorsque l'obligation résulte de la loi au lieu d'être conventionnelle et que la sanction a été prévue et déterminée par le législateur, au lieu d'avoir été stipulée par les parties. Par conséquent, du moment qu'en vertu de la solidarité qui les unit, les cohéritiers sont censés se représenter mutuellement, la fraude commise par l'un d'eux, en ce qui concerne le passif, est censée avoir été commise par tous les autres, et par chacun comme s'il était seul.

La solidarité pour le paiement des droits simples emportant solidarité pour le paiement des pénalités, cette dernière solidarité qui, ainsi que l'a constaté le projet de 1894 (8445 R. P., p. 66), résulte d'un principe général, n'avait pas besoin d'être expressément prononcée, et l'art. 9 L. 25 fév. 1901 n'a apporté aucune dérogation à ce principe en édictant la solidarité du créancier « avec le déclarant », lequel représente tous ses cohéritiers vis-à-vis du Trésor.

En ce qui concerne le prétendu créancier, les effets de la solidarité ont été formellement limités par la loi à l'amende du triple droit; il ne semble pas, dès lors, que l'Administration soit fondée à lui réclamer une portion quelconque des droits simples, dont il n'est pas personnellement débiteur.

D'un autre côté, pour qu'une action puisse être exercée contre lui, il sera nécessaire de démontrer que la déduction de la dette n'a été admise que sur la production de son attestation et que cette attestation émanait réellement de lui. Or, en fait, cette double preuve ne pourra être administrée que fort rarement, puisque aucun texte n'impose au receveur ou aux parties l'obligation de mentionner, dans la déclaration ou dans l'état des dettes, les pièces fournies à l'appui de la justification du passif et de conserver (V. n° 1624 *suprà*) ces documents dont la représentation peut seule permettre de s'assurer de leur sincérité et notamment de l'authenticité de la signature du créancier. Par suite, tout recours contre le prétendu créancier se trouvera interdit lorsque l'attestation aura été détruite immédiatement après la déclaration.

De même, si le créancier n'a pas fourni d'attestation et s'il s'est borné à faciliter à l'héritier la représentation d'un titre fictif, aucune réclamation ne pourra lui être adressée, l'art. 9 visant seulement les fausses attestations et ne pouvant être étendu, par voie d'analogie, à d'autres cas.

Ajoutons que la procédure contre le prétendu créancier sera, le cas échéant, suivie de la même manière que contre l'héritier, dans la forme prescrite par l'art. 8 (n° 1675 et s. *suprà*).

§ III. — *Prescription.*

[1680-1681]

1680. Durée de la prescription. — L'art. 10 est relatif à la prescription de l'action en recouvrement des droits et amendes exigibles par suite de l'inexactitude d'une attestation ou déclaration de dette. Cette prescription a été fixée à 5 ans, par assimilation à la prescription admise en matière d'omissions (déclarations du Ministre, séance Ch. des députés du 19 nov. 1900; 9947, R. P., p. 44). La même durée a été adoptée pour la prescription de l'action prévue par l'art. 5, 2e alinéa, pour prouver la simulation d'une dette contractée par acte authentique et déclarée non échue au jour de l'ouverture de la succession (n° 1625 *suprà*).

Lors de la séance du Sénat du 24 janv. 1901 (9984 R. P., p. 159), M. Cordelet avait proposé de porter à 30 ans la durée de ces prescriptions, mais l'amendement a été repoussé.

La prescription quinquennale établie par l'art. 10 s'applique au recouvrement des droits non perçus par suite de déclarations frauduleuses de dettes, quelle que soit la consistance de l'actif, et lors même que la succession ne se

1680. Durée de la prescription. — Le délai a été porté à dix ans (L. 30 janv. 1907, art. 4, 11331 R. P.).

composerait que de rentes sur l'État; mais elle ne concerne pas les déductions erronées opérées par le receveur, sans qu'il y ait faute de la part des redevables; ces déductions restent soumises, comme toutes les erreurs de perception, à la prescription biennale.

En outre, l'amende édictée par l'art. 9 tombe sous l'application de l'art. 54 L. 16 juin 1824 et se prescrit par 2 ans, à partir du jour où l'Administration a été mise à même, par des actes ou des faits régulièrement parvenus à sa connaissance, de constater la fraude. En toute hypothèse, elle se prescrit avec le droit simple, alors même que la prescription biennale qui lui est spéciale ne serait pas encore accomplie.

1681. Point de départ de la prescription. — De même que pour la simulation d'une dette non échue (art. 5, 2e alinéa), la preuve de l'inexactitude des attestations ou déclarations frauduleuses de passif devra être fournie dans les cinq ans, à partir de la déclaration de la succession.

Toutes les règles relatives à la prescription en matière d'omissions devront d'ailleurs être appliquées aux prescriptions établies par les art. 5, 2e alinéa, et 10 en ce qui concerne les déclarations mensongères de dettes. Ainsi, au cas où l'hérédité aurait fait l'objet de plusieurs déclarations successives, le délai commencera à courir à compter de la date de la déclaration dans laquelle a figuré la dette simulée.

SECTION II. — LIQUIDATION ET MODE DE PAIEMENT DES DROITS.

[1682-1695]

CHAPITRE Ier. — NOUVEAUX TARIFS.

[1682-1686]

1682. Progressivité. — Au tarif proportionnel qui formait, jusqu'à ce jour, la base des droits d'enregistrement, l'art. 2 L. 25 fév. 1901 a substitué un droit progressif variant, non seulement d'après le degré de parenté des successibles, mais encore d'après l'importance nette leur revenant dans l'actif héréditaire.

Pour la progression, le législateur s'était arrêté aux parts nettes de un million. Il a complété son œuvre par la L. 30 mars 1902 (10156 R. P. — V. *C. des Lois*), qui établit de nouveaux tarifs progressifs pour les parts nettes variant de 1 million à 5 millions et au delà.

Par dérogation aux règles antérieures, cette dernière loi dispose (art. 11) que, pour les parts nettes inférieures à 500 fr., la liquidation des droits se fera de franc en franc, au lieu de suivre, comme par le passé, les sommes de 20 fr. en 20 fr.

En ce qui concerne l'application des tarifs, les héritiers sont divisés en sept catégories : la 1re comprend ceux de la ligne directe, la 2e les époux, la 3e les frères et sœurs, la 4e les oncles et tantes et neveux et nièces, la 5e les grands-oncles ou grand'tantes, petits-neveux ou petites-nièces et cousins germains, la 6e les parents aux 5e et 6e degrés, et enfin la 7e les parents au delà du 6e degré et les personnes non parentes (L. 25 fév. 1901, art. 2).

Toutes les transmissions en ligne directe sont soumises aux mêmes droits, sans distinction entre celles qui s'effectuent au profit des enfants et celles qui s'opèrent en faveur des petits-fils ou d'ascendants. Les amendements tendant à appliquer à ces hypothèses des tarifs différents ont invariablement été repoussés (V. Rapport de M. Mesureur, p. 20, et séance Ch. des dép. du 15 nov. 1900, 9947 R. P., p. 26).

Contrairement aux lois antérieures, l'art. 2 L. 25 fév. 1901 établit des tarifs spéciaux pour les successions dévolues aux frères et sœurs et celles qui sont recueillies par des oncles, tantes, neveux ou nièces. En outre, il assimile aux étrangers les parents au delà du sixième degré, mais, cette assimilation ne peut aucunement influer sur la dévolution de l'hérédité (séance Ch. des dép. du 19 nov. 1895, 8665 R. P., p. 94, et du Sénat du 18 janv. 1901, 9084 R. P., p. 137), la L. 25 fév. 1901 étant une loi purement fiscale, non susceptible ni de confirmer, ni d'infirmer les règles du droit civil.

Ajoutons que les tarifs seuls ayant été modifiés, toutes les dispositions non contraires des lois antérieures subsistent : telles sont l'assimilation des meubles aux immeubles, l'obligation pour les parties de souscrire une déclaration, la stipulation de la solidarité entre les héritiers, etc.

En outre, les nouveaux tarifs de succession ne sont pas assujettis aux décimes; cette exonération s'applique évidemment aux droits en sus comme aux droits simples (Comp. n° 1678 *suprà*).

Enfin, en cas d'imputation, sur des droits régis par la nouvelle loi, d'une recette effectuée sous le régime antérieur, la somme à imputer devra comprendre le principal et les décimes, dont le total représente au même titre, sous l'empire de la nouvelle loi, un impôt de mutation par décès.

1683. Majorats. — Offices. — Nous avons fait connaître vis *Majorat* et *Office* les résultats qu'entraîne l'application des règles nouvelles en ce qui concerne la transmission par décès des majorats et des offices.

1684. Conjoint survivant. — Sous le régime antérieur, l'époux survivant, lorsqu'il était appelé à la succession de son conjoint à défaut de parents au degré successible, était considéré, quant à la quotité du droit, comme personne non parente et acquittait l'impôt au taux de 9 fr. p. 100 (art. 53 L. du 28 avr. 1816), alors qu'il ne payait que le droit de 3 fr. p. 100 sur les biens qui lui étaient dévolus par l'effet d'une donation, d'un testament ou de la L. du 9 mars 1891.

Il a paru qu'il y avait là une inégalité choquante entre des éléments de même nature, et que le tarif devait dépendre de la qualité des parties et non de la circonstance qu'il y avait eu ou non une libéralité en leur faveur (Rapports de M. Mesureur, p. 21, et de M. Monestier, p. 20).

L'art. 8 L. 23 mars 1896 avait, d'ailleurs, abrogé l'art. 53 L. 28 avr. 1816, en ce qui concerne les enfants naturels. Il n'y avait pas, dès lors, de motif de le maintenir pour l'époux survivant; l'abrogation en a également été prononcée dans ce cas par l'art. 2, *in fine*, de la nouvelle loi.

Il résulte de cette disposition que les tarifs applicables aux mutations entre époux seront exclusivement déterminés, d'après le montant total des biens transmis, sans distinction entre les cas où ces biens sont recueillis par le conjoint en vertu d'une disposition en sa faveur et celui où l'hérédité lui est dévolue, à défaut de parents au degré successible.

Enfin, la L. 25 fév. 1901 laisse subsister les autres règles de perception relatives aux transmissions au profit du conjoint survivant, notamment en ce qui concerne le tarif applicable aux legs faits à un conjoint divorcé.

1685. Legs au profit de certains établissements publics. — Une exception au principe de la progressivité de l'impôt de mutation par décès a été établie par l'art. 19, en matière de legs faits aux départements et aux communes, en tant qu'ils sont affectés par la disposition expresse du testateur à des œuvres d'assistance, aux établissements publics charitables et hospitaliers, aux sociétés de secours mutuels et à toutes autres sociétés reconnues d'utilité publique et dont les ressources sont affectées à des œuvres d'assistance, et, enfin, aux sociétés d'instruction et d'éducation populaires gratuites reconnues d'utilité publique et subventionnées par l'État.

Dans ces diverses hypothèses, l'impot exigible devra être uniformément liquidé au taux de 9 fr. p. 100 sans décimes, quelle que soit l'importance du legs.

Nous avons exposé (v° *Donation*), au sujet des dons consentis aux mêmes établissements, les conditions auxquelles était subordonné le bénéfice du tarif spécial. Ces règles gouvernent également les droits de mutation par décès sur les legs; nous ne pouvons que nous y référer.

Remarquons que le nouveau régime fiscal institué par l'art. 19 L. 25 fév. 1901 n'est pas applicable, dès lors que le décès du testateur est antérieur à la promulgation de la loi, encore bien que le décret d'autorisation soit lui-même postérieur (Déc. min. fin. 22 juin 1901, 3080-20 I. G., 10189 R. P.).

Il est superflu d'ajouter que les legs qui ne se trouvent pas dans les conditions requises par la loi pour bénéficier du tarif proportionnel de 9 fr. p. 100, devront être assujettis aux tarifs applicables aux mutations entre personnes non parentes et gradués d'après l'importance des biens transmis.

1686. Liquidation des droits. — Aux termes des art. 2 L. 25 fév. 1901 et 10 L. 20 mars 1902, l'impôt de mutation par décès est liquidé sur la part nette recueillie par chaque ayant droit et chacune des fractions de cette part est soumise à un tarif différent. La progression s'applique ainsi, non à la valeur totale de chaque succession, mais aux parts successorales, divisées elles-mêmes en tranches, assujetties, chacune, à un taux spécial.

Que l'on suppose, par exemple, une succession de 60.000 fr. grevée de 16.000 fr. de dettes et également répartie entre 4 enfants. La totalité de reliquat actif étant de 44.000 fr., chacune des parts nettes est de 11.000 fr.

Pour l'assiette de l'impôt exigible, chaque part de 11.000 fr. doit être décomposée par tranches :

La 1re de 2.000 fr.	paiera 1 0/0, soit . .	20 fr.
La 2e de 8.000 fr.	paiera 1.25 0/0, soit . .	100 »
La 3e de 1.000 fr.	paiera 1.50 0/0, soit .	15 »
Totaux. . 11.000 fr.		135 fr.

Les tranches ne peuvent être divisées et le taux édicté pour chacune d'elles doit être appliqué, dès que la tranche est entamée.

Ce mode de liquidation devra être suivi, soit qu'il s'agisse d'une première déclaration, soit qu'il y ait lieu de rectifier une déclaration antérieure, auquel cas la perception définitive ne pourra être établie, lors de la déclaration complémentaire, que par une refonte complète des perceptions précédentes.

La nouvelle législation n'ayant pas modifié l'art. 2 de la L. 27 ventôse an IX, la perception des droits suivra les sommes et valeurs revenant à chaque ayant droit et arrondies de 20 fr. en 20 fr., puisque chacune de ces parts motive une perception distincte.

Toutefois, l'application stricte de cette règle étant de nature à aboutir à des conséquences fiscales très rigoureuses pour les successions de peu d'importance, la L. 29 mars 1902 a créé une exception en faveur des parts nettes inférieures à 500 fr. Son art. 11 dispose que, pour ces parts, la liquidation des droits sera opérée de franc en franc (V. n° 1082 *suprà*).

Si les droits exigibles n'atteignent pas le minimum de 0 fr. 25 prévu par l'art. 3 L. 27 ventôse an IX, ce minimum devra être exigé, pour chaque part échue à des héritiers non solidaires, conformément aux distinctions établies au *Rép. gén.* (v° *Succession*, n° 472).

La suppression des décimes s'appliquera également à ce minimum de 0 fr. 25 toutes les fois qu'il remplacera un droit de mutation par décès inférieur à ce chiffre.

CHAPITRE II. — FORMES DE LA DÉCLARATION

[1687-1691]

1687. Déclaration unique. — Les nouvelles conditions de perception des droits de mutation par décès impliquent nécessairement la déclaration, à un bureau unique, de toutes les valeurs mobilières ou immobilières d'une même succession. En effet, dès l'instant que l'impôt est gradué suivant le montant net de chaque part successorale, il est indispensable, pour former ces parts, de connaître l'importance de la totalité de l'actif et du passif héréditaires. Les règles, relatives à la forme de cette déclaration unique, font l'objet de l'art. 16 de la loi.

Remarquons que si, en principe, la déclaration doit, désormais, comprendre l'universalité de la succession, aucun texte ne s'oppose à ce que cette succession fasse l'objet de déclarations partielles et les parties sont toujours autorisées, tant que le délai n'est pas expiré, à rectifier ou compléter leur déclaration sans qu'une pénalité puisse leur être réclamée. Mais, au cas où plusieurs déclarations partielles seraient souscrites, la liquidation des droits devra être revisée en tenant compte des biens et des dettes compris dans toutes les déclarations qui auront été passées, et en appliquant les taux progressifs que comportent les parts successorales de chaque héritier.

Les mêmes règles seront suivies en matière d'omissions ou d'insuffisance d'évaluation de biens recueillis dans l'hérédité, etc...; en un mot, dans tous les cas où, par suite de nouveaux faits, le montant de l'émolument attribué à chaque ayant droit se trouvera modifié.

1685. Legs au profit de certains établissements publics. — *Legs de bienfaisance. Droits à la charge de la succession. Tarif de 9 fr. p. 100.* — Le tarif de 9 p. 100 (sans décimes), établi par l'art. 19 L. 25 fév. 1901 pour les legs de bienfaisance, est applicable même au cas où les droits de mutation par décès afférents à un legs de cette nature ont été mis par le testateur à la charge de sa succession (Av. Cons. d'État, 18 nov. 1903, 10878 R. P.).

Legs de bienfaisance. Décès antérieur à la L. 25 fév. 1901. Décret d'autorisation postérieur. Tarif de 9 p. 100 sans décimes. — Lorsqu'en autorisant une ville à accepter un legs universel fait à son profit par une personne décédée antérieurement à la mise en vigueur de la L. 25 fév. 1901, le décret d'autorisation a spécifié que les dispositions de l'art. 19 de cette loi s'appliqueraient aud. legs à concurrence d'une somme déterminée que la ville a déclaré vouloir consacrer à des œuvres charitables, l'Administration doit se conformer aux prescriptions du décret dont il s'agit si elle n'en a pas poursuivi et obtenu la réformation pour excès de pouvoir; elle ne peut, en conséquence, que réclamer le droit de 9 p. 100, sans décimes, pour la partie du legs affectée à des œuvres de bienfaisance. Le surplus de ce legs doit cependant être assujetti au tarif antérieur à la L. 25 fév. 1901, puisqu'il s'agit d'une succession ouverte avant la mise à exécution de cette loi (Angers, 13 mars 1905, [illegible] R. P.).

Œuvres charitables créées par une ville, en exécution d'une transaction avec les fonds provenant d'un legs. Non-application du tarif de 9 p. 100 sans décimes. — Le fait qu'aux termes d'une transaction conclue avec les héritiers naturels, des fondations charitables ont été substituées par une ville à la charge spéciale indiquée par un testament est insuffisant pour autoriser l'application du tarif de 9 p. 100, sans décimes établi par l'art. 19 L. 25 fév. 1901, en ce qui concerne les libéralités qui sont faites aux départements et aux communes et qui sont affectées à des œuvres d'assistance. D'après les termes formels de la loi, il est indispensable, en effet, pour l'application de ce tarif, que l'affectation de bienfaisance émane de la volonté du testateur lui-même. (Seine, 5 mai 1905, 11281 R. P.).

1688. Bureaux compétents pour recevoir la déclaration. — *Personnes domiciliées et décédées hors de France. Nouvelle désignation.* — Les bureaux de l'enregistrement de Givet (Ardennes), de Perpignan (Successions), et d'Annemasse (Haute-Savoie) sont désormais compétents pour recevoir les déclarations des successions des personnes domiciliées et décédées hors de France (Instr. 3185, § 11. 11213 R. P.).

1690. État de dettes. — **Production des titres s. s. p. Mention spéciale sur l'état.** — Les Receveurs sont désormais tenus, dans tous les cas où la demande de déduction de passif successoral porte sur des dettes établies par actes s. s. p., de constater que ces titres, ou leurs copies collationnées, ont été effectivement représentés à l'appui de la déclaration; cette constatation doit faire l'objet soit d'une mention spéciale au pied de l'inventaire des dettes, soit d'un visa inscrit en marge de ce document (Instr. 3185, § 15, 11214 R. P.).

1688. Bureau où la déclaration doit être passée. — L'article 16 oblige les parties à payer l'impôt de mutation par décès au bureau du domicile du défunt, quelle que soit la situation des biens héréditaires. A défaut de domicile en France, la déclaration est souscrite au bureau du lieu du décès et, si le décès n'est pas survenu en France, la déclaration sera reçue, au choix des redevables, au 1er bureau des successions à Paris, de Lille, de Lyon, de Marseille et de Bordeaux, ou au bureau des successions de Nancy, Annecy, Nice, Pau, Belfort, Briey, Lunéville (succ.) et Pont-à-Mousson (Inst. 3051, 3058 et 3063).

Le soin de désigner ces bureaux a été laissé par la loi à l'Administration qui aurait pu, ce semble, porter la liste ci-dessus à la connaissance du public par une insertion au *J. off.*

Il est superflu d'ajouter que, pour que le but de la loi se trouve rempli, il est indispensable que toutes les valeurs dépendant de la succession d'une personne décédée à l'étranger soient déclarées au même bureau, quelle que soit leur situation.

Au surplus, l'art. 16 doit être envisagé comme prescrivant uniquement une simple modification dans le mode de recouvrement de l'impôt; on ne peut en induire que le législateur a entendu changer le caractère de cette taxe et en étendre l'application à des biens qui, jusqu'alors, en étaient exempts.

Par conséquent, sous l'empire de la loi nouvelle, le droit de mutation par décès n'atteindra, comme précédemment, que les biens qui ont, en France, une assiette matérielle ou une assiette fictive, conformément aux distinctions établies par la jurisprudence.

La déclaration à souscrire par les parties devra comprendre le détail de tous les biens héréditaires, sauf en ce qui concerne les immeubles situés dans la circonscription de bureaux autres que celui où est passée la déclaration. Pour cette dernière catégorie de biens, il suffira que la déclaration en contienne l'évaluation en bloc, mais le détail en sera présenté distinctement pour chaque bureau de la situation des biens, sur une formule fournie par l'Administration et signée par le déclarant.

En résumé, la déclaration sur laquelle sera liquidée la taxe constituera en quelque sorte, sauf pour les biens situés dans le ressort du bureau où elle est passée, la récapitulation des diverses déclarations afférentes aux valeurs situées dans d'autres bureaux.

1689. Formules. — L'art. 16 de la nouvelle loi, en rappelant, comme l'art. 24 L. frim., la qualité des personnes tenues de passer la déclaration d'une succession, confirme l'emploi obligatoire de la formule créée par l'art. 11 L. du 6 déc. 1897. Mais, tandis que sous l'empire de cette dernière loi, ces formules étaient fournies gratuitement par l'Administration, l'art. 22 L. 25 fév. 1901 dispose que les formules seront délivrées aux déclarants moyennant paiement de 0 fr. 05 par feuille double et de deux centimes et demi par feuille simple.

Depuis la mise à exécution de la nouvelle loi, les redevables ne peuvent plus se faire délivrer gratuitement des formules, même pour les successions ouvertes antérieurement.

Enfin, la nouvelle loi n'a nullement dérogé aux autres prescriptions de la loi du 6 déc. 1897 qui continueront, dès lors, à être appliquées. Ainsi, de même que par le passé, il n'est pas nécessaire que les parties rédigent elles-mêmes leur déclaration qui devra être écrite par le receveur, si les contribuables le requièrent.

1690. État des dettes. — Indépendamment des déclarations concernant l'actif d'une succession, les héritiers doivent, en vertu de l'art. 4, fournir un état certifié et détaillé, article par article, des dettes dont la déduction est demandée, et déposer cette pièce au bureau, lors de la déclaration.

Cet inventaire est distinct de la déclaration; il ne constitue qu'un document d'ordre intérieur; non seulement il n'est pas soumis à l'enregistrement, mais il peut être rédigé sur papier non timbré. Ce dernier point est expressément réglé par l'art. 4, 1er alinéa (V. séance Ch. des dép. du 16 nov. 1895; Déclaration du Commissaire du Gouvernement, 8665 R. P., p. 71).

La loi ne prévoit pas les indications qui devront être portées sur cet état. Mais, dans son I. G. 3089-17, l'Administration a tracé, à cet égard, les règles suivantes :

« Le détail que l'art. 4 L. 25 fév. 1901 impose aux redevables pour la déclaration passive de l'hérédité doit satisfaire aux mêmes règles que le détail prescrit, en termes identiques, pour la déclaration active, par les art. 27 L. 22 frim. et 16 de la loi nouvelle. Ce détail doit, suivant la jurisprudence de la Cour de cass., être fait de telle manière que l'Administration ait les éléments nécessaires pour vérifier la déclaration (Cass. 14 mars 1814. J. E. 4912). Il faut donc que les renseignements dont il se compose soient assez complets et assez précis pour permettre, non seulement de liquider les droits au moment de la déclaration, mais encore de contrôler utilement la perception effectuée.

« Dans ces conditions, les dettes comprises à l'état du passif ne sont suffisamment *détaillées* que si les déclarants les ont particularisées à un double point de vue : d'une part, comme étant à la charge personnelle du défunt au jour de l'ouverture de la succession; d'autre part, comme résultant, à la même époque, d'un titre susceptible de faire preuve en justice contre le défunt (*Rapp.* Instr. n° 3058, p. 2). Par conséquent, l'état du passif doit, d'une manière générale, renfermer toutes les indications relatives à la nature propre de chaque dette (cause de la créance, nom, qualité et domicile du créancier, montant distinct du capital et des intérêts, époque d'exigibilité, etc.); en ce qui concerne spécialement les dettes constatées par des titres non authentiques, il est indispensable qu'il rappelle sommairement tous les renseignements de nature à identifier le titre et à démontrer sa force probante contre le défunt (nature, date, signature des billets ou autres reconnaissances de sommes, acceptation des lettres de change ou des factures, mentions d'approbation ou d'arrêté inscrites sur des comptes ou sur des mémoires de fournisseurs, circonstances donnant date certaine au titre dans le cas prévu par le n° 2, 2e alinéa de l'art. 7, etc.).

« Si, par exemple, les déclarants produisent la facture d'un fournisseur à l'appui d'une demande en déduction, l'état du passif ne doit pas se borner à indiquer le nom et la qualité du créancier, la date de la livraison, le montant de la somme due et le terme fixé pour le payement; il doit encore mentionner si la facture a été ou non acceptée et, dans le cas de l'affirmative, rappeler la date de l'acceptation.

« La loi exige que l'état du passif soit certifié par les déclarants. Cet état est donc opposable aux parties, sauf la preuve contraire à leur charge. Il laisse présumer, notamment, que les titres représentés sont strictement conformes aux énonciations qu'il contient; on doit y voir, en un mot, la constatation contradictoire de la production des écrits non authentiques. Dès lors, l'Administration est fondée à s'en prévaloir pour soutenir, soit que la dette n'était pas déductible par sa nature, soit que le titre produit était impuissant à faire preuve contre le défunt; elle peut, en pareil cas, réclamer un supplément de droit sans avoir à appuyer sa réclamation sur les titres eux-mêmes dont elle n'est pas autorisée à demander une seconde communication (Inst. n° 3056, p. 16).

« En vue d'éviter, dans l'avenir, toute contestation au sujet de l'existence, de la nature ou du mode de justification des dettes résultant de titres non authentiques, les receveurs veilleront avec le plus grand soin à ce que les parties insèrent, dans l'état du passif, le détail précis des dettes admises à déduction et des titres qui les justifient. Ils devront, au besoin, faire modifier ou compléter, au moyen de renvois approuvés par les déclarants, les mentions qui leur paraîtraient inexactes ou insuffisantes. Les employés supérieurs ne manqueront pas de s'expliquer, au rapport de gestion, sur la manière dont les receveurs auront observé cette importante recommandation.

« Pour les déclarations déjà souscrites, les réclamations de droits supplémentaires, basées exclusivement sur les énonciations de l'état du passif, ne devront être faites qu'avec la plus grande réserve et dans le cas seulement où il résulterait manifestement de ces énonciations que la dette déduite n'existait pas à la charge personnelle du défunt au jour de sa mort ou n'était pas établie par un titre régulier. »

1690-1. État certifié. — L'art. 1 exige que l'inventaire de dettes soit certifié par le déposant. Si ce dernier ne sait pas signer, il pourra, sans doute, présenter un état rédigé par un tiers, sauf au receveur à certifier, à la fois sur la déclaration et sur l'état, que le comparant a déclaré ne savoir signer, par analogie avec la pratique suivie pour les états de mobiliers produits par des héritiers illettrés.

Nous pensons même que, dans ce cas, le déclarant pourrait se dispenser de fournir un état rédigé par un tiers et que, comme pour la déclaration elle-même, il serait fondé à requérir le receveur de dresser la liste des dettes dont il demanderait la déduction. L'agent de perception attesterait, ensuite, par sa propre signature, la déclaration du redevable qu'il ne sait pas écrire.

Sauf ce cas exceptionnel, l'état du passif déductible est obligatoire et ne peut être remplacé par aucun autre document, ni par l'énumération détaillée des dettes faite dans la déclaration.

1691. Point de départ d'application de la nouvelle loi. — A défaut d'une disposition spéciale, la L. 25 fév. 1901, conformément au droit commun (art. 2 C. civ.), n'a point d'effet rétroactif. Ce principe a été rappelé lors de la séance du Sénat du 22 janv. 1901 (9984 R. P., p. 146) par le Min. fin., qui a déclaré « que la loi de finances, pas plus que toute autre loi, ne pouvait avoir d'effet rétroactif ». La nouvelle loi ne pourra donc pas s'appliquer aux droits de mutation par décès acquis au Trésor sous l'empire de la législation antérieure, c'est-à-dire aux successions ouvertes avant sa mise à exécution.

Cette règle ne souffre pas exception, même en cas de legs subordonné à une condition suspensive (Sol. 18 janv. 1864, 1957-3 R. P.), ni en cas d'usufruit successif ou de réversion de rente viagère, ni enfin dans les diverses hypothèses où, par suite d'une cause quelconque, certains biens font retour à la succession. Dans ces différentes éventualités, la mutation remonte toujours au décès de l'auteur de la succession et c'est la loi en vigueur au moment de ce décès qui détermine le mode de liquidation des droits.

Il en résulte que toutes les nouvelles dispositions relatives à la déduction du passif héréditaire, à l'établissement d'un tarif progressif, aux modifications dans l'évaluation de l'actif imposable, à la forme des déclarations, aux inexactitudes dans les déclarations ou attestations de dettes, à la fixation d'un tarif spécial pour les libéralités en faveur de certains établissements publics, ne pourront être appliquées qu'aux mutations ouvertes par un décès survenu postérieurement à l'époque où la loi est devenue exécutoire.

Il est superflu d'ajouter que ce point de départ ne saurait être reculé jusqu'au 1er mars 1901 par le motif que les deux douzièmes provisoires établis par la L. 29 janv. 1901 n'ont pris fin qu'à cette date, puisque précisément, à raison du caractère provisoire de ces douzièmes, leurs effets ne pouvaient survivre au vote de la loi définitive de finances.

CHAPITRE III. — DÉLAIS SPÉCIAUX EN CAS DE LEGS A DES ÉTABLISSEMENTS PUBLICS.

[1692-1695]

1692. Dispositions générales. — La L. 25 fév. 1901 n'a pas modifié les art. 24 et 25 L. frim. qui règlent les délais accordés aux successibles pour souscrire les déclarations de successions.

S'il s'agit de biens légués à des établissements publics, le droit des légataires ne s'ouvre que par l'autorisation d'accepter la libéralité (C. civ. 910). Jusqu'à l'obtention de cette autorisation, les legs sont soumis à une condition suspensive et ne doivent être déclarés que dans les six mois, à compter de cette autorisation, quelle qu'en soit la date.

La propriété des objets légués reposant, jusqu'à l'autorisation, sur la tête des héritiers, l'Administration était fondée, jusqu'à ce jour, à exiger de ceux-ci le paiement de l'impôt, d'après leur degré de parenté avec le défunt, dans les six mois de l'ouverture de la succession.

En vue de remédier aux inconvénients qui résultaient, pour les héritiers naturels, de l'avance à faire de droits souvent considérables pour des biens non recueillis par

1692. Legs à des établissements publics. Succession de l'héritier ou du légataire universel. Payement des droits de mutation par décès sur les biens légués. — D'après l'art. 7 L. fin. 17 avril 1906, « doivent être entendues comme s'appliquant à toute succession comprenant des biens légués aux départements et autres établissements publics ou d'utilité publique, les dispositions du quatrième paragraphe de l'art. 10 L. 25 fév. 1901 relatives au délai dans lequel les héritiers ou légataires saisis de la succession sont tenus de payer les droits de mutation par décès sur ces biens. Ce délai ne courra, pour chaque hérédité, qu'à compter du jour où l'autorité compétente aura statué sur la demande en autorisation d'accepter le legs, sans que le payement des droits puisse être différé au delà de deux années à compter du décès de l'auteur de la succession ». (11155 R. P.).

1693. Limites du sursis accordé aux héritiers. — La pénalité du demi-droit en sus est encourue par l'héritier qui n'a pas acquitté, dans les deux ans à partir du décès du testateur, les droits de mutation par décès au taux de son degré de parenté sur des biens légués à des établissements publics, quand ce délai est expiré sans que les établissements légataires aient encore été autorisés à accepter (Blois, 8 mars 1906, 1116a (L. P.).

sus, l'art. 19, 4e alinéa, porte qu'à l'égard de tous les biens légués aux départements et à tous autres établissements publics ou d'utilité publique, le délai, pour le paiement des droits de mutation par décès, ne courra, contre les héritiers ou légataires saisis de la succession, qu'à compter du jour où l'autorité compétente aura statué sur la demande en autorisation d'accepter le legs, sans que le paiement des droits puisse être différé au delà de deux années, à compter du jour du décès.

Cette disposition transforme ainsi en une dispense légale l'autorisation que l'Administration pouvait, à son gré, accorder aux héritiers de ne pas comprendre dans leur déclaration les objets légués à un établissement public. Bien que cet article ne mentionne pas expressément les libéralités consenties au profit de l'État ou des communes, il n'en est pas moins conçu d'une manière aussi générale que possible ; il s'applique, par conséquent, sans aucune exception, à « *tous les biens* légués » au profit de toute espèce d'établissement public ou d'utilité publique.

Il n'est même pas fait de distinction entre les libéralités de cette nature assujetties aux tarifs édictés pour les transmissions entre personnes non parentes et celles qui bénéficient du tarif spécial de 9 fr. p. 100 (V. n° 1685 *supra*), mais, pour que l'art. 19 puisse être invoqué, il est indispensable qu'il s'agisse d'une libéralité consentie au profit d'un établissement constituant une personne morale et ayant la capacité juridique de recevoir. Si le legs était fait en faveur d'une institution dépourvue de la personnalité civile, il serait réputé inexistant et les biens légués continueraient à faire partie de la masse héréditaire soumise à l'impôt dans les six mois à compter du décès.

Au surplus, bien que l'art. 19, 4e alinéa, parle des legs qui motivent une « demande en autorisation d'accepter », ses dispositions n'en régissent pas moins les legs que les établissements gratifiés sont fondés, depuis la L. 4 fév. 1901 (10001 R. P. ; — V. *Code des Lois*), à accepter définitivement, sans l'intervention de l'autorité supérieure. Dans cette hypothèse, le délai ne courra contre les héritiers qu'à compter du jour où l'établissement se sera prononcé sur l'acceptation de la libéralité.

D'autre part, en présence des termes formels de la loi, il y a lieu d'admettre que ce délai commence à courir dès le jour où est rendue la décision de l'autorité supérieure autorisant l'acceptation de la libéralité, et non pas du jour où cette décision est parvenue au siège de l'établissement légataire.

Quant aux délais de paiement, si la loi n'en indique pas expressément la durée, il n'est pas douteux qu'ils ne peuvent être que ceux que l'art. 24 L. frim. a prévus et qui doivent être observés, en toute hypothèse, sous peine d'un demi-droit en sus.

En définitive, relativement aux biens légués à un établissement public, le Trésor ne pourra réclamer l'impôt de mutation par décès ni aux héritiers ou légataires saisis de la succession, ni à l'établissement légataire, avant l'expiration du délai de six mois, à compter de la décision régulière prise au sujet de l'acceptation de la libéralité.

1693. Limites du sursis accordé aux héritiers. — La dispense, accordée aux héritiers ou légataires d'acquitter l'impôt sur les biens légués à des établissements publics, ne peut dépasser deux ans, à compter du jour du décès. Si une décision relativement à l'acceptation n'est pas intervenue avant cette date, l'héritier peut être contraint, comme par le passé, à payer les droits aux taux qui lui sont propres, d'après l'importance totale des biens qu'il recueille ou est censé recueillir, et suivant une liquidation à établir, en tenant compte des biens déjà déclarés. A défaut du versement de ces droits, avant l'expiration de la deuxième année, à compter du décès, il devient passible du demi-droit en sus.

D'après le texte formel de l'art. 19, 4e alinéa, ce délai de deux ans paraît devoir être observé, lors même que la décision relative à l'acceptation serait rendue moins de six mois avant la fin de la deuxième année.

Lorsque cette décision est intervenue, si elle porte refus d'acceptation, le versement opéré par l'héritier ou le légataire saisi se trouve entièrement justifié et consolidé.

Si, au contraire, l'acceptation de la libéralité est autorisée, il conviendra, comme sous le régime antérieur à la L. 25 fév. 1901, d'imputer, sur les droits à la charge de l'établissement légataire, ceux qui ont été avancés par les héritiers. Mais il arrivera fréquemment, tant par suite du jeu des tarifs progressifs que par l'application à la libéralité du taux spécial de 9 fr. p. 100, que l'impôt payé par les héritiers sera supérieur à celui qui se trouvera réellement dû par l'établissement gratifié. Dans cette hypothèse, bien que la perception effectuée par l'héritier puisse être considérée comme régulière à l'époque où elle a été opérée, il n'en est pas moins vrai que, par suite de l'effet rétroactif attaché à l'acceptation, elle ne constitue, en fait, qu'un versement provisoire, une sorte d'acompte à valoir sur des droits réellement dus par un autre débiteur. Nous pensons donc qu'il conviendra de rembourser à l'héritier, dans les deux ans de la recette, la différence qui aura été indûment encaissée par le Trésor pour une transmission qui, en réalité, ne s'est pas produite.

Il est bon d'ajouter que l'obligation d'acquitter l'impôt dans les deux ans à compter du décès n'incombe qu'aux héritiers, à l'exclusion de l'établissement légataire ; en toute hypothèse, ce dernier ne peut être tenu à aucun versement tant qu'il n'a pas régulièrement accepté la libéralité et, lorsqu'il a accepté, il jouit d'un délai de six mois à partir de son acceptation, quelle qu'en soit la date.

1694. Exercice du privilège du Trésor. — Bien que l'héritier saisi jouisse, dans certains cas, comme nous venons de le voir, d'un délai de deux ans pour acquitter l'impôt sur les biens légués à des établissements publics, l'art. 19, 5e alinéa, ajoute que cette disposition ne porte pas atteinte à l'exercice du privilège que l'art. 32 L. frim. accorde au Trésor sur les revenus des biens à déclarer.

Il résulte de cette disposition que le Trésor conserve son privilège sur les revenus produits par tous les biens héréditaires depuis le décès, malgré le sursis de deux ans, comme il le conserve, dans la généralité des cas, malgré le délai de six mois. La Régie pourra donc, sans attendre l'expiration de ces deux années, assurer l'exercice de ce privilège à l'encontre des héritiers, bien que ces derniers ne soient pas encore tenus de payer les droits afférents aux biens légués à des établissements publics. Mais, dans ce cas, les poursuites ne peuvent avoir lieu qu'à titre conservatoire, de même que lorsque l'Administration prend des mesures de cette nature sans attendre l'expiration du délai légal (Cass. 15 déc. 1868, 2835 R. P.; — Saint-Étienne, 2 août 1887, 6050 R. P.; — *Rép. gén.*, 7e éd., v° *Succ.*, n° 477), il s'en suit que les frais exposés restent à sa charge, en cas de paiement des droits avant l'expiration du délai de deux ans.

Rappelons, à ce sujet, que le privilège établi par l'art. 32 L. frim. est aussi général que possible et qu'il peut être revendiqué pour le recouvrement des droits dus par tout héritier ou légataire sur les revenus de tous les biens dévolus aux autres légataires ou héritiers.

Par conséquent, il pourra être exercé, non seulement sur le produit des valeurs léguées aux établissements publics, mais encore sur les revenus de l'ensemble de la succession, sauf, bien entendu, le recours des parties au préjudice desquelles cette action serait suivie contre les véritables débiteurs de l'impôt.

1695. Successions ouvertes sous la législation antérieure. — La question s'élève de savoir si l'art. 19, 4e alinéa, s'applique ou non aux successions déjà ouvertes au moment où la loi est devenue exécutoire. Certains commentateurs se sont prononcés pour l'affirmative, en se fondant sur ce que l'innovation ne touche qu'à la forme et, en quelque sorte, à la procédure des déclarations.

A la vérité, le délai forme une des conditions de paiement déterminées par la législation en vigueur, au moment où l'impôt a été acquis, et il paraît difficile de l'assimiler à un acte de procédure. Mais, on ne comprendrait guère que l'Administration, qui réclame, comme nous le verrons ci-après, le bénéfice immédiat de l'art. 15, en ce qui concerne les obligations des sociétés et banquiers, se retranche derrière le principe de la non-rétroactivité pour refuser d'appliquer l'art. 19 aux successions ouvertes antérieurement à la mise à exécution de la L. 25 fév. 1901.

On peut donc espérer que, pour toutes les successions ouvertes depuis moins de deux ans avant cette date, la Régie, interprétant libéralement la loi, ne réclamera aucune pénalité si les droits afférents aux biens légués à des établissements publics sont acquittés dans les six mois à compter du refus de l'autorisation d'accepter et, au plus tard, dans les deux ans à partir du décès.

Quant aux successions ouvertes depuis plus de deux ans avant l'exécution de la loi, l'art. 19 ne peut leur être appliqué et elles motiveraient, même sous le régime nouveau, la réclamation de la pénalité aux héritiers saisis.

SECTION III. — MESURES DESTINÉES A PRÉVENIR LES OMISSIONS OU LES INSUFFISANCES D'ÉVALUATION DANS LES DÉCLARATIONS DE MEUBLES ET DE VALEURS MOBILIÈRES.

[1696-1746]

CHAPITRE Ier. — ÉVALUATION DE LA PROPRIÉTÉ DES BIENS MEUBLES.

[1696-1710]

1696. But de la nouvelle législation. — L'article 11 a été introduit dans la loi, à la demande de l'Administration, pour prévenir les fraudes qui se commettent dans les déclarations de la valeur des meubles meublants, sans que le fisc ait la possibilité de les atteindre. « Il n'est pas rare, porte une note de la Direction générale citée dans le rapport de M. Doumer (8652 R. P., p. 17), qu'un mobilier de 1.000 fr. ou 2.000 fr. à peine, parfois même de quelques centaines de francs seulement, figure dans la déclaration d'une succession très opulente. »

Sous le régime de la L. frim., qui est restée en vigueur sur ce point jusqu'en 1875, la Régie se trouvait complètement désarmée, même en cas d'inventaire, car la jurisprudence ne l'admettait pas à faire prévaloir, contre les estimations de cet acte, fussent-elles manifestement insuffisantes ou dérisoires, le prix résultant d'une vente publique (Cass. 11 fév. 1867, S. 67-1-89).

L'art. 3 L. 21 juin 1875 (V. *Rép. gén.*, 1re partie, v° *Succession*, nos 1064 et suiv.) a remédié, dans une certaine mesure, à la situation en disposant que la valeur des biens meubles serait déterminée désormais : 1° par l'estimation contenue dans les inventaires ou autres actes passés dans les deux années du décès; 2° par le prix exprimé dans les actes de vente publique également passés dans les deux années du décès, alors même qu'il s'agirait d'objets inventoriés, si l'évaluation est inférieure au prix de vente.

Mais, à défaut d'inventaire ou de tout autre acte, et en l'absence de vente publique, c'est-à-dire dans l'immense majorité des cas, l'Administration restait désarmée.

Il était donc nécessaire de rechercher un moyen nouveau permettant de déterminer, d'une manière indirecte, la valeur approximative du mobilier dépendant de chaque succession. La Régie avait d'abord songé à établir, au moyen du chiffre du loyer ou de la valeur locative, un minimum imposable pour l'ensemble du mobilier corporel (Rapport de M. Doumer, 8652 R. P., p. 17 et Rapport de M. Cordelet, 8948 R. P., p. 264); mais elle a abandonné ce projet, et il lui a paru que le meilleur moyen d'assurer l'exacte perception de l'impôt sur le mobilier corporel consistait à perfectionner l'art. 3 L. 21 juin 1875, en ajoutant les polices d'assurances aux bases d'évaluation déjà prévues par cette loi.

Les nos 1, 2 et 4 de l'art. 11 de la nouvelle loi sont ainsi la reproduction textuelle de l'art. 3 précité, avec ces seules différences que le nouveau texte, pour être en concordance avec le surplus de la loi, n'a dû concerner que l'évaluation de la pleine propriété des meubles, à l'exclusion de l'usufruit, et ne plus porter, à la fin du n° 4, la mention de la non-distraction des charges.

Par conséquent, l'interprétation qui a été donnée par la doctrine et la jurisprudence à l'art. 3 L. 21 juin 1875 continuera à s'appliquer à l'art. 11 L. 25 fév. 1901 (V. n° 1557 *suprà*).

Comme par le passé, il importe de remarquer la place que les différents éléments d'évaluation occupent dans la disposition. Si l'on a repris en entier le texte de l'art. 3 L. 21 juin 1875, c'est pour respecter l'ordre dans lequel les divers modes d'évaluation peuvent être invoqués. Ainsi, la valeur des objets mobiliers dépendant d'une succession sera établie, de préférence, par l'estimation contenue dans l'inventaire ou tout autre acte passé dans les deux années du décès. A défaut d'inventaire ou d'autre acte estimatif, la valeur imposable consistera dans le prix résultant de la

1697 *bis* Titres, sommes ou valeurs désignés dans l'art. 15 L. 25 fév. 1901 et dévolus à des personnes domiciliées à l'étranger. — Les prescriptions du § 5 de l'art. 15 L. 25 fév. 1901 sont applicables aux sociétés, compagnies ou personnes désignées au § 3 du même article, qui seraient dépositaires, détenteurs ou débiteurs de titres, sommes ou valeurs dépendant d'une succession qu'elles sauraient ouverte et dévolus à un ou plusieurs héritiers, légataires ou donataires ayant à l'étranger leur domicile de fait et de droit, alors même qu'il s'agirait du conjoint survivant ou d'un successible en ligne directe. — Il en est de même en ce qui concerne les sommes, rentes ou émoluments quelconques que les compagnies françaises d'assurances sur la vie et les succursales établies en France des compagnies étrangères doivent, à raison du décès de l'assuré, à tout bénéficiaire ayant à l'étranger son domicile de fait et de droit. — Quiconque aura contrevenu aux dispositions du présent article sera personnellement tenu des droits et pénalités exigibles, sauf recours contre le redevable, et passible, en outre, d'une amende de 500 fr. en principal (art. 8 L. 30 déc. 1903). — 10855 R. P.

Successions des sujets russes décédés en France. Convention diplomatique du 1er avril 1874. Prérogatives des consuls. Dérogation à la règle tracée par l'art. 8 L. 30 déc. 1903. — Par application de la convention du 1er avril 1874 et nonobstant les prescriptions contraires de la législation fiscale russe, l'Administration de ce pays reconnaît aux consuls français le droit de retirer des maisons de banque russes les valeurs déposées par des Français décédés, sans être astreints à justifier préalablement du payement des droits de succession dus au Trésor russe, ni à laisser en dépôt une somme égale au montant de ces droits. A titre de réciprocité, il a été décidé que les prescriptions de l'art. 8 L. 30 déc. 1903 ne sont pas applicables aux successions des sujets russes morts en France, dont l'administration et la liquidation appartiennent aux agents consulaires de Russie (D. M. fin. 13 nov. 1903, Inst. 3135, § 12; 11196 R. P.).

vente publique des meubles passée dans les deux années du décès. Ce n'est qu'en l'absence d'inventaire ou d'autres actes faisant connaître la valeur des biens meubles que la police d'assurance devra être prise en considération pour la détermination de la valeur imposable des meubles (Rapport de M. Doumer, 8652 R. P., p. 18).

§ I. — *Polices d'assurances.*

[1697-1704].

1697. **Polices susceptibles d'être invoquées.** — S'il n'existe ni inventaire, ni acte susceptible d'indiquer la valeur des effets mobiliers, ni vente publique de ces objets, l'art. 11, n° 3, autorise l'Administration à prendre pour base de l'impôt une somme égale aux 33 fr. p. 100 de l'évaluation faite dans les polices d'assurances en cours au jour du décès et souscrites par le défunt ou par ses auteurs, moins de 5 ans avant l'ouverture de la succession.

Dans le projet de loi déposé le 10 nov. 1894 (8652 R. P., p. 5), le droit devait être liquidé sur la totalité de l'évaluation contenue dans la police, mais on admettait les héritiers à faire la preuve que cette estimation était exagérée (Rapport de M. Cordelet (8948 R. P., p. 264).

Il a paru que les chiffres inscrits dans les contrats d'assurances sont presque toujours majorés par le propriétaire qui évalue, non pas la valeur actuelle de son mobilier, mais la somme qu'il lui faudrait débourser, au cas où ce mobilier serait détruit, pour en acheter un neuf et garnir ses appartements comme il le désirerait. A raison de cette considération, le législateur a successivement abaissé la base de la perception, d'abord à 60 fr. p. 100, puis à 50 fr. p. 100 et enfin à 33 fr. p. 100 seulement de l'estimation contenue dans la police. Mais cette quotité doit seule former l'assiette de l'impôt, dès l'instant que les meubles existaient encore au jour du décès, et lors même qu'en cas de sinistro, survenu après cette époque, la compagnie aurait versé aux héritiers une indemnité supérieure aux 33 fr. p. 100 prévus par la loi.

Bien que le texte ne le constate pas expressément, les seules polices susceptibles d'être invoquées sont les polices d'assurances contre l'incendie, à l'exclusion de toutes autres assurances, telles que les assurances maritimes, les assurances contre les explosions, le bris des glaces, la perte des objets, etc.

Cette interprétation résulte formellement des travaux préparatoires de la loi : « A la différence, porte une note de la Régie insérée dans le rapport de M. Doumer (8652 R. P., p. 18), des inventaires et autres actes qui constituent la base légale d'évaluation, les polices d'assurances *contre l'incendie* engendreraient une présomption légale, etc. ».

M. Cordelet s'exprime dans le même sens dans sa remarquable étude du projet de loi soumis aux délibérations du Sénat : « Au lieu d'établir, comme elle avait songé à le faire, un rapport entre le loyer ou la valeur locative et la valeur des meubles meublants, l'Administration a pensé que les polices d'assurances *contre l'incendie* offriraient un sérieux élément d'appréciation, etc. » (8948 R. P., p. 261).

1697 *bis*. **Modifications résultant de l'art. 6 L. 31 mars 1903. — Polices d'assurances. — Mention dans la déclaration. — Obligations imposées aux parties.** — La nouvelle règle d'évaluation établie par l'article 11 L. 25 fév. 1901 n'ayant pas produit tout son effet pratique, les parties s'étant abstenues le plus souvent de rappeler, dans les déclarations qu'elles souscrivaient, les polices d'assurances opposables au défunt, et l'Administration s'étant trouvée dans l'obligation de rechercher ces polices, ce qui, en fait, était absolument impraticable et n'a donné aucun résultat, le législateur a dû remédier à cette situation.

Par l'art. 6 L. 31 mars 1903, il a édicté les dispositions suivantes : Désormais, dans toutes les déclarations de mutation par décès, les héritiers, donataires ou légataires doivent faire connaître si les meubles transmis étaient l'objet d'un contrat d'assurance contre l'incendie, en cours au jour du décès. Au cas de l'affirmative, ils sont tenus d'indiquer : 1° la date du contrat; 2° le nom ou la raison sociale et le domicile de l'assureur, et 3° le montant des risques.

Bien que, ainsi que nous le verrons n° 1698 *infrà*, les polices remontant à moins de 5 ans peuvent, seules, servir de base légale d'évaluation, l'obligation de déclarer s'il existe une police est générale; elle s'applique à toutes les polices, quelle qu'en soit la date, même à celles contractées plus de 5 ans avant le décès.

1. Conséquences de ces dispositions. — Pour assurer l'exécution de cette obligation imposée aux parties, un projet présenté par l'Administration et qui avait, tout d'abord, été voté par la Ch. des députés (séance du 7 fév. 1903, *J. off.*, p. 545 et 546) disposait que « sera non recevable, comme étant incomplète, toute déclaration de mutation par décès qui ne contiendra pas la mention des polices existantes », et il ajoutait que « l'inexactitude de la déclaration relative à la police d'assurance sera punie d'une amende de 100 fr. en principal, sans préjudice, le cas échéant, de la pénalité du droit en sus pour insuffisance prononcée par l'art. 1er L. 25 fév. 1901 ».

Le Sénat a jugé trop rigoureuses les sanctions édictées par cette disposition. Il lui a paru : d'une part, qu'il serait excessif d'écarter complètement toute déclaration qui ne contiendrait pas les indications prescrites relativement à la police d'assurance et qu'il suffirait de considérer cette déclaration comme inexistante, en ce qui concerne seulement les meubles, tout en l'acceptant pour les immeubles; que, d'un autre côté, comme le Min. fin. l'a reconnu lui-même à la tribune, « il y avait quelque chose d'insolite à édicter une pénalité nouvelle de 100 fr. d'amende, alors que les sanctions légales avaient jusqu'ici paru suffisantes » (séance du 27 mars 1903, *J. off.*, p. 677).

Le projet a été remanié en conséquence, et la L. 31 mars 1903, dans son art. 6, § 2, dispose que « toute déclaration de mutation par décès qui ne comprendra pas la mention prescrite sera réputée non existante en ce qui concerne les meubles ».

Pour l'application de cette disposition, l'Administration, dans son I. G., n° 3117, § 1, a tracé les règles suivantes :

« Lorsqu'une déclaration de succession comprendra les objets mobiliers rentrant dans les prévisions de l'art. 11 L. 25 fév. 1901, le receveur devra, avant toute liquidation des droits, s'assurer que les parties se sont expliquées catégoriquement sur le fait de l'existence ou de la non-existence d'un contrat d'assurance en cours au jour du décès

A défaut de mention relative aux polices d'assurances, il invitera les héritiers, donataires ou légataires à compléter leur déclaration, en appelant leur attention sur le droit que lui confère l'article 6 de considérer cette déclaration comme inexistante en ce qui concerne les meubles. Si les parties refusent de se rendre à son invitation, la règle à suivre par le receveur diffèrera suivant que la déclaration comprendra des biens meubles ou immeubles, autres que les objets mobiliers prévus dans l'article 11 de la loi de 1901 ou se composera exclusivement d'objets mobiliers de cette nature.

« Dans le premier cas, le receveur acceptera la déclaration, mais il se bornera à percevoir l'impôt sur les valeurs héréditaires autres que les objets mobiliers, sans tenir compte de ces derniers; si la déclaration n'est pas complétée, avant l'expiration du délai légal, par la mention relative aux polices d'assurances, il réclamera le droit simple et le *droit en sus* afférents aux objets mobiliers, d'après l'évaluation contenue dans la déclaration primitive, sauf à augmenter ou à diminuer au vu de la nouvelle déclaration que les parties seront tenues de souscrire.

« Lorsqu'au contraire, l'actif héréditaire consistera uniquement en objets mobiliers, le receveur ne devra rejeter la déclaration et refuser le payement des droits que s'il est en mesure d'établir, par les autres documents du bureau, l'existence du mobilier dépendant de la succession. La réclamation qui, au cas de rejet de la déclaration incomplète, devra être adressée aux parties après l'expiration du délai légal, aura pour objet le droit simple et le demi-droit en sus calculés sur une évaluation dont les héritiers, donataires ou légataires, seront admis à modifier le chiffre dans une déclaration régulière.

« On doit, au point de vue des observations qui précèdent, assimiler à la déclaration qui ne contiendrait aucune mention relative aux contrats d'assurances celle qui, tout en constatant l'existence d'une police, ne renfermerait pas les indications concernant la date, le nom et le domicile de l'assureur et le montant des risques. »

1698. Conditions requises pour que la police serve de base d'évaluation. — Ainsi que l'édicte l'art. 11 L. 25 fév. 1901, ce n'est qu'en l'absence d'inventaire ou d'autres actes faisant connaître la valeur des biens meubles que la police d'assurance doit être prise comme base d'estimation. On ne peut tenir compte de l'évaluation qu'elle renferme si une estimation est légalement fournie par un inventaire, une vente aux enchères ou d'autres actes et il n'y a pas lieu de rechercher si l'évaluation qui résulte de ces documents est inférieure ou supérieure à celle qui figure dans la police, la loi n'ayant pas étendu aux contrats d'assurance la disposition spéciale aux ventes publiques dont le prix doit seul être pris en considération, lorsqu'il excède l'estimation de l'inventaire. Les énonciations de la police d'assurance pourront donc, si les parties y ont intérêt, être toujours écartées, en faisant dresser un inventaire des meubles ou en procédant à un acte (partage, liquidation, transaction, etc...) de nature à déterminer légalement la valeur imposable.

En outre, comme les estimations contenues dans les polices sont toujours majorées et qu'au bout de quelques années, elles excèdent notablement la valeur des objets assurés, la loi dispose qu'elles ne lieront les héritiers qu'autant qu'elles seront *en cours au jour* du décès et qu'elles auront été souscrites par le défunt ou ses auteurs, moins de cinq ans au plus avant cette époque.

Quant aux polices remontant à plus de cinq ans, elles ne peuvent servir de base légale d'évaluation, et ne sauraient être utilisées par l'Administration qu'à titre de simple renseignement.

La question de savoir si une police se trouve ou non en cours au jour du décès ne soulèvera, en général, aucune difficulté. A défaut de stipulation contraire, l'assurance commence à courir dès que le contrat est devenu parfait par la signature des parties et le paiement de la première prime. Elle ne prend fin qu'à l'expiration de la période prévue dans la police, à moins que le contrat ait été antérieurement résilié à l'amiable, ou résolu judiciairement, ou que l'assuré ait encouru la déchéance du bénéfice de son assurance, dans les divers cas prévus par les stipulations des parties (faillite, liquidation judiciaire, etc.).

Dans ces dernières hypothèses, bien que l'assurance ait été contractée moins de cinq ans avant l'ouverture de la succession, l'Administration ne pourra s'en prévaloir pour déterminer la valeur imposable des objets assurés.

1699. Auteurs. — La loi exige, en outre, pour que l'assurance serve de base à la perception, qu'elle ait été contractée par le défunt ou ses auteurs. Le sens de cette dernière expression n'est pas parfaitement défini et peut donner matière à des interprétations diverses.

Pris dans son sens littéral et grammatical, ce terme ne s'appliquerait qu'aux ascendants du défunt. Mais, en jurisprudence, il a un sens plus étendu; il désigne toute personne de qui on possède un droit. A l'auteur correspond l'ayant cause, c'est-à-dire celui qui tient tout ou partie de ses droits d'une autre personne (Baudry-Lacantinerie, t. II, p. 843).

Il semble donc que les assurances susceptibles d'être invoquées par la Régie ne sont pas exclusivement celles qui ont été souscrites par les ascendants du défunt, mais bien toutes celles qui pourraient être opposées à ses ayants cause, d'après le droit commun.

Or, une distinction essentielle s'impose entre les divers ayants cause, suivant le titre en vertu duquel la transmission de leur droit s'est opérée. Les uns, tels que les héritiers légitimes, les successeurs irréguliers, les légataires universels ou à titre universel, succèdent à la totalité ou à une quote-part du patrimoine de leur auteur; ce sont des ayants cause d'une manière absolue, à l'égard de tous les actes juridiques qui concernent ce dernier. Les autres, comme les légataires ou donataires à titre particulier, les acheteurs, les cessionnaires, sont des ayants cause à titre particulier, qui succèdent seulement aux biens et doivent, en ce qui concerne les obligations personnelles du défunt, être rangés parmi les tiers.

Ces principes sont également appliqués, en matière d'assurances contre l'incendie, pour régler les effets de la police, vis-à-vis des représentants du défunt. Dans ce but, les polices portent généralement, qu'en cas de décès du contractant, l'assurance continuera de plein droit en faveur de ses héritiers, mais que les successeurs à titre particulier ne pourront être substitués à l'assuré sans l'assentiment de l'assureur. Il en est ainsi lors même que la police serait muette à ce sujet, car s'agissant d'une obligation essentiellement personnelle, les ayants cause à titre particulier de l'assuré ne sont pas plus liés vis-à-vis de la compagnie au point de vue du paiement des primes que fondés à prétendre à l'indemnité en cas de sinistre (Lyon, 22 juin 1883, *Jour. des ass.*, 84, p. 111).

Conformément à ces distinctions, l'Administration sera autorisée à se prévaloir uniquement des polices contractées par le défunt ou par les personnes dont celui-ci a été l'héritier, le légataire universel ou à titre universel ; mais elle ne pourra invoquer celles qui concernent les objets acquis par le défunt à titre particulier, c'est-à-dire par voie d'achat, de donation, de legs particulier, et qui, en principe, se sont trouvées résiliées du jour de la transmission de ces objets au défunt.

Il n'en serait autrement que si un avenant avait été souscrit au profit de ce dernier, auquel cas l'assurance aurait continué en sa faveur, et serait alors assimilée à celles qui ont été directement stipulées par lui, ainsi que nous le verrons ci-après (n° 1700).

En cas de décès d'une femme mariée, d'un mineur ou d'un interdit, il y aura lieu de prendre pour base de la perception l'assurance passée par le mari ou le tuteur, toutes les fois que l'incapable aura été légalement représenté au contrat, et bien qu'à proprement parler, la police n'ait pas été souscrite par l'auteur de la succession. Mais il n'en serait pas de même si l'assurance avait été contractée par un tiers, sans mandat légal à cet effet, comme le locataire ou le dépositaire d'objets mobiliers ou la société détentrice, à un titre quelconque, d'effets appartenant à un associé décédé. Dans ces divers cas, les évaluations de la police ne pourront évidemment pas être opposées aux héritiers du propriétaire des objets assurés.

1700. Avenants. — L'avenant est l'acte destiné à constater les modifications apportées à une police antérieure, laquelle subsiste dans tout ce qu'elle n'a pas de contradictoire avec les nouvelles conventions. Par conséquent, en principe, on ne devra avoir égard qu'à la date de la police et non à celle de l'avenant pour apprécier si l'assurance remonte ou non à plus de cinq ans avant l'ouverture de l'hérédité.

Ainsi, on devra faire abstraction de l'avenant relatif au transfert de l'assurance de certains objets d'un lieu dans un autre, à la prorogation de la durée du contrat sans indication de l'évaluation des objets assurés, à la déclaration d'augmentation ou de diminution des objets assurés, si l'évaluation primitive n'est pas rappelée, au changement dans les contiguïtés ou dans le risque garanti, à la rectification d'une erreur, etc... Mais si l'avenant peut être considéré comme une police nouvelle relativement à l'estimation des objets assurés, cette estimation devra servir de base à la liquidation de l'impôt, si l'avenant a été souscrit par le défunt ou ses auteurs moins de cinq ans avant l'ouverture de la succession, et lors même que la police remonterait à plus de cinq ans.

Il en serait ainsi pour les avenants de prorogation qui rappellent l'évaluation primitive ou contiennent une évaluation nouvelle, pour ceux qui constatent une augmentation ou une réduction du capital assuré, en fixant, pour l'avenir, le montant de ce capital, pour les déclarations de vente ou de donation de certains objets assurés avec indication du chiffre jusqu'à concurrence duquel la police continue à subsister, etc.

1701. Polices contractées avant la promulgation de la loi. — Le projet du gouvernement incorporé à la loi de finances de 1901 et adopté par la commission du budget portait, à titre de disposition transitoire (art. 40, 9947 R. P., p. 20), que la valeur de la propriété des biens meubles ne pourrait être déterminée par les évaluations des polices d'assurances contractées avant la promulgation de la loi que sauf preuve contraire.

Cette preuve ayant été réservée pour toutes les polices (art. 11, 5e al.), cette disposition est devenue sans objet et, par suite, n'a pas été maintenue dans le texte définitif (Rapport de M. Monestier, p. 50). Par conséquent, toutes les polices d'assurances ont la même force probante, quelle que soit leur date, et sans distinguer si elles sont antérieures ou postérieures à la promulgation de la loi.

1702. Preuve contraire. — Bien que la loi n'admette les évaluations des polices que jusqu'à concurrence de 33 fr. p. 100, ce chiffre n'est pas considéré comme un forfait et l'art. 11, 5e alinéa, dispose expressément que les contrats d'assurances ne serviront de base légale pour la perception que « sauf preuve contraire ».

A la différence des inventaires et autres actes qui, d'après les lois de 1875 et de 1901, constituent une base d'estimation contre laquelle les parties ne sont pas autorisées à protester, les polices engendrent seulement au profit du Trésor une présomption légale susceptible d'être combattue et détruite par la preuve contraire (Rapport de M. Doumer, 8652 R. P., p. 18).

Les héritiers sont donc admis à faire la preuve, soit que la police comprenne des objets qui n'existaient plus au moment du décès, soit que les estimations contenues dans cet acte se trouvent exagérées. « Il se peut très bien, a dit M. Bacon, député, sur la proposition duquel les mots « sauf preuve contraire » ont été ajoutés à l'art. 11, qu'entre le jour où la police a été souscrite et celui du décès, il ait été vendu une partie des meubles ou qu'une partie des objets mobiliers existant au jour du décès n'ait plus du tout la même importance que ceux existant le jour où la police a été souscrite. Dans ces conditions, ce que je demande, ce n'est pas que l'Administration fasse la preuve ; c'est simplement ceci : l'Administration viendra dire : Je prends la police d'assurance pour les objets mobiliers, je vous demande 10.000 fr. Je propose que le contribuable puisse répondre : Je n'ai pas 10.000 fr., mais 5.000 ou 8.000 fr. et en faire lui-même la preuve » (Séance de la Chambre du 18 nov. 1900, 9947 R. P., p. 33). « Comme les meubles peuvent avoir été vendus ou détruits, explique M. Monestier dans son rapport (p. 42), sans que le fait ait été constaté par un avenant, les parties sont admises à prouver l'inexactitude des polices d'assurances. »

« Cette preuve, porte le rapport de M. Doumer (8652 R. P., p. 18), peut être administrée par tous les moyens de droit commun. » Cette affirmation, au moment où elle a été émise, se trouvait en complète harmonie avec l'art. 12 du projet de 1894 qui autorisait l'Administration à se servir des mêmes moyens pour établir les insuffisances d'évaluation commises dans les déclarations relatives à des valeurs mobilières. Mais cette disposition n'ayant pas été maintenue dans le texte définitif, l'argument tiré par M. Doumer de la réciprocité nécessaire entre l'État et les contribuables ne conduit plus à la même interprétation et permet, au contraire, de soutenir que, conformément aux règles suivies en matière d'enregistrement, la preuve contraire ne peut, à défaut d'une disposition spéciale, être fournie que par l'un des moyens compatibles avec la procédure écrite. L'art. 8 L. 25 fév. 1901, qui autorise l'admission de toutes les preuves de droit commun autres que le serment, est spécial aux inexactitudes dans les déclarations ou attestations de dettes et ne saurait être étendu par voie d'analogie à d'autres cas.

Les parties ne pourront donc démontrer l'inexactitude ou l'exagération des indications contenues dans les polices d'assurances que par la production de pièces constatant, par exemple, qu'une partie des objets assurés a été aliénée avant le décès, ou d'actes, tels qu'une vente amiable, non susceptibles de constituer une base légale d'évaluation, mais suffisants cependant pour faire présumer que la valeur réelle du mobilier, au jour du décès, n'atteignait pas les 33 fr. p. 100 de la somme portée dans la police.

On ne saurait évidemment méconnaître que cette preuve contraire sera le plus souvent très difficile à administrer, notamment en cas de perte ou de destruction de meubles désignés dans la police. Dans cette hypothèse, l'héritier ne pourra éviter une perception excessive qu'en faisant dresser un inventaire régulier des meubles héréditaires.

1703. Biens auxquels l'évaluation des polices peut être appliquée. — D'après le texte même de l'art. 11, les évaluations contenues dans les polices d'assurances contre l'incendie ne peuvent être invoquées qu'autant qu'elles concernent des objets mobiliers. S'il s'agit de mobilier industriel, de matériel agricole attaché à l'exploitation, en un mot d'immeubles par destination, leur estimation dans les polices, lors même qu'ils seraient assurés comme meubles, ne saurait être prise en considération pour la détermination de la valeur imposable, qui résulte uniquement du revenu capitalisé. On ne saurait non plus, ainsi qu'il sera expliqué ci-après (n° 1708), avoir égard à l'assurance stipulée pour un fonds de commerce ou du matériel en dépendant, malgré le caractère mobilier de ces biens.

Les objets mobiliers assurables, pour lesquels la police peut servir de base d'évaluation, comprennent exclusivement, d'après l'intention exprimée à diverses reprises par le législateur (V. rapports de MM. Doumer et Cordelet, 632 et 8948 R. P., p. 264), les effets personnels, les meubles meublants, le linge, la literie, les outils, les objets d'art, etc.

Remarquons, à ce sujet, que l'argenterie, les dentelles, les bijoux, les pierreries, les médailles, les tableaux, les statues, en un mot tous les objets rares et précieux, ne sont assurés qu'autant qu'ils sont désignés spécialement dans la police et qu'un capital distinct leur est affecté. (*Pand. franç.*, v° *Assurances contre l'incendie*, n° 286). A défaut de mention particulière, et à moins que ces objets ne soient pas considérés comme rares et précieux relativement à la situation sociale des intéressés, leur estimation ne se trouve pas comprise dans celle de la police dont on ne peut, dès lors, faire état pour la liquidation de l'impôt applicable à ces valeurs.

1704. Exceptions. — Lors des travaux préparatoires de la loi, il a paru à la commission du Sénat (8948 R. P., p. 264) que la généralité des termes du n° 3 de l'art. 11 donnerait à cette innovation une portée excessive et dangereuse, en ce sens que les assurances sont faites pour l'année et qu'il y a des moments où elles peuvent n'avoir, pour ainsi dire, pas d'objet.

Pour répondre à cette préoccupation, l'article a été ainsi complété : « cette disposition ne s'applique pas aux polices d'assurances concernant les récoltes, les bestiaux et les marchandises ».

Bien qu'il s'agisse d'une exception, cette énumération ne paraît pas strictement limitative et il semble que le bénéfice doit en être étendu à tous les cas où le motif qui a inspiré la dérogation à la règle générale trouvera son application. Telle serait, par exemple, l'hypothèse d'une police afférente au mobilier garnissant un hôtel ou une villa ouverts seulement pendant une saison thermale ou balnéaire.

L'exception, en ce qui concerne ces biens, est d'ailleurs spéciale aux données estimatives fournies par la police d'assurances et la valeur imposable des récoltes, bestiaux et marchandises, est établie, s'il y a lieu, par les inventaires, ventes publiques ou autres actes de la même manière que pour les autres biens meubles.

Enfin, si l'estimation de la police s'applique en bloc aux meubles meublants, aux récoltes, aux bestiaux et aux immeubles par destination, les parties seront admises à déterminer, par une ventilation, la fraction de l'évaluation concernant les objets pour lesquels la police constitue la base de la perception.

§ II. — *Déclaration estimative.*

[1705]

1705. Généralités. — Aux termes de l'art. 11, l°, à défaut d'inventaire ou d'autres actes constatant la valeur des biens transmis, de ventes publiques passées dans les deux années du décès ou de polices d'assurances contre l'incendie, la perception devra être établie d'après la déclaration estimative des parties (art. 14, n° 8, L. frim.).

Aucune modification n'a été apportée à cet égard à la législation antérieure qui continuera à recevoir son application d'après les distinctions établies par la doctrine et par la jurisprudence (V. *Rép. gén.*, 1re partie, v° *Succession*, n° 1557 et suiv.).

§ III. — *Dispositions communes aux divers modes d'évaluation.*

[1706-1710]

1706. Insuffisances. — Pénalités. — Prescription. — La nouvelle loi a également maintenu intégralement les sanctions édictées par l'art. 3 L. 21 juin 1875 en cas d'insuffisance dans l'estimation des meubles déclarés. Comme par le passé, cette insuffisance sera punie d'un droit en sus, si elle résulte d'un acte antérieur à la déclaration. Si, au contraire, l'acte est postérieur à cette déclaration, il ne sera perçu qu'un droit simple sur la différence existant entre l'estimation des parties et l'évaluation contenue aux actes (V. *Rép. gén.*, 1re partie, nos 1471 et 1562).

Il est à remarquer que, lorsque la détermination de la valeur imposable sera basée sur une police d'assurances, le droit en sus sera toujours exigible, puisque la police se trouvera nécessairement antérieure à la déclaration.

Pas plus que la loi de 1875, la L. 25 fév. 1901 n'a fixé aucun délai pour la prescription, en cas d'insuffisance d'évaluation mobilière. Cette lacune est très regrettable en présence de la tendance de la Régie à appliquer la prescription trentenaire aux droits simples supplémentaires dus au cas où la preuve de l'insuffisance résulte d'un acte postérieur à la déclaration. Mais, à défaut d'une disposition nouvelle à cet égard, les règles antérieures continueront à être suivies (V. *Rép. gén.*, 1re partie, no 1563).

1707. Limites d'application de la loi. — Valeurs incorporelles. — La loi nouvelle, comme celle du 21 juin 1875, dont elle forme simplement le complément, ne s'applique qu'aux effets corporels, à l'exclusion des valeurs incorporelles.

Cette interprétation, qui était admise sous l'empire de la loi de 1875 (V. *Rép. gén.*, 1re partie, no 1067), se trouve confirmée d'une manière positive par les travaux préparatoires de la loi de 1901.

« Les dispositions de l'art. 11, explique M. Doumer dans son rapport (8052 R. P., p. 17) ont pour but de prévenir les fraudes trop fréquentes qui se produisent dans la déclaration de la valeur des *meubles meublants, objets d'art, etc., qui garnissent* l'habitation du défunt. » La même opinion est reproduite dans le rapport de M. Cordelet (8048 R. P., p. 263).

L'avant-dernier alinéa de l'art. 11 porte, d'ailleurs, comme l'art. 3 L. 21 juin 1875, que ces dispositions ne sont applicables ni aux créances, ni aux rentes, actions, obligations, effets publics et autres biens meubles et immeubles dont la valeur et le mode d'évaluation sont déterminés par des lois spéciales.

La nouvelle loi maintient donc expressément les prescriptions des lois antérieures, en ce qui concerne ces diverses catégories de valeurs.

Ainsi, continueront d'être soumises au droit de mutation par décès, savoir : « les créances sur le capital exprimé dans l'acte » et qui en fait l'objet (L. frim., art. 14, no 2) » ; les rentes sur particuliers « sur le capital constitué, quel que soit le prix stipulé pour leur amortissement » (même loi, art. 14, no 7), si elles ont été créées avec expression de capital, et, au cas contraire, « à raison d'un capital formé de vingt fois la rente perpétuelle et de dix fois la rente viagère et quel que soit le prix stipulé pour l'amortissement » (même loi, art. 14, no 9) ; s'il s'agit de prestations en nature, les denrées qui en font l'objet seront évaluées d'après les mercuriales (même loi, même article).

De même, le cours de la Bourse, au jour de l'ouverture de la succession, restera la base de la perception pour les rentes sur l'État et les valeurs étrangères cotées en France (LL. 18 mai 1850, art. 7, 13 mai 1863, art. 11, et 23 août 1871, art. 3), aussi bien que pour les valeurs françaises admises à la cote officielle.

1708. Fonds de commerce. — En ce qui concerne les fonds de commerce, la question de savoir s'ils étaient régis ou non par la L. 21 juin 1875 était, jusqu'à ce jour, vivement controversée. La Régie a constamment soutenu l'affirmative (Sol. 1er mai 1894, 8343 R. P.) et a fait triompher sa thèse devant le tribunal de Lyon (Jug. du 7 juin 1895, 8727 R. P.), mais la doctrine contraire résulte du jugement du Havre du 19 juin 1897, approuvé par certains auteurs (9195 R. P. ; S. 99-2-253 ; D. P. 98-2-233 ; *Pand. pér.*, 99-6-6 ; — *Rapp.* no 1357 *suprà*).

La L. 25 fév. 1901 a eu pour résultat de dissiper toute incertitude à cet égard.

Ainsi qu'il résulte des citations rapportées ci-dessus (no 1707), il ne paraît pas douteux, d'après les explications fournies par MM. Doumer et Cordelet, que le législateur, en confirmant et en complétant l'art. 3 L. 21 juin 1875, n'a entendu atteindre et réprimer que les insuffisances d'évaluation des meubles meublants et des objets corporels, à l'exclusion des meubles incorporels, comme l'achalandage, le droit au bail, qui constituent des éléments d'un fonds de commerce. « Les prescriptions contenues dans les premiers paragraphes, a, de son côté, déclaré M. Dufoussat, sénateur, auteur de l'amendement qui est devenu le dernier alinéa de l'art. 11, ont pour objet de mieux prévenir les insuffisances d'évaluation qui se produisent dans la déclaration de la consistance et de la valeur des meubles meublants et autres objets, mais *rien n'est stipulé pour l'évaluation des fonds de commerce.* »

Il est certain, du reste, qu'en permettant à la Régie de contrôler par l'expertise l'évaluation d'un fonds de commerce, la loi exclut nécessairement les diverses bases légales d'estimation prévues par l'art. 11.

Par conséquent, on doit conclure que le fonds de commerce dépendant d'une succession ne tombe pas sous l'application des art. 3 L. 21 juin 1875 et 11 L. 25 fév. 1901, et reste soumis aux dispositions générales de la L. frim., telles qu'elles ont été interprétées par la jurisprudence. C'est donc par une déclaration estimative ou, de préférence, par un inventaire authentique, si cet inventaire existe, que sera établie la valeur de ce fonds (art. 16 et 27 L. frim.), à l'exclusion d'une vente aux enchères ou d'une police d'assurances, mais sauf à l'Administration, ainsi que nous le verrons ci-après, à recourir à l'expertise si la valeur déclarée lui paraît insuffisante.

1709. Date d'application des nouvelles dispositions. — Les moyens d'évaluation, prévus par la loi, pour déterminer la valeur imposable des biens déclarés, font partie des dispositions constitutives de l'impôt ou de sa quotité. Les modifications dont ces moyens sont l'objet se traduisent, en effet, par une augmentation ou une diminution des droits. Il en résulte que la loi qui les édicte n'atteint que les mutations qui se sont accomplies depuis sa promulgation. Telle est, du reste, l'interprétation que l'Administration a elle-même admise relativement à l'art. 3 L. 21 juin 1875 : « Cette disposition, porte l'Inst. no 2517, *in fine*, ne sera « appliquée qu'aux mutations opérées sous l'empire de la loi nouvelle ».

Par conséquent, il y aura lieu de se conformer, pour toutes les déclarations motivées par des décès postérieurs à la L. 1875, à celles des dispositions de l'art. 11 de la nouvelle loi qui ne sont que la reproduction de l'ancien art. 3, sans distinction entre les successions ouvertes avant la mise en vigueur de la nouvelle législation et celles ouvertes après; mais les bases d'estimation qui ont été ajoutées à cette disposition ne pourront régir que les successions ouvertes postérieurement à la promulgation de la loi. Il en sera ainsi, notamment, pour l'application des polices d'assurances contre l'incendie qui constituent, non seulement un moyen de contrôle, mais encore une base légale.

1710. Expertise des fonds de commerce. — Les dispositions des deux derniers paragraphes de l'art. 8 L. 28 fév. 1872, relatives à l'expertise des fonds de commerce transmis entre vifs, ont été rendues applicables, par l'art. 11 L. 25 fév. 1901, aux mutations par décès de ces mêmes fonds. Nous avons commenté *suprà*, v° *Mutation*, n° 819 et s., ces nouvelles prescriptions.

CHAPITRE II.
PRÉCAUTIONS CONTRE LA FRAUDE EN MATIÈRE DE VALEURS MOBILIÈRES.

[1711-1746]

1711. Dispositions générales. — L'article 15 édicte une série de mesures destinées à assurer la déclaration exacte de toutes les valeurs mobilières. A cet effet, il modifie l'art. 25, L. 8 juillet 1852 relatif au transfert ou à la mutation des rentes nominatives sur l'État provenant de titulaires décédés ou déclarés absents.

D'autre part, il impose certaines obligations :

1° Aux sociétés, départements, communes et établissements publics pour le transfert ou la conversion de leurs titres nominatifs;

2° Aux sociétés ou compagnies, agents de change, changeurs, banquiers, escompteurs, officiers publics ou ministériels et agents d'affaires pour la remise, le paiement ou le transfert des titres, sommes ou valeurs héréditaires dont ils seraient dépositaires, détenteurs ou débiteurs;

3° Aux compagnies françaises d'assurances sur la vie et aux succursales établies en France des compagnies étrangères pour le paiement des sommes, rentes ou émoluments quelconques dus par elles, à raison du décès de l'assuré, à des bénéficiaires autres que le conjoint survivant ou les héritiers en ligne directe.

Nous examinerons successivement ces diverses dispositions.

§ I. — *Transfert ou mutation de rentes sur l'État.*

[1712]

1712. Modifications à l'art. 25, L. 8 juillet 1852. — En ce qui concerne les rentes nominatives sur l'État, la loi nouvelle se borne à rappeler les prescriptions de l'art. 25 L. 8 juill. 1852, en vertu duquel le transfert ou la mutation d'une inscription au grand livre de la Dette publique ne peut être effectué que sur la présentation d'un certificat constatant le paiement du droit de mutation par décès (V. *Rép. gén.*, 1re partie, v° *Rente*, n° 171). Toutefois, l'art. 15 de la L. 25 fév. 1901 ne reproduit pas les parties de la disposition précédente qui exigeaient que le certificat délivré par le Receveur fût visé par le Directeur et que, dans tous les départements autres que la Seine, la signature de ce chef de service fût légalisée par le Préfet. Cette double formalité se trouve donc complètement supprimée et il suffit de produire au Trésor le certificat prévu par l'Inst. n° 2508, § 6, et revêtu uniquement de la signature du Receveur et de l'empreinte de la griffe du bureau (Inst. 3051, § 1).

A défaut du visa du Directeur, le service de la Dette inscrite avait demandé pour son agent comptable une autre garantie, telle que la légalisation de la signature du Receveur par le maire, dont la signature aurait elle-même été légalisée par le Préfet ou le Sous-Préfet. Mais l'Administration s'est opposée à cette prétention, qui allait à l'encontre du but que s'était proposé le législateur et qui était d'améliorer le service de la remise aux intéressés des certificats du Receveur (V. not. Rapport de M. Jamais, déposé le 27 mars 1890 sur le bureau de la Chambre, n° 495, p. 31). Les propositions de la Dette inscrite sont ainsi restées sans suite.

§ II. — *Titres nominatifs des sociétés, départements, communes et établissements publics.*

[1713-1715]

1713. Nouvelles règles. — Les dispositions de l'art. 25 L. 8 juill. 1852, qui étaient spéciales au transfert ou à la mutation des rentes sur l'État ont été étendues par l'art. 15, 7e alinéa, de la nouvelle loi aux transferts ou conversions des titres nominatifs des sociétés, départements, communes et établissements publics, provenant de titulaires décédés ou déclarés absents.

Désormais, comme pour les rentes sur l'État, ces opérations ne pourront être effectuées sans la production d'un certificat de paiement des droits de mutation par décès, délivré dans la même forme que sous le régime de la loi de 1852. Il est à remarquer que les deux premiers paragraphes de l'art. 15 de la nouvelle loi visent, l'un les *mutations* de rentes sur l'État, l'autre les *conversions* de tous les autres titres nominatifs. Les raisons de cette différence de rédaction sont que le transfert des rentes nominatives sur l'État est opéré au moyen d'une mutation au nom de l'agent de change (décret de règlement du 7 oct. 1890), tandis que les autres titres nominatifs sont, préalablement à leur transfert, convertis en titres au porteur; mais cette circonstance reste sans influence sur l'application des règles édictées par l'art. 15 et qui sont identiques dans les deux cas.

Le transfert dont il s'agit dans ces hypothèses est la constatation de la transmission de la propriété d'un titre nominatif sur les registres de la société, du département, de la commune ou de l'établissement public, et non pas simplement la cession consentie par une personne à une autre personne, une semblable convention ne pouvant, par elle-même, autoriser l'acquéreur à revendiquer la propriété du titre cédé (Cass. 5 juill. 1870, D. P. 72-1-71; S. 71-1-184).

Les dispositions des deux premiers alinéas de l'art. 15 embrassent, dans leur généralité, tous les titres nominatifs, de quelque nature qu'ils soient, actions, obligations, parts de fondateur, bons et certificats nominatifs, etc., émis par les départements, communes, établissements publics, sociétés et associations de toutes sortes, français ou étrangers, pourvu que, d'après les distinctions admises par la jurisprudence, les titres puissent être effectivement considérés comme nominatifs, c'est-à-dire qu'ils ne puissent être transmis autrement que par une déclaration inscrite sur les registres sociaux et signée du cédant ou de son mandataire (C. comm., art. 36; Cass. 15 janv. 1890, 9896 R. P.; D. P. 90-1-295, S. 90-1-129). Mais elles ne sont pas applicables aux titres qui peuvent se transmettre valablement, à l'égard de la société, sans un transfert sur ses registres, quelles que soient d'ailleurs, les formalités prescrites comme mesures d'ordre intérieur (*Rapp.* Cass. req 31 janv. 1893, 8648 R. P.).

De même que pour les rentes sur l'État, la production d'un certificat doit être exigée pour toutes les opérations de transfert ou de conversions, à quelque époque qu'elles aient lieu, lorsqu'elles portent sur des titres immatriculés au nom d'une personne décédée ou disparue, sans qu'il y ait à rechercher si les titres sont affranchis ou non du droit de mutation par décès et si, le cas échéant, la prescription ne serait pas acquise aux parties. Seulement, si les valeurs nominatives ne sont pas assujetties à cet impôt, la délivrance du certificat de non-exigibilité de la taxe devra être précédée d'une déclaration passée en la forme ordinaire et par laquelle les héritiers feront connaître les circonstances qui s'opposent à la réclamation des droits. Dans le cas où cette déclaration ne pourrait être exigée par l'Administration et serait refusée par les parties, le receveur devrait rédiger sur une formule une mention explicative et suffisamment détaillée qui suppléerait à la déclaration proprement dite et permettrait de délivrer le certificat obligatoire (Inst. nº 2508, § 6; Sol. 12 mai 1900. — V. nº 653 *supra*).

Les obligations imposées aux départements, communes, établissements publics et sociétés en cette matière sont limitées à la réclamation du certificat et ne peuvent être étendues à d'autres objets. Dès l'instant qu'il résulte du certificat que les titres ont été compris dans une déclaration régulière ou pour ordre, la loi reçoit complète satisfaction et il n'appartient pas aux sociétés et établissements publics de rechercher si le Trésor a été ou non désintéressé.

Les termes généraux de l'article 15 visent, d'ailleurs, non seulement les transferts, mutations, conversions opérés au nom d'une personne désignée nominativement, mais encore ceux qui sont effectués au nom des héritiers ou des ayants cause du titulaire décédé, sans désignation individuelle.

1713-1. Succession ouverte dans les colonies. — La disposition de l'art. 15 L. 25 fév. 1901, qui prescrit de n'effectuer le transfert des titres nominatifs des sociétés françaises provenant d'un titulaire décédé que sur la présentation d'un certificat constatant l'acquittement des droits de mutation, est applicable même lorsqu'il s'agit d'une succession ouverte dans une colonie où l'enregistrement est établi et encore bien que la mutation ne donne ouverture à aucun droit en France. Les héritiers doivent, dans ce cas, souscrire en France une déclaration pour ordre d'après laquelle est délivré le certificat (Sol. 29 mars 1902, 3089-20 I. G.; 10282 R. P.).

1714. Contrôle de l'Administration. — Les transferts qui auront été assujettis à l'impôt de mutation par décès devront être portés pour ordre sur les états fournis, tous les trimestres, à l'appui du paiement du droit de transmission (art. 2 décret 17 juill. 1857); mais l'Administration ne pourra s'assurer si l'établissement public ou la société ont régulièrement exigé des certificats à l'appui des demandes de transfert que pour ceux de ces établissements qui sont soumis au droit de communication.

Encore faut-il remarquer que l'art. 15 prescrit aux sociétés et autres assujettis de n'opérer le transfert ou la conversion qu'au vu de la « *présentation* » d'un certificat; ce terme n'implique nullement la conservation de cette pièce au siège de la société ou de l'établissement qui a procédé à la mutation ou au transfert au vu de ce document et qui a pu le rendre ensuite aux intéressés. Nous pensons donc qu'au cours de leurs investigations, les agents de l'Administration ne seront pas fondés à demander la représentation de ce certificat et qu'aucune contravention ne pourra être relevée à l'encontre de la société ou de l'établissement public, si la production de cette pièce est simplement mentionnée dans leurs écritures.

Signalons que la disposition de l'art. 26, L. 8 juill. 1852, d'après laquelle les droits de mutation et les peines encourues, en cas de défaut de déclaration ou d'omission de rentes sur l'État, ne se prescrivent que par 30 ans, n'a pas été étendue par la L. 25 fév. 1901 aux titres des départements, communes, établissements publics et sociétés. Il en résulte que ces valeurs continuent, comme par le passé, à être régies par les prescriptions quinquennale ou décennale, en cas d'omission ou de déclaration tardive.

1715. Date d'application de la loi. — Les modifications apportées à la L. 8 juill. 1852 par celle du 25 fév. 1901 n'ont eu pour but que de mieux assurer le recouvrement d'un impôt dont l'exigibilité résultait de dispositions antérieures; elles doivent, par suite, être appliquées du jour où la nouvelle loi est devenue exécutoire, abstraction faite de la date du décès, de la déclaration de la succession, du transfert ou de la conversion.

§ III. — *Titres, sommes ou valeurs dont les sociétés, agents de change, banquiers, etc., sont dépositaires, détenteurs ou débiteurs.*

[1716-1730]

1716. Considérations générales. — Après s'être efforcé d'obtenir la déclaration exacte de tous les titres nominatifs en imposant aux sociétés et établissements publics l'obligation d'exiger des héritiers, à l'appui des demandes de transferts ou de conversions, la production d'un certificat de paiement des droits, le législateur s'est préoccupé des titres au porteur, dont une faible partie seulement faisait jusqu'à ce jour l'objet de relevés dressés par les agents de contrôle, au siège des sociétés soumises aux investigations de l'Administration.

A cet effet, le troisième § de l'art. 15, L. 25 fév. 1901, prescrit aux sociétés et compagnies, agents de change, banquiers, changeurs, escompteurs, officiers publics et ministériels, ou agents d'affaires qui seraient dépositaires, détenteurs ou débiteurs de titres, sommes ou valeurs dépendant d'une succession qu'ils sauraient ouverte, d'adresser, soit avant le paiement, la remise ou le transfert, soit dans la quinzaine qui suivra ces opérations, au Directeur de l'Enregistrement du département de leur résidence, la liste de ces titres, sommes ou valeurs.

Cet article atténue notablement les dispositions du texte primitif voté par la Chambre, en 1895, qui s'appliquaient à *tous* les dépositaires ou détenteurs de titres, sommes ou valeurs dépendant d'une succession et qui leur interdisaient de s'en dessaisir autrement que sur la présentation d'un certificat du Receveur (Rapport de M. Monestier, p. 50). Le nouveau texte n'atteint plus les simples particuliers, mais seulement les sociétés et les personnes qui, par leur profession, sont en rapport avec le public, et ces sociétés ou personnes ne sont plus assujetties qu'à fournir la liste des titres ou sommes appartenant au défunt.

1717. Sociétés et personnes visées par la loi. — Ainsi qu'il vient d'être dit, l'art. 15, 3e et 4e alinéas, ne s'applique qu'aux personnes ou aux collectivités qui y sont nommément désignées, mais il vise, d'une manière générale, toutes ces personnes ou collectivités, et on ne saurait pas plus en restreindre la compréhension qu'en étendre la portée, par un motif quelconque ou sous prétexte d'analogie.

Toutes les sociétés ou compagnies sont, par conséquent, soumises à ces dispositions sans aucune exception ni distinction entre les sociétés civiles ou commerciales françaises ou étrangères, particulières ou universelles, les sociétés de personnes (sociétés en nom collectif) ou les sociétés de capitaux (sociétés par actions, commandites), les sociétés proprement dites et les associations de toute nature, etc.

Les agents de change sont expressément nommés dans la loi et, en ce qui les concerne, aucune incertitude ne peut s'élever sur leur qualité ni sur la nature des opérations qu'ils effectuent à ce titre.

Le changeur est celui qui se livre habituellement à l'échange des monnaies ou à l'escompte et à la négociation de titres, valeurs mobilières, etc.

La dénomination de banquier désigne toute personne qui s'occupe de la négociation des titres ou fait le commerce des capitaux. Prise par la L. 25 fév. 1901 dans son sens le plus général, cette expression vise les banques de toute nature : banques d'émission, banques d'escompte, de dépôt et de virement, banques foncières, hypothécaires, mobilières, industrielles, populaires, etc. La qualité de banquiers paraît également devoir être attribuée aux trésoriers-payeurs et aux receveurs des finances en tant qu'ils se livrent à des opérations de banque.

L'escompteur est celui qui, au lieu de se livrer à toutes les opérations de banque, se borne à escompter et à recouvrer des effets de commerce.

Les officiers publics et ministériels comprennent les notaires, avoués, huissiers, commissaires-priseurs, etc.

Enfin, le terme « agent d'affaires » s'entend de la personne qui, sans mandat légal, s'occupe habituellement de la gestion des biens d'autrui, en vue d'obtenir un salaire. Les cas où cette qualité a été attribuée aux intéressés, notamment au point de vue de l'application de la patente, sont aussi variés que la nature des affaires confiées à des intermédiaires. Nous nous bornerons à rappeler qu'on considère comme agents d'affaires les personnes qui se chargent de représenter les parties en justice, se livrent à des opérations d'achat et de vente pour autrui (C. d'Etat, 25 avr. 1855, D. P. 55-3-311) ou opérant habituellement des recouvrements de loyers et fermages (C. d'Etat, 3 mai 1851, D. P. 51-3-56), mais cette qualité n'appartient pas aux régisseurs particuliers.

A raison même de la généralité et du défaut de précision du terme « agents d'affaires », il y a lieu de reconnaître que diverses personnes sont susceptibles de rentrer dans cette catégorie et d'être, par suite, régies par la L. 25 fév. 1901, bien que n'y étant pas nommément désignées. Tels sont les courtiers, les commissionnaires, les coulissiers (Rapport de M. Cordelet, *J. off.*, *Doc. parlem.*, Sénat, p. 283; 8948 R. P., p. 267).

A l'origine, la liste des assujettis contenait le mot « commissionnaires », mais comme cette expression n'a pas de sens bien défini au point de vue financier comme au point de vue commercial, il a été supprimé dans le texte définitif (Rapport de M. Mesureur, p. 42).

En résumé, la loi atteint toutes les sociétés et personnes qui, par la nature même de leur profession, sont en rapport habituel avec le public, pour le commerce des valeurs ou des capitaux, et sont patentées à ce titre, mais elle ne s'applique pas aux simples particuliers (Rapport de M. Cordelet, 8948 R. P., p. 267), lors même qu'ils se livreraient *accidentellement* à quelques opérations de banque, cette circonstance ne suffisant pas pour leur faire attribuer la qualité de banquiers ou d'escompteurs (C. d'Etat, 18 fév. 1876 et 21 déc. 1883, *Pandectes*, v° *Banque*, n° 93).

Par conséquent, un négociant qui procéderait accidentellement à des recouvrements, pour le compte d'un tiers, et se trouverait, au moment du décès de ce dernier, détenteur ou dépositaire de sommes ou d'effets de commerce, ne serait pas tenu d'en donner connaissance à l'Administration, après la remise ou le paiement effectué entre les mains des ayants droit.

1718. Qualités en vertu desquelles les sociétés, banquiers, etc., sont soumis aux prescriptions de l'art. 15. — Les prescriptions de l'art. 15 concernent toutes les sociétés, banquiers, etc., qui sont « dépositaires, détenteurs ou débiteurs » de titres ou valeurs héréditaires. La loi est conçue dans les termes les plus généraux; elle frappe tout dépôt, quel qu'en soit le caractère, toute détention de valeurs, quelle qu'en soit la durée, et toute dette, quelle qu'en soit la cause. Ainsi, tombent sous ses application les sommes remises à un notaire pour être employées à une acquisition, à un placement ou à une libération (*Rapp.* Rapport de M. Cordelet 8948 R. P., p. 265), les titres donnés comme gage à une société ou à un banquier, le produit d'une vente mobilière ou immobilière conservé par un notaire, un huissier, commissaire-priseur, les valeurs confiées par le défunt à un agent de change, à un banquier, à un escompteur pour être négociées, les titres achetés pour son compte, les effets de commerce remis à un huissier, à une maison de banque pour en opérer le recouvrement, les sommes recouvrées par ces intermédiaires, etc., etc.

Mais l'art. 15 est spécial aux opérations qui sont du ressort même de la profession des intéressés; il ne saurait être étendu à celle de ces opérations qui leur sont personnelles et qu'ils accomplissent comme simples particuliers (nº 1716 *suprà*).

Il conviendra, dès lors, à cet égard, de faire abstraction des dettes personnelles d'un notaire, d'un banquier ou d'un agent d'affaires vis-à-vis du défunt ou des sommes ou valeurs à eux confiées dans un but ne rentrant pas dans l'exercice normal de leur profession.

1719. Coffres-forts loués. — Au cours de la discussion, il a été entendu que les établissements de crédit et les commerçants, qui mettent en location des coffres-forts, n'ont pas à aviser l'Administration du décès du locataire, alors même que les héritiers de celui-ci auraient dû le leur notifier pour être autorisés à ouvrir eux-mêmes le coffre-fort (Chambre, séance du 15 nov. 1900, *J. off.*, débats, p. 2105, col. 2 et 3; 8947 R. P., p. 41 et s.).

Dans cette hypothèse, en effet, l'établissement n'agit pas comme débiteur ou dépositaire, mais uniquement comme bailleur, et le client, qui est locataire du coffre-fort, se trouve dans la même situation que le locataire d'un appartement, le coffre-fort pouvant être chez lui ou ailleurs. Comme l'a fait remarquer le Ministre, lors de la séance du 15 nov. 1900, il n'y aurait nulle raison, si le Parlement avait accepté un amendement déposé par M. Bougère et tendant à obliger les établissements de crédit à déclarer les valeurs enfermées dans les coffres-forts loués à des particuliers, pour ne pas demander qu'au décès de toutes les personnes, on ouvre leur coffre-fort en présence d'un agent de l'Enregistrement.

1720. Biens visés par la loi. — Le § 3 de l'art. 15 s'applique, non seulement aux titres ou valeurs appartenant à une personne décédée, mais encore aux sommes qui lui sont dues. Dès l'instant que ces titres ou sommes sont détenues ou dues par les sociétés ou personnes visées par la loi et à raison même de leur profession, elles doivent être portées à la connaissance de l'Administration.

Le texte est, à cet égard, aussi général que possible et n'admet, en principe, aucune exception. Ainsi il vise les valeurs nominatives comme les valeurs au porteur ou celles qui sont transmissibles par voie d'endossement, les titres négociables comme les effets non négociables, c'est-à-dire les rentes sur l'État, les bons du Trésor, les actions et obligations de toute nature, les lettres de change, les billets à ordre, les chèques et tous les effets de commerce. Toutefois, la combinaison des diverses dispositions de l'art. 15 et les déclarations du commissaire du Gouvernement lors de la séance de la Chambre du 19 nov. 1895 (*J. off.* du 20, p. 2413 et s., 8605 R. P., p. 100) conduisent à reconnaître que le législateur n'a pas entendu prescrire l'obligation de fournir un avis pour les opérations relatives à des titres nominatifs et qui sont subordonnées, par le paragraphe 2, à la représentation d'un certificat constatant, soit l'acquittement, soit la non-exigibilité de l'impôt de mutation par décès. Il en est de même pour les sommes ou rentes payées par les compagnies d'assurances sur la vie, à des bénéficiaires autres que le conjoint survivant ou les successibles en ligne directe, et qui font l'objet de dispositions spéciales, ainsi que nous le verrons ci-après (nºs 1731 et s.).

Mais la dispense de donner avis à la Régie semble ne pouvoir être invoquée que par la société ou la personne à qui le certificat a été produit, et elle ne s'applique qu'à l'opération même que concerne ce certificat. Par exemple, si un banquier est dépositaire ou détenteur de titres nominatifs dépendant d'une succession, il ne pourra en opérer la remise aux héritiers, sans en donner avis à l'Administration, abstraction faite du point de savoir si un certificat a été ou non produit à la société, à l'appui de la demande de transfert. Or, même si, en même temps qu'elle effectue le transfert de titres nominatifs sur la représentation du certificat prescrit, la société paie aux héritiers des coupons des mêmes titres échus antérieurement au décès, elle devra informer l'Administration du paiement.

S'il s'agit de sommes détenues pour le compte du défunt ou dues à ce dernier par une société ou d'autres personnes désignées dans l'art. 16, la nature du dépôt ou de la dette est indifférente pour l'application de la loi; il suffit qu'une somme dépendant d'une hérédité se trouve, à un titre quelconque, au moment du décès de son propriétaire, entre les mains de ces sociétés ou de ces personnes, pour que le paiement ou la remise ne puisse en être effectué sans qu'il en soit donné connaissance à la Régie.

Cette prescription vise spécialement les comptes-courants, les sommes à toucher dans les banques (Rapport de M. Cordelet, 8948 R. P., p. 265), les prix de vente de meubles et d'immeubles, les arrérages ou intérêts payés aux héritiers, etc.

L'Administration, s'appuyant sur le texte dont les termes sont aussi généraux et aussi absolus que possible, estime même (Inst. nº 3051, p. 4) que la prescription dont il s'agit atteint, non seulement les dettes des sociétés, compagnies, banquiers, etc., envers leurs clients, mais encore les sommes versées à des héritiers d'employés ou de retraités, à titre soit de prorata de salaires ou de traitements, soit d'arrérages de pensions.

Nous nous refusons à croire que telle ait été l'intention du législateur qui n'a eu en vue que les opérations faites par les sociétés, banquiers, etc... *avec le public* (Rapport de M. Cordelet, p. 267), à l'exclusion de tout fait qui aurait un caractère privé (Rapp. nº 1716, *suprà*). Or, il semble qu'on doit, sans hésitation, ranger dans cette dernière catégorie les services des employés dont les relations avec les employeurs affectent un caractère personnel d'ordre essentiellement privé. Nous pensons donc que, sous peine de créer, au préjudice d'une certaine catégorie de citoyens, une choquante inégalité, il convient, sur ce point, d'interprêter la loi dans son esprit et non d'après son texte littéral, et de considérer les sociétés et compagnies, banquiers, etc., comme affranchis de l'obligation de faire connaître les prorata de traitement ou de rentes payés aux héritiers de leurs employés, clercs ou salariés.

1721. Opérations dont les assujettis doivent donner connaissance. — La loi prescrit de donner avis à l'Administration de tous « paiement, remise ou transfert », c'est-à-dire de toute opération constatant le dessaisissement, entre les mains des ayants droit, de titres ou fonds dépendant d'une succession et détenus ou dus à un titre quelconque par les assujettis. Le mot « transfert » ne doit pas s'entendre ici, comme dans les deux premiers paragraphes de l'art. 15, du changement d'immatricule d'un titre nominatif; il désigne simplement, suivant son acception usuelle, l'opération par laquelle le compte ouvert au nom du défunt est porté au nom de l'héritier.

D'autre part, bien que la loi ne le constate pas expressément, les paiement, remise ou transfert qu'elle prévoit, concernent exclusivement ceux qui sont opérés entre les mains ou au profit des héritiers. Cette interprétation résulte clairement des travaux préparatoires de la loi et elle a été implicitement admise par la Régie qui reconnait que l'art. 15 s'applique aux paiement, remise, transfert, à l'appui desquels « l'intéressé doit invoquer sa qualité d'héritier ou se prévaloir du décès ».

Dès lors, l'obligation d'aviser l'Administration n'existe pas, par exemple, pour les titres remis à une société, à un banquier, pour être transmis à un tiers, les sommes versées à un notaire pour être employées à éteindre une obligation ou à acquitter un prix de vente, lorsque la remise des titres ou le versement des fonds est effectué entre les mains d'un tiers, créancier ou vendeur, bien que ces opérations soient postérieures à l'ouverture de la succession du déposant ou du débiteur et que ces derniers eussent encore, à leur décès, la possession légale des titres ou fonds.

D'ailleurs, en cas de remise ou de paiement à un tiers, la société ou la personne dépositaire ou débitrice n'aura pas, le plus souvent, à tenir compte du décès du déposant ou du débiteur et ne se trouvera pas, dès lors, avoir eu légalement connaissance de ce décès, ainsi qu'il sera expliqué au numéro suivant.

Reconnu, en ce qui concerne les commissaires-priseurs, que ces officiers ministériels sont tenus de donner avis à l'Administration des versements de prix de vente d'objets mobiliers provenant de successions, mais seulement dans le cas où, pour obtenir le payement du prix, les ayants droit doivent invoquer leur qualité d'héritiers ou de légataires et se prévaloir du décès du *de cujus*. Ils n'ont pas à se conformer à cette prescription lorsque la vente ayant été requise postérieurement à l'ouverture de la succession, par les héritiers ou légataires en leur nom propre, ceux-ci reçoivent le prix, non comme successeurs du défunt, mais comme vendeurs (Sol. 13 déc. 1902, 3102, § 5, I. G., 10414 R. P.).

1722. Conditions d'application de la loi. — L'avis à donner à la Régie est subordonné à la double condition que les titres, sommes ou valeurs faisant l'objet de la remise, du paiement ou du transfert, dépendent d'une succession et que les sociétés et autres personnes visées au texte aient connaissance du décès du propriétaire de ces biens.

Si les titres ou sommes déposés n'appartiennent pas au déposant et n'ont pas été déposés à son nom, le décès de ce dernier n'ouvre évidemment aucun droit au profit du Trésor et n'entraîne, par suite, aucune obligation à la charge des détenteurs ou dépositaires, puisque les valeurs déposées ne dépendent pas d'une succession. Il en est ainsi, notamment, des fonds ou titres déposés par un notaire au nom de ses clients, par un mari au nom de sa femme, par un mandataire au nom de son mandant, par un tuteur au nom de son pupille. En cas de décès du notaire, du mari, du mandataire ou du tuteur, les valeurs déposées peuvent être remises à leurs successeurs sans qu'il y ait lieu d'en informer l'Administration.

La connaissance de l'ouverture de la succession est évidemment indispensable pour expliquer les obligations imposées aux sociétés et autres personnes énumérées au paragraphe 3 de l'art. 15, et justifier la sanction pénale attachée par la loi à l'inexécution de ses prescriptions. Cette condition a été insérée dans le texte par la Commission du budget et M. Mesureur dit à ce propos dans son rapport (p. 43) : « Il semble que, dans certaines circonstances, la remise des titres pourrait être faite de bonne foi par les dépositaires, dans l'ignorance où ils seraient de l'ouverture de la succession dont ils dépendent et qu'il serait alors injuste de leur infliger une pénalité. Votre commission vous propose d'ajouter : qu'ils sauraient ouverte, après les mots « dépendant d'une succession ».

La connaissance que le législateur a voulu que les sociétés, banquiers, etc., eussent de l'ouverture d'une succession, ne saurait résulter ni de la notoriété publique, ni d'une information indirecte, mais seulement du fait que, pour obtenir la remise, le paiement ou le transfert des titres, sommes ou valeurs, l'intéressé a dû invoquer sa qualité d'héritier ou se prévaloir du décès (3051 I. G., p. 5).

En d'autres termes, ce n'est qu'autant que les conditions mêmes de la remise, du paiement ou du transfert révéleront que les titres, sommes ou valeurs faisant l'objet de l'opération font partie d'une succession, que les sociétés ou personnes dépositaires ou débitrices seront tenues de fournir la liste de ces titres, sommes ou valeurs. Ce sont donc les documents produits aux sociétés et personnes désignées par la loi pour obtenir la remise, le paiement ou le transfert, et ces documents seuls, qui devront être pris en considération pour déterminer si le dépositaire a eu ou non connaissance du décès et s'il se trouve ou non obligé d'informer l'Administration.

Dans le cas où les justifications produites au détenteur ne seraient pas de nature à lui révéler que les titres dépendaient d'une succession, sa responsabilité ne se trouverait pas engagée, alors même qu'il aurait eu, de toute autre manière, une connaissance manifeste de l'ouverture de l'hérédité. Ainsi, un notaire détenteur d'un prix de vente dépendant d'une succession ne sera pas tenu d'en aviser la Régie, tant que les héritiers ne se seront pas prévalus de leur qualité pour en obtenir la remise, et lors même que cet officier public aurait procédé à divers actes (inven-

1721. Obligations imposées aux officiers ministériels. Commissaires-priseurs. — En leur qualité d'officiers ministériels, les commissaires-priseurs sont tenus de donner avis à l'Administration (L. 25 fév. 1901, art. 15) des versements de prix de vente d'objets mobiliers provenant de successions, mais seulement dans le cas où, pour obtenir le payement du prix, les ayants droit doivent invoquer leur qualité d'héritiers ou de légataires et se prévaloir du décès du *de cujus*. Ils n'ont pas à se conformer à cette prescription lorsque la vente ayant été requise, postérieurement à l'ouverture de la succession, par les héritiers ou légataires en leur nom propre, ceux-ci reçoivent le prix, non comme successeurs du défunt, mais comme vendeurs (Sol. 13 déc. 1902, Instr. 3102, § 5, 10414 R. P.).

laire, liquidation) motivés par l'ouverture de cette succession et y aurait constaté le dépôt existant entre ses mains.

1723. Titres déposés par le mari, par l'associé. — Dépôt conjoint. — Le dépositaire, qui n'a traité qu'avec le déposant agissant en son nom propre, n'est pas tenu de savoir si telle ou telle personne peut avoir des droits sur tout ou partie des valeurs déposées. (Explications de MM. Beauregard et Bertoaux, députés, séance du 22 fév. 1901, *J. off.* du 23, p. 687.) Le décès de cette personne, bien que parvenu à la connaissance du dépositaire, n'entraîne dès lors aucune obligation pour ce dernier, qui peut procéder à la remise ou au paiement entre les mains du déposant, sans en donner avis à l'Administration.

Par exemple, un banquier, tout en n'ignorant pas le décès d'une femme mariée sous le régime de la communauté légale ou conventionnelle, pourra, sans en informer la Régie, remettre au mari les titres que celui-ci aurait déposés à son propre nom pendant le mariage, si cette remise lui est faite sur sa simple décharge, et quels que soient les droits que la femme peut avoir sur ces titres (V. Chambre des députés, débats, séance du 22 fév. 1901, *J. off.*, *loc. cit.*).

De même, si des valeurs ont été déposées au nom d'une société en nom collectif, l'établissement ou la personne dépositaire n'a pas à donner avis du retrait qui serait opéré postérieurement au décès de l'un des associés, si, comme pour le dépôt, la décharge est donnée au nom de la société. Il n'en serait autrement qu'autant que les pièces produites à l'appui de la remise ou du paiement démontreraient que ces valeurs n'appartenaient plus à la société et revenaient, en tout ou en partie, aux héritiers de l'associé décédé, ayant excipé de leur qualité pour obtenir cette remise ou ce paiement.

En cas de dépôt conjoint, c'est-à-dire effectué par deux ou plusieurs personnes, avec faculté, pour chacune d'elles, de procéder au retrait du dépôt sur sa seule signature, l'établissement dépositaire n'a été soumis par le législateur de 1901 à aucune obligation, si la remise ou le transfert n'est pas requis par les héritiers du déposant décédé, quels que puissent être les droits de ce dernier dans les valeurs déposées (*Comp.* Rapport de M. Cordelet, 8948 R. P., p. 266). Mais la L. 31 mars 1903 a édicté, à cet égard, un ensemble de règles nouvelles que nous faisons connaître *infrà* n° 1747.

1724. Retraits partiels. — Du moment où l'obligation de donner avis à l'Administration ne naît qu'avec la remise, le paiement ou le transfert des sommes ou titres, les sociétés et personnes énumérées au texte n'ont pas à rechercher si elles sont dépositaires, débitrices ou détentrices des valeurs autres que celles faisant l'objet des opérations qui leur sont demandées par les héritiers de l'ayant droit. Chaque opération successive engendre donc, pour elles, une obligation nouvelle et doit faire l'objet d'un avis particulier.

Ainsi un établissement de crédit, qui paiera les arrérages de titres en dépôt aux héritiers du dépositaire, ne sera tenu d'indiquer à la Régie que le montant de ces arrérages, à l'exclusion des titres mêmes, tant qu'ils restent en dépôt au nom du défunt. De même, s'il s'agit d'un compte-courant, il peut être décomposé, et si un simple acompte est demandé à la société ou au banquier, ceux-ci sont autorisés à ne donner connaissance à l'Administration que du montant de la somme touchée ou transférée, en faisant abstraction du surplus du compte-courant.

1725. Étendue des obligations imposées aux assujettis. — En obligeant les sociétés, compagnies, agents de change, etc., qui seraient dépositaires, détenteurs ou débiteurs de titres ou sommes dépendant d'une succession qu'ils sauraient ouverte à en informer l'Administration, la loi n'a fait aucune exception et, dès l'instant que les conditions auxquelles est subordonnée son application se trouvent remplies, la liste des valeurs payées ou transférées doit être remise à la Régie, sans qu'il y ait à distinguer si les droits de mutation par décès sont dus ou non, et s'ils sont atteints ou non par la prescription. Il n'a pas paru possible d'imposer aux assujettis l'obligation de trancher, à leurs risques et périls, la question de l'exigibilité de l'impôt, et c'est à l'Administration seule qu'il appartient de la résoudre, d'après les principes du droit fiscal et les circonstances de chaque affaire.

En toute hypothèse, les sociétés, banquiers, etc., qui auront procédé à une remise ou à un transfert de sommes ou valeurs à la requête d'héritiers, devront donc fournir à la Régie l'énumération de ces sommes ou valeurs, alors même qu'il serait absolument certain qu'aucun droit de mutation par décès ne peut être réclamé.

1726. Délai. — L'art. 15, § 3, laisse les sociétés et personnes indiquées au texte, libres d'adresser, soit avant la remise, le paiement ou le transfert, soit dans la quinzaine qui suit ces opérations, la liste des titres, sommes ou valeurs qui en ont fait l'objet.

Toutefois, comme l'obligation d'informer l'Administration ne prend naissance qu'avec chaque opération, et seulement dans la limite des valeurs qu'elle concerne, il est difficile de supposer que les établissements ou personnes dépositaires donnent, sans attendre le retrait des titres ou le paiement, un avis, en quelque sorte prématuré, et que les parties seraient peut-être fondées à critiquer, puisqu'il serait nécessairement fourni sans que les dépositaires ou débiteurs aient une connaissance légale du décès, laquelle ne peut résulter que des documents produits lors de la remise des titres ou du paiement (V. *suprà* n° 1722).

En fait, la prescription de l'art. 15, relative à l'avis à donner avant toute opération, est donc illusoire et l'intérêt des assujettis leur commande de s'en tenir au délai de quinzaine, seul conforme à l'esprit et aux conditions d'application de la loi.

Ce délai est accordé pour l'envoi au Directeur de la liste des titres. S'il est établi d'une manière quelconque, notamment par le cachet de la poste, que cet envoi a été effectué avant le seizième jour qui suit chaque opération, aucune pénalité ne saurait être exigée, lors même que ce document ne serait parvenu à la Direction que beaucoup plus tard.

S'il s'agit de paiements effectués à des héritiers d'employés ou de retraités, à titre soit de prorata de salaires ou de traitements, soit d'arrérages de pensions, l'Administration a décidé « qu'au lieu de donner un avis de chaque paiement, les Sociétés, compagnies, etc., pourront, si elles le préfèrent, adresser dans les quinze jours des mois de janvier, avril, juillet et octobre, une liste comprenant le détail des paiements de l'espèce effectués au cours du trimestre précédent (Inst. n° 3051, p. 4). Nous avons vu *suprà*, n° 1720, que le principe même de cette obligation est des plus contestables.

1727. Formation et transmission des listes. — Aux termes des § 3 et 4 de l'art. 15, la liste des sommes ou valeurs payées, remises ou transférées, est établie sur des formules imprimées délivrées gratuitement dans les bureaux. « Pour que le but soit atteint, il est indispensable que cette liste permette d'identifier les titres ou valeurs, et qu'elle détermine, avec toute la précision possible, la cause du paiement ou de la remise des sommes (Inst. n° 3051, p. 6).

A cet effet, l'Administration avait, d'abord, prescrit d'indiquer, non seulement la nature et le nombre, mais encore les numéros des titres, mais elle est revenue sur cette décision et, par l'Inst. n° 3036, afin d'alléger la tâche imposée aux assujettis, elle les a autorisés à ne pas mentionner les numéros des titres sur les listes dressées par eux, et s'est bornée à inviter les agents à réclamer ultérieurement ce renseignement, au cas où ils le jugeraient convenable.

S'il s'agit d'effets, traites ou billets remis par le défunt à l'escompte ou à l'encaissement, le banquier ou l'huissier devra en fournir l'énumération et ne pas se borner à indiquer le montant de ces valeurs passées au crédit du compte-courant de l'héritier.

Les sociétés et compagnies peuvent faire établir ces listes à leur gré, soit au siège social, soit à la succursale ou agence qui a procédé à la remise, au paiement ou au transfert, la loi ne contenant aucune prescription à cet égard.

Aux termes de l'art. 15, la liste doit être adressée par les sociétés ou compagnies au Directeur du département de leur siège social ou du siège de l'agence qui l'a rédigée et par les agents de change, notaires, etc., au Directeur du département de leur résidence. Ce chef de service est tenu de leur en délivrer récépissé.

Si les assujettis se trouvent au chef-lieu du département, ce récépissé devra leur être remis immédiatement, en échange du dépôt des listes. S'ils résident dans une localité qui n'est pas le siège d'une Direction, ils pourront faire parvenir leurs relevés au Directeur par l'intermédiaire du receveur au bureau duquel ils reprendront leurs récépissés. Dans ce cas, le dépôt des listes entre les mains du receveur équivaudra à l'envoi au Directeur et pourra être valablement fait le dernier jour de la quinzaine. La constatation de la date de la remise pourra, d'ailleurs, résulter, soit d'une mention inscrite sur les listes, soit de la délivrance d'un récépissé provisoire par le receveur, soit même, à défaut de toute indication contraire, par la date apposée sur le relevé.

Afin de simplifier ces diverses formalités et d'éviter beaucoup de difficultés, il eût été plus simple que la loi autorisât l'envoi en franchise postale des listes au Directeur et le renvoi par ce dernier des récépissés aux sociétés et autres assujettis. Une semblable mesure serait d'autant plus justifiée que, dans cette circonstance, les sociétés et les personnes visées au texte sont, en quelque sorte, transformées en auxiliaires de l'Administration et ne sauraient subir un préjudice personnel du fait même que leur concours est réclamé, en vue du recouvrement de l'impôt dû par un tiers.

Il est à peine besoin de faire remarquer, en terminant, que les listes créées par l'art. 15, de même que les récépissés, n'étant prescrits que dans l'intérêt du Trésor, constituent des documents d'ordre intérieur, exempts comme tels de la formalité du timbre et de l'enregistrement.

1728. Prescription. — La loi n'a pas prévu l'époque à laquelle prendrait fin l'obligation imposée aux sociétés, banquiers, etc., d'informer la Régie des opérations relatives aux valeurs dépendant d'une succession qu'ils sauraient ouverte. D'autre part, nous avons vu (n° 1725 *suprà*) que cette obligation subsiste, bien qu'il soit établi que les droits de mutation par décès ne sont pas dus ou sont prescrits.

Par conséquent, les assujettis sont tenus de se conformer aux prescriptions de l'art. 15 à quelque époque qu'aient lieu le paiement, la remise ou le transfert, quelle que soit la date de l'ouverture de la succession, sans pouvoir bénéficier d'une autre prescription que la prescription trentenaire, à compter de l'expiration du délai de quinzaine prévu par la loi. Il ne semble pas, en effet, qu'ils puissent se prévaloir des prescriptions quinquennale ou décennale sans se faire juge de l'exigibilité des droits, puisque ces prescriptions, acquises en apparence, peuvent ne pas être effectivement applicables.

1729. Contrôle de l'Administration. — Exercice du droit de communication. — Nous avons fait connaître v° *Communication*, n° 163, le contrôle que l'Administration peut exercer par la mise en œuvre du droit de communication.

1730. Date d'application de la loi. — Comme nous l'avons vu en matière de transfert de titres nominatifs (n° 1715 *suprà*), l'art. 15 n'a eu pour but que de mieux assurer le recouvrement de l'impôt en fortifiant les moyens de contrôle donnés au Trésor. Les sociétés, banquiers, etc., sont donc tenus de se conformer à la loi du jour où elle est devenue exécutoire, sans s'arrêter à la date de l'ouverture de la succession, ni à celle de la déclaration du dépôt des titres ou de l'acte constitutif de la dette, et sans qu'il y ait à distinguer entre les successions ouvertes avant la mise en vigueur de la loi et celles ouvertes après. C'est la doctrine qui résulte des arrêts Cass. 8 nov. 1876 (D. P. 77-1-167) — 13 nov. 1877 (S. 78-1-132; D. P. 78-1-105; *Rép. gén.*, v° *Communication*, n° 122) et 14 mai 1889 (7271 R. P.), qui ont formellement reconnu que les communications prescrites par les lois fiscales pouvaient être utilisées pour la réclamation des droits ouverts avant leur promulgation.

§ IV. — *Sommes, rentes ou émoluments dus par les compagnies d'assurances sur la vie.*

[1731-1737]

1731. Généralités. — Indépendamment des obligations imposées aux Compagnies d'assurances, comme aux autres sociétés, par les quatre premiers paragraphes de

1731. Payement de l'assurance. Droits de succession non acquittés. Responsabilité de la compagnie. Amende. — Une compagnie d'assurances sur la vie qui verse au bénéficiaire d'une police, qui n'est ni le conjoint, ni le successible en ligne directe, les sommes dues à raison du décès de l'assuré, sans exiger la production du certificat du receveur de l'enregistrement et sans retenir, à défaut de cette production, le montant de l'impôt calculé sur ces sommes, est personnellement tenue des droits et pénalités exigibles et encourt, en outre, une amende de 500 fr., en principal. — Il importe peu que, contrairement à la réalité des faits, le bénéficiaire ait été désigné dans la police comme étant la fille de l'assuré. Il appartient à la compagnie de prendre, sous peine des sanctions édictées par la loi, des mesures lui permettant d'être exactement renseignée, avant tout payement, sur le lien successoral unissant le bénéficiaire de la police au contractant (Pontoise, 26 mars 1907, 11410 R. P.).

l'art. 15, en ce qui concerne le transfert de leurs titres nominatifs ou la remise des fonds et titres dont elles pourraient se trouver dépositaires ou débitrices, le § 5 contient certaines dispositions spéciales aux sommes payées par elles en vertu des contrats d'assurances.

Aux termes de ce paragraphe, les compagnies françaises sur la vie et les succursales établies en France des compagnies étrangères, ne peuvent se libérer des sommes, rentes ou émoluments quelconques dus par elles, à raison du décès de l'assuré, à des bénéficiaires autres que le conjoint survivant ou les successibles en ligne directe, si ce n'est sur la présentation d'un certificat délivré sans frais par le receveur, dans la forme indiquée au premier alinéa de l'art. 15, et constatant, soit l'acquittement, soit la non-exigibilité de l'impôt de mutation par décès, à moins qu'elles ne préfèrent retenir, pour la garantie du Trésor, et conserver, jusqu'à la présentation du certificat du receveur, une somme égale au montant de l'impôt calculé sur les sommes, rentes et émoluments par elles dus.

Ainsi que le porte le texte, ces nouvelles dispositions ne sont pas applicables aux assurances contractées au profit du conjoint survivant ou des successibles en ligne directe, bien que cette catégorie de contrats représente la presque totalité des polices. En ce qui concerne ces assurances, aucune modification n'a été apportée aux règles antérieures. Le contrôle de la déclaration des capitaux assurés n'aura donc lieu, comme par le passé, qu'au moyen des relevés de paiements dressés par les agents de l'Administration, lors de leurs investigations dans les bureaux des compagnies, sans que la responsabilité de ces dernières puisse être engagée à raison du défaut de versement par les bénéficiaires des droits de mutation par décès à leur charge.

L'exception admise par le § 5 en faveur du conjoint ou des ascendants et descendants, légitimes ou naturels, est attachée exclusivement à la qualité des bénéficiaires et non à leur nationalité ou à leur résidence. Elle pourra donc être invoquée pour les assurances contractées par les étrangers comme par les Français, même dans les cas où l'impôt serait légalement dû et ne pourrait être recouvré, à raison de la résidence du bénéficiaire hors de France.

La loi n'établit, d'ailleurs, aucune distinction entre les sociétés françaises et les succursales créées en France par les compagnies étrangères; les unes et les autres sont assujetties au même droit de communication et aux mêmes obligations, sans qu'il y ait à rechercher si elles ont traité avec un Français ou avec un étranger et si l'assuré réside ou non en France.

1731-1. Assurance cédée à titre onéreux. — La règle d'après laquelle les compagnies d'assurances sur la vie ne doivent se libérer des sommes et valeurs dues à raison du décès de l'assuré que sur la représentation d'un certificat délivré par le receveur et constatant le paiement ou la non-exigibilité de l'impôt de mutation par décès, est générale et absolue; il ne saurait y être dérogé sous le prétexte que les ayants droit auraient obtenu la cession de l'assurance à titre onéreux (Sol. 29 juin et 9 déc. 1901, 3080-17 I. G.; 10185 R. P.).

1732. Biens auxquels s'applique la disposition. — Ainsi que le mentionne expressément l'art. 15, § 5, la loi vise les sommes, rentes ou émoluments « *quelconques* » dus par les compagnies, c'est-à-dire les versements de toute nature qui peuvent être effectués par les sociétés d'assurances; elle ne s'étend pas aux opérations qui ne constituent pas un mode de libération, mais simplement un transfert, une subrogation, ni aux paiements qui ont pour cause, non le décès de l'assuré, mais celui d'un tiers, auquel cas, d'ailleurs, le droit de mutation par décès n'est généralement pas exigible. Dans ces diverses hypothèses, la production d'un certificat ne pourra être réclamée.

1733. Formes du certificat. — Le receveur, compétent pour délivrer le certificat prescrit par l'art. 15, est nécessairement le receveur du bureau où la succession doit être déclarée. On rappelle, à ce sujet, qu'aux termes de l'art. 16, les mutations par décès doivent être déclarées au bureau du domicile du décédé, ou, à défaut de domicile, au bureau du lieu du décès ou à l'un des bureaux désignés par l'Administration (n° 1088 *supra*).

Les certificats à produire, le cas échéant, aux compagnies d'assurances doivent, conformément au paragraphe 5 de l'art. 15, être délivrés, sans frais, dans la forme tracée pour les certificats exigés par les paragraphes 1 et 2 du même article, pour le transfert des titres nominatifs. Ils devront donc mentionner seulement, comme s'il s'agissait de ces valeurs, que la police d'assurance en date du..., n° ..., souscrite à telle compagnie, a été comprise dans la déclaration de la succession de l'assuré.

La disposition de l'art. 15, § 5, est aussi générale et aussi absolue que possible; les compagnies d'assurances sont tenues de s'y conformer dans tous les cas où elles procèdent à un paiement entre les mains d'un bénéficiaire autre que l'époux survivant ou l'héritier en ligne directe, sans qu'elles aient à examiner si les sommes payées sont sujettes ou non au droit de mutation par décès, sauf dans le cas où le bénéfice de l'assurance est affranchi de l'impôt par application du paragraphe 6 du même article, comme nous le verrons ci-après (n° 1738). Ainsi, il peut arriver que l'assuré ait son domicile dans une colonie où l'enregistrement est établi ou que l'assurance ne soit pas acquise à titre gratuit. Dans ces divers cas, le certificat n'en devra pas moins être exigé, bien qu'aucun droit ne puisse être perçu. Il était évidemment impossible de subordonner la production d'un certificat à l'exigibilité de l'impôt en laissant ainsi aux compagnies le soin de trancher une question qui est de la compétence exclusive de l'Administration.

Lorsqu'une déclaration ne pourra être légalement exigée, le certificat sera délivré, — et au besoin sur la déclaration souscrite par le représentant de la compagnie ou de l'agence, — par le receveur du siège de la compagnie ou par celui de l'agence chargée du paiement (Inst. n° 3051, p. 10).

En toute hypothèse, le receveur est seul compétent pour apprécier les justifications produites par les parties (Sol. 29 juin et 9 déc. 1901, 3080-17 I. G.; 10185 R. P.).

1734. Production d'un certificat ou retenue d'une somme équivalente aux droits. — Option réservée aux compagnies. — Aux termes de l'art. 15, § 5, les compagnies sont laissées juges d'apprécier si, à raison des circonstances particulières de chaque affaire, elles doivent réclamer la production d'un certificat ou retenir, pour la garantie du Trésor, et conserver jusqu'à la présentation du certificat du Receveur, une somme égale au montant de l'impôt calculé sur les sommes, rentes ou émoluments par elles dus. Cette disposition, qui permet aux sociétés d'assurances de verser immédiatement aux bénéficiaires les sommes leur revenant sous la retenue du montant des droits, a été insérée dans la loi pour atténuer les inconvénients que présenterait pour les intéressés la production préalable du certificat, au cas où ils ne pourraient faire l'avance des droits, de leurs deniers personnels (Rapport de M. Cordelet, 8948 R. P., p. 266 et 267).

Le droit d'option réservé aux compagnies ne subsiste, d'ailleurs, qu'autant que les droits n'ont pas été acquittés. Lorsque le certificat leur est présenté, elles ne peuvent plus, sous aucun prétexte fiscal, retenir une fraction des capitaux assurés. Elles ne sont pas fondées, notamment, à s'assurer qu'aucune erreur n'a été commise dans la liquidation des droits ou dans la détermination du bureau compétent, ou à rechercher si le Trésor se trouve ou non définitivement désintéressé.

Spécialement, les compagnies n'ont pas à tenir compte des suppléments de droits qui pourraient être dus, lors même qu'ils seraient portés à leur connaissance. Dès l'instant que les ayants droit produisent un certificat constatant qu'ils ont déclaré l'assurance recueillie par eux, la responsabilité de l'assureur est entièrement dégagée, et celui-ci est fondé à se libérer immédiatement de la totalité des capitaux assurés.

1735. Calcul de la retenue. — Le paragraphe 5 de l'art. 15 prescrit aux compagnies de conserver, jusqu'à la présentation du certificat du receveur, une somme égale au montant de l'impôt calculé sur le bénéfice de l'assurance. L'application de cette règle ne présente aucune difficulté si les sommes, rentes ou émoluments payés par la compagnie représentent la totalité de l'actif imposable.

Mais, dans l'hypothèse contraire, la quotité des tarifs applicables variant suivant l'importance des parts héréditaires revenant aux bénéficiaires, on peut se demander si les compagnies ne devraient pas, pour le calcul de la retenue, avoir égard aux autres biens de la succession.

La négative paraît résulter du texte comme de l'esprit de la loi.

D'une part, en effet, le paragraphe 5 dispose que la retenue sera égale au montant de l'impôt « *calculé* sur les sommes, rentes ou émoluments » dus par les compagnies, c'est-à-dire liquidé en ne tenant compte que de ces valeurs, abstraction faite du surplus de l'hérédité.

D'un autre côté, il est de toute évidence qu'on ne pourrait charger l'assureur du soin de rechercher quel est le montant de la part du bénéficiaire dans l'actif successoral afin de déterminer la fraction de l'impôt, établi d'après des tarifs différents, applicable au montant de l'assurance.

Nous pensons donc que les compagnies n'ont pas à se préoccuper des autres biens de la succession et qu'elles doivent liquider la somme à retenir pour la garantie du Trésor, comme si l'assurance composait le seul actif recueilli par le bénéficiaire.

1736. Contrôle de l'Administration. — Ainsi que nous l'avons expliqué au sujet du transfert des titres nominatifs (nº 1714 *supra*), l'art. 15 prescrit aux compagnies d'assurances de ne se libérer des sommes dues à raison du décès de l'assuré qu'au vu de la « présentation » d'un certificat dont la conservation n'est pas obligatoire et qui peut être rendu aux parties. Dans cette hypothèse, nous estimons, comme précédemment, qu'aucune contravention ne pourra être relevée si la production du certificat est relatée dans la quittance ou les écritures de la société ou de l'agence qui a effectué le paiement. Quant à la retenue d'une somme équivalente à l'impôt, elle pourra être constatée au vu des registres sociaux ou des pièces de la comptabilité concernant les versements opérés.

Ajoutons que la compagnie, qui n'a pas qualité pour souscrire la déclaration de l'assurance, est simplement obligée de conserver dans sa caisse une somme équivalente au montant des droits, et qu'elle ne peut être contrainte, à défaut de saisie-arrêt régulièrement validée, d'en effectuer le versement au Trésor.

1737. Date d'application de la loi. — Les prescriptions spéciales imposées aux compagnies d'assurances n'ayant pour but que de fortifier le contrôle du paiement du droit de mutation par décès sans toucher aux lois antérieures relatives au quantum et à l'assiette de l'impôt, devront par suite être observées à compter de la promulgation de la loi. On ne saurait à ce sujet avoir égard à la date du versement des capitaux assurés, ni à celle du décès ou de la déclaration de la succession, la loi étant applicable à tous les versements de sommes ou de rentes opérés postérieurement à sa mise en vigueur.

§ V. — *Assurances contractées à l'étranger.*

[1738-1742]

1738. But et portée de la loi. — Malgré la généralité des termes de l'article 15, § 6, il n'est pas douteux que les règles qu'il édicte ne concernent pas les assurances sur la vie contractées à l'étranger et qui font l'objet d'une disposition spéciale (§ 6 du même article).

C'est ce qui résulte formellement des travaux préparatoires de la loi.

A l'origine, M. Gadaud, sénateur, avait déposé un amendement tendant à faire excepter des obligations imposées aux compagnies d'assurances, par le § 5, les sommes payées pour les assurances consenties à l'étranger par des étrangers non domiciliés en France (Rapport de M. Cordelet, 8948 R. P., p. 267). D'accord avec la commission du Sénat, cette disposition fut acceptée et même considérablement étendue, et elle devint le § 6 de l'art. 15, aux termes duquel l'art. 6 L. 21 juin 1875 n'est pas applicable, lorsque l'assurance a été contractée à l'étranger et que l'assuré n'avait, en France, à l'époque de son décès, ni domicile de fait, ni domicile de droit.

Ainsi, quand ces conditions sont remplies, non seulement les compagnies d'assurances sont autorisées à se libérer intégralement des sommes dues par elles, à raison du décès de l'assuré, sans avoir à exiger le certificat prévu par le paragraphe précédent, mais encore ces sommes se trouvent dispensées de l'impôt de mutation par décès.

Cette disposition a eu pour objet de favoriser les opératient à l'étranger des compagnies d'assurances, en tranchant, à leur profit, une question vivement controversée sous l'empire de la L. 21 juin 1875. Les compagnies prétendaient que les droits de succession n'étaient pas dus sur les sommes payées, en vertu de contrats souscrits dans leurs agences situées à l'étranger, tandis que la Régie soutenait l'exigibilité de l'impôt dans cette hypothèse, n'admettant une exception que lorsque le caractère de valeur étrangère résultait du paiement de l'assurance à l'étranger, de la stipulation du versement des primes et du capital en monnaies étrangères, de l'attribution de juridiction à un tribunal étranger, et du dépôt à l'étranger d'un gage privilégié (Sol. 6 déc. 1890, 9718 R. P.).

La question avait pour les assureurs une importance capitale. La prétention de l'Administration, si elle avait été maintenue, pouvait, en effet, les obliger à fermer leurs nombreuses succursales établies à l'étranger, en les plaçant dans des conditions d'infériorité manifeste vis-à-vis des compagnies indigènes, soit qu'elles fussent amenées à prendre à leur charge l'impôt successoral, soit qu'elles se le fissent rembourser par les bénéficiaires exposés ainsi à payer deux droits de mutation, l'un en France, l'autre dans leur pays (Rapport de M. Cordelet, 8048 R. P., p. 206).

Le nouveau texte supprime toutes les entraves qui pouvaient être apportées à l'essor des compagnies françaises au delà des frontières.

1739. Conditions d'application de la loi. — Les conditions expressément exigées par le paragraphe 6 de l'article 15 pour l'exonération de l'impôt sont au nombre de deux :

1° Il faut que l'assurance ait été contractée à l'étranger;

2° L'assuré ne doit avoir en France, au moment de son décès, ni domicile de fait, ni domicile de droit.

La loi fait abstraction de la nationalité de l'assuré et de l'assureur; elle s'applique indifféremment aux Français comme aux étrangers et aux compagnies françaises comme aux compagnies étrangères. Ainsi, quand un Français, même à une époque où il était domicilié en France, a souscrit à l'étranger une assurance avec la succursale qu'une compagnie française y possède, et lorsque au moment de son décès, son domicile était à l'étranger, l'assurance contractée à son profit bénéficie de l'exemption des droits.

De même, il importe peu que l'assurance soit payable en France ou à l'étranger, en monnaie française ou étrangère, que l'exécution du contrat soit soumise à la juridiction d'un tribunal français ou étranger, ou que le paiement de l'assurance se trouve garanti par des biens français ou étrangers.

Ces diverses circonstances n'ont nullement été prises en considération pour la détermination des contrats susceptibles de profiter de l'exonération de l'impôt, ainsi qu'il résulte clairement de l'esprit et des termes de la loi.

Il avait été déjà reconnu, sous l'empire de la législation antérieure, que lorsqu'un étranger a contracté, hors de France, avec une compagnie française, une assurance sur la vie dont le capital, exigible à la mort de l'assuré, est payable dans le pays où la police a été souscrite et en monnaie de ce pays, ce capital constitue une valeur incorporelle ayant son assiette à l'étranger, et n'est pas, dès lors, passible de l'impôt de mutation par décès (Seine, 6 déc. 1899, 9718 R. P.).

Mais, en sens inverse, le bénéfice d'une assurance sur la vie contractée à une compagnie française, par un étranger, domicilié et décédé hors de France, constitue une valeur française qui doit être assujettie à l'impôt de m. p. d., en France, dans le délai de six mois, sous peine de demi-droit en sus (Seine, 4 mai 1900, 9879 R. P.).

Bien que rendue sous le régime antérieur, cette décision est encore applicable aujourd'hui.

1740. Assurance contractée à l'étranger. — Pour qu'une assurance puisse être réputée souscrite à l'étranger, il n'est nullement nécessaire que le contrat ait acquis sa perfection hors de France par la signature des diverses parties. « Toutes les assurances, porte l'Inst. n° 3051, § 5, souscrites à l'étranger auprès d'une compagnie française doivent être considérées comme contractées à l'étranger, dans le sens du paragraphe 6, encore bien que la compagnie n'ait pas donné sa signature à l'étranger, mais à son siège social, et n'ait été engagée que par cette signature. »

D'après l'interprétation adoptée par la Régie elle-même, la loi s'est donc exclusivement attachée, pour déterminer le caractère de la police, au lieu où l'assuré s'est obligé et a signé le contrat, abstraction faite du point de savoir si la signature de la compagnie a été ou non donnée en France, ou si le contrat, préalablement signé par un agent à l'étranger, n'est devenu parfait que par l'approbation de la compagnie donnée en France.

L'article 15, § 6, n'exige même pas que l'assurance soit souscrite auprès de la succursale d'une compagnie française établie à l'étranger; il suffit, pour que le bénéfice de cette disposition puisse être invoqué, que la signature de l'assuré soit effectivement donnée à l'étranger, soit dans une succursale, soit à un agent investi de pouvoirs suffisants pour engager la société.

En cas de cession de la police, et si, d'après les stipulations du contrat, la compagnie peut être considérée comme s'étant obligée directement envers le cessionnaire (Seine, 10 janv. 1883 et C. Paris, 23 nov. 1883, *Le Droit* du 6 oct. 1884), on devra, pour reconnaître si l'assurance est passible ou non du droit de mutation par décès, avoir égard au lieu où la cession est intervenue au profit du bénéficiaire, sans s'arrêter au lieu de la signature du contrat pour l'assuré.

Dans l'hypothèse contraire, c'est-à-dire lorsque la compagnie ne sera pas réputée avoir traité directement avec le cessionnaire, le lieu où la police a été primitivement souscrite devra seul être pris en considération, quelle que soit la localité où la cession a été consentie.

Enfin, il convient de remarquer qu'au cas particulier, l'expression « étranger » a un sens plus étendu que dans l'article 7-5°, où il s'agit spécialement de titres non exécutoires de plein droit en France (V. n° 1638 *suprà*), et qu'elle s'applique, non seulement aux pays de protectorat, mais encore aux colonies françaises où le droit de mutation par décès n'est pas établi (*Comp.* 3051, I. G., § 5, *in fine*).

1741. Domicile de droit ou de fait. — La seconde condition requise par la loi pour que l'assurance soit exonérée du droit de succession, consiste dans le défaut de domicile en France de l'assuré, à l'époque de son décès.

Cette disposition n'est que l'application pure et simple à l'espèce du principe établi par les LL. 5 juin 1850 et 23 août 1871, en vertu desquelles, si l'assuré avait en France, au moment de son décès, un domicile de droit ou un domicile de fait, avec ou sans autorisation du Gouvernement, les capitaux payables à ses représentants par les compagnies françaises ou étrangères donnent ouverture au droit de succession, comme toutes les autres valeurs dépendant de l'hérédité. Dans cette hypothèse, l'impôt est exigible sans qu'il y ait à rechercher si l'assurance concerne un Français ou un étranger et si la police a été souscrite ou non hors de France.

Il n'entre pas dans le cadre de cette étude d'examiner dans quelles conditions se trouve acquis le domicile de droit ou celui de fait. Les questions de cette nature sont des questions de droit commun dont la solution, basée sur les principes généraux de la loi civile et de la jurisprudence (C. civ., 102 à 111), varie suivant les espèces et les circonstances de chaque affaire (V. *Rép. gén.*, v° *Domicile*).

En cas de cession de la police, il conviendra d'apprécier, d'après la distinction établie au numéro précédent, s'il y aura lieu, au décès de l'assuré, de tenir compte, pour l'application du § 6 de l'art. 15, du domicile de ce dernier au lieu de celui du cessionnaire.

1742. Date d'application de la loi. — Ainsi que nous l'avons expliqué précédemment (n° 1738), cette disposition a moins eu pour but d'édicter de nouvelles règles en matière d'assurances sur la vie que d'interpréter, dans certains cas, l'art. 6 L. 21 juin 1875, en résolvant, dans le sens de l'inexigibilité de l'impôt, une question très controversée.

Dans ces conditions, il n'est pas douteux que cette loi d'interprétation gouverne toutes les successions, quelle que soit la date de la police ou du décès de l'assuré, et non pas uniquement celles qui se sont ouvertes postérieurement à sa promulgation.

§ VI. — *Pénalités.*

[1743-1746]

1743. Conditions d'application de la loi. — D'après le § 7 de l'art. 15, quiconque a contrevenu aux prescriptions de cet article est personnellement tenu des droits et pénalités exigibles, sauf recours contre le redevable, et passible, en outre, d'une amende de 500 fr. en principal.

Cette disposition concerne : 1° les sociétés ou établissements publics qui ont procédé à un transfert ou à une conversion de titres nominatifs sans exiger la production d'un certificat; 2° aux sociétés, agents de change, banquiers, etc..., qui ont effectué un paiement, une remise ou un transfert de titres ou sommes dépendant d'une succession qu'ils savaient ouverte, sans en donner avis à la Régie dans la quinzaine qui a suivi ces opérations; 3° aux compagnies d'assurances qui se sont libérées de sommes ou rentes dues par elles à raison du décès de l'assuré à des bénéficiaires autres que le conjoint survivant ou les successibles en ligne directe, sans réclamer un certificat ou retenir une somme équivalente au montant de l'impôt.

Dans ces diverses hypothèses, et comme la fraude ne se présume pas, il incombe à l'Administration de démontrer d'une manière certaine et non équivoque, dans les conditions exposées précédemment (n°s 1714, 1729 et 1736), la réalité de la contravention.

1744. Double pénalité. — Droits. — Amende. — Les pénalités édictées par le paragraphe final de l'article 15 sont de deux sortes : d'une part, les droits simples, demi et demi-droits en sus, dont les contrevenants sont responsables, sauf recours contre les véritables débiteurs; d'autre part, une amende de 500 fr., en principal, mise personnellement et définitivement à la charge des sociétés, banquiers, etc.

Ces deux catégories de pénalités sont absolument distinctes; l'une peut être due sans entraîner l'exigibilité de l'autre. Ainsi, lorsque les assujettis auront négligé de demander un certificat de paiement des droits, d'aviser l'Administration du retrait de titres ou valeurs régulièrement déclarés ou d'exiger un certificat de non-exigibilité de l'impôt pour des sommes ou valeurs au sujet desquelles la prescription est acquise, l'amende sera encourue sans qu'aucun droit soit dû. En sens inverse, les droits simples et en sus pourront être réclamés aux parties sans que l'amende de 500 fr. soit encourue par les assujettis, lorsque, par exemple, l'Administration sera en mesure d'établir, par les écritures d'une société soumise au droit de communication, que les héritiers ont recueilli des valeurs en dépôt non déclarées, mais qu'elle ne pourra pas prouver que la société a eu connaissance de l'ouverture de la succession.

En cas de contravention, il est dû autant d'amendes qu'il y a eu d'obligations distinctes qui ont pris successivement naissance et auxquelles les assujettis n'ont pas satisfait.

Lorsque les personnes et collectivités désignées dans l'art. 15 L. 25 fév. 1901 solliciteront la remise d'amendes encourues pour contravention aux dispositions de cet article, il y aura toujours lieu de s'assurer si les droits et pénalités dus par les héritiers, légataires ou donataires ont été acquittés, ou de subordonner la remise qui serait accordée à la condition que les héritiers ou légataires se libèrent des droits et demi-droits en sus dans un délai déterminé, à compter de la notification de la décision (3067-12 I. G.; 10173 R. P.).

1745. Responsabilité et recours des contrevenants. — Les sociétés, compagnies et personnes visées par l'article 15 et qui ne se sont pas conformées à la loi peuvent être obligées de faire l'avance des droits simples et des pénalités incombant aux redevables, mais elles sont expressément autorisées par le § 17 à exercer, de ce chef, un recours contre ces derniers, seuls débiteurs véritables du Trésor.

L'Administration a, en conséquence, prescrit à ses agents de ne « réclamer le paiement des droits et pénalités exigibles aux sociétés, banquiers, etc., qu'autant que le recouvrement de ces sommes n'aurait pu être amiablement obtenu des héritiers et que la solvabilité de ceux-ci ne présenterait pas, en cas de poursuites, des garanties suffisantes ».

Cette interprétation est absolument conforme à l'esprit de la loi, qui a simplement entendu rendre les assujettis responsables du recouvrement des droits simples et en sus, et aux principes de droit civil, d'après lesquels la caution ne peut être poursuivie avant que le débiteur principal ait été discuté.

1746. Prescription. — La loi est muette sur la durée de la prescription applicable aux pénalités prononcées par le § 7 de l'art. 15. A notre avis, la question doit être résolue par une distinction : En ce qui concerne les droits simples et en sus incombant aux parties et dont les contrevenants sont simplement responsables, ils sont régis par les prescriptions particulières à chacune de ces pénalités, en tant qu'elles sont dues par les héritiers ou légataires, abstraction faite des droits conférés à cet égard au Trésor par le § 7 contre les assujettis.

Mais quant à l'amende de 500 fr., personnelle au contrevenant et exigible en tout état de cause, elle ne paraît être soumise qu'à la prescription trentenaire, puisque l'obligation de se conformer à la loi subsiste pour les sociétés ou personnes désignées au texte, lors même qu'il serait certain que les droits ne sont pas dus ou se trouvent prescrits. La prescription des droits et amendes à la charge des parties ne saurait donc exercer aucune influence sur l'exigibilité de l'amende de 500 fr. qui, à défaut d'une disposition particulière, se trouve gouvernée par le droit commun, sauf l'application, le cas échéant, de la prescription biennale établie par l'art. 14 L. 16 juin 1824.

§ VII. — *Dispositions spéciales aux comptes joints, indivis ou collectifs. — L. 31 mars 1903.*

1747. But et portée de la L. 31 mars 1903. — Pour éluder les prescriptions de l'art. 15, § 3, L. 25 fév. 1901, l'Administration a remarqué qu'on a eu recours à la création de comptes indivis ou collectifs avec solidarité, connus plus généralement sous le nom de comptes joints. Les stipulations particulières de ces comptes confèrent à chacun des titulaires la faculté de retirer, seul, et sans l'assistance de son codéposant, la totalité des sommes ou valeurs existant au crédit du compte. En cas de décès de l'un des déposants, la société ou la personne dépositaire pouvait ainsi se dispenser de notifier à l'Administration la nature et l'importance des valeurs inscrites au nom du défunt, puisque le déposant survivant a qualité pour faire fonctionner seul le compte, comme s'il en était intégralement propriétaire, sans avoir à donner connaissance du décès.

En vue de prévenir les fraudes, qui seraient commises à la faveur des comptes joints, l'art. 7 L. 31 mars 1903 (10416 R. P.) a édicté les dispositions suivantes :

1. Texte de la loi. — « Tous les titres, sommes ou valeurs existant chez les dépositaires désignés au troisième alinéa de l'art. 15 L. 25 fév. 1901 et faisant l'objet de comptes indivis ou collectifs avec solidarité, seront considérés, pour la perception des droits de mutation par décès, comme appartenant conjointement aux déposants et dépendant de la succession de chacun d'eux pour une part virile, sauf preuve contraire réservée tant à l'Administration qu'aux redevables, et résultant pour ces derniers, soit des énonciations du contrat de dépôt, soit des titres prévus par l'art. 7-2° L. 25 fév. 1901.

« Les dépositaires devront, dans les trois mois au plus tard de l'ouverture d'un compte indivis ou collectif avec solidarité, et dans les trois mois de la promulgation de la présente loi, pour les comptes de cette nature antérieurement ouverts, faire connaître au Directeur de l'Enregistrement du département de leur résidence les nom, prénoms et domicile de chacun des déposants, ainsi que la date de l'ouverture du compte, sous peine d'une amende de 500 fr. à 5.000 fr.

« Ils devront, de plus, dans la quinzaine de la notification qui leur sera faite, par l'Administration de l'Enregistrement, du décès de l'un des déposants et sous la sanction édictée par le dernier alinéa de l'art. 15 L. 25 fév. 1901, adresser au Directeur de l'Enregistrement de leur résidence la liste des titres, sommes ou valeurs existant, au jour du décès, au crédit des cotitulaires du compte. »

2. Part virile du défunt dans le compte joint. — *Présomptions.* — Dans son I. G. 3117, § 2, l'Administration a fait connaître ainsi qu'il suit les règles qui lui paraissent devoir être appliquées :

L'art. 7 L. précitée dispose, en premier lieu, que « tous les titres, sommes ou valeurs existant chez les dépositaires désignés au troisième alinéa de l'art. 15 L. 25 fév. 1901 et faisant l'objet de comptes indivis ou collectifs avec solidarité, seront considérés, pour la perception des droits de mutation par décès, comme appartenant conjointement aux déposants et dépendant de la succession de chacun d'eux pour une part virile ». La preuve contraire est réservée tant à l'Administration qu'aux redevables pour combattre la présomption de propriété par parts égales résultant de ce texte. L'Administration est admise, en conséquence, à démontrer, par tous les modes de preuve compatibles avec la procédure écrite, que les droits du défunt sont supérieurs à une part virile. Les parties peuvent, de leur côté, établir que le défunt ne possédait qu'une part inférieure ou même qu'il n'avait aucun droit à l'actif déposé ; mais, d'après les termes formels de l'article 7, cette preuve ne peut être fournie, en ce qui les concerne, qu'au moyen des énonciations mêmes de l'acte de dépôt ou des titres prévus à l'art. 7, n° 2, L. 25 fév. 1901, c'est-à-dire d'actes authentiques ou d'actes sous seing privé ayant acquis date certaine autrement que par le décès d'une des parties contractantes (V. n° 1633 *suprà*).

Il est bien entendu que les droits de la communauté conjugale, s'il en existe une, sont maintenus en cette matière, comme ils l'ont été en matière d'assurances sur la vie, par l'art. 6 L. 21 juin 1875 (Instr. n° 2517, § 6).

On ne saurait, d'ailleurs, assimiler à un compte conjoint le dépôt fait au nom d'une société en nom collectif, à moins qu'il ne soit démontré que les valeurs déposées, au lieu d'appartenir à la société, sont la propriété personnelle des associés.

3. Obligations imposées aux dépositaires lors de l'ouverture des comptes. — Pour permettre à l'Administration de surveiller le décès de tous les titulaires des comptes joints, l'art. 7, 2e alinéa, impose aux dépositaires l'obligation de faire connaître au Directeur de l'Enregistrement de leur résidence, dans les trois mois au plus tard de l'ouverture d'un compte indivis ou collectif avec solidarité, et dans les trois mois de la promulgation de la présente loi pour les comptes de cette nature antérieurement ouverts, les nom,

prénoms et domicile de chacun des déposants, ainsi que la date de l'ouverture du compte, sous peine d'une amende de 500 à 5 000 francs.

Les dépositaires auxquels ces dispositions s'appliquent sont les personnes ou les collectivités que nous avons indiquées *suprà* nos 1717 et 1718.

Les avis relatifs à l'ouverture des comptes conjoints devront, conformément aux règles suivies pour les listes prescrites par l'art. 15 L. 25 fév. 1901 (V. n° 1727 *suprà*), être adressées par les sociétés ou compagnies au Directeur de l'Enregistrement du département de leur siège social ou du siège de l'agence qui les a rédigées, et par les agents de change, changeurs, banquiers, etc., au Directeur de l'Enregistrement du département de leur résidence, soit directement, soit, dans les localités où il n'existe pas une direction, par l'intermédiaire du receveur de leur canton ayant dans ses attributions la recette des droits de succession. Il en sera délivré récépissé.

4. Mesures a prendre par les agents de l'Administration. — *a). Lors de l'avis de l'ouverture d'un compte joint.* — Le Directeur auquel ces avis auront été adressés par les dépositaires en fera établir, pour chacun des titulaires des comptes conjoints, un extrait distinct et complet qu'il comprendra dans le plus prochain envoi des renvois mensuels. Il conservera dans ses archives les avis eux-mêmes, après les avoir annotés du nom des bureaux où les extraits ont été transmis, ainsi que du mois et des numéros de renvoi.

Dans les bureaux autres que ceux des successions à Paris, les receveurs inscriront au répertoire général, à l'actif des titulaires de comptes conjoints domiciliés dans le ressort de leur bureau, les renseignements que renferment les extraits renvoyés. Dans chacun des bureaux des successions à Paris, ces renseignements seront portés sur une table alphabétique spéciale que le receveur devra tenir sur un registre du même modèle que la table des successions, en adaptant les colonnes de ce registre aux indications qu'il doit contenir.

b). Lors de la connaissance du décès du titulaire d'un compte joint. — Dès que les receveurs auront connaissance du décès du titulaire d'un compte conjoint, soit par les rapprochements avec le répertoire général ou avec la table alphabétique spéciale, soit par tout autre moyen, ils devront en informer, sans retard, le directeur de leur département par une lettre dans laquelle ils reproduiront les énonciations du renvoi relatif à l'ouverture du compte. Cette lettre sera transmise immédiatement au directeur du département de la résidence du dépositaire. Ce chef de service notifiera par écrit le décès à la société ou à la personne qui a ouvert le compte, en lui rappelant les obligations et les pénalités édictées au troisième alinéa de l'art. 7.

5. Obligations imposées aux dépositaires au décès du titulaire d'un compte joint. — Aux termes de l'alinéa précité, le dépositaire devra adresser au Directeur de l'Enregistrement de sa résidence, dans la quinzaine de la notification, la liste des titres, sommes ou valeurs existant, au jour du décès, au crédit des cotitulaires du compte. Cette liste sera ensuite renvoyée au bureau du domicile du défunt.

Le dépositaire qui n'aura pas adressé, dans le délai de quinzaine, la liste prévue au troisième alinéa de l'art. 7, encourra la sanction édictée par le dernier alinéa de l'article 15 L. 25 fév. 1901 : il sera donc tenu personnellement des droits et pénalités exigibles du redevable, sauf recours contre ce dernier, et passible, en outre, d'une amende de 500 fr. en principal (V. *suprà*, nos 1643 et s.).

SECTION IV. — SUCCESSIONS DE PERSONNES DOMICILIÉES EN CORSE OU Y POSSÉDANT DES BIENS.

[1747]

1747. Renvoi. — Les successions des personnes domiciliées en Corse ou y possédant des biens sont réglées, au point de vue des droits, par des règles spéciales. Nous avons indiqué v° *Corse* les modifications que la L. 25 fév. 1901 est de nature à entraîner dans la perception de ces droits.

TAXE. — V. *Exécutoire de dépens.*

TAXE DES FRAIS DE JUSTICE. — V. *Adjudication, Exploit, Faillite, Ordre et* Jugement.

TAXE DES OPÉRATIONS DE BOURSE.

DIVISION

CHAPITRE Ier. — **Dispositions générales**, 1-5.

CHAPITRE II. — **Conditions d'exigibilité de l'impôt**, 6-30.

Section 1re. — *Valeurs et opérations atteintes par la loi*, 6-20.

Article 1er. — Valeurs imposées, 6-8.

Article 2. — Opérations prévues par la loi, 9-20.

Section 2. — *Personnes soumises à l'impôt.* — *Assujettis*, 21-30.

CHAPITRE III. — **Tarif et base de la perception**, 31-46.

Article 1er. — Quotité des droits, 31-33.

Article 2. — Liquidation des droits, 34-38.

Article 3. — Assiette de l'impôt, 39-46.

CHAPITRE IV. — **Moyens de contrôle de l'Administration sur les assujettis**, 47-58.

Article 1er. — Déclaration d'existence, 47-51.

Article 2. — Répertoire, 52-58.

CHAPITRE V. — **Payement de l'impôt**, 59-69.

CHAPITRE VI. — **Bordereaux des agents de change**, 70-73.

CHAPITRE VII. — **Communication**, 74-82.

CHAPITRE VIII. — **Contraventions. Prescription**, 83-87.

Article 1er. — Contraventions, 83-85.

Article 2. — Prescription, 86-87.

SOMMAIRE

A

Acte notarié. Transmission, 15.

Agences, 26, 28.

— Déclaration, 48, 49, 49-1, 50.

— Extraits, 47.

— Répertoire, 52.

Agent de change, 21, 37-1, 41-1, 46, 55-5.

— Bordereaux, 73 et s.

— Chambre syndicale, 17-1, 69.

— Communication, 87.

V. Restitution, Transaction et Usufruit.

SYNAGOGUE.

Séparation des Églises et de l'État. — V. ce mot.

TAXE DES FRAIS DE JUSTICE. — V. *Adjudication, Licitation et Jugement.*

TAXE DES OPÉRATIONS DE BOURSE.

Agent de change. En défaut, 17-1.
— Extraits, 63-1.
— Répertoire spécial, 53-9.
Applications, 15-5, 34-4.
Arbitrages, 14-1, 34-1.
Assiette de l'impôt, 30 et s.
Assujettis, 31 et s.
— Déclaration d'existence, 47.
— Opération à l'étranger, 19.
— — pour son compte, 9-4, 18, 34-2.
— Quittance des droits, 68.
— Répertoire, 52.

B

Banque de l'État russe, 8-2.
Base de la liquidation, 35.
— opération unique, 40.
— titres non libérés, 42.
Billets de banque russes, 8-2.
Bons du Trésor, 8-1.
Bordereaux d'agent de change, 70 et s.
Agent transmetteur d'ordre, 71-3.
— Communication, 74, 83-3.
— Contexte des taxes, 71.
— Date, 70-2.
Délivrance, 71.
— Duplicata, 72-1.
[illegible], 70.
— Opérations directes, 71-2.
— Quittances et décharges, 73.
— Registre à souche, 70.
— Timbre, 72.
Bordereaux des assujettis, 72-2, 73.
Bureaux de quartier, 20, 48-2.

C

Caisse d'assurances, 5-1.
— d'épargne, 5-1.
— des retraites, 5-1.
Centimes. Forcement, 38.
Cession d'opération, 31, 61.
Chambre syndicale des agents de change, 17-1, 68.
Changement de siège. Déclaration, 50.
Changeurs, 34-5.
Communication. Agents de change, 79.
— Bordereaux, 74.
— Écritures des assujettis, 76, 76-1, 76-2, 76-3, 78.
— Par l'Administration, 82.
— Refus, 75, 83.
— Registre à souche, 74.
— Répertoire, 74.
— Visa, 86.
— Volontaire, 76-3.
Compensation, 15-1, 33-6, 53-2, 64-2.
Consignation des droits, 63-1.
Constatation des contraventions, 85.
Contravention, 78-4, 77.
— Constatation, 85.
— Pénalités, 84 et s.
Contrepartie (maison de), 23.
Courtiers, 13-4.
Coulissiers, 24, 68.
Coupons détachés, 13-1.
Cours du change, 46, 38-4.

D

Date de l'opération, 53-1.
Débiteur des droits, 59.
Débiteur. Valeurs cotées, 59-1.
— Valeurs non cotées, 59-2.
Déclaration d'existence, 47 et s., 48.
— Bureaux, 48.
— Changement de résidence, 50.
— Forme, 49, 49-1.
— Récépissés, 51.
Décimes, 32.
Délivrance des bordereaux, 71.
Définition de la taxe, 1.
Déport, 14-1, 36-3, 44.
Dépôt des extraits, 66.
Donneur d'ordre, 53-5.

E

Écritures des assujettis. Communication, 76, 78.
Effets de commerce, 7, 8.
Effets particuliers, 7.
— publics, 8.
Émission, 13-5.
Escompte, 16-2, 33-6, 53-2, 64-3.
Établissement de crédit, 24.
— Concours gratuit, 22.
Établissement étranger, 21.
Étranger (opération à l'), 18, 46, 60-1, 63-3.
Exceptions. Suppression, 5.
Extraits. Dépôt, 66.
— Forme, 62.
— Inexactitude, 81.
— Mensuel. Rentes, 66-4.
— Mentions facultatives, 63-2.
— — obligatoires, 62.
— Négatifs, 66-2, 36-3.
— Omissions, 84.
— Opérations à détailler, 64-1, 64-2.
— — à inscrire, 64.
— — à porter en bloc, 64-2, 64-3.
— Opérations à l'étranger, 63-3.
— Références au répertoire, 64-2.
— Répertoire divisé, 64-2.
— Totalisations, 65.

F

Fait imposable, 30.
Fraction de centime, 38.

I

Incidence de l'impôt, 60.
Inexactitude, 84.

L

Législation antérieure, 2.
— actuelle, 3.
Liquidation des droits, 34 et s.
— Base, 35.
— Centimes. Forcement, 38.
— Départ, 36-2.
— Échéance éloignée, 37, 37-2, 37-3, 37-4.
— Opérations directes, 37-5.
— Reports, 36, 36-1.
Liquidation des opérations, 13-3.

M

Maison de contre-partie, 23.
Mandataire substitué, 53-5.
Marchandises, 7.
Marché à option, 13-2.
— à prime, 13-3.
— au comptant, 11, 12.
Marché ferme, 13-1.
— terme, 13.
Matières métalliques, 7.
Mentions facultatives. Extraits, 63-2.
— obligatoires. Extrait, 62.
Mode de perception, 61 et s.
Montant du droit. Répertoire, 53-6.

N

Nantissement, 30.
Nature de la taxe, 4.
Négociation. Taux, 41.
Nom du donneur d'ordre, 53-5.
Notaires, 30.

O

Obligations à court terme, 8-1.
— sexennaires, 8-1.
Opération. Comptant, 11, 12.
— Date, 53-1.
— directes, 10, 37-5, 71-2.
— d'ordre, 10, 53-6, 63-2.
— faites par un assujetti, 9-1, 10-1, 34-2 et 3.
faites par des personnes non assujetties, 10-2.
— faites à l'étranger, 19, 46, 60-1, 63-3.
— Hors bourse, 9-1.
— Liquidation, 13-3.
— modificatives, 17.
— portant sur plusieurs titres, 35-1.
— prévues par la loi, 9 et s.
— Prime, 13-2, 35-4.
— rectificatives, 17.
— Répertoire, 53.
— Report, 14.
— Terme, 11, 13.
— — ferme, 13-1, 37.
— unique, 40.
Validité, 9-3.
Option (marché à), 13-3.
Ordre collectif, 35-3, 57.
— unique, 55-1.

P

Papiers commerçables, 7.
Payement de l'impôt, 60 et s.
Opérations à l'étranger, 63-3.
— Valeurs cotées, 59-1.
— Valeurs non cotées, 59-2.
Pénalités. Inexactitude, 84.
— Omission, 84.
— Refus de communication, 83.
Période. Communication, 76-1.
Prescription. Action en recouvrement, 86.
— Demande en restitution, 87.
Prêt sur titres, 20.
Prime. Taux, 13-2.
— Réponse, 13-2.

Q

Quittance de la taxe, 68.
Quittance dans le bordereau, 72.
Quotité des droits, 31 et s.

R

Rachat et vente de titres, 15-6.
Récépissé. Déclaration, 51.
— Extrait, 68.
Receveurs des finances, 29.
Rec. des fin. Refus de communication, 75.
— Pénalités, 83.
Registre à souche. Bordereaux, 70.
— Communication, 74, 83-3.
— Pluralité, 70-1.
Remisiers, 27.
Rentes françaises. Extrait mensuel, 66-4.
— Tarif, 32-1, 39-1.
Répertoire, 52 et s.
— Agent de change, 53-2.
— Augmentation du nombre des colonnes, 53-7.
— Communication, 74, 83.
— Extraits abrégés, 58, 64-2.
— Forme, 55.
— Inexactitude, 84.
— Interversion dans l'ordre des colonnes, 55-3.
— Mandataire substitué, 53-5.
— Montant des titres, 53-3.
— Nombre des titres, 53-3.
Omissions, 84.
— Opérations à inscrire, 53.
— Ordres collectifs, 57.
— Plusieurs volumes, 56.
— — Numérotage, 56-1.
— Références, 64-2.
— Timbre, 54.
— Visa, 54.
Réponse des primes, 13-2.
Report, 14, 14-1, 17, 36, 36-1, 44.
— Nature juridique, 14-2.
— Tarif, 33-2.

S

Succursales, 26, 28.
— Déclaration, 48, 49, 49-1, 50.
— Extraits, 66.
— Répertoire, 52.

T

Tarif, 31 et s.
Taux de la prime, 13-2.
— de la négociation, 41, 53-4.
Taxe. Caractère, 3.
— Nature, 4.
Timbre. Bordereaux, 72, 72-1.
— Répertoire, 54.
Titres. Conversion, 15-4.
— individualisés, 9-3.
non libérés, 42.
— rachetés puis vendus, 15-6, 34-3, 34-4.
— susceptibles d'être cotés, 7.
transfert, 15-3.
Totalisation des extraits, 65.
Transfert des titres, 15-3.
Transmission par acte notarié, 19.
Trésoriers généraux, 29, 47-1, 62.

V

Valeurs à lots, 34-4.
— [illegible], 6 et s.
Validité de l'opération, 9-3.
Vendeur à crédit. Achat, 15-4.
Ventes à crédit ou à tempérament, 15-2, 45.
— Résolution, 15-3.
Versement des droits, 63, 67.
Visa. Communication, 80.
— Répertoire, 54.

CHAPITRE Ier. — DISPOSITIONS GÉNÉRALES.

[1-5]

1. Définition. — La taxe sur les opérations de bourse est un impôt qui frappe « toute opération de bourse ayant pour objet l'achat ou la vente, au comptant ou à terme, de valeurs de bourse ». Il atteint, en principe, l'instrument officiel de la négociation, c'est-à-dire le bordereau d'agent de change.

2. Régime antérieur à la loi du 28 avril 1893. — La loi du 2 juill. 1862 avait soumis les bordereaux des agents de change et des courtiers à un droit de timbre fixé en principal à 0 fr. 50 pour les sommes de 10.000 fr. et au-dessous, et à 1 fr. 50 pour les sommes supérieures à 10.000 fr. (*Rép. gén.*, v° *Agent de change*, nos 4 et s.).

Mais le droit ne répondait pas suffisamment au principe de la proportionnalité. D'autre part, la délivrance du bordereau n'étant pas obligatoire, le produit de la taxe, qui ne cessait de diminuer, ne s'est jamais trouvé en rapport avec le nombre et l'importance des affaires qui se traitent journellement sur le marché des valeurs.

Cette situation provoqua l'attention du législateur qu'elle détermina à modifier le régime fiscal établi.

3. Législation actuelle. — Dans l'examen des divers projets de réforme qui lui ont été soumis, le législateur s'est principalement attaché à ne pas porter atteinte au privilège des agents de change et à ne pas troubler le marché libre qu'il ne voulait ni reconnaître ni supprimer. Les dispositions de la loi du 28 avr. 1893 ont été dictées par cette double préoccupation.

1. Loi du 28 avril 1893. — La loi du 28 avr. 1893 assujettit à un droit de timbre proportionnel de 0 fr. 05 par 1.000 fr. ou fraction de 1.000 fr. du montant de l'opération calculé d'après le taux de la négociation, toute opération de bourse ayant pour objet l'achat ou la vente, au comptant ou à terme, de valeurs de toute nature. Elle soumet aux obligations qu'elle impose toutes les personnes qui interviennent, par profession, dans les opérations d'achat ou de vente de valeurs de bourse. « Quiconque fait le commerce habituel de recueillir des offres et demandes de valeurs de bourse, porte l'art. 20, doit, à toute réquisition des agents de l'enregistrement, soit représenter des bordereaux d'agent de change ou faire connaître les numéros et les dates des bordereaux, ainsi que les noms des agents de change de qui ils émanent, soit, faute de ce faire, acquitter personnellement le montant des droits. » (8053 R. P. ; 2840 I. G.).

La loi obligeait ainsi, en principe, les personnes désignées dans cet article à justifier de l'acquittement du droit de timbre par la représentation du bordereau de l'agent de change qu'elle supposait être nécessairement intervenu pour consommer l'opération et qui devait effectuer ce payement. Cette production à laquelle il pouvait, d'ailleurs, être suppléé par la simple indication de la date et du numéro du bordereau, prouvait que le Trésor avait été désintéressé, et elle affranchissait, par conséquent, du payement de l'impôt les diverses personnes qui avaient préparé l'exécution de l'ordre d'achat ou de vente. Faute de représenter le bordereau d'agent de change ou d'y suppléer par les indications dont il vient d'être parlé, ces personnes étaient tenues d'acquitter elles-mêmes le montant du droit, à l'exemple d'un débiteur ordinaire qui, faute de pouvoir justifier de sa libération, se trouverait obligé au payement de la créance existant contre lui (2840 I. G.).

Mais l'art. 20 ne distinguait pas entre les valeurs qui sont admises à la cote officielle et celles qui n'y sont pas admises. Il en résultait que les négociations de valeurs cotées ne devaient pas être nécessairement constatées par un bordereau d'agent de change et que des opérations pouvaient être faites sur ces valeurs, même sur le marché libre : la loi était respectée, dès lors que l'impôt avait été acquitté.

2. Loi du 13 avr. 1898. — Il a paru nécessaire d'établir une harmonie plus complète entre la législation fiscale et l'art. 76 C. comm., aux termes duquel les agents de change ont seuls « le droit de faire les négociations des effets publics et autres susceptibles d'être cotés ».

Dans ce but, l'art. 14 L. 13 avr. 1898 (Instr. n° 2953) introduit une distinction fondamentale entre les valeurs qui sont admises et celles qui ne sont pas admises à la cote officielle. Il est ainsi conçu :

« L'art. 20 L. 28 avr. 1893 est remplacé par la disposition suivante : Quiconque fait commerce habituel de recueillir des offres et des demandes de valeurs de bourse doit, à toute réquisition des agents de l'enregistrement, s'il s'agit de valeurs admises à la cote officielle, représenter des bordereaux d'agent de change ou faire connaître les numéros et les dates des bordereaux, ainsi que les agents de change de qui ils émanent, et, s'il s'agit de valeurs non admises à la cote officielle, acquitter personnellement le montant des droits. » (9292 R. P. ; 2953 I. G.)

En conséquence, pour les valeurs admises à la cote officielle, dont la négociation rentre dans le domaine exclusif du ministère des agents de change, tout moyen de suppléer à la représentation ou à l'indication de bordereaux se trouve supprimé. Quant aux autres valeurs, les dispositions de la loi de 1893 sont maintenues purement et simplement (2956 I. G.).

La loi de 1898 n'a apporté aucune dérogation aux règles générales qui gouvernent la perception de l'impôt ; elle a entraîné seulement certaines modifications aux conditions dans lesquelles le payement était effectué (même Inst.).

Les dispositions de cette loi sont devenues applicables à partir du 1er juill. 1898 (art. 15 de la loi).

3. Décret du 20 mai 1893. — Un règlement d'administration publique du 20 mai 1893 a été rendu pour assurer l'exécution des dispositions de la loi du 28 avril 1893.

4. Nature de la taxe. — La taxe créée par la loi de 1893 est, suivant les termes mêmes de la loi, un droit de timbre. Elle est donc soumise aux dispositions générales qui gouvernent l'impôt du timbre pour tous les cas où la législation spéciale n'a pas tracé de règles différentes.

5. Caractère général de la taxe. — Suppression de toute exception. — La loi du 28 avril 1893, conçue en termes généraux et absolus, ne comporte aucune exception et, par suite, abroge d'une manière implicite les dispositions

tions antérieures qui avaient, dans certains cas, exonéré les bordereaux d'agents de change de l'impôt du timbre (2848-5 I. G. — *Contrà* : Naquet, *T. du timbre*, n° 397).

I. CAISSES D'ÉPARGNE. — CAISSE DES RETRAITES POUR LA VIEILLESSE. — CAISSES D'ASSURANCES EN CAS DE DÉCÈS ET EN CAS D'ACCIDENTS. — Les lois des 22 juin 1845, art. 6. et 9 avril 1881, art. 20 et 21, avaient dispensé du timbre les bordereaux d'agents de change intéressant les caisses d'épargne et les caisses des retraites, ces dernières actuellement représentées par la Caisse nationale des retraites pour la vieillesse. La même faveur avait été accordée par l'art. 19 L. 11 juillet 1868 aux bordereaux concernant les caisses d'assurances en cas de décès et en cas d'accidents, dont la gestion est confiée à la Caisse des dépôts et consignations (V. *Rép. gén.*, v° *Agent de change*, n° 9).

Des décisions ministérielles ont reconnu que ces exceptions ont cessé d'être applicables. Elles déclarent que la taxe est exigible sur toute opération de bourse effectuée : 1° pour le compte des déposants aux caisses d'épargne, sur l'ordre, soit de la Caisse des consignations (Déc. min. fin. du 9 juin 1893), soit de la Caisse nationale d'épargne (Déc. min. fin. du 10 juillet 1893), soit des caisses d'épargne privée (Déc. min. fin. du 17 juillet 1893); 2° pour le compte de la Caisse nationale des retraites pour la vieillesse et des Caisses d'assurances en cas de décès et en cas d'accidents, par la Caisse des consignations (Déc. min. fin. du 9 juin 1893; 2848-5 I. G.).

CHAPITRE II. — CONDITIONS D'EXIGIBILITÉ DE L'IMPOT.

[6-30]

SECTION I. — VALEURS ET OPÉRATIONS ATTEINTES PAR LA LOI.

[6-20]

ARTICLE 1er. — *Valeurs imposées.*

[6-8]

6. Principe général. — L'art. 28 L. 28 avril 1893 soumet à l'impôt « toute opération de bourse ayant pour objet l'achat ou la vente, au comptant ou à terme, de valeurs de toute nature ».

« Cette disposition, porte l'Inst. n° 2840, atteint toutes les opérations relatives aux titres ou promesses de titres de la catégorie de ceux qui se négocient, soit sur le marché officiel, soit sur le marché en banque. Ces opérations comprennent, notamment, la négociation à la bourse ou en banque des fonds d'État français, rentes sur l'État, bons du Trésor, promesses d'inscriptions de rente, — des titres de rente, emprunts ou autres effets publics des gouvernements étrangers; — des actions et obligations des sociétés, compagnies ou entreprises quelconques, françaises ou étrangères; — des titres d'obligations ou d'emprunts émis, sous quelque dénomination que ce soit, par les départements, communes ou établissements publics français, et par les villes, provinces et corporations étrangères ou établissements publics étrangers.

Il importe peu, d'ailleurs, au point de vue de l'impôt, qu'il s'agisse de valeurs cotées ou non cotées, ou même de valeurs non susceptibles d'être admises à la cote officielle pour un motif quelconque, par exemple, à raison de ce que le montant de chaque coupure serait inférieur au chiffre déterminé par les lois et règlements...

« Il convient de remarquer que, quelle que soit l'époque à laquelle elles aient lieu, les cessions de promesses de titres sont passibles de l'impôt, qu'elles soient ou non licites. »

Les valeurs atteintes par la loi, ce sont donc toutes les valeurs publiques, aptes aux transactions de la bourse, c'est-à-dire les valeurs émises par les États, provinces, départements, communes, villes, sociétés, etc., et qui, en général, sont représentées par des titres de fractions égales (Rapp. *Rép. gén.*, v° *Droit de transmission*, n° 13 et s.).

Il importe peu qu'elles soient françaises ou étrangères, au porteur ou nominatives; elles tombent les unes et les autres sous l'application de l'impôt. La qualification qui leur est donnée est également indifférente pour la perception.

7. Marchandises. — Matières métalliques. — Effets particuliers. — Les opérations qui se traitent dans les bourses de commerce portent sur les effets publics et autres susceptibles d'être cotés, les lettres de change ou billets et tous papiers commerçables, les matières métalliques, les marchandises. Mais on entend plus particulièrement par opérations de bourse celles relatives aux valeurs mobilières proprement dites, à l'exclusion des opérations faites sur effets particuliers, matières et marchandises. C'est en ce sens que la loi de 1893 emploie l'expression « opération de bourse ».

« Quelle est la portée de ces expressions « opérations de bourse... valeurs de toute nature »? enseigne M. Naquet. La loi a-t-elle entendu soumettre à la taxe la négociation des marchandises ou denrées faite en bourse, aussi bien que la négociation des valeurs mobilières?... Les mots « valeurs de toute nature » ont un sens délimité par les expressions « opérations de bourse ». L'art. 28 a voulu parler des valeurs de toute nature qui donnent lieu à des opérations de bourse et non point de celles qui sont qualifiées autrement dans le langage courant. — Il se fait dans les bourses des opérations très variées : 1° ventes de matières métalliques; 2° ventes de toutes sortes de marchandises; 3° assurances maritimes; 4° affrètements des navires; 5° négociations des effets publics et de tous ceux dont le cours est susceptible d'être coté (C. comm., art. 72 et 76). Quelque diverses que soient ces opérations, on peut les diviser en deux classes : d'une part, les opérations qui portent sur les effets publics et, plus généralement, sur toutes sortes de valeurs mobilières et, d'autre part, toutes les autres opérations sus-indiquées. Les premières sont conclues par l'intermédiaire des agents de change, les secondes par l'intermédiaire des courtiers. Les réunions dans lesquelles elles sont réalisées ne se tiennent pas aux mêmes heures et n'ont pas toujours lieu dans le même local. — Partant de là, on distingue les bourses d'effets publics ou autres et les bourses de marchandises. Les bourses d'effets publics ayant pris une importance de beaucoup prépondérante, on en est arrivé à ne qualifier d'opérations de bourse que celles qui portent sur des effets publics ou autres (Cf. Lyon-Caen et Renault, *Précis de droit comm.*, n° 1467; Buchère, *Op. de bourse*, n° 314). Il est à présumer que la loi de 1893 a employé dans ce sens restreint la formule « opérations de bourse » et que, si elle a ajouté « ayant pour objet des valeurs de toute nature », c'est que les négociations qui se font dans les bourses d'effets publics portent sur des valeurs mobilières très diverses, qu'elle voulait toutes englober. — Il faut donc admettre que le droit de timbre établi par la loi de 1893 ne frappe ni les négociations de marchandises ni les négociations de papiers commerçables ou de pièces métalliques ». (*T. des Droits de timbre*, n° 393).

L'Administration interprète de même la loi de 1893. « En visant les ventes et achats de *valeurs*, porte l'Inst. n° 2840, l'art. 28 donne à ce dernier mot la signification particulière qu'il revêt dans l'expression de *valeurs mobilières* employée comme terme de bourse. Il en résulte que les négociations de marchandises (art. 78 C. com.) échappent à la nouvelle taxe, de même que les négociations de lettres de change, billets ou autres papiers commerçables (art. 76 C. com.) et les ventes et achats de matières d'or ou d'argent (*ibid.*). Cette interprétation découle formellement des travaux préparatoires de la loi, de son économie même et du règlement d'administration publique rendu pour en assurer l'exécution. »

8. Effets publics. — Titres susceptibles d'être cotés. — Titres ayant le caractère d'effets de commerce. — D'après les indications qui précèdent, les titres émis par un Etat, une ville, un département, une société, etc., ne tombent sous l'application de la nouvelle taxe qu'autant qu'ils ont le caractère de valeurs susceptibles d'être cotées. Leurs négociations échappent à la perception, s'ils constituent de simples effets de commerce, des obligations purement privées.

1. Bons du Trésor. — Cette distinction a été reconnue applicable aux bons du Trésor français, que l'Inst. n° 2840 avait rangés, d'une manière générale, dans la catégorie des titres soumis à la taxe.

Les *bons du Trésor* sont de deux sortes :

1° Les uns, désignés sous le nom d'obligations sexennaires ou à court terme et inscrits, cependant, à la cote officielle sous la rubrique générale de « Bons du Trésor », sont représentés par des titres munis de coupons d'intérêts et dont le taux est uniforme pour chaque émission. Ce sont ceux qu'a eus en vue l'Inst. n° 2840 (Cf. Sol. 12 sept. 1896, 25300 J. E.);

2° Les autres, délivrés aux souscripteurs en échange de versements dont ceux-ci déterminent eux-mêmes le chiffre, sont de quotité essentiellement variable, dépourvus de coupons et transférables par voie d'endossement. Ces bons participent de la nature des effets de commerce et échappent à l'application de la loi du 28 avr. 1893, quel que soit le mode suivant lequel le transfert en est opéré (2845 I. G.).

2. Billets de banque russes. — Il a été décidé que la taxe n'est pas exigible sur « les opérations en roubles se résumant en achats et en ventes de billets émis par la Banque de l'Etat russe (Courtois, *Manuel des fonds publics*, n° 887), titres assimilables à des effets de commerce et qui, à la différence des valeurs de bourse proprement dites, ne produisent ni intérêts, ni lots, ni primes de remboursements, ni dividendes » (Sol. 23 sept. 1893).

Article 2. — *Opérations prévues par la loi.*

[9-20]

9. Règle générale. — La loi atteint toute opération de bourse ayant pour objet l'achat ou la vente (L. 1893, art. 28). Elle laisse donc, en dehors de ses prescriptions, les opérations portant sur des valeurs de bourse, qui n'auraient pas cet objet.

En second lieu, il est nécessaire que l'achat ou la vente ait lieu par l'entremise d'une personne qui « fait commerce habituel de recueillir des offres et des demandes de valeurs de bourse » (L. 1893, art. 29 L. 13 avr. 1898, art. 14).

1. Opérations effectuées en dehors de la bourse. — Il est indifférent, pour l'application de l'impôt, que l'opération soit réalisée à la bourse, sur le marché en banque ou autrement. Il suffit qu'elle soit faite par l'intermédiaire d'une personne qui se livre au commerce des valeurs de bourse.

Nous verrons plus loin que, en ce qui concerne les valeurs admises à la cote officielle, l'opération faite par un intermédiaire doit être nécessairement constatée par un bordereau d'agent de change (L. 1898, art. 14).

2. Opérations ayant pour objet des titres individualisés. — La taxe est également applicable aux opérations qui auraient pour objet l'achat ou la vente de titres spéciaux, individualisés, bien qu'en principe, les opérations de bourse portent sur des quantités, c'est-à-dire sur un certain nombre de titres déterminés, sans désignation des numéros.

3. Validité de l'opération. — L'exigibilité de la taxe n'est nullement subordonnée à la validité de l'opération et le droit serait acquis au Trésor encore bien que l'achat ou la vente effectuée fût entachée d'une nullité absolue et que toute action en justice tendant à obtenir l'exécution du contrat fût déniée aux parties ou à leurs intermédiaires (2840 I. G.).

4. Assujetti concourant a l'opération pour son compte personnel. — L'opération de bourse, à laquelle un assujetti participe pour un compte personnel, est soumise à la taxe, conformément aux prescriptions de l'art. 31 L. 1893, d'après lequel « si l'une des deux parties concourant à l'opération est seule assujettie à la déclaration prévue par l'art. 30, le total des droits applicables à l'opération sera payé par elle, sauf son recours contre l'autre partie ». La règle est applicable, que l'assujetti joue le rôle de vendeur ou d'acheteur; il n'y a aucune distinction à établir (Sol. 10 juin 1893).

10. Opérations directes. — D'après l'Inst. n° 2955, il y aurait lieu de considérer comme opérations directes « celles par lesquelles les banquiers, changeurs et autres assujettis achètent réellement des titres pour leur propre compte et les revendent de même, après les avoir possédés pendant un laps de temps plus ou moins long ».

Cette définition est incomplète. Elle semble impliquer que l'opération directe exige le concours d'un assujetti autre qu'un agent de change. Or, une opération de cette nature peut intervenir entre deux parties qui n'ont ni l'une ni l'autre le caractère d'assujetti. La jurisprudence admet, en effet, que des particuliers peuvent faire des ventes et des achats de titres entre eux et sans intermédiaires (Cass. req. 20 mai 1889, S. 92-1-390; — Cass. civ. 21 mars 1893, S. 93-1-241).

Mais une opération directe ne saurait avoir pour objet que les titres dont le vendeur est propriétaire au moment de la vente (Cass. civ. préc.; — Sol. 29 juill. 1898, 9624 R. P., 25630 J. E., et 25 oct. 1898, 25894 J. E.).

Elle peut d'ailleurs avoir lieu à terme ou au comptant; mais l'Administration exige dans tous les cas que le vendeur ait la possession des titres à l'époque du contrat, et non pas seulement à l'époque de la livraison (Sol. préc.).

1. OPÉRATION DIRECTE CONCLUE AVEC UN ASSUJETTI. — La taxe est exigible, conformément aux dispositions de l'art. 31 L. 28 avr. 1893 (2848-6 I. G.; — V. nº 9-4 *suprà*).

2. OPÉRATION INTERVENUE ENTRE DEUX PERSONNES NON ASSUJETTIES. — Une négociation de valeurs intervenue entre deux personnes non assujetties n'a pas, en fait, le caractère d'une opération de bourse. Elle échappe donc à la perception. Du reste, l'impôt n'est dû, dans le système de la loi, qu'autant qu'un assujetti participe à l'opération (*Rapp. Naquet, loc. cit.*, nº 395 *ad notam*).

11. Opérations au comptant et à terme. — La loi n'établit aucune distinction, quant au principe de l'impôt, entre les opérations au comptant et les opérations à terme.

Les unes et les autres sont expressément placées sur la même ligne par l'art. 28 L. 1893 (2840 I. G.).

12. Opérations au comptant. — Une opération est dite *au comptant* lorsque les parties ne stipulent aucun délai pour l'exécution de leurs engagements (2840 I. G.).

Elle conserve ce caractère dans le cas où les titres ne seraient livrés qu'après le payement pour lequel un délai a été accordé, si la propriété des titres a été immédiatement transférée à l'acheteur (2848-7 I. G.).

13. Opérations à terme. — Une opération est *à terme* toutes les fois que les parties conviennent d'en ajourner le règlement à une époque ultérieure fixée entre elles.

L'opération à terme est *ferme* ou *à prime* (2840 I. G.).

1. OPÉRATION FERME. — L'opération est *ferme*, lorsque ni le vendeur ni l'acheteur ne peuvent se départir du contrat et que, définitivement liés l'un envers l'autre dès l'origine, ils sont tenus de l'exécuter au jour dit, quelle que soit la hausse ou la baisse survenue dans l'intervalle (même Inst.)

2. OPÉRATION À PRIME. — L'opération est *à prime* lorsque soit l'acheteur, soit le vendeur (mais l'acheteur seul semble en user dans la pratique) se réserve la faculté de ne pas donner suite au marché moyennant l'abandon d'une indemnité convenue, qui porte le nom de *prime*. Cette nature spéciale de marchés, enseigne M. Buchère « (*Opérations de Bourse*, nº 384) est indiquée dans le langage de la bourse au moyen d'une formule dont la singularité, plus apparente que réelle, ne peut être comprise qu'en se rendant compte du mécanisme du contrat qui intervient entre les parties. Pour désigner un marché à prime sur des rentes ou sur des actions de chemins de fer, les boursiers s'expriment dans les termes suivants : *Acheté 2.500 fr. de rente 5 fr. p. 100 à 98 fr. 15, dont 50 cent.*; ou *Acheté 250 actions Nord à 1.085 fr., dont 10*. Cette formule, qui est reproduite chaque jour par les journaux, est très compréhensible pour celui qui connait la nature de l'opération. Par exemple, Pierre achète fin courant, à prime, 250 actions du chemin de fer du Nord au cours de 1.085 fr. La prime ou l'indemnité à verser au vendeur, en cas de dédit ou d'abandon volontaire du marché, est fixée à 10 fr. par action (*dont 10*). L'acheteur verse à l'agent de change, le jour du marché, le montant de cette prime ou 10 fr. par action, soit dans notre hypothèse une somme de 2.500 fr. Au jour de l'échéance, s'il exécute le marché, il devra verser 1.085 fr. par action, dont 10 fr. ont été payés par avance pour garantie de la prime, en sorte que, s'il lève les titres, il n'aura plus à payer que 1.075 fr. par action », tandis que, s'il déclare abandonner le marché, la prime de 10 fr. par titre, payée d'avance, reste acquise au vendeur (2840 I. G.).

Taux de la prime. — Le taux de la prime est toujours fixé par unité. L'acheteur à prime d'une certaine quantité de rente 3 p. 100 ou 4 1/2 p. 100, dont 50 cent., doit donc, s'il résilie le marché, abandonner à son vendeur 50 cent. par 3 fr. ou 4 fr. 50 de rente achetée. De même l'acheteur à prime de 50 actions, dont 10, est tenu, en pareille circonstance, d'abandonner 10 fr. par action (même Inst.).

Réponse des primes. — A l'échéance du marché, l'acheteur à prime doit faire connaître à son vendeur s'il entend *lever* les titres, c'est-à-dire en prendre livraison, contre payement du prix convenu, ou *abandonner* la prime; si c'est le vendeur qui s'est réservé le droit de ne pas exécuter le contrat, c'est à lui naturellement qu'il incombe de notifier à l'acheteur le parti auquel il s'est arrêté. Cette déclaration d'option, de la part des acheteurs ou des vendeurs à prime, constitue ce qu'on appelle, en terme de bourse, la *réponse des primes*.

Le marché à prime devient un marché ferme dès que celui qui avait la faculté de ne pas l'exécuter a déclaré qu'il entendait le consolider (même Inst.).

Marché à option. — Il y a lieu de ranger dans la catégorie des marchés à prime l'opération dans laquelle une personne se réserve de se déclarer, à un jour convenu ou dans un délai fixé, acheteur moyennant un prix déterminé et s'engage, pour le cas où elle renoncerait au marché, à verser une prime d'« abandon d'option » (Sol. 23 janvier 1896).

3. LIQUIDATION. — Sur le marché en banque, les parties sont maîtresses de traiter pour le terme qu'il leur plait de choisir. Il n'en est pas de même sur le marché officiel où les négociations à terme ne peuvent se faire que pour les échéances déterminées par les règlements particuliers des compagnies d'agents de change (*Décret du 7 oct. 1890, art. 60 et 82*).

Le règlement particulier de la compagnie des agents de change de Paris, intervenu le 3 déc. 1891 et modifié le 29 juin 1898 (*J. off.* du 30), contient à cet égard les dispositions suivantes :

« ART. 49. Les négociations à terme ferme se liquident une ou deux fois par mois, suivant les valeurs, aux dates et de la manière fixées par le présent règlement.

« ART. 50. Les négociations à terme ferme ne peuvent avoir lieu pour un terme plus éloigné que la deuxième liquidation à partir du jour où le marché est conclu.

« ART. 51. Les négociations à primes peuvent se traiter pour la quinzaine ou la fin de chaque mois, sans pouvoir dépasser le terme de la troisième liquidation à partir du jour où le marché est conclu en ce qui concerne les valeurs soumises à la liquidation de quinzaine, et de la deuxième liquidation à partir du jour où le marché est conclu en ce qui concerne les valeurs soumises à la liquidation mensuelle.

La chambre syndicale peut toutefois, selon les besoins du marché, modifier les modalités des primes et en étendre les échéances dans les limites qu'elle jugera nécessaires.

« Art. 52. Le dernier jour de la bourse qui précède celui de la liquidation, à une heure et demie, les agents de change doivent se déclarer réciproquement si les opérations à primes deviennent des marchés fermes ou si la prime est simplement payée.

« Art. 65. La liquidation ou compensation des affaires engagées à terme se fait deux fois par mois. »

La liquidation de fin de mois et la liquidation de quinzaine durent cinq jours.

Liquidation de fin de mois. — A la bourse du dernier jour du mois ou, si ce jour est un jour férié, à la première bourse du mois suivant, liquidation générale des opérations sur les fonds d'État français et les autres valeurs. — A la bourse suivante, opérations de report de 11 heures à midi moins un quart. — Le cinquième jour de la liquidation, la remise des effets et le payement des capitaux entre agents de change s'opèrent par l'intermédiaire de la Chambre syndicale.

Liquidation de quinzaine. — A la bourse du 15 ou, si ce jour est un jour férié, à la première bourse qui suit, liquidation de toutes les valeurs soumises à la double liquidation mensuelle. A la bourse suivante, opérations de reports de 11 heures à midi moins un quart. Le cinquième jour de la liquidation, la remise des effets et le payement des capitaux entre agents de change s'opèrent par l'intermédiaire de la Chambre syndicale.

Ce dernier article se trouve complété en ces termes par l'art. 88 du règlement intérieur de la compagnie des agents de change de Paris : « Les fonds d'État français, les fonds d'État garantis par la France, les emprunts de la ville de Paris, les actions de la Banque de France, les actions et obligations du Crédit foncier de France, les actions et les obligations des chemins de fer français dont les titres sont admis à la cote à terme se liquident une fois par mois. Toutes les autres valeurs se liquident deux fois par mois. » (2840 I. G.)

14. Opérations de report. — « Le mot *report*, employé quelquefois pour désigner le résultat d'une situation de bourse, c'est-à-dire la différence qui existe entre le prix des marchés au comptant et le prix des marchés à terme, s'applique plus ordinairement, dit M. Buchère (*op. cit.*, n° 400), à une opération spéciale, qui consiste en un achat et une revente *simultanés* de titres de même nature, à des termes différents. » C'est en ce dernier sens qu'il convient de le prendre pour l'application de la loi du 28 avril 1893.

Le report peut se faire du comptant à une liquidation, ou d'une liquidation à une autre. Dans le premier cas, le capitaliste achète au comptant un certain nombre de valeurs et les revend à terme, ou vend au comptant des titres qu'il rachète à terme. Dans le deuxième cas, il vend ou achète des titres en liquidation et les rachète ou les revend à une liquidation ultérieure (Buchère, *loc. cit.*).

Un exemple fera mieux ressortir le mécanisme de cette opération. Pierre, acheteur de 3.000 fr. de rente 3 fr. p. 100 fin courant, c'est-à-dire pour l'époque de la prochaine liquidation, n'est pas en mesure de remplir ses engagements à l'échéance et désire néanmoins conserver sa situation d'acheteur, qu'il croit bonne. Il y parvient au moyen d'un report. A cet effet, il vend à Paul, fin courant, à tel cours déterminé, la quantité de rente qu'il a achetée et dont celui-ci prendra livraison à sa place, et il la lui rachète fin prochain, c'est-à-dire pour l'époque de la deuxième liquidation, à un cours plus élevé. Le report intervient, comme on le voit, entre deux personnes ayant chacune, l'une envers l'autre et à tour de rôle, la qualité de vendeur et celle d'acheteur d'une même quantité de rente ou d'une même quantité de titres. Dans l'exemple ci-dessus, en effet, il y a, pour 3.000 fr. de rente 3 fr. p. 100 :

1° Vente de Pierre à Paul ;
2° Achat de Paul à Pierre ;
3° Rachat de Pierre à Paul ;
4° Revente de Paul à Pierre.

A la faveur de cette combinaison, Pierre liquide son premier marché et maintient, à l'aide d'un sacrifice déterminé, sa situation d'acheteur. Quant à Paul, il profite de la différence entre le taux de l'achat qu'il a fait et celui de la revente qu'il a consentie, c'est-à-dire du prix du report, et retire ainsi un certain bénéfice de l'emploi de ses capitaux sans les rendre indisponibles pour une longue durée.

Les opérations de report ne sont point affranchies de la nouvelle taxe ; elles y sont, au contraire, nommément assujetties par l'art. 28 de la loi (2840 I. G.).

1. Report. — Déport. — Il y a *report* lorsque le prix du marché au comptant est moins élevé que le prix du marché à terme. Si, au contraire, ce dernier prix était supérieur au premier, il y aurait *déport*.

Ainsi, la différence entre le prix d'achat et le prix de vente constitue le *report*, quand le bénéfice profite à celui qui emploie des capitaux dans l'opération, et le *déport* lorsque le bénéfice est à l'avantage du porteur des titres.

« En d'autres termes, il y a *report* quand il y a excès de titres et demande d'argent, et *déport* quand ce sont les titres qui sont recherchés et l'argent qui est offert. Celui qui emprunte l'argent *se fait reporter* et celui qui le prête *reporte*. » (Courtois, *Op. de Bourse*.)

Le report est au pair, quand la différence entre le prix d'achat et le prix de vente est nulle.

Les opérations de report visées par la loi fiscale comprennent à la fois les opérations de report et de déport.

2. Nature juridique. — Le contrat de report est un contrat spécial qui est complet par lui-même, dès qu'il réunit les éléments dont il se compose essentiellement, à savoir : un achat au comptant et une revente à terme ou une vente au comptant et un rachat à terme, intervenant simultanément sur les mêmes valeurs entre les mêmes personnes (Cass. civ. 1er mars 1897, 9114 R. P.).

15. Opérations spéciales. — 1. Arbitrage. — On entend par *arbitrage* l'opération qui a pour objet la vente d'une valeur et l'achat d'une autre sur la même place, ou encore celle qui a pour objet l'achat sur une place et la

15-5 et 6. Syndicat d'émission. — *Lorsqu'un établissement financier ou un syndicat d'émission prend ferme les titres d'un emprunt pour les écouler ensuite peu à peu dans la masse du public, le placement qu'il en fait ainsi constitue une revente, c'est-à-dire une opération de bourse passible de la taxe établie par la loi du 28 avril 1893. — Mais il en est autrement lorsque les titres font l'objet d'une mise en souscription publique à jour fixe. Dans cette hypothèse, le syndicat ne peut être considéré que comme un intermédiaire garantissant seulement le succès de l'opération par une souscription éventuelle aux titres qui ne trouveraient pas place dans le public. L'opération ne constitue alors, dans son ensemble, que la réalisation même de l'emprunt et ne donne ouverture à la taxe spéciale ni sur les titres placés dans le public, ni sur ceux qui restent entre les mains du syndicat (Seine, 14 déc. 1906, 11360 R. P.). Ce jugement ne nous paraît pas justifié en droit.*

vente sur une autre place d'une même valeur, qui est cotée sur les deux places à des cours différents.

L'opération d'arbitrage rentre dans la catégorie des opérations passibles de l'impôt (Sol. 10 août 1893).

2. APPLICATIONS. — L'application est une opération par laquelle un assujetti, qui a reçu d'un client l'ordre de vendre des titres et d'un autre client l'ordre d'acheter des titres de même nature, applique, c'est-à-dire attribue au second client les valeurs qu'il est chargé de vendre pour le compte du premier. Elle est également atteinte par la loi, comme constituant une véritable opération ayant pour objet l'achat ou la vente de valeurs de bourse.

3. VENTES A CRÉDIT OU A TEMPÉRAMENT. — Certains établissements ont pour objet la vente à crédit ou à tempérament de valeurs à lots au porteur. Le prix des valeurs vendues, ordinairement payable par fractions mensuelles, est naturellement supérieur au cours de la bourse, à raison du crédit plus ou moins long accordé à l'acheteur. Ce dernier est investi de la propriété des titres (dont les numéros lui sont donnés), dès le jour de l'opération, mais les titres mêmes ne lui sont livrés qu'après complet payement. Enfin, s'il ne satisfait pas à toutes ses obligations dans les délais fixés, le marché est résolu et l'établissement vendeur conserve, à titre d'indemnité, les acomptes qu'il a pu recevoir.

Ce genre de transactions est incontestablement soumis à la nouvelle taxe. L'opération, telle qu'elle vient d'être analysée, présente d'ailleurs le caractère d'un marché *au comptant*, avec facilité de payement, puisqu'à la différence d'un marché *à terme*, elle transfère immédiatement à l'acheteur la propriété de titres déterminés et individualisés (2848-7 I. G.).

Résolution. — Si la résolution du marché pour défaut de payement du prix se réalise, cette résolution ne donne pas ouverture à un nouveau droit, attendu qu'elle ne constitue juridiquement ni un achat ni une vente (même Inst.).

4. ACHATS FAITS PAR VENDEURS A CRÉDIT. — La taxe est applicable aux achats, effectués par les vendeurs à crédit, de titres qui leur sont livrés par une personne, même non assujettie, à des échéances et dans des conditions déterminées (Sol. 7 fév. 1895).

5. ÉMISSION DE TITRES PAR L'ENTREMISE D'AGENTS DE CHANGE OU AUTRES INTERMÉDIAIRES. — Les opérations visées par la loi du 28 avr. 1893 sont uniquement celles qui ont pour objet l'achat ou la vente de valeurs de bourse. Il en résulte que l'émission d'un titre d'action ou d'obligation ne saurait être considérée comme donnant ouverture à l'impôt. En effet, une compagnie de chemin de fer, par exemple, qui reçoit le montant d'une obligation qu'elle émet, n'accomplit pas une opération de vente : elle contracte un emprunt. De même, le souscripteur d'une obligation, à l'émission, ne se livre pas à une opération d'achat : il consent un prêt, car la vente ou l'achat d'un titre implique la préexistence de l'obligation constatée par ce titre, circonstance qui ne se rencontre pas dans le cas d'émission.

A ce point de vue, il importe peu que les titres soient placés directement par la société qui les émet, ou qu'ils le soient par l'entremise d'un mandataire salarié, agent de change, banquier, établissement de crédit, etc.

La règle a toutefois besoin d'être sainement interprétée, et il est essentiel de ne pas perdre de vue qu'elle concerne exclusivement le cas d'émission. Par conséquent, si, lors d'une émission, un assujetti prend à forfait un certain nombre des titres offerts au public, dans le but de les placer ensuite, non comme mandataire de l'établissement émetteur, mais pour son propre compte, il a bien, à l'égard de cet établissement, la qualité de souscripteur des titres dont il se rend propriétaire, et cette souscription originaire est exempte d'impôt, mais le placement ultérieur qu'il effectue au mieux de ses intérêts, à ses risques et périls, ayant pour objet des valeurs déjà émises, constitue incontestablement de sa part l'opération de vente tarifée par l'art. 28 L. 28 avr. 1893. En d'autres termes, ce placement est passible de la taxe dans les conditions ordinaires (2848-8 I. G.).

6. TITRES RACHETÉS PUIS VENDUS A GUICHET OUVERT PAR L'ÉTABLISSEMENT DÉBITEUR. — Il arrive que certaines sociétés, faisant commerce habituel de recueillir des offres et des demandes de valeurs de bourse, rachètent sur le marché, pour un motif quelconque, des titres qu'elles ont précédemment émis ; puis, après les avoir conservés plus ou moins longtemps en portefeuille, les mettent de nouveau à la disposition du public et les vendent à guichet ouvert. Cette vente de titres non amortis ne saurait être confondue avec une émission proprement dite et rentre dans la catégorie des opérations de bourse prévues et taxées par la loi du 28 avr. 1893 (2848-9 I. G.).

16. Opérations d'ordre. — Les opérations qui ont un simple caractère d'ordre, ou, en d'autres termes, qui ont uniquement pour but de régulariser des opérations réelles, échappent à l'application de la taxe, du moment où, bien entendu, l'opération réelle a supporté l'impôt.

1. VENTES OU ACHATS EN COMPENSATION. — Il arrive fréquemment qu'un même client est, au moment de la liquidation, acheteur et vendeur de valeurs de même nature chez deux agents de change différents. Dans ce cas, le client donne à ces derniers l'ordre de compenser entre eux. Exemple : Pierre est acheteur chez X, agent de change, de cent actions du chemin de fer du Nord, et vendeur chez Y, autre agent de change, d'un certain nombre des mêmes actions, cinquante par exemple. L'opération de compensation se traduit ainsi : d'après les instructions de Pierre, X, chez qui celui-ci était acheteur, le porte vendeur, à un cours déterminé qui est le cours de compensation, de cinquante actions du Nord, tandis que Y, chez qui il était vendeur, le porte comme acheteur de cette même quantité. La position se trouve ainsi liquidée jusqu'à concurrence de cinquante titres par cette opération qui, étant de pur ordre, est affranchie de l'impôt (2840 I. G.).

Les compensations entre intermédiaires rentrent de même dans la catégorie des opérations d'ordre.

2. ESCOMPTE. — Une autre opération d'ordre, et, par conséquent, exempte du droit, est connue à la bourse sous le nom d'*escompte*. C'est celle par laquelle un acheteur à terme exige, moyennant payement immédiat du prix, que son vendeur lui livre les titres avant l'époque convenue.

Cette opération se constate dans les écritures, en ce qui concerne l'acheteur, par la mention d'une vente à terme et d'un achat au comptant, et, en ce qui concerne le vendeur, par les mentions inverses (2840 I. G.).

3. Transfert de titres. — Les opérations qui ont pour objet le simple transfert des titres ne sont pas atteintes par la loi, comme constituant des opérations d'ordre.

4. Conversions. — Il en est également ainsi des opérations relatives à une conversion de titres.

17. Opérations rectificatives ou modificatives. — Lorsqu'un agent de change exécute un ordre donné dans des conditions différentes de celles qui avaient été fixées, l'opération faite pour le compte du client est seule imposable, à moins qu'il n'y vienne s'ajouter une autre opération indépendante dans laquelle l'agent de change agirait comme contre-partie.

Il a été reconnu notamment qu'une seule opération doit être tarifée :

1° Lorsque des titres, qu'un agent de change avait reçu l'ordre d'acheter au comptant, ont été livrés au cours du terme (Sol. 30 mai 1895);

2° Lorsque, des titres ayant été achetés, à un prix plus élevé que le cours donné, l'agent ne réclame à son client que la somme qu'il avait fixée. Dans ce cas, la taxe doit être acquittée sur le prix réel : il ne s'agit, en définitive, que d'une remise des frais de courtage (Sol. 30 mai 1895);

3° Si une opération de report a été réalisée partiellement avec une contre-partie et terminée, le lendemain, avec une autre contre-partie, alors même que tout d'abord l'agent de change eût pris à son compte le complément de l'opération (même Sol.).

Au contraire, deux opérations sont soumises à l'impôt :

1° Lorsque l'agent de change se substitue à un acheteur, qui a abandonné une prime, et lève les titres (Sol. 30 mai 1895);

2° Quand un agent de change, qui a reçu un ordre fin courant, achète les titres pour la liquidation du 15, et charge un tiers de lever les titres et de les revendre à son client pour l'échéance suivante. Il y a, dans ce cas, une double opération : une opération à terme et une opération de report, qui doivent, l'une et l'autre, supporter le droit qui leur est propre (Sol. 30 mai 1895);

Les opérations rectificatives, motivées, par des erreurs dans la désignation des titres, le nom des clients, l'indication des cours (sauf exigibilité, le cas échéant, d'un complément de droit), etc., sont de pur ordre et ne donnent pas lieu à une perception particulière.

Il en serait de même si une opération, qu'un client n'accepte pas, était passée au compte de l'agent de change ou de l'assujetti.

Mais si, au lieu de donner un ordre d'achat, un agent de change négocie par mégarde une vente et que, pour remplir son engagement, il achète à un autre agent les titres vendus, l'impôt est exigible sur chacune des deux opérations, qui sont distinctes l'une de l'autre (Sol. 19 déc. 1895).

1. Opération exécutée par la Chambre syndicale des agents de change pour le compte d'un agent en défaut. — Lorsque la Chambre syndicale procède à l'achat de titres vendus par un agent de change en défaut et qui n'ont pas été livrés, l'opération est indépendante du marché conclu par l'agent et donne lieu à la perception de la taxe (Sol. 30 mai 1895).

18. Opérations faites à l'étranger. — Les opérations d'achat ou de vente sur une place étrangère, faites par un assujetti, ne sont passibles de l'impôt qu'autant qu'elles sont effectuées pour le compte d'autrui. Celles qui sont effectuées pour son propre compte par l'assujetti sont affranchies du payement de la taxe.

Mais toutes les opérations faites en France, à quelque titre que ce soit, c'est-à-dire soit comme intermédiaire, soit pour son compte personnel, par un assujetti, tombent, sans distinction, sous l'empire de la loi nouvelle (2848-10 I. G.).

Il va de soi que les opérations faites directement à l'étranger par une personne non assujettie échappent à l'application de la loi.

19. Transmissions par acte notarié. — La loi du 28 avril 1893 est étrangère aux transmissions de titres négociables qui s'effectuent par acte notarié, soit à l'amiable, soit par voie d'adjudication publique (2848-11 I. G.).

20. Prêts sur titres ou sur nantissement. — Si le report tombe sous l'application de la loi d'impôt, c'est qu'il constitue une véritable opération d'achat et de vente absolument distincte du prêt sur titres ou sur gage. Mais les contrats, comme le prêt sur gage, qui n'impliquent ni achat ni vente, ne sont pas atteints par la loi (Sol. 10 août 1893; Naquet, *op. cit.*, n° 390).

SECTION 2. — PERSONNES SOUMISES A LA LOI. — ASSUJETTIS.

[21-30]

21. Règle générale. — Les lois des 28 avril 1893 (art. 29) et 13 avril 1898 (art. 14) soumettent aux obligations qu'elles édictent « quiconque fait commerce habituel de recueillir des offres et des demandes de valeurs de bourse ». Les personnes ainsi visées sont désignées par la loi et le décret de 1893 sous le nom d'*assujettis*.

Pour tomber sous l'application des nouvelles lois, il n'est pas nécessaire qu'une personne fasse de la réception des ordres de bourse l'objet exclusif ou même principal de ses opérations ; il suffit qu'elle se livre habituellement à ce commerce.

Elle rentre dans la catégorie des assujettis dès l'instant où, par profession, elle accomplit d'une manière habituelle, comme intermédiaire, sur une échelle plus ou moins grande, les opérations prévues et tarifées par la loi (2848-1 I. G.).

22. Établissements de crédit. — Concours gratuit. — Ainsi, les établissements de crédit ou autres qui se bornent à faire exécuter, par les représentants du marché officiel ou du marché en banque, les ordres qu'ils reçoivent de leur clientèle, rentrent dans la catégorie des assujettis, alors même que leur concours n'est que rarement réclamé et qu'ils le prêtent, dans tous les cas, gratuitement. L'importance des affaires qu'ils traitent autant que la pensée à laquelle ils obéissent en déférant au désir de ceux qui recourent à leur entremise sont, en effet, indifférentes (2848-1 I. G.).

23. Maison de contre-partie. — Les maisons de contre-partie tombent également sous le coup des lois de 1893

88

31 et 32. Tarifs. — La quotité du droit de timbre auquel est soumise toute opération de bourse ayant pour objet l'achat ou la vente de valeurs de toute nature, au comptant ou à terme, est porté à 0,10 par mille francs ou fraction de mille francs du montant de la négociation. — Il n'est pas innové en ce qui concerne les opérations au comptant ou à terme relatives aux rentes sur l'État français; le droit reste fixé sur ces opérations à 0,0125 par 1.000 francs. — Sur les opérations de report, le droit demeure fixé à 0,00625 par 1.000 francs pour la rente française et à 0,025 par mille francs pour les autres valeurs (françaises ou étrangères) (L. 31 déc. 1907, art. 5, 11531 R. P.).

et 1898. Il importe peu que leurs opérations n'aient lieu qu'aux guichets de leurs bureaux, et non à la bourse, qu'elles prennent pour elles-mêmes les offres et les demandes et que leurs opérations, se soldant par des différences, ne donnent pas lieu à des mouvements de titres (Seine, 15 mai 1896, 8871 R. P.; 24873 J. E.).

24. Agents de change. — Coulissiers. — Les agents de change et les coulissiers figurent, au premier chef, au nombre des assujettis.

25. Établissements de crédit. — Il en est de même des établissements de crédit qui reçoivent des offres et demandes de valeurs de bourse.

26. Succursales ou agences. — Bureaux de quartier. — Les agences ou succursales, qui exécutent des ordres de bourse, soit directement, soit par l'intermédiaire de l'établissement principal, sont soumises au nouveau régime (Décr. 1893, art. 8, 2840 I. G.).

Il en est de même des bureaux de quartier, qui ne se bornent pas à transmettre les ordres qu'ils reçoivent au siège social, lequel sert ainsi d'intermédiaire effectif entre le donneur d'ordre et un mandataire substitué, mais qui achètent ou livrent directement des titres au public (*Rapp.* Sol. 9 et 20 juin 1893; — V. n° 32-2 *infra*).

27. Remisiers. — Les remisiers se bornent à procurer des affaires à des établissements ou à des personnes qui se livrent aux opérations de bourse; ils ne sont, à proprement parler, que les agents des intermédiaires qui les emploient. On ne saurait, dès lors, les ranger parmi les assujettis.

28. Établissements étrangers. — Succursales ou agences françaises. — Les nouvelles lois atteignent toute personne, sans distinction de nationalité, faisant, en France, commerce habituel de recueillir des offres et des demandes de valeurs de bourse. Par conséquent, il est hors de doute que les établissements étrangers, qui possèdent en France des agences ou succursales destinées à recevoir des ordres de bourse, sont tenus, de ce chef, et sous les peines de droit, de se conformer à toutes les obligations imposées aux assujettis (2848-2 I. G.)

Ces agences ou succursales présentent, du reste, le caractère d'établissements principaux, attendu qu'elles « ne peuvent être rattachées, à titre d'agence, à aucun assujetti à la loi fiscale » (Lyon et Teissier, *Op. de bourse*, p. 337).

L'agent d'un établissement étranger, dont le seul rôle consisterait à procurer des affaires à cet établissement et qui n'interviendrait ni directement ni indirectement dans le règlement de l'opération, ne pourrait être considéré comme un assujetti.

29. Trésoriers-payeurs généraux. — Receveurs des finances. — Les trésoriers-payeurs généraux se chargent, pour le compte des particuliers, de l'achat et de la vente des fonds d'État français et de divers autres titres. Ils agissent, en cette matière, comme fonctionnaires, en ce qui concerne les fonds d'État français, et, en leur propre et privé nom, pour les autres valeurs. De ce dernier chef, ils se trouvent soumis, ainsi que le Ministre des finances l'a reconnu, aux prescriptions des lois de 1893 et de 1898 (2840 I. G.).

Quant aux receveurs particuliers des finances autorisés à recevoir des ordres de bourse, ils ne peuvent en accepter que pour le compte du trésorier-payeur général de leur département auquel ils sont tenus de les transmettre, sans pouvoir correspondre directement avec les agents de change. En présence de cette situation exceptionnelle, il a semblé conforme aux intentions du législateur de reconnaître que ces fonctionnaires ne figurent pas au nombre des assujettis (2848-4 I. G.).

30. Notaires. — Les fonctions dont les notaires sont investis leur interdisent de se livrer au commerce de recueillir des offres et des demandes de valeurs de bourse. Lorsque ces officiers publics s'entremettent accidentellement entre leurs clients et un agent de change ou tout autre assujetti, ils ne font que rendre un service qui se rattache accessoirement à la gestion et à l'administration des intérêts qui leur sont confiés. Il en résulte qu'en principe les dispositions des lois nouvelles ne leur sont point applicables. Il est d'ailleurs évident que les notaires qui feraient commerce habituel de recueillir des ordres de bourse, au mépris des règlements de leur profession, devraient se soumettre à ces dispositions (2848-3 I. G.).

CHAPITRE III.
TARIF ET BASE DE LA PERCEPTION.

[31-46]

Article 1er. — *Quotité des droits.*

[31-33]

31. Tarif ordinaire. — La quotité du droit de timbre auquel est soumise toute opération de bourse est fixée à 0 fr. 05 par 1.000 fr. ou fraction de 1.000 fr. du montant de l'opération calculé d'après le taux de la négociation (L. 28 avr. 1893, art. 28).

32. Tarifs exceptionnels. — 1. Opérations relatives aux rentes sur l'État français. — Dans le but de ne pas entraver le marché des rentes françaises qui intéresse le crédit de l'État, l'art. 8 L. 28 déc. 1895 a réduit le droit « des trois quarts, lorsque l'opération est relative à des rentes sur l'État français » (8664 R. P. 2897-2 I. G.).

Le droit se trouve ainsi abaissé de 0 fr. 05 à 0 fr. 0125 par 1.000 fr.

2. Opérations de report. — L'art. 28 de la loi de 1893 porte que le droit de 0 fr. 05 « est réduit de moitié pour les opérations de report ».

De son côté, la loi de 1895 maintient formellement, en ce qui concerne les opérations ayant pour objet des rentes sur l'État français, la disposition de la loi de 1893 relative aux opérations de report.

En conséquence, la quotité du tarif applicable aux reports se trouve fixée à 0 fr. 025 par 1.000 fr., pour les opérations concernant les valeurs de bourse autres que les rentes sur l'État français, et à 0 fr. 00625 par 1.000 fr., pour les opérations relatives à ces rentes.

33. Décimes. — Le droit n'est pas soumis aux décimes (L. 1893, art. 28).

ARTICLE 2. — *Liquidation des droits.*

[34-38]

34. Exigibilité de deux droits par chaque négociation. — La loi de 1893 frappe d'un droit de 0 fr. 05 par 1.000 fr. toute opération ayant pour objet l'achat *ou* la vente de valeurs de bourse.

Or, toute négociation de valeur de bourse supposant un vendeur et un acheteur, une vente et un achat correspondant, il en résulte que le tarif de 0 fr. 05 par 1.000 fr. n'est pas applicable à l'ensemble de la négociation, mais à chacune des opérations distinctes dont elle se compose. En d'autres termes, il est dû 0 fr. 05 par 1.000 fr. pour l'achat et 0 fr. 05 par 1.000 fr. pour la vente (2840 I. G.).

En conséquence, si le même jour un assujetti, agissant pour son compte ou pour le compte d'autrui, achète en une ou plusieurs fois 20.000 fr. de rente et en revend 10.000 fr. de la même manière, la taxe n'est pas due seulement sur le reliquat de ces opérations; elle est exigible et doit être assise distinctement sur le montant total de chaque opération d'achat et de chaque opération de vente (même Inst.).

1. ARBITRAGE. — En cas d'*arbitrage*, c'est-à-dire de vente et d'achat simultanés de valeurs diverses par la même personne, la taxe doit être perçue, non sur le solde du marché, mais distinctement sur le montant des opérations d'achat et sur le montant des opérations de vente (même Inst.).

2. ASSUJETTI CONCOURANT A L'OPÉRATION. — CONTRE-PARTIE NON ASSUJETTIE. — Si l'une des deux parties concourant à l'opération est seule assujettie, le total des droits applicables à l'opération sera payé par elle, sauf son recours contre l'autre partie (L. 28 avr. 1893, art. 31).

En d'autres termes, lorsqu'une opération intervient entre deux personnes dont l'une seulement fait commerce habituel de recueillir des offres et des demandes de valeurs de bourse, celle-ci doit acquitter l'intégralité de l'impôt applicable à l'ensemble de l'opération, soit 0 fr. 05 p. 1.000 fr. pour l'achat, et 0 fr. 05 p. 1.000 fr. pour la vente (2848-6 I. G.).

3. CHANGEURS. — ACHATS ET VENTES CONCLUS DIRECTEMENT. — Les changeurs (ou autres assujettis) qui achètent directement des titres à des particuliers et les revendent ensuite de même, font-ils ainsi deux opérations donnant chacune ouverture à deux droits de 0 fr. 05 p. 1.000 fr.?

L'affirmative est certaine. Dans la circonstance indiquée, les changeurs ne font pas office d'intermédiaires entre un acheteur et un vendeur. Ils achètent pour leur propre compte, sans être assurés d'une contre-partie. Lorsqu'ils trouvent acquéreur, une nouvelle opération se produit, absolument distincte de la première. Or, dès l'instant qu'il y a deux négociations indépendantes, c'est-à-dire deux ventes et deux achats, il est nécessairement dû quatre droits de 0 fr. 05 p. 1.000 fr.

La situation des changeurs ne diffère point à cet égard de celle des établissements de crédit qui vendent ou achètent à guichet ouvert des valeurs de bourse (2848-6 I. G.).

4. VENTE ET RACHAT DE LA MÊME VALEUR. — Certains établissements de crédit vendent, avant l'époque des tirages, des valeurs à lots qu'elles s'engagent à racheter, le tirage accompli, moyennant un prix moindre. Il y a également deux négociations indépendantes donnant lieu à la perception de quatre droits (Sol. 12 août 1895).

5. APPLICATIONS. — En cas d'application, l'assujetti n'opère pas pour son propre compte; il agit comme simple intermédiaire. Il ne tombe pas, dès lors, sous le coup de l'art. 31 L. 1893; il n'a pas de droit à supporter personnellement. L'opération ne donne lieu qu'à deux droits : l'un, à la charge du client vendeur, et l'autre, à la charge du client acheteur.

35. Base de la liquidation. — Fractionnement. — En principe, toute opération d'achat ou de vente de valeurs de bourse est assujettie au droit de 0 fr. 05 par 1.000 fr. ou fraction de 1.000 fr.

1. OPÉRATION PORTANT SUR PLUSIEURS TITRES. — ORDRE UNIQUE. — Toutefois, si l'achat ou la vente de titres divers ou de même nature, à des cours différents ou non, a lieu le même jour, pour le compte d'une seule et même personne, et en exécution d'un ordre unique, l'impôt peut être liquidé sur le montant total de l'opération, alors même que la contre-partie en aurait été faite par plusieurs personnes (2848-13 I. G.).

Il y aurait lieu de considérer comme un ordre unique les ordres successifs donnés par une même personne, s'ils ont été exécutés le même jour (Lyon et Teissier, *Op. de Bourse*, p. 310).

Quelques assujettis et notamment les agents de change de Paris liquident l'impôt sur chaque nature de titres. La perception se trouve ainsi parfois excessive; mais il n'y a pas lieu de proposer d'office la restitution des sommes payées en trop (Sol. 12 avr. 1894).

2. ORDRES COLLECTIFS RÉUNIS EN UN ORDRE UNIQUE. — Beaucoup d'intermédiaires réunissent chaque jour les ordres individuels qu'ils reçoivent en un ordre collectif à leur nom qu'ils transmettent à un agent de change; celui-ci délivre un bordereau unique et acquitte la taxe liquidée sur le total des sommes qui y sont portées.

La perception ainsi faite est régulière, bien que, par l'effet du fractionnement, l'impôt se fût élevé à un chiffre un peu supérieur, s'il avait été calculé sur chaque ordre individuel. « L'impôt est dû, en effet, par l'intermédiaire qui a réalisé l'opération; les autres en sont affranchis de même que celui pour le compte duquel elle a lieu... » Il s'ensuit qu'aucun supplément de droit ne saurait être exigé des intermédiaires qui ont provoqué l'opération sans la réaliser eux-mêmes, dès lors que l'agent d'exécution a régulièrement acquitté la dette d'impôt qui, en principe, lui est personnelle (Sol. 14 déc. 1894; — Cf. Lyon et Teissier, p. 308 et s.).

La même règle est applicable au cas où l'opération serait réalisée (s'il s'agit de valeurs non cotées) par un assujetti autre qu'un agent de change (même Sol.).

36. Reports. — Le report consistant en un achat et une revente simultanés de titres de même nature à des termes différents, il avait paru tout d'abord que le tarif réduit établi pour les opérations de cette nature était applicable à chacun des quatre éléments dont elles se composent et qu'il était dû, par suite, 0 fr. 025 p. 1.000 fr. sur le montant : 1° de l'achat; 2° de la vente; 3° du rachat; 4° de la revente (2840 I. G., p. 8 et 11).

Cette règle de perception, conforme à la définition du report donnée par les auteurs spéciaux, se déduisait également des termes suivants du rapport présenté au Sénat, dans la séance du 18 mars 1893, au nom de la Commission des finances de la haute Assemblée, rapport dont les conclusions toutefois n'ont pas été mises en délibération par suite de la disjonction du projet, votée dans la séance du 28 mars 1893 (*J. off.* Déb. parl. Sénat, 29 mars 1893).

« Les reports nous ont paru mériter une faveur particulière..... Comme le report se caractérise juridiquement par deux *négociations* (c'est-à-dire deux ventes et deux achats), l'impôt proposé serait perçu sur chaque négociation et deviendrait fort onéreux. Nous proposons de décider que la moitié seulement de la taxe sera exigible. »

Le résultat de cette interprétation était de frapper l'ensemble du report, comme l'ensemble des négociations ordinaires, d'un droit total de 0 fr. 10 p. 1.000 fr.

Une semblable conséquence a paru contraire à l'intention bien marquée du législateur de favoriser les reports dont le fonctionnement intéresse, non seulement les spéculateurs, mais le crédit public et le Trésor lui-même.

Le report constituant, en définitive, une opération unique qui tend à différer l'exécution d'un marché à terme, le Ministre a décidé, le 19 juin 1893, sur la proposition de l'Administration, par une interprétation libérale de la loi, que le report ne donnerait lieu qu'à un seul droit à la charge de chaque partie contractante, et comme en vertu de la loi du 28 avr. 1893, il n'est imposable qu'à demi-tarif, le droit exigible sur l'ensemble de l'opération se trouve réduit à 0 fr. 05 p. 1.000 fr. (0 fr. 025 pour la vente et le rachat, d'une part, et 0 fr. 025 pour l'achat et la revente, d'autre part). Le droit de 0 fr. 025 p. 1.000 fr. à la charge de chacune des parties n'est donc exigible que sur l'une des deux opérations qu'elle a faites (vente et rachat, ou achat et revente) (2848-12 I. G.).

Le report n'a pour objet que de proroger l'échéance d'un marché à terme. Il est dès lors permis de considérer que, dans le système actuel de l'Administration, c'est l'opération à terme qui se trouve assujettie à l'impôt (Cf. Lyon et Teissier, *loc. cit.*, p. 233).

1. Contre-partie faite par deux personnes. — La contre-partie n'est pas toujours faite, en cas de report, par la même personne. Elle peut être opérée par deux personnes différentes : l'une, qui achète au comptant, et l'autre qui vend à terme. Dans ce cas, si le reporté n'est imposable qu'au demi-tarif (0 fr. 025 par 1.000 fr.), chacune des contre-parties est, au contraire, sujette au plein tarif de 0 fr. 05 pour 1.000 fr. (En ce sens, Lyon et Teissier, *loc. cit.*, p. 235.)

2. Déport. — Les règles qui précèdent s'appliquent en matière de déport comme en cas de report.

37. Opérations portant sur des valeurs cotées à terme. — Echéance fixée à une date plus éloignée que celle de la liquidation officielle. — Aux termes du dernier alinéa de l'art. 7 Décr. 1893, « les versements afférents aux opérations fermes qui porteraient sur des valeurs cotées à terme à la bourse de la place sur laquelle l'assujetti exerce son industrie et qui figureraient à l'extrait pour une échéance plus éloignée que celle qui est prévue, pour ces valeurs, par les règlements des agents de change de ladite place, doivent, si ces opérations ne sont appuyées d'un bordereau d'agent de change certifiant la date de l'échéance, être effectués sur le pied d'un bordereau pour chacune des échéances prévues par les règlements ci-dessus mentionnés. »

D'après cette disposition, une négociation ferme de valeurs cotées à terme à la bourse, faite en banque ou en coulisse, mais dont l'échéance est plus éloignée que celle prévue par les règlements des agents de change de la place sur laquelle exerce l'assujetti, doit être considérée comme si elle avait été l'objet de reports à chacune des liquidations officielles intervenues entre la date de l'opération et celle de l'échéance. Elle doit donc acquitter, indépendamment du droit ordinaire dû pour l'opération, autant de droits de report (à demi-tarif) qu'il y a de liquidations entre ces deux dates (Sol. 23 juin 1893).

1. Agents de change. — La disposition qui précède ne vise pas les agents de change; elle n'est applicable qu'aux autres assujettis. Les agents de change n'ont donc pas à verser de droit de report, quand ils procèdent à une négociation à terme ferme pour un terme plus éloigné que la première liquidation (Sol. 30 mai 1895).

2. Opérations effectuées sur une autre place que celle où exerce l'assujetti. — Lorsqu'un assujetti fait exécuter une transaction par un agent de change appartenant à une autre place que celle où il exerce habituellement, il y a lieu de s'en tenir aux règlements des agents de change de la place sur laquelle l'opération est effectuée (Sol. 30 mai 1895).

3. Valeurs cotées au comptant et non à terme. — Valeurs non admises à la cote. — Si des valeurs, cotées au comptant, ne sont pas cotées à terme à la bourse officielle, l'art. 7, dernier alinéa du décret, ne peut être appliqué.

Il en est de même, *a fortiori*, quand les valeurs ne sont cotées qu'en banque ou en coulisse.

4. Opérations autres que les opérations fermes. — Les prescriptions du décret sont spéciales aux opérations fermes. Les autres opérations échappent à son application.

5. Négociations faites depuis la mise en vigueur de la loi du 13 avr. 1898. — Opérations directes. — La disposition précitée du Décret de 1893 a été singulièrement restreinte par la loi du 13 avr. 1898. Ce n'est plus guère que pour les opérations directes rendant obligatoire un bordereau d'agent de change qu'elle peut recevoir son exécution (V. n°s 10 et 71-2).

38. Fractions de centimes. — Si la liquidation de l'impôt, sur les opérations ayant pour objet des valeurs autres que les rentes sur l'État français, produit des fractions de centimes, l'Administration n'est pas fondée, à défaut d'une disposition spéciale dans la loi de 1893, à forcer le centime : « En conséquence, lorsqu'un extrait contiendra par exemple, neuf opérations donnant lieu chacune à 0 fr. 875 de droit, il sera perçu neuf fois cette somme, soit 7 fr. 875. Toutefois, pour éviter de compliquer les écritures, et si, comme il est probable, aucune réclamation ne s'élève à ce sujet, on pourra forcer le centime sur le total » (Sol. 30 oct. 1893).

1. Opération portant sur des rentes françaises. — Quand l'opération est relative à des rentes sur l'État français, « toute fraction de centime dans la liquidation du droit donne lieu à la perception du centime entier au profit du Trésor » (L. 28 déc. 1895, art. 8).

D'après le texte de la loi, le centime doit être forcé sur chaque opération.

Article 3. — *Assiette de l'impôt.*

[39-46].

39. Fait imposable. — L'art. 28 L. 1893 frappant l'achat ou la vente de valeurs de bourse, la taxe est due dès lors qu'une négociation est intervenue.

En d'autres termes, c'est la formation du marché et non son exécution qui rend l'impôt exigible (Sol. 21 juill. 1893); c'est la négociation qui constitue le fait générateur de la taxe (Sol. 11 juill. 1894).

40. Une opération unique ne donne lieu qu'à une seule perception. — Mais un seul et même achat ou une seule et même vente ne sauraient autoriser plusieurs perceptions. Le règlement d'administration publique de 1893 a édicté, en conséquence, un ensemble de dispositions qui permettent aux simples transmetteurs d'ordres de ne point acquitter eux-mêmes l'impôt, à la condition que le payement en soit assuré au moment où l'opération définitive se consomme (2840 I. G.).

Un seul droit est dû pour la même opération, quel que soit le nombre des intermédiaires qui y ont concouru (même Inst., p. 20).

41. Taux de la négociation — Le taux de la négociation n'est autre que le prix moyennant lequel les valeurs sont achetées ou vendues : c'est ce qu'on appelle encore, en terme de bourse, le cours d'une valeur.

En France, le cours comprend les intérêts ou dividendes courus à partir du dernier coupon détaché. Mais, sur quelques places étrangères, les valeurs à revenu fixe sont cotées avec jouissance du jour de la négociation seulement, de telle sorte que l'acheteur doit bonifier au vendeur les intérêts courus depuis le payement du dernier coupon.

Pour le calcul de l'impôt, il n'y a pas lieu de tenir compte de ces particularités. C'est le prix de la négociation, tel qu'il a été fixé, qui doit, dans l'un comme dans l'autre cas, servir de base à l'assiette de la taxe.

42. Titres non libérés. — Quand on achète à la Bourse une valeur non entièrement libérée, le chiffre nominal du cours comprend le montant des versements restant à faire; mais l'acheteur déduit le montant de ce qui reste à verser pour la libération complète du titre et il ne paye que l'excédent. C'est cet excédent qui constitue le prix (*Rép. gén.*, v° *Droit de transmission*, n° 37).

C'est également ce prix qui sert de base à la perception. Il y a lieu, en effet, de déduire, pour le calcul de l'impôt, du cours de la valeur négociée le montant des versements restant à effectuer (Décr. 1893, art. 5, 2840 I. G.).

43. Marché à primes. — « Le marché à primes n'est qu'un marché ordinaire sous condition résolutoire et il n'y a rien dans la loi qui autorise à adopter pour la perception de l'impôt deux bases différentes, l'une pour les opérations *ferme* et l'autre pour les opérations *à prime* (Naquet, *Op. cit.*, n° 399).

Néanmoins, le décret de 1893 a tracé une règle de perception différente.

Lorsque la prime est abandonnée, le droit n'est dû que sur le montant de la prime (art. 5, n° 5, du décret). Mais, dans le cas contraire, c'est-à-dire si les titres sont levés, la taxe est exigible sur la valeur des titres faisant l'objet de la négociation.

Le droit demeure, d'ailleurs, en suspens jusqu'à la réponse des primes; car c'est à cette époque seulement que la perception peut être établie (2840 I. G.).

1. Coupon détaché. — Si l'acheteur lève les titres, le coupon qui serait détaché dans l'intervalle du jour d'achat au jour fixé pour l'échéance, appartient au vendeur. Il doit être tenu compte de ce fait, le cas échéant, pour la perception.

44. Reports. — Déports. — En matière de reports ou de déports, la taxe réduite est assise sur le cours de compensation, abstraction faite du prix du report ou du déport (Sol. 13 août 1894).

45. Ventes à crédit ou à tempérament. — En cas de vente à crédit ou à tempérament de valeurs de bourse, le prix comprend les intérêts des sommes dues par l'acheteur, les frais de courtage, etc. Il y a lieu d'asseoir l'impôt seulement sur le prix principal à déterminer par une ventilation qui le dégage de ses accessoires (2848-7 I. G.).

46. Opérations faites à l'étranger. — Cours réel du change. — En ce qui concerne les marchés conclus à l'étranger, la valeur imposable est représentée, suivant la règle générale, par le montant de chaque opération, calculé d'après le taux exact de la négociation. Par suite, cette valeur doit être établie d'après le cours du change au jour du règlement de l'opération.

On ne saurait donc légalement substituer au cours réel du change, soit le change fixé le 31 déc. de chaque année, en exécution des lois des 13 mai 1863 et 25 mai 1872, spéciales aux matières qu'elles visent (Instr. n°s 2250 et 2446), soit un change conventionnel uniformément calculé, par exemple, sur le pied de 25 fr. 20 la livre sterling anglaise et de 1 fr. 25 le mark allemand (2848-14 I. G.).

CHAPITRE IV. — MOYENS DE CONTROLE DE L'ADMINISTRATION SUR LES ASSUJETTIS.

[47-58]

Article 1er. — *Déclaration d'existence.*

[47-51]

47. Personnes assujetties à une déclaration. — Les personnes qui font commerce habituel de recueillir des offres et des demandes de bourse ou, en d'autres termes, les assujettis, sont tenus de faire une déclaration *préalable* à l'Administration de l'Enregistrement (L. 28 avril 1893, art. 30). Un délai d'un mois à partir de la mise en vigueur de la loi a été accordé à celles qui exerçaient à cette époque (*id.*).

1. Exception. — Sont affranchis de cette obligation :

1° Les agents de change qui, par cela seul qu'ils sont investis d'une mission officielle, ne sauraient être tenus de dénoncer leur existence. La déclaration est remplacée, en ce qui les concerne, par la mention, que le receveur doit inscrire lui-même sur son registre, de la date de leur nomination (Décr. 20 mai 1893, art. 1);

2° Les trésoriers-payeurs généraux, qui sont des fonctionnaires publics (2840 I. G.).

48. Bureaux où les déclarations doivent être faites. — Les déclarations doivent être faites sur un registre spécial, tant au bureau de l'enregistrement du siège de l'établissement principal des assujettis qu'au bureau du siège de chacune des agences et succursales qu'ils possèdent (art. 1er du décret).

Les agents n'ont pas à provoquer les déclarations prescrites. Il appartient aux assujettis de les souscrire spontanément, sauf le droit pour l'Administration de constater les contraventions parvenues à sa connaissance par les voies légales (2840 I. G.).

49. Forme des déclarations. — Signature. — Les déclarations qui sont faites au siège de l'établissement principal sont signées par le chef de l'établissement ou en vertu de sa procuration. S'il s'agit d'une société, elles sont signées par ses représentants légaux ou en vertu de leur procuration (art. 1er du décret).

Le déclarant doit justifier de sa qualité (2840 I. G.).

1. Indications a fournir. — La déclaration faite au siège de l'établissement principal contient la désignation de chacune des agences ou succursales (ou indique qu'il n'en existe pas). En outre, s'il s'agit d'une société, elle fait connaître, le cas échéant, les noms des associés solidairement responsables et rappelle le titre constitutif de la société.

La déclaration souscrite au siège des agences ou succursales contient la désignation de l'établissement principal (art. 1er du décret).

50. Changement de siège. — Création d'une nouvelle agence. — En cas de changement de siège, soit de l'établissement principal, soit d'une agence ou succursale, de même qu'en cas de création d'une agence ou succursale nouvelle, des déclarations préalables doivent en être faites par les assujettis dans les formes ci-dessus déterminées (art. 1er du décret).

Elles sont souscrites, suivant les circonstances, au bureau du nouveau siège ou à celui de la nouvelle agence ou succursale (2840 I. G.).

51. Récépissé de déclaration. — Déclaration de cessation. — S'il est réclamé un récépissé de la déclaration souscrite, ce récépissé doit être établi sur papier timbré de dimension.

Dans le cas où un assujetti cesse ses opérations, il n'est pas tenu d'en passer déclaration.

Article 2. — *Répertoire*

[52-58]

52. Personnes astreintes à la tenue d'un répertoire. — Toutes les personnes qui font commerce habituel de recueillir des offres et des demandes de valeurs de bourse, sont astreintes à la tenue d'un répertoire sur lequel elles doivent inscrire chaque opération jour par jour, sans blanc ni interligne et par ordre de numéros (L. 28 avril 1893, art. 30).

Sont notamment soumis à cette obligation les agents de change et les trésoriers-payeurs généraux, bien qu'ils ne soient pas tenus de souscrire une déclaration.

1. Agences et succursales. — Les assujettis qui possèdent, indépendamment de leur établissement principal, une ou plusieurs agences ou succursales, doivent faire tenir, dans chacune de ces agences ou succursales, un répertoire spécial. Ce répertoire reçoit l'inscription des opérations effectuées par l'intermédiaire de l'agence ou succursale (Décr. 20 mai 1893, art. 8), que ces opérations soient faites soit directement, soit par l'entremise de l'établissement principal (2840 I. G., p. 17).

Il a été décidé cependant qu'il appartenait à l'établissement principal, et non à l'agence, d'inscrire sur son répertoire un ordre de bourse qu'une agence avait transmis directement à un agent de change en en donnant immédiatement avis à l'établissement principal, dès l'instant que la négociation avait été notifiée par l'agent de change à l'établissement principal et par celui-ci au donneur d'ordre, encore bien que le règlement eût été effectué au siège de l'agence (Sol. 11 juill. 1894). Cette décision paraît contraire aux prescriptions de l'Inst. n° 2840; elle ne saurait être suivie qu'avec une extrême circonspection.

2. Bureaux de quartier. — Les bureaux de quartier constituent de véritables succursales ou agences.

Il est admis toutefois que ceux de ces bureaux, qui n'ont aucune comptabilité et dont les écritures se trouvent tenues par le siège central, peuvent se dispenser d'inscrire à leur répertoire les opérations qu'elles se bornent à transmettre au siège central qui les fait exécuter. Mais ils doivent y faire figurer, dans tous les cas, les opérations directes qu'ils pourraient faire, c'est-à-dire les achats ou ventes de titres faits directement au public (Sol. 9 et 26 juin 1893).

53. Opérations à inscrire. — Les assujettis doivent inscrire au répertoire toute opération par eux faite, soit pour leur propre compte, soit pour le compte d'autrui en qualité de mandataire, d'intermédiaire ou à tout autre titre (2840 I. G., p. 13).

Toutefois, les opérations qu'ils effectuent à l'étranger pour leur propre compte n'étant pas sujettes à la taxe, sont affranchies de l'inscription au répertoire (2848 1° I. G.; — V. n° 18 *suprà*).

54. Visa. — Timbre. — Le répertoire doit être visé et paraphé par le président ou par l'un des juges du tribunal de commerce (L. préc., art. 30).

Il peut être établi sur papier non timbré (2840 I. G., p. 13).

Les agents de l'Enregistrement ne sont pas autorisés à apposer des visas sur le répertoire des assujettis; ils doivent se borner à en prendre communication (Sol. 12 avr. 1894).

85. Forme. — Indications à mentionner. — Le répertoire, dont un modèle est annexé au décret du 20 mai 1893, doit présenter pour chaque opération, dans des colonnes distinctes, les indications ci-après :

1° Numéro d'ordre;
2° Date de l'opération;
3° Nom du donneur d'ordre;
4° Catégorie à laquelle appartient l'opération, savoir :
Achat ou vente au comptant;
Achat ou vente à terme ferme;
Achat ou vente à prime;
Report;
Opération d'ordre ayant pour objet de compenser entre elles, au point de vue du règlement des comptes, deux ou plusieurs opérations antérieures;
5° Lorsqu'il s'agit d'une opération à terme, date de l'échéance;
6° Nature des titres;
7° Nombre ou montant des titres;
8° Taux de l'opération;
9° Valeur totale des titres sur lesquels a porté l'opération;
10° Valeur totale des titres, déduction faite des versements restant à effectuer sur les titres non entièrement libérés;
11° S'il y a lieu, soit le nom de l'agent de change qui a concouru à l'opération, soit le nom et le domicile du mandataire substitué par l'intermédiaire duquel l'opération a été faite, soit le nom et le domicile de la personne qui en a fait la contre-partie, lorsque ces deux derniers sont au nombre des personnes désignées dans l'art. 20 L. 28 avr. 1893;
12° Montant du droit afférent à l'opération, sauf en ce qui concerne : a) les opérations à prime; b) les opérations d'ordre prévues au n° 4; c) les opérations qui donnent lieu à la désignation de l'agent de change qui a effectué l'opération ou du mandataire substitué (Décr. préc., art. 2).

1. Date de l'opération (col. 2). — En principe, toute opération devrait être inscrite à la date même où elle a été exécutée. Mais, comme cette règle est, en fait, d'une application impossible lorsque l'assujetti est un intermédiaire qui s'est borné à transmettre un ordre, l'Administration admet que l'opération ainsi réalisée peut n'être portée au répertoire que le jour où l'avis de cette réalisation est parvenu à l'assujetti (Sol. 11 juill. et 8 août 1894).

C'est du reste, même dans ce cas spécial, la date effective de l'opération qui doit être mentionnée.

2. Nom du donneur d'ordre (col. 3). — « L'Instr. gén. du 30 mai, dit M. Naquet, entend par là le nom des intermédiaires qui ont transmis les ordres, à l'exclusion du nom du client pour lequel l'opération s'effectue, en tant que ce client ne figure pas dans la classe des personnes désignées à l'art. 29 de la loi (de 1893). Cette interprétation est peut être contraire à la généralité de l'art. 2 du règlement, mais elle est conforme à la volonté du législateur qui a écarté, en connaissance de cause, toutes les mesures qui pourraient avoir pour effet de divulguer les affaires qui se traitent en bourse. » (*Op. cit.*, n° 402, *ad notam*.)

Il semble, en effet, conforme à l'esprit de la loi que le nom du donneur d'ordre ne devrait être indiqué qu'autant qu'il s'agit d'un assujetti. Mais, contrairement à ce que déclare M. Naquet, tel ne paraît pas être l'avis de l'Administration. « Le répertoire à tenir par les personnes qui font commerce habituel de recueillir des ordres de bourse, porte une Sol. du 26 juin 1893, doit contenir, dans la col. 3, le nom du donneur d'ordre (vendeur ou acheteur) qui s'est adressé au titulaire du répertoire. »

3. Nombre ou montant des titres (col. 7). — Lorsque les valeurs se négocient par unité de titre, il y a lieu d'en inscrire le nombre. Si, au contraire, il s'agit de valeurs qui se négocient d'après le taux de la rente, c'est le montant objet de l'opération, qui doit être indiqué.

4. Taux de l'opération (col. 8). — En ce qui concerne les marchés conclus à l'étranger, la valeur qui doit figurer sur le répertoire est déterminée d'après le cours du change au jour du règlement de l'opération (2848 § 4 I. G.).

5. Indication du nom de l'agent de change, du mandataire substitué, ou de la contre-partie (col. 11). — L'opération a-t-elle été faite *par ministère d'agent de change*, la 11ᵉ colonne du répertoire de l'agent vendeur doit mentionner le nom de l'agent acheteur, et réciproquement; en outre, si le donneur d'ordre fait lui-même commerce habituel de recueillir des offres et des demandes de valeurs de bourse, il doit de son côté indiquer dans la 11ᵉ colonne de son propre répertoire, le nom de l'agent de change par l'entremise duquel il a fait effectuer l'opération; enfin, si ce donneur d'ordre a agi pour une autre personne également assujettie au service du répertoire, la 11ᵉ colonne du répertoire de cette dernière doit faire connaître le nom et le domicile de son mandataire, c'est-à-dire de celui qui a joué pour elle le rôle de donneur d'ordre auprès de l'agent de change; et ainsi de suite si la filière se continue (2840 I. G.).

Ce mode de procéder reste applicable sous l'empire de la loi du 13 avril 1898, dont l'art. 14 n'a rien changé aux conditions dans lesquelles les transmetteurs d'ordres sont appelés à justifier de leurs opérations. Le contrôle est d'ailleurs suffisamment assuré au moyen des références de répertoire à répertoire (Sol. 23 mai 1899, 9625 R. P., 25844 J. E.). Il ne faut donc pas prendre à la lettre les indications de l'Inst. n° 2956, d'après laquelle il y aurait lieu de toujours mentionner dans la col. 11 le nom de l'agent de change.

Le décret ne prescrit pas d'indiquer le domicile de l'agent de change. Néanmoins, cette indication devrait être fournie, quand l'agent de change appartient à une place autre que celle où opère l'assujetti (Sol. 29 août 1894).

L'opération a-t-elle été conclue *sur le marché en banque*, la 11ᵉ colonne doit mentionner le nom et le domicile de la personne qui en a fait la contre-partie ou qui a servi de mandataire substitué, si toutefois cette personne est elle-même soumise à la tenue du répertoire.

Exemple : A, sans profession, donne un ordre d'achat à B, banquier à Montargis; B passe cet ordre à C, banquier à Orléans; celui-ci le transmet à D, banquier à Paris, qui s'adresse à E, coulissier, qui lui vend les titres demandés. E, vendeur, fait la contre-partie de l'opération d'achat effectué par D, et réciproquement : E doit donc inscrire sur son répertoire la vente qu'il a faite, en indiquant dans la 11e colonne le nom et le domicile de D; celui-ci doit procéder de même pour l'achat qu'il a conclu et porter dans la 11e colonne de son répertoire le nom et le domicile de E; quant à C et à B, ils doivent mentionner respectivement dans cette colonne de leur propre répertoire le nom et le domicile du mandataire par l'entremise duquel ils ont agi ou qu'ils se sont substitué; en d'autres termes, C doit faire connaître le nom et le domicile de D, et B, le nom et le domicile de C (2840 I. G.).

La 11e colonne du répertoire reste en blanc lorsque celui qui le tient a conclu l'opération de vente ou d'achat directement avec un tiers ne rentrant pas dans la catégorie des personnes désignées dans l'art. 29 de la loi. Le cas est susceptible de se présenter fréquemment en ce qui concerne les établissements de crédit qui vendent et achètent des titres à guichet ouvert (2840 I. G.).

Mandataire substitué. — Le décret désigne spécialement sous le nom de mandataire substitué toute personne n'ayant pas la qualité d'agent de change, mais assujettie néanmoins à la tenue du répertoire et qui fait une opération ou transmet un ordre aux lieu et place d'une autre personne soumise elle-même à la tenue de ce document (2840 I. G.).

Cette définition n'est pas tout à fait exacte. Elle laisse à entendre qu'un agent de change ne peut agir comme mandataire substitué. Or, en fait, il est fréquent qu'un agent de change d'une place de province charge un de ses collègues de Paris d'exécuter une opération qu'il n'a pu réaliser lui-même. Dans ce cas, l'agent de change de Paris joue bien le rôle d'un mandataire substitué et doit se soumettre à toutes les obligations imposées à ces mandataires (Sol. 2 juin 1893).

L'établissement principal, qu'une de ses agences charge de réaliser un ordre qu'elle a reçu, revêt le caractère de mandataire substitué.

6. Montant du droit (col. 12). — La 12e colonne doit faire ressortir le montant du droit applicable à chaque opération inscrite, sauf en ce qui concerne :

1° Les opérations à prime, parce qu'elles demeurent en suspens jusqu'à la réponse des primes et que, dans ces conditions, la liquidation immédiate de l'impôt est impossible, faute de base;

2° Les opérations de compensation prévues au n° 4, parce qu'elles ont un pur caractère d'ordre et ne sauraient, par suite, donner ouverture à la taxe;

3° Les opérations qui donnent lieu, dans la 11e colonne, à la désignation de l'agent de change ou du mandataire substitué. Ces opérations sont celles que la personne qui tient le répertoire a faites par l'entremise d'un agent de change ou d'un mandataire substitué, et pour lesquelles le droit doit être acquitté par cet agent ou ce mandataire, sur le propre répertoire duquel elles figurent déjà (2840 I. G.).

7. Augmentation du nombre des colonnes. — Les assujettis peuvent être admis à augmenter le nombre des colonnes du répertoire. L'Administration a, notamment, autorisé le dédoublement des col. 3 et 11 : la col. 3 étant destinée à indiquer le nom des donneurs d'ordres acheteurs, la col. 3 *bis*, le nom des donneurs d'ordres vendeurs; la col. 11 étant réservée à l'inscription du nom des personnes qui ont fait la contre-partie des opérations de vente, la col. 11 *bis*, à l'inscription du nom des personnes qui ont fait la contre-partie des opérations d'achat (Sol. 26 juin 1893).

8. Interversion de l'ordre des colonnes. — Rien ne s'oppose à ce que l'Administration autorise les assujettis à intervertir l'ordre des colonnes (*Rapp.* Sol. préc.).

56. Division du répertoire en plusieurs volumes. — Le répertoire peut être divisé en deux volumes destinés, l'un à l'inscription des opérations au comptant, l'autre à l'inscription des opérations à terme et des reports (art. 3 du décret de 1893).

On a même autorisé l'ouverture de plusieurs volumes, à la condition qu'ils seraient tenus d'une manière permanente et que toute confusion serait évitée (Sol. 6 juin 1893).

On a autorisé également : 1° la tenue de volumes distincts *fin courant* et *fin prochain* pour les opérations à terme sur les rentes françaises (Sol. 23 juin 1893); 2° la tenue d'un volume pour les négociations de rentes françaises, et la tenue d'un autre volume pour les négociations des autres valeurs (même Sol.).

1. Numérotage. — Les divers volumes d'un même répertoire doivent porter une série ininterrompue de numéros (Sol. 23 juin 1893).

2. Clôture des volumes. — Le décret de 1893 étant resté muet quant au nombre des feuillets de chaque répertoire, il est loisible aux assujettis de faire coïncider avec le dernier jour du mois la fin de chaque volume du répertoire, à la condition, toutefois, d'arrêter pour fin de répertoire tout volume dont un certain nombre de feuillets resteraient inutilisés, et de continuer la série des numéros sur le répertoire du mois suivant (même Sol.).

3. Agents de change. — Répertoire spécial. — Les agents de change peuvent fusionner avec le répertoire le livre dont la tenue leur est imposée par l'art. 84 C. comm., mais à la condition d'y faire figurer tous les renseignements exigés par le règlement d'administration publique (2840 I. G.).

Les agents de change près la bourse de Paris et ceux qui exercent, en province, près d'une bourse pourvue d'un parquet, ont d'ailleurs été autorisés à faire usage de registres d'un modèle spécial. Ces registres qui, comme le répertoire prévu par la loi, doivent être tenus jour par jour et contenir toutes les indications prescrites par le décret, sont au nombre de cinq. L'un de ces registres est affecté à l'inscription des opérations au comptant; les quatre autres comprennent les opérations à terme, chacun d'eux correspondant à l'une des liquidations en cours, de telle sorte que toutes les opérations d'une même échéance sont portées sur le même volume (D. m. f. 14 juin 1893).

57. Ordres collectifs. — 1. Opération pour la même personne. — En cas d'achat ou de vente de titres divers ou de même nature ayant lieu, le même jour, à des cours différents ou non, pour le compte d'une seule personne et en exécution d'un même ordre, l'opération peut figurer au répertoire de l'intermédiaire qui l'a effectuée, soit sur une seule ligne, soit sur plusieurs lignes réunies par une accolade, sauf indication, dans tous les cas, des diverses personnes qui ont fait la contre-partie (2848-13 I. G.; — V. n° 35-1, *suprà*).

2. Opération pour le compte de plusieurs personnes.

— INTERMÉDIAIRE. — L'agent de change ou autre intermédiaire qui réunit les ordres individuels qu'il reçoit en un ordre collectif transmis à un agent de change chargé d'exécuter l'opération, doit porter à son répertoire chacun des ordres individuels qui lui ont été donnés ; mais il peut se borner à mentionner le nom de l'agent de change qui a réalisé l'opération, avec la date et le numéro du bordereau ou, le cas échéant, le nom du mandataire substitué avec le numéro de son répertoire (Sol. 14 déc. 1894, 24591 J. E.).

58. Extraits abrégés. — Les tempéraments admis pour la rédaction des extraits restent sans influence sur la tenue du répertoire, telle qu'elle a été réglée par la loi et le décret de 1893 (2848-15 I. G.).

CHAPITRE V. — PAYEMENT DE L'IMPOT

[59-69]

59. Débiteur des droits. — L'impôt est dû par l'intermédiaire qui a réalisé l'opération ; les autres en sont affranchis, de même que celui pour le compte duquel elle a lieu (2840 I. G., p. 20).

Il y a lieu de distinguer toutefois, suivant que les valeurs négociées sont ou non admises à la cote officielle.

1. VALEURS COTÉES. — Pour ces valeurs, dont la négociation rentre dans le domaine exclusif des agents de change, l'art. 14 L. 13 avril 1898 (2953 I. G., 9292 R. P.) a supprimé tout moyen de suppléer à la représentation ou à l'indication du bordereau. Il oblige les assujettis, à toute réquisition des agents de l'Enregistrement, à représenter des bordereaux d'agent de change ou à faire connaître les numéros et les dates des bordereaux, ainsi que les noms des agents de change de qui ils émanent.

Les personnes, autres que les agents de change, qui interviennent, par profession, dans les opérations d'achat ou de vente, ne sont donc plus constituées débitrices du droit proportionnel, qui doit être acquitté par les agents de change (2956 I. G.).

Toutefois, l'obligation résultant de la disposition précitée ne s'applique pas aux opérations *directes* proprement dites, c'est-à-dire à celles par lesquelles les banquiers, changeurs et autres assujettis achètent réellement des titres pour leur propre compte et les revendent de même, après les avoir possédés pendant un temps plus ou moins long (*Comp.* 2848-6 et 2956 I. G. — V. n° 10 *suprà*).

Dans ce cas spécial, le payement de l'impôt reste à la charge des assujettis autres que les agents de change, même pour les valeurs admises à la cote officielle (même Inst.).

2. VALEURS NON COTÉES. — En ce qui concerne les valeurs non cotées, les personnes qui interviennent, par profession, dans les opérations d'achat ou de vente, doivent « acquitter personnellement le montant des droits » (L. 13 avril 1898, art. 14).

60. Incidence de l'impôt. — « La loi ne s'occupe que de déterminer les personnes qui sont obligées au payement des droits vis-à-vis du fisc, enseigne M. Naquet ; elle n'indique pas quelles sont les personnes qui doivent, en définitive, supporter la charge de l'impôt. La règle à poser à cet égard est des plus simples : l'impôt doit être supporté par la personne pour le compte de laquelle l'opération de bourse a été faite. » (*Op. cit.*, n° 408.)

61. Mode de perception. — Extraits du répertoire. — « La perception des droits s'effectue au vu d'extraits du répertoire déposés périodiquement au bureau désigné par l'Administration. » (L. 1893, art. 31.)

Les droits sont payés au moyen de versements sur états et non par l'apposition effective d'un timbre (même Inst.).

1. BUREAU. — L'impôt est acquitté au bureau qui a dans ses attributions l'enregistrement des actes extrajudiciaires (2840 I. G.).

Des dispositions spéciales ont été toutefois arrêtées pour les villes de Paris, Lyon, Marseille, Bordeaux, Lille et Toulouse (même Inst.).

62. Forme des extraits. — Les extraits doivent être conformes au modèle annexé au décret du 20 mai 1893.

Ils doivent obligatoirement présenter pour chaque opération, dans des colonnes distinctes, les indications ci-après :

1° Numéro d'ordre du répertoire ;

2° Date de l'opération ;

3° Catégorie à laquelle elle appartient, spécifiée conformément aux prescriptions de l'art. 2, n° 4, du décret ;

4° Lorsqu'il s'agit d'une opération à terme, date de l'échéance ;

5° Valeur des titres sur lesquels a porté l'opération, déduction faite des versements restant à effectuer sur les titres non entièrement libérés, ou, lorsqu'il s'agit de marchés à prime et que les primes ont été abandonnées, valeur de ces primes (Décr. préc., art. 3).

Les extraits sont certifiés par le débiteur (même Décr., art. 4).

1. AGENTS DE CHANGE. — Les agents de change près les bourses pourvues d'un parquet ont été affranchis de l'obligation de produire les extraits prescrits. Ces extraits sont remplacés par un état récapitulatif, certifié par le syndic et faisant connaître, distinctement pour chaque volume du répertoire, le montant des droits dus par chaque agent (D. m. f. 14 juin 1893).

La même autorisation peut être accordée aux agents de change attachés à une bourse non pourvue d'un parquet, mais qui possèderait une chambre syndicale régulièrement constituée (Sol. 18 juill. 1893).

Cette Solution ajoute que, « chaque fois que le représentant de l'Administration, pour exercer son contrôle, exprimera le désir de rapprocher au siège de la chambre syndicale les répertoires d'un certain nombre d'agents de change, il sera satisfait à sa réquisition ».

2. RÉPERTOIRE DIVISÉ EN PLUSIEURS VOLUMES. — Lorsque le répertoire a été divisé en deux volumes, en vertu de la faculté accordée par l'art. 3 du décret, il doit être établi, comme conséquence de cette division, deux extraits présentant, l'un les opérations au comptant et l'autre, les opérations à terme et les reports (art. 6 du décret ; 2840 I. G.).

Par voie de conséquence, si un assujetti a été autorisé à ouvrir plus de deux volumes, il doit produire autant d'extraits qu'il y a de volumes distincts.

3. OPÉRATIONS FAITES A L'ÉTRANGER. — Pour les opérations

faites à l'étranger, la valeur de titres est déterminée d'après le cours du change à l'époque du règlement (V. n° 46 *suprà*).

Il n'appartient pas à l'Administration de proroger le délai accordé pour le payement de l'impôt qui doit être acquitté dans les conditions et aux époques prévues par l'art. 4 Décr. 20 mai 1893.

Il importe donc que les assujettis se mettent en mesure de déterminer exactement la valeur imposable de leurs opérations avec l'étranger, au plus tard lors du dépôt de l'extrait qui doit être accompagné du versement des droits, sauf à laisser en blanc jusque là les colonnes *ad hoc* du répertoire.

Au surplus, en disposant que les opérations au comptant, ayant moins de dix jours de date et les opérations à terme dont l'échéance ne serait pas survenue depuis plus de dix jours au moins, figureront seulement pour mémoire sur les extraits, l'art. 4 précité du règlement d'administration publique laisse aux redevables un temps suffisant pour leur permettre de recevoir tous les renseignements à porter sur les extraits et de connaître notamment le cours du change (2848 14 I. G.).

Quoi qu'il en soit, si, dans quelques cas nécessairement isolés, l'indication du montant exact de l'opération soumise à l'impôt ne pouvait être donnée en temps utile, les parties seraient admises à y suppléer au moyen d'une évaluation aussi approximative que possible du cours probable du change au jour du règlement de l'opération, sous réserve du redressement, lors de la remise du prochain extrait, des perceptions reconnues insuffisantes (même Inst.).

53. Versement des droits. — 1. CONSIGNATION. — Suivant l'art. 31, 2e al., de la loi du 28 avr. 1893, « si l'une des deux parties concourant à l'opération est seule assujettie à la déclaration prévue par l'art. 30 (et par suite à la tenue du répertoire), le total des droits applicables à l'opération sera payé par elle, sauf un recours contre l'autre partie ».

D'après cette disposition, toute personne faisant commerce habituel de recueillir des offres et des demandes de valeurs de bourse est tenue au payement du droit exigible à raison tant de l'opération qu'elle a faite que de la contre-partie de cette opération, à moins qu'elle ne déclare avoir traité avec un tiers également soumis au répertoire, et ne fournisse les renseignements nécessaires au contrôle de cette assertion. Il en résulte qu'en principe chaque opération de vente ou d'achat figurant sur un extrait ne contenant que les mentions obligatoires prévues à l'art. 5 du règlement d'administration publique, doit être taxée sur le pied de 10 cent. par 1.000 fr. applicables : 5 cent. à l'opération mentionnée et 5 cent. à l'opération corrélative.

C'est ce qui résulte de l'art. 7 Décr. 20 mai 1893 : « Le dépôt des extraits est accompagné de la consignation des droits calculés sur le pied de 1 fr. par 1.000 fr. du montant des opérations qui y sont portées ».

2. PERCEPTION RÉELLE DES DROITS. — EXTRAITS. — MENTIONS FACULTATIVES. — Les assujettis peuvent s'exonérer de la consignation, en produisant des extraits contenant certaines mentions facultatives.

Ces extraits doivent présenter, pour chaque opération, le décompte des droits accompagné, le cas échéant, de l'indication : 1° soit du nom de l'agent de change qui a concouru à l'opération, ainsi que de la date et du numéro du bordereau qu'il en a délivré; 2° soit du nom et du domicile du mandataire substitué par l'intermédiaire duquel l'opération a été faite, ainsi que de la date et du numéro sous lesquels l'opération figure au répertoire de ce dernier; 3° soit du nom et du domicile de la personne qui a fait la contre-partie de l'opération, ainsi que de la date et du numéro sous lesquels l'opération figure à son répertoire; 4° soit, en ce qui concerne les opérations d'ordre prévues au n° 4 de l'art. 2 du décret, des numéros sous lesquels figurent au répertoire les opérations qu'il s'agit de compenser (art. 7 du décret). Lorsque l'extrait contient les mentions prévues sous les paragraphes 1 et 2, l'assujetti se trouve affranchi de tout payement, l'impôt étant payé par l'agent de change ou le mandataire substitué.

Si l'extrait désigne la personne qui a fait la contre-partie (§ 3), l'assujetti n'est tenu d'acquitter que le droit applicable à l'opération qu'il a lui-même réalisée, le droit auquel donne lieu l'opération corrélative étant à la charge de la contre-partie.

Ainsi, dans le second exemple cité n° 55-5, *suprà*, E n'aura que 5 cent. pour 1.000 fr. au lieu de 10 cent. à verser pour la vente par lui consentie, s'il désigne, en se conformant aux prescriptions de l'art. 7 du décret, la personne (D) qui a fait la contre-partie de son opération. De même pour D, relativement à l'achat par lui effectué. Quant à C et à B, ils pourront l'un et l'autre s'affranchir de tout payement en fournissant, chacun de la même manière, les renseignements voulus, le premier, en ce qui concerne D, son mandataire substitué, et le second, en ce qui concerne C, qui a vis-à-vis de lui la même qualité (2840 I. G., p. 20).

Enfin, pour les opérations d'ordre, il n'est dû aucun droit, mais à la condition que les extraits renferment les indications prescrites. Dans le cas contraire, l'impôt devrait être exigé (2840 I. G.).

L'Administration n'insiste pas pour que la date du bordereau d'agent de change soit mentionnée, si le numéro est indiqué (Sol. 12 avril 1894). Mais elle exige l'indication du domicile de l'agent de change, lorsque cet agent n'exerce pas sur la même place que l'assujetti (Sol. 29 août 1894).

Si les mentions facultatives n'étaient fournies que pour un certain nombre d'articles portés sur un extrait, il y aurait lieu à consignation sur le montant total des opérations figurant sur cet extrait (Lyon et Teissier, *Op. de bourse*, p. 371 : — *Conf.* Sol. 12 janv. 1895).

3. OPÉRATIONS EFFECTUÉES A L'ÉTRANGER. — Les opérations d'achat ou de vente sur une place de l'étranger faites par un assujetti donnent lieu, en toute hypothèse, à l'application du tarif de 0 fr. 10 par 1.000 fr. D'une part, en effet, elles ne sont point dispensées de l'inscription au répertoire, puisqu'aux termes de la loi, toute opération faite par un assujetti doit y figurer et, d'autre part, elles rentrent nécessairement dans la catégorie de celles qui sont visées par le dernier alinéa de l'art. 31 de la loi, puisqu'en ce qui les concerne, la contre-partie est toujours faite par une personne non soumise à la tenue du répertoire (2840 I. G.).

Il en est ainsi, même en ce qui concerne les valeurs admises à la cote officielle. La loi du 13 avril 1898 n'a pas enlevé au public la faculté de vendre ou d'acheter des valeurs de cette nature sur les marchés étrangers. On ne saurait, par suite, exiger la production des bordereaux d'agents de change, quand un intermédiaire français justifie que la négociation a eu lieu à l'étranger (Sol. 29 août 1898).

Il ne s'agit ici, bien entendu, que des opérations faites à l'étranger pour le compte d'autrui. Quant à celles que l'assujetti effectue pour son propre compte, nous avons vu qu'elles échappent à l'application de la taxe (V. nº 18 *suprà*).

64. Opérations à porter sur les extraits. — Détail. — Suivant l'art. 4 du décret de 1893, les extraits doivent comprendre, dans l'ordre des inscriptions au répertoire, toutes les opérations, sans exception, portées sur ce document entre les dates du 10 et du 25 du même mois ou entre la date du 25 d'un mois et celle du 10 du mois suivant.

« N'y sont toutefois portées que pour mémoire les opérations au comptant ayant moins de dix jours de date et les opérations à terme dont l'échéance ne serait pas survenue depuis dix jours au moins (même art.). »

Les opérations qui ne figurent sur l'extrait que pour mémoire sont reprises en tête de l'extrait suivant (même art.).

1. Opérations à inscrire en détail. — En règle générale, toutes les opérations doivent être détaillées sur les extrait (art. 5 et 7 du décret).

Il a été décidé, spécialement, que les opérations au comptant n'ayant pas dix jours de date doivent figurer en détail (Sol. 12 avr. 1894).

Il y aurait contravention à mentionner en bloc sur une seule ligne des opérations faites par des personnes différentes, alors même qu'il s'agirait de la même valeur négociée au même cours et que la liquidation des droits serait exacte (Sol. 9 fév. 1894).

2. Opérations à mentionner en bloc. — Mais des tempéraments ont été admis, en ce qui concerne certaines opérations, pour la rédaction des extraits, par une décision du Ministre des finances du 5 oct. 1893 (2848-15 I. G.).

D'après cette décision, les assujettis autres que les agents de change constitués en chambres syndicales et pour lesquels des dispositions spéciales sont intervenues (V. nº 62-1 *suprà*), peuvent, *sauf certaines références* au répertoire, s'abstenir de détailler sur les extraits fournis pour la perception : 1º les opérations exemptes de droit ; 2º celles au comptant ou à terme pour lesquelles la taxe a été payée ou doit l'être par un autre assujetti, agent de change ou mandataire substitué, ce qui suppose que l'auteur de l'extrait n'a fait que jouer le rôle de simple transmetteur d'ordre ; 3º celles, traitées à terme, pour lesquelles l'impôt n'est point encore exigible (même Inst.).

Les opérations de compensation et d'escompte, qui sont affranchies de tout droit comme étant de pur ordre, peuvent donc figurer en bloc sur les extraits ainsi que celles qui, réalisées par ministère d'agent de change ou par l'entremise d'un mandataire substitué, ne donnent lieu à aucun payement de la part de l'auteur de l'extrait.

Les opérations à terme peuvent être également portées en bloc sur les extraits tant que la taxe y afférente n'est pas devenue exigible, et encore bien qu'elle doive être acquittée à l'échéance, non par un agent de change ou un mandataire substitué, mais par l'auteur de l'extrait. Les opérations de cette dernière catégorie, mentionnées en bloc et pour mémoire sur un premier extrait, doivent, d'ailleurs, selon le vœu de l'art. 4 du décret, être reprises, aussi en bloc, sur les extraits suivants, jusqu'à ce que l'impôt soit devenu exigible. Mais le détail de ces opérations est obligatoire sur l'extrait déposé pour la perception des droits (2848-15 I. G.).

Les opérations sur valeurs cotées, qui, d'après l'art. 14 L. 13 avr. 1898, doivent être faites par l'entremise d'agents de change, peuvent d'ailleurs continuer d'être portées en bloc sur les extraits des transmetteurs d'ordre, dans les conditions prévues par la décision du 5 oct. 1893 (2956 I. G.). — Un modèle d'extrait abrégé est annexé à l'Inst. nº 2848.

1º *Références au répertoire.* — En ce qui concerne les opérations d'ordre (compensation ou escompte) et celles exécutées par agents de change ou mandataires substitués, les références à établir sur les extraits consistent :

1º Dans l'indication des numéros sous lesquels elles figurent au répertoire, de telle manière que les extraits présentent toujours, sans lacune ni interruption, la série des numéros de ce registre ;

2º En une mention faisant connaître qu'il s'agit soit de compensations, soit d'escomptes, soit d'affaires conclues par l'intermédiaire d'agents de change ou de mandataires substitués.

Quant aux opérations à terme, les références au répertoire doivent consister dans le rappel des numéros de ce registre comme pour les opérations précédentes et, en outre, dans cette mention : affaires non liquidées (2848-15 I. G.).

2º *Mentions à inscrire au répertoire.* — Les assujettis ne sont admis à profiter des tempéraments accordés par la décision nouvelle précitée du 5 oct. 1893, en ce qui concerne les opérations accomplies par l'intermédiaire d'un agent de change ou d'un mandataire substitué, qu'à la condition d'indiquer sur leur répertoire soit le numéro du bordereau délivré par l'agent de change qui a concouru à l'opération, soit les date et numéro sous lesquels l'opération figure au répertoire du mandataire substitué (2848-15 I. G.).

Quant aux opérations à terme qui ont fait l'objet de mentions en bloc sur les extraits fournis par le débiteur de l'impôt, elles doivent être émargées, sur le répertoire de cet assujetti, de la date de l'extrait au vu duquel la taxe aura été perçue (même Inst.).

3º *Opérations non visées par la décision.* — La décision du 5 oct. 1893 n'est applicable qu'aux opérations qu'elle prévoit. Dans tous les autres cas, les opérations doivent être détaillées ; il en est particulièrement ainsi des opérations de vente et d'achat, faites à guichet ouvert par les établissements de crédit ou leurs agences (Sol. 12 avr. 1894).

3. Extraits. — Mentions en bloc. — Ordre des numéros. — Que les opérations soient portées en bloc ou détaillées, elles doivent être présentées, dans l'ordre des numéros du répertoire (Sol. 23 fév. 1895).

65. Extraits. — Total. — Les extraits sont totalisés (art. 5 du décret). Cette prescription est applicable à tous les extraits, qu'ils soient abrégés ou non (2848-15 I. G.).

En principe, les extraits doivent faire ressortir le total des opérations de même que le total des droits. Toutefois, comme la totalisation des opérations occasionnerait à certains assujettis un travail trop considérable, l'Administration a autorisé les receveurs à accepter des extraits où les opérations ne seraient pas additionnées, « sauf dans le cas où les extraits ne contenant que les mentions obligatoires, il y aurait lieu d'appliquer les dispositions de l'art. 7, 2e al., du décret réglementaire, c'est-à-dire de percevoir les droits calculés sur le pied de 1 fr. par 10.000 fr. du montant total des opérations » (Sol. 9 juin 1894). Dans ce cas, en effet, il est nécessaire de connaître le total des opérations pour la liquidation de l'impôt.

66. Dépôt des extraits. — Les extraits sont établis le 10 et le 25 de chaque mois (art. 4 du décret). Ils sont produits : 1° entre le 10 et le 15 ; 2° entre le 25 et le dernier jour de chaque mois (art. 7).

Lorsque le dernier jour du délai tombe un dimanche ou un jour férié, le dépôt doit avoir lieu la veille au plus tard (2848-16 I. G.).

1. JOURNÉES DU 10 ET DU 25. — Les termes du décret peuvent prêter à une double interprétation. On peut soutenir, en effet, que les assujettis ont la faculté d'arrêter les extraits le 10 et le 25, soit à la fin, soit au commencement ou au cours de la journée. Dans ces conditions, l'Administration a décidé que les assujettis peuvent ou non faire figurer sur les extraits les journées du 10 ou du 25, mais que, une fois que l'assujetti aura opté pour l'une ou l'autre interprétation, il doit continuer de s'y conformer pour tous les extraits qu'il est appelé à produire (Sol. 2 mai 1894).

2. EXTRAITS NE MENTIONNANT QUE DES OPÉRATIONS NE DONNANT LIEU A AUCUNE PERCEPTION. — Les extraits, dans lesquels figurent exclusivement des opérations d'ordre, pour mémoire, etc., qui ne donnent pas lieu à la perception de la taxe, doivent néanmoins être déposés dans le délai prescrit (Sol. 23 sept. 1893).

3. EXTRAITS NÉGATIFS. — Quand, d'après les indications du répertoire, l'assujetti n'a procédé à aucune opération quelconque, il n'est pas tenu de déposer un extrait négatif (Sol. 30 sept. 1893).

4. OPÉRATIONS A TERME SUR LES RENTES FRANÇAISES. — EXTRAIT MENSUEL. — Les rentes françaises se liquidant une fois par mois, il peut n'être fourni, chaque mois, qu'un seul extrait pour les opérations à terme auxquelles elles donnent lieu, à la condition que l'assujetti tienne deux répertoires, l'un pour les opérations fin courant, l'autre pour les opérations fin prochain. L'extrait doit être déposé entre le 10 et le 15 du mois (Sol. 23 juin et 27 juillet 1893).

Cette mesure ne s'applique pas aux autres valeurs.

67. Agences ou succursales. — S'il dépend d'un établissement principal, une ou plusieurs agences ou succursales, chaque agence ou succursale doit effectuer aux dates, dans la forme et les conditions déterminées, la production des extraits de son répertoire particulier, accompagnée, s'il y a lieu, du versement des droits exigibles (art. 8 du décret). D'après l'économie du décret, les agences ou succursales sont à considérer, au point de vue de l'impôt, comme indépendantes de l'établissement principal, ou comme autant d'établissements principaux. Elles ne peuvent, en conséquence, se dispenser du payement des droits applicables aux opérations figurant sur leur répertoire, qu'en ayant soin de revêtir leurs extraits des mentions prescrites à cet effet (2840 I. G.).

68. Quittance de la taxe. — Extrait déposé sans versement. — Une quittance, extraite d'un registre à souche, est délivrée lors du versement des droits. Elle doit être revêtue du timbre de 0 fr. 25, quand elle est supérieure à 10 fr. (2840 I. G.).

Si l'extrait déposé ne donne pas lieu à versement, la formule est néanmoins délivrée après constatation de la remise de l'extrait et du fait de l'absence de perception (même Inst.).

Une seule quittance doit être délivrée à une Chambre syndicale d'agents de change, qui verse, sur la production d'un état récapitulatif, les taxes dues par tous les agents de change syndiqués ; et, partant, un seul droit de timbre de 0 fr. 25 est exigible, lorsque le montant total de l'impôt excède 10 fr. (Sol. 12 avril 1894).

Mais si des coulissiers ou autres assujettis chargent un mandataire commun d'acquitter les droits dont ils sont débiteurs, il y a lieu de délivrer une quittance spéciale par chaque redevable (Sol. 20 août 1894).

69. Restitution. — Consignation. — Comme son nom l'indique, la consignation n'a qu'un caractère provisoire. L'assujetti peut donc obtenir la restitution de la somme qu'il aurait acquittée en trop, s'il produit les justifications nécessaires (*Conf.* Sol. 12 janv. 1895).

1. COMPENSATION. — Les excès ou insuffisances de perception se compensent par extrait (Sol. 5 janvier 1894).

CHAPITRE VI. — BORDEREAUX DES AGENTS DE CHANGE

[70-73].

70. Forme. — Registre à souche. — Les bordereaux des agents de change sont extraits de registres à souche portant une série unique de numéros. Ils indiquent à la souche le montant des opérations qu'ils constatent et les numéros sous lesquels ces opérations figurent au répertoire (art. 9 du décret).

1. PLURALITÉ DE REGISTRES. — Dans le cas où le répertoire a été divisé en deux volumes (art. 3 du décret), il peut être établi deux registres correspondants, c'est-à-dire destinés, l'un aux opérations au comptant et l'autre aux opérations à terme et aux reports (art. 10).

Rien ne s'oppose même, en ce qui concerne le comptant, à ce que le registre des bordereaux soit subdivisé pour les achats et pour les ventes (2840 I. G.).

2. DATES DE LA RÉDACTION. — Les bordereaux doivent être délivrés dans les dix jours de la négociation en ce qui concerne les opérations au comptant et, dans les dix jours de l'échéance, en ce qui concerne les opérations à terme (art. 9 du décret).

71. Délivrance des bordereaux. — Valeurs cotées et non cotées. — Sous l'empire de la loi du 28 avril 1893, les assujettis devaient, en principal, justifier de l'acquittement du droit par la représentation du bordereau de l'agent de change ou par l'indication de la date et du numéro de ce bordereau, ainsi que du nom de l'agent de change. Faute de ce faire, ils étaient tenus d'acquitter le montant de l'impôt.

La loi du 13 avril 1898 a rendu obligatoire la délivrance d'un bordereau pour toute opération portant sur les valeurs admises à la cote officielle. En principe, il n'est donc plus possible, en ce qui concerne les négociations de ces valeurs, de suppléer à la représentation ou à l'indication du bordereau.

1. Coulisse. — Coulisse des rentes. — D'après la discussion qui a précédé le vote de la loi de 1898, il n'est pas entré dans les intentions du législateur de supprimer la coulisse des rentes; il a été entendu, au contraire, que le marché des rentes conserverait toute l'ampleur désirable.

Afin d'arriver à ce résultat, il est admis qu'il peut être délivré un bordereau collectif s'appliquant à plusieurs opérations groupées portant sur des négociations à terme de rentes sur l'État.

Mais, en ce qui concerne les autres valeurs cotées, il doit être créé un bordereau pour chaque négociation (Sol. 15 avril 1899).

La délivrance d'un bordereau est également obligatoire pour toute opération au comptant des rentes sur l'État.

2. Opérations directes. — La loi de 1898 n'a eu ni pour objet ni pour conséquence, soit d'étendre, soit de restreindre le monopole des agents de change.

Les opérations directes proprement dites échappent donc à son application (2936 I. G.).

Mais toute opération sur valeur cotée, à laquelle un professionnel participe et qui a pour objet des titres dont le vendeur n'a pas la possession actuelle, rend obligatoire la représentation d'un bordereau d'agent de change; car elle ne constitue pas une opération directe dans le sens attribué à cette expression par la jurisprudence (Sol. 29 juillet 1898, 9624 R. P.; 25680 J. E.; — V. n° 10 *suprà*).

3. Agent de change transmetteur d'ordre. — L'agent de change chargé d'exécuter un ordre de bourse est tenu obligatoirement de délivrer le bordereau prescrit. Mais lorsqu'il agit comme transmetteur d'ordre et que l'opération s'effectue par un de ses confrères mandataire substitué, il ne saurait être astreint à la délivrance d'un bordereau (Sol. 14 déc. 1894, 24501 J. E.).

Toutefois, rien ne lui interdit, en ce dernier cas, de rédiger un bordereau, indépendant de celui que doit établir l'intermédiaire, notamment quand il a été commis personnellement par un tribunal pour opérer le remploi des fonds appartenant à des mineurs ou à des interdits (Sol. 15 juin 1893).

72. Timbre. — Le droit de timbre proportionnel, auquel la loi du 28 avril 1893 a soumis toute opération de bourse, frappe, en principe, l'instrument officiel de la négociation, c'est-à-dire le bordereau d'agent de change (2840 I. G.). L'impôt étant payé sur états, les bordereaux se trouvent affranchis de la formalité.

1. Duplicata. — Les duplicata des bordereaux échappent également à toute perception. Il en est ainsi, alors même qu'ils ne seraient pas extraits du registre à souche (Sol. 28 mars 1894).

Mais les duplicata des bordereaux relatifs à des opérations extérieures au 1er juin 1893, date de la mise en application du nouveau tarif, restent assujettis à la législation ancienne (Sol. 28 mars 1894).

2. Bordereaux délivrés par des assujettis autres que les agents de change. — Les bordereaux ou écrits analogues, que délivreraient ces assujettis pour des opérations qui ont acquitté l'impôt, sont, par identité de motifs, exempts du timbre.

73. Quittances et décharges dans le contexte du bordereau. — Antérieurement à la loi du 28 avr. 1893, il avait été décidé qu'il « n'est pas dû de droit de timbre spécial à 0 fr. 10 sur les bordereaux des agents de change qui, dans leur contexte même, énoncent, soit la remise à l'agent de change des titres vendus ou du prix des titres achetés, soit, à l'inverse, la remise par l'agent de change des titres achetés ou du prix des titres vendus, soit le payement ou le prélèvement des frais de courtage supérieurs à 10 fr. » (Sol. 19 et 30 juin 1888, 7187 R. P., *Rép. gén.*, v° *Quittance-timbre*, n° 1275).

Cette règle de perception a été abandonnée par une Solution du 9 juin 1893, d'après laquelle « les décharges de titres ou quittances de sommes renfermées dans le contexte même des bordereaux d'agents de change, sont passibles du timbre spécial de 0 fr. 10, depuis la mise en vigueur des art. 28 à 35 L. 28 avr. 1893 ».

Toutefois, pour l'application du timbre de 0 fr. 10, il est nécessaire que la quittance ou décharge soit constatée par une mention formelle (Sol. 24 janv. 1895).

CHAPITRE VII. — COMMUNICATION

[74-82]

74. Répertoire. — Registres à souche. — Bordereaux. — Le répertoire doit être communiqué aux agents de l'Administration, à toute réquisition de ces derniers, tant au siège de l'établissement principal qu'à celui des agences ou succursales (art. 30 L. 1893 et 8 du décret).

Les registres à souche, établis pour la délivrance des bordereaux d'agent de change par l'art. 9 du décret, doivent également, aux termes de la même disposition, être représentés aux agents, à toute réquisition.

Enfin, les assujettis sont tenus de représenter, à toute réquisition, les bordereaux d'agents de change, pour les opérations sur valeurs cotées, ou de faire connaître les numéros et les dates de ces bordereaux (L. 13 avr. 1898, art. 14).

75. Refus de communication. — Tout refus de communication doit être constaté par un procès-verbal (2840 et 2956 I. G.).

76. Communications exceptionnelles. — Écritures des assujettis. — En outre, lorsqu'un procès-verbal a été dressé contre un assujetti, soit pour refus de communication, soit pour toute autre contravention à la loi ou au décret, ou encore lorsque le répertoire de l'un des assujettis

71-2. Opération directe. — *Vente au comptant et rétrocession à terme. Titres individualisés. Bordereau d'agent de change.* — L'art. 14 L. 13 avr. 1898, qui rend obligatoire sous peine d'amende la représentation d'un bordereau d'agent de change pour toute opération de bourse sur valeurs cotées, n'est applicable ni à la vente au comptant consentie directement par un capitaliste à un banquier et ayant pour objet des titres cotés, individuellement déterminés, ni à la rétrocession à terme entre les mêmes parties des valeurs dont il s'agit, dès lors que celles-ci restent jusqu'à la livraison en la possession de l'assujetti qui les rétrocède (Sol. 27 août 1902, Inst. 3099-17, 10609 R. P.)

ne mentionne pas la contre-partie d'une opération constatée par le répertoire de l'autre, les agents ont le droit de se faire représenter les écritures des deux assujettis, à la condition de limiter leur examen à une période de deux jours au plus (art. 30 de la loi de 1893).

L'Inst. n° 2840 laisse aux agents le soin de déterminer eux-mêmes, en s'inspirant des intérêts du Trésor, la période sur laquelle ils croiront plus particulièrement utile de faire porter leurs investigations. « Il suffit, en effet, pour satisfaire à cet égard aux prescriptions de la loi, que cette période n'excède pas deux jours. » (Même Inst.)

1. Sens du mot « période ». — L'expression « période de deux jours » doit s'entendre en ce sens que l'examen des écritures de l'assujetti portera sur deux jours consécutifs.

2. Étendue et limites de la communication. — Il résulte du texte de la loi que l'Administration aura le droit de réclamer la communication des écritures des assujettis pendant autant de périodes de deux jours qu'il y aura d'opérations mentionnées sur le répertoire de l'un d'eux et dont la contre-partie ne figurera pas au répertoire de l'autre. Sauf ce cas, elle ne peut requérir la représentation des écritures que pour une période par chaque procès-verbal.

3. Communication volontaire. — Si un assujetti met volontairement ses écritures à la disposition des agents de l'Administration, les contraventions qui seraient constatées pendant leur opération devraient être considérées comme régulièrement établies.

4. Contraventions étrangères aux lois sur les opérations de bourse. — Les infractions aux lois sur l'enregistrement, le timbre, l'impôt sur le revenu, etc., que ferait découvrir une vérification effectuée en exécution de la loi de 1893, ne pourraient donner lieu à une réclamation. Elles ne seraient pas régulièrement constatées.

77. Contravention constatées au cours des vérifications autorisées par les lois des 23 août 1871 et 21 juin 1875. — La taxe créée par la loi de 1893 est un droit de timbre. Il ne paraît pas douteux, dès lors, que les contraventions découvertes par les agents de l'Enregistrement, au cours des vérifications opérées en vertu des lois des 23 août 1871 et 21 juin 1875, « afin qu'ils s'assurent de l'exécution des lois sur le timbre », soient dûment constatées. « Une question assez délicate pourra être soulevée, enseigne M. Naquet, sur l'étendue du droit de communication du fisc par rapport aux personnes qui, abstraction faite de la loi de 1893 et en vertu des lois de 1871 et de 1875, sont tenues de représenter toutes leurs écritures aux employés de la Régie, et qui jouent, en même temps, le rôle de transmetteurs d'ordres ou de mandataires substitués (Sociétés de crédit, par exemple). Supposons que les agents découvrent chez ces personnes, en usant du droit d'investigation que leur donnent les lois de 1871 et de 1875, l'existence d'opérations de bourse n'ayant pas acquitté l'impôt, pourront-ils relever la contravention, bien que celle-ci n'ait pas été constatée conformément à l'art. 30 de la loi de 1893? Je le crois. L'intention manifeste du législateur a été de ne pas étendre le droit de communication à l'encontre des personnes qui n'y étaient pas soumises auparavant, mais il n'a pas pu être dans sa pensée d'écarter l'application de ce droit à l'égard des personnes qui y étaient déjà soumises. Il serait absolument choquant que les agents de l'Administration puissent vérifier les registres et les écritures des sociétés au point de vue de l'impôt de l'enregistrement et du timbre en général, et qu'ils ne le pussent pas au point de vue du droit de timbre spécial qui frappe les opérations de bourse! » (*Traité des Droits de timbre*, n° 405.)

78. Écritures à communiquer. — On doit entendre par « écritures », dont la communication peut être exigée, le cas échéant, les livres, registres, titres, pièces de recettes, de dépense et de comptabilité, que ces documents soient ou non sujets au timbre (V. *Rép. gén.*, v° *Communication*).

Mais il ne semble pas que la loi autorise la représentation des écritures privées et d'ordre intérieur.

79. Agents de change. — En règle générale, les rapprochements nécessaires pour les opérations effectuées par l'intermédiaire des agents de change doivent être opérés au siège de la chambre syndicale, et la communication des documents désignés par la loi ne doit être requise en pratique dans les bureaux des agents de change qu'à titre exceptionnel et en cas de nécessité reconnue par le directeur (Sol. 12 avr. 1894).

80. Visa. — Les agents de l'Administration ne sont pas autorisés à apposer des visas sur les documents dont ils demandent la communication en vertu de la loi de 1893 (Sol. 12 avr. 1894).

81. Assujetti ayant cessé ses opérations. — Lorsqu'un assujetti a cessé de se livrer à des opérations de bourse, il n'est plus astreint au droit de communication (Sol. 11 janv. 1895).

82. Communication par les agents de l'Administration. — Les assujettis peuvent demander la communication ou la délivrance d'extraits des déclarations, s'ils ont intérêt à connaître que les déclarants sont eux-mêmes assujettis, mais sous la condition de justifier, par un extrait certifié de leur répertoire, de l'opération qui a provoqué leur demande (Sol. 23 sept. 1893).

CHAPITRE VIII. — CONTRAVENTIONS. PRESCRIPTIONS

[83-87].

Article 1. — *Contraventions. — Pénalités*

[83-85]

83. Refus de communication. — 1. Répertoire et écritures. — Le refus de communication du répertoire ou des écritures que les agents sont autorisés à se faire représenter dans le cas prévu par l'art. 30 L. 1893 est puni, par cette disposition même, de l'amende de 100 à 1 000 fr. prononcée par l'art. 22 L. 23 août 1871.

2. Registres a souche des bordereaux. — Mais le refus de communication des registres à souche d'où sont extraits les bordereaux constitue une contravention à l'art. 9 du

décret de 1893, punie d'une amende de 100 à 5.000 fr. (L. 1893, art. 32).

3. DÉFAUT DE REPRÉSENTATION DES BORDEREAUX OU INDICATIONS EN TENANT LIEU. — L'art. 4 L. 13 avril 1898 n'édicte pas de pénalité spéciale pour le défaut de représentation du bordereau ou des indications en tenant lieu. Les contraventions de cette nature rentrent, dès lors, dans la catégorie des infractions que la loi de 1893 punit d'une amende de 100 à 5.000 fr. (2966 I. G.).

84. Inexactitude. — Omission. — Autres infractions. — Toute inexactitude ou omission, soit au répertoire, soit à l'extrait déposé au bureau pour la perception de la taxe, est punie d'une amende égale au vingtième du montant des valeurs sur lesquelles a porté l'inexactitude ou l'omission, sans que cette amende puisse être inférieure à 3.000 fr. (art. 32 L. 1893).

Toute autre infraction, tant aux dispositions de la loi de 1893 qu'à celles du règlement d'administration publique rendu pour son exécution, est passible d'une amende de 100 à 5.000 fr. (art. 32, même loi).

La loi soumet ainsi à des peines différentes les inexactitudes ou omissions dont sont entachés le répertoire et l'extrait, d'une part, et les autres contraventions, d'autre part.

D'après ses dispositions combinées, il faut entendre : par omission, l'oubli, volontaire ou non, d'une opération ; et, par inexactitude, toute indication qui aurait pour effet de modifier l'assiette de l'impôt.

Il a été décidé que l'amende de 100 à 5.000 fr. est seule applicable :

1° Lorsque des opérations qui ne figurent sur un extrait que pour mémoire n'ont pas été reprises en tête de l'extrait suivant, contrairement aux prescriptions de l'art. 4 du décret (Sol. 13 juillet 1894) ;

2° Si une opération a été mentionnée au répertoire à une date tardive (Sol. 11 août 1894) ;

3° Quand le montant du droit afférent à l'opération n'a pas été indiqué dans la col. 12 de l'assujetti qui doit acquitter l'impôt (Sol. 14 juin 1895).

85. Constatation des contraventions. — Les contraventions peuvent être constatées par tous agents ayant qualité pour verbaliser en matière de timbre (L. 1893, art. 32).

ARTICLE 2. — *Prescription.*

[86-87]

86. Action en recouvrement. — L'action de l'Administration pour le recouvrement des droits et amendes est prescrite par un délai de deux ans (L. 1893, art. 33).

1. POINT DE DÉPART. — C'est à partir du jour où l'Administration peut agir que court le délai de prescription. Par suite, ce délai court de la date de l'échéance pour la réclamation de la taxe, et de la date du dépôt de l'extrait, pour la demande d'un supplément de droit.

Quant aux amendes, la prescription prend naissance le jour où la contravention a été commise (Sol. 14 juin 1895).

87. Demande en restitution. — A défaut de disposition spéciale qui en limite la durée, l'action en restitution des taxes indûment payées est régie par la déchéance quinquennale de la loi du 29 janvier 1831 (V. *Rép. gén.*, v^is *Déchéance* et *Prescription*, n°s 836 et suiv.).

TESTAMENT.

18. Mineur. — Tuteur. — Est nul le testament d'un mineur au profit de son tuteur. Cette nullité est absolue ; elle ne peut, notamment, être couverte par le fait que le Domaine n'a, d'abord, demandé et obtenu que pour la moitié l'envoi en possession de la succession du mineur décédé sans héritiers (Beauvais, 6 août 1898, 9419 R. P.).

41. Testament olographe. — Date imprimée en partie. — Nullité. — Un testament olographe est nul, faute d'être valablement daté, quand il est rédigé sur une feuille de papier à lettre avec en-tête et que la date se trouve écrite partie en caractères typographiques et partie de la main du testateur (C. Paris, 5 août 1892, 8190 R. P.).

44. Testament olographe. — Dépôt. — Colonies. — Pays de protectorat. — La L. 25 mars 1899 (9546 R. P.) a modifié ainsi qu'il suit l'art. 1007 C. civ.

« Dans les colonies françaises et les pays de protectorat, le testament olographe des personnes ayant conservé leur domicile en France ou dans une autre colonie sera présenté au président du tribunal de première instance du lieu du décès ou au président du tribunal le plus voisin. Ce magistrat procédera à l'ouverture du testament et en constatera l'état dans un procès-verbal.

« Le greffier dressera une copie figurée du testament et la déposera dans les minutes du greffe. Le testament et une expédition du procès-verbal d'ouverture seront ensuite transmis, sous pli scellé, au président du tribunal du domicile du défunt, qui se conformera, pour l'ouverture et le dépôt, aux prescriptions contenues dans le § 1er. Les mêmes règles s'appliqueront au décès, en France, des personnes ayant leur domicile dans les colonies.

45. Testament olographe. — Vérification d'écriture. — Le légataire universel, institué par testament olographe et qui a obtenu l'envoi en possession, conformément à l'art. 1008 C. civ., représente, seul, la succession, à l'exclusion de l'État, antérieurement envoyé en possession de l'hérédité présumée en déshérence. Si l'État dénie l'authenticité du testament, c'est à lui, et non au légataire universel, qu'incombe la charge de faire vérifier l'écriture de ce testament (Saint-Flour, 9 mars 1898, 9289 R. P.).

47. Testament olographe. — Fausseté de la date. — Millésime du papier timbré. — Doit être considéré comme non daté et, par suite, comme n'étant pas valable, le testament olographe qui porte une date antérieure à celle de l'émission indiquée dans le filigrane du papier timbré sur lequel il est rédigé. En conséquence, est nulle l'institution de légataire universel faite par ce testament, et, si le testateur n'a pas laissé d'héritiers, l'État peut être autorisé à appréhender la succession à titre de déshérence (Nantes, 14 mars 1898, 9261 R. P.).

TESTAMENT.

41. Testament olographe. Date incomplète. Omission du quantième du mois. Nullité. — Est nul, parce que la date ne contient pas le quantième du mois, le testament olographe qui porte seulement l'indication du mois de l'année dans lequel il a été rédigé (Cass. (req.), 2 mars 1903, 10630 R. P.).

TIMBRE.

8. Avoués. États de frais. Duplicata. Timbre de dimension. — Les états de frais dressés par les avoués constituent des actes de procédure assujettis au timbre de dimension par l'art. 12 L. 13 brum. an VII, qu'ils aient le caractère d'originaux ou de duplicata (Philippeville, 18 janv. 1906, 11237 R. P.).

50. Acte notarié. — Forme. — La L. 12 août 1902, qui a modifié, sur certains points, les LL. 25 vent. an XI et 21 juin 1843, relatives au notariat, porte (art. 1er) que les testaments resteront soumis aux règles spéciales du C. civ.

56. Témoins. — Les témoins appelés aux testaments doivent être majeurs, français, sans distinction de sexe. Toutefois, le mari et la femme ne peuvent être témoins, ensemble, dans le même acte (980 C. civ., modifié par la L. 7 déc. 1897, 9177 R. P.).

57. Testament mystique. — Ouverture. — Dépôt. — Colonies. — Pays de protectorat. — D'après la L. 25 mars 1899 (9348 R. P.), qui a modifié l'art. 1007 C. civ., si le testament est dans la forme mystique, sa présentation, son ouverture, sa description et son dépôt seront faits de la même manière que pour le testament olographe (V. *suprà*, n° 44). Mais l'ouverture ne pourra se faire qu'en présence de ceux des notaires et des témoins, signataires de l'acte de suscription, qui se trouveront sur les lieux ou eux appelés.

Ajoutons que la L. 12 août 1902 qui a modifié, sur certains points, les LL. 25 vent. an XI et 21 juin 1843, relatives au notariat, porte (art. 1er) que les testaments resteront soumis aux règles spéciales du C. civ.

79. Acte réglant les conditions des obsèques. — L'écrit par lequel un individu règle les conditions de ses obsèques présente le caractère d'un acte de dernière volonté, assujetti au timbre de dimension et passible du droit de 7 fr. 50 (Sol. 8 sept. 1891, 7901 R. P.).

81. Service religieux. — Charge. — Ne constitue pas un legs la clause d'un testament aux termes de laquelle le testateur, après avoir disposé, à titre particulier, d'un immeuble, au profit de ses neveu et nièce, leur impose la charge de verser au curé de sa paroisse une somme déterminée en représentation des frais de son enterrement et des messes et prières pour le repos de son âme, alors qu'il résulte du testament que le défunt n'a entendu conférer au curé aucun droit qui puisse lui donner une action en délivrance, et que, d'autre part, le montant de la charge ne dépasse pas sensiblement les frais ordinaires d'enterrement joints aux services religieux en usage dans le pays (Sol. 28 janv. 1898, 9348 R. P.).

88. Testaments identiques. — Codicilles. — Droits et amendes de timbre. — Quand, à la suite de deux testaments olographes rédigés, à la même date, en termes identiques et renfermant une substitution, le testateur a écrit et signé deux codicilles, conçus dans les mêmes termes, et qui ne sont pas purement révocatoires ou confirmatifs des testaments primitifs, il est dû sur chaque codicille : 1° un droit fixe d'enregistrement de 7 fr. 50 ; 2° un droit de timbre ; 3° une amende de timbre de 5 fr. pour contravention à l'art. 23 L. 13 brum. an VII (Sol. 23 oct. 1893, 8300 R. P.).

94. Acte notarié. — Nomination de tuteur. — Droit fixe de 3 fr. — Ne donne ouverture qu'au droit fixe de 3 fr. l'acte notarié par lequel un père nomme un tuteur à sa fille pour le cas où cette dernière serait encore mineure à l'époque de son décès (Sol. 16 juin 1900, 9856 R. P.).

193. Remise de dette. — Legs. — La remise expresse d'une dette faite, dans son testament, par le créancier au débiteur, constitue un legs passible du droit de mutation par décès (Bagnères-de-Bigorre, 11 fév. 1898, n° 9282).

220. Codicilles identiques. — V. n° 88 *suprà*.

TIMBRE.

5 et 11. Conventions illicites. — Timbre de dimension. — L'art. 12 L. 13 brumaire an VII assujettit au timbre de dimension les écritures privées devant ou pouvant faire titre ou être produites pour obligation, décharge, justification, demande ou défense. Il importe peu que les conventions qu'elles constatent soient nulles comme étant contraires à l'ordre public. Spécialement, l'acte par lequel un agent d'affaires, qui a fait consentir la vente d'un fonds de commerce et déclarer un prix inférieur au prix réel dans le but de diminuer les droits d'enregistrement, s'oblige à garantir l'acquéreur contre toute réclamation qui viendrait à se produire de la part de l'Administration, doit être rédigé sur papier timbré de dimension (Seine, 19 mai 1893, 8204 R. P., 24141 J. E.).

7. Actes synallagmatiques. — Signature unique. — Sont passibles du droit de timbre de dimension, comme constituant des actes synallagmatiques, les écrits qui, bien que signés du vendeur seul, constatent la vente de valeurs de bourse à forfait, le payement du prix convenu et la remise des titres à la société de crédit qui les a achetés. Ils ne sauraient, dans tous les cas, être assimilés à des quittances pures et simples, sujettes seulement au droit de timbre de 0 fr. 10, du moment qu'ils indiquent que les titres appartiennent au vendeur, et qu'ils mentionnent l'engagement contracté par ce dernier de rembourser ceux de ces titres dont la négociation serait empêchée par suite d'amortissement, d'opposition, de déchéance ou de toute autre cause (Seine, 24 mars 1893, 8097 R. P., 24082 J. E.).

Les bulletins, constatant une location de sacs à des conditions déterminées, rentrent dans la catégorie des actes ou écrits assujettis au timbre de dimension par l'art. 12, L. 13 brum. an VII, bien qu'ils ne soient signés que du bailleur, s'ils ont été saisis entre les mains du locataire (Valognes, 10 août 1893, 8307 R. P.).

Décidé également que le congé intervenu entre un propriétaire et son locataire constitue un acte synallagmatique, bien qu'il ne soit signé que de ce dernier, s'il se trouve entre les mains du propriétaire, et qu'il est dès lors passible du timbre de dimension (Seine, 29 nov. 1895, 8812 R. P.).

23 *bis*. Mémoire de travaux. — Règlement de l'architecte. — Le règlement, inscrit par un architecte au pied d'un mémoire de travaux, constitue un simple avis, sans valeur par lui-même. Par suite, les mémoires de travaux, même réglés par un architecte, ne rentrent pas dans la catégorie des actes et écrits visés par les art. 1 et 12, L. 13 brum. an VII et peuvent être, sans contravention, rédigés sur papier non timbré (Seine, 22 juill. 1893, 6274 R. P.; 24186 J. E.).

29 *bis*. Société. — Délibérations des assemblées générales d'actionnaires. — Listes de présence. — Les délibérations des assemblées générales d'actionnaires, qui ne contiennent pas de dispositions de nature à fournir un titre à des tiers, ne sont pas sujettes au timbre par elles-mêmes. Il en est ainsi également des listes de présence établies en conformité de l'art. 28 L. 24 juill. 1867, bien qu'elles soient signées des actionnaires et certifiées par les membres du bureau : ces listes se rattachent intimement, en effet, aux délibérations et sont affranchies de l'impôt au même titre (Sol. 19 juin 1897, 25322 J. E.).

46 *bis*. Contrats de livraison de betteraves. — Les actes s. s. p. passés entre les fabricants de sucre et les producteurs pour l'achat et la livraison des betteraves sont passibles du droit de timbre de dimension (D. m. f. 1er sept. 1899, 9973 R. P.).

75. Force probante du papier timbré en ce qui concerne la date. — Si un billet est daté de l'année indiquée dans le filigrane de la feuille de papier timbré sur laquelle il a été souscrit, on ne saurait prétendre qu'il a été antidaté, sous le prétexte que, d'après les déclarations de l'Administration, le papier timbré portant ce filigrane n'a été mis en circulation que l'année suivante. Les tribunaux ne sauraient, en effet, se prononcer sur la validité des conventions que d'après les indications contenues dans les actes eux-mêmes (Seine, 27 avr. 1897, 25217 J. E.; — Cass. civ. 11 juin 1902; — V. *Testament*, n° 47).

94. Vente de papiers timbrés. — Débitant non commissionné. — La contravention prévue par l'art. 27 L. 13 brum. an VII, qui interdit la vente des papiers timbrés à toute personne non commissionnée, doit être constatée par un procès-verbal émanant d'un agent de l'Administration, assisté d'un officier de police judiciaire ayant qualité pour faire des perquisitions dans le débit clandestin (Sol. 6 mai 1898, 9523 R. P.; 25664 J. E.).

96 à 98. Distributeurs auxiliaires de papiers timbrés. — Commission. — Les débitants distributeurs sont actuellement commissionnés à l'aide d'une simple lettre de service non timbrée (Arr. min. fin. 9 janv. 1894, 2860 I. G.).

99. Timbres mobiles pour affiches. — Vente par les distributeurs auxiliaires de papiers timbrés. — Les débitants distributeurs auxiliaires de papiers timbrés doivent être approvisionnés de timbres mobiles pour affiches (Déc. min. fin. 21 mai 1897, 9125-36 R. P.; 2932-6 I. G.).

100. Distributeurs auxiliaires. — Officiers publics. — Emploi de papiers timbrés revêtus de l'empreinte de la griffe spéciale. — Le notaire, qui a employé à la rédaction d'un acte de son ministère une feuille de papier timbré revêtue de l'empreinte de la griffe d'un distributeur auxiliaire, et qui a gratté cette empreinte, peut être frappé d'une peine disciplinaire, en exécution de l'art. 14 Ord. 4 janv. 1843 (Toulouse, 27 sept. 1889, 24188 J. E.).

105 et 108. — Approvisionnement. — Débitants de tabacs. — Timbres mobiles pour quittances. — Tous les débitants de tabac peuvent actuellement s'approvisionner de timbres de quittance à 0 fr. 10 indifféremment, soit au bureau de l'enregistrement de la circonscription dans laquelle ils se trouvent, soit dans les bureaux de poste dont ils relèvent, soit à l'entrepôt où ils achètent leur tabac (3046 I. G.).

108. Vente de papiers timbrés. — Recettes auxiliaires des Postes et des Télégraphes. — Les gérants auxiliaires des Postes sont autorisés à vendre au public, à l'exception des officiers ministériels, les papiers timbrés de toute nature, les timbres mobiles proportionnels et de 0 fr. 10 et les timbres mobiles pour affiches (Arr. min. fin. 18 déc. 1899, 9946-26 R. P.; 3005 I. G.).

Ceux d'entre eux qui désirent profiter de cette faculté doivent adresser une demande sur papier timbré. Ils sont commissionnés par le Directeur général : leur commission consiste en une simple lettre de service non timbrée (3005 I. G.).

119. Timbre à l'extraordinaire. — Époque du timbrage. — Une société ne peut faire timbrer, sans amende, des déclarations d'expédition souscrites en contravention par ses clients sur papier non timbré. Mais rien ne s'oppose à ce que ceux-ci présentent eux-mêmes les formules au timbrage avant de les avoir remplies (Sol. 27 déc. 1892, 3540 *Rev. prat.*).

123. Timbre à l'extraordinaire. — Comptage des papiers. — Receveurs. — Les receveurs du timbre à Paris, comme les receveurs du timbre à l'extraordinaire dans les départements, ne sont pas tenus de compter les papiers qui leur sont présentés pour être frappés du timbre à l'extraordinaire (Sol. 8 oct. 1892, 4555 *Rev. prat.*).

172. Projet d'acte non signé. — Formules manuscrites. — Les projets d'actes non signés, comme les formules manuscrites, doivent être timbrés à l'extraordinaire (Sol. 18 avril 1894, 3743 *Rev. prat.*).

228 *bis*. Pièces de comptabilité incendiées. — Reconstitution. — Timbrage gratis. — Peuvent être visés pour timbre gratis les documents de comptabilité publique, destinés à remplacer les pièces détruites par un événement de force majeure, tel qu'un incendie, pourvu qu'il y soit fait mention de leur destination (Sol. 4 oct. 1898, 9491 R. P.; 25641 J. E.).

1. PIÈCES DE COMPTABILITÉ ADIRÉES. — L'Administration a également autorisé, par application de l'art. 25 L. 25 mars 1817, la reconstitution sur papier visé pour timbre gratis des pièces et documents de comptabilité d'un receveur municipal, égarés par la poste, à la condition qu'il

227. Accidents du travail. Écrits exempts de l'impôt. Formalité du visa. — Les écrits affranchis de l'impôt par l'art. 29 L. 9 avril 1898 sur les accidents du travail ne sont soumis au visa gratis qu'autant qu'ils sont obligatoirement assujettis par leur nature à la formalité de l'enregistrement (Sol. 21 mars 1901, Inst. 3115-1, 10471 R. P.).

248 bis. Ventes, licitations et échanges d'immeubles. Cahiers des charges. Suppression des droits de timbre. L. fin. 22 avril 1906. — 10939 R. P.

Dispositions analogues pour l'Algérie (Décr. 5 sept. 1906, 11207 R. P.).

268 et 269. Demandes de permis de chasse. Timbres mobiles. Apposition par les percepteurs. — Les percepteurs, appelés à encaisser le prix des permis de chasse, sont autorisés à apposer des timbres mobiles sur les formules imprimées destinées à la rédaction des demandes de permis de chasse, ou sur ces demandes elles-mêmes lorsqu'elles sont manuscrites (D. m. f. 24 oct. 1905, Instr. 3185-15, Circ. Compt. publ. 30 nov. 1905, 11215 R. P.).

serait fait mention sur les duplicata de leur destination (Sol. 20 fév. 1896, 25147 J. E.).

242. Ministère public. — Certificats relatifs à la contrainte par corps. — Les certificats relatifs à la contrainte par corps sont dispensés du timbre, s'ils sont demandés par les magistrats du parquet (Sol. 28 oct. 1899, 9980 R. P.).

257. Timbres mobiles. — Expéditions d'actes de l'État civil. — Les timbres mobiles de dimension créés par l'art. 21 L. 2 juillet 1862, ne doivent, en principe, être apposés que sur les papiers dont les règlements antérieurs autorisaient le visa pour timbre. Cependant, plusieurs décisions ont successivement étendu l'usage des timbres mobiles au delà de ces limites. Par une nouvelle décision, en date du 1er juin 1899, le Ministre des finances a autorisé ce mode de timbrage pour les formules imprimées destinées aux expéditions des actes de l'état civil, sous la double réserve que, seules, les formules n'ayant reçu aucun emploi ou commencement d'emploi pourront être timbrées suivant ce mode et qu'il n'appartiendra qu'aux receveurs d'apposer et d'oblitérer les timbres mobiles (2989-6 I. G.; 9628 R. P.; — Sol. 13 juillet 1899, 9628 R. P.).

261. Actes pour lesquels l'emploi des timbres mobiles a été autorisé. — Les formules d'actes de poursuites relatives aux contributions directes peuvent être timbrées au moyen de timbres mobiles (V. *infrà* nos 268 et 269).

263. Douanes. — Vélocipèdes appartenant à des étrangers. — Permis de circulation. — Les agents des douanes sont appelés à délivrer, en exécution de l'article 4 Décr. 10 déc. 1898, des permis de circulation, sur papier timbré à 0 fr. 60, aux possesseurs de vélocipèdes, domiciliés à l'étranger, qui entrent en France avec un appareil non muni de la plaque de contrôle prévue par l'art. 8 de L. 13 avr. 1898. Ces permis sont timbrés au moyen de l'apposition de timbres mobiles dont les préposés des douanes s'approvisionnent dans les bureaux d'Enregistrement. Le Ministre des finances a décidé, le 7 avr. 1900, qu'une remise de 2 fr. 50 p. 100 sera allouée à ces préposés sur le prix, en principal, de ces timbres (3000 I. G.; 9946-30 R. P.).

268 et 269. Timbres mobiles. — Apposition par des fonctionnaires délégués. — Les trésoriers généraux, receveurs particuliers et percepteurs peuvent oblitérer les timbres mobiles de dimension et de quittances qu'ils sont autorisés à apposer, soit avec les griffes spéciales actuellement en usage (Arr. min. 20 juill. 1863), soit avec la griffe *Payé* (Déc. min. f. 29 nov. 1897, 9305-23 R. P., 2941 I. G.).

Les receveurs des communes et des hospices sont autorisés à suppléer les receveurs de l'Enregistrement pour apposer les timbres mobiles de dimension sur les mémoires soit manuscrits, soit rédigés sur formules imprimées, qui leur sont présentés par les entrepreneurs et fournisseurs des communes et hospices. Ils les oblitèrent avec la griffe « Payé » qui est en usage dans leurs bureaux. Ils sont responsables des contraventions qui seraient commises, de même qu'ils le sont actuellement de celles qui sont constatées sur les quittances et reçus. Ils doivent s'approvisionner, au bureau de l'Enregistrement de leur résidence, des timbres mobiles qui leur sont nécessaires, et ils en payent *comptant* le prix *intégral* (D. m. f. 5 juill. 1897, 2929 I. G.).

Les formules d'actes de poursuites relatives au recouvrement des contributions directes, ainsi que des amendes et condamnations pécuniaires désignées dans l'art. 25 L. 30 déc. 1873, peuvent être timbrées au moyen de timbres mobiles de dimension. Les trésoriers-payeurs généraux et receveurs des finances sont autorisés à apposer et oblitérer eux-mêmes ces timbres avant tout usage des formules. L'oblitération a lieu dans les conditions prévues par l'Inst. no 2941 (D. m. f. 19 oct. 1900, 3038-7 I. G.).

1. Déclarations de perte ou de soustraction de plaques de contrôle de vélocipèdes. — Les déclarations de cette nature, présentées en exécution de l'art. 5 L. 24 fév. 1900, sont passées devant les maires, qui doivent les rédiger dans la forme arrêtée à cet effet par le Ministre des finances. Elles sont remises aux intéressés après leur rédaction et présentées par eux aux percepteurs chargés d'y donner suite (Décr. 17 mai 1900, art. 1er et s.).

Ces déclarations sont sujettes au timbre (L. 13 brum. an VII, art. 12). En attendant que le modèle arrêté pour leur réception soit parvenu dans les mairies, les percepteurs ont été autorisés, par décision du Ministre des finances du 29 juin 1900, à les accepter sur papier non timbré, telles que les maires les ont libellées, sauf à les revêtir eux-mêmes de timbres de dimension.

D'après la même décision, les dispositions de l'Inst. no 2929 sont applicables en ce qui concerne l'oblitération de ces timbres, l'approvisionnement des percepteurs en vignettes et la responsabilité de ces agents en cas de contravention.

La décision du 29 juin 1900 a un caractère exceptionnel et purement transitoire. Le maire auquel le modèle réglementaire de déclaration a été notifié, est tenu de s'y conformer aussitôt. A partir de ce moment, toute déclaration reçue par lui doit, à peine de contravention, être écrite sur papier timbré ou sur une formule imprimée préalablement timbrée au moyen de l'apposition d'un timbre mobile par le receveur, dans les conditions ordinaires (3022 I. G.; 9940-49 R. P.).

271. Timbres mobiles. — Apposition irrégulière par des receveurs de l'Enregistrement. — Amendes non applicables. — Les projets d'actes manuscrits doivent être timbrés à l'extraordinaire avant d'être signés. Mais, s'ils étaient revêtus de timbres mobiles par un receveur de l'Enregistrement, les parties pourraient en faire usage sans encourir aucune amende (Sol. 18 avr. 1894, 3743 *Rev. prat.*).

287. Altération de l'empreinte. — Timbres mobiles. — Séparation. — La mutilation, même légère, d'un timbre mobile constitue l'altération que prohibe l'art. 21 L. 13 brum. an VII. Les percepteurs ne peuvent donc, sans être passibles d'amende, apposer des timbres mobiles à 0 fr. 25 sur les quittances à souche qu'ils délivrent, dans des conditions telles qu'une partie très minime reste sur le talon du registre (Sol. 30 nov. 1892, 24082 J. E.; 3539 *Rev. prat.*).

I. TIMBRES MOBILES. — MARQUE A L'EMPORTE-PIÈCE. — Il n'y a altération de l'empreinte du timbre, dans le sens de la loi, que quand les signes imprimés ou manuscrits qui atteignent cette empreinte sont de telle nature ou dimension qu'ils empêchent de reconnaître la physionomie du timbre. En conséquence, le Ministre des finances a décidé, le 8 mai 1893, que la perforation des timbres mobiles de toute nature par les personnes qui en font usage n'est point critiquable, en principe, et qu'elle constituerait une infraction à la loi alors seulement que la disposition ou la dimension des entailles seraient telles que, la physionomie des timbres se trouvant très sensiblement modifiée, il y aurait une réelle altération de l'empreinte.

La même décision autorise les intéressés à soumettre, avant tout usage, l'instrument dont ils comptent se servir à l'agrément du Directeur qui, dans ce cas, serait tenu de se prononcer sur le point de savoir si les signes obtenus sont conciliables avec la disposition de l'art. 21 L. 13 brum. an VII. Mais il ne s'agit là, bien entendu, que d'une *faculté* destinée à donner toute sécurité aux personnes qui feraient usage d'un perforateur, et non d'une *formalité obligatoire* dont l'omission entraînerait des conséquences pénales.

Inspirée uniquement par le désir de procurer aux officiers publics et ministériels, aux maisons de banque et de commerce et aux particuliers un moyen de prévenir certains détournements, en leur permettant d'apposer sur chaque vignette une sorte de marque de propriété, cette décision ne saurait en aucune façon modifier les règles auxquelles l'oblitération des diverses espèces de timbres mobiles est soumise par la législation en vigueur.

Les signes distinctifs à employer ne sont, du reste, soumis à aucune forme particulière. Ils pourront se composer de lettres initiales, de chiffres ou de figures quelconques, et être obtenus, soit par des lignes pointillées produites par des aiguilles perforatrices, soit par de simples entailles à l'emporte-pièce. La seule condition exigée est que ces perforations ou entailles ne puissent être considérées comme constituant une altération du timbre d'après les règles ordinaires d'interprétation de l'art. 21 L. 13 brum. an VII (2841 I. G., 8191-21 R. P.).

337. Payement des droits de timbre. — Achat de papier timbré. — Réhabilitation. — Aucune loi n'autorise la délivrance gratuite de feuilles de papier timbré. Un indigent, en instance de réhabilitation, ne peut donc demander qu'il lui soit remis gratuitement trois feuilles de papier timbré : l'une, pour la pétition; la seconde, pour la quittance des amendes et frais de justice; et la troisième pour le certificat destiné à justifier de l'exécution de la contrainte par corps. Le payement des amendes de justice peut d'ailleurs être attesté par la production de quittances par duplicata timbrées seulement au droit de 0 fr. 25 (Sol. 28 oct. 1800, 9980 R. P.; — V. nº 242-1 *suprà*).

338. Responsabilité des contraventions. — Actes synallagmatiques. — Mandataire. — Tous les contractants sont responsables du droit et de l'amende de timbre dus en cas de contravention. — Lorsqu'un mandataire a passé un acte synallagmatique en son nom sans indiquer qu'il agit pour le compte du mandant, l'Administration est fondée à le poursuivre directement en payement du droit et de l'amende de timbre dont l'exigibilité a été constatée (Seine, 29 nov. 1895, 8812 R. P.).

348. Actes unilatéraux. — États de journées d'ouvriers. — Rédacteur responsable. — Le droit et l'amende de timbre, auxquels donne lieu un état de journées d'ouvriers produit en matière de comptabilité publique, sont légitimement réclamés à l'agent qui a signé l'état (D. m. f. 26 déc. 1888, 2794-8 I. G.; — 21 sept. 1899, 3038-1 I. G.).

352. Responsabilité des contraventions. — Acte produit en justice. — V. nº 338 *suprà*.

353. Privilège du Trésor. — Prix de vente d'un office. — Dépôt à la Caisse des Consignations. — Le prix provenant de la vente d'un office et déposé à la Caisse des Consignations est soumis au privilège du Trésor pour le recouvrement des droits et amendes de timbre dont l'ancien titulaire de l'office est débiteur (L. 28 avril 1816, art. 75. — Marseille, 3 avril 1895, 8591 R. P.).

355. Privilège. — Étendue. — V. *Abonnement*, nº 149.

403. Restitution. — Timbre à l'extraordinaire. — Titres étrangers timbrés en trop. — L'imprimeur, qui a fait timbrer en trop un certain nombre de titres étrangers, ne peut obtenir la restitution des droits perçus pour les formules restées sans emploi (Sol. 11 mai 1889, 3285 *Rev. prat.*)

412. Restitution. — Pétition. — L'art. 43 L. 29 mars 1897 prescrit le remboursement du droit de timbre de la pétition, à la suite d'une demande reconnue, en restitution de contributions ou taxes indûment perçues par l'État, les départements, les communes ou les établissements publics (V. *Pétition*).

416. Restitution. — Acte annulé. — Marché administratif. — Lorsqu'un marché passé avec l'État est annulé par la volonté du Gouvernement, les droits de timbre, qui constituent un véritable impôt de consommation, ne sont pas restituables (Sol. 28 mai 1897, 9014 R. P.; 25241 J. E.).

418 *bis*. Restitution. — Instances en matière de perception. — États de frais produits par les parties qui ont eu gain de cause contre l'Administration. — Il a été décidé que le prix du timbre de ces états doit être compris parmi les sommes à rembourser aux créanciers (D. m. f. 19 oct. 1900, Circ. Compt. publ. 30 déc. 1900, § 4. — Circ. Adm. 26 janv. 1901).

422-1. Échange de papiers timbrés. — Passeports à l'intérieur. — Approvisionnement excessif. — Une décision du Ministre des Finances, intervenue en 1899, a autorisé la reprise des formules de passeports à l'intérieur

353. Assistance judiciaire. Condamnation de l'adversaire de l'assisté. Droits de timbre des actes de la procédure. Privilège de l'art. 76 L. 28 avril 1816 non applicable. — Le privilège conféré à l'Administration par l'art. 76 L. 28 avril 1816, en matière de droits et amendes de timbre, ne s'applique qu'à l'action en recouvrement dirigée contre le débiteur originaire du Trésor; il ne s'étend pas, par conséquent, aux droits de timbre des actes de procédure qui ont été dressés à la requête d'un assisté judiciaire et dont le coût se trouve compris dans l'exécutoire délivré contre l'adversaire condamné aux dépens. A l'égard de ce dernier, la créance du Trésor pour les droits de timbre dont il s'agit est une créance purement chirographaire (Châteauroux, 10 juill. 1905, 11108 R. P.).

392. Copie de pièces. Timbres mobiles spéciaux. Original découvert après l'enregistrement. Timbres manquants. Contravention. — Lorsque, après l'enregistrement, l'Administration constate qu'un exploit n'est pas revêtu d'un nombre de timbres mobiles spéciaux de copies égal au chiffre indiqué au bas de cet exploit, il y a contravention passible d'amende, si la contexture matérielle de l'acte et les circonstances de fait établissent que les timbres manquants n'ont pas été réellement apposés et oblitérés (Bordeaux, 19 déc. 1904, 10935 R. P.).

TITRE NOUVEL

qui se trouvaient en excédent des besoins dans les perceptions et les recettes municipales; ce retrait a été opéré par voie d'échange contre des timbres mobiles de dimension ou de quittances, délivrés aux percepteurs et receveurs municipaux, jusqu'à concurrence du prix des formules de passeports et déduction faite de la remise de 3 fr. p. 100 payée sur ce prix.

Les comptables ont eu toutefois la faculté de demander le remboursement en numéraire, lorsque le nombre des formules en excédent était supérieur à 50 fr., ou encore lorsque, déduction faite de la remise de 3 fr. p. 100, la valeur des formules à réintégrer comportait une fraction de franc autre que 0 fr. 10, 0 fr. 25 ou un multiple de ces deux chiffres et dont l'appoint ne pouvait pas être fourni avec des timbres mobiles de dimension ou de quittances (Circ. Compt. publ. 30 oct. 1890, 2999 I. G.).

425. Conditions des échanges. — V. nº 435 *infra*.

427. Coupons de quotité supérieure vendus par erreur. — Débitant distributeur. — On a admis un débitant distributeur, qui avait livré par erreur des coupons de 5 fr. au lieu de coupons de 0 fr. 05, à les échanger contre d'autres papiers de même nature et de même quotité bien qu'ils aient été déjà utilisés (Sol. 4 avr. 1888, 3185 *Rev. prat.*).

435 et 436. Échange. — Papiers de dimension. — Les papiers de dimension de la débite, sur lesquels des formules ont été imprimées, mais n'ont reçu aucun commencement d'emploi, peuvent être échangés contre des papiers de même nature et de même dimension. Mais il n'est pas permis de faire timbrer gratuitement à l'extraordinaire d'autres formules en remplacement (Sol. 25 août 1888, 3085 *Rev. prat.*).

436. Registres de l'État civil. — Procès verbal de cote et parafe. — Les feuilles de papier timbré, destinées à des registres de l'État civil, mais altérées par l'impression, peuvent être échangées contre des feuilles de même dimension, alors même qu'elles seraient revêtues d'une cote et d'un parafe. Mais celles qui contiennent le procès verbal de cote et parafe ont été définitivement employées et ne sauraient plus être remplacées (Sol. 18 janv. 1901, 26028 J. E.).

446. Échange. — Vignettes. — Tiers non successeur. — L'échange de vignettes timbrées à l'extraordinaire ne peut être autorisé qu'autant que les nouvelles formules sont destinées, soit à la personne qui a fait timbrer les anciennes, soit au successeur de cette personne, soit à ses héritiers. La simple qualité d'exécuteur testamentaire ne suffirait pas pour faire considérer une personne comme le successeur du défunt.

Les nouvelles formules pourraient d'ailleurs être imprimées au nom du liquidateur de la maison de commerce du défunt, à la condition qu'elles portent l'indication de cette situation (Sol. 28 mars 1891, 3125 *Rev. prat.*, 23757 J. E.).

Un commerçant n'est admis à échanger des formules de warrants imprimées au nom d'un autre négociant contre des formules à son nom que s'il justifie avoir acquis le fonds de ce dernier et acquitté les droits d'enregistrement dus pour la cession (Sol. 13 mai 1893, 3638 *Rev. prat.*).

453. Vignettes. — Papiers à faire timbrer en échange. — Les vignettes timbrées à l'extraordinaire ne peuvent être échangées que contre des formules de même nature à timbrer également à l'extraordinaire (Sol. préc. 28 mars 1891).

454 et 455. Vignettes. — Quotités différentes. — On n'admet pas que des formules pour effets de commerce au nom d'un commerçant, mais de quotités inférieures, soient timbrées gratuitement à l'extraordinaire en remplacement de vignettes au nom du même commerçant (Sol. 11 fév. 1893, 3696 *Rev. prat.*).

465. Mandats de payement. — Budgets départementaux. — Les mandats de payement délivrés sur les budgets départementaux peuvent être timbrés à l'extraordinaire par l'acquittement du droit de timbre des quittances.

Ceux des mandats ainsi timbrés qui auraient été annulés en clôture d'exercice, par suite de non-payement, de même que les formules avariées, sont échangés contre de nouvelles formules timbrées. Les mandats périmés présentés à l'échange doivent porter la mention « Mandat annulé »; ils sont, comme les formules avariées, retenus par le receveur. Il y a lieu, au surplus, de considérer comme susceptible d'échange toute formule, remplie ou non, qui ne serait pas revêtue de l'acquit à raison duquel le droit de 0 fr. 10 est exigible.

L'échange ne devra être demandé qu'une fois par an, dans la première quinzaine du mois d'août.

Conformément à la décision du 30 nov. 1863 (Circ. 21 déc. 1863), l'opération est effectuée gratuitement jusqu'à concurrence de 1.000 empreintes et donne lieu, pour l'excédent, à titre de frais de timbrage, à la perception de l'indemnité de 1 fr. 50 par 1.000 empreintes, sans fraction de mille (Circ. min. Int. 6 mars 1900, 3014 I. G.).

Les directeurs peuvent procéder aux échanges annuels sans en référer à la Direction générale (3014 I. G.).

472. Papiers de dimension timbrés à l'extraordinaire. — Échange. — On a autorisé : 1º un percepteur à faire timbrer gratuitement à l'extraordinaire des formules pour commandement collectif en échange d'un nombre égal de formules timbrées de procès verbaux de récolement dont il n'a pas l'emploi (Sol. 21 sept. 1889, 3285 *Rev. prat.*);

2º Les receveurs des finances à faire timbrer gratuitement de nouvelles formules pour copies de commandement en remplacement de celles hors d'usage dont ils étaient approvisionnés (Sol. 11 avr. 1893, 3595 *Rev. prat.*).

480. Timbres mobiles. — Échange. — Un receveur qui avait vendu des timbres mobiles de dimension, au lieu de timbres mobiles pour affiches, a été autorisé à les échanger, bien qu'ils aient été oblitérés par l'impression, mais avant toute apposition des affiches (Sol. 26 avr. 1889, 3285 *Rev. prat.*).

TITRE NOUVEL.

411. Droit gradué. — Suppression. — La L. 28 avr. 1893 a remplacé le droit gradué par un droit proportionnel de 0 fr. 50 p. 100. — V. 8053 R. P. — *C. des Lois* et *Droit gradué*.

TRANSACTION.

22. Établissement public. — Legs universel en nue propriété. — Transaction. — Mutation. — La transaction, par laquelle l'hospice, dûment autorisé à accepter un legs de nue propriété, cède à l'usufruitier la moitié de la nue propriété, tandis que l'usufruitier lui abandonne la moitié de l'usufruit, constitue, au point de vue fiscal, un contrat commutatif donnant ouverture au droit de mutation entre vifs (Abbeville, 2 juill. 1895; — Cass. civ., 9 janv. 1899, 9481 et 9675-17 R. P.).

Établissement public. — Legs universel. — Héritiers non réservataires. — Abandon de somme. — De même, la transaction par laquelle l'établissement, légataire universel, s'engage à verser une somme déterminée, à prendre sur la succession, aux héritiers qui, de leur côté, consentent à l'exécution du testament, forme le titre d'une obligation donnant ouverture au droit proportionnel (1 fr. p. 100), et l'acte, constatant le paiement de cette somme, est passible du droit de quittance (0 fr. 50 p. 100). — Seine, 2 déc. 1899, 9877 R. P.).

32. Légataire universel institué par testament authentique et légataire universel institué ultérieurement par testament olographe, mais non envoyé en possession. — Testateur décédé sans héritiers à réserve. — Propriété apparente. — Droit de mutation à titre onéreux. — Le légataire universel institué, aux termes d'un testament authentique, par un testateur décédé sans héritier à réserve, jouit de la saisine de droit et de la saisine de fait, et a la propriété apparente des biens du défunt, à l'exclusion d'autres légataires universels institués par un testament olographe postérieur, mais qui ne se sont pas fait envoyer en possession. — En conséquence, la transaction par laquelle le premier légataire universel abandonne aux autres, pour éviter un procès, et moyennant un prix convenu, les droits successifs pouvant lui appartenir, est un acte translatif de propriété, et donne ouverture au droit de mutation à titre onéreux (Sol. 10 fév. 1892, 7793 R. P.).

64. Vente dissimulée. — Échange. — Transaction ultérieure. — Vente reconnue. — Droit de 5 fr. 50. — Droits antérieurement perçus. — Non-compensation. — Si un échange dissimulant une vente secrète vient à être judiciairement annulé, le droit de 5 fr. 50 p. 100 est exigible sur le jugement homologatif de la transaction ultérieure qui reconnaît et maintient l'existence de la vente que l'échange servait à masquer, sans qu'il y ait lieu, d'ailleurs, d'imputer le montant des droits précédemment versés au Trésor (Angers, 10 mai 1902, 10316 R. P.).

73. Condamnation. — Jugement annulé en cassation. — Abandon de recours. — Droit de 1 fr. p. 100. — La transaction par laquelle deux administrateurs d'une société anonyme, après avoir été déclarés responsables de la totalité d'un préjudice causé à la société et condamnés à payer au liquidateur une provision de 6 millions aux termes d'un arrêt annulé ensuite par la C. Cass., s'engagent à payer une somme de 1.830.000 fr. pour obtenir décharge de tout recours ultérieur, est passible du droit de 1 fr. p. 100. On ne saurait objecter que ce droit de 1 fr. p. 100 fait double emploi avec le droit de condamnation antérieurement perçu sur la somme de 6 millions, les effets de la transaction étant entièrement différents de ceux du jugement annulé et les administrateurs s'étant trouvés complètement déchargés des conséquences de la condamnation par suite de la cassation prononcée à leur profit (Seine, 27 janv. 1899, 9606 R. P.).

75. Droit de transaction. — Droit de mutation. — Non-cumul. — On ne peut exiger cumulativement le droit de transaction et le droit de mutation sur un acte de vente immobilière (Vannes, 13 août 1886; — Cass. 5 janv. 1891, 7545 R. P.).

TRANSPORT (CONTRATS DE).

12 et 20. Forme matérielle de la lettre de voiture. — Note non signée. — Un écrit peut présenter le caractère d'une lettre de voiture, quand même il ne contiendrait pas toutes les énonciations exigées par l'art. 102 C. comm. Ce caractère appartient, spécialement, à l'écrit saisi entre les mains du voiturier pendant le cours du transport et qui, bien que non signé, mentionne, avec le nom et l'adresse de l'expéditeur, le nom du destinataire ainsi que les marques et les numéros des colis transportés (Marseille, 10 août 1893, 8280 R. P.; 24300 J. E.).

Bulletins d'expédition saisis entre les mains du voiturier. — Constitue une véritable lettre de voiture assujettie au timbre l'écrit qui, bien que ne contenant pas toutes les indications prescrites par l'art. 102 C. comm., réunit les conditions essentielles à la garantie des droits respectifs de l'expéditeur et du voiturier. Il en est ainsi spécialement de l'écrit rédigé sur une formule portant imprimées la raison sociale et l'adresse de l'expéditeur, et saisi entre les mains du voiturier, qui mentionne la date de l'expédition, la nature et le poids de la marchandise expédiée, le nom du transporteur et celui du destinataire (Rouen, 20 janv. 1898, 9524 R. P.; 25090 J. E.; — 17 fév. 1898, 9525 R. P.; 25090 J. E.).

45-1. Recouvrement du droit et de l'amende. — L'Administration a la faculté de choisir pour le recouvrement des droits entre tous les redevables, débiteurs solidaires. Elle est dès lors fondée à suivre contre l'expéditeur seul le payement du droit et de l'amende de timbre auxquels donne lieu l'écrit qui, bien que présentant le caractère d'une lettre de voiture, a été rédigé en contravention sur papier non timbré (Marseille, 10 août 1893, 8280 R. P.; 24300 J. E.).

65. Connaissements. — Groupage. — V. n° Timbre.

70. Connaissements. — Groupage. — Avis donnés à l'expéditeur. — Les avis signés, donnés par une entreprise de transports maritimes à l'expéditeur de colis compris dans un connaissement collectif, font titre de la convention de transports et doivent être assujettis au timbre de dimension, par application de l'art. 12 L. 13 brum. an VII (Le Havre, 27 juillet 1901, 10371 R. P.).

TRANSACTION.

20. Legs universels successifs. Établissement public reconnu légataire universel par un jugement frappé d'appel. Transaction entre l'établissement public et l'autre légataire universel. — V. Succession, n° 988-9.

22. Legs universel fait à une ville sous une charge déterminée. Transaction. Abandon de somme. Droits de mutation par décès. — Lorsqu'une personne, décédée sans laisser d'héritiers réservataires, a, par un testament olographe, institué une ville sa légataire universelle sous une charge déterminée (dans l'espèce, fondation d'un prix annuel destiné à doter un couple de géants), et qu'il intervient : 1° une transaction entre la ville et les héritiers naturels, aux termes de laquelle ces derniers renoncent, moyennant l'abandon d'une certaine somme, à exiger de la ville l'exécution de la charge imposée par le défunt et acceptent la substitution d'une autre fondation à celle prévue dans le testament; 2° un décret autorisant, par un article spécial, la ville à accepter le legs fait à son profit, et approuvant, par un second article, la transaction. — Il en résulte les conséquences suivantes : d'une part, en vertu de l'effet rétroactif de l'autorisation obtenue, la ville se trouve saisie, à compter du jour du décès, de l'intégralité du legs à elle fait, et, d'autre part, la somme que reçoivent les héritiers naturels leur provient, non pas de la dévolution légale, par suite de la caducité partielle du legs, mais d'un abandon consenti par la ville, à titre de transaction, en retour d'avantages déterminés. La ville est, en conséquence, tenue d'acquitter les droits de mutation par décès sur l'ensemble des biens faisant l'objet de son legs universel (Seine, 4 mai 1906, 11180 R. P.).

24. Legs universel. Condition de ne pas faire. Inexécution. Demande d'annulation par les colégataires. Renonciation transactionnelle. Droit de mutation à titre onéreux. — Renferme un legs pur et simple avec charges, et non un legs sous condition suspensive, le testament authentique par lequel un testateur, décédé sans héritiers à réserve, institue pour légataires universels ses 3 petits-neveux et nièces, avec obligation de rester dans l'indivision jusqu'à la 25ᵉ année du plus jeune d'entre eux et de ne pouvoir, jusqu'à la même époque, soit ensemble, soit séparément, ni vendre ni engager ou hypothéquer ou aliéner et disposer à titre entre vifs, si ce n'est avec le concours et le consentement de son exécuteur testamentaire. — Lorsque l'un des légataires universels, après avoir, au mépris des prescriptions du testateur, avant l'époque fixée par ce dernier et sans le consentement de l'exécuteur testamentaire, affecté ses droits dans la succession à la garantie d'emprunts qu'il a consentis et fait ainsi acte d'héritier, renonce au bénéfice de la libéralité en faveur de ses colégataires qui ont poursuivi contre lui l'annulation du legs, l'acte de renonciation, bien que qualifié de transaction et d'acquiescement, constitue, en réalité, une véritable mutation de propriété par le renonçant au profit de ses colégataires, puisque ceux-ci reçoivent les biens abandonnés, non comme succédant directement au testateur, mais par la volonté de leur colégataire, qui en était légalement investi (Cass. (civ.), 12 nov. 1902, 10381 R. P.).

48. Licitation. Résolution, à titre de transaction, par un acte de partage ultérieur. Droit de mutation. — Lorsque, après un divorce, l'un des anciens époux s'est rendu acquéreur sur licitation d'un fonds de commerce dépendant de la communauté ayant existé entre lui et son ex-conjoint ainsi que du droit au bail des lieux où s'exploite ce fonds, et qu'ultérieurement, dans un acte de partage comprenant tous les biens de la communauté, la licitation est résolue d'un commun accord, à titre de transaction, et le fonds de commerce attribué exclusivement à l'autre époux, cette attribution opère, au profit de ce dernier : 1° une mutation de propriété du fonds de commerce donnant ouverture au droit proportionnel de 2 fr. p. 100 sur la valeur totale dud. fonds; 2° une mutation de jouissance passible du droit de 0 fr. 20 p. 100 sur le prix du bail pour toute la durée restant à courir (Rennes, 10 mars 1903, 10606 R. P.).

56. Succession. Donation annulée par un jugement frappé d'appel. Transaction entre le donataire et les héritiers naturels. Biens rentrés dans l'hérédité. Délai pour la déclaration. — V. Succession, n° 780.

TRANSPORT (CONTRATS DE).

12 et 20. Forme matérielle de la lettre de voiture. — Sont de véritables entrepreneurs de transport, assujettis aux investigations de la Régie, les commissionnaires-bagagistes qui vont, en personne, prendre des mains de l'expéditeur livraison des colis à transporter, les accompagnent par chemin de fer, en les faisant voyager comme bagages, et les remettent, dès leur arrivée, aux destinataires. Dès lors, les feuilles qu'ils établissent, pour constater la prise en charge des colis et leur remise à destination, constituent des lettres de voiture soumises au droit de timbre de dimension (Lyon, 22 mars 1907, 11539 R. P.).

75. Connaissements venant de l'étranger — Groupage. — D'après les dispositions combinées de l'art. 282 C. comm. et de la loi du 30 mars 1872, toutes les expéditions de l'étranger faites par voie de mer doivent être accompagnées d'un connaissement par destinataire, passible d'un droit de timbre de 1 fr. 20 perçu par les agents des douanes à l'arrivée du navire. La perception de ce droit soulève certaines difficultés, lorsque, au lieu d'expéditions simples, il s'agit de colis groupés adressés par une compagnie de transports à un consignataire unique, qui joue le rôle d'un intermédiaire se substituant aux destinataires réels. Elles ont été résolues de la manière suivante de concert par les Administrations de l'Enregistrement et des douanes (L. C. Douanes 19 avril 1900, 3026 I. G.).

1° Lorsqu'un connaissement collectif présenté à la douane porte des indications ne laissant aucun doute sur l'existence de destinataires différents, expressément dénommés, il convient d'exiger le payement d'autant de timbres qu'il est mentionné de destinataires ou de consignataires distincts dans le connaissement.

Sans doute, la loi du 30 mars 1872 n'interdit pas de comprendre sur un connaissement unique plusieurs colis adressés à un seul consignataire, quoique devant être remis à des destinataires différents. Mais quand un tel connaissement constate, dans son contexte même, que les marchandises transportées sont à l'adresse de destinataires différents, ces destinataires doivent être réputés *parties directes au contrat de transport*, et il y a lieu de percevoir pour chacun d'eux, moins un, un droit supplémentaire, soit de 0 fr. 60, soit de 1 fr. 20, selon que l'on est en mesure d'établir qu'il a été rédigé pour les différents destinataires un double du connaissement collectif ou un connaissement particulier. Si, au contraire, le connaissement n'indiquait qu'un consignataire et si la désignation du véritable destinataire était inscrite en dehors de son contexte et sans les signatures prévues, il n'y aurait pas preuve suffisante que ces destinataires sont parties au contrat et le droit de 1 fr. 20 perçu sur le connaissement resterait seul exigible.

2° Les marchandises reprises sur un connaissement collectif peuvent faire l'objet à la douane d'une déclaration unique au nom du consignataire figurant au connaissement, ou de déclarations partielles au nom de divers consignataires désignés ou non sur le connaissement. D'un autre côté, le connaissement peut être : 1° à personne dénommée; 2° au porteur; 3° à ordre.

Si le porteur régulièrement investi du connaissement, d'après le mode de transmission qui lui est applicable, opère lui-même en douane, le connaissement collectif ne doit donner lieu qu'à la perception du timbre de 1 fr. 20.

Si le connaissement est apuré par divers déclarants, le connaissement chef représenté ne doit être considéré comme valable que pour celui au nom duquel il est établi, s'il est nominatif, ou pour celui qui en est porteur, s'il est au porteur ou à ordre. Tous les autres déclarants doivent être assujettis au payement du droit de 1 fr. 20, des timbres étant apposés sur les connaissements partiels s'il en est présenté ou, à défaut, sur chaque déclaration. Il s'ensuit que si l'un des déclarants exhibe pour un permis partiel le connaissement relatif à la totalité de l'article, il bénéficie seul du timbre primitif.

Dans ces diverses hypothèses, la perception du droit de timbre de 1 fr. 20 est justifiée par cette présomption que les destinataires qui retirent eux-mêmes directement les marchandises envoyées sous le couvert du consignataire désigné au connaissement unique, sont parties directes au contrat de transport, puisque chaque retrait libère le transporteur des obligations lui incombant et que cette libération ne peut résulter que de la décharge donnée par un destinataire ayant qualité pour recevoir les marchandises.

3° Lorsqu'un commissionnaire produit à la douane un connaissement partiel pour retirer, avant le dépôt du connaissement collectif, des colis venant de l'étranger qui lui sont destinés, la question de savoir quelle est la quotité du droit de timbre applicable (0 fr. 60 ou 1 fr. 20) se résout par une distinction.

Si le connaissement partiel est au nom d'un commissionnaire, consignataire ou tout autre désigné au connaissement collectif, ce connaissement partiel est considéré comme un connaissement supplémentaire et, par suite, passible d'un timbre de 0 fr. 60; mais, au moment du dépôt du connaissement collectif, le destinataire qui a produit le connaissement partiel n'a pas à acquitter un nouveau droit de timbre pour les marchandises qui lui sont afférentes. En d'autres termes, le droit de 1 fr. 20 exigible sur les connaissements venant de l'étranger (0 fr. 60 exemplaire du capitaine et 0 fr. 60 exemplaire du destinataire) ne peut, dans l'espèce, être perçu qu'une fois.

Si, au contraire, le titulaire du connaissement partiel n'est pas désigné au connaissement collectif, on se trouve en présence d'un connaissement spécial passible du droit de 1 fr. 20.

106 *bis*. Loi du 27 décembre 1892. — Lettres de voiture internationales pour les transports par chemins de fer. — Une convention, approuvée par une loi du 29 déc. 1891, et promulguée par un décret du 25 nov. 1892, a été signée à Berne, le 14 oct. 1890, entre la France, l'Allemagne, l'Autriche-Hongrie, la Belgique, l'Italie, les Pays-Bas, le Luxembourg, la Russie et la Suisse, dans le but d'établir une législation uniforme pour les transports internationaux de marchandises par chemins de fer, en grande et en petite vitesse, sur la base d'une lettre de voiture directe valable pour les expéditions effectuées du territoire de l'un des États contractants à destination du territoire d'un autre État contractant, par les lignes de chemins de fer comprises dans une liste annexée à la convention.

Toute expédition internationale doit être accompagnée d'une lettre de voiture rédigée conformément aux indications contenues dans l'art. 6.

Cette pièce fait preuve du contrat de transport dès qu'elle est revêtue du timbre de la gare expéditrice (art. 8) et elle doit être délivrée, au lieu d'arrivée, au destinataire, en même temps que la marchandise (art. 16).

En outre, le chemin de fer est tenu de certifier la réception de la marchandise et la date de la remise au transport sur un duplicata qui lui est présenté par l'expéditeur en même temps que la lettre de voiture (art. 8).

D'après le § 2 des dispositions réglementaires jointes à la convention, les lettres de voiture internationales doivent être rédigées, soit en français soit en allemand ou contenir une traduction dans l'une de ces deux langues, imprimées *sur papier blanc, pour la petite vitesse et sur papier rose foncé, pour la grande vitesse*, et, de plus, être exactement conformes à un modèle déterminé.

Aux termes de l'art. 1er L. 27 déc. 1892 (8040 R. P.; 2828 I. G.), « les lettres de voiture internationales, créées en vertu de la convention (de Berne)... sont assimilées, au point de vue du timbre, aux récépissés de chemins de fer et aux pièces en tenant lieu pour les expéditions venant de l'étranger ».

Les lettres de voiture internationales se trouvent ainsi soumises au même régime fiscal que les récépissés de chemins de fer. Elles donnent lieu, par conséquent, à la perception d'un droit de timbre de 0 fr. 35 ou de 0 fr. 70, y compris le timbre de la décharge donnée par le destinataire, suivant que l'expédition est faite en grande ou en petite vitesse. Ce droit s'applique, en outre, à l'ensemble des formules utilisées pour l'expédition : original, duplicata, et, le cas échéant, talon ; car, dans l'état actuel de la législation, il frappe l'expédition même.

Il résulte enfin de l'assimilation établie que les lettres de voiture internationales, timbrées au droit de 0 fr. 70, peuvent accompagner les colis en dehors des voies ferrées et recevoir, en cours de route, les modifications prévues par l'art. 1er L. 30 mars 1872 (*Rép. gén.*, *Transport (Contrats de)*, nº 125-1).

Afin d'assurer la perception de l'impôt sur les lettres de voiture créées en France au moyen de mesures analogues à celles auxquelles sont soumis les récépissés, l'art. 2 de la loi de 1892 contient la prescription suivante :

« Pour les expéditions de France à destination de l'étranger, les lettres de voiture internationales seront établies sur des formules timbrées que les compagnies de chemins de fer tiendront à la disposition des expéditeurs moyennant le remboursement des droits. Il sera ajouté au modèle annexé à la convention de Berne un talon destiné à être conservé par le chemin de fer expéditeur, pour être représenté aux préposés de l'enregistrement dans les conditions prévues par l'art. 10 L. 13 mai 1863. Ce talon énoncera les noms de la gare expéditrice et de la gare destinataire, les noms de l'expéditeur et du destinataire, la date de la remise et le numéro de l'expédition. »

Les lettres de voiture créées en France se composent donc de trois parties : la lettre de voiture proprement dite, un duplicata et un talon.

1. Contravention. — L'art. 2 L. 27 déc. 1892 punit d'une amende de 50 fr. chaque contravention à ses dispositions.

2. Mode de perception de l'impôt. — Les droits de 0 fr. 35 et de 0 fr. 70 seront perçus au moyen de l'apposition d'un timbre à l'extraordinaire dans les conditions prévues pour les récépissés sur chacune des trois parties (lettre de voiture, duplicata, talon) des formules destinées aux expéditions de France à destination de l'étranger.

Quant aux lettres de voiture internationales créées hors de France, elles seront revêtues de timbres mobiles par les soins des agents des douanes de la même façon que les pièces tenant lieu de récépissés qui accompagnent les marchandises venant de l'étranger.

Toutefois, les droits de timbre sont acquittés sur états de la même façon et aux mêmes conditions que ceux des récépissés, lorsque les lettres de voiture sont délivrées par une compagnie de chemins de fer qui a obtenu la faculté de faire usage de ce mode de payement (V. nº 107-1 *suprà*). Dans ce cas, il est suppléé à l'apposition matérielle de timbre par la mention imprimée : « *Droits de timbre perçus en compte avec le Trésor* ».

Les agents des douanes doivent s'abstenir d'apposer des timbres mobiles sur les lettres de voiture accompagnant les expéditions de provenance étrangère, toutes les fois que la gare destinataire fera partie du réseau de l'une des compagnies qui ont obtenu la faculté de se libérer des droits de timbre sur états (2828 I. G.).

3. Groupage. — Envois contre remboursement. — Colis postaux. — La loi de 1892 ne modifie en rien les dispositions de la loi du 30 mars 1872 sur le groupage. La seule innovation, sans conséquence au point de vue fiscal, consiste dans le remplacement du récépissé applicable à l'envoi collectif par une lettre de voiture internationale.

La loi laisse subsister également les obligations imposées aux entrepreneurs de transports par l'art. 10 L. 19 fév. 1874, relatif aux recouvrements effectués à titre de remboursement des objets transportés. Enfin, elle n'apporte aucun changement au régime des colis postaux (2828 I. G.).

4. Expédition sur la Russie. — Douane russe. — Duplicata. — Les doubles des lettres de voiture internationales, destinés à être produits à la douane russe et qui doivent être créés pour les expéditions de France sur la Russie en exécution de dispositions additionnelles à la convention de Berne, ne sont pas assujettis à un droit de timbre particulier ; ils se trouvent couverts par le droit payé pour l'expédition (Sol. 28 août 1896, 4237 *Rev. prat.*).

107-1 et 119. Récépissés de chemins de fer. — Droits de timbre. — Payement sur états. — Jusqu'en 1892, les droits de timbre de 0 fr. 35 et de 0 fr. 70, auxquels sont assujettis les récépissés délivrés par les compagnies de chemins de fer, étaient perçus au moyen de l'apposition du timbre à l'extraordinaire pour les récépissés créés en France (2252 et 2441 I. G.) et au moyen de l'emploi de timbres mobiles pour les pièces tenant lieu de récépissés qui accompagnent les envois provenant de l'étranger (2270 et 2785 I. G.).

Par suite du développement constant du trafic, les opérations du timbrage à l'extraordinaire devenaient de plus en plus compliquées. Dans le but de parer aux difficultés que présentait l'apposition matérielle du timbre, il est intervenu, à la suite d'un avis conforme du conseil d'État, un arrêté ministériel du 9 juin 1892, aux termes duquel les compagnies de chemins de fer, qui en feront la demande, pourront être autorisées à percevoir, sous leur responsabilité et à leurs risques et périls, les droits de timbre des récépissés de grande et de petite vitesse et à suppléer à l'apposition matérielle du timbre sur ces récépissés par une mention imprimée en caractères très apparents, ainsi conçue : « *Droits de timbre perçus en compte avec le Trésor* » (2822 I. G.; 7974-59 R. P.).

Les dispositions de cet arrêté n'impliquent qu'une modification facultative pour le Trésor comme pour les compagnies, du mode actuel de payement de l'impôt. Elles laissent subsister sur tous les points la réglementation à laquelle sont assujettis les transports par voie ferrée et, notamment, l'obligation d'utiliser pour toute expédition une formule composée de trois parties, savoir : un talon à conserver dans les bureaux de la Compagnie; un récépissé à délivrer à l'expéditeur; un double de ce récépissé à remettre au destinataire (Loi du 13 mai 1863, art. 10, 2252 I. G.).

D'après l'art. 9, la mesure ne s'applique ni aux récépissés spéciaux que doivent créer, en vertu de l'art. 2 L. 30 mars 1872, les entrepreneurs de messageries et autres intermédiaires de transports qui se livrent à des opérations de groupage, ni aux bulletins d'expéditions des colis postaux, lesquels continuent à être régis par les dispositions des lois et règlements en vigueur (2048, 2052 et 2055 I. G.). Mais elle s'étend tant aux récépissés créés en France qu'aux récépissés provenant de l'étranger ou aux pièces en tenant lieu (art. 2).

Pour être admises à bénéficier des dispositions de l'arrêté, les compagnies de chemins de fer doivent exactement :

1° Tenir, par périodes mensuelles, une comptabilité fondée sur le principe de la concordance absolue entre les expéditions et les arrivages;

2° Faire ouvrir, sur tous leurs registres et documents de comptabilité, tant dans les gares qu'au siège social, une colonne exclusivement destinée à recevoir, pour chaque expédition ou arrivage ainsi que pour l'ensemble des expéditions ou arrivages pendant chaque période d'un mois, l'indication des droits de timbre des récépissés pour les transports en grande et en petite vitesse distinctement (art. 3 de l'arrêté);

3° Effectuer, le 1er de chaque mois et *par anticipation*, un payement provisionnel des droits représentant le timbre des récépissés à délivrer, calculé à raison de 85 fr. p. 100 des produits correspondants de l'année précédente (art. 4), puis faire, dans les soixante-quinze jours qui suivent l'expiration de ce mois, un règlement définitif sur la production d'un état certifié conforme aux résultats de leur comptabilité mensuelle et indiquant, par chaque gare et distinctement pour les transports effectués, soit en grande, soit en petite vitesse, le nombre des récépissés ainsi que le montant des droits perçus (art. 5);

4° Enfin, conserver pendant deux ans au moins, à partir du jour du versement des droits, tous les documents de comptabilité ou autres, notamment les feuilles d'expédition, afin que l'Administration puisse faire vérifier, tant au siège social que dans les gares ou stations du réseau, l'exactitude des résultats présentés par les états de règlement (art. 7).

Les règles pour la vérification des états que les compagnies sont tenues de fournir ont été d'abord tracées par l'Inst. n° 2822 et une note de service du 26 août 1892; puis, elles ont été modifiées par l'Inst. n° 2865.

Par une décision ministérielle du 27 juin 1892, les six grandes compagnies de chemins de fer français (Nord, Orléans, P.-L.-M., Ouest, Est, Midi) et l'État ont été autorisés à payer sur états les droits de timbre sur états à compter du 1er sept. même année.

Un certain nombre de compagnies secondaires de chemins de fer et des compagnies de tramways avaient aussi demandé à bénéficier de la même faveur; mais l'application de l'arrêté du 9 juin 1892 avait paru devoir être provisoirement limitée aux grandes compagnies et à l'administration des chemins de fer de l'État jusqu'à ce que l'expérience acquise eût permis d'apprécier s'il y avait lieu d'étendre la nouvelle réglementation (D. m. f. 30 août 1892).

Une nouvelle décision ministérielle du 23 mars 1901 admet enfin que la faculté de payer sur états les droits de timbre des récépissés peut être accordée aux compagnies secondaires de chemins de fer et de tramways.

L'autorisation dont elles seraient appelées à profiter est expressément subordonnée, comme pour les grandes compagnies, à l'observation des conditions exigées par l'arrêté du 9 juin 1892, de manière que le contrôle de la perception de l'impôt puisse toujours s'exercer très régulièrement (3053 I. G.).

112 et 113. Chemins de fer d'intérêt local. — Tramways. — Récépissés. — L'Administration avait décidé que, si les lois du 13 mai 1863 sur les récépissés de chemins de fer et du 30 mars 1872 sur le groupage sont applicables aux chemins de fer d'intérêt local, elles n'atteignaient pas les compagnies de tramways (Sol. 17 sept. 1888, 7755 R. P.; 23786 J. E.; — D. m. f. 3 sept. 1890). Mais, à la suite d'un avis du Conseil d'État du 27 oct. 1891, portant que la délivrance d'un récépissé est obligatoire, au point de vue fiscal, pour les tramways comme pour les chemins de fer, lors même que le cahier des charges ne l'imposerait pas aux concessionnaires dans l'intérêt du bon ordre des transports, le Ministre des finances a décidé, le 13 mai 1892, que les compagnies de tramways seraient, à l'avenir, au point de vue de la quotité du droit de timbre applicable à leurs récépissés, soumises au même traitement que les compagnies de chemins de fer (7893 R. P.; 23907 J. E.; 2823-17 I. G.).

La loi du 28 avr. 1893 a modifié cette règle. D'après l'art. 38, « le droit de timbre des récépissés, bulletins d'expédition ou autres pièces en tenant lieu, délivrés par les compagnies de tramways pour les transports sur leurs réseaux en grande ou en petite vitesse, est réduit, y compris le droit de la décharge donnée par le destinataire, à 0 fr. 10 pour chaque expédition » (8053 R. P.; 2837-3 I. G.).

La taxe de 0 fr. 10 n'est pas sujette aux décimes.

La loi du 28 avr. 1893 déclare, en outre, applicables aux récépissés des compagnies de tramways les dispositions du second paragraphe de l'art. 1er L. 30 mars 1872. En conséquence, ces récépissés, timbrés à 0 fr. 10, peuvent servir de lettres de voiture pour les transports qui, indépendamment du réseau de la compagnie de tramways, empruntent les routes, canaux et rivières. Les modifications survenues en cours d'expédition, tant dans la destination que dans le prix et les conditions du transport, peuvent être écrites sur ces récépissés (2441 I. G.).

Mais cette référence à la loi du 30 mars 1872 ne doit pas être étendue au delà de son objet. Les récépissés timbrés à 0 fr. 10, délivrés par les compagnies de tramways, ne sauraient être utilisés pour un transport par le chemin de fer, alors même qu'entre les gares de chemin de fer et les stations de la ligne de tramways, il existerait un service régulier de correspondance. Les compagnies de tramways pourraient seulement, en pareil cas, délivrer, comme elles le faisaient avant la loi du 28 avr., des récépissés timbrés aux taux ordinaires de 0 fr. 35 ou de 0 fr. 70, qui serviraient pour le transport tant sur leurs propres lignes que par chemin de fer (2837-3 I. G.).

Les récépissés spéciaux aux lignes de tramways sont revêtus du timbre à l'extraordinaire à l'encre noire (même Inst.). Toutefois, le payement du droit peut actuellement être effectué sur état (3033 I. G.; — V. n° 107-1 *suprà*).

114. Transports internationaux. — V. n° 106 *bis suprà*.

118. Expéditions provenant de l'étranger. — Ligne exploitée par une compagnie étrangère. — Transport à courte distance. — Les récépissés ou pièces en tenant lieu, qui accompagnent les expéditions de provenance étrangère effectuées par chemins de fer sur le territoire français, sont assujetties au droit de 0 fr. 35 ou de 0 fr. 70, quelque courte que soit la distance parcourue entre la frontière et le point d'arrivée. Il en est ainsi, alors même que la ligne de chemin de fer serait exploitée par une compagnie étrangère. Spécialement, les agents des douanes sont fondés à apposer des timbres mobiles sur les récépissés ou pièces en tenant lieu, qui accompagnent les envois de marchandises transportées jusqu'à Hendaye par la compagnie du Nord de l'Espagne (Bayonne, 3 juin 1902, 10310 R. P.).

127. Agents des compagnies. — Magasins de denrées. — Les compagnies de chemins de fer ne sont pas tenues de délivrer des récépissés spéciaux pour les transports des denrées et marchandises dont leurs magasins approvisionnent leurs agents (Sol. 21 nov. 1894, 3928 *Rec. prat.*).

144. Groupage. — Syndicats commerciaux. — Des syndicats commerciaux, établis dans un certain nombre de villes, ont organisé un service de groupage des colis expédiés de Paris à leurs adhérents. Le correspondant choisi à Paris par le Syndicat procède au groupement et fait l'expédition du group au président du Syndicat, qui est chargé de faire parvenir chaque colis au destinataire réel. L'opération tombe sous l'application de l'art. 2 L. 30 mars 1872, puisque les colis groupés sont remis au chemin de fer par un intermédiaire de transports; il est indifférent que cet intermédiaire n'exerce pas habituellement l'industrie des transports (D. m. f. 30 août 1892, 2836-4 I. G.; 8418-20 R. P.).

145 et 146. Groupage. — Récépissés spéciaux n'accompagnant pas les colis. — Les récépissés spéciaux que sont tenus d'établir, conformément aux prescriptions de l'art. 2 L. 30 mars 1872, les entrepreneurs de messageries et autres intermédiaires de transports, qui réunissent en une ou plusieurs expéditions des colis envoyés à des destinataires différents, doivent, aussi bien que le récépissé collectif délivré par la compagnie de chemin de fer, accompagner les colis au cours du transport.

Par suite, le défaut de représentation, à la gare destinataire, des récépissés spéciaux afférents à des colis groupés constitue une contravention passible d'autant d'amendes de 50 fr. en principal qu'il y a de récépissés non représentés. Il y a lieu, en outre, d'exiger les droits de timbre applicables à ces derniers récépissés, s'il n'est pas justifié qu'ils ont été régulièrement acquittés (Rouen, 20 juill. 1897, 9222 R. P.; 25236 J. E.).

Les amendes sont exigibles, alors même que l'entrepreneur de transports justifierait, par la production d'un registre à souche, que les récépissés ont été effectivement créés et qu'ils ont été envoyés par la poste (Lille, 23 nov. 1899, 9898 R. P.; 25816 J. E.).

Le tribunal de la Seine a décidé cependant que les récépissés spéciaux doivent, sous peine d'amende, être créés au moment de l'expédition, mais que le fait de ne pas faire accompagner les colis groupés par ces récépissés ne donne lieu à l'application d'aucune pénalité (Seine, 10 nov. 1899, 9899 R. P.; 25924 J. E.). Sur ce dernier point, la doctrine du tribunal soulève les plus sérieuses objections. Si, en effet, les récépissés n'accompagnent pas les objets transportés, il y a présomption qu'ils n'ont pas été déposés à la gare expéditrice en même temps que les colis, et cela seul autorise l'Administration à réclamer les pénalités prononcées par l'art. 2 L. 30 mars 1872. L'entrepreneur ne pourrait échapper à l'application de ces amendes qu'en établissant que les récépissés ont été régulièrement remis à la compagnie de chemins de fer avec les colis groupés.

149-2 et 3. Groupage. — Expédition faite par un négociant. — Colis adressés par un entrepreneur de transports à une succursale. — La loi du 30 mars 1872 n'atteint pas, sauf le cas de fraude, l'envoi groupé fait par un négociant expéditeur à une adresse unique, bien que cet envoi soit effectué par l'intermédiaire d'un entrepreneur de transports. Mais il n'en est pas de même des expéditions groupées par un entrepreneur de transports qui les expédie à une succursale de sa maison située à l'étranger et dirigée par lui-même ou un membre de sa famille (Sol. 2 avril 1896, 8920 R. P.; 25144 J. E.).

157. Groupage. — Expédition à l'étranger par chemin de fer et par mer. — Les expéditions de colis groupés à destination de l'étranger, qui doivent être transportés successivement par chemin de fer et par mer, doivent être accompagnées d'autant de récépissés spéciaux qu'il y a de destinataires différents, à moins qu'il ne soit créé un connaissement spécial pour chacun de ces destinataires (Sol. 11 juillet 1889, 2830 *Rec. prat.*).

160. Groupage. — Expéditions venant de l'étranger. — Concours du service des douanes. — L'application de l'art. 2 L. 30 mars 1872 est subordonnée à la double condition que l'expédition soit faite au départ par un intermédiaire de transports et que les colis soient envoyés à des destinataires différents. Lorsque l'expédition venant de l'étranger est accompagnée d'une simple lettre de voiture n'indiquant, avec le nom de l'expéditeur, qu'un seul destinataire, la double constatation, à laquelle se trouve soumise la réclamation des droits de timbre, présente des difficultés toutes les fois que l'expéditeur n'est pas notoirement un intermédiaire de transports et que l'ouverture du group ne révèle pas que les divers colis le composant portent les noms et adresses de destinataires réels distincts.

S'il résulte des indications de la lettre de voiture ou s'il est avéré que l'expéditeur est un intermédiaire de transports, si le destinataire est un commissionnaire, si les colis compris dans l'expédition unique sont revêtus de marques

142 et 148-4. Groupage. Bordereaux. Conservation par les compagnies de chemins de fer. Récépissés spéciaux. Forme. — Les bordereaux que remettent, en cas de groupage, les entrepreneurs de messageries aux gares expéditrices seront conservés pendant deux années dans les archives de ces gares. — Les récépissés spéciaux à chaque destinataire doivent contenir sur la souche et le talon, comme les récépissés prévus par l'art. 10 L. 13 mai 1863, des indications suffisantes pour être individualisés, sous la peine édictée pour défaut de création de ces récépissés (Instr. 3100, 10918 R. P.).

différentes, la réunion de ces diverses circonstances constitue une grave présomption en faveur d'une opération de groupage tombant sous l'application de l'art. 2 L. 30 mars 1872. Il appartient alors au receveur des douanes de réclamer au correspondant de l'expéditeur les droits exigibles en raison du nombre des destinataires réels et, en cas de refus de payement de la part de ce correspondant, de dresser un procès-verbal suffisamment circonstancié pour permettre au service de l'Enregistrement de s'assurer de la réalité des contraventions et de liquider les droits et amendes exigibles.

Si, au contraire, l'ensemble des indices recueillis ne fournit pas de présomptions suffisantes pour justifier la rédaction d'un procès-verbal, les agents des douanes devront signaler les maisons dont les agissements leur auront paru suspects aux sous-inspecteurs de l'Enregistrement. Ces derniers useront, le cas échéant, du droit de communication qui leur est accordé par les lois en vigueur pour compléter, s'il est possible, la preuve de la fraude (D. m. f. 22 août 1901, 3073-5 I. G.).

164. Groupage. — Colis venant de l'étranger. — Réexpédition. — Il arrive fréquemment que des colis groupés venant de l'étranger sont adressés à un intermédiaire français, chargé de remettre les uns à des destinataires résidant dans la localité où est établi le bureau de douane et de réexpédier les autres à des destinataires habitant d'autres villes du territoire.

En ce qui concerne les colis de cette seconde catégorie, il importe que le payement des droits de timbre effectué à leur arrivée en France puisse être justifié pendant le trajet qu'ils ont encore à accomplir depuis le bureau de douane jusqu'à leur destination définitive.

En conséquence, le destinataire apparent doit remettre au bureau de douane d'arrivée un bordereau collectif des colis destinés à être réexpédiés et il est tenu de représenter, à l'appui de ce bordereau, des récépissés individuels timbrés, établis conformément aux prescriptions de l'art. 2 L. 30 mars 1872, en nombre égal à celui des destinataires réels. Le receveur des douanes constate la représentation de ces récépissés au moyen d'une mention inscrite sur le bordereau collectif qu'il conserve.

Quant aux colis à destination définitive de la localité où se trouve le bureau de douane, ils doivent être détaillés dans un autre bordereau collectif, qui reste également entre les mains de l'agent des douanes, après avoir été revêtu d'un nombre suffisant de timbres mobiles du type créé par le décret du 16 janvier 1890.

En résumé, le nombre des récépissés individuels produits à l'appui du premier bordereau collectif et celui des timbres mobiles apposés sur le second doivent représenter, au total, le nombre des destinataires réels des colis composant le group venant de l'étranger (D. m. f. 22 août 1901, 3073-5 I. G.).

167-3. Groupage. — Bordereau incomplet. — Constitue une contravention passible d'amende le défaut d'indication, sur le bordereau détaillé qu'un entrepreneur de transports remet, en matière de groupage, à la gare expéditrice, du nom et de l'adresse des destinataires réels (Lille, 23 nov. 1899, 9898 R. P.; 25816 J. E.).

168-2, 171, 172 et 173. — Envois contre remboursement. — Création du récépissé. — Transports réels et transports fictifs. — Le récépissé spécial ou la lettre de voiture, que l'art. 10 L. 19 fév. 1874 oblige à créer pour le retour des fonds en matière d'envois contre remboursement, ne doit être établi qu'au moment de l'expédition des fonds; il ne saurait, dès lors, accompagner la marchandise transportée. Mais, en cas de transport réel des fonds, il doit accompagner les espèces, que l'expédition ait lieu par voie ferrée ou par route. Lorsque, au contraire, il s'agit d'un transport fictif, il suffit qu'il soit créé par l'entrepreneur qui a fait le recouvrement; mais il est nécessaire qu'il soit extrait d'un registre à souche (Sol. 25 mai 1899, 9963 R. P.; 25733 J. E.).

Cette solution confirme la plupart des règles exposées au *Rép. gén.* Il est un point, cependant, qui nous paraît prêter à la critique. Il est sans difficulté que le récépissé spécial ou la lettre de voiture, destiné au retour des fonds, doit accompagner les espèces transportées réellement par voie ferrée. Mais, lorsque le transport s'effectue par route, il ne semble pas que l'expéditeur soit tenu de joindre le récépissé à l'envoi. Lorsque l'entrepreneur de messageries, qui a expédié les marchandises, a, en cas de remboursement de ces objets, créé une lettre de voiture ou un récépissé, il s'est conformé au texte comme à l'esprit de la loi du 19 février 1874.

170. Transports fictifs par mer. — L'art. 10 L. 19 février 1874, qui assujettit les transports fictifs à la délivrance d'un récépissé ou d'une lettre de voiture dûment timbrée, n'est pas applicable aux transports fictifs par mer (Sol. 27 mai 1890, 3066 *Rev. prat.*).

176. Colis postaux. — Trafic international. — Une convention, intervenue le 4 juill. 1891 entre la France et plusieurs pays étrangers et approuvé par une loi du 13 avr. 1892, a eu pour objet de porter de 3 à 5 kilogr. le poids maximum des colis postaux et d'autoriser l'expédition des colis postaux avec déclaration d'une valeur maxima de 500 fr., ou contre remboursement jusqu'à concurrence de la même somme. Elle est entrée en vigueur le 1er juil. 1892 (2824 I. G.; 7021 R. P.).

177. Trafic intérieur. — Compagnies concessionnaires. — L'Administration des postes a conclu, le 15 janv. 1892, avec les compagnies de chemins de fer de l'État, du Nord, de l'Est, de Paris-Lyon-Méditerranée, de l'Ouest, d'Orléans et du Midi une convention dont l'objet a été :

1° De porter de 3 à 5 kilogr. le poids maximum des colis postaux; 2° d'étendre le service des colis postaux à toutes les localités desservies par les correspondances des chemins de fer, ou, à défaut, par des courriers de dépêches en voiture, et 3° d'autoriser l'expédition des colis postaux avec déclaration d'une valeur maxima de 500 fr., ou contre remboursement jusqu'à concurrence de la même somme. Approuvée par une loi du 12 avr. 1892, la convention a été déclarée exécutoire, à compter du 1er juillet par un décret du 27 juin même année (7921 R. P.; 2824 I. G.).

Une nouvelle modification a été apportée au régime intérieur des colis postaux par une convention intervenue, le 12 nov. 1895, entre l'Administration des postes et les mêmes compagnies de chemins de fer. Cette convention, approuvée par une loi du 17 juill. 1897, a été mise en vigueur le 15 sept. Elle porte de 5 à 10 kilogr. le poids maximum des colis postaux, mais les colis de 5 à 10 kilogr. ne peuvent dépasser la dimension de 1m, 50 dans un sens quelconque (2933 I. G.; 9125-38 R. P.).

1. TRAFIC DE L'ALGÉRIE ET DE LA TUNISIE. — Un décret du 26 avr. 1898 a fixé au 1er mai 1898 la date à laquelle le service des colis postaux de 5 à 10 kilogr. créé par la loi du 17 juill. 1897 (2933 I. G.) commencera à fonctionner :

1° A l'intérieur de l'Algérie; 2° dans les relations de l'Algérie avec la Tunisie et *vice versa*; 3° dans les relations de la France avec l'Algérie et la Tunisie, et *vice versâ*.

Le même décret étend à l'Algérie et à la Tunisie le régime de l'expédition des colis postaux contre remboursement jusqu'à concurrence de 500 fr. et des colis postaux de valeur déclarée jusqu'à concurrence de la même somme (2946 I. G.; 9395-20 R. P.).

2. TRAFIC DE LA CORSE. — Un décret du 25 fév. 1899 a autorisé le fonctionnement du service des colis postaux de 5 à 10 kilogr., créé par la loi du 17 juill. 1897 (Instr. n° 2933), sur le réseau de la compagnie des chemins de fer départementaux en Corse et sur les lignes maritimes postales reliant la France à la Corse.

Le même décret étend à la Corse, pour les colis postaux de 0 à 10 kilogr. et jusqu'à concurrence de 500 fr., le régime des expéditions contre remboursement et avec déclaration de valeur (2978 I. G.; 9675-34 R. P.).

183. Bulletin d'expédition. — Timbre. — L'art. 5 L. 12 avril 1892, qui a ratifié la convention du 15 janvier 1892 (V. n° 177 *suprà*), dispose que « les colis postaux auxquels s'applique la présente loi, ainsi que les actes de toute nature relatifs aux marchés passés par l'Etat, en exécution de la présente loi, bénéficieront des réductions ou immunités de droits de timbre ou autres accordées par les lois des 3 mars, 24 et 25 juillet 1881 ».

Il ressort de cette disposition que, si le service des colis postaux a reçu de la législation nouvelle une extension considérable, aucune innovation n'a été introduite au régime fiscal établi pour les expéditions de l'espèce par les lois antérieures. D'où la conséquence que le seul droit de timbre exigible pour le transport des colis postaux de 0 à 5 kilog. est celui de 10 cent. auquel étaient soumis, sous l'empire de la législation précédente, les colis postaux dont le poids n'excédait pas 3 kilogr. Ce droit continue à être perçu, savoir : en ce qui concerne les expéditions de l'intérieur, au moyen de la délivrance obligatoire par les Compagnies de bulletins timbrés à l'extraordinaire, et, en ce qui touche les expéditions provenant de l'extérieur, au moyen de timbres mobiles pour quittances apposés par le service des douanes sur les déclarations collectives qui doivent lui être remises, aux gares frontières, par les compagnies (2824 I. G.).

D'autre part, aucune innovation n'a été introduite au régime fiscal établi, pour les expéditions visées par la convention du 12 nov. 1896 (n° 177 *suprà*), par la législation antérieure, dont les dispositions sont applicables aux envois de la nouvelle catégorie (L. 17 juillet 1897, art. 2, 2933 I. G.).

1. EXPÉDITION CONCERNANT L'ALGÉRIE, LA TUNISIE ET LA CORSE. — Les dispositions relatives au timbre des bulletins d'expédition des colis postaux (0 fr. 10) sont applicables aux transports qui font l'objet des décrets des 26 avril 1898 et 25 fév. 1899, cités sous le n° 177-1 et 2 (2946 et 2978 I. G.).

2. TRANSPORTS POUR L'ÉTAT. — Les récépissés, bulletins d'expédition ou autres pièces en tenant lieu, qui accompagnent les envois faits par l'Etat sous le régime des colis postaux, sont affranchis du droit de timbre établi par la loi du 3 mars 1881 (Sol. 23 juill. 1892, 7920 R.P.; 23978 J.E.).

190 à 200. Colis postaux concernant la Corse, la Tunisie ou l'Algérie. — Mode de perception de l'impôt. — Dans le but de soumettre à un mode uniforme le payement du droit de timbre de 0 fr. 10 sur les bulletins d'expédition des colis postaux arrivant de l'étranger, à destination de la Corse ou de l'Algérie, avec emprunt du territoire de la France continentale, il a été décidé, après entente entre les deux administrations de l'Enregistrement et des douanes, que la perception du droit sera toujours assurée, par les soins du service des douanes, dès l'entrée des colis dont il s'agit dans une gare frontière ou dans un port de la France continentale.

Quant aux colis postaux acheminés de l'étranger sur la Tunisie, et transitant par la France, les bulletins d'expédition qui les accompagnent sont exempts du droit de timbre, le territoire du protectorat étant assimilé aux pays étrangers au point de vue de l'impôt (Déc. min. fin. 12 nov. 1886). Il en est de même pour les colis postaux expédiés de la Tunisie, par la voie de la France, sur l'étranger.

Dans l'un et l'autre de ces deux cas, en effet, l'art. 1er L. 24 juillet 1881 (Instr. n° 2652), qui prononce l'exemption du droit, est applicable.

Mais les bulletins accompagnant les colis postaux expédiés de Tunisie en France, en Corse ou en Algérie sont passibles du timbre de 0 fr. 10 à leur entrée dans l'un ou l'autre de ces pays (2995 I. G.; 9946-4 R. P.).

203-3. Expéditions collectives. — Trafic international et trafic avec la Corse, l'Algérie et la Tunisie. — Deux décisions ministérielles en date des 4 juillet 1881 et 16 mars 1883 ont autorisé la perception d'un seul droit de timbre de 0 fr. 10 sur les bulletins d'expédition comprenant plusieurs colis postaux adressés, sous le régime international, par un même expéditeur à un même destinataire. Elles ont spécifié cette double restriction que le nombre des colis ainsi réunis sur un seul bulletin ne pourrait être supérieur à trois et que les intermédiaires de transports seraient exclus du bénéfice de la mesure.

Le Ministre des finances a décidé, le 19 sept. 1892, que ce régime spécial serait étendu, *sous les mêmes conditions*, aux expéditions de colis postaux effectuées de France à destination de la Corse, de l'Algérie ou de la Tunisie, et réciproquement (2856-6 I. G.; 8418-21 R. P.).

4. TRAFIC INTÉRIEUR. — Les expéditions du trafic intérieur ne sont pas admises à bénéficier du traitement dont jouissent les expéditions du trafic international (2856-6 I.G.).

214-1. Expéditions par chemins de fer. — Groupage. — Décharges données sur les bordereaux de

USUFRUIT

216. Compagnies de transports maritimes. Accusé de réception de colis à transporter. Timbre de 0.10 non exigible. Timbre de dimension. — Les écrits, sous forme de lettres missives, avis d'expédition ou comptes de frais, par lesquels une compagnie de transports maritimes annonce à l'expéditeur le chargement des colis expédiés, ne présentent pas le caractère de reçus libératoires et, par suite, échappent à l'application du timbre de 0.10. Mais, lorsqu'ils concernent des expéditions ayant fait l'objet de connaissements collectifs, ils doivent, s'ils sont signés, être rédigés sur papier timbré de dimension, comme faisant preuve du contrat de transport et constituant, entre les mains de l'expéditeur, de véritables titres contre la compagnie (Le Havre, 27 juill. 1901, 10371 R. P.).

livraison. — Certains industriels ou négociants en gros expédient par chemin de fer, à l'adresse d'un entrepreneur de transports, des groups de marchandises que celui-ci est chargé de livrer à leurs destinataires réels. Ces expéditions, bien que comprenant des colis adressés à plusieurs personnes, ne rentrent pas dans les prévisions de l'art. 2 L. 30 mars 1872, l'expéditeur n'étant pas lui-même entrepreneur ou intermédiaire de transports.

Mais les reçus, donnés par les destinataires réels sur les bordereaux de livraison dressés par l'entrepreneur de transports, sont assujettis au timbre de 0 fr. 10. En effet, ils constituent entre les mains de l'entrepreneur des titres constatant la remise de la marchandise qu'il s'est engagé à livrer; ils ont, en un mot, tous les caractères de véritables décharges tombant directement sous l'application de l'art. 18 L. 23 août 1871 (D. m. f. 31 mars 1897, 2932-5 I. G.; 9125-35 R. P.).

4. Colis remis aux clients des destinataires. — Décharges. — Si les colis transportés sont remis par la compagnie de chemins de fer aux clients des destinataires, les décharges données par ces clients ne peuvent être considérées comme étant données au cours du transport; elles se trouvent donc soumises à un droit de timbre spécial de 0 fr. 10, alors même qu'elles seraient sans utilité pour la Compagnie (Sol. 28 mars 1891, 3391 *Rev. prat.*).

215. Livraison de marchandises. — Bons ou autorisations de livraison. — Les bons de livraison, souscrits par le propriétaire des marchandises transportées, même au profit d'un tiers, et délivrés, lors de la remise des marchandises, à l'entrepreneur de transports, constituent de véritables décharges assujetties au droit de timbre de 0 fr. 10 (Seine, 2 avr. 1900. 8860 R. P.).

216. Reconnaissances de messagerie — Objets à transporter. — Le tribunal de Havre a décidé, le 27 juill. 1901 que les écrits, par lesquels une entreprise de transports maritimes reconnait avoir reçu des colis à transporter, échappent à l'application du timbre de 0 fr. 10 comme n'ayant pas un caractère libératoire, mais qu'ils sont passibles du timbre de dimension, dès lors qu'ils font preuve, entre les mains de l'expéditeur, de la convention intervenue avec le transporteur (10371 R. P.).

225. Quittances d'indemnités. — Objets avariés ou perdus. — Chemins de fer. — Si la formule, dont il est fait usage pour constater le payement de l'indemnité due en cas de perte ou d'avarie des objets à transporter, est divisée en deux parties : l'une signée du chef de gare et contenant l'indication des marchandises perdues ou avariées et de l'indemnité allouée, et l'autre présentée sous forme de quittance pure et simple, elle constitue dans son ensemble un écrit libératoire, sujet au seul droit de timbre de 0 fr. 10, à l'exclusion du timbre de dimension (Sol. 24 juill. 1899, 25778 J. E.).

230-1. Retrait des colis. — Autorisations de livrer. — Compagnies de chemins de fer. — La décision nouvelle du 25 sept. 1890, citée au *Rép. gén.* (7519 R. P.) a été notifiée par l'inst. n° 2823-8.

2. Autorisation de livrer à un tiers. — V. n° 215 *suprà*.

USUFRUIT

Observation générale. — La L. frim. avait soumis les transmissions de nue propriété et d'usufruit à des conditions très rigoureuses, en évaluant, à forfait, l'usufruit à la moitié de la valeur de la pleine propriété entière, abstraction faite de l'âge de l'usufruitier, et en taxant, lors du démembrement, la nue propriété comme si la mutation s'appliquait à la pleine propriété. En cas de vente d'immeubles sous réserve d'usufruit, la valeur de l'usufruit était fixée à forfait à moitié de la valeur de la toute propriété.

Ces règles ont été entièrement modifiées par la L. 25 fév. 1901, dont nous commentons les dispositions *infrà* n° 146 et suiv.

Mais, comme elles subsistent pour toute la période antérieure à la promulgation de la loi nouvelle, les explications que nous avons fournies dans la première partie de notre *Rép. gén.* n'ont rien perdu de leur actualité pour cette période. Nous devons, en outre, y ajouter les différentes décisions qui sont intervenues depuis, sous l'empire de la L. frim.

Nous croyons, en conséquence, devoir diviser notre supplément en deux parties : la première, relative au régime de la L. frim., la seconde, ayant pour objet le commentaire de la L. 25 fév. 1901.

TITRE Ier. — RÉGIME DE LA L. FRIM.

9-3. Partage. — Usufruit et nue propriété. Fonds de commerce. — Mobilier. — Matériel, marchandises. — Attribution à l'usufruitier. — Vente. — V. *Partage*, n° 208 *bis*.

27. Réunion antérieure à la déclaration de succession. — Quand, au moment de l'enregistrement de l'acte translatif d'usufruit, le droit n'a pas encore été perçu pour l'aliénation de la toute propriété, comme, par exemple, dans le cas où cette pleine propriété s'était démembrée par décès, le délai pour acquitter l'impôt de succession n'est pas expiré; dans ce cas, le droit proportionnel de vente est dû sur l'intégralité du prix exprimé. Une fois le droit de mutation par décès acquitté, les parties peuvent, il est vrai, se faire rembourser le droit précédemment perçu, lors de l'enregistrement de la vente, sur la valeur de l'usufruit. Mais l'Administration ne saurait prétendre, à titre de réciprocité, que, si le droit de vente perçu est inférieur au droit fixe de 4 fr. 50, ce dernier droit est devenu rétroactivement exigible après le paiement de l'impôt de mutation par décès et que les parties sont tenues d'acquitter la différence (Sol. 14 mai 1897, 9021 R. P.).

28-1. Usufruit et nue propriété. — Réunion antérieure à la déclaration de succession et au partage. — Liquidation des droits. — Lorsque le propriétaire et l'usufruitier partiel d'immeubles transmis par décès ont vendu ces immeubles, avant le partage et la déclaration de succession souscrite d'après les bases du partage, la perception de l'impôt de mutation à titre onéreux, qui a été établie suivant les droits apparents de l'usufruitier au moment de l'adjudication, doit être rectifiée suivant les attributions du partage ultérieur (Seine, 20 nov. 1891, 7905 R. P.).

39. Actions. — Nue propriété acquise. — Usufruit réservé. — La transmission à titre gratuit de la nue propriété d'une valeur mobilière est passible de l'impôt sur toute la propriété de cette valeur, lorsque le droit n'a pas été acquitté par anticipation, au moment du démembrement, sur la valeur de l'usufruit. — Il en est spécialement ainsi de la mutation par décès de la nue propriété d'actions nominatives, acquises par le *de cujus* sous réserve de l'usufruit par le vendeur encore existant, et pour lesquelles le droit n'a été payé, lors de l'enregistrement de l'acte d'acquisition, que sur la valeur de cette nue propriété (Lunéville, 30 oct. 1897, 9280 R. P.).

40. Vente. — Immeuble. — Droit d'habitation. — Réserve. — Valeur à ajouter au prix de la vente. — Transmission ultérieure et simultanée de l'immeuble et du droit d'habitation. — Exemption d'impôt. — Le droit d'habitation qu'un vendeur se réserve dans la maison qu'il aliène peut être assimilé, au point de vue fiscal, à un véritable usufruit; cette réserve est, dès lors, régie par l'art. 15 *in fine* L. frim., portant que l'usufruit réservé par le vendeur doit être évalué, pour la perception, à la moitié de tout ce qui forme le prix du contrat. Il en résulte, en outre, que l'exemption du droit prévue par l'article précité, en cas de réunion ultérieure de l'usufruit à la nue propriété, est applicable à l'acte par lequel le vendeur et l'acquéreur originaires vendent conjointement à un tiers la maison et le droit d'habitation réservé (Bazas, 21 juin 1898, 9572 R. P. — V. nº 149 *infrà*).

49. Usufruit et nue propriété. — Vente simultanée. — Liquidation du droit. — Quand un immeuble est vendu simultanément par l'usufruitier et par le nu propriétaire, moyennant un prix payable en entier au nu propriétaire, et dont les intérêts doivent être versés à l'usufruitier, sa vie durant, il y a lieu, pour la perception du droit de mutation, de déduire la valeur de l'usufruit de l'intégralité du prix, et cette valeur est représentée, par la moitié du prix (Vienne, 14 janv. 1892, 8233 R. P.).

Lorsque le nu propriétaire d'un immeuble a acquitté, par anticipation, le droit de mutation sur la valeur de l'usufruit, la vente simultanée de la nue propriété et de l'usufruit, consentie moyennant un prix unique et sans distinction, ne doit être assujettie au droit de mutation que sur la portion du prix afférente à la nue propriété. La transmission de l'usufruit, qu'elle s'opère au profit du nu propriétaire lui-même ou de son cessionnaire, ne donne ouverture qu'au droit fixe de 4 fr. 50, augmenté du droit proportionnel de transcription à 1 fr. 50 p. 100, si l'acte est de nature à être transcrit et si ce dernier droit n'a pas été déjà payé. Dans cette hypothèse, la perception doit être opérée sur ces bases, alors même qu'elle serait supérieure au droit proportionnel de vente sur la portion du prix applicable à l'usufruit (Sol. 14 mai 1897, 9021 R. P.).

Reprises. — Valeur de l'usufruit. — Déduction. — En cas d'adjudication à un tiers d'un immeuble commun et encore indivis entre les héritiers du mari et la veuve, donataire en usufruit, il y a lieu de déduire du prix, pour le calcul du droit de transmission à titre onéreux, la valeur intégrale de l'usufruit, bien qu'il résulte de la déclaration de succession du mari que, par suite du prélèvement des reprises, la portion de l'immeuble vendu considérée comme dépendant de la succession et pour laquelle les nus propriétaires ont acquitté les droits sur la valeur entière, soit inférieure à la moitié (Sol. 25 janv. 1896, 8885 R. P.).

52. Donation d'immeuble sous réserve d'usufruit. — Décès du donateur. — Donataire recueillant l'usufruit après avoir aliéné la nue propriété. — Droit de mutation non exigible. — Lorsque le donateur d'un immeuble, sous réserve d'usufruit, décède après que le donataire a lui-même transmis la nue propriété de l'immeuble, aucun droit de mutation par décès ne peut être réclamé au donataire qui recueille l'usufruit, par suite de la mort du donateur (Sedan, 15 nov. 1892, 8046 R. P.).

58. Usufruit mobilier. — Renonciation par l'usufruitier, au profit du nu propriétaire, moyennant une rente viagère. — Droit fixe de 4 fr. 50. — Renferme une cession d'usufruit et non une constitution de rente viagère, la convention par laquelle l'usufruitier de valeurs mobilières renonce à son usufruit, au profit du nu propriétaire, moyennant le service d'une rente viagère que ce dernier s'engage à lui payer. — En conséquence, si le droit de mutation par décès a été antérieurement acquitté sur la valeur de l'usufruit, la convention précitée ne donne ouverture qu'au droit fixe de 4 fr. 50 pour réunion d'usufruit à la nue propriété (Sol. 20 oct. 1891, 7777 R. P.).

80-2. Cession de droits successifs faisant cesser l'indivision. — Partage. — Soulte à la charge de l'usufruitier. — Droit dû sur la valeur de la nue propriété. — L'Administration admet, en matière de partage, que la soulte mise à la charge d'un usufruitier qui en conserve le montant pour l'exercice de son usufruit, consiste uniquement dans la nue propriété de la somme stipulée, et que le droit est dû, par suite, sur la moitié de cette somme (Sol. 18 janv. 1896, 8790 R. P.).

Partage. — Usufruitier. — Valeurs attribuées en nue propriété. — Legs à payer à l'extinction de l'usufruit. — Vente. — Liquidation du droit. — Lorsque la nue propriété d'un immeuble et de valeurs mobilières est abandonnée à l'usufruitier, à charge par ce dernier d'acquitter, aux lieu et place des nus propriétaires, différents legs particuliers exigibles seulement à son décès, le prix de la vente est représenté par le montant de ces legs, et le droit de mutation doit être liquidé en conséquence, sans aucune déduction pour la valeur de l'usufruit (Seine, 16 déc. 1898, 9510 R. P.).

87. Licitation. — Usufruit et nue propriété. — Adjudication de l'usufruit au nu propriétaire. — Droit de transcription. — Il n'existe pas d'indivision entre le nu propriétaire du quart d'un immeuble et les usufruitiers du même immeuble. Il en résulte que l'adjudication de

51. Usufruit et nue propriété. Vente simultanée de l'usufruit et de la nue propriété à un tiers. Déduction de la valeur de l'usufruit pour la perception du droit de mutation. Usufruit reporté sur une partie du prix. Renonciation ultérieure par l'usufruitier moyennant une rente viagère. Droit proportionnel. — Lorsqu'un immeuble, grevé d'usufruit, est vendu moyennant un prix unique et que l'usufruit est reporté sur le prix, la convention intervenue entre le nu propriétaire et l'usufruitier entraîne un nouveau démembrement. Dès lors, la renonciation ultérieure à cet usufruit consentie en faveur du nu propriétaire, moyennant le service d'une rente viagère, constitue une transmission entre vifs à titre onéreux, passible du droit proportionnel de constitution de rente sur la valeur de l'usufruit aliéné (Seine, 13 août 1903, 10686 R. P.).

56. Usufruit et nue propriété. Licitation. Usufruit reporté sur le prix. Adjudication au profit du nu propriétaire. Vente ultérieure par ce dernier de la pleine propriété avec le concours de l'usufruitier. Liquidation du droit de mutation. Non-déduction de la valeur de l'usufruit. — Lorsqu'un jugement, ordonnant la licitation d'un immeuble impartageable en nature, a disposé, — sans faire de distinction entre les cas où ce serait un étranger ou bien un colicitant qui resterait adjudicataire, — que le prix à provenir de cette licitation était d'ores et déjà attribué, dans les proportions déterminées, aux ayants droit à la pleine propriété et aux ayants droit à la nue propriété, sous réserve des droits d'un usufruitier partiel intervenu à l'instance, et que, d'autre part, le cahier des charges dressé en vue de l'adjudication a stipulé que l'adjudicataire entrerait immédiatement en jouissance pour la perception des loyers, le droit de l'usufruitier sur l'immeuble a pris fin à compter du jour de l'adjudication pour être reporté sur le prix de la licitation, et c'est, par suite, la pleine et entière propriété de cet immeuble qui a passé sur la tête du colicitant nu propriétaire au profit duquel l'adjudication a été prononcée. Il en résulte que si, dans la vente ultérieure du même immeuble consentie par le colicitant adjudicataire à un tiers, l'usufruitier intervient comme covendeur et pour renoncer à son usufruit, cette intervention ne peut avoir aucune influence sur la perception du droit de mutation qui doit être liquidé sur le prix total de la vente, sans déduction de la valeur de l'usufruit primitivement démembré et définitivement réuni à la nue propriété dès le jour de l'adjudication sur licitation (Lyon, 1er mai 1900; Cass. (req.), 17 fév. 1903, 10[illegible] R. P.).

Usufruit et nue propriété. Licitation. Usufruit reporté sur le prix. Renonciation gratuite par l'usufruitier au profit des nus propriétaires. Droit de donation. — Lorsque l'usufruitier et les nus propriétaires ont procédé à la licitation d'un immeuble moyennant un prix unique, cette licitation a pour effet de consolider la propriété entière de l'immeuble sur la tête du colicitant acquéreur et de substituer à l'usufruit la pleine propriété d'une fraction du prix. Dès lors, si, dans l'acte de partage enregistré postérieurement à la licitation, l'usufruitier de l'immeuble reçoit, pour le remplir de ses droits, l'usufruit d'une portion du prix et qu'il renonce gratuitement à cet usufruit au profit des nus propriétaires, cette renonciation, qui opère transmission d'un usufruit nouveau créé sur le prix, ne peut bénéficier du droit fixe pour réunion d'usufruit à la nue propriété et donne ouverture au droit de donation (Seine, 7 avril 1905, 11002 R. P.).

58. Rente viagère. Constitution par une mère, usufruitière des biens de la succession de son mari, au profit de sa fille, nue propriétaire. Libéralité déguisée. — Renferme une constitution de rente viagère à titre gratuit passible du droit de donation, et non pas une simple réunion d'usufruit à la nue propriété soumise seulement au droit fixe de 4 fr. 50, la clause d'un contrat de mariage par laquelle la mère de la future épouse s'oblige à payer à cette dernière une rente annuelle et viagère, alors que cette clause, bien que qualifiée de renonciation à usufruit par la mère sur des biens dont elle a la jouissance, ne contient en réalité aucun abandon de cette jouissance. Il en est ainsi surtout lorsque les intérêts des valeurs dont la future est nue propriétaire sont bien inférieurs au chiffre de la rente (Blaye, 22 mars 1905, 11117 R. P.).

Conversion en rente viagère. Droit de 2 p. 100. — Renferme une constitution de rente viagère à titre onéreux et est, en conséquence, passible du droit de 2 p. 100 l'acte par lequel l'usufruitier d'une somme d'argent abandonne ses droits d'usufruit au nu propriétaire moyennant le service d'une rente viagère (Versailles, 10 mars 1906, 11216 R. P.).

136 *bis*. **Donation à un département d'une rente annuelle pour une durée de 30 ans. Titre de rente sur l'État immatriculé au nom du département pour l'usufruit et du donateur pour la nue propriété. Arrérages destinés à être distribués à des mères de famille remplissant des conditions déterminées. Libéralité ayant pour objet, non pas une rente, mais l'usufruit d'un titre de rente.** — V. *Donation*, n° 320.

l'usufruit prononcée au profit du nu propriétaire est de nature à être transcrite, et qu'elle est passible du droit proportionnel de 1 fr. 50 p. 100 sur l'intégralité du prix, au moment de l'enregistrement (Toulouse, 7 nov. 1801, 7900 R. P.).

TITRE II. — RÉGIME NOUVEAU ÉTABLI PAR LA L. 25 FÉV. 1901.

DIVISION

SECTION I. — *Démembrement de la propriété*, 146-164.

CHAPITRE Ier. — **Considérations générales**, 146-149.

CHAPITRE II. — **Transmissions à titre onéreux de biens autres que créances, rentes ou pensions**, 150-155.

CHAPITRE III. — **Échanges et transmissions entre vifs, à titre gratuit**, 156-160.

CHAPITRE IV. — **Transmission de l'usufruit ou de la nue propriété de créances à terme, rentes ou pensions**, 161-164.

SECTION II. — *Transmissions successives de la nue propriété ou de l'usufruit*, 165-173.

CHAPITRE Ier. — **Considérations générales**, 165-166.

CHAPITRE II. — **Usufruits successifs. — Réversions d'usufruit. — Usufruits conjoints avec clause d'accroissement**, 167-173.

SECTION III. — *Réunion de l'usufruit à la nue propriété*, 174-181.

CHAPITRE Ier. — **Réunion anticipée d'un usufruit démembré sous la nouvelle législation**, 174-178.

CHAPITRE II. — **Réunion anticipée d'un usufruit démembré sous la législation antérieure**, 179.

CHAPITRE III. — **Disposition transitoire : suppression du droit fixe de réunion d'usufruit sur les petites ventes**, 180.

SECTION IV. — *Justification de l'âge de l'usufruitier*, 182-188.

SOMMAIRE

A

Acceptation. Nu propriétaire, 177.
Accroissement, 163, et s.
Acte de société, 158.
Action en restitution, 170 et s.
Age. Usufruitier, 156, 161, 162, 163, 165, 182.
Ages différents, 168.
Amende, 186.
Amortissement, 161.
Application de la L. Date, 185.
Ayant cause. Nu propriétaire, 176.

B

Barème. Usufruit, 156.
Biens. Divers nature. Licitation, 157.

C

Capital remboursé, 161, 163, 163.
Capitalisation. Rente, 161, 162, 163.
— Revenu, 150, 157.
Certificat de notoriété, 183.
— d'origine, 187.
Cession. Inférieure à 2,000 fr., 162.
— L'usufruit ou nue propriété, 110 et s., 161, 162, 163.
Clause d'accroissement, 167 et s.
Colicitant, 153.
Compensation, 172, 173.
Concordance. Évaluation. Nu propriétaire. Usufruitier, 160, 181.
Consolidation. Usufruit, 171 et s.
Contrat. Mariage, 153.
— Société, 155.
Conversion. Usufruit. Nue propriété, 162.
Créance à terme, 161 et s.

D

Date. Application de la L., 185.
— Naissance. Usufruitier, 182 et s.
Dation en paiement, 153.
Décès. Usufruitier, 174.
Déclaration estimative, 152, 154, 156, 159, 160.
Délivrance de legs, 155.
Démembrement. Propriété, 146.
— Ancienne législation, 166, 167, 179, 180.
— Nouvelle législation, 165, 167, 174.
Donation. Usufruit. Rente ou pension, 162.
Droits. Fixes, 179, 180.
— Gradués, 156.
— Habitation, 149.
— Transcription, 178, 176.
— Usage, 149.
Durée. Usufruit, 156, 161, 164.
— indéterminée, 160.
— temporaire, 159.

E

Échange, 156 et s.
Erreur. Naissance usufruitier. Date, 186.
État civil. Pièces justificatives, 183.
Étranger (Usufruitier né à l'), 182.
Évaluation. Usufruit successif, 167.
Éventualité de l'usufruit, 166, 164.
Excès de perception. Usufruit. Nue propriété, 180.
Exonération du droit. Usufruit. Réunion, 174, 179, 180.
Extinction de l'usufruit, 151, 168, 174, 175.

F

Force probante. Age de l'usufruitier. Justifications, 183.

H

Habitation (droit d'), 149.

I

Indivision, 158.
Inexactitude. Usufruitier. Naissance. Date, 186.
Inexactitude. Usufruitier. Naissance. Lieu, 186.
Insuffisance. Évaluation, 187.
Intérêts. Prix. Usufruit, 150, 165.

J

Justifications. Usufruitier. Age, 182 et s.

L

Légalisation. Pièces justificatives, 183.
Legs. Délivrance, 155.
Licitation, 150, 157.
Lieu. Naissance. Usufruitier, 182.

M

Mutation. Usufruit. Nue propriété. Titre gratuit, 159, 162, 164.
Mutation. Usufruit. Nue propriété. Titre onéreux, 150 et s., 163.

N

Naissance. Usufruitier. Étranger, 182.
— — Justifications, 183 et s.
Nu propriétaire. Restitution, 170.
Nue propriété. Conversion en rente, 163.
Nue propriété. Évaluation, 148 et s.
— Mutation à titre gratuit, 156 et s.
Nue propriété. Mutation. À titre onéreux, 150 et s.
— Mutation par décès, 150, 160.

P

Part acquise. Colicitant, 152.
Partage. Usufruit, 158.
Pénalités. Age et lieu de naissance de l'usufruitier, 186.
Pension. Usufruit. Nue propriété, 161 et s.
Petites ventes, 180.
Pièces justificatives. Usufruitier, 183.
Pleine propriété, 147, 156, 181.
Plus-value, 157.
Plusieurs usufruitiers, 158.
Prescription. Age de l'usufruitier. Inexactitude, 187.
Prescription. Restitution, 172.
Prix, 150.
— n'excédant pas 2.000 fr., 160.
— Nue propriété, 151.
— payable à terme, 151.
— payable avec intérêts, 151.
— payé comptant, 151.
Production. Pièces justificatives, 182 et 183.

R

Rachat. Rente. Pension, 161 et s.
Réalisation. Usufruit successif, 170, 173.
Renonciation à usufruit, 175 et s.
— extinctive, 175, 177.
— translative, 177.
Rente. Pension. Usufruit, 161.
— Viagère. Conversion, 163.
Restitution. Usufruitier. Age inexact, 185.
Restitution. Nu propriétaire, 169, 170, 171, 173.
Rétrocession, 150.
Réunion. Nue propriété à usufruit, 181.
Réunion. Usufruit à nue propriété, 174 et s.
Réversion. Usufruit, 167 et s.

S

Soulte, 150, 157.
Supplément de droit. Age de l'usufruitier. Inexactitude, 186.
Supplément de droit. Usufruit successif, 171, 173.

T

Tarif. Usufruit successif, 167.
— Usufruit. Valeur, 156.
Transmission. Usufruit. Titre gratuit, 159 et s.
Transmission. Usufruit. Titre onéreux, 150 et s.

U

Usufruit à terme, 159, 161.
— Conditionnel, 164.
— Conjoint, 148, 167, 169.
— Converti en rente viagère, 162.
— démembré. Ancienne législation, 165, 179, 178, 179.
— — Nouvelle législation, 165, 174.

V

Usufruit. Durée indéterminée, 160.
— Évaluation, 146 et s.
— Éventuel, 164.
— Successif, 164, 166, 167, 168.
— Temporaire, 166.

Valeur. Usufruit. Nue propriété, 146, 147, 156.
Vente. Prix inférieur à 2.000 fr., 160.
— Usufruit et nue propriété, 150.
— Usufruit réservé, 154.
— Ventilation. Prix, 152.

SECTION I. — DÉMEMBREMENT DE LA PROPRIÉTÉ.

[146-164]

CHAPITRE Ier. — CONSIDÉRATIONS GÉNÉRALES.

[146-149]

146. But et portée de la loi. — La L. 25 fév. 1901 modifie les règles antérieures de la perception, en matière d'usufruit et de nue propriété, dans un sens plus libéral et plus logique, en proportionnant l'impôt à l'importance réelle des valeurs transmises.

Il a paru rationnel, en effet, au législateur que la nue propriété et l'usufruit supportent le droit, à chacune de leurs transmissions, sur leur valeur véritable, déterminée d'après l'aléa qui pèse sur la jouissance, au point de vue de sa durée.

En résumé, l'économie de la loi consiste à envisager séparément les deux éléments qui composent une propriété démembrée, c'est-à-dire, d'une part, la nue propriété et, de l'autre, l'usufruit, et à assujettir à l'impôt la valeur respective de chacun d'eux au moment de la transmission. Cette valeur est fournie, en ce qui concerne le nu propriétaire, par l'époque plus ou moins rapprochée à laquelle il recueillera la jouissance, et, en ce qui concerne l'usufruitier, par son âge plus ou moins avancé, dont dépend la durée de son usufruit (Rapport de M. Poincaré, 8445 R. P., p. 68).

147. Principes. — Quand un objet est attribué en nue propriété à Primus et en usufruit à Secundus, il n'y a en réalité qu'une pleine propriété qui est transmise ; seulement ce sont deux personnes qui en bénéficient chacun pour une part.

On doit en conclure que, pour la perception, chacune de ces parts doit être évaluée de manière que le *total des taxes payées par l'usufruitier et le nu propriétaire égale l'impôt dû pour la toute propriété* (Rapport de M. Monestier, p. 40).

Ce principe, joint à celui d'après lequel la *taxe n'est due que sur la valeur de la nue propriété ou de l'usufruit, au jour de la mutation*, forme la base du système organisé par la loi.

148. Valeur imposable. — Nature du contrat ou des biens. — D'après la L. 25 fév. 1901, la valeur imposable de la nue propriété et de l'usufruit, en matière de mutations, varie selon la nature, soit du contrat, soit des biens qui en font l'objet. Il convient donc d'examiner successivement, en suivant l'ordre établi par la loi elle-même, les droits dont sont passibles les transmissions à titre onéreux ou à titre gratuit de l'usufruit et de la nue propriété des différentes sortes de biens, les transmissions de la jouissance et de la nue propriété au cours du démembrement, et enfin la réunion de l'usufruit et de la nue propriété.

149. Droits d'usage ou d'habitation. — Bail à vie. — Substitution. — Ajoutons, d'ailleurs, que, bien que l'article 13 ne vise expressément que l'usufruit et la nue propriété, les règles qu'il édicte doivent être appliquées aux droits d'usage et d'habitation qui sont, au point de vue fiscal, assimilés aux usufruits (*Rép. gén.*, v° *Usage*), mais qu'elles ne peuvent être étendues ni au bail à vie, ni à l'appelé au bénéfice d'une substitution, lequel ne saurait être considéré comme un nu propriétaire (Inst. n° 1481, § 3).

Décidé, en ce sens, que depuis que l'art. 13, n° 1, L. 25 fév. 1901 a implicitement abrogé la disposition exceptionnelle de l'art. 15, n° 6, 2e alinéa, L. frim., l'acquéreur d'un immeuble, sous réserve de l'usufruit au profit du vendeur, ne doit plus l'impôt que sur le prix convenu sans aucune addition pour l'expectative de l'usufruit. On doit en conclure que cet acquéreur, en cas de réserve d'un droit d'habitation, n'est pas tenu davantage d'acquitter l'impôt sur la valeur de la jouissance dont il se trouve privé. Dans un cas comme dans l'autre, la perception de l'impôt doit être limitée au prix exprimé (3007, § 1, I. G.; 10102 R. P.).

Reconnu également que le droit de transcription exigible sur la disposition d'un testament portant legs de la quotité disponible, en faveur d'un enfant du testateur, à charge de restitution aux enfants nés ou à naître du légataire (C. civ. 1048) d'immeubles grevés d'usufruit au profit d'un tiers en vertu d'une clause du même testament, doit être liquidé sur la valeur de la nue propriété déterminée, en raison de l'âge de l'usufruitier, suivant la règle tracée par l'art. 13-2° L. 25 fév. 1901 (Sol. 4 sept. 1902, 3099, § 11, I. G.; 10406 R. P.).

CHAPITRE II. — TRANSMISSIONS A TITRE ONÉREUX DE BIENS AUTRES QUE CRÉANCES, RENTES OU PENSIONS.

[150-155]

150. Détermination de la valeur imposable. — Lorsque le démembrement s'effectue par un mode quelconque de transmission à titre onéreux autre que l'échange, tel que vente, cession, rétrocession, licitation, etc., la valeur imposable de la nue propriété ou de l'usufruit des biens de toute nature, exception faite pour les créances, les rentes et les pensions, est déterminée par le prix exprimé, augmenté de toutes les charges en capital.

Cette règle, qui n'est que la reproduction des art. 14, n° 5 et 15, n° 6 L. frim. est générale et absolue ; elle gouverne toutes les transmissions d'usufruit et de nue propriété, sans qu'il y ait à distinguer entre celles qui s'opèrent au profit du nu propriétaire, de l'usufruitier ou des tiers, ni à rechercher si la mutation a lieu lors du démembrement de la propriété ou au cours de ce démembrement, ni, dans ce dernier cas, à se préoccuper des droits perçus lors de la constitution de l'usufruit.

On doit d'ailleurs assimiler la soulte ou le retour d'un échange ou d'un partage au prix de l'aliénation, puisque les sommes que l'échangiste et le copartageant doivent payer en compensation de la plus-value de leur lot ont le

149. Droit d'habitation. — V. *Habitation*, n° 18.

même cause et produisent les mêmes effets que le prix d'une vente.

Reconnu, dans cet ordre d'idées, que la soulte de partage, mise à la charge d'un usufruitier qui en conserve le montant, pour l'exercice de son usufruit, ne doit supporter le droit de mutation que sur la somme représentant la nue propriété du prix, d'après une déclaration à fournir par les parties (Sol. 17 fév. 1902, 3080-14 I. G., 10183 R. P.).

Dans les contrats à titre onéreux, le prix payé par le cessionnaire pour acquérir, soit l'usufruit, soit la nue propriété, est la représentation de la valeur de l'objet transmis. Le législateur ne pouvait donc qu'adopter cette évaluation, en prenant le mot *prix* dans son acception juridique, c'est-à-dire avec toutes les prestations à la charge de l'acquéreur, et en réservant à l'Administration le droit qui lui appartient d'en contrôler l'exactitude par les moyens dont elle dispose pour réprimer les insuffisances et les dissimulations de prix.

151. Mode de liquidation des droits. — La liquidation du droit applicable à la transmission à titre onéreux de la nue propriété ou de l'usufruit de biens autres que les créances, rentes ou pensions ne soulève pas de difficultés, si le prix est payable au comptant ou à terme avec intérêts.

Quand la cession d'une nue propriété est consentie moyennant un prix payable sans intérêts au décès de l'usufruitier, la base de l'impôt est toujours le prix exprimé, lors même que la cession serait consentie au profit de l'usufruitier (*Rép. gén.*, 1re partie, v° *Usufruit*, n° 80).

Toutefois, si les termes de l'acte permettaient de soutenir que le prix consiste moins dans une somme payable sans intérêts au décès de l'usufruitier que dans la nue propriété de cette somme formant créance au profit du vendeur, le droit serait dû seulement sur cette nue propriété, évaluée de la manière prescrite par l'art. 13-3, L. 25 fév. 1901, ainsi qu'il sera expliqué ci-après (n° 151).

Lorsque le prix est payable partie comptant et partie au décès de l'usufruitier sans intérêt, c'est encore ce prix qui doit servir de base à la liquidation du droit (*Rép. gén.*, 1re partie, v° *Usufruit*, n° 80-2).

Enfin, si le prix est payé comptant, et les intérêts servis par le vendeur à l'acquéreur jusqu'à l'extinction de l'usufruit, l'impôt est également dû sur le prix exprimé, sans aucune déduction pour les intérêts (*Rép. gén.*, *loc. cit.*).

152. Licitation. — En matière de licitation de biens dont la propriété est démembrée, il n'y a lieu, pour déterminer la part acquise par le colicitant, de tenir compte que de ses droits en nue propriété ou en usufruit sur les biens acquis par lui, à l'exclusion de ses droits de même nature sur les biens vendus à d'autres adjudicataires (*Rép. gén.*, v° *Licitation*, n° 30). Comment, dans cette hypothèse devra-t-on fixer la valeur imposable de la part acquise, seule passible du droit de mutation?

Par exemple, une veuve, légataire de l'usufruit de la moitié de la succession de son mari, se rend adjudicataire d'un des immeubles grevés de son usufruit, il est certain que, pour la liquidation de l'impôt de mutation, elle ne peut exiger que la déduction du prix afférent à la valeur de son usufruit sur la moitié de cet immeuble.

Dans ce cas, si la nue propriété a fait l'objet d'un prix distinct, cette déduction pourra être facilement calculée. Mais lorsque la licitation a été prononcée pour un prix unique, s'appliquant indistinctement à l'usufruit et à la nue propriété, de quelle manière doit être évaluée la moitié de l'usufruit immobilier exempt de l'impôt de mutation?

On ne saurait évidemment invoquer la règle précédemment suivie sous le régime de la L. frim., d'après laquelle l'usufruit devait être évalué à la moitié de la pleine propriété, l'exonération du droit portant sur un quart du prix.

On ne peut davantage recourir au barème établi par l'art. 13, 2e alinéa, L. 25 fév. 1901 (V. n° 156 *infra*) puisque ce barème ne vise limitativement que les échanges et les transmissions entre vifs à titre gratuit et celles qui s'opèrent par décès. Il semble, dès lors, que la seule base légale de la perception est la déclaration estimative prévue par l'art. 16 L. frim., et qu'il appartient aux parties de déterminer par une ventilation, sous le contrôle de l'Administration, la fraction du prix afférente à l'usufruit du colicitant et représentant, d'après les termes de l'art. 13-1., la valeur de sa jouissance.

La question soulève encore de réelles difficultés si la licitation porte sur des biens de diverse nature, tels que créances, rentes, immeubles, pour lesquels la loi a établi des modes d'évaluation différents. Dans cette hypothèse, nous pensons qu'après la détermination de l'usufruit des rentes et créances opérée conformément à l'art. 13-3°, les parties seront fondées à faire connaître, par une ventilation, la portion du prix applicable à l'usufruit des autres valeurs.

153. Conversion d'usufruit ou de nue propriété en rente viagère. — En cas de conversion d'un usufruit ou d'une nue propriété en rente viagère, la valeur des biens transmis est également représentée par le capital de cette rente, à déterminer par une déclaration estimative, à l'exclusion de la capitalisation par 10.

Mais s'il s'agit d'une dation en paiement, et si, par exemple, le prix consiste dans l'abandon d'un meuble ou d'un immeuble, cette dernière disposition constitue généralement la disposition génératrice de l'impôt et le droit est exigible d'après la nature des biens cédés (Sol. 12 juin 1879, 5160 R. P.).

Si aucun prix n'est exprimé dans l'acte portant transmission à titre onéreux, les intéressés doivent y suppléer par une déclaration estimative de la valeur correspondante à l'usufruit ou à la nue propriété. Il est évident que l'Administration ne pourra exiger que cette déclaration porte sur la valeur correspondante à la pleine propriété afin d'appliquer ensuite à cette valeur le barème établi pour les transmissions à titre gratuit et les échanges (V. n° 156 *infra*).

154. Vente sous réserve d'usufruit. — Enfin, sous le régime antérieur, en cas de vente immobilière avec réserve d'usufruit au profit du vendeur, l'impôt était perçu sur le prix stipulé augmenté de la moitié, représentant la valeur de l'usufruit réservé (art. 15, n° 6, § 2, L. frim.).

Cette règle ne pouvait être maintenue sans se trouver en contradiction avec le principe en vertu duquel l'impôt ne doit frapper que la valeur transmise au moment même de la mutation.

D'après la nouvelle loi, toutes les fois que la nue propriété est seule transférée, que l'usufruit soit réservé par le vendeur ou qu'il appartienne à un tiers, qu'il s'agisse d'un immeuble ou de valeurs mobilières, l'impôt n'atteint que le prix stipulé, sans aucune addition pour l'expectative de l'usufruit (Rapport de M. Mesureur, p. 39).

Décidé, cependant, par l'Administration, que la réserve d'un droit de jouissance temporaire par le vendeur n'entraîne, en général, qu'une obligation personnelle pour l'acheteur. Elle constitue, par suite, une charge de la vente, qui, sous l'empire L. 25 fév. 1901, doit continuer à être ajoutée au prix, pour la liquidation du droit de mutation.

Mais la solution serait différente s'il résultait, soit des dispositions du contrat, soit de la volonté nettement exprimée des contractants, que ceux-ci ont entendu constituer un véritable usufruit. Telle serait, par exemple, la clause stipulant une réserve de jouissance pour une durée assez longue et spécifiant que le droit réservé s'éteindra au décès du vendeur, si ce décès se produit avant le terme fixé. Dans cette hypothèse et dans les cas analogues, le droit ne devrait plus être liquidé que sur le prix convenu, sans aucune addition pour la réserve (L. 25 fév. 1901, art. 13, n° 1; — 3067, § 2, I. G.; 10163 R. P.).

155. Actes soumis à l'ancien droit gradué. — La L. 25 fév. 1901 est muette à l'égard des actes soumis à l'ancien droit gradué, tels que partages, contrats de mariage, délivrances de legs, contrats de sociétés, etc. On doit en conclure que l'usufruit et la nue propriété qu'ils concernent continueront, comme sous le régime de la législation antérieure, à faire l'objet de déclarations estimatives, portant sur la valeur respective de ces biens à l'époque des actes (V. *Droit gradué*).

CHAPITRE III. — ÉCHANGES ET TRANSMISSIONS ENTRE VIFS A TITRE GRATUIT.

(156-160)

156. Détermination de la valeur imposable. — Pour les mutations de nue propriété ou d'usufruit procédant de conventions qui ne comportent pas un prix représentatif de la valeur imposable de l'objet transmis, il était nécessaire de déterminer cette valeur par des équivalents. Or, l'usufruit est un droit dont la valeur décroît à mesure que s'approche le terme de son extinction; la nue propriété au contraire augmente de valeur à mesure que celle de l'usufruit diminue. Comme c'est presque toujours la vie humaine qui sert de limite à la durée de l'usufruit, le législateur a été naturellement conduit à fixer la valeur de l'usufruit à une fraction de la pleine propriété déterminée d'après l'âge de l'usufruitier et la présomption de survie qui en résulte, conformément au tableau suivant :

Age de l'usufruitier.	Valeur de l'usufruit.	Valeur de la nue propriété.
—	—	—
Au-dessous de 20 ans révolus.	7/10	3/10
Entre 20 et 30 ans révolus.	6/10	4/10
— 30 et 40 —	5/10	5/10
— 40 et 50 —	4/10	6/10
Entre 50 et 60 ans révolus	3/10	7/10
— 60 et 70 —	2/10	8/10
Au-dessus de 70 ans.	1/10	9/10

L'art. 13 L. 25 fév. 1901 n'a d'ailleurs apporté aucune modification au mode d'évaluation de la pleine propriété qui continuera comme précédemment à être déterminée, soit, en ce qui concerne les meubles, par une déclaration estimative, soit relativement aux immeubles par le capital formé de 20 ou 25 fois le revenu, conformément aux articles 14, n° 8 et 15, n° 7 L. frim., modifiés par l'art. 2 L. 21 juin 1875.

Rappelons toutefois qu'en ce qui concerne les donations d'usufruit ou de nue propriété d'immeubles dont la destination n'est pas de procurer un revenu, la pleine propriété doit être estimée en valeur vénale (art. 12 de la loi, — V. *Expertise*, n° 72 et s. *suprà*.)

Les nouvelles dispositions sont applicables à toutes les donations, quelle que soit la nature mobilière ou immobilière, corporelle ou incorporelle des biens transmis.

157. Échange. — En outre, comme sous le régime de la L. frim., l'échange, bien que constituant un contrat à titre onéreux, est expressément soumis aux mêmes règles que les mutations entre vifs à titre gratuit en ce qui concerne la fixation de la valeur imposable de l'usufruit et de la nue propriété. Mais relativement au mode d'évaluation de la toute propriété, nous avons vu (v° *Échange*) que l'article 12 ne pouvait être étendu aux contrats de cette nature, qui en toute hypothèse donnent ouverture à l'impôt sur un capital formé de 20 ou 25 fois le revenu.

Lorsque l'échange comportera une soulte ou une plus-value, il n'y aura lieu d'appliquer la règle établie par l'art. 13-2° qu'en ce qui concerne l'évaluation de l'usufruit ou de la nue propriété de l'immeuble le plus faible, la valeur de la nue propriété ou de l'usufruit de la portion de l'autre immeuble dont la soulte ou la plus-value est le prix étant légalement représentée (art. 13-1°) par l'importance de cette soulte ou de cette plus-value, abstraction faite de l'âge de l'usufruitier.

158. Usufruit conjoint. — Il peut arriver qu'un usufruit soit établi au profit de plusieurs personnes conjointement; dans cette hypothèse, les divers usufruitiers jouissent concurremment, indivisément et par égales parts, tant qu'il n'y a partage du bien objet de l'usufruit ou convention attribuant à quelques-uns d'entre eux des droits plus étendus qu'aux autres.

Pour évaluer l'importance des droits revenant respectivement à chacun d'eux en usufruit, il convient de fractionner la pleine propriété proportionnellement aux droits de chaque usufruitier dans l'usufruit commun et de déterminer ensuite la valeur en nue propriété et en jouissance de chacune de ces fractions, comme s'il s'agissait d'usufruits distincts.

Supposons, par exemple, qu'un usufruit soit dévolu conjointement à des personnes âgées de 25, 32 et 44 ans. La valeur de la jouissance représente respectivement pour chacune d'elles les 6/10, les 5/10 et les 4/10 du tiers de la pleine propriété; quant à la valeur de la nue propriété, elle est formée par le total des 4/10, des 5/10 et des 6/10 de

156. Détermination de la valeur imposable. — *Donation.* — Le droit exigible sur les transmissions d'usufruit entre vifs à titre gratuit doit être calculé sur une fraction de la valeur de la *pleine propriété*, fraction qui est fixée, d'après l'âge de l'usufruitier, par l'art. 13 § 2 L. 25 fév. 1901. En ce qui concerne spécialement les immeubles, cette valeur de la pleine propriété continue, comme précédemment, à être déterminée par le capital formé de 20 ou 25 fois le revenu annuel, conformément aux art. 15 n° 7 L. frim. et 2 L. 21 juin 1875 (Corbeil, 11 fév. 1905, 10797 R. P.).

150. **Usufruit temporaire.** — *Évaluation.* — Lorsque des père et mère âgés, l'un de 85 ans, l'autre de 78 ans, font donation de leurs biens à leurs enfants à titre de partage anticipé, en se réservant l'usufruit de ces biens pendant 50 ans, l'usufruit ainsi constitué est, en réalité, un usufruit viager, et non pas un usufruit temporaire, les parties ayant entendu marquer par là leur volonté expresse de laisser l'usufruit se continuer jusqu'au décès du dernier vivant des donateurs; cet usufruit doit être, en conséquence, envisagé comme un usufruit viager pour la perception des droits (Villeneuve-sur-Lot, 31 déc. 1903, 10908 R. P.).

Lorsque les clauses d'un acte par lequel un ascendant, âgé de 65 ans, a fait donation à l'un de ses enfants de biens meubles et immeubles, dont il s'est réservé l'usufruit pendant 32 ans, révèlent que cet usufruit constitue en réalité un usufruit viager, et non pas un usufruit temporaire, il y a lieu de régler la perception du droit de donation d'après l'âge de l'usufruitier (Brive, 4 janv. 1905, 10946 R. P.).

De même lorsque la mère, veuve survivante, âgée de 71 ans, fait donation à ses cinq enfants d'immeubles et de valeurs mobilières, en se réservant l'usufruit de ces biens pendant 25 ans, l'usufruit ainsi constitué ne peut, pour la perception des droits, recevoir une évaluation supérieure à celle de l'usufruit viager calculée d'après l'âge de l'usufruitier (Cambrai, 26 juillet 1907, 11498 R. P.).

Maximum d'évaluation. — La disposition additionnelle de l'art. 13 n° 2 L. 25 fév. 1901, d'après laquelle l'usufruit constitué pour une durée fixe est estimé aux 2/10 de la propriété entière pour chaque période de 10 ans de la durée de l'usufruit, sans fraction et sans égard à l'âge de l'usufruitier, ne doit être appliquée qu'en tenant compte du forfait établi pour les usufruits viagers. La valeur attribuée par la loi à l'usufruit temporaire représente uniquement une valeur maxima, et elle ne doit servir de base à la liquidation de l'impôt que si elle est inférieure à celle de l'usufruit viager. — Spécialement, lorsque des père et mère âgés, l'un de 70 ans, l'autre de 72 ans, ont abandonné leurs immeubles à leurs enfants à titre de partage anticipé, en se réservant l'usufruit de ces biens pendant 41 ans, l'usufruit ainsi constitué ne peut, pour la perception des droits, recevoir une évaluation supérieure à celle de l'usufruit viager, calculée d'après l'âge des usufruitiers (Issoire, 12 juill. 1906, 10886 R. P.).

Par application de la même règle, lorsqu'un usufruit est légué pour un temps déterminé — dans l'espèce, jusqu'à la majorité du plus jeune des enfants de l'usufruitier, — sa valeur imposable ne peut dépasser celle de l'usufruit viager, calculée d'après l'âge du père usufruitier (Saint-Pons, 30 juin 1905, 11187 R. P.).

160. **Usufruit d'une durée déterminée.** — Lorsque la durée d'un usufruit, transmis à titre gratuit, est subordonnée à un événement dont la date incertaine est indépendante du décès de l'usufruitier, il convient d'apprécier, d'après les circonstances, si cet usufruit doit être assimilé, soit à un usufruit viager, soit à un usufruit à durée fixe, pour lui appliquer, suivant le cas, l'un ou l'autre des deux modes d'évaluation admis par la loi. Spécialement, les règles établies pour les usufruits à durée fixe sont applicables à la donation, consentie à un enfant par ses père et mère, d'un usufruit limité à la vie des donateurs; il y a lieu, d'ailleurs, de faire déterminer par une déclaration des parties la durée probable de l'usufruit donné (Sol. 7 janv. 1903, Inst. 3100, § 4, 10962 R. P.).

chaque tiers, de manière que la valeur réunie de l'usufruit et de la nue propriété soit égale à celle de la toute propriété.

159. Usufruit temporaire. — Le mode d'évaluation qui précède ne s'applique qu'aux échanges et aux transmissions entre vifs à titre gratuit ou par décès d'usufruits viagers. Quant à ceux qui sont constitués de la même manière pour une durée fixe, la loi les a estimés aux 2/10 de la valeur de la propriété entière, pour chaque période de 10 ans de la durée de l'usufruit, sans fraction et sans égard à l'âge de l'usufruitier.

Cette disposition, qui paraît motivée par cette considération qu'un usufruit temporaire n'est pas exposé aux mêmes chances d'extinction qu'un usufruit viager, est justifiée lorsque la jouissance profite à une personne morale, mais elle paraît rigoureuse en tant qu'elle s'applique à un usufruit temporaire créé au profit d'une personne soumise aux aléas de la vie humaine.

Prenons, par exemple, le cas d'une donation ou d'un legs d'usufruit consentis au profit d'une personne âgée de 70 ans révolus jusqu'à la majorité d'un enfant âgé de moins d'un an.

Conformément au 3e § de l'art. 13-2°, la valeur de cet usufruit sera fixée au 6/10 de la pleine propriété alors que la valeur de l'usufruit viager accordé au même bénéficiaire ne serait que de 1/10 de la propriété.

Or, il est de principe qu'un usufruit temporaire s'éteint avant l'expiration du temps pour lequel il a été consenti lorsque l'usufruitier vient à décéder avant cette époque (Aubry et Rau, t. II, p. 721, texte et note 8, Baudry-Lacantinerie et Chauveau, *des Biens*, n° 738, p. 464; Laurent, t. VI, n° 56).

Un usufruit temporaire prenant ainsi fin, soit au décès du bénéficiaire, soit *au plus tard* à l'expiration de la période pour laquelle il a été constitué, il serait logique de tenir un égal compte de ces deux éléments pour la détermination de la valeur imposable de l'usufruit, et de décider qu'en toute hypothèse, cette valeur n'aurait pu être supérieure à celle d'un usufruit consenti pour toute la vie de l'appelé.

Nous avions, cependant, exprimé l'avis, dans notre *Commentaire* L. 25 fév. 1901 (n° 28) que la règle établie par cette loi est trop impérative pour qu'il soit possible de la faire fléchir, et qu'elle ne peut être appliquée que strictement.

Telle n'est pas l'opinion de l'Administration qui décide que la disposition additionnelle de l'art. 13, n° 2, L. 25 fév. 1901, d'après laquelle l'usufruit constitué pour une durée fixe est estimé aux 2/10e de la propriété entière, pour chaque période de dix ans de la durée de l'usufruit, sans fraction et sans égard à l'âge de l'usufruitier, ne doit pas être appliquée d'une manière absolue et sans qu'il puisse être tenu compte du forfait, établi pour les usufruits viagers, par le 1er § de l'art. 13, n° 2, précité.

En aucun cas, la valeur de l'usufruit constitué pour une durée fixe ne peut excéder celle que la loi assigne à l'usufruit pur et simple. En d'autres termes, la valeur attribuée à l'usufruit temporaire représente uniquement une valeur *maxima* et elle ne doit servir de base à la liquidation de l'impôt que si elle est inférieure à celle de l'usufruit viager (3067-3 I. G.; 10164 R. P.).

160. Usufruit d'une durée indéterminée. — Le législateur n'a pas cru devoir prescrire un mode spécial d'évaluation en ce qui concerne l'usufruit d'une durée indéterminée, tel que celui dont la fin est subordonnée à un événement incertain autre que le décès de l'usufruitier. Dans ce cas, il convient d'abord de rechercher, d'après les circonstances de la cause, le caractère d'un usufruit de cette nature, afin de le faire rentrer, suivant les cas, dans la catégorie des usufruits viagers ou dans celle des usufruits à durée fixe.

Si cette assimilation ne peut être faite avec quelque certitude, il semble qu'à défaut de disposition expresse, la valeur respective de l'usufruit et de la nue propriété doit être déterminée d'après une évaluation à fournir par les parties, étant observé que, *conformément* aux deux principes exposés ci-dessus (n° 147), la déclaration estimative doit porter sur la valeur de l'usufruit et de la nue propriété au jour de l'acte et que le total des évaluations doit représenter la valeur de la pleine propriété.

En cas de démembrement simultané, les estimations de l'usufruitier et du nu propriétaire, dont les intérêts sont opposés, peuvent ne pas concorder; nous pensons cependant que l'Administration serait provisoirement tenue d'accepter leurs évaluations respectives, sauf à en poursuivre concurremment la rectification en demandant la jonction des instances.

Si le terme incertain opposé à la durée de l'usufruit est la vie d'un tiers, les quotités fixées par l'art. 13-2° ne peuvent servir de base légale à la perception et constituent simplement des présomptions susceptibles de servir de termes de comparaison. En toute hypothèse, l'usufruit ne saurait être estimé à une somme supérieure à la valeur d'un usufruit constitué sur la propre tête du bénéficiaire, puisqu'en tout état de cause, il doit prendre fin au plus tard au décès de ce dernier (V. n° 158 *suprà*).

CHAPITRE IV. — TRANSMISSION DE L'USUFRUIT OU DE LA NUE PROPRIÉTÉ DE CRÉANCES A TERME, RENTES OU PENSIONS.

[161-164]

161. Détermination de la valeur imposable. — Lorsque, pour déterminer la valeur imposable d'un objet transmis, le législateur a refusé de prendre le prix comme base de la perception, le même principe doit être adopté, en cas de transmission de la nue propriété ou de l'usufruit du même objet, pour en fixer la valeur au regard de l'impôt.

Ainsi, en ce qui concerne la cession, le transport ou l'amortissement des créances à terme, des rentes et des pensions, on sait que des règles spéciales de perception ont été édictées par l'art. 14, nos 2, 7 et 9 L. frim.

Pour les créances à terme, leurs cessions et transports, le droit est liquidé non sur le prix, mais sur le capital exprimé dans l'acte d'obligation (art. précité n° 2).

Pour les cessions ou transports des rentes ou pensions, et pour leur amortissement ou rachat, la liquidation du droit est opérée sur le capital constitué, quel que soit le prix stipulé pour le transport ou l'amortissement (art. 14, n° 7), et, quand les rentes ont été créées sans expression de capital, à raison d'un capital formé de 20 fois la rente perpétuelle ou de 10 fois la rente viagère, quel que soit le prix stipulé pour le transport ou l'amortissement (art. 14, n° 9).

La L. 25 fév. 1901 n'a nullement modifié ces règles; elle a seulement prescrit, en cas de transmission de la nue propriété ou de l'usufruit de créances, de rentes ou de pensions, de tenir compte du capital imposable de la pleine propriété de ces valeurs, tel que ce capital a été fixé par l'art. 14, n°s 2, 7 et 9 L. frim., et d'évaluer la nue propriété et l'usufruit à une fraction de la pleine propriété ainsi déterminée, cette fraction étant calculée d'après l'âge de l'usufruitier ou la durée de l'usufruit, conformément aux règles tracées pour les échanges ou les transmissions entre vifs à titre gratuit ou par décès.

162. Modifications apportées à la L. frim. — Toutefois, le texte de l'article 13-3° présente deux légères différences avec les dispositions de la L. frim. auxquelles il se rapporte. Tandis que cette dernière ne prévoit que les rentes perpétuelles et les rentes viagères, la loi nouvelle en a élargi la portée en remplaçant le mot « rente viagère » par celui de « rente non perpétuelle », qui comprend à la fois, sans contestation possible, les rentes viagères proprement dites et les rentes temporaires.

D'autre part, la L. 25 fév. 1901, au lieu de viser spécialement « les cessions ou transports de créances, rentes, etc. », s'applique « aux créances, rentes, pensions créées ou transmises à quelque titre que ce soit », ce qui s'entend des donations, des mutations par décès comme des transports et cessions.

Mais ces modifications de détail, introduites dans le but d'éviter à l'avenir des difficultés d'interprétation, n'ont porté aucune atteinte aux règles fondamentales d'évaluation prescrites par les n°s 2, 7 et 9 de l'art. 14 L. frim. pour les mutations en pleine propriété; ces règles s'appliquent, par suite, aux transmissions de l'usufruit ou de la nue propriété dont la valeur imposable est fixée à une quote-part de cette pleine propriété.

Il en résulte qu'au cas de cession ou de transport à titre onéreux de la nue propriété ou de la jouissance de créances à terme, le droit sera perçu sur une fraction du capital, déterminé de la manière prescrite par le n° 2 de l'article 13 de la nouvelle loi, quel que soit le prix stipulé pour la cession ou le transport. De même, en cas de transmission de l'usufruit d'une rente, la valeur imposable de cet usufruit sera fixée, d'après l'âge de l'usufruitier, à une partie du capital constitué et aliéné ou du capital par 20 ou par 10 de cette rente, suivant qu'il s'agira d'une rente perpétuelle ou non perpétuelle.

La même règle s'appliquera à la cession d'une rente perpétuelle ou viagère sous réserve d'usufruit, et inversement à la cession de l'usufruit de la rente à un tiers pendant la vie de celui-ci.

Enfin, les amortissements et les rachats de la nue propriété ou de l'usufruit des rentes ou pensions sont entièrement assimilés aux transmissions de la nue propriété ou de l'usufruit de ces biens, tant en ce qui concerne la détermination de la fraction imposable de la pleine propriété que l'évaluation de cette pleine propriété.

163. Transmission de rentes et pensions en pleine propriété. — Il convient de remarquer que l'art. 13 L. 25 fév. 1901 est spécial aux mutations de la nue propriété ou de l'usufruit des créances, rentes et pensions, et que les transmissions en pleine propriété de ces biens continuent à être tarifées conformément aux paragraphes 2, 7 et 9, art. 14 L. frim., soit sur le capital aliéné et constitué, soit sur le capital formé de 20 fois la rente perpétuelle ou de 10 fois la rente viagère.

Ce mode d'évaluation n'a pas été sans soulever quelques critiques et il a semblé peu logique de ne pas étendre à la rente viagère les règles adoptées pour l'usufruit.

Supposons, en effet, deux personnes âgées de 70 ans révolus et donataires, la première d'une rente viagère de 1 000 fr., l'autre de l'usufruit d'une maison louée moyennant un loyer de 1 000 fr.

Celle-ci n'aura à acquitter l'impôt que sur 2 000 fr. tandis que la première devra payer le droit sur une valeur de 10 000 fr., soit cinq fois plus que l'autre.

Malgré ces considérations, l'adaptation à la rente viagère des règles tracées pour l'usufruit n'est pas désirable par ces motifs que la rente viagère, en l'état actuel de la législation fiscale, n'est pas plus estimée que si le crédirentier avait une vie probable de dix ans, qu'ainsi le forfait résultant de la capitalisation par 10 est favorable aux parties, et qu'enfin l'extension à la rente viagère des règles d'évaluation adoptées pour l'usufruit aurait pour conséquence une réforme, dans le sens de l'aggravation des taxes, du mode de capitalisation de la rente perpétuelle et du revenu des immeubles.

Nous croyons devoir ajouter que la question ne présente qu'un intérêt purement théorique, et que nous ne la signalons qu'au point de vue didactique.

164. Usufruits éventuels ou conditionnels. — Aux termes de l'art. 13-2° *in fine*, on ne saurait avoir égard, pour déterminer la valeur de la nue propriété, qu'aux usufruits ouverts au jour de la transmission de cette nue propriété.

En effet, un usufruit conditionnel et non encore ouvert n'a juridiquement aucune existence actuelle et ne peut motiver aucune perception tant qu'il n'est pas devenu effectif. Or, si lors de la mutation de la propriété, l'on opérait sur la valeur de cette propriété une déduction du chef d'un usufruit non encore ouvert, l'impôt de transmission, contrairement au principe exposé ci-dessus (n° 147), ne serait plus perçu sur la valeur entière de l'objet transmis, puisque le droit applicable à l'usufruit ne pourrait pas encore être réclamé.

On doit donc faire abstraction, au moment du transfert de la pleine propriété ou de la nue propriété :

1° Des usufruits successifs, c'est-à-dire établis au profit de personnes appelées à en jouir l'une après l'autre;

2° Des usufruits éventuels, c'est-à-dire constitués par celui qui ne possède que la nue propriété de la chose;

3° Des usufruits sous condition suspensive, qui ne prennent naissance que lorsque l'événement prévu se réalise et si l'usufruitier appelé est encore vivant;

4° Des usufruits à terme, qui sont affectés d'une véritable condition, car leur validité est subordonnée à l'existence de l'usufruitier au terme indiqué.

165. Usufruit et nue propriété. Vente simultanée. Prix unique. Démembrement antérieur à la L. 25 fév. 1901. Déduction de la valeur de l'usufruit pour la perception du droit de vente. Déclaration estimative. — Lorsqu'un immeuble, dont la pleine propriété a été démembrée antérieurement à la L. 25 fév. 1901, est vendu, sous l'empire de cette loi, simultanément par le nu propriétaire et par l'usufruitier, moyennant un prix unique s'appliquant indistinctement à la nue propriété et à l'usufruit, la valeur de la nue propriété [illegible], qui seule est passible du droit de mutation, ne peut être déterminée que par une déclaration estimative souscrite par les parties dans les conditions prescrites par l'art. 16 L. frim. (Sol. 29 oct. 1902, Inst. 3099, § 12. 10105 R. P.; — Seine, 4 déc. 1903, 10485 R. P.).

166. Nue propriété. Démembrement antérieur à la L. 25 fév. 1901. Transmission sous l'empire de cette loi. Évaluation. Nouvelles règles applicables. — Les nouvelles règles de perception établies par l'art. 13 L. 25 fév. 1901, en ce qui concerne le mode d'évaluation de la nue propriété, doivent être appliquées à la transmission d'une nue propriété qui s'opère sous l'empire de cette loi, quand bien même le démembrement a eu lieu sous le régime de la L. frim. (Cass. req., 15 avril 1903, 10753 R. P.).

SECTION II. — TRANSMISSIONS SUCCESSIVES DE LA NUE PROPRIÉTÉ OU DE L'USUFRUIT.

[166-173]

CHAPITRE Ier. — CONSIDÉRATIONS GÉNÉRALES.

[165-166]

165. Principes. — Conformément au principe établi dans la L. 25 fév. 1901, les transmissions successives de la nue propriété ou de l'usufruit sont, en toute hypothèse, assujetties à l'impôt, d'après la valeur au jour de la mutation de la nue propriété ou de la jouissance, sans distinguer s'il s'agit de meubles ou d'immeubles, et si la transmission a lieu à titre onéreux ou à titre gratuit ou par décès.

Il en résulte que la valeur imposable de cette nue propriété ou de cet usufruit est représentée, soit par le prix exprimé, soit par une fraction de la pleine propriété déterminée comme il a été dit ci-dessus. Spécialement, en cas de vente de la nue propriété moyennant un prix payable à l'extinction de l'usufruit sans intérêts, l'impôt sera dû sur le prix stipulé, bien qu'à raison de l'absence d'intérêts le prix puisse représenter plus que la valeur de la nue propriété (*Rép. gén.*, 1re partie, v° *Usufruit*, n° 80-2).

Nous avons pensé (V. *Commentaire*, L. 25 fév. 1901, n° 34) que ces règles ne doivent être appliquées que tout autant que le démembrement s'opérera sous l'empire de la loi nouvelle.

Par exemple, si la mutation de la nue propriété d'une créance démembrée sous le régime antérieur à la L. 25 fév. 1901 est intervenue postérieurement à cette loi, l'impôt ne devra pas moins être calculé, comme précédemment, sur la moitié de la valeur de la pleine propriété, sans avoir égard à l'âge de l'usufruitier.

L'économie des nouvelles dispositions repose, en effet, sur ce principe que le nu propriétaire ou l'usufruitier n'acquittant l'impôt, lors du démembrement, que sur la valeur réelle des biens qu'ils recueillent, les transmissions successives de la nue propriété ou de l'usufruit doivent nécessairement donner ouverture à de nouveaux droits liquidés d'après les mêmes bases; mais cette conclusion ne saurait évidemment être admise toutes les fois que les raisons qui la justifient n'existent plus.

Quand le démembrement s'est opéré sous l'empire de la L. frim., le nu propriétaire a payé la taxe, lors de la division de la propriété, non seulement sur la valeur de la nue propriété, mais encore par anticipation sur celle de l'usufruit.

La cession d'usufruit qui lui est ultérieurement consentie ne peut donc, en aucun cas, motiver la perception d'un second droit proportionnel, et lors même qu'elle serait postérieure à la L. 25 fév. 1901; elle est exclusivement régie par les lois antérieures.

Or, on n'aperçoit pas de motifs d'adopter une interprétation différente suivant que la mutation d'usufruit s'opère au profit du nu propriétaire ou d'un tiers, ni d'établir une distinction, à cet égard, entre les transmissions successives d'un usufruit et celles qui s'appliquent à la nue propriété.

Nous concluons donc que, s'il s'agit de tarifer une mutation d'usufruit ou de nue propriété provenant d'un démembrement opéré sous l'empire de la L. frim., les dispositions de cette loi peuvent seules être appliquées, à l'exclusion de celles de la L. 25 fév. 1901, quelle que soit la date de cette mutation.

166. Système contraire de l'Administration. — L'Administration a, sur ce point, une théorie différente de la nôtre. Elle soutient que, lorsqu'une nue propriété séparée de l'usufruit sous l'empire L. frim., fait, au cours du démembrement, l'objet d'une transmission devenue passible de l'impôt depuis l'entrée en vigueur de la L. 25 fév. 1901, il y a lieu d'appliquer à cette transmission les règles tracées par la loi nouvelle, quelle que soit la perception effectuée lors du démembrement (3067-4 I. G.; 10165 R. P.).

Cette théorie repose sur les considérations suivantes :

L'art. 13 L. 25 fév. 1901, qui détermine le nouveau mode d'évaluation de la nue propriété et de l'usufruit, atteint, d'une manière générale, à défaut d'une disposition contraire, tous les actes et mutations dont la date est postérieure à la mise à exécution de la loi.

Sans doute, la loi nouvelle n'a pas d'effet rétroactif (art. 2 C. civ.), en ce sens qu'elle ne peut préjudicier aux droits établis et aux situations acquises antérieurement à sa mise en vigueur. C'est par application de ce principe que, lorsque le nu propriétaire a acquitté l'impôt d'après les règles anciennes, la réunion anticipée de l'usufruit à la nue propriété continue à s'opérer sans payement d'aucun droit (Instr. n° 3049, p. 14). On ne saurait exiger une seconde fois, lors de la consolidation, l'impôt qui a été déjà perçu par avance à raison de l'expectative de l'usufruit.

Mais, quand il s'agit de la transmission, au profit d'un tiers, de la nue propriété d'un bien grevé d'usufruit, la situation est toute différente. Cette transmission engage le nu propriétaire seul et laisse subsister intégralement les droits de l'usufruitier. Elle ne se rattache par aucun lien, juridique ou de fait, à la mutation qui a opéré le démembrement; il est certain qu'au moment de la séparation de la nue propriété et de l'usufruit, le nu propriétaire n'a pu acquitter par anticipation le droit exigible sur une mutation que rien alors ne permettait de prévoir. Par conséquent, il importe peu que l'impôt ait été primitivement acquitté d'après les règles anciennes. Ces règles ne peuvent avoir aucune influence sur la perception afférente à un acte rédigé ou à une mutation réalisée depuis leur abrogation. Il n'y a pas lieu de distinguer à cet égard entre les transmissions de nue propriété à titre onéreux ou à titre gratuit.

Cette opinion a été adoptée par le tribunal de Beauvais, le 5 juin 1902 (10315 R. P.).

Décidé, dans cet ordre d'idées, que, sous l'empire de la L. 25 fév. 1901, lorsqu'un immeuble dont la pleine propriété a été démembrée antérieurement à cette loi est vendu conjointement et moyennant un prix unique par le nu propriétaire et par l'usufruitier, c'est d'après une déclaration estimative des parties que doit être déterminée la valeur de l'usufruit à déduire du montant du prix exprimé, pour la perception du droit de vente (Sol. 29 oct. 1902, 3099, § 12, I. G.; 10405 R. P.).

CHAPITRE II. — USUFRUITS SUCCESSIFS. — RÉVERSIONS D'USUFRUIT. — USUFRUITS CONJOINTS AVEC CLAUSE D'ACCROISSEMENT.

[167-173]

167. Mode de liquidation du droit. — L'usufruit peut être constitué au profit de plusieurs personnes appelées à en jouir successivement. Dans cette hypothèse, chacun des usufruitiers tient son droit directement du constituant et non du précédent usufruitier et il existe, non pas un seul usufruit se transmettant à des personnes différentes, mais autant d'usufruits distincts qu'il y a d'appelés. Au décès du premier bénéficiaire, l'usufruit dont il jouissait s'éteint et le second bénéficiaire en acquiert un nouveau.

On en conclut qu'au moment du démembrement, la nue propriété doit être évaluée, non en tenant compte de l'éventualité des usufruits qui peuvent se succéder et en prenant comme base de calcul l'âge de l'usufruitier éventuel s'il est plus jeune que le premier appelé, mais uniquement d'après l'âge de ce dernier, qui possède seul un droit actuel.

D'autre part, lors de la transmission ultérieure de l'usufruit, l'impôt doit être : 1° liquidé sur le capital obtenu en appliquant, à la valeur des biens à la date de l'ouverture du second usufruit, le mode de détermination de la valeur imposable en vigueur au jour du démembrement ; 2° perçu d'après le tarif existant à cette dernière époque.

Ainsi, dans l'hypothèse d'un legs d'usufruit successif, portant sur des immeubles et fait par une personne décédée en 1890, si le premier usufruit a pris fin en mars 1901, le second usufruitier devra acquitter le droit d'après le tarif en vigueur en 1890 et sur le capital au denier 10 ou 12.50 du revenu des immeubles en 1901.

168. Transmissions auxquelles s'applique la nouvelle loi. — Ce n'est que dans le cas où le démembrement aurait été effectué depuis la promulgation de la L. 25 fév. 1901 que l'usufruit secondaire devrait être évalué conformément aux règles tracées par l'article 13. Et si cet usufruit est transmis à titre gratuit ou par décès, sa valeur réelle sera nécessairement déterminée d'après l'âge du bénéficiaire, au moment où ce second usufruit prend naissance (Rapport de M. Cordelet, 8928 R. P., p. 195).

Supposons, par exemple, qu'un usufruit soit donné à *Primus*, âgé de 55 ans, et à *Secundus*, âgé de 35 ans, pour en jouir successivement. Lors du démembrement, l'impôt sera acquitté par *Primus* sur les 3/10 de la valeur de la pleine propriété, et, s'il décède 10 ans après, *Secundus* paiera le droit sur les 4/10 de la même valeur.

Les mêmes règles sont entièrement applicables aux réversions d'usufruit résultant d'un legs ou d'une donation. Quant aux usufruits successifs acquis à titre onéreux, les transmissions auxquelles ils donnent lieu ne sauraient motiver la perception d'un droit quelconque, puisque la valeur de tous ces usufruits se trouve représentée par le prix exprimé dans le contrat d'acquisition et qui a déjà servi de base à l'assiette de l'impôt (art. 13-1°).

169. Usufruit conjoint avec clause d'accroissement. — Pour la liquidation du droit, il importe de distinguer la réversion proprement dite et la clause d'accroissement en cas d'usufruit conjoint.

Ainsi, lorsqu'un donateur, après avoir fait une donation conjointe d'usufruit, dispose que la jouissance appartiendra en entier au survivant des donataires, la dévolution, opérée par suite du décès du premier mourant au profit du survivant, constitue un accroissement et non une réversion. D'où la conséquence que le second bénéficiaire qui est censé avoir reçu directement, du donateur *ab initio*, l'usufruit total, ne doit pas un nouveau droit sur la part du prémourant et n'est tenu qu'au paiement du droit complémentaire afférent à cette part, dans le cas où il serait soit parent du disposant à un degré plus éloigné, soit moins âgé que le premier bénéficiaire au moment de la constitution de l'usufruit conjoint.

Par exemple, un usufruit attribué conjointement, avec clause d'accroissement, à *Primus*, *Secundus* et *Tertius*, âgés respectivement de 20, 30 et 40 ans révolus, donne ouverture, lors de sa création, aux droits sur les 6/10, 5/10 et 4/10 de chaque tiers de la valeur de la pleine propriété. Au décès de *Tertius*, si le degré de parenté des trois codonataires ou colégataires avec le disposant est le même, *Primus* et *Secundus*, étant réputés avoir seuls recueilli dès l'origine la totalité de l'usufruit transmis, devront un supplément d'impôt calculé pour *Primus* sur les 2/10 et pour *Secundus* sur 1/10 de chaque moitié du tiers qui leur est accru en usufruit, quelle que soit la date à laquelle se sera produit le décès de *Tertius*.

170. Restitution au profit du nu propriétaire. — En cas de réalisation d'un usufruit successif ou réversible, ou de la clause d'accroissement stipulée dans l'acte constitutif, il peut arriver que le nu propriétaire ait, en fait, payé l'impôt sur une somme supérieure à la valeur réelle de la nue propriété. Soit une terre attribuée en nue propriété à *Primus*, en usufruit à *Secundus* âgé de soixante dix ans révolus et à *Tertius* âgé de trente-neuf ans pour en jouir successivement. Le premier usufruit étant évalué à 1/10 de la propriété, *Primus* acquittera le droit sur les 9/10, comme s'il devait entrer en jouissance à la mort de *Secundus* et comme si le legs fait à *Tertius* n'existait pas, cet usufruit n'ayant qu'une existence conditionnelle et devant rester sans influence sur la liquidation de l'impôt. Néanmoins, si *Secundus* vient à décéder deux ans après, à la survivance de *Tertius*, ce dernier devra verser un nouveau droit calculé sur les 4/10 de la propriété, de sorte que le Trésor encaissera, en deux fois, un droit égal et qui pourra même, assez fréquemment, être supérieur à celui qui aurait été perçu si *Tertius* avait été seul attributaire de l'usufruit.

Dans cette hypothèse, le nu propriétaire aurait payé l'impôt sur les 9/10 de la pleine propriété alors qu'en définitive la valeur de la nue propriété n'est représentée que par les 5/10 de cette pleine propriété, puisque l'usufruit de *Secundus* a été évalué à 1/10 et celui de *Tertius*, qui l'a ensuite recueilli, au 4/10 de cette valeur.

Sous l'empire de l'art. 60 L. frim., la somme versée en trop par le nu propriétaire n'aurait pu être remboursée.

Mais l'art. 13 L. 25 fév. 1901 a dérogé à cette règle, en

168. Transmissions auxquelles s'applique la nouvelle loi. — Lorsqu'un testateur, décédé sous le régime institué par la loi de frim., a légué l'usufruit d'un immeuble à sa sœur et à un neveu pour en jouir successivement, et que le second usufruit s'est ouvert postérieurement à la promulgation de la loi du 25 fév. 1901, c'est cette dernière loi qui doit être appliquée à la transmission du second usufruit (Béziers, 11 juillet 1906, 11294 R. P.). — V. *suprà*, n° 452.

Les nouvelles règles de perception établies par l'art. 13 L. 25 fév. 1901, en ce qui concerne le mode d'évaluation de la nue propriété, doivent être appliquées également à la transmission d'une nue propriété qui s'opère sous l'empire de cette loi, quand bien même le démembrement a eu lieu sous le régime de la loi de frim. (Blois, 4 mars 1906, 11295 R. P.).

171. Usufruits successifs. Restitution au nu propriétaire. Conditions. — En cas d'usufruits successifs, pour que la restitution au profit du nu propriétaire puisse être effectuée par application de l'avant-dernier alinéa du 2° § de l'art. 13 L. 25 fév. 1901, il faut : 1° que le second usufruit se soit ouvert par la cessation du premier; 2° que le montant du droit dû sur le second usufruit soit exactement déterminé. Or, cette seconde condition ne peut être généralement remplie que si le second usufruitier a lui-même acquitté l'impôt, car la liquidation du droit de mutation par décès n'est en principe susceptible d'être régulièrement établie que sur la déclaration des parties souscrite au bureau compétent et accompagnée du payement des droits exigibles. Dès lors, tant que le second usufruitier n'a pas souscrit la déclaration et payé les droits à sa charge, le nu propriétaire n'est pas fondé à exiger une restitution dont il serait impossible de fixer légalement le chiffre; il aurait seulement la faculté de prendre, le cas échéant, les mesures nécessaires pour interrompre la prescription biennale. (Sol. 14 déc. 1903, Instr. 3106 § 3. 10713 R. P.).

disposant qu'en cas d'usufruits successifs, si l'usufruit éventuel vient à s'ouvrir, le nu propriétaire aura droit à la restitution d'une somme égale à ce qu'il aurait payé en moins, si le droit acquitté par lui avait été calculé sur l'évaluation de la nue propriété, d'après l'âge de l'usufruitier éventuel.

171. Limites de la restitution. — Toutefois, cette restitution ne peut avoir lieu que dans les limites du droit dû par celui-ci et elle présente les caractères « plutôt d'un moins perçu que d'une restitution proprement dite » (Rapport de M. Cordelet, 8028 R. P., p. 195).

En d'autres termes, on ne peut rembourser une somme supérieure à celle qui est réclamée au second usufruitier; de cette manière, le Trésor conserve, au moins, une somme égale à celle qui a été perçue lors du démembrement, c'est-à-dire la totalité des droits applicables à la pleine propriété, mais répartis entre les usufruitiers et le nu propriétaire, autrement que lors de la première perception.

Ainsi, dans l'exemple précédent, la restitution s'appliquerait au droit payé sur les 4/10 de la pleine propriété, tandis que l'impôt supplémentaire dû par *Tertius* serait liquidé sur la même fraction.

Si *Secundus* avait joui de son usufruit pendant 12 ans, la valeur de la nue propriété de *Primus* n'en devrait pas moins en définitive être fixée au 5/10 de la pleine propriété et le nu propriétaire aurait indûment acquitté l'impôt sur les 4/10.

Comme le supplément de droit dû par *Tertius*, âgé de 51 ans au moment de l'ouverture de son usufruit, serait calculé seulement sur les 3/10 de la propriété, la restitution devrait être restreinte aux droits afférents à cette dernière fraction.

Enfin, si *Secundus* était décédé avant que *Tertius* eût atteint 40 ans, la valeur de la nue propriété de *Primus* serait toujours déterminée par les 5/10 de la propriété et l'excès de perception porterait sur les 4/10 de cette propriété; de son côté, *Tertius* devrait un supplément de droit sur les 5/10, c'est-à-dire sur une somme supérieure à celle sur laquelle le nu propriétaire aurait indûment acquitté les droits, et qui doit évidemment être seule prise en considération pour liquider le montant de la restitution.

172. Compensation. — Ajoutons que, comme il s'agit de parties différentes, on ne saurait, d'office, admettre une compensation entre les droits dus par le second usufruitier et ceux qui ont été indûment payés par le nu propriétaire.

173. Prescription. — L'action en remboursement, ouverte au profit du nu propriétaire, se prescrit par deux ans, à compter du jour du décès de l'usufruitier, sans qu'il y ait à se préoccuper de savoir si le nu propriétaire a eu ou non connaissance de ce décès. Mais, lorsque cette action est prescrite, l'Administration n'en conserve pas moins le droit de réclamer l'impôt afférent au second usufruit pendant les 10 ans qui suivent l'ouverture de cet usufruit sans que le nu propriétaire et l'usufruitier puissent invoquer une compensation à cet égard.

Les règles qui précèdent doivent également être étendues, par identité de motifs, au nu propriétaire, en cas d'accroissement d'un usufruit conjoint au profit d'un usufruitier plus jeune que l'usufruitier prédécédé.

SECTION III. — RÉUNION DE L'USUFRUIT A LA NUE PROPRIÉTÉ

[174-181]

CHAPITRE Ier.

RÉUNION ANTICIPÉE D'USUFRUIT DÉMEMBRÉ SOUS LA NOUVELLE LÉGISLATION.

[174-178]

174. Principes. — Nous avons vu précédemment que l'impôt perçu pour la nue propriété, soit sur le prix convenu, soit sur l'évaluation déterminée d'après l'âge de l'usufruitier, frappe la valeur de cette nue propriété fixée en tenant compte des probabilités de la réunion plus ou moins prochaine de l'usufruit et englobe ainsi l'expectative de la jouissance.

Ce principe entraîne deux conséquences importantes relativement à l'application de l'impôt aux actes emportant réunion d'usufruit à la nue propriété :

La première, qui fait l'objet de la disposition finale de l'article 13, se traduit par l'exonération de tout droit lorsque la réunion a lieu par le décès de l'usufruitier ou l'expiration du temps fixé pour la durée de l'usufruit;

La seconde a trait à l'exigibilité, dans certains cas de réunion anticipée, d'un droit de mutation sur la valeur de l'usufruit, quelle que soit la nature de la convention par laquelle l'usufruit a été créé, et de quelque manière que s'opère la réunion, que ce soit à titre onéreux ou à titre gratuit (V. n° 177 *infrà*).

175. Extinction naturelle de l'usufruit. — Comme par le passé, l'extinction naturelle de l'usufruit ne donne ouverture à aucun droit, car elle ne constitue pas une transmission dans le sens de l'art. 4 L. frim., mais simplement le dégrèvement d'une charge.

Le même caractère paraît devoir être attribué à la renonciation purement extinctive souscrite par l'usufruitier (V. n° 177 *infrà*), au non-usage de son droit pendant 30 ans et à la résolution pour abus de jouissance (Demante, t. I, n° 336. — *Contrà* : Naquet, t. I, n° 203).

Les règles d'interprétation admises sous l'empire de la législation antérieure, en ce qui concerne les effets de ces différents modes d'extinction de l'usufruit, doivent continuer à être appliquées.

176. Réunion anticipée. — D'après le nouveau texte, le nu propriétaire n'a pas eu à payer l'impôt par anticipation, lors du démembrement, sur la valeur de la pleine propriété et la nue propriété qu'il a recueillie a été simplement tarifée d'après sa valeur actuelle.

Par conséquent, lorsque, par l'effet d'une convention quelconque, il entre en possession de l'usufruit, avant l'expiration du terme normal ou convenu, il ne peut se dispenser d'acquitter un droit *proportionnel* sur la valeur de l'usufruit qu'il acquiert, et cette valeur doit être déterminée conformément aux règles tracées par l'art. 13.

Cette disposition est applicable à l'ayant cause du nu propriétaire comme à ce dernier. Spécialement, en cas de vente simultanée de l'usufruit et de la nue propriété à la même personne, l'impôt sera dû désormais sur la totalité du prix stipulé, l'usufruitier ayant droit à une portion de ce prix en capital (V. *Rép. gén.*, 1re partie, v° *Usufruit*, n°s 48 et s.).

177. Renonciation à usufruit. — Rappelons que, pour motiver l'exigibilité du droit de mutation à titre onéreux ou à titre gratuit, il faut, de toute nécessité, que la renonciation puisse être considérée comme *translative*, c'est-à-dire comme ayant été acceptée par le nu propriétaire (Sol. 23 fév. 1892, 7956 R. P.). Aujourd'hui, pas plus que sous le régime antérieur, une renonciation purement *extinctive*, c'est-à-dire non acceptée par le nu propriétaire, ne saurait engendrer le droit de mutation, car, révocable au gré de l'usufruitier, elle n'emporte pas aliénation (Sol. préc.).

178. Droit de transcription. — Il va de soi, d'ailleurs, que la L. 25 fév. 1901 vise uniquement l'impôt de mutation à percevoir sur les actes constatant la réunion anticipée de l'usufruit à la nue propriété et n'atteint, en aucune façon, le droit de transcription auquel peut donner lieu l'application de l'art. 54, L. 28 avr. 1816, dont toutes les dispositions restent en vigueur. Mais, pour que ce droit puisse être exigible, il est indispensable qu'il ne soit pas compris dans le tarif afférent à l'acte ou à la convention qui opère la consolidation de l'usufruit. L'hypothèse sera très rare, sous l'empire de la législation nouvelle, puisque le droit de transcription se trouve englobé dans le tarif des mutations à titre onéreux aussi bien que des transmissions entre vifs à titre gratuit.

Décidé que l'exemption de tous droits de transcription, sur les donations entre vifs, est intimement liée, dans l'article 18 L. 25 fév. 1901, à l'élévation du tarif des droits d'enregistrement. Les lois des 28 avril 1816 (art. 54) et 21 juin 1875 (art. 1er) conservent leur empire dans tous les cas où les nouvelles quotités des droits d'enregistrement ne sont pas appliquées.

Spécialement, les donations opérant la réunion de l'usufruit à la nue propriété d'immeubles démembrés antérieurement à la mise à exécution de la loi de 1901, donnent ouverture au droit de transcription (1 fr. 50 p. 100) si ce droit n'a pas été perçu par anticipation lors du démembrement. De même, le droit de transcription (0 fr. 50 p. 100) est exigible sur les immeubles qui, compris dans un acte de donation-partage intervenu depuis la loi nouvelle, représentent les sommes données par actes entre vifs antérieurement à cette loi et non payées au jour du second contrat (Sol. 17 avr. 1902, 3089-7 I. C.; 10270 R. P.).

CHAPITRE II. RÉUNION ANTICIPÉE D'UN USUFRUIT DÉMEMBRÉ SOUS LA LÉGISLATION ANTÉRIEURE.

[179]

179. Principes. — En cas de réunion anticipée de l'usufruit à la nue propriété, un droit de mutation ne devient exigible qu'autant que ces deux éléments de la pleine propriété ont été tarifés, lors du démembrement, conformément aux règles nouvelles.

Toutes les fois, au contraire, que le nu propriétaire aura, par anticipation, acquitté l'impôt suivant les règles anciennes sur la valeur de la pleine propriété, la réunion anticipée, même postérieurement à la promulgation L. 25 fév. 1901, continuera à s'opérer sans paiement du droit proportionnel, sauf application, le cas échéant, de l'art. 15, n° 6, dernier alinéa, L. frim. (2e projet Poincaré, 8583 R. P., p. 139).

Il ne pouvait, en effet, être question d'exiger du nu propriétaire, qui avait payé par anticipation le droit afférent à la valeur de l'usufruit, un second droit pour la transmission de ce même usufruit. Dans ce cas, la réunion, lorsqu'elle s'opère prématurément, ne donne ouverture qu'au droit fixe de 4 fr. 50, et, s'il y a lieu, au droit de transcription.

CHAPITRE III. DISPOSITION TRANSITOIRE : SUPPRESSION DU DROIT FIXE DE RÉUNION D'USUFRUIT SUR LES PETITES VENTES.

[180]

180. Actes auxquels s'applique l'exonération du droit. — L'art. 21 contient une disposition transitoire applicable aux réunions d'usufruit qui continueront à s'opérer à l'avenir en vertu des règles anciennes. Cet article dispose que le droit fixe de 4 fr. 50 cesserait d'être exigé, dès la promulgation de la loi, sur toute réunion à la nue propriété opérée par acte de cession dont le prix principal ne dépasse pas 2,000 fr.

Cette disposition, constituant une exception à la règle établie par l'art. 68, § 1, n° 43, L. frim., doit être restreinte à l'hypothèse expressément prévue; elle ne peut être étendue aux conventions autres que les cessions comportant la stipulation d'un prix, et, par suite, aux transmissions à titre gratuit.

Le prix maximum de 2.000 fr. doit s'entendre du prix stipulé pour l'usufruit. Lorsqu'un adjudicataire acquiert simultanément, pour un prix unique, la nue propriété et l'usufruit, l'art. 21 est applicable, dès lors que le prix unique n'est pas supérieur à 2.000 fr., la valeur de l'usufruit étant, dans ce cas, réglée par la loi antérieure, c'est-à-dire égale à la valeur de la nue propriété.

CHAPITRE IV. — RÉUNION DE LA NUE PROPRIÉTÉ A L'USUFRUIT.

[181-188]

181. Liquidation du droit. — Aux termes de l'art. 15, n° 8, 2e al., L. frim., lorsque l'usufruitier, qui a acquitté le droit pour son usufruit, acquiert la nue propriété, il doit payer le droit sur cette valeur, sans qu'il y ait lieu d'y joindre celle de l'usufruit.

184. Usufruit et nue propriété. Défaut d'indication de la date et du lieu de la naissance de l'usufruitier. Conséquences au point de vue de la liquidation des droits. Distinctions. — A défaut des justifications prescrites par l'art. 14 L. 25 fév. 1901 en ce qui concerne la date et le lieu de naissance de l'usufruitier, la loi autorise l'Administration à percevoir les droits les plus élevés qui pourraient être dus au Trésor, sauf restitution du trop perçu dans le délai de deux ans. Toutes les fois que, comme dans le cas de l'art. 755 C. civ., le nu propriétaire et l'usufruitier sont solidaires pour le payement des droits, la perception forme un tout indivisible qui ne peut jamais s'appliquer à un capital dépassant la valeur même de la pleine propriété ni excéder le maximum des droits susceptibles d'être dus pour l'ensemble; on doit attribuer alors à l'usufruitier l'âge le plus favorable pour la perception, en tenant compte de la différence des tarifs applicables aux deux parties. Mais, lorsqu'il n'existe entre l'usufruitier et le nu propriétaire aucun lien de solidarité vis-à-vis du Trésor, — ce qui arrive, en matière de mutation par décès, quand l'usufruit est dévolu en vertu d'un testament ou d'une donation ou par l'effet de la L. 9 mars 1891, — il y a lieu, pour satisfaire au vœu de la loi, de porter le total des droits immédiatement exigibles, non pas seulement à la somme la plus forte qui puisse être due au Trésor pour l'ensemble, mais au maximum de chaque perception considérée à part (Instr. 3156, § 2. 10712 R. P.).

C'est là une règle générale qui doit continuer à recevoir son application sous le régime de la L. 25 fév. 1901, de quelque manière que la nue propriété se réunisse à l'usufruit, que ce soit à titre onéreux ou à titre gratuit, par acte entre vifs ou par décès.

La valeur de la nue propriété devra d'ailleurs être déterminée conformément aux règles tracées dans l'art. 13 et que nous venons d'étudier, c'est-à-dire d'après le prix exprimé ou l'âge de l'usufruitier au moment de la consolidation, suivant que la transmission s'opérera à titre onéreux ou à titre gratuit, ou qu'il s'agira de créances, rentes ou pensions.

SECTION IV. — JUSTIFICATION DE L'AGE DE L'USUFRUITIER

[182-188]

182. Indications à fournir. — La fixation de la valeur imposable de l'usufruit et de la nue propriété, dans les cas régis par les deux derniers paragraphes de l'art. 13, reposant sur l'âge de l'usufruitier, l'art. 14 a prescrit les mesures nécessaires pour que ce renseignement soit fourni à l'Administration et que l'exactitude en puisse être vérifiée. A cet effet, les actes et déclarations visés par les dispositions précitées de l'art. 13 doivent indiquer la date et le lieu de naissance de l'usufruitier; si ce dernier est né hors de France ou d'Algérie, les parties seront, en outre, tenues de justifier de cette date avant l'enregistrement ou la déclaration.

L'exemption de la production de pièces justificatives n'étant ainsi accordée que si l'usufruitier est né en France ou en Algérie, les documents établissant la date de la naissance devront être représentés, dans tous les autres cas, c'est-à-dire lorsque l'usufruitier sera né à l'étranger, dans les colonies ou les pays de protectorat.

183. Nature des pièces justificatives. — La nature des pièces justificatives à fournir, à l'appui de l'indication de la date de la naissance de l'usufruitier, n'est pas spécifiée. Cependant, comme dans tous les pays il existe, de même qu'en France, des registres de naissance, le mode habituel de justification consistera dans la production d'un extrait de ce registre, ou du jugement tenant lieu de l'acte de naissance, ou même d'un équipollent, tel qu'un acte de baptême, si cet acte est suffisant pour la constatation de la naissance dans le pays où elle s'est produite (C. Paris, 2 août 1876, S. 70-2-250).

En pareille matière, en effet, la force probante du document présenté doit être déterminée d'après la règle *locus regit actum*. Ainsi, il est généralement admis qu'un certificat de notoriété ne peut suppléer l'acte de naissance si, dans le pays où elle s'est produite, il est tenu des registres destinés à constater l'état civil des personnes (Cass. 27 déc. 1837, S. 38-1-345; D. P. 38-1-37; — 9 juillet 1873, S. 73-1-404).

Ajoutons que les pièces produites ne peuvent être prises en considération que si elles sont conformes aux lois du pays où elles ont été rédigées; cette régularité étant, en principe, attestée par la légalisation apposée par l'agent consulaire français (Aubry et Rau, t. I, p. 222, n° 66, note 4). l'Administration pourra exiger que les documents qui lui seront représentés soient traduits et dûment légalisés.

184. Défaut de justification. — A défaut des justifications prescrites par l'art. 14, la loi autorise la Régie à percevoir les droits les plus élevés qui pourraient être dus au Trésor. Toutefois, le total de la valeur respective de la jouissance et de la nue propriété ne peut dépasser, pour un même démembrement, la valeur de la pleine propriété, sinon le principe, d'après lequel le total des taxes payées pour ces deux éléments doit égaler l'impôt dû pour la toute propriété, se trouverait violé.

Ainsi, dans le système de la perception la plus élevée, on évaluera la nue propriété, comme si l'usufruitier avait plus de 70 ans et la jouissance, comme si l'usufruitier avait moins de 20 ans; mais, en cas de transmission simultanée de l'usufruit et de la nue propriété, la valeur de l'usufruit, dans la première hypothèse, ne devra être fixée qu'à 1/10 et celle de la nue propriété, dans la seconde supposition, ne sera portée qu'aux 3/10 de la toute propriété.

Il est à peine besoin d'ajouter que cette restriction ne saurait évidemment recevoir son application, en cas de transmission séparée de l'usufruit ou de la nue propriété.

185. Restitution. — La différence entre les droits les plus élevés qui auront été perçus à défaut des justifications prescrites, sera sujette à restitution dans le délai de deux ans, sur la représentation de l'acte de naissance de l'usufruitier, s'il est né hors de France ou d'Algérie. — Il en est ainsi, quel que soit le lieu de naissance de l'usufruitier.

La seule particularité qui s'attache, à cet égard, au cas où l'usufruitier est né hors de France ou d'Algérie, c'est que, dans ce cas, les parties sont tenues, pour obtenir le redressement de la perception, de produire l'acte même de naissance de l'usufruitier (3067-5 I. G.; 10166 R. P.).

Bien que la loi ne mentionne que la représentation de l'acte de naissance, il semble même que les parties pourront également obtenir le remboursement des droits indûment acquittés, en produisant l'une des pièces énumérées ci-dessus (n° 183) susceptibles de servir à la constatation légale de la date de la naissance avant l'enregistrement ou la déclaration.

Il résulte, d'ailleurs, des termes de l'art. 14 (1er alinéa, *in fine*) que l'obligation de produire, à l'appui d'une demande en restitution, l'acte de naissance de l'usufruitier ou tout acte autre équipollent, ne saurait être imposée aux intéressés, lorsqu'à défaut d'indication de la date de la naissance d'un usufruitier né en France ou en Algérie et de l'impossibilité de combler cette lacune avant l'accomplissement de la formalité, l'Administration a dû exiger le tarif le plus élevé; dans ce cas, le remboursement devra être ordonné au vu de tout document établissant suffisamment la date exacte de la naissance de l'usufruitier.

Le délai de deux ans, pendant lequel la restitution peut être autorisée, court du jour de la perception (art. 61, L. frim.).

186. Pénalités. — L'article 14 de la nouvelle loi édicte les sanctions applicables, en cas de déclaration inexacte, soit de la date, soit du lieu de naissance de l'usufruitier.

L'inexactitude de la date est passible, à titre d'amende, d'un droit en sus égal au supplément de droit exigible, mais il est évident que, si la rectification de la date ne motive la réclamation d'aucun supplément de droit, il ne peut être dû aucune pénalité.

Il est possible même que l'inexactitude de la date ait entraîné un excès de perception, dans cette hypothèse, nous pensons que la perception pourra être régularisée par application des principes admis en matière d'erreur de fait. Le remboursement serait, d'ailleurs, d'autant plus équitable qu'en cas de transmission simultanée de l'usufruit et de la nue propriété, l'atténuation de la valeur imposable de l'un de ces éléments aura pour contre-partie l'augmentation de celle de l'autre.

Si l'inexactitude porte sur le lieu de naissance, le droit le plus élevé deviendra exigible, sauf restitution au cas où la date de la naissance serait reconnue exacte.

A s'en tenir au sens littéral de cette dernière expression, on devrait décider que le remboursement ne pourrait être autorisé si la date indiquée dans l'acte ou la déclaration est erronée, lors même que la date véritable ferait ressortir un excès de perception.

Il ne semble pas, cependant, que telle ait été l'intention du législateur qui, en ajoutant, sur la proposition de la Commission des finances du Sénat (V. Rapport de M. Cordelet, 8928 R. P., p. 196), les termes : « sauf restitution, si la date de la naissance est reconnue exacte », a obéi à une pensée d'équité. La seule interprétation que comportent ces termes est donc que la restitution doit être ordonnée, s'il résulte de la date réelle de la naissance que la perception a été exagérée.

Il n'est pas douteux, du reste, que la restitution ne peut être autorisée que dans les deux ans de la perception.

187. Prescription. — La L. 25 févr. 1901 est muette sur la durée du délai pendant lequel doit être formulée la réclamation du droit supplémentaire motivée par suite de l'inexactitude de l'indication de la date ou du lieu de la naissance de l'usufruitier.

Cet oubli est profondément regrettable.

A défaut d'une disposition formelle sur ce point, la question ne saurait être résolue que d'après les principes généraux de la matière.

Tout d'abord, il est hors de controverse que la perception originairement établie par le receveur, d'après la déclaration des parties, ne saurait, en général, tomber sous le coup de la prescription biennale de l'art. 61, L. frim.

La raison en est que la prescription dont il s'agit ne s'applique qu'aux droits ouverts au moment où la formalité est accomplie et qui n'ont pas été perçus par suite d'une faute imputable à l'Administration. Ce n'est évidemment pas le cas de l'espèce, puisque la perception est conforme à la déclaration des parties.

Mais cette déclaration peut-elle être assimilée à une *insuffisance* ou à une *omission* commise par les parties dans les bases mêmes de la perception.

Nous ne le pensons pas.

Dans le système général de la loi d'impôt, l'*insuffisance* ou l'*omission* s'entend d'une *valeur* sujette au droit et qui a été déclarée pour un chiffre inférieur au chiffre réel ou qui a été complètement dissimulée. C'est à cette catégorie de fraude que s'appliquent les dispositions répressives et les prescriptions spéciales édictées par la L. frim., et les lois subséquentes.

L'éventualité prévue par l'art. 14 L. 25 fév. 1901 n'affecte aucun des caractères distinctifs de l'insuffisance ou de l'omission, au sens fiscal de ces expressions. Sans doute, elle aboutit à diminuer la valeur imposable, mais ce résultat n'est, en quelque sorte, que l'action réflexe d'une cause tout autre, qui consiste uniquement dans l'attestation d'un fait inexact et non dans l'indication d'une valeur insuffisante ou dans la dissimulation de cette valeur. Et ce qui le prouve, c'est que l'erreur, volontaire ou non, n'aurait pu donner matière à une pénalité, si la loi n'avait pas pris le soin de la punir par une sanction répressive. Elle offre, d'ailleurs, une analogie saisissante avec le cas de la déclaration erronée du degré de parenté d'un donataire ou d'un héritier. Or, il ne saurait être douteux que l'exigibilité du complément de droit simple auquel l'erreur commise dans ces conditions donne ouverture, n'est soumise qu'à la prescription de droit commun, c'est-à-dire à la prescription trentenaire (V. *Rép. gén.*, vº *Prescription*, nº 477).

La même conclusion, toute rigoureuse qu'elle soit, s'impose pour les suppléments de droits simples exigibles dans les circonstances prévues par l'art. 14, L. 25 fév. 1901.

Seul, le droit en sus, dû dans la première hypothèse envisagée par cet article (indication erronée de la date de la naissance), peut être régi, au point de vue de la prescription, par les dispositions de l'art. 14 L. 16 juin 1824 et devenir prescriptible par deux ans, lorsque l'existence de l'erreur a été suffisamment révélée à l'Administration par des actes permettant de l'établir sans recherches extérieures (V. *Rép. gén.*, vº *Prescription*, nºs 607 et s.).

C'est à regret que nous croyons devoir adopter une interprétation qui laissera, pendant trente ans, les parties sous le coup de la réclamation d'un supplément de droit. Mais cette interprétation nous paraît la seule qui soit conforme aux principes de la matière. Nous ne pouvons qu'exprimer le désir de voir le législateur réparer son oubli et fixer, par une disposition additionnelle, une prescription spéciale de courte durée.

188. Date d'application du régime nouveau. — Les nouvelles règles d'évaluation de l'usufruit et de la nue propriété s'appliquent à tous les actes ou mutations soumis à l'enregistrement dans un délai déterminé et dont la date est concomitante ou postérieure à la promulgation de la loi.

Quant aux actes non assujettis à l'enregistrement dans un délai déterminé, ils devront être tarifés d'après la législation en vigueur à la date de leur usage, soit par acte public, soit en justice, ou de leur présentation à la formalité, alors même qu'ils seraient antérieurs à la L. du 25 fév. 1901.

VENTE.

23. Propriétaires distincts. — Arrondissement des prix par 20. — Lorsqu'une adjudication faite à la requête de deux époux comprend des biens propres à chacun d'eux et qu'un même lot réunit des biens propres au mari et des biens propres à la femme, il n'y a pas lieu,

VENTE.

7. Vente d'immeubles. — Loi du 22 avril 1905. Droit en sus. Minimum. — Lorsque le droit simple exigible sur une vente d'immeubles a. s. p. et que cette vente est postérieure à la mise à exécution de la loi du 22 avril 1905, les droits en sus minimum édictés par l'art. 16 L. 23 août 1871 par défaut d'enregistrement de l'acte dans les trois ou quatre mois de sa date ne doivent pas être augmentés des décimes (11307 R. P.).

11. Habitations à bon marché. L. 12 avril 1906. — Les actes constatant la vente des maisons individuelles à bon marché sont soumis aux droits de mutation établis par les lois en vigueur. Toutefois, lorsque le prix aura été stipulé payable par annuités, la perception pourra, sur la demande des parties, être effectuée en plusieurs fractions égales, sans que le nombre de ces fractions puisse excéder celui des annuités prévues au contrat ni être supérieur à 5 (art. 10 de la loi). — 11262 R. P.

24 et 24 *bis*. Ventes d'immeubles. Droit de 5,50 p. 100, en principal, porté à 7 p. 100 sans décimes. Perception de franc en franc sur les sommes et valeurs ne dépassant pas 500 fr. Suppression des droits de timbre. L. fin. 22 avril 1905.

Les art. 3, 4, 6 et 7 de la loi du 22 avril 1905 sont ainsi conçus :

Art. 3. « Le droit d'enregistrement des ventes d'immeubles, fixé à 5.50 p. 100 en principal par l'art. 52 L. 28 avril 1816 est porté à 7 p. 100 *sans addition d'aucun décime*, et la formalité de la transcription au bureau du conservateur des hypothèques ne donnera lieu à aucun droit proportionnel autre que la taxe établie par la loi du 27 juillet 1900 ».

Art. 4. – Par dérogation à l'art. 2 L. 27 vent. an IX, la perception du droit de 7 p. 100 suivra les sommes de franc en franc, lorsqu'il s'agit de sommes et valeurs ne dépassant pas 500 *fr.*.. ».

Art. 6. « Les minutes, originaux et expéditions des actes ou procès verbaux de vente, licitation ou échange d'immeubles, ainsi que les cahiers des charges relatifs à ces mutations, sont affranchis de tout droit de timbre ».

Art. 7. « L'exemption du timbre n'est pas applicable aux actes, procès-verbaux et cahiers des charges spécifiés à l'art. 6, qui contiennent des dispositions indépendantes dans le sens de l'art. 11 L. 22 frim an VII. Pourtant, ne peuvent pas être considérées comme dispositions indépendantes, pour l'application de la présente loi, la procuration donnée dans l'un de ces actes pour toucher le prix ou la soulte, ou vendre les immeubles compris sur un cahier des charges ou procès-verbal de mise en vente, ainsi que toute déclaration de command contenue en l'acte même, ou encore tout payement par subrogation effectué par un tiers en l'acquit de l'acquéreur ».

Par application de l'art. 6, tous les actes ou procès-verbaux de vente ou de licitation ou d'échange dressés, soit devant un notaire, soit s. s. p., soit devant un fonctionnaire de l'ordre administratif, soit en justice, peuvent désormais être rédigés sur papier non timbré, en originaux, minutes, expéditions, grosses ou extraits; les cahiers des charges qui précèdent ces actes ou procès-verbaux sont appelés à bénéficier de la même dispense.

L'exonération du timbre doit profiter à tous les actes d'adjudication, reventes, cessions, rétrocessions, retraits de *réméré* exercés après l'expiration du délai, déclarations de command emportant transmission, résolution judiciaire de ventes, lorsque ces actes ont pour objet des immeubles et qu'ils sont passibles du droit proportionnel d'enregistrement, avec ou sans addition du droit de transcription. Pour les licitations immobilières, il n'y a pas à distinguer suivant qu'elles font ou non cesser l'indivision (*Rapport de M. Chéronnet*, 7 nov. 1904, n° 2051, p. 11).

Mais l'exemption des droits de timbre n'est pas applicable lorsque l'acte renferme des dispositions indépendantes autres que celles expressément prévues à l'art. 7. Il est sans difficulté, d'ailleurs, que ces dernières dispositions qui permettent l'emploi du papier libre sont toujours passibles du droit d'enregistrement qui leur est propre (*Rapport de M. Baudin*, du 28 fév. 1905, n° 2286, p. 30).

Ces art. 3 à 7 ont eu pour objet de rendre plus exactement proportionnelles à l'importance des valeurs transmises les charges fiscales que supportent les mutations immobilières. Il résulte, du reste, de toute l'économie de la loi que l'exemption du timbre ne profite, en ce qui concerne les ventes proprement dites, qu'à celles passibles précédemment du droit de 5.50 p. 100.

C'est ainsi qu'il y a lieu de rédiger sur timbre :

1° L'acte constatant le remploi, par dation en payement d'un immeuble de communauté, de prix d'immeubles propres de la femme précédemment aliénés (11067 R. P.);

2° L'acte constatant l'acquisition d'immeubles par l'État (11065 R. P.).

La loi du 22 avril 1905 (10959 R. P.) a été déclarée applicable à l'Algérie par un décret du 4 septembre 1908 (11287 R. P.).

V. *Acte à la suite d'un autre*, n°s 218 et 221-2; — *Adjudication*, n° 231 *bis*., — *Cahier des charges*, 5 *bis*.; — *Expédition*, 23 *bis*.

124. Bail de carrière. Droit d'extraire. Vente mobilière. Faculté de prolongation pour le preneur. Droit proportionnel non immédiatement exigible. — La clause d'un bail de carrière qui réserve au preneur le droit de prolonger sa concession pendant une nouvelle période, présente à son égard le caractère d'une promesse de vente facultative et ne peut donner lieu à la perception immédiate du droit proportionnel (Lure, 17 fév. 1905, 10816 R. P.).

130 *bis*. Promesse de vente d'immeubles. Transcription. Vente réalisée dans des conditions différentes de celles de la promesse. Droit d'enregistrement. Non-imputation du droit de transcription précédemment perçu. — Le droit de 1.50 p. 100 perçu à la conservation des hypothèques pour la transcription d'une promesse de vente d'immeubles ne saurait être imputé sur le droit proportionnel auquel donne lieu l'enregistrement de l'acte de réalisation de la vente, lorsque cette réalisation s'opère dans les conditions différentes de celles de la promesse que les parties ont d'ailleurs pris soin d'annuler expressément (Versailles, 28 mars 1905, 11050 R. P.).

198 *bis*. Chute d'eau à créer, droits de riveraineté et terrains nécessaires pour aménager la chute. Actes distincts passés le même jour entre les mêmes parties. Contrat unique. Droit de vente immobilière. — V. *Biens*, n° 13-1.

pour la liquidation du droit proportionnel, d'arrondir séparément par 20 le prix des biens propres à chaque époux (Sol. 17 juill. 1900, 9960 R. P.).

70. Traité. — Exploitation de journal. — Bail. — Vente déguisée. — V. *Bail*, n° 8.

94. Vente d'immeuble par acte s. s. p. — Condition de réaliser la mutation par acte notarié. — Intention des parties. — Perfection de la convention. — L'obligation de réaliser par devant notaire, dans un délai déterminé, l'acte s. s. p. rédigé pour constater une vente, ne saurait être considérée comme constituant une condition suspensive, lorsque les circonstances démontrent que, dans l'intention même des parties, la vente était définitive et non soumise à une condition suspensive quelconque. En conséquence, le droit proportionnel régulièrement perçu lors de la présentation de l'acte s. s. p. à l'enregistrement, ne saurait être restitué (L. 22 frim., art. 60; — Issoire, 6 déc. 1893; — Cass. 9 avril 1895, 8531 et 8960-9 R. P.).

De même, lorsqu'un vendeur fait sommation à l'acquéreur de passer acte authentique d'une vente d'immeubles consentie moyennant une somme en partie payée, et qu'un procès-verbal notarié, dressé en présence de tous les intéressés, constate qu'ils sont d'accord sur la chose et sur le prix et qu'il n'y a contestation qu'au sujet de la date de l'exigibilité de la portion du prix non soldée et sur le point de savoir si l'acquéreur peut élever des constructions dépassant une hauteur déterminée, l'Administration est fondée à réclamer le droit proportionnel auquel la mutation donne ouverture. Il importe peu, d'ailleurs, que l'acquéreur ne soit pas entré en possession, la prise de possession n'étant pas nécessaire pour faire courir le délai dans lequel les ventes doivent être soumises à l'enregistrement, qu'elles soient écrites ou verbales (Nice, 21 mars 1900, 9964 R. P.).

Jugé, en sens contraire, que lorsqu'il est stipulé, dans un acte s. s. p. portant vente d'immeubles, d'une part, qu'un premier acompte sur le prix ne sera versé que le jour où la vente sera rédigée par acte public, et, d'autre part, que l'acquéreur consent une affectation hypothécaire sur ses biens, en garantie du paiement du prix, ces stipulations révèlent l'intention des contractants de suspendre l'exécution de la vente jusqu'à la rédaction de l'acte authentique. En conséquence, l'acte s. s. p. doit être considéré comme renfermant un simple projet de vente soumis à une condition suspensive et comme ne pouvant, à ce titre, donner ouverture au droit proportionnel (Perpignan, 6 fév. 1893, 8780 R. P.).

108 *bis*. Paiement du prix. — Condition non suspensive. — Pour résister à la réclamation du droit proportionnel dû sur un acte de vente, les parties ne sont pas fondées à soutenir que les acquéreurs s'étant réservé de ne payer le prix qu'après la constitution d'une société à créer pour l'exploitation, cette clause renferme une condition suspensive, alors que la clause dont il s'agit, rapprochée des autres dispositions de l'acte et, notamment, de l'abandon immédiat et irrévocable des biens cédés, ne constitue pas une condition suspensive, à la réalisation de laquelle serait attaché le lien de droit, mais simplement la stipulation d'un délai pour le paiement (Bougie, 22 déc. 1898; — Cass. civ. 21 janv. 1901, 10012 R. P.).

118. Option réservée à un tiers. — Condition suspensive. — Réalisation. — Mutation unique. — Est affecté d'une condition suspensive le contrat de vente consenti sous la stipulation que la transmission définitive de la propriété des biens cédés demeure subordonnée à la condition qu'un tiers ne fera pas connaître, dans un délai fixé, sa volonté de prendre, pour son compte, le marché conclu entre l'acquéreur et les vendeurs. En conséquence, le contrat n'est passible que du droit fixe, et, si le tiers fait connaître, dans le délai prévu, qu'il se substitue à l'acquéreur, il n'y a, dans l'ensemble de ces conventions, qu'une seule mutation passible du droit proportionnel (Béthune, 2 nov. 1899, 9871 R. P.).

128-129. Promesse unilatérale. — Dédit. — Droit fixe seul applicable. — Quand, à la suite de la promesse de vente qui leur a été faite dans un bail, les preneurs contractent, par un acte séparé, l'engagement d'acquérir, dans un délai prévu, et de verser, comme commencement d'exécution de leur engagement, une somme déterminée qui serait, soit imputée sur le prix de la vente, soit acquise au vendeur, à titre d'indemnité, l'acceptation ainsi formulée par les preneurs n'a pour effet d'autoriser le vendeur à les contraindre ni au paiement du prix ni à la prise de possession de l'objet vendu. L'engagement n'étant pas, dès lors, réciproque, l'acte n'a pas la valeur juridique d'un contrat synallagmatique et ne saurait donner ouverture au droit proportionnel (Sol. 6 août 1897, 9158 R. P.).

139 *bis*. Promesse de vente d'immeuble. — Transcription. — Droit de 1 fr. 50 p. 100 perçu. — Contrat de vente du même immeuble. — Modalités différentes. — Droit de 5 fr. 50 p. 100 exigible. — Droit de souscription non imputable. — Il n'y a pas lieu d'imputer sur le droit de 5 fr. 50 p. 100, auquel donne ouverture un contrat de vente d'immeuble, le droit de 1 fr. 50 p. 100 perçu au bureau des hypothèques, lors de la transcription de la promesse de vente dont cet immeuble a été l'objet, quand le contrat de vente, à raison des clauses qu'il renferme, ne peut être considéré comme l'exécution pure et simple de la promesse antérieurement consentie (Chambéry, 14 mars 1902, 10226 R. P.).

141. Promesse unilatérale de vente. — Acceptation ultérieure par le bénéficiaire de cette promesse. — Condition non suspensive. — Liquidation du droit de mutation. — Lorsque la promesse de vente d'un immeuble a été subordonnée à la condition que celui à qui elle a été consentie ferait connaître son intention d'acquérir, avant une époque déterminée, cette condition n'a pas un caractère suspensif: sa réalisation ne saurait, dès lors, autoriser à asseoir sur l'acte primitif le droit proportionnel, qui doit être liquidé d'après la situation au jour où le bénéficiaire de la promesse manifeste sa volonté de l'accepter (Lille, 9 août 1895, 8728 R. P.).

201. Immeuble. — Mesurage. — Condition suspensive. — Réalisation. — Droit exigible. — Quand une vente d'immeuble a été consentie sous la condition d'un mesurage, la quittance du prix, en constatant l'accomplissement de la condition, forme le titre de l'exigibilité du droit et doit être présentée à la formalité dans les trois mois de sa date (Limoges, 25 juin 1892; — Cass. 27 nov. 1895, 8084 et 8800-28 R. P.).

210. Terrains communaux. — Vente à la mesure. — Mensuration et livraison. — Procès-verbal. — Lorsqu'un acte constatant une vente de terrains consentie à la mesure, par une commune à un particulier, se réfère, pour la fixation définitive de la contenance et du prix, à des procès-verbaux de mensuration et de livraison qui seront ultérieurement dressés, un complément de droit simple, sans addition de droit en sus, devient exigible dans le cas où ces procès verbaux révèlent une contenance et un prix supérieurs aux prévisions de l'acte de vente (Sol. 20 oct. 1893, 8370 R. P.).

232. Immeubles domaniaux. — Vente. — Tarif. — V. *suprà Adjudication*, n° 233 indiqué par erreur 144.

251. Œuvre littéraire. — Bail de l'exploitation. — Obligation imposée au preneur d'acheter un nombre déterminé de volumes. — Droit de vente non exigible. — Constitue un contrat de bail et non une vente la convention par laquelle le propriétaire d'un ouvrage littéraire concède, moyennant une redevance déterminée, le privilège exclusif de placer cet ouvrage, en imposant l'obligation au concessionnaire de prendre, chaque année, un chiffre minimum de volumes (Rambouillet, 13 juill. 1894, 8512 R. P.).

271. Commerce de vins en gros. — Immeuble et matériel industriel. — Droit de 5 fr. 50 p. 100. — Est immeuble par destination le matériel servant à l'exploitation d'un commerce de vins en gros et vendu, en même temps que l'immeuble auquel il est attaché, à une personne qui continue à exercer le même commerce dans le même immeuble. En conséquence, le tarif de 5 fr. 50 p. 100 est applicable au prix de la cession de ce matériel, bien que les objets qui le composent aient été évalués article par article (Mirande, 27 déc. 1894, 8514 R. P.).

Immeuble à usage d'hôtel. — Meubles meublants et objets mobiliers. — Immobilisation. — Évaluation détaillée. — Prix particulier. — Droit de 5 fr. 50 p. 100 exigible. — Quand un hôtel est vendu avec les meubles meublants et objets nécessaires à son exploitation, le droit de 5 fr. 50 p. 100 est dû sur le prix fixé dans le contrat de vente pour l'immeuble et les objets mobiliers, lorsqu'il est reconnu que ces objets n'ont pas cessé d'être immeubles par destination, encore bien qu'ils aient été détaillés article par article et qu'un prix particulier ait été stipulé pour leur transmission, conformément aux dispositions de l'art. 9 L. frim. (Thonon, 31 déc. 1901, 10247 R. P.).

274. Usine et matériel industriel. — Actes distincts. — Matériel, immeuble par destination. — Droit de 5 fr. 50. — Enregistrement hors délai. — Droit en sus. — Lorsqu'une société, après avoir acheté par acte notarié une usine et ses dépendances, acquiert, par actes s. s. p., le matériel de l'usine et les marchandises et approvisionnements, l'Administration est fondée à soutenir que les cessions sont concomitantes. — En conséquence, le matériel doit être considéré comme immeuble par destination et l'acte qui en constate la cession est passible du droit de 5 fr. 50 p. 100, et il doit être soumis obligatoirement à l'enregistrement, dans le délai légal (trois mois pour l'acquéreur, quatre mois pour le vendeur), à partir de la date à laquelle a eu lieu la prise de possession de l'usine (Seine, 20 nov. 1897, 9200 R. P.).

280. Lavoir public. — Matériel industriel. — Clientèle et achalandage. — Prix unique. — Droit de 5 fr. 50 p. 100. — La vente d'un lavoir public comprenant la clientèle, l'achalandage, le mobilier industriel et les ustensiles servant à son exploitation, moyennant un prix unique, donne ouverture au droit de 5 fr. 50 p. 100 sur l'intégralité du prix, lorsque, parmi le mobilier industriel, figurent des ustensiles tels que machine à vapeur, chaudières, robinetterie, canalisation, qui ont le caractère d'immeubles par destination. Pour bénéficier du droit de 2 fr. p. 100, les meubles compris dans la vente doivent, conformément à l'art. 9 L. frim., faire l'objet d'une évaluation détaillée, article par article, et d'un prix particulier (Seine, 8 mai 1897, 9018 R. P.).

287 *bis*. Atelier de photographie. — Bâtiment et matériel industriel. — Droit de 5 fr. 50 p. 100. — Clichés, clientèle et achalandage. — Droit de 2 fr. p. 100. — Lorsque le locataire d'un terrain exerçant la profession de photographe a construit sur le terrain loué un bâtiment spécialement approprié à l'usage d'atelier de photographie, et qu'il l'a garni du matériel nécessaire à l'exploitation de son industrie, ce matériel doit être considéré comme immeuble par destination. En conséquence, si, pendant le cours du bail, le matériel est cédé en même temps que le bâtiment, le tarif immobilier est dû sur le prix de la cession. Mais les clichés photographiques également vendus conservent leur caractère mobilier et la vente, en ce qui les concerne, ne donne ouverture qu'au droit de 2 fr. p. 100. Il en est de même pour la clientèle et l'achalandage (Montbéliard, 27 déc. 1894, 8506 R. P.).

291. Constructions. — Locataire. — Usine. — Matériel industriel. — Immeubles par destination. — Vente de l'usine et du matériel. — Même acquéreur. — Actes distincts. — Droit de 5 fr. 50 p. 100. — Les constructions édifiées par le locataire d'une usine sur les terrains à lui loués constituant des immeubles par nature, le matériel placé dans ces constructions par ce locataire, pour l'exploitation de son industrie, devient, par ce fait, immeuble par destination. Il en résulte que la cession consentie par le locataire, à la même personne, des bâtiments et du matériel industriel constitue, pour le tout, une vente immobilière, passible du droit de 5 fr. 50 p. 100, encore bien que la vente des bâtiments et celle des immeubles par destination aient fait l'objet de deux actes séparés (Les Andelys, 28 nov. 1893, 8234 R. P.; — Rouen, 27 juill. 1899, 9701 R. P.).

298. Papeterie. — Pièces de rechange. — Toiles métalliques. — Marchandises neuves et non immeubles par destination. — V. *Mutation*, n° 728.

232. Immeubles domaniaux. Vente. — Le tarif actuellement applicable est celui de 7 p. 100 (L. 22 avril 1905, art. 27. — 10979 R. P.).

270. Immeubles par destination. Usine. Matériel et outillage. Vente simultanée. Tarif immobilier. — Le matériel et l'outillage d'une usine ont le caractère d'immeubles par destination, lorsqu'ils ont été spécialement affectés par le propriétaire au service de cette usine. En conséquence, la vente simultanée de l'usine, du matériel et de l'outillage à un même acquéreur constitue pour le tout une vente immobilière passible du droit de 5 fr. 50 p. 100, bien que des prix distincts aient été stipulés (Seine, 10 juin 1905, 10847 R. P.).

271. Mobilier et matériel affectés à l'exploitation d'un casino. Fermeture de l'établissement. Désimmobilisation. Vente simultanée de l'immeuble et du mobilier à un même acquéreur. Tarif de 2 p. 100. — Les objets mobiliers et le matériel affectés à l'exploitation d'un casino perdent leur caractère d'immeubles par destination par le fait de la cessation de l'exploitation de l'établissement. La vente qui en est consentie au même acquéreur, simultanément avec celle de l'immeuble, deux ans après la fermeture du casino, est insuffisante pour leur imprimer à nouveau la qualité d'immeubles par destination, lorsque l'acquéreur, déjà propriétaire d'un établissement similaire, n'a réalisé l'opération que pour supprimer toute concurrence. Ce mobilier et ce matériel ne sont, en conséquence, passibles que du droit de 2 p. 100, à l'exclusion de celui de 5.50 p. 100, s'ils sont désignés et estimés article par article dans l'acte de vente ou dans un état annexé et s'il est stipulé pour eux un prix particulier (Clermont-Ferrand, 20 mai 1903, 10663 R. P.).

Imprimerie. Matériel d'exploitation. Vente simultanée des bâtiments et du matériel. État descriptif et estimatif. Tarif immobilier sur l'intégralité du prix. — Constituent des immeubles par destination, dans le sens de l'art. 524 C. civ., les caractères d'imprimerie, les appareils d'éclairage, les chevaux, les harnais et les voitures servant à l'exploitation d'une imprimerie. La vente simultanée au même acquéreur des bâtiments où s'exploite l'imprimerie et des objets ci-dessus énumérés est, en conséquence, passible du droit de mutation au taux immobilier sur l'intégralité du prix, alors même que ces objets sont décrits et estimés article par article dans le contrat ou dans un état annexé; cette circonstance est, en effet, insuffisante pour leur enlever le caractère d'immeubles, en l'absence d'une volonté certaine et clairement manifestée de les désaffecter du service et de l'exploitation de l'imprimerie (Saint-Amand, 26 déc. 1902, 10577 R. P.).

272. Biens. Matériel et outillage affectés à l'exploitation d'une usine. Immeubles par destination. Donation de l'usine, du matériel et de l'outillage. Attribution des immeubles à certains donataires, et aux autres du matériel et de l'outillage. Cession par ces derniers aux premiers. Société formée pour continuer l'exploitation de l'usine. Actes concomitants. Désimmobilisation frauduleuse. — V. *Biens*, n° 53.

276. Apport d'une usine en société. Réserve du matériel industriel par l'apporteur. Mobilisation. Vente ultérieure du matériel à la société. — Lorsque le propriétaire d'une usine en fait apport à une société en se réservant la libre disposition d'une partie de l'outillage industriel, cette réserve a pour effet de rendre le caractère mobilier au matériel dont il s'agit, qui était devenu immeuble par destination par suite de son affectation au service de l'usine. Dès lors, si, peu de temps après, l'apporteur vend à la société l'outillage qu'il s'était réservé, cette vente constitue une mutation mobilière, quand rien, dans les circonstances de l'affaire, n'établit que la mobilisation du matériel n'était pas sincère et qu'elle n'a eu lieu que pour frauder les droits du Trésor (Troyes, 22 juin 1904, 10880 R. P.).

284. Immeubles par destination. — Siphons d'une fabrique d'eaux gazeuses. — Ont le caractère d'immeubles par destination les siphons d'une fabrique d'eaux gazeuses spécialement affectés par le propriétaire d'une usine au service de son exploitation. La vente par deux actes du même jour, de l'usine de fabrication et du matériel, notamment des siphons, à un même acquéreur, constitue pour le tout une mutation immobilière passible du droit de 5.50 p. 100 (Seine, 11 janv. 1907, 11370 R. P.).

Coffres-forts d'une maison de banque spécialement aménagés pour recevoir en dépôt des fonds et valeurs. — Constituent également des immeubles par destination (Seine, 30 avril 1907, 11450 R. P.

296. Immeubles par destination. — *Chevaux, voitures, charrettes et camions.* — Constituent des immeubles par destination les chevaux, voitures, charrettes et camions affectés à l'exploitation d'une usine (Saint-Nazaire, 1er juill. 1905, 10958 R. P.).

Usine. Pièces accessoires du gros outillage. Outils des ouvriers. Vente simultanée. Tarif immobilier. — Les pièces accessoires qui s'adaptent aux machines formant le gros outillage d'une usine et les instruments qui servent aux ouvriers pour compléter ou finir le travail effectué mécaniquement, ont le caractère d'immeubles par destination. En conséquence, la vente simultanée de ce matériel avec l'usine et le gros outillage constitue pour le tout une vente immobilière passible du droit de 5 fr. 50 0/0, bien que des prix distincts aient été stipulés (Seine, 2 août 1902, 10530 R. P.).

341 et 356. Vente. Forêt. Sol et superficie. Actes distincts. Caractère immobilier. Droit de 5 fr. 50 p. 100. — Droit en sus. Prescription. — Lorsque la vente de la superficie d'une forêt est suivie, à peu d'intervalle, de la vente du sol, au profit du même acquéreur, les droits simple et en sus, au taux de 5 fr. 50 p. 100, sont exigibles sur le premier acte, s'il est démontré qu'en fait le sol et la superficie ont été vendus simultanément et par une convention unique. La prescription biennale applicable au droit en sus ne commence, d'ailleurs, à courir que du jour où l'Administration a, par un acte soumis à l'enregistrement, la preuve complète de la contravention commise (Ambert, 19 juin 1901, 10779 R. P.; — Cass. (req.), 23 déc. 1903, 10617 R. P.).

Mais, en admettant qu'il y ait identité de personnes et d'intérêts entre les acquéreurs de la superficie et les acquéreurs du sol, ce ne serait pas une raison suffisante, en l'absence d'autres présomptions graves, précises et concordantes, pour décider qu'il y a eu fraude, et qu'en réalité il n'a existé qu'une seule vente pour le sol et la coupe de la forêt (Lyon, 19 mars 1902, 10379 R. P.; — Brioude, 9 mars 1906, 11357 R. P.).

Forêt. Sol et superficie. Actes distincts. Convention unique. Droit de 5,50 p. 100 sur le prix total. — Lorsque le sol et la superficie d'une forêt sont vendus au même acquéreur par deux actes distincts du même jour, passés en l'étude du même notaire, la vente de la superficie est passible du droit de vente immobilière, l'emploi d'actes séparés n'ayant eu lieu que pour frauder les droits du Trésor (Chaumont, 1er août 1905, 1141 R. P.).

309. Meubles et immeubles. Application de l'art. 6 L. 22 avril 1905. — Sont affranchies du droit de timbre, en vertu de l'art. 6 L. 22 avril 1905, tant sur les minutes ou originaux que sur les expéditions, les ventes de biens meubles et immeubles ou de droits mobiliers et immobiliers, lorsqu'elles supportent le droit d'enregistrement au tarif des immeubles sur l'intégralité du prix ou de la partie imposable du prix, faute de stipulation d'un prix distinct et d'une estimation détaillée pour les meubles (art. 9 L. frim.). — 11238 R. P.

373. Meubles et immeubles. Prix unique. Estimation non détaillée. Droit de 5 fr. 50 p. 100. — Quand une vente comprend à la fois des immeubles, un **fonds de commerce** et un **matériel industriel**, le droit de 5 fr. 50 p. 100 est exigible sur la totalité du prix, si le contrat ne contient pas l'estimation détaillée des objets mobiliers, et si la somme stipulée comme formant le prix des meubles représente, non seulement le prix de ces objets, mais encore la valeur d'une partie du matériel industriel ayant le caractère d'immeubles par destination (Draguignan, 13 mars 1903, 10803 R. P.; — Seine, 26 avril 1907, 11850 R. P.)

303. Parc à huîtres. — Tarif immobilier. — La vente de parcs à huîtres, même établis sur les dépendances du domaine public, est passible du tarif immobilier s'il résulte des circonstances de fait que ces parcs, à raison de leur incorporation au sol, constituent de véritables immeubles (Sol. 20 fév. 1896, 8741 R. P.).

Salin. — Est passible du tarif immobilier la licitation d'un salin établi en partie sur des terrains acquis par les colicitants et, pour le surplus, sur des terrains maritimes concédés par l'État, et cela alors même que l'adjudication comprendrait des objets mobiliers, s'il n'a pas été stipulé un prix particulier pour ces objets et s'ils n'ont pas été estimés article par article (Toulouse, 28 mars 1899, 9532 R. P.)

328. Vente. — Usine et matériel. — Acte unique. — Evaluation détaillée du matériel. — Prix distinct. — Droit de 5 fr. 50 p. 100. — Quand une usine est vendue avec les objets nécessaires à son exploitation, le droit de 5 fr. 50 p. 100 est dû sur l'intégralité du prix fixé dans le contrat de vente, lorsqu'il est reconnu que ces objets n'ont pas cessé d'être immeubles par destination, encore bien qu'ils aient été détaillés, article par article, et qu'un prix particulier ait été stipulé pour leur transmission. Cette double condition semble, il est vrai, indiquer que le vendeur a eu la volonté de les mobiliser, mais cette seule volonté ne suffit pas pour leur faire perdre leur caractère immobilier; il doit s'y joindre, en outre, une désaffectation matérielle, c'est-à-dire un acte extérieur prouvant que la volonté du vendeur ne reste pas à l'état de simple projet (Saint-Quentin, 13 juill. 1892, 8092 R. P.).

338. Donation d'immeubles. — Vente, par acte séparé, au donataire, des meubles affectés à l'exploitation des immeubles donnés. — Droit de 5 fr. 50 p. 100. — Quand, après avoir fait donation d'un domaine rural, les donateurs consentent, le même jour, par acte séparé, au profit du donataire, la vente de divers meubles, objets mobiliers, chevaux, bestiaux et matériel de culture affectés au service et à l'exploitation du domaine, l'Administration est fondée à invoquer les circonstances de la cause pour établir que la séparation de ces immeubles par destination n'a pas été effective et pour soutenir que la transmission n'a été scindée que dans le but de frauder le Trésor. Elle peut, en conséquence, exiger le droit de vente sur les biens dont il s'agit au taux de 5 fr. 50 p. 100 (Vitry-le-François, 7 mai 1896, 8982 R. P.).

339 *bis*. Usine à gaz et dépendances. — Appareils scientifiques. — Chevaux et voitures pour le transport des produits. — Canalisation extérieure. — Matériel d'éclairage public et privé. — Biens meubles. — Droit de 2 fr. p. 100. — Houilles, goudrons, cokes. — Marchandises neuves. — Droit de 50 cent. p. 100. — Constituent des biens meubles et non des immeubles par destination : 1° les appareils scientifiques placés dans le cabinet du directeur d'une usine à gaz, lorsqu'ils sont portatifs et ne se trouvent pas exclusivement affectés à l'exploitation de l'usine; 2° les chevaux et voitures affectés au transport à l'extérieur des produits de l'usine; 3° les tuyaux souterrains servant à la canalisation extérieure, ainsi que le matériel d'éclairage public, tels que lanternes, candélabres, etc., et les appareils de chauffage et d'éclairage placés chez les particuliers. La cession de ces objets, en même temps que celle de l'usine, ne donne, dès lors, ouverture qu'au droit de 2 fr. p. 100. Quant aux houilles et goudrons et aux cokes, ils affectent les caractères de marchandises neuves, dont la cession peut n'être assujettie qu'au tarif réduit de 50 cent. p. 100 (Sol. 25 janv. 1896, 8993 R. P.).

373. Immeubles. — Valeurs mobilières. — Prix unique. — Le droit est dû au tarif immobilier, dès lors que l'acte qui a pour objet des biens meubles et immeubles, même situés en Algérie, ne contient qu'un prix unique. (Bougie, 22 déc. 1898; — Cass. civ. 21 janv. 1901, 10012 R. P.).

376. Meubles et immeuble. — Déclaration estimative des meubles faite en marge du contrat par l'acquéreur seul et pour la perception seulement. — Droit de 5 fr. 50 p. 100 exigible. — Lorsque la vente d'un immeuble et d'objets mobiliers est consentie moyennant un prix unique, l'évaluation faite, pour les objets mobiliers, en marge du contrat, par l'acquéreur seul et pour la perception des droits d'enregistrement seulement, est sans force obligatoire entre les contractants. Elle ne saurait, dès lors, être considérée comme remplissant la condition d'un prix distinct, formellement exigée par l'art. 9 L. frim., pour l'application du tarif de 2 fr. p. 100 aux objets mobiliers compris dans la vente (Sol. 28 oct. 1895, 8680 R. P.).

377. Meubles et immeubles. — Prix unique. — Référence à un état annexé. — L'Administration admet, pour l'application, soit de l'art. 9 L. frim., soit de l'art. 7 L. 28 fév. 1872, que lorsque les objets mobiliers ont été non seulement détaillés, mais encore estimés article par article dans le contrat ou dans un acte auquel les parties se réfèrent, le total des estimations peut être considéré comme équivalent à la stipulation d'un prix distinct, quand il n'existe, d'ailleurs, aucune présomption de fraude (Sol. 16 fév. 1895, 8584 R. P.).

Jugé, dans cet ordre d'idées, qu'en principe, quand un acte translatif de propriété comprend des meubles et des immeubles, le droit de mutation est perçu sur la totalité du prix au taux réglé pour les immeubles, mais il est fait exception à l'application de cette règle générale lorsque, dans l'acte même qui réalise la transmission, il y a, à la fois et distinctement, une désignation et une estimation des meubles article par article et stipulation d'un prix particulier pour lesdits meubles. Cette seconde condition, non moins impérativement exigée que la première, est remplie lorsque le prix spécial à payer pour les meubles est exprimé dans un document incorporé à l'acte et que les parties s'y réfèrent pour l'accomplissement distinct de cette condition (Cass. 22 mars 1897, 8962 R. P.).

379. Meubles et immeubles. — Prix unique. — État estimatif. — Référence. — Droit de 2 fr. p. 100. — Dans un acte de vente qui comprend des meubles et des immeubles, la déclaration de la valeur estimative des meubles, lorsqu'elle est faite en marge de l'acte, par l'acquéreur, et pour la perception des droits d'enregistrement seulement, ne saurait lier les parties, ni, par conséquent, être considérée comme de nature à suppléer la désignation d'un prix particulier que l'art. 9 L. frim. exige impérativement pour que la transmission soit affranchie du droit immobilier sur l'intégralité du prix. Mais l'indication d'un prix distinct, au vœu de l'art. précité, ressort suffisamment de l'évaluation séparée des meubles et des immeubles dans le corps même de l'acte et de l'annexe à cet acte d'un état descriptif et estimatif du mobilier. Dans ces circonstances, le droit de 2 fr. p. 100 est seul dû sur l'évaluation afférente aux meubles (Nérac, 14 août 1896, 9010 R. P.).

392. Meubles et immeubles. — Estimation détaillée des meubles par groupes homogènes. — En matière de vente de meubles et d'immeubles, le vœu de l'art. 9 L. frim. doit être considéré comme suffisamment rempli quand, indépendamment de la stipulation d'un prix distinct pour les meubles, ces derniers sont détaillés et estimés par groupes qui forment un tout homogène, tels que meubles de salon, de salle à manger, etc. (Sol. 18 août 1893, 8328 R. P.).

403. Meubles et immeubles. — Cahier des charges. — Prix distinct pour chaque catégorie de biens. — État estimatif et descriptif. — Conditions de l'art. 9 L. frim. remplies. — Lorsque, dans le cahier des charges dressé pour l'adjudication, en un seul lot, de meubles et d'immeubles, la mise à prix est fixée séparément pour chaque catégorie de biens, avec stipulation que le prix obtenu par les enchères se répartira dans la même proportion, le vœu de l'art. 9 L. frim. se trouve rempli, et le droit de 5 fr. 50 p. 100, afférent aux immeubles, n'est pas dû sur l'intégralité du prix, dès l'instant, d'ailleurs, qu'un état descriptif et estimatif des meubles se trouve annexé au procès-verbal d'adjudication (Sol. 27 oct. 1898, 9421 R. P.).

404. Meubles et immeubles. — Prix distinct. — Évaluation des objets mobiliers. — Satisfait au vœu de l'art. 9 L. 22 frim., le jugement prononçant une adjudication cumulative de meubles et d'immeubles lorsque, d'une part, un jugement préalable a réparti le prix à provenir dans la proportion d'un tiers aux immeubles et de deux tiers aux meubles, et que, d'autre part, les avoués poursuivants ont déposé au greffe, pour être annexé au cahier des charges, un état descriptif et estimatif des droits et objets mobiliers. Il s'ensuit que le tarif fixe pour les mutations mobilières est seul applicable à la portion du prix correspondante à la valeur des droits et objets mobiliers (Seine, 12 août 1893; — Cass. 13 mai 1895, 8542 R. P.).

407. Meubles et immeubles. — Prix global. — Tarif immobilier. — Ventilation. — Acte postérieur. — Inefficacité. — Lorsqu'un acte contient vente de meubles et d'immeubles, le droit au tarif immobilier est dû sur la totalité du prix si, dans l'acte lui-même, un prix distinct n'est pas stipulé pour les meubles. La ventilation faite dans un acte ultérieur est tardive et ne saurait suppléer à l'indication du prix particulier qu'aurait dû renfermer l'acte de vente, alors surtout que cette ventilation n'émane que d'une des parties contractantes (Seine, 12 janv. 1900, 9804 R. P.).

409. Biens tombant sous l'application de l'art. 9 L. frim. — Créances. — Lorsqu'une cession de droits successifs comprend des biens immeubles et des créances, le droit de vente de 5 fr. 50 p. 100 est dû sur la totalité du prix, quand bien même il aurait été stipulé un prix particulier pour les créances, si elles n'ont pas fait l'objet de l'évaluation distinctive exigée par l'art. 9 L. 22 frim. (Marseille, 13 août 1889, 7428 R. P.).

Chemin de fer et résiliation de marché. — L'acte contenant, pour un prix unique, la cession d'une voie ferrée et la résiliation du marché relatif à l'établissement et à l'exploitation de ce chemin de fer, ne tombe pas sous l'application de l'art. 9 L. 22 frim. En conséquence, il y a lieu de faire déterminer, par une déclaration estimative des parties, la portion du prix applicable à la cession de la voie ferrée, seule passible du droit de 5 fr. 50 p. 100 (Alais, 26 déc. 1889; — Sol. 24 fév. 1890, 7422 R. P.).

416. Fonds de commerce. — Matériel industriel. — Achalandage. — La vente du matériel, de la clientèle et de l'achalandage d'une exploitation de mine, moyennant un prix unique, donne ouverture au droit de 5 fr. 50 p. 100, sur la totalité du prix, quand il est établi que, parmi les biens vendus, se trouvent des objets ayant manifestement le caractère d'immeubles. L'évaluation détaillée de ces biens, dans un état annexé à la vente, ne saurait suppléer à l'indication du prix distinct exigé par l'art. 9 L. frim. (Seine, 17 fév. 1894, 8321 R. P.; — Rouen, 2 janv. 1896, 8865 R. P., et 27 juill. 1899, 9701 R. P.).

480. Mine. — Cession du droit d'exploitation. — Prix. — Redevances proportionnelles à la houille extraite. — Évaluation provisoire. — Compléments de droits successivement exigibles. — Lorsque le concessionnaire d'une mine cède son droit d'exploitation et d'extraction jusqu'à entier épuisement, moyennant la prestation de redevances proportionnelles à la quantité de houille qui viendrait à être extraite chaque année, le prix de la vente consiste dans le montant des redevances réunies dues jusqu'à l'entier épuisement de la mine. Ce prix étant subordonné aux résultats ultérieurs et incertains de l'exploitation et le montant des redevances demeurant susceptible de varier suivant l'importance et la consistance des gîtes houillers, il y a lieu, lors de l'enregistrement de l'acte de vente, de recourir, pour établir la perception, à la déclaration estimative des parties. Cette déclaration a un caractère essentiellement provisoire, puisque l'exécution du contrat peut seule révéler quel est le chiffre exact de la somme à payer au vendeur et si les prévisions des parties sont dépassées. Ce fait venant à se produire, la perception, opérée lors de l'enregistrement de l'acte de vente, ne saurait être considérée comme insuffisante (Saint-Étienne, 29 mai 1893; — Cass. 12 janv. 1897, 8908 et 9305-5 R. P.).

512. Charges. — Algérie; frais de délivrance des titres. — Les frais de la procédure organisée par la loi du 16 fév. 1897, relative à la constitution de la propriété foncière en Algérie, sont, aux termes de ladite loi et du décret du 16 nov. suivant, à la charge de la personne qui prend l'initiative des formalités nécessaires à l'application

407. Immeubles et meubles incorporels. Prix global. Tarif immobilier. Ventilation dans un acte ultérieur. — L'art. 9 L. frim. n'admet, quant à la nécessité d'un prix particulier et d'une désignation estimative pour les objets mobiliers, aucune distinction entre les meubles corporels et les meubles incorporels. Par suite, lorsqu'un acte contient une vente simultanée d'immeubles et de meubles incorporels, tels qu'une clientèle et un achalandage, le droit est dû au tarif immobilier sur la totalité du prix, si dans le contrat lui-même il n'est pas stipulé un prix distinct pour la clientèle et l'achalandage. La ventilation faite dans un acte ultérieur est tardive et ne saurait suppléer à l'indication du prix particulier qu'aurait dû renfermer l'acte de vente (Cass. [illegible], 8 déc. 1903, 1[illegible] R. P.).

426. Droit au bail, promesse de vente et constructions. Cession. Tarif immobilier. — Lorsque le locataire d'un terrain cède, en même temps que le droit au bail et le bénéfice d'une promesse de vente, les constructions qu'il a élevées au cours du bail, ces constructions ont un caractère immobilier, et si la cession est consentie, sans stipulation d'un prix particulier pour les objets mobiliers, le droit est dû, par application de l'art. 9 L. frim., au taux immobilier, non seulement sur l'intégralité du prix de la vente, mais encore sur les charges accessoires (Le Mans, 5 juin 1902, 10311 R. P.).

563. Loyers payés d'avance. Charge. — L'obligation imposée à l'acquéreur d'un immeuble de payer l'intérêt du prix à compter de l'entrée en jouissance, fixée au jour de la vente, et de supporter, sans répétition, le payement anticipé, fait entre les mains du vendeur, du loyer de l'immeuble aliéné constitue, non pas un droit réel de la nature de l'usufruit, mais une charge essentiellement personnelle qui, sous l'empire de la L. 25 fév. 1901 comme sous la législation antérieure, doit être ajoutée au prix principal pour la liquidation du droit de vente et de la taxe des frais de justice (Gannat, 7 déc. 1904, 10955 R. P. — Seine, 20 avril 1905, 11071 R. P.).

590. Rétrocession de l'usufruit au vendeur, constitution d'une rente viagère et de charges diverses stipulées en retour de l'abandon du prix entre les mains de l'acquéreur, à titre de fonds perdu. Droit de mutation. Liquidation sur le prix. — La stipulation, dans un acte de vente d'immeubles, que le prix est immédiatement aliéné entre les mains de l'acheteur en retour de l'abandon, au profit du vendeur, de l'usufruit des biens transmis, le service d'une pension viagère et diverses autres charges, ne constitue pas une vente d'immeubles avec réserve d'usufruit donnant lieu, sous le régime antérieur à la L. 25 fév. 1901, à la perception du droit de mutation sur le prix augmenté de moitié (art. 15-6° L. frim.); en pareil cas, l'ensemble des charges imposées à l'acquéreur, y compris la rétrocession de l'usufruit, ne forme que la contre-partie de l'abandon du prix de la pleine propriété à titre de fonds perdu (Albi, 8 juill. 1905, 10879 R. P.).

VENTE JUDICIAIRE D'IMMEUBLES.

10 bis. Promesse d'attribution au colicitant dernier enchérisseur. L. 23 oct. 1884 non applicable. — Lorsque le cahier des charges d'une adjudication judiciaire d'immeubles sur licitation stipule que, si la plus forte enchère est portée par un colicitant, celui-ci ne sera pas déclaré adjudicataire, mais que le fait même vaudra engagement de sa part d'accepter et de celle de ses colicitants de lui faire l'attribution de l'immeuble dans le partage définitif, pour la somme fixée, et qu'en exécution de cette clause l'adjudication n'a pas été prononcée au profit du colicitant dernier enchérisseur, le bénéfice des dispositions de la L. 23 oct. 1884 ne saurait être appliqué aux actes de la procédure, bien que la dernière enchère soit inférieure à 2,000 fr. (Carpentras,

de cette loi. En conséquence, la clause d'un acte de vente qui stipule que ces frais seront supportés par l'acquéreur ne constitue une charge susceptible d'être ajoutée au prix, pour la liquidation du droit proportionnel de mutation, que dans le cas où le vendeur aurait, antérieurement à la vente, requis l'application de la loi aux immeubles aliénés et serait, par là même, devenu débiteur des frais de la procédure (Sol. 9 mai 1898, 9352 R. P.).

554 *bis*. Charges. Contrat en mains. — Majoration des frais et loyaux coûts. — Supplément de droit. — Mode de recouvrement. — Prescription. — Lorsqu'une vente est consentie moyennant un prix fixé, contrat en mains, les parties doivent souscrire la déclaration estimative des frais et loyaux coûts à déduire du prix. — Si la quotité des frais et loyaux coûts est majorée, l'Administration est fondée à démontrer l'exagération de la déclaration estimative et à poursuivre le recouvrement du supplément de droit exigible, sans recourir à l'expertise. Son action en recouvrement n'est, dès lors, pas soumise à la prescription d'un an édictée par l'art. 17 L. 22 frim. (Seine, 11 juill. 1891, 7701 R. P.; — Seine, 6 août 1892, 7960 R. P.).

560. Charges. — Obligation imposée à l'acquéreur de payer le coût de deux expéditions du contrat pour la Cour des comptes. — Constitue une charge susceptible d'être ajoutée au prix, pour la liquidation du droit de vente, l'obligation contractée par l'acquéreur d'un immeuble communal de payer, en sus des frais d'acte et de grosse, le coût de deux expéditions destinées à la Cour des comptes (Sol. 20 oct. 1891, 7766 R. P.).

561. Charges. — Indemnité à payer au fermier pour impenses. — Constitue une charge à ajouter au prix de la vente, pour la liquidation du droit proportionnel de mutation, l'obligation à imposer à l'acheteur de payer au fermier de l'immeuble acquis une somme fixe, à titre d'indemnité, pour les améliorations et impenses qu'il a effectuées sur le domaine ainsi que pour la valeur du cheptel et du matériel d'exploitation appartenant à ce fermier (Bordeaux, 23 juill. 1890, 7484 R. P.).

563. Loyers payés d'avance. — Charge. — Lorsqu'en vertu du cahier des charges, l'adjudicataire d'un immeuble doit tenir compte aux locataires, en sus et sans diminution du prix, des loyers payés d'avance et déclarés dans un dire avant l'adjudication, la privation de jouissance qu'il subit par suite de ce payement anticipé constitue une charge à ajouter au prix pour la perception des droits (Nice, 24 janv. 1898, 9447 R. P.).

579. Vente de terrain. — Redevance d'eau. — Charge. — Ne constitue pas une charge susceptible d'être ajoutée au prix, pour la liquidation du droit, l'obligation imposée à l'acquéreur d'un terrain, situé dans un parc morcelé, de payer une redevance d'eau, conformément aux conditions du cahier des charges auquel sont soumis tous les propriétaires de terrains dans ce parc (Seine, 16 fév. 1895, 8578 R. P.).

584-589. Locataire. — Indemnité. — Charge. — A le caractère d'une charge susceptible d'être ajoutée au prix, pour la perception du droit de mutation, l'obligation imposée à l'acquéreur de payer, à la décharge du vendeur, entre les mains des locataires ou concessionnaires du terrain vendu, la valeur de constructions édifiées par ces derniers (Toulon, 26 avr. 1899, 9640 R. P.).

590. Réserve d'usufruit. — Sous le régime de la L. frim., en cas de vente immobilière avec réserve d'usufruit au profit du vendeur, l'impôt était perçu sur le prix stipulé augmenté de la moitié représentant la valeur de l'usufruit réservé.

Cette règle a été abolie par la L. 25 fév. 1901 qui, ainsi que nous l'avons vu v° *Usufruit*, a modifié les bases de la perception pour la transmission de l'usufruit et de la nue propriété.

D'après la nouvelle loi, toutes les fois que la nue propriété est seule transférée, que l'usufruit soit réservé par le vendeur ou qu'il appartienne à un tiers, qu'il s'agisse d'un immeuble ou de valeurs mobilières, l'impôt n'atteint que le prix stipulé, sans aucune addition pour l'expectative de l'usufruit (V. *Usufruit*).

593. Réserve d'usufruit. — Prix converti en rente viagère. — Droit de mutation. — Liquidation. — Les prescriptions de l'art. 15, n° 6, L. frim., sont formelles et absolues. Il importe peu, pour leur application, que le prix stipulé au contrat de vente ait été converti en une rente viagère. En conséquence, lorsque des immeubles sont vendus, sous réserve de l'usufruit jusqu'au décès du survivant des vendeurs et moyennant un prix converti en une rente viagère, le droit proportionnel de mutation doit être assis sur le prix augmenté de moitié, conformément aux dispositions de l'art. précité (Narbonne, 5 avr. 1894; — Cass. civ., 13 fév. 1899, 9503 R. P.).

601. Droit d'habitation. — Réserve. — Valeur à ajouter au prix de la vente. — Transmission ultérieure et simultanée de l'immeuble et du droit d'habitation. — Exemption d'impôt. — Le droit d'habitation qu'un vendeur se réserve dans la maison qu'il aliène peut être assimilé, au point de vue fiscal, à un véritable usufruit; cette réserve est, dès lors, régie par l'art. 15 *in fine* L. frim., portant que l'usufruit réservé par le vendeur doit être évalué, pour la perception, à la moitié de tout ce qui forme le prix du contrat. Il en résulte, en outre, que l'exemption du droit prévue par l'article précité, en cas de réunion ultérieure de l'usufruit à la nue propriété, est applicable à l'acte par lequel le vendeur et l'acquéreur originaires vendent conjointement à un tiers la maison et le droit d'habitation réservé (Bazas, 21 juin 1898, 9572 R. P.).

VENTE JUDICIAIRE D'IMMEUBLES.

9. Vente sur délaissement. — La vente sur délaissement est une vente judiciaire susceptible, le cas échéant, de bénéficier de la loi du 23 oct. 1894 (Lunéville, 10 mars 1895, 8890 R. P.).

10 *bis*. Promesse d'attribution. — Il arrive parfois que, dans le cahier des charges d'une adjudication judiclaire sur licitation, il est stipulé que, si la plus forte enchère est portée par un colicitant, celui-ci ne sera pas déclaré adjudicataire, mais que le fait même vaudra engagement de sa part d'accepter et de celle de ses colicitants de lui faire l'attribution de l'immeuble dans le partage définitif pour la somme fixée. Cette *promesse d'attribution* ne donne pas ouverture au droit de mutation ; elle n'est passible que du droit fixe de 3 fr. et de la taxe des frais de justice de 0 fr. 25 p. 100 (Nantes, 28 février 1901).

Lorsqu'elle a lieu pour un prix ne dépassant pas 2.000 fr., nous ne croyons pas que le bénéfice de la loi du 23 oct. 1884 puisse être appliqué aux actes de procédure rédigés en vue de parvenir à l'adjudication.

La loi de 1884 ne vise, en effet, que les « ventes judiciaires », et, dans l'hypothèse indiquée, il n'y a pas de « vente ».

11. Vente de meubles et d'immeubles. — Nous avons dit au *Rép. gén.*, n° 11, que si un procès-verbal d'adjudication comprend des immeubles et des meubles vendus pour un seul prix, le tribunal ou le notaire commis ont à procéder à une ventilation pour formuler l'ordre de remboursement qui ne peut porter que sur les immeubles. C'est dans ce sens que s'est prononcée la jurisprudence (Meaux, 31 déc. 1896 ; — Laon, 23 juin 1897).

12. Domaine congéable. — Édifices, superfices et droits réparatoires adjugés au propriétaire. — En matière de domaine congéable, les droits édificiers et réparatoires ont un caractère mobilier dans les rapports du colon avec le propriétaire. La loi du 23 oct. 1884 n'est, par conséquent, pas applicable à l'adjudication de ces droits prononcée au profit du propriétaire foncier (Quimper, 10 nov. 1801, 7890 R. P.).

12 *bis*. Arbres sur pied à abattre et à enlever dans un délai déterminé. — Un jugement de Mayenne du 25 mars 1896 (9130 R. P.) a décidé que, « lorsqu'en exécution d'un jugement homologuant une délibération du conseil de famille d'un interdit, il est procédé devant un notaire commis à l'adjudication d'arbres sur pied à abattre et à enlever dans un délai déterminé, le bénéfice de la loi de 1884 est applicable à l'opération, si le prix ne dépasse pas 2.000 fr. ».

Nous ne saurions approuver cette décision.

L'une des conditions essentielles exigées par la loi du 23 oct. 1884, c'est qu'il s'agisse de la vente d'un immeuble ou de droits immobiliers : c'est ainsi que le bénéfice en a été refusé avec raison à l'adjudication d'une rente foncière (Morlaix, 28 juin 1888, 7156 R. P.), et à celle des droits édificiers et réparatoires, en matière de domaine congéable (Quimper, 10 nov. 1891, 7890 R. P. — V. n° 12 *suprà*).

Le jugement du tribunal de Mayenne du 25 mars 1896 a refusé d'appliquer ce principe sous le prétexte que, si la vente d'arbres sur pied constitue, au regard de l'acquéreur, une aliénation mobilière, son objet est immobilier par rapport au vendeur. Tout en admettant que, dans cette matière, on ne doive pas nécessairement se placer au même point de vue que pour l'application du droit d'enregistrement, nous pensons que le tribunal s'est complètement écarté de l'esprit de la loi du 23 oct. 1884. Il résulte, à n'en pas douter, de tous les travaux préparatoires de cette loi, que c'est à la propriété foncière et à celle-là seulement qu'on a voulu accorder certains dégrèvements.

16. Immeubles vendus amiablement réunis à des immeubles vendus judiciairement. — Décidé par un jugement du tribunal d'Avallon du 20 fév. 1889, que la loi de 1884 ne peut être appliquée à une vente sur saisie de plusieurs lots adjugés pour un prix ne dépassant pas 2.000 fr. lorsque quelques-uns de ces lots ont été vendus, à la suite d'un accord entre le vendeur et l'avoué poursuivant, sous des conditions et avec des mises à prix autres que celles qui avaient été fixées par le tribunal.

24. Licitation incidente à des opérations de partage. — Limitation du bénéfice de la restitution. — Dans le cas de licitation incidente à des opérations de liquidation et de partage, le bénéfice de la loi du 23 oct. 1884 est limité aux droits des actes faits à partir du cahier des charges inclusivement. Spécialement, il ne s'applique pas aux droits perçus sur le jugement qui a ordonné la liquidation (Valognes, 18 déc. 1890, 7580 R. P.).

Un jugement du tribunal de Beauvais du 25 nov. 1893 a pourtant maintenu, en pareil cas, la restitution des droits de timbre et d'enregistrement des placards et affiches, bien que ces placards et affiches aient été dressés antérieurement au cahier des charges, et ce jugement a été exécuté par l'Administration.

Lorsque l'adjudicataire doit payer les frais antérieurs à la vente en diminution de son prix, ce sont seulement les frais afférents à la licitation à partir du cahier des charges inclusivement qu'il y a lieu de déduire du montant de l'enchère pour apprécier si le prix principal ne dépasse pas 2.000 fr. (Joigny, 1er avril 1896).

30. Détermination du prix principal. — Folle enchère. — Dans l'esprit de la loi du 23 oct. 1881, le prix principal est tout ce qui profite directement au vendeur ou à ses ayants cause. Il n'y a lieu, dès lors, de faire entrer en ligne de compte ni le payement, par l'adjudicataire sur folle enchère, des frais de l'adjudication fol enchérie, ni celui des frais de l'adjudication sur folle enchère, les uns et les autres ne profitant pas au vendeur et étant, par suite, de nature à être classés parmi les charges qui ne constituent pas une fraction réelle du prix. « L'incident de la folle enchère, — porte une Sol. du 21 avril 1891 (7614 R. P.), — doit, il est vrai, être considéré isolément (Cass. 14 janv. 1889, 2768, § 5, I. G.), mais seulement au point de vue de la détermination des actes auxquels peut s'étendre la restitution, et non relativement aux frais qu'il convient de négliger pour apprécier si le prix principal excède 2.000 fr. »

Cette solution confirme l'opinion que nous avons exprimée dès le début de l'application de la loi.

32-5. Prix principal. — Rente. — Pour la détermination du prix principal, il y a lieu de tenir compte de la valeur d'une rente dont le vendeur est en droit de toucher le capital et que l'acquéreur doit lui servir (Constantine, 28 janv. 1896, 8815 R. P.).

33-1. Centimes additionnels. — Frais préparatoires. — Les centimes additionnels stipulés au profit du

32. Adjudication prononcée sur un prix inférieur à 2.000 fr. Charges imposées à l'adjudicataire en l'acquit du vendeur et portant ce prix à un chiffre supérieur à 2.000 fr. L. 23 oct. 1884 non applicable. — Bien qu'une adjudication judiciaire d'immeuble ait été prononcée sur un prix inférieur à 2.000 fr., le bénéfice de la L. 23 oct. 1884 ne lui est pas applicable, lorsqu'il a été stipulé dans le cahier des charges que l'adjudicataire aurait à payer, en outre, à la décharge de l'ancien propriétaire, le solde restant dû sur le prix de l'acquisition de l'immeuble faite par ce dernier, et que ce solde, ajouté au prix proprement dit de l'adjudication, forme un total dépassant le chiffre de 2.000 fr. (Alger, 10 juin 1904, 1443 R. P.).

34-1. ***Frais payables en diminution du prix. Reliquat supérieur ou inférieur à 2.000 fr., suivant que l'on fait ou non application de la loi du 23 oct. 1884. Non déduction.*** — Pour savoir si le prix principal d'une vente judiciaire d'immeubles dépasse ou non 2.000 fr. et bénéficie des dégrèvements accordés par la loi du 23 oct. 1884, il n'y a pas lieu de tenir compte des frais stipulés payables en diminution du prix, alors même que leur déduction aurait pour résultat d'abaisser le prix au-dessous de 2.000 fr. En décidant autrement, il pourrait arriver que, dans certains cas, la restitution des droits de timbre et d'enregistrement élève la somme à toucher par le vendeur à un chiffre supérieur à 2.000 fr., de telle sorte que l'application même de la loi aboutirait à une solution contraire à son esprit (Vil-Ouen, 25 nov. 1902, 10378 R. P.).

Conversion de saisie en vente volontaire sur licitation. Frais des actes de la procédure de saisies payables en diminution du prix. ***Déduction.*** — Pour apprécier si une adjudication judiciaire sur licitation, prononcée à la suite d'une conversion de saisie en vente volontaire, bénéficie des dégrèvements prévus par la L. 23 oct. 1884, il y a lieu de déduire du montant de l'enchère, non pas seulement les frais afférents à la licitation depuis le cahier des charges, mais encore ceux de la procédure antérieure de saisie, lorsqu'il a été stipulé que les frais de vente seraient payables en diminution du prix ; les dégrèvements doivent être accordés si la déduction des frais dont il s'agit a pour résultat d'abaisser le prix au-dessous de 2.000 fr. (Redon, 18 juin 1903, 10599 R. P.).

39. **Propriétaires différents. Procédure commune. Vente unique. Prix total de l'adjudication supérieur à 2.000 fr. Non-application de la L. 23 oct. 1884.** — Pour savoir si une vente judiciaire d'immeuble bénéficie des dispositions de la L. 23 oct. 1884, tous les lots mis en vente par le même acte doivent être réunis, quoiqu'ils appartiennent à des propriétaires différents, alors surtout que quelques-uns des vendeurs ont des droits de propriété exclusifs ou indivis dans chacun de ces immeubles ; il n'y a pas lieu à restitution si le prix total de l'adjudication est supérieur à 2.000 fr. (Langres, 19 nov. 1903, 10693 R. P.).

41. **Adjudication partiellement infructueuse.** — Le bénéfice de la L. 23 oct. 1884 est applicable à une tentative infructueuse d'adjudication (Semur, 31 déc. 1903, 10675 R. P.).

44. **Adjudication partiellement infructueuse. Tentative ultérieure de vente, sur baisse de mise à prix, d'un lot non adjugé. Droits perçus sur les actes de la procédure relative aux deux opérations. Restitution ordonnée seulement dans le procès-verbal de la tentative infructueuse d'adjudication.** — Lorsque quelques-uns seulement des immeubles mis en vente ont été adjugés pour un prix qui, réuni au montant de la mise à prix d'un lot non adjugé, n'atteint pas 2.000 fr., et que le procès-verbal de cette adjudication partielle n'ordonne pas la restitution des droits perçus sur les actes de la procédure, l'ordonnance de remboursement peut être insérée dans l'acte ultérieur qui constate une tentative infructueuse d'adjudication, sur baisse de mise à prix, du lot resté invendu lors de la première opération. La L. 1884 n'a, en effet, prononcé aucune forclusion pour le cas où l'ordre de remboursement omis dans un premier procès-verbal est contenu dans un second, et, d'autre part, les deux mises en vente successives d'un même immeuble constituent les phases d'une seule et même procédure, et non deux procédures distinctes (Semur, 31 déc. 1903, 10675 R. P.).

notaire pour frais préparatoires et honoraires de recouvrement, constituent une charge qui reste en dehors de la composition du prix principal pour l'application de la loi du 23 oct. 1884 (Melle, 23 nov. 1895, 8813 R. P.).

34-1. Frais payables en déduction du prix. — Pour savoir si le prix d'une vente judiciaire d'immeubles dépasse ou non 2.000 *fr.* et bénéficie des dégrèvements accordés par la loi du 23 *oct.* 1884, il y a lieu de déduire de ce prix les frais stipulés payables en diminution (Mirecourt, 6 mars 1890, 7401 R. P.).

Ce jugement confirme la doctrine que nous avons enseignée et à laquelle l'Administration a fini par se rallier (Sol. 26 juill. 1889, *Rev. prat.* 3004 ; — 5 fév. 1889, *Rev. prat.* 2933 ; — 12 janv. 1891 ; — *Conf.* Semur, 2 mars 1897 ; — *Adde* Joigny, 1er avr. 1896, cité *suprà* no 24).

39. Mise en vente d'immeubles en plusieurs lots. — Adjudication de tous les lots. — 1. Adjudications distinctes. — Lorsqu'il a été procédé par deux notaires commis et par deux actes distincts à l'adjudication d'immeubles dépendant d'une même succession, et que le prix de l'une des ventes est inférieur à 2.000 fr. et l'autre supérieur à cette somme, les frais afférents aux actes de procédure communs aux deux adjudications ne sont pas restituables (Châteauroux, 9 juin 1897, 25913 J. E.).

2. Poursuites distinctes jointes. — Vente unique. — Pour savoir si le prix principal d'une vente judiciaire d'immeubles ne dépasse pas 2.000 *fr.* et si, par conséquent, la vente doit bénéficier des dispositions de la loi de 1884, tous les lots mis en vente par le même acte doivent être réunis, et la valeur des lots non adjugés entre dans ce calcul pour leurs mises à prix. Ce mode de calcul est applicable au cas où les parties ont réuni, dans le même procès-verbal d'adjudication, les immeubles dont la vente a été ordonnée par deux jugements distincts, alors surtout que toute la procédure qui a suivi le jugement a été commune aux deux catégories d'immeubles et que l'un des vendeurs a des droits de propriété exclusifs ou indivis dans chacun de ces immeubles (Saint-Mihiel, 22 juin 1896).

Mais si les poursuites, distinctes et séparées à l'origine, n'ont été réunies, par le notaire commis, qu'en dernier lieu, en une seule adjudication, en vue de diminuer les frais et sans qu'aucune décision judiciaire ait prononcé la jonction des procédures, le bénéfice de la loi de 1884 est applicable aux actes de la procédure qui a préparé la vente au cas où le prix des immeubles ayant fait l'objet de l'une des deux poursuites ne dépasse pas 2.000 fr., et bien que les prix réunis soient supérieurs à 2.000 fr. Il n'y a lieu d'exclure de la restitution que les droits des actes communs aux deux procédures, notamment ceux du cahier des charges (Annecy, 25 avr. 1891, 24242-4 J. E.).

40. Adjudication de quelques lots seulement. — Poursuites distinctes jointes. — V. no 39-2 *suprà*.

41. Tentative infructueuse d'adjudication. — La loi du 23 oct. 1884 n'a pas ordonné la restitution des droits d'enregistrement et de timbre applicable aux actes faits pour parvenir à l'adjudication, pour le cas où l'adjudication n'a pas lieu. Si ces droits doivent être compris dans la restitution à effectuer après l'adjudication définitive, ils ne sauraient être remboursés auparavant, le prix ne pouvant être connu jusque-là (Abbeville, 22 juin 1897, 25309 J. E. ; — Versailles, 30 mars 1899, 9602 R. P.).

C'est cette doctrine que nous avons nous-même enseignée et que la C. de cassation a adoptée dans un arrêt du 27 janv. 1890 (7308 R. P.).

50. Incidents de la vente. — L'art. 2, § 1, L. 23 oct. 1884 étend le bénéfice de la restitution aux incidents de subrogation, de surenchère et de folle enchère.

Il a été décidé, en conséquence :

1o Que le bénéfice de la loi est applicable à un jugement déclarant que les effets d'une saisie immobilière doivent être restreints à la propriété des constructions à l'exclusion du terrain sur lequel ces constructions avaient été édifiées, et qu'il doit être, en outre, étendu aux droits perçus sur les jugements de remise rendus pendant la durée de l'incident et qui en ont été la conséquence (Seine, 26 mai 1900) ;

2o Que les frais d'une procédure de saisie, engagée par un créancier au cours d'une licitation judiciaire, devaient être restitués avec les frais de l'adjudication, bien qu'il n'ait pas été donné suite à la procédure de saisie et que la vente ait été réalisée par voie de licitation volontaire (Gap, 8 fév. 1895).

1. Énonciation limitative. — L'énonciation que la loi fait des incidents de subrogation, de surenchère et de folle enchère étant absolument limitative, il a été reconnu qu'il n'y a pas lieu de restituer les frais d'une procédure de référé accessoire à une vente sur saisie (Morlaix, 13 juill. 1894).

55. Calcul du délai en cas de surenchères du sixième (délai de huitaine) ou du dixième (délai de quinzaine). — Jour férié. — Si le dernier jour du délai de huitaine ou de quinzaine est un jour férié, ce délai est prorogé jusqu'au lendemain (L. 13 avr. 1895, 8592 R. P.).

62-2. Adjudication surenchérie. — Ordre de restitution. — Exécution. — Lorsqu'une adjudication tombant sous l'application de la loi du 23 oct. 1884 a été frappée de surenchère, l'ordre de restitution qu'elle contient est susceptible de produire ses effets, si l'adjudication sur surenchère ne porte pas le prix à une somme supérieure à 2.000 fr., sans que le tribunal ait à le renouveler (Sol. 13 sept. 1892, 7962 R. P.).

« C'est au receveur qui a enregistré l'adjudication surenchérie, — porte cette Sol., — qu'il appartient d'exécuter l'ordre de restitution contenu dans le procès-verbal de cette adjudication. En effet, si la surenchère a pour résultat d'annuler la première adjudication, il ne s'ensuit nullement qu'elle ait en même temps pour conséquence d'anéantir l'ordre de restitution inséré au procès-verbal ; elle en suspend seulement l'exécution jusqu'à ce que le prix de la vente ait été définitivement fixé (2704-25 I. C.). D'un autre côté, aucune disposition, ni dans la loi du 23 oct. 1884, ni dans l'Inst. no 2704 qui en est le commentaire, ne prescrit au tribunal de comprendre, dans l'ordre de restitution concernant l'incident de surenchère, les sommes énoncées dans l'ordre de remboursement inséré au jugement ou au procès-verbal constatant la première adjudication. Il en résulte que chaque ordonnance de remboursement conserve son effet propre et doit être exécutée séparément, le cas échéant.

84. Adjudication par lots. — Surenchère sur un seul ou sur une partie des lots. — Lorsqu'à la suite d'une adjudication en plusieurs lots moyennant un prix supérieur à 2.000 fr., l'un des lots a été frappé de surenchère et définitivement adjugé moyennant un prix inférieur à ce chiffre, l'adjudication sur surenchère ne peut bénéficier de la loi du 23 oct. 1884 (Mirecourt, 22 nov. 1893, 8385 R. P.). Ce jugement fait une exacte application du principe que le prix du lot surenchéri reste lié au prix des lots non surenchéris et que la seconde adjudication est, pour ainsi dire, la continuation de la première audience. Il est conforme à l'opinion que nous avons toujours soutenue et qui a prévalu en jurisprudence.

Lorsque les adjudications, nécessitées par deux surenchères partielles, ont été constatées par deux jugements distincts, mais rendus à la même date et que le total des prix réunis n'excède pas 2.000 fr., l'ordre de restitution comprenant la somme à rembourser sur les deux adjudications peut valablement être contenu dans le second des deux jugements (Prades, 1er août 1893, Sol. 29 nov. 1893, 8380 R. P.). C'est là une question de pure forme. Deux systèmes se présentent à l'esprit : le premier, qui est celui du jugement, consiste à insérer l'ordre de restitution dans la dernière en date des sentences d'adjudication, dont le résultat peut seul permettre d'apprécier, d'une façon définitive, si le bénéfice de la loi de 1884 est acquis à l'ensemble de l'opération. D'après l'autre système, pour lequel l'Administration avait manifesté ses préférences, chaque sentence doit contenir un ordre de restitution subordonné au résultat final de l'adjudication. La loi ne fixant pas de règles pour ce cas particulier, on comprend que le tribunal ait adopté la décision la plus favorable aux parties.

82. Vente sur saisie. — Commandements périmés et renouvelés. — En cas de vente sur saisie, les droits perçus sur les commandements périmés faute d'exécution dans le délai de l'art. 674 C. P. civ. et renouvelés à raison de cette péremption, ne sont pas sujets à restitution (Bar-le-Duc, 8 mai 1895, 8071 R. P.). « Attendu, — porte ce jugement, — que, n'ayant pas été suivis dans les 90 jours de leur date d'une saisie effective, les premiers commandements sont devenus inopérants, ont dû être réitérés, peuvent être considérés comme des sommations, *mais non comme des actes de procédure pour parvenir à l'adjudication.* »

85. Actes se rapportant à la procédure d'adjudication. — Pour que les actes antérieurs à la vente profitent du bénéfice du remboursement, il faut : 1° qu'ils aient été rédigés en exécution de la loi ; 2° qu'ils se rapportent à la procédure d'adjudication.

Décidé en conséquence :

1° Que la loi du 23 oct. 1884 s'applique au jugement qui homologue la délibération d'un conseil de famille ayant à la fois pour objet la vente des immeubles d'un mineur et la nomination d'un subrogé-tuteur, l'homologation n'étant utile que pour l'aliénation des biens mis en vente (Amiens, 26 déc. 1890 ; — Sol. 16 mars 1891, 7961 R. P.) ;

2° Que la nomination du curateur au délaissement ne constituant pas un incident de la poursuite, mais faisant partie intégrante et nécessaire de la procédure, puisqu'elle est indispensable pour arriver à la vente, il y a lieu de restituer les droits perçus sur la sommation faite au tiers détenteur qui déclare délaisser l'immeuble ainsi que sur la nomination du curateur (Lunéville, 10 mars 1895, 8890 R. P.) ;

3° Que, lorsque la procédure suivie pour parvenir à la vente sur saisie a été abandonnée à la suite de la conversion de la vente judiciaire en vente volontaire, on doit comprendre dans l'ordre de restitution les frais exposés avant la conversion (Bressuire, 19 janv. 1898, 25470 J. E.).

87. Actes étrangers à la vente. — 1. PROCÉDURE MIXTE TENDANT A LA CONDAMNATION D'UN DÉBITEUR ET A LA VENTE DE SES IMMEUBLES. — Un jugement de Châtillon-sur-Seine du 22 déc. 1891 a décidé que lorsqu'une instance dont le but final est la licitation d'un immeuble appartenant indivisément à un débiteur et à ses cohéritiers, a, en outre, pour objet d'obtenir la condamnation de ce débiteur au payement de la somme due, la loi du 23 oct. 1884 est applicable à l'ensemble de la procédure si le prix de la vente ne dépasse pas 2.000 fr.

Nous avons des doutes très sérieux sur l'exactitude de ce jugement. L'Administration n'en a d'ailleurs autorisé l'exécution que pour des motifs d'opportunité par une Sol. du 17 mars 1892 (7871 R. P.) dans laquelle on lit : « La vente sur licitation pouvait être le but principal de la procédure, mais elle n'en était pas le seul but ; il n'est pas d'ailleurs exact de dire que l'instance en condamnation était l'accessoire obligé de l'instance en licitation. L'une aurait pu, en effet, précéder l'autre sans se confondre avec elle et *donner lieu à des frais spéciaux* auxquels le bénéfice de la loi de 1884 n'aurait certainement pas été applicable ; c'est plutôt l'instance en licitation tendant à assurer le payement de la condamnation une fois obtenue qui aurait été l'accessoire de celle-ci. De ce que les deux instances ont été confondues, il ne paraît pas devoir s'ensuivre que les frais faits pour parvenir *à la fois* à la condamnation des époux M... et à la vente de leurs immeubles profitent, *dans leur ensemble*, du dégrèvement prévu par la loi de 1884. Une quote-part seulement de ces frais *communs*, afférente à la licitation proprement dite, était restituables au vœu de l'art. 3, § 1, L. 1884. En principe, le jugement du 22 déc. 1891 pourrait donc être soumis à la censure de la C. de Cassation... Toutefois, à raison du peu d'importance du préjudice éprouvé par le Trésor et de ce que la question ne paraît pas appelée à se représenter fréquemment, il convient de l'exécuter sans en accepter la doctrine. »

2. PROCURATIONS. — La loi du 23 oct. 1884 ne s'applique pas aux pouvoirs donnés par des membres du conseil de famille pour se faire représenter à la délibération de ce conseil ayant à la fois pour objet la vente des immeubles d'un mineur et la nomination d'un subrogé-tuteur (Amiens, 26 déc. 1890, 7961 R. P.).

Elle ne s'applique pas davantage à la procuration donnée

151. Procès-verbal d'adjudication rédigé à la suite du cahier des charges. Droits de timbre et d'enregistrement. Restitution limitée aux sommes réellement perçues par le Trésor. — Dans les ordres de restitution délivrés par application de la L. 23 oct. 1884, sur les ventes judiciaires d'immeubles dont le prix n'excède pas 2.000 fr., il n'y a pas lieu de comprendre le droit de timbre afférent à la partie de la feuille de papier timbré restée en blanc à la suite du cahier des charges et qui a été utilisée pour la rédaction du jugement ou du procès-verbal d'adjudication. D'autre part, le remboursement des droits de timbre et d'enregistrement ne doit avoir pour objet que les sommes encaissées par le Trésor, c'est-à-dire, en ce qui concerne les droits de timbre, les droits applicables au papier timbré effectivement employé et, en ce qui concerne les droits d'enregistrement, les sommes indiquées sur les quittances délivrées par les agents de l'Administration (Quimperlé, 22 mars 1905, 10992 R. P.).

84. Cahier des charges rédigé sur papier timbré. L. 22 avril 1905. Non-restitution des droits de timbre. — Si le cahier des charges d'une vente judiciaire d'immeubles, dont le prix est inférieur à 2.000 fr., a été rédigé par erreur sur papier timbré, il n'y a pas lieu pour le Trésor de restituer les droits de timbre afférents à ce cahier des charges, puisque led. acte était affranchi du timbre par l'art. 9 L. 22 avril 1905 et que la L. 23 oct. 1884 ne peut viser le remboursement de frais exposés inutilement (Langres, 19 août 1905, 11240 R. P.).

85. Adjudication sur surenchère du dixième. Notifications aux créanciers inscrits. Restitution des droits de timbre et d'enregistrement. — Les notifications aux créanciers inscrits faisant partie des actes nécessaires pour parvenir à la surenchère du dixième (art. 2183 et suiv. C. civ.), il en résulte qu'il y a lieu, en vertu de la L. 23 oct. 1884, de restituer les droits de timbre et d'enregistrement perçus sur ces notifications, lorsque le prix de l'adjudication sur surenchère ne dépasse pas 2.000 fr. (Bar-le-Duc, 28 déc. 1905, 10965 R. P.).

100. Jugement d'adjudication ne liquidant pas les frais à restituer et non accompagné d'un état taxé. Opposition de l'avoué poursuivant. Rectification ultérieure. Restitution. — Lorsqu'une vente judiciaire d'immeuble ayant eu lieu pour un prix inférieur à 2.000 fr., le jugement qui ordonne la restitution des frais antérieurs à l'adjudication ne contient pas, par suite d'un oubli, la liquidation de ces frais et que l'état taxé visé par l'art. 5 L. 23 oct. 1884 n'y est pas annexé, le tribunal peut rectifier cette double erreur tant que les choses sont encore entières, c'est-à-dire tant qu'il n'est pas dessaisi, et il ne l'est pas si l'avoué poursuivant a formé opposition dans les trois jours de l'enregistrement du jugement d'adjudication (Oran, 27 mai 1903, 10002 R. P.).

par le vendeur pour arriver à une adjudication judiciaire (Nelle, 23 nov. 1895, 8813 R. P.). Il s'agit là, en effet, d'un acte purement facultatif, dressé dans un intérêt particulier et ne rentrant, à aucun titre, dans la catégorie des actes essentiels de la procédure.

Il en est de même de la procuration donnée à un avoué pour former une *surenchère* (Tulle, 29 avril 1891, 7872 R. P.).

6. Déclaration de vacance de la succession du débiteur saisi. — Décidé, contrairement à l'opinion que nous avons exprimée au *Rép. gén.*, que, lorsqu'il est nécessaire de faire déclarer la vacance d'une succession pour arriver à l'adjudication d'un immeuble qui en dépend, la procédure tendant à la déclaration de vacance doit bénéficier des dégrèvements prévus par la loi du 23 oct. 1884, si le prix de l'adjudication ne dépasse pas 2.000 fr. (Ploërmel, 1er mai 1895, 8670 R. P.).

Nous persistons néanmoins à penser qu'une telle interprétation ne peut être considérée comme exacte, la déclaration de vacance ne se rattachant en aucune façon à la poursuite en expropriation, puisqu'elle peut être provoquée par toute personne intéressée à un titre quelconque, même d'office, par le ministère public, et que ses effets survivent à l'adjudication sur saisie.

8. Vente sur délaissement. — Le Trésor n'a pas à rembourser les frais des sommations faites aux tiers détenteurs qui consentent à désintéresser le créancier hypothécaire et sur lesquels aucune vente n'est poursuivie (Lunéville, 10 mars 1895, 8390 R. P.).

9. Délibérations du Conseil de famille. — Le bénéfice de la loi du 23 oct. 1884 n'est pas applicable à la délibération d'un conseil de famille ayant à la fois pour objet la vente des immeubles d'un mineur et la nomination du subrogé-tuteur (Amiens, 26 déc. 1890, 7961 R. P.; — Sedan, 18 nov. 1892, 23988 J. E.).

89. Timbre. — 3. Cahier des Charges. — En matière de vente sur conversion de saisie, l'ordre de restitution doit s'étendre au cahier des charges dressé par l'avoué poursuivant avant la demande de conversion (Bar-le-Duc, 8 mai 1895, 8671 R. P.).

6. Affiches et placards. — En excluant des droits à restituer une somme portée dans l'état taxé pour impression d'affiches et placards, le tribunal peut néanmoins ordonner le remboursement de la portion de cette somme qui s'applique au timbre des affiches effectivement employées (Cosne, 18 fév. 1891, 7591 R. P.).

7. Répertoire. — Il n'y a pas lieu de restituer le droit de timbre du répertoire des greffiers (Bayeux, 31 janv. 1889, 7267 R. P.; — Le Vigan, 13 nov. 1890, 7549 R. P.) ou des huissiers (Bar-le-Duc, 8 mai 1895, 8071 R. P.).

8. Quittances. — Ni les droits de timbre pour les quittances données par les officiers ministériels, qui ne constituent pas des droits sur des actes de la procédure (Le Vigan, 13 nov. 1890 et Bar-le-Duc, 8 mai 1895, précités).

90. Enregistrement. — Fraction de centime. — La fraction de centime perçue lors de l'enregistrement, en vertu de l'art. 5 L. frim., doit être comprise dans l'ordre de restitution (Rouen, 28 mars 1900); mais le remboursement ne peut s'appliquer qu'aux sommes perçues par le Trésor telles qu'elles sont indiquées sur les quittances délivrées par les agents de l'Administration (Vitry-le-François, 28 mars 1901).

98. Ordre de restitution. — Forme. — L'ordre de restitution, dressé en conformité des art. 3 et 4 L. 23 oct. 1884, par un notaire commis, est régulier, encore bien qu'il ait été rédigé à la suite des signatures du poursuivant, des témoins et du notaire, s'il est établi de telle façon qu'il puisse être considéré comme formant matériellement corps avec le procès-verbal (Troyes, 15 nov. 1899, 9917 R. P.). La loi de 1884 n'a, en effet, assigné aucune place particulière à l'ordre de restitution dans le procès-verbal d'adjudication. D'un autre côté, les parties n'ont pas à coopérer à cet ordre qui est l'œuvre du notaire seul.

Lorsque les adjudications nécessitées par deux surenchères partielles ont été constatées par deux jugements distincts mais rendus à la même date et que le total des prix réunis n'excède pas 2.000 fr., l'ordre de restitution comprenant la somme à rembourser sur les deux adjudications peut valablement être contenu dans le second des deux jugements (Prades, 1er août 1893; — Sol. 29 nov. 1893, 8386 R. P.). — V. n° 64 *suprà*.

101. Ordre de restitution ne liquidant pas les droits à restituer et non accompagné d'un état taxé. — Nullité. — En matière de vente judiciaire dont le prix est inférieur à 2.000 fr., c'est seulement au tribunal ou au notaire commis que la loi donne le pouvoir d'ordonner la restitution des droits de timbre et d'enregistrement perçus sur les actes de la procédure et de fixer le montant des droits à restituer, et cela au moment où l'adjudication est prononcée. Il y a donc lieu de considérer comme irrégulier et dépourvu d'effet juridique, l'ordre de restitution contenu dans un procès-verbal d'adjudication, lorsque le notaire commis a négligé d'indiquer le chiffre des droits à restituer et d'annexer l'état taxé à son procès-verbal (Corte, 27 avr. 1893; — Cass., 14 juin 1895, 8597 R. P.).

1. Liquidation dans l'état taxé annexé. — Mais si l'état taxé est annexé au procès-verbal d'adjudication, le vœu de la loi est suffisamment rempli, bien que l'ordre de restitution ne fixe pas lui-même le montant des droits à rembourser. Au moyen de l'annexe, l'état taxé fait, en effet, corps avec le procès-verbal (Laon, 25 avr. 1888, 7100 R. P.; — Alençon, 5 fév. 1896, 8871 R. P.).

103. Mode de restitution des droits. — 1. Compétence du receveur de l'enregistrement. — En matière d'adjudication frappée de surenchère, c'est au receveur qui a enregistré l'adjudication surenchérie à exécuter, s'il y a lieu, l'ordre de remboursement inséré dans cette adjudication (Sol. 13 sept. 1892, 7962 R. P.) — V. n° 63-2 *suprà*.

2. Restitution à faire à l'avoué poursuivant. — Le remboursement doit être fait à l'avoué poursuivant; il n'y a pas lieu, dès lors, de déférer à l'ordre de restitution enjoignant au Trésor de rembourser à un notaire une partie des frais exposés (Vitry-le-François, 28 mars 1901). — V. n° 110 *bis*.

104. Justifications à produire. — 1. Ordre de restitution. — Le bénéfice de la loi n'est pas applicable, lorsque l'indication de la somme à restituer est restée en blanc dans l'ordre de restitution (Tulle, 8 juill. 1890, 7581 R. P.; — Riom, 4 mai 1901).

2. État taxé. — Annexe. — L'état taxé ou les états taxés de frais doivent être annexés au procès-verbal d'adjudication; d'où il résulte qu'il y a lieu d'exclure de la restitution les frais qui ne sont pas compris dans l'état taxé et annexé (Saint-Omer, 25 juin 1897; — Seine, 9 déc. 1898, 9514 R. P.; — Saint-Omer, 8 mars 1900, 9834 R. P.).

L'omission de l'annexe n'est pas d'ailleurs susceptible d'être réparée par la production ultérieure des états taxés (Mamers, 15 juill. 1902, 10320 R. P.), surtout après l'opposition de la Régie (Bar-le-Duc, 8 mai 1895, 8671 R. P.).

On ne peut davantage suppléer à l'obligation de la taxe et de l'annexe par la production des originaux des actes dont les droits sont sujets à restitution (Rouen, 1er juill. 1896, 9090 R. P.).

Un jugement du tribunal de Mayenne du 25 mars 1896 (9136 R. P.) a décidé, il est vrai, qu'en ce qui concerne les droits de timbre et d'enregistrement applicables aux actes dressés par le notaire commis, l'ordre de restitution doit recevoir son exécution, alors même que l'état taxé des frais dus à ce notaire ne serait pas annexé au procès-verbal d'adjudication, le receveur chargé de la restitution ayant en mains les éléments nécessaires pour exercer son contrôle à cet égard; mais cette décision est en opposition formelle avec le texte de la loi.

Le tribunal de Bernay a jugé également, le 10 mars 1891, que le bénéfice de la loi de 1884 est applicable, lors même que l'ordonnance ne mentionne pas le montant des droits à restituer, si le chiffre de ces droits est déterminé dans un certificat de taxe équivalent à l'état taxé lui-même (7648 R. P.); et, de son côté, le tribunal de Cosne a décidé, le 18 fév. 1891, que les frais du cahier des charges, dressé par le notaire commis, sont susceptibles d'être restitués, nonobstant le défaut de production d'un état taxé et annexé au procès-verbal d'adjudication, alors surtout que la taxe ultérieurement faite n'en a pas modifié le chiffre (7591 R. P.). Mais la doctrine de ces deux jugements se trouve condamnée par l'arrêt précité de la Cour de Cassation du 14 juin 1895 (8597 R. P.; — V. n° 101 *suprà*).

106-2. Délai de la restitution. — La restitution ordonnée ne peut être effectuée tant que le procès-verbal d'adjudication n'a pas été enregistré (Tulle, 8 juill. 1890, 7581 R. P.).

107. Prescription. — Les restitutions de droit ordonnées en vertu de la L. du 23 oct. 1884 donnent naissance, au profit de l'avoué poursuivant, à une créance soumise à la déchéance quinquennale établie par l'art. 9 L. 29 janv. 1831. Cette créance appartient, non pas à l'exercice financier pendant lequel a été prononcé l'ordre de restitution, mais à celui qui est en cours lorsque cet ordre est devenu définitif. Le délai de cinq ans ne part donc qu'à compter de l'ouverture de l'exercice déterminé par la date à laquelle les conditions exigées pour le remboursement se trouvent remplies par l'expiration du délai de surenchère et du délai accordé au receveur pour former opposition (Sol. 7 avril 1897, 9142 R. P.).

109. Restitution illégale. — Faits accomplis. — Faute d'opposition régulière à un ordre de remboursement, l'Administration doit restituer le total des sommes qui y sont portées, quand même ce total comprendrait des sommes qu'elle n'a pas encaissées, telles que des salaires de conservateurs des hypothèques ou des frais d'impression (Sol. 5 fév. 1892).

Lorsqu'une adjudication tombant sous l'application de la loi du 23 oct. 1884 a été annulée et suivie d'une seconde adjudication tranchée aux mêmes conditions en faveur du premier acquéreur, les droits restitués en vertu de l'ordre de restitution contenu dans la première adjudication demeurent acquis aux parties, et l'Administration n'est pas fondée à s'opposer à l'ordre de restitution qui accompagne la seconde adjudication (Sol. 21 juin 1899, 9801 R. P.).

109 *bis*. Reversement de sommes restituées en trop. — Quand les parties refusent de rembourser ce qu'elles ont touché en trop et que la somme indûment restituée est laissée en totalité ou en partie à la charge du receveur qui a opéré la restitution, ce comptable reverse à sa propre caisse la somme mise à sa charge et la porte dans ses écritures au compte des « *Recettes accidentelles à différents titres* ».

Lorsque l'avoué ou ses clients consentent à rendre la somme qui leur a été indûment payée, le receveur qui a effectué l'indû payement doit encaisser le montant de la somme reversée et en faire écriture au titre des « *Produits divers du budget, — Recettes accidentelles* » (2949, § 5, I. G.).

110 *bis*. Réduction des émoluments. — Compétence de l'avoué poursuivant. — Lorsque le prix d'une vente judiciaire d'immeubles ne dépasse pas 1.000 fr., l'avoué poursuivant a qualité pour demander aux agents de la loi la restitution des émoluments qu'ils ont perçus en trop (Guelma, 19 déc. 1901, 10127 R. P.).

Cette décision nous paraît à l'abri de la critique. Sans doute, l'art. 4, § 2, L. 23 oct. 1884 ne prescrit le remboursement, entre les mains de l'avoué poursuivant, que des sommes perçues par le Trésor; mais il est dans l'esprit de la loi que l'avoué poursuivant soit le représentant légal des parties pour toutes les restitutions à opérer en vertu des dispositions qu'elle contient. Le législateur a statué seulement « de eo quod plerumque fit ». Le plus souvent, en effet, les émoluments des agents de la loi ne sont pas encore payés lorsque le jugement intervient; la réduction du quart s'effectue alors, au moment du payement, par voie de retranchement sur l'état taxé. Mais, si certains émoluments ont été acquittés, il est incontestable que l'avoué poursuivant peut agir directement contre les agents de la loi pour obtenir le remboursement de la différence entre les sommes payées et celles qui sont réellement dues.

111. Agents de la loi. — Conservateurs des hypothèques. — Nous avons émis au *Rép. gén.* l'opinion que les salaires des conservateurs des hypothèques font partie des émoluments soumis à la réduction du quart. C'est dans ce sens que se sont prononcés tous les tribunaux auxquels la question a été soumise (Fontainebleau, 16 juill. 1885; — Lille, 31 mars 1887; — Doullens, 23 nov. 1887; — Guelma, 19 déc. 1901, 10127 R. P.).

L'Administration, qui avait cru tout d'abord devoir

104-2. Décret du 13 août 1903. État taxé. Annexe obligatoire seulement au moment de l'enregistrement du procès-verbal d'adjudication. — Si, sous l'empire de la L. 23 oct. 1884, le défaut d'annexe de l'état de frais taxé préalablement à l'adjudication pouvait être, de la part de l'Administration, un motif d'opposition à l'ordre de restitution formulé par le tribunal ou par le notaire commis, il n'en est plus ainsi depuis la mise en application du décr. du 13 août 1903, dont l'art. 31 dispose que la procédure d'une vente dont le prix ne dépasse pas 500 fr. ne donne lieu à aucun émolument; en subordonnant, en effet, tous les émoluments de l'avoué au résultat de l'adjudication, le nouveau tarif ne permet plus au juge de taxer l'état et d'en réduire le montant avant la vente elle-même. Dès lors, pour que le bénéfice de la L. 23 oct. 1884 soit acquis à une adjudication judiciaire d'immeubles, il suffit aujourd'hui que l'état taxé soit joint au jugement ou au procès-verbal d'adjudication seulement au moment de l'enregistrement, afin de mettre l'Administration à même de s'assurer que les sommes dont la restitution est ordonnée s'appliquent bien aux cas prévus par la loi (Cambrai, 19 fév. 1904, 10761 R. P.).

111. Prix ne dépassant pas 1.000 fr. Salaires des conservateurs. Réduction du quart. — Circ. Min. Just. 8 fév. 1905, 11066 R. P. 94.

WARRANTS AGRICOLES.

Modification de la L. 18 juill. 1898. L. 30 avril 1906. — 11284 R. P.

V. Magasins généraux.

admettre la négative (2704, § 17, I. G.), a fini par se rallier à cette interprétation (Lettre commune du 16 juill. 1902, n° 231; 10306 R. P.).

113-1. Publicité restreinte. — Mise à prix inférieure à 2.000 fr. — Prix d'adjudication supérieur. — Lorsque le tribunal devant lequel on poursuit une vente d'immeubles dont la mise à prix est inférieure à 2.000 fr., a réduit les frais de publicité dans les limites fixées par l'art. 5 L. 23 oct. 1884, la circonstance que l'adjudication ou la revente sur surenchère a donné un résultat supérieur à 2.000 fr. ne peut avoir pour effet de modifier la situation définitivement créée par la mesure prescrite par le Tribunal. Il y a lieu, par conséquent, de n'admettre en taxe que les frais afférents à la publicité restreinte ordonnée avant l'adjudication (Cass. 14 déc. 1896, 9124 R. P.).

118-1. Opposition. — Compétence du receveur. — Il n'est pas nécessaire, au point de vue de la validité des poursuites, que l'opposition émane du Directeur de l'Enregistrement; le receveur a pleine qualité à cet effet (Constantine, 28 janv. 1896, 8815 R. P.).

121. Opposition. — Avoué poursuivant mis en cause personnellement, comparant pour ses clients. — Si l'avoué poursuivant, seul mis en cause par l'opposition du Trésor à l'ordre de restitution, a conclu au nom de ses clients au lieu de comparaître en son nom personnel, sans que l'Administration ait élevé aucune protestation à cet égard, le jugement qui a été rendu au profit des clients de l'avoué poursuivant n'est pas susceptible d'être attaqué par la voie de la cassation (Châlons, 22 fév. 1889; Cass. civ., 1er déc. 1891, 7738 R. P.).

126. Opposition. — Dépens. — L'opposition à l'ordre de restitution devant être jugée sans frais, le tribunal n'a pas à prononcer de condamnation aux dépens contre la partie qui succombe (Bernay, 10 mars 1891, 7648 R. P.).

Cette opposition constitue un simple acte d'avoué à avoué, exempt de timbre et d'enregistrement en vertu de l'art. 5 L. 28 janv. 1892. Toutefois, l'accomplissement de cette double formalité n'entraîne aucun vice de procédure; il en résulte seulement que les frais qui en sont la conséquence doivent rester, en toute hypothèse, à la charge de la partie qui les a occasionnés (Constantine, 28 janv. 1896, 8815 R. P.).

127. Taxe des frais de justice. — L'art. 16, § 1, n° 1, L. 28 janv. 1892 porte que les ventes judiciaires, faites moyennant un prix inférieur à 2.000 fr., sont affranchies de la taxe des frais de justice de 0 fr. 25 p. 100. Le commentaire de cette disposition est présenté au mot *Adjudication*; nous y renvoyons nos lecteurs.

TYPOGRAPHIE FIRMIN-DIDOT ET Cie. — MESNIL (EURE)

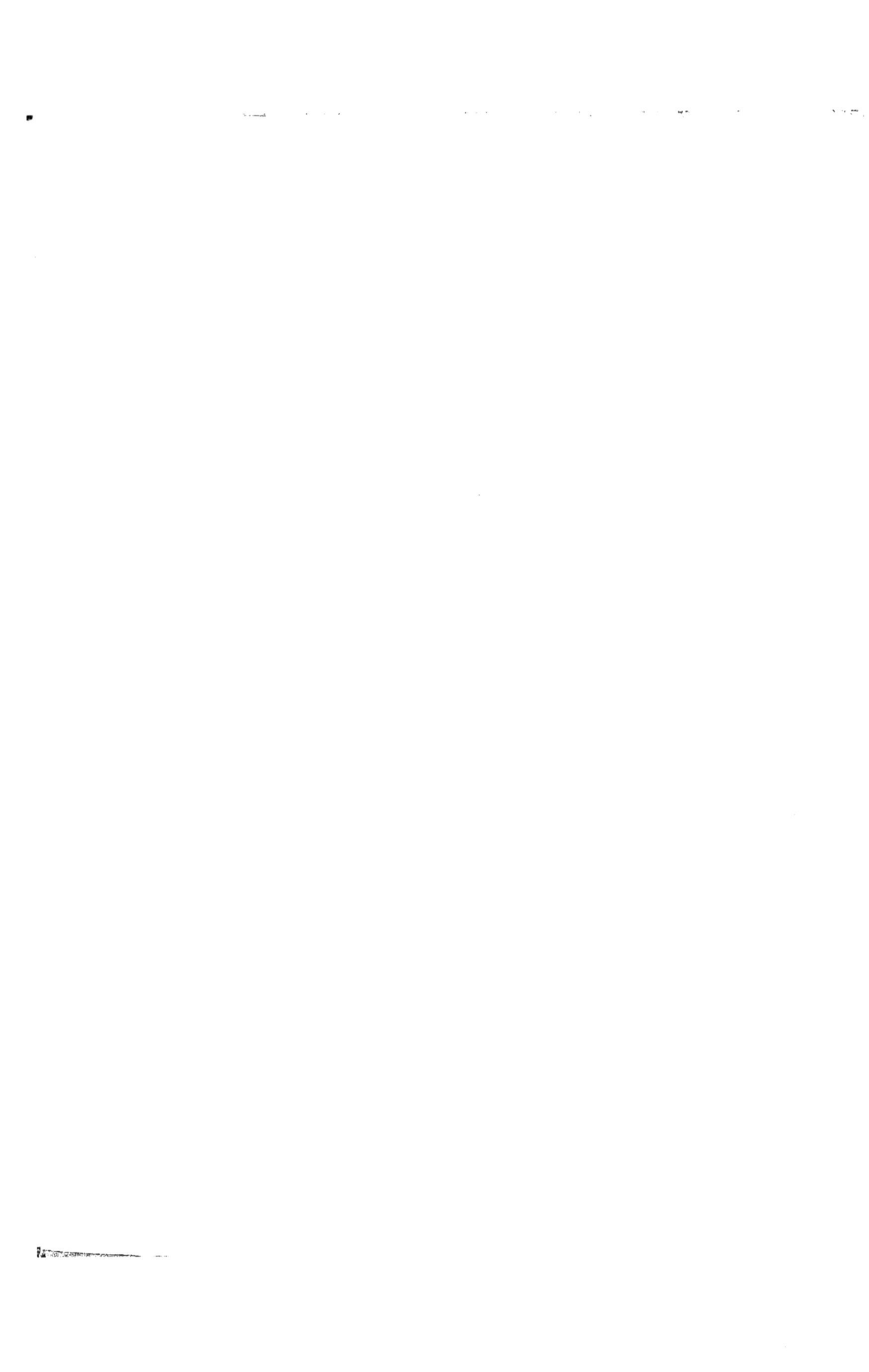